Redeker/von Oertzen

Verwaltungsgerichtsordnung

Kohlhammer

Verwaltungsgerichtsordnung

Kommentar

Begründet von

Prof. Dr. Konrad Redeker

Rechtsanwalt
Fachanwalt für Verwaltungsrecht in Bonn

Dr. Hans-Joachim von Oertzen

Ministerialdirigent a.D.

Fortgeführt von

Martin Redeker

Richter am Oberverwaltungsgericht,
Greifswald

Dr. Peter Kothe

Rechtsanwalt
Fachanwalt für Verwaltungsrecht, Stuttgart

Helmuth von Nicolai

Ministerialrat
im Ministerium für Arbeit, Bau
und Landesentwicklung, Schwerin

Vierzehnte überarbeitete Auflage

Verlag W. Kohlhammer

Gesamtredaktion der 14. Auflage:

Professor Dr. Konrad Redeker; Martin Redeker; Dr. Peter Kothe; Helmuth von Nicolai

Es haben bearbeitet:

Dr. Peter Kothe: §§ 68–79; 81–106; 108; 154–166

Helmuth von Nicolai: §§ 1; 40–46; 121, 132–144; 167–195; Anhang II

Martin Redeker: §§ 2–39; 47–67a; 80–80b; 107; 09–120; 122–130a; 146–153; Anhang I; Gesetzestext; Abkürzungsverzeichnis; Sachverzeichnis

Zitiervorschlag:

Redeker/v. Oertzen § 42 Rdn. 32

Vierzehnte überarbeitete Auflage 2004
Alle Rechte vorbehalten
© 1966 W. Kohlhammer GmbH Stuttgart
Verlagsort: Stuttgart
Umschlag: Gestaltungskonzept Peter Horlacher
Gesamtherstellung: W. Kohlhammer
Druckerei GmbH + Co. KG, Stuttgart
Printed in Germany

Vorwort

Das Erscheinen der 13. Auflage des Kommentars liegt nun fast vier Jahre zurück. Seitdem ist der auch an dieser Stelle früher geäußerte Wunsch nach gesetzgeberischer Zurückhaltung nicht erfüllt worden; der Gesetzgeber hat die VwGO selbst und durch die Reform der ZPO als der grundlegegenden Prozessordnung sowie zahlreicher anderer Gesetze, die ihrerseits auf die Praxis des Verwaltungsprozessrechts einwirken, erneut manigfaltigen Änderungen unterworfen. Der Gesetzgeber hat dabei durch die Änderungen im Text der VwGO insbesondere auf die Rechtsprechung des Bundesverfassungsgerichts und die im Schrifttum nicht enden wollende Kritik an den Regelungen des 6. VwGOÄndG reagiert.

Diese zahlreichen und zum Teil tief greifenden Änderungen wiederzugeben, ihre Auswirkungen auf die gerichtliche und außergerichtliche Praxis in Auswertung der dazu veröffentlichten Rechtsprechung und Literatur darzustellen, behutsam dort eigene Lösungen anzubieten, wo bislang Übereinstimmung nicht erzielt werden konnte und den am Verwaltungsprozess Beteiligten eine zuverlässige Wegweisung durch die vielfältigen Problemstellungen des Verwaltungsprozesses zu bieten, ist Aufgabe und Ziel dieses Kommentars. Insbesondere dem Praktiker sollen die Grundstrukturen und Systematik des Prozessrechts verdeutlicht und daraus Lösungen für die vielfältigen Problemstellungen entwickelt werden, die sich in der täglichen verwaltungsprozessualen Praxis ergeben. Vollständigkeit kann dabei nicht erreicht werden; die juristische Fantasie ist bei der Entwicklung neuer Auslegungen und der Entdeckung neuer Probleme – gelegentlich um den Preis der Rechtssicherheit – grenzenlos.

Das Verfahren 1. Instanz hat seine durch die 6. VwGO-Novelle gewonnene Bedeutung nicht verloren; die Kommentierung hat dies zu berücksichtigen. Der Schwerpunkt der Überarbeitung liegt daneben in der Darstellung der zahlreichen Neuregelungen insbesondere durch die Neufassung der ZPO und des Gesetzes zur Bereinigung des Rechtsmittelrechts der VwGO. Das Manuskript wurde im Frühjahr 2004 abgeschlossen. Das Justizkostenmodernisierungsgesetz und das 1. Justizmodernisierungsgesetz konnten noch berücksichtigt werden.

Die Begründer und langjährigen Kommentatoren Prof. Dr. Konrad Redeker und Dr. Hans-Joachim von Oertzen sind auf eigenen Wunsch endgültig aus dem Autorenkreis ausgeschieden. Als neuer Kommentator konnte Ministerialrat Helmuth von Nicolai, Schwerin, gewonnen werden. Der Kommentar setzt damit seine Traditon fort, das Verwaltungsprozessrecht aus der Sicht von Kommentatoren und mit den Erfahrungen aller am Prozess aktiv Beteiligten: Richter, Anwalt und Behördenvertreter zu erhellen. Wie immer sind wir für jeden Hinweis auf Fehler, Lücken und Fehlzitate, ebenso für jede kritische Anregung dankbar.

Die Verfasser

Inhalt

Abkürzungsverzeichnis

Gesetze sind mit der ersten oder der Fundstelle der Bekanntmachung einer Neufassung angeführt. Zusätzlich ist die Ordnungsnummer im Sartorius I bzw. im Schönfelder angegeben.

Zitierweise in den Erläuterungen: Soweit nach Jahrgängen zitiert wird, ist die Jahreszahl voll ausgeschrieben (z.B. 1936), andere Zitate bei Entscheidungssammlungen und Reihen beziehen sich auf Band und Seite.

Bei der Anführung der **Kommentare zur VwGO** entfällt die Paragrafenangabe, wenn der Paragraf derselbe ist, auf den sich die Erläuterung bezieht.

Die **OVG (VGH)** sind nach dem Ort ihres Sitzes bezeichnet.

a.A.	anderer Ansicht
a.a.O.	am angegebenen Ort
abl.	ablehnend
ABl.	Amtsblatt
abw.	abweichend
AEG	Allgemeines Eisenbahngesetz (Sartorius 962)
AfP	Archiv für Presserecht
AG	Ausführungsgesetz zur VwGO
AgrarR	Agrarrecht
AKG	Allgemeines Kriegsfolgengesetz vom 5.11.1957 (BGBl. I S. 1747)
allg. M.	allgemeine Meinung
a.M.	anderer Meinung
AmtsO	Amtsordnung
ÄndG	Änderungsgesetz
AnwBl.	Anwaltsblatt
AO	Abgabenordnung vom 16.3.1976 – AO 1977 – (BGBl. I S. 613, I 1977 S. 269)
AöR	Archiv des öffentlichen Rechts
AP	Hueck-Nipperdey-Dietz, Arbeitsrechtliche Praxis, Nachschlagewerk des Bundesarbeitsgerichts
ArbGG	Arbeitsgerichtsgesetz i.d.F. vom 2.7.1979 (BGBl. I S. 853, 1036) (Schönfelder 83)
AS	Amtliche Sammlung von Entscheidungen der OVG Rheinland-Pfalz und Saarland
AsylVfG	Asylverfahrensgesetz i.d.F. vom 27.7.1993 (BGBl. I S. 1361)(Sartorius 567)
AuAS	Ausländer- und Asylrecht – Schnelldienst
AuslG	Gesetz über die Einreise und den Aufenthalt von Ausländern im Bundesgebiet (Ausländergesetz) vom 9.7.1990 (BGBl. I S. 1354) (Sartorius 565)
AVR	Archiv des Völkerrechts
AZG	Allgemeines Zuständigkeitsgesetz

B.	Beschluss
Bachof, Vornahme-klage	O. Bachof, Die verwaltungsgerichtliche Klage auf Vornahme einer Amtshandlung, 2. Aufl. 1968
Bader/Autor	J. Bader, M. Funke-Kaiser, S. Kuntze, J. v. Albedyll, Verwaltungsgerichtsordnung, Kommentar, 2. Aufl. 2002
BAG	Bundesarbeitsgericht
BAGE	Entscheidungen des Bundesarbeitsgerichts
BAnz	Bundesanzeiger
BauGB	Baugesetzbuch i.d.F. vom 27.8.1997 (BGBl. I S. 2141; ber. I 1998 S. 137) (Sartorius 300)
BauGBMaßnahmenG	Maßnahmengesetz zum Baugesetzbuch i.d.F. vom 28.4.1993 (BGBl. I S. 622)
Baumbach/Autor	Baumbach/Lauterbach, Zivilprozessordnung, neu bearbeitet von J. Albers und P. Hartmann, 62. Aufl. 2004
BauR	Baurecht
Bay.	Bayern/Bayerisch
BayBgm.	Der Bayerische Bürgermeister
BayBZ	Bayerische Beamtenzeitung
BayJMBl.	Bayerisches Justizministerialblatt
BayObLG	Bayerisches Oberstes Landesgericht
BayVBl.	Bayerische Verwaltungsblätter
BayVerfGH	Bayerischer Verfassungsgerichtshof
BB	Der Betriebs-Berater
BBauG	Bundesbaugesetz, ersetzt durch das Baugesetzbuch
BBBl.	Bundesbaublatt
BBG	Bundesbeamtengesetz i.d.F. vom 31.3.1999 (BGBl. I S. 675) (Sartorius 160)
BBesG	Bundesbesoldungsgesetz i.d.F. vom 6.8.2002 (BGBl. I S. 3020) (Sartorius 230)
BDA	Besoldungsdienstalter
BDO	Bundesdisziplinarordnung i.d.F. vom 20.7.1967 (BGBl. I S. 750, 984)
BDG	Bundesdisziplinargesetz vom 9.7.2001 (BGBl. I 1510) (Sartorius 220)
BeamtVG	Beamtenversorgungsgesetz i.d.F. vom 16.3.1999 (BGBl. I S. 322; ber. S. 847, S. 2033) (Sartorius 155)
bej.	bejahend
BesSchAbgG	Gesetz über die Abgeltung von Besatzungsschäden vom 1.12.1955 (BGBl. I S. 734)
BFH	Bundesfinanzhof
BFHE	Entscheidungen des BFH
BGB	Bürgerliches Gesetzbuch
BGBl.	Bundesgesetzblatt
BGH	Bundesgerichtshof
BGHSt.	Entscheidungen des BGH in Strafsachen
BGHZ	Entscheidungen des BGH in Zivilsachen
BImSchG	Bundes-Immissionsschutzgesetz i.d.F. vom 26.9.2002 (BGBl. I S. 3830) (Sartorius 296)
BLG	Bundesleistungsgesetz i.d.F. vom 27.9.1961 (BGBl. I S. 1769, 1920)
Bln.	Berlin
BMI	Bundesminister(ium) des Innern
BMJFG	Bundesminister(ium) für Jugend, Familie und Gesundheit
BMVg	Bundesminister(ium) für Verteidigung
Bosch/Schmidt	E. Bosch/J. Schmidt, Praktische Einführung in das Verwaltungsgerichtliche Verfahren, 7. Aufl. 2001
BPatG	Bundespatentgericht

BPersVG	Bundespersonalvertretungsgesetz vom 15.3.1974 (BGBl. I S. 693) (Sartorius 240)
BPolBG	Bundespolizeibeamtengesetz i.d.F. vom 3.6.1976 (BGBl. I S. 1357) (Sartorius 200)
Br.	Bremen
BRDrucks. (= Ds.)	Bundesratsdrucksache
BRAGebO	Bundesgebührenordnung für Rechtsanwälte vom 26.7.1957 (BGBl. I S. 861, 907) (Schönfelder 117)
BRAO	Bundesrechtsanwaltsordnung vom 1.8.1959 (BGBl. I S. 565) (Schönfelder-E 98)
BRAK-Mitt.	Mitteilungen der Bundesrechtsanwaltskammer
BRRG	Beamtenrechtsrahmengesetz i.d.F. vom 31.3.1999 (BGBl. I S. 654) (Sartorius 50)
BRS	Baurechtssammlung
BSG	Bundessozialgericht
BSGE	Entscheidungen des Bundessozialgerichts
BSHG	Bundessozialhilfegesetz i.d.F. vom 23.3.1994 (BGBl. I S. 646, 2975) (Sartorius 410)
BStBl. II	Bundessteuerblatt Teil II
BTDrucks. (= Ds.)	Bundestagsdrucksache
Buchh.	Sammel- und Nachschlagwerk der Rechtsprechung des BVerwG, begründet von Karl Buchholz
BVerfG	Bundesverfassungsgericht
BVerfGE	Entscheidungen des BVerfG
BVerfGG	Bundesverfassungsgerichtsgesetz i.d.F. vom 11.8.1993 (BGBl. I S. 1473) (Sartorius 40)
BVerwG	Bundesverwaltungsgericht
BVerwGE	Entscheidungen des BVerwG
BVerwGG	Bundesverwaltungsgerichtsgesetz vom 23.9.1952 (BGBl. I S. 625), aufgehoben durch § 195 Abs. 2 Nr. 1 VwGO
BVFG	Bundesvertriebenengesetz i.d.F. vom 2.6.1993 (BGBl. I S. 829)
BVG	Bundesversorgungsgesetz i.d.F. vom 22.1.1982 (BGBl. I S. 21)
BW	Baden-Württemberg
DAR	Deutsches Autorecht
DB	Der Betrieb
DöD	Der öffentliche Dienst
DokBer	Dokumentarische Berichte Teile A und B
DÖV	Die öffentliche Verwaltung
Driehaus	H. J. Driehaus, Erschließungs- und Ausbaubeiträge, 6. Aufl. 2001
DRiG	Deutsches Richtergesetz i.d.F. vom 19.4.1972 (BGBl. I S.713) (Schönfelder-E 97)
DRiZ	Deutsche Richterzeitung
Ds.	s. BRDrucks. u. BTDrucks.
DtZ	Deutsch-Deutsche Rechts-Zeitschrift
DV	Deutsche Verwaltung
DVBl.	Deutsches Verwaltungsblatt
DVP	Deutsche Verwaltungspraxis
EAGV	Vertrag zur Gründung der Europäischen Atomgemeinschaft (Euratom) vom 25.3.1957 (BGBl. II S. 1014, 1678)
EGGVG	Einführungsgesetz zum Gerichtsverfassungsgesetz
EGKSV	Vertrag über die Gründung der Europäischen Gemeinschaft für Kohle und Stahl (EGKS) vom 18.4.1951 (BGBl. 1952 II S. 447)

EGMR	Europäischer Gerichtshof für Menschenrechte
EGV	Vertrag zur Gründung der Europäischen Gemeinschaft i.d.F. des Vertrages von Amsterdam v. 2.10.1997 (BGBl. II S. 387)
Einigungsvertrag	Gesetz zum Vertrag vom 31.8.1990 zwischen der Bundesrepublik Deutschland und der Deutschen Demokratischen Republik über die Herstellung der Einheit Deutschlands – Einigungsvertrag – und der Vereinbarung vom 18.9.1990 (BGBl. II S. 885)
EMRK	Europäische Konvention zum Schutz der Menschenrechte und Grundfreiheiten vom 4. November 1950 (BGBl. II 1952, 685; 953)
ENeuOG	Gesetz zur Neuordnung des Eisenbahnwesens vom 27.12.1993 (BGBl. I S. 2378; ber. I 1994, 2439)
Engelhardt/App	H. Engelhardt, M. App, Verwaltungsvollstreckungsgesetz, Verwaltungszustellungsgesetz, 5. Aufl. 2001
EntlG	Gesetz zur Entlastung der Gerichte in der Verwaltungs- und Finanzgerichtsbarkeit vom 31.3.1978 (BGBl. I S. 446), zuletzt geändert durch Art. 20 des 4. VwGOÄndG vom 17.12.1990 (BGBl. I S. 2809)
EntwVPOBMJ	Entwurf einer Verwaltungsprozessordnung, hrsg. vom Bundesminister der Justiz, 1978
EnWG	Gesetz über die Elektrizitäts- und Gasversorgung (Energiewirtschaftsgesetz) vom 24.4.1998 (BGBl. I S. 730)
EOVG	Entscheidungen des OVG Berlin
Erichsen/Martens	H. U. Erichsen/W. Martens (Hrsg.), Allgemeines Verwaltungsrecht, 12. Aufl. 2002
ESVGH	Entscheidungen des Hessischen und des Baden-Württembergischen VGH
ET	Energiewirtschaftliche Tagesfragen
EuGH	Gerichtshof der Europäischen Gemeinschaften
EuGHE	Gerichtshof der Europäischen Gemeinschaft für Kohle und Stahl (5.1958/59 ff.: Europ. Gemeinschaften). Sammlung der Rechtsprechung des Gerichtshofes (1.1954/55 ff.)
EuGRZ	Europäische Grundrechtezeitschrift
EUV	Vertrag über die Europäische Union v. 7.2.1992 (BGBl. II S. 1253)
EuZW	Europäische Zeitschrift für Wirtschaftsrecht
EWGV	Vertrag zur Gründung der Europäischen Wirtschaftsgemeinschaft vom 25.3.1957 (BGBl. II S. 766), heißt jetzt EGV
Eyermann-Fröhler	E. Eyermann, L. Fröhler, J. Kormann, Verwaltungsgerichtsordnung, Kommentar, 9. Aufl. 1988
Eyermann/Autor	E. Eyermann, Verwaltungsgerichtsordnung, Kommentar, 11. Aufl. 2000 mit Nachtrag 2002
Festgabe BVerwG	»Verwaltungsrecht zwischen Freiheit, Teilhabe und Bindung«, Festgabe aus Anlass des 25-jährigen Bestehens des BVerwG, herausgegeben von Otto Bachof, Ludwig Heigl, Konrad Redeker, 1978
Festschrift BayVGH	»Verwaltung und Rechtsbindung«, Festschrift zum hundertjährigen Bestehen des BayVGH, herausgegeben von Theodor Maunz, 1979
FEVS	Fürsorgerechtliche Entscheidungen der Verwaltungsgerichte und der Sozialgerichte
Fieberg/Reichenbach	Fieberg/Reichenbach/Messerschmidt/Neuhaus, Vermögensgesetz, Kommentar, München 1991 ff.

FG	Finanzgericht
FGEntlG	EntlG in der nach Art. 20 des 4. VwGOÄndG vom 17.12.1990 (BGBl. I S. 2809) für die Finanzgerichte weitergeltenden Fassung; aufgehoben durch FGO-ÄndG
FGO	Finanzgerichtsordnung vom 6.10.1965 (BGBl. I S. 1477)
FGO-ÄndG	Gesetz zur Änderung der Finanzgerichtsordnung und anderer Gesetze (FGO-Änderungsgesetz) vom 31.12.1992 (BGBl. I S. 2109)
Finkelnburg/Jank	K. Finkelnburg/K. P. Jank, Vorläufiger Rechtsschutz im Verwaltungsstreitverfahren, NJW Schriftenreihe Nr. 12, 4. Aufl. 1998
Finkelnburg/Lässig	K. Finkelnburg, C. L. Lässig, Kommentar zum Verwaltungsverfahrensgesetz, 1979
FlurbG	Flurbereinigungsgesetz i.d.F. vom 16.3.1976 (BGBl. I S. 546)
Forsthoff	E. Forsthoff, Lehrbuch des Verwaltungsrechts, Bd. I Allgemeiner Teil, 10. Aufl. 1973
Frankfurter Kommentar	Frankfurter Kommentar zum Gesetz gegen Wettbewerbsbeschränkungen, 3. Aufl. 1993
FStrG	Bundesfernstraßengesetz i.d.F. vom 20.3.2003 (BGBl. I S. 286) (Sartorius 932)
G	Gesetz
GastG	Gaststättengesetz i.d.F. vom 20.11.1998 (BGBl. I S. 3418) (Sartorius 810)
GBl.	Gesetzblatt
GemS	Gemeinsamer Senat der obersten Gerichtshöfe des Bundes
GerBescheid	Gerichtsbescheid
GerOrgG	Gerichtsorganisationsgesetz
GesR	Gesundheitsrecht
GewA	Gewerbearchiv
GewO	Gewerbeordnung
GG	Grundgesetz für die Bundesrepublik Deutschland – Bonner Grundgesetz – vom 29.5.1949 (BGBl. S. I) (Schönfelder-E 1, Sartorius 1)
GKG a.F.	Gerichtskostengesetz i.d.F. vom 15.12.1975 (BGBl. I S. 3047) (Schönfelder 115)
GKG	Gerichtskostengesetz i.d.F. vom 5.5.2004 (BGBl. I S. 718)
GMBl.	Gemeinsames Ministerialblatt
GO	Gemeindeordnung
Gruchot	Beiträge zur Erläuterung des Deutschen Rechts, begründet von Gruchot
Grunsky ArbGG	W. Grunsky, Arbeitsgerichtsgesetz, Kommentar, 7. Aufl. 1995
GS	Großer Senat
GüKG	Güterkraftverkehrsgesetz vom 22.6.1998 (BGBl. I S. 1485) (Sartorius 952)
GVBl.	Gesetz- und Verordnungsblatt
GVG	Gerichtsverfassungsgesetz
HandwO	Handwerksordnung i.d.F. vom 24.9.1998 (BGBl. I S. 3074) (Sartorius 815)
Hartmann	P. Hartmann, unter Mitwirkung von J. Albers, Kostengesetze, 33. Aufl. 2004
Hess.	Hessen
HessStA	Hessischer Staatsanzeiger
HHG	Häftlingshilfegesetz i.d.F. vom 2.6.1993 (BGBl. I S. 838)

h.L.	herrschende Lehre
h.M.	herrschende Meinung
HMR	Handbuch des gesamten Miet- und Raumrechts
Hoppe, Organstreitigkeiten	W. Hoppe, Organstreitigkeiten vor den Verwaltungs- und Sozialgerichten, 1970
Hoppe/Schlarmann	W. Hoppe, H. Schlarmann, Rechtsschutz bei der Planung von Straßen und anderen Verkehrsanlagen, 3. Aufl. 2001
HRR	Höchstrichterliche Rechtsprechung
Hübschmann/ Hepp/Spitaler	Hübschmann/Hepp/Spitaler, Kommentar zur Abgabenordnung, Finanzgerichtsordnung und Nebengesetzen
Hufen	F. Hufen, Verwaltungsprozessrecht, 5. Aufl. 2003
IBR	Immobilien- und Baurecht
i.d.F.	in der Fassung (nur gebraucht für die Bekanntmachung der Neufassung eines Gesetzes)
ILO	International Labor Organization
Imboden-Gedenkschrift	Der Staat als Aufgabe, Gedenkschrift für Max Imboden, Basel 1972
InfAuslR	Informationsbrief Ausländerrecht
InsO	Insolvenzordnung vom 5.10.1994 (BGBl. I S. 2866)
InVorG	Gesetz über den Vorrang für Investitionen bei Rückübertragungsansprüchen nach dem Vermögensgesetz vom 14.7.1992 (BGBl. I S. 1257)
i.S.d.	im Sinne des
Isensee/Kirchhof	J. Isensee u. P. Kirchhof, Handbuch des Staatsrechts der Bundesrepublik Deutschland, 1987–1996
i.Ü.	im Übrigen
JA	Juristische Arbeitsblätter
Jahrreiss-Festschrift	Festschrift für Hermann Jahrreiss, hrsg. v. Institut f. Völkerrecht u. ausl. Recht der Universität zu Köln, 1974
Jessnitzer	K. Jessnitzer/G. Frieling, Der gerichtliche Sachverständige, 11. Aufl. 2001
JMBl.	Justizministerialblatt
JR	Juristische Rundschau
JuS	Juristische Schulung
JW	Juristische Wochenschrift
JZ	Juristenzeitung
KAG	Kommunalabgabengesetz
KDVG	Kriegsdienstverweigerungs-Neuordnungsgesetz vom 28.2.1983 (BGBl. I S. 203)
KG	Kammergericht
KgfEG	Kriegsgefangenenentschädigungsgesetz i.d.F. vom 4.2.1987 (BGBl. I S. 506)
Kissel GVG	O. R. Kissel, Gerichtsverfassungsgesetz, Kommentar, 3. Aufl. 2001
Kita	Kindertagesstätte
Klinger	H. Klinger, Verwaltungsgerichtsordnung, Kommentar, 2. Aufl . 1964
Knack	Verwaltungsverfahrensgesetz, Kommentar, begründet von H. J. Knack, 8. Aufl. 2004
Koehler	A. Koehler, Verwaltungsgerichtsordnung, Kommentar 1960

KomWG	Kommunalwahlgesetz
Kopp/Schenke	F. O. Kopp, W. R. Schenke, Verwaltungsgerichtsordnung, Kommentar, 13. Aufl. 2003
Kopp/Ramsauer	F. O. Kopp, U. Ramsauer, Verwaltungsverfahrensgesetz, VwVfg; Kommentar, 8. Aufl. 2003
KStZ	Kommunale Steuer-Zeitschrift
Kuhla/Hüttenbrink	W. Kuhla u. J. Hüttenbrink, Der Verwaltungsprozess, 3. Aufl. 2002
KWG	Kreditwesengesetz i.d.F. vom 9.9.1998 (BGBl. I S. 2776) (Sartorius 856)
LAG	Lastenausgleichsgesetz i.d.F. vom 3.6.1993 (BGBl. I S. 845)
Lerche-Festschrift	Wege und Verfahren des Verfassungslebens, Festschrift für Peter Lerche, hrsg. von P. Badura und R. Scholz, München 1993
LKO	Landkreisordnung
LKV	Landes- und Kommunalverwaltung
LM	Lindenmaier/Möhring, Nachschlagewerk des Bundesgerichtshofs
LS	Leitsatz
LSG	Landessozialgericht
Luckes-Festschrift	Festschrift für Rudolf Luckes, hrsg. von H. Leßmann, B. Großfeld, L. Vollmer, Köln 1989
LVG	Landesverwaltungsgericht
LVwGSchl.H.	Landesverwaltungsgesetz Schleswig-Holstein
Martens-Gedächtnisschrift	Gedächtnisschrift für Wolfgang Martens, hrsg. von P. Selmer, I. v. Münch, Berlin 1987
Maunz/Autor	Th. Maunz/G. Dürig/R. Herzog/R.Scholz, Grundgesetz, Kommentar Loseblatt
Maurer	H. Maurer, Allgemeines Verwaltungsrecht, 14. Aufl. 2002
MBl.	Ministerialblatt
mdl.	mündlich
MDR	Monatsschrift für Deutsches Recht
Menger	C. F. Menger, System des verwaltungsgerichtlichen Rechtsschutzes, 1954
Menger-Festschrift	System des verwaltungsgerichtlichen Rechtsschutzes, Festschrift für Christian-Friedrich Menger, hrsg. von H. Erichsen, W. Hoppe, A. v. Mutius, Köln 1985
Meyer/Borgs	H. Meyer und H. Borgs-Maciejewski, Verwaltungsverfahrensgesetz, Kommentar, 2. Aufl. 1982
Meyer-Ladewig, SGG	J. Meyer-Ladewig, Sozialgerichtsgesetz, Kommentar 7. Aufl. 2002
MRVO 165	Verordnung Nr. 165 der Militärregierung über die Verwaltungsgerichtsbarkeit in der britischen Zone (VOBl. BZ 1948, S. 263), aufgehoben durch § 195 Abs. 2 Nr. 2 VwGO
v. Mutius,	A. v. Mutius, Das Widerspruchsverfahren als Widerspruchsverfahren Verwaltungsverfahren und Prozessvoraussetzung, 1969
MV	Mecklenburg-Vorpommern
m.w.N.	mit weiteren Nachweisen
NDBZ	Neue Deutsche Beamtenzeitung
Nds.	Niedersachsen

NdsRpfl.	Niedersächsische Rechtspflege
NdsVBl.	Niedersächsische Verwaltungsblätter
NeuregelungsG	Gesetz zur Neuregelung des verwaltungsgerichtlichen Verfahrens (Viertes Gesetz zur Änderung der Verwaltungsgerichtsordnung – 4. VwGOÄndG) vom 17.12.1990 (BGBl. I S. 2809); dazu amtl. Begründung BT-Drucks. 11 /7030, vom 27.4.1990
Niehues	N. Niehues, Schul- und Prüfungsrecht, 3. Aufl. 2000
NJ	Neue Justiz
NJW	Neue Juristische Wochenschrift
NordÖR	Zeitschrift für öffentliches Recht in Norddeutschland
NStZ	Neue Strafrechtszeitschrift
NuR	Natur und Recht
Nüssgens/Boujong	K. Nüssgens, K. Boujong, Eigentum, Sozialbindung und Enteignung, 1987
n.v.	nicht veröffentlicht
NVwZ	Neue Zeitschrift für Verwaltungsrecht
NVwZ-Beil.	Beilage zur NVwZ: Neueste Rechtsprechung zum Asylrecht
NVwZ-RR	NVwZ-Rechtsprechungs-Report
NW	Nordrhein-Westfalen
NWVBl.	Nordrhein-Westfälische Verwaltungsblätter
NZS	Neue Zeitschrift für Sozialrecht
NZW	Neue Zeitschrift für Wohnrecht
Obermayer	K. Obermayer, Kommentar zum Verwaltungsverfahrensgesetz, 3. Aufl. 1999
OBG	Ordnungsbehördengesetz
öfftl. (= öff.)	öffentlich, Öffentlichkeit
v. Oertzen, VwVfg	H. J. v. Oertzen, Verwaltungsverfahrensgesetz, Textausgabe mit Einführung und Synopse, 1977
OGHBrZ	Entscheidungen des Obersten Gerichtshofes für die Britische Zone
OLG	Oberlandesgericht
OVG	Oberverwaltungsgericht
OVGE	Entscheidungen der OVG für das Land Nordrhein-Westfalen in Münster und für die Länder Niedersachsen und Schleswig-Holstein in Lüneburg
PBefG	Personenbeförderungsgesetz i.d.F. vom 8.8.1990 (BGBl. I S. 1690) (Sartorius 950)
Pietzner/Ronellenfitsch	R. Pietzner u. M. Ronellenfitsch, Das Assessorexamen im öffentlichen Recht, 11. Aufl. 2001
pr. OVG	Entscheidungen des preußischen Oberverwaltungsgerichts
PVG	Polizeiverwaltungsgesetz
RAO	Reichsabgabenordnung
RBG	Rechtsberatungsgesetz
RdA	Recht der Arbeit
RdL	Recht der Landwirtschaft
RdSchr.	Rundschreiben
Recht	Das Recht
Rechtspflege-AnpG	Gesetz zur Anpassung der Rechtspflege im Beitrittsgebiet (Rechtspflege-Anpassungsgesetz) vom 26.6.1992 (BGBl. I S. 1147)
Rechtspflege-EntlG	Gesetz zur Entlastung der Rechtspflege vom 11.3.1993 (BGBl. I S. 50)
Redeker	Konrad Redeker

Redeker-Festschrift	Rechtsstaat zwischen Soizalgestaltung und Rechtsschutz, Festschrift für Konrad Redeker, hrsg. von B. Bender, R. Breuer, F. Ossenbühl, H. Sendler, München 1993
RegEntwVPO	Gesetzentwurf einer Verwaltungsprozessordnung vom 31.5.1985, BT-Drucks. 10/3437
RGBl.	Reichsgesetzblatt
RGSt.	Entscheidungen des Reichsgerichts in Strafsachen
RGV	Rechtsprechung und Gesetzgebung zu Regelung offener Vermögensfragen, Hrsg.: Brandt/Kittke, 1991 ff.
RGZ	Entscheidungen des Reichsgerichts in Zivilsachen
RhPf.	Rheinland-Pfalz
RiA	Das Recht im Amt
RmBereinVpG	Gesetz zur Bereinigung des Rechtsmittelrechts im Verwaltungsprozess v. 20.12.2001, BGBl. I S. 3987
RLA	Rundschau für Lastenausgleich
Rosenberg	L. Rosenberg/K. H. Schwab, Lehrbuch des Deutschen Zivilprozessrechts, 15. Aufl. 1993
RPfl.	Der Deutsche Rechtspfleger
Rspr.	Rechtsprechung
RsprGH	Sammlung der Rechtsprechung des Gerichtshofs der Europäischen Gemeinschaften (zitiert bis zum XVIII. Bd. [1972] mit römischen Zahlen, ab 1973 mit der Jahreszahl)
RuStAG	Reichs- und Staatsangehörigkeitsgesetz
RVG	Rechtsanwaltsvergütungsgesetz vom 5.5.2004 (BGBl. I S. 788)
S	Seite oder Satz
Saar.	Saarland
Sachs-GG	M. Sachs, Grundgesetz-Kommentar, 3. Aufl. 2002
SächsVBl.	Sächsische Verwaltungsblätter
Schenke	W.R. Schenke, Verwaltungsprozessrecht. 6. Aufl. 2001
SchlH	Schleswig-Holstein
SchlHA	Schleswig-Holsteinische Anzeigen
Schmidt-Räntsch	G. Schmidt-Räntsch/I. Schmidt-Räntsch, Deutsches Richtergesetz, Kommentar, 5. Aufl. 1995
Schmitt Glaeser	W. Schmitt Glaeser/Horn, Verwaltungsprozessrecht, 15. Aufl. 2000
Schnellenbach	H. Schnellenbach, Beamtenrecht in der Praxis, 5. Aufl. 2001
Schneller, Widerspruchsverfahren	Schneller, Das Widerspruchsverfahren nach §§ 68–73 VwGO, Dissertation Würzburg 1967
Schoch/Autor	F. Schoch, E. Schmidt-Aßmann und R. Pietzner, Verwaltungsgerichtsordnung Kommentar, Loseblatt
Schorn/Stanicki	Hubert Schorn, Die Präsidialverfassung der Gerichte aller Rechtswege, 2. Aufl. 1975, bearbeitet von H. Stanicki
Schunck/De Clerck	Schunck/De Clerck, Verwaltungsgerichtsordnung, Kommentar, 3. Aufl. 1977
SchwbG	Schwerbehindertengesetz i.d.F. vom 26.8.1986 (BGBl. I S. 1421, 1510)
Schwerdtfeger	G. Schwerdtfeger, Öffentliches Recht in der Fallbearbeitung, 11. Aufl. 2003
Scupin-Festschrift	Recht und Staat im sozialen Wandel, Festschrift für H. U. Scupin, hrsg. von N. Achterberg, W. Krawietz, D. Wyduckel, Berlin 1983
SeeUG	Seeunfalluntersuchungsgesetz vom 6.12.1985 (BGBl. I S. 2146)

Sellner	D. Sellner, Immissionsschutzrecht und Industrieanlagen, Schriftenreihe NJW Nr. 31, 2. Aufl. 1988
Sendler-Festschrift	Bürger-Richter-Staat, Festschrift für Horst Sendler, hrsg. von E. Franßen, K. Redeker, O. Schlichter, D. Wilke, München 1991
SGb	Die Sozialgerichtsbarkeit
SGB	Sozialgesetzbuch
SGG	Sozialgerichtsgesetz i.d.F. vom 23.9.1975 (BGBl. I S. 2535)
SJZ	Süddeutsche Juristenzeitung
Slg.	Sammlung der Rechtsprechung des Gerichtshofes und des Gerichtes 1. Instanz der Europäischen Union (Teil I/II)
Sodan/Autor	H. Sodan u. J. Ziekow (Hrsg.), Nomos-Kommentar zur VwGO, Loseblatt
Soergel	Soergel, Bürgerliches Gesetzbuch, Kommentar, 12. Aufl. 1987–1991, 13. Aufl. ab 1999
SoldG	Soldatengesetz i.d.F. vom 15.12.1995 (BGBl. I S. 1737)
Stelkens/Autor	P. Stelkens, H. Bonk, M. Sachs, Verwaltungsverfahrensgesetz, Kommentar, 6. Aufl. 2001
Stern	K. Stern, Verwaltungsprozessuale Probleme in der öffentlich-rechtlichen Arbeit, 8. Aufl. 2000
StGB	Strafgesetzbuch
StGH	Staatsgerichtshof
StJS	Stein-Jonas, Zivilprozessordnung, Kommentar, 21. Aufl. 1993 ff.
str.	streitig
st.Rspr.	ständige Rechtsprechung
StuWi	Steuer und Wirtschaft
SVG	Soldatenversorgungsgesetz i.d.F. vom 6.5.1999 (BGBl. I S. 882; ber. S. 1491)
Thomas/Putzo	L. H. Thomas, H. Putzo, Zivilprozessordnung mit Nebengesetzen, 25. Aufl. 2003
ThürVBl.	Thüringische Verwaltungsblätter
Tipke/Kruse	K. Tipke, H. W. Kruse, Finanzgerichtsordnung, Loseblatt
überw. M.	überwiegende Meinung
UIG	Umweltinformationsgesetz i. d.F. vom 23.8.2001 (BGBl. I S. 2218) (Sartorius 294)
Ule	C. H. Ule, Verwaltungsgerichtsbarkeit, 2. Aufl. 1962
Ule,	C. H. Ule, Verwaltungsprozessrecht, 9. Aufl. 1987 Verwaltungsprozessrecht
Ule-Festschrift	Verwaltung im Rechtsstaat, Festschrift für Carl Hermann Ule, hrsg. von W. Blümel, D. Merten, H. Quaritsch, Köln 1987
Ule/Laubinger	C. H. Ule und H. W. Laubinger, Verwaltungsverfahrensrecht, 4. Aufl. 1995
UPR	Umwelt- und Planungsrecht
Urt.	Urteil
VA	Verwaltungsakt
VBI	Vertreter des Bundesinteresses bei dem Bundesverwaltungsgericht
VBlBW	Verwaltungsblätter für Baden-Württemberg
Verf.	Verfassung

Verkehrswegeplanungs-BeschleunigungsG	Gesetz zur Beschleunigung der Planungen für Verkehrswege in den neuen Ländern sowie im Land Berlin, vom 16.12.1991 (BGBl. I S. 2174)
VermögensG	Gesetz zur Regelung offener Vermögensfragen i.d.F. vom 21.12.1998 (BGBl. I S. 4026)
vern.	verneinend
VersR	Versicherungsrecht
Vertrag über die Währungs-, Wirtschafts- und Sozialunion	Gesetz zu dem Vertrag vom 18.5.1990 über die Schaffung einer Währungs-, Wirtschafts- und Sozialunion zwischen der Bundesrepublik Deutschland und der Deutschen Demokratischen Republik vom 25.6.1990 (BGBl. II S. 518)
VerwA	Verwaltungsarchiv
VG	Verwaltungsgericht
VGH	Verwaltungsgerichtshof
VGH n.F.	Amtliche Sammlung von Entscheidungen des Bayerischen Verwaltungsgerichtshofs. Neue Folge
VGKG	Verwaltungsgerichtskostengesetz
vgl.	vergleiche
VIA	Vertreter der Interessen des Ausgleichsfonds
VIZ	Zeitschrift für Vermögens- und Investitionsrecht
VkBl.	Verkehrsblatt
VöI	Vertreter des öffentlichen Interesses
VRS	Verkehrsrechtssammlung
VRspr.	Verwaltungsrechtsprechung in Deutschland
VVDStRL	Veröffentlichungen der Vereinigung der Deutschen Staatsrechtslehrer
VwGO	Verwaltungsgerichtsordnung
VwRdSch	Verwaltungsrundschau
VwRRMO	Verwaltungsrechtsreport für die neuen Bundesländer
VwVfG	Verwaltungsverfahrensgesetz
VwVG	Verwaltungs-Vollstreckungsgesetz vom 27.4.1953 (BGBl. I S. 157) (Sartorius 112)
VwZG	Verwaltungs-Zustellungsgesetz vom 3.7.1952 (BGBl. I S. 379) (Sartorius 110)
VZOG	Vermögenszuordnungsgesetz i.d.F. vom 29.3.1994 (BGBl. I S. 709)
Wallerath	M. Wallerath, Allgemeines Verwaltungsrecht, 4. Aufl. 1992
WBO	Wehrbeschwerdeordnung i.d.F. vom 11.9.1972 (BGBl. I S. 1737, 1906)
WDO	Wehrdisziplinarordnung vom 16.8.2001 (BGBl. I S. 2093)
Weyreuther	Felix Weyreuther, Revisionszulassung und Nichtzulassungsbeschwerde in der Rechtsprechung der obersten Bundesgerichte, NJW Schriftenreihe Nr. 14, 1971
WiVerw	Wirtschaft und Verwaltung
Wolff/Bachof/Stober I	H. J. Wolff, Otto Bachof u. H. Stober Verwaltungsrecht Teil I, 11. Aufl. 1999
Wolff/Bachof/Stober II	H. J. Wolff, Otto Bachof, H. Stober, Verwaltungsrecht Teil II, 5. Aufl. 1987
Wolff/Bachof/Stober III	H. J. Wolff, Otto Bachof, H. Stober, Verwaltungsrecht III, 4. Aufl. 1978

WpflG	Wehrpflichtgesetz i.d.F. vom 20.2.2002 (BGBl. I S. 954) (Sartorius 620)
WRV	Weimarer Reichsverfassung
ZBR	Zeitschrift für Beamtenrecht
Zeidler-Festschrift	Festschrift für Wolfgang Zeidler, hrsg. von W. Fürst, R. Herzog u.A., Berlin 1987
ZevKR	Zeitschrift für evangelisches Kirchenrecht
ZfBR	Zeitschrift für Baurecht
ZfSH/SGB	Zeitschrift für Sozialhilfe und Sozialgesetzbuch
ZfW	Zeitschrift für Wasserrecht
Zimmer/Schmidt	M. Zimmer/Th. Schmidt, Der Streitwert im Verwaltungs- und Finanzprozess, Schriftenreihe NJW Nr. 52, 1991
ZLA	Zeitschrift für den Lastenausgleich
ZMR	Zeitschrift für Miet- und Raumrecht
ZOV	Zeitschrift für offene Vermögensfragen
Zöller	Richard Zöller, Zivilprozessordnung mit Gerichtsverfassungsgesetz und den Einführungsgesetzen, Kommentar, 24. Aufl. 2004
ZfIR	Zeitschrift für Immobilienrecht
ZPO	Zivilprozessordnung
ZRP	Zeitschrift für Rechtspolitik
ZSEG	Gesetz über die Entschädigung von Zeugen und Sachverständigen i.d.F. vom 1.10.1969 (BGBl. I S. 1756) (Schönfelder 116)
ZZP	Zeitschrift für Zivilprozess

Verwaltungsgerichtsordnung (VwGO)

vom 21. Januar 1960 (BGBl. I S. 17), in der Bekanntmachung der Neufassung vom 19. März 1991 (BGBl. S. 686), geändert durch

1) Art. 3 des Gesetzes zur Neuregelung des Asylverfahrens vom 26. Juni 1992 (BGBl. I S. 1126),

2) Art. 9 des Gesetzes zur Entlastung der Rechtspflege vom 11. Januar 1993 (BGBl. I S. 50),

3) Art. 5 des Fünften Gesetzes zur Änderung des Gesetzes über das Bundesverfassungsgericht vom 2. August 1993 (BGBl. I S. 1442),

4) Art. 7 des Planungsvereinfachungsgesetzes vom 17. Dezember 1993 (BGBl. I S. 2123),

5) Art. 7 des Gesetzes zur Änderung des Rechtspflegergesetzes und anderer Gesetze vom 24. Juni 1994 (BGBl. I S. 1374),

6) Art. 9 des Gesetzes zu dem Übereinkommen vom 15. April 1994 zur Errichtung der Welthandelsorganisation und zur Änderung anderer Gesetze vom 30. August 1994 (BGBl. II S. 1438),

7) Art. 7 des Gesetzes zur Vermeidung, Verwertung und Beseitigung von Abfällen vom 27. September 1994 (BGBl. I S. 2705) – Art. 7 Nr. 1 wieder aufgehoben durch Art. 5 des 6. VwGOÄndG,

8) Art. 27 des Einführungsgesetzes zur Insolvenzordnung vom 5. Oktober 1994 (BGBl. I S. 2911),

9) Art. 2 Abs. 6 des Magnetschwebebahnplanungsgesetzes vom 23. November 1994 (BGBl. I S. 3486),

10) Art. 1 des Sechsten Gesetzes zur Änderung der Verwaltungsgerichtsordnung und anderer Gesetze (6. VwGOÄndG) vom 1. November 1996 (BGBl. I S. 1626),

11) Art. 6 Abs. 3 des Gesetzes zur Neuordnung des Zivilschutzes vom 25. März 1997 (BGBl. I S. 726),

12) Art. 33 Abs. 2 des Justizmitteilungsgesetzes vom 18. Juni 1997 (BGBl. I S. 1430),

13) Art. 8 des Bau- und Raumordnungsgesetzes 1998 vom 18. August 1997 (BGBl. I S. 2081),

14) Art. 1 des Gesetzes zur Verlagerung des Sitzes des Bundesverwaltungsgerichts von Berlin nach Leipzig vom 21. November 1997 (BGBl. I S. 2742),

15) Art. 2 § 13 des Gesetzes zur Neuregelung des Schiedsverfahrensrechts vom 22. Dezember 1997 (BGBl. I S. 3224),

16) Art. 14 des Gesetzes zur Änderung der Bundesrechtsanwaltsordnung, der Patentanwaltsordnung und anderer Gesetze vom 31. August 1998 (BGBl. I S. 2600),

17) Art. 15 des Zweiten Gesetzes zur Erleichterung der Verwaltungsreform in den Ländern vom 3. Mai 2000 (BGBl. I S. 632),

18) Art. 2 Abs. 18 des Gesetzes zur Reform des Verfahrens bei Zustellungen im gerichtlichen Verfahren vom 25. Juni 2001 (BGBl. I S. 1206),

19) Art. 14 des Gesetzes zur Neuordnung des Bundesdisziplinarrechts vom 9. Juli 2001 (BGBl. I S. 1510),

20) Art. 8 des Gesetzes zur Anpassung der Formvorschriften des Privatrechts und anderer Vorschriften an den modernen Rechtsgeschäftsverkehr vom 18. Juli 2001 (BGBl. I S. 1542),

21) Art. 1 und 6 des Gesetzes zur Bereinigung des Rechtsmittelrechts im Verwaltungsprozess vom 20. Dezember 2001 (BGBl. I S. 3987),

22) Art. 4 Nr. 26 des Gesetzes zur Modernisierung des Kostenrechts vom 5. Mai 2004 (BGBl. I S. 718),

23) Art. 4 des Gesetzes zur Anpassung des Baugesetzbuches an EU-Richtlinien (Europarechtsanpassungsgesetz Bau – EAG Bau) vom 24. Juni 2004 (BGBl. I S. 1359),

24) Art. 6 des Ersten Gesetzes zur Modernisierung der Justiz (1. Justizmodernisierungsgesetz) vom 24. August 2004 (BGBl. I S. 2198).

Teil I · Gerichtsverfassung

1. Abschnitt · Gerichte

§ 1 [Unabhängige Gerichte]

Die Verwaltungsgerichtsbarkeit wird durch unabhängige, von den Verwaltungsbehörden getrennte Gerichte ausgeübt.

§ 2[1] [Gerichte]

Es sind im Rahmen der allgemeinen Verwaltungsgerichtsbarkeit zu errichten in den Ländern Verwaltungsgerichte und das Oberverwaltungsgericht, im Bund das Bundesverwaltungsgericht mit dem Sitz in Leipzig.

§ 3[2] [Gerichtsorganisation]

(1) Durch Gesetz werden angeordnet

1. die Errichtung und Aufhebung eines Verwaltungsgerichts oder eines Oberverwaltungsgerichts,

2. die Verlegung eines Gerichtssitzes,

3. Änderungen in der Abgrenzung der Gerichtsbezirke,

4. die Zuweisung einzelner Sachgebiete an ein Verwaltungsgericht für die Bezirke mehrerer Verwaltungsgerichte,

4a. die Zuweisung von Verfahren, bei denen sich die örtliche Zuständigkeit nach § 52 Nr. 2 Satz 1, 2 oder 4 bestimmt, an ein anderes Verwaltungsgericht oder an mehrere Verwaltungsgerichte des Landes,

5. die Errichtung einzelner Kammern des Verwaltungsgerichts oder einzelner Senate des Oberverwaltungsgerichts an anderen Orten,

6. der Übergang anhängiger Verfahren auf ein anderes Gericht bei Maßnahmen nach den Nummern 1, 3, 4 und 4a, wenn sich die Zuständigkeit nicht nach den bisher geltenden Vorschriften richten soll.

(2) Mehrere Länder können die Errichtung eines gemeinsamen Gerichts oder gemeinsamer Spruchkörper eines Gerichts oder die Ausdehnung von Gerichtsbezirken über die Landesgrenzen hinaus, auch für einzelne Sachgebiete, vereinbaren.

§ 4[3] [Anwendung des GVG]

Für die Gerichte der Verwaltungsgerichtsbarkeit gelten die Vorschriften des Zweiten Titels des Gerichtsverfassungsgesetzes entsprechend. Die Mitglieder und drei Vertreter des für Entscheidungen nach § 99 Abs. 2 zuständigen Spruchkörpers bestimmt das Präsidium jeweils für die Dauer von vier Jahren. Die Mitglieder und ihre Vertreter müssen Richter auf Lebenszeit sein.

---

1   § 2 in der Fassung des Art. 1 G zur Verlagerung des Sitzes des Bundesverwaltungsgerichts.
2   § 3 Abs. 1 Nr. 4a eingefügt durch Art. 1 Nr. 1 RmBereinVpG.
3   § 4 S. 2 angefügt durch Art. 1 Nr. 2 RmBereinVpG.

§ 5[4] [VG: Mitglieder-Besetzung]

(1) Das Verwaltungsgericht besteht aus dem Präsidenten und aus den Vorsitzenden Richtern und weiteren Richtern in erforderlicher Anzahl.

(2) Bei dem Verwaltungsgericht werden Kammern gebildet.

(3) Die Kammer des Verwaltungsgerichts entscheidet in der Besetzung von drei Richtern und zwei ehrenamtlichen Richtern, soweit nicht ein Einzelrichter entscheidet. Bei Beschlüssen außerhalb der mündlichen Verhandlung und bei Gerichtsbescheiden (§ 84) wirken die ehrenamtlichen Richter nicht mit.

§ 6[5] [VG: Einzelrichter]

(1) Die Kammer soll in der Regel den Rechtsstreit einem ihrer Mitglieder als Einzelrichter zur Entscheidung übertragen, wenn

1. die Sache keine besonderen Schwierigkeiten tatsächlicher oder rechtlicher Art aufweist und

2. die Rechtssache keine grundsätzliche Bedeutung hat.

Ein Richter auf Probe darf im ersten Jahr nach seiner Ernennung nicht Einzelrichter sein.

(2) Der Rechtsstreit darf dem Einzelrichter nicht übertragen werden, wenn bereits vor der Kammer mündlich verhandelt worden ist, es sei denn, dass inzwischen ein Vorbehalts-, Teil- oder Zwischenurteil ergangen ist.

(3) Der Einzelrichter kann nach Anhörung der Beteiligten den Rechtsstreit auf die Kammer zurückübertragen, wenn sich aus einer wesentlichen Änderung der Prozesslage ergibt, dass die Rechtssache grundsätzliche Bedeutung hat oder die Sache besondere Schwierigkeiten tatsächlicher oder rechtlicher Art aufweist. Eine erneute Übertragung auf den Einzelrichter ist ausgeschlossen.

(4) Beschlüsse nach den Absätzen 1 und 3 sind unanfechtbar. Auf eine unterlassene Übertragung kann ein Rechtsbehelf nicht gestützt werden.

§§ 7 und 8 (weggefallen)

§ 9[6, 7] [OVG: Mitglieder-Besetzung]

(1) Das Oberverwaltungsgericht besteht aus dem Präsidenten und aus den Vorsitzenden Richtern und weiteren Richtern in erforderlicher Anzahl.

(2) Bei dem Oberverwaltungsgericht werden Senate gebildet.

(3) Die Senate des Oberverwaltungsgerichts entscheiden in der Besetzung von drei Richtern; die Landesgesetzgebung kann vorsehen, dass die Senate in der Besetzung von fünf Richtern entscheiden, von denen zwei auch ehrenamtliche Richter sein können. Für die Fälle des § 48 Abs. 1 kann auch vorgesehen werden, dass die Senate in der Besetzung von fünf Richtern und zwei ehrenamtlichen Richtern entscheiden. Satz 1 Halbsatz 2 und Satz 2 gelten nicht für die Fälle des § 99 Abs. 2.

(4) (aufgehoben)

---

4   § 5 Abs. 3 in der Fassung des Art. 9 Rechtspflege-EntlastungsG.
5   § 6 in der Fassung des Art. 9 Rechtspflege-EntlastungsG.
6   § 9 in der Fassung des Art. 9 Rechtspflege-EntlastungsG.
7   § 9 Abs. 3 Satz 3 angefügt durch Art. 1 Nr. 3 RmBereinVpG.

§ 10 [BVerwG: Mitglieder-Besetzung]

(1) Das Bundesverwaltungsgericht besteht aus dem Präsidenten und aus den Vorsitzenden Richtern und weiteren Richtern in erforderlicher Anzahl.

(2) Bei dem Bundesverwaltungsgericht werden Senate gebildet.

(3) Die Senate des Bundesverwaltungsgerichts entscheiden in der Besetzung von fünf Richtern, bei Beschlüssen außerhalb der mündlichen Verhandlung in der Besetzung von drei Richtern.

§ 11 [BVerwG: Großer Senat]

(1) Bei dem Bundesverwaltungsgericht wird ein Großer Senat gebildet.

(2) Der Große Senat entscheidet, wenn ein Senat in einer Rechtsfrage von der Entscheidung eines anderen Senats oder des Großen Senats abweichen will.

(3) Eine Vorlage an den Großen Senat ist nur zulässig, wenn der Senat, von dessen Entscheidung abgewichen werden soll, auf Anfrage des erkennenden Senats erklärt hat, dass er an seiner Rechtsauffassung festhält. Kann der Senat, von dessen Entscheidung abgewichen werden soll, wegen einer Änderung des Geschäftsverteilungsplanes mit der Rechtsfrage nicht mehr befasst werden, tritt der Senat an seine Stelle, der nach dem Geschäftsverteilungsplan für den Fall, in dem abweichend entschieden wurde, nunmehr zuständig wäre. Über die Anfrage und die Antwort entscheidet der jeweilige Senat durch Beschluss in der für Urteile erforderlichen Besetzung.

(4) Der erkennende Senat kann eine Frage von grundsätzlicher Bedeutung dem Großen Senat zur Entscheidung vorlegen, wenn das nach seiner Auffassung zur Fortbildung des Rechts oder zur Sicherung einer einheitlichen Rechtsprechung erforderlich ist.

(5) Der Große Senat besteht aus dem Präsidenten und je einem Richter der Revisionssenate, in denen der Präsident nicht den Vorsitz führt. Legt ein anderer als ein Revisionssenat vor oder soll von dessen Entscheidung abgewichen werden, ist auch ein Mitglied dieses Senats im Großen Senat vertreten. Bei einer Verhinderung des Präsidenten tritt ein Richter des Senats, dem er angehört, an seine Stelle.

(6) Die Mitglieder und die Vertreter werden durch das Präsidium für ein Geschäftsjahr bestellt. Das gilt auch für das Mitglied eines anderen Senats nach Absatz 5 Satz 2 und für seinen Vertreter. Den Vorsitz im Großen Senat führt der Präsident, bei Verhinderung das dienstälteste Mitglied. Bei Stimmengleichheit gibt die Stimme des Vorsitzenden den Ausschlag.

(7) Der Große Senat entscheidet nur über die Rechtsfrage. Er kann ohne mündliche Verhandlung entscheiden. Seine Entscheidung ist in der vorliegenden Sache für den erkennenden Senat bindend.

§ 12 [OVG: Großer Senat]

(1) Die Vorschriften des § 11 gelten für das Oberverwaltungsgericht entsprechend, soweit es über eine Frage des Landesrechts endgültig entscheidet. An die Stelle der Revisionssenate treten die nach diesem Gesetz gebildeten Berufungssenate.

(2) Besteht ein Oberverwaltungsgericht nur aus zwei Berufungssenaten, so treten an die Stelle des Großen Senats die Vereinigten Senate.

(3) Durch Landesgesetz kann eine abweichende Zusammensetzung des Großen Senats bestimmt werden.

§ 13 [Geschäftsstelle]

Bei jedem Gericht wird eine Geschäftsstelle eingerichtet. Sie wird mit der erforderlichen Anzahl von Urkundsbeamten besetzt.

§ 14   [Rechts- und Amtshilfe]

Alle Gerichte und Verwaltungsbehörden leisten den Gerichten der Verwaltungsgerichtsbarkeit Rechts- und Amtshilfe.

2. Abschnitt · **Richter**

§ 15   [Hauptamtliche Richter]

(1) Die Richter werden auf Lebenszeit ernannt, soweit nicht in §§ 16 und 17 Abweichendes bestimmt ist.

(2) (weggefallen)

(3) Die Richter des Bundesverwaltungsgerichts müssen das fünfunddreißigste Lebensjahr vollendet haben.

§ 16   [Richter im Nebenamt]

Bei dem Oberverwaltungsgericht und bei dem Verwaltungsgericht können auf Lebenszeit ernannte Richter anderer Gerichte und ordentliche Professoren des Rechts für eine bestimmte Zeit von mindestens zwei Jahren, längstens jedoch für die Dauer ihres Hauptamts, zu Richtern im Nebenamt ernannt werden.

§ 17   [Richter auf Probe, Richter kraft Auftrags]

Bei den Verwaltungsgerichten können Richter auf Probe oder Richter kraft Auftrags verwendet werden.

§ 18[8]   (gestrichen)

3. Abschnitt · **Ehrenamtliche Richter**

§ 19   [Rechtsstellung]

Der ehrenamtliche Richter wirkt bei der mündlichen Verhandlung und der Urteilsfindung mit gleichen Rechten wie der Richter mit.

§ 20   [Voraussetzungen]

Der ehrenamtliche Richter muss Deutscher sein. Er soll das dreißigste Lebensjahr vollendet und während des letzten Jahres vor seiner Wahl seinen Wohnsitz innerhalb des Gerichtsbezirks gehabt haben.

§ 21[9]   [Ausschließungsgründe]

(1) Vom Amt des ehrenamtlichen Richters sind ausgeschlossen

1. Personen, die infolge Richterspruchs die Fähigkeit zur Bekleidung öffentlicher Ämter nicht besitzen oder wegen einer vorsätzlichen Tat zu einer Freiheitsstrafe von mehr als sechs Monaten verurteilt worden sind,

---

8   § 18 gestrichen durch Art. 9 Rechtspflege-EntlastungsG.
9   § 21 geändert durch Art. 27 des EG zur Insolvenzordnung; nach dessen Art. 110 ist diese Änderung am 1.1.1999 in Kraft getreten.

2. Personen, gegen die Anklage wegen einer Tat erhoben ist, die den Verlust der Fähigkeit zur Bekleidung öffentlicher Ämter zur Folge haben kann,

3. Personen, die nicht das Wahlrecht zu den gesetzgebenden Körperschaften des Landes besitzen.

(2) Personen, die in Vermögensverfall geraten sind, sollen nicht zu ehrenamtlichen Richtern berufen werden.

§ 22[10] [Inkompatibilität]

Zu ehrenamtlichen Richtern können nicht berufen werden

1. Mitglieder des Bundestages, des Europäischen Parlaments, der gesetzgebenden Körperschaften eines Landes, der Bundesregierung oder einer Landesregierung,

2. Richter,

3. Beamte und Angestellte im öffentlichen Dienst, soweit sie nicht ehrenamtlich tätig sind,

4. Berufssoldaten und Soldaten auf Zeit,

5. Rechtsanwälte, Notare und Personen, die fremde Rechtsangelegenheiten geschäftsmäßig besorgen.

§ 23[11] [Ablehnungsgründe]

(1) Die Berufung zum Amt des ehrenamtlichen Richters dürfen ablehnen

1. Geistliche und Religionsdiener,

2. Schöffen und andere ehrenamtliche Richter,

3. Personen, die acht Jahre lang als ehrenamtliche Richter bei Gerichten der allgemeinen Verwaltungsgerichtsbarkeit tätig gewesen sind,

4. Ärzte, Krankenpfleger, Hebammen,

5. Apothekenleiter, die keine weiteren Apotheker beschäftigen,

6. Personen, die das fünfundsechzigste Lebensjahr vollendet haben.

(2) In besonderen Härtefällen kann außerdem auf Antrag von der Übernahme des Amtes befreit werden.

§ 24 [Entbindung vom Amt]

(1) Ein ehrenamtlicher Richter ist von seinem Amt zu entbinden, wenn er

1. nach §§ 20 bis 22 nicht berufen werden konnte oder nicht mehr berufen werden kann oder

2. seine Amtspflichten gröblich verletzt hat oder

3. einen Ablehnungsgrund nach § 23 Abs. 1 geltend macht oder

4. die zur Ausübung seines Amtes erforderlichen geistigen oder körperlichen Fähigkeiten nicht mehr besitzt oder

5. seinen Wohnsitz im Gerichtsbezirk aufgibt.

(2) In besonderen Härtefällen kann außerdem auf Antrag von der weiteren Ausübung des Amtes entbunden werden.

---

10   § 22 Nr. 4a gestrichen durch Art. 6 Abs. 3 ZivilschutzneuordnungsG.
11   § 23 Abs. 1 Nr. 5 geändert durch 6. VwGOÄndG.

(3) Die Entscheidung trifft ein Senat des Oberverwaltungsgerichts in den Fällen des Absatzes 1 Nr. 1, 2 und 4 auf Antrag des Präsidenten des Verwaltungsgerichts, in den Fällen des Absatzes 1 Nr. 3 und 5 und des Absatzes 2 auf Antrag des ehrenamtlichen Richters. Die Entscheidung ergeht durch Beschluss nach Anhörung des ehrenamtlichen Richters. Sie ist unanfechtbar.

(4) Absatz 3 gilt entsprechend in den Fällen des § 23 Abs. 2.

(5) Auf Antrag des ehrenamtlichen Richters ist die Entscheidung nach Absatz 3 von dem Senat des Oberverwaltungsgerichts aufzuheben, wenn Anklage nach § 21 Nr. 2 erhoben war und der Angeschuldigte rechtskräftig außer Verfolgung gesetzt oder freigesprochen worden ist.

§ 25 [Wahlperiode]

Die ehrenamtlichen Richter werden auf vier Jahre gewählt.

§ 26[11a][Wahlausschuss]

(1) Bei jedem Verwaltungsgericht wird ein Ausschuss zur Wahl der ehrenamtlichen Richter bestellt.

(2) Der Ausschuss besteht aus dem Präsidenten des Verwaltungsgerichts als Vorsitzenden, einem von der Landesregierung bestimmten Verwaltungsbeamten und sieben Vertrauensleuten als Beisitzern. Die Vertrauensleute, ferner sieben Vertreter, werden aus den Einwohnern des Verwaltungsgerichtsbezirks vom Landtag oder von einem durch ihn bestimmten Landtagsausschuss oder nach Maßgabe eines Landesgesetzes gewählt. Sie müssen die Voraussetzungen zur Berufung als ehrenamtliche Richter erfüllen. Die Landesregierungen werden ermächtigt, durch Rechtsverordnung die Zuständigkeit für die Bestimmung des Verwaltungsbeamten abweichend von Satz 1 zu regeln. Sie können diese Ermächtigung auf oberste Landesbehörden übertragen. In den Fällen des § 3 Abs. 2 richtet sich die Zuständigkeit für die Bestellung des Verwaltungsbeamten sowie des Landes für die Wahl der Vertrauensleute nach dem Sitz des Gerichtes. Die Landesgesetzgebung kann in diesen Fällen vorsehen, dass jede beteiligte Landesregierung einen Verwaltungsbeamten in den Ausschuss entsendet und dass jedes beteiligte Land mindestens zwei Vertrauensleute bestellt.

(3) Der Ausschuss ist beschlussfähig, wenn wenigstens der Vorsitzende, der Verwaltungsbeamte und drei Vertrauensleute anwesend sind.

§ 27 [Zahl]

Die für jedes Verwaltungsgericht erforderliche Zahl von ehrenamtlichen Richtern wird durch den Präsidenten so bestimmt, dass voraussichtlich jeder zu höchstens zwölf ordentlichen Sitzungstagen im Jahr herangezogen wird.

§ 28 [Vorschlagsliste]

Die Kreise und kreisfreien Städte stellen in jedem vierten Jahr eine Vorschlagsliste für ehrenamtliche Richter auf. Der Ausschuss bestimmt für jeden Kreis und für jede kreisfreie Stadt die Zahl der Personen, die in die Vorschlagsliste aufzunehmen sind. Hierbei ist die doppelte Anzahl der nach § 27 erforderlichen ehrenamtlichen Richter zu Grunde zu legen. Für die Aufnahme in die Liste ist die Zustimmung von mindestens zwei Dritteln der gesetzlichen Mitgliederzahl der Vertretungskörperschaft des Kreises oder der kreisfreien Stadt erforderlich. Die Vorschlagslisten sollen außer dem Namen auch den Geburtsort, den Geburtstag und Beruf des Vorgeschlagenen

---

11a § 26 Abs. 2 Sätze 6 und 7 angefügt durch Art. 6 Nr. 0 des 1. Justizmodernisierungsgesetzes.

enthalten; sie sind dem Präsidenten des zuständigen Verwaltungsgerichts zuzusenden.

§ 29 [Wahl]

(1) Der Ausschuss wählt aus den Vorschlagslisten mit einer Mehrheit von mindestens zwei Dritteln der Stimmen die erforderliche Zahl von ehrenamtlichen Richtern.

(2) Bis zur Neuwahl bleiben die bisherigen ehrenamtlichen Richter im Amt.

§ 30 [Heranziehung]

(1) Das Präsidium des Verwaltungsgerichts bestimmt vor Beginn des Geschäftsjahres die Reihenfolge, in der die ehrenamtlichen Richter zu den Sitzungen heranzuziehen sind. Für jede Kammer ist eine Liste aufzustellen, die mindestens zwölf Namen enthalten muss.

(2) Für die Heranziehung von Vertretern bei unvorhergesehener Verhinderung kann eine Hilfsliste aus ehrenamtlichen Richtern aufgestellt werden, die am Gerichtssitz oder in seiner Nähe wohnen.

§ 31 (weggefallen)

§ 32[11b] [Entschädigung]

Der ehrenamtliche Richter und der Vertrauensmann (§ 26) erhalten eine Entschädigung nach dem Justizvergütungs- und Entschädigungsgesetz.

§ 33 [Ordnungsgeld]

(1) Gegen einen ehrenamtlichen Richter, der sich ohne genügende Entschuldigung zu einer Sitzung nicht rechtzeitig einfindet oder der sich seinen Pflichten auf andere Weise entzieht, kann ein Ordnungsgeld festgesetzt werden. Zugleich können ihm die durch sein Verhalten verursachten Kosten auferlegt werden.

(2) Die Entscheidung trifft der Vorsitzende. Bei nachträglicher Entschuldigung kann er sie ganz oder zum Teil aufheben.

§ 34 [OVG]

§§ 19 bis 33 gelten für die ehrenamtlichen Richter bei dem Oberverwaltungsgericht entsprechend, wenn die Landesgesetzgebung bestimmt hat, dass bei diesem Gericht ehrenamtliche Richter mitwirken.

4. Abschnitt · Vertreter des öffentlichen Interesses

§ 35[12] [Vertreter des Bundesinteresses]

(1) Die Bundesregierung bestellt einen Vertreter des Bundesinteresses beim Bundesverwaltungsgericht und richtet ihn im Bundesministerium des Innern ein. Der Vertreter des Bundesinteresses kann sich an jedem Verfahren vor dem Bundesverwaltungsgericht beteiligen; dies gilt nicht für Verfahren vor den Wehrdienstsenaten. Er ist an die Weisungen der Bundesregierung gebunden.

11b § 32 geändert durch Art. 4 Nr. 26 des Justizkostenmodernisierungsgesetzes.
12 § 35 Abs. 1 und 2 geändert durch Art. 14 G zur Neuordnung des Bundesdisziplinarrechts.

(2) Das Bundesverwaltungsgericht gibt dem Vertreter des Bundesinteresses beim Bundesverwaltungsgericht Gelegenheit zur Äußerung.

§ 36   [Vertreter des öffentlichen Interesses]

(1) Bei dem Oberverwaltungsgericht und bei dem Verwaltungsgericht kann nach Maßgabe einer Rechtsverordnung der Landesregierung ein Vertreter des öffentlichen Interesses bestimmt werden. Dabei kann ihm allgemein oder für bestimmte Fälle die Vertretung des Landes oder von Landesbehörden übertragen werden.

(2) § 35 Abs. 2 gilt entsprechend.

§ 37[13]   [Befähigung]

(1) Der Vertreter des Bundesinteresses beim Bundesverwaltungsgericht und seine hauptamtlichen Mitarbeiter des höheren Dienstes müssen die Befähigung zum Richteramt haben oder die Voraussetzungen des § 110 Satz 1 des Deutschen Richtergesetzes erfüllen.

(2) Der Vertreter des öffentlichen Interesses bei dem Oberverwaltungsgericht und bei dem Verwaltungsgericht muss die Befähigung zum Richteramt nach dem Deutschen Richtergesetz haben; § 174 bleibt unberührt.

5. Abschnitt · Gerichtsverwaltung

§ 38   [Dienstaufsicht]

(1) Der Präsident des Gerichts übt die Dienstaufsicht über die Richter, Beamten, Angestellten und Arbeiter aus.

(2) Übergeordnete Dienstaufsichtsbehörde für das Verwaltungsgericht ist der Präsident des Oberverwaltungsgerichts.

§ 39   [Gerichtsverwaltung]

Dem Gericht dürfen keine Verwaltungsgeschäfte außerhalb der Gerichtsverwaltung übertragen werden.

6. Abschnitt · Verwaltungsrechtsweg und Zuständigkeit

§ 40[14]   [Zulässigkeit des Verwaltungsrechtsweges]

(1) Der Verwaltungsrechtsweg ist in allen öffentlich-rechtlichen Streitigkeiten nichtverfassungsrechtlicher Art gegeben, soweit die Streitigkeiten nicht durch Bundesgesetz einem anderen Gericht ausdrücklich zugewiesen sind. Öffentlich-rechtliche Streitigkeiten auf dem Gebiete des Landesrechts können einem anderen Gericht auch durch Landesgesetz zugewiesen werden.

(2) Für vermögensrechtliche Ansprüche aus Aufopferung für das gemeine Wohl und aus öffentlich-rechtlicher Verwahrung sowie für Schadensersatzansprüche aus der Verletzung öffentlich-rechtlicher Pflichten, die nicht auf einem öffentlich-rechtlichen Vertrag beruhen, ist der ordentliche Rechtsweg gegeben; dies gilt nicht für Streitigkeiten über das Bestehen und die Höhe eines Ausgleichsanspruchs im Rahmen des Art. 14 Abs. 1 Satz 2 des Grundgesetzes. Die besonderen Vorschriften des

---

13   § 37 Abs. 1 geändert durch Art 14 G zur Neuordnung des Bundesdisziplinarrechts.
14   § 40 Abs. 2 geändert durch Art. 1 Nr. 4 RmBereinVpG.

Beamtenrechts sowie über den Rechtsweg bei Ausgleich von Vermögensnachteilen wegen Rücknahme rechtswidriger Verwaltungsakte bleiben unberührt.

§ 41 [Entscheidung über den Rechtsweg – Verweisung]

(weggefallen)**

§ 42 [Anfechtungs- und Verpflichtungsklage]

(1) Durch Klage kann die Aufhebung eines Verwaltungsakts (Anfechtungsklage) sowie die Verurteilung zum Erlass eines abgelehnten oder unterlassenen Verwaltungsakts (Verpflichtungsklage) begehrt werden.

(2) Soweit gesetzlich nichts anderes bestimmt ist, ist die Klage nur zulässig, wenn der Kläger geltend macht, durch den Verwaltungsakt oder seine Ablehnung oder Unterlassung in seinen Rechten verletzt zu sein.

§ 43 [Feststellungsklage]

(1) Durch Klage kann die Feststellung des Bestehens oder Nichtbestehens eines Rechtsverhältnisses oder der Nichtigkeit eines Verwaltungsakts begehrt werden, wenn der Kläger ein berechtigtes Interesse an der baldigen Feststellung hat (Feststellungsklage).

(2) Die Feststellung kann nicht begehrt werden, soweit der Kläger seine Rechte durch Gestaltungs- oder Leistungsklage verfolgen kann oder hätte verfolgen können. Dies gilt nicht, wenn die Feststellung der Nichtigkeit eines Verwaltungsakts begehrt wird.

§ 44 [Objektive Klagehäufung]

Mehrere Klagebegehren können vom Kläger in einer Klage zusammen verfolgt werden, wenn sie sich gegen denselben Beklagten richten, im Zusammenhang stehen und dasselbe Gericht zuständig ist.

§ 44a [Rechtsbehelfe gegen behördliche Verfahrenshandlungen]

Rechtsbehelfe gegen behördliche Verfahrenshandlungen können nur gleichzeitig mit den gegen die Sachentscheidung zulässigen Rechtsbehelfen geltend gemacht werden. Dies gilt nicht, wenn behördliche Verfahrenshandlungen vollstreckt werden können oder gegen einen Nichtbeteiligten ergehen.

§ 45 [Zuständigkeit des VG]

Das Verwaltungsgericht entscheidet im ersten Rechtszug über alle Streitigkeiten, für die der Verwaltungsrechtsweg offen steht.

§ 46[15] [Zuständigkeit des OVG]

Das Oberverwaltungsgericht entscheidet über das Rechtsmittel

1. der Berufung gegen Urteile des Verwaltungsgerichts,

2. der Beschwerde gegen andere Entscheidungen des Verwaltungsgerichts (und)

** Siehe jetzt §§ 17a, 17b GVG, abgedruckt im Anhang zu § 41.
15 § 46 Nr. 3 aufgehoben durch Art. 1 Nr. 5 RmBereinVpG.

§ 47[16, 17, 18, 18a] [Normenkontrolle]

(1) Das Oberverwaltungsgericht entscheidet im Rahmen seiner Gerichtsbarkeit auf Antrag über die Gültigkeit

1. von Satzungen, die nach den Vorschriften des Baugesetzbuchs erlassen worden sind, sowie von Rechtsverordnungen auf Grund des § 246 Abs. 2 des Baugesetzbuchs,

2. von anderen im Range unter dem Landesgesetz stehenden Rechtsvorschriften, sofern das Landesrecht dies bestimmt.

(2) Den Antrag kann jede natürliche oder juristische Person, die geltend macht, durch die Rechtsvorschrift oder deren Anwendung in ihren Rechten verletzt zu sein oder in absehbarer Zeit verletzt zu werden, sowie jede Behörde innerhalb von zwei Jahren nach Bekanntmachung der Rechtsvorschrift stellen. Er ist gegen die Körperschaft, Anstalt oder Stiftung zu richten, welche die Rechtsvorschrift erlassen hat. Das Oberverwaltungsgericht kann dem Land und anderen juristischen Personen des öffentlichen Rechts, deren Zuständigkeit durch die Rechtsvorschrift berührt wird, Gelegenheit zur Äußerung binnen einer zu bestimmenden Frist geben. § 65 Abs. 1 und 4 und § 66 sind entsprechend anzuwenden.

(3) Das Oberverwaltungsgericht prüft die Vereinbarkeit der Rechtsvorschrift mit Landesrecht nicht, soweit gesetzlich vorgesehen ist, dass die Rechtsvorschrift ausschließlich durch das Verfassungsgericht eines Landes nachprüfbar ist.

(4) Ist ein Verfahren zur Überprüfung der Gültigkeit der Rechtsvorschrift bei einem Verfassungsgericht anhängig, so kann das Oberverwaltungsgericht anordnen, dass die Verhandlung bis zur Erledigung des Verfahrens vor dem Verfassungsgericht auszusetzen sei.

(5) Das Oberverwaltungsgericht entscheidet durch Urteil oder, wenn es eine mündliche Verhandlung nicht für erforderlich hält, durch Beschluss. Kommt das Oberverwaltungsgericht zu der Überzeugung, dass die Rechtsvorschrift ungültig ist, so erklärt es sie für unwirksam; in diesem Fall ist die Entscheidung allgemein verbindlich und die Entscheidungsformel vom Antragsgegner ebenso zu veröffentlichen wie die Rechtsvorschrift bekannt zu machen wäre. Für die Wirkung der Entscheidung gilt § 183 entsprechend.

(6) Das Gericht kann auf Antrag eine einstweilige Anordnung erlassen, wenn dies zur Abwehr schwerer Nachteile oder aus anderen wichtigen Gründen dringend geboten ist.

§ 48[19, 20, 21, 22, 23] [OVG: Zuständigkeit in 1. Instanz]

(1) Das Oberverwaltungsgericht entscheidet im ersten Rechtszug über sämtliche Streitigkeiten, die betreffen

---

16   § 47 in der Fassung des 6. VwGOÄndG.
17   § 47 Abs. 5 Satz 4 angefügt durch Art. 8 Bau- und RaumordnungsG 1998.
18   § 47 Abs. 2 Satz 4 angefügt durch Art. 1 Nr. 6 RmBereinVpG.
18a   § 47 Abs. 5 Satz 2 geändert und S. 4 gestrichen durch Art. 4 des Gesetzes zur Anpassung des Baugesetzbuches an EU-Richtlinien.
19   § 48 Abs. 1 Satz 1 Nummern 6, 7 und 9 geändert durch Art. 7 des Planungsvereinfachungsgesetzes.
20   § 48 Abs. 1 Satz 1 Nummer 5 geändert durch Art. 9 des Gesetzes zu dem Übereinkommen zur Errichtung der Welthandelsorganisation.
21   § 48 Abs. 1 Satz 1 Nummer 5 geändert durch Art. 7 Nr. 2 des Gesetzes zur Vermeidung, Verwertung und Beseitigung von Abfällen.
22   § 48 Abs. 1 Satz 1 Nummer 7 geändert durch Art. 2 Magnetschwebebahnplanungsgesetz.
23   § 48 Abs. 1 Satz 2 geändert durch 6. VwGOÄndG.

1. die Errichtung, den Betrieb, die sonstige Innehabung, die Veränderung, die Stilllegung, den sicheren Einschluss und den Abbau von Anlagen im Sinne von §§ 7 und 9a Abs. 3 des Atomgesetzes,

2. die Bearbeitung, Verarbeitung und sonstige Verwendung von Kernbrennstoffen außerhalb von Anlagen der in § 7 des Atomgesetzes bezeichneten Art (§ 9 des Atomgesetzes) und die wesentliche Abweichung oder die wesentliche Veränderung im Sinne von § 9 Abs. 1 Satz 2 des Atomgesetzes sowie die Aufbewahrung von Kernbrennstoffen außerhalb der staatlichen Verwahrung (§ 6 des Atomgesetzes),

3. die Errichtung, den Betrieb und die Änderung von Kraftwerken mit Feuerungsanlagen für feste, flüssige und gasförmige Brennstoffe mit einer Feuerungswärmeleistung von mehr als dreihundert Megawatt,

4. die Errichtung von Freileitungen mit mehr als einhunderttausend Volt Nennspannung sowie die Änderung ihrer Linienführung,

5. Verfahren für die Errichtung, den Betrieb und die wesentliche Änderung von ortsfesten Anlagen zur Verbrennung oder thermischen Zersetzung von Abfällen mit einer jährlichen Durchsatzleistung (effektive Leistung) von mehr als einhunderttausend Tonnen und von ortsfesten Anlagen, in denen ganz oder teilweise Abfälle im Sinne von § 41 Abs. 1 des Kreislaufwirtschafts- und Abfallgesetzes gelagert und abgelagert werden,

6. das Anlegen, die Erweiterung oder Änderung und den Betrieb von Verkehrsflughäfen und von Verkehrslandeplätzen mit beschränktem Bauschutzbereich,

7. Planfeststellungsverfahren für den Bau oder die Änderung neuer Strecken von Straßenbahnen, Magnetschwebebahnen und von öffentlichen Eisenbahnen sowie für den Bau oder die Änderung von Rangier- und Containerbahnhöfen,

8. Planfeststellungsverfahren für den Bau oder die Änderung von Bundesfernstraßen,

9. Planfeststellungsverfahren für den Neubau oder den Ausbau von Bundeswasserstraßen.

Satz 1 gilt auch für Streitigkeiten über Genehmigungen, die an Stelle einer Planfeststellung erteilt werden, sowie für Streitigkeiten über sämtliche für das Vorhaben erforderlichen Genehmigungen und Erlaubnisse, auch soweit sie Nebeneinrichtungen betreffen, die mit ihm in einem räumlichen und betrieblichen Zusammenhang stehen. Die Länder können durch Gesetz vorschreiben, dass über Streitigkeiten, die Besitzeinweisungen in den Fällen des Satzes 1 betreffen, das Oberverwaltungsgericht im ersten Rechtszug entscheidet.

(2) Das Oberverwaltungsgericht entscheidet im ersten Rechtszug ferner über Klagen gegen die von einer obersten Landesbehörde nach § 3 Abs. 2 Nr. 1 des Vereinsgesetzes ausgesprochenen Vereinsverbote und nach § 8 Abs. 2 Satz 1 des Vereinsgesetzes erlassenen Verfügungen.

(3) (gestrichen)

§ 49[24] [BVerwG: Zuständigkeit als Rechtsmittelgericht]

Das Bundesverwaltungsgericht entscheidet über das Rechtsmittel

1. der Revision gegen Urteile des Oberverwaltungsgerichts nach § 132,

2. der Revision gegen Urteile des Verwaltungsgerichts nach §§ 134 und 135,

3. der Beschwerde nach § 99 Abs. 2 und § 133 Abs. 1 dieses Gesetzes sowie nach § 17a Abs. 4 Satz 4 des Gerichtsverfassungsgesetzes.

---

24   § 49 Nr. 3 geändert durch 6. VwGOÄndG.

§ 50[19, 25, 26] [BVerwG: Zuständigkeit in 1. Instanz]

(1) Das Bundesverwaltungsgericht entscheidet im ersten und letzten Rechtszug

1. über öffentlich-rechtliche Streitigkeiten nichtverfassungsrechtlicher Art zwischen dem Bund und den Ländern und zwischen verschiedenen Ländern,

2. über Klagen gegen die vom Bundesminister des Innern nach § 3 Abs. 2 Nr. 2 des Vereinsgesetzes ausgesprochenen Vereinsverbote und nach § 8 Abs. 2 Satz 1 des Vereinsgesetzes erlassenen Verfügungen,

3. (weggefallen)

4. über Klagen, denen Vorgänge im Geschäftsbereich des Bundesnachrichtendienstes zu Grunde liegen.

(2) (weggefallen)

(3) Hält das Bundesverwaltungsgericht nach Absatz 1 Nr. 1 eine Streitigkeit für verfassungsrechtlich, so legt es die Sache dem Bundesverfassungsgericht zur Entscheidung vor.

§ 51[27, 28] [Zusammentreffen von Klagen in Vereinssachen]

(1) Ist gemäß § 5 Abs. 2 des Vereinsgesetzes das Verbot des Gesamtvereins an Stelle des Verbots eines Teilvereins zu vollziehen, so ist ein Verfahren über eine Klage dieses Teilvereins gegen das ihm gegenüber erlassene Verbot bis zum Erlass der Entscheidung über eine Klage gegen das Verbot des Gesamtvereins auszusetzen.

(2) Eine Entscheidung des Bundesverwaltungsgerichts bindet im Falle des Absatzes 1 die Oberverwaltungsgerichte.

(3) Das Bundesverwaltungsgericht unterrichtet die Oberverwaltungsgerichte über die Klage eines Vereins nach § 50 Abs. 1 Nr. 2.

§ 52[29, 30; 31] [Örtliche Zuständigkeit]

Für die örtliche Zuständigkeit gilt Folgendes:

1. In Streitigkeiten, die sich auf unbewegliches Vermögen oder ein ortsgebundenes Recht oder Rechtsverhältnis beziehen, ist nur das Verwaltungsgericht örtlich zuständig, in dessen Bezirk das Vermögen oder der Ort liegt.

2. Bei Anfechtungsklagen gegen den Verwaltungsakt einer Bundesbehörde, einer bundesunmittelbaren Körperschaft, Anstalt oder Stiftung des öffentlichen Rechts, ist das Verwaltungsgericht örtlich zuständig, in dessen Bezirk die Bundesbehörde, die Körperschaft, Anstalt oder Stiftung ihren Sitz hat, vorbehaltlich der Nummern 1 und 4. Dies gilt auch bei Verpflichtungsklagen in den Fällen des Satzes 1. In Streitigkeiten nach dem Asylverfahrensgesetz ist jedoch das Verwaltungsgericht örtlich zuständig, in dessen Bezirk der Ausländer nach dem Asylverfahrensgesetz seinen Aufenthalt zu nehmen hat; ist eine örtliche Zuständigkeit danach nicht gegeben, bestimmt sie sich nach Nummer 3. Für Klagen gegen den Bund auf Gebieten, die in die Zuständigkeit der diplomatischen und konsularischen Auslandsvertretungen der Bundesrepublik Deutschland fallen,

---

25   § 50 Abs. 1 Nr. 4 geändert durch Art. 14 G zur Neuordnung des Bundesdisziplinarrechts.
26   § 50 Abs. 1 Nr. 4 geändert durch Art. 1 Nr. 7 RmBereinVpG.
27   § 51 geändert durch 6. VwGOÄndG.
28   § 51 geändert durch Art. 33 Abs. 2 JustizmitteilungsG.
29   § 52 Nr. 2 Satz 3 in der Fassung des Art. 3 Asylverfahrens-NeuregelungsG.
30   § 52 Nr. 4 geändert durch Art. 6 Abs. 3 ZivilschutzneuordnungsG.
31   § 52 Nr. 4 geändert durch Art 14 G zur Neuordnung des Bundesdisziplinarrechts.

ist das Verwaltungsgericht örtlich zuständig, in dessen Bezirk die Bundesregierung ihren Sitz hat.

3. Bei allen anderen Anfechtungsklagen vorbehaltlich der Nummern 1 und 4 ist das Verwaltungsgericht örtlich zuständig, in dessen Bezirk der Verwaltungsakt erlassen wurde. Ist er von einer Behörde, deren Zuständigkeit sich auf mehrere Verwaltungsgerichtsbezirke erstreckt, oder von einer gemeinsamen Behörde mehrerer oder aller Länder erlassen, so ist das Verwaltungsgericht zuständig, in dessen Bezirk der Beschwerte seinen Sitz oder Wohnsitz hat. Fehlt ein solcher innerhalb des Zuständigkeitsbereichs der Behörde, so bestimmt sich die Zuständigkeit nach Nummer 5. Bei Anfechtungsklagen gegen Verwaltungsakte der von den Ländern errichteten Zentralstelle für die Vergabe von Studienplätzen ist jedoch das Verwaltungsgericht örtlich zuständig, in dessen Bezirk die Stelle ihren Sitz hat. Dies gilt auch bei Verpflichtungsklagen in den Fällen der Sätze 1, 2 und 4.

4. Für alle Klagen aus einem gegenwärtigen oder früheren Beamten-, Richter-, Wehrpflicht-, Wehrdienst- oder Zivildienstverhältnis und für Streitigkeiten, die sich auf die Entstehung eines solchen Verhältnisses beziehen, ist das Verwaltungsgericht örtlich zuständig, in dessen Bezirk der Kläger oder Beklagte seinen dienstlichen Wohnsitz oder in Ermangelung dessen seinen Wohnsitz hat. Hat der Kläger oder Beklagte keinen dienstlichen Wohnsitz oder keinen Wohnsitz innerhalb des Zuständigkeitsbereichs der Behörde, die den ursprünglichen Verwaltungsakt erlassen hat, so ist das Gericht örtlich zuständig, in dessen Bezirk diese Behörde ihren Sitz hat. Die Sätze 1 und 2 gelten für Klagen nach § 79 des Gesetzes zur Regelung der Rechtsverhältnisse der unter Artikel 131 des Grundgesetzes fallenden Personen entsprechend.

5. In allen anderen Fällen ist das Verwaltungsgericht örtlich zuständig, in dessen Bezirk der Beklagte seinen Sitz, Wohnsitz oder in Ermangelung dessen seinen Aufenthalt hat oder seinen letzten Wohnsitz oder Aufenthalt hatte.

§ 53 [Bestimmung des zuständigen Gerichts]

(1) Das zuständige Gericht innerhalb der Verwaltungsgerichtsbarkeit wird durch das nächsthöhere Gericht bestimmt,

1. wenn das an sich zuständige Gericht in einem einzelnen Fall an der Ausübung der Gerichtsbarkeit rechtlich oder tatsächlich verhindert ist,

2. wenn es wegen der Grenzen verschiedener Gerichtsbezirke ungewiss ist, welches Gericht für den Rechtsstreit zuständig ist,

3. wenn der Gerichtsstand sich nach § 52 richtet und verschiedene Gerichte in Betracht kommen,

4. wenn verschiedene Gerichte sich rechtskräftig für zuständig erklärt haben,

5. wenn verschiedene Gerichte, von denen eines für den Rechtsstreit zuständig ist, sich rechtskräftig für unzuständig erklärt haben.

(2) Wenn eine örtliche Zuständigkeit nach § 52 nicht gegeben ist, bestimmt das Bundesverwaltungsgericht das zuständige Gericht.

(3) Jeder am Rechtsstreit Beteiligte und jedes mit dem Rechtsstreit befasste Gericht kann das im Rechtszug höhere Gericht oder das Bundesverwaltungsgericht anrufen. Das angerufene Gericht kann ohne mündliche Verhandlung entscheiden.

Teil II · Verfahren

7. Abschnitt · Allgemeine Verfahrensvorschriften

§ 54   [Ausschließung und Ablehnung]

(1) Für die Ausschließung und Ablehnung der Gerichtspersonen gelten §§ 41 bis 49 der Zivilprozessordnung entsprechend.

(2) Von der Ausübung des Amtes als Richter oder ehrenamtlicher Richter ist auch ausgeschlossen, wer bei dem vorausgegangenen Verwaltungsverfahren mitgewirkt hat.

(3) Besorgnis der Befangenheit nach § 42 der Zivilprozessordnung ist stets dann begründet, wenn der Richter oder ehrenamtliche Richter der Vertretung einer Körperschaft angehört, deren Interessen durch das Verfahren berührt werden.

§ 55   [Ordnungsvorschriften]

§§ 169, 171a bis 198 des Gerichtsverfassungsgesetzes über die Öffentlichkeit, Sitzungspolizei, Gerichtssprache, Beratung und Abstimmung finden entsprechende Anwendung.

§ 56[32]   [Zustellung]

(1) Anordnungen und Entscheidungen, durch die eine Frist in Lauf gesetzt wird, sowie Terminbestimmungen und Ladungen sind zuzustellen, bei Verkündung jedoch nur, wenn es ausdrücklich vorgeschrieben ist.

(2) Zugestellt wird von Amts wegen nach den Vorschriften der Zivilprozessordnung.

(3) Wer nicht im Inland wohnt, hat auf Verlangen einen Zustellungsbevollmächtigten zu bestellen.

§ 56a   [Öffentliche Bekanntmachung]

(1) Sind gleiche Bekanntgaben an mehr als fünfzig Personen erforderlich, kann das Gericht für das weitere Verfahren die Bekanntgabe durch öffentliche Bekanntmachung anordnen. In dem Beschluss muss bestimmt werden, in welchen Tageszeitungen die Bekanntmachungen veröffentlicht werden; dabei sind Tageszeitungen vorzusehen, die in dem Bereich verbreitet sind, in dem sich die Entscheidung voraussichtlich auswirken wird. Der Beschluss ist den Beteiligten zuzustellen. Die Beteiligten sind darauf hinzuweisen, auf welche Weise die weiteren Bekanntgaben bewirkt werden und wann das Schriftstück als zugestellt gilt. Der Beschluss ist unanfechtbar. Das Gericht kann den Beschluss jederzeit aufheben; es muss ihn aufheben, wenn die Voraussetzungen des Satzes 1 nicht vorlagen oder nicht mehr vorliegen.

(2) Bei der öffentlichen Bekanntmachung ist das bekannt zu gebende Schriftstück an der Gerichtstafel auszuhängen und im Bundesanzeiger sowie in den im Beschluss nach Absatz 1 Satz 2 bestimmten Tageszeitungen zu veröffentlichen. Bei der öffentlichen Bekanntmachung einer Entscheidung genügt der Aushang und die Veröffentlichung der Entscheidungsformel und der Rechtsbehelfsbelehrung. Statt des Schriftstückes kann eine Benachrichtigung ausgehängt oder veröffentlicht werden, in der angegeben ist, dass und wo das Schriftstück eingesehen werden kann. Eine Terminbestimmung oder Ladung muss im vollständigen Wortlaut ausgehängt und veröffentlicht werden.

---

32   § 56 Abs. 2 geändert durch Art 2 Abs. 18 des Zustellreformgesetzes.

(3) Das Schriftstück gilt als an dem Tage zugestellt, an dem seit dem Tage der Veröffentlichung im Bundesanzeiger zwei Wochen verstrichen sind; darauf ist in jeder Veröffentlichung hinzuweisen. Nach der öffentlichen Bekanntmachung einer Entscheidung können die Beteiligten eine Ausfertigung schriftlich anfordern; darauf ist in der Veröffentlichung gleichfalls hinzuweisen.

§ 57 [Fristen]

(1) Der Lauf einer Frist beginnt, soweit nichts anderes bestimmt ist, mit der Zustellung oder, wenn diese nicht vorgeschrieben ist, mit der Eröffnung oder Verkündung.

(2) Für die Fristen gelten die Vorschriften der §§ 222, 224 Abs. 2 und 3, §§ 225 und 226 der Zivilprozessordnung.

§ 58 [Rechtsbehelfsbelehrung]

(1) Die Frist für ein Rechtsmittel oder einen anderen Rechtsbehelf beginnt nur zu laufen, wenn der Beteiligte über den Rechtsbehelf, die Verwaltungsbehörde oder das Gericht, bei denen der Rechtsbehelf anzubringen ist, den Sitz und die einzuhaltende Frist schriftlich belehrt worden ist.

(2) Ist die Belehrung unterblieben oder unrichtig erteilt, so ist die Einlegung des Rechtsbehelfs nur innerhalb eines Jahres seit Zustellung, Eröffnung oder Verkündung zulässig, außer wenn die Einlegung vor Ablauf der Jahresfrist infolge höherer Gewalt unmöglich war oder eine schriftliche Belehrung dahin erfolgt ist, dass ein Rechtsbehelf nicht gegeben sei. § 60 Abs. 2 gilt für den Fall höherer Gewalt entsprechend.

§ 59 [Belehrung durch Bundesbehörden]

Erlässt eine Bundesbehörde einen schriftlichen Verwaltungsakt, der der Anfechtung unterliegt, so ist eine Erklärung beizufügen, durch die der Beteiligte über den Rechtsbehelf, der gegen den Verwaltungsakt gegeben ist, über die Stelle, bei der der Rechtsbehelf einzulegen ist, und über die Frist belehrt wird.

§ 60[32a] [Wiedereinsetzung in den vorigen Stand]

(1) Wenn jemand ohne Verschulden verhindert war, eine gesetzliche Frist einzuhalten, so ist ihm auf Antrag Wiedereinsetzung in den vorigen Stand zu gewähren.

(2) Der Antrag ist binnen zwei Wochen nach Wegfall des Hindernisses zu stellen; bei Versäumung der Frist zur Begründung der Berufung, des Antrages auf Zulassung der Berufung, der Revision, der Nichtzulassungsbeschwerde oder der Beschwerde beträgt die Frist einen Monat. Die Tatsachen zur Begründung des Antrags sind bei der Antragstellung oder im Verfahren über den Antrag glaubhaft zu machen. Innerhalb der Antragsfrist ist die versäumte Rechtshandlung nachzuholen. Ist dies geschehen, so kann die Wiedereinsetzung auch ohne Antrag gewährt werden.

(3) Nach einem Jahr seit dem Ende der versäumten Frist ist der Antrag unzulässig, außer wenn der Antrag vor Ablauf der Jahresfrist infolge höherer Gewalt unmöglich war.

(4) Über den Wiedereinsetzungsantrag entscheidet das Gericht, das über die versäumte Rechtshandlung zu befinden hat.

(5) Die Wiedereinsetzung ist unanfechtbar.

32a § 60 Abs. 2 Satz 1 geändert durch Art. 6 Nr. 0a des Ersten Justizmodernisierungsgesetzes.

§ 61   [Beteiligungsfähigkeit]

Fähig, am Verfahren beteiligt zu sein, sind

1. natürliche und juristische Personen,
2. Vereinigungen, soweit ihnen ein Recht zustehen kann,
3. Behörden, sofern das Landesrecht dies bestimmt.

§ 62   [Prozessfähigkeit]

(1) Fähig zur Vornahme von Verfahrenshandlungen sind

1. die nach bürgerlichem Recht Geschäftsfähigen,
2. die nach bürgerlichem Recht in der Geschäftsfähigkeit Beschränkten, soweit sie durch Vorschriften des bürgerlichen oder öffentlichen Rechts für den Gegenstand des Verfahrens als geschäftsfähig anerkannt sind.

(2) Betrifft ein Einwilligungsvorbehalt nach § 1903 des Bürgerlichen Gesetzbuches den Gegenstand des Verfahrens, so ist ein geschäftsfähiger Betreuer nur insoweit zur Vornahme von Verfahrenshandlungen fähig, als er nach den Vorschriften des bürgerlichen Rechts ohne Einwilligung des Betreuers handeln kann oder durch Vorschriften des öffentlichen Rechts als handlungsfähig anerkannt ist.

(3) Für Vereinigungen sowie für Behörden handeln ihre gesetzlichen Vertreter, Vorstände oder besonders Beauftragte.

(4) §§ 53 bis 59 der Zivilprozessordnung gelten entsprechend.

§ 63[33]   [Beteiligte]

Beteiligte am Verfahren sind

1. der Kläger,
2. der Beklagte,
3. der Beigeladene (§ 65),
4. der Vertreter des Bundesinteresses beim Bundesverwaltungsgericht oder der Vertreter des öffentlichen Interesses, falls er von seiner Beteiligungsbefugnis Gebrauch macht.

§ 64   [Streitgenossenschaft]

Die Vorschriften der §§ 59 bis 63 der Zivilprozessordnung über die Streitgenossenschaft sind entsprechend anzuwenden.

§ 65   [Beiladung]

(1) Das Gericht kann, solange das Verfahren noch nicht rechtskräftig abgeschlossen oder in höherer Instanz anhängig ist, von Amts wegen oder auf Antrag andere, deren rechtliche Interessen durch die Entscheidung berührt werden, beiladen.

(2) Sind an dem streitigen Rechtsverhältnis Dritte derart beteiligt, dass die Entscheidung auch ihnen gegenüber nur einheitlich ergehen kann, so sind sie beizuladen (notwendige Beiladung).

(3) Kommt nach Absatz 2 die Beiladung von mehr als fünfzig Personen in Betracht, kann das Gericht durch Beschluss anordnen, dass nur solche Personen beigeladen werden, die dies innerhalb einer bestimmten Frist beantragen. Der Beschluss ist unanfechtbar. Er ist im Bundesanzeiger bekannt zu machen. Er muss außerdem

---

33   § 63 Nr. 4 geändert durch Art. 14 G zur Neuordnung des Bundesdisziplinarrechts.

in Tageszeitungen veröffentlicht werden, die in dem Bereich verbreitet sind, in dem sich die Entscheidung voraussichtlich auswirken wird. Die Frist muss mindestens drei Monate seit Veröffentlichung im Bundesanzeiger betragen. In der Veröffentlichung in Tageszeitungen ist mitzuteilen, an welchem Tage die Frist abläuft. Für die Wiedereinsetzung in den vorigen Stand bei Versäumung der Frist gilt § 60 entsprechend. Das Gericht soll Personen, die von der Entscheidung erkennbar in besonderem Maße betroffen werden, auch ohne Antrag beiladen.

(4) Der Beiladungsbeschluss ist allen Beteiligten zuzustellen. Dabei sollen der Stand der Sache und der Grund der Beiladung angegeben werden. Die Beiladung ist unanfechtbar.

§ 66 [Stellung des Beigeladenen]

Der Beigeladene kann innerhalb der Anträge eines Beteiligten selbstständig Angriffs- und Verteidigungsmittel geltend machen und alle Verfahrenshandlungen wirksam vornehmen. Abweichende Sachanträge kann er nur stellen, wenn eine notwendige Beiladung vorliegt.

§ 67[34, 35, 36] [Anwaltszwang, Prozessbevollmächtigte, Beistände]

(1) Vor dem Bundesverwaltungsgericht und dem Oberverwaltungsgericht muss sich jeder Beteiligte, soweit er einen Antrag stellt, durch einen Rechtsanwalt oder Rechtslehrer an einer deutschen Hochschule im Sinne des Hochschulrahmengesetzes mit Befähigung zum Richteramt als Bevollmächtigten vertreten lassen. Das gilt auch für die Einlegung der Revision sowie der Beschwerde gegen deren Nichtzulassung und der Beschwerde in Fällen des § 99 Abs. 2 dieses Gesetzes sowie des § 17a Abs. 4 Satz 4 des Gerichtsverfassungsgesetzes und für den Antrag auf Zulassung der Berufung sowie für Beschwerden und sonstige Nebenverfahren, bei denen in der Hauptsache Vertretungszwang besteht, mit Ausnahme der Beschwerden gegen Beschlüsse im Verfahren der Prozesskostenhilfe. Juristische Personen des öffentlichen Rechts und Behörden können sich auch durch Beamte oder Angestellte mit Befähigung zum Richteramt sowie Diplomjuristen im höheren Dienst, Gebietskörperschaften auch durch Beamte oder Angestellte mit Befähigung zum Richteramt der zuständigen Aufsichtsbehörde oder des jeweiligen kommunalen Spitzenverbandes des Landes, dem sie als Mitglied zugehören, vertreten lassen. In Angelegenheiten der Kriegsopferfürsorge und des Schwerbehindertenrechts sowie der damit im Zusammenhang stehenden Angelegenheiten des Sozialhilferechts sind vor dem Oberverwaltungsgericht als Prozessbevollmächtigte auch Mitglieder und Angestellte von Verbänden im Sinne des § 14 Abs. 3 Satz 2 des Sozialgerichtsgesetzes und von Gewerkschaften zugelassen, sofern sie kraft Satzung oder Vollmacht zur Prozessvertretung befugt sind. In Abgabenangelegenheiten sind vor dem Oberverwaltungsgericht als Prozessbevollmächtigte auch Steuerberater und Wirtschaftsprüfer zugelassen. In Angelegenheiten, die Rechtsverhältnisse im Sinne des § 52 Nr. 4 betreffen, in Personalvertretungsangelegenheiten und in Angelegenheiten, die in einem Zusammenhang mit einem gegenwärtigen oder früheren Arbeitsverhältnis von Arbeitnehmern im Sinne des § 5 des Arbeitsgerichtsgesetzes stehen einschließlich Prüfungsangelegenheiten, sind vor dem Oberverwaltungsgericht als Prozessbevollmächtigte auch Mitglieder und Angestellte von Gewerkschaften zugelassen, sofern sie kraft Satzung oder Vollmacht zur Vertretung befugt sind. Die Sätze 4 und 6 gelten entsprechend für Bevollmächtigte, die als Angestellte juristischer Personen, deren Anteile sämtlich im wirtschaftlichen Eigentum einer der in den Sätzen 4 und 6 genannten Organisationen stehen, handeln, wenn die juristische Person ausschließlich die Rechtsberatung und Prozessvertretung der Mitglie-

---

34 § 67 Abs. 1 in der Fassung des 6. VwGOÄndG.
35 § 67 Abs. 1 in der Fassung des Art. 14 G zur Änderung der Bundesrechtsanwaltsordnung.
36 § 67 Abs. 1 geändert durch Art. 1 Nr. 8 RmBereinVpG.

der der Organisation entsprechend deren Satzung durchführt und wenn die Organisation für die Tätigkeit der Bevollmächtigten haftet.

(2) Vor dem Verwaltungsgericht kann sich ein Beteiligter in jeder Lage des Verfahrens durch einen Bevollmächtigten vertreten lassen und sich in der mündlichen Verhandlung eines Beistandes bedienen. Durch Beschluss kann angeordnet werden, dass ein Bevollmächtigter bestellt oder ein Beistand hinzugezogen werden muss. Vor dem Verwaltungsgericht kann jede Person als Bevollmächtigter und Beistand auftreten, die zum sachgemäßen Vortrag fähig ist.

(3) Die Vollmacht ist schriftlich zu erteilen. Sie kann nachgereicht werden; hierfür kann das Gericht eine Frist bestimmen. Ist ein Bevollmächtigter bestellt, so sind die Zustellungen oder Mitteilungen des Gerichts an ihn zu richten.

§ 67a[37] [Bevollmächtigte für Beteiligte mit gleichem Interesse]

(1) Sind an einem Rechtsstreit mehr als zwanzig Personen im gleichen Interesse beteiligt, ohne durch einen Prozessbevollmächtigten vertreten zu sein, kann das Gericht ihnen durch Beschluss aufgeben, innerhalb einer angemessenen Frist einen gemeinsamen Bevollmächtigten zu bestellen, wenn sonst die ordnungsgemäße Durchführung des Rechtsstreits beeinträchtigt wäre. Bestellen die Beteiligten einen gemeinsamen Bevollmächtigten nicht innerhalb der ihnen gesetzten Frist, kann das Gericht einen Rechtsanwalt als gemeinsamen Vertreter durch Beschluss bestellen. Die Beteiligten können Verfahrenshandlungen nur durch den gemeinsamen Bevollmächtigten oder Vertreter vornehmen. Beschlüsse nach den Sätzen 1 und 2 sind unanfechtbar.

(2) Die Vertretungsmacht erlischt, sobald der Vertreter oder der Vertretene dies dem Gericht schriftlich oder zur Niederschrift des Urkundsbeamten der Geschäftsstelle erklärt; der Vertreter kann die Erklärung nur hinsichtlich aller Vertretenen abgeben. Gibt der Vertretene eine solche Erklärung ab, so erlischt die Vertretungsmacht nur, wenn zugleich die Bestellung eines anderen Bevollmächtigten angezeigt wird.

8. Abschnitt · Besondere Vorschriften für Anfechtungs- und Verpflichtungsklagen

§ 68[38] [Vorverfahren]

(1) Vor Erhebung der Anfechtungsklage sind Rechtmäßigkeit und Zweckmäßigkeit des Verwaltungsakts in einem Vorverfahren nachzuprüfen. Einer solchen Nachprüfung bedarf es nicht, wenn ein Gesetz dies bestimmt oder wenn

1. der Verwaltungsakt von einer obersten Bundesbehörde oder von einer obersten Landesbehörde erlassen worden ist, außer wenn ein Gesetz die Nachprüfung vorschreibt, oder

2. der Abhilfebescheid oder der Widerspruchsbescheid erstmalig eine Beschwer enthält.

(2) Für die Verpflichtungsklage gilt Absatz 1 entsprechend, wenn der Antrag auf Vornahme des Verwaltungsakts abgelehnt worden ist.

§ 69 [Widerspruch]

Das Vorverfahren beginnt mit der Erhebung des Widerspruchs.

---

37   § 67a Abs. 1 geändert durch 6. VwGOÄndG.
38   § 68 Abs. 1 Nr. 2 geändert durch 6. VwGOÄndG.

§ 70 [Einlegung des Widerspruchs]

(1) Der Widerspruch ist innerhalb eines Monats, nachdem der Verwaltungsakt dem Beschwerten bekannt gegeben worden ist, schriftlich oder zur Niederschrift bei der Behörde zu erheben, die den Verwaltungsakt erlassen hat. Die Frist wird auch durch Einlegung bei der Behörde, die den Widerspruchsbescheid zu erlassen hat, gewahrt.

(2) §§ 58 und 60 Abs. 1 bis 4 gelten entsprechend.

§ 71[39] [Anhörung]

Ist die Aufhebung oder Änderung eines Verwaltungsakts im Widerspruchsverfahren erstmalig mit einer Beschwer verbunden, soll der Betroffene vor Erlass des Abhilfebescheids oder des Widerspruchsbescheids gehört werden.

§ 72 [Abhilfeentscheidung]

Hält die Behörde den Widerspruch für begründet, so hilft sie ihm ab und entscheidet über die Kosten.

§ 73[40, 41] [Widerspruchsbescheid]

(1) Hilft die Behörde dem Widerspruch nicht ab, so ergeht ein Widerspruchsbescheid. Diesen erlässt

1. die nächsthöhere Behörde, soweit nicht durch Gesetz eine andere höhere Behörde bestimmt wird,

2. wenn die nächsthöhere Behörde eine oberste Bundes- oder oberste Landesbehörde ist, die Behörde, die den Verwaltungsakt erlassen hat,

3. in Selbstverwaltungsangelegenheiten die Selbstverwaltungsbehörde, soweit nicht durch Gesetz anderes bestimmt wird.

Abweichend von Satz 2 Nr. 1 kann durch Gesetz bestimmt werden, dass die Behörde, die den Verwaltungsakt erlassen hat, auch für die Entscheidung über den Widerspruch zuständig ist.

(2) Vorschriften, nach denen im Vorverfahren des Absatzes 1 Ausschüsse oder Beiräte an die Stelle einer Behörde treten, bleiben unberührt. Die Ausschüsse oder Beiräte können abweichend von Absatz 1 Nr. 1 auch bei der Behörde gebildet werden, die den Verwaltungsakt erlassen hat.

(3) Der Widerspruchsbescheid ist zu begründen, mit einer Rechtsmittelbelehrung zu versehen und zuzustellen. Zugestellt wird nach den Vorschriften des Verwaltungszustellungsgesetzes. Der Widerspruchsbescheid bestimmt auch, wer die Kosten trägt.

§ 74 [Klagefrist]

(1) Die Anfechtungsklage muss innerhalb eines Monats nach Zustellung des Widerspruchsbescheids erhoben werden. Ist nach § 68 ein Widerspruchsbescheid nicht erforderlich, so muss die Klage innerhalb eines Monats nach Bekanntgabe des Verwaltungsakts erhoben werden.

---

39 § 71 in der Fassung des 6. VwGOÄndG.
40 § 73 Abs. 1 in der Fassung des Art. 15 Zweites G zur Erleichterung der Verwaltungsreform in den Ländern.
41 Abs. 3 geändert durch Art. 2 Abs. 18 ZustellreformG.

(2) Für die Verpflichtungsklage gilt Absatz 1 entsprechend, wenn der Antrag auf Vornahme des Verwaltungsakts abgelehnt worden ist.

§ 75 [Untätigkeit der Behörde]

Ist über einen Widerspruch oder über einen Antrag auf Vornahme eines Verwaltungsakts ohne zureichenden Grund in angemessener Frist sachlich nicht entschieden worden, so ist die Klage abweichend von § 68 zulässig. Die Klage kann nicht vor Ablauf von drei Monaten seit der Einlegung des Widerspruchs oder seit dem Antrag auf Vornahme des Verwaltungsakts erhoben werden, außer wenn wegen besonderer Umstände des Falles eine kürzere Frist geboten ist. Liegt ein zureichender Grund dafür vor, dass über den Widerspruch noch nicht entschieden oder der beantragte Verwaltungsakt noch nicht erlassen ist, so setzt das Gericht das Verfahren bis zum Ablauf einer von ihm bestimmten Frist, die verlängert werden kann, aus. Wird dem Widerspruch innerhalb der vom Gericht gesetzten Frist stattgegeben oder der Verwaltungsakt innerhalb dieser Frist erlassen, so ist die Hauptsache für erledigt zu erklären.

§ 76 [Klageverjährung] (weggefallen)

§ 77 [Ausschließlichkeit der Regelung des Vorverfahrens]

(1) Alle bundesrechtlichen Vorschriften in anderen Gesetzen über Einspruchs- oder Beschwerdeverfahren sind durch die Vorschriften dieses Abschnitts ersetzt.

(2) Das Gleiche gilt für landesrechtliche Vorschriften über Einspruchs- oder Beschwerdeverfahren als Voraussetzung der verwaltungsgerichtlichen Klage.

§ 78[42] [Beklagter]

(1) Die Klage ist zu richten

1. gegen den Bund, das Land oder die Körperschaft, deren Behörde den angefochtenen Verwaltungsakt erlassen oder den beantragten Verwaltungsakt unterlassen hat; zur Bezeichnung des Beklagten genügt die Angabe der Behörde,

2. sofern das Landesrecht dies bestimmt, gegen die Behörde selbst, die den angefochtenen Verwaltungsakt erlassen oder den beantragten Verwaltungsakt unterlassen hat.

(2) Wenn ein Widerspruchsbescheid erlassen ist, der erstmalig eine Beschwer enthält (§ 68 Abs. 1 Satz 2 Nr. 2), ist Behörde im Sinne des Absatzes 1 die Widerspruchsbehörde.

§ 79[43] [Gegenstand der Anfechtungsklage]

(1) Gegenstand der Anfechtungsklage ist

1. der ursprüngliche Verwaltungsakt in der Gestalt, die er durch den Widerspruchsbescheid gefunden hat,

2. der Abhilfebescheid oder Widerspruchsbescheid, wenn dieser erstmalig eine Beschwer enthält.

(2) Der Widerspruchsbescheid kann auch dann alleiniger Gegenstand der Anfechtungsklage sein, wenn und soweit er gegenüber dem ursprünglichen Verwaltungsakt eine zusätzliche selbstständige Beschwer enthält. Als eine zusätzliche Be-

---

[42] § 78 Abs. 2 in der Fassung des 6. VwGOÄndG.
[43] § 79 Abs. 1 Nr. 2 in der Fassung des 6. VwGOÄndG.

schwer gilt auch die Verletzung einer wesentlichen Verfahrensvorschrift, sofern der Widerspruchsbescheid auf dieser Verletzung beruht. § 78 Abs. 2 gilt entsprechend.

§ 80[44, 45] [Aufschiebende Wirkung]

(1) Widerspruch und Anfechtungsklage haben aufschiebende Wirkung. Das gilt auch bei rechtsgestaltenden und feststellenden Verwaltungsakten sowie bei Verwaltungsakten mit Doppelwirkung (§ 80a).

(2) Die aufschiebende Wirkung entfällt nur

1. bei der Anforderung von öffentlichen Abgaben und Kosten,

2. bei unaufschiebbaren Anordnungen und Maßnahmen von Polizeivollzugsbeamten,

3. in anderen durch Bundesgesetz oder für Landesrecht durch Landesgesetz vorgeschriebenen Fällen, insbesondere für Widersprüche und Klagen Dritter gegen Verwaltungsakte, die Investitionen oder die Schaffung von Arbeitsplätzen betreffen,

4. in den Fällen, in denen die sofortige Vollziehung im öffentlichen Interesse oder im überwiegenden Interesse eines Beteiligten von der Behörde, die den Verwaltungsakt erlassen oder über den Widerspruch zu entscheiden hat, besonders angeordnet wird.

Die Länder können auch bestimmen, dass Rechtsbehelfe keine aufschiebende Wirkung haben, soweit sie sich gegen Maßnahmen richten, die in der Verwaltungsvollstreckung durch die Länder nach Bundesrecht getroffen werden.

(3) In den Fällen des Absatzes 2 Nr. 4 ist das besondere Interesse an der sofortigen Vollziehung des Verwaltungsakts schriftlich zu begründen. Einer besonderen Begründung bedarf es nicht, wenn die Behörde bei Gefahr im Verzug, insbesondere bei drohenden Nachteilen für Leben, Gesundheit oder Eigentum vorsorglich eine als solche bezeichnete Notstandsmaßnahme im öffentlichen Interesse trifft.

(4) Die Behörde, die den Verwaltungsakt erlassen oder über den Widerspruch zu entscheiden hat, kann in den Fällen des Absatzes 2 die Vollziehung aussetzen, soweit nicht bundesgesetzlich etwas anderes bestimmt ist. Bei der Anforderung von öffentlichen Abgaben und Kosten kann sie die Vollziehung auch gegen Sicherheit aussetzen. Die Aussetzung soll bei öffentlichen Abgaben und Kosten erfolgen, wenn ernstliche Zweifel an der Rechtmäßigkeit des angegriffenen Verwaltungsakts bestehen oder wenn die Vollziehung für den Abgaben- oder Kostenpflichtigen eine unbillige, nicht durch überwiegende öffentliche Interessen gebotene Härte zur Folge hätte.

(5) Auf Antrag kann das Gericht der Hauptsache die aufschiebende Wirkung in den Fällen des Absatzes 2 Nr. 1 bis 3 ganz oder teilweise anordnen, im Falle des Absatzes 2 Nr. 4 ganz oder teilweise wiederherstellen. Der Antrag ist schon vor Erhebung der Anfechtungsklage zulässig. Ist der Verwaltungsakt im Zeitpunkt der Entscheidung schon vollzogen, so kann das Gericht die Aufhebung der Vollziehung anordnen. Die Wiederherstellung der aufschiebenden Wirkung kann von der Leistung einer Sicherheit oder von anderen Auflagen abhängig gemacht werden. Sie kann auch befristet werden.

(6) In den Fällen des Absatzes 2 Nr. 1 ist der Antrag nach Absatz 5 nur zulässig, wenn die Behörde einen Antrag auf Aussetzung der Vollziehung ganz oder zum Teil abgelehnt hat. Das gilt nicht, wenn

1. die Behörde über den Antrag ohne Mitteilung eines zureichenden Grundes in angemessener Frist sachlich nicht entschieden hat oder

2. eine Vollstreckung droht.

---

44 § 80 Abs. 8 in der Fassung des Art. 9 Rechtspflege-EntlastungsG.
45 § 80 Abs. 2 geändert durch 6. VwGOÄndG.

(7) Das Gericht der Hauptsache kann Beschlüsse über Anträge nach Absatz 5 jederzeit ändern oder aufheben. Jeder Beteiligte kann die Änderung oder Aufhebung wegen veränderter oder im ursprünglichen Verfahren ohne Verschulden nicht geltend gemachter Umstände beantragen.

(8) In dringenden Fällen kann der Vorsitzende entscheiden.

§ 80a [Entscheidung bei Verwaltungsakt mit Drittwirkung]

(1) Legt ein Dritter einen Rechtsbehelf gegen den an einen anderen gerichteten, diesen begünstigenden Verwaltungsakt ein, kann die Behörde

1. auf Antrag des Begünstigten nach § 80 Abs. 2 Nr. 4 die sofortige Vollziehung anordnen,

2. auf Antrag des Dritten nach § 80 Abs. 4 die Vollziehung aussetzen und einstweilige Maßnahmen zur Sicherung der Rechte des Dritten treffen.

(2) Legt ein Betroffener gegen einen an ihn gerichteten belastenden Verwaltungsakt, der einen Dritten begünstigt, einen Rechtsbehelf ein, kann die Behörde auf Antrag des Dritten nach § 80 Abs. 2 Nr. 4 die sofortige Vollziehung anordnen.

(3) Das Gericht kann auf Antrag Maßnahmen nach den Absätzen 1 und 2 ändern oder aufheben oder solche Maßnahmen treffen. § 80 Abs. 5 bis 8 gilt entsprechend.

§ 80b[46] [Ende der aufschiebenden Wirkung]

(1) Die aufschiebende Wirkung des Widerspruchs und der Anfechtungsklage endet mit der Unanfechtbarkeit oder, wenn die Anfechtungsklage im ersten Rechtszug abgewiesen worden ist, drei Monate nach Ablauf der gesetzlichen Begründungsfrist des gegen die abweisende Entscheidung gegebenen Rechtsmittels. Dies gilt auch, wenn die Vollziehung durch die Behörde ausgesetzt oder die aufschiebende Wirkung durch das Gericht wiederhergestellt oder angeordnet worden ist, es sei denn, die Behörde hat die Vollziehung bis zur Unanfechtbarkeit ausgesetzt.

(2) Das Oberverwaltungsgericht kann auf Antrag anordnen, dass die aufschiebende Wirkung fortdauert.

(3) § 80 Abs. 5 bis 8 und § 80a gelten entsprechend.

9. Abschnitt · Verfahren im ersten Rechtszug

§ 81 [Klageerhebung]

(1) Die Klage ist bei dem Gericht schriftlich zu erheben. Bei dem Verwaltungsgericht kann sie auch zur Niederschrift des Urkundsbeamten der Geschäftsstelle erhoben werden.

(2) Der Klage und allen Schriftsätzen sollen Abschriften für die übrigen Beteiligten beigefügt werden.

§ 82 [Notwendiger Inhalt der Klageschrift]

(1) Die Klage muss den Kläger, den Beklagten und den Gegenstand des Klagebegehrens bezeichnen. Sie soll einen bestimmten Antrag enthalten. Die zur Begründung dienenden Tatsachen und Beweismittel sollen angegeben werden, die angefochtene Verfügung und der Widerspruchsbescheid sollen in Urschrift oder in Abschrift beigefügt werden.

---

46   § 80b eingefügt durch 6. VwGOÄndG.

(2) Entspricht die Klage diesen Anforderungen nicht, hat der Vorsitzende oder ein von ihm bestimmter Richter (Berichterstatter) den Kläger zu der erforderlichen Ergänzung innerhalb einer bestimmten Frist aufzufordern. Er kann dem Kläger für die Ergänzung eine Frist mit ausschließender Wirkung setzen, wenn es an einem der in Absatz 1 Satz 1 genannten Erfordernisse fehlt. Für die Wiedereinsetzung in den vorigen Stand gilt § 60 entsprechend.

§ 83 [Zuständigkeit, Verweisung]

Für die sachliche und örtliche Zuständigkeit gelten die §§ 17 bis 17b des Gerichtsverfassungsgesetzes entsprechend. Beschlüsse entsprechend §17a Abs. 2 und 3 des Gerichtsverfassungsgesetzes sind unanfechtbar.

§ 84[47, 48] [Gerichtsbescheid]

(1) Das Gericht kann ohne mündliche Verhandlung durch Gerichtsbescheid entscheiden, wenn die Sache keine besondere Schwierigkeiten tatsächlicher oder rechtlicher Art aufweist und der Sachverhalt geklärt ist. Die Beteiligten sind vorher zu hören. Die Vorschriften über Urteile gelten entsprechend.

(2) Die Beteiligten können innerhalb eines Monats nach Zustellung des Gerichtsbescheids

1. Berufung einlegen, wenn sie zugelassen worden ist (§ 124a),

2. Zulassung der Berufung oder mündliche Verhandlung beantragen; wird von beiden Rechtsbehelfen Gebrauch gemacht, findet mündliche Verhandlung statt,

3. Revision einlegen, wenn sie zugelassen worden ist,

4. Nichtzulassungsbeschwerde einlegen oder mündliche Verhandlung beantragen, wenn die Revision nicht zugelassen worden ist; wird von beiden Rechtsbehelfen Gebrauch gemacht, findet mündliche Verhandlung statt,

5. mündliche Verhandlung beantragen, wenn ein Rechtsmittel nicht gegeben ist.

(3) Der Gerichtsbescheid wirkt als Urteil; wird rechtzeitig mündliche Verhandlung beantragt, gilt er als nicht ergangen.

(4) Wird mündliche Verhandlung beantragt, kann das Gericht in dem Urteil von einer weiteren Darstellung des Tatbestandes und der Entscheidungsgründe absehen, soweit es der Begründung des Gerichtsbescheides folgt und dies in seiner Entscheidung feststellt.

§ 85 [Klagezustellung]

Der Vorsitzende verfügt die Zustellung der Klage an den Beklagten. Zugleich mit der Zustellung ist der Beklagte aufzufordern, sich schriftlich zu äußern; § 81 Abs. 1 Satz 2 gilt entsprechend. Hierfür kann eine Frist gesetzt werden.

§ 86 [Untersuchungsmaxime]

(1) Das Gericht erforscht den Sachverhalt von Amts wegen; die Beteiligten sind dabei heranzuziehen. Es ist an das Vorbringen und an die Beweisanträge der Beteiligten nicht gebunden.

(2) Ein in der mündlichen Verhandlung gestellter Beweisantrag kann nur durch einen Gerichtsbeschluss, der zu begründen ist, abgelehnt werden.

(3) Der Vorsitzende hat darauf hinzuwirken, dass Formfehler beseitigt, unklare Anträge erläutert, sachdienliche Anträge gestellt, ungenügende tatsächliche Angaben

---

47   § 84 Abs. 2 in der Fassung des 6. VwGOÄndG.
48   § 84 Abs. 2 geändert durch Art. 1 Nr. 9 RmBereinVpG.

ergänzt, ferner alle für die Feststellung und Beurteilung des Sachverhalts wesentlichen Erklärungen abgegeben werden.

(4) Die Beteiligten sollen zur Vorbereitung der mündlichen Verhandlung Schriftsätze einreichen. Hierzu kann sie der Vorsitzende unter Fristsetzung auffordern. Die Schriftsätze sind den Beteiligten von Amts wegen zu übersenden.

(5) Den Schriftsätzen sind die Urkunden, auf die Bezug genommen wird, in Urschrift oder in Abschrift ganz oder im Auszug beizufügen. Sind die Urkunden dem Gegner bereits bekannt oder sehr umfangreich, so genügt die genaue Bezeichnung mit dem Anerbieten, Einsicht bei Gericht zu gewähren.

§ 86a[49] [Elektronisches Dokument]

(1) Soweit für vorbereitende Schriftsätze und deren Anlagen, für Anträge und Erklärungen der Parteien sowie für Auskünfte, Aussagen, Gutachten und Erklärungen Dritter die Schriftform vorgesehen ist, genügt dieser Form die Aufzeichnung als elektronisches Dokument, wenn dieses für die Bearbeitung durch das Gericht geeignet ist. Die verantwortende Person soll das Dokument mit einer qualifizierten elektronischen Signatur nach dem Signaturgesetz versehen.

(2) Die Bundesregierung und die Landesregierungen bestimmen für ihren Bereich durch Rechtsverordnung den Zeitpunkt, von dem an elektronische Dokumente bei den Gerichten eingereicht werden können, sowie die für die Bearbeitung der Dokumente geeignete Form. Die Landesregierungen können die Ermächtigung durch Rechtsverordnung auf die für die Verwaltungsgerichtsbarkeit zuständigen obersten Landesbehörden übertragen. Die Zulassung der elektronischen Form kann auf einzelne Gerichte oder Verfahren beschränkt werden.

(3) Ein elektronisches Dokument ist eingereicht, sobald die für den Empfang bestimmte Einrichtung des Gerichts es aufgezeichnet hat.

§ 87[50] [Vorbereitende Prozessleitung]

(1) Der Vorsitzende oder der Berichterstatter hat schon vor der mündlichen Verhandlung alle Anordnungen zu treffen, die notwendig sind, um den Rechtsstreit möglichst in einer mündlichen Verhandlung zu erledigen. Er kann insbesondere

1. die Beteiligten zur Erörterung des Sach- und Streitstandes und zur gütlichen Beilegung des Rechtsstreits laden und einen Vergleich entgegennehmen;

2. den Beteiligten die Ergänzung oder Erläuterung ihrer vorbereitenden Schriftsätze sowie die Vorlegung von Urkunden und von anderen zur Niederlegung bei Gericht geeigneten Gegenständen aufgeben, insbesondere eine Frist zur Erklärung über bestimmte klärungsbedürftige Punkte setzen;

3. Auskünfte einholen;

4. die Vorlage von Urkunden anordnen;

5. das persönliche Erscheinen der Beteiligten anordnen; § 95 gilt entsprechend;

6. Zeugen und Sachverständige zur mündlichen Verhandlung laden.

(2) Die Beteiligten sind von jeder Anordnung zu benachrichtigen.

(3) Der Vorsitzende oder der Berichterstatter kann einzelne Beweise erheben. Dies darf nur insoweit geschehen, als es zur Vereinfachung der Verhandlung vor dem Gericht sachdienlich und von vornherein anzunehmen ist, dass das Gericht das

---

49 § 86a eingefügt durch Art. 8 G zur Anpassung der Formvorschriften des Privatrechts und anderer Vorschriften an den modernen Rechtsgeschätsverkehr.
50 § 87 Abs. 1 S. 2 Nr. 7 eingefügt durch 6. VwGOÄndG; gestrichen durch Art. 1 Nr. 10 RmBereinVpG.

Beweisergebnis auch ohne unmittelbaren Eindruck von dem Verlauf der Beweisaufnahme sachgemäß zu würdigen vermag.

§ 87a[50a] [Entscheidung im vorbereitenden Verfahren]

(1) Der Vorsitzende entscheidet, wenn die Entscheidung im vorbereitenden Verfahren ergeht,

1. über die Aussetzung und das Ruhen des Verfahrens;

2. bei Zurücknahme der Klage, Verzicht auf den geltend gemachten Anspruch oder Anerkenntnis des Anspruchs, auch über einen Antrag auf Prozesskostenhilfe;

3. bei Erledigung des Rechtsstreits in der Hauptsache, auch über einen Antrag auf Prozesskostenhilfe;

4. über den Streitwert;

5. über Kosten;

6. über die Beiladung.

(2) Im Einverständnis der Beteiligten kann der Vorsitzende auch sonst an Stelle der Kammer oder des Senats entscheiden.

(3) Ist ein Berichterstatter bestellt, so entscheidet dieser an Stelle des Vorsitzenden.

§ 87b [Zurückweisung verspäteten Vorbringens]

(1) Der Vorsitzende oder der Berichterstatter kann dem Kläger eine Frist setzen zur Angabe der Tatsachen, durch deren Berücksichtigung oder Nichtberücksichtigung im Verwaltungsverfahren er sich beschwert fühlt. Die Fristsetzung nach Satz 1 kann mit der Fristsetzung nach § 82 Abs. 2 Satz 2 verbunden werden.

(2) Der Vorsitzende oder der Berichterstatter kann einem Beteiligten unter Fristsetzung aufgeben, zu bestimmten Vorgängen

1. Tatsachen anzugeben oder Beweismittel zu bezeichnen,

2. Urkunden oder andere bewegliche Sachen vorzulegen, soweit der Beteiligte dazu verpflichtet ist.

(3) Das Gericht kann Erklärungen und Beweismittel, die erst nach Ablauf einer nach den Absätzen 1 und 2 gesetzten Frist vorgebracht werden, zurückweisen und ohne weitere Ermittlungen entscheiden, wenn

1. ihre Zulassung nach der freien Überzeugung des Gerichts die Erledigung des Rechtsstreits verzögern würde und

2. der Beteiligte die Verspätung nicht genügend entschuldigt und

3. der Beteiligte über die Folgen einer Fristversäumung belehrt worden ist.

Der Entschuldigungsgrund ist auf Verlangen des Gerichts glaubhaft zu machen. Satz 1 gilt nicht, wenn es mit geringem Aufwand möglich ist, den Sachverhalt auch ohne Mitwirkung des Beteiligten zu ermitteln.

§ 88 [Bindung an das Klagebegehren]

Das Gericht darf über das Klagebegehren nicht hinausgehen, ist aber an die Fassung der Anträge nicht gebunden.

50a § 87a Abs. 1 Nr. 2 und 3 geändert, Nr. 6 eingefügt durch Art. 6 Nr. 1 des Ersten Justizmodernisierungsgesetzes.

§ 89   [Widerklage]

(1) Bei dem Gericht der Klage kann eine Widerklage erhoben werden, wenn der Gegenanspruch mit dem in der Klage geltend gemachten Anspruch oder mit den gegen ihn vorgebrachten Verteidigungsmitteln zusammenhängt. Dies gilt nicht, wenn in den Fällen des § 52 Nr. 1 für die Klage wegen des Gegenanspruchs ein anderes Gericht zuständig ist.

(2) Bei Anfechtungs- und Verpflichtungsklagen ist die Widerklage ausgeschlossen.

§ 90   [Rechtshängigkeit]**

(1) Durch Erhebung der Klage wird die Streitsache rechtshängig.

(2) (weggefallen)

(3) (weggefallen)

§ 91   [Klageänderung]

(1) Eine Änderung der Klage ist zulässig, wenn die übrigen Beteiligten einwilligen oder das Gericht die Änderung für sachdienlich hält.

(2) Die Einwilligung des Beklagten in die Änderung der Klage ist anzunehmen, wenn er sich, ohne ihr zu widersprechen, in einem Schriftsatz oder in einer mündlichen Verhandlung auf die geänderte Klage eingelassen hat.

(3) Die Entscheidung, dass eine Änderung der Klage nicht vorliegt oder zuzulassen sei, ist nicht selbstständig anfechtbar.

§ 92[51] [Klagerücknahme]

(1) Der Kläger kann bis zur Rechtskraft des Urteils seine Klage zurücknehmen. Die Zurücknahme nach Stellung der Anträge in der mündlichen Verhandlung setzt die Einwilligung des Beklagten und, wenn ein Vertreter des öffentlichen Interesses an der mündlichen Verhandlung teilgenommen hat, auch seine Einwilligung voraus. Die Einwilligung gilt als erteilt, wenn der Klagerücknahme nicht innerhalb von zwei Wochen seit Zustellung des die Rücknahme enthaltenen Schriftsatzes widersprochen wird; das Gericht hat auf diese Folge hinzuweisen.

(2) Die Klage gilt als zurückgenommen, wenn der Kläger das Verfahren trotz Aufforderung des Gerichts länger als zwei Monate nicht betreibt. Absatz 1 Satz 2 und 3 gilt entsprechend. Der Kläger ist in der Aufforderung auf die sich aus Satz 1 und § 155 Abs. 2 ergebenden Rechtsfolgen hinzuweisen. Das Gericht stellt durch Beschluss fest, dass die Klage als zurückgenommen gilt.

(3) Ist die Klage zurückgenommen oder gilt sie als zurückgenommen, so stellt das Gericht das Verfahren durch Beschluss ein und spricht die sich nach diesem Gesetz ergebenden Rechtsfolgen der Zurücknahme aus. Der Beschluss ist unanfechtbar.

§ 93   [Verbindung, Trennung]

Das Gericht kann durch Beschluss mehrere bei ihm anhängige Verfahren über den gleichen Gegenstand zu gemeinsamer Verhandlung und Entscheidung verbinden und wieder trennen. Es kann anordnen, dass mehrere in einem Verfahren erhobene Ansprüche in getrennten Verfahren verhandelt und entschieden werden.

**   Siehe auch § 17 GVG, abgedruckt als Anhang zu § 90.
51   § 92 Abs. 2 und 3 in der Fassung des 6. VwGOÄndG; Abs. 1 Satz 2 eingefügt und Abs. 2 geändert durch Art. 6 Nr. 2 des Ersten Justizmodernisierungsgesetzes.

§ 93a[52] [Musterverfahren]

(1) Ist die Rechtmäßigkeit einer behördlichen Maßnahme Gegenstand von mehr als zwanzig Verfahren, kann das Gericht eines oder mehrere geeignete Verfahren vorab durchführen (Musterverfahren) und die übrigen Verfahren aussetzen. Die Beteiligten sind vorher zu hören. Der Beschluss ist unanfechtbar.

(2) Ist über die durchgeführten Verfahren rechtskräftig entschieden worden, kann das Gericht nach Anhörung der Beteiligten über die ausgesetzten Verfahren durch Beschluss entscheiden, wenn es einstimmig der Auffassung ist, dass die Sachen gegenüber rechtskräftig entschiedenen Musterverfahren keine wesentlichen Besonderheiten tatsächlicher oder rechtlicher Art aufweisen und der Sachverhalt geklärt ist. Das Gericht kann in einem Musterverfahren erhobene Beweise einführen; es kann nach seinem Ermessen die wiederholte Vernehmung eines Zeugen oder eine neue Begutachtung durch denselben oder andere Sachverständige anordnen. Beweisanträge zu Tatsachen, über die bereits im Musterverfahren Beweis erhoben wurde, kann das Gericht ablehnen, wenn ihre Zulassung nach seiner freien Überzeugung nicht zum Nachweis neuer entscheidungserheblicher Tatsachen beitragen und die Erledigung des Rechtsstreits verzögern würde. Die Ablehnung kann in der Entscheidung nach Satz 1 erfolgen. Den Beteiligten steht gegen den Beschluss nach Satz 1 das Rechtsmittel zu, das zulässig wäre, wenn das Gericht durch Urteil entschieden hätte. Die Beteiligten sind über dieses Rechtsmittel zu belehren.

§ 94[53] [Aussetzung]

Das Gericht kann, wenn die Entscheidung des Rechtsstreits ganz oder zum Teil von dem Bestehen oder Nichtbestehen eines Rechtsverhältnisses abhängt, das den Gegenstand eines anderen anhängigen Rechtsstreits bildet oder von einer Verwaltungsbehörde festzustellen ist, anordnen, dass die Verhandlung bis zur Erledigung des anderen Rechtsstreits oder bis zur Entscheidung der Verwaltungsbehörde auszusetzen sei.

§ 95 [Anwesenheit von Beteiligten]

(1) Das Gericht kann das persönliche Erscheinen eines Beteiligten anordnen. Für den Fall des Ausbleibens kann es Ordnungsgeld wie gegen einen im Vernehmungstermin nicht erschienenen Zeugen androhen. Bei schuldhaftem Ausbleiben setzt das Gericht durch Beschluss das angedrohte Ordnungsgeld fest. Androhung und Festsetzung des Ordnungsgelds können wiederholt werden.

(2) Ist Beteiligter eine juristische Person oder eine Vereinigung, so ist das Ordnungsgeld dem nach Gesetz oder Satzung Vertretungsberechtigten anzudrohen und gegen ihn festzusetzen.

(3) Das Gericht kann einer beteiligten öffentlich-rechtlichen Körperschaft oder Behörde aufgeben, zur mündlichen Verhandlung einen Beamten oder Angestellten zu entsenden, der mit einem schriftlichen Nachweis über die Vertretungsbefugnis versehen und über die Sach- und Rechtslage ausreichend unterrichtet ist.

§ 96 [Beweisaufnahme]

(1) Das Gericht erhebt Beweis in der mündlichen Verhandlung. Es kann insbesondere Augenschein einnehmen, Zeugen, Sachverständige und Beteiligte vernehmen und Urkunden heranziehen.

(2) Das Gericht kann in geeigneten Fällen schon vor der mündlichen Verhandlung durch eines seiner Mitglieder als beauftragten Richter Beweis erheben lassen oder

---

52 § 93a Abs. 2 geändert durch 6. VwGOÄndG.
53 Änderung durch 6. VwGOÄndG gestrichen durch Art. 1 Nr. 11 RmBereinVpG.

durch Bezeichnung der einzelnen Beweisfragen ein anderes Gericht um die Beweisaufnahme ersuchen.

§ 97 [Beweistermin]

Die Beteiligten werden von allen Beweisterminen benachrichtigt und können der Beweisaufnahme beiwohnen. Sie können an Zeugen und Sachverständige sachdienliche Fragen richten. Wird eine Frage beanstandet, so entscheidet das Gericht.

§ 98 [Durchführung der Beweisaufnahme]

Soweit dieses Gesetz nicht abweichende Vorschriften enthält, sind auf die Beweisaufnahme §§ 358 bis 444 und 450 bis 494 der Zivilprozessordnung entsprechend anzuwenden.

§ 99[54] [Aktenvorlage durch Behörden]

(1) Behörden sind zur Vorlage von Urkunden oder Akten und zu Auskünften verpflichtet. Wenn das Bekanntwerden des Inhalts dieser Urkunden oder Akten und dieser Auskünfte dem Wohle des Bundes oder eines deutschen Landes Nachteile bereiten würde oder wenn die Vorgänge nach einem Gesetz oder ihrem Wesen nach geheim gehalten werden müssen, kann die zuständige oberste Aufsichtsbehörde die Vorlage von Urkunden oder Akten und die Erteilung der Auskunft verweigern.

(2) Auf Antrag eines Beteiligten stellt das Oberverwaltungsgericht ohne mündliche Verhandlung durch Beschluss fest, ob die Verweigerung der Vorlage der Urkunden oder Akten oder der Erteilung von Auskünften rechtmäßig ist. Verweigert eine oberste Bundesbehörde die Vorlage oder Auskunft mit der Begründung, das Bekanntwerden des Inhalts der Urkunden, der Akten oder der Auskünfte würde dem Wohl des Bundes Nachteile bereiten, entscheidet das Bundesverwaltungsgericht; Gleiches gilt, wenn das Bundesverwaltungsgericht nach § 50 für die Hauptsache zuständig ist. Der Antrag ist bei dem für die Hauptsache zuständigen Gericht zu stellen. Dieses gibt den Antrag und die Hauptsacheakten an den nach § 189 zuständigen Spruchkörper ab. Die oberste Aufsichtsbehörde hat die nach Abs. 1 Satz 2 verweigerten Urkunden oder Akten auf Aufforderung dieses Spruchköpers vorzulegen oder die verweigerten Auskünfte zu erteilen. Sie ist zu diesem Verfahren beizuladen. Das Verfahren unterliegt den Vorschriften des materiellen Geheimschutzes. Können diese nicht eingehalten werden oder macht die zuständige Aufsichtsbehörde geltend, dass besondere Gründe der Geheimhaltung oder des Geheimschutzes einer Übergabe der Urkunden oder Akten an das Gericht entgegenstehen, wird die Vorlage nach Satz 5 dadurch bewirkt, dass die Urkunden oder Akten dem Gericht in von der obersten Aufsichtsbehörde bestimmten Räumlichkeiten zur Verfügung gestellt werden. Für die nach Satz 5 vorgelegten Akten und die nach Satz 8 geltend gemachten besonderen Gründe gilt § 100 nicht. Die Mitglieder des Gerichts sind zur Geheimhaltung verpflichtet; die Entscheidungsgründe dürfen Art und Inhalt der geheim gehaltenen Urkunden oder Akten und Auskünfte nicht erkennen lassen. Für das nichtrichterliche Personal gelten die Regelungen des personellen Geheimschutzes. Soweit nicht das Bundesverwaltungsgericht entschieden hat, kann der Beschluss selbstständig mit der Beschwerde angefochten werden. Über die Beschwerde gegen den Beschluss eines Oberverwaltungsgerichts entscheidet das Bundesverwaltungsgericht. Für das Beschwerdeverfahren gelten die Sätze 4 bis 11 sinngemäß.

---

54 § 99 Abs. 2 neu gefasst durch Art. 1 Nr. 12 RmBereinVpG.

§ 100[55] [Akteneinsicht]

(1) Die Beteiligten können die Gerichtsakten und die dem Gericht vorgelegten Akten einsehen.

(2) Sie können sich durch die Geschäftsstelle auf ihre Kosten Ausfertigungen, Auszüge und Abschriften erteilen lassen. Sind die Gerichtsakten zur Ersetzung der Urschrift auf einen Bild- oder anderen Datenträger übertragen worden, gilt § 299a der Zivilprozessordnung entsprechend. Nach dem Ermessen des Vorsitzenden können die Akten dem bevollmächtigten Rechtsanwalt zur Mitnahme in seine Wohnung oder in seine Geschäftsräume übergeben werden.

(3) Die Entwürfe zu Urteilen, Beschlüssen und Verfügungen, die Arbeiten zu ihrer Vorbereitung, ferner die Schriftstücke, die Abstimmungen betreffen, werden weder vorgelegt noch abschriftlich mitgeteilt.

§ 101 [Grundsatz der mündlichen Verhandlung]

(1) Das Gericht entscheidet, soweit nichts anderes bestimmt ist, auf Grund mündlicher Verhandlung.

(2) Mit Einverständnis der Beteiligten kann das Gericht ohne mündliche Verhandlung entscheiden.

(3) Entscheidungen des Gerichts, die nicht Urteile sind, können ohne mündliche Verhandlung ergehen, soweit nichts anderes bestimmt ist.

§ 102[56] [Ladungsfrist]

(1) Sobald der Termin zur mündlichen Verhandlung bestimmt ist, sind die Beteiligten mit einer Ladungsfrist von mindestens zwei Wochen, bei dem Bundesverwaltungsgericht von mindestens vier Wochen, zu laden. In dringenden Fällen kann der Vorsitzende die Frist abkürzen.

(2) Bei der Ladung ist darauf hinzuweisen, dass beim Ausbleiben eines Beteiligten auch ohne ihn verhandelt und entschieden werden kann.

(3) Die Gerichte der Verwaltungsgerichtsbarkeit können Sitzungen auch außerhalb des Gerichtssitzes abhalten, wenn dies zur sachdienlichen Erledigung notwendig ist.

(4) § 227 Abs. 3 Satz 1 der Zivilprozessordnung ist nicht anzuwenden.

§ 103 [Ablauf der mündlichen Verhandlung]

(1) Der Vorsitzende eröffnet und leitet die mündliche Verhandlung.

(2) Nach Aufruf der Sache trägt der Vorsitzende oder der Berichterstatter den wesentlichen Inhalt der Akten vor.

(3) Hierauf erhalten die Beteiligten das Wort, um ihre Anträge zu stellen und zu begründen.

§ 104 [Erörterung der Streitsache]

(1) Der Vorsitzende hat die Streitsache mit den Beteiligten tatsächlich und rechtlich zu erörtern.

---

55 § 100 Abs. 2 geändert durch Art 8 Nr. 2 des Gesetzes zur Anpassung der Formvorschriften des Privatrechts und anderer Vorschriften an den modernen Rechtsgeschäftsverkehr.

56 § 102 Abs. 4 angefügt durch Art. 33 Abs. 2 JustizmitteilungsG.

(2) Der Vorsitzende hat jedem Mitglied des Gerichts auf Verlangen zu gestatten, Fragen zu stellen. Wird eine Frage beanstandet, so entscheidet das Gericht.

(3) Nach Erörterung der Streitsache erklärt der Vorsitzende die mündliche Verhandlung für geschlossen. Das Gericht kann die Wiedereröffnung beschließen.

§ 105 [Protokoll der mündlichen Verhandlung]

Für die Niederschrift gelten die §§ 159 bis 165 der Zivilprozessordnung entsprechend.

§ 106 [Vergleich]

Um den Rechtsstreit vollständig oder zum Teil zu erledigen, können die Beteiligten zur Niederschrift des Gerichts oder des beauftragten oder ersuchten Richters einen Vergleich schließen, soweit sie über den Gegenstand des Vergleichs verfügen können. Ein gerichtlicher Vergleich kann auch dadurch geschlossen werden, dass die Beteiligten einen in der Form eines Beschlusses ergangenen Vorschlag des Gerichts, des Vorsitzenden oder des Berichterstatters schriftlich gegenüber dem Gericht annehmen.

10. Abschnitt · Urteile und andere Entscheidungen

§ 107 [Urteil]

Über die Klage wird, soweit nichts anderes bestimmt ist, durch Urteil entschieden.

§ 108 [Freie Beweisführung]

(1) Das Gericht entscheidet nach seiner freien, aus dem Gesamtergebnis des Verfahrens gewonnenen Überzeugung. In dem Urteil sind die Gründe anzugeben, die für die richterliche Überzeugung leitend gewesen sind.

(2) Das Urteil darf nur auf Tatsachen und Beweisergebnisse gestützt werden, zu denen die Beteiligten sich äußern konnten.

§ 109 [Zwischenurteil]

Über die Zulässigkeit der Klage kann durch Zwischenurteil vorab entschieden werden.

§ 110 [Teilurteil]

Ist nur ein Teil des Streitgegenstands zur Entscheidung reif, so kann das Gericht ein Teilurteil erlassen.

§ 111 [Grundurteil]

Ist bei einer Leistungsklage ein Anspruch nach Grund und Betrag streitig, so kann das Gericht durch Zwischenurteil über den Grund vorab entscheiden. Das Gericht kann, wenn der Anspruch für begründet erklärt ist, anordnen, dass über den Betrag zu verhandeln ist.

§ 112 [Mitwirkende Richter]

Das Urteil kann nur von den Richtern und ehrenamtlichen Richtern gefällt werden, die an der dem Urteil zu Grunde liegenden Verhandlung teilgenommen haben.

§ 113 [Urteil auf Aufhebung oder Verpflichtung]

(1) Soweit der Verwaltungsakt rechtswidrig und der Kläger dadurch in seinen Rechten verletzt ist, hebt das Gericht den Verwaltungsakt und den etwaigen Widerspruchsbescheid auf. Ist der Verwaltungsakt schon vollzogen, so kann das Gericht auf Antrag auch aussprechen, dass und wie die Verwaltungsbehörde die Vollziehung rückgängig zu machen hat. Dieser Ausspruch ist nur zulässig, wenn die Behörde dazu in der Lage und diese Frage spruchreif ist. Hat sich der Verwaltungsakt vorher durch Zurücknahme oder anders erledigt, so spricht das Gericht auf Antrag durch Urteil aus, dass der Verwaltungsakt rechtswidrig gewesen ist, wenn der Kläger ein berechtigtes Interesse an dieser Feststellung hat.

(2) Begehrt der Kläger die Änderung eines Verwaltungsakts, der einen Geldbetrag festsetzt oder eine darauf bezogene Feststellung trifft, kann das Gericht den Betrag in anderer Höhe festsetzen oder die Feststellung durch eine andere ersetzen. Erfordert die Ermittlung des festzusetzenden oder festzustellenden Betrags einen nicht unerheblichen Aufwand, kann das Gericht die Änderung des Verwaltungsakts durch Angabe der zu Unrecht berücksichtigten oder nicht berücksichtigten tatsächlichen oder rechtlichen Verhältnisse so bestimmen, dass die Behörde den Betrag auf Grund der Entscheidung errechnen kann. Die Behörde teilt den Beteiligten das Ergebnis der Neuberechnung unverzüglich formlos mit; nach Rechtskraft der Entscheidung ist der Verwaltungsakt mit dem geänderten Inhalt neu bekannt zu geben.

(3) Hält das Gericht eine weitere Sachaufklärung für erforderlich, kann es, ohne in der Sache selbst zu entscheiden, den Verwaltungsakt und den Widerspruchsbescheid aufheben, soweit nach Art oder Umfang die noch erforderlichen Ermittlungen erheblich sind und die Aufhebung auch unter Berücksichtigung der Belange des Beteiligten sachdienlich ist. Auf Antrag kann das Gericht bis zum Erlass des neuen Verwaltungsakts eine einstweilige Regelung treffen, insbesondere bestimmen, dass Sicherheiten geleistet werden oder ganz oder zum Teil bestehen bleiben und Leistungen zunächst nicht zurückgewährt werden müssen. Der Beschluss kann jederzeit geändert oder aufgehoben werden. Eine Entscheidung nach Satz 1 kann nur binnen sechs Monaten seit Eingang der Akten der Behörde bei Gericht ergehen.

(4) Kann neben der Aufhebung eines Verwaltungsakts eine Leistung verlangt werden, so ist im gleichen Verfahren auch die Verurteilung zur Leistung zulässig.

(5) Soweit die Ablehnung oder Unterlassung des Verwaltungsakts rechtswidrig und der Kläger dadurch in seinen Rechten verletzt ist, spricht das Gericht die Verpflichtung der Verwaltungsbehörde aus, die beantragte Amtshandlung vorzunehmen, wenn die Sache spruchreif ist. Andernfalls spricht es die Verpflichtung aus, den Kläger unter Beachtung der Rechtsauffassung des Gerichts zu bescheiden.

§ 114[57] [Ermessensprüfung]

Soweit die Verwaltungsbehörde ermächtigt ist, nach ihrem Ermessen zu handeln, prüft das Gericht auch, ob der Verwaltungsakt oder die Ablehnung oder Unterlassung des Verwaltungsakts rechtswidrig ist, weil die gesetzlichen Grenzen des Ermessens überschritten sind oder von dem Ermessen in einer dem Zweck der Ermächtigung nicht entsprechenden Weise Gebrauch gemacht ist. Die Verwaltungsbehörde kann ihre Ermessenserwägungen hinsichtlich des Verwaltungsaktes auch noch im verwaltungsgerichtlichen Verfahren ergänzen.

---

57 § 114 geändert durch 6. VwGOÄndG.

§ 115 [Klage gegen Widerspruchsbescheid]

§§ 113 und 114 gelten entsprechend, wenn nach § 79 Abs. 1 Nr. 2 und Abs. 2 der Widerspruchsbescheid Gegenstand der Anfechtungsklage ist.

§ 116 [Urteilsverkündung und -zustellung]

(1) Das Urteil wird, wenn eine mündliche Verhandlung stattgefunden hat, in der Regel in dem Termin, in dem die mündliche Verhandlung geschlossen wird, verkündet, in besonderen Fällen in einem sofort anzuberaumenden Termin, der nicht über zwei Wochen hinaus angesetzt werden soll. Das Urteil ist den Beteiligten zuzustellen.

(2) Statt der Verkündung ist die Zustellung des Urteils zulässig; dann ist das Urteil binnen zwei Wochen nach der mündlichen Verhandlung der Geschäftsstelle zu übergeben.

(3) Entscheidet das Gericht ohne mündliche Verhandlung, so wird die Verkündung durch Zustellung an die Beteiligten ersetzt.

§ 117 [Urteilsinhalt]

(1) Das Urteil ergeht »Im Namen des Volkes«. Es ist schriftlich abzufassen und von den Richtern, die bei der Entscheidung mitgewirkt haben, zu unterzeichnen. Ist ein Richter verhindert, seine Unterschrift beizufügen, so wird dies mit dem Hinderungsgrund vom Vorsitzenden oder, wenn er verhindert ist, vom dienstältesten beisitzenden Richter unter dem Urteil vermerkt. Der Unterschrift der ehrenamtlichen Richter bedarf es nicht.

(2) Das Urteil enthält

1. die Bezeichnung der Beteiligten, ihrer gesetzlichen Vertreter und der Bevollmächtigten nach Namen, Beruf, Wohnort und ihrer Stellung im Verfahren,

2. die Bezeichnung des Gerichts und die Namen der Mitglieder, die bei der Entscheidung mitgewirkt haben,

3. die Urteilsformel,

4. den Tatbestand,

5. die Entscheidungsgründe,

6. die Rechtsmittelbelehrung.

(3) Im Tatbestand ist der Sach- und Streitstand unter Hervorhebung der gestellten Anträge seinem wesentlichen Inhalt nach gedrängt darzustellen. Wegen der Einzelheiten soll auf Schriftsätze, Protokolle und andere Unterlagen verwiesen werden, soweit sich aus ihnen der Sach- und Streitstand ausreichend ergibt.

(4) Ein Urteil, das bei der Verkündung noch nicht vollständig abgefasst war, ist vor Ablauf von zwei Wochen, vom Tage der Verkündung an gerechnet, vollständig abgefasst der Geschäftsstelle zu übergeben. Kann dies ausnahmsweise nicht geschehen, so ist innerhalb dieser zwei Wochen das von den Richtern unterschriebene Urteil ohne Tatbestand, Entscheidungsgründe und Rechtsmittelbelehrung der Geschäftsstelle zu übergeben; Tatbestand, Entscheidungsgründe und Rechtsmittelbelehrung sind alsbald nachträglich niederzulegen, von den Richtern besonders zu unterschreiben und der Geschäftsstelle zu übergeben.

(5) Das Gericht kann von einer weiteren Darstellung der Entscheidungsgründe absehen, soweit es der Begründung des Verwaltungsakts oder des Widerspruchsbescheids folgt und dies in seiner Entscheidung feststellt.

(6) Der Urkundsbeamte der Geschäftsstelle hat auf dem Urteil den Tag der Zustellung und im Falle des § 116 Abs. 1 Satz 1 den Tag der Verkündung zu vermerken und diesen Vermerk zu unterschreiben.

§ 118 [Berichtigung des Urteils]

(1) Schreibfehler, Rechenfehler und ähnliche offenbare Unrichtigkeiten im Urteil sind jederzeit vom Gericht zu berichtigen.

(2) Über die Berichtigung kann ohne vorgängige mündliche Verhandlung entschieden werden. Der Berichtigungsbeschluss wird auf dem Urteil und den Ausfertigungen vermerkt.

§ 119 [Tatbestandsberichtigung]

(1) Enthält der Tatbestand des Urteils andere Unrichtigkeiten oder Unklarheiten, so kann die Berichtigung binnen zwei Wochen nach Zustellung des Urteils beantragt werden.

(2) Das Gericht entscheidet ohne Beweisaufnahme durch Beschluss. Der Beschluss ist unanfechtbar. Bei der Entscheidung wirken nur die Richter mit, die beim Urteil mitgewirkt haben. Ist ein Richter verhindert, so entscheidet bei Stimmengleichheit die Stimme des Vorsitzenden. Der Berichtigungsbeschluss wird auf dem Urteil und den Ausfertigungen vermerkt.

§ 120 [Urteilsergänzung]

(1) Wenn ein nach dem Tatbestand von einem Beteiligten gestellter Antrag oder die Kostenfolge bei der Entscheidung ganz oder zum Teil übergangen ist, so ist auf Antrag das Urteil durch nachträgliche Entscheidung zu ergänzen.

(2) Die Entscheidung muss binnen zwei Wochen nach Zustellung des Urteils beantragt werden.

(3) Die mündliche Verhandlung hat nur den nicht erledigten Teil des Rechtsstreits zum Gegenstand.

§ 121 [Rechtskraftwirkung]

Rechtskräftige Urteile binden, soweit über den Streitgegenstand entschieden worden ist,

1. die Beteiligten und ihre Rechtsnachfolger und

2. im Falle des § 65 Abs. 3 die Personen, die einen Antrag auf Beiladung nicht oder nicht fristgemäß gestellt haben.

§ 122 [Beschlüsse]

(1) §§ 88, 108 Abs. 1 Satz 1, §§ 118, 119 und 120 gelten entsprechend für Beschlüsse.

(2) Beschlüsse sind zu begründen, wenn sie durch Rechtsmittel angefochten werden können oder über einen Rechtsbehelf entscheiden. Beschlüsse über die Aussetzung der Vollziehung (§§ 80, 80a) und über einstweilige Anordnungen (§ 123) sowie Beschlüsse nach Erledigung des Rechtsstreits in der Hauptsache (§ 161 Abs. 2) sind stets zu begründen. Beschlüsse, die über ein Rechtsmittel entscheiden, bedürfen keiner weiteren Begründung, soweit das Gericht das Rechtsmittel aus den Gründen der angefochtenen Entscheidung als unbegründet zurückweist.

11. Abschnitt · Einstweilige Anordnung

§ 123 [Einstweilige Anordnung]

(1) Auf Antrag kann das Gericht, auch schon vor Klageerhebung, eine einstweilige Anordnung in Bezug auf den Streitgegenstand treffen, wenn die Gefahr besteht, dass durch eine Veränderung des bestehenden Zustands die Verwirklichung eines Rechts des Antragstellers vereitelt oder wesentlich erschwert werden könnte. Einstweilige Anordnungen sind auch zur Regelung eines vorläufigen Zustands in Bezug auf ein streitiges Rechtsverhältnis zulässig, wenn diese Regelung, vor allem bei dauernden Rechtsverhältnissen, um wesentliche Nachteile abzuwenden oder drohende Gewalt zu verhindern oder aus anderen Gründen nötig erscheint.

(2) Für den Erlass einstweiliger Anordnungen ist das Gericht der Hauptsache zuständig. Dies ist das Gericht des ersten Rechtszugs und, wenn die Hauptsache im Berufungsverfahren anhängig ist, das Berufungsgericht. § 80 Abs. 8 ist entsprechend anzuwenden.

(3) Für den Erlass einstweiliger Anordnungen gelten §§ 920, 921, 923, 926, 928 bis 932, 938, 939, 941 und 945 der Zivilprozessordnung entsprechend.

(4) Das Gericht entscheidet durch Beschluss.

(5) Die Vorschriften der Absätze 1 bis 3 gelten nicht für die Fälle der §§ 80 und 80a.

Teil III · Rechtsmittel und Wiederaufnahme des Verfahrens

12. Abschnitt · Berufung

§ 124[58] [Zulässigkeit der Berufung]

(1) Gegen Endurteile einschließlich der Teilurteile nach § 110 und gegen Zwischenurteile nach den §§ 109 und 111 steht den Beteiligten die Berufung zu, wenn sie von dem Verwaltungsgericht oder dem Oberverwaltungsgericht zugelassen wird.

(2) Die Berufung ist nur zuzulassen,

1. wenn ernstliche Zweifel an der Richtigkeit des Urteils bestehen,

2. wenn die Rechtssache besondere tatsächliche oder rechtliche Schwierigkeiten aufweist,

3. wenn die Rechtssache grundsätzliche Bedeutung hat,

4. wenn das Urteil von einer Entscheidung des Oberverwaltungsgerichts, des Bundesverwaltungsgerichts, des gemeinsamen Senats der obersten Gerichtshöfe des Bundes oder des Bundesverfassungsgerichts abweicht und auf dieser Abweichung beruht oder

5. wenn ein der Beurteilung des Berufungsgerichts unterliegender Verfahrensmangel geltend gemacht wird und vorliegt, auf dem die Entscheidung beruhen kann.

---

[58]   § 124 Abs. 1 in der Fassung des Art. 1 Nr. 13 RmBereinVpG; Abs. 2 in der Fassung des 6. VwGOÄndG.

§ 124a[59, 60] [Zulassung, Begründung]

(1) Das Verwaltungsgericht lässt die Berufung in dem Urteil zu, wenn die Gründe des § 124 Abs. 2 Nr. 3 oder Nr. 4 vorliegen. Das Oberverwaltungsgericht ist an die Zulassung gebunden. Zu einer Nichtzulassung der Berufung ist das Verwaltungsgericht nicht befugt.

(2) Die Berufung ist, wenn sie von dem Verwaltungsgericht zugelassen worden ist, innerhalb eines Monats nach Zustellung des vollständigen Urteils bei dem Verwaltungsgericht einzulegen. Die Berufung muss das angefochtene Urteil bezeichnen.

(3) Die Berufung ist in den Fällen des Abs. 2 innerhalb von zwei Monaten nach Zustellung des vollständigen Urteils zu begründen. Die Begründung ist, sofern sie nicht zugleich mit der Einlegung der Berufung erfolgt, bei dem Oberverwaltungsgericht einzureichen. Die Begründungsfrist kann auf einen vor ihrem Ablauf gestellten Antrag von dem Vorsitzenden des Senats verlängert werden. Die Begründung muss einen bestimmten Antrag enthalten sowie die im Einzelnen anzuführenden Gründe der Anfechtung (Berufungsgründe). Mangelt es an einem dieser Erfordernisse, so ist die Berufung unzulässig.

(4) Wird die Berufung nicht in dem Urteil des Verwaltungsgerichts zugelassen, so ist die Zulassung innerhalb eines Monats nach Zustellung des vollständigen Urteils zu beantragen. Der Antrag ist bei dem Verwaltungsgericht zu stellen. Er muss das angefochtene Urteil bezeichnen. Innerhalb von zwei Monaten nach Zustellung des vollständigen Urteils sind die Gründe darzulegen, aus denen die Berufung zuzulassen ist. Die Begründung ist, soweit sie nicht bereits mit dem Antrag vorgelegt worden ist, bei dem Oberverwaltungsgericht einzureichen. Die Stellung des Antrages hemmt die Rechtskraft des Urteils.

(5) Über den Antrag entscheidet das Oberverwaltungsgericht durch Beschluss. Die Berufung ist zuzulassen, wenn einer der Gründe des § 124 Abs. 2 dargelegt ist und vorliegt. Der Beschluss soll kurz begründet werden. Mit der Ablehnung des Beschlusses wird das Urteil rechtskräftig. Lässt das Oberverwaltungsgericht die Berufung zu, wird das Antragsverfahren als Berufungsverfahren fortgesetzt; der Einlegung einer Berufung bedarf es nicht.

(6) Die Berufung ist in den Fällen des Absatzes 5 innerhalb eines Monats nach Zustellung des Beschlusses über die Zulassung der Berufung zu begründen. Die Begründung ist bei dem Oberverwaltungsgericht einzureichen. Abs. 3 Satz 3 bis 5 gilt entsprechend.

§ 124b[61] [Vorlage an das BVerwG]

Das Oberverwaltungsgericht legt die Sache unter Begründung seiner Rechtsauffassung dem Bundesverwaltungsgericht zur Entscheidung über die Auslegung von § 124 Abs. 2 oder § 124a Abs. 4 S. 4 vor, wenn

1. die Rechtssache grundsätzliche Bedeutung für die Auslegung dieser Bestimmungen hat oder

2. die Fortbildung des Rechts oder die Sicherung einer einheitlichen Rechtsprechung eine Entscheidung des Bundesverwaltungsgerichts zur Auslegung dieser Bestimmungen erfordert.

Der Beschluss ist nicht anfechtbar. Er ist den Beteiligten bekannt zu machen. Das Bundesverwaltungsgericht entscheidet nur über die Rechtsfrage.

---

59 § 124a eingefügt durch 6. VwGOÄndG.
60 § 124a in der Fassung des Art. 1 Nr. 14 RmBereinVpG; Abs. 4 Satz 5 neu gefasst durch Art. 6 Nr. 2a des 1. Justizmodernisierungsgesetzes.
61 § 124b eingefügt durch Art. 1 Nr. 15 RmBereinVpG; die Vorschrift tritt am 1. Januar 2005 gemäß Art. 6, Art. 7 Abs. 2 RmBereinVpG außer Kraft.

§ 125 [Verfahren, Prüfung der Zulässigkeit]

(1) Für das Berufungsverfahren gelten die Vorschriften des Teils II entsprechend, soweit sich aus diesem Abschnitt nichts anderes ergibt. § 84 findet keine Anwendung.

(2) Ist die Berufung unzulässig, so ist sie zu verwerfen. Die Entscheidung kann durch Beschluss ergehen. Die Beteiligten sind vorher zu hören. Gegen den Beschluss steht den Beteiligten das Rechtsmittel zu, das zulässig wäre, wenn das Gericht durch Urteil entschieden hätte. Die Beteiligten sind über dieses Rechtsmittel zu belehren.

§ 126[62] [Zurücknahme der Berufung]

(1) Die Berufung kann bis zur Rechtskraft des Urteils zurückgenommen werden. Die Zurücknahme nach Stellung der Anträge in der mündlichen Verhandlung setzt die Einwilligung des Beklagten und, wenn ein Vertreter des öffentlichen Interesses an der mündlichen Verhandlung teilgenommen hat, auch seine Einwilligung voraus.

(2) Die Berufung gilt als zurückgenommen, wenn der Berufungskläger das Verfahren trotz Aufforderung des Gerichts länger als drei Monate nicht betreibt. Absatz 1 Satz 2 gilt entsprechend. Der Berufungskläger ist in der Aufforderung auf die sich aus Satz 1 und § 155 Abs. 2 ergebenden Rechtsfolgen hinzuweisen. Das Gericht stellt durch Beschluss fest, dass die Berufung als zurückgenommen gilt.

(3) Die Zurücknahme bewirkt den Verlust des eingelegten Rechtsmittels. Das Gericht entscheidet durch Beschluss über die Kostenfolge.

§ 127[63] [Anschlussberufung]

(1) Der Berufungsbeklagte und die anderen Beteiligten können sich der Berufung anschließen. Die Anschlussberufung ist bei dem Oberverwaltungsgericht einzulegen.

(2) Die Anschließung ist auch statthaft, wenn der Beteiligte auf die Berufung verzichtet hat oder die Frist für die Berufung oder den Antrag auf Zulassung der Berufung verstrichen ist. Sie ist zulässig bis zum Ablauf eines Monats nach der Zustellung der Berufungsbegründungsschrift.

(3) Die Anschlussberufung muss in der Anschlussschrift begründet werden. § 124a Abs. 3 Satz 2, 4 und 5 gilt entsprechend.

(4) Die Anschlussberufung bedarf keiner Zulassung.

(5) Die Anschließung verliert ihre Wirkung, wenn die Berufung zurückgenommen oder als unzulässig verworfen wird.

§ 128 [Umfang der Prüfung]

Das Oberverwaltungsgericht prüft den Streitfall innerhalb des Berufungsantrags im gleichen Umfang wie das Verwaltungsgericht. Es berücksichtigt auch neu vorgebrachte Tatsachen und Beweismittel.

§ 128a [Neue Erklärungen und Beweismittel]

(1) Neue Erklärungen und Beweismittel, die im ersten Rechtszug entgegen einer hierfür gesetzten Frist (§ 87b Abs. 1 und 2) nicht vorgebracht worden sind, sind nur zuzulassen, wenn nach der freien Überzeugung des Gerichts ihre Zulassung die Erledigung des Rechtsstreits nicht verzögern würde oder wenn der Beteiligte die

---

62   § 126 in der Fassung des 6. VwGOÄndG.
63   Neu gefasst durch Art. 1 Nr. 16 RmBereinVpG.

Verspätung genügend entschuldigt. Der Entschuldigungsgrund ist auf Verlangen des Gerichts glaubhaft zu machen. Satz 1 gilt nicht, wenn der Beteiligte im ersten Rechtszug über die Folgen einer Fristversäumung nicht nach § 87b Abs. 3 Nr. 3 belehrt worden ist oder wenn es mit geringem Aufwand möglich ist, den Sachverhalt auch ohne Mitwirkung des Beteiligten zu ermitteln.

(2) Erklärungen und Beweismittel, die das Verwaltungsgericht zu Recht zurückgewiesen hat, bleiben auch im Berufungsverfahren ausgeschlossen.

§ 129 [Umfang der Änderung]

Das Urteil des Verwaltungsgerichts darf nur so weit geändert werden, als eine Änderung beantragt ist.

§ 130[64] [Zurückverweisung]

(1) Das Oberverwaltungsgericht hat die notwendigen Beweise zu erheben und in der Sache selbst zu entscheiden.

(2) Das Oberverwaltungsgericht darf die Sache, soweit ihre weitere Verhandlung erforderlich ist, unter Aufhebung des Urteils und des Verfahrens an das Verwaltungsgericht nur zurückverweisen,

1. soweit das Verfahren vor dem Verwaltungsgericht an einem wesentlichen Mangel leidet und auf Grund dieses Mangels eine umfangreiche oder aufwändige Beweisaufnahme notwendig ist oder

2. das Verwaltungsgericht noch nicht in der Sache selbst entschieden hat

und ein Beteiligter die Zurückverweisung beantragt.

(3) Das Verwaltungsgericht ist an die rechtliche Beurteilung der Berufungsentscheidung gebunden.

§ 130a[65] [Zurückweisung durch Beschluss]

Das Oberverwaltungsgericht kann über die Berufung durch Beschluss entscheiden, wenn es sie einstimmig für begründet oder einstimmig für unbegründet hält und eine mündliche Verhandlung nicht für erforderlich hält. § 125 Abs. 2 Satz 3 bis 5 gilt entsprechend.

§ 130b[66] [Vereinfachte Entscheidungsgründe]

Das Oberverwaltungsgericht kann in dem Urteil über die Berufung auf den Tatbestand der angefochtenen Entscheidung Bezug nehmen, wenn es sich die Feststellungen des Verwaltungsgerichts in vollem Umfange zu Eigen macht. Von einer weiteren Darstellung der Entscheidungsgründe kann es absehen, soweit es die Berufung aus den Gründen der angefochtenen Entscheidung als unbegründet zurückweist.

§ 131 [Beschränkung der Berufung]

(aufgehoben durch 6. VwGOÄndG)

---

64 Neu gefasst durch Art. 1 Nr. 17 RmBereinVpG.
65 § 130a in der Fassung des 6. VwGOÄndG.
66 § 130b in der Fassung des 6. VwGOÄndG.

13. Abschnitt · Revision

§ 132[67, 68] [Zulässigkeit, Zulassung]

(1) Gegen das Urteil des Oberverwaltungsgerichts (§ 49 Nr. 1) und gegen Beschlüsse nach § 47 Abs. 5 Satz 1 steht den Beteiligten die Revision an das Bundesverwaltungsgericht zu, wenn das Oberverwaltungsgericht oder auf Beschwerde gegen die Nichtzulassung das Bundesverwaltungsgericht sie zugelassen hat.

(2) Die Revision ist nur zuzulassen, wenn

1. die Rechtssache grundsätzliche Bedeutung hat,

2. das Urteil von einer Entscheidung des Bundesverwaltungsgerichts, des Gemeinsamen Senats der obersten Gerichtshöfe des Bundes oder des Bundesverfassungsgerichts abweicht und auf dieser Abweichung beruht oder

3. ein Verfahrensmangel geltend gemacht wird und vorliegt, auf dem die Entscheidung beruhen kann.

(3) Das Bundesverwaltungsgericht ist an die Zulassung gebunden.

§ 133 [Nichtzulassungsbeschwerde]

(1) Die Nichtzulassung der Revision kann durch Beschwerde angefochten werden.

(2) Die Beschwerde ist bei dem Gericht, gegen dessen Urteil Revision eingelegt werden soll, innerhalb eines Monats nach Zustellung des vollständigen Urteils einzulegen. Die Beschwerde muss das angefochtene Urteil bezeichnen.

(3) Die Beschwerde ist innerhalb von zwei Monaten nach der Zustellung des vollständigen Urteils zu begründen. Die Begründung ist bei dem Gericht, gegen dessen Urteil Revision eingelegt werden soll, einzureichen. In der Begründung muss die grundsätzliche Bedeutung der Rechtssache dargelegt oder die Entscheidung, von der das Urteil abweicht, oder der Verfahrensmangel bezeichnet werden.

(4) Die Einlegung der Beschwerde hemmt die Rechtskraft des Urteils.

(5) Wird der Beschwerde nicht abgeholfen, entscheidet das Bundesverwaltungsgericht durch Beschluss. Der Beschluss soll kurz begründet werden; von einer Begründung kann abgesehen werden, wenn sie nicht geeignet ist, zur Klärung der Voraussetzungen beizutragen, unter denen eine Revision zuzulassen ist. Mit der Ablehnung der Beschwerde durch das Bundesverwaltungsgericht wird das Urteil rechtskräftig.

(6) Liegen die Voraussetzungen des § 132 Abs. 2 Nr. 3 vor, kann das Bundesverwaltungsgericht in dem Beschluss das angefochtene Urteil aufheben und den Rechtsstreit zur anderweitigen Verhandlung und Entscheidung zurückverweisen.

§ 134[69, 70] [Sprungrevision]

(1) Gegen das Urteil eines Verwaltungsgerichts (§ 49 Nr. 2) steht den Beteiligten die Revision unter Übergehung der Berufungsinstanz zu, wenn der Kläger und der Beklagte der Einlegung der Sprungrevision schriftlich zustimmen und wenn sie von dem Verwaltungsgericht im Urteil oder auf Antrag durch Beschluss zugelassen wird. Der Antrag ist innerhalb eines Monats nach Zustellung des vollständigen Urteils schriftlich zu stellen. Die Zustimmung zu der Einlegung der Sprungrevision ist dem Antrag oder, wenn die Revision im Urteil zugelassen ist, der Revisionsschrift beizufügen.

---

67   § 132 Abs. 1 geändert durch 6. VwGOÄndG.
68   § 132 Abs. 2 Nr. 2 in der Fassung des Art. 5 Fünftes ÄndG BVerfGG.
69   § 134 Abs. 3 geändert durch 6. VwGOÄndG.
70   § 134 Abs. 1 geändert durch Art. 1 Nr. 18 RmBereinVpG.

(2) Die Revision ist nur zuzulassen, wenn die Voraussetzungen des §132 Abs. 2 Nr. 1 oder 2 vorliegen. Das Bundesverwaltungsgericht ist an die Zulassung gebunden. Die Ablehnung der Zulassung ist unanfechtbar.

(3) Lehnt das Verwaltungsgericht den Antrag auf Zulassung der Revision durch Beschluss ab, beginnt mit der Zustellung dieser Entscheidung der Lauf der Frist für den Antrag auf Zulassung der Berufung von neuem, sofern der Antrag in der gesetzlichen Frist und Form gestellt und die Zustimmungserklärung beigefügt war. Lässt das Verwaltungsgericht die Revision durch Beschluss zu, beginnt der Lauf der Revisionsfrist mit der Zustellung dieser Entscheidung.

(4) Die Revision kann nicht auf Mängel des Verfahrens gestützt werden.

(5) Die Einlegung der Revision und die Zustimmung gelten als Verzicht auf die Berufung, wenn das Verwaltungsgericht die Revision zugelassen hat.

§ 135 [Revision bei Ausschluss der Berufung]

Gegen das Urteil eines Verwaltungsgerichts (§ 49 Nr. 2) steht den Beteiligten die Revision an das Bundesverwaltungsgericht zu, wenn durch Bundesgesetz die Berufung ausgeschlossen ist. Die Revision kann nur eingelegt werden, wenn das Verwaltungsgericht oder auf Beschwerde gegen die Nichtzulassung das Bundesverwaltungsgericht sie zugelassen hat. Für die Zulassung gelten die §§132 und 133 entsprechend.

§ 136 [Ausschluss der Revision]

(aufgehoben durch 6. VwGOÄndG)

§ 137 [Zulässige Revisionsgründe]

(1) Die Revision kann nur darauf gestützt werden, dass das angefochtene Urteil auf der Verletzung

1. von Bundesrecht oder

2. einer Vorschrift des Verwaltungsverfahrensgesetzes eines Landes, die ihrem Wortlaut nach mit dem Verwaltungsverfahrensgesetz des Bundes übereinstimmt, beruht.

(2) Das Bundesverwaltungsgericht ist an die in dem angefochtenen Urteil getroffenen tatsächlichen Feststellungen gebunden, außer wenn in Bezug auf diese Feststellungen zulässige und begründete Revisionsgründe vorgebracht sind.

(3) Wird die Revision auf Verfahrensmängel gestützt und liegt nicht zugleich eine der Voraussetzungen des §132 Abs. 2 Nr. 1 und 2 vor, so ist nur über die geltend gemachten Verfahrensmängel zu entscheiden. Im Übrigen ist das Bundesverwaltungsgericht an die geltend gemachten Revisionsgründe nicht gebunden.

§ 138 [Absolute Revisionsgründe]

Ein Urteil ist stets als auf der Verletzung von Bundesrecht beruhend anzusehen, wenn

1. das erkennende Gericht nicht vorschriftsmäßig besetzt war,

2. bei der Entscheidung ein Richter mitgewirkt hat, der von der Ausübung des Richteramts kraft Gesetzes ausgeschlossen oder wegen Besorgnis der Befangenheit mit Erfolg abgelehnt war,

3. einem Beteiligten das rechtliche Gehör versagt war,

4. ein Beteiligter im Verfahren nicht nach Vorschrift des Gesetzes vertreten war, außer wenn er der Prozessführung ausdrücklich oder stillschweigend zugestimmt hat,

5. das Urteil auf eine mündliche Verhandlung ergangen ist, bei der die Vorschriften über die Öffentlichkeit des Verfahrens verletzt worden sind, oder

6. die Entscheidung nicht mit Gründen versehen ist.

§ 139 [Einlegung der Revision]

(1) Die Revision ist bei dem Gericht, dessen Urteil angefochten wird, innerhalb eines Monats nach Zustellung des vollständigen Urteils oder des Beschlusses über die Zulassung der Revision nach § 134 Abs. 3 Satz 2 schriftlich einzulegen. Die Revisionsfrist ist auch gewahrt, wenn die Revision innerhalb der Frist bei dem Bundesverwaltungsgericht eingelegt wird. Die Revision muss das angefochtene Urteil bezeichnen.

(2) Wird der Beschwerde gegen die Nichtzulassung der Revision abgeholfen oder lässt das Bundesverwaltungsgericht die Revision zu, so wird das Beschwerdeverfahren als Revisionsverfahren fortgesetzt, wenn nicht das Bundesverwaltungsgericht das angefochtene Urteil nach §133 Abs. 6 aufhebt; der Einlegung einer Revision durch den Beschwerdeführer bedarf es nicht. Darauf ist in dem Beschluss hinzuweisen.

(3) Die Revision ist innerhalb von zwei Monaten nach Zustellung des vollständigen Urteils oder des Beschlusses über die Zulassung der Revision nach § 134 Abs. 3 Satz 2 zu begründen; im Falle des Absatzes 2 beträgt die Begründungsfrist einen Monat nach Zustellung des Beschlusses über die Zulassung der Revision. Die Begründung ist bei dem Bundesverwaltungsgericht einzureichen. Die Begründungsfrist kann auf einen vor ihrem Ablauf gestellten Antrag von dem Vorsitzenden verlängert werden. Die Begründung muss einen bestimmten Antrag enthalten, die verletzte Rechtsnorm und, soweit Verfahrensmängel gerügt werden, die Tatsachen angeben, die den Mangel ergeben.

§ 140[71] [Zurücknahme der Revision]

(1) Die Revision kann bis zur Rechtskraft des Urteils zurückgenommen werden. Die Zurücknahme nach Stellung der Anträge in der mündlichen Verhandlung setzt die Einwilligung des Revisionsbeklagten und, wenn der Vertreter des Bundesinteresses beim Bundesverwaltungsgericht an der mündlichen Verhandlung teilgenommen hat, auch seine Einwilligung voraus.

(2) Die Zurücknahme bewirkt den Verlust des eingelegten Rechtsmittels. Das Gericht entscheidet durch Beschluss über die Kostenfolge.

§ 141 [Verfahren]

Für die Revision gelten die Vorschriften über die Berufung entsprechend, so weit sich aus diesem Abschnitt nichts anderes ergibt. Die §§ 87a, 130a und 130b finden keine Anwendung.

§ 142 [Klageänderung und Beiladung]

(1) Klageänderungen und Beiladungen sind im Revisionsverfahren unzulässig. Das gilt nicht für Beiladungen nach § 65 Abs. 2.

---

71 § 140 Abs. 1 S. 2 geändert durch Art. 14 G zur Neuordnung des Bundesdisziplinarrechts.

(2) Ein im Revisionsverfahren nach § 65 Abs. 2 Beigeladener kann Verfahrensmängel nur innerhalb von zwei Monaten nach Zustellung des Beiladungsbeschlusses rügen. Die Frist kann auf einen vor ihrem Ablauf gestellten Antrag von dem Vorsitzenden verlängert werden.

§ 143 [Prüfung der Zulässigkeit]

Das Bundesverwaltungsgericht prüft, ob die Revision statthaft und ob sie in der gesetzlichen Form und Frist eingelegt und begründet worden ist. Mangelt es an einem dieser Erfordernisse, so ist die Revision unzulässig.

§ 144 [Entscheidung]

(1) Ist die Revision unzulässig, so verwirft sie das Bundesverwaltungsgericht durch Beschluss.

(2) Ist die Revision unbegründet, so weist das Bundesverwaltungsgericht die Revision zurück.

(3) Ist die Revision begründet, so kann das Bundesverwaltungsgericht

1. in der Sache selbst entscheiden,

2. das angefochtene Urteil aufheben und die Sache zur anderweitigen Verhandlung und Entscheidung zurückverweisen.

Das Bundesverwaltungsgericht verweist den Rechtsstreit zurück, wenn der im Revisionsverfahren nach § 142 Abs. 1 Satz 2 Beigeladene ein berechtigtes Interesse daran hat.

(4) Ergeben die Entscheidungsgründe zwar eine Verletzung des bestehenden Rechts, stellt sich die Entscheidung selbst aber aus anderen Gründen als richtig dar, so ist die Revision zurückzuweisen.

(5) Verweist das Bundesverwaltungsgericht die Sache bei der Sprungrevision nach § 49 Nr. 2 und nach § 134 zur anderweitigen Verhandlung und Entscheidung zurück, so kann es nach seinem Ermessen auch an das Oberverwaltungsgericht zurückverweisen, das für die Berufung zuständig gewesen wäre. Für das Verfahren vor dem Oberverwaltungsgericht gelten dann die gleichen Grundsätze, wie wenn der Rechtsstreit auf eine ordnungsgemäß eingelegte Berufung bei dem Oberverwaltungsgericht anhängig geworden wäre.

(6) Das Gericht, an das die Sache zur anderweitigen Verhandlung und Entscheidung zurückverwiesen ist, hat seiner Entscheidung die rechtliche Beurteilung des Revisionsgerichts zu Grunde zu legen.

(7) Die Entscheidung über die Revision bedarf keiner Begründung, soweit das Bundesverwaltungsgericht Rügen von Verfahrensmängeln nicht für durchgreifend hält. Das gilt nicht für Rügen nach § 138 und, wenn mit der Revision ausschließlich Verfahrensmängel geltend gemacht werden, für Rügen, auf denen die Zulassung der Revision beruht.

§ 145 [Revision zum OVG]

(aufgehoben durch 6. VwGOÄndG)

14. Abschnitt · **Beschwerde**

§ 146[72] [Zulässigkeit]

(1) Gegen die Entscheidungen des Verwaltungsgerichts, des Vorsitzenden oder des Berichterstatters, die nicht Urteile oder Gerichtsbescheide sind, steht den Beteiligten und den sonst von der Entscheidung Betroffenen die Beschwerde an das Oberverwaltungsgericht zu, soweit nicht in diesem Gesetz etwas anderes bestimmt ist.

(2) Prozessleitende Verfügungen, Aufklärungsanordnungen, Beschlüsse über eine Vertagung oder die Bestimmung einer Frist, Beweisbeschlüsse, Beschlüsse über Ablehnung von Beweisanträgen, über Verbindung und Trennung von Verfahren und Ansprüchen und über die Ablehnung von Gerichtspersonen können nicht mit der Beschwerde angefochten werden.

(3) Außerdem ist vorbehaltlich einer gesetzlich vorgesehenen Beschwerde gegen die Nichtzulassung der Revision die Beschwerde nicht gegeben in Streitigkeiten über Kosten, Gebühren und Auslagen, wenn der Wert des Beschwerdegegenstands zweihundert Euro nicht übersteigt.

(4) Die Beschwerde gegen Beschlüse des Verwaltungsgerichts in Verfahren des vorläufigen Rechtsschutzes (§§ 80, 80a und 123) ist innerhalb eines Monats nach Bekanntgabe der Entscheidung zu begründen. Die Begründung ist, sofern sie nicht bereits mit der Beschwerde vorgelegt worden ist, bei dem Oberverwaltungsgericht einzureichen. Sie muss einen bestimmten Antrag enthalten, die Gründe darlegen, aus denen die Entscheidung abzuändern oder aufzuheben ist, und sich mit der angefochtenen Entscheidung auseinander setzen. Mangelt es an einem dieser Erfordernisse, ist die Beschwerde als unzulässig zu verwerfen. Das Verwaltungsgericht legt die Beschwerde unverzüglich vor; § 148 Abs. 1 findet keine Anwendung. Das Oberverwaltungsgericht prüft nur die dargelegten Gründe.

§ 147 [Einlegung der Beschwerde]

(1) Die Beschwerde ist bei dem Gericht, dessen Entscheidung angefochten wird, schriftlich oder zur Niederschrift des Urkundsbeamten der Geschäftsstelle innerhalb von zwei Wochen nach Bekanntgabe der Entscheidung einzulegen. § 67 Abs. 1 Satz 2 bleibt unberührt.

(2) Die Beschwerdefrist ist auch gewahrt, wenn die Beschwerde innerhalb der Frist bei dem Beschwerdegericht eingeht.

§ 148 [Abhilfe und Vorlage]

(1) Hält das Verwaltungsgericht, der Vorsitzende oder der Berichterstatter, dessen Entscheidung angefochten wird, die Beschwerde für begründet, so ist ihr abzuhelfen; sonst ist sie unverzüglich dem Oberverwaltungsgericht vorzulegen.

(2) Das Verwaltungsgericht soll die Beteiligten von der Vorlage der Beschwerde an das Oberverwaltungsgericht in Kenntnis setzen.

§ 149 [Aufschiebende Wirkung]

(1) Die Beschwerde hat nur dann aufschiebende Wirkung, wenn sie die Festsetzung eines Ordnungs- oder Zwangsmittels zum Gegenstand hat. Das Gericht, der Vorsitzende oder der Berichterstatter, dessen Entscheidung angefochten wird, kann auch sonst bestimmen, dass die Vollziehung der angefochtenen Entscheidung einstweilen auszusetzen ist.

---

72   § 146 in der Fassung des 6. VwGOÄndG. Abs. 3 geändert, Abs. 4 neu gefasst und
      Abs. 5 und 6 gestrichen durch Art. 1 Nr. 19 RmBereinVpG.

(2) §§ 178 und 181 Abs. 2 des Gerichtsverfassungsgesetzes bleiben unberührt.

§ 150 [Entscheidung]

Über die Beschwerde entscheidet das Oberverwaltungsgericht durch Beschluss.

§ 151 [Erinnerung]

Gegen die Entscheidung des beauftragten oder ersuchten Richters oder des Urkundsbeamten kann innerhalb von zwei Wochen nach Bekanntgabe die Entscheidung des Gerichts beantragt werden. Der Antrag ist schriftlich oder zur Niederschrift des Urkundsbeamten der Geschäftsstelle des Gerichts zu stellen. §§ 147 bis 149 gelten entsprechend.

§ 152[73] [Beschwerde im Verfahren vor OVG und BVerwG]

(1) Entscheidungen des Oberverwaltungsgerichts können vorbehaltlich des § 99 Abs. 2 und des § 133 Abs. 1 dieses Gesetzes sowie des § 17a Abs. 4 Satz 4 des Gerichtsverfassungsgesetzes nicht mit der Beschwerde an das Bundesverwaltungsgericht angefochten werden.

(2) Im Verfahren vor dem Bundesverwaltungsgericht gilt für Entscheidungen des beauftragten oder ersuchten Richters oder des Urkundsbeamten der Geschäftsstelle § 151 entsprechend.

15. Abschnitt · Wiederaufnahme des Verfahrens

§ 153[74]

(1) Ein rechtskräftig beendetes Verfahren kann nach den Vorschriften des Vierten Buchs der Zivilprozessordnung wieder aufgenommen werden.

(2) Die Befugnis zur Erhebung der Nichtigkeitsklage und der Restitutionsklage steht auch dem Vertreter des öffentlichen Interesses, im Verfahren vor dem Bundesverwaltungsgericht im ersten und letzten Rechtszug auch dem Vertreter des Bundesinteresses beim Bundesverwaltungsgericht zu.

Teil IV · Kosten und Vollstreckung

16. Abschnitt · Kosten

§ 154[75] [Grundsatz]

(1) Der unterliegende Teil trägt die Kosten des Verfahrens.

(2) Die Kosten eines ohne Erfolg eingelegten Rechtsmittels fallen demjenigen zur Last, der das Rechtsmittel eingelegt hat.

(3) Dem Beigeladenen können Kosten nur auferlegt werden, wenn er Anträge gestellt oder Rechtsmittel eingelegt hat: § 155 Abs. 4 bleibt unberührt.

---

73 § 152 Abs. 1 geändert durch 6. VwGOÄndG.
74 § 153 Abs. 2 geändert durch Art. 14 G zur Neuordnung des Bundesdisziplinarrechts.
75 Abs. 3 geändert durch Art. 1 Nr. 20 RmBereinVpG.

(4) Die Kosten des erfolgreichen Wiederaufnahmeverfahrens können der Staatskasse auferlegt werden, soweit sie nicht durch das Verschulden eines Beteiligten entstanden sind.

§ 155[76] [Teil-Obsiegen, Klagerücknahme, Wiedereinsetzung, Verweisung, Verschulden]

(1) Wenn ein Beteiligter teils obsiegt, teils unterliegt, so sind die Kosten gegeneinander aufzuheben oder verhältnismäßig zu teilen. Sind die Kosten gegeneinander aufgehoben, so fallen die Gerichtskosten jedem Teil zur Hälfte zur Last. Einem Beteiligten können die Kosten ganz auferlegt werden, wenn der andere nur zu einem geringen Teil unterlegen ist.

(2) Wer einen Antrag, eine Klage, ein Rechtsmittel oder einen anderen Rechtsbehelf zurücknimmt, hat die Kosten zu tragen.

(3) Kosten, die durch einen Antrag auf Wiedereinsetzung in den vorigen Stand entstehen, fallen dem Antragsteller zur Last.

(4) Kosten, die durch Verschulden eines Beteiligten entstanden sind, können diesem auferlegt werden.

§ 156 [Sofortiges Anerkenntnis]

Hat der Beklagte durch sein Verhalten keine Veranlassung zur Erhebung der Klage gegeben, so fallen dem Kläger die Prozesskosten zur Last, wenn der Beklagte den Anspruch sofort anerkennt.

§ 157 [Kostenpflicht von Vertretern und Bevollmächtigten]

(weggefallen)

§ 158 [Anfechtung der Kostenentscheidung]

(1) Die Anfechtung der Entscheidung über die Kosten ist unzulässig, wenn nicht gegen die Entscheidung in der Hauptsache ein Rechtsmittel eingelegt wird.

(2) Ist eine Entscheidung in der Hauptsache nicht ergangen, so ist die Entscheidung über die Kosten unanfechtbar.

§ 159 [Mehrere Kostenpflichtige]

Besteht der kostenpflichtige Teil aus mehreren Personen, so gilt § 100 der Zivilprozessordnung entsprechend. Kann das streitige Rechtsverhältnis dem kostenpflichtigen Teil gegenüber nur einheitlich entschieden werden, so können die Kosten den mehreren Personen als Gesamtschuldnern auferlegt werden.

§ 160 [Vergleichskosten]

Wird der Rechtsstreit durch Vergleich erledigt und haben die Beteiligten keine Bestimmung über die Kosten getroffen, so fallen die Gerichtskosten jedem Teil zur Hälfte zur Last. Die außergerichtlichen Kosten trägt jeder Beteiligte selbst.

---

76 Früherer Abs. 5 zu Abs. 4 gemacht durch Art. 1 Nr. 21 RmBereinVpG.

§ 161[76a] [Kostenentscheidung, Erledigung der Hauptsache]

(1) Das Gericht hat im Urteil oder, wenn das Verfahren in anderer Weise beendet worden ist, durch Beschluss über die Kosten zu entscheiden.

(2) Ist der Rechtsstreit in der Hauptsache erledigt, so entscheidet das Gericht außer in den Fällen des § 113 Abs. 1 Satz 4 nach billigem Ermessen über die Kosten des Verfahrens durch Beschluss; der bisherige Sach- und Streitstand ist zu berücksichtigen. Der Rechtsstreit ist auch in der Hautpsache erledigt, wenn der Beklagte der Erledigungserklärung des Klägers nicht innerhalb von zwei Wochen seit Zustellung des die Erledigungserklärung enthaltenden Schriftsatzes widerspricht und er vom Gericht auf diese Folgen hingewiesen worden ist.

(3) In den Fällen des § 75 fallen die Kosten stets dem Beklagten zur Last, wenn der Kläger mit seiner Bescheidung vor Klageerhebung rechnen durfte.

§ 162[77] [Umfang der Kostenpflicht]

(1) Kosten sind die Gerichtskosten (Gebühren und Auslagen) und die zur zweckentsprechenden Rechtsverfolgung oder Rechtsverteidigung notwendigen Aufwendungen der Beteiligten einschließlich der Kosten des Vorverfahrens.

(2) Die Gebühren und Auslagen eines Rechtsanwalts oder eines Rechtsbeistands, in Abgabenangelegenheiten auch eines Steuerberaters oder Wirtschaftsprüfers, sind stets erstattungsfähig. Soweit ein Vorverfahren geschwebt hat, sind Gebühren und Auslagen erstattungsfähig, wenn das Gericht die Zuziehung eines Bevollmächtigten für das Vorverfahren für notwendig erklärt. Juristische Personen des öffentlichen Rechts und Behörden können an Stelle ihrer tatsächlichen notwendigen Aufwendungen für Post- und Telekommunikationsdienstleistungen den in Nummer 7002 der Anlage 1 zum Rechtsanwaltsvergütungsgesetz bestimmten Höchstsatz der Pauschale fordern.

(3) Die außergerichtlichen Kosten des Beigeladenen sind nur erstattungsfähig, wenn sie das Gericht aus Billigkeit der unterliegenden Partei oder der Staatskasse auferlegt.

§ 163 [Kostenpflicht der öffentlichen Hand]

(weggefallen)

§ 164 [Kostenfestsetzung]

Der Urkundsbeamte des Gerichts des ersten Rechtszugs setzt auf Antrag den Betrag der zu erstattenden Kosten fest.

§ 165 [Erinnerung]

Die Beteiligten können die Festsetzung der zu erstattenden Kosten anfechten. § 151 gilt entsprechend.

§165a[78] [Sicherheitsleistung]

§ 110 der Zivilprozessordnung gilt entsprechend.

76a   Abs. 2 Satz 2 angefügt durch Art. 6 Nr. 23 des 1. JustizmodernisierungsG.
77   Abs. 2 Satz 3 angefügt durch Art. 1 Nr. 22 RmBereinVpG und geändert durch Art. 4 Nr. 26 des Justizkostenmodernisierungsgesetzes. Abs. 2 S. 1 geändert durch Art. 6 Nr. 2c des 1. JustizmodernisierungsG.
78   § 165a eingefügt durch Art. 1 Nr. 23 RmBereinVpG.

§ 166[79] [Prozesskostenhilfe]

Die Vorschriften der Zivilprozessordnung über die Prozesskostenhilfe sowie § 569 Abs. 3 Nr. 2 der Zivilprozessordnung gelten entsprechend.

17. Abschnitt · Vollstreckung

§ 167 [Grundsatz]

(1) Soweit sich aus diesem Gesetz nichts anderes ergibt, gilt für die Vollstreckung das Achte Buch der Zivilprozessordnung entsprechend. Vollstreckungsgericht ist das Gericht des ersten Rechtszugs.

(2) Urteile auf Anfechtungs- und Verpflichtungsklagen können nur wegen der Kosten für vorläufig vollstreckbar erklärt werden.

§ 168[80] [Vollstreckungstitel]

(1) Vollstreckt wird

1. aus rechtskräftigen und aus vorläufig vollstreckbaren gerichtlichen Entscheidungen,

2. aus einstweiligen Anordnungen,

3. aus gerichtlichen Vergleichen,

4. aus Kostenfestsetzungsbeschlüssen,

5. aus den für vollstreckbar erklärten Schiedssprüchen öffentlich-rechtlicher Schiedsgerichte, sofern die Entscheidung über die Vollstreckbarkeit rechtskräftig oder für vorläufig vollstreckbar erklärt ist.

(2) Für die Vollstreckung können den Beteiligten auf ihren Antrag Ausfertigungen des Urteils ohne Tatbestand und ohne Entscheidungsgründe erteilt werden, deren Zustellung in den Wirkungen der Zustellung eines vollständigen Urteils gleichsteht.

§ 169 [Vollstreckung zu Gunsten der öffentlichen Hand]

(1) Soll zu Gunsten des Bundes, eines Landes, eines Gemeindeverbands, einer Gemeinde oder einer Körperschaft, Anstalt oder Stiftung des öffentlichen Rechts vollstreckt werden, so richtet sich die Vollstreckung nach dem Verwaltungsvollstreckungsgesetz. Vollstreckungsbehörde im Sinne des Verwaltungsvollstreckungsgesetzes ist der Vorsitzende des Gerichts des ersten Rechtszugs; er kann für die Ausführung der Vollstreckung eine andere Vollstreckungsbehörde oder einen Gerichtsvollzieher in Anspruch nehmen.

(2) Wird die Vollstreckung zur Erzwingung von Handlungen, Duldungen und Unterlassungen im Wege der Amtshilfe von Organen der Länder vorgenommen, so ist sie nach landesrechtlichen Bestimmungen durchzuführen.

§ 170 [Vollstreckung gegen die öffentliche Hand]

(1) Soll gegen den Bund, ein Land, einen Gemeindeverband, eine Gemeinde, eine Körperschaft, eine Anstalt oder Stiftung des öffentlichen Rechts wegen einer Geldforderung vollstreckt werden, so verfügt auf Antrag des Gläubigers das Gericht des ersten Rechtszugs die Vollstreckung. Es bestimmt die vorzunehmenden Vollstreckungsmaßnahmen und ersucht die zuständige Stelle um deren Vornahme. Die

---

79   Geändert durch Art. 1 Nr. 24 RmBereinVpG.
80   § 168 Abs. 1 Nr. 5 geändert durch Art. 2 § 13 G zur Neuregelung des Schiedsverfahrensrechts.

ersuchte Stelle ist verpflichtet, dem Ersuchen nach den für sie geltenden Vollstreckungsvorschriften nachzukommen.

(2) Das Gericht hat vor Erlass der Vollstreckungsverfügung die Behörde oder bei Körperschaften, Anstalten und Stiftungen des öffentlichen Rechts, gegen die vollstreckt werden soll, die gesetzlichen Vertreter von der beabsichtigten Vollstreckung zu benachrichtigen mit der Aufforderung, die Vollstreckung innerhalb einer vom Gericht zu bemessenden Frist abzuwenden. Die Frist darf einen Monat nicht übersteigen.

(3) Die Vollstreckung ist unzulässig in Sachen, die für die Erfüllung öffentlicher Aufgaben unentbehrlich sind oder deren Veräußerung ein öffentliches Interesse entgegensteht. Über Einwendungen entscheidet das Gericht nach Anhörung der zuständigen Aufsichtsbehörde oder bei obersten Bundes- oder Landesbehörden des zuständigen Ministers.

(4) Für öffentlich-rechtliche Kreditinstitute gelten die Absätze 1 bis 3 nicht.

(5) Der Ankündigung der Vollstreckung und der Einhaltung einer Wartefrist bedarf es nicht, wenn es sich um den Vollzug einer einstweiligen Anordnung handelt.

§ 171 [Vollstreckungsklausel]

In den Fällen der §§ 169, 170 Abs. 1 bis 3 bedarf es einer Vollstreckungsklausel nicht.

§ 172[81] [Zwangsgeld gegen Behörde]

Kommt die Behörde in den Fällen des § 113 Abs. 1 Satz 2 und Abs. 5 und des § 123 der ihr im Urteil oder in der einstweiligen Anordnung auferlegten Verpflichtung nicht nach, so kann das Gericht des ersten Rechtszugs auf Antrag unter Fristsetzung gegen sie ein Zwangsgeld bis zehntausend Euro durch Beschluss androhen, nach fruchtlosem Fristablauf festsetzen und von Amts wegen vollstrecken. Das Zwangsgeld kann wiederholt angedroht, festgesetzt und vollstreckt werden.

Teil V · Schluss- und Übergangsbestimmungen

§ 173[82] [Entsprechende Anwendung von GVG und ZPO]

Soweit dieses Gesetz keine Bestimmungen über das Verfahren enthält, sind das Gerichtsverfassungsgesetz und die Zivilprozessordnung entsprechend anzuwenden, wenn die grundsätzlichen Unterschiede der beiden Verfahrensarten dies nicht ausschließen. Gericht im Sinne des § 1062 der Zivilprozessordnung ist das zuständige Verwaltungsgericht, Gericht im Sinne des § 1065 der Zivilprozessordnung ist das zuständige Oberverwaltungsgericht.

§ 174 [Befähigung zum höheren Verwaltungsdienst]

(1) Für den Vertreter des öffentlichen Interesses bei dem Oberverwaltungsgericht und bei dem Verwaltungsgericht steht der Befähigung zum Richteramt nach dem Deutschen Richtergesetz die Befähigung zum höheren Verwaltungsdienst gleich, wenn sie nach mindestens dreijährigem Studium der Rechtswissenschaft an einer Universität und dreijähriger Ausbildung im öffentlichen Dienst durch Ablegen der gesetzlich vorgeschriebenen Prüfungen erlangt worden ist.

---

81 Geändert durch Art. 1 Nr. 25 RmBereinVpG.
82 § 173 in der Fassung des Art. 2 § 13 G zur Neuregelung des Schiedsverfahrensrechts.

(2) Bei Kriegsteilnehmern gilt die Voraussetzung des Absatzes 1 als erfüllt, wenn sie den für sie geltenden besonderen Vorschriften genügt haben.

§§ 175 bis 177 (weggefallen)

§§ 178 und 179 [Änderungsvorschriften]

§ 180 [Vernehmung oder Vereidigung auf Ersuchen einer Behörde]

Erfolgt die Vernehmung oder die Vereidigung von Zeugen und Sachverständigen nach dem Verwaltungsverfahrensgesetz oder nach dem Zehnten Buch Sozialgesetzbuch durch das Verwaltungsgericht, so findet sie vor dem dafür im Geschäftsverteilungsplan bestimmten Richter statt. Über die Rechtmäßigkeit einer Verweigerung des Zeugnisses, des Gutachtens oder der Eidesleistung nach dem Verwaltungsverfahrensgesetz oder nach dem Zehnten Buch Sozialgesetzbuch entscheidet das Verwaltungsgericht durch Beschluss.

§§ 181 und 182 [Änderungsvorschriften]

§ 183 [Nichtigkeit von Landesrecht]

Hat das Verfassungsgericht eines Landes die Nichtigkeit von Landesrecht festgestellt oder Vorschriften des Landesrechts für nichtig erklärt, so bleiben vorbehaltlich einer besonderen gesetzlichen Regelung durch das Land die nicht mehr anfechtbaren Entscheidungen der Gerichte der Verwaltungsgerichtsbarkeit, die auf der für nichtig erklärten Norm beruhen, unberührt. Die Vollstreckung aus einer solchen Entscheidung ist unzulässig. § 767 der Zivilprozessordnung gilt entsprechend.

§ 184 [Verwaltungsgerichtshof]

Das Land kann bestimmen, dass das Oberverwaltungsgericht die bisherige Bezeichnung »Verwaltungsgerichtshof« weiterführt.

§ 185[83] [Sonderbestimmungen für einzelne Länder]

(1) In den Ländern Berlin und Hamburg treten an die Stelle der Kreise im Sinne des § 28 die Bezirke.

(2) Die Länder Berlin, Brandenburg, Bremen, Hamburg, Mecklenburg-Vorpommern, Saarland und Schleswig-Holstein können Abweichungen von den Vorschriften des § 73 Abs. 1 Satz 2 zulassen.

§ 186 [Sonderbestimmungen für Stadtstaaten]

§ 22 Nr. 3 findet in den Ländern Berlin, Bremen und Hamburg auch mit der Maßgabe Anwendung, dass in der öffentlichen Verwaltung ehrenamtlich tätige Personen nicht zu ehrenamtlichen Richtern berufen werden können.

---

83   § 185 geändert durch Art. 7 Abs. 2 des Gesetzes zur Änderung des Rechtspflegergesetzes und anderer Gesetze.

§ 187[84] [Disziplinar-, Schieds- und Berufsgerichte, Personalvertretungsrecht]

(1) Die Länder können den Gerichten der Verwaltungsgerichtsbarkeit Aufgaben der Disziplinargerichtsbarkeit und der Schiedsgerichtsbarkeit bei Vermögensauseinandersetzungen öffentlich-rechtlicher Verbände übertragen, diesen Gerichten Berufsgerichte angliedern sowie dabei die Besetzung und das Verfahren regeln.

(2) Die Länder können ferner für das Gebiet des Personalvertretungsrechts von diesem Gesetz abweichende Vorschriften über die Besetzung und das Verfahren der Verwaltungsgerichte und des Oberverwaltungsgerichts erlassen.

§ 188[85] [Sozialkammern und -senate]

Die Sachgebiete der Sozialhilfe, der Jugendhilfe, der Kriegsopferfürsorge, der Schwerbehindertenfürsorge sowie der Ausbildungsförderung sollen in einer Kammer oder in einem Senat zusammengefasst werden. Gerichtskosten (Gebühren und Auslagen) werden in den Verfahren dieser Art nicht erhoben; dies gilt nicht für Erstattungsstreitigkeiten zwischen Sozialleistungsträgern.

§ 189[86] [Fachsenate nach § 99]

Für die nach § 99 Abs. 2 zu treffenden Entscheidungen sind bei den Oberverwaltungsgerichten und dem Bundesverwaltungsgericht Fachsenate zu bilden.

§ 190 [Fortgeltung und Änderung von Bundesgesetzen]

(1) Die folgenden Gesetze, die von diesem Gesetz abweichen, bleiben unberührt:

1. Das Lastenausgleichsgesetz vom 14. August 1952 (Bundesgesetzbl. I S. 446) in der Fassung der dazu ergangenen Änderungsgesetze,
2. das Gesetz über die Errichtung eines Bundesaufsichtsamtes für das Versicherungs- und Bausparwesen vom 31. Juli 1951 (Bundesgesetzbl. I S. 480) in der Fassung des Gesetzes zur Ergänzung des Gesetzes über die Errichtung eines Bundesaufsichtsamtes für das Versicherungs- und Bausparwesen vom 22. Dezember 1954 (Bundesgesetzbl. I S. 501),
3. (weggefallen)
4. das Flurbereinigungsgesetz vom 14. Juli 1953 (Bundesgesetzbl. I S. 591),
5. das Personalvertretungsgesetz vom 5. August 1955 (Bundesgesetzbl. I S. 477),
6. die Wehrbeschwerdeordnung (WBO) vom 23. Dezember 1956 (Bundesgesetzbl. I S. 1066),
7. das Kriegsgefangenenentschädigungsgesetz (KgfEG) in der Fassung vom 8. Dezember 1956 (Bundesgesetzbl. I S. 908),
8. § 13 Abs. 2 des Patentgesetzes und die Vorschriften über das Verfahren vor dem Deutschen Patentamt.

(2) (weggefallen)

(3) (weggefallen)

§ 191 [Beamtenrechtsrahmengesetz]

(1) (Änderungsvorschrift)

(2) § 127 des Beamtenrechtsrahmengesetzes bleibt unberührt.

---

84 § 187 Abs. 3 aufgehoben durch 6. VwGOÄndG.
85 Satz 2 2. Halbsatz angefügt durch Art. 1 Nr. 26 RmBereinVpG.
86 § 189 in der jetzigen Fasssung eingefügt durch Art. 1 Nr. 27 RmBereinVpG.

§ 192 [Änderungsvorschrift]

§ 193 [OVG als Verfassungsgericht]

In einem Land, in dem kein Verfassungsgericht besteht, bleibt eine dem Oberverwaltungsgericht übertragene Zuständigkeit zur Entscheidung von Verfassungsstreitigkeiten innerhalb des Landes bis zur Errichtung eines Verfassungsgerichts unberührt.

§ 194[87] [Übergangsvorschriften zum RmBereinVpG]

(1) Die Zulässigkeit der Berufungen richtet sich nach dem bis zum 31. Dezember 2001 geltenden Recht, wenn vor dem 1. Januar 2002

1. die mündliche Verhandlung, auf die das anzufechtende Urteil ergeht, geschlossen worden ist,

2. in Verfahren ohne mündliche Verhandlung die Geschäftsstelle die anzufechtende Entscheidung zum Zwecke der Zustellung an die Parteien herausgegeben hat.

(2) Im Übrigen richtet sich die Zulässigkeit eines Rechtsmittels gegen eine gerichtliche Entscheidung nach dem bis zum 31. Dezember 2001 geltenden Recht, wenn vor dem 1. Januar 2002 die gerichtliche Entscheidung bekannt gegeben oder verkündet oder von Amts wegen an Stelle einer Verkündung zugestellt worden ist.

(3) Fristgerecht vor dem 1. Januar 2002 eingelegte Rechtsmittel gegen Beschlüsse in Verfahren der Prozesskostenhilfe gelten als durch das Oberverwaltungsgericht zugelassen.

(4) In Verfahren, die vor dem 1. Januar 2002 anhängig geworden sind oder für die die Klagefrist vor diesem Tage begonnen hat, sowie in Verfahren über Rechtsmittel gegen gerichtliche Entscheidungen, die vor dem 1. Januar 2002 bekannt gegeben oder verkündet oder von Amts wegen an Stelle einer Verkündung zugestellt worden sind, gelten für die Prozessvertretung der Beteiligten die bis zu diesem Zeitpunkt geltenden Vorschriften.

(5) § 40 Abs. 2 Satz 1, § 154 Abs. 3, § 162 Abs. 2 Satz 3 und § 188 Satz 2 sind für die ab 1. Januar 2002 bei Gericht anhängig werdenden Verfahren in der zu diesem Zeitpunkt geltenden Fassung anzuwenden.

§ 195 [In-Kraft-Treten, Aufhebung früherer Vorschriften, Überleitung anhängiger Verfahren]

(1) (In-Kraft-Treten)

(2) bis (6) (Aufhebungs-, Änderungs- und zeitlich überholte Vorschriften)

---

[87] § 194 neu gefasst durch Art. 1 Nr. 28 RmBereinVpG.

Erläuterungen

Teil I · Gerichtsverfassung

1. Abschnitt · Gerichte

§ 1   [Unabhängige Gerichte]

Die Verwaltungsgerichtsbarkeit wird durch unabhängige, von den Verwaltungsbehörden getrennte Gerichte ausgeübt.

I. Begriff

Unter der **Verwaltungsgerichtsbarkeit** ist die Kompetenz der Gerichte der allgemeinen Verwaltungsgerichtsbarkeit zu verstehen (vgl. Menger S. 51). Der Umfang dieser Kompetenz ist in § 40 geregelt.   **1**

II. Unabhängige Gerichte

Für den Bereich der Verwaltungsgerichtsbarkeit verwirklicht die VwGO die   **2**
in den Artikeln 20 Abs. 2, 92 und 97 GG vorgesehene Gewaltenteilung durch Übertragung der Funktionen des Staates auf Organe, die voneinander unabhängig sind. **Der Begriff des Gerichts impliziert daher dessen Unabhängigkeit von Legislative und Exekutive.** Die VwGO verwendet diesen Begriff einheitlich. Er ist für den Aufbau der allgemeinen Verwaltungsgerichtsbarkeit wegen der klaren Bestimmungen der Gerichte in § 2 unproblematisch, gewinnt jedoch Bedeutung bei der in § 40 vorgesehenen Zuweisung von Streitigkeiten des öffentlichen Rechts an andere Gerichte[1]. Die Unabhängigkeit der Gerichte[2] beinhaltet die

1. Organisatorische Unabhängigkeit. Die Gerichte stehen **funktionell und or-**   **3**
ganisatorisch selbstständig neben den gesetzgebenden Körperschaften und den Verwaltungsbehörden. Sie üben Rechtsprechung, keine Selbstkontrolle der Verwaltung aus. Die aus der Entstehungszeit der Verwaltungsgerichtsbarkeit bekannte Verbindung der Verwaltungsgerichte mit Verwaltungsbehörden, wie etwa bei den pr. Kreis- oder Bezirksausschüssen, schließt die VwGO ausdrücklich aus.

2. Persönliche Unabhängigkeit. Die Gerichte sind **mit Richtern besetzt.** Die   **4**
Rechtsstellung der Richter ist durch das Grundgesetz gesichert (Art. 97). Den Inhalt und die Ausgestaltung des Richterverhältnisses regelt das DRiG. Die Tätigkeit des Richters schließt es aus, dass er gleichzeitig Aufgaben der ge-

---

1   Vgl. § 40 Rn. 39 f.
2   Vgl. dazu BVerfGE 4, 331; BVerwGE 4, 191; Maunz/Herzog Art. 97 Rn. 1.

setzgebenden oder der vollziehenden Gewalt wahrnimmt (vgl. § 4 DRiG). Dazu gehört auch ein ehrenamtliches Amt in der Kommunalverwaltung[3]. Ebenso wenig kann ein Mitglied der Legislative oder der Exekutive gleichzeitig richterliche Funktionen ausüben. Zur persönlichen Unabhängigkeit des Richters vgl. § 15 Rn. 3, zu den verschiedenen Arten des Richterverhältnisses § 5 Rn. 1.

5   **3. Sachliche Unabhängigkeit.** Die **Gerichte sind** in ihrer rechtsprechenden Tätigkeit **nur an Gesetz**[4] **und Recht gebunden** (Art. 20 Abs. 3 GG). Sie unterliegen daher keinerlei Weisungen, nicht durch das Parlament, die Regierung oder Verwaltungsbehörden, auch nicht durch die Gerichtsverwaltung (vgl. Art. 97 Abs. 1 GG). Auf die Gerichte können andere Aufgaben als die der Rechtsprechung, mit Ausnahme der Gerichtsverwaltung, nicht übertragen werden (vgl. § 39).

III. Prüfungsrecht der Gerichte

6   Die Unterwerfung der Gerichte unter das Gesetz verpflichtet sie zunächst zu prüfen, ob für das Handeln der Verwaltung eine ausreichende gesetzliche Grundlage vorhanden gewesen ist, wobei dieser **Vorbehalt des Gesetzes** als Vorbehalt der Regelung durch oder auf Grund eines Gesetzes verstanden wird[5]. Ausgehend von der Strafgefangenen-Entscheidung des BVerfG[6] haben die Gerichte in einer Reihe von Entscheidungen, insbesondere im Schulrecht[7], aber auch in anderen Bereichen[8] den Vorbehalt des Gesetzes betont; verneint hat BVerwGE 64, 333 eine Notwendigkeit normativer Regelung für das Beihilferecht[9]. Trotz des Fehlens einer ausreichenden gesetzlichen Grundlage wurde aber die angefochtene Verwaltungsentscheidung nicht aufgehoben, um – mit unterschiedlicher Begründung – die Funktionsfähigkeit staatlicher Einrichtungen zu erhalten[10]. Zu den Voraussetzungen für die **Schließung einer Gesetzeslücke** durch den Richter vgl. BVerwGE 45, 85 (zum

---

3   Vgl. BVerwG NVwZ 1990, 162; Münster DRiZ 1990, 181 für Kreisrechtsausschuss; BVerwGE 41, 195 für Verwaltungsrat einer öfftl. Sparkasse; Eyermann/Rennert Rn. 6 m.N.; a.A. Schoch/Stelkens Rn. 28; Schmidt-Räntsch DRiG § 4 Rn. 11.
4   Vgl. dazu Rupp NJW 1973, 1769.
5   Vgl. Jesch, Gesetz und Verwaltung, 1961 S. 30; Stelkens/Sachs § 44 Rn. 22; Starck, Der Gesetzesbegriff des Grundgesetzes, 1970 S. 273.
6   E 33, 1; vgl. auch die Facharzt-Entscheidung E 33, 125; die Schulentscheidung Hessen E 41, 261.
7   Vgl. BVerwGE 47, 194; 57, 360 zum Sexualkundeunterricht; BVerwGE 47, 201 zur 5-Tage-Woche; BVerwGE 56, 155 zur Versetzung und Eignungsfeststellung; BVerwGE 64, 308 zur Festlegung der Pflichtfremdsprache; Kassel NJW 1976, 1856; Münster NJW 1977, 826, beide zur Neugestaltung der gymnasialen Oberstufe; Niehues DVBl. 1980, 465.
8   Vgl. BVerwG NJW 1992, 2496 zur Subvention eines Vereins, der vor bestimmten Religionsgesellschaften warnen soll; NJW 1993, 411 zum Verbot von Einwegverpackungen durch gemeindliche Satzung; E 98, 324 zur Regelung der Laufbahnprüfung von Beamtenanwärtern; E 96, 189 zu »Strafbeschlüssen« des Ehrengerichts der Lotsenbrüderschaften; Kassel NJW 1977, 2131 zur Zuständigkeitszuweisung für hoheitliches Handeln; NJW 1990, 336 zur Nutzung der Gentechnologie, m. abl. Anm. Deutsch; ablehnend auch Kloepfer, Lerche-Festschrift S. 755.
9   Vgl. BVerfG ZBR 1978, 37.
10 Vgl. BVerwGE 56, 155 zum Schulwesen; BVerwGE 51, 235 zur Bewerberauswahl beim Güterfernverkehr, m. Anm. Grupp DÖV 1977, 748, dazu auch Pieroth VerwA 68, 217; BVerwGE 64, 238 zum Kraftdroschkenverkehr; allgemein Erichsen VerwA 67, 93; Kisker NJW 1977, 1313.

WehrpflichtG), BVerwGE 57, 183 (zum BesoldungsG). Das Gericht hat aber auch **zu prüfen und zu entscheiden, ob** ein **wirksamer Gesetzesbefehl** vorliegt, d.h. ob

1. ein Gesetz nach den für die Gesetzgebung in Bund und Ländern oder bei Trägern mittelbarer Staatsverwaltung geltenden Bestimmungen förmlich wirksam zu Stande gekommen ist[11],
2. ein abgeleitetes Recht (Verordnung, Satzung usw.) sich im Rahmen der Ermächtigungsgrundlage hält[12].

Das **Gericht hat** weiter **zu prüfen, ob** die **Gesetze,** denen es unterworfen **7** ist, **verfassungsgemäß** sind, d.h. ob sie sich im Rahmen des Grundgesetzes oder – bei Landesrecht – der jeweiligen Landesverfassung halten. Dabei kommt es nicht darauf an, ob der Gesetzgeber im Rahmen eines ihm zustehenden Ermessens die zweckmäßigste, vernünftigste oder gerechteste Lösung gefunden hat[13], auch der Gleichheitssatz bietet dem Gericht keine Möglichkeit, seine Auffassung von Gerechtigkeit derjenigen des Gesetzgebers zu substituieren[14]. Im Sinne des Vorbehalts des Gesetzes müssen Entscheidungen, die wegen ihrer weit reichenden Auswirkungen auf den Bürger, insbesondere auf dessen Freiheits- und Gleichheitsbereich, auf die allgemeinen Lebensverhältnisse und wegen der notwendigerweise damit verbundenen Art und Intensität der Regelung als grundlegend und wesentlich anzusehen sind, vom Gesetzgeber getroffen werden[15]. Inwieweit die einmal getroffene grundsätzliche Entscheidung wegen im Zeitpunkt des Gesetzeserlasses noch nicht abzusehender technischer Entwicklungen ein erneutes Tätigwerden des Gesetzgebers erfordert, liegt zuvorderst in der politischen Verantwortung des Gesetzgebers, auch hier ist es nicht Aufgabe der Gerichte, mit ihrer Einschätzung an die Stelle der dazu berufenen politischen Organe zu treten[16]. Die Gerichte, insbesondere die Obersten Gerichtshöfe des Bundes, sind zu **richterlicher Rechtsfortbildung**[17] in dem Sinne befugt, dass sie gegebenenfalls bei unzureichenden gesetzlichen Vorgaben das materielle Recht aus den allgemeinen Rechtsgrundlagen ableiten können und müssen[18]. Der Rechtsfortbildung sind jedoch durch den Grundsatz der Rechts- und Gesetzesbindung des Art. 20 Abs. 3 GG Grenzen gesetzt[19].

Für die **Feststellung der Verfassungswidrigkeit nachkonstitutioneller Ge- 7a setze,** d.h. aller Gesetze, die nach In-Kraft-Treten des Grundgesetzes erlassen

---

11 Vgl. BVerwGE 56, 31 zur wirksamen Verkündung.
12 Zur verfassungsrechtlichen Relevanz von Verfahrensvorschriften vgl. BVerfG NJW 1980, 759; vgl. auch Rn. 11.
13 BVerwGE 26, 317; BVerfGE 3, 162.
14 BVerwGE 49, 227.
15 BVerfGE 49, 89 zur Grundsatzentscheidung für oder gegen die friedliche Nutzung der Kernenergie; vgl. zum Parlamentsvorbehalt München DVBl. 1983, 1157 sowie Erichsen VerwA 67, 96; 70, 249; Häberle DVBl. 1972, 909.
16 BVerfGE 49, 89; zu weitgehend daher Münster NJW 1978, 439, beide Entscheidungen zum »Schnellen Brüter«, vgl. auch VG Schleswig NJW 1980, 1296 zur Entsorgung.
17 Vgl. BVerwGE 98, 280.
18 BVerfGE 82, 212; vgl. BVerwG NJW 1997, 2966 zum sozialrechtlichen Herstellungsanspruch, dazu auch BSG NJW 1994, 1550; zum Problem beim Konflikt zwischen EG-Richtlinie und nationaler Norm vgl. Hergenröder, Zöllner Festschrift S. 1139.
19 BVerfGE 65, 182; vgl. dazu auch Berkemann DVBl. 1996, 1028.

oder novelliert[20] sind, **hat** jedoch das **B VerfG** das **Entscheidungsmonopol**[21].
Das Gericht muss daher das Verfahren nach Art. 100 Abs. 1 GG aussetzen
und die Entscheidung des BVerfG bzw., soweit es sich um die Verletzung der
Verfassung eines Landes handelt, des Verfassungsgerichts dieses Landes einholen, wenn es der Auffassung ist, dass das Gesetz, auf dessen Gültigkeit es
bei der Entscheidung des Rechtsstreites ankommt[22], verfassungswidrig ist[23];
das Gleiche gilt, wenn es sich um die Verletzung des Grundgesetzes durch
Landesrecht oder um die Unvereinbarkeit eines Landesgesetzes mit einem
Bundesgesetz handelt[24]. Das Gericht ist in diesem Fall durch Art. 100 GG an
jeder anderen Entscheidung gehindert[25]. Das weitere Verfahren richtet sich
dann nach §§ 80 ff. BVerfGG bzw. dem VerfGG des Landes. An die Entscheidung des Verfassungsgerichts ist das Gericht sodann gebunden[26]. In gleicher
Weise hat das Gericht die Entscheidung des BVerfG einzuholen, wenn streitig
und erheblich[27] ist, ob ein Gesetz als Bundesrecht fortgilt[28]. An die Darlegung der Entscheidungserheblichkeit der Vorlagefrage müssen strenge Anforderungen gestellt werden[29]; der Vorlagebeschluss ist vom vorlegenden
Gericht aufzuheben, wenn die Verfassungsmäßigkeit des Gesetzes nicht mehr
entscheidungserheblich ist[30].

7b   Die **Vorlage an das BVerfG** nach Art. 100 Abs. 1 GG (zur Begründung vgl.
BVerfG NJW 1992, 1951) kann nicht nur in Verfahren über die Hauptsache,
einschließlich des verwaltungsgerichtlichen Normenkontrollverfahrens (vgl.
§ 47 Rn. 9) in Betracht kommen, sondern grundsätzlich auch, **wenn vorläufiger Rechtsschutz** nach § 80 oder § 123 **begehrt wird**[31]. Auch beim vorläufigen Rechtsschutz handelt es sich materiell um die Anwendung von Gesetzen,
bei denen die Verfassungsmäßigkeit fraglich sein kann. Soweit jedoch die
Frage der Verfassungsmäßigkeit einer Norm nur bei der Interessenabwägung
im Hinblick auf die Aussichten der Hauptsache betrachtet wird (wie regelmäßig im Verfahren nach § 80), wird die Vorlage erst im Hauptverfahren in
Betracht kommen[32]. Das Gericht kann jedoch, wenn dies nach den Umständen des Falles im Interesse eines effektiven Rechtsschutzes geboten erscheint
und die Hauptsacheentscheidung dadurch nicht vorweggenommen wird, vor
der im Hauptsacheverfahren einzuholenden Entscheidung des BVerfG selbst

---

20   Vgl. BVerfGE 36, 224.
21   Vgl. Maunz/Maunz, GG Art. 100 Rn. 12; Sachs, GG Art. 100 Rn. 11.
22   Maunz/Maunz, GG Art. 100 Rn. 31; zur Prüfungskompetenz der Landesverfas-
     sungsgerichte grundlegend BVerfG NJW 1998, 1296; vgl. auch Hess. StGH NJW
     1999, 49; Lemhöfer NJW 1996, 1714.
23   Vgl. auch BVerwGE 100, 160 Vorlagepflicht durch Revisionsgericht verneinend,
     solange verfassungskonforme Auslegung von irrevisiblem Landesrecht durch das
     Berufungsgericht denkbar ist.
24   Vgl. z.B. BVerfGE 20, 238; 21, 106; 35, 65 zur Vereinbarkeit von Ausführungsge-
     setzen der Länder mit der VwGO.
25   BVerfGE 34, 320 zum Urteil unter Vorbehalt der Feststellung der Verfassungswid-
     rigkeit durch das BVerfG; m. zust. Anm. Bethge NJW 1973, 2100; vgl. auch Ipsen
     NJW 1977, 2289.
26   Zur Bindungswirkung vgl. BVerfGE 40, 88; v. Mutius VerwA 67, 403.
27   Vgl. BVerfGE 4, 358.
28   § 86 Abs. 2 BVerfGG.
29   BVerfG NVwZ 1998, 606.
30   BVerwGE 83, 320; vgl. Rn. 8.
31   BVerfG NJW 1992, 2749; München DVBl. 1994, 61; Münster NVwZ 1992, 1226;
     Eyermann/Geiger Rn. 11; Kopp/Schenke § 94 Rn. 9; grundlegend auch unter Hin-
     weis auf abweichende Meinungen Schoch/Ehlers Anh. § 40 Art. 100 Abs. 1 GG
     Rn. 46 ff.
32   Vgl. § 80 Rn. 50.

vorläufigen Rechtsschutz gewähren[33]. Wo jedoch die Regelung des vorläufigen Zustandes die endgültige Entscheidung weitgehend vorwegnimmt, ist auch im Verfahren des vorläufigen Rechtsschutzes eine Vorlage nach Art. 100 Abs. 1 GG geboten[34].

Das **Gericht setzt** nach Art. 100 GG **durch Beschluss aus.** Dieser Beschluss **8** wird von dem Gericht in voller Besetzung gefasst[35] und ist als besonderes Rechtsinstitut[36] nicht anfechtbar[37]. Die **Vorlage** an das BVerfG ist für das Vorlagegericht **grundsätzlich Verfahrenshindernis**[38]. Die **Bindung an** die **Vorlage kann** jedoch **entfallen** und das Vorlagegericht zur Aufhebung seines Beschlusses befugt sein[39], infolge nachträglicher Dispositionen der Parteien[40], bei zwischenzeitlich eingetretenen Rechtsänderungen[41], bei anderweitiger Entscheidung des BVerfG in parallelen Normenkontrollverfahren[42] oder auch, wenn das Vorlagegericht in Bezug auf die Gültigkeitsfrage oder die Entscheidungserheblichkeit seine Auffassung ändert oder sich einer ihm unterbreiteten gegenteiligen Meinung anschließt[43].

Die Verfassungswidrigkeit eines Gesetzes, das vor In-Kraft-Treten des GG **9** oder der jeweiligen Landesverfassung erlassen worden ist (**vorkonstitutionelles Gesetz**), kann das Gericht dagegen im anhängigen Verfahren selbst feststellen, da ein solches Gesetz der verfassungsgerichtlichen Normenkontrolle nicht unterliegt[44], es sei denn, das Landesrecht hat die Prüfungskompetenz des Landesverfassungsgerichts auch auf vorkonstitutionelles Recht erstreckt[45].

Nach Art. 9 des Einigungsvertrags bleibt in den dort aufgeführten Fällen das **10** im Zeitpunkt der Unterzeichnung des Vertrages geltende **Recht der DDR** als Landes-, bzw. als Bundesrecht in Kraft, soweit es mit dem Grundgesetz, mit dem in Kraft gesetzten Bundesrecht sowie mit dem unmittelbar geltenden Recht der EG vereinbar ist. Soweit das DDR-Recht nicht aufgehoben worden ist, ist es jedoch weitgehend in den Ländern in Landesrecht überführt worden. Das Gericht hat inzidenter zu prüfen, ob diese Voraussetzungen vorliegen und stellt dabei fest, ob die betreffende Vorschrift in Kraft geblieben ist. Ebenso wie bei dem vorkonstitutionellen Gesetz (vgl. Rn. 9) besteht insoweit keine Verpflichtung zur Vorlage an das BVerfG nach Art. 100 GG[46]. Da es an einer ausdrücklichen Zuweisung an das BVerfG fehlt, scheidet auch eine Vorlage entsprechend § 86 Abs. 2 BVerfGG aus. Eine Vorlage an den EuGH kann unter den in Rn. 17 erläuterten Voraussetzungen in Betracht kommen.

33 BVerfG DVBl. 1992, 1218; vgl. auch Berlin DVBl. 1992, 919; Münster DVBl. 1992, 1372.
34 Vgl. BVerfGE 46, 43 sowie § 123 Rn. 18.
35 BVerfGE 16, 305.
36 Vgl. Lüneburg OVGE 6, 371.
37 Vgl. Schoch/Ehlers Anh. § 40 Art. 100 Abs. 1 GG Rn. 56.
38 BVerfGE 34, 320.
39 BVerfGE 51, 161.
40 BVerfGE 49, 217.
41 BVerfGE 29, 325.
42 BVerfGE 26, 44.
43 BVerfG NVwZ 1995, 158.
44 BVerfGE 2, 136; JZ 1960, 602.
45 Z.B. Art. 88 Verf. BW; zur Zulässigkeit vgl. BVerfGE 4, 178.
46 BVerfG NJW 1998, 1699.

11 Bei allen **Rechtsvorschriften, die nicht formelles Gesetz** sind, **kann das Ge-richt**, nicht auch die Widerspruchsbehörde (vgl. § 73 Rn. 13), auch den Ver-stoß der entscheidungserheblichen Norm gegen eine höherrangige Norm und damit deren Verfassungswidrigkeit bzw. Ungültigkeit selbst feststellen (**Inzi-dente Normenkontrolle**) und sie dann bei seiner Entscheidung außer Be-tracht lassen, so z.b. bei bundesrechtlichen Verordnungen[47], auch wenn sie der Zustimmung einer gesetzgebenden Körperschaft bedürfen[48]. Wird eine Rechtsverordnung durch Bundesgesetz geändert und in dieser Änderung die Regelung sogleich wieder zur Disposition des Verordnungsgebers gestellt, bleibt der Verordnungsrang und damit die Befugnis der Gerichte zur inziden-ten Normenkontrolle erhalten[49]. Bei landesrechtlichen Verordnungen prü-fen die Gerichte in gleichem Umfang, soweit die Landesverfassungen nicht bei Verstoß gegen Landesverfassungsrecht die Entscheidung der Verfas-sungsgerichtshöfe vorgesehen haben[50] oder auch bei Satzungen[51].

Zur **abstrakten Kontrolle** von landesrechtlichen Normen, die im Rang un-ter dem formellen Gesetz stehen, vgl. § 47. Durch die Eröffnung der ab-strakten Normenkontrolle nach § 47 wird die inzidente Normenkontrolle im konkreten Fall nicht ausgeschlossen[52]. Zur Bindungswirkung der kla-geabweisenden Normenkontroll-Entscheidung vgl. § 47 Rn. 48.

12 Das Gericht hat auch zu prüfen, ob **völkerrechtliche Regeln** innerstaatliche Geltung haben. Es kann über die Anwendung von Völkerrecht selbstständig entscheiden[53]. Ist es jedoch zweifelhaft, ob eine Regel des Völkerrechts Be-standteil des Bundesrechts ist und ob sie unmittelbare Rechte und Pflichten für den Einzelnen erzeugt (Art. 25 GG), hat das Gericht nach Art. 100 Abs. 2 GG die Entscheidung des BVerfG einzuholen. Auch hier ist für die Vorlage erforderlich, dass **die Zweifelsfrage entscheidungserheblich ist**[54] Vgl. im Übrigen Rn. 7 ff.

13 Prüfungsmaßstab für das Gericht ist schließlich auch das **Recht der Europäi-schen Gemeinschaften**. Bei dem Gemeinschaftsrecht, das weder Bestandteil der nationalen Rechtsordnung noch Völkerrecht ist, handelt es sich um eine eigenständige Rechtsordnung, die aus einer autonomen Rechtsquelle fließt[55]. Dabei gelten die Vertragswerke als **primäres Gemeinschaftsrecht**, während die von den Organen der Gemeinschaft erlassenen Verordnungen und Richtlinien als **sekundäres Gemeinschaftsrecht** bezeichnet werden. Nach Art. 249 Abs. 2 EGV[56] haben die Verordnungen, ohne dass es einer Transformation durch den nationalen Gesetzgeber bedarf, unmittelbare Gel-

---

47 BVerfGE 10, 58; BVerwGE 58, 189 für AußenwirtschaftsV; BVerwGE 58, 162 zur SpielgeräteV; BVerwGE 89, 121 zur Zulässigkeit des Umlaufverfahrens; 110, 193.
48 BVerfGE 8, 322.
49 Vgl. Schleswig NordÖR 2000, 25.
50 Bremen: Art. 142; Hamburg: Art. 64; Hessen: Art. 133; vgl. Hess. StGH NJW 1970, 569; Bayern: Art. 92, vgl. BayVerfGHE 4, 63.
51 Vgl. BVerwG NVwZ 1987, 50; BauR 1993, 648; Münster NVwZ 1990, 794.
52 BVerwGE 56, 172; 58, 299.
53 Münch JZ 1964, 163.
54 BVerfGE 75, 1; Sachs, GG Art. 100 Rn. 27.
55 BVerfGE 22, 293, zum Rechtsschutzsystem der EG vgl. Schwarze NJW 1992, 1065; Rengeling DVBl. 1995, 945; Schoch/Schmidt-Aßmann Einl. Rn. 101 ff.
56 Alt: Art. 189 Abs. 2; durch Art. 12 des Vertrags von Amsterdam zur Änderung des Vertrages über die Europäische Union etc. v. 2.10.1997 – BGBl. II S. 387 – ist eine Umnummerierung der Art. des EGV erfolgt, die am 1.5.1999 in Kraft getreten ist – Bek. v. 6.4.1999 – BGBl. II S. 296.

tung im Bereich der Mitgliedstaaten[57]. Die nach Art. 249 Abs. 3 EGV[58] erlassenen **Richtlinien** entfalten diese Wirkung gegenüber dem zuständigen Organ des Mitgliedstaates nur hinsichtlich der Zielsetzung, während den innerstaatlichen Stellen bei der Umsetzung der Richtlinie in nationale Regelungen die Wahl der Form und der Mittel überlassen bleibt[59]. Der EuGH verlangt für die Umsetzung einer Richtlinie eine Rechtsnorm und sieht eine Verwaltungsvorschrift grundsätzlich nicht als ausreichend an[60].

Richtlinien stellen **keinen unmittelbar anwendbaren Rechtsakt** eines Ge- **13a** meinschaftsorgans dar[61]. Ist eine Richtlinie der EG von dem Mitgliedstaat noch nicht in nationales Recht umgesetzt, kann die Anwendung einer mit der Richtlinie in Widerspruch stehenden nationalen Vorschrift jedoch mit den Grundsätzen von Treu und Glauben unvereinbar sein[62]. Insbesondere darf der Mitgliedstaat die noch nicht umgesetzte Richtlinie nicht durch konträre Maßnahmen unterlaufen[63]. Der EuGH[64] geht in seiner Rechtsprechung weiter, indem er der noch nicht umgesetzten Richtlinie im Rahmen der Umsetzungsverpflichtung Bindungswirkung für Verwaltung und Gerichte beimisst[65] und abweichende Urteile oder VA für unbeachtlich erklärt[66]. Kritisch zu der Rechtsprechung des EuGH über die Wirkung noch nicht umgesetzter Richtlinien Stadie NVwZ 1994, 435; Royla/Lackhoff DVBl. 1998, 1116. Zu den Folgen der Unwirksamkeit einer Umsetzungsvorschrift vgl. EuGH NJW 1994, 1094 zu § 22 UVPG m. Anm. Schink NVwZ 1995, 953. Zum Schadensersatz bei Nichtumsetzung einer Richtlinie vgl. EuGH NJW 1992, 165.

Für das Verhältnis von Gemeinschaftsrecht zu nationalem (deutschen) Recht **14** gibt es keine dem Art. 31 GG entsprechende Vorschrift. Der EuGH hat jedoch, da anders die Rechtsgrundlage der Gemeinschaft selbst in Frage gestellt würde, in ständiger Rechtsprechung den **Vorrang des Gemeinschaftsrechts** vor nationalem Recht bejaht, und zwar nicht nur für das Vertragsrecht, sondern über Art. 249 EGV (alt: Art. 189) auch für sekundäres Gemeinschaftsrecht[67]. Der EuGH hat dem sekundären Gemeinschaftsrecht auch gegenüber dem parlamentarischen Haushaltsrecht, das im GG verfassungsrechtlich geregelt ist, Vorrang eingeräumt[68]. Durch den Vorrang ist auch ausgeschlossen, dass sekundäres Gemeinschaftsrecht durch ein spä-

---

57 EuGH NJW 1972, 1639; Zuleeg, Das Recht der Europäischen Gemeinschaften im innerstaatlichen Bereich, 1969, S. 30, 56.
58 Alt: Art. 189 Abs. 3.
59 Vgl. Erichsen VerwA 64, 101; v. Dannwitz DVBl. 1998, 421.
60 EuGH Slg. I 1991, 2607 zur TA-Luft; Slg. I 1991, 2567; dazu Callies NVwZ 1998, 8; Everling RIW 1992, 379; Zuleeg NJW 1993, 31.
61 BVerwGE 77, 214, vgl. auch BVerwG NVwZ 1992, 1093; dazu auch Beckmann DVBl. 1991, 358, Papier DVBl. 1993, 809.
62 BVerwGE 74, 241 für freien Warenverkehr auf dem Gebiet der Landwirtschaft, vgl. auch BVerwGE 70, 41 für Einfuhruntersuchungskosten.
63 BVerwGE 107, 1, dazu Zeichner NVwZ 1999, 32; EuGH NVwZ 1998, 385, dazu Gassner NVwZ 1998, 1148; vgl. auch Weiß DVBl. 1998, 568; Erbguth/Stollmann DVBl. 1997, 453.
64 Vgl. NJW 1982, 499 zur Verbindlichkeit von Richtlinien.
65 EuGH DVBl. 1990, 689; NVwZ 1996, 369 zur UVP-Richtlinie, dazu Calliess NVwZ 1996, 339; Epiney DVBl. 1996, 409; EuGH NJW 1997, 3365 zur Vergabe öffentlicher Dienstleistungsaufträge.
66 EuGH Slg. 1991 I, 4269.
67 RsprGH X, 1251; vgl. auch Ehlers DVBl. 1991, 605; Schoch/Schmidt-Aßmann Einl. Rn. 110; grundlegend Jarass/Beljin NVwZ 2004, 1.
68 NJW 1972, 1639: Schlachtprämien in Italien, dazu Erichsen VerwA 64, 101.

ter erlassenes nationales Gesetz derogiert werden kann[69]. Aus dem Vorrang des Gemeinschaftsrechts und dem Auslegungsmonopol des EuGH (vgl. Rn. 17) folgt, dass eine Entscheidung über die Auslegung einer EG-Norm durch den EuGH auch Vorrang vor der Auslegung dieser Norm durch das BVerwG hat[70]. An die Entscheidung des EuGH über die Vorlagefrage ist das Gericht gebunden; dies gilt auch dann, wenn die entscheidungserhebliche Frage vom EuGH in einem anderen Verfahren entschieden worden ist[71].

15 Innerstaatlich beruht der **Vorrang des Gemeinschaftsrechts** auf Art. 24 Abs. 1 GG in Verbindung mit den Ratifizierungsgesetzen und den Verträgen[72]. Nachdem zunächst streitig war, ob sich dieser Vorrang, also auch des sekundären Gemeinschaftsrechts, auch auf das Verfassungsrecht beziehen kann[73], hat das BVerfG diese Frage bejaht[74].

16 Bei einer **Kollision** zwischen Gemeinschaftsrecht und deutschem Recht **führt** der Vorrang des Gemeinschaftsrechts **nicht zur Nichtigkeit** der deutschen Rechtsnorm; vielmehr überlagert das Gemeinschaftsrecht die nationale Norm nur und schließt, solange es besteht, die Anwendung dieser Norm aus[75]. Die nationale Norm kann wieder angewendet werden, wenn das überlagernde Gemeinschaftsrecht aufgehoben wird[76]. Zu den Voraussetzungen, unter denen ein nationales Gericht in dem vor ihm anhängigen Verfahren bei Vorlage an den EuGH **einstweilige Anordnungen** treffen darf vgl. EuGH NJW 1996, 1333; NJW 1991, 2271. Vor Erlass von Härtefallregelungen hat der EuGH[77] vorläufigen Rechtsschutz durch nationale Gerichte für unzulässig gehalten[78], vgl. auch § 80 Rn. 3c.

17 Das **Gericht stellt selbstständig** fest, **ob** eine **deutsche Gesetzesnorm** wegen einer Kollision mit Gemeinschaftsrecht **nicht angewendet oder ausgeführt werden darf**[79]. Das Gericht, gegen dessen Entscheidung ein Rechtsmittel zugelassen ist,[80] **kann**[81], das Gericht, das letztinstanzlich entscheidet, **muss**[82] dem EuGH nach Art. 234 EGV (alt: Art. 177) zur Vorabentscheidung **vorlegen,** wenn es für seine Entscheidung auf eine Auslegung des Vertrages, auf die Gültigkeit oder Auslegung der Handlungen der Organe der Gemeinschaft oder auf die Auslegung der Satzungen der durch den Rat geschaffenen Ein-

---

69   BVerfGE 22, 293; Zuleeg EuR 1969, 265.
70   BVerwGE 49, 60 zu § 12 AufenthaltsG; E 85, 24 zum Ausschluss eines Anspruchs nach nationalem Recht durch Gemeinschaftsrecht.
71   BVerfG NJW 1988, 2173.
72   BVerfGE 31, 145 für Art. 95 – alt – EGV; vgl. auch BVerfGE 37, 271.
73   Vgl. insgesamt Benda/Klein DVBl. 1974, 389; Erichsen VerwA 64, 101; Ipsen, Europäisches Gemeinschaftsrecht, 1972, S. 255, 277 m.w.N.
74   NJW 1987, 577 für Grundrechte, vgl. Rn. 21.
75   Vgl. BVerwGE 87, 154.
76   BVerwGE 45, 72; Ipsen, Festschrift Scheuner, 1973, S. 211.
77   NJW 1997, 1225 zur gemeinsamen Marktorganisation für Bananen; krit. dazu Sandner DVBl. 1998, 262.
78   Vgl. auch Ohler/Weiß NJW 1997, 2221.
79   BVerfGE 31, 145 m. Anm. Meier NJW 1971, 2122; Ipsen EuR 1972, 57.
80   Beschwerde gegen Nichtzulassung der Revision reicht aus, BVerwG NJW 1987, 601; BVerfG NJW 1987, 601.
81   Vgl. BVerwG NJW 1986, 1448.
82   Vgl. EuGH NJW 1983, 1257; BVerfG DVBl. 1990, 984: Bei Nichtvorlage Garantie des gesetzlichen Richters nach Art. 101 Abs. 1 S. 2 GG verletzt.

richtungen ankommt[83]. Um eine » Mussvorlage « dürfte es sich auch handeln, wenn das OVG den Antrag auf Zulassung der Berufung ablehnen will und das Urteil damit nach § 124a Abs. 2 S. 3 rechtskräftig würde[84]. Das Unterlassen der Vorlage kann Revisionsgrund sein (vgl. § 132 Rn. 10). Die **Vorlage an den EuGH** kann nicht nur im Verfahren über die Hauptsache, einschließlich des Normenkontrollverfahrens (vgl. § 47 Rn. 9) erfolgen, sondern auch, **wenn vorläufiger Rechtsschutz** nach § 80 oder § 123 **begehrt wird.** Der EuGH[85] hat hier die Zulässigkeit einer Vorlage auf jeden Fall bejaht, jedoch eine Verpflichtung zur Vorlage nach Art. 234 Abs. 3 EGV (alt: Art. 177 Abs. 3), auch wenn kein Rechtsbehelf mehr gegen die Entscheidung zulässig war, dann verneint, wenn ein Verfahren in der Hauptsache von dem Beteiligten selbst eingeleitet oder sonst verlangt werden kann; das BVerfG[86] hat eine Verpflichtung zur Vorlage im Verfahren des vorläufigen Rechtsschutzes verneint. Vgl. im Übrigen Rn. 7b sowie § 80 Rn. 50 und § 123 Rn. 18.

Eine **Vorlage** an den EuGH ist **nur erforderlich, wenn** die **Frage entscheidungserheblich ist**[87]. Zu Recht hat sich das BVerwG im Übrigen der französischen Lehre vom » acte clair « angeschlossen, wonach eine Vorlage **nicht erforderlich ist, wenn** die **Vorschrift nicht auslegungsbedürftig** und damit die Frage von vornherein klar ist[88]. Bei unterschiedlichen Auslegungen einer EG-Norm durch das BVerwG und durch den EuGH auf Vorlage eines anderen Gerichts geht die Entscheidung des EuGH vor (vgl. Rn. 14). Auch eine bereits getroffene Entscheidung des EuGH kann dazu führen, dass eine Vorschrift nicht mehr auslegungsbedürftig ist[89]. Die den Normen des primären Gemeinschaftsrechts vom EuGH auf Vorlage gegebene Interpretation kann vom BVerfG auf Grund einer Vorlage nach Art. 100 Abs. 1 GG nicht überprüft werden[90].

Die **Bindungswirkung eines zurückverweisenden Urteils steht** der **Vorlage** an den EuGH durch das Gericht, an das zurückverwiesen wurde, **nicht entgegen**[91]. An die zur Notwendigkeit einer Vorlage geäußerte Auffassung des zurückverweisenden Gerichts ist das Gericht nicht gebunden, da Art. 234 EGV (alt: Art. 177) ein eigenes Prüfungsrecht für dieses Gericht enthält und als Gemeinschaftsrecht den §§ 130 Abs. 2, 144 Abs. 6 VwGO vorgeht (vgl. Rn. 13, 14). Die Vorlage ist jedoch ausgeschlossen, wenn das zurückverweisende Gericht die Sache bereits dem EuGH vorgelegt und dieser in derselben Frage entschieden hat[92].

18

19

---

83   Art. 177 EGV; entsprechend Art. 150 EAGV; nach Art. 41 EGKSV besteht die Pflicht für alle Gerichte, jedoch beschränkt auf die Frage der Gültigkeit der Maßnahmen der Gemeinschaftsorgane; vgl. dazu BVerfGE 22, 134; NJW 1988, 1456; BVerwGE 31, 279 m. Anm. Schott NJW 1969, 1547; BFH NJW 1969, 388 m. Anm. Meier; insgesamt Everling, Vorabentscheidungsverfahren vor dem EuGH, Baden-Baden, 1986; Clausnitzer NJW 1989, 641; Rabe, Redeker-Festschrift S. 201; Ress Die Verwaltung 1987, 177.
84   Petzold NJW 1998, 123; vgl. auch Redeker NVwZ 1996, 521; Schenke NJW 1997, 81.
85   NJW 1977, 1585 zur einstweiligen Verfügung.
86   NVwZ 1992, 360.
87   BVerwG DVBl. 1970, 630 – insoweit nicht abgedr. in E 35, 277; E 36, 33.
88   BVerwGE 31, 279; 36, 33; ebenso BSGE 21, 271.
89   RsprGH X, 26.
90   BVerfG NJW 1980, 122.
91   EuGH NJW 1974, 440.
92   EuGH NJW 1974, 440.

20   Die **Aussetzung** des Verfahrens und **Vorlage an den EuGH** erfolgt **durch Beschluss.** Entsprechend der Vorlage an das BVerfG nach Art. 100 GG (vgl. Rn. 8) ist dieser Beschluss von dem Gericht in voller Besetzung zu fassen. Ob der Vorlagebeschluss des VG mit der **Beschwerde** angefochten werden kann, ist nicht ausdrücklich geregelt. Art. 234 Abs. 2 EGV (alt: Art. 177 Abs. 2) steht einer Beschwerde unmittelbar nicht entgegen, vielmehr richtet sich die Beschwerdemöglichkeit nach nationalem Recht[93], allerdings sieht sich der EuGH, solange der Vorlagebeschluss nicht aufgehoben ist, an diesen gebunden. Der BFH[94] hatte zunächst die Beschwerde gegen den Vorlagebeschluss des FG zugelassen, dies jedoch dann in BFHE 132, 217 verneint[95]. Der Ausgestaltung des Vorlagerechts in Art. 177 EGV[96] entspricht es jedoch mehr, die im nationalen Bereich für die Vorlage an das BVerfG in Art. 100 GG entwickelten Grundsätze auch auf die Vorlage an den EuGH zu übertragen und die Beschwerde für unzulässig zu halten[97]. Für die Änderung des Beschlusses nach Erlass dürfte damit auch das Gleiche gelten wie für den Vorlagebeschluss nach Art. 100 GG (vgl. Rn. 8). Entscheidet das Gericht in der Sache, ohne die Vorabentscheidung des EuGH einzuholen, kann mit dem zulässigen Rechtsmittel auch gerügt werden, dass die Vorlage unterblieben ist[98]. Die Möglichkeit einer direkten Klage gemäß Art. 173 Abs. 2 EGV gegen eine Entscheidung eines Gemeinschaftsorgans schließt die Klage gegen VA, die nationale Behörden zur Durchführung dieser Entscheidung treffen, nicht aus und damit auch nicht eine Vorlage an den EuGH durch das nationale Gericht einem solchen Rechtsstreit[99]. Zu den Problemen einer Europäisierung des Verwaltungsprozessrechts vgl. die Nachweise in § 42 Rn. 102.

21   Eine **Vorlage nach Art. 100 Abs. 1 GG** an das BVerfG wegen einer Kollision zwischen sekundärem Gemeinschaftsrecht und den Grundrechtsgarantien des GG ist **unzulässig**[100]. Das BVerfG hat in dieser Entscheidung festgestellt, dass der EuGH gesetzlicher Richter i.S.v. Art. 101 Abs. 1 S. 2 GG ist. Auf Grund der Entwicklung innerhalb der Gemeinschaft und insbesondere der Rechtsprechung des EuGH sieht das BVerfG die im GG garantierten Grundrechte, im Gegensatz zu seinem Beschluss von 1974[101], auch im Gemeinschaftsrecht als gewährleistet an. Es hält deshalb die Vorlage nach Art. 100 Abs. 1 GG für unzulässig, mit der Einschränkung, dass dies nur gilt, **solange die Europäischen Gemeinschaften,** insbesondere die Rechtsprechung des EuGH, einen **wirksamen Schutz der Grundrechte** gegenüber der Hoheitsgewalt der Gemeinschaften **generell gewährleisten,** der dem vom GG als unabdingbar gebotenen Grundrechtsschutz im Wesentlichen gleich zu achten ist. Diese Rechtsprechung hat das BVerfG in seiner Maastricht-Entscheidung fortgeführt[102].

---

93   EuGH RsprGH 1974, 139.
94   BStBl. 1973 II 761.
95   Ebenso Mannheim DÖV 1986, 707.
96   Vgl. EuGH NJW 1974, 440; auch Rn. 19.
97   Schoch/Ehlers Anh. § 40 Art. 177 EGV Rn. 59; Ress Die Verwaltung 1987, 194.
98   Vgl. BVerwG NJW 1987, 601; § 132 Rn. 10.
99   EuGH DVBl. 1987, 1062.
100 BVerfGE 73, 339; vgl. dazu Ress Die Verwaltung 1987, 177; Vedder NJW 1987, 526.
101 BVerfGE 37, 271; vgl. auch BVerfGE 52, 187 offen lassend.
102 BVerfGE 89, 155; dazu Horn DVBl. 1995, 89; Ipsen EuR 1994, 1; Schnayr/Prowald DVBl. 1999, 269; generell für Letztverantwortung des EuGH Hirsch NJW 1996, 2457; NVwZ 1998, 907.

Eine wichtige Frage im jüngeren Schrifttum ist, inwiefern das Europarecht **22** bereits unmittelbar die deutsche VwGO gestaltet[103]. Unter Europarecht wird dabei nicht nur das der EU, sondern auch das Recht, das auf Grund internationaler Verträge gebildet worden ist, verstanden, insbesondere auf Grund der Europäischen Menschenrechtskonvention (EMRK). Der Einfluss von Art. 6 EMRK (und Art. 13 EMRK), Gewährleistung von Justizverfahrensrechten bei Eigentums- und Berufsfreiheitsfragen, wirkt sich nicht unmittelbar auf die VwGO aus, da die EMRK im Range nur einfaches Recht darstellt. Allerdings sollte konventionsfreundliches Verhalten zu einer effektiven Umsetzung des Rechtsschutzes führen. Eine ferner zu beachtende Entscheidung des europäischen Gerichtshofes für Menschenrechte (EGMR) ist die zur überlangen Dauer gerichtlicher Streitigkeiten. Der Fall betraf zuwar ein strafgerichtliches Verfahren[104], der EGMR kommt jedoch zu der Schlussfolgerung, dass eine überlange Verfahrensdauer eine Gefahr für den Rechtsstaat bedeute. Diese Aussage gilt für alle Gerichtszweige. Deshalb müssten die Vertragsstaaten aus Art. 13 EMRK heraus einen Rechtsbehelf gegen eine unangemessene Verfahrensdauer schaffen. Seither wird diskutiert, ob es eine Untätigkeitsbeschwerde im deutschen Recht geben sollte, also einen § 75, aber bezogen auf die Justiz und nicht die Verwaltung[105]. Der Nutzen eines solchen Rechtsbehelfs ist jedoch äußerst umstritten, müsste er doch letztlich den Staat schlicht veranlassen, mehr Personal und Sachmittel bei den Gerichten bereitzustellen[106].

Unzweifelhaft gibt es für die EU keinen Kompetenztitel für nationale Pro- **23** zessverfahrensrechte. Dennoch haben sich einzelne Besonderheiten im Verwaltungsprozess herausgebildet, die sich aus den vom EuGH zum Gemeinschaftsrecht herausgebildeten Grundsätzen zum materiellen Recht ergeben, insbesondere beim vorläufigen Rechtsschutz. Die Einzelheiten sind bei den jeweils betroffenen Vorschriften der VwGO erläutert. Obwohl der EuGH in seiner Rechtsprechung eher dem französischen Modell folgt, bleibt die gerichtlich umfassende Kontrolldichte nach deutschem Recht überwiegend unberührt. Grenzen sind da, wo die erhöhte Kontrolldichte den nach EU-Recht zulässigen Beurteilungsspielraum der Behörde einschränkt[107]. Dabei belässt der EuGH einer Gemeinschaftsbehörde einen weiten Beurteilungsspielraum[108]. Die Richtigkeit der Tatsachen wird nur auf einen offensichtlichen Irrtum hin überprüft, sofern es sich um komplexe Bewertungen handelt. Wann solch ein Fall einer komplexen Bewertung vorliegt, ist zwar noch nicht abschließend – abstrakt-generell – entschieden, doch ist zu erwarten, dass bei Anwendung von Gemeinschaftsrecht der EuGH diese Rechtsprechung auch auf das Handeln deutscher Behörden anwenden könnte. Das gilt auch für Ermessensentscheidungen, die der EuGH nur insoweit für überprüfbar erachtet, als geklärt wird, ob die Entscheidung auf Grund objektiver, schlüssiger und übereinstimmender Indizien zu anderen als den angegebenen Zwecken getroffen wurde[109].

---

103 Sommermann DÖV 2002, 133; Götz DVBl. 2001, 1; Wahl DVBl. 2003, 1285; M. Redeker AnwBl. 2004, 71.
104 NJW 2001, 2694.
105 Meyer-Ladwig NJW 2001, 2679; Redeker NJW 2003, 488.
106 M. Redeker AnwBl. 2004, 71.
107 EuGHE I 1999, 223.
108 EuGHE I 2001, 2823.
109 EuGHE 1987, 990.

Da das Schwergewicht der Prüfung darauf liegt, ob die Entscheidung der Behörde verfahrensmäßig ordnungsgemäß abgearbeitet worden ist (fehlerfreies Verfahren als Indiz für eine fehlerfreie Entscheidung), könnte es auch Schwiergkeiten mit den umfangreichen Heilungsnormen geben, wie § 44a, §§ 45, 46 VwVfG oder §§ 214 ff. BauGB. Dieser Gedanke könnte auch das deutsche Verständnis zur Klagebefugnis modifizieren lassen – de lege ferenda.

Den größten praxisrelevanten Einfluss dürfte die Rechtsprechung des EuGH heute bereits auf den Eilrechtsschutz haben – aus dem Gedanken der Effektivität des Gemeinschaftsrechts (Art. 10 EGV, vgl. § 80 Rn. 3b, 3c).

IV. Dienstaufsicht

24   Eine Dienstaufsicht über die Gerichte ist nur insoweit möglich, als sie deren Unabhängigkeit in der Rechtsprechung nicht berührt[110]. Das dürfte für die vorstehend erörterte »Untätigkeitsbeschwerde« bedeuten, dass jedenfalls keine konkreten Erledigungszwänge auf die Gerichte ausgeübt werden dürfen. Es könnte also höchstens als Sanktion auf einen Schadensersatzanspruch hinauslaufen.

§ 2   [Gerichte]

Es sind im Rahmen der allgemeinen Verwaltungsgerichtsbarkeit zu errichten in den Ländern Verwaltungsgerichte und das Oberverwaltungsgericht, im Bund das Bundesverwaltungsgericht mit dem Sitz in Leipzig.

I. Allgemein

1   Die VwGO spricht von der **allgemeinen Verwaltungsgerichtsbarkeit** und unterscheidet diese damit von der Finanz- und der Sozialgerichtsbarkeit als besonderen Verwaltungsgerichtsbarkeiten. Die allgemeine Verwaltungsgerichtsbarkeit ist dreistufig gegliedert, und zwar mit den VG und OVG als Ländergerichten (vgl. Art. 30, 92 GG) und dem BVerwG mit dem Sitz in Leipzig[1] als Bundesgericht (vgl. Art. 95 Abs. 1 GG). Grundsätzlich sind VG und OVG 1. und 2. Tatsacheninstanz, das BVerwG Revisionsinstanz. Diese grundsätzliche Dreistufigkeit ist zum einen durch die Einführung der Zulassungsberufung und zum anderen durch vielfältige spezialgesetzliche Regelungen in weitem Umfang außer Kraft gesetzt worden.[2] Im Einzelnen, auch hinsichtlich der Ausnahmen, vgl. §§ 45 bis 50. Jedes Land hat **wenigstens** ein VG zu errichten; es darf jedoch **nur** ein OVG haben, das es aber auch gemeinsam mit anderen Ländern errichten kann (vgl. § 3 Abs. 2). Wegen der Bezeichnung des OVG als VGH vgl. § 184.

---

110 Vgl. § 38 Rn. 1.

1 Zum Zeitpunkt der Verlegung des Sitzes des BVerwG von Berlin und München (Wehrdienstsenate) nach Leipzig s. VO v. 24. Juni 2002 (BGBl. I S. 2371).

2 Eyermann/Geiger Rn. 1.

II. Verbindung mit anderen Gerichten

Die Gerichte der Verwaltungsgerichtsbarkeit sollen grundsätzlich organisa- **2** torisch selbstständig errichtet werden. Für die obersten Gerichtshöfe des Bundes ist eine Verbindung mit Gerichten anderer Gerichtszweige durch Art. 95 Abs. 1 GG ausgeschlossen. Ob § 2 bei den Gerichten der Länder eine solche Verbindung zulässt[3], dürfte von der Ausgestaltung der Verbindung im Einzelnen abhängen. Ist die Verbindung derart, dass in Wahrheit die Entscheidung des Gerichts eines anderen Gerichtszweiges vorliegt oder lassen sich die Bestimmungen der VwGO über die Besetzung nicht mehr durchführen, können die sonst wirksamen Urteile mit der Rüge angefochten werden, dass ein sachlich unzuständiges Gericht entschieden habe bzw. das erkennende Gericht nicht vorschriftsmäßig besetzt gewesen sei. Hält das entscheidende Gericht die vorgenommene Verbindung für nicht vereinbar mit der VwGO, muss es nach Art. 100 GG dem BVerfG vorlegen.

§ 3   [Gerichtsorganisation]

(1) Durch Gesetz werden angeordnet
1. **die Errichtung und Aufhebung eines Verwaltungsgerichts oder eines Oberverwaltungsgerichts,**
2. **die Verlegung eines Gerichtssitzes,**
3. **Änderungen in der Abgrenzung der Gerichtsbezirke,**
4. **die Zuweisung einzelner Sachgebiete an ein Verwaltungsgericht für die Bezirke mehrerer Verwaltungsgerichte,**
4a. **die Zuweisung von Verfahren, bei denen sich die örtliche Zuständigkeit nach § 52 Nr. 2 Satz 1, 2 oder 4 bestimmt, an ein anderes Verwaltungsgericht oder an mehrere Verwaltungsgerichte des Landes,**
5. **die Errichtung einzelner Kammern des Verwaltungsgerichts oder einzelner Senate des Oberverwaltungsgerichts an anderen Orten,**
6. **der Übergang anhängiger Verfahren auf ein anderes Gericht bei Maßnahmen nach den Nummern 1, 3, 4 und 4a, wenn sich die Zuständigkeit nicht nach den bisher geltenden Vorschriften richten soll.**

(2) Mehrere Länder können die Errichtung eines gemeinsamen Gerichts oder gemeinsamer Spruchkörper eines Gerichts oder die Ausdehnung von Gerichtsbezirken über die Landesgrenzen hinaus, auch für einzelne Sachgebiete, vereinbaren.

I. Erfordernis des Gesetzes

§ 3 zieht die Folgerungen aus der Rechtsprechung des BVerfG[1] und fordert **1** für alle **grundlegenden Entscheidungen** der **Gerichtsorganisation** ein **Gesetz im formellen Sinn.** Die Länder haben diese Bestimmungen in den AG zur VwGO oder in Gerichtsstrukturgesetzen getroffen. Eine Ermächtigung zum Erlass einer Rechtsverordnung reicht dazu grundsätzlich nicht aus. In den **neuen Bundesländern** ist es aber nach § 11 Rechtspflege-AnpassungsG durch die darin aufrechterhaltene Maßgabe im Einigungsvertrag (Anl. I, Kap. III, Sachgeb. A, Abschn. III Nr. 1 Buchst. n Abs. 1 und Buchst. r) weiterhin zuläs-

---

3   Verfassungsrechtliche Bedenken dürften nicht durchgreifend sein, vgl. Voßkuhle, in: Mangoldt/Klein/Starck, GG 4. Aufl., Art. 95 Rn. 29 unter Verweis auf Maunz/ Herzog Art. 95 Rn. 42; str.

1   BVerfGE 2, 307; krit. dazu: Bettermann, in: Bettermann/Nipperdey/Scheuner III 2 S. 545.

sig, die Zuweisung von Sachen an ein Gericht für die Bezirke mehrerer Gerichte und die Einrichtung auswärtiger Kammern/Senate durch **Verordnung** der Landesregierung, mit der Möglichkeit der Delegation auf die zuständige Oberste Landesbehörde, vorzunehmen. Zum AsylVfG vgl. Rn. 1b.

1a Von der Möglichkeit der **Zuweisung einzelner Sachgebiete** an ein bestimmtes VG nach Absatz 1 Nr. 4 und 4a bzw. § 11 Rechtspflege-AnpassungsG haben die Länder in unterschiedlicher Weise Gebrauch gemacht. Die Ausübung dieser Konzentrationsermächtigungen[2] führt für das zugewiesene Sachgebiet zu einer Durchbrechung der im Übrigen auf räumlicher Abgrenzung beruhenden Zuständigkeit der VG und damit im Ergebnis auch, was durch die Neufassung des Absatzes 2 unterstrichen wird, zu einer Vergrößerung des Zuständigkeitsbereiches des betreffenden VG. Die neu eingefügte Nr. 4a dient der Möglichkeit, unausgewogene landesinterne Belastungen der einzelnen Verwaltungsgerichte auf Grund der Zuständigkeit für eine Bundesbehörde oder eine bundesunmittelbare Körperschaft, Anstalt oder Stiftung des öffentlichen Rechts (§ 52 Nr. 2 S. 1 und 2) zu ändern und so eine gleichmäßigere Belastung zu erreichen. Das gilt auch für die Belastung nach § 52 Nr. 2 S. 4. Diese Möglichkeit bleibt aber theoretisch, da das Land Berlin nur über ein einziges VG verfügt. Absatz 1 Nr. 6 gibt den Ländern die Möglichkeit, anhängige Verfahren bei der Errichtung oder Aufhebung eines Gerichtes, der Änderung eines Gerichtsbezirkes oder der Errichtung von Fachkammern und -senaten auf ein anderes Gericht übergehen zu lassen.

1b Nach § 83 AsylVfG sollen Streitigkeiten nach diesem Gesetz in besonderen Spruchkörpern zusammengefasst werden (Abs. 1). Die Landesregierungen können diese Spruchkörper abweichend von § 3 durch Rechtsverordnung bilden und ihren Sitz bestimmen, der in räumlicher Nähe zu den Aufnahmeeinrichtungen liegen soll. Die Landesregierungen können die Ermächtigung auf andere Stellen übertragen (Abs. 2). Im Hinblick auf die Rechtsprechung des BVerfG (vgl. Rn. 1) sollte die Ermächtigung allenfalls auf eine oberste Landesbehörde übertragen werden.

II. Auswärtige Kammern und Senate

2 Mit der **Errichtung von auswärtigen Kammern (Senaten)** sollen die Vorteile einer ortsnahen Rechtsprechung (z.B. Kostenersparnis, Erleichterung des Geschäftsverkehrs) ausgenutzt werden[3]. Sie sind organisatorisch Bestandteil des Stammgerichts, daher reicht Klageeingang beim Stammgericht zur Fristwahrung aus[4]. Die Bestimmung des Gerichtsbezirkes der auswärtigen Kammer (bzw. des Senats) kann auch im Wege der Geschäftsverteilung erfolgen[5]. **Die Zuweisung der Richter** an eine auswärtige Kammer oder einen auswärtigen Senat erfolgt im Rahmen der Geschäftsverteilung, ebenso wie die Regelung der Vertretung dieser Richter. Sie stellt keine Versetzung i.S.d. Art. 97 Abs. 2 GG, § 30 DRiG dar[6], da eine solche nur vorliegt, wenn ein Richteramt bei einem anderen Gericht unter gleichzeitigem Verlust des Richteramtes bei

---

2   Zur Zulässigkeit vgl. BVerfGE 24, 156 zu § 58 GVG; 33, 103 zu § 426 AO.
3   Zu verfassungsrechtlichen Vorgaben vgl. BayVerfGH BayVBl. 1995, 270; dazu krit. Eyermann/Geiger Rn. 7.
4   BVerwG NJW 1959, 2134.
5   Vgl. Ule S. 30; Tietgen DVBl. 1959, 847; a.A. Meyer-Hentschel DÖV 1959, 921.
6   Eyermann/Geiger Rn. 7.

dem bisherigen Gericht übertragen wird[7]. Zuweisung also auch ohne Zustimmung des Richters möglich[8].

III. Gemeinsame Ländergerichte

Die Errichtung eines gemeinsamen Gerichts (**VG oder OVG**) oder **gemeinsa-** **3** **mer Spruchkörper** eines Gerichts oder die **Ausdehnung von Gerichtsbezirken** über die Landesgrenzen hinaus nach Absatz 2 setzt einen Staatsvertrag der betreffenden Länder und ein Gesetz nach Absatz 1 voraus; die Ausdehnung des Gerichtsbezirkes kann dabei auch für einzelne Sachgebiete erfolgen (vgl. Rn. 1a). Eine Ausdehnung des Gerichtsbezirkes ist nicht bundesweit zulässig[9]. Gemäß § 138 Abs. 2 S. 1 FlurbG können mehrere Länder durch Staatsvertrag auch ein **gemeinsames Flurbereinigungsgericht** errichten.

§ 4 [Anwendung des GVG]

Für die Gerichte der Verwaltungsgerichtsbarkeit gelten die Vorschriften des Zweiten Titels des Gerichtsverfassungsgesetzes entsprechend. Die Mitglieder und drei Vertreter des für Entscheidungen nach § 99 Abs. 2 zuständigen Spruchkörpers bestimmt das Präsidium jeweils für die Dauer von vier Jahren. Die Mitglieder und ihre Vertreter müssen Richter auf Lebenszeit sein.

Das Gesetz v. 26.5.1972 (BGBl. I S. 841) hat die Vorschriften für die Präsi- **1** dialverfassung aller Gerichtszweige vereinheitlicht und im GVG geregelt, auf das, in seiner jeweiligen Fassung, § 4 für die Verwaltungsgerichtsbarkeit verweist. Die Vorschriften über die Vertretung des Präsidenten, das Präsidium, die Geschäftsverteilung auf die Kammern (Senate) und in den Kammern (Senaten) sind jetzt in den §§ 21a bis 21i GVG enthalten. Es muss insoweit auf die Erläuterungsbücher zum GVG verwiesen werden. Die entsprechenden Vorschriften der VwGO (§§ 5 bis 9 alt) sind aufgehoben.

Abweichend von den einschlägigen Bestimmungen über die Geschäftsvertei- **2** lung im GVG enthalten die durch das RmBereinVpG angefügten Sätze 2 und 3 Sonderregelungen für den besonderen Spruchkörper nach § 99 Abs. 2. Diese Regelungen sind bindend; das Präsidium kann davon nicht abweichen. Mitglieder dieses speziellen Spruchkörpers können nur Richter auf Lebenszeit sein, Richter kraft Auftrages oder auf Probe und ehrenamtliche Richter (vgl. § 9 Abs. 3 S. 3) sind von der Mitgliedschaft ausgeschlossen. Ebenso Richter im Nebenamt, wenn sie nicht auf Lebenszeit ernannte Richter eines anderen Gerichts sind (§ 16). Die Zuweisungsdauer beträgt 4 Jahre; sie kann nicht unterschritten werden. Sie beginnt mit der jeweiligen Zuweisung und ist damit nicht an ein Geschäfts- oder Kalenderjahr gebunden. Sie wird für jeden Richter individuell berechnet. Ist absehbar, dass ein Richter vor Ablauf dieser Zeitspanne nicht (mehr) am Gericht tätig sein wird, erfüllt er nicht die Voraussetzungen des § 4 S. 2. Dies gilt alles auch für die Stellvertreter, deren Zahl auf drei begrenzt ist.

---

7   Vgl. Schmidt-Räntsch § 30 Rn. 4.
8   Vgl. Kern DRiZ 1958, 135; Schmidt-Räntsch § 30 Rn. 5; a.A. Ule S. 31.
9   BVerfGE 37, 191 zur Zentralen Vergabestelle von Studienplätzen.

§ 5 [VG: Mitglieder-Besetzung]

(1) Das Verwaltungsgericht besteht aus dem Präsidenten und aus den Vorsitzenden Richtern und weiteren Richtern in erforderlicher Anzahl.

(2) Bei dem Verwaltungsgericht werden Kammern gebildet.

(3) Die Kammer des Verwaltungsgerichts entscheidet in der Besetzung von drei Richtern und zwei ehrenamtlichen Richtern, soweit nicht ein Einzelrichter entscheidet. Bei Beschlüssen außerhalb der mündlichen Verhandlung und bei Gerichtsbescheiden (§ 84) wirken die ehrenamtlichen Richter nicht mit.

I. Mitglieder des VG

1 Das Gesetz unterscheidet zwischen Richtern (im Richterverhältnis auf Lebenszeit: § 15; auf Probe: § 17; Richter kraft Auftrags: § 17; im Nebenamt: § 16) und ehrenamtlichen Richtern (§ 19). Nur die Richter sind Mitglieder des Gerichts. Die Zahl der Richter richtet sich nach den im Haushaltsplan ausgewiesenen Planstellen. Aufgabe des aufsichtsführenden Ressorts ist es, für die nach dem Geschäftsanfall erforderliche Zahl zu sorgen. Das VG hat einen Präsidenten, dem die Dienstaufsicht (§ 38) obliegt. In den Kammern des Gerichts führen der Präsident und die Vorsitzenden Richter den Vorsitz.

II. Kammern

2 Der Spruchkörper des VG ist die Kammer. Das Gesetz sagt lediglich, dass Kammern gebildet werden sollen, nicht wer sie bildet oder ihre Zahl bestimmt. Die Länder können daher in den AG Bestimmungen darüber treffen, wer die Kammern bildet[1]. Lediglich wo keine Bestimmung getroffen ist, werden die Kammern durch das Präsidium in entsprechender Anwendung des GVG gebildet. Eine Kammer kann erst gebildet werden, wenn die erforderlichen Planstellen, insbesondere die des Vorsitzenden Richters, im Haushaltsplan vorhanden und von der Ernennungsbehörde besetzt worden sind. Ebenso können die Länder auch die Bildung von auswärtigen Kammern in den AG regeln.

Mit der Einfügung des § 6 und der Ergänzung des Abs. 3 S. 1 durch das Rechtspflege-EntlastungsG ist der **Einzelrichter allgemein** im verwaltungsgerichtlichen Verfahren fakultativ **neben** die **Kammer gestellt** worden; die schon bisher bestehende Regelung im AsylVfG (§ 31 bzw. § 76) ist fast deckungsgleich übernommen worden (vgl. hierzu im Einzelnen § 6). Gericht des ersten Rechtszuges ist damit nicht nur die Kammer, sondern auch der Einzelrichter. Der Gesetzgeber hat sich, um personelle Reserven freizusetzen und Verfahren zu beschleunigen, hierzu entschlossen[2], nachdem er bei der Behandlung des 4. ÄndGVwGO eine entsprechende Regelung noch abgelehnt hatte. Er hat daher, trotz der auch an dieser Zielsetzung geäußerten Kritik, die mit der allgemeinen Einführung des Einzelrichters verbundenen Nachteile, wie z.B. das »Ausblenden« der ehrenamtlichen Richter, ein nunmehr inkongruentes Verhältnis zwischen zweistufigem Verwaltungsverfahren und Verwaltungsprozess, insbesondere aber die Aufgabe des für die Verwaltungsgerichtsbarkeit wesentlichen Kollegialprinzips und die Minderung der Leitungsfunktion des Vorsitzenden, in Kauf genommen.

---

1   Kopp/Schenke Rn. 5.
2   Vgl. BT-Drs. 12/3832.

Die heftige rechtspolitische Debatte darüber[3] ist verstummt; der Einzelrichter ist in der Praxis ein vielgenutztes Instrument der Verfahrensbeschleunigung geworden.

III. Besetzung der Kammern

Die **Kammer** ist bei der Entscheidung grundsätzlich **besetzt mit 3 Richtern** **3**
und 2 ehrenamtlichen Richtern. Die ehrenamtlichen Richter wirken stets mit,
wenn das Gericht auf Grund mündlicher Verhandlung entscheidet (Urteil
oder Beschluss), auch wenn ein Urteil ohne mündliche Verhandlung ergeht
(§ 101 Abs. 2), nicht jedoch bei Beschlüssen außerhalb der mündlichen Verhandlung und bei Gerichtsbescheiden. Aussetzung und Vorlage an das
BVerfG nach Art. 100 Abs. 1 GG und an den EuGH nach Art. 234 EGV
(Art. 177 EWGV a.F.) kann das Gericht nur in seiner vollen Besetzung, d.h.
einschließlich der ehrenamtlichen Richter beschließen (vgl. § 1 Rn. 8, 20).
Bei Verhandlungen von längerer Dauer können **Ergänzungsrichter** nach
§ 173 mit § 192 Abs. 2 GVG hinzugezogen werden. Abweichend von Absatz 3 können die Fachkammern für Personalvertretungs-, für Disziplinar-
und Schiedsgerichtssachen sowie die Berufsgerichte besetzt sein. Es gilt das
für die Fachsenate in § 9 Rn. 4 Gesagte entsprechend. Zur Mitwirkung nicht
hauptamtlicher Richter vgl. § 18 Rn. 1.

Bei einem **Verstoß gegen Absatz 3** oder entsprechende Vorschriften ist das **4**
Gericht nicht vorschriftsmäßig besetzt. Dies ist absoluter Revisionsgrund
(§ 138 Nr. 1) und Grund für Nichtigkeitsklage (§ 153 mit § 579 Abs. 1 Nr. 1
ZPO). Im Einzelnen vgl. § 138 Rn. 2.

§ 6 [VG: Einzelrichter]

(1) Die Kammer soll in der Regel den Rechtsstreit einem ihrer Mitglieder als Einzelrichter zur Entscheidung übertragen, wenn
1. die Sache keine besonderen Schwierigkeiten tatsächlicher oder rechtlicher Art aufweist und
2. die Rechtssache keine grundsätzliche Bedeutung hat.
Ein Richter auf Probe darf im ersten Jahr nach seiner Ernennung nicht Einzelrichter sein.

(2) Der Rechtsstreit darf dem Einzelrichter nicht übertragen werden, wenn bereits vor der Kammer mündlich verhandelt worden ist, es sei denn, dass inzwischen ein Vorbehalts-, Teil- oder Zwischenurteil ergangen ist.

(3) Der Einzelrichter kann nach Anhörung der Beteiligten den Rechtsstreit auf die Kammer zurückübertragen, wenn sich aus einer wesentlichen Änderung der Prozesslage ergibt, dass die Rechtssache grundsätzliche Bedeutung hat oder die Sache besondere Schwierigkeiten tatsächlicher oder rechtlicher Art aufweist. Eine erneute Übertragung auf den Einzelrichter ist ausgeschlossen.

(4) Beschlüsse nach den Absätzen 1 und 3 sind unanfechtbar. Auf eine unterlassene Übertragung kann ein Rechtsbehelf nicht gestützt werden.

---

3   Vgl. die Nachweise in der 12. Aufl.

A. Allgemein

1 Durch Art. 9 des Rechtspflege-EntlastungsG ist mit § 6 und der Folgeänderung in § 5 Abs. 3 der **Einzelrichter allgemein in der Verwaltungsgerichtsbarkeit eingeführt** worden. Im erstinstanzlichen Verfahren vor dem VG, nicht vor dem OVG, gilt damit ein Kammer/Einzelrichter-System (vgl. § 5 Rn. 2 f.). Das Gesetz hat im Übrigen an den bisher bestehenden Möglichkeiten für die Übertragung auf einzelne Richter nichts geändert. Die VwGO kennt damit als einzeln handelnde Richter

- den fakultativen, streitentscheidenden Richter (§ 6),
- den Vorsitzenden und den Berichterstatter im vorbereitenden Verfahren (§§ 87, 87b Abs. 1 u. 2) mit den Entscheidungsbefugnissen nach § 87a Abs. 1 u. 3,
- den Vorsitzenden und den Berichterstatter als konsentierten, streitentscheidenden Richter nach § 87a Abs. 2 u. 3, wenn sie im Einverständnis der Beteiligten an Stelle der Kammer (hier auch des Senats) entscheiden,
- den Vorsitzenden als anordnenden Richter in dringenden Fällen im Verfahren des vorläufigen Rechtsschutzes (§ 80 Abs. 8, § 123 Abs. 2, S. 3),
- den Vorsitzenden als Vollstreckungsgericht (§ 169, Abs. 1, S. 2).

B. Übertragung auf den Einzelrichter

I. Zuständigkeit

2 Die **Kammer,** nicht der Vorsitzende, **soll** nach Absatz 1, wenn die Voraussetzungen der Ziffern 1 und 2 vorliegen, **in der Regel** den **Rechtsstreit dem Einzelrichter übertragen.** Der Einzelrichter, dem übertragen wird, muss Mitglied der Kammer sein. Für die Übertragung steht damit der Kammer ein begrenztes Ermessen (vgl. Rn. 7) zu, das aber kein Auswahlermessen im Hinblick auf den Einzelrichter ist, dem übertragen werden soll. Um dem Erfordernis des gesetzlichen Richters (Art. 101 Abs. 1 S. 2 GG) gerecht zu werden, muss der Spruchkörper (§ 4 mit § 21g GVG) vor Beginn des Geschäftsjahres die Verteilungsgrundsätze einschließlich einer Vertretungsregelung abstrakt im Geschäftsverteilungsplan regeln[1]. Die Regelung der Geschäftsverteilung greift Platz, wenn die Kammer im konkreten Fall die Übertragung beschließt. Die Übertragung auf einen Richter auf Probe im ersten Jahr nach seiner Ernennung ist unzulässig (Abs. 1 S. 2), nach § 76 Abs. 5 AsylVfG beträgt diese Frist nur sechs Monate. Die Kammer kann den einmal übertragenen Rechtsstreit nicht durch Beschluss zu sich zurückholen, die Befugnis zur Rückübertragung hat nur der Einzelrichter (vgl. Rn. 10).

---

1   Vgl. Schleswig SchlHA 1992, 44; Hamburg NJW 1994, 274; Kassel NVwZ-RR 2000, 547; Kävenheim NJW 1993, 1372; Kopp NJW 1991, 1264; vgl. auch BVerwG NJW 1991, 1370 zum Jährlichkeitsprinzip.

II. Verfahren

Die Übertragung ist nur zulässig, wenn **noch nicht mündlich** vor der Kammer **3**
verhandelt worden ist, eine Ausnahme gilt nur, wenn inzwischen ein Vorbehaltsurteil (vgl. § 107 Rn. 8), ein Teilurteil (vgl. § 107 Rn. 2) oder ein Zwischenurteil (vgl. § 107 Rn. 3) ergangen ist. Alle anderen von der Kammer
vorgenommenen Handlungen oder Entscheidungen stehen der Übertragung
nicht entgegen, wie die Gewährung vorläufigen Rechtsschutzes, von Prozesskostenhilfe, eine Beiladung, eine Beweisaufnahme, ebenso wenig die Handlungen oder Entscheidungen des Vorsitzenden im vorbereitenden Verfahren
oder die Bestellung eines Berichterstatters. Auch wenn die Beteiligten nach
§ 87a Abs. 2 und 3 ihr Einverständnis erklärt haben, dass der Vorsitzende
oder der Berichterstatter an Stelle der Kammer in der Sache entscheidet, ist
eine Übertragung zulässig[2]. Sie sollte allerdings – wenn nach dem GV-Plan
weder der Berichterstatter noch der Vorsitzende als Einzelrichter tätig werden können – gegen den Willen der Beteiligten tunlichst unterbleiben. Nach
Zurückverweisung des Rechtsstreits durch OVG oder BVerwG kann die
Kammer, auch wenn sie im ersten Verfahren selbst entschieden hat, vor
mündlicher Verhandlung auf den Einzelrichter übertragen.

Die Kammer hat zur Wahrung des Grundsatzes des rechtlichen Gehörs vor **4**
der Übertragung die Beteiligten zu hören[3]. Dazu ist erforderlich, dass die Beteiligten über den Grund der Übertragung informiert werden. Ob dafür die
formularmäßige Wiederholung der gesetzlichen Übertragungsvoraussetzun-
gen ohne Bezug auf den Einzelfall genügen, ist fraglich[4]. Unterbleibt die Anhörung zunächst oder ist sie nicht ausreichend, kann sie jederzeit bis zur Endentscheidung mit heilender Wirkung nachgeholt werden[5]. Erkennt der
Einzelrichter den Verfahrensfehler, kann er die Sache auf die Kammer rück-
übertragen. Unterlässt er dies, muss er sich spätestens in der Endentscheidung mit dem einschlägigen Vortrag der Beteiligten auseinander setzen.

III. Materielle Zulässigkeit

Die Übertragung auf den Einzelrichter darf nur vorgenommen werden, wenn **5**
die Voraussetzungen der Ziffern 1 und 2 des Absatzes 1 vorhergehen. **Keine**
besonderen Schwierigkeiten tatsächlicher oder rechtlicher Art müssen vorliegen, wie es bei durchschnittlichen überschaubaren Rechtsstreiten zutrifft; die
Erörterung in der Kammer vor der Übertragung kann dafür ein Indiz sein.
Das ist nicht der Fall bei einem erheblich über dem Durchschnitt liegenden
Grad der Komplexität, wie im tatsächlichen insbesondere bei wirtschaftlichen, technischen oder wissenschaftlichen Zusammenhängen, bei denen
auch Beweisaufnahmen zu unterschiedlichen oder widersprüchlichen Aussagen oder Gutachten führen können; im rechtlichen bei neuartigen oder aus-
gefallenen Rechtsfragen[6]. Allein aus dem Umfang eines Rechtsstreits lässt
sich eine besondere Schwierigkeit nicht herleiten. Divergierende Entscheidungen von Einzelrichtern derselben Kammer zu vergleichbaren Sachen kön-

---

2   A.A. wohl Bader/Funke-Kaiser Rn. 5, wie hier Schoch/Stelkens Rn. 3.
3   BVerwGE 110,40.
4   A.A. Bader/Funke-Kaiser Rn. 10.
5   BVerwGE 110,40.
6   Vgl. Kopp/Schenke Rn. 6; Thomas/Putzo § 348 Rn. 7.

nen ein Hinweis sein, dass es sich um Sachen mit besonderen Schwierigkeiten handelt[7].

6 Weiter darf die Rechtssache **keine grundsätzliche Bedeutung** haben (vgl. dazu § 1 Rn. 8, 20; § 124 Rn. 19 ff.; § 132 Rn. 6 ff.). Die Beurteilung zu Beginn des Rechtsstreits bei der Übertragung auf den Einzelrichter und nach dessen Entscheidung braucht hier sicherlich nicht dieselbe zu sein, da sonst Rechtsmittel, soweit sie von einer Zulassung abhängig sind, insoweit bereits mit der Übertragung ausgeschlossen wären[8].

IV. Entscheidung

7 Die Entscheidung über die Übertragung liegt im eingeschränkten Ermessen der Kammer. Sie hat dabei zu berücksichtigen, dass eine einheitliche Kammerlinie entstehen kann und gewahrt wird[9]. Die Kammer entscheidet durch Beschluss, der keiner Begründung bedarf (§ 122 Abs. 2), auch dann nicht, wenn ein Beteiligter der beabsichtigten Übertragung widersprochen hat[10]. Der Beschluss braucht nur die Tatsache der Übertragung zu enthalten, nicht den Namen des Einzelrichters, der sich aus dem Geschäftsverteilungsplan ergibt.
Der Beschluss ist bekannt zu geben. Unterbleibt dies, ist dies kein wesentlicher Verfahrensfehler[11]; eine wenigstens konkludente Bekanntgabe genügt[12].

V. Rechtsmittel

8 Der Beschluss, mit dem die Sache auf den Einzelrichter übertragen wird, ist unanfechtbar (Abs. 4). Das gilt auch in Asylverfahren (§ 80 AsylVfG). Fehler bei der Übertragung können grundsätzlich nur bei einer Anfechtung der Entscheidung des Einzelrichters in der Sache geltend gemacht werden. Die Unanfechtbarkeit des Übertragungsbeschlusses bewirkt nach § 124 Abs. 2 Nr. 5, 173, § 512 ZPO die mangelnde Überprüfbarkeit des Beschlusses durch das Rechtsmittelgericht und damit den Ausschluss der Berufungszulassung, wenn sie allein auf die Fehlerhaftigkeit des Übertragungsbeschlusses gestützt ist[13]. Verletzt die fehlerhafte Übertragung auf den Einzelrichter zusätzlich prozessuale Gewährleistungen wie das rechtliche Gehör (vgl. aber Rn. 4) oder den gesetzlichen Richter, gilt die Einschränkung der gerichtlichen Überprüfung nicht[14]. Die fehlerhafte Übertragung auf den Einzelrichter stellt noch keine Verletzung des grundrechtlichen Anspruchs auf den gesetzlichen Richter dar; dafür ist eine willkürliche Übertragungsentscheidung notwendig[15]. Entscheidet der Einzelrichter, obwohl ein Übertragungsbeschluss nicht

---

7   Hufen Die Verwaltung 32 (1999), 528.
8   Vgl. Redeker DVBl. 1992, 212.
9   Vgl. NK-Kronisch Rn. 46 ff.
10 BVerwG NVwZ-RR 2002, 150.
11 Mannheim ESVGH 44, 81.
12 Lüneburg NVwZ 1998, 85.
13 Koblenz NVwZ-Beil. 1999, 26; Münster B. v. 13.1.1999 – 8 A 5900/98 A.; offener BFH NVwZ 1998, 661: Überprüfbarkeit nur bei greifbarer Gesetzeswidrigkeit; zum Problem weiter Günther NVwZ 1998, 37; Hufen Die Verwaltung 32 (1999), 528; NK-Kronisch Rn. 15 ff.
14 BVerwGE 110, 40.
15 BVerwG NVwZ-RR 2000, 257; vgl. BGH NJW 2004, 223.

vorliegt, ist der Anspruch auf den gesetzlichen Richter verletzt[16]. Eine Verletzung des Anspruchs auf den gesetzlichen Richter liegt noch nicht vor, wenn der Übertragungsbeschluss erst nach dem Verhandlungstermin bekannt gegeben wird[17]. Da die Übertragung allein im Interesse der Rechtspflege erfolgt[18], besteht ebenso wenig ein Anspruch darauf, dass ein Rechtsstreit auf den Einzelrichter übertragen wird; auch ein hierauf gerichteter Rechtsbehelf ist unzulässig (Abs. 4 S. 2).

C. Stellung und Befugnis des Einzelrichters

Nach der Übertragung des Rechtsstreites auf ihn ist der **Einzelrichter** das Gericht erster Instanz[19]. Er nimmt die Befugnisse der Kammer wahr und die des Vorsitzenden, soweit diesem besondere Befugnisse zustehen (vgl. Rn. 1). Im Fall der erfolgreichen Ablehnung des Einzelrichters wegen Befangenheit fällt die Sache nicht in die Kammerzuständigkeit zurück; zuständig wird der Vertreter des Einzelrichters[20]. Auch die Änderung der Kammerzuständigkeit berührt die vorher erfolgte Übertragung auf den Einzelrichter nicht[21]. Er entscheidet in der Sache durch Gerichtsbescheid[22] oder Urteil; er trifft die mit der Sache zusammenhängenden Nebenentscheidungen[23], kann nach § 96 Abs. 2 ein anderes Gericht um eine Beweisaufnahme ersuchen. Da er Gericht der Hauptsache ist, entscheidet er auch über Anträge des vorläufigen Rechtsschutzes nach § 80 Abs. 5 (vgl. § 80 Rn. 57), § 123 (vgl. § 123 Rn. 15) oder über Anträge auf Prozesskostenhilfe (vgl. § 166 Rn. 5), soweit sie nach der Übertragung gestellt werden oder im Zeitpunkt der Übertragung noch nicht entschieden sind. Das **Vollstreckungsverfahren** ist nicht Teil des Rechtsstreits i.S.d. § 6, sondern ein eigenständiges Verfahren[24]. Es kann auf den Einzelrichter übertragen werden, wenn nicht der Vorsitzende als Vollstreckungsbehörde (§ 169) tätig wird[25].

9

Ergibt sich während des Rechtsstreits aus einer wesentlichen Änderung der Prozesslage, dass die Rechtssache grundsätzliche Bedeutung hat oder dass sie besondere Schwierigkeiten tatsächlicher oder rechtlicher Art aufweist (vgl. Rn. 5, 6), **kann** der **Einzelrichter** den **Rechtsstreit** auf die **Kammer zurückübertragen.** Dabei steht ihm ein Ermessen zu, bei dem er auch den Stand des Verfahrens und die durch eine Rückübertragung zwangsläufig eintretende Verzögerung berücksichtigen kann. Eine Aussetzung des Verfahrens und Vorlage an das BVerfG oder den EuGH durch den Einzelrichter wäre rechtswidrig. Vor der Rückübertragung hat er die Beteiligten zu hören (Abs. 3 S. 1). Die Entscheidung ergeht durch Beschluss, der unanfechtbar ist (Abs. 4 S. 1). Die sonst gleich lautende Vorschrift des AsylVfG (§ 76 Abs. 3) beschränkt

10

16   Frankfurt/Oder NVwZ-RR 2001, 202.
17   BVerwG NVwZ-RR 2002, 150.
18   Vgl. Eyermann/Geiger Rn. 18.
19   Vgl. BVerwG Buchh. 402.25 § 31 AsylVfG Nr. 1.
20   BFH NVwZ-RR 1999, 543; Kissel NVwZ-RR 2000, 547.
21   BFH NVwZ 1998, 1334; a.A. Eyermann/Geiger Rn. 7.
22   Kopp/Schenke Rn. 30; a.A. Schoch/Stelkens Rn. 19, der § 84 als bloße Alternative sieht.
23   Vgl. Kassel 1986, 412 für Entscheidung über Erinnerung gegen Kostenfestsetzungsbeschluss.
24   Münster NVwZ-RR 1994, 619; a.A. VG Darmstadt NVwZ-RR 2000, 734.
25   Weimar ThürVBl. 1995, 132; Schoch/Stelkens Rn. 7.

die Rückübertragung auf die Kammer auf den Fall, dass die Rechtssache grundsätzliche Bedeutung hat.
Die Kammer ist an die Rechtsauffassung des Einzelrichters jedoch nicht gebunden und kann z.b. eine Aussetzung und Vorlage an das BVerfG oder den EuGH entgegen dem Einzelrichter nicht für erforderlich halten (s. auch § 1 Rn. 8, 20; § 5 Rn. 3). Eine erneute Übertragung auf den Einzelrichter ist ausgeschlossen (Abs. 3 S. 2).

D. Entscheidung vor Anhängigkeit der Hauptsache

11 **Anträge im Verfahren des vorläufigen Rechtsschutzes** nach § 80 Abs. 5 oder § 123 können ebenso bereits **vor Klageerhebung** gestellt werden, wie der Antrag auf Gewährung von Prozesskostenhilfe. Zuständig zur Entscheidung ist in allen Fällen das Gericht, das für die Hauptsache zuständig wäre, d.h. die Kammer (vgl. § 80 Rn. 57, § 123 Rn. 15, § 166 Rn. 5). Abgesehen davon, dass eine Übertragung im Verfahren des vorläufigen Rechtsschutzes nicht dem Sinn dieser Vorschriften, die auf eine rasche Entscheidung zielen, entsprechen würde, und dass als Einzelrichter-Entscheidung die des Vorsitzenden nach § 80 Abs. 8 vorgesehen ist, hätte die Übertragung im Antragsverfahren noch keine Wirkung für ein folgendes Klageverfahren. Nach Klageerhebung würde eine Übertragung erst nach Eingang der Klageerwiderung erfolgen; bis dahin wäre aber wiederum die Kammer Gericht der Hauptsache und die Antragsverfahren würden auf sie übergehen[26]. Eine Übertragung auf den Einzelrichter im Antragsverfahren vor Anhängigkeit der Hauptsache dürfte daher unzulässig sein[27]. Zu Anträgen, die nach Übertragung des Rechtsstreits auf den Einzelrichter gestellt werden, vgl. Rn. 9.

12 Abweichend von § 6 bestimmt § 76 Abs. 4 AsylVfG ausdrücklich, dass in **Verfahren des vorläufigen Rechtsschutzes** ein Mitglied der Kammer als **Einzelrichter** entscheidet. Auch hier müssen, um dem Grundsatz des gesetzlichen Richters zu genügen, vor Beginn des Geschäftsjahres die Verteilungsgrundsätze im Geschäftsverteilungsplan geregelt werden (vgl. Rn. 2). Nach § 76 Abs. 4 S. 2 AsylVfG überträgt der Einzelrichter den Rechtsstreit auf die Kammer, wenn die Rechtssache grundsätzliche Bedeutung hat (vgl. Rn. 6) oder wenn er von der Rechtsprechung der Kammer abweichen will. Wenn die Übertragung bei Abweichungen die Einheitlichkeit der Rechtsprechung in der Kammer wahren soll, muss dieser Grund auch gelten, wenn der Einzelrichter von der Entscheidung eines anderen Einzelrichters der Kammer abweichen will und Kammerrechtsprechung noch nicht vorliegt[28]. Im Gegensatz zu der Rückübertragung der Hauptsache auf die Kammer nach § 76 Abs. 3 AsylVfG steht dem Einzelrichter hierbei kein Ermessen zu; liegen die Gründe für die Übertragung vor, ist er zur Übertragung verpflichtet. Hierdurch soll vermieden werden, dass das Verfahren des vorläufigen Rechtsschutzes in anderen Händen liegt als die Hauptsache. Ist diese wegen Grundsätzlichkeit nicht auf den Einzelrichter übertragen worden oder hat der

---

26 Vgl. BVerwGE 39, 229.
27 Vgl. zu der ähnlichen Situation bei § 87a die divergierenden Entscheidungen von Mannheim NVwZ 1991, 274 und 275, sowie Kopp NJW 1991, 1264, der sich hier für analoge Anwendung im Beschlussverfahren ausspricht; a.A. Kopp/Schenke Rn. 2; Bader/Funke-Kaiser Rn. 4; NK-Kronisch Rn. 21.
28 Hailbronner/Schenk, AuslR, Stand 5/95, Rn. 30.

Einzelrichter aus diesem Grund den Rechtsstreit auf die Kammer zurückübertragen, muss auch das Verfahren des vorläufigen Rechtsschutzes auf die
Kammer zurückübertragen werden.

§§ 7 und 8 (weggefallen)

§ 9 [OVG: Mitglieder-Besetzung]

**(1) Das Oberverwaltungsgericht besteht aus dem Präsidenten und aus den
Vorsitzenden Richtern und weiteren Richtern in erforderlicher Anzahl.**

(2) Bei dem Oberverwaltungsgericht werden Senate gebildet.

**(3) Die Senate des Oberverwaltungsgerichts entscheiden in der Besetzung
von drei Richtern; die Landesgesetzgebung kann vorsehen, dass die Senate
in der Besetzung von fünf Richtern entscheiden, von denen zwei auch ehrenamtliche Richter sein können. Für die Fälle des § 48 Abs 1 kann auch vorgesehen werden, dass die Senate in der Besetzung von fünf Richtern und zwei ehrenamtlichen Richtern entscheiden.**

(4) (aufgehoben)

I. Allgemein

Die **Mitglieder des OVG** können Richter im Richterverhältnis auf Lebenszeit **1**
und Richter im Nebenamt sein (vgl. § 15 Rn. 1). Soweit die Länder abweichend von Abs. 3 eine Besetzung des Senats mit fünf Richtern vorsehen, diesen bei Beschlüssen außerhalb der mündlichen Verhandlung aber gleichwohl
nur in der Besetzung mit 3 Richtern[1] – zum Gerichtsbescheid im erstinstanzlichen Verfahren vgl. § 84 Rn. 3 – entscheiden lassen, muss der Vorsitzende
Richter im Rahmen der Anordnungen nach § 21g GVG auch bestimmen, in
welcher Reihenfolge die Mitglieder des Senats an diesen Entscheidungen mitwirken. Im Übrigen gelten die Anmerkungen zu § 5 für das OVG entsprechend.

II. Besetzung der Senate

Die Länder haben von dem Vorbehalt in Absatz 3 in den verschiedensten For- **2**
men Gebrauch gemacht.
Die **Senate entscheiden in der Besetzung:**
a) Mit drei Richtern:
   in Baden-Württemberg, Bayern, Saarland, Sachsen und Thüringen.
b) Mit drei Richtern und zwei ehrenamtlichen Richtern: in Berlin (§ 2
   Abs. 1 AG), Brandenburg (§ 4 Abs. 3 VwGG), Bremen (Art. 2 Abs. 2
   AG), Hamburg (§ 3 AG), Hessen (§ 17 Abs. 1 AG), Mecklenburg-Vorpommern (§ 12 Abs. 1 GOrgG), Niedersachsen (§ 4 Abs. 1 AG), Nordrhein-Westfalen (§ 10 Abs. 1 AG), Rheinland-Pfalz (§ 2 Abs. 1 AG),
   Sachsen-Anhalt (§ 4 Abs. 1 AG), Schleswig-Holstein (§ 3 Abs. 2 AG).
   Die ehrenamtlichen Richter wirken bei Beschlüssen außerhalb der
   mündlichen Verhandlung nicht mit. Zusätzlich wirken sie beim Gerichtsbescheid nicht mit in Bremen (Art. 2 Abs. 2 AG), Hessen (§ 17

---

1   Zur Zulässigkeit dieser Regelung vgl. Naumann DÖV 1960, 201.

Abs. 2 AG), Mecklenburg-Vorpommern (§ 12 Abs. 2 GStrG), Niedersachsen (§ 4 Abs. 2 AG), Sachsen-Anhalt (§ 4 Abs. 2 AG) und Schleswig-Holstein (§ 3 Abs. 2 S. 1 AG).

c) Mit fünf Richtern und zwei ehrenamtlichen Richtern in den Fällen der erstinstanzlichen Zuständigkeit des OVG nach § 48 Abs. 1, soweit die Länder von der Ermächtigung des jetzt weggefallenen Abs. 4 Gebrauch gemacht hatten, die jetzt in Absatz 3 S. 2 enthalten ist. Das ist in Hessen (§ 17 Abs. 1 AG) und Nordrhein-Westfalen (§ 10 Abs. 3 AG) der Fall. In Hessen (§ 17 Abs. 2 AG) und Nordrhein-Westfalen (§ 10 Abs. 3 AG) wirken die ehrenamtlichen Richter bei Beschlüssen außerhalb der mündlichen Verhandlung nicht mit. Im Übrigen gilt nach dem Wegfall der Regelbesetzung mit fünf Richtern gegenwärtig auch für die Fälle des § 48 Abs. 1 die unter a) und b) für die einzelnen Länder aufgeführte Besetzung, ausgenommen Mecklenburg-Vorpommern (§ 12 Abs. 1 AGGerStrG) und Rheinland-Pfalz (§ 2 Abs. 2 AG): Besetzung mit drei Richtern.

3 Im **Normenkontrollverfahren** entscheiden die Senate in Baden-Württemberg (§ 4 AG), Hessen (§ 11 AG), Mecklenburg-Vorpommern (§ 13 GOrgG), Nordrhein-Westfalen (§ 10 AG) und Sachsen (§ 24 Abs. 2 JustG) in der Besetzung mit fünf Richtern; nur in Hessen ist vorgesehen, dass der Senat außerhalb der mündlichen Verhandlung mit drei Richtern entscheidet, wobei jedoch für den Beschluss in der Sache (§ 47 Abs. 5), über die Aussetzung (§ 47 Abs. 4) und bei einer einstweiligen Anordnung (§ 47 Abs. 6) wieder die Besetzung mit fünf Richtern vorgesehen ist. In den übrigen Ländern mit Ausnahme von Rheinland-Pfalz (§ 2 Abs. 2 AG), Bayerns, des Saarlandes und Thüringens, wo die Regelbesetzung von drei Richtern vorgesehen ist, entscheiden die Senate in der Besetzung mit drei Richtern und zwei ehrenamtlichen Richtern, wobei in Berlin (§ 2 AG), Niedersachsen (§ 4 AG), Schleswig-Holstein (§ 3 AG) und Sachsen-Anhalt (§ 4 AG) dies auch für den Beschluss in der Sache (§ 47 Abs. 5) gilt, während in Brandenburg (§ 4 Abs. 3 S. 2 VwGG), Bremen (Art. 2 AG) und Hamburg (§ 3 AG) die ehrenamtlichen Richter bei allen Beschlüssen außerhalb der mündlichen Verhandlung nicht mitwirken. In Berlin wirken die ehrenamtlichen Richter auch im Eilverfahren mit (§ 2 AG). Das BVerwG (E 72, 122) hat bei dem Beschluss über die Vorlage an das BVerwG (§ 47 Abs. 5 a.F.) ebenso wie bei der Entscheidung in der Sache (§ 47 Abs. 6 a.F.), auch wenn sie ohne mündliche Verhandlung ergeht, die Besetzung des Senats unter Einschluss der ehrenamtlichen Richter für erforderlich gehalten. (vgl. § 1 Rn. 8 und 20 zur Vorlage an BVerfG und EuGH).

4 **Fachsenate.** Abweichend von Absatz 3 entscheidet das OVG als Flurbereinigungsgericht nach § 190 Abs. 1 Nr. 4 mit § 139 FlurbG in der Besetzung mit zwei Richtern und drei Beisitzern[2], nach § 190 Abs. 1 Nr. 5 mit § 84 BPersVG über Personalvertretungsangelegenheiten des Bundes mit zwei Richtern und vier ehrenamtlichen Richtern. Nach § 187 Abs. 1 und 2 können die Länder für die Besetzung der Senate, die in Disziplinar- und Personalvertretungsangelegenheiten sowie in Sachen der Schiedsgerichtsbarkeit und als Berufsgericht entscheiden, abweichende Regelungen treffen. Der nach § 189 gebildete Fachsenat für Entscheidungen nach § 99 Abs. 2 entscheidet

---

2   Vgl. BVerwGE 4, 191.

immer ohne ehrenamtliche Richter, die ihm auch nicht angehören können (vgl. § 4 Rn. 2).

§ 10 [BVerwG: Mitglieder-Besetzung]

(1) Das Bundesverwaltungsgericht besteht aus dem Präsidenten und aus den Vorsitzenden Richtern und weiteren Richtern in erforderlicher Anzahl.

(2) Bei dem Bundesverwaltungsgericht werden Senate gebildet.

(3) Die Senate des Bundesverwaltungsgerichts entscheiden in der Besetzung von fünf Richtern, bei Beschlüssen außerhalb der mündlichen Verhandlung in der Besetzung von drei Richtern.

Die **Mitglieder des BVerwG** sind Richter, und zwar Richter im Hauptamt **1** (vgl. § 15 Rn. 1). Die **Errichtung auswärtiger Senate** sieht die VwGO für das BVerwG nicht vor, § 3 Abs. 1 Nr. 5 bezieht sich nur auf die Ländergerichte. In der Besetzung mit drei Richtern entscheidet das BVerwG nur bei Beschlüssen außerhalb der mündlichen Verhandlung, zu denen auch die Beschlüsse über die Nichtzulassungsbeschwerde (§ 133 Abs. 5) und die Verwerfung der unzulässigen Revision (§ 144 Abs. 1) gehören, nicht aber Beschlüsse nach § 99 Abs. 2; zum Gerichtsbescheid im erstinstanzlichen Verfahren vgl. § 84 Rn. 3. Im Übrigen gelten die Erläuterungen zu § 5 für das BVerwG entsprechend.

Für die **Wehrdienstsenate,** die nach § 80 Abs. 1 S. 1 WDO beim BVerwG ge- **2** bildet werden, gelten grundsätzlich die Vorschriften der VwGO über die Gerichtsverfassung (§ 80 Abs. 1 S. 2 WDO). Die Zuweisung eines Richters an die Wehrdienstsenate kann nur unter den Voraussetzungen des § 80 Abs. 2 WDO erfolgen. Die Wehrdienstsenate entscheiden bei mündlicher Verhandlung in der Besetzung von drei Berufs- und zwei ehrenamtlichen Richtern (§ 80 Abs. 3 WDO).

§ 11 [BVerwG: Großer Senat]

(1) Bei dem Bundesverwaltungsgericht wird ein Großer Senat gebildet.

(2) Der Große Senat entscheidet, wenn ein Senat in einer Rechtsfrage von der Entscheidung eines anderen Senats oder des Großen Senats abweichen will.

(3) Eine Vorlage an den Großen Senat ist nur zulässig, wenn der Senat, von dessen Entscheidung abgewichen werden soll, auf Anfrage des erkennenden Senats erklärt hat, dass er an seiner Rechtsauffassung festhält. Kann der Senat von dessen Entscheidung abgewichen werden soll, wegen einer Änderung des Geschäftsverteilungsplanes mit der Rechtsfrage nicht mehr befasst werden, tritt der Senat an seine Stelle, der nach dem Geschäftsverteilungsplan für den Fall, in dem abweichend entschieden wurde, nunmehr zuständig wäre. Über die Anfrage und die Antwort entscheidet der jeweilige Senat durch Beschluss in der für Urteile erforderlichen Besetzung.

(4) Der erkennende Senat kann eine Frage von grundsätzlicher Bedeutung dem Großen Senat zur Entscheidung vorlegen, wenn das nach seiner Auffassung zur Fortbildung des Rechts oder zur Sicherung einer einheitlichen Rechtsprechung erforderlich ist.

(5) Der Große Senat besteht aus dem Präsidenten und je einem Richter der Revisionssenate, in denen der Präsident nicht den Vorsitz führt. Legt ein anderer als ein Revisionssenat vor oder soll von dessen Entscheidung abgewichen werden, ist auch ein Mitglied dieses Senats im Großen Senat vertreten. Bei einer Verhinderung des Präsidenten tritt ein Richter des Senats, dem er angehört, an seine Stelle.

(6) Die Mitglieder und die Vertreter werden durch das Präsidium für ein Geschäftsjahr bestellt. Das gilt auch für das Mitglied eines anderen Senats nach Absatz 5 Satz 2 und für seinen Vertreter. Den Vorsitz im Großen Senat führt der Präsident, bei Verhinderung das dienstälteste Mitglied. Bei Stimmengleichheit gibt die Stimme des Vorsitzenden den Ausschlag.

(7) Der Große Senat entscheidet nur über die Rechtsfrage. Er kann ohne mündliche Verhandlung entscheiden. Seine Entscheidung ist in der vorliegenden Sache für den erkennenden Senat bindend.

A. Allgemein

Die Bildung des großen Senats und seine Anrufung dient der Sicherung einer einheitlichen Rechtsprechung des BVerwG und der Rechtsfortbildung. Die Anrufung des Großen Senats bei dem BVerwG ist einheitlich für alle Senate des Gerichts geregelt, also auch für die Wehrdienstsenate (§ 80 Abs. 1 WDO).

B. Anrufung des Großen Senats

1 Das Gesetz unterscheidet die obligatorische (Abs. 2) und die fakultative (Abs. 4) Anrufung.

I. Obligatorische Anhörung

2 Der Große Senat muss angerufen werden, wenn ein Senat in einer Rechtsfrage von der Entscheidung eines anderen Senats oder des Großen Senats abweichen will. Abweichung setzt unterschiedliche Auffassung in einer Rechtsfrage voraus, die sowohl für die frühere wie für die neue Entscheidung tragend ist[1]. Keine Abweichung daher, wenn die Rechtsauffassung in der früheren Entscheidung nur nebenbei geäußert worden ist, also die Entscheidung auch ohne diese Auffassung die gleiche geblieben wäre. Auch keine Abweichung, wenn die Rechtsauffassung nur eine von mehreren selbstständig tragenden Gründen war[2]. Die Form der Entscheidung ist unerheblich, auch ob diese veröffentlicht ist. Maßgeblich sind die Gründe, nicht der Leitsatz[3]. Abweichung liegt auch vor, wenn der gleiche in verschiedenen Gesetzen niedergelegte Rechtssatz verschieden ausgelegt werden soll[4].

3 **Voraussetzung der Vorlage** an den Großen Senat ist (Abs. 3), dass der **Senat,** von dessen Entscheidung abgewichen werden soll, auf Anfrage des erkennenden Senats **erklärt, dass er an** seiner **Rechtsauffassung festhält.** Anfrage und Antwort entscheiden die Senate durch Beschluss in der für Urteile erforderlichen Besetzung. Hat der Senat der früheren Entscheidung seine Meinung auf-

---

1   BVerwG DVBl. 1992, 1227; München VGH n.F. 5, 236; BSG NJW 1985, 2356.
2   BVerwG UPR 1998, 310.
3   Eyermann/Geiger Rn. 3.
4   BGH NJW 1953, 821; Eyermann/Geiger Rn. 3; Kopp/Schenke Rn. 4; vgl. aber § 132 Rn. 14.

gegeben[5] oder erklärt er, sie aufgeben zu wollen[6], entfällt die Vorlage. Bei einer Änderung des Geschäftsverteilungsplanes tritt der nunmehr für die Rechtsfrage zuständige Senat an die Stelle des Senats, von dessen Entscheidung abgewichen werden soll (Abs. 3 S. 2). Ist der erkennende Senat selbst für das Rechtsgebiet des Senats, von dessen Entscheidung abgewichen werden soll, zuständig geworden, entfällt die Vorlage[7]. Das Gleiche gilt, wenn dieser Senat nicht mehr besteht[8].

Die Vorlage entfällt, wenn der erkennende **Senat sich** bei seiner von einem **4** anderen Senat oder dem Großen Senat abweichenden Meinung einer Entscheidung des Gemeinsamen Senats der Obersten Gerichtshöfe des Bundes (BSGE 34, 269) oder in der Auslegung einer Norm des Gemeinschaftsrechts **einer Entscheidung des EuGH anschließen will**[9], wenn sich die Rechtslage inzwischen geändert hat[10] oder der Verwaltungsrechtsweg für künftige Rechtsstreite nicht mehr eröffnet ist[11]. Eine Vorlage wegen Divergenz kommt auch nicht in Betracht, wenn der erkennende Senat von seiner eigenen früheren Auffassung abweichen will. Die **Anrufung** ist **ausgeschlossen,** wenn ein Senat, im Gegensatz zu einer früheren Entscheidung eines anderen Senats oder des Großen Senats, eine Norm für verfassungswidrig hält und nach Art. 100 GG dem BVerfG vorlegen will[12]. Das Gleiche muss für die Vorlage an den EuGH gelten (vgl. § 1 Rn. 17).

Verstoß gegen Vorlagepflicht berührt Wirksamkeit der Entscheidung des ab- **5** weichenden Senats nicht, auch keine Wiederaufnahme nach § 153 möglich. Der Senat, von dessen Entscheidung abgewichen ist, muss bei Bestätigung seiner früheren Rechtsprechung nunmehr selbst den Großen Senat anrufen[13]. Das Unterlassen einer erforderlichen Vorlage kann jedoch Art. 101 Abs. 1 S. 2 GG verletzen und damit Gegenstand einer **Verfassungsbeschwerde** werden, wenn diese Entscheidung von willkürlichen Erwägungen bestimmt war[14].

II. Fakultative Anhörung

Der Große Senat kann angerufen werden, wenn nach Auffassung des erken- **6** nenden Senats[15] in einer grundsätzlichen Rechtsfrage die Fortbildung des Rechts oder die Sicherung einer einheitlichen Rechtsprechung es erfordern (Abs. 4). Es muss sich um Rechtsfragen handeln, die über den Einzelfall hinaus besondere Bedeutung haben, sei es, weil ungelöste Fragen des formellen oder materiellen Verwaltungsrechts zur Entscheidung kommen sollen oder weil die Rechtsprechung mehrerer Senate berührt wird, sodass eine einheitliche Meinung des BVerwG gebildet werden soll (vorbeugende Anrufung). Ob diese Voraussetzungen vorliegen, entscheidet der erkennende Senat, nicht der

---

5   Vgl. RGSt. 53, 190.
6   Vgl. BVerwGE 39, 10; 67, 222.
7   BGHZ 28, 16.
8   BGH NJW 1986, 1766.
9   BSG NJW 1974, 1063.
10 BVerwG DÖV 1964, 64.
11 BVerwG NJW 1963, 71.
12 BVerfGE 6, 222; BVerwG NJW 1962, 459.
13 BGHSt. 10, 94.
14 Vgl. BVerwGE 69, 30; BVerfGE 42, 237; Kothe DÖV 1988, 284; Leisner NJW 1989, 2446; Zuck DVBl. 1978, 166.
15 BVerwGE 3, 143.

Große Senat[16], dieser prüft nur Entscheidungserheblichkeit[17]. An die Entscheidung des Großen Senats ist der erkennende Senat gebunden (Abs. 7 S. 3). Wegen dieser Bindung, die die unmittelbare Vorlage an das BVerfG durch den erkennenden Senat ausschließen würde, ist keine Vorlage an den Großen Senat zulässig über Fragen der Vereinbarkeit mit dem GG[18]. Das Gleiche muss für Vorlagen an den EuGH gelten (vgl. § 1 Rn. 17). Im Übrigen vgl. zur Rechtsfortbildung durch die Gerichte, auch zur Schließung von Gesetzeslücken BVerfG NJW 1985, 2402; Lerche NJW 1987, 2465.

C. Zusammensetzung

7 Der Große Senat besteht aus dem **Präsidenten des BVerwG** und **je einem Richter der Revisionssenate**, in denen der Präsident nicht den Vorsitz führt. Bei Verhinderung des Präsidenten tritt ein Richter des Senats, dem er angehört, an seine Stelle. Legt ein anderer als ein Revisionssenat vor oder soll von der Entscheidung eines solchen Senats abgewichen werden, ist auch ein Mitglied dieses Senats im Großen Senat vertreten. Nur der Präsident des BVerwG und der im Verhinderungsfall an seine Stelle tretende Richter seines Senats ist auch dann immer Mitglied des Großen Senats, wenn er keinem Revisionssenat vorsitzt.

8 Die **Mitglieder** des Großen Senats **und** ihre **Vertreter** werden **durch das Präsidium für ein Geschäftsjahr bestellt.** Das gilt nicht nur für die Mitglieder aus den Revisionssenaten, sondern auch aus den übrigen Senaten, die nur im Bedarfsfall zum Großen Senat hinzutreten. Den **Vorsitz führt** der **Präsident** des BVerwG, im Falle einer Verhinderung das dienstälteste Mitglied des Großen Senats. Bei Stimmengleichheit gibt die Stimme des Vorsitzenden den Ausschlag.

D. Verfahren

9 1. **Anrufung.** Die Form der Anrufung ist durch das Gesetz nicht geregelt. Da dem Großen Senat bestimmte formulierte Rechtsfragen vorgelegt werden und der Senat die unterschiedlichen Auffassungen darlegen muss, über die der Große Senat zu entscheiden hat, erfolgt **Anrufung durch begründeten Beschluss**[19], der ohne mündliche Verhandlung ergehen kann. Der vorlegende Senat entscheidet in derselben Besetzung wie bei Urteilen[20]. Den Beteiligten sollte aber auch nach den Grundsätzen des rechtlichen Gehörs vor der Entscheidung Gelegenheit zur Äußerung gegeben werden[21]. Der Vorlage steht nicht entgegen, dass bereits ähnliche Vorlageverfahren anhängig sind[22]. Absatz 2 dient nicht der Entscheidung des Einzelfalls, deshalb kein Recht der

---

16 Vgl. Bettermann DVBl. 1982, 955.
17 Vgl. BGH (GS) NJW 1986, 1764.
18 Vgl. BVerwG NJW 1962, 459; BVerfG NJW 1957, 625.
19 BSG NJW 1955, 1814.
20 BSGE 49, 177; BFHE 129, 246.
21 Kopp/Schenke Rn. 8; a.A. Zuck DVBl. 1978, 168.
22 BFH NJW 1985, 93.

Beteiligten auf Anrufung des Großen Senats, nur Anregung möglich. Auch kein Rechtsmittel, wenn Anrufung unterbleibt (vgl. aber Rn. 5).

Der Vorlagebeschluss bindet den Großen Senat in beiden Fällen des § 11. **10** Ohne Entscheidung kann daher die Sache nicht an den erkennenden Senat zurückgegeben werden. Der vorlegende Senat kann jedoch seinen Vorlagebeschluss aufheben, solange der Große Senat nicht entschieden hat[23]. Sind die Gründe für die Vorlage entfallen, etwa durch eine Gesetzesänderung oder eine nach § 31 Abs. 1 BVerfGG bindende Entscheidung des BVerfG, muss der vorliegende Senat durch Beschluss[24] die Vorlage zurücknehmen bzw. der Große Senat die Vorlage für erledigt erklären[25].

Der Große Senat entscheidet nur **über die vorgelegte Rechtsfrage**[26] **durch Be- 11 schluss.** In Absatz 7 S. 2 ist jetzt ausdrücklich geregelt, dass die Entscheidung auch ohne mündliche Verhandlung ergehen kann. Ob eine mündliche Verhandlung notwendig ist, bestimmt sich nach den Grundsätzen des rechtlichen Gehörs. Die Entscheidung bindet den erkennenden Senat in der Sache, die Anlass der Anrufung war, bei Zurückverweisung auch das Gericht, an das verwiesen wird.

E. Gemeinsamer Senat der obersten Gerichtshöfe

Durch das Gesetz zur Wahrung der Einheitlichkeit der Rechtsprechung der **12** obersten Gerichtshöfe des Bundes vom 16. Juni 1968 (s. Anhang I 1) ist ein Gemeinsamer Senat dieser Gerichtshöfe mit dem Sitz in Karlsruhe geschaffen. Die Vorlage an den Gemeinsamen Senat ist im Verwaltungsstreitverfahren erforderlich, wenn das BVerwG in einer Rechtsfrage von der Entscheidung eines anderen obersten Gerichtshofes, auch aus der Zeit, als dieser noch die Bezeichnung »oberes Bundesgericht« trug[27], oder des Gemeinsamen Senats abweichen will. Das BVerwG[28] hat die Vorlagepflicht jedoch verneint, wenn der erkennende Senat in Übereinstimmung mit zeitlich jüngeren Entscheidungen des eigenen oder eines anderen obersten Gerichtshofes von einer früheren Entscheidung eines obersten Gerichtshofes, die vor dem In-Kraft-Treten des VereinheitlichungsG ergangen ist, abweichen will. Liegen die Voraussetzungen des § 11 VwGO vor, kann die Vorlage nur durch den Großen Senat des BVerwG erfolgen. Zur Zusammensetzung des Gemeinsamen Senats und zum Verfahren vgl. §§ 3 ff., §§ 10 ff. des Gesetzes, zur Beteiligung des VBI § 35 Rn. 2, zur Erweiterung der Revisionsgründe § 132 Abs. 2 Nr. 2.

§ 12 [OVG: Großer Senat]

(1) Die Vorschriften des § 11 gelten für das Oberverwaltungsgericht entsprechend, soweit es über eine Frage des Landesrechts endgültig entscheidet. An die Stelle der Revisionssenate treten nach diesem Gesetz gebildete Berufungssenate.

---

23 Vgl. Zuck DVBl. 1978, 169.
24 Kopp/Schenke Rn. 7.
25 BSGE 54, 223; vgl. auch BVerwGE 83, 320 zur Vorlage nach Art. 100 GG.
26 Vgl. BGH NJW 1986, 1764; BAG NJW 1988, 990.
27 GemS in BVerwGE 39, 355.
28 E 66, 359.

(2) Besteht ein Oberverwaltungsgericht nur aus zwei Berufungssenaten, so treten an die Stelle des großen Senats die Vereinigten Senate.

(3) Durch Landesgesetz kann eine abweichende Zusammensetzung des Großen Senats bestimmt werden.

I. Anrufung

1 Die **Anrufung** des Großen Senats des OVG dient der Sicherung einer einheitlichen Rechtsprechung und der Rechtsfortbildung auf Gebieten des Landesrechts. Für die Anrufung gilt § 11 Abs. 2 und 4 entsprechend; weitere Voraussetzungen sind:
a) Die **Entscheidung**, von der abgewichen werden soll, **muss rechtskräftig sein**[1]. Trotz Vorliegens einer rechtskräftigen Entscheidung ist Anrufung ausgeschlossen, wenn das BVerwG inzwischen in anderen Verfahren entschieden hat, dass die Rechtsfrage dem Bundesrecht zuzurechnen ist[2] oder das BVerfG nach Art. 126 GG die Vorschrift dem Bundesrecht als fortgeltend zugeordnet hat.

2 b) Die **Entscheidung**, die ergehen soll, **darf materiell nicht mit der Revision anfechtbar sein.** Das ist bei **Landesrecht** grundsätzlich der Fall (§ 137 Abs. 1). Als Landesrecht ist auch das vom Landesgesetzgeber in Ausführung von Bundesgesetzen gesetzte Recht anzusehen[3]. Wo durch Bundesgesetz (wie in § 137 Abs. 1 Ziff. 2 oder in § 127 BRRG) oder auf Grund des Art. 99 GG durch Landesgesetz (wie in § 5 AG Berlin) Landesrecht für revisibel erklärt wird, scheidet eine Anrufung aus.
Verstoß gegen obligatorische Anrufung ist Verfahrensmangel, Revision nach § 132 Abs. 2 Nr. 3 zuzulassen, da Anrufung wegen der Bindung des erkennenden Senats an die Entscheidung des Großen Senats zu anderer Entscheidung hätte führen können[4].

II. Zusammensetzung

3 Für die **Zusammensetzung** des Großen Senats gilt § 11 Abs. 5 entsprechend (vgl. § 11 Rn. 7). An die Stelle der Revisionssenate treten hier die **Berufungssenate**, und zwar nur die **nach diesem Gesetz**, d.h. der VwGO gebildeten. Soweit bei dem OVG Berufungssenate für Disziplinar- oder Personalvertretungssachen oder für das Berufsrecht bestehen (vgl. § 187), ist ein Mitglied aus diesen Senaten nur dann im Großen Senat vertreten, wenn aus einem solchen Senat die Vorlage erfolgt oder von dessen Entscheidung abgewichen werden soll. Zur Bestellung vgl. § 11 Rn. 8. Besteht das OVG nur aus zwei Berufungssenaten, entscheiden diese als Vereinigte Senate an Stelle des Großen Senats. In dem Großen Senat wirken, wie sich aus § 11 Abs. 5 ergibt, nur Richter (vgl. § 5 Rn. 1) mit. In den Vereinigten Senaten dagegen wirken, soweit die Senate abweichend von § 9 Abs. 3 auch mit ehrenamtlichen Richtern besetzt sind (vgl. § 9 Rn. 2 ff.), auch diese mit[5]. **In den neuen Bundesländern** standen die Senate für Verwaltungssachen bei den Bezirksgerichten den Senaten des OVG gleich. Nach Absatz 3 kann **durch Landesgesetz** eine **ab-**

---

1   Vgl. Eyermann/Geiger Rn. 2; a.A. Kopp/Schenke Rn. 1.
2   Vgl. BVerwGE 6, 149.
3   Vgl. BVerfGE 18, 407.
4   A.A. Eyermann/Geiger Rn. 4; offen gelassen von BVerwG UPR 1998, 310.
5   A.A. Schoch/Stelkens Rn. 9; Bader/Funke-Kaiser Rn. 6.

weichende **Zusammensetzung** des Großen Senats bestimmt werden. Dies ist in Bayern (Art. 7 AG), Baden-Württemberg (§ 6 AG) und Nordrhein-Westfalen (§ 10 Abs. 4 AG) der Fall.

Das **Verfahren** richtet sich nach § 11 Abs. 7, vgl. § 11 Rn. 9 ff.   **4**

§ 13   [Geschäftsstelle]

Bei jedem Gericht wird eine Geschäftsstelle eingerichtet. Sie wird mit der erforderlichen Anzahl von Urkundsbeamten besetzt.

I. Einrichtung und Besetzung

Um einen geordneten Geschäftsbetrieb zu gewährleisten, muss bei jedem Gericht eine Geschäftsstelle eingerichtet und mit der erforderlichen Zahl von Urkundsbeamten – und Hilfskräften – besetzt werden. Einrichtung, Besetzung, Geschäftsgang und Dienstbetrieb werden von den für die Gerichtsverwaltung (§ 38, § 39 Rn. 2) zuständigen Stellen geregelt.   **1**

II. Urkundsbeamter der Geschäftsstelle

Der Urkundsbeamte ist in der Regel ein Beamter des gehobenen Verwaltungs- oder Justizdienstes. Er wird als solcher bestimmt (vgl. Art. 10 Abs. 3 AG Bay.).   **2**
Der Urkundsbeamte hat vornehmlich **prozessuale Aufgaben:**
Er beurkundet Anträge und Erklärungen der Beteiligten, die zur Niederschrift abgegeben werden können, wie z.B. die Klage (§ 81 Abs 1), Beschwerde (§ 147 Abs. 1), Wiedereinsetzungsantrag (§ 60), Antrag auf Prozesskostenhilfe (§ 166). Er kann bei der mündlichen Verhandlung oder Beweisaufnahme Protokoll führen (§ 105), auch als Dolmetscher tätig werden (§ 173 mit § 190 GVG). Er erteilt Ausfertigungen, Auszüge und Abschriften aus den Akten (§ 100 Abs. 2), Rechtskraft- und Notfristzeugnisse (§ 167 mit § 706 ZPO) und bewirkt Ladungen und Zustellungen (§ 173 mit § 209 ZPO)[1].

Ihm sind durch Gesetz **richterliche Geschäfte** zur selbstständigen Erledigung[2] übertragen, und zwar setzt er fest: **3**
a) die gerichtlichen Kosten und die notwendigen Aufwendungen der Beteiligten (§ 164),
b) die Entschädigung der ehrenamtlichen Richter,
c) die Entschädigung der Zeugen und Sachverständigen,
d) die Rechtsanwaltsgebühren in Prozesskostenhilfe-Sachen (§ 166 mit § 55 RVG).

Als Verwaltungsaufgabe obliegt dem Urkundsbeamten die Akten- und Registerführung. Ihm können allgemeine Aufgaben der Gerichtsverwaltung wie Haushalts-, Kassen- oder Personalangelegenheiten übertragen werden.   **4**

---

1   Vgl. im Einzelnen Martens JuS 1973, 227.
2   Vgl. RGZ 110, 315.

5 Der Urkundsbeamte kann aus den gleichen Gründen von seiner Tätigkeit ausgeschlossen sein oder **abgelehnt** werden wie der Richter (§ 54 mit § 49 ZPO; vgl. § 54 Rn. 21). Der Rechtsbehelf gegen die Entscheidungen des Urkundsbeamten ist die **Erinnerung** nach § 151 (vgl. die dortigen Erläuterungen).

§ 14   [Rechts- und Amtshilfe]

Alle Gerichte und Verwaltungsbehörden leisten den Gerichten der Verwaltungsgerichtsbarkeit Rechts- und Amtshilfe.

1 Die Verpflichtung zur Rechts- und Amtshilfe ist bereits in Art. 35 GG festgelegt, unter dessen Behördenbegriff auch die Gerichte verstanden werden[1].

I. Rechtshilfe

2 **Rechtshilfe** ist die Einschaltung eines anderen Gerichts zur Durchführung richterlicher Handlungen[2]. In Frage kommen in erster Linie Zeugenvernehmungen (§ 96 Abs. 2). Das Verfahren bei der Rechtshilfe richtet sich über § 173 nach den §§ **156 bis 168 GVG.** Rechtshilfegericht ist das VG oder ein Gericht des ersten Rechtszuges eines anderen Gerichtszweiges (z.B. Amtsgericht). Das ersuchte Gericht hat, sofern es nicht von einem übergeordneten Gericht ersucht wird, zu prüfen, ob es örtlich und sachlich zuständig ist, und ob die ersuchte Rechtshandlung zulässig ist. Das Ersuchen ist unzulässig, wenn das ersuchende Gericht am Ort des ersuchten Gerichts Gerichtstage abhalten darf[3]. Bei Ablehnung des Ersuchens, auch durch ein VG, kann das ersuchende Gericht Beschwerde einlegen (§§ 158 ff. GVG; vgl. auch § 152 Rn. 3). Zeugenvernehmung im Wege der **Rechtshilfe durch eine Verwaltungsbehörde** ist unzulässig, da die Bestimmungen der ZPO, auf die § 98 verweist, eine Vernehmung durch Behörden nicht vorsehen[4].

3 Rechtshilfe durch **ausländische Gerichte** und Behörden muss, soweit besondere Bestimmungen für die Verwaltungsgerichtsbarkeit nicht bestehen, in entsprechender Anwendung des Haager Abkommens über den Zivilprozess v. 17.7.1905 (RGBl. 1909 S. 409) bzw. des Haager Übereinkommens über die Zustellung gerichtlicher und außergerichtlicher Schriftstücke im Ausland in Zivil- und Handelssachen v. 15.11.1965 (BGBl. II 1977, 1453) und des Haager Übereinkommens über die Beweisaufnahme im Ausland in Zivil- und Handelssachen v. 18.3.1970 (BGBl. II 1977, 1472), deren entsprechende Anwendung strittig ist[5], auf diplomatischem Wege nachgesucht werden. Mit Österreich richtet sich die Amts- und Rechtshilfe in Verwaltungssachen nach dem Vertrag v. 31.5.1988 (BGBl. 1990 II S. 357)[6].

---

1 H.L. vgl. Ule S. 50; Maunz/Scholz GG, Art. 35 Rn. 3.
2 Gerichtshilfe, vgl. Ule S. 50.
3 OLG Hamm JMBl. NW 1964, 53.
4 Ebenso Schunck/De Clerck S. 131; Ule S. 51.
5 Bader/Funke-Kaiser Rn. 16; Baumbach/Albers § 363 Rn. 10.
6 Mannheim NVwZ 2001, 338.

II. Amtshilfe

Amtshilfe ist die Einschaltung eines Gerichts oder einer Verwaltungsbehörde **4**
zur Unterstützung einer vom Gericht selbst beabsichtigten Amtshandlung;
vgl. auch § 4 VwVfG[7]. Sie reicht von der Bereitstellung von Räumen, der Sicherung von Ortsterminen, der Gestellung von Protokollführern und
Schreibkräften bis zur Auskunfterteilung und der Übersendung von Akten.
Zur Amtshilfe sind alle Behörden auf Bundes-, Landes- und kommunaler
Ebene, ebenso die Gerichte aller Gerichtszweige verpflichtet. Zum Inhalt der
Amtshilfe vgl. auch die §§ 4 ff. VwVfG; zum Verhältnis von Amtshilfe und
Geheimhaltung Schnapp NJW 1980, 2165; zur Amtshilfe durch die Rechnungshöfe vgl. Karehnke DÖV 1972, 809; zum ressortübergreifenden Amtshilfeverkehr vgl. Schnapp DVBl. 1987, 561.

Gegen die Verweigerung der Amtshilfe ist stets Dienstaufsichtsbeschwerde **5**
gegeben (h.L.). Ist bei der Verweigerung zugleich ein selbstständiges Recht
eines Beteiligten, etwa auf Auskunftserteilung oder Akteneinsicht, verletzt,
muss auch der Verwaltungsrechtsweg eröffnet sein[8]; es sei denn, das Recht
zur Verweigerung beruht auf Vorschriften, die den Verwaltungsrechtsweg
ausschließen[9].

2. Abschnitt · Richter

§ 15 [Hauptamtliche Richter]

(1) Die Richter werden auf Lebenszeit ernannt, soweit nicht in §§ 16 und 17 Abweichendes bestimmt ist.

(2) (weggefallen)

(3) Die Richter des Bundesverwaltungsgerichts müssen das fünfunddreißigste Lebensjahr vollendet haben.

I. Allgemein

Den besonderen Schutz des Art. 97 Abs. 2 GG genießen die hauptamtlich **1**
und planmäßig endgültig angestellten Richter. Die endgültige Anstellung erfolgt nach § 28 Abs. 1 DRiG im Richterverhältnis auf Lebenszeit. Aus Absatz 1 folgt, dass sich alle Richter (zum Begriff vgl. § 5 Rn. 1) bei den Gerichten der allgemeinen Verwaltungsgerichtsbarkeit im Richterverhältnis auf
Lebenszeit befinden müssen, soweit das Gesetz nicht selbst Ausnahmen zulässt, und zwar nach § 16 für Richter im Nebenamt beim VG und OVG und
nach § 17 für Richter auf Probe und Richter kraft Auftrags beim VG. Da die
Unabhängigkeit der Gerichte (vgl. § 1 Rn. 2 ff.) am vollständigsten gewährleistet ist, wenn bei der Entscheidung möglichst viele der unter Art. 97 Abs. 2
GG fallenden Richter mitwirken, schränkte das Gesetz in § 18 a.F. die Zahl
und die Verwendungsmöglichkeit der Richter nach §§ 16, 17 ein. Vgl. im
Einzelnen die Erläuterungen zu §§ 16, 17, 18.

---

7   Verwaltungshilfe, vgl. Ule S. 51; Münster DVBl. 1967, 634; BVerwG NJW 1960,
     1409.
8   Str. wie hier: Kopp/Schenke Rn. 3; a.A. Eyermann/Geiger Rn. 10; offen lassend:
     Ule S. 51.
9   BVerwGE 8, 324 m. Anm. Rupp JZ 1960, 67.

2 Die **Berufung in das Richterverhältnis auf Lebenszeit** erfolgt durch Aushändigung der Ernennungsurkunde und Einweisung in eine Planstelle bei einem bestimmten Gericht; dem Richter auf Lebenszeit ist bei diesem Gericht ein Richteramt zu übertragen (§ 27 Abs. 1 DRiG). Die Übertragung eines weiteren Richteramtes, als Haupt- oder Nebenamt, ist nach § 27 Abs. 2 DRiG möglich, soweit ein Gesetz, d.h. ein Bundes- oder Landesgesetz[1] dies zulässt. Ist die Ernennung nichtig (§ 18 DRiG), ist das Gericht nicht vorschriftsmäßig besetzt. Folge siehe § 5 Rn. 4. Ist die Ernennung nur rücknehmbar (§ 19 DRiG), berührt dies die vorschriftsmäßige Besetzung des Gerichts nicht. Die Voraussetzungen für die Berufung in das Richterverhältnis sind im DRiG niedergelegt, die Ausgestaltung des Richterverhältnisses im Einzelnen richtet sich ebenfalls nach diesem Gesetz bzw. den LRiG.

II. Unabhängigkeit des Richters

3 Die Unabhängigkeit der Gerichte (vgl. § 1 Rn. 2 ff.) basiert auf der Unabhängigkeit des Richters. Der Richter ist sachlich unabhängig, indem er nur dem Gesetz unterworfen ist und in der Ausübung seiner richterlichen Tätigkeit keinerlei Weisungen unterliegt (Art. 97 Abs. 1 GG; §§ 25, 26 DRiG), er ist persönlich unabhängig, indem er gegen seinen Willen nicht abgesetzt oder versetzt werden kann (Art. 97 Abs. 2 GG; §§ 27–37 DRiG). Das DRiG weist darüber hinaus das Disziplinar-, Versetzungs- und Prüfungsverfahren den Dienstgerichten zu (vgl. § 40 Rn. 69).

III. Richter am BVerwG

4 Die **Richter am BVerwG** müssen stets in das Richterverhältnis auf Lebenszeit berufen sein, die Ausnahmen in §§ 16, 17 gelten nur für die Ländergerichte. Auch die Abordnung eines Richters an das BVerwG ist unzulässig. Richter im Landesdienst können bereits nach § 10 Abs. 1 nicht zu den Mitgliedern des BVerwG zählen. Da die Richter beim BVerwG nach § 1 Richterwahlgesetz vom Bundesminister der Justiz als dem zuständigen Minister (vgl. § 38 Rn. 2) gemeinsam mit dem Richterwahlausschuss berufen werden und vom Bundespräsidenten zu ernennen sind, können auch Richter eines anderen obersten Gerichtshofes des Bundes nicht zum BVerwG nach § 37 DRiG abgeordnet werden[2]. Als zusätzliche Anstellungsvoraussetzung verlangt das Gesetz für die Richter des Bundesverwaltungsgerichts die Vollendung des 35. Lebensjahres.

§ 16   [Richter im Nebenamt]

Bei dem Oberverwaltungsgericht und bei dem Verwaltungsgericht können auf Lebenszeit ernannte Richter anderer Gerichte und ordentliche Professoren des Rechts für eine bestimmte Zeit von mindestens zwei Jahren, längstens jedoch für die Dauer ihres Hauptamts, zu Richtern im Nebenamt ernannt werden.

---

1   Vgl. Schmidt-Räntsch § 27 Rn. 15.
2   Ebenso Schmidt-Ränsch § 37 Rn. 8; a.A. Ule S. 61.

I. Verhältnis zum DRiG

Die Möglichkeit, ordentliche Professoren des Rechts an den Gerichten der **1** Länder zu Richtern im Nebenamt zu ernennen, hat das Gesetz aus den ihm vorausgehenden Verfahrensgesetzen der Länder (§ 15 MRVO; §§ 4, 11 VGG; § 5 VGG RhPf.) übernommen. Es handelt sich um eine Besonderheit der Gerichtsverfassung der allgemeinen Verwaltungsgerichtsbarkeit, die in den übrigen Gerichtszweigen unbekannt ist. Das DRiG hat diese Bestimmung nicht geändert, obgleich nach § 7 DRiG nur ordentliche Professoren der Rechte an einer Universität die Befähigung zum Richteramt besitzen und der Richter im Nebenamt als besondere Rechtsform des Richterdienstes in § 8 DRiG nicht aufgeführt ist. Nach Ablauf der in den Überleitungsbestimmungen des DRiG (§ 106 Abs. 2) vorgesehenen Fristen (30.6.1963) wird daher die Weitergeltung des § 16 insoweit auch von Schmidt-Räntsch[1] bestritten. Da jedoch das DRiG die weiteren Bestimmungen des 2. Abschnitts der VwGO alle geändert hat, muss der unberührt gebliebene § 16 als lex specialis gegenüber diesem Gesetz gelten und ist damit in vollem Umfang weiterhin gültig[2].

II. Richter im Nebenamt

Bei VG und OVG, nicht beim BVerwG, können zu Richtern im Nebenamt **2** ernannt werden:
a) **Auf Lebenszeit berufene Richter** anderer Gerichte, auch aus anderen Gerichtszweigen[3]. Der Richter ist zur Übernahme dieses Nebenamtes nach § 42 DRiG verpflichtet.
b) **Ordentliche Professoren des Rechts.** Abweichend von § 7 DRiG, wie früher von § 4 GVG, kommen nicht nur ordentliche Professoren des Rechts an einer Universität in der Bundesrepublik, sondern auch an einer anerkannten wissenschaftlichen Hochschule in Betracht[4]. Die Ernennung ist nur mit Einverständnis des ordentlichen Professors zulässig.
Verwaltungsbeamte können, ebenso wie außerordentliche Professoren und Dozenten, nicht Richter im Nebenamt sein.

III. Abhängigkeit des Nebenamtes

Der Richter im Nebenamt wird bei einem bestimmten Gericht für eine be- **3** stimmte Zeit von mindestens zwei Jahren, längstens für die Dauer des Hauptamtes, ernannt. Der ordentliche Professor der Rechte, der noch kein Richteramt inne hat, wird dabei in ein Richterverhältnis auf Zeit nach § 11 DRiG berufen[5]. Ernennung unter Widerrufsvorbehalt ist unzulässig. Die Zeitdauer muss aus der Ernennungsurkunde ersichtlich sein. Endet das Hauptamt durch Ausscheiden, Versetzung in den Ruhestand (Emeritierung), ist auch das Nebenamt beendet. Die Ernennungsbehörde muss dies feststellen. Kann der Richter im Nebenamt sein Hauptamt nicht ausüben, weil ihm die Führung der Amtsgeschäfte vorläufig untersagt ist (§ 35 DRiG) oder er vorläufig des Dienstes enthoben (§§ 63, 83 DRiG), nach § 36 DRiG beurlaubt oder zu

---

1 § 8 Rn. 8.
2 So Mannheim DÖV 1963, 888.
3 Vgl. Eyermann/Geiger Rn. 2.
4 Vgl. Ule S. 58; Eyermann/Geiger Rn. 3.
5 Vgl. Eyermann/Geiger Rn. 4; Ule DVBl. 1963, 566.

einer Verwaltungsbehörde abgeordnet ist, darf er auch sein Nebenamt nicht wahrnehmen. Nimmt ein hauptamtlicher Richter sein Hauptamt nur noch selten wahr, etwa, weil er mit Präsidialgeschäften betraut ist oder eine Professur annimmt, so wird dieses nicht zum Nebenamt[6].

4   Bei **Verstoß gegen** § 16, etwa bei Ernennung auf unbestimmte Zeit (vgl. BayVerfGHE 7, 107) oder auf weniger als zwei Jahre, ist das Gericht nicht vorschriftsmäßig besetzt. Folge: § 5 Rn. 4. Zur nichtigen Ernennung vgl. § 15 Rn. 2. Siehe im Übrigen die Anmerkungen zu § 18.

§ 17   [Richter auf Probe, Richter kraft Auftrags]

Bei den Verwaltungsgerichten können Richter auf Probe oder Richter kraft Auftrags verwendet werden.

I. Allgemein

1   Nur bei den VG, nicht bei OVG und BVerwG, können Richter auf Probe und kraft Auftrags verwendet werden; eine Ausnahme für die sog. fünf neuen Bundesländer ergab sich aus § 3 Rechtspflege-AnpassungsG i.d.F. des ÄnderungsG v. 7.12.1995 (BGBl. I, 1590). Zum Begriff vgl. § 12 bzw. § 14 DRiG; zur Entlassung: § 21 und § 22 bzw. 23 DRiG, zum Rechtsanspruch auf Übernahme in das Richterverhältnis auf Lebenszeit: § 12 Abs. 2 bzw. § 16 DRiG.

II. Rechtsstellung

2   Der Richter auf Probe und der Richter kraft Auftrags ist Richter im Sinne des Art. 97 Abs. 1 GG, §§ 25, 26 DRiG und hat hinsichtlich der Ausübung der richterlichen Tätigkeit die gleiche Stellung wie ein Richter auf Lebenszeit (vgl. § 15 Rn. 3); ihm dürfen jedoch in den ersten sechs Monaten nach seiner Ernennung keine Streitigkeiten nach dem AsylVfG und in allen anderen Sachgebieten erst ein Jahr nach seiner Ernennung zur Entscheidung als Einzelrichter übertragen werden (vgl. § 6 Rn. 2). Sie sind jedoch nicht unabsetzbar (§§ 22, 23 DRiG). Da das Richterverhältnis der Richter auf Probe und kraft Auftrags bezogen ist auf die spätere Berufung in das Richterverhältnis auf Lebenszeit, können sie auch zur Bewältigung von Daueraufgaben verwandt werden[1]. Abweichend von § 37 DRiG können Richter auf Probe und kraft Auftrags nach §§ 13, 16 Abs. 2 DRiG auch ohne ihre Zustimmung bei einem anderen Gericht oder einer Behörde der Gerichtsverwaltung verwandt werden. Jede andere Abordnung, auch die in das Ministerium, zu dessen Geschäftsbereich das Gericht des Richters gehört, unterliegt dem § 37 DRiG und bedarf der Zustimmung des Richters[2].

§ 18   [Mitwirkung nicht hauptamtlicher Richter]

(gestrichen)

---

6   A.A. Schmidt-Räntsch 4. Auflage § 89 Rn. 3.

1   A.A. für Hilfsrichter BGH DRiZ 1962, 130.

2   Vgl. Schmidt-Räntsch § 13 Rn. 6.

Anhang zu § 18:

Deutsches Richtergesetz (Auszug) i.d.F. d. Bek. v. 19.4.1972 (BGBl. I S. 713)

§ 27   DRiG [Übertragung eines Richteramtes]

(1) Dem Richter auf Lebenszeit und dem Richter auf Zeit ist ein Richteramt bei einem bestimmten Gericht zu übertragen.

(2) Ihm kann ein weiteres Richteramt bei einem anderen Gericht übertragen werden, soweit ein Gesetz dies zulässt.

§ 28   DRiG [Besetzung der Gerichte mit Richtern auf Lebenszeit]

(1) Als Richter dürfen bei einem Gericht nur Richter auf Lebenszeit tätig werden, soweit nicht ein Bundesgesetz etwas anderes bestimmt.

(2) Vorsitzender eines Gerichts darf nur ein Richter sein. Wird ein Gericht in einer Besetzung mit mehreren Richtern tätig, so muss ein Richter auf Lebenszeit den Vorsitz führen.

§ 29   DRiG [Besetzung der Gerichte mit Richtern auf Probe, Richtern kraft Auftrags und abgeordneten Richtern]

Bei einer gerichtlichen Entscheidung darf nicht mehr als ein Richter auf Probe oder ein Richter kraft Auftrags oder ein abgeordneter Richter mitwirken. Er muss als solcher in dem Geschäftsverteilungsplan kenntlich gemacht werden.

I. Anwendbare Vorschriften

Durch Art. 9 des Rechtspflege-EntlastungsG ist § 18 gestrichen worden und **1** damit diese Regelung aus der VwGO herausgenommen worden, womit wiederum ein Stück geschlossener Regelung in der VwGO verloren gegangen ist. Es gelten nun die §§ 27, 28, 29 DRiG.

II. Vorsitz

Den Vorsitz in der Kammer (Senat) muss nach § 28 Abs. 2 DRiG ein Richter **2** auf Lebenszeit führen. Dabei muss es sich um einen statusrechtlichen Vorsitzenden handeln[1]. Diese Vorschrift fand in den neuen Bundesländern nach § 10 Abs. 4 Rechtspflege-AnpassungsG bis zum 31. Dezember 2004 keine Anwendung. Danach konnten den Vorsitz auch Richter führen, die nicht Richter auf Lebenszeit waren, oder die sich, abweichend von § 27 DRiG, bei einem anderen als dem entscheidenden Gericht im Amt eines Richters auf Lebenszeit befanden.

---

1   BVerwG NVwZ 1998,1178; vgl. Kassel Urt. v. 27. April 1998 – 6 UE 745/98.A.

III. Zahl der Lebenszeitrichter

3   An der gerichtlichen Entscheidung durch die Kammer darf nur ein **Richter auf Probe** oder kraft Auftrags oder ein **abgeordneter Richter** (auch bei Senatsentscheidung) mitwirken[2]. Die früheren Ausnahmevorschriften für die VG der neuen Bundesländer sind außer Kraft getreten. Die Kenntlichmachung ihres Status muss nur im Geschäftsverteilungsplan geschehen. Zur Einschränkung der Verwendung des **Richters auf Probe** als Einzelrichter vgl. § 6 Rn. 2.

IV. Richter im Nebenamt

4   Der **Richter im Nebenamt** wird in § 29 Satz 1 DRiG nicht aufgeführt. In der Begründung des Entwurfs des Rechtspflege-EntlastungsG (BR-Ds. 314/91 [Beschluss] S. 166) wird dazu ausgeführt, dass mit dem Wegfall des § 18 insoweit auch die Beschränkung für Richter im Nebenamt, die Richter auf Lebenszeit bei anderen Gerichten sind, entfallen sollte. Nicht erwähnt ist dabei, dass nach § 16 bei VG und OVG auch ordentliche Professoren des Rechts zu Richtern im Nebenamt ernannt werden können. Es entspricht der ratio des § 29 S. 1 DRiG, wenn auch diese im Hinblick auf die Besetzung des Spruchkörpers wie die dort genannten Richter behandelt werden.

5   Bei **Verstoß** gegen die §§ 28, 29 DRiG oder § 3 Rechtspflege-EntlastungsG ist das Gericht nicht vorschriftsmäßig besetzt. Folge: § 5 Rn. 4.

3. Abschnitt · **Ehrenamtliche Richter**

§ 19   [Rechtsstellung]

Der ehrenamtliche Richter wirkt bei der mündlichen Verhandlung und der Urteilsfindung mit gleichen Rechten wie der Richter mit.

I. Allgemein

1   Ehrenamtliche Richter wirken stets mit bei den VG (vgl. § 5 Rn. 3), bei dem OVG nur, wenn und soweit dies durch Landesgesetz bestimmt ist (vgl. § 9 Rn. 2, 3, § 34). Sie rechnen nicht zu den Mitgliedern des Gerichts (§ 5 Abs. 1), sind jedoch wie die Richter unabhängig und nur Gesetz und Recht unterworfen (Art. 97 Abs. 1 GG; § 44 Abs. 2; § 45 Abs. 1 DRiG; vgl. § 15 Rn. 3); sie unterliegen bei ihrer rechtsprechenden Tätigkeit keinerlei Weisungen und Aufträgen, auch nicht der Berufsvertretungen, die sie, wie etwa bei manchen Fachkammern oder -senaten, benannt haben. Da sie nicht in das Beamtenverhältnis berufen werden, sind sie nicht Ehrenbeamte im Sinne von § 115 BRRG[1].

---

2   Zu Ausnahmen bei sachlicher Notwendigkeit BVerwGE 102, 7.

1   Ule S. 62; Eyermann/Geiger Rn. 1. Zur Funktion der ehrenamtlichen Richter vgl. Rüggeberg VerwA 61, 189.

II. Rechte

Die ehrenamtlichen Richter wirken bei der mündlichen Verhandlung und der **2**
Urteilsfindung, auch wenn das Urteil ohne mündliche Verhandlung ergeht
(§ 101 Abs. 2) mit; dabei haben sie gleiche Rechte wie der Richter. Der Vorsitzende hat ihnen auf Verlangen zu gestatten, sachdienliche Fragen (§ 104
Abs. 2), auch an Zeugen und Sachverständige (§ 98 mit § 396 Abs. 2, § 402
ZPO) zu stellen. Bei der Abstimmung stimmen sie vor den Richtern, der jüngere vor dem älteren (§ 55 mit § 197 GVG). Bei der schriftlichen Abfassung
des Urteils wirken sie jedoch nicht mit, unterschreiben dieses auch nicht
(§ 117 Abs. 1 S. 4)[2], der Vorsitzende kann auch den Urteilsentwurf nicht von
einem ehrenamtlichen Richter fertigen lassen[3]. Der ehrenamtliche Richter
kann auch nicht beauftragter Richter sein. Zur Entschädigung vgl. § 32.

III. Pflichten

Der ehrenamtliche Richter hat seine Pflichten getreu dem Grundgesetz und **3**
getreu dem Gesetz zu erfüllen, nach bestem Wissen und Gewissen ohne Ansehen der Person zu urteilen und nur der Wahrheit und Gerechtigkeit zu dienen
(§ 45 Abs. 3 DRiG). Er ist zur Übernahme des Amtes (Ausnahme: § 23) und
zur Eidesleistung bzw. zur Erklärung unter Beteuerungsformel verpflichtet
(§ 45 DRiG). Er muss sein Richteramt ordnungsgemäß wahrnehmen, dazu
gehört, dass er sich rechtzeitig zur Sitzung einfindet (vgl. § 33). Nimmt er sein
Richteramt wiederholt ohne Benennung eines konkreten Hinderungsgrunds
nicht wahr, muss der Vorsitzende auf Teilnahme oder Glaubhaftmachung des
Hinderungsgrunds dringen[4]. Gibt er seinen Wohnsitz im Gerichtsbezirk auf,
ist er verpflichtet, den Antrag auf Entbindung vom Amt nach § 24 Abs. 3,
Abs. 1 Nr. 5 zu stellen. Der ehrenamtliche Richter muss, auch nach Beendigung seines Ehrenamts, das Beratungsgeheimnis wahren (§ 45 Abs. 1, § 43
DRiG). Er muss sich auch außerhalb seines Amts so verhalten, dass nicht sein
Ansehen in der Öffentlichkeit erschüttert oder dem Rechtsuchenden das Vertrauen an eine einwandfreie Amtsführung genommen wird[5].

IV. Verletzung der Amtspflichten

Gegen den ehrenamtlichen Richter kann ein Ordnungsgeld festgesetzt wer- **4**
den (§ 33), wenn er seine Amtspflichten verletzt; er ist von seinem Amt zu
entbinden, wenn er sie gröblich verletzt (§ 24 Abs. 1 Nr. 2). Die von ihm
durch die Amtspflichtverletzung verursachten Kosten können ihm auferlegt
werden (§ 33).

§ 20 [Voraussetzungen]

**Der ehrenamtliche Richter muss Deutscher sein. Er soll das dreißigste Lebensjahr vollendet und während des letzten Jahres vor seiner Wahl seinen
Wohnsitz innerhalb des Gerichtsbezirks gehabt haben.**

---

2 BVerwGE 4, 272.
3 BGH NJW 1964, 2415.
4 BFH NVwZ 2002, 381.
5 Vgl. Lüneburg OVGE 18, 355.

I. Allgemein

1 Das Gesetz fordert als einzige **zwingende Voraussetzung** für die Wahl zum ehrenamtlichen Richter die **Eigenschaft als Deutscher** (deutsche Staatsangehörigkeit, Gleichstellung nach Art. 116 Abs. 1 GG; Ausgebürgerte: Art. 116 Abs. 2 GG). Daneben **soll** der ehrenamtliche Richter das 30. Lebensjahr vollendet haben, 30. Geburtstag am Wahltag reicht aus (§ 187 Abs. 2 BGB), und während des letzten Jahres vor seiner Wahl seinen Wohnsitz (§ 7 BGB), auch einen von mehreren – bloßer Aufenthalt reicht jedoch nicht aus – im Gerichtsbezirk gehabt haben. Im Übrigen umschreibt das Gesetz die Qualifikation des ehrenamtlichen Richters nur negativ, indem es die Wahl zu diesem Amt bei Vorliegen der in §§ 21, 22 aufgeführten Gründe ausschließt. Vgl. die dortigen Erläuterungen.

II. Fehlen der Voraussetzungen

2 Fehlt die Eigenschaft als Deutscher, ist die Berufung zum Amt nichtig (vgl. § 18 Abs. 2 Nr. 1 DRiG)[1]. Förmliche Entbindung vom Amt nach § 24 Abs. 1 Nr. 1, Abs. 3, der Beschluss hat nur feststellende Wirkung[2] (vgl. § 24 Rn. 1). Das Gericht ist bei Mitwirkung dieses Richters vorschriftswidrig besetzt[3]. Folge: § 5 Rn. 4. Die gleichen Folgen treten ein, wenn der ehrenamtliche Richter die Eigenschaft als Deutscher verliert (vgl. § 21 Abs. 1 Nr. 1 DRiG).

3 **Verstoß** gegen die Soll-Voraussetzungen macht die Berufung zum Amt nur anfechtbar, Beschluss über die Entbindung vom Amt nach § 24 Abs. 1 Nr. 1 wirkt in diesem Fall konstitutiv[4]. Vorschriftswidrige Besetzung des Gerichts hier erst bei Mitwirkung nach dem Entbinden vom Amt. Zur Aufgabe des Wohnsitzes im Gerichtsbezirk vgl. § 24 Abs. 1 Nr. 5.

§ 21 [Ausschließungsgründe]

(1) Vom Amt des ehrenamtlichen Richters sind ausgeschlossen:
1. Personen, die infolge Richterspruchs die Fähigkeit zur Bekleidung öffentlicher Ämter nicht besitzen oder wegen einer vorsätzlichen Tat zu einer Freiheitsstrafe von mehr als sechs Monaten verurteilt worden sind,
2. Personen, gegen die Anklage wegen einer Tat erhoben ist, die den Verlust der Fähigkeit zur Bekleidung öffentlicher Ämter zur Folge haben kann,
3. Personen, die nicht das Wahlrecht zu den gesetzgebenden Körperschaften des Landes besitzen.

(2) Personen, die in Vermögensverfall geraten sind, sollen nicht zu ehrenamtlichen Richtern berufen werden.

I. Zwingender Ausschluss

1 1. **Verlust der Fähigkeit zur Bekleidung öffentlicher Ämter** durch rechtskräftiges Strafurteil (§§ 45–45b StGB) wird bewirkt durch Ausspruch der Amtsunfähigkeit. Die Aberkennung wird wirksam mit Rechtskraft des Urteils, die Dauer rechnet von dem Tag, an dem die Freiheitsstrafe, neben der sie ausge-

---

1   A.A. Eyermann/Geiger Rn. 5; Kopp/Schenke Rn. 2.
2   A.A. BSG NZS 1993, 88; Hamburg, NJW 1985, 2354.
3   So auch Koehler S. 145; a.A. Eyermann/Geiger Rn. 5; Kopp/Schenke Rn. 2.
4   Vgl. Koehler S. 145.

sprochen wurde, verbüßt, verjährt oder erlassen oder, falls auf eine solche erkannt, die Maßregel der Sicherung oder Besserung erledigt ist (§ 45a Abs. 2 StGB).

2. Rechtskräftige **Verurteilung zu mehr als sechs Monaten Freiheitsstrafe** wegen einer vorsätzlichen Tat. Der Ausschließungsgrund entfällt mit der Tilgung der Strafe im Strafregister[1].

3. **Erhebung der Anklage** (§ 151 StPO) wegen einer Tat, die den Verlust der   **2**
Fähigkeit zur Bekleidung öffentlicher Ämter zur Folge haben kann. Antrag auf gerichtliche Voruntersuchung reicht aus.

4. **Mangelndes aktives Wahlrecht** für die gesetzgebenden Körperschaften   **3**
des Landes[2], nicht für die Kommunalvertretungen. Zur europarechtlichen Problematik Röper DRiZ 1998, 195. Zur Aberkennung des Wahlrechts durch das BVerfG für die Dauer der Verwirkung der Grundrechte vgl. § 39 Abs. 2 BVerfGG.

In Abmilderung des früheren Rechtszustandes ist es kein zwingendes Hindernis mehr, wenn eine **gerichtliche Verfügungsbeschränkung** über das Vermögen der berufenen Person vorliegt. Das Gesetz sieht nur einen Ausnahmen zulassenden Regelausschluss vom Amt des ehrenamtlichen Richters vor, wenn eine Person in Vermögensverfall geraten ist. Wann dieser Zustand eingetreten ist, wird gesetzlich nicht definiert; die durch das EG InsO eingeführte Änderung ist im Zusammenhang mit der InsO zu sehen. Der Vermögensverfall ist eingetreten, wenn das Insolvenzverfahren eröffnet ist[3].

Verstoß. Die Berufung zum Amt des ehrenamtlichen Richters ist nichtig,   **4**
wenn sie trotz des Vorliegens von Ausschlussgründen des Abs. 1 erfolgt (vgl. § 18 Abs. 2 DRiG). Zur Folge vgl. § 20 Rn. 2. Die gleichen Folgen treten ein, wenn sich die Ausschlussgründe erst während der Amtszeit ergeben. Ein Verstoß gegen Abs. 2 macht die Berufung nicht unwirksam; es ist das Entbindungsverfahren nach § 24 durchzuführen.

Eine Berufung soll unterbleiben, wenn in der Person des Kanditaten die Voraussetzungen des § 9 Abs. 1 Gesetz zur Prüfung von Rechtsanwaltszulassungen, Notarbestellungen und Berufungen ehrenamtlicher Richter v. 24. Juli 1992 (BGBl. I, S. 1386) vorliegen[4].

§ 22   [Inkompatibilität]

Zu ehrenamtlichen Richtern können nicht berufen werden
1. **Mitglieder des Bundestages, des Europäischen Parlamentes, der gesetzgebenden Körperschaften eines Landes, der Bundesregierung oder einer Landesregierung,**
2. **Richter,**
3. **Beamte und Angestellte im öffentlichen Dienst, soweit sie nicht ehrenamtlich tätig sind,**
4. **Berufssoldaten und Soldaten auf Zeit,**

---

1   Vgl. Sarstedt-Schäfer, Komm. StPO – GVG § 32 Rn. 3.
2   Münster NVwZ-RR 1994, 60; Hamburg NVwZ-RR 2002, 552; differenzierend: Dauer des Wohnsitzes als Voraussetzung des aktiven Wahlrechts unerheblich Bader/Funke-Kaiser Rn. 5; Eyermann/Geiger Rn. 5.
3   A.A. Bader/Funke-Kaiser: Vorliegen der Zahlungsunfähigkeit.
4   Dazu ausführlich NK-Kronisch Rn. 15 ff.

5. Rechtsanwälte, Notare und Personen, die fremde Rechtsangelegenheiten geschäftsmäßig besorgen.

I. Gründe

1 Die Unabhängigkeit der Gerichte (vgl. § 1 Rn. 2 ff.) gebietet, dass Personen nicht zu ehrenamtlichen Richtern berufen werden können, bei denen dadurch Pflichtenkollisionen entstehen könnten. Die Aufzählung in § 22 ist erschöpfend. Zur Pflichtenkollision im Einzelfall vgl. § 54 Abs. 2 und 3. Maßgebend sind die Verhältnisse im Zeitpunkt des Beginns der Wahlperiode[1]; zum nachträglichen Wegfall der Voraussetzungen der Wählbarkeit vgl. Erläuterungen zu § 24. Von der Berufung zum ehrenamtlichen Richter sind ausgeschlossen:

1. Mitglieder der gesetzgebenden Körperschaften und der Regierung des Bundes und der Länder, dazu zählen auch die Mitglieder des Bayerischen Senats[2], nicht jedoch Mitglieder oder Vertreter anderer Körperschaften, wie der Landschaftsverbände NW, der Bezirkstage, der Gemeinden[3]. Ausgeschlossen sind auch die **Mitglieder des Europäischen Parlamentes.**

2. Richter (Begriff § 5 Rn. 1) aller Gerichtsbarkeiten[4], nicht jedoch Richter im Ruhestand[5] oder ehrenamtliche Richter[6].

2 **3. Beamte und Angestellte,** nicht Arbeiter[7], im öffentlichen Dienst, soweit sie nicht ehrenamtlich tätig sind (dann nur Ausschluss nach § 54 Abs. 2 und 3), in Berlin, Hamburg und Bremen auch bei ehrenamtlicher Tätigkeit[8]. Auf die Art des Beamten- oder Angestelltenverhältnisses kommt es nicht an, ausgeschlossen aber auch Beamte im Nebenamt[9] und zur Wiederverwendung[10], nicht jedoch Ruhestandsbeamte[11] oder ehrenamtliche Beamte[12]. Begriff des öffentlichen Dienstes ist weit auszulegen[13], umfasst also nicht nur Bundes-, Landes- oder Kommunaldienst[14], sondern auch Dienst bei einer öffentlich-rechtlichen Körperschaft oder Anstalt, z.B. Industrie- und Handelskammer[15], Hauptverband der Berufsgenossenschaften[16], einer Universität[17],

1   Münster DÖV 1993, 831; NVwZ-RR 1999, 279; a.A. Eyermann/Geiger Rn. 10: Zeitpunkt der Wahl.
2   Vgl. Eyermann/Geiger Rn. 2; a.A. Ule S. 65.
3   Vgl. Münster OVGE 5, 70; Lüneburg NJW 1952, 160; Eyermann/Geiger Rn. 2; Biermann NJW 1963, 144.
4   Vgl. BSG NJW 1962, 1462.
5   BSGE 11, 181.
6   Koehler S. 148.
7   Vgl. BVerwG Buchh. 310 § 22 Nr. 2.
8   § 186, vgl. Hamburg B. v. 28.2.1996 – Verw 2/96 (n.v.).
9   Lüneburg NJW 1961, 1787.
10 Lüneburg ZBR 1961, 293.
11 BVerwG NJW 1957, 685.
12 BVerwGE 44, 215 für ehrenamtlichen Kommunalbeamten; vgl. aber auch VG Neustadt DÖV 1974, 22.
13 Münster DÖV 1961, 910; NVwZ-RR 1994, 704; Saarlouis B. v. 21.4.1993 – 1 B 11/93 (n.v.); Münster NVwZ-RR 1994, 704: verneint für Angestellte eines MdB.
14 Vgl. Bremen DÖV 1973, 681 zum Fraktionsassistenten.
15 Lüneburg DÖV 1961, 910.
16 Münster NVwZ 1984, 593.
17 Bejaht für den Hausmeister, Kassel NVwZ-RR 1998, 324.

nicht jedoch Dienst bei den Kirchen[18]. Kein öffentlicher Dienst, wenn Anstellungsverhältnis zu einer privaten Gesellschaft im Mehrheitsbesitz einer Kommune besteht[19]. Ist eine juristische Person des öffentlichen Rechts Alleingesellschafterin, ist jedenfalls der leitende Beamte im öffentlichen Dienst tätig[20].

4. **Berufssoldaten und Soldaten auf Zeit** (§§ 37 ff. SoldatenG), nicht jedoch Berufssoldaten im Ruhestand[21].

5. **Rechtsanwälte** (vgl. Bundesrechtsanwaltsordnung), **Notare** (vgl. Bundesnotarordnung), Steuerbevollmächtigte[22] sowie zugelassene Rechtsberater und Prozessagenten, nicht jedoch generell Vertreter von Verbänden[23].

II. Verstoß

Die Berufung zum Amt des ehrenamtlichen Richters ist nichtig, wenn sie gegen § 22 verstößt[24]. Zur Folge vgl. § 20 Rn. 2. Die gleichen Folgen treten ein, wenn der ehrenamtliche Richter während seiner Amtszeit eines der in § 22 aufgeführten Ämter annimmt (vgl. auch § 21 Abs. 1 Nr. 3, 4, § 36 Abs. 2 DRiG). **3**

§ 23 [Ablehnungsgründe]

(1) Die Berufung zum Amt des ehrenamtlichen Richters dürfen ablehnen
1. **Geistliche und Religionsdiener,**
2. **Schöffen und andere ehrenamtliche Richter,**
3. **Personen, die acht Jahre lang als ehrenamtliche Richter bei Gerichten der allgemeinen Verwaltungsgerichtsbarkeit tätig gewesen sind,**
4. **Ärzte, Krankenpfleger, Hebammen,**
5. **Apothekenleiter, die keinen weiteren Apotheker beschäftigen,**
6. **Personen, die das fünfundsechzigste Lebensjahr vollendet haben.**

(2) In besonderen Härtefällen kann außerdem auf Antrag von der Übernahme des Amtes befreit werden.

I. Gründe

Der **Berufung zum Ehrenamt muss grundsätzlich Folge geleistet werden** (vgl. § 19 Rn. 3). Das Gesetz zählt erschöpfend auf, wer die Berufung ablehnen darf. Aus beruflichen Gründen sind dies: Geistliche und Religionsdiener[1], Ärzte, d.h. auch zugelassene Zahnärzte und Tierärzte[2], Krankenpfleger, Hebammen, Apotheker ohne angestellten Apotheker. Auch wer bereits Schöffe **1**

18 Ule S. 65; BVerwG NJW 1961, 1787; Münster DÖV 1993, 830.
19 Bautzen NVwZ-RR 1998, 324; Saarlouis NVwZ 2002, 7; a.A. Kopp/Schenke Rn. 2 m.w.N.
20 Münster NVwZ 2002, 234.
21 BVerwG DVBl. 1957, 323.
22 Vgl. Steuerberatungsgesetz, dazu Lüneburg DVBl. 1961, 526.
23 BVerwG DVBl. 1970, 283 für Gewerkschaftssekretär.
24 A.A. Kopp/Schenke Rn. 3.

1 Dazu zählt nach Auffassung von Münster NVwZ-RR 2002, 325 eine Gemeindereferentin nicht.
2 A.A.Eyermann/Geiger Rn. 5.

oder ehrenamtlicher Richter ist oder wer acht Jahre, auch mit Unterbrechung (Ule S. 67) ehrenamtlicher Richter bei Gerichten der allgemeinen Verwaltungsgerichtsbarkeit (die Tätigkeit als ehrenamtlicher Richter an Gerichten anderer Gerichtszweige ist unschädlich) war, kann die Berufung ablehnen. Allgemein, nicht für den Einzelfall, kann auf Antrag von der Übernahme des Amtes in besonderen Härtefällen **befreit** werden, etwa bei Gebrechlichkeit, bei übermäßiger Inanspruchnahme im Haushalt oder Müttern mit kinderreichen Familien[3] oder bei Personen, die beruflich vorwiegend im Ausland tätig sind, nicht jedoch bei Gewissensgründen[4]. Auch allgemeine Unlust am Amt genügt nicht[5]. Ist die **Berufung** zum Amt **angenommen**, obwohl Ablehnungsgründe vorlagen, können diese nur noch unter den Voraussetzungen des § 24 Abs. 2 geltend gemacht werden.

II. Wirkung der Ablehnung

2 Wird die Berufung zum Amt mit den Gründen aus Abs. 1 abgelehnt, ist das Entbinden vom Amt zwingend nach § 24 Abs. 1 Nr. 3 auszusprechen. Bei der Entscheidung nach Abs. 2 mit § 24 ist das Befreien von der Übernahme des Amtes in das Ermessen des Gerichts gestellt. Der Beschluss nach § 24 Abs. 3 wirkt in beiden Fällen ex nunc[6]; vgl. aber auch § 24 Rn. 4. Zur Folge vgl. § 20 Rn. 2. Treten besondere Härtefälle nach der Übernahme des Amtes auf oder werden sie erst danach geltend gemacht, kann nur nach § 24 Abs. 2 von der weiteren Ausübung des Amtes entbunden werden[7]. Eine Ablehnungsfrist kennt die VwGO nicht, die Ablehnung kann auch lange nach Übernahme des Amtes ausgesprochen werden.

§ 24   [Entbindung vom Amt]

(1) Ein ehrenamtlicher Richter ist von seinem Amt zu entbinden, wenn er
1. nach §§ 20 bis 22 nicht berufen werden konnte oder nicht mehr berufen werden kann oder
2. seine Amtspflichten gröblich verletzt hat oder
3. einen Ablehnungsgrund nach § 23 Abs. 1 geltend macht oder
4. die zur Ausübung seines Amtes erforderlichen geistigen oder körperlichen Fähigkeiten nicht mehr besitzt oder
5. seinen Wohnsitz im Gerichtsbezirk aufgibt.

(2) In besonderen Härtefällen kann außerdem auf Antrag von der weiteren Ausübung des Amtes entbunden werden.

(3) Die Entscheidung trifft ein Senat des Oberverwaltungsgerichts in den Fällen des Absatzes 1 Nr. 1, 2 und 4 auf Antrag des Präsidenten des Verwaltungsgerichts, in den Fällen des Absatzes 1 Nr. 3 und 5 und des Absatzes 2 auf Antrag des ehrenamtlichen Richters. Die Entscheidung ergeht durch Beschluss nach Anhörung des ehrenamtlichen Richters. Sie ist unanfechtbar.

(4) Absatz 3 gilt entsprechend in den Fällen des § 23 Abs. 2.

(5) Auf Antrag des ehrenamtlichen Richters ist die Entscheidung nach Absatz 3 von dem Senat des Oberverwaltungsgerichts aufzuheben, wenn An-

---

3   Koehler S. 150.
4   München NVwZ 1984, 593; vgl. aber Kassel NVwZ 1988, 161; a.A. Bader/Funke-Kaiser Rn. 8; vgl. Greifswald NVwZ-RR 1998, 784.
5   Hamburg NJW 1998, 773.
6   BVerwG NJW 1963, 1219; a.A. 12. Aufl.
7   Ebenso Schunck/De Clerck S. 153.

klage nach § 21 Nr. 2 erhoben war und der Angeschuldigte rechtskräftig außer Verfolgung gesetzt oder freigesprochen worden ist.

I. Gründe

Zu Nr. 1 vgl. § 20 Rn. 2, 3, § 21 Rn. 3, § 22 Rn. 3, zu Nr. 3 § 23 Rn. 2. Ob **1** die Amtspflichten (vgl. § 19 Rn. 3, § 33 Rn. 1) gröblich verletzt sind, richtet sich nach dem Grad des Verschuldens und dem bisherigen Verhalten[1]. Zu Nr. 4 Greifswald NVwZ-RR 1998, 784. Der Beschluss, mit dem nach Abs. 1 Nr. 2–5 und Abs. 2 (vgl. dazu § 23 Rn. 1) vom Amt entbunden wird, wirkt konstitutiv[2]. Vgl. weiter § 10 Gesetz zur Prüfung von Rechtsanwaltszulassungen, Notarbestellungen und Berufungen ehrenamtlicher Richter v. 24. Juli 1992 (BGBl. I, S. 1386).

II. Verfahren

Die Entbindung vom Amt erfolgt durch Beschluss eines bei der Geschäftsver- **2** teilung bestimmten Senats des OVG nach Anhörung (schriftlich oder mündlich) des ehrenamtlichen Richters. Sie setzt einen Antrag des Präsidenten des Gerichts (§ 24 Abs. 1 Nr. 1, 2 oder 4 oder des ehrenamtlichen Richters (§ 24 Abs. 1 Nr. 3, 5, § 24 Abs. 2, § 23 Abs. 2) voraus. Der Beschluss ist unanfechtbar; er kann nur unter den Voraussetzungen des Abs. 5 aufgehoben werden[3].

III. Wirkung der Entscheidung

§ 24 entspricht der in § 44 Abs. 2 DRiG für ehrenamtliche Richter enthalte- **3** nen Bestimmung[4]. Die Entbindung vom Amt stellt den ehrenamtlichen Richter von der Pflicht zur Wahrnehmung seines Ehrenamtes frei. Sie berührt jedoch, wie sich aus Abs. 5 ergibt, das zu Grunde liegende Wahlverhältnis nicht (Neuberufung wäre nur durch Wahl, nicht durch Aufhebung des Beschlusses über die Amtsenthebung möglich). Die Entbindung vom Amt ist deshalb unabhängig davon erforderlich, ob die Wahl nichtig oder nur anfechtbar oder das Amt durch andere gerichtliche Entscheidung (z.B. Strafurteil) oder mit Zustimmung des ehrenamtlichen Richters (z.B. bei Wahl in den Bundestag) beendet ist. Das Wahlverhältnis endet stets nach Ablauf der Wahlperiode mit anschließender Neuwahl (§§ 25, 29 Abs. 2), nach Beendigung kann auch eine Entscheidung nach Abs. 5 nicht mehr dazu führen, dass der vom Amt entbundene Richter in der neuen Wahlperiode sein Amt wieder aufnimmt.

IV. Vorläufige Untersagung der Amtsausübung

Soweit der Beschluss über die Entbindung vom Amt konstitutiv wirkt (vgl. **4** Rn. 1; § 20 Rn. 3), ist das Gericht vorschriftswidrig erst besetzt, wenn der ehrenamtliche Richter danach noch mitwirkt. Hat der Beschluss jedoch nur

---

1 Vgl. Ule S. 68.
2 Umstritten: Allgemein für konstitutive Wirkung des Beschlusses Albers MDR 1984, 888; Eyermann/Geiger § 24 Rn. 10; Bader/Funke-Kaiser Rn. 12.
3 Vgl. Albers MDR 1984, 888.
4 Vgl. BSG NJW 1965, 1550.

feststellende Wirkung (vgl. § 20 Rn. 2, § 21 Rn. 3, § 22 Rn. 3), ist das Gericht bereits vor seinem Erlass vorschriftswidrig besetzt, wenn der ehrenamtliche Richter mitwirkt. Andererseits ist der ehrenamtliche Richter, bis er von seinem Amt entbunden ist, verpflichtet, an den Sitzungen des Gerichts teilzunehmen. Der Präsident des Gerichts kann nicht, um diese Schwierigkeit zu beseitigen, die Anordnung treffen, den ehrenamtlichen Richter einstweilen nicht mehr heranzuziehen[5]; wohl aber sollte der Senat in den Fällen, in denen er nicht unverzüglich entscheiden kann, in entsprechender Anwendung des § 35 DRiG die Ausübung des Amtes vorläufig untersagen können[6].

§ 25   [Wahlperiode]

Die ehrenamtlichen Richter werden auf vier Jahre gewählt.

1 Die Wahlperiode beginnt mit der Wahl durch den Wahlausschuss (§ 29 Abs. 1) und endet mit dem Ablauf von vier Jahren nach der Wahl. § 29 Abs. 2 verlängert die Amtszeit der ehrenamtlichen Richter über die Wahlperiode hinaus bis zur Neuwahl. Während der Wahlperiode Beendigung des Amtes nur nach § 24.

§ 26   [Wahlausschuss]

(1) Bei jedem Verwaltungsgericht wird ein Ausschuss zur Wahl der ehrenamtlichen Richter bestellt.

(2) Der Ausschuss besteht aus dem Präsidenten des Verwaltungsgerichts als Vorsitzendem, einem von der Landesregierung bestimmten Verwaltungsbeamten und sieben Vertrauensleuten als Beisitzern. Die Vertrauensleute, ferner sieben Vertreter werden aus den Einwohnern des Verwaltungsgerichtsbezirks vom Landtag oder von einem durch ihn bestimmten Landtagsausschuss oder nach Maßgabe eines Landesgesetzes gewählt. Sie müssen die Voraussetzungen zur Berufung als ehrenamtliche Richter erfüllen. Die Landesregierungen werden ermächtigt, durch Rechtsverordnung die Zuständigkeit für die Bestimmung des Verwaltungsbeamten abweichend von Satz 1 zu regeln. Sie können diese Ermächtigung auf oberste Landesbehörden übertragen. In den Fällen des § 3 Abs. 2 richtet sich die Zuständigkeit für die Bestellung des Verwaltungsbeamten sowie des Landes für die Wahl der Vertrauensleute nach dem Sitz des Gerichtes. Die Landesgesetzgebung kann in diesen Fällen vorsehen, dass jede beteiligte Landesregierung einen Verwaltungsbeamten in den Ausschuss entsendet und dass jedes beteiligte Land mindestens zwei Vertrauensleute bestellt.

(3) Der Ausschuss ist beschlussfähig, wenn wenigstens der Vorsitzende, der Verwaltungsbeamte und drei Vertrauensleute anwesend sind.

I. Zusammensetzung

1 Vorsitzender des Wahlausschusses ist der Präsident des jeweiligen Gerichts. Der von der Landesregierung (Kabinettsbeschluss erforderlich, soweit nicht von der Ermächtigung in Absatz 2 Satz 4 und 5 Gebrauch gemacht ist) bestimmte Verwaltungsbeamte kann nur ein Landesbeamter sein, da nur ein solcher gegenüber dem Land zur Übernahme des Amtes verpflichtet ist. Die Vertrauensleute und ihre Vertreter werden vom Landtag (Bürgerschaft) bzw.

---

5   BVerwG NJW 1963, 1219.
6   Ebenso Albers MDR 1984, 888; Kopp/Schenke Rn. 5; a.A. Schoch/Stelkens Rn. 5.

einem von diesem dazu bestimmten Landtagsausschuss gewählt, in Bayern (Art. 11 Abs. 1, 2 AG) vom Bezirkstag bzw. Bezirksausschuss, in Niedersachsen (§ 5 AG) von der Wahlbevollmächtigtenversammlung, deren Mitglieder die Land- und Stadtkreise wählen. Soweit sich die Gerichtsbezirke decken, können die Vertrauensleute zugleich dem Wahlausschuss des VG und des OVG angehören (vgl. § 2 Abs. 2 AG Berlin; § 4 Abs. 1 AG SchlH). Für länderübergreifende Gerichte enthält Abs. 2 Sätze 6 und 7 eine Sonderregelung. Das Gesetz sagt nichts über die **Wahldauer**; auf Grund des Vorbehaltes in Absatz 2 Satz 2 konnten die Länder auch hierüber eine Bestimmung treffen[1]. Sie haben die Wahlperiode allgemein auf 4 Jahre, bzw. die Dauer der Wahlperiode des Landtags, begrenzt; lediglich in Hamburg beträgt sie 5 Jahre.

II. Wahl

Die **Wahl** der ehrenamtlichen Richter ist eine Verwaltungsmaßnahme; sie kann daher mit der Anfechtungsklage nach § 42 angegriffen werden[2]. Zur Vorbereitung einer Besetzungsrüge haben die Beteiligten eines gerichtlichen Verfahrens Anspruch auf Einsicht in die Verwaltungsvorgänge, der gegenüber dem Präsidenten als Vorsitzendem des Wahlausschusses geltend zu machen ist[3]. Bei falscher Besetzung des Wahlausschusses, auch bei Beschlussunfähigkeit, ist der Gewählte nicht ordnungsgemäß zum Richter bestellt; Mitwirkung dieses Richters führt jedoch, wie bei der anfechtbaren Ernennung, erst nach Aufhebung der Wahl zur vorschriftswidrigen Besetzung des Gerichts[4]. **2**

§ 27 [Zahl]

Die für jedes Verwaltungsgericht erforderliche Zahl von ehrenamtlichen Richtern wird durch den Präsidenten so bestimmt, dass voraussichtlich jeder zu höchstens zwölf ordentlichen Sitzungstagen im Jahr herangezogen wird.

Die Zahl der ehrenamtlichen Richter des Gerichts ist so zu bemessen, dass die Liste für jede Kammer mindestens zwölf Namen enthalten kann (§ 30 Abs. 1), der einzelne Richter aber voraussichtlich zu höchstens zwölf ordentlichen Sitzungstagen im Jahr herangezogen wird. Weigerung, an mehr Sitzung teilzunehmen, ist Pflichtverletzung; zur Folge vgl. § 19 Rn. 4. **1**

§ 28 [Vorschlagsliste]

Die Kreise und kreisfreien Städte stellen in jedem vierten Jahr eine Vorschlagsliste für ehrenamtliche Richter auf. Der Ausschuss bestimmt für jeden Kreis und für jede kreisfreie Stadt die Zahl der Personen, die in die Vorschlagsliste aufzunehmen sind. Hierbei ist die doppelte Anzahl der nach § 27 erforderlichen ehrenamtlichen Richter zu Grunde zu legen. Für die Aufnahme in die Liste ist die Zustimmung von mindestens zwei Dritteln der gesetzlichen

---

1 Schoch/Stelkens Rn. 3.
2 Ule S. 70; Eyermann/Geiger § 29 Rn. 6; vgl. Hamburg NJW 1998, 773.
3 BFH NVwZ 2002, 381.
4 Vgl. BVerwG NJW 1988, 219, das auf die Schwere des Fehlers bei der rechtsfehlerhaft durchgeführten Wahl abstellt; dazu auch BGH NJW 1984, 2839 mit Anm. Weiss/Meyer NJW 1984, 2804; auf die Schwere des Verstoßes abstellend BFH NVwZ 2001, 381; Eyermann/Geiger § 29 Rn. 8.

Mitgliederzahl der Vertretungskörperschaft des Kreises oder der kreisfreien Stadt erforderlich. Die Vorschlagslisten sollen außer dem Namen auch den Geburtsort, den Geburtstag und Beruf des Vorgeschlagenen enthalten; sie sind dem Präsidenten des zuständigen Verwaltungsgerichts zuzusenden.

I. Verfahren

1 In die Vorschlagsliste werden doppelt so viel Personen aufgenommen, wie der Präsident nach § 27 ehrenamtliche Richter für erforderlich bestimmt hat. Diese Personen werden von den Vertretungskörperschaften der Kreise und kreisfreien Städte, in **Berlin** und **Hamburg** der Bezirke (§ 185 Abs. 1), des jeweiligen Gerichtsbezirks gewählt. Ein Anspruch eines Bürgers auf Aufnahme in die Vorschlagsliste besteht nicht[1]. Der Wahlausschuss bestimmt, wie viele Personen von dem einzelnen Kreis bzw. der einzelnen kreisfreien Stadt gewählt werden sollen[2]. Das Verfahren bei der Wahl richtet sich nach den für die Verhandlungen der Vertretungskörperschaften geltenden Bestimmungen (z.b. GO, LKO), doch ist Zweidrittel-Mehrheit der gesetzlichen Mitgliederzahl erforderlich.

II. Fehler und Anfechtung der Wahl

2 Bei Rechtsverstoß kann die Wahl von der Aufsichtsbehörde nach Maßgabe des Kommunalverfassungsrechts für ungültig erklärt werden. Der Präsident kann nach der Zusendung der Listen durch die Vertretungskörperschaft prüfen, ob das Wahlverfahren formal ordnungsgemäß abgelaufen ist; er wird die Aufsichtsbehörde darauf hinweisen, wenn ein Rechtsverstoß vorliegt[3]. Eine Prüfung auf die materiell-rechtliche Richtigkeit kann der Präsident nur bei offensichtlichen Fehlern durchführen; eine gerichtliche Kontrolle der Auswahlentscheidung ist ebenso begrenzt[4]. Wird der zu Unrecht in die Vorschlagsliste Aufgenommene zum Richter gewählt, so kann bei seiner Mitwirkung im Spruchkörper die vorschriftswidrige Besetzung des Gerichts erst gerügt werden, wenn die Wahl zum Richter aufgehoben ist (Wirkung ex tunc, vgl. auch § 20 Rn. 2). Die Wahl zur Vorschlagsliste ist ein anfechtbarer Verwaltungsakt[5].

§ 29   [Wahl]

(1) Der Ausschuss wählt aus den Vorschlagslisten mit einer Mehrheit von mindestens zwei Dritteln der Stimmen die erforderliche Zahl von ehrenamtlichen Richtern.

(2) Bis zur Neuwahl bleiben die bisherigen ehrenamtlichen Richter im Amt.

1 Die erforderliche Zahl ist die vom Präsidenten nach § 27 bestimmte. Die Wahl von Vertretern sieht das Gesetz nicht vor. Die Hilfsliste nach § 30 Abs. 2 wird erst vom Präsidenten aus den gewählten ehrenamtlichen Richtern zusammengestellt. Zur Anfechtung der Wahl und zu den Folgen der Mit-

---

1   VG Stuttgart DÖV 2001, 433.
2   Vgl. Klenke NVwZ 1998, 474.
3   Das hält Klenke NVwZ 1998, 474 für wenig praktisch.
4   Vgl. VG Stuttgart DÖV 2001, 433.
5   A.A. Eyermann/Geiger Rn. 4.

wirkung eines Richters, dessen Wahl erfolgreich angefochten wird, vgl. § 26 Rn. 2.

§ 30 [Heranziehung]

(1) Das Präsidium des Verwaltungsgerichts bestimmt vor Beginn des Geschäftsjahres die Reihenfolge, in der die ehrenamtlichen Richter zu den Sitzungen heranzuziehen sind. Für jede Kammer ist eine Liste aufzustellen, die mindestens zwölf Namen enthalten muss.

(2) Für die Heranziehung von Vertretern bei unvorhergesehener Verhinderung kann eine Hilfsliste aus ehrenamtlichen Richtern aufgestellt werden, die am Gerichtssitz oder in seiner Nähe wohnen.

I. Hauptliste

Im Rahmen der ihm zustehenden Kompetenz zur Geschäftsverteilung weist **1** das Präsidium vor Beginn des Geschäftsjahres die ehrenamtlichen Richter nach freiem Ermessen[1] den Kammern zu und bestimmt die Reihenfolge ihrer Mitwirkung an den Sitzungen. Für jede Kammer ist eine Liste (Hauptliste) aufzustellen, aus der sich die Reihenfolge der Heranziehung ergibt[2]; die Liste muss mindestens zwölf Namen enthalten. Das Präsidium muss auch eine Bestimmung über die Vertretung im Falle der Verhinderung[3] treffen.

II. Hilfsliste

Das Präsidium kann eine **Hilfsliste** aus ehrenamtlichen Richtern, die am Ge- **2** richtsort oder in dessen Nähe wohnen, aufstellen. Die Hilfsliste dient dazu, die Durchführung der Sitzung auch bei unvorhergesehener Verhinderung eines ehrenamtlichen Richters zu sichern[4]; in dem Fall soll aus ihr ein Beisitzer herangezogen werden; einer förmlichen Feststellung des Verhinderungsgrundes durch das Gericht bedarf es nicht[5]. Als Grund der Verhinderung kommen auch zwingende Gründe beruflicher Art in Betracht[6]. Das Gericht kann regelmäßig davon ausgehen, dass der Hinderungsgrund, den der auf gewissenhafte Amtsführung vereidigte ehrenamtliche Richter mitteilt, in tatsächlicher Hinsicht vorliegt[7]. Die Hilfsliste dient nicht der allgemeinen Vertretung[8]. Die Aufnahme eines ehrenamtlichen Richters in Haupt- und Hilfsliste ist zulässig[9]; § 27 ist jedoch zu beachten.

---

1 BVerwGE 13, 147; E 88, 159 zur Beschlussfassung im Umlaufverfahren; vgl. BVerwG BayVBl. 1999, 601.
2 Vgl. BVerwG DÖV 1974, 21; Eyermann/Geiger Rn. 2; Ule S. 72; a.A. BSGE 17, 66 zu § 26 SGG: auch zulässig, den jeweils am längsten an Sitzungen nicht Beteiligten beizuziehen.
3 Vgl. dazu BVerwGE 13, 147; auch BVerwG NVwZ 1987, 47 zur Verhinderung während mehrtägiger Verhandlungen.
4 BVerwG NVwZ 1999, 657.
5 BVerwG NVwZ 1984, 579.
6 BVerwGE 44, 215; NVwZ 1984, 580 für Teilnahme an Beerdigung eines Arbeitskollegen.
7 BVerwG VRspr. 31, 752.
8 BVerwGE 13, 147.
9 Bader/Funke Kaiser Rn. 8.

III. Verstoß

3 **Bei Abweichung** von der vom Präsidium in der Haupt- und Hilfsliste festgelegten Reihenfolge ist das Gericht nicht vorschriftsmäßig besetzt[10]. Der bloße Irrtum der Geschäftsstelle über die Reihenfolge ist folgenlos[11]. Ein Verstoß muss in der Rechtsmittelschrift substantiiert dargelegt werden, sonst ist die Rüge unbeachtlich[12]. Zur Folge vgl. § 5 Rn. 4, auch § 24 Rn. 4. Zur Frage der Einsichtnahme der Beteiligten in die Listen vgl. BVerwGE 12, 261.

§ 31 [weggefallen]

Die Vorschrift regelte die Vereidigung des ehrenamtlichen Richters. Diese richtet sich für alle Gerichtszweige nach § 45 DRiG.

§ 32 [Entschädigung]

Der ehrenamtliche Richter und der Vertrauensmann (§ 26) erhalten eine Entschädigung nach dem Gesetz über die Entschädigung der ehrenamtlichen Richter.

1 Für Zeitversäumnis, Fahrtkosten bzw. Fußwegstrecken und sonstigen Aufwand erhält der ehrenamtliche Richter eine Entschädigung nach dem Justizvergütungs- und Entschädigungsgesetz (vom 5.5.2004, BGBl. I S. 776). Die gleiche Entschädigung erhalten die Vertrauensleute (§ 26 Abs. 2) nach § 11 Abs. 4 dieses Gesetzes.

§ 33 [Ordnungsgeld]

(1) Gegen einen ehrenamtlichen Richter, der sich ohne genügende Entschuldigung zu einer Sitzung nicht rechtzeitig einfindet oder der sich seinen Pflichten auf andere Weise entzieht, kann ein Ordnungsgeld festgesetzt werden. Zugleich können ihm die durch sein Verhalten verursachten Kosten auferlegt werden.

(2) Die Entscheidung trifft der Vorsitzende. Bei nachträglicher Entschuldigung kann er sie ganz oder zum Teil aufheben.

I. Allgemein

1 Um die ordnungsgemäße Tätigkeit des Gerichts zu sichern, kann gegen den ehrenamtlichen Richter bei schuldhafter Pflichtverletzung ein Ordnungsgeld festgesetzt und es können ihm die durch die Pflichtwidrigkeit verursachten Kosten auferlegt werden. Pflichtverletzung liegt vor bei verspätetem Einfinden zur Sitzung, auch bei Ablehnung der Übernahme des Amtes, wenn keiner der Gründe des § 23 vorliegt, bei der Verweigerung der Eidesleistung bzw. des Gelöbnisses (§ 45 DRiG), der Nichtbeteiligung an der Abstimmung, bei beharrlichen Fragen ohne Gestattung des Vorsitzenden (vgl. § 19 Rn. 2, 3). Verursacht sind die sämtlichen Beteiligten entstandenen, erforderlichen Auf-

---

10 Vgl. BVerwG NJW 1963, 1219; BVerwGE 44, 215 zum unzulässigen Wunsch, nicht kurzfristig geladen zu werden.
11 BVerwG Buchh. 310 § 133 Nr. 62.
12 BVerwG NVwZ 1999, 657.

wendungen, auch Gerichtskosten, soweit sie ausscheidbar sind. Zur **Entbindung** vom Amt wegen gröblicher Pflichtverletzung vgl. § 24 Rn. 1.

II. Verfahren

Die Festsetzung des Ordnungsgeldes und die Auferlegung der Kosten erfolgt durch **Beschluss** des Vorsitzenden. **Rechtsmittel:** Beschwerde (§ 146). Bei nachträglicher Entschuldigung Aufhebung, auch teilweise, durch den Vorsitzenden. Der Beschluss ist Vollstreckungstitel nach § 168 Abs. 1 Nr. 1; Vollstreckung des Ordnungsgeldes nach § 169. **2**

§ 34 [OVG]

§§ 19 bis 33 gelten für die ehrenamtlichen Richter bei dem Oberverwaltungsgericht entsprechend, wenn die Landesgesetzgebung bestimmt hat, dass bei diesem Gericht ehrenamtliche Richter mitwirken.

Zur Mitwirkung von ehrenamtlichen Richtern am OVG vgl. § 9 Rn. 2. Die Erläuterungen zu §§ 19–33 gelten entsprechend. Im Verfahren nach § 24 Abs. 3 entscheidet der nach der Geschäftsverteilung zuständige Senat des OVG, nicht jeweils derjenige, dem der ehrenamtliche Richter angehört. Zum gemeinsamen Wahlausschuss für VG und OVG vgl. § 26 Rn. 1. Gegen den Beschluss des Vorsitzenden nach § 33 gibt es keine Beschwerde (§ 152 Abs. 1). **1**

4. Abschnitt · Vertreter öffentlichen Interesses

§ 35 [Vertreter des Bundesinteresses beim Bundesverwaltungsgericht]

(1) Die Bundesregierung bestellt einen Vertreter des Bundesinteresses beim Bundesverwaltungsgericht und richtet ihn im Bundesinnenministerium ein. Der Vertreter des Bundesinteresses kann sich an jedem Verfahren vor dem Bundesverwaltungsgericht beteiligen; dies gilt nicht für Verfahren vor den Wehrdienstsenaten. Er ist an die Weisungen der Bundesregierung gebunden.

(2) Das Bundesverwaltungsgericht gibt dem Vertreter des Bundesinteresses beim Bundesverwaltungsgericht Gelegenheit zur Äußerung.

A. Persönliche Rechtsstellung

Der Vertreter des Bundesinteresses beim Bundesverwaltungsgericht (VBI) muss anders als die VöI bei VG und OVG (§ 36) bei dem BVerwG bestellt werden. Zur Befähigung vgl. § 37 Rn. 1. Anders als der durch Art. 14 des Gesetzes zur Neuordnung des Bundesdisziplinarrechts vom 9.7.2001 (BGBl. I, S. 1510) abgeschaffte Oberbundesanwalt ist der VBI keine eigenständige Behörde, sondern im Bundesinnenministerium angesiedelt. Er unterliegt aber Weisungen lediglich durch die Bundesregierung als kollegialem Organ (Art. 62 GG). An Weisungen anderer Behörden, auch von Bundesministerien, ist er nicht gebunden. Das Weisungsrecht der Bundesregierung kann nicht delegiert werden[1], da hierdurch die Unabhängigkeit der Stellung **1**

---

1   Ule S. 76; Rössler DÖV 1952, 737.

des VBI gefährdet würde. Für die Tätigkeit des VBI gilt die Dienstanweisung vom 31.1.2002 (GMBl. S. 132).

B. Aufgaben

2   Die VwGO verzichtet auf eine genaue Bezeichnung der Aufgaben des VBI. Da die Umwandlung der behördlichen Institution Oberbundesanwalt in den VBI fiskalische Gründe hatte, hat sich an der Aufgabenstellung nichts Wesentliches geändert. Man wird die **Aufgabe** des **VBI** dahin umschreiben können, dass er das **BVerwG** – ausgenommen im Wehrdisziplinarrecht – bei der **Rechtsfindung und Rechtsverwirklichung unterstützen** soll. Er hat einmal etwaige über den konkreten einzelnen Fall hinausgehende übergeordnete rechtliche Gesichtspunkte, insbesondere im Hinblick auf andere gleiche oder ähnlich gelagerte Streitfragen darzulegen, zum anderen etwaige besondere rechtliche und tatsächliche Auswirkungen der zu treffenden Entscheidung[2]. Der VBI hat nicht die Interessen eines der streitenden Beteiligten wahrzunehmen, auch nicht die Interessen beteiligter Bundesbehörden. Er ist kein Vertreter der Bundesrepublik Deutschland, sondern soll als objektive Instanz tätig werden[3]. Die Freistellung von Weisungen – ausgenommen durch die Bundesregierung – dient der Sicherung dieser Objektivität, die im Einzelfall auch zur Vertretung eines den beteiligten Behörden nachteiligen Rechtsstandpunktes führen kann. Er unterscheidet sich damit grundsätzlich von den nach § 63 Nr. 1–3 am Verfahren Beteiligten[4]. Zur Beteiligung am Verfahren vor dem Gemeinsamen Senat vgl. § 13 Abs. 4 RsprEinhG (Anhang I, 1).

C. Rechte und Pflichten im Verfahren

3   Aus der Aufgabenstellung des VBI ergeben sich seine Rechte und Pflichten.

I. Entscheidung über Beteiligung

Der **VBI entscheidet eigenverantwortlich,** ob er sich an einem Verfahren beteiligt. Um diese Entscheidung zu ermöglichen, ist ihm in jedem bei dem BVerwG anhängigen Verfahren (Revision, erstinstanzliche Anrufung, Zulassungsbeschwerde, sonstige Beschwerde, auch Rechtsbeschwerde in Personalvertretungssachen)[5] Gelegenheit zur Äußerung zu geben. Ihm sind alle Schriftsätze in Abschrift zuzuleiten. Er erhält Mitteilung von allen gerichtlichen Maßnahmen und kann die Akten einsehen. Mit der Erklärung des VBI, sich nicht beteiligen zu wollen, entfällt diese begrenzte Einschaltung. Diese Erklärung kann auch für ganze Rechtsmaterien als genereller Verzicht abgegeben werden. Der VBI ist an diese Erklärungen nicht gebunden, sondern kann sich später doch für die Beteiligung entscheiden.

---

2   Ähnl. Ule S. 76 für den OBA.
3   Vgl. BVerwGE 96, 258.
4   Im Einzelnen vgl. Neiss DVBl. 1968, 229, 861.
5   BVerwGE 4, 357.

II. Stellung im Verfahren

Beteiligt sich der VBI, so ist er nach ausdrücklicher Vorschrift des § 63 Nr. 4   **4** **Verfahrensbeteiligter.** Die Aufnahme des VBI in § 63 ist freilich gesetzestechnisch verfehlt. Denn der VBI ist allenfalls in der äußeren Form seiner Verfahrensstellung Beteiligter, nicht nach seinen Aufgaben und seinen Verfahrensrechten und -pflichten. Der VBI hat weniger die Stellung eines Beteiligten am Verfahren als die eines Mitwirkenden[6]. Er wird niemals zu einer Partei des Rechtsstreites[7].

Dieser **Stellung** entspricht es, dass der VBI nicht nur keine Revision oder   **5** Revisionszulassungsbeschwerde einlegen kann[8], sondern auch im anhängigen Revisionsverfahren keine Anträge stellen[9] und keine Anschlussrevision erheben darf[10]. Die entgegenstehende Auffassung verkennt die Aufgabenstellung des VBI. Sie beruft sich allein auf § 63 Nr. 4. Ihr steht § 153 Abs. 2 entgegen. Könnte der VBI Anträge stellen und Anschlussrechtsmittel einlegen, so wäre die ausdrückliche Ermächtigung zur Nichtigkeits- und Restitutionsklage überflüssig, da sie einem Verfahrensbeteiligten ohne weiteres zukommt[11]. Schließlich müssten dem VBI, wenn er Anträge stellt oder Anschlussrevision erhebt, hierdurch verursachte Verfahrenskosten im Falle seines Unterliegens auferlegt werden können, da es einen Grund, ihn von der Kostenerstattungspflicht freizustellen, im Falle streitiger Beteiligung am Verfahren nicht gibt. Eine Kostenerstattungspflicht des OBA wird aber überwiegend nur für den Fall des § 153 bejaht[12].

Nur wenn der **VBI Nichtigkeits- oder Restitutionsklage** erhebt (§ 153   **6** Abs. 2), wird er zu einem **echten Verfahrensbeteiligten,** der Anträge stellen und zu den Kosten des Verfahrens verurteilt werden kann. Gleichwohl handelt es sich um einen außerordentlichen Rechtsbehelf, der vom VBI nur bei Vorliegen besonderer, allein aus dem öffentlichen Interesse folgender Gründe eingelegt wird.

Der VBI ist zu allen Terminen zu **laden,** vor allen Entscheidungen, die nach   **7** Anhörung der Beteiligten ergehen, zu **hören,** auch bei Verweisungsbeschlüssen nach § 50 Abs. 2; er kann sich in der mündlichen Verhandlung insgesamt oder für Einzelfragen zur Sach- und Rechtslage äußern. Die Zurücknahme der Revision bedarf im Falle seiner Beteiligung der Einwilligung nach Stellung der Anträge in der mündlichen Verhandlung (§ 140 Abs. 1), ebenso die Zurücknahme der Klage (§ 92 Abs. 1)[13]. Bei Beteiligung ist auch sein Verzicht für eine Entscheidung nach § 101 Abs. 2 erforderlich.

Der **VBI** handelt **niemals** als **Vertreter** eines **anderen Beteiligten,** auch nicht   **8** etwa des VöI eines Landes, der selbst gegen ein Urteil eines OVG Revision eingelegt hat. Vielmehr kann der VBI auch in einem solchen Verfahren sich selbstständig, möglicherweise mit abweichenden Auffassungen beteiligen[14].

---

6   A. Baring VerwA 50, 141.
7   BVerwGE 4, 358; vgl. auch E 12, 119.
8   BVerwGE 2, 321.
9   A.A. Eyermann/Geiger Rn. 7; Schoch/Gerhardt/Olbertz Rn. 15.
10   BVerwGE 96, 258; a.A. Schoch/Gerhardt Rn. 15.
11   Zweifelnd Sodan/Gucklberger Rn. 25.
12   Schunck/De Clerck S. 633; Ule S. 77 a.A. insoweit nur Koehler S. 170.
13   Eyermann/Geiger Rn. 8.
14   BVerwGE 2, 321.

Der VBI kann seine Aufgaben nicht delegieren. Auch die Beiziehung von Vertretern anderer Behörden zur Unterstützung des VBI in der mündlichen Verhandlung ist bedenklich, weil sie der Aufgabenstellung des VBI widerspricht[15].

9 Wegen **Besorgnis der Befangenheit** können der **VBI** oder sein Terminsvertreter **nicht abgelehnt** werden, da seine Aufgabenstellung nicht dazu führen kann, ihn zu den Gerichtspersonen i.S. des § 54 zu rechnen. Auch wenn er nicht kraft Gesetzes von der Teilnahme an einem bestimmten Verfahren ausgeschlossen ist, sollte er aber doch, wenn in seiner oder der Person eines seiner Beamten ein Ausschließungsgrund vorliegt, insoweit von einer Teilnahme absehen.

D. Vertreter des besonderen Bundesinteresses

10 Von dem VBI als Vertreter des öffentlichen Interesses zu unterscheiden sind durch besondere Gesetze vielfach eingesetzten **Vertreter bestimmter Bundesinteressen,** so insbesondere der Vertreter der Interessen des Ausgleichsfonds (VIA) nach § 316 Abs. 1 LastenausgleichsG, die Vertreter des Bundesinteresses nach § 45 BesatzungsschädenabgeltungsG, nach § 56 Allg. KriegsfolgenG, nach § 56 BundesleistungsG und nach § 18 Abs. 2 SchutzbereichsG sowie der Bundesbeauftragte nach § 6 Abs. 1 AsylVfG (vgl. dazu BVerwGE 67, 64). Die Stellung dieser Vertreter im Verfahren ist in der VwGO nicht geregelt, sondern ergibt sich allein aus den Spezialgesetzen. Von der Rechtsprechung werden sie zum Teil als Hauptbeteiligte, zum Teil als notwendige Beigeladene angesehen (vgl. § 63 Rn. 5 und § 65 Rn. 10). Infolge ihrer besonderen Aufgaben stehen sie selbständig mit zum Teil weiter gehenden, zum Teil engeren Rechten neben dem VBI und dem VöI nach § 36. Weder schließt die Beteiligung eines dieser besonderen Vertreter die des VBI oder des VöI kraft Gesetzes aus, noch ist das umgekehrte der Fall[16]. Auch für diese Vertretergruppe gilt das Behördenprivileg des § 67 Abs. 1 S. 3 (vgl. § 67 Rn. 3). An Verfahren vor dem Gemeinsamen Senat sind diese Vertreter mangels Erwähnung in § 13 Abs. 4 RsprEinhG nicht beteiligt.

§ 36 [Vertreter öffentlichen Interesses]

(1) Bei dem Oberverwaltungsgericht und bei dem Verwaltungsgericht kann nach Maßgabe einer Rechtsverordnung der Landesregierung ein Vertreter des öffentlichen Interesses bestimmt werden. Dabei kann ihm allgemein oder für bestimmte Fälle die Vertretung des Landes oder von Landesbehörden übertragen werden.

(2) § 35 Abs. 2 gilt entsprechend.

---

15   Wie hier bezüglich des VIA BVerwGE 8, 208; a.A. Eyermann/Geiger Rn. 8.
16   Vgl. BVerwGE 75, 337; Noack DVBl. 1957, 452; ZLA 1958, 84.

A. Rechtsgrundlagen

Die Bestellung eines VöI bei dem OVG und bei den VG ist den Ländern anheim gestellt. **1**
Von der Möglichkeit einer Bestellung haben zurzeit Gebrauch gemacht:

Bayern,	VO vom 4.11.1975	(GVBl. S. 354);
Mecklenburg-Vorpommern,	VO vom 17.7.1992	(GVBl. S. 407);
Nordrhein-Westfalen,	VO vom 26.3.1960	(GVBl. S. 48);
Rheinland-Pfalz,	VO vom 18.10.1960	(GVBl. S. 225);
Thüringen,	VO vom 2.11.2000	(GVBl. S. 344).

Die übrigen Länder haben keine VöI.

B. Aufgaben

Bedeutung und Stellung des VöI sind seit langem umstritten[1]. Gerber sieht **2** die Funktion des VöI darin, gegenüber der auf Differenzierung und Spezialisierung ausgehenden Kraft des Einzelfalles zusammenfassenden und zusammenhaltenden Einfluss ausüben[2]. Diese Vorstellung dürfte auch § 36 zu Grunde liegen. Tatsächlich ist der VöI in dieser Funktion oft über ein Schattendasein nicht hinausgekommen[3]. Bedeutung hat er nur dort gewonnen, wo ihm kraft Gesetzes die Vertretung von Prozessparteien übertragen worden ist (Rn. 9).

I. Allgemeine Rechtsstellung

Soweit der **VöI selbstständig handelt** und nicht Vertreter eines Beteiligten ist, **3** mögen seine Aufgaben im Wesentlichen denen des VBI entsprechen. Seine Stellung unterscheidet sich aber von der des VBI. Dementsprechend sind auch seine Rechte und Pflichten im Verfahren anders gestaltet.

Dem **VöI fehlt** weitgehend die **Weisungsfreiheit** des VBI. § 36 verzichtet darauf, eine solche Weisungsfreiheit anzuordnen. In Bayern (§ 4 Abs. 1 VO), **4** Rheinland-Pfalz (§ 1 Abs. 2 VO) und Thüringen (Art 2 Abs. 2 VO) sind die VöI zwar nur Weisungen der Landesregierung unterworfen, doch ist diese Unabhängigkeit durch die Weisungsgebundenheit des bayrischen VöI in den weit häufigeren Fällen der Vertretung des Landes (§ 5 Abs. 5 VO) notwendig beeinträchtigt. In Mecklenburg-Vorpommern und Nordrhein-Westfalen gibt es keine Weisungsfreiheit.

Dem **VöI kann nach § 36 die Vertretung des Landes** allgemein oder für bestimmte Fälle **übertragen werden.** Die Vertretung eines Hauptbeteiligten ist **5** mit der Stellung eines objektiven, nur dem öffentlichen Interesse dienenden Organes schwer vereinbar[4], dem VBI ist deshalb auch die Vertretung von Bundesbehörden untersagt. Für den VöI müssen sich deshalb weitgehend die

---

1 Sie sind von A. Baring (VerwA 50, 105 ff.) eingehend unter Auswertung von Rechtsprechung und Literatur dargelegt worden. Hierauf und Hutt LKV 1995, 27 und Guckelberger BayVBl. 1998, 257 kann verwiesen werden.
2 DÖV 1958, 685.
3 Vgl. Heise VBlBW 1981, 36.
4 Gar nicht: Eyermann/Geiger Rn. 3.

öffentlichen Interessen mit denen des am Verfahren beteiligten Landes decken. Der VöI ist aus diesem Grunde funktionell, auch soweit er selbstständig und nicht als Vertreter tätig wird, keine Prozessinstitution des Gerichts, an dem er tätig ist. Er ist vielmehr ein echter Beteiligter nach § 63 Nr. 4 mit allen Konsequenzen, die sich hieraus ergeben.

II. Stellung im Prozess

6   Als solcher Beteiligter kann der **VöI selbst Anträge stellen und Rechtsmittel einlegen**[5]. Er kann auch Berufung einlegen, wenn die anderen Beteiligten mit dem Urteil einverstanden sind und Rechtsmittelverzicht erklärt haben[6]. Eine Beschwer durch das angefochtene Urteil ist nicht erforderlich, es genügt, dass der VöI die Entscheidung für unrichtig hält[7], insoweit wird die Ursprungsfunktion des VöI von der Rechtsprechung anerkannt. Er kann deshalb nach Auffassung des BVerwG sogar ein Rechtsmittel einlegen, wenn das Urteil seinem Antrag entspricht[8]. Da der VöI getrennt bei VG und OVG einzurichten ist, endet der Bereich des VöI bei dem VG mit der Einlegung der Berufung oder der Begründung des Antrages auf Zulassung der Berufung. Zur Erhebung einer unselbstständigen Anschlussberufung ist er nicht mehr berechtigt[9], er kann die von ihm eingelegte Berufung auch vor dem OVG nicht selbst vertreten. Dagegen kann der VöI beim OVG nicht nur Revision einlegen, sondern ist zur Führung des Revisionsverfahrens selbst berechtigt[10]; vgl. § 132 Rn. 3. Das setzt seine Beteiligung am Verfahren voraus; er kann seine Beteiligung bis zum Abschluss des Berufungsverfahrens erklären, zum Zweck der Einlegung der Revision auch noch nach Verkündung oder Zustellung des Berufungsurteils[11]; nach Ablauf der Rechtsmittelfrist für die anderen Beteiligten kann er jedoch mit einer Anschlussrevision nicht erstmalig seine Beteiligung erklären[12]. Er bleibt auch Beteiligter des Revisionsverfahrens, wenn er sich in den Vorinstanzen beteiligt und ein anderer Beteiligter Revision eingelegt hat[13]. Auch hier wird der Unterschied der Stellung des VöI zum VBI deutlich (vgl. § 35 Rn. 5). Dem VöI sind die Kosten des Verfahrens aufzuerlegen, wenn er mit seinem Antrag oder Rechtsmittel nicht durchdringt[14]. Zur Erstattungsfähigkeit der Kosten des VöI VG Sigmaringen[15].

7   Der **VöI** unterliegt **nicht** dem **Anwaltszwang** (§ 67 Abs. 1 S. 3).

8   Über jedes **anhängige Verfahren** ist der VöI durch Übersenden von Abschriften aller Schriftsätze, Mitteilung aller gerichtlichen Maßnahmen usw. zu unterrichten. Er kann die Akten einsehen, um zu entscheiden, ob er sich am Verfahren beteiligen will. Erklärt er, dass er sich nicht beteiligen wolle, so entfällt

5   Weimar DVBl. 1999, 184.
6   Münster OVGE 11, 93.
7   BVerwG Buchh. 310 § 40 Nr. 164; Lüneburg OVGE 9, 394; Münster OVGE 11, 93.
8   E 9, 143.
9   Lüneburg OVGE 7, 351.
10   BVerwGE 2, 321; BVerwG NJW 1987, 856.
11   Vgl. BVerwGE 16, 265; Buchh. 402, 24 § 2 AuslG Nr. 83.
12   BVerwGE 90, 337.
13   BVerwGE 25, 170.
14   Str.; wie hier Klinger S. 671; Koehler S. 1159; a.A.: nur bei erfolglos eingelegtem Rechtsmittel, Ule S. 490; keine Kostenpflicht: Schunck/De Clerck S. 774.
15   NVwZ-RR 1998, 696.

diese technische Einschaltung. Erklärt er die Beteiligung, so wird er von diesem Zeitpunkt an echter Beteiligter gemäß § 63 Nr. 4.

Zur Vertretung des Landes im Verwaltungsstreit ist der VöI, der dort als Landesanwalt bei den Gerichten der Verwaltungsgerichtsbarkeit (VG und VGH/OVG) bezeichnet ist, nur noch in **Bayern** (nur VGH)[16] berufen. Er handelt insoweit als Bevollmächtigter kraft Gesetzes. Zur Befähigung zum Amt des VöI vgl. § 37 Rn. 1.   **9**

§ 37   [Befähigung]

(1) Der Vertreter des Bundesinteresses beim Bundesverwaltungsgericht und seine hauptamtlichen Mitarbeiter des höheren Dienstes müssen die Befähigung zum Richteramt haben oder die Voraussetzungen des § 110 Satz 1 des Deutschen Richtergesetzes erfüllen.

(2) Der Vertreter des öffentlichen Interesses bei dem Oberverwaltungsgericht und bei dem Verwaltungsgericht muss die Befähigung zum Richteramt nach dem Deutschen Richtergesetz haben; § 174 bleibt unberührt.

Die **Befähigung zum Richteramt** richtet sich nach den §§ 5–7, 108, 109   **1**
DRiG. Nach § 100 Satz 1 DRiG steht die **Befähigung zum höheren Verwaltungsdienst,** wenn sie den Anforderungen dieser Vorschrift entspricht, der Befähigung zum Richteramt gleich, sofern sie bis zum In-Kraft-Treten des DRiG (1. Juli 1962) erworben wurde. Ist sie nach diesem Zeitpunkt erworben, steht sie nach § 174 nur noch für den VöI an VG und OVG der Befähigung zum Richteramt gleich, und zwar auch nur für die VöI, die nicht in § 122 Abs. 5 DRiG genannt sind. Diese Vorschrift verweist für die Staatsanwälte und die Landesanwälte bei den Gerichten der Verwaltungsgerichtsbarkeit (in Bayern und Thüringen) auf § 122 Abs. 1 DRiG, der uneingeschränkt die Befähigung zum Richteramt verlangt[1]. Für ehemalige Richter der DDR gelten die Maßgaben des Einigungsvertrages mit der Folge, dass diese eine der Befähigung zum Richteramt gleichgestellte Qualifikation haben. Der Grad eines Diplomjuristen genügt nicht.

5. Abschnitt · Gerichtsverwaltung

§ 38   [Dienstaufsicht]

(1) Der Präsident des Gerichts übt die Dienstaufsicht über die Richter, Beamten, Angestellten und Arbeiter aus.

(2) Übergeordnete Dienstaufsichtsbehörde für das Verwaltungsgericht ist der Präsident des Oberverwaltungsgerichts.

Die **Dienstaufsicht** hat die Leitung, Organisation und Überwachung des ge-   **1**
richtlichen Behördenbetriebs und der ordnungsgemäßen Führung der Amtsgeschäfte zum Inhalt. Sie erstreckt sich auf alle bei dem Gericht tätigen Personen. Soweit ein Richter als Organ der Rechtspflege tätig wird, findet sie ihre Grenze in der persönlichen Unabhängigkeit des Richters (§ 26 DRiG)[1]. Der

---

16   Vgl. zu Einzelfragen Geiger BayVBl. 2000, 141.

1   Schmidt-Räntsch DRiG 4. Aufl., § 89 Rn. 6.

1   Vgl. zuletzt Leuze DöD 2002, 133.

Richter kann gegen eine Maßnahme der Dienstaufsicht mit der Behauptung, sie beeinträchtige seine Unabhängigkeit, nach § 26 Abs. 3 DRiG die Entscheidung des Dienstgerichts beantragen. Die Dienstaufsicht berechtigt u.a. zu Anweisungen, zur Beanstandung fehlerhaften Verhaltens, zur Entgegennahme und Entscheidung von Beschwerden[2]. Die Dienstaufsicht zählt ihrerseits zur Gerichtsverwaltung[3], sodass von der übergeordneten Dienstaufsichtsbehörde Weisungen für die Ausübung der Aufsicht erteilt werden können.

2 **Dienstaufsichtsbehörde.** Die Dienstaufsicht wird von dem Präsidenten des jeweiligen Gerichts (VG, OVG, BVerwG) ausgeübt[4]. Übergeordnete Dienstaufsichtsbehörde für das VG ist der Präsident des OVG. Oberste Dienstaufsichtsbehörde ist der **Ministerpräsident** im Land Baden-Württemberg (§ 2 AG), der **Innenminister** in Bayern (Art. 4 AG), in den übrigen Ländern der Justizminister bzw. -senator. Nach der Geschäftsverteilung der Bundesregierung übt die Dienstaufsicht über den Präsidenten des BVerwG der **Bundesminister der Justiz** aus.

§ 39 [Gerichtsverwaltung]

Dem Gericht dürfen keine Verwaltungsgeschäfte außerhalb der Gerichtsverwaltung übertragen werden.

1 Die Bestimmung unterstreicht die Trennung der Verwaltungsgerichtsbarkeit von der vollziehenden Gewalt und ergänzt insoweit § 1. Die entsprechende Vorschrift für den einzelnen Richter befindet sich in § 4 DRiG. Die landesgesetzliche Zuweisung von Aufgaben außerhalb der formellen Streitentscheidung ist damit im Grundsatz ausgeschlossen, wenn es sich dabei um Aufgaben handelt, die überwiegend exekutiven Charakter haben[1].

2 Allein die Geschäfte der **Gerichtsverwaltung** können von dem Gericht wahrgenommen werden[2]. Hierunter fallen alle Aufgaben, die die Bereitstellung der sachlichen und persönlichen Mittel für die Tätigkeit der Gerichte zum Gegenstand haben, auch die Dienstaufsicht, und andere Verwaltungsaufgaben, die zu der rechtsprechenden Funktion der Gerichte einen zumindest mittelbaren Bezug haben[3], auch die Aufgaben des Präsidenten des VG nach § 24 Abs. 3. § 26 Abs. 2 mit § 27. Eine Tätigkeit in der Gerichtsverwaltung ist kein richterlicher Dienst. Der Richter ist jedoch nach § 42 DRiG zur Übernahme einer Nebentätigkeit in der Gerichtsverwaltung verpflichtet. Der Richter auf Probe und der Richter kraft Auftrags können auch ohne ihre Zustimmung in der Gerichtsverwaltung verwandt werden (§§ 13, 16 Abs. 2 DRiG).

2   Vgl. im Einzelnen Schmidt-Räntsch § 26 Rn. 17, 24 ff.
3   Schmidt-Räntsch § 4 Rn. 18.
4   Vgl. Rasch VerwA 60, 1; Rozek DÖV 2002, 103.

1   Vgl. VG Osnabrück NdsVBl. 1994, 64 m. abl. Anm. Berlit NdsVBl. 1995, 193;
      a.A. Lüdemann DÖV 1996, 870.
2   Vgl. dazu Rasch VerwA 60, 1.
3   Vgl. Schmidt-Räntsch § 4 Rn. 18.

6. Abschnitt · Verwaltungsrechtsweg und Zuständigkeit

§40 [Zulässigkeit des Verwaltungsrechtsweges]

(1) Der Verwaltungsrechtsweg ist in allen öffentlich-rechtlichen Streitigkeiten nichtverfassungsrechtlicher Art gegeben, soweit die Streitigkeiten nicht durch Bundesgesetz einem anderen Gericht ausdrücklich zugewiesen sind. Öffentlich-rechtliche Streitigkeiten auf dem Gebiete des Landesrechts können einem anderen Gericht auch durch Landesgesetz zugewiesen werden.

(2) Für vermögensrechtliche Ansprüche aus Aufopferung für das gemeine Wohl und aus öffentlich-rechtlicher Verwahrung sowie für Schadensersatzansprüche aus der Verletzung öffentlich-rechtlicher Pflichten, die nicht auf einem öffentlich-rechtlichen Vertrag beruhen, ist der ordentliche Rechtsweg gegeben; dies gilt nicht für Streitigkeiten über das Bestehen und die Höhe eines Ausgleichsanspruchs im Rahmen des Artikels 14 Abs. 1 Satz 2 des Grundgesetzes. Die besonderen Vorschriften des Beamtenrechts sowie über den Rechtsweg bei Ausgleich von Vermögensnachteilen wegen Rücknahme rechtswidriger Verwaltungsakte bleiben unberührt.

Übersicht

A. Generalklausel

1　Unter Rechtsweg ist die Anrufung der aus unabhängigen und unabsetzbaren Richtern zusammengesetzten und mit besonderen Rechtsgarantien des Verfahrens ausgestatteten Gerichte zu verstehen. **Verwaltungsrechtsweg bedeutet die Anrufung der Gerichte der allgemeinen Verwaltungsgerichtsbarkeit** (vgl. § 2 Rn. 1) **um Rechtsschutz**[1].
Die VwGO eröffnet, ohne Beschränkung auf bestimmte Klagearten (vgl. § 42 Rn. 1), den Verwaltungsrechtsweg für alle öffentlich-rechtlichen Streitigkeiten nichtverfassungsrechtlicher Art, soweit diese nicht durch Gesetz einem anderen Rechtsweg ausdrücklich zugewiesen sind. Wenn in diesen Streitigkeiten überhaupt der Rechtsweg eröffnet ist, ist es der Verwaltungsrechtsweg. Damit erfüllt § 40 für den Bereich des öffentlichen Rechts den Rechtsschutz, den Art. 19 Abs. 4 GG fordert und gewährleistet[2].
Die **Rechtswegregelung bezieht sich auf das gesamte Verfahren,** also auch auf die Gewährung vorläufigen Rechtsschutzes nach § 80 Abs. 5 und § 123, sowie auf die Vollstreckung (vgl. § 167 Rn. 2); daher ist auch für Ansprüche, die aus der verwaltungsgerichtlichen Vollstreckung entstehen können (z.B. nach § 717 Abs. 2 und 3 ZPO; vgl. § 168 Rn. 9), der Verwaltungsrechtsweg gegeben[3]. Das Gericht prüft, auf Grund des Vortrages des Klägers, von Amts wegen, ob der Verwaltungsrechtsweg gegeben ist (§ 17a GVG; vgl. Anh. zu § 41 Rn. 2). Bei mehreren rechtlich und tatsächlich selbstständigen Klagegründen reicht es aus, wenn nur hinsichtlich eines der Klagegründe der Verwaltungsrechtsweg gegeben ist[4]. Ergibt die spätere Prüfung der Klage, insbesondere die Beweisaufnahme, dass ein vor das angerufene Gericht gehörendes Rechtsverhältnis nicht besteht, ist die Klage unbegründet[5].

2　Die **subsidiäre Zuständigkeit der Zivilgerichte** nach Art. 19 Abs. 4 S. 2 GG, die nur bei einer Lücke im verwaltungsgerichtlichen Rechtsschutz in Frage kommen könnte, kann sich im Bereich des § 40 nicht mehr auswirken[6]. Es handelt sich um eine reine Ersatzzuständigkeit, die nur greift, wenn wirklich keine anderweitige Zuständigkeit durch die Verfassung oder ein Gesetz begründet ist. Ist der Verwaltungsrechtsweg, etwa wegen Ablauf der Klagefrist, verschlossen, wird auch über Art. 19 Abs. 4 S. 2 GG der Rechtsweg zu den Zivilgerichten nicht eröffnet[7]. Aus § 40 folgt eine **subsidiäre Zuständigkeit der Verwaltungsgerichte** für die Fälle, in denen der Rechtsschutz bei der Zuweisung von Streitigkeiten des öffentlichen Rechts an einen anderen Rechtsweg oder andere Gerichte Lücken aufweist. Es kommt also auch dann keine subsidiäre Zuständigkeit der Zivilgerichte in Frage[8]. Abs. 2 S. 1 2. Halbsatz ist durch das RmBereinVpG hinzugefügt worden (vgl. Rn. 45 und § 124a Rn. 1).

1　Koehler S. 184.
2　Vgl. Lorenz, Menger-Festschrift, 1985, S. 143; Maunz/Schmidt-Aßmann, GG Art. 19 Rn. 229 ff.
3　Vgl. BVerwGE 77, 139 für Pfändung in Anspruch auf Kindergeld; BSG NJW 1990, 2708 zur Pfändungs- und Überweisungsverfügung, dazu Lücke NJW 1990, 2665.
4　BVerwGE 18, 181.
5　BVerwGE 22, 45.
6　H.M., Maunz/Schmidt-Aßmann GG Art. 19 Abs. 4 Rn. 294.
7　Vgl. BGHZ 22, 32; BGH VRspr. 10, 447.
8　Vgl. Ds. 55 S. 30; München BayVBl. 1956, 378 für Disziplinargerichtsbarkeit; vgl. im Einzelnen Rn. 37.

B. Öffentlich-rechtliche Streitigkeit nichtverfassungsrechtlicher Art

I. Verfassungsrechtliche Streitigkeit

Von den öffentlich-rechtlichen Streitigkeiten sind die verfassungsrechtlichen **3** Streitigkeiten durch Absatz 1 S. 1 vom Verwaltungsrechtsweg ausgeschlossen. **Verfassungsrechtlich ist eine öffentlich-rechtliche Streitigkeit, wenn die Auslegung und Anwendung verfassungsrechtlicher Normen den eigentlichen Kern des Rechtsstreits bilden, das streitige Rechtsverhältnis also entscheidend vom Verfassungsrecht geformt ist**[9]; dabei gehören zu den verfassungsrechtlichen Streitigkeiten, die materiell Bundes- und Landesverfassungsrecht betreffen können, nur solche Prozesse, die die Rechtsbeziehungen von Verfassungsorganen oder am Verfassungsleben beteiligten Organen zueinander betreffen, nicht hingegen Streitigkeiten zwischen Bürger und Staat, selbst wenn ein Verfassungsorgan daran beteiligt ist[10]. Die Verfassungsgerichte entscheiden nicht nur in – kontradiktorischen – Streitigkeiten, sondern auch in anderen ihnen zugewiesenen Fällen, wie z.b. der Anklage gegen den Bundespräsidenten oder der Richteranklage. Ihre Zuständigkeit ist enummerativ festgelegt, für das BVerfG in § 13 BVerfGG. Daher ist es möglich, dass ein verfassungsrechtlicher Streitfall nicht gerichtlich entschieden werden kann[11].

Im Einzelnen sind danach **verfassungsrechtlich** z.b. die **Organstreitigkeiten** **4** (Art. 93 Abs. 1 GG), Streitigkeiten über Rechte und Pflichten des Bundes und der Länder (Art. 93 Abs. I Nr. 3 GG), wozu auch der Streit um eine Weisung im Rahmen der Bundesauftragsverwaltung nach Art. 85 Abs. 3 GG gehört[12], andere öffentlich-rechtliche Streitigkeiten zwischen Bund und Ländern und zwischen verschiedenen Ländern, soweit sie nicht unter § 50 Abs. 1 Nr. 1 fallen (Art. 93 Abs. 1 Nr. 4 GG; vgl. § 50 Rn. 2), die abstrakte **Normenkontrolle** (Art. 93 Abs. 1 Nr. 2), die Normenkontrolle auf Vorlage des Gerichts nach Art. 100 Abs. 1 GG[13], die Entscheidung, ob eine entspr. Anwendung des Art. 104a Abs. 5 S. 1 Halbsatz 2 GG eine verschuldensunabhängige Haftung der Länder für eine durch Mängel des ihnen obliegenden

---

9   BVerwGE 50, 124 zum Staatsvertrag über Vergabe von Studienplätzen; E 80, 355 zum Erlass von Gesetzen; Münster NJW 1994, 472 zum Gesetzes-Initiativrecht der Bundesregierung; vgl. auch Maunz/Schmidt-Aßmann Art. 19 Abs. 4 Rn. 229 ff.; Bader/ v. Albedyll Rn. 86, jeweils m.w.N.

10   BVerwGE 51, 69 zur Aufnahme in Wählerverzeichnis; vgl. auch BVerwGE 36, 218; DÖV 1976, 315; zur Ausnahme für die Beziehungen zwischen Bürger und Staat, die sich aus der Teilnahme an einem Volksbegehren ergeben, vgl. Münster NJW 1974, 1671.

11   Vgl. BVerfGE 13, 54, 96; BVerwG NJW 1985, 2346 für Rückforderungen von Fraktionszuschüssen; vgl. auch BSGE 48, 42; Kopp/Schenke Rn. 32; Stern § 3 Nr. 2.

12   Vgl. BVerfGE 81, 310 zum Schnellen Brüter m. Anm. Hantke DVBl. 1990, 823; Wagner NJW 1987, 411; Zimmermann DVBl. 1992, 93; BVerwGE 84, 25 zum Endlager Konrad; Ossenbühl DVBl. 1991, 833 zum Planfeststellungsverfahren nach § 9b AtomG; Lange, Das Weisungsrecht des Bundes in der atomrechtlichen Auftragsverwaltung, Baden-Baden, 1990; Schulte VerwA 81, 415; BVerwG NVwZ 1998, 500 zum Straßenverkehrsrecht.

13   Vgl. § 1 Rn. 7.

Vollzuges von unmittelbar geltendem Gemeinschaftsrecht begründet[14], die Entscheidung nach Art. 126 GG, ob Recht als Bundesrecht fortgilt[15], die Frage, ob eine Regel des Völkerrechts Bestandteil des Bundesrechts ist, ob sie Rechte und Pflichten erzeugt (Art. 100 Abs. 2 GG). Über die **Verwirkung von Grundrechten** (Art. 18 Satz 2 GG) entscheiden die Verfassungsgerichte, ebenso über die Verfassungswidrigkeit von Parteien (Art. 21 Abs. 2 GG), die Anklage gegen den Bundespräsidenten (Art. 61 GG) oder die Richteranklage (Art. 98 Abs. 2, 5 GG). Verfassungsrechtlich sind Anträge auf Änderung des zugelassenen Verfahrens eines **Volksbegehrens**[16]. Verfassungsrechtlich sind auch **parlamentarische Wahlprüfungssachen** des Bundes (Art. 41 GG mit WahlprüfungsG) und der Länder[17], nicht dagegen Entscheidungen über Einwendungen gegen die Gültigkeit von Kommunalwahlen, da insoweit nach den jeweiligen Kommunalwahlgesetzen oder -ordnungen der Länder der Verwaltungsrechtsweg eröffnet ist[18]. Verfassungsrechtlich ist der Streit um die Einsetzung und den Untersuchungsauftrag eines **parlamentarischen Untersuchungsausschusses**[19], ebenso der Streit zwischen Minderheit und Untersuchungsausschuss über Maßnahmen zur Durchführung der Beweiserhebung (Nds StGH DVBl. 1986, 238) oder zwischen Bürgerschaft und Senat über das Recht und die Pflicht zur Vorlage von Akten[20], nicht verfassungsrechtlich sind dagegen, soweit sie nicht in einigen Ländern den Verfassungsgerichten besonders zugewiesen sind, Streitigkeiten über Maßnahmen und Anordnungen des Ausschusses[21].

4a   Besonders zugewiesen ist dem BVerfG die Entscheidung über **Verfassungsbeschwerden**[22]. Entsprechende Zuständigkeitskataloge bestehen in den Landesverfassungen oder Gesetzen über die Staats- oder Verfassungsgerichtshöfe[23]. Die Zuweisung an die Verfassungsgerichte erfasst das gesamte Prozessrechtsverhältnis; zu Recht hat deshalb Mannheim[24] den Verwaltungsrechtsweg für eine Klage auf Einsichtnahme in die Akten des BVerfG verneint. Der Verwaltungsrechtsweg ist auch dann gegeben, wenn es für die Entscheidung auf die Gültigkeit einer untergesetzlichen Rechtsnorm einschließlich ihrer Verfassungsmäßigkeit ankommt[25]. Desgleichen, wenn der Rechtsstreit zwischen Bund und Ländern (Finanzverwaltung) von den föderalen Beziehungen zwischen ihnen geprägt ist; der Annahme eines Verwaltungsrechtsstreits steht nicht entgegen, dass auch verfassungsrechtliche Fragen geklärt werden müssen[26]. Die der Vorbereitung verfassungsrechtlichen Handelns dienenden Tätigkeiten sind jedoch nicht den verfassungsrechtli-

---

14   BVerwGE 116, 234.
15   Vgl. § 1 Rn. 7.
16   Berlin DVBl. 1999, 994; Kassel NVwZ 1991, 1068; München NVwZ 1991, 386.
17   Vgl. Bautzen SächsVBl. 1999, 210 für Wählbarkeitsbescheinigung.
18   Vgl. § 42 Rn. 67; allgemein zum Schutz des aktiven Wahlrechts vgl. Franzke DVBl. 1980, 730.
19   BVerfGE 67, 100; BayVerfGH DVBl. 1986, 233; NdsStGH DVBl. 1986, 238.
20   HbgVerfG DVBl. 1996, 119.
21   BVerwG BayVBl. 1981, 214; vgl. Rn. 10; zur Klageform § 42 Rn. 59 und 158a.
22   §§ 13 Nr. 8a, 90–95 BVerfGG; vgl. Schäfer, Staatsbürger und Staatsgewalt I, S. 171.
23   Vgl. VerfG Hbg DÖV 1973, 745 zum Streit zwischen Bürgerschaft und Senat um Vorlage von Akten.
24   ESVGH 18, 126.
25   BVerfG NVwZ 1999, 867.
26   BVerwGE 116, 92.

chen Streitigkeiten zuzurechnen[27]. Nicht verfassungsrechtlich sind auch Klagen auf Annahme und Bescheidung einer Petition[28], sowie der Auskunftsanspruch des Datenschutzbeauftragten gegenüber einem Ministerium[29].

Der Streit über **kommunale Neugliederungen oder Gebietsreformen** kann,   **5** soweit diese als Gesetz ergehen, nur als verfassungsrechtliche Streitigkeit ausgetragen werden[30]. Das gilt auch für die Anhörung der betroffenen Gemeinden im Gesetzgebungsverfahren des Neugliederungsgesetzes[31]. Wird jedoch die Neugliederung nicht durch Gesetz, sondern durch Rechtsverordnung vorgenommen, kann, soweit das Normenkontrollverfahren nach § 47 eingeführt ist, der Verwaltungsrechtsweg eröffnet sein[32]. Nichtverfassungsrechtlicher Art sind dagegen Streitigkeiten über die Anwendung der Vorschriften über die **Wahlkampfkostenerstattung** nach §§ 18 ff. ParteienG und den entsprechenden landesrechtlichen Vorschriften[33]. Zur Zuständigkeit des **OVG als Verfassungsgericht** s. § 193 Rn. 1.

II. Öffentlich-rechtliche Streitigkeit

Die **VwGO gibt,** obgleich sie diesen Begriff als Grundlage für die Zulässigkeit   **6** des Verwaltungsrechtsweges benutzt, **keine Definition der** »öffentlich-rechtlichen Streitigkeit«. Nach der amtlichen Begründung des Entwurfs (Ds. 55 S. 30) hat der Gesetzgeber bewusst darauf verzichtet, eine Bestimmung über den Begriff der öffentlich-rechtlichen Streitigkeit aufzunehmen, es vielmehr Rechtsprechung und Lehre überlassen, die begriffliche Klärung vorzunehmen. Das Gesetz hat auch die Zweiteilung der öffentlich-rechtlichen Streitigkeiten in Anfechtungssachen und andere Streitigkeiten des öffentlichen Rechts, wie die Verwaltungsgerichtsgesetze der Länder sie vorsahen, nicht übernommen.

Mit der Formulierung »**öffentlich-rechtliche Streitigkeit nichtverfassungsrechtlicher Art**« stellt das Gesetz auf die Natur des Rechtsverhältnisses ab, und zwar auf die wirkliche Natur des im Klagevorbringen geltend gemachten Anspruchs, nicht auf die vom Kläger behauptete. Dies ist auf der Grundlage des Klagebegehrens und des zu seiner Begründung vorgetragenen Sachverhalts zu prüfen[34], daneben aber auch auf die begehrte Rechtsfolge[35]. Ob eine öffentlich-rechtliche oder bürgerlich-rechtliche Streitigkeit vorliegt, bestimmt sich nach dem Charakter des Rechtsverhältnisses, aus dem der strei-

---

27   So Münster NJW 1980, 137 für Rechnungsprüfung des Landesrechnungshofes, vgl. dazu Krebs VerwA 71, 77; Münster DVBl. 1967, 51 für Beantwortung einer Kleinen Anfrage im Bundestag.

28   Vgl. BVerwG NJW 1976, 637; NJW 1977, 118; HessStGH ESVGH 28, 129.

29   Bautzen NJW 1999, 2832.

30   Vgl. VerfGH NW DVBl. 1970, 794; VerfGH RhPf DVBl. 1970, 785 zur Normenkontrolle; BayVerfGH VGH n.F. 27 II, 14 für Landkreis.

31   Vgl. VerfGH RhPf DVBl. 1970, 779 und 785; Münster OVGE 25, 21 m. abl. Anm. Seibert DVBl. 1970, 791; VerfGH Saar NJW 1974, 1995; a.A. Ossenbühl DÖV 1969, 548.

32   Vgl. BayVerfGH VGH n.F. 24 II, 181; dazu Renck/Laufke DVBl. 1974, 512.

33   BVerfGE 27, 152 zur Entscheidung über Abschlagzahlung des Bundestagspräsidenten.

34   BVerwGE 12, 64; 24 272; GemS BGHZ 97, 312; BGHZ 102, 280; vgl. Barbey, Menger-Festschrift, 1985, S. 177; Bader/v. Albedyll Rn. 73; Eyermann/Rennert Anm. 32.

35   Menger VerwA 68, 295.

tige Anspruch hergeleitet wird[36]. Eine Klage, die auf das Gebieten oder Verbieten eines hoheitlichen Verhaltens gerichtet ist, kann daher nur eine Streitigkeit des öffentlichen Rechts begründen, z.B. auf den Erlass einer untergesetzlichen Rechtsnorm[37]. Seiner Natur nach kann das zum Streitfall führende öffentlich-rechtliche Verhältnis sowohl auf einem **Über- und Unterordnungsverhältnis** wie auf einem **Gleichordnungsverhältnis** der Beteiligten beruhen[38].

7   Die **Ausgestaltung der Klagetypen** in der VwGO (vgl. § 42 Rn. 1) berücksichtigt noch den **Unterschied** von Subordinations- und Gleichordnungsverhältnis. Bei der Anfechtungs- und bei der Verpflichtungsklage sowie bei der Klage auf Feststellung der Nichtigkeit eines VA, liegt der öffentlich-rechtlichen Streitigkeit stets ein Subordinationsverhältnis zu Grunde, bei der Leistungsklage und den sonstigen Feststellungsklagen dagegen regelmäßig ein Gleichordnungsverhältnis. Für die Zulässigkeit des Verwaltungsrechtsweges hat die Feststellung, dass kein VA vorliegt, nur dann Bedeutung, wenn ausgeschlossen ist, dass die Streitigkeit aus anderen Gründen öffentlich-rechtlich ist. Es ist daher stets zu prüfen, ob die Streitigkeit nicht, ohne dass ein VA vorliegt, dem öffentlichen Recht zuzuordnen ist[39]. Die Grenzen zwischen den beiden Bereichen der öffentlich-rechtlichen Streitigkeiten haben sich nicht nur dadurch verwischt, dass die Feststellungsklage auch im Subordinationsverhältnis zulässig ist (vgl. § 43 Rn. 10), sondern auch, weil der öffentlich-rechtliche Vertrag sich auf Gegenstände beziehen kann, die die Behörde befugt ist, durch VA zu regeln (vgl. Rn. 13; zum Vergleich § 106 Rn. 15).

8   Ein **Über- und Unterordnungsverhältnis** ist öffentlich-rechtlich, wenn die Überordnung der öffentlichen Gewalt über den Einzelnen diese befähigt, einseitig in den Rechtsbereich des Einzelnen einzugreifen (**Subjektions- oder Subordinationstheorie**, vgl. RGZ 166, 226; BGHZ 14, 222). Ein **Gleichordnungsverhältnis** ist öffentlich-rechtlich, wenn die das Rechtsverhältnis beherrschenden Rechtsnormen überwiegend den Interessen der Gesamtheit dienen (**Interessentheorie**, vgl. RGZ 137, 138; 154, 206; BGH DÖV 1960, 344; BVerwGE 5, 325). Da die Umschreibung des Begriffes der öffentlich-rechtlichen Streitigkeit im Wesentlichen bei der Abgrenzung zur bürgerlich-rechtlichen Streitigkeit entwickelt worden ist, bevor es für die Zuständigkeit der Verwaltungsgerichte eine Generalklausel gab, ist, besonders beim Vorliegen eines Gleichordnungsverhältnisses, im Einzelfall sorgfältig zu prüfen, ob die Ergebnisse früherer Rechtsprechung übernommen werden können[40]. Angesichts der modernen Entwicklung (Zurückfahren staatlicher Aufgaben) wird die Interessentheorie kaum noch vertreten[41]. Die Abgrenzungstheorien sind sehr vielfältig und kaum mehr überschaubar, wobei als dritte wichtige die (formale und materielle) **Subjekttheorie** zu nennen ist. Die Gerichte haben

---

36   GemS BVerwGE 74, 368; Gems BSGE 37, 292; GemS BGHZ 102, 280; BVerwGE 87, 115; Buchh. 310 § 40 Nr. 195; BVerwG NJW 1994, 2968 für Miet- und Kostenübernahmeerklärung des Sozialhilfeträgers gegenüber Vermieter; vgl. auch Münster NJW 1990, 3226 zum Schadensausgleich nach § 38 Abs. 2 AtomG.

37   BVerwG Buchh. 240 § 49 BBesG Nr 2.

38   Vgl. Eyermann/Rennert Anm. 42; Schäfer, Staatsbürger und Staatsgewalt I, S. 165; Ule S. 93.

39   BVerwGE 23, 223; NJW 1959, 118; vgl. auch BVerwG JZ 1996, 904 zum Mietspiegel, dazu Huber JZ 1996, 893.

40   Vgl. auch Eyermann/Rennert Rn. 43.

41   Im Einzelnen: Erichsen/Ehlers, Allgem. VerwR § 2 Rn. 15.

sich jedoch bisher nie festgelegt und tendieren eher zu kasuistisch-pragmatischen Lösungen[42].

Im **Gleichordnungsverhältnis** können nicht nur öffentlich-rechtliche Ansprüche aus Vertrag bestehen, sondern auch aus Gesetz, wie z.B. aus **öffentlichem Eigentum**[43] oder aus der **Öffentlichkeit von Sachen**[44], auch aus dem **Namensrecht einer Gemeinde** (BVerwGE 44, 351 zur Umbenennung eines Bahnhofs wegen Gemeindeneugliederung), wobei das BVerwG zu Recht auch den Streit um die Kosten der Umbenennung dem öffentlichen Recht zurechnete[45].   **9**

Der Verwaltungsrechtsweg ist eröffnet bei öffentlich-rechtlichen Streitigkeiten über oder im Zusammenhang mit **Maßnahmen und Anordnungen der parlamentarischen Untersuchungsausschüsse**[46]. Öffentlich-rechtlich ist auch der Anspruch gegen eine Körperschaft auf **Widerruf oder Unterlassen einer ehrkränkenden dienstlichen Äußerung** im Bereich der Hoheitsverwaltung[47], soweit nicht über § 23 Abs. 1 S. 1 EGGVG, der als »sonstige Maßnahme« auch schlichtes Verwaltungshandeln erfasst[48], die Zivilgerichte zuständig sind[49]. Der Verwaltungsrechtsweg ist nicht gegeben für Unterlassungsansprüche aus dem Persönlichkeitsrecht gegen Sendungen einer öffentlich-rechtlichen Rundfunkanstalt[50], ebenso nicht bei Beleidigungen zwischen Gemeinderatsmitgliedern[51]. Öffentlich-rechtlich ist der Anspruch des Datenschutzbeauftragten gegen ein Ministerium auf **Auskunft**[52], ebenso der Anspruch auf **Berichtigung** eines amtsärztlichen **Gutachtens**[53] oder der Beseitigungsanspruch bei widerrechtlichen **Eintragungen**[54], der Anspruch auf   **10**

---

42   Näher: Schoch/Ehlers § 40 Rn. 220 ff.
43   Vgl. § 4a WasserG Hbg.; vgl. dazu BVerwGE 27, 131 m. Anm. Schack DVBl. 1968, 343; Menger/Erichsen VerwA 59, 277.
44   Wie über Gemeingebrauch oder Sondernutzungen, vgl. Münster OVGE 21, 70; 21, 1 zur Zuweisung eines Standplatzes auf einer Kirmes oder einem Jahrmarkt; VG Köln NJW 1991, 2584 über Herausgabe eines Stadtsiegels; BVerwG NJW 1961, 619 über Benutzung oder Unterhaltung öffentlicher Straßen oder Flüsse; Greifswald LKV 1995, 86 zur Verpflichtung der Forstbetriebe, eine Ausnahme von den Verboten des § 28 MV WaldG zu geben; anders BGH DVBl. 1970, 275 für Notweg über Feuerwehrgrundstück.
45   A.A. OLG Celle JR 1973, 384 m. Anm. Pappermann.
46   BVerfGE 77, 1; NJW 1988, 897; BVerwG BayVBl. 1981, 214; Berlin OVGE 10, 163; Koblenz DVBl. 1986, 480 zum Unterlassen der Herausgabe staatsanwaltschaftlicher Ermittlungsakten, BVerwG 79, 339 für bundesweite Zeugenpflicht; Münster DVBl. 1986, 100; NVwZ 1990, 1083 zur Herausgabe von Beweismitteln; Münster DVBl. 1998, 1355 zum Recht des Zeugen auf Auskunftsverweigerung; Münster DVBl. 1998, 1357 zum Recht auf Einsicht in die Akten einer Enquete-Kommission; VG Hamburg NJW 1987, 1568 zum Recht auf faires Verfahren; Kopp Rn. 33a, a.A. Ossenbühl, Gedächtnisschrift für W. Martens, 1987, S. 192; Kästner NJW 1990, 2649; Schneiders MDR 1988, 705; vgl. Rn. 4 zur Einsetzung und Auftrag, § 42 Rn. 59, 158a zur Klageform.
47   BVerwG DÖV 1968, 429; Kassel NJW 1990, 1005; vgl. auch § 42 Rn. 161.
48   Mannheim NJW 1969, 1319.
49   Vgl. BGHZ 34, 99; Koblenz DÖV 1970, 248 für Äußerungen im laufenden Strafverfahren; Mannheim NJW 1973, 214 für Pressemitteilungen der Staatsanwaltschaft; auch Rn. 56.
50   BVerwG NJW 1994, 2500; BGHZ 66, 182.
51   BVerwG NJW 1990, 1808.
52   Bautzen NVwZ 1999, 2832.
53   BVerwG NJW 1970, 1990.
54   BVerwGE 14, 323; 23, 223; vgl. auch § 42 Rn. 161 für erkennungsdienstliche Unterlagen.

Unterlassen der Vorbereitung einer Stellungnahme zur therapeutischen Wirksamkeit eines Arzneimittels durch die kassenärztliche Bundesvereinigung[55] oder auf **Unterlassen der Veröffentlichung** von Arzneimittel-Transparenzlisten durch die vom BMJFG berufene Transparenzkommission[56]. Kein Verwaltungsrechtsweg dagegen für Klage gegen Behörde auf Rücknahme eines Strafantrages[57]. Das Flächenvergabeverfahren nach § 3 AusglLeistG ist zivilrechtlich ausgestaltet und ein Rechtsstreit darüber keine öffentlich-rechtliche Steitigkeit[58]. Der gegen den Beamten selbst gerichtete Anspruch auf Widerruf ist privatrechtlich. Der Anspruch des Dozenten auf Gewährung von **Schutz** durch die Hochschule **gegen Störungen des Lehrbetriebes** ist öffentlich-rechtlich[59], während der aus dem Persönlichkeitsrecht des Dozenten gegen den Studenten gerichtete Anspruch auf Unterlassung der Störungen dem Privatrecht zuzurechnen ist[60]. Bethge[61] spricht sich zu Recht für einen öffentlich-rechtlichen Anspruch der öffentlichen Hand auf Funktionswahrung oder Funktionsschutz aus[62].

10a Der **Verwaltungsrechtsweg** ist gegeben für die **Kommunalverfassungsstreitigkeiten**[63] und **Organstreitigkeiten anderer öffentlich-rechtlicher juristischer Personen**[64]. Kassel[65], Koblenz[66] und Münster[67] haben dies zutreffend auch für den Streit um einen Fraktionsausschluss im Gemeinderat bejaht[68].

11 Der **öffentlich-rechtliche Vertrag** ist in den §§ 54 ff. VwVfG und in den entsprechenden Vorschriften der Verwaltungsverfahrensgesetze der Länder geregelt[69]. Er kann zur Begründung, Änderung oder Aufhebung eines Rechtsverhältnisses auf dem Gebiet des öffentlichen Rechts als **koordinationsrechtlicher Vertrag** zwischen juristischen Personen des Öffentlichen Rechts, aber auch zwischen Privatpersonen geschlossen werden[70]. Ob der Vertrag öffentlich-rechtlich ist, bestimmt sich danach, ob der Vertragsgegenstand dem öffentlichen oder dem bürgerlichen Recht zuzuordnen ist[71], dabei kann der Gegenstand des Vertrages auch nach dem mit der Vereinbarung verfolgten Zweck bestimmt werden[72]. **Öffentlich-rechtlich**[73] ist danach der Un-

---

55 BVerwGE 58, 167.
56 BVerwGE 71, 183.
57 Mannheim NJW 1984, 75.
58 BVerwG Buchh. 310 § 40 VwGO Nr. 286.
59 VG Koblenz NJW 1973, 1244.
60 KG Berlin DVBl. 1974, 379.
61 Die Verwaltung 1977, 313.
62 Vgl. dazu auch Kaiser NJW 1976, 87 sowie Rn. 28.
63 Vgl. § 43 Rn. 11 ff.
64 BVerwG NVwZ 1985, 113.
65 NVwZ 1990, 391.
66 DVP 1993, 330.
67 NVwZ 1993, 399.
68 A.A. München NJW 1988, 2754; NVwZ 1989; 494; insgesamt dazu Schmidt-Jortzig/Hansen NVwZ 1994; 116; Kopp/Schenke Rn. 6 vor § 40.
69 Zum Schrifttum vgl. die Nachweise zu § 54 bei Obermeyer/Tiedemann und bei Stelkens/Bonk § 54 Rn. 35; Kunig DVBl. 1992, 1193; weiter Hill (Hrsg.), Verwaltungshandeln durch Verträge und Absprachen, Baden-Baden, 1990; zum gerichtlichen Vergleich siehe § 106 Rn. 2.
70 BVerwGE 22, 138; BGHZ 57, 130.
71 GemS BVerwGE 74, 368; auch Buchh. 406.11 § 1 BauGB Nr. 61.
72 BVerwGE 30, 65; BGH DÖV 1972, 314.
73 Zur Schriftform des Vertrags vgl. Lüneburg NJW 1998, 2921; Urkundeneinheit.

ternehmervertrag über den Betrieb einer Tierkörperbeseitigungsanlage[74], ebenso sind es die Rechtsbeziehungen zwischen einer übergemeindlichen Versorgungskasse und den ihr angehörenden Gemeinden und öffentlichen Sparkassen[75], auch Verträge der Gemeinden und Kreise mit Berufsschulträgern für die Erfüllung der Berufsschulpflicht[76]; Pflegevereinbarungen[77]; Absprachen einer Gemeinde mit der Bahn über die Einrichtung eines Haltepunktes[78]; Erschließungsverträge, auch bei Abtretung von Ansprüchen an juristische Person des Privatrechts[79]; eine Vereinbarung zwischen dem Magistrat einer Stadt und den künstlerischen Mitarbeitern des städtischen Schauspiels über Mitbestimmungsrechte bei der Auswahl der künstlerischen Leitung des Schauspiels[80], auch Garnisonverträge[81] oder Anbauverträge nach § 12 Pr. FluchtlG (Münster DÖV 1967, 722). Zur Unterwerfung unter die sofortige Vollstreckung in einem öffentlich-rechtlichen Vertrag vgl. BVerwGE 98, 58. Durch § 11 BauGB, mit dem die befristete Regelung des § 6 BauGBMaßnG zur Dauerregelung wurde, ist mit den **städtebaulichen Verträgen** ein weites Feld für öffentlich-rechtliche Verträge zur Neuordnung von Grundstücksverhältnissen, im Vorfeld oder im Zusammenhang mit Bauleitplanverfahren und bei Folgekostenverträgen eröffnet worden[82]; zu vergleichbaren Entwicklungen im Straßenbau vgl. Wahl DVBl. 1993, 517. Das BVerwG hat es für zulässig gehalten, vertraglich die Zuständigkeit der Verwaltungsgerichte in Abweichung von Art. 14 Abs. 1 GG zu begründen[83]. Zum Vertrag zwischen Gemeinde und staatlicher Naturschutzbehörde vgl. BVerwGE 104, 353; allgemein zu öffentlich-rechtlichen Verträgen im Natur- und Landschaftsschutzrecht vgl. Di Fabio DVBl. 1990, 338. Zum inzwischen weiten Feld der Anwendung öffentlich-rechtlicher Verträge vgl. die Schrifttumsnachweise zu § 54 VwVfG bei Kopp/Ramsauer.

Privatrechtlich ist dagegen das Verhältnis der Versicherten zur Versorgungs- **12** anstalt des Bundes und der Länder[84], ebenso das Versicherungsverhältnis der nichtbeamteten öffentlichen Bediensteten zur Zusatzversorgungskasse der Gemeinden und Gemeindeverbände des Landes Hessen (BVerwG DVBl. 1960, 70), der Streit um die Entsendung von Delegierten in die Schiedsstelle oder in den Landesausschuss für Krankenhausplanung nach KGH[85], der Vertrag zwischen juristischer Person des Zivilrechts und der Gemeinde über Errichtung und Betrieb eines Krankenhauses[86], auch das Rechtsverhältnis zwischen einem Prüfungsverband und der um Aufnahme nachsuchenden Genossenschaft[87] oder zwischen der JurisGmbH und ihren Kunden[88]; privat-

74 BVerwGE 97, 331.
75 BGH MDR 1961, 123.
76 München VGH n.F. 20, 72.
77 BVerwGE 94, 202.
78 BVerwGE 81, 312.
79 OLG Rostock NordÖR 1999, 448.
80 Kassel NJW 1984, 1139.
81 BVerwGE 25, 300.
82 Vgl. BVerwG NVwZ 1994, 1012; E 111, 162; Dolde/Menke NJW 1999, 1082; v. Nicolai/Wagner/Wecker, Verträge des BauGB, 1999; kritisch im Hinblick auf die Gefahr von Koppelungsverträgen Erbguth/Witte DVBl. 1999, 435.
83 E 84, 257 für Entschädigung nach WHG; vgl. auch E 77, 295.
84 BVerwG DVBl. 1958, 579; BGHZ 48, 35.
85 BVerwGE 97, 282.
86 Münster NJW 1991, 61.
87 BGHZ 37, 160.
88 BVerwG DVBl. 1990, 712; NVwZ 1991, 59; BGHZ 93, 372; dazu umfassend Berkemann VerwA 87, 362.

rechtlich ist auch die Frage der Kostenregelung zwischen Straßenbaubehörde und Versorgungsunternehmen für die Neuverlegung einer Versorgungsleitung beim Straßenausbau[89]; ebenso die für verbilligtes Bauland erforderlichen Geschäfte[90]. Die gütliche Einigung nach § 31 Abs. 5 S. 1 VermG ist ebenfalls privatrechtlich und dementsprechend vor den Zivilgerichten zu verhandeln[91].

13 Der öffentlich-rechtliche Vertrag kann aber auch als **subordinationsrechtlicher Vertrag** dort geschlossen werden, **wo die Behörde befugt** ist, eine **Regelung durch VA zu treffen**[92]. Für die Rechtsgültigkeit des subordinationsrechtlichen Vertrags hat das BVerwG zu Recht darauf abgestellt, dass diese im Einzelfall auf ihre Verträglichkeit mit den Grundsätzen der Gesetzmäßigkeit der Verwaltung, des Vorbehaltes des Gesetzes und des Gleichheitsgrundsatzes geprüft werden müsse[93]. Die Verwaltung hat damit die Möglichkeit, verwickelte Sachverhalte durch Vertrag zu lösen[94] und die hoheitliche Maßnahme als letzten Ausweg vorzusehen. Unzulässig ist jedoch, wenn die Verwaltung im Vertrag von zwingenden gesetzlichen Normierungen abweicht[95]. Ein Vertrag, der auf die **Vorauszahlung eines späteren Beitrages** gerichtet ist, kann geschlossen werden, bevor die vorgesehene Normierung der Beitragsregelung in Kraft getreten ist[96]; dies setzt zwar keine genaue Kenntnis des zu erwartenden, für die spätere Beitragserhebung maßgeblichen Aufwandes voraus[97], jedoch muss eine so konkrete Kostenschätzung vorliegen, dass ein Übermaß an Vorauszahlung ausgeschlossen ist[98]. Im Baurecht (vgl. §§ 11, 12, 124 BauGB) sind über den subordinationsrechtlichen Vertrag hinaus öffentlich-rechtliche Verträge allgemein üblich (gerade für die Übernahme von Planungskosten, aber auch Folgekosten) und zulässig. Sie sind aber bei strenger Betrachtung häufig nicht synallagmatisch, denn zu der eigentlichen Gegenleistung, der Aufstellung eines Plans mit bestimmtem Inhalt, darf sich die Gemeinde nicht verpflichten, § 1 Abs. 3 BauGB. Deshalb wird vom hinkenden Austauschvertrag gesprochen[99].

Hat die Behörde, statt einen VA zu erlassen, einen öffentlich-rechtlichen Vertrag geschlossen, kann sie im Streitfall, wenn dies nicht gesetzlich ausdrücklich zugelassen ist, die Erfüllung des Vertrags nicht mit einem VA, sondern nur mit einer Leistungsklage durchsetzen[100]; auch eine im Rahmen eines Vertragsverhältnisses zu Unrecht gewährte Leistung kann durch VA nur zurück-

---

89 BGHZ 37, 353.
90 BVerwGE 92, 56 »Einheimischen-Modell«.
91 Greifswald NVwZ 2003, 498.
92 § 54 S. 2 VwVfG sowie Vergleichsvertrag nach § 55 VwVfG; vgl. Maurer DVBl. 1989, 798; Knack/Henneke § 54 Rn. 9; Kopp/Ramsauer § 54 Rn. 48.
93 BVerwGE 22, 138; NJW 1980, 1294 nach BauO; E 84, 183; 89, 7 bei Erschließungsbeiträgen.
94 Vgl. BVerwGE 17, 87; Münster OVGE 22, 176.
95 BVerwGE 14, 103 zur anderen Verteilung einer einheitlich bemessenen Verpflichtung; BVerwGE 32, 37; NJW 1973, 1713 zum Gemeindeanteil am Erschließungsaufwand; BVerwGE 49, 125 zum Erschließungsaufwand.
96 BVerwGE 49, 125.
97 Münster DVBl. 1977, 903.
98 Vgl. jedoch Münster NJW 1989, 1879 zur Vorfinanzierung der Erschließung.
99 Maurer § 14 Rn. 11.
100 BVerwGE 50, 171 für Erschließungsvertrag; Münster DVBl. 1977, 903 für Vertrag zur Ablösung der Garagenbaupflicht.

gefordert werden, wenn bei dessen Erlass hierfür eine ausreichende gesetzliche Grundlage vorhanden ist[101].

Der subordinationsrechtliche Vertrag kann nach § 56 VwVfG auch als **Austauschvertrag** mit dem Inhalt geschlossen werden, dass sich der Vertragspartner der Behörde zu einer Gegenleistung verpflichtet. Diese Gegenleistung muss nach dem Gesetz für einen bestimmten Zweck vereinbart werden und der Behörde zur Erfüllung ihrer öffentlichen Aufgaben dienen; sie muss den gesamten Umständen nach angemessen sein und in sachlichem Zusammenhang mit der vertraglichen Leistung der Behörde stehen. Sofern ein Anspruch auf die Leistung der Behörde besteht, kann nach § 56 Abs. 2 VwVfG nur eine solche Gegenleistung vereinbart werden, die bei Erlass eines VA Inhalt einer Nebenbestimmung sein könnte. Mit dieser Regelung hat sich der Gesetzgeber prinzipiell für die Zulässigkeit solcher Verträge ausgesprochen[102]. Es bleibt im Einzelfall weiterhin fraglich, wo die Grenzen der Zulässigkeit von Austauschverträgen liegen. Die Behörde darf sich Leistungen, auf die ein Anspruch besteht, nicht abkaufen lassen (**Kopplungsverbot**);[103] ebenso wenig darf sie sich Leistungen verschaffen, auf die nach dem Gesetz kein Anspruch besteht[104]. Es wird daher umstritten bleiben, in welchem Umfang Verträge zulässig sind, in denen sich Bauwillige verpflichten, der Gemeinde bestimmte Folgekosten eines Bauvorhabens zu ersetzen (**Folgekostenvertrag**), d.h. Kosten jenseits der beitragsfähigen Erschließung als Folge neuer Ansiedlungen für Anlagen und Einrichtungen der Gemeinde[105]. Die auf die Folgekosten als »sonstige Abgaben« bezogene Regelung des § 9 Abg.G SchlH hat das BVerwG für zulässig erachtet[106]. Die Erhebung eines Schulbaubeitrages hat es für unzulässig gehalten[107]. Den Folgekostenverträgen stehen nach der Rechtsprechung des BVerwG prinzipiell weder gesetzliche Vorschriften, noch das Kopplungsverbot oder der **Grundsatz von Treu und Glauben** entgegen; doch ist ihre Zulässigkeit dadurch begrenzt, dass **Ursächlichkeit** zwischen Bauvorhaben und Folgelasten bestehen und die **Folgemaßnahme** im Vertrag **konkretisiert** sein muss; zudem darf weder ein **Machtmissbrauch** vorliegen noch das **Verbot des Übermaßes** verletzt sein[108]. Zur Rückabwicklung nichtiger Folgekostenbeiträge vgl. Münster NJW 1978, 1542; NJW 1980, 2093.

Ansprüche wegen Leistungsstörungen im öffentlich-rechtlichen Vertrag können sich auf die Verletzung der Vorschriften des VwVfG (vor allem § 59:

---

101 BVerwGE 89, 345 zur Beihilfe für Lagerung von Rindfleisch; vgl. auch § 42 Rn. 154.

102 Vgl. im Einzelnen Knack/Henneke § 56 Rn. 1; Kopp/Ramsauer, VwVfG § 56 Anm. 2; Meyer/Borgs § 56 Anm. 1.1 ff.

103 Vgl. dazu BVerwGE 42, 331; NJW 1980, 1294; E 84, 236 zur Verfolgung von Immissionsschutz durch öffentlich-rechtlichen Vertrag; E 111, 162 zum Verstoß gegen Koppelungsverbot; Koblenz NVwZ 1992, 796 zum »hinkenden« Austauschvertrag; Mannheim NJW 1998, 1089 zum vertraglichen Verzicht auf Gestaltungsrechte; Menger VerwA 64, 203.

104 Vgl. BVerwG NJW 1992, 1642 zum Erschließungsvertrag; aber auch BVerwG NVwZ 1994, 485.

105 Vgl. BVerwGE 40, 323; 42, 331; 90, 310: Beschränkung auf Kosten, die durch das jeweilige Vorhaben verursacht werden; vgl. auch Rn. 11 zu Städtebaulichen Verträgen.

106 E 44, 202 m. abl. Anm. Borchert NJW 1974, 963.

107 BVerwGE 22, 138; weiter gehend BGH DVBl. 1967, 36 m. Anm. Tittel für Kulturbeitrag.

108 BVerwGE 42, 331; vgl. dazu v. Mutius VerwA 65, 201.

Nichtigkeitsgründe; § 58: Zustimmung von Dritten und Behörden; § 60: Wegfall der Geschäftsgrundlage) und über die Verweisung in § 62 VwVfG auf das BGB ergeben[109]. Für das Geltendmachen der Ansprüche steht der Verwaltungsrechtsweg offen[110]; der Anspruch auf Erfüllung des öffentlich-rechtlichen Vertrags ist durch Treu und Glauben begrenzt[111]. Zur Kündigung wegen Änderung oder Wegfalls der Geschäftsgrundlage vgl. BVerwGE 97, 331 zur Anpassung des Vertrages; München BayVBl. 1995, 659; Münster DVBl. 1980, 763 für Kostenerstattung; Lorenz DVBl. 1997, 865; zur Änderung der Verhältnisse bei Zweckverbänden vgl. Dolde DVBl. 1995, 637.

15a Auch für den **Schadensersatzanspruch** entsprechend den §§ 276, 278 BGB oder den Anspruch aus positiver Vertragsverletzung[112] ist der Verwaltungs-rechtsweg zu bejahen (§ 40 Abs. 2 S. 1). Das gilt auch für **culpa in contrahendo**, § 311 Abs. 2 BGB[113]. Das BVerwG hat sich jedoch nun der Rechtsprechung des BGH angeschlossen und den Zivilrechtsweg bejaht[114]. Das überzeugt nicht, auch wenn das BVerwG selbst zugesteht, dass der Gesetzgeber »gewisse Zufälligkeiten« in der Rechtswegentscheidung hinnehme, weil es in dem Fall nicht so sehr um eine Fehlberatung ging, sondern, sonst kein cic, gerade um den Abschluss eines öffentlich-rechtlichen Vertrags, des Durchführungsvertrags zum Vorhaben- und Erschließungsplan (§ 12 Abs. 1 S. 1 BauGB). Gerade hier hat der Gesetzgeber recht ausführlich und detailliert die Rechte und Pflichten der Parteien (öffentlich-rechtlich) festgelegt (bis hin zu Festlegungen hinsichtlich der Anbahnung des Vertrags, die Befassenspflicht der Gemeinde, § 12 Abs. 2 S. 1 BauGB)[115], sodass nichts für den Zivilrechtsweg spricht. Ebenso Verwaltungsrechtsweg für die Rückforderung vertraglich gewährter Subventionen, wenn der Vertrag wegen Verstoß gegen Beihilferecht der EG unwirksam ist[116] oder für die Rückabwicklung eines Folgekostenvertrags[117]. Für den **Rücktritt** hat Münster[118] die Regeln über die Rücknahme rechtswidriger begünstigender VA angewandt; das kann jedoch nur beim subordinationsrechtlichen Vertrag und auch nur für die Behörde gelten, im Übrigen sind die Vorschriften des BGB analog anzuwenden.

16 Auch Ansprüche aus **Auftrag** oder **Geschäftsführung ohne Auftrag** sind öffentlich-rechtlich, wenn der Kläger für einen anderen als Hoheitsträger tätig geworden ist[119] oder Aufgaben wahrgenommen hat, die an sich zum Tätig-

109 Vgl. Münster NVwZ 1992, 988 zur gesetzeskonformen Auslegung; Meyer NJW 1977, 1705.
110 § 42 Rn. 153; vgl. BVerfGE 34, 216; BVerwG NJW 1995, 1104 zur Rückforderung einer Urkunde aus Vertrag; E 25, 300 zur Anwendung der clausula rebus sic stantibus.
111 BVerwG NJW 1974, 2247 und 2250 für Nichtigerklärung der dem Vertrag zu Grunde liegenden gesetzlichen Vorschriften; vgl. dazu Thieme NJW 1974, 2201.
112 Mannheim NJW 2003, 1066.
113 So zutreffend BVerwG NJW 1973, 2172; a.A. BGH NJW 1986, 1109; vgl. auch Rn. 43.
114 Buchh. 310 § 40 VwGO Nr. 288.
115 A.A. Kellner DVBl. 2002, 1648, der Entscheidung zustimmt; vgl. Ehlers, JZ 2003, 209, der Gesetz ändern will, um zu sachgerechten Ergebnissen (= Verwaltungsrechtsweg) zu gelangen. Wie hier: Dötsch NJW 2003, 1430; Koblenz NJW 2002, 3724.
116 Vgl. Schneider NJW 1992, 1197.
117 Mannheim NVwZ 1991, 583.
118 DVBl. 1973, 696.
119 BVerwGE 32, 279; NJW 1956, 925; Mannheim ESVGH 27, 125; Klein DVBl. 1968, 129 und 166.

keitsbereich der öffentlichen Verwaltung gehören[120]; zum Ersatz der Aufwendungen bei polizeilichen Sicherstellungen vgl. Münster DVBl. 1973, 922. Zur **Verwirkung** im öffentlichen Recht vgl. BVerwG DVBl. 1999, 922; DVBl. 1999, 1043 hier verneint, da unterbliebene Antragstellung nicht treuwidrig; Mannheim NuR 1997, 245 zum vertraglichen Anspruch. Auch für **Leistungsstörungen** bei öffentlich-rechtlichen Ansprüchen, die nicht vertraglicher Art sind, ist der Verwaltungsrechtsweg gegeben, soweit nicht ein enger Bezug zum Amtshaftungsanspruch besteht[121]. Zum **Zurückbehaltungsrecht** wegen öffentlich-rechtlicher Forderungen vgl. Kassel NJW 1996, 2746; Stober DVBl. 1973, 351. Zur **Verjährung** öffentlich-rechtlicher Ansprüche vgl. BVerwGE 42, 353; E 81, 301 zur Frist bei Regressansprüchen; NVwZ 1993, 70 zu Dienst- und Versorgungsbezügen der Beamten; E 97, 1 und E 99, 101 zur Zahlung und Erstattung von Beiträgen zur Insolvenzsicherung; Haenicke NVwZ 1995, 348. Zum **Verzicht** auf Rechte, die dem Einzelnen in seinem eigenen Interesse eingeräumt sind vgl. BVerwGE 38, 160. Ob bei rechtswidrigen Eingriffen in das Eigentum ein privatrechtlicher oder ein öffentlich-rechtlicher Abwehranspruch besteht, richtet sich nach der Rechtsqualität des Eingriffs[122].

Auch Ansprüche aus **ungerechtfertigter Bereicherung** sind öffentlich-rechtlich, wenn das zu Grunde liegende Rechtsgeschäft dem öffentlichen Recht angehört[123]. Eine ausdrückliche Verweisung auf die Vorschriften über die ungerechtfertigte Bereicherung enthält § 48 Abs. 2 VwVfG, auch beamtenrechtliche Vorschriften[124]. Bei Rückforderungen irrtümlich geleisteter Zahlungen zwischen Behörden ist eine Berufung auf den Wegfall der Bereicherung ausgeschlossen[125]. Zur Anwendung der Vorschriften über die ungerechtfertigte Bereicherung, wenn Leistungen auf Grund eines gerichtlichen Beschlusses über die Aussetzung der Vollziehung eines VA erfolgen, die Klage aber schließlich abgewiesen wird, vgl. BVerwGE 24, 92; 30, 296. **17**

Der Grundsatz des **Vertrauensschutzes** hat bei dem **öffentlich-rechtlichen** **18** **Rückforderungs- oder Erstattungsanspruch**, unabhängig davon, ob er nach Rücknahme eines begünstigenden VA durch VA[126] oder nach schlichten Verwaltungsleistungen geltend gemacht wird, erhebliche Bedeutung[127]. Die

---

120 BVerwGE 80, 170.
121 BVerwGE 37, 231 für Verzugsschaden; E 37, 239 für Verzinsung fälliger Erschließungsbeiträge.
122 BVerwGE 50, 282.
123 Vgl. BVerwG DVBl. 1980, 686; München NJW 1974, 2021 für Studienförderung; BVerwGE 95, 94 zum Wegfall der Bereicherung bei verschärfter Haftung; München GewA 1991, 74 zum Wegfall der Bereicherung bei Subventionserstattung.
124 Weitere Nachweise bei v. Mutius VerwA 71, 413; zu § 87 Abs. 2 BBG vgl. BVerwGE 13, 107; 32, 228 zum Wegfall der Bereicherung; BVerwGE 39, 307 zum Ausschluss der Berufung auf den Wegfall der Bereicherung wegen schuldhafter Dienstpflichtverletzung des Soldaten; ebenso für Beamte: E 17, 286; 29, 114.
125 BVerwGE 36, 108 für Gemeinde.
126 Vgl. BVerwGE 108, 1 zu § 84 Abs. 1 AuslG.
127 Vgl. Lorenz, Lerche-Festschrift, S. 929; Ossenbühl NVwZ 1991, 513; Lindner NVwZ 1999, 1079 zur Erstattung gemeinschaftsrechtlich erhobener Abgaben; auch BVerwG NJW 1998, 3135, sowie Münster NJW 1992, 2245 zum Grundsatz von Treu und Glauben.

Rechtsprechung aus den einzelnen Rechtsgebieten unterstreicht diese Bedeutung[128].

18a   Die **Rückforderung gemeinschaftswidrig gewährter Beihilfen** richtet sich grundsätzlich nach nationalem Recht, dabei ist jedoch eine Berufung auf den Wegfall der Bereicherung ebenso wenig zulässig wie die auf Vertrauensschutz oder auf einen Fristablauf[129]. Wegen Fehlens ordnungsgemäßer Nachweise über die zweckentsprechende Verwendung können bewilligte Beträge nur dann zurückgefordert werden, wenn der Nachweis innerhalb von drei Jahren seit Ablauf des Jahres, in dem die Bewilligung erfolgte, verlangt worden ist[130]; das BVerwG hat hier, da Sonderregelung vorlag, §§ 48, 49 VwVG nicht als Maßstab genommen. Die Rückforderung setzt dort, wo die Leistung durch VA gewährt wurde, die Rücknahme des Leistungsbescheides voraus[131]. Die sachliche Zuständigkeit zwischen den Gerichten der öffentlichrechtlichen Gerichtsbarkeiten richtet sich bei öffentlich-rechtlichen Erstattungsansprüchen nach dem Rechtsgebiet, aus dem sich die Leistungspflicht ergibt[132]. **Bei Erstattungsbescheiden** gegen öffentliche Bedienstete nach dem ErstattungsG ist der Verwaltungsrechtsweg zur Anfechtung nur dem Beamten, nicht dem Angestellten oder Arbeiter eröffnet (vgl. Rn. 58). Den **Verwaltungsrechtsweg verneint** hat das BVerwG für die Rückforderung eines nach dem Tode des Begünstigten noch gezahlten Betrags[133].

19   Auch die **Aufrechnung** öffentlich-rechtlicher Ansprüche ist zulässig[134]. Die Aufrechnung mit einer in einem Leistungsbescheid konkretisierten Forderung setzt nicht dessen Vollziehbarkeit voraus[135]. Materiellrechtlich ist auch die Aufrechnung einer öffentlich-rechtlichen mit einer bürgerlich-rechtlichen Forderung zulässig[136]. Nach der Neufassung des § 17 Abs. 2 S. 2 GVG durch das 4. ÄndGVwGO hat das für einen Klagegrund zuständige Gericht den Rechtsstreit unter allen in Betracht kommenden rechtlichen Gesichts-

---

128 Im Einzelnen vgl. zur Erstattung von Wahlkampfkosten: BVerfGE 27, 152; zum Erstattungsanspruch im Sozialleistungsrecht: BVerwGE 78, 165; NJW 1993, 215; 36, 252; von Ausbildungsbeihilfen nach notariellem Schuldanerkenntnis: BVerwG NJW 1994, 2909; bei Förderung nach BAföG: BVerwGE 49, 284: BVerwGE 77, 276; bei erschlichenen Bewilligungsbescheiden: BVerwGE 25, 72; 32, 6; 49, 282; zur Rückforderung von Arbeitsplatzdarlehen nach Ausfallbürgschaft: BVerwGE 30, 211; BVerwGE 71, 85; zur Erstattung von Anliegerbeiträgen: München BayVBl. 1959, 348; zur Rückforderung überzahlter Dienstbezüge: Münster NWVBl. 1994, 55; von Abschöpfungsbeträgen: BVerwG NJW 1957, 1687; NJW 1959, 118; von Ausgleichsabgaben: BVerwG DVBl. 1968, 918; von Grundsteuer: Münster DVBl. 1967, 118; von Abschiebungskosten: BVerwG NJW 1980, 2035; von Abschleppkosten durch Vollzugsbehörde: Münster NJW 1980, 1974.
129 Z.B. § 48 Abs. 4 VwVfG; EuGH NJW 1998, 47, dazu Happe NJW 1998, 26; BVerwGE 106, 328.
130 BVerwGE 62, 1 für Gasölverbilligung.
131 BVerwG NJW 1977, 1838; E 78, 101 für BAföG.
132 BVerwGE 38, 261 zur Erstattung im Verhältnis Ausgleichsamt/Versorgungsamt.
133 E 84, 274 für Wohngeld; ebenso Münster NJW 1990, 2901 bei unberechtigter Entgegennahme einer Zahlungszuweisung, a.A. BVerwG DVBl. 1990, 870 für beamtenrechtliche Beihilfe, vgl. Rn. 29.
134 Vgl. BVerwG DVBl. 1960, 36; E 95, 94 für Besoldungsrecht; BVerwG NJW 1997, 3256 jedoch verneint für Beihilfeanspruch als höchstpersönlichem Anspruch; Koblenz NVwZ 1991, 95 gegenüber Versorgungsbezügen; zum Ausschluss der Aufrechnung in Zahlungsbedingungen vgl. Kassel NJW 1994, 1488 für Eurocontrol; für Sozialrecht vgl. jedoch BVerwG DVBl. 1980, 959; grundsätzlich Pietzner VerwA 73, 453 und 74, 59.
135 BVerwGE 66, 218.
136 Vgl. BGHZ 5, 532; 16, 124; vgl. BFH NJW 2002, 3126.

punkten zu entscheiden (vgl. § 90 Rn. 10), soweit nicht, wie für Ansprüche aus Enteignung (Art. 14 Abs. 3 S. 4 GG) oder aus Amtshaftung (Art. 34 Abs. 3 GG; vgl. Mannheim NJW 1997, 3394) eine verfassungsrechtliche Rechtswegzuweisung vorliegt[137]. Damit ist, soweit nicht diese Einschränkung greift, auch **im Verwaltungsprozess** die **Aufrechnung mit einer rechtswegfremden Forderung zulässig**[138]. Zum Vorbehaltsurteil bei Aufrechnung, soweit dies noch in Betracht kommt, vgl. Lüneburg OVGE 33, 388; Münster NJW 1980, 1068; sowie Pietzner VerwA 74, 59. Zur Aufrechnung im einstweiligen Rechtsschutz vgl. § 80 Rn. 29a.

Ob bei der **Haftung des Rechtsnachfolgers** für öffentlich-rechtliche Verbind- **20** lichkeiten der Verwaltungsrechtsweg weiterhin offen steht, richtet sich im Einzelfall nach der Art der öffentlich-rechtlichen Verpflichtung und dem Rechtsgrund der Rechtsnachfolge[139]. Die Verpflichtung der Erben eines Ruhestandsbeamten zur Rückzahlung zu viel gezahlten Ruhegehalts ist eine öffentlich-rechtliche Erblasserschuld[140] auch die durch ordnungsbehördliche Verfügung konkretisierte Zustandshaftung geht auf den Rechtsnachfolger über[141]. Der Konkursverwalter konnte durch Freigabe von Gegenständen die Pflichtigkeit des Gemeinschuldners wieder herstellen[142]. Eine **Vererblichkeit öffentlich-rechtlicher Ansprüche** kommt nur dann in Betracht, wenn sie vermögensrechtlicher Art sind[143], nicht jedoch, wenn sie so höchstpersönlicher Art sind, dass sie mit dem Tode des Berechtigten erlöschen[144]. Nach dem SGB I bedarf es für den Bereich der Sozialleistungen einer differenzierten Betrachtungsweise[145]. Auch **öffentlich-rechtliche Pflichten** können auf den Erben übergehen, soweit nicht öffentlich-rechtliche Sonderregelungen in Betracht kommen oder sich aus dem öffentlich-rechtlichen Rechtsverhältnis Abweichendes herleiten lässt. Auf sie finden die erbrechtlichen Vorschriften entsprechende Anwendung[146].

Bei **gesamtschuldnerischer Haftung** für eine öffentlich-rechtliche Forderung **20a** hat das BVerwG **für** den **Ausgleichsanspruch** im Innenverhältnis den **Zivilrechtsweg** bejaht[147].

---

137 Vgl. BVerwG NJW 1993, 2235.
138 Vgl. Kassel NJW 1995, 1107; Kopp/Schenke Rn. 45; Schenke/Ruthig NJW 1992, 2505; sowie § 90 Rn. 10.
139 Vgl. dazu Bischoff NJW 1965, 1419; Knöpfle, Festgabe Maunz, 1971, S. 225, Martens NVwZ 1993, 27.
140 BVerwGE 37, 314; vgl. auch Kilian NJW 1962, 1279; Weber, »Der Erstattungsanspruch«, Schriften zum öffentlichen Recht 1970, Bd. 129, S. 95.
141 BVerwG NJW 1971, 1624 für Beseitigungsanordnung nach Widerruf der Baugenehmigung; Münster DVBl. 1973, 226 für bergbehördliche Verfügung; vgl. auch v. Mutius VerwA 63, 87, sowie § 42 Rn. 92.
142 BVerwG NJW 1984, 2427 m. Anm. Schulz str.; jetzt § 80 InsO; vgl. Smid InsO § 80 Rn. 41.
143 Z.B. BVerwGE 30, 123 für Wohngeld; E 36, 252 für Erziehungsbeihilfe.
144 BVerwGE 25, 23 für Sozialleistungen; DVBl. 1995, 677 für Unterkunftskosten; vgl. jedoch auch BVerwGE 96, 18, Vererblichkeit nach Maßgabe der §§ 58, 59 SGB I bejahend, wenn der Hilfsbedürftige zu Lebzeiten seinen Bedarf mit Hilfe eines Dritten gedeckt hat, der auf die spätere Bewilligung der Sozialhilfe vertraut hat; BVerwG NJW 1987, 3212 für Bauherrenprivileg.
145 Vgl. Ihmel DVBl. 1979, 579.
146 BVerwGE 64, 105 für Geldleistung bei Wohnungsfehlbelegung; vgl. auch Peine DVBl. 1980, 941.
147 BVerwG NJW 1993, 1667 zur Fehlbelegungsabgabe; vgl. aber auch Herbert NVwZ 1994, 1061, der sich bei Ausgleich zwischen Sanierungsverantwortlichen im Abfallrecht mit beachtlichen Gründen für Verwaltungsrechtsweg ausspricht.

21 Auch bei der Abgrenzung zum **fiskalischen Handeln** (zum Begriff vgl. § 42 Rn. 62) kann nicht darauf abgestellt werden, ob bürgerlich-rechtliche Gestaltungsformen verwandt werden[148]; auch soweit sie in Formen des Privatrechts handelt, kann die Verwaltung an öffentlich-rechtliche Vorschriften gebunden bleiben[149]. Der BGH hat für Wettbewerbsstreitigkeiten zwischen Privaten und öffentlicher Hand den Zivilrechtsweg bejaht[150], wobei die öffentlich-rechtlichen Kompetenzgrenzen nur als Vorfrage der Wettbewerbsstreitigkeit nach § 1 UWG angesehen werden. Zu Recht hat das BVerwG[151] jedoch diese Streitigkeiten dem öffentlichen Recht zugeordnet[152]. Erdmann[153] bejaht für Wettbewerbsklagen von Privaten gegen die wirtschaftliche Betätigung von Wirtschaftskammern den Zivilrechtsweg. Kein Kaufvertrag, sondern öffentlich-rechtliche Beziehungen liegen vor bei der Übernahme von Getreide zum Erzeugerpreis durch die Einfuhr- und Vorratsstellen[154]. Für den Rechtsstreit über Inhalt und Ausmaß einer öffentlich-rechtlichen Verpflichtung ist der Verwaltungsrechtsweg auch dann gegeben, wenn diese Verpflichtung sich auf ein privatrechtliches Rechtsverhältnis bezieht[155] oder in einen privatrechtlichen Vertrag mit aufgenommen ist[156]. Da der Verwaltung im öffentlichen Recht kein ähnlich geschlossenes Normensystem wie im bürgerlichen Recht zur Verfügung steht, muss sie sich im Bereich der **Leistungsverwaltung** der analogen Anwendung privatrechtlicher Gestaltungsformen zur Erfüllung öffentlich-rechtlicher Zwecke bedienen[157]. Ob bei einem Handeln der Verwaltung in der **Daseinsvorsorge** aus dem öffentlich-rechtlichen Zweck stets auf den öffentlich-rechtlichen Charakter der Handlung geschlossen werden kann, ist umstritten[158].

22 Bei der Gewährung von **Subventionen** und **sonstigen Förderungen** kann sich die öffentliche Hand der verschiedensten Gestaltungsformen bedienen. Ob bei der Gewährung von Subventionen allgemein ein öffentlich-rechtliches Subventions- oder besonderes Schuldverhältnis vorliegt, ist umstritten[159]. VA (siehe dazu § 42 Rn. 61) und öffentlich-rechtlicher Vertrag eröffnen im Streitfall den Verwaltungsrechtsweg. Inwieweit dies bei anderen Formen der Fall ist, muss im Einzelfall entschieden werden[160]. Bejaht bei Rückforderung von Subvention in Form von verbilligtem Grundstückskaufpreis auf Grund

---

148 Vgl. BVerwGE 14, 65 zur öffentlichen Ausschreibung, BayVerfGH VGH n.F. 16, 112: Staat als Lotterieunternehmer; BVerwGE 39, 329 zur Klage auf Funktionstrennung zwischen privatwirtschaftlicher und öffentlich-rechtlicher Betätigung im Bestattungswesen einer Gemeinde.

149 BGH DVBl. 1984, 1118 für Kosten der Löschwasserversorgung.

150 BGHZ 82, 375; NJW 1995, 2295; GemS BGHZ 102, 280.

151 E 39, 329; NJW 1995, 2938; ebenso Kassel NVwZ 1996, 816.

152 Ebenso Menger VerwA 68, 293; Schliesky DVBl. 1999, 78; Tettinger NJW 1998, 3473, jeweils m.w.N.

153 DVBl. 1998, 13.

154 BVerwGE 40, 85.

155 BVerwGE 37, 243 zur Freifahrt des Schwerbeschädigten.

156 München NJW 1992, 2652 zum Verzicht auf Erschließungsbeiträge im Grundstückskaufvertrag.

157 Vgl. dazu Ossenbühl DVBl. 1974, 541.

158 Vgl. Badura DÖV 1966, 624; Menger/Erichsen VerwA 61, 382; Schack DÖV 1970, 40, vgl. auch die klarstellende Zuweisung in § 54 Abs. 1 BundesausbildungsförderungsG.

159 Vgl. Zacher VVDStRL 25, 316; auch BVerwG NJW 1969, 809; Lüneburg OVGE 32, 434, bejahend für Zusage auf Subvention.

160 Vgl. Ipsen VVDStRL 25, 257; Reuss, Staatsbürger und Staatsgewalt II, S. 255; Scheuner VVDStRL 11, 41; Wolff, Verwaltungsrecht III, S. 215; Zacher VVDStRL 25, 308 jeweils mit zahlreichen Schrifttumshinweisen.

Haushaltsvermerks[161]. Dabei sollte jedoch davon ausgegangen werden, dass das Handeln des Staates zur Erfüllung öffentlich-rechtlicher Zwecke grundsätzlich auch als öffentlich-rechtlich anzusehen ist; denn nur dann lässt sich begründen, dass der Staat bei diesem Handeln in mancher Hinsicht, z.B. durch den Gleichheitssatz, das Sozialstaatsprinzip u.Ä. gebunden ist und etwa eine Vertragsfreiheit nicht in gleichem Umfang für sich in Anspruch nehmen kann wie eine Privatperson. Dabei kann es keine Rolle spielen, ob die Subvention auf Grund einer gesetzlichen Regelung oder ohne eine solche gewährt wurde[162]. Die Tätigkeit einer juristischen Person des Privatrechts, derer sich der Staat zur Erbringung von Leistungen an den Bürger bedient, unterliegt, soweit sie nicht durch Gesetz oder auf Grund eines Gesetzes mit öffentlich-rechtlichen Handlungs- oder Entscheidungsbefugnissen ausgestattet ist, nicht der Nachprüfung durch die Verwaltungsgerichte[163].

Zu Recht ist daher auch die für die Gewährung der Subvention durch VA entwickelte **Zweistufentheorie** (vgl. § 42 Rn. 61) angegriffen worden[164], die das BVerwG in st. R.[165] bei der **Darlehensgewährung im öffentlich geförderten Wohnungsbau** angewandt hat, und zwar auch für das aus Wohnungsfürsorgemitteln dem Beamten gewährte Darlehen[166], da es diese Streitigkeit auch nicht als beamtenrechtlich angesehen hat[167]. **23**

Eine Trennung zwischen öffentlich-rechtlichem Teil und privatrechtlichem Teil im Sinne der Zweistufentheorie ist jedoch jedenfalls dort abzulehnen, wo sich nicht zwei deutlich voneinander abhebende Akte in der Handlung der Behörde feststellen lassen. Eine ausdrückliche Rechtswegzuweisung auf der Grundlage der Zweistufentheorie enthielt § 102 II. WohnbauG. Das ist in § 13 Abs. 3 WoFG entfallen. Für Ansprüche, die sich aus der Zahlung der Subvention ergeben, z.B. für einen **Rückzahlungsanspruch,** ist daher der Verwaltungsrechtsweg gegeben[168], den das LG München unter Berufung auf die Zweistufentheorie zu Unrecht bei der Rückforderung einer Studienbeihilfe verneint[169]. Zur Frage des Anspruches auf Subventionen vgl. § 42 Rn. 150.

Bei **Benutzungsverhältnissen** von Einrichtungen des Staates und der Gemeinden sowie bei öffentlichen Versorgungsbetrieben kommt es nach herrschender Meinung[170] auf die organisatorische Ausgestaltung dieses Verhältnisses durch den Unternehmensträger, nicht jedoch auf den Errichtungsakt oder den mit dem Unternehmen verfolgten öffentlichen Zweck an[171]. Kassel[172] rechnet die Zulassung zu einer öffentlichen Einrichtung stets dem öffentlichen Recht zu und bezieht die Wahlfreiheit zwischen öffentlichem Recht und **24**

---

161   Naumburg NVwZ 2001, 354 m. zustim. Anm. Leinenbach/Jarczyk LKV 2001, 450.
162   Vgl. BVerwGE 6, 282; NJW 1977, 1838; sowie § 42 Rn. 61, 150.
163   BVerwG DVBl. 1990, 712 für Stiftung.
164   Vgl. Zuleeg, Die Rechtsform der Subventionen, 1965, dagegen Ipsen VVDStRL 25, 298.
165   E 1, 308; E 13, 47; vgl. aber auch GemS BVerwGE 74, 368.
166   E 41, 127.
167   E 19, 308.
168   Vgl. BVerwGE 32, 283 für Honnefer Modell; im Übrigen vgl. Rn. 18.
169   NJW 1968, 2016; a.A. BVerwGE 30, 65.
170   Vgl. Erichsen/Ehlers VerwR. § 29 Rn. 33.
171   Dazu BGH NJW 1969, 2195 für Schülertarif; grundsätzlich Bachof und Brohm VVDStRL 30, 194 und 245; Bader/v. Albedyll Rn. 32 ff.; Menger/Erichsen VerwA 61, 380; Pestalozza, Formenmissbrauch des Staates, 1973, S. 167; Schneider NJW 1962, 705.
172   NJW 1977, 452.

Privatrecht nur auf die Ausgestaltung der Benutzung[173]. Bei Konfliktsituationen im Benutzerverhältnis kommt wiederum die analoge Anwendung zivilrechtlicher Vorschriften in Betracht[174]. Ändert der Unternehmensträger die Organisationsform, so kann sich ein dem öffentlichen Recht zuzurechnendes Benutzungsverhältnis in ein privatrechtliches verwandeln[175].

25 Nach der Neustrukturierung und Liberalisierung im Bereich des Post- und Kommunikationswesens, die mit dem PostG (v. 22.12.1997 – BGBl. I S. 3294) und dem TelekommunikationsG (v. 25.7.1996 – BGBl. I S. 1120) zunächst ihren Abschluss gefunden hat[176], sind die Benutzungsverhältnisse grundsätzlich privatrechtlicher Natur. Eine Ausnahme besteht nach § 33 Abs. 1 PostG bei der förmlichen Zustellung, wo der Lizenznehmer als beliehener Unternehmer handelt. Privatrechtlich sind auch die Benutzungsverhältnisse im Multimediabereich, in dem der Bund im Rahmen seiner Zuständigkeit das Informations- und KommunikationsG[177] erlassen hat und die Länder mit dem Mediendienste-Staatsvertrag[178] die erforderlichen Ergänzungen für ihren Kompetenzbereich vorgenommen haben. Die Rahmenbedingungen für diese Benutzungsverhältnisse werden jedoch durch Hoheitsakte festgelegt, vgl. dazu Rn. 52. Auch das Bahnbenutzungsverhältnis ist nicht öffentlich-rechtlich, obgleich die Benutzungstarife einem Genehmigungsvorbehalt unterliegen, § 12 Allgemeines EisenbahnG (AEG). Öffentlich-rechtlich sind jedoch die Maßnahmen, die das Eisenbahn-Bundesamt im Rahmen seiner Aufsicht trifft[179]. Bürgerlich-rechtlich sind die Beziehungen Spielbank – Besucher[180]. Der Streit zwischen Flughafen und Flughafenbenutzern über Landegebühren[181] sowie zwischen öffentlich-rechtlich organisierten Krankenhäusern und ihren Patienten ist zivilrechtlich, es sei denn, es erfolgt eine zwangsweise Einweisung etwa nach § 30 InfektionsschutzG.

26 Öffentlich-rechtlich ist der Streit um die Benutzung von gemeindlichen Einrichtungen, wie Stadthallen, Sporthallen oder Sälen[182], des Theaters[183], des Freibades[184], auch dann, wenn die Gemeinde die Einrichtung durch eine juristische Person des Privatrechts betreiben lässt[185], des Kindergartens[186], des für Gemeindebedienstete reservierten Teils eines öffentlichen Parkplatzes[187] oder einer im Gemeindegebrauch stehenden Straßenanlage[188]. Öffentlich-

---

173 A.A. München BayVBl. 1988, 690 für zivilrechtlich ausgestaltetes Benutzerverhältnis.
174 Vgl. Tiemann VerwA 65, 381 für Haftung; Erichsen VerwA 65, 219 zu Haftungsbeschränkungen.
175 BVerwG DÖV 1964, 710: öffentlicher Markt.
176 Vgl. Gramlich VerwA 88, 598; ders. NJW 1998, 866.
177 Vom 22.7.1997 – BGBl. I S. 1870; vgl. Engel-Flechsig/Maennel/Tettenborn NJW 1997, 2981.
178 Vom 20.1./12.2.1997 – BW GBl. 1997, 181; vgl. Gounalakis NJW 1997, 2993.
179 BVerwG NVwZ 1995, 379 und 586; Grupp DVBl. 1996, 591.
180 Koblenz NJW 1959, 2229.
181 BGH NJW-RR 1997, 1019.
182 BVerwGE 31, 368; E 32, 333; München NJW 1969, 1078; Münster DVBl. 1968, 842; grundsätzlich Ossenbühl DVBl. 1973, 289; Eyermann/Rennert Anm. 51.
183 Münster NJW 1969, 1077.
184 VG Freiburg DVBl. 1955, 745.
185 BVerwG NJW 1990, 134 zum Congress Centrum Hbg; einschränkend BVerwG NVwZ 1991, 59: nur, wenn Gemeinde durch Gesetz oder auf Grund eines Gesetzes auch zum öffentlich-rechtlichen Handeln ermächtigt gewesen wäre.
186 VG Wiesbaden DVBl. 1974, 244.
187 BVerwG NJW 1974, 1916.
188 Lüneburg DVBl. 1967, 923.

rechtlich ist auch der Streit um wettbewerbswidriges Verhalten eines öffentlich-rechtlichen Rechtsträgers[189], ebenso der Streit um die Benutzung von Schleusen an Bundeswasserstraßen[190] oder der privaten Anbieter mit der bayerischen Landeszentrale für neue Medien[191], ebenso für das Begehren des privaten Anbieters eines Rundfunkprogramms, die Sendung eines Programmes des öffentlich-rechtlichen Rundfunks zu verbieten[192]. München[193] hat auch die Mitwirkungsansprüche von Gemeindebürgern an den Passionsspielen in Oberammergau dem öffentlichen Recht zugerechnet. Zu gemeindlichen Friedhofsordnungen vgl. BGHZ 19, 130; die Beziehungen zwischen den Trägern von Friedhöfen und den Personen, denen die Grabstellen überlassen sind, sind, auch bei Erbbegräbnisrechten[194], öffentlich-rechtlich[195]. Für kirchliche Friedhöfe s. Rn. 34.

Öffentlich-rechtlich ist auch der Anspruch der Mitglieder von **öffentlich- 26a rechtlichen Zwangsverbänden,** worunter auch die berufsständischen Kammern fallen, auf Einhaltung der Grenzen, die der Tätigkeit des Zwangsverbandes durch die gesetzlich normierte Aufgabenstellung gezogen sind[196]. Auch der Streit, ob die Haushalts- und Wirtschaftsführung der Prüfung durch den Rechnungshof unterliegt, ist öffentlich-rechtlich[197]. Inwieweit im Übrigen bei öffentlich-rechtlichen Körperschaften ein Handeln dem öffentlichen Recht zuzurechnen ist, bestimmt sich im Einzelfall nach der Aufgabenstellung, insbesondere nach etwaigen zugewiesenen Aufgaben[198]. Das Satzungsrecht[199] ist öffentlich-rechtlich, auch etwaige Streitigkeiten zwischen den Organen der Körperschaft sollten, entsprechend der öffentlich-rechtlichen Verfassung derselben, hierzu zählen.

Bei der **Abwehr von Immissionen,** die von Einrichtungen der Hoheitsträger 27 bei der Erfüllung öffentlich-rechtlich geordneter Aufgaben ausgehen, ist mit Martens[200] ein öffentlich-rechtlicher Folgenbeseitigungs- oder Unterlassungsanspruch zu bejahen, da ein privatrechtlicher Eingriff im Sinne von § 1004 BGB nicht vorliegt[201]. Auch das BVerwG hat den Folgenbeseiti-

---

189 BGH NWVBl. 1998, 288 für Graduierung an Fachhochschule; anders für Entlassung eines Schülers aus einer privaten Ersatzschule: Münster NJW 1998, 1579.
190 BVerwGE 32, 299.
191 München DVBl. 1992, 454.
192 Hamburg DVBl. 1994, 1367.
193 NJW 1990, 2011.
194 Stuttgart ESVGH 2, 116.
195 BVerwG MDR 1955, 202; Lüneburg DVBl. 1956, 238.
196 BVerwGE 59, 231; 59, 242 für Studentenschaft; BVerwGE 64, 115 für Steuerberaterkammer; BVerwGE 64, 298 für Ärztekammer; BVerwGE 89, 281 für Industrie- und Handelskammer; BVerwG NJW 1992, 994 für Apothekerkammer, dazu Taupitz NJW 1992, 937.
197 München DVBl. 1992, 1606 für Handwerkskammern.
198 Vgl. BVerfGE 33, 125 zum Facharzt; BVerwG Buchh. 418.00 Nr. 76.
199 Vgl. dazu BVerfGE 32, 346; BauR 1984, 45; auch BVerwG DVBl. 1988, 790 zu Geschäftsordnungen.
200 Festschrift für F. Schack, 1966, S. 87.
201 Vgl. dazu auch Menger VerwA 56, 86; Papier NJW 1974, 1797.

gungs- oder Unterlassungsanspruch dem öffentlichen Recht zugerechnet[202]. Zu Recht hat dagegen der BGH[203] den Zivilrechtsweg für eine Abwehrklage bejaht, die sich gegen die mit behördlicher Genehmigung erfolgte Verlegung der Haltestelle eines privatrechtlich betriebenen Busunternehmens richtete. Vgl. auch § 42 Rn. 160 ff.

28   Inhalt und Rechtsnatur des **Hausrechts** im Bereich der öffentlichen Verwaltung sind umstritten[204]. Das **Hausverbot,** das eine Behörde ausspricht, sollte jedoch grundsätzlich in Zusammenhang mit ihrer Aufgabenwahrnehmung gesehen, deshalb einheitlich betrachtet und dem öffentlichen Recht zugeordnet werden[205]. Die Rechtsprechung hat auf den Zweck des Besuches des Betroffenen abgestellt, der durch das Hausverbot verhindert wird, und den Verwaltungsrechtsweg nur bejaht, wenn dieser ein Anliegen aus dem Bereich des öffentlichen Rechts verfolgte[206]; verneint daher bei Hausierer[207], Handelsvertreter[208] oder der Wahrnehmung wirtschaftlicher Interessen[209].

29   Für alle **Klagen aus dem Beamtenverhältnis** ist nach § 126 BRRG der Verwaltungsrechtsweg eröffnet; § 40 Abs. 2 S. 2 nimmt diese Klagen ausdrücklich von den Rechtswegzuweisungen in Absatz 2 S. 1 aus. Da das Beamtenverhältnis, ebenso wie andere besondere Pflichtenverhältnisse[210] dem öffentlichen Recht zugerechnet werden muss, ist die Rechtswegzuweisung in § 126 BRRG nur deklaratorisch und muss aus der historischen Entwicklung heraus verstanden werden. Aus dem Beamtenverhältnis machen der Beamte, Ruhestandsbeamte, frühere Beamte und deren Hinterbliebene, gleichgültig, ob es sich um den Bundes-, Landes- oder Kommunaldienst handelt, ihre An-

---

202   Vgl. BVerwGE 79, 254 für Lärm durch Feueralarmsirene; dazu Laubinger VerwA 80, 261; E 81, 197 für Lärm durch Sportplatz, der von öffentlicher Hand betrieben wird, dazu auch Münster BauR 1989, 715; vgl. auch München BayVBl. 1989, 601; NJW 1991, 2660 für Lichtimmissionen; ebenso BGH DVBl. 1965, 157 bei Störung durch Abwassereinleitung aus der Kanalisationsanlage der Gemeinde; BGH DVBl. 1961, 736 bei Störung durch Überschwemmung aus gemeindlicher Kanalisation; BGH DVBl. 1969, 623 bei Störung durch Regenwasserkanalisation; a.A. BGHZ 41, 264 bei Störung durch Kirmes auf öffentlicher Freifläche; BGH DVBl. 1968, 148 m. abl. Anm. Martens bei Störung durch Geräusche einer Fontänenanlage des städtischen Parkes; München BayVBl. 1965, 390 für Störung durch gemeindlichen Müllabladeplatz.

203   DVBl. 1984, 472.

204   Vgl. Ronellenfitsch VerwA 73, 465 m. vielen N.

205   Vgl. Münster NVwZ-RR 1998, 595; Schleswig NJW 1994, 340 für Hausverbot durch Gerichtspräsidenten; Bethge Die Verwaltung 1977, 313; Schoch/Ehlers Rn. 301; Knemeyer VBlBW 1982, 249; Zeiler DVBl. 1981, 1000; sowie die Diskussion um BVerwG DVBl. 1986, 1202 m. abl. Anm. Erichsen; München BayVBl. 1986, 271 m. abl. Anm. Renck, beide Verwaltungsrechtsweg verneinend bei Hausverbot für kirchlichen Kindergarten; dazu auch Müller-Volbehr JuS 1987, 869.

206   Münster NJW 1998, 1425 für Rektor gegen Doktorant; vgl. jedoch auch München NJW 1980, 2722 zum Gesetzesvorbehalt.

207   BGHZ 33, 230.

208   BGH NJW 1967, 1911.

209   BVerwGE 35, 103 für Verhandlungen über öffentliche Aufträge; Mannheim NJW 1994, 2500 für Universitätsverwaltung während schwebendem Kündigungsprozess; München NJW 1995, 1573 für Sparkasse gegen Benutzer des Aktienshops; vgl. auch Bader/v. Albedyll Rn. 47; Kopp/Schenke Rn. 22; Stelkens/Stelkens § 35 Rn. 71.

210   Vgl. § 42 Rn. 82; BVerwGE 29, 166 zum freiberuflichen Tierarzt, der nebenberuflich zum Fleischbeschautierarzt bestellt ist, gegen Lüneburg GewA 1966, 183; BVerwGE 49, 137 für Lehrauftragsverhältnis bei Universität; BVerwGE 50, 255; Mannheim DVBl. 1974, 817 für Lehrauftragsverhältnis bei Kunstakademie.

sprüche gegen den Dienstherrn geltend; des vorherigen Erlasses eines VA bedarf es nicht, aus § 126 Abs. 3 BRRG folgt nur, dass der Beamte in jedem Fall Widerspruch einlegen muss, bevor er Klage erhebt[211]. Dasselbe gilt für die Klage des Dienstherrn[212]. Das BVerwG[213] hat auch die Klage eines Dritten auf Erteilung der Aussagegenehmigung für einen Beamten im Strafprozess hierunter gefasst. Für die Rückforderung beamtenrechtlicher Beihilfe, die den Erben des Berechtigten zugeflossen ist, hat das BVerwG[214] ebenfalls den Verwaltungsrechtsweg bejaht[215]. Ein öffentlich-rechtliches Ausbildungsverhältnis eigener Art hat Münster[216] angenommen, wenn ein Ausländer den juristischen Vorbereitungsdienst außerhalb eines Beamtenverhältnisses auf Widerruf durchläuft[217].

30 Klagt der Dienstherr **nach Beendigung des Beamtenverhältnisses,** muss der Anspruch während dessen Bestehen entstanden sein[218]. Auch wenn ein **Beamtenverhältnis noch nicht begründet** ist, es sich aber um einen Anspruch vorbeamtenrechtlicher Art mit einer dem Beamtenrecht zugeordneten Anspruchsgrundlage handelt, ist eine Klage »aus dem Beamtenrecht« zulässig[219]. Die 2. juristische Staatsprüfung hat nicht diesen unmittelbaren Bezug zum Beamtenverhältnis, sodass auf sie § 127 BRRG nicht angewendet werden kann[220], anders jedoch bei Bezug auf den Vorbereitungsdienst[221]. Beamtenrechtlich ist dagegen die Klage auf Schadensersatz wegen Nichterfüllung einer Zusage auf Einstellung in das Beamtenverhältnis[222]. Das Gleiche muss **bei nichtiger Ernennung gelten**[223]. Auch für den »Konkurrentenstreit«, in dem ein Beamter die Besetzung einer Stelle mit einem Angestellten angreift, ist der Verwaltungsrechtsweg gegeben[224].

31 **Kasuistik:** Für die Rückforderung von Ausbildungskosten bei vorzeitigem Ausscheiden hat das BVerwG den Verwaltungsrechtsweg bejaht[225]. Das Beamtenverhältnis ist jedoch einer Gestaltung durch Vereinbarung nur insoweit zugänglich, als dafür eine gesetzliche Grundlage besteht. Daher Rückforderungsvereinbarung abgelehnt bei Aufstiegsausbildung[226], ebenso bei

211 BVerwGE 114, 350.
212 Vgl. Mannheim ZBR 1974, 337 zur Dienstpflichtverletzung des Amtskämmerers; BVerwG 100, 280 für Schadensersatzklage des Dienstherrn aus gewolltem, aber tatsächlich nicht zu Stande gekommenen Beamtenverhältnis.
213 E 66, 39.
214 DVBl. 1990, 870.
215 A.A. München NJW 1990, 933.
216 NWVBl. 1990, 315.
217 Vgl. dazu auch BVerwGE 90, 147.
218 BVerwGE 27, 250 zur Dienstpflichtverletzung im Wehrdienst.
219 BVerwGE 30, 172 für Laufbahnprüfung bei Gemeinde- und Sparkassenschule, anders jedoch für Assessorprüfung: BVerwG DÖV 1961, 790; Münster ZBR 1969, 247 für Nichtzulassung zum Auswahlwettbewerb für höh. Dienst; Mannheim ESVGH 24, 220 für Nichtzulassung zu einer beamtenrechtlichen Eignungsprüfung.
220 BVerwGE 30, 172; 38, 105; 40, 205.
221 BVerwGE 50, 301 für Bewerbungsvorgänge nach 2. Staatsexamen.
222 BVerwGE 26, 31; Koblenz AS 9, 137; BAG RiA 1966, 16, ebenso die Klage des Beamten auf Abschluss eines Arbeitsvertrags unter gleichzeitiger Beurlaubung: BAG NVwZ 1999, 1259.
223 Vgl. LG Darmstadt NJW 1966, 739.
224 Hamburg NordÖR 1999, 251.
225 E 30, 65 für Studienförderung aus Fernmeldeaspirantenverträgen; E 40, 237 für Ausbildung als Sonderschullehrer; BVerwG DVBl. 1992, 914; NJW 1991, 943 für Ausbildung.
226 BVerwGE 91, 200.

Laufbahnwechsel[227]. Ein Anspruch auf Ersatz immateriellen Schadens kann aus dem Beamtenverhältnis nicht hergeleitet werden[228], ebenso wenig ein Anspruch des Bundesbeamten auf Anfechtung der Zustimmung, die dem Vermieter von Wohnungen, die mit Bundesmitteln für Bundesbedienstete errichtet wurden, zur Erhöhung der Mieten erteilt wurde[229]. Der Streit zwischen öffentlichen Körperschaften und Aufsichtsbehörde um eine beamtenrechtliche Frage ist dagegen keine Klage aus dem Beamtenverhältnis[230], es sei denn, sie betrifft ein konkretes Beamtenverhältnis[231], ebenso wenig die Inanspruchnahme des Landrates als Organ des Staates in Bayern[232]; anders jedoch, wenn der Dienstherr den beamtenrechtlichen Schadensersatzanspruch wegen schuldhafter Verletzung der Dienstpflicht geltend macht[233], ebenso, wenn der Dienstherr bei versehentlich ohne Abzug der Steuer gezahlten Dienst- oder Versorgungsbezügen den an das Finanzamt nach Haftungsbescheid abgeführten Betrag der Lohnsteuer vom Beamten fordert[234]. BVerwG NJW 1971, 160 hat selbst den Streit zwischen Angeklagten und Dienstherrn eines Beamten über die Erteilung einer Aussagegenehmigung als beamtenrechtliche Streitigkeit angesehen; dem ist nur insoweit beizupflichten, als es sich um eine öffentlich-rechtliche Streitigkeit handelt. Bei Pfändung des Anspruchs auf Dienst- oder Versorgungsbezüge ist für den Einziehungsrechtsstreit der Verwaltungsrechtsweg gegeben[235]. Zum VA im Beamtenverhältnis vgl. § 42 Rn. 72 ff., im Wehrdienstverhältnis § 42 Rn. 78, zur Rechtsverletzung § 42 Rn. 118 ff.

32   **Anwendungsbereich.** §§ 126, 127 BRRG gelten unmittelbar für alle Landesbeamtengesetze, durch Verweisung auch für das BBG (§ 172) und das BPolBG (§ 2), für die Richter im Bundesdienst (§ 46 DRiG) und im Landesdienst (§ 71 Abs. 3 DRiG); für die Dienstzeitversorgung und Berufsförderung nach dem Soldatenversorgungsgesetz (§ 87, vgl. BVerwGE 23, 89). Auch das Bayerische Kommunalwahlbeamtengesetz verweist auf diese Vorschriften (Art. 140). §§ 126, 127 BRRG finden keine Anwendung bei Klagen aus dem Dienstverhältnis bei einer öffentlich-rechtlichen Religionsgesellschaft[236].

33   Nach Art. 140 GG i. V. m. Art. 137 Abs. 3 WRV haben die **Religionsgemeinschaften das Recht der Selbstverwaltung.** Im Rahmen dieser kirchlichen Autonomie unterliegen die Kirchen in ihren innerkirchlichen Angelegenheiten nicht der staatlichen Aufsicht und damit auch nicht der Kontrolle durch staatliche Gerichte[237]. Der BGH sieht die Grenze dort[238], wo die Justizgewährungspflicht den Zugang zu staatlichen Gerichten gebietet, da auch Art. 137 Abs. 3 WRV den allgemeinen Gesetzesvorbehalt zulässt. Der BGH betont die Justizgewährungspflicht auch dann, wenn es bei einem allein in-

227 BVerwG DVBl. 1992, 908.
228 BVerwGE 20, 199.
229 BVerwGE 19, 208.
230 BVerwG RiA 1966, 158.
231 BVerwGE 31, 345.
232 BVerwGE 24, 225.
233 BVerwGE 19, 243; ZBR 1968, 184.
234 BVerwGE 28, 68.
235 Kassel NJW 1992, 1253.
236 BVerwGE 10, 355; vgl. Rn. 35.
237 Vgl. BVerfG NJW 1999, 349 zur Wahl von Revisions- und Wahlkommission; vgl. auch Magdeburg NJW 1998, 3070.
238 NJW 2000, 1555 (Streit, wer Religionsgemeinschaft nach außen wirksam vertritt) in Abkehr von BGHZ 34, 372 und 46, 96.

nerkirchlich begründeten Anspruch oder bei einer rein innerkirchlichen Rechtsfrage um die Anwendung der für alle geltenden allgemeinen Gesetze geht[239]. Selbst bei einem verkappten Statusverfahren soll der Rechtsweg zu staatlichen Gerichten eröffnet sein. Die Kontrolle sei allerdings darauf beschränkt zu prüfen, ob die kirchliche Maßnahme gegen Grundprinzipien der Rechtsordnung verstoße, wie das allgemeine Willkürverbot (Art. 3 GG), die guten Sitten (§ 138 BGB) oder den ordre public (Art. 6 EGBGB). Da die Kirchen gerade auch das »Anstellungsverhältnis« (man denke etwa an Mönche und Nonnen) als höchst innerkirchlichen Ausdruck des Glaubens begreifen, ist die Argumentation des BGH nur auf den ersten Blick überzeugend. Inwieweit der BGH sich damit in Widerspruch zur Rechtsprechung des BVerfG setzt, bleibt offen[240]. Das BVerwG betont, dass im Bereich der eigenen Angelegenheiten der Kirche jedoch kein staatliches Recht zulässig sei, das die Selbstbestimmung der Religionsgemeinschaft einschränke – im Falle einer Versetzung eines Pfarrer in den Ruhestand[241]. Die Gerichte seien zur Entscheidung aller Rechtsfragen berufen, deren Beantwortung sich nach staatlichem Recht richte – mit dieser Begründung weicht das BVerwG dem Ansatz des BGH allerdings aus. Mithin dürfte erst eine Entscheidung des BVerfG eine nötige Klarheit bringen, da der BGH die Notwendigkeit gem. § 2 Abs. 1 RsprEinhG den GmS OBG anzurufen, verneint. Nur wo kirchliches Handeln nach außen wirkt, unterliegt es eindeutig der gerichtlichen Kontrolle[242]; das Gleiche gilt, soweit die Kirchen vom Staat mit hoheitlichen Befugnissen beliehen sind[243]. Ob eine Religionsgemeinschaft vorliegt und ob sie nach Art. 137 Abs. 5 WRV den Status einer Körperschaft des öffentlichen Rechts hat oder haben kann, ist im Verwaltungsrechtsweg zu entscheiden[244].

Bei den **Angelegenheiten der Religionsgesellschaften** fallen die Handlungen, **33a** die auf ihrem **Selbstbestimmungsrecht** beruhen, die also der Pflege, Bewahrung und Fortentwicklung der von ihnen verkörperten Glaubensidee dienen, **nicht** unter den Begriff der **öffentlich-rechtlichen Streitigkeit** des § 40[245]. Hierzu zählen alle innerkirchlichen, nach außen, insbesondere im staatlichen Bereich, nicht wirksamen Maßnahmen[246], wie Fragen der kirchlichen Lehre oder auch die Übertragung oder das Fortbestehen eines kirchlichen Amtes[247], die Verleihung und der Entzug der missio canonica[248], die Ausübung

239 NJW 2003, 2097 Entlassung eines Geistlichen der Heilsarmee.
240 NJW 1999, 349; vgl. Kästner NVwZ 2000, 889.
241 E 117, 145 m. Anm. Weber NJW 2003, 2067; DVBl. 2002, 986 zur Gewährung von Staatsleistungen nach Klärung religiöser Vorfrage m. Anm. Germann.
242 BVerfGE 83, 341.
243 Vgl. Lüneburg NJW 1999, 1882 zur Vollstreckung aus Entscheidungen kirchlicher Gerichte durch staatliche Vollstreckungsbehörden, hier verneint; im Übrigen Rn. 34.
244 BVerwGE 105, 255 bejahend für Synagogengemeinde Adas Jisroel; NJW 1997, 2396: verneint für Zeugen Jehovas, dazu Abel NJW 1997, 2370; Morlok/Heinig NVwZ 1999, 697; vgl. Hillgruber DVBl. 1999, 1155; Kunig DVBl. 1997, 248; Weber NJW 1998, 197; vgl. auch Jang/Rademacher zur Religionsfreiheit; auch BayVerfGH NVwZ 1999, 759 zum Körperschaftsstatus.
245 Vgl. BVerfGE 18, 385; 46, 85; 70, 138; BVerwGE 66, 242; E 87, 115 zur Entwidmung als res sacra einer im Eigentum des Staates stehenden Kirche; Münster OVGE 33, 105; Bader/v. Albedyll Rn. 49; Eyermann/Rennert Rn. 91, 92; v. Campenhausen AöR 112, 623; Maurer, Menger-Festschrift, 1985, S. 285; Mikat, Staatsbürger und Staatsgewalt II, S. 326; Thieme AöR 80, 432; Weber, Sendler-Festschrift, S. 553; Sachs DVBl. 1989, 487, der dies nicht als Frage des Rechtsweges sieht.
246 BVerwGE 25, 364.
247 BVerwGE 25, 226; 66, 241; Lüneburg OVGE 19, 501.
248 VG Aachen DVBl. 1974, 57 m. zust. Anm. Listl.

der Dienstgeschäfte eines Pfarrers[249], die Anordnung der vorläufigen Dienstenthebung eines Kirchenbeamten[250], oder die endgültige Versetzung in den Ruhestand[251], die Verweigerung eines kirchlichen Dispenses oder der Sakramente, die Erhebung einer Gebühr für die seelsorgerische Handlung des Geistlichen[252], die Zur-Ruhe-Setzung wegen Ablehnens der Kindestaufe[253], eine freiwillige Unterstützung bei der Versorgung der Ostpfarrer[254]; zum Bereich der innerkirchlichen Autonomie rechnet auch die hierauf bezogene Verfahrensordnung[255]. Bei Konflikt zwischen religiöser Lehre und staatlichen Vorschriften ist jedoch der Rechtsweg eröffnet[256], ebenso bei kirchlicher Tätigkeit mit Außenwirkung im staatlichen Bereich[257], bei Eingriff des Staates in das Selbstbestimmungsrecht der Kirche[258].

34 Öffentlich-rechtlich ist dagegen das **Handeln der Religionsgesellschaften,** und damit der Verwaltungsgerichtsbarkeit unterworfen, soweit sie den Kernbereich kirchlicher Betätigung verlassen und mit einzelnen Maßnahmen oder Ausstrahlungen in den staatlichen Bereich hineinzuwirken[259], wie etwa in **Kirchensteuersachen**[260], in **Friedhofsangelegenheiten**[261], aber auch im **Schulrecht**[262]; bei Hausverbot für kirchlichen Kindergarten hat das BVerwG[263] den Verwaltungsrechtsweg jedoch verneint[264]; ebenso Münster[265] für Aufnahme eines Kindes in den kirchlichen Kindergarten. Öffentlich-rechtlich sind auch Beziehungen Religionsgesellschaft-Staat bzw. Ge-

---

249 Mannheim NJW 1969, 1363 m. Anm. Weber.
250 Kassel NJW 1999, 377.
251 BVerwGE 117, 145; Kassel DÖV 2003, 256.
252 BVerwG DVBl. 1960, 246.
253 VG Ev. LK Baden DVBl. 1970, 329 m. Anm. Weidemann.
254 Lüneburg DVBl. 1991, 647.
255 München NJW 1981, 296 für Vertretung durch konfessionsangehörige Anwälte.
256 BVerwGE 24, 1 zur Auslegung des Dienstamtes der Zeugen Jehovas im Hinblick auf die Freistellung vom Wehr-(Ersatz-)Dienst; dazu auch BVerwGE 14, 318; 15, 269.
257 BVerwGE 68, 62 zum Angelus-Läuten.
258 BVerwGE 101, 309; Errichtung eines Studiengangs Katholische Theologie an der staatlichen Universität; vgl. dazu Muckel DVBl. 1997, 873.
259 Vgl. BVerwGE 68, 62; BGH NJW 2001, 3537 zu Abwehransprüchen gegen Äußerungen des kirchl. Sektenbeauftragten m. Anm. Tillmann DVBl. 2002, 336; Lüneburg NVwZ 1987, 708; Maunz/Maunz, GG Art. 140 Rn. 9; Eyermann/Rennert Rn. 95; Maurer, Menger-Festschrift, 1985, S. 285; Renck BayVBl. 1982, 329.
260 BVerwGE 7, 189; 8, 211; 21, 330; NJW 1989, 1747 für Kirchgeld; Kassel NVwZ 1995, 815: Zurückbehaltungsrecht bei gegen das Evangelium verstoßenden Äußerungen der Kirche verneinend; Koblenz AS 9, 118 und 360; ausdrückliche Zuweisung in § 8 KirchensteuerG Br.; § 14 KiStG BW; § 13 KiStG RhPf.; vgl. aber Rn. 68.
261 Vgl. BVerwGE 11, 68; 17, 119; 25, 364; NJW 1990, 2079 für Grabmal; München NVwZ 1991, 794; Münster NVwZ 1992, 1214; Lüneburg NVwZ 1995, 809, Normenkontrolle gegen kirchliche Friedhofsordnung bejahend; Bachof AöR 78, 92.
262 Vgl. BVerwG DVBl. 1991, 54 zur schulaufsichtlichen Genehmigung der Einstellung eines Schulleiters; BVerwG NVwZ 1999, 769 zur Erteilung von Ethikunterricht, dazu Renck NVwZ 1999, 713; vgl. auch Goerlich NVwZ 1998, 819; Mehrle NVwZ 1999, 740; Berlin DVBl. 1999, 554 zur Gestattung des Erteilens des islamischen Religionsunterrichts, m. krit. Anm. Muckel; dazu auch Fechner NVwZ 1999, 735 für Zulassung an kirchlicher Hochschule, a.A. Mannheim DÖV 1981, 65 für Zulassung an kirchlicher Hochschule, a.A. München NVwZ 1992, 125, vgl. auch Krölls NVwZ 1996, 10.
263 DVBl. 1986, 1202 m. abl. Anm. Erichsen; ebenso München BayVBl. 1986, 271 m. abl. Anm. Renck.
264 Vgl. auch Müller-Volbehr JuS 1987, 869 zur Kritik im Hinblick auf BVerwGE 68, 62.
265 NVwZ 1996, 812.

meinde, die öffentlich-rechtliche Gegenstände betreffen, wie z.B. ein gemeindliches Läuterecht[266] oder die Kirchenbaulast[267]; das BVerwG hat dies auch für die Klage des Nachbarn gegen das liturgische Glockengeläute bejaht[268]. Auch für Ansprüche auf Auskunft aus den Kirchenbüchern ist der Verwaltungsrechtsweg gegeben[269]. Zur Veröffentlichung von kirchlichen Rechtsvorschriften vgl. BVerwG NVwZ 1990, 359. Zu den Staatskirchenverträgen in den neuen Bundesländern vgl. v. Campenhausen NVwZ 1995, 757.

Umstritten ist die Zuordnung des **Dienstrechtes der Religionsgesellschaften.** 35 Das BRRG gilt nach der ausdrücklichen Vorschrift seines § 135 S. 1 für die öffentlich-rechtlichen Religionsgesellschaften und deren Verbände nicht. Da die Religionsgesellschaften zwar nach Art. 137 Abs. 5 WRV Körperschaften des öffentlichen Rechts sind, ihre hoheitlichen Befugnisse aber nicht aus der allgemeinen Staatsgewalt ableiten[270], wird gefolgert[271], dass sie die Regelung der Rechtsverhältnisse ihrer Amtsträger in herkömmlichen öffentlich-rechtlichen Formen gestalten können, auch ohne von der in § 135 S. 2 BRRG eröffneten Möglichkeit Gebrauch zu machen, sie der Regelung des BRRG einschließlich der Rechtswegevorschrift anzugleichen.

Die Rechtsprechung des BVerwG ist nicht so weitgehend, sondern **bejaht** den Rechtsweg, und zwar den **Verwaltungsrechtsweg, soweit** er von den kirchlichen Vorschriften **zugelassen** ist, dabei wird als ausreichend für § 135 Abs. 2 BRRG angesehen, wenn eine Zuweisung an staatliche Gerichte vor In-Kraft-Treten des BRRG erfolgte[272] oder wenn, beim Fehlen einer zuweisenden Norm, eine erkennbare Willenseinigung zwischen Staat und Kirche über die Zuweisung erfolgt ist[273]. Soweit die Kirchen die Möglichkeit geschaffen haben, Rechtsstreitigkeiten vor einem kirchlichen Gericht beurteilen zu lassen, sollen staatliche Gerichte über Fragen des kirchlichen Amtsrechts nach Maßgabe der allgemeinen Gesetze jedenfalls nicht vor Erschöpfung des kirchlichen Rechtswegs entscheiden[274]. Die Bedenken, die Mikat[275] dagegen erhoben hat, den Verwaltungsrechtsweg ohne ausdrückliche Zuweisung für zulässig zu erklären, werden durch die Argumentation des BVerwG nicht ausgeräumt. Konsequenter wäre es dann, das auf dem Dienstrecht der Reli-

---

266 BVerwGE 18, 341.
267 VG Köln DVBl. 1964, 1037.
268 BVerwGE 68, 62; Isensee, Gedächtnisschrift für Constantinesco, 1983, S. 301; abl. Anm. Schatzschneider NJW 1984, 989; a.A. auch München NJW 1980, 1973; dazu auch Saarlouis NVwZ 1992, 72; insgesamt Laubinger VerwA 83, 623; siehe jetzt einerseits BVerwGE 90, 163 zur Anwendung immissionsschutzrechtlicher Vorschriften auf nächtliche Zeitschlagen bejahend, andererseits BVerwG NJW 1994, 956 Verwaltungsrechtsweg verneinend; generell für Zivilrechtsweg bei Abwehrklagen Lorenz NJW 1996, 1855.
269 München BayVBl. 1968, 213.
270 Vgl. Eyermann/Rennert Rn. 91.
271 Lüneburg OVGE 19, 501; Weber NJW 1989, 2217.
272 BVerwGE 28, 345 m. Anm. Weber NJW 1968, 1345.
273 BVerwGE 25, 226; 30, 326 für Versorgung; doch auch E 95, 379 zur – unzulässigen – verkappten Statusklage; Münster NJW 1994, 3368 zu vermögensrechtlichen Ansprüchen aus früherem Amtsverhältnis; BVerwGE 66, 241 für Zuweisung an Kirchengericht; vgl. auch BGH NJW 1966, 2162 m. Anm. v. Camphausen DVBl. 1967, 731; BVerfG NVwZ 1999, 758 zur Erschöpfung des Rechtsweges vor Verfassungsbeschwerde.
274 BVerfG NJW 1999, 349 zum Waisengeld; Koblenz NVwZ 1997, 802 für Besoldungsstreitigkeiten.
275 Staatsbürger und Staatsgewalt II, S. 318 ff. m. zahlr. N.

gionsgesellschaften basierende Dienstverhältnis mit Weber[276] als öffentlich-rechtlich anzusehen und, ohne über § 135 Abs. 2 BRRG zu gehen, den Verwaltungsrechtsweg für alle Streitigkeiten aus diesem Dienstverhältnis für zulässig zu halten.

36   In einer anhängigen öffentlich-rechtlichen Streitigkeit sind die Verwaltungsgerichte auch befugt, über **bürgerlich-rechtliche Vorfragen** inzidenter zu entscheiden. Die Entscheidung über die Vorfrage nimmt nicht an der Rechtskraft des Urteils teil, auch kann sie nicht zum Gegenstand einer Zwischenfeststellungsklage gemacht werden (vgl. § 43 Rn. 30). Die Inzidententscheidung ist unzulässig, wenn ihr Gegenstand in Wahrheit eine Hauptfrage darstellt. Hängt die Entscheidung des Rechtsstreits ganz oder zum Teil von dem Bestehen oder Nichtbestehen eines Rechtsverhältnisses ab, das Gegenstand eines in einem anderen Rechtsweg anhängigen Verfahren ist, kann das Gericht bis zur Entscheidung des anderen Rechtsstreits aussetzen (§ 94 Rn. 2). Die Zivilgerichte sind ihrerseits befugt, in bürgerlich-rechtlichen Rechtsstreitigkeiten über öffentlich-rechtliche Vorfragen inzidenter zu entscheiden; der BGH hat dabei in st. Rspr.[277] nicht nur über die Unwirksamkeit (Nichtigkeit) eines VA befunden, sondern auch über dessen Rechtswidrigkeit entschieden. Bei der Klage wegen Amtspflichtverletzung nach § 839 BGB stellt zwar die Subsidiaritäts-Klausel in Absatz 3 dieser Vorschrift, wonach die Ersatzpflicht ausgeschlossen ist, wenn der Verletzte es vorsätzlich oder fahrlässig unterlassen hat, den Schaden durch Gebrauch eines Rechtsmittels (hier der Klage vor den Verwaltungsgerichten) abzuwenden, eine Einschränkung dar. Jedoch ist damit nur eine Wahlmöglichkeit zwischen den Rechtswegen ausgeschlossen, ohne dass die Zweispurigkeit der Rechtswege beseitigt ist. Eine klare Trennung wäre nur dann gegeben, wenn über die Rechtmäßigkeit eines VA allein im Verwaltungsrechtsweg entschieden würde[278]. Zur Prüfung verfassungsrechtlicher Vorfragen vgl. § 1 Rn. 7; zur Auslegung des Gemeinschaftsrechts vgl. § 1 Rn. 13 ff.

C. Abgrenzung des Verwaltungsrechtswegs zu den Zuständigkeiten anderer Gerichte

I. Allgemein

37   Für die Abgrenzung der Zuständigkeit der Gerichte der allgemeinen Verwaltungsgerichtsbarkeit zur Zuständigkeit der Gerichte anderer Gerichtszweige oder besonderer Gerichte sind nicht nur die allgemeinen Bestimmungen über den Rechtsweg von Bedeutung. § 40 Abs. 1 sieht auch die **Zuweisung von öffentlich-rechtlichen Streitigkeiten** nichtverfassungsrechtlicher Art, für die grundsätzlich der Verwaltungsrechtsweg offen stehen würde, **an andere Gerichte** vor. Durch die Zuweisung an ein anderes Gericht wird der Verwal-

---

276 NJW 1967, 1641; 1989, 2217.
277 Vgl. BGHZ 113, 17 m. krit. Anm. Schröder DVBl. 1991, 751; NJW 1999, 2877, vgl. Rn. 42.
278 Vgl. im Einzelnen die Darstellung bei Soergel, BGB Komm. Einl. 110 ff.; Broß VerwA 82, 593; Krohn/Schwager DVBl. 1992, 321; zur Bindung der Zivilgerichte an Urteile der Verwaltungsgerichte Geiger, Staatsbürger und Staatsgewalt II, S. 183; ferner § 121 Rn. 9, § 113 Rn. 32.

tungsrechtsweg ausgeschlossen. Die Zuweisung kann **nur durch Gesetz**[279] erfolgen, und zwar durch Bundesgesetz, das auch ein vorkonstitutionelles sein kann[280], für Gebiete des Landesrechts auch durch Landesgesetz, wobei dieses nur ein der VwGO nachfolgendes oder ein in den AGVwGO ausdrücklich aufrechterhaltenes Gesetz sein kann[281]. Damit können Zuständigkeiten anderer Gerichte für öffentlich-rechtliche Streitigkeiten weder kraft **Überlieferung**[282] noch **kraft Sachzusammenhangs**[283] begründet werden. Auch durch eine kirchenrechtliche Regelung kann die Zuständigkeit der Verwaltungsgerichte nicht ausgeschlossen werden[284]. Zur Zulässigkeit von Schiedsvereinbarungen vgl. Rn. 79.

§ 40 eröffnet den **Rechtsweg gegenüber der deutschen öffentlichen Gewalt. 37a** Die in zwischenstaatlichen Verträgen vorgenommene Übertragung von Hoheitsrechten auf Internationale Organisationen und die darauf beruhenden Zuweisungen von Streitigkeiten an bestimmte Gerichte[285] schließt den Verwaltungsrechtsweg ebenso aus wie die **Freistellung Internationaler Organisationen** von nationaler Gerichtsbarkeit. Bei dieser Freistellung müssen jedoch angemessene andere Rechtsschutzmöglichkeiten zur Verfügung stehen, um die durch Art. 6 Abs. 1 EMRK garantierten Rechte zu schützen[286]. Die für diplomatische und konsularische Missionen sowie für Staatsbesuche bestehende **Exterritorialität** ist in §§ 18 bis 20 GVG geregelt. Der Schutz der Immunität hindert den ausländischen Diplomaten jedoch nicht, seinerseits Rechtsschutz vor den Verwaltungsgerichten in Anspruch zu nehmen[287].

Soweit in **Verordnungen der EG** zur Wirtschaftslenkung vor allem im Arznei- **38** mittel-, Chemikalien- und Gentechnikrecht für den Vollzug ein **gespaltenes Verfahren** in der Weise eingerichtet ist, dass »glatte« Entscheidungen über die Zulassung von der nationalen Behörde getroffen werden, während bei Zweifeln, Bemerkungen, Widersprüchen und Einwendungen die Behörden der EG selbst entscheiden[288], gilt dies auch für den Rechtsschutz. Für die Anfechtung der **Entscheidung einer deutschen Behörde** ist der **Verwaltungsrechts-**

279 BVerwGE 15, 34.
280 GemS BVerwGE 37, 369 für FernmeldeanlagenG.
281 Vgl. § 10 AGBW; Art. 10 AGBay.; Art. 6 AGBr.; § 5 AGHbg.; § 15 Nr. 1 AGHess.; § 21 Nr. 1 AGSaar; Eyermann/Rennert Rn. 102; zur Problematik von Rechtswegzuweisungen Stich, Staatsbürger und Staatsgewalt II, S. 387, 396.
282 H.M.: BayObLG BayVBl. 1966, 395; Eyermann/Rennert Rn. 101; vgl. die Übersicht über die früheren Zivilprozesssachen kraft Überlieferung bei Soergel, BGB Komm. Einl. 104.
283 BVerwG NJW 1980, 656; Hamburg NJW 1961, 1421.
284 Bettermann, Bettermann/Nipperdey/Scheuner III 2, S. 630; Mikat, Staatsbürger und Staatsgewalt II, S. 317 m.N.
285 Vgl. BVerwGE 102, 320 für Rechtsweg zum VG der ILO im Versorgungsrecht des Europäischen Patentamtes; Mannheim NJW 1980, 540 m. Anm. Gramlich DVBl. 1980, 459, für Rechtsweg zum VG der ILO im Dienstrecht von EUROCONTROL; BVerwGE 91, 126 für Europäische Schulen; kritisch dazu Henrichs, Europarecht, 1994, 358; anders jedoch, wenn es sich um Schulgeld für Kinder handelt, deren Eltern keine internationalen Bediensteten sind: München DVBl. 1996, 448; BVerwGE 54, 291 für Zuständigkeit belgischen Gerichts bei Gebührenstreit im Rahmen der Tätigkeit von EUROCONTROL; vgl. BVerfGE 58, 1; 59, 63.
286 EGMR (Große Kammer) NJW 1999, 1173, bejaht für Appeals Board der ESA.
287 BVerwGE 100, 300; Münster NJW 1992, 2043, beide zum Sozialhilfeanspruch.
288 So z.B. die Verordnung (EG) Nr. 258/97 vom 27.1.1997 über neuartige Lebensmittel und neuwertige Lebensmittelzutaten, ABl. Nr. L43 vom 14.2.1997, S. 1 ff. – Novel-Food-Verordnung – vgl. dazu Wahl/Groß DVBl. 1998, 2 m. vielen N.; grundsätzlich Schoch/Schmidt-Aßmann Einleitung Rn. 100 ff.

weg gegeben, während Rechtsschutz gegen **Entscheidung der EG-Behörden** vor dem **EuGH** begehrt werden muss.

39 Der Verwaltungsrechtsweg wird nur durch eine **Zuweisung** ausgeschlossen, die **an ein anderes Gericht** erfolgt. Als Gericht kann die zur Entscheidung berufene Stelle nur angesehen werden, wenn sie unter staatlicher Mitwirkung organisatorisch selbstständig errichtet und nur dem Gesetz unterworfen ist, d.h. keinerlei Weisungen von anderer Seite erhalten darf; wenn ihre Mitglieder auf Lebenszeit oder auf Zeit bestellt und vorher unabsetzbar sind; wenn das Verfahren gerichtsüblich geregelt ist, insbesondere Öffentlichkeit, mündliche Verhandlung und Gewährung des rechtlichen Gehörs garantiert sind[289]. Bei den Gerichten der weiteren in Art. 95 GG genannten Gerichtsbarkeiten ist die Eigenschaft als Gericht ebenso unzweifelhaft wie bei den Gerichten der Verwaltungsgerichtsbarkeit (vgl. § 1 Rn. 2). Dagegen kann bei sonstigen Zuweisungen fraglich sein, ob sie an ein Gericht erfolgten; fehlt der entscheidenden Stelle die Gerichtseigenschaft, ist die Zuweisung unwirksam und die Zuständigkeit der Verwaltungsgerichte bleibt unberührt (Rn. 2).

40 § 40 Abs. 2 enthält insgesamt sechs spezielle Zuweisungen:
  - Satz 1 erste Variante, vermögensrechtliche Ansprüche aus Aufopferung für das gemeine Wohl, zivilrechtliche Streitigkeit, (Rn. 45);
  - Satz 1 zweite Variante, vermögensrechtliche Ansprüche aus öffentlich-rechtlicher Verwahrung, zivilrechtliche Streitigkeit (Rn. 44);
  - Satz 1 dritte Variante, Schadensersatzanspruch aus der Verletzung öffentlich-rechtlicher Pflichten, sofern nicht auf öffentlich-rechtlichem Vertrag beruhend, zivilrechtliche Streitigkeit (Rn. 43);
  - Satz 1 zweiter Halbsatz, Streitigkeiten über das Bestehen und die Höhe eines Ausgleichsanspruchs im Rahmen von Art. 14 Abs. 1 Satz 2 GG, verwaltungsrechtliche Streitigkeit (Rn. 45);
  - Satz 2 erste Variante, Beamtenrecht als Sonderzuweisung, verwaltungsrechtliche Streitigkeit (Rn. 29 ff.);
  - Satz 2 zweite Variante, Ausgleich Vermögensnachteile wegen Rücknahme rechtswidriger VA je nach Fallkonstellation beide Rechtswege möglich (Rn. 45a).

Gleichwohl ist die Frage der Rechtswegzuständigkeit bei Ersatzansprüchen des Bürgers gegen den Staat (außerhalb von öffentlich-rechtlichen Verträgen) unbefriedigend gelöst. Denn auf Grund des bestehenden Sachzusammenhangs mit Erfüllungs- und Amtshaftungsansprüchen gibt es immer wieder Abgrenzungsprobleme[290]. Da der Rechtsweg sich danach bestimmt, auf welchen materiell-rechtlichen Klagegrund der prozessuale Anspruch gestützt wird, ist zu erwarten, dass die Schwierigkeiten sich noch verstärken werden. Die immer weiter voranschreitende Privatisierung des Verwaltungshandelns führt auch im Verwaltungsrechtsschutz zu Konsequenzen[291].

---

289 Vgl. BVerfGE 4, 331; BVerwGE 1, 4; 4, 191; 8, 350; Bettermann, in: Bettermann/ Nipperdey/Scheuner III, 2 S. 630.
290 Vgl. Murach BayVBl. 2001, 682.
291 Vgl. Berkemann SächsVBl. 2002, 279; Mehde VerwA 2000, 540.

II. Zivilgerichte

Die Rechtswegregelung für die Zivilgerichtsbarkeit enthält § 13 GVG. **41** Danach sind die Zivilgerichte zuständig für **bürgerliche Rechtsstreitigkeiten,** soweit sie nicht durch Gesetz ausdrücklich den Verwaltungsbehörden oder Verwaltungsgerichten zugewiesen sind. Die Abgrenzung zwischen Verwaltungs- und Zivilrechtsweg basiert also im Grundsatz auf der Unterscheidung zwischen öffentlichem und bürgerlichem Recht[292]. **Kraft Zuweisung entscheiden die Zivilgerichte** in einer ganzen Reihe von öffentlich-rechtlichen Streitigkeiten[293]. In der folgenden Darstellung wird auf eine Beschreibung des von den Zivilgerichten im Einzelfall anzuwendenden Verfahrens sowie der Gerichtsorganisation verzichtet; da es nur auf den Ausschluss des Verwaltungsrechtsweges durch die Zuweisung ankommt, braucht nicht untersucht zu werden, ob die Zivilgerichte in einigen Zuweisungsfällen wegen der Ausgestaltung des Verfahrens als besondere Verwaltungsgerichte anzusehen sind.

Zugewiesen sind u.A. folgende öffentlich-rechtliche Streitigkeiten:

1. **Amtshaftungsansprüche** nach Art. 34 S. 3 GG mit § 839 BGB[294]. Die **42** Klage kann nur auf Schadensersatz in Geld gerichtet sein[295] und darf nicht die Aufhebung, Vornahme oder Unterlassung des in der schädigenden Amtshandlung liegenden VA im Wege der Naturalrestitution bezwecken[296]. Dabei höhlt der BGH in seiner jüngsten Rechtsprechung[297] gefährlich das Verbot des »Dulde und Liquidiere« aus[298] und formt in der Amtshaftung eine Art Sekundärrechtsschutz aus, indem im Amtshaftungsprozess einfach die hypothetische Entscheidung des Primärrechtsschutzes konkret unterstellt wird. Angenommen wird dies in Fällen, in denen der Primärrechtsschutz »nichts bringe«, da er den Schaden nicht abzumildern in der Lage sei. Diese Entscheidung hat zu Recht scharfe Kritik erfahren[299], weil sie die Zivilgerichtsbarkeit zu einer Art Superrevisionsinstanz macht, die weit reichende Bedeutung von § 839 BGB verkennt und den Anspruch der Fachgerichtsbarkeit, Sachverhalte aus dem Fachrecht selbst zu entscheiden, leer laufen lässt. Wieder einmal erweist sich die nur noch als historischer Zopf zu erklärende Aufspaltung, welche Fälle in welcher Gerichtsbarkeit geklärt werden, als misslich; allenfalls gemischtbesetzte Gerichte, wie etwa die Baulandkammern oder -senate nach §§ 220, 229 BauGB, lösen das Problem befriedigend. Nicht ohne Grund mahnt das BVerfG die Einheitlichkeit der Zuweisung an einen Gerichtszweig als Teil effektiven Rechtsschutzes an[300]. Die Zivilgerichte entscheiden auch über den Rückgriffsanspruch des Staates oder der Körperschaft[301], während für den Befreiungsanspruch des Beamten gegenüber seinem Dienstherrn die

---

292 Vgl. Rn. 6 ff.
293 Vgl. insgesamt Schoch, Menger-Festschrift, 1985, S. 305; Soergel, BGB Komm. Einl. 91 ff.; Stich, Staatsbürger und Staatsgewalt II, S. 387 ff.; Schoch/Ehlers § 40 Rn. 499 ff.
294 Vgl. dazu Lerche/Scheuner JuS 1961, 237; Wolff/Bachof S. 565.
295 BGHZ 34, 99; RGZ 156, 40.
296 BGHZ 5, 82; RGZ 162, 192; 170, 42.
297 BGH NJW 2003, 1308.
298 BVerfGE 58, 300 Nassauskiesungsentscheidung.
299 Stuttmann NJW 2003, 1432; Wißmann NJW 2003, 3455; zustimmend Steinweg NJW 2003, 3037.
300 NJW 1999, 2877; vgl. Rn. 45.
301 Kassel ESVGH 7, 138.

Verwaltungsgerichte zuständig sind[302]. Zum Schadensersatzanspruch des Dienstherrn gegen den Beamten nach § 78 Abs. 1 BBG vgl. Rn. 29 und § 42 Rn. 154, zur Inzidententscheidung und Bindung der Zivilgerichte an die verwaltungsgerichtliche oder Verwaltungsentscheidung Rn. 36.

43 **Sonstige Schadensersatzansprüche aus der Verletzung öffentlich-rechtlicher Pflichten** (§ 40 Abs. 2 S. 1). Außer den Schadensersatzansprüchen gegen den Beamten nach § 839 BGB zählen hierzu z.b. Ansprüche gegen den Vormund nach § 1833 BGB, gegen den Insolvenzverwalter nach § 60 InsO, gegen den Notar nach § 19 BNotO. Das BVerwG[303] hat die Zuweisung sinngemäß auch auf **Ansprüche aus Gefährdungshaftung** der öffentlichen Hand angewandt. **Ausgenommen** von der Zuweisung an die Zivilgerichte sind **Schadensersatzansprüche aus der Verletzung eines öffentlich-rechtlichen Vertrages** (Absatz 2 S. 1; vgl. dazu Rn. 15), und zwar unabhängig davon, ob ein Zusammenhang mit einem Amtshaftungsanspruch besteht[304]; der Verwaltungsrechtsweg ist hier für die Klage gegen die öffentliche Hand ebenso wie für die Klage des Staates gegen den Bürger gegeben.

44 **Vermögensrechtliche Ansprüche aus öffentlich-rechtlicher Verwahrung** (§ 40 Abs. 2 S. 1). Ein öffentlich-rechtliches Verwahrungsverhältnis kann entstehen, wenn eine Behörde Gegenstände Dritter im Wege der Sicherstellung nach ordnungsrechtlichen Vorschriften oder einer Pfändung im Verwaltungsvollstreckungsverfahren in Besitz nimmt; kein Fall der Verwahrung, wenn nicht bestimmte Geldscheine aufbewahrt, sondern der Geldbetrag gutgeschrieben und später ausbezahlt werden soll[305], auch nicht bei Versiegelung eines ohne Genehmigung errichteten Baues, solange Eigentümer noch Zutritt hat[306]. Die Zuweisung betrifft nur die Ansprüche des Bürgers gegen den Staat, nicht die des Staates gegen den Bürger[307]. Ob der Staat die Obhut selbst ausübt oder auf einen Dritten überträgt, ist unbeachtlich[308]. Die aus dem Verwahrungsverhältnis entstehenden Ansprüche auf Rückgabe, Schadensersatz oder Aufwendungsersatz werden von der Zuweisung erfasst[309]. Der Rückgabeanspruch aus dem Verwahrungsverhältnis schließt einen Folgenbeseitigungsanspruch (§ 42 Rn. 160), für den der Verwaltungsrechtsweg eröffnet ist, nicht aus[310].

45 **2. Entschädigungsansprüche.** Bei einer Reihe von öffentlich-rechtlichen Entschädigungsansprüchen ist eine Zuweisung hinsichtlich der Zahlung der Entschädigung an die Zivilgerichte erfolgt, während für die Entscheidung über die Rechtmäßigkeit der Maßnahme, die den Anspruch auf Entschädigung auslöst, die Verwaltungsgerichte zuständig bleiben[311]. Seit der Nassauskiesungsentscheidung des BVerfG[312] ist das »Dulde und Liquidiere« nicht mehr

---

302 Ule S. 96.
303 E 75, 362 zu § 30 Abs. 3 WasserhaushaltsG.
304 BVerwG NJW 1976, 1468.
305 BGHZ 34, 349.
306 OLG Celle NJW 1960, 340.
307 Vgl. Kassel NVwZ 1987, 910.
308 BGH DVBl. 1993, 605.
309 Vgl. Bader/v. Albedyll Rn. 125; Eyermann/Rennert Rn. 123; Klein, Untersuchungen zur sachlichen Zuständigkeit der Zivilgerichte im öffentlich-rechtlichen Bereich, 1954, S. 71; Menger/Erichsen VerwA 57, 73, einengend Schoch/Ehlers Rn. 538: nur für Geldleistungsersatzansprüche.
310 Vgl. Stich, Staatsbürger und Staatsgewalt II, S. 392; Wolff/Bachof S. 477 f.
311 Vgl. BVerfGE 4, 219; E 58, 300; BVerwGE 77, 295; vgl. auch BGHZ 95, 28.
312 E 58, 300.

zulässig. D.h., dass der von einer Maßnahme belastete Eigentümer gegen die Maßnahme selbst Rechtsmittel einlegen muss und sich nicht – nach Bestandskraft – auf einen Entschädigungsanspruch zurückziehen darf. Das BVerfG hat in seiner Entscheidung vom 2.3.1999[313] als Auswirkung dessen nun problematisiert, dass der Eigentümer bei der Entscheidung, ob er gegen den Eigentumsbeschränkungsakt vorgehen will oder nicht, diese Entscheidung nur dann sinnvoll treffen könne, wenn er wisse, ob ihm ein Entschädigungsanspruch zustehe. Es könne dem Eigentümer nicht zugemutet werden, einen VA, den er für unvereinbar mit der Eigentumsgarantie des GG halte, in einer unsicheren Erwartung eines nachträglich in einem anderen Verfahren zu bewilligenden Ausgleich bestandskräftig werden zu lassen. Schließlich müssten auch die Verwaltungsgerichte wissen, ob und in welcher Weise bei in Eigentumspositionen eingreifenden VA eine anderenfalls zumutbare Belastung ausgeglichen werde. Daraus folgert das BVerfG, dass der Gesetzgeber die **materiellrechtlichen Ausgleichsregelungen** durch verwaltungsverfahrensrechtliche Vorschriften zu ergänzen habe, die sicherstellten, dass mit einem die Eigentumsbeschränkung aktualisierenden VA **zugleich** über einen dem belasteten Eigentümer ggf. **zu gewährenden Ausgleich** entschieden wird. Diese Entscheidung hat den Bundesrat veranlasst, »bei nächster Gelegenheit« – das war das RmBereinVpG – eine entsprechende Ergänzung der VwGO vorzunehmen[314]. So ist § **40 Abs. 2 in Satz 1** um den **Halbsatz ergänzt** worden, dass für **Ausgleichsansprüche aus Art. 14 Abs. 1 Satz 2 GG der Verwaltungsrechtsweg** eröffnet ist. Streitigkeiten über die Höhe der Entschädigung bei **Enteignung** und **Sozialisierung** sind nach Art. 14 Abs. 3 S. 4, Art. 15 GG den Zivilgerichten zugewiesen[315]. Zum Begriff der Enteignung vgl. BGHZ 121, 73; insgesamt Engelhardt NVwZ 1994, 337. Neben der zur Entschädigung führenden Enteignung sind nach den von der Rechtsprechung entwickelten Grundsätzen auch Entschädigungen zu leisten für einen über die Sozialbindung des Eigentümers hinausgehenden Eingriff in das Eigentum (**enteignender Eingriff**)[316], sowie für rechtswidrige hoheitliche Eingriffe in das Eigentum (**enteignungsgleicher Eingriff**)[317]. Beide Möglichkeiten werden als gewohnheitsmäßig geltende Institute des einfachen Rechts angesehen[318]. Dem von einem rechtswidrigen hoheitlichen Eingriff in sein Eigentum Betroffenen steht jedoch kein Wahlrecht zu, ob er sich gegen diesen Eingriff wehren oder nur eine Entschädigung einklagen will[319]. Wenn der Grund mit einer Anfechtung der auslösenden Maßnahme im Streit ist, ist der Verwaltungsrechtsweg gegeben[320]. Nach § 12 EnteignungsG MV ist für die Anfechtung von VA der Enteignungsbehörden der Rechtsweg zu den Zivilgerichten (Baulandkammern) gegeben (vgl. auch Rn. 49). Zur Inzidententscheidung der Zivilgerichte über die Voraussetzungen der Enteignung vgl.

---

313 NJW 1999, 2877.
314 BR-Drs. 405/01 S. 2
315 Vgl. BVerfGE 46, 268; 58, 300.
316 Vgl. BGHZ 91, 20, für übermäßige Geruchsbelästigung von der durch die Gemeinde betriebenen Kläranlage auf dem Nachbargrundstück; Mannheim RdL 1994, 270 verneint für Umwandlung von Ackerland in Dauergrünland im Überschwemmungsgebiet; vgl. auch Maurer DVBl. 1991, 781; Scherzberg DVBl. 1990, 84.
317 Vgl. BGHZ 90, 17 für einstweilige Sicherstellung aus Landschaftsschutzgründen.
318 Vgl. Maunz/Papier, GG Art. 14 Rn. 597, 632; ders. NVwZ 1983, 258; Ossenbühl NJW 1983, 5, jeweils m.w.N.
319 BGH NJW 1990, 898 für enteignungsgleichen Eingriff; vgl. auch Lege NJW 1990, 864.
320 BVerwGE 5, 143; 36, 248 für Wasserbenutzungserlaubnis; vgl. auch BVerwGE 80, 340 zum FlurbG.

BGHZ 15, 270; zum enteignungsgleichen Eingriff BGHZ 9, 206. Das BVerwG legt Art. 14 Abs. 3 GG nicht im Sinne einer weiteren Aufspaltung der ohnehin durch diese Vorschrift bewirkten unglücklichen »Doppelgleisigkeit« des Rechtsweges aus[321]; es hat daher auch für die Erstattung von **Anwaltskosten,** die in dem die Enteignungsentschädigung betreffenden Verwaltungsverfahren entstanden sind, den Zivilrechtsweg bejaht[322]. Die vermögensrechtlichen Ansprüche aus **Aufopferung** für das gemeine Wohl[323] hat § 40 Abs. 2 S. 1 den Zivilgerichten zugewiesen, die damit auch für Entschädigungsansprüche nach den Impfschädengesetzen der Länder zuständig sind[324]; das gilt jedoch nicht, soweit ein Aufopferungsanspruch eine gesetzliche Regelung gefunden hat, die auf einen anderen Rechtsweg verweist (z.b. BundesversorgungsG, vgl. Rn. 63). Zur Vereinbarung des Verwaltungsrechtsweges in einem öffentlich-rechtlichen Vertrag vgl. Rn. 11.

45a   An die Regelung bei der Enteignungsentschädigung ist § 49 Abs. 6 VwVfG angeglichen, der für den **Vertrauensschaden beim Widerruf eines rechtmäßigen VA** den Zivilrechtsweg vorsieht[325]. Dagegen ist, sofern nicht eine Entschädigung wegen enteignungsgleichen Eingriffs in Betracht kommt, für eine **zu erstattende Leistung** § 49a Abs. 1 VwVfG oder für den **Ausgleich eines Vermögensnachteils bei der Rücknahme eines rechtswidrigen VA** der Verwaltungsrechtsweg gegeben[326]. Das BVerwG hat mit überzeugender Begründung für Ausgleichsansprüche nach § 74 Abs. 2 S. 3 VwVfG oder vergleichbare Vorschriften, wie § 17 Abs. 4 S. 2 FStrG, den Verwaltungsrechtsweg bejaht[327].

45b   Für Streitigkeiten über **VA der Vermögensämter** ist nach § 37 Abs. 1 **VermögensG** der **Verwaltungsrechtsweg** gegeben; zwar nennt diese Vorschrift das Verwaltungsgericht nicht ausdrücklich, sondern spricht nur vom Antrag an das Gericht. Doch ist aus § 37 Abs. 2, der für die Rechtsmittel auf die VwGO verweist, und aus weiteren Vorschriften, die die Anfechtungsklage erwähnen (§ 3 Abs. 8, § 3a Abs. 4, § 6a Abs. 2) zu schließen, dass die Zuweisung an einen anderen Rechtsweg nicht erfolgt ist[328]. Die Vermögensämter entscheiden durch VA nicht nur über die Rückübertragung von Vermögenswerten oder die Aufhebung der staatlichen Verwaltung, sondern auch über die in § 3 Abs. 6 und 7, und § 6 eingeräumten Möglichkeiten sowie über die vorläufige Besitzeinweisung nach § 6a und über Entflechtungen nach § 6b. Der Verwaltungsrechtsweg ist auch eröffnet für die Streitigkeiten nach dem **VermögenszuordnungsG** (§ 6 Abs. 1 S. 1). Im **InvestitionsvorrangG** (§ 23 Abs. 1) sind Streitigkeiten aus dem investiven Vertrag und über den Anspruch des Be-

---

321   So E 39, 169.
322   BVerwGE 40, 254; ebenso BGH DVBl. 1969, 204 für LBG; NJW 1966, 493 für BBauG; NJW 1969, 1068 für wasserrechtliche Maßnahmen; NJW 1972, 157 für Bundesstraßen.
323   Zum Begriff vgl. BVerwGE 12, 87; BVerfGE 58, 300 zur Nassauskiesung.
324   BGHZ 29, 95.
325   Kritisch dazu Eyermann/Rennert Rn. 113.
326   § 40 Abs. 1; vgl. auch BVerwGE 50, 333 zur Entschädigung nach dem FlurbG; München BayVBl. 1976, 497 zur Entschädigung nach § 96 BayBO; vgl. dazu Knack/Meyer § 48 Rn. 117; Kopp/Ramsauer § 48 Rn. 4.
327   BVerwGE 77, 295; E 84, 257; E 94, 1 zu Art. 36 BayNatSchG; vgl. auch BVerfGE 79, 174; ebenso Schoch/Ehlers Rn. 525; Lege NJW 1995, 2745; Maurer DVBl. 1991, 781; Schoch JZ 1995, 768; a.A. jedoch BGH NJW 1995, 964; Stern Rn. 66; Schenke NJW 1995, 3145, der zu Recht Entscheidung des GemS für erforderlich hält.
328   Vgl. BVerfG VIZ 1992, 401.

rechtigten auf den Gegenwert des Vermögensgegenstandes (§ 16), soweit nicht durch Bescheid entschieden wird, den Zivilgerichten zugewiesen, im Übrigen ist auch hier der Verwaltungsrechtsweg gegeben[329]. Auch bei der Entziehung der Verwaltungsbefugnis über Vermögen und der Anordnung der treuhänderischen Verwaltung nach § 20b DDR-ParteienG ist der Verwaltungsrechtsweg gegeben[330]. Eine ausdrückliche Zuweisung an die **Zivilgerichte** enthält § 7 Abs. 8 S. 2 VermögensG für Streitigkeiten über den **Wertausgleich.**

Bei **Streitigkeiten, die nicht von § 37 Abs. 1 VermögensG erfasst sind,** muss **45c** im Einzelfall geprüft werden, inwieweit sie Rechtsbeziehungen betreffen, die öffentlich-rechtlicher (vgl. Rn. 6) oder zivilrechtlicher Natur sind[331]. Ansprüche, die sich auf die Unwirksamkeit von besatzungsrechtlichen oder besatzungshoheitlichen Enteignungen stützen, können vor den Zivilgerichten nicht geltend gemacht werden[332]; auch neben dem durch §§ 1, 3 VermögensG begründeten Restitutionsanspruch hat der BGH einen zivilrechtlichen Eigentumsherausgabeanspruch nur dann bejaht, wenn dieser auf einem Rechtsverhältnis beruhen kann, das auf einem nicht vom VermögensG erfassten Lebenssachverhalt beruht[333].

Die **Zivilgerichte** entscheiden über **Entschädigungsansprüche** nach §§ 58f **46** **BundesleistungsG,** § 59 **LandbeschaffungsG,** § 25 **SchutzbereichsG,** und nach § 9 des **G. über die Kontrolle von Kriegswaffen** vom 20.4.1961 – BGBl. I S. 444. Das Gleiche gilt für die sog. **Stationierungsschäden**[334] oder nach § 24 **WertausgleichsG** für Entscheidungen, die die Festsetzung des Ausgleichs und der Sicherheitsleistung betreffen, während für alle übrigen Streitigkeiten aus diesem Gesetz der **Verwaltungsrechtsweg** gegeben ist (§ 23).

Die **Zivilgerichte** entscheiden über **Entschädigungsansprüche wegen recht- 47 mäßiger Inanspruchnahme als Nichtstörer** auf Grund von landesrechtlichen Zuweisungen im Polizei- und Ordnungsrecht[335]. Das Gleiche gilt für Ansprüche auf Schadensausgleich gegen die Bundesrepublik nach dem **BundesgrenzschutzG,** während für den Anspruch des Bundes auf Aufwendungsersatz der Verwaltungsrechtsweg gegeben ist (§ 55 BGSG). Wird im **Gewerberecht** eine gewerbliche Anlage wegen überwiegender Nachteile und Gefahren für das Gemeinwohl untersagt (§ 51 Abs. 1 GewO), entscheiden über den Entschädigungsanspruch die Zivilgerichte, ebenso nach dem **Bun-**

---

329 Vgl. BVerwG NJW 1993, 1874, vgl. dazu Uechtritz DVBl. 1995, 9.
330 Berlin DVBl. 1992, 280; VG Berlin NJW 1991, 1970; zur Reichweite der Treuhandverwaltung vgl. BVerwG DVBl. 1993, 849; zur Zuständigkeit der Unabhängigen Kommission vgl. Berlin LKV 1993, 31.
331 Vgl. z.B. BezG Dresden LKV 1993, 174: Unterlassungspflicht auf Grund der Verfügungsbeschränkungen des § 3 Abs. 3 S. 1 VermG ist zivilrechtlich; ebenso Berlin NJW 1991, 715; Kohler VIZ 1992, 130; a.A. BezG Chemnitz VIZ 1992, 145; KG NJW 1991, 360; BezG Dresden LKV 1992, 381: Streit um Komplettierungsbedarf ist zivilrechtlich; dagegen öffentlich-rechtlich: BezG Dresden LKV 1992, 60 für Vergabe von Grundstücken durch Gemeinde nach DDR-VO v. 11.7.1990; BezG Leipzig DtZ 1993, 218 für Übernahmevertrag einer Gärtnerei zur Sicherung von sozialistischen Produktionsverhältnissen.
332 BGH NJW 1996, 591.
333 BGH NJW 1993, 389; VIZ 1993, 22; dazu – krit. – und insgesamt vgl. M. Redeker/Hirtschulz, in: Fieberg/Reichenbach, VermG § 37 Anm. 16 m. vielen N.; zur Entwicklung des Vermögens- und Investitionsrechts Messerschmidt NJW 1997, 2725; NJW 1998, 3016; NJW 1999, 3302.
334 Vgl. VG Darmstadt NJW 1959, 1002.
335 Z.B. §§ 57, 58 PolG BW.

desbergG (§ 144), bei Widerruf der Genehmigung nach § 21 Abs. 6 **BundesimmissionsschutzG**, bei Ausgleichsansprüchen nach § 24 Abs. 2 BBodenschutzG[336] und für Eingriffe auf Grund des **WasserhaushaltsG** und der wasserrechtl. Vorschriften der Länder.

48 Das **InfektionsschutzG** enthält in §§ 56 ff. eine Fülle von spezialgesetzlichen Verweisungen hinsichtlich des Rechtsweges bei Entschädigungsleistungen[337]. Über Entschädigungsansprüche nach dem **TierseuchenG** (§ 66) entscheiden die Verwaltungsgerichte (§ 72b). Für Streitigkeiten über Entschädigungsansprüche nach dem **PflanzenschutzG** (§ 32 Abs. 4) sind dagegen die Zivilgerichte zuständig.

49 3. **Einheitliche Zuweisungen.** Im Gegensatz zu den in Rn. 42 ff. aufgeführten Zuweisungen, die zu einem gespaltenen Rechtsweg führen (vgl. Rn. 45), sehen andere Gesetze die **alleinige Zuständigkeit der Zivilgerichte** vor. Das **BauGB** weist in § 217 Abs. 1 Rechtsstreitigkeiten wegen aller VA, die in einem **Umlegungs-, Grenzregelungs-, Enteignungs-** oder **Härteausgleichsverfahren** ergehen sowie für alle im BauGB sonst noch vorgesehenen VA, die eine Entschädigungsregelung enthalten müssen, den Zivilgerichten, und zwar den **Kammern** (Senaten) für **Baulandsachen** zu[338], die jedoch jeweils um einen Verwaltungsrichter ergänzt werden. Die Zuweisung ist nach dem **Enumerationsprinzip** erfolgt, sodass es für alle nicht in § 217 Abs. 1 BauGB aufgeführten VA beim Verwaltungsrechtsweg verbleibt[339]. Zugewiesen ist auch die Streitentscheidung beim preislimitierenden Vorkaufsrecht (§ 28 Abs. 3 BauGB; vgl. auch § 42 Rn. 63). Durch § 217 Abs. 1 S. 3 BauGB ist klargestellt, dass die **Rechtswegzuweisung auch für Verpflichtungs-, Leistungs- und Feststellungsklagen** gilt. § 232 BauGB ermächtigt die Länder, durch Gesetz den Baulandgerichten auf Landesrecht beruhende oder nach Landesrecht vorgenommene Enteignungs- und Entschädigungsverfahren, einschließlich enteignungsgleicher Eingriffe, zuzuweisen. § 9 Abs. 3 **VerkehrswegeplanungsbeschleunigungsG**, der Enteignungsentscheidungen grundsätzlich dem BauGB (Baulandkammern) unterwirft[340], enthält den Zusatz »soweit keine landesrechtlichen Regelungen bestehen«. Damit kann, sofern das Landesrecht dies bestimmt, für Enteignungsverfahren auch der Verwaltungsrechtsweg gegeben sein. Bautzen[341] hat den Zivilrechtsweg auch bei vorzeitigen Besitzeinweisungen auf Grund von § 11 Abs. 2 EnWG in Verbindung mit dem Einigungsvertrag bejaht.

50 Den **Zivilgerichten** ist die Streitentscheidung über Ansprüche nach dem **BundesentschädigungsG** und dem **BundesrückerstattungsG** zugewiesen[342], ebenso die Entscheidungen nach §§ 54 ff. **Allgemeines KriegsfolgenG.** Die Zivilgerichte entscheiden nach §§ 63 ff. des **G gegen Wettbewerbsbeschränkungen** über die Anfechtung von VA auf dem Gebiet des Kartellrechts[343], dem **GebrauchsmusterG** (§ 27) und nach §§ 66, 133 Abs. 2 **MarkenG** in allen Rechtsfragen des Markenwesens[344]. Nach § 38 **SortenschutzG** sind die

336 Vgl. dazu Schlette VerwA 91, 41.
337 Vgl. Bales/Baumann/Schnitzler, InfektionsschutzG §§ 56 ff.
338 Zur verfassungsmäßigen Zulässigkeit vgl. BVerfGE 4, 387.
339 Vgl. Battis/Krautzberger/Löhr, BauGB § 217 Rn. 2.
340 BVerwG Buchh. 407.3 § 9 VerkPBG Nr. 2.
341 VIZ 1998, 702.
342 Vgl. BVerwG Buchh. 310 § 40 VwGO Nr. 135 zu § 183 BEG.
343 Vgl. BGHZ 117, 209: für alle Klagearten.
344 VG Berlin LKV 2003, 437.

Zivilgerichte auch für Sortenschutzstreitsachen zuständig; über VA in **Landwirtschaftssachen** nach dem **GrundstücksverkehrsG** und dem **LandpachtverkehrsG** entscheiden ebenfalls die Zivilgerichte (Landwirtschaftsgericht, vgl. § 1 G über das gerichtliche Verfahren in Landwirtschaftssachen), gleichfalls über VA der Standesbeamten nach § 50 **PersonenstandsG.**

Die **Zivilgerichte** sind in **Notarsachen** nicht nur Berufsgerichte für die Notare, sondern entscheiden auch über die nach der Bundesnotarordnung ergangenen VA (§ 111 BNotO); dazu zählen z.B. die Entscheidungen der Landesjustizverwaltung über die Ernennung zum Notarassessor, die Bestellung zum Notar, die Nebentätigkeit, die Zuweisung des Amtssitzes oder die Amtsenthebung[345]. Auch in **Rechtsanwaltssachen** sind die Zivilgerichte (Anwaltsgerichtshof) Berufsgerichte[346]. Auch hier ist ihnen die Entscheidung über VA der Landesjustizverwaltung im Vollzug der Bundesrechtsanwaltsordnung zugewiesen worden, auch über die Nichtigkeit von Wahlen und Beschlüssen des Vorstandes, des Präsidiums oder der Versammlung der Rechtsanwaltskammer und des Präsidiums oder der Hauptversammlung der Bundesrechtsanwaltskammer (vgl. § 223 BRAO; für Zulassungssachen § 37 BRAO). BVerwG[347] hat auch Verwaltungsrechtsweg für Klage gegen »Vortrittslisten« einer Rechtsanwaltkammer verneint. **51**

4. Im **Post- und Telekommunikationswesen,** ebenso wie im **Multimediabereich** werden die Rahmenbedingungen der privatrechtlichen Benutzungsverhältnisse grundsätzlich durch VA festgelegt. Zuständige Behörde ist auf Bundesebene die **Regulierungsbehörde für Telekommunikation und Post** (§ 66 TKG; § 44 PostG), die in besonderen Fällen ihre Befugnisse auf einen beliehenen Unternehmer übertragen kann. Nach dem Mediendienste-Staatsvertrag ist in den Ländern zuständige Behörde die nach Landesrecht bestimmte Aufsichtsbehörde. Die Regulierungsbehörde regelt durch VA insbesondere die Erteilung und den Widerruf von Lizenzen (§§ 8, 15 TKG; §§ 6, 9 PostG), den Widerspruch gegen allgemeine Geschäftsbedingungen (§ 23 TKG), die Auferlegung von Universaldienstleistungen (§ 19 TKG; § 13 PostG), die Entgeltgenehmigung (§ 27 TKG; § 22 PostG), die Zulassung von Sendeanlagen (§ 64 TKG), die Genehmigung von Zertifizierungsstellen nach § 4 SignaturG[348] oder den Erlass von Gebührenbescheiden. Als Aufsichtsbehörde überwacht die Regulierungsbehörde die Einhaltung der Gesetze (§ 71 TKG; § 32 PostG), wobei ihr bei einem Verstoß unterschiedliche Maßnahmen zur Verfügung stehen (vgl. § 72 TKG; § 45 PostG). Nach dem Mediendienste-Staatsvertrag (§ 18) übt die nach Landesrecht bestimmte Behörde die Aufsicht aus. Im Einzelnen vgl. die in Rn. 25 angegebene Literatur. **52**

5. § 3 des **G über das gerichtliche Verfahren bei Freiheitsentziehung** vom 29.6.1956 (BGBl. I S. 599) weist die Anordnung der Freiheitsentziehung den Zivilgerichten zu[349]; entsprechende Regelungen enthalten die Ländergesetze über die Unterbringung für Behinderte- und Suchtkranke. Die Gesetze über das **Verwaltungsvollstreckungsverfahren** enthalten für die Anordnung der **53**

---

345   Vgl. BVerwG Buchh. 310 § 40 VwGO Nr. 116; BGHZ 115, 275.
346   Zur Zulässigkeit: BVerfGE 26, 186; BGHZ 34, 244; BVerwG DÖV 1974, 430 zum Rügebescheid; Münster NJW 1995, 3403; Lüneburg NJW 1996, 869, jeweils zur Zuständigkeit; vgl. auch München NJW 1995, 674 zur Aufforderung an Patentanwalt, Mitgliedschaft in berufsständischen Verbänden zu beenden.
347   NJW 1984, 191.
348   Vgl. dazu Fischer NVwZ 1999, 1284.
349   Vgl. BVerwGE 62, 317.

Ersatzzwangshaft oder der Erzwingungshaft, die entsprechend Art. 104 Abs. 2 GG vom Richter vorgenommen werden muss, z. T. auch Zuweisungen an die Zivilgerichte[350]. Das VwVG des Bundes (siehe Anhang I, 3) belässt es in § 16 Abs. 1 bei der Zuständigkeit des VG; vgl. auch § 169 Rn. 10.

54 6. Nach § 23 EGGVG sind die **Zivilgerichte zuständig für** Anfechtungs- und Verpflichtungsklagen gegen **Justizverwaltungsakte** auf den Gebieten des bürgerlichen Rechts einschließlich des Handelsrechts, des Zivilprozesses und der freiwilligen Gerichtsbarkeit[351]. Mit dieser durch § 179 geschaffenen Regelung ist der Streit über den Rechtsweg für Klagen gegen JustizVA unabhängig von der Klageart geklärt. Über die Befreiung von Eheverboten[352], die Anerkennung ausländischer Urteile in Ehesachen[353] und die Anerkennung freier Ehen rassisch und politisch Verfolgter[354] entscheiden die Zivilgerichte. Als JustizVA werden auch angesehen die Entscheidung über einen Reisekostenantrag[355], die Ablehnung der Akteneinsicht durch Dritte[356], die Ablehnung der Herausgabe eines Tonbandes[357], dagegen nicht der Beschluss des Präsidiums über den Geschäftsverteilungsplan[358], auch nicht die Verfügung des Amtsgerichtspräsidenten, die einem Inkassobüro eine bestimmte Art von Werbung untersagt[359]. Für die Klage des Richters im Streit um die Rechtmäßigkeit des Geschäftsverteilungsplans (§ 21e GVG) hat Mannheim den Verwaltungsrechtsweg bejaht, da es sich nicht um eine Angelegenheit handelt, die unter § 23 EGGVG fällt[360], das BVerwG[361] hat diese Auffassung bestätigt[362].

55 Für **Justizverwaltungsakte** auf anderen als den in § 23 EGGVG aufgeführten Gebieten, insbesondere **der Justizbehörden der anderen Gerichtszweige**, ist weiterhin der **Verwaltungsrechtsweg** gegeben. Das gilt auch, wenn der JustizVA weiter reicht als die in § 23 EGGVG genannten Gebiete. So sind die Verwaltungsgerichte zuständig, wenn es sich um die Erteilung einer Erlaubnis nach dem RechtsberatungsG handelt[363].

III. Strafgerichte

56 Die Rechtswegregelung enthält § 13 GVG. Danach entscheiden die Strafgerichte in Strafsachen, soweit nicht kraft ausdrücklicher Vorschrift Verwaltungsbehörden Strafverfügungen erlassen können. Nach § 23 EGGVG entscheiden die Strafgerichte, soweit sie nicht bereits auf Grund anderer Vorschriften angerufen werden können (Abs. 3), auch über Anfechtungs-

---

350 Vgl. dazu Drews/Wacke/Vogel/Martens, Gefahrenabwehr, 9. Aufl., S. 522 u. 558.
351 Vgl. Schoch/Ehlers Rn. 585 ff.
352 Vgl. OLG Celle NdsRpfl. 1961, 274; auch BVerwGE 10, 340; Münster NJW 1953, 1240.
353 Vgl. OLG München NJW 1962, 2013; auch BVerwGE 6, 86; BGHZ 20, 323.
354 Vgl. BVerwGE 6, 167; BGHZ 22, 65.
355 BGHZ 64, 139.
356 OLG Celle NJW 1990, 1802.
357 OLG München MDR 1961, 436.
358 OLG Köln JMBlNW 1963, 19.
359 Mannheim ESVGH 18, 152.
360 DVBl. 1973, 891.
361 E 50, 11.
362 Kritisch zur Eröffnung des Rechtsweges Erichsen VerwA 68, 179; vgl. auch § 47 Rn. 16.
363 Vgl. BVerwG NJW 1999, 440.

und Verpflichtungsklagen gegen **Justizverwaltungsakte** auf dem Gebiet der Strafrechtspflege sowie gegen VA der Vollzugsbehörden im Vollzug der Freiheitsstrafen, der Maßregeln der Sicherung und Besserung, des Jugendarrests und der Untersuchungshaft, einschließlich der Frage, ob ein JustizVA vorliegt[364], **anders dagegen**, wenn dabei keine Aufgabe auf dem Gebiet der Strafrechtspflege wahrgenommen wird[365].

Bei Streitigkeiten über **polizeiliche Strafverfolgungshandlungen,** die die **57** Grundlage für das staatsanwaltschaftliche Ermittlungsverfahren und danach für das gerichtliche Strafverfahren bilden, wird jetzt überwiegend der Begriff der Justizbehörde funktionell gesehen und deshalb der Verwaltungsrechtsweg verneint[366]. Es ist zu unterscheiden zwischen Maßnahmen der **repressiven Strafrechtspflege**, für deren Anfechtung die **ordentlichen Gerichte zuständig sind**[367] und Maßnahmen der **präventiven Gefahrenabwehr**, für die der **Verwaltungsrechtsweg eröffnet ist**[368]. Zum Dualismus von Strafvollzug und Sozialhilfe bei Krankenhausunterbringung im Vollzug einer strafrechtlichen Entscheidung vgl. BVerwGE 32, 271; 37, 87. Das **Gesetz über Ordnungswidrigkeiten** hat den Strafgerichten die Entscheidung über die Anfechtung von Anordnungen, Verfügungen und sonstigen Maßnahmen, die von der Verwaltungsbehörde in Bußgeldverfahren getroffen werden (§ 62 OWiG) sowie über die Anfechtung der Kostenfestsetzung und des Ansatzes der Gebühren und Auslagen (§ 108 OWiG) zugewiesen; zu den Besonderheiten des Vollstreckungsverfahrens siehe §§ 89 ff. OWiG. Eine **dem öffentlichen Recht** im Sinne von § 40 Abs. 1 Satz 1 angehörende Frage, für die damit der Verwaltungsrechtsweg gegeben ist, verliert ihre diesbezügliche Rechtsna-

---

364 BVerwGE 49, 221 für Ablehnung der Begnadigung gegenüber Maßnahmen der Strafjustiz; BVerwG NJW 1991, 649 für Rechtshilfeersuchen eines ausländischen Strafgerichts; Hamburg NJW 1993, 1153 für Rechtsschutz gegen Baumaßnahmen in Justizvollzugsanstalt; München NJW 1995, 2940 gegen als herabsetzend empfundene Passagen in einem strafrechtlichen Beschluss; Schleswig NJW 1994, 1299 über Zulässigkeit von Filmaufnahmen im Gerichtsraum; Münster NJW 1977, 1790 für Sperrvermerk in Akten der Anklagebehörde nach § 96 StPO.
365 BVerwG DVBl. 1984, 836; E 75,1 für Vorlage von Verfassungsschutzakten; BGH NJW 1998, 3577 für Aufdecken der geheim gehaltenen Identität einer Auskunftsperson; Mannheim NJW 1997, 1866 für Auskunft über Maßnahmen zur Beschränkung des Postverkehrs; Weimar DÖV 1999, 879 für nachträgliche Feststellung der Ingewahrsamnahme; Mannheim NJW 1991, 2097, NJW 1994, 1362 für Sperrerklärung entsprechend § 96 StPO, a.A. OLG Celle NJW 1991, 856; vgl. insgesamt Schoch/Ehlers § 40 Rn. 605 ff.; im Übrigen Rn. 6.
366 BVerwGE 47, 255; Hamburg NJW 1970, 1699 für Feststellung der Rechtswidrigkeit pol. Verhaltens während Vernehmung im Auftrag der Staatsanwaltschaft; Mannheim NJW 1969, 1319 für Auskunftsverlangen an Zentrale Stelle der Landesjustizverwaltungen; München VGH n.F. 19, 155; Eyermann/Rennert Rn. 130.
367 Vgl. Münster NJW 1980, 855 für beobachtende Fahndung der Polizei.
368 Vgl. BVerwGE 26, 169; 66, 192; 66, 202; Hamburg DVBl. 1977, 253; Münster NJW 1972, 2147, alle zur Aufbewahrung erkennungsdienstlicher Unterlagen der Kriminalpolizei; BVerwG NJW 1990, 2765 zur Auskunftserteilung über personenbezogene Daten; BVerwG NJW 1989, 412 zur Klage auf Widerruf einer von der Staatsanwaltschaft abgegebenen Presseerklärung, m. abl. Anm. Wasmuth NStZ 1990, 13; BVerwG NJW 1992, 62; a.A. für Presseerklärung der Polizei OLG Karlsruhe NJW 1995, 899; München BayVBl. 1991, 657 für Löschen von Feststellungen in polizeilichen Ermittlungsakten nach Verfahrensabschluss, a.A. Koblenz NJW 1994, 2108 für Vernichtung erkennungsdienstlicher Unterlagen in den Strafakten der Staatsanwaltschaft; vgl. auch Bader/v. Albedyll Rn. 103, sowie § 42 Rn. 158.

tur nicht dadurch, dass von ihrer Beantwortung auch strafrechtliche oder bußgeldrechtliche Bewertungen abhängen[369].

IV. Arbeitsgerichte

58 Die **Rechtswegregelung** für die Arbeitsgerichte ist in § 2 ArbGG enthalten (vgl. dazu insgesamt Schoch/Ehlers § 40 Rn. 651 ff.). Danach sind die Arbeitsgerichte insbesondere zuständig für bürgerlich-rechtliche Streitigkeiten zwischen Tarifvertragsparteien, zwischen Arbeitnehmern und Arbeitgebern aus dem Arbeitsverhältnis einschließlich der mit diesem zusammenhängenden unerlaubten Handlungen[370]. Arbeitnehmer sind Angestellte, Arbeiter und Lehrlinge (§ 5 ArbGG), unabhängig davon, ob sie im privaten oder öffentlichen Dienst beschäftigt sind[371]; auch wenn ein Angestellter ins Beamtenverhältnis übernommen worden ist, sind die Ansprüche aus dem früheren Angestelltenverhältnis vor den Arbeitsgerichten geltend zu machen[372]. Das Angestelltenverhältnis wird nicht dadurch öffentlich-rechtlich, dass vertraglich das Beamtenrecht oder beamtenrechtliche Bezeichnungen, Vergütung entsprechend dem Besoldungsrecht oder Versorgung nach beamtenrechtlichen Grundsätzen, wie bei den dienstordnungsmäßigen Angestellten der Sozialversicherungsträger, vereinbart wird; es bleibt auch insoweit bei dem Rechtsweg zu den Arbeitsgerichten; das gilt auch für die Klage eines Angestellten auf Übertragung des Dienstpostens einer höheren Besoldungsgruppe[373]. Ebenso sind **Erstattungsbescheide,** die gegen Arbeiter oder Angestellte im öffentlichen Dienst nach dem ErstattungsG ergehen, vor den Arbeitsgerichten anzufechten[374], da § 8 Abs. 1 ErstattungsG, der auch diese Streitigkeiten den Verwaltungsgerichten zuweist, nicht in Kraft getreten ist.

59 Die **Arbeitsgerichte sind zuständig,** soweit **Versorgungsansprüche** sich **aus oder in Verbindung mit dem Arbeitsverhältnis** der im öffentlichen Dienst beschäftigten Arbeitnehmern ergeben: so etwa bei der Versorgungsanstalt der Deutschen Bundespost[375], bei der Versorgungsanstalt des Bundes und der Länder[376]. Ferschen[377] überträgt die Ergebnisse dieser Rechtsprechung auch auf das beamtenrechtlichen Grundsätzen angeglichene Zusatzversicherungsverhältnis[378]. Zur Rechtswegzuweisung an die Sozialgerichte vgl. Rn. 62. Für Streitigkeiten aus dem **ArbeitssicherstellungsG** ist nach § 27 Abs. 1 ArbSG der **Verwaltungsrechtsweg** eröffnet.

60 Die **Arbeitsgerichte** sind weiter **zuständig für** Streitigkeiten aus dem **BetriebsverfassungsG.** Im Bereich des öffentlichen Dienstes sind jedoch nach dem BundespersonalvertretungsG stets die Verwaltungsgerichte zuständig, auch wenn es sich um Streitigkeiten über Angelegenheiten der Arbeitnehmer handelt (vgl. §§ 83 Abs. 1, 106 BPersVG; § 187 Rn. 2).

---

369 BVerwGE 77, 207 zur Feststellungsklage; eingehend dazu Schenke/Roth WiVerw 1997, 81.
370 Vgl. BAG NJW 1997, 1722.
371 Vgl. Koblenz DVBl. 1992, 113 für Angestelltenprüfung II in RhPf.
372 Münster DÖV 1974, 30.
373 Koblenz DVBl. 1998, 648.
374 BVerwGE 38, 1; München BayBVl. 1955, 182; BAG NJW 1966, 2185.
375 BSGE 21, 5.
376 BSGE 34, 226; vgl. auch BGHZ 48, 35 m. krit. Anm. Rupp JZ 1967, 605.
377 NJW 1973, 1640.
378 A.A. Bethge, NJW 1973, 534.

V. Sozialgerichte

Die Rechtswegregelung für die Sozialgerichtsbarkeit enthält § 51 SGG. **61** Nach § 51 Abs. 1 SGG **entscheiden die Sozialgerichte** über öffentlich-rechtliche Streitigkeiten **in Angelegenheiten der Sozialversicherung**[379]**, der Arbeitslosenversicherung** und **der übrigen Aufgaben der Bundesagentur für Arbeit** sowie der **Kriegsopferversorgung**[380]. Durch das GesundheitsreformG ist § 51 Abs. 2 S. 1 SGG neu gefasst worden. Danach **entscheiden die Sozialgerichte** in Streitigkeiten, die **in Angelegenheiten nach dem Fünften Buch Sozialgesetzbuch** (Gesetzliche Krankenversicherung) entstehen, auf Grund der Beziehungen zwischen Ärzten, Zahnärzten, Krankenhäusern und Krankenkassen, einschließlich ihrer Vereinigungen und Verbände, desgleichen über Entscheidungen der gemeinsamen Gremien von Ärzten, Zahnärzten, Krankenhäusern oder anderen Leistungserbringern und Krankenkassen sowie des Großgeräteausschusses; dazu zählt auch die Klage auf Zustimmung zur gesonderten Berechnung von Investitionsaufwendungen eines Pflegeheims gegenüber den Heimbewohnern[381]; schließlich bei Streitigkeiten über Entscheidungen oder Verträge der Krankenkassen oder ihrer Verbände; in allen Fällen auch, soweit Dritte betroffen sind. **Ausgenommen von dieser Zuständigkeit** sind nur Streitigkeiten, die auf Grund einer Kündigung von Versorgungsverträgen entstehen, die für Hochschulkliniken oder Plankrankenhäuser gelten (§ 108 Nr. 1 u. 2 Fünftes Buch SGB), sowie Streitigkeiten auf Grund einer Zuordnung von medizinisch-technischen Großgeräten zu Hochschulkliniken oder Plankrankenhäusern (§ 122 SGB V).

Bei der Bezugnahme auf die **übrigen Aufgaben der Bundesagentur für Arbeit 62** in § 51 Abs. 1 SGG kann es sich, wie aus den ausdrücklich genannten Bereichen ersichtlich ist, nur um solche Aufgaben handeln, die der Bundesagentur als Selbstverwaltungsaufgaben zugewiesen sind; bei der Übertragung von Auftragsangelegenheiten, wie etwa im Bereich des Kindergeldes, ist eine ausdrückliche Rechtswegzuweisung erforderlich[382]. Die Zuweisung einer Aufgabe an die Bundesagentur allein genügt insoweit nicht den Anforderungen des § 40 Abs. 1 Satz 1.

Zu den Streitigkeiten der **Kriegsopferversorgung** zählen alle Ansprüche nach **63** dem **BundesversorgungsG**. Die Sozialgerichte sind hier zuständig, soweit es sich nicht um Maßnahmen auf dem Gebiet der sozialen Fürsorge nach §§ 25 bis 27 BVG handelt, für die der Verwaltungsrechtsweg gegeben ist[383]. Die gleiche Rechtswegregelung gilt, soweit in anderen Gesetzen für Versorgungs- oder Entschädigungsregelungen auf das BVG verwiesen wird, wie in § 88 Abs. 7 **SoldatenversorgungsG** (vgl. Rn. 32); § 60 Abs. 1 **InfektionsschutzG** (vgl. Rn. 48); § 7 Abs. 2 **OpferentschädigungsG**. Für Streitigkeiten nach dem SGB IX ist der Sozialgerichtsweg nur eröffnet, soweit die Arbeitsverwaltung entscheidet, im Übrigen sind die Verwaltungsgerichte zuständig.

Der **Sozialgerichtsbarkeit durch Gesetz zugewiesen** (vgl. § 51 Abs. 4 SGG) **64** sind Streitigkeiten nach § 27 Abs. 1 **BundeskindergeldG,** auch soweit das Gesetz noch nicht von der Bundesagentur für Arbeit, sondern von den in § 45

---

379 Vgl. Münster NJW 1995, 804 zur Ausnahmegenehmigung nach § 30 Abs. 1 S. 1 Nr. 2 GesStrukturG.
380 Vgl. insgesamt Schoch/Ehlers § 40 Rn. 658 ff.
381 BVerwG Buchh. 310 § 40 VwGO Nr. 287.
382 So § 27 BundeskindergeldG; vgl. Meyer-Ladewig, SGG § 51 Anm. 32.
383 § 51 Abs. 2 SGG; vgl. München VGH n.F. 14, 75.

Abs. 1 des Gesetzes bezeichneten Stellen durchgeführt wird, nach § 10 G
über Errichtung einer **Zusatzversorgungskasse** für Arbeitnehmer in der
Land- und Forstwirtschaft, desgleichen nach § 15 G zur Neuregelung der
Hüttenknappschaftlichen Pensionssicherung Saar. Den **Sozialgerichten** sind
weiter zugewiesen Streitigkeiten nach § 19 **EntwicklungshelferG,** nach dem
LohnfortzahlungsG (§ 51 Abs. 3 SGG) und nach dem **HäftlingshilfeG,** soweit nicht nach diesem Gesetz (§ 10 Abs. 3 S. 4) die Verwaltungsgerichte zuständig sind; dies ist bei einfachen und zusätzlichen Eingliederungshilfen
nach § 9a und § 9b HHG sowie bei Entscheidungen der Stiftung für ehemalige politische Häftlinge der Fall. Bei Häftlingshilfe im Wege des Härteaus-
gleichs[384] sind, wenn die oberste Landesbehörde als eine Behörde der Versor-
gungsverwaltung tätig geworden ist, die Sozialgerichte zuständig[385]. Nach
§ 20 des G über die **Stiftung Hilfswerk für behinderte Kinder** sind für Streitigkeiten aus diesem Gesetz die Zivilgerichte zuständig.

65   Die **Rechtswegzuweisung** an die Sozialgerichte **bezieht sich auf** die so
genannten **klassischen Zweige der Sozialversicherung**[386]. Soweit keine ausdrückliche gesetzliche Zuweisung vorliegt, kann der Rechtsweg zu den
Sozialgerichten für öffentlich-rechtliche Streitigkeiten nicht kraft Sachzusammenhangs eröffnet werden. Der **Verwaltungsrechtsweg** ist daher gegeben
bei Streit um die Zulassung als Prozessagent bei den Sozialgerichten[387],
Ersatzverlangen nach § 29 und § 43 BSHG (ab 1.1.2005: SGB XII) gegen den
zum gesetzlichen Unterhalt Verpflichteten[388], bei Pflegesatzvereinbarungen
im Sinne von § 93 Abs. 2 BSHG[389], bei Entscheidungen der Landeswohl-
fahrtsverbände, von zugelassenen Pflegeeinrichtungen eine Umlage zu fordern[390], weiter um die Mitgliedschaft und Beitragspflicht zum Versorgungswerk der Ärztekammer[391], die Beitragspflicht zur Insolvenzsicherung bei
betrieblicher Altersversorgung[392], die Verfolgung von Ansprüchen aus einer
Stiftung des öffentlichen Rechts[393], den Ersatzanspruch des Rentenberech-
tigten gegen den Fürsorgeverband[394], die Investitionsförderung für Pflegeeinrichtungen[395], sowie bei Klagen, die die Ernennung von Geschäftsführern
der Landesversicherungsanstalten zu unmittelbaren Landesbeamten betreffen[396]. Ausdrücklich den Verwaltungsgerichten zugewiesen sind nach § 49
SchornsteinfegerG die Angelegenheiten der Zusatzversorgung im Schorn-
steinfegerhandwerk.

---

384   Vgl. dazu BVerwGE 42, 279.
385   BVerwGE 42, 272.
386   BVerwGE 17, 74, NJW 1963, 2242.
387   BVerwGE 40, 112; Hamburg NJW 1961, 1421.
388   BVerwGE 38, 205; verneinend jedoch NJW 1994, 1169 für Erklärungen des Sozial-
       hilfeträgers, sich gegenüber dem Vermieter zur Befriedigung fälliger Mietzinsen zu
       verpflichten.
389   BGH DVBl. 1992, 615, vgl. auch BVerwGE 100, 230 zur Anfechtung der Genehmi-
       gung einer rückwirkenden Pflegesatzerhöhung.
390   Mannheim DVBl. 1998, 1142.
391   BVerwG NJW 1964, 463; Münster OVGE 17, 123.
392   BVerwGE 64, 248.
393   Berlin EOVG 5, 102; vgl. auch München VGH n.F. 13, 20.
394   BVerwGE 4, 215; BSGE 2, 23.
395   BVerwG DVBl. 1999, 1045.
396   BSGE 12, 208.

VI. Finanzgerichte

Die Rechtswegregelung für die Finanzgerichtsbarkeit ist in § 33 FGO enthal- **66**
ten. Danach sind die **Finanzgerichte** zuständig zur Entscheidung in öffentlich-rechtlichen Streitigkeiten über **Abgabenangelegenheiten,** soweit die Abgaben der Gesetzgebung des Bundes unterliegen und durch Bundes- oder
Landesfinanzbehörden verwaltet werden; über die **Vollziehung von VA** in anderen als Abgabenangelegenheiten, soweit die VA durch Bundes- oder Landesfinanzbehörden nach den Vorschriften der AO zu vollziehen sind und
nicht ausdrücklich ein anderer Rechtsweg vorgesehen ist; in **berufsrechtlichen Streitigkeiten** über Rechtsverhältnisse nach dem Zweiten und Sechsten
Teil des **SteuerberatungsG**[397] auch über die Zulässigkeit der Hilfeleistungen
in Steuersachen, soweit nicht auch dort ein anderer Rechtsweg vorgeschrieben ist; schließlich in anderen öffentlich-rechtlichen Streitigkeiten, für die
durch Bundes- oder Landesgesetz der Finanzrechtsweg durch **Zuweisung**
eröffnet ist. Als Abgabenangelegenheiten gelten alle mit der Verwaltung der
Abgaben (d.h. Steuern, Gebühren, Beiträge) oder sonst mit der Anwendung
der abgabenrechtlichen Vorschriften durch die Finanzbehörden zusammenhängenden Angelegenheiten[398] einschließlich der Zollverwaltung[399] und
der Verwaltung der Finanzmonopole[400].

Für **kommunale Abgaben** (Steuern) ist dagegen nicht der Finanz-, sondern **67**
der **Verwaltungsrechtsweg** gegeben[401]; werden jedoch die den Gemeinden
zufließenden Steuern auch von den staatlichen Finanzbehörden verwaltet, ist
wiederum der **Finanzrechtsweg** eröffnet[402]. Auch über das Verlangen der
Gemeinde, die Lohnsteuerkarte zur Berichtigung vorzulegen, entscheiden die
Finanzgerichte[403]. Die Finanzgerichte entscheiden auch über Verfügungen
der Hauptzollämter im Verfahren zur Festsetzung des Branntweinübernah-
mepreises nach dem BranntweinmonopolG[404], dagegen ist der **Verwaltungsrechtsweg** eröffnet für Klagen der Zollämter wegen Versagung von Werbe-
maßnahmen[405] oder gegen VA der Zollbehörden über die Einfuhrfähigkeit
von Wein[406]; auch für Streitigkeiten über Subventionen und für die Erteilung
steuerrechtlich erheblicher Bescheinigungen[407].

Ausdrücklich zugewiesen ist den **Finanzgerichten durch Bundesgesetz** die **68**
Entscheidung über VA der Finanzbehörden nach dem **BerlinförderungsG**
(§ 19 Abs. 10, § 29 Abs. 7), dem **BergmannsprämienG** (§ 3 Abs. 3), dem

---

397 BVerwGE 20, 334 für Streit zwischen Berufskammer und Mitglied; verneint für
     Kammerbeiträge: Lüneburg OVGE 21, 473.
398 Vgl. BFH NJW 1978, 78: Akteneinsicht bei Steuerfahndung.
399 Vgl. BVerwGE 21, 159.
400 Vgl. insgesamt Schoch/Ehlers § 40 Rn. 674 ff.
401 BFH NJW 1962, 1318; BVerwGE 2, 254; Stuttgart DÖV 1957, 508 zum Gewerbe-
     steuernachlass; BVerwGE 19, 125 für Billigkeitsmaßnahmen der Gemeinde.
402 München DVBl. 1962, 266; Münster OVGE 14, 350 zum Grundsteuererlass.
403 Münster DVBl. 1963, 561.
404 BVerwG NJW 1960, 978.
405 LVG Düsseldorf DÖV 1954, 732.
406 BVerwG NJW 1958, 1599; Münster OVGE 11, 207.
407 BVerwGE 79, 171; 79, 180; 79, 192 für MilchgarantiemengenVO; E 90, 350 für
     Bescheinigung über die volkswirtschaftliche Förderungswürdigkeit des Erwerbs von
     Anteilen an eigenen Kapitalgesellschaften; Kassel NJW 1973, 164 für Bescheini-
     gung nach § 1 Abs. 4 InvestitionszulagenG; anders BVerwG NJW 1970, 626; Mün-
     chen BayVBl. 1967, 322 für die von der Regierung gegenüber Finanzamt auszustel-
     lende Bescheinigung über Gewerbesteuerfreiheit bei Aufstockung landwirtschaftli-
     cher Kleinbetriebe; vgl. auch § 42 Rn. 90.

WohnungsbauprämienG (§ 8) und dem **InvestitionszulagenG** (§ 5 Abs. 8).
Durch Landesgesetz zugewiesen ist den Finanzgerichten z.B. die Entscheidung über die Anfechtung von **Kirchensteuerbescheiden** in Nordrhein-Westfalen (§ 14 KiStG), Hamburg[408] und dem Saarland (§ 16 Abs. 1 KiStG: nur so weit die Bescheide von Stellen der Kirchen erlassen werden).

VII. Dienstgerichte

69   Für die Richter im Bundes- und Landesdienst entscheiden nach dem Deutschen RichterG und den Richtergesetzen der Länder die **Dienstgerichte** des Bundes und der Länder **in Disziplinarverfahren** (§ 62 Abs. 1 Nr. 1, § 78 Nr. 1 DRiG), in Versetzungsverfahren (§ 62 Abs. 1 Nr. 2, § 78 Nr. 2 DRiG) sowie in Prüfungsverfahren (§ 62 Abs. 1 Nr. 3 u. 4, § 78 Nr. 3 u. 4 DRiG)[409]. Die Bestimmungen des DRiG gelten für die Richter des Bundesverfassungsgerichts nur nach Maßgabe des § 69 DRiG; auf die Mitglieder des Bundesrechnungshofes finden die Vorschriften über das Disziplinar- und das Prüfungsverfahren Anwendung (§ 18 G über Bundesrechnungshof). In anderen als den in §§ 62, 78 DRiG aufgeführten Fällen entscheiden über Streitigkeiten aus dem Richterverhältnis die **Verwaltungsgerichte** entsprechend den beamtenrechtlichen Regelungen (§§ 46, 71 Abs. 3 DRiG), wie z.B. in besoldungsrechtlichen Fragen, über Beihilfen, Reise- und Umzugskosten, Schadensersatzansprüche, Klagen aus Verletzung der Fürsorgepflicht, soweit nicht § 26 Abs. 3 DRiG Platz greift[410]. Kassel[411] hat auch für Entscheidungen des Richterwahlausschusses den Verwaltungsrechtsweg bejaht, wenn der abgelehnte Bewerber auf Einstellung klagt.

70   Die Dienstgerichte sind auch zuständig für **Disziplinarverfahren gegen Staatsanwälte,** gegen den Oberbundesanwalt und die Bundesanwälte beim BVerwG, den Bundesdisziplinaranwalt und den Bundeswehrdisziplinaranwalt sowie die Staatsanwälte und Landesanwälte bei den Gerichten der Verwaltungsgerichtsbarkeit der Länder (§ 122 Abs. 4 und 5 DRiG); für diese Beamten verbleibt es jedoch für die Klagen aus dem Beamtenverhältnis bei der Zuständigkeit der Verwaltungsgerichte. Die **Verwaltungsgerichte** sind auch zuständig für Rechtsstreitigkeiten aus der Bildung und Tätigkeit der **Richtervertretungen;** nur bei Rechtsstreitigkeiten aus der gemeinsamen Beteiligung von Richterrat und Personalvertretung entscheiden sie im Verfahren und in der Besetzung nach dem BPersVG (§ 60 DRiG). Entspr. Bestimmungen über den Rechtsweg in Richtervertretungssachen haben die RichterG der Länder getroffen (vgl. § 19 RiG BW; Art. 34, 45 RiG Bay; § 42 RiG Hbg.; § 28 RiG Hess.).

VIII. Disziplinargerichte

71   Die Verwaltungsgerichte entscheiden in Kammern und Senaten für Disziplinarsachen im regulären Rechtswegzug über Disziplinarsachen nach dem **BDG** (§§ 45, 64, 69 BDG) wegen schuldhafter Verletzung der Beamtenpflichten der Beamten, Ruhestandsbeamten und früheren Beamten des Bun-

---

408   Vgl. BVerwG DVBl. 1960, 105.
409   Vgl. insgesamt Schoch/Ehlers § 40 Rn. 80 ff. u. Rn. 703.
410   Zur Abgrenzung vgl. BVerwGE 67, 222 zur Verpflichtung zum Tragen einer Amtstracht; auch BGHZ 90, 41; Schmidt-Räntsch, DRiG § 26 Anm. 27.
411   DVBl. 1990, 306 m. Anm. Leiner DVBl. 1990, 1242.

des; dies gilt auch für die Rechtmäßigkeit von Disziplinarverfügungen nach dem ZivildienstG, § 66 ZDG.

Die **VG** entscheiden in den zugewiesenen Fragen des **Disziplinarrechts.** Der **72** Bund hat mit dem G zur Neuregelung des Bundesdisziplinarrechts[412] das Disziplinarrecht erheblich vereinfacht, gestrafft und die vielfältigen Sonderzuständigkeiten noch aus preußischen Zeiten abgeschafft.

In den Ländern sind die Aufgaben der **Disziplinargerichtsbarkeit** den **Verwal- 73 tungsgerichten übertragen** (vgl. § 187 Rn. 1), deren Disziplinarkammern(-senate) über die Disziplinarsachen der Landesbeamten entscheiden.

IX. Wehrdienstgerichte

Die Wehrdienstgerichte des Bundes (Truppendienstgericht, BVerwG-Wehr- **74** dienstsenat) entscheiden in Disziplinarsachen der Soldaten nach der WehrdisziplinarO sowie in den ihnen nach der Wehrbeschwerdeordnung zugewiesenen Fällen (§§ 17, 21 WBO)[413]. Die WBO unterscheidet zwischen den **Verwaltungsangelegenheiten** und den **truppendienstlichen Angelegenheiten** und weist die letzteren den Wehrdienstgerichten zu. Die Unterscheidung entspricht nicht der für das Beamtenverhältnis getroffenen Abgrenzung zwischen Grund- und Betriebsverhältnis (vgl. § 42 Rn. 72) und schränkt daher den in § 59 Abs. 1 SoldatenG eröffneten Verwaltungsrechtsweg ein. Der im Dienst befindliche Soldat[414] kann bei Streitigkeiten aus dem Wehrdienstverhältnis, die sich auf die im SoldatenG geregelten Gegenstände beziehen, nur den Rechtsweg zu den Wehrdienstgerichten beschreiten, wie etwa bei der Ablehnung der Annahme von Belohnungen, einer Nebentätigkeit[415], des Urlaubs, der Einsichtnahme in die Personalakten, einer Dienstzeitbescheinigung, auch bei dem Verbot der Ausübung des Dienstes, der unterlassenen Eröffnung einer Beurteilung und der Versetzung[416]; ebenso beim Geltendmachen eines Kinderbetreuungsurlaubs[417], anders jedoch für Erziehungsurlaub[418].

Dagegen zählen alle in den §§ 24, 25, 30, 31 SoldatenG aufgeführten Gegen- **75** stände ebenso wie die sich auf das Wehrdienstverhältnis selbst beziehenden Angelegenheiten zu den **Verwaltungsangelegenheiten,** für die der **Verwaltungsrechtsweg** gegeben ist.

X. Berufsgerichte

Berufsgerichte bestehen für **Ärzte, Zahnärzte, Tierärzte** und **Apotheker** auf **76** Grund landesrechtlicher Heilberufsgesetze und Berufsgerichtsordnungen[419], für **Wirtschaftsprüfer** nach der WirtschaftsprüferO, für **Steuerberater** und **-bevollmächtigte** nach dem SteuerberatungsG sowie für **Architekten**

---

412 V. 9.7.2001, BGBl. I S. 1510.
413 Vgl. insgesamt Schoch/Ehlers § 40 Rn. 53 ff. u. Rn. 702.
414 Vgl. BVerwG NJW 1964, 2030.
415 Vgl. BVerwGE 73, 87.
416 BVerwGE 43, 342; vgl. auch BDH DÖV 1961, 232.
417 BVerwG DVBl. 1985, 445.
418 BVerwGE 83, 113.
419 Bettermann/Walter NJW 1963, 1649; vgl. auch § 187 Rn. 1.

in den Ländern Baden-Württemberg, Bayern, Hamburg, Nordrhein-Westfalen, Rheinland-Pfalz und dem Saarland. Soweit die Berufsgerichte nicht bei den Verwaltungs- oder Zivilgerichten, sondern selbstständig errichtet sind[420], haben sie Gerichtseigenschaft nur, wenn sie die in Rn. 39 genannten Voraussetzungen erfüllen[421].

77   Die **Berufsgerichte entscheiden** in einem der Disziplinargerichtsbarkeit entsprechenden Verfahren **über Verstöße gegen die Standespflicht und die Standesehre**[422]. Die Entscheidung in berufsrechtlichen Fragen ist ihnen nicht übertragen[423]. Soweit die Berufsgerichte als schwerste Strafe die **Ausschließung aus dem Beruf** aussprechen können, kann dies zur Folge haben, dass die Bestellung kraft Gesetzes erlischt (z.B. nach § 45 Abs. 1 Nr. 3 SteuerberatungsG; § 19 Abs. 1 Nr. 3 WirtschaftsprüferO). Stellen die berufsrechtlichen Regelungen des Bundes keine solche Beziehung zu berufsgerichtlichen Entscheidungen her (wie z.B. das ZahnheilkundeG, das ApothekenwesenG, die BundesärzteO, die BundestierärzteO und die BundesapothekerO), kann in landesrechtlichen Bestimmungen über die Berufsgerichtbarkeit keine Strafe aufgenommen werden, die in das Berufsrecht eingreift (z.B. Ausschließung vom Beruf- oder zeitliches Berufsverbot), da darin ein Verstoß gegen Art. 74 Nr. 19 GG liegen würde[424].

XI. Schiedsgerichte

78   Schiedsgerichte können durch Rechtsvorschrift und durch Vereinbarung errichtet werden[425]. Bei den **durch Rechtsvorschrift errichteten** (unechten) **Schiedsgerichten** ist der Verwaltungsrechtsweg ausgeschlossen, wenn das Schiedsgericht die Eigenschaft eines Gerichts hat (vgl. Rn. 39) und die Zuweisung des Zuständigkeitsbereiches durch Gesetz erfolgte[426]; vgl. z.B. den Schiedsvertrag über die Regelung von Streitigkeiten aus dem Abkommen über die Errichtung und Finanzierung des Instituts für Bautechnik[427] oder aus dem Abkommen über die Errichtung und Finanzierung der Akademie für öffentliches Gesundheitswesen[428]. Nicht ausgeschlossen ist der Verwaltungsrechtsweg durch die Übertragung erstattungsrechtlicher Streitigkeiten an noch näher auszugestaltende Schiedsgerichte gemäß § 89h SGB VIII, § 113a BSHG (ab 1.1.2005: SGB XII), solange die das Nähere regelnde Rechtsverordnungen nicht erlassen sind[429]. Der Verwaltungsrechtsweg ist dagegen nicht ausgeschlossen, wenn die Zuständigkeit des Schiedsgerichts

---

420 Vgl. den Überblick bei Meyer-Hentschel DVBl. 1964, 55.
421 Bejaht für das Ärztliche Berufsgericht in Nds: BVerwG MDR 1959, 868; BVerwGE 4, 74; auch für die Landesberufsgerichte BW BVerwG BWVBl. 1961, 26; vgl. m. ausführl. N. Schoch/Ehlers § 40 Rn. 708 ff u. § 187 Rn. 7.
422 Vgl. Meyer-Hentschel DVBl. 1964, 53.
423 Vgl. BVerwGE 31, 307; NJW 1992, 1579 für Apotheker; zu den Berufsgerichten der Notare u. Rechtsanwälte siehe Rn. 51.
424 Bettermann/Walter NJW 1963, 1652 unter Anführung der mit dem Bundesrecht unvereinbaren Bestimmungen in Anm. 81 ff., zustimmend auch Meyer-Hentschel DVBl. 1964, 59; zum Verhältnis von strafrechtlicher Verurteilung und Bestellung vgl. BVerwG DVBl. 1961, 629; DVBl. 1963, 673 m. Anm. Ule.
425 Vgl. insgesamt in Schoch/Ehlers § 40 Rn. 718 ff.; Haueisen NJW 1962, 2129; Müller NJW 1963, 282; Woltereck DÖV 1966, 323.
426 Vgl. Rn. 37; Bader/v. Albedyll Rn. 116; Eyermann/Rennert Rn. 162.
427 GVBl. SchlH 1969 S. 1.
428 Z.B. GVBl. Berlin 1971 S. 347.
429 BVerwGE 100, 305.

auf der Satzung einer Körperschaft des öffentlichen Rechts oder einer Gebietskörperschaft beruht[430].

Die Zulässigkeit **schiedsrichterlicher Vereinbarungen** wird aus § 168 Abs. 1 **79** Nr. 5, § 187 Abs. 1 hergeleitet[431]. Das Verfahren richtet sich nach § 173 mit den Vorschriften des 10. Buches der ZPO. Soweit nach diesen Bestimmungen die Mitwirkung des Gerichts erforderlich ist, ist dies das VG, welches ohne Schiedsvereinbarung in der Sache zuständig wäre (vgl. § 168 Rn. 13). Gegenstand der Schiedsvereinbarung, die ein öffentlich-rechtlicher Vertrag ist[432], können öffentlich-rechtliche Beziehungen nur insoweit sein, als die Beteiligten über sie verfügen können[433]. Zum Schiedsgericht und Schiedsverfahren nach § 38a VermögensG vgl. M. Redeker, in: Fieberg/Reichenbach VermG § 38a Anm. 4 ff.; zum Schiedsgericht in Satzungen nach § 71 Wasserverbands G vgl. Rapsch NVwZ 1993, 534. Zum Verfahren vgl. Müller NJW 1963, 284 mit Nachweisen.

Bei der Schiedsvereinbarung handelt es sich nicht um eine Rechtswegzuweisung nach § 40 Abs. 1, sondern um ein **Prozesshindernis**, das von Amts wegen zu beachten ist[434].

Zum **Schlichtungsverfahren** vor der Aufsichtsbehörde **in Hessen** vgl. § 77 Rn. 4.

Mit dem Gesetz zur Änderung veterinärrechtlicher, lebensmittelrechtlicher **79a** und tierzuchtrechtlicher Vorschriften vom 18.12.1992 (BGBl. I S. 2022) ist durch gleich lautende Vorschriften in einer Reihe von Gesetzen die Möglichkeit eingeführt worden, dass die **Parteien** einen **Streit einvernehmlich durch den Schiedsspruch eines Sachverständigen schlichten** lassen können. Die Streitigkeit ist dann dem Sachverständigen, der in einem von der Kommission der EG aufgestellten Verzeichnis aufgeführt sein muss, binnen eines Monats nach Bekanntgabe der Maßnahme zu unterbreiten; er hat das Gutachten innerhalb von 72 Stunden zu erstatten. Auf den Schiedsvertrag und das schiedsgerichtliche Verfahren finden die §§ 1025 bis 1047 ZPO entsprechende Anwendung; Gericht im Sinne von § 1045 ZPO ist das zuständige VG. Der Schiedsspruch oder schiedsrichterliche Vergleich ist bei der zuständigen Behörde niederzulegen. Gegen den Schiedsspruch kann innerhalb eines Monats **Aufhebungsklage** bei dem zuständigen VG erhoben werden (so § 83 TierseuchenG; § 16g TierschutzG; § 22h FleischhygieneG; § 32d GeflügelfleischhygieneG; § 43b Lebensmittel- und BedarfsgegenständeG; § 19c TierzuchtG). Im Übrigen vgl. Rn. 78, 79; zur Vollstreckung § 168 Rn. 13.

§ 41 [Entscheidung über den Rechtsweg – Verweisung]

(weggefallen)

---

430 Schiedsgericht der Beamtenversorgungskasse KW DVBl. 1962, 833; Müller NJW 1963, 282; a.A. Haueisen NJW 1962, 2129.

431 Vgl. Erichsen VerwA 65, 318; Müller NJW 1963, 283; für unzulässig gehalten von Bullinger, Vertrag und Verwaltungsakt, 1962, S. 90; Lorenz, Der Rechtsschutz des Bürgers und die Rechtsweggarantie, 1973, S. 194.

432 Vgl. Haueisen NJW 1962, 2129.

433 BVerwGE 8, 329; Karlsruhe DÖV 1958, 951; Schiedsgericht der Beamtenversorgungskasse KW DVBl. 1962, 833; das für einen Einzelfall gebildete Schiedsgericht des Sachverständigenrats zur Begutachtung der gesamtwirtschaftlichen Entwicklung DÖV 1973, 852, dazu Scholz DÖV 1973, 843; vgl. auch Rn. 13.

434 BVerwGE 5, 293; Müller NJW 1963, 285; Eyermann/Rennert Rn. 161; Maunz/Schmidt-Aßmann, GG Art. 19 Abs. 4 Rn. 55: nur auf Einrede.

Anhang zu § 41:

Gerichtsverfassungsgesetz

§ 17a GVG

(1) Hat ein Gericht den zu ihm beschrittenen Rechtsweg rechtskräftig für zulässig erklärt, sind andere Gerichte an diese Entscheidung gebunden.

(2) Ist der beschrittene Rechtsweg unzulässig, spricht das Gericht dies nach Anhörung der Parteien von Amts wegen aus und verweist den Rechtsstreit zugleich an das zuständige Gericht des zulässigen Rechtsweges. Sind mehrere Gerichte zuständig, wird an das vom Kläger oder Antragsteller auszuwählende Gericht verwiesen oder, wenn die Wahl unterbleibt, an das vom Gericht bestimmte. Der Beschluss ist für das Gericht, an das der Rechtsstreit verwiesen worden ist, hinsichtlich des Rechtsweges bindend.

(3) Ist der beschrittene Rechtsweg zulässig, kann das Gericht dies vorab aussprechen. Es hat vorab zu entscheiden, wenn eine Partei die Zulässigkeit des Rechtsweges rügt.

(4) Der Beschluss nach den Absätzen 2 und 3 kann ohne mündliche Verhandlung ergehen. Er ist zu begründen. Gegen den Beschluss ist die sofortige Beschwerde nach den Vorschriften der jeweils anzuwendenden Verfahrensordnung gegeben. Den Beteiligten steht die Beschwerde gegen einen Beschluss des oberen Landesgerichts an den obersten Gerichtshof des Bundes nur zu, wenn sie in dem Beschluss zugelassen worden ist. Die Beschwerde ist zuzulassen, wenn die Rechtsfrage grundsätzliche Bedeutung hat oder wenn das Gericht von der Entscheidung eines obersten Gerichtshofes des Bundes oder des Gemeinsamen Senats der obersten Gerichtsbehörde des Bundes abweicht. Der oberste Gerichtshof des Bundes ist an die Zulassung der Beschwerde gebunden.

(5) Das Gericht, das über ein Rechtsmittel gegen eine Entscheidung in der Hauptsache entscheidet, prüft nicht, ob der beschrittene Rechtsweg zulässig ist.

Übersicht

I. Allgemein

Das 4. ÄndGVwGO hat die Vorschriften der verschiedenen Gerichtsbarkei- **1** ten über die Rechtswegentscheidung und die -verweisung aufgehoben und diese Gegenstände einheitlich im GerichtsverfassungsG, auf das § 173 verweist, geregelt. Über die Verweisung in § 83 finden die Vorschriften des GVG auf die sachliche und örtliche Zuständigkeit und die Verweisung innerhalb des Verwaltungsrechtsweges entsprechende Anwendung (vgl. § 83 Rn. 1). Über die Vereinheitlichung hinaus sind die Vorschriften über die Verweisung aber auch mit dem Ziel geändert, die Entscheidung über den zulässigen Rechtsweg an den Beginn eines Rechtsstreites zu setzen und das weitere Verfahren nicht mehr mit dem Risiko eines später erkannten Mangels des gewählten Rechtsweges zu belasten. Eine Veränderung der Umstände nach Klageerhebung berührt die Zulässigkeit des beschrittenen Rechtswegs nicht[1]. Zur Verweisung, wenn nur für den Hilfsantrag ein anderer Rechtsweg gegeben ist, vgl. Mannheim NJW 1993, 3344. Für die Verweisung zwischen **Truppendienstgerichten** und allgemeinen Verwaltungsgerichten gilt weiterhin § 18 Abs. 3 WBO. Zwischen **Disziplinargerichten** und allgemeinen Verwaltungsgerichten ist in analoger Anwendung des § 17a Abs. 2 GVG zu verweisen[2]. Dagegen finden die §§ 17 bis 17b GVG keine Anwendung auf das Verhältnis von staatlicher und nicht staatlicher Gerichtsbarkeit[3].

II. Grundsätzlich

§ 17a GVG verlangt die Entscheidung über die Zulässigkeit des Verwal- **2** tungsrechtsweges, die Sachurteilsvoraussetzung ist (vgl. § 109 Rn. 3), in der 1. Instanz (grundsätzlich VG, § 45; im Fall des § 48 OVG, des § 50 BVerwG). Das **Gericht der 1. Instanz prüft von Amts wegen** die Zulässigkeit des Rechtsweges, dem Berufungs- oder dem Revisionsgericht ist bei der Entscheidung über ein Rechtsmittel in der Hauptsache die Prüfung, ob der beschrittene Rechtsweg zulässig ist, nach Abs. 5 versagt (vgl. Rn. 18). Dabei trifft § 17a GVG eine eigenständige Regelung, die einen Streit von Gerichten verschiedener Rechtszweige von vornherein ausschließen soll[4].

Die **ausdrückliche Entscheidung** über die Zulässigkeit des Verwaltungs- **3** rechtsweges nach Abs. 3 oder über die Unzulässigkeit und Verweisung nach Abs. 2 ergeht **durch Beschluss.** Entscheidung durch Urteil, auch Zwischenurteil, ist unzulässig (zum Rechtsmittel, falls unzulässig durch Urteil entschieden vgl. § 124 Rn. 5). Mit dieser Regelung ist die ausdrückliche Entscheidung über den Rechtsweg von der Hauptsache getrennt. Der Beschluss unterliegt nach Abs. 4 einem eigenen Rechtsmittelzug, der ebenfalls, wie bei der Hauptsache, bis zum BVerwG gehen kann (vgl. Rn. 12 ff.).

Die Bindung anderer Gerichte an die rechtskräftige Entscheidung nach **4** Abs. 1 über die Zulässigkeit des Verwaltungsrechtswegs[5] und des Gerichtes,

---

1 § 17 Abs. 1 S. 1 GVG; vgl. Bremen NJW 1995, 1769 für Bundesbahn.
2 BVerwGE 103, 26.
3 Vgl. BVerwG NJW 1994, 3367; Münster NJW 1994, 3368; München NJW 1999, 378 Verweisung von VG an kirchliches Gericht unzulässig; Schoch/Ehlers Vorbem. § 17 GVG Rn. 24.
4 BGH NJW-RR 2002, 713.
5 Vgl. München NJW 1999, 3211; »abdrängende Wirkung« vgl. Schoch/Ehlers Vorbem. § 17 GVG Rn. 5.

an das verwiesen wurde, an die Verweisung nach Abs. 2[6] sind Ausdruck des **Grundsatzes der Priorität,** nach dem das zuerst angerufene Gericht mit bindender Wirkung über die Zulässigkeit des zu ihm beschrittenen Rechtsweges entscheidet[7].

5 Im Hinblick auf die Bindungswirkung (Abs. 1, Abs. 2) und die Dreistufigkeit des Beschwerdeverfahrens (Abs. 4), die es im vorläufigen Rechtsschutz nicht gibt, ist **§ 17a im Verfahren nach § 80 Abs. 5, § 80a Abs. 3 und § 123 nicht anwendbar.** Die Bindungswirkung könnte sich ohnehin nur auf das Verfahren des vorläufigen Rechtsschutzes, das ein selbstständiges Verfahren ist[8], beziehen und stünde einer Rückverweisung, wenn die Hauptsache anhängig gemacht wird, nicht entgegen[9]. Auch die Dispositionsbefugnis des Gerichts der Hauptsache nach § 80 Abs. 7 würde durch eine Rechtswegentscheidung im Verfahren des vorläufigen Rechtsschutzes nicht berührt. Aus dem Wort »Antragsteller« in Abs. 2 S. 2 lässt sich nichts Gegenteiliges folgern. Es war erforderlich, diesen neben dem Kläger aufzuführen, da es in den unterschiedlichen Gerichtszweigen Verfahren gibt, die in der Hauptsache vom Antragsteller betrieben werden (z.B. Personalvertretungssachen). Dieses Ergebnis war schon vor Erlass des 4. ÄndG VwGO **strittig** (wie hier München[10]; Münster[11]; BFH[12]; Holzheuser[13]; Kopp/Schenke[14]; Sennekamp[15]; **a.A.** Lüneburg[16]; OLG Karlsruhe[17]; Bader/v. Albedyll[18]; Franzke[19]; Meyer-Ladewig[20]; für analoge Anwendung[21]; Eyermann/Rennert[22], wobei Ehlers die Beschwerdemöglichkeiten in § 17a Abs. 4 S. 4 bis S. 6 GVG von der Analogie ausschließt, § 17a Abs. 3 GVG wegen der Effektivität des Rechtsschutzes modifiziert betrachtet; Rennert schließt die Abs. 3 und 4 des § 17a GVG im Regelfall von der Analogie aus).

5a Die **Rechtssprechung der Verwaltungsgerichte** zu § 17a GVG ist uneinheitlich, neigt aber jetzt, vor allem, um negative Kompetenzkonflikte auszuschließen, zu einer Anwendung auch in Verfahren des vorläufigen Rechtsschutzes. Kassel[23] und Koblenz[24] haben zwar in Verfahren nach § 123 den § 17a GVG nicht für anwendbar gehalten; dagegen halten Berlin[25], Greifswald[26] und Münster[27] in diesen Verfahren § 17a GVG für entsprechend an-

---

6   »Aufdrängende Wirkung«, vgl. Schoch/Ehlers Vorbem. § 17 GVG Rn. 5.
7   Zur Wirkung der Rechtshängigkeit vgl. § 90 Rn. 4.
8   Vgl. § 80 Rn. 67a; auch BAG NJW 1993, 751.
9   Vgl. Schoch/Ehlers Vorbem. § 17 GVG Rn. 19; Meyer-Ladewig, SGG § 51 Rn. 60a; sowie § 80 Rn. 66; § 123 Rn. 15.
10   VRspr. 28, 108.
11   OVGE 27, 281.
12   E 146, 7; NVwZ 1991, 101.
13   DÖV 1994, 807.
14   Rn. 2a.
15   NVwZ 1997, 642.
16   VRspr. 25, 901.
17   NVwZ 1986, 964.
18   Rn. 3.
19   IR 1976, 53.
20   SGG § 51 Anm. 60a.
21   Schoch/Ehlers Vorbem. § 17 GVG Rn. 14 ff.
22   Rn. 3.
23   NJW 1994, 145; NJW 1995, 1170 – 11. Senat.
24   DVBl. 1993, 260.
25   NVwZ 1992, 685; KG NJW 2002, 1504.
26   NVwZ 2001, 446.
27   NJW 2001, 3803.

wendbar, schließen aber, im Gegensatz zu § 152 Abs. 1, die Beschwerde zum BVerwG aus. Uneingeschränkt für die Anwendung haben sich ausgesprochen Kassel[28], Mannheim[29], München[30], Münster[31] und Weimar[32], wobei München[33] auch die Beschwerde zum BVerwG für zulässig hält. Bei **Verfahren der Prozesskostenhilfe** hat Mannheim im isolierten Verfahren eine Rechtswegverweisung für unzulässig gehalten[34], sie jedoch bejaht, wenn Prozesskostenhilfe zugleich mit der Klageerhebung beantragt war[35]; ebenso jetzt Bautzen[36].

III. Entscheidung über den Rechtsweg

1. **Ist der Verwaltungsrechtsweg unzulässig,** spricht das Gericht dies aus und **6** verweist den Rechtsstreit zugleich an das zuständige Gericht des zulässigen Rechtsweges (Abs. 2 S. 1). Das Gericht hat dabei nicht zu prüfen, ob die weiteren Zulässigkeitsvoraussetzungen in diesem Rechtsweg vorliegen[37], ist der beschrittene Rechtsweg unzulässig, entscheidet das Gericht nicht, ob die Klage wegen der Anrufung des unzuständigen Gerichts rechtsmissbräuchlich und daher unzulässig ist[38]; anders jedoch für Prozesshindernis anderweitiger Rechtshängigkeit[39]: Abweisung als unzulässig; ebenso Mannheim[40]: für negative Feststellungsklage vor dem VG, wenn Leistungsklage vor dem Landgericht anhängig; vgl. auch München[41]: Verweisung unzulässig, wenn Zivilgericht, ohne zu verweisen, seine Zuständigkeit verneint hat. Das Gericht darf nur verweisen, wenn der beschrittene Rechtsweg für den Klageanspruch mit allen in Betracht kommenden Klagegründen unzulässig ist[42]. Bei einer Mehrheit von Klageansprüchen kann das Gericht jedoch für einen oder mehrere von ihnen die Zulässigkeit des zu ihm beschrittenen Rechtswegs anders entscheiden[43]. Die Verweisung an ein Verfassungsgericht ist unzulässig[44]. Die Entscheidung ergeht von Amts wegen[45]. Anhörung der Beteiligten (vgl. Rn. 9) vor der Entscheidung ist zwingend. Die Entscheidung ergeht als Beschluss. Sind mehrere Gerichte zuständig, wird an das vom Kläger oder Antragsteller auszuwählende Gericht verwiesen, bei Unterbleiben der Auswahl an das vom Gericht bestimmte. Kläger oder Antragsteller sind daher bei der Anhörung auf die Wahlmöglichkeit hinzuweisen; bestimmt das Gericht un-

---

28 NJW 1996, 474 – 3. Senat; NJW 1997, 211 – 6. Senat.
29 VBlBW 1992, 471.
30 DÖV 1999, 653; NVwZ-RR 2003, 74.
31 NVwZ 1994, 178; NJW 1998, 1579.
32 DÖV 1996, 423.
33 DÖV 1999, 653.
34 NJW 1995, 1915.
35 NJW 1992, 707; bejahend auch BAG NJW 1993, 751.
36 VIZ 1998, 72 unter Aufgabe der gegenteiligen Auffassung in NJW 1994, 1020; vgl. auch § 166 Rn. 5.
37 Mannheim NJW 1991, 1905.
38 BVerwG NJW 2001, 1513.
39 Münster NJW 1998, 1579.
40 NJW 1996, 1298.
41 NJW 1999, 3211.
42 BVerwG NVwZ 1993, 358; vgl. auch § 90 Rn. 10.
43 BVerwG NJW 1994, 2500; vgl. auch Hamburg NordÖR 1998, 155: teilweise Verweisung eines einheitlichen Streitgegenstandes unzulässig.
44 H.M. vgl. Kopp/Schenke § 41 Rn. 2; Eyermann/Rennert § 41 Rn. 7; differenzierend Sodan/Schmid § 90 Rn. 10.
45 Vgl. Boin NJW 1998, 3747.

mittelbar von sich aus, liegt Verfahrensfehler vor (Verstoß gegen Art. 101 Abs. 1 S. 2 GG).

7   Der **Beschluss,** in dem das Gericht die Unzulässigkeit des Verwaltungsrechtsweges ausspricht und den Rechtsstreit verweist, ist für das Gericht, an das verwiesen worden ist, **hinsichtlich des Rechtswegs bindend** (Abs. 2 S. 3). Im Gegensatz zu den früheren Verweisungsvorschriften, die nur die Rückverweisung in den Rechtsweg, aus dem verwiesen wurde, ausschlossen, spricht die durch das 4. ÄndGVwGO erfolgte Fassung in Absatz 2 von der Bindung hinsichtlich des Rechtsweges schlechthin. Nach der Begründung[46] soll hierdurch die bisher mögliche Weiterverweisung ausgeschlossen werden. Die einmalige Verweisung ist damit die endgültige Entscheidung über den Rechtsweg. Die Bindungswirkung, die einen Zuständigkeitsstreit zwischen den Gerichten ausschließen und den Fortgang des Verfahrens fördern soll[47], tritt auch ein, wenn die Verweisung sachlich unrichtig gewesen sein sollte[48]; nach Eintritt der Rechtskraft des Verweisungsbeschlusses kann auch das nächst höhere Instanzengericht nicht mehr an einen anderen Gerichtszweig verweisen[49], das kann auch nicht dadurch umgangen werden, dass das VG, an das verwiesen worden ist, sich für unzuständig erklärt und das BVerwG zur Bestimmung anruft[50]. Eine Ausnahme von der Bindungswirkung kommt nach der Rechtsprechung nur in extrem gelagerten Fällen in Betracht, z.B. Fehlen jeder gesetzlichen Grundlage, Willkür[51]. Da sich die Bindung nur auf den Rechtsweg erstreckt, kann das Gericht, an das verwiesen worden ist, innerhalb seines Rechtswegs an ein anderes Gericht, etwa wegen örtlicher Unzuständigkeit, weiterverweisen. Die Bindung hinsichtlich des Rechtswegs bleibt auch in diesem Fall bestehen. Andererseits schließt die Bindungswirkung eines Verweisungsbeschlusses innerhalb des Verwaltungsrechtswegs wegen örtlicher oder sachlicher Unzuständigkeit des zunächst angerufenen Gerichts (vgl. § 83 Rn. 9) die Weiterverweisung in einen anderen Rechtsweg nicht aus[52]. Das BVerwG[53] hat offen gelassen, ob die Bindungswirkung eintritt, wenn das VG an ein anderes VG desselben Landes, das für diese Streitigkeiten landesweit für zuständig erklärt ist – hier Asylverfahren –, verweist, da dies auch als »Abgabe« betrachtet werden könne.

8   Wird nach Verweisung eine **Klageänderung** vorgenommen, die die alleinige Zuständigkeit des verweisenden Gerichts begründet, muss die Verweisung ihre bindende Wirkung verlieren[54]. **Verweist das Gericht,** an das verwiesen wurde, **trotz Bindungswirkung** zurück, hat das BAG die vom BGH im Verhältnis von Zivil- und Arbeitsgerichtsbarkeit entwickelten Grundsätze[55] auch auf das Verhältnis zu den anderen Gerichtsbarkeiten übertragen und in entsprechender Anwendung des § 36 Nr. 6 ZPO auf Vorlage eines Arbeitsge-

---

46   BRDs. 135/90 S. 113.
47   BVerwG Buchh. 310 § 83 Nr. 3.
48   BVerwG Beschluss v. 12.3.1973 – 4 B 103.72 – n.v., Zit. in BVerwGE 79, 110
      BGHZ 144, 21.
49   BGH NJW 2002, 2474.
50   BVerwG Buchh. 300 § 17a GVG Nr. 13.
51   BVerwG Buchh. 310 § 53 Nr. 7, Nr. 10; Bader/v. Albedyll Rn. 18; Kopp/Schenke
      § 83 Rn. 15; Tombrink NJW 2003, 2364.
52   Vgl. BAG NJW 1993, 1878.
53   NVwZ 1995, 273.
54   Redeker AP Anm. zu § 36 ZPO Nr. 8.
55   BGHZ 17, 169; 44, 14.

richts das Verwaltungsgericht, das die Sache zurückverwiesen hatte, als das zuständige Gericht bestimmt[56].

2. Ist der Verwaltungsrechtsweg zulässig, kommen für die Entscheidung drei **9** Möglichkeiten in Betracht
a) das Gericht bejaht den Verwaltungsrechtsweg mit der **Hauptsache-Entscheidung;**
b) das Gericht **kann** durch **Beschluss vorab** aussprechen, dass der Verwaltungsrechtsweg zulässig ist (Abs. 3 S. 1);
c) das Gericht **muss** einen **Vorab-Beschluss** erlassen, wenn eine Partei die Zulässigkeit des Rechtsweges rügt[57]; diese Verpflichtung entfällt in der Beschwerdeinstanz, wenn der Rechtsmittelführer seine Rechtswegrüge nicht aufrecht erhält[58]. Obgleich § 17a GVG nur von Parteien spricht, sollten hierunter im Verwaltungsprozess die Beteiligten verstanden werden, also neben Kläger und Beklagten auch der Beigeladene und der VÖI. Das Gericht kann den Vorab-Beschluss bis zur Entscheidung in der Sache erlassen. Inwieweit es die Beteiligten vorher anhören muss, richtet sich nach den allgemeinen Grundsätzen (vgl. § 95 Rn. 1; § 108 Rn. 4 rechtliches Gehör).

Hat das Gericht den Rechtsweg **rechtskräftig** (vgl. Rn. 17) **für zulässig er- 10 klärt,** sind andere **Gerichte an diese Entscheidung gebunden** (Abs. 1; vgl. Rn. 7). Das gilt für die Gerichte anderer Gerichtsbarkeiten und auch für Verwaltungsgerichte, falls der Rechtsstreit nach § 83 innerhalb der Verwaltungsgerichtsbarkeit weiter verwiesen werden sollte.

Von der Möglichkeit, den Verwaltungsrechtsweg **mit der Entscheidung in der 11 Hauptsache** implizit zu bejahen, wird das Gericht Gebrauch machen, wenn der Verwaltungsrechtsweg offensichtlich und unbestritten vorliegt. Aus Absatz 5, der dem Berufungs- und dem Revisionsgericht die Prüfung der Zulässigkeit des Rechtsweges untersagt, und Absatz 3, der den obligatorischen Vorab-Beschluss an die Rüge der Zulässigkeit des Rechtswegs bindet, folgt, dass auch in diesem Fall in der Rechtsmittelinstanz von den Beteiligten die Zulässigkeit des Rechtsweges nicht mehr in Frage gestellt werden kann[59]. Da die Rechtsmittelgerichte den Rechtsweg nicht überprüfen und die Sache wegen ihrer Rechtshängigkeit bei anderen Gerichten nicht anhängig gemacht werden kann (§ 17 Abs. 1 GVG), entspricht die Wirkung dieser Entscheidung damit auch dem Absatz 1.

IV. Verfahren

Der Beschluss nach Absatz 2 über die Verweisung und nach Absatz 3 über die **12** Zulässigkeit des Verwaltungsrechtswegs kann ohne mündliche Verhandlung ergehen. Anhörung der Beteiligten ist nach Absatz 2 jedoch zwingend (vgl. Rn. 6), richtet sich im Übrigen nach den Grundsätzen der Gewährung rechtlichen Gehörs (vgl. Rn. 9). Der Beschluss ist zu begründen (vgl. § 122 Abs. 2). Gegen den Beschluss ist die »sofortige Beschwerde nach der jeweils

---

56　AP § 36 ZPO Nr. 8.
57　Abs. 3 S. 2; Boin NJW 1998, 3747.
58　BVerwG NJW 1994, 956; München NJW 1997, 1251.
59　Ebenso Eyermann/Rennert § 41 Rn. 37; Schoch/Ehlers § 17a GVG Rn. 34f; zum Rügeverlust vgl. § 132 Rn. 17.

anzuwendenden Verfahrensordnung« gegeben. Da die VwGO eine sofortige Beschwerde nicht kennt, ist damit die **Beschwerde nach** § 146 gemeint, die hier keiner Zulassung bedarf[60]. Zur Form (Anwaltszwang)[61] und Frist, die zwei Wochen nach Bekanntgabe der Entscheidung beträgt (vgl. auch § 577 Abs. 2 ZPO), kann auf die Rn. 19, 20 zu § 147 verwiesen werden.

13   Die **Beschwerde gegen einen Beschluss des OVG** (vgl. § 152), gleichgültig ob dies ein Beschluss im Beschwerde- oder im 1. instanzlichen Verfahren ist, **erfordert** die **Zulassung**. Sie muss im Beschluss des OVG erfolgen. Gegen die Ablehnung der Zulassung gibt es **keine Zulassungsbeschwerde**[62]. Ist die Zulassung vom OVG beschlossen, aber nicht in den Beschluss aufgenommen, ist Berichtigung nach § 118 zulässig[63]. Eine Urteilsergänzung nach § 120 ist nicht möglich, weil sie auf unzulässige Weise den Eintritt der Rechtskraft hindern würde[64].

14   Die **Beschwerde ist** – nur – **zuzulassen,** wenn eine Rechtsfrage, auf der der angefochtene Beschluss beruht, **grundsätzliche Bedeutung** hat[65] oder wenn das OVG in seinem Beschluss von der Entscheidung eines obersten Gerichtshofes des Bundes oder des Gemeinsamen Senats der obersten Gerichtshöfe des Bundes abweicht (**Divergenz,** vgl. dazu § 132 Rn. 11 ff.). Anders als bei der Divergenzrevision, wo nur eine Abweichung von einer Entscheidung des BVerwG als oberster Gerichtshof des Bundes in Betracht kommt (vgl. § 132 Rn. 11), ist hier auch bei Abweichung von einer Entscheidung der anderen obersten Gerichtshöfe des Bundes zuzulassen. **An die Zulassung** der Beschwerde **ist das BVerwG gebunden** (Abs. 4 S. 5, vgl. auch § 132 Rn. 25).

15   Die **Beschwerde** an das **BVerwG richtet sich** wieder **nach** §§ 146 ff. Für Form und Frist, die wiederum 2 Wochen nach Bekanntgabe des Beschlusses des OVG beträgt, gilt § 147. Es kann auf die dortigen Erläuterungen verwiesen werden. Für die Einlegung der Beschwerde und das Verfahren vor dem BVerwG besteht Anwaltszwang (§ 67 Abs. 1).

16   **Im Falle des** § 135 ist Gegenstand einer Beschwerde an das BVerwG der **Beschluss des VG**[66]. In diesem Fall entscheidet auch das VG über die Zulassung. Das in Rn. 12 bis 15 Gesagte gilt entsprechend für das VG.

V. Rechtskraft der Entscheidung

17   Der Beschluss des VG nach Absatz 2 und Absatz 3 wird, wenn keine Beschwerde eingelegt wird, **rechtskräftig** mit Ablauf der Beschwerdefrist. Das Gleiche gilt für den Beschluss des OVG über die Beschwerde oder in 1. Instanz nach Absatz 2 und Absatz 3, wenn es die Beschwerde an das BVerwG zulässt. Lehnt das OVG, oder das VG im Fall des § 135 (vgl. § 133 Rn. 18), die Zulassung der Beschwerde ab, wird sein Beschluss mit Erlass rechtskräftig (vgl. § 121 Rn. 2). Wird die zugelassene Beschwerde gegen den Beschluss

---

60   Bader/v. Albedyll Rn. 24; Eyermann/Rennert Rn. 31.
61   A.A. München NJW 1999, 378.
62   Vgl. BVerwG Buchh. 300 § 17a GVG Nr. 1; NVwZ 1994, 782; E 108, 153; BAG NJW 1994, 2110.
63   Kopp/Schenke § 132 Rn. 34; Eyermann/Rennert § 41 Rn. 36.
64   § 120 Rn. 2; BGHZ 44, 395; Kopp/Schenke § 132 Rn. 34.
65   Vgl. dazu § 132 Rn. 6 ff.
66   BVerwGE 108, 153 zum VermögensG.

des OVG, im Fall des § 135 des VG, eingelegt, tritt Rechtskraft erst mit der Entscheidung des BVerwG ein (vgl. § 133 Rn. 18).

VI. Keine Prüfung in Rechtsmittelinstanz

Bei einem Rechtsmittel gegen eine Entscheidung in der Hauptsache prüft das **18** Rechtsmittelgericht nicht – mehr –, ob der beschrittene Rechtsweg zulässig ist (Abs. 5)[67]. Absatz 5 gilt nicht nur, wenn ein Beschluss des 1. instanzlichen Gerichts über die Zulässigkeit des Rechtswegs nach Absatz 3 vorliegt, sondern auch nach Verweisung (Abs. 2) oder wenn diese Beschlüsse Gegenstand eines Beschwerdeverfahrens nach Absatz 4 sind. Absatz 5 gilt ebenso, wenn das Gericht implizit in der Entscheidung über die Hauptsache die Zulässigkeit des Rechtsweges bejaht hat[68]. Als Entscheidung in der Hauptsache hat Münster[69] nicht nur die Sachentscheidung, sondern auch eine Entscheidung über die Unzulässigkeit des Verfahrens angesehen, sofern sie auf andere Gründe als die Unzulässigkeit des Rechtsweges gestützt wird. Hat das Gericht trotz Antrag nach Absatz 3 S. 2 keine Vorabentscheidung getroffen, sondern in der Hauptsache entschieden, hat das BVerwG[70] Absatz 5 nicht angewandt[71]. Soweit die Gerichte im Eilverfahren § 17a GVG nicht anwenden (vgl. Rn. 5), ist ihre Prüfungskompetenz durch Absatz 5 natürlich nicht beschränkt[72].

§ 17b GVG

(1) Nach Eintritt der Rechtskraft des Verweisungsbeschlusses wird der Rechtsstreit mit Eingang der Akten bei dem im Beschluss bezeichneten Gericht anhängig. Die Wirkungen der Rechtshängigkeit bleiben bestehen.

(2) Wird ein Rechtsstreit an ein anderes Gericht verwiesen, so werden die Kosten im Verfahren vor dem angegangenen Gericht als Teil der Kosten behandelt, die bei dem Gericht erwachsen, an das der Rechtsstreit verwiesen wurde. Dem Kläger sind die entstandenen Mehrkosten auch dann aufzuerlegen, wenn er in der Hauptsache obsiegt.

1. **Wirkung der Verweisung.** Bei Rechtskraft (vgl. Rn. 17) des Beschlusses ist **19** der Rechtsstreit mit Eingang der Akten bei dem im Beschluss bezeichneten Gericht anhängig. Das verweisende Gericht hat daher unverzüglich nach Rechtskraft die Akten zu übersenden. Die Wirkungen der vor den allgemeinen Verwaltungsgerichten begründeten Rechtshängigkeit (vgl. § 90 Rn. 4) bleiben bestehen; im Verfahrensrecht gilt auch die Klagefrist als gewahrt, auch wenn erst nach Ablauf dieser Frist verwiesen wird[73]. Das Verfahren vor dem Gericht, an das verwiesen wurde, richtet sich grundsätzlich nach dem Prozessrecht der Gerichtsbarkeit, der dieses Gericht angehört[74]. Hinsichtlich des materiellen Rechts bleibt es bei dem der Sache nach anzuwendenden

---

67 Vgl. Lüneburg NVwZ 1992, 291.
68 Vgl. Rn. 11; BVerwG DVBl. 1998, 794 zur Bejahung des Rechtswegs in der Hauptsacheentscheidung ohne vorherige Rüge.
69 NVwZ 1994, 179.
70 NJW 1994, 956; BayVBl. 1998, 603; Lüneburg NJW 1998, 1732; Mannheim NJW 1996, 1298; Schleswig NordÖR 1999, 512; vgl. auch Boin NJW 1998, 3747.
71 Vgl. auch BGH NJW 1996, 591: Berufungsgericht tritt dann selbst in Vorabverfahren ein.
72 Vgl. Kassel NJW 1995, 1170.
73 BVerwG DVBl. 1993, 562.
74 BVerwG NJW 1967, 2128.

Recht[75]. Zur Frage, inwieweit Ausnahmen von diesem Grundsatz möglich sind, vgl. Baumgärtel ZZP 73, 387; Krause DÖV 1970, 695.

20 2. Kosten der Verweisung. Wird ein unzuständiges Gericht angerufen und der Rechtsstreit an das zuständige Gericht verwiesen, werden die Kosten im Verfahren vor dem unzuständigen Gericht als Teil der Kosten behandelt, die bei dem Gericht, an das verwiesen wurde, erwachsen. Dem Kläger sind die entstandenen Mehrkosten aufzuerlegen, auch dann, wenn er in der Hauptsache obsiegt[76]. Auch wenn dieser Grundsatz jetzt normiert ist, wird anderes gelten müssen, wenn der Beklagte, etwa durch falsche Rechtsmittelbelehrung, die Erhebung der Klage im unrichtigen Rechtsweg verschuldet hat[77]. Zum Sonderfall der Verweisung nach subjektiver Klageänderung vgl. Rn. 27 zu § 91.

§ 42   [Anfechtungs- und Verpflichtungsklage]

(1) Durch Klage kann die Aufhebung eines Verwaltungsakts (Anfechtungsklage) sowie die Verurteilung zum Erlass eines abgelehnten oder unterlassenen Verwaltungsakts (Verpflichtungsklage) begehrt werden.

(2) Soweit gesetzlich nichts anderes bestimmt ist, ist die Klage nur zulässig, wenn der Kläger geltend macht, durch den Verwaltungsakt oder seine Ablehnung oder Unterlassung in seinen Rechten verletzt zu sein.

Übersicht

---

75 BVerwGE 27, 170 für Prüfung zivilrechtlicher Anspruchsgrundlagen im Verwaltungsrechtsweg; Kopp/Schenke § 41 Rn. 25.
76 Abs. 2 S. 2; vgl. BVerwGE 25, 305.
77 Vgl. BVerwG v. 28.11.1979 – 4 B 211.79 n.v.

A. Klagearten

I. Allgemein

Der Verwaltungsprozess kennt die gleichen **Grundtypen der Klagearten** wie   **1**
der Zivilprozess, nämlich
1. die **Leistungsklage** mit dem Antrag auf Verurteilung des Gegners zu
einer Leistung oder Unterlassung[1];
2. die **Feststellungsklage** mit dem Antrag auf Feststellung des Bestehens
oder Nichtbestehens eines Rechtsverhältnisses oder der Nichtigkeit eines VA (vgl. § 43);
3. die **Gestaltungsklage** mit dem Antrag auf Schaffen, Ändern oder Ver-
nichten eines Rechts durch das Urteil[2].

---

1   Vgl. Baumbach/Hartmann, Grundz. § 253 Rn. 8.
2   Vgl. Baumbach/Hartmann, Grundz. § 253 Rn. 10.

Das Gesetz hat ausdrücklich nur die Feststellungsklage in § 43 (vgl. die dortige Rn. 1) sowie als Arten der Leistungs- bzw. der Gestaltungsklage die Verpflichtungsklage (vgl. Rn. 6) und die Anfechtungsklage (vgl. Rn. 2) geregelt. Zur allgemeinen Leistungsklage vgl. Rn. 153 ff.; eine allgemeine Gestaltungsklage kennt die VwGO nicht[3]. Mit welcher Klageart der Kläger Rechtsschutz begehrt, ist seinem Klageantrag, bzw. seinem Klagebegehren, wie es sich bei verständiger rechtlicher Würdigung darstellt, zu entnehmen[4]; soweit es notwendig ist, muss das Gericht nach § 86 auf einen Klageantrag hinwirken, der der von dem Kläger gewollten Klageart entspricht. Fest steht jedoch, dass mit der gesetzlichen Regelung alles Erforderliche erschöpfend geschaffen worden ist und es nicht zu einer Rechtsschutzlücke für den Bürger kommt[5].

II. Anfechtungsklage

2   Die Anfechtungsklage stellt eine Gestaltungsklage dar[6]. Mit ihr bezweckt der Kläger die Aufhebung oder Änderung eines VA; der Richterspruch soll die durch das Verwaltungshandeln begründete Wirkung beseitigen. Diese Beseitigung tritt mit der Rechtskraft des Urteils ein, das damit ein Gestaltungsurteil darstellt[7]. Der Anwendungsbereich der Anfechtungsklage ist grundsätzlich die Eingriffsverwaltung[8], da mit ihr belastende Verwaltungsakte angegriffen werden.

3   Aus der Systematik des Gesetzes (vgl. § 113) ergibt sich, dass mit der Anfechtungsklage grundsätzlich nicht der ursprüngliche VA angegriffen werden kann, der den Antrag auf Erlass eines VA ablehnt (**isolierte Anfechtungsklage**). Anfechtungsklage und Verpflichtungsklage stehen nicht in einem Verhältnis der Subsidiarität zueinander wie Feststellungs- und Leistungsklage; deshalb kann problemlos umgedeutet werden. Die Entscheidung des BVerwG[9] ist abzulehnen, die die generelle Zulässigkeit der isolierten Anfechtungsklage unter Hinweis auf die Rechtsprechung der Zivilgerichte zum Verhältnis von Feststellungs- zu Leistungsklagen bei Klagen gegen die öffentliche Hand begründet[10]. Mit Ausnahme besonderer Fallgestaltungen und gesetzlicher Regelungen[11] kann der Antrag auf Erlass eines VA nach seiner Ablehnung grundsätzlich nur mit der Verpflichtungsklage weiter verfolgt wer-

---

3   Vgl. Schoch/Pietzcker Vorbem. § 42 Abs. 1 Rn. 19 f.
4   Vgl. Münster OVGE 1, 102; Stuttgart VRspr. 4, 402.
5   Sodan/Sodan Rn. 11 ff; natürlich werden immer wieder vermeintliche Lücken aufgespürt, z.B. die Rechtswidrigkeitsfeststellungsklage von Fechner NVwZ 2000, 121.
6   Vgl. Schoch/Pietzcker § 42 Abs. 1 Rn. 2; Sodan/Sodan Rn. 12 m. jeweils w.N.
7   Vgl. § 113 Rn. 5, auch zu dem möglichen Inhalt der Urteilsformel.
8   Vgl. Czermak NJW 1962, 776.
9   E 38, 99; m. abl. Anm. Bettermann DVBl. 1973, 375; vgl. auch Kellner MDR 1968, 965.
10   Vgl. hierzu auch BVerwGE 36, 179; einschränkend jedoch BVerwGE 69, 92; vgl. jedoch auch E 88, 111, bejahend nach Erledigung des Verpflichtungsbegehrens; zum Meinungsstand dieser kontrovers diskutierten Frage vgl. Laubinger, Menger Festschrift, S. 449 bejahend; Sodan/Sodan Rn. 329 ff. mit Einschränkungen bejahend; kritisch Eyermann/Happ Rn. 21.
11   Vgl. dazu Sodan/Sodan Rn. 334.

den[12]; der Anfechtungsklage würde stets das Rechtsschutzbedürfnis fehlen[13], da bei Spruchreife das Gericht die Behörde zum Erlass des VA bzw. zur Entscheidung unter Beachtung der Rechtsauffassung des Gerichts verpflichtet, bei weiterer notwendiger Sachaufklärung jedoch nur zur Bescheidung (**Bescheidungsurteil**)[14]; anderes als eine erneute Entscheidung über den Antrag durch die Verwaltungsbehörde, die auch hier an die Rechtsauffassung des Gerichts im Urteil gebunden wäre, könnte der Kläger mit einer Anfechtungsklage nicht erreichen. Die Anfechtungsklage gegen den Bescheid, der den Antrag auf Erlass eines VA ablehnt, haben Lüneburg[15] und Mannheim[16] in eine Verpflichtungsklage umgedeutet[17].

Die **Anfechtung des ablehnenden ursprünglichen VA** kann, sofern dafür ein **3a** Rechtsschutzbedürfnis besteht, allenfalls dort in Betracht kommen, wo sich der Antrag erledigt hat[18] oder bei einem Wechsel in der Zuständigkeit der Behörde[19]. Die Auffassung von Laubinger[20], **die isolierte Anfechtungsklage** generell zuzulassen und eine folgende Verpflichtungsklage am fehlenden Rechtsschutzinteresse oder an der Verwirkung des Klagerechts scheitern zu lassen, erscheint mit der Systematik der VwGO nicht zu vereinbaren. Vgl. auch § 113 Rn. 38.

Der **feststellende VA**[21] kann Gegenstand der Anfechtungs- und der Verpflich- **4** tungsklage sein. Ist ein Antrag auf Erlass eines feststellenden VA gestellt, wird dieser mit der Verpflichtungsklage weiter verfolgt[22]. Wo jedoch die Feststellung nur für ein in der Vergangenheit liegendes Verwaltungshandeln von Bedeutung ist, also ein Rechtsschutzbedürfnis für die beantragte Feststellung in der Zukunft fehlt, ist die Anfechtungsklage mit dem Ziel der Beseitigung der zunächst von der Verwaltung getroffenen, dem Antrag des Klägers nicht entsprechenden Feststellung zulässig[23]. Ergeht der feststellende VA von Amts wegen[24], ist nur die Anfechtungsklage zulässig.

Die **Abgrenzung von Anfechtungs- und Verpflichtungsklagen** bereitet beson- **5** dere Schwierigkeiten **bei Bescheiden, die als Grundlage für eine Leistung des**

---

12   BVerwGE 25, 357; Buchh. 427.3 § 11 Nr. 4; Münster OVGE 10, 12; Bader/v. Albedyll Rn. 32; Hufen, § 14 Rn. 13; Metzner BayVBl. 1977, 11; Obermayer BayVBl. 1960, 211; Schoch/Pietzcker § 42 Abs. 1 Rn. 106 ff. unter Hinweis auf die einzelnen Fallgestaltungen.

13   Vgl. BVerwG Buchh. 448.6 § 13 Nr. 11.

14   Vgl. BVerwGE 41, 178.

15   MDR 1956, 765.

16   ESVGH 10, 205.

17   Vgl. insgesamt Menger VerwA 54, 198.

18   Vgl. Bosch/Schmidt § 24 I; Stern § 4 IV; Schmitt/Glaeser Rn. 125, anders jedoch bei Klagen gegen die öfftl. Hand, Rn. 126.

19   BVerwG NVwZ-RR 1997, 388; Buchh. 402.240 § 20 AuslG 1990 Nr. 2.

20   Menger-Festschrift, 1985, S. 449.

21   Vgl. zum Erfordernis einer gesetzlichen Grundlage BVerwGE 72, 265; NVwZ 1991, 267; Buchh. 451.221 § 24 KrW-AbfG Nr. 3 Bekanntmachung der Dosenpfand–Mehrwegquotenunterschreitung; insgesamt Appel/Melchinger VerwA 84, 349; Martens NVwZ 1993, 31; Stelkens/Stelkens § 35 Rn. 142 ff.

22   Vgl. VG Darmstadt NJW 1961, 2276 zur Anerkennung als Kriegsdienstverweigerer.

23   Vgl. BVerwGE 14, 336; NJW 1963, 2185 zur Ablehnung der Befreiung bzw. der Zurückstellung vom Wehrdienst; zu den Besonderheiten des WpflG vgl. im Übrigen Rn. 78 ff.

24   Vgl. BVerwGE 72, 265; E 84, 314 zur Feststellung der Nichtigkeit eines begünstigenden VA.

Staates (z.B. Festsetzung des Besoldungsdienstalters) **oder** einer **Leistungs-pflicht des Betroffenen** (z.B. bei Steuer-, Abgaben- oder Gebührenerhebung) ergehen. Ob die Ablehnung eines Antrages, der sich auf bestimmte Elemente des Berechnungsmodus bezieht, oder auf Ermäßigung oder Befreiung gerichtet ist, gesondert mit der Verpflichtungsklage oder nur mit der Anfechtungsklage gegen den Festsetzungs- oder Veranlagungsbescheid verfolgt werden kann, hängt davon ab, ob die Entscheidung über den Antrag in einem besonderen VA erfolgt (dann Verpflichtungsklage) oder nur in einem einheitlichen Festsetzungs- oder Veranlagungsbescheid (dann Anfechtungsklage, hier als Aufhebungs- bzw. Änderungsklage)[25]. Es wird aber auch dann, wenn etwa eine Befreiung gesondert mit der Verpflichtungsklage zu verfolgen ist, eine gleichzeitige Anfechtungsklage gegen den Veranlagungsbescheid zulässig sein[26]. Die Anfechtungsklage wird durch den Wortlaut anderer Gesetze nicht eröffnet, wenn nach der Regelung der VwGO nur die Verpflichtungsklage in Betracht kommt[27]; unzutreffend ist, dass die Verpflichtungsklage mit einer Anfechtungsklage verbunden ist[28]. Zu den Abgrenzungsschwierigkeiten bei einer Klage, die auf das Wiederanbringen eines Halteverbotszeichen gerichtet ist, vgl. Münster NJW 1977, 597 einerseits und Krebs VerwA 68, 285 andererseits. Das BVerwG[29] hat die Klage des Nachbarn, die nicht auf nachbarschützende Vorschriften gestützt war, sondern auf die Zusage der Baugenehmigungsbehörde auf Einhaltung objektiver Rechtsnormen, nicht als Anfechtungsklage gegen die Baugenehmigung, sondern als Verpflichtungsklage aus der Zusage angesehen. Im Einzelfall kann dem Betroffenen eine Wahlmöglichkeit zwischen Anfechtungs- und Verpflichtungsklage zustehen[30].
Zum Vorverfahren bei der Anfechtungsklage vgl. §§ 68 ff.; zum Klagegegenstand § 79; zur Anfechtungsklage bei nichtigem VA Rn. 12; zu den besonderen Sachurteilsvoraussetzungen Rn. 9 ff.

III. Verpflichtungsklage

6   Die **Verpflichtungsklage** stellt eine **Leistungsklage** dar[31]. Mit ihr wird der Erlass eines beantragten[32] VA begehrt. Ihr Anwendungsbereich ist die Leistungsverwaltung[33]. Im Urteil wird die Behörde zum Erlass des VA bzw. zur Bescheidung verpflichtet[34]. Der Antrag auf Erlass eines VA bleibt bis zur rechtskräftigen Entscheidung über die Verpflichtungsklage im Streit, ohne dass er nach bestimmten Zeitabschnitten jeweils von neuem gestellt werden müsste[35]. Mit der Verpflichtungsklage kann **nur** der Erlass eines abgelehnten

---

25   Vgl. Bettermann DVBl. 1973, 375, der zu Recht darauf hinweist, dass in diesem Zusammenhang auch die Entscheidung BVerwGE 38, 99 – vgl. Rn. 3 – gehört.
26   Vgl. BVerwG KStZ 1956, 194; 1957, 59 zur Grundsteuerermäßigung; Münster NJW 1962, 694.
27   Vgl. BVerwGE 5, 255 zu § 22 KgfEG; München VGH n.F. 14, 17 zu §§ 36 bis 38 GemWG.
28   Vgl. dazu BVerwG DVBl. 1962, 138.
29   E 49, 244.
30   BVerwGE 51, 15 für Anfechtung des Planfeststellungsbeschlusses oder Verpflichtung zur Nachholung von Schutzauflagen; ebenso München BayVBl. 1979, 18.
31   Vgl. Bachof, Vornahmeklage; Bettermann NJW 1960, 649; Schoch/Pietzcker § 42 Abs. 1 Rn. 90; Sodan/Sodan Rn. 29 m.w.N.
32   Vgl. BVerwG MDR 1962, 927.
33   Czermak NJW 1962, 776.
34   Zum Urteilstenor vgl. § 113 Rn. 38.
35   BVerwGE 23, 331 zum Antrag auf Wohngeld.

oder unterlassenen **VA** begehrt werden[36]. Bei anderen Amtshandlungen kann das Tätigwerden der Verwaltung nur mit der reinen Leistungsklage (Rn. 153 ff.) erzwungen werden. Ist die Verpflichtungsklage auf den Erlass eines VA gerichtet, mit dem eine Zahlung an den Kläger erfolgen soll, kann dieser auch **Prozesszinsen** verlangen[37]. Zu den Unterschieden zwischen Verpflichtungs- und reiner Leistungsklage im Hinblick auf die Vollstreckungsmöglichkeit vgl. Haueisen NJW 1957, 1657.
Zu den besonderen Sachurteilsvoraussetzungen der Verpflichtungsklage vgl. Rn. 9 ff.

Das Gesetz unterscheidet **zwei Formen der Verpflichtungsklage:**

1. Die **Vornahmeklage** (auch Weigerungs- oder Versagensgegenklage)[38] ist **7** gerichtet auf den **Erlass eines abgelehnten VA.** Ob mit ihr auch die Aufhebung des ablehnenden Bescheids beantragt wird, ist unerheblich, da diesem Antrag keine selbstständige Bedeutung zukommt[39]. Die Verbindung mit einer Anfechtungsklage gegen den ablehnenden Bescheid, um dessen Rechtswidrigkeit ausdrücklich feststellen zu lassen[40] ist unzulässig, da sich dessen Rechtswidrigkeit bereits aus dem obsiegenden Urteil im Vornahmestreit ergibt (§ 113 Abs. 4; vgl. auch Rn. 3). Anderes gilt für die Konkurrentenklage (vgl. Rn. 146), da hier der gegenüber einem Dritten ergangene begünstigende VA erst aufgehoben werden muss, um ein Obsiegen mit der Vornahmeklage zu ermöglichen[41].
Zum Vorverfahren bei der Vornahmeklage vgl. §§ 68 ff.

2. Die **Untätigkeitsklage**[42] ist gerichtet **auf den Erlass eines unterlassenen VA;** **8** im Unterschied zur Vornahmeklage ist hier die Behörde auf den Antrag des Klägers überhaupt nicht tätig geworden. Der Antrag auf Erlass des VA muss jedoch vom Kläger gestellt sein, fehlt er, ist die Klage unzulässig, auch wenn sich die Behörde im Rechtsstreit zur Sache einlässt[43]. Der fehlende Antrag kann jedoch bis zum Abschluss des verwaltungsgerichtlichen Verfahrens nachgeholt und damit der Fehler geheilt werden (§ 45 Abs. 1 Nr. 1 mit Abs. 2 VwVfG); beim Fehlen des Antrages wird daher der Kläger nach § 86 Abs. 3 auf das Nachholen hinzuweisen sein. Aus welchem Grund die Behörde einen Antrag nicht beschieden hat, ist gleichgültig, auch wenn die Behörde zu erkennen gibt, dass sie nicht bescheiden will, bleibt die Klage eine Untätigkeitsklage[44].
Zu den Voraussetzungen der Untätigkeitsklage vgl. § 75.

---

36 BVerwGE 31, 301 m. abl. Anm. Bettermann DVBl. 1969, 703; E 36, 198; Greifswald NVwZ 1997, 306 dazu Sauthoff NordÖR 1998, 186; Rupp AöR 85, 305; Menger/Erichsen VerwA 60, 385.
37 BVerwG NJW 1961, 747; vgl. auch Rn. 157.
38 Vgl. Eyermann/Happ Rn. 30; Kopp/Schenke Rn. 6; Stern § 4 III; zur Terminologie allgemein Schoch/Pietzcker § 42 Abs. 1 Rn. 93.
39 BVerwGE 1, 291; 41, 178.
40 Vgl. BVerwGE 37, 151.
41 Vgl. München NJW 1984, 680 zur Rezeptsammelstelle.
42 Vgl. Ule, Verwaltungsprozessrecht § 32 II 2; auch § 75 Rn. 2.
43 BVerwG DÖV 1959, 78; Koblenz NJW 1967, 2329.
44 Vgl. Münster OVGE 10, 12; Ule S. 116; a.A. Menger S. 197, der dann von einer Weigerungsgegenklage spricht.

B. Zulässigkeit der Klagen aus § 42

9   § 42 enthält **einheitlich für Anfechtungs- und Verpflichtungsklage** einige Voraussetzungen, die neben den allgemeinen Sachurteilsvoraussetzungen (vgl. dazu § 109 Rn. 3) vorliegen müssen, damit ein Sachurteil ergehen kann. Fehlen diese Voraussetzungen und ist der Verwaltungsrechtsweg nicht aus anderen Gründen eröffnet[45], ist die Klage unzulässig und wird durch Prozessurteil abgewiesen.

I. Verwaltungsakt

10   Die **Anfechtungsklage** erfordert das **Vorliegen eines VA**, die **Verpflichtungsklage** den **Antrag auf Erlass eines VA** (Abs. 1; zum Begriff des VA vgl. Rn. 32). Dass es sich in beiden Fällen um einen VA handelt, ist Zulässigkeitsvoraussetzung für diese Klagen; dabei kommt es nicht auf das Behaupten, sondern auf das Vorliegen eines VA an[46]. Für die Zulässigkeit der Anfechtungs- und der Verpflichtungsklage kommt es nicht auf die subjektive Auffassung des Klägers an, sondern darauf, dass **objektiv** ein **VA vorliegt oder beantragt ist**. In den Fällen, in denen allein beim Vorliegen eines VA der Verwaltungsrechtsweg eröffnet ist (vgl. § 40 Rn. 7), kann daher die Behauptung des Klägers, es liege ein VA vor, den Rechtsweg nicht eröffnen[47]; ergibt die Prüfung durch das Gericht, dass es sich nicht um einen VA handelt, ist die Klage daher als unzulässig abzuweisen[48].

11   Der **VA muss im Zeitpunkt der Klageerhebung noch bestehen,** die Anfechtungsklage ist unzulässig, soweit der VA vor Klageerhebung von der Behörde, auch im Widerspruchsverfahren, wieder aufgehoben worden ist; das Gleiche gilt für die Verpflichtungsklage, wenn der beantragte VA vor Klageerhebung erlassen worden ist[49]. Zur Frage, ob gegen den vor Klageerhebung erledigten VA entsprechend § 113 Abs. 1 S. 4 die Klage auf Feststellung der Rechtswidrigkeit zulässig ist, vgl. § 113 Rn. 30. Der Vollzug des VA steht dagegen der Anfechtungsklage nicht entgegen (§ 113 Abs. 1 S. 2). Der **Erlass von Teilen eines nur** einheitlich zu betrachtenden VA kann nicht mit der Verpflichtungsklage begehrt werden[50], anders, wenn der Erlass des Teiles selbst einen VA darstellt[51]; die Anerkennung eines Entschädigungsanspruchs kann der Kläger, soweit dafür ein Rechtsschutzbedürfnis besteht, auch nur dem Grunde nach begehren[52].

12   Gegen den **nichtigen VA** ist nach § 43 die Feststellungsklage zulässig. Da jedoch die Frage, ob ein VA nichtig oder nur anfechtbar ist, oft schwer zu klären ist und möglicherweise in den Instanzen unterschiedlich beurteilt wird, die für die Klage in dem einen oder anderen Fall vorgesehenen Verfahren aber

---

45   Vgl. BVerwG DVBl. 1980, 882, sowie § 40 Rn. 7.
46   Vgl. BVerwGE 30, 287 zur Schutzbereichsverordnung; Eyermann/Happ Rn. 4; vgl. Schoch/Pietzcker § 42 Abs. 1 Rn. 19.
47   Vgl. BVerwGE 1, 260.
48   BVerwGE 2, 273; Menger VerwA 48, 354; vgl. Rn. 9.
49   Vgl. Eyermann/Happ Rn. 14.
50   BVerwG Buchh. 421.0 Prüfungswesen Nr. 329, vgl. auch Rn. 83 ff.
51   Vgl. BVerwGE 1, 239 zur Gebührenfestsetzung: Bremen DÖV 1958, 380 zur Auflage; Münster OVGE 17, 62 zur Steuervergünstigung; vgl. auch Söhn VerwA 60, 64.
52   BVerwGE 15, 114.

unterschiedlich sind, ist auch gegen den nichtigen VA die Anfechtungsklage zulässig[53]; das in der Sache ergehende Urteil ist, wenn Nichtigkeit vorliegt, jedoch der Sache nach ein Feststellungsurteil, mit dem der mit dem nichtigen VA gesetzte Rechtsschein beseitigt wird[54]. Die Anfechtungsklage gegen den nichtigen VA ist nur bei allen für sie geltenden Voraussetzungen und innerhalb der Klagefrist des § 74 zulässig[55], nach Fristablauf kann nur noch die Feststellungsklage erhoben werden[56]. Wird neben dem Feststellungsantrag hilfsweise Anfechtungsklage erhoben, kann über den Feststellungsantrag nicht durch Teilurteil entschieden werden[57].

Stellt sich **bei einer Vornahmeklage der ablehnende Bescheid** als **nichtig** heraus, bleibt die Untätigkeitsklage zulässig[58]. Liegt **nur der Form nach ein VA** vor, während die Entscheidung inhaltlich nicht als solcher angesehen werden kann (**Nicht-VA**), ist die Anfechtungsklage nach BVerwG[59] zulässig; ein Bedürfnis, den Rechtsschein eines solchen »unzulässigen VA«[60] zu beseitigen, besteht ebenso wie beim nichtigen VA[61]; das Urteil, das ergeht, kann jedoch, da kein VA vorliegt, kein Gestaltungs-, sondern ebenfalls nur ein Feststellungsurteil sein[62]. Das Gleiche muss gelten, wenn eine zur Ausübung hoheitlicher Maßnahmen befugte Körperschaft ihr auf privatrechtlichem Gebiet liegendes Handeln in die Form eines VA kleidet[63]. **13**

II. Rechtsverletzung

Durch Absatz 2 ist ein Erfordernis der Begründetheit (vgl. Rn. 97, 102), und zwar die **Rechtsverletzung**[64], zur **Sachurteilsvoraussetzung** in der Form erhoben, dass die Klage nur zulässig ist, wenn der Kläger geltend macht, durch den VA oder seine Ablehnung oder Unterlassung in seinen Rechten verletzt zu sein (zur Ausnahme durch Gesetz vgl. Rn. 21). Diese Sachurteilsvoraussetzung wird als **Klagebefugnis** bezeichnet[65]. Durch diese Regelung der Klagebefugnis wird einmal eine **Popularklage** (vgl. Rn. 25), zum anderen aber auch das alleinige **Geltendmachen von** wirtschaftlichen, kulturellen oder ideellen **14**

53 Vgl. Mannheim VRspr. 13, 236; BSG DVBl. 1990, 210, auch zur Klage auf Rücknahme oder Feststellung der Nichtigkeit durch VA; vgl. Bader/v. Albedyll Rn. 12, § 43 Rn. 17.
54 Vgl. München BayVBl. 1976, 756.
55 Vgl. Koblenz NVwZ 1999, 198.
56 Mannheim VRspr. 13, 236.
57 BSG NJW 1960, 2308.
58 Unzutreffend VG Sigmaringen DVBl. 1963, 824 m. Anm. Bettermann.
59 DÖV 1962, 907 m. Anm. Kimminich; vgl. auch BVerwG NVwZ 1987, 330: Anfechtung, hilfsweise Feststellung; a.A. Mannheim NVwZ 1991, 1195 für VA, bei dem Bekanntgabe fehlt.
60 So bezeichnet vom BVerwG, dagegen zu Recht Menger VerwA 54, 198.
61 Vgl. dazu Schleswig NordÖR 1999, 446 m. Anm. Nolte.
62 Vgl. Bader/v. Albedyll Rn. 13; Eyermann/Happ Rn. 16; a.A. Stelkens/Stelkens § 44 Rn. 203.
63 Vgl. Menger VerwA 54, 395; auch Naumann, Staatsbürger und Staatsgewalt II, S. 376 zu Handlungen einer Ärztekammer; a.A. VG Düsseldorf KStZ 1966, 19: Gestaltungsurteil.
64 BVerwGE 32, 222.
65 BVerwGE 95, 333; Kopp/Schenke Rn. 59; Sodan/Sodan Rn. 355.

Interessen durch den Kläger[66] **ausgeschlossen.** Beim Fehlen der Klagebefugnis wird die Klage als unzulässig abgewiesen[67].

15 Das **Geltendmachen einer Rechtsverletzung**[68] ist mehr als ein bloßes Behaupten; der Kläger muss einen Geschehensablauf schildern und gleichzeitig zu erkennen geben, dass er mit Hilfe dieser Darstellung einem darin ausgewiesenen Recht Geltung verschaffen will[69]. Es muss sich also aus seinem Vorbringen die Rechtsverletzung herleiten lassen, vorausgesetzt, dass sich der VA oder dessen Ablehnung oder Unterlassung als objektiv rechtswidrig erweisen wird[70]. An der Klagebefugnis fehlt es, wenn offensichtlich und eindeutig nach keiner Betrachtungsweise subjektive Rechte des Klägers bestehen oder ihm zustehen können[71]; ob der Kläger dann tatsächlich in seinen Rechten verletzt ist, ist eine Frage der Begründetheit der Klage[72]. **Bei der Anfechtungsklage** ergibt sich der Eingriff in seine Rechtsphäre ohne weitere Ausführungen des Klägers regelmäßig aus der Tatsache, dass ihm gegenüber ein belastender VA ergangen ist, es sei denn, aus dem Vortrag des Klägers geht hervor, dass er mit seiner Klage diese Rechtsverletzung gar nicht geltend machen will[73]. **Bei der Verpflichtungsklage** reicht aus, wenn der Kläger durch Vortrag eines Sachverhalts, der dies als möglich erscheinen lässt, geltend macht, dass er durch den Nichterlass des beantragten VA in seinen Rechten verletzt sei[74]; ist eine beantragte Genehmigung erteilt oder wird sie nicht für erforderlich gehalten[75], muss der Kläger seine Rechtsverletzung eingehender darlegen, wenn er gleichwohl klagen will. Bei der Anfechtungsklage, auch gegen den Widerspruchsbescheid im Vornahmeverfahren, die der Kläger erhebt, ohne Adressat des VA zu sein, ist dagegen eine eingehende Darlegung erforderlich, wieso gerade der Kläger in seinen Rechten verletzt sein soll[76].

16 Bei dem **VA mit Doppelwirkung,** bei dem ein begünstigender VA zugleich Rechtswirkungen gegenüber einem Dritten erzeugt, muss der Betroffene geltend machen, dass solche Rechtsvorschriften verletzt sind, die zumindest auch seinem Schutz zu dienen bestimmt sind, wobei das geschützte Individualinteresse, die Art seiner Verletzung und der Kreis der unmittelbar geschützten Personen hinreichend deutlich klargestellt und abgegrenzt sein müssen (**Nachbarklage,** st. Rspr. des BVerwG)[77]. Für das Betroffensein des Dritten ist im Regelfall die unmittelbare räumliche Beziehung des Nachbarn zum Ort, an dem das mit dem VA genehmigte Vorhaben ausgeführt

---

66 BVerwG NVwZ 1993, 63 zur Aufrechterhaltung staatlicher Anerkennung einer Heilquelle; vgl. im Übrigen die Beispiele bei Schoch/Wahl/Schütz § 42 Abs. 2 Rn. 7 ff.

67 Vgl. BVerwGE 10, 122; vgl. auch Schwertdner NVwZ 1990, 630.

68 Vgl. dazu im Einzelnen Rn. 102 ff.

69 Hoffmann VerwA 53, 319.

70 Bachof AöR 79, 120; Menger VerwA 48, 353.

71 BVerwGE 44, 1; E 81, 329; E 92, 313; E 95, 133; E 95, 333; E 96, 293 zur Untersagung von Sportwetten.

72 BVerwGE 68, 241.

73 Eine andere Folgerung kann auch aus den von Hoffmann, VerwA 53, 381, angeführten Beispielen nicht gezogen werden.

74 BVerwGE 3, 237; 7, 89; Koblenz AS 5, 296.

75 Vgl. Kassel NJW 1959, 548 m. Anm. Bachof.

76 Vgl. BVerwGE 1, 104; 3, 23; 7, 30; 28, 131 zu § 16 GewO; Kassel DÖV 1957, 222; Münster DÖV 1959, 556; Stuttgart NJW 1957, 1375.

77 Zum Baurecht: E 27, 29; 32, 173; zum Wasserrecht: E 36, 248; 41, 58; zum Gewerbe- u. Straßenverkehrsrecht: E 37, 112; zum Atomrecht: DVBl. 1972, 678, dazu auch München VGH n.F. 27, 115; im Einzelnen vgl. Rn. 132 ff.

werden soll, maßgeblich. Dieser unmittelbare räumliche Bezug ist aufgelöst in den Fällen, in denen der Einwirkungsbereich möglicher Emissionen oder der Anlage als Gefahrenquelle über ihn hinausreicht. Die Gerichte gehen hier von einer räumlichen Kategorie der **Nachbarschaft im weiteren Sinne** aus, innerhalb derer nach sachverständiger Abschätzung der Verhältnisse des Einzelfalles noch eine Gefährdung möglich erscheint[78]. Dabei muss es sich um ein qualifiziertes Betroffensein handeln, das sich deutlich abhebt von den Auswirkungen, die den Einzelnen als Teil der Allgemeinheit treffen können, und das ein besonderes Verhältnis zur Anlage im Sinne einer engeren räumlichen und zeitlichen Beziehung des Betroffenen zum Genehmigungsgegenstand voraussetzt[79]; dabei kann diese Beziehung durch Rechte an einem Grundstück[80], einem Gewerbebetrieb, einer Sache oder einer Sachgesamtheit begründet werden, ebenso wie durch dauernden Aufenthalt, also nicht durch Freizeitgewohnheiten; das BVerwG lässt hier offen, ob eine entsprechend enge Bindung auch durch einen Arbeitsplatz oder eine Ausbildungsstätte vermittelt werden kann[81]. Zum **Begriff der Gefährdung** vgl. BVerwG DÖV 1974, 207 (Gewässerverschmutzung durch Tankwagenunfall); DVBl. 1973, 857 (Fehlende Fahrkorbtüren); Lüneburg GewA 1975, 303 (Gaswolkenexplosion); DVBl. 1977, 340 (Strahlenschutz), sowie Hanning/Schmieder, Der Betrieb, Beilage Nr. 14/1977; Wagner NJW 1980, 665; zu **synergetischen Wirkungen** emittierter Schadstoffe mit anderen luftfremden Stoffen vgl. Lüneburg OVGE 32, 444 (Chlorgaserzeugung); Münster NJW 1976, 2360 (Kohlekraftwerk).

In der **Ausweitung des Nachbarschaftsbegriffes** liegt die Gefahr, dass die **Grenze zur Popularklage**, die die VwGO nicht zulässt (vgl. Rn. 25), verwischt wird. Während die Rechtsprechung bei der **Nachbarklage der Gemeinde** die rechtlichen Kriterien, aus denen sich überhaupt ein Klagerecht der Gemeinde ergeben kann, sehr ins Einzelne gehend beschrieben hat[82], ist dies für die Abgrenzung anderer Klagen zur Popularklage noch nicht gelungen. Zu Recht bezweifelt München[83], dass aus dem nach Art. 141 Abs. 3 BayVerf. statuierten Grundrecht auf Naturgenuss und Erholung[84] ein Klagerecht nach § 42 folgt, da dies nur der Fall sein kann, wenn ein Grundrecht eine konkrete Rechtsposition im Sinne eines Abwehrrechts einräumt[85]. Auch ein allgemeines Recht auf Bestandsschutz einer Erholungslandschaft besteht nicht[86]. **17**

Bei der **Aufteilung** der Anlagengenehmigung **in eine Errichtungs- und eine Betriebsgenehmigung** (oder deren mehrere) wird davon ausgegangen, dass **18**

78 BVerwG DVBl. 1972, 678 – KKW Würgassen: bejaht für 4 km; Lüneburg OVGE 32, 444 – Chlorgaserzeugungsanlage: für 10 km; Münster NJW 1976, 2360 – KohleKW Voerde; VG Freiburg NJW 1976, 2178 – KKW Wyhl: für etwa 10 km.
79 BVerwG DVBl. 1983, 183 zur Luftverunreinigung und Geräuscheinwirkung einer Azo-Farbstoff-Anlage.
80 Verneint für dingliches Wohnrecht Bremen NVwZ 1984, 594.
81 So ausdrücklich Lüneburg DVBl. 1984, 890 für Dauerarbeitsplatz.
82 Vgl. Mannheim DVBl. 1977, 345 – KKW Wyhl; München VGH n.F. 27, 115 sowie VG Würzburg NJW 1977, 1649; München NJW 1980, 723, alle zu KKW Grafenrheinfeld; Jarass DVBl. 1976, 732, im Einzelnen vgl. Rn. 103.
83 2. Senat-VGH n.F. 27, 115.
84 BayVerfGHE 21, 197.
85 Ebenso Mannheim NJW 1991, 3050 für BaumschutzVO; a.A. München – 1. Senat – DVBl. 1975, 545 für Baurecht, dagegen Eyermann BayVBl. 1974, 237; Simon BayVBl. 1974, 601.
86 Kassel DÖV 1976, 393 zum Autobahnbau.

sich aus den gegen die Beeinträchtigung durch den Betrieb möglichen Einwendungen bereits die Klagebefugnis gegen die Errichtungsgenehmigung ergibt, da eine Anlage nur errichtet wird, um betrieben zu werden[87]. Inwieweit diese Folgerung auch für andere, neben der Anlagengenehmigung erforderlichen Genehmigungen (etwa wasserrechtliche) zu ziehen ist, kann im Einzelfall fraglich sein, insbesondere, wenn keine Identität zwischen den Genehmigungsbehörden besteht. Sehr weitgehend daher Berlin[88], das eine landschaftsschutzrechtliche Ausnahmegenehmigung zur Rodung einer Waldfläche als Standortentscheidung für ein Kraftwerk wertet.

19 Bei Bescheiden für Anlagen oder Einrichtungen mit einem weiten Einwirkungsbereich kann auch die Frage auftreten, ob ein **Klagerecht wegen einer Beeinträchtigung außerhalb der Grenzen der Bundesrepublik Deutschland** bestehen kann. Da die rechtliche Wirkung des VA, soweit nicht Gesetze oder zwischenstaatliche Abkommen etwas anderes vorsehen, auf das Hoheitsgebiet des Staates der erlassenen Behörde beschränkt ist und Klagegegenstand der VA als staatlicher Hoheitsakt ist, scheidet ein Klagerecht in diesen Fällen grundsätzlich aus[89]. Inwieweit sich wegen einer Beeinträchtigung durch Emissionen aus dem internationalen Privatrecht ein Anspruch ergibt oder ob ein solcher gegen den ausländischen Staat auf Einschreiten gegenüber der Bundesrepublik besteht, braucht hier nicht untersucht zu werden. Ohne ein zwischenstaatliches Abkommen, das eine Beteiligung am Verwaltungsverfahren und eine Klagebefugnis des im Ausland Betroffenen einräumt, ist daher dessen Anfechtungsklage unzulässig[90]. Das BVerwG[91] hat bei Anerkennung des für den VA als Hoheitsakt geltenden Territorialprinzips und des völkerrechtlichen Prinzips der Gegenseitigkeit bei einer atomrechtlichen Genehmigung ein Klagerecht des EU-Ausländers bejaht, weil dabei Rechtsvorschriften zu beachten sind, die (auch) im Interesse des ausländischen Klägers ergangen sind (§ 1 Nr. 2 und Nr. 4 AtomG, ihrerseits anknüpfend an die Einbindung der Bundesrepublik in die Europäische Atomgemeinschaft; kritisch dazu Rauschning AVR 1987, 312). Es ist davon auszugehen, dass zumindest im Umweltrecht angesichts der vielfältigen Beteiligungsvorschriften (im UVPG, § 11a Abs. 4 9. BImSchV) ein EU-Ausländer sich auf eine deutsche nachbarschützende Norm berufen kann[92]. Das BVerwG selbst verweist auf den Abschluss von Staatsverträgen, um etwa noch bestehende Schwierigkei-

87 BVerwG DVBl. 1972, 678 zu KKW Würgassen; Mannheim NJW 1976, 77 zu KKW Wyhl; München VGH n.F. 27, 115 zu KKW Grafenrheinfeld; VG Freiburg NJW 1977, 1645 zu KKW Wyhl; Schwarze DÖV 1973, 700; insgesamt dazu Ossenbühl NJW 1980, 1353; Sellner, Industrieanlagen nach dem BImschG, Schriftenreihe NJW Nr. 31; zur Freigabepraxis im atomrechtlichen Genehmigungsverfahren vgl. BVerwGE 80, 207, sowie Ossenbühl DVBl. 1980, 803.
88 NJW 1977, 2283.
89 Vgl. dazu die Entscheidung des Österreichischen VGH v. 30.5.1969 – Erkenntnisse und Beschlüsse des VGH (Administrativer Teil) Nr. 7582 (A), 264 zum Flughafen Salzburg, dazu auch BVerfG NJW 1986, 2188.
90 Vgl. Küppers ZRP 1976, 260 und DVBl. 1978, 686; Kloepfer DVBl. 1984, 245; Oppermann, Rechtsfragen grenzüberschreitender Umweltbelastungen (hrsg. von Bothe, Prieur, Ress), 1984, S. 121 ff.; Randelzhofer/Simma, Festschrift für Friedrich Berber, 1973, S. 389 ff.; a.A. Weber DVBl. 1980, 330, der ein Klagerecht auch ohne zwischenstaatliche Abkommen bejaht; Wolfrum DVBl. 1984, 493, Klagerecht aus Beeinträchtigung herleitend; zum Meinungsstand vgl. auch Jarass, BImSchG, 2. Aufl., § 2 Rn. 12.
91 E 75, 285; vgl. dazu Bothe UPR 1987, 170; Weber DVBl. 1987, 33; Weitbrecht NJW 1987, 2132.
92 Saarlouis NVwZ 1995, 97 für Heizkraftwerk.

ten im Bereich des Verfahrensrechts zu beheben (vgl. auch § 4a Abs. 5 BauGB, § 8 UVPG für grenzüberschreitende Behördenbeteiligung).

Für die **Zulässigkeit der Klage** kommt es nur auf das **Geltendmachen der** **20** **Rechtsverletzung** an, d.h. auf die substantiierte Rechtsbehauptung, die es als möglich erscheinen lässt, dass die Kläger durch den angefochtenen VA in seinen Rechten verletzt ist (BVerwGE 60, 154 – **Möglichkeitstheorie**), nicht jedoch darauf, ob eine solche wirklich vorliegt. Können die vom Kläger behaupteten Rechte offensichtlich unter keinen rechtlichen Gesichtspunkten bestehen oder ihm zustehen, ist die Klage unzulässig[93]. Ergibt sich bei der Sachprüfung im Prozess, dass die geltend gemachte Rechtsverletzung nicht vorliegt, ist die Klage als unbegründet abzuweisen[94]. Nur wenn der Kläger, auch nach Aufforderung durch das Gericht (§ 82 Abs. 2), keine Darlegungen über eine Verletzung seiner Rechte macht oder diese sich aus seinem Vorbringen nicht ergibt, wird die Klage als unzulässig abgewiesen[95].

Das Geltendmachen einer Rechtsverletzung ist **Sachurteilsvoraussetzung, so-** **21** **weit gesetzlich nichts anderes bestimmt ist.** Die Ausnahme erfordert ein Gesetz (Bundes- oder Landesgesetz)[96], das auch vor In-Kraft-Treten der VwGO erlassen sein kann[97]. Die durch Landesgesetz eingeräumte Klagebefugnis erstreckt sich auch auf VA, die von Landesbehörden in einem bundesrechtlich geregelten Verfahren erlassen werden[98], nicht jedoch auf VA von Bundesbehörden[99]. Die Ausnahmeregelung kann sich auf eine Streichung oder Änderung der Sachurteilsvoraussetzung beziehen; sie bewirkt jedoch zugleich, da § 42 Abs. 2 ein zur Zulässigkeitsvoraussetzung erhobener Bestandteil der Begründetheit ist (vgl. Rn. 14), dass sich auch das Erfordernis der Begründetheit in § 113 Abs. 1 und 4 entsprechend ändert, die Klage also begründet ist, ohne dass der Kläger durch die Rechtswidrigkeit des VA oder seiner Ablehnung oder Unterlassung in seinen Rechten verletzt ist[100]. Wird **keine ausdrückliche Freistellung von** § 42 Abs. 2 getroffen, können auch Behörden (Körperschaften) nur die Anfechtungsklage erheben, wenn sie eine eigene Rechtsverletzung geltend machen können. Es ist daher keine Frage nach der Ausnahmeregelung, sondern nur nach dem Geltendmachen einer Rechtsverletzung, ob sich aus einem bei dem Erlass eines VA eingeräumten Mitwirkungs- oder Anhörungsrecht die Zulässigkeit einer Anfechtungsklage ergibt (vgl. Rn. 89).

Die **Ausnahme durch Gesetz bietet die Möglichkeit,** besonderen Vertretern **22** des öffentlichen Interesses, dem Behördenleiter oder der Aufsichtsbehörde, die Anfechtungsklage gegen VA zu eröffnen, die ein bei einer Behörde gebil-

---

93 BVerwGE 95, 333 zur Klage einer Gemeinde gegen Anordnungen der Straßenverkehrsbehörden; Münster OVGE 22, 281 zur Klage einer Gemeinde auf Anbindung an eine Bundesstraße; NJW 1965, 650 zur Genehmigung der Wertsicherungsklausel nach § 3 WährungsG; BVerwG DÖV 1967, 825 zur Anhörungsberechtigung im Planverfahren; E 44, 1 zur Ortsnetzabgrenzung der Bundespost; BSG NJW 1968, 1109; München NVwZ 1989, 268 für gekündigten Pächter eines Nebenbetriebes gegen Planfeststellung für Autobahn; ausführlich und kritisch zur Möglichkeitstheorie Sodan/Sodan Rn. 371; zur Nachbarklage vgl. Anm. 132.
94 Vgl. BVerwGE 1, 99; Menger VerwA 51, 262.
95 BVerwGE 8, 283; 10, 122; Mannheim ESVGH 9, 121; Münster OVGE 14, 60.
96 Abzulehnen Ule S. 134, wonach auch ein kirchliches Gesetz ausreichen soll.
97 Vgl. Münster OVGE 12, 286; 13, 22; v. Oertzen DVBl. 1961, 652; § 68 Rn. 8.
98 BVerwGE 78, 347.
99 BVerwGE 92, 263; vgl. auch Rn. 25.
100 Vgl. v. Oertzen DVBl. 1961, 652.

deter Ausschuss erlässt (sog. **Aufsichtsklage**). Zum In-Sich-Prozess vgl. § 63 Rn. 8. Zur Verbandsklage vgl. Rn. 25.

23 **Ausnahmen durch Bundesgesetz** bestehen für den Vertreter des Interesses beim Ausgleichsfond nach § 338 LAG[101], den Bundesbeauftragten nach § 6 Abs. S. 3 AsylVfG[102], sowie für die Handwerkskammer nach § 8 Abs. 4 HandwerksO[103] und die Industrie- und Handelskammer nach § 12 HandwerksO. Der wichtigste Anwendungsfall eines Klagerechts ohne eigene Rechtsbetroffenheit ist heute die Verbandsklage nach § 61 BNatSchG für die anerkannten Naturschutzvereine (vgl. Rn. 25).

24 **Ausnahmen durch Landesgesetz** bestehen in den AG von Rheinland-Pfalz (§ 17 für die Aufsichts- und Dienstleistungsdirektion) und dem Saarland (§ 17 für den fachlich zuständigen Minister – Aufsichtsklage –). Das BVerfG hat sowohl eine von der VwGO abweichende landesrechtliche Vorschrift über die Beteiligten[104] als auch eine Verlängerung der Klagefrist bei der Aufsichtsklage[105] für unzulässig und damit nichtig erklärt[106]. Beide Länder haben durch eine Änderung der AG den Entscheidungen des BVerfG Rechnung getragen.

25 Durch die Sachurteilsvoraussetzung der Rechtsverletzung in Absatz 2 ist eine **Popularklage ausgeschlossen**[107]. Sie ist nach geltender Rechtslage auch in modifizierter Form unzulässig, soweit nicht durch Gesetz eine andere Regelung getroffen wird, wie etwa im **UmweltinformationsG**[108]. So können auch Verbände, etwa im Bereich des Umwelt- oder des Landschaftsschutzes, selbst wenn der Verbandszweck die Wahrnehmung der Interessen ihrer Mitglieder in diesen Bereichen ist, nicht generell die Klagen aus § 42 erheben – sog. **Verbandsklagen**[109].
Die Mitwirkungs- und die Klagemöglichkeiten sind umfassend in §§ 58–61 **BundesnaturschutzG** (BNatSchG) geregelt. Dies betrifft sowohl die Anerkennung als ein solcher klageberechtigter Verein, die bei Vorliegen der Voraussetzungen auch gerichtlich erstritten werden kann, als ein Klagerecht, das sich auf genau benannte Tatbestände bezieht, denen man den politischen

---

101 BVerwGE 2, 147.
102 Vgl. BVerwGE 99, 38 zur Generalbeteiligung; E 101, 323 zur Entscheidung über Abschiebungshindernisse.
103 Koblenz DÖV 1961, 513; beachte: viele Zuweisungen jetzt ans Schlichtungsverfahren, z.B. 16 Abs.4 HandwerksO gem G v. 24.12.2003, BGBl. I S. 2933.
104 BVerfGE 20, 238.
105 BVerfGE 21, 106 zu § 17 Abs. 1 AG RhPf.
106 Vgl. zu beiden Regelungen, auch zu den Bedenken gegen § 22 Abs. 2 VO über das Verfahren vor den Beschlussausschüssen in SchlH. v. Oertzen DVBl. 1961, 650.
107 BVerwGE 19, 269, vgl. dazu Rn. 14, auch Gierth DÖV 1980, 893.
108 Vgl. dazu Kollmer NVwZ 1995, 858.
109 Vgl. Mannheim NJW 1972, 1101 für Verein gegen Bebauungsplan; NVwZ-RR 1995, 17; Koblenz AS 13, 20 für Beamtenvereinigung; im Ergebnis auch München BayVBl. 1973, 211 für Naturschutzverein; BVerwG DÖV 1974, 318 für Bewässerungsgenossenschaft, auch Prozessstandschaft ablehnend; BVerwG NJW 1981, 362, Lüneburg GewA 1978, 91 im atomrechtlichen Verfahren für Aktionsgem. zur Erhaltung gesunden Lebens; vgl. auch BVerwG NJW 1980, 1911 für Krankenhausverbände wegen Neufestsetzung der Pflegesätze; Mannheim NJW 1980, 1811 für Bürgerinitiative auf Volksbegehren; auch h.L. im Schrifttum, vgl. Bettermann ZZP 85, 133; Bleckmann VerwA 63, 183; v. Mutius VerwA 64, 311; Stich DVBl. 1972, 201; Ule DVBl. 1972, 437 jeweils m.w.N., a.A. Faber, Verbandsklage im Verwaltungsprozess, 1972, S. 43; Rupp ZRP 1972, 33; Wolf, Klagebefugnis der Verbände, 1971, S. 20; zum Gemeinschaftsrecht vgl. Epiney NVwZ 1999, 485.

Kompromisscharakter deutlich ansieht[110]. Grundsätzlich kann eine Verletzung des Beteiligungsrechts durch ein ergänzendes Verfahren behoben werden, führt also nicht zur Aufhebung des Planfeststellungsbeschlusses[111]. Für landesrechtliche Regelungen verbleibt, da gem. **§ 11 Satz 1 BNatSchG § 61 BNatSchG unmittelbar gilt**, nur noch insofern ein Spielraum, als sie weiter gehende Beteiligungsrechte einräumen (§ 61 Abs. 5 BNatSchG). In Bezug auf Bundesbehörden können die Länder aber keine weiter gehenden Vereinsklagen schaffen[112]. Wie sich die Länder hier positionieren werden, ist derzeit offen. Vgl anschaulich zu einer Verbandsklage mit der Problematik von **potenziellen Vogelschutzgebieten** nach der VogelschutzRL der EU (79/409/EWG) und **potenziellen FFH-Gebieten** nach der Flora-Fauna-HabitatRL der EU (92/43/EWG) BVerwG Buchh. 407.4 § 17 FStrG Nr. 168 (A 20 Wakenitzquerung) und zum Gebietsauswahlverfahren für das europäische Netz »**Natura 2000**« BVerwGE 117, 149 (B 173 Lichtenfels).

III. Prozessführungsbefugnis

Die **Prozessführungsbefugnis** (vgl. dazu § 63 Rn. 7) bei der Anfechtungs- **26** und Verpflichtungsklage **deckt sich sachlich grundsätzlich mit der Sachlegitimation**[113]; wer durch den VA in seinen Rechten verletzt ist, unabhängig davon, ob er auch der Adressat des VA ist, oder wessen Anspruch auf Erlass eines VA durch die Ablehnung oder das Unterlassen verletzt ist, ist zur Prozessführung befugt[114]. Da § 42 Abs. 2 für die Klagebefugnis darauf abstellt, dass der Kläger geltend macht, in seinen Rechten verletzt zu sein, ist **Prozessstandschaft**, d.h. das Geltendmachen eines fremden Rechts im eigenen Namen nur **zulässig, wo sie gesetzlich vorgesehen ist**[115]. Wo Behörden nach § 61 Nr. 3 für beteiligungsfähig erklärt worden sind (vgl. § 5 Abs. 1 AG NW; § 17 AG Saar), können sie auch an Stelle der Körperschaft, zu der sie gehören, die Klagen nach § 42 erheben[116]; wo einer Behörde, nicht der Körperschaft, die Ausnahme von Abs. 2 eingeräumt ist (vgl. Rn. 22), ist sie auch prozessführungsbefugt (etwa die Aufsichts- und Dienstleistungsdirektion nach § 17 AG RhPf.). Ein Testamentsvollstrecker kann im eigenen Namen gegen VA klagen, die sich auf den Nachlass beziehen[117].

Bei Anfechtungs- und Verpflichtungsklagen ist damit eine rechtsgeschäftliche Übertragung der Prozessführungsbefugnis (**gewillkürte Prozessstandschaft**) **unzulässig**[118]. Daher ist auch die Anfechtungs- oder Verpflichtungsklage eines Wirtschafts- oder Berufsverbandes, die dieser in eigenem Namen jedoch nicht aus eigenem Recht, sondern für sein Mitglied erhebt, unzuläs- **27**

---

110 Vgl. Callies NJW 2003, 97; Seelig/Gündling NVwZ 2002,1033.
111 BVerwGE 102, 358; E 105, 348, beide zu § 17 Abs. 6 FStrG.
112 Schmidt/Zschiesche NuR 2003, 16.
113 Vgl. Bachof II S. 237.
114 Vgl. Stuttgart ESVGH 3, 79; BSG DVBl. 1962, 338; Bachof S. 39; Bernhardt JZ 1963, 302; Hoffmann VerwA 53, 312; Dörffler NJW 1963, 14.
115 Vgl. BVerwG MDR 1960, 338; BSGE 10, 131; offen lassend BVerwG DÖV 1974, 318; Eyermann/Happ Rn. 76; Kopp/Schenke Vorbem. 25 zu § 40, § 42 Rn. 60.
116 Vgl. § 61 Rn. 6.
117 Stuttgart ESVGH 5, 127.
118 Vgl. Kassel VRspr. 3, 753; auch Hamburg VRspr. 2, 206; München NVwZ 2001, 339; Kopp/Schenke Vorbem. 25 zu § 40; zur Leistungsklage vgl. § 42 Rn. 153; zur Feststellungsklage § 43 Rn. 28.

sig[119]. Soweit Behörden die Prozessführungsbefugnis zusteht, wird damit auch die Möglichkeit eines **In-sich-Prozesses** eröffnet[120].

IV. Rechtsschutzbedürfnis

28 **Voraussetzung jeder Klage** ist das Vorhandensein eines **Rechtsschutzbedürfnisses**. Nur wer schutzwürdige Interessen verfolgt, hat Anspruch auf den Einsatz der den Gerichten übertragenen Ordnungsgewalt des Staates. Die Gerichte sollen nicht gezwungen werden, für unnütze oder unlautere Zwecke tätig zu werden[121]. Nach allgemeiner Auffassung fehlt einem Antrag auf gerichtlichen Rechtsschutz das Rechtsschutzinteresse dann, wenn der Kläger seine Rechtstellung mit der begehrten gerichtlichen Entscheidung nicht verbessern kann und die Inanspruchnahme des Gerichts deshalb für ihn nutzlos erscheint[122]. Dieses Rechtsschutzbedürfnis ist auch bei den Klagen aus § 42 erforderlich[123]. Bei der Anfechtungsklage liegt es regelmäßig vor, wenn der Kläger die Aufhebung eines ihn belastenden VA beantragt[124], bei der Verpflichtungsklage, wenn er einen Rechtsanspruch auf Erlass des rechtswidrig nicht erlassenen VA geltend macht[125]. Das Rechtsschutzinteresse entfällt, wenn die Behörde den angefochtenen VA entsprechend dem Anfechtungsbegehren ändert oder aufhebt oder bei der Verpflichtungsklage, dem Begehren entsprechend den VA erlässt; die Erklärung in der mündlichen Verhandlung, dass sie dies zu tun beabsichtige, reicht dafür allein nicht aus[126]. Zur Fortsetzungsfeststellungsklage vgl. § 113 Rn. 30 ff.

29 Das **Rechtsschutzbedürfnis fehlt,** wenn der angefochtene VA einem Antrag des Klägers entspricht[127], wenn die Beschwer weggefallen ist[128] oder eine Änderung der Gesetzeslage die angefochtene Entscheidung bedeutungslos hat werden lassen[129]. Das Rechtsschutzbedürfnis fehlt auch für eine Aufsichtsklage (vgl. Rn. 22) gegen einen zurückverweisenden Widerspruchsbescheid[130]. Ein **Rechtsschutzbedürfnis besteht** für die Klage eines Beamten gegen seine Versetzung in den Ruhestand, auch wenn er keine Einwendungen im Verfahren nach § 44 BBG erhoben hat[131]; es besteht auch bei Geringfügigkeit des streitigen Betrags[132]; bei der Anfechtung des Nichtbestehens einer Prüfung auch dann, wenn der Kläger inzwischen die Wiederholungsprüfung

---

119 BVerwGE 2, 290; VRspr. 6, 886; DVBl. 1958, 391; HamburgVRspr. 5, 230; Kassel DVBl. 1952, 472; Koblenz AS 7, 331; Lüneburg OVGE 2, 233; 7, 322; Münster OVGE 3, 31; 13, 119; Stuttgart ESVGH 4, 97; vgl. Rn. 26.

120 Vgl. § 63 Rn. 8; BVerwG NJW 1992, 927: Zulässigkeit verneint bei gemeinsamer Behördenspitze, hier Landrat; anders für Baugenehmigung Münster DVBl. 1992, 46.

121 Bergmann VerwA 49, 334; vgl. auch München NJW 1989, 733.

122 BVerwGE 78, 85; DVBl. 1996, 107.

123 Vgl. Hamburg MDR 1954, 567; Kassel ESVGH 1, 18; Tietgen DVBl. 1960, 261; Hofmann VerwA 53, 302.

124 BVerwG JR 1960, 430.

125 Ule S. 130.

126 BVerwGE 62, 18.

127 Lüneburg NJW 1969, 812 für Bodenverkehrsgenehmigung; Stuttgart ESVGH 9, 115; vgl. jedoch auch BVerwGE 25, 191; Müller NJW 1967, 2298.

128 Berlin EOVG 5, 121; München DÖV 1950, 724; Münster OVGE 10, 43.

129 BVerwGE 1, 283; Hamburg MDR 1954, 567.

130 BVerwG DÖV 1961, 714.

131 BVerwG DÖV 1961, 145.

132 Münster OVGE 16, 236; a.A. Koblenz DÖV 1960, 350.

bestanden hat[133], auch bei Anfechtung eines begünstigenden VA mit dem Ziel, den Widerrufsvorbehalt zu beseitigen[134]. Für die Aufhebung eines von einer unzuständigen Stelle erlassenen Widerspruchsbescheides ist das Rechtsschutzbedürfnis regelmäßig zu bejahen[135], auch wenn die Klagefrist gegen den ursprünglichen Bescheid noch nicht abgelaufen ist[136].

Bei VA, mit denen einem privatrechtlichen Rechtsgeschäft die volle Wirk- **30** samkeit gegeben werden soll (**akzessorische VA**)[137], kann das Rechtsschutz- bedürfnis für eine Klage fraglich sein, wenn die Gültigkeit des Rechtsgeschäf- tes, die in einem anderen Rechtsweg festzustellen ist, von denselben Voraussetzungen abhängt, unter denen der VA als Genehmigung zu beurtei- len war. Ein Rechtsschutzbedürfnis für die Klage einer Vertragspartei auf Versagung der für die Wirksamkeit des Vertrages oder einer Vertragsbestim- mung notwendigen Genehmigung besteht nicht[138]. Das BVerwG verneint das Rechtsschutzbedürfnis, wenn das grundsätzlich bewehrte Recht – hier Eigentum – lediglich rechtsmissbräuchlich i.d.S. erworben worden ist, um die formalen Voraussetzungen für eine Prozessführung zu schaffen[139]. Das BVerwG nimmt das an, wenn die Rechtsstellung lediglich eine formale Hülle ohne substanziellen Inhalt darstelle; Anzeichen seien auch, ob an der Nut- zung des Grundstücks sich etwas geändert habe und bei der Eigentumsüber- tragung ein wirtschaftlicher Gegenwert geflossen sei.

Die Zustimmung zur **Kündigung nach § 9 Mutterschutzgesetz** kann ebenso **31** von der Arbeitnehmerin angefochten werden[140] wie die Versagung der Zu- stimmung vom Arbeitgeber[141]. Bei der **Kündigung eines Schwerbehinderten** ist das Rechtsschutzbedürfnis für die Klage des Behinderten gegen die Zu- stimmung des Integrationsamtes nach dem SGB IX gegeben, da es sich hier- bei um einen VA mit Doppelwirkung handelt.

C. Verwaltungsakt

I. Begriff

Die **VwGO gebraucht den VA als prozessualen Begriff**, ohne jedoch dafür **32** eine besondere Definition zu geben; sie setzt diesen Begriff vielmehr voraus. Der Begriff des VA als zentrale Handlungsform ist in § 35 VwVfG definiert und ist angesichts des funktional-systematischen Zusammenhangs in VwGO

---

133 BVerwGE 40, 205.
134 BVerwGE 112, 263.
135 BVerwG VRspr. 14, 234 für Ermessenshandlungen.
136 BVerwGE 15, 259.
137 Vgl. dazu BVerwGE 27, 202; Kieckebusch VerwA 57, 17 und 162.
138 Mannheim NJW 1974, 2150 zur Wertsicherungsklausel; vgl. auch Rn. 144.
139 E 112, 135; die dagegen eingelegte Verfassungsbeschwerde ist nicht zur Entschei- dung angenommen worden; die Verneinung von Grundrechtsschutz mit dieser Be- gründung dürfte nur in sehr eng begrenzten Ausnahmefällen in Betracht kommen.
140 BVerwGE 10, 148; Lüneburg OVGE 12, 347.
141 BVerwGE 7, 294; Berlin EOVG 4, 6; Koblenz BB 1954, 288.

und VwVfG einheitlich zu verstehen[142]. Es handelt sich um eine bundesrechtliche Legaldefinition und um eine abschließende Regelung.
§ 35 VwVfG lautet:

**Verwaltungsakt ist jede Verfügung, Entscheidung oder andere hoheitliche
Maßnahme, die eine Behörde zur Regelung eines Einzelfalles auf dem Gebiet
des öffentlichen Rechts trifft und die auf unmittelbare Rechtswirkung nach
außen gerichtet ist. Allgemeinverfügung ist ein Verwaltungsakt, der sich an
einen nach allgemeinen Merkmalen bestimmten oder bestimmbaren Personenkreis richtet oder die öffentlich-rechtliche Eigenschaft einer Sache oder
ihre Benutzung durch die Allgemeinheit betrifft.**

33   Für die Anfechtungs- und Verpflichtungsklage und die darauf ergehenden
Urteile, ebenso für das Vorverfahren und den vorläufigen Rechtsschutz
bleibt es aber von ausschlaggebender Bedeutung festzustellen, wann ein
Handeln der Verwaltung einen VA darstellt. Dies soll daher im Folgenden
an der Begriffsbestimmung des VA im Einzelnen erläutert werden.

34   **1. Regelung eines Einzelfalles mit unmittelbarer Rechtswirkung nach außen.**

a) Als **Regelung eines Einzelfalles** kommt jede Verfügung, Entscheidung
oder andere hoheitliche Maßnahme einer Behörde in Betracht, ohne dass
es auf die Bezeichnung ankommt, die eine Behörde ihrem Tätigwerden
gibt; entscheidend ist, dass überhaupt ein gewolltes Handeln, eine Willenserklärung der Behörde vorliegt (Beispiele aus der Rechtsprechung siehe
Rn. 90). Ein Handeln liegt z.B. nicht vor, wenn sich ein zeitlich befristeter
VA durch Zeitablauf erledigt, anders jedoch, wenn ein VA mit Dauerwirkung widerrufen wird. Aus der monatlichen Zahlungsweise oder der Verpflichtung des Begünstigten, jede Änderung der für die Gewährung der
Leistung maßgeblichen Umstände unverzüglich mitzuteilen, kann nicht
ohne weiteres auf das Vorliegen eines zeitlich befristeten VA geschlossen
werden; so ist die Gewährung von Fürsorgeunterstützung regelmäßig ein
VA mit Dauerwirkung, ihr Entzug daher ein VA[143]. Es berührt die Eigenschaft als VA nicht, wenn dieser in mehrere selbstständige Teile auf-
gespalten wird, wie es etwa bei den **Teil-Errichtungs- und Betriebsgenehmigungen** im atomrechtlichen oder immissionsschutzrechtlichen
Genehmigungsverfahren der Fall ist[144]; die Aufhebung einer Teilgenehmigung führt nicht ohne weiteres dazu, dass nachfolgende bestandskräftige
Teilgenehmigungen ihre Bindungswirkung einbüßen[145]. Selbstständiger
VA ist auch der **Vorbescheid** z.B. im Bau-, Gewerbe-, Immissions- und
Atomrecht[146]. Zur Feststellungswirkung des Bauvorbescheides vgl. München NVwZ 1994, 307.

142 BVerwGE 102, 81; vgl. Meyer/Borgs § 35 Anm. 2; Kopp/Ramsauer VwVfG § 35
     Rn. 1; Schoch/Pietzcker § 42 Abs. 1 Rn. 24; Sodan/Sodan Rn. 99; Ule/Laubinger
     S. 194; a.A. Stelkens/Stelkens § 35 Rn. 14, der auch solche Fälle als VA der VwGO
     ansieht, die nicht unter § 35 VwVfG subsumierbar sind, jedoch vom Adressaten
     als VA angesehen werden mussten (»formelle VA oder VA durch Form«).
143 Mannheim NJW 1962, 1172 m. Anm. v. Oertzen; a.A. Münster DVBl. 1959, 289
     m. abl. Anm. Sellmann.
144 Vgl. BVerwG DVBl. 1972, 678; vgl. dazu Kutscheidt, Sendler-Festschrift S. 303.
145 BVerwGE 80, 207.
146 BVerwGE 112, 221; 112, 263; Berlin NVwZ 2001, 1059.

Eine selbstständige Regelung kann auch eine **Nebenbestimmung zum VA 34a** nach § 36 Abs. 2 VwVfG enthalten[147]; die isolierte Anfechtung einer solchen Bestimmung setzt jedoch voraus, dass der VA mit einem Inhalt weiter bestehen kann, der der Rechtsordnung entspricht[148]. Eine **isolierte Anfechtung** der Nebenbestimmung ist **generell möglich**, dabei ist aber zu prüfen, ob nicht ein »Rumpf-VA« übrig bleibt, den die Behörde so nie (rechtmäßig) erlassen hätte[149]. Letzteres ist insbesondere bei **Ermessensentscheidungen ein Problem**, weshalb in solchen Fällen eine isolierte Anfechtung ausscheidet. Eine überzeugende Lösung für alle Fälle ist derzeit nicht zu sehen, zumal dabei weder der effektive Rechtsschutz des Betroffenen leiden soll noch die Behörde schwer kalkulierbaren Gefahren ausgesetzt werden darf, dass der Adressat des VA nämlich durch das Gericht alle unliebsamen Nebenbestimmungen eliminieren lassen kann, die nach Vorstellung der Behörde (rechtmäßigerweise) nur als GesamtVA denkbar sind[150].

Im **vereinfachten Genehmigungsverfahren**, in dem die Anzeige an die Be- **34b** hörde den Genehmigungsantrag ersetzt, liegt **kein VA** vor, wenn das Gesetz **bei Schweigen der Behörde** nach einer bestimmten Frist das Vorhaben zulässt. Umstritten ist, ob die Mitteilung an den Vorhabenträger, dass eine Änderung keiner Genehmigung bedarf, oder dass ein Genehmigungserfordernis besteht oder nicht besteht, einen VA darstellt. Zu Recht haben dies Zöttl[151], Fluck[152] und Hausmann[153], jeweils mit weiteren Nachweisen, bejaht. Zur Nachbarklage in diesen Fällen vgl. Rn. 133a.

Die Entscheidung der Behörde über einen **Antrag auf Wiederaufgreifen des 35 Verfahrens** nach Unanfechtbarkeit des VA gemäß § 51 VwVfG ist VA, unabhängig davon, ob die Behörde den Antrag ablehnt, die Aufhebung oder Änderung des unanfechtbaren VA ablehnt oder eine andere Entscheidung in der Sache trifft[154]. Die Behörde kann aber neben diesen formalisierten Verfahren, wie sich aus § 51 Abs. 5 VwVfG ergibt, nicht fristgebunden noch von der Möglichkeit der Rücknahme und des Widerrufs Gebrauch machen und auch dann einen **Zweitbescheid** erlassen[155], soweit nicht Vorschriften sie daran hindern oder ein VA mit Drittwirkung vorliegt. Ob die Behörde nach Unanfechtbarkeit des VA, von Amts wegen[156] oder auf Antrag in eine erneute

---

147 Vgl. Pietzcker NVwZ 1995, 15; Stadie DVBl. 1991, 613; Störmer DVBl. 1996, 81; ders. NWVBl. 1996, 169.
148 BVerwGE 65, 139 zur Zweckentfremdungsabgabe; E 85, 24 zur Kaution bei Einfuhrlizenz; vgl. auch BVerwG NVwZ 1997, 1005; Münster GewA 1994, 20 verneinend bei untrennbarem Zusammenhang.
149 BVerwGE 24, 145 für Heimfallauflage bei wasserrechtlicher Erlaubnis; E 41, 178 für Anordnungen über Schutzanlagen im Planfeststellungsbeschluss nach § 17 Abs. 4 FStrG; E 81, 185 zum Objektsicherungsdienst bei KKW, m. abl. Anm. Bracher DVBl. 1989, 517; E 88, 348 für Anordnung von Aufsicht bei Spielhallen, ebenso GewA 1996, 22; E 112, 221 für Lärmschutzüberprüfungsauflage; Münster DVBl. 1991, 1366 zu Auflagen bei Ausbildung; Lüneburg DVBl. 1989, 1106 m. Anm. Steinberg zu nachträglichen Auflagen; dazu eingehend Bader/v. Albedyll Rn. 23 ff.; auch Fluck DVBl. 1992, 862; Sellner, Sendler-Festschrift, S. 339.
150 BVerwGE 112, 221; 112, 263; Berlin NVwZ 2001, 1059; vgl. Maurer § 12 Rn. 13; Knack/Henneke § 36 Rn. 57.
151 NVwZ 1998, 234 zu § 15 Abs. 2 BImSchG.
152 VerwA 1997, 265.
153 NVwZ 1997, 105.
154 Vgl. Stelkens/Sachs § 51 Rn. 10.
155 Vgl. Meyer/Borgs Anm. 5.
156 Vgl. Redeker DVBl. 1973, 746.

Sachprüfung eintritt, steht grundsätzlich in ihrem Ermessen[157]. Tritt die Behörde in eine erneute Sachprüfung ein, liegt nicht nur, wenn sie auch nur teilweise zu einem von dem unanfechtbaren VA abweichenden Ergebnis kommt[158], sondern auch dann, wenn sie dieses bestätigt, ein neuer VA vor, der wiederum den Klageweg eröffnet[159]. Zum Rechtsanspruch auf einen Zweitbescheid vgl. Rn. 126 ff.

36 Das BSG[160] hat auch den **Zweitbescheid, in dem sich** die **Behörde** lediglich **auf** die **Bindungswirkung** früher von ihr erlassener Bescheide **beruft,** als VA angesehen[161]; dem ist beizupflichten, da hier eine Ablehnung des Antrages auf erneute Entscheidung vorliegt, wobei jedoch die Klage gegen diesen VA zur erneuten Sachentscheidung erst nach dessen Aufhebung und Bejahung eines Anspruchs auf erneute Entscheidung führen kann. Erklärt die Behörde jedoch formlos, dass sie wegen der Unanfechtbarkeit des VA den erneuten Antrag nicht bescheiden werde, kann hier, gegen den erklärten Willen der Behörde, keine Regelung, d.h. kein VA gesehen werden. Der Betroffene kann hier nicht anders stehen, als wenn die Behörde sonst ablehnt, einen Antrag auf Erlass eines VA zu bescheiden; er muss seinen Antrag mit der Verpflichtungsklage verfolgen[162]. Die sachliche Einlassung der Behörde auf diese Klage kann dabei nicht als ein den Verwaltungsrechtsweg eröffnender Zweitbescheid angesehen werden[163]. Im Übrigen vgl. zur Rechtskraftwirkung des die Anfechtungsklage abweisenden Urteils § 121 Rn. 10.

37 Bei einem **rechtsgestaltenden** (rechtsvernichtenden) **VA** ist die Bestätigung nach erneuter Sachprüfung dann **anders** zu betrachten, wenn für die Begründung des Rechts besondere Formvorschriften bestehen, die die Bestätigung des unanfechtbar gewordenen VA über die Rechtsentziehung nicht erfüllt. Das Beamtenverhältnis auf Widerruf zum Beispiel kann, wenn der Widerruf unanfechtbar geworden ist, durch Zurücknahme des Widerrufs nicht wieder aufleben oder vom Zeitpunkt des Widerrufs an, also rückwirkend, neu begründet werden (§ 10 Abs. 2 S. 2 BBG), daher kann mit der Bestätigung des Widerrufs keine Regelung getroffen werden, die einen VA darstellt und die Beendigung des Beamtenverhältnisses auf den Tag ihres Erlasses verlegt. Das gilt jedoch nicht für alle Fälle der Beendigung des Beamtenverhältnisses. Hat der unanfechtbar gewordene VA nur deklaratorische Bedeutung, wie im Fall der Entlassung nach § 29 Abs. 1 Nr. 3 BBG, unterliegt die Behandlung der Bestätigung wieder den allgemeinen Grundsätzen[164].

38 Eine **Regelung für einen konkreten Einzelfall** liegt nicht nur vor, wenn eine einzelne Person betroffen ist; es genügt, wenn es sich um einen nach allgemeinen Merkmalen bestimmten oder bestimmbaren Personenkreis handelt (**Allgemeinverfügung**)[165]. Der Personenkreis ist bestimmt, wenn er schon bei Erlass des VA bekannt ist und bestimmbar, wenn erst zukünftig zu ermitteln ist,

---

157 BVerwGE 60, 316; E 78, 332; Mannheim NVwZ 1989, 882.
158 BVerwG DVBl. 1963, 186.
159 BVerwGE 4, 298; 13, 99; BSG NJW 1959, 2183; NJW 1961, 64; vgl. Baumeister VerwA 83, 374; Stelkens/Sachs § 51 Rn. 47 f. m.w.N.
160 NJW 1973, 1952.
161 Vgl. BVerwGE 28, 122; auch BVerfGE 27, 297.
162 Vgl. Stern, Verwaltungsprozessuale Probleme, S. 46.
163 Vgl. BVerwG ZBR 1968, 280.
164 Rn. 35; vgl. auch BVerwGE 13, 99.
165 § 35 S. 2 VwVfG; vgl. BVerwGE 59, 221; E 92, 32; U. v. 21.8.2003 3 C 15/03 juris für Verkehrszeichen; vgl. aber auch Greifswald NordÖR 2000, 64: Bündelung von Einzelakten bei Bäder- und Fremdenverkehrsregelung.

wer als Adressat betroffen ist (generell-konkret). Das Merkmal ist wichtig zur Abgrenzung einer Rechtsnorm (generell-abstrakt), mitunter jedoch gibt es Anwendungsprobleme.

Als **Rechtsetzungsakte** sind nicht nur förmliche Gesetze und Rechtsverord- **39** nungen anzusehen, sondern insbesondere auch die Satzungen der Gemeinden und Gemeindeverbände sowie der sonstigen Körperschaften, Anstalten und Stiftungen des öffentlichen Rechts[166], so auch die Haushaltssatzungen (BVerwGE 10, 224 für die Kreisumlage) und die Gebührenordnungen oder Tarife für gemeindliche Anstalten und Betriebe[167]. Beschlüsse der Aufsichtsbehörde über Einwendungen gegen den Erlass derartiger Satzungen zählen zum Normsetzungsverfahren und sind daher ebenfalls keine VA[168]. VA ist dagegen die Versagung der Zulassung eines **Bürgerentscheides**[169]. Bedarf die Satzung einer Selbstverwaltungskörperschaft zu ihrer Wirksamkeit der **Genehmigung durch die Aufsichtsbehörde**, stellt diese, ebenso wie ihre Versagung oder die Anweisung zur Satzungsänderung[170], einen VA dar[171]. Zu aufsichtsbehördlichen Anordnungen vgl. Rn. 50. Zur inzidenten Normenkontrolle (§ 1 Rn. 11), wenn VA in Durchführung einer Rechtsverordnung angegriffen werden, vgl. Koblenz NVwZ 1998, 208 zu Tötungsgeboten von Rindern wegen BSE; Frankfurt NVwZ 1997, 811 gegen Münster NVwZ 1997, 809; dazu Büge/Tünnesen-Harmes NVwZ 1998, 143.

Im Einzelfall ist oft schwer feststellbar und daher umstritten, wann noch ein **40** **Rechtsetzungsakt oder** schon ein **VA** vorliegt[172]. Man kann zur Abgrenzung als Indiz bewerten, welche Geltungsdauer der Rechtsakt hat und wie örtlich begrenzt er ist. Beispiele für VA sind die Verkehrsbeschränkung gem. § 40 BImSchG nach einem Smog-Alarm[173], oder ein Tauchverbot für einen bestimmten Bereich eines Sees[174]. Zur Feststellungsklage gegen untergesetzliche Normen vgl. § 43 Rn. 6.

Rechtsetzungsakt ist nach der Rechtsprechung die **Allgemeinverbindlicher-** **41** **klärung** eines Tarifvertrages[175] sowie die Ablehnung des Antrages auf Allgemeinverbindlicherklärung[176], nicht nur nach außen, sondern auch im Ver-

---

166 BVerwGE 7, 30; § 65 LVwG SchlH; vgl. Groschupf DVBl. 1970, 401; sowie § 47 Rn. 14.
167 Berlin EOVG 5, 152.
168 Lüneburg OVGE 10, 351; DÖV 1958, 548; Münster OVGE 11, 16.
169 Vgl. Mannheim NJW 1980, 1811; Hager VerwA 84, 97.
170 BVerwGE 90, 88.
171 Vgl. BVerwGE 7, 354 für Pflegesätze; 16, 83 für HandwO; 27, 350 für Steuersatzung; NJW 1969, 152 für Steuerberaterkammer; BFHE 78, 116; BVerfGE 10, 20; München VGH n.F. 7, 139; Münster DVBl. 1995, 1368 für BeitragsO einer Studentenschaft; vgl. im Übrigen Humpert DVBl. 1990, 804 m.w.N.
172 Vgl. zur Abgrenzung BVerwGE 3, 258; Lüneburg DÖV 1958, 549; München VGH n.F. 17, 57; Münster GewA 1968, 191; Haueisen DVBl. 1959, 793; Klein, Festgabe für E. Forsthoff, 1967, S. 163; Renck JuS 1967, 545; Abelein, Festschrift Küchenhof, 1972, S. 419, dazu kritisch Lüneburg OVGE 29, 429; Ehlers DVBl. 1987, 972 für Smogalarm.
173 Jarass, BImSchG § 40 Rn. 12.
174 Mannheim NJW 1998, 2235.
175 BVerfGE 44, 322; 64, 208; BVerwGE 7, 821; 7, 188; Spanner DÖV 1965, 154; a.A. Nipperdey/Heußner, Staatsbürger und Staatsgewalt I, S. 211; Groß NJW 1965, 283.
176 BVerwGE 7, 188; E 80, 355.

hältnis zu den antragstellenden Tarifparteien[177]. Das BVerwG[178] sieht in der Schutzbereichsanordnung nach § 2 SchutzbereichsG eine Allgemeinverfügung, ebenso bei der Einrichtung eines militärischen Sicherheitsbereichs[179]. Das gilt auch bei der Bezeichnung eines Vorhabens nach § 1 Abs. 3 LandbeschaffungsG[180].

42   **Allgemeinverfügungen** sind die **Anordnungen durch amtliche Verkehrszeichen** nach der StVO[181] als DauerVA, § 35 Satz 2 VwVfG. Gegen diesen – belastenden VA – ist **jeder Verkehrsteilnehmer klagebefugt**, der mit dem Verkehrszeichen konfrontiert worden ist, weitere Anforderungen, wie beispielsweise zum Ausschluss der Popularklage von einigen OVG gefordert, sind an die Klagebefugnis nicht zu stellen[182]. Zum – unzulässigen – Aufstellen von Verkehrszeichen durch Bauunternehmer vgl. BVerwGE 35, 334. Auch die Benennung von Straßen ist als Allgemeinverfügung anzusehen[183]. § 35 Satz 2 VwVfG lässt es ausreichen, dass ein Bezug auf die öffentlichrechtliche Eigenschaft einer Sache (**dinglicher VA**) allein oder ihre Benutzung durch die Allgemeinheit (**Benutzungsregelung**) gegeben ist[184].

43   Umstritten ist auch die Rechtsnatur der **Organisationsakte,** mit denen Zuständigkeitsbereiche geschaffen oder geändert werden oder eine Behörde errichtet oder aufgehoben wird. Soweit sie nicht überhaupt der Gesetzesform bedürfen[185], ist anzunehmen, dass sie eine Doppelnatur haben können: VA (Allgemeinverfügung) gegenüber dem Betroffenen (das kann ein Einzelner oder eine Körperschaft sein) und Rechtsnorm im Übrigen[186]; aber auch dem Betroffenen wird nur in seltenen Fällen ein Klagerecht zustehen (vgl. Rn. 158). Das BVerwG sieht die auf der Organisationsgewalt des Staates beruhenden Maßnahmen grundsätzlich als der verwaltungsgerichtlichen Nachprüfung entzogen an[187], hat jedoch im Einzelfall auch eine organisatorische Maßnahme als VA betrachtet[188]. Die Rechtsprechung hat auch den Beschluss über die Änderung einer Amtsgrenze nach § 1 AmtsOSchlH[189], die Eingliederung von Grundstücken in eine Gemeinde[190], die Neubildung

---

177 Münster OVGE 29, 96; vgl. aber BVerwGE 80, 355 zur Zulässigkeit einer Feststellungsklage.
178 E 70, 77.
179 BVerwGE 84, 247.
180 BVerwGE 74, 124; DVBl. 1989, 1051: VA gegenüber Gemeinde.
181 St. Rspr. BVerwGE 59, 221; BVerwGE 92, 32 zur Busspur; E 97, 323 zur Zusicherung von Verkehrszeichen; E 102, 316 zur Wirksamkeit des Halteverbotes gegenüber dort schon parkenden Fahrzeugen; E 107, 38 zur Unzulässigkeit flächendeckender Parkbevorrechtigungszonen; vgl. auch Manssen DVBl. 1997, 635.
182 BVerwG U. v. 21.8.2003 – 3 C 15/03 juris.
183 Lüneburg OVGE 25, 414; Münster NJW 1987, 2695.
184 Vgl. BVerwGE 102, 269 zur Entwidmung von Betriebsanlagen der Eisenbahn; E 94, 100 zum Verhältnis von Widmung und Bauleitplanung; DVBl. 1994, 338 zur Einstufung einer Bundesfernstraße; Lüneburg DVBl. 1994, 1203 zur Widmung einer Straße; allg. Sauthoff NVwZ 1998, 239.
185 Vgl. BVerwGE 18, 154.
186 A.A. Ule S. 147 m.w.N., der sie nur als VA ansieht.
187 NJW 1961, 1323; vgl. auch Mannheim NJW 1994, 2372 zur Schließung eines Postamtes.
188 E 18, 40 zur Schließung einer Volksschule; ebenso Hamburg DVBl. 1981, 51 bei Umwandlung eines Gymnasiums in eine Gesamtschule; Kassel NVwZ 1995, 506 zur Schließung eines Studiengangs oder einer Fakultät; vgl. auch BVerfGE 51, 268 zur Schulauflösung.
189 Lüneburg OVGE 10, 440; DVBl. 1970, 801.
190 Münster OVGE 15, 87.

einer Gemeinde[191] als VA angesehen. Streitigkeiten über Neugliederungsgesetze einschließlich der in diesen Verfahren erfolgenden Anhörungen sind dagegen verfassungsrechtlicher Art[192]. Die Entscheidung nach Art. 13 EinigungsV über die Abwicklung von Einrichtungen der ehemaligen DDR hat das BVerwG nicht als VA angesehen[193]. Zur Abgrenzung von Rechtsnorm und VA bei Organisationsregelungen und Zuständigkeitsvorschriften vgl. auch Hess. StGH NJW 1970, 937; Groß NJW 1969, 2186; Menger/Erichsen VerwA 61, 375; Rupp NJW 1970, 412. Zum Verhältnis von Organisationsakt und Beamtenrecht, auch zur Dienstpostenbewertung, vgl. Rn. 74.

Bei der **Feststellung eines Planes** hängt es von der Ausgestaltung des Verfahrens im Einzelnen ab, ob der Beschluss Rechtsetzungsakt oder VA ist. Im landesrechtlichen **Raumordnungsverfahren** entsprechend der bundesrechtlichen Vorgabe in § 15 ROG ist es zulässig, das Ergebnis der landesplanerischen Beurteilung gegenüber den Trägern öffentlicher Belange als VA verbindlich festzulegen[194], aber nicht gegenüber Bürgern. Der **Flächennutzungsplan** (§ 5 BauGB), ist weder eine Satzung noch ein VA, sondern eine Rechtsform sui generis. Er hat keine unmittelbaren Rechtswirkungen nach außen (trotz § 35 Abs. 3 S. 3 BauGB, der strikten Bindungswirkung bei bestimmten Außenbereichsvorhaben bei entsprechender Ausweisung), sondern ist eine verwaltungsinterne Verabredung unter den beteiligten Trägern öffentlicher Belange mit der planenden Gemeinde. Alle Versuche, diese wichtige Planungsform der Gemeinde – die eine gestalterische Freiheit haben muss – justiziabel zu machen, sind bisher zu Recht vom BVerwG abgeschmettert worden[195] (obwohl die Reflexwirkungen auf die Darstellungen im Flächennutzungsplan bsp. im Grundstücksverkehr – man denke nur an die Ausweisung einer Windeignungsfläche – erheblich sind)[196]. Das BauGB[197] bietet der Gemeinde eine Vielzahl von **Regelungen durch Satzung,** wie den **Bebauungsplan** (§ 10 BauGB), **den vorhabenbezogenen Bebauungsplan** (mit dem Vorhaben und Erschließungsplan auf Initiative des Vorhabenträgers und dem Durchführungsvertrag als öffentlich-rechtlicher Vertrag nach § 12 Abs. 1 Satz 1 BauGB)[198], die **Veränderungssperre** (§ 16 BauGB), das **Vorkaufsrecht** (§§ 24f BauGB[199], vgl. dazu auch Rn. 63), die **Fremdenverkehrssatzung** (§ 22 Abs. 2 BauGB), **Innen- und Außenbereichssatzungen** (§ 34 Abs. 4 und 5, § 35 Abs. 6 BauGB)[200], **Sanierungssatzungen** (§ 142 BauGB), **Entwicklungssatzungen** (§ 165 Abs. 6)[201], **Erhaltungssatzungen** (§ 172 BauGB). Alle in Form der Satzung erlassenen Normen der Gemeinde können grundsätzlich auch nur als solche geändert oder ergänzt werden, § 1 Abs. 8 BauGB[202]. Entscheidungen über Einwendungen gegen den offen gelegten Plan sind als Teil des Rechtssetzungsverfahrens anzusehen und damit

44

---

191   München BayVBl. 1956, 121.
192   Vgl. § 40 Rn. 5.
193   BVerwG DVBl. 1992, 1298; ebenso Berlin DVBl. 1992, 288.
194   BVerwGE 80, 201 für BW.
195   Buchh. 406.11 § 5 BauGB Nr. 7.
196   BVerwG Buchh. 406.11 § 35 BauGB Nr. 357; vgl. v. Nicolai ZUR 2004, 74.
197   Vgl. grundsätzlich Dolde/Menke NJW 1999, 1070; Finkelnburg NJW 1998, 1.
198   Vgl. dazu v. Nicolai, in: v. Nicolai/Wagner/Wecker, Verträge des BauGB, 1999; Menke NVwZ 1998, 577.
199   BVerwG Buchh. 406.11 § 25 BauGB Nr. 4 zu den Anforderungen an gültige Vorkaufsrechtssatzung.
200   Vgl. dazu Schink DVBl. 1999, 367.
201   Vgl. dazu BVerwG DVBl. 1998, 1293 und 1294.
202   Vgl. BVerwGE 50, 114.

ebenfalls keine VA[203]. Der Flächennutzungsplan (§ 6) und der Bebauungsplan, der nicht aus dem Flächennutzungsplan entwickelt ist (§ 10 Abs. 2), bedürfen der **Genehmigung durch die höhere Verwaltungsbehörde**; diese Genehmigung ist VA[204]. Rechtsnorm sind auch die nach § 29 Abs. 4 KrW-/AbfG für verbindlich erklärten **Abfallwirtschaftspläne**[205].

45   Der **Planfeststellungsbeschluss**[206] nach § 17 **BundesfernstraßenG** ist VA, ebenso können die in diesem Beschluss gemachten Auflagen[207] als VA angefochten werden. Dabei ist umstritten, welche Klageart für den Vorhabenträger die richtige ist, um gegen modifizierende Auflagen vorzugehen[208]. Der betroffene Nachbar jedenfalls kann die Auflage isoliert anfechten oder Verpflichtungsklage auf Anordnung einer Auflage erheben[209]. Dagegen ist die Bestimmung der Planung und Linienführung durch das für Verkehr zuständige Bundesministerium nach § 16 FStrG als vorbereitende Maßnahme kein VA[210]; das gilt auch für die Linienbestimmung nach § 2 **Verkehrswegeplanungs-BeschleunigungsG**. Die Festlegung von Planungsgebieten nach § 9a Abs. 3 FStrG kann ein VA sein, da mit den betroffenen Grundstückseigentümern ein bestimmbarer Kreis von Personen vorhanden ist, wird aber allgemein heute als VO erlassen[211]. Ebenfalls VA sind die Planfeststellungsbeschlüsse nach § 18 Allg.EisenbahnG für Schienenwege und für Betriebsanlagen[212], nach § 9 Abs. 1 **EisenbahnkreuzungsG**, nach § 19 **BundeswasserstraßenG**, nach § 31 **WasserhaushaltsG**[213], § 41 **FlurbereinigungsG**[214], nach § 9b **AtomG**, nach § 8 **LuftverkehrsG**[215], auch die Genehmigung im luftverkehrsrechtlichen Verfahren nach § 6 LuftVG ist VA[216]; das Gleiche gilt für die Betriebsplanzulassung[217] oder den Rahmenbetriebsplan[218] nach § 55 **BBergG** oder für den Plan nach den §§ 28, 41 **PersonenbeförderungsG**. Der Planfeststellungsbeschluss nach § 74 **VwVfG** und den entsprechenden landesrechtlichen Vorschriften ist ebenfalls VA.

45a   Die **Entscheidung** einer Behörde, **dass** bei Änderungen und Erweiterungen von unwesentlicher Bedeutung eine **Planfeststellung unterbleiben kann**, enthält zugleich auch die öffentlich-rechtliche Zulassung der geplanten Maßnahme und **ist daher VA**[219]; das Gleiche gilt für die Entscheidung nach § 31 Abs. 3 **WasserhaushaltsG** und § 14 Abs. 1a **WasserstraßenG**. Soweit an die

---

203 Vgl. Münster DÖV 1954, 184.
204 Vgl. BVerwGE 34, 301; sowie Rn. 39 immer VA, vgl. Ehlers, Die Verwaltung 1998, 60 u. Knack/Hennecke § 35 Rn. 4 gegen BVerwGE 74, 124 (VA nur ggüb. Adressaten).
205 Vgl. Dippel/Doerfert NVwZ 1998, 230.
206 Vgl. generell Ronellenfitsch VerwA 80, 92; Steiner DVBl. 1992, 1501.
207 BVerwG Buchh. 316 § 74 VwVfG Nr. 52.
208 BVerwG NVwZ 2000, 68 für Anfechtungsklage; Knack/Dürr für Verpflichtungsklage; vgl. Rn. 34a.
209 BVerwG Buchh. 407.4 § 17 FStrG Nr. 148.
210 BVerwGE 62, 342.
211 BVerwGE 97, 45.
212 BVerwG Buchh. 442.09 § 18 AEG Nr. 8.
213 Vgl. BVerwGE 79, 318.
214 BVerwGE 74, 1; vgl. Ronellenfitsch VerwA 78, 373.
215 Vgl. BVerwGE 75, 214 zum Flughafen München II.
216 BVerwG NJW 1974, 1961 vgl. dazu aber auch BVerwG NJW 1969, 340 sowie Lüneburg DVBl. 1972, 795 m. Anm. Blümel; BVerwGE 82, 246 zur Klagebefugnis von Flugschulen und -chartergesellschaften; E 81, 95 zum militärischen Flugschutz.
217 BVerwGE 89, 246.
218 BVerwGE 100, 1; Berlin DVBl. 1990, 1123; Lüneburg NVwZ 1995, 1026.
219 BVerwGE 64, 325 zu § 17 Abs. 2 S. 3 FStrG; Buchholz 442.01 § 28 PBefG Nr. 3.

Stelle eines Planfeststellungsbeschlusses eine Plangenehmigung tritt (vgl. § 74 Abs. 6 VwVfG), ist auch diese VA. Der **Sanierungsplan nach** § **13 Abs.** 1 BBodenschutzG ist grundsätzlich die private Darstellung eines Handlungskonzeptes nach den gesetzlichen Vorgaben; erst die Verbindlicherklärung dieses Planes durch die zuständige Behörde nach § 13 Abs. 6 S. 1 BBodenschutzG ist VA[220]. Das Gleiche gilt, wenn die Behörde nach § 14 Abs. 1 BBodSchG den Plan aufstellt; denn die verpflichtenden Außenwirkungen treten auch hier erst mit der Verbindlicherklärung ein. Die **Umweltverträglichkeitsprüfung** ist nach § 2 Abs. 1 UVPG ein unselbstständiger Teil verwaltungsbehördlicher Verfahren, die der Entscheidung über die Zulässigkeit von Vorhaben und in die Abwägung bei Planvorhaben einfließen[221]; aus der Anwendung dieses Gesetzes ergeben sich daher keine VA[222].

Für die **Rechtsschutzmöglichkeiten bei Planungsentscheidungen** folgt, dass **46** die Klagen aus § 42 nur soweit gegeben sind, als die Planfeststellung (oder die Plangenehmigung) durch VA erfolgt[223]. Geschieht dies dagegen durch Rechtssatz, scheiden Anfechtungs- oder Verpflichtungsklage aus; es kommt dann, aber nur unter den Voraussetzungen des § 47, ein Normenkontrollverfahren in Betracht[224]. Ob der Planungsträger, wenn nicht die Vorschriften über das jeweilige Planfeststellungsverfahren ein anderes Verfahren ausschließen, eine Wahlmöglichkeit zwischen den Planungsverfahren haben kann, ist umstritten. Zulässig ist es, wenn der Gesetzgeber es vorsieht, wie in §§ 9 Abs. 7, 17 Abs. 3 FStrG[225]. Der enge Regelungszusammenhang zwischen verschiedenen Planungen kann jedoch eine einheitliche Planungsentscheidung erforderlich machen[226]. Der Bund ist bei Planungen im Zuge seiner Hoheitstätigkeit an das einschlägige Landesrecht gebunden, soweit das Bundesrecht nicht andere Regelungen trifft; aus der Vollzugshoheit des Landes in seinen Rechtsbereich folgt aber kein Klagerecht gegen Vorhaben des Bundes[227].

Die zur **Bauleitplanung entwickelte Rechtsprechung** zur planerischen Ge- **46a** staltungsfreiheit[228] hat das BVerwG dem Grundsatz nach auch **auf Planfeststellungen auf Grund der Fachplanungsgesetze übertragen**[229]. Zum Rechtsschutz im baulichen Planverfahren vgl. im Übrigen; Dolde/Menke NJW 1999, 1070. Zur Abwägung im Planungsrecht vgl. Rn. 139. Zur Nachprüfung von Plänen und Beschlüssen mit Normencharakter im Normenkontrollverfahren vgl. § 47 Rn. 17. Zur vorbeugenden Unterlassungsklage vgl.

---

220 Vgl. Fluck DVBl. 1999, 1551; Vierhaus NJW 1998, 1262; a.A. Becker, BBodSchG, 1999, § 13 Rn. 11, der auch die Möglichkeit sieht, dass die Erklärung nach Landesrecht in Form einer Rechtsverordnung ergehen kann.
221 Vgl. BVerwG DVBl. 1996, 907 für Autobahnabschnitt.
222 Zum Erfordernis der UVPrüfung vgl. Moench/Spoerr NVwZ 1996, 631; allgemein Mayen NVwZ 1996, 319; Steinberg DVBl. 1990, 1369; Weber/Hellmann NJW 1990, 1625.
223 Vgl. dazu Bickel NJW 1979, 71; Hoppe, Menger-Festschrift, 1985, S. 747; Johlen, Redeker-Festschrift, S. 487.
224 Vgl. § 47 Rn. 17.
225 Kodal/Krämer/Dürr, Straßenrecht § 36 Rn. 27.
226 BVerwGE 57, 297 für Planung von Bundesstraße und Folgemaßnahmen.
227 BVerwGE 82, 17 für Naturschutz und Landschaftspflege bei bahnrechtlicher Planfeststellung; vgl. Rn. 139b.
228 Vgl. BVerwGE 34, 301; 45, 309.
229 So BVerwGE 48, 56; 52, 237 zum Fernstraßenrecht; BVerwGE 56, 110 zum Luftverkehrsrecht; BVerwGE 55, 220 zum Wasserrecht; BVerwG NJW 1980, 953 zum Abfallbeseitigungsrecht.

Rn. 163. Soweit bei planfeststellungsbedürftigen Anlagen eine **Bedarfsfest-schreibung durch Gesetz** erfolgt, hat diese bindende Wirkung auch für das gerichtliche Verfahren[230]. Gleiche Vorschriften wie im Fernstraßenrecht bestehen für den Ausbau der Schienenwege (§ 1 Abs. 2 SchWAbG), der Magnetschwebebahn und in einigen Landesstraßengesetzen[231].

46b Die Besonderheit des **Planfeststellungsbeschlusses** ist seine **Konzentrationswirkung** (§ 75 Abs. 1 VwVfG). Die **Zulässigkeit des Vorhabens ist** mit ihm **festgestellt, andere behördliche Entscheidungen,** insbesondere öffentlich-rechtliche Genehmigungen, Verleihungen, Erlaubnisse, Bewilligungen, Zustimmungen und Planfeststellungen sind, soweit das Gesetz keine Einschränkung macht (z.B. § 9b AtomG, § 9 Abs. 1 LuftVG für Baurecht), **nicht erforderlich.** Soweit die Konzentrationswirkung des Planfeststellungsbeschlusses reicht, sind Klagen gegen die landes- oder bundesrechtlichen Genehmigungen, die er mit einschließt, gesondert nicht zulässig[232]; die Verletzung zwingender Vorschriften[233] oder Fehler bei der planerischen Abwägung[234] bei Rechtsgebieten, die von der Konzentrationswirkung erfasst werden, können nur durch Anfechtung des Planfeststellungsbeschlusses selbst geltend gemacht werden[235]. Die Konzentrationswirkung wirkt nicht für die der Genehmigung folgende Aufsicht fort[236]. Im Übrigen vgl. zum Verhältnis von LuftVG zu bebauungsrechtlicher Zulässigkeit BVerwGE 115, 158; immissionsschutzrechtlicher Genehmigung zu wasserrechtlicher Gestattung BVerwG DVBl. 1990, 57; straßenrechtlicher Planung zur Landesplanung BVerwGE 84, 31; eisenbahnrechtlicher Planung zu Bauleitplanung Münster GewA 1989, 128. Zur beschränkten Konzentrationswirkung **im förmlichen Verfahren** vgl. Fluck NVwZ 1992, 114 zum Immissionsschutzrecht.

47 b) **Auf unmittelbare Rechtswirkung nach außen** gerichtet ist eine Regelung, wenn sie ihrem objektiven Sinngehalt nach dazu **bestimmt** ist **unmittelbare rechtliche Außenwirkung zu entfalten**[237]. Es kommt nicht darauf an, wie sie sich im Einzelfall tatsächlich auswirkt, nur mittelbare Außenwirkungen reichen nicht aus[238]. Zu unterscheiden von diesem Definitionskriterium ist die Wirksamkeit des VA, die nach § 35 Abs. 1 VwVfG mit der Bekanntgabe an den Betroffenen eintritt (**äußere Wirksamkeit**). An dieser Bekanntgabe durch die zuständige Behörde fehlt es, wenn ein zwar ausgefertigter, aber noch nicht zugestellter VA dem Betroffenen von einer anderen Behörde, die bereits eine Zweitausfertigung des VA erhalten hat, mitgeteilt wird[239]. Bei der Ernen-

---

230 Vgl. BVerwGE 98, 339 zu § 1 Abs. 2 FStrAbG; zur Vereinbarkeit dieser Regelung mit der EU-Richtlinie über die Umweltverträglichkeit vgl. BVerwG DVBl. 1998, 1191.
231 Vgl. dazu Jarass DVBl. 1998, 1202.
232 BVerwGE 82, 17 für § 36 BBahnG.
233 Vgl. BVerwGE 71, 163.
234 Vgl. BVerwGE 70, 242.
235 Vgl. BVerwG DVBl. 1992, 1435 zum Fernstraßenrecht; Münster NWVBl. 1992, 29 zum Wasserrecht; Ossenbühl DVBl. 1991, 833 zur Bundesauftragsverwaltung; ders., Sendler-Festschrift, S. 107 zur atomrechtlichen Planfeststellung; insgesamt Blümel VerwA 83, 146; Stelkens/Bonk/Neumann § 75 Rn. 8 ff.; Gaentzsch NJW 1986, 2788; Laubinger VerwA 77, 77.
236 Rengeling VerwA 81, 373; vgl. auch BVerwGE 55, 118 zum Verhältnis von Fachbehörde und Ordnungsbehörde bei der Aufsicht, dazu Fluck VerwA 79, 406.
237 BVerwGE 41, 253.
238 BVerwGE 60, 144; E 77, 268; Stelkens/Stelkens § 35 Rn. 84.
239 BVerwGE 29, 321, auch E 16, 165.

nung eines Beamten tritt die äußere Wirksamkeit durch Aushändigung der Urkunde ein, auch wenn darin ein späterer Zeitpunkt für die Beförderung festgelegt ist (**innere Wirksamkeit**).[240] Zu Mitwirkungshandlungen weiterer Behörden beim Erlass des VA vgl. Rn. 85.

Innerdienstliche Anordnungen und Weisungen sind grundsätzlich keine VA **48** gegenüber dem Bürger, und zwar auch dann nicht, wenn sie den Beteiligten abschriftlich mitgeteilt werden[241]. Auch wenn mit ihnen im konkreten Fall der nach außen entscheidenden Behörde ein ganz bestimmtes Verhalten auferlegt wird, stellt erst die Regelung, die von der unteren Behörde auf Grund der innerdienstlichen Vorgänge getroffen wird den VA dar; das gilt auch, wenn die nächsthöhere Behörde eine unter mehreren örtlich zuständigen Behörden als zuständig für den Erlass des VA bestimmt [242]. Auch Ausschreibungen der Außenhandelsstellen sind lediglich Verwaltungsrichtlinien, die der Vorbereitung von VA dienen und sicherstellen sollen, dass die Verwaltungsübung nach einheitlichen Grundsätzen durchgeführt wird[243]; Gleiches gilt für die Weisungen des Präsidenten des Bundesausgleichsamtes[244]. Das Schreiben eines Bundesministers, in dem er den Ländern seine Rechtsauffassung zu einer bestimmten Frage mitteilt, stellt keinen VA dar, auch wenn die Äußerung anlässlich eines konkreten Falles erfolgt[245]. Auch die Verfügung, auf Ersuchen des Gerichts zum Schutz einer Hauptverhandlung im Sitzungssaal bewaffnete Polizeibeamte bereitzustellen, ist innerdienstliche Maßnahme[246]. Äußert eine gemeindliche Dienststelle zu einer anderen, dass sie einem Baulustigen eine Ausnahme von einem Bauverbot gewähren wolle, liegt auch darin noch ein innerdienstlicher Vorgang. Wenn jedoch wegen der Form der Weisung die Wirkung nach außen bereits eintritt, ohne dass es noch eines Handelns der unteren Behörde bedarf, liegt ein VA vor[247].

Ob eine **Weisung** im Verhältnis zwischen anweisender und angewiesener Behörde ein VA ist, hängt von der Materie ab, in der die Weisung erteilt wurde. **49** Im staatlichen Instanzenzug ist die Weisung kein VA gegenüber der angewiesenen Behörde, grundsätzlich ebenso, wenn eine staatliche Behörde in Auftragsangelegenheiten einer Kommunalbehörde eine Weisung erteilt[248]; die angewiesene Behörde kann sich auch gegen die rechtswidrige Weisung nur mit der Gegenvorstellung, nicht mit der Anfechtungsklage zur Wehr setzen. Das Gleiche gilt für die Pflichtaufgaben zur Erfüllung nach Weisung, da auch bei ihnen durch eine Weisung der Aufsichtsbehörde grundsätzlich nicht in

240   Vgl. BVerwGE 55, 212; insgesamt vgl. Stelkens/Sachs § 43 Rn. 157 f.
241   BVerwGE 1, 169; Münster MDR 1952, 701.
242   BVerwGE 21, 352.
243   BVerwGE 35, 159; NJW 1958, 194.
244   BVerwGE 2, 163; vgl. auch BVerfGE 1, 82.
245   BVerwG DÖV 1957, 262.
246   Berlin NJW 1973, 1246 m. Anm. Leinius.
247   Str.; bejahend BVerwGE 39, 345 bei Mitteilung der ergangenen Weisung an Dritten, zust. dazu Erichsen VerwA 64, 319, kritisch Henke JZ 1972, 626; Koblenz AS 8, 52 für die im Staatsanzeiger veröffentlichte Liste der nach Art. 9 Abs. 2 GG verbotenen Vereinigungen; Lüneburg NJW 1961, 936 für die Weisung, Schreiben eines Rechtsanwalts nicht mehr zu beantworten; Keune BB 1962, 23 für die Reinhalteordnungen nach dem WasserhaushaltsG, ablehnend Obermayer, VA und innerdienstlicher Rechtsakt, S. 125, 135; Ule S. 166 m.N.
248   Vgl. BVerwGE 6, 101; E 95, 333; NVwZ 1995, 910.

das Selbstverwaltungsrecht der kommunalen Körperschaft eingegriffen wird[249].

50 Maßnahmen staatlicher Aufsicht im Rechtsverkehr sind VA[250]. Das gilt auch für **aufsichtsbehördliche Maßnahmen**, die in **Selbstverwaltungsangelegenheiten** der Gemeinden oder anderer Körperschaften getroffen werden[251]. Den Erlass einer Aufsichtsmaßnahme kann die Gemeinde unter besonderen Umständen auch mit der Verpflichtungsklage begehren[252]. Auch die Genehmigung wichtiger Geschäfte einer Stiftung des öffentlichen Rechts durch die Aufsichtsbehörde ist VA[253]. **Anordnungen der staatlichen Schulaufsicht** sind keine VA[254]; da jedoch im schulischen Bereich staatliche Schulaufsicht und Selbstverwaltungsrecht der Gemeinden ineinander greifen, dürfte es entgegen der Auffassung des BVerwG[255] möglich sein, dass die Aufsichtsmaßnahme auch in das Selbstverwaltungsrecht der Gemeinde eingreift und insoweit einen VA darstellt[256], das gilt insbesondere, wenn die Schulaufsicht die Hilfe der Kommunalaufsicht in Anspruch nimmt[257]. Zur aufsichtsbehördlichen Genehmigung im Rechtsetzungsverfahren der Selbstverwaltungskörperschaft vgl. Rn. 39.

51 Die Entscheidung über eine **Dienstaufsichtsbeschwerde,** mit der lediglich eine Nachprüfung der Verwaltungtätigkeit bezweckt wird, stellt keinen VA dar[258]. Erteilt die Aufsichtsbehörde auf Grund der Dienstaufsichtsbeschwerde eine Weisung, gilt das in Rn. 49 Gesagte[259]. Trifft die Aufsichtsbehörde dagegen selbst eine Entscheidung in der Sache, indem sie den VA der Behörde, gegen die sich die Aufsichtsbeschwerde richtet, ändert oder aufhebt, liegt ein VA vor.

52 Auch wenn eine Äußerung der Behörde dem Betroffenen zugeht, stellt sie keinen VA dar, wenn erkennbar mit ihr keine Regelung getroffen werden soll. **Ankündigungen** von Verwaltungsmaßnahmen sind ebenso wenig VA wie Verlautbarungen, die der Vorbereitung von VA dienen[260]. Auch die **Befürwortung** eines Antrages durch eine Behörde stellt noch keinen VA dar[261]. Bloße **Mitteilungen** einer Behörde oder Belehrungen sind keine VA[262], es sei denn, das Gesetz sieht für die Mitteilung ein besonderes Verfahren vor oder

249 BVerwG NJW 1978, 1820; krit. dazu Schmidt-Jortzig JuS 1979, 488; Münster OVG E 13, 356; zum Meinungsstand vgl. Vietmeier DVBl. 1992, 413 m. vielen N., der die Pflichtaufgaben zur Erfüllung nach Weisung in NW den Selbstverwaltungsaufgaben zurechnet.
250 Vgl. BVerwG NJW 1998, 1166 zum Entzug der Rechtsfähigkeit eines eingetragenen Vereins.
251 H.M., Münster DVBl. 1992, 442 für Beanstandung der Eingruppierung von Gemeindearbeitern; zum Recht auf Selbstverwaltung Rn. 103.
252 Münster OVGE 15, 87 für Ausgliederung einer Gemeinde aus Amtsverband.
253 BVerwGE 40, 347.
254 BVerwGE 6, 101; 23, 351.
255 E 23, 351.
256 Vgl. Lüneburg DÖV 1974, 285 für Schließung der Schule eines kommunalen Schulträgers durch Landesschulbehörde; Hering DÖV 1968, 97, Menger/Erichsen VerwA 58, 375; Schröer DÖV 1967, 20; Wimmer DVBl. 1966, 346; auch Mannheim ESVGH 18, 23.
257 Münster DÖV 1970, 607.
258 H.M., vgl. BVerwG DVBl. 1961, 87.
259 Kein VA gegenüber Beschwerdeführer, vgl. auch Berlin NJW 1952, 1232.
260 BVerwGE 12, 75; Münster DVBl. 1953, 25.
261 Lüneburg OVGE 6, 404.
262 München VGH n.F. 5, 239.

knüpft bereits Rechtsfolgen an sie[263]. **Warnungen** der Behörde, in denen bei künftigem gesetzwidrigem Verhalten ein belastender VA (Entziehung einer Erlaubnis) angedroht wird, sind kein VA[264]. Öffentliche Warnungen im Rahmen der **Öffentlichkeitsarbeit der Bundesregierung oder einer Landesregierung** sind keine VA[265]. Ebenso sind **Empfehlungen der Bundesregierung** nach § 9 StrahlenschutzvorsorgeG keine VA, sondern allenfalls die zu ihrer Umsetzung getroffenen konkreten Maßnahmen der Länder[266]. Die einem Rechtsbeistand vom Gerichtspräsidenten erteilte **Rüge** begangener Pflichtverletzung ist dagegen VA[267]. Wenn das Handeln der Behörde nur Tathandlung ist, aber selbst keine Regelung enthält, liegt kein VA, sondern ein **Realakt** vor, wie z.B. bei vorbereitenden Handlungen im Datenschutz, auch bei polizeilichen Zwangsmaßnahmen[268]; Rechtsschutz kommt hier mit der Leistungsklage (vgl. Rn. 161) oder der Feststellungsklage (vgl. § 43 Rn. 8) in Betracht.

Die **Auskunft** einer Behörde ist kein VA, insbesondere wenn sie nur die Mitteilung ihres Wissens zum Gegenstand hat[269], auch wenn sie Rechtsauskunft ist oder Äußerung einer Rechtsauffassung[270]; dasselbe gilt für die Auskunft nach § 25 VwVfG; anders jedoch, wenn in der Auskunft eine Zusage (schriftlich) i.S.v. § 38 VwVfG liegt (vgl. Rn. 57); zum presserechtlichen Auskunftsanspruch Münster DÖV 1996, 255. Die Versagung von Auskunft aus dem Melderegister ist VA[271]. Zur **Umweltinformation** vgl. Rn. 123a. Dagegen ist das **Auskunftsverlangen einer Behörde,** wenn der Betroffene zur Auskunft verpflichtet ist, ein VA[272]; ob dies auch für den Vorlage- und Auskunftsanspruch des Rechnungshofes gegenüber Behörden gilt, hat Lüneburg offen gelassen[273]. **53**

Mitteilungen von Behörde zu Behörde sind keine VA[274]. Das gilt auch für **Gutachten** oder **gutachtliche Äußerungen,** die eine Behörde gegenüber einer **54**

---

263 BVerwGE 12, 75 zur Mitteilung über die beabsichtigte Eintragung in die Handwerksrolle.
264 BVerwG NJW 1956, 684 für Fahrerlaubnis; Buchh. 451.20 § 34b GewO Nr. 6.
265 BVerwGE 82, 76 für Jugendreligionen, auch NJW 1991, 1770; NVwZ 1994, 162 für Bhagwan; vgl. auch Scholz NVwZ 1994, 127; BVerwGE 71, 183 für Arzneimittel-Transparenzlisten; 87, 37 für Liste kontaminierter Weine; dazu kritisch Schoch DVBl. 1991, 667; vgl. auch Kassel GewA 1995, 416; Münster NVwZ 1991, 176: Schutzaufgabe verneinend für Gemeinde; dazu Kästner NVwZ 1992, 9; vgl. auch BVerfG NJW 1989, 3269; Albers DVBl. 1996, 233; Engelbert/Kutscha NJW 1993, 1233; Heintzen VerwA 81, 532; Lege DVBl. 1999, 569; Murswiek DVBl. 1997, 1021; vgl. auch Rn. 162.
266 Vgl. Ossenbühl, Umweltpflege durch behördliche Warnungen und Empfehlungen, 1986; Dolde, Behördliche Warnungen vor nicht verkehrsfähigen Lebensmitteln, 1987.
267 BVerwG NJW 1984, 1051.
268 Vgl. Pietzner VerwA 84, 261; Rasch DVBl. 1992, 207.
269 BVerwGE 102, 282 zu § 4 UIG; Stelkens/Stelkens § 35 Rn. 56 ff.
270 BVerwG VRspr. 12, 233; DVBl. 1961, 735, vgl. auch Obermayer NJW 1962, 1471; Pipkorn DÖV 1970, 171; zur Klage auf Auskunft siehe Rn. 158.
271 Bremen NJW 1992, 1341 für Jubiläumsdaten; vgl. auch Mannheim DVBl. 1992, 1309 für zur Person gespeicherte polizeilichen Daten.
272 BVerwGE 8, 78; E 91, 375; E 92, 330 für Sozialhilferecht; Münster NVwZ-RR 1990, 1192 für Kriegsopferfürsorge.
273 NJW 1984, 2652 für Vorlage von Patientenakten durch Universitätsklinik.
274 BVerwGE 34, 65 für Mitteilung von Landesbehörde zu Finanzamt über Voraussetzungen der Grunderwerbssteuerfreiheit; BVerwGE 38, 336 für Auskunft über Beamten.

anderen für deren Entscheidung abgibt[275]; und zwar auch, wenn sie dem Betroffenen zur Kenntnis gebracht werden[276]. Gutachten sind auch keine VA, wenn zu erwarten ist, dass sich die Behörde, der sie erstattet werden, bei ihrer Entscheidung danach richten wird[277].

55   Ob die behördliche **Anordnung**, ein **Gutachten beizubringen** oder sich untersuchen zu lassen, ein VA ist oder nur Vorbereitungshandlung für einen beabsichtigten VA, ist umstritten[278]. Wird diese Anordnung als VA angesehen, erscheint es fraglich, ob die Behörde aus der Weigerung des Betroffenen, sich untersuchen zu lassen, Folgerungen für die Entscheidung in der Sache ziehen kann[279], oder ob ihr nicht nur der Weg bleibt, die Anordnung zu vollstrecken. Die Weigerung zur Ermöglichung des Gutachtens einen nicht nur geringfügigen Eingriff in die körperliche Unversehrtheit vornehmen zu lassen, kann bei der Beweiswürdigung und bei der Beweislastverteilung nicht zum Nachteil des Klägers ausgelegt werden[280]. Zur Verpflichtung des Beamten, sich bei Zweifeln über seine Dienstfähigkeit nach Weisung der Behörde ärztlich untersuchen zu lassen, vgl. Münster NJW 1975, 405.

56   **Bescheinigungen** einer Behörde, die auf Antrag ausgestellt werden und tatbestandsmäßige Voraussetzung für die Inanspruchnahme von Rechten oder Vergünstigungen sind oder eine Vermutung für die Richtigkeit ihres Inhaltes begründen, sind (feststellende) VA, ebenso die Weigerung der Behörde, eine solche Bescheinigung auszustellen[281]. Auch die förmliche Ablehnung der Ausstellung einer solchen Bescheinigung ist VA[282]. Zur Bindungswirkung von Bescheinigungen gegenüber anderen Behörden vgl. Rn. 94.

57   In einer behördlichen Äußerung ist dann eine **Zusicherung** zu sehen, wenn die Tatbestandsvoraussetzungen von § 38 VwVfG erfüllt werden, insbesondere auch die Form (§§ 3a Abs. 2, 38 Abs. 1 S. 1 VwVfG) und die Beteiligungsrechte gewahrt sind (§ 38 Abs. 2 VwVfG). Vgl. im Übrigen die Kommentierungen zu § 38 VwVfG[283].

---

275   Vgl. BVerwGE 14, 323 für Bericht des Luftfahrtbundesamtes; DVBl. 1973, 371 für das nach § 137 Abs. 1 BBauG erstattete Gutachten über Grundstückswert; Münster DÖV 1974, 286 für Gutachten der abgebenden Realschule zur Aufnahme in Aufbauform eines Gymnasiums; Lüneburg DÖV 1968, 135 zum Prüfer des TÜV bei der Führerscheinerteilung.

276   Münster OVGE 11, 193.

277   BVerwG DVBl. 1961, 87 zum amtsärztlichen Gutachten; Koblenz NJW 1990, 788; vgl. dazu jedoch auch BVerwG DÖV 1977, 571; München VGH n.F. 20, 131 zur Lebensmittelüberwachung.

278   Für VA: Lüneburg NJW 1968, 2310; München NJW 1966, 2030; Münster NJW 1968, 267, zu § 3 Abs. 2 StVZO; Kassel NJW 1967, 1527 für amts- oder fachärztliches Zeugnis; a.A. BVerwGE 34, 248; BayVBl. 1995, 59; München NJW 1968, 469 zu § 3 Abs. 2 StVZO, vgl. aber dazu Schreiber ZRP 1999, 519; zum Problem vgl. Henn NJW 1993, 3169; Selmer NJW 1967, 1527; Thierfelder NJW 1967, 240.

279   So BVerwGE 11, 247.

280   BVerwGE 38, 310 für Leberpunktion zur Feststellung dauernder Dienstuntauglichkeit.

281   Vgl. BVerwG NJW 1994, 335, 337 u. 339 zu steuerrechtlichen Bescheinigungen; Stelkens/Stelkens § 35 Rn. 90 ff; weitere Beispiele Rn. 90.

282   Vgl. München NJW 1977, 1306 für Bestätigung des Kirchenaustritts durch das Standesamt; Münster NJW 1980, 1067 für Bescheinigung über Nichtbestehen eines Vorkaufsrechts.

283   Vgl. Meyer/Borgs § 38 Anm. 9; Knack/Henneke § 38 Rn. 5; Kopp/Ramsauer VwVfG § 38 Anm. 6; Stelkens/Stelkens § 38 Rn. 5; Ule/Laubinger § 49 I.

2. Erlass durch eine Verwaltungsbehörde auf Grund eines hoheitlichen Verhältnisses

a) **Auf Grund eines hoheitlichen Verhältnisses** handelt eine Behörde, wo ein **58** Über- und Unterordnungsverhältnis besteht, das es ihr erlaubt, den VA auch gegenüber dem Betroffenen mit Zwangsmitteln durchzusetzen[284]. Dieses Verhältnis kann auch zwischen zwei Behörden, gleichgültig ob Bundes- oder Landesbehörden, vorliegen. Das ist stets der Fall, wenn die eine der hoheitlich handelnden anderen Behörde als schlichter Teilnehmer im Rechtsverkehr gegenübertritt (z.B. bei der Zustimmung zur Kündigung eines Schwerbehinderten nach § 85 SGB IX); ausnahmsweise kann dieses Verhältnis aber auch zwischen zwei Hoheitsverwaltungen bestehen, obgleich diese grundsätzlich nicht gegenseitig mit Zwang in den anderen Bereich eingreifen dürfen[285]. Ob eine Behörde befugt ist, eine Regelung durch VA zu treffen, ist für die Beurteilung der Frage, ob sie hoheitlich gehandelt hat, ohne Bedeutung; dies ist erst bei der Prüfung der Rechtmäßigkeit ihres Handelns zu beurteilen[286].

Nicht der Nachprüfung durch die Gerichte unterliegen **Regierungsakte**. Stel- **59** len, die gesetzgeberisch oder in sonstiger Weise als Verfassungsorgan tätig werden, sind keine Behörden i.S.v. § 1 Abs. 4 VwVfG. Dazu zählen insbesondere alle staatlichen Handlungen wie Festlegung eines Wahltermins, Parlamentsbeschlüsse, Tätigkeiten im Zusammenhang mit der Gesetzesaufstellung (Anhörung, Überweisungsbeschlüsse etc.).

Ob auch **Gnadenakte** der gerichtlichen Nachprüfung entzogen sind, ist um- **60** stritten[287]. Das BVerwG[288] hat den Verwaltungsrechtsweg für eine Entscheidung über die Ablehnung eines Gnadengesuchs gegen eine Maßnahme der Strafjustiz für unzulässig erklärt[289]. Der **Widerruf eines Gnadenerweises** unterliegt auch nach der Auffassung des BVerfG der gerichtlichen Kontrolle[290].

Behörden können auch im Bereich der **Leistungsverwaltung** hoheitlich han- **61** deln, und zwar unabhängig davon, ob ein Rechtsanspruch auf die Leistung besteht[291]. Die Entscheidung über die Gewährung von **Subventionen** und **sonstigen Förderungen** ist regelmäßig VA[292], wobei häufig auch in Form eines öffentlich-rechtlichen Vertrags gehandelt wird, im Übrigen vgl. Rn. 150 und § 40 Rn. 22.

---

284 Vgl. dazu Hill DVBl. 1989, 321.
285 Vgl. jeweils zur Polizeipflicht: des Bundes BVerwGE 29, 52; einer Gemeinde BVerwGE 2, 192; einer Naturschutzbehörde Münster OVGE 17, 185; vgl. auch Kassel GewA 1996, 298: Vollstreckung nur bei ausdrücklicher Zulassung durch Rechtsvorschrift; Scholz DVBl. 1968, 732.
286 BSG NJW 1961, 2278; vgl. Rn. 14.
287 Gerichtsfrei: BVerfGE 25, 352; BVerwGE 14, 73; NJW 1983, 187; Hamburg DVBl. 1961, 136 mit Nachweisen; verfassungsgerichtliche Kontrolle: HessStGH NJW 1974, 791 m. Anm. Evers DÖV 1974, 131, dazu auch Brandt und Oettl DVBl. 1974, 925, Mörtel BayVBl. 1968, 124; verwaltungsgerichtliche Kontrolle – teilweise einschränkend: Maunz/Schmidt-Aßmann, GG Art. 19 Abs. 4 Rn. 27; Bader/v. Albedyll § 40 Rn. 8; Menger/Erichsen VerwA 59, 284.
288 E 49, 221.
289 Vgl. Kopp/Schenke § 40 Rn. 5a; Menger/Erichsen VerwA 61, 168; Schenke JA 1981, 588 unter Hinweis auf Art. 1 Abs. 3 GG und 19 Abs. 4 GG.
290 BVerfGE 30, 108.
291 BVerwGE 3, 212; Münster OVGE 7, 240.
292 Vgl. BVerwG NJW 1977, 1838 für Verpachtungsprämie.

62 Handelt die Behörde dagegen **fiskalisch,** d.h. übt sie keine öffentlich-rechtlichen Funktionen aus, sondern tritt als bürgerlich-rechtliches Subjekt wie eine Privatperson auf, sind ihre Handlungen kein VA, sondern eine Teilnahme am allgemeinen Privatrechtsverkehr, so etwa beim Abschluss von Miet- und Kaufverträgen, woran auch die Neuregelung des Vergabeverfahrens in § 97 Abs. 2 GWB nichts geändert hat[293]. Der Bund darf auch klagen auf Festsetzung eines Ablösebetrags als Gläubiger früherer dinglicher Rechte an zurückübertragenem Grundstück, da insoweit rein fiskalisches Handeln[294].

63 Die **Ausübung des Vorkaufsrechts,** das den Gemeinden zur Erfüllung öffentlicher Aufgaben **nach § 24 Abs. 1 BauGB** zusteht, ist nach § 28 Abs. 2 S. 1 BauGB ein VA[295]. Auch der Verzicht auf das Vorkaufsrecht und dessen Widerruf (§ 28 Abs. 5 BauGB) sind VA[296]. Zur Rechtswegregelung vgl. § 40 Rn. 49.

64 b) Eine **Behörde** muss hoheitlich tätig gewesen sein, damit ein VA vorliegt. § 1 Abs. 4 VwVfG gibt für den Begriff der Behörde folgende Definition:»**Behörde im Sinne dieses Gesetzes ist jede Stelle, die Aufgaben der öffentlichen Verwaltung wahrnimmt.**« Der Begriff der Behörde ist also weit auszulegen[297] und darf nicht organisationsrechtlich verstanden werden, sondern als Mittel zur Abgrenzung der Verwaltung von der Regierung sowie von der Gesetzgebung und Rechtsprechung[298]. Maßgeblich ist die Art der jeweils wahrgenommenen Tätigkeit, die sich als Verwaltung im materiellen Sinne darstellen muss. Behörde kann damit **jede Stelle sein, deren Tätigkeit auf der Übertragung (Verleihung) hoheitlicher Befugnisse beruht.** Es kommen also nicht nur Bundes-, Landes- und Kommunalbehörden in Betracht, sondern auch Körperschaften, Anstalten und Stiftungen des öffentlichen Rechts; wie Industrie- und Handelskammern, Ärztekammern, Landwirtschafts- und Handwerkskammern, auch Wasserverbände[299]. Auch juristische und natürliche Personen des Privatrechts[300] können als Behörde handeln, wenn sich der Staat ihrer durch **Übertragung staatlicher Aufgaben (Beleihung)** zur Erfüllung ihm obliegender Pflichten bedient[301].

65 **Grundsätzlich** können **nur deutsche Stellen** als Behörden im Sinne der gegebenen Definition angesehen werden, da es sich um die Ausübung hoheitlicher Befugnisse des Bundes, der Länder oder der Kommunen handelt. Ausländische diplomatische oder konsularische Vertretungen können, da sie nur hoheitliche Befugnisse ihres Heimatstaates ausüben können nicht als Verwaltungsbehörden handeln. Hat der Bund jedoch Teile seiner Hoheitsbefugnisse

---

293 Knack/Meyer § 1 Rn. 73.
294 BVerwG Buchh. 428 § 18 VermG Nr. 16.
295 Vgl. Kassel NJW 1989, 1626; Lüneburg NJW 1996, 212; auch Mannheim NVwZ 1992, 898 zu § 46 NaturschutzG BW; München NuR 1995, 554 zur Rechtfertigung des Vorkaufsrechts für Belange des Naturschutzes und der Landschaftspflege; vgl. auch BVerwG NJW 1994, 3178 zur Vorkaufsrechtsatzung.
296 Vgl. Hoppenberg NJW 1987, 756.
297 BVerwG DÖV 1958, 660.
298 Vgl. Ule S. 144.
299 BVerwGE 7, 17.
300 Vgl. München NJW 1975, 1796 m. Anm. Steiner; DÖV 1975, 210 m. Anm. Götz, sowie Menger VerwA 67, 205 zum Sachverständigen des TÜV generell Ossenbühl VVDStRL 29, 138.
301 Vgl. zur verfassungsrechtlichen Unbedenklichkeit BVerfG NJW 1987, 2501; BVerwG NVwZ 1985, 48; Kassel ESVGH 18, 86 für Bezirksschornsteinfegermeister; Knack/Meyer § 1 Rn. 17.

an über- oder zwischenstaatliche Einrichtungen übertragen, können diese als Verwaltungsbehörde tätig werden[302]. Gegen VA dieser Behörden ist jedoch regelmäßig die deutsche Gerichtsbarkeit ausgeschlossen (vgl. § 1 Rn. 17). **Amtsstellen der Religionsgemeinschaft** sind Behörden, soweit sie hoheitliche Befugnisse ausüben (vgl. § 40 Rn. 34); das ist insbesondere bei den Kirchensteuerämtern und in Friedhofsangelegenheiten der Fall[303].

Gesetzgebende Körperschaften und **Gerichte** sind keine Behörden, wohl aber **66** können ihre Präsidenten bei Erledigung der Verwaltungsangelegenheiten, etwa bei dienstrechtlichen Entscheidungen, als Behörde tätig werden[304].

Keine VA sind **Wahlen** oder die Anordnung von Wahlen, gleichgültig, ob es **67** sich um Kommunalwahlen[305] oder um Wahlen für die Organe anderer Körperschaften[306], auch für Kollegialorgane einer Hochschule[307], handelt. Aufsichtsbehördliche Maßnahmen bei der Wahlprüfung sind dagegen VA[308]. Zur Anfechtung der Wahl eines Bürgermeisters vgl. BVerwGE 54, 81, zur Abwahl eines hauptamtlichen Bürgermeisters in RhPf. vgl. BVerwGE 56, 163. Vgl. auch § 43 Rn. 12; zur parlamentarischen Wahlprüfung § 40 Rn. 4.

II. Form des VA

Der VA ist grundsätzlich an keine Form gebunden, er kann schriftlich, elek- **68** tronisch, mündlich, durch Zeichen oder auch durch konkludente Handlung erlassen werden (vgl. §§ 3a, 10, 37 Abs. 2 VwVfG), soweit nicht für seinen Erlass eine bestimmte Form vorgeschrieben ist, wie z.B. im förmlichen Verwaltungsverfahren (§§ 63 ff. VwVfG), im Planfeststellungsverfahren (§§ 72 ff. VwVfG; vgl. auch Rn. 44) und im Verfahren vor Ausschüssen (§§ 88 ff. VwVfG). Zu beachten ist, dass mit dem VwVfG-ÄnderungsG v. 21.8.2002 (BGBl. I S. 3322) die elektronische Form mit der schriftlichen gleichgesetzt worden ist, sofern nicht die betroffene Formvorschrift ausdrücklich etwas anderes bestimmt (§ 3a Abs. 2 S. 1 VwVfG). Erfasst sind damit elektronische Dokumente, die mit einer elektronischen Signatur nach dem Signaturgesetz verbunden sind, denn die Autentizität stellt ein Problem bei der elektronischen Kommunikation dar[309].
Die im Gesetz fingierte Zustimmung kann, ebenso wie eine tatsächlich erteilte, als privatrechtsgestaltender VA angefochten werden[310]. Angesichts der Regelungsfunktion, die ihm innewohnt, muss der VA seinen Charakter als **hoheitlich verbindliche Regelung eines Einzelfalls** auf dem Gebiet des öffentlichen Rechts **hinreichend klar erkennen lassen;**[311] ihm muss, gleichgültig in welcher Form er ergeht, zu entnehmen sein, welche Behörde ihn erlässt, gegen wen er gerichtet und was sein Inhalt ist, denn Widerspruch und Klage

---

302 Vgl. Schily NVwZ 2000, 888.
303 BVerwGE 7, 189; 8, 211; Münster OVGE 12, 162; Maurer DÖV 1960, 749; Rupp AöR 85, 149, 161; vgl. auch § 7 AG SchlH.
304 BVerwGE 27, 152 für Entscheidung des Bundestagspräsidenten über Wahlkampfkostenerstattung; vgl. auch Münster DVBl. 1999, 1372, sowie Rasch VerwA 50, 22.
305 Kassel DÖV 1966, 505; Lüneburg OVGE 23, 429.
306 Münster OVGE 19, 221.
307 Lüneburg DVBl. 1972, 189.
308 Lüneburg VRspr. 12, 338.
309 Knack/Meyer § 3a Rn. 35.
310 BVerwG DVBl. 1992, 1604 zum SchwerbehindertenG (SGB IX).
311 BVerwGE 41, 305; 57, 26; DÖV 1987, 292.

kann gegen ihn nur erhoben werden, wenn er insoweit ausreichend bestimmt ist[312]. Der VA muss schließlich, da er unmittelbare Rechtswirkung nach außen entfalten soll (vgl. Rn. 47 ff.), dem Adressaten bekannt gegeben werden (vgl. dazu § 70 Rn. 2; § 43 Abs. 1, § 41 Abs. 1 VwVfG; auch BFH NVwZ 1987, 632 zum Bekanntgabewillen der Behörde).

69 Da die VwGO den Beginn der Rechtsbehelfsfrist an die schriftliche Belehrung über den Rechtsbehelf knüpft (§ 58 Abs. 1), ist davon auszugehen, dass sie den **schriftlichen VA als Regelfall** ansieht[313]. Abzulehnen ist die Auffassung von Mannheim[314], nach der VA überall dort, wo gesetzlich die Schriftform nicht vorgeschrieben ist, auch mündlich (telefonisch) ergehen kann; gerade in dem von Mannheim entschiedenen Fall, wo es sich um die Ausübung des Vorkaufsrechts nach § 46 NaturschutzG BW handelte, steht diese Auffassung zudem in krassem Gegensatz zu der Formenstrenge des Grundstücksrechts[315]. Auch der schriftliche VA ist, soweit dies nicht gesetzlich besonders vorgeschrieben ist (wie z.B. bei Ernennungsurkunden im Beamtenverhältnis), an keine bestimmte Form gebunden; er kann in der Form eines Bescheids oder eines Schreibens ergehen, daher auch in Form eines privatrechtlichen Rechtsgeschäftes.

70 Der **schriftliche VA** ist grundsätzlich auch **schriftlich zu begründen**[316]. Derjenige, der von einem belastenden VA oder der Ablehnung eines beantragten VA betroffen wird, muss die Tatsachen und Rechtsvorschriften erfahren, auf die die Verwaltung ihre Entscheidung stützt, damit er seine Rechtsverteidigung danach einrichten kann[317]. Bei Ermessensentscheidungen sollen nach § 39 Abs. 1 S. 3 VwVfG auch die Gesichtspunkte aus der Begründung hervorgehen, von denen die Behörde bei der Ausübung ihres Ermessens ausgegangen ist[318]. Es brauchen jedoch nur die tragenden Erwägungen in die Begründung aufgenommen zu werden, ein Eingehen auf jede Einzelheit ist nicht erforderlich[319]. In § 39 Abs. 2 VwVfG sind die **Ausnahmen von der Begründungspflicht** aufgeführt[320]. Die fehlende Begründung beeinträchtigt grundsätzlich die Wirksamkeit des VA nicht[321], sie kann nach § 45 Abs. 1 Nr. 2 und Abs. 2 VwVfG bis zum Abschluss des gerichtlichen Verfahrens[322] nachgeholt werden (vgl. § 73 Rn. 14b).

---

312   Vgl. BVerwGE 17, 192, § 37 Abs. 1 VwVfG.
313   Vgl. Stelkens/Stelkens § 37 Rn. 36 ff.
314   NVwZ 1992, 898.
315   Vgl. auch Münster NWVBl. 1996, 222 zur mündlichen oder fernmündlichen Aufhebung einer baurechtlichen Stilllegungsverfügung.
316   § 39 Abs. 1 VwVfG; Knack/Henneke § 39 Rn. 4; Stelkens/Stelkens § 39 Rn. 7 ff. m.w.N.
317   Vgl. BVerfGE 6, 32; BVerwGE 22, 215; 38, 191; Kopp/Ramsauer § 39 Rn. 2a; Meyer/Borgs § 39 Anm. 1.
318   Vgl. dazu BVerwG DVBl. 1962, 562 für LAG.
319   Vgl. BVerwGE 12, 20; 19, 332; 20, 160.
320   Vgl. dazu im Einzelnen Knack/Henneke § 39 Rn. 11 ff; Meyer/Borgs § 39 Anm. 7 ff.
321   Vgl. BVerwGE 10, 37; zur Prüfungsentscheidung vgl. aber Rn. 116a.
322   Vgl. BVerwGE 42, 79 zur nachträglichen Heilung durch Begründung des Widerspruchsbescheids.

III. VA im besonderen Pflichtenverhältnis

Das besondere Pflichtenverhältnis, wie z.b. das Beamten- oder Wehrdienst- **71** verhältnis, die Schul- oder Universitätszugehörigkeit, die Anstaltsunterworfenheit, ist ein öffentlich-rechtliches Verhältnis, das eine Steigerung des Über- und Unterordnungsverhältnisses (vgl. Rn. 58) bedingt. Das Handeln der Behörde im besonderen Pflichtenverhältnis ist hoheitlich, erlangt die Qualifikation als VA aber nur insoweit, als es über den Bereich der dem Pflichtenverhältnis eigenen Gehorsamspflicht hinausreicht und in die persönliche Rechtssphäre des Pflichtunterworfenen eingreift[323]. Zur Rechtsprechung im Einzelnen vgl. Rn. 90.

1. **Beamtenverhältnis** (vgl. auch § 40 Rn. 29 ff.). Ein VA im Beamtenverhält- **72** nis liegt vor, bei der Begründung, Änderung oder Beendigung des Beamtenverhältnisses[324], auch bei der Versetzung in den einstweiligen Ruhestand[325], bei der Abwahl von kommunalen Wahlbeamten[326], auch bei der Abberufung eines Hauptgemeindebeamten[327], bei Entscheidungen im Besoldungs- und Versorgungsrecht[328], auch bei der Festsetzung des Besoldungsdienstalters, der Berechnung der ruhegehaltsfähigen Dienstzeit, der Rückforderung überzahlter Dienstbezüge[329], auch der Sonderzuwendung[330], der Aufrechnungserklärung[331], bei Rückgriffsansprüchen des Dienstherrn[332], bei der Versagung einer Nebenbeschäftigung[333], der Versagung der Verwertung dienstlicher Vorgänge im Rahmen einer wissenschaftlichen Arbeit des Beamten[334], des Urlaubs, auch bei dem Widerruf einer Beurlaubung, bei der Entscheidung über die Erstattung von Reise- und Umzugskosten[335], der Zahlung von Beihilfen[336]. Vgl. insgesamt auch die Beispiele in Rn. 90.

Auch die **Entscheidungen, die die Laufbahn des Beamten beeinflussen,** wie **73** etwa die Zulassung zum Aufstieg, sind VA. Zu den Beschlüssen des Bundespersonalausschusses vgl. Rn. 85. **Dienstliche Beurteilungen** sieht das BVerwG[337] nicht als VA an[338], es hat jedoch die Zulässigkeit eines Antrages auf Abänderung der Beurteilung bejaht und die Entscheidung der Behörde

---

323 Vgl. allgemein Leisner DVBl. 1960, 617; Maunz/Schmidt-Aßmann, GG Art. 19 Abs. 4 Rn. 89; Ule S. 158 spricht von Grund- und Betriebsverhältnis.

324 Vgl. BVerwGE 51, 205; E 82, 356 zur Entlassung des Beamten auf Probe; E 92, 147 zum Anspruch auf Übernahme in das Beamtenverhältnis auf Lebenszeit.

325 BVerwGE 19, 332; 52, 33 für Beamte; E 23, 295 für Offiziere; Münster DÖV 1974, 166 m. Anm. Thieme; vgl. Wacke AöR 91, 441.

326 BVerwGE 81, 319.

327 Lüneburg DVBl. 1992, 982 m. Anm. Ipsen.

328 BVerwGE 38, 139 für Anordnung über Kaufkraftzuschlag; E 82, 364 zur Abtretung von Bezügen.

329 BVerwGE 24, 92 unter Aufgabe von BVerwG ZBR 1966, 24 für Bruttoprinzip; BVerwGE 30, 296 für Vollziehungsaussetzungsbeschluss.

330 BVerwG NJW 1970, 2227.

331 Münster ZBR 1966, 307; offen lassend BVerwGE 29, 310.

332 BVerwGE 50, 102, auch zur schadensgeneigten Tätigkeit, vgl. auch BVerwGE 29, 127; 34, 123.

333 BVerwGE 30, 29 zur Werbung eines Polizeibeamten für Zeugen Jehovas; BVerwGE 31, 241 zur Fahrlehrererlaubnis für Polizeibeamten.

334 BVerwGE 37, 265.

335 BVerwGE 24, 253; 30, 99.

336 BVerwGE 32, 352.

337 E 28, 191; 49, 351; NVwZ 1988, 66.

338 Ebenso Sodan/Sodan Rn. 152; Stelkens/Stelkens § 35 Rn. 125.

hierüber als VA betrachtet[339], sogar für den Fall, dass der Beamte zwischenzeitlich erneut dienstlich beurteilt und befördert worden ist, ist die alte – schlechte – Beurteilung noch von Bedeutung, weil sie ggf. zukünftig wieder als Hilfskriterium herangezogen werden könnte[340]. Bei dem gerichtlichen Rechtsschutz, der unabhängig vom Vorliegen eines VA besteht[341], sind dienstliche Beurteilungen nach der Rechtsprechung des BVerwG von den Gerichten nur beschränkt überprüfbar[342]. Die Rechtmäßigkeitskontrolle gegenüber der dem Dienstherrn eingeräumten Beurteilungsermächtigung hat sich darauf zu beschränken, ob die Verwaltung den anzuwendenden Begriff oder den gesetzten Rahmen, in dem sie sich bewegen kann, verkannt hat; ob sie von einem unrichtigen Sachverhalt ausgegangen ist; ob sie allgemeine Wertmaßstäbe nicht beachtet oder sachfremde Erwägungen angestellt hat; ob sie gegen Verwaltungsvorschriften oder Richtlinien, die in Einklang mit §§ 40, 41 BundeslaufbahnVO stehen, und die sie den Beurteilungen zu Grunde legt, verstoßen hat[343].

74 Bei **innerdienstlichen Anordnungen** und **Änderungen der Organisation** ist davon auszugehen, dass grundsätzlich die auf der Organisationsgewalt der öffentlich-rechtlichen Körperschaften beruhenden Maßnahmen der verwaltungsgerichtlichen Prüfung entzogen sind, weil sie nicht geeignet sind, Dritte in ihrer rechtlich geschützten Sphäre zu berühren, und zwar auch dann nicht, wenn diese Nachteile erleiden, die von der organisatorischen Maßnahme nicht zu trennen sind[344]. Diese Maßnahmen des Dienstherrn sind jedoch gegenüber dem Beamten VA, wenn sich ihre potenziellen Wirkungen nicht auf die Stellung des Beamten als Amtsträger beschränken, sondern sich – über die Konkretisierung der Gehorsamspflicht hinaus – auch auf dessen Stellung als eine dem Dienstherrn mit selbstständigen Rechten gegenüberstehende Rechtspersönlichkeit erstrecken[345]. Auch die **Bewertung des Dienstpostens** des Beamten ist kein VA, sondern behördeninterner Vorgang, da sie keine unmittelbare, sondern allenfalls mittelbare Wirkung auf den Beamten hat[346]. Zur Frage, inwieweit der Beamte sonst eine Klagemöglichkeit gegen eine Dienstpostenbewertung hat, vgl. Rn. 120 sowie § 43 Rn. 21; zum Organisationsakt im Übrigen Rn. 43. Auch Anordnungen (**Weisungen**) über die Art und Weise der Amtsführung sind keine VA[347].

75 Die **Zuweisung anderer Dienstgeschäfte** oder die **Umsetzung** des Beamten bei derselben Behörde ist regelmäßig **kein VA**, da der Beamte grundsätzlich kein Recht auf sein Amt im funktionellen Sinn, d.h. auf unveränderte und unge-

---

339 BVerwGE 21, 127 zur Abänderung eines Befähigungsnachweises, m. Anm. v. Münch ZBR 1966, 367; Wilhelm ZBR 1966, 22; BVerwGE 79, 86 für Schwerbehinderte.
340 BVerwG Buchh. 237.9 § 20 SaarLBG Nr. 1.
341 BVerwGE 28, 191.
342 Vgl. BVerwG Buchh. 232.2 § 40 BLV Nr. 15 m.N.
343 BVerwGE 97, 128 zur Bildung einer Gesamtnote.
344 BVerwG NJW 1961, 1333 zu Ausgliederung von Teilen einer Behörde.
345 BVerwGE 14, 84 zur Entbindung von den Aufgaben eines geschäftsleitenden Beamten; BVerwG DÖV 1966, 766 zur Umorganisation eines Klinikbereichs.
346 BVerwGE 36, 192; 36, 218 beide für Hessen, vgl. auch E 41, 253 für Hamburg; Plog-Wiedow, BBG § 172 Anm. 18 dd.
347 BVerwG NVwZ 1994, 785 zur Befangenheitserklärung; vgl. dazu auch Felix/Schwarplys ZBR 1996, 33, die zu weitgehend, »allgemeine Gestaltungsklage« bejahen.

schmälerte Ausübung der ihm übertragenen dienstlichen Aufgaben hat[348]. Greift die Zuweisung jedoch auch in die Rechtsstellung des Beamten ein, muss sie als VA angesehen werden, z.B. bei der Zuweisung unterwertiger Dienstgeschäfte[349], auch wenn das Beamtenverhältnis, wie im kommunalen Bereich häufig, nur im Hinblick auf ein bestimmtes Amt begründet wurde[350], bei der Entziehung der Lehrbefugnis für eines von mehreren Fachgebieten[351], bei der Festsetzung der Pflichtstunden für einen Lehrer[352], bei der Verlagerung der für eine wissenschaftliche Tätigkeit maßgeblichen Teile des Hauptamtes[353]. Dagegen ist ein VA die **Versetzung** des Beamten zu einer anderen Behörde[354], das Gleiche muss für die Abordnung gelten[355], wobei allerdings häufig das Rechtsschutzbedürfnis für eine Klage fehlen wird.

Die **Regelung im Beamtenverhältnis** kann der Dienstherr grundsätzlich **76** durch VA treffen, und zwar nicht nur, wo dies durch Gesetz zugelassen ist, sondern auch in anderen Fällen[356]. Auch nach Beendigung des Beamtenverhältnisses kann ein aus diesem herrührender Anspruch durch Leistungsbescheid geltend gemacht werden[357]. Das BVerwG hat nach dem Tod des Ruhestandsbeamten selbst noch die Rückforderung zu viel gezahlter Versorgungsbezüge von den Erben durch VA zugelassen[358]. Dagegen hat Münster[359] für den Schadensersatzanspruch des Landes gegenüber einem Gemeindebeamten nach § 84 LBG den Leistungsbescheid für unzulässig gehalten.

Nach der Rechtsprechung des BVerwG ist an Stelle der Regelung durch VA **77** auch die **Leistungsklage** (vgl. Rn. 153) **gegen den Beamten** zulässig[360], da das Rechtsschutzbedürfnis für eine Leistungsklage der Behörde durch die Möglichkeit, die umstrittene Frage durch VA zu klären, nicht ausgeschlossen sein soll[361]; anders nur, wenn der Anspruch nach Grund und Höhe unbestritten ist[362]. Der Dienstherr hat damit die Wahl, seine Ansprüche gegen den Be-

---

348 BVerfGE 8, 332; BVerwGE 89, 199 für Sonderschulkonrektorin; E 98, 334 für amtsgemäßen Aufgabenbereich eines Oberarztes; Koblenz RiA 1975, 98 für Bundespost; Mannheim DVBl. 1990, 263 für Fachhochschule; Münster RiA 1976, 137 für Schulverwaltung; RiA 1976, 36 für Wehrverwaltung; auch BVerwG DVBl. 1980, 882 zu Ermessenserwägungen bei Umsetzung; vgl. insgesamt Menger VerwA 68, 169.
349 Münster OVGE 12, 36.
350 Münster ZBR 1958, 309; anders jedoch DÖV 1976, 125 für Leiter des Bauamtes; vgl. auch BVerwG DVBl. 1960, 891.
351 Münster OVGE 12, 30.
352 Kassel ZBR 1970, 124.
353 BVerwG DÖV 1966, 796.
354 Vgl. BVerwGE 87, 310; Mannheim DVBl. 1970, 695.
355 Kopp/Ramsauer § 35 Rn. 84.
356 BVerwGE 19, 243; 24, 225 zum Schadensersatzanspruch nach § 78 Abs. 1 BBG; BVerwGE 28, 1 zur Rückerstattung überzahlter Dienstbezüge; BVerwGE 30, 77 für Rückforderung einer Ausbildungszulage von Beamtenanwärter; BVerwGE 40, 237 für Dienstbezüge während Ausbildungsurlaub, dazu Krebs VerwA 70, 81; Münster OVGE 18, 36; zu den kritischen bis ablehnenden Stimmen der Literatur vgl. vor allem Rupp DVBl. 1963, 577; Henrichs NJW 1965, 458; aber auch Menger/Erichsen VerwA 57, 378; Wacke DÖV 1966, 311; Weingart DÖV 1967, 289.
357 BVerwGE 40, 237; vgl. auch E 27, 250 für Wehrdienstverhältnis.
358 E 37, 314.
359 DVBl. 1974, 596.
360 BVerwGE 25, 280; vgl. E 102, 81.
361 BVerwGE 28, 153; 29, 310.
362 BVerwGE 25, 280.

amten entweder durch VA oder durch Leistungsklage geltend zu machen. Nach erhobener Leistungsklage ist der Erlass eines Leistungsbescheides wegen desselben Anspruches unzulässig, das Gleiche gilt für die nach Erlass des Bescheides erhobene Klage[363].

78   2. Auch für das **Wehrdienstverhältnis**[364] gelten die für das Beamtenverhältnis entwickelten Grundsätze[365]. Auch im Wehrdienstverhältnis können Schadensersatzansprüche des Bundes gegen den Soldaten aus Dienstpflichtverletzung durch VA geltend gemacht werden[366], ebenso die Rückforderung der von der Bundeswehr aufgewendeten Kosten einer Fachausbildung[367]. Auch die Aufforderung der Wehrersatzbehörde an den gedienten Wehrpflichtigen, militärische Bekleidungs- und Ausrüstungsstücke zu übernehmen, ist VA[368]. Die Auswahl von Offizieren für die Generalstabsausbildung hat das BVerwG[369] als behördeninternen Vorgang gesehen. Die Versetzung an einen anderen Einsatzort ist ein Dienstbefehl[370]. Zur Anfechtung der Feststellung eines Sicherheitsrisikos vgl. BVerwG NJW 1995, 740. Die Entlassung aus der Alarmreserve stellt eine Beschwer (VA) dar, die angefochten werden kann[371].

79   Aus der **Zweistufigkeit des Verfahrens in Wehrdienstsachen** (Musterungs- und Einberufungsverfahren) und der Möglichkeit, daneben noch Zurückstellungs- oder Befreiungsanträge in isolierten Verfahren zu verfolgen, ergeben sich Besonderheiten. Das **Musterungsverfahren** wird formell mit dem Musterungsbescheid abgeschlossen, der die Entscheidung darüber enthält, ob der Wehrpflichtige im Zeitpunkt der Entscheidung für den Wehrdienst verfügbar ist. Das Nähere regelt die WehrpflichtVO v. 23.11.2001 (BGBl. I S. 3221). Die Widerspruchsfrist gegen den Musterungsbescheid beträgt zwei(!) Wochen (§ 33 Abs. 1 S. 1 WPflG); der Widerspruch hat aufschiebende Wirkung (§ 33 Abs. 2 WPflG).

80   Der unanfechtbare Musterungsbescheid wird durch den **Einberufungsbescheid** vollzogen. Dieser Bescheid ist gestaltender VA, da mit dem für den Diensteintritt festgesetzten Zeitpunkt das Wehrdienstverhältnis beginnt[372]. Auch hier gilt die Zwei-Wochen-Frist für das Rechtsmittel; allerdings hat der Widerspruch keine aufschiebende Wirkung, ebenso wie der Widerspruch gegen die Tauglichkeitsüberprüfung, § 33 Abs. 4 WPflG. Der Verwaltungsrechtsweg ist gegeben, die Anfechtungsklage hat keine aufschiebende Wirkung, § 35 WPflG.

---

363 Münster DVBl. 1974, 596.
364 Zur Rechtswegregelung vgl. § 40 Rn. 74, 75.
365 Vgl. BVerwGE 32, 237 zur Entlassung wegen mangelnder Eignung; E 31, 324 zur Festsetzung von Ort und Zeitpunkt des Dienstantrittes; E 32, 243 zur Festsetzung eines neuen Dienstantrittstermins; E 103, 301 zur Verwendung; NVwZ 1999, 1343 zum Zugang von Frauen; BVerwGE 58, 37 für Ausmusterung wegen Wehrdienstunfähigkeit; anders dagegen für Unabkömmlichkeitsstellung für den Wehrdienst BVerwGE 58, 244.
366 BVerwGE 18, 283; 21, 270; 27, 245; zum Verhältnis von VA und Leistungsklage vgl. Rn. 154.
367 BVerwGE 42, 233.
368 BVerwGE 38, 68.
369 E 43, 220.
370 BVerwG NJW 1977, 1165 für Zivildienstleistenden.
371 BVerwG DÖV 2003, 683.
372 VerwGE 39, 319.

Der Einberufungsbescheid ist nicht deshalb verfahrensfehlerhaft ergangen, **81** weil im Zeitpunkt seines Erlasses über einen Antrag des Wehrpflichtigen auf **Anerkennung als Kriegsdienstverweigerer,** den dieser erst nach der Vollziehbarkeit des Musterungsbescheides stellte, noch nicht entschieden ist; das Gleiche gilt für den Widerspruch gegen den Ablehnungsbescheid.

3. Auch für den Bereich des **Schul- und Hochschulrechts** gilt, dass die das An- **82** staltsverhältnis begründenden, ändernden oder aufhebenden Maßnahmen der Behörde ebenso wie die sich auf den Erfolg der Ausbildung beziehenden Entscheidungen als VA anzusehen sind[373]. So sind VA die Aufnahme in die Schule, die Versetzung, Prüfungsentscheidungen[374], auch die einzelne entscheidungserhebliche Note[375] oder die Berücksichtigung eines bestimmten Faches[376], auch, wenn es sich um Entscheidungen einer staatlich anerkannten privaten Ersatzschule handelt[377]. VA ist auch die Zulassung zum Hochschulstudium, die Ablehnung einer Dissertation, einer Habilitation[378], die Bestellung zum Lehrbeauftragten[379], der Ausschluss vom Gymnasium[380], der vom Rektor gegenüber einem Studenten ausgesprochene Verweis[381] u.Ä. (vgl. auch die Beispiele in Rn. 90). Lüneburg[382] hat auch die Entscheidung, einen Bewerber um eine Professorenstelle, der in dem Berufungsvorschlag der Hochschule an erster Stelle genannt war, nicht zu berufen, als VA angesehen. Die Regelung des inneren Schulbetriebes dagegen erfolgt auf Grund der Pflichtunterworfenheit des Schülers oder Studenten; die einzelne Maßnahme wie etwa das Aufgabenstellen, Anordnen von Nachsitzen[383], Gestaltung des Lehrbetriebes mit Ausflügen, Filmvorführungen, Verbot, bestimmte Kleidung zu tragen, ist daher kein VA. Auch hier kann aber im Ausnahmefall auch wieder in die Rechtssphäre des Einzelnen eingegriffen werden und damit ein VA vorliegen[384]. Vgl. im Übrigen zur Schulaufsicht Rn. 50, zu Ansprüchen im Schul- und Hochschulrecht Rn. 113, zur Subventionierung § 40 Rn. 23, zum Umfang der gerichtlichen Nachprüfung von Prüfungsentscheidungen § 114 Rn. 19.

IV. Mitwirkung mehrerer Behörden beim Erlass des VA

Grundsätzlich trifft die Behörde, die den VA gegenüber dem Betroffenen er- **83** lässt, auch selbst die Entscheidung, die in dem VA zum Ausdruck kommt. Es gibt jedoch zahlreiche Fälle, in denen die nach außen handelnde Behörde in Wahrheit gar nicht oder nur zusammen mit einer oder mehreren anderen Behörden entscheidet. Dabei sind folgende Fallgruppen zu unterscheiden:

373 Vgl. Schoch/Pietzcker § 42 Abs. 1 Rn. 51 ff.; Sodan/Sodan Rn. 203 ff.; Rn. 248 ff.; jeweils m.w.N.
374 BVerwGE 8, 272; vgl. dazu Becker DÖV 1970, 730.
375 Kassel ESVGH 25, 170 für »mangelhaft« in Deutsch; BVerwGE 73, 376; vgl. dazu Semler NJW 1973, 1774.
376 BVerwGE 42, 346 m. Anm. Obermayer NJW 1973, 1817.
377 BVerwGE 17, 41; Koblenz AS 9, 333; Mannheim NJW 1980, 2597.
378 BVerwGE 95, 237.
379 BVerwGE 81, 812.
380 Vgl. Koblenz NJW 1996, 1690 wegen Drogen; Mannheim NVwZ-RR 1996, 441 für 8 Tage als Ordnungsstrafe.
381 Kassel DÖV 1968, 663.
382 NJW 1984, 1639.
383 Vgl. Schleswig NJW 1993, 952.
384 Z.B. das Verbot, sich farbentragenden oder schlagenden Verbindungen anzuschließen, Ule S. 161; Verbot gegen Plakate des ASTA: VG Frankfurt NJW 1969, 630.

1. Eine Behörde entscheidet. Handelt die den VA erlassende Behörde auf Weisung ihrer Aufsichtsbehörde, ist ihr der VA zuzurechnen (vgl. Rn. 48, 49). Entscheidet dagegen die übergeordnete Behörde und bedient sich lediglich der unteren Behörde zur Mitteilung des VA an den Betroffenen (vgl. § 9 Abs. 5 FstrG), enthält deren Tätigwerden keine Willensäußerung, sie handelt nur als Bote, es liegt ein VA der übergeordneten Behörde vor[385].

84   **2. Mehrere Behörden wirken an der Entscheidung mit (mehrstufiger VA).** Verschiedene Gesetze sehen vor, dass die Behörde, die einen VA erlassen will, dies nur nach **Anhörung** (z.B. § 37 Abs. 2 S. 2 BauGB) oder mit **Zustimmung** (z.B. § 9 Abs. 2 FstrG; § 36 Abs. 1 S. 4 BauGB) einer anderen Behörde bzw. im **Benehmen** (z.B. § 3 Abs. 2 VereinsG; § 37 Abs. 2 S. 3 BauGB) oder im **Einvernehmen** (z.B. § 14 Abs. 2 S. 2; § 36 Abs. 1 S. 1 BauGB)[386] mit einer weiteren Behörde tun kann. Zu unterscheiden von der Mitwirkungshandlung sind die Fälle, in denen mehrere Genehmigungen für ein Vorhaben erforderlich sind, die selbstständige VA darstellen. Insbesondere, wenn in Planverfahren von der Planfeststellung und damit von deren Konzentrationswirkung ganz abgesehen oder eine Plangenehmigung erteilt wird, kann es zweifelhaft sein, ob noch eine Mitwirkungshandlung oder schon ein selbstständiger VA vorliegt[387]. Ob die Mitwirkungshandlung bindend für die andere Behörde ist, muss jeweils bei der einzelnen gesetzlichen Regelung geprüft werden, da die für die Mitwirkungsformen verwandten Begriffe nicht einheitlich gebraucht werden und einen zwingenden Schluss auf die rechtliche Qualifikation der Handlung nicht zulassen[388]. In der älteren Rechtsprechung ist in der Mitwirkungshandlung dann ein VA gesehen worden, wenn sie bindend für die Behörde war, der gegenüber sie vorzunehmen war[389].

85   Das BVerwG hat **in ständiger Rechtsprechung** die **Mitwirkungshandlung als internen Verwaltungsvorgang angesehen** und **das Vorliegen eines VA** auch dann **verneint,** wenn die Mitwirkungshandlung bindend für die andere Behörde ist, **da** eine **unmittelbare Rechtswirkung nach außen** wegen der in den jeweiligen Gesetzen nicht vorgesehenen und damit fehlenden Kundmachung

---

385 Vgl. Koblenz AS 9, 123; Menger VerwA 50, 396; § 78 Rn. 2.
386 München BayVBl. 2003, 210; Bold NVwZ 1994, 647; Dippel NVwZ 1999, 921.
387 Vgl. BVerwGE 85, 251 und E 115, 158 zum Verhältnis Planfeststellung bei einem Flughafen und Baugenehmigung.
388 Vgl. im Einzelnen Stelkens/Stelkens Rn. 91.
389 Vgl. z.B. Kassel ESVGH 10, 129; Koblenz AS 8, 156; Münster OVGE 17, 254; Saarlouis AS 7, 423; dazu Menger VerwA 52, 108; VerwA 50, 395; Stich DVBl. 1963, 193.

gegenüber dem Betroffenen **nicht eintrete**[390]. Dieser Auffassung ist beizupflichten; der Gesetzgeber hat, indem er die Mitwirkung weiterer Behörden beim Erlass eines VA vorsah, die größere Sachkenntnis der Aufsichts- oder Fachbehörde nutzen oder den Zuständigkeitsbereich anderer Körperschaften respektieren wollen[391]; die einheitliche Verwaltungsentscheidung, auf die es dem Bürger allein ankommt, sollte jedoch erhalten bleiben; sie würde in eine Vielzahl von Entscheidungen zerfallen, wollte man etwa die Mitwirkungen in § 37 Abs. 2 BauGB als einzeln anfechtbaren VA ansehen[392].

Ist in der Mitwirkungshandlung kein VA zu sehen, ist nicht nur die auf die **86** Mitwirkungshandlung gerichtete **Verpflichtungsklage**[393], sondern auch die **Anfechtungsklage** gegen eine negative Mitwirkungsentscheidung **ausgeschlossen** (vgl. auch Rn. 46b). Die Klagen sind allein gegen die Behörde (Körperschaft) zulässig, die den VA erlässt; soweit die Mitwirkung an einem Verfahrensfehler leidet oder ihre Unterlassung einen solchen darstellt, ist § 44a zu beachten; in diesem Rechtsstreit wird dann auch, soweit sie im Streit ist, über die Mitwirkungshandlung befunden; handelt es sich um eine Mitwirkungshandlung, die die beklagte Behörde bindet, liegt ein Fall notwendiger Beiladung vor (vgl. § 65 Rn. 8 ff.). Das Urteil, das in der Sache der Klage stattgibt, ersetzt mit der Verpflichtung der beklagten Behörde zum Erlass des VA auch die Mitwirkungshandlung und bindet insoweit auch die beigeladene mitwirkungsberechtigte Behörde[394].

Ist die Mitwirkungshandlung, obgleich dies im Gesetz nicht vorgesehen ist, in Form eines Bescheides gegenüber dem Betroffenen ergangen, kann ein Rechtsschutzbedürfnis für eine Klage bestehen, auf die der Bescheid, ohne dass eine weitere Sachprüfung erfolgt, aufgehoben wird, da diese Regelung nicht in Form eines VA ergehen durfte[395].

Erlässt die Behörde, bei der der VA beantragt ist, diesen **ohne die mitwir- 87 kungsberechtigte Behörde zu beteiligen** oder entscheidet sie **entgegen der bei**

---

390 BVerwGE 16, 116 m. zust. Anm. Körner NJW 1964, 120 zu § 9 Abs. 2 FstrG; BVerwG BayVBl. 1959, 88 m. zust. Anm. Kratzer zu § 49 KWG; BVerwGE 21, 354 zu § 12 Abs. 2 LuftVG; BVerwGE 19, 94 zu § 7 JSchG; BVerwGE 22, 342; 28, 145; NJW 1968, 2351 zum Einvernehmen der Gemeinde im Baugenehmigungsverfahren nach § 36 BBauG; BVerwGE 26, 31; 36, 188, BayVBl. 1968, 24 zur Gewährung laufbahnrechtlicher Ausnahmen durch Personalausschüsse; a.A. hier BVerwGE 31, 345 für Entscheidung des Landespersonalausschusses gegenüber der die Ausnahme beantragenden Gemeinde; vgl. dazu auch BayVerfGH 20, 203 Verfassungsbeschwerde verneinend; BVerwGE 99, 371 zum negativen Beschluss des Richterwahlausschusses bei der Berufung von Richtern der ehemaligen DDR in ein neues Richterverhältnis; BVerwGE 102, 174 zum Beschluss des Staatsanwaltsberufungsausschusses bei der Berufung von Staatsanwälten durch den Justizminister; BVerwGE 32, 148 zur allgemeinen Anerkennung von Prüfungen; ebenso BVerwGE 34, 65 zur Bescheinigung über Grunderwerbsteuerfreiheit; BVerwGE 94, 301 zur Festsetzung der Pflegesätze durch die Schiedsstelle im Verfahren nach § 18 Abs. 5 KrankenhausG; Mannheim ESVGH 10, 189 zur Stellungnahme der Gemeinde bei der Herabsetzung des Steuermessbetrags; München BayVBl. 1963, 156 zu § 11 EnergieG; Heinze DÖV 1967, 33 m. vielen N.; Menger/Erichsen VerwA 57, 274.
391 Vgl. Schütz NJW 1963, 2150.
392 Vgl. auch Bader/v. Albedyll Rn. 11; Schoch/Pietzcker § 42 Abs. 1, Rn. 62 ff.; Sodan/Sodan Rn. 126 f.
393 BVerwGE 16, 116.
394 Schütz NJW 1963, 2150.
395 BVerwG NJW 1969, 444; Koblenz AS 9, 123; Mannheim DVBl. 1967, 205; abzulehnen BVerwGE 16, 116 und E 21, 354, wo aus prozessökonomischen Gründen auch eine materielle Prüfung der Mitwirkungshandlung für zulässig gehalten wird; vgl. auch Rn. 13.

der **Mitwirkung geäußerten Auffassung,** ist der VA fehlerhaft[396]. Von der Ausgestaltung der die Mitwirkung der anderen Behörde begründenden Vorschriften hängt es ab, ob sich aus der Fehlerhaftigkeit des Verwaltungsverfahrens bereits die Rechtswidrigkeit des VA ergibt[397], oder ob sich diese unabhängig von dem Verfahrensfehler danach beurteilt, inwieweit die ergangene Sachentscheidung materiell dem rechtlichen Gebot einer gerechten Abwägung der von ihr berührten öffentlichen und privaten Belange entspricht[398]. Wo die Mitwirkung einer weiteren Behörde zugleich eine Schutzfunktion gegenüber dem Betroffenen zu erfüllen hat, hält das BVerwG zu Recht ein Nachholen der Mitwirkung nicht für zulässig, da die mitwirkende Behörde unbeeinflusst nur entscheiden wird, wenn der VA noch nicht erlassen ist[399].

87a   Der fehlerhafte VA kann aber auch ein **Recht der mitwirkungsberechtigten Behörde verletzen** und daher von dieser angefochten werden[400]. Dies gilt jedenfalls, wenn die Behörden verschiedenen Körperschaften angehören oder wenn das Land Behörden für beteiligungsfähig erklärt hat (§ 61 Nr. 3). Bei Behörden derselben Körperschaft scheidet nach der Rechtsprechung des BVerwG sonst eine Klagemöglichkeit aus[401]. Insoweit kann die Fehlerhaftigkeit des VA Bedeutung nur für den Fall der Rücknahme gewinnen. Auch wenn die mitwirkungsberechtigte Behörde ihr Einvernehmen (Zustimmung usw.) rechtswidrig versagt, ist die Behörde daran gehindert, den VA zu erlassen[402]; es verbleibt jedoch die Möglichkeit, die positive Mitwirkungshandlung im Wege der Rechtsaufsicht durch die Aufsichtsbehörde zu ersetzen[403]. Will die Behörde dagegen bereits aus Gründen, die allein in ihrem Zuständigkeitsbereich liegen, den beantragten VA ablehnen, kann sie dies tun, ohne die Mitwirkung herbeizuführen[404].

88   Aus der **positiven Mitwirkungshandlung** folgt nicht, dass auch die Entscheidung der Behörde positiv lauten muss[405]; ob sie aus Gründen, die bereits die mitwirkungsberechtigte Behörde berücksichtigt hat, den VA ablehnen kann, hängt davon ab, ob ihr insoweit auch eine Sachbefugnis zusteht[406].

---

396 BVerwGE 11, 195; 22, 342; Grabendorff ZBR 1960, 97; Groschupf DVBl. 1962, 628; Heinze DÖV 1967, 42, einschränkend Friauf DÖV 1961, 672: nur bei Unterlassen verbindlicher Mitwirkungsrechte; Schrödter DVBl. 1966, 182: nur wenn fehlerfreier Mitwirkungsakt unberücksichtigt bleibt; ähnlich Koblenz AS 9, 123; Lüneburg OVGE 22, 325; vgl. auch Pappermann DVBl. 1975, 638 zur Kostenfrage.

397 § 45 Abs. 1 Nr. 5 m. Abs. 2 VwVfG lässt die Nachholung der fehlenden Mitwirkung bis zum Abschluss des verwaltungsgerichtlichen Verfahrens zu; siehe aber auch § 46 VwVfG.

398 BVerwG NJW 1974, 1961.

399 Vgl. BVerwGE 26, 145 zu § 16 Abs. 2 SchwerbeschädigtenG; vgl. auch § 73 Rn. 14e.

400 BVerwGE 54, 328 für oberste Landesstraßenbaubehörde bei zustimmungsbedürftiger Baugenehmigung; a.A. BVerwGE 92, 258 für Beteiligung der obersten Landesbehörde für Naturschutz und Landschaftspflege im bahnrechtlichen Planfeststellungsverfahren; vgl. auch Rn. 104.

401 Vgl. BVerwGE 26, 31 zum Verhältnis von Bundesministerium zu Bundespersonalausschuss; berechtigte Kritik bei Menger/Erichsen VerwA 59, 171.

402 Vgl. jedoch Berlin EOVG 8, 128, das dann positive Mitwirkung unterstellt hat.

403 BVerwGE 22, 342; Münster DÖV 1970, 785.

404 Mannheim ESVGH 17, 125 zu §§ 35, 36 BBauG.

405 BVerwG DÖV 1970, 349.

406 Vgl. Kassel ESVGH 17, 202 zur Verneinung der planungsrechtlichen Zulässigkeit eines Bauvorhabens durch die Baugenehmigungsbehörde trotz erklärten Einvernehmens der Gemeinde.

Ergeht in **Beamtensachen** ein VA ohne die nach dem BPersVG (§§ 69, 76) er- **89** forderliche **Zustimmung des Personalrates,** ergeben sich unterschiedliche Rechtsfolgen. Der belastende VA ist unter den in Rn. 84 aufgeführten Voraussetzungen rechtswidrig. Der begünstigende VA kann unter den gleichen Voraussetzungen rechtswidrig sein, er kann von der Behörde aber nur unter den für die Rücknahme begünstigender VA allgemein aufgestellten Regeln zurückgenommen werden. Da die besonderen Formvorschriften des BBG für die Ernennung und Entlassung der Beamten die fehlende Zustimmung des Personalrats nicht als Grund für die Nichtigkeit der Beamtenernennung oder für deren Zurücknahme aufführen, berührt die fehlende Beteiligung oder der Erlass des VA gegen den Widerspruch des Personalrates die Wirksamkeit der Ernennung nicht. Der Personalrat kann den VA nicht anfechten, sondern nur im Verfahren nach dem BPersVG die Feststellung der Rechtswidrigkeit seiner Nichtbeteiligung oder des Übergehens seines Widerspruchs erstreiten. Zur Frage, ob ein übergangener Beamter aus Fürsorgepflichtverletzung klagen kann, vgl. Rn. 119. Zur Nachholung der Beteiligung des Personalrats im Widerspruchsverfahren vgl. § 73 Rn. 14e.

V. Beispiele aus der Rechtsprechung

Abberufung eines aufsichtsführenden Richters oder Lehrers: VA (BVerwGE **90** 11, 195; Bautzen DVBl. 1999, 935)

Abgeschlossenheits-Bescheinigung nach WohnungseigentumsG: kein VA (BVerwG GemS Buchh. 454.11 WEG Nr. 6; BVerwGE 100, 83).

Ablehnung von Akteneinsicht im Rahmen eines Verwaltungsverfahrens: kein VA (München NVwZ 1990, 775)

Abordnung eines Beamten: VA (BVerwGE 60, 144) str., vgl. Rn. 75

Abrundung eines Jagdbezirkes durch das Kreisjagdamt: VA (München DÖV 1958, 180; BayVBl. 1969, 102), dagegen nicht der Antrag der Jagdgenossenschaft auf Abrundung

Abschussplan, Festlegung durch Landratsamt: VA (BVerwGE 98, 118)

Abwicklung einer Einrichtung nach Art. 13 Einigungsvertrag: kein VA (BVerwGE 90, 220; vgl. aber auch Rn. 59)

Allgemeinverbindlichkeit eines Tarifvertrages, Erklärung und Ablehnung des Antrages: kein VA (BVerwGE 7, 82; 7, 188) vgl. auch Rn. 41

Amtsärztliches Gutachten: kein VA (BVerwG DVBl. 1961, 87), vgl. Rn. 54

Änderung einer Amtsgrenze nach § 1 AmtsOSchlH, Beschluss des Innenministeriums: VA (Lüneburg OVGE 10, 440), vgl. Rn. 41

Änderung des Aufgabenbereichs eines Beamten durch Vorgesetzten (hier Oberarzt): kein VA (BVerwGE 98, 334)

Androhung der Abschiebung nach § 50 AuslG: VA (Münster NJW 1968, 365)

Androhung eines Zwangsmittels: VA (Schleswig GewA 1992, 232).

Anordnung an Beamten, sich amtsärztlich untersuchen zu lassen: VA (Münster JMBlNW 1962, 139); ebenso Koblenz DÖV 1990, 71 für fachpsychiatrische Untersuchung

Anordnung der Nachuntersuchung gegenüber einem bedingt geeigneten Kraftfahrer: VA (Mannheim VBlBW 1997, 227)

Anordnung der Kommunalaufsichtsbehörde, im Wege der Ersatzvornahme eine Schule aufzulösen: VA, auch gegenüber Eltern und Schülern (Münster DVBl. 1989, 1272)

Anordnung der sofortigen Vollziehung nach § 80 Abs. 2 Nr. 4: kein VA (Berlin NVwZ 1993; 198)

Anordnung der Straßenverkehrsbehörde nach §§ 3, 4 StVO: VA (BVerwGE 32, 204), vgl. Rn. 42

Anordnung zur Vorbereitung einer Entscheidung über die Entziehung der Fahrerlaubnis das Gutachten einer medizinisch-psychologischen Untersuchungsanstalt beizubringen: kein VA (BVerwG BayVBl. 1995, 59); str. vgl. Rn. 55

Aufforderung der Ordnungsbehörde, sofortige Kündigung der Wohnung zu veranlassen: VA (Lüneburg DÖV 1968, 669)

Aufhebung eines öffentlichen Wochenmarktes: VA (Berlin EOVG 8, 116)

Auflösung einer Schule im Wege der Ersatzvornahme durch die Aufsichtsbehörde: VA (Münster NVwBl. 1989, 373; vgl. auch Münster DVBl. 1995, 1366)

Aufnahme eines Kindes in die Schule: VA (Weimar ThürVBl. 1997, 42), vgl. Rn. 82

Aufrechnungserklärung des Sozialhilfeträgers nach § 25a BSHG: kein VA (München BayVBl. 1997, 30); a.A.: VA (Münster NJW 1997, 3391)

Aufstellen von amtlichen Verkehrszeichen: VA (BVerwGE 102, 316; U. v. 21.8.2003 3 C 15/03 juris), vgl. Rn. 42

Ausreiseaufforderung nach AsylVfG: kein VA (München BayVBl. 1997, 182)

Aussagegenehmigung, Versagung oder Erteilung: VA (BVerwGE 18, 58); vgl. Rn. 72 sowie § 40 Rn. 31

Ausschluss von der Hochschule: VA (BVerwGE 7, 125)

Ausschluss von Klassenfahrt: VA (Greifswald NJW 1997, 1721)

Ausübung des Vorkaufsrechts nach § 46 NaturschutzG BW: VA (Mannheim NVwZ 1992, 898; vgl. auch München NVwZ 1995, 304), vgl. Rn. 63.

Benennung von Straßen: VA (Lüneburg DVBl. 1969, 317), vgl. Rn. 42

Bericht des Luftfahrt-Bundesamtes über Luftunfall: kein VA (BVerwGE 14, 323; vgl. aber Lüneburg OVGE 16, 442), vgl. Rn. 54

Berichtigung statusregelnder Meldedaten, die von Amts wegen vorgenommen und bekannt gemacht werden: VA (Kassel NVwZ 1990, 182)

Bescheinigung nach § 7c Abs. 5 EStG: VA (BVerwGE 2, 212; 2, 353; a.A. Lüneburg OVGE 7, 375); zur Bescheinigung allgemein vgl. Rn. 52, zur Bindungswirkung Rn. 94

Bescheinigung des BMWi nach § 1 Abs. 4 InvestitionszulagenG: VA (Kassel NJW 1973, 164)

Bestätigung nach § 18 Abs. 1 WoBindG: VA (München NJW 1989, 3235)

Bestellung eines Bezirksschornsteinfegers, auch probeweise: VA (BVerwG DVBl. 1998, 139)

Bestellung und **Widerruf der Bestellung** der Gleichstellungsbeauftragten nach GO Schl.H: VA (Schleswig DVBl. 1997, 1290)

Bestimmung der Zuständigkeit unter mehreren örtlich zuständigen Behörden durch die nächsthöhere gemeinsame Behörde: kein VA (BVerwGE 21, 352); vgl. Rn. 48

Beurteilung eines Beamten: kein VA (BVerwGE 28, 191), aber Änderungsbegehrensentscheidung (BVerwG Buchh. 237.9 § 20 SaarLBG Nr. 1), vgl. Rn. 73

Bezeichnung des Vorhabens nach § 1 Abs. 3 LBG durch den BMVg: VA (BVerwGE 74, 124; vgl. Rn. 41)

Bürgerbegehren, Entscheidung des Rates, dass Antrag unzulässig ist: VA (Mannheim DÖV 1988, 476)

Durchsetzung einer Baulast: VA (Berlin NJW 1994, 2971, hier für Beheizung; vgl. auch Broß VerwA 86, 491)

Eingliederung einer Gemeinde oder eines gemeindefreien Grundstücks in andere Gemeinde, Verordnung oder Beschluss einer Verwaltungsbehörde: VA (Münster OVGE 5, 46; 15, 87)

Eintragung in Meldekartei: VA (BVerwG NJW 1961, 571); Abmeldung im Melderegister von Amts wegen: VA (München NVwZ 1998, 1318; Berichtigung und Fortschreibung des Melderegisters: kein VA (Münster DVBl. 1999, 630)

Eintragung in Wasserbuch: VA (BVerwGE 37, 103)

Einvernehmen der Gemeinde im Baugenehmigungsverfahren: kein VA (BVerwGE 28, 145), vgl. Rn. 85

Entlassung eines Beamten: VA (BVerwGE 11, 139; 15, 39), vgl. Rn. 72

Entlassung aus der Schule: VA (Koblenz NJW 1996, 1690), vgl. Rn. 82

Entscheidung, dass Beamter nach § 29 BBG entlassen ist: VA (Lüneburg OVGE 12, 401)

Entscheidung über Antrag auf Erstattung der Reisekosten: VA (BVerwGE 24, 253), vgl. Rn. 72

Entscheidung der Ausländerbehörde über Art und Weise des Vollzugs einer angeordneten Abschiebehaft: VA (VG Greifswald NVwZ Beilage 1995, 87)

Entscheidung über Fortsetzung des Verfahrens der Versetzung in den Ruhestand wegen Dienstunfähigkeit: kein VA (BVerwGE 88, 332)

Entscheidung der Gemeinde über Zulassung einer Jugendgruppe zum gemeindlichen Jugendheim: VA (Koblenz AS 9, 411), vgl. Rn. 108 sowie § 40 Rn. 26

Entscheidung der Gerichtsverwaltung über den Antrag eines Fachverlages auf Übersendung von Entscheidungen: VA (Bremen NJW 1989, 926)

Entscheidung der zuständigen Landesbehörde im Rahmen der nach § 10 Satz 1 KrankenhausG vorgesehenen Abstimmung: VA (BVerwGE 92, 313)

Entscheidung des zuständigen Ministers nach § 37 Abs. 2 S. 2 BauGB: VA gegenüber Gemeinde (BVerwGE 91, 227)

Entscheidung des Prüfungsausschusses über Bestehen der Fahrlehrerprüfung: VA (München VGH n.F. 26, 152)

Entscheidung der Justizprüfungsämter und -kommissionen über juristische Staatsprüfung: VA (BVerwGE 2, 22; E 6, 13; E 92, 132; vgl. auch Rn. 116 f.)

Entscheidung über die Verwendung eines Richters auf Probe: kein VA (BVerwG NJW 1997, 1248)

Entscheidung über die Zulassung eines Beamten zum Aufstieg: VA (Münster NWVBl. 1990, 155)

Entziehung eines akademischen Grades: VA (Münster OVGE 9, 231), vgl. Rn. 82

Entziehung des Sicherheitsbescheides für bei BND tätigen Soldaten: kein VA (BVerwGE 81, 258)

Erklärung über Verfall der Ausschreibungskaution bei Abgabe verbilligter Butter aus Interventionsbeständen: VA (BVerwGE 82, 278)

Ermächtigung zum Umgang mit Verschlusssachen in der Rüstungsindustrie: VA (Münster NJW 1985, 281)

Errichtungsgenehmigung für Freileitung nach § 14 Abs. 1 BW LandesplanungsG: VA (BVerwGE 80, 201; Mannheim NVwZ 1995, 1017, auch gegenüber Gemeinde)

Festsetzung des allgemeinen Dienstalters: VA (BVerwGE 19, 19; Koblenz ZBR 1961, 347; Münster DÖV 1962, 111; kritisch dazu Lemhöfer DVBl. 1969, 85); des Besoldungsdienstalters: VA (Koblenz VRspr. 7, 818; Lüneburg OVGE 4, 257; Mannheim ZBR 1962, 151; München DVBl. 1951, 408)

Festsetzung der Dienstzeitdauer bei Wehrdienstverhältnis auf Zeit: VA (München NJW 1962, 758), vgl. Rn. 78

Festsetzung von Zwangsmitteln: VA (BVerwGE 49, 169; Koblenz NVwZ 1994, 715 für Ersatzvornahme)

Fingierte Zustimmung nach § 85 SGB IX: VA (BVerwG DVBl. 1992, 1604)

Gebührenrechnung des Bezirksschornsteinfegermeisters: VA (Kassel ESVGH 18, 86)

Genehmigung von Satzungen einer Selbstverwaltungskörperschaft durch die Aufsichtsbehörde: VA (BVerwGE 27, 350), vgl. Rn. 39

Genehmigung von Versicherungstarifen: VA (BVerwGE 30, 135), vgl. Rn. 144

Genehmigung einer Weltanschauungsschule: VA (BVerwGE 89, 368)

Gnadenakt: kein VA (BVerwGE 14, 73), vgl. aber Rn. 60

Hausverbot einer Behörde gegen Antragsteller: VA (Münster DÖV 1963, 393), gegen Hausierer: kein VA (BGHZ 33, 230), vgl. § 40 Rn. 28

Hinweis auf Anzeigepflicht: kein VA (BVerwGE 51, 55)

Immatrikulation, Verweigerung: VA (BVerwGE 7, 287)

Jagdgenossenschaft, Entscheidung über die Art der Jagdnutzung: kein VA (Münster OVGE 10, 243; 11, 73; DÖV 1958, 193)

Kassenanweisung (Auszahlungsanordnung): kein VA (BVerwGE 24, 253)

Kirchensteuerbescheide: VA (BVerwGE 7, 189), vgl. § 40 Rn. 34

Kirchgeldanforderung: VA (Saarlouis AS 6, 255)

Kreisumlage, Festsetzung: kein VA (BVerwGE 10, 224); Anforderung durch Landratsamt: kein VA (Koblenz AS 9, 4)

Ladung, formlose, zur Musterung: kein VA (BVerwG NJW 1984, 2541)

Ladung zur schriftlichen Prüfung: kein VA (München BayVBl. 1989, 343)

Mitteilung an Bewerber für ausgeschriebene Beamtenstelle, nicht er, sondern ein anderer sei ausgewählt: VA (BVerwGE 80, 127)

Mitteilung der Handwerkskammer über beabsichtigte Eintragung oder Löschung in Handwerksrolle: VA (BVerwGE 88, 122; ebenso wie Eintragung selbst, insoweit a.A. München VGH n.F. 11, 86; BayVBl. 1976, 311). Eine Erklärung der Handwerkskammer, die erst die Voraussetzungen für die Eintragung klären soll, ist jedoch kein VA (BVerwG DVBl. 1963, 641)

Nachsitzen, Anordnen des – eines Schülers: VA (Mannheim DÖV 1984, 766)

Prüfungsanordnung des Bay Obersten Rechnungshofes gegenüber Handwerkskammer: VA (BVerwGE 98, 163)

Prüfungsentscheidung des amtlich anerkannten Sachverständigen beim TÜV: kein VA (Lüneburg NJW 1967, 468)

Raumordnerische Genehmigung einer Hochspannungsfreileitung nach § 14 LplG BW: VA (Mannheim NVwZ 1998, 416)

Ruf, der im Hochschulrecht an einen Bewerber ergeht: kein VA (BVerwGE 106, 187)

Schiedsspruch im Pflegesatzstreit: kein VA (Mannheim DVBl. 1990, 996; VA ist nur der Bescheid der Landesbehörde)

Schließung eines Schlachthofes: VA (Kassel RdL 1989, 78)

Schließung einer Schule: VA (BVerwGE 18, 40; Lüneburg VRspr. 15, 21)

Schließung einer Schulklasse: VA (Kassel VRspr. 4, 113), siehe auch Aufhebung

Selbsteintritt der Aufsichtsbehörde im Versammlungsrecht: kein VA gegenüber primär zuständigem Landkreis (Lüneburg NdsVBl. 1997, 155)

Setzen eines Grenzsteines bei Vermarkung: VA (Münster OVGE 27, 1)

Sportabzeichen, Gewährung: kein VA (BVerwGE 18, 40)

Typengenehmigung nach §§ 20, 22 StVZO durch das Kraftfahrtbundesamt: VA (München VGH n.F. 20, 117)

Überleitungsanzeige nach § 90 BSHG: VA (vgl. BVerwGE 92, 281)

Übertragung, ebenso Widerruf der Übertragung, amtsanwaltlicher Aufgaben an einen Beamten zur Bewährung nach Ablegung der Prüfung für den Amtsanwaltdienst: VA (Greifswald NordÖR 1999, 26)

Übertragung eines neuen Amts mit höherem Endgrundgehalt ohne neue Amtsbezeichnung: VA (BVerwGE 81, 282)

Übertragung leitender Aufgaben in einem Unternehmen der öffentlichen Hand als Nebentätigkeit: VA (Kassel DVBl. 1996, 525-L)

Umsetzung eines Beamten: kein VA (BVerwG DVBl. 1980, 882), vgl. Rn. 75

Untersuchungsbericht des Luftfahrtbundesamtes: kein VA (BVerwGE 14, 323; vgl. auch Wendt DÖV 1963, 89), vgl. Rn. 54

Verbot eines Ministeriums an Groß- und Einzelhandel, in allen von Typhus betroffenen Kreisen bis auf weiteres mit Endiviensalat zu handeln: VA (BVerwGE 12, 87; Stuttgart DÖV 1957, 217)

Vergabe des Nutzungsrechts an Familiengrab: VA (München BayVBl. 1990, 152)

Verkehrszeichen: VA (BVerwGE 102, 316; U. v. 21.8.2003 3 C 15/03 juris)

Versagung der Genehmigung nach § 100 Abs. 2 BHandwO: VA (BVerwGE 16, 83), vgl. Rn. 39

Versagung eines staatlichen Zuschusses für Theaterunternehmen: VA (Mannheim ESVGH 17, 54), vgl. Rn. 61

Versetzung eines Beamten: VA (BVerwGE 60, 144), vgl. Rn. 75

Versetzung in den einstweiligen Ruhestand: VA (BVerwGE 19, 332), vgl. Rn. 72

Versetzung eines Schülers in eine höhere Klasse: VA (BVerwGE 1, 260; 8, 272); in eine Parallelklasse als Ordnungsmaßnahme: VA (München DÖV 1990, 753)

Verweis, der Schüler schriftlich von Klassenkonferenz erteilt wird: VA (Lüneburg DVBl. 1973, 280)

Verweisung von der Schule: VA (Koblenz NJW 1996, 1690)

Vorkaufsrecht nach § 46 NaturschutzG BW, Ausübung: VA (Mannheim NVwZ 1992, 898; ebenso München BayVBl. 1994, 657 für Art. 34 Bay Nat-SchutzG); vgl. Rn. 63

Wasserverband, Verfügung der Organe: VA (BVerwGE 7, 17); Änderung des nicht in die Satzung aufgenommenen Planes: VA (BVerwGE 18, 318)

Zeugnis über die für Laufbahn erforderliche Befähigung, Erteilung oder Zurücknahme durch die Dienstbehörde: VA (BVerwGE 8, 192 mit Anm. Haueisen NJW 1960, 63; BVerwG NJW 1961, 1131), vgl. Rn. 72

Zulassung zur Promotion: VA (BayVerfGH 8, 38)

Zulassung eines Rechtsanwalts als Rechtsbeistand: VA (BVerwGE 7, 349)

Zulassung zur Reifeprüfung: VA (Lüneburg OVGE 9, 430)

Zustimmung anderer Behörde beim Erlass des VA: kein VA (BVerwGE 16, 116), vgl. Rn. 85

Zustimmung des Integrationsamtes zur Kündigung des Arbeitsverhältnisses eines Schwerbehinderten: VA (BVerwGE 90, 275; 90, 287; E 91, 7 auch für fingierte Zustimmung)

Zustimmung der zuständigen Arbeitsbehörde nach § 19 HeimarbeitsG: kein VA (BVerwGE 6, 123)

VI. Bindungswirkung des VA

1. Bindung an den VA. Ein einheitlicher Grundsatz für die Bindung der Beteiligten an den bestandskräftigen VA lässt sich im allgemeinen Verwaltungsrecht nicht aufstellen. Die Bindung beurteilt sich unterschiedlich, je nach- **91**

dem, ob sie sich auf die erlassende Behörde oder den Betroffenen bezieht und ob es sich um einen belastenden oder einen begünstigenden VA handelt. Es sollte daher auch vermieden werden, von einem »rechtskräftigen« VA zu sprechen, da die Rechtskraft nur die Ausnahme darstellt; zutreffend ist, wenn der bestandskräftige VA als »**bindend**« oder »**unanfechtbar**« geworden bezeichnet wird. Im Übrigen lassen sich der Gegenstand und die rechtliche Tragweite der Bestandskraft eines VA nicht einheitlich für alle Rechtsgebiete und für alle Arten von VA beurteilen[407].

92 Der VA erlangt **gegenüber der Behörde,** auch wenn er nicht von dem Betroffenen angefochten wird, im Allgemeinen keine Rechtskraft in dem Sinne, dass sie an ihn im gleichen Umfang wie ein Gericht an sein Urteil gebunden ist (vgl. § 48 VwVfG zur Rücknahme eines rechtswidrigen VA; § 49 VwVfG zum Widerruf eines rechtmäßigen VA)[408]; eine solche Bindung kann sich nur aus besonderen gesetzlichen Bestimmungen (etwa §§ 78, 88 GüKG), aus der Rechtskraftwirkung eines in der Sache ergangenen Urteils[409] oder, z.B. bei der Aufhebung begünstigender VA, aus den einschränkenden Vorschriften des VwVfG (§ 48, § 49 Abs. 2) ergeben[410].
Gegenüber dem Betroffenen dagegen tritt eine Bindung ein, ihm gegenüber wird der VA unanfechtbar, d.h. der VA kann mit einem Rechtsbehelf nicht mehr angegriffen werden. Der Betroffene kann jedoch nach § 51 VwVfG einen Anspruch auf Wiederaufgreifen des Verfahrens haben (vgl. Rn. 127 ff.). Ob eine Bindungswirkung auch gegenüber dem Rechtsnachfolger eintritt, richtet sich nach dem betreffenden Rechtsgebiet und der jeweiligen Pflicht[411]. Bei höchstpersönlichen Rechten oder Pflichten tritt keine Bindungswirkung gegenüber dem Rechtsnachfolger ein. Im Polizei- und Ordnungsrecht wird bei der Gesamtrechtsnachfolge eine Bindung bejaht[412], während bei der Einzelrechtsnachfolge teilweise auf die dingliche Bezogenheit des VA abgestellt und damit die Bindung bejaht wird[413], was dann selbst für den Erwerb in der Zwangsversteigerung angenommen wird[414]. Auch der Insolvenzverwalter bleibt ordnungsrechtlich für die Beseitigung von Abfällen und Reststoffen nach § 5 BImSchG verpflichtet[415]. Der wirksam erklärte Verzicht auf öffentlich-rechtliche Abwehrrechte bindet auch den Rechtsnachfolger im Grundeigentum[416]. Lässt der Eigentümer eines benachbarten

407 Vgl. BVerwGE 48, 271, das eine materielle Bindungswirkung erst dem rechtskräftigen Urteil beigemessen hat, das den die Baugenehmigung versagenden Bescheid bestätigt; vgl. BVerfGE 60, 267; BVerwGE 85, 79 zu § 18 BVFG; weiter m. vielen N. Krebs VerwA 67, 411; Seibert, Die Bindungswirkung von Verwaltungsakten, 1989; Steiner VerwA 83, 479; Stelkens/Sachs § 43 Rn. 15 ff.
408 BVerwGE 4, 233; DVBl. 1962, 640; BVerwGE 30, 132 zur Nachforderung zunächst unrichtig berechneter Gebühren.
409 BVerwGE 14, 359; JR 1964, 355.
410 Vgl. auch Erfmeyer DVBl. 1997, 27.
411 Vgl. Guckelberger VerwA 90, 499 für Baurecht; v. Mutius VerwA 71, 93; Peine DVBl. 1980, 941; Rumpf VerwA 78, 269; Stadie DVBl. 1990, 501.
412 BVerwG NJW 1971, 1624; Kassel NJW 1976, 1910; Mannheim NJW 1977, 861 für Abbruchsanordnung.
413 Bremen NordÖR 1999, 374 für Bauordnungsrecht; Kassel NVwZ 1997, 89 für Umwandlung der Dt. Telekom in AG; Kassel NVwZ 1998, 1315; München NJW 1997, 961 für Mitbesitzer; Münster NVwZ 1987, 427; vgl. auch BVerwG NJW 1971, 1624; Mannheim NVwZ 1992, 392 für Beseitigungsanordnung im Naturschutzrecht.
414 Mannheim NJW 1980, 1565; München BayVBl. 1979, 540; 1989, 214.
415 BVerwGE 107, 299; Lüneburg NordÖR 1998, 354; dazu Tetzlaff NordÖR 1998, 332; vgl. § 80 InsO.
416 Kassel DVBl. 1995, 526.

Grundstücks den Planfeststellungsbeschluss für eine Abfallbehandlungsanlage unanfechtbar werden, stehen seinem Rechtsnachfolger selbst dann keine Abwehransprüche aus Eigentum mehr zu, wenn er vor dem Eigentumserwerb aus anderen Rechtsgründen gegen den Beschluss Klage erhoben hat[417]. Soweit eine Ermessensentscheidung vorliegt, wird wegen der darin enthaltenen personenbezogenen Elemente die Bindungswirkung für den Rechtsnachfolger verneint[418]. Zum Zweitbescheid vgl. Rn. 131. Zur Vererblichkeit öffentlich-rechtlicher Ansprüche vgl. auch § 40 Rn. 20. Zur Rechtsnachfolge während der Rechtshängigkeit vgl. § 90 Rn. 6.

Ob bei nur **teilweiser Anfechtung** eines VA der übrige Teil **unanfechtbar** wird, **93** hängt davon ab, inwieweit es sich um selbstständige Teilregelungen eines Gesamtkomplexes handelt[419]. Das BVerwG hat bei leistungsändernden Gesetzen den ausführenden VA nur insoweit für anfechtbar gehalten als er auf dem ÄnderungsG beruht[420]; im Übrigen blieb die Entscheidung unanfechtbar. Das Gleiche gilt, wenn sich nur eine von mehreren selbstständigen Entscheidungskomponenten ändert[421]. Die teilweise Unanfechtbarkeit des VA braucht einer auf den Gesamtkomplex gerichteten Klage nur dann nicht entgegenzustehen, wenn zugleich Gründe geltend gemacht werden, aus denen sich ein Recht auf erneute Sachentscheidung ergibt (vgl. Rn. 126 ff.).

Die Frage der **Bindungswirkung des unanfechtbaren VA** ist nicht nur inter **94** partes für den entschiedenen Fall von Bedeutung, sondern auch **bei einer Entscheidung derselben Behörde über einen weiteren Antrag** und **bei der Entscheidung einer anderen Behörde,** wenn diese von einer in dem unanfechtbaren VA getroffenen Feststellung abhängt[422]. Bei der Entscheidung über einen neuen, anderen Antrag ist die Behörde durch den unanfechtbaren VA nur insoweit gebunden, als in ihm über den Streitgegenstand entschieden ist. Soweit es sich lediglich um Vorfragen für diese Entscheidung handelt, tritt keine Bindungswirkung ein. Auch im Verhältnis zu einer anderen Behörde kann eine Bindungswirkung nur für den Streitgegenstand des unanfechtbaren VA in Betracht kommen. Da die Wirkung der Unanfechtbarkeit grundsätzlich nur zwischen den bei dem Erlass des VA Beteiligten eintreten kann, hat das BVerwG eine Bindung weiterer Behörden nur dann angenommen, wenn dies durch Rechtsvorschrift bestimmt ist[423]. Die Entscheidung des Bundesamtes über den Asylantrag ist nach § 18 AsylVfG mit Ausnahme des Auslieferungs-

---

417 BVerwG NVwZ 1989, 967.
418 Kassel NJW 1976, 1910; Lüneburg NJW 1980, 78; Münster NJW 1980, 415.
419 Vgl. Martens DVBl. 1965, 428.
420 BVerwG 12, 257.
421 BVerwGE 23, 175 zum Versorgungsbescheid; abl. Anm. Czermak DVBl. 1967, 417; Lüneburg OVGE 23, 391 zur Erweiterung eines Anfechtungsantrags in der Berufungsinstanz; Menger/Erichsen VerwA 59, 288.
422 Vgl. BVerwGE 72, 300 zur Bindungswirkung des vorläufigen positiven Gesamturteils bei atomrechtlichen Teilgenehmigungen.
423 BVerwGE 21, 312; 70, 156; 78, 139: Feststellung der Vertriebeneneigenschaft bindet LAG-Behörden, vgl. auch BVerwG DVBl. 1990, 1057 für Rücknahme; ebenso BVerwGE 34, 90; 35, 316 für Staatsangehörigkeitsbehörden; BVerwGE 15, 332; 21, 33: Bindung verneint bei Bescheinigung über Eigenschaft als politischer Häftling; BVerwGE 40, 194: Bindung bejaht für Gemeinde an Entscheidung des Finanzamtes über Steuerpflicht und Messbetrag im Realsteuerverfahren; BVerwGE 92, 272: Bindung bejaht für Ausbildungsförderungsamt an Inhalt bestandskräftiger Steuerbescheide; BVerwGE 80, 259: Bindung bejaht bei bestandskräftiger Baugenehmigung (Trinkhalle) für Vereinbarkeit mit Immissionsschutzanforderungen nach BaunutzungsVO und GaststättenG.

verfahrens in allen Angelegenheiten verbindlich, in denen die Anerkennung rechtserheblich ist.

95 Soweit im Gesetz keine besonderen Voraussetzungen für die **Verlängerung eines befristeten VA** festgelegt sind, ist die Behörde bei der Prüfung der Verlängerungsvoraussetzungen weder ganz noch teilweise an die Beurteilung gebunden, die für den Erlass des unanfechtbaren, befristeten VA maßgeblich waren[424]. Wo eine Dauerleistung durch befristeten VA abschnittsweise bewilligt wird, können jedoch die Grundsätze über den Vertrauensschutz bei der Rücknahme fehlerhafter begünstigender VA entsprechende Anwendung finden[425].

96 2. **Aufhebung des VA.** Die Aufhebung des VA ist in den §§ 48 bis 52 VwVfG im Einzelnen geregelt. Das Gesetz unterscheidet zwischen der **Rücknahme des rechtswidrigen VA** und dem **Widerruf des rechtmäßigen VA** (vgl. die einschlägigen VwVfG-Kommentare).

D. Begründetheit der Klagen aus § 42

97 Die Anfechtungsklage ist begründet, wenn der VA rechtswidrig und der Kläger dadurch in seinen Rechten verletzt ist (§ 113 Abs. 1 S. 1); die Verpflichtungsklage ist begründet, wenn die Ablehnung oder Unterlassung des VA rechtswidrig und der Kläger dadurch in seinen Rechten verletzt ist (§ 113 Abs. 4 S. 1). **Rechtswidrigkeit** und **Rechtsverletzung,** deren Behauptung zugleich auch Sachurteilsvoraussetzung ist (vgl. Rn. 14), gehören damit bei beiden Klagen aus § 42 Abs. 1 zur Begründetheit. Ob die Klage begründet ist, prüft das Gericht auf Grund des von ihm nach § 86 ermittelten Sachverhalts. Wegen der den Verwaltungsprozess beherrschenden Untersuchungsmaxime gibt es den zivilprozessualen Begriff der Schlüssigkeit der Klage mit der Folge, dass die nicht schlüssige Klage abgewiesen wird, nicht; auch das Gericht kann die Tatsachen, aus denen sich der Klageanspruch ergibt, ermitteln[426]. Ist die Klage nicht begründet, wird sie durch Sachurteil abgewiesen.

I. Rechtswidrigkeit

98 Ein **VA ist rechtswidrig, wenn er gegen die Rechtsordnung** (Gesetz, Rechtsverordnung, autonome Satzung, Gewohnheitsrecht) **verstößt oder im geltenden Recht keine Stütze findet.** Der Verstoß kann sich gegen eine Norm des Verfahrensrechts oder des materiellen Rechts richten, er kann in einem Interpretations- oder Subsumtionsfehler (vgl. § 137 Rn. 12) liegen oder in einem Ermessensfehlgebrauch (vgl. § 40 VwVfG sowie die Erläuterungen zu § 114). Der Grad des Gesetzesverstoßes ist für die Frage, ob überhaupt ein fehlerhafter VA vorliegt, ohne Belang[427] kann aber Bedeutung gewinnen für die Beurteilung, ob ein anfechtbarer oder nichtiger VA vorliegt. Die Rechtswidrigkeit der Ablehnung eines beantragten VA beurteilt sich nach den glei-

---

424 BVerwG NJW 1980, 1588 für Waffenschein; E 57, 252 für Aufenthaltserlaubnis.
425 Vgl. BVerwG DVBl. 1964, 324 für Ausbildungshilfe nach LAG; E 52, 201 für Erziehungsbeihilfe.
426 Vgl. Hoffmann VerwA 53, 322.
427 BVerwGE 13, 28; vgl. auch Bachof AöR 88, 427; Haueisen NJW 1962, 335.

chen Grundsätzen; rechtswidrig unterlassen ist ein VA, wenn eine Verpflichtung der Behörde zum Erlass des beantragten VA oder zumindest zur Bescheidung besteht. Zur Frage, welcher Zeitpunkt für die Prüfung der Rechtmäßigkeit maßgeblich ist, vgl. § 108 Rn. 16 ff.

1. Anfechtbarer VA. Grundsätzlich berührt die Fehlerhaftigkeit des VA seine **99** Wirksamkeit nicht (§ 43 Abs. 2 VwVfG) und führt daher nur zur Anfechtbarkeit. Das bedeutet, dass der anfechtbare VA zwar Mängel aufweist, die für die Frage seiner Rechtsbeständigkeit von Bedeutung sind[428], dass er aber gültig und erst im Anfechtungsverfahren mit Wirkung ex tunc vernichtbar ist **(materielle Anfechtbarkeit).** Der anfechtbare VA muss, solange er nicht angefochten ist, oder wenn Widerspruch und Anfechtungsklage keine aufschiebende Wirkung haben, vom Betroffenen, auch von Behörden und Gerichten, als wirksam beachtet werden.

2. Der nichtige VA zeitigt **keine Rechtswirkungen,** er ist weder für den Betrof- **100** fenen noch für Behörden oder Gerichte verbindlich (§ 43 Abs. 3 VwVfG); die Nichtigkeit kann jederzeit von jedermann geltend gemacht werden[429]. Gegen die Vollziehung eines nichtigen VA gibt es keinen Ungehorsam. Die Nichtigkeit eines VA kann nicht geheilt werden (Ausnahme: ein Gesetz lässt dies zu, z.B. § 11 Abs. 1 S. 2 BBG). Um den Rechtsschein des nichtigen VA zu beseitigen, bedarf es nur der Feststellungsklage (§ 43; zur Möglichkeit der Anfechtungsklage vgl. Rn. 12). Zu den Nichtigkeitsgründen vgl. § 44 Abs. 1 und 2 VwVfG. Die Vermutung der Rechtsbeständigkeit des VA führt bei **teilweiser Nichtigkeit** dazu, dass der VA insgesamt nur dann nichtig ist, wenn er ohne den nichtigen Teil nicht erlassen worden wäre (§ 44 Abs. 4 VwVfG).

VA, die auf einer vom Bundesverfassungsgericht **für nichtig erklärten Norm 101** beruhen, sind nicht nichtig, sondern allenfalls anfechtbar[430]. In anhängigen Verfahren gelten die auf der nichtigen Norm beruhenden Entscheidungen als nicht ergangen[431]; die Anfechtung eines VA bleibt möglich, wenn der Betroffene die Anfechtungsfrist im Vertrauen auf die Gültigkeit des später für nichtig erklärten Gesetzes verstreichen ließ[432]. Entsprechendes gilt auch für VA einer deutschen Behörde, der auf **Gemeinschaftsrecht** beruht, das der EuGH für nichtig erklärt hat[433]; das VG Saarlouis hat hier auch einen Anspruch auf Rücknahme des VA verneint[434], die Ehle unter Berufung auf Art. 5 EWGV für zwingend hält.

Die **Nichtigkeit einer Satzung** führt zur Rechtswidrigkeit des auf ihr beruhen-**101a** den VA[435]. Die Nichtigkeit einer Satzung ist im Allgemeinen nicht offenkundig; sie erzeugt den Schein der Rechtsgeltung, solange sie nicht in dem gesetzlich vorgeschriebenen Verfahren, beim Bebauungsplan förmliche Aufhebung durch die Gemeinde oder Normenkontrollverfahren nach § 47, »beseitigt« ist; die Aufsichtsbehörde kann weder die Nichtigkeit verbindlich feststellen

---

428   Forsthoff S. 224 ff.
429   BGHZ 24, 386; vgl. auch BVerwG NVwZ 1998, 1061 zur Abgrenzung von Nichtigkeit und bloßer Rechtswidrigkeit von Abgabenbescheiden.
430   BVerwGE 19, 284; 27, 141; DÖV 1966, 351; vgl. auch § 183 Rn. 1 u. 2.
431   BVerwGE 57, 283 für Widerspruchsbescheid; BVerwGE 56, 109 für Erledigung der Hauptsache, beide im Anschluss an BVerfGE 48, 127 zum WehrpflichtG.
432   BVerwG DVBl. 1980, 594.
433   EuGH RsprGH 1974, 177.
434   DVBl. 1974, 728.
435   BVerwG NJW 1974, 818 zum Heranziehungsbescheid.

noch, nach ortsüblicher Bekanntmachung der Genehmigung, diese nachträglich zurücknehmen[436]. Das BVerwG[437] hat jedoch zugelassen, dass eine Satzung sich rückwirkende Kraft beilegen kann, um eine ungültige oder in ihrer Gültigkeit zweifelhafte Satzung zu ersetzen[438], wobei die Rückwirkung mindestens bis zum Zeitpunkt des Zuganges des Widerspruchsbescheides reichen muss, um die Rechtswidrigkeit des Beitragsbescheides zu heilen[439]. Zur rückwirkenden Abgabensatzung vgl. BVerwG DVBl. 1978, 536 und KStZ 1978, 149, kritisch dazu v. Mutius VerwA 70, 73; zur Heilung von Fehlern bei der Verkündung der Satzung vgl. Weimar LKV 1996, 137. Im Baurecht hat das BVerwG[440] eine rückwirkende Wirksamkeit der Satzung nur zugelassen, soweit dies ausdrücklich im Gesetz geregelt ist[441]. Zur schwebenden Unwirksamkeit einer Satzung bei der Behebung von Mängeln nach § 215a Abs. 1 BauGB oder im Normenkontrollverfahren nach § 47 Abs. 5 S. 4 vgl. Hoppe/Henke DVBl. 1997, 1407; Schoch/Gerhardt § 47 Rn. 102; sowie § 47 Rn. 42. Falls in der Satzung nicht eine besondere Regelung erfolgt, können Ansprüche, die sich auf die Satzung gründen, bereits vor dem Erlassdatum verjährt sein[442].

II. Rechtsverletzung

102 Zur Begründetheit der Klage gehört weiter, dass der **Kläger durch die Rechtswidrigkeit des VA** bzw. **der Ablehnung oder Unterlassung des beantragten VA in seinen Rechten verletzt ist** (zu den Ausnahmen vgl. Rn. 17 ff., zur Behauptung der Rechtsverletzung als Sachurteilsvoraussetzung Rn. 14). Eine Rechtsverletzung liegt nur vor, wenn der Kläger **in seiner Rechtsstellung** oder **seinen schutzwürdigen rechtlichen Interessen** beeinträchtigt wird[443]. Das ist grundsätzlich der Fall, wenn ein **subjektiv-öffentliches Recht** des **Klägers** verletzt ist. Nach der herrschenden **Schutznormlehre**[444] ergibt sich ein solches Recht aus einer objektiv-rechtlichen Bestimmung des öffentlichen Rechts, die zumindest auch den Zweck hat, den Betroffenen zu begünstigen, und die es ihm ermöglichen soll, sich auf diese Begünstigung zu berufen[445]. Ein **Dritter** kann sich auf eine solche Norm nur berufen, wenn sie nach ihrer durch, auch an der Verfassung und ihren Grundrechten orientierten, Auslegung zu ermittelnden objektiven Bedeutung nicht nur den Interessen der Allgemeinheit, sondern auch dem individuellen Interesse der Mitglieder der Gruppe,

---

436 BVerwGE 75, 142.
437 E 50, 2; DVBl. 1975, 373; E 67, 129 zur Verfassungsmäßigkeit.
438 Vgl. v. Mutius VerwA 65, 91 und 319.
439 BVerwG NJW 1980, 2209.
440 E 105, 153; vgl. § 17 Abs. 6c S. 2 FStrG.
441 Z.B. § 215a Abs. 2 BauGB; vgl. auch BVerwGE 96, 217 zur Fremdenverkehrssatzung; E 101, 58 zur Sanierungssatzung; NVwZ 1999, 419 und 420, beide zur Sanierungssatzung.
442 BVerwG NJW 1977, 1740.
443 BVerwGE 10, 123.
444 Vgl. BVerwGE 41, 58; E 92, 313; Maunz/Schmidt-Aßmann, GG Art. 19 Abs. 4 Rn. 127 ff.; Stelkens/Sachs § 40 Rn. 134.; Sodan/Sodan, Rn. 377 ff.; Schoch/Wahl Vorbem. § 42 Abs. 2 Rn. 94 ff.; Wahl/Schütz § 42 Abs. 2 Rn. 45 ff., jeweils mit vielen Nachweisen, auch zur Kritik; zum Verhältnis zum Gemeinschaftsrecht und zu den Problemen einer Europäisierung des Verwaltungsprozessrechts vgl. Ehlers, Die Europäisierung des Verwaltungsprozessrechts, Köln, 1999; Halfmann VerwA 91, 74; Ruffert DVBl. 1998, 69; Schoch NVwZ 1999, 457; Wilke NordÖR 1999, 491; Winter NVwZ 1999, 467; zum »gespaltenen« Rechtsweg nach EG-Verordnungen vgl. § 40 Rn. 38.
445 Stelkens/Sachs § 40 Rn. 132.

der der oder die Dritten angehören, mit dem Ziel dienen soll, ihm die Möglichkeit der Berufung auf die Begünstigung zu verschaffen[446]. Eigene Rechte des Klägers können auch verletzt sein, wenn er nicht Adressat des VA ist[447]. Dies gilt z.B. für Arbeitnehmer, die von der behördlich genehmigten Sonn- und Feiertagsarbeit betroffen sind[448]; verneint jedoch für Geschäftsinhaber außerhalb eines Bereichs für einen Sonntagsverkauf, da § 14 LadschlG nur die Arbeitnehmer schützt[449]. Verneint auch für einen Sozialleistungsträger, der nicht Vertragspartei ist, bei behördlicher Genehmigung der Pflegesatzvereinbarung nach § 18 Abs. 2 KHG.[450] Ob der Kläger auch die Verletzung fremder Rechte geltend machen kann, ist eine Frage der Prozessführungsbefugnis (vgl. Rn. 26 f.). Zum **Recht auf Teilhabe am Verfahren** vgl. den Beschluss des BVerfG zum KKW Mülheim-Kärlich[451] sowie Redeker NJW 1980, 1593 mit weiteren Nachweisen. Bei der Verpflichtungsklage liegt die Rechtsverletzung in der Verletzung des öffentlich-rechtlichen Anspruchs auf Erlass des VA.

1. **Selbstverwaltungsrecht.** Als subjektiv öffentliches Recht ist auch ein durch **103** die Verfassung geschütztes Recht anzusehen[452], so das **Recht der Gemeinden auf Selbstverwaltung**[453]. Die Selbstverwaltungsgarantie gilt auch im Verhältnis zwischen Gemeinden und Kreisen[454], zwischen Ortsgemeinden und Verbandsgemeinden[455] oder zur Nachbargemeinde[456]. Das Selbstverwaltungsrecht gewährleistet den Gemeinden nicht nur einen Kernbereich hinreichend gewichtiger Selbstverwaltungsaufgaben, sondern schützt auch vor einem sachlich ungerechtfertigten Aufgabenentzug nach Maßgabe des Grundsatzes der Verhältnismäßigkeit[457]. Verletzt sein kann das Selbstverwaltungsrecht nicht nur bei der Versagung der Genehmigung für gemeindliche Satzungen (Rn. 39) oder der Rücknahme der Genehmigung[458], bei Weisungen der Aufsichtsbehörde[459], auch wenn diese für eine Sonder- oder

---

446 Stelkens/Sachs § 50 Rn. 15; vgl. z.B. Spoerr DVBl. 1997, 1309 zur Stilllegung von Eisenbahnstrecken nach § 11 AEG.
447 Vgl. Rn. 16, sowie zur Nachbarklage Rn. 132 ff.
448 BVerwGE 112, 51.
449 Lüneburg NVwZ-RR 2001, 584.
450 BVerwG DÖV 2001, 425.
451 NJW 1980, 759.
452 BayVerfGH 1, 16.
453 BVerfGE 79, 127 – Rastede-Entscheidung; Maurer DVBl. 1995, 1057; Schink VerwA 81, 385; Schmidt-Aßmann, Sendler-Festschrift, S. 121; Schoch VerwA 81, 18.
454 BVerwGE 67, 321.
455 BVerwGE DVBl. 1984, 679.
456 BVerwGE 117, 25; Greifswald NordÖR 1999, 522; beide für Factory-Outlet-Center, vgl. § 2 Abs. 2 BauGB.
457 Vgl. BVerfG DVBl. 1989, 300; BVerwGE 67, 321 Verletzung verneinend für Übertragung der Zuständigkeit für die Abfallbeseitigung auf die Landkreise; ebenso BVerwGE 101, 99 für Ergänzungs- und Ausgleichsaufgaben; BVerwG DVBl. 1984, 679 Verletzung verneinend für Übertragung der Wasserversorgung auf Verbandsgemeinde, dazu auch Beckmann DVBl. 1990, 1193; BVerwGE 106, 280 zum kommunalen Solidarbeitrag; Lüneburg DVBl. 1999, 842 m. Anm. Hennecke; Münster NVwZ 1998, 96, beide zur Kreisumlage; vgl. auch Erlenkämper NVwZ 1998, 354; Schink VerwA 81, 385; Schoch VerwA 81, 18.
458 BVerwGE 75, 142.
459 Vgl. BVerwGE 89, 260; E 101, 47 zum VermögensG; München NJW 1989, 790 für Personalwesen; allgemein für Aufsichtsmaßnahmen Leidinger, Menger-Festschrift, 1985, S. 257; sowie Mannheim VBlBW 1994, 191 zum Straßenverkehrsrecht, m. Anm. Schwerdtner; auch Rn. 50.

Fachaufsichtsbehörde tätig wird[460], bei Entscheidungen des zuständigen Ministers nach § 37 Abs. 2 S. 3 BauGB[461], bei Maßnahmen, die die Personalhoheit der Gemeinden berühren[462] oder in die Organisationsgewalt eingreifen[463]. Vgl. auch § 125 GemO BW, der ausdrücklich ein Klagerecht der Gemeinden gegen Verfügungen der Rechtsaufsicht statuiert. **Dieses Recht steht auch anderen selbstständigen Subjekten des öffentlichen Rechts zu**[464].

103a Aus dem **Selbstverwaltungsrecht** der Gemeinden kann **nicht** gefolgert werden, dass sie, etwa im immissionsschutz- oder atomrechtlichen Genehmigungsverfahren, **allgemein** als **Sachwalter des öffentlichen Interesses** oder als Vertreter des **Wohles der örtlichen Gemeinschaft** auftreten können[465], ebenso wenig haben sie über den Vollzug von Normen, die zum Schutz von Natur und Landschaft erlassen wurden, allgemein zu wachen[466]. Ohne eine Ermächtigung des Gesetzgebers können sie auch nicht durch Satzung in das Grundrecht der Berufsfreiheit eingreifen[467] oder besondere Leistungen gewähren[468] oder fordern[469]. Die Gemeinden haben kein **allgemeines,** den Selbstverwaltungsbereich überschreitendes **politisches Mandat**[470], ebenso ist ihnen untersagt, Wahlempfehlungen für Volksentscheid zu geben[471]. Ein Recht der Gemeinde ist dagegen verletzt, wenn die gemeindlichen Einrichtungen[472] oder gemeindliche Grundstücke betroffen sind[473] oder, wenn das Ortsbild der Gemeinde selbst verunstaltet wird[474].

104 Die **Planungshoheit der Gemeinde,** die das ihr als Selbstverwaltungskörperschaft zustehende Recht auf Planung und Regelung der Bodennutzung in ihrem Gebiet umfasst[475], schließt das Recht ein, sich gegen solche Planungen

---

460 Münster DÖV 1970, 607.
461 BVerwG DVBl. 1993, 437; nicht jedoch bei Programmvereinbarung und Auftragsbauverfahren nach dem Zusatzabkommen zum NATO-Truppenstatut: BVerwG DVBl. 1993, 435.
462 BVerwGE 31, 345 zum Beschluss des Landespersonalausschusses.
463 Lüneburg DVBl. 1969, 77 m. Anm. Lange, zur Beanstandung der Genehmigung des Rates für den Dienstpostenbewertungsplan einer Gemeinde; vgl. Rn. 74.
464 Vgl. BVerwGE 40, 347 für Stiftung; E 98, 163 für Handwerkskammern; Koblenz NVwZ 1996, 603 für ZDF; vgl. auch Stackmann DVBl. 1996, 414.
465 Mannheim DVBl. 1977, 345; München NJW 1980, 723; BVerwG NVwZ 1997, 904 zur Beeinträchtigung der Landwirtschaft oder des Fremdenverkehrs durch Fachplanung.
466 Berlin NVwZ 1999, 95 zur Zulassung der Freisetzung gentechnisch veränderter Pflanzen; Schleswig NordÖR 1998, 431 zur Genehmigung einer Stromleitung; auch BVerwGE 100, 388 für Belange des Umweltschutzes.
467 BVerwGE 90, 359 für Verbot von Einwegerzeugnissen.
468 Münster NVwZ 1995, 718 für Beihilfe zur Geburt des 3. Kindes; allgemein Erlenkämper NVwZ 1995, 649.
469 Lüneburg NVwZ 1997, 816; bejahend für erhöhten Steuersatz für Kampfhunde.
470 Vgl. BVerwGE 87, 228 zur atomwaffenfreien Zone; jedoch auch E 87, 237 zum Programm zur Förderung der Solidarität der Städte; dazu Heberlein NVwZ 1992, 543.
471 München BayVBl. 1991, 403.
472 München NJW 1980, 723 für Trinkwasserversorgung; vgl. aber auch Mannheim DVBl. 1990, 60 zur Deponie Schönberg.
473 BVerwGE 87, 332 für Einwirkungen durch Fluglärm; Mannheim NVwZ 1996, 281 zum Abwägungsgebot bei Planfeststellung.
474 Koblenz AS 13, 388; vgl. auch Rn. 17.
475 Vgl. BVerwG NJW 1976, 2175; E 84, 209; vgl. Langer VerwA 80, 352 zur Raumplanung.

anderer Stellen zur Wehr zu setzen, die diese Planungshoheit verletzen[476]. Das ist auch der Fall, wenn die Genehmigungsbehörde eine objektiv genehmigungspflichtige Planerweiterung oder -änderung für nicht genehmigungsbedürftig erklärt[477]; dieser Anspruch dient der Sicherung der eigenen Planungshoheit, nicht hingegen den Interessen anderer Verfahrensbeteiligter[478] oder allgemein dem öffentlichen Interesse (vgl. Rn. 103a).

Die **Verletzung von Beteiligungsrechten an Planungen anderer Planungsträ- 104a ger** gibt der Gemeinde die Möglichkeit der Anfechtung von Planfeststellungsbeschlüssen (Rn. 44, 45).[479] Das Gleiche gilt für die Bezeichnung eines Verteidigungsvorhabens nach § 1 Abs. 3 LBG[480]. Das Recht der Gemeinde ist auch verletzt, wenn im Baugenehmigungsverfahren die erforderliche Mitwirkung unterbleibt[481]. Zum Normenkontrollverfahren § 47 Rn. 17.

Ein **Recht der Gemeinde kann verletzt sein** bei der Aufhebung des gemeindli- 105 chen Bescheides in Selbstverwaltungsangelegenheiten durch die Widerspruchsbehörde[482], dagegen steht ihr kein Klagerecht gegen Widerspruchsbescheide im übertragenen Wirkungsbereich zu[483], wohl aber bzgl. der Verpflichtung zur Erstattung von Kosten gem. § 80 Abs. 3 VwVfG in Widerspruchsbescheid[484]. Inwieweit die Gemeinde sonst bei dem Erlass von VA anderer Behörden eine Verletzung des Selbstverwaltungsrechts geltend ma-

---

476 Vgl. BVerfG RdE 1999, 145 zum Vorrang der Fachplanungen; BVerwGE 117, 25 für Anspruch auf Abstimmung mit Nachbargemeinde nach § 2 Abs. 2 BauGB; E 112, 274 zu Bombenabwurfplatz; NVwZ 1992, 787 zum Flächennutzungsplan; Münster NWVBl. 1993, 352 für weiterführende Schule in Nachbargemeinde, aber auch München BayVBl. 1994, 690 zur Bildung eines Schulsprengels; BVerwGE 74, 1 für Wege- und Gewässerplan nach § 41 FlurbG, zustimmend Ronellenfitsch VerwA 78, 340; BVerwGE 80, 7 für Anspruch auf nachträgliche Planänderung; München GewA 1991, 314 für großflächige Einzelhandelsbetriebe, vgl. Rn. 103; Mannheim NuR 1995, 552 für Genehmigung von Freileitungen im Raumordnungsverfahren; zum Verhältnis von Bauleitplanung und eisenbahnrechtlicher Fachplanung vgl. Ronellenfitsch VerwA 90, 467 und 581.
477 BVerwG NJW 1980, 718 für Flughafen; BVerwGE 81, 95 für militärischen Flugplatz.
478 BVerwG NJW 1974, 1961 für LuftVG.
479 Vgl. BVerwGE 51, 6; 52, 237 zu FstrG, wo jedoch kein Anspruch gegen Planfeststellungsbehörde auf Einholung einer Weisung des BMV besteht; BVerwG DVBl. 1970, 578; BVerwG NVwZ 1988, 731 zum LuftVG; BVerwGE 81, 111 zum Vorbehalt der Fachplanungen gemäß § 38 S. 1 BauGB; BVerwGE 90, 96 zu § 7 Abs. 1 AbfallG; Münster DVBl. 1989, 1016 zu bergrechtlichen Betriebsplänen; vgl. aber auch BVerwG NVwZ 1989, 967 für Entwicklungen nach Erlass des Planfeststellungsbeschlusses; einschränkend BVerwG NJW 1992, 256 für Wasserstraßen, E 85, 368 für Immissionsschutz: Geltendmachen von Verfahrensfehlern nur, wenn zugleich materielle Betroffenheit gerügt wird; vgl. dazu auch BVerwGE 100, 388: kein Klagerecht für nicht in ihrer Planungshoheit liegende Belange, hier Umweltschutz; ebenso BVerwG NVwZ 1996, 400 für Nichtbeanstandung nach § 4 Abs. 2 EnWG.
480 BVerwGE 74, 124.
481 Vgl. BVerwG NVwZ 1992, 878; sowie Rn. 87.
482 BVerwGE 95, 333; Münster DVBl. 1992, 377 zur Aufhebung eines Ratsbeschlusses; München VGH n.F. 16, 7 zum Steuerbescheid.
483 BVerwGE 95, 333; DVBl. 1995, 744; vgl. dazu Steiner VerwA 86, 173.
484 BVerwGE 116, 273 und Buchh. 310 § 42 Abs. 2 VwGO Nr. 11.

chen kann, ist umstritten[485]. Im **Finanzbereich** hat die Gemeinde (Gleiches gilt für Kreis und Landschaftsverband) einen Anspruch auf Erstattung aus dem FinanzausgleichsG[486], ebenso bei Schlüsselzuweisungen[487]. Sie haftet dem Land nicht, wenn sie in Auftragsangelegenheiten Mittel nicht entsprechend den Vorschriften ausgegeben hat[488]. Die Gemeinde hat kein Recht darauf, dass die Bahn ihren **Namen** für einen Bahnhof beibehält[489]. Dem kommunalen Schulträger steht das Recht zu, die von ihm getragene Schule zu benennen[490]. Durch die Ablehnung des Betriebes einer Spielbank wird die Gemeinde dagegen nicht in ihren Rechten verletzt[491]. Ein **Recht des Amtes** kann verletzt sein, wenn eine seiner Gemeinden einem anderen Landkreis zugeordnet wird[492].

106   2. **Einzelne Rechte.** Der **Gemeingebrauch** des Straßenanliegers[493] fällt in den Schutzbereich des Art. 14 GG, wird aber aus dem einschlägigen einfachen Straßenrecht abgeleitet und nicht unmittelbar aus Art. 14 GG. Grundsätzlich besteht ein Anspruch auf Erhaltung des Zugangs zum Weg[494], nicht jedoch auf ordnungsbehördliche Maßnahmen auf einer öffentlichen Straße[495]. Künstlerische oder werbende Betätigung auf einer Straße kann auch als **Sondernutzung** angesehen werden[496]. Zur Kostenschuld bei Genehmigung von Sondernutzungen vgl. BVerwGE 58, 316, auch BVerwGE 58, 336 zum Veranlassungsprinzip nach PBefG. Das BVerwG[497] hat aber auch im Anliegerrecht einen Abwehranspruch aus Art. 14 Abs. 1 GG gegen rechtswidrige Genehmigung fremder Straßennutzung bejaht (vgl. auch Rn. 134).

106a Bei der **Verteilung des Erschließungsaufwandes,** der eine hinreichend genaue Abgrenzung der beitragspflichtigen Grundstücke voraussetzt[498], und **des**

---

485 Verneint von Mannheim NVwZ 1987, 512 für Erklärung anderer Gemeinde, dass bei doppeltem Wohnsitz Hauptwohnung bei ihr liegt; verneinend München BayVBl. 1967, 69 zur Erteilung einer Ausnahmegenehmigung im Wasserschutzgebiet, dazu auch Stober DVBl. 1977, 911; bejahend Koblenz AS 9, 289 für eine auf Grund § 34 BBauG erteilte Baugenehmigung; verneint von Kassel DÖV 1988, 652 für Bauordnungsrecht; vgl. dazu Broß VerwA 80, 143; auch Menger/Erichsen VerwA 58, 74; Oswald DÖV 1963, 136 zum Messbescheid der Finanzämter.
486 Münster OVGE 21, 150.
487 Münster OVGE 16, 60.
488 BVerwG NVwZ 1996, 595.
489 BVerwG NVwZ-RR 1993, 373.
490 Lüneburg DVBl. 1973, 928.
491 Koblenz AS 13, 14.
492 Greifswald NordÖR 1998, 46.
493 BVerwG Buchh. 407.4 § 8a FStrG Nr. 11; Sauthoff, Straße und Anlieger, 2003, S. 241.
494 Vgl. BVerwGE 94, 136 zur Fußgängerzone; dazu Steiner VerwA 86, 173; vgl. auch München BayVBl. 1993, 246; Mannheim DÖV 1991, 168.
495 Münster OVGE 2, 107.
496 BVerwGE 84, 71 zu Scherenschnitten m. Anm. Würkner NJW 1990, 2011, gegen Mannheim NJW 1989, 1299 m. Anm. Goerlich DÖV 1989, 128; BVerwG 94, 234 zum Blumenverkauf; DVBl. 1996, 925 zur Großplakatanschlagtafel; BVerwG NJW 1997, 406 zum Ansprechen mit Angebot geldlicher Leistungen durch eine sich als Religionsgemeinschaft bezeichnende Einrichtung; dazu auch Mannheim NVwZ 1998, 91 zur Scientology-Kirche; Lüneburg NdsVBl. 1996, 59 zur Mitgliederwerbung auf Straßen; Mannheim NVwZ 1999, 560 differenzierend zum Betteln; München BayVBl. 1996, 665 Sondernutzung verneinend bei unentgeltlichem Verteilen von Zeitschriften; vgl. auch Laubinger VerwA 81, 583; Sauthoff NVwZ 1998, 239; Wohlfahrt NVwZ 1997, 749.
497 E 54, 1.
498 BVerwGE 78, 125.

Ausgleiches der **Erschließungsvorteile** steht der Gemeinde ein Ermessen zu[499]; das Ermessen bei der Gestaltung des Verteilungsmaßstabes in der Satzung ist durch die Grundsätze des Willkürverbots, der Verhältnismäßigkeit und des Vorteilsprinzips eingeschränkt[500]. Ein Einheitssatz für die Entwässerung kann auf das gesamte Entwässerungsnetz einer Gemeinde abstellen[501]. Auch nach endgültiger Fertigstellung der öffentlichen Straßen des Baugebietes können Erschließungsbeiträge für einen Kinderspielplatz verlangt werden[502]. Zur Nacherhebung vgl. BVerwG DVBl. 1996, 1046. Ein Beitragsverzicht ist zulässig, jedoch unbeachtlich, wenn der ihn gewährende VA nichtig oder rechtswirksam zurückgenommen ist[503]. Zum Billigkeitserlass vgl. BVerwGE 70, 96; NJW 1980, 1973 für Dauerkleingärtner; BVerwGE 38, 147 für Sportplätze und Schwimmbäder; BVerwG Buchh. 406.11 § 133 BBauG Nr. 69 für Friedhöfe. Zur Befreiung vom Anschlusszwang vgl. Münster NVwZ 1999, 91 bejahend für Kompostierung von Bioabfällen; Saarlouis DVBl. 1997, 1068 verneinend bei anderer Entsorgungsmöglichkeit. Zur Klagebefugnis, wenn eine tatsächlich hergestellte Erschließungsanlage dem öffentlichen Verkehr gewidmet wird, vgl. Koblenz NJW 1987, 1284. Zum Erlöschen des Anspruchs auf Erschließungsbeiträge vgl. BVerwGE 79, 163; zum Ablösungs-Vertrag vgl. E 87, 77; insgesamt Aussprung NordÖR 1999, 227 und 271; David NVwZ 1992, 431; Quaas NJW 1994, 827; Schmidt NVwZ 1996, 75.

Ein Anspruch auf Aufhebung des Beitragsbescheids von **Anliegerbeiträgen** **106b** besteht nicht, wenn dieser mit anderer Begründung aufrecht erhalten werden kann[504]. Ein zunächst mangels Entstehens der Beitragspflicht rechtswidriger Beitragsbescheid kann auch durch das In-Kraft-Treten einer Satzung ohne Rückwirkungsanordnung rechtmäßig werden[505]. Bei rückwirkender Heilung durch Satzung sind Aussetzungszinsen bereits mit Aussetzung der Vollziehung zu zahlen[506]. Zur Heilung nichtiger Satzungen vgl. Rn. 101a; zum Ablösungsvertrag § 40 Rn. 14; zum Anspruch auf Erschließung Rn. 158b.

Eine **politische Partei** hat vor der Wahl Anspruch auf Zuteilung von **Sende- 107** **zeit**[507]. Zur Zulässigkeit verfassungsfeindlicher Propaganda in der zugeteilten Sendezeit durch eine vom BVerfG bisher nicht für verfassungswidrig erklärte Partei vgl. Hamburg NJW 1974, 1523; Koblenz NJW 1977, 970: mit Bezug zur Wahl bejaht; Münster OVGE 31, 81: ohne Bezug zur Wahl verneint. Eine politische Partei hat jedoch keinen Anspruch darauf, dass der

---

499 BVerwG DVBl. 1980, 757.
500 BVerwGE 62, 300; DVBl. 1998, 48 zur Abschnittsbildung im Straßenbau; DVBl. 1999, 395 zum Feriendorf-Grundstück; vgl. Kassel NVwZ 1995, 191 zu Sozialtarifen, dazu Gern NVwZ 1995, 1145; Münster NVwZ 1995, 1233 zur Entwässerungssatzung, dazu Hörstel NVwZ 1995, 1188; vgl. auch BVerwGE 105, 144 zu Messverfahren nach AbwasserabgabenG.
501 BVerwGE 54, 225; vgl. auch Koblenz DVBl. 1996, 385 zur Befreiung bei eigenem Brunnen.
502 Lüneburg DVBl. 1984, 1132.
503 BVerwG NJW 1984, 2113.
504 BVerwGE 64, 356.
505 BVerwGE 64, 218 in Abweichung von bisheriger Rechtsprechung.
506 BVerwG NJW 1984, 2113.
507 BVerwGE 75, 67 zur Verteilung bei der ARD; E 75, 79 bei Deutschlandfunk; Hamburg NJW 1987, 3023 für Splitterpartei; Hamburg NJW 1994, 68 ff. zur Chancengleichheit der Parteien im öffentlichen Fernsehen; Lüneburg DVBl. 1974, 883 für Kommunalwahlen; BVerwGE 87, 270 sowie Bremen NJW 1987, 3024 zum Verzicht auf Wahlwerbung; vgl. auch Bend NVwZ 1994, 521; Eberle NVwZ 1994, 905.

Ministerpräsident unterlässt, sie als verfassungswidrige radikale Partei zu bezeichnen[508]. Die Beobachtung einer politischen Partei mit nachrichtendienstlichen Mitteln bedarf besonderer Rechtfertigung im Hinblick auf den Grundsatz der Verhältnismäßigkeit (BVerwG NJW 2000, 824). Das verfassungsmäßige Recht der Regierung auf politische Meinungsäußerung umfasst auch das »Recht zum Gegenschlag«[509]. Aus der Neutralitätspflicht der Bürgermeister folgt, dass sie im Kommunalwahlkampf keine Wahlempfehlungen geben dürfen[510]. Eine politische Partei hat keinen Anspruch auf Benutzung eines Schulhofes zu außerschulischen Zwecken[511]. Auch der unabhängige Wahlkreisbewerber für den Bundestag kann einen Anspruch auf Erstattung der **Wahlkampfkosten** haben[512], dagegen ist es zulässig, die Erstattung an das Erreichen einer Mindestzahl abgegebener Stimmen zu binden[513]. Wegen Art. 5 Abs. 1 GG folgt grundsätzlich aus dem Gemeingebrauch ein Recht auf Verteilung von politischen **Flugblättern** auf innerörtlichen Straßen[514], das auch nicht wegen Fehlens einer Unbedenklichkeitsbescheinigung nach dem StadtreinigungsG versagt werden kann[515]. Bei **Demonstrationen** folgt aus Art. 8 GG kein genereller Anspruch auf Benutzung öffentlicher Grünflächen entgegen dem Willen ihres Trägers[516]; Auflagen zum Schutz des Straßenverkehrs sind nur möglich, soweit dadurch dessen Beeinträchtigung auf ein erträgliches Maß reduziert werden soll[517]. Durch das VersammlungsG ist § 29 Abs. 2 StVO ausgeschlossen[518]. Bei Straßenverunreinigungen hat das BVerwG eine Reinigungs- und Kostenerstattungspflicht sowohl für den Veranstalter[519] wie für den Leiter der Versammlung[520] verneint. Die Erhebung von Sondernutzungsgebühren für das Anbringen von Plakatträgern zum Zwecke parteipolitischer Werbung, auf das außerhalb der Zeiten unmittelbarer Wahlvorbereitung kein Anspruch besteht[521], ist zulässig[522]. Das Verbot politischer Werbung in § 6 Abs. 7 Rundfunkstaatsvertrag ist umfassend und nicht nur auf politische Parteien beschränkt[523]. Ein Anspruch auf öffentliche Anerkennung als Träger der freien Jugendhilfe besteht nicht bei begründeten Zweifeln, dass beabsichtigte politische Bildungsarbeit den Zielen des Grundgesetzes entspricht[524]. Zum

---

508 Lüneburg NJW 1975, 76.
509 BVerwG NJW 1984, 2591.
510 BVerwGE 104, 323.
511 Münster NJW 1980, 901; zur Benutzung kommunaler Einrichtungen vgl. Kassel NJW 1979, 997; Mannheim NJW 1979, 1844; auch Vollmer DVBl. 1989, 1087.
512 Vgl. BVerfGE 41, 399; Schulze-Osterloh NJW 1980, 925; BVerwGE 44, 187 ist überholt.
513 BVerwG NJW 1980, 2092 für Saarland; zu Anträgen auf staatliche Finanzmittel vgl. Münster DVBl. 1999, 1372.
514 Lüneburg NJW 1977, 916; Kassel NVwZ 1987, 902 für Informationsstand.
515 BVerwGE 56, 24 für Berlin.
516 BVerwGE 91, 135 zur Hofgartenwiese, m. Anm. Schlink NJW 1993, 609; allgemein Höllein NVwZ 1994, 635.
517 München NJW 1984, 2116; NJW 1987, 2100 zum Abwägungsgebot, vgl. dazu auch BVerfG NJW 1987, 43; Kniesel NJW 1996, 2606.
518 BVerwGE 82, 34.
519 E 80, 158.
520 E 80, 164.
521 BVerwGE 56, 56.
522 BVerwGE 56, 63.
523 Lüneburg NJW 1999, 515 für Werbespot des DGB; vgl. auch BVerwG NJW 1999, 805 zum Verbot politischer und religiöser Werbung an Taxen und Mietwagen.
524 BVerwGE 55, 232, zum Verhältnis von Dachverband und korporativem Mitglied vgl. BVerwGE 55, 246.

Anspruch auf Anbringen des Friedenszeichens im Absenderstempel bei Postsendungen vgl. BVerwGE 72, 183 bejaht für Greenpeace.

Bei Erfüllung der gesetzlichen Voraussetzungen haben alle Gemeindeangehö- **108** rigen einen Rechtsanspruch auf die **Benutzung öffentlicher Einrichtungen**[525]; der Anspruch auf fehlerfreie Ausübung des Ermessens besteht dabei auch im Zusammenhang mit der Benutzung einer öffentlichen Anstalt nur, wenn die zu Grunde liegende Norm wenigstens auch dem Interesse des Begünstigten zu dienen bestimmt ist[526]. Dabei verstößt es nicht gegen den Gleichheitssatz, wenn Einheimische nur einen um einen Zuschuss der Gemeinde abgesenkten Beitrag zahlen[527]. Weder Gesichtspunkte des Gesundheitsschutzes[528] noch der Funktionsfähigkeit kommunaler Bestattungsunternehmen rechtfertigen einen Benutzungszwang für gemeindliche Leichenhallen[529]. Ein Anspruch auf Anschluss an das allgemeine Fernsprechnetz steht nicht nur dem Grundstückseigentümer, sondern auch Mieter und Pächter zu[530], jedoch hat der Fernsprechteilnehmer keinen Anspruch auf Verbleiben in dem Ortsnetz, an das er zuerst angeschlossen wurde[531]. Die Staffelung von Gebühren für die Benutzung kommunaler Kindergärten nach dem Elterneinkommen hat Kassel[532] für unzulässig erklärt[533]. Es besteht ein Anspruch auf **Gleichbehandlung** von Tageszeitungen und Anzeigenblättern **bei Informationen** durch die Stadtverwaltung[534].

Ein einfachgesetzlicher Rechtsanspruch besteht für den Beamten auf Gewäh- **109** rung einer Beihilfe, das **Beihilferecht ist aber nicht Bestandteil der verfassungsrechtlich geschuldeten Alimentation**[535]. Zur Auslegung des Art. 23 Genfer Flüchtlingskonvention und dem Anspruch des Flüchtlings auf Sozialhilfe vgl. Hamburg FEVS 45, 209; Lüneburg FEVS 47, 18; sowie Deiseroth DVBl. 1998, 116. Zum Kündigungsschutz nach dem **MutterschutzG** bei Stilllegung eines Betriebes vgl. BVerwGE 54, 276. Im **Sozialhilferecht** hat, wenn die Familie hilfsbedürftig ist, jedes Familienmitglied einen eigenständigen Anspruch auf Hilfe zum Lebensunterhalt[536]. Ausländer mit Diplomatenstatus haben grundsätzlich keinen Anspruch auf Sozialhilfe[537].

---

525 München NJW 1969, 1078; vgl. auch § 40 Rn. 26.
526 BVerwGE 39, 235 zur Gewerbezulassung im Schleusenbereich; vgl. dazu Erichsen VerwA 64, 299; BVerwG NVwZ 1987, 494 zur Festsetzung eines Volksfestes nach GewO; Mannheim VBlBW 1996, 101 zur Überlassung des gemeindlichen Festplatzes an ortsfremden Circusveranstalter; BVerwG NJW 1987, 1836 zur Qualifizierung von Straßenmusik als Sondernutzung; Hamburg DÖV 1992, 37 zur Verteilung von Vereinsbroschüren; Mannheim NVwZ 1995, 813 zur Unzulässigkeit eines Werbeverbots; Münster NWVBl. 1989, 91 zum Hausrecht; vgl. auch Hamburg NJW 1996, 2051 zur Ausdehnung des Verkehrsbegriffs auch auf kommunikative Tätigkeiten; zur Widmung kommunaler öffentlicher Einrichtungen vgl. Axer NVwZ 1996, 114.
527 BVerwGE 104, 60 für Musikschule.
528 Vgl. Kassel NVwZ 1988, 847.
529 Weimar NVwZ 1998, 871.
530 BVerwGE 36, 352.
531 BVerwGE 44, 1.
532 NJW 1977, 452 m. Anm. Vogel.
533 Vgl. dazu Menger VerwA 68, 389.
534 Vgl. Münster NJW 1996, 2882; dazu auch Münster NJW 1997, 144 für Verlage gegenüber öffentlich-rechtlichen Körperschaften.
535 BVerfGE 83, 89; E 106, 225.
536 BVerwGE 55, 148.
537 BVerwGE 100, 300.

110 Im **Wohnungsrecht** hat der Mieter kein Klagerecht gegen eine erteilte Zweckentfremdungsgenehmigung[538], auch nicht gegen eine an den Vermieter gerichtete Kündigungsanordnung der zuständigen Stelle[539]. Ein Anspruch auf **Wohngeld** kann auch bestehen, wenn eine Wohnung auf Grund eines eigentumsähnlichen Dauerwohnrechts genutzt wird[540]. Zur Wohngeldberechtigung nicht ehelicher Lebensgemeinschaften vgl. BVerwG NJW 1995, 1569; Hamburg DVBl. 1998, 1142. Zur Qualifikation als Hauptwohnung nach **Melderecht** vgl. BVerwGE 89, 110.

111 Bei der **Namensänderung** besteht ein Klagerecht nur für denjenigen, der mit dem Begünstigten in gerader Linie verwandt ist[541]. Der heimatlose Ausländer hat Anspruch auf Änderung der Schreibweise seines Namens[542]. Der **Flüchtling** hat einen Anspruch auf Aushändigung des Flüchtlingsausweises[543], der **Aussiedler** auf den Vertriebenenausweis[544]. Ein **Geschädigtenverband** hat jedoch keinen Anspruch auf Anerkennung durch die Landesregierung[545]. Auf die **Erteilung eines Passes** besteht ein Anspruch[546]. Der **Staatenlose** ist, auch wenn er es kann, nicht verpflichtet, seine Staatenlosigkeit zu beseitigen[547]. Die **Unionsbürgerschaft** knüpft ausschließlich an die Staatsangehörigkeit eines Mitgliedstaates an[548]. Zum Staatsangehörigkeitsausweis vgl. BVerwGE 71, 309; zur Vermeidung der Mehrstaatlichkeit vgl. BVerwG NJW 1991, 2227; zum Verlust der Staatsangehörigkeit München NJW 1991, 2229.

---

538 BVerwGE 95, 341; vgl. auch BVerwG NJW 1997, 1085 zum Verhältnis von Zweckentfremdungsgenehmigung und Baugenehmigung; BVerwG NJW 1999, 735 zur Fehlbelegungsabgabe und zum Mietspiegel.
539 BVerwG NJW 1995, 2866.
540 BVerwG NJW 1993, 744.
541 BVerwG NJW 1994, 144; vgl. auch BVerwGE 95, 21; E 100, 148; Kassel 1994, 1840; Münster NJW 1995, 1231, alle für Stiefkinder; vgl. im Übrigen BVerfG NJW 1991, 1602 sowie Schwerdtner NJW 1993, 302.
542 BVerwGE 40, 353.
543 BVerwGE 95, 311 für spät Geborene.
544 BVerwGE 66, 168; NJW 1987, 2032; vgl. auch BVerwGE 74, 336 zur widerlegbaren Vermutung der deutschen Volkszugehörigkeit; E 99, 133; E 102, 214 zu den Betätigungsmerkmalen Sprache, Erziehung und Kultur; E 98, 367 zu den Kriterien für die Beurteilung von spät Geborenen; E 85, 79; E 88, 312 zum Vertrauensschutz bei Einziehung des Ausweises; BVerwG NJW 1991, 3107 zur Anerkennung von Prüfungen und akademischen Graden, die Flüchtlinge im Ausland abgelegt oder erworben haben, dazu auch E 72, 141; BVerwGE 108, 340 Statusausschluss nach § 5 Nr. 1d BVFG verneint bei lediglich passiver Mitgliedschaft in der KPdSU.
545 BVerwGE 19, 142.
546 BVerwG DVBl. 1956, 376.
547 BVerwGE 101, 295; zur Einbürgerung nach Art. 116 Abs. 2 GG vgl. BVerwG NJW 1990, 2213; auch BVerwGE 92, 116 zum G zur Verminderung der Staatenlosigkeit; generell Kemper NVwZ 1995, 1073.
548 München NVwZ 1999, 197.

Im **Ausländerrecht**[549] können Rechte aus Art. 6 Abs. 1 GG in unterschiedli- **112**
cher Weise betroffen sein[550]. Bei dauernder Sozialhilfebedürftigkeit hat das
BVerwG[551] einen Anspruch auf Verlängerung der **Aufenthaltserlaubnis** verneint. Anerkannte Asylberechtigte halten sich berechtigt im Bundesgebiet
auf[552], bei Ablauf der Gültigkeit des Passes erlischt die Berechtigung[553]. Zur
Anwendung des Grundsatzes der Verhältnismäßigkeit bei der Ermessensausübung der Ausländerbehörde bei der Ausweisung eines straffälligen Ausländers vgl. BVerwGE 96, 86. Abschreckung anderer Ausländer (Generalprä-
vention)[554] rechtfertigt nicht die Versagung der Aufenthaltserlaubnis für
einen strafgerichtlich verurteilten Ausländer, der mit einer Deutschen verhei-
ratet ist[555]. Zur zeitlichen Beschränkung befristeter Aufenthaltserlaubnisse
vgl. BVerwGE 65, 174.

Der **Anspruch auf Asyl**[556] entsteht erst, wenn der politisch Verfolgte[557] das **112a**
Staatsgebiet der Bundesrepublik Deutschland erreicht[558]; eine Bindungswirkung der Anerkennung in einem anderen Land der Genfer Konvention besteht für den Asylantrag nicht[559]. Das Asylrecht gilt dem Schutz vor staatlicher politischer Verfolgung[560]. Das Asylrecht steht nur dem politisch
Verfolgten selbst zu, jedoch ist bei Familienangehörigen stets in Betracht zu
ziehen, dass sie in Gefahr sein können, selbst verfolgt zu werden[561]. Für die
Anerkennung als Asylberechtigter reicht die begründete Furcht vor Verfol-

---

549 Vgl. insgesamt Holtschneider DVBl. 1998, 508; Mallmann NVwZ 1998, 1025;
     Richter NVwZ 1998, 128; NVwZ 1999, 726; zum grundrechtlichen Schutz aus
     Art. 2 GG vgl. BVerfGE 49, 168.
550 Vgl. BVerwGE 65, 188 für den Nachzug volljähriger Kinder, verneint; BVerwG
     NJW 1984, 2780 für Aufenthalt volljähriger Ausländer bei deutschen Adoptivel-
     tern, verneint; BVerwGE 70, 127 für Wartefrist bei Nachzug ausländischer Ehefrau,
     verneint; BVerwGE 42, 141 für deutsche Ehefrau bei Ausweisung des ausländischen
     Ehemannes, bejaht; BVerwGE 102, 12 für Klage der Ehefrau, wenn Bescheid gegen-
     über Ehemann bereits bestandskräftig geworden ist, bejaht; vgl. dazu auch Menger
     VerwA 65, 329; zur Ermessenseinbürgerung BVerwG NJW 1987, 856; zu Ausnah-
     mefällen BVerwGE 94, 35; E 105, 35.
551 E 66, 29.
552 BVerwGE 81, 155; vgl. auch E 82, 1.
553 BVerwGE 82, 117.
554 Vgl. BVerwGE 81, 356 für Rauschgiftdelikt.
555 BVerwGE 56, 246.
556 Zur Rechtsprechung vgl. Bertrams DVBl. 1989, 953; DVBl. 1990, 1129; DVBl.
     1991, 1226.
557 Dazu BVerfGE 80, 315.
558 BVerwG NJW 1984, 2782; zur Beendigung der Flucht im Drittstaat vgl. BVerwGE
     78, 332; 79, 347; 81, 164; 84, 115; 88, 226; 100, 23; 104, 347.
559 BVerwG NVwZ 1987, 507 für Frankreich.
560 BVerwGE 67, 317, auch zur Frage, inwieweit Übergriffe nichtstaatlicher Stellen
     mittelbar staatliche politische Verfolgung darstellen können; BVerwGE 104, 254;
     E 105, 306 zu den Anforderungen an staatsähnliche Organisation; vgl. auch
     BVerwGE 87, 52 und E 87, 141 zur Kausalität zwischen Verfolgung und Zeitpunkt
     des Verlassens des Heimatstaates.
561 BVerwGE 65, 244; E 85, 12 zu Verfolgungsprognosen für Frauen und Kinder; zum
     Familienasyl nach § 7a Abs. 3 S. 2 AsylVfG vgl. BVerwGE 89, 309; E 89, 315;
     DVBl. 1999, 175; sowie BVerfG NVwZ l991, 978.

gung wegen politischer Überzeugung aus[562]. Ein Asylantrag allein rechtfertigt nicht die Aufhebung einer Ausweisungsverfügung, da dem Asylrecht genügt ist, wenn die Durchführung des Anerkennungsverfahrens ermöglicht wird[563]. Auch ein Asylberechtigter kann aus schwer wiegenden Gründen der öffentlichen Sicherheit und Ordnung ausgewiesen werden[564]. Das BVerfG hat sich in drei Entscheidungen mit grundsätzlichen Fragen und der Verfassungsmäßigkeit des **AsylVfG** befasst[565]. In allen drei Fällen hat es die Verfassungsmäßigkeit bejaht. Die Europäische Menschenrechtskonvention gilt nach der Auffassung des BVerwG als innerstaatliches Recht im Rang eines einfachen Bundesgesetzes und entfaltet aus Art. 8 aufenthaltsrechtliche Schutzwirkung[566].

112b Für Nicht-EU-Ausländer gilt: Der mit einer Deutschen verheiratete, langjährig in Deutschland ärztlich tätige **Ausländer** kann einen **Anspruch auf Approbation** haben[567]. Wer zur Ausübung einer Erwerbstätigkeit ohne die erforderliche Aufenthaltserlaubnis eingereist ist, hat keinen Anspruch auf Aufenthaltsgenehmigung[568]. Der heimatlose Ausländer hat Anspruch auf Änderung der Schreibweise seines Namens[569]. Zur Einschränkung der politischen Betätigung eines Ausländers, der öffentlich zu Gewalttätigkeiten aufruft vgl. Münster NJW 1980, 2039. Zum Anspruch des aufenthaltsberechtigten Ausländers auf Ausbildungsförderung vgl. BVerwG DVBl. 1996, 311.

113 3. **Schul- und Hochschulrecht.** Im **Schulrecht** können organisatorische Maßnahmen das Elternrecht verletzen, das gleich geordnet neben dem Recht des Staates zur schulischen Erziehung steht; daher kann ein Recht der Eltern bei der Schließung der Schule, die ihre Kinder besuchen, verletzt sein[570]; ebenso bei der Aufhebung eines Gymnasiums wegen der Errichtung einer Gesamtschule[571], wobei jedoch die pädagogische Beurteilung eines Schulsystems nicht in die Prüfungszuständigkeit der Gerichte fällt[572]. Es besteht jedoch kein Anspruch auf die Errichtung von Sonderschulen[573]; wohl aber auf die

---

562 BVerwGE 55, 82 für Beitritt zur Emigrantenorganisation; BVerwGE 65, 250 zur Änderung der politischen Lage im Verfolgerstaat; BVerwGE 70, 232; E 88, 367; E 89, 162; E 96, 200; E 105, 204 zur Gruppenverfolgung vgl. auch BVerwGE 82, 171 zur Gesamtschau mehrerer Gründe; zu sog. subjektiven Nachfluchtgründen vgl. BVerfGE 74, 51; BVerwGE 67, 184; E 89, 171; E 88, 92 m. Anm. Kraft DVBl. 1991, 1079; BVerwGE 104, 97 zum sog. herabgestuften Wahrscheinlichkeitsmaßstab; zur Rechtsstellung als Kontingentflüchtling vgl. BVerwG DVBl. 1996, 624.

563 BVerwG NJW 1980, 2033.

564 BVerwGE 62, 36 für Abwehr terroristischer Anschläge; E 96, 86 zum Begriff der Sicherheit der Bundesrepublik; E 102, 249 zum Umfang des Ausweisungsermessens;
     E 105, 383: Krankheit als Abschiebungshindernis; DVBl. 1999, 1209 zum Terrorismusvorbehalt.

565 In DVBl. 1996, 729 mit der Herkunftstaaten-Regelung, in DVBl. 1996, 753 mit der Drittstaaten-Regelung und in DVBl. 1996, 739 mit der Flughafen-Regelung; vgl. dazu im Einzelnen Hailbronner NVwZ 1996, 623; Lübbe-Wolf DVBl. 1996, 825.

566 Vgl. BVerwGE 99, 331; NVwZ 1997, 1119; dazu Bath NVwZ 1998, 1031; Niewerth NVwZ 1997, 228.

567 BVerwGE 45, 162; NJW 1992 1578; Münster DVBl. 1999, 51; zur Dauer der ärztlichen Tätigkeit BVerwGE 58, 290; NJW 1987, 726.

568 BVerwGE 57, 252.

569 BVerwGE 40, 353.

570 BVerwGE 18, 40.

571 VG Darmstadt DVBl. 1974, 884.

572 BVerwGE 34, 165.

573 BVerwG DVBl. 1958, 512.

Verleihung der Eigenschaft einer anerkannten Privatschule[574]. Aus dem Begriff der Schulaufsicht in Art. 7 GG folgt auch das Recht des Staates, den Unterrichtsstoff zu bestimmen[575]; Berlin hat daher in der Einführung des Sexualkundeunterrichts keine Verletzung des Elternrechts gesehen[576]. Die **Eltern haben einen Anspruch auf Beachtung** des **Neutralitäts- und Toleranzgebots**[577]. Der Anspruch auf Erstattung von Beförderungskosten kann insbesondere in extremen Situationen streitig sein[578]. Zum Verbot politischer Werbung in der Schule vgl. München NVwZ 1994, 922. Zum VA im Schulverhältnis vgl. Rn. 82.

Im **Hochschulrecht** besteht grundsätzlich ein subjektiv-öffentliches **Recht** 114 **auf Zulassung** bei der gewählten Hochschule; diesem Recht steht ein Recht der Hochschule auf Beschränkung der Zulassung auf die zur Verfügung stehenden Studienplätze (**numerus clausus**) gegenüber, wenn ihre Ausbildungskapazität nicht die Aufnahme aller Studienbewerber erlaubt[579]. Zur verfassungsrechtlichen Zulässigkeit des numerus clausus vgl. BVerfGE 33, 303, dazu v. Mutius VerwA 64, 183; zur Zulässigkeit der malus-Regelung BVerfGE 37, 104; BVerwGE 50, 137; zur Errechnung der Ausländerquote BVerwG NJW 1990, 2899. Der Anspruch auf Zulassung richtet sich, soweit die Studienplätze auf Grund des zwischen den Ländern geschlossenen Staatsvertrages von dort vergeben werden, gegen die Zentrale Vergabestelle in Dortmund (zur örtlichen Zuständigkeit der Gerichte vgl. § 52 Rn. 15), soweit es sich um Vergabe von freigebliebenen Studienplätzen handelt, gegen die jeweilige Universität[580]. Verordnungen, die die Ausbildungskapazität bestimmen, müssen dem aus Art. 12 Abs. 1 GG folgenden Gebot der Kapazitätsauslastung genügen[581]. Ein vorläufig zum Studium Zugelassener schöpft einen festgestellten Kapazitätsrest aus[582]. Der »Parkstudent« kann nicht zu einzelnen Vorlesungen seines späteren Fachs zugelassen werden, um dadurch

574 BVerwG NVwZ 1998, 60; zur Subventionierung einer Privatschule vgl. Anm. 151.
575 Vgl. BVerwG NVwZ 1994, 583 für Schulbuch; E 107, 75 zum Ethikunterricht; dazu auch München BayVBl. 1996, 405.
576 NJW 1973, 819 m. zu Recht krit. Anm. Jessen NJW 1973, 1340; Pakuscher DVBl. 1974, 43; vgl. auch BayVerfGH VGH n.F. 27 II, 47 m. abl. Anm. Hennecke DÖV 1974, 674, zur Mengenlehre.
577 Vgl. BVerwGE 79, 298 zur Schulbuchzulassung; NJW 1999, 3063 zum Kruzifix in Schulräumen; zum Anspruch auf Befreiung vom Sportunterricht aus Gewissensgründen vgl. BVerwGE 94, 82 für islamischen Glauben, dazu Albers DVBl. 1994, 985; vgl. jedoch auch BVerfG NJW 2003, 3111 zur Kopftuch tragenden Lehrerin, bei der das Elternrecht und die Treuepflicht des Beamten völlig aus dem Blickfeld des höchsten Gerichts geraten ist, zutreffend die abweichende Meinung.
578 Vgl. BVerwGE 96, 350; NVwZ 1996, 66 für Orientierungsstufe; Mannheim DVBl. 1996, 999 für weit entfernt liegende Schule; München BayVBl. 1996, 434 für Schule in anderem Bundesland; insgesamt Theuersbacher NVwZ 1997, 744.
579 BVerwGE 42, 296.
580 Vgl. BVerwG DVBl. 1980, 922; zur Wiederholbarkeit des Tests für die medizinischen Studiengänge vgl. Münster NJW 1987, 1505; zur Rechtsform der Zulassungsregeln vgl. BVerwGE 42, 296.
581 Vgl. BVerfGE 85, 36, auch zum Umfang der verwaltungsgerichtlichen Kontrolle; dazu Brehm/Zimmerling NVwZ 1992, 340.
582 BVerwGE 57, 148; zu Form und Inhalt der Kapazitätsermittlung vgl. BVerwGE 56, 31; 64, 77; 65, 76; 70, 318; 70, 346; auch BVerfG NJW 1980, 2693; Salzwedel DVBl. 1987, 765; zu kapazitätsmindernden Stellenentscheidungen vgl. BVerwG DVBl. 1990, 526; zum Einsatz von sog. Überlastmitteln BVerwGE 80, 373.

seine spätere Zulassung zu erleichtern[583]. Ein Anspruch auf Zulassung zum Studium besteht nicht, wenn die Sozialbeiträge nicht gezahlt sind[584].

115 Im **internen Bereich der Hochschule** sind eine Reihe von Entscheidungen ergangen, die die einzelnen Rechtspositionen abgeklärt haben. Ist die Wahlordnung nicht rechtswirksam zu Stande gekommen, besteht ein Anspruch auf Anfechtung der Wahl zum Studentenparlament[585]. Es besteht ein Anspruch auf ungehinderte Aufrechterhaltung des Lehrbetriebes, deshalb hat Lüneburg[586] Studentenschaft und AStA nicht für befugt gehalten, einen Streik auszurufen oder zu beschließen[587]. Der Dozent hat aus Art. 5 Abs. 3 GG einen Anspruch auf Gewährung von Schutz durch die Hochschule gegen Störungen des Lehrbetriebes[588], denen von der Universität auch mit Mitteln des Ordnungsrechts entgegengewirkt werden muss, wenn es nicht gelingt, die gewaltanwendenden Studenten auf den Weg geistiger, gewaltloser Auseinandersetzung zurückzuführen[589]. Die Studenten als Mitglieder der Studentenschaft haben einen Anspruch darauf, dass dieser Verband Erklärungen außerhalb seines Aufgabenbereiches unterlässt[590]; es besteht kein allgemeinpolitisches Mandat der Studentenschaft[591], gleichwohl steht dem einzelnen Studenten nicht das Recht zu, den Pflichtbeitrag für die Studentenschaft zu verweigern, wenn sich diese allgemeinpolitisch äußert[592]. Mit der Einführung eines Semestertickets handeln die Studierendenschaften in NW im Rahmen der ihnen gesetzlich übertragenen Aufgaben[593]. Die akademische Freiheit gibt dem Studenten nicht das Recht, im Klinikum parteipolitische Zeitschriften oder Flugblätter zu verteilen oder mit Infoständen oder Plakaten politische Werbung zu betreiben[594]. Koblenz[595] hat studentischen Gruppen und Vereinigungen auch keinen Anspruch auf Überlassung universitätseigener Räume zur Durchführung parteipolitischer Veranstaltungen gewährt[596]. Im **organisatorischen Bereich** der Hochschule ist der Anspruch des Hochschullehrers[597] auf Zuweisung einer Grundausstattung für Forschungszwecke verneint worden[598]. Zur unentgeltlichen Titellehre des Privatdozenten vgl. BVerwGE 96, 136. Es besteht kein Rechtsanspruch auf Erteilung der venia legendi[599], wohl aber auf fehlerfreie Ausübung des

---

583 München NJW 1980, 662 für Medizin; zum wichtigen Grund bei Fachrichtungswechsel zum Wunschstudium vgl. BVerwGE 82, 156; 82, 163.
584 BVerwGE 32, 308.
585 Münster NJW 1974, 1477.
586 NJW 1974, 820.
587 Zum Verhältnis AStA – Universität vgl. auch Kassel NVwZ 1998, 873; auch BVerwGE 101, 51 zur Haftung von Studentenvertretern gegenüber der Universität.
588 VG Koblenz NJW 1973, 1244.
589 Hamburg NJW 1977, 1254.
590 BVerwGE 34, 69; Hamburg NJW 1972, 71; Mannheim NJW 1972, 2102; Münster OVGE 24, 105; DVBl. 1977, 994; vgl. dazu auch Laubinger VerwA 74, 175 und 263.
591 BVerwG NJW 1980, 2595.
592 BVerwG DVBl. 1980, 567 m. Anm. Redeker zu beiden Entscheidungen.
593 BVerwG DVBl. 1999, 1588.
594 Kassel NJW 1980, 661.
595 NJW 1973, 1819.
596 Vgl. jedoch auch BVerwG NJW 1980, 1863; zur Wissenschaftsfreiheit BVerfGE 35, 79, sowie Rupp NJW 1972, 16.
597 Zum Begriff vgl. BVerwGE 100, 160; zur Stellung BVerfGE 43, 242, sowie Brocker RiA 1993, 271; zur politischen Treuepflicht BVerwGE 52, 313; zum Umfang der Lehrverpflichtung Hamburg DVBl. 1991, 766 m. Anm. Karpen.
598 BVerwGE 52, 339.
599 BVerwGE 55, 73.

Ermessens bei der Entscheidung[600]. Der unselbstständigen Sozialeinrichtung einer Universität steht ein rechtsschutzfähiges Selbstverwaltungsrecht nicht zu[601].

Im **Prüfungswesen** dürfen Prüfungsleistungen bei Promotionen und Habilita-   **116** tionen nur von Personen bewertet werden, die selbst mindestens die Qualifikation, die durch die Prüfung festgestellt werden soll, oder eine vergleichbare Qualifikation besitzen[602]. Gemeinschaftsarbeiten, bei der die individuellen Beiträge allenfalls noch äußerlich kenntlich gemacht werden können, sind für die Feststellung des persönlichen Leistungs- und Wissenstandes ungeeignet[603]. In NW hat der Referendar, wenn ein besonderer Ausnahmefall vorliegt, einen Anspruch auf Zulassung zur erneuten Wiederholung der 2. jur. Staatsprüfung[604]; der Assessor kann einen Anspruch auf Überprüfung der mit »ausreichend« bestandenen Staatsprüfung haben[605]. In der ärztlichen[606] und der zahnärztlichen[607] Vorprüfung besteht ein Anspruch auf einmalige Wiederholung eines Faches; zum Rücktritt von der ärztlichen Vorprüfung vgl. BVerwGE 99, 208, wegen Kälte im Prüfungsraum BVerwGE 99, 172; zur Mitteilung eines wichtigen Grundes für die Versäumung der Prüfung BVerwG DVBl. 1998, 1341; zur Gleichwertigkeit einer im Ausland abgelegten Vorprüfung BVerwG NJW 1998, 843. In der praktischen Prüfung muss die Aufgabe erkennen lassen, welche Arbeiten mindestens auszuführen sind[608]. Die Bewertung einzelner schriftlicher Arbeiten kann nicht als VA angefochten werden, sondern nur das Gesamtergebnis[609], das Gleiche gilt für die mündliche Prüfung[610]. Bei der Beurteilung von Prüfungsleistungen in der 2. juristischen Staatsprüfung ist das Einholen eines Sachverständigengutachtens zulässig[611]. Wenn der Prüfer auf Fehlleistungen mit Sarkasmus und Unsachlichkeit reagiert, verletzt er das Gebot der Chancengleichheit[612]. Zur Prüfungspsychose vgl. BVerwG DVBl. 1980, 482; zur Anwendung der Relationstechnik Münster NJW 1980, 1483; zur Verletzung der Chancengleichheit durch Lärm BVerwGE 85, 323; dazu Scherzberg NVwZ 1992, 31; E 94, 64; zur Verlängerung der Abgabefrist für Behinderte Münster NVwZ 1993, 93; zum Fachgespräch bei Facharztanerkennung München NJW 1996, 1614; sowie insgesamt Wagner DVBl. 1990, 183.

---

600 BVerwGE 91, 24, auch zum Verhältnis von Lehrbefähigung und Lehrbefugnis; vgl. auch BVerwGE 95, 237 zum Recht auf Einsichtnahme in die Prüfungsakten des Habilitationsverfahrens.
601 Mannheim NJW 1974, 964 für Studentenwohnheim.
602 BVerwGE 45, 39; Münster NJW 1999, 305 zum unzulässigen Einsatz von Mitarbeitern oder Hilfskräften; vgl. auch BVerwGE 95, 237 für Habilitation.
603 Mannheim NJW 1977, 1842.
604 Münster OVGE 25, 181.
605 Lüneburg NJW 1973, 2317; zu den Grenzen zulässiger Anforderungen vgl. BVerwGE 78, 55; Mannheim DVBl. 1995, 1356.
606 BVerwGE 38, 322.
607 BVerwGE 41, 148.
608 BVerwGE 51, 331 für zahnärztliche Prüfung.
609 BVerwG Buchh. 421.0 Prüfungswesen Nr. 323 u. Nr. 404.
610 BVerwGE 96, 126, beide Entscheidungen zur 1. juristischen Staatsprüfung in Bayern.
611 BVerwG DVBl. 1998, 1350; vgl. auch BVerwG DVBl. 1998, 1351: Statistische Durchschnittswerte kein Maßstab für Bewertung; BVerwG 99, 74 zum Abweichen von rechnerisch ermittelter Gesamtnote; DVBl. 1998, 404 zur Überprüfung von Fachfragen.
612 BVerwGE 55, 355; vgl. auch BVerwGE 70, 143 zum Fairnessgebot; BVerwGE 107, 363 zur Befangenheit des Prüfers.

116a Das BVerfG[613] hat neben dem Gebot des effektiven Rechtsschutzes einen aus Art. 12 Abs. 1 GG folgenden Grundrechtsschutz durch eine entsprechende Gestaltung des Prüfungsverfahrens gefordert und damit die **gerichtliche Überprüfung** von Prüfungsentscheidungen gegenüber der bisherigen Rechtsprechung des BVerwG[614] **verstärkt**[615]. Das BVerwG[616] hat dieses Gebot nicht verletzt gesehen, wenn die Bewertung der Prüfungsleistung mit entsprechender neuer Begründung durch die ursprünglichen Prüfer im gerichtlichen Verfahren nachgeholt wird. Damit das Prüfungsverfahren entsprechend der Rechtsprechung des BVerfG den Anforderungen aus Art. 12 Abs. 1 GG genügt, **hat** das BVerwG[617] ein rechtzeitiges und wirkungsvolles **Überdenken der Prüfungsentscheidung** auf Grund der Einwände des Prüflings **vor der** nur eingeschränkten **gerichtlichen Kontrolle gefordert**[618]. Dieses Überdenken kann sowohl **im Vorverfahren** nach §§ 68 ff. erfolgen, wie **in** einem **anderweitigen verwaltungsinternen Kontrollverfahren,** wenn dieses gleichermaßen die verfassungsrechtlichen Anforderungen erfüllt[619]. Erhebt der Prüfling bei Ausschluss des Vorverfahrens[620] vor Abschluss des Überdenkens Klage, um die Frist des § 74 zu wahren, hat das Gericht auf seinen Antrag das Verfahren nach § 94 auszusetzen, um die abschließende Durchführung des verwaltungsinternen Kontrollverfahrens zu ermöglichen[621]; hierdurch soll gleichzeitig vermieden werden, dass der Prüfungsbescheid allein wegen des Fehlens einer Entscheidung im verwaltungsinternen Kontrollverfahren aufgehoben und so eine erneute Entscheidung erreicht wird[622]. Das **Informationsrecht des Prüflings** richtet sich grundsätzlich auch auf eine angemessene Begründung der Prüfungsentscheidung, d.h. auf die Bekanntgabe der wesentlichen Gründe, mit denen die Prüfer zu einer bestimmten Bewertung der schriftlichen und mündlichen Prüfungsleistungen gelangt sind[623]. Zum Umfang der Protokollierung der mündlichen Prüfung vgl. BVerwG NVwZ 1995, 494. Vgl. im Übrigen § 68 Rn. 1a; § 114 Rn. 34 ff.; zum Verbot der Verschlechterung einer Prüfungsnote in der zweiten Entscheidung § 73 Rn. 20.

116b Nach dem **BundesausbildungsförderungsG** besteht ein Anspruch auf Förderung über die Förderungshöchstdauer hinaus nur, wenn die weitere Ausbildung berufsqualifizierend abgeschlossen werden kann[624]. Zur Anerkennung der Gleichwertigkeit des Besuchs einer privaten Schule mit einer staatlichen

---

613 E 84, 34 zur juristischen Staatsprüfung; E 84, 59 zur medizinischen Prüfung im Antwort-Wahl-Verfahren; dazu auch E 104, 203; vgl. jüngst NJW 2003, 1924.

614 Vgl. E 70, 143 zur Beurteilungsermächtigung des Prüfers; E 78, 280, DVBl. 1984, 479 zum Antwort-Wahl-Verfahren.

615 Vgl. dazu überwiegend kritisch Koenig VerwA 83, 351; Kopp DVBl. 1991, 989; Löwer, Redeker-Festschrift, S. 515; Niehues NJW 1991, 3001; Redeker NVwZ 1992, 305; Rozek NVwZ 1992, 343; Seebass NVwZ 1992, 609; Sendler DVBl. 1994, 1089; Wimmer, Redeker-Festschrift, S. 531; Würkner NVwZ 1992, 309; auch die Mutzenbacher-Entscheidung des BVerfGE 83, 130.

616 DVBl. 1993, 503 zur Prüfung für Wirtschaftsprüfer.

617 NVwZ 1993, 681 und 689.

618 Vgl. BVerwGE 92, 132; E 98, 324 für Laufbahnprüfung.

619 Vgl. dazu BVerwG NJW 1998, 323; Münster NVwZ 1992, 694 und 696; DVBl. 1993, 509.

620 Vgl. dazu München NVwZ 1993, 693.

621 BVerwG NVwZ 1993, 681; vgl. dazu auch Koblenz NVwZ 1992, 399.

622 BVerwG NVwZ 1993, 686, womit Münster NVwZ 1992, 397 aufgehoben wird, das ein Nachholen des Verwaltungskontrollverfahrens im Klageverfahren ausschloss.

623 BVerwGE 91, 262; E 99, 185; NJW 1998, 3657; Kassel DVBl. 1997, 621; Münster NJW 1996, 2675; auch Münster DVBl. 1996, 446 für Widerspruchsverfahren.

624 BVerwGE 57, 75; 80, 290 vgl. auch BVerwGE 105, 377 zum Antrag.

Schule vgl. BVerwGE 92, 340 für Waldorfschule. Ein ernsthafter Neigungswandel ist kein wichtiger Grund für einen Fachrichtungswechsel, wenn der Auszubildende die Gründe gegen die zunächst gewählte Fachrichtung bereits bei Beginn der Ausbildung erkennen konnte[625] oder wenn er sein Studium nicht unverzüglich abbricht[626]. Es besteht kein Anspruch auf Förderung eines Zweitstudiums als **weiterer Ausbildung,** wenn nach Überschreiten der Förderungshöchstdauer die Abschlussprüfung des Erststudiums nicht bestanden wurde[627]. Die bestandene Abschlussprüfung der ersten Ausbildung eröffnet den Zugang zur weiteren Ausbildung nur dann, wenn mit ihr erstmalig die Zugangsvoraussetzungen der weiteren Ausbildung erfüllt wurden[628]; Förderung der weiteren Ausbildung kommt nicht schon dann in Betracht, wenn diese die spätere Berufsausübung erleichtert oder ertragreicher macht[629], wohl aber nach berufsqualifizierendem Abschluss an Berufsfachschule[630]. Bei fortgeschrittenem Parkstudium besteht kein wichtiger Grund mehr für Wechsel ins Wunschstudium[631]. Förderung während einer Studienfahrt kann nur geleistet werden, wenn diese Teil der Ausbildung ist[632]. Eine **Rückforderung von Leistungen** ist zulässig, wenn der Student während eines Vorlesungsboykotts allen nach seinem eigenen Plan vorgesehenen Vorlesungen fernbleibt[633]. Zur **Überleitung** von Unterhaltsansprüchen und Inanspruchnahme der Eltern vgl. BVerwGE 36, 300 bei Fehlen unverzüglicher Mitteilung; E 55, 23 zur Rechtmäßigkeit der Gewährung der Förderung; insgesamt vgl. Ramsauer NVwZ 1997, 131.

Der Arzt ist grundsätzlich zur Teilnahme am **ärztlichen Notfalldienst** ver- **117** pflichtet[634]; er hat jedoch einen Anspruch auf Freistellung, wenn er nach ärztlicher Gewissensentscheidung sich nicht in der Lage sieht, diesen auszuführen[635], oder wenn er bereits im Rahmen des klinischen Bereitschaftsdienstes seines Krankenhauses eingesetzt ist[636].

4. Beamtenrecht. Ein Rechtsanspruch auf **Übernahme in das Beamtenver-** **118** **hältnis** besteht für den Bewerber nicht, auch nicht für den Angestellten, dem die Wahrnehmung hoheitlicher Aufgaben übertragen ist[637]. Auch aus dem Bestehen der großen juristischen Staatsprüfung folgt ein solcher Anspruch

---

625 BVerwGE 58, 270; vgl. aber auch E 72, 257 zum wichtigen Grund für Abbruch der bisherigen Ausbildung.
626 BVerwGE 85, 194; vgl. auch E 88, 151.
627 BVerwGE 55, 194; vgl. auch E 54, 191.
628 BVerwGE 55, 200.
629 BVerwGE 55, 325, auch zum Doppelstudium; vgl. auch E 55, 205.
630 BVerwGE FamRZ 1988, 1105; E 72, 257; E 81, 242 für Krankenpfleger.
631 BVerwGE 67, 235; vgl. auch BVerwGE 67, 250 und E 85, 188 für Wechsel von Parkstudium zu Parkstudium; BVerwGE 98, 50 zum Zeitpunkt des Fachrichtungswechsels.
632 BVerwGE 54, 186; zur Beurlaubung vgl. E 58, 132; 66, 261; zur Unterbrechung der Ausbildung E 57, 21; 62, 124.
633 BVerwGE 55, 288 unter Ablehnung der Sphärentheorie des BAG für diesen Fall.
634 BVerwGE 65, 362 auch für niedergelassenen, nicht kassenärztlichen Facharzt; Mannheim DVBl. 1999, 1048.
635 BVerwGE 27, 303; vgl. auch Martens NJW 1970, 494; sowie VG Neustadt NJW 1970, 534.
636 BVerwGE 41, 261 m. Anm. Busse NJW 1973, 1428; Eberle NJW 1973, 2225; vgl. das »Facharzturteil« BVerfGE 33, 125; zur Befreiung von Dienstbereitschaft bei Apotheken vgl. Münster NJW 1990, 251.
637 München VGH n.F. 19, 89; Mannheim NJW 1980, 1868 für Beschäftigung als Lehrer.

nicht[638]. Zur Berücksichtigung von Beamtenbewerbern mit Laufbahnprüfung aus einem anderen Bundesland vgl. BVerwGE 68, 109, Münster NVwZ 1984, 126, beide bejahend. Eine Einstellungsentscheidung darf nicht nach der Religionszugehörigkeit getroffen werden[639]. Der EuGH hat eine automatische, starre **Quotenregelung für Frauen** für unzulässig gehalten[640], eine Quotenregelung mit Öffnungsklausel, die eine Einzelfallprüfung erfordert, für zulässig erklärt[641]. Bei begründeten **Zweifeln an der Verfassungstreue** besteht auch für den geprüften Kandidaten kein Anspruch auf Ernennung zum Referendar im Beamtenverhältnis auf Widerruf[642]. Ob ohne gesetzliche Regelung ein Anspruch auf Übernahme in den Vorbereitungsdienst im Angestelltenverhältnis bestehen kann, hält Mannheim[643] für fraglich, bekämpft der Bewerber die freiheitlich demokratische Grundordnung oder bestehen begründete Zweifel an der Verfassungstreue, ist auch ein Anspruch auf Aufnahme in den Vorbereitungsdienst außerhalb des Beamtenverhältnisses ausgeschlossen[644]. Der Bewerber für die Übernahme in den Vorbereitungsdienst hat keinen Anspruch darauf, dass bereits bei dem Gespräch zur Klärung dieser Bereitschaft sein Rechtsbeistand teilnimmt[645].

119 Der **Beamte hat** grundsätzlich **keinen Anspruch auf Beförderung,** auch bei längerer Beschäftigung in einem höherwertigen Amt nicht[646]; Die **Konkurrentenklage** im Beamtenrecht hat das BVerwG[647] bezogen auf militärische Verwendungsentscheidungen, zugelassen, sonst jedoch abgelehnt[648], dabei jedoch gefordert, dass dem unterlegenen Bewerber das Ergebnis des Auswahlverfahrens innerhalb einer für seine Rechtsschutzentscheidung ausreichenden Zeitspanne vor der Ernennung des Konkurrenten mitgeteilt wird[649]. Der Ausgewählte hat nach Ablauf der Bewährungszeit Anspruch auf endgültige Bestellung[650]. Auch ein Anspruch auf Ausschreibung von Beförderungsstellen besteht nicht[651]. Der Beamte hat jedoch einen Anspruch

---

638 Jedoch zur Einstellung in den Referendardienst Kassel DVBl. 1997, 1008.
639 BVerwGE 81, 22 für Gemeinschaftsschule.
640 NJW 1995, 3109.
641 DVBl. 1998, 183 m. Anm. Sachs; vgl. auch Mannheim VBlBW 1996, 464; vgl. im Übrigen zur Rechtsprechung und zum Diskussionsstand im Hinblick auf eine leistungsunabhängige oder auch eine leistungsabhängige Frauenquote Lüneburg NVwZ 1996, 497; Bevorzugung verstößt gegen § 7 BRRG; ebenso Münster NVwZ 1996, 495, NVwZ 1996, 496 m. Anm. Hoffmann NVwZ 1996, 424, sowie ausführlich Laubinger VerwA 87, 305 und 473 Lenz NJW 1998, 1619.
642 Vgl. Lüneburg NJW 1973, 73; Maurer NJW 1972, 601; Plümer NJW 1973, 4 m.N.; zu den Anforderungen in Bezug auf die Treuepflicht vgl. BVerfGE 39, 334; Kassel NJW 1977, 1843, Menger VerwA 67, 105; vgl. auch BVerwGE 62, 364 für gehobenen Dienst.
643 NJW 1977, 1840.
644 Vgl. BVerwGE 47, 330; BVerfGE 46, 43; Mannheim NJW 1977, 971, 1840; zur Loyalitätspflicht des Angestellten vgl. BVerfGE 39, 334.
645 BVerwGE 62, 169.
646 Mannheim NJW 1996, 2525 für Richter; Münster OVGE 22, 78; vgl. BVerwG DVBl. 1990, 1235 zum Ausbringen von Planstellen.
647 E 76, 336.
648 BVerwGE 80, 127 m. Anm. Busch DVBl. 1990, 106; vgl. auch BVerfG NJW 1990, 501, dazu Bader/v. Albedyll Rn. 44; auch Wittkowski NJW 1993, 817; ders. NVwZ 1995, 345 m.w.N.; vgl. auch Koblenz NVwZ-RR 1999, 592 zur Klagebefugnis gegen Umsetzungsbewerber.
649 Vgl. auch Ronellenfitsch VerwA 82, 121; a.A. Kassel NVwZ 1992, 195 für Dienstpostenbesetzung; vgl. auch BVerwGE 106, 129 für Zusage einer weiteren, freigewordenen Stelle im Falle des Obsiegens im Rechtsstreit.
650 Bremen NordÖR 1999, 248.
651 BVerwGE 49, 232.

darauf, dass ihn der Dienstherr nicht aus unsachlichen Erwägungen von der Beförderung ausschließt[652], dass bei Beförderungen nach Eignung, Befähigung und fachlicher Leistung entschieden und ihm nicht ein anderer aus unsachlichen, z.b. konfessionellen Gründen vorgezogen wird[653]; bei der Bewährungsbeförderung kann der Dienstherr auch andere als Leistungsgesichtspunkte berücksichtigen[654]; ein Anspruch des Personalrats auf Teilnahme am Beurteilungsgespräch besteht nicht[655]. Kassel[656] verlangt zur Durchsetzung des Leistungsprinzips bei der Besetzung höherer Beförderungsposten ein spezifisches Anforderungsprofil[657]. Zum Akteneinsichtsrecht der Mitbewerber vgl. Kassel NVwZ 1994, 398. Unabhängig von gerichtlicher Aufforderung sieht Kassel[658] auch eine Verpflichtung der Behörde, bei anhängigen Verfahren von weiteren Bewerbern weder die Ernennungsurkunde auszuhändigen noch das höhere Amt zu übertragen. Der Beamte kann, wenn sein Dienstherr gegen diese Grundsätze verstößt und der Verstoß adäquat kausal für die Nichtbeförderung ist, einen Anspruch auf Schadensersatz, nicht nur aus Verletzung der Fürsorgepflicht, haben[659]. Zum Amtshaftungsprozess, wenn durch vorzeitige Ernennung eines Mitbewerbers die Konkurrentenklage vereitelt worden ist, vgl. BGH DVBl. 1995, 922. Bestehet die Verwaltungsanordnung einer obersten Dienstbehörde, Beförderungen eines abschließend abgegrenzten Kreises von Beamten nach objektiven Merkmalen durchzuführen, hat der einzelne Beamte einen Anspruch auf fristgerechte Beförderung, bei dessen Verletzung Schadensersatz zu leisten ist[660]. Auch wenn die Ernennungsurkunde bereits unterzeichnet ist, besteht kein Anspruch auf deren Aushändigung[661]. Aus der Fürsorgepflicht des Dienstherrn folgt auch ein Anspruch des Beamten auf eine ordnungsgemäße und faire Gestaltung des Verwaltungsverfahrens im Falle seiner **Entlassung aus dem Beamtenverhältnis**[662]. Die Entlassung eines Beamten auf Probe wegen mangelnder Bewährung unterliegt nur eingeschränkter verwaltungsgerichtlicher Überprüfung[663]. Sie ist keine Ermessensentscheidung[664]. Bei der Zur-Ruhe-Setzung wegen Dienstunfähigkeit beurteilt sich die Rechtmäßigkeit danach, ob die Behörde im Zeitpunkt der letzten Verwaltungsentscheidung von der dauernden Dienstunfähigkeit des Betroffenen ausgehen durfte[665]. Zur Freiwilligkeit des Antrags auf Teilzeitbeschäftigung vgl. BVerwGE 82, 196. Zur Beurteilungsermächtigung vgl. § 114 Rn. 15.

Der Beamte hat keinen Anspruch auf Schadensersatz wegen Fürsorgepflicht- **120** verletzung, wenn der Dienstherr es versäumt hat, die **Planstelle eines höher-**

---

652 BVerwGE 19, 252; E 80, 224 zum Beurteilungsspielraum im Aufstiegsverfahren; E 106, 318 zur Voreingenommenheit des Beurteilers; Münster DVBl. 1990, 543 zur Laufbahnprüfung.
653 BVerwGE 102, 33; Mannheim ESVGH 19, 31; zur Frauenquote vgl. Rn. 118.
654 BVerwGE 49, 214.
655 BVerwGE 67, 58.
656 DVBl. 1994, 593.
657 Ebenso München ZBR 1994, 350; vgl. auch Schleswig NVwZ-RR 1994, 527.
658 NVwZ 1994, 527.
659 BVerwGE 80, 123; NJW 1992, 927; E 107, 29; NJW 1997, 1321 zur Verjährung dieses Anspruchs.
660 BVerwGE 20, 233.
661 Lüneburg OVGE 22, 472.
662 BVerwGE 43, 154.
663 BVerwGE 85, 177; E 106, 318.
664 BVerwGE 108, 64.
665 BVerwGE 105, 267.

wertigen Amtes, dessen Obliegenheiten er wahrnimmt, besetzbar zu machen[666]. Auch ein Anspruch auf Schaffung einer Beförderungsmöglichkeit besteht nicht[667], wohl aber auf Übertragung eines amtsgemäßen Aufgabenbereichs[668]. Das Einvernehmen nach § 128 Abs. 2 BRRG der an einer Umbildung beteiligten Körperschaft dient ausschließlich deren Interessen, nicht dagegen auch dem Schutz des Beamten[669]. Das **Aufrechterhalten von Dienstleistungen** durch den Einsatz von Beamten auf bestreikten Arbeitnehmerposten der Verwaltung ist unzulässig[670].

121   Der Beamte hat einen Anspruch auf **Einsichtnahme in seine vollständigen Personalakten,** § 56c BRRG. Der Beamte hat ein Recht auf Geheimhaltung seiner Personalakten, das nur dann eine Auskunft oder Mitteilung durch den Dienstherrn an Dritte zulässt, wenn überwiegende schutzwürdige Interessen der Allgemeinheit oder auch eines Dritten dies gebieten, § 56d BRRG.

122   Der Beamte hat **kein Streikrecht,** auch nicht Referendare[671]; damit sind auch streikähnliche Maßnahmen unzulässig[672]. Der Beamte kann sich auch nicht unter bloßer Berufung auf sein Gewissen gegen Verrichtungen wehren, die dem Berufsbild der von ihm frei gewählten Laufbahn wesensgemäß sind[673]. Aus dem Gebot der Zurückhaltung bei politischer Betätigung folgt, dass der Beamte keinen Anspruch auf Sonderurlaub zur **Teilnahme an politischen Demonstrationen** hat[674]. Der Beamte hat keinen Anspruch auf verkürzte **Arbeitszeit**[675]. Das Geltendmachen von **Erholungsurlaub** stellt, auch wenn im Urlaubsjahr nur eine geringe Dienstleistung erbracht wurde, keinen Rechtsmissbrauch dar[676]. Einen Anspruch des Beamten auf Erteilung der Genehmigung zur geschäftsmäßigen **Besorgung fremder Rechtsangelegenheiten** hat das BVerwG bejaht[677]. Auch der Ehrenbeamte muss die **mit seinem Hauptamt zusammenhängende Vergütung** an den Dienstherren abführen[678]; **Belohnungen** und **Geschenke** in Bezug auf ihre dienstliche Tätigkeit dürfen Soldaten und Beamte nur mit Zustimmung des Dienstherren annehmen[679]. Bei **Interessenkollision** mit seiner früheren Tätigkeit kann auch dem Ruhestandsbeamten eine **Beschäftigung** oder Erwerbstätigkeit **untersagt** werden[680].

123   5. **Akteneinsicht, Einschreiten, Zweitbescheid.** Das **Recht auf Einsichtnahme in die Verwaltungsakte** ist durch § 29 VwVfG geregelt. Unter den Voraussetzungen dieser Vorschrift hat der am Verwaltungsverfahren Beteiligte (§ 13 VwVfG) einen Anspruch auf Einsichtnahme in die das Verfahren betreffen-

666   BVerwG ZBR 1968, 189.
667   BVerwG DVBl. 1992, 918.
668   BVerwGE 87, 310; 89, 199.
669   BVerwGE 57, 98.
670   BVerfG NJW 1993, 1379 gegen BVerwG NJW 1984, 2713.
671   Münster OVGE 1, 22; 29, 179.
672   BVerwGE 53, 330; 73, 97 zu Fluglotsen; NJW 1980, 1809.
673   BVerwGE 56, 227.
674   BVerwGE 42, 79.
675   BVerwG NVwZ 1995, 168 zur 40-Stunden-Woche.
676   BVerwG NJW 1987, 671.
677   E 35, 62, dazu Chemnitz NJW 1970, 1059.
678   BVerwG NVwZ 1998, 1304 für Aufsichtsratsvergütung.
679   BVerwGE 100, 172 für Erbschaft an Zivildienstleistenden.
680   BVerwGE 102, 326; vgl. auch Koblenz NJW 1991, 245; Battis NJW 1999, 987.

den Akten der Verwaltung[681]. Dieser Anspruch bedeutet eine beschränkte Aktenöffentlichkeit, weil sie auf den Verfahrensbeteiligten abstellt[682]. Wer nicht Beteiligter ist, auch, wer prüfen will, ob er von einem Verwaltungsverfahren betroffen ist, oder wer feststellen will, dass er nicht von einem solchen Verfahren betroffen ist, muss sein besonderes Interesse darlegen und hat Anspruch nur darauf, dass die Verwaltung ermessensfehlerfrei über sein Begehren entscheidet[683]. Ein allgemeines Recht auf Akteneinsicht außerhalb eines Verwaltungsverfahrens besteht nicht[684]. Ein berechtigtes Interesse auf Einsicht folgt nicht schon daraus, dass der Anspruchsteller Rechtsanwalt ist[685]. Aus dem Recht auf informationelle Selbstbestimmung[686] kann ein Anspruch auf Löschung von Eintragungen folgen[687]. Es besteht kein Anspruch auf Einsicht in die Akten einer Enquête-Kommission des Dt. Bundestages[688], ebenso nicht für politische Partei auf Aushändigung einer Jungwählerliste aus dem Melderegister[689], dagegen auf Zugang zu den der EU-Kommission vorliegenden Dokumenten[690]. Soweit besondere Vorschriften für die Akteneinsicht in anderen Gesetzen bestehen (z.B. § 90c BBG, §§ 56c ff BRRG, § 29 SoldG, § 36 ZivildienstG, §§ 13, 19, 32 StasiUnterlagenG), gehen diese dem VwVfG vor (vgl. Mannheim NJW 1996, 613 für BW KammerG). Zur Akteneinsicht im Massenverfahren vgl. § 29 Abs. 1 S. 3 VwVfG (nur Vertreter), im Planfeststellungsverfahren vgl. § 72 Abs. 1 VwVfG (nur nach pflichtgemäßem Ermessen der Behörde). Zur Akteneinsicht im Vorverfahren vgl. § 73 Rn. 10, im verwaltungsgerichtlichen Verfahren § 100. Zum Rechtsbehelf gegen die Verweigerung der Akteneinsicht im Verwaltungsverfahren vgl. § 44a Rn. 3a. Zum **Auskunftsanspruch** eines Wissenschaftlers zu Forschungszwecken vgl. Mannheim NJW 1996, 538; zur Auskunft auch Rn. 53.

Im Kommunalverfassungsrecht folgt aus dem Grundsatz der Öffentlichkeit der Sitzungen des Gemeinderates das Recht auf Einsichtnahme in **Sitzungsprotokolle** auch gegenüber Zweckverbänden[691].

Nach dem **UmweltinformationsG** besteht grundsätzlich ein umfassender **123a** Anspruch auf Akteneinsicht[692], der beschränkt ist nur insoweit, als es sich um personenbezogene Daten sowie um Geschäfts- und Betriebsgeheim-

---

681 Vgl. Knack/Clausen § 29 Rn. 6; Kopp/Ramsauer § 29 Anm. 1; Meyer/Borgs § 29 Anm. 4 u. 6; Ule/Laubinger S. 106; einige Länder haben dies – durchaus problematisch – eigenständig geregelt: Brandenburg, Berlin, NRW u. S-H.

682 Vgl. Götz NJW 1976, 1427.

683 Vgl. BVerwGE 69, 278; München NVwZ 1999, 889.

684 BVerwGE 61, 15; vgl. jedoch Mannheim DVBl. 1992, 1309 zum Anspruch auf Auskunft über zur Person gespeicherte politische Daten; Lüneburg NJW 1997, 2468 für Einsicht in Todesbescheinigung; Münster DVBl. 1999, 1053 für Mitteilung des Namens eines Mitglieds der Gutachterkommission für ärztliche Haftungsfragen.

685 BVerwG NJW 1984, 2590.

686 Dazu BVerwGE 84, 375.

687 BVerwG NJW 1994, 2499 für Entzug der Fahrlehrererlaubnis; BVerwG DVBl. 1999, 332 für Mitteilung der Löschung.

688 Münster NJW 1998, 3659.

689 Frankfurt DVBl. 1999, 337.

690 EuGH NVwZ 1998, 493.

691 VG Freiburg NJW 1974, 762 zur Ungültigkeit des generellen Ausschlusses der Öffentlichkeit in Verbandssatzung.

692 Vgl. BVerwGE 102, 282, auch zur schriftlichen Mitteilung der Information; dazu Röger DVBl. 1997, 885; Faber DVBl. 1995, 722; Müller/Heuer NVwZ 1997, 330; Kothe, Das neue Umweltauditrecht, 1997.

nisse[693] oder um Beratungen im verwaltungsbehördlichen Verfahren handelt[694]; die den Beratungen zu Grunde liegenden Sachinformationen unterliegen jedoch dem Anspruch auf Akteneinsicht[695]. Der Anspruch auf Zugang zu Umweltinformationen kann auch dem Ortsverband einer politischen Partei zustehen[696].

124 Der Bürger hat keinen allgemeinen Anspruch auf **polizeiliches (ordnungsbehördliches) Einschreiten**[697]. Das BVerwG hat jedoch – einen auf ermessensfehlerfreie Entschließung der Behörde beschränkten – Anspruch des Einzelnen auf Einschreiten gegen rechtswidrige Handlungen Dritter oder rechtswidrige Zustände bejaht, wenn dadurch seine öffentlich-rechtlich geschützten Interessen beeinflusst wurden[698]; dabei muss die verletzte Rechtsvorschrift nicht nur dem öffentlichen Interesse, sondern daneben, wenn auch nur in geringem Umfang, die Belange des Einzelnen schützen[699]. Aber auch dem Störer kann ein Anspruch auf fehlerfreie Ermessensentscheidung darüber zustehen, ob die Ordnungsbehörde zur Gefahrenabwehr einen Nichtstörer beanspruchen muss[700]. Die Behörde kann sich bei der Entscheidung über einen Antrag auf Einschreiten daher nicht allein auf das Opportunitätsprinzip berufen, vielmehr muss sie, neben polizeirechtlichen Erwägungen, z.B. dem Subsidiaritätsprinzip, auch eine Interessenabwägung vornehmen zwischen den Rechten des Antragstellers und des Betroffenen[701]; wo z.B. nachbarschützende Vorschriften bei Ausübung pflichtgemäßen Ermessens ein Einschreiten fordern, kann ein Rechtsanspruch bestehen[702]. Inwieweit sich **im vereinfachten baurechtlichen Verfahren**[703] für den Nachbarn bei der

---

693 Vgl. Mannheim NVwZ 1998, 987; München NVwZ 2001, 342 zur Gentechnik; jedoch auch BVerwGE 108, 369, soweit es sich um staatliche finanzielle Förderung eines umweltverbessernden Produktionsverfahrens handelt; sowie BVerwG DVBl. 2000, 198.

694 Vgl. Greifswald NuR 1997, 150 zum Begriff des verwaltungsbehördlichen Verfahrens; Schleswig NVwZ 1999, 670 zu den Begriffen »Beratung« und »Vertraulichkeit«; vgl. auch Schleswig NordÖR 2000, 108; kein Anspruch bei Kabinettvorlagen.

695 Vgl. EuGH NJW 1999, 1175, Anspruch bejaht für Stellungnahme der Landschaftspflegebehörde im Planfeststellungsverfahren; dazu Anm. Schrader NVwZ 1999, 40; Pitschas/Lessner DVBl. 1999, 226; vgl. auch EuGH DVBl. 1999, 1494, dazu Becker NVwZ 1999, 1187.

696 BVerwG DVBl. 1999, 1134.

697 BVerwGE 11, 95 m. Anm. Bachof; DVBl. 1961, 125 für Baupolizei; BVerwGE 28, 292 für Verstoß gegen LadenschlussG; Lüneburg DÖV 1963, 769; vgl. dazu Dietlein DVBl. 1991, 685.

698 BVerwGE 11, 95.

699 BVerwGE 37, 112 zum Freihalten der Garagenausfahrt; vgl. jedoch auch Münster NJW 1977, 597 Anspruch auf Wiederaufstellen eines unbefugt entfernten Halteverbotsschildes verneinend, dazu Krebs VerwA 68, 285; Lüneburg GewA 1990, 38: Anspruch des Nachbarn nach Feiertagsrecht auf Einschreiten gegen Baulärm am Sonntag verneinend; BVerwG NJW 1996, 1297, Anspruch auf Rauchverbot bei Inlandsflügen verneinend.

700 Berlin NJW 1980, 2484 für Obdachlosigkeit.

701 Münster DÖV 1968, 697 zum Anspruch gegen die Polizei, zur Sicherung von privaten Rechten den Namen einer Person festzustellen – hier verneint.

702 Münster NJW 1984, 883 für Nachbarrechte verletzendes Bauwerk; vgl. auch Kassel NJW 1984, 2305 für Beseitigung von Obdachlosigkeit; Kassel NJW 1994, 1750 zum Anspruch auf Erlass eines Versammlungsverbots; Mannheim NJW 1990, 1930 für Rauchbelästigung; siehe dazu auch BVerwGE 81, 330 für Beeinträchtigung des Oberflächeneigentums durch Bergbau; Bremen NJW 1992, 3054 zur Freisetzung von Asbestfaserstauben; vgl. zum Baurecht auch Sarnighausen NJW 1993, 1623; insgesamt Heinrich DVBl. 1966, 425; Menger/Erichsen VerwA 57, 180.

703 Vgl. dazu Rn. 133a.

Verletzung nachbarschützender Vorschriften ein Anspruch auf Einschreiten der Baubehörde ergeben kann, ist umstritten[704]. Ein schutzwürdiges Interesse auf Nichteinschreiten gegen baurechtswidrige Zustände besteht nicht, wenn diese durch »Kungeln« des Bauherrn mit Bediensteten der Baubehörde entstanden sind[705]. Hat die Behörde zum Schutz des Nachbarn eine Verfügung getroffen, steht diesem ein Rechtsanspruch auf deren Vollzug zu[706]. Andererseits können Verkehrsflughäfen von der Luftaufsichtsbehörde nicht generell zur **Eigensicherung** gegen Terroristengefahr verpflichtet werden[707].

Ein Anspruch auf **aufsichtsbehördliches Einschreiten** besteht nicht[708], **125** ebenso wenig auf dienstaufsichtliche oder Disziplinarmaßnahmen[709] oder auf ein bestimmtes Tätigwerden des Dienstherren im besonderen Pflichtenverhältnis[710]; ein solcher Anspruch folgt auch nicht aus Art. 19 Abs. 4 GG[711]. Zum Anspruch des betroffenen Dritten auf ordnungsbehördliches Einschreiten gegen ungenehmigten Betrieb einer Anlage vgl. BVerwGE 88, 286 für KKW. Auch ein Anspruch auf **bundesaufsichtliches Einschreiten** oder Ausübung des **Bundeszwanges** besteht nicht, da sie nicht dem Interesse des Einzelnen dienen[712]. Dagegen hat der Bürger ein Recht, im Verwaltungsverfahren eine ihm **unzumutbare Amtsperson abzulehnen**[713].

Nach dem VwVfG besteht ein Anspruch auf ein **Wiederaufgreifen des Ver-** **126** **fahrens,** d.h. auf eine Entscheidung über die Aufhebung oder Änderung eines unanfechtbaren VA, wenn ein Fall des § 51 Abs. 1 VwVfG vorliegt und nicht Verschulden oder Fristversäumnis (§ 51 Abs. 2 und 3 VwVfG) entgegenstehen oder dieser Anspruch, wie im Planfeststellungsverfahren (§ 72 Abs. 1 VwVfG), ausdrücklich ausgeschlossen ist. Über § 51 Abs. 1 VwVfG hinaus besteht ein Rechtsanspruch auf fehlerfreie Ermessensentscheidung darüber, ob die Behörde erneut in die Sachprüfung eintreten will (Wiederaufgreifen im engeren Sinne)[714].

Der **Antrag auf Wiederaufgreifen des Verfahrens** kann nach § 51 Abs. 1 **127** VwVfG gestellt werden, wenn sich die dem VA zu Grunde liegende **Sachlage**

---

704 Vgl. Mannheim BauR 1995, 213; Münster BauR 1994, 746; Mampel NVwZ 1999, 385; DVBl. 1999, 1403; Oeter DVBl. 1999, 189; Ortloff NVwZ 1998, 932; vgl. auch Dolderer DVBl. 1998, 13.

705 Schleswig NordÖR 1999, 262.

706 München BayVBl. 1967, 283 zur feuerpolizeilichen Verfügung.

707 BVerwG DVBl. 1986, 360 m. Anm. Schenke, dazu auch Ronellenfitsch VerwA 77, 435.

708 BVerwGE 117, 93 auf Einschreiten der Regulierungsbehörde für Telekommunikation und Post gegenüber Telekommunikationsdienstleister wegen zu hoher Entgelte; Hamburg NJW 1994, 73 für Einschreiten auf Sendungen von Werbespots; BSG DVBl. 1968, 809 für Aufsichtsanordnung gegen die unterstellte Krankenkasse; dazu Anm. Schnapp DVBl. 1970, 291; Münster NVwZ-RR 1998, 155 zum befristeten Aufenthaltsverbot für Dealer und Drogenkonsumenten; Schleswig GewA 1992, 308 für Aufsichtsanordnung an Bezirksschornsteinfeger; vgl. auch Götz NVwZ 1998, 679.

709 Kassel VRspr. 4, 111; München DVBl. 1952, 446.

710 Hamburg NJW 1964, 834 zum Antrag eines Außenstehenden auf Versagung der Nebentätigkeit eines Beamten.

711 Mannheim NJW 1997, 1798.

712 BVerwG NJW 1977, 118; vgl. auch Schulte VerwA 81, 415.

713 Kassel DÖV 1970, 645 für Wasserableser; vgl. § 21 VwVfG.

714 BVerfG DVBl. 2000, 1279; BVerwG NVwZ 2000, 447; DVBl. 2001, 726; vgl. Rn. 130.

nachträglich zu Gunsten des Betroffenen **geändert** hat[715], wenn **neue Beweismittel vorliegen**[716], die eine dem Betroffenen günstigere Entscheidung herbeigeführt hätten[717] oder wenn **Wiederaufnahmegründe nach § 580 ZPO** vorliegen[718]. Kommt es für den erneuten Bescheid auf eine gesetzliche Antragsfrist an, bleibt der erste Antrag maßgeblich[719]. Bei einer Änderung der Verhältnisse sind diese grundsätzlich ab Antragstellung dem neuen Bescheid zu Grunde zu legen, nur wenn der Zeitpunkt ihrer Änderung ohne langwierige Ermittlungen feststellbar ist, bleibt dieser maßgeblich[720].

128   Ebenso wie bei einer Änderung der Sachlage gewährt § 51 Abs. 1 VwVfG auch bei einer **nachträglichen Änderung der Rechtslage** zu Gunsten des Betroffenen einen **Anspruch auf Wiederaufgreifen** des Verfahrens. Eine Änderung der Rechtslage liegt dann vor, wenn sich die Gesetzeslage geändert hat, wenn also der VA auf Vorschriften beruht, die vom Gesetzgeber nachträglich geändert wurden[721]. Bei VA mit Dauerwirkung wird der Änderung der zu Grunde liegenden Norm durch den Gesetzgeber auch eine Entscheidung im Normenkontrollverfahren gleichzustellen sein, die die Norm für nichtig erklärt[722].

129   Die Frage, ob ein **Wandel der höchstrichterlichen Rechtsprechung** der nachträglichen Änderung der Rechtslage durch Gesetz gleichzusetzen ist und einen Anspruch auf Wiederaufgreifen des Verfahrens gewährt, ist nach der Begründung (BT-Drs. 7/910 S. 75) in § 51 VwVfG bewusst nicht entschieden worden. Die Kommentare zum VwVfG vertreten überwiegend die Auffassung, dass ein Wandel in der Rechtsprechung nur die neue Interpretation einer bestehenden Rechtslage bedeute und deshalb nicht der Gesetzesänderung gleichzustellen sei[723]. Die Rechtsprechung des BVerwG[724] geht davon aus, dass Verwaltungsbehörden nicht verpflichtet sind, ein durch unanfechtbaren VA abgeschlossenes Verfahren wieder aufzugreifen, auch wenn sich der VA nachträglich auf Grund neuer höchstrichterlicher Rechtsprechung als rechtswidrig erweist. Jedoch hat sich das BVerwG auch dafür ausgesprochen, dass eine wiederholende Verfügung, mit der ein Wiederaufgreifen des Verfahrens abgelehnt wird, mit diesem Regelungsgehalt einen VA darstelle[725]. Zu Recht hat das BSG[726] den Wandel der höchstrichterlichen Rechtsprechung der Gesetzesänderung gleich gestellt und auch die erstmalige Bildung höchstrichter-

---

715   Vgl. BVerwGE 32, 124; DVBl. 1997, 956 für VA mit Dauerwirkung.
716   Vgl. dazu BVerwG NJW 1990, 199.
717   Vgl. BVerwGE 19, 153 für neue amtliche Unterlagen bei Beamtenrecht; BVerwGE 25, 241 für Beweispflicht bei Befreiung vom Wehrdienst; vgl. jedoch auch BVerwG DÖV 1960, 838 für Flüchtlingsrecht; BVerwGE 24, 115 für Wiedergutmachungsrecht, die einen Beweisnotstand fördern.
718   Vgl. im Einzelnen Knack/Meyer § 51 Rn. 44; Kopp/Ramsauer, VwVfG § 51 Anm. 37 ff.; Korber DVBl. 1984, 405; Meyer/Borgs § 51 Anm. 9 ff.; Stelkens/Sachs § 51 Rn. 122 ff.; im Verhältnis zur Wiedereinsetzung Wolff NVwZ 1996, 559.
719   BVerwG DVBl. 1965, 485; aber auch E 26, 234.
720   BVerwGE 24, 285.
721   Vgl. BVerwGE 19, 153; 24, 115; 31, 112 für LAG; E 31, 157; 31, 164; 39, 115 für BWGöD; DVBl. 1997, 956 für VA mit Dauerwirkung.
722   Vgl. § 47 Rn. 46, auch zu den Wirkungen der Entscheidung im Übrigen; Meyer-Ladewig, SGG § 77 Anm. 9; a.A. Kopp/Ramsauer § 51 Anm. 30.
723   Vgl. Knack/Meyer § 51 Rn. 34; Kopp/Ramsauer § 51 Anm. 30; Stelkens/Sachs § 51 Rn. 106 ff.; a.A. Meyer/Borgs § 51 Anm. 12.
724   Buchh. 316 § 51 VwVfG Nr. 9; B. v. 14.2.1994 – 3 B 83/93 juris.
725   Buchh. 310 § 58 VwGO Nr. 82 unter Aufhebung von E 13, 99; so auch Badura, in: Erichsen/Badura § 38 Rn. 54.
726   E 26, 89; 36, 120.

licher Rechtsprechung nach Unanfechtbarkeit des VA wie den Wandel der Rechtsprechung behandelt[727]. Bei dem Wandel der Rechtsprechung muss es sich um höchstrichterliche Entscheidungen handeln[728], die Entscheidung eines Instanzgerichtes reicht nicht aus[729]; ebenso wenig folgt aus dem günstigen Prozessvergleich eines anderen ein Anspruch auf Wiederaufgreifen des Verfahrens[730].

Nach § 51 Abs. 5 VwVfG besteht die Möglichkeit, nach Ermessen (Wieder- **130** aufgreifen im weiteren Sinne) über die Aufhebung des VA zu entscheiden[731].

Hat sich jedoch bei einer Behörde eine Verwaltungspraxis herausgebildet, **131** dass in Fällen bestimmter Art regelmäßig eine erneute Sachprüfung bei abgeschlossenen Fällen erfolgt, verstößt eine Abweichung von dieser Praxis gegen den **Gleichheitsgrundsatz,** wenn sie nicht auf sachgerechten Erwägungen beruht, sondern die vom Gesetz selbst statuierte Sachgesetzlichkeit in willkürlicher Weise durchbricht[732].

6. **Nachbarrechte.** Bei der Erteilung einer Genehmigung können auch **Rechte** **132** **des Nachbarn** verletzt werden. Die Zulässigkeit der **Nachbarklage** (vgl. dazu Rn. 16) ist im **Baurecht** entwickelt worden. Dabei wird regelmäßig eine Anfechtungsklage (gegen die den Dritten begünstigende Genehmigung) in Betracht kommen, aber auch eine Verpflichtungsklage, wenn der Nachbar begehrt, dass dem Dritten bestimmte Schutzauflagen auferlegt werden[733]. Den Rechtsgrund für die Nachbarklage sieht die Rechtsprechung darin, dass bestimmte Normen allein oder mit anderen Zielen, den Schutz des Nachbarn bezwecken, und diesem damit eine Rechtsposition eingeräumt ist, die er im Klagewege durchsetzen kann[734]. Aus der **Grundstücksbezogenheit** des Bebauungsrechts, ebenso des Straßenplanungsrechts folgt, dass bei einem Konflikt benachbarte Grundstücke durch ihre Eigentümer repräsentiert werden; die **Nachbarklage** kann daher grundsätzlich **nur vom Eigentümer**[735], dem **Inhaber des Erbbaurechts**[736] **oder dem Nießbraucher**[737] erhoben werden, ehe- oder familienrechtliche Bindungen oder gemeinsamer Wohnsitz vermitteln keine solche Rechtsposition[738]. Das BVerwG hat, unter Aufgabe seiner bisherigen Rechtsprechung, auch Mieter und Pächter als klagebefugt gegen stra-

---

727 BSGE 28, 141.
728 BVerwG; GSBVerwG; GemS.
729 Vgl. BVerwGE 27, 141; Stelkens NVwZ 1982, 492; vgl. auch BVerwG NJW 1978, 508 verneinend für EuGH.
730 Vgl. Lüneburg OVGE 28, 465 zum Beitragsrecht.
731 BVerwGE 111, 77; Knack/Meyer § 51 Rn. 56.
732 BVerwGE 26, 153; DVBl. 1965, 485; E 65, 167; vgl. Rn. 142.
733 BVerwGE 84, 31.
734 BVerwG Buchh. 406.19 Nachbarschutz Nr. 165; zur Schutznormlehre vgl. Rn. 102.
735 BVerwG NVwZ 1991, 566; NJW 1994, 1233.
736 BVerwG Buchh. 406.19 Nachbarschutz Nr. 75; E 107, 144; vgl. auch BVerfG NJW 1989, 1271.
737 BVerwG NVwZ 1993, 477; Münster NVwZ 1994, 696.
738 BVerwG NVwZ 1991, 566; NJW 1994, 1233; vgl. auch E 82, 61: Klagerecht verneinend für Pächter und Hoferben, ebenso Hamburg DVBl. 1998, 602; Mannheim DVBl. 1996, 929; NJW 1989, 2766 verneinend für Mieter; Mannheim NJW 1992, 388 verneinend für einzelnen Miterben; Mannheim NJW 1995, 1308 verneinend für Vorkaufsrecht; München BayVBl. 1990, 755 verneinend, wenn erst Auflassungsvormerkung eingetragen, vgl. jedoch BVerwG NJW 1983, 1626 bejahend, wenn bereits Besitz sowie Lasten und Nutzung auf Käufer übergegangen.

ßenbaurechtliche Planfeststellungsbeschlüsse angesehen[739], in einer späteren Entscheidung[740], unter Bestätigung der bisherigen Rechtsprechung, aber das Klagerecht des nur obligatorisch zur Nutzung eines Grundstücks Berechtigten wieder verneint[741]. Ebenso besteht keine Klagebefugnis des Sondereigentümers gegen Miteigentümer derselben Eigentümergemeinschaft[742]. Das BVerfG[743] hat das mietrechtliche Besitzrecht dem Eigentum i.S. von Art. 14 Abs. 1 S. 1 GG gleich gestellt. Allerdings vermittelt Art. 14 GG keine unmittelbaren Abwehransprüche oder Plangewährleistungsansprüche[744]; Nachbarschutz besteht grundsätzlich nur, soweit ihn der Gesetzgeber auch normiert hat[745]. Zur Nachbarklage der Gemeinde vgl. Rn. 103. Vgl. aber auch Rn. 136.

132a   Die **Rechtsprechung prüft** jeweils **im Einzelfall, ob** eine **Norm nachbarschützenden Charakter hat**[746]; dabei geht sie davon aus, dass nicht jede Norm des materiellen öffentlichen Baurechts potenziell nachbarschützend ist[747], weil das Baurecht in erster Linie auf den Schutz der Belange der Allgemeinheit ausgerichtet ist[748], doch ist eine gewisse Tendenz zur Ausdehnung des Nachbarschutzes erkennbar. Einen Anspruch darauf, dass eine Norm um ihrer selbst willen oder im öffentlichen Interesse eingehalten wird, hat der Nachbar nicht[749]. Ohne dass eine nachbarschützende Norm verletzt ist, kann der Nachbar auch die Aufhebung eines objektiv rechtswidrigen VA nicht erreichen[750]. Aus dem Grundsatz von Treu und Glauben kann bei ungenehmigten Bauten das Klagerecht des Nachbarn verwirkt sein[751]. Zur Nachbarklage insgesamt vgl. Ortloff NVwZ 1996, 647, jeweils mit vielen Nachweisen. Zu den Problemen, die sich beim Nachbarrechtsschutz im Freistellungs-, Anzeige- und vereinfachten Verfahren ergeben vgl. Degenhardt NJW 1996, 1433; Ortloff NVwZ 1995, 112, ders. NVwZ 1999, 955; Uechtritz NVwZ 1996, 640; sowie Rn. 133a.

133   Nach der Rechtsprechung des BVerwG sind **Festsetzungen des Bebauungsplans über die Art der baulichen Nutzung kraft Bundesrechts nachbarschützend**[752], was auch für entsprechende Bestimmungen in **vorhabenbezogenen Bebauungsplänen** gilt[753]. Generell gilt, dass Festsetzungen des Bebauungs-

---

739 E 105, 178; vgl. schon BVerwG NVwZ 1997, 917 für Pächter, der das von ihm bewohnte Haus als Scheinbestandteil des Pachtlandes zu Eigentum erworben haben kann; dazu Sauthoff, BauR 2000, 195.
740 DVBl. 1998, 899 für Pächter.
741 Vgl. auch Lüneburg NVwZ 1996, 918.
742 BVerwG DVBl. 1989, 356; BVerwG NVwZ 1998, 954; ebenso Berlin NJW 1994, 2717 für Wohnungseigentümer.
743 NJW 1993, 2035.
744 BVerwGE 101, 364.
745 Vgl. dazu die Übersicht bei Bader/v. Albedyll Rn. 77 ff.
746 Vgl. Sarnighaus NVwZ 1996, 110; jedoch auch Rn. 133, 134.
747 BVerwG NVwZ 1996, 170 für Festsetzung des Maßes der baulichen Nutzung durch Bebauungspläne; anders jedoch BVerwGE 94, 151 für die Festsetzung von Baugebieten und die Art der baulichen Nutzung; E 101, 364 für Gebietsfestsetzungen in übergeleiteten Baustufenplänen, m. krit. Anm. Niere DVBl. 1997, 61; dazu auch Dolde/Menke NJW 1999, 2150; BVerwG DVBl. 1999, 782, dazu Koch NordÖR 1999, 343.
748 BVerwGE 1, 83.
749 Berlin JR 1968, 33; Münster OVGE 18, 285.
750 Vgl. BVerwGE 47, 19; DÖV 1980, 690; NJW 1984, 2174.
751 BVerwG NJW 1998, 324.
752 BVerwGE 94, 151.
753 Vgl. Ortloff NVwZ 1995, 436.

plans nachbarschützend sind, wenn sie darauf angelegt sind, solchen Interessen zu dienen (wie Bauweise und überbaubare Grundstücksfläche). Damit hat der Nachbar auch einen über das Rücksichtnahmegebot hinausgehenden Schutzanspruch auf Bewahrung der Gebietsart[754]. Das Maß der baulichen Nutzung ist nicht nachbarschützend. Ausnahmen und Befreiungen nach § 31 BauGB dann, wenn es um nachbarschützende Festsetzungen geht, von denen abgewichen werden soll. § 34 Abs. 1 BauGB ist insofern nachbarschützend, als die Norm subjektive Elemente des Rücksichtnahmegebotes enthält (**Gebot des Einfügens**), § 34 Abs. 2 BauGB im Rahmen der Anwendung der BauNVO, also §§ 2–14 BauNVO und § 15 BauNVO als Kodifizierung des Gebotes der Rücksichtnahme[755]. Für Baugrenzen und Baulinien vgl. Mannheim DVBl. 1992, 1060, Nachbarschutz bejahend. Aus privatrechtlichen Rechtsbeziehungen folgt kein Anspruch, der mit der Nachbarklage geltend gemacht werden könnte[756].

Im **vereinfachten Genehmigungsverfahren** ist die öffentlich-rechtliche Nachbarklage nur zulässig, soweit ein Handeln der Behörde vorliegt und dieses als VA angesehen wird (vgl. Rn. 34b). Schweigt die Behörde innerhalb der ihr vom Gesetz eingeräumten Frist und beginnt der Bauherr mit seinem Vorhaben, steht dem Nachbarn nur die Verpflichtungsklage mit dem Antrag auf Einschreiten der Behörde offen[757], oder, im Zivilrechtsweg, die Klage nach §§ 1004, 906, 823 Abs. 2 BGB[758]. Zur einstweiligen Anordnung vgl. § 123 Rn. 3a. **133a**

Mit der **Zunahme planender Tätigkeit des Staates** und der Steigerung des Umfanges möglicher Einwirkungen auf den Bereich des Nachbarn hat sich auch die **Dimension** der Erörterung **des Nachbarrechts erweitert**[759]. Letztendlich erfolgt der Nachbarschutz aus dem Gesichtspunkt der norminternen Wirkung des Eigentumsgrundrechts und der daraus abgeleiteten Figur des Gebotes der (nachbarlichen) Rücksichtnahme. Eines unmittelbaren Rückgriffs auf Art. 14 Abs. 1 GG bedarf es deshalb nicht mehr[760]. **134**

Die im Baurecht entwickelten Grundsätze lassen sich mit den durch die jeweilige Materie bedingten Modifizierungen auch auf weitere Gebiete des Ordnungsrechts übertragen[761]. Im **Wasserrecht** sind Vorschriften des WasserhaushaltsG nachbarschützend, soweit sie vom »Betroffenen« oder vom »anderen« sprechen[762]; die verfahrensrechtlichen Vorschriften des Wasser- **135**

---

754 BVerwGE 94, 151; vgl. Mannheim NVwZ 1997, 401 einschränkend für Festsetzungen nach § 1 Abs. 4 BauNVO.
755 Vgl. BVerwGE 94, 151 unter Aufgabe von DVBl. 1974, 358; Mannheim VBlBW 1994, 313; vgl. Sarnighausen NVwZ 1996, 7.
756 BVerwG NVwZ 1999, 413; Mannheim NJW 1994, 211.
757 Vgl. Bader/v. Albedyll Rn. 102.
758 Vgl. Suttkus NordÖR 1998, 372 zur beschleunigten Zulassung und zum Baufreistellungsverfahren nach §§ 74, 75 LBOSchlH; dazu auch Weiß-Ludwig NordÖR 1999, 339; Fluck VerwA 1997, 265 zu § 15 Abs. 2 S. 2 BImSchG; Stüer/Rude DVBl. 2000, 390.
759 Vgl. Eggerer, Plangewährleistungsanspruch, 1971; Ipsen VVDStRL 18, 182; Kriele DÖV 1967, 531; Oldiges, Grundlagen eines Plangewährleistungsrechts, 1970; Ossenbühl Gutachten; Redeker DVBl. 1968, 7; zur Plananfechtung vgl. Rn. 46; zum Normenkontrollverfahren § 47 Rn. 17; zum vorläufigen Rechtsschutz vgl. Papier VerwA 64, 283 und 399; sowie § 80 Rn. 21; § 123 Rn. 1 f.
760 BVerfGE 106, 228.
761 Vgl. dazu Martens, Festschrift Schack, 1966, S. 85; Redeker DVBl. 1968, 7.
762 BVerwGE 27, 176 für Quellbohrung; E 78, 40 für Gestattungen nach § 4 Abs. 1 WHG.

haushaltsG haben keine nachbarschützende Funktion[763]; ob verfahrensrechtliche Regelungen diese Funktion haben können, bestimmt sich nicht nach der Art des materiellen Rechts, sondern allein nach der Zielrichtung und dem Schutzzweck des Verfahrensrechts selbst[764]. Gründe, die im atomrechtlichen Verfahren zu prüfen sind, dürfen im wasserrechtlichen Genehmigungsverfahren für KKW nicht zur Begründung einer Beeinträchtigung des Wohls der Allgemeinheit herangezogen werden[765]. Auch im Wasserrecht ist, ohne dass nachbarschützende Vorschriften verletzt sind, die Klage wegen Verletzung des Eigentumsrechts zulässig; wegen der sehr weit gehenden Sozialbindung des Wassers können die in Rn. 134 genannten Voraussetzungen für diese Klage jedoch nur in besonders krassen Fällen, wenn etwa die Erlaubnis die Gemeinverträglichkeit verletzt, vorliegen[766]. Ein Klagerecht gegen die staatliche Anerkennung einer Heilquelle hat München[767] verneint.

135a Im **Bergrecht** hat das BVerwG zunächst aus § 48 Abs. 2 BBergG ein Abwehrrecht hergeleitet, wenn nur durch Beschränken oder Versagen der Gewinnung von Bodenschätzen eine unverhältnismäßige Beeinträchtigung des Oberflächeneigentümers vermieden werden kann[768]; dann jedoch[769] auch den Betriebsplan nach § 55 Abs. 1 BBergG mit der erforderlichen Vorsorge gegen Gefahren für Leben und Gesundheit Dritter als drittschützend angesehen[770].

136 Auch im **Gewerberecht** hat das BVerwG bei Genehmigungen für die Klage des Nachbarn die im Baurecht entwickelten Grundsätze angewandt, so, wenn durch die Genehmigung privatrechtliche Verhältnisse mitgestaltet werden[771] oder wenn der Schutz des eingerichteten und ausgeübten Gewerbebetriebs vor schweren und unerträglichen Eingriffen geltend gemacht wird[772], wobei sich häufig eine Überschneidung mit Beeinträchtigungen in weiteren Rechtsgebieten ergeben kann[773].

136a Bei der Genehmigung von Anlagen ist darüber hinaus die **Umweltrelevanz** von Bedeutung, aus der heraus sich auch klagbare Rechte des Einzelnen ergeben können. Zum Begriff des Nachbarn in diesen Fällen vgl. Rn. 16. Durch den 1994 in das GG eingefügten **Art. 20a** hat der **Schutz der natürlichen Lebensgrundlagen**, auch in Verantwortung für die zukünftigen Generationen,

---

763 BVerwGE 41, 58.
764 BVerwGE 44, 235 und 62, 243 verneint für wasserrechtliches Planfeststellungsverfahren; vgl. aber auch Rn. 138.
765 BVerwG NJW 1980, 140.
766 BVerwGE 36, 248 für »Unterlieger«; E 41, 58; Münster OVGE 32, 201; zum Wasserrecht allgemein vgl. Breuer DVBl. 1997, 1211.
767 DVBl. 1977, 931.
768 BVerwGE 81, 329 m. Anm. Beckmann DVBl. 1989, 663; vgl. auch Berkemann DVBl. 1989, 625.
769 E 89, 246; E 100, 1 zur Verlängerung; E 100, 31 zu Veränderungen der Wasserbeschaffenheit.
770 Ebenso Münster DVBl. 1989, 1013; Berlin DVBl. 1990, 1123 für Rahmenbetriebsplan; vgl. auch Gaentzsch DVBl. 1993, 527; NVwZ 1998, 889; vgl. auch Wilde DVBl. 1998, 1321 zum Verhältnis von Bergrecht und Naturschutzrecht; vgl. BVerwGE 115, 17 zum Verhältnis Eigentumsrecht im Bergrecht und Raumordnungsrecht.
771 BVerwGE 28, 131 verneinend für Bergwerkseigentümer; BVerwGE 32, 41 bejahend für rechtswidrige Einstellungsverfügung, ebenso Münster OVGE 21, 251; vgl. dazu Menger/Erichsen VerwA 59, 175; Kempen NVwZ 1997, 243.
772 BVerwGE 66, 307; E 82, 246; NVwZ 1993, 63.
773 Vgl. BVerwGE 77, 70 für Festsetzung eines Volksfestes.

nach Maßgabe dieser Vorschrift **Verfassungsrang** erhalten. Das BVerwG hatte ein Umweltgrundrecht, das subjektiv-rechtlich weiter reicht als es die Art. 2 ff. GG zu Gunsten jeweils bestimmter Schutzgüter tun, **verneint,** ebenso die Möglichkeit, eine Nachbarklage auf Art. 2 Abs. 1 GG zu stützen; dagegen hielt es die durch Art. 2 Abs. 2 GG geschützten höchstpersönlichen Rechtsgüter wie Leben und Gesundheit im Prinzip für nicht weniger als das Eigentum geeignet, einer Nachbarklage als Grundlage zu dienen[774]. Zur Frage, inwieweit dabei **Vorbelastungen** berücksichtigt werden müssen, vgl. Sarnighausen NJW 1994, 1375. Der **Umweltverträglichkeitsprüfung** hat das BVerwG rein verfahrensbezogenen Gehalt beigemessen; weder hat sie Einfluss auf die Auslegung nationalen Rechts, um dieses vorsorgeorientiert zu steuern, noch verpflichtet sie zur Alternativenprüfung[775]. Dies ist vielmehr ausschließlich nach Fachrecht zu beurteilen[776]. Das Fehlen einer förmlichen Umweltverträglichkeitsprüfung indiziert daher allein noch keinen Abwägungsmangel[777].

Den die Rechtsgüter Leben und Gesundheit sowie Eigentum konkretisieren- **137** den Genehmigungsvoraussetzungen ist deshalb auch durchweg nachbarschützender Charakter zuerkannt, so § 5 Abs. 1 Nr. 1 **BImSchG**[778], als der Gefahrabwehr dienende Norm (anders Nr. 2, Gefahrenvorsorge), sowie §§ 5 Abs. 3 Nr. 1, 20 Abs. 2, 20 Abs. 3, 24f BImSchG. Mit Breuer[779] ist darauf hinzuweisen, dass auch aus dem nachbarschützenden Charakter der Vorschriften, die der Behörde ein Ermessen einräumen, nur ein Anspruch auf fehlerfreie Ausübung des Ermessens folgen kann[780]. Aus § 50 BImschG lässt sich ein generelles Nachbarrecht nicht herleiten, denkbar ist dieses aber im Einzelfall unter dem Gesichtspunkt des Rücksichtnahmegebots. Die auf Grund des BImSchG erlassenen VO vermitteln dann Drittschutz, wenn die entsprechende Bestimmung Ausdruck des Gefahrenabwehrprinzips aus § 5 Abs. 1 Nr. 1 BImSchG ist[781].

Im Rahmen der rechtlichen Vorgaben des **BNatSchG** können im Planfeststellungsverfahren nicht allein naturschutzkonservierende Maßnahmen getroffen werden, sondern auch andere, für die naturschutzpraktische Gesamtbilanz günstige[782]. Obwohl zwei weitere wichtige und umfassende Gesetzesvorhaben, die die Umsetzung von EU-RL darstellen, die Bedeutung des Umweltschutzes verstärken, ändert sich dadurch an der Nachbar-

---

774 BVerwGE 54, 211; Jarras, Luckes-Festschrift, 1989, S. 57; zum Bebauungsrecht vgl. aber Rn. 132.
775 BVerwGE 100, 388; E 101, 166.
776 BVerwG Buchh. 407.4 § 17 FStrG Nr. 104; E 98, 339 zur straßenrechtlichen Planfeststellung; E 104, 123 zum eisenbahnrechtlichen Planfeststellungsverfahren.
777 BVerwGE 100, 238; vgl. im Übrigen Hien NVwZ 1997, 422; Scharmann/Hildebrandt NVwZ 1999, 350; Erbguth NVwZ 1997, 116 zum Transrapid; Düppendekker/Greiving DVBl. 1999, 1014 und Weihrich DVBl. 1999, 1697 zu § 19c BNatSchG, sowie Breuer NVwZ 1997, 833; Schink NVwZ 1999, 11 zu den europarechtlichen Bezügen.
778 BVerwGE 55, 250 zu KW Voerde; E 68, 50; 80, 184; Hamburg DVBl. 1975, 207; Koblenz GewA 1975, 165; Münster NJW 1976, 2360; vgl. auch Feldhaus NVwZ 1998, 1138; verneint jedoch für § 5 Nr. 2 BImSchG: BVerwGE 65, 313; vgl. insgesamt Kutscheidt, Redeker-Festschrift, S. 439; Jarass NJW 1998, 1097.
779 NJW 1977, 1025.
780 Vgl. Lüneburg DVBl. 1976, 719 für Sportplatz; auch BVerwG NJW 1977, 2228 zum SprengstoffG.
781 Jarass BImSchG § 7 Rn. 39 u. § 17 Rn. 60.
782 BVerwG NVwZ 1999, 532; vgl. auch Schmidt NVwZ 1999, 363.

schutzposition nichts[783]. Zur Wechselwirkung zwischen Bebauungsrecht
und Immissionsschutzrecht vgl. BVerwGE 81, 197; E 88, 143; E 91, 92;
DVBl. 1998, 891; Kraft DVBl. 1998, 1048; zwischen Immissionsschutz-
und Abfallrecht Rebentisch NVwZ 1997, 417; insgesamt Stüer/Hönig
DVBl. 1999, 1325. Zum Anspruch auf Ergänzung der ausgelegten Unterlagen vgl. München NVwZ 1989, 482; zu Verkehrsimmissionen Gassner
VBlBW 1997, 127; Sauthoff NVwZ 1998, 237. Zum Gebot der Rücksichtnahme vgl. Rn. 134.
Ähnliches gilt für das **Gentechnikrecht**, bei dem die Diskussion – neben
den ethischen Aspekten – vor allem um die Gesichtspunkte Nachbarrechtsschutz, Betreiberrechtsschutz und Rechtsschutz gegen behördliche Maßnahmen geht. Umstritten ist insbesondere, welche Normen des GenTG
nachbarschützend sind, Einigkeit besteht nur über § 6 Abs. 2 GenTG, die
Gefahrenabwehrpflicht. Darüber hinaus kommen mit guten Gründen in
Betracht: §§ 1 Abs. 1 Nr. 1, 8, 13 Abs. 1 Nr. 3 sowie 16 Abs. 1 Nr. 2
GenTG. Deutlich wird als Rechtsprechungstendenz, dass der Verwaltung
von den Gerichten ein großer Beurteilungsspielraum eingeräumt wird, die
bereits an die Beurteilungsweise des EUGH mit behördlichen Entscheidungen erinnert (weg von der deutschen Vollkontrolle, vgl. § 1 Rn. 23).[784]

137a Im **Abfallrecht** gibt es keine eigenständige Regelung bzgl. des Drittschutzes.
Nach § 31 Abs. 1 KrW-/AbfG wird für die Errichtung, Betrieb oder wesentli-
che Änderung einer ortsfesten Abfallbeseitigungsanlage zur Lagerung oder
Behandlung von Abfällen auf das BImSchG verwiesen, sodass die dortigen
Regelungen gelten (sh. vorstehend). Errichtung, Betrieb oder wesentliche
Änderung einer Deponie bedürfen der Planfeststellung, § 31 Abs. 2 KrW-/
AbfG, mithin gelten hier die allgemeinen Regeln zur Planfeststellung.
Eine besondere Haftung für die **Sanierung schädlicher Bodenveränderung
und Altlasten** begründet § 4 Abs. 3 **BBodenschutzG**[785]. Ob im abfallrechtli-
chen Planfeststellungsverfahren die Regeln über die Öffentlichkeitsbeteili-
gung einen verfassungsrechtlich eingeräumten, vorverlegten Rechtsschutz
wie im Atomrecht (vgl. Rn. 138) einräumen, hat das BVerwG[786] offen gelassen; ebenso offen gelassen hat das BVerwG[787], ob mangels Regelungsgehalt
kein Drittschutz besteht, wenn die Behörde in einem Planfeststellungs- oder
Genehmigungsverfahren nach § 7a AbfallG (= § 33 KrW-/AbfG) vor der
Entscheidung zulässt, dass mit der Ausführung begonnen wird[788]. Gegen die
gesetzlich vorgenommene Organisation der Abfallbeseitigung hat das

783 G v. 27.7.2001 (BGBl. I S. 1950) zur Umsetzung der UVP-Änderungsrichtlinie, der
     IVU-RL und anderer RL sowie die SUP-RL (vgl. EuroparechtsanpassungsG-Bau
     und Änderung des UVPG 2004), die nicht nur die UP-Pflichtigkeit auf Pläne erwei-
     tert, das Monitoring einführt (Art. 10 d. RL – nicht drittschützend), sondern auch
     den Katalog der zu bedenkenden Rechtsgüter erweitert (vgl. Anhang 1 biologische
     Vielfalt, Gesundheit, kulturelles Erbe etc.).
784 BVerwG NVwZ 1999, 1232; Mannheim DVBl. 2001, 1463; Berlin NUR 1999,
     287 keine Betroffenheit der Gemeinde, auf deren Hoheitsgebiet Testfeld; Münster
     NuR 2001, 104 zu aus Versehen gentechnisch verändertem Mais; vgl. Beaucamp
     NuR 2002, 332.
785 Vgl. dazu Becker DVBl. 1999, 134; Hasche DVBl. 2000, 91; Knopp DVBl. 1999,
     1010; Kothe VerwA 88, 577; Spieth/Wolfers NVwZ 1999, 355; vgl. auch Rn. 45
     zum Sanierungsplan.
786 DVBl. 1989, 509; ebenso Münster NVwZ. 1988, 179.
787 DVBl. 1991, 877.
788 Vgl. auch Schröder/Steinmetz-Matz DVBl. 1992, 23 m.w.N.; zum Planfeststellungs-
     verfahren Bender/Pfaff DVBl. 1992, 181.

BVerwG einen Abwehranspruch verneint[789]. Zum Rechtsschutz von Standortgemeinden gegen die immissionsschutzrechtliche Zulassung von Altfallentsorgungsanlagen vgl. Koblenz DVBl. 1995, 251 – bejahend – m. abl. Anm. Weidemann; zum Anlagenbegriff BVerwGE 85, 120. Zur Entwicklung des Abfallrechts und zum Kreislaufwirtschafts- und AbfallG vgl. Eckert NVwZ 1999, 1181; Petersen NVwZ 1998, 1113; Stüer/Hönig DVBl. 1999, 1325; sowie Petersen/Stöhr/Kracht DVBl. 1996, 1161 zum untergesetzlichen Regelwerk. Zum Verhältnis von abfallrechtlicher und Ordnungsverfügung vgl. BVerwGE 89, 138; E 92, 359; Götz NVwZ 1994, 652.

Im **Lärmschutzrecht** gewährt § 45 Abs. 1 StVO Schutz vor Straßenlärm – **137b** und vor Abgasen – nicht nur dann, wenn dieser einen bestimmten Schallpegel überschreitet; es genügen Lärmeinwirkungen, die jenseits dessen liegen, was im konkreten Fall unter Berücksichtigung der Belange des Verkehrs als ortsüblich hingenommen werden muss[790]; bei der verkehrswirtschaftlichen Genehmigung eines Linienbetriebes nach § 13 PersBefG wird dann jedoch nicht mehr über Immissionen entschieden, daher hiergegen kein Klagerecht der Anlieger[791]. Von der Festsetzung einer öffentlichen Straße in einem Bebauungsplan werden Eigentümer (und Erbbauberechtigte) der Anliegergrundstücke, auch wenn sie außerhalb des Bebauungsplanes liegen[792], in ihrer Rechtsstellung gegenüber Verkehrslärmimmissionen unmittelbar betroffen[793]. Diese Betroffenheit gehört zu den abwägungserheblichen Belangen[794]. Es kann ein Anspruch auf Ergänzung des Planfeststellungsbeschlusses bestehen, wenn dieser nur wegen des Fehlens von Lärmschutzauflagen rechtswidrig ist[795]. Bei der Beurteilung von Lärmbelästigungen ist jedoch eine plangegebene Vorbelastung eines Baugebietes durch Straßenbauvorhaben zu berücksichtigen, wenn sich straßenrechtliche Planungen beim In-Kraft-Treten des Bebauungsplanes bereits hinreichend verfestigt haben[796]. Lüneburg[797] hat, unter Berufung auf die Rechtsprechung des BVerwG, die Beurteilung der Lärmbelästigung nicht nur nach physikalischen Geräuscheigenschaften, wie Schalldruck und Frequenz, sondern auch nach wertenden Elementen wie Gesichtspunkten der Herkömmlichkeit, der sozialen Adäquanz und einer allgemeinen Akzeptanz in der Bevölkerung vorgenommen. Durch geeignete Maßnahmen soll bereits bei der Planung dem Lärmschutz Rechnung getragen werden[798]. Der Grund der Lärmbelästigung kann aus den unterschiedlichsten Lebensbereichen kommen (zur Lärmbeläs-

---

789 E 62, 224 zur Übertragung auf öffentl.-rechtliche Körperschaften; E 66, 30 zum Ausschluss kleiner Autowrackplätze.

790 BVerwGE 74, 234; auch E 79, 254; E 81, 197; E 84, 31 zur Zumutbarkeit; vgl. auch Münster, NJW 1996, 3024; BVerwG NVwZ 1992, 885 für auch der Erholung dienendes Kleingartengebiet; vgl. auch Uechtritz DVBl. 1999, 198.

791 BVerwG NJW 1990, 930.

792 BVerwG NVwZ 1990, 256.

793 BVerfG NJW 1989, 1271; BVerwGE 80, 184; Broß VerwA 80, 395.

794 BVerwG NVwZ 1990, 256; vgl. auch Koblenz NVwZ 1990, 281 zur Zumutbarkeit.

795 BVerwGE 71, 150; vgl. dazu Broß VerwA 77, 193; BVerwGE 96, 921, E 101, 73: grundsätzlich nur Planergänzung, Tiergartentunnel Berlin.

796 BVerwGE 77, 285; NVwZ 1990, 858; München BayVBl. 1990, 148; vgl. auch BVerwGE 88, 210 für Schießplatz.

797 NJW 1995, 900 zu Open-air-Konzert.

798 Vgl. für Flughäfen BVerwGE 87, 332 zu München II; dazu auch München DVBl. 1990, 114; BVerwGE 107, 313 zu Erfurt; Mannheim DVBl. 1990, 108 zu Stuttgart; auch BVerwG DVBl. 1998, 1184 zur Nachtflugregelung.

tigung durch **Gaststätten**[799]; durch **Sportanlagen;**[800] durch **Kinderspiel-platz**[801]; schließlich auch durch **Zirkusveranstaltungen** München NJW 1997, 1181; durch **Hundegebell**[802]; durch **Kuhglocken**[803], durch **Frosch-lärm**[804]; zum Zeitschlagen von **Kirchturmuhren**[805]; zum **Angelus-Läu-ten**[806]. Allgemein vgl. Broß VerwA 85, 129; Schulze-Fielitz DVBl. 1999, 65 zur TA-Lärm 1998; Bodanowitz NJW 1997, 2351 zum Baulärmschutz. Zur Problematik bei nicht genehmigungsbedürftigen Anlagen Vieweg/Röthel DVBl. 1996, 1171. Zum Rechtsweg bei Lärmbelästigung durch Einrichtun-gen der öffentlichen Hand vgl. § 40 Rn. 27; bei Ausgleichsansprüchen vgl. § 40 Rn. 45a.

137c Die Errichtung von **Windenergieanlagen** beschäftigt Literatur und Praxis vor allem unter den Gesichtspunkten des Planungsrechts[807] und der Frage, in-wieweit sich Nachbarn wegen der auftretenden diversen Immissionen (Schall, Schlagschatten, Discoeffekt, Nachtbefeuerung über 100m hoher An-lagen gem. § 14 LuftVG, Eiswurf) und der Verunstaltung des Landschafts-bildes wehren können. Dabei gibt es keine allgemein gültige Formel; ob das bauplanungsrechtliche Gebot der Rücksichtnahme verletzt ist, setzt stets eine Bewertung der besonderen Umstände des Einzelfalles voraus[808]. Die Be-wertung in der Literatur hängt stark davon ab, welche Seite der Autor in sei-ner beruflichen Praxis vertritt[809]. Man wird die Entwicklung – auch von der technischen Seite her – als noch stark im Fluss ansehen müssen[810]. Dies trifft vor allem auf die gigantischen Offshore-Windparkplanungen zu[811].

138 Im **Atomrecht** haben neben der Grundaussage für den **Schutz von Leben und Gesundheit** in § 1 Nr. 2 AtomG die Genehmigungsvoraussetzungen in § 7

---

799 Vgl. BVerwG DVBl. 1996, 1192 zu anfahrenden Gästen; NVwZ 1992, 886 zu Tanzcafé; München NVwZ 1995, 1021 zu Biergärten; dazu auch BVerwG DVBl. 1999, 863; München NJW 1998, 401 für Festplatz.

800 Vgl. BVerwGE 81, 197 zur Zumutbarkeit; BVerwG DVBl. 2000, 192 zur heran-rückenden Bebauung; BVerwG NJW 1986, 393 für Tennisplatz; Hamburg NJW 1987, 2333 für Fußballplatz; Mannheim VBl. BW 1996, 105 zur Verbindlichkeit von Grenzwerten; Münster NVwZ 1994, 1018 für Eishockey; Schleswig NVwZ 1995, 1019 für Bolzplatz; BVerwG DVBl. 1999, 244, m. Anm. Schmaltz, für Kegel-bahn; München GewA 1997, 389 für Mehrzweckhalle; Lüneburg NVwZ 1999, 88 für Minigolfanlage.

801 BVerwG NJW 1992, 1779; Mannheim BauR 1990, 590 für spielende Kinder; Ber-kemann NVwZ 1992, 817; Schink DVBl. 1992, 515.

802 Mannheim NVwZ-RR 1996, 578.

803 Mannheim NVwZ-RR 1996, 577.

804 München NJW 1999, 2914.

805 Vgl. BVerwGE 90, 163, dazu auch Laubinger VerwA 83, 623.

806 BVerwG NJW 1997, 1938 erhebliche Belästigung verneinend.

807 Zum Planungsrecht grundlegend für Bauleitplanung: BVerwGE 117, 287 m. Anm. Egner NuR 2003, 737; für Raumordnungsplanung: BVerwG Buchh. 406.11 § 35 BauGB Nr. 356 und 357 m. Anm. v. Nicolai ZUR 2004, 74.

808 Greifswald NordÖR 1999, 361; NVwZ 2001, 454 Abstand außerhalb SO: 1 H; Münster NVwZ 1998, 760; ZfBR 2003, 275; BauR 2003, 1712 zu Lärmemissio-nen; Koblenz BauR 2002, 1205 zur Antragsbefugnis von Nachbar; Bautzen LKV 2003, 333 und Mannheim ZfBR 2003, 696 sehr unterschiedlich zur Verunstaltung des Landschaftsbildes; Lüneburg ZfBR 2003, 785 zur Bauhöhenbegrenzung unter 100 m.

809 Anschaulich: Anders/Jankowski ZUR 2003, 81; Quambusch BauR 2003, 635.

810 Erbguth DVBl. 1998, 209 u. v. Nicolai NVwZ 2002, 1078 zur Raumordnungspla-nung.

811 Vgl. Dahlke NUR 2002, 472; Koch ZUR 2003, 350.

Abs. 2 Nr. 3 und 5 AtomG nachbarschützenden Charakter[812], das Gleiche gilt für das Schutzkonzept in § 46f StrahlenschutzVO[813], das dem Stand von Wissenschaft und Technik entspricht[814]. Unterschiedlich ist die Frage entschieden, ob auch § 7 Abs. 2 Nr. 6 AtomG drittschützende Wirkung hat; während München[815] und das VG Freiburg[816] dies aus dem Zusammenhang mit den weiteren Genehmigungsvoraussetzungen heraus bejahen, verneinen Mannheim[817] und das VG Würzburg[818] eine solche Wirkung (vgl. dazu auch Rn. 138). Das Gleiche gilt für § 7 Abs. 2 Nr. 1 u. 2 AtomG[819]. Das vorläufige positive Gesamturteil hat, soweit es die Einhaltung vorhabensbezogener Genehmigungsvoraussetzungen sicherstellen soll, die drittschützend sind, ebenfalls drittschützende Wirkung[820]. Das im Einleitungssatz des § 7 Abs. 2 AtomG liegende Versagensermessen der Behörde enthält keine drittschützende Wirkung[821]. Bei einer wesentlichen Änderung bezieht sich die Prüfung der Genehmigungsvoraussetzungen auch auf diejenigen Anlagenteile und Verfahrensschritte der genehmigten Anlage, auf die sich die Änderung auswirkt[822]. Die Berücksichtigung der Entsorgungsvorsorge nach § 9a AtomG erfolgt im Rahmen des Versagensermessens und vermittelt daher keinen Drittschutz[823] wohl aber das Planfeststellungsverfahren nach § 9b AtomG[824]. Im Anschluss an BVerfGE 53, 30 hat das BVerwG entschieden, dass die Beteiligung potenziell betroffener Dritter im atomrechtlichen Genehmigungsverfahren einem verfassungsrechtlich eingeräumten, vorverlagerten Rechtsschutz dient und diesen damit eine gegenüber dem materiellen Recht eigenständige Rechtsposition einräumt[825]. Zum Anlagenbegriff vgl. BVerwGE 80, 21 sowie Rupp DVBl. 1989, 345; zum Verhältnis von Anlagen- und Betriebsgenehmigung sowie von Aufsicht und Genehmigung vgl.

---

812 Vgl. dazu grundlegend BVerwG DVBl. 1972, 678 zu Würgassen; BVerwGE 70, 365 – Krümmel – zur Darlegung des Risikos; E 72, 300 – Wyhl – zum Begriff der Gefahrenabwehr; E 88, 286 – Obrigheim – zur Einstellung des Betriebs wegen fehlender Genehmigung; Mannheim NJW 1976, 77 zu Wyhl; München VGH n.F. 27, 115 zu Grafenrheinfeld; Münster ET 1975, 220 zu Würgassen; vgl. auch Gerhardt DVBl. 1989, 125; Schattke DVBl. 1979, 652.
813 BVerwGE 61, 256 zu Stade; DVBl. 1991, 883 zu Brockdorf; Lüneburg DVBl. 1978, 67 zu Brockdorf; Münster ET 1975, 220.
814 BVerwG DVBl. 1998, 596 zum strahlungsbedingten Leukämie-Risiko – zu Krümmel; ebenso Berlin DVBl. 1998, 60.
815 VGH n.F. 27, 115.
816 NJW 1977 1645 zu Wyhl.
817 NJW 1976, 77.
818 NJW 1977, 1649 zu Grafenrheinfeld.
819 Drittschutz bejahend Lüneburg ET 1980, 694; verneinend Mannheim VBlBW 1988, 184; offen lassend BVerwG DVBl. 1990, 1167; vgl. auch zu organisatorischen Maßnahmen der Vorsorge BVerwGE 81, 185; auch E 90, 304 verneinend für Betriebsrat bei Sicherungsanordnungen.
820 BVerwGE 72, 30; E 80, 21 für Teilaufhebung einer Teilgenehmigung; auch DVBl. 1990, 58; E 80, 207 zum Konzeptvorbescheid Mülheim-Kärlich; dazu auch E 92, 185 und DVBl. 1998, 339, grundsätzlich dazu Badura DVBl. 1998, 1197; vgl. auch Münster DVBl. 1987, 1023 zum THTR.
821 Vgl. dazu Feldmann ET 1983, 385; Hohlefelder ET 1983, 392, auch Ossenbühl ET 1983, 685; kritisch Greipl DVBl. 1992, 598.
822 BVerwGE 101, 347 zu Krümmel m. Anm. Steinberg DVBl. 1997, 52; dazu auch Dannwitz RdE 1997, 55; Kutscheidt NVwZ 1997, 111; Rebentisch DVBl. 1997, 810; Sendler UPR 1997, 161.
823 Lüneburg DVBl. 1983, 187; Mannheim ESVGH 32, 217; DVBl. 1984, 880; München DVBl. 1984, 882.
824 BVerwGE 90, 255; E 105, 6 beide zu Morsleben.
825 BVerwGE 60, 297; E 61, 256; E 75, 285; E 85, 54; E 88, 286; vgl. auch BVerfGE 53, 30; E 77, 381.

BVerwGE 104, 36. Zum Ausstieg aus der Atomenergie vgl. die Vereinbarung vom 14.6.2000 zwischen der Bundesregierung und den Energieversorgern, die einen interessanten öffentlich-rechtlichen Vertrag darstellt[826].

138a In den Fällen des **Planfeststellungsrechts** sind alle klagebefugt, die als **Eigentümer** oder in einer **eigentumsähnlichen Position** unmittelbar betroffen sind, also deren Grund und Boden in Anspruch genommen wird. Das BVerwG zieht jedoch da eine Grenze, wo das Eigentum **rechtsmissbräuchlich** zum Zwecke der Erlangung einer Klagebefugnis erworben worden ist[827]. **Mieter, Pächter und schuldrechtlich Berechtigte** sind ebenfalls klagebefugt, wenn durch den Planfeststellungsbeschluss enteignungsrechtliche Vorwirkungen entstehen[828]. Auch nicht unmittelbar Betroffene sind klagebefugt, wenn die abschnittsweise Planung einen **Zwangspunkt** für die zukünftige Weiterführung der Trasse setzt[829]. Darüber hinaus kommt es auf den Einzelfall an, wer als Nachbar klagebefugt ist, insbesondere durch Immissionen des Planfeststellungsprojekts. Soweit in förmlichen Verwaltungsverfahren oder in Planfeststellungsverfahren Einwendungen innerhalb einer bestimmten Frist zu erheben sind, ist für die nach Fristablauf erhobenen Einwendungen zu unterscheiden zwischen dem **Ausschluss mit nur formeller Wirkung** (wie z.B. in § 73 Abs. 6 S. 1 VwVfG; § 20 Abs. 2 Allg. EisenbahnG; § 29 Abs. 4 PBefG; § 10 Abs. 4 LuftVG), der nur die Erörterung in der Anhörung in das Ermessen der Behörde stellt[830], und dem **Ausschluss mit materieller Wirkung**, der sich auf den Anspruch selbst bezieht und damit auch dessen Geltendmachen im verwaltungsgerichtlichen Verfahren ausschließt (**Präklusionswirkung**).[831] Materielle Ausschlussfristen bedürfen einer gesetzlichen Grundlage[832]. Mit materieller Wirkung ausgeschlossen sind verspätet erhobene Einwendungen im Planfeststellungsverfahren nach § 17 Nr. 5 **BundeswasserstraßenG**[833], nach § 17 Abs. 4 **FernstraßenG**[834], in einigen Ländern **im Wasserrechtlichen Verfahren**[835], im Verfahren nach dem BImSchG (§ 10 Abs. 3 Satz 3) und im **atomrechtlichen Verfahren** nach § 7 Abs. 1 AtVerfV[836]. Die Verlängerung einer gesetzlichen Ausschlussfrist ist unzulässig, jedoch Wiedereinsetzung bei dadurch bedingter Fristversäumung[837]. Der Ausschluss der Einwendungen steht jedoch einer Klage auf Feststellung

---

826   Abgedruckt in BMU, Umwelt Nr. 7–8/2000 S. I Sonderteil.
827   E 112, 135; vgl. Rn. 30.
828   BVerwGE 105, 178; Vallendar UPR 1998, 87; Sauthoff BauR 2000, 195.
829   St. Rspr. BVerwG NVwZ 2001, 800.
830   BVerwGE 26, 302, st.Rspr.
831   Zur verfassungsrechtlichen Zulässigkeit vgl. BVerfGE 61, 82; grundsätzlich: Brandt NVwZ 1997, 233; Degenhart, Menger-Festschrift, 1985, S. 621; Ronellenfitsch VerwA 74, 369; Maunz/Schmidt-Aßmann, GG Art. 19 Abs. 4 Rn. 258 ff.; Streinz VerwA 79, 272.
832   BVerwG NVwZ 1994, 575; anders Mannheim NVwZ 1995, 278 für nicht rechtsatzmäßig geregelte staatliche Leistungen.
833   BVerwGE 66, 99; NVwZ 1995, 904.
834   Vgl. BVerwG DVBl. 1996, 684; DVBl. 1997, 51; krit. dazu Solveen DVBl. 1997, 803; Mannheim DVBl. 1996, 929.
835   Vgl. Salzwedel ZfW 197, 207; auch BGH DVBl. 1984, 1124 zu Schadensersatzansprüchen.
836   BVerwGE 60, 297; E 96, 258; vgl. auch Ipsen DVBl. 1980, 146; Redeker NJW 1980, 1593; Papier NJW 1980, 313; vgl. auch BVerwGE 58, 299 zum Ausschluss von Einwendungen, die im Satzungsverfahren hätten geltend gemacht werden können; auch BVerwGE 61, 256 zum Einwendungsausschluss durch Bindungswirkung früher erteilter Teilgenehmigungen; Mannheim DVBl. 1992, 437 zum Ausschluss von Einsprüchen bei Wahlanfechtung.
837   BVerwG DVBl. 1999, 254 zu § 17 Abs. 4 FStrG.

der Nichtigkeit des Genehmigungsbescheides nicht entgegen[838]. Die Jahresfrist für die Rücknahme rechtswidriger begünstigender VA (§ 45 Abs. 4 S. 2 SGB X, entsprechend § 48 Abs. 4 S. 1 VwVfG), die mit der Kenntnis der die Rücknahme rechtfertigenden Tatsachen zu laufen beginnt, wird durch den Erlass eines ersten – später aufgehobenen – Rücknahmebescheides weder unterbrochen noch gehemmt[839].

Eine **Gefährdung durch elektromagnetische Felder** haben die Gerichte ver- **138b** neint, wenn die in den Empfehlungen der Strahlenschutzkommission unter Vorsorgegesichtspunkten festgelegten Grenzwerte eingehalten waren[840]. Die 26. BImSchV[841] über elektromagnetische Felder hat diese Grenzwerte aufgenommen. Sie stellt gem. § 6 26. BImSchV keine abschließende Konkretisierung der Vorgaben der 22. BImSchV dar, bei ihrer Einhaltung bestehen aber i.d.R. keine Gefahren[842]. Dabei ist zu beachten, dass bei Nachbarschutz auf die Empfindlcihkeit von Durchschnittspersonen abzustellen ist[843]. Das hypothetisch verbleibende Restrisiko ist tolerierbar[844].

Bei Anlagen sind nicht nur Genehmigungen aus unterschiedlichen Rechtsge- **139** bieten erforderlich[845], sondern es greifen bereits in den jeweiligen Genehmigungsvoraussetzungen gewerbe-, umwelt-, planungs- und bauordnungsrechtliche Gesichtspunkte derart ineinander, dass die dem Planungsrecht eigene **Abwägung unterschiedlicher öffentlicher und privater Belange**[846] **eine wesentliche Rolle spielt**[847]. Im Verhältnis der Planungen untereinander genießt die Fachplanung Vorrang gegenüber dem Bebauungsplan[848]. Das BVerwG[849] sieht das Abwägungsgebot im Bundesverfassungsrecht begründet und als eine für planerische Entscheidungen spezifische Ausprägung des

---

838 BVerwG NJW 1981, 363.
839 BVerwG DVBl. 1996, 867 im Anschluss an BSGE 65, 221; E 66, 204.
840 BVerwG DVBl. 1996, 682 für Bahnstromfreileitung, ebenso Kassel NVwZ 1994, 391; München NVwZ 1993, 1121; vgl. auch Koblenz NVwZ 1987, 149 für Radarstrahlen; Lüneburg NVwZ 1994, 390; Mannheim NVwZ 1997, 704, beide für Mobilfunk; insgesamt Blümel/Pfeil VerwA 85, 451; Rebentisch DVBl. 1995, 495.
841 Vom 16. Dezember 1996 (BGBl. I S. 1966).
842 Lüneburg NVwZ 2001, 457 zu Mobilfunksendeanlagen.
843 BVerwGE 109, 314 »durchschnittliche Empfinndlichkeit«.
844 Schleswig DVBl. 1999, 1192 für Hochspannungserdkabel; Mannheim NVwZ 1998, 416 für Hochspannungsfreileitung; München NVwZ 1998, 419 für Hochfrequenzanlage; BVerfG NJW 1997, 2509 zur Verfassungsmäßigkeit; vgl. auch Determann NVwZ 1997, 647; Henke DVBl. 1997, 415; Kutscheidt NJW 1997, 2481; krit. zur Diskussion überhaupt Kirchberg NVwZ 1998, 441.
845 Vgl. BVerwGE 82, 61 für Bau- und Atomrecht; dazu Schmidt-Preuß DVBl. 1991, 229.
846 Vgl. BVerwGE 41, 67; 48, 56; 67, 74 m. Anm. Schwabe DVBl. 1984, 140; vgl. auch Blumenberg DVBl. 1989, 86; Bross VerwA 75, 425; Dolde/Menke NJW 1996, 2616; Hoppe/Just DVBl. 1997, 789; Koch DVBl. 1989, 399; Kühling DVBl. 1989, 221; zum Optimierungsgebot vgl. BVerwGE 71, 163, sowie Hoppe DVBl. 1992, 853; DVBl. 1994, 1033; zur Alternativenprüfung Erbguth DVBl. 1999, 588; Schlarmann DVBl. 1992, 871.
847 Vgl. Müller NVwZ 1994, 850 zu § 8a BNatSchG als Planungsgrundsatz; Hüttenbrink DVBl. 1995, 826 zum Bauplanungsrecht; Steinfurt VerwA 86, 107.
848 BVerwGE 81, 111; DÖV 1996, 514; vgl. auch Mannheim VBlBW 1998, 177 zur Straßenplanung durch Bebauungsplan; Ronellenfitsch DVBl. 1998, 653; von Heyl/Steinfort DVBl. 1999, 1311 zum Verhältnis von Eisenbahnrecht und Baurecht; Schink DVBl. 1998, 609 zum Verhältnis von Naturschutzrecht und Bauleitplanung; im Übrigen Blümel DVBl. 1997, 205; Jarass DVBl. 1997, 795; Storost NVwZ 1998, 797; Stüer/Hermanns DVBl. 1999, 513; Wahl/Dreier NVwZ 1999, 606.
849 E 64, 270.

Grundsatzes der Verhältnismäßigkeit an. Die gerichtliche Kontrolle beschränkt sich dabei auf die Prüfung, ob die Behörde die abwägungserheblichen Gesichtspunkte rechtlich und tatsächlich zutreffend bestimmt und ob sie die aufgezeigten Grenzen der ihr obliegenden Gewichtung eingehalten hat[850]. In diese Abwägung sind nicht nur diejenigen öffentlichen und privaten Belange einzubeziehen, in die zur Verwirklichung des Vorhabens unmittelbar eingegriffen werden muss, sondern auch solche, auf die sich das Vorhaben nur mittelbar auswirkt[851].

139a Dem Abwägen ist bei der **gemeinnützigen Planfeststellung** die positive Beantwortung der Frage vorausgesetzt, ob der Erlass des Planfeststellungsbeschlusses nach den gesetzlichen Planungszielen oder -leitsätzen im konkreten Fall gerechtfertigt ist[852]; bei der **privatnützigen Planfeststellung** ist dagegen vor der Abwägung zu fragen, ob die vom Ausbauunternehmer begehrte Planfeststellung aus Rechtsgründen als unzulässig versagt werden muss[853]. Die Unterscheidung zwischen gemeinnütziger und privatnütziger Planfeststellung[854] ist umstritten[855]. Das BVerwG hat sie für das Wasserrecht weiterhin bejaht[856], für Abfallentsorgungsanlagen privatnützige Planungen abgelehnt[857]. Das Abwägungsgebot räumt dem Betroffenen ein subjektiv-öffentliches **Recht auf gerechte Abwägung** ein, wobei sich dieses Recht aber stets

---

850 Vgl. BVerwGE 34, 301; 45, 309; 48, 56; 56, 283; dazu auch Hoppe DVBl. 1977, 136; Ronellenfitsch VerwA 77, 177; vgl. auch Münster NVwZ 1996, 274: Abwägung fehlerhaft, wenn Festlegungen nach § 8a Abs. 1 BNatSchG als striktes Recht angesehen.

851 BVerwGE 52, 237 zur straßenrechtlichen Abwägung; vgl. dazu Sauthoff NVwZ 1995, 119; auch BVerwGE 104, 144; E 104, 236 zur abschnittsweisen Verwirklichung eines Straßenbauvorhabens; E 102, 331 zur Abwägung naturschutzrechtlicher Belange bei verschiedenen Trassen-Varianten; E 100, 328 zum Verhältnis von Abwägung und Bedarfsplan; E 100, 370 zur Bindungswirkung des Bedarfsplanes; E 67, 74 zur Berücksichtigung des Landschaftsschutzes, dazu Broß VerwA 75, 425, sowie Hahn DVBl. 1992, 1408, Runkel DVBl. 1992, 1402, Schink DVBl. 1992, 1390; E 71, 163 zur Optimierung öffentlicher Belange; E 107, 142 zur Planrechtfertigung beim Flughafenausbau; dazu Bartlsperger DVBl. 1996, 1; E 75, 214 – Flughafen München II – zur Abwägung zwischen naturschutzrechtlichen, immissionsschutzrechtlichen und siedlungsstrukturellen Belangen; zur Berücksichtigung des landesrechtlich normierten Landschaftsschutzes E 82, 17; E 85, 346; E 112, 221 zur Anfechtungsklage von Nebenbestimmungen des Planfeststellungsbeschlusses; Münster NVwZ 1996, 274; Kuschnerus NVwZ 1996, 235; vgl. zum Umweltschutz Funke DVBl. 1987, 511; zur Umweltverträglichkeitsprüfung vgl. BVerwG DVBl. 1996, 907; München UPR 1993, 275, sowie Schmidt-Preuß DVBl. 1995, 485; zum Naturschutz Dürr NVwZ 1992, 833; Stich DVBl. 1992, 257; zum Verkehrsrecht Sellmann/Blume NVwZ 1999, 250; zu projektbezogenen Zielen der Raumordnung Goppel DVBl. 2000, 86.

852 BVerwGE 45, 309 zur Bauleitplanung; E 48, 56; 72, 282 zum Fernstraßenrecht; BVerwG DVBl. 1998, 900 zur FFH-Richtlinie; dazu Thyssen DVBl. 1998, 877.

853 BVerwGE 55, 220 zum WasserhaushaltsG.

854 Vgl. Erbguth DVBl. 1992, 398.

855 Vgl. krit. Kühling, Sendler-Festschrift, S. 391; einschränkend Paetow, Sendler-Festschrift, S. 425; vermittelnd Steinberg DVBl. 1992, 1501.

856 E 85, 155; ebenso Hamburg DVBl. 1995, 1026 für Luftverkehrsrecht.

857 E 85, 44; vgl. auch E 97, 143.

nur auf die rechtlich geschützten eigenen Belange des Betroffenen beziehen kann[858].

Im bundesrechtlichen Planfeststellungsverfahren werden durch die Kon- **139b** zentrationswirkung (§ 75 Abs. 1 VwVfG; vgl. Rn. 46b) landesrechtliche Genehmigungserfordernisse verdrängt. Zwar sind **landesrechtliche Normierungen** als **abwägungserheblicher Belang** zu berücksichtigen[859]. Das BVerwG hat aber weder aus der Vollzugshoheit der Länder[860] noch aus einer vorgeschriebenen Beteiligung oberster Landesbehörden[861] eine Befugnis der Länder hergeleitet, eine inhaltlich fehlerhafte Berücksichtigung der Belange des Naturschutzes oder der Landschaftspflege bei der bundesrechtlichen Planung im Klagewege geltend zu machen[862]. Zur Verbandsklage vgl. Rn. 25.

Gegenüber dem Anspruch des Nachbarn auf Schutz vor Nachteilen und Be- **140** lästigungen ist **bei bestehenden Anlagen** deren **Bestandsschutz** von Bedeutung; soweit der Bestandsschutz reicht, müssen sich die Allgemeinheit und die Nachbarschaft die von der Anlage ausgehenden Nachteile und Belästigungen zumuten lassen[863]. Aber auch, wo ein Recht des Nachbarn besteht, ist bei einem bestehenden Gewerbebetrieb nur die Anordnung solcher Maßnahmen zulässig, deren Ausführung wirtschaftlich vertretbar sind[864]. Wo der Bestandsschutz durch Gesetz eingeschränkt ist, wie in den §§ 17 f. AtomG, hat zwar die Behörde die Befugnis, eine Nachbesserung oder Anpassung der Anlage an den Stand von Wissenschaft und Technik durch Bescheid gegenüber dem Genehmigungsinhaber zu verlangen, ein hierauf gerichteter Anspruch des Nachbarn wird aber nur in außergewöhnlichen Fällen bestehen können, da seinem Schutzbedürfnis bereits die erteilte Genehmigung Rechnung tragen muss[865].

Der **Umfang des Bestandsschutzes** bemisst sich nach dem, was an Bestand **141** und Nutzung in dem Zeitpunkt nachhaltig noch vorhanden war, in dem der Schutz gegenüber einer geänderten Rechtslage wirksam werden soll[866]. Änderungen der Nutzungen können grundsätzlich nur vom Bestandsschutz erfasst werden, wenn sie qualitativ oder quantitativ nicht wesentlich sind[867]. Der Bestandsschutz kann entfallen, wenn ein genehmigter Betrieb mehr als ein Jahr nicht ausgeübt wird[868]. Heute anerkennt die Rechtsprechung nur noch den (passiven oder) **einfachen Bestandsschutz**, der sich aus dem einfa-

858   BVerwGE 41, 178; 48, 56; 51, 15; 51, 35 zur verkehrsrechtlichen Planfeststellung, auch zur Zumutbarkeit; DVBl. 1999, 100 m. Anm. Schmidt-Preuß; vgl. dazu auch Feldhaus DVBl. 1979, 301; Schechinger DVBl. 1991, 1182; sowie BVerwGE 56, 110 zum FluglärmG; E 55, 272 zum Uferbauverbot; Münster DVBl. 1977, 291 für luftfahrtrechtliche Genehmigung; BVerwGE 64, 33 zur Bauleitplanung.

859   BVerwGE 82, 17.

860   E 82, 17 für den Bereich des Naturschutzes und der Landschaftspflege.

861   E 92, 258 für § 9 BNatSchG.

862   Ebenso BVerwG Buchh. 442.08 § 36 BBahnG Nr. 10 für Denkmalschutz; a.A. für Vollzugshoheit und Beteiligung Laubinger VerwA 85, 291.

863   BVerwGE 50, 49; vgl. auch BVerwGE 66, 298, Bestandsschutz für illegal betriebenen Autowrackplatz verneinend; Mannheim GewA 1991, 395 zum AbfallG; vgl. auch Gehrke/Brehsan NVwZ 1999, 932, sowie Schulze-Fielitz Die Verwaltung 1987, 307 insbesondere zum Umweltschutz.

864   Vgl. Münster NJW 1973, 1626 für Schwerlasttransport-Unternehmen; vgl. auch BVerwGE 38, 209 für Geräuschemissionen.

865   Vgl. aber auch BVerwGE 101, 347 sowie die in Rn. 138 aufgeführte Literatur.

866   Zur Beweislast vgl. BVerwG NJW 1980, 252.

867   BVerwG NJW 1977, 1932 für Schwertransport- und Kranbetrieb.

868   BVerwGE 98, 235 für Lackiererei.

chen Gesetz ergibt und nicht mehr die unmittelbare Herleitung aus Art. 14 Abs. 1 GG zulässt[869]. Wurde eine Nutzungsänderung oder bauliche Veränderung vorgenommen, so ist das Bauvorhaben insgesamt neu zu beurteilen, Bestandsschutz für den alten (genehmigten) Teil gibt es nicht[870]. Wird die Nutzung aufgegeben, bleibt nach der Verkehrsauffassung noch eine **Bestandsschutznachwirkungszeit**, sofern alsbald Bauantrag gestellt wird, bis **ein Jahr problemlos, bis zwei Jahre** auch, aber die **Behörde** kann bereits **nachweisen**, dass Bestandsschutz untergegangen und nach **über zwei Jahren** liegt die Beweislast beim Bauherrn[871]. Sofern der **Bürger** sich bei einer **Beseitigungsanordnung** auf **Bestandsschutz** beruft, ist er **beweislastpflichtig**[872]. Sonderregeln gelten für Schwarzbauten aus DDR-Zeiten[873].

142 Nachbarschützende Positionen sind auch im **Gaststättenrecht**[874] anerkannt, insbesondere aus §§ 4 Abs. 1 Nr. 3[875], 5 Abs. 1 Nr. 3, 18 Satz 2 GastG; so kann bei der Erteilung einer **Schankerlaubnis** für eine in unmittelbarer Nähe einer Kirche liegende Gaststätte gegenüber einer Kirchengemeinde das Grundrecht auf ungestörte Religionsausübung verletzt sein[876]. Bei dem Hinausschieben der Sperrstunde für eine Schankwirtschaft kann das Recht der Nachbarn auf ungestörte Nachtruhe verletzt sein[877], ebenso bei einem Großbetrieb des Beherbergungs- und Restaurationsgewerbes im reinen Wohngebiet[878]. Lüneburg[879] und Münster[880] haben dem Arbeitsverbot des § 3 FeiertagsG keinen drittschützenden Charakter beigemessen.

143 7. **Wirtschaftsrecht. Keine Rechtsverletzung** liegt vor, **wenn der VA** oder die Ablehnung oder Unterlassung eines beantragten VA **nur die politischen, kirchlichen, kulturellen oder wirtschaftlichen Interessen des Klägers berührt**[881]. So wird mit der Abrundungsverfügung, die an die Jagdgenossenschaft ergeht, nicht in ein Recht des einzelnen Jagdgenossen eingegriffen[882]; die Änderung eines Forstamtsbezirks verletzt kein Recht des Kreises[883]; auch die Standortverlegung staatlicher Behörden berührt nur die wirtschaftlichen Interessen der Gemeinden und Kreise[884], ebenso nicht die Änderungen in der Organisation staatlicher Behörden[885]. Ein Gewerbebetrieb, der an einer

---

869 BVerwGE 106, 228 unter Aufgabe älterer Rechtsprechung im Anschluss an BVerfG BauR 1996, 235.
870 BVerwG BRS 64 Nr. 73; Bautzen SächsVBl. 1999, 139.
871 BVerwG Buchh. 406.11 § 35 BauGB Nr. 248; Kassel ESVGH 51, 141.
872 Bautzen LKV 2002, 180; Münster, ZfBR 2001, 758.
873 Gem. § 11 Abs. 3 VO der DDR über Bevölkerungsbauwerke: Weimar LKV 2003, 478.
874 Vgl. dazu Demme DVBl. 1967, 758.
875 BVerwGE 101, 157.
876 BVerwGE 12, 743; Witten NJW 1961, 753; ablehnend Menger VerwA 51, 384; zur Lärmbeeinträchtigung des Nachbarn vgl. auch Kassel GewA 1997, 162, sowie Rn. 137b.
877 BVerwGE 11, 331; Lüneburg DÖV 1960, 143; Menger VerwA 51, 262; krit. Bettermann NJW 1961, 1097; vgl. auch BVerwGE 31, 15 zum Betrieb einer Kegelbahn.
878 Lüneburg NJW 1980, 253.
879 NJW 1990, 1685.
880 NJW 1987, 203.
881 Vgl. BVerwGE 10, 122; Ule S. 122.
882 Münster OVGE 12, 213.
883 Koblenz AS 3, 44.
884 A.A. Münster DVBl. 1963, 299 m. abl. Anm. Ule, dagegen auch Menger VerwA 54, 394.
885 Münster OVGE 24, 22 m. zust. Anm. Fromm DVBl. 1968, 660.

Bundesstraße liegt, hat keinen Anspruch auf Beibehaltung der Straßenführung[886], ein Händler keinen Anspruch auf Aufrechterhaltung eines öffentlichen Wochenmarktes[887], der Inhaber einer Erlaubnis zur Ausübung des Bewachungsgewerbes keinen Anspruch auf Einräumung einer Sondergenehmigung zur Ausübung der Fahrzeugbewachung[888]. Die AOK kann von der Handwerkskammer nicht die Löschung eines Gewerbebetriebes in der Handwerksrolle verlangen mit der Begründung, der Betrieb sei kein Handwerksbetrieb, die versicherungspflichtigen Angehörigen daher bei ihr zu versichern[889].

Bei der **Genehmigung von Prämienerhöhungen** eines privaten Krankenversicherers durch das Bundesaufsichtsamt besteht eine öffentlich-rechtliche Beziehung nur zwischen Bundesaufsichtsamt und Versicherer; die Genehmigung räumt dem Versicherer das Recht ein, in dem privatrechtlichen Verhältnis zum Versicherungsnehmer von seiner erweiterten Vertragsfreiheit Gebrauch zu machen. Die Genehmigung greift daher nicht in Rechte des Versicherungsnehmers ein[890]. Auch die Kunden eines **Elektrizitätversorgungsunternehmens** sind nicht befugt, die dem Unternehmen erteilte Genehmigung zur Erhöhung der Tarife anzufechten[891]. Ein Landesverband der AOK ist nicht befugt, die **Aufnahme** von Krankenhäusern **in den Krankenhausplan** des Landes anzufechten[892]. Anderes gilt jedoch, wenn im Genehmigungsverfahren eine Beteiligung vorgesehen ist, die über eine rein verfahrensmäßige Anhörung hinausgeht; so wird durch die Genehmigung beantragter **Pflegesätze nach der Bundespflegesatz**VO die materielle Rechtsstellung des beteiligten Sozialversicherungsträgers betroffen, dem damit ein Klagerecht zusteht[893]. Auch dem selbstzahlenden Krankenhauspatienten steht gegen die Genehmigung einer rückwirkenden Pflegesatzerhöhung ein Klagerecht zu[894]. Bei dem **Widerruf der Zulassung für ein Arzneimittel** ist ein Patient nicht in seinen Rechten verletzt[895]; zur Klagemöglichkeit des Dritten bei der Bedarfsabstimmung für den Einsatz von Großgeräten vgl. BVerwGE 92, 313, hier verneinend. Ist der Aufsichtsbehörde nicht nur die Befugnis zur Genehmigung der Tarife eingeräumt, sondern kann sie mit weiteren Maßnahmen auch unmittelbar in das Vertragsverhältnis eingreifen (wie z.B. das Bundesaufsichtsamt nach §§ 14, 81a, 89 VAG), steht dem Betroffenen ein Klagerecht zu[896].

886 BVerwG DVBl. 1968, 342.
887 Berlin EOVG 8, 116.
888 Münster GewA 1967, 205.
889 BVerwGE 22, 73.
890 BVerwGE 30, 135; vgl. auch BVerfG NJW 1990, 2249; sowie BVerwGE 75, 147; E 79, 326 für Kraftfahrzeug-Haftpflichtversicherung.
891 BVerwGE 95, 133; a.A. Groß DÖV 1996, 52; zur Verfassungsmäßigkeit BVerfG NJW 1990, 2249.
892 BVerwGE DVBl. 1995, 793.
893 BVerwGE 22, 230; auch BVerwGE 7, 354; 15, 296; 15, 302; vgl. auch BVerwG NJW 1980, 660, sowie Koblenz NJW 1979, 1261 zur Unzulässigkeit einer rückwirkenden Erhöhung von Pflegesätzen bei öffentlich-rechtlichen Krankenhausbenutzungsverhältnis; BVerwGE 62, 18 zur Berücksichtigung von Sachversicherungskosten; E 99, 362 zur Berücksichtigung von Instandhaltungskosten; BVerwGE 91, 363 zur Klage auf Genehmigung der Pflegesatzvereinbarung.
894 BVerwGE 100, 230: Rückwirkung verstößt gegen GG und ist unwirksam; ebenso BGHZ 105, 100.
895 BVerwG NJW 1993, 3002.
896 Vgl. BVerwGE 30, 135.

145 Im **Berufszulassungsrecht** wird mit der Zulassung eines weiteren Bewerbers nicht in die Rechte der **bereits Zugelassenen** eingegriffen, sondern nur ihr wirtschaftliches Interesse berührt[897]. Obliegt dem zugelassenen Unternehmen eine **Betriebspflicht,** kann dagegen mit der Zulassung eines weiteren Bewerbers auch in dessen Rechtsstellung eingegriffen werden, so bei der Genehmigung zum Linien-Überlandverkehr für die anhörungsberechtigten öffentlichen Verkehrsunternehmen[898], bei der Erteilung einer einstweiligen Erlaubnis nach § 13 PBefG[899], bei Entscheidungen im Rahmen einer **Kontingentierung**[900], oder bei der Genehmigung im Güterliniennahverkehr für die anhörungsberechtigten Verkehrsunternehmen[901]. Die Rechtsstellung als zugelassener Unternehmer hat auch bereits derjenige, der die Auflagen, mit denen die Genehmigung verbunden war, noch anficht[902].

146 Im Auswahlverfahren um eine Güterfernverkehrsgenehmigung kann der erfolglose Bewerber sowohl die anderen Bewerbern erteilte Genehmigung anfechten (**Konkurrentenklage**)[903], als auch auf erneute Bescheidung seines Antrages klagen, und zwar auch unabhängig von der Konkurrentenklage[904]; bei Erschöpfung eines Kontingents muss er Anfechtungs- und Verpflichtungsklage verbinden[905]. Bei Bewerbern als private Hörfunkveranstalter hat jedoch Mannheim eine so starke Verknüpfung von Zulassung und Ablehnung angenommen, dass auch die Klagen nicht alternativ erhoben werden können[906]. Die Landesmedienanstalten haben verteidigungsfähige Rechtspositionen gegenüber den in ihrem Sendegebiet ausgestrahlten Programmen anderer Medienanstalten[907]. Da die Veröffentlichung von Gerichtsentscheidungen eine öffentliche Aufgabe ist, darf bei der Herausgabe nicht nach dem

---

897   So BVerwG NJW 1958, 643 für Apothekenkonzession; BVerwGE 10, 122 für Geschäftsbetrieb eines Versicherungsunternehmens; BVerwGE 16, 187; Lüneburg SchlHA 1963, 38, Münster NJW 1980, 2323 für Kraftdroschkengenehmigung; Lüneburg OVGE 5, 484 für Zulassung als Notar; BVerwGE 65, 167 für Ausnahmebewilligung nach LadenschlussG; zur Berufsfreiheit vgl. BVerwGE 92, 293 zu Sportwettunternehmen; E 96, 302 zum Betrieb einer Spielbank; E 97, 12 zur Buchmachererlaubnis; Münster GewA 2003, 347 zur Genehmigung einer Tierkörperbeseitigungsanstalt innerhalb des Einzugsbereichs einer ersten Anlage.

898   BVerwGE 2, 141; 9, 340; DVBl. 1957, 496; Buchh. 310 § 42 Abs. 2 VwGO Nr. 4 zur Konkurrentenklage bei Linienverkehrsgenehmigung und der Bedeutung der Leistungsfähigkeit des Unternehmers; Koblenz DVBl. 1997, 962; a.A. Hamburg DVBl. 1959, 667; DVBl. 1963, 784; Ule S. 124; vgl. auch Greif NJW 1961, 2237; Heinze NJW 1961, 999.

899   BVerwGE 30, 347.

900   Zur Zulässigkeit der Festlegung von Höchstzahlen, auch zur Einschätzung vgl. BVerwGE 79, 208; E 82, 295 für Taxigewerbe; Münster GewA 1991, 23 zur Vormerkliste bei der Vergabe von Taxikonzessionen; BVerwGE 80, 270 zur Klage nach Erschöpfung des Kontingents, aber auch Lüneburg NJW 1992, 1979; vgl. auch BVerwG DVBl. 2000, 124 zur Bedarfsprüfung bei der Zulassung von Rettungsdiensten.

901   Lüneburg OVGE 13, 509; auch OVGE 7, 397.

902   BVerwGE 31, 133.

903   BVerwG DVBl. 1984, 91; vgl. auch Bader/v. Albedyll Rn. 40 ff.; Brohm, Menger-Festschrift, 1985, S. 235; Schenke NVwZ 1993, 718.

904   BVerwGE 80, 270.

905   Vgl. Magdeburg DVBl. 1996, 162, dazu Schenke DVBl. 1996, 387, der jedoch Verpflichtungsklage für ausreichend hält.

906   NJW 1990, 340; zu der unterschiedlichen Rechtslage in RhPf vgl. Koblenz AS 15, 91, sowie Ronellenfitsch VerwA 83, 119; für Zulässigkeit der Konkurrentenklage im Medienrecht auch München DVBl. 1992, 452; Kassel NJW 1997, 1179: nur, soweit drittschützende Vorschriften verletzt sind.

907   BVerwGE 104, 107; vgl. auch Bremen DVBl. 2000, 178 zum Kabelbelegungsmonopol.

wissenschaftlichen Niveau der Presseorgane unterschieden werden[908]. Beteiligt sich eine **Gemeinde** an einem **privatrechtlich organisierten Unternehmen,** hat ein privater Konkurrent keinen Anspruch darauf, dass die Gemeinde in bestimmter Weise auf das Unternehmen einwirkt, sofern durch dieses die private Konkurrenz nicht unmöglich gemacht wird[909]. Das InvestitionsVorrangG gewährt dem Investor weder einen Anspruch auf Erteilung des Vorrang-Bescheides noch einen Anspruch auf ermessensfehlerfreie Entscheidung der Behörde[910]. Zum **Prätendentenstreit** als Sonderfall der Konkurrentenklage vgl. § 123 Rn. 2a. Die Zulassung eines Bewerbers verletzt kein Recht eines **Wirtschafts- oder Berufsverbandes,** wenn sie gegen dessen Stellungnahme im Anhörungsverfahren erfolgt, da die Anhörung regelmäßig im öffentlichen Interesse und nicht zur Wahrung der Rechte dieser Vereinigungen vorgesehen ist[911]. Auf eine Ausnahmebewilligung nach § 8 **HandwerksO** besteht beim Vorliegen der gesetzlichen Voraussetzungen ein Rechtsanspruch[912], dagegen besteht kein Anspruch auf eine befristete Genehmigung, um die Kenntnisse und Fertigkeiten für die Berufsausbildung erst zu erlernen[913]. Zur Klage des Mitbewerbers auf Widerruf der Bestellung eines Bezirksschornsteinfegers vgl. Münster GewA 1996, 76. Zu den Voraussetzungen für die Verleihung der Rechtsfähigkeit an einen wirtschaftlichen Verein nach § 22 BGB vgl. BVerwGE 58, 26 verneinend für Verein von Kraftdroschkenhaltern.

Das Mitglied eines **öffentlich-rechtlichen Zwangsverbandes** hat einen An- **146a** spruch darauf, dass der Verband die Grenzen einhält, die seiner Tätigkeit durch die gesetzlich normierte Aufgabenstellung gezogen sind[914]. Das Mitglied hat jedoch aus wettbewerbsrechtlichen Vorschriften keinen Anspruch gegen eine Industrie- und Handelskammer, die auf internationalen Messen Gemeinschaftsstände organisiert[915]. Das gilt auch für die Mitgliedschaft der Kammern bei Verbänden[916]; ablehnend gegenüber einem Klagerecht, das aus einer Betroffenheit im Vermögen des Beitragspflichtigen resultiert BVerfGE 67, 26; NJW 1988, 2289; dazu auch Meßerschmidt VerwA 81, 55. Das BVerwG[917] hat jedoch ein Klagerecht bei einkommensbezogener Bemessung eines Kammerbeitrages bejaht. Ein Dritter hat jedoch gegen die Kammer keinen Anspruch auf eine Aufsichtsmaßnahme oder auf eine fehler-

---

908 BVerwG NJW 1997, 2694.
909 Kassel GewA 1996, 233; vgl. auch Mannheim NJW 1995, 274; Pünder DVBl. 1997, 1353.
910 BVerwGE 97, 39; vgl. aber auch BVerwGE 100, 318 zur Anfechtung eines Vermögenszuordnungsbescheids.
911 Vgl. BVerwG DVBl. 1958, 391 für die Rechtsanwaltskammer; Kassel DÖV 1968, 582 für Ärztekammer; Lüneburg OVGE 2, 233 für Milchhandelsverband.
912 BVerwG GewA 1969, 256.
913 BVerwG DVBl. 1970, 976.
914 BVerwGE 64, 115 für Steuerberaterkammer; E 64, 298 für Ärztekammer; vgl. auch E 59, 231; 59, 242 sowie Rn. 115 für Studentschaft; Bremen NJW 1994, 1606 für Ärztekammer; München NJW 1992, 1524 für berufsständiges Versorgungswerk; Münster NWVBl. 1990, 171 für Wirtschaftsprüferkammer; zur Zulässigkeit einer Pflicht- oder Zwangsmitgliedschaft vgl. BVerwGE 107, 169 für Industrie- und Handelskammer; BVerwG NJW 1997, 814 für Apothekerkammer; BVerwGE 108, 169 für Handwerkskammer; BVerwGE 87, 324 für berufsständisches Versorgungswerk, dazu Groepper NJW 1999, 3008; vgl. auch Dittmeyer NJW 1999, 3367.
915 Schleswig GewA 1997, 144.
916 BVerwG NJW 1987, 337 für Steuerberatungskammer; BVerwGE 74, 254 für Handwerkskammer; vgl. Pietzcker NJW 1987, 305.
917 DVBl. 1993, 725.

freie Ermessensentscheidung über ein etwaiges Einschreiten gegen ein Mitglied[918].

147 Besteht kein Rechtsanspruch auf eine bestimmte Leistung der Behörde, kann
diese vielmehr nach ihrem freien Ermessen entscheiden, hat der Betroffene
einen öffentlich-rechtlichen **Anspruch auf Ausübung und fehlerfreie Handhabung des Ermessens,** insbesondere **auf Beachtung des Gleichheitssatzes**[919].

148 Die Behörde übt ihr Ermessen nicht dem Zweck der Ermächtigung entsprechend aus, wenn sie den **Grundsatz der Verhältnismäßigkeit des Mittels**[920]
oder wenn sie den **Gleichheitsgrundsatz** verletzt, weil sie gleich gelagerte
Fälle, ohne dass sachliche Erwägungen dies rechtfertigen, unterschiedlich
handhabt[921]. Der Gleichheitsgrundsatz zwingt die Behörde aber nicht dazu,
an überholten Auffassungen festzuhalten[922] oder fehlerhafte Entscheidungen zu wiederholen[923]; es gibt keine Gleichbehandlung im Unrecht[924].
Durch längere gleichmäßige Handhabung des Ermessens, auch auf Grund
von allgemeinen Weisungen oder Erlassen[925] kann eine Behörde den ihr zustehenden Ermessensspielraum derart eingeschränkt haben, dass sie sich
ohne zureichenden Grund nicht in Widerspruch zu ihrem bisherigen Verhalten setzen darf (**Selbstbindung der Verwaltung**).[926] Auch die ständige Anwendung einer wegen Fehlens der Ermächtigungsgrundlage nichtigen
Rechtsvorschrift kann zur Selbstbindung führen[927]. Ständige rechtswidrige
Verwaltungsübung vermag eine Selbstbindung nicht zu schaffen[928].

149 Unabhängig von ihrer dogmatischen Einordnung[929] können **Verwaltungsvorschriften** (Verwaltungsanordnungen, Dienstvorschriften, Richtlinien
u.Ä.) über die ihnen zunächst grundsätzlich nur innewohnende interne Bindung zwischen Behörden[930] hinaus im Wege der **Selbstbindung** der Verwaltung auch **anspruchsbegründende Außenwirkung** im Verhältnis der Verwaltung zum Bürger haben[931]. Diese Vorschriften können zur Konkretisierung

---

918 BVerwG NJW 1993, 2066.
919 Vgl. BVerwGE 27, 297; BVerwGE 2, 288; 10, 112; 34, 213; Hamburg VRspr. 4,
     524; Mannheim ESVGH 10, 12; Breuer, Festgabe BVerwG S. 89 zu Grundrechten
     als Anspruchsnormen; Schoch/Schütz § 42 Abs. 2 Rn. 84.
920 Knack/Henneke § 40 Rn. 40.
921 Vgl. BVerwG DVBl. 1963, 65; Münster VRspr. 13, 424; vgl. auch Rn. 131; auch
     Kassel ESVGH 35, 287 für gebundene Verwaltung.
922 BVerwG DÖV 1961, 473; Münster OVGE 9, 180; Stuttgart VRspr. 9, 471.
923 Mannheim ESVGH 8, 175; München BB 1962, 467; Münster OVGE 11, 196.
924 Magdeburg NJW 1999, 2982 zum Ladenschluss.
925 BVerwGE 31, 213 zur Dienstbefreiung; BVerwG NJW 1969, 1397 zur Aufhebung,
     m. krit. Anm. Ossenbühl NJW 1970, 108.
926 Vgl. BVerwGE 8, 4; Dicke VerwA 59, 293; Mertens, Die Selbstbindung der Verwal-
     tung auf Grund des Gleichheitssatzes, 1963; Scholler DVBl. 1968, 409.
927 BVerwGE 30, 99 zum Umzugskostenrecht.
928 BVerwG NJW 1970, 675; dazu Ossenbühl DÖV 1970, 264.
929 Vgl. dazu Hill NVwZ 1989, 401; Krebs VerwA 70, 259; Ossenbühl, in: Erichsen/
     Martens, Allgemeines Verwaltungsrecht, 8. Aufl., 1988, S. 96; Papier, Luckes-Fest-
     schrift, 1989, S. 159.
930 Vgl. BVerfG DVBl. 1989, 94; BVerwGE 51, 359 zur AVV zu § 15b StVZO; E 100,
     335 zum AuslG; Mannheim NVwZ 1999, 547: Rechtswidrigkeit des VA bei Nicht-
     anwendung ermessensbindender VV.
931 Vgl. BVerwGE 35, 159 zur Ausschreibung der Außenhandelsstellen; vgl. auch Kas-
     sel NVwZ 1995, 394 zur Absichtserklärung bei Musterprozess; im Übrigen Stel-
     kens/Sachs, § 40 Rn. 103 ff.; zum Gesetzesvorbehalt vgl. § 1 Rn. 6.

im Gesetz selbst nicht näher bestimmter Merkmale dienen[932] und sollen insbesondere eine einheitliche Ermessensausübung der zuständigen Behörden sichern[933]. Sie sind deshalb nicht wie Rechtsvorschriften aus sich heraus, sondern unter Berücksichtigung ihrer tatsächlichen Handhabung auszulegen[934]. Obgleich eine Selbstbindung durch Verwaltungsübung voraussetzt, dass die Verwaltung bereits entsprechend gehandelt hat, hat das BVerwG[935] die Bindung bereits an den Erlass der Verwaltungsvorschriften geknüpft und damit die Verwaltungspraxis antizipiert. Das BVerwG hat dabei im technischen Bereich die Verwaltungsvorschrift als **antizipiertes Sachverständigengutachten,** oder als **Normkonkretisierung,** die auch die Gerichte bindet, angesehen[936]. Die verwaltungsgerichtliche Überprüfung der durch ministeriellen Runderlass festgesetzten sozialhilferechtlichen Regelsätze hält das BVerwG[937] nur beschränkt für möglich. Die Anordnungen des BMI nach § 32 AusländerG dagegen haben Rechtsatzcharakter, binden also Verwaltung und Gerichte[938]. Die Änderung einer ermessenslenkenden VV hat grundsätzlich in der Form zu geschehen, in der diese um ihrer Wirksamkeit willen ergehen musste[939].

Im Hinblick auf die Außenwirkung dieser Vorschriften kraft Selbstbindung **149a** sollte auch eine Verpflichtung der erlassenden Behörde zur **Veröffentlichung** angenommen werden[940]. Bei einer Verwaltungsübung, die auf ständiger Anwendung rechtsauslegender Verwaltungsvorschriften beruht, hat das BVerwG jedoch eine anspruchsbegründende Selbstbindung verneint[941], sofern sie nicht durch das Gesetz selbst und die in ihm objektivierte Zielsetzung des Gesetzgebers gedeckt ist[942]; eine ständige rechtswidrige Verwaltungsübung vermag jedoch eine Selbstbindung nicht zu schaffen, auch nicht über

---

932   BVerwGE 57, 198 zum BundesausbildungsförderungsG; E 57, 336; 71, 342 zu Beihilfevorschriften; E 62, 161 zur Kriegsopferversorgung.

933   BVerwGE 55, 135 zum Verbot der Zweckentfremdung im Mietrecht.

934   St.Rspr. BVerwGE 87, 1; DVBl. 1995, 627; NJW 1996, 1776 zu § 4 SubventionsG; DVBl. 1998, 191; vgl. auch Bremen ZfBR 1995, 108 zur Nichtumsetzung eines Konzepts.

935   DÖV 1970, 74; DÖV 1971, 748; Mannheim NJW 1991, 2362 für Richtlinien; ebenso BSGE 31, 258.

936   Vgl. BVerwGE 55, 250 zur TA Luft, die das Gericht als antizipiertes Sachverständigengutachten ansieht; ebenso NVwZ 1988, 824; vgl. auch Münster NWVBl. 1990, 274 zur Normkonkretisierung durch die TA Luft; dazu auch Erbguth DVBl. 1989, 473; BVerwGE 72, 300 zur Allgemeinen Berechnungsgrundlage für Strahlenexposition, die das Gericht als normkonkretisierende, auch die VG bindende Richtlinie bezeichnet; dazu auch Gerhart NJW 1989, 2233; BVerwGE 107, 338 zur Rahmen-Abwasser VwV; ebenso Mannheim DVBl. 1990, 108 zur Berechnungsanleitung nach § 3 FluglärmG; vgl. auch Dolde/Vetter NVwZ 1998, 213 zur TA Siedlungsabfall; vgl. jedoch auch Münster NWVBl. 1990, 23, das TA Lärm nur inzidenzielle Bedeutung beimisst, ebenso BVerwGE 88, 143 zu den Hinweisen zur Beurteilung der durch Freizeitanlagen verursachten Geräusche; dagegen BGHZ 111, 63: antizipiertes Sachverständigengutachten; dazu auch Wagner NJW 1991, 3247; Kassel NJW 1989, 2767, das Richtlinien des BMV als Orientierungshilfe ansieht; insgesamt Ronellenfitsch DVBl. 1989, 851.

937   E 94, 326.

938   Mannheim NVwZ 1994, 400; Münster DVBl. 1995, 576.

939   BVerwGE 104, 220.

940   Vgl. Gusy DVBl. 1979, 720; auch BVerwGE 61, 15 nur Mitteilung des Inhalts in konkreten Verfahren bejahend, dazu auch Rn. 123.

941   BVerwGE 34, 278; 36, 313 beide zu Erlassen des BMVg zur Zurückstellung vom Wehrdienst; dazu Ossenbühl DÖV 1970, 264; Menger VerwA 63, 213; Seifert DVBl. 1980, 589.

942   BVerwGE 54, 177 zu VwV zu § 160 BBG.

sehr lange Zeit[943]. Will die Behörde eine bisher ständige Übung ändern, muss sie die äußeren Umstände, die dies verlangen, darlegen[944]. **Wo der institutionelle Gesetzesvorbehalt entgegensteht, ist** eine **Regelung durch Verwaltungsvorschrift unzulässig**[945]. Der EuGH hat für die Umsetzung von in **Richtlinien der EG** festgelegten Umweltstandards in nationales Recht Verwaltungsvorschriften nicht als ausreichend angesehen, da ihnen die Außenwirkung fehle, und deshalb eine **Rechtsverordnung** als die **angemessene Form der Umsetzung** angesehen[946].

150 Auf die Gewährung von **Subventionen und sonstigen Förderungen** (vgl. Rn. 61 sowie § 40 Rn. 23), die regelmäßig nicht gesetzlich geregelt ist[947], sondern in vielen Fällen **auf Grund der Ansätze im Haushalt** erfolgt[948], besteht **regelmäßig kein Rechtsanspruch**[949], auch der Anspruch auf ermessensfehlerfreies Verhalten der Behörde vermag den fehlenden materiellen Rechtsanspruch nicht zu ersetzen[950]. Die Ausübung dieses Ermessens ist regelmäßig durch **Verwaltungsvorschriften, Ausführungsvorschriften, Richtlinien, Erlasse** u.A. geregelt[951]. In ihnen werden u.a. die Voraussetzungen für die Gewährung der Leistung niedergelegt[952]; in ihnen können strenge Form- und Fristvorschriften zur Voraussetzung der Subventionszahlung festgelegt werden[953]; diese Vorschriften steuern[954] und begrenzen damit das freie Ermessen der entscheidenden Behörde, die, vergleichbar der **Selbstbindung durch Verwaltungsübung** (vgl. Rn. 149), an die Einhaltung dieser Bestimmungen gebunden ist[955]. Ein Vertrauen an den Fortbestand einer bestimmten Verwaltungspraxis wird nicht geschützt, jedoch besteht ein Anspruch auf

---

943 München BayVBl. 1969, 393 zu hundertjährigem Missstand.

944 Münster OVGE 6, 197.

945 Münster NJW 1980, 1406 zur Beleihung einer juristischen Person des Privatrechts mit Aufgaben der staatlichen Leistungsverwaltung; Kassel DVBl. 1999, 464 für Gebührenrecht.

946 EuZW 1991, 440 und 442 für Grenzwerte und Leitwerte der Luftqualität für Schwefeldioxid und Schwebestaub; EuZW 1991, 405 für Schutz des Grundwassers gegen Verschmutzung durch gefährliche Stoffe; vgl. dazu Bönker DVBl. 1992, 804; von Dannwitz VerwA 84, 73; Di Fabio DVBl. 1992, 1338; Gusy NVwZ 1995, 105; Rupp JZ 1991, 1034; Spannowsky NVwZ 1995, 845; vgl. auch § 1 Rn. 13.

947 Vgl. Blechmann, Gutachten D für den 55. Dt. Juristentag; Henke DVBl. 1984, 845, mit der Forderung nach einem Subventionsgesetz.

948 Zur Zulässigkeit BVerfGE 20, 56; zur Rechtsnatur des Haushaltsplangesetzes BVerfGE 38, 121.

949 Vgl. BVerwG NJW 1980, 718 für Theater; Berlin DVBl. 1967, 92 für Theaterbesucherorganisation; Lüneburg OVGE 21, 400 für Träger der freien Jugendhilfe; Mannheim ESVGH 17, 54 und 56 für Künstler und künstlerische Unternehmen.

950 Münster OVGE 13, 259.

951 Zur Rechtsnatur und Problematik dieser Regelungen vgl. Ipsen VVDStRL 25, 294; Jarass NJW 1987, 1225; Oldiges NJW 1984, 1927; Ossenbühl AöR 92, 1; Selmer VerwA 59, 114; Zacher VVDStRL 25, 308.

952 Vgl. BVerwGE 18, 352; Kassel DVBl. 1968, 259 und 703, alle zum Honnefer Modell; BVerwGE 35, 159 zur Ausschreibung; BVerwGE 31, 289 und 31, 292 zum »Referenz«-Verfahren bei der Erteilung von Einfuhrlizenzen; Münster NJW 1980, 469 zur Subventionierung von Mittagsmahlzeiten in gemeindlichen Schulen; BVerwG NVwZ 1987, 315 zur Unzulässigkeit der Verbindung mit Regelung der Berufsausübung.

953 BVerwG NJW 1973, 2172 zur Zulässigkeit einer Ausschlussfrist ohne Möglichkeit der Wiedereinsetzung.

954 Vgl. BVerwG NJW 1979, 280 für Bundesamt für gewerbliche Wirtschaft bei VerstromungsG.

955 Vgl. Kassel ESVGH 18, 48 zur Finanzhilfe; Münster DVBl. 1984, 1081 zur Grenzlandhilfe; vgl. auch Mannheim NJW 1989, 603 zur Ermessensbindung durch Vergleich.

Gleichbehandlung nach der gewechselten Praxis der Bewilligungsbehörde[956]. Die für den Bereich der gesetzesfreien Erfüllung öffentlicher Aufgaben erlassenen Richtlinien sind grundsätzlich keiner richterlichen Interpretation unterworfen; das Gericht prüft vielmehr nur, ob auf Grund der Richtlinie überhaupt öffentliche Mittel verteilt werden dürfen, ob die Richtlinie der gesetzlichen Zweckbestimmung entspricht und ob bei ihrer Anwendung im Einzelfall der Gleichheitssatz verletzt ist[957]. Rücknahme und Widerruf der Subventionsbewilligung richten sich nach §§ 48 ff. VwVfG und den entsprechenden landesrechtlichen Vorschriften. Das BVerwG[958] hat darauf abgestellt, dass ein endgültiges Behalten einer Zuwendung die Wirksamkeit des Zuwendungsbescheides während der für die Zweckbindung maßgeblichen Zeit erfordert, und damit den Widerruf des Bescheides als für die Rückforderung der Zuwendung ausreichend angesehen[959]. Ein im Verwaltungsverfahren ergänzend anwendbares Bewilligungs- und Gewährungsverbot enthält § 4 Abs. 2 **G gegen missbräuchliche Inanspruchnahme von Subventionen** vom 29.7.1976 (BGBl. I S. 2037). Nach § 5 Abs. 2 dieses Gesetzes gelten für die Herausgabe des Vorteils aus einer entgegen der Verwendungsbeschränkung verwendeten Subvention die Vorschriften des BGB über die Herausgabe einer ungerechtfertigten Bereicherung entsprechend.

Ist bei fehlerfreier Ausübung des Ermessens nur eine Entscheidung, nämlich **151** die auf Gewährung der Leistung, zutreffend, kommt der Anspruch des Klägers auf fehlerfreie Ausübung des Ermessens im Ergebnis dem Rechtsanspruch auf die Leistung gleich; der **fehlende Ansatz von Haushaltsmitteln** oder eine fehlerhafte Zweckbindung im Haushaltsplan kann dadurch jedoch nicht ersetzt werden[960]. Ein **Dritter** kann den in der **Subventionierungsgewährung an** einen **Konkurrenten** liegenden VA[961] dann **anfechten, wenn** dabei seine schutzwürdigen Interessen willkürlich verletzt worden sind[962]. Zum Verhältnis von privatem Anbieter und staatlichen oder gemeindlichen Konkurrenten bei der Wirtschaftsförderung vgl. BVerwG NJW 1995, 2938.

8. **Reflexwirkung.** Ein Rechtsanspruch auf eine Leistung ist schließlich nicht **152** gegeben bei den so genannten **Reflexwirkungen des öffentlichen Rechts.** Diese liegen vor, wenn ein Gesetz der Behörde die Verpflichtung zu einem bestimmten Handeln auferlegt, wodurch eine unbestimmte Zahl von Personen begünstigt wird, ohne dass diese einen Rechtsanspruch auf die Leistung haben[963].

---

956 Münster DVBl. 1980, 648.
957 BVerwGE 58, 45 zu zweckbestimmt im Bundeshaushalt ausgewiesenen Fördermitteln; vgl. auch Rn. 149.
958 DVBl. 1983, 810 m. zust. Anm. Thoenes.
959 Vgl. BVerwG DVBl. 1998, 145 m. Anm. Schwabe zur ermessenslenkenden Bedeutung der haushaltsrechtlichen Grundsätze der Wirtschaftlichkeit und Sparsamkeit; München NJW 1997, 2255 zum Verstoß gegen Vergabevorschriften der VOB; Jarass DVBl. 1984, 855; auch BVerwGE 105, 55, sowie § 40 Rn. 18.
960 Vgl. Münster DVBl. 1990, 999 zur Förderung von Religionsvereinen; Menger/Erichsen VerwA 58, 284 zu Berlin DVBl. 1967, 92.
961 Vgl. BVerwG NJW 1969, 809.
962 BVerwGE 30, 191 m. Anm. Friauf DVBl. 1969, 368; Bader/v. Albedyll Rn. 43; Heintschel v. Heinegg/Schäfer DVBl. 1991, 1341; Schoch/Wahl/Schütz § 42 Abs. 2 Rn. 297 ff.; vgl. auch Rn. 145, 146.
963 Vgl. insbesondere Bachof, Jellinek Gedenkschrift, 1955, S. 287; BVerwGE 2, 203; Kassel ESVGH 6, 121.

E. Leistungsklage

153 Die VwGO geht in § 43 Abs. 2, § 111, § 113 Abs. 3 und § 169 Abs. 2 von der Leistungsklage aus, ohne sie jedoch ausdrücklich zu regeln. Mit ihr kann die **Verurteilung zu einer Handlung, Duldung oder Unterlassung** begehrt werden[964]. Auf die Leistungsklage finden die §§ 42, 68 bis 80 keine Anwendung; für sie wird kein Vorverfahren gefordert, keine Klagefrist[965]; die Prozessführungsbefugnis des Beklagten richtet sich nicht nach § 78, sondern nach den allgemeinen Regeln; Prozessstandschaft ist, anders als bei Anfechtungs- und Verpflichtungsklagen, bei vermögensrechtlichen, nicht höchstpersönlichen Ansprüchen im gleichen Umfang wie im Zivilprozess zulässig[966]. Nach Erledigung der Leistungsklage kann das Verfahren nur mit der Feststellungsklage nach § 43 Abs. 1, nicht mit der Fortsetzungsfeststellungsklage nach § 113 Abs. 1 S. 4 weitergeführt werden[967]. Die Leistungsklage wird bei Gesetzesänderung nach Klageerhebung nicht unzulässig, sondern ist als unbegründet abzuweisen[968]. Zur Vollstreckung gegen eine Behörde siehe § 172 Rn. 3. Bei Klagen des Beamten aus dem Beamtenverhältnis ist jedoch nach § 126 Abs. 3 BRRG auch ein Vorverfahren erforderlich, wenn es sich um eine Leistungsklage handelt (vgl. § 68 Rn. 2).

154 Mit der Leistungsklage werden vor allen Dingen **Zahlungsansprüche**[969] geltend gemacht, wobei es auf den Rechtsgrund, z.B. Vertrag[970], ungerechtfertigte Bereicherung, Erstattung, Schadensersatz[971] nicht ankommt, wenn nur der Verwaltungsrechtsweg gegeben ist. Die **Leistungsklage des Staates** ist grundsätzlich ausgeschlossen, wo die Festsetzung der Forderung in einem **Bescheid** zu geschehen hat[972]; das BVerwG hat sie jedoch dort zugelassen, wo sie den einfacheren Weg zur Inanspruchnahme des Beklagten darstellt[973]. Durch Vertrag begründete Pflichten dürfen jedoch nicht durch VA durchgesetzt werden[974]. Leistungen kann der Staat nicht nur dort durch Bescheid fordern, wo dies gesetzlich zugelassen ist[975], sondern nach der überwiegenden Meinung in der Rechtsprechung generell als actus contrarius bei der Rückforderung nach Leistung durch VA[976]. Dabei hat das BVerwG im Beamtenrecht für den Schadensersatzanspruch dem Dienstherren eine Wahl-

---

964　Vgl. grundsätzlich BVerwGE 31, 301; E 50, 137 Mannheim ESVGH 17, 184; Münster DÖV 1961, 469; BSG NJW 1958, 1607 mit Stellungnahme von Menger VerwA 51, 159; vgl. im Einzelnen Schoch/Pietzcker § 42 Abs. 1 Rn. 150 ff.; Sodan/ Sodan Rn. 39 ff.

965　BVerwGE 31, 301.

966　Vgl. Hamburg DVBl. 1950, 156.

967　Münster NJW 1994, 1673.

968　BVerwGE 29, 304; 36, 200.

969　Vgl. Löwenberg, Die Geltendmachung von Geldforderungen im Verwaltungsrecht, Bd. 58 der Schriften zum öffentlichen Recht, 1967.

970　Vgl. BVerwGE 97, 331: Anpassung eines öffentlich-rechtlichen Vertrags.

971　Vgl. BVerwG NVwZ 1996, 174 bei ungerechtfertigter Kündigung; vgl. auch BVerwG 55, 349 zum Gleichheitssatz als Grundlage eines Zahlungsanspruchs, dazu Erichsen VerwA 71, 289.

972　München VGH n.F. 19, 23 für Erschließungsbeitrag.

973　Vgl. E 80, 164; VG Schleswig NJW 1991, 1129 für Baugenehmigungsgebühr, wenn Vollstreckung im Ausland nur auf Grundlage eines gerichtlichen Titels möglich ist.

974　BVerwGE 50, 171 für Erschließungsvertrag; Münster DVBl. 1977, 903 für Ablösevertrag bei Einstellplätzen.

975　So Menger/Erichsen VerwA 61, 174 m.w.N. in Anm. 29; vgl. aber auch BVerwG NJW 1980, 1243 zu Abschiebekosten.

976　BVerwG NJW 1969, 809 für Subvention; BVerwG DÖV 1970, 284 für Erstattungen nach Überleitung gegenüber den Trägern der Sozialhilfe; vgl. auch § 40 Rn. 18.

möglichkeit zwischen VA und Leistungsklage eingeräumt[977]. Zu Vereinbarungen im Beamtenrecht vgl. § 40 Rn. 31.

Ein besonderes Problem bildet die **Verzinsung bei öffentlich-rechtlichen Zah-** **155** **lungsansprüchen.** Generell besteht keine Verzinsungspflicht für öffentlich-rechtliche Forderungen[978]. Das BVerwG hat deshalb auch einen Anspruch auf Verzinsung fälliger Erschließungsbeiträge abgelehnt[979], jedoch zugelassen, dass im Rahmen einer Stundungsvereinbarung auch eine Verzinsung ausgemacht wird[980]. Ebenso wenig dürfen Zinsen bei der Rückforderung zu viel gezahlter Unterhaltshilfe nach dem LAG gefordert werden[981]. **Anders** jedoch, **wenn** durch **Rechtsvorschrift** eine **Verzinsung gefordert wird**[982], wie es § 49a Abs. 3 VwVfG für den Erstattungsanspruch nach Rücknahme oder Widerruf bestimmt; nach § 49a Abs. 4 VwVfG können Zinsen, wenn Leistungen nicht alsbald für den bestimmten Zweck verwendet werden, auch für die Zeit bis zur zweckentsprechenden Verwendung verlangt werden[983]. Zum Geltungsbereich des § 49a VwVfG vgl. Rn. 87. Zur Unterbrechung der Verjährung vgl. BVerwGE 99, 109. Das BVerwG hat es als zulässig angesehen, dass ein **Zinsanspruch gegen die Behörde ausgeschlossen** bleibt, da diese als Organ des Staates handelt und nicht wie ein Kaufmann aus dem Geld Nutzen zieht[984].

Verzugszinsen können danach auch **nur geltend gemacht werden,** wenn sie **156** im Gesetz oder **im Vertrag ausdrücklich vorgesehen** sind[985]. Verzugszinsen als Vermögensschaden aus Amtspflichtverletzung sind vor den Zivilgerichten geltend zu machen[986]. Wenn bei einem öffentlich-rechtlichen Vertrag die Geldleistungspflicht eine vertragliche Hauptleistungspflicht ist, die in einem Gegenseitigkeitsverhältnis zur Leistungspflicht des anderen Vertragspartners steht, hat das BVerwG[987] eine Verpflichtung zur Zahlung von Verzugszinsen bejaht (§ 62 S. 2 VwVfG mit § 288 BGB); es hat einen solchen Zinsanspruch jedoch dann verneint[988], wenn zwischen schädigender Handlung

---

977 BVerwGE 28, 153; 29, 310; ebenso Kassel NVwZ 1995, 1227; Münster OVGE 29, 55 für Ersatzanspruch im Fürsorgerecht; vgl. auch Rn. 77.
978 BVerwGE 14, 1; 15, 78; vgl. auch E 66, 90, Verzinsung von Sozialhilfeleistungen nach § 44 Abs. 1 und 2 SGB I zuhabend.
979 E 37, 239; ebenso Münster NJW 1995, 3003 für Rückforderung von Vorauszahlungen auf Anliegerbeiträge; anders München ZMR 1994, 537 bei Zinsvereinbarung.
980 E 38, 297.
981 BVerwGE 38, 55.
982 BVerwG NJW 1973, 2122 für Erstattungsanspruch der Einfuhr- und Vorratsstelle; E 89, 145 zur Zinsberechnung nach BAföG.
983 Vgl. Heße NJW 1996, 2779.
984 BVerwG NJW 1973, 2122 m. Anm. Bieler NJW 1974, 431; auch BVerwG NJW 1973, 1854 m. Anm. Kessler NJW 1974, 536; beide Anm. sprechen sich für einen Zinsanspruch in beiden Richtungen aus.
985 BVerwGE 21, 44 für LAG; E 24, 186 für Beamtenrecht; E 80, 334 für FlurbereinigungsG; Münster NJW 1968, 2123, m. Anm. Emrich NJW 1969, 153, für Vorausleistung auf Erschließungsbeitrag; Lüneburg NJW 1968, 2125 für Abgabenforderung bei Wiederherstellung der aufschiebenden Wirkung des Widerspruchs; vgl. Heintschel v. Heinegg NVwZ 1992, 522.
986 BVerwGE 37, 231; 38, 49.
987 E 81, 312 für Vertrag Bundesbahn/Gemeinde über Haltepunkt für Schülerzüge; E 98, 18 für Zahlung der Herstellungskosten der Personalausweise.
988 BVerwG Buchh. 236.1 § 24 SoldG Nr. 13.

und Aufwendungen des Bundes für Kreditzinsen überhaupt kein Ursachenzusammenhang hergestellt werden kann[989].

157 Auf **Prozesszinsen besteht** dagegen ein **Anspruch,** soweit der Gesetzgeber den Zinsanspruch nicht anderweitig geregelt oder ausgeschlossen hat[990]. Der Anspruch auf Prozesszinsen in sinngemäßer Anwendung des § 291 BGB setzt zum einen Rechtshängigkeit und Fälligkeit der Forderung voraus, er besteht nur für die Dauer der Rechtshängigkeit[991], er besteht nicht, wenn die Fälligkeit erst nach Beendigung der Rechtshängigkeit eintritt[992]. Zum anderen setzt die Heranziehung des § 291 BGB voraus, dass der Prozess mit dem Zuspruch einer eindeutig bestimmten Geldforderung endet, sei es durch Verurteilung zur Zahlung, sei es durch Verpflichtung zum Erlass eines entsprechenden Leistungsbescheides[993]. Bei erfolgreicher Anfechtungsklage gegen Bescheid, mit dem unter Vorbehalt Beiträge zur Insolvenzversicherung erhoben worden sind, hat das BVerwG[994] einen Anspruch auf Prozesszinsen verneint[995].

158 Soweit von einer Behörde eine **Handlung** verlangt wird, **die keinen VA darstellt,** kommt nur die **Leistungsklage,** nicht die Verpflichtungsklage in Betracht (vgl. Rn. 6). So bei der Klage auf Abschluss eines Vertrages[996], auch bei der Verfolgung des Petitionsrechts[997], auf Aufhebung der Entscheidung der Justizverwaltung über die Verwendung eines Richters auf Probe[998] oder auf Beseitigung eines Bauwerks[999]. Leistungsklage auch bei dem Verlangen nach **Auskunft**[1000], nach **Akteneinsicht**[1001], auch in Prüfungsakten[1002] oder Schülerberichte[1003]. Auch der Anspruch auf **Vernichtung bestimmter Unter-**

989 Vgl. dazu Schön NJW 1993, 961.
990 St. Rspr. seit BVerwGE 7, 95; E 114, 61 für Erstattungsanspruch; E 99, 53; DVBl. 1996, 104; Münster DVBl. 1959, 75; vgl. Götz DVBl. 1961, 433; Redeker DVBl. 1963, 507.
991 BVerwGE 11, 314; 14, 1; 58, 316.
992 BVerwGE 51, 287 zur Hausratsentschädigung.
993 BVerwGE 99, 53 verneint für Bescheidungsurteil, vgl. auch NVwZ 1988, 440; NJW 1998, 3368 verneint, wenn Geldschuld im Urteil nicht beziffert und auch nicht rein rechnerisch unzweifelhaft ermittelt werden kann.
994 E 107, 304.
995 Vgl. auch BVerwGE 108, 364: Prozesszinsen erst ab Rechtshängigkeit des bezifferten Rückzahlungsanspruchs.
996 Vgl. Friehe JZ 1980, 516 für subordinationsrechtlichen Vertrag.
997 Hamburg DVBl. 1967, 86; Münster NJW 1979, 281 zur Vorlage einer Petition an den Rat der Gemeinde, krit. dazu v. Mutius VerwA 70, 165.
998 BVerwGE 102, 81.
999 Münster NWVBl. 1994, 418 für Turnhalle.
1000 Dazu BVerwGE 70, 310 gegenüber Rundfunkanstalt; NJW 1993, 675 zur Veröffentlichung von Gerichtsentscheidungen; Bremen NJW 1987, 2393 zum datenschutzrechtlichen Auskunftsanspruch; BVerwGE 89, 14 zur Güterabwägung bei Auskunft nach § 19 BundesdatenschutzG; München NJW 1980, 198 zur Bekanntgabe des Namens eines Informanten der Polizei; Münster NJW 1995, 2741 zum Umfang des presserechtlichen Auskunftsanspruchs; Münster DVBl. 1995, 371 zum Auskunftsanspruch gegenüber Bundesamt für Verfassungsschutz; vgl. dazu aber auch Rn. 53.
1001 Münster DNotZ 1961, 649.
1002 BVerwG NJW 1958, 1837 m. Anm. Friebe NJW 1959, 904.
1003 Hamburg VRspr. 11, 272.

lagen kann mit der Leistungsklage geltend gemacht werden[1004]. Für den Beamten ist im Falle unzulässiger Kritik durch die oberste Dienstbehörde die Leistungsklage gerichtet auf das Ausräumen der Ansehensbeeinträchtigung zulässig[1005]. Die Leistungsklage kann auch **auf** ein **Unterlassen** gerichtet sein[1006].

Parlamentarische Untersuchungsausschüsse üben öffentliche Gewalt **158a** aus[1007]. Sie können, insbesondere zur Durchsetzung ihres Beweiserhebungsrechts[1008], auch Ordnungsgeld verhängen und Beugehaft[1009] oder Beschlagnahmen herauszugebender Unterlagen bei dem zuständigen Gericht beantragen[1010]. **Anordnungen und Maßnahmen** der parlamentarischen Untersuchungsausschüsse werden in der Rechtssprechung überwiegend **nicht** als **VA** (vgl. Rn. 59a), sondern als schlichte öffentlich-rechtliche Verwaltungstätigkeit[1011] angesehen, die mit der Leistungsklage angegriffen werden können[1012]. Vgl. aber auch § 40 Rn. 10.

Auch die **Klage auf Beteiligung** kann Leistungsklage sein[1013]. Ein Anspruch **158b** auf Einleitung des **fehlenden Planfeststellungsverfahrens** kann mit der Leistungsklage nicht geltend gemacht werden, wohl aber die materiellen Ansprüche, die im Planfeststellungsverfahren hätten durchgesetzt werden können[1014]. Die allgemeine Erschließungspflicht einer Gemeinde kann sich zu Gunsten bestimmter Erschließungsmaßnahmen bis zur aktuellen Erschließungspflicht verdichten und dann mit Ansprüchen Dritter verbunden sein[1015]. Die Gemeinde kann Leistungsklage erheben, um eine Anschlussstelle der Autobahn nach ihr zu benennen[1016]. Zur Klage des Beamten auf zutreffende Dienstpostenbewertung vgl. Rn. 120. Zur Klage auf Erweiterung des Unterrichtsangebotes an einer Schule vgl. BVerwG DÖV 1979, 911, dazu Erichsen VerwA 71, 289.

1004 Für erkennungsdienstliche Unterlagen offen lassend: BVerwGE 26, 169; E66, 202 Anspruch verneinend; ebenso Scheswig NJW 1999, 1418; bejahend: Schmitz NJW 1968, 1128; Ule S. 113; vgl. auch Mannheim NJW 1973, 1663; NJW 1987, 2762; Münster OVGE 27, 314; für Verpflichtungsklage: BVerwGE 11, 181; Koblenz AS 9, 307; zum Rechtsweg § 40 Rn. 57.
1005 BVerwGE 99, 56.
1006 Koblenz DVBl. 1995, 1372 für öffentliche Erklärungen des Landesrechnungshofes; vgl. auch Mannheim NJW 1997, 754 für Unterlassungs-, Widerrufs- und Richtigstellungsansprüche.
1007 BVerfGE 77, 1.
1008 Vgl. BVerfGE 67, 100, auch zu den Schranken dieses Rechts.
1009 BVerfG NJW 1988, 897.
1010 BVerfG EuGRZ 1987, 531 zu Aufsichtsratsprotokollen.
1011 Lüneburg DVBl. 1986, 476; Münster DVBl. 1986, 100.
1012 Vgl. BVerwG NVwZ 1993, 60, Anspruch auf Kostenerstattung für Rechtsbeistand verneinend; Münster DVBl. 1987, 98, Anspruch auf Mitwirkung am Verfahren verneinend; Münster DVBl. 1987, 100, Herausgabe von Beweismitteln; BVerwGE 79, 339 für beweisweite Zeugenpflicht; Koblenz DVBl. 1986, 480, zum Unterlassen der Herausgabe staatsanwaltschaftlicher Ermittlungsakten; VG Hamburg NJW 1987, 1568, zur Verhängung von Ordnungsgeld; vgl. insgesamt Hilf NVwZ 1987, 537.
1013 BVerwGE 56, 308 für Beteiligung als Spitzenorganisation bei beamtenrechtlichen Regelungen.
1014 BVerwGE 44, 235 und E 62, 243 für Wasserrecht; vgl. auch BVerwGE 32, 173; 36, 248; 51, 164 zum PBefG; NJW 1981, 239 für Fernstraßenrecht; vgl. auch Rn. 45.
1015 BVerwGE 64, 186; E 92, 8.
1016 Kassel DVBl. 1977, 49.

159 Die **Klage auf Erlass eines VA gegenüber einem Dritten** ist ebenfalls Leistungsklage[1017]; das Gleiche gilt für eine Klage, die darauf gerichtet ist, dass die Behörde den von einem Dritten beantragten VA nicht erlässt[1018]. Als Leistungsklage sind auch die Klagen auf Erlass einer Satzung[1019] oder deren Änderung[1020] angesehen worden. Vgl. Rn. 162.

160 Auch der **Folgenbeseitigungsanspruch**[1021] kann mit der Leistungsklage geltend gemacht werden. Das BVerwG sieht keinen ernsthaften Zweifel, dass Grundsätze des materiellen Rechtsstaates, zu denen auch die Grundrechte gehören, bei rechtswidrigen Handlungen eine Sanktion verlangen, die sich nicht nur in einer Entschädigung erschöpfen kann[1022]. Es fordert als Voraussetzung für den Folgenbeseitigungsanspruch, dass ein hoheitlicher Eingriff vorliegt, der ein subjektives Recht des Beteiligten verletzt, und dass hierdurch ein rechtswidriger Zustand für den Beteiligten entstanden ist, der andauert[1023]. Das Ziel des Anspruchs auf Folgenbeseitigung ist zwar auf die Wiederherstellung rechtmäßiger Zustände gerichtet; sein Inhalt ist gleichwohl darauf begrenzt, den rechtswidrigen Eingriff in die subjektive Rechtsstellung zu beseitigen[1024]. Der Anspruch erfasst jedenfalls diejenigen rechtswidrigen Folgen einer Amtshandlung, auf die diese unmittelbar gerichtet war[1025]; zur Berücksichtigung der Mitverantwortung des Anspruchsberechtigten vgl. BVerwG NJW 1989, 2484. Der Folgenbeseitigungsanspruch entfällt, wenn sich seine Verwirklichung als eine unzulässige Rechtsausübung darstellt[1026]. Der Folgenbeseitigungsanspruch verjährt ohne Kenntnis des Betroffenen in 30 Jahren[1027]. Soweit Einwirkungen von öffentlichen Einrichtungen ausgehen[1028], kann der Beseitigungsanspruch ausgeschlossen bzw. modifiziert sein, wenn die Errichtung auf Grund eines Planfeststellungsverfahrens erfolgte und eine entsprechende Rechtsfolge im Gesetz vorgesehen ist[1029]. Zur Verwirkung des Anspruchs vgl. Hamburg NJW 1978, 658. Zur Abgrenzung zum öffentlich-rechtlichen Unterlassungsanspruch vgl. Laubinger VerwA 80, 261.

1017 Vgl. Schoch/Pietzcker § 42 Abs. 1 Rn. 98 unter Bezug auf BVerwGE 51, 15; Kopp/Schenke § 42 Rn. 10; Mannheim DVBl. 1994, 707: Klage des Bauherrn auf Erlass eines den Widerspruch des Nachbarn zurückweisenden Widerspruchsbescheids.

1018 Vgl. Münster OVGE 13, 6; 13, 65.

1019 BVerwGE 80, 355; Buchh. 415.1 AllgKommR Nr. 93 keine analoge Anwendung von § 47; Mannheim DÖV 2000, 784.

1020 Mannheim NJW 1980, 1811 für Gemeindesatzung.

1021 Schoch VerwA 79, 1; Steinberg/Lubberger, Aufopferung, Enteignung, Staatshaftung, 1991 S. 375 ff.; Weyreuther, Gutachten zum 47. Dt. Juristentag; § 113 Rn. 16.

1022 BVerwGE 94, 100 zur Sperrung einer Verbindungsstraße für den Durchgangsverkehr.

1023 Vgl. BVerwGE 69, 366; Buchh. 406.16 Eigentumsrecht Nr. 40; E 82, 24; E 82, 76; Bay VBl. 1987, 817; vgl. auch Hamburg NVwZ 1995, 498; Mannheim NJW 1997, 754, beide zur Scientology Bewegung; Kassel NVwZ 1995, 300 für Beseitigung von Vollzugsfolgen eines rechtswidrigen VA; Münster NWVBl. 1995, 350.

1024 BVerwGE 94, 100.

1025 BVerwGE 69, 366 zum Bardepot, auch zur Frage mittelbarer Folgen.

1026 BVerwGE 44, 294; E 48, 247; E 80, 178, insgesamt vgl. Schoch VerwA 79, 1 m. vielen N.

1027 München NJW 1999, 666.

1028 Vgl. BVerwG NJW 1974, 817 für Kläranlage, dort weitere Beispiele; Mannheim DVBl. 1984, 881 auf Beseitigung einer Telefonzelle.

1029 Vgl. dazu § 75 Abs. 2 S. 1 VwVfG, sowie Papier NJW 1974, 1797.

Das BVerwG hat einen **Folgenbeseitigungsanspruch bejaht** für den Fall, dass **161**
durch eine während des laufenden Verfahrens erfolgende Gesetzesänderung
die positive Entscheidung auf den rechtswidrig abgelehnten Antrag ausgeschlossen wurde[1030]. Auch bei Auskünften, Belehrungen, Warnungen oder
Gutachten (vgl. Rn. 52 f.) kann der Betroffene, wenn er durch das Verhalten
der Behörde beschwert ist, einen Beseitigungsanspruch geltend machen[1031],
so für den Widerruf von Äußerungen, die eine Oberfinanzdirektion in einer
Weisung an eine ihr unterstehende Behörde oder gegenüber Behörden außerhalb ihres Geschäftsbereiches über den Kläger gemacht hatte[1032], auch für
Warnmitteilungen des Bundesausgleichsamtes[1033] oder für Mitteilung, dass
Auskunft über Beamten an weitere Behörde rechtswidrig war[1034]. Der Beamte hat nur gegen seinen Dienstherrn, nicht gegen den Vorgesetzten persönlich, einen Anspruch auf Widerruf einer ehrenrührigen dienstlichen Beanstandung[1035]; dagegen ist im Verfahren auf Widerruf von Äußerungen, die
ein Ratsmitglied in der Ratssitzung machte, nicht die Körperschaft, sondern
das Mitglied selbst passiv legitimiert[1036]. Zum Rechtsweg auf Unterlassung
oder Widerruf ehrkränkender Äußerungen vgl. § 40 Rn. 10.

Die **(vorbeugende) Unterlassungsklage** wird im Schrifttum fast einhellig für **162**
zulässig gehalten[1037]. Die **Rechtsprechung** hat, insbesondere wenn die Gefahr besteht, dass sonst vollendete, nicht mehr rückgängig zu machende Tatsachen geschaffen würden oder wenn nicht wieder gutzumachender Schaden
entstünde,[1038] die **Zulässigkeit** der vorbeugenden Unterlassungsklage bejaht[1039]. Die Rechtsprechung hat jedoch in den meisten Fällen das erforderliche Rechtsschutzinteresse verneint[1040]. Die Klage ist **Leistungsklage,** Vorverfahren daher nicht erforderlich[1041], und kann auf Unterlassen eines
beabsichtigten VA oder der anderen Amtshandlung einer Behörde gerichtet
sein, sie kann mit diesem Ziel auch von einer Behörde erhoben werden; ob die
Klage auch von einer Behörde gegen den Bürger gerichtet werden kann, er-

---

1030 Abgelehnt bei unterlassener Einstellung als Beamter: BVerwG DVBl. 1999, 320.
1031 Vgl. BVerwG NJW 1998, 2919 für Unterlassungsbegehren gegen amtliche Äuße-
     rung.
1032 Dazu BGH NJW 1957, 1597; DÖV 1960, 344.
1033 BVerwGE 23, 223 m. Anm. Evers; auch Menger/Erichsen VerwA 58, 78.
1034 BVerwGE 38, 336.
1035 BVerwGE 75, 354.
1036 Koblenz NJW 1992, 1844.
1037 Vgl. Bader/v. Albedyll Rn. 118 ff.; Eyermann/Happ Rn. 66 ff.; Laubinger VerwA
     80, 261; Schoch/Pietzcker § 42 Abs. 1 Rn. 162 ff.; Rupp AöR 85, 194; Schenke
     AöR 95, 223; Sodan/Sodan Rn. 53 ff.
1038 Vgl. BVerwGE 82, 76 für Unterlassen der von Bundesregierung ausgesprochenen
     Warnung vor Jugendreligionen; krit. dazu Heintzen NJW 1990, 1448; München
     DÖV 1993, 832; vgl. auch Bautzen NVwZ, 1997, 802; Mannheim NJW 1996,
     2116; Münster NJW 1996, 2115; NWBl. 2000,19; auch BVerfG NJW 1996, 2085.
1039 BVerwGE 34, 69 für Unterlassen politischer Erklärungen durch Studentenschaft;
     E 40, 323 für Unterlassen einer Ortsplanung; E 71, 183 für Unterlassen der Veröf-
     fentlichung von Arzneimittel-Transparenzlisten; E 82, 29 für Unterlassen von post-
     fremder Werbebeilage; Berlin NJW 1973, 2172 für Unterlassen der Freiheitsentzie-
     hung bei einem Ausländer; Bremen NJW 1967, 222 für Unterlassen polizeilichen
     Einschreitens; Schleswig NJW 1993, 807 für öffentliche Kritik durch Minister; Lü-
     neburg OVGE 26, 504 für Unterlassen einer Sperrstundenverlängerung; abgelehnt
     für Klage auf Unterlassen der Erteilung der Baugenehmigungen an den Nachbarn:
     BVerwG DVBl. 1971, 746, a.A. Lüneburg OVGE 21, 370; abgelehnt auch auf
     Unterlassen von Maßnahmen, die in VA zugelassen sind und mit diesem angefoch-
     ten werden müssen: BVerwGE 85, 54 zu Gorleben.
1040 Vgl. die Übersicht bei Ule VerwA 65, 292.
1041 BVerwGE 40, 323; DVBl. 1971, 746.

scheint zweifelhaft. Ule[1042] lehnt dies ab, nach der Rechtsprechung des BVerwG zur Feststellungsklage[1043] dürfte sie möglich se[1044]; wo die Behörde das mit der vorbeugenden Unterlassungsklage verfolgte Ziel auch durch Erlass eines VA erreichen kann, ist regelmäßig das Rechtsschutzbedürfnis für die Klage zu verneinen. Zur Veröffentlichung von Unterlassungsurteilen und -erklärungen vgl. Flechsig/Hertel/Vahrenhold NJW 1994, 2441.

§ 43 [Feststellungsklage]

(1) Durch Klage kann die Feststellung des Bestehens oder Nichtbestehens eines Rechtsverhältnisses oder der Nichtigkeit eines Verwaltungsakts begehrt werden, wenn der Kläger ein berechtigtes Interesse an der baldigen Feststellung hat (Feststellungsklage).

(2) Die Feststellung kann nicht begehrt werden, soweit der Kläger seine Rechte durch Gestaltungs- oder Leistungsklage verfolgen kann oder hätte verfolgen können. Dies gilt nicht, wenn die Feststellung der Nichtigkeit eines Verwaltungsakts begehrt wird.

Übersicht

A. Rechtsnatur

1 Die Feststellungsklage stellt eine besondere Klageart neben der Gestaltungs- und der Leistungsklage dar (vgl. § 42 Rn. 1). Sie ist eine **prozessuale Einrichtung, die mit der Feststellung im Urteil für bestimmte sachliche Ansprüche einen besonderen Rechtsschutz bezweckt**[1]. Ihre Wirkung ist auf den Aus-

---

1042 VerwA 65, 294.
1043 Vgl. E 28, 153, zum Verhältnis VA/Leistungsklage Rn. 154.
1044 Vgl. Hamburg DÖV 1989, 127; Sodan/Sodan Rn. 61.
1   Vgl. Trzaskalik, Die Rechtsschutzzone der Feststellungsklage im Zivil- und Verwaltungsprozess, 1978; Schoch/Pietzcker Rn. 1; Selb, Die verwaltungsgerichtliche Feststellungsklage, Diss. Mannheim 1998.

spruch im Urteil beschränkt, dieses ist einer Vollstreckung daher nur hinsichtlich der Kosten fähig (vgl. § 168 Rn. 4). Die Feststellungsklage ist nur in besonders geregelten Fällen zulässig. Die VwGO behandelt sie in § 43 und § 113 Abs. 1, als besondere Art auch in § 47 beim Normenkontrollverfahren.[2] Zur Zwischenfeststellungsklage vgl. Rn. 30; zur Feststellungsklage nach § 16 Abs. 2 VereinsG vgl. Rn. 18. Voraussetzung für die Zulässigkeit der Feststellungsklage ist, dass überhaupt der Verwaltungsrechtsweg eröffnet ist, d.h. es muss sich um öffentlich-rechtliche Streitigkeiten nichtverfassungsrechtlicher Art handeln (§ 40) und diese Streitigkeiten dürfen nicht durch Gesetz einem anderen Gerichtszweig ausdrücklich zugewiesen sein. Ein Zwangsmietvertrag kann daher, da er ein bürgerlich-rechtlicher Vertrag ist, auch wenn er seine Entstehung einem VA verdankt, nicht Gegenstand einer Klage aus § 43 sein[3].

In § 43 wird die Feststellungsklage für zwei Fallgruppen geregelt, und zwar auf Feststellung

a) des Bestehens oder Nichtbestehens eines Rechtsverhältnisses
b) der Nichtigkeit eines VA.

B. Gegenstand

I. Feststellung des Bestehens oder Nichtbestehens eines Rechtsverhältnisses

Diese Klage ist als **positive** oder als **negative Feststellungsklage** möglich. Im ersten Fall ist sie auf das Bestehen, im zweiten Fall auf das Nichtbestehen eines Rechtsverhältnisses gerichtet. Die Unterscheidung ist wichtig für die Frage der Beweislast für das Bestehen des Rechtsverhältnisses: bei der positiven Feststellungsklage trägt sie der Kläger, bei der negativen der Beklagte (vgl. auch § 108 Rn. 10). **2**

1. a) Als **Rechtsverhältnis** sind die rechtlichen Beziehungen anzusehen, die sich aus einem konkreten Sachverhalt auf Grund einer öffentlich-rechtlichen Regelung für das Verhältnis mehrerer Personen untereinander oder einer Person zu einem Sachgut ergeben[4]. Auch **selbstständige Teile** eines solchen Rechtsverhältnisses können Gegenstand der Feststellungsklage sein[5], nicht aber bloße Elemente, unselbstständige Teile oder Vorfragen[6] oder einzelne, wenn auch rechtserhebliche **Eigenschaften einer Person**[7] oder **einer Sache**[8]. **3**

---

2   Zur Abgrenzung vgl. BVerwG DÖV 1965, 169; 1974, 426.
3   BVerwGE 2, 142.
4   BVerwGE 89, 327; NJW 1987, 2389 zur Klärung der Rechtsposition der Bundespost bei der Nahbereichsregelung im Verhältnis zum Selbstverwaltungsrecht der Gemeinde; NJW 1996, 2046 zur Klage auf Feststellung der Unwirksamkeit eines kommunalen Mietspiegels – Zulässigkeit verneint; vgl. auch Schoch/Pietzcker Rn. 5 ff.
5   BVerwGE 24, 55 zum Anrechnungsvorbehalt bei der Zuerkennung von Hauptentschädigung nach dem LAG; DVBl. 1961, 923; Münster DÖV 1961, 270.
6   BVerwGE 36, 192 zum Beurteilungseffekt bei Dienstpostenbewertung; Kopp/Schenke Rn. 13; Meyer-Ladewig, SGG § 55 Anm. 9.
7   Wie Zuverlässigkeit, Sachkunde; Kopp/Schenke Rn. 14; a.A. Schoch/Pietzcker Rn. 14.
8   Z.B. Eigenschaft eines Raumes als Werkswohnung: Kassel DVBl. 1951, 610, Lüneburg OVGE 5, 312; als gewerblicher Raum: Münster ZMR 1954, 64.

Ergeben sich jedoch aus der Eigenschaft einer Sache bestimmte öffentlich-rechtliche Verpflichtungen, liegt ein Rechtsverhältnis vor, auf dessen Feststellung geklagt werden kann[9].

4   Nicht um **Eigenschaften einer Person**, sondern um ein **Rechtsverhältnis** handelt es sich, wenn die **Staatsangehörigkeit**[10], die **Eigenschaft eines Deutschen** ohne deutsche Staatsangehörigkeit[11] oder das **Gemeindebürgerrecht**, auch Teilhaberechte von Gemeindebürgern[12], festgestellt werden soll oder die Zugehörigkeit zu einer öffentlich-rechtlichen Körperschaft, Stiftung oder Anstalt[13]; auch die Eigenschaft einer juristischen Person als Körperschaft des öffentlichen Rechts sollte entgegen Hamburg DÖV 1952, 155 hierzu zählen; ebenso der Zeitpunkt, zu dem die Wirkung eines rechtsgestaltenden VA eintritt[14]. Nicht hierher zählen die Fälle, in denen der Erlass eines feststellenden VA begehrt wird, wie z.B. bei der Anerkennung als Flüchtling, als ausländischer Flüchtling, als politisch Verfolgter; dieser Anspruch wird mit der Verpflichtungsklage geltend gemacht. Das BVerwG[15] hat die Klage auf Feststellung des Bevorzugungsverhältnisses nach § 76 BVFG dagegen zugelassen. Zulässig auch für aktives Wahlrecht[16].

5   Auf das **Bestehen eines besonderen Pflichtenverhältnisses** kann die Feststellungsklage ebenso gerichtet sein, wie auf das **Innehaben eines öffentlichen Amtes**, insbesondere, wenn von der Behörde eine Beendigung kraft Gesetzes geltend gemacht wird[17]; das Gleiche gilt auch für einzelne selbstständige Rechte oder Pflichten aus diesen oder ähnlichen Rechtsverhältnissen[18]. Eine Gewerkschaft kann auf Feststellung des Umfanges und Zeitpunktes ihrer Beteiligung beim Erlass beamtenrechtlicher Rechtsvorschriften klagen[19], ein Personalrat darauf, dass er an 2. jur. Staatsprüfung zu beteiligen sei[20], das Mitglied eines Personalrates darauf, dass Mitwirkung in Personalangelegen-

---

9   Z.B. Öffentlichkeit bzw. Nichtöffentlichkeit eines Weges: Münster OVGE 9, 32; 15, 294; DÖV 1959, 877; Eigenschaft eines Grundstückes als Wald: Münster OVGE 15, 306; oder als Eigenjagdbezirk: München DVBl. 1960, 735; Streupflicht einer Gemeinde: Mannheim ESVGH 10, 138.

10 Vgl. BVerwG DVBl. 1999, 535.

11 BVerwGE 90, 173; 90, 181.

12 München NJW 1991, 1478 für Passionsspiele.

13 Freiburg VRspr. 11, 171 für Waldgenossenschaft; Hamburg VRspr. 1, 222 für Wassergenossenschaft; BVerwGE 7, 30 für mittelbare Mitgliedschaft bei Wasserverband; Münster NWVBl. 1990, 165 für Mitgliedschaft im Versorgungswerk der Rechtsanwälte.

14 BVerwGE 37, 79 für Gleichstellung nach SchwerbeschädigtenG.

15 DVBl. 1970, 866.

16 BVerwGE 51, 69 verneinend für Europabeamte.

17 Stuttgart VRspr. 3, 558 für Beamtenverhältnis; Berlin DVBl. 1963, 680 für Kursmakler.

18 Vgl. Münster DÖV 1961, 270 zur Feststellung der Unrichtigkeit von Tadelsäußerungen gegenüber dem Beamten; Mannheim VRspr. 15, 31 zur Feststellung pflichtgemäßen Verhaltens bei Beanstandungen durch den Dienstherren; BVerwGE 2, 288, Münster DÖV 1953, 672 zur Frage, ob ein Dienstunfall vorliegt, krit. dazu Ule S. 173; BVerwGE 36, 218 zur Frage, ob Fürsorgepflichtverletzung wegen unrichtiger Dienstpostenbewertung vorliegt, vgl. dazu § 42 Rn. 74, 120; BVerwGE 38, 336 zur Feststellung, dass Beamter gehört werden muss, wenn die Behörde abweichend vom Inhalt der Personalakten über ihn Auskunft erteilt; BVerwGE 12, 261 zum Recht des Rechtsanwalts auf Einsichtnahme in die Schöffenakten; BVerwGE 15, 248 zur Parteivertretung durch einen Rechtsanwalt vor einem Schiedsmann.

19 Koblenz DVBl. 1970, 690.

20 Berlin DVBl. 1970, 700 m. zu Recht abl. Anm. Merten, soweit Beteiligung nach Maßgabe einer noch zu erlassenden Vorschrift erfolgen soll.

heiten der Beamten der Beschlussfassung des gesamten Personalrates unterliegen muss[21], der Schwerbehinderte auf Inhalt und Ausmaß der Verpflichtung (Freifahrt) der Unternehmen zur Personenbeförderung[22]. Das Gleiche
gilt für den Naturschutzverein nach § 61 BNatSchG (vgl. § 42 Rn. 25).

Die **Gültigkeit einer Rechtsnorm** kann **nicht Gegenstand der Feststellungs-** **6**
klage nach § 43 sein, insoweit kann nur ein Normenkontrollverfahren nach
§ 47 in Betracht kommen[23]. Denn es kann nur um ein konkretes, streitiges
Rechtsverhältnis gehen[24], im Übrigen liefe sonst die Frist in § 47
Abs. 2 Satz 1 leer. Unter Berufung auf den Beschluss des BVerfG zu einer
Rechtsverordnung des Luftfahrtbundesamtes zu Abflugrouten[25] ist neben einer inzidenten Normenkontrolle (vgl. § 1 Rn. 11) auch die Zulässigkeit einer
Feststellungsklage bejaht worden[26]. Auch eine prinzipale Kontrolle von allgemeinen Regelungen der Verwaltung ohne Normcharakter kann mit der
Feststellungsklage nicht erreicht werden[27]. Ebenso wenig kann Klagegegenstand sein eine **abstrakte Rechtsfrage** oder Rechtslage[28]. Dagegen sieht die
h.M. die auf den Erlass einer untergesetzlichen Norm gerichtete Feststellungsklage als zulässig an[29]. Dagegen kann auf **Feststellung bloßer Tatsa-**
chen nicht geklagt werden; daher ist auch die Klage auf Feststellung der **Echt-**
heit oder Unechtheit einer Urkunde unzulässig[30], da es sich bei der
Zulassung der Klage auf Feststellung der Echtheit oder Unechtheit von Urkunden in § 256 ZPO um eine Systemwidrigkeit handelt[31], die auch im Zivilprozess eng ausgelegt wird und keiner entsprechenden Anwendung fähig ist.

b) Die Klage muss der Klärung eines **konkreten Rechtsverhältnisses** dienen, **7**
die Anwendung einer Rechtsnorm auf einen bestimmten, bereits übersehba-
ren Sachverhalt muss streitig sein[32]. Ein Rechtsverhältnis kann jedoch bereits
vorliegen, wenn sich die Rechtsbeziehungen zwischen Behörde und Bürger in
irgendeiner Form konkretisiert haben[33], so beim Eingang eines Antrages auf

---

21 BVerwGE 41, 30.
22 BVerwGE 34, 213; 37, 243.
23 BVerwGE 3, 265; DÖV 1965, 169; DÖV 1974, 426; zur Abgrenzung zur Normen-
    kontrolle vgl. auch BVerwGE 50, 11; Mannheim DVBl. 1973, 891, beide zum gericht-
    lichen Geschäftsverteilungsplan, krit. dazu Erichsen VerwA 68, 179.
24 Vgl. BVerwG NJW 1984, 677, Bremen NVwZ-RR 2001, 378; Münster NVwZ-RR
    1995, 138 zum Wasserverband; Kopp/Schenke Rn. 8.
25 NVwZ 1998, 169.
26 BVerwGE 111, 276; Peters NVwZ 1999, 506; vgl. auch München NVwZ-RR 1995,
    114; Kilian NVwZ 1998, 142; aber auch BVerwG DVBl. 2000, 636, vgl. Rn. 20.
27 Vgl. München DVBl. 1995, 162 für Mietspiegel; nur inzidente Prüfung im konkreten
    Anwendungsfall.
28 BVerwGE 36, 21 zur Frage, dass eine Zustimmung des Ausgleichsamts zur Kündi-
    gung nicht mehr erforderlich ist, wenn Aufbaudarlehen zurückgezahlt ist; Hamburg
    NordÖR 1998, 443 zur Frage, ob Grundstück einer VO über ein Naturschutzgebiet
    unterliegt; München GewA 1997, 115 zur Feststellung der Unwirksamkeit einer Ge-
    werbeuntersagung; Lüneburg OVGE 9, 369; Münster OVGE 12, 120 zur Frage, ob
    eine Wohnung der Wohnraumbewirtschaftung unterliegt; Mannheim UPR 1999, 397
    zur Frage, ob Abfallentsorgungsanlage »Verwerterstatus« hat.
29 Vgl. BVerwGE 80, 355 zur Allgemeinverbindlichkeit eines Tarifvertrages, dazu auch
    § 42 Rn. 41; BVerwG NVwZ 1990, 162 für Satzung; Kassel DÖV 1983, 385; Mün-
    chen BayVBl. 1985, 146; Münster NJW 1982, 1415; abl. Schenke VerwA 82, 307 m.
    vielen N.
30 Kopp/Schenke Rn. 13; Meyer-Ladewig, SGG § 55 Anm. 9.
31 Baumbach/Hartmann § 256 Rn. 107.
32 BVerwGE 16, 92; E 77, 207; E 102, 238 für Mindestreservepflicht; DVBl. 1990, 1066
    für Unterbringungsverpflichtung.
33 Vgl. Berlin NJW 1960, 1410.

Genehmigung eines Droschkenunternehmens[34]; bei der Behauptung der Behörde, dass die vom Kläger ausgeübte Tätigkeit der Erlaubnis bedürfe[35], insbesondere, wenn die Behörde auf die Strafbarkeit oder Polizeiwidrigkeit der weiteren Ausübung der Tätigkeit hinweist oder mit Strafanzeige droht[36]. Das gilt auch für die Feststellung, ob das Abstellen eines LKW vor dem eigenen Anwesen Dauerparken auf öffentlichen Straßen ist[37] oder ob die Nutzung eines Omnibusbahnhofes im Rahmen des Gemeingebrauchs liegt[38]; für den Streit, ob der Kläger sein Gewerbe ohne Eintragung in die Handwerksrolle ausüben darf[39]; ob Lehrverträge in die Handwerksrolle einzutragen sind[40]; ob Mitgliedschaft zu einem Wasserverband besteht[41]; ob Anspruch auf Fürsorgeunterstützung besteht[42]; ob staatliche Zuschüsse an eine Privatschule verweigert werden können[43]; ob Gemeinden Baulast für kirchliche Gebäude zu tragen haben[44]; ob Verbot der Neueinführung von Konzessionsabgaben für Gemeinde noch verbindlich ist[45]; ob die vom Vorerben übernommene Baulast bei Eintritt der Nacherbfolge unwirksam wird[46]; ob Ort und Art der Bestattung, wie testamentarisch bestimmt, zulässig sind[47]; ob die Registrierung von dienstlichen Ferngesprächen durch den Dienstherrn rechtswidrig war[48]; ob Informationen über den Kläger zwischen Verfassungsschutzbehörden verschiedener Länder übermittelt werden durften[49]; ob verdeckte Ermittlungen rechtswidrig waren[50]; ob Anwalt Anspruch darauf hat, dass ihm Festnahme seines Mandanten mitgeteilt wird[51]. Auch eine Maßnahme der staatlichen Schulaufsicht[52] kann als Rechtsverhältnis Gegenstand der Feststellungsklage sein. Das gilt auch für die Frage, ob der Kläger bestimmte Getränke als getränkesteuerpflichtig anzumelden hat[53] oder ob er ein Unternehmen im Sinne von § 1 Abs. 1 KreditwesenG betreibt[54]. In diesen Fällen wird jedoch häufig trotz Vorliegens konkreter Beziehungen das Feststellungsinteresse fraglich sein (vgl. Rn. 19 ff.).

---

34   Bremen DVBl. 1961, 886.
35   BVerwGE 14, 202 für Langholztransporte; BVerwGE 39, 247 für Teppichhandel; BVerwGE 94, 269 für Heilpraktiker; BVerwGE 94, 234 für Sondernutzungserlaubnis nach FStrG.
36   BVerwGE 89, 327; Hamburg DVBl. 1963, 304 zum Vorgehen der Gesundheitsbehörde; Schenke/Roth WiVerw 1997, 81; vgl. auch Rn. 21a zum Umweltrecht.
37   BVerwGE 34, 320.
38   Lüneburg DVBl. 1970, 588 m. Anm. Nedden.
39   BVerwGE 16, 92.
40   BVerwGE 14, 235; auch Berlin EOVG 4, 17; a.A. Münster GewA 1967, 14 für Feststellung des Nichtbestehens einer Verpflichtung zur Eintragung.
41   BVerwGE 25, 151.
42   BVerwG NJW 1967, 797.
43   BVerwGE 23, 347; 27, 360.
44   BVerwGE 38, 76.
45   BVerwGE 87, 133.
46   Mannheim NJW 1990, 268.
47   BVerwGE 45, 224.
48   Bremen NJW 1980, 606; Mannheim NJW 1991, 2721; dazu auch Erichsen VerwA 71, 429.
49   BVerwG NJW 1984, 1936 m. Anm. Simitis/Wellbrock NJW 1984, 1591, dazu auch Bull JZ 1984, 740; vgl. auch Münster NJW 1995, 1979.
50   BVerwG NJW 1997, 2534.
51   BVerwG DVBl. 1984, 1080.
52   BVerwGE 18, 38; 23, 351; vgl. auch Schleswig NJW 1993, 952 zur Feststellung, ob Weisung eines Lehrers an seine Schüler und deren Durchsetzung rechtswidrig war.
53   Münster OVGE 8, 45.
54   Hamburg GewA 1961, 90.

c) Als Gegenstand der Feststellungsklage kommt jedes **gegenwärtige Rechts-** **8** **verhältnis** in Betracht, auch das **bedingte,** wenn die begründenden Tatsachen vorliegen und lediglich der Eintritt der Bedingung noch aussteht[55]. Auf ein **in der Vergangenheit liegendes Rechtsverhältnis** kann sich die Feststellungsklage richten, wenn dieses über seine Beendigung hinaus anhaltende Wirkungen äußert[56] oder, präziser formuliert, wenn weiterhin ein Feststellungsinteresse besteht[57], sei es, um das Ansehen wiederherzustellen oder weil zu befürchten ist, die Behörde könne in Zukunft wieder so ähnlich handeln, wie es vom Betroffenen missbilligt wird. Dies kann insbesondere bei Realakten (vgl. § 42 Rn. 52) im Bereich des Polizeirechts der Fall sein[58]. Ein **zukünftiges Rechtsverhältnis** kann grundsätzlich nicht Gegenstand der Feststellungsklage sein, da ihm die nötige Konkretisierung fehlt und es regelmäßig am berechtigten Interesse mangelt[59]; anders jedoch, wenn aus einem in der Gegenwart bereits unveränderbar festliegenden, bestimmten Sachverhalt auf die Feststellung erst künftig fällig werdender Leistungen geklagt wird[60].

Die **vorbeugende Feststellungsklage** wird zu Recht überwiegend für zulässig **9** gehalten[61]. Für vorbeugenden Rechtsschutz ist jedoch kein Raum, wenn dem Betroffenen zuzumuten ist, die befürchteten Maßnahmen der Verwaltung abzuwarten und er auf einen ausreichenden nachträglichen Rechtsschutz verwiesen werden kann[62]. Nur in wenigen Fällen wird ein berechtigtes Interesse an einer alsbaldigen Feststellung vorhanden sein[63]. Die vorbeugende Feststellungsklage ist unzulässig, wenn sie benutzt wird, um mit einer antizipierten Inzidentprüfung die Unzulässigkeit der Normenkontrolle zu umgehen[64].

d) Regelmäßig wird Gegenstand der Klage ein **Rechtsverhältnis zwischen** **10** **Kläger und Beklagtem** sein. Solange jedoch bei Vorbereitungshandlungen zum Erlass eines VA kein Rechtsverhältnis zum Betroffenen besteht, ist die

---

55 Vgl. RGZ 170, 374.
56 BVerwGE 61, 164; E 85, 355; E 92, 172 für Verpachtungsberechtigung bezüglich einer Apotheke; E 104, 331 für Satzung einer Gemeinde gegen Einweggeschirr; München NuR 1997, 294 für Überprüfung der Abschusszahl in abgelaufener Jagdperiode; vgl. auch BAG NJW 1997, 3396.
57 Sodan/Kluckert VerwA 2003, 1
58 Vgl. Rasch DVBl. 1992, 207; auch Pietzner VerwA 84, 261 zum sofortigen Zwang.
59 BVerwGE 16, 92; NJW 1990, 1866 zur versorgungsausgleichsrechtlichen Feststellungsklage eines Beamten; Buchh. 406.11 § 36 Nr. 24 zur Bebaubarkeit eines Grundstücks; Lüneburg OVGE 5, 312; Mannheim NVwZ-RR 1994, 362 für noch nicht ergangenen Abgabenbescheid; Eyermann/Happ Rn. 21 differenzierend.
60 Kassel ESVGH 2, 197 für Anliegerbeiträge.
61 BVerwGE 26, 23; E 38, 346 zur Klage des Beamten wegen Witwenversorgung seiner Frau; E 40, 323 zum Abstimmungsgebot zwischen benachbarten Gemeinden im Planungsverfahren, vgl. dazu auch § 42 Rn. 104; E 94, 376 zur Ausnahmegenehmigung nach TierkörperbeseitigungsG; E 94, 368 zur Berechtigung, bestimmte Tierkörperteile zu verarbeiten; Buchh. 451.20 § 34b GewO Nr. 6 zur Beanstandung der Versteigerungsanzeige bei Teppich-Neuware-Räumungsverkauf; E 114, 226 Wiederbepflanzungsrecht gerodeter Weinbergsfläche; Mannheim DVBl. 1980, 60 zur Vermeidung eines sich im Zeitpunkt der gerichtlichen Entscheidung schon abzeichnenden Wahlanfechtungsgrundes; Menger/Erichsen VerwA 59, 177; Sodan/Sodan Rn. 126 ff; Schoch/Pietzcker Rn. 49; Schenke AöR 95, 223; a.A. Hamburg VRspr. 4, 384; Lüneburg OVGE 5, 312.
62 BVerwGE 31, 177 bei Drohung mit Strafanzeige verneint, da unzumutbar; E 77, 207; BayVBl. 1997, 90.
63 Vgl. dazu Bader/v. Albedyll Rn. 39; Eyermann/Happ Rn. 32.
64 Vgl. BVerwG DÖV 1965, 169; Mannheim DVBl. 1966, 408, sowie § 47 Rn. 3.

Klage unzulässig[65]. Die Klage ist auch zulässig, wenn die Feststellung des Bestehens oder Nichtbestehens eines Rechtsverhältnisses **zwischen dem Beklagten und einem Dritten** begehrt wird[66], wobei jedoch für den Streit aus diesem Rechtsverhältnis der Verwaltungsrechtsweg zulässig sein muss[67].

11 2. Das **Rechtsverhältnis** muss ein solches **öffentlich-rechtlicher nichtverfassungsrechtlicher Art** sein; das folgt aus § 40, da die Feststellungsklage nur zulässig ist, soweit der Verwaltungsrechtsweg eröffnet ist (vgl. Rn. 1). Die verwaltungsgerichtliche Feststellungsklage ist daher ausgeschlossen, soweit ein öffentlich-rechtliches Rechtsverhältnis dem Verfassungsrecht zuzurechnen ist (vgl. auch § 50 Rn. 2), wie die Beziehungen zwischen den Verfassungsorganen des Bundes und der Länder[68]. Nichtverfassungsrechtlicher Art sind dagegen die **kommunalen Verfassungsstreitigkeiten**[69], d.h. Streitigkeiten unter kommunalen Vertretungsorganen oder innerhalb eines solchen Organs, die das Ziel haben, die Rechtmäßigkeit von Beschlüssen dieser Organe aus dem Bereich der Selbstgestaltung des kommunalen Verfassungslebens überprüfen zu lassen[70] oder die Kompetenzen dieser Organe klarzustellen[71].

12 Da die Organe der kommunalen Vertretungskörperschaften beim Erlass dieser **Beschlüsse** gegenüber anderen Organen oder ihren Mitgliedern nicht auf Grund eines Über- und Unterordnungsverhältnisses handeln, liegt diesen gegenüber **kein VA** vor; sie können daher auch nicht Gegenstand einer Anfechtungsklage sein[72]. Der Beschluss kann aber gleichwohl ein auf dem zwischen den Organen bestehendes rechtliches Verhältnis oder auf der Mitgliedschaft berufendes Recht verletzen und deshalb rechtswidrig sein; **die Klage im kommunalen Verfassungsstreit** ist – wie die Klage im Verfassungsstreit nach §§ 13 Nr. 5, 67 BVerfGG – **auf Feststellung dieser Rechtswidrigkeit gerich-**

---

65 München VGH n.F. 20, 131 zum Gutachten der Untersuchungsanstalt bei der Lebensmittelüberwachung; vgl. auch § 44a Rn. 2.

66 BVerwGE 39, 247 für Klage des Alleininhabers einer GmbH bei Streit über Zulassung der GmbH zum Einzelhandel; NVwZ 1991, 470; NJW 1997, 3257 verneinend für Klage des Dritten auf Feststellung der Nichtigkeit eines von der Gemeinde mit dem Dritten abgeschlossenen Erschließungsvertrags; vgl. Laubinger VerwA 82, 459.

67 BVerwGE 24, 272 verneint für verfassungsrechtliche Streitigkeit; BVerwG NJW 1970, 2260 bejaht für Klage des Ehemannes auf Feststellung der Nichtigkeit des Beamtenverhältnisses seiner Frau; BVerwGE 50, 60 bejaht für Klage des Vermieters gegen Träger der Kriegsopferfürsorge auf Feststellung, dass Hilfe zum Lebensunterhalt an Mieter gezahlt werden muss; VG Düsseldorf NJW 1977, 1607 bejaht für Klage des ausländischen Vaters auf Feststellung, dass sein Kind nicht die deutsche Staatsangehörigkeit besitzt; vgl. auch Lüneburg OVGE 24, 356; Eyermann/Happ Rn. 22; Schenke/Roth WiVerw 1997, 81; a.A. m. beachtlicher Analyse Schoch/Pietzcker Rn. 22.

68 BVerwGE 24, 272; § 40 Rn. 4.

69 BVerfGE 8, 130; BVerwGE 3, 30.

70 Vgl. BVerwG NJW 1980, 304 zur Mindeststärke einer Fraktion; Henrichs DVBl. 1959, 548.

71 Vgl. Koblenz AS 9, 335 für allgemeines Vertretungsrecht des 1. Bürgermeisters; Lüneburg DVBl. 1984, 734; Münster DVBl. 1984, 155, beide Verpflichtung des Vorsitzenden einer Gemeindevertretung bejahend, auf Verlangen einer Fraktion einen Beratungsgegenstand auf die Tagesordnung zu setzen, für den der Gemeinde die Verbandszuständigkeit fehlt; a.A. Mannheim DVBl. 1984, 729 bei anderer Regelung in GO; dazu auch Hofmann DVBl. 1984, 116.

72 Vgl. Kassel NJW 1962, 832; Lüneburg OVGE 2, 225; 3, 224; 4, 149; Münster OVGE 17, 261; Arndt DÖV 1963, 571; Henrichs DVBl. 1959, 559; Hoppe, Organstreitigkeiten S. 127; Naumann, Staatsbürger und Staatsgewalt II S. 384; Obermayer BayVBl. 1962, 39.

tet[73]. Diese Feststellungsklage ist unabhängig davon, ob ein Gesetz sie ausdrücklich zulässt, eröffnet und wird nicht durch die Befugnis der Aufsichtsbehörde zur Beanstandung rechtswidriger Beschlüsse ausgeschlossen[74]. Der zur Beanstandung Berechtigte hat dagegen kein Klagerecht gegen diese Beschlüsse[75].

Welche Rechte kommunalen Vertretungsorganen oder ihren Mitgliedern zustehen, ergibt sich aus dem kommunalen Verfassungsrecht (z.B. GO, LKO). **13** Hoppe[76] nimmt dagegen ein generelles subjektiv-öffentliches Recht der Juristischen Person auf Innehaltung der organisationsrechtlichen Pflichten in Verbindung mit der Wahrnehmung dieses Rechts innerhalb des einzelnen Funktionsbereichs der Organe und Unterorgane an[77]. Das Recht eines Mitgliedes kann z.B. verletzt sein beim Sitzungsausschluss[78]; bei unterlassener oder nicht ordnungsgemäßer Einladung zur Sitzung[79]; bei unterlassener Anordnung eines Rauchverbots in einer Rats- oder Ausschuss-Sitzung[80]; bei der Weigerung, als Zuhörer an der Sitzung eines Ausschusses, dem das Mitglied nicht angehört, zugelassen zu werden[81]; bei fehlerhafter Bestellung der Kreisausschussmitglieder[82]; bei fehlerhafter Entsendung in den Amtsrat[83]; insbesondere aber, wenn bei gesetz- oder satzungswidriger Beschlussfassung das Stimmrecht beeinträchtigt wird[84]; auch bei Ausschluss von der Beratung und Entscheidung wegen Befangenheit[85].

Umstritten ist, ob aus der Mitgliedschaft zu einer Kommunalvertretung für **14** das einzelne Mitglied, die Fraktion oder die überstimmte Minderheit das Recht folgt, allgemein auf Feststellung der Rechtswidrigkeit eines Beschlusses zu klagen. Dies wird von Henrichs[86] und Ule[87] mit der Begründung bejaht, dass ein Mitglied einen Anspruch auf formelle und materielle Rechtmäßigkeit des Beschlusses der Vertretung habe. Diese Auffassung ist jedoch abzulehnen, da sie auf eine – unzulässige – Popularklage des Mitglieds bzw.

---

73   Str.; wie hier: Lüneburg OVGE 10, 143; Mannheim NVwZ-RR 1992, 204; Münster NVwZ 1986, 851; Henrichs DVBl. 1959, 548; weiter für Feststellungsklage: Schoch/ Pietzcker Rn. 26; Feststellungsklage: Kopp/Schenke Rn. 10; Bauer/Krause JuS 1996, 411; Tsatsos, Der verwaltungsrechtliche Organstreit S. 54; Hoppe, Organstreitigkeiten S. 202 ff., der jedoch auch eine allgemeine Leistungsklage für zulässig hält – S. 156 ff.; ähnlich Koblenz AS 9, 335; für Klage auf Aufhebung des Beschlusses: München BayVBl. 1963, 573; zum gegenwärtigen Stand der Diskussion um den verwaltungsrechtlichen Organstreit vgl. Bethge DVBl. 1980, 309 und 824; Ehlers NVwZ 1990, 105, Erichsen, Menger-Festschrift, 1985, S. 211, Hoppe NJW 1980, 1017; Papier DÖV 1980, 292; Preusche NVwZ 1987, 854; Schoch JuS 1987, 783; vgl. auch Stumpf BayVBl. 2000, 103 zur allgemeinen Gestaltungsklage.

74   Arndt DÖV 1963, 572; Henrichs DVBl. 1959, 559 zu Recht gegen Münster OVGE 13, 350; Kingreen DVBl. 1995, 1337.

75   Münster OVGE 23, 124 für Oberstadtdirektor.

76   Organstreitigkeiten, S. 177 ff.; NJW 1980, 1017.

77   Krit. dazu Kisker JuS 1975, 704.

78   Kassel NJW 1962, 832 m. Anm. Czermak.

79   Koblenz AS 10, 55; Mannheim VBlBW 1990, 457.

80   Lüneburg DVBl. 1989, 935; Münster DVBl. 1991, 498; OVGE 36, 154.

81   Lüneburg OVGE 3, 223; 6, 437.

82   München VGH n.F. 8, 97.

83   Saarlouis AS 10, 82.

84   Lüneburg OVGE 2, 225; 16, 349; München VRspr. 13, 698; Münster OVGE 10, 143, Stuttgart ESVGH 4, 169; Arndt DÖV 1963, 574.

85   Münster OVGE 18, 104.

86   DVBl. 1959, 548.

87   S. 174; vgl. auch VG Oldenburg DÖV 1961, 549.

der überstimmten Minderheit hinausläuft[88]. Als **Gegenstand der Feststellungsklage** kommen vielmehr **nur Rechte aus der kommunalverfassungsrechtlichen Rechtsstellung** eines oder mehrerer Mitglieder in Betracht[89], es sei denn, durch Gesetz wird ausdrücklich eine weiter gehende Befugnis eingeräumt[90], die auch in der Befugnis zur Erhebung der Anfechtungsklage[91] bestehen kann[92]. Am eigenen Recht des Organteils fehlt es, wenn das Mitglied aus dem Gemeinderat ausgeschieden ist[93].

15   Auch im Bereich **anderer juristischer Personen des öffentlichen Rechts** können die Beschlüsse der Organe zum Gegenstand der Feststellungsklage gemacht werden, wenn ihre Rechtswidrigkeit wegen eines Verstoßes gegen die satzungsmäßigen Befugnisse oder aus der Mitgliedschaft erwachsender Rechte geltend gemacht wird, so insbesondere, wenn Streit über die Befugnisse der Organe oder die Gültigkeit von Wahlen besteht[94]. Die an der kommunalverfassungsrechtlichen Streitigkeit entwickelten Grundsätze gelten auch für die Organstreitigkeiten der anderen juristischen Personen des öffentlichen Rechts, es kann insoweit auf die vorhergehenden Erläuterungen und die dort aufgeführte Literatur verwiesen werden.

II. Verwaltungsakt

16   Die **Feststellung der Nichtigkeit eines VA** kann nach Absatz 1 Gegenstand der Klage sein[95]. Zur Frage, wann Nichtigkeit eines VA vorliegt, vgl. § 44 Abs. 1 und 2 VwVfG. Zur Zulässigkeit der Anfechtungsklage gegen den nichtigen VA vgl. § 42 Rn. 12. Die Feststellungsklage erfordert kein Vorverfahren[96], ist also nicht fristgebunden. Die in den VwVfG (§ 44 Abs. 5) vorgesehene Möglichkeit, bei der Behörde die Feststellung der Nichtigkeit des VA zu beantragen, steht selbstständig neben der Klage nach Absatz 1[97]. Die gegen den nichtigen VA erhobene Anfechtungsklage kann in eine Feststellungsklage umgedeutet werden[98], die gegen den rechtswidrigen VA innerhalb der

---

88   Münster OVGE 13, 350.
89   BVerwG NVwZ 1989, 470; Lüneburg OVGE 16, 349; München VGH n.F. 13, 85; Münster DÖV 1962, 710; vgl. auch Mannheim DVBl. 1992, 981 verneinend zum Recht auf öffentliche Verhandlung eines Gegenstandes im Gemeinderat; Mannheim NVwZ 1993, 396 verneint gegen Eilentscheidung des Bürgermeisters; ebenso Münster NVwZ 1989, 989 gegen Dringlichkeitsentscheidung; Münster NVwZ-RR 1989, 317 gegen Missachtung der Zuständigkeit des Rates durch Bürgermeister, a.A. Müller NVwZ 1994, 120; Weimar LKV 1996, 416 bejaht bei Abberufung eines ehrenamtlichen Bürgermeisters; vgl. insgesamt Laubinger VerwA 82, 459.
90   Vgl. Koblenz AS 6, 173; München VGH n.F. 8, 97; Münster OVGE 17, 261.
91   Vgl. BVerwG DVBl. 1973, 313 für Wahlprüfung in Hessen, auch § 42 Rn. 67.
92   Vgl. BVerwG DVBl. 1961, 165; vgl. auch Koblenz NVwZ 1987, 917; Saarlois NVwZ 1987, 914 zur Klage gegen Entscheidungen der Kommunalaufsicht; Mannheim NVwZ 1996, 814.
93   München BayVBl. 1995, 661.
94   Vgl. Lüneburg OVGE 12, 414 für Landwirtschaftskammer; VG Frankfurt NJW 1962, 696 für Landeszahnärztekammer; Münster OVGE 10, 243; 11, 73; 12, 213; 13, 82 für Jagdgenossenschaft; vgl. auch BVerwGE 45, 39 für Zusammensetzung des Fachbeirats einer Universität, Anfechtungsklage – wenig überzeugend – bejahend; Münster OVGE 24, 82 zum Streit zwischen Rektor und AStA, bzw. Studentenparlament, vgl. dazu auch § 42 Rn. 115.
95   Vgl. BVerwGE 84, 306 zur Nichtigkeit der Genehmigung der Übertragung eines Versicherungsbestands.
96   Vgl. BVerwGE 74, 1; § 68 Rn. 2.
97   Vgl. BSG NVwZ 1989, 902; Kopp/Schenke Rn. 7; Schoch/Pietzcker Rn. 27 m.w.N.
98   BSG NJW, 1960, 2308; vgl. auch BVerwGE 84, 306.

Frist des § 74 erhobene Feststellungsklage in eine Anfechtungsklage[99]. Da der VA selbst kein Rechtsverhältnis darstellt[100], kann ein anderer als der in § 43 Abs. 1 ausdrücklich aufgeführte nichtige VA nach dieser Vorschrift nicht Gegenstand der Feststellungsklage sein[101]. Die Feststellung der Nichtigkeit staatlicher Vermögensentziehung hat das BVerwG[102] außerhalb des im VermögensG vorgeschriebenen Verfahrens für unzulässig angesehen. Die Feststellung der Rechtswidrigkeit (vgl. aber Rn. 17) oder Rechtmäßigkeit des VA kann mit der Klage nach § 43 ebenso wenig begehrt werden, wie die Klärung der Frage, ob überhaupt ein VA vorliegt. Zur Verbindung der Anfechtungs- mit der Feststellungsklage vgl. Bader/v. Albedyll Rn. 17; sowie § 42 Rn. 12.

Die **Feststellung der Rechtswidrigkeit des VA** kann Gegenstand der in § 113 **17** Abs. 1 S. 4 geregelten Feststellungsklage sein, auf die der Kläger übergehen kann, wenn sich der VA im Anfechtungsprozess durch Zurücknahme oder anders erledigt. Zu den Voraussetzungen dieser Klage, der **Fortsetzungsfeststellungsklage**, vgl. § 113 Rn. 30 ff.; § 113 Abs. 1 S. 4 findet entsprechende Anwendung bei Erledigung des ablehnenden VA im Vornahmeprozess (§ 113 Rn. 36). In jüngerer Zeit sind aber Zweifel aufgekommen, ob es der Analogie überhaupt bedürfe und es nicht ausreiche, den Rechtsschutzbereich der »allgemeinen« Feststellungsklage zu erweitern[103].
Nach h.M. wird § 113 auch auf den VA angewandt, der sich bereits vor Klageerhebung erledigt hat; eines Vorverfahrens bedarf es dabei nicht (vgl. im Einzelnen § 113 Rn. 35); durch diese weite Auslegung des § 113 ist die Einschränkung des § 43, dass nur die Nichtigkeit des VA mit der Feststellungsklage begehrt werden kann, stark relativiert.

Für Vereinsverbote gilt (§ 3 Abs. 1 VereinsG) gilt[104], dass erstinstanzlich das **18** BVerwG zuständig ist (§ 50 Abs. 1 Nr. 2 VwGO), ebenso für Ersatzvereinsorganisationen. In allen anderen Fällen (§§ 5 Abs. 1, §§ 10 ff. VereinsG bleibt es bei der Zuständigkeit der VG (§ 6 Abs. 1 VereinsG). Die **Feststellung der Rechtmäßigkeit des VA** kann im Fall des § 16 Abs. 1 VereinsG Gegenstand der Klage sein. Das in § 16 Abs. 2 VereinsG geregelte Bestätigungsverfahren ist rechtlich als ein Verfahren auf Feststellung der Rechtmäßigkeit der Verbotsverfügung zu qualifizieren. Das Gericht wird in diesem Verfahren nicht zur Verbotsbehörde, dies bleiben vielmehr die Behörden des § 3 Abs. 2 VereinsG, auch wenn die Wirksamkeit der Verbotsverfügung aufschiebend bedingt durch die Feststellung ihrer Rechtmäßigkeit im Urteil ist (zum Verfahren vgl. § 48 Rn. 43). Als Ausnahmeregelung kann § 16 Abs. 1 VereinsG auf andere Fälle nicht entsprechend angewandt werden.

---

99 BSGE 9, 171.
100 Münster ZMR 1953, 262; OVGE 7, 170; Eyermann/Happ Rn. 27.
101 Vgl. BVerwG NVwZ 1987, 330: bei Nichtakt nur Feststellung des Nichtbestehens eines Rechtsverhältnisses.
102 VIZ 1995, 227.
103 BVerwGE 109, 203; Wehr DVBl. 2001, 787.
104 Reichert, Handbuch des Vereins- und Verbandsrechts Rn. 3054.

C. Feststellungsinteresse

19 Die Feststellungsklage nach § 43 erfordert wie jede andere Klage ein **Rechtsschutzbedürfnis** (vgl. § 42 Rn. 28 ff.) das vorliegt, wenn der Kläger trotz der nur inneren Wirkung des Urteils den von ihm verfolgten und nach dem Gesetz möglichen Zweck erreichen kann. Das Rechtsschutzbedürfnis fehlt, wenn die Feststellung keine selbstständige Bedeutung hat[105], oder nur eine von mehreren Voraussetzungen erfüllen soll. Neben dem Rechtsschutzbedürfnis fordert § 43 ein berechtigtes Interesse des Klägers an baldiger Feststellung (**Feststellungsinteresse**).[106] Das Feststellungsinteresse ist Sachurteilsvoraussetzung[107], fehlt es, wird die Klage als unzulässig abgewiesen; wird es zu Unrecht verneint, liegt wesentlicher Verfahrensmangel vor[108]. Das Feststellungsinteresse muss im Zeitpunkt der Entscheidung vorliegen; fällt es während des Rechtsstreits weg, muss der Kläger die Hauptsache für erledigt erklären, um Klageabweisung zu vermeiden[109].

19a Das BVerwG hat, weiter gehend als das Feststellungsinteresse, **auf die Feststellungsklage** nach § 43 den § **42 Abs.** 2 (vgl. § 42 Rn. 14) über die Klagebefugnis **entsprechend angewandt**[110]; zwar sei »berechtigtes Interesse« nicht gleich bedeutend mit »rechtlichem Interesse«, sondern schließe über ein solches Interesse hinaus jedes als schutzwürdig anzuerkennende Interesse auch wirtschaftlicher oder ideeller Art ein; daraus folge aber nicht, dass jeder in diesem Sinne Interessierte auch ohne Rechtsbetroffenheit Feststellungsklage erheben könne; zur Vermeidung der Popularklage gebiete sich die entsprechende Anwendung des § 42 Abs. 2[111]. Damit hat das BVerwG auch für die Zulässigkeit der Feststellungsklage gefordert, dass der Kläger geltend machen muss, in seinen Rechten verletzt zu sein[112]. Für die Klage auf Feststellung der Nichtigkeit eines VA[113] kann dies nur die Behauptung bedeuten, dass der VA, wäre er nicht nichtig, den Kläger in seinen Rechten verletzt hätte. Dazu kritisch mit vielen Nachweisen Laubinger VerwA 82, 459.
Ob ein Rechtsschutzbedürfnis für eine **Klage des Staates** auf Feststellung des Bestehens oder Nichtbestehens eines Rechtsverhältnisses dort bestehen kann, **wo** der Staat dies durch **Erlass eines VA klären kann,** ist umstritten. Ule (S. 176) verneint dies, da es dem Wesen des Verwaltungsrechtsverhältnisses widerspräche, wenn in diesem Fall das Gericht um Entscheidung angerufen werde. Das BVerwG will jedoch auf die Eigenart des jeweiligen Rechtsverhältnisses abstellen und hat ein Rechtsschutzbedürfnis sowohl für die positive[114] wie für die negative[115] Feststellungsklage des Staates bejaht. Es ist da-

---

105 Vgl. BVerwGE 72, 241 für Feststellung, dass Sanitätsoffiziere berechtigt sind, den Kriegsdienst mit der Waffe zu verweigern.
106 Vgl. Bergmann VerwA 49, 333.
107 § 109 Rn. 3, abzulehnen Hamburg MDR 1955, 57.
108 BSG NJW 1960, 1491.
109 Baumbach/Hartmann § 256 Rn. 52.
110 Vgl. BVerwG NVwZ 1985, 112; NVwZ 1989, 470; NVwZ 1991, 470, alle zum Organstreit; Münster NWVBl. 1997, 232 für Klage der Eltern auf Feststellung der Nichtigkeit des an den Auszubildenden ergangenen Bescheids.
111 BVerwGE 99, 64; E 100, 262; vgl. auch Münster NJW 1997, 1176 für Fernsehzuschauer, der sich durch Beitrag im Fernsehen verletzt sieht.
112 Abl. dazu Knöpfle, Lerche-Festschrift S. 771.
113 Vgl. BVerwG NJW 1982, 2205; E 74, 1.
114 BVerwGE 28, 153.
115 BVerwGE 29, 166.

mit der Rechtsprechung zum Verhältnis Leistungsklage-Bescheid gefolgt (vgl. § 42 Rn. 154, auch zur Problematik).

I. Berechtigtes Interesse

Der Kläger muss **gegenüber dem Beklagten**[116] ein berechtigtes Interesse an **20** der Feststellung haben. Anders als § 256 ZPO verlangt die VwGO nicht ein rechtliches, sondern ein **berechtigtes Interesse.** Dieses ist umfassender als das rechtliche Interesse und beinhaltet jedes öffentlich-rechtliche und privatrechtliche, nach der Sachlage anzuerkennende **schutzwürdige Interesse rechtlicher, wirtschaftlicher**[117] **oder ideeller Art**[118].

Der **Kläger hat** ein **berechtigtes Interesse** an der Feststellung, **wenn** seine Rechtsstellung dadurch gefährdet wird, dass **der Beklagte** das von dem Kläger als ihm zustehend behauptete **Recht bestreitet** oder **sich eines Rechtes berühmt,** das der Kläger für sich in Anspruch nimmt[119], ebenso bei **Wiederholungsgefahr**[120]. An einem solchen Feststellungsinteresse fehlt es, wenn auf Grund der Verfassungsbeschwerde des Klägers das BVerfG die Anwendung der für verfassungswidrig erachteten VO ausgesetzt hat[121]. Das Feststellungsinteresse kann auch für die **Klage** eines **Dritten** bestehen, die sich auf ein Rechtsverhältnis zwischen Beklagtem und Beigeladenem bezieht[122], so bei der Feststellung, dass Förderungspraxis des Staates eigene Grundrechte verletzt[123]. Das BVerwG hat dies auch bejaht für die Klage eines inländischen religiösen Vereins aus dem Grundrecht nach Art. 4 Abs. 1 und 2 GG gegen die Ausschreibung des religiösen Oberhauptes zur Einreiseverweigerung nach dem Schengener Informationssystem[124]. Bei der Feststellung der Nichtigkeit eines VA steht dem die Weigerung der Behörde, den durch den nichtigen VA gesetzten Rechtsschein zu beseitigen, gleich (vgl. aber Rn. 16).

Das berechtigte Interesse kann sich auf jede **gegenwärtige Unsicherheit oder** **21** **Ungewissheit in der Rechtsposition des Klägers** beziehen, so wenn sich der Kläger mit seinen weiteren Dispositionen auf das Verhalten der Behörde einstellen will (Rn. 7) oder ein bestimmtes, ihn schädigendes Verhalten der Behörde befürchten muss[125]. Das BVerwG hat das Feststellungsinteresse auch bejaht, wenn die begehrte Feststellung die Behörde veranlassen kann, in der Zukunft, wenn auch nur aus Billigkeitsgründen, eine für den Kläger günstige Entscheidung zu treffen[126]. Bei einem in der **Vergangenheit** liegenden Rechtsverhältnis kann das berechtigte Interesse darin bestehen, dass ein glei-

---

116　Hamburg DÖV 1952, 155.
117　BVerwGE 2, 229; 74, 1; 81, 318 für finanzielles Interesse.
118　BVerwG NJW 1990, 1804; NVwZ 1991, 470; vgl. jedoch auch Rn. 19.
119　Münster OVGE 21, 100 zur Feststellung, dass Nebentätigkeit eines Beamten genehmigungsfrei ist.
120　Vgl. Schleswig RdL 1994, 216 für Verpachtung ohne entsprechenden Beschluss der Jagdgenossenschaft.
121　BVerwG DVBl. 2000, 636.
122　Vgl. Koblenz NJW 1976, 1183; Münster NVwZ 1984, 522; Schenke/Roth WiVerw 1997, 81.
123　BVerwGE 90, 112 für Grundrecht auf Religions- oder Weltanschauungsfreiheit.
124　BVerwGE 114, 356.
125　Berlin NJW 1960, 1410 zu Auskünften über den Gesundheitszustand.
126　E 36, 218 zum Einfluss der Dienstpostenbewertung auf Beförderung eines Beamten; verneint für Ruhestandsbeamten: E 41, 253; vgl. auch § 42 Rn. 74, 120.

ches oder ähnliches Rechtsverhältnis neu zu entstehen droht[127]; bei dem in der **Zukunft** entstehenden Rechtsverhältnis, darin, dass bereits konkrete Wirkungen vorliegen, so wenn ein erst in Zukunft zu Beitragsleistungen verpflichteter Straßenanlieger die Feststellung seiner Beitragspflicht begehrt[128] oder die gemeindliche Abgabenordnung von dem Pflichtigen bestimmte Leistungen bereits vor der Heranziehung verlangt und an die Nichterfüllung dieser Leistungen Nachteile für den später Pflichtigen knüpft[129]; dagegen Interesse verneint, wenn bei Beginn des Studiums die Feststellung des Endes der Förderungshöchstdauer begehrt wird[130]. Bei der Feststellungsklage, mit der einem künftigen nachteiligen VA vorgebeugt werden soll, besteht das Feststellungsinteresse nur, wenn der Kläger besondere Gründe hat, die es rechtfertigen, den VA nicht abzuwarten[131]. Ob zukünftige Rechtsverhältnisse überhaupt Gegenstand einer Feststellungsklage sein können, ist umstritten. Dafür spricht aber schon allein, dass die Abgrenzung zwischen ‚zukünftig‘ und ‚aufschiebend bedingt‘ nicht klar abgrenzbar ist und außerdem der Wortlaut von § 43 dies zulässt[132]

21a Die Feststellung, dass zwischen Kläger und Beklagten **kein Rechtsverhältnis** besteht, **kraft dessen der Kläger** gegenüber dem Beklagten **verpflichtet ist, für seine Tätigkeit überhaupt eine oder eine erweiterte Genehmigung einzuholen**[133], kann insbesondere im **Umweltrecht** von Bedeutung sein. Das Fehlen einer Genehmigung oder eine nicht ausreichende Genehmigung kann nicht nur zu Maßnahmen der Verwaltungsbehörde, sondern auch zu strafrechtlichen Folgen führen[134]. Für eine Feststellungsklage ist kein Raum, wenn es dem Betroffenen zuzumuten ist, die befürchteten Maßnahmen der Verwaltung abzuwarten, insbesondere wenn die Behörde weder mit Verwaltungsmaßnahmen noch mit der Einleitung eines Straf- oder Bußgeldverfahrens gedroht hat[135]. Besondere Schwierigkeiten entstehen, wenn die **Verwaltungsbehörde** und die **Strafverfolgungsbehörde** in der Beurteilung der Genehmigungsbedürftigkeit oder der Wirksamkeit einer erteilten Genehmigung **unterschiedlicher Auffassung** sind, ohne dass eine einheitliche Rechtsauffassung des Landes hergestellt wird. Hier muss das **Rechtsverhältnis zwischen Kläger und dem Land** mit seinen unterschiedlichen Rechtsauffassungen gesehen werden. Ein Rechtsschutzbedürfnis für eine Feststellungsklage ist insbesondere dann zu bejahen, wenn es sich bei der zu Lasten des Klägers gehenden Beurteilung der Strafverfolgungsbehörden um Dauerdelikte (z.B. Betreiben einer Anlage ohne Genehmigung) handelt, da die Verwaltungsbehörde ihre mit dem Kläger übereinstimmende Rechtsauffassung auf Dauer kaum wird

---

127 BVerwGE 2, 229; 82, 7 für Arzneimittelzulassung; Münster DÖV 1954, 439; OVGE 11, 2/17; Stuttgart VRspr. 10, 228.
128 Kassel ESVGH 2, 197.
129 Münster DÖV 1954, 441.
130 Münster FamRZ 1989, 443.
131 BVerwGE 26, 23 zur Rücknahme eines LAG-Bescheids; BVerwGE 71, 318 zur Feststellung von Zahnfüllungswerkstoffen als Arzneimittel; vgl. auch Dreier NVwZ 1988, 1073 zum Gewerberecht, sowie Rn. 8.
132 So zu Recht Sodan/Sodan Rn. 24 u. 27.
133 Vgl. BVerwG DVBl. 1987, 1073 zum TierschutzG.
134 Zur Frage der Verwaltungsakzessorietät des Strafrechts vgl. Isensee NJW 1985, 1007; Kirchhof NJW 1985, 2977; Ossenbühl DVBl. 1990, 963.
135 BVerwG DVBl. 1987, 1071; E 89, 327, beide für Lebensmittelrecht; vgl. aber Buchh. BVerwG 310 § 43 Nr. 31: Drohung mit Strafanzeige; BVerwGE 71, 318: drohendes Einschreiten; Kassel NVwZ 1988, 445: Drohen wegen Ordnungswidrigkeit; auch die in Rn. 7 aufgeführten Entscheidungen, sowie Lässig NVwZ 1988, 410; Schenke/Roth WiVerw 1997, 81.

durchhalten können; wenn auch das Strafgericht den ungenehmigten Betrieb feststellt, besteht die Gefahr, dass auf der Grundlage dieser Rechtsauffassung tatbestandsmäßig Beihilfe zum ungenehmigten Betrieb seitens der Verwaltungsbehörde vorliegt. Bei unterschiedlicher Auffassung auch der Gerichte ist eine Klärung der Rechtsfrage erst durch den GemS zu erwarten[136].

Bei der auf Feststellung der Rechtswidrigkeit des **Beschlusses einer kommu-** **22** **nalen Vertretung** gerichteten Klage (Rn. 12) fehlt das berechtigte Interesse, wenn die Kläger mit ihren Stimmen selbst zum Zustandekommen des Beschlusses beigetragen haben[137], es kann aber vorliegen, wenn bei rechtsungültigen und von der Gemeindevertretung wieder aufgehobenen Beschlüssen die Gefahr besteht, dass die unwirksame Beschlussfassung ohne Klarstellung der Rechtslage wiederholt wird[138].

Ein berechtigtes Interesse an der Feststellung liegt auch vor, wenn **das Zivilgericht** in einem anhängigen Rechtsstreit das Verfahren **nach § 148 ZPO** bis zur Entscheidung über eine öffentlich-rechtliche Vorfrage **aussetzt**. Zur Frage, ob im Hinblick auf einen künftigen Zivilprozess das berechtigte Interesse an der Klärung von öffentlich-rechtlichen Vorfragen (z.B. Rechtswidrigkeit des VA für späteren Amtshaftungsprozess) bestehen kann, vgl. § 113 Anm. 32; BVerwG[139] hat schutzwürdiges Interesse verneint, wenn sich der VA bereits vor Klageerhebung erledigt hat. Münster[140] hat auch ein berechtigtes Interesse an der alsbaldigen Feststellung, dass Bauaufsichtsbehörde bis zum Erlass einer Rechtsänderung zum Erlass der beantragten Baugenehmigung verpflichtet gewesen sei, im Hinblick auf die beabsichtigte Geltendmachung eines Planschadensersatzanspruchs verneint. Soweit Kläger ihre Rechte mit einer Änderungsklage nach § 113 Abs. 2 geltend machen konnten, ist eine allgemeine Feststellungsklage ausgeschlossen[141]. Soweit die Vorfrage keine selbstständige Bedeutung hat, liegt kein berechtigtes Interesse mehr vor, wenn die Klage vor dem Zivilgericht bereits rechtskräftig abgewiesen ist[142]. Ein Interesse an der Bestrafung des Beamten, der den erledigten VA erlassen hat, begründet kein berechtigtes Interesse an der Feststellung der Nichtigkeit oder Rechtswidrigkeit des VA[143].

II. Baldige Feststellung

Das berechtigte Interesse des Klägers muss auf baldige Feststellung gerichtet **23** sein. Dazu ist ausreichend eine **begründete Besorgnis der Gefährdung der Rechtsstellung des Klägers,** eine lediglich gedachte Möglichkeit späteren Schadens genügt nicht. Der drohende Verlust eines Beweismittels kann das Interesse an baldiger Feststellung nicht begründen, da die Möglichkeit der Beweissicherung nach § 98 besteht[144]. Die meisten Gründe, die das berechtigte Interesse an der Feststellung rechtfertigen, werden auch zur Bejahung

---

136 Vgl. BVerfG NJW 1987, 3175 zu § 327 Abs. 2 Nr. 1 StGB; vgl. auch Heine NJW 1990, 2425.
137 Vgl. Lüneburg OVGE 16, 349.
138 LVG Braunschweig DVBl. 1952, 25.
139 E 81, 226.
140 NJW 1980, 1069.
141 BVerwGE 55, 170.
142 BVerwG ZMR 1956, 30.
143 BVerwGE 26, 161.
144 Vgl. BGHZ 18, 41; auch Rn. 24 f.

des Interesses an baldiger Feststellung dienen können[145]. Hat der Kläger durch sein Verhalten dem Beklagten gegenüber zum Ausdruck gebracht, das behauptete Rechtsverhältnis werde von ihm nicht in Anspruch genommen, kann das berechtigte Interesse an baldiger Feststellung wegen Verwirkung des Klagerechts entfallen sein[146].

III. Zweckerreichung – Subsidiarität

24 Das **Feststellungsinteresse fehlt, wenn der Kläger** den mit der Feststellungsklage verfolgten **Zweck mit einer Gestaltungs- oder Leistungsklage erreichen kann oder hätte erreichen können** (Abs. 2); die Feststellungsklage erhält damit einen gegenüber diesen Klagearten **subsidiären Charakter**[147]. Ausdrücklich ausgenommen hiervon ist die Klage auf Feststellung der Nichtigkeit eines VA (Rn. 16).

25 Der Ausschluss der Feststellungsklage durch eine andere Klageart kann jedoch nur gelten, wenn der **Rechtsschutz** durch sie für den Kläger **in gleichem Umfang** wie bei der Feststellungsklage verwirklicht würde[148]; die Möglichkeit der Erhebung der Leistungsklage für einen Teil des aus dem Rechtsverhältnis resultierenden Anspruchs steht der auf das gesamte Rechtsverhältnis bezogenen Feststellungsklage daher nicht entgegen[149]; das Gleiche gilt, wenn der Kern des Anliegens des Klägers als bloße **Vorfrage** bei einer Leistungsklage mitentschieden würde[150]; ebenso wenig wird die Feststellungsklage durch die Möglichkeit einer Leistungsklage in einem **anderen Rechtsweg** ausgeschlossen[151]. Zu beachten ist jedoch, dass § 42 Abs. 2 S. 1 Ausdruck der Prozessökonomie ist. Deshalb ist nach BVerwG[152] eine Feststellungsklage gegenüber einer gleichzeitig vorm Zivilgericht erhobenen Leistungsklage subsidiär, weil damit die Aufgabe der Feststellungsklage – Vorbereitung eines Schadensersatzanspruchs durch Feststellung der Rechtswidrigkeit staatlichen Handelns – verbraucht ist. Das überzeugt zwar unter dem Gesichtspunkt der Prozessökonomie, bestätigt aber die Auffassung des BGH[153] von der Superrevision durch das Zivilgericht und widerspricht der Notwendigkeit, zunächst verwaltungsgerichtlich die Rechtswidrigkeit hoheitlicher Maßnahmen zu prüfen und erst danach den Zivilrechtsweg zu eröffnen[154]. Ist mit einem VA ein Rechtsverhältnis beendet oder der Antrag auf Begründung eines Rechtsverhältnisses abgelehnt worden, ist die auf das Bestehen des Rechtsverhältnisses gerichtete Feststellungsklage unzulässig, da

145 Eyermann/Happ Rn. 39.
146 BVerwG BayVBl. 1958, 378; NJW 1981, 363 zum verspäteten Geltendmachen.
147 Vgl. BVerwGE 16, 92; NVwZ 1998, 58; Buchh. 451.221 § 24 KrW-/AbfG Nr. 3 Dosenpfand und Mehrwegquotenunterschreitung m. Anm. Winkler DVBl. 2003, 1490; jedoch auch BVerwG NJW 1997, 2534, das Verweisung auf Subsidiarität bei einer Klage auf Feststellung der Rechtswidrigkeit verdeckter Ermittlungen für unzulässig hält; E 112, 253 keine Subsidiarität im Eisenbahnkreuzungsrecht; dazu Klenke NWVBl. 2003, 171.
148 BVerwGE 32, 333.
149 BVerwGE 114, 61 für Prozesszinsen nach § 291 BGB; vgl. VG Frankfurt DVBl. 1961, 562.
150 BVerwGE 37, 243; 40, 179.
151 Vgl. BVerwGE 37, 243; v. Mutius VerwA 63, 232; vgl. auch BFH DVBl. 1994, 803, Frage der Subsidiarität der finanzgerichtlichen Feststellungsklage gegenüber der verwaltungsgerichtlichen Leistungsklage offen lassend.
152 BVerwGE 111, 306.
153 NJW 2003, 1308.
154 Dazu § 42 Rn. 42.

sie auch nicht zur Umgehung der für Anfechtungs- und Vornahmeklage bestehenden Vorschriften (z.b. Klagefrist) führen darf[155]. Das Gleiche gilt bei dem unanfechtbar gewordenen VA mit Dauerwirkung[156]. Zur kombinierten Anfechtungs- und Feststellungsklage vgl. BezG Erfurt LKV 1993, 318.

Streitig ist, ob sich bei **Klagen gegen den Staat** der Ausschluss der Feststellungsklage auf das Verhältnis zur Anfechtungs- und Verpflichtungsklage beschränkt, im Übrigen aber die im Zivilprozess von der Rechtsprechung zu § 256 ZPO entwickelten Grundsätze[157] anzuwenden sind mit der Folge, dass bei anderen Klagearten die Feststellungsklage auch alternativ erhoben werden kann, wenn dies aus prozesswirtschaftlichen Gründen sinnvoll ist. Das BVerwG hat dies bei allgemeinen Leistungsklagen (vgl. § 42 Rn. 154) mit der Begründung bejaht, dass Behörden auf Grund ihrer verfassungsmäßig verankerten Bindung an Gesetz und Recht auch den einer Vollstreckung nicht fähigen Ausspruch in einem Feststellungsurteil befolgen würden[158]. Da das BVerwG den Zweck des Ausschlusses der Feststellungsklage darin sieht, ein Unterlaufen der für die Anfechtungs- und Verpflichtungsklage geltenden besonderen Vorschriften (Vorverfahren und Fristbindung) zu verhindern[159], hat es den Ausschluss auch dort verneint, wo gleiche Vorschriften auch für die Feststellungsklage gelten[160]. Diese Auslegung des Absatz 2 Satz 1 verkennt jedoch, dass darin der Ausschluss der Feststellungsklage, soweit eine Leistungs- oder Gestaltungsklage erhoben werden kann, ohne Einschränkung normiert ist und die VwGO mit der Schaffung von Vollstreckungsmöglichkeiten gegen den Staat einer anderen Konzeption folgt, die der Übernahme der im Zivilprozess entwickelten Rechtsprechung entgegensteht[161]. **26**

Im Verhältnis von Feststellungsklage und Leistungs- oder Gestaltungsklage sind **folgende Fallgruppen** möglich: **27**

a) Der Kläger kann an Stelle der Feststellungsklage die Leistungs- oder Gestaltungsklage erheben: Feststellungsklage unzulässig.

b) Der Kläger hätte anstatt der Feststellungsklage Leistungs- oder Gestaltungsklage erheben können: Feststellungsklage unzulässig. Das gilt bei Fristversäumung in der anderen Klageart allgemein (vgl. Rn. 25), jedoch auch, wenn der Kläger von anderen ihm rechtlich eröffneten Möglichkeiten keinen Gebrauch gemacht hat[162].

c) Der Kläger hat bereits Leistungs- oder Gestaltungsklage erhoben: Feststellungsklage unzulässig; zulässig kann jedoch die Inzidentfeststellungsklage sein, vgl. Rn. 30.

---

155   BVerwG NVwZ-RR 1998, 577 für Musterprozess gegen erledigten Vorauszahlungsbescheid; auch BVerwG NJW 1967, 797; Münster OVGE 11, 4; sowie Schoch/Pietzcker Rn. 40 ff.

156   Münster DVBl. 1951, 145.

157   Vgl. Baumbach/Hartmann § 256 Rn. 78 ff.

158   BVerwGE 36, 179; E 51, 69; vgl. auch E 40, 323 für Unterlassungsklage; NVwZ 1990, 162 für Normerlass; im Ergebnis ebenso BSG NJW 1959, 2182; Naumann, Staatsbürger und Staatsgewalt II S. 380; Meyer-Ladewig, SGG § 55 Anm. 19.

159   BVerwGE 51, 69.

160   BVerwGE 36, 179 für Beamtenrecht; E 51, 69 zum BWahlG.

161   Vgl. Lüneburg NJW 1979, 1998; v. Mutius VerwA 63, 229; ebenso Sodan/Sodan Rn. 121; Kopp/Schenke Rn. 28; Schenke AöR 95, 255; mit Hinweis darauf, dass die Rspr. zu stark auf die Rechtstreue der Behörden vertraue – vgl. dazu die Fälle in § 172 Rn. 1 – Eyermann/Happ Rn. 43; vermittelnd Schoch/Pietzcker Rn. 43; zustimmend Bader/v. Albedyll Rn. 35, der auf Rechtstreue der Behörden auch ohne tenorierte Vollstreckungsmöglichkeiten vertraut.

162   Vgl. Münster OVGE 12, 292 beim Verstreichen der Fristen des Straffreiheitsgesetzes.

d) Der Kläger hat Feststellungsklage erhoben und wird während des Rechtsstreites in den Stand versetzt, auf Leistung oder Gestaltung zu klagen: Die
Feststellungsklage bleibt grundsätzlich zulässig (vgl. aber Rn. 19), wenn
sich nicht durch den Erlass eines Bescheides die Notwendigkeit einer An-
fechtungs- oder Vornahmeklage ergibt, womit sich die Feststellungsklage
in der Hauptsache erledigt.

D. Verfahren

28 Für die Feststellungsklage gelten die **allgemeinen Zuständigkeits- und Verfahrensregeln;** sie unterliegt nicht den Bestimmungen des 8. Abschnitts, ist
daher **unbefristet** zulässig (vgl. jedoch auch Rn. 23); Prozessstandschaft ist
bei ihr im gleichen Umfang wie bei der allgemeinen Leistungsklage zulässig
(vgl. § 42 Rn. 153). Zum Erfordernis des Vorverfahrens für die Feststellungsklage des Beamten aus dem Beamtenverhältnis vgl. § 68 Rn. 2; § 70 Rn. 3.
Die Feststellungsklage ist **gegen den sachlichen Streitgegner zu richten**[163],
wenn sie gegen die öffentliche Hand gerichtet ist, also grundsätzlich gegen die
Körperschaft. Hat ein Land eine allgemeine Regelung nach § 61 Nr. 3 getroffen, kann die Klage auch gegen die für die Körperschaft prozessführungsbe-
fugte Behörde gerichtet werden (str. vgl. § 61 Rn. 6); bei der Klage auf Feststellung der Nichtigkeit eines VA sollte von dieser Möglichkeit in den
Ländern, in denen Anfechtungs- und Verpflichtungsklagen gegen die Behörde zu richten sind (vgl. § 78 Rn. 8) stets Gebrauch gemacht werden.

29 Der **Übergang** von der Feststellungs- zur Anfechtungs- bzw. Verpflichtungsklage (und umgekehrt) ist **keine Klageänderung** und daher stets zulässig[164].
Zur Umdeutung einer Feststellungs- in eine Anfechtungsklage (und umgekehrt) vgl. Rn. 16. Unter den Voraussetzungen des § 44 kann die Festel-
lungsklage auch mit Klagen einer anderen Klageart verbunden werden, auch
in der Form eines Eventualantrages[165]. Auch eine **Feststellungswiderklage** ist
zulässig[166], bei Anfechtungs- und Verpflichtungsklagen jedoch wie jede andere Widerklage durch § 89 Abs. 2 ausgeschlossen. **Vorbeugender Rechtsschutz** kann bei der Feststellungsklage nur durch Einstweilige Anordnung erreicht werden.

---

163 Münster VRspr. 5, 625; OVGE 6, 69.
164 BVerwGE 30, 46; vgl. auch § 91 Rn. 2.
165 Stuttgart ESVGH 4, 30 für Anfechtungsklage.
166 Münster OVGE 15, 294.

E. Zwischenfeststellungsklage

Die Zwischenfeststellungs-, auch Inzidentfeststellungsklage oder -wider- **30**
klage, ist auch im Verwaltungsprozess zulässig[167]. Sie wird im anhängigen
Verfahren erhoben und richtet sich auf **Feststellung eines die Entscheidung
bedingenden Rechtsverhältnisses.** Ihr Zweck ist, auch die Entscheidung über
dieses Rechtsverhältnis in Rechtskraft erwachsen zu lassen. Sie ist daher unzulässig, wenn die Entscheidung in der Hauptsache die Rechtsverhältnisse
mit Rechtskraftwirkung erschöpfend klarstellt[168]. Die Sachurteilsvoraussetzungen müssen für die Zwischenfeststellungsklage unabhängig vom anhängigen Verfahren geprüft werden. Die örtliche Zuständigkeit kann nur bei
ausschließlichem Gerichtsstand (§ 52 Nr. 1) fraglich sein. Es muss ein **öffentlich-rechtliches** Rechtsverhältnis (vgl. Rn. 11) streitig sein, dessen Bestehen
oder Nichtbestehen vorgreiflich für die Entscheidung über den Hauptanspruch ist, das ist der Fall, wenn sich die Gründe dieser Entscheidung damit
hätten befassen müssen. Die Feststellung, ob einer von mehreren Klagegründen durchgreift, ist jedoch unzulässig[169]. Der Beigeladene kann die Zwischenfeststellungsklage nicht erheben[170]. Die Klage ist abhängig von der
Rechtshängigkeit des Hauptanspruchs; wird die Klage hinsichtlich des
Hauptanspruchs zurückgenommen kann die Zwischenfeststellungsklage
selbstständig nur aufrechterhalten bleiben, wenn die Voraussetzungen des
§ 43 (Feststellungsinteresse) vorliegen. Die Entscheidung über die Zwischenfeststellungsklage ist ein Endurteil (auch Teilurteil zulässig)[171], das selbstständig mit Berufung bzw. Revision angefochten werden kann.

§ 44 [Objektive Klagehäufung]

**Mehrere Klagebegehren können vom Kläger in einer Klage zusammen ver-
folgt werden, wenn sie sich gegen denselben Beklagten richten, im Zusammenhang stehen und dasselbe Gericht zuständig ist.**

1. **Begriff.** § 44 betrifft die Verbindung mehrerer prozessrechtlicher Ansprü- **1**
che des Klägers gegen denselben Beklagten in demselben Verfahren, die sog.
Anspruchshäufung (**objektive Klagehäufung**). Gegensatz: Parteienhäufung
(subjektive Klagehäufung, vgl. § 64 Rn. 1). Objektive Klagenhäufung ist
möglich:
a) kumulativ, d.h. mehrere Ansprüche werden nebeneinander erhoben,
 wobei sie sich aus dem gleichen oder verschiedenen Tatbeständen herleiten können[1],
b) eventualiter, d.h. neben dem Hauptanspruch wird für den Fall, dass
 dieser unzulässig oder unbegründet ist, ein Eventualantrag gestellt[2],
c) als Stufenklage, wenn der zweite Antrag voraussetzt, dass der erste Antrag begründet ist[3].

---

167 § 173 mit § 256 Abs. 2 ZPO; Kopp/Schenke Rn. 33; Schoch/Pietzcker Rn. 55; offen lassend BVerwGE 39, 135.
168 BVerwGE 39, 135.
169 BSGE 13, 163.
170 Kopp/Schenke Rn. 33; Meyer-Ladewig, SGG § 55 Anm. 21.
171 BGH NJW 1955, 587.

1 Sodan/Sodan Rn. 15.
2 Vgl. BVerwG DVBl. 1980, 597; Mannheim NVwZ 1985, 351.
3 Vgl. dazu Hamburg DVBl. 1960, 178; Mannheim VBlBW 1983, 274.

Verbindung der kumulativen Klagehäufung mit einem Eventualantrag ist zulässig. Der Kläger kann bestimmen, in welchem Verhältnis die geltend gemachten Klagebegehren zueinander stehen sollen[4]; er muss dies tun, wenn er sie aus verschiedenen Tatbeständen herleitet[5]. **Keine Klagehäufung** liegt vor, wenn **derselbe Anspruch** auf verschiedene rechtliche Gesichtspunkte oder Tatbestände gestützt wird[6]. Grundsätzlich **unzulässig** ist es, wenn der Kläger den einen oder den anderen Anspruch geltend macht (**alternative Klageverbindung**).[7]

2 2. **Voraussetzungen.** Bis zur **Rechtshängigkeit** ist objektive Klagehäufung **unbeschränkt zulässig,** danach stellt sie, mit Ausnahme der Zwischenfeststellungsklage (vgl. § 43 Rn. 30), Klageänderung dar und richtet sich nach § 91. Sind bereits mehrere Klagebegehren anhängig, kann der Kläger Verbindung nach § 93 beantragen. Für die Anspruchshäufung ist die Zustimmung des Beklagten nicht erforderlich. Wird der Beklagte durch die Verbindung der Klagebegehren in der Verteidigung seiner Rechte beschränkt, kann er Prozesstrennung nach § 93 beantragen. Der Beschluss des Gerichts über diesen Antrag kann nur mit dem Urteil zusammen angefochten werden (§ 146 Abs. 2). Da bei der Klagehäufung **prozessuale** Ansprüche verbunden werden, kann der Kläger Ansprüche, die er aus eigenem Recht herleitet, zusammen mit solchen, für die ihm das Prozessführungsrecht zusteht, verfolgen, nicht jedoch mit Ansprüchen als Partei kraft Amtes oder als gesetzlicher Vertreter[8]. Für die verbundenen Ansprüche braucht nicht die gleiche Klageart gegeben zu sein, doch müssen die besonderen Klagevoraussetzungen (z.B. der Anfechtungsklage) bei dem einzelnen Anspruch vorliegen.

3 Die objektive Klagehäufung setzt voraus, dass die **Ansprüche im Zusammenhang stehen;** dieser Zusammenhang kann sowohl **rechtlich** wie **tatsächlich** sein[9]. Er ist rechtlich, wenn mehrere Klagebegehren aus demselben Tatbestand hergeleitet werden, ein tatsächlicher Zusammenhang liegt vor, wenn die Klagebegehren einem einheitlichen Lebensvorgang entspringen, das kann z.B. auch ein gleicher wirtschaftlicher Komplex sein[10]. Fehlt der Zusammenhang, ist bei kumulativer Klagehäufung zu trennen (§ 93), ein Eventualantrag jedoch als unzulässig abzuweisen[11].
Die objektive Klagehäufung setzt weiter voraus, dass dasselbe Gericht örtlich und sachlich für alle Ansprüche zuständig ist[12]. Bei kumulativer Klagehäufung wird, soweit das Gericht unzuständig ist, auf Antrag verwiesen, sonst ergeht Teilurteil; der Eventualantrag teilt, wenn der Kläger ihn nicht verselbstständigt, das Schicksal des Hauptantrags, d.h. bei Verweisung des Hauptantrags wird nicht über ihn entschieden, bei Abweisung des Hauptantrags wird der Eventualantrag als unzulässig abgewiesen, wenn das Gericht

---

4   RGZ 144, 71.
5   RG HRR 1935, 817.
6   RGHZ 9, 22.
7   Vgl. Schoch/Pietzcker Rn. 11.
8   Vgl. Eyermann/Rennert Rn. 8.
9   Schoch/Pietzcker Rn. 7; Sodan/Sodan Rn. 10.
10 Vgl. BVerwG DVBl. 1995, 47 für Spielbankerlaubnis; BVerwGE 96, 24; NVwZ 1997, 1132, beide für Asylrecht; Mannheim NVwZ 1985, 351 für Normenkontrollanträge gegen zwei Bebauungspläne.
11 Vgl. Kopp/Schenke Rn. 5.
12 Eyermann/Rennert Rn. 10.

für ihn unzuständig ist. Die Verbindung einer Klage mit einem Antrag auf Normenkontrolle nach § 47 ist unzulässig[13].

3. **Verfahren.** Das Gericht **verhandelt und entscheidet grundsätzlich gleich-** **4** **zeitig** über die verbundenen Klagebegehren. Es kann jedoch nach § 93 trennen oder nach § 110 Teilurteil erlassen. Die Unzulässigkeit der Klagehäufung ist von Amts wegen zu beachten; Folge: Prozesstrennung nach § 93, Verweisung nach § 83 mit § 17a GVG oder Abweisung durch Prozessurteil. Das Gericht kann die Klage insgesamt nur abweisen, wenn alle Ansprüche unbegründet sind. Bei Übergehen eines Anspruches nachträgliche Entscheidung nach § 120[14].

Bei **eventueller Klagenhäufung** ist das Gericht bei der Prüfung der Klagebe- **5** gehren an die vom Kläger gewählte Reihenfolge gebunden. Eine Entscheidung über den Hilfsantrag ist daher nur möglich, wenn der Hauptantrag abgewiesen wird. Anders jedoch, wenn neben einer Anfechtungsklage hilfsweise der Antrag auf Feststellung der Nichtigkeit des VA gestellt wird, da dieser Antrag der weiter gehende ist. Ist der Hauptantrag **unzulässig,** kann Teilurteil ergehen[15]. Das Berufungsgericht hat auch über den Hilfsantrag zu entscheiden, wenn es die den Hauptanspruch bejahende Entscheidung des VG aufhebt[16]. Bei Berufung gegen das dem Hilfsantrag stattgebende Urteil wird der verneinte Hauptanspruch, da er von der Berufung nicht erfasst wird, nur wieder Gegenstand des Verfahrens, wenn der Kläger Anschlussberufung einlegt[17]. Legt der Kläger nach Stattgeben auf den Hilfsantrag gegen die Abweisung des Hauptantrages Berufung ein, wird dem Beklagten gegenüber die Entscheidung über den Hauptantrag rechtskräftig, wenn er nicht insoweit Anschlussberufung einlegt[18].

§ 44a [Rechtsbehelfe gegen behördliche Verfahrenshandlungen]

Rechtsbehelfe gegen behördliche Verfahrenshandlungen können nur gleichzeitig mit den gegen die Sachentscheidung zulässigen Rechtsbehelfen geltend gemacht werden. Dies gilt nicht, wenn behördliche Verfahrenshandlungen vollstreckt werden können oder gegen einen Nichtbeteiligten ergehen.

Die Vorschrift wiederholt die Grundaussage des VwVfG, dass die **materielle** **1** **Entscheidung oder Regelung das Ziel des Verwaltungsverfahrens ist**[1]. Obgleich in ihr ein allgemeiner Grundsatz der Verfahrensökonomie gesehen wird[2], wirft sie manches Problem auf[3]. Mit der Einfügung in die VwGO ist deutlich gemacht, dass sich die Regelung auf alle behördlichen Handlungen in Verfahren bezieht, bei denen sich Rechtsschutz gegen die Sachentscheidung nach der VwGO richtet[4]. Die Vorschrift hat Regelungscharakter nur für solche behördlichen Verfahrenshandlungen, die als eigenständige VA

---

13   Berlin OVGE 17, 216.
14   Sodan/Sodan Rn. 14.
15   Schoch/Pietzcker Rn. 14.
16   Vgl. BGH NJW 1952, 184.
17   BGH NJW 1964, 772.
18   BVerwG DVBl. 1980, 597.

1   Vgl. §§ 44 Abs. 3, 45, 46, 47 VwVfG; vgl. Bettermann, Menger-Festschrift, 1985, S. 709.
2   Vgl. Stelkens/Kallerhoff § 97 Rn. 9; Sodan/Schmidt-De Caluwe Rn. 23 ff.
3   Vgl. z.B. Pagenkopf NJW 1979, 2382.
4   Vgl. Kopp/Schenke Rn. 3; Stelkens/Kallerhoff § 97 Rn. 8.

oder in anderer Weise angegriffen oder verlangt werden könnten[5], denn Vorbereitungshandlungen zum Erlass eines VA sind regelmäßig nicht selbst VA[6] und können schon aus diesem Grunde nicht angefochten werden[7]. Mit der Aufhebung des § 97 VwVfG, der § 44a in die VwGO einfügte, durch das 2. G zur Änderung verwaltungsverfahrensrechtlicher Vorschriften war streitig geworden, ob damit nicht auch § 44a VwGO selbst aufgehoben sei[8]. Das BVerwG[9] hat jedoch die weitere Gültigkeit des § 44a bejaht, da er mit der Neubekanntmachung der VwGO vom 19.3.1991 (BGBl. I S. 686) auf eine neue formelle Grundlage gestellt worden sei[10].

2   Nach Satz 1 ist die **isolierte Anfechtung von behördlichen Verfahrenshandlungen ausgeschlossen,** nur gleichzeitig mit Rechtsbehelfen gegen die Sachentscheidung können auch solche gegen die Verfahrenshandlung geltend gemacht werden. Als **behördliche Verfahrenshandlungen** sind, da Satz 1 nicht auf das in § 9 VwVfG definierte Verwaltungsverfahren Bezug nimmt, nicht nur die auf Erlass eines VA (im formlosen, im förmlichen Verwaltungsverfahren oder im Planfeststellungsverfahren)[11] nach dem VwVfG gerichteten Handlungen zu verstehen, sondern auch solche nach dem SGB X, der AO oder einem Spezialgesetz, **sofern** nur der **Verwaltungsrechtsweg eröffnet** ist[12]. Dazu zählen auch **vorbereitende Akte der EU,** wie etwa die FFH-Gebietsvorschlagslisten[13]. Dagegen werden Handlungen, die auf den Abschluss eines öffentlich-rechtlichen Vertrages gerichtet sind, ebenso wenig erfasst wie solche, die den Erlass einer Satzung oder Rechtsverordnung[14] betreffen[15]. Die Vorschrift erfasst nicht Verfahrensentscheidungen, die gleichzeitig Regelungen in der Sache treffen[16], ebenso wenig findet sie Anwendung, wenn dadurch effektiver Rechtsschutz verweigert würde[17]. Ausgeschlossen sind alle nach der VwGO zulässigen **Rechtsbehelfe,** also neben dem Widerspruch nicht nur die Anfechtungs- und Verpflichtungsklage, sondern auch Leistungs- und Feststellungsklage sowie Anträge nach § 80 oder auf Erlass einer einstweiligen Anordnung nach § 123[18]. Der Ausschluss der Rechtsbehelfe gegen Verfahrenshandlungen berührt nicht den Rechtsschutz, der sich auf die Sachentscheidung bezieht, wie z.B. die Untätigkeitsklage[19] oder die vorbeugende Unterlassungsklage[20]. Letzteres gilt auch dann, wenn allein die vorbeugende Feststellungsklage effektiven Rechtsschutz gewährleistet, weil dem

5   Vgl. München DVBl. 1988, 1179.
6   Vgl. BVerwGE 34, 248.
7   Zur Problematik der Regelung vgl. Eichberger, Die Einschränkungen des Rechtsschutzes gegen behördliche Verfahrensverhandlungen, 1986; Hill Jura 1985, 61; Schoch/Stelkens Rn. 30.
8   Vgl. Tiedemann NJW 1998, 3475; Roth NVwZ 1999, 155; Ramcke DÖV 2000, 69.
9   Buchh. 310 § 44a VwGO Nr. 8.
10   Vgl. auch Bader/Kuntze Rn. 1.
11   Vgl. dazu München DVBl. 1988, 1179.
12   Vgl. Schoch/Stelkens Rn. 6.
13   Ewer NUR 2000, 361.
14   Insoweit offen lassend für HeilberufsG: Münster NVwZ-RR 1995, 703.
15   Vgl. Schoch/Stelkens Rn. 10; Sodan/Schmidt-De Caluwe Rn. 101; Kopp/Schenke Rn. 3.
16   Lüneburg NVwZ 1995, 286 zur Aussetzung des Verfahrens des Zweitanmelders im Zulassungsverfahren eines Pflanzenschutzmittels.
17   München NVwZ-RR 1999, 641 für hochschulrechtliches Berufungsverfahren.
18   Münster NJW 1981, 70; Kopp/Schenke Rn. 4; a.A. Sellner, Immissionsschutzrecht und Industrieanlagen Rn. 143.
19   Vgl. München DVBl. 1980, 196 zur Rückgabe des Antrags.
20   Vgl. § 42 Rn. 162.

Bürger nicht zugemutet werden kann, sein von der Behörde mit schlichtem Verwaltungshandeln beanstandetes Verhalten auf die Gefahr hin zu wiederholen, dass dies dann – rechtlich gebilligt – untersagt wird[21].

Zu den **Entscheidungen** einer Behörde, **die ein Verfahrensbeteiligter nicht iso-** **3** **liert anfechten kann,** zählen z.B. die Bestimmung der örtlich zuständigen Behörde nach § 3 Abs. 2 VwVfG, die Bestellung von Vertretern im Massenverfahren (§§ 17, 18 VwVfG; vgl. aber Rn. 5), der Ausschluss vom Verwaltungsverfahren (§ 20 VwVfG), die Entscheidung nach § 21 VwVfG wegen Besorgnis der Befangenheit[22], die Entscheidung über den Beginn des Verfahrens (§ 22 VwVfG), über Beweismittel (§ 26 VwVfG), über die Zuziehung und Bestellung von Sachverständigen[23], und über den Antrag auf Wiedereinsetzung nach § 32 VwVfG. Das BVerwG[24] hat auch die Anordnung im Prüfungsverfahren, zum Nachweis einer krankheitsbedingten Prüfungsunfähigkeit ein amts- oder vertrauensärztliches Attest vorzulegen, als unselbstständige Verfahrenshandlung angesehen, was nach Kassel[25] jedoch nicht gilt, wenn mit der ärztlichen Untersuchung Gesundheitsrisiken oder Eingriffe in das Persönlichkeitsrecht verbunden sind. Problematisch ist der Ausschluss eines Rechtsbehelfs bei der Ablehnung eines Bevollmächtigten (§ 14 VwVfG) oder der Ablehnung der Hinzuziehung eines Bevollmächtigten[26]. Auch die Ablehnung der förmlichen Hinzuziehung zum Genehmigungsverfahren kann nicht Gegenstand eines selbstständigen Klageverfahrens sein[27]; ebenso wenig die Gestaltung und Leitung eines Erörterungstermins[28]; allerdings kann, wenn ein Rechtsanspruch darauf besteht, in einem Verfahren beteiligt oder gehört zu werden, der Rechtsbehelf gegen eine ablehnende Entscheidung dann nicht ausgeschlossen sein, wenn dem Berechtigten die Anfechtung der Sachentscheidung gar nicht möglich ist[29].

Umstritten ist, **inwieweit** § 44a der Verfolgung der mit § 10 Abs. 2 und **3a** §§ 71a ff. in das VwVfG eingefügten **Beschleunigungsgebote** für das Verwaltungsverfahren **entgegensteht**[30]. Es wird auch hier darauf abzustellen sein, ob der Betroffene im späteren Verfahren gegen die Sachentscheidung hinreichend effektiven Rechtsschutz zu erlangen vermag[31] oder die Rechtsschutz-

---

21 BVerwG Buchh. 451.20 § 34b GewO Nr. 6.
22 Münster DVBl. 2000, 572.
23 Kassel NVwZ 1992, 391, für § 20 AtomG, nicht jedoch die Anordnung, diesen das Betreten der Anlage zu ermöglichen; ebenso nicht, wenn Sachverständiger unbefugt aus dem Auftrag gewonnene Erkenntnisse offenbart, Münster NVwZ-RR 1995, 703.
24 DVBl. 1993, 51.
25 NVwZ-RR 1995, 47 für Dienstunfall eines Beamten.
26 Vgl. Hamburg NJW 1976, 205: Hinzuziehen eines Rechtsanwalts zum Einstellungsgespräch bejaht, Bremen NJW 1976, 770 verneint; dazu Plagemann NJW 1977, 564.
27 Koblenz DVBl. 1987, 1027 zum BImSchG; BVerwG NJW 1999, 1729 für Beteiligung einer Behörde im Planfeststellungsverfahren; a.A. Kassel DVBl. 2000, 210.
28 München DVBl. 1988, 1179 zum AtomG.
29 Vgl. z.B. das Recht der Naturschutzverbände, nach § 29 Abs. 1 BNatSchG gehört zu werden, vgl. BVerwGE 87, 62; E 88, 332; Kassel NVwZ 1988, 1040; Münster NVwZ-RR 1993, 15; dazu auch Sodan/Schmidt-De Caluwe Rn. 82; sowie § 42 Rn. 25 und die Beispiele in § 43 Rn. 5.
30 Bejahend Hill NVwZ 1985, 449; Oberrath/Halm VBlBW 1997, 241; für Einklagbarkeit der Beschleunigungsgebote Hufen, Fehler im Verwaltungsverfahren, 2. Aufl., 1991, Rn. 635; Jäde UPR 1996, 361; Ziekow DVBl. 1998, 1101.
31 BVerfG NJW 1991, 415.

möglichkeit gegen die Sachentscheidung nicht mehr zeitgerecht wäre[32]. In aller Regel wird daher § 44a der Gewährung von Rechtsschutz zur Durchsetzung des Beschleunigungsgebotes nicht entgegenstehen[33].

3b Schwer wiegend für denjenigen, der **Akteneinsicht** (vgl. § 42 Rn. 121, 123) begehrt, um zu entscheiden, ob er einen Rechtsbehelf gegen einen VA einlegt, kann insbesondere der Ausschluss eines Rechtsbehelfs gegen die Versagung der Einsichtnahme sein (§ 29 VwVfG)[34]. Gerade bei der Akteneinsicht kann die mit der Vorschrift bezweckte Verfahrensökonomie in ihr Gegenteil verkehrt werden, wenn die eigentliche Sachdiskussion erst nach Einsichtnahme im gerichtlichen Verfahren erfolgen kann. Das grundgesetzliche Verständnis der Stellung des Bürgers im Staat, dem das Gespräch zwischen Verwaltung und Bürger vor der Entscheidung entspricht[35] und der Grundsatz der Effektivität des Rechtsschutzes[36] gebieten, worauf Pagenkopf[37] zu Recht hinweist, eine restriktive Interpretation des § 44a[38]. Die Rechtsprechung des BVerfG zum Grundsatz des rechtlichen Gehörs[39] kann zwar nicht unmittelbar auf das Verwaltungsverfahren übertragen werden; doch kann aus der Mülheim-Kärlich-Entscheidung des BVerfG[40] gefolgert werden, dass § 44a dort nicht Platz greifen kann, wo die Verletzung von Verfahrensbestimmungen gerügt wird, die grundrechtliche Positionen beinhalten[41]. Wo die Verfahrensrechte von einem materiellen Anspruch auf Einsichtnahme überlagert werden, findet § 44a keine Anwendung[42]. § 44a ist nicht anwendbar, wenn Bewerber um ein öffentliches Amt nach Abschluss des Stellenbesetzungsverfahrens den Anspruch auf Akteneinsicht als Hauptsache geltend macht[43].

4 Der Rechtsbehelf gegen die fehlerhafte Verfahrenshandlung kann nach dem Wortlaut des Satzes 1 **nur gleichzeitig mit dem Rechtsbehelf gegen die Sachentscheidung** geltend gemacht werden. Diese Formulierung ist so zu verstehen, dass nicht ein besonderer Rechtsbehelf gegen die Verfahrenshandlung eingelegt werden muss, sondern dass der Verfahrensfehler im Verfahren über den Rechtsbehelf gegen die Sachentscheidung gerügt werden kann. Es gibt also für den »Rechtsbehelf« der in Satz 1 angesprochen ist, weder eine Rechtsbehelfsbelehrung noch einen Fristablauf.

---

32   BVerwG UPR 1997, 461.
33   Vgl. auch Sodan/Schmidt-De Caluwe Rn. 241 ff.
34   Vgl. BVerwG NJW 1979, 177; Münster NJW 1981, 70; VG Köln NJW 1978; 1397 m. abl. Anm. Plagemann NJW 1978, 2261; Steike NVwZ 2001, 868 für Akteneinsicht bei Prüfungsanfechtung als gesondert anfechtbar, weil dies prozessökonomisch und deshalb § 44a nicht entgegenstehend.
35   BVerfGE 45, 297.
36   BVerfG NJW 1978, 693.
37   NJW 1979, 2382.
38   Vgl. Schleswig NVwZ 1996, 408 zur Einsicht in Akten eines energiewirtschaftlichen Nichtbestandungsverfahrens.
39   Vgl. BVerfG NJW 1980, 2698.
40   NJW 1980, 759.
41   Vgl. BezG Schwerin DtZ 1992, 398; Schwerin NJ 1995, 499: Art. 19 Abs. 4 GG gebietet insoweit einschränkende Auslegung des § 44a; Redeker NJW 1980, 1597.
42   Vgl. BVerwGE 82, 45 für Akten eines psychatrischen Krankenhauses; NWVBl. 1990, 154 für Einsicht in Verwaltungsvorschrift; Kassel UPR 1989, 155 für Katasterakten; Münster NJW 1980, 722 für Recht des Beamten auf Einsichtnahme in die Personalakte.
43   BVerwG DVBl. 1984, 53; vgl. auch Münster DÖV 1980, 222.

Satz 2 lässt von dem Verbot der isolierten Anfechtung behördlicher Verfahrenshandlungen **zwei Ausnahmen zu**. Selbstständig anfechtbar sind behördliche Verfahrenshandlungen, **5**
- **die vollstreckt werden können.** Unter Vollstreckung ist hier jede zwangsweise Durchsetzung zu verstehen[44]. Dabei ist von einem **weiten Vollstreckungsbegriff** auszugehen, also nicht nur die in den VwVG erfassten Tatbestände, sondern alle Fälle, in denen vom Betroffenen ein Handeln, Dulden oder Unterlassen verlangt und von der Behörde gegen den Willen des Betroffenen durchgesetzt werden kann[45]. In diesem Fall liegt regelmäßig eine Beschwer vor, die unabhängig von der Sachentscheidung ist und durch diese meist nicht mehr beseitigt werden kann. Auch nach Erledigung der Verfahrenshandlung ist eine Fortsetzungsfeststellungsklage zulässig, sofern trotz Erledigung eine Wiederholungsgefahr besteht oder von der Maßnahme eine nachwirkende Diskriminierung ausgeht oder eine erhebliche Beeinträchtigung fortwirkenden Klärungsbedarf auslöst[46].
- **die gegen einen Nichtbeteiligten ergehen.** Der Begriff des Beteiligten ist hier der des § 13 VwVfG, schließt also Antragsteller, Antragsgegner, Adressaten eines VA, Kontrahenten eines öffentlich-rechtlichen Vertrags und diejenigen ein, die von der Behörde zum Verfahren hinzugezogen werden, weil ihre rechtlichen Interessen durch dessen Ausgang berührt werden können. Der offensichtlich zu Unrecht nach § 13 Abs. 2 S. 1 VwVfG Hinzugezogene behält von Rechts wegen die Stellung eines Nichtbeteiligten und kann deshalb nach Satz 2 die Aufhebung der Hinzuziehung verlangen; der Zulässigkeit dieses Rechtsbehelfs steht Satz 1 nicht entgegen[47]. Als Nichtbeteiligte kommen daher vor allem Zeugen, Sachverständige, auch Bevollmächtigte oder Vertreter sowie Personen in Betracht, die die Behörde anhört, ohne dass sie Beteiligte sind (§ 13 Abs. 3 VwVfG). Die von einem Dritten beantragte Beiziehung zum Verwaltungsverfahren, um Beteiligter nach § 13 Abs. 2 VwVfG oder angehört nach § 13 Abs. 3 VerVfG zu werden, kann nicht gesondert angefochten werden, da die Anfechtung des erlassenen VA die Rüge der nicht erfolgten Beiziehung mit einschließt[48].

Die **Vorschrift gilt** grundsätzlich **auch für** das **Widerspruchsverfahren.** Während des laufenden Widerspruchsverfahrens können daher Verfahrensfehler dieses Verfahrens nicht isoliert angefochten werden. Ist jedoch ein Widerspruchsbescheid ergangen, eröffnet § 79 Abs. 2 S. 2, der insoweit lex specialis gegenüber § 44a ist, die Möglichkeit, den Widerspruchsbescheid nur wegen eines Verfahrensfehlers anzugreifen[49]. **6**

§ 45 [Zuständigkeit des VG]

Das Verwaltungsgericht entscheidet im ersten Rechtszug über alle Streitigkeiten, für die der Verwaltungsrechtsweg offen steht.

---

44 Vgl. BVerwG DVBl. 1993, 51.
45 Schoch/Stelkens Rn. 26.
46 BVerwGE 115, 373.
47 BVerwG Buchh. 316 § 13 VwVfG Nr. 2.
48 Stelkens/Stelkens § 97 Rn. 22; a.A. VG Berlin DVBl. 1984, 1186.
49 Vgl. § 79 Rn. 9, 10; Stelkens/Stelkens § 97 Rn. 23.

1 Das VG ist **sachlich zuständig** zur Entscheidung im **ersten Rechtszug,** soweit der Verwaltungsrechtsweg (§ 40) offen steht oder Aufgaben nach § 187 (Disziplinar-, Schieds- und Berufsgerichtsbarkeit, Personalvertretungssachen der Länder) bzw. § 190 Abs. 1 Nr. 5 mit § 80 ArbGG (Beschlussverfahren in Personalvertretungssachen des Bundes) übertragen sind. Die Prüfung der Zuständigkeit als Prozessvoraussetzung hat der Prüfung der Zulässigkeit des Rechtsweges vorauszugehen. Das VG prüft seine Zuständigkeit daher, wenn nicht ganz offensichtlich der Verwaltungsrechtsweg nicht eröffnet ist, unter hypothetischer Annahme der Voraussetzungen des § 40. Soweit das VG in erster Instanz entscheidet, ist es auch Vollstreckungsgericht (§ 167 Abs. 1 S. 2).
Zur erstinstanzlichen Zuständigkeit des OVG vgl. § 48 Rn. 2, des BVerwG die Rn. 1, 2 ff. zu § 50; diese Ausnahmen von der grundsätzlichen erstinstanzlichen Zuständigkeit des VG sind eng auszulegen und keiner analogen Anwendung zugänglich[1]. Die nach dem **VerkehrswegeplanungsbeschleunigungsG** vorgeschriebene erstinstanzliche Zuständigkeit des BVerwG **gilt nicht** beim Streit um **nachträgliche Schutzauflagen** nach Unanfechtbarkeit des Planfeststellungsbeschlusses nach § 75 Abs. 2 Satz 2–4 VwVfG[2]. Zur örtlichen Zuständigkeit vgl. § 52.

2 Die **sachliche Zuständigkeit des VG ist ausschließlich.** Sie kann durch Vereinbarung weder beseitigt noch begründet werden[3]. Fehlt die sachliche Zuständigkeit, verweist das VG an das zuständige Gericht (§ 83 mit § 17a GVG).

§ 46   [Zuständigkeit des OVG]

Das Oberverwaltungsgericht entscheidet über das Rechtsmittel
1. der Berufung gegen Urteile des Verwaltungsgerichts,
2. der Beschwerde gegen andere Entscheidungen des Verwaltungsgerichts.

1 Das OVG ist grundsätzlich **Rechtsmittelgericht,** und zwar 2. Tatsachen-Instanz. Es entscheidet über die Berufung gegen Urteile des VG (§ 124), es ist Beschwerdegericht (§ 146), auch im Beschlussverfahren bei Personalvertretungssachen des Bundes nach § 190 Abs. 1 Nr. 5 mit §§ 87 ff. ArbGG. Es entscheidet über den Antrag auf Zulassung der Berufung (§ 124a Abs. 5) und der Beschwerde (§ 146 Abs. 6). Als **Verfahrensentscheidung** obliegt dem OVG die Bestimmung des zuständigen Gerichts nach § 53 Abs. 1, sowie die Entscheidung über die Ablehnung eines Richters des VG im Falle des § 54 Abs. 1 mit § 45 Abs. 1 ZPO (Beschlussunfähigkeit bei Ablehnung).

2 Über die **Ausschließlichkeit der Zuständigkeit,** Prorogation, Verweisung und prozessuale Folgen des Fehlens der Zuständigkeit vgl. § 45 Rn. 2. Zur Bezeichnung des OVG als »Verwaltungsgerichtshof« (VGH) vgl. § 184. Zur erstinstanzlichen Zuständigkeit vgl. § 48.

---

1   BVerwG NJW 1977, 1789; Mannheim DVBl. 1986, 1282.
2   BVerwG Buchh. 407.3 § 5 VerkPBG Nr. 11.
3   Vgl. BVerwGE 54, 29 für staatsvertragliche Regelung; Schoch/Bier Rn. 4; ebenso Sodan/Ziekow Rn. 10 ff., der dies aber nicht aus der VwGO, sondern über § 173 aus § 40 Abs. 2 ZPO herleitet; ausdrücklich geregelt in § 59 SGG, kritisch dazu Meyer-Ladewig, SGG § 59 Anm. 1.

§ 47 [Normenkontrolle]

(1) Das Oberverwaltungsgericht entscheidet im Rahmen seiner Gerichtsbarkeit auf Antrag über die Gültigkeit

1. **von Satzungen, die nach den Vorschriften des Baugesetzbuchs erlassen worden sind, sowie von Rechtsverordnungen auf Grund des § 246 Abs. 2 des Baugesetzbuchs,**
2. **von anderen im Range unter dem Landesgesetz stehenden Rechtsvorschriften, sofern das Landesrecht dies bestimmt.**

(2) Den Antrag kann jede natürliche oder juristische Person, die geltend macht, durch die Rechtsvorschrift oder deren Anwendung in ihren Rechten verletzt zu sein oder in absehbarer Zeit verletzt zu werden, sowie jede Behörde innerhalb von zwei Jahren nach Bekanntmachung der Rechtsvorschrift stellen. Er ist gegen die Körperschaft, Anstalt oder Stiftung zu richten, welche die Rechtsvorschrift erlassen hat. Das Oberverwaltungsgericht kann dem Land und anderen juristischen Personen des öffentlichen Rechts, deren Zuständigkeit durch die Rechtsvorschrift berührt wird, Gelegenheit zur Äußerung binnen einer zu bestimmenden Frist geben. § 65 Abs.1 und 4 und § 66 sind entsprechend anzuwenden.

(3) Das Oberverwaltungsgericht prüft die Vereinbarkeit der Rechtsvorschrift mit Landesrecht nicht, soweit gesetzlich vorgesehen ist, dass die Rechtsvorschrift ausschließlich durch das Verfassungsgericht eines Landes nachprüfbar ist.

(4) Ist ein Verfahren zur Überprüfung der Gültigkeit der Rechtsvorschrift bei einem Verfassungsgericht anhängig, so kann das Oberverwaltungsgericht anordnen, dass die Verhandlung bis zur Erledigung des Verfahrens vor dem Verfassungsgericht auszusetzen sei.

(5) Das Oberverwaltungsgericht entscheidet durch Urteil oder, wenn es eine mündliche Verhandlung nicht für erforderlich hält, durch Beschluss. Kommt das Oberverwaltungsgericht zu der Überzeugung, dass die Rechtsvorschrift ungültig ist, so erklärt es sie für unwirksam; in diesem Fall ist die Entscheidung allgemein verbindlich und die Entscheidungsformel vom Antragsgegner ebenso zu veröffentlichen wie die Rechtsvorschrift bekannt zu machen wäre. Für die Wirkung der Entscheidung gilt § 183 entsprechend.

(6) Das Gericht kann auf Antrag eine einstweilige Anordnung erlassen, wenn dies zur Abwehr schwerer Nachteile oder aus anderen wichtigen Gründen dringend geboten ist.

Übersicht

A. Allgemein

1   Die **abstrakte Normenkontrolle** richtet sich **materiell** auf die Feststellung, ob der Normgeber den ihm durch andere Normen gezogenen Rahmen seiner Befugnisse überschritten hat und **formell** auf die Beseitigung eines Übergriffes im Wege des Richterspruches[1]. Im Normenkontrollverfahren wird über die Gültigkeit einer Rechtsnorm nicht nur für den Einzelfall, sondern mit allgemeiner Verbindlichkeit entschieden (**objektives Rechtsbeanstandungsverfahren**), gleichzeitig ist das Verfahren aber auch, soweit es auf Antrag eines betroffenen Bürgers durchgeführt wird, **Rechtsschutzverfahren** für den Einzelnen[2]. Das BVerfG hat dem Normenkontrollverfahren im erweiterten Sinne Rechtswegqualität zugesprochen[3]. Die Durchführung des Normenkontrollverfahrens ist als Voraussetzung nach § 90 BVerfGG für eine Verfassungsbeschwerde anzusehen[4].

2   Das **Normenkontrollverfahren** ist nach Abs. 1 Ziff. 1 **bundesweit für Satzungen, die nach den Vorschriften des Baugesetzbuches** erlassen werden, eröffnet; das Gleiche gilt für **Rechtsverordnungen der Stadtstaaten** (§ 246 Abs. 2 BauGB), die an Stelle von Satzungen ergehen[5]. Darüber hinaus können die Länder sie **für weitere landesrechtliche Rechtsvorschriften, die im Range unter dem Landesgesetz stehen,** durch Gesetz einführen[6]. Von dieser

---

1   Vgl. dazu Bergmann VerwA 51, 36; Herzog BayVBl. 1961, 368; König DVBl. 1963, 81; Papier, Menger-Festschrift, 1985, S. 517 ff.; Stern, Festschrift für Hans Schäfer, 1975, S. 59 ff.

2   BVerwGE 82, 225; DVBl. 1992, 37; ZfBR 1992, 185.

3   BVerfGE 11, 232; 70, 35.

4   Vgl. Schoch/Gerhardt Rn. 13; Schenk/Meyer-Ladewig DVBl. 1976, 207; BVerwGE 31, 364 insoweit überholt; vgl. BVerfG DVBl. 1985, 1126.

5   Vgl. BVerfGE 70, 35: selbst, wenn Bebauungsplan in Form eines Gesetzes ergeht.

6   Abs.1 Ziff. 2; zur verfassungsrechtlichen Zulässigkeit dieser Ermächtigung vgl. Mannheim ESVGH 17, 118.

Möglichkeit haben Baden-Württemberg (§ 4 AG), Brandenburg (§ 4 Abs. 1 AG), Bremen (Art. 7 AG), Hessen (§ 15 AG), Mecklenburg-Vorpommern (§ 13 GerOrgG), Niedersachsen (§ 7 AG), das Saarland (§ 18 AG), Sachsen (§ 24 JustG), Sachsen-Anhalt (§ 10 AG), Schleswig-Holstein (§ 5 AG) und Thüringen (§ 4 AG) uneingeschränkt, sowie Rheinland-Pfalz (§ 4 AG) mit der Einschränkung[7] Gebrauch gemacht, dass Rechtsverordnungen, die Handlungen eines Verfassungsorgans im Sinne des Art. 130 Abs. 1 der Landesverfassung sind, der Normenkontrolle nicht unterliegen[8] Bayern hat bei ansonsten uneingeschränkter Normenkontrolle bei Antragstellung von Behörden und grundsätzlicher Bedeutung der Rechtssache Satzungen nach Art. 91 Abs. 1 und 2 BayBauO für normenkontrollfähig erklärt (Art. 5 AG). Berlin, Hamburg und Nordrhein-Westfalen haben von der Ermächtigung keinen Gebrauch gemacht. Die in § 47 enthaltenen Verfahrensvorschriften sind unmittelbar geltendes Recht[9]. Die **Ermächtigung für die Länder** erstreckt sich **nur** darauf, für weitere landesrechtliche Rechtsvorschriften die **Normenkontrolle zu eröffnen**. Die in Art. 5 Abs. 2 Nr. 1 BayAG und Art. 7 BremAG enthaltenen Verfahrensregelungen widersprechen dem § 47 und sind daher unwirksam[10].

Das **Normenkontrollverfahren** kann für weitere landesrechtliche Rechts- **3** vorschriften dort, wo ein Land von der Ermächtigung nach Absatz 1 Ziff. 2 keinen Gebrauch macht, auch **nicht unter Berufung auf Art. 19 Abs. 4 GG** durchgeführt werden[11], ebenso wenig lässt sich aus Art. 19 Abs. 4 GG eine Verpflichtung zur Einführung des Normenkontrollverfahrens herleiten[12]. Eine Normenkontrolle kann auch nicht mit einer Feststellungsklage nach § 43, deren Gegenstand die Gültigkeit einer Norm ist, erreicht werden[13]. Zur Frage einer an § 47 ausgerichteten prinzipalen verwaltungsgerichtlichen Normenkontrolle von Vollzugsnormen vgl. Bartelsperger DVBl. 1967, 369.

B. Zuständigkeit des OVG

I. Verwaltungsrechtsweg

Die **Zuständigkeit des OVG zur Normenkontrolle** besteht nur insoweit **4** und kann durch den Landesgesetzgeber auch nur insoweit begründet wer-

---

7   Zur Zulässigkeit einer nur teilweisen Ausschöpfung der Ermächtigung vgl. BVerwG Buchh. 310 § 47 VwGO Nr. 48; vgl. dazu auch v. Oertzen, Redeker-Festschrift S. 349.
8   Zum Anwendungsbereich VerfGH Rheinland-Pfalz DÖV 2002, 165; vgl. Stüer DVBl. 1985, 473.
9   Vgl. Bautzen NVwZ-RR 1995, 514: Landesgesetzgeber kann im Normenkontrollverfahren nicht die Verbandsklage einführen; für den alten Rechtszustand Kassel NJW 1967, 266.
10   Schoch/Gerhardt Rn. 22 hält Art. 5 Abs. 2 Nr. 1 BayAG für verfassungswidrig.
11   BVerfGE 24, 49 und 401; E 31, 364; BVerwGE 3, 265; 7, 32; DÖV 1965, 169; Schoch/Gerhardt Rn. 11; Maunz/Schmidt-Aßmann, GG Art. 19 Abs. 4 Rn. 15 ff.; Renck DÖV 1964, 7; a.A. Blümel DVBl. 1972, 124; Obermayer DVBl. 1965, 625; Umbach DVBl. 1971, 741.
12   BVerfGE 31, 364; Kopp/Schenke Rn. 8.
13   BVerwG DÖV 1965, 169; DÖV 1974, 426; vgl. § 43 Rn. 6, 9.

den, als die Zulässigkeit des Verwaltungsrechtsweges nach § 40 reicht, d.h. als sich aus der Materie, deren Überprüfung beantragt wird, Rechtsstreitigkeiten ergeben können, für die der Verwaltungsrechtsweg eröffnet ist[14]. Präjudizierende Entscheidungen der OVG in Rechtsgebieten, die den anderen, mit der Verwaltungsgerichtsbarkeit gleichberechtigten Gerichtszweigen zugewiesen sind, sind damit ausgeschlossen[15]; für Entscheidungen in Rechtsgebieten aller Rechtswege ist allein das Verfassungsgericht berufen. Auch bei erstinstanzlicher Zuständigkeit des BVerwG für Verwaltungsentscheidungen verbleibt die Zuständigkeit für die Normenkontrolle beim OVG[16]. Das BVerwG ist nur dann auch für die Normenkontrolle zuständig, wenn dies ausdrücklich in einer Norm bestimmt ist (vgl. § 50 Rn. 11). Durch die Zuständigkeit des OVG im Normenkontrollverfahren wird die Befugnis der Gerichte anderer Gerichtszweige, Normen inzident auf ihre Vereinbarkeit mit höherrangigem Recht zu prüfen, nicht berührt[17]; andererseits schließt jedoch die Möglichkeit der **Inzidentprüfung** durch andere Gerichte auch die Zuständigkeit der OVG zur Normenkontrolle nicht aus[18]. Zur Zuständigkeit des **BVerwG** als **Normenkontrollgericht** vgl. § 50 Rn. 11.

II. Verhältnis zur Verfassungsgerichtsbarkeit

5   Nach Absatz 3 prüft das OVG die Vereinbarkeit der Vorschrift mit Landesrecht nicht, soweit gesetzlich, d.h. durch Landesgesetz, vorgesehen ist, dass die Rechtsvorschrift **ausschließlich** durch das Verfassungsgericht eines Landes nachprüfbar ist. Dadurch soll eine vom Landesrecht gewollte Konzentration der Verwerfungskompetenz nicht bundesrechtlich ausgehöhlt werden[19]. Verfassungsgerichte, in Gestalt von Staats- oder Verfassungsgerichtshöfen, bestehen, mit Ausnahme von Schleswig-Holstein, in allen Bundesländern. Für Schleswig-Holstein begründet die Verfassung des Landes die Zuständigkeit des Bundesverfassungsgerichts für Verfassungstreitigkeiten des Landes.

6   Der **Vorbehalt des Absatzes 3** für die Verfassungsgerichtsbarkeit des Landes bezieht sich auf alle der Normenkontrolle nach § 47 unterworfenen Rechtsvorschriften[20]. Aus dem Prüfungsmaßstab des Oberverwaltungsge-

---

14   Vgl. BVerwGE 99, 88 für Rechtsvorschriften rein ordnungswidrigkeitsechtlichen Inhalts, st. Rspr.; ebenso Mannheim VBlBW 1996, 178; München BayVBl. 1979, 176 für Bußgeldvorschriften in Satzung; weiter Kassel NJW 1977, 452 bejahend für Kindergartenordnung; NJW 1977, 1895 verneinend für ZuständigkeitsVO nach § 23c GVG; München BayVBl. 1979, 272 verneinend für Geschäftsverteilungsplan eines Strafgerichts; Mannheim NJW 1984, 507 verneinend für Bußgeldvorschriften einer Polizeiverordnung; Mannheim NJW 1989, 3298 verneinend für Anordnung über Mitteilung in Strafsachen und Richtlinien für das Straf- und Bußgeldverfahren; für Sperrbezirksverordnungen vgl. bejahend Kassel NJW 1984, 505; Mannheim ESVGH 28, 241; München VGH n.F. 25, 103; GewA 1981, 350; Sodan/Ziekow Rn. 58; verneinend Mannheim NJW 1968, 2076.
15   Mannheim NJW 1968, 2076.
16   BVerwGE 97, 45 zu § 5 Verkehrswegeplanungs-BeschleunigungsG.
17   München BayVBl. 1978, 574; Schoch/Gerhardt Rn. 8 f.; Eyermann/J. Schmidt Rn. 7.
18   Lüneburg DVBl. 1980, 369 für Bebauungsplan.
19   Wolff BayVBl. 2003, 321; enger Kopp/Schenke Rn. 100, der zusätzlich ein Monopol der Verfassungsmäßigkeitsprüfung beim LVerfG verlangt.
20   Kopp/Schenke Rn. 95; a.A. bis zur 12. Aufl.

richts entfällt das Landesverfassungsrecht nicht; die Vorbehaltsklausel hindert nicht[21] (vgl. u. Rn. 19).

Entsprechend der unterschiedlich geregelten Prüfungskompetenz der Verfassungsgerichte in den Ländern[22] wird der Vorbehalt der verfassungsgerichtlichen Kontrolle von Lüneburg[23] und München[24] als **Zulässigkeitsvoraussetzung der Normenkontrolle** nach § 47 bezeichnet, während Kassel[25] darin nur eine Beschränkung des Prüfungsmaßstabes sieht, indem dem VGH insoweit die Prüfungskompetenz fehlt. Als unzulässig kann der Normenkontrollantrag wegen des Vorbehaltes der Verfassungsgerichtsbarkeit aber nur dann angesehen werden, wenn aus keinem anderen Grunde Bedenken gegen die Wirksamkeit der angegriffenen Norm bestehen[26].   **7**

Die Neufassung des § 47 Abs. 3 im Jahr 1976 hatte den Zweck, die frühere Streitfrage nach abstrakter oder konkreter Betrachtungsweise zu entscheiden. Dies ist mit dem Wortlaut der Neufassung gelungen, die die Alleinzuständigkeit des Landesverfassungsgerichts als Abgrenzungskriterium postuliert. Ob der Antragssteller die landesverfassungsgerichtliche Prüfung selbst veranlassen kann oder nicht, ist unerheblich[27].   **8**

III. Vorlage an BVerfG und EuGH

Hält das OVG eine Norm, die es als Prüfungsmaßstab anwenden will, für verfassungswidrig, muss es, da die Frage der Verfassungsmäßigkeit dieser Norm Vorfrage für seine Entscheidung über die – sonstige – Rechtsgültigkeit der zu prüfenden Vorschrift ist, nach Art. 100 Abs. 1 GG dem BVerfG bzw. nach einer entsprechenden Vorschrift der Landesverfassung, dem Verfassungsgericht des Landes vorlegen[28]. Das Gleiche gilt, wenn eine Verpflichtung zur Vorlage an den EuGH in Frage steht[29] (zum Europarecht als Prüfungsmaßstab vgl. Rn. 20).   **9**

C. Gegenstand des Verfahrens

Gegenstand eines Normenkontrollverfahrens können nach Abs. 1 Nr. 1 **Satzungen** sein, die nach den **Vorschriften des BauGB** erlassen worden sind. Dabei handelt es sich um Bebauungspläne einschließlich vorhabenbezogener Bebauungspläne und Satzungen zur Aufhebung von   **10**

21   Unklar Bader/v. Albedyll Rn. 95; a.A. Kopp/Schenke Rn. 101 ff.
22   Vgl. die Übersicht bei Sodan/Ziekow Rn. 273 ff.
23   DVBl. 1966, 760.
24   BayVBl. 1962, 57; VGH n.F. 23, 145; zur Rechtsprechung des BayVerfGH vgl. Rn. 19.
25   NJW 1969, 173; NJW 1973, 1765.
26   Kopp/Schenke Rn. 102.
27   Schoch/Gerhardt Rn. 10; Kopp/Schenke Rn. 103; a.A. bis zur 12. Aufl.
28   Vgl. § 1 Rn. 7 ff.; Kopp/Schenke Rn. 106; auch Kassel DÖV 1959, 101; a.A. Bremen DVBl. 1960, 809, das Vorlage zur Überprüfung der Verfassungsmäßigkeit im Verfahren nach § 47 ausschließt; vgl. auch Bremen DÖV 1961, 264 m. Anm. Bergmann; Mannheim ESVGH 11, 32.
29   BVerwG NVwZ 1997, 178 sowie § 1 Rn. 17 ff.

Bebauungsplänen[30], Veränderungssperren, Fremdenverkehrsgebietssatzungen, Satzungen zur Begründung des besonderen Vorkaufsrechts, Innenbereichssatzungen, Entwicklungsbereichssatzungen, Erhaltungssatzungen und Satzungen der Planungsverbände nach § 205 BauGB. Ebenso sind Rechtsverordnungen auf Grund des § 246 Abs. 2 normenkontrollfähig. Die Aufnahme von auf Landesrecht beruhenden Regelungen in diese Verordnungen ist unschädlich[31].

10a Im Normenkontrollverfahren kann, soweit das Landesrecht dies bestimmt, über die Gültigkeit einer **landesrechtlichen Verordnung** oder einer anderen im **Range unter dem Landesgesetz stehenden Rechtsvorschrift** entschieden werden. Ob es sich um eine Rechtsvorschrift handelt, ergibt sich zunächst aus der äußeren Form. Was im Gewand einer Norm daherkommt, z.B. nach Bezeichnung, Gliederung oder Veröffentlichungsform, ist eine Rechtsvorschrift im Range unter dem Landesgesetz[32]. Auf den materiellen Gehalt der Regelung kommt es nicht an. Dies gilt zweifellos, wenn die Regelung in der Form einer Rechtsvorschrift gesetzlich vorgegeben ist[33]. Umgekehrt ist eine Bestimmung, die förmlich als VA erlassen wurde, nicht normenkontrollfähig, auch wenn es sich nicht um eine Einzelfallregelung oder eine Allgemeinverfügung handelt[34]. Lässt sich aus der äußeren Form kein Rückschluss auf die Art des Rechtsschutzes ziehen, kommt es auf den materiellen Gehalt der Regelung an. Handelt es sich um eine abstrakt-generelle Regelung mit Wirkung auf den Rechtskreis Dritter, liegt in der Regel eine Rechtsvorschrift im Sinn des § 47 Abs. 1 Nr. 2 vor[35] (vgl. im Einzelnen Rn. 12 ff.).

10b Jede in Kraft befindliche Vorschrift kann Gegenstand des Verfahrens sein, es kommt nicht auf den Zeitpunkt ihres Erlasses an[36], der also auch vor In-Kraft-Treten der Neufassung des § 47, der AG VwGO, der VGG und der Länderverfassungen liegen kann[37]. Bereits aufgehobene Vorschriften können nur dann noch im Normenkontrollverfahren überprüft werden, wenn sie noch Rechtswirkungen äußern können, etwa, weil in der Vergangenheit liegende Sachverhalte noch nach ihnen entschieden werden müssen[38]. Das Gleiche gilt, wenn die Norm, deren Überprüfung beantragt ist, vor der Entscheidung des OVG aufgehoben wird, außer Kraft getreten ist oder sich durch Zeitablauf erledigt hat[39]; der Antragsteller kann dann die Feststellung verlangen, dass die Norm ungültig war; das BVerwG[40] leitet dieses Ergebnis unmittelbar aus Abs. 2 S. 1 her, ohne dass es einer analo-

---

30 Münster Urt. v. 4.11.2002 – 7a D 141/00.NE.
31 BVerwG DVBl. 1992, 36; Münster NVwZ 1984, 595.
32 BVerfGE 75, 109; München NVwZ-RR 2001, 757.
33 München NVwZ-RR 1995, 114.
34 Greifswald NVwZ-RR 2000, 780, das eine Ausnahme macht, wenn eine andere Rechtsform als der erlassene VA gesetzlich vorgeschrieben ist; zweifelhaft.
35 München ZfSH/SGB 2003, 742.
36 Vgl. BVerfGE 1, 396.
37 Vgl. Stuttgart ESVGH 3,37; Bergmann VerwA 51, 50.
38 Vgl. BVerwGE 56, 172 Wirkung verneinend bei Vollstreckung aus bestandskräftigem VA, der auf Grund später aufgehobener Norm erging; München NVwZ-RR 2001, 188; Mannheim ESVGH 18, 23; Mannheim NVwZ 1999, 565; Eyermann/J. Schmidt Rn. 15; a.A. Stuttgart ESVGH 3, 37; VRspr. 9, 899; Kassel DÖV 1949, 437.
39 BVerwG NVwZ-RR 2002, 152; vgl. Koblenz VerwA 1995, 493 für Wiederholungsgefahr.
40 E 68, 12 zur Veränderungssperre; DVBl. 2002, 1127.

gen Anwendung des § 113 Abs. 1 S. 4, wenn diese überhaupt im Normenkontrollverfahren in Betracht kommt, bedarf[41]. Kann die aufgehobene Norm keine Rechtswirkungen mehr äußern, muss der Antragsteller die Hauptsache für erledigt erklären, da sonst sein Antrag als unzulässig abgewiesen wird; bei Vorliegen der Voraussetzungen für einen Fortsetzungsfeststellungsantrag kommt auch dieser in Betracht[42]. Der Entwurf einer Vorschrift oder die noch nicht erlassene Vorschrift kann nicht Gegenstand des Verfahrens sein[43], auch nicht mit dem Ziel des Unterlassens der Normsetzung[44]. Ein B-Plan ist auch dann noch nicht tauglicher Gegenstand eines Normenkontrollverfahrens, wenn er Planreife i.S.d. § 33 BauGB erreicht hat[45]. Normenkontrolltauglich ist eine Vorschrift, die erlassen, aber noch nicht in Kraft getreten ist[46].

Der **Erlass** einer **Norm** kann mit der Klage, auch in analoger Anwendung **10c** des § 47, nicht begehrt werden[47]. § 47 schließt eine Klage nicht aus, mit der ein Anspruch auf Erlass oder Änderung einer untergesetzlichen Rechtsvorschrift geltend gemacht wird; statthafte Klageart ist die Feststellungsklage[48]. Das Begehren, den Normgeber zu einer Ergänzung der Norm zu verpflichten, soll nach München[49] zulässig sein, um zu verhindern, dass der Antragsteller die gesamte Norm mit der ungewollten Folge der Nichtigkeitserklärung angreifen muss[50].

I. Ausschluss der Überprüfung

Die OVG dürfen im Verfahren nach § 47 nicht auf ihre Gültigkeit überprü **11** fen

a) **bundesrechtliche Vorschriften** (vgl. dazu § 137 Rn. 5 ff.), gleichgültig, ob es sich um Gesetze, Verordnungen oder im Range darunter stehende Bestimmungen handelt, auch partielles Bundesrecht, wenn es nur für das Gebiet eines Landes gilt, und bundesrechtliches Gewohnheitsrecht; ergehen auf Grund bundesgesetzlicher Ermächtigung Rechtsvorschriften der Länder oder Satzungen der Gemeinden, handelt es sich dagegen, wie im Falle des Absatzes 1 Ziff. 1, um Landesrecht[51];

b) **formelle Landesgesetze** sowie Gewohnheitsrecht des Landes, das diesen im Range gleichsteht[52]. Eine Überprüfung kann hier nur durch die Verfassungsgerichte vorgenommen werden. Das BVerwG hat die ausnahmslose

---

41 Ausführlich v. Komorowski SächsVBl. 2003, 33; ders. UPR 2003, 175.
42 A.A. BVerwG DVBl. 2002, 1127; wie hier Schoch/Gerhardt Rn. 110.
43 BVerwG BauR 1992, 743; Kassel BauR 1982, 135; Mannheim ESVGH 12, 152; a.A. Schleswig NVwZ 1994, 916; vgl. Erichsen/Scherzberg DVBl. 1987, 168; Kopp/Schenke § 47 Rn. 12.
44 München BayVBl. 1978, 438: Rechtsschutz nach § 123.
45 München BayVBl 1999, 760; BVerwG NVwZ-RR 2002, 256; a.A. Jäde BayVBl. 2003, 449.
46 Mannheim NJW 1976, 1706; Stuer DVBl. 1985, 473.
47 Kassel DVBl. 1992, 779; München BayVBl. 1981, 449; Mannheim UPR 2003, 453; Eyermann/J. Schmidt Rn. 17; Sodan/Ziekow Rn. 65, der in Rn. 66 auf die Zulässigkeit eines Normenkontrollantrags zur Normergänzung hinweist.
48 BVerwG DÖV 2003, 123; a.A. München BayVBl. 2003, 433: allgemeine Leistungsklage.
49 BayVBl. 2003, 433.
50 A.A. Eyermann/J. Schmidt Rn. 20.
51 BVerfGE 18, 407; vgl. § 137 Rn. 7.
52 Vgl. Bergmann VerwA 51, 45.

Geltung dieses Grundsatzes gelockert. Enthält ein formelles Landesgesetz die Änderung von in einer Rechtsverordnung gesetztem Recht und lässt zugleich hinsichtlich dieser Änderung die Rückkehr zum einheitlichen Verordnungsrang zu, soll es sich bei dieser die Rechtsverordnung ändernden Norm um eine solchen minderen Ranges handeln, die normenkontrollfähig ist[53]. Aus dem jeweiligen Landesrecht kann sich aber ergeben, dass die Änderungsnorm den vollen Rang eines formellen Gesetzes hat und damit der verwaltungsgerichtlichen Normenkontrolle entzogen ist.

c) **gesetzesvertretende Verordnungen,** die den formellen Gesetzen gleichzustellen sind[54];

d) **landesrechtliche Rechtsvorschriften,** die im Rang unter dem formalen Landesgesetz stehen, soweit für sie das Normenkontrollverfahren nicht zugelassen ist (vgl. Rn. 2).

II. Zulässigkeit der Überprüfung

12 1. **Positivliste.** Der Normenkontrolle unterliegen nach Abs. 1 Nr. 1 die in Rn. 10 aufgeführten Satzungen und Rechtsverordnungen nach dem BauGB. Der Überprüfung im nach Abs. 1 Nr. 2 eröffneten Normenkontrollverfahren unterliegen

a) **Rechtsverordnungen** einschließlich der **Polizeiverordnungen**[55], sowie **generell-abstrakte Regelungen,** die, ohne Gesetz zu sein, von einer zur Normsetzung befugten Stelle ausgehen, sich an die Allgemeinheit wenden und für jedermann gelten[56]. Keine Rechtsverordnungen sind Verwaltungsverordnungen, die sich nur auf den inneren Betrieb der Verwaltung beziehen[57];

13 b) **Durchführungs-** oder **Ausführungsverordnungen** (Anordnungen), soweit sie Rechtsvorschriften für die Allgemeinheit enthalten[58], auch wenn sie vom Land auf Grund einer bundesgesetzlichen Ermächtigung erlassen worden sind[59];

c) **Organisationsverordnungen,** soweit sie nicht nur den inneren Geschäftsbereich regeln, sondern auch die Rechtssphäre des Einzelnen berühren[60];

d) **rechtsetzende Vereinbarungen,** sofern sie kraft gesetzlicher Ermächtigung auch Dritte binden, etwa im Wegerecht[61];

---

53 BVerwG NJW 2003, 2039.
54 Vgl. BVerfGE 2, 307.
55 Vgl. Stuttgart VRspr. 9, 749; Mannheim ESVGH 11, 32 zu Verkehrsbeschränkungen nach § 4 StVO; Mannheim ESVGH 18, 13 zum Schutz öfftl. Kinderspielplätze vor Hunden; Mannheim ESVGH 28, 241 zum Verbot der Prostitution, nicht jedoch eine darin enthaltene Bußgeld-Bestimmung, BVerwG NVwZ 1996, 63; München BayVBl. 1978, 701 zur Ausführung des RettungsdienstG.
56 BVerwGE 94, 335; Bremen NVwZ 1992, 665; Mannheim NVwZ 1991, 92 für Regelsätze in der Sozialhilfe; vgl. BVerwGE 72, 119 zur Revisibilität von Beihilfevorschriften; aber auch BayVerfGH NVwZ 1994,995.
57 Vgl. BayVerfGH VGH n.F. 13, F II 32.
58 Vgl. Koehler S. 341.
59 Vgl. BayVerfGH VGH n.F. 13, F II 176; Eyermann/J. Schmidt Rn. 14.
60 Vgl. Forsthoff S. 432 ff.; auch München BayVBl. 1956, 121; VRspr. 12, 632; aber auch § 42 Rn. 43.
61 Vgl. Eyermann/J. Schmidt Rn. 29.

e) **Anstaltsordnungen,** soweit sie allgemeinverbindliche Rechtsvorschriften enthalten[62];

f) **autonome Satzungen,** d.h. Rechtsvorschriften, die eine juristische Person **14** des öffentlichen Rechts in ihrem Namen erlässt und öffentlich bekannt macht[63]. Hierunter fallen die Gemeindesatzungen über die Erhebung von Anliegerbeiträgen, Kanal- und Wasserbenutzungsgebühren[64]; auch die Satzung eines Wasser- und Bodenverbandes[65]; von Zweckverbänden oder Jagdgenossenschaften; selbst die Satzung einer Kirchengemeinde, nach der Benutzungsgebühren für einen allgemein zugänglichen Kindergarten erhoben werden[66]; auch Prüfungsordnungen für Handwerkskammern[67]; die Grundordnung einer Universität[68]; die Geschäftsordnung des Gemeinderates ist nur Richtlinie für den internen Dienstbetrieb in Form eines Gemeinderatsbeschlusses[69]; nicht hierzu zählt ein Beschluss der Gemeinde über die Aufhebung einer Satzung, wenn er nicht wieder in Form einer Satzung ergangen ist[70];

g) **abgeleitetes Gewohnheitsrecht,** das sich kraft gesetzlicher Ermächtigung **15** gebildet hat, wie die örtliche Observanz[71];

h) **generelle Regelungen im besonderen Pflichtenverhältnis;** es handelt sich dabei um Rechtsvorschriften mit beschränktem Wirkungsbereich, die alle Personen betreffen, die dem besonderen Pflichtenverhältnis unterliegen[72]. In Frage kommt vor allem das Beamtenverhältnis, aber auch für Schulordnungen sollte das Gleiche gelten, soweit sie generelle Regelungen enthalten[73].

2. **Negativliste:** Soweit allgemeine **Regelungen nicht unter die Fälle a) bis** **16** **h) gerechnet** werden können, ist eine **Normenkontrolle unzulässig,** es kommt, soweit der Rechtsweg eröffnet ist, nur eine Überprüfung des Verwaltungshandelns in Betracht, das sich nach diesen Regelungen richtet. Das gilt insbesondere für **Allgemeine Verwaltungsvorschriften**[74], auch dann, wenn sie über eine Selbstbindung der Verwaltung (vgl. § 42

---

62 Vgl. Mannheim NuR 1999, 329 mit Überlegungen zu Abgrenzung zum privatrechtlichen Benutzungsverhältnis.

63 Vgl. München VRspr. 14, 321; Eyermann/J. Schmidt Rn. 29; zur Befugnis, Recht durch Satzungen zu setzen vgl. BVerwGE 6, 247 für Gemeinde, dazu auch Schmidt-Jortzig DVBl. 1990, 920; BVerwGE 32, 308 für Hochschule; Münster GewA 1990, 52 für Industrie- und Handelskammer; auch Kassel NJW 1994, 812 zur Ausfertigung von Kammersatzungen.

64 Vgl. Mannheim ESVGH 17, 118; 17, 123; Kassel NJW 1970, 1619; zur Rechtsprechung des VGH Mannheim vgl. Zuck DVBl. 1974, 213.

65 BVerwGE 7, 30.

66 Lüneburg NVwZ 1987, 708.

67 München VGH n.F. 16, 31.

68 Mannheim NJW 1969, 2253.

69 Gönnewein, Gemeinderecht, 1963, 283; offen lassend Mannheim ESVGH 18, 16.

70 Kassel NJW 1987, 1661; a.A. Lüneburg NVwZ 1995, 911.

71 Schoch/Gerhardt Rn. 27; a.A. Kopp/Schenke Rn. 16.

72 Vgl. Münster OVGE 8, 136; Bachof, Festschrift für Laforet, 1952, S. 285 ff., 316 ff.; DÖV 1953, 417; AöR 78, 94; Bergmann VerwA 51, 47; Werner DVBl. 1952, 342 differenzierend, ob Rechtspositionen begründet werden oder nicht; Sodan/Ziekow Rn. 119; Schoch/Gerhardt Rn. 30.

73 Vgl. Rehmert DÖV 1958, 444.

74 BVerwGE 75, 109; Kassel DVBl. 1992, 779, auch Analogie ablehnend; Mannheim ESVGH 18, 23 zum Schulentwicklungsplan.

Rn. 149) mittelbar Außenwirkung haben[75]; für Ministerialerlasse[76] oder für Geschäftsverteilungspläne der Gerichte[77]; im Hinblick auf die Außenwirkung, die die Gerichte Verwaltungsvorschriften als untergesetzliche Normen zusprechen[78] erscheint diese Abgrenzung zunehmend unbefriedigend[79]. Im besonderen Pflichtenverhältnis scheiden organisatorische und innerdienstliche Anordnungen aus, die sich nicht an die Pflichtunterworfenen als Adressat richten[80].

17 3. **Pläne:** Auch für das Normenkontrollverfahren gilt, dass **Pläne** ihm **nur insoweit** unterworfen sein können, **als** die ihnen im Einzelfall zugewiesene **Rechtsnormqualität die in § 47 geforderten Voraussetzungen** für die Überprüfung **erfüllt**[81]. Eine eigene Rechtsnormqualität, die sie als solche zum Gegenstand der Normenkontrolle werden ließe, haben Pläne nicht[82]; es bedarf im Einzelfall für die Zulässigkeit des Antrages nach § 47 der Feststellung, dass der Plan entweder in der Form einer im Range unter dem Landesgesetz stehenden Rechtsvorschrift erlassen worden ist oder seinem Inhalt nach einer Rechtsnorm gleichsteht[83]. Das wird in der Rechtsprechung angenommen, wenn in den Plänen generelle und abstrakte Regelungen mit Bindungswirkung für das Handeln der Gemeinde festgelegt wurden. Bejaht worden ist die Rechtsnormqualität u.A. für Teile des Raumordnungsprogramms[84], für einzelne Ziele der Raumordnung und Landesplanung[85], für landesplanerische Zielsetzungen im Regionalplan[86] und den Abfallentsorgungsplan[87]. Rechtsnormqualität hat Kassel einem Regionalplan mit der Überlegung abgesprochen, der Umstand, dass eine konkrete raumordnerische Zielsetzung Einfluss auf zahlreiche planerische Entscheidungen einer Mehrzahl von Planungsträgern nimmt, beruhe maßgeblich auf der Dinglichkeit der Maßnahme[88]. Darstellungen im Flächennutzungsplan sind nicht normenkontrollfähig.

III. Prüfungsmaßstab und Umfang

18 1. **Bundesrecht.** Aus der Möglichkeit der Revision gegen Entscheidungen des OVG im Normenkontrollverfahren (§ 132 Abs. 1) ergibt sich, dass Bundesrecht uneingeschränkt als Prüfungsmaßstab in Betracht kommt,

---

75 Dazu Breuer DVBl. 1978, 28; kritisch Weyreuther DVBl. 1976, 856.
76 Vgl. aber Ossenbühl DVBl. 1969, 526; von Dannwitz VerwA 84, 73.
77 Lüneburg NJW 1984, 627; krit. dazu Renk NJW 1984, 2928; für Unterstellung unter § 47 Schoch/Gerhardt Rn. 29; vgl. auch § 40 Rn. 54, § 138 Rn. 3.
78 Vgl. BVerwGE 58, 45 zu Ermessensrichtlinien; BVerwGE 55, 250 zur TA-Luft; BVerwGE 72, 300 zur Allgemeinen Berechnungsgrundlage; Lüneburg NVwZ 1985, 357 zur norminterpretierenden VV.
79 Vgl. auch Beckmann DVBl. 1987, 611.
80 Zur Abgrenzung vgl. Obermayer, Verwaltungsakt und innerdienstlicher Rechtsakt S. 56, 84, 105; Maunz/Schmidt-Aßmann Art. 19 Abs. 4 Rn. 217. Insgesamt vgl. Ossenbühl, Verwaltungsvorschriften und Grundgesetz S. 553 ff.
81 Vgl. Rn. 10b; § 42 Rn. 44; auch BVerfGE 31, 364.
82 Vgl. dazu Blümel DVBl. 1973, 436; Hoppe, Menger-Festschrift, 1985, S. 756; Schramm DVBl. 1974, 647; Wegener VerwA 65, 31; Sodan/Ziekow Rn. 113.
83 Vgl. BVerfGE 76, 107; Heitsch NuR 2004, 20, 24; Kment DÖV 2003, 349.
84 Lüneburg ZfBR 1986, 287; dazu Beckmann DVBl. 1987, 611.
85 München BayVBl. 1982, 726; dazu Blümel VerwA 74, 157.
86 München BayVBl. 1984, 240; dazu Weidemann DVBl. 1984, 767.
87 München BayVBl. 1986, 754; dazu Weidemann NVwZ 1988, 977.
88 ZfBR 2003, 68 (LS).

und zwar auch die Grundrechtsnormen, da sich der Vorbehalt für das Verfassungsrecht in Absatz 3 nur noch auf Landesverfassungsrecht bezieht. Die Möglichkeit einer Verfassungsbeschwerde an das BVerfG steht daher dem Verfahren nach § 47 nicht entgegen.

2. Landesverfassungsrecht. Das OVG kann, wie sich aus Absatz 3 ergibt, **19** eine Norm wegen eines **Verstoßes gegen eine Landesverfassung** nur dann für ungültig erklären, wenn diese Feststellung nicht der ausschließlichen Entscheidungskompetenz eines Verfassungsgerichts unterliegt. Das ist in einigen Ländern auch für Rechtsvorschriften, die im Range unter dem Landesgesetz stehen, der Fall. In **Bayern** fallen nach der Rechtsprechung des BayVerfGH zu Art. 53 Abs. 1 VfGHG, Art. 98 BayVerf unter den Begriff des Gesetzes und damit unter seine Entscheidungskompetenz nicht nur die förmlichen Gesetze[89], sondern alle Rechtsnormen, sodass sich das Verfahren nach § 47 nicht auf die Feststellung der Ungültigkeit wegen Verletzung eines Grundrechts der Bayerischen Verfassung beziehen kann[90].

3. Europarecht. Inwieweit Europarecht, d.h. das Recht der EU, Prüfungs- **20** maßstab im Normenkontrollverfahren nach § 47 sein kann, ist umstritten[91]. Mannheim[92] bejaht dies für primäres Gemeinschaftsrecht (vgl. § 1 Rn. 13), ebenso BVerwG[93]. Rinzel[94] spricht sich dagegen aus, vor allem mit der Begründung, dass ein Verstoß gegen Gemeinschaftsrecht nicht zur Nichtigkeit der Norm, sondern nur zu ihrer Unanwendbarkeit führen könne (vgl. § 1 Rn. 16). Wird das Europarecht als Prüfungsmaßstab herangezogen, ist bei einem Verstoß der untergesetzlichen Norm dagegen – dies setzt voraus, dass die untergesetzliche Norm einen gemeinschaftsrechtlichen Bezug hat – die Unanwendbarkeit dieser Norm auszusprechen. Prüfungsmaßstab sollte Europarecht aber jedenfalls im Hinblick auf die Ermächtigungsnorm zum Erlass der im Normenkontrollverfahren angegriffenen Norm sein. Denn wenn die Ermächtigungsnorm gegen Europarecht verstößt und damit unanwendbar ist, wäre die angegriffene Rechtsnorm ohne Rechtsgrundlage erlassen. Zur Vorlage an den EuGH vgl. Rn. 9.

4. Umfang. Die **Überprüfung erstreckt sich auf die Rechtsgültigkeit** der **21** Vorschrift (Abs. 5), nicht auf die Zweckmäßigkeit oder die Notwendigkeit ihres Erlasses[95]. Rechtsungültig ist eine Norm, wenn sie im Hinblick auf die als Prüfungsmaßstab geltenden Normen **überhaupt nicht**[96], **nicht in der vorliegenden Form**[97] (zum Abwägungsgebot vgl. auch § 42

---

89 So aber StGH BW ESVGH 27, 185 zu Art. 76 VerfBW.
90 BayVerfGH NJW 1984, 2454; krit. Wolff BayVBl. 2003, 321.
91 Zum Streitstand Pielow Die Verwaltung 32 (1999), 474 f.; Dünchheim, Verwaltungsprozessrecht unter europäischem Einfluss, 2003, S. 85 ff.
92 VBlBW 1992, 233 und VBlBW 1994, 361.
93 NVwZ-RR 1995, 359 sowie Sommer NVwZ 1996, 135 m.w.N.; vgl. auch BVerwG BayVBl. 1996, 473.
94 NVwZ 1996, 458; ebenso Eyermann/J. Schmidt Rn. 38.
95 Stuttgart VRspr. 9, 899.
96 Vgl. München NVwZ 1996, 483 zur Bay. Biergärten-NutzungszeitVO.
97 Vgl. für Bebauungsplan BVerwGE 55, 369 zur fehlerhaften Bekanntmachung; Berlin NJW 1980, 1121 zum Begründungsgebot, um dem Bürger Hinweise für Anlass der Planung, zu Auswirkungen des Vorhabens und zur Abwägung zu geben; Greifswald LKV 1995, 156 für übergeleitete Rechtsnormen der DDR.

Rn. 139 f.), **nicht in dem geübten Verfahren**[98] oder **nicht mit dem gegebenen Inhalt** erlassen werden durfte[99]; ist sie auf eine unzutreffende Ermächtigungsnorm gestützt, kann das OVG nur dann prüfen, ob sie durch eine andere Ermächtigung getragen wird, wenn es nicht zur formellen Ausgestaltung der Norm gehört, dass sie die Ermächtigungsgrundlage angibt. Ein Bebauungsplan kann auch wegen Funktionslosigkeit Gegenstand einer Normenkontrolle sein[100]. Zum Inhalt der Entscheidung vgl. Rn. 42.

22   Der **Umfang** der Normenkontrolle richtet sich grundsätzlich **nach dem gestellten Antrag**[101]. Es kann damit sowohl eine einzelne Vorschrift wie die gesamte Rechtsvorschrift auf ihre Gültigkeit überprüft werden. Welche Fassung einer Satzung i.S.d. Abs. 1 S. 1 Gegenstand der Normenkontrolle ist, richtet sich ebenfalls nach dem Rechtsschutzziel des Antragstellers[102]. Über den Antrag kann das Gericht bei der Prüfung nur hinausgehen, wenn sich dieser auf Teile einer Regelung beschränkt, mit denen andere Teile der Vorschrift in so engem und nicht trennbarem Zusammenhang stehen, dass sie von der Ungültigkeit der beanstandeten Norm mit erfasst würden[103]. Das BVerwG[104] hat jedoch nach Prüfung auf zulässigen Antrag aus der Funktion des Normenkontrollverfahrens als eines (auch) objektiven Prüfungsverfahrens gefolgert, dass die Entscheidung auch über den Antrag hinausgehen kann[105]. Rechtlich selbstständige Satzungen, z.B. frühere Änderungssatzungen können auch dann nicht ohne Antrag vom Gericht zum Gegenstand der Normenkontrolle gemacht werden, wenn sie inhaltlich eng mit der angefochtenen Norm zusammenhängen[106].

22a   Aus der Funktion der Normenkontrolle als objektiver Rechtskontrolle[107] folgt eine umfasende Prüfungspflicht des Gerichts bezogen auf die angefochtene Rechtsvorschrift. Eine Beschränkung der Prüfung auf die Verletzung des Antragstellers in subjektiven Rechten entfällt bei der Normenkontrolle. Eine § 113 Abs. 1 entsprechende Regelung fehlt in § 47. Das Gericht muss aber nicht jeden möglichen Fehler der Rechtsvorschrift untersuchen und seine Entscheidung darauf stützen, wenn es einen Fehler als ausreichend für seine Entscheidung ansieht und deswegen die Rechtsvorschrift für nichtig erklärt[108]. Das Gericht ist aber auch nicht auf die Überprüfung der vom Antragsteller geltend gemachten Mängel beschränkt[109]. Ergibt sich aus dem Vorbringen des Antragstellers kein Grund, die Rechtsvorschrift für nichtig zu erklären, muss das Gericht von sich aus eine **umfassende Überprüfung der Norm** vornehmen. Die Prüfungsdichte ist dabei – von gesetzlichen Beschränkungen abgesehen – nach allgemeinen Grundsätzen soweit unbeschränkt, als nicht der Normgeber über einen gericht-

---

98   Vgl. BVerwG NJW 1980, 1763 zur unterbliebenen Beteiligung der Spitzenorganisationen der zuständigen Gewerkschaften nach § 110 HessBG.
99   Vgl. auch Bergmann VerwA 51, 39.
100   BVerwG NVwZ 1999, 986; dazu Pabst ZfBR 1999, 244; Mannheim VBlBW 1999, 423.
101   BVerwG NVwZ 1997, 896.
102   BVerwG NVwZ 1997, 896.
103   BVerwG NVwZ 1992, 567; BVerwGE 107, 123.
104   E 82, 225; DVBl. 1992, 37; ihm folgend Bautzen NuR 1999, 344, jeweils zur Teilnichtigkeit eines Bebauungsplans.
105   Vgl. auch BVerwGE 88, 268, zur Teilnichtigkeit bei weiter gestelltem Antrag.
106   BVerwG NVwZ 2000, 815.
107   BVerwGE 82, 225.
108   BVerwG NVwZ 2002, 83.
109   BVerwG NVwZ 2001, 431.

lich nicht nachprüfbaren Beurteilungsspielraum oder ein normgeberisches Ermessen verfügt. Zu Recht mahnt das BVerwG bei der Ausübung der objektiven Rechtskontrolle Fingerspitzengefühl an und verweist auf das Rechtsschutzziel des Antragstellers[110]. Hier bietet das Rechtsgespräch in der mündlichen Verhandlung dem Rechtsfrieden dienliche Möglichkeiten. Das Gericht darf die Überprüfung nicht bereits beenden, wenn es Gründe für eine Unwirksamkeitserklärung erkennt und die Frage der Nichtigkeit offen lassen, wenn Nichtigkeitsgründe entweder vom Antragsteller substantiiert dargelegt werden oder sich dem Gericht aufdrängen[111].

D. Verfahren

I. Rechtsschutzbedürfnis

1. Allgemeines Rechtsschutzbedürfnis. Das Normenkontrollverfahren erfordert wie jedes verwaltungsgerichtliche Verfahren ein Rechtsschutzbedürfnis[112]. Das **allgemeine Rechtsschutzbedürfnis** muss vorliegen, gleichgültig, wer den Antrag auf Normenkontrolle stellt, also auch bei einer Behörde[113]. Das Rechtsschutzinteresse kann vorliegen, wenn dem Antragsteller aus der begehrten Entscheidung aus tatsächlichen Gründen ein Vorteil erwachsen kann[114].   **23**

Das Rechtsschutzinteresse entfällt nicht durch Zeitablauf, wenn zu erwarten ist, dass eine Rechtsvorschrift mit gleichem Inhalt erneut oder wiederholt erlassen werden wird[115]. Für einen **erneuten Antrag** nach Bestätigung der Norm im ersten Verfahren kann ein Rechtsschutzbedürfnis bestehen, wenn sich inzwischen die für die Rechtsüberzeugung des Gerichts bestimmenden Umstände oder die Rechtsauffassung allgemein gewandelt haben[116]. Das Rechtsschutzbedürfnis entfällt nicht dadurch, dass ein anderer Rechtsstreit anhängig ist, in dem die Überprüfung der Norm inzidenter erfolgen muss[117]; auch dann nicht, wenn durch rechtskräftiges Urteil zuvor die Gültigkeit der Norm inzident bejaht worden ist[118]. Andererseits kann, wenn ein Normenkontrollverfahren anhängig ist, das für ein Klageverfahren vorgreiflich ist, das VG entsprechend § 94 aussetzen[119].   **23a**

2. Kein Rechtsschutzbedürfnis. Das **Rechtsschutzbedürfnis fehlt,** wenn der angegriffene Bebauungsplan vollständig verwirklicht oder die angegriffe-   **24**

---

110 NVwZ 2002, 1123 m. Anm. Sendler DVBl. 2002, 1412; krit. Aussprung NordÖR 2002, 500.
111 Jung BauR 2002, 1638; offen gelassen von BVerwG BauR 2002, 284.
112 Vgl. Bader/v. Albedyll Rn. 34.
113 Vgl. Bremen DVBl. 1980, 369; München BayVBl. 1979, 719; Mannheim NJW 1977, 1469; Kopp/Schenke Rn. 94 fordern ein »objektives Kontrollinteresse«.
114 BVerwG NVwZ 2002, 1126.
115 Bremen NordÖR 1999, 33.
116 München VGH n.F. 11, 94; vgl. auch BVerwG NVwZ-RR 1994, 236 zum erneuten Antrag nach rechtskräftiger Ablehnung des Antrags.
117 Mannheim ESVGH 11, 128; München BayVBl. 1972, 444; vgl. BVerwGE 108, 182.
118 BVerwG NVwZ 1992, 662.
119 Mannheim VBlBW 1993, 10.

nen Teile des Bebauungsplanes durch unangreifbare VAe vollzogen worden sind und die Erklärung der Nichtigkeit der Norm die Rechtsposition des Antragstellers in keiner Weise verbessern könnte[120]. Es soll fehlen, wenn der Antragsteller sich nicht gegen eine Bebauung wehrt, sondern allein den Bebauungsplan mit einer Normenkontrolle angreift[121]. Es fehlt, wenn eine Behörde die von ihr selbst erlassene Vorschrift im Normenkontrollverfahren überprüfen lassen will, da sie, falls sie Zweifel an der Gültigkeit der Vorschrift hat, diese selbst prüfen und beheben kann[122]. Das Rechtsschutzbedürfnis für die Nichtigerklärung einer Satzungsvorschrift fehlt, wenn diese nur eine unmittelbar geltende gesetzliche Vorschrift wortgleich wiederholt[123]. Es fehlt, wenn eine von dem Antragsteller bereits ausgenutzte Regelung angegriffen wird[124]. Weiterhin fehlt es, wenn der Antragsteller nur durch Teile der angegriffenen Rechtsvorschrift betroffen ist, für die abtrennbaren Teile der Rechtsvorschrift, die den Antragsteller nicht betreffen[125]. Kein Rechtsschutzbedürfnis besteht, wenn die Antragstellung eine unzulässige Rechtsausübung darstellt[126], insbesondere Eigentum erworben wurde, um damit die formalen Voraussetzungen für eine Prozessführung zu schaffen[127]. Ob es nach der Einführung der Antragsfrist von zwei Jahren noch Fälle geben kann, in denen die Antragsbefugnis verwirkt ist, erscheint zweifelhaft[128].

II. Antragstellung und Berechtigung

25 **1. Antrag.** Voraussetzung für die Durchführung des Normenkontrollverfahrens ist ein Antrag[129]. Der **Antrag auf Normenkontrolle ist schriftlich einzureichen** (§ 81 Abs. 1 S. 1). Er unterliegt dem **Anwaltserfordernis** (§ 67 Abs. 1). Es ist unzulässig, ein Verfahren von Amts wegen einzuleiten[130]. Das OVG kann auch nicht ohne Antrag andere Rechtsvorschriften als die ausdrücklich angegriffenen unter dem Aspekt des Sachzusammenhangs zum Streitgegenstand machen[131]. Die Umdeutung einer Klageschrift in einen Normenkontrollantrag ist seit der Einführung des Anwaltserfordernisses nach § 67 Abs. 1 ausgeschlossen[132]. Eine Verweisung analog § 83 ist zulässig[133].

---

120 BVerwG NVwZ 2000, 194; E 78, 85 zur Unanfechtbarkeit des VA wegen Verwirkung der Anfechtungsbefugnis; auch BVerwG DVBl. 1989, 660; Kassel BauR 1980, 536 für plangemäß genehmigtes und ausgeführtes Bauvorhaben; Lüneburg BauR 1980, 539 für Standortvorbescheid; ZfBR 1986, 152 für Baugenehmigung; vgl. für Polizeiverordnung, die Verbot ausspricht, Mannheim NVwZ 2000, 457.
121 München Urt. v. 16.1.2002 – 1 N 00.2685, zit. bei Jäde BayVBl. 2003. 99.
122 Stuttgart NJW 1948, 535; München DÖV 1951, 27; a.A. Renck NJW 1965, 1794.
123 Mannheim NJW 1987, 1350; BVerwG NVwZ 2002, 869.
124 BVerwG NVwZ 1992, 974.
125 BVerwGE 88, 268; Koblenz NVwZ-RR 2003, 591.
126 Mannheim VBlBW 1995, 433.
127 BVerwGE 112, 135, Sperrgrundstück.
128 A.A. Eyermann/J. Schmidt Rn. 75; Sodan/Ziekow Rn. 252 ff., die die Möglichkeit einer Verwirkung bejahen.
129 Zum **Verzicht** auf den Antrag Bautzen SächsVBl. 1994, 180.
130 Sodan/Ziekow Rn. 247.
131 BVerwG NVwZ 2000, 815; vgl. Weimar LKV 2003, 433 zur Neufassung einer Satzung während des anhängigen Normenkontrollverfahrens.
132 Vgl. Sodan/Ziekow Rn. 28; a.A. Bader/v. Albedyll Rn. 43; nach früherem Recht str.
133 Weimar BRAK-Mitt. 2003, 92; Eyermann/J. Schmidt Rn. 66.

2. **Befristung.** Mit der Änderung des Absatz 2 Satz 1 hat das **26** 6. VwGOÄndG eine **Befristung** für den Normenkontrollantrag eingeführt[134]. Der **Antrag kann nur innerhalb einer Frist von zwei Jahren nach Bekanntmachung der Rechtsvorschrift** gestellt werden. Auf die Fehlerfreiheit der Bekanntmachung kommt es nicht an[135]. Ob die Frist im Fall nachträglicher Rechtswidrigkeit der Norm auch bereits im Zeitpunkt der Bekanntgabe der Norm beginnt[136] oder erst im – oft unbestimmten – Zeitpunkt der Rechtswidrigkeit[137] ist mit Blick auf den verfassungsrechtlich subsidiären Charakter der Normenkontrolle im ersteren Sinn zu beantworten. Die Änderung einer Rechtsvorschrift führt nur im Umfang der Änderung zum Beginn einer neuen Frist; die unverändert gebliebenen Bestimmungen können nur innerhalb einer Frist von zwei Jahren nach ihrer Bekanntmachung angegriffen werden[138]. Etwas anderes gilt nur, wenn eine Rechtsvorschrift neu bekannt gemacht wird[139]. § 58 findet im Normenkontrollverfahren **keine Anwendung**[140], dessen Absatz 2 würde bei der Zweijahresfrist ohnehin leer laufen. Die Antragsfrist ist eine **Ausschlussfrist** (vgl. § 60 Rn. 1), die nach Frankfurt/Oder[141] bei Fristversäumung einer **Wiedereinsetzung** nicht zugänglich ist[142].

Unabhängig von der Befristung des Normenkontrollantrags in der VwGO **27** sind in einigen Fällen weitere Fristen zu beachten. Bei der Einlegung einer **Rechtsatzverfassungsbeschwerde** gegen eine untergesetzliche Rechtsnorm fordert das BVerfG unter dem Gesichtspunkt der Erschöpfung des Rechtsweges die Durchführung eines Normenkontrollverfahrens, wo dies statthaft ist; da die Verfassungsbeschwerde **fristgebunden** ist, muss hier das Normenkontrollverfahren, als Voraussetzung dieser Beschwerde, innerhalb der in § 93 Abs. 2 BVerfGG vorgesehenen **Jahresfrist** seit dem In-Kraft-Treten der Rechtsnorm eingeleitet werden[143]. Nach Ablauf dieser Frist bleibt zwar das Normenkontrollverfahren vor dem OVG weiterhin zulässig, die Verfassungsbeschwerde ist jedoch ausgeschlossen[144]. Soll der Antrag auf eine Verletzung von Verfahrens- und Formvorschriften bei der Aufstellung von Flächennutzungsplänen oder von Satzungen nach dem BauGB gestützt werden, sind die **in § 215 BauGB enthaltenen Ausschlussfristen** zur Geltendmachung gegenüber der erlassenden Gemeinde zu beachten. Die Befristung im Normenkontrollverfahren schließt eine inzidente Normenkontrolle (vgl. § 1 Rn. 11) im einzelnen Rechtsstreit auch nach Fristablauf nicht aus[145].

---

134 Kritisch dazu Schenke NJW 1997, 81; zur Verfassungsmäßigkeit vgl. Frankfurt/ Oder LKV 1996, 208; auch BVerwG LKV 1996, 336, offen lassend.
135 Sodan/Ziekow Rn. 251c.
136 Mannheim DVBl. 2003, 416.
137 So Kopp/Schenke Rn. 64.
138 Frankfurt/Oder LKV 2003, 89; München BayVBl. 2002, 531.
139 Greifswald Urt. v. 3.7.2002 – 4 K 4/01.
140 Münster NVwZ-RR 2001, 484.
141 LKV 1996, 208.
142 Schoch/Gerhardt Rn. 36; offen gelassen von Mannheim VBlBW 2000, 110.
143 BVerfGE 76, 107; vgl. Grabe NVwZ 1992, 972.
144 Vgl. BVerfG DVBl. 1993, 649; Kopp/Schenke Rn. 65; Gröpl NVwZ 1999, 967; Schoch/Gerhardt Rn. 37.
145 Vgl. Schenke NJW 1997, 81; a.A. Eyermann/J. Schmidt Rn. 74.

28 3. **Antragsberechtigung.** Antragsberechtigt ist

a) jede **natürliche oder juristische Person,** auch eine solche des öffentlichen Rechts[146], die selbst[147] geltend macht, **durch** die **Rechtsvorschrift oder deren Anwendung in ihren Rechten verletzt** zu sein **oder in absehbarer Zeit verletzt zu werden.** Durch das 6. VwGOÄndG ist die **Antragsberechtigung** der Fassung des § 42 Abs. 2 und damit den **Zulässigkeitsvoraussetzungen** der **Anfechtungsklage angeglichen** worden. Es ist also jetzt auch bei der Normenkontrolle erforderlich, dass der Antragsteller grundsätzlich die **Verletzung eines subjektiv-öffentlichen Rechts geltend macht.** Nach der dann auch hier anzuwendenden Schutznormlehre (vgl. dazu § 42 Rn. 102 mit Nachweisen) muss sich dieses Recht aus einer objektivrechtlichen Bestimmung des öffentlichen Rechts ergeben, die zumindest auch den Zweck hat, den Antragsteller zu begünstigen, und die es ihm ermöglichen soll, sich auf diese Begünstigung zu berufen. Dabei wird es bei dem gegen eine Norm gerichteten Antrag insbesondere auf die Parallele zur Anfechtungsklage des Dritten ankommen, der sich auf eine begünstigende Norm nur dann berufen kann, wenn sie nach ihrer durch, auch an der Verfassung und ihren Grundrechten orientierten Auslegung zu ermittelnden objektiven Bedeutung nicht nur den Interessen der Allgemeinheit, sondern auch den individuellen Interessen des Dritten, auch als Mitglied einer Gruppe mit gleichen Interessen, mit dem Ziel dienen soll, ihm die Möglichkeit der Berufung auf die Begünstigung zu verschaffen[148]. Dabei sind an die Geltendmachung der Rechtsverletzung keine höheren Anforderungen zu stellen als nach § 42 Abs. 2[149]. Dabei müssen bei Abs. 1 Nr. 1 die Heilungsvorschriften des § 214 BauGB beachtet werden, die die Antragsbefugnis im Einzelfall beseitigen können. Eine Rechtsverletzung ist über den unmittelbaren Eingriff in subjektive Rechte auch dann möglich, wenn sie sich der angegriffenen Norm tatsächlich und rechtlich zuordnen lässt, z.B. bei Normenkontrollantrag eines Arbeitnehmers gegen RVO, die längere Ladenöffnungszeiten erlaubt[150]; verneint für die Verbandssatzung eines Abwasserzweckverbandes[151]; verneint für Mieter gegen gebührenrechtliche Bestimmung in Gebührensatzung, wenn er nicht der Gebührenpflicht unterliegt[152]. Damit wird, trotz des Charakters der Normenkontrolle **auch** als objektives Rechtsbeanstandungsverfahren (vgl. Rn. 1), eine **Popularklage ausgeschlossen**[153].

29 Der Antrag ist auch zulässig, wenn der Antragsteller geltend macht, dass ihn die Rechtsvorschrift oder ihre Anwendung **erst in absehbarer Zeit verletzt.** Das ist der Fall, wenn die Rechtsverletzung mit hinreichender Gewissheit für so nahe Zukunft droht[154], dass ein vorsichtig und vernünftig

146 Vgl. BVerwG NVwZ 1991, 778 für Kirchengemeinde; Mannheim ESVGH 17, 177 für Diözesen; dazu Müller DÖV 1968, 627; München VGH n.F. 26, 177; 27, 78 für Gemeinde gegen Bestimmungen des Sitzes der Kreisverwaltung; BayVBl. 1976, 178 für Gemeinde gegen Maßnahmen der Gerichtsorganisation.
147 Vgl. Lüneburg OVGE 33, 353.
148 BVerwGE 92, 313.
149 BVerwG NVwZ 1998, 732; NuR 2003, 684; dazu § 42 Rn. 15 ff.; zu eng München BayVBl. 1997, 591.
150 BVerwGE 108, 182.
151 Weimar ThürVBl. 1999, 212.
152 Weimar DVBl. 2000, 650.
153 Vgl. BVerwGE 59, 87; Achterberg VerwA 72, 163.
154 Vgl. BVerwG DVBl. 1994, 217.

Handelnder sich schon jetzt zur Antragstellung entschließen darf[155]. Die Wahrscheinlichkeit des Eintritts der Rechtsverletzung wie die zeitliche Nähe ihres Eintritts müssen zur Überzeugung des Gerichts dargelegt werden[156].

Eine Rechtsverletzung ist auch dann eingetreten oder zu erwarten, wenn **29a** die geltend gemachte Beeinträchtigung subjektiver privater Interessen zwar endgültig erst durch einen **nachfolgenden eigenständigen Rechtsakt (VA)** eintritt, dieser jedoch in der angegriffenen Norm bereits als vom Normgeber geplante Folgemaßnahme angelegt ist[157]. Ein noch nachfolgender Bebauungsplan genügt nicht, um die Antragbefugnis für ein Normenkontrollverfahren mit dem Ziel der Nichtigkeitserklärung einer Landschaftsschutzverordnung zu begründen[158]. Diese Überlegungen sind auch bei Raumordnungsplänen anwendbar. Grundsätzlich kann, selbst wenn ein Raumordnungsplan Bindungswirkung gegenüber der Gemeinde hat, ein von ihm berührter Dritter daraus noch keine Antragsbefugnis herleiten. Unmittelbare Rechtswirkung gegenüber dem Bürger entfalten erst die auf Grund des Planes erlassenen VA. Auch von diesem Grundsatz ist die Rechtsprechung dann abgewichen, wenn in dem Plan bereits präzise räumlich so konkretisierte Festlegungen getroffen sind, dass sich bereits auf dieser Planstufe ein negatives Betroffensein in rechtlich geschützten Interessen für den Fall der Verwirklichung des Vorhabens absehen lässt[159].

Keine Rechtsverletzung liegt vor, wenn die Nichtigkeit eines Planes in solchen Teilen begehrt wird, die den Antragsteller nicht berühren[160], wenn **29b** eine Rechtsverletzung mit an Sicherheit grenzender Wahrscheinlichkeit ausgeschlossen werden kann[161] oder bei Geringfügigkeit der Belastung[162], wenn die Vorschrift dem Antragsteller nur Vorteile gewährt[163] oder nur gutachtliche Äußerungen des Gerichts verlangt werden[164].

Mit der **Änderung der Antragsbefugnis im 6. VwGOÄndG** hat der Gesetz- **30** geber ein Ausufern der Antragsbefugnis in Richtung auf die Popularklage Einhalt gebieten wollen. Der Begriff des »Nachteils«, den die Novelle abgelöst hat, reichte zwar ohnehin weiter, als die in § 42 Abs. 2 geforderte »Rechtsverletzung«[165]. Die **Rechtsprechung hatte** aber den **Begriff des Nachteils** zudem noch **weit ausgelegt**[166]. Insbesondere im Bauplanungsrecht waren die Entscheidungen des BVerwG auf vielfache Kritik gestoßen[167]. Das BVerwG hatte diese Rechtsprechung auch auf rechtssatzmäßig

155 Vgl. Kassel DVBl. 1977, 216; UPR 1988, 157; Lüneburg DVBl. 1980, 760.
156 Vgl. Sodan/Ziekow Rn. 150, 180.
157 BVerwG DVBl. 1992, 1437; Buchh. 310 § 47 VwGO Nr. 56; NVwZ-RR 2001, 199.
158 Mannheim NVwZ 2000, 770.
159 BVerwGE 81, 128; DVBl. 1991, 399, beide zum Abfallentsorgungsplan; dazu auch Ibler DVBl. 1989, 639; Weidemann NVwZ 1989, 1033.
160 BVerwGE 82, 225.
161 Mannheim NVwZ 1990, 982 zur Verletzung durch Golfbälle.
162 Mannheim RdL 1989, 83.
163 BVerwGE 59, 87.
164 Stuttgart ESVGH 1, 83.
165 Vgl. BVerwGE 59, 87; E 81, 307; E 82, 225; Groß DVBl. 1989, 1076; Ipsen Die Verwaltung 1987, 477.
166 Vgl. BVerwG NVwZ 1994, 683; Kassel NVwZ 1996, 481.
167 BVerwGE 59, 87 m. krit. Anm. Bettermann DVBl. 1980, 237; vgl. auch Müller DÖV 1980, 220; Ule DVBl. 1981, 644.

für verbindlich erklärte Abfallbeseitigungs- und Entsorgungspläne ausgedehnt[168]. Auch wenn das BVerwG[169] seine Grundsatzentscheidung in E 59, 87 dahin erläuternd eingeschränkt hatte, dass in ihr die äußersten Grenzen der Antragsbefugnis (d.h. des Nachteilsbegriffes) abgesteckt seien, blieb die Kritik an der Richtung dieser Rechtsprechung von Gewicht[170]. In der Tat führten die Entscheidungen, die sich auf die Berücksichtigung rechtlich geschützter Interessen bei der Abwägung im Bauplanungsrecht bezogen, zu einer sehr weiten Auslegung des Nachteilsbegriffes[171].

31 Die Rechtsprechung des BVerwG[172] hat auf die Änderung in § 47 Abs. 1 S. 2 »veränderungsnihilistisch«[173] reagiert. Daher kann die Rechtsprechung zum Nachteilsbegriff in weitem Umfang für die Auslegung des § 47 Abs. 2 in der Fassung des 6. VwGO-ÄndG herangezogen werden. **Sicher ist dies für die Entscheidungen, die einen Nachteil bejahten, weil die Voraussetzungen einer Anfechtungsklage[174]** oder einer **Feststellungsklage[175] vorlagen. Sicher ist es auch für die Entscheidungen, die einen Nachteil verneinten** (verneinend für wirtschaftliche und Wettbewerbssituation bei Ausweisung eines großflächigen Einzelhandelsbetriebes[176]; verneinend bei staatlich ermöglichtem stärkeren Wettbewerb[177]; bejahend bei Änderung der Rechte und Pflichten eines staatlich gebundenen Berufes[178]; verneinend für Inhaber einer vorhandenen Anlage bei Fortschreibung des Abfallbeseitigungsplanes[179]; verneinend für Erhöhung der baulichen Nutzung[180]; verneinend für Veränderung der allgemeinen Verkehrssituation[181]; Mannheim[182]; München[183] beide verneinend für Hersteller von Baumaterialien; verneinend bei Ertragseinbußen eines Einzel- oder Großhandelsunternehmens, ebenso für Rückgang des Beitragsaufkommens eines Einzelhandelsverbandes[184]; verneinend, wenn nur Wettbewerbsnachteile gerügt werden[185]). Ein anerkannter Naturschutzverband erleidet auch dann keinen Nachteil, wenn die Gemeinde einen mit einer naturschutzrechtlichen Schutzausweisung unvereinbaren Bauleitplan erlässt[186].

---

168 BVerwGE 81, 128.
169 DVBl. 1989, 359 m. Anm. Dürr.
170 Vgl. etwa Becker NJW 1980, 1036; Brohm NJW 1981, 1689; Redeker NJW 1980, 1598.
171 Vgl. BVerwG NVwZ 1995, 895 für abwägungserhebliche Belange (Aussicht) nach § 1 Abs. 6 BauGB, dazu Dürr NVwZ 1996, 105; BVerwG NJW 1992, 2844 für Verkehrslärm; NVwZ 1989, 553 für Mieter; Mannheim NVwZ 1994, 697 für Mieter; dazu auch Sarnighausen NVwZ 1994, 239.
172 Eine Übersicht auch über die Rechtsprechung der Obergerichte bietet Schenke VerwA 90 (1999), 301.
173 Schütz NVwZ 1999, 930.
174 Vgl. BVerwG DVBl. 1993, 444; vgl. auch BVerwG DVBl. 1993, 448 für Festschreiben gegenwärtiger Nutzung.
175 Vgl. Kassel NJW 1967, 267.
176 Vgl. BVerwG NVwZ 1990, 555; NVwZ 1997, 683.
177 Bautzen NJW 1999, 2539.
178 Kassel DÖV 1998, 343.
179 BVerwGE 81, 139.
180 Kassel NVwZ 1987, 514.
181 Lüneburg ZfBR 1986, 152.
182 ESVGH 27, 212.
183 BayVBl. 1979, 753; BayVBl. 1980, 537.
184 Münster OVGE 33, 78.
185 Münster NWVBl. 1995, 99; vgl. dazu Ziekow GewA 1990, 387.
186 BVerwG DVBl. 1996, 47; vgl. auch München BayVBl. 1996, 659 verneinend für Landesjagdverband gegen Nationalparkverordnung.

Für Bebauungspläne und insgesamt für Pläne hat das BVerwG an der Linie **31a** festgehalten, dass das **Abwägungsgebot** – für Bebauungspläne das des § 1 Abs. 6 BauGB – **drittschützende Wirkung** hat[187]; das gilt auch bei Satzungen über den Vorhaben- und Erschließungsplan nach § 7 Abs. 1 des bis 31.12.1997 gültigen BauGMaßnG[188]. Der Umfang des subjektiven Rechts wird durch die Überlegung eingegrenzt, dass nicht jeder Belang in die Abwägung einzustellen ist[189]. Auch unbeachtliche Mängel (§ 214 BauGB) genügen für die Antragsbefugnis[190]. Desweiteren sind aus der Praxis für das Bauplanungsrecht folgende Fallgestaltungen zu benennen: Die Mitgliedschaft in einer Wohnungsbaugenossenschaft vermittelt keine Antragsbefugnis gegen einen B-Plan[191]. Für die Gemeinde, die als juristische Person einen Normenkontrollantrag stellt, gilt der Grundsatz, dass sie erst dann antragsbefugt ist, wenn sie ihre Planungshoheit ausgeübt und eine hinreichend konkretisierte Planung vorliegen hat, auf die sich der angegriffene Plan auswirkt[192]. Eine verbindliche Bauleitplanung ist nicht erforderlich, wohl aber eine erkennbare und sich realisierende Planungsabsicht. Gegen die Planung überörtlicher Verwaltungsträger ist die Gemeinde antragsbefugt, wenn die Planung das Gemeindegebiet oder Teile davon nachhaltig betrifft und die Entwicklung der Gemeinde beeinflusst[193]. Die Antragsbefugnis setzt weiter voraus, dass die Beeinflussung von Gewicht ist[194]. Das **interkommunale Abstimmungsgebot** (§ 2 Abs. 2 BauGB) verleiht auch dann eine Antragsbefugnis, wenn die beteiligten Gemeinden nicht benachbart sind[195]. Ein Bauantragsteller, der nicht Eigentümer des Baugrundstücks ist, kann eine Veränderungssperre angreifen[196]. Der Eigentümer eines Grundstückes, das nach der Klarstellungssatzung im Außenbereich liegt, soll antragsbefugt sein[197]. Auch der Pächter einer landwirtschaftlichen Fläche kann antragsbefugt sein[198]. Die Antragsbefugnis fehlt auch dann nicht, wenn die angegriffene Satzung eine Lärmverringerung bewirken soll, der antragstellende Nachbar aber substantiiert die Qualität des der Satzung zu Grunde liegenden Gutachtens angreift[199]. Die Antragsbefugnis setzt voraus, das sich der angegriffene Plan auf das Eigentum (oder ein anderes geltend gemachtes Recht) unmittelbar auswirkt[200]. Die Belegenheit im Plangebiet ergibt für sich genommen noch keine Antragsbefugnis.

Aus der Rechtsprechung zur Antragsbefugnis in Normenkontrollverfahren **31b** nach Abs. 1 Nr. 2 sind die folgenden Fallgestaltungen zu erwähnen: Die gemeindlichen **Satzungen über** die **Nutzung** eines Bolzplatzes vermitteln

---

187 BVerwG NJW 1999, 592; dazu Schütz NVwZ 1999, 929; Muckel NVwZ 1999, 963; BVerwG NVwZ 2001, 431; vgl. für Ziele der Raumordnung Heitsch NuR 2004, 20, 25.
188 BVerwG NVwZ 1999, 987.
189 BVerwG LKV 1999, 364; ZfBR 2000, 193.
190 BVerwG BauR 2002, 1829.
191 Brandenburg VwRR MO 1999, 112.
192 BVerwGE 812, 307.
193 BVerwGE 97, 203; E 117, 25; UPR 1996, 443.
194 Zurückhaltend BVerwGE 114, 301.
195 München NVwZ 2000, 822; vgl. Kment DÖV 2003, 349 für Raumordnungspläne.
196 Mannheim NVwZ-RR 1998, 717 (LS); Kassel NuR 2003, 434; Münster BauR 2003, 1629.
197 Bautzen NVwZ-RR 2001, 426.
198 BVerwG NVwZ 2000, 806.
199 Mannheim DÖV 1998, 936.
200 BVerwG DVBl. 2000, 1881; DVBl. 2000, 800.

Nachbarn keine Antragsbefugnis[201]. Das Beteiligungsrecht eines anerkannten Naturschutzverbandes nach § 35 HesNatSchG verleiht eine Antragsbefugnis[202]. Die Verletzung des Mitwirkungsrechts nach § 29 Abs. 1 Nr. 1 BNatSchG, aus der Bautzen[203] eine Antragsberechtigung herleitet, kann nur dann dazu dienen, wenn daraus eine Nichtigkeit der Norm folgt[204]. Eine Gemeinde ist antragsbefugt, wenn sich der Normenkontrollantrag gegen eine naturschutzrechtliche Verordnung richtet, die ihr Gemeindegebiet erfasst[205]. Eine bergrechtliche Rechtsposition kann die Antragsbefugnis gegen eine Landschaftsschutzverordnung begründen[206]. Ein Bergbauunternehmen ist hinsichtlich solcher Festlegungen im Raumordnungsprogramm antragsbefugt, die Flächen betreffend, für die das Unternehmen bergrechtliche Rechtspositionen besitzt[207].

32 Wird der Antrag von einer **juristischen Person** gestellt, muss diese geltend machen, dass sie **selbst in ihren Rechten verletzt** ist oder in absehbarer Zeit sein wird (für Hochschule wegen Gefährdung ihrer Funktionsfähigkeit durch zu hohe Studentenzulassungszahlen[208]; für Einzelhandelsverband[209]; für Gemeinde wegen Gebietsreform[210]); es reicht nicht aus, wenn nur ihre Mitglieder Rechtsverletzungen geltend machen[211]. Nicht als schutzwürdig anerkannte Einzelinteressen kann ein Verein aber nicht dadurch für sich selbst schutzwürdig machen, dass er sie zum Vereinszweck erklärt[212].

33 b) **Jede Behörde.** Der Begriff der Behörde ist in gleicher Weise auszulegen wie bei der Definition des Verwaltungsaktes, d.h. es fallen hierunter alle mit Aufgaben der öffentlichen Verwaltung betrauten deutschen Stellen ohne Rücksicht auf ihre Rangstufe oder Besetzung (vgl. § 1 Abs. 4 VwVfG). Voraussetzung eines Normenkontrollantrages der Behörde ist, dass sie nach Landesrecht beteiligtenfähig ist[213]; fehlt eine entsprechende Regelung, kann nur die Körperschaft, der die Behörde angehört, den Normenkontrollantrag stellen.

34 Die **Antragsbefugnis** setzt voraus, dass die **Behörde** mit der Ausführung der Norm befasst ist[214], sie bei der Wahrnehmung ihrer Aufgaben zu beachten hat[215] oder dass diese bei ihrer amtlichen Tätigkeit auf sie Anwendung findet. Betroffensein bei öffentlichen Aufgaben, die mit öffentlichen

201 München NVwZ-RR 1999, 265.
202 Kassel NuR 1999, 398.
203 NVwZ-RR 1995, 514.
204 Kassel NuR 1999, 398.
205 BVerwGE 114, 301; vgl. Lüneburg NuR 2004, 52.
206 BVerwG NVwZ 2001, 1038.
207 Greifswald NVwZ-RR 2001, 565.
208 Vgl. Kassel ESVGH 27, 58.
209 Münster OVGE 33, 78.
210 München BayVBl. 1979, 146 und 623.
211 Mannheim NJW 1969, 2253; Stuttgart DVBl. 1952, 736; vgl. auch BVerwG MDR 1960, 338.
212 Lüneburg OVGE 26, 366 für Naturschutz; Mannheim NJW 1972, 1101 für Städtebau und Landschaftsschutz; vgl. dazu v. Mutius VerwA 64, 311; zur Verbandsklage Rn. 31 sowie § 42 Rn. 25 ff.
213 Kassel ZfBR 2000, 194.
214 So Bremen DVBl. 1980, 369; Mannheim NJW 1977, 1469; NVwZ 1999, 1249; München BayVBl. 1975, 114; Kassel ZfBR 2000, 194.
215 BVerwG DVBl. 1989, 66.

Mitteln wahrgenommen werden, ist ausreichend[216]. Zum Rechtsschutzbedürfnis vgl. Rn. 23. Die Antragsbefugnis für Behörden hebt die Weisungsgebundenheit im hierarchischen Behördenaufbau nicht auf; ein Antrag kann daher nicht entgegen einer Weisung der übergeordneten Behörde gestellt werden. Bei Behörden der Kommunalverwaltung muss unterschieden werden, ob sie nur von der Normausführung betroffen sind (auch dann ist die Gemeinde antragsbefugt[217]) oder ob sie eine Verletzung des Selbstverwaltungsrechts der Gemeinde geltend machen, und damit den Antrag als juristische Person stellen[218].

Eine räumliche Begrenzung auf die Behörden des Landes, in dem die Vorschrift erlassen ist, kennt das Normenkontrollverfahren nicht; es können daher auch die Behörden des Bundes oder anderer Länder den Antrag stellen, soweit sie die in Frage stehende Vorschrift ausführen oder durch ihre Ausführung betroffen werden.

III. Antragsgegner

Antragsgegner ist nach Absatz 2 S. 2 die Körperschaft, Anstalt oder Stif- **35** tung, welche die umstrittene Rechtsvorschrift erlassen hat. Ändert sich während des Rechtsstreites die Zuständigkeit, so wird Antragsgegner diejenige Körperschaft, Anstalt oder Stiftung, deren Organ im Zeitpunkt der Entscheidung des OVG die Befugnis zur Änderung oder Aufhebung der Rechtsvorschrift hat[219]. Der **VöI kann sich** am Verfahren **beteiligen.**

Nach Absatz 2 S. 3 kann das OVG dem **Land** und **anderen juristischen** **36** **Personen des öffentlichen Rechts,** deren Zuständigkeit durch die Rechtsvorschrift berührt wird, **Gelegenheit zur Äußerung** binnen einer bestimmten Frist geben. Diese Vorschrift ist an § 77 BVerfGG angelehnt. Sie stellt es in das Ermessen des Gerichts, die Rechtsträger, deren Organe oder Behörden bei dem Erlass der angegriffenen Rechtsvorschrift beteiligt waren (wie z.B. die Aufsichtsbehörde bei der Genehmigung gemeindlicher Satzungen) oder auch die Rechtsvorschrift anwenden (wie z.B. die Bauaufsichtsbehörden den gemeindlichen Bebauungsplan) im Verfahren anzuhören. Diese Rechtsträger werden, auch wenn sie sich auf die Aufforderung des Gerichtes hin äußern, nicht zu Verfahrensbeteiligten[220]. Nimmt ein Rechtsträger die Gelegenheit zur Äußerung nicht wahr oder versäumt er die ihm vom OVG zur Äußerung gesetzte Frist, ist dies für das Verfahren unbeachtlich. Da es sich im Normenkontrollverfahren um die Überprüfung von landesrechtlichen Vorschriften handelt, ist eine Äußerung des Bundes nicht vorgesehen. Absatz 2 S. 3, der nur juristische Personen des öffentlichen Rechts erwähnt, lässt auch eine Aufforderung von Vereinen und Verbänden, die diesen Status nicht haben, nicht zu. Zur analogen Anwendung auf Normbegünstigte vgl. Rn. 28.

---

216 München BayVBl. 1975, 169.
217 BVerwGE 81, 307.
218 Vgl. München VGH n.F. 27, 78; BayVBl. 1976, 178; Mannheim NJW 1977, 1465 für Gemeinde; NJW 1977, 1469 für Regionalverband, jeweils zum Verbrauchermarkt; Lüneburg BauR 1991, 170 für Nachbargemeinde.
219 Vgl. Mannheim VBlBW 1993, 471.
220 BVerfGE 2, 307; 3, 45; BVerwGE 65, 131; NVwZ 1991, 871; NVwZ-RR 1994, 235.

IV. Anwendbare Vorschriften

37 Grundsätzlich richtet sich auch das Normenkontrollverfahren nach den Vorschriften des II. Teils (BVerwGE 66, 233 zur Zulässigkeit der **Beschwerde nach § 99 Abs. 2** bei Verweigerung der Aktenvorlage). Auch für die Erledigung gelten die gleichen Grundsätze wie im Klageverfahren[221]. Veräußert der antragsbefugte Grundeigentümer während des Prozesses sein Grundstück, findet § 265 ZPO Anwendung[222].

38 Bis zur Entscheidung der 1. Kammer des 1. Senats des BVerfG vom 19.7.2000[223] war die **Beiladung** im Normenkontrollverfahren nach ganz h.M. ausgeschlossen. Für Normenkontrollverfahren gegen Bebauungspläne ist das nach der in einem Hinweis enthaltenen Auffassung des BVerfG verfassungsrechtlich zweifelhaft; die Auswirkungen einer Nichtigkeitserklärung eines Bebauungsplanes auf das Eigentumsgrundrecht der Grundeigentümer im Plangebiet gebiete eine **Ermessensentscheidung** des Normenkontrollgerichts im Einzelfall, wie eine Beteiligung der Grundeigentümer im Normenkontrollverfahren ermöglicht werde. Der Gesetzgeber hat diesen Hinweis des BVerfG aufgegriffen und in § 47 Abs. 2 S. 4 VwGO die entsprechende Anwendung des § 65 Abs. 1 und 4 sowie des § 66 angeordnet. Gesetzlich vorgeschrieben ist die Beiladung in § 18 Abs. 7 InvestitionsvorrangG. Die vor der Gesetzesänderung bestehende Möglichkeit der Anhörung von der Entscheidung betroffener Dritter in analoger Anwendung des Abs. 2 S. 3 ist insoweit obsolet geworden.

38a Die gesetzliche Regelung in § 47 Abs. 2 S. 4 beschränkt die Zulässigkeit der Beiladung auf die Normenkontrollverfahren betreffend Bebauungspläne; vielmehr steht die Beiladung in allen Normenkontrollverfahren zur Verfügung. Die verfassungsrechtliche Herleitung der Beiladung im Normenkontrollverfahren erlaubt eine Beschränkung der Beiladung nach dem Gegenstand der Normenkontrolle nicht; **maßgeblich** für die **Ermessensentscheidung** des Gerichts muss der **Grad der Beeinträchtigung des Grundrechts** sein, dessen Sicherung im Prozess die Beiladung dient. Je stärker die mögliche Beeinträchtigung durch die angegriffene Rechtsvorschrift ist, desto eher ist das Ermessen zu Gunsten einer Beiladung auszuüben. Das kann bis zu einer Ermessensreduzierung auf Null reichen, die gerade im Bereich des Eigentumsgrundrechts aber nicht nur dort sorgsam zu bedenken ist[224]. Bei der Ermessensentscheidung einfließen kann auch die durch eine Beiladung zahlreicher Grundrechtsträger erfolgende Behinderung des Verfahrens[225]. Hier mag § 65 Abs. 3 VwGO Anwendung finden; die praktischen Probleme einer solchen Beiladung sind unübersehbar[226]. Bereits die Ermittlung der möglicherweise Beizuladenden kann sich im Einzelfall als aufwändig herausstellen. Ob es ausreicht, die Beiladung nur auf Antrag auszusprechen, erscheint mit Blick auf die verfassungsrechtlichen Grundlagen der Norm als generelle Regel problematisch; zudem müsste eine entsprechende Information der potenziellen Beigeladenen erfolgen[227]. Um effektiven Rechtsschutz zu gewähren, wird eine Fristsetzung analog § 65

---

221 BVerwG NVwZ-RR 2002, 152.
222 BVerwG NVwZ 2001, 1282; Lüneburg NVwZ-RR 2002, 423.
223 NVwZ 2000, 1283; dazu Hildebrandt/Hecker NVwZ 2001, 1007.
224 Seibert NVwZ 2002, 265, 271; Kienemund NJW 2002, 1231, 1236.
225 BVerfG NVwZ 2000, 1283.
226 Vgl. Bracher DVBl. 2002, 309; v. Komorowski NVwZ 2003, 1458.
227 Bracher DVBl. 2002, 309; Lotz BayVBl. 2002, 355.

Abs. 3 VwGO vorgeschlagen[228]. Das ist sicher sinnvoll und mit Blick auf die wenig durchdachte Regelung des § 47 Abs. 2 S. 4 dogmatisch begründbar.

Der Beigeladene hat die sich aus § 66 ergebende Rechtsstellung; da es sich **38b** nicht um eine notwendige Beiladung handelt, auch nicht bei einer Ermessensreduzierung auf Null, ist **§ 66 S. 2 unanwendbar.** Unterbleibt die Beiladung ermessensfehlerhaft, hat der davon Betroffene nach bislang h.M. keine Möglichkeit, ein Rechtsmittel einzulegen[229]; das BVerwG scheint diese Rechtsprechung ändern zu wollen[230]. An der Allgemeinverbindlichkeit einer Nichtigkeitsfeststellung durch eine Entscheidung des Normenkontrollgerichts ändert die unterlassene Beiladung nichts. Ein Verfahrensbeteiligter kann aus der unterlassenen Beiladung keine Verfahrensrüge mit dem Ziel der Zulassung der Revision ableiten[231].

Wegen der Besonderheit der zur Entscheidung stehenden Materie und der **38c** vom Regelfall abweichenden Wirkung der Entscheidung des OVG sind jedoch einzelne Bestimmungen des II. Teils nicht anwendbar.

1.**Aufschiebende Wirkung.** Der **Antrag** auf Überprüfung der Gültigkeit ei- **39** ner Norm **hat keine aufschiebende Wirkung**[232]. Zum vorläufigen Rechtsschutz vgl. Rn. 49 ff.

2. **Konsentierter Einzelrichter.** § 87 Abs. 2, wonach im Einverständnis der **40** Beteiligten der Vorsitzende oder, nach **§ 87a Abs. 3,** der Berichterstatter an Stelle des Senats in der Sache entscheiden kann (vgl. § 87a Rn. 6, 7), kann im Normenkontrollverfahren keine Anwendung finden[233]. Die Ausgestaltung des Normenkontrollverfahrens auch als objektives Rechtsbeanstandungsverfahren (vgl. Rn. 1) und die Allgemeinverbindlichkeit der die Nichtigkeit einer Rechtsvorschrift feststellenden Entscheidung steht einer so weit gehenden Dispositionsbefugnis der Beteiligten entgegen.

V. Aussetzung der Verhandlung

Ist auch bei einem Verfassungsgericht ein Verfahren zur Überprüfung der **41** Gültigkeit der im Normenkontrollverfahren angegriffenen Rechtsvorschrift anhängig, kann das OVG die Verhandlung nach Absatz 4 bis zur Erledigung dieses Verfahrens aussetzen. Die Vorschrift ist lex specialis gegenüber § 94, da nach dieser Vorschrift eine Aussetzung nicht zulässig ist, wenn nur eine Rechtsfrage, auch die Verfassungswidrigkeit, von dem anderen Gericht entschieden werden soll (vgl. § 94 Rn. 1). Das Verfahren vor dem Verfassungsgericht muss sich auf dieselbe Rechtsvorschrift beziehen, die auch Gegenstand des Normenkontrollverfahrens ist, es braucht jedoch keine Identität des Antragstellers vorzuliegen[234]. Mit Ausnahme von Verfahren, die Landesrecht in Schleswig-Holstein betreffen (vgl. Rn. 5), kommen nur Verfahren vor Landesverfassungsgerichten in Betracht, da unter-

---

228 Bracher DVBl. 2022, 309, 312.
229 BVerwG Buchh. 310 § 47 Nr. 52 und 78.
230 BVerwG DVBl. 2002, 1497.
231 BVerwG DVBl. 2002, 1497.
232 Stuttgart ESVGH 1, 68; Bergmann VerwA 51, 59; Sodan/Ziekow Rn. 255.
233 A.A. Kopp NJW 1991, 1267.
234 Vgl. Kopp/Schenke Rn. 109; Bader/v. Albedyll Rn. 97.

gesetzliche landesrechtliche Normen nicht der Prüfungskompetenz des BVerfG unterliegen und die Verfassungsbeschwerde vor diesem Gericht das Normenkontrollverfahren ihrerseits voraussetzt (vgl. Rn. 1). Die Aussetzung kann erst erfolgen, wenn das Verfahren vor dem Verfassungsgericht anhängig ist; die Ankündigung, einen Antrag vor dem Verfassungsgericht stellen zu wollen, reicht für die Aussetzung nicht aus[235]. Die Aussetzung dient der Prozessökonomie; sie ergänzt Absatz 3 und soll verhindern, dass Verfassungsgericht und OVG dieselbe Norm unter denselben Gesichtspunkten prüfen. Die Nähe zur Sachentscheidung spricht auch hier dagegen, dass die Aussetzung nach § 87a Abs. 1 Nr. 1 vom Vorsitzenden, bzw. nach § 87a Abs. 3 vom Berichterstatter vorgenommen werden kann (vgl. Rn. 40). Wo eine ausschließliche Prüfungskompetenz des Verfassungsgerichts nach Absatz 3 besteht, kann eine Aussetzung nur in Betracht kommen, wenn weitere Gründe gegen die Wirksamkeit der Rechtsvorschrift vorgetragen sind, für die eine Prüfungskompetenz des Verfassungsgerichts nicht besteht[236]. Die **Entscheidung über** die **Aussetzung** erfolgt **durch Beschluss**, gegen den ein Rechtsmittel nicht gegeben ist (§ 152 Abs. 1).

VI. Entscheidung des Oberverwaltungsgerichts[237]

42 Das **OVG entscheidet über den Normenkontrollantrag** grundsätzlich nach mündlicher Verhandlung durch Urteil, nur wenn es mündliche Verhandlung, etwa bei offensichtlicher Unzulässigkeit, nicht für erforderlich hält, **durch Beschluss** (Abs. 5; zur Besetzung des Gerichts vgl. § 9 Rn. 3; zum Teilbeschluss vgl. BVerwG Buchh. 310 § 47 Nr. 59). Die Entscheidung ohne mündliche Verhandlung ist bei zulässigen Anträgen[238] wegen Art. 6 Abs. 1 S. 1 EMRK die Ausnahme[239], wenn Eigentumsrechte des Antragstellers oder Rechte, die dem Anwendungsbereich des Art. 6 Abs. 1 S. 1 EMRK unterfallen[240], betroffen sind. Die einmal durchgeführte mündliche Verhandlung schließt Entscheidung durch Beschluss stets aus[241]. Die Entscheidung ist den Beteiligten zuzustellen. Kommt das Gericht zu der Überzeugung, dass die Rechtsvorschrift ganz oder teilweise ungültig ist, erklärt es sie in seiner Entscheidung insoweit für unwirksam. Eine andere stattgebende Entscheidung als die Feststellung der Unwirksamkeit widerspricht der klaren Regelung des Absatzes 5 S. 2 und ist dem Gericht verwehrt[242]. Dabei muss die Entscheidungsformel im Bauplanungsrecht auch dem planungsrechtlichen Bestimmtheitsgebot entsprechen[243]. Bis zur Änderung des § 47 Abs. 5 durch Art. 4 EAG Bau am 26.7.2004 galt: In prozessualer Entsprechung zu § 215a BauGB a.F. hatte das OVG nur die – zeitweise – Unwirksamkeit einer angefochtenen Rechtsverordnung oder Satzung nach dem BauGB auszusprechen, wenn es (bloß) Mängel feststellte, die

---

235 Sodan/Ziekow Rn. 295; a.A. Kopp/Schenke Rn. 108, der Absatz 4 entsprechend anwendet.
236 Vgl. Sodan/Ziekow Rn. 294.
237 Die Änderungen durch Art. 4 EAG Bau sind eingearbeitet.
238 BVerwG NJW 2003, 2039.
239 BVerwGE 110, 203; dazu Kadelbach JZ 2000, 1053.
240 Dazu ausführlich Grabenwerter EMRK, 2003 § 24 Rn. 5 ff.
241 BVerwGE 81, 139.
242 A.A. Schenk/Meyer-Ladewig DVBl. 1976, 209, jedoch abzulehnen, da das Gericht nicht zusprechen kann, was als Antrag unzulässig wäre.
243 BVerwG DVBl. 1995, 518 für Teilnichtigkeit; vgl. auch BVerwG Buchh. 424.01 § 40 FlurbG Nr. 8.

durch ein ergänzendes Verfahren i.S.d. § 215a BauGB behoben werden konnten. Ein Ermessen war dem Gericht insoweit nicht eingeräumt[244]. Die Unwirksamkeitserklärung war auch bei Teilnichtigkeit möglich[245]. War der Antrag auf Nichtigkeitsfeststellung gerichtet, wurde aber nur auf Unwirksamkeit erkannt, war im Tenor eine Teilablehnung auszusprechen[246].

Der **Tenor der Entscheidung** ist, sobald diese rechtskräftig geworden ist, **43** **vom Antragsgegner** ebenso **zu veröffentlichen,** wie die Rechtsvorschrift bekannt zu machen wäre (Abs. 5 S. 2). Auf die – möglicherweise fehlerhafte – Bekanntmachung der angegriffenen ursprünglichen Norm kommt es nicht an. Die Veröffentlichung ist maßgeblich für den Zeitpunkt, ab dem die Entscheidung allgemein verbindlich wird. Kommt ein Antragsgegner – obgleich dies nicht vorkommen sollte – seiner Verpflichtung zur Veröffentlichung nicht nach, kann gegen ihn auf Antrag des Antragstellers in entsprechender Anwendung des § 172 vollstreckt werden[247]. Erst die **rechtskräftige Entscheidung** kann die **Unwirksamkeit der** angegriffenen Norm bewirken. Daher besteht die Verpflichtung des Antragsgegners zur Veröffentlichung auch erst ab diesem Zeitpunkt. Hat das BVerwG in seinem Revisionsurteil die Normenkontrollentscheidung des OVG geändert, bezieht sich die Verpflichtung zur Veröffentlichung auf die so geänderte Entscheidung des OVG. Hat das BVerwG im Revisionsverfahren dem zuvor vom OVG abgelehnten Normenkontrollantrag stattgegeben, ist in analoger Anwendung des Absatz 5 S. 2 die Entscheidungsformel des Urteils des BVerwG zu veröffentlichen.

Das BVerwG[248] hat, wenn die Satzung während des anhängigen Normenkontrollverfahrens außer Kraft tritt, unmittelbar aus Absatz 2 S. 1 gefolgert, dass der **Antrag** darauf umgestellt werden kann, **festzustellen,** dass die Satzung ungültig war[249].

Bei **Erledigung der Hauptsache** findet § 161 Abs. 2 entsprechende Anwendung[250]. Die **Kostenentscheidung** ergeht in entsprechender Anwendung der §§ 154 ff. Wird der Bebauungsplan nur für unwirksam erklärt, obwohl die Feststellung der Nichtigkeit beantragt war, trägt der Antragsgegner im Regelfall die vollen Kosten[251]. Die Streitwertfestsetzung folgt § 52 Abs. 1 GKG, wobei der Wert sich nach der Bedeutung der Sache für den Antragsteller bestimmt[252]. Das BVerwG[253] hat jedoch nachteilige Kostenfolge verneint, wenn Bebauungsplan teilbar und nur, entgegen dem Antrag, teilweise für nichtig erklärt wird. Zur **Wiederaufnahme** eines Normenkontrollverfahrens vgl. Mannheim NJW 1995, 210.

VII. Rechtsmittel

Das 6. VwGOÄndG hat mit der Aufhebung der Absätze 5 und 7 (alt) die **44** Vorlage an das BVerwG zur Entscheidung über die Auslegung revisiblen

244 BVerwG NVwZ 2000, 676.
245 Mannheim NK-Beschluss v. 6.10.1999 – 5 S 2624/96.
246 Vgl. BVerwG DVBl. 2003, 795.
247 A.A. Sodan/Ziekow Rn. 378: § 167 mit § 888 Abs. 1 ZPO.
248 E 68, 12.
249 Vgl. auch Mannheim NJW 1972, 887, das § 113 Abs. 1 S. 4 anwandte.
250 Vgl. Bremen DÖV 1965, 209; München BayVBl. 1972, 443.
251 BVerwG NVwZ 2002, 1365.
252 Gerichtskostengesetz (GKG) v. 5.5.2004 (BGBl. I S. 718).
253 E 88, 268.

Rechts beseitigt und stattdessen als **Rechtsmittel** gegen die Normenkontrollentscheidung des OVG die **Revision** eingeführt, und zwar unabhängig davon, ob die Entscheidung durch Urteil oder durch Beschluss ergeht (§ 132 Abs. 1; vgl. die dortigen Erläuterungen). Befugt, ein Rechtsmittel einzulegen, sind Antragsteller und Antragsgegner sowie der Beigeladene, nicht ein Dritter, der sich durch die Nichtigerklärung der Norm beschwert fühlt[254]. Auch die Revision gegen die Normenkontrollentscheidung erfordert die **Zulassung** nach § 132 Abs. 2, auch für sie gilt, dass sie grundsätzlich nur auf die Verletzung von Bundesrecht gestützt werden kann (§ 137 sowie die dortigen Erläuterungen). Ist die Zulassung nicht in der Entscheidung des OVG erfolgt, ist die **Zulassungsbeschwerde** nach § 133 gegeben. Die Normenkontrollentscheidung des OVG muss daher eine **Rechtsmittelbelehrung** enthalten[255]. Fehlt die Belehrung oder ist sie unrichtig, kann nach § 58 Abs. 2 Revision bzw. Zulassungsbeschwerde noch innerhalb eines Jahres seit Zustellung der Entscheidung eingelegt werden. Die Normenkontrollentscheidung wird frühestens **rechtskräftig** mit Ablauf der Revisionsfrist bzw. der Frist für die Einlegung der Zulassungsbeschwerde (vgl. § 121 Rn. 2).

VIII. Wirkung der Entscheidung

45   Bei der **Wirkung der rechtskräftigen Entscheidung** ist zu unterscheiden:
1. **Feststellung der Nichtigkeit nach altem Recht.** Die Entscheidung, die die **Nichtigkeit einer Rechtsvorschrift feststellt,** ist **allgemein verbindlich** (Abs. 5 S. 2), d.h., die Nichtigkeit ist gegenüber jedermann, der sich auf die Vorschrift berufen oder sie anwenden will, festgestellt (zur Veröffentlichung vgl. Rn. 43); nicht nur die Behörden des Antragsgegners, sondern jede Behörde, auch die anderer Länder oder Bundesbehörden, und jedes Gericht – z.B. im Baulandverfahren[256] und das erkennende Normenkontrollgericht[257] – sind an sie gebunden[258]. Diese Rechtsfolge tritt mit der Rechtskraft der Entscheidung ein; auf die Veröffentlichung kommt es nicht an[259]. Zwischen den Beteiligten entfaltet sie die Bindungswirkung nach § 121[260]. Der Antragsgegner ist bei einer Sachentscheidung grundsätzlich auch gehindert, eine Rechtsvorschrift gleichen Inhalts erneut zu erlassen[261]; ist die Nichtigkeit der Rechtsvorschrift jedoch allein wegen eines Form- oder Verfahrensfehlers bei ihrem Erlass festgestellt worden, kann der Antragsgegner diesen Fehler beheben und die Vorschrift mit Wirkung für die Zukunft neu erlassen; § 215a Abs. 2 BauGB eröffnet den Gemeinden darüber hinaus die Möglichkeit, Flächennutzungspläne und Satzungen nach Behebung derartiger Fehler mit Rückwirkung erneut in Kraft zu setzen[262]. Besteht die Möglichkeit eines ergänzenden Verfahrens, wird dies

254 BVerfG NVwZ 1995, 157, auch Verfassungsbeschwerde verneinend.
255 Vgl. zum bisherigen Recht BVerwGE 78, 305; im Übrigen § 58 Rn. 1, 10.
256 OLG Hamm NVwZ 1999, 804.
257 BVerwG NVwZ 2000, 813.
258 Vgl. Bergmann VerwA 51, 60; Eyermann/J. Schmidt Rn. 101.
259 Münster NVwZ 2001, 1060.
260 BVerwG NVwZ 2000, 813.
261 Mannheim ESVGH 29, 1; differenzierend Eyermann/J. Schmidt Rn. 102; vgl. BVerfGE 69, 112; jedoch auch BVerfG NJW 1988, 1195, beide zu § 31 BVerfGG.
262 Vgl. BVerwG NJW 1987, 1346; Ipsen Die Verwaltung 1987, 477; a.A. Münster DVBl. 1990, 1119 m. abl. Anm. Schmaltz: vollständiges Verfahren; vgl. auch § 42 Rn. 101a.

durch die Nichtigkeitsfeststellung nicht gehindert[263]. Die für nichtig erklärte Rechtsvorschrift kann nicht mehr Gegenstand eines Normenkontroll- oder Verfassungsbeschwerdeverfahrens sein[264]. Die **Entscheidung wirkt,** da sie feststellenden Charakter hat, **ex tunc** auf den Zeitpunkt des Erlasses der Vorschrift, soweit nicht das OVG ausdrücklich im Tenor einen anderen Zeitpunkt festlegt, z.B., wenn die Vorschrift wegen Kollision mit einer nachfolgenden Norm höheren Ranges für nichtig erklärt wird[265].

Die Entscheidung hat für die **auf Grund der nichtigen Rechtsvorschrift**   **46** **erlassenen VA** unterschiedliche Wirkungen:
– Die noch nicht unanfechtbaren VA sind von der erlassenden Behörde aufzuheben[266]; das gilt auch, wenn sie Dritte begünstigen, da diese sich erst nach Unanfechtbarkeit auf die Begünstigung verlassen können.
– Für VA, die durch rechtskräftige gerichtliche Entscheidung unanfechtbar geworden sind, gilt § 183 entsprechend (Abs. 5 S. 3); sie werden durch die Entscheidung im Normenkontrollverfahren nicht berührt, bleiben also wirksam, jedoch ist die Vollstreckung aus ihnen unzulässig und es kann, soweit dies in Betracht kommt, Vollstreckungsgegenklage (§ 767 ZPO) erhoben werden (vgl. § 183 Rn. 1).
– Auf sonstige unanfechtbar gewordene VA ist Absatz 5 S. 3 entsprechend anzuwenden, da sich auch bei ihnen die Grundsätze der Rechtssicherheit und des Vollstreckungsschutzes in gleicher Weise wie bei gerichtlichen Entscheidungen gegenüberstehen; sie bleiben also ebenfalls wirksam, die Vollstreckung ist aber auch aus ihnen unzulässig[267]. Diese Interpretation entspricht der Auffassung zu § 79 Abs. 2 BVerfGG[268]. Darüber hinaus kann ein Antrag des Betroffenen nach § 51 VwVfG auf Wiederaufnahme des Verfahrens durch die Behörde, die den VA erlassen hat, in Betracht kommen, weil sich die Rechtslage nachträglich geändert hat[269].

Die auf Grund einer für nichtig erklärten Norm ergangenen **rechtskräftigen**   **47** **Strafurteile** oder **Bußgeldbescheide** fallen nicht unter Absatz 5 S. 3 mit § 183; zutreffend hat Kassel[270] in diesen Fällen § 79 Abs. 1 BVerfGG analog angewandt, der eine Wiederaufnahme von Strafverfahren und in entsprechender Anwendung auch von Bußgeldverfahren zulässt[271]. Zum Rechtsweg, wenn allein die Straf- oder Bußgeldvorschrift angegriffen ist, vgl. jedoch Rn. 4.

2. **Unwirksamkeitserklärung.** Wird die Rechtsvorschrift für unwirksam erklärt, ist diese schwebend unwirksam. Die Entscheidung hat Allgemeinverbindlichkeit, die aber die Behebung der Mängel im ergänzenden Verfahren einschließlich der erneuten Bekanntgabe nicht hindert[272]. Mit Abschluss des ergänzenden Verfahrens endet die festgestellte Unwirksamkeit[273].

---

263 BVerwG NVwZ 2000, 808.
264 Vgl. BayVerfGH 25, 71.
265 Vgl. auch Sandtner BayVBl. 1969, 232.
266 Rechtspflicht: Eyermann/J. Schmidt Rn. 104.
267 Eyermann/J. Schmidt Rn. 104; Kopp/Schenke Rn. 145.
268 Vgl. BVerfGE 20, 230; aber auch Münster JZ 1965, 717 m. Anm. Menger.
269 Vgl. § 42 Rn. 128; a.A. Sodan/Ziekow Rn. 380.
270 NJW 1980, 2723.
271 Ebenso Meyer-Ladewig DVBl. 1976, 208.
272 Sodan/Ziekow Rn. 381d.
273 BVerwG NVwZ 2003, 1259.

48 3. **Zurückweisende Entscheidung.** Die Entscheidung, die den Antrag zurückweist, hat Rechtskraftwirkung nur für die Beteiligten[274], erstreckt sich aber auch auf die Inzidentprüfung in anderen Gerichtsverfahren[275]. Sie schließt aus, dass der Antragsteller seinen Antrag mit gleichen Gründen wiederholt, auch Wiederaufnahme bei Entscheidung in der Sache ist unzulässig[276], nach zutreffender Auffassung des BayVerfGH[277] steht jedoch die Rechtskraftwirkung der Entscheidung einem neuen Antrag nicht entgegen, wenn sich die Lebensverhältnisse oder die Rechtsauffassung nach Ablauf längerer Zeit grundlegend verändert haben[278]. Ein Dritter kann dagegen den gleichen Antrag erneut einbringen, der, wenn das OVG bei seiner Auffassung bleibt, als unbegründet, nicht als unzulässig abgewiesen wird[279]. Neben der Rechtskraftwirkung inter partes kann die **Bedeutung** des abweisenden Beschlusses darin liegen, dass die Behörden ihm die **gesetzeskonforme Interpretation** der überprüften Vorschrift entnehmen können, die sie bei der weiteren Anwendung der Bestimmung, sollen ihre VA nicht im gerichtlichen Verfahren aufgehoben werden, berücksichtigen müssen.

E. Einstweilige Anordnung

49 Nach Absatz 6 kann das Gericht eine einstweilige Anordnung erlassen, wenn dies **zur Abwehr schwerer Nachteile** oder **aus anderen wichtigen Gründen dringend geboten** ist. Die Vorschrift ist an § 32 Abs. 1 BVerfGG angelehnt; zu ihrer Auslegung kann daher die Rechtsprechung des BVerfG zur einstweiligen Anordnung im Zusammenhang mit der Normenkontrolle nach Art. 93 Abs. 1 Nr. 2 GG herangezogen werden[280]. Die von § 123 Abs. 1 abweichende und schärfere Bedingungen stellende Fassung des Absatzes 6 gebietet, für den Erlass einer einstweiligen Anordnung einen strengen Maßstab anzulegen[281]. Bei der Frage, ob eine **einstweilige Anordnung dringend geboten** ist, muss das Gericht eine Abwägung aller in Betracht kommenden Interessen vornehmen[282], wobei im Gegensatz zu § 32 BVerfGG das gemeine Wohl nicht mit eingeschlossen ist[283]; nur wenn die Gründe so schwer wiegend sind, dass sie die einstweilige Anordnung unabweisbar machen, darf diese vom Gericht erlassen werden[284]. Als anderen wichtigen Grund hat Münster[285] die Verhinderung der Schaffung vollen-

---

274 BVerwGE 68, 308.
275 Z.B. Klage gegen Baugenehmigung; vgl. auch BGH NJW 1980, 2814 für Zivilrechtsweg.
276 Mannheim ESVGH 13, 79; BayVerfGH 25, 45; a.A. Mannheim NJW 1995, 210.
277 5.166.
278 Eyermann/J. Schmidt Rn. 99.
279 A.A. München VGH n.F. 11, 94.
280 Vgl. BVerfG NJW 1984, 1451.
281 Vgl. BVerwG NVwZ 1998, 1065; München BayVBl. 1976, 725; DVBl. 1987, 958 zur DV zum VolkszählungsG; Bremen NVwZ 2000, 1435; Finkelnburg/Jank Rn. 611; Zuck DÖV 1977, 848.
282 Vgl. BVerfGE 12, 276; NJW 1980, 2698; Bremen NVwZ-RR 1992, 154; Koblenz NJW 1995, 741; Magdeburg GewA 1996, 70; Mannheim NVwZ-RR 1992, 418; München NJW 1995, 979; Münster NVwZ-RR 1995, 134; Erichsen/Scherzberg DVBl. 1987, 168; Sodan/Ziekow Rn. 394.
283 Vgl. BVerfG DVBl. 1992, 279 zum VermögensG; Schenke DVBl. 1979, 172; Zuck DÖV 1977, 849.
284 Vgl. BVerfGE 21, 50.
285 NJW 1980, 1013.

deter Tatsachen angesehen[286] (wenn Antragsteller abwägungserhebliche private Belange nicht geltend machen kann[287]). Der Antragsteller kann als schweren Nachteil nicht geltend machen, dass auf Grund der in Frage stehenden Rechtsvorschrift ein VA gegen ihn erlassen oder ein beantragter VA abgelehnt werden wird; denn in beiden Fällen stehen ihm Klage und vorläufiger Rechtsschutz gegen diese Einzelakte zur Verfügung[288]. Dies gilt auch für den Fall begünstigender VA gegenüber Dritten[289]. Es gilt auch, wenn im vereinfachten Verfahren ohne Baugenehmigung gebaut werden kann[290]. Zweifelhaft ist, ob als ein anderer wichtiger Grund anzusehen ist, dass der Normenkontrollantrag mit großer Wahrscheinlichkeit Erfolg haben wird[291]. Im Einzelnen wird die Abgrenzung zum sonstigen vorläufigen Rechtsschutz von der jeweiligen Fallgestaltung abhängen[292].

Die einstweilige Anordnung ist **nur auf Antrag** (Anwaltserfordernis, vgl. **50** Rn. 25) zulässig (Abs. 6), von Amts wegen kann das Gericht sie nicht erlassen[293]. Die **Antragsberechtigung** deckt sich mit der im Normenkontrollverfahren (vgl. Rn. 28 ff.). Der Antrag kann auch schon gestellt werden, bevor ein Normenkontrollverfahren anhängig ist[294], er setzt jedoch die Zulässigkeit des Normenkontrollverfahrens voraus[295]; die streitige Rechtsvorschrift muss also erlassen und in Kraft getreten sein (vgl. Rn. 10)[296]. Die einstweilige Anordnung nach Absatz 6 kann nicht dazu benutzt werden, den Erlass einer Rechtsvorschrift zu verhindern oder ihn zu erzwingen, um die Rechtsvorschrift angreifen zu können[297]. Der Antrag ist unzulässig, wenn auf Grund des Sachvortrages des Antragstellers und des zur Kenntnis des Gerichts gelangten Sachverhaltes feststeht, dass die Antragsberechtigung für den Antrag im Hauptverfahren fehlen würde[298]. Der Antrag darf nicht über das Rechtsschutzziel im Hauptsacheverfahren hinausgehen; jedenfalls muss er innerhalb des Rahmens des möglichen Spruchs in der Hauptsache (vgl. Rn. 22 a.E.) bleiben[299]. Die Möglichkeit gegen einen auf der Grundlage der angefochtenen Norm ergangenen VA Eil-

---

286   Ähnlich Kassel NuR 1991, 437; Lüneburg BauR 1990, 579 für vorläufige Außervollzugsetzung von Bebauungsplan; vgl. München NJW 1997, 1385: Verlust von Werbeeinnahmen eines Fernsehsenders; verneint von Münster NWVBl. 1990, 233.
287   Vgl. auch Münster NWVBl. 1994, 171.
288   Vgl. Mannheim NJW 1977, 1212; München NJW 1997, 1385.
289   Münster OVGE 33, 84; 33, 229; Mannheim NVwZ-RR 1998, 613; a.A. Münster NJW 1980, 1013; vgl. weiter Kassel NuR 1991, 437.
290   Mannheim NVwZ-RR 1998, 613; München NVwZ-RR 2000, 416.
291   So aber Lüneburg NVwZ-RR 2003, 547; überzeugender Münster BauR 2003, 1182, das daneben noch gewichtige Nachteile für den Antragsteller verlangt; wie Münster Kassel NVwZ-RR 2000, 655; vermittelnd Weimar NVwZ-RR 2001, das Offensichtlichkeit verlangt.
292   Mannheim NJW 1997, 1212; vgl. im Übrigen Erichsen/Scherzberg DVBl. 1987, 172; Grooterhorst DVBl. 1989, 1176; Schenke DVBl. 1979, 169; Sodan/Ziekow Rn. 402.
293   Mannheim ESVGH 27, 221; Münster NJW 1978, 1022.
294   Vgl. BVerfGE 16, 220; Erichsen/Scherzberg DVBl. 1987, 168; Finkelnburg/Jank Rn. 598; Schenke DVBl. 1979, 169; a.A. Zuck DÖV 1977, 848.
295   Vgl. BVerfGE 16, 236.
296   München NVwZ-RR 2000, 469; aber auch Schleswig NVwZ 1994, 916, offen lassend analoge Anwendung von Abs. 6, wenn sonst eine nicht wieder zu schließende Rechtsschutzlücke entstehen würde.
297   Vgl. dazu Berlin NJW 1977, 2283.
298   Münster OVGE 33, 84; Bremen ZfW 1992, 374, noch zum Fehlen eines erlittenen oder in absehbarer Zeit zu erwartenden Nachteils.
299   Mannheim DVBl. 1999, 1734; Münster UPR 2001, 394.

rechtsschutz zu suchen, verdrängt die einstweilige Anordnung nach Abs. 6 nicht[300].

50a Vorläufiger Rechtsschutz gegen **Satzungen nach § 18 Abs. 1 Investitions-vorrangG** sollte sich ebenfalls nach Absatz 6 richten. Zu Recht hat Uech-tritz[301] darauf hingewiesen, dass die Rechtswirkungen des Gesetzes nicht an den Erlass, sondern an die Beschlussfassung über die Satzung anknüp-fen; der Antrag auf vorläufigen Rechtsschutz richtet sich daher nicht gegen den Erlass der Satzung, sondern gegen ihren Regelungsgehalt. Daher kann hier der Grundsatz, dass der Antrag auf Normenkontrolle nur gegen er-lassene Rechtsvorschriften zulässig ist (vgl. Rn. 10), nicht gelten[302]. Nach diesem Gesetz ist jedoch der **Antrag befristet;** er muss, um den Verlust des Rückübertragungsanspruchs zu vermeiden, innerhalb von **zwei Wochen nach Satzungsbeschluss** gestellt werden (§ 18 Abs. 6 mit § 12 Abs. 2; vgl. im Übrigen, auch zur Fristberechnung[303]).

51 Antragsgegner ist auch bei der einstweiligen Anordnung die Körperschaft, Anstalt oder Stiftung, die die streitige Rechtsvorschrift erlassen hat (Ab-satz 2 S. 2, vgl. Rn. 35). Zu Recht hat sich Bickel[304] gegen die Auffassung gewandt[305], dass als Antragsgegner jeder Hoheitsträger in Betracht kommt, der die streitige Norm anzuwenden hat. Das Verfahren der einst-weiligen Anordnung dient der Sicherung von Rechten, die der Antragsteller im Verfahren in der Hauptsache verfolgt oder verfolgen will; es kann daher in Bezug auf den Streitgegenstand und den Antragsgegner von diesem nicht abweichen[306]. Die von Mannheim gewollte Aussetzung der Vollziehung der Norm muss vielmehr im Tenor der einstweiligen Anordnung, die gegen den Normgeber gerichtet ist, ihren Ausdruck finden (vgl. Rn. 43).

52 Das für den Erlass der einstweiligen Anordnung **zuständige Gericht** ist das OVG, bei dem auch der Antrag auf Normenkontrolle zu stellen ist. Ein bei dem VG gestellter Antrag ist daher an das OVG zu verweisen, sonst als unzulässig abzuweisen. Das BVerwG ist zuständig, wenn im Revisions-verfahren der Antrag auf Erlass einer einstweiligen Anordnung gestellt wird[307]. Eine Vermischung der einstweiligen Anordnung nach Absatz 6 mit einer solchen, die sich nach § 123 auf einen Einzelakt oder ein Rechts-verhältnis bezieht, ist bereits aus Gründen der Zuständigkeit unzulässig[308].

53 Absatz 6 trifft keine Aussage über die **anzuwendenden Verfahrensvor-schriften.** Die Anwendung der Vorschriften über das allgemeine Eilverfah-ren (§§ 80, 123)[309] kann nur insoweit gelten, als es mit dem Wesen des Normenkontrollverfahrens zu vereinbaren ist[310]. Die Entscheidung des OVG ergeht durch Beschluss. Eine mündliche Verhandlung steht im Er-

---

300 Münster UPR 2001, 394; München BauR 2002, 1378; str.
301 DVBl. 1993, 181.
302 A.A. die Empfehlungen des BMJ zur Anwendung des InvestitionsvorrangG für Im-mobilien, Info-Dienst Kommunal Nr. 57 v. 25.9.1992, S. 139.
303 Uechtritz DVBl. 1993, 181.
304 NJW 1977, 1934.
305 Mannheim ESVGH 27, 221.
306 Vgl. Münster NJW 1980, 1013; Schenke DVBl. 1979, 171.
307 BVerwG NVwZ 1998, 1065.
308 Siehe dazu VG Berlin NJW 1977, 2287.
309 Kopp/Schenke Rn. 148.
310 Vgl. Sodan/Ziekow, Rn. 389.

messen des Gerichts, jedoch ist dem Antragsgegner, auf dessen Rechtsvorschrift sich die einstweilige Anordnung beziehen soll, in jedem Fall Gelegenheit zur Äußerung zu geben. Da das Gericht bei der einstweiligen Anordnung in voller Besetzung entscheidet (vgl. § 9 Rn. 3), ist eine entsprechende Anwendung des § 123 Abs. 2 S. 3 (Entscheidung durch den Vorsitzenden) ausgeschlossen. Das OVG wird die stattgebende einstweilige Anordnung regelmäßig bis zur Entscheidung in der Hauptsache befristen; tut es dies nicht, hebt es die Anordnung von Amts wegen mit der Entscheidung über den Normenkontrollantrag auf. Ein **Rechtsmittel** gegen den Beschluss ist nicht gegeben; möglich ist in analoger Anwendung des § 80 Abs. 7 ein Abänderungsantrag[311].

Dem Sicherungszweck entsprechend **bezieht sich** der **Tenor** der stattgebenden einstweiligen Anordnung **auf** die **gänzliche oder teilweise Hemmung der Wirksamkeit oder des Vollzuges der angegriffenen Rechtsvorschrift.** Das kann dadurch geschehen, dass das In-Kraft-Treten der Rechtsvorschrift einstweilen ausgesetzt wird[312] oder dass die Anwendung der Rechtsvorschrift einstweilen ausgesetzt wird[313]. Das OVG darf mit der einstweiligen Anordnung der Entscheidung in der Hauptsache nicht vorgreifen, es hat das Gebot des geringstmöglichen Eingriffs zu beachten; es darf schließlich auch nicht mehr gewähren, als im Verfahren der Hauptsache zugesprochen werden kann, wobei jedoch zur Sicherung anderes, als im Hauptsachverfahren erreichbar, angeordnet werden kann[314]. Das OVG kann dem Antragsgegner Auflagen machen, um die Aussetzung des Vollzuges sicherzustellen. Gehören Antragsgegner und Vollzugsbehörden unterschiedlichen Rechtsträgern an, wie dies z.B. beim Vollzug gemeindlicher Satzungen durch staatliche Behörden der Fall ist, wird es in Anlehnung an den vom BVerfG entwickelten Begriff des **Sachbeteiligten**[315] auch bei der Entscheidung nach Absatz 6 zulässig sein, Auflagen an Vollzugsbehörden zu richten, ohne dass diese damit zu Verfahrensbeteiligten werden[316]. Der Tenor kann sich nicht beziehen auf einstweilige Regelungen für VA, die auf Grund der angegriffenen Norm bereits erlassen sind[317] (auch gegen Vollstreckbarkeit des erlassenen VA); dies kann vielmehr nur im Individualrechtsschutz geschehen[318]. Mit der Beendigung des Hauptsacheverfahrens verliert die einstweilige Anordnung ihre Wirksamkeit[319].

54

Über die **Wirkung der Entscheidung im einstweiligen Anordnungsverfahren** ist in Absatz 6 nichts bestimmt. Je nach dem Inhalt der getroffenen Anordnung wird die Bindungswirkung gegenüber den Beteiligten, in entsprechender Anwendung des Absatz 5 S. 2, bis zur Allgemeinverbindlichkeit gehen können[320]. Wird die außer Vollzug gesetzte Fassung des Bebauungsplanes durch eine im ergänzenden Verfahren erlassene Fassung ersetzt,

55

311 Münster NVwZ-RR 1999, 473; Lüneburg NVwZ-RR 1998, 421; Schleswig NVwZ-RR 2003, 774.
312 BVerfGE 37, 324 zu § 218a StGB.
313 Münster NJW 1980, 1013.
314 Vgl. Erichsen/Scherzberg DVBl. 1987, 176.
315 Vgl. BVerfGE 8, 42; 8, 122.
316 Vgl. dazu Bickel NJW 1977, 1934; Schenke DVBl. 1979, 171.
317 Vgl. Koblenz NVwZ 1984, 43; weiter gehend Erichsen/Scherzberg DVBl. 1987, 170.
318 Vgl. Münster OVGE 33, 76 für Baugenehmigung.
319 München BayVBl. 1992, 245.
320 Vgl. Münster DVBl. 1980, 603; Erichsen/Scherzberg DVBl. 1987, 179; a.A. zur Allgemeinverbindlichkeit Finkelnburg/Jank Rn. 630; Rasch BauR 1977, 152.

ist gegen diese erneut ein Antrag nach Absatz 6 zulässig; ein Abänderungs-antrag nach § 80 Abs. 7 scheidet aus[321].

§ 48   [OVG: Zuständigkeit in 1. Instanz]

(1) Das Oberverwaltungsgericht entscheidet im ersten Rechtszug über sämtliche Streitigkeiten, die betreffen

1. die Errichtung, den Betrieb, die sonstige Innehabung, die Veränderung, die Stilllegung, den sicheren Einschluss und den Abbau von Anlagen im Sinne der §§ 7 und 9a Abs. 3 des Atomgesetzes,
2. die Bearbeitung, Verarbeitung und sonstige Verwendung von Kernbrennstoffen außerhalb von Anlagen der in § 7 des Atomgesetzes bezeichneten Art (§ 9 des Atomgesetzes) und die wesentliche Abweichung oder die wesentliche Veränderung im Sinne des § 9 Abs. 1 Satz 2 des Atomgesetzes sowie die Aufbewahrung von Kernbrennstoffen außerhalb der staatlichen Verwahrung (§ 6 des Atomgesetzes),
3. die Errichtung, den Betrieb und die Änderung von Kraftwerken mit Feuerungsanlagen für feste, flüssige und gasförmige Brennstoffe mit einer Feuerungswärmeleistung von mehr als dreihundert Megawatt,
4. die Errichtung von Freileitungen mit mehr als einhunderttausend Volt Nennspannung sowie die Änderung ihrer Linienführung,
5. Verfahren für die Errichtung, den Betrieb und die wesentliche Änderung von ortsfesten Anlagen, zur Verbrennung oder thermischen Zersetzung von Abfällen mit einer jährlichen Durchsatzleistung (effektive Leistung) von mehr als einhunderttausend Tonnen und von ortsfesten Anlagen, in denen ganz oder teilweise Abfälle im Sinne von § 41 Abs. 1 des Kreislaufwirtschafts- und Abfallgesetzes gelagert oder abgelagert werden,
6. das Anlegen, die Erweiterung oder Änderung und den Betrieb von Verkehrsflughäfen und von Verkehrslandeplätzen mit beschränktem Bauschutzbereich,
7. Planfeststellungsverfahren für den Bau oder die Änderung neuer Strecken von Straßenbahnen, Magnetschwebebahnen und von öffentlichen Eisenbahnen sowie für den Bau oder die Änderung von Rangier- und Containerbahnhöfen,
8. Planfeststellungsverfahren für den Bau oder die Änderung von Bundesfernstraßen,
9. Planfeststellungsverfahren für den Neubau oder den Ausbau von Bundeswasserstraßen.

Satz 1 gilt auch für Streitigkeiten über Genehmigungen, die an Stelle einer Planfeststellung erteilt werden, sowie für Streitigkeiten über sämtliche für das Vorhaben erforderlichen Genehmigungen und Erlaubnisse, auch soweit sie Nebeneinrichtungen betreffen, die mit ihm in einem räumlichen und betrieblichen Zusammenhang stehen. Die Länder können durch Gesetz vorschreiben, dass über Streitigkeiten, die Besitzeinweisungen in den Fällen des Satzes 1 betreffen, das Oberverwaltungsgericht im ersten Rechtszug entscheidet.

(2) Das Oberverwaltungsgericht entscheidet im ersten Rechtszug ferner über Klagen gegen die von einer obersten Landesbehörde nach § 3 Abs. 2 Nr. 1 des Vereinsgesetzes ausgesprochenen Vereinsverbote und nach § 8 Abs. 2 Satz 1 des Vereinsgesetzes erlassenen Verfügungen.

(3) (gestrichen)

Übersicht

---

321 München BayVBl. 2003, 753; a.A. Lüneburg BauR 2001, 1717.

I. Zuständigkeit des OVG

Grundsätzlich ist das OVG Berufungs- und Beschwerdegericht (vgl. § 46   **1**
Rn. 1). Erstinstanzlich zuständig ist das OVG nur kraft besonderer Zuweisung. § 48 enthält einen, jedoch nicht abschließenden Katalog dieser Zuweisungen (vgl. Rn. 45). Die Zuweisung bedeutet, dass insoweit nur eine Tatsacheninstanz zur Verfügung steht. Weiter entscheidet das OVG erstinstanzlich im **Normenkontrollverfahren** (§ 47), als **Flurbereinigungsgericht**[1] und als **Verfassungsgericht** im Falle des § 193. Die Zuständigkeit des OVG ist absolut; es ist zuständig nicht nur für die Entscheidung in der Hauptsache, sondern auch für Anträge im vorläufigen Rechtsschutz nach § 80 Abs. 5, § 80a Abs. 3, § 80b Abs. 2 oder auf Erlass einer einstweiligen Anordnung (§ 123), ebenso für Anträge auf Prozesskostenhilfe (§ 166). Das OVG ist auch Vollstreckungsgericht (§ 167 Abs. 1 S. 2). Das Rechtsmittel gegen Urteile des OVG in erster Instanz ist die Revision (vgl. § 132 Rn. 2).

II. Erstinstanzliche Zuständigkeit

Der Katalog erstinstanzlicher Zuständigkeiten ist aus dem EntlG in die   **2**
VwGO übernommen und damit ab 1.1.1991 zum Dauerrecht geworden. Mit dem Verkehrswegeplanungs-BeschleunigungsG ist ab 18.12.1991 für einige der im Katalog aufgeführten Zuständigkeiten des OVG, zeitlich befristet und grundsätzlich bezogen auf das Gebiet der neuen Bundesländer und Berlin, die erstinstanzliche Zuständigkeit des BVerwG begründet worden (vgl. § 50 Rn. 7 ff.).
Die häufigen Änderungen und Korrekturen im Zuständigkeitskatalog, zuletzt durch das 6. VwGOÄndG, spiegeln die Bewegung, die in den Fachgesetzen herrscht, wider und auch die Schwierigkeit, diese mit den prozessrechtlichen Vorschriften in Einklang zu halten (vgl. nur Art. 5 des

---

1   § 190 Abs. 1 Nr. 4 mit § 138 FlurbG; vgl. BVerwG RdL 1964, 245; NJW 1970,
      2042.

6. VwGOÄndG). Zur Besetzung des OVG in den Fällen erstinstanzlicher Zuständigkeit nach Absatz 1 vgl. § 9 Rn. 2.

III. Der Zuständigkeitskatalog nach Absatz 1

3 Die erstinstanzliche Zuständigkeit des OVG für Verwaltungsrechtsstreitig-keiten über bestimmte technische Großvorhaben[2] nimmt **keine Beschrän-kung auf bestimmte Klagearten** vor, sondern weist dem OVG sämtliche Streitigkeiten zu. Es kann daher nicht nur ein VA Klagegegenstand sein, sondern auch der Streit um die Auslegung eines öffentlich-rechtlichen Ver-trags u.Ä. Neben der Anfechtungs- und Verpflichtungsklage kommen da-mit auch alle weiteren nach der VwGO zulässigen Klagearten (vgl. § 42 Rn. 1) in Betracht.

4 Die **Zuständigkeit des OVG ist für jede Anrufung des Gerichts nach** dem In-Kraft-Treten des BeschleunigungsG (17.7.1985) gegeben. Nach Art. 5 Abs. 1 EntlG war das OVG für die Entscheidung über einen **Rechtsbehelf gegen einen VA**[3], der in der Zeit **vom In-Kraft-Treten des Beschleuni-gungsG bis zum 31.12.1990 bekannt gegeben ist,** zuständig; für die vorher bekannt gegebenen VA blieb es bei der Zuständigkeit des VG[4]. Bei der Übernahme der Vorschriften in die VwGO ist keine Änderung der Zustän-digkeit eingetreten (vgl. Art. 22 4. ÄndGVwGO). Für Änderungen, die im Katalog des Abs. 1 in der Folgezeit vorgenommen werden (z.B. Ausdehnen auch auf Änderungsvorhaben, Ausdehnen auf Plangenehmigungen) gilt, soweit nicht ausdrücklich eine Überleitung vorgenommen wird, die allge-meine Regel: Für anhängige Verfahren bleibt die Zuständigkeit des Ge-richts, bei dem sie anhängig sind, erhalten; für Klagen nach In-Kraft-Treten der Änderung gilt die neue Zuständigkeitsregelung; vor In-Kraft-Treten der Änderung anhängige Verfahren des vorläufigen Rechtsschutzes folgen der Zuständigkeit in der Hauptsache. Zur erstinstanzlichen Zuständigkeit des BVerwG vgl. § 50 Rn. 1, 2 ff.

5 Die **Zuweisung** der Zuständigkeit an das OVG ist in **Absatz 1 S. 1** so ge-fasst, dass alle eine Anlage oder ein Planfeststellungsverfahren betreffenden Streitigkeiten einbezogen werden. Der Katalog stellt nicht auf Genehmi-gungstatbestände ab, sondern beschreibt die Vorhaben teils durch Hinweis auf Genehmigungsvorschriften, teils durch die Bezeichnung von Vorha-ben[5]. Soweit die **Zuweisung an Planfeststellungsverfahren anknüpft,** wer-den von ihr nicht nur der Planfeststellungsbeschluss, sondern auch die mit ihm verbundenen inhaltlichen Beschränkungen und Auflagen, und alle weiteren mit der Planfeststellung zusammenhängenden Entscheidungen er-fasst, wie vorbehaltene Entscheidungen, nachträgliche Auflagen[6], die Be-endigung des Verfahrens, die Verlängerung der Geltungsdauer des Be-

---

2   Vgl. Meyer-Ladewig NJW 1985, 1985; v. Oertzen DÖV 1985, 749; Pagenkopf DVBl. 1985, 981.
3   Vgl. BVerwG Buchh. 310 § 42 Nr. 151: Bekanntgabe des ursprünglichen VA maß-geblich, nicht des Widerspruchsbescheids.
4   Zu den Fallgestaltungen für die Übergangszeit vgl. v. Oertzen DÖV 1985, 757.
5   Vgl. BVerwG DVBl. 1988, 970.
6   Vgl. aber München NVwZ-RR 1992, 165: verneint für Schutzauflagen nach Unan-fechtbarkeit des Planfeststellungsbeschlusses.

schlusses, die Aufhebung des Beschlusses, Rücknahme und Widerruf usw[7]. Beim Zusammentreffen mehrerer Vorhaben, für die ein Planfeststellungsverfahren erforderlich ist, erfasst die Zuweisung das gesamte einheitliche Verfahren, wenn dieses nach den Vorschriften für das zugewiesene Vorhaben abläuft. Ist das zugewiesene Vorhaben jedoch nicht bestimmend, verbleibt es auch insoweit bei der erstinstanzlichen Zuständigkeit des VG.

Nicht erfasst wird, wo das Planfeststellungsverfahren das Kriterium für die Zuweisung ist, die Entscheidung der Behörde, wegen geringer Bedeutung von Planfeststellung und Plangenehmigung abzusehen, und eine daraufhin erteilte Genehmigung. Das gilt auch bei erstinstanzlicher Zuständigkeit des BVerwG (vgl. § 50 Rn. 7). **6**

Um das OVG für alle mit einem Vorhaben des **Katalogs** zusammenhängenden Fragen umfassend zuständig zu machen (vgl. BT-Drs. 10/3368 S. 8), wird dieser **durch Absatz 1 S. 2 in dreifacher Hinsicht ergänzt.** Zum einen werden nach der Änderung durch das 6. VwGOÄndG von Absatz 1 S. 2 nunmehr auch die **Plangenehmigungsverfahren** erfasst, und zwar nach der Überleitungsvorschrift in Art. 10 Abs. 2 des 6. VwGOÄndG, soweit die Plangenehmigung nach dem 1. Januar 1997 bekannt gegeben wurde. Zum Zweiten wird verdeutlicht, dass der Katalog für »Streitigkeiten über **sämtliche für das Vorhaben erforderliche Genehmigungen und Erlaubnisse«** gilt. Neben den für die jeweiligen Vorhaben tragenden Gesetzesvorschriften (z.B. AtG, WStrG, AbfG, LuftG) bezieht sich der Katalog damit auf alle weiter noch erforderlichen Genehmigungen und Erlaubnisse aus anderen Rechtsgebieten (z.B. nach dem Immissionsschutzrecht, dem Wasserrecht, dem Baurecht, dem Bergrecht). Absatz 1 S. 2 bewirkt damit, dass die in einigen Gesetzen vorgenommenen Ausnahmen von der Konzentrationswirkung der Planfeststellung[8] nicht zu Ausnahmen von der erstinstanzlichen Zuständigkeit des OVG führen. Die Vorschrift wird schließlich auch weit in das Vorfeld für das Vorhaben auszulegen sein und etwa notwendige Ausnahmegenehmigungen nach Landschaftsgesetzen, Rodungsgenehmigungen u.Ä. mit erfassen[9]. Auf Entscheidungen demonstrationsrechtlicher Art kann sich die Vorschrift dagegen nicht beziehen, da diese zwar aus Anlass der Planung oder Ausführung eines der im Katalog aufgeführten Vorhaben ergehen können, aber einen anderen Regelungsgegenstand als das Vorhaben betreffen. **7**

Bei den **Entscheidungen über Kosten** (Gebühren und Auslagen) und Beiträge fällt unter die Zuweisung nur der Streit über Kosten, die die Behörde für die zugewiesene materielle Entscheidung erhebt[10]. Dagegen ergreift die Zuweisung nicht Bescheide über Benutzungsgebühren (z.B. § 21a AtG) oder Beiträge (z.B. VO zur § 21b AtG), da diese wieder ein anderes Rechtsverhältnis betreffen (Adressat im Atomrecht ist der Ablieferungspflichtige). **8**

---

7   Eyermann/J. Schmidt Rn. 4; a.A. München NVwZ-RR 2003,156; Kopp/Schenke Rn. 3; Schoch/Bier Rn. 9;

8   Vgl. § 9b Abs. 4 Nr. 3 AtG für Bergrecht; § 9 Abs. 1 LuftVG für Baurecht; zur Konzentrationswirkung vgl. § 42 Rn. 46b; insgesamt Laubinger VerwA 77, 77.

9   München NVwZ-RR 2003, 156 unter Berufung auf BVerwG NVwZ 2000, 1168; vgl. aber KreisG Gera LKV 1993, 136 verneinend für vorbeugenden Unterlassungsanspruch gegen Trassenführung der Bundesautobahn.

10   Z.B. KostenV zu § 21 AtG; a.A. für isolierte Kostenentscheidung Kassel NVwZ 1988, 75; ebenso für Untersuchungs- und Aufsichtsmaßnahmen Kassel NVwZ 1994, 1036.

Das VG ist nach BVerwG[11] auch für die Anfechtungsklage zuständig, die lediglich eine im Rahmen eines eisenbahnrechtlichen Planfeststellungsverfahrens ergangene, behördliche Kostenentscheidung betrifft.

9 Der **Katalog** wird in Absatz 1 Satz 2 weiter dahin **ergänzt**, dass auch Genehmigungen und Erlaubnisse darunter fallen, »soweit sie **Nebeneinrichtungen** betreffen, **die** mit ihm (dem Vorhaben) **in einem räumlichen und betrieblichen Zusammenhang stehen**« Der Bericht in der BT-Drs. 10/3368 nennt in diesem Zusammenhang die Kühltürme bei Kraftwerken[12] und die Schleusen beim Neubau von Wasserstraßen. Auf einen zeitlichen Zusammenhang kommt es für die Zuweisung nicht an. Trotz der weiten Fassung des Katalogs und der Ergänzungsvorschrift bleibt die Schwierigkeit einer Abgrenzung nach außen. Die meisten der im Katalog aufgeführten Vorhaben sind durch vielfache Infrastrukturmaßnahmen mit ihrer näheren und weiteren Umgebung verknüpft, sodass nur nach den Verhältnissen des Einzelfalles wird entschieden werden können, ob z.B. eine Zufahrt, eine Schienenverbindung, ein Verwaltungsgebäude, ein Lager oder Versorgungsleitungen, für die eine besondere Genehmigung erforderlich ist, von der Vorschrift mit erfasst werden.

IV. Die einzelnen Fälle des Kataloges

10 **1. Anlagen nach dem Atomgesetz.** Die Zuweisung in Nummer 1 bezieht sich zum einen auf Streitfälle, die die Errichtung, den Betrieb, die sonstige Innehabung, die Veränderung und die Stilllegung, den sicheren Einschluss und den Abbau von **Anlagen nach § 7 Abs. 1 und 5 AtomG** betreffen. Nach § 7 Abs. 1 AtG ist die wesentliche Veränderung der Anlage und des Betriebes genehmigungsbedürftig. Die Zuweisung enthält das Wort »wesentlich« nicht; sie erfasst damit auch den Streit darüber, ob eine Veränderung wesentlich ist. Mit der Änderung durch das 4. VwGOÄndG ist klargestellt worden, dass alle Genehmigungstatbestände des § 7 Abs. 3 AtomG erfasst sind[13]. Die Zuweisung reicht weiter als § 7 AtG, da sie sich auch auf die Stilllegung ortsveränderlicher Anlagen bezieht, die in § 7 AtG nicht geregelt ist. Nach Kassel[14] ist das VG jedoch zuständig für Anfechtungsklagen gegen Aufsichtsmaßnahmen, die die Beförderung radioaktiver Stoffe betreffen, anders jedoch für Aufsichtsmaßnahmen, die ein Brennelementwerk betreffen[15].

11 Bei der Anlagengenehmigung im Verfahren nach der AtVfV tritt **keine Konzentrationswirkung der Entscheidung** ein. Lediglich nach § 8 Abs. 2 AtG ist eine nach § 4 BImSchG erforderliche Genehmigung in der atomrechtlichen für die Anlage eingeschlossen. Im Übrigen sind für die Anlage weiter erforderliche Genehmigungen, wie etwa nach dem Wasserrecht, dem Gewerberecht, dem Baurecht einzeln zu betrachten; diese Genehmigungen werden jedoch nach Abs. 1 S. 2 von der Zuweisung erfasst[16]. Die Zuweisung erfasst auch die **Ausdehnung der Genehmigung** nach § 7 AtG

---

11 NVwZ-RR 1996, 610.
12 Vgl. Koblenz DVBl. 1987, 1027.
13 BVerwG DVBl. 1988, 970 und München DVBl. 1988, 270 nur Stilllegung damit überholt.
14 NVwZ 1989, 1178.
15 Kassel NVwZ 1994, 1125.
16 Vgl. Meyer-Ladewig NJW 1985, 1987.

auf den Umgang mit sonstigen radioaktiven Stoffen; das kann, soweit ein räumlicher oder betrieblicher Zusammenhang mit der Anlage besteht, auch für eine gesonderte Genehmigung, z.B. für die Lagerung schwachaktiver Abfälle aus dem Betrieb der Anlage, gelten.

Unerheblich für die Zuweisung ist, ob die Entscheidung als **Teilgenehmi- 12 gung** (§ 18 AtVfG) oder als **Vorbescheid** (§ 7a AtG) ergeht (vgl. § 42 Rn. 34). Erfasst sind weiter nicht nur die mit der Genehmigung verbundenen inhaltlichen Beschränkungen oder Auflagen, wie z.B. die Beschränkung der radioaktiven Ableitungen nach § 46 Abs. 5 StrlSchV, sondern auch nachträgliche Auflagen sowie die Zurücknahme und der Widerruf der Genehmigung (§ 17 AtG). Das Gleiche gilt für **Anordnungen der Aufsichtsbehörde** nach § 19 Abs. 3 AtG und der auf dieser Vorschrift beruhenden Maßnahmen der Aufsichtsbehörde nach der Strahlenschutzverordnung. Dasselbe muss aber auch für die Ausübung von Aufsichtsbefugnissen gelten, die nach § 19 Abs. 4 AtG neben der atomrechtlichen Aufsicht weiter bestehen und die sich auf die von der Zuweisung erfassten weiteren Genehmigungen beziehen. Auch der Streit über das Absehen von der Bekanntmachung in den Fällen des § 4 AtVfG unterliegt der Zuweisung. Unter den Voraussetzungen des Absatz 1 S. 2 werden auch **Nebeneinrichtungen** von der Zuweisung erfasst, und zwar unabhängig von der Auslegung des Anlagenbegriffes[17]. Über den Umfang der Rechte, die einem Rechtsanwalt in einem atomrechtlichen Verfahren nach § 7 AtomG zustehen, entscheidet nach Koblenz[18] das VG.

Die Zuweisung in Nummer 1 bezieht sich zum anderen auf **Streitigkeiten 13 über Anlagen nach § 9a Abs. 3 AtG,** das sind die Landessammelstellen und die Anlagen des Bundes zur Sicherstellung und zur Endlagerung radioaktiver Abfälle. Bei **Landessammelstellen** bedürfen das Lagern oder Bearbeiten radioaktiver Abfälle der Genehmigung. Die Verweisung auf die Tatbestände der Umgangsgenehmigungen zeigt, dass in § 9c AtG kein eigener Genehmigungstatbestand geschaffen werden sollte, dass vielmehr den Anforderungen des § 9c AtG mit einer uno actu erteilten Genehmigung nach § 9 AtG bzw. § 3 StrlSchV Genüge getan wird; der Umgang ist ein komplexer Begriff, dessen Genehmigung sowohl die Voraussetzungen für seinen Beginn wie die Ausübung während der Geltungsdauer der Genehmigung einschließt. Die Zuweisung erfasst, da das gesamte Bauwerk Landessammelstelle dem Zweck des Umgangs dient, auch die neben der atomrechtlichen erforderliche **Baugenehmigung.** Vgl. insoweit und zum weiteren Umfang der Zuweisung Rn. 15.

Bei **Anlagen des Bundes zur Sicherstellung und zur Endlagerung radioakti- 14 ver Abfälle** bedürfen Errichtung und Betrieb sowie deren wesentliche Änderung der Planfeststellung (§ 9b Abs. 1 AtG), wobei sich das Verfahren nach Maßgabe des § 9b Abs. 4 AtG nach den VwVfG richtet[19]. Zum Umfang der Zuweisung vgl. Rn. 5 f. Die umfassende Konzentrationswirkung des Beschlusses nach § 75 Abs. 1 VwVfG ist durch § 9b Abs. 5 Nr. 3 AtG hinsichtlich der Zulässigkeit des Vorhabens nach den Vorschriften des Berg- und Tiefspeicherrechts eingeschränkt. Die Zuweisung an das OVG

---

17   Vgl. Koblenz DVBl. 1987, 1027 zum Kühlturm; auch BVerwGE 72, 300.
18   NVwZ 1989, 1178.
19   Vgl. Wagner DVBl. 1991, 24; vgl. auch BVerwGE 90, 255 zum Übergang von Genehmigungen, die nach DDR-Recht erteilt waren.

bezieht sich aber nach Absatz 1 S. 2 auch auf diesen Bereich. Hinsichtlich des Betriebes vgl. Rn. 12, wobei auch hier Maßnahmen nach dem Bergrecht von der Zuweisung mit erfasst werden.

15 **2. Genehmigungen nach §§ 9 und 6 AtG.** Im Unterschied zu allen anderen Fällen des Katalogs bezieht sich die Zuweisung in Nummer 2 nicht auf Anlagen, sondern auf den **Umgang** (§ 11 Abs. 1 Nr. 1 AtG) **mit Kernbrennstoffen** (§ 2 Abs. 1 S. 1 AtG), wie er für **Bearbeitung, Verarbeitung und sonstige Verwendung** in § 9 AtG und für die **Aufbewahrung** (Lagerung) in § 6 AtG geregelt ist. Die Nummer 2 enthält auch nicht, wie die Nummern 3, 4 und 5 des Katalogs, eine mengenmäßige Beschränkung. Die Zuweisung erfasst daher jeden Umgang mit Kernbrennstoffen nach diesen Vorschriften, auch wenn es sich um kleinste Mengen handelt, soweit deren Aktivität nur über den für den genehmigungsfreien Umgang festgelegten Werten liegt.

16 Die Zuweisung betrifft den **Umgang mit sonstigen radioaktiven Stoffen** nur, soweit sich die Genehmigung nach § 9 oder § 6 AtG auch auf diesen Umgang erstreckt; eine gesondert erteilte Genehmigung für den Umgang in demselben Raum oder Gebäude wird von ihr nicht erfasst. Sie betrifft auch **nachträgliche Auflagen** nach § 17 Abs. 1 S. 3 AtG, die Rücknahme und den Widerruf der Genehmigung nach § 17 Abs. 2 ff. AtG sowie **Anordnungen der Aufsichtsbehörde** nach § 19 Abs. 3 AtG. Ebenso fallen unter die Zuweisung die sich auf den Umgang beziehenden Genehmigungen, Auflagen und Anordnungen nach der Strahlenschutzverordnung. Die Erteilung von Genehmigungen nach §§ 9 und 6 AtG, für die ein förmliches Verwaltungsverfahren nicht vorgeschrieben ist, hat im Hinblick auf weitere Genehmigungen und Erlaubnisse, die der Umgang mit Kernbrennstoffen erfordert, **keine Konzentrationswirkung.** Jede weiter erforderliche Genehmigung, etwa eine solche nach dem BImSchG oder der GewO, wird jedoch von Absatz 1 S. 2 erfasst.

17 Schwierigkeiten bereitet das Verhältnis zum Baurecht. Eine atomrechtliche Errichtungsgenehmigung, die sich wie bei § 7 AtG auf den gesamten Bau bezieht, kennen die Umgangstatbestände nicht. Die **Klammer** zum Gebäude und damit **zum Baurecht** stellen die **Genehmigungsvoraussetzungen für die Schadensvorsorge** (§ 9 Abs. 2 Nr. 3 AtG, § 6 Abs. 2 Nr. 2 AtG) und für die **Sicherung** (§ 9 Abs. 2 Nr. 5 AtG, § 6 Abs. 2 Nr. 4 AtG) dar, aus denen bestimmte Anforderungen an den Bau folgen können. Der Antragsteller wird dies regelmäßig bereits in seinem Bauantrag berücksichtigen, was jedoch nicht ausschließt, dass die atomrechtliche Genehmigungsbehörde weitere Anforderungen stellt oder Auflagen macht, die wiederum zu einer Änderung der Baugenehmigung führen. In der Genehmigung nach § 9 AtG wird auch das Verfahren für den Umgang festgelegt, die Betriebsstätte beschrieben und ihre Lage bezeichnet, soweit dies für die erforderlichen, auch die baulichen Sicherheitsmaßnahmen entscheidend ist; auch die Genehmigung, die bei wesentlichen Änderungen dieser Bedingungen notwendig ist (§ 9 Abs. 1 S. 2 AtG), fällt unter die Zuweisung. Sofern nicht eine auf den Umgang mit Kernbrennstoffen isolierbare baurechtliche Genehmigung, z.B. Änderung oder Auflage bei einem bestehenden Bau, vorliegt, wird sich die Zuweisung an das OVG, da die Baugenehmigung als Ganzes gesehen werden muss, danach bestimmen, ob ihr überwiegender Inhalt den beschriebenen Bezug zu den atomrechtlichen Genehmigungstatbeständen hat. Das ist bei Bauwerken, die insgesamt für den Umgang nach den § 9 oder 6 AtG genutzt werden sollen, sicherlich der Fall.

3. **Kraftwerke.** Die Zuweisung in Nummer 3 betrifft Kraftwerke mit **Feue-** **18** **rungsanlagen** für feste, flüssige und gasförmige Brennstoffe **mit einer Feue-rungswärmeleistung von mehr als 300 Megawatt.** Die Vorschrift stellt auf die Feuerungsanlage ab. Es werden jedoch nur solche Anlagen erfasst, die als Großfeuerungsanlagen bei Verwendung von festen und flüssigen Brenn-stoffen unter die §§ 6 Abs. 1 bzw. 11 Abs. 1, bei Altanlagen unter § 20 Abs. 1 Nr. 1 der 13. BImSchV fallen. Das Erfordernis einer thermischen Leistung von mehr als 300 Megawatt gilt bei Verwendung von gasförmi-gen Brennstoffen ohne einen solchen Bezug. Bilden mehrere Einzelfeuerun-gen eine gemeinsame Anlage, ist die Summe ihrer Leistungen maßgebend (§ 2 Abs. 4 4. BImSchV). Wird bei einer Erweiterung die Leistungsgrenze überschritten, bedarf die gesamte Anlage der Genehmigung[20].

Anknüpfungspunkt für die Zuweisung bleibt die Verordnung über Groß- **19** feuerungsanlagen, auch nachdem mit der Neufassung der Vierten BImSchV (vom 24.7.1985 – BGBl. I S. 1586), die am 1. November 1985 in Kraft trat, die Genehmigungsbedürftigkeit für das Kraftwerk selbst eingeführt wurde, denn diese hängt von einer niedrigeren thermischen Leistung ab. Die Kraftwerksgenehmigung erstreckt sich auf alle Anlagenteile und Ver-fahrensschritte, die zum Betrieb notwendig sind, und auf alle Nebenein-richtungen, die mit diesen Anlagenteilen und Verfahrensschritten in einem räumlichen und betriebstechnischen Zusammenhang stehen (§ 1 Abs. 2 4. BImSchV). Damit werden sowohl die Feuerungsanlage wie der Kühl-turm von der Genehmigung des Kraftwerkes erfasst.

Die **Zuweisung bezieht sich auf Errichtung, Betrieb und Änderung** von **20** Kraftwerken mit derartigen Feuerungsanlagen. Sie erfasst damit, neben der Baugenehmigung, die für die Errichtung und den Betrieb erforderliche Ge-nehmigung (§§ 4, 10 BImSchG) und die Änderungsgenehmigung (§ 15 Abs. 1 BImSchG), jeweils mit den mit ihnen verbundenen Nebenbestim-mungen (§ 12 BImSchG), ebenso nachträgliche Änderungen (§ 17 BImSchG) sowie den Widerruf der Genehmigung (§ 21 BImSchG) und die Untersagung, Stilllegung und Beseitigung der Anlage (§ 20 BImSchG). Die in der **beschränkten Konzentrationswirkung** des § 13 BImSchG nicht ein-geschlossenen Planfeststellungen, Zulassungen, bergrechtlichen Betriebs-pläne, wasser- oder atomrechtlichen Entscheidungen, sowie die Zustim-mung nach § 4 EnWG werden von der Zuweisung über Absatz 1 S. 2 erfasst[21].

4. **Freileitungen.** Die Zuweisung in Nummer 4 bezieht sich auf die **Errich- 21** tung von Freileitungen mit mehr als 100 000 Volt Nennspannung sowie die Änderung ihrer Linienführung**[22]. Die Zuweisung folgt in der Termino-logie »Errichtung« den anderen Nummern des Katalogs. Die Grenze von 100 000 Volt soll die Zuweisung auf große Hochspannungsleitungen be-schränken. Als Freileitung ist eine oberirdische Leitung zur Fortleitung und Abgabe von Elektrizität anzusehen[23].

---

20   Vgl. Kopp/Schenke Rn. 6; Meyer-Ladewig NJW 1985, 1988; v. Oertzen DÖV 1985, 753; Pagenkopf DVBl. 1985, 934.
21   Ebenso Bader/v. Albedyll Rn. 9; a.A. Kopp/Schenke Rn. 6.
22   Vgl. München BayVBl. 1993, 463 für Bahnstromleitung.
23   Vgl. Pagenkopf DVBl. 1985, 984.

22 Die Errichtung oder Änderung solcher Freileitungen mit einer Nennspannung von einhundertzehntausend Volt und mehr bedarf der Planfeststellung, wenn nach dem UVPG eine Umweltverträglichkeitsprüfung erforderlich ist, andernfalls genügt eine Plangenehmigung. Bei Freileitungen mit einer Nennleistung unter einhundertzehntausend Volt, gibt es kein einheitliches Genehmigungsverfahren. Es sind eine Vielzahl von Genehmigungen, Befreiungen und Erlaubnissen nach landesrechtlichen Vorschriften erforderlich, um die Linienführung und deren Änderung in den Landschaftsschutz, Naturschutz, Denkmalschutz, in Wasserschutz-, Flurbereinigungs- oder Waldgebiete (Rodungsgenehmigungen) einzupassen. Teilweise können auch die Linienführung einer besonderen Genehmigung in den Raumordnungsverfahren der Länder oder der Bau der Leitung oder der einzelnen Masten einer Baugenehmigung unterliegen. Die Zuweisung erfasst Streitigkeiten aus diesem gesamten Komplex[24], soweit die erstinstanzliche Zuständigkeit des OVG vorgeschrieben ist. Die »Errichtung von Freileitungen« sollte weit ausgelegt werden, sodass **Schalt- und Umspannanlagen**, die mit der Freilegung errichtet werden, als Nebeneinrichtungen im Sinne von Absatz 1 S. 2 anzusehen sind und damit von der Zuweisung erfasst werden[25].

23 5. **Abfallbeseitigungsanlagen.** Die Zuweisung nach Nummer 5 bezieht sich einmal auf Verfahren für die Errichtung, den Betrieb und die wesentliche Änderung von ortsfesten **Anlagen zur Verbrennung oder thermischen Zersetzung** von Abfällen im Sinne von § 41 Abs. 1 des Kreislaufwirtschafts- und Abfallgesetzes **mit einer jährlichen Durchsatzleistung** (effektive Leistung) von **mehr als 100 000 t.** Mit dem Abgrenzungskriterium »mehr als 100 000 t« bei der Durchsatzleistung nimmt die Zuweisung nicht, wie etwa bei den Kraftwerken, auf bestehende Rechtsvorschriften Bezug, sondern legt dieses erstmalig fest, um Anlagen einer bestimmten Größenordnung zu beschreiben. Nach § 31 Abs. 1 KrW-/AbfG ist für ortsfeste Abfallentsorgungsanlagen zur Lagerung und Behandlung von Abfällen, und zu diesen Anlagen zählen auch die **Verbrennungsanlagen,** eine **Genehmigung nach § 4 Abs. 1 BImSchG erforderlich.** Begonnene Verfahren zur Zulassung von Abfallentsorgungsanlagen, bei denen das Vorhaben bei In-Kraft-Treten des Investitionserleichterungs- und WohnbaulandG (v. 22.4.1993 – BGBl. I S. 466) öffentlich bekannt gemacht war, können nach den Vorschriften des AbfallG zu Ende geführt werden (Art. 7)[26].

24 Die Zuweisung in Nummer 5 bezieht sich zum anderen auf Verfahren **für die Errichtung, den Betrieb und die wesentliche Änderung** von ortsfesten Anlagen, in denen ganz oder teilweise Abfälle im Sinne von § 41 Abs. 1 KrW-/AbfG gelagert oder abgelagert werden (**Sondermülldeponien**)[27]. Diese Abfälle sind nach § 41 Abs. 1 S. 2 KrW-/AbfG durch Rechtsverordnung zu bestimmen. Die Zuweisung erfasst auch die Zulassung des vorzeitigen Beginns der Errichtung oder des Betriebs gemäß dem vorgelegten Plan[28].

---

24 Vgl. Mannheim NVwZ 1997, 90 für Enteignung ohne vorangegangenes Planfeststellungsverfahren.
25 Ebenso Schoch/Bier Rn. 25; Kopp/Schenke Rn. 7; aber nicht ausufernd, vgl. Mannheim NVwZ 2000, 822.
26 Vgl. Haller NVwZ 1994, 1066.
27 Vgl. BVerwGE 90,96.
28 Vgl. Kopp/Schenke Rn. 8; Meyer-Ladewig NJW 1985, 1988.

Zum **Umfang der Zuweisung** in Nummer 5 vgl. Rn. 5 f. Die Konzentrati-   **25**
onswirkung von Planfeststellungsbeschlüssen, die in Verfahren für Sondermülldeponien ergehen, ist umfassend (§ 34 Abs. 1 S. 1 KrW-/AbfG mit
§ 75 Abs. 1 VwVfG). Für nachträgliche Anordnungen nach § 17 BImSchG
hat Mannheim[29] die Zuständigkeit des OVG verneint.

6. Verkehrsflughäfen. Die Zuweisung in Nummer 6 betrifft das **Anlegen,**   **26**
die **Erweiterung** oder **Änderung** und den **Betrieb von Verkehrsflughäfen**
und von Verkehrslandeplätzen mit beschränktem Bauschutzbereich. Es
sind dies die Flughäfen nach § 38 Abs. 2 Nr. 1 LuftVZO, die nach Absatz 1 dieser Vorschrift dahin definiert sind, dass Art und Umfang des bei
ihnen vorgesehenen Flugbetriebes einer Sicherung durch einen Bauschutzbereich nach § 12 LuftVG bedürfen. Der Zuständigkeit des OVG unterliegen zunächst einmal die **Rechtsstreitigkeiten** über Entscheidungen **im luft-**
verkehrsrechtlichen Genehmigungsverfahren für diese Flughäfen. Dazu
zählen die Genehmigung des Anlegens und des Betreibens des Flughafen
nach § 6 Abs. 1 LuftVG einschließlich etwaiger mit dieser Genehmigung
verbundenen oder auf sie bezogenen Auflagen; die Änderung der Genehmigung wegen Erweiterung und Änderung der Anlage und des Betriebes des
Flughafens nach § 6 Abs. 4 S. 2 LuftVG; die Planfeststellung nach §§ 8,
10 Abs. 1 LuftVG[30], einschließlich der in den Planfeststellungsbeschluss
aufzunehmenden Schutzauflagen nach § 9 Abs. 2 LuftVG[31], auch der
Streit um die Notwendigkeit eines Planfeststellungsverfahrens[32]; ebenso
die Entscheidung nach § 8 Abs. 2 LuftVG, dass bei Änderungen oder Erweiterungen von unwesentlicher Bedeutung die Planfeststellung unterbleiben kann[33]; die Ergänzung und Änderung der Genehmigung nach § 6
Abs. 4 LuftVG, wenn dies nach dem Ergebnis der Planfeststellung erforderlich ist; die Gestattung von Vorarbeiten nach § 7 Abs. 1 LuftVG zur
Vorbereitung des Genehmigungsantrages. Das Gleiche gilt für den Streit
über die Notwendigkeit eines beschränkten Bauschutzbereiches.

Von der Zuweisung auch erfasst werden Streitigkeiten, die den **Ausbauplan**   **27**
nach § 12 Abs. 1 LuftVG betreffen, der **für** den **Bauschutzbereich** maßgebend ist[34]. Das gilt jedoch nur für den Ausbauplan selbst. Die in § 12
Abs. 2 und Abs. 3 LuftVG vorgesehene Zustimmung der Luftfahrtbehörde
bei Baugenehmigungen für Bauwerke im Bauschutzbereich, mit der Möglichkeit diese Zustimmung von Auflagen im Baubescheid abhängig zu machen (§ 12 Abs. 4 LuftVG), führt nicht dazu, dass diese Baugenehmigungen vor dem OVG angefochten werden müssen. Dagegen werden von der
Zuweisung wieder erfasst Streitigkeiten über die Zulassung des Luftsiche-
rungsplanes und etwaiger Auflagen dazu nach § 19b Abs. 2 LuftVG.

Zugewiesen sind alle Genehmigungen, Zustimmungen, Erlaubnisse und   **28**
Aufsichtsmaßnahmen, die der Unternehmer für den **Betrieb des** Verkehrsflughafens oder des Verkehrslandeplatzes benötigt oder die diesen betreffen. Dazu zählen die Genehmigung der nach § 43 Abs. 1 LuftVZO erforderlichen **Benutzungsordnung** und **Entgeltregelung,** die Abnahmeprüfung

---

29   DVBl. 2000, 215.
30   Vgl. Pagenkopf DVBl. 1985, 985.
31   Vgl. BVerwGE 56, 110.
32   Mannheim NVwZ 1997, 594.
33   Vgl. Mannheim NuR 1996, 607.
34   Vgl. Giemulla/Lau/Barton, Komm. z. LuftVG § 12 Rn. 8 zur Rechtsnatur dieses
     Plans als Allgemeinverfügung.

vor der ersten Inbetriebnahme nach § 44 LuftVZO, die Bestätigung der Bestellung des Betriebsleiters nach § 45 Abs. 3 LuftVZO, sowie der Streit über die **öffentlich-rechtlichen Pflichten des Unternehmers,** den Flughafen in betriebssicherem Zustand zu erhalten (Unterhaltungspflicht), ihn ordnungsgemäß zu betreiben (Betriebspflicht) und zu sichern (Sicherungspflicht). Hiervon erfasst sind u.A. auch Streitigkeiten über die Festlegung von Abflugrouten[35]. Das Gleiche gilt für **Maßnahmen der Aufsicht** durch die Genehmigungsbehörde nach § 47 Abs. 1 LuftVZO und der Luftaufsichtsbehörde nach § 29 LuftVG. Nicht mehr zum »Betrieb des Verkehrsflughafens oder des Verkehrslandesplatzes« zählen die Genehmigung von Luftfahrtunternehmen oder für Luftfahrzeuge für besondere Zwecke (§ 20 LuftVG), sowie alle weiteren Genehmigungen, die diejenigen haben müssen, die einen Flughafen benutzen wollen.

29   Über Absatz 1 S. 2 sind auch die vom Planfeststellungsbeschluss nach § 9 Abs. 1 LuftVG nicht erfassten Entscheidungen dem OVG zugewiesen. Es handelt sich dabei um die **Entscheidung des Bundesministers für Verkehr über die Notwendigkeit einer Flugsicherung** nach § 9 Abs. 4 des Gesetzes über die Bundesanstalt für Flugsicherung und um die Baugenehmigungen. Diese letztere Zuweisung umfasst eine Vielzahl von Bauwerken, da zu den Betriebsanlagen eines Flughafens alle Anlagen gerechnet werden, die mittelbar oder unmittelbar der Abwicklung oder Sicherung des Flugverkehrs dienen, von Hallen, Werkstattgebäuden, Passagierabfertigung, Zollabfertigung bis zu Parkplätzen mit Tankstelle, Restaurant, Ladenstraßen, Duty-free-Shop und Flughafenhotel[36].

29a Durch **§ 5 Abs. 1 Verkehrswegeplanungs-BeschleunigungsG** ist die Entscheidung über sämtliche Streitigkeiten, die Planfeststellungsverfahren und Plangenehmigungsverfahren für den **Bau und** die **Änderung von Verkehrsflughäfen** in den neuen Bundesländern betreffen, dem BVerwG in erster und letzter Instanz zugewiesen. Zum Anwendungsbereich vgl. § 50 Rn. 8, zur Geltungsdauer § 50 Rn. 9, 10. Die Zuweisung an das BVerwG ist nicht deckungsgleich mit der Zuständigkeit des OVG nach der Nummer 6, da sie im Gegensatz hierzu an das Planfeststellungs- bzw. Plangenehmigungsverfahren anknüpft. Damit sind alle außerhalb dieser Verfahren liegenden Genehmigungen nicht erfasst (vgl. Rn. 26). Ebenso **nicht erfasst** ist der **Betrieb** des Verkehrsflughafens. Das BVerwG ist auch nicht zuständig bei Verkehrslandeplätzen mit beschränktem Bauschutzbereich.

30   **7. Straßenbahnen, Magnetschwebebahnen und öffentliche Eisenbahnen.** Die Zuweisung in Nummer 7 bezieht sich einmal auf **Planfeststellungsverfahren für den Bau oder die Änderung neuer Strecken von Straßenbahnen;** trotz des Wortlautes bezieht sich die Zuweisung auch auf die **Änderung schon bestehender Strecken,** da die Beibehaltung des Wortes »neu« in der Fassung des PlanungsvereinfachungsG ein Versehen darstellt[37]. Bei den Straßenbahnen handelt es sich nicht nur um die in § 4 Abs. 1 PersBG definierten Schienenbahnen, die der Beförderung von Personen im Orts- oder Nachbarschaftsbereich dienen, sondern auch um die als Straßenbahnen

35   BVerwG NJW 2000, 3584.
36   Vgl. im Einzelnen Giemulla/Lau/Barton, Komm. z. LuftVG § 8 Anm. 13.
37   So mit beachtlichen Gründen Eyermann/J. Schmidt Rn. 11; ebenso Mannheim NVwZ-RR 1997, 76; Koblenz NVwZ-RR 2002, 392; Bader/v. Albedyll Rn. 15; Schoch/Bier Rn. 30; Sodan/Ziekow Rn. 23.

geltenden Hoch- und Untergrundbahnen, Schwebebahnen oder ähnliche Bahnen (§ 4 Abs. 2 PersBG). Für den Bau neuer Straßenbahnen ist erforderlich, dass der Plan für ihre Betriebsanlagen vorher festgestellt ist (§ 28 Abs. 1 PersBG). Zum Umfang der Zuweisung bei der Planfeststellung vgl. Rn. 5 f. Die **Konzentrationswirkung** der Planfeststellung ist **umfassend;** nur wenn der Beschluss neben den Betriebsanlagen weitere Anlagen erfasst, ist für diese eine gesonderte Baugenehmigung erforderlich. Die Zuweisung bezieht sich unter den Voraussetzungen des Absatz 1 S. 2 auch auf diese Baugenehmigungen. Nicht von der Zuweisung erfasst wird die raumordnerische Beurteilung des Vorhabens[38].

Soweit die Planfeststellung dadurch ersetzt wird, dass **Straßenbahnanlagen** **31** **im Bebauungsplan ausgewiesen** werden (§ 28 Abs. 3 PersBG), kann ein Streit **nur** zu einem **Normenkontrollverfahren** nach § 47 Abs. 1 VwGO führen[39], erst Ergänzungen der Festlegungen im Bebauungsplan durch ein Planfeststellungsverfahren nach dem PersBG[40] unterliegen der Zuweisung. Eine Verbindung von gleichzeitig anhängigem Normenkontroll- und Streitverfahren durch das OVG nach § 93 VwGO kommt jedoch wegen der Unterschiede dieser Verfahren nicht in Betracht (vgl. § 93 Rn. 1).

Durch das Magnetschwebebahnplanungsgesetz vom 23.11.1994 (BGBl. I **32** S. 3486) ist auch das Planfeststellungsverfahren für den Bau oder die Änderung von **Magnetschwebebahnen,** einschließlich der Betriebsanlagen, erfasst. Die Zuweisung in Nummer 7 bezieht sich weiter auf **Planfeststellungsverfahren** für den **Bau oder die Änderung neuer Strecken** von **öffentlichen Eisenbahnen** sowie für den **Bau von Rangier- und Containerbahnhöfen.** Der Begriff der öffentlichen Eisenbahnen ergibt sich aus §§ 1 und 2 Abs. 1 AEG. Die **Zuweisung erfasst** hiervon **den Bau oder die Änderung von Anlagen,** auch **schon bestehender** (vgl. Rn. 30). Die Zuweisung erfasst nur Streitigkeiten, die in einem streitgegenständlichen Zusammenhang mit einem Planfeststellungsbeschluss oder einer Plangenehmigung stehen; dazu gehört auch das Vorfeld des Planfeststellungs- oder Plangenehmigungsverfahrens[41]. Nicht hiervon erfasst ist jedoch das Raumordnungsverfahren, das bei der Planfeststellung selbst nur im Rahmen der Abwägung eine Rolle spielen kann, sonst jedoch keine selbstständigen Rechtsfolgen nach sich zieht[42].

Zum Umfang der Zuweisung vgl. Rn. 5 f. Die Konzentrationswirkung des **33** Planfeststellungsbeschlusses ist nach § 75 VwVfG umfassend. Die **Zuweisung** erfasst dagegen **nicht** Streitigkeiten über **Versuchsanlagen zur Erprobung von Techniken,** da sich das G v. 29.1.1976 (BGBl. I S. 241) nicht auf öffentliche Eisenbahnen oder Straßenbahnen bezieht[43]. Der Neubau von **Eisenbahnen, die nicht Bundeseisenbahnen** sind, erfordert nach den jeweiligen landesgesetzlichen Vorschriften ebenfalls ein Planfeststellungsverfahren. Die Zuweisung erstreckt sich auch auf diese Vorhaben.

Durch § 5 Abs. 1 **Verkehrswegeplanungs-BeschleunigungsG** ist die Ent- **33a** scheidung über sämtliche Streitigkeiten, die Planfeststellungsverfahren und

---

38   Münster UPR 1996, 454.
39   Mannheim NVwZ-RR 2001, 411.
40   Vgl. dazu Bidinger, Komm. z. PersBG § 28 Rn. 7.
41   Vgl. BVerwG NVwZ 1994, 368; NVwZ 1994, 370 zu § 5 VerkPBG.
42   Vgl. BVerwG NVwZ 1995, 381.
43   Vgl. Pagenkopf DVBl. 1985, 985.

Plangenehmigungsverfahren für den Bau und die Änderung von Verkehrswegen der Bundeseisenbahnen und von Straßenbahnen im Sinne des § 4 Abs. 1 und 2 PersBefG betreffen, dem **BVerwG** in erster und letzter Instanz zugewiesen. Zum Anwendungsbereich vgl. § 50 Rn. 8, zur Geltungsdauer § 50 Rn. 9, 10. Die Zuständigkeit des BVerwG erfasst nicht die Magnetschwebebahn und den Bau von Rangier- und Containerbahnhöfen.

34 8. **Bundesfernstraßen.** Die Zuweisung in Nummer 8 betrifft Streitigkeiten, die **Planfeststellungsverfahren für** den **Bau oder** die **Änderung von Bundesfernstraßen** betreffen. Zum Plangenehmigungsverfahren vgl. Rn. 7. Bundesfernstraßen sind nach § 1 Abs. 2 FStrG die Bundesautobahnen und die Bundesstraßen mit den Ortsdurchfahrten. Bau und Änderung der Bundesfernstraßen bedürfen nach § 17 Abs. 1 FStrG der Planfeststellung. Die Zuständigkeit des OVG in 1. Instanz erstreckt sich auch auf einen Antrag auf zusätzliche Schutzvorkehrungen, über die in einem Planfeststellungsbeschluss (ablehnend) entschieden wurde, auch dann, wenn die Immissionen und Geräuschgefährdungen nicht von dem neu zu bauenden Straßenabschnitt, sondern von einer Überleitungsbrücke ausgehen, die über eine vorhandene Kreisstraße führt[44]. Zum Umfang der Zuweisung bei der Planfeststellung vgl. Rn. 5 f. Nicht unter die Zuweisung fällt die Anordnung von Schutzanlagen nach § 17 Abs. 6 FStrG a.F. nach Unanfechtbarkeit des Planfeststellungsbeschlusses und Fertigstellung des Vorhabens[45]. Dagegen wird erfasst der Streit über Ausnahmen, die die oberste Landesstraßenbaubehörde von der Veränderungssperre nach § 9 Abs. 5 FStrG zulässt. Auch die Planfeststellungsverfahren nach § 12 Abs. 4 FStrG, die Kreuzungen zwischen Bundesfernstraßen und anderen öffentlichen Straßen betreffen, und nach § 12a Abs. 4 FStrG, die sich auf Kreuzungen mit Gewässern beziehen, fallen unter die Zuweisung[46].

35 Der **Zustimmungsvorbehalt** der obersten Landesstraßenbaubehörde **für bauliche Anlagen** an **Bundesfernstraßen** nach § 9 Abs. 2 FStrG führt nicht dazu, dass die Baugenehmigungen oder die Erlaubnisse für diese Anlagen bei einer Anfechtung **unter** die **Zuweisung** fallen. Das Gleiche gilt für die Aufstufung einer öffentlichen Straße oder einer Bundesstraße zur Bundesautobahn nach § 2 Abs. 3a FStrG, da auch hier weder ein Planfeststellungsverfahren noch ein Plangenehmigungsverfahren durchgeführt wird.

36 Im Falle der Nummer 8 hat Absatz 1 S. 2 im Wesentlichen für die Plangenehmigungsverfahren (vgl. Rn. 7) Bedeutung. Denn einmal rechnet bereits der § 1 Abs. 4 FStrG als zu den Bundesfernstraßen gehörig, nicht nur den **Straßenkörper** mit seinen Einrichtungen, sondern auch das **Zubehör,** die **Nebenanlagen** und die **Nebenbetriebe an den Bundesautobahnen.** Auch die **Anlagen der Verkehrsüberwachung,** der Unfallhilfe und des Zolls nach § 17a FStrG, die als Nebeneinrichtungen in Betracht kommen könnten, werden regelmäßig vom Planfeststellungsbeschluss miterfasst.

37 In einigen Landesgesetzen (z.B. § 36 Abs. 5 BayStrWG; § 40 Abs. 4 SchlH StrWG) ist die Möglichkeit vorgesehen, Straßen nach Landesrecht in der Planfeststellung nach dem Fernstraßengesetz mit feststellen zu können,

---

44   Mannheim DVBl. 1996, 271 (L.) v. 11.7.95.
45   Vgl. Mannheim NVwZ 1995, 179; München NVwZ-RR 1992, 165; BVerwG NVwZ 2000, 1168.
46   Bader/v. Albedyll Rn. 19; Kopp/Schenke Rn. 11; a.A. Sodan/Ziekow Rn. 25.

auch wenn sie keine Folgemaßnahmen des Vorhabens des Bundes sind. Diese **Erweiterung des Planfeststellungsverfahrens des Bundes** kann auch bei einem einheitlichen Verfahren zu einer Zuweisung nur dann führen, wenn die Entscheidung der Landesbehörde, ihr Vorhaben an das Vorhaben des Bundes anzuhängen, als VA angesehen und nicht angefochten worden ist[47]. Zuständig für Streit hierüber wäre das VG.

Durch **§ 5 Abs. 1 Verkehrswegeplanungs-BeschleunigungsG** ist die Ent- **38** scheidung über sämtliche Streitigkeiten, die Planfeststellungsverfahren und Plangenehmigungsverfahren für den Bau und die Änderung von Bundesfernstraßen betreffen, dem **BVerwG** in erster und letzter Instanz zugewiesen. Zum Anwendungsbereich vgl. § 50 Rn. 8, zur Geltungsdauer § 50 Rn. 9, 10.

9. Bundeswasserstraßen. Die Zuweisung in Nummer 9 betrifft **Planfeststel-** **39** **lungsverfahren für den Neubau oder den Ausbau von Bundeswasserstraßen**[48]. Aus dem Wortlaut folgt, dass es sich nicht nur um Binnenwasserstraßen des Bundes nach § 1 Abs. 1 Nr. 1 WStrG handelt sondern auch um Seewasserstraßen (vgl. § 1 Abs. 1 Nr. 2 und Abs. 2 WStrG).

Es bleibt die Frage, was vom Planfeststellungsbeschluss erfasst wird[49]. **40** Nach § 1 Abs. 4 WStrG gehören zu den Bundeswasserstraßen auch die **bundeseigenen Schifffahrtanlagen**, insbesondere Schleusen, Schleusenkanäle, Wehre, Schiffshebewerke, Schutz-, Sicherheits- und Bauhäfen, ebenso die zur Unterhaltung dienenden Tonnenhöfe, Bau- und Schirrhöfe. Die Zuweisung erstreckt sich direkt oder über Absatz 1 S. 2, auch auf diese Anlagen. Auch die Teile einer Bundeswasserstraße, die in einen Hafen einbezogen werden, der nicht vom Bund betrieben wird, unterliegen nach § 45 Abs. 4 dem WStrG. Da die Bundeswasserstraße als Verkehrsweg eine Einheit darstellt und daher nicht nur die Schifffahrtsrinne umfasst, sondern in seitlicher Begrenzung von Ufer zu Ufer reicht[50], kann sich die Zuweisung auch auf den **Neubau oder den Ausbau von Verkehrs- und Umschlaghäfen** erstrecken[51]. Das WStrG bezieht sich **nicht** auf **Binnenwasserstraßen der Länder**. Diese unterliegen über § 31 WHG[52] der Planfeststellung nach dem Wassergesetz des jeweiligen Landes.

Durch **§ 5 Abs. 1 Verkehrswegeplanungs-BeschleunigungsG** ist die Ent- **41** scheidung über sämtliche Streitigkeiten, die Planfeststellungsverfahren und Plangenehmigungsverfahren für den Bau und die Änderung von Bundeswasserstraßen betreffen, dem **BVerwG** in erster und letzter Instanz zugewiesen[53]. Zum Anwendungsbereich vgl. § 50 Rn. 8, zur Geltungsdauer § 50 Rn. 9, 10.

10. Landesgesetzliche Zuweisung. Nach Absatz 1 Satz 3 kann das Land **42** durch Gesetz vorschreiben, dass über Streitigkeiten, die Besitzeinweisungen nach Landesrecht in den Fällen des Katalogs betreffen, das OVG im

---

47 Weiter gehend Kopp/Schenke Rn. 11: allgemein.
48 Vgl. Hamburg DVBl. 2001, 406.
49 Mannheim UPR 1999, 236 stellt darauf ab, dass das Planfeststellungsverfahren die Verkehrsfunktion einer Bundeswasserstraße betrifft.
50 Vgl. Friesecke, Komm. z. WStrG § 45 Rn. 5.
51 Vgl. v. Oertzen DÖV 1985, 756.
52 Vgl. Gieseke/Wiedemann/Czychowski, Komm. z. WHG § 31 Anm. 73.
53 Vgl. BVerwGE 102, 74, sowie § 50 Rn. 7.

ersten Rechtszug entscheidet. Über Besitzeinweisungen im Enteignungsverfahren entscheiden in den Ländern Berlin, Bremen, Hamburg, Niedersachsen und Rheinland-Pfalz die Zivilgerichte (Baulandkammern), während in
den übrigen Ländern der Verwaltungsrechtsweg gegeben ist. Soweit bundesgesetzliche Regelungen über die Besitzeinweisung keine Bestimmung
über die Rechtsmittel enthalten (wie z.B. § 18 f. FStrG), bleiben die Enteignungsgesetze der Länder insoweit anwendbar[54]. Diese gespaltene Rechtswegregelung hat nach der Begründung des BeschleunigungsG zu der Ermächtigung für den Landesgesetzgeber geführt. Die Zuweisung wird
jedoch hiervon nicht berührt, da sie den Verwaltungsrechtsweg voraussetzt[55]. Von der Ermächtigung hat **Bayern** (Art. 6 AG), **Baden-Württemberg** (§ 5a AG), **Brandenburg** (§ 4 Abs. 2 VwGG), **Sachsen-Anhalt** (§ 11
AG), **Sachsen** (§ 19 JustAG) und **Thüringen** (§ 5 AG) Gebrauch gemacht.
Die erstinstanzliche Zuständigkeit des BVerwG (vgl. § 50 Rn. 7) bezieht
sich nicht auf die landesrechtlichen Zuweisungen.

V. Zuständigkeit in Vereinssachen

43 1. Das **OVG** ist nach Absatz 2 **in erster Instanz sachlich zuständig** für Klagen gegen das Verbot eines Vereins (§ 3 Abs. 1 VereinsG) oder einer Ersatzorganisation (§ 8 Abs. 2 S. 1 VereinsG), wenn dieses von einer **obersten Landesbehörde** als **Verbotsbehörde** (§ 3 Abs. 2 Nr. 1 VereinsG)
erlassen worden ist. Das OVG ist weiter zuständig für die Feststellungsklage der obersten Landesbehörde auf Bestätigung eines solchen Verbots
(§ 16 Abs. 2 VereinsG; vgl. § 43 Rn. 18), wenn dieses gegen eine Arbeitgeber- oder Arbeitnehmervereinigung gerichtet ist, sowie für den Erlass einstweiliger Anordnungen im Bestätigungsverfahren nach § 16 Abs. 4
VereinsG. Zur Zuständigkeit des BVerwG, wenn der BMI Verbotsbehörde
ist, vgl. § 50 Rn. 3. Örtlich zuständig ist das OVG des Landes, dessen
oberste Landesbehörde Verbotsbehörde ist. Für die Klagen gegen Maßnahmen zum Vollzug des Verbots ist, auch wenn diese nach § 3 Abs. 1 S. 2
VereinsG mit der Verbotsverfügung verbunden werden, das VG sachlich
zuständig[56]. **Absatz 3,** der auf den Sonderstatus Berlins vor der Vereinigung bezogen war, ist durch das. 6. ÄndGVwGO **gestrichen.**

44 2. Das **Verfahren** vor dem OVG richtet sich nach den Vorschriften des
II. Teils. Es sind jedoch folgende Besonderheiten zu beachten: Die Klage
gegen das Vereinsverbot hat **aufschiebende Wirkung** (§ 3 Abs. 4 S. 3
VereinsG); die Klage gegen das Verbot einer Ersatzorganisation hat dagegen keine aufschiebende Wirkung (§ 8 Abs. 2 S. 3 VereinsG). Ist das Verbot gegen eine Arbeitgeber- oder Arbeitnehmervereinigung gerichtet, wird
es wirksam und vollziehbar erst, wenn die Rechtmäßigkeit durch das Gericht rechtskräftig bestätigt ist (§ 16 Abs. 1 VereinsG). Die **Bestätigung**
erfolgt durch Feststellungsurteil (vgl. § 43 Rn. 18). Bei Ablehnung der Bestätigung hat das Gericht die mit der Rechtskraft seiner Entscheidung hinfällige Verbotsverfügung zur Klarstellung auch noch im Urteil ausdrücklich
aufzuheben (§ 16 Abs. 3 VereinsG). Im Bestätigungsverfahren wird die
Verbotsverfügung nicht von der Verbotsbehörde, sondern erst von dem

---

54   BGH NJW 1975, 1781.
55   Vgl. v. Oertzen DÖV 1985, 758.
56   Vgl. § 6 Abs. 1 VereinsG; Schoch/Bier Rn. 36; Kopp/Schenke Rn. 15; a.A. Mannheim NJW 1970, 2077: OVG; ebenso Sodan/Ziekow Rn. 32.

Gericht zusammen mit dem Bestätigungsantrag, der der Klageantrag der Feststellungsklage ist, der Vereinigung und den in der Verfügung benannten nichtgebietlichen Teilorganisationen mit eigener Rechtspersönlichkeit zugestellt (§ 16 Abs. 2 VereinsG). Zum Verfahren beim Zusammentreffen mehrerer Klagen in Vereinssachen vgl. § 51 und die dortigen Erläuterungen.

VI. Zuständigkeit nach dem Stasi-Unterlagengesetz

Nach § 31 Abs. 1 Stasi-UnterlagenG entscheidet das **OVG in erster und letzter Instanz** über den Antrag der betroffenen Behörde, wenn der Bundesbeauftragte ein Ersuchen dieser Behörde um Mitteilung, Einsichtnahme oder Herausgabe (§ 19) ablehnt. Behörde ist nach § 1 Abs. 4 VwVfG jede Stelle, die Aufgaben der öffentlichen Verwaltung wahrnimmt, dazu zählt hier auch die Staatsanwaltschaft[57]; nicht jedoch Religionsgesellschaften (§ 6 Abs. 9). Soweit der Antrag nicht von einer Behörde gestellt wird, verbleibt es bei der erstinstanzlichen Zuständigkeit des VG. Zur örtlichen Zuständigkeit vgl. § 52 Rn. 12.

45

§ 49 [BVerwG: Zuständigkeit als Rechtsmittelgericht]

Das Bundesverwaltungsgericht entscheidet über das Rechtsmittel
1. **der Revision gegen Urteile des Oberverwaltungsgerichts nach § 132,**
2. **der Revision gegen Urteile des Verwaltungsgerichts nach §§ 134 und 135,**
3. **der Beschwerde nach § 99 Abs.2 und § 133 Abs. 1 dieses Gesetzes sowie nach § 17a Abs. 4 Satz 4 des Gerichtsverfassungsgesetzes.**

Das BVerwG ist grundsätzlich höchstes **Rechtsmittelgericht,** ausgenommen die in den Erläuterungen zu § 50 aufgeführten Fälle. Es entscheidet über die Revision gegen Urteile des OVG (Nr. 1) und gegen Beschlüsse des OVG, wenn dieses an Stelle eines Urteils durch Beschluss entscheidet, so wenn es die Berufung nach § 125 Abs. 2 verwirft, nach § 130a über die Berufung oder im Normenkontrollverfahren nach § 47 Abs. 5 S. 1 entscheidet, ebenso bei einer Entscheidung durch Gerichtsbescheid nach § 84 Abs. 1 S. 3 (vgl. § 132 Rn. 1). Das BVerwG entscheidet nach Nr. 2 über die Revision gegen Urteile des VG bei der Sprungrevision und beim Ausschluss der Berufung durch Bundesgesetz. Nach Nr. 3 ist das BVerwG in Ausnahmefällen auch Beschwerdegericht (vgl. § 152 Rn. 2). Es entscheidet gegen den Beschluss bei Verweigerung der Aktenvorlage, mit Ausnahme des Beschlusses über die Vorlage von Urkunden nach § 31 Abs. 2 S. 1 Stasi-UnterlagenG (vgl. § 99 Rn. 28), bei Nichtzulassung der Revision (vgl. § 133 Rn. 1) und im Verfahren über die Zulässigkeit des Verwaltungsrechtsweges und die Verweisung (vgl. Anh. zu § 41 Rn. 13 ff.). In Personalvertretungssachen ist das BVerwG Rechtsbeschwerdegericht im Beschlussverfahren nach § 190 Abs. 1 Nr. 5 mit §§ 92 ff. ArbGG, und zwar auch dann, wenn in Landespersonalvertretungsgesetzen auf das Verfahren im dritten Rechtszug verwiesen wird[1].

1

Als **Verfahrensentscheidung** obliegt dem BVerwG die Bestimmung des zuständigen Gerichts nach § 53 Abs. 2, sowie nach § 53 Abs. 1, wenn es erst

2

---

57   Vgl. Weberling, Komm. z. Stasi-UnterlG § 31 Anm. 3; Sodan/Ziekow Rn. 36.
1   BVerwGE 26, 185; vgl. § 187 Rn. 2.

das gemeinsame nächsthöhere Gericht ist; für das Beweissicherungsverfahren vgl. BVerwGE 12, 363, auch § 53 Rn. 4. Das BVerwG entscheidet auch bei der Ablehnung eines Richters des OVG im Falle des § 54 Abs. 1 mit § 45 Abs. 1 ZPO (Beschlussunfähigkeit bei Ablehnung).

§ 50 [BVerwG: Zuständigkeit in 1. Instanz]

(1) Das Bundesverwaltungsgericht entscheidet im ersten und letzten Rechtszug

1. über öffentlich-rechtliche Streitigkeiten nichtverfassungsrechtlicher Art zwischen dem Bund und den Ländern und zwischen verschiedenen Ländern,

2. über Klagen gegen die vom Bundesminister des Innern nach § 3 Abs. 2 Nr. 2 des Vereinsgesetzes ausgesprochenen Vereinsverbote und nach § 8 Abs. 2 Satz 1 des Vereinsgesetzes erlassenen Verfügungen,

3. (weggefallen)

4. über Klagen, denen Vorgänge im Geschäftsbereich des Bundesnachrichtendienstes zu Grunde liegen.

(2) (weggefallen)

(3) Hält das Bundesverwaltungsgericht nach Absatz 1 Nr. 1 eine Streitigkeit für verfassungsrechtlich, so legt es die Sache dem Bundesverfassungsgericht zur Entscheidung vor.

I. Allgemein

1 Das BVerwG ist in erster Linie Revisionsgericht (vgl. § 49 Rn. 1). Die sachliche **Zuständigkeit des BVerwG in erster und letzter Instanz ist die Ausnahme**[1]. Der Katalog erstinstanzlicher Zuständigkeiten des BVerwG in § 50 Abs. 1 schließt jedoch nicht aus, dass nachfolgende Bundesgesetze weitere Zuständigkeiten des BVerwG begründen. Folgende erstinstanzliche Zuständigkeiten des BVerwG sind über § 190 Abs. 1 Nr. 2 und 8 erhalten geblieben bzw. durch nachfolgendes Gesetz begründet worden:

a) Nach § **10a des Gesetzes über die Errichtung eines Bundesaufsichtsamtes für das Versicherungswesen** für Anfechtungsklagen gegen Entscheidungen des Bundesaufsichtsamtes oder bei Klagen wegen Untätigkeit dieses Amtes[2]. Durch den Vertrag über die Schaffung einer Währungs-, Wirtschafts- und Sozialunion ist diese Zuständigkeit ab 1. Juli 1990 auch auf das Gebiet der ehemaligen DDR ausgedehnt worden (§ 162 Abs. 3 VersicherungsaufsichtsG).

b) Nach § **13 Abs. 2 PatG** für die Anfechtung von Anordnungen gemäß § 13 Abs. 1 PatG, sofern diese von der Bundesregierung oder der zuständigen obersten Bundesbehörde getroffen worden sind.

c) Nach § 5 **Abs. 1 Verkehrswegeplanungs-BeschleunigungsG** vom 16.12.1991 (BGBl. I S. 2174) für Streitigkeiten, die Planfeststellungsverfah-

---

1   Zur Zulässigkeit vgl. BVerfGE 8, 174, BVerwGE 3, 145; Maunz/Schmidt-Aßmann Art. 19 Abs. 4 Rn. 174; Ule S. 190.

2   Vgl. BVerwGE 10, 135 zur Klage eines Versicherungsnehmers gegen die Genehmigung einer Prämienerhöhung eines privaten Krankenversicherers; BVerwGE 50, 216 zur Klage eines Rechtsschutzversicherers gegen die Androhung von Mitteln des Verwaltungszwanges durch das Bundesaufsichtsamt; BVerwGE 71, 204 zur Versagung des Geschäftsbetriebes eines Versicherungsunternehmens; BVerwGE 84, 306 zur Feststellung der Nichtigkeit eines VA des Bundesamtes; BVerwGE 100, 115 zur Teilübertragung eines Versicherungsbestandes; BVerwG NJW 1998, 3216 zur Kontrolle von Versicherungsbedingungen durch das Bundesaufsichtsamt; BVerwGE 108, 325 zur Missstandsaufsicht.

ren und Plangenehmigungsverfahren nach diesem Gesetz betreffen (vgl. im Einzelnen Rn. 7 bis 10).

Die Regelung über die erstinstanzliche Zuständigkeit des BVerwG ist erschöpfend[3] und kann als Ausnahmebestimmung nicht ausdehnend ausgelegt werden[4]. Zum Ausschluss der Prorogation vgl. § 45 Rn. 2. Zum **Normenkontrollverfahren** vor dem BVerwG vgl. Rn. 11.

II. Die Fälle des § 50

1. Öffentlich-rechtliche Streitigkeiten nichtverfassungsrechtlicher Art. Über öffentlich-rechtliche Streitigkeiten **zwischen dem Bund und den Ländern oder zwischen verschiedenen Ländern** entscheidet nach Artikel 93 Abs. 1 Nr. 4 GG das BVerfG. Für verfassungsrechtliche Streitigkeiten gilt dies ausnahmslos, für nichtverfassungsrechtliche nur subsidiär, soweit nicht ein anderer Rechtsweg gegeben ist[5]. Nummer 1 eröffnet für diese Streitigkeiten den Verwaltungsrechtsweg (vgl. § 40 Rn. 6). Für die Zuordnung zum Verfassungsrecht reicht eine unterschiedliche Auffassung von Bund und Land über die Auslegung einer Verfassungsnorm nicht aus, es muss dafür ein »materielles Verfassungsrechtsverhältnis« vorliegen[6]. Zum Verhältnis zur Verfassungsgerichtsbarkeit der Länder vgl. BVerwGE 50, 137. Zum Begriff der öffentlich-rechtlichen Streitigkeit nichtverfassungsrechtlicher Art vgl. § 40 Rn. 6. Bei den von § 50 Abs. 1 angesprochenen Streitigkeiten muss es sich jedoch um solche handeln, bei denen sich Bund und Länder oder die Länder untereinander als gleichberechtigte Partner gegenüberstehen[7], wie bei der Auslegung der von ihnen geschlossenen Verträge oder Verwaltungsabkommen[8], der Abgrenzung ihrer hoheitlichen Befugnisse[9], der Befugnisse eines Untersuchungsausschusses eines Landesparlaments[10]; der Verteilung von Haushaltsmitteln[11], Finanzhilfen[12] oder der Frage der Haftung bei der Auftragsverwaltung[13]. Zur Umwidmung einer Bundesstraße zur Landesstraße im Rahmen der Bundesauftragsverwaltung vgl. Zillmer DÖV 1995, 49. Das BVerwG kann unter den Voraussetzungen des § 123 auch im Bund-Länder-Streit eine **einstweilige Anordnung** treffen[14].

2

---

3 Vgl. Koehler S. 353.
4 BVerwG B v. 25.11.1963 – VI A 1/62 n.v.
5 Ule S. 191.
6 Vgl. BVerwGE 96, 45 verneint für Streit über Ersatz veruntreuter BAföG-Mittel; vgl. auch E 104, 25 zur Haftungsregelung des Art. 104a Abs. 5 GG; E 102, 119 zur Kostenerstattung wegen Intervention auf Grund von Schweinepest; auch BVerwG NVwZ 1995, 991 zum Katastrophenschutz.
7 Ebenso Eyermann/P. Schmidt Rn. 4; a.A. Schoch/Bier Rn. 7; Kopp/Schenke Rn. 4.
8 Vgl. BVerwGE 54, 29 zum Staatsvertrag über den NDR für Aufsichtsmaßnahmen; NJW 1980, 2826 für Kündigung des Staatsvertrags; auch Kölble DÖV 1960, 650.
9 BVerwGE 9, 50 zur Eigenschaft als Bundeswasserstraße; E 35, 113 zu Fischereirechten; E 64, 29 zur Nutzung des Mündungstrichters eines Flusses; E 85, 223 zur Entnahme von Meeresboden; E 87, 169 zum Nutzungsentgelt bei Seewasserstraßen; E 87, 181 zur wasserpolizeilichen Zustandshaftung, dazu auch Frieseke VerwA 82, 565; DVBl. 2000, 196 zur Bilgenölentsorgung auf Bundeswasserstraßen als Landessache; BVerwG NJW 2000, 160 zur Aussagegenehmigung für einen Bundesminister vor einem Untersuchungsausschuss eines Landesparlaments.
10 BVerwG NJW 2000, 160.
11 BVerwGE 3, 159.
12 BVerwGE 65, 226.
13 BVerwGE 12, 253 zur Durchführung des LAG; vgl. auch NVwZ 1995, 991.
14 BVerwGE 50, 124; NJW 2000, 160.

2a Zwischen den Ländern kann es sich um Streitigkeiten gleichsam völkerrechtlicher Art handeln[15]. Nr. 1 findet keine Anwendung auf Körperschaften des Bundes oder der Länder, ebenso nicht, wenn der Bund oder ein Land als schlichter Teilnehmer am Rechtsverkehr einen VA anficht[16] oder den Erlass eines VA begehrt, z.B. die Zustimmung der Hauptfürsorgestelle zur Kündigung nach § 12 SchwerbehindertenG[17].

3 **2. Vereinsverbot durch den BMI.** Der Bundesminister des Innern ist nach § 3 Abs. 2 Nr. 2 VereinsG Verbotsbehörde für Vereine und Teilvereine, deren Organisation oder Tätigkeit sich über das Gebiet eines Landes hinaus erstreckt[18]. Für Klagen gegen das Vereinsverbot (§ 3 Abs. 1 VereinsG) durch den BMI und gegen die Feststellung des BMI, dass ein Verein eine Ersatzorganisation des verbotenen Vereins ist[19], ist das BVerwG erstinstanzlich zuständig. § 50 Abs. 1 Nr. 2 bezieht sich aber nur auf diese beiden grundsätzlichen Entscheidungen der Verbotsbehörde, für Klagen gegen Verfügungen zum Vollzug des Verbots (§ 5 Abs. 1, §§ 10 ff. VereinsG), auch wenn diese vom BMI erlassen und nach § 3 Abs. 1 S. 2 VereinsG mit der Verbotsverfügung verbunden werden, ist das VG sachlich zuständig (§ 6 Abs. 1 VereinsG). Im Verbotsverfahren gegen eine Arbeitnehmer- oder Arbeitgebervereinigung ist das BVerwG zuständig zur Entscheidung über die Bestätigung einer Verbots- oder Feststellungsverfügung des BMI als Verbotsbehörde (§ 16 Abs. 2 VereinsG; vgl. § 48 Rn. 43); es ist weiterhin zuständig für den Erlass einstweiliger Anordnungen nach § 16 Abs. 4 VereinsG, wenn der BMI als Verbotsbehörde die zu bestätigende Verfügung (§ 16 Abs. 1 VereinsG) erlassen und den Antrag auf Erlass der einstweiligen Anordnung gestellt hat. Das Gleiche gilt für den Antrag auf Wiederherstellung der aufschiebenden Wirkung der Klage, wenn der BMI die sofortige Vollziehung seiner Verbotsverfügung angeordnet hat[20]. Zur Abgrenzung von Partei- und Vereinsverbot vgl. BVerwG NVwZ 1997, 66 für »Deutsche Alternative«; im Übrigen vgl. auch § 48 Rn. 43, 44; zum Verfahren Rn. 7; zum Zusammentreffen von Klagen gegen Verfügungen nach dem VereinsG § 51.

4 **3. Im Geschäftsbereich des Bundesnachrichtendienstes** ist das BVerwG sachlich für **alle Klagen,** unabhängig von der Klageart, zuständig, denen **Vorgänge im Geschäftsbereich des BND zu Grunde liegen;** dazu zählt jetzt auch die nachrichtendienstliche Tätigkeit des BND. Das BVerwG[21] wendet Nummer 4 nur auf den Bundesnachrichtendienst selbst an; da jedoch Gründe für eine unterschiedliche Behandlung der Nachrichtendienste des Bundes nicht ersichtlich sind, dürfte einer funktionellen Interpretation, die auch den Ver-

---

15   Z.B. der Streit um die Erfüllung des Staatsvertrags über die Vergabe von Studienplätzen BVerwGE 50, 124; 50, 137; 80, 373; auch E 107, 275 zum Staatsvertrag über den mitteldeutschen Rundfunk; vgl. auch BVerfGE 39, 258; 42, 103, sowie Haas DVBl. 1974, 22.

16   BVerwGE 28, 63; NJW 1984, 817 zur Kostenerstattung für die Beseitigung von Fischkadavern; DÖV 1968, 653 offen lassend, wenn sich Bund und Land im Anfechtungsprozess als Hoheitsträger gegenüberstehen.

17   Vgl. Mannheim NJW 1969, 1365 zur Verpflichtungsklage.

18   BVerwGE 37, 344, Rückwirkung des VereinsG verneinend; E 74 176 zur Teilorganisation; E 80, 299 zum Verhältnis von Zuständigkeits- und Verbotsnorm; vgl. auch BVerwG NJW 1995, 2505; DVBl. 1999, 1743, beide zum Verbot der Wiking-Jugend.

19   § 8 Abs. 2 S. 1 VereinsG; vgl. BVerwG NVwZ 1997, 68.

20   Vgl. BVerwG NVwZ 1995, 587 für Verbot der PKK.

21   Buchh. 310 § 50 Nr. 1; ebenso Schoch/Bier Rn. 11; jetzt auch Eyermann/P. Schmidt Rn. 8; Bader/v. Albedyll Rn. 7.

fassungsschutz und den militärischen Abschirmdienst umfasst, der Vorzug zu geben sein. Nummer 4 setzt voraus, dass überhaupt der Verwaltungsrechtsweg gegeben ist. Nummer 4 eröffnet nicht den Verwaltungsrechtsweg für Klagen aus dem Angestelltenverhältnis. Nach § **158 Nr. 5 SGB IX** entscheidet, soweit der Verwaltungsrechtsweg gegeben ist, das BVerwG im ersten und letzten Rechtszug über alle Streitigkeiten, die auf Grund dieses Gesetzes im Geschäftsbereich des Bundesnachrichtendienstes entstehen. Durch die Streichung der Worte »gegen den Bund«[22] ist die erstinstanzliche Zuständigkeit des BVerwG auch für die Disziplinarklage gegen Beamte des BND geschaffen worden. Durch die Streichung des Wortes »dienstrechtliche«[23] ist die erstinstanzliche Zuständigkeit des BVerwG aus Gründen der Verbesserung des Geheimschutzes[24] auf alle Verfahren aus dem Geschäftsbereich des BND ausgedehnt worden.

III. Verfahren

Für das Verfahren vor dem BVerwG im ersten Rechtszug gelten die Vorschriften des II. Teils unmittelbar. Daher sind **Widerklage**[25] und **einstweilige Anordnung**[26] auch im Länderstreit nach der Nummer 1 zulässig. Das BVerwG hat auch entscheidungserhebliches Landesrecht anzuwenden und auszulegen, § 137 Abs. 1 Nr. 1 findet keine Anwendung[27]. Verneint das BVerwG seine Zuständigkeit in erster Instanz, verweist es den Rechtsstreit von Amts wegen an das zuständige Gericht (vgl. § 83 Rn. 1). Durch die Streichung des Absatz 2 im 4. ÄndGVwGO ist die Möglichkeit entfallen, in Verfahren nach § 10a G über die Errichtung eines Bundesaufsichtsamtes für das Versicherungswesen[28] an das VG zu verweisen, wenn die Sache nicht von allgemeiner oder grundsätzlicher Bedeutung ist.   **5**

IV. Vorlage an das BVerfG

Bei **öffentlich-rechtlichen Streitigkeiten zwischen dem Bund und den Ländern oder zwischen verschiedenen Ländern** (Nr. 1) hat das BVerwG die Sache dem BVerfG vorzulegen, wenn es sie für verfassungsrechtlich hält (Absatz 3)[29]; Bund und Ländern steht damit kein Wahlrecht zu, ob sie einen Streit vor dem BVerwG oder dem BVerfG austragen wollen. Das BVerfG entscheidet **bindend** darüber, ob es sich um einen Verfassungsrechtsstreit handelt. Entscheidet das BVerfG, dass die Streitigkeit nicht verfassungsrechtlich ist, nimmt das Verfahren vor dem BVerwG seinen Fortgang. Hält auch das BVerfG den Rechtsstreit für verfassungsrechtlich und verneint damit den Verwaltungsrechtsweg, weist das BVerwG die bei ihm noch anhängige Klage, falls sie nicht zurückgenommen wird, als unzulässig ab[30].   **6**

---

22 Art. 14 Gesetz zur Neuordnung des Bundesdisziplinarrechts v. 9.7. 2001, BGBl. I S. 1510.
23 Art. 1 Nr. 7 RmBereinVpG.
24 BT-Ds. 14/7474 S. 14 f.
25 BVerwGE 50, 137.
26 BVerwGE 50, 124.
27 BVerwG NJW 1985, 1655.
28 Vgl. BVerwGE 30, 135.
29 Vgl. BVerwG NVwZ 1998, 500: Klage gegen Weisung des Bundes nach Art. 85 Abs. 3 GG ist verfassungsrechtliche Streitigkeit.
30 Bader/v. Albedyll Rn. 9; Eyermann/P. Schmidt Rn. 11.

Auf andere als in Nummer 1 erwähnte Streitsachen kann Absatz 3 nicht entsprechend angewandt werden[31].

V. Verkehrswegeplanungs-Beschleunigungsgesetz

7   Nach § 5 Abs. 1 Verkehrswegeplanungs-Beschleunigungsgesetz entscheidet das BVerwG im ersten und letzten Rechtszug über **sämtliche Streitigkeiten, die Planfeststellungsverfahren** und **Plangenehmigungsverfahren** für Vorhaben nach § 1 dieses Gesetzes **betreffen.** Dabei handelt es sich um eine gegenüber den allgemeinen verkehrsplanungsrechtlichen Vorschriften besondere Regelung[32]. Auf diese Weise sollen divergierende Entscheidungen vermieden und ein gleichzeitiger Beschleunigungseffekt erreicht werden[33]. § 5 Abs. 1 VerkPBG bezieht sich auch auf verwaltungsrechtliche Streitigkeiten, die das Vorfeld dieser Verfahren betreffen, so z.B. die Zulässigkeit nichtplanfestgestellter aber planfeststellungsbedürftiger Vorhaben[34]. Die besonderen Vorschriften dieses Gesetzes gelten nach seinem § 1 Abs. 1 für die **Planung des Baus** und **der Änderung** von
1. Verkehrswegen der Bundeseisenbahnen (vgl. § 48 Rn. 33a),
2. Bundesfernstraßen (vgl. § 48 Rn. 38) und Bundeswasserstraßen (vgl. § 48 Rn. 41a),
3. Verkehrsflughäfen (vgl. § 48 Rn. 26),
4. Straßenbahnen im Sinne des § 4 Abs. 1 und 2 des PersBefG (vgl. § 48 Rn. 33a).

Zu den Verkehrswegen gehören nach § 1 Abs. 1 S. 2 auch die für den Betrieb von Verkehrswegen notwendigen Anlagen[35]. Von der Zuständigkeit des BVerwG sind dabei auch schon die Vorarbeiten nach § 6 VerkPBG erfasst[36]. Ferner sind auch solche Streitverfahren erfasst, welche die Zulässigkeit nicht planfestgestellter Baumaßnahmen zum Gegenstand haben, die Teil eines planfeststellungsbedürftigen Vorhabens nach § 1 VerkPBG sind[37].
Von der Zuständigkeitsregelung des VerkPBG unbetroffen bleibt die Zuständigkeit des OVG für die Durchführung von Normenkontrollverfahren[38].

8   Die Geltung des Gesetzes und damit die erstinstanzliche Zuständigkeit des BVerwG unterliegt einer doppelten Beschränkung.
a) Der **Anwendungsbereich** umfasst einmal die **neuen Bundesländer und Berlin,** dann aber auch Fernverkehrswege der Nummern 1 und 2, d.h. der Bundeseisenbahnen, der Bundesfernstraßen und der Bundeswasserstraßen zwischen   diesen   Ländern   und   den   nächsten   Knotenpunkten   des Hauptverkehrsnetzes des übrigen Bundesgebietes. Diese Fernverkehrswege

---

31   Kopp/Schenke Rn. 10; Schoch/Bier Rn. 15; a.A. BVerwGE 5, 39; offen lassend BVerwGE 24, 272, wo aber die Vorlagepflicht verneint wird, wenn der Kläger vor dem BVerfG nicht als Beteiligter auftreten kann.
32   BVerwGE 97, 45.
33   BVerwG NVwZ 1995, 379.
34   BVerwG NVwZ 1994, 370 und 483.
35   Vgl. insgesamt Ronellenfitsch DVBl. 1991, 920.
36   BVerwG NVwZ 1994, 368.
37   BVerwG NVwZ 1994, 370 für Bauarbeiten an der geplanten Teilstrecke Hamburg-Berlin; vgl. auch Greifswald, B. v. 27.1.1999 – 5 K 8/98: OVG zuständig, wenn kein konkreter Bezug zu einem Planfeststellungs- oder Plangenehmigungsverfahren.
38   BVerwGE 97, 45.

werden nach § 1 Abs. 2 des Gesetzes vom BMV durch Rechtsverordnung, die der Zustimmung des Bundesrates bedarf, im Einzelnen bestimmt[39].

b) Die **Geltungsdauer** des Gesetzes, die bis zum 31. Dezember 1999 **begrenzt** war, ist durch das 2. ÄnderungsG vom 22. Dezember 1999 (BGBl. I S. 2659) verlängert worden **bis zum 31. Dezember 2004.** Das Gesetz ist am 19. Dezember 1991 in Kraft getreten; es enthält keine Überleitungsvorschrift. Beim In-Kraft-Treten des Gesetzes bereits in 1. oder 2. Instanz vor dem VG oder OVG (bzw. damals vor den Kammern oder Senaten für Verwaltungssachen beim Kreisgericht bzw. beim Bezirksgericht) anhängige Sachen sind daher nicht auf das BVerwG übergegangen. Alle Streitigkeiten über Planfeststellungsverfahren oder Plangenehmigungsverfahren, die in der Hauptsache nach In-Kraft-Treten des Gesetzes anhängig gemacht werden, unterliegen der erstinstanzlichen Zuständigkeit des BVerwG; die Übergangsregelung in § 11 Abs. 1 des Gesetzes öffnet nur die Möglichkeit, vor In-Kraft-Treten des Gesetzes begonnene Planungsverfahren auch nach den Vorschriften dieses Gesetzes weiterzuführen; die Vorhaben bleiben aber, selbst wenn ein Planfeststellungsverfahren nach altem Recht weitergeführt werden sollte, solche nach § 1 Abs. 1 des Gesetzes, sodass im Streitfall für das gerichtliche Verfahren § 5 des Gesetzes gilt.

Die in § 1 Abs. 1 des Gesetzes aufgeführten **Beschränkungen der Geltungs-** **10** **dauer erfahren** in der Übergangsregelung des § 11 Abs. 2 des Gesetzes eine **Erweiterung.** Planungen für Verkehrswege und Verkehrsflughäfen, für die ein Verfahren nach den Vorschriften des Gesetzes begonnen wurde, sind auch nach den in § 1 Abs. 1 genannten Zeitpunkten nach den Vorschriften dieses Gesetzes zu Ende zu führen. Dabei gilt bei Linienbestimmungen der Antrag an den BMV, bei Planfeststellungsverfahren der Antrag auf Einleitung der Planfeststellung bei der Anhörungsbehörde und bei der Plangenehmigung der Antrag hierauf als Beginn der Planung. Solange diese Übergangsregelung nicht geändert wird, bleiben die angefangenen Planungen auch dann, wenn die Vorschriften des Gesetzes in einzelne Fachgesetze übernommen werden, wie durch das PlanvereinfachungsG geschehen, solche des § 1 Abs. 1. Für Streitigkeiten über sie bleibt, wenn die Voraussetzungen des § 5 Abs. 1 des Gesetzes vorliegen, das BVerwG weiterhin erstinstanzlich zuständig.

VI. Normenkontrollverfahren vor BVerwG

Durch § 5 Abs. 1 VerkPBG ist dem BVerwG keine Kompetenz für ein Nor- **11** menkontrollverfahren übertragen worden (vgl. Rn. 7). Jedoch haben das Gesetz über den Bau der »**Südumfahrung Stendal**« der Eisenbahnstrecke Berlin-Oebisfelde vom 29.10.1993[40] und das Gesetz über den Bau des **Abschnitts Wismar-West-Wismar Ost der Bundes-Autobahn A 20** Lübeck-Bundesgrenze (A 11) vom 2.3.1994 (BGBl. I S. 734), jeweils in ihrem § 2 Abs. 3, bestimmt, dass das BVerwG auf Antrag über die Gültigkeit der **Rechtsverordnungen nach § 2 Abs. 1 dieser Gesetze** entscheidet, wobei auf das Verfahren die Vorschriften des § 47 VwGO entsprechende Anwendung finden. Es handelt sich dabei um Rechtsverordnungen, die der Bundesminister für Verkehr

---

39 Vgl. hierzu die FernverkehrswegebestimmungsVO v. 3.6.1992 (BGBl. I S. 1014) und BVerwG NVwZ 1994, 371 für Planfeststellungsbeschluss für den Raum Hannover.

40 BGBl. I S. 1906; zur Verfassungsmäßigkeit der Planung durch Gesetz vgl. BVerfG DVBl. 1997, 42; dazu Blümel DVBl. 1997, 205.

unter Abwägung der betroffenen Belange des mit den Gesetzen festgestellten Planes erlassen kann, wenn nach In-Kraft-Treten des jeweiligen Gesetzes Tatsachen bekannt werden, die der Ausführung des Vorhabens nach den getroffenen Festsetzungen entgegenstehen. Die Gesetze selbst unterliegen nicht der Gerichtsbarkeit des BVerwG, insoweit ist das BVerfG zuständig (vgl. § 1 Rn. 7a). Für das **Verfahren vor dem BVerwG** kann auf die Erläuterungen zu § 47 verwiesen werden.

§ 51 [Zusammentreffen von Klagen in Vereinssachen]

(1) Ist gemäß § 5 Abs. 2 des Vereinsgesetzes das Verbot des Gesamtvereins an Stelle des Verbots eines Teilvereins zu vollziehen, so ist ein Verfahren über eine Klage dieses Teilvereins gegen das ihm gegenüber erlassene Verbot bis zum Erlass der Entscheidung über eine Klage gegen das Verbot des Gesamtvereins auszusetzen.

(2) Eine Entscheidung des Bundesverwaltungsgerichts bindet im Falle des Absatzes 1 die Oberverwaltungsgerichte.

(3) Das Bundesverwaltungsgericht unterrichtet die Oberverwaltungsgerichte über die Klage eines Vereins nach § 50 Abs. 1 Nr. 2.

1   1. **Klage gegen Teil- und Gesamtverbot.** Für das **Zusammentreffen** eines noch nicht unanfechtbaren **Verbots eines Teilvereins** mit einem den Teilverein einschließenden **Verbot des Gesamtvereins,** das wegen § 3 Abs. 2 S. 2 und 3 VereinsG stets das spätere ist, bestimmt § 5 Abs. 2 VereinsG, dass nur noch das Verbot des Gesamtvereins zu vollziehen ist. § 51 Abs. 1 trifft die entsprechende Regelung für das Zusammentreffen der Klagen gegen beide Verbotsverfügungen: die Klage gegen das Verbot eines Teilvereins ist bis zur – rechtskräftigen – Entscheidung über die Klage gegen das Verbot des Gesamtvereins auszusetzen[1]. Das aussetzende Gericht ist auch nicht mehr zu Anordnungen nach § 16 Abs. 4 VereinsG befugt. Entscheidet über das Verbot des Gesamtvereins das BVerwG, ist das aussetzende OVG an diese Entscheidung gebunden (Absatz 2). Aus Absatz 3 ist zu folgern, dass sich Absatz 1 nur auf das Zusammentreffen von Klagen bei verschiedenen Gerichten bezieht. Wird das Teil- und das nachfolgende Gesamtverbot von derselben Verbotsbehörde ausgesprochen, ohne dass das vorangehende Teilverbot aufgehoben wird, ist für beide Klagen dasselbe Gericht zuständig. Hier wird das Gericht das Verfahren über die Klage gegen das Verbot des Teilvereins nicht aussetzen, sondern nach § 93 mit dem Verfahren über das Verbot des Gesamtvereins verbinden.

2   Wird beim Zusammentreffen des Verbots eines Teilvereins mit dem Verbot des Gesamtvereins **nur gegen ein Verbot Klage erhoben,** ist zu unterscheiden:
a) Bei einer **Klage gegen das Verbot des Gesamtvereins** ist während des Verfahrens eine Vollziehung des inzwischen unanfechtbar gewordenen Verbots des Teilvereins durch § 5 Abs. 2 VereinsG ausgeschlossen. Wird im Urteil das Verbot des Gesamtvereins aufgehoben, bleibt die Vollziehung des Verbots des Teilvereins wegen § 5 Abs. 2 unzulässig; die Unzulässigkeit kann in dem gegen die Vollziehung gerichteten Verfahren geltend gemacht werden.

---

1   Vgl. Berlin EOVG 10, 160; Schoch/Bier Rn. 4; Sodan/Ziekow Rn. 2; a.A. Eyermann/P. Schmidt Rn. 1: Aussetzung bereits vor Klageerhebung gegen Verbot des Gesamtvereins.

b) Bei einer **Klage gegen das Verbot des Teilvereins** wird die Vollziehbarkeit des unanfechtbar gewordenen Verbots des Gesamtvereins nicht berührt. Die Klage wird regelmäßig wegen fehlenden Rechtsschutzbedürfnisses abzuweisen sein, da das Vereinsgesetz in § 5 Abs. 2 die Vollziehung nur noch aus dem Verbot des Gesamtvereins vorschreibt. Die Aussetzung eines Rechtsstreits über Vollzugsmaßnahmen bis zur Entscheidung über die Rechtmäßigkeit des Vereinsverbots regelt § 6 Abs. 1 VereinsG.

2. **Benachrichtigung durch das BVerwG.** Um zu verhindern, dass ein vor einem OVG anhängiger Rechtsstreit über das Verbot eines Teilvereins fortgeführt wird, obgleich er nach Absatz 1 ausgesetzt werden müsste, sieht Absatz 3 vor, dass das BVerwG die OVG unterrichtet, wenn bei ihm eine Klage nach § 50 Abs. 1 Nr. 2 erhoben wird. Das BVerwG soll also auch bei Klagen gegen das Verbot einer Ersatzorganisation unterrichten, obwohl das VereinsG in § 8 ein Teilverbot nicht kennt. Die Form der Unterrichtung schreibt das Gesetz nicht vor; sie wird durch formlose Mitteilung an die für Klagen über Vereinsverbote zuständigen Senate der OVG erfolgen.

3

§ 52 [Örtliche Zuständigkeit]

Für die örtliche Zuständigkeit gilt Folgendes:
1. In Streitigkeiten, die sich auf unbewegliches Vermögen oder ein ortsgebundenes Recht oder Rechtsverhältnis beziehen, ist nur das Verwaltungsgericht örtlich zuständig, in dessen Bezirk das Vermögen oder der Ort liegt.
2. Bei Anfechtungsklagen gegen den Verwaltungsakt einer Bundesbehörde einer bundesunmittelbaren Körperschaft, Anstalt oder Stiftung des öffentlichen Rechts, ist das Verwaltungsgericht örtlich zuständig, in dessen Bezirk die Bundesbehörde, die Körperschaft, Anstalt oder Stiftung ihren Sitz hat, vorbehaltlich der Nummer 1 und 4. Dies gilt auch bei Verpflichtungsklagen in den Fällen des Satzes 1. In Streitigkeiten nach dem Asylverfahrensgesetz ist jedoch das Verwaltungsgericht örtlich zuständig, in dessen Bezirk der Ausländer nach dem Asylverfahrensgesetz seinen Aufenthalt zu nehmen hat; ist eine örtliche Zuständigkeit danach nicht gegeben, bestimmt sie sich nach Nummer 3. Für Klagen gegen den Bund auf Gebieten, die in die Zuständigkeit der diplomatischen und konsularischen Auslandsvertretungen der Bundesrepublik Deutschland fallen, ist das Verwaltungsgericht örtlich zuständig, in dessen Bezirk die Bundesregierung ihren Sitz hat.
3. Bei allen anderen Anfechtungsklagen vorbehaltlich der Nummer 1 und 4 ist das Verwaltungsgericht örtlich zuständig, in dessen Bezirk der Verwaltungsakt erlassen wurde. Ist er von einer Behörde, deren Zuständigkeit sich auf mehrere Verwaltungsgerichtsbezirke erstreckt, oder von einer gemeinsamen Behörde mehrerer oder aller Länder erlassen, so ist das Verwaltungsgericht zuständig, in dessen Bezirk der Beschwerte seinen Sitz oder Wohnsitz hat. Fehlt ein solcher innerhalb des Zuständigkeitsbereichs der Behörde, so bestimmt sich die Zuständigkeit nach Nummer 5. Bei Anfechtungsklagen gegen Verwaltungsakte der von den Ländern errichteten Zentralstelle für die Vergabe von Studienplätzen ist jedoch das Verwaltungsgericht örtlich zuständig, in dessen Bezirk die Stelle ihren Sitz hat. Dies gilt auch bei Verpflichtungsklagen in den Fällen der Sätze 1, 2 und 4.
4. Für alle Klagen aus einem gegenwärtigen oder früheren Beamten-, Richter-, Wehrpflicht-, Wehrdienst- oder Zivildienstverhältnis und für Streitigkeiten, die sich auf die Entstehung eines solchen Verhältnisses beziehen, ist das Verwaltungsgericht örtlich zuständig, in dessen Bezirk der Kläger oder Beklagte seinen dienstlichen Wohnsitz oder in Ermangelung dessen

seinen Wohnsitz hat. **Hat der Kläger oder Beklagte keinen dienstlichen Wohnsitz oder keinen Wohnsitz innerhalb des Zuständigkeitsbereichs der Behörde, die den ursprünglichen Verwaltungsakt erlassen hat, so ist das Gericht örtlich zuständig, in dessen Bezirk diese Behörde ihren Sitz hat. Die Sätze 1 und 2 gelten für Klagen nach § 79 des Gesetzes zur Regelung der Rechtsverhältnisse der unter Artikel 131 des Grundgesetzes fallenden Personen entsprechend.**

5. **In allen anderen Fällen ist das Verwaltungsgericht örtlich zuständig, in dessen Bezirk der Beklagte seinen Sitz, Wohnsitz oder in Ermangelung dessen seinen Aufenthalt hat oder seinen letzten Wohnsitz oder Aufenthalt hatte.**

Übersicht

A. Allgemein

1   Die **örtliche Zuständigkeit,** der **Gerichtsstand,** bestimmt, welches unter den verschiedenen Gerichten, die für einen Rechtsstreit sachlich zuständig sind, unter dem Gesichtspunkt des örtlichen Bezuges zur Entscheidung berufen ist[1]. Die VwGO unterscheidet zwischen einem **besonderen Gerichtsstand**
a) der Belegenheit (Nr. 1)
b) des besonderen Pflichtenverhältnisses (Nr. 4)
c) der Anfechtungsklagen (Nr. 2 und 3)
und einem **allgemeinen Gerichtsstand** (Nr. 5). Da nach der VwGO die besonderen Gerichtsstände (Nr. 1–4) in der Mehrzahl vorliegen werden, ist der allgemeine Gerichtsstand subsidiär ausgestattet und greift nur Platz, sofern nicht eine andere örtliche Zuständigkeit gegeben ist (vgl. die andere systematische Gestaltung in § 12 ZPO). Der allgemeine Gerichtsstand wird daher

---

1   Schoch/Bier § 52 Rn. 2.

durch die besonderen Gerichtsstände ausgeschlossen, diese wiederum schließen sich in der von a) bis c) angegebenen Reihenfolge untereinander aus. Das BVerwG hat auf den allgemeinen Gerichtsstand (Nr. 5) auch dann zurückgegriffen, wenn zwar ein Fall des besonderen Gerichtsstandes vorlag, eine örtliche Zuständigkeit sich aus diesem aber nicht bestimmen ließ[2].

Die VwGO erwähnt keine **Vereinbarung** des Gerichtsstandes (Prorogation) **2** wie die ZPO in § 38. Aus § 53 Abs. 2, wonach das BVerwG das zuständige Gericht bestimmt, falls eine örtliche Zuständigkeit nach § 52 nicht gegeben ist, ist zu folgern, dass eine solche Vereinbarung, die auch mit der im Verwaltungsstreitverfahren geltenden Untersuchungsmaxime unvereinbar wäre, **unzulässig ist**[3]. Vgl. auch § 45 Rn. 2.

Die **örtliche Zuständigkeit** ist als **Prozessvoraussetzung** von Amts wegen zu **3** prüfen (vgl. § 83 Rn. 1). Sie bestimmt sich, auch für den weiteren Instanzenzug, nach dem Zeitpunkt der Klageerhebung vor dem erstinstanzlichen Gericht. Der Gerichtsstand der Klage bestimmt auch denjenigen der Widerklage (§ 89), anders jedoch, falls für den Anspruch der Widerklage eine örtliche Zuständigkeit nach Nr. 1 gegeben ist. Werden mehrere selbstständige Ansprüche mit einer Klage geltend gemacht, muss für jeden die örtliche Zuständigkeit gesondert geprüft werden.

Hat der Kläger nicht das örtlich zuständige Gericht gewählt, **verweist** das Ge- **4** richt von Amts wegen nach § 83 mit § 17a Abs. 2 GVG an das zuständige Gericht **mit bindender Wirkung**. Beruht die Klageerhebung vor dem unzuständigen Gericht auf einer falschen Rechtsmittelbelehrung, sind die dadurch entstandenen Kosten der beklagten Behörde aufzuerlegen (§ 41 Rn. 20). Das Gericht, an das verwiesen ist, wird, da die Verweisung bindend ist, örtlich zuständig, auch wenn die Voraussetzungen des § 52 nicht vorliegen sollten (vgl. § 83 Rn. 1). Bei **Ungewissheit** über das örtlich zuständige Gericht kann dieses in den Fällen des § 53 durch das nächsthöhere Gericht **bestimmt werden** (vgl. die dortigen Erläuterungen).

B. Die besonderen Gerichtsstände

I. Gerichtsstand der Belegenheit

Bei Streitigkeiten, die sich auf **unbewegliches Vermögen** sowie auf ein **ortsge- 5 bundenes Recht oder Rechtsverhältnis** beziehen, ist nach Nr. 1 das VG zuständig, in dessen Bezirk das **Vermögen** oder der **Ort** liegt. Liegt nur ein Teil des unbeweglichen Vermögens im Gerichtsbezirk, muss das zuständige Gericht nach § 53 Abs. 1 Nr. 3 bestimmt werden. Der Begriff des unbeweglichen Vermögens (vgl. § 24 ZPO) umfasst also neben den Grundstücken auch die Berechtigungen, für welche die sich auf Grundstücke beziehenden Vorschriften gelten. Bei den ortsgebundenen Rechten handelt es sich um die so genannten radizierten Realrechte, bei denen an ein bestimmtes Grundstück die Befugnis zur Ausübung eines Gewerbes geknüpft ist[4], wie bei der Ab-

---

2 E 39, 94 für Klage des im Ausland wohnhaften Beamten oder Soldaten.
3 Schoch/Bier § 52 Rn. 18; Kopp/Schenke Rn. 2.
4 Vgl. Münster VRspr. 4, 779.

deckerei, Baderei oder dem Betrieb einer Gastwirtschaft, auch einer Apotheke[5]. Bei unternehmensrechtlichen Restitutionsansprüchen nach dem VermögensG hat die Rechtsprechung den Bezug zum Grundstück und damit die Anwendung der Nr. 1 verneint[6]; M. Redeker/Hirtschulz[7] weisen zu Recht darauf hin, dass je nach Fallgestaltung auch bei einem Unternehmen ein Grundstücksbezug bestehen kann, der zur Anwendung der Nummer 1 führt. Auf im Schiffsregister **eingetragene Schiffe** findet der Gerichtsstand der Belegenheit keine Anwendung; soweit es sich um VA in Bezug auf Schiffe handelt, bestimmt sich der Gerichtsstand nach Nr. 2 oder Nr. 3[8].

6   Als Streitigkeiten, die sich nach dem **Gerichtsstand der Belegenheit** richten, kommen vor allem solche aus dem Wegerecht[9], dem Wasserrecht, dem Bergrecht, dem Forst- und Jagdrecht, der Wohnraumbewirtschaftung[10], auch über Baugenehmigungen[11], über baupolizeiliche Maßnahmen oder auch über die Aufstellung eines Regionalplanes[12], die Festlegung einer bestimmten Abflugroute für einen Flughafen[13] in Betracht, sowie Streitigkeiten über die Genehmigung gewisser gewerblicher Anlagen[14], über die Erteilung einer Schankkonzession, die Nutzung des Gemeindevermögens, die Schließung eines Postamtes[15], auch über vertragliche Vereinbarungen über solche Rechte, wie z.B. Gestattungsverträge bei gesteigertem Gemeingebrauch an Straßen. Auch bei der Nachbarklage (vgl. § 42 Rn. 132 ff.) bestimmt sich wegen der Ortsgebundenheit des angefochtenen VA der Gerichtsstand nach Nr. 1. Die Streitigkeit muss sich unmittelbar auf das unbewegliche Vermögen oder das ortsgebundene Recht oder Rechtsverhältnis beziehen[16]. Deshalb ist der Gerichtsstand der Belegenheit nicht gegeben bei einer Kraftomnibuslinie in Bezug auf die befahrene Strecke[17], bei der Genehmigung der Freisetzung gentechnisch veränderter Organismen nach §§ 14, 16 GenTG in Bezug auf die Versuchsfelder[18], bei der Ernennung eines Notars und seiner Tätigkeit in seinem Amtsbezirk[19] sowie bei Klagen der Beamten aus ihrem Beamtenverhältnis, auch nicht der Kommunalbeamten[20]. Bei großflächigen Planungen, bei der Ausweisung von Naturschutzgebieten u.Ä., die sich über die Bezirke mehrerer VG erstrecken können, fehlt es im Allgemeinen an der speziellen Grundstücksbezogenheit[21], die es rechtfertigen würde, die Entscheidungskonzentration auf der Verwaltungsseite in gerichtlichen Verfahren wieder aufzulösen[22]; es verbleibt insoweit beim Gerichtsstand der Anfechtungsklage. Das BVerwG hat dies auch in der Gentechnik-Entscheidung getan und

---

5   Vgl. Schoch/Bier Rn. 5.
6   Vgl. BVerwG LKV 1993, 272.
7   In Fieberg/Reichenbach, Komm. z. VermögensG § 37 Anm. 20.
8   Ehlers/Peters Hansa 1980, 814.
9   Pr. OVG 45, 261; 29, 264.
10   Münster OVGE 2, 19.
11   Vgl. BVerwG LKV 1992, 59.
12   München NVwZ-RR 1991, 332.
13   München NVwZ-RR 1995, 114.
14   Vgl. Münster VRspr. 4, 779.
15   Kassel NJW 1995, 1170.
16   BVerwG BayVBl. 1962, 382.
17   Münster OVGE 2, 50; Eyermann/P. Schmidt Rn. 5; a.A. Kopp/Schenke Rn. 7.
18   BVerwG NJW 1997, 1022.
19   Münster DÖV 1953, 91.
20   Vgl. BVerwGE 18, 26; Eyermann/P. Schmidt Rn. 5.
21   Vgl. dazu BVerwGE 18, 26; NJW 1997, 1022.
22   Vgl. Eyermann/P. Schmidt Rn. 5; a.A. Greifswald B. v. 18.12.2000 – 3 O 88/00 für Planfeststellungsbeschluss betreffend eine Renaturierungsmaßnahme; Mannheim ZfBR 2000, 69.

für die örtliche Zuständigkeit nicht die Nr. 1 angewandt.[23]. Zur Bestimmung des zuständigen Gerichts, wenn mehrere VG zuständig sein können, vgl. § 53 Rn. 3.

II. Gerichtsstand des besonderen Pflichtenverhältnisses

1. **Besonderes Pflichtenverhältnis.** Als besondere Pflichtenverhältnisse sind **7** das Beamtenverhältnis, das Richterverhältnis (zum Rechtsweg vgl. § 40 Rn. 69), das Wehrpflicht- und Wehrdienstverhältnis (zum Rechtsweg vgl. § 40 Rn. 74 f.) und das Zivildienstverhältnis aufgeführt. Diese Aufzählung ist abschließend[24]. Der Gerichtsstand gilt für alle Klagen aus diesen Pflichtenverhältnissen, unabhängig von der Klageart (vgl. § 42 Rn. 1 ff.) und unabhängig davon, ob es sich um ein gegenwärtiges oder früheres Pflichtenverhältnis handelt (aktiver Dienst, Ruhestand, Beendigung durch Entlassung usw.); das Gesetz erwähnt ausdrücklich auch den Rechtsstreit, der sich auf die Entstehung eines solchen Verhältnisses bezieht (vgl. § 40 Rn. 30), BVerwGE 14, 151 zur Klage des Wehrdienstverweigerers ist damit überholt[25]. Satz 3 bezieht die unter das G 131 fallenden Personen in den Gerichtsstand ein; Streitigkeiten nach dem BWGöD fallen jedoch nicht unter Nr. 4[26]. Die Beschränkung auf Klagen gegen eine juristische Person des öffentlichen Rechts oder eine Behörde ist aufgehoben worden[27]. Nunmehr bestimmt sich der Gerichtsstand für alle Klagen aus den in Nr. 4 aufgezählten besonderen Pflichtenverhältnissen nach den Regelungen in Nr. 4.

2. **Wohnsitzprinzip.** Die örtliche Zuständigkeit richtet sich grundsätzlich **8** nach dem **dienstlichen Wohnsitz** oder in Ermangelung dessen (kein Wahlrecht!) nach dem **Wohnsitz** des Klägers oder Beklagten. Maßgeblich ist der Zeitpunkt der Klageerhebung[28]. Eine im Zeitpunkt der Zustellung eines Bescheides zutreffende Rechtbehelfsbelehrung kann daher durch die Versetzung oder Abordnung des Beamten während der Klagefrist hinsichtlich der örtlichen Zuständigkeit überrollt – nicht unrichtig, da es für die Richtigkeit auf den Zeitpunkt des Zuganges ankommt – werden. Dienstlicher Wohnsitz ist nach § 15 Abs. 1 BBesG regelmäßig der Sitz der Behörde oder ständigen Dienststelle, der der Beamte angehört; bei Soldaten ist es der Standort ihrer Einheit[29]. Der Wohnsitz bestimmt sich nach §§ 7 bis 11 BGB[30]. Diese Regelung gilt für alle Klagearten.
Wenn ein **Bescheid erlassen** ist, gilt die eben beschriebene Zuständigkeitsregelung jedoch nur, soweit der Kläger seinen dienstlichen Wohnsitz oder seinen Wohnsitz[31] im Zuständigkeitsbereich derjenigen Behörde hat, die den ursprünglichen VA erlassen hat (vgl. § 79 Abs. 1 Nr. 1; zur Erweiterung des Zuständigkeitsbereiches durch Aufgabenzuweisung vgl. BVerwGE 35, 141

---

23 BVerwG NJW 1997, 1022.
24 BVerwG Buchh. 310 § 52 VwGO Nr. 11; Schoch/Bier Rn. 14; Eyermann/P. Schmidt Rn. 18; a.A. Hamburg DVBl. 1981, 48 für Helfer des THW; ebenso Kopp/Schenke Rn. 15.
25 BVerwGE 58, 225.
26 BVerwG DÖV 1960, 714.
27 Art. 14 Gesetz zur Neuregelung des Bundesdisziplinarrechts v. 9.7.2001, BGBl. I S. 1510.
28 A.A. VG Darmstadt NVwZ-RR 1996, 162; VG Oldenburg NVwZ-RR 2004, 48 für eine sofort vollziehbare Entlassungsverfügung.
29 Vgl. Koblenz NVwZ-RR 1999, 592.
30 BVerwG MDR 1958, 367.
31 Für doppelten Wohnsitz vgl. BVerwGE 58, 225.

für Wehrbereichsgebührnisamt). Ist dies nicht der Fall, bestimmt sich die Zuständigkeit nach dem **Sitz der Behörde**. Dieser liegt, sofern er nicht im Gesetz oder einer Satzung bestimmt wird, dort, wo die Verwaltung geführt wird; verteilt sich die Behördentätigkeit auf verschiedene Orte, ist der Sitz des Behördenleiters maßgeblich[32]. Ist der Widerspruchsbescheid alleiniger Klagegegenstand (vgl. § 79 Rn. 6 ff.), muss in entsprechender Anwendung auf den Zuständigkeitsbereich bzw. den Sitz der Widerspruchsbehörde abgestellt werden[33].

9   In Nr. 4 S. 2 ist die **Verpflichtungsklage** nicht wie in Nr. 2 oder 3 der Anfechtungsklage ausdrücklich gleichgestellt, sondern die besondere örtliche Zuständigkeit an das Vorliegen eines Bescheides geknüpft. Das bedeutet, dass nur dann, wenn die Behörde überhaupt tätig geworden ist, also bei Anfechtungs- oder Vornahmeklagen, ihr Sitz für die örtliche Zuständigkeit bestimmend sein kann. Im Falle der Untätigkeitsklage, also beim Schweigen der Behörde auf einen Antrag, richtet sich die Zuständigkeit auch dann nach Satz 1, wenn der Kläger seinen Wohnsitz nicht im Zuständigkeitsbereich der Behörde hat[34]; die örtliche Zuständigkeit ändert sich nicht, wenn die Behörde während des Rechtsstreites einen ablehnenden Bescheid erlässt (vgl. Rn. 3). Mit ihrer Untätigkeit nimmt die Behörde daher auch das Risiko auf sich, vor einem Gericht außerhalb ihres Zuständigkeitsbereichs verklagt zu werden. Das BVerwG[35] hat Satz 2 auch entsprechend auf eine Leistungsklage angewandt, mit der die Auszahlung einer bereits bewilligten Beihilfe verlangt wurde.

III. Gerichtsstand der Anfechtungsklagen

10   1. **Anwendungsbereich.** Die örtliche Zuständigkeit bei Anfechtungsklagen ist in Nr. 2 und 3 geregelt; Verpflichtungsklagen (Vornahmeklage – Versagensgegenklage – und Untätigkeitsklage (vgl. § 42 Rn. 7, 8)[36] werden hinsichtlich des Gerichtsstandes den Anfechtungsklagen ausdrücklich gleichgestellt. Das Gleiche muss bei Klagen auf Feststellung der Nichtigkeit eines VA gelten[37]. Da auch gegen den nichtigen VA die Anfechtungsklage zulässig ist (vgl. § 42 Rn. 12), kann sich die örtliche Zuständigkeit des angerufenen Gerichts nicht danach richten, welche Klageart der Kläger wählt. Für die von Anfang an erhobene Fortsetzungsfeststellungsklage nach § 113 Abs. 1 S. 4 richtet sich die Zuständigkeit nach Nr. 5[38].
Der Gerichtsstand der Anfechtungsklage kann nur in Frage kommen, wenn die besonderen Gerichtsstände der Belegenheit und des besonderen Pflichtenverhältnisses nicht gegeben sind.

11   2. **Maßgebliche Behörde.** Die Regelung der **örtlichen Zuständigkeit** wird **bei Anfechtungsklagen** an die Behörde geknüpft, die den VA erlassen hat. Betei-

---

32   Kassel ESVGH 2, 87; zu Außenstellen vgl. Rn. 12.
33   Schoch/Bier Rn. 16; a.A. Bader/v. Albedyll Rn. 32; Eyermann/P. Schmidt Rn. 21; vgl. Rn. 11.
34   Ebenso Sodan/Ziekow Rn. 34; a.A. Bader/v. Albedyll Rn. 33; Eyermann/P. Schmidt Rn. 14; Kopp/Schenke Rn. 18, die S. 2 entsprechend anwenden; Schoch/Bier § 52 Rn. 16, der Nr. 5 anwendet.
35   Buchh. 310 § 53 VwGO Nr. 15.
36   Vgl. Eyermann/P. Schmidt Rn. 16.
37   Ebenso Bader/v. Albedyll Rn. 13; Eyermann/P. Schmidt Rn. 6; Kopp/Schenke Rn. 8; Sodan/Ziekow Rn. 13; a.A. Schoch/Bier Rn. 6.
38   Eyermann/P. Schmidt Rn. 6; Schoch/Bier Rn. 6; a.A. Kopp/Schenke Rn. 8.

ligte in dem Rechtsstreit ist jedoch die Körperschaft, der die Behörde angehört. Das macht eine ausdrückliche Regelung auch dort notwendig, wo die örtliche Zuständigkeit dem allgemeinen Gerichtsstand der Nr. 5 entspricht. Bestimmend für die örtliche Zuständigkeit ist damit grundsätzlich die Behörde, die den ursprünglichen VA erlassen hat[39]. Ist der **Widerspruchsbescheid alleiniger Gegenstand der Anfechtungsklage** (vgl. § 79 Rn. 8 ff.), ist die Widerspruchsbehörde bestimmend für die örtliche Zuständigkeit[40]. Wird der Widerspruchsbescheid von einem Dritten neben der Anfechtungsklage des ursprünglich Beschwerten angefochten, ist das zuständige Gericht nach § 53 Abs. 1 Nr. 3 zu bestimmen, falls für beide Klagen verschiedene Gerichte zuständig sind (vgl. § 53 Rn. 3).

Die örtliche Zuständigkeit ist unterschiedlich geregelt, je nachdem, ob den **12** VA eine Bundesbehörde, eine Behörde, deren Zuständigkeitsbereich sich über mehrere Verwaltungsgerichtsbezirke erstreckt, oder eine sonstige Behörde erlassen hat oder ob es sich um eine Streitigkeit nach dem AsylVfG handelt:

a) **VA einer Bundesbehörde.** Zuständig ist das VG, in dessen Bezirk die Behörde ihren **Sitz** hat (vgl. Rn. 8). Nr. 2 spricht nur von Bundesbehörden, bundesunmittelbaren Körperschaften, Anstalten oder Stiftungen des öffentlichen Rechts, deckt sich also nicht mit dem allgemeinen Behördenbegriff, der bei der Definition des VA verwandt wird (vgl. § 42 Rn. 64). Bedient sich also der Bund zur Erfüllung seiner Aufgaben juristischer oder natürlicher Personen des Privatrechts, bestimmt sich die Zuständigkeit nach Nr. 3[41]. Als Bundesbehörden im Sinne von Nr. 2 sind nicht nur oberste Bundesbehörden, sondern auch Bundesoberbehörden sowie mittlere und untere Bundesbehörden anzusehen, ebenso bundesunmittelbare Körperschaften und Anstalten, sowie Stiftungen des öffentlichen Rechts. Unerheblich ist, ob ein Ausschuss an Stelle einer Bundesbehörde entscheidet[42]. Ob eine **Außenstelle** als besondere Behörde anzusehen ist, hängt von der Art ihrer Errichtung und ihrer Organisation ab[43]. Bei Anträgen nach § 31 Stasi-UnterlagenG sind die Außenstellen des Bundesbeauftragten nicht als besondere Behörden anzusehen[44]. § 23 Abs. 1 S. 2 InvestitionsvorrangG stellt für die örtliche Zuständigkeit auf den Hauptsitz der Stelle ab, die den Investitionsvorrangbescheid erlassen hat; § 6 Abs. 2 VermögenszuordnungsG auf den Sitz des Präsidenten der Treuhandanstalt, auch wenn eine von ihm ermächtigte Person entschieden hat. Eine **ausschließliche Zuständigkeit** des VG, in dessen Bezirk die Bundesregierung ihren Sitz hat, besteht im Falle der Nr. 2 S. 4 (vgl. Rn. 13b). Eine ausschließliche Zuständigkeit für das **OVG**, in dessen Bezirk der Bundesbeauftragte seinen Sitz hat (Berlin), besteht nach § 31 Abs. 1 S. 3 StasiUnterlagenG (vgl. auch § 48 Rn. 45).

---

39   BVerwGE 9, 172; vgl. § 79 Rn. 2.
40   Vgl. BVerwGE 14, 151 für Bescheid der Prüfungskammer für Kriegsdienstverweigerer; E 36, 317 für Bescheid der Musterungskammer; Eyermann/P. Schmidt Rn. 9.
41   Bader/v. Abedyll Rn. 17; a.A. Kopp/Schenke Rn. 9 für beliehene Unternehmer.
42   Vgl. BVerwGE 14, 151 zur Klage des Kriegsdienstverweigerers.
43   Vgl. BVerwGE 10, 161 verneinend zu Außenstellen der Bundesanstalt für Güterfernverkehr, ebenso BVerwG NVwZ-RR 1996, 610 für Außenstelle des Eisenbahn-Bundesamts; BVerwG 36, 317 bejahend für Musterungskammer; BezG Dresden VIZ 1992, 290 bejahend für Außenstelle des Landesamts für offene Vermögensfragen; a.A. VG Chemnitz VIZ 1995, 107; VG Leipzig ZOV 1994, 513; Mannheim ESVGH 24, 220 bejahend für Außenstelle des Wissenschaftlichen Prüfungsamtes; VG Darmstadt DVBl. 1961, 119 bejahend zu den Notaufnahmestellen.
44   Vgl. Weberling, Komm. z. Stasi-UnterlG § 31 Anm. 5; § 35 Anm. 3.

13 Streitig ist, ob Nr. 2 entsprechend anzuwenden ist, wenn **Länderbehörden** eine **bundesweite Kompetenz übertragen** worden ist. Da die Länder wegen der Ausschöpfung der Gesetzgebungskompetenz durch den Bund die örtliche Zuständigkeit der Verwaltungsgerichte nicht abweichend von § 52 regeln können[45], **scheidet eine Analogie** jedenfalls dann **aus**, wenn die bundesweite Zuständigkeit der Landesbehörde auf einer Ländervereinbarung beruht[46]. Nachdem das ÄnderungsG vom 26.2.1975 die Nr. 3 auch auf gemeinsame Behörden aller Länder ausgedehnt hat, ist die analoge Anwendung der Nr. 2 auch dann unzulässig, wenn die bundesweite Zuständigkeit der Landesbehörde auf bundesrechtlichen Vorschriften beruht[47].

13a Für **Streitigkeiten nach dem AsylverfahrensG** ist nach Nr. 2 S. 3 erster Halbsatz das VG örtlich zuständig, in dessen Bezirk der Ausländer nach dem AsylVfG seinen Aufenthalt zu nehmen hat[48]. Die Regelung beruht auf der Änderung dieser Vorschrift durch Art. 3 des G zur Neuregelung des Asylverfahrens vom 26.6.1992 (BGBl. I S. 1126) und knüpft an die darin enthaltenen Vorschriften über die Unterbringung und Verteilung sowie des Rechts des Aufenthalts an; sie stellt insoweit eine Ausnahme zu den Sätzen 1 oder 2 der Nr. 2 dar; sie bezieht sich auf alle Streitigkeiten, die sich bei Anwendung des AsylVfG ergeben[49]. Ist eine örtliche Zuständigkeit nach Satz 3 erster Halbsatz nicht gegeben, bestimmt der zweite Halbsatz, dass sie sich nach Nr. 3 richtet, d.h. das VG ist örtlich zuständig, in dessen Bezirk der VA erlassen wurde.

13b Für **Klagen gegen den Bund auf Gebieten, die in die Zuständigkeit der diplomatischen und konsularischen Auslandsvertretungen fallen,** ist das VG örtlich zuständig, in dessen Bezirk die Bundesregierung ihren Sitz hat. Das ist nach § 3 Abs. 1 des Berlin/BonnG vom 26. April 1994 (BGBl. I S. 918) und dem Vollzug der Sitzentscheidung durch den Dt. Bundestag (Bekanntmachung vom 5. Juli 1999 – BGBl. I S. 1632) **ab 1. September 1999 das VG Berlin.** Mit dem Wegfall der erstinstanzlichen Zuständigkeit des BVerwG für diese Klage ist das VG jetzt generell zuständig geworden. Die Zuständigkeit gilt für alle Klagearten. Es handelt sich insbesondere um Klagen, die das KonsularG betreffen[50]. Ist die Zuständigkeit des **Auswärtigen Amtes** gegeben, findet wieder Nr. 2 S. 1 u. 2 Anwendung[51]. Für **Klagen des Bundes** gilt Nr. 5.

14 b) **VA einer Behörde, deren Zuständigkeitsbereich sich auf mehrere Verwaltungsgerichtsbezirke erstreckt.** Erstreckt sich der Zuständigkeitsbereich einer Landesbehörde oder einer anderen Behörde, die nicht Bundesbehörde

---

45 BVerfGE 37, 191 zum BayRatifizierungsG des Staatsvertrags über die zentrale Vergabestelle für Studienplätze, m. Anm. Nagel und Walter NJW 1974, 1813.
46 A.A. Mannheim NJW 1974, 823 zur Zentralstelle für die Vergabe von Studienplätzen.
47 Vgl. dazu noch München VGH n.F. 27, 86 zur Ausbildungsförderung, insoweit nicht differenzierend; Sodan/Ziekow Rn. 16; Eyermann/P. Schmidt Rn. 14; vgl. im Übrigen Rn. 15.
48 Dazu VG Frankfurt/Main NVwZ Beil. I 2001, 95.
49 BVerwG DVBl. 1984, 1015; vgl. auch BVerwG NVwZ 1993, 276: Ordnungsverfügung ist keine Streitigkeit nach AsylVfG; vgl. insgesamt auch Sodan/Ziekow Rn. 18 f.
50 Vgl. BVerwGE 70, 127.
51 Vgl. BVerwG Buchh. 310 § 50 VwGO Nr. 3; vgl. auch BVerwG Buchh. 310 § 50 VwGO Nr. 11: kein Fall des § 52 Nr. 2 S. 4, wenn Auslandsvertretungen lediglich im Wege der Amtshilfe tätig werden.

(Nr. 2) ist, über den Bezirk eines Verwaltungsgerichtes hinaus, **richtet sich** die **Zuständigkeit** des VG **nach** dem **Sitz oder Wohnsitz des Klägers.** Kassel[52] hat hier für Rechtsanwälte auf ihren Wohnsitz, nicht auf den Ort, an dem sie ihre Kanzlei eingerichtet haben, abgestellt (vgl. im Übrigen Rn. 19). In Betracht kommen zunächst VA von oberen oder mittleren Landesbehörden, von kommunalen Zusammenschlüssen, Zweckverbänden, Wasserverbänden usw.[53] Durch das ÄnderungsG vom 26.2.1975 sind jedoch auch gemeinsame Behörden mehrerer oder aller Länder in den Wortlaut des Satzes 2 aufgenommen worden, sodass auch bei ihnen das Gericht örtlich zuständig ist, in dessen Bezirk sich der Sitz oder Wohnsitz des Klägers befindet. Für Mehrländer-Behörden war das BVerwG bereits nach der ursprünglichen Fassung des Gesetzes zu diesem Ergebnis gekommen[54].

Als **gemeinsame Behörde aller Länder** (z.B. Zentralstelle für Fernunterricht **15** in Köln) ist dabei nicht nur eine Einrichtung anzusehen, die institutionell von allen Ländern getragen wird, sondern auch die Behörde eines Landes, die auf Grund einer Vereinbarung (Vertrag) der Länder Zuständigkeiten in allen Ländern, d.h. im ganzen Bundesgebiet wahrnimmt. In diesen Fällen handelt es sich nicht nur um die Übertragung einer Sachkompetenz, sondern, wie Stelkens[55] überzeugend nachgewiesen hat, auch um die Begründung eines Zuständigkeitsbereiches[56]. Der Gesetzeswortlaut lässt offen, ob Satz 2 auch Anwendung findet, wenn im Bereich der **Auftragsverwaltung des Bundes** durch bundesrechtliche Vorschriften eine Regelung getroffen wird, nach der die Behörde eines bestimmten Landes Zuständigkeiten für das gesamte Bundesgebiet bekommt[57]. Da derartige bundesrechtliche Regelungen nur mit Zustimmung des Bundesrates erlassen werden können, entspricht es der ratio des Änderungsgesetzes, auch insoweit Satz 2 anzuwenden[58].
Für Klagen gegen VA der von den Ländern errichteten **Zentralstelle für die Vergabe von Studienplätzen** ist, entgegen der in Satz 2 enthaltenen allgemeinen Regel für die örtliche Zuständigkeit des Gerichtes, der **Sitz dieser Stelle** (Dortmund) maßgeblich, also das VG Gelsenkirchen zuständig.

Liegt der **Sitz oder Wohnsitz des Klägers nicht im Zuständigkeitsbereich** der **16** in Satz 2 aufgeführten Behörden, bei Mehrländerbehörden also außerhalb der Länder, für die sie tätig werden, bei gemeinsamen Behörden aller Länder außerhalb der Bundesrepublik, bestimmt sich die Zuständigkeit des Gerichts nach dem Sitz der Behörde (Satz 3 mit Nr. 5; vgl. Rn. 18 f.).

c) **VA aller übrigen Behörden.** Bei allen übrigen Anfechtungsklagen ist **das 17** VG örtlich zuständig, **in dessen Bezirk der VA erlassen** wurde. Erlassen ist der VA, wo er schriftlich abgefasst oder mündlich ausgesprochen wurde, d.h. im Allgemeinen am Sitz der verfügenden Behörde[59]. Unter Nr. 3 fallen auch die

---

52   NJW 1994, 145.
53   Vgl. BVerwG Buchh. 310 § 52 VwGO Nr. 25 für übergreifende Zuständigkeit einer Kommune.
54   E 40, 205 für Gemeinsames Prüfungsamt der Länder Br., Hbg., SchlH.
55   NJW 1974, 576.
56   A.A. Münster OVGE 29, 124; München VGH n.F. 27, 86 zum BAföG; vgl. jedoch auch BVerwGE 35, 141.
57   Vgl. z.B. die VO über die örtliche Zuständigkeit für Ausbildungsförderung außerhalb des Geltungsbereichs des BAföG, dazu München DVBl. 1974, 948.
58   So im Ergebnis auch BVerwGE 56, 306.
59   BVerwGE 6, 328.

Verwaltungsakte des Bundes, bei denen eine Zuständigkeit nach Nr. 2 nicht gegeben ist (vgl. Rn. 12).

C. Allgemeiner Gerichtsstand

18 Der allgemeine Gerichtsstand kommt in allen Fällen in Frage, in denen ein **besonderer Gerichtsstand nicht gegeben ist** (vgl. Rn. 1), also vor allem bei Leistungsklagen und Klagen auf Feststellung des Bestehens oder Nichtbestehens eines Rechtsverhältnisses sowie bei Anfechtungsklagen gegen den VA von Behörden, deren Zuständigkeit sich auf mehrere Verwaltungsgerichtsbezirke erstreckt, sofern der Sitz oder Wohnsitz des Klägers außerhalb des Zuständigkeitsbereiches dieser Behörden liegt (vgl. Rn. 16).

I. Sitz – Wohnsitz

19 Grundsätzlich ist das Gericht zuständig, in dessen Bezirk **der Beklagte** seinen **Sitz** oder **Wohnsitz** hat. Es kommt nicht darauf an, ob dies auch der richtige Beklagte ist[60]. Ist der Beklagte eine **natürliche Person**, bestimmt sein Wohnsitz (§§ 7 bis 11 BGB) den Gerichtsstand. Die deutsche Gerichtsbarkeit kann nur ein Wohnsitz im Inland begründen. Bei mehrfachem Wohnsitz können mehrere VG örtlich zuständig sein[61]. Ist eine **juristische Person** beklagt, bestimmt ihr Sitz den Gerichtsstand. Soweit nicht durch Gesetz oder Satzung der Sitz des Unternehmens festgelegt ist, bestimmt er sich nach dem Ort, an dem die Verwaltung geführt wird (§ 24, § 80 BGB). Für den **Staat als Beklagten** hat die VwGO keine ausdrückliche Regelung getroffen. Aus der bei den Anfechtungsklagen getroffenen Regelung lässt sich jedoch entnehmen, dass sie grundsätzlich bei Klagen gegen den Staat auf die Behörde abstellt, die befugt ist, für den Staat zu handeln, auch wenn dieser Behörde die Vertretung im Rechtsstreit nicht obliegt[62]. Dieser vom allgemeinen Gerichtsstand des Fiskus (§ 18 ZPO) abweichende Grundsatz sollte auch bei der Nr. 5 Anwendung finden. Danach ist, falls der Staat Beklagter ist, das VG örtlich zuständig, in dessen Bezirk die Behörde liegt, die über den vom Kläger geltend gemachten Anspruch entscheiden kann. Bei Behörden mit mehr als einem Dienstsitz ist dies der Amtssitz des Behördenleiters[63].

II. Aufenthalt

20 Hat der Beklagte im Inland **keinen Wohnsitz**, bestimmt sich die örtliche Zuständigkeit nach seinem **Aufenthalt**. Unter Aufenthalt ist das tatsächliche, gewollte oder ungewollte, dauernde oder vorübergehende körperliche Sein an einem Ort zu verstehen[64]. Der Kläger hat in diesem Falle darzutun, dass seine ernsthaften Ermittlungsversuche über einen Wohnsitz des Beklagten ergebnislos verlaufen sind[65]. Ist im Inland weder ein Wohnsitz noch ein Aufent-

---

60 Münster VRspr. 11, 503.
61 Vgl. dazu BVerwGE 58, 225; zur Hauptwohnung BVerwG DVBl. 1999, 1749.
62 Vgl. BVerwGE 71, 183; Sodan/Ziekow Rn. 37.
63 BVerwG NVwZ-RR 2001, 276.
64 Baumbach/Hartmann § 16 Rn. 2.
65 Vgl. RGZ 27, 401.

haltsort des Beklagten vorhanden, so richtet sich der Gerichtsstand nach seinem letzten **Wohnsitz oder Aufenthalt.**

§ 53 [Bestimmung des zuständigen Gerichts]

(1) Das zuständige Gericht innerhalb der Verwaltungsgerichtsbarkeit wird durch das nächsthöhere Gericht bestimmt,

1. **wenn das an sich zuständige Gericht in einem einzelnen Fall an der Ausübung der Gerichtsbarkeit rechtlich oder tatsächlich verhindert ist,**
2. **wenn es wegen der Grenzen verschiedener Gerichtsbezirke ungewiss ist, welches Gericht für den Rechtsstreit zuständig ist,**
3. **wenn der Gerichtsstand sich nach § 52 richtet und verschiedene Gerichte in Betracht kommen,**
4. **wenn verschiedene Gerichte sich rechtskräftig für zuständig erklärt haben,**
5. **wenn verschiedene Gerichte, von denen eines für den Rechtsstreit zuständig ist, sich rechtskräftig für unzuständig erklärt haben.**

(2) Wenn eine örtliche Zuständigkeit nach § 52 nicht gegeben ist, bestimmt das Bundesverwaltungsgericht das zuständige Gericht.

(3) Jeder am Rechtsstreit Beteiligte und jedes mit dem Rechtsstreit befasste Gericht kann das im Rechtszug höhere Gericht oder das Bundesverwaltungsgericht anrufen. Das angerufene Gericht kann ohne mündliche Verhandlung entscheiden.

I. Allgemeines

Wo die anderen Vorschriften über die sachliche und örtliche Zuständigkeit **1** (Verweisung zwischen den verschiedenen Gerichtsbarkeiten: § 17a Abs. 2 GVG, Verweisung zwischen den Gerichten der allgemeinen Verwaltungsgerichtsbarkeit: § 83) nicht ausreichen, soll § 53 helfen. § 53 stellt eine **abschließende Regelung** dar, entsprechende Anwendung des § 36 ZPO daher ausgeschlossen[1].

Das nächsthöhere Gericht ist bei Nummer 1 das im Rechtszug höhere Gericht, bei Nummer 2–5 das gemeinsame nächsthöhere Gericht, d.h. für die VG eines Landes das OVG, für die VG verschiedener Länder und für die OVG das BVerwG. Bei Fehlen einer örtlichen Zuständigkeit nach § 52 entscheidet stets das BVerwG (Abs. 2).

§ 53 findet in allen Verfahrensarten vor den Gerichten der allgemeinen Verwaltungsgerichtsbarkeit Anwendung, also auch bei Anträgen nach § 80 Abs. 5, einstweiligen Anordnungen (§ 123), im Beweissicherungsverfahren, in Verfahren der Prozesskostenhilfe, im Kostenfestsetzungsverfahren und im Vollstreckungsverfahren[2].

Die Bestimmung des zuständigen Gerichts nach Absatz 1 und 2 ist nur bei Vorliegen der dort aufgeführten Tatbestandsmerkmale zulässig; rechtliche Zweifel, die von dem mit der Streitsache befassten Gericht im Wege der Auslegung beseitigt werden können, reichen nicht aus[3]. Welches Gericht dann als das örtlich zuständige bestimmt wird, richtet sich nach Zweckmäßigkeitsgesichtspunkten[4].

---

1 BVerwGE 12, 365.
2 Vgl. Sodan/Ziekow Rn. 2.
3 BVerwGE 39, 94; 58, 225; Kassel NVwZ-RR 1994, 476 für Asylverfahren.
4 BVerwG Buchh. 310 § 53 Nr. 19 und Nr. 22.

II. Fälle

2   1. Bei **Verhinderung des zuständigen Gerichts** in dem konkreten Einzelfall, um den es den Beteiligten geht (Nummer 1). Das Gericht, d.h. die Kammer, der Senat, nicht nur ein einzelner Richter, muss an der Ausübung der Gerichtsbarkeit verhindert sein[5]. Rechtlich ist die Verhinderung bei Ablehnung wegen Befangenheit, Ausschließung vom Richteramt usw., tatsächlich bei Katastrophen, Epidemien, Tod usw. Es hindert die Bestimmung nicht, wenn noch ein anderes Gericht zuständig ist.

2. Bei **Ungewissheit der Zuständigkeit** wegen der Grenzen verschiedener Gerichtsbezirke (Nummer 2). Es kommt auf die tatsächliche, nicht auf die rechtliche Ungewissheit an[6].

3   3. Wenn **nach § 52 verschiedene Gerichte örtlich zuständig** sein können (Nr. 3), z.B. wenn die unbewegliche Sache oder das ortsgebundene Recht oder Rechtsverhältnis, das den ausschließlichen Gerichtsstand nach § 52 Nr. 1 bestimmt, im Bereich mehrerer VG liegt. Zu großflächigen Vorhaben vgl. § 52 Rn. 6; sofern hier auf den Gerichtsstand nach § 52 Nr. 1 abgestellt wird, kommt auch die Bestimmung nach Nr. 3 in Betracht. Auch, wenn der Widerspruchsbescheid, der gegenüber einem Dritten eine selbstständige Beschwer enthält, und der ursprüngliche VA angefochten werden, die untere und die Widerspruchsbehörde aber in verschiedenen Gerichtsbezirken liegen[7], ebenso, wenn bei notwendiger Streitgenossenschaft die Kläger in verschiedenen Gerichtsbezirken wohnen[8], auch wenn der Beschwerte einen doppelten Wohnsitz hat[9] oder wenn bei einer Leistungsklage das Land durch zwei oberste Landesbehörden vertreten wird, die in verschiedenen Verwaltungsgerichtsbezirken ihren Sitz haben[10]. Ein Fall der Nr. 3 liegt desweitern vor, wenn bei einer objektiven Klagehäufung die örtliche Zuständigkeit verschiedener Gerichte in Betracht kommt und wegen des engen Zusammenhangs der Klagebegehren eine einheitliche gerichtliche Entscheidung notwendig ist[11]. Bei der Klage gegen Entscheidungen der Schiedsstelle nach § 94 BSHG hat Lüneburg[12] nicht auf diese, sondern auf den Bezirk abgestellt, in dem der Einrichtungsträger seinen Sitz hat. Wegen der Bindungswirkung des Verweisungsbeschlusses nach § 17a Abs. 2 S. 3 GVG (vgl. § 41 Rn. 7) ist die Vorlage unzulässig, wenn bereits an das vorlegende Gericht als das örtlich zuständige verwiesen ist[13].

4. Die Nummern 4 und 5, die den **positiven und negativen Kompetenzkonflikt** betreffen, sind durch die Neufassung der Vorschriften über die Zulässigkeit des Rechtsweges und die Verweisung (§§ 17, 17a GVG), auf die § 83 für die sachliche und örtliche Zuständigkeit verweist, bedeutungslos geworden. Die rechtskräftige Entscheidung über die Zuständigkeit bindet nach § 83 mit § 17a Abs. 1 GVG die anderen Gerichte (vgl. § 83 Rn. 4; Anh. zu § 41

---

5   Vgl. Münster NVwZ-RR 1997, 143.
6   H.L., Schoch/Bier Rn. 6; Sodan/Ziekow Rn. 11; Kopp/Schenke Rn. 5; a.A. Eyermann/P. Schmidt Rn. 3; vgl. auch BVerwGE 8, 109.
7   BVerwG Buchh. 310 § 53 VwGO Nr. 8.
8   Vgl. Mannheim ESVGH 18, 128; auch BVerwG NVwZ 1996, 998; NVwZ-RR 2000, 261; Koblenz NVwZ-RR 2000, 472; weiter gehend Münster NVwZ-RR 1995, 478: einfache Streitgenossenschaft genügt.
9   Kassel DÖV 1969, 508.
10 Greifswald NVwZ-RR 1997, 389.
11 Lüneburg NVwZ-RR 2003, 698.
12 DVBl. 1995, 933.
13 BVerwG NVwZ 1995, 372.

Rn. 10). Bei Unzuständigkeit verweist das Gericht von Amts wegen mit bindender Wirkung an das zuständige Gericht (vgl. § 83 Rn. 2; § 41 Rn. 7). Divergierende rechtskräftige Entscheidungen[14] erscheinen damit ausgeschlossen. Sieht sich das Gericht eines anderen Rechtsweges, an das verwiesen wurde, fälschlich als nicht gebunden nach § 17a Abs. 2 S. 3 GVG an und verweist zurück, entscheidet in entsprechender Anwendung der Nummer 5 dasjenige Oberste Bundesgericht, das einem der beteiligten Gerichte übergeordnet ist und zuerst angegangen wird[15].

5. Bei **Fehlen einer örtlichen Zuständigkeit nach** § 52, trotz der subsidiären, **4** allgemeinen Zuständigkeitsregelung in § 52 Nr. 5[16], wird das zuständige Gericht allein durch das BVerwG bestimmt[17]. Zweifel an der Zuständigkeit reichen nicht aus.

6. Die **entsprechende Anwendung** des § 53 Abs. 1 auf das Beweissicherungsverfahren für den Fall, dass Zeugen von verschiedenen VG, auch mehrerer OVG-Bezirke, vernommen werden sollen, lässt BVerwGE 12, 363 offen. Mit RGZ 164, 307 sollte sie bejaht werden, wenn die Zeugenaussagen so voneinander abhängig sind, dass der Beweiswert nur bei Vernehmung durch dasselbe Gericht gesichert werden kann[18].

III. Verfahren und Entscheidung

Die **Bestimmung** des zuständigen Gerichts erfolgt nur **auf Antrag,** der von je- **5** dem am Rechtsstreit Beteiligten (§ 63, also auch vom Beigeladenen, vom VöI, der damit seine Beteiligung erklärt) und von jedem mit der Sache befassten Gericht (durch Beschluss! auch des Einzelrichters)[19] bei dem nächsthöheren Gericht gestellt werden kann. Der Antrag ist vor und nach Rechtshängigkeit zulässig[20]. Eine Form ist nicht vorgeschrieben. Auch im Verfahren vor OVG und BVerwG **kein Vertretungszwang**[21]. Im Verfahren ist nur zu prüfen, ob die Voraussetzungen des § 53 vorliegen, insoweit auch Beweiserhebung zulässig. Entscheidung, auch ohne mündliche Verhandlung, durch Beschluss, dabei Entscheidung über die Kosten nur bei Ablehnung des Gesuchs, sonst bleibt sie der Endentscheidung vorbehalten. Der Beschluss ist, wenn er vor Rechtshängigkeit ergeht, dem Antragsteller, nach Rechtshängigkeit den Beteiligten formlos mitzuteilen; nach mündlicher Verhandlung ist er zu verkünden. Der Beschluss ist unanfechtbar.

Zuständig für die Zuständigkeitsbestimmung ist nach Absatz 1 das **nächst- 6 höhere Gericht,** nach Absatz 2 **das BVerwG.** Nächsthöheres Gericht ist für die VG eines Landes dessen OVG, für Gerichte verschiedener Länder das BVerwG[22]. Ist die Berufung ausgeschlossen, ist nächsthöheres Gericht das BVerwG[23].

---

14 Vgl. BVerwG NJW 1960, 1541.
15 BVerwG NJW 1993, 3087: ebenso BSG MDR 1989, 189; BGH NJW 1990, 53.
16 BVerwGE 39, 94.
17 Vgl. BVerwG LKV 1992, 59.
18 Vgl. Eyermann/P. Schmidt Rn. 1.
19 Vgl. aber BezG Dresden VIZ 1992, 290, das in diesem Fall Antrag genügen lässt.
20 Vgl. BVerwG NVwZ 1993, 359.
21 H.L. vgl. BVerwGE 3, 65; Buchh. 310 § 53 VwGO Nr. 6; enger Kopp/Schenke
    Rn. 10: nur, wenn dies auch für das Ausgangsverfahren gilt.
22 BVerwGE 64, 347.
23 BVerwGE 58, 225; LKV 1993, 274; DVBl. 1999, 984.

7   Das bestimmte Gericht darf seine **Zuständigkeit** und das Vorliegen der Voraussetzungen des § 53, soweit der Beschluss reicht, **nicht mehr nachprüfen**[24]; das BVerwG hat jedoch bei extrem gelagerten Rechtsverstößen bejaht, dass die Bindungswirkung des Beschlusses für andere Gerichte entfallen kann[25]. Ein anhängiges Verfahren geht mit dem Beschluss in dem Stand, in dem es sich befindet, auf das bestimmte Gericht über. Rechtskräftige Entscheidungen über die Frage der Zuständigkeit, die dem Beschluss entgegenstehen, werden gegenstandslos[26].

Teil II · Verfahren

7. Abschnitt · Allgemeine Verfahrensvorschriften

§ 54   [Ausschließung und Ablehnung]

(1) Für die Ausschließung und Ablehnung der Gerichtspersonen gelten §§ 41 bis 49 der Zivilprozessordnung entsprechend.

(2) Von der Ausübung des Amtes als Richter oder ehrenamtlicher Richter ist auch ausgeschlossen, wer bei dem vorausgegangenen Verwaltungsverfahren mitgewirkt hat.

(3) Besorgnis der Befangenheit nach § 42 der Zivilprozessordnung ist stets dann begründet, wenn der Richter oder ehrenamtliche Richter der Vertretung einer Körperschaft angehört, deren Interessen durch das Verfahren berührt werden.

Die VwGO übernimmt die Unterscheidung zwischen der Ausschließung und der Ablehnung von Gerichtspersonen. Der ausgeschlossenen Gerichtsperson ist ohne besondere Anordnung kraft Gesetzes jede Mitwirkung an der Entscheidung untersagt, der abgelehnten nur auf Grund besonderer richterlicher Entscheidung.

A. Ausschließungsgründe

1   Ein Richter ist aus den in § 41 ZPO und § 54 Abs. 2 aufgeführten Gründen von der richterlichen Tätigkeit in bestimmten Verfahren ausgeschlossen. Dies gilt gleichermaßen für die Berufsrichter, die Richter im Nebenamt oder kraft Auftrags (§§ 16, 17) und die ehrenamtlichen Richter.

I. Ausschließungsgründe nach § 54 Abs. 1

2   1. **Ausschließungsgrund des § 41 Nr. 1 ZPO.** Der **Richter darf nicht zu den Beteiligten** des Verfahrens (§ 63) **gehören**, noch zu ihnen im Verhältnis eines Mitberechtigten, Mitverpflichteten oder Regresspflichtigen stehen. Mitbe-

---

24   H.L. vgl. Eyermann/P. Schmidt Rn. 15.
25   BVerwGE 64, 347: Beschluss des OVG aus eigener Initiative, in dem es sich selbst für zuständig erklärt und andere Verfahren an sich zieht.
26   BVerwG NJW 1960, 1541.

rechtigung oder Mitverpflichtung liegen stets bei den Gesamthandgemeinschaften vor, so bei nicht rechtsfähigem Verein[1], der Gesellschaft des BGB, Personalhandelsgesellschaften oder der Erbengemeinschaft. Das soll auch bei der Abrechnung einer Erschließungsanlage gelten, wenn ein Richter von dieser Abrechnung erfasst wird[2]. Ein mittelbares Interesse am Ausgang des Verfahrens genügt nicht[3], daher kein Ausschluss bei Mitgliedschaft in einem rechtsfähigen Verein, einer öffentlich-rechtlichen Körperschaft, als Aktionär einer AG[4] oder Genosse einer Genossenschaft[5]. In diesen Fällen kann aber Besorgnis der Befangenheit gegeben sein. Regressgefahr besteht überall dort, wo nach § 72 ZPO Streitverkündung zulässig wäre.

2. Ausschließungsgrund des § 41 Nr. 2 ZPO. Der Richter darf **nicht Ehegatte**   **3**
eines Beteiligten sein oder gewesen sein. Das gilt auch bei nichtiger[6] oder aufgehobener Ehe.

3. Ausschließungsgrund des § 41 Nr. 3 ZPO. Der Richter darf **nicht naher**   **4**
Verwandter (§ 41 Nr. 3 ZPO) eines Beteiligten sein. Der Grad der Verwandtschaft bestimmt sich nach §§ 1589 ff. einschließlich §§ 1600a ff., 1754 BGB, Art. 33 EGBGB. Sonstige Blutsverwandtschaft genügt ebenso wie Verwandtschaft zu dem gesetzlichen[7] oder Terminsvertreter oder Prozessbevollmächtigten eines Beteiligten nach dem klaren Wortlaut des Gesetzes nicht[8], rechtfertigt aber Ablehnung wegen Besorgnis der Befangenheit[9].

4. Ausschließungsgrund des § 41 Nr. 4 ZPO. Frühere oder jetzige **Vertre**   **5**
tungsbefugnis kraft Gesetzes oder besonderen Auftrages in dieser Sache führt zum Ausschluss. Der Beamte, der kraft Gesetzes oder erteiltem generellen oder einzelnen Auftrages Vertreter einer Körperschaft oder Behörde war, insbesondere für diese einen Schriftsatz unterzeichnet hat[10], und nunmehr Richter wird, ist deshalb von der Bearbeitung aller Sachen, an denen diese Körperschaft oder Behörde beteiligt ist, ausgeschlossen, die bereits vor seiner Übernahme in das Richterverhältnis anhängig waren, von ihm also hätten vertreten werden können. § 41 Nr. 4 gilt auch bei früherer Tätigkeit des Richters in dieser Sache als Landes(Staats)anwalt[11].

5. Ausschließungsgrund des § 41 Nr. 5 ZPO. Vernehmung als **Zeuge oder**   **6**
Sachverständiger in dieser Sache. Es muss sich um den gleichen Prozess oder aber um ein Verfahren in prozessrechtlichem Zusammenhang mit dieser Sache gehandelt haben. Die bloße Benennung als Zeuge genügt nicht; auch nicht eine dienstliche Äußerung zu einem unter Beweis gestellten Sachverhalt[12].

6. Ausschließungsgrund des § 41 Nr. 6 ZPO. Mitwirkung an vorangegange   **7**
ner Entscheidung von Vorinstanzen. Ein Richter ist von der Nachprüfung ei-

1   OLG Königsberg JW 1931, 226.
2   VG Düsseldorf NWVBl. 1997, 436.
3   BGH DRiZ 1991, 99.
4   PrOVG 57, 374.
5   BVerwG NJW 2001, 2191.
6   A.A. Zöller/Vollkommer § 41 ZPO Rn. 8.
7   PrOVG 61, 336.
8   A.A. LSG Schleswig-Holstein NJW 1998, 2925.
9   LAG Schleswig–Holstein AnwBl. 2002, 376.
10 Münster OVGE 20, 242.
11 München BayVBl. 1981, 368.
12 BVerwGE 63, 273.

ner Entscheidung ausgeschlossen, an der er in der Vorinstanz oder in einem schiedsrichterlichen Verfahren mitgewirkt hat. Die Beteiligung an Beweisbeschlüssen oder Beweisaufnahmen in der Vorinstanz[13] als Berichterstatter, beauftragter oder ersuchter Richter (§ 96) genügt nicht, ebenso wenig am rechtskräftigen Urteil für den Fall des Wiederaufnahmeverfahrens[14] oder die Mitwirkung in einem rechtskräftig abgeschlossenen Verwaltungsprozess, wenn über das Wiederaufgreifen des Verfahrens zu entscheiden ist[15]. Der BGH[16] hält auch die Beteiligung an einem Grundurteil der Vorinstanz für das Betragsverfahren 2. Instanz für unschädlich, ebenso die Mitwirkung bei einem im Revisionsverfahren aufgehobenen Berufungsurteil bei Revision gegen das neue Urteil der Berufungsinstanz[17]. Unbedenklich ist auch die Beteiligung an mit der Streitsache zusammenhängender Entscheidung in anderen Verfahren[18]; ebenso unbedenklich die Mitwirkung an einem Gerichtsbescheid gem. § 84[19], an einem Verfahren auf vorläufigem Rechtsschutz[20], an Vorlagebeschlüssen an BVerfG[21] oder EuGH[22].

II. Ausschließungsgrund des § 54 Abs. 2

8   § 54 Abs. 2 ergänzt die Bestimmungen der ZPO dahin, dass als **Richter** auch **ausgeschlossen** ist, **wer bei dem vorangegangenen Verwaltungsverfahren**[23] **mitgewirkt hat.** Damit soll die verfassungsrechtlich geforderte Gewähr des unparteilichen Richters einfachgesetzlich umgesetzt werden; dieses ist bei der Auslegung zu berücksichtigen[24]. Das gilt nicht nur für den Verfasser oder Unterzeichner von Entscheidungen des Verwaltungsverfahrens, sondern für jeden, der im Laufe dieses Verfahrens einschließlich des Vorverfahrens von Beginn des Vorgangs an mit diesem in irgendeiner Weise[25] amtlich befasst war, etwa den Justiziar der Behörde, ebenso den Beamten der Aufsichtsbehörde, wenn diese auf das Verfahren Einfluss genommen hat[26]. Ebenso Beisitzer eines Ausschusses für Kriegsdienstverweigerer[27]. Wohl ist auch der Richter ausgeschlossen, der einen Beschluss des gemeindlichen Vertretungsorgans beratend vorbereitet hat[28].
Vorangegangenes Verwaltungsverfahren ist nur das Verfahren, in dem die Entscheidung ergangen ist oder ergehen müsste, die vom Gericht zu überprüfen ist[29]. Das ist aber z.B. das gesamte beschleunigte Zusammenlegungsverfahren als Einheit[30], nicht aber die frühere Ausbildung des Referendars

---

13   RGZ 105, 17; hier kann Ablehnung gerechtfertigt sein, LG Würzburg NJW 1973, 1932.
14   BVerwG B. v. 30.6.2003 – 4 BN 35. 03; Lüneburg OVGE 22, 375.
15   BVerwG NVwZ-RR 1996, 122.
16   NJW 1960, 1762.
17   BVerwG NJW 1975, 1241.
18   BVerwG NVwZ-RR 1998, 268; vgl. zu diesem Ausschließungsgrund im Übrigen Müller NJW 1961, 102; Stemmler NJW 1974, 1545.
19   Baumbach/Albers Rn. 22 zu § 41.
20   BVerwG Buchh. 310 § 54 Nr. 41.
21   Offerhaus NJW 1980, 2722.
22   BFH BStBl. 80, 11, 158.
23   Hierzu Münster OVGE 20, 242.
24   BVerfG NVwZ 1996, 885.
25   Zuständigkeit ist nicht erforderlich, BVerwGE 52, 47.
26   BVerwGE 52, 47.
27   BVerwG – 6 C 3.87 –, juris.
28   BVerfG NVwZ 1996, 885.
29   BVerwG Buchh. 310 § 54 Nr. 3.
30   BVerwG BayVBl. 1976, 55.

durch den Richter im Prozess über die Assessorprüfung[31]. Die bloße frühere Tätigkeit in der Verwaltung, auch einer einschlägigen Fachverwaltung, reicht nicht aus[32]. Anders im Kriegsdienstverweigerungsstreit[33]. Eine interpretative Erweiterung der Ausschlussgründe ist unzulässig[34]. Zulässig ist die weite Auslegung des Begriffs »vorausgegangenes Verfahren«[35].

B. Ablehnungsgründe

Alle Gründe, die bereits kraft Gesetzes zur Ausschließung des Richters führen, können auch zur Begründung eines Antrages auf Ablehnung des Richters herangezogen werden.   **9**

I. Allgemeines

Nach § 42 Abs. 2 ZPO kann weiter ein **Richter** wegen Besorgnis der Befangenheit **abgelehnt werden,** wenn ein **Grund** vorliegt, der **geeignet** ist, **Misstrauen** gegen seine Unparteilichkeit zu **rechtfertigen**[36].
Nach feststehender Rechtsprechung liegen diese Voraussetzungen vor, wenn ein Beteiligter die auf objektiv feststellbaren Tatsachen beruhende, subjektiv vernünftigerweise mögliche Besorgnis hat, der Richter werde in der Sache nicht unparteilich, unvoreingenommen oder unbefangen entscheiden[37]. Weder ist erforderlich, dass objektiv der Richter tatsächlich befangen oder voreingenommen ist, noch weniger, dass er parteilich ist. Die rein subjektive Besorgnis, die nicht auf konkreten Tatsachen beruht oder für die vernünftigerweise bei Würdigung der Tatsachen kein Grund ersichtlich ist, reicht dagegen zur Ablehnung nicht aus[38] (dass ein Beteiligter Strafanzeige gegen einen Richter gestellt hat, begründet idR keine Befangenheit[39]; private Probleme mit Frauen rechtfertigen ebenso wenig die Ablehnung weiblicher Richter[40] wie eine religiös begründete Weigerung, von Frauen gesprochenes Recht zu akzeptieren).

II. Einzelfälle

1. **Berechtigte Besorgnis. Besorgnis der Befangenheit** kann **berechtigt** sein,   **10** wenn der Richter entweder vor oder im Verfahren Zeichen der Feindschaft oder Freundschaft zu einem Beteiligten oder dessen Vertreter[41] erkennen lässt oder wenn er in rechtlichen oder tatsächlichen Beziehungen zu einem Beteiligten oder dessen Vertreter steht, die zwar nicht in § 41 als Ausschlussgrund aufgezählt sind, aber doch die Objektivität gefährdet erscheinen las-

31   BVerwG DVBl. 1983, 591.
32   Dazu BFH NJW 1974, 1528.
33   VG Neustadt DÖV 1974, 22.
34   BVerwG NJW 1980,2722; BGH NJW 2004, 163.
35   BVerwG Buchh. 310 § 54 Nr. 38.
36   Ausführlich zur Rechtsprechung des BVerwG Günther DöD 1998, 73, 110.
37   BVerfGE 35, 253; 43, 127; Zöller/Vollkommer § 42 ZPO Rn. 9.
38   BSG NJW 1993, 2261.
39   BVerfG NJW 1996, 2022.
40   LSG Hessen NJW 2003, 1270.
41   OLG Nürnberg MDR 1967, 310.

sen, etwa Ehe mit einem Sozius einer bevollmächtigten Kanzlei[42], Verlöbnis, enge Duzfreundschaft[43], wirtschaftliche Bindung[44], frühere Beratung, Mitgliedschaft in einem beteiligten Verband oder Verein[45] (nicht in Gewerkschaft oder Arbeitgebervereinigungen bei Fachkammern oder Fachsenaten in Personalvertretungssachen[46]), Lehrauftragsverhältnis des Richters bei Beteiligung des Rektors[47]. Das gilt auch, wenn ein Beteiligter langjähriges Mitglied der Kammer ist[48]. Besorgnis der Befangenheit kann weiter gegeben sein, wenn der Richter über Prozessvorgänge einen Beteiligten nicht unterrichtet[49], möglicherweise entscheidungserhebliche privat erlangte Kenntnisse den Parteien nicht kundtut[50], eine an sich gebotene und beantragte Akteneinsicht übergeht[51] oder unsachliche Bemerkungen zum Sachvortrag eines Beteiligten macht[52] oder in die Akten schreibt (viel zu weitgehend die Rechtsprechung, wonach schon Gestik und Mimik eines Richters die Ablehnung rechtfertigen sollen[53]), widersprüchliche Gründe über die Verzögerung des Verfahrens mitteilt[54] oder durch Presseerklärungen vor Abschluss eines Verfahrens den Eindruck abschließender Festlegung macht[55].

11 **2. Unberechtigte Besorgnis.** Die **Besorgnis der Befangenheit** ist **verneint** worden, wenn der Richter früher in einer anderen Sache als Verwaltungsbeamter Gegner eines Beteiligten gewesen ist[56] oder er an einem früheren Verfahren mit gleichem Sachverhalt mitgewirkt hat[57] (Prozesskostenhilfeverfahren[58]; einstw. Anordnung[59]; Zweitantragsverfahren[60]), bei Mitgliedschaft im gleichen Spruchkörper wie ein Beteiligter, wenn aus dieser nicht besondere Beziehungen persönlicher Art folgen[61], ebenso grundsätzlich bei Mitgliedschaft in einer politischen Partei[62], auch nicht ausreichend die bloße Mitgliedschaft in einem Verein[63], auch nicht, wenn dieser bestimmte rechtspolitische Ziele verfolgt[64], oder bei öffentlichen Erklärungen, selbst wenn gegen das Zurückhaltungsgebot (§ 39 DRiG) verstoßen worden ist[65], wenn sie sich nicht auf

---

42   VG Freiburg VBlBW 1999, 474.
43   Hier muss es auf den Einzelfall ankommen, vgl. LG Bonn NJW 1966, 160 m. abl. Anm. v. Rasehorn NJW 1966, 666.
44   Bloße Mitautorenschaft an einem Kommentar reicht nicht, LG Göttingen NJW 1999, 2826.
45   VG Freiburg VBlBW 1999, 474.
46   Saarlouis AS 7, 405 ff.
47   A.A. Münster OVGE 31, 80.
48   VG Freiburg VBlBW 1994, 37; VG Düsseldorf NWVBl. 1997, 436.
49   Münster, OVGE 27, 145.
50   OVG Hamburg NJW 1994, 2779.
51   München v. 8.7.1991 – 24.30608/91 – n.v.
52   Koblenz NJW 1959, 906.
53   Lüneburg AnwBl 1974, 132.
54   Mannheim BWVBl. 1968, 110.
55   BGHSt 4, 264.
56   BVerwG DÖV 1959, 395.
57   BVerwG Buchh. 310 § 54 Nr. 38; Lüneburg OVGE 27, 372; vgl. BVerfG NJW 1999, 2801 m. krit. Anm. Brocker DVBl. 1999, 1349.
58   BVerwG st. Rspr. z.B. Buchh. 310 § 54 Nr. 37.
59   OLG Köln NJW 1971, 569.
60   BVerwG NJW 1977, 312; vgl. auch Günther VerwA 1991, 179 ff.; krit. Roth aus Sicht des Art. 6 Abs. 1 EMRK bei Gerichtsbescheid DÖV 1998, 916.
61   Greifswald DÖV 2001, 791 (LS).
62   Mannheim NJW 1975, 1048; OLG Koblenz NJW 1969, 1177; krit. Benda NJW 2000, 3620.
63   BGH NJW-RR 2003, 281.
64   BVerfGE 88, 17.
65   Mannheim NJW 1986, 2068.

den Streitfall beziehen[66]. Die Ehe mit einem in der Vorinstanz an der angefochtenen Entscheidung beteiligten Richter ist für sich noch kein Grund, für eine Besorgnis der Befangenheit[67]. Auch Eigentum und Wohnsitz in der Umgebung eines Vorhabens, dessen Genehmigung im Streit steht, begründet keine Besorgnis der Befangenheit[68]. Die Entscheidung über eine Selbstanzeige begründet keine Besorgnis der Befangenheit[69]. Einzelfall maßgebend, wenn Maßnahmen des Dienstherrn des Richters Verfahrensgegenstand sind[70]; abgelehnt bei Streit um Neubau eines für das Gericht geplanten Justizzentrums, gegen das sich der Kläger wendet[71].

Besorgnis der Befangenheit ist **stets zu verneinen,** wenn der Richter außerhalb des Verfahrens literarisch eine **bestimmte Rechtsauffassung dargelegt** hat[72], außer diese Äußerung dient der Unterstützung eines Verfahrensbeteiligten[73], oder wenn er im Verfahren selbst bestimmte Rechtsansichten vertritt[74] oder im Erörterungstermin zur Sach- und Rechtslage bestimmte, für einen Beteiligten möglicherweise nachteilige Auffassungen als Meinung des Gerichts ausspricht[75] oder bei Vergleichsverhandlungen den Beteiligten empfiehlt, von bestimmten Vorstellungen zur Sach- und Rechtslage auszugehen[76], wenn nicht ausnahmsweise unsachliche Erwägungen erkennbar sind.

Das **Rechtsgespräch** liegt im Interesse aller Beteiligten. Es gibt keinen vernünftigen Grund zur Annahme der Befangenheit, wenn zur Förderung dieses Rechtsgesprächs das Gericht mit den Beteiligten das bisherige Ergebnis seiner Überlegungen erörtert[77], selbst wenn hieraus sich Folgerungen für die Prozessführung des einzelnen Beteiligten ergeben[78] (vgl. § 86 Rn. 44 ff.; § 108 Rn. 7; in § 87 Abs. 1 Nr. 1 verlangt das Gesetz ausdrücklich das Rechtsgespräch). Das Gleiche gilt für den Hinweis, das Gericht erwäge die Anwendung des Art. 2 § 5 Abs. 1 EntlG, jetzt § 130a[79] oder die Ankündigung eines Gerichtsbescheids[80]. Hinweise außerhalb des anhängigen Verfahrens sind dagegen bedenklich[81]. Auch die Dauer eines gerichtlichen Verfahrens rechtfertigt i.d.R. keine objektive Besorgnis der Befangenheit[82]. Die Grenzen sind oft schwierig zu bestimmen. Hinweise des Gerichts, die einen Beteiligten er-

---

66 Kassel NJW 1985, 1105.
67 BGH NJW 2004, 163.
68 Berlin NJW 2000, 2690.
69 BVerwG B. v. 18.2.1998 – 11 B 30.97.
70 Vern. Münster DÖV 1975, 176; Berlin JR 1969, 159, dazu Teplitzky JuS 1969, 318 ff.
71 Münster VRspr. 32, 117.
72 BGH NJW 2002, 2396; auf das Verständnis dieser Äußerung durch Dritte, und sei es die Vorinstanz, kommt es nicht an, BSG NJW 1993, 2231; vgl. für Äußerungen als für die Pressearbeit zuständiger Richter OLG Köln DRiZ 2000, 395.
73 BVerfGE 88, 1; NJW 1997, 1500; NJW 2004, 209.
74 BVerwG B. v. 9.11.2001 – 6 B 59. 01.
75 BVerfGE 4, 143; BVerwG DVBl. 1979, 560; BAG NJW 1993, 879; BSG NJW 1993, 2261; einschränkend bei veröffentlichten Parteigutachten BVerfGE 88, 1; allgemein BVerfG NJW 1996, 3333; BFH NJW 1996, 215 für ein Votum.
76 BGH NJW 1998, 612.
77 OLG Köln NJW 1975, 788; LG Hamburg MDR 1966, 421; verfehlt BGH NJW 1966, 2399.
78 A.A. OLG Frankfurt NJW 1970, 1884 m. krit. Anm. Schneider; BGH NJW 2004, 164 jedenfalls dann, wenn für den richterlichen Hinweis bei der gegebenen Prozesslage keine Veranlassung und aus § 139 ZPO auch keine Rechtsgrundlage bestand; insoweit a.A. als BGH KG NJW 2002, 1732.
79 BVerwG DVBl. 1979, 560 für Art. 2 § 5 Abs. 1 EntlG; Mannheim NVwZ-RR 2000, 549.
80 VGH Mannheim NVwZ-RR 1994, 183.
81 Kassel NJW 1969, 1399.
82 OVG Münster NJW 1993, 2259.

kennbar zu einer von ihm nicht gewollten Prozesshandlung bestimmen wollen, können die Befangenheit mindestens dann rechtfertigen, wenn sie das falsche Bild vermitteln, die Prozesshandlung sei vorgeschrieben[83].

12   **3. Mitgliedschaft in der Vertretung einer Körperschaft.** § 54 Abs. 3 bejaht unwiderlegbar die **Besorgnis der Befangenheit, wenn** der **Richter** der **Vertretung einer Körperschaft,** auch Anstalten oder Stiftungen, **angehört,** deren Interessen durch das Verfahren berührt werden – beratende Mitwirkung soll nach BVerwG NJW 1990, 1865 nicht ausreichen[84]. Die Bestimmung erfasst insbesondere Angehörige der Kommunalvertretungen, da Mitglieder des Bundestages oder der Landtage nicht ehrenamtliche Richter sein können (§ 22). Eine beratende Mitgliedschaft genügt aber alleine nicht aus[85]. Das Gesetz stellt nicht auf die Berührung von Rechten der Körperschaft ab, sondern weiter gehend auf deren Interessen. Solche Interessen werden nicht nur dann berührt, wenn die Körperschaft selbst am Verfahren beteiligt ist, sondern auch, wenn grundsätzliche Entscheidungen getroffen werden, die sich auf Maßnahmen der Körperschaft auswirken können, so etwa bei Klärung grundsätzlicher Rechtsfragen in kommunalen Abgabensachen. Auf Vertretungen von Personalkörperschaften nur anwendbar, soweit sie eine ähnlich umfassende Kompetenz wie Kommunalparlamente haben.

C. Verfahren

I. Ablehnungsberechtigte

13   **Jeder Beteiligte,** auch der VöI, **kann den Richter** aus den unter Rn. 9 ff. genannten Gründen **ablehnen.** Die Verfahrensbeteiligten haben keinen Anspruch auf von Amts wegen erfolgende Mitteilung der Richterbank vor der Entscheidung[86]. Ebenso kann ein Richter selbst Umstände anzeigen, die seine Ablehnung rechtfertigen könnten[87]. Dagegen ist eine Prüfung von Amts wegen, also ohne Ablehnungsgesuch oder Selbstanzeige unzulässig[88]. Die Ablehnung kann nur hinsichtlich jedes einzelnen Richters ausgesprochen werden, in dessen Person die Voraussetzungen vorliegen sollen. Es können auch alle Richter eines Spruchkörpers abgelehnt werden, wenn eine bestimmte Entscheidung oder Handlung die Ablehnung begründen soll[89], nicht aber alle Richter des Gerichts[90]. Die Ablehnung wegen Besorgnis der Befangenheit ist nur solange möglich, als sich der Beteiligte nicht in Kenntnis des Ablehnungsgrundes – Kenntnis des Prozessbevollmächtigten genügt[91] – auf

---

83   Kassel NJW 1983, 901, hierzu auch Sendler NJW 1984, 693 sowie die im Zivilprozess entstandene umfangreiche Judikatur bei Baumbach/Hartmann § 42 Rn. 14 ff. ZPO.
84   Das BVerfG NVwZ 1996, 885 sieht hier wohl einen Ausschlussgrund.
85   BVerwG NJW 1990; 1865; OLG Naumburg NVwZ 2001, 956.
86   BVerfG NJW 1998, 369.
87   Dazu Wißmann NdsVBl. 2002, 322.
88   BVerfGE 46, 34 ff.
89   Ausnahme, BVerwGE 50, 36; BFH NVwZ 1998, 683; Hamburg NVwZ-RR 2000, 548; Kopp/Schenke Rn. 12.
90   BGH NJW 1974, 55; Münster VRspr. 32, 117; hierzu Eyermann/J. Schmidt Rn. 11; Kopp/Schenke Rn. 12.
91   RG JW 1900, 129; Eyermann/J. Schmidt Rn. 18.

eine Verhandlung eingelassen, Fragen des Vorsitzenden während des Sachberichts beantwortet[92], Anträge gestellt oder aber auf mündliche Verhandlung verzichtet (§ 101 Abs. 2) hat[93]. Vertagung ist unschädlich[94]. Ein nach Verkündung der Entscheidung entstandener Ablehnungsgrund kann noch als Verfahrensrüge im Rechtsmittelverfahren geltend gemacht werden; die Rüge dürfte in der Regel erfolglos sein, weil die Entscheidung kaum auf diesem Mangel beruhen kann[95]. Ob ein vor Verkündung entstandener Ablehnungsgrund noch danach geltend gemacht werden kann, lässt das BVerwG[96] trotz der dies nahe legenden Rechtsprechung des BVerfG[97] offen[98]. Für die zwingenden Ausschließungsgründe des § 41 ZPO und § 54 Abs. 2 gibt es keine zeitliche Grenze auf die Verkündung der Endentscheidung.

II. Form des Ablehnungsantrages

14 Das **Gesuch** ist nach § 44 ZPO **bei dem Gericht anzubringen, dem der Richter angehört.** Vertretungszwang hierfür besteht auch bei dem BVerwG oder OVG nicht (§§ 44, 78 Abs. 3 ZPO, 173). Der Name des Richters braucht in dem Gesuch nicht genannt zu werden, wenn unzweifelhaft ist, welcher Richter abgelehnt wird[99]. Die Tatsachen, auf welche die Ablehnung gestützt wird, sind glaubhaft zu machen, wenn sie nicht gerichtsbekannt sind, Zeugenerklärungen deshalb beizubringen[100]. Die Erklärung, ein Richter werde wegen Besorgnis der Befangenheit abgelehnt, die Begründung werde nachgereicht, ist kein wirksames Ablehnungsgesuch[101], sodass der Richter weiter tätig werden kann. Zu Form und Inhalt des Gesuchs Lüneburg DVBl. 1974, 381.

III. Entscheidung des Gerichts

15 **Über das Gesuch entscheidet das Gericht,** d.h. der Spruchkörper, **dem der Richter angehört** (das gilt auch für den Einzelrichter nach § 6 oder § 76 AsylVfG[102]; ein Verstoß dagegen führt nicht zu einer rügefähigen Falschbesetzung des Gerichts bei Endentscheidung durch den abgelehnten Einzelrichter), nach dienstlicher Äußerung des Richters (Unterlassung kann Beschwerde rechtfertigen[103], Beteiligte sind zur Äußerung zu hören[104]; bei einer Anzeige nach § 48 ZPO ist diese den Beteiligten zur Stellungnahme mitzuteilen[105]), ohne dass dieser an der Entscheidung mitwirken kann (§ 45 Abs. 1 ZPO), wenn nicht der Ablehnungsantrag in der mündlichen Verhandlung gestellt wird und die Entscheidung über die Ablehnung eine Vertagung der Verhandlung erfordern würde (§ 47 Abs. 2 ZPO). Er darf vom Eingang

92 Bremen NJW 1985, 823.
93 Konkludenter Verzicht auf Entscheidung: BVerwG NJW 1992, 1186.
94 BVerwG NJW 1964, 1870.
95 BVerwG NJW 1998, 323.
96 NJW 1998, 323; vgl. BGH NJW 2001,1503: nach Fällung des Urteils entstandener Ablehnungsgrund ist kein absoluter Revisionsgrund nach § 551 Nr. 3 ZPO.
97 E 89, 28.
98 Dafür BGH NJW 1995, 1677 ff.
99 BAG AP Nr. 3 zu § 49 ArbGG.
100 BVerwG Buchh. 310 § 54 Nr. 36.
101 OLG Köln MDR 1964, 423.
102 Kassel NVwZ 1997, 311; Münster B. v. 6.8.1999 – 23 A 58/98.A.
103 Mannheim NJW 1975, 1048.
104 BVerfGE 24, 56.
105 BVerfGE 89, 28 gegen anderslautende Rechtsprechung der Fachgerichte.

des Gesuchs ab bis zur Entscheidung nicht mehr in der Sache tätig werden[106] (Ausnahme: Handlungen, die keinen Aufschub gestatten, § 47 Abs. 1 sowie im Fall des § 47 Abs. 2 ZPO), selbst wenn Gesuch erst nach Beratung und Unterzeichnung des Entscheidungsentwurfs, aber vor Wirksamwerden der Entscheidung eingeht[107]; zum Verfahren nach § 101 Abs. 2 BVerwGE 58, 146. Schon seine bloße weitere Anwesenheit in der mündlichen Verhandlung (anders in den Fällen des § 47 Abs. 2 ZPO) oder der Beratung ist ein Verfahrensfehler[108]. Dagegen ist die Mitwirkung bei der Urteilsverkündung unschädlich. An die Stelle des Richters tritt für die Entscheidung sein Vertreter. Das gilt auch, wenn ein Richter selbst einen Ausschließungs- oder Ablehnungsgrund anzeigt. Nach Zurückweisung des Ablehnungsgesuches kann der abgelehnte Richter an der Sachentscheidung mitwirken, auch wenn die Zurückweisung noch nicht rechtskräftig ist[109]; freilich wird bei Anerkennung der Ablehnung in der Beschwerde die Sachentscheidung fehlerhaft (vgl. unten Rn. 20).

16 Die **Entscheidung** ist vom **nächsthöheren Gericht** zu treffen, wenn bei dem Gericht kein beschlussfähiger Spruchkörper mehr zur Verfügung steht (§ 45 Abs. 3 ZPO). Dabei beschränkt sich bei verselbstständigten Spruchkörpern, wie etwa dem Flurbereinigungsgericht, der Kreis der Richter auf die Mitglieder und speziell bestellten Vertreter[110], sodass ggf. das BVerwG über das Ablehnungsgesuch zu entscheiden hat[111]. Die abgelehnten Richter können selbst über das Gesuch entscheiden, wenn das **Ablehnungsrecht erkennbar missbraucht** wird, wie es in der Regel bei Ablehnung aller oder vieler Richter des ganzen Gerichts oder des Spruchkörpers der Fall sein dürfte[112]. Ein Missbrauch liegt auch vor, wenn der Ablehnungsantrag nicht substantiiert begründet wird[113]. Bei dieser Handhabung ist Zurückhaltung sicher am Platze[114]. Ordnet das Gericht eine Beweisaufnahme zur Prozessfähigkeit an, so ist hiergegen Beschwerde zulässig[115].

17 Die **Entscheidung** ergeht **durch** nicht notwendig zu begründenden (§ 122 Abs. 2) **Beschluss** (§ 46 Abs. 1 ZPO). Mündliche Verhandlung ist zulässig, aber nicht notwendig. Bei mündlicher Verhandlung wirken die ehrenamtlichen Richter an der Entscheidung mit, sodass bei Ablehnung eines ehrenamtlichen Richters ein Ersatzmann zu beteiligen ist[116]. Hat ein Richter Anzeige gemäß § 48 ZPO gemacht, wird die Entscheidung den Beteiligten bekannt gegeben.

---

106 OLG Frankfurt/Main NJW 1998, 1238.
107 Münster JMBl. NW 1978, 85.
108 LVG Düsseldorf DVBl. 1955, 100 für Beschlussverfahren.
109 BFH BB 1978, 903; Münster DÖV 1990, 795.
110 BVerwG Buchh. 310 § 54 Nr. 38.
111 BVerwG AgrarR 1987, 281.
112 BGH NJW 1974, 55; Kassel NJW 1969, 1400; BVerwG Buchh. 310 § 54 Nr. 51; BVerwG NVwZ-RR 1999, 74; noch weiter gehend BVerfGE 11, 343/48, keine Entscheidung erforderlich; Hamburg DVBl. 2000, 577; vgl. auch Günther NJW 1986, 281 f.
113 BVerwG NJW 1997, 3327.
114 Vgl. Roidl NVwZ 1988, 905; Schwintuchowski NVwZ 1989, 1144.
115 Berlin DÖV 1974, 320.
116 BFH NVwZ-RR 1993, 224.

IV. Rechtsmittel

Die Beschwerde gegen Beschlüsse über die Ablehnung von Gerichtspersonen **18** ist generell ausgeschlossen (§ 146 Abs. 2).Hat das VG in der Sache entschieden, so prüft das OVG die Ablehnungsentscheidung in dem Berufungsurteil[117]. Entscheidet das VG zur Sache und weist gleichzeitig das Ablehnungsgesuch zurück[118], so fehlt Rechtsschutzinteresse für auf Befangenheit beschränktes Rechtsmittel[119]. Hier kann nur das Rechtsmittel gegen das Urteil selbst eingelegt werden. Das Rechtsmittel kann nicht auf die Rüge der Verletzung der Vorschriften über die Ablehnung/Selbstablehnung gestützt werden (§§ 512, 548 ZPO[120]). Soweit das OVG den Antrag abgelehnt hat, ist hieran das BVerwG gebunden[121]. Anders nur bei willkürlicher Entscheidung über die Besetzung der Richterbank[122]; dann ist das Grundrecht auf den gesetzlichen Richter verletzt und die Verfahrensrüge eröffnet. Zu Kostenpflicht und Streitwert vgl. Lange MDR 1974, 275.

D. Mitwirkung eines ausgeschlossenen oder erfolgreich abgelehnten Richters

Die Mitwirkung eines nach § 41 ZPO, § 54 Abs. 2 ausgeschlossenen oder eines **19** erfolgreich abgelehnten Richters ist ein **absoluter Verfahrensmangel**, der die Zurückverweisung im Berufungsverfahren unter den in § 130 Abs. 2 Nr. 1 genannten weiteren Voraussetzungen wie auch auf Grund Revision (§ 138 Nr. 2) und die Nichtigkeitsklage nach § 579 Abs. 1 Nr. 2 ZPO, § 153 rechtfertigt. Entscheidungen, an denen ein solcher Richter mitgewirkt hat, sind wegen vorschriftswidriger Besetzung des Gerichts (Art. 101 Abs. 1 S. 2 GG) fehlerhaft und müssen aufgehoben werden. Hat ein Richter vor Entscheidung über ein gegen ihn gestelltes Ablehnungsgesuch mitgewirkt, so rechtfertigt dies die Zulassung der Revision nach § 132 Abs. 2 Nr. 3 mit Aufhebungsmöglichkeit nach § 133 Abs. 6. Dagegen kann auf nach Rechtskraft festgestellte Umstände, welche die Besorgnis der Befangenheit im Verfahren hätten rechtfertigen können, eine Nichtigkeitsklage nicht gestützt werden.

E. Sonstige Gerichtspersonen

Für den **Urkundsbeamten** gelten die Vorschriften über Ausschließung und **20** Ablehnung in gleicher Weise. Die Entscheidung trifft das Gericht, bei dem er angestellt ist. Zur Frage einer Ausschließung oder Ablehnung des VBl vgl. § 35 Rn. 9; auch ein VÖl kann nicht nach § 54 abgelehnt werden[123]; eines

---

117 BVerwG VRspr. 32, 892.
118 Was Kassel NVwZ-RR 1996, 617 mit beachtlichen Gründen für einen wesentlichen Verfahrensmangel hält.
119 Mannheim VBlBW 1988, 433.
120 Wie hier: BVerwG BayVBl. 1998, 731; BVerwG DVBl. 1999, 471, das aber die prozessualen Folgen der Ablehnungsentscheidung überprüft, wenn Entsprechendes gerügt wurde.
121 BVerwG Buchh. 310 § 54 Nr. 32, 35, 48; auch BGHZ 85, 148.
122 BVerwG NJW 1998, 323.
123 Münster NVwZ 1991, 489.

Sachverständigen[124] vgl. § 98 Rn. 10; eines Dolmetschers vgl. § 191 GVG mit § 173 (§ 54 Abs. 2 nicht entsprechend anwendbar[125]; bisherige Übertragungen eines erfolgreich abgelehnten Dolmetschers müssen unberücksichtigt bleiben[126]).

§ 55   [Ordnungsvorschriften]

§§ 169, 171a bis 198 des Gerichtsverfassungsgesetzes über die Öffentlichkeit, Sitzungspolizei, Gerichtssprache, Beratung und Abstimmung finden entsprechende Anwendung.

Die VwGO verweist hinsichtlich der Bestimmungen über die Öffentlichkeit, die Sitzungspolizei und die Gerichtssprache sowie die Beratung und Abstimmung auf die Vorschriften des GVG. Die Verweisung bezieht sich auf die jeweils geltende Fassung des 14., 15. und 16. Titels des GVG, sodass z.B. § 198 unanwendbar, weil aufgehoben. Die umfangreiche Rechtsprechung der Zivil- und Strafgerichte kann zur Auslegung weitgehend herangezogen werden, sodass auf die Erläuterungsbücher zum GVG verwiesen werden kann. Für den Verwaltungsprozess ergeben sich folgende Grundzüge und Besonderheiten:

A. Öffentlichkeit

I. Allgemeines

1   Die **Verhandlungen** vor den Verwaltungsgerichten sind **öffentlich** (§ 169 GVG). Es muss ein unbestimmter Personenkreis den Verhandlungen beiwohnen können[1]; Verfahrensbeteiligte, z.B. Streitgenossen, gehören nicht zur Öffentlichkeit[2]. Der Umfang dieses Personenkreises richtet sich nach den räumlichen Verhältnissen. Eine zahlenmäßige Begrenzung ist zulässig, wenn sie aus räumlichen Gründen erforderlich und gesichert ist, dass sich um die freien Plätze jedermann gleichrangig bemühen kann (zu Einzelheiten BGHSt. 5, 75). Nach BVerwG[3] soll die Öffentlichkeit gewahrt sein, wenn der Zuhörer sich mit einer Klingel Einlass verschaffen kann. Notwendig ist weiter, dass sich jeder Interessierte Kenntnis von Ort und Zeit der Verhandlung verschaffen kann[4]. Eine öffentliche Bekanntmachung der öffentlichen Sitzung ist nicht erforderlich; es genügt der Aushang des Terminzettels am Sitzungssaal und ein auskunftsfähiger Pförtner[5]. Keine Verletzung des Öffentlichkeitsgebotes, wenn Gericht mögliche Zeugen zum Verlassen des Saales auffordert[6], wohl aber, wenn Tür zum Sitzungssaal von einem Richter, wenn auch infolge

---

124 BVerwG DVBl. 1999, 470; Kassel NVwZ 2000, 211; München NJW 2004, 90.
125 VG Köln NJW 1986, 2207.
126 BVerwG NJW 1985, 757.

1 BVerwG JR 1972, 521.
2 Mannheim NVwZ-Beil. 1999, 87.
3 BayVBl. 1999, 187.
4 BGH NStZ 1982, 476; Kopp/Schenke Rn. 3.
5 BVerwG NVwZ 2000, 1298.
6 BVerwG Buchh. 310 § 55 Nr. 13.

Verwechslung, verschlossen wird[7]. Dieser Mangel kann durch Wiederholung des ohne Öffentlichkeit stattgefundenen Teils der mündlichen Verhandlung nach Wiederherstellung der Öffentlichkeit geheilt werden[8]. Verhindern tatsächliche Umstände den Zugang zum Sitzungssaal, stellt dies nur dann einen Verstoß gegen die Öffentlichkeit des Verfahrens dar, wenn das Gericht davon Kenntnis hat oder Kenntnis hätte haben können[9].

Der Grundsatz der Öffentlichkeit bezieht sich nur auf die Verhandlungen vor dem erkennenden Gericht, also dem Kollegium oder dem Einzelrichter (§ 6). Verhandlungen vor dem Vorsitzenden, dem Berichterstatter (beauftragten Richter) oder dem ersuchten Richter (§§ 87, 87a, 96, 98) sind nicht öffentlich[10], ebenso wenig solche vorbereitenden Termine des Einzelrichters. Lediglich den Beteiligten ist in diesen Fällen die Anwesenheit gestattet (§ 97). Für die Beweisaufnahme in der mündlichen Verhandlung, auch an Ort und Stelle[11], gilt dagegen die Öffentlichkeit. Freilich schränkt BVerwG NVwZ-RR 1989, 168 bei Ortsterminen und anschließender Verhandlung auf privatem Grundstück oder im Privathaus das Öffentlichkeitsgebot stark ein[12]. Aushang oder Bekanntgabe sind nicht erforderlich[13]. München[14] erweitert dies auf Verhandlungen im Sitzungssaal eines Rathauses.

II. Ausschluss der Öffentlichkeit

Ausgeschlossen kann die **Öffentlichkeit** im VerwProzess aus folgenden Gründen werden: **2**

a) Wenn das Verfahren die Unterbringung eines Beteiligten in eine Heil- oder Pflegeanstalt zum Gegenstand hat (§ 171a GVG). Da in diesen Fällen zur Entscheidung berufen die ordentliche Gerichtsbarkeit ist, gilt § 171a GVG in erster Linie für auf Landesrecht beruhenden Maßnahmen ähnlicher Art, wobei die ausdehnende Anwendung auf Unterbringung in ähnlichen Anstalten, z.B. Trinkerheilanstalten oder Entziehungsanstalten, unbedenklich ist;

b) Zum Schutze der Privatsphäre eines Beteiligten, Zeugen oder Verletzten (§ 171b GVG); auf Antrag des Betroffenen zwingend;

c) Wegen Gefährdung der Staatssicherheit oder öffentlichen Ordnung;

d) Wegen Gefährdung der Sittlichkeit;

e) Wegen Gefährdung des Lebens, des Leibes oder der Freiheit eines Zeugen oder einer anderen Person;

f) Wegen Verletzung überwiegender schutzwürdiger Interessen durch Erörterung persönlicher Umstände oder wichtiger Geschäfts-, Betriebs-, Erfindungs- oder Steuergeheimnisse;

g) Wegen Erörterung eines privaten Geheimnisses, dessen unbefugte Offenbarung durch Zeugen oder Sachverständige mit Strafe bedroht ist (bes. § 203 StGB);

h) bei Vernehmung einer Person unter sechzehn Jahren.

---

7 BFH NJW 1992, 2656.
8 BVerwG BayVBl. 1998, 731.
9 BVerwG NVwZ 2000, 1298.
10 BVerwG NVwZ-RR 1989, 167.
11 BVerwGE 19, 75.
12 Vgl. zum Vorrang des Hausrechts BGHSt 40, 191.
13 BVerwG NVwZ 1985, 566.
14 BayVBl. 2003, 51.

3 Die **Ausschließung** ist **in folgendem Umfang** zulässig:

a) Die Urteilsformel muss stets öffentlich verkündet werden (§ 173 GVG). Für die Urteilsbegründung kann durch besonderen Beschluss die Öffentlichkeit ganz oder teilweise ausgeschlossen werden.

b) Die Öffentlichkeit kann von der ganzen oder auch nur von Teilen der mündlichen Verhandlung ausgeschlossen werden.

4 c) Der **Ausschluss erfasst** grundsätzlich **alle Zuhörer,** nicht dagegen die Beteiligten, ihre Vertreter sowie etwaige Hilfspersonen des Gerichts wie Sachverständige, Dolmetscher usw. Er erstreckt sich nicht auf Beamte der Gerichtsverwaltung, welche die Dienstaufsicht ausüben (VG-Präsident, OVG-Präsident, Minister). Auch sonst kann einzelnen Personen bei Ausschluss der Öffentlichkeit die Anwesenheit gestattet werden (§ 175 Abs. 2 GVG). Hiervon wird vielfach für Pressevertreter Gebrauch gemacht. Die Berichterstattung der Presse über Verhandlungsteile, für welche die Öffentlichkeit ausgeschlossen ist, unterliegt den allgemeinen Strafgesetzen. Bei Ausschluss wegen Gefährdung der Staatssicherheit gilt § 174 Abs. 2 GVG.

Einzelne Personen können ausgeschlossen werden, wenn sie in einer der **Würde des Gerichts** nicht entsprechenden Weise erscheinen (§ 175 Abs. 1 GVG)[15].

5 **Schweigegebote** kann das Gericht anwesenden Zuhörern wie aber auch allen Beteiligten gem. § 174 Abs. 3 GVG in den Fällen der §§ 171b, 172 Nr. 2 u. 3 GVG auferlegen. Hiergegen Beschwerde nach § 146 zulässig. Die Verletzung des Gebots ist nach § 353d StGB strafbar.

III. Verfahren

6 **Über die Ausschließung ist zu verhandeln.** Allen Beteiligten ist Gelegenheit zur Äußerung zu geben. Verletzung der Anhörungspflicht rechtfertigt die Revision nach §§ 132 Abs. 2 Nr. 3, 138 Nr. 3. Für die Verhandlung über die Ausschließung kann ggf. die Öffentlichkeit ausgeschlossen werden. Das Gericht entscheidet nach pflichtgemäßem Ermessen, ggf. nach vorheriger Anhörung von Auskunftspersonen[16]. Die Entscheidung ergeht durch Beschluss des erkennenden Gerichts, der öffentlich verkündet werden muss (Ausnahme: Erhebliche Störung der Ordnung der Sitzung zu erwarten). Der Beschluss muss die Gründe der Ausschließung mit ausreichender Bestimmtheit angeben, die Angabe einer Gesetzesbestimmung kann genügen; sie müssen protokolliert werden[17]; allgemeine Wendungen sollten zur Begründung nicht genügen.

IV. Rechtsmittel

7 Der **Beschluss** ist **unanfechtbar.** Seine Rechtswidrigkeit (Ermessensfehler!) kann nur durch Rechtsmittel gegen die Entscheidung in der Sache selbst geltend gemacht werden. Ist der Beschluss fehlerhaft, so liegt ein absoluter Revi-

---

15 Vgl. hierzu Baur JZ 1970, 247.
16 RGSt. 66, 113.
17 BVerwG NJW 1983, 2155.

sionsgrund nach § 138 Nr. 5 vor[18]. Dagegen kann eine Nichtigkeitsklage auf den Fehler nicht gestützt werden, da der Mangel in § 579 ZPO nicht aufgeführt ist.

Beruht die **Beschränkung** des Zugangs zum Sitzungssaal nicht auf **mangelnder Sorgfalt** des Gerichts, so soll nach BGH NJW 1970, 1896[19] das Öffentlichkeitsgebot nicht verletzt sein. Bedenklich, da das Gebot keine Formvorschrift ist, sondern der Gewährleistung einer Kontrolle durch die Öffentlichkeit dient[20]. Deshalb auch absoluter Revisionsgrund (§ 138 Nr. 5).   **8**

B. Sitzungspolizei

I. Maßnahmen nach § 176 GVG

Die Sitzungspolizei (§ 176 GVG)[21] ist in erster Linie Aufgabe des Vorsitzenden. Bestimmte Maßnahmen können aber nur durch Entscheidung des Gerichts getroffen werden.   **9**
Die **Sitzungspolizei** gilt **für jede Sitzung**, sei es im Gerichtssaal, sei es an Ort und Stelle, ebenso für die Beratung. Sie ermächtigt den **Vorsitzenden**, die für den äußeren ordnungsgemäßen Ablauf der Sitzung notwendigen Maßnahmen zu treffen. Dazu gehört auch ggf. eine mit Zustimmung der Beteiligten begrenzte Einschränkung des Verbots des Fotografierens, der Anfertigung von Fernsehaufnahmen oder Filmberichten sowie von Tonbandaufnahmen im Sitzungssaal – für die Verhandlung selbst gilt das Verbot gem. § 169 S. 2 ausnahmslos; ebenso der Ausschluss von Personen, die den Ablauf der Sitzung stören. Leisten Anwesende den Anordnungen keine Folge, so kann der Vorsitzende gem. § 177 S. 2 GVG an der Verhandlung nicht beteiligte Personen aus dem Sitzungszimmer entfernen sowie zur Ordnungshaft abführen und bis zu 24 Stunden festhalten lassen, während gegenüber Beteiligten, Zeugen und Sachverständigen es einer Entscheidung des Gerichts bedarf. Zwischen den sitzungspolizeilichen Anordnungen und den richterlichen Entscheidungen, um sie durchzusetzen, ist zu unterscheiden.

Gegen am Verfahren beteiligte Richter sind sitzungspolizeiliche Anordnungen nach § 176 GVG nicht zulässig, wohl aber gegen Prozessbevollmächtigte, den VBJ und den VÖl oder sonstige durch Gesetz Beteiligungsberechtigte[22]. Durchsetzbar sind sie nicht (§ 177 GVG); für Anwälte kann die beharrliche Missachtung der Anordnung berufsrechtliche Folgen haben[23].   **10**

Sitzungspolizeiliche Anordnungen des Vorsitzenden nach § 176 GVG sind **nicht anfechtbar**[24]. Es handelt sich um Ordnungs- und Hausrechtsmaßnahmen, die der Vorsitzende in Ausübung dieses Rechts trifft, die deshalb dem   **11**

---

18 Bader/v. Albedyll Rn. 17; Eyermann/J. Schmidt Rn. 5; a.A. BVerwG Buchh. 310
    § 55 Nr. 8; mindestens in Fällen des § 171b GVG nicht zutreffend.
19 Ähnlich BVerwG DÖV 1984, 889.
20 Vgl. Bader/v. Albedyll Rn. 6.
21 Hierzu Seibert NJW 1973, 127.
22 A.A Schoch/Meissner Rn. 39; bis zur 12. Auflage.
23 BGH AnwSt (B) 18/93, n.v.
24 Bader/v. Albedyll Rn. 23.

Gericht nicht als Entscheidung zuzurechnen sind. Zur **Anfechtbarkeit** der **richterlichen Entscheidungen** nach § 177 GVG vgl. Rn. 14. Praktisch kann der Betroffene von Anordnungen durch Ungehorsam eine beschwerdefähige Entscheidung erzwingen.

II. Maßnahmen nach §§ 177, 178 GVG

12   Das Gericht, gegen nicht beteiligte Personen der Vorsitzende, können gem. § 178 GVG gegen den gleichen Personenkreis wegen ungebührlichen Verhaltens auf ein Ordnungsgeld oder Ordnungshaft bis zu einer Woche erkennen und diesen Beschluss sofort vollstrecken lassen. Höchstbetrag des Ordnungsgeldes ist 1 000,– Euro (§ 178 GVG). Ersatzfreiheitsstrafe ist die Ordnungshaft.

13   Die **Maßnahmen** nach §§ 177, 178 GVG ergehen durch zu **begründenden Beschluss**[25]. Vor der Entscheidung sind die Betroffenen und die Beteiligten zu hören[26]. Der Beschluss ist zu Protokoll niederzulegen. Aus dem Protokoll muss sich der Anlass für die Entscheidung ergeben (§ 182 GVG)[27]. Die Begründung des Beschlusses und die dienstliche Äußerung der beteiligten Richter ersetzen die unterbliebene Protokollierung nicht[28].

14   **Gegen Anordnungen** nach §§ 177, 178 GVG ist die **Beschwerde** nach § 146 gegeben. Der abweichenden Regelung des § 181 GVG – gegen Maßnahmen nach § 177 GVG (Entfernung und Abführung zur Ordnungshaft) nach h.M. kein Rechtsbehelf[29] – gehen §§ 146 ff. vor[30]. Es läuft die Beschwerdefrist des § 147, nicht die Wochenfrist des § 181 GVG (vgl. § 147 Rn. 4). Diese Frist beginnt auch nicht mit der Verkündung des Beschlusses, sondern erst mit der Erteilung einer schriftlichen Rechtsmittelbelehrung (§ 58 Abs. 1). Bei Entscheidungen des OVG oder des BVerwG besteht kein Beschwerderecht.

15   Die **Beschwerde** hat **aufschiebende Wirkung,** wenn die Entscheidung nicht vom Kollegium oder Einzelrichter und außerhalb der mündlichen Verhandlungen getroffen worden ist. In allen anderen Fällen trotz § 149 Abs. 1 S. 1 nicht, weil § 149 Abs. 2 ausdrücklich diese Regelung des § 181 Abs. 2 GVG aufrechterhält. Das Gericht kann aber die Vollstreckung seiner Anordnung bis zur Entscheidung über die Beschwerde aussetzen.

C. Beratung und Abstimmung

16   An der **Beratung** dürfen nur, **müssen** aber auch **alle Richter** des erkennenden Spruchkörpers **teilnehmen.** Das Urteil beruht auf einem wesentlichen Verfahrensmangel, wenn ein ehrenamtlicher Richter an der Beratung oder Abstim-

---

25   OLG Hamm NJW 1956, 1452.
26   Lüneburg OVGE 15, 452 f.
27   OLG Hamm JMBl NW 1977, 94.
28   Münster OVGE 9, 129.
29   RGZ 43, 427.
30   München NVwZ 2003, 863; Baumbach/Albers § 177 GVG Rn. 3; Eyermann/J. Schmidt Rn. 10; Bader/v. Albedyll Rn. 25.

mung nicht mehr persönlich teilnimmt[31]. Darüber hinaus ist den zur Ausbildung dem Gericht zugeteilten Referendaren die Anwesenheit gestattet (§ 193 GVG). Dagegen ist die Anwesenheit von Ergänzungsrichtern[32], wissenschaftlichen Hilfsarbeitern[33] oder Studenten, die sich beim Gericht beschäftigen[34], nicht zulässig. Ein Verstoß gegen die Anwesenheitsgebote bei der Beratung (§§ 192, 193 GVG) ist absoluter Revisionsgrund (§ 138 Nr. 1) und ist Wiederaufnahmegrund gem. § 579 Abs. 1 Nr. 1 ZPO, § 153. Gegen eine leise Beratung von Einzelfragen während der mündlichen Verhandlung, die oft zur Vermeidung von Störungen des Verfahrensablaufes zweckmäßig ist, bestehen keine Bedenken, auch wenn die Beteiligten im Sitzungssaal bleiben, da diese hierauf keinen Einfluss nehmen können[35].

Beratung und Abstimmung unterliegen gem. §§ 43, 45 Abs. 2 DRiG der Ver-   **17**
schwiegenheitspflicht. Die Bekanntgabe einer abweichenden Meinung (dissenting opinion) ist durch § 43 DRiG ausgeschlossen; anders § 30 Abs. 2 BVerfGG für das BVerfG. Der überstimmte Richter kann aber in versiegeltem Briefumschlag seine abweichende Meinung niederlegen. Der Briefumschlag kann auch zu den Verfahrensakten genommen werden. Die ehrenamtlichen Richter stimmen zuerst nach dem Lebensalter, die hauptberuflichen Richter alsdann in der Reihenfolge nach dem Dienstalter. Die Entscheidung wird mit absoluter Stimmenmehrheit getroffen (§ 196 GVG).

D. Gerichtssprache

Für die zahlreichen Asylverfahren haben die §§ 184 ff. GVG besondere Be-   **18**
deutung gewonnen. Das BVerwG[36] hat sich der Auffassung angeschlossen, dass der **Anspruch** auf **Hinzuziehung** eines **Dolmetschers** als spezielle Form der Gewährung rechtlichen Gehörs anzusehen ist[37], wenn nicht auch ohne Dolmetscher Verständigung möglich ist[38]; ein Verstoß gegen § 185 liegt auch vor, wenn die Sprachübermittlung durch den Dolmetscher an erheblichen Mängeln leidet[39]. Auf die Befolgung des § 185 GVG kann aber jeder Beteiligte wirksam verzichten[40], zum Rügeverlust vgl. § 96 Rn. 8. Im Übrigen ist das Gericht nicht verpflichtet, bei Beteiligung von Ausländern sich deren Sprache zu bedienen[41]. Nach Anl. I Kapitel III, Sachgebiet A Abschnitt III, Maßgabe 1 r) Einigungsvertrag können **Sorben** in ihren Heimatkreisen vor Gericht sorbisch sprechen.

---

31 Münster 22.4.1959 – III A 251/59 – n.v.
32 RG JW 1926, 1227.
33 BVerwGE 5, 85; BSGE 13, 147 ff.
34 BGH NJ 1995, 447.
35 Eyermann/J. Schmidt Rn. 45.
36 NVwZ 1983, 668.
37 Ebenso Kopp/Schenke Rn. 11.
38 BVerwG NJW 1990, 3102.
39 Mannheim NVwZ-Beil. 1999, 87, der darauf hinweist, dass dieser Mangel sofort nach Bemerken in der ersten Instanz gerügt werden muss; vgl. § 124 Rn. 27.
40 BVerwG NVwZ 1983, 668.
41 München NJW 1977, 1213; Kopp/Schenke Rn. 10; vgl. ferner BVerfG-Vorprüfungsausschuss NVwZ 1987, 785.

§ 56   [Zustellung]

(1) Anordnungen und Entscheidungen, durch die eine Frist in Lauf gesetzt wird, sowie Terminbestimmungen und Ladungen sind zuzustellen, bei Verkündung jedoch nur, wenn es ausdrücklich vorgeschrieben ist.

(2) Zugestellt wird von Amts wegen nach den Vorschriften der Zivilprozessordnung.

(3) Wer nicht im Inland wohnt, hat auf Verlangen einen Zustellungsbevollmächtigten zu bestellen.

1   **Zustellung** ist die in gesetzlicher Form geschehene und beurkundete Übergabe eines Schriftstückes[1]. Ihr Gegensatz ist die formlose Bekanntgabe. Dazwischen steht die schriftliche Mitteilung, bei der zwar die Schriftform, nicht aber die Förmlichkeit der Aushändigung oder Übergabe vorgeschrieben ist (Beispiel: Rechtsbehelfsbelehrung, § 58). § 56 schreibt vor, dass zugestellt werden muss, wenn mit Anordnungen oder Entscheidungen Fristen in Lauf gesetzt werden; ausgenommen bei Verkündung, wenn es nicht ausdrücklich vorgeschrieben ist.

2   § 56 gilt unmittelbar **nur für** das **Gerichtsverfahren, nicht** für das **Vorverfahren.** Die Widerspruchsfrist setzt die Zustellung des VA nicht voraus, sondern lediglich seine Bekanntgabe (§ 70). Zum Begriff der Bekanntgabe vgl. dort Rn. 2 ff.
Zu den Besonderheiten der Zustellung im **Asylverfahren** vgl. § 10 AsylVfG.

A. Zustellungsnotwendigkeit

3   **Zugestellt müssen** alle mit einem ordentlichen Rechtsmittel angreifbaren Entscheidungen werden, da die VwGO für alle Rechtsmittel Fristen vorschreibt. Die Zustellung der Urteile (§ 116), des Beiladungsbeschlusses (§ 65 Abs. 4) und des Widerspruchsbescheids (insoweit Anwendung auch für Vorverfahren, § 73 Abs. 3) ist gesondert geregelt.

4   Die **Zustellung** ist auch für alle **richterlichen Anordnungen, auch Verfügungen,** notwendig, wenn das Gericht eine Frist setzt, deren Ablauf prozessual oder materiell Bedeutung hat (**richterliche Fristen**), so insbesondere Fristsetzungen nach § 87b. Das Gleiche gilt, wenn durch Anordnungen oder Entscheidungen eine im Gesetz geregelte Frist (**gesetzliche Fristen**) in Lauf gesetzt wird. Alle Ladungen und Terminbestimmungen sind zuzustellen.

5   Die **Zustellungsnotwendigkeit** im Rahmen des § 56 (nicht für Urteile und Widerspruchsbescheid, die stets zugestellt werden müssen) **entfällt,** wenn die Entscheidung oder Anordnung, ebenso die Terminsanberaumung oder Ladung in der mündlichen Verhandlung verkündet werden, auch wenn der Beteiligte im Termin nicht anwesend ist[2]. Auch die mündliche Ladung eines zu einem mündlichen Verhandlungstermin bereits erschienenen Zeugen zu einem zukünftigen gerichtlichen Beweistermin ist also ausreichend. Soweit die verkündete Entscheidung oder Anordnung einem Rechtsmittel unterliegt, wird durch die Verkündung allein die kurze Rechtsmittelfrist aber erst in

---

1   RGZ 124, 22; 163, 187; BGHZ 8, 316.
2   BVerwG Buchh. 310 § 56 Nr. 2.

Lauf gesetzt, wenn die Beteiligten eine schriftliche Rechtsmittelbelehrung erhalten haben (§ 58 Abs. 1), die aber nicht zugestellt zu werden braucht, deshalb auch im Termin übergeben werden kann. Fehlt es an dieser Rechtsmittelbelehrung, so läuft an Stelle der kurzen die Jahresfrist des § 58 Abs. 2.

B. Form der Zustellung

Die **Form der Zustellung** bestimmt sich nach der Zivilprozessordnung. Die **6** landesrechtlichen Zustellungsvorschriften gelten im Verwaltungsprozess auch dann nicht, wenn die Zustellung vom Verwaltungsgericht oder Oberverwaltungsgericht veranlasst wird. Widerspruchsbescheide sind nach dem Verwaltungszustellungsgesetz des Bundes zuzustellen[3].
Für alle Zustellungen in Verwaltungsverfahren oder Vorverfahren außerhalb dieses Gesetzes gelten, soweit nicht Bundesbehörden tätig werden, landesrechtliche, dem Bundesgesetz aber im Wesentlichen nachgebildete Verwaltungszustellungsgesetze. Auf eine Erläuterung der einschlägigen Vorschriften der ZPO (§§ 166–191) wird hier verzichtet. Es ist lediglich auf Folgendes hinzuweisen:

Die in § 67 Abs. 3 S. 3 VwGO geregelte **Zustellung** an den **Bevollmächtigten** **7** ist durch § 56 Abs. 2, § 172 ZPO, das auch Einzelfragen regelt, faktisch ersetzt worden.

Nach § 8 Abs. 1 S. 2 VwZG ist auch im **Verwaltungsverfahren** die Zustel- **8** lung an den Vertreter zu richten, wenn dieser eine schriftliche Vollmacht vorgelegt hat. Gleiche Regelungen enthalten auch die LandesVwZG; sie sind deshalb durch § 14 Abs. 3 S. 4 VwVfG ausdrücklich aufrechterhalten (ob dies auch für den verfahrensabschließenden VA gilt, ist angesichts § 41 Abs. 1 S. 2 VwVfG umstritten, aber zu bejahen[4]). Die Zustellungspflicht an den Vertreter endet erst mit ausdrücklichem Widerruf der Vollmacht oder Nachweis der Mandatsbeendigung durch den Bevollmächtigten gegenüber dem Gericht[5]; unmittelbare Verhandlungen allein genügen nicht[6].

Wohnt ein **Zustellungsempfänger nicht im Inland,** so hat er auf Verlangen des **9** Gerichts einen Zustellungsbevollmächtigten zu bestellen, sodass sich die besonders umständliche Zustellungsform nach § 14 VwZG[7] erübrigt. Kommt der Zustellungsempfänger der Aufforderung des Gerichts, einen Zustellungsbevollmächtigten zu bestellen, nicht nach, so ist gem. § 56 Abs. 2 nach § 184 Abs. 1, Abs. 2 ZPO zu verfahren, wonach in diesen Fällen die Zustellung durch Brief vorgenommen werden kann und als mit der Übergabe zur Post bewirkt gilt. Die Benennung einer Deckadresse genügt zur Erfüllung des § 56 Abs. 3 nicht[8]. Außerhalb der mündlichen Verhandlungen kann auch der

3 BVerwGE 39, 257.
4 Mannheim VBlBW 1987, 297; Drescher NVwZ 1988, 680; Obermayer § 41 Rn. 31; a.A. BVerwG NVwZ 1998, 1292.
5 Kassel NVwZ 1999, 1313.
6 München VGH n.F. 29, 2 m. Anm. Redeker NJW 1976, 1118.
7 Zu den Anforderungen an diese Zustellungsart BVerwG NJW 2000, 683.
8 BVerwGE 12, 75.

Vorsitzende oder der Berichterstatter (§ 87 Abs. 1) die Bestellung eines Zustellungsbevollmächtigten verlangen[9].

10 Die **Zustellung an Eheleute** hat getrennt zu erfolgen, gemeinsame Zustellung eines Schriftstücks an beide Eheleute genügt nicht[10]. Die **Ersatzzustellung** an eine geschiedene Ehefrau reicht nicht aus[11], auch wenn sie sich in der bisherigen ehelichen Wohnung befindet. Dagegen ist eine Ersatzzustellung an einen Lebensgefährten zulässig[12]. Keine Ersatzzustellung zulässig, wenn **mehrere Personen**, ohne eine Vereinigung gem. § 11 VwVfG, § 61 zu sein, von der Entscheidung betroffen werden und sie keinen gemeinsamen Vertreter haben; Einzelzustellung deshalb erforderlich[13].

10a Der Gegenbeweis, dass die Behörde zu anderer Zeit als im Empfangsbekenntnis angegeben das Schriftstück erhalten hat, ist zulässig[14].

10b Die Zustellung im **Telefax-Verfahren** ist wirksam[15]. In der Praxis sind solche Zustellungen mindestens im Eilverfahren bereits häufig geworden. Zum Fristbeginn in diesen Fällen vgl. Rn. 2a zu § 57.

11 Bei **Zustellungsmängeln** gilt § 189 ZPO.

§ 56a [Öffentliche Bekanntmachung]

(1) Sind gleiche Bekanntgaben an mehr als fünfzig Personen erforderlich, kann das Gericht für das weitere Verfahren die Bekanntgabe durch öffentliche Bekanntmachung anordnen. In dem Beschluss muss bestimmt werden, in welchen Tageszeitungen die Bekanntmachungen veröffentlicht werden; dabei sind Tageszeitungen vorzusehen, die in dem Bereich verbreitet sind, in dem sich die Entscheidung voraussichtlich auswirken wird. Der Beschluss ist den Beteiligten zuzustellen. Die Beteiligten sind darauf hinzuweisen, auf welche Weise die weiteren Bekanntgaben bewirkt werden und wann das Schriftstück als zugestellt gilt. Der Beschluss ist unanfechtbar. Das Gericht kann den Beschluss jederzeit aufheben; es muss ihn aufheben, wenn die Voraussetzungen des Satzes 1 nicht vorlagen oder nicht mehr vorliegen.

(2) Bei der öffentlichen Bekanntmachung ist das bekannt zu gebende Schriftstück an der Gerichtstafel auszuhängen und im Bundesanzeiger sowie in den im Beschluss nach Absatz 1 Satz 2 bestimmten Tageszeitungen zu veröffentlichen. Bei der öffentlichen Bekanntmachung einer Entscheidung genügt der Aushang und die Veröffentlichung der Entscheidungsformel und der Rechtsbehelfsbelehrung. Statt des Schriftstückes kann eine Benachrichtigung ausgehängt oder veröffentlicht werden, in der angegeben ist, dass und wo das

---

9 BVerwG Buchh. 310 § 56 Nr. 4.
10 BVerwG DÖV 1958, 715; Koblenz NVwZ 1987, 899; Mannheim NVwZ 1984, 249; NVwZ-RR 1989, 593; München NVwZ 1984, 249; Berlin NVwZ 1986, 136; Koblenz NVwZ 1987, 899; a.A. Münster OVGE 31, 166: Erlangung gemeinsamer Verfügungsgewalt heilt; bei besonderen Umständen Mannheim NVwZ-RR 1989, 597.
11 BVerwG NJW 1958, 1985.
12 Mayer-Rang NJW 1987, 1562.
13 Mannheim NVwZ 1984, 249; München BayVBl. 1982, 630; speziell für Beitragsbescheide eingehend Petersen KStZ 1988, 41 ff.
14 BVerwG DÖV 1960, 765; BGH NJW 1987, 1335.
15 Ewer/Schürmann NVwZ 1990, 336; Hamburg NJW 1996, 1226; Weimar InfAuslR 2000, 100.

Schriftstück eingesehen werden kann. Eine Terminbestimmung oder Ladung muss im vollständigen Wortlaut ausgehängt und veröffentlicht werden.

(3) Das Schriftstück gilt als an dem Tage zugestellt, an dem seit dem Tage der Veröffentlichung im Bundesanzeiger zwei Wochen verstrichen sind; darauf ist in jeder Veröffentlichung hinzuweisen. Nach der öffentlichen Bekanntmachung einer Entscheidung können die Beteiligten eine Ausfertigung schriftlich anfordern; darauf ist in der Veröffentlichung gleichfalls hinzuweisen.

A. Massenverfahren

§ 56a steht in Zusammenhang mit § 65 Abs. 3, § 67a und § 93a. Alle Bestimmungen sollen so genannte **Massenverfahren** erleichtern, also Verfahren, an denen besonders als Kläger oder als Beigeladene eine Vielzahl von Personen beteiligt sind. Bereits die VwVfG haben für das Verwaltungsverfahren z.T. entsprechende Regelungen vorgesehen (§ 56a entspricht § 67, § 72, § 73 Abs. 6, § 74 Abs. 5 VwVfG; § 67a entspricht § 18 VwVfG). Die Notwendigkeit solcher Bestimmungen ist seit langem bejaht worden[1]. Die praktische Bedeutung dürfte freilich gering bleiben. Zu den parallelen Regelungen der VwVfG ist in mehr als 18 Jahren keine Rechtsprechung bekannt geworden. Sie haben dort rein verfahrenstechnische Bedeutung und werden meist auch nur eingeschränkt gehandhabt, die individuelle Zustellung an den Einwender trotz Zustellung nach § 74 Abs. 5 VwVfG ist üblich. Das Gerichtsverfahren dürfte dagegen weit mehr an Problemen mit sich bringen. In den Begründungen wird fast ausschließlich auf die Streitigkeiten um den Flughafen München-Erding verwiesen. Alle oben genannten Bestimmungen sind Notlösungen; sie verkürzen den Rechtsschutz, machen ihn von Zufälligkeiten abhängig, bringen aber bei sorgfältiger Handhabung den Gerichten auch nur begrenzte technische Erleichterungen, denen zusätzliche prozessuale Schwierigkeiten und Fehlerquellen gegenüberstehen. Schon die öffentliche Bekanntmachung von VA ist bedenklich, vielleicht aber unvermeidlich. Der generelle Ersatz der Zustellung eines gerichtlichen Urteils durch öffentliche Bekanntmachung nur des Tenors ist kaum vertretbar. **1**
Rechtsprechung zu § 56a ist bisher nicht bekannt geworden.

B. Öffentliche Bekanntmachung

I. Allgemeines

Die Anwendung des § 56a setzt voraus, dass gerichtliche Bekanntgabe gegenüber **mehr als 50 Personen** erforderlich ist, gleich ob es sich um natürliche oder juristische Personen oder sonstige Beteiligte nach § 63 handelt. Anders als in den Fällen des § 67a und im Ergebnis auch § 93a kommt es auf eine Gleichgerichtetheit der Beteiligten nicht an; es genügt die einfache Addition der Adressaten. Werden mehrere Beteiligte von einem Prozessbevollmächtigten vertreten, so liegt nur eine Bekanntgabe vor. Bekanntgaben an Zeugen und Sachverständige – etwa bei Terminsladungen – sind nicht einzurechnen. **2**

---

1 So schon etwa § 58 Entw. VPO BMJ, § 51 RegEntVPO.

3 Wenn sich aus dem bisherigen Verfahren ergibt, dass Bekanntgaben an mehr als 50 Personen erforderlich sind, kann das Gericht die öffentliche Bekanntmachung wählen. Es handelt sich um eine nicht anfechtbare **Ermessensentscheidung des Gerichts**; es wird die Vor- und Nachteile abzuwägen haben. Sind mehr als 50 Klagen eingereicht, so ist die öffentliche Bekanntmachung vom Zeitpunkt des Verbindungsbeschlusses (§ 93) an möglich. Sie wird auch bei entsprechender Zahl von Beiladungen (§ 65) zulässig. Die Erforderlichkeit von mehr als 50 Bekanntgaben muss laufend überprüft werden; sinkt die Zahl auf 50 oder weniger, so ist wieder individuell bekannt zu geben. Bekanntgabe (vgl. § 70 Rn. 2) ist jede verfahrensrelevante Mitteilung des Gerichts, die, gäbe es die öffentliche Bekanntmachung nicht, allen Beteiligten übermittelt werden müsste. Denn die öffentliche Bekanntmachung ersetzt diese Individualmitteilung. Vorbereitungshandlungen nach §§ 87, 87b z.B. setzen die Unterrichtung aller Beteiligten voraus, auch wenn sie sich direkt nur an einen Beteiligten wenden, sie müssen deshalb bekannt gemacht werden. § 56a bezieht sich nicht nur auf förmliche Akte des Gerichts, also neben Urteilen etwa Terminsladungen, Beweisbeschlüsse, Zwischenentscheidungen.

II. Arten der öffentlichen Bekanntmachung

4 Die öffentliche Bekanntmachung erfolgt durch Aushang an der Gerichtstafel sowie Veröffentlichung im Bundesanzeiger und bestimmten Tageszeitungen.

1. Gerichtstafeln. Gerichtstafeln sind in vielen Gerichten nur mühsam festzustellen, obwohl sie gesetzlich z.B. in der ZPO (etwa §§ 948, 949) verlangt werden. Während sie sich bisher aber auf nicht aufzufindende Parteien bezogen, haben sie hier Bedeutung für Beteiligte, die an sich aktiv im Verfahren mitwirken wollen. Das verlangt, dass die Tafel für jedermann sichtbar aufgestellt oder aufgehängt wird, dass das bekannt zu gebende Schriftstück leicht auffindbar und nicht unter anderen Mitteilungen (etwa Personalvertretungsangelegenheiten) versteckt ist und dass es zum Lesen abgenommen werden kann. Laufende Überprüfung, ob das Schriftstück noch vorhanden ist, erscheint notwendig. Das Gesetz sagt über die **Dauer des Aushanges** nichts; er muss mindestens solange aushängen, als sein Inhalt noch zu irgendeiner Verfahrenserklärung Veranlassung geben kann. Die Dauer steht nicht zur Disposition des Beschlusses nach § 56a Abs. 1. Das Schriftstück muss vollständig ausgehängt werden.

Für Bekanntgabe, die weder eine Entscheidung noch eine Terminbestimmung oder Ladung sind, ist ein **verweisender Aushang** als **Benachrichtigung** zulässig, in dem angegeben wird, dass und wo das Schriftstück eingesehen werden kann. Der Reg.Entw. VPO[2] fordert dies, wenn sonst geheimzuhaltende Tatsachen offenbart würden. Freilich bleibt das Schriftstück auch auf diesem Wege voll einsehbar.

5 **2. Bundesanzeiger.** Alle Schriftstücke müssen im **Bundesanzeiger** veröffentlicht werden. Für einfache Schriftstücke genügt die Veröffentlichung einer Benachrichtigung.

Entscheidungen brauchen nur mit Entscheidungsformel und Rechtsmittelbelehrung veröffentlicht zu werden; dabei ist gemäß § 56a Abs. 3 darauf hinzuweisen, dass die Beteiligten eine Ausfertigung der Entscheidung schriftlich anfordern können. Natürlich muss jedem Beteiligten die Entscheidung auch

---

2   S. 93.

ausgehändigt werden, wenn er das Gericht aufsucht und dies fordert. Die Veröffentlichung im Bundesanzeiger setzt gemäß § 56a Abs. 3 die Rechtsmittelfrist in Lauf, die nach Ablauf von zwei Wochen beginnt. Dass diese Folge nur schwer erträglich ist, liest doch kein Bürger den Bundesanzeiger und ist er auch auf vielen Gerichten nicht einzusehen, wird man sagen können. Ein selbstständiger, das Datum anzeigender Hinweis auf diese Folgen durch Veröffentlichung in den vorgesehenen Tageszeitungen ist notwendig und gehört zur ordnungsgemäßen Rechtsmittelbelehrung gemäß § 58 Abs. 1; sonst läuft die Jahresfrist.

3. Tageszeitungen. Die öffentliche Bekanntmachung erfolgt weiter in den **Ta-**   **6** **geszeitungen,** die in dem Bereich verbreitet sind, in dem sich die Entscheidung voraussichtlich auswirken wird. Die Bestimmung dieser Zeitungen nimmt das Gericht in dem Beschluss nach § 56a Abs. 1 vor. Es sollen tunlichst alle einschlägigen Zeitungen sein. Zur Vermeidung von Fehlern spricht das Gesetz nur von »Tageszeitungen«, nicht von »den« Tageszeitungen. Aber ein Mindestmaß von Publikation in Tageszeitungen ist zur Rechtmäßigkeit des Beschlusses notwendig. Dabei sind Ortspresse, regionale und überregionale Tageszeitungen einzubeziehen, sodass davon ausgegangen werden kann, dass damit möglichst jeder Beteiligte erfasst wird. Es muss vermieden werden, dass zahlreiche Beteiligte zu mehrjährigem (Verfahrensdauer!) Abonnement einer weiteren Zeitung gezwungen werden. Die räumlichen Auswirkungen der Sachentscheidung müssen vom Gericht prognostiziert werden, um den Kreis der Zeitungen zu bestimmen. Dabei wird das Gericht oft ähnliche Prognosen aus dem Verwaltungsverfahren übernehmen können; freilich sind die Voraussetzungen dort nicht selten anders formuliert[3].

C. Verfahren

Die öffentliche Bekanntmachung setzt einen **Beschluss des Gerichts** voraus.   **7** Es muss also das Kollegium, ggf. der Einzelrichter (§ 6) entscheiden, eine Ermächtigung des Vorsitzenden oder Berichterstatters hierfür ist auch in §§ 87a, 87b nicht enthalten. Der Beschluss muss die Bekanntgabe des nunmehr folgenden Verfahrens der öffentlichen Bekanntmachung enthalten; er sollte auf den Aushang an der Gerichtstafel und die Publikation im Bundesanzeiger hinweisen; er muss die Tageszeitungen aufführen, in denen bekannt gemacht wird. Er muss angeben, wann ein Schriftstück als zugestellt gilt (§ 56a Abs. 3). Der Beschluss ist in jeder Verfahrensart, auch im summarischen Verfahren zulässig.

Der Beschluss ist **unanfechtbar,** wie es das Gesetz für alle diese Beschlüsse zur Gestaltung von Massenverfahren vorsieht.

Der **Beschluss** ist jedem Beteiligten **individuell zuzustellen.** Kommt es erst im Verlauf eines Verfahrens zur Beteiligung, so muss diesem neuen Beteiligten ein früher etwa erlassener Beschluss wiederum individuell zugestellt werden. § 56a sieht eine Wiederholung des Beschlusses nicht vor; er soll offensichtlich fortgelten bis zum Verfahrensende. Rechtlich kann er sich nur auf eine Instanz beziehen; er endet mit dieser Instanz. Es ist Sache der nächsten Instanz, selbstständig darüber zu befinden, ob von § 56a Gebrauch gemacht wird. Der Beschluss ist aufzuheben, wenn die Zahl der Adressaten unter 50 sinkt.

---

3   Vgl. etwa § 10 Abs. 3 S. 1 BImSchG: »Bereich des Standortes der Anlage«, dazu Sellner Rn. 134 ff.

Bis zur Aufhebung bleibt er vom Gericht zu beachten[4]. Darüber hinaus kann ihn das Gericht jederzeit aufheben. Angesichts der Zähflüssigkeit vieler Verfahren sollte ein Gericht schon zur Gewährleistung eines fairen Verfahrens die Beteiligten in entsprechenden Zeitabschnitten individuell auf die Anordnung der öffentlichen Bekanntmachung hinweisen.

8 Die **Veröffentlichung** einer rechtsmittelfähigen Entscheidung im **Bundesanzeiger** fingiert die **Zustellung**. Sie gilt als an dem Tage zugestellt, an dem von dieser Veröffentlichung ab zwei Wochen verstrichen sind. Ist der Bundesanzeiger also etwa am 5. eines Monats erschienen, so läuft die Frist am 19. des Monats ab. Bedenkt man, dass der Beteiligte zu dieser Zeit regelmäßig nur den Tenor der Entscheidung kennt – die Ausfertigung kann er nur anfordern; wann wird er sie wohl erhalten? –, so ist diese Fiktion schon bei einer Rechtsmittelfrist von einem Monat problematisch; bei einer Frist von zwei Wochen – Entscheidungen nach § 80 oder § 123 – ist eine Überlegung, ob ein Rechtsmittel eingelegt werden soll, kaum möglich. Es dürften zahlreiche Rechtsmittel deshalb vorsorglich eingelegt werden müssen. Fehlt eine dem § 58 Abs. 1 entsprechende Rechtsmittelbelehrung, so läuft die Jahresfrist des § 58 Abs. 2 (vgl. oben Rn. 5).

D. Fehlerfolgen

9 Der **Beschluss** nach § 56a Abs. 1 ist zwar **unanfechtbar**; er kann aber **fehlerhaft** sein. Das Gericht kann die Zahl der Adressaten falsch ermittelt haben; es kann die zur Veröffentlichung notwendigen Tageszeitungen unzutreffend – Auswirkungsbereich! – oder unrichtig bestimmt haben. Er kann nicht allen Beteiligten individuell zugestellt worden sein; weitere Fehler sind vorstellbar. An sich sind solche Mängel gemäß §§ 512, 548 ZPO, § 173 unbeachtlich, weil der Beurteilung durch das Rechtsmittelgericht solche Entscheidungen nicht unterliegen, die dem Endurteil vorausgehen und vom Gesetz für unanfechtbar erklärt werden. Aber dieses Überprüfungsverbot gilt nicht im Hinblick auf **verfassungsrechtliche Bedenken** gegen solche Entscheidungen[5]. Die Anordnung nach § 56a beschränkt notwendig das rechtliche Gehör, wird deshalb am Maßstab des Art. 103 GG zu messen sein und unterliegt insoweit auch der Kontrolle der Rechtsmittelinstanzen. Ein Beschluss, der die Auswirkungen einer Entscheidung verkennt und deshalb mit der öffentlichen Bekanntmachung ganze Gebiete mit entsprechenden Beteiligten nicht mehr erreicht, dürfte mit Art. 103 GG nicht vereinbar sein. Soweit der Beschluss einzelnen Beteiligten nicht zugestellt wird, kann er sie auch nicht binden und bleibt insoweit gegenstandslos.

§ 57 [Fristen]

(1) Der Lauf einer Frist beginnt, soweit nichts anderes bestimmt ist, mit der Zustellung oder, wenn diese nicht vorgeschrieben ist, mit der Eröffnung oder Verkündung.

(2) Für die Fristen gelten die Vorschriften der §§ 222, 224 Abs. 2 und 3, §§ 225 und 226 der Zivilprozessordnung.

---

4   A.A. 12. Auflage.
5   OLG Schleswig NJW 1988, 69.

Man unterscheidet üblicherweise zwischen den **eigentlichen Fristen**, an wel- **1** che die Verfahrensbeteiligten zur Vornahme von Prozessbehandlungen gebunden sind, und den **uneigentlichen Fristen**, die für bestimmte Handlungen des Gerichts selbst gelten. Auf die uneigentlichen Fristen ist § 57 mit Ausnahme des § 222 ZPO nicht anzuwenden. Zu den eigentlichen Fristen gehören die gesetzlichen und die richterlichen. Zum Begriff § 56 Rn. 4. Auch in einem gerichtlichen Vergleich festgesetzte Fristen unterfallen § 57[1]. Gesetzliche Fristen können nur in den im Gesetz ausdrücklich vorbehaltenen Fällen, richterliche Fristen können stets verlängert werden. Ausschlussfristen sind Zeitspannen, nach deren Ablauf eine Prozesshandlung nicht mehr zulässig ist, wenn nicht Wiedereinsetzung möglich.

A. Fristenbeginn

Das Gesetz kennt drei Vorgänge, durch die eine Frist in Lauf gesetzt wird: **2** 1. Die **Zustellung** ist generell für alle gerichtlichen Entscheidungen oder Anordnungen vorgeschrieben, durch die eine Frist in Lauf gesetzt wird (§ 56). Sie entfällt nur, wenn die Entscheidung oder Anordnung verkündet wird und das Gesetz nicht ausdrücklich neben der Verkündung die Zustellung verlangt. Die Form der Zustellung ergibt sich aus § 56 Abs. 2. Bei notwendiger Zustellung löst die erste wirksame Zustellung den Fristbeginn aus[2].

Die **Bekanntgabe** einer gerichtlichen Entscheidung durch **Telefax** wird als **2a** Zustellung anzusehen sein, wenn die Entscheidung in vollem Umfange den Beteiligten zugeht (vgl. § 56 Rn. 10b) und mit dem Telefax auch das Empfangsbekenntnis überspielt wird. Anderenfalls bleibt die förmliche Zustellung der Ausfertigung der Entscheidung für den Fristbeginn maßgeblich, auch wenn sie erst Tage später erfolgt. Zur Wirksamkeit und Befolgungspflicht vgl. § 122 Rn. 6; § 80 Rn. 61; § 123 Rn. 21a; § 116 Rn. 8.

2. Die **Verkündung** ist der formelle gerichtliche Ausspruch der Entscheidung **3** in der mündlichen Verhandlung und überall zugelassen, wo das Gericht auf Grund mündlicher Verhandlung entscheidet. Mit der Verkündung beginnt der Fristablauf nicht, wenn das Gesetz ausdrücklich die Zustellung anordnet.

3. Die **Eröffnung** ist die bewusste und gewollte Mitteilung einer Entschei- **4** dung. Die Eröffnung ist typische Form des Erlasses einer Verwaltungsentscheidung, da richterliche Entscheidungen in der Regel verkündet werden, durch § 56 auch ausdrücklich vorgeschrieben ist, dass richterliche Entscheidungen, durch welche Fristen in Lauf gesetzt werden, zugestellt oder verkündet werden müssen. Eröffnung und Bekanntgabe (§ 70) werden von der VwGO als synonyme Begriffe gebraucht. Im Einzelnen hierzu § 70 Rn. 2; die Funktion der Bekanntgabe in § 56a Abs. 1 reicht weiter (vgl. § 56a Rn. 3).

Für den **Fristbeginn** bei Rechtsmitteln oder Rechtsbehelfen muss zur Zustel- **5** lung, Verkündung oder Eröffnung die schriftliche Rechtsbehelfsbelehrung

---

1 Kassel NVwZ-RR 2000, 544.
2 BVerwGE 58, 100.

hinzutreten (§ 58 Abs. 1), sonst läuft an Stelle der durchweg kürzeren gesetzlichen Fristen die Jahresfrist des § 58 Abs. 2.

B. Fristenberechnung

6 Zur Berechnung der Fristen verweist die VwGO auf die §§ 222, 224 Abs. 2 und 3, 225 und 226 ZPO. § 222 ZPO greift wiederum auf §§ 187 bis 189 BGB zurück.

I. Fristbeginn

7 Die **Fristen** der VwGO **beginnen** gemäß § 57 Abs. 1 regelmäßig mit Zustellung, Verkündung oder Eröffnung. Das bedeutet, dass der Tag dieser Zustellung, Verkündung oder Eröffnung, möglich auch ein Sonnabend[3] – ggf. auch bei gesonderter schriftlicher Rechtsmittelbelehrung der Tag des Zugangs dieser Belehrung –, bei der Fristberechnung nicht mitzuzählen ist. Die Monatsfrist endet also mit Ablauf des gleichen Monatstages des Vormonats (am 5. zugestellt, Fristende am 5. des folgenden Monats, 24 Uhr). Ist am 31. eines Monats zugestellt und hat der folgende Monat nur 30 Tage, ist Fristende am 30. des folgenden Monats, 24 Uhr. Die 2-Wochen-Frist der Beschwerde endet am gleichen Wochentag der Zustellung (Zustellung am Dienstag, Fristende am Dienstag, 2 Wochen später, 24 Uhr). Bei mehreren Prozessbevollmächtigten ist die zeitlich erste Zustellung maßgeblich[4]. Maßgeblich ist grundsätzlich der auf der Zustellungsurkunde angegebene Tag. Das gilt auch, wenn, wie bei Behörden nicht selten, das Schriftstück Tage früher eingegangen ist[5]. Gegenbeweis früheren Zugangs ist aber möglich (Eingangsstempel!)[6].

8 Wird gemäß § 4 VwZG durch eingeschriebenen Brief zugestellt, so richtet sich der Fristbeginn allein nach § 4 Abs. 1 VwZG, das Schriftstück gilt also am 3. Tag nach Aufgabe zur Post als zugestellt. Da hier – bei Streit über den Eingang des Briefes – Zugang und Zeitpunkt nachgewiesen werden müssen, können leicht Unsicherheiten entstehen; bei Benutzung des Postfachs Zugang grundsätzlich erst mit Aushändigung[7]. Deshalb sollte mindestens vom Widerspruchsverfahren ab von dieser Zustellungsform abgesehen werden.[8] Zum Fristbeginn bei Bekanntgaben im Massenverfahren vgl. § 56a Rn. 8.

II. Fristende

9 Fällt das Fristende auf einen Sonnabend (Ges. v. 10.3.1965, BGBl. I S. 753), einen Sonntag oder gesetzlichen Feiertag, so endet die Frist erst am nächstfolgenden Wochentag, 24 Uhr. Bzgl. landesrechtlicher Feiertage gilt § 193 BGB;

---

3 Koblenz NJW 1966, 1769; für RA sind BVerwG DÖV 1984, 776; BGH NJW 1974, 1469 zu beachten.
4 BVerwG NJW 1980, 2269.
5 BVerwG NJW 1979, 1998.
6 BVerwG Buchh. 310 § 70 Nr. 5; hierzu Kopp/Schenke Rn. 8.
7 BVerwG NJW 1983, 2344: offen geblieben für Fälle der Abholungsverzögerung – hierzu Kopp/Schenke Rn. 6.
8 Vgl. Maetzel MDR 1970, 465 ff.

der 31.12. ist, auch wenn landesrechtlich dienstfrei, kein Feiertag[9], ebenso wenig der 24.12[10].
Die inzwischen allgemein abgeschafften Gerichtsferien hat die VwGO nie gekannt[11].

Die Fristen können bis unmittelbar zum Ablauf ausgenutzt werden. Die Gerichte – in der Regel auch die Verwaltungsbehörden – sind verpflichtet, Einrichtungen zu treffen, um gewöhnliche Postsendungen noch nach Dienstschluss entgegenzunehmen[12]. Dabei ist die Frist gewahrt, wenn vor 24 Uhr in den sog. Nachtbriefkasten eingeworfen worden ist[13], was auch für das einfache gerichtliche Postfach gilt[14]. Wird eine Frist infolge Fehlens solcher Einrichtungen versäumt, so ist Wiedereinsetzung in den vorigen Stand zu gewähren[15]. Trennt ein Nachtbriefkasten nicht Eingänge vor und nach 24 Uhr oder ist nur einfacher Briefkasten vorhanden, so ist die rechtzeitige Benutzung widerlegbar zu vermuten; Beweisnot des Benutzers sollte vermieden werden[16]. **10**

C. Fristverlängerung und -abkürzung

I. Fristverlängerung

Verlängert kann eine **gesetzliche Frist** nur auf Grund ausdrücklichen gesetzlichen Vorbehalts werden, die richterliche Frist dagegen stets. Welche der beiden Fristen vorliegt, ist oft streitig. Da hiervon die Rechtskraft von Entscheidungen und der Verlust des Klage- oder Rechtsmittelrechts abhängig sein können, sind eindeutige Lösungen erforderlich. Als richterliche Fristen sollten deshalb alle Fristen angesehen werden, deren Beginn und (oder) Ende vom Richter festgesetzt werden, während gesetzliche Fristen solche sind, die kraft Gesetzes ohne besondere Fristsetzung auf Grund eines bestimmten Ereignisses beginnen und enden. **11**

Auch **nach Fristablauf** ist eine **Verlängerung** gesetzlicher Fristen, wo sie ausdrücklich zugelassen ist, sowie richterlicher Fristen zulässig, wenn der Antrag vorher gestellt worden war. Die Grundsätze der Entscheidung BVerwGE 10, 75 sind für alle Fälle der Fristverlängerung heranzuziehen[17]. Im Übrigen Verlängerung richterlicher Fristen stets zulässig, wenn bei gesetzlichen Fristen Wiedereinsetzung erfolgen würde. **12**

9   Mannheim NJW 1987, 1353.
10 Hamburg NJW 1993, 1941.
11 BVerwG Buchh. 310 § 57 Nr. 1.
12 BVerfGE 40, 44; BVerwGE 3, 355; DVBl. 1960, 397; BGHZ 1, 32; BAG NJW 1960, 1543; Koblenz AS 2, 297; Münster VRspr. 8, 376.
13 BVerwGE 18, 51.
14 München DVBl. 1984, 201.
15 BVerwG NJW 1962, 1268.
16 Enger BVerwG Buchh. 310 § 60 Nr. 79; Meyer-Ladewig, SGG § 64 Rn. 6: Möglichkeit der Wiedereinsetzung; vgl. auch Baumbach/Hartmann § 233 Rn. 19 ff.
17 BGHZ 83, 216; Kopp/Schenke Rn. 13.

II. Fristabkürzung

13 Richterliche Fristen können auch abgekürzt werden (§ 224 Abs. 2 ZPO), gesetzliche Fristen nur, wenn dies ausdrücklich vorgesehen ist. Die Entscheidung über Anträge auf Fristverlängerung oder -abkürzung ergeht durch Beschluss, der aber nicht der Zustellung nach § 56 bedarf, da er keine Frist in Lauf setzt, sondern lediglich den Endzeitpunkt einer laufenden Frist ändert[18]. Vor Abkürzungen oder wiederholter Verlängerung sind die anderen Verfahrensbeteiligten zu hören. Ein Rechtsmittel gegen den Beschluss ist in keinem Falle gegeben (§ 146 Abs. 2). Ist der Beschluss unter Verletzung der Grundsätze rechtlichen Gehörs ergangen, kann ggf. die Endentscheidung wegen dieses Verfahrensfehlers angegriffen werden.

III. Zuständigkeit

14 Für besonders häufige Fälle der Fristverlängerung oder -abkürzung, nämlich die **Verlängerung der Berufungsbegründungs- und der Revisionsbegründungsfrist** und solcher Fristen, die für die Zustellung vorbereitender Schriftsätze bestimmt sind, sowie die **Abkürzung der Ladungsfrist** kann im vereinfachten Verfahren der Vorsitzende, der Einzelrichter oder der Berichterstatter durch prozessleitende Verfügung entscheiden. Für die Berufungsbegründungsfrist folgt dies aus § 124a Abs. 3 S. 3; für die Revisionsbegründungsfrist aus § 139 Abs. 3 S. 3, im Übrigen aus § 173, § 226 ZPO. Auch hier ist eine Beschwerde nach § 146 Abs. 2 ausgeschlossen.

§ 58   [Rechtsbehelfsbelehrung]

(1) Die Frist für ein Rechtsmittel oder einen anderen Rechtsbehelf beginnt nur zu laufen, wenn der Beteiligte über den Rechtsbehelf, die Verwaltungsbehörde oder das Gericht, bei denen der Rechtsbehelf anzubringen ist, den Sitz und die einzuhaltende Frist schriftlich belehrt worden ist.

(2) Ist die Belehrung unterblieben oder unrichtig erteilt, so ist die Einlegung des Rechtsbehelfs nur innerhalb eines Jahres seit Zustellung, Eröffnung oder Verkündung zulässig, außer wenn die Einlegung vor Ablauf der Jahresfrist infolge höherer Gewalt unmöglich war oder eine schriftliche Belehrung dahin erfolgt ist, dass ein Rechtsbehelf nicht gegeben sei. § 60 Abs. 2 gilt für den Fall höherer Gewalt entsprechend.

Übersicht

---

18   RGZ 156, 389; bei Abkürzungen nicht unbedenklich.

A. Notwendigkeit der Belehrung

I. Geltungsbereich

Die **grundsätzliche Pflicht zur Rechtsbehelfsbelehrung** hat die VwGO als **1** Bundesgesetz im Verwaltungsverfahren nur für Bundesbehörden anordnen können (§ 59). Soweit Landesbehörden handeln, konnte das Gesetz für den Widerspruchsbescheid die Belehrungspflicht vorschreiben (§ 73 Abs. 3), im Übrigen aber lediglich als Folge der Unterlassung einer Rechtsbehelfsbelehrung festlegen, dass in diesem Fall die Rechtsbehelfsfrist nicht läuft. Die Entscheidung, ob Verwaltungsbehörden im Bereich der Länder Rechtsbehelfsbelehrungen zu erteilen haben, ist speziellen Bundesgesetzen, so etwa § 211 BauGB oder dem Landesgesetzgeber überlassen. Dem § 59 entsprechende Vorschriften sind in den Ländern bisher nicht erlassen worden, die VwVfG enthalten hierzu nichts, die Belehrungspflicht gründet sich weitgehend auf Verwaltungsanordnungen, wenn nicht sie spezialgesetzlich vorgesehen ist. Die Gerichte sind zur Rechtsmittelbelehrung ausdrücklich nur bei Urteilen (§ 117 Abs. 2 Nr. 6) und Gerichtsbescheiden (§ 84 Abs. 1 S. 3) verpflichtet. Praktisch besteht die Belehrungspflicht aber für alle mit befristeten Rechtsmitteln anfechtbaren Entscheidungen[1], da sonst die durchweg kürzeren Rechtsmittelfristen nicht laufen, sondern nur die Jahresfrist des § 58 Abs. 2 gilt[2].
Eine Belehrung über die **Untätigkeitsklage** ist nicht erforderlich, weil die Fristbindung durch Streichung des § 76 entfallen ist.

II. Mehrere Rechtsbehelfe

Zum Begriff **Rechtsmittel** und **Rechtsbehelf** § 124 Rn. 1. Überall dort, wo **2** nach der VwGO ein Rechtsbehelf gegeben ist, setzt der Lauf der hierfür geltenden Fristen die Erteilung der Belehrung voraus. Wenn **mehrere Rechtsbehelfe** alternativ gegeben sind, so ist über alle zu belehren, insbesondere auch über die Möglichkeit, Sprungrevision an Stelle der Berufung einzulegen, wenn diese im Urteil zugelassen worden ist[3], nicht dagegen bei nachträglicher Zulassung.

---

1 Vgl. BVerwG NVwZ 2000, 191.
2 Zum Gesamtkomplex der Rechtsbehelfsbelehrung vgl. Stelkens NuR 1982, 10 ff.
3 BVerwGE 18, 53; DÖV 1979, 303.

III. Außerordentliche Rechtsbehelfe

3 Die **Rechtsbehelfsbelehrung entfällt,** wo es sich nur um **außerordentliche Rechtsbehelfe** handelt, die nicht generell gegeben sind, sondern vom Vorliegen besonderer Voraussetzungen oder Ereignisse abhängen[4]. Keine Rechtsbehelfsbelehrung deshalb über die Nichtigkeits- und Restitutionsklage nach § 153[5], die Möglichkeit einer Wiedereinsetzung in den vorigen Stand nach § 60[6], den Antrag auf Urteilsberichtigung oder Urteilsergänzung gemäß §§ 119, 120[7], auch nicht über den Antrag auf Wiederherstellung der aufschiebenden Wirkung nach § 80 Abs. 5, da nicht fristgebunden, auch nicht über Rechtsbehelfe, die möglich sein könnten, wenn der Adressat des VA unterlässt, den Rechtsbehelf, über den er belehrt worden ist, einzulegen[8].

IV. Gesetzliche Ausschlussfristen

4 Eine Rechtsbehelfsbelehrung ist bei gesetzlichen Ausschlussfristen für einen Rechtsbehelf verfassungsrechtlich nicht geboten[9]; dies gilt insbesondere bei fristgebundenen Anträgen nach § 80 Abs. 5 (dazu § 80 Rn. 55a). Der einfache Gesetzgeber ist aber nicht von Verfassungs wegen gehindert, die Geltung des § 58 anzuordnen.

B. Inhalt der Rechtsbehelfsbelehrung

5 Zwingend **notwendiger Inhalt der Belehrung** sind die Angaben, dass und welcher Rechtsbehelf gegen welche Entscheidung gegeben ist, wo dieser Rechtsbehelf anzubringen ist, welche Frist für ihn läuft und welche Formvorschriften für seine Einlegung zwingend vorgeschrieben sind[10]. Diese Angaben müssen vollständig und richtig sein. Fehlen sie, sind sie unrichtig oder enthält die Belehrung unzutreffende Zusätze, die einen Beteiligten von der Einlegung des Rechtsbehelfs abhalten können, so ist die Belehrung ungeeignet, die Rechtsbehelfsfrist in Lauf zu setzen[11]. Die Belehrung muss sich auf Ausgangs- und Widerspruchsbescheid beziehen, auch wenn deren erlassende Behörden identisch sind[12], es sei denn, dass erst der Widerspruchsbescheid beschwert (§ 79 Abs. 1 Nr. 2, Abs. 2).

---

4   Bader/v. Albedyll Rn. 6.
5   Eyermann/J. Schmidt Rn. 3.
6   Kassel NJW 1969, 1399; Münster OVGE 8, 123.
7   München VRspr. 3, 133.
8   Kassel VRspr. 11, 747.
9   BVerfG VIZ 1998, 623.
10 Zu Letzterem a.A. Bader/v. Albedyll Rn. 8; wie hier Eyermann/J. Schmidt Rn. 5.
11 BVerwG NJW 1958, 1554; NJW 1962, 1363; DVBl. 2002, 1553; BSGE 7, 16.
12 München DVBl. 1987, 698; dazu auch Kassel NJW 1983, 242; a.A. BVerwG Buchh. 310 § 58 Nr. 54; differenzierend Eyermann/J. Schmidt Rn. 5.

I. Zulässiger Rechtsbehelf

Die Belehrung muss eindeutig[13] den **zulässigen Rechtsbehelf** angeben, der ge- **6**
gen die Entscheidung gegeben ist. Sind mehrere Rechtsbehelfe alternativ zulässig, so sind sie alle anzuführen, also auch die Berufung, wenn VG Sprungrevision zugelassen hat[14]. Das gilt nicht, wenn ein zweiter Rechtsbehelf nur
hilfsweise möglich ist. Die Angabe beschränkt sich aber auf die Rechtsbehelfe
im Verfahren vor den Verwaltungsgerichten, auch, wenn diese in Spezialgesetzen geregelt sind. Weder brauchen Rechtsmittel für Verfahren vor anderen
Gerichtszweigen (z.B. Verfassungsbeschwerde) noch Rechtsbehelfe im reinen Verwaltungsverfahren außerhalb der VwGO angegeben zu werden.
Auch auf die Unzulässigkeit einer Anfechtung der Kostenentscheidung allein
nach § 158 braucht nicht hingewiesen zu werden[15]. Die Rechtsbehelfsbelehrung ist nicht unrichtig, wenn der angegebene Rechtsbehelf zwar an sich
statthaft, im Einzelfall aber unzulässig ist[16]. Es ist nicht Aufgabe des entscheidenden Gerichts oder der entscheidenden Verwaltungsbehörde für den
Einzelfall Untersuchungen über die Zulässigkeit des Rechtsbehelfs anzustellen. Ausreichend ist die Rechtsmittelbelehrung zur Sachentscheidung; sie
wird bei Fehlen einer Rechtsmittelbelehrung über die Streitwertbeschwerde
nicht unrichtig[17].

II. Bezeichnung von Behörde oder Gericht

Behörde oder **Gericht**, bei dem der Rechtsbehelf anzubringen ist, müssen **ein-** **7**
deutig mit Namen und mit Ort (Sitz) bezeichnet werden[18] (das gilt auch für
den Sitz des BVerwG[19]; die Anschrift auswärtiger Senate muss nicht angegeben werden[20]). Die Angabe von Straße und Hausnummer ist allenfalls notwendig, wenn sonst die Zustellung des Rechtsbehelfs unter der bloßen Orts-
angabe gefährdet ist[21]. Die Angabe einer falschen Adresse ist schädlich[22].
Bloße Angabe des Postfaches der Behörde ist schädlich[23]. Die Angabe eines
einzelnen Fachamtes als Adressat des Rechtsbehelfs ist irreführend[24]. Die
gleiche Folge hat es, wenn ein unzuständiges Gericht angegeben wird[25]. Da
gemäß § 83, § 17b GVG unter Wahrung der Wirkung der Rechtshängigkeit
verwiesen werden kann, ist diese früher wesentliche Frage weitgehend bedeutungslos geworden. Die Möglichkeit, den Rechtsbehelf bei dem judex ad
quem statt bei dem judex a quo einzulegen, braucht nicht angegeben zu werden[26]. Wird sie angegeben, aber an erster Stelle genannt, so ist die Belehrung

---

13   Hierzu BVerwG DÖV 1965, 713.
14   BVerwGE 81, 85.
15   Mannheim DÖV 1978, 815.
16   BVerwG VRspr. 28, 222; München VRspr. 10, 631.
17   Kassel NVwZ-RR 1997, 308.
18   BVerwGE 85, 298; Frankfurt/Oder NVwZ-RR 2000, 499.
19   BVerwG Buchholz 310 § 58 Nr. 62.
20   München BayVBl 1996, 734.
21   BVerwGE 25, 261; ganz überflüssig: VG Koblenz DÖV 1978, 853; falsche Angabe
     unschädlich: VG Sigmaringen ZBR 1987, 95.
22   VG Darmstadt NVwZ 2000, 591; Greifswald B. v. 29.8.2000 – 1 M 59/00.
23   Bautzen LKV 1997, 228.
24   Bautzen LKV 1997, 228; Greifswald NVwZ-RR 1999, 476.
25   BVerwG VRspr. 11, 237; BSG NJW 1971, 1380; Körner NJW 1960, 1187; BGH
     NJW 1999, 1113.
26   Münster OVGE 29, 183; BVerwG DÖV 1996, 921.

fehlerhaft[27]. Ist über eine Begründungsfrist zu belehren, ist anzugeben, wo die Begründung einzureichen ist[28]. Die Angabe, gegen wen die Klage zu erheben ist, ist in der Belehrung nicht erforderlich und auch angesichts der nicht seltenen Streitfragen hierüber nicht am Platze[29].

III. Beginn und Dauer der Frist

8 Die Belehrung muss **Beginn**[30] **und Dauer der Frist** so genau bezeichnen, dass der Betroffene ohne Einsicht in das Gesetz selbst feststellen kann, von wann ab die Frist läuft[31] (bei Widerspruchsbescheid reicht trotz Zustellungserfordernis die Belehrung über Fristbeginn ab »Bekanntgabe«[32]; dagegen genügt beim VA der Hinweis auf die Bekanntgabe gemäß § 70, auch wenn Spezialgesetz Zustellung vorschreibt[33]) und bis wann der Rechtsbehelf eingegangen sein muss[34]. Die Rspr. ist streng; eine Belehrung bei durch einfachen Brief verschlossen zugestelltem Bescheid, die Frist laufe vom Tag nach dem Empfang an, ist unrichtig und setzt die Frist nicht in Lauf[35]. Verweist die Belehrung auf Fristbeginn von Zustellung an, obwohl Zustellung nicht notwendig, so ist Belehrung zwar nicht falsch, die Frist beginnt aber nur, wenn wirklich zugestellt wird[36]. Die konkrete Fristberechnung bleibt Sache des Beteiligten[37] auch bzgl. des Ablaufs nach einem Feiertag[38] oder für den Februar[39] oder der Zustellungsfiktion des § 4 Abs. 1 VwZG[40]. Ist in der Belehrung eine zu lange Frist angegeben, so gilt an Stelle der gesetzlichen die längere Frist[41] (ob nicht Abs. 2 gilt, wird offen gelassen[42]). Ist die Frist zu kurz angegeben, so läuft weder die gesetzliche noch die Frist der Belehrung, sondern gilt § 58 Abs. 2. Zieht die Einlegung eines Rechtsmittels kraft Gesetzes den Lauf einer weiteren Frist nach sich, so muss auch diese in der Belehrung angegeben werden. Das gilt insbesondere für die Berufungsbegründungs- und Revisionsbegründungsfrist[43].

IV. Formvorschriften

9 **Formvorschriften**, die für den Rechtsbehelf **zwingend** gelten, sind in die Belehrung aufzunehmen. Das BVerwG verneint in st. Rspr. seit BVerwGE 1, 192 diese Pflicht[44]; es will ggf. mit der Wiedereinsetzung helfen[45]; für das erstin-

---

27 BVerwGE 3, 273; ähnlich Körner NJW 1960, 1187.
28 BVerwG Buchholz 310 § 58 Nr. 62.
29 BVerwGE 1, 192; BSGE 7, 16; Kopp/Schenke Rn. 11 a.E.
30 A.A. Bader/v. Albedyll Rn. 10; Kopp/Schenke Rn. 11.
31 Münster ZBR 1968, 164.
32 BVerwG DÖV 1990, 794; a.A. Münster NJW 1973, 165.
33 Münster DÖV 1976, 607; a.A. Münster NJW 1973, 165; BSG NVwZ 1998, 109.
34 BVerwG NJW 1970, 484; BVerwGE 43, 26.
35 Münster NJW 1975, 2087; NVwZ 2001, 212.
36 BSG NVwZ 1990, 1108; dazu auch Kassel DÖV 1989, 40; Münster NJW 1973, 165.
37 BVerwG MDR 1970, 531.
38 BVerfGE 31, 388 m. Anm. Weihrauch NJW 1972, 243.
39 BVerwG NJW 1976, 865.
40 BVerwG NVwZ 1989, 698; ZBR 1984, 19.
41 BVerwG NJW 1967, 591; München VGH n.F. 5, 101; Stuttgart VRspr. 10, 628.
42 Von BVerwG NVwZ 1999, 653.
43 BVerwGE 5, 178; BVerwG Buchh. 310 § 58 Nr. 62; BFH NJW 1987, 2704.
44 Zweifelnd auch Schoch/Meissner Rn. 32; grundsätzlich BVerwGE 50, 248.
45 Wie hier BSGE 7, 22; Kopp/Schenke Rn. 10; Meyer-Ladewig § 66 Rn. 10.

stanzliche Verfahren beim BVerwG offen gelassen durch BVerwGE 98, 126. Es muss deshalb angegeben werden, dass der Widerspruch schriftlich einzulegen oder zur Niederschrift zu erklären (§ 70) die Abkürzung »bzw.« statt des Wortes »oder« ist unschädlich[46], dass die Klage bei dem VG schriftlich oder zu Protokoll des Urkundsbeamten der Geschäftsstelle zu erheben ist und dass die Klage den Kläger, den Beklagten und den Gegenstand des Klagebegehrens bezeichnen muss[47] (die Forderung, den Streitgegenstand anzugeben, kann irreführend sein und sollte dem Gesetzeswortlaut des § 82 angepasst werden[48]). Das BVerwG missbilligt aber falsche oder unvollständige Angaben zu den Formerfordernissen[49]. Die Belehrung über die Berufungserfordernisse ergibt sich aus §§ 124, 124a. Für den Antrag auf Zulassung der Berufung, die Beschwerde, die Beschwerde in Fällen des § 99 Abs. 2 sowie des § 17 Abs. 4 S. 4 GVG und die Revision, die Revisionszulassungsbeschwerde sowie die in § 67 Abs. 1 genannten Nebenverfahren ist die Belehrung darüber notwendig, dass gemäß § 67 Abs. 1 Satz 2 diese Rechtsmittel nur durch einen Rechtsanwalt oder einen Rechtslehrer an einer deutschen Hochschule eingelegt werden können[50], wenn nicht der Ausnahmefall des § 67 Abs. 1 S. 3 vorliegt oder die in § 67 Abs. 1 S. 4–6 aufgeführten Materien streitbefangen sind. In Kostensachen muss auf den Mindestbeschwerdewert von 200,–Euro (§ 146 Abs. 3) hingewiesen werden[51].

Soweit der Gesetzgeber dazu übergegangen ist, eine **Klagebegründung** ab- **9a** weichend von § 82 **zwingend** unter Bezug auf § 87b vorzuschreiben, muss die Rechtsmittelbelehrung hierauf hinweisen (vgl. hierzu § 74 Rn. 1b ff.).

Der **Antrag auf Zulassung der Berufung** ist innerhalb eines Monats nach Zu- **9b** stellung des Urteils einzulegen; die Begründung innerhalb von zwei Monaten nach Zustellung des Urteils. Auf **beide Elemente** des Rechtsmittels hat die Belehrung hinzuweisen[52]. In der Rechtsmittelbelehrung ist weiter darauf hinzuweisen, dass die Begründung bei dem VG einzureichen ist. Auf die Zulassungsgründe muss sich die Rechtsmittelbelehrung nicht erstrecken[53]. Wird die Berufung durch das OVG zugelassen, ist binnen eines Monats nach Zustellung des Urteils die Berufung zu begründen. Die Begründung muss einen bestimmten Antrag enthalten sowie die im Einzelnen aufgeführten Gründe umfassen. Die Frist kann auf vor ihrem Ablauf gestellten Antrag vom Vorsitzenden verlängert werden. Über beides ist im Zulassungsbeschluss zu belehren[54]. Zur Belehrung über den Vertretungszwang Rn. 9 a.E.

Wird die **Berufung** vom **VG zugelassen**, muss die Rechtsmittelbelehrung auf **9c** die Frist von einem Monat zur Einlegung der Berufung und die zweimonatige

---

46 BVerwG DÖV 1981, 635; a.A. BVerwGE 50, 248.
47 A.A. Münster NVwZ 1982, 564; Saarlouis AS 12, 333, weil Mängel heilbar sind; aber nicht überzeugend, denn Belehrung soll ordnungsgemäße Klage sichern; wie hier Kopp/Schenke Rn. 10.
48 Leber NVwZ 1996, 668.
49 BVerwGE 57, 188 ff.; NVwZ 1998, 170.
50 Str.; wie hier Mannheim NVwZ-RR 2002, 466; Kopp/Schenke Rn. 10.
51 Kassel DÖV 1970, 650.
52 Kopp/Schenke Rn. 10.
53 Weimar NVwZ-Beil. 1997, 90.
54 Mannheim NVwZ 1999, 207 für die Pflicht zur Berufungsbegründung; BVerwG DÖV 2000, 377 mit ausführlicher Begründung, warum die **Rechtsmittelbelehrung** **Bestandteil des Urteils** ist und nicht mit gesondertem Schreiben übersandt werden kann; a.A. Mannheim VBlBW 1998, 419; hinsichtlich der Verlängerungsmöglichkeit BVerwG NVwZ-RR 2001, 142.

Begründungsfrist hinweisen. Erforderlich ist auch der Hinweis, bei welchem Gericht die Berufung eingelegt und die Begründung eingereicht werden muss.

9d Die Beschwerde muss innerhalb von zwei Wochen eingelegt werden. Handelt es sich um eine Beschwerde im Verfahren des vorläufigen Rechtsschutzes, muss über die Einlegungsfrist hinaus auch über die Begründungsfrist[55] und die sich aus § 146 Abs. 4 ergebenden Anforderungen an die Begründung belehrt werden.

10 Für die **Revisionszulassungsbeschwerde** gelten nunmehr gemäß § 133 Abs. 2 die gleichen Einlege- und Begründungsfristen wie für die Revision. Die Begründungsfrist kann aber nicht verlängert werden (§ 133 Rn. 5). Hierauf hat die Belehrung hinzuweisen[56]. Wird die **Revision** auf Grund der Beschwerde **zugelassen**, so läuft von der Zustellung des Beschlusses an gemäß § 139 Abs. 2 die einmonatige **Revisionsbegründungsfrist**. Hierüber ist im Beschluss zu **belehren**.

V. Überflüssige Angaben

11 **Nicht notwendig** ist die **Angabe von Formerfordernissen, die im Gesetz nicht zwingend vorgeschrieben sind.** Werden sie in die Belehrung aufgenommen, so sind unrichtige Angaben so lange unschädlich, als sie nicht geeignet sind, einen Beteiligten von der Einlegung des Rechtsbehelfs abzuhalten[57]. Gegen den Hinweis, es sei tunlich, den Widerspruch zu begründen und einen Antrag zu stellen, ist deshalb nichts einzuwenden[58]. Die Bezeichnung von Soll- als Mussvorschriften wird man dagegen als **schädlich** ansehen müssen[59]. Schädlich auch der Zusatz »in vierfacher Ausfertigung«[60] (unschädlich, wenn in Form einer Bitte ausgedrückt[61]). Ebenso schädlich ist eine Belehrung dahin, dass der Widerspruch innerhalb der Widerspruchsfrist begründet werden müsse[62], der Hinweis auf die Schriftform des Widerspruchs ohne Erwähnung der Möglichkeit der Erklärung zu Protokoll oder die Verweisung auf die Erfordernisse des § 82 Abs. 1 ohne deren inhaltliche Darlegung[63]. Der Hinweis auf bestehende Zweifel in der Rechtsprechung gegen die allgemeine Zulässigkeit des Rechtsmittels ist, weil der Betroffene hierdurch von Rechtsmitteln abgehalten werden kann, bedenklich. Hier wird die Belehrung besser unterlassen.

12 Werden **Angaben** darüber gemacht, **worauf** die **Klage gestützt werden kann,** so sind sie regelmäßig erheblich, sodass bei Fehlern die Frist nicht beginnt, wenn sie zu einer Erschwerung der Rechtsmitteleinlegung führt[64]. Der Hinweis bei einer Ermessensentscheidung, die Klage könne nur auf Ermessensmissbrauch gestützt werden[65], setzt, weil zu eng, die Rechtsbehelfsfrist

---

55   Bautzen NVwZ-RR 2003, 693.
56   A.A. die bisherige Rechtsprechung des BVerwG DVBl. 1970, 279; MDR 1971, 327.
57   BVerwGE 25, 191; 57, 188; DÖV 1981, 635.
58   BVerwG NJW 1982, 300.
59   BVerwGE 37, 85; 57, 188; BVerwG NJW 1957, 1613; Münster NJW 1976, 439.
60   BVerwG NJW 1980, 1707 m. krit. Anm. Petersen DÖV 1981, 344 f.; Münster OVGE 27, 164; stark einschränkend BVerwG Buchh. 310 § 58 Nr. 56.
61   Berlin NVwZ-RR 1998, 270.
62   BVerwGE 57, 188.
63   Kassel NVwZ 1986, 1032.
64   BVerwG DÖV 1966, 431.
65   BVerwGE 25, 911.

ebenso wenig in Lauf wie in der Regel die Wiedergabe des Wortlauts des § 114 als möglichem Klagegrund, weil auch bei Ermessensentscheidungen die Klage auf Fehler in Tatfragen oder gerade auf Streit über das Vorliegen eines Ermessensspielraumes gestützt werden kann[66].

Unzulässig ist auch eine Belehrung, dass die Klage über die Angaben des § 82 hinaus begründet werden müsse[67], ebenso wenn die Belehrung den Eindruck der Begründungspflicht innerhalb der Klagefrist erweckt[68].

C. Form der Rechtsbehelfsbelehrung

Die **Belehrung ist schriftlich** zu erteilen. Sie ist der Entscheidung beizufügen, **13** kann aber auch – etwa bei mdl. VA – nachträglich schriftlich vorgenommen werden. Der Lauf der Frist beginnt dann vom Zeitpunkt der schriftlichen Bekanntgabe ab. Eine Zustellung der Rechtsmittelbelehrung ist nur dann erforderlich, wenn sie zwingend Teil einer Entscheidung ist, die zuzustellen ist (Urteil, § 117 Abs. 2 Nr. 6; Gerichtsbescheid, § 84 Abs. 1 S. 3; Beschluss über die Zulassung der Berufung[69]; Beschluss, wenn gegen ihn ein Rechtsmittel möglich ist; Widerspruchsbescheid, § 73 Abs. 3). In allen anderen Fällen genügt die Form, in der die Entscheidung bekannt gegeben wird[70]. Die Rechtsbehelfsbelehrung kann einer behördlichen Entscheidung, auch einem Widerspruchsbescheid, in einem getrennten Anschreiben beigefügt sein, das auch nachträglich übersandt werden kann[71]. Eine fehlerhafte oder fehlende Rechtsmittelbelehrung in einer gerichtlichen Entscheidung kann unter den Voraussetzungen des § 118 nachgeholt werden[72]. Der Empfänger eines VA muss die Rechtsbehlfsbelehrung eindeutig auf sich beziehen können; ist der VA an einen Dritten adressiert, muss die Behörde durch ein entsprechendes Anschreiben zum Ausdruck bringen, welchen Rechtsbehelf der Empfänger des VA einlegen kann[73]. Die Belehrung kann unterbleiben, wenn die Beteiligten auf das Rechtsmittel verzichten.

Muster für Rechtsbehelfsbelehrungen sind vielfach von den Spitzenbehörden **14** für ihre Geschäftsbereiche aufgestellt worden. Für den Bund vgl. Rdschr. BMI vom 23.5.1997[74].

Richtet sich die Entscheidung an einen der deutschen Sprache nicht mächtigen **Ausländer**, so kann die Belehrung auch in seiner Heimatsprache erfolgen[75]. Wird in deutscher Sprache belehrt, so ist im Einzelfall Wiedereinsetzung denkbar[76]. **14a**

---

66   München NJW 1954, 1663; Münster OVGE 10, 12.
67   BVerwGE 3, 273.
68   BVerwGE 29, 72.
69   BVerwG NVwZ 2000, 191; a.A. Vorauflage.
70   Kopp/Schenke Rn. 9; a.A. bis zur 12. Auflage.
71   BVerwG BayVBl. 1999, 58.
72   Mannheim NVwZ-RR 2003, 693.
73   Münster NVwZ-RR 2003, 556.
74   GMBl. S. 282.
75   Kopp/Schenke Rn. 6; Bader/v. Albedyll Rn. 12.
76   BVerfGE 40, 95; 42, 120; BVerwG NJW 1978, 1988; BFH NJW 1976, 1335; BSG DVBl. 1987, 848; München NJW 1977, 1213; Meyer-Ladewig, SGG § 61 Rn. 7.

D. Folgen fehlerhafter Rechtsbehelfsbelehrung

15 Ist die **Belehrung unterblieben** oder ist sie **fehlerhaft,** so läuft **an Stelle der gesetzlichen Frist** für den Rechtsbehelf eine **Ausschlussfrist von einem Jahr** seit wirksamer Zustellung, Eröffnung oder Verkündung (vgl. bei Unwirksamkeit Rn. 18). Zu diesen Begriffen vgl. § 57 Rn. 3, 4; § 70 Rn. 2. Nach Ablauf dieser Frist ist der Rechtsbehelf grundsätzlich unzulässig. Fehlt die Belehrung über die Frist zur Begründung der Beschwerde gegen die Nichtzulassung der Revision, weil über dieses Rechtsmittel nicht belehrt wurde, soll die Jahresfrist des § 58 Abs. 2 für beide Fristen gelten[77]. Betrifft die Frist die Revision, so muss diese innerhalb der Jahresfrist nach der Rechtsprechung des BVerwG nicht nur eingelegt, sondern auch begründet werden[78].
Auf die Kenntnis des Beteiligten von der Unrichtigkeit der Belehrung kommt es nicht an[79]. Auch wenn der Betroffene, sein Vertreter, ggf. auch der VÖI den Mangel und das richtige Rechtsmittel kennen, gilt die Jahresfrist des § 58 Abs. 2[80]. Wird ein falscher Rechtsbehelf in der Belehrung angegeben, so wird dieser dadurch nicht in Abweichung von der gesetzlichen Regelung zulässig[81]. Ebenso wenig ist der Betroffene gehalten, zur Fristwahrung dieser Belehrung zu entsprechen[82] (offen gelassen bei fehlerhafter Belehrung über Revisionsbegründungspflicht von BVerwG[83]). Vielmehr läuft die Jahresfrist des § 58 Abs. 2 für den richtigen Rechtsbehelf. Hat der Beteiligte trotz unrichtiger Belehrung innerhalb der gesetzlichen Frist das richtige Rechtsmittel eingelegt, so bleibt es bei der kraft Gesetzes geltenden Jahresfrist. Der Beteiligte kann deshalb nach Rücknahme des Rechtsbehelfs diesen unter Hinweis auf die unrichtige Belehrung innerhalb der Jahresfrist wiederholen[84].

15a Hat sich ein VA vor Klageerhebung noch während des Widerspruchsverfahrens bzw. innerhalb der Klagefrist erledigt, gilt keine Frist, auch nicht die des § 58 Abs. 2[85]. Zum Fristablauf für eine Fortsetzungsfeststellungsklage bei Erledigung des VA während des Verfahrens[86].

16 Die **richtige Belehrung** kann im **Verwaltungsverfahren nachgeholt** werden. Dann läuft von diesem Zeitpunkt ab die gesetzliche Rechtsbehelfsfrist[87]. Entsprechendes gilt für die Nachholung oder Korrektur der Rechtsmittelbelehrung durch das Gericht. Die Nachholung ist nach Ablauf der Jahresfrist des § 58 Abs. 2 (a.A. Vorauflage) oder Eintritt der formellen Rechtskraft nicht mehr möglich.

17 Gegen die **Versäumung der Jahresfrist** kann Wiedereinsetzung in den vorigen Stand beantragt werden, wenn der Betroffene an der Wahrung der Frist durch höhere Gewalt gehindert war. Dabei muss diese Behinderung bis unmittelbar

---

77   BVerwG NVwZ-RR 2000, 325.
78   NJW 1968, 1153; NVwZ-RR 2000, 325.
79   BVerwG NVwZ 1999, 653.
80   BVerwG Buchh. 310 § 58 Nr. 60.
81   BVerwGE 33, 211; 63, 200; Koblenz AS 6, 112.
82   BVerwG VRspr. 11, 237.
83   NVwZ 1999, 653.
84   Kopp/Schenke Rn. 16; a.A. Mannheim NVwZ-RR 2000, 647; Eyermann/J. Schmidt Rn. 15; Schoch/Meissner Rn. 48.
85   BVerwG NVwZ 2000, 63.
86   Vgl. VG Frankfurt NVwZ 1988, 381.
87   BVerwG BayVBl. 1999, 58.

vor Ablauf der Frist bestanden haben[88]. Zum Begriff der höheren Gewalt und zum Verfahren der Wiedereinsetzung vgl. § 60 Rn. 19.

Die Jahresfrist des § 58 Abs. 2 läuft nicht, wenn ein Urteil **nicht ordnungsge-** **18** **mäß zugestellt** worden oder wenn fehlerhaft eine Belehrung dahin erteilt worden ist, dass **kein Rechtsbehelf gegeben** sei; ebenso bei einer Belehrung, die den **falschen Rechtsbehelf angibt**, z.B., dass Berufung gegeben sei, während in Wahrheit unmittelbare Revision gegeben ist[89] oder dass Berufung gegeben ist, in Wirklichkeit aber nur Beschwerde gegen die Nichtzulassung der Berufung[90]. Das Gleiche gilt, wenn ein VA einem Klagebefugten nicht bekannt gegeben oder entgegen gesetzlicher Regelung nicht oder unwirksam zugestellt (Widerspruchsbescheid[91]) worden ist. Hier kann also auch noch zu späterer Zeit ein Rechtsbehelf eingelegt werden.

Möglich ist aber eine **Verwirkung** dieses Rechts. Als ein im Grundsatz von **18a** Treu und Glauben wurzelndes Rechtsinstitut setzt die Verwirkung zum einen voraus, dass über einen längeren Zeitraum die Möglichkeit der Klageerhebung bestand und dem Kläger diese Möglichkeit bewusst war oder der Kläger von der ihn belastenden behördlichen Maßnahme hätte Kenntnis haben müssen[92]. Zum anderen müssen besondere Umstände hinzutreten, die die verspätete Geltendmachung des Rechts als Verstoß gegen Treu und Glauben erscheinen lassen. Das ist insbesondere der Fall, wenn die Behörde oder der von dem angefochtenen VA Begünstigte infolge des Verhaltens des Klägers darauf vertrauen durften, dass dieser das Recht nicht mehr geltend machen werde und sich infolgedessen so eingerichtet hat, dass ihr oder ihm durch die verspätete Durchsetzung des vom Kläger in Anspruch genommenen Rechts ein unzumutbarer Nachteil entstehen würde[93]. Die Verwirkung ist beim VA mit Doppelwirkung von besonderer Bedeutung, da hier die Bekanntgabe an den Dritten oft unterbleibt. Die Rechtsprechung unterscheidet hier zwischen der Verwirkung der materiell-rechtlichen Abwehrbefugnis und der Verwirkung der verfahrensrechtlichen Abwehrmöglichkeiten (Widerspruch, Klage, Antrag nach § 80a). Für erstere geht sie von langen Zeiträumen der Untätigkeit aus; für letztere ist grundsätzlich die Jahresfrist des § 58 maßgeblich; sie kann aber auch wesentlich unterschritten werden, wenn dem Dritten die frühere Geltendmachung seines Rechts zumutbar war und der Begünstigte seit längerem von dem VA erkennbar Gebrauch macht[94]; sie wird regelmäßig fehlen, wenn die Funktionslosigkeit eines Bebauungsplanes gerügt wird[95].

88 Koblenz AS 6, 112 ff.
89 BVerwGE 71, 359.
90 BVerwGE 77, 181.
91 Mannheim DÖV 1976, 68.
92 BVerwG NVwZ 2001, 206.
93 Vgl. BVerwG NVwZ 2001, 206; NJW 2002, 1137; Greifswald NVwZ-RR 2003, 15; Münster UPR 2002, 76.
94 BVerfGE 32, 305; BVerwGE 44, 294; BauR 1987, 661; ZfBR 1988, 144; Buchh. 436.36 § 24 Nr. 10; NVwZ 1991, 1182; Münster NJW 1980, 1413; DÖV 1992, 977; Mannheim VBlBW 1988, 143; Bremen BauR 1992, 752; Hamburg NVwZ-RR 1993, 110; Eyermann/J. Schmidt Rn. 21; a.A. Mittenzwei NJW 1974, 1884; Menger VerwA 66, 85 f.; zur Verwirkung der Normenkontrollbefugnis BVerwG UPR 1990, 219.
95 Berlin UPR 1992, 357; Lüneburg UPR 1990, 458; weiter Viefhues NJW 1975, 626 f.; Bauer Die Verwaltung 1990, 211 ff.

19 Die **Folgen unterbliebener oder unrichtiger Belehrung** erschöpfen sich in der Aufhebung der gesetzlichen Frist und dem Fristlauf des § 58 Abs. 2[96]. Auch soweit die Belehrung zwingend vorgeschrieben ist, führt ihr Unterlassen **nicht** zur **Rechtswidrigkeit** der Entscheidung selbst. Diese Beschränkung der Folgen unrichtiger oder fehlender Belehrung allein auf den Fristablauf gestattet es der Behörde, in besonderen Fällen von der Erteilung einer Belehrung bewusst abzusehen, wenn der VA hierfür nicht geeignet ist (z.b. bei Schulzeugnissen oder Examensentscheidungen). Sie nimmt aber auf der anderen Seite der Behörde auch die Möglichkeit, allein wegen Fehlens der Belehrung den VA gemäß § 48 VwVfG zurückzunehmen.

20 Zur Frage der **Kostenerstattung** bei Klagen auf Grund unrichtiger Rechtsmittelbelehrung vgl. § 155 Rn. 6. Die schuldhafte Verletzung der Rechtsmittelbelehrungspflicht kann eine Amtspflichtverletzung i.S.d. § 839 BGB sein und Schadensersatzansprüche zur Folge haben[97].

21 Für die **Rechtsbehelfsbelehrung** bei **Erschließungsbeiträgen** gelten Besonderheiten[98].

§ 59   [Belehrung durch Bundesbehörden]

Erlässt eine Bundesbehörde einen schriftlichen Verwaltungsakt, der der Anfechtung unterliegt, so ist eine Erklärung beizufügen, durch die der Beteiligte über den Rechtsbehelf, der gegen den Verwaltungsakt gegeben ist, über die Stelle, bei der der Rechtsbehelf einzulegen ist, und über die Frist belehrt wird.

1 Die in § 59 angeordnete **allgemeine Pflicht der Bundesbehörden,** unter bestimmten Voraussetzungen eine Rechtsbehelfsbelehrung zu erteilen, gehört an sich nicht in die VwGO, sie ergänzt das VwVfG, das hierzu schweigt.

2 Die Pflicht des § 59 erfasst alle Bundesbehörden, wozu die selbstständigen juristischen Personen des öffentlichen Rechts auf Bundesebene allerdings nicht gehören, wie der Gegenschluss aus der Aufzählung in § 52 Ziff. 2 ergibt[1]. Zu belehren ist
a) wenn ein VA ergeht. Zum Begriff vgl. § 42 Rn. 32;
b) wenn dieser VA schriftlich erlassen wird – nicht also bei bloßer mündlicher Bekanntgabe –;
c) wenn der VA der Anfechtung unterliegt. Hierzu ist nicht nur der belastende VA zu rechnen, sondern auch der Bescheid, durch den ein Antrag abgelehnt worden ist und gegen den deshalb die Verpflichtungsklage gemäß § 42 zu erheben wäre.
Auch die Belehrungspflicht des § 59 bezieht sich nur auf Rechtsbehelfe innerhalb der VwGO. Über Rechtsbehelfe außerhalb des Verwaltungsrechtsweges braucht nicht belehrt zu werden. Auch § 79 VwVfG lässt sich eine solche Pflicht nicht entnehmen[2].
Ausnahme von der Belehrungspflicht: § 66 Abs. 2 AuslG.

---

96   Vgl. BGH DtZ 1991, 409.
97   Müller NJW 1962, 1892; Kopp/Schenke § 59 Rn. 4.
98   Dazu VG Braunschweig KStZ 1984, 152; Mahn KStZ 1973, 192; Hauser KStZ 1974, 48.

1   BVerwG Buchh. § 21 BVerwGG Nr. 1.
2   A.A. Kopp/Schenke Rn. 1; wohl auch BGH DVBl. 1974, 909.

Zum Inhalt der Rechtsmittelbelehrung § 58 Rn. 5 ff.; zu den Folgen unter- **3** bliebener oder unrichtiger Belehrung § 58 Rn. 15 ff.

§ 60 [Wiedereinsetzung in den vorigen Stand]

(1) Wenn jemand ohne Verschulden verhindert war, eine gesetzliche Frist einzuhalten, so ist ihm auf Antrag Wiedereinsetzung in den vorigen Stand zu gewähren.

(2) Der Antrag ist binnen zwei Wochen nach Wegfall des Hindernisses zu stellen; bei Versäumung der Frist zur Begründung des Antrages auf Zulassung der Berufung, der Revision, der Nichtzulassungsbeschwerde oder der Beschwerde beträgt die Frist einen Monat. Die Tatsachen zur Begründung des Antrags sind bei der Antragstellung oder im Verfahren über den Antrag glaubhaft zu machen. Innerhalb der Antragsfrist ist die versäumte Rechtshandlung nachzuholen. Ist dies geschehen, so kann die Wiedereinsetzung auch ohne Antrag gewährt werden.

(3) Nach einem Jahr seit dem Ende der versäumten Frist ist der Antrag unzulässig, außer wenn der Antrag vor Ablauf der Jahresfrist infolge höherer Gewalt unmöglich war.

(4) Über den Wiedereinsetzungsantrag entscheidet das Gericht, das über die versäumte Rechtshandlung zu befinden hat.

(5) Die Wiedereinsetzung ist unanfechtbar.

Übersicht

A. Anwendungsbereich

1 Gesetzliche Fristen sind, auch wenn sie verlängert werden können, **Ausschlussfristen** (§ 57 Rn. 1). Wird die Frist nicht gewahrt, wird also entweder die Prozesshandlung nicht oder verspätet oder zwar fristgerecht, aber fehlerhaft vorgenommen – so etwa in der Regel die Einlegung eines nicht unterzeichneten Rechtsmittels –, so ist die Prozesshandlung regelmäßig nicht mehr zulässig. Ausnahmsweise kann durch Wiedereinsetzung in den vorigen Stand der Beteiligte in die Lage versetzt werden, die Prozesshandlung nachzuholen, wenn er ohne Verschulden verhindert war, die Frist einzuhalten. Diese Möglichkeit der Wiedereinsetzung nach § 60 Abs. 1 besteht bei allen gesetzlichen Fristen der VwGO, soweit sie nicht ausdrücklich ausgeschlossen oder nur unter bestimmten engeren Voraussetzungen zugelassen ist, wie etwa bei den Jahresfristen der §§ 58 Abs. 2, 60 Abs. 3. Die Versäumung der Frist ist, wenn sie streitig ist, vom Gericht, das über die Wiedereinsetzung entscheidet, zu klären[1]. Wiedereinsetzung kommt nicht in Betracht, wenn eine fristgerecht vorgenommene in sich abgeschlossene Prozesshandlung nach Fristablauf um neuen Vortrag ergänzt werden soll[2]. Auf **richterliche Fristen** ist § 60 nicht anwendbar[3], wenn das Gesetz dies nicht ausdrücklich vorsieht; auch nicht auf Widerrufsfristen bei gerichtlichem Vergleich (vgl. § 106 Rn. 7)[4]. Die Wiedereinsetzung obliegt allein richterlicher Entscheidung, sie ist der Disposition der Beteiligten entzogen[5]. Eine Wiedereinsetzung in eine versäumte **richterliche Frist** ist ausnahmsweise auch ohne ausdrückliche gesetzliche Regelung möglich, wenn andernfalls das rechtlich mögliche Vorgehen des Gerichts eine Verletzung des rechtlichen Gehörs bewirken kann[6].

B. Voraussetzung der Wiedereinsetzung

I. Verschuldensprinzip

2 Wie in § 233 ZPO, §§ 60, 67 SGG, § 56 FGO, § 44 StPO gilt auch für § 60 VwGO das **Verschuldensprinzip**. Die Rechtsprechung stellt dabei an die Sorgfaltspflichten aller Beteiligten strenge Anforderungen, die oft überspannt wirken und in seltsamem Gegensatz zu den Mängeln des Gerichtsbetriebs stehen (etwa die zahllosen »Pannen« mit der Folge der Verletzung des Anspruchs auf rechtl. Gehör[7]). Das BVerfG hat zwar durch viele Entschei-

---

1   BGH NJW 2003, 2460.
2   BGH NJW 2000, 364 m.w.N.
3   Kopp/Schenke Rn. 5.
4   BVerwG NVwZ-RR 2000, 255.
5   BVerwG DÖV 1975, 176.
6   So für § 130a BVerwG NWVBl 1994, 132.
7   BVerfGE 42, 243 ff.; Schmidt-Assmann DÖV 1987, 1029 ff.

dungen[8] Korrekturen dieser Rechtsprechung vorgenommen; sie sind aber ähnlich wie die zur Versagung des rechtl. Gehörs bisher kaum hinreichend aufgegriffen worden. Es wäre oftmals wünschenswert, dass der für die Prüfung der Wiedereinsetzungsgründe getriebene Aufwand der Sachentscheidung gewidmet würde, an der alle Beteiligten nicht selten sehr viel mehr interessiert sind.

II. Maßstab

Verschulden ist grundsätzlich **anzunehmen,** wenn ein Beteiligter diejenige   **3** Sorgfalt außer Acht lässt, die für einen gewissenhaft und sachgemäß Prozessführenden geboten ist und ihm nach den gesamten Umständen zuzumuten war[9]. Dabei ist zwar nach einem objektiven Maßstab zu prüfen[10]; die besonderen Umstände des einzelnen Falles, auch des einzelnen Beteiligten (Rechtskundigkeit!) sind aber zu berücksichtigen[11] (grundsätzlich gelten für den Bürger als Beteiligten geringere Anforderungen als für den RA als Bevollmächtigten[12]). Das **Verschulden des Bevollmächtigten,** auch dessen bestelltem Vertreter[13], ist gemäß § 173, § 85 Abs. 2 ZPO dem Beteiligten zuzurechnen[14]. Das gilt auch im Kriegsdienstverweigerungsverfahren[15] und im Asylverfahren[16]. Verzichtet der Vertreter des öffentlichen Interesses generell auf Verfahrensbeteiligung, dann ist die Versäumung der Rechtsmittelfrist wegen verspäteter Übersendung der Entscheidung zur Kenntnisnahme nicht unverschuldet[17].

III. Tatsächliche Ursache

Bei der Frage, ob die Versäumung der Fristwahrung auf Verschulden beruht,   **4** ist von der **tatsächlichen Ursache** der Säumnis und nicht von einer diese Ursache etwa überholenden neuen Ursache auszugehen[18], so auch nicht von der Versäumung einer behördlichen Pflicht zur Weitergabe eines ihr irrtümlich zugegangenen fristwahrenden Schriftsatzes oder entsprechender Unterrichtung des Beteiligten[19]. Für die Versäumung der Berufungsbegründungsfrist bzw. der Frist für die Begründung des Zulassungsantrages wegen Einlegung bei dem unzuständigen Gericht wird unter Hinweis auf die Pflicht des unzuständigen Gerichts zur Weiterleitung im üblichen Geschäftsgang auf die Verletzung dieser Pflicht abgestellt, d.h. bei Verletzung dieser Pflicht kommt eine Wiedereinsetzung auch dann in Betracht, wenn die Einreichung des Begrün-

---

8   Jüngst: NJW 1998, 3703; 1999, 3701 m. N. zur st. Rspr.
9   BVerwG DÖV 1956, 125; 1965, 350; NJW 1975, 1574; München VGH n.F. 1, 94.
10   A.A. Kopp/Schenke Rn. 9.
11   BSG GrS SozR 1500 § 67 Nr. 1; BVerwGE 49, 255; NJW 1977, 262; Baumbach/ Hartmann § 233 Rn. 3.
12   BVerfGE 79, 372.
13   Hamburg NJW 1993, 747; Münster NWVBl. 2001, 145.
14   VerwG NVwZ 2000, 65.
15   BVerwGE 48, 242; NVwZ 1982, 35.
16   BVerfGE 60, 253; Mannheim NVwZ-RR 2000, 261.
17   BVerwG B. v. 4.5.1999 – 4 C 1.99.
18   BVerwGE 6, 61.
19   BVerwG DÖV 1978, 616; Mannheim NJW 1973, 385; NVwZ 1991, 797; BGH MDR 1972, 403; a.A. BSGE 38, 248.

dungsschriftsatzes beim unzuständigen Gericht auf einem Verschulden des Beteiligten beruht[20].

IV. Maßstäbe der ZPO

5   Die Frage, ob Verschulden zu bejahen ist oder die Versäumung unverschuldet war, wird von der Rechtsprechung anhand **strenger Maßstäbe** für die **Wiedereinsetzungsvoraussetzungen** beantwortet. Die umfangreiche Kasuistik, wie sie bei Baumbach/Hartmann[21], Müller[22] und von Pentz[23] wiedergegeben wird, muss auch für den Verw.Prozess herangezogen werden. Jeder Beteiligte und Bevollmächtigte stellt sich deshalb zweckmäßig darauf ein, dass diese Maßstäbe für die Beurteilung seines Verhaltens bei der Fristwahrung gelten[24].

V. Kasuistik

6   Die folgenden Hinweise sollen diese **Kasuistik** aus der Rechtsprechung besonders der Verwaltungsgerichte ergänzen:

1. **Verschulden eines Beteiligten.** Verschulden eines Beteiligten ist bejaht worden, wenn die Unterschrift unter der Klage vergessen worden ist[25]; der Rechtsmittelauftrag per E-Mail den Anwalt wegen eines Eingabefehlers nicht erreichte[26]; über die Erfolgsaussichten des Rechtsmittels Ungewissheit herrschte[27]; ein Irrtum über die Erfolgsaussichten durch erst nach Fristablauf veröffentlichte Rechtsprechung behoben wurde[28]; der Beteiligte innerhalb der Klagefrist von ihm für erforderlich gehaltene Akten nicht einsehen[29] oder die Gründe für die Bewertung seiner Prüfungsleistung nicht erfahren konnte[30]; Rechtsbehelf oder Rechtsmittel verspätet eingehen, weil das Schriftstück nur bei besonders günstigen Umständen gerade noch rechtzeitig hätte vorliegen können[31]; die Rechtsmittelschrift erst am letzten Tag des Fristablaufs oder am Nachmittag zuvor abgesandt worden ist[32]; die Fristversäumung auf der Auswahl eines ungeeigneten Prozessbevollmächtigten, der nicht Rechtsanwalt ist, beruht[33] oder wenn ein solcher Prozessbevollmächtigter mangelhaft überwacht wird[34], da nur bei Beauftragung eines Rechtsanwalts die Vertreterbestellung gewissenhaft und sachgemäß vorgenommen ist[35]; sich nicht nach Bekanntwerden der

20   Grundlegend BVerfGE 93, 99; vgl. BVerfG NJW 2002, 3692; Münster NVwZ-RR 2000, 841.
21   Rn. 18 ff. zu § 233.
22   NJW 1998, 497; NJW 2000, 322.
23   NJW 2003, 858.
24   Vgl. hierzu bes. Scheffler NJW 1964, 993.
25   BVerwG Buchh. 310 § 60 Nr. 134.
26   OLG Düsseldorf NJW 2003, 833, auch mit Überlegungen zur Glaubhaftmachung der richtigen Adresseneingabe bei der E-Mail.
27   Stuttgart DVBl. 1953, 710.
28   BVerwG MDR 1954, 652; Münster MDR 1952, 505.
29   BVerwG DVBl. 1970, 279.
30   BVerwG NJW 1977, 262.
31   München BayBgm. 1951, 45; Münster OVGE 7, 245; MDR 1980, 256.
32   BVerwG VRspr. 21, 894; 24, 767; Münster OVGE 7, 245; NJW 1987, 1353.
33   Münster OVGE 2, 110.
34   Lüneburg OVGE 1, 194.
35   BVerwGE 14, 109; Kassel DÖV 1963, 927.

Fristversäumnis um zuverlässigen Rechtsrat bemüht[36]; nach Fristablauf in einem Verfahren mit Anwaltserfordernis die Beiordnung eines Anwaltes nach PKH-Recht beantragt[37]; der Beteiligte den Tag der Abholung einer niedergelegten Sendung für den Tag der Zustellung hält[38] (der Beteiligte sich bei Zustellung durch Niederlegung über den Fristbeginn geirrt hat[39], wenn nicht Behörde den Beteiligten in seinem Irrtum bestärkt hat); der Beteiligte irrtümlich angenommen hat, er könne am dienstfreien Samstag eine Klage zu Protokoll des Urkundsbeamten erheben[40]; das Rechtsmittel mit unvollständiger Anschrift des Gerichts abgesandt worden ist[41]; der mit der Übermittlung beauftragte Bote nicht über den Fristablauf unterrichtet wird[42]; der Beteiligte für seinen Bevollmächtigten nicht einmal per Handy erreichbar ist[43]; der Beteiligte in Urlaub fährt, obwohl er mit der Zustellung einer von ihm selbst dringend beantragten Entscheidung[44] oder eines zuvor in seiner Anwesenheit verkündeten Widerspruchsbescheides[45] rechnen konnte; er nach Rückkehr aus dem Urlaub nicht sofort die vorgefundene Post durchsieht[46]; die Zustellung von dem Ehegatten unterschlagen wird und der Empfänger damit rechnen musste[47]; der Asylbewerber seinen Bevollmächtigten nicht hinreichend über seinen Aufenthaltsort unterrichtet oder bei der Post Nachsendeantrag stellt[48]; ein in der Bundesrepublik wohnhafter Ausländer sich auf mangelnde Sprachkenntnisse beruft[49] oder die Rechtsmittelschrift in einer fremden Sprache einreicht[50]. Zur Wiedereinsetzung wegen langer Postlaufzeiten aus dem Ausland vgl. Münster OVGE 44, 35.

2. Verschulden einer Behörde. Verschulden speziell einer Behörde ist bejaht 7 worden, wenn zwar nicht dem Behördenleiter, sondern sonst einem mit der Überwachung und der Berechnung von Fristen befassten Beamten Verschulden vorzuwerfen ist[51]; die Behörde überlastet ist[52];die Telefonanlage der Behörde ausgefallen ist und andere Behörden nicht um Hilfe angegangen wurden[53]; der verantwortliche Beamte die Wiedervorlagefrist vergisst[54]; infolge organisatorischer Mängel[55] (Nichtbeinahme des Umschlages der zugestellten Entscheidung zu den Akten) Frist versäumt wird[56]; grundsätzlich und

---

36   BVerwG Buchh. 310 § 60 Nr. 200.
37   München BayVBl.1997, 637; BVerwG NVwZ-RR 2000, 59.
38   BVerwG Buchh. 310 § 60 Nr. 136.
39   BVerwG NJW 1970, 773; NJW 1983, 1923.
40   BVerwGE 13, 239.
41   BVerwG Buchh. 310 § 60 Nr. 167; Mannheim MDR 1975, 963.
42   Kassel ESVGH 13, 90.
43   BGH NJW 2003, 903.
44   Mannheim NJW 1975, 1295; dazu auch BVerwG NJW 1975, 1574; vgl. BVerwG BayVBl 1995, 477.
45   BVerwG DVBl. 1989, 63.
46   Mannheim DÖV 1997, 303.
47   Mannheim NJW 1978, 719.
48   BVerwG NJW 1982, 1244; München NJW 1982, 266.
49   BSG NJW 1989, 680; dazu auch BVerfGE 40, 95; 42, 120; Greifswald B. v. 20.10.1998 – 3 M 116/98; differenzierend BVerfGE 86, 280.
50   BVerwG Buchh. 310 § 60 Nr. 168.
51   BVerwG DVBl. 1962, 914; Koblenz AS 3, 168; München BayVBl. 1973, 239.
52   Kassel DVBl. 1954, 378.
53   Schleswig NVwZ-RR 2003, 536.
54   BVerwG ZLA 1962, 268.
55   Beispiel bei BVerwG NVwZ 2001, 430.
56   München BayVBl. 1961, 92.

sehr eng Münster OVGE 29, 296[57]; gleicher Verschuldensmaßstab bei Behörden wie bei Anwalt[58], insbesondere in den Fällen des § 67 Abs. 1 S. 3 a.F.[59]

8   **3. Verschulden eines Bevollmächtigten.** Verschulden des Bevollmächtigten liegt vor,

a) wenn in Unkenntnis des geltenden Rechts gehandelt wird, z.B. die Revision[60] oder die Zulassungsbeschwerde[61] beim BVerwG eingelegt werden; der Rechtsanwalt die Modalitäten des Antragsverfahrens der Wehrbeschwerdeordnung nicht kennt[62]; die 2-Jahres-Frist des § 47 VwGO nicht kennt[63]; der Anwalt ein Armenrechtsgesuch zwar fristgerecht, aber ohne Begründung einreicht[64]; in einem gerichtskostenfreien Verfahren ohne Anwaltserfordernis die Bewilligung der Prozesskostenhilfe abgewartet wird[65];

b) der RA Fehler bei der Betreuung des Mandats macht, z.B. aus welchem Grunde auch immer die Erfolgsaussichten eines Rechtsmittels falsch beurteilt[66]; trotz Fehlens ausdrücklicher Anweisung ein Rechtsmittel nicht einlegt, obwohl er hierzu kraft erteilter Prozessvollmacht ermächtigt war[67] (viel zu weitgehend, wohl nur aus den Besonderheiten des Asylverfahrens zu erklären[68]; wesentlich enger und überzeugender Koblenz[69]); die Anfrage bei dem Mandanten, ob Rechtsbehelf eingelegt werden soll, nicht nochmals und nur mit einfachem Brief wiederholt[70] (wohl wiederum nur aus dem Asylverfahren zu erklären, verallgemeinert zu weitgehend[71]); bei sehr später Einlegung des Rechtsmittels die Fristwahrung nicht besonders sichert[72].

c) die Büroorganisation fehlerhaft ist, z.B. der RA die Ausführung der Anweisung an sein Büro, einen bestimmten anderen Anwalt mit der Einlegung eines Rechtsmittels zu beauftragen, nicht selbst überwacht[73]; er die Bestätigung des Mandates durch den Rechtsmittelanwalt nicht kontrolliert[74] oder er sich auf die Fristangaben des Anwalts der Vorinstanz verlässt[75]; der Verkehrsanwalt den Ablauf der Rechtsmittelfrist bei Beauftragung eines auswärtigen Anwalts mit der Einlegung des Rechtsmittels nicht als eigene Frist einträgt[76];

---

57   Ferner München NVwZ 1986, 226.
58   BVerwG Buchh. 310 § 60 VwGO Nr. 176; FEVS 54 (2003), 390.
59   BVerwG Buchh. 310 § 60 Nr. 176; DVBl. 1995, 937; Frankfurt/Oder LKV 2000, 486.
60   BVerwG JR 1973, 76.
61   BVerwG Buchh. 310 § 60 Nr. 118, 125.
62   BVerwGE 53, 139.
63   Vgl. Mannheim NVwZ-RR 2001, 201.
64   BVerwG NJW 1965, 266.
65   Berlin DVBl. 1994, 805; München BayVBl. 2001, 473.
66   BVerwG NVwZ-RR 1989, 591.
67   BVerwG NVwZ 1984, 521; ähnlich Kassel NJW 1991, 2099; Weimar DÖV 1996, 615; Bautzen SächsVBl. 1997, 273.
68   Bautzen SächsVBl. 1997, 23 für AuslR.
69   NJW 1983, 1509.
70   BVerwG NJW 1983, 1280; Weimar NVwZ-RR 1997, 390.
71   So auch Saarlouis InfAuslR 1984, 11.
72   BVerwG Rpfleger 1982, 385; Kassel NJW 1985, 1723.
73   BGH NJW 1963, 1779; NJW 1987, 1334.
74   BGH NJW 1968, 1148; NJW 2000, 815.
75   BVerwG VRspr. 20, 375; vgl. BGH NJW 1996, 853; NJW 1996, 1477; NJW 2001, 1579.
76   BGH NJW 1997, 3245; NJW 2001, 1576; 3195.

er bei Zustellungsannahme am Sonnabend nicht selbst die Fristen sichert[77]; der Fristkalender nicht hinreichend vom Rechtsanwalt überwacht wird[78]; Rechtsmittelfristen nicht deutlich von allen anderen Fristen abgehoben notiert werden[79] und bei Rechtsmittelbegründungsfristen keine ausreichende **Vorfrist** eingetragen wird[80]; eine auf Vorfristanordnung vorgelegte Sache muss nicht in jedem Fall sofort bearbeitet werden[81]; sie kann bei Notierung des Fristendes im Fristenkalender wieder in die Registratur gehängt werden[82]; oder nicht sichergestellt wird, dass termingebundene Schreiben sofort vorgelegt werden[83] (noch weiter gehend[84]: eigene Prüfung des Anwalts auf Fristgebundenheit eingehender Post notwendig!); die Feststellung und Berechnung der besonderen Fristen des VerwProzesses auch ausgebildetem Büropersonal überlässt[85]; die von seinem Büropersonal gefertigte Rechtsmittelschrift ungeprüft unterschreibt; Rechtsmittelbegründungsfristen nicht anlässlich fristgebundener Prozesshandlung selbstständig überprüft[86]; die Notierung weiterer Fristen nicht durch Erledigungsvermerk in den Handakten nachgewiesen ist[87]; ein RA beim Diktat der Berufungsschrift nicht nachprüft, ob die Berufungsfrist auch im Fristenkalender eingetragen ist[88]; der Anwalt nicht anweist, das mutmaßliche Ende einer Berufungsbegründungsfrist bei oder alsbald nach Einlegung der Berufung einzutragen und die Eintragung nach der Eingangsmitteilung des Gerichts ggf. zu korrigieren[89]; der Anwalt das Zustellungsdatum aus dem Empfangsbekenntnis nicht notiert[90]; das Empfangsbekenntnis unterschreibt und zurücksendet, bevor in den Handakten die Begründungsfrist für ein Rechtsmittel festgehalten und die Eintragung im Fristenkalender notiert wurde[91]; die fristwahrende Einlegung des Rechtsbehelfs nicht anhand der Eingangsbestätigung des Gerichts prüft[92]; der Anwalt, der nicht ständig mit Revisionen an das BVerwG befasst ist, sein Personal nicht auf deren Besonderheiten hinweist, insbesondere er die Arbeit in seiner Kanzlei nicht so organisiert, dass Fristüberschreitungen bei Beachtung seiner Weisungen ausgeschlossen sind und bei Überschreitung festzustellen ist, auf wessen Fehlverhalten sie beruhen[93] (zum **Organisationsmangel** insbes. BVerwG NJW 1987, 458; KG NJW 1995, 1435; Einzelanweisungen gehen dem Organisationsmangel vor[94]; zu den Anforderungen an die

---

77　BVerwG NJW 1984, 2593.
78　BVerwG MDR 1954, 378; NJW 1962, 931; Kassel NJW 1993, 750; zum elektronischen Fristenkalender BGH NJW 1999, 582.
79　BVerwG Buchh. 310 § 60 Nr. 140.
80　BGH NJW 1994, 2551; BSG DÖV 1997, 37; a.A. für bloße Rechtsmittelfrist Münster NJW 1995, 1445.
81　BGH NJW 1997, 2825.
82　BGH NJW 1997, 3243.
83　BVerwG DÖV 1957, 462.
84　BGH NJW 1974, 861.
85　BVerwG NVwZ 1992, 475; NJW 1991, 871; Koblenz NVwZ-RR 2003, 73.
86　BVerwG DVBl. 1995, 570; NJW 1997, 2614; Lüneburg NJW 2003, 3362; München NJW 2002, 1141.
87　BGH VersR 1964, 269.
88　Münster NJW 1979, 734.
89　BGH NJW 1996, 2514.
90　BSG NJW 2001, 1597.
91　BVerwG AuAS 2003, 94; BAG NJW 2003, 1269; vgl. BGH NJW 2002, 1528; 3782.
92　BVerfG NJW 2003, 1516.
93　BVerwGE 46, 299; auch BVerwG NJW 1991, 2096; NJW 1997, 3390.
94　BGH NJW-RR 1998, 269; 1360.

Ausgangskontrolle[95]: am Abend jeden Arbeitstages); ein Anwaltsnotar über die Behandlung von Fristensachen nicht auch eine Angestellte belehrt, die an sich regelmäßig Notariatsgeschäfte durchführt[96]; dem Anwalt die Akten rechtzeitig vorgelegt sind, er aber die Einhaltung der Formerfordernisse übersieht[97] oder die Streichung der Frist anordnet, ohne die Einhaltung vorher nachzuprüfen[98]; ein Generalbevollmächtigter bei Praxisübernahme nicht Organisation und Durchführung der Fristenkontrolle alsbald überprüft[99]; bei Übernahme eines neuen Mandats die Akte bei Akteneinsicht nicht vom RA auf laufende Fristen überprüft wird[100]; Fristversäumung wegen Arbeitsüberlastung ist im Allgemeinen verschuldet[101]. Das **Verschulden** eines **angestellten Rechtsanwalts** als Hilfsarbeiter und als selbstständigem Mitarbeiter ist im Einzelfall zurechenbar[102]. Bei Übertragung der Fristberechnung an einen in Bürogemeinschaft tätigen Anwalt muss dieser vom mandatierten Anwalt angeleitet und überwacht werden[103].

d) bei gewollter Fristausschöpfung. Der RA kann bestehende Fristen ausschöpfen. Er sollte aber bei drohendem Fristablauf die Frist durch **Telefax** wahrnehmen und sichern[104]; Kassel fordert dies mindestens bei ungesichertem Postlauf wegen Streiks[105], aber auch in den neuen Ländern[106]; hierzu offener BVerfG NJW 1992, 1952; zögerlicher Postlauf infolge postalisch unzulänglicher Adressierung begründet Verschulden[107]. Verschulden bejaht, wenn der Anwalt bei sehr später Einlegung des Rechtsmittels die Fristwahrung nicht besonders sichert[108]. Die Anweisung, Tage vor Fristablauf gefertigte Schriftsätze erst am letzten Tag der Frist zu faxen, begründet bei Unterlassen des Versendens Organisationsverschulden[109]. Die Einlegung in ein Gerichtsfach bei einem anderen als dem adressierten Gericht bewirkt im Einzelfall keinen Zugang beim Gericht[110]. Zur Wiedereinsetzung bei Telefax s. Rn. 11a. Im Übrigen kann auf die umfangreiche Rspr. der Zivilgerichte verwiesen werden[111]. Zum Anwaltsverschulden, Büroversehen usw. Förster NJW 1980, 432 f.; Müller NJW 1993, 681 ff.; NJW 1998, 497; NJW 2000, 322.

9   **4. Kein Verschulden des Beteiligten.** a) Verschulden des Beteiligten ist verneint worden, wenn dieser **vor** Ablauf der Rechtsmittelfrist ein Gesuch um Prozesskostenhilfe mit allen etwaigen sonstigen notwendigen Unterlagen[112] einreicht, selbst wenn hierüber von vornherein nicht bis zum Ablauf der Frist

---

95   BVerwG Buchh. 310 § 60 Nr. 156, Nr. 175; BGH AnwBl. 1992, 36; MDR 1983, 486; dazu BVerfG NJW 1992, 38; BGH NJW-RR 1998, 1527; 1604.
96   VG Münster NJW 1962, 1030.
97   BVerwGE 13, 141.
98   Mannheim DÖV 1981, 33.
99   BVerwG NJW 1962, 931.
100 BVerwG NJW 2000, 1633.
101 München NJW 1998, 1507.
102 Vgl. BGH NJW 1974, 1511; NJW 1985, 1178; BVerwG Buchh. 310 § 60 Nr. 144, Nr. 170; BGH BRAK-Mitt. 2003, 166.
103 BVerwG B. v. 16.1.2003 – 1 B 468.02.
104 Vgl. BVerfG NJW 1994, 1854.
105 NJW 1993, 750.
106 BezG Potsdam DtZ 1993, 87.
107 LAG Frankfurt NJW 1991, 1078.
108 BVerwG Rpfleger 1982, 385; Kassel NJW 1985, 1723.
109 Bautzen B. v. 15.6.1999 – A 4 S194/99; BGH NJW 1999, 429.
110 Lüneburg NVwZ 2004, 116.
111 Vgl. Baumbach/Hartmann ZPO § 233 Rn. 18 ff.
112 BGH NJW 1998, 1230.

entschieden werden kann[113], ohne dass das Gesuch innerhalb der Frist notwendig begründet werden müsste[114], was auch für gerichtskostenfreie Verfahren ohne Anwaltszwang gilt, wenn die Beiordnung beantragt wird und erforderlich erscheint[115];

b) Es zur Versäumung der Frist nur deshalb gekommen ist, weil keine Einrichtung zum Empfang des Schriftstücks nach Dienstschluss vorhanden war, bei Vorhandensein aber das Schriftstück rechtzeitig eingegangen wäre[116]; die Verspätung auf anormalem Postgang oder sonstigen Versäumnissen der Post beruht[117] aber Verschulden bejaht, wenn ständige Versäumnisse der Post im konkreten Fall bekannt![118]; vgl. auch oben Rn. 8 unter d);

c) die Verspätung auf Irrtum über Fristbeginn infolge falschen Zustellungsvermerks auf dem Postumschlag beruht oder auf Fehlangaben in der Rechtsmittelbelehrung[119]; wenn die Rechtsbehelfsbelehrung zwar wirksam, aber unrichtig war[120], wenn die Begründung der Beschwerde gegen die Nichtzulassung der Revision innerhalb der Frist beim unzuständigen Revisionsgericht eingeht, das dem Rechtsmittelführer vorher mitgeteilt hat, die Sache sei bei ihm »anhängig«[121];

d) der Beteiligte infolge schwerer Erkrankung weder selbst handeln noch einen Bevollmächtigten beauftragen konnte[122]; er ohne besondere Vorkehrungen für die Zustellung in den Urlaub gefahren ist[123]; die Rechtsmittelschrift rechtzeitig in das Postschließfach des Gerichts gelegt worden ist, das Fach aber erst am nächsten Tag geleert wird[124]; die Ehefrau des Beteiligten die Zustellung in Empfang genommen und nicht weitergegeben hat[125]; ein Dritter das Schriftstück aus dem gemeinsamen Briefkasten entnommen hat[126]; Verschulden einer nicht vertretungsberechtigten Hilfsperson vorliegt; der Rechtsschutzversicherung[127] Fehler unterlaufen; ein juristisch nicht ausgebildeter Sprachmittler die Frist falsch versteht[128]; ein juristischer Laie die für die Fristberechnung maßgebliche Norm nachvollziehbar missversteht[129];

---

113 BVerwGE 10, 293; 15, 306; BSG MDR 1974, 965; weiter BGH NJW 2002, 2180 für Beteiligten, der wegen mangelnder Mittel einen solchen Antrag nicht einreichen konnte: PKH-Antrag innerhalb der Frist des § 234 ZPO genügt.
114 BVerwG MDR 1965, 410; Lüneburg DVBl. 1960, 215; Münster OVGE 13, 171.
115 Münster NJW 1983, 2046; a.A. BVerwG Buchh. 310 § 60 Nr. 161; Mannheim NJW 1986, 2270.
116 BVerfGE 41, 323; 44, 302; BVerwGE 3, 355; BAG NJW 1968, 1635; Münster OVGE 9, 272.
117 BVerfGE 40, 42; 44, 302; das gilt auch für privaten Kurierdienst, wenn dieser als zuverlässig bekannt ist, BVerfG NJW 2000, 2657; BVerwG NJW 1960, 979; JR 1965, 111; JR 1965, 354; BVerwG DVBl. 1989, 63; NVwZ 1990, 1065; BAG NJW 1978, 1495; Mannheim VBlBW. 1966, 12; BFH BB 1973, 126; BSG JR 1968, 53; BGH NJW 1999, 2118.
118 BVerwG NJW 1966, 1090; bes. NJW 1977, 542; BGH NJW 2003, 3712.
119 BSG NJW 1991, 3236.
120 BVerwGE 50, 248.
121 BVerwG BayVBl. 1995, 735.
122 BVerwG MDR 1962, 931; BVerwGE 25, 243; Koblenz AS 4, 406.
123 BVerwG NJW 1993, 847; EuGRZ 1993, 140; zu Ausnahmen s. Rn. 6.
124 BVerwG DVBl. 1961, 827.
125 BPatG NJW 1963, 268; aber auch Mannheim DVBl. 1979, 88; a.A. Münster NWVBl. 1996, 156.
126 BVerwG NJW 1988, 578; vgl. Mannheim NVwZ-RR 1995, 620.
127 Koblenz NJW 1968, 2158.
128 München NJW 1997, 1324.
129 BFH NVwZ 2001, 960.

die Fristversäumung von dem Prozessgegner arglistig herbeigeführt worden ist[130].

10 *5.* **Kein Behördenverschulden.** Verschulden speziell einer Behörde ist verneint worden, wenn allein die Postabsendestelle die ihr rechtzeitig vorgelegte Rechtsmittelschrift abzusenden vergessen hat[131]; der behördliche Sachbearbeiter wegen fehlerhaften Eingangsstempels sich über den Fristablauf geirrt hat[132]; bei Fehlern nichtvertretungsberechtigter Behördenbediensteter, wenn diese sorgfältig ausgewählt, angeleitet und überwacht werden[133].

11 *6.* **Kein Bevollmächtigtenverschulden.** Vgl. zunächst die unter Rn. 9 dargestellten Fälle, die für den Bevollmächtigten entsprechend zu bewerten sind. Verschulden des Bevollmächtigten wird verneint, wenn die Versäumung nicht von ihm selbst, sondern von seinem Hilfspersonal zu vertreten ist, das von ihm hinreichend geschult, unterrichtet und überwacht worden ist[134]; er kann auch die Berechnung und Überwachung der Fristen grundsätzlich dem geschulten Personal überlassen. Vorsicht! Die Rspr. stellt fast stets auf den Einzelfall ab und will zwischen schwierigen und einfachen Fristberechnungen unterscheiden[135]. Zum Fall der Erkrankung des Bevollmächtigten[136]. Keine Verpflichtung zur Vorlage auferlegter Gerichtskosten[137]. Keine strengeren Vorkehrungen des RA, als die einer Behörde kraft Gesetzes[138] obliegen. Zur falsch adressierten oder eingereichten Rechtsmittelschrift s. Rn. 4. Die Änderung der Handhabung von Verfahrensvorschriften abweichend von der bisherigen eindeutigen Rechtsprechung eines obersten Bundesgerichts kann kein Verschulden begründen[139]. Der Anwalt ist nicht verpflichtet, anlässlich eines Antrages auf Verlängerung der Berufungsbegründungsfrist die Einhaltung der Berufungsfrist zu prüfen, es handelt sich um unterschiedliche und getrennt zu behandelnde Fristen.

11a Die Verwendung von **Telefax** wirft auch für die Fristwahrung besondere Probleme auf[140]. Die Bestimmung der maßgeblichen Zeit richtet sich nach §§ 1 und 2 des Gesetzes über die Zeitbestimmung vom 25.7.1978[141]. Die Übermittlung eines vom Bevollmächtigten unterzeichneten und dann per Fax an sein Büro gefaxten Schriftsatzes durch das Büro an das Gericht wahrt die Schriftform[142]; anders, wenn ein privater Dritter weiterleitet[143]. In der Rechtsprechung wird für das fehlende Verschulden u.A. verlangt, dass die

---

130 München VRspr. 10, 632.
131 BVerwG VRspr. 11, 749.
132 Stuttgart VRspr. 2, 121.
133 Kassel VRspr. 31, 89.
134 St. Rspr., Kasuistik siehe Baumbach/Hartmann § 233 Rn. 49 ff.; ferner BVerwGE 1, 87; NJW 1998, 398; BVerfG NJW 1996, 309.
135 Vgl. etwa BVerwGE 27, 36; JR 1970, 114; NVwZ 1992, 475; NJW 1995, 3002; BGHZ 43, 148; AnwBl 1986, 152; VersR 1978, 666, 961, 1159; NJW 1967, 2311; BB 1974, 717; BAG NJW 1963, 877; NJW 1969, 710; BB 1973, 92; vgl. weiter Rn. 9 unter c.
136 Vgl. Koblenz AS 4, 406; München DÖV 1952, 314; BGH NJW 1996, 1540; BGH NJW-RR 1998, 639.
137 BVerwGE 38, 253.
138 Lüneburg AnwBl. 1976, 128.
139 BVerwG NVwZ 2000, 66; vgl. BVerfG NVwZ 2003, 341.
140 Zu Einzelheiten vgl. Pape/Notthoff NJW 1996, 420; Hennecke NJW 1998, 2194; Felzer/Jacoby ZIP 1997, 1821.
141 BGBl. I, 1110, ber. 1262; BGH NJW 2003, 3487.
142 BGH NJW 1998, 762.
143 BGHZ 79, 314.

absendende Anwaltskanzlei überprüft, ob alle Seiten ordnungsgemäß übermittelt wurden[144]. Das Telefaxgerät muss hinsichtlich der Kontrollmöglichkeiten (Sendebericht) dem gegenwärtigen technischen Standard entsprechen[145]. Die richtige Telefaxnummer muss grundsätzlich nicht der Anwalt, wohl aber sein zuverlässiges Personal kennen[146] und ihre Verwendung anhand des Sachberichts kontrollieren[147]. Auf die durch eine Telefonauskunft übermittelte Telefaxnummer darf sich der Anwalt regelmäßig verlassen[148]. Der Bevollmächtigte muss durch geeignete organisatorische Maßnahmen sicherstellen, dass seine Angestellten den rechtzeitigen Abgang des Fax überprüfen[149]. Das Risiko von Störungen im Übermittlungsweg oder im Empfangsgerät trägt das Gericht[150]; erkennt der Versender des Fax die Störung in der Sphäre des Gerichts, muss er nicht andere Wege und Mittel des fristgerechten Zugangs suchen. Die Anforderungen dürfen nicht überspannt werden[151]. Anders, wenn das ohne weiteres möglich und zumutbar ist.[152] Wird das Telefax wenige Minuten vor Fristablauf übermittelt, geht das Risiko, dass das gerichtliche Empfangsgerät durch eine andere Telefax-Sendung belegt ist, zu Lasten des Übermittelnden[153]. Generell gilt, dass der Anwalt mit der Versendung eines fristgebundenen Schriftsatzes per Telefax so rechtzeitig beginnen muss, dass die Übermittlung unter gewöhnlichen Umständen vor Ablauf der Frist abgeschlossen ist[154].

C. Verfahren

I. Antrag

Die **Wiedereinsetzung** ist **auf Antrag** oder **von Amts wegen** zu bewilligen. Im 12 Antrag sind die Tatsachen vorzutragen, die zur Fristversäumung geführt haben. Die Tatsachen sind glaubhaft zu machen. Zur Glaubhaftmachung genügt gemäß § 294 ZPO, der hier zur Begriffsbestimmung über § 173 ergänzend heranzuziehen ist, die überwiegende Wahrscheinlichkeit[155]. Die Beweisführung unterliegt deshalb keinerlei Einschränkung. Der Grundsatz der Amtsmaxime des § 86 gilt auch hier. Das Gericht hat deshalb von Amts wegen die Tatsachen, die zur Fristversäumung geführt haben, zu erforschen[156]. Es ist aber Aufgabe des Antragstellers, für die Glaubhaftmachung

---

144 BGH NJW 1994, 1879; NJW 1996, 2513; Koblenz NJW 1994, 1815.
145 BGH NJW 1994, 1879.
146 BGH NJW 1995, 2106; entsprechende Büroorganisation muss vorhanden sein, BGH NJW 2000, 1043; BFH NJW 2003, 2559.
147 BAG NJW 1995, 2742; a.A. BGH BRAK-Mitt. 2002, 171.
148 BAG NJW 2001, 1594 für die Auskunft der Telekom; Kassel NJW 2001, 3722 für den anwaltlich nicht vertretenen Kläger.
149 BGH NJW 1998, 307; vgl. BVerwG SGb 2001, 625 (LS); BAG NJW 2001, 1595.
150 BVerfG NJW 1996, 2857; jedenfalls am letzten Tag der Frist: Mannheim B. v. 19.5.1999 – A 6 S 1589/98.
151 BVerfG NJW 2001, 3473.
152 Hamburg DVBl. 2000, 577.
153 BVerwG NJW 2000, 574 m. abl. Bspr. Späth NJW 2000, 1621; BGH BRAK-Mitt. 2003, 122.
154 BFH NJW 2001, 991.
155 Hierzu instruktiv BVerfGE 38, 35.
156 BVerwGE 13, 209.

dieser Tatsachen zu sorgen; dafür ist jedes Beweismittel zugelassen[157]. Zweckmäßigerweise ist der Briefumschlag, mit dem die Prozesserklärung verschickt wurde, vom Gericht aufzubewahren; unterbleibt dies, geht das nicht zu Lasten des Antragstellers[158]; der aber seinen Vortrag glaubhaft machen muss[159].

II. Frist

13   Der **Antrag** ist **innerhalb von 2 Wochen nach Wegfall des Hindernisses zu stellen**[160]. Bei der Versäumung der Frist zur Begründung der Berufung, des Antrages auf Zulassung der Berufung, der Revision, der Nichtzulassungsbeschwerde oder der Beschwerde beträgt die **Frist einen Monat**. Die Frist beginnt, wenn die Fristversäumnis dem Betroffenen bekannt ist oder bekannt sein musste und ihm möglich war, die versäumte Prozesshandlung nachzuholen[161]. Im Antrag auf Wiedereinsetzung ist die Wahrung der Frist darzulegen, wenn das nicht offensichtlich ist[162]. Die Frist läuft auch, wenn über sie keine Belehrung erfolgt ist, da es sich um einen außerordentlichen Rechtsbehelf handelt, für den eine Rechtsbehelfsbelehrung nicht erforderlich ist (§ 58 Rn. 3). Innerhalb der Frist sind die den Antrag begründenden Tatsachen einschließlich der Rechtzeitigkeit des Antrages[163], d.h., der Zeitpunkt des Wegfalls des Hindernisses[164] vorzutragen[165]; dagegen können ergänzende und Angaben zur Glaubhaftmachung auch noch nach der Frist bis zur endgültigen Entscheidung – ggf. noch im Rechtsmittel[166] – beigebracht werden[167]. Da die Gerichte regelmäßig über den Zeitpunkt des Klageeingangs unterrichten, beginnt damit auch ggf. die Antragsfrist. Die **Prüfung** dieser **Eingangsmitteilung** ist deshalb – ggfs. durch den RA selbst[168] – stets notwendig[169]. Fehlt sie innerhalb des üblichen Zeitrahmens, kann dies eine Nachfragepflicht über den rechtzeitigen Eingang der Klageschrift begründen[170]. Weist das Gericht einen Beteiligten auf die mögliche Fristversäumnis hin, so beginnt die Zwei-Wochen-Frist mit Eingang dieses Hinweises[171]. Gegenüber Behörden löst die gerichtliche Rechtskraftmitteilung den Wegfall des Hindernisses aus[172].

14   Wird die Antragsfrist versäumt, so kann hiergegen in gleicher Weise gemäß § 60 Abs. 1 Wiedereinsetzung beantragt werden[173]. Fällt das Hindernis

---

157 BVerwG NJW 1996, 409; a.A. BGH NJW 1996, 2038; vgl. hierzu Lüneburg NJW 1991, 1196.
158 BVerfG NJW 1997, 1770.
159 Münster NVwZ 1997, 327.
160 Zum Beginn dieser Frist bei falscher Berechnung der versäumten Frist BGH NJW 1994, 2831.
161 BVerwG NJW 1997, 2966.
162 BGH NJW 1998, 1079.
163 BVerwG DÖV 1985, 207.
164 Mannheim NJW 1996, 2883.
165 Koblenz NJW 1972, 2326; in Ausnahmefällen ist Nachschieben zulässig BAG NJW 1973, 1767; a.A. BVerwG NJW 1976, 74, 75.
166 BGH NJW 1996, 1682; str.
167 BVerwGE 49, 254; NJW 1963, 2042; BGH NJW 1996, 2513; st. Rspr.
168 München NJW 2000, 1131.
169 BFH NJW 1989, 2423; Kassel NJW 1993, 748; Münster NWVBl. 1998, 408.
170 Mannheim NVwZ-RR 1995, 377.
171 Kassel NVwZ 1986, 393.
172 Mannheim NVwZ-RR 1997, 327.
173 BVerwG Buchh. 310 § 60 Nr. 149; BVerwGE 49, 252.

nach Beginn der Frist für den Rechtsbehelf, aber noch mehr als 2 Wochen vor Ablauf dieser Frist weg, so gilt allein die gesetzliche Frist, eine Wiedereinsetzung ist ausgeschlossen. Aber auch wenn der Wegfall weniger als 2 Wochen vor Fristablauf eintritt, verbleibt es bei der gesetzlichen Frist, besteht deshalb kein Wiedereinsetzungsanspruch. Die damit verbundene **Verkürzung** der **Überlegungsfrist** muss in Kauf genommen werden[174]. Zur Bewilligung der Wiedereinsetzung bei Versäumung nach Gewährung der Prozesskostenhilfe BVerfGE 22, 83; BGH BB 1978, 735; oben Rn. 9 unter a).

Der **Antrag** kann noch gestellt werden, **wenn** das **Rechtsmittel** bereits **durch Urteil verworfen** worden ist[175], sodass bei Erfolg das Urteil unwirksam wird[176]. Innerhalb der Antragsfrist ist zugleich die **versäumte Rechtshandlung** nachzuholen. Handelt es sich um eine Rechtsmittelbegründung, genügt die – wiederholte – Beantragung der Fristverlängerung nicht[177]. Sie kann, braucht aber nicht mit dem Wiedereinsetzungsgesuch verbunden zu sein. War sie bereits vor Antragstellung vorgenommen, so genügt dies[178]. Wird die versäumte Rechtshandlung nicht innerhalb der Frist vorgenommen, so ist der Wiedereinsetzungsantrag unzulässig[179]. Nach BVerwG[180] war mit dem Antrag auf Wiedereinsetzung bei einer Zulassungsbeschwerde auch deren Begründung einzureichen, die Rspr. dürfte durch § 133 Abs. 3 überholt sein. Wird Wiedereinsetzung für Einlegung und Begründung der Revision beantragt, so läuft für die Begründung eine Monatsfrist von der Gewährung der Wiedereinsetzung an[181], wenn nur für die Einlegung, verbleibt es bei der Zweimonatsfrist für die Begründung[182].   **15**

III. Form

Das Gesetz schreibt keine **Form für den Antrag** vor. Es müssen aber hierfür die gleichen Formvorschriften wie für die nachzuholende Prozesshandlung gelten, sodass der Antrag in der Regel schriftlich oder zu Protokoll des Urkundenbeamten, im Rechtsmittelverfahren durch einen Vertreter gemäß § 67 Abs. 1 zu stellen ist[183], soweit im Rechtsmittelverfahren der Vertretungszwang gilt.   **16**

IV. Zuständigkeit

Der **Antrag ist bei** dem zur Entscheidung in der Hauptsache berufenen Gericht zu stellen. Mit ihm ist gleichzeitig die versäumte Prozesshandlung vorzunehmen. Ist die nachzuholende Prozesshandlung vor einem Instanzgericht vorzunehmen (Berufung, Revision), so ist auch bei diesem Gericht die Wiedereinsetzung zu beantragen. Antragstellung bei der höheren Instanz ist un-   **17**

---

174 Mannheim DÖV 1979, 303; München DVBl. 1982, 596; a.A. Kopp/Schenke Rn. 7; München BayVBl. 1980, 183; hierzu BVerwG NJW 1976, 74: es kommt auf den Einzelfall an.
175 BVerwGE 11, 322.
176 BGH NJW 1968, 107; 1982, 887; Kopp/Schenke Rn. 24.
177 BVerwG BayVBl.1997, 57; differenzierend Ganter NJW 1994, 164.
178 BVerwGE 1, 35; Kassel DÖV 1963, 518.
179 München VRspr. 16, 245; Magdeburg NJ 1999, 159.
180 NJW 1980, 2270.
181 BVerwG Buchh. 310 § 133 n.F. Nr. 3; 310 § 166 Nr. 28.
182 BVerwG NJW 1992, 2780.
183 Bader/v. Albedyll Rn. 34; Mannheim DVBl. 2000, 577.

schädlich[184]. Ist die die Rechtsmittelinstanz einleitende Prozesshandlung bei dem Gericht vorzunehmen, dessen Entscheidung angegriffen wird, gilt das auch für die Nachholung im Wiedereinsetzungsverfahren[185].

V. Von Amts wegen

18   Von Amts wegen kann **Wiedereinsetzung** gewährt werden, wenn die versäumte Rechtshandlung vorgenommen, ohne dass ein Antrag auf Wiedereinsetzung in den vorigen Stand gestellt wird, die Voraussetzungen der Wiedereinsetzung aber gerichtsbekannt oder sonst glaubhaft sind[186]. Die Konstruktion eines stillschweigend gestellten Antrags hierfür[187] ist angesichts des Wortlauts des § 60 Abs. 2 S. 4 nicht notwendig[188]. Wiedereinsetzung kann deshalb auch gewährt werden, wenn der Beteiligte von der Fristversäumung nichts weiß, also auch nicht stillschweigend einen Antrag stellen wollte (etwa beim Fall verspäteter Postzustellung). Das Gericht entscheidet hier nach pflichtgemäßem Ermessen[189], die vorherige Unterrichtung der Beteiligten ist im Gerichtsverfahren – nicht bei Fristversäumnis im Vorverfahren[190] – schon aus Gründen des rechtlichen Gehörs aber notwendig. Nach Kenntnis der Versäumung sollte freilich stets auch der Antrag auf Wiedereinsetzung gestellt werden.

VI. Nach Jahresfrist

19   Ist ein Jahr seit Ablauf der Frist für den Rechtsbehelf **vergangen,** so ist Wiedereinsetzung nur noch zu gewähren, wenn die Frist infolge höherer Gewalt versäumt ist. Eine Ausnahme soll gelten[191], wenn die Versäumung der Jahresfrist darauf zurückzuführen ist, dass das Gericht innerhalb dieser Frist die Fristversäumung nicht bemerkt hat und zu erkennen gibt, demnächst zur Sache zu entscheiden. Der Begriff der höheren Gewalt entspricht inhaltlich den »Naturereignissen oder anderen unabwendbaren Zufällen« des früheren § 233 Abs. 1 ZPO[192]. Es handelt sich um Ereignisse, die nach den Umständen des Falles auch durch die äußerste, gerade dem Betroffenen zuzumutende Sorgfalt weder abgewehrt noch in ihren schädlichen Folgen verhindert werden konnten. Dazu gehört auch die Nichtbescheidung eines PKH-Antrages innerhalb der Jahresfrist[193]. Höhere Gewalt liegt auch vor, wenn die rechtzeitige Vornahme einer fristgebundenen Handlung unzumutbar war[194]. Eine unzutreffende Rechtsbehelfsbelehrung ist höhere Gewalt, wenn sie ursächlich für die Fristversäumung war[195]. Die Zweiwochenfrist beginnt in diesem Falle mit dem Fortfall der höheren Gewalt.

---

184 BVerwGE 11, 322; NJW 1961, 573.
185 Mannheim NVwZ-RR 2000, 398.
186 BVerwG DÖV 1973, 647; Münster NJW 1996, 2809.
187 BGHZ 63, 389; Eyermann/Fröhler Rn. 20; Lüneburg NJW 1971, 72.
188 Wie hier ferner Rotter DVBl. 1971, 379.
189 Vgl. BVerwG NJW 2000, 1967.
190 BVerwG Buchh. 310 § 60 Nr. 159.
191 BFH NVwZ 1998, 552.
192 BVerwG NJW 1980, 1480; JR 1970, 115; RGZ 158, 357.
193 BVerwG Buchh. 310 § 60 Nr. 177.
194 BVerfGE 75, 301, 348.
195 BVerwG Buchh. 310 § 60 VwGO Nr. 106.

Die Ausschlussfrist des § 60 Abs. 2, ebenso des § 58 Abs. 2 ist verfassungsrechtlich unbedenklich[196].

D. Entscheidung

Das Gericht, das über die versäumte Rechtshandlung zu befinden hat, **ent-** **20**
scheidet nach Anhörung der Beteiligten[197] über den Wiedereinsetzungsantrag. Ist die **Klagefrist versäumt,** so kann gemäß § 238 Abs. 1 ZPO, § 173[198]
über die Wiedereinsetzung sowohl durch **Beschluss** entschieden werden[199],
wie auch durch **Urteil** oder Gerichtsbescheid[200]. Die Entscheidung durch Beschluss ist vielfach zweckmäßig, um die Frage der Wiedereinsetzung schnell
zu klären. Die Bedenken gegen das »Wahlrecht« des Gerichts im Hinblick auf
den gesetzlichen Richter (Art. 101 GG) greifen angesichts der ausdrücklichen Zulassung solchen Wahlrechts in den Instanzen nicht durch.
Für die nachgeholte Berufung[201] oder Revision (§§ 125 Abs. 2; 144 Abs. 1)
und Beschwerde ist die Zulässigkeit des Beschlussverfahrens unbestritten[202].

Über die **Wiedereinsetzung** muss **ausdrücklich entschieden** werden, still- **21**
schweigende Wiedereinsetzung ist schon wegen der Anhörungspflicht unzulässig[203]. Ist ein Wiedereinsetzungsantrag in Unkenntnis der Fristversäumnis
nicht gestellt und der Rechtsbehelf aus diesem Grunde zurückgewiesen worden, so kann der Antrag auch noch im Rechtsmittelverfahren gestellt werden[204].

Über den Antrag darf **nur das Gericht** der **versäumten Prozesshandlung** ent- **21a**
scheiden. Wird der Antrag von ihm übergangen, so muss zurückverwiesen
werden[205], es sei denn, der Antrag ist offensichtlich unzulässig[206].

196 BVerwG NJW 1980, 1480.
197 BVerfGE 34, 154 ff. m. Anm. Menger VerwA 64, 429 ff.; BVerfG E 53, 109; 62,
249.
198 BVerwG DVBl. 1986, 1202.
199 BVerwGE 17, 207; Buchh. 310 § 60 Nr. 52; Mannheim NJW 1970, 347; Hamburg
MDR 1970, 266; VG Saarlouis NJW 1969, 947.
200 Beschlussverfahren unzulässig: Hamburg NJW 1962, 317; MDR 1968, 873; Koblenz VRspr. 24, 482; Lüneburg NJW 1971, 2324; DVBl. 1976, 947; Mannheim
NJW 1977, 917; NVwZ 1984, 534: Asylverfahren; München VGH n.F. 14, 1;
Münster OVGE 16, 231; 24, 259; 27, 96; Kopp/Schenke Rn. 37; in Berlin
NVwZ-RR 1990, 388 ist der – im Ergebnis fruchtlose – Meinungsstreit im Einzelnen dargestellt.
201 Kassel NJW 1966, 1333.
202 Enger BVerwG DVBl. 1986, 1202.
203 BVerwGE 59, 302; BVerwG BayVBl 1995, 635; Münster OVGE 7, 22.
204 BVerwGE 11, 322; NJW 1962, 1692; Berlin JR 1953, 29; München VGH n.F. 2,
28.
205 BVerfGE 53, 109, 113; BGH FamRZ 1982, 161, 163.
206 BVerwG NVwZ 1985, 484.

E. Rechtsmittel

22 Wird die **Wiedereinsetzung gewährt**, was sich oft nur aus den Entscheidungs-
gründen, nicht dem Tenor ergibt, so ist hierüber endgültig entschieden. Den
Instanzgerichten – auch dem BVerwG[207] – ist die Nachprüfung versagt (§ 60
Abs. 5), wie auch das erkennende Gericht selbst hieran gebunden ist. Der
Auffassung, dass es bei unrichtigem Verfahren oder unrichtiger Form der
Entscheidung oder Unzuständigkeit des Gerichts an der Bindung fehle[208], ist
nicht zuzustimmen, da sie mit § 60 Abs. 5 nicht vereinbar ist und praktisch
auf dem Umweg über Verfahrensrügen eine Nachprüfung der die Wiederein-
setzung gewährenden Entscheidung eröffnen würde[209]. Die rechtswidrige
Gewährung von Wiedereinsetzung ist deshalb auch kein Verfahrensmangel
nach § 132 Abs. 2 Nr. 3[210].

23 Ist die **Wiedereinsetzung versagt** worden, so ist hiergegen das nach der Entscheidungsform (Urteil oder Beschluss) zulässige Rechtsmittel gegeben. Sind
Klage und Berufung unter Versagung der Wiedereinsetzung abgewiesen worden, so ist das Revisionsgericht zur Nachprüfung[211] auf entsprechende Rüge
berechtigt und ggf. die Entscheidung wegen Verfahrensmangels aufzuheben[212].

§ 61   [Beteiligungsfähigkeit]

Fähig, am Verfahren beteiligt zu sein, sind
1. natürliche und juristische Personen,
2. Vereinigungen, soweit ihnen ein Recht zustehen kann,
3. Behörden, sofern das Landesrecht dies bestimmt.

A. Begriff und Voraussetzungen

1 Die VwGO ersetzt den **Begriff der Partei**, wie ihn die anderen Prozessordnungen kennen, **durch den des Beteiligten**. Vgl. hierzu § 63 Rn. 1. Unter **Beteiligungsfähigkeit** ist die Fähigkeit zu verstehen, als Beteiligter Prozesshandlungen vornehmen, damit Subjekt eines Prozessrechtsverhältnisses sein zu
können. Wer nicht beteiligungsfähig ist, kann weder Kläger noch Beklagter
werden noch Beigeladener sein[1].
Beteiligungsfähig sind
1. alle **natürlichen und juristischen Personen**. Die natürliche Person muss bei
Klageerhebung leben; zur Behandlung einer im Namen eines Verstorbenen
erhobenen Klage Münster KStZ 1978, 16. Ein erzeugtes, aber noch nicht ge-

---

207 NJW 1988, 1863.
208 So unter Hinweis auf die Rechtsprechung des BVerfG für den Fall der Verletzung
     rechtlichen Gehörs BGH JZ 1996, 374 m. Anm. Roth.
209 Ebenso Kopp/Schenke Rn. 40.
210 BVerwG NJW 1988, 1863.
211 Zum Umfang der Nachprüfung BVerwGE 13, 141.
212 BVerwGE 1, 29 ff.

1   Zur Beteiligungsfähigkeit im Einzelnen Dolde, Menger-Festschrift, 1985, S. 423 ff.;
     Kopp Festgabe BVerwG S. 387 ff.

borenes Kind ist nicht beteiligungsfähig[2]. Juristischen Personen kann die Rechtsfähigkeit verliehen worden sein. Tiere sind nicht Beteiligte[3], auch nicht nach Änderung des BGB durch G. v. 20.8.1990 (BGBl. I, 1762).

a) **kraft Zivilrechts:** Rechtsfähiger Verein, Stiftung, AG, KGaAkt, GmbH, **2** Genossenschaft, bergrechtliche Gewerkschaft; hierzu sind auch die OHG und die KG zu rechnen, die zwar nicht rechtsfähig sind, aber gemäß §§ 124, 161 HGB Träger von Rechten und Pflichten sein können, ebenso die Reederei gemäß § 493 HGB;

b) **kraft öffentlichen Rechts:** Körperschaften des öffentlichen Rechts, selbst- **3** ständige Anstalten, Stiftungen, Sondervermögen, denen kraft Gesetzes die Fähigkeit zu selbstständigem Rechtshandeln verliehen worden ist[4]. Die Rechtsfähigkeit muss sich aus Gesetz oder besonderem Errichtungsakt ergeben;

c) **kraft ausländischem Recht** gemäß Artikel 7 EGBGB[5].

2. **Vereinigungen,** soweit ihnen ein Recht zustehen kann. Die Fassung des **4** § 61 Nr. 2 ist wenig deutlich. Unter Vereinigung ist zunächst lediglich eine **Personenmehrheit** zu verstehen. Hinzutreten muss ein **Mindestmaß an Organisation,** insbesondere die Repräsentanz Einzelner für die Mehrheit (§ 62 Abs. 2)[6]. Die Vereinigung ist beteiligungsfähig, wenn sie das Zuordnungsobjekt von Rechtssätzen sein kann, ihr brauchen entgegen dem Wortlaut des § 61 nicht notwendig Rechte zuzustehen. Dabei folgt aus dem einschränkenden Wort »soweit«, dass es für die Beteiligungsfähigkeit darauf ankommt, ob das im Verfahren geltend gemachte Recht der Vereinigung überhaupt zugeordnet werden kann. Nicht maßgeblich ist dagegen, ob die Vereinigung generell Zuordnungssubjekt von irgendwelchen Rechten sein kann. Kann das geltend gemachte Recht unter keinen denkbaren Umständen der Vereinigung zugeordnet werden, so fehlt ihr für das Verfahren die Beteiligungsfähigkeit, die Klage ist als unzulässig abzuweisen (Beispiel: Fraktion eines Gemeinderates ficht Ratsbeschluss an: Fraktion ist beteiligungsfähig; sie ficht Dispenserteilung nach § 31 BauGB an: Sie ist nicht beteiligungsfähig). Die Vereinigung ist, soweit sie beteiligungsfähig ist, teilrechtsfähig[7].
In diesem Rahmen **können beteiligungsfähig** sein der nichtrechtsfähige Verein[8]; die Gesellschaft des BGB[9], politische Parteien und Gewerkschaften sowie ihre Orts- und Kreisverbände[10]; Betriebs- und Personalräte[11]; die Erben-

---

2 BVerwG DÖV 1992, 588.
3 VG Hamburg NVwZ 1988, 1058.
4 Z.B. nach früherem Recht Deutsche Bundesbahn, Deutsche Bundespost, Postdienst, Postbank, Telekom nach dem PostverfG v. 8.6.1989 (BGBl. I, 1026), § 5.
5 Vgl. Baumbach/Hartmann § 50 Rn. 2a.
6 München BayVBl. 1984, 406; Mannheim VBlBW 1981, 297; Münster OVGE 29, 279.
7 Bachof AöR Bd. 83, 208 ff.; Hoffmann-Becking DVBl. 1972, 299.
8 Lüneburg NJW 1979, 735.
9 Das ist seit Anerkennung der Rechtsfähigkeit einer Außen-GbR durch den BGH, BGHZ 146, 341, nicht anders geworden, da die Außen-GbR dadurch nicht zu einer juristischen Person geworden ist, vgl. Bautzen NJW 2002, 1361; Pache/Knauff BayVBl. 2003, 168; auch BVerfG NJW 2002, 3533.
10 BVerwGE 56, 557; 32, 333; Münster OVGE 1, 86; Mannheim DÖV 1987, 874; nicht der Ortsverein bzgl. Straßensondernutzungserlaubnis: Mannheim VBlBW 1987, 310; a.A. Saarlouis NVwZ-RR 1999, 218.
11 BVerwGE 5, 293.

gemeinschaft[12]; eine Bauherrngemeinschaft[13]; die Vertretungskörperschaft der Kommunen und möglicherweise Teile von ihnen (Fraktionen) im **Kommunalverfassungsstreit**[14]; der Einwohnerantrag (§ 17 RhPfGO)[15]; die Werksleitung eines kommunalen Eigenbetriebes, aber nicht zu Fragen des Anschluss- und Benutzungszwanges[16]; die Fakultät einer Universität[17]; eine nichtrechtsfähige Fachhochschule[18]; Leistungskontrollstellen der Universitäten[19]; Schulmitwirkungsorgane[20]; Naturschutzbeiräte einer Naturschutzbehörde[21]; die Regionale Planungsversammlung nach Hess. LandesplanungsG, wenn um Binnenrecht der Mitglieder gestritten wird[22]; eine als nichtrechtsfähige Genossenschaft organisierte Wassergemeinschaft[23].
In diesem Rahmen sind **nicht beteiligungsfähig** dagegen von den Bewohnern verwaltetes Studentenwohnheim[24]; der Börsenvorstand[25]; Frachtenausschuss für den Rhein[26]; nicht die Bruchteilsgemeinschaft[27] oder die Wohnungseigentümerschaft[28]; Elternbeirat[29]; die Schulkonferenz[30]; vgl. auch Püttner bzgl. Großstadtbezirke[31]. Menger-Erichsen[32] scheinen § 61 Nr. 2 auch auf den Bundespersonalausschuss anwenden zu wollen[33]. Zu den nicht rechtsfähigen öffentlich-rechtlichen Verbänden: Weber[34]. Zu den Rechten im Sinne des § 61 Nr. 2 wird auch der Anspruch auf Beseitigung eines VA zu rechnen sein. Ergeht gegen eine an sich nicht beteiligungsfähige Vereinigung ein belastender VA, so ist sie für den Anfechtungsprozess beteiligungsfähig.

4a   Zu den beteiligungsfähigen Vereinigungen sind auch die mancherlei **Ausschüsse** und Einrichtungen zu rechnen, die im Recht der **sozialen Krankenversicherung** und im **Krankenhausrecht** vom Gesetzgeber aus KV oder Krankenhausgesellschaften auf der einen Seite, den Kassen auf der anderen geschaffen worden sind, die hoheitlich tätig werden, für die aber kein einheit-

---

12 Eyermann/J.Schmidt Rn. 9.
13 Mannheim VBlBW – VGH Rechtsprechungsdienst 12/1994 B 3.
14 Lüneburg OVGE 2, 230; Bautzen DVBl. 1997, 1257; VG Potsdam LKV 1998, 409; Beigeordneter; Münster NWVBl. 1998, 149; Münster OVGE 19, 62; Stuttgart NJW 1952, 440; Saarlouis NVwZ-RR 1995, 319; Hoppe DVBl. 1970, 895 ff.; Ewald DVBl. 1970, 237; Hahn DVBl. 1974, 509; allg. zum Organstreit Lerche, Festschrift, Knöpfle 1996, S. 171.
15 Koblenz NVwZ-RR 1995, 411; zum **Bürgerbegehren** s. Jaroschek BayVBl. 1997, 39 m.w.N.; Münster NVwZ-RR 1999, 2, 151.
16 Münster NVwZ-RR 1989, 576.
17 Franzke DÖV 1972, 851 ff.; Hamburg VRspr. 16, 828; Mannheim VRspr. 21, 251; a.A. Lüneburg DVBl. 1989, 114; Sektion einer Universität der früheren DDR: KreisG Halle LKV 1991, 273.
18 Hamburg NVwZ 1995, 1135.
19 Münster NJW 1990, 2586.
20 Münster NWVBl. 1991, 27; VG Frankfurt/Main 1999, 379.
21 Kassel NVwZ 1992, 904.
22 Kassel ESVGH 44, 291; DÖV 1995, 35.
23 BVerwG NVwZ-RR 1998, 90.
24 Mannheim NJW 1974, 964.
25 Berlin JR 1967, 396.
26 BVerwGE 31, 359.
27 München VRspr. 30, 249.
28 Bremen NJW 1985, 2660.
29 München BayVBl. 1981, 719; Mannheim NVwZ-RR 1996, 90; a.A. VG Darmstadt NVwZ-RR 1995, 445, wenn um Binnenrecht gestritten wird.
30 Differenzierend: Berlin NVwZ-RR 1990, 21; VG Bremen NVwZ-RR 1989, 78.
31 JR 1966, 81.
32 VerwA 59, 172.
33 A.A. BVerwGE 26, 31.
34 Jahrreiss-Festschrift, 1974, S. 323 ff.

licher Rechtsträger vorhanden ist, so etwa der Bundesausschuss nach § 91 SGB V; Großgeräteausschuss nach § 122 SGB V; der Bewertungsausschuss nach § 87 SGB V; die Schiedsstelle nach § 18a KHG; und Beteiligte am Verfahren nach § 18, 18a KHG[35]; der Prüfungsausschuss nach § 106 SGB V; ihre Zurechnung allein zu den Behörden würde in den Ländern, die von § 61 Nr. 3 keinen Gebrauch gemacht haben, zu großen Schwierigkeiten führen, da es am Rechtsträger fehlt. Freilich ist ihre Beteiligung am Verwaltungsprozess selten geworden, da gemäß § 51 SGG für sie weitgehend nunmehr der Sozialrechtsweg gilt.

Wird eine **Vereinigung aufgelöst,** so bleibt sie in diesem Rahmen beteiligungs-   **5** fähig, wenn der Rechtsstreit die Rechtswirksamkeit dieser Auflösung betrifft[36], so auch im Feststellungsverfahren nach Art. 9 Abs. 2 GG[37]. Das gilt auch dann, wenn die sofortige Vollziehung der Auflösung angeordnet worden ist; im Übrigen auch für Körperschaften nach Nr. 1, etwa bei Streit über Eingemeindungen, Auflösungen, Zusammenschlüsse oder Eingemeindungsverträge[38].

3. **Behörden, soweit das Landesrecht dies bestimmt.** Die VwGO gestattet es   **6** den Ländern, generell Behörden neben oder an Stelle ihrer Körperschaft für beteiligungsfähig zu erklären. Generell für alle Behörden ist dies in Brandenburg (§ 8 AG Br.), Mecklenburg-Vorpommern (§ 14 AG MV), NW (§ 5 Abs. 1 AG NW) und im Saarland (§ 19 AG Saarland), nur für Landesbehörden in Niedersachsen (§ 8 AG Nds.), Sachsen-Anhalt (§ 8 AG SachsenA) und Schleswig-Holstein (§ 6 AG SchlH), für die Aufsichts- und Dienstleistungsdirektion im Falle der Beanstandungsklage in Rheinland-Pfalz (§ 17 Abs. 2 AG RhPf.) geschehen. Weitere Fälle vgl. insbes. zur sog. Aufsichtsklage v. Oertzen DVBl. 1961, 650. Die anderen Länder haben von der Ermächtigung keinen Gebrauch gemacht. Dabei ist zu beachten, dass § 61 Nr. 3 den Landesgesetzgeber über § 78 Abs. 1 Nr. 1 hinaus befugt, die Beteiligungsfähigkeit von Behörden für jede Verfahrensform und Prozessstellung (Kläger, Beklagter, Beigeladener) vorzusehen, wie dies beispielsweise in § 5 Abs. 1 AG NW geschehen ist[39], während sich § 78 Abs. 1 Nr. 2 nur auf die Passivlegitimation in Anfechtungs- und Verpflichtungssachen bezieht (z.B. § 5 Abs. 2 AG NW). Die Behörde handelt in allen diesen Fällen in einer Art Prozessstandschaft für die Körperschaft[40]. Soweit in Ausführungsgesetzen die Passivlegitimation aller Behörden in Anfechtungs- und Verpflichtungssachen vorgesehen ist, gilt dies nur für die Behörden auf Landesebene, nicht auch für Bundesbehörden und Behörden anderer Länder, soweit sie an Verfahren im Bereich dieses Landes beteiligt sind[41]. Die Beteiligungsfähigkeit der Behörde besteht in diesen Fällen auch im Revisionsverfahren vor dem BVerwG, da die Einlegung der Revision nicht zur Änderung des Beteiligten führen kann. Die Bundesanstalt für den Güterfernverkehr, nicht aber ihre Außenstellen[42], ist beteiligungsfä-

---

35   BVerwG 3 C 27.94.
36   BVerwGE 1, 266; Hamburg VRspr. 4, 882; Lüneburg OVGE 9, 402; Münster B. v. 12.6.2003 – 8 B 640/03.
37   Eyermann/Fröhler, 9. Aufl., Rn. 9.
38   Mannheim DÖV 1979, 605.
39   Rietdorf DVBl. 1962, 104 gegen VG Düsseldorf DVBl. 1962, 104.
40   V. Oertzen DVBl. 1961, 650; BVerwGE 45, 207; E 72, 165; E 80, 127.
41   Die noch bis zur 12. Auflage vertretene Gegenauffassung wird aufgegeben; BVerwGE 14, 330; 20, 21; Lüneburg NVwZ 2000, 209; Eyermann/J.Schmidt Rn. 13.
42   BVerwGE 10, 161.

hig^{43}, weil letztere keine selbstständigen Behörden sind; ebenso nicht die Gemeindekassen^{44}. Im Übrigen erkennt die VwGO auch ohne landesrechtliche Regelung Behörden Beteiligungsfähigkeit zu, wie sich aus §§ 47, 113 Abs. 1 und 4, 172 ergibt (vgl. § 172 Rn. 1). Ob § 61 mit der Regelung der Ziff. 3 noch vom Rechtsträgerprinzip ausgeht, mag zweifelhaft sein. Die Bedeutung dieser Frage ist gering; sie erschöpft sich in der Konstruktion, wie die Stellung der Behörde dem Rechtsträger zuzurechnen ist.

B. Verfahrensfragen

I. Prozessuale Bedeutung

7 Die **Beteiligungsfähigkeit ist Sachurteilsvoraussetzung**^{45}. Sie muss während der gesamten Dauer des Verfahrens vorhanden sein und ist deshalb stets von Amts wegen zu prüfen. Fehlt die Beteiligungsfähigkeit zunächst, tritt sie aber bis zur letzten mündlichen Verhandlung ein, so wird der Mangel geheilt, wenn die bisherige Prozessführung genehmigt wird^{46}. Für einen etwaigen Streit über die Beteiligungsfähigkeit ist der Beteiligte in jedem Fall beteiligungsfähig^{47}.

II. Wegfall während Anhängigkeit

8 Fällt die **Beteiligungsfähigkeit** im Laufe des Verfahrens weg, so gilt Folgendes:

1. **Tod einer natürlichen Person:** Bei höchstpersönlichen, nicht übertragbaren Rechten und Pflichten (wann höchstpersönliche Rechte und Pflichten vorliegen, ist sehr streitig. Die Frage gehört zum materiellen VerwRecht^{48}; weiter hierzu § 94 Rn. 7) erledigt sich das Verfahren in der Hauptsache mit Kostenentscheidung nach § 161 Abs. 2 gegenüber den Erben. In allen anderen Fällen tritt der Rechtsnachfolger an die Stelle des bisherigen Beteiligten. Das Verfahren wird unterbrochen, wenn der Beteiligte nicht durch Prozessbevollmächtigten vertreten war (§§ 239 ff. ZPO, § 173; vgl. § 94 Rn. 7). Im letzteren Falle Unterbrechung nur auf Antrag, bis dahin geht das Verfahren unbehindert weiter^{49}. Im Einzelnen vgl. hierzu § 94 Rn. 11.

9 2. **Auflösung einer juristischen Person** oder einer Vereinigung während des Verfahrens: Für das Verfahren bleibt die Vereinigung durch ihre Liquidatoren oder die sonstige Abwicklungseinrichtung beteiligungsfähig. Zu den Folgen der Löschung einer KG: BVerwG VRspr. 21, 999; Münster NJW 1989, 186. Bei Löschung einer GmbH gem. § 2 Löschungsgesetz, jetzt § 141a FGG

---

43 BVerwGE 89, 270.
44 Münster KStZ 1986, 178; Magdeburg NVwZ-RR 2000, 326.
45 Kassel VRspr. 11, 1034.
46 BGHZ 51, 27; Baumbach/Hartmann § 50 Rn. 32.
47 BGH NJW 1957, 989; 1982, 2070; Lüneburg OVGE 8, 467 f.
48 Vgl. etwa München BayVerwBl. 1970, 328 m. krit. Anm. Mutius VerwA 62, 83 ff.; ferner Peine DVBl. 1980, 941.
49 München VGH n.F. 1, 64.

(Vermögenslosigkeit) entfällt die Beteiligungsfähigkeit[50]. Sinnvoller dürfte die Annahme des Fortbestandes der Beteiligungsfähigkeit mindestens bei Wegfall erst nach Klageerhebung sein[51], weil auch die Beendigung des Verfahrens Aufgabe der Liquidation ist[52]. Bei Wegfall Kostenhaftung des Vertreters[53].

3. **Fortfall der juristischen Person** oder Vereinigung (z.B. Eingemeindung einer Gemeinde, Fusion einer AG): Unterbrechung des Verfahrens gemäß §§ 239 ff. ZPO bis zur Aufnahme durch den Rechtsnachfolger, wenn nicht Vertretung durch den Prozessbevollmächtigten. Keine Unterbrechung, wenn die Rechtswirksamkeit des Fortfalls streitig ist. **10**

III. Zwischenurteil

Über die Beteiligungsfähigkeit kann durch **Zwischenurteil** (§ 109) entschieden werden[54]. **11**

IV. Entscheidung

Ergeht gegen einen Nichtbeteiligungsfähigen eine Entscheidung, so liegt ein Verfahrensfehler vor, den jeder Beteiligte, aber auch der Nichtbeteiligte rügen kann und ein absoluter Revisionsgrund nach § 138 Nr. 4 ist. Nach Rechtskraft ist die Wiederaufnahme des Verfahrens zulässig (§ 153, § 579 Abs. 1 Nr. 4 ZPO). **12**

V. Beigeladener

Die Grundsätze der Rn. 5, 8–10, 12 gelten auch für den notwendigen **Beigeladenen.** Auch der einfache Beigeladene bleibt am Verfahren beteiligt, wenn seine Auflösung Verfahrensgegenstand ist. Im Übrigen hat hier das Gericht zunächst durch geeignete Maßnahmen für die Wiederherstellung der Beteiligungsfähigkeit zu sorgen. Ist dies nicht möglich, so kann das Verfahren ungeachtet der Beteiligungsunfähigkeit fortgesetzt werden. Dies ist unschädlich und rechtfertigt kein Rechtsmittel. Es tritt lediglich die Wirkung des § 121 gegenüber dem Beigeladenen nicht ein. **13**

§ 62 [Prozessfähigkeit]

(1) Fähig zur Vornahme von Verfahrenshandlungen sind
1. die nach bürgerlichem Recht Geschäftsfähigen
2. die nach bürgerlichem Recht in der Geschäftsfähigkeit Beschränkten, soweit sie durch Vorschriften des bürgerlichen oder öffentlichen Rechts für den Gegenstand des Verfahrens als geschäftsfähig anerkannt sind.

(2) Betrifft ein Einwilligungsvorbehalt nach § 1903 des Bürgerlichen Gesetzbuches den Gegenstand des Verfahrens, so ist ein geschäftsfähiger Betreuer

---

50 So BVerwG v. 14.5.1982 – 1 C 16.78; Münster NJW 1981, 2377; im Einzelnen str., vgl. Bork JZ 1991, 841; NK-Czybulka Rn. 13.
51 Vgl. dazu auch BGHZ 74, 212; BAG NJW 1982, 1831.
52 So auch Münster v. 25.1.1988 – 10 B 147/88 – n.v.
53 Zum Fragenkreis Bork JZ 1991, 841.
54 BVerwGE 14, 237.

nur insoweit zur Vornahme von Verfahrenshandlungen fähig, als er nach den Vorschriften des bürgerlichen Rechts ohne Einwilligung des Betreuers handeln kann oder durch Vorschriften des öffentlichen Rechts als handlungsfähig anerkannt ist.

(3) Für Vereinigungen sowie für Behörden handeln ihre gesetzlichen Vertreter, Vorstände oder besonders Beauftragte.

(4) §§ 53 bis 58 der Zivilprozessordnung gelten entsprechend.

A. Allgemeines

1 **Prozessfähigkeit** ist die Fähigkeit, einen Prozess selbst oder durch einen selbst bestellten Prozessbevollmächtigten zu führen sowie **Prozesshandlungen** selbst vorzunehmen oder durch einen selbst bestellten Prozessbevollmächtigten vornehmen zu lassen[1]. Prozesshandlungen, die stets Erklärungen sein werden, unterliegen nach überkommener Auffassung **nicht** der **Lehre von den Willensmängeln** des BGB. Sie sollen deshalb bedingungsfeindlich, unwiderruflich und unanfechtbar sein. Das BVerwG hat diese im Zivilprozess entwickelte Auffassung für den VerwProzess übernommen[2], das BVerfG hat hiergegen keine verfassungsrechtlichen Bedenken[3]. Zutreffend weist Baumbach/Hartmann[4] darauf hin, dass das Problem der Heilbarkeit einer fehlerhaften Prozesshandlung noch nicht voll durchdacht sei und fordert deshalb eine elastische Handhabung[5]. Die Auslegung von Prozesshandlungen ist in vollem Umfang revisibel[6].

B. Natürliche Personen

I. Voll Geschäftsfähige

2 **Unbeschränkt prozessfähig** sind die nach bürgerlichem Recht Geschäftsfähigen. Geschäftsfähig ist nach §§ 2, 104 ff. BGB, wer das 18. Lebensjahr vollendet hat. Der Volljährige ist **nicht** geschäftsfähig, wenn er sich in einem die freie Willensbetätigung ausschließenden Zustand krankhafter Störung der Geistestätigkeit befindet[7], sofern nicht der Zustand seiner Natur nach nur ein vorübergehender ist (§ 104 Nr. 2 BGB). Weiter ist nicht prozessfähig, wer im Rechtsstreit durch einen Betreuer oder Pfleger vertreten (die bloße Anzeige eines Betreuungsverhältnisses genügt dafür nicht[8]) wird (§ 53 ZPO). Partielle Prozessunfähigkeit sowohl der Materie nach wie temporär (Verhandlungsfähigkeit in der mdl. Verhandlung[9]) ist möglich. Sie wird vielfach

---

1   Laubinger, Ule-Festschrift, 1987, S. 165.
2   BVerwGE 57, 342; Buchh. 310 § 92 Nr. 5; NVwZ 1985, 196.
3   BVerfGE 60, 253 ff.
4   Grundz. § 128 Rn. 46 ff.
5   Vgl. hierzu etwa Kassel NJW 1987, 601: Zulässigkeit eines Widerrufs.
6   RGZ 104, 133; 124, 182; BGHZ 4, 328; VersR 1974, 194; NJW 1988, 2540; BAG NJW 1982, 1174; BFH BB 1979, 362; BVerwG NJW 1991, 508.
7   Vgl. neuestens Habermeyer/Saß MedR 2003, 543.
8   BVerwG Buchh. 303 § 63 ZPO Nr. 1.
9   BVerwG Buchh. 310 § 62 Nr. 16, Nr. 20.

bei Querulanten vorliegen[10]. Aber Vorsicht: Querulanten haben nicht ganz selten in der Sache ein berechtigtes Anliegen![11] Die Zubilligung des § 20 StGB ist nicht ohne weiteres Indiz für eine Prozessunfähigkeit[12].

II. Beschränkt Geschäftsfähige

Beschränkt prozessfähig sind natürliche Personen, die nur für bestimmte **3** Streitigkeiten, in diesen aber uneingeschränkt vor Gericht handeln können. Hierzu gehören **Minderjährige** über 7 Jahre a) die zum **selbstständigen Betrieb eines Erwerbsgeschäftes** von dem gesetzlichen Vertreter mit Genehmigung des Vormundschaftsgerichts ermächtigt worden sind, für alle Verfahren, welche der Geschäftsbetrieb mit sich bringt, ausgenommen solche Rechtshandlungen, zu denen der gesetzliche Vertreter der Genehmigung des Vormundschaftsgerichts bedarf (§ 112 BGB), oder die mit Ermächtigung des gesetzlichen Vertreters in ein Dienst- oder Arbeitsverhältnis treten, für alle Verfahren, die mit der Eingehung, Aufhebung oder Erfüllung des **Dienst- oder Arbeitsverhältnisses** zusammenhängen (§ 113 BGB).

b) wenn und soweit sie **durch Vorschriften des öffentlichen Rechts als geschäftsfähig anerkannt** sind. Das gilt auch für sonst in der Geschäftsfähigkeit **4** beschränkte Personen. Beispiele: Minderjährige nach Vollendung des 14. Lebensjahres, die über das Religionsbekenntnis entscheiden können (§ 5 G. v. 15.7.1921, RGBl. I S. 939); Personen, denen nach dem Unterbringungsgesetz die Freiheit entzogen werden soll (§§ 6 ff. G. v. 29.6.1956, BGBl. I S. 599); Minderjährige über 16 Jahre nach § 7 StVZO[13], auch wenn sie wegen Geistesschwäche entmündigt sind[14]; minderjährige Wehrpflichtige[15], für die aber auch der gesetzliche Vertreter handeln kann (vgl. hierzu § 65 Rn. 7); Minderjährige ab 15 Jahren nach § 36 SGB I[16]; ebenso solche nach § 11 SGB X, nicht nach § 50b II 1 FGG[17].

Absatz 2 regelt die Prozessfähigkeit bei Bestehen eines **Betreuungsverhältnis-** **4a** **ses** nach §§ 1896 ff. BGB, wenn das Vormundschaftsgericht für einen Gegenstand des Verfahrens den Einwilligungsvorbehalt nach § 1903 angeordnet hat. Hier setzt die Wirksamkeit einer Prozesshandlung des Betreuten die Einwilligung des Betreuers voraus. Sie kann auch nachträglich heilend erteilt werden. Die Einlegung einer Nichtzulassungsbeschwerde unterliegt nicht der Ausnahmebestimmung des § 1903 Abs. 3 BGB[18].

III. Ausländer

Ausländer sind prozessfähig, wenn sie nach der Rechtsordnung ihres Hei- **5** matstaates (Art. 7 EGBGB) oder nach deutschem Recht (§ 55 ZPO) prozess-

---

10 Hierzu Eyermann/J.Schmidt Rn. 6.
11 Vgl. etwa BVerwGE 30, 24.
12 BVerwG VRspr. 20, 639; Kassel ESVGH 19, 76.
13 BVerwG Buchh. 442.16 § 7 Nr. 1; München VRspr. 9, 385.
14 BVerwG FamRZ 1966, 143.
15 BVerwGE 7, 66 ff.
16 Hamburg v. 25.2.1985 – OVG Bs I 15/85 – n.v.
17 BVerwG NJW 1986, 1188; vgl. im Einzelnen Robbers DVBl. 1987, 709.
18 BVerwG Buchh. 310 § 62 VwGO Nr. 24.

fähig sind. Im Übrigen gilt für Ausländer nach § 68 Abs. 1 AuslG und Asylbewerber (§ 12 Abs. 1 AsylVfG), dass sie in Streitigkeiten nach diesen Gesetzen
ab 16 Jahren als geschäftsfähig anerkannt sind.

C. Juristische Personen, nicht rechtsfähige Vereine, Behörden

I. Juristische Personen

6   Juristische Personen sind **prozessunfähig.** Sie können nur durch ihre gesetzlichen Vertreter bei Gericht handeln. Der gesetzliche Vertreter unterscheidet
sich vom Prozessbevollmächtigten dadurch, dass er von dem Beteiligten nicht
nach freiem Belieben mit der Vertretung im Verfahren beauftragt werden
kann, sondern kraft Gesetzes, Satzung oder ähnlicher materieller Regelung
den Beteiligten im Verfahren vertritt[19]. Gesetzlicher Vertreter sind für den
rechtsfähigen Verein, die rechtsfähige Stiftung, die AG und die KGaAkt. der
Vorstand, für OHG, KG, GmbH und Genossenschaft die Geschäftsführer.
Wer gesetzlicher Vertreter einer juristischen Person des öffentlichen Rechts
ist, ergibt sich aus Gesetz, Satzung oder entsprechender Verwaltungsvorschrift. Fehlt die Vertretungsbefugnis, so ist der nicht legitimierte Vertreter
durch Beschluss zurückzuweisen[20].

II. Behörden

6a Bei Beteiligungsfähigkeit von Behörden (§ 61 Rn. 6) gelten die gleichen
Grundsätze, auch wenn für diese ein Ausschuss entschieden hat (im Einzelnen hierzu § 78 Rn. 6). Die übergeordnete Behörde ist nicht gesetzlicher Vertreter der nachgeordneten Behörde[21]. Zur Frage der Prozessbevollmächtigung der übergeordneten Behörde vgl. § 67 Rn. 14. Zur Auslegung einer
Generalvollmacht vgl. BVerwG NJW 1999, 513. Die besondere Beauftragung soll der Schriftform bedürfen, um rechtmäßig zu sein[22]. Im Beanstan-
dungsverfahren nach § 17 AGVwGO RhPf. wird die Selbstverwaltungskörperschaft durch ihren Rat vertreten[23].

III. Nicht rechtsfähige Vereinigungen

6b Auch nicht rechtsfähige Vereinigungen, die nach § 61 Nr. 2 beteiligungsfähig
sind, handeln durch ihre in der Satzung vorgesehenen oder ad hoc beauftragten Vertreter; für die Außen-GbR alle Gesellschafter, wenn nicht im Gesel-
schaftsvertrag Abweichendes geregelt ist. Für die Prozessfähigkeit von Bürgerbegehren je nach Landesrecht vgl. Jaroschek BayVBl. 1997, 39. Kassel[24]
verlangt für die **besondere Beauftragung** die Schriftform, der Mangel dieser
Form soll zur Unwirksamkeit der Prozesserklärungen führen. Aber hier dürf-

---

19   Kassel NJW 1965, 603.
20   KG NJW 1968, 1635.
21   Kassel NJW 1960, 1317.
22   Weimar LKV 1999, 148.
23   Koblenz AS 3, 47.
24   NVwZ 1986, 310.

ten Beauftragung und Nachweis der Vollmacht nach § 67 Abs. 3 verwechselt worden sein; die Beauftragung kann deshalb auch mündlich erfolgen. Der Umfang der Vertretungsbefugnis des gesetzlichen Vertreters richtet sich nach seiner Rechtsstellung. Fehlt die Vertretungsbefugnis, so sind Verfahrenshandlungen unwirksam[25]. Besteht Gesamtvertretung, so gilt diese auch für das Verfahren. Der gesetzliche Vertreter muss selbst prozessfähig sein.

D. Verfahrensfragen

Die Prozessfähigkeit ist **Voraussetzung** dafür, **dass** von und gegenüber einem Beteiligten **rechtswirksam Prozesshandlungen vorgenommen werden können.** Sie ist **Sachurteilsvoraussetzung.** Fehlt die Prozessfähigkeit, so ist die Prozesshandlung unwirksam[26]. Die Prozessfähigkeit muss auch für die Durchführung der Akteneinsicht vorhanden sein[27]. Tritt die Prozessfähigkeit nachträglich ein, ebenso bei ordnungsgemäßer Wiederholung zunächst unwirksamer Bestellung des gesetzlichen Vertreters[28], heilt die klaglose Fortsetzung des Verfahrens die frühere Unwirksamkeit der Prozesshandlung[29]. Eine nur teilweise Heilung hält BGHZ 92, 137 ff. für unzulässig[30]. Tritt der volljährig Gewordene nicht in das Verfahren ein, so ist in der Regel das Verfahren in der Hauptsache erledigt[31]. **7**

Die **Prozessfähigkeit ist jederzeit von Amts wegen** vom Gericht ebenso wie die Legitimation des gesetzlichen Vertreters und ggf. die Ermächtigung dieses Vertreters zur Prozessführung, und zwar vor der Zulässigkeit der Klage[32], **zu prüfen** (falls erforderlich unter Einschaltung eines Sachverständigen[33]) und zu berücksichtigen[34]. Das Gericht muss von Amts wegen darauf hinwirken, dass die Beteiligten ordnungsgemäß vertreten werden[35]. Der möglicherweise nicht prozessfähige oder zur gesetzlichen Vertretung nicht legitimierte wird vielfach vor einer Entscheidung über die Prozessfähigkeit zu hören sein[36]. Die Klage ist durch Prozessurteil als unzulässig abzuweisen, gleich ob der Kläger oder der Beklagte prozessunfähig ist. Denn auch wenn nur der Beklagte prozessunfähig ist, muss die Klage ohne Erfolg bleiben, weil ihm gegenüber keine rechtswirkame Prozesshandlung vorgenommen werden kann. **8**

Fällt die **Prozessfähigkeit** eines Beteiligten mit Ausnahme des einfachen Beigeladenen **nachträglich weg,** so wird das Verfahren gemäß § 241 ZPO, § 173 unterbrochen, wenn nicht der Beteiligte durch einen Prozessbevollmächtig- **9**

---

25 BVerwG NVwZ 1986, 555.
26 Für Urteilszustellungen bei nachträglicher Behauptung der Prozessunfähigkeit will BVerwG NJW 1970, 962 dies nicht gelten lassen.
27 Stuttgart DÖV 1953, 350.
28 München BayVBl. 1957, 359.
29 RGZ 66, 243; 126, 263; Kassel VRspr. 11, 1034; Eyermann/J. Schmidt Rn. 8.
30 Dazu Fenger NJW 1987, 1183.
31 BVerwGE 36, 130.
32 RG JW 1923, 122.
33 BGH NJW 1996, 1060; Meyer-Ladewig § 71 SGG Rn. 8a.
34 Zur Beweislast Musielak NJW 1997, 1736; StGH Baden-Württemberg VBlBW 1998, 55.
35 BSGE 5, 176.
36 BVerwG Buchh. 310 § 62 Nr. 5; BGH NJW 1994, 215; Kassel DVBl. 1996, 122; enger Münster NVwZ-RR 1996, 620.

ten vertreten ist. Wird der einfache Beigeladene prozessunfähig, wird das Gericht ohne förmliche Aussetzung für seine wirksame Vertretung zu sorgen haben.

10 Ist die Prozessfähigkeit streitig, so ist für diesen Streit auch der **Prozessunfähige prozessfähig**[37], ebenso bei einem Streit, der seine persönliche Freiheit berühren kann[38]. Das Gericht hat die Prozessfähigkeit von Amts wegen festzustellen. Verweigert der Beteiligte trotz Belehrung eine erforderliche ärztliche Untersuchung, so können hieraus Schlüsse gezogen werden, da die Untersuchung nicht erzwungen werden kann[39]. Das Gericht kann über die Prozessfähigkeit durch Zwischenurteil (§ 109) entscheiden, das selbstständig anfechtbar ist. Das Gericht kann, wenn Gefahr im Verzug ist, auch den Prozessunfähigen zur Prozessführung zulassen (§ 56 Abs. 2 ZPO) oder ihm einen Prozesspfleger bestellen (§ 57 ZPO[40]). Entsprechende Beschlüsse sind unanfechtbar (§ 146 Abs. 2). Die Bestellung erfolgt für den Rechtsstreit einschließlich eines Revisionsverfahrens insgesamt[41].

11 Auch **mit dem Prozessunfähigen** besteht ein **begrenztes Prozessrechtsverhältnis**, sodass auch die Klage eines Prozessunfähigen rechtshängig ist und von ihm zurückgenommen werden kann[42]. Die Folge ist, dass bei Abweisung der Klage wegen Prozessunfähigkeit dem Prozessunfähigen die Entscheidung – wirksam – zuzustellen ist[43] und ihm auch die Kosten des Verfahrens auferlegt werden können[44].

12 Der Mangel der Prozessfähigkeit ist **absoluter Revisionsgrund** (§ 138 Nr. 4). Dabei kann sowohl die eigene wie auch die Prozessfähigkeit des Gegners oder des notwendigen Beigeladenen gerügt werden. Das Fehlen der Prozessfähigkeit des einfachen Beigeladenen ist dagegen kein Revisionsgrund, da schon die Anordnung der einfachen Beiladung im Ermessen des Gerichts steht und auf ihre Unterlassung in der Regel keine Revision gestützt werden kann, dies aber auch gelten muss, wenn ein Prozessunfähiger einfach beigeladen wird.

13 Ist der **Mangel der Prozessfähigkeit übersehen** worden, so ist im Rechtsmittelzug die vom Prozessunfähigen eingelegte Berufung als unzulässig zu verwerfen[45]. Ist ein Urteil rechtskräftig geworden, kann der Beteiligte (auch der Gegner des Prozessunfähigen) Nichtigkeitsklage nach § 153, § 579 Abs. 1 Nr. 4 ZPO erheben. Das gilt auch, wenn der notwendig Beigeladene prozessunfähig war. Wenn auch das Urteil in diesem Falle gleicherweise wie bei Unterlassung der notwendigen Beiladung materiellrechtlich wirkungslos ist, so besteht doch ein Rechtsschutzinteresse der Beteiligten, im Wege der Nichtigkeitsklage die Wirkungslosigkeit dieses Urteils festzustellen und gleichzeitig eine neue nunmehr wirksame Entscheidung herbeizuführen. Die Nichtigkeitsklage richtet sich gegen das rechtskräftige Urteil, nicht gegen einen zu-

---

37   BSGE 5, 176.
38   Berlin NJW 1973, 868.
39   BVerwGE 8, 29; München BayVBl. 1984, 757.
40   Hierzu im Einzelnen BVerwGE 23, 15; 25, 36; 30, 24; Buchh. 310 § 62 Nr. 22; für eine aufgelöste Gemeinde: BVerwG Buchh. 415.1 Allg. KommR Nr. 31.
41   BVerwGE 39, 261.
42   BVerwGE 19, 29; zur fristgebundenen Zulässigkeit des Widerrufs einer solchen Klagerücknahme BSG NJW 1979, 1224.
43   Vgl. Kassel NJW 1968, 70.
44   Lüneburg OVGE 8, 116.
45   Münster NVwZ-RR 1996, 620; a.A. Vorauflage: Abweisung der Klage als unzulässig; Kassel NJW 1990, 403.

rückweisenden Beschluss der Rechtsmittelinstanz[46]. Das Sachurteil wird durch ein Prozessurteil ersetzt.

Im Übrigen sind die §§ 53 bis 58 ZPO entsprechend anwendbar. Dabei wendet die Rechtsprechung § 57 ZPO auch auf den **Kläger** an und verlangt keine Gefahr im Verzug[47].

§ 63 [Beteiligte]

Beteiligte am Verfahren sind
1. **der Kläger,**
2. **der Beklagte,**
3. **der Beigeladene (§ 65),**
4. **der Vertreter des Bundesinteresses beim Bundesverwaltungsgericht oder der Vertreter des öffentlichen Interesses, falls er von seiner Beteiligungsbefugnis Gebrauch macht.**

I. Beteiligte

Die VwGO kennt den Begriff der **Partei** nicht. Sie spricht stets von den **Beteiligten** am Verfahren. Diese Unterscheidung zum Zivilprozess ist nicht nur rein terminologischer Natur. Sie beruht auf der Erkenntnis, dass zwar auch der Verwaltungsprozess kontradiktorisch zwischen Kläger und Beklagten geführt wird, dass am Verfahren aber vielfach Dritte beteiligt sind, die wesentliche eigene Verfahrensrechte haben und nicht selten weder Kläger noch Beklagtem folgen, sondern eigene Wege gehen. **1**

Kläger und Beklagter haben gegenüber den anderen Beteiligten eine Sonderstellung. Zwischen ihnen besteht das durch die Klage geschaffene Prozessrechtsverhältnis. Der Kläger ist allein derjenige, der mit der Klage eine staatliche Rechtsschutzhandlung begehrt[1]. Ihm steht der Beklagte als der mögliche Verpflichtete gegenüber. Allein Kläger und Beklagter haben die volle Dispositionsfreiheit, das Verfahren zu beginnen und zu beenden, sie bestimmen durch ihre Anträge primär den Streitgegenstand. Kläger und Beklagter sind deshalb **Hauptbeteiligte.** **2**

Der **Beigeladene** ist Beteiligter von der Zustellung des Beiladungsbeschlusses an. Er ist noch nicht Beteiligter, wenn er vorsorglich unter Ankündigung einer möglichen Beiladung zum Termin geladen wird. Zur Stellung des Beigeladenen im Verfahren vgl. §§ 65, 66. **3**

Zum **VBI und VöI** vgl. §§ 35, 36. Sie sind Beteiligte erst, wenn sie von ihrer Beteiligungsbefugnis durch ausdrückliche Erklärung Gebrauch gemacht haben. Sie ist bei jedem Verfahrensstand zulässig. **4**

Zum Kreis der Beteiligten zählen auch die sog. **Vertreter der besonderen Interessen,** die in Spezialgesetzen geschaffen werden. Die VwGO schweigt sich über diese Einrichtungen aus, sie sind auch in §§ 35, 36 nicht erwähnt. Ihre Verfahrensstellung beruht deshalb allein auf den besonderen Gesetzen, sie ist **5**

---

46 BVerwGE 48, 201.
47 Für Anfechtungssachen BVerwGE 23, 15; für Sozialhilfesachen BVerwGE 25, 36; 30, 24; vgl. weiter Baumbach/Albers § 57 Rn. 4.

1 BVerwGE 3, 150 ff.

z.T. streitig. Der Vertreter des Interesses des Ausgleichsfonds (VIA) ist nach ständiger Praxis des Bundesverwaltungsgerichts kraft Gesetzes Beteiligter am Lastenausgleichsverfahren, ohne dass er seine Beteiligung ausdrücklich zu erklären braucht, ebenso der Vertreter des Bundesinteresses nach § 45 des BesSchAbgG[2] und der Vertreter des Bundesinteresses nach §§ 56 f. AKG, deren Aufgaben der VIA wahrnimmt. Kraft Erklärung beteiligt ist der Bundesbeauftragte für Asylangelegenheiten (wobei eine Generalbeteiligungserklärung nicht ausreicht[3]), der dann eine dem Vertreter des öffentlichen Interesses entsprechende Stellung hat[4]. Seine Klagebefugnis erfasst neben dem eigentlichen Asylrecht auch den vom Bundesamt für die Anerkennung ausl. Flüchtlinge festzustellenden Abschiebeschutz[5]. Nicht beteiligt ist dagegen der Vertreter des Finanzinteresses nach § 56 BLG und § 18 Schutzbereichsgesetz v. 7.12.1956; vgl. auch § 35 Rn. 10.

6   Die **Aufzählung des § 63** ist **erschöpfend** (zu den Ausnahmen vgl. Rn. 5). In anderer Stellung als Kläger, Beklagter, Beigeladener oder VöI kann niemand am Verwaltungsprozess beteiligt sein[6]. Hieraus ergibt sich, dass die häufig anzutreffende Hinzuziehung am Verfahren nicht beteiligter Behörden oder Körperschaften formal unzulässig und sachlich bedenklich ist. Wenn das Gericht solche Behörden, etwa in Baurechtssachen die am VerwVerfahren mitwirkende Gewerbeaufsichtsbehörde oder die Denkmalsbehörde, in dem Verfahren hören will, was oft zweckmäßig ist, so sollte, wenn nicht der Beklagte aufgefordert wird, sie zum Termin zu stellen, dies allein über die Beiladung geschehen (vgl. hierzu § 65 Rn. 7). Anderenfalls hätte die Behörde die Rechte eines Beteiligten, ohne die mit der Stellung eines Beteiligten verbundenen Pflichten (§§ 86, 154 ff.) übernehmen zu brauchen. Sie wäre ein Beteiligter ohne ein auch nur begrenztes Prozessrechtsverhältnis, was mit dem Gesetz unvereinbar wäre. Zur Besonderheit der Anhörung im Normenkontrollverfahren vgl. § 47 Rn. 36.

II. Prozessführungsbefugnis

7   **Prozessführungsbefugnis** bedeutet, dass der Kläger berechtigt ist, die Leistung an sich oder ggf. im eigenen Namen an den eigentlich Berechtigten zu verlangen und dass deshalb ihm gegenüber zur Hauptsache geurteilt werden darf[7]. Zur Prozessführungsbefugnis bei Anfechtungs- und Verpflichtungsklage vgl. § 42 Rn. 26 f., ebenso zur Möglichkeit der **Prozessstandschaft** (bei Leistungsklage vgl. § 42 Rn. 153). Prozessführungsbefugnis und **Klagebefugnis** decken sich begrifflich, wenn man unter Klagebefugnis die primär für die Anfechtungs- und Verpflichtungsklage, aber auch für eine Feststellungsklage[8] bestehende Sachurteilsvoraussetzung versteht, dass die behauptete Rechtsverletzung nach dem Sachvortrag des Klägers denkbar oder möglich ist[9]. Sie sind von dem Begriff der Aktiv- oder Sachlegitimation zu trennen, der die materielle Berechtigung betrifft und zum obsiegenden Urteil führt, wenn

---

2   Str.; wie hier BVerwG MDR 1958, 716; a.A. München VGH n.F. 13, 69; Noack DVBl. 1957, 454.
3   Kassel EZAR 631 Nr. 39; zum Problem Gau DÖV 1995, 325.
4   BVerwGE 67, 64.
5   BVerwG DVBl. 1995, 1308; BVerwG NVwZ 1997, 1136.
6   Lüneburg SchlHA 1963, 37; a.A. Koblenz DÖV 1961, 513.
7   BVerwGE 3, 150 f.; BGHZ 31, 273.
8   BVerwG Buchh. 421.2 Hochschulrecht Nr. 106.
9   Vgl. z.B. BVerwGE 19, 269 ff.; 28, 63 ff.; 31, 263 ff.; Münster NWVBl. 1990, 11.

die materiell-rechtlichen Voraussetzungen einschließlich der Passivlegitimation gegeben sind. Die Begriffe werden freilich oft unterschiedlich benutzt; eine übereinstimmende Terminologie ist nicht ersichtlich.

III. Der In-sich-Prozess

Der In-sich-Prozess beschäftigt Rechtsprechung und Literatur seit langem, **8** ohne in Ergebnis und Dogmatik bisher zu ganz einhelligen Auffassungen gekommen zu sein[10]. Der In-sich-Prozess ist ein VerwStreitverfahren, das eine Behörde führt, um die Rechtmäßigkeit der Entscheidung einer anderen Behörde desselben Rechtsträgers in zuständigkeitsrechtlicher oder sachlichrechtlicher Hinsicht überprüfen zu lassen[11]. Dabei sollte man ihn von dem Organstreitverfahren trennen, bei dem es ausschließlich um die Rechtmäßigkeit des »organschaftlichen Funktionsablaufs« nicht um die materielle Richtigkeit der getroffenen Entscheidung geht, was gerade beim In-sich-Prozess der Fall ist. Der In-sich-Prozess wird überwiegend unter bestimmten Voraussetzungen für zulässig erachtet. Denn es ist nicht zu verkennen, dass die Körperschaften des öffentlichen Rechts in ihren hoheitlichen und fiskalischen Erscheinungsformen nur rechtsbegrifflich Einheiten sind, praktisch aber infolge des horizontalen Behördenaufbaues und der vertikalen Weisungsbefugnisse den wechselseitigen Einwirkungsmöglichkeiten innerhalb der Körperschaft Grenzen gesetzt sind. Soweit solche Einwirkungsmöglichkeiten für die beteiligten Behörden oder Einrichtungen nicht gegeben sind, ist ein Bedürfnis für den In-sich-Prozess nicht zu übersehen.

Seine **Zulässigkeit** ist auch **prozessrechtlich unbedenklich,** da die VwGO er- **8a** kennbar an die Beteiligungsfähigkeit weniger strenge Maßstäbe anlegt als die ZPO (vgl. § 61 Nr. 2, 3), deshalb bei organisationsrechtlicher Verselbstständigung bestimmter Einrichtungen der gleichen Körperschaft eine besondere Beteiligungsfähigkeit anzuerkennen ist. Der Auffassung des bayerischen VGH[12] ist deshalb zuzustimmen, wonach der In-sich-Prozess zulässig ist, wenn die beteiligten Einrichtungen der gleichen Körperschaft nicht bindender einheitlicher Dienst- oder Fachaufsicht unterstehen, deshalb nicht zu übereinstimmender Auffassung gezwungen werden können und die klagende Einrichtung die Verletzung eigener Rechte geltend machen kann[13]. Der In-sich-Prozess ist deshalb beispielsweise denkbar im Bereich des BauGB (§§ 15, 35, 36)[14]. Seine Ausgestaltung im Einzelnen richtet sich nach der Verwaltungsorganisation des Landes, die »Entschärfung« im Rubrum dort, wo gemäß § 61 Nr. 3 Behörden beteiligungsfähig sind, ändert an der Fragestellung selbst nichts. Auch die Aufsichtsklage ist in der Ausgestaltung einiger Länder dem In-Sich-Prozess zuzurechnen[15]. Ausdrücklich zugelassen ist der

---

10 Eine vorzügliche Übersicht bietet Löwer VerwA 68, 327 ff.; vgl. ferner Kisker JuS 1975, 704 ff. u. »Der In-sich-Prozess«, Kiel, 1966; Lorenz AöR Bd. 93, 308 ff.; Hoppe Organstreitigkeiten, 1970 S. 233 f.; Dolde, Menger-Festschrift, 1985, S. 435 ff.
11 Löwer a.a.O. S. 333.
12 VGH n.F. 16, 21; 19, 112; ebenso Koblenz DÖV 1970, 351; auch Gessler DÖV 1961, 891 ff.; Kilian DVBl. 1964, 85; a.A. Löwer a.a.O. S. 351.
13 Grundsätzlich BVerwG NJW 1992, 927; BVerwGE 45, 207; ferner BVerwGE 14, 330; BSGE 6, 180; Mannheim DÖV 1975, 645; Saarlouis DÖV 1975, 644; Münster OVGE 6, 224; Koblenz VRspr. 21, 632; Bautzen NJW 1999, 2832; a.A. Berlin DÖV 1963, 590; BFH NVwZ 1986, 512; Kopp/Schenke Rn. 7 f.
14 Hierzu BVerwGE 45, 207.
15 Hierzu v. Oertzen DVBl. 1961, 650.

In-sich-Prozess durch § 1 Abs. 1 S. 4 VZOG. Nicht unbedenklich wäre dagegen die Zulassung des In-sich-Prozesses der Körperschaft des ursprünglichen VA gegen die Widerspruchsentscheidung eines ihr zugeordneten verselbstständigten weisungsfreien Widerspruchsausschusses, weil hier der Klage die Funktion des Ausschusses als Rechtsbehelfsinstanz entgegensteht. Instanzielle Zuständigkeit schließt aber ein Klagerecht der unteren gegen die obere Instanz aus[16], wonach eine Klage zulässig sein soll, wenn die Widerspruchsentscheidung Rechte des Trägers der Ausgangsbehörde verletzt, auch wenn es dabei zum In-sich-Prozess kommt. Die Klage einer Stadt gegen ihren Stadtrechtsausschuss als Widerspruchsbehörde ist deshalb auch dann unzulässig, wenn dieser – rechtswidrig – eine städtische Satzung als unwirksam verwirft[17]. Hier kann nur eine Aufsichtsklage, soweit gesetzlich vorgesehen, abhelfen. Der In-sich-Prozess kann auch in der Form der notwendigen Beiladung einer Behörde des gleichen Rechtsträgers, der Hauptbeteiligter ist, auftreten[18]. Die Voraussetzungen sind die gleichen.

§ 64   [Streitgenossenschaft]

Die Vorschriften der §§ 59 bis 63 der Zivilprozessordnung über die Streitgenossenschaft sind entsprechend anzuwenden.

1   Streitgenossenschaft liegt bei **subjektiver Klagehäufung** vor, also bei Klagen durch mehrere Beteiligte oder gegen mehrere Beteiligte[1]. Diese subjektive Klagehäufung kann freiwillig sein in der Weise, dass sich auf der einen oder anderen Seite mehrere Personen beteiligen, ohne dass dies für die Entscheidung der Sache erforderlich wäre, oder notwendig, wenn nämlich eine Sachentscheidung die Beteiligung dieser mehreren Personen voraussetzt. Die VwGO verweist auf §§ 59 bis 63 ZPO, die anzuwenden sind. Sie schließt damit gleichzeitig die Anwendung der §§ 64 bis 77 ZPO aus. An die Stelle der dort aufgeführten Institute tritt die Beiladung.

A. Voraussetzungen

I. Einfache Streitgenossenschaft

2   Bei **einfacher Streitgenossenschaft können** mehrere Personen als Kläger oder Beklagte auftreten

a) wenn sie **hinsichtlich des Streitgegenstandes in rechtlicher Gemeinschaft** leben oder aus demselben tatsächlichen und Rechtsgrund berechtigt oder verpflichtet sind (§ 59 ZPO). Voraussetzung ist in diesen Fällen, dass jeder Einzelne berechtigt ist, den streitigen Anspruch allein geltend zu machen. Müssen die Mehreren dagegen gemeinsam handeln, um Rechtswirkungen herbeizuführen, so liegt notwendige Streitgenossenschaft vor,

---

16   A.A. BVerwGE 45, 207.
17   Saarlouis NVwZ 1990, 174.
18   BVerwGE 51, 9, 310; 52, 226; VIZ 1995, 586.

1   Baumbach/Hartmann § 59 Rn. 2.

b) wenn gleichartige oder aus einem im Wesentlichen gleichartigen tatsächli- **3**
chen und Rechtsgrund beruhende **Ansprüche** oder Verpflichtungen den Gegenstand des Rechtsstreits bilden (§ 60 ZPO). Die Streitgenossenschaft ist in
diesen Fällen rein aus Gründen der Zweckmäßigkeit zugelassen. Typischer
Fall ist etwa die Anfechtungsklage gegen eine Allgemeinverfügung durch
mehrere Betroffene[2].
Die einfache Streitgenossenschaft ist sehr häufig. Sie kann auch während des
Verfahrens durch Verbindung (§ 93) entstehen.
Sie wirft keine besonderen Probleme auf, da die Streitgenossen materiell und
prozessual selbstständig handeln können. Sie sind nur aus Gründen der Prozessökonomie gemeinsam am Verfahren beteiligt, aus den gleichen Gründen
kann auch das Verfahren getrennt werden (§ 93). Das Urteil kann gegenüber
den Streitgenossen unterschiedlich sein.

II. Notwendige Streigenossenschaft

Die notwendige Streitgenossenschaft ist nach § 62 ZPO in zwei Formen **4**
möglich.

a) Das **Rechtsverhältnis** kann nur **einheitlich festgestellt** werden, das Urteil
muss den mehreren Beteiligten auf Seiten des Klägers, des Beklagten oder des
notwendigen Beigeladenen gegenüber gleich lauten (**uneigentliche notwendige Streitgenossenschaft**). In diesem Fall ist nicht die Beteiligung mehrerer
notwendig, wohl aber eine einheitliche gleiche Entscheidung, wenn mehrere
beteiligt sind. Diese Form ist im Verwaltungsprozess selten. Das BVerwG hat
sie für Klagen auf oder gegen die Genehmigung eines Vertrages bei Beteiligung mehrerer auf einer Seite oder auf Erteilung einer Baugenehmigung[3] bejaht, ebenso Münster[4] für Miteigentümer bei Heranziehung anderer Miteigentümer zum Erschließungsbeitrag. Dagegen fehlt sie regelmäßig bei der
Gesamtschuldnerschaft[5] und in der Regel beim mehrstufigen VA (hierzu § 42
Rn. 84 ff.), wenn nicht ein VA von mehreren Behörden nach außen hin gemeinsam zu erlassen ist.

b) **Mehrere Streitgenossen** sind **nur gemeinsam sachbefugt (eigentliche not-** **5**
wendige Streitgenossenschaft). Einem einzelnen Kläger fehlt kraft Gesetzes
oder Vertrages die Befugnis, den Streit allein zu betreiben. Typischer Fall sind
die Gesamtverbindungen auf Seiten des Klägers. Ist etwa eine Erbengemeinschaft als Eigentümer eines Grundstücks der Adressat einer Polizeiverfügung, so müssen alle Miterben die Anfechtungsklage erheben, da ein einzelnes Mitglied allein hierzu nicht legitimiert ist[6]. Das Gleiche gilt für
Nachbarklagen[7]. Ehegatten sind bei Streit um den Familiennamen notwendige Streitgenossen[8]. Das gilt nicht, soweit die Miterben gemäß §§ 2038 ff.
BGB allein für den Nachlass zu handeln befugt sind. Der einzelne Miterbe
kann deshalb Anfechtungsklage gegen eine Enteignungsverfügung erheben[9]
und ggf. zur Sicherung der Rechte die Wiederherstellung der aufschiebenden

---

2 Stuttgart ESVGH 1, 68 ff.
3 BVerwG DVBl. 1980, 231.
4 OVGE 25, 327.
5 BVerwG DVBl. 2000, 566.
6 BVerwGE 3, 208 ff.; a.A. Bachof JZ 1957, 377; im Einzelnen Rupp DÖV 1957,
   144.
7 Mannheim NJW 1992, 388.
8 BVerwGE 66, 266; aber auch VRspr. 32, 534.
9 Kassel NJW 1958, 1203.

Wirkung nach § 80a beantragen[10]. Zur Notwendigkeit gemeinsamer Rechtsverfolgung der Eltern Maetzel[11].

B. Verfahren

6 Die **Streitgenossenschaft entsteht** durch gemeinsame Klageerhebung oder Klage gegen mehrere Beklagte, durch späteren Beitritt weiterer Beteiligter auf Seiten des Klägers oder des Beklagten oder schließlich durch Verbindung mehrerer Verfahren gem. § 93. Außer durch Verbindungsbeschluss kann das Gericht die Streitgenossenschaft nicht erzwingen. Fehlende Streitgenossen kann das Gericht nicht von sich aus in das Verfahren einbeziehen.

7 Die Streitgenossen sind als Kläger oder Beklagter **selbstständige Prozessbeteiligte.** Sie üben ihre Rechte deshalb selbstständig aus. An Maßnahmen oder Erklärungen des anderen Streitgenossen sind sie nicht gebunden. Die Prozessvoraussetzungen (Beteiligungsfähigkeit, Prozessfähigkeit, Rechtzeitigkeit des Rechtsbehelfs usw.) sind für sie getrennt zu prüfen. Jeder Streitgenosse muss selbstständig zum Termin geladen werden[12]. Ebenso sind alle Zustellungen getrennt vorzunehmen. Alle Fristen laufen für jeden Streitgenossen selbstständig. Die Streitgenossen können sich getrennt anwaltlich vertreten lassen. Sie können über den Streitgegenstand selbst verfügen, soweit sie materiell-rechtlich hierzu befugt sind.
Will das Gericht ein Verfahren als Musterprozess nach § 93a durchführen, so muss es ggf. dieses Verfahren durch Trennung vorher verselbstständigen.

8 Liegt **notwendige Streitgenossenschaft** vor, so genügt die Fristwahrnehmung durch einen Streitgenossen für die anderen, da diese als durch ihn vertreten angesehen werden, wenn nicht Frist für einzelne Streitgenossen bereits abgelaufen[13]. Das gilt auch für die Einlegung eines Rechtsmittels. Hat nur ein notwendiger Streitgenosse ein Rechtsmittel eingelegt, so wirkt die Entscheidung der Rechtsmittelinstanz doch für und gegen alle Streitgenossen[14]. Das Rechtsmittel des Gegners der notwendigen Streitgenossen muss in gleicher Weise gegen alle eingelegt werden[15].
Bei eigentlicher notwendiger Streitgenossenschaft müssen Klage und Rechtsmittel von allen Streitgenossen erhoben werden, wenn es sich um höchstpersönliche Rechte handelt, die auch nicht in Prozessstandschaft wahrgenommen werden können[16].

9 Der **Streitgenosse** kann **Zeuge** sein, wenn und soweit seine Aussage nicht der Sache nach einer Parteivernehmung gleichkommt[17].

---

10   Für das Geltendmachen des Restitutionsanspruchs nach VermG BVerwG VIZ 1996, 37.
11   DVBl. 1975, 734.
12   Auch Eheleute BVerwG DÖV 1958, 715.
13   BVerwG Buchhh. 10 § 173 Anh.: § 62 Nr. 1.
14   RGZ 157, 38 ff.
15   BGHZ 23, 74.
16   BVerwGE 66, 266.
17   Schoch/Bier Rn. 11; Baumbach/Hartmann § 61 Rn. 9.

Bei einfacher Streitgenossenschaft kann die Entscheidung gegen die einzel- **10**
nen Streitgenossen unterschiedlich sein. Liegt notwendige Streitgenossenschaft vor, so ist nur eine einheitliche Entscheidung möglich. Sind im Falle
eigentlicher notwendiger Streitgenossenschaft nicht alle Streitgenossen auf
Seiten des Klägers oder des Beklagten beteiligt, so ist durch Sachurteil zu entscheiden und die Klage abzuweisen, weil entweder die Kläger ohne die fehlenden Streitgenossen nicht sachlegitimiert sind oder aber die Klage nicht gegen alle sachlegitimierten Beklagten erhoben worden ist[18].
Sind bei der einfachen Streitgenossenschaft unterschiedliche Gerichtsstände
begründet, verbleibt es dabei und § 53 Abs. 1 Nr. 3 ist nicht anzuwenden[19].
Zur Kostenregelung bei Streitgenossenschaft vgl. § 159.

C. Streitgenossenschaft und Beiladung

Einfache Streitgenossenschaft und einfache Beiladung (§ 65 Abs. 1) sowie **11**
notwendige Streitgenossenschaft und notwendige Beiladung (§ 65 Abs. 2)
haben mancherlei Ähnlichkeit. Bauer[20] hat deshalb die Auffassung vertreten,
durch Beiladung könne das Gericht das Fehlen eines Streitgenossen im Prozess heilen. Dabei wird aber übersehen, dass trotz mancher Ähnlichkeit beide
Rechtsinstitute ihrem Wesen nach verschieden sind. Der Streitgenosse ist
Kläger oder Beklagter. Er kann deshalb nicht mehr beigeladen werden, da die
Beiladung eines Hauptbeteiligten unzulässig ist. Der Streitgenosse kann als
Kläger oder Beklagter disponieren, also über den Streitgegenstand verfügen,
soweit nicht materiell-rechtlich diese Dispositionsbefugnis eingeschränkt ist.
Dem Beigeladenen fehlt dagegen die Verfahrensdisposition. Die notwendige
Streitgenossenschaft setzt in ihrem Hauptanwendungsfall materiell-rechtli-
che Gemeinschaft am Streitgegenstand voraus, die eine Gestaltung nur gegenüber einzelnen Mitgliedern dieser Gemeinschaft ausschließt. Bei notwendiger Beiladung fehlt es in der Regel an dieser materiell-rechtlichen
Gemeinschaft. Die Beiladung ist hier nur deshalb notwendig, weil der den
Gegenstand des Rechtsstreites bildende VA unmittelbare, meist entgegengesetzte Wirkungen gegenüber mehreren Personen hat. Die notwendigen Streitgenossen haben deshalb in der Regel gleichgeordnete Interessen, die Interessen von Kläger und notwendigen Beigeladenen sind umgekehrt meist
entgegengesetzt, der notwendig Beigeladene kann überhaupt abweichende
Anträge stellen[21]. Beiladung und Streitgenossenschaft sind deshalb deutlich
zu trennen, das Fehlen eines Streitgenossen kann durch Beiladung nicht geheilt werden[22]; ebenso nicht der Mangel eines VA, der nicht allen Miteigentümern zugestellt worden ist[23]. Zum Gesamtkomplex umfassend, allerdings
vom Finanzprozess ausgehend[24]. Die praktische Bedeutung des § 64 ist gering, die Judikatur hat sich mit ihr nur selten befasst; Beispiel: Eigentümer

---

18 Str.; wie hier Rupp DÖV 1957, 144; a.A. Prozessurteil BVerwGE 3, 208.
19 BVerwG Buchh. 310 § 53 Nr. 23; a.A. nunmehr Münster OVGE 43, 231.
20 DÖV 1949, 220; a.A. Bettermann DVBl. 1951, 72.
21 Das wird von Münster OVGE 28, 185 übersehen, wonach der notwendig Beigela-
    dene notwendiger Streitgenosse der Partei sein soll, an deren Seite er streitet.
22 München BayVBl. 1980, 596; auch Rupp JZ 1964, 106 in krit. Anm. zu BVerwGE
    16, 23; a.A. Tipke/Kruse Rn. 3 zu § 59.
23 Vgl. Bettermann DVBl. 1966, 793.
24 Martens VerwA 60, 197 ff., 356 ff.; Stettner, Das Verhältnis der notwendigen Beila-
    dung zur notwendigen Streitgenossenschaft, Berlin 1974; hierzu krit. Bettermann
    ZZP 90, 121 ff.

und Nießbraucher als Kläger gegen Planfeststellungsbeschluss[25]; für Bürgerbegehren nach bay. Kommunalrecht Ansbach BayVBl 1996, 411 m.w.N.; die Anwendung der §§ 59 ff. ZPO im VerwProzess hat kaum Probleme aufgeworfen.

§ 65 [Beiladung]

(1) Das Gericht kann, solange das Verfahren noch nicht rechtskräftig abgeschlossen oder in höherer Instanz anhängig ist, von Amts wegen oder auf Antrag andere, deren rechtliche Interessen durch die Entscheidung berührt werden, beiladen.

(2) Sind an dem streitigen Rechtsverhältnis Dritte derart beteiligt, dass die Entscheidung auch ihnen gegenüber nur einheitlich ergehen kann, so sind sie beizuladen (notwendige Beiladung).

(3) Kommt nach Absatz 2 die Beiladung von mehr als fünfzig Personen in Betracht, kann das Gericht durch Beschluss anordnen, dass nur solche Personen beigeladen werden, die dies innerhalb einer bestimmten Frist beantragen. Der Beschluss ist unanfechtbar. Er ist im Bundesanzeiger bekannt zu machen. Er muss außerdem in Tageszeitungen veröffentlicht werden, die in dem Bereich verbreitet sind, in dem sich die Entscheidung voraussichtlich auswirken wird. Die Frist muss mindestens drei Monate seit Veröffentlichung im Bundesanzeiger betragen. In der Veröffentlichung in Tageszeitungen ist mitzuteilen, an welchem Tage die Frist abläuft. Für die Wiedereinsetzung in den vorigen Stand bei Versäumung der Frist gilt § 60 entspechend. Das Gericht soll Personen, die von der Entscheidung erkennbar in besonderem Maße betroffen werden, auch ohne Antrag beiladen.

(4) Der Beiladungsbeschluss ist allen Beteiligten zuzustellen. Dabei sollen der Stand der Sache und der Grund der Beiladung angegeben werden. Die Beiladung ist unanfechtbar.

Übersicht

---

25   BVerwG Buchh. 407.4 § 17 Nr. 88.

A. Grundlagen

Die **Beiladung dient** dem **Zweck, in das Verfahren Dritte** als Beteiligte **einzu-**   **1**
beziehen, die nicht Kläger oder Beklagte sind, denen gegenüber aber die Entscheidung zweckmäßig oder auch notwendig bindende Wirkung haben soll.
Gleichzeitig soll durch die Beiladung diesem Dritten Gelegenheit gegeben
werden, sich zur Sach- und Rechtslage zu äußern, seine Rechte geltend zu machen und zur Aufklärung des Sachverhalts beizutragen. Dabei handelt der
Beigeladene ausschließlich im eigenen Interesse. Er tritt nicht notwendig einem anderen Beteiligten bei, braucht insbesondere auch keinen Antrag zu
stellen. Die Beiladung ist **in allen Verfahrensformen** zulässig und ggf. erforderlich, auch im Aussetzungsverfahren nach § 80 und im Verfahren der einstweiligen Anordnung nach § 123. Sie muss hierfür selbstständig ausgesprochen werden, das Unterlassen wird durch Beiladung im Hauptverfahren
nicht geheilt. Im Zulassungsverfahren ist sie ausgeschlossen, da der Beigeladene nur eine sehr eingeschränkte Beteiligtenstellung wegen der alleinigen
Prüfung der Zulassungsgründe erhalten würde[1]. Im Vollstreckungsverfahren
scheidet sie grundsätzlich aus[2]. Von der Möglichkeit der Beiladung sollte
weiterzig Gebrauch gemacht werden, da auf diesem Wege vielfach Gesamtregelungen erreichbar werden und die Rechtskrafterstreckung Streitfragen
endgültig klärt. Die Beiladung ist auch Ausfluss des Gebots rechtl. Gehörs[3].
Deshalb auch Anhörung mindestens des notwendig Beizuladenden im Verfahren um Prozesskostenhilfe.

---

1   Mannheim NVwZ-RR 2000, 84 für das Beschwerdezulassungsverfahren; BVerwG
     NVwZ 2001, 202 für das Verfahren über die Nichtzulassungsbeschwerde.

2   Zurückhaltend Münster NVwZ-RR 1994, 121.

3   BVerfG NJW 1967, 492; Mannheim NVwZ-RR 2000, 728; vgl. auch Stober, Menger-Festschrift, 1985, S. 401 ff.

2 Das Gesetz unterscheidet zwischen dem **einfachen** und dem **notwendigen Beigeladenen.** Die Unterscheidung ist für die Anordnung der Beiladung, Stellung des Beigeladenen und die Folgen unterbliebener Beiladung wesentlich.

3 Beigeladen kann jede beteiligungsfähige (§ 61) **Person oder Vereinigung werden,** die nicht Kläger oder Beklagter ist. Soweit Behörden beteiligungsfähig sind (vgl. § 61 Rn. 6)[4], können sie beigeladen werden. Für Behörden der gleichen Körperschaft ist eine Beiladung im Rahmen der Möglichkeiten des Insich-Prozesses zulässig (vgl. § 63 Rn. 8).

3a § 65 Abs. 3 hat eine **präkludierende, fiktive notwendige Beiladung** geschaffen, die dem Wortlaut nach in allen Verfahrensformen zulässig ist, praktische Bedeutung aber wohl nur für Verfahren zur Hauptsache haben kann (vgl. unten Rn. 27 ff.).

B. Einfache Beiladung

I. Voraussetzungen

4 Voraussetzung der einfachen Beiladung ist, dass durch die Entscheidung des Rechtsstreites rechtliche Interessen eines Dritten berührt werden. § 65 ist ebenso wie § 60 FGO damit enger gefasst als § 75 SGG, der lediglich von »berechtigten Interessen« spricht. Eine Beiladung nach § 65 ist deshalb nicht zulässig, wenn nur wirtschaftliche[5], soziale oder kulturelle Interessen betroffen werden[6]. **Rechtliche Interessen** werden berührt, wenn das Unterliegen eines Beteiligten die Rechtslage des Beigeladenen verbessern[7], verschlechtern oder eine ihm günstige Rechtslage aufrechterhalten würde. Nicht notwendig ist, dass rechtliche Beziehungen des Beigeladenen durch die Entscheidung gestaltet und hierdurch Rechte oder Pflichten des Beigeladenen entstehen, erlöschen oder verändert werden[8]. Die Voraussetzungen der Beiladung sind deshalb wesentlich weiter zu ziehen als die der Rechtsverletzung nach § 42[9] (vgl. § 42 Rn. 14 ff.). Auch die Beeinflussung bürgerlich-rechtlicher Rechtsverhältnisse macht die Beiladung zulässig, es ist nicht erforderlich, dass im öffentlichen Recht geschützte Interessen berührt werden[10].

5 Ob die **Voraussetzungen** der Beiladung **vorliegen,** bestimmt sich allein nach den im Zeitpunkt des Beiladungsbeschlusses möglichen **Wirkungen der Entscheidung**[11]. Es kommt nicht darauf an, ob der den Streitgegenstand bildende VA rechtliche Interessen des Beigeladenen berührt, sondern allein darauf, ob dies durch das richterliche Urteil der Fall sein kann[12]. Dabei ist wiederum maßgeblich, wieweit das Urteil den Beigeladenen bindet (§ 121).

---

4   Münster OVGE 14, 7; Lüneburg NVwZ 2000, 209.
5   Münster OVGE 3, 31; Freiburg VRspr. 6, 115.
6   München BayVBl. 2003, 278.
7   Münster OVGE 1, 21.
8   Zu eng Stuttgart VRspr. 9, 257.
9   BVerwG NJW 1982, 951 m.w.N.
10   BVerwGE 64, 67; Eyermann/J. Schmidt Rn. 11.
11   BVerwG Buchh. § 65 Nr. 119; B. v. 19.11.1999 – 11 A 50.97.
12   A.A. Kassel NJW 1987, 1036, wonach die Beiladung auf rechtl. Interessen in Bezug auf die Hauptbeteiligten, nicht auf einen anderen Beigeladenen abstellt.

Diese Bindung geht gegenüber dem Beigeladenen nicht weiter als gegenüber dem Kläger und Beklagten[13], bezieht sich also auf die Urteilsformel, auf die Entscheidungsgründe dagegen nur, soweit sie zur Auslegung der Urteilsformel herangezogen werden müssen. Dagegen werden durch die Entscheidung über rechtliche Vorfragen, die an der Rechtskraftwirkung nicht teilnehmen, rechtliche Interessen des Beigeladenen nicht berührt.

II. Kasuistik

Die **Beiladung** ist unter diesen Voraussetzungen u.A. für **zulässig** angesehen   **6** worden bei Klage eines Baubewerbers mit Streit über die Gültigkeit eines Bebauungsplanes für die Gemeinde[14]; bei Klage eines Bauherrn auf Erteilung einer Baugenehmigung für den Architekten, wenn die Versagung der Genehmigung möglicherweise Schadensersatzansprüche des Bauherrn gegen den Architekten nach sich zieht[15]; bei Streit um die Verleihung des Vaternamens an ein nicht eheliches Kind für die Ehefrau des Kindesvaters[16]; bei Anfechtung einer vom Rat auf Grund kommunalaufsichtlicher Beanstandung erlassenen Entscheidung für die Kommunalaufsichtsbehörde[17]; bei Gefahr von Schadensersatzansprüchen gegen einen Beamten auf Grund der Rechtswidrigkeit einer angefochtenen Verwaltungsentscheidung für den Beamten[18]; bei Anfechtung von Gemeinderatswahlen für Ratsmitglieder[19]; bei Klage auf Erteilung der Ausnahmebewilligung nach §§ 7 Abs. 2, 8 HandwO a.F. für die Handwerksinnung[20]; bei Streit über die Rechtmäßigkeit einer atomrechtlichen Genehmigung für den mit der Errichtung beauftragten Generalunternehmer[21]; bei Klage auf Genehmigung der Änderung des Flächennutzungsplanes, wenn um das Abstimmungsgebot des § 2 Abs. 2 BauGB gestritten wird für die davon betroffene Nachbargemeinde[22]; ferner in allen Fällen der notwendigen Beiladung, vgl. Rn. 9.

Als **unzulässig** ist die **Beiladung angesehen** worden für die Behörde, die den   **7** ursprünglichen VA erlassen hat, wenn sich die Klage allein gegen die Widerspruchsbehörde richtet[23]; das Gleiche gilt umgekehrt für die Widerspruchsbehörde bei Klage gegen die Behörde des ursprünglichen VA[24]; für eine Bundesbehörde, die zur Mitwirkung am VA befugt ist, im Prozess gegen die Bundesrepublik Deutschland[25], wie überhaupt für lediglich **intern mitwirkungsbefugte Behörden**[26] (vgl. aber auch § 63 Rn. 6); für den Entschädigungsfonds nach § 29a VermG[27]; für Beamte, die behördenintern am Erlass eines streitbefangenen VA mitwirkten; Verbände jeglicher Art, deren Ver-

---

13   Freiburg VRspr. 7, 129.
14   BVerwGE 92, 66.
15   Stuttgart NJW 1956, 646.
16   Stuttgart VRspr. 11, 764.
17   Münster OVGE 14, 7 ff.
18   Münster NJW 1960, 1488.
19   München VGH n.F. 3, 81.
20   BVerwG GewA 1962, 175.
21   Münster NJW 1981, 1469; ständige Praxis; a.A. VG Freiburg NJW 1976, 1765.
22   Lüneburg NVwZ 2003, 232.
23   Koblenz AS 5, 372; Münster OVGE 9, 142; Stuttgart VRspr. 1, 168; Schrödter DVBl. 1958, 551.
24   Mannheim ESVGH 16, 89; Münster OVGE 14, 7.
25   BVerwGE 72, 165.
26   BVerwGE 26, 41; 36, 190.
27   VG Leipzig RGV Nr. 2.

bandsinteressen durch die Entscheidung berührt werden könnten[28], auch wenn der Verband gutachtlich gehört worden ist[29] oder die Wahrnehmung der Interessen des klagenden Mitglieds satzungsgemäß Aufgabe des Verbandes ist[30], ausgenommen die Beteiligung des Verbandes ist im Gesetz ausdrücklich vorgesehen, was nach Lüneburg[31] auch für die Handwerkskammer im Verfahren auf Ausnahmebewilligung nach § 8 HandwO gilt; für **Naturschutzverbände** trotz Mitwirkungsrechte nach § 29 Abs. 1 BNatSchG a.F.[32]; für das Land als Bauherr, wenn das Landratsamt Baugenehmigung für Bauvorhaben eines staatl. Hochbauamtes erteilt hat[33]; für den Bewerber bei Streit zwischen den Behörden über die Zuständigkeit zur Stellenbesetzung[34]; für einen Minister, der begründet besonderes Verwaltungsinteresse an einem bestimmten Rechtsstreit geltend macht, und zwar auch dann, wenn die angefochtene Entscheidung auf Weisung des Ministers ergangen ist oder wenn besondere finanzpolitische Interessen des Staates berührt werden[35]; für den Verordnungsgeber bei Streit über den Rechtsbestand der Verordnung[36]; für Hochschulen im ZVS-Verfahren[37]. Beiladung weiter unzulässig, wenn ein Rechtsstreit vereinbarungsgemäß – kein Fall des § 93a – Musterprozess ist und möglicherweise oder sogar bindend ausschlaggebende präjudizielle Wirkung hat[38]. Klagt der gesetzliche Vertreter, so kann der minderjährige Vertretene auch dann nicht beigeladen werden, wenn er an sich selbst prozessfähig ist[39].

C. Notwendige Beiladung

I. Allgemeines

8   Die **Beiladung ist notwendig, wenn die Entscheidung nicht getroffen werden kann, ohne damit gleichzeitig unmittelbar Rechte** oder Rechtsbeziehungen **des Beigeladenen zu gestalten,** zu bestätigen, zu verändern oder zum Erlöschen zu bringen. Der Dritte muss durch das Klageziel negativ in seinen Rechten betroffen sein[40]. Die Entscheidung berührt nicht nur rechtliche Interessen, sondern greift unmittelbar und zwangsläufig in ein Recht – wiederum privates oder öffentliches Recht – des Dritten ein[41]. Dabei genügt die Möglichkeit einer solchen Gestaltungswirkung gegenüber Dritten auf Grund des Klagebegehrens, um die Beiladung als notwendig erscheinen zu lassen[42]. **Typischer Fall** der notwendigen Beiladung ist der Streit um einen VA, der nicht

---

28   Freiburg DVBl. 1952, 91 ff.; Münster OVGE 3, 31; 11, 186 f.
29   Kassel DVBl. 1952, 472; Mannheim GewA 1970, 167.
30   BVerwG Buchh. 310 § 65 Nr. 83; München GewA 1980, 55.
31   SchlHA 1963, 37.
32   Mannheim NVwZ 1986, 320.
33   Mannheim ZfBR 1992, 145.
34   Lüneburg OVGE 30, 433.
35   Lüneburg OVGE 4, 22 ff.; Münster NJW 1964, 1739; Kassel ESVGH 19, 157.
36   BVerwG NJW 1972, 221.
37   Münster v. 13.10.1975 – n.v.
38   Münster NJW 1960, 1488; OVGE 28, 200; 24, 200.
39   BVerwGE 35, 247.
40   BVerwG NVwZ-RR 1996, 299.
41   BSGE 11, 254; Kassel ESVGH 4, 131; Münster OVGE 4, 10; Stuttgart VRspr. 3, 471; Bettermann, Imboden-Festschrift, 1972, S. 52 ff.
42   BVerwGE 18, 124.

nur zwischen Kläger und Beklagtem, sondern auch zwischen Kläger und Beizuladendem rechtsgestaltend wirkt[43]. Notwendige Beiladung liegt deshalb stets vor, wenn der gleiche VA rechtlich den Kläger benachteiligt und den Dritten begünstigt[44], er also VA mit Doppelwirkung in einer der beiden Formen des § 80a Abs. 1 und 2 ist. Die Entscheidung über den Bestand eines solchen VA kann nur einheitlich gegenüber dem Begünstigten und dem Benachteiligten ergehen. Während früher der privatrechtsgestaltende VA die häufigste Erscheinungsform der notwendigen Beiladung war, ist inzwischen mit der Erkenntnis über das Wesen des **VA mit Doppelwirkung** und die Schutzfunktion auch öffentlichen Rechts zu Gunsten von Einzelnen der Bereich im öffentlichen Recht begründeter notwendiger Beiladung wesentlich größer geworden (zum VA mit Doppelwirkung vgl. § 42 Rn. 16; zu den großen Gruppen solcher VA § 42 Rn. 132 ff.). Sind **Verfahrensrechte des Dritten** verletzt, so kann notwendige Beiladung vorliegen, wenn es sich um selbstständige, bei Verletzung zur Aufhebung des VA führende Rechte handelt; ist das subjektive Recht auf formell einwandfreie Ermessensausübung verletzt, so ist lediglich einfache Beiladung denkbar[45]. Parallel zur Dogmatik des Insich-Prozesses (dazu § 63 Rn. 8) scheidet die Beiladung des Fiskus aus, wenn eine Behörde Beklagte ist, deren Rechtsträger mit dem Fiskus identisch ist[46].

II. Kasuistik

Die immer neuen zahlreichen Entscheidungen über die Notwendigkeit der **9** Beiladung machen die Schwierigkeiten deutlich. Sie beruhen darauf, dass das Rechtsinstitut des VA mit Doppelwirkung zwar allgemein anerkannt ist, seine Voraussetzungen aber weder dogmatisch noch praktisch hinreichend geklärt sind. Dogmatisch ist gegenwärtig die Schutznormtheorie herrschend, wonach es maßgeblich darauf ankommt, ob ein Dritter durch einen VA in seinen rechtlich geschützten Interessen verletzt ist oder sein kann. Wann aber eine **gesetzliche Regelung auch Interessen eines Dritten** zu schützen bestimmt ist, wird nur selten vom Gesetzgeber klargestellt. So gehen fast alle Fallgestaltungen, bei denen Doppelwirkung angenommen wird, auf Richterrecht zurück. Zwar sind große Gruppen allgemein anerkannt; in ihren Einzelheiten sind sie aber vielfältig umstritten und Gegenstand kaum noch zu überblickender, in landesrechtlichen Materien darüber hinaus unterschiedlicher Kasuistik. Während die Fälle des privatrechtsgestaltenden VA[47] weitgehend unproblematisch erscheinen[48], muss zur Kasuistik auf die Zusammenstellung zu § 42 Rn. 132 ff. verwiesen werden.

Hier sind folgende für die Praxis wesentliche Fallgestaltungen zusammenzu- **9a** fassen: Im **Baugenehmigungsverfahren** gilt nach der Rspr. Folgendes: Klagt der Nachbar gegen eine Baugenehmigung, so ist der Bauherr notwendig beizuladen[49]. Klagt der Bauherr gegen den die Baugenehmigung aufhebenden Widerspruchsbescheid, ist der Nachbar, auf dessen Widerspruch hin die Bau-

43 PrOVG 29, 116; 51, 27; 77, 397; Bachof MDR 1950, 376.
44 BVerwG VRspr. 18, 240.
45 So wohl auch BVerwG 17, 297.
46 BVerwG VIZ 1993, 586.
47 Hierzu Bettermann DVBl. 1951, 40.
48 Vgl. auch BVerwGE 24, 343 zum Prätendentenstreit nach streitiger Abtretung: keine notwendige Beiladung.
49 BVerwG NVwZ 1993, 166.

genehmigung aufgehoben wurde, notwendig beizuladen[50]; veräußert der Nachbar während des Verfahrens, soll der Erwerber aber nicht notwendig beizuladen sein[51]. Klagt der Bauherr auf Erteilung der Genehmigung, so sollen Nachbarn auch dann nicht beizuladen sein, wenn die Genehmigung sie in ihren Rechten verletzt[52]. Bei Anträgen nach §§ 31 Abs. 2, 33, 35 Abs. 2 BauGB ist die höhere Bauaufsichtsbehörde beizuladen[53], auch dann, wenn ein Antrag primär auf § 35 Abs. 1 und nur hilfsweise auf § 35 Abs. 2 BauGB gestützt wird [54]. Das gilt nicht, wenn Beklagter nicht eine Behörde, sondern das Land ist, in dessen VerwOrganisation die höhere Bauaufsichtsbehörde eingegliedert ist[55]. Das gilt auch nicht für eine Anfechtungsklage gegen eine Abbruchverfügung in Bezug auf eine bauliche Anlage im Außenbereich[56]. Notwendig ist die Beiladung der **Gemeinde**, wenn für die Baugenehmigung ihr Einvernehmen erforderlich ist[57]. Die Notwendigkeit soll entfallen, wenn über die Baugenehmigung im Rahmen der §§ 4 ff. BImSchG mit zu entscheiden ist[58]. Ist die **Gültigkeit** eines **B-Planes** im Streit, ist im Verfahren auf Erteilung der Baugenehmigung die Gemeinde beizuladen[59]. Die Beiladung von Gemeinde und höherer Bauaufsichtsbehörde entfällt, wenn Nachbarklage erhoben wird, sie aber dem Bauvorhaben zugestimmt haben[60].

Klagt der Betreiber einer nach § 4 BImSchG genehmigungspflichtigen Anlage, so sind die nicht präkludierten Nachbarn notwendig beizuladen, da typischer Fall eines VA mit Doppelwirkung vorliegt; sehr str.[61]. Das gilt nicht für die Klage eines Nachbarn im Hinblick auf andere potenzielle Kläger[62]. Beiladung des Trägers der **Straßenbaulast** bei Streit um Schutzauflagen im Planfeststellungsverfahren[63], aber nicht bei gleichem Rechtsträger wie Planfeststellungsbehörde[64]; der Gemeinde als Trägerin der Straßenbaulast für Gehwege bei Planfeststellung der Ortsdurchfahrt einer Bundesstraße[65]; für Entscheidungen im **PBefG**, durch die trotz Widerspruchsrechts eines anderen

---

50 Mannheim NVwZ-RR 2001, 543.
51 BVerwG NVwZ 1993, 166.
52 BVerwG DÖV 1975, 99; mindestens für Nachbarn, die im VerwVerfahren Beteiligte nach § 28 VwVfG waren, kaum zutreffend; Kopp/Schenke schlagen einfache Beiladung vor, Rn. 11; dazu auch Konrad BayVBl. 1982, 481 ff.; Schmidt-Preuss: Kollidierende Interessen, 1992, S. 573 ff.
53 BVerwGE 45, 309; 42, 8.
54 BVerwG NJW 1976, 2226.
55 BVerwGE 51, 310 gegen DVBl. 1975, 504; München BayVBl. 1977, 150.
56 Münster JZ 1977, 340; Kassel BauR 1987, 294; bedenklich, weil dabei auch über die materielle Genehmigungsfähigkeit zu entscheiden ist.
57 BVerwG NJW 1966, 1530; MDR 1969, 783.
58 BVerwG NJW 1978, 64; eine sehr formale Auslegung, die der Bedeutung der Konzentrationswirkung kaum entspricht; nach der Änderung des § 36 BBauG durch G. v. 6.7.1979 (BGBl. I S. 949) wohl auch überholt, wie hier Kassel NVwZ-RR 1995, 60.
59 BVerwGE 92, 66.
60 BVerwG NJW 1971, 1147; München NVwZ-RR 1998, 389.
61 Wie hier Schmidt-Assmann VVDStRL 1976, 249; Sendler, Merten, Die Vereinheitlichung der Verwaltungsgerichtsgesetze, 1978, S. 162; einfache Beiladung: Mannheim NJW 1977, 1308; München NVwZ 1983, 413; UPR 1985, 97 ff.; keine Beiladung: BVerwG NVwZ 1989, 257; Mannheim GewA 1989, 273; dazu Konrad BayVBl 1982, 481.
62 BVerwGE 45, 309.
63 BVerwGE 52, 226.
64 BVerwG NVwZ 2003, 216 unter ausdrücklicher Aufgabe von BVerwGE 52, 226 und 237 sowie Buchh. 407.4 § 17 FStrG Nr. 28.
65 BVerwG NJW 1982, 1547.

eine neue Konzession erteilt wird[66]; ebenso für Entscheidungen nach §§ 7, 8 WHG, soweit Dritte betroffen sind[67].

Notwendige Beiladung ist auch gegeben, wenn der Bürger von der Behörde hoheitliches **Einschreiten** gegen einen **Dritten** verlangt[68]; ferner bei Streit um beamtenrechtliche Positionen[69], so auch der Landespersonalausschuss bzw. das Land bei beamtenrechtlichen Entscheidungen eines anderen Dienstherrn als des Landes[70]; die Gemeinde bei Streit über die Erforderlichkeit von Ausbaumaßnahmen an Gemeinschaftsanlagen im Flurbereinigungsverfahren[71]. Für das UIG bejaht Kollmer[72] die notwendige Beiladung des Dritten nach § 8 UIG.

In all diesen Fällen besteht das **Dreiecksverhältnis der notwendigen Beiladung** sowohl, wenn dem Antrag im Verwaltungsverfahren stattgegeben worden ist und der durch den VA angeblich in seinen Rechten Verletzte Anfechtungsklage erhebt, wie auch, wenn der Antrag abgelehnt worden ist und der Antragsteller die Verpflichtungsklage einreicht[73]. Die Beiladung solcher Behörden, von deren Zustimmung das Gesetz die Zulässigkeit einer Genehmigung abhängig macht, ist nicht immer notwendig. Es kommt darauf an, ob die Behörde selbstständige Rechte wahrnehmen oder lediglich als Aufsichtsinstanz oder auf Grund besonderer Fachkenntnisse tätig zu sein hat. Die Bundesrepublik ist im Bereich des Atomrechts nicht formell zu beteiligen[74]. Ist die Behörde beigeladen, so kann sie gegen die Verpflichtung zur Genehmigung Berufung einlegen[75]. Notwendige Beiladung der Bundesrepublik Deutschland bei **Einbürgerungsstreitigkeiten** bejaht BVerwG[76]; auch bei Einbürgerungszusicherungen[77]. Im Vermögenszuordnungsstreit ist der Bund notwendig beizuladen, wenn ein ihn begünstigender Zuordnungsbescheid angegriffen wird[78].

Notwendige Beiladung liegt auch vor, wenn die Pflicht aus einem VA während des Rechtsstreits auf einen **Rechtsnachfolger** übergeht, der Kläger aber gemäß § 173, § 265 ZPO den Rechtsstreit weiterführt, weil nur so der Nachfolger gebunden werden kann[79]; ebenso bei Wechsel behördlicher Zuständigkeit im Falle der Anfechtungsklage gegen einen VA mit Dauerwirkung (vgl. § 83 Rn. 7). Im **Ausländerprozess** keine notwendige Beiladung der Familienmitglieder[80]; im **Asylprozess** allenfalls einfache Beiladung[81]. Im Prozess um die Ausweisung ist die ausweisende Behörde notwendig beizuladen, **9b**

66　BVerwG NVwZ 1984, 507; Fromm DVBl. 1962, 801.
67　Hierzu im Einzelnen Bürgi ZfW 1990, 245 ff.
68　Folgenbeseitigungsanspruch, Eyermann/Fröhler, 9. Aufl., Rn. 34.
69　BVerwG DVBl. 1966, 341.
70　BVerwGE 26, 31; 36, 188.
71　BVerwGE 57, 31 f.
72　NVwZ 1995, 858.
73　A.A. BVerwG NVwZ-RR 1993, 18: Keine notwendige Beiladung von Nachbarn bei Klage auf Erteilung einer Gaststättenerlaubnis; hierzu auch Steinberg DÖV 1991, 354 ff.
74　BVerwG NVwZ 1999, 296.
75　BVerwG NJW 1972, 786.
76　NJW 1984, 70.
77　BVerwG NJW 1987, 2180.
78　BVerwG NJW 1995, 674.
79　Münster DVBl. 1973, 226; a.A. BVerwG NJW 1985, 281; wohl auch Mannheim NuR 1988, 246.
80　BVerwGE 55, 8; NJW 1977, 1603; DVBl. 1997, 186; a.A. DVBl. 1973, 83; Huber Rn. 248.
81　BVerwG NVwZ 1983, 38; Huber Rn. 633.

wenn ihr Einvernehmen erforderlich ist[82]. Notwendige Beiladung bei defensiver **Konkurrentenklage**, mit der der Kläger sich gegen eine Subventionsgewährung an einen Dritten wendet[83]; ebenso beim Prätendentenstreit, etwa bei der Zulassung des einen und Ablehnung des anderen Bewerbers um Rundfunkfrequenzen (vgl § 80a Rn. 14; § 123 Rn. 3). Dagegen nicht bei offensiver Konkurrentenklage, da mit ihr die Subventionsgewährung nicht angegriffen wird, in der Regel auch kein Fall der einfachen Beiladung. Wohl aber bei der **beamtenrechtlichen Konkurrentenklage,** hier aber keine Beiladung der zur Mitwirkung befugten Landesbehörde bei Klage gegen das Land selbst[84].

Das Institut für medizinische und pharmazeutische Prüfungsfragen ist bei Streit um die richtige Beantwortung der Prüfungsfragen notwendig beizuladen[85]. Notwendige Beiladung auch des direkt Gewählten im Wahlanfechtungsverfahren[86]; ebenso des Trägers eines Altenwohnheimes zu sozialhilferechtlichen Verfahren eines Bewohners auf Übernahme der Heimkosten gegen den Träger der Sozialhilfe[87].

Die Beiladung bleibt auch dann notwendig, wenn die im Verpflichtungsprozess beantragte VerwMaßnahme vom betroffenen Dritten nur in einem anderen Rechtsweg angegriffen werden könnte. Die mancherlei Schwierigkeiten, die sich bei solchen Fallkonstellationen ergeben können, behandelt Baden[88], der sich im Ergebnis gegen jede Beiladung ausspricht, um dem Dritten nicht den für ihn maßgeblichen Rechtsweg zu nehmen.

9c   **Keine notwendige Beiladung** von Ehegatten und Kindern bei Streit um Familiennamen, wenn sie ihren Namen von dem Kläger ableiten[89] (zweifelhaft angesichts der Bedeutung des »eingeführten« Namens; für sog. Stiefkinderfälle vgl. Kassel[90]; ebenso nicht bei Klage eines Studienplatzbewerbers hinsichtlich anderer erfolgloser Bewerber[91] oder in den mancherlei Fällen notwendiger Streitgenossenschaft, die nicht durch Beiladung geheilt werden kann (vgl. Rn. 11 zu § 64); ebenso nicht der Teilnehmergemeinschaft oder der Teilnehmer im Streit um die Einstellung eines Flurbereinigungsverfahrens[92] oder des Universitätsgremiums bzw. seiner Mitglieder bei Klage anderer Mitglieder dieses Gremiums gegen die Universität auf Feststellung der Unwirksamkeit von Beschlüssen des Gremiums[93]. Keine notwendige Beiladung der betroffenen Innungsmitglieder bei Klage der Innung gegen aufsichtsrechtliche Verfügung auf Änderung der Innungsbezirke[94]. Keine notwendige Beiladung der Handwerkskammer, wohl aber ggf. der IHK[95] bei Streit gegen Untersagungsverfügung nach § 16 Abs. 3 HandwO[96], einfache

82   Kassel DVBl. 1997, 913.
83   Z.B. BVerwG NVwZ 1984, 507.
84   BVerwG NJW 1989, 997.
85   München DVBl. 1991, 761; differenzierend BVerwGE 98, 210.
86   Münster NVwZ-RR 1991, 420; München NVwZ-RR 1997, 647, der notwendige Beiladung aller Listenfolger nur eingeschränkt bejaht; a.A. VG Dessau LKV 1996, 78.
87   Münster NVwZ-RR 1991, 486.
88   NVwZ 1984, 142 ff.
89   BVerwG NJW 1982, 299.
90   FamRZ 1995, 568.
91   BVerwGE 60, 30.
92   BVerwGE 67, 341.
93   BVerwG DVBl. 1981, 1150.
94   BVerwG NVwZ-RR 1995, 196.
95   Koblenz NVwZ-RR 1988, 70.
96   BVerwG DVBl. 1990, 220; GewA 1993, 334.

Beiladung aber zulässig[97]; im Verfahren gegen den Widerruf einer Bestellung zum Wirtschaftsprüfer ist die Wirtschaftsprüferkammer nicht notwendig beizuladen[98]; ebenso nicht bei Nutzungsuntersagung gegen Untermieter bezüglich Eigentümer und Hauptmieter[99]. Auch die Miteigentümer eines Grundstücks sind beim Streit um die Rechtmäßigkeit der Bebauung nicht notwendig beizuziehen[100]. Erstrebt der Eigentümer eine Zweckentfremdungsgenehmigung, sind die betroffenen Mieter nicht notwendig beizuladen[101]. Auch keine Beiladung des Pächters eines Eigenjagdbezirkes bei Streit um Unterbrechung des Bezirks[102]. Der Produzent eines Video-Films ist nicht notwendig im Prozess über die Entscheidung der Prüfstelle beizuziehen[103]. Nicht notwendig beizuladen sind die Beamten einer Behörde, wenn eine Fortsetzungsfeststellungs-Anfechtungsklage gegen einen VA anhängig ist, an dessen Erlass sie intern beteiligt waren.

III. Bes. Vertreter der öffentlichen Interessen

Die besonderen Vertreter der Bundes- oder Finanzinteressen sind in der Regel **10** nicht Beigeladene oder notwendig Beigeladene, sondern kraft Gesetzes am Verfahren beteiligt (vgl. § 63 Rn. 5).

D. Verfahren

I. Antrag

Die **Beiladung** erfolgt auf **Antrag oder von Amts wegen** durch Beschluss des **11** Gerichtes. Der Antrag kann von den Beteiligten (§ 63) und von dem Beizuladenden gestellt werden. Der Beschluss ist innerhalb der mündlichen Verhandlung von der vollbesetzten Kammer (Senat), außerhalb der Verhandlung von den Berufsrichtern ohne die ehrenamtlichen Richter zu treffen. Ebenso ist hierzu der Einzelrichter (§ 6) befugt, nicht aber Vorsitzender oder Berichterstatter im Rahmen des § 87a. Der Beschluss ist den Beteiligten zuzustellen, ebenso dem Beizuladenden, auch wenn er in der mündlichen Verhandlung verkündet wird. Die Wirkungen des Beschlusses treten mit der Verkündung, außerhalb der mündlichen Verhandlung mit der Zustellung ein[104].

II. Ermessensentscheidung

Die **Entscheidung** über die Beiladung steht, wenn es sich um **einfache** Beila- **12** dung handelt, im **Ermessen** des Gerichts. Ein Rechtsanspruch auf Beiladung

---

97 Mannheim GewA 1989, 193; a.A. Münster GewA 1961, 206.
98 Münster AnwBl. 2002, 111; vgl. auch VG Darmstadt NVwZ NVwZ-RR 2000, 781.
99 BVerwG DVBl. 1988, 855.
100 BVerwG NVwZ-RR 1999, 147.
101 BVerwGE 95, 341.
102 BVerwG Buchh. 310 § 65 Nr. 94.
103 BVerwG NJW 1999, 75.
104 Kopp/Schenke Rn. 25.

besteht nicht. Als einen Ermessensgesichtspunkt nennt Münster[105] die Möglichkeit des einfach Beizuladenden, selbst Rechtsschutz bezogen auf den Streitgegenstand zu suchen und das (gerichtliche) Interesse, den Kreis der Verfahrensbeteiligten auf das prozessual erforderliche Maß zu beschränken. Liegt ein Fall der notwendigen Beiladung vor, so können die Beteiligten die Beiladung verlangen.

III. Beschluss

13 **Vor der Entscheidung** über die Beiladung **sollen die Beteiligten**, ggf. bei entsprechendem Antrag auch der Beizuladende **gehört werden.** Unterbleibt die Anhörung, so ist dies verfahrensrechtlich ohne Folgen. Das Gericht ist in jedem Stadium des Verfahrens verpflichtet, im Rahmen der Amtsmaxime die Voraussetzungen der Beiladung zu prüfen und notfalls hierzu auch sachliche Aufklärung durchzuführen. Der **Beiladungsbeschluss** soll die Gründe der Beiladung klarlegen und den Verfahrensstand wiedergeben. Er soll insbesondere angeben, ob einfache oder notwendige Beiladung vorliegt. Den Beteiligten kann aufgegeben werden, dem Beigeladenen Abschriften der gewechselten Schriftsätze zuzustellen. Die bloße Ladung eines Dritten zum Termin ersetzt ebenso wenig den Beiladungsbeschluss wie die Zustellung des Urteils an einen Dritten, der nicht beigeladen ist[106].

IV. Anhängigkeit

14 Die **Beiladung setzt ein anhängiges Verfahren voraus.** Sie ist im Hauptverfahren, im Verfahren des vorläufigen Rechtsschutzes, auch im Prozesskostenhilfeverfahren (mindestens Anhörung des Beizuladenden) zulässig und ggf. notwendig. Sie setzt die Anhängigkeit eines solchen Verfahrens voraus, ist deshalb erst nach Eingang eines das gerichtliche Verfahren einleitenden Schriftsatzes und bis zur Rechtskraft des Urteils in der Berufungsinstanz oder der Einlegung der Revision, handelt es sich um eine notwendige Beiladung nunmehr (§ 142 Abs. 1 S. 2) auch bis zum Abschluss des Revisionsverfahrens, möglich. Das Verfahren muss aber in der Sache noch anhängig sein. Ist nur noch über die Kosten zu entscheiden, so ist keine Beiladung mehr zulässig[107].

V. Zuständigkeit

15 Über die **Beiladung entscheidet** das **Gericht, bei dem das Verfahren anhängig ist.** Auch nach Erlass oder Zustellung eines Urteils hat deshalb noch das Gericht dieses Urteils über die Beiladung zu befinden, bis entweder das Urteil rechtskräftig oder ein Rechtsmittel eingelegt ist. Wird nach Erlass eines Urteils von dem bisher nicht Beigeladenen die Beiladung beantragt und gleichzeitig das Rechtsmittel eingelegt, so hat über die Beiladung das Gericht des bisherigen Rechtszuges zu entscheiden, da die Einlegung des Rechtsmittels erst wirksam wird, wenn die Beiladung beschlossen ist. Mit der Einlegung des Rechtsmittels allein ist das Verfahren deshalb noch nicht in der höheren In-

---

105 NVwZ-RR 2000, 726.
106 Münster VRspr. 4, 250; München VRspr. 1, 371.
107 Kassel DÖV 1952, 157.

stanz anhängig[108]. Auch ein einfach Beizuladender kann deshalb Revision einlegen, da über die Beiladung das OVG zu entscheiden hat, deshalb noch keine Beiladung im Revisionsverfahren vorliegt. Wird die Beiladung erst nach Erlass eines Urteils beschlossen, so läuft die Rechtsmittelfrist für den Beigeladenen erst von der Zustellung des Urteils an ihn ab. Der Beigeladene ist nicht auf den Rest einer schon für die anderen Beteiligten laufenden Rechtsmittelfrist angewiesen[109]. Dagegen kann der erst im Berufungsverfahren Beigeladene weder Berufung noch Anschlussberufung einlegen[110]. Das Gleiche gilt im Falle der Beiladung während des Revisionsverfahrens.

VI. Nach Rechtskraft

Nach Rechtskraft des Urteils ist die **Beiladung nicht mehr zulässig**, auch   **16** nicht, wenn sie vorher beantragt war. Das Gleiche gilt bei Rücknahme der Klage nach einem Urteil; Einstellungsbeschluss und Kostenentscheidung rechtfertigen keine Beiladung[111]. Auch über die Wiedereinsetzung in den vorigen Stand kann nicht geholfen werden, da die Beiladung mangels eines anhängigen Verfahrens nicht mehr zulässig ist[112]. Das ist weitgehend unschädlich, da der einfach Beigeladene an das Urteil wegen Fehlens der Beiladung nicht gebunden ist, im Falle der notwendigen Beiladung das Urteil wirkungslos bleibt. Aus dem gleichen Grunde ist es ohne sachliche Bedeutung, dass es eine Beiladung zur Durchführung eines Wiederaufnahmeverfahrens nicht gibt. Streitig ist, ob eine Beiladung zulässig ist, wenn der Beizuladende den auch gegen ihn **erlassenen VA** hat **unanfechtbar** werden lassen. Mannheim[113] verneint dies, wenn Einwendungen im Verwaltungsverfahren innerhalb bestimmter Frist vorzubringen waren, der Dritte diese aber versäumt hat. Grundsätzlich ist die Frage zu bejahen. Die Voraussetzungen der Beiladung sind andere als die des § 42 (vgl. Rn. 4), sodass die Unanfechtbarkeit ein »Berühren« der rechtlichen Interessen nicht ausschließt. Auch die Rechtsmittelbefugnis des Beigeladenen steht nicht entgegen. Denn ein eigenes Rechtsmittel des Beigeladenen wäre unbegründet. Es fehlte an der Rechtsverletzung, da nicht das Urteil sondern der VA den Beigeladenen in seinen Rechten verletzt hat, dieser aber unanfechtbar ist. Haben mehrere Betroffene Klage erhoben und wird nur ein Verfahren auf Grund Trennung entschieden, so sind die anderen Kläger – nicht notwendig – beizuladen[114]. Das gilt nicht bei Durchführung eines gerichtlich angeordneten Musterverfahrens nach § 93a.

VII. Aufhebung der Beiladung

Der **Beiladungsbeschluss** kann von Amts wegen oder auf Antrag nur **aufge-**   **17** **hoben** werden, wenn er rechtswidrig war oder – etwa auf Grund einer Gesetzesänderung – geworden ist. Bei notwendiger Beiladung muss er aus diesen Gründen aufgehoben werden, weil die mit der Beiladung verbundenen

---

108 Freiburg VRspr. 6, 115; Lüneburg OVGE 5, 286; Münster VRspr. 3, 754.
109 BVerwGE 1, 27 ff.; a.A. Münster DÖV 1954, 254.
110 BVerwGE 38, 290.
111 Mannheim DÖV 1985, 588; vgl. Roth NVwZ 2003, 691.
112 Lüneburg OVGE 5, 286; München BayBgm. 1949, 162; a.A. München VGH n.F. 1, 86.
113 VRspr. 12, 769; ebenso München VGH n.F. 27, 23.
114 BVerwGE 45, 309.

Dispositionsrechte nicht fortbestehen dürfen[115]. Die Beiladung begründet prozessuale Rechte des Beigeladenen, er tritt in das bestehende Prozessrechtsverhältnis ein. Die damit verbundene Stellung kann ihm nicht ohne Rechtsgrund, also nicht aus bloßen Ermessenserwägungen wieder entzogen werden. Das erscheint auch schon wegen der mit der Einbeziehung in das Verfahren möglicherweise entstandenen Kosten nicht zulässig. Ihm kann hierfür ohne Sachentscheidung aufzukommen nur dann zugemutet werden, wenn er nicht hätte beigeladen werden dürfen[116]. Ein Beiladungsbeschluss, der auf Grund Beschwerde erlassen worden ist, kann nicht vom Gericht erster Instanz aufgehoben werden. Weder vom VG noch in der höheren Instanz kann der Beiladungsbeschluss aufgehoben werden, wenn bereits ein Urteil erlassen worden ist, weil damit die Bindungswirkung des § 121 eingetreten ist[117]. Münster[118] will bei Unzulässigkeit einer Beiladung die Berufung des Beigeladenen an fehlendem Rechtsschutzinteresse scheitern lassen, BVerwG[119] und Kassel[120] an fehlender Beschwer; die Entscheidungen übersehen aber die eingetretene Bindungswirkung, die zur formellen Beschwer ausreicht. Meist dürfte es für die Berufung aber an der Rechtsverletzung fehlen, sodass sie deshalb zwar zulässig, aber unbegründet ist (vgl. § 66 Rn. 5).

VIII. Rechtsmittel

18 Wird die Beiladung angeordnet, so ist der Beschluss unanfechtbar. Wird die beantragte Beiladung abgelehnt, so können die Beteiligten und der Beizuladende hiergegen Beschwerde einlegen (§§ 146 ff.). Das Beschwerdegericht kann im Falle der einfachen Beiladung nach eigenem Ermessen entscheiden[121]. Das Gleiche gilt, wenn ein Beiladungsbeschluss aufgehoben wird.

IX. Beendigung

19 Die **Beiladung endet mit der Aufhebung des Beiladungsbeschlusses** oder mit der rechtskräftigen Beendigung des Verfahrens. Im Wiederaufnahmeverfahren wirkt sie aber auch in diesem Falle fort.

E. Wirkungen der Beiladung

20 Der **Beigeladene ist Beteiligter.** Als solcher ist er gem. § 121 an das rechtskräftige Urteil soweit gebunden, als über den Streitgegenstand entschieden ist. Im Einzelnen vgl. zur Stellung des Beigeladenen § 66, zur Bindungswirkung § 121 Rn. 6b. Eine dem § 68 ZPO entsprechende Interventionswir-

---

115   A.A. May NVwZ 1997, 251 unter Hinweis auf § 548 a.F. ZPO.
116   Freiburg VRspr. 7, 131; Münster OVGE 9, 142; 19, 162; vgl. auch BVerwG Buchh. 310 § 65 Nr. 99.
117   Münster OVGE 9, 142 ff. gegen OVGE 3, 31 f.; Dernedde DVBl. 1952, 30 ff.; a.A. BVerwGE 72, 165, wenn Beiladung unwirksam war; Eyermann/J. Schmidt Rn. 31.
118   MDR 1962, 162; OVGE 19, 164.
119   BVerwGE 31, 233; 37,43.
120   DÖV 1976, 607.
121   Mannheim NJW 1977, 1308; Lüneburg OVGE 10, 436.

kung kennen §§ 65, 66 nicht[122]. Eine Unterbrechung der Verjährung nach § 209 Abs. 2 BGB a.F. bewirkt die Beiladung nicht[123].

F. Folgen des Unterbleibens der Beiladung

I. Einfache Beiladung

Unterbleibt die **einfache Beiladung,** so fehlt es an der Bindungswirkung des **21** § 121. Der Beigeladene kann, wenn aus der Entscheidung Folgerungen gegen ihn gezogen werden sollen, die Unrichtigkeit und Unverbindlichkeit der Entscheidung für ihn geltend machen. Eine grob ermessensfehlerhafte Ablehnung des Beiladungsantrages eines Hauptbeteiligten wird im Ausnahmefall auch ein Verfahrensfehler im Sinne der §§ 124 Abs. 2 Nr. 5, 132 Abs. 2 Nr. 3 sein können.

II. Notwendige Beiladung

Die **Folgen der Unterlassung notwendiger Beiladung** ergeben sich aus der **22** Überlegung, dass ein unter Außerachtlassung der notwendigen Beiladung ergangenes Urteil keine Gestaltungswirkung haben kann. Denn es kann nicht von der Doppelwirkung eines VA nur die eine Seite aufheben, die andere aber bestehen lassen. Ebenso wenig kann aber die begünstigende Wirkung gegenüber einem am Verfahren Unbeteiligten beseitigt werden. Fehlt aber die Gestaltungswirkung, so ist das Urteil unwirksam, denn sie ist ein Essenziale des Urteils überhaupt. Das ist nicht anzunehmen, wenn lediglich am Erlass des VA kraft Gesetzes verwaltungsintern beteiligte Behörden trotz Notwendigkeit nicht beigeladen werden. Denn die Gestaltungswirkung bezieht sich auf Absender und Adressaten des VA (zutreffend schließt § 44 VwVfG auch eine Nichtigkeit des VA bei Fehlen an sich zu beteiligender Behörden aus). Unwirksamkeit tritt auch nur ein, wenn das Urteil solche Gestaltungswirkung haben soll, sei es unmittelbar im Anfechtungsprozess, sei es mittelbar durch Verpflichtung der Behörde zur Gestaltung durch VA, also nicht bei bloßen Prozessurteilen[124]. Die **Fragen** sind **streitig.** Wie hier BVerwG[125]; Mannheim[126]; Bachof[127]; Redeker[128]; vermittelnd OVG Bautzen[129], das Unwirksamkeit verneint, wenn die unterlassene Beiladung sich nicht auf die Rechtsposition des Beizuladenden auswirkt; die Unwirksamkeit verneint BVerwG[130], ohne allerdings erkennen zu lassen, welche Konsequenzen der auch von ihm bejahte und von Amts wegen zu berücksichtigende Verfahrensverstoß und die von ihm bejahte formelle Rechtskraft haben sollen[131]; das

---

122 Lüneburg VRspr. 30, 754.
123 BGH NVwZ 2003, 1549.
124 Münster NVwZ 1991, 470.
125 BVerwGE 16, 23; 18, 124.
126 DÖV 1975, 646.
127 DÖV 1949, 365; 1950, 374.
128 DVBl. 1954, 420.
129 VIZ 1994, 547.
130 DVBl. 1974, 235.
131 BVerwG VIZ 1997, 415 m. abl. Bspr. M. Redeker ov spezial 1997, 255; ebenso Bettermann MDR 1967, 951; anscheinend auch Müller Verwaltung 1976, 396.

Problem wird wegen der Kontroverse zwischen BVerwG, BFH[132] und BSG[133] eingehend von Wilde[134] dargestellt[135]. Gegen eine Unwirksamkeit auch Bracher[136] mit weiteren Belegen.

23 Aus der diesseitigen Auffassung ergeben sich folgende Konsequenzen: Ist die **Klage abgewiesen** worden und wird unter weiterer Unterlassung der notwendigen Beiladung die Berufung zurückgewiesen oder ist diese ausgeschlossen, so kann die Revision auf den Mangel der Beiladung nicht gestützt werden, weil der Kläger hierdurch nicht beschwert sein kann. Führte früher dennoch die Unterlassung notwendiger Beiladung im Revisionsverfahren in der Regel zur Aufhebung und Zurückverweisung[137], so kann der Verfahrensfehler nunmehr durch Beiladung in der Revisionsinstanz (§ 142 Abs. 1 S. 2) geheilt werden. Zu den Voraussetzungen und Folgen solcher Heilung vgl. Rn. 4 ff. zu § 142. Die ursprüngliche Unwirksamkeit des Urteils wird durch die in der Revisionsinstanz erfolgte Beiladung geheilt. Ist die Abweisung rechtskräftig, so ist diese Entscheidung endgültig und kann weder vom Kläger noch vom Beklagten oder dem übergangenen Dritten im Wiederaufnahmeverfahren aufgegriffen werden[138]. Sie ist auch materiell-rechtlich wirksam, also sachlicher Rechtskraft fähig.

24 Ist der **Klage stattgegeben** worden, so kann der Beklagte hierauf gestützt Antrag auf Zulassung (§ 124 Abs. 2 Nr. 5) oder die Zulassungsbeschwerde (§ 132 Abs. 2 Nr. 3) mit Erfolg einlegen. Die Unwirksamkeit des Urteils steht nicht entgegen. Es handelt sich um ein nichtiges Urteil (vgl. § 107 Rn. 10), das durch Rechtsmittel angegriffen werden kann[139]. Das Berufungsgericht oder das Revisionsgericht wird dann aber die notwendige Beiladung nachholen (§ 142 Abs. 1 S. 2). Es wird den Rechtsstreit zurückverweisen, wenn der Beigeladene daran ein berechtigtes Interesse hat (§ 144 Abs. 3 S. 2). Wird das Urteil rechtskräftig, kann die Wiederaufnahme des Verfahrens beantragt werden, § 579 Abs. 1 Nr. 4 ZPO ist entsprechend anzuwenden. Unabhängig hiervon kann sich der Beklagte auf die Unwirksamkeit des Urteils jederzeit, in der Vollstreckung mit entsprechenden Rechtsmitteln, berufen.

25 Auch der **übergangene Beizuladende** kann sich jederzeit auf die Unwirksamkeit des Urteils berufen. Ist es noch nicht rechtskräftig, so kann er Beiladungsantrag zum Zwecke der Rechtsmitteleinlegung stellen oder, wenn das Verfahren schon beim BVerwG anhängig ist, seine Beiladung nach § 142 Abs. 1 S. 2 anregen. Nach erfolgter Beiladung kann er die Zurückverweisung der Sache verlangen (§ 144 Abs. 3 S. 2). Ist es rechtskräftig, so kann er Feststellungsklage auf Nichtigkeit des Urteils erheben. Das Rechtsschutzinteresse ist zu bejahen, da an der Klarstellung der Nichtigkeit ein rechtliches Interesse besteht[140]. Der Weg des Wiederaufnahmeverfahrens[141] oder einer besonderen

---

132 E 85, 464.
133 E 1, 158.
134 NJW 1972, 1262, 1653.
135 Vgl. auch Kopp/Schenke Rn. 42 ff.; Schoch/Bier Rn. 39 f.
136 Frankfurter Kommentar, Tz. 13 zu § 66 GWB.
137 Vgl. etwa BVerwGE 16, 23; einschränkend bereits NVwZ 1984, 507; BVerwGE 74, 19; NJW 1991, 1844.
138 BVerwGE 18, 124.
139 BVerwG VRspr. 18, 240; NJW 1966, 1530; BVerwGE 24, 343 m. abl. Anm. Bettermann MDR 1967, 947.
140 Kassel MDR 1950, 374.
141 Hufnagel DV 1949, 60.

Anfechtungsklage[142] erscheint nicht gangbar. Auf der anderen Seite kann das anhängige Verfahren nicht einfach fortgesetzt werden, da auch ein nichtiges Urteil es, weil formeller, wenn auch nicht materieller Rechtskraft fähig, formell beendet[143].

Ist das Verfahren nicht durch Urteil, sondern durch **Vergleich** beendet wor- **26** den, so entspricht die Rechtslage derjenigen, dass der notwendig Beigeladene diesem Vergleich nicht zugestimmt hat (vgl. § 66 Rn. 10; § 106 Rn. 6).

G. Beiladung im Massenverfahren

I. Grundsatz

Die **notwendige Beiladung** wird gemäß § 65 Abs. 3 unter bestimmten Vo- **27** raussetzungen **präkludiert** und über § 121 S. 2 **fingiert.** § 65 Abs. 3 soll das Gericht in die Lage versetzen, auch bei einer Vielzahl von Beteiligten das Verfahren in angemessener Zeit durchführen zu können. § 65 Abs. 3 hat aber nicht nur mehr verfahrenstechnische, sondern erhebliche verfahrensrechtliche Bedeutung. Unterbleibt eine an sich gebotene notwendige Beiladung, so können hieraus schwer wiegende Folgen entstehen. Sie sind oben Rn. 22 ff. umrissen worden, zwar umstritten, führen aber in jedem Fall dazu, dass es zu keiner abschließenden materiellen Rechtskraft der Schlussentscheidung kommt. Angesichts der Ausweitung des VA mit Doppelwirkung sowohl personell wie räumlich, wie sie bei Großanlagen nicht selten auftritt, kann es leicht passieren, dass ein notwendig Beizuladender übersehen wird. Auch die Präklusion im Verwaltungsverfahren ist hiergegen kein sicheres Mittel, wenn dort mehrere tausend Einwender sich melden. § 65 Abs. 3 will diese Schwierigkeiten durch eine Beiladungspräklusion lösen, die mit einer Beiladungsfiktion und entsprechender Erstreckung der Rechtskraft in § 121 Nr. 2 verbunden ist.

Die gesetzliche Regelung fand sich bereits im EntwVPO BMI (§ 68 Abs. 4) und im RegEntwVPO (§ 60 Abs. 5); sie geht auf Überlegungen von Schmidt-Assmann VVDStRL 34, 249 zurück. Sie dürfte trotz der erheblichen Auswirkungen verfassungsrechtlich unbedenklich sein, wenn Satz 8 sorgfältig beachtet und die dort vorgesehene Soll-Vorschrift eher wie eine Muss- als wie eine Kann-Vorschrift gehandhabt wird[144]. In seinen Stellungnahmen zu den VPO-Entwürfen hat der DAV stets eine Muss-Vorschrift gefordert.

II. Voraussetzungen

1. **Anzahl der Betroffenen. Das Gericht,** nicht Vorsitzender oder Berichter- **28** statter, kann die Präklusion durch Beschluss anordnen. Es setzt dies voraus, dass die notwendige, nicht etwa die einfache Beiladung von **mehr als fünfzig Personen** in Betracht kommt. Vage Vermutungen einer solchen Zahl genügen sicher nicht. Auf der anderen Seite ist eine konkrete Feststellung nicht erforderlich. Anhaltspunkte ergeben sich einmal aus den Verwaltungsvorgängen.

---

142 Freytag DV 1949, 74.
143 Kopp/Schenke Rn. 43.
144 Zweifelnd Kopp/Schenke Rn. 26; Kopp DVBl. 1980, 325.

Weisen sie eine Beteiligung von mehr als 50 individuell möglicherweise betroffenen Einwendern auf, wird man bei entsprechender Verfahrensgestaltung mit einer ähnlichen Zahl von Beizuladenden zu rechnen haben. Fehlt im VerwVerfahren eine Präklusion, so wird es auf die räumlichen und sachlichen Auswirkungen des streitigen Vorhabens ankommen. Auch die Publizität des Vorhabens kann Hinweise auf die Beteiligung geben, auch wenn diese von rechtlichen Voraussetzungen abhängt. Der Beschluss ist auch zulässig, wenn die Zahl »fünfzig« die nach Satz 8 ohne Antrag beizuladenden Personen einschließt.

29 2. **Zeitpunkt.** Der Beschluss ist **in jedem Verfahren und zu jeder Verfahrenszeit** zulässig, also auch im Verfahren des vorläufigen Rechtsschutzes. Er wird für ein solches Verfahren freilich nur selten in Frage kommen, da eine Mindestfrist von drei Monaten für die Antragstellung vorgesehen ist, in Verfahren nach §§ 80, 80a und 123 aber schneller entschieden werden sollte. Auch werden Entscheidungen nach § 65 Abs. 3 in erster Linie Verpflichtungsklagen betreffen; in Anfechtungssachen ist eine große Zahl von notwendig Beizuladenden selten; sie müssen, da vom VA mit Doppelwirkung betroffen, selbst klagen.

30 3. **Beschlussinhalt.** Der Beschluss muss **inhaltlich** erkennbar machen, welch ein Verfahren anhängig ist, wie der Sachstand ist und warum die Beiladung notwendig erscheint. Er muss die Aufforderung enthalten, die notwendige Beiladung innerhalb einer bestimmten Frist zu beantragen. Es muss das Aktenzeichen des Verfahrens und die genaue Anschrift des Gerichts angegeben werden. Die Frist muss das Gericht so wählen, dass für den Antrag mindestens drei Monate Zeit seit der Veröffentlichung im BAnz besteht. Der Fristablauf ist im Beschluss genau anzugeben. Ein Hinweis, dass bei Verspätung Wiedereinsetzung beantragt werden kann, sollte in dem Beschluss enthalten sein. Die Zulässigkeit der Wiedereinsetzung ist in Satz 7 ausdrücklich festgelegt. Sollte § 65 Abs. 3 praktische Bedeutung gewinnen, was freilich kaum anzunehmen ist, wird die Rechtsprechung an den Inhalt strenge Anforderungen stellen; er muss die vollständige Unterrichtung aller potenziell Betroffenen gewährleisten sowohl über den Streitgegenstand wie über das Verfahren wie über die Folgen. Mangelt es hieran, wird die Rechtsprechung trotz der Unanfechtbarkeit den Beschluss für gegenstandslos ansehen und dabei ähnliche Wege wie bei der Einwendungspräklusion des § 10 BImSchG gehen[145].

31 4. **Veröffentlichung.** Der Beschluss ist im **BAnz** und in **Tageszeitungen** zu veröffentlichen, die in dem Bereich verbreitet sind, in dem sich die Entscheidung voraussichtlich auswirken wird. § 65 Abs 3 übernimmt damit die Formulierung des § 56a; auf die dortigen Bemerkungen (Rn. 5, 6) kann verwiesen werden.

32 5. **Obligatorische Beiladung.** Von besonderer Bedeutung ist Satz 8. Das **Gericht hat** unabhängig von Beschluss und Antrag alle die Personen **beizuladen**, die nach der Aktenlage von der Entscheidung erkennbar in besonderem Maße betroffen werden. Zwar ist Satz 8 nur als Sollvorschrift formuliert. Aber schon das Gebot des rechtlichen Gehörs zwingt das Gericht, solche Personen von Amts wegen beizuladen, bei denen es aus den Akten ersieht, dass bei ihnen ein Fall der notwendigen Beiladung vorliegt. Die Betroffenheit »in besonderem Maße« kann nicht zu besonderen Anforderungen führen; sie ist

---

145 Vgl. Sellner Rn. 366 ff.

in jedem Falle einer notwendigen Beiladung gegeben; das Gericht wäre auch bei einer besonderen Prognose sicher überfordert. In der Amtl. Begründung des RegEntwVPO (S. 97) werden als stets auch ohne Antrag beizuladen derjenige, der die streitige Anlage betreibt oder betreiben will, oder Personen genannt, in deren privatrechtliche oder wohlerworbene öffentlich-rechtliche Rechtspositionen eingegriffen wird oder die Rechtsnachfolger des Klägers sind.

6. Entscheidung. Das **Gericht** hat **über** die fristgemäß eingehenden **Anträge**   **33** zu **entscheiden.** Es hat in jedem Einzelfall die Voraussetzungen der notwendigen Beiladung zu prüfen; liegen sie vor, ist beizuladen. Verspätet eingehende Anträge kann das Gericht zurückweisen; es ist aber hierzu nicht gezwungen. Ein zwingender Grund, solche Anträge in jedem Falle abzulehnen, ist nicht ersichtlich. Ist das Verfahren noch nicht so weit fortgeschritten, dass die Einbeziehung eines verspäteten Antrages den Ablauf verzögern würde, steht der Beiladung nichts entgegen.

III. Unanfechtbarkeit

Der **Beschluss** ist **unanfechtbar.** Diese Unanfechtbarkeit muss, wenn sie sinn-   **34** voll wirken soll, auch die nächsten Instanzen erfassen, also bis zur rechtskräftigen Entscheidung wirken. Eine Beschränkung auf die jeweilige Instanz würde die Präklusion wirkungslos machen. Die Bindung besteht auch, wenn der Beschluss an sich fehlerhaft erscheint (§§ 512, 557 ZPO, § 173). Auch hier muss freilich der Beschluss sich im Rahmen des Art. 103 GG halten; darauf ist er in den Instanzen zu prüfen.

IV. Rechtskraftfiktion

Die **Bedeutung** des Beschlusses liegt in der **Fiktion der Rechtskraftwirkung** in   **35** § 121 Nr. 2. Danach bindet ein rechtskräftiges Urteil, soweit über den Streitgegenstand entschieden worden ist, auch die Personen, die im Falle des § 65 Abs. 3 einen Antrag auf Beiladung nicht oder nicht fristgemäß gestellt haben.

V. Vorhaben- und Erschließungsplan

§ 18 Abs. 7 InVorG bestimmt, dass in einem verwaltungsgerichtlichen Ver-   **35a** fahren über einen Vorhaben- und Erschließungsplan diejenigen Anmelder beizuladen sind, die dies innerhalb einer Frist von einem Monat seit der Veröffentlichung eines entsprechenden Gerichtsbeschlusses beantragen. Uechtritz[146] weist zutreffend darauf hin, dass hier eine gesetzlich vorgeschriebene Beiladung zu einem Normenkontrollverfahren vorliegt. Freilich hat der Gesetzgeber von einer Bezugnahme auf § 121 Nr. 2 VwGO abgesehen, obwohl er die Rechtskrafterstreckung gewollt hat; ob sie analog anzunehmen ist, mag zweifelhaft sein; es wird von Uechtritz bejaht.

---

146   DVBl. 1993, 189 ff.

§ 66   [Stellung des Beigeladenen]

Der Beigeladene kann innerhalb der Anträge eines Beteiligten selbstständig Angriffs- und Verteidigungsmittel geltend machen und alle Verfahrenshandlungen wirksam vornehmen. Abweichende Sachanträge kann er nur stellen, wenn eine notwendige Beiladung vorliegt.

A. Allgemeine Stellung des Beigeladenen

I. Selbstständigkeit

1   Für Rechte und Rechtsstellung des Beigeladenen gelten eine Reihe gemeinsamer Grundsätze, zum Teil unterscheidet sich die Stellung des einfachen von der des notwendig Beigeladenen.

Gemeinsam ist ihnen, dass der **Beigeladene selbstständiger Dritter** in einem Verfahren zwischen Kläger und Beklagten ist. Der Beigeladene ist nicht auf die Unterstützung eines der Hauptbeteiligten beschränkt, sondern kann seine Interessen selbstständig, notfalls auch gegen beide Hauptbeteiligte vertreten. Diese Stellung unterscheidet ihn grundsätzlich von der des Nebenintervenienten (§ 66 ZPO) und des streitgenössischen Nebenintervenienten des Zivilprozesses (§ 69 ZPO). Nebenintervenient und streitgenössischer Nebenintervenient sind auf einer Seite an dem Rechtsstreit zwischen Kläger und Beklagten beteiligt, ihre Rechte und Pflichten bestimmen sich nach der Stellung der Parteien. Die VwGO hat diese Institute bewusst nicht übernommen, sondern an ihrer Stelle die Form der Beiladung gewählt, die den Besonderheiten des Verwaltungsprozesses besser entspricht. Hier spielen die eigenen Interessen des Beigeladenen oft eine weit größere Rolle, die sich deutlich von denen beider Hauptbeteiligter unterscheiden. Im Nachbarprozess hat der beigeladene Nachbar über die Auswirkungen seiner Beeinträchtigung oft andere Auffassungen als die auf Dispenserteilung beklagte Baubehörde und der den Dispens anstrebende Bauherr, ebenso wie im Streit um die Abrundung eines Jagdbezirks der Betroffene die Abrundung oft uneingeschränkt ablehnt, während die Behörde eine mittlere Linie verfolgt und der betreibende Inhaber des Jagdbezirks die volle Abrundung wünscht. Der Verwaltungsprozess ist nicht mit der Eindeutigkeit Zweiparteienverfahren wie der Zivilprozess (vgl. etwa den In-sich-Prozess § 63 Rn. 8). Rechtspr. und Literatur zu §§ 60, 66 ff. ZPO sind deshalb zur Auslegung des § 66 nur begrenzt heranziehbar[1].

II. Beteiligter

2   Der **Beigeladene** ist nach § 63 Nr. 3 **mit Zustellung** oder Verkündung des Beschlusses in allen Instanzen **Beteiligter** des Verfahrens, solange der Beschluss nicht aufgehoben ist. Er kann deshalb alle Rechte eines Beteiligten ausüben, wie sie die VwGO vorsieht, also alle Prozesshandlungen vornehmen, an der Erforschung des Sachverhalts mitwirken, die Akten einsehen, an allen Verhandlungen teilnehmen, das Fragerecht bei Vernehmungen ausüben, An-

---

1   Str.; wie hier BVerwGE 1, 27; Kassel NJW 1965, 603; Lüneburg VRspr. 30, 754; Schunck/De Clerck Rn. 4; a.A. wohl Schoch/Bier Rn. 2; ferner auch Wilde NJW 1972, 1653.

griffe und Verteidigungsmittel uneingeschränkt vortragen, Beweisanträge stellen, für die ggf. § 86 Abs. 2 gilt, Prozesskostenhilfe beantragen[2] usw. Er hat Anspruch auf Ladung zu allen Terminen, Zustellung aller gerichtlichen Entscheidungen und Schriftsätze. Als Beteiligter kann er nicht als Zeuge vernommen werden. Die Rechtskraft des Urteils erstreckt sich nach § 121 auch auf ihn.

Der **Beigeladene ist nicht Kläger oder Beklagter.** Es kann deshalb gegen ihn, **3** solange er nicht selbst Rechtsmittel einlegt, kein Urteil ergehen, sondern allenfalls eine Kostenentscheidung (§ 154 Abs. 3). Ebenso wenig kann er selbstständig Widerklage oder Zwischenfeststellungsklage erheben[3]. Will er dies, so muss er im getrennten Verfahren klagen, das ggf. mit dem anderen Verfahren aus prozessökonomischen Gründen zu teilweiser gemeinsamer Verhandlung gem. § 93 verbunden werden kann.

III. Eintritt in den Verfahrensstand

Der Beigeladene muss den **Verfahrensstand im Zeitpunkt des Beiladungsbe-** **4** **schlusses** übernehmen. Eine Wiederholung früherer Prozesshandlungen kann er nicht verlangen[4]. Der Beigeladene kann alle Rechtsmittel einlegen und auch die Wiederaufnahme des Verfahrens beantragen[5], was aber voraussetzt, dass er in dem abgeschlossenen Verfahren beigeladen war.

B. Rechtsmittel des Beigeladenen

Das **Rechtsmittel** setzt **Beschwer des Beigeladenen** voraus. Es kommt hierfür **5** nicht darauf an, ob das bloße Berühren rechtlicher Interessen genügt oder das Urteil den Beigeladenen in seinen Rechten oder seinen rechtlich geschützten Interessen[6] verletzt haben muss (vgl. hierzu § 65 Rn. 4). Denn zulässig ist es schon wegen der Beschwer, die sich aus der Bindungswirkung des § 121 ergibt (vgl. § 65 Rn. 17)[7]. Eine formelle Beschwer ist nicht erforderlich[8]. Zur materiellen Beschwer des Institutes für medizinische und pharmazeutische Prüfungsfragen vgl. BVerwGE 98, 210. Das Rechtsmittel ist unbegründet, deshalb erfolglos, wenn es in der Sache an einer Rechtsverletzung fehlt[9], wie etwa im Bodenverkehrsgenehmigungsverfahren das Rechtsmittel des beigeladenen Käufers gegen ein obsiegendes Urteil des Verkäufers[10] oder im Teilungsgenehmigungsverfahren das Rechtsmittel der beigeladenen höheren

---

2　Münster OVGE 3, 80.
3　Koblenz DVBl. 1952, 542.
4　BVerwGE 1, 127 ff.; Eyermann/J. Schmidt Rn. 4.
5　Lüneburg VRspr. 12, 250.
6　Kassel DÖV 1976, 607.
7　BVerwG DVBl. 1997, 1324; a.A. BVerwGE 31, 233; vgl. aber auch E 37, 43; 64, 67; dazu J. Schroeder-Printzen NVwZ 1990, 614 ff.; Münster DVBl. 1996, 240: keine Beschwer, wenn Beigeladener nur Verwaltungsinteressen vertritt.
8　BVerwG Buchh. § 65 Nr. 119.
9　BVerwG NVwZ 1998, 842.
10　Str.; vgl. BVerwGE 47, 19; 37, 43; 31, 233; München NVwZ 1983, 413; Münster DVBl. 1976, 117; OVGE 27, 441; Kassel DÖV 1976, 607; DÖV 1988, 90; NuR 1988, 250.

Verwaltungsbehörde[11]. Umgekehrt ist das Rechtsmittel des beigeladenen Dritten erfolgreich, wenn zwar der ihn begünstigende VA objektiv rechtswidrig ist, aber den Kläger nicht in seinen – individuellen – Rechten verletzt[12]. Das Rechtsmittel des zu Unrecht Beigeladenen soll nach BVerwG[13] stets unzulässig sein; aber auch auf diesen Beigeladenen erstreckt sich die Rechtskraftwirkung des § 121, die mindestens ihm die Berufung auf die Unrichtigkeit der Entscheidung unmöglich macht.

Haben Kläger und Beigeladene Revision eingelegt, so bleibt die Revision des Beigeladenen zulässig, auch wenn der Kläger seine Revision zurücknimmt[14]. Mit dem Beiladungsbeschluss entsteht ein Prozessrechtsverhältnis zwischen dem Beigeladenen und den Hauptbeteiligten, das infolge der eingeschränkten Dispositionsbefugnis des Beigeladenen allerdings inhaltlich wesentlich begrenzter ist als das zwischen den Hauptbeteiligten selbst.

C. Dispositionsbefugnis

6 Einfacher und notwendiger Beigeladener unterscheiden sich durch die **Einwirkung auf die Dispositionsbefugnis der Hauptbeteiligten.**

I. Einfacher Beigeladener

Der **einfache Beigeladene** hat auf die **Disposition** der Hauptbeteiligten **keinen Einfluss.** Er kann nicht verhindern, dass diese das Verfahren durch Klagerücknahme, Vergleich, Erledigungserklärung, Rücknahme eines Rechtsmittels usw. beenden. Seine Zustimmung ist hierzu nicht erforderlich, auch nicht zur Klagerücknahme, wie sich aus § 92 Abs. 1 ergibt, ebenso auch nicht zur Sprungrevision[15]. Das gilt auch, wenn der Beigeladene allein ein Rechtsmittel eingelegt hat. Ist beispielsweise die Klage abgewiesen worden und hat der Beigeladene Berufung eingelegt, nimmt dann aber der Kläger die Klage zurück oder einigen sich die Hauptbeteiligten innerhalb oder außerhalb des Verfahrens mit der Folge des gerichtlichen Vergleichs, der Erledigungserklärung oder der Klagerücknahme, so ist das Rechtsmittel des Beigeladenen gegenstandslos und das Verfahren einzustellen. In dem Einstellungsbeschluss ist über die Kosten des Verfahrens zu entscheiden. Im Rahmen der §§ 154, 162 kann eine Kostenentscheidung auch gegenüber dem Beigeladenen getroffen werden[16]. Beharrt der Beigeladene auf seinem Rechtsmittel, ist es als unzulässig zu verwerfen[17].

Eine solche Form der Verfahrensbeendigung, insbesondere ein solcher Vergleich bindet den Beigeladenen nicht[18], er kann notfalls, wenn der Vergleich einen Hoheitsakt enthält oder aber die Behörde auf Grund des Vergleichs ei-

---

11   BVerwG ZfBR 1992, 241.
12   BVerwG Buchh. 406.19 Nachbarschutz Nr. 37; NVwZ 1982, 115; UPR 1984, 126.
13   E 37, 43; Zustimmend Eyermann/J. Schmidt Rn. 6; zustimmend für den notwendig Beigeladenen München NVwZ 1998, 529.
14   BSG NJW 1963, 1943.
15   BVerwGE 16, 273.
16   Lüneburg ZMR 1955, 285; nur bei Klagerücknahme Münster OVGE 8, 228.
17   Münster MDR 1980, 260 für Berufung eines VöI.
18   Münster OVGE 8, 228, 233.

nen VA erlässt, diesen selbstständig in einem neuen Verfahren als Kläger angreifen. Beteiligt sich der Beigeladene am Vergleich, so hat er auch die sich hieraus ergebenden Prozessrechte, z.b. das Recht zum Widerruf mit der Folge der Unwirksamkeit des Vergleichs[19].

Innerhalb des Verfahrens ist der **einfache Beigeladene an die Sachanträge** der   **7** Hauptbeteiligten **gebunden**. Er kann die Klage weder erweitern noch abändern[20]. Dagegen kann er abweichende Verfahrensanträge stellen und Verfahrenshandlungen vornehmen, also etwa Gegenbeweise antreten, einen von den Hauptbeteiligten anerkannten Sachverständigen ablehnen usw.

II. Notwendig Beigeladener

Auch dem **notwendig Beigeladenen** fehlt grundsätzlich die Dispositionsbe-   **8** fugnis, die allein den Hauptbeteiligten zukommt. Aus seiner materiell-rechtlichen Verbundenheit zu dem Streitgegenstand ergeben sich aber Besonderheiten, die es ihm im gewissen Umfange ermöglichen, Prozessdispositionen der Hauptbeteiligten zu beeinflussen. Die Stellung des notwendig Beigeladenen gleicht in vieler Hinsicht der der Hauptbeteiligten; dennoch bleiben Unterschiede[21].

Auch der **notwendig Beigeladene** kann die **Rücknahme der Klage** oder eines   **9** Rechtsmittels oder die **Klaglosstellung des Klägers nicht hindern**[22]. Erlässt die beklagte Behörde den beantragten, den notwendig Beigeladenen belastenden VA mit Doppelwirkung, so muss er dies hinnehmen. Er kann nur diesen VA selbstständig mit einer Klage angreifen. Erkennt der Beklagte an oder verzichtet der Kläger, so kann der Beigeladene die sich hieraus ergebenden Urteile durch abweichende Anträge verhindern.

Dagegen ist ein **Prozessvergleich** über den Streitgegenstand **ohne Zustim-**   **10** **mung des notwendig Beigeladenen nicht rechtswirksam**[23] (Zustimmung nur erforderlich, wenn Vergleich in seine Rechtsstellung eingreift[24]). Denn der Vergleich im Verwaltungsprozess hat ähnlich wie im Zivilprozess eine Doppelnatur, er ist materiell-rechtlich Vertrag, gleichzeitig aber auch Prozesshandlung[25]. Ist aber ein Urteil materiell-rechtlich unwirksam, wenn die notwendige Beiladung unterblieben ist (vgl. § 65 Rn. 22 ff.), so muss auch ein Prozessvergleich unwirksam sein, an dem der notwendig Beigeladene nicht mitgewirkt hat[26]. Materiell-rechtlich bleibt der Vergleich als außergerichtlicher Vertrag unberührt, wenn die Mitwirkung des notw. Beigeladenen im Außenverhältnis nicht erforderlich ist[27] (Münster[28] hält in diesem Fall auch den Prozessvergleich ohne Beigeladenen für zulässig). Ob der **außergerichtliche Vergleich** zwischen den Hauptbeteiligten der Zustimmung des notwen-

---

19   Lüneburg DVBl. 1986, 1213.
20   Koblenz DVBl. 1952, 542.
21   Joeres, Rechtsstellung des notwendig Beigeladenen, 1981, setzt sich für die volle Gleichsetzung mit den Hauptbeteiligten ein.
22   BFH NJW 1970, 2263.
23   Differenzierend Eyermann/J. Schmidt Rn. 11.
24   Wie hier Kopp/Schenke Rn. 14; a.A. Münster OVGE 8, 121; 233; Ule S. 116.
25   Vgl. Baumbach/Hartmann Rn. 2 im Anh. zu § 307.
26   A.A. ohne Begründung BVerwG Buchh. 310 § 67 Nr. 69.
27   Lüneburg DVBl. 1985, 1325; Schoch/Bier Rn. 7.
28   OVGE 9, 177.

dig Beigeladenen bedarf, bestimmt sich nach § 58 Abs. 1 VwVfG. Sie ist erforderlich, wenn der Vergleich als öffentlich-rechtlicher Vertrag in Rechte des Beigeladenen eingreift. Wann dies der Fall ist, ist bei Verpflichtungsverträgen, um die es sich meist handeln wird, zweifelhaft[29]. Das Ergebnis bleibt deshalb in solchen Fällen oft unsicher, die Regelung ist nur selten zu empfehlen. Für die **Erledigung der Hauptsache** ist die Zustimmung des notwendig Beigeladenen nicht erforderlich, da, wenn die Hauptsache erledigt ist, für eine Sachentscheidung des Gerichts kein Raum mehr ist. Daran kann aber auch das Fehlen der Zustimmung des Beigeladenen nichts ändern, sodass es hierauf nicht ankommt[30]. Erledigt sich die Hauptsache nach Berufung des Beigeladenen, ist wie oben Rn. 6 zu verfahren. Sperrt sich der notwendig Beigeladene oder erscheint er zum Termin nicht, können deshalb die Hauptbeteiligten durch materiell-rechtlichen Vergleich – die Wirksamkeit nach § 58 VwVfG unterstellt – und prozessuale Erledigungserklärung das Verfahren auch ohne ihn beenden. Wieweit der Vollzug des Vergleiches den Beigeladenen zu selbstständigen Rechtsbehelfen berechtigt, ist eine andere, allein dem materiellen Recht zugehörige Frage[31]. Die **Zustimmung zur Sprungrevision** nach § 134 ist nach Auffassung des GemS nicht erforderlich, auch wenn der Beigeladene einen dem Rechtsmittel entgegengesetzten Antrag gestellt hat[32]. Das NeuregelungsG 1990 ist dieser Auffassung gefolgt; die Zustimmung auch des notwendig Beigeladenen wird in § 134 Abs. 1 nicht mehr gefordert. Will der Beigeladene Sprungrevision einlegen, müssen Kläger und Beklagter zustimmen (vgl. § 134 Rn. 2).

11 Innerhalb des Verfahrens kann der notwendig Beigeladene nicht nur abweichende Verfahrenshandlungen vornehmen, sondern auch **abweichende Sachanträge** stellen[33]. Sie sind freilich auf den durch den Streitgegenstand gezogenen Rahmen beschränkt. Auch der notwendig Beigeladene kann den Streitgegenstand nicht ändern oder erweitern[34]. Er kann aber etwa im Nachbarprozess die volle Aufrechterhaltung eines ihm erteilten Dispenses beantragen, wenn die beklagte Verwaltungsbehörde der die volle Beseitigung des Dispenses anstrebenden Klage z. T. zu entsprechen bereit ist oder diese sogar teilweise anerkennt.

Die Abgrenzung ist schwierig und bisher wenig geklärt. Kopp/Schenke (Rn. 7) will die Grenze nicht durch den Streitgegenstand bestimmen, sondern durch die Rechte des Beigeladenen im Sinne des § 42. Damit könnte aber der Beigeladene den Streitgegenstand ändern, was mit seiner Stellung – er ist nicht Hauptbeteiligter – kaum vereinbar ist.

12 Auch der **notwendig Beigeladene handelt selbstständig.** Er vertritt keinen der Hauptbeteiligten. Die Rücknahme eines von ihm eingelegten Rechtsmittels bedarf nur der Zustimmung des Berufungsbeklagten, nicht des anderen Hauptbeteiligten (§ 126). Nehmen Hauptbeteiligter und notwendig Beigeladener widersprüchliche Verfahrenshandlungen vor, so sind sie vom Gericht selbstständig zu prüfen wie bei Widerspruch zwischen Kläger und Beklagten.

---

29 Vgl. Stelkens/Bonk Rn. 10 ff. zu § 58.
30 BVerwGE 30, 27; Buchh. 310 § 161 Nr. 90; Bremen DVBl. 1986, 1212; München VGH n.F. 4, 197; VG Schleswig NJW 1966, 2425; a.A. Joeres, o. FN. 965, S. 103.
31 Vgl. hierzu Redeker DÖV 1966, 545.
32 GemS OBG BVerwGE 50, 369; BVerwGE 16, 273; BSGE 23, 168; a.A. zuvor BSG NJW 1966, 1095; Joeres, o. FN. 965, S. 113.
33 Ein Beispiel bei BVerwG VIZ 1996, 209.
34 Münster OVGE 8, 121; a.A. Schoch/Bier Rn. 6.

§ 67 [Vertretungszwang, Prozessbevollmächtigte, Beistände]

(1) Vor dem Bundesverwaltungsgericht und dem Oberverwaltungsgericht muss sich jeder Beteiligte, soweit er einen Antrag stellt, durch einen Rechtsanwalt oder einen Rechtslehrer an einer deutschen Hochschule im Sinne des Hochschulrahmengesetzes mit Befähigung zum Richteramt als Bevollmächtigten vertreten lassen. Dies gilt auch für die Einlegung der Revision sowie der Beschwerde gegen ihre Nichtzulassung und der Beschwerde in den Fällen des § 99 Abs. 2 dieses Gesetzes sowie des § 17a Abs. 4 Satz 4 des Gerichtsverfassungsgesetzes und für den Antrag auf Zulassung der Berufung sowie für Beschwerden und sonstige Nebenverfahren, bei denen in der Hauptsache Vertretungszwang besteht, mit Ausnahme der Beschwerden gegen Beschlüsse im Verfahren der Prozesskostenhilfe. Juristische Personen des öffentlichen Rechts und Behörden können sich auch durch Beamte oder Angestellte mit Befähigung zum Richteramt sowie Diplomjuristen im höheren Dienst, Gebietskörperschaften auch durch Beamte oder Angestellte mit Befähigung zum Richteramt der zuständigen Aufsichtsbehörde oder des jeweiligen kommunalen Spitzenverbandes des Landes, dem sie als Mitglied angehören, vertreten lassen. In Angelegenheiten der Kriegsopferfürsorge und des Schwerbehindertenrechts sowie der damit in Zusammenhang stehenden Angelegenheiten des Sozialhilferechts sind vor dem Oberverwaltungsgericht als Prozessbevollmächtigte auch Mitglieder und Angestellte von Verbänden im Sinne des § 14 Abs. 3 Satz 2 des Sozialgerichtsgesetzes und von Gewerkschaften zugelassen, sofern sie kraft Satzung oder Vollmacht zur Prozessvertretung befugt sind. In Abgabenangelegenheiten sind vor dem Oberverwaltungsgericht als Prozessbevollmächtigte auch Steuerberater und Wirtschaftsprüfer zugelassen. In Angelegenheiten, die Rechtsverhältnisse im Sinne des § 52 Nr. 4 betreffen, in Personalvertretungsangelegenheiten und in Angelegenheiten, die im Zusammenhang mit einem gegenwärtigen oder früheren Arbeitsverhältnis von Arbeitnehmern im Sinne des § 5 des Arbeitsgerichtsgesetzes stehen einschließlich Prüfungsangelegenheiten, sind vor dem Oberverwaltungsgericht als Prozessbevollmächtigte auch Mitglieder und Angestellte von Gewerkschaften zugelassen, sofern sie kraft Satzung oder Vollmacht zur Vertretung befugt sind. Die Sätze 4 und 6 gelten entsprechend für Bevollmächtigte, die als Angestellte juristischer Personen, deren Anteile sämtlich im wirtschaftlichen Eigentum einer in den Sätzen 4 und 6 genannten Organisationen stehen, handeln, wenn die juristische Person ausschließlich die Rechtsberatung und Prozessvertretung der Mitglieder der Organisation entsprechend deren Satzung durchführt und wenn die Organisation für die Tätigkeit der Bevollmächtigten haftet.

(2) Vor dem Verwaltungsgericht kann sich ein Beteiligter in jeder Lage des Verfahrens durch einen Bevollmächtigten vertreten lassen und sich in der mündlichen Verhandlung eines Beistandes bedienen. Durch Beschluss kann angeordnet werden, dass ein Bevollmächtigter bestellt oder ein Beistand hinzugezogen werden muss. Vor dem Verwaltungsgericht kann jede Person als Bevollmächtigter und Beistand auftreten, die zum sachgemäßen Vortrag fähig ist.

(3) Die Vollmacht ist schriftlich zu erteilen. Sie kann nachgereicht werden; hierfür kann das Gericht eine Frist bestimmen. Ist ein Bevollmächtigter bestellt, so sind die Zustellungen oder Mitteilungen des Gerichts an ihn zu richten.

Übersicht

A. Verfahren vor dem Bundesverwaltungsgericht

1   Nach § 67 Abs. 1 bedarf jeder Beteiligte im Verfahren vor dem Bundesverwaltungsgericht, soweit er einen Antrag stellt, der prozessualen Vertretung
durch einen Rechtsanwalt oder einen Rechtslehrer an einer deutschen Hochschule im Sinne des Hochschulrahmengesetzes mit Befähigung zum Richteramt (kurz **Vertretungszwang** genannt). Er selbst kann rechtswirksam vor
dem Bundesverwaltungsgericht keine Prozesshandlung vornehmen, da ihm
die Postulationsfähigkeit (Verhandlungsfähigkeit) fehlt. Dieser Grundsatz
wird durch Satz 3 für die öffentliche Hand durchbrochen, der die Vertretung
durch Beamte oder Angestellte mit Befähigung zum Richteramt gestattet.

I. Rechtsanwalt

Als **Rechtsanwalt** kann vor dem Bundesverwaltungsgericht nur ein bei einem **2** deutschen Gericht nach §§ 18 ff. BRAO v. 1.8.1959 (BGBl. I S. 565) zugelassener Rechtsanwalt auftreten[1]. Die Begrenzung auf die bei einem deutschen Gericht zugelassenen Anwälte ergibt sich daraus, dass der ausländische Anwalt für eine Tätigkeit vor deutschen Gerichten einer besonderen Zulassung bedarf, da sich § 3 Nr. 2 des RBerG nur auf vor einem deutschen Gericht zugelassene Anwälte bezieht[2]. Der ausländische Anwalt bedarf deshalb der Zulassung nach dem RBG, die aber nur den Status eines Rechtsbeistandes begründen kann. Das gilt nicht für Rechtsanwälte aus dem EU-Bereich. Hierzu vgl. Rn. 9d. Ein Rechtsbeistand ist auch bei Mitgliedschaft in einer Rechtsanwaltskammer nicht vertretungsbefugt[3].

II. Rechtslehrer

Jeder Rechtslehrer an einer deutschen Hochschule im Sinne des HRG mit der **2a** Befähigung zum Richteramt kann als Prozessbevollmächtigter tätig werden. Zu diesem Personenkreis gehört zum einen jeder, dem die Lehrbefugnis eines juristischen Faches an einer deutschen Hochschule gemäß §§ 43 ff. HRG und den jeweiligen Landesgesetzen zusteht, also Professoren, Honorarprofessoren und Hochschuldozenten. Die Zulassung auch des Emeritus[4] dürfte auch für den pensionierten Professor gelten, da sie aus der korporationsrechtlichen Stellung des Professors abgeleitet worden ist. Zum anderen gehören seit der Änderung durch Art. 1 Nr. 8 lit a) RmBereinVpG zum Kreis der zugelassenen Bevollmächtigten alle Personen, die als Rechtslehrer an einer der in § 1 HRG aufgeführten Hochschulen als Rechtslehrer tätig sind und die Befähigung zum Richteramt haben. Damit ist insbesondere den an Fachhochschulen tätigen Rechtslehrern die Möglichkeit der Prozessvertretung eingeräumt worden; diese war nach früherer Rechtslage nicht möglich. Weiterhin nicht zugelassen sind wissenschaftliche Assistenten[5], auch wenn sie einen Lehrauftrag haben. Professoren bedürfen für die Vertretung vor dem BVerwG keiner besonderen Erlaubnis nach dem RBG, für die es angesichts des nur engen Tätigkeitsbereiches von Rechtsbeiständen (§ 1 Abs. 1 S. 2 RBG) auch keine Grundlage mehr gäbe. § 67 Abs. 1 geht dem Verbot des § 1 RBG voraus. Ohne eine ausdrückliche abweichende Regelung in einer Verfahrensordnung gilt freilich § 1 RBG auch für Professoren, da sie in § 3 RBG von dem Verbot geschäftsmäßiger Rechtsbesorgung nicht ausgenommen sind, was sich im Gegenschluss auch aus § 2 RBG ergibt. Für ein Gewohnheitsrecht der Rechtslehrer, geschäftsmäßig fremde Rechtsangelegenheiten zu besorgen, fehlt es an allen Voraussetzungen. Eine analoge Anwendung des § 67 Abs. 1 auch auf § 67 Abs. 2 lässt sich angesichts des entgegenstehenden

---

1 BVerwG NJW 1998, 299; ein standesrechtliches Vertretungsverbot führt nicht zur unwirksamen anwaltlichen Vertretung, Magdeburg DÖV 2000, 251.
2 Altenhoff-Busch-Kampmann, RBG, 6. Aufl., 1981, Rn. 268.
3 Mannheim NJW 1998, 1330.
4 BVerwGE 52, 161.
5 BVerwG NJW 1970, 2314; Hamburg NVwZ-RR 2000, 647.

Wortlauts nicht halten[6]. Die Frage ist bis zum BVerwG hin höchst umstritten.[7]

III. Persönlicher Geltungsbereich des Vertretungszwanges

3   Der Vertretungszwang gilt **für jeden Beteiligten** im Sinne des § 63, nicht aber für die **öffentliche Hand.** Auch die nach § 146 Abs. 1 sonst von der Entscheidung Betroffenen unterliegen nach der eindeutigen sprachlichen Fassung des § 67 Abs. 1 S. 1 nicht dem Vertretungszwang[8]. Findet ein Beteiligter keinen vertretungsbereiten Anwalt, so ist er ihm unter den Voraussetzungen des § 78b ZPO vom BVerwG beizuordnen[9] (nicht erforderlich, wenn Antragsteller Anwalt als Pfleger hat[10]). Die Aufführung des VBI und der VöI in § 63 Nr. 4 als Beteiligte hat zahlreiche Streitfragen ergeben. Der VBI unterliegt nicht dem Vertretungszwang (§ 35 Rn. 4). Nach der Rechtsprechung gilt das Gleiche für den VIA im Verfahren nach dem LAG[11] und nach dem AKG[12] sowie den VöI, der nicht Parteivertreter ist[13] (vgl. § 36 Rn. 7). Auch für den Bundesbeauftragten für Asylangelegenheiten nach § 6 AsylVfG kein Vertretungszwang[14]. Treten die Vertreter des (besonderen) öffentlichen Interesses als Vertreter von Einrichtungen der öffentlichen Hand im Prozess auf und erfüllen die persönlichen Voraussetzungen, gilt für sie der Vertretungszwang nicht. Ist ein Rechtsanwalt selbst Beteiligter, so kann er sich selbst vertreten (§ 78 Abs. 3 ZPO).

IV. Sachlicher Geltungsbereich des Vertretungszwanges

4   Der **Vertretungszwang setzt voraus,** dass der Beteiligte einen **Antrag** stellt. Als Antrag ist bereits der schriftsätzlich für die mündliche Verhandlung angekündigte Antrag anzusehen. Die Einschränkung soll nach der Gesetzesbegründung dem Beschleunigungsgedanken Rechnung tragen. Der Wortlaut und die Gesetzesbegründung lassen erkennen, dass nicht nur Anträge zur Sache, sondern auch Verfahrensanträge gemeint sind. Für erstinstanzliche Verfahren vor dem BVerwG – in denen auch um Tatsachenfeststellungen gestritten werden kann – wird die Neuregelung wohl kaum von Bedeutung sein. Denn in solchen Verfahren werden auch die nicht klagenden Beteiligten von vorneherein einen Anwalt einschalten, um unverzüglich prozessual handlungsfähig zu sein. Revision, Nichtzulassungsbeschwerde und sonstige Beschwerden müssen durch einen Anwalt eingelegt werden, ebenso die Klage in

---

6   Schoch/Meissner Rn. 32.
7   Wie hier BVerwG NJW 1988, 220; München NJW 1988, 2553; Koblenz NJW 1988, 2555; Mannheim NJW 1991, 1195; BVerfG Kammerbeschluss NJW 1988, 2535; Bornemann MDR 1985, 192; Rennen-Caliebe, RBG, 1986, Art. 1 § 1 Rn. 32; a.A. BVerwG NJW 1987, 1657; München NJW 1987, 460; NJW 1988, 2554; BayVBl. 1988, 308; Mussgnug NJW 1989, 2037; Willms NJW 1987, 1302; zusammenfassend Schenke DVBl. 1990, 1151.
8   Greifswald NVwZ-RR 2003, 70; a.A. Mannheim NVwZ-RR 2003, 690.
9   BVerwG NJW 1964, 1043; BVerwG NVwZ-RR 2000, 59 für Asylbewerber; Mannheim NVwZ-RR 1999, 280; Münster NJW 2003, 2624; BVerfG (2. Kammer des 1. Senats) B. v. 27.12.2002 – 1 BvR 1710/02, juris.
10   BVerwG NJW 1979, 2117.
11   BVerwGE 12, 119.
12   BVerwGE 15, 316.
13   VöI NW BVerwGE 31, 5.
14   BVerwGE 67, 64.

den Fällen des § 50. Mit der Ergänzung des Satzes 1 durch Satz 2 hat das Gesetz die bisherige Rechtsprechung bestätigt, dass die Beschwerde im Streit um die Aktenvorlage (§ 99 Abs. 2) und die Beschwerde gegen einen Beschluss eines OVG über die Zulässigkeit des Rechtsweges (§ 17a Abs. 4 S. 4 GVG) dem Vertretungsszwang unterliegt. Dem Vertretungszwang unterliegt auch ein an das BVerwG verwiesenes Verfahren, selbst wenn vor dem verweisenden Gericht kein Vertretungszwang gilt[15].

Von diesem Grundsatz hat die Rechtsprechung folgende **Ausnahmen** zugelassen: Die Rücknahme der durch den Beteiligten selbst eingelegten Revision[16] und eine hierfür etwa erforderliche Zustimmung des Revisionsgegners (dagegen Vertretungszwang für Rücknahmeerklärung bei Revision durch einen Bevollmächtigten[17]); die Rücknahme der Klage durch den nicht vertretenen Revisionsbeklagten[18]; die Erledigungserklärung der Hauptsache durch einen oder alle Beteiligte[19]; nicht aber den Widerspruch gegen die Erledigungserklärung[20]; den Verzicht auf die mündliche Verhandlung[21]; Zustimmung zur Sprungrevision[22]; Anträge des Beigeladenen nach §§ 118–120[23]; den Antrag auf Bewilligung von Prozesskostenhilfe[24]; die Erinnerung gegen den Kostenansatz[25]. An dieser Rechtsprechung ist auch für die durch das 6. VwGOÄndG entstandene Fassung des § 67 festzuhalten. Im Einzelnen sei auf die Untersuchungen von Günther[26] verwiesen, der auf manche Inkonsequenz dieser Rechtsprechung aufmerksam macht. Für das Prüfungsverfahren vor dem Dienstgericht des Bundes gilt § 67 Abs. 1 nicht[27].

V. Umfang der Vollmacht

Zur **Ausfüllung der Lücken des Prozessvertretungsrechts,** die § 67 hat, ist   5
gem. § 173 auf die ZPO zurückzugreifen. Das gilt besonders für die Bestimmungen über den **Umfang der Prozessvollmacht.** Hier sind §§ 81 ff. ZPO heranzuziehen. Die Vollmacht ermächtigt zu allen den Rechtsstreit betreffenden Prozesshandlungen einschließlich Widerklage, Wiederaufnahme des Verfahrens und Zwangsvollstreckung, zum Abschluss eines Vergleichs, zum Verzicht oder zum Anerkenntnis, ferner zur Bestellung eines Vertreters und zur Empfangnahme der von dem Gegner zu erstattenden Kosten (§ 81 ZPO). Die Vollmacht für den Hauptprozess erfasst auch die Vollmacht für das Verfahren der einstweiligen Anordnung, auch wenn dieses bei einem anderen Gericht betrieben werden muss (§ 82 ZPO) oder das Aussetzungsverfahren. Für das Asylverfahren gilt nach Münster[28] Abweichendes: Eine nur im Eilverfahren vorgelegte Vollmacht gilt, auch wenn sie allgemein formuliert ist, nur bei Vorliegen besonderer Umstände auch für das Klageverfahren. Der gesetzliche Umfang der Vollmacht kann nur hinsichtlich des Rechts zum Ver-

---

15   BVerwG DVBl. 2000, 565.
16   BVerwGE 14, 19.
17   BVerwG NJW 1961, 1641.
18   BVerwG NJW 1970, 1205.
19   BVerwG DÖV 1966, 429; DVBl. 1961, 517.
20   BVerwG NJW 1961, 2032.
21   BVerwG VRspr. 14, 109 ff.
22   BVerwG NJW 1962, 1115; a.A. BAG NJW 1979, 2422.
23   BVerwG NJW 1965, 125.
24   BVerwG VRspr. 13, 382.
25   BVerwG NJW 1962, 2028.
26   DVBl. 1988, 1039.
27   BGHZ 90, 34; ZBR 1989, 203.
28   NVwZ-RR 2002, 234.

gleichsabschluss, zum Verzicht oder zur Anerkennung eingeschränkt werden (§ 83 ZPO). Diese Einschränkungen werden erst mit Bekanntgabe an alle Prozessbeteiligten wirksam[29]. Im Übrigen kann der Umfang der Vollmacht gegenüber den Gerichten und Beteiligten nicht eingeschränkt werden, was nicht ausschließt, dass im Innenverhältnis andere Regelungen getroffen werden. Eine zeitliche Befristung der Vollmacht ist nicht erforderlich[30].

Es können **mehrere Bevollmächtigte** bestellt werden, von denen aber jeder einzelne handeln kann (§ 84 ZPO). Der Prozessbevollmächtigte hat die Stellung eines unmittelbaren Vertreters. Prozesshandlungen wirken, wie wenn sie von dem Beteiligten selbst vorgenommen worden sind. Tatsachenerklärungen können aber von dem mterschienenen Beteiligten sofort widerrufen werden (§ 85 ZPO). Die Vollmacht wirkt über den Tod des Vollmachtgebers hinaus (§ 86 ZPO), sie kann jederzeit gekündigt werden, die **Kündigung** wird aber im Anwaltsprozess erst durch Beauftragung eines anderen Anwalts rechtswirksam (§ 87 ZPO), wobei die Bestellung des neuen an Stelle des früheren Anwalts ausgedrückt werden muss[31]. Bis dahin Zustellungen an den bisherigen Anwalt[32]. Im Einzelnen kann hierzu auf die Erläuterungen zu §§ 81 bis 87 ZPO in den einschlägigen Kommentaren verwiesen werden.

VI. Schriftform

6 Die **Vollmacht** ist **schriftlich** zu erteilen, mündliche Vollmacht reicht nicht aus[33]. Die Vollmachtsurkunde muss von dem Vollmachtgeber eigenhändig[34] unterzeichnet werden. Blankounterzeichnung mit späterer Ausfüllung durch Anwalt ist zulässig[35], ebenso die Vervollständigung durch den Anwalt, jedenfalls wenn die Vollmachtsurkunde dann den internen Abreden entspricht[36]. Die Vollmacht soll anders als im Anwaltsprozess des Zivilprozesses gem. § 67 Abs. 3 vorgelegt werden. Die Erklärung zu gerichtlichem Protokoll ersetzt die schriftliche Vollmacht[37]. Über die Folgen von Mängeln oder Fehlen der Vollmacht vgl. Rn. 24 f. Die Vollmacht muss sich auf den Rechtsstreit beziehen. Die Vollmacht für das VerwVerfahren reicht deshalb ohne entsprechenden Zusatz nicht aus[38].

VII. Zustellungen

7 Zustellungen oder Mitteilungen des Gerichts sind nach der Bestellung eines Prozessbevollmächtigten allein an diesen zu richten. Zustellungen an den Beteiligten selbst sind wirkungslos[39] (vgl. § 56 Rn. 7), aber nur, wenn dem Gericht das Bestehen der Vollmacht bekannt ist, vorangehende unmittelbare

---

29 BGHZ 16, 167; Münster ZMR 1957, 144; Baumbach/Hartmann § 83 Rn. 2.
30 BFH NVwZ-RR 2001, 347; NVwZ 2002, 639.
31 BGH NJW 1980, 2309.
32 BVerwG DVBl. 1984, 90.
33 Lüneburg OVGE 23, 482.
34 Faksimile genügt nicht, OLG Köln MDR 1971, 54.
35 BVerwG DÖV 1984, 775.
36 BFH NVwZ-RR 2001, 347.
37 Eyermann/J. Schmidt Rn. 17.
38 V. Mutius VerwA 64, 445; Bader/Bader Rn. 37; a.A. Münster NJW 1972, 1910; Kopp/Schenke Rn. 26.
39 RGZ 103, 336.

Zustellungen bleiben wirksam[40]. Das gilt auch, wenn ein besonderer Vertreter nach § 57 Abs. 1 ZPO bestellt worden ist[41].

VIII. Ausführungen und Prozesshandlungen der Beteiligten selbst

Soweit der Vertretungszwang reicht, können schriftsätzliche **Ausführungen** **8** **des Beteiligten selbst** vom BVerwG nicht berücksichtigt werden, ebenso wenig die als solche gekennzeichnete Wiedergabe von Ausführungen des Vertretenen oder Dritter[42] im Schriftsatz seines Bevollmächtigten, weil der Vertreter damit die eigene Verantwortung für den Sachvortrag ablehnt[43]. Unterzeichnet ein Behördenvertreter »im Auftrag« oder »in Vertretung«, ist dies unschädlich[44]. Dagegen ist der in der mündlichen Verhandlung neben seinem Prozessbevollmächtigten[45] anwesende Beteiligte berechtigt, selbst das Wort zu ergreifen, wie sich aus § 137 Abs. 4 ZPO, § 173 ergibt[46].

Prozesshandlungen eines Beteiligten selbst oder eines Vertreters, der nicht **9** zum Personenkreis des § 67 Abs. 1 gehört, sind vor dem BVerwG unwirksam. Die ohne oder durch einen postulationsunfähigen Prozessvertreter eingelegte Revision oder nach § 50 erstinstanzlich in gleicher Weise erhobene Klage ist durch Prozessurteil als unzulässig zurückzuweisen[47]. Der Mangel solchen Rechtsmittels oder solcher Klage wird durch Genehmigung eines nachträglich beauftragten postulationsfähigen Vertreters nicht geheilt[48].

IX. Behördenprivileg

Durch § 67 Abs. 1 S. 3 wird die **öffentliche Hand vom Vertretungszwang** **9a** **freigestellt.** Juristische Personen des öffentlichen Rechts und Behörden können sich durch Beamte oder Angestellte mit Befähigung zum Richteramt oder Diplomjuristen im höheren Dienst, eine Tätigkeit im gehobenen Dienst genügt nicht[49], vertreten lassen. Damit ist eine seit Jahrzehnten von Ländern und Kommunen erhobene Forderung erfüllt worden. Das BVerwG hat die privatrechtlich organisierten Bundesverbände der Ersatzkassen ebenfalls diesem Privileg unterstellt[50].

Der **Vertreter** muss grundsätzlich der **vertretenen Körperschaft oder Behörde** **9b** **angehören**[51]. Eine gesetzliche Ausnahme gilt seit der Änderung durch Artikel 1 Nr. 8 lit c) RmBereinVpG für Gebietskörperschaften[52]. Diese können durch Volljuristen vertreten werden, die als Beamte oder Angestellte für die zuständige Aufsichtsbehörde oder den kommunalen Spitzenverband des je-

40 BVerwG Buchh. 310 § 67 Nr. 75.
41 BVerwG Buchh. 310 § 62 Nr. 22.
42 BVerwG NVwZ 1998, 616.
43 BVerwGE 22, 38; NJW 1997, 1865; NVwZ 1999, 643.
44 BVerwG DVBl. 1996, 381.
45 BVerwG NJW 1984, 625.
46 BVerwG RdL 1972, 177; a.A. BVerwG DÖV 1964, 569.
47 BVerwG MDR 1976, 781.
48 BSG NJW 1960, 1493; BVerwG NVwZ-RR 2002, 390.
49 BVerwG NVwZ 2002, 82; NVwZ-RR 2002, 390.
50 NJW 1999, 862.
51 BVerwG DVBl. 1995, 748 m. Anm. Kuchler NVwZ 1996, 244; Bader/Bader Rn. 21; a.A. 12. Auflage.
52 Zur Neuregelung krit. Deubert BayVBl. 2002, 550.

weiligen Bundeslandes, dem die Gebietskörperschaft angehört, tätig sind. Die Zuständigkeit der Aufsichtsbehörde muss speziell für den konkreten Streitgegenstand vorliegen. Richterrechtlich ist die Vertretung als zulässig anerkannt, wenn der nicht der beteiligten Behörde angehörende Vertreter die gleiche Sachnähe zu den streitigen Rechtsfragen hat[53]. Diese für Gebietskörperschaften entwickelte Rechtsprechung ist durch die Gesetzesänderung nicht überholt; dadurch wurde der Kreis der Vertretungsberechtigten nur erweitert[54]. Persönliche und sachliche Unabhängigkeit ist nicht erforderlich; irgendeine Freistellung von konkreten Weisungen sieht das Gesetz nicht vor. Die Befähigung zum Richteramt ist in § 5 DRiG geregelt. Das BVerwG fordert eine ausdrückliche Prozessbevollmächtigung des Vertreters nach § 67 Abs. 1 S. 3; die bloße Unterzeichnung eines bestimmenden Schriftsatzes genügt nicht[55]. Keine ausreichende Vertretung liegt vor, wenn der vertretungsgebundene Schriftsatz von einem Vertretungsberechtigten gefertigt, aber von einem nicht vertretungsbefähigten Behördenleiter unterzeichnet ist[56].

9c Die Vertretungsbefugnis vor dem BVerwG schlägt nicht auf das VG durch. Hierfür gelten die gleichen Grundsätze, die oben (Rn. 2) zur Stellung der Hochschullehrer dargelegt worden sind. Vor dem VG können öffentliche Einrichtungen sich wie bisher nur durch eigene Bedienstete vertreten lassen; hierzu sei auf Rn. 14 verwiesen.

X. EU-Anwälte

9d **EU-ausländische Rechtsanwälte** können in Verfahren vor VG und OVG im Rahmen des freien Dienstleistungsverkehrs uneingeschränkt als Prozessbevollmächtigte tätig werden. Für das Verfahren vor dem BVerwG benötigen sie das Einvernehmen mit einem deutschen Rechtsanwalt. Im Einzelnen vgl. Gesetz v. 16.8.1980 (BGBl. I 1453) i.d.F. v. 14.3.1990 (BGBl. I 479). Der Ausschluss vor dem BGH (§ 3 Abs. 1) gilt für das BVerwG nicht.

B. Verfahren vor OVG

9e Für das zulassungsgebundene Verfahren vor dem OVG gelten die Ausführungen für die Prozessvertretung vor dem BVerwG entsprechend.
Bereits die Einlegung der Klage bei dem erstinstanzlich zuständigen OVG unterliegt dem Vertretungszwang[57]. Allerdings sind Besonderheiten zu beachten: die Einlegung der **Berufung** unterliegt dem Vertretungszwang nicht, da die Berufung bei dem VG einzulegen ist; anders nur, wenn die Berufung zugleich mit der Einlegung begründet wird (vgl. § 124a Rn. 9). Der Antrag auf Zulassung der Berufung hingegen unterliegt dem Vertretungszwang, wie sich unmittelbar aus dem Wortlaut des Gesetzes ergibt. Diese wenig einleuchtende Differenzierung mag als planwidrige Regelungs-

53   BVerwG NVwZ-RR 1996, 121; Schleswig NVwZ 1999, 784; Koblenz NVwZ 1998, 205; München NJW 1999, 442 für Nachfolgeunternehmen der Deutschen Bundespost in besonders geregelten Vertretungsfällen.
54   So wohl auch Bader Rn. 21.
55   NVwZ 1992, 1088.
56   BVerwG DVBl. 1999, 482.
57   Koblenz NVwZ-RR 2002, 392.

lücke angesehen werden; zwingend ist diese – eine Analogie und Lücken-
füllung erst erlaubende – Annahme nicht[58]. Für **Beschwerden** gilt nach der
Änderung des § 67 Abs. 1 S. 2 durch Art. 1 Nr. 8 lit b) RmBereinVpG
grundsätzlich der Vertretungszwang. Auch die Einlegung der Beschwerde
wird vom Vertretungszwang erfasst. Dies gilt ungeachtet der Möglichkeit
der Einlegung zur Niederschrift des Urkundsbeamten der Geschäftsstelle
nach § 147 Abs. 1 S. 1[59]. Das Gesetz erstreckt den Vertretungszwang auf
Beschwerden in sonstigen Nebenverfahren, in denen in der Hauptsache
Vertretungszwang besteht[60] mit Ausnahme der Prozesskostenhilfeverfahren. Damit sind nicht nur Verfahren des vorläufigen Rechtsschutzes gemeint, sondern jegliche Art von Nebenverfahren. Erfasst werden daher
neben den Beschwerden von Beteiligten in Verfahren, in denen sich die
Beschwerde gegen Entscheidungen auf der Grundlage der VwGO richtet,
auch z.B. Beschwerden nach § 17a Abs. 4 S. 3 GVG[61] und Beschwerden
gegen die Zurückweisung einer Kostenerinnerung[62]. Auch die Gegenvorstellung unterliegt dem Vertretungszwang, wenn das Verfahren, auf dessen
formellen Abschluss sie sich bezieht, dem Vertretungszwang unterlag[63].
Ist der Vertretungszwang spezialgesetzlich ausgeschlossen, soll das nach
überwiegender Auffassung die Änderung durch das RmBereinVpG über-
dauern; für Streitwertbeschwerden wird dies aus § 5 Abs. 5 GKG abgeleitet[64]; für Beschwerden nach der BRAGO aus § 19 Abs. 6 BRAGO[65].

Der Kreis der möglichen Prozessbevollmächtigten in bestimmten Rechtsge- **9f**
bieten ist erheblich erweitert worden. In Streitverfahren der **Kriegsopferfür-**
sorge und im **Schwerbehindertenrecht**, ergänzt durch damit in Zusammenhang stehende Sozialhilferechtsstreitigkeiten dürfen auch Mitglieder und
Angestellte von entsprechenden Vereinigungen im Sinne des § 14 Abs. 3 S. 2
SGG und Gewerkschaftsvertreter als Prozessbevollmächtigte auftreten,
wenn sie durch Satzung oder Vollmacht der Vereinigung zur Prozessvertretung befugt sind. Die genannten Rechtsgebiete sind weit zu fassen, doch muss
der Streit unmittelbar eines dieser Rechtsgebiete betreffen; dass eine – ggf. –
entscheidungserhebliche Vorfrage aus diesem Rechtsgebiet stammt, genügt
nicht. Entsprechendes gilt für die im Zusammenhang stehenden Sozialhilferechtsstreitigkeiten[66]. Als Beispiel dafür wurde im Gesetzgebungsverfahren
die Eingliederungshilfe nach §§ 39 ff. BSHG aufgeführt.

Eine weitere Ausdehnung des Kreises der zulässigen Prozessbevollmächtig- **9g**
ten findet sich in **Abgabenangelegenheiten** (§ 67 Abs. 1 S. 5). Der Begriff der
Abgaben ist wie in § 80 Abs. 2 S. 1 auszulegen (vgl. dort Rn. 15 f.). Andernfalls entstünden zwischen beiden Vorschriften ein in der Sache nicht zu recht-

---

58 Wie hier Kopp Rn. 18; a.A. Bader § 124a Rn. 15.
59 München NVwZ-RR 2002, 794; NVwZ 2002, 1391; Lüneburg NVwZ-RR 2003,
    691; Mannheim NVwZ 2003, 885; zweifelnd Lotz BayVBl. 2002, 353, 355; a.A.
    Kopp/Schenke Rn. 21.
60 Krit. dazu Bader VBlBW 2002, 471, 476.
61 Münster NVwZ 2002, 885; München DÖV 2003, 168; Mannheim B. v. 23.9.2003
    – 4 S 2023/03, juris.
62 München NVwZ-RR 2003, 690.
63 Mannheim NVwZ-RR 2003, 692.
64 München BayVBl. 2003, 762; Mannheim NVwZ-RR 2002, 898;   Münster B. v.
    22.3.2002 – 7 E 227/02, juris.
65 Mannheim NVwZ-RR 2003, 689; Bader VBlBW 2002, 471, 476.
66 Enger Mannheim NVwZ-RR 1999, 150; NVwZ-RR 2003, 315; weiter Hamburg
    NVwR-RR 2000, 98.

fertigender Widerspruch. In diesen Verfahren können auch Steuerberater und Wirtschaftsprüfer als Prozessbevollmächtigte auftreten[67].

9h Als dritte Ausnahme zum Anwaltserfordernis lässt § 67 Abs. 1 S. 6 in **Angelegenheiten der Beamten, Richter, Wehrpflicht- oder Wehrdienst- sowie Zivildienstleistenden,** unabhängig davon, ob es sich um ein gegenwärtiges oder früheres Dienstverhältnis handelt oder um die Entstehung eines solchen gestritten wird und damit im Zusammenhang stehenden Sozialangelegenheiten Mitglieder und Angestellte von Gewerkschaften zu, sofern sie kraft Satzung oder Vollmacht der Gewerkschaft zur Vertretung befugt sind. Hinzu kommen Streitigkeiten, die in einem Zusammenhang mit einem gegenwärtigen oder früheren Arbeitsverhältnis von Arbeitnehmern im Sinne von § 5 ArbGG stehen. In Betracht kommen für diese Streitigkeiten aus einem Arbeitsverhältnis z.B. Streitigkeiten aus dem Recht des Erziehungsurlaubes oder des Mutterschutzes[68]. Auch Prüfungsangelegenheiten aller dieser Personengruppen werden mit umfasst. Voraussetzung ist jeweils, dass der Verwaltungsrechtsweg nach § 40 VwGO eröffnet ist. Zudem ist die Vertretungsbefugnis auf die Personalvertretungsangelegenheiten, also auf Streitigkeiten nach den einschlägigen Normen des Personalvertretungsrechts, ausgedehnt worden. Ist in diesen Verfahren das ArbGG anzuwenden, gilt Satz 6 nicht[69].

9i Mit Rücksicht auf die Praxis der Gewerkschaften und anderer Verbände, die in Satz 4 und 6 genannt sind, ist Satz 7 eingefügt worden. Damit kann unter der Voraussetzung der bloßen Ausgliederung der Rechtsberatung in eine selbstständige juristische Person unter Beibehaltung des engen Bezuges zur in Satz 4 und 6 genannten Organisation auch von den Angestellten der ausgegliederten juristischen Person die Prozessvertretung durchgeführt werden.

C. Verfahren vor dem VG

I. Fakultativer Vertretungszwang

10 Vor dem VG ist **jeder Beteiligte selbst verhandlungsfähig.** Es kann ihm aber aufgegeben werden, sich durch einen Bevollmächtigten vertreten zu lassen oder einen Beistand hinzuzuziehen (**fakultativer Vertretungszwang**).

II. Anwendbarkeit des § 157 Abs. 3 ZPO

11 § 67 Abs. 2 wirft viele **Zweifelsfragen** auf. Ihre **Lösung** kann sich nur aus der **Systematik der Vorschrift** und ihrem Verhältnis zu ZPO und RBG ergeben. § 67 Abs. 2 S. 1 berechtigt die Beteiligten, sich eines Vertreters oder Beistands zu bedienen. Der Satz entspricht §§ 79, 90 ZPO, gibt also eine selbstständige Regelung in der VwGO, sodass ein Rückgriff auf die ZPO nach § 173 nicht erforderlich ist[70]. Den in § 67 Abs. 2 S. 2 vorgesehenen fakultativen Vertretungszwang kennt die ZPO nicht.

---

67 Enger Bader/Bader Rn. 24: nur Steuer- und Monopolangelegenheiten.
68 Kienemund NJW 2002, 1231, 1236.
69 Bader/Bader Rn. 26.
70 A.A. Schoch/Meissner Rn. 40.

§ 67 Abs. 2 S. 3 regelt, wer vor dem VG als Bevollmächtigter oder Beistand auftreten kann. Diese Bestimmung hat nichts mit der Frage zu tun, ob die Übernahme der Vertretung oder des Beistandsamtes rechtlich zulässig ist. Die Zulässigkeit bestimmt sich nach dem RBG. § 67 Abs. 2 S. 3 setzt die Zulässigkeit der Rechtsberatung, also in der Regel die Zulassung als Prozessvertreter oder Beistand voraus[71]. Die Bedeutung des Satzes besteht zunächst darin, dass das Gericht berechtigt wird, Vertreter oder Beistände zurückzuweisen, die zum sachgemäßen Vortrag nicht fähig sind. Sie entspricht damit § 157 Abs. 2 ZPO. Die Frage ist, ob die Bedeutung des Satzes sich darin erschöpft oder ob mit ihm gleichzeitig klargestellt ist, dass es ein über das Zurückweisungsrecht des § 157 Abs. 2 ZPO hinausgehendes Verbot des Auftretens in der mündlichen Verhandlung gemäß § 157 Abs. 1 ZPO ohne besondere Zulassung entsprechend § 157 Abs. 3 ZPO nicht gibt, § 67 Abs. 2 S. 3 also als abschließende Regelung den Rückgriff über § 173 auf die ZPO ausschließt.[72] Bei letzterer Ansicht bedarf der Rechtsbeistand des RBG in Anwendung des § 157 Abs. 3 ZPO über § 173 einer besonderen Zulassung zum Auftreten in der mündlichen Verhandlung. Unterstützend wird hierzu auf BVerwG NJW 1963, 2242 (besondere Zulassung zum mündlichen Verhandeln vor den Sozialgerichten[73]) verwiesen. Der letzteren Auffassung ist zuzustimmen. § 67 Abs. 2 muss als geschlossene Regelung im Verhältnis zur ZPO insoweit angesehen werden, als es sich um die Frage handelt, ob ein Beteiligter sich vertreten lassen kann und muss und wer als Vertreter tätig werden darf. Es hieße dem Gesetz Gewalt antun, wollte man jeden einzelnen Satz dieses Absatzes mit ergänzenden und weiter gehenden Regelungen der ZPO anreichern. Es gibt deshalb weder ein über das RBG hinausgehendes Verbot des Auftretens in der mündlichen Verhandlung noch eine besondere Zulassung hierfür vor den VG (§ 67 Abs. 2 unterscheidet sich damit, wie es auch der unterschiedliche Wortlaut ergibt, von § 73 Abs. 6 SGG)[74]. In KDV-Sachen ist § 157 ZPO ganz unanwendbar[75].

III. Personenkreis

Als **Bevollmächtigte oder Beistände zugelassen** sind vor dem VG in der **12** schriftlichen Bearbeitung wie in der mündlichen Verhandlung einmal Notare, Rechtsanwälte und Patentanwälte, ferner Personen, die unter den besonderen Voraussetzungen des § 5 RBG auftreten; weiter Personen, die nur für den Einzelfall als Bevollmächtigte tätig sind. Die in Absatz 1 S. 4–6 genannten Personen können auch erstinstanzlich als Bevollmächtigte in den dort genannten Rechtsgebieten auftreten.

Wer geschäftsmäßig fremde Rechtsangelegenheiten besorgt, ohne zu dem genannten Personenkreis zu gehören, bedarf der **Zulassung als Rechtsbeistand**[76]. Das gilt auch für Rechtslehrer (vgl. oben Rn. 2) sowie Angehörige

---

71   Mannheim DVBl. 1962, 185.
72   Die Frage wird von Eyermann/J. Schmidt Rn. 15; Mannheim DVBl. 1962, 185; Münster OVGE 22, 188 in ersterem Sinne, von Tietgen DVBl. 1961 296; Bader/Bader Rn. 33; Kopp/Schenke Rn. 17; Baumbach/Albers § 157 Rn. 29 in letzterem Sinne beantwortet.
73   Hierzu Sieg NJW 1964, 1305; ebenso München DVBl. 1964, 38; Hamburg NJW 1961, 1421.
74   So wohl auch BVerwGE 19, 339; BVerwGE 51, 345; BVerfGE 41, 391 f.
75   BVerwG JR 1977, 150.
76   Münster KStZ 1975, 78.

einer diplomatischen Mission oder konsularischen Vertretung[77]. Geschäftsmäßig wird Rechtsberatung betrieben, wenn fremde Rechtsangelegenheiten
in selbstständiger, sich wiederholender und über den aus besonderen Gründen ausgeübten Gelegenheitsfall hinausgehender Tätigkeit besorgt werden[78]. Im Verfahren vor den Prüfungsausschüssen und -kammern für Kriegsdienstverweigerer oder dem folgenden Prozess sind auch Personen
vertretungsbefugt, die von Religionsgemeinschaften beauftragt sind, wenn
diese öffentlich-rechtliche Körperschaften sind (§ 26 Abs. 8 WPflG).
Der Beruf der Rechtsbeistände läuft gemäß Art. 2 Abs. 6 des 5. Gesetzes zur
Änderung der BRAGebO v. 18.8.1980 (BGBl. I S. 1503) bis auf wenige Ausnahmen, die sich nicht auf die Prozessvertretung beziehen, aus.

IV. Juristische Personen als Bevollmächtigte

13   **1. Grundsatz.** Bevollmächtigte oder Beistände können **nur prozessfähige natürliche Personen** sein. Das Vertretungsrecht von Vereinigungen auf berufsständischer, genossenschaftlicher oder gewerkschaftlicher Grundlage, wie es
§ 61 VGG der süddeutschen Länder kannte, ist in § 67 nicht übernommen
worden. Denn das Gesetz verlangt, dass die als Bevollmächtigte oder Beistände auftretenden Personen zum sachgemäßen Vortrag fähig sind, was nur
für natürliche Personen gelten kann[79].

13a   Die nach § 7 RBG zugelassenen Vereinigungen auf berufsständischer oder
ähnlicher Grundlage sind deshalb zur Vertretung vor den VG nicht zugelassen, ausgenommen der Fall, dass den Organisationen ausdrücklich durch
Sondergesetz Vertretungsrechte vor Gerichten allgemein oder vor den
VerwG speziell eingeräumt worden sind[80], verneint für den Verband Berliner
Kriegsopfer[81]; für den Verband der Kriegsdienstverweigerer[82]; für Internationale der Kriegsdienstgegner[83]; bejaht für Gewerkschaften in Sozialhilfesachen[84]; für Kreishandwerkerschaften[85]. Die Unzulässigkeit der Bevollmächtigung eines Verbandes kann nicht dadurch umgangen werden, dass ein
Verbandsvertreter beauftragt wird[86]; zur Ausnahme Rn. 12. Er kann im
Rahmen eines Anstellungsverhältnisses bei dem Verband nicht tätig werden,
weil § 6 RBG diese Personengruppe nicht erfasst. Er würde deshalb selbst als
Vertreter zu behandeln sein. Hierfür benötigt er aber eine besondere Zulassung als Rechtsbeistand. Nur nach solcher Zulassung können Verbandsver-

---

77   Münster NJW 1981, 1173.
78   Hierzu als Beispiel Berlin NJW 1978, 1173; ferner Münster NWVBl. 1988, 87;
     VG Köln NWVBl. 1989, 419.
79   Berlin NJW 1974, 2254; Brangsch NJW 1955, 1823; Eyermann/J. Schmidt Rn. 11;
     inzwischen aber für Verfahren vor dem BFH wie hier: BFHE 163, 404; vgl. OLG
     Bamberg AnwBl. 2001, 68 für Handwerkskammer.
80   Brangsch NJW 1955, 1823.
81   Berlin DVBl. 1961, 561.
82   Münster NJW 1960, 595.
83   VG Köln NJW 1964, 1821.
84   Münster NJW 1967, 1340; VG Köln BB 1966, 620.
85   BSG AP § 166 Nr. 3 SGG; a.A. BAG NJW 1961, 623.
86   Dazu neigt Hamburg NVwZ 1996, 1133.

treter bevollmächtigt werden[87]. Eine Regelung wie § 73 Abs. 6 S. 2 SGG kennt die VwGO nicht.

2. Unzulässige Vetretung durch Körperschaften des öffentlichen Rechts. An 14 der Unzulässigkeit der Vertretung durch juristische Personen scheitert auch die **Bevollmächtigung von Körperschaften des öffentlichen Rechts,** etwa der Länder, Kreise oder von Behörden. Das Interesse an einer solchen Beauftragung hat sich dadurch ergeben, dass Anfechtungs- und Verpflichtungsklagen gegen die Behörde oder Körperschaft des ursprünglichen VA, nicht gegen die Widerspruchsbehörde zu erheben sind, die Widerspruchsbehörde aber das Verfahren instruieren und in der mündlichen Verhandlung vertreten will. Zulässig ist dieser Weg nur durch die Bevollmächtigung einzelner Beamter, deren Tätigkeit nach § 3 Nr. 1, § 6 RBG keinen Bedenken unterliegt[88]. Freilich bedeutet eine solche Beauftragung, wenn sie regelmäßig erfolgt, eine Umgehung des § 78 und unterliegt aus diesem Grund Bedenken.

V. Beistand

Der Beistand unterstützt den Beteiligten in der mündlichen Verhandlung 15 (§ 90 ZPO), im Gegensatz zu dem Bevollmächtigten, der ihn vertritt. Außerhalb der mündlichen Verhandlung kann der Beistand nicht tätig werden[89]. Er tritt neben dem Vertretenen auf, ist nicht Prozessvertreter und nimmt keine Prozesshandlungen für ihn vor. Nur sein Sachvortrag gilt als Vortrag des Beteiligten, wenn dieser nicht sofort widerspricht oder berichtigt. Der Beistand kann weder Anträge stellen noch Vergleiche schließen noch sonst den Beteiligten vertreten. Erscheint dieser zum Termin nicht, so kann deshalb der Beistand nicht tätig werden, wie sich aus dem Wortlaut des § 67 Abs. 2 S. 1 ergibt. Der Beistand wird zweckmäßig herangezogen, wenn dies für die Darstellung einzelner Themen zur Sach-, ggf. auch zur Rechtslage wegen der damit verbundenen speziellen Kenntnisse erforderlich ist. Der Beistand bedarf keiner schriftlichen Vollmacht, da er durch den anwesenden Beteiligten in der mündlichen Verhandlung legitimiert wird.

VI. Umfang der Vollmacht

Für Erteilung, Umfang, Bestand und Ende der Vollmacht gelten die oben 16 Rn. 1 ff. (Verfahren vor dem BVerwG) dargelegten Grundsätze. Die Vollmacht endet in Abweichung hiervon schon mit der Anzeige ihrer Kündigung gegenüber dem Gericht[90], ohne dass die Beauftragung eines neuen Bevollmächtigten notwendig wäre[91], da dies außerhalb des Anwaltserfordernisses nicht erforderlich ist (§ 87 ZPO). Bis dahin gegenüber dem Bevollmächtigten vorgenommene Handlungen, auch Terminladungen bleiben für den Beteilig-

---

87 Str.; wie hier Schäfer DVBl. 1961, 539; a.A. Mannheim VRspr. 15, 757; Kassel VRspr. 21, 884; Eyermann/J. Schmidt Rn. 11, die auch ohne Zulassung die Vertretung von Mitgliedern im Rahmen der Aufgabenstellung des Verbands für zulässig halten.
88 VG Hannover DVBl. 1975, 52; Bittner DVBl. 1975, 24 f.; weiter gehend Noack DVBl. 1962, 850, der auch die Bevollmächtigung der Körperschaften, mindestens der Behörde für zulässig hält; ferner Rocklage DVBl. 1973, 24 ff.
89 München VGH n.F. 1, 47.
90 Berlin NJW 1977, 1167; differenzierend BVerwG Buchh. 310 § 67 Nr. 58.
91 Die allein wiederum nicht ausreicht Münster DÖV 1976, 608.

ten wirksam[92]. Zu Einzelfragen von Dauer- und Generalvollmacht vgl. Zschacke DVBl. 1952, 432. Die Vollmacht muss schriftlich erteilt werden. Mangelnde Schriftform hat Unwirksamkeit der Prozesshandlung des Bevollmächtigten zur Folge[93]. Die für das Vorverfahren erteilte Vollmacht reicht für den Verwaltungsprozess nur aus, wenn sie ausdrücklich hierauf erstreckt ist und zu den Gerichtsakten gelangt (vgl. oben Rn. 6). Zu – etwas verblüffenden – Bedenken gegen den Inhalt eines Vollmachtexemplares Münster NJW 1987, 3029.

VII. Fakultativer Vertretungszwang; Verfahren

17   Das **Gericht** kann die **Beauftragung eines Bevollmächtigten** oder die Heranziehung eines Beistandes **anordnen.** Die Anordnung ist nach Münster[94] in der Regel nur dann vertretbar, wenn es dem Gericht sonst nicht möglich ist, den Sachverhalt hinreichend zu klären. Sie ist auch gerechtfertigt, wenn der Kläger nicht in der Lage ist, sachgemäß vorzutragen[95]. Sie ist unzulässig, wenn Zweifel an der Prozessfähigkeit des Beteiligten bestehen[96]. Die Anordnung kann sowohl gegenüber privaten Prozessbeteiligten wie auch gegenüber Körperschaften oder Behörden ausgesprochen werden. Für Körperschaften oder Behörden gilt aber zunächst § 95 Abs. 3, wonach das Gericht ihnen aufgeben kann, zur mündlichen Verhandlung einen Beamten oder Angestellten zu entsenden, der über die Sach- und Rechtslage ausreichend unterrichtet ist. Prozessbevollmächtigte und Terminvertreter haben unterschiedliche Rechtsstellungen[97]. Nur wenn auch diese Anordnung nicht ausreicht, kann die Heranziehung eines Bevollmächtigten oder Beistandes aufgegeben werden. Die Anordnung kann auch getroffen werden, wenn ein Beteiligter durch einen Bevollmächtigten, der nicht Rechtsanwalt oder Rechtslehrer ist, vertreten ist, bei dem echte Interessenkollisionen zu dem Vertretenen bestehen[98].

18   Die **Anordnung** ergeht **durch Beschluss** des Gerichts. Sie richtet sich an den Beteiligten, ist ihm zuzustellen und muss von diesem durchgeführt werden. Der Beschluss ist gem. §§ 146 ff. anfechtbar, da er den Beteiligten mit Kostenpflichten belasten kann, ihn deshalb, obwohl in seinem Interesse gefasst, beschwert[99]. Für die Beschwerde gilt der Vertretungszwang[100]. Die Auswahl des Bevollmächtigten oder Beistandes obliegt allein dem Beteiligten.

19   **Kommt** der **Beteiligte** der **Anordnung nicht nach,** so ist er im Rechtsstreit, ggf. auch in der mündlichen Verhandlung nicht vertreten, da ihm durch den Beschluss die Verhandlungsfähigkeit entzogen wird. Der Beteiligte kann deshalb nicht mehr selbst handeln, ebenso keine Fristen wahren oder Rechtsmittel einlegen. Wird lediglich die Hinzuziehung eines Beistandes angeordnet,

---

92 BVerwG MDR 1983, 783.
93 Kassel ESVGH 13, 86.
94 NJW 1963, 1123.
95 Saarlouis NVwZ-RR 2000, 841.
96 Berlin EOVG 14, 150; zweifelhaft.
97 Vgl. BVerwG VRspr. 21, 369.
98 VG Bremen ZLA 1962, 80.
99 Mannheim NJW 1974, 764; Saarlouis NVwZ-RR 2000, 841.
100 A.A. Saarlouis NVwZ-RR 2000, 841.

dieser Anordnung aber nicht entsprochen, so kann das Gericht dem Beteiligten selbst den Sachvortrag in der mündlichen Verhandlung untersagen.

D. Zurückweisung von Bevollmächtigten oder Beiständen

I. Verstoß gegen RBG

Bevollmächtigte oder **Beistände** sind **zurückzuweisen, wenn ihre Tätigkeit** 20 **gegen das RBG verstößt.** Das gilt auch für Hochschullehrer (oben Rn. 2). Das Gericht kann nicht das Auftreten eines Bevollmächtigten oder Beistandes hinnehmen, der mit seiner Tätigkeit vor dem Gericht ordnungswidrig handelt[101]. Dabei ist der Rechtsbeistand außerhalb des Schriftverkehrs auf die Tätigkeit am Ort seines Geschäftssitzes beschränkt[102].

II. Verstoß gegen sonstige Vertretungsverbote

Zurückweisungsrecht und -pflicht bei **Kollision mit kommunalrechtlichen** 20a **Bestimmungen** sind streitig. Das Landeskommunalrecht untersagt in der Regel Ratsmitgliedern die Vertretung von Mandaten gegen die Körperschaft. Ob damit eine von den Gerichten zu beachtende und zur Zurückweisung berechtigende Einschränkung der BRAO verbunden sein kann oder es sich lediglich um ein kommunalrechtlich zu ahndendes Verhalten handelt, hat die Rechtsprechung vielfach beschäftigt. Ausgehend von den grundsätzlichen Entscheidungen des BVerfG[103] sowie des BVerwG[104] bezieht sich das Verbot, insoweit verfassungsrechtlich zulässig, nur auf den Anwalt, der Mandatsträger ist, nicht auf seine Sozien, Anwälte in Bürogemeinschaft oder angestellte Anwälte. Das Verbot erfasst alle unmittelbar gegen die Körperschaft gerichteten Mandate, gleich ob der Rat damit selbst befasst ist oder befasst werden kann[105], nicht aber Verfahren, an denen die Körperschaft sonst – etwa als Beigeladene – beteiligt ist[106]; ebenso nicht die Tätigkeit in kommunalverfassungsrechtlichen Organstreitverfahren[107]. Soweit das Verbot besteht, ist das Gericht zur Zurückweisung befugt; der Nachweis einer konkreten Rechtsgrundlage für diese Befugnis macht sicher Schwierigkeiten[108]; die Durchsetzung des Verbots sollte aber nicht dem kommunalen oder anwaltlichen Berufsrecht überlassen bleiben, das hierfür zu schwerfällig ist. Ein Ver-

---

101 BVerwGE 19, 339; BayObLG NJW 1993, 476; Berlin NJW 1978, 1173; München VRspr. 14, 619; Münster ZMR 1974, 172; Kassel AnwBl 1975, 31; Eyermann/J. Schmidt Rn. 15; a.A., aber verfehlt, Mannheim VRspr. 15, 757.
102 BVerwGE 44, 124; Münster OVGE 27, 86.
103 BVerfGE 41, 231; m. Anm. Witte-Wegmann und krit. Besprechung v. Mutius VerwA 1977, 73 ff.; E 52, 42 ff.; E 56, 99 ff.; m. Anm. Bauer NJW 1981, 2171 u. Schoch DVBl. 1981, 678; E 61, 68 ff. und DVBl. 1988, 54.
104 DÖV 1984, 469.
105 Sehr weitgehend BVerwG DVBl. 1988, 791; a.A. Kassel NJW 1981, 140: nur bei Kollisionsgefahr; vgl. VG Schleswig NVwZ-RR 2001, 596.
106 Münster NJW 1982, 67.
107 Münster NVwZ 1985, 843.
108 Hierzu besonders v. Mutius VerwA 1977, 73 ff.; 1980, 191; Schoch NVwZ 1984, 626.

stoß gegen § 46 Abs. 1 BRAO ist unschädlich, wenn der Bevollmächtigte nach außen hin in seiner Eigenschaft als Rechtsanwalt aufgetreten ist[109].

III. Sachgerechter Vortrag

21 Bevollmächtigte oder **Beistände** können zurückgewiesen werden, wenn sie zwar zum Auftreten berechtigt sind, ihnen aber die **Fähigkeit zu sachgemäßem Vortrag fehlt**, etwa, weil sie nicht in der Lage sind, sich klar auszudrücken, oder sie durch Unsachlichkeit oder Weitschweifigkeit Anlass zu Bedenken geben[110] oder den Ablauf der Verhandlung stören.
Eine Zurückweisung von Rechtsanwälten oder Rechtslehrern an einer deutschen Hochschule aus diesem Grunde ist nicht zulässig.

IV. Verfahren

22 Die **Zurückweisung** erfolgt durch **Beschluss des Gerichts**[111]. Sie ist bei Verstoß gegen das RBG zwingend notwendig, im Übrigen obliegt sie seinem pflichtgemäßen Ermessen. Die Zurückweisung kann sich auf den konkreten Fall beziehen, aber auch generell für einen Bevollmächtigten ausgesprochen werden[112]. Beteiligte können die Zurückweisung anregen, aber nicht beantragen. Die Abweisung eines förmlichen Antrages auf Zurückweisung eines Bevollmächtigten eines anderen Beteiligten begründet deshalb kein Beschwerderecht[113]. Gegen den Beschluss auf Zurückweisung haben der Bevollmächtigte oder Beistand Beschwerderecht gem. §§ 146 ff.[114]. Denn der Beschluss stellt die Unzulässigkeit des Auftretens vor den VerwG mindestens im konkreten Fall fest, greift deshalb in den allgemeinen Rechtsstatus ein und beschwert damit den Betroffenen. Beschwerdeberechtigt ist auch der Beteiligte, dessen Bevollmächtigter oder Beistand zurückgewiesen worden ist[115]. Mit der Zurückweisung verliert der Bevollmächtigte oder der Beistand seine Rechtsstellung. Er kann wirksam Prozesshandlungen nicht mehr vornehmen, allerdings als Zustellungsbevollmächtigter anzusehen sein[116]. Fristen müssen durch den Beteiligten unmittelbar gewahrt werden. Vor der Zurückweisung vorgenommene Prozesshandlungen bleiben wirksam.

23 Die **Verhandlung** ist zu **vertagen**, wenn der Bevollmächtigte oder Beistand in ihr zurückgewiesen wird und sich der Beteiligte zur eigenen Verhandlung außer Stande erklärt. Ein Verstoß hiergegen würde eine Verletzung des Anspruchs auf rechtliches Gehör bedeuten.

---

109 Magdeburg DÖV 2000, 251; zum Vertretungsverbot nach § 45 BRAO vgl. Bautzen NJW 2003, 3504.
110 BVerwG VRspr. 19, 120; München VRspr. 16, 374.
111 VG Chemnitz NVwZ-RR 2001, 547.
112 München VRspr. 1, 105; a.A. München DVBl. 1985, 530; Eyermann/J. Schmidt Rn. 15.
113 Kassel VRspr. 4, 256.
114 Auch wenn lediglich der Vortrag in der mündlichen Verhandlung untersagt wird; a.A. München NJW 1973, 111.
115 Hamburg AnwBl. 1968, 65.
116 BVerwG VRspr. 22, 894.

E. Vollmachtloser Vertreter

I. Schriftform

Die **schriftliche Vollmacht** ist nicht wie im Zivilprozess nur Beweisurkunde, **24** sondern **Wirksamkeitsvoraussetzung**[117]. Das bedeutet nicht, dass die Vorlage der Vollmacht vom Gericht von Amts wegen verlangt werden muss. Es genügt, sie nur dann zu fordern, wenn der Mangel der Vollmacht gerügt wird, er von Amts wegen bekannt ist oder Zweifel hieran bestehen; § 88 Abs. 2 ZPO ist entsprechend anwendbar[118] (die meisten Gerichte verlangen die Vollmacht automatisch). Um Schwierigkeiten zu vermeiden, lässt das Gesetz ausdrücklich zu, dass die schriftliche Vollmacht nachgereicht werden kann. Dem Schriftlichkeitserfordernis ist genügt, wenn dem Gericht eine Vollmacht per Telefax übermittelt wird (die nunmehr gegenteilige Auffassung des BFH[119] beruht auf einer abweichenden gesetzlichen Formulierung in § 62 Abs. 3 FGO n.F.). Fehlt die Vollmacht und wird sie auch innerhalb einer vom Gericht – ggf. vom Vorsitzenden oder Berichterstatter (§ 87 Abs. 1) – durch Beschluss bestimmten Frist nicht vorgelegt, so fehlt es an der Vertretungsmacht und die von dem Bevollmächtigten vorgenommenen Prozesshandlungen sind unwirksam. Das Gleiche gilt, wenn der Nachweis der Vertretungsmacht des Vollmachtgebers trotz Aufforderung des Gerichts nicht geführt wird. Wird vor Erlass der sich hieraus ergebenden Prozessentscheidung die Vollmacht nachgereicht, so wird hierdurch der Mangel auch für die Vergangenheit geheilt[120]. Das gilt auch, soweit mit der Prozesshandlung Klage- und Rechtsmittelfristen gewahrt worden sind[121], wie sich aus entsprechender Anwendung des § 83 Abs. 2 ZPO ergibt[122]. Die rückwirkende Heilung ohne vorgelegte Vollmacht vorgenommener Prozesshandlungen durch Vorlage im Revisionsverfahren schließt der GemS OBG aus, wenn vorher Frist zur Vorlage gesetzt worden war[123]. Fehlt es an der Fristsetzung, so bleibt Heilung zulässig[124]. Sieht das Gericht von der Vorlage der Vollmacht ab, ist an den Bevollmächtigten zuzustellen[125].

II. Einstweilige Zulassung

Schwierigkeiten in der Beschaffung der schriftlichen Vollmacht kann das Ge- **25** richt dadurch begegnen, dass es den **vollmachtlosen Vertreter** gem. § 89 ZPO zur Prozessführung **einstweilen zulässt**, wobei Sicherheitsleistung angeordnet werden kann[126]. Auch hier ist eine Frist zur Beibringung der Vollmacht zu setzen. Der einstweilen zugelassene Bevollmächtigte kann innerhalb dieser Frist wie ein ordnungsgemäß Bevollmächtigter tätig werden. Seine Pro-

---

117 Münster NJW 1993, 3155.
118 Str.; wie hier BVerwG NJW 1985, 2963; DVBl. 1985, 166; NJW 1984, 318; Koblenz NJW 1978, 1455; Sannwald DÖV 1983, 762; 1984, 110; Baumbach/Albers § 88 ZPO Rn. 18; a.A. BFH NJW 1987, 2704; München BayVBl. 1983, 29; Kopp/Schenke Rn. 24 f.; Riedl DÖV 1979, 223; DÖV 1984, 109.
119 JZ 1997, 255.
120 Kassel NJW 1967, 2130; Fischer NJW 1977, 2200.
121 Hamburg DÖV 1990, 36; a.A. Kassel ESVGH 13, 86.
122 Münster DÖV 1973, 649.
123 BVerwGE 69, 380.
124 BSG DVBl. 1987, 244; unklar BVerwGE 71, 20.
125 Mannheim NJW 1995, 1980.
126 Vgl. hierzu BAG NJW 1965, 1041.

zesshandlungen stehen unter dem Vorbehalt der Vorlage der Vollmacht oder der nachträglichen Genehmigung, wenn der Beteiligte selbst den Prozess fortsetzt.

III. Kosten

26 Wird die Vollmacht vom Vertreter des Klägers nicht beigebracht, so ist durch Prozessurteil zu entscheiden[127]. Die Entscheidung ergeht gegen denjenigen, für den der Bevollmächtigte zu handeln vorgegeben hat. Die Kosten des Verfahrens sind in der Regel dem vollmachtlosen Vertreter aufzuerlegen[128]. Das Gleiche gilt, wenn ein Rechtsmittel durch einen vollmachtlosen Vertreter eingelegt worden ist[129]. Der vollmachtlose Vertreter kann gegen die ihn treffende Kostenentscheidung nach § 158 Abs. 2 kein Rechtsmittel einlegen[130]. Hat ein Beteiligter das Verfahren selbst begonnen, erscheint aber in der mündlichen Verhandlung ein Bevollmächtigter ohne schriftliche Vollmacht, so kann dieser durch Beschluss zurückgewiesen und in der Sache entschieden werden. Wird die Nachreichung der Vollmacht versprochen und kann mit der Erfüllung dieser Zusage gerechnet werden, so bestehen gegen die Verhandlung mit dem Vertreter keine Bedenken. Die Entscheidung darf in diesem Fall aber erst nach Einreichung der Vollmacht erlassen werden.

§ 67a [Bevollmächtigte für Beteiligte mit gleichem Interesse]

(1) Sind an einem Rechtsstreit mehr als zwanzig Personen im gleichen Interesse beteiligt, ohne durch einen Prozessbevollmächtigten vertreten zu sein, kann das Gericht ihnen durch Beschluss aufgeben, innerhalb einer angemessenen Frist einen gemeinsamen Bevollmächtigten zu bestellen, wenn sonst die ordnungsgemäße Durchführung des Rechtsstreits beeinträchtigt wäre. Bestellen die Beteiligten einen gemeinsamen Bevollmächtigten nicht innerhalb der gesetzten Frist, kann das Gericht einen Rechtsanwalt als gemeinsamen Vertreter durch Beschluss bestellen. Die Beteiligten können Verfahrenshandlungen nur durch den gemeinsamen Bevollmächtigten oder Vertreter vornehmen. Beschlüsse nach den Sätzen 1 und 2 sind unanfechtbar.

(2) Die Vertretungsmacht erlischt, sobald der Vertreter oder der Vertretene dies dem Gericht schriftlich oder zur Niederschrift des Urkundsbeamten der Geschäftsstelle erklärt; der Vertreter kann die Erklärung nur hinsichtlich aller Vertretenen abgeben. Gibt der Vertretene eine solche Erklärung ab, so erlischt die Vertretungsmacht nur, wenn zugleich die Bestellung eines anderen Bevollmächtigten angezeigt wird.

I. Allgemeines

1 § 67a war in ähnlicher Fassung bereits im Entwurf VPO BMJ als § 70 enthalten, ebenso im RegEntw VPO (§ 63). Er geht auf §§ 18, 19 VwVfG zurück und will wie dort **Massenverfahren** verfahrenstechnisch steuern, die sonst

---

127 VG Bremen MDR 1969, 959.
128 BVerwG NVwZ 1982, 499; VIZ 1998, 509; BFHE 116, 110; Lüneburg OVGE 23, 482; Münster NJW 1993, 3155; zur Rechtsgrundlage Mannheim NJW 1982, 842, aber kaum überzeugend; differenzierend Renner MDR 1974, 353; vgl. auch § 154 Rn. 2.
129 Münster OVGE 1, 81; Stuttgart VRspr. 4, 675; hierzu auch LSG Stuttgart NVwZ 1983, 704.
130 München NJW 1994, 1019; a.A. bis zur 12. Auflage.

nicht bewältigt werden könnten. Zu §§ 18, 19 VwVfG gibt es bisher keine praktische Erfahrungen, offensichtlich werden die Bestimmungen nicht angewandt; noch weniger ist Rechtsprechung hierzu bekannt geworden. Ob es unter diesen Umständen sinnvoll war, eine Bestimmung wie § 67a zu schaffen, wird man bezweifeln können, sie wird vermutlich nie benutzt werden oder aber sich bei dem Versuch einer Anwendung schon als untauglich erweisen. Rechtsprechung ist zu § 67a bisher nicht bekannt geworden. Die Herabsetzung der Anzahl der Beteiligten von fünfzig auf zwanzig durch das 6. VerwGOÄndG soll dem Bedürfnis der Praxis entsprechen; Bader/Bader hält die Bestimmung für gegenstandslos.

Die Bestimmung hat zur Prämisse, dass es in einem Rechtsstreit mehr als **2** zwanzig **Beteiligte mit gleichem Interesse** geben könne. Das ist theoretisch zwar vorstellbar, aber praktisch kaum anzunehmen. Echte Interessengleichheit unter einer Vielzahl von Personen besteht höchst selten. Sie mag zunächst vom gestellten Antrag her angenommen werden können. Aber hinter dem Antrag stehen meist durchaus unterschiedliche Ziele. Das gilt meist von Anfang an; der eine will eine bestimmte Anlage unter keinen Umständen, der andere denkt von vornherein mehr an einen Geldausgleich, der Dritte ist mit Standortveränderungen zufrieden, der Vierte, Fünfte und Sechste wendet sich gegen bestimmte Auflagen. Selbst wenn am Anfang noch Interessengleichheit bestehen sollte, wird sie in der Regel im Laufe des Verfahrens entfallen. Für den bestellten Rechtsanwalt, für den das berufsrechtliche Verbot der Vertretung widerstreitender Interessen gilt, wird deshalb das Mandat spätestens zu diesem Zeitpunkt zu beenden sein. Durchaus zutreffend weist deshalb auch Bonk[1] auf die notwendig enge Auslegung des Begriffs »gleiche Interessen« hin.

II. Einzelheiten

1. Voraussetzung der Anwendung des § 67a ist die Beteiligung von mehr als **3** zwanzig Personen im gleichen Interesse. Der **Beschluss setzt** diese **Beteiligung** voraus; die Personen müssen also Beteiligte im Sinne von § 61 sein. Da das gleiche Interesse gefordert wird, muss die Beteiligung in einer der Stellungen des § 61, Kläger, Beklagter oder Beigeladener, vorliegen. Es muss sich um **einen Rechtsstreit** handeln; § 67a ist unanwendbar, wenn etwa gegen einen Planfeststellungsbeschluss mehr als 20 Klagen erhoben worden sind, solange nicht das Gericht die Verfahren verbindet. In der Praxis geschieht eher das Gegenteil; erheben mehr als 20 Kläger eine Klage, wird das Verfahren durch Trennungsbeschluss in einzelne Verfahren zerlegt. Vorstellbar ist die Voraussetzung deshalb nur auf der Seite von Beigeladenen.

2. Die mehr als zwanzig Personen müssen **in gleichem Interesse** beteiligt sein. **4** Dass diese Voraussetzung kaum jemals gegeben sein dürfte, ist bereits ausgeführt. Sie muss darüber hinaus vom Gericht festgestellt werden; die bloße Annahme oder Prognose genügt nicht. Die Gleichheit des Antrages reicht nicht aus; sie besagt über die Interessengleichheit nur wenig.

3. Die mehr als zwanzig Personen dürfen nicht durch einen Prozessbevoll- **5** mächtigten vertreten sein. **Wer** durch einen **Prozessbevollmächtigten vertre-**

---

1   Stelkens/Bonk/Schmitz Rn. 4 zu § 18.

ten ist, kann in den Beschluss nach § 67a nicht einbezogen werden; er ist auch bei der Zahlenberechnung nicht mitzuzählen[2].

6   4. Es muss die Anordnung eines gemeinsamen Bevollmächtigten erforderlich sein, wenn anders die **ordnungsgemäße Durchführung** des Rechtsstreites **beeinträchtigt** wäre. Dabei ist nicht auf den vom Gericht vielleicht missbilligten, unsachlichen, widersprüchlichen oder unverständlichen Sachvortrag abzustellen; darauf bezieht sich § 67 Abs. 3. Es geht ausschließlich um Schwierigkeiten auf Grund der großen Zahl der Beteiligten. Soweit es sich um Bekanntgaben handelt, steht dem Gericht der Beschluss nach § 56a zur Verfügung, dessen Möglichkeit Vorrang hat, da § 56a den Hinweis auf die Beeinträchtigung des Verfahrens als Voraussetzung nicht enthält. Es verwundert deshalb nicht, dass in den Begründungen Beispiele für die Voraussetzung nicht zu finden sind. Sie dürfte kaum jemals gegeben sein.

7   5. Liegen die vorgenannten Umstände vor, kann das Gericht – nicht Vorsitzender oder Berichterstatter – den mehr als **zwanzig Personen** aufgeben, innerhalb einer bestimmten – sicher auf mehrere Monate[3] zu bemessenden – Frist, sich auf einen **Bevollmächtigten** – er muss nicht Rechtsanwalt sein – zu einigen und ihn dem Gericht gegenüber zu **bestellen**. Die Anordnung ergeht durch Beschluss; er ist jedem einzelnen Beteiligten zuzustellen. Da er unanfechtbar ist, braucht er nicht begründet zu werden (§ 122 Abs. 2). Das Gericht sollte ihm aber stets eine Begründung geben, es muss sonst von vornherein mit Obstruktion rechnen. Sie würde sich gegenüber einem dann bestellten Rechtsanwalt mit Sicherheit fortsetzen und ihn, wenn er denn die Bestellung überhaupt annehmen sollte, alsbald zur Beendigung des Auftrages nach § 67a Abs. 2 veranlassen. Das Gericht kann, wird von den mehr als zwanzig Personen kein Bevollmächtigter fristgemäß bestellt, durch Beschluss nunmehr einen **Rechtsanwalt als gemeinsamen Vertreter** bestellen.

8   Beide **Beschlüsse** stehen im **Ermessen** des Gerichts, von der Bestellung eines Rechtsanwalts kann auch abgesehen werden, wenn es nicht zur Bestellung des gemeinsamen Bevollmächtigten kommt. Das dürfte in der Regel zweckmäßig sein, weil aus der Unmöglichkeit, sich auf einen gemeinsamen Vertreter zu einigen, auf unterschiedliche Interessen, damit aber auf das Fehlen der Voraussetzungen überhaupt geschlossen werden kann.

9   6. Kommt es zu einem gemeinsamen Bevollmächtigten oder Vertreter, so **verlieren** die **Beteiligten** die eigene **Postulationsfähigkeit**. Sie können Prozesshandlungen nur noch durch den Bevollmächtigten oder Vertreter vornehmen. Im Ergebnis entspricht ihre Stellung der eines Beteiligten im Verfahren mit Vertretungszwang gemäß § 67 Abs. 1.

10   7. Eine **Verpflichtung**, die **Vertretung zu übernehmen**, besteht für den Anwalt **nicht**; es liegt nicht etwa eine berufsrechtliche Bindung wie bei Prozesskostenhilfemandaten vor. Das Gericht muss deshalb vor dem entsprechenden Beschluss einen Rechtsanwalt für diese Vertretung gewinnen. Dass es dabei einen mit der Materie erfahrenen Anwalt suchen sollte, ist selbstverständlich; ob es dabei Erfolg haben wird, mehr als zweifelhaft. Der Anwalt erhält durch den Gerichtsbeschluss das Mandat für die Beteiligten. Für ihn gelten insoweit die berufsrechtlichen Regeln der BRAO. Sein Vergütungsanspruch richtet

---

2   Stelkens/Bonk/Schmitz Rn. 5 zu § 18.
3   Enger Schoch/Meissner Rn. 13: in der Regel nicht unter einem Monat.

sich nach § 115 BRAGebO; er kann die Vergütung eines von mehreren Auftraggebern zum Prozessbevollmächtigten bestellten Rechtsanwalt verlangen. Vorschüsse darf er nicht anfordern. Bleiben die Vertretenen mit der Zahlung der Kosten – nach Abschluss des Mandats – in Verzug, so kann der Anwalt die Zahlung aus der Landeskasse gemäß § 36a BRAGebO fordern. Schon diese Kostenregelung lässt angesichts der meist mehrjährigen Dauer eines Verfahrens nur in einer Instanz die Bereitschaft zur Annahme der gerichtlichen Bestellung unwahrscheinlich erscheinen.

8. Vertreter und Vertretene – diese jeder für sich – können die **Vertretung** jederzeit durch Erklärung gegenüber dem Gericht **beenden**. Der Vertretene muss allerdings die Vertretung so lange weiter gegen sich gelten lassen, als er nicht einen anderen eigenen Bevollmächtigten bestellt. Die bis dahin zusammengefasste Gruppe kann sich auf diesem Wege aufspalten.   **11**

9. Die **Beschlüsse** nach § 67a Abs. 1 S. 1 und 2 sind **unanfechtbar**; sie können deshalb, auch wenn sie fehlerhaft sind, auch mit der Hauptsache nicht angegriffen werden (§§ 512, 548 ZPO, § 173). Auch hier setzt freilich das Grundrecht auf rechtliches Gehör Grenzen, die ein Rechtsmittelgericht ggf. zu prüfen hat.   **12**
Die Beschlüsse gelten nur für die **jeweilige Instanz**. Sie können auch erstmalig in der Berufungsinstanz gefasst werden. Freilich sind sie, wenn man sie sich überhaupt vorstellen will, eigentlich nur bei Verfahren denkbar, die erstinstanzlich gemäß § 48 vor dem OVG zu führen sind.

8. Abschnitt · Besondere Vorschriften für Anfechtungs- und Verpflichtungsklagen

§ 68   [Vorverfahren]

(1) Vor Erhebung der Anfechtungsklage sind Rechtmäßigkeit und Zweckmäßigkeit des Verwaltungsakts in einem Vorverfahren nachzuprüfen. Einer solchen Nachprüfung bedarf es nicht, wenn ein Gesetz dies bestimmt oder wenn
1. der Verwaltungsakt von einer obersten Bundesbehörde oder von einer obersten Landesbehörde erlassen worden ist, außer wenn ein Gesetz die Nachprüfung vorschreibt, oder
2. der Abhilfebescheid oder der Widerspruchsbescheid erstmalig eine Beschwer enthält.

(2) Für die Verpflichtungsklage gilt Absatz 1 entsprechend, wenn der Antrag auf Vornahme des Verwaltungsakts abgelehnt worden ist.

A. Allgemeines

Die Bestimmungen über das Vorverfahren haben eine Doppelnatur. Wegen ihrer engen Verbindung zur Regelung der Anfechtungs- und Verpflichtungsklage erstreckt sich die Gesetzgebungskompetenz des Bundes für das verwaltungsgerichtliche Verfahren auch auf die Regelung des Vorverfahrens für diese Klagearten, soweit es sich um VA der Länder handelt[1]; mit den §§ 68 ff.   **1**

---

1   Vgl. BVerfGE 35, 65; BVerwGE 17, 246; Ule S. 249.

hat der Bundesgesetzgeber diese Kompetenz ausgeschöpft, sodass die Länder zu Regelungen für das Vorverfahren nur noch befugt sind, soweit sich in der VwGO dazu eine Ermächtigung befindet[2]. Andererseits werden diese Bestimmungen aber damit nicht Teil des verwaltungsgerichtlichen Verfahrens, mit der Folge, dass ihre Verletzung als Verfahrensmangel im Revisionsverfahren geltend gemacht werden könnte (vgl. § 132 Rn. 16); das Vorverfahren fällt in den Rahmen der Verwaltungstätigkeit[3], ist Selbstkontrolle der Verwaltung[4]. Die Bestimmungen über das Vorverfahren sind daher, zwar als eine besondere Art, dem materiellen Verwaltungsverfahrensrecht zuzurechnen[5]. Insgesamt vgl. Hofmann, in Menger-Festschrift, 1985, S. 605; Mutius, Widerspruchsverfahren; ders., in Menger-Festschrift, 1985, S. 596; Oerder, Widerspruchsverfahren, 1989; Schneller, Widerspruchsverfahren.

1a § 79 VwVfG ergänzt die Vorschriften des 8. Abschnitts. Diese Vorschrift geht als späteres Bundesgesetz nicht den §§ 68 ff. vor, da auch sie unter die Subsidiaritätsklauseln des § 1 VwVfG fällt. Es gelten also für das Vorverfahren unmittelbar die VwGO und die AG VwGO; im Verhältnis zwischen VwGO und sondergesetzlichen Regelungen ist keine Änderung eingetreten (vgl. Rn. 14). Die VwGO und die AG VwGO enthalten jedoch keine vollständige Regelung des Vorverfahrens; insoweit werden sie jetzt nach § 79 VwVfG und den entsprechenden landesrechtlichen Vorschriften durch die Regelungen der Verwaltungsverfahrensgesetze ergänzt[6]. Hierauf wird bei den einzelnen Vorschriften des 8. Abschnitts jeweils hingewiesen (vgl. insbesondere § 73 Rn. 8).

1b Aus der Rechtsprechung des BVerfG im **Prüfungswesen** hat das BVerwG eine aus Art. 12 Abs. 1 GG folgende Verpflichtung zum »Überdenken« der Prüfungsentscheidung auf der Verwaltungsebene gefolgert, der sowohl in einem Vorverfahren nach §§ 68 ff., wie in einem sonstigen verwaltungsinternen Kontrollverfahren genügt werden kann[7]. Im Einzelnen § 42 Rn. 116a). Es mag allenfalls für eine Übergangszeit zu vertreten sein, dass, wenn eine Nachprüfung der ersten Entscheidung gefordert wird, dieses nicht, wie es § 77 vorsieht, im Vorverfahren nach §§ 68 ff. erfolgen muss; die verschiedenen Gesetzesvorbehalte, die in diesen Vorschriften enthalten sind, lassen genügend Spielraum, um das Verfahren auch den Bedürfnissen des Prüfungswesens anzupassen. Hinzu kommt, dass die **Länder,** wenn sie ein von verfassungswegen gefordertes Verfahren regeln wollen, in dem vor Erhebung der Anfechtungsklage die Prüfungsentscheidung nachzuprüfen ist, dies **nur im Rahmen der §§ 68 ff.** gestalten können (vgl. Rn. 8).

---

2   BVerfGE 20, 238; 21, 206; Renck DÖV 1973, 264.
3   Vgl. Kassel DÖV 1950, 505.
4   Vgl. Bettermann, Jellinek-Gedenkschrift, 1955, S. 387; Münster OVGE 4, 3.
5   Vgl. BVerwG NVwZ 1987, 224.
6   Vgl. im Einzelnen die Übersichten bei Knack § 79 Rn. 7.1; Sodan/Geis Rn. 52 ff.; Kopp/Schenke Vorbem. 17; Stelkens/Stelkens § 79 Rn. 4.
7   BVerwGE 92, 132.

B. Vorverfahren

I. Grundsatz

Unter Vorverfahren ist die **nochmalige Überprüfung der Verwaltungsent-** **2** **scheidung in einem förmlichen Verfahren** zu verstehen, das das Gesetz grundsätzlich vor der Erhebung der Anfechtungs- und Vornahmeklage (zu den Begriffen vgl. § 42 Rn. 2, 7), über § 126 BRRG in Beamtensachen auch vor der Leistungs- oder Feststellungsklage des Beamten, die damit regelmäßig zur Verpflichtungsklage wird[8], verlangt. Zum Anwendungsbereich § 40 Rn. 32. Das gilt auch für die Verpflichtungsklage auf Ungültigerklärung der Wahl zur Vollversammlung der Handwerkskammer[9]. Bei der Untätigkeitsklage (vgl. § 42 Rn. 8) ist ein Vorverfahren bereits begrifflich ausgeschlossen (Absatz 2: nur bei abgelehntem VA). Wird in entsprechender Anwendung des § 113 Abs. 1 S. 4 auf Feststellung der Rechtswidrigkeit des VA geklagt, der sich bereits vor Ablauf der Widerspruchsfrist erledigt hat, ist kein Vorverfahren erforderlich[10]. Das Vorverfahren beginnt mit dem Widerspruch (§ 69), der innerhalb der Widerspruchsfrist (§ 70) eingelegt werden muss, und endet mit dem Widerspruchsbescheid (§ 73) der ergeht, wenn die erste Behörde (§ 72) dem Widerspruch nicht abhilft.

Der **Zweck des Vorverfahrens** ist – neben seiner Rechtsschutzfunktion und **2a** der Selbstkontrolle der Verwaltung – die Entlastung der Gerichte. Bei einer erneuten Überprüfung können die Tatbestandsermittlungen erweitert, die rechtlichen Erwägungen ergänzt, Einwendungen des Widerspruchsführers berücksichtigt und damit Fehlentscheidungen der ursprünglichen Behörde aufgehoben werden, ohne dass Rechtsschutz vor den Gerichten in Anspruch genommen zu werden braucht[11]. Im Vorverfahren soll die **Rechtmäßigkeit** und die **Zweckmäßigkeit**[12] des Verwaltungshandelns überprüft werden. Die Befugnisse der Widerspruchsbehörde können hier also bei Ermessensentscheidungen weiter gehen als die der Gerichte, da sie auch eine rechtmäßige Entscheidung der ersten Behörde aufheben kann, wenn sie deren Zweckmäßigkeit verneint. Eine Ausnahme gilt für **Selbstverwaltungsangelegenheiten**, wenn die Widerspruchsbehörde eine andere als die Selbstverwaltungsbehörde ist; hier kann die Widerspruchsbehörde auf die Überprüfung der Rechtmäßigkeit beschränkt sein (vgl. § 73 Rn. 2); dem § 68 Abs. 1 S. 1 wird genügt, wenn die Zweckmäßigkeit erneut durch die Selbstverwaltungsbehörde bei der Frage, ob sie abhelfen will (§ 72), überprüft wird.

Bei **notwendiger Streitgenossenschaft** genügt es, wenn das Vorverfahren in **2b** der Person eines Streitgenossen erfüllt wird[13]. Allerdings ist die **Klage einer vom Adressaten eines Verwaltungsaktes verschiedenen Person** unabhängig von einer Rechtsverletzung des Klägers grundsätzlich dann unzulässig, wenn

---

8 Vgl. BVerwGE 24, 253; vgl. Simianer ZBR 1992, 71.
9 Mannheim VBlBW 1998, 229.
10 BVerwGE 26, 161.
11 Vgl. BVerwGE 26, 161; NJW 1967, 1245; Bettermann DVBl. 1959, 308; Eyermann/Rennert Rn. 2; Stelkens/Stelkens § 79 Rn. 7.
12 Krit. neuerdings Klüsener NVwZ 2002, 816, der die Zweckmäßigkeit nicht als eigenständiges Kriterium, sondern als Teil der Ermessensprüfung verstanden wissen will.
13 Berlin EOVG 8, 53 für Miterben; ebenso BVerwG DÖV 1970, 248 für Mehrheit von Klägern; vgl. v. Mutius, Widerspruchsverfahren S. 181.

der von dem Adressaten des Verwaltungsaktes eingelegte Widerspruch wegen Verspätung als unzulässig zurückgewiesen worden ist und der Kläger seinerseits ein Widerspruchsverfahren nicht durchgeführt hat[14]. Für die Klage des Vertreters der Interessen des Ausgleichsfonds hat es das BVerwG als ausreichend angesehen, wenn überhaupt ein Beschwerdeverfahren stattgefunden hat[15]. Bei einem Parteiwechsel im Rechtsstreit über eine Bodenverkehrsgenehmigung sollte es hingegen nicht genügen, wenn nur der frühere Kläger ein Vorverfahren durchgeführt hatte[16]. Zur Frage, ob bei Erlass eines **Änderungsbescheides** während des Widerspruchs- oder Klageverfahrens ein erneutes Vorverfahren erforderlich ist, vgl. § 79 Rn. 3. Bei Erledigung des VA und Übergang zur Feststellungsklage nach § 113 Abs. 1 S. 4 bedarf es eines Vorverfahrens nicht mehr.

Für einen »**Untätigkeitswiderspruch**« gegen behördliche Untätigkeit auf einen gestellten Antrag hin ist kein Raum. Zum einen spricht hiergegen der Wortlaut des § 68 Abs. 2, der einen ablehnenden VA voraussetzt; zum anderen enthält § 75 S. 1 insoweit eine Sonderregelung[17].

II. Prozessuale Bedeutung

3 **Die herrschende Lehre sieht** das **Vorverfahren als Sachurteilsvoraussetzung an,** wobei teilweise der synonyme Begriff Prozessvoraussetzung gebraucht wird[18]. Sachurteilsvoraussetzungen müssen im Zeitpunkt der Entscheidung vorliegen, das Gericht prüft dies von Amts wegen und weist die Klage bei ihrem Fehlen als unzulässig ab (vgl. § 109 Rn. 4). Das Fehlen einer Sachurteilsvoraussetzung kann grundsätzlich bis zur letzten mündlichen Verhandlung oder bis zum Erlass des schriftlichen Urteils[19], auch noch in der Rechtsmittelinstanz[20], geheilt werden[21]. Die Schwierigkeit bei der **Nachholung des Vorverfahrens** besteht darin, dass sein Beginn, nämlich die Einlegung des Widerspruchs, fristgebunden ist. Da die Widerspruchsfrist, bzw. die Frist des § 58 Abs. 2, regelmäßig abgelaufen sein wird, bis im verwaltungsgerichtlichen Verfahren die Nachholung erörtert wird, kommt diese nur dann in Betracht, wenn die Voraussetzungen für die Wiedereinsetzung (vgl. § 70 Rn. 5) vorliegen. Eine **unrichtige Rechtsbehelfsbelehrung** der Behörde hat keinen Einfluss auf die Notwendigkeit, vor Erhebung einer Klage ein Widerspruchsverfahren durchzuführen[22].

4 Die Rechtsprechung hat die Schwierigkeiten, die sich aus der Beurteilung des Vorverfahrens als Sachurteilsvoraussetzung ergeben, dadurch zu vermeiden gesucht, dass sie trotz fehlenden Vorverfahrens die Einlassung der Behörde

---

14   Berlin NVwZ-RR 1998, 270.
15   BVerwGE 40, 25.
16   Münster DÖV 1970, 500.
17   Sodan/Geis Rn. 95.
18   Vgl. Schoch/Dolde Vorb. § 68 Rn. 3; Sodan/Geis Rn. 32; Kopp/Schenke Vorbem. 6.
19   Vgl. BVerwGE 4, 204; Eyermann/Rennert Rn. 20; Kopp/Schenke Vorbem. 11 vor § 40.
20   BVerwG DVBl. 1984, 91 für Vorverfahren während der Berufungsinstanz.
21   A.A. v. Mutius, Widerspruchsverfahren S. 174: muss im Zeitpunkt der Klageerhebung vorliegen.
22   Mannheim NVwZ-RR 1999, 431.

zur Sache mit dem Antrag auf Klageabweisung[23] als ausreichend ansieht, wobei zum Teil ausdrücklich die Klage als Rechtsbehelf des Vorverfahrens, die Klageerwiderung als Bescheid fingiert wird[24]. Dies soll insbesondere dann gelten, wenn Widerspruchsbehörde und Beklagter identisch sind.[25] Die Rechtsprechung stützt sich dabei auf Gründe der Prozessökonomie, die es überflüssig erscheinen lassen, das Vorverfahren mit Widerspruch und Widerspruchsbescheid aus formellen Gründen nachzuholen, obgleich sich der voraussichtliche Inhalt des Widerspruchsbescheides bereits aus der Klageerwiderung ergibt[26]. Des Weiteren soll das Vorverfahren entbehrlich sein, wenn die Behörde den VA bereits in anderem Zusammenhang geprüft hat und das Ergebnis dieser Prüfung das Widerspruchsverfahren als aussichtslos erscheinen lässt, denn in (auch) diesem Fall sei dessen Zweck, der Behörde Gelegenheit zur Selbstkontrolle und Abhilfe zu geben, bereits erfüllt[27]. Der Standpunkt der Rechtsprechung befriedigt nur im Ergebnis, nicht jedoch in der Methodik. In dem Bestreben, nicht durch eine zu starke Bewertung der Förmlichkeiten des Vorverfahrens eine gerichtliche Entscheidung in der Sache unmöglich zu machen, hebt die Praxis der Rechtsprechung die Feststellung, dass es sich bei dem Vorverfahren um eine nicht zur Disposition der Beteiligten stehende Prozessvoraussetzung handele, im Ergebnis wieder auf. Die beiden Wege hierfür, nämlich die Aussetzung des Verfahrens zur Nachholung des Vorverfahrens oder die Umdeutung von Klage und Klageerwiderung in Widerspruch und Widerspruchsbescheid hat v. Mutius (Widerspruchsverfahren S. 175 ff.) mit überzeugenden Gründen abgelehnt; allein, es bleibt dann nur die wenig befriedigende Konsequenz, in allen diesen Fällen die Klage als unzulässig abzuweisen. Zur Problematik vgl. Kopp, Redeker-Festschrift S. 543.

Eine andere Lösung bietet sich an, wenn **das durchgeführte Vorverfahren** 5 **nicht** als **Sachurteilsvoraussetzung** angesehen wird, da nach § 75, abweichend von § 68, die Klage auch zulässig ist, ohne dass ein Widerspruchsbescheid ergangen ist; Bedeutung hat das Fehlen des Widerspruchsbescheides nur bei der verfrüht erhobenen Untätigkeitsklage, deren Unzulässigkeit jedoch durch Zeitablauf geheilt wird (§ 75 Rn. 11 f.). Vielmehr könnte nur der Beginn des Vorverfahrens, nämlich der **fristgerecht eingelegte Widerspruch**, als Sachurteilsvoraussetzung in Betracht kommen. Dieser lässt sich aber, da die Erhebung der Klage die Widerspruchsfrist nicht wahrt (vgl. Rn. 4, § 70 Rn. 9) nur nachholen, wenn die Voraussetzungen der Wiedereinsetzung vorliegen (§ 70 Rn. 5). Insoweit zutreffend hat daher Berlin (NJW 1965, 1151) bei einer auf falsche Rechtsbehelfslehrung ohne Vorverfahren erhobenen

---

23 Vgl. BVerwGE 10, 82; 15, 307; 64, 325; DVBl. 1984, 91 hier einschränkend bei Fehlen von Ermessenserwägungen; NJW 1991, 857; NVwZ-RR 1995, 90; BSGE 25, 66.
24 Vgl. BVerwGE 15, 307; E 64, 325; Buchh. 232 § 42 BBG Nr. 14; Buchh. 130 § 9 RuStAG Nr. 10; BSG NJW 1964, 1046; München DVBl. 1964, 969: Klage als Widerspruch; Münster OVGE 22, 166 für die Klageerwiderung als Bescheid, wenn Beklagte und Widerspruchsbehörde nicht identisch sind; überzeugend gegen die Doppelfunktion der Klage als Widerspruch Schumann NJW 1965, 2090; v. Mutius, Widerspruchsverfahren S. 178.
25 BVerwGE 66, 39 (41); NVwZ 1984, 507; 1986, 374.
26 Vgl. BVerwGE 15, 307 m.N.; BVerwGE 27, 141; 27, 181; 64, 325, wo die Durchführung des Vorverfahrens für entbehrlich erklärt wird, weil dessen Zweck nicht mehr erreicht werden kann; auch NVwZ 1988, 721; E 85, 163; Münster NVwZ-RR 1993, 590; krit. Meier, Die Entbehrlichkeit des Widerspruchsverfahrens München, 1992.
27 Vgl. Schleswig, NVwZ-RR 2001, 589.

Klage auf das Fehlen des Widerspruchs abgestellt und zunächst dessen Nachholung gefordert[28].

6 Der Zweck des § 68 Abs. 1 S. 1 ist die **nochmalige Überprüfung der ersten Verwaltungsentscheidung.** Es würde dem Sinn dieser Bestimmung widersprechen, wenn im Ergebnis gerade in der fristgerechten Einlegung des Widerspruchs eine Sachurteilsvoraussetzung gesehen würde; das Schwergewicht der Regelung würde damit in das Formale verlagert, das im Verfahren vor den Verwaltungsbehörden nicht Selbstzweck sein soll, sondern nur Hilfe zur materiellen Entscheidung[29] (insbesondere auch §§ 45 bis 47 VwVfG). Dieses Verhältnis von Verwaltungsverfahren zur Sachentscheidung kommt besonders zum Ausdruck in der Befugnis der Behörde (auch der Widerspruchsbehörde als Aufsichtsbehörde), einen belastenden VA auch nach formeller Rechtskraft noch aufzuheben, wenn sie ihn für unrichtig hält; eine Befugnis, die das Gericht, welches die Unrichtigkeit seiner rechtskräftig gewordenen Entscheidung erkennt, nicht hat. **Im Gegensatz zur herrschenden Lehre, die bislang noch keine befriedigende Lösung zur methodischen Einordnung der Rechtsprechung des BVerwG gefunden hat, kann daher das Vorverfahren weder als Ganzes noch in seinen Teilen als Sachurteilsvoraussetzung angesehen werden**[30].

7 Daraus folgt für die **prozessuale Behandlung von Verstößen gegen die Vorschriften** der VwGO **über das Vorverfahren** und die sie ergänzenden bundes- und landesrechtlichen Vorschriften (vgl. § 73 Rn. 8): die **Widerspruchsbehörde** berücksichtigt sie bei ihrer Entscheidung, indem sie z.B. den Widerspruch, der verspätet (§ 70 Rn. 6, 8) oder formfehlerhaft (§ 70 Rn. 1) eingelegt ist, zurückweist. Ein Verstoß der Widerspruchsbehörde gegen wesentliche Verfahrensvorschriften des Vorverfahrens kann zur selbstständigen Anfechtung des Widerspruchsbescheides durch den beschwerten Beteiligten oder einen beschwerten Dritten führen (§ 79 Rn. 8). Das **Gericht** weist daher die Klage, sofern ein Beteiligter den Verstoß gegen die Vorschriften des Vorverfahrens oder das fehlende Vorverfahren rügt, als unbegründet ab[31], und zwar auch dann, wenn die Widerspruchsbehörde zu Recht den Widerspruch als verspätet zurückgewiesen hatte. Das Urteil kann jedoch, wie sich aus der Zurechnung des Verwaltungsverfahrensrechts zum materiellen Recht ergibt, nur eine beschränkte materielle Rechtskraft haben, die einer erneuten Geltendmachung des Anspruchs nicht entgegensteht, wenn die Fehler des Vorverfahrens nachträglich behoben werden (vgl. § 130 Rn. 7 zum gleichen Problem bei der Zurückverweisung).

III. Ausnahmen

8 **1. Gesetzesvorbehalt.** Das Gesetz kennt, insbesondere im 8. Abschnitt, eine Reihe von Gesetzesvorbehalten, d.h. die allgemeine Regelung kann durch Gesetz abgedungen werden. Dabei sind drei Punkte von Bedeutung: Wird ein Gesetz gefordert oder reicht eine Rechtsverordnung aus; kann der Landesgesetzgeber von der VwGO abweichen; enthält der Vorbehalt nur eine Ermäch-

---

28   Unzutreffend BVerwGE 29, 229, wo im gleichen Fall die prozessuale Lage so behandelt wird, als habe die Behörde den Widerspruchsbescheid unterlassen.
29   Vgl. Bettermann DVBl. 1963, 826; Groschupf DVBl. 1962, 627.
30   Vgl. BVerwGE 1, 247.
31   Vgl. BVerwGE 17, 178; DVBl. 1967, 237 für die Klage gegen den Widerspruchsbescheid bei verspätetem Widerspruch.

tigung zum Erlass neuer Gesetze oder werden auch bestehende Abweichungen aufrecht erhalten.

Wo die VwGO das Wort »Gesetz« verwendet, verlangt sie ein Gesetz im for- **8a** mellen und materiellen Sinne; eine Rechtsverordnung, auch des Bundes, reicht daher nicht aus, die allgemeine Regelung auszuschließen[32]. Das BVerfG hat, ohne diese Frage zu problematisieren, auch eine Landesverordnung für ausreichend angesehen, wenn eine ausreichende Ermächtigungsgrundlage vorhanden ist[33]. Die VwGO spricht bei den Abweichungen in § 80 Abs. 2 Nr. 3 von Bundes- und Landesgesetzen, in § 80 Abs. 4 S. 1 von Bundesgesetzen, in § 61 Nr. 3 und § 78 Abs. 1 Nr. 2 von landesrechtlichen Bestimmungen, in anderen Fällen, z.B. in § 68, lediglich von Gesetzen. Die Erwähnung von Bundesgesetzen beinhaltet keine Ermächtigung für den Bundesgesetzgeber, da dieser mit einem nachfolgenden Gesetz ohnehin von der VwGO abweichen kann; sie schließt aber die Abweichung durch Landesgesetz aus. Wo jedoch die VwGO nur von »Gesetzen« spricht, ist damit auch ein Landesgesetz gemeint[34]. Ob der Vorbehalt bei Erlass der VwGO vorhandene Regelungen deckt, ist im Einzelfall zu untersuchen.

2. Ausschluss durch Gesetz. Das Vorverfahren entfällt, wenn ein Gesetz, also **9** ein Bundes- oder Landesgesetz (Rn. 8), dies bestimmt. Da nach § 77 zunächst alle das Vorverfahren regelnden bundes- und landesrechtlichen Bestimmungen aufgehoben worden sind, es sei denn, sie würden ausdrücklich in den Übergangsvorschriften aufrechterhalten, kann das Vorverfahren nur durch ein Gesetz, das nach In-Kraft-Treten der VwGO erlassen wird, ausgeschlossen werden[35]. Das Gesetz kann, anstatt das Vorverfahren ganz auszuschließen, die Nachprüfung durch die Widerspruchsbehörde auf die Rechtskontrolle beschränken[36], wie es auch in Selbstverwaltungsangelegenheiten der Fall ist (vgl. § 73 Rn. 3).

Ein **gleichwohl** erhobener **Widerspruch** ist **zulässig** und entfaltet aufschie- **9a** bende Wirkung (vgl. § 80 Rn. 12). Wenngleich der Gesetzgeber die Ermächtigung des § 68 Abs. 1 S. 2 zunehmend zur Einsparung von Kosten nutzt, legt der Gesetzeswortlaut, demzufolge es eines Vorverfahrens lediglich **nicht bedarf** und der es nicht etwa als unzulässig bezeichnet, als Gesetzeszweck eine Erleichterung des Zugangs zur Klage zu Gunsten des Betroffenen nahe. Hierfür spricht auch der Umstand, dass durch die 6. VwGO-Novelle die Beschränkung auf »besondere Fälle«, d.h. auf durch typische Merkmale gekennzeichnete Fallgruppen[37], entfallen ist. Schließlich ist zumindest bei Ermessensentscheidungen eine nochmalige Selbstkontrolle der Verwaltung unter Zweckmäßigkeitsgesichtspunkten sinnvoll, deren Überprüfung dem Gericht versagt ist[38].

---

32   Vgl. Koehler S. 528; Kopp/Schenke Rn. 17a; Pietzner/Ronellenfitsch § 31 Rn. 13.
33   BVerfGE 84, 34; Schleswig DÖV 1994, 394; ebenso Schoch/Dolde Rn. 10; wohl auch Bader/Funke-Kaiser Rn. 17; überzeugend dagegen Sodan/Geis Rn. 122.
34   Vgl. Eyermann/Rennert Rn. 24; Kratzer BayVBl. 1960, 165.
35   Ebenso Eyermann/Rennert Rn. 24; Kopp/Schenke Rn. 17; Sodan/Geis Rn. 121; a.A. München BayVBl. 1969, 434; Klinger S. 357; Koehler S. 528; Ule S. 252; Kratzer BayVBl. 1960, 165; Bader/Funke-Kaiser Rn. 18; Schoch/Dolde Rn. 13.
36   Vgl. BVerwGE 57, 130; Bader/Funke-Kaiser Rn. 17.
37   Hierzu BVerfGE 35, 65.
38   Wie hier Mannheim NVwZ-RR 1989, 450; Sodan/Geis Rn. 146; a.A. Kopp/Schenke Rn. 16: unzulässig; ebenso Kopp/Ramsauer § 70 Rn. 5, der immerhin von einer »nicht ganz klaren Fassung« der Vorschrift spricht.

10   Durch Bundesgesetz ist das Vorverfahren ausgeschlossen nach dem AsylverfahrensG (§ 11) gegen Maßnahmen und Entscheidungen nach diesem Gesetz, nach dem BWGöD (§ 26 Abs. 4 S. 4)[39], nach § 36 Abs. 4 VermögensG gegen Entscheidungen des Landesamtes nach § 25 S. 2 dieses Gesetzes, nach § 17 KriegsdienstverweigerungsG gegen ablehnende Entscheidungen des Bundesamtes, auch nach § 20 G über die Verbreitung jugendgefährdender Schriften mit Verfahrensregelung; vgl. BVerwG DVBl. 1993, 500: auch bei Indizierungen im vereinfachten Verfahren), sowie nach § 31 Abs. 1 Stasi-UnterlagenG. Gegen den Ausschließungsbescheid in LAG-Sachen ist die Klage ebenfalls ohne Vorverfahren zulässig[40]. In §§ 70, 74 Abs. 1 VwVfG ist für das förmliche Verwaltungsverfahren (vgl. § 42 Rn. 68) ebenso wie für das Planfeststellungsverfahren das Vorverfahren ausgeschlossen; für die nachträgliche Anordnung von Schutzauflagen nach § 75 Abs. 2 VwVfG ist dies umstritten[41]. Während es vor der gerichtlichen Anfechtung eines Planfeststellungsbeschlusses gem. § 29 Abs. 6 S. 1 PersonenbeförderungsG der Durchführung eines Vorverfahrens nicht bedarf, ist es vor der Erhebung einer Klage gegen einen Besitzeinweisungsbeschluss gem. § 29a PersonenbeförderungsG erforderlich[42].

11   Durch Landesgesetz ist das Vorverfahren ausgeschlossen bei Klagen des Bewerbers gegen Entscheidungen der Wahlprüfungsbehörden nach § 30 Abs. 2 KomWG BW; bei Prüfungsentscheidungen in Hoch- und Fachschulangelegenheiten nach § 26 AZG Berlin; nach § 15 Nr. 7 HessArchitektenG (vgl. Kassel ESVGH 24, 165); bei VA der Bürgerschaft oder des Senats nach § 6 Abs. 2 AG Hbg. obgleich dies bereits aus Absatz 1 Nr. 1 folgt; bei VA, die im förmlichen Verwaltungsverfahren oder im Planfeststellungsverfahren erlassen werden, in allen Ländern nach den §§ 70, 74 Abs. 1 VwVfG entsprechenden Vorschriften; bei der Verbandsklage in § 58 Abs. 1 NaturschutzG Sachsen. In BW bedarf es nach § 6a AG keines Vorverfahrens, wenn das Regierungspräsidium den VA erlassen oder abgelehnt hat, sofern nicht Bundesrecht die Durchführung eines Vorverfahrens vorschreibt oder es sich um die Bewertung einer Leistung im Rahmen einer berufsbezogenen Prüfung handelt. In NW ist durch § 6 AG das Vorverfahren ausgeschlossen, wenn eine Kollegialbehörde an einem förmlichen Verfahren entscheidet. Nach Art. 8 Abs. 4 des Staatsvertrages mit den RatifizierungsG der Länder entfällt das Vorverfahren auch gegen Entscheidungen der Zentralstelle für die Vergabe von Studienplätzen (vgl. auch § 52 Rn. 15). In Bayern ist das Vorverfahren nach Art. 15 AG bei Maßnahmen zur Beendigung des Aufenthaltes nach dem 1. Abschnitt des AusländerG ausgeschlossen, wenn diese während des Verfahrens zur Anerkennung als Asylberechtigter oder bis zu einem Jahr nach dessen bestandskräftigen Abschluss ergangen sind. Ausgeschlossen ist das Vorverfahren auch nach § 44 Abs. 2 BayG über entschädigungspflichtige Enteignungen. Der Ausschluss des Vorverfahrens durch Landesgesetz gilt für alle Verwaltungsverfahren, für die Landesbehörden oder Kommunalbehörden dieses Landes zuständig sind[43].

12   **3. Bei VA oberster Bundes- oder Landesbehörden.** Das Gesetz geht davon aus, dass wegen der unterstellten fachlichen Qualifikation bei VA oberster Bundes- oder Landesbehörden ein Vorverfahren nicht erforderlich ist. Zu

39   Vgl. BVerwGE 25, 348.
40   BVerwGE 17, 155.
41   Bejahend Kopp/Ramsauer § 74 Rn. 93; verneinend München UPR 1999, 276.
42   Weimar NVwZ-RR 1999, 488.
43   BVerfGE 35, 65.

diesen Behörden zählen der Bundespräsident[44], der Präsident des Bundestages, des Bundesrates, des BVerfG und des BRH, der Bundeskanzler und die Ministerien, nicht auch die Bundesoberbehörden oder eine oberste Dienstbehörde, die nicht oberste Bundesbehörde ist[45], etwa die Verwaltungsspitze einer Körperschaft des öffentlichen Rechts; das Gleiche gilt für die entsprechenden Landesbehörden. Durch Gesetz, das wiederum ein Bundes- oder Landesgesetz sein kann, und zwar ein nachfolgendes, kann jedoch die Durchführung des Vorverfahrens vorgeschrieben werden. Dies ist geschehen in § 126 Abs. 3 BRRG für Klagen des Beamten aus dem Beamtenverhältnis (zum Anwendungsbereich vgl. § 40 Rn. 32), in § 37 Abs. 1 SchwerbehindertenG, in § 55 PersBefG für VA der obersten Landesverkehrsbehörden, auch in Art. 8 Abs. 1 AG Br. für Klagen gegen VA des Senats oder eines Senators. Delegiert eine oberste Bundes- oder Landesbehörde ihre **Entscheidungsbefugnis** auf eine nachgeordnete Behörde und entscheidet diese, ist wiederum ein Vorverfahren erforderlich. Die **Delegation** muss eindeutig sein und veröffentlicht werden[46] (siehe auch § 126 Abs. 3 BRRG). Liegt keine Übertragung der Zuständigkeit vor, sondern entscheidet die nachgeordnete Behörde im Namen der obersten Bundes- oder Landesbehörde (Mandat), verbleibt es bei der Regelung der Nummer 1 (zu Delegation und Mandat vgl. § 78 Rn. 2).

4. Bei Anfechtung des Abhilfebescheides oder des Widerspruchsbescheides. **13** Das sechste ÄGVwGO hat die bislang nur für den Widerspruchsbescheid geltende Regelung über den Wegfall des Vorverfahrens in Absatz 1 S. 2 Nr. 2 auf den Abhilfebescheid ausgedehnt, was nach der Überleitungsvorschrift in Art. 10 Abs. 2 des 6. VwGOÄndG für alle Abhilfebescheide gilt, die nach dem 1. Januar 1997 bekannt gegeben wurden. Zu den Folgeänderungen vgl. § 71 Rn. 2 für die Anhörung, § 79 Rn. 4, 5 für den Abhilfebescheid als Klagegegenstand. Voraussetzung ist die erstmalige Beschwer durch den Abhilfe- oder den Widerspruchsbescheid. Das kann insbesondere der Fall sein bei VA mit Doppelwirkung, wenn dem Widerspruch abgeholfen oder stattgegeben wird, jedoch auch bei einem bestätigenden Widerspruchsbescheid, wenn er auf einen verspäteten Widerspruch ohne Wiedereinsetzung ergeht (vgl. § 70 Rn. 7, 8). Nummer 2 gilt für jeden Fall, in dem § 79 Abs. 2 der Abhilfe- oder der Widerspruchsbescheid Klagegegenstand sein kann[47], also auch für die Aufsichtsklage (vgl. § 42 Rn. 22; § 79 Rn. 5), auch, wenn der Bescheid eine zusätzliche selbstständige Beschwer des Widerspruchsführers enthält[48] (zur **reformatio in peius** vgl. § 73 Rn. 20). Münster (OVGE 27, 63) hat Nr. 2 entsprechend angewandt, wenn in Abgabensachen der VA einem Nichtpflichtigen, dagegen dem Pflichtigen erst der Widerspruchsbescheid zugestellt wurde. Zum VA, durch den der im Rechtsstreit befindliche ursprüngliche VA ersetzt wird, vgl. § 79 Rn. 3.

C. Sondergesetzliche Regelungen

In den Übergangsbestimmungen sind eine Reihe von Vorschriften aufrechter- **14** halten worden, die das Vorverfahren abweichend von der VwGO regeln, so

---

44   BVerwGE 23, 295.
45   Vgl. Koehler S. 528.
46   Vgl. Kassel ESVGH 1, 139; Sodan/Geis Rn. 148.
47   Vgl. BVerwGE 40, 27 für Widerspruchsbescheid.
48   Vgl. Koblenz DVBl. 1992, 787.

die §§ 336 bis 338 LAG, § 141 Abs. 1 FlurbG[49]; § 83 BPersVG; § 23 WBO, der jedoch keine Anwendung findet, wenn dem Betroffenen der Beschwerdegrund erst nach Beendigung des Wehrdienstverhältnisses bekannt geworden ist[50], und § 33 WMG[51]. Besondere Vorschriften für das Widerspruchsverfahren, die aber den Regelungen der VwGO angeglichen sind, sind auch in den §§ 32, 36, 38 VermögensG enthalten (hierzu § 70 Rn. 1; § 71 Rn. 2).

§ 69 [Widerspruch]

Das Vorverfahren beginnt mit der Erhebung des Widerspruchs.

I. Wirkung

1 Der Rechtsbehelf, der das Verfahren in Gang setzt, ist allein der Widerspruch (vgl. § 77). Er hat grundsätzlich **aufschiebende Wirkung** (Suspensiveffekt, vgl. § 80 Rn. 4 ff.[1]) wird der Widerspruch nur gegen einen selbstständigen Teil des VA eingelegt (vgl. § 42 Rn. 34), tritt dieser Effekt nur für diesen Teil ein[2]. Ob er die angefochtene Entscheidung auch der Beurteilung durch eine übergeordnete Instanz unterwirft (Devolutiveffekt), hängt von dem Inhalt dieser Entscheidung und von der Behörde, die ihn erlässt, ab (vgl. § 73 Rn. 1, 2).

2 Ein **Widerspruch** ist **erhoben**, wenn in der **Willenserklärung** ein entsprechender Erklärungsinhalt zum Ausdruck gekommen ist[3], der erforderlichenfalls durch **Auslegung** oder **Umdeutung** unter Berücksichtigung nicht nur des Wortlautes, sondern auch des Gesamtverhaltens des Erklärenden einschließlich aller dem Erklärungsempfänger erkennbar gewordenen Begleit- und Nebenumstände zu ermitteln ist[4]. Bei der Ermittlung des wirklichen Willens ist nach anerkannter Auslegungsregel zu Gunsten des Bürgers davon auszugehen, dass er denjenigen Rechtsbehelf einlegen will, der nach Lage der Sache seinen Belangen entspricht und eingelegt werden muss, um den erkennbar angestrebten Erfolg zu erreichen[5]. So muss eine Behörde, bei der der Widerruf beziehungsweise die Rücknahme eines belastenden Verwaltungsakts beantragt wird, zunächst prüfen, ob der Verwaltungsakt gegenüber dem Antragsteller bestandskräftig geworden ist, und den Antrag verneinendenfalls als Widerspruch gegen den Verwaltungsakt auslegen[6]. Denn ein Verbot, zu Gunsten eines Verfahrensbeteiligten erfolgsorientiert auszulegen, kennt das Bundesrecht nicht[7]. Dies gilt im Grundsatz auch für anwaltliche Anträge und Rechtsbehelfe, soweit diese auslegungsfähig und -bedürftig sind[8]. Demgemäß kann auch ein Schriftsatz an das VG ausgelegt werden, der der beteiligten Behörde zur Wahrung des rechtlichen Gehörs übermittelt wird, wenn darin hinlänglich der Wille zum Ausdruck kommt, dass der VA mit allen ge-

---

49 Vgl. BVerwGE 15, 271; 21, 93.
50 BVerwGE 18, 283.
51 Dazu BVerwGE 25, 369.
1 Auch Specht DVBl. 1978, 169.
2 Lüneburg NJW 1968, 125.
3 VG Düsseldorf NWVBl. 1998, 286.
4 BVerwGE 25, 191; 63, 74; NVwZ-RR 2000, 135; Schoch/Dolde Rn. 4.
5 BVerwG NJW 1991, 508; NJW 2002, 1137.
6 BVerwG NJW 2002, 1137.
7 BVerwG NJW 2002, 1137.
8 BVerwG NVwZ 1999, 405; NJW 2002, 1137.

gebenen Rechtsbehelfen angefochten werde[9]. Allerdings kommt die Umdeutung eines wiederholten (Leistungs-)Antrages in einen Widerspruch regelmäßig nicht in Betracht[10]. Für das Vorfahren i. S. des Art. 9 § 1 S. 3 BBVAnpG 1999 soll insofern etwas anderes gelten, als darunter das gesamte dem Gerichtsverfahren vorausgehende behördliche Verfahren zu verstehen sein soll, beginnend mit dem Antrag des betroffenen Beamten auf Gewährung höherer Besoldung und endend mit dem Widerspruchsbescheid. Das BVerwG hat den **Widerspruch** einer **Prozesshandlung** gleichgestellt und deshalb eine **Anfechtung wegen Irrtums** ausgeschlossen[11] (zur Prozesshandlung vgl. § 126 Rn. 4).

Der Widerspruch kann während des Vorverfahrens gegenüber der Behörde, **3** die den VA erlassen oder abgelehnt hat, oder gegenüber der Widerspruchsbehörde zurückgenommen werden. Auch die **Rücknahme des Widerspruchs** ist einer **Prozesshandlung** gleichgestellt und kann daher nicht unter Bedingungen erklärt werden[12]. Für die Form der Rücknahme gilt das für die Einlegung in § 70 Rn. 1 Gesagte[13]. Die Rücknahme ist zulässig bis zum Erlass des Widerspruchsbescheides[14], soweit ein solcher nicht ergeht, bis zur Klageerhebung[15]; nach Erlass eines den Widerspruch zurückweisenden Widerspruchsbescheides ist die Rücknahme wirkungslos[16]. Eine bei Nichtzahlung des geforderten Kostenvorschusses **fingierte Rücknahme** des Widerspruchs, wie sie auf Grund des Art. 15 Abs. 1 Satz 3 Bay. KostenG durch Bescheid erfolgte, verstößt gegen Bundesrecht, da es dem Landesgesetzgeber verwehrt ist, für die Aufrechterhaltung des nach §§ 69, 70 zulässigen Widerspruchs weitere Voraussetzungen aufzustellen[17]; das Gleiche gilt für das Zurückweisen des Widerspruchs als unzulässig nach § 16 Abs. 5 des BerlG über Gebühren und Beiträge[18]. Die Zurücknahme nach Ablauf der Widerspruchsfrist führt zur Unanfechtbarkeit der angefochtenen Entscheidung, bei Zurücknahme während des Laufs der Widerspruchsfrist ist erneute Einlegung innerhalb der Frist zulässig. **Unanfechtbarkeit** tritt daher erst **mit Fristablauf** ein. Das Verfahren wird gegenstandslos, wenn der Widerspruchsführer nach zunächst gegen die Ablehnung eines beantragten VA eingelegtem Widerspruch den Antrag auf Erlass des VA zurücknimmt. Bei der Zurücknahme des Widerspruchs oder des Antrages auf Erlass eines VA ist eine förmliche Einstellung des Verfahrens nicht erforderlich, § 92 Abs. 2 findet im Vorverfahren keine entsprechende Anwendung (vgl. § 73 Rn. 17).

---

9 Für einen Eilantrag bejahend Hamburg NVwZ-RR 1996, 397, verneinend Mannheim NVwZ-RR 2002, 407.
10 Münster NVwZ 1990, 676.
11 BVerwGE 57, 342; Schoch/Dolde Rn. 6; Eyermann/Rennert Rn. 3; krit. Renck NJW 1980, 1011.
12 BVerwG DVBl. 1996, 105.
13 Vgl. Kassel NJW 1971, 1717.
14 BVerwGE 44, 64.
15 Vgl. Bergmann BayVBl. 1967, 195; Eyermann/Rennert Rn. 4; v. Mutius, Widerspruchsverfahren S. 231; a.A. Kopp/Schenke Rn. 8; auch nach Erlass des Widerspruchsbescheids bzw. nach Klageerhebung; ebenso Lüneburg NVwZ 1993, 1214 m. abl. Anm. von Artzt NVwZ 1995, 666.
16 BVerwG MDR 1975, 251.
17 BVerwGE 61, 360; München BayVBl. 1979, 567; Schoch/Dolde Rn. 15; Kopp/Schenke Rn. 10; Eyermann/Rennert Rn. 5; Renck-Lauflke BayVBl. 1979, 558; a.A. München BayVBl. 1979, 564; Geiger BayVBl. 1979, 101.
18 BVerwGE 61, 360.

4 Der Widerspruch ist unzulässig, wenn auf die Einlegung verzichtet war. Der **Verzicht** auf den Widerspruch kann grundsätzlich erst nach Erlass des VA ausgesprochen werden, bei vorgeschriebener Zustellung erst nach dieser[19]; ein Verzicht, der unter behördlichem Einfluss ausgesprochen wird, ist unwirksam, wenn die Behörde den VA nicht mit dem zugesicherten Inhalt erlässt[20]. Auch ein vertraglich mit der Behörde vereinbarter Verzicht ist nur wirksam, wenn er sich auf den konkreten Inhalt eines VA bezieht und insoweit beschränkt ist[21]. Der Verzicht kann grundsätzlich weder angefochten noch zurückgenommen werden[22] (vgl. Rn. 2). Entscheidet die Behörde über den trotz Verzichts eingelegten Widerspruch, bleibt die Anfechtungsklage zulässig[23]. Zum Verzicht auf den Anspruch vgl. Bussfeld DÖV 1976, 765 sowie § 86 Rn. 5.

II. Widerspruchsführer

5 **Widerspruchsberechtigt** ist, wer durch den Erlass eines VA oder, bei dem Antrag auf Erlass eines VA, durch dessen auch nur teilweise Ablehnung oder durch Erlass unter Auflagen oder Bedingungen beschwert ist (vgl. § 70 Rn. 11); das wird grundsätzlich der **Adressat des VA** sein. Wird jedoch in einem förmlichen Verfahren die beantragte Genehmigung jedem, der sich gegen die beabsichtigte Anlage gewandt hat, zugestellt (z.B. § 10 BImschG) sind nur die Adressaten widerspruchsberechtigt, bei denen auch eine Beschwer vorliegt. Andererseits kann auch ein Dritter widerspruchsberechtigt sein, der durch den Erlass des VA, ohne dessen Adressat zu sein, beschwert ist[24], was insbesondere für den **VA mit Drittwirkung** (vgl. § 42 Rn. 16) gilt; wer berechtigt ist, Anfechtungsklage zu erheben, ist auch widerspruchsberechtigt[25] (vgl. im Einzelnen § 42 Rn. 14 ff.). Kraft besonderer gesetzlicher Bestimmung können auch bestimmte, nicht durch den Erlass des VA beschwerte Behörden (vgl. auch § 42 Rn. 22 ff.) berechtigt sein, Widerspruch einzulegen.
Die Widerspruchsberechtigung setzt, da der Widerspruchsführer der spätere Kläger der Anfechtungs- oder Verpflichtungsklage sein kann, die Beteiligungsfähigkeit (§ 61) und die Prozessfähigkeit (§ 62) voraus, die in den §§ 11, 12 VwVfG insoweit ihre Entsprechung finden.

§ 70   [Einlegung des Widerspruchs]

(1) Der Widerspruch ist innerhalb eines Monats, nachdem der Verwaltungsakt dem Beschwerten bekannt gegeben worden ist, schriftlich oder zur Niederschrift bei der Behörde zu erheben, die den Verwaltungsakt erlassen hat. Die Frist wird auch durch Einlegung bei der Behörde, die den Widerspruchsbescheid zu erlassen hat, gewahrt.

(2) §§ 58 und 60 Abs. 1 bis 4 gelten entsprechend.

---

19 BVerwG DVBl. 1964, 874 für LAG; anders jedoch bei selbsterrechneten Steuern BVerwGE 26, 50.
20 BVerwGE 19, 159 zum Dispens im Baurecht.
21 Vgl. Schoch/Dolde Rn. 8; abzulehnen Kopp/Schenke § 74 Rn. 22, der sich generell für Wirksamkeit des vertraglichen Verzichts ausspricht.
22 Mannheim NVwZ 1982, 230.
23 Mannheim NJW 1992, 1582.
24 Vgl. Münster KStZ 1959, 130: Gesamtschuldner.
25 V. Mutius, Widerspruchsverfahren S. 214.

I. Form

Der Widerspruch muss **schriftlich** oder **zur Niederschrift** bei der Einlegungs- **1**
behörde (Rn. 9) erhoben werden. Schriftlichkeit setzt grundsätzlich die **Unterschrift des Widerspruchsführers oder seines Bevollmächtigten** voraus, das
BVerwG hat jedoch auch bei fehlender Unterschrift den Widerspruch als
formgerecht angesehen, wenn sich aus dem Widerspruch und etwaigen beigefügten Unterlagen hinreichend sicher, d.h. ohne Rückfrage oder Beweiserhebung, ergibt, dass er von dem Widerspruchsführer herrührt und mit dessen
Willen in Verkehr gebracht ist[1]. Zur Niederschrift kann der Widerspruch jedem zur Entgegennahme befugten Bediensteten der Behörde erklärt werden;
die Behörde ist verpflichtet, eine solche Erklärung entgegenzunehmen und
muss die Möglichkeit dafür in den regelmäßigen Dienstzeiten schaffen. Bei
Fristversäumung wegen Weigerung der Behörde zur Entgegennahme ist Wiedereinsetzung zu gewähren. Abweichend von § 70 Abs. 1 S. 1 kann gem.
§ 36 Abs. 1 VermögensG in vermögensrechtlichen Angelegenheiten Widerspruch nicht zur Niederschrift der Behörde eingelegt werden[2].

Die von dem Betroffenen gegenüber dem Sachbearbeiter mündlich abgege- **1a**
bene Erklärung, er sei mit dem Bescheid nicht einverstanden, reicht als Erklärung des Widerspruchs nicht aus[3]. Zur Wahrung der Schriftform bei Einlegung durch Fernschreiber, Telegramm, Telefax oder Telekopie vgl. § 81
Rn. 4 ff. Die telefonische Einlegung des Widerspruchs, bei der die Person des
Widerspruchsführers nicht ausgewiesen wäre, scheitert daran, dass auch aus
dem Gesichtspunkt der Betreuungspflicht keine Verpflichtung der Behörde
besteht, über das Telefonat eine Niederschrift zu fertigen und zu den Akten zu
nehmen[4]. Zur Umdeutung eines an das VG gerichteten Schriftsatzes in einem
Widerspruch gegenüber der Behörde vgl. Hamburg NVwZ-RR 1996, 397
für Anspruch auf laufende Leistungen der Hilfe zum Lebensunterhalt.

Der Widerspruch kann formgerecht nur von dem Beschwerten oder seinem **1b**
Bevollmächtigten (vgl. § 67 Rn. 11) erhoben werden. Nicht formgerecht eingelegt ist daher ein Widerspruch, den eine Versicherung für einen bei ihr haft-
pflichtversicherten Beamten gegen einen an den Beamten gerichteten Haftungsbescheid nach § 78 Abs. 2 BBG erhebt.

Ein **Mangel der Schriftform** kann nach Ablauf der Widerspruchsfrist grund- **1c**
sätzlich nur unter den Voraussetzungen der Wiedereinsetzung in den vorigen
Stand beseitigt werden[5]. Bei **Verstoß gegen die Schriftform** kann der Widerspruch als unzulässig zurückgewiesen werden. Den mündlich trotz Belehrung über die Möglichkeit der Protokollierung erhobenen Widerspruch kann
die Behörde wegen des Formmangels zurückweisen. Entscheidet die Behörde
trotz des Formmangels in der Sache, kann diesen Mangel nur noch ein Dritter
geltend machen (vgl. § 79 Rn. 4); der Mangel ist im verwaltungsgerichtli-

---

1   BVerwGE 30, 274 für Beamtensachen; ZLA 1964, 182 für LAG; E 81, 32 für
     Asylrecht; E 91, 334 für VermögensG; Münster NVwZ 2002, 365 für Fehlbele-
     gungsabgabe.
2   BVerwG VIZ 1996, 271.
3   BVerwGE 26, 201; 50, 248; Mannheim DÖV 1970, 649.
4   BVerwGE 17, 166; Weimar, NVwZ-RR 2002, 408.
5   BVerwGE 50, 248.

chen Verfahren nicht mehr von Amts wegen zu beachten[6] (str.; vgl. § 68 Rn. 3 bis 6).

II. Frist

2 Die **Widerspruchsfrist**[7] beträgt **einen Monat nach Bekanntgabe** des VA oder der Ablehnung des beantragten VA; sie wird nach § 31 VwVfG berechnet[8]. Unter Bekanntgabe (§ 41 VwVfG) ist sowohl die Zustellung, die öffentliche Bekanntgabe, die insbesondere bei Allgemeinverfügungen und Plänen in Betracht kommt (vgl. § 41 Abs. 3 VwVfG)[9], die Verkündung, etwa bei mündlicher Verhandlung vor einem Ausschuss, als auch die formlose Eröffnung zu verstehen[10]. Zum Beginn des Laufs der Widerspruchsfrist gegen verkehrsregelnde Anordnungen und Verkehrsschilder vgl. BVerwGE 59, 221; Münster NJW 1990, 2835; Hamburg NJW 1992, 1909. Zum Fristlauf bei Bekanntgabe an den Adressaten, wenn für das Verwaltungsverfahren ein Bevollmächtigter bestellt war BVerwGE 105, 288; auch § 74 Rn. 2. Ist eine **bestimmte Art der Bekanntgabe**, etwa förmliche Zustellung, zwingend vorgeschrieben, vermag eine andere Art der Bekanntgabe die Frist nicht in Lauf zu setzen[11]; doch ist die Einlegung des Widerspruchs bereits vor der vorgeschriebenen förmlichen Zustellung zulässig, wenn die Behörde dem Betroffenen anders Kenntnis von ihrer Entscheidung gegeben hat[12]. Ein vor Ergehen eines VA eingelegter Widerspruch ist als ins Leere gehend unzulässig und wird nicht von selbst zulässig, wenn in der Folgezeit ein VA ergeht[13]. Bei einer Steuererhebung im Wege der Selbstberechnung kann bereits in der Steuererklärung selbst Widerspruch eingelegt werden[14]. Zustellungsfehler konnten nach § 9 **Abs. 1** VwZG a.F. geheilt werden[15]; jetzt gilt die Zustellungsfiktion des § 9 VwZG n.F. In einigen Ländern, z.B. Sachsen, ist im VwZG die Heilung für jeden Fall, in dem eine Rechtsbehelfsfrist mit der Zustellung in Lauf gesetzt werden soll, also auch für die Widerspruchsfrist, ausgeschlossen. In diesem Fall muss die Zustellung wiederholt werden.

2a Die **Bekanntgabe** setzt den Willen der Behörde voraus, dem Adressaten ihre Entscheidung zur Kenntnis zu bringen, zufällige Kenntnisnahme reicht daher nicht aus (vgl. auch § 42 Rn. 47). Die Widerspruchsfrist beginnt nur zu laufen, wenn neben der Bekanntgabe des VA oder der Ablehnung des beantragten VA eine **schriftliche Rechtsbehelfsbelehrung** erfolgte (vgl. § 58 Rn. 1), die für Bundesbehörden zwingend vorgeschrieben ist, soweit der VA der Anfech-

---

6   Unzutreffend daher Kassel DVBl. 1964, 599.
7   Vgl. Hofmann VerwA 58, 63 und 135.
8   Vgl. Magdeburg NVwZ 1994, 1227: Keine Unterbrechung durch Eröffnung der Gesamtvollstreckung.
9   Zum Zeitpunkt der Bekanntgabe des Flurbereinigungsplans vor allem gegenüber nicht ortsansässigen Betroffenen vgl. Weimar UPR 2002, 200.
10   Vgl. BVerwGE 22, 14 m. Anm. Krohn DVBl. 1968, 113; dazu auch Skouris VerwA 65, 264.
11   Koblenz AS 4, 406.
12   BVerwGE 25, 20.
13   BVerwG BayVBl. 1985, 605; Münster DVBl. 1996, 115.
14   BVerwGE 26, 54; vgl. auch BVerwGE 19, 68; KStZ 1960, 70.
15   Vgl. BVerwG Buchh. 340 § 9 VwZG Nr. 10; Münster NVwZ-RR 1995, 623.

tung unterliegt (vgl. § 59 Rn. 1); fehlt die Belehrung, ist sie unvollständig[16] oder ist sie unrichtig[17], gilt die Jahresfrist des § 58 Abs. 2, die jedoch auch Bekanntgabe voraussetzt[18]. Die Widerspruchsfrist und die Frist des § 58 Abs. 2 läuft für jeden, dem der VA bekannt gegeben wird, gesondert ab Bekanntgabe[19] (vgl. im Übrigen § 58 Rn. 8).

VA, bei denen in der Begünstigung des Adressaten zugleich auch eine Beschwer für Dritte liegt (**VA mit Doppelwirkung**, vgl. § 42 Rn. 16) entfalten diese Wirkung, wenn sie dem Begünstigten bekannt gegeben worden sind (§ 43 Abs. 1 VwVfG). Der Eintritt der Wirkung gegenüber dem Dritten ist unabhängig davon, ob der VA auch diesem bekannt gegeben wird. Die Zulässigkeit des Widerspruchs des Dritten setzt daher zunächst voraus, dass der VA dem Begünstigten bekannt gegeben ist. Ist der VA dem Dritten nicht bekannt gegeben worden, kann dessen Anspruch daher nicht durch Fristablauf, sondern nur durch **Verwirkung** ausgeschlossen werden[20]. Die Rspr. hat dagegen dem Dritten, der bei **grundstücksvermittelter Drittwirkung im nachbarlichen Gemeinschaftsverhältnis** sichere Kenntnis vom Erlass des VA erlangt hat oder hätte erlangen müssen, nach Treu und Glauben die Berufung darauf, dass ihm der VA nicht amtlich bekannt gegeben sei, versagt, und die Widerspruchsfrist nach § 70 mit § 58 Abs. 2 ab Kenntnisnahme berechnet[21]; hieraus kann abgeleitet werden, innerhalb welcher Frist ein Anspruch durch Verwirkung ausgeschlossen sein kann[22]. Je nach Inhalt des VA, etwa bei befristeten Erlaubnissen, wird diese Frist aber auch wesentlich kürzer sein können (vgl. § 58 Rn. 18; zur Verwirkung des Klagerechts bei Untätigkeit der Behörde vgl. § 75 Rn. 14 ff.; zur Wirkung eines Einwendungsausschlusses im Verwaltungsverfahren auf das gerichtliche Verfahren vgl. § 42 Rn. 138a). Ist ein **Bevollmächtigter** bestellt, kann die Bekanntgabe ihm gegenüber vorgenommen werden (§ 41 Abs. 1 S. 2 VwVfG; vgl. aber auch § 14 Abs. 3 S. 1 VwVfG: soll); erfolgt die Bekanntgabe durch Zustellung, muss dem Bevollmächtigten zugestellt werden, wenn er eine schriftliche Vollmacht vorgelegt hat (§ 41 Abs. 5 VwVfG mit § 8 Abs. 1 VwZG).

Ausnahmen: Abweichend von § 70 beträgt die Rechtsbehelfsfrist nach § 33 Abs. 1 WpflG, § 6 Abs. 1 WBO, § 72 Abs. 2 ZivildienstG, § 18 Abs. 1 KriegsdienstverweigerungsG und § 141 Abs. 1 FlurbG zwei Wochen. Soll die Nichtigkeit eines VA im Anfechtungswege geltend gemacht werden (vgl. § 42 Rn. 12), beträgt die Widerspruchsfrist ebenfalls einen Monat, nach Ablauf

---

16 Vgl. BVerwGE 85, 298: Sitz der Verwaltungsbehörde muss zweifelsfrei bezeichnet sein; Angabe der Postanschrift dazu nicht unbedingt erforderlich; BVerwGE 50, 248: über die erforderliche Form des Widerspruchs braucht nicht belehrt zu werden.
17 Vgl. BVerwGE 57, 188; Münster NVwZ 2001, 212.
18 Münster OVGE 22, 57; vgl. auch BVerwG NJW 1967, 591.
19 BVerwGE 44, 294; DÖV 1968, 846; NJW 1969, 1133, Münster NVwZ-RR 1995, 623 für »zusammengefassten Bescheid«; Mang BayVBl. 1964, 396; a.A. München DVBl. 1965, 93.
20 Vgl. Bender/Dohle, Nachbarschutz im Zivil- und Verwaltungsrecht, 1972, Rn. 58, Haueisen NJW 1966, 2342; Siegmund-Schultze DVBl. 1966, 247; vgl. auch BVerfGE 32, 305.
21 BVerwGE 44, 294; 78, 85; DVBl. 1987, 1276; Weimar LKV 2003, 35 und Lüneburg BauR 1997, 452 für Baurecht; BVerwG NJW 1988, 1228 für Wasserrecht; Lüneburg NVwZ 1985, 506 für Immissionsschutzrecht; Mannheim VBlBW 1998, 217 für Luftverkehrsrecht; vgl. auch Schoch/Dolde Rn. 21f; Eyermann/Rennert Rn. 5; Füßer LKV 1996, 314; a.A. Mittenzwei NJW 1974, 1884; Menger VerwA 66, 85.
22 Vgl. auch Kassel NJW 1987, 3214, München UPR 1990, 354.

der Frist ist nur noch unmittelbar die Feststellungsklage nach § 43 zulässig. Dies gilt jedoch nicht, wenn ein Beamter aus dem Beamtenverhältnis die Feststellung der Nichtigkeit eines VA begehrt; da § 126 Abs. 3 BRRG für jede Feststellungsklage ein Vorverfahren vorschreibt, kann hier der Widerspruch, mit dem die Nichtigkeit eines VA geltend gemacht wird, an keine Frist gebunden sein.

4   Der **Widerspruch ist erhoben,** wenn er der Behörde zugeht (vgl. § 130 Abs. 3 BGB), was sich regelmäßig aus dem Eingangsstempel ergibt, jedoch ist Gegenbeweis bei Unrichtigkeit oder Fälschung zulässig[23]. Zugang liegt vor, wenn der Widerspruch in den Bereich der Verfügungsgewalt der Behörde gelangt, die bei normaler Gestaltung der Verhältnisse ihr die Kenntnisnahme ermöglicht, bei Einlegung in das Postschließfach also, wenn dieses nach der Verkehrsauffassung noch am gleichen Tage geleert wird[24]. Die Übergabe an einen zur Entgegennahme befugten Beamten der Behörde, nach Dienstschluss auch außerhalb der Behörde reicht aus[25]. Die Behörden müssen Vorkehrungen treffen, dass die Frist voll ausgenutzt werden kann, indem sie etwa Nachtbriefkästen anbringen, auch für den dienstfreien Sonnabend[26] (auch § 60 Rn. 9). Wiedereinsetzung nach § 60 ist zu gewähren, wenn am letzten Tag der Frist wegen Fehlens des Nachtbriefkastens in gewöhnlichen Briefeinwurf gelegt. Zum Zugang bei Zustellung durch eingeschriebenen Brief vgl. BVerwGE 22, 11; Kassel NJW 1968, 1979.

III. Fristversäumung

5   Der nach Ablauf der Widerspruchsfrist eingelegte Widerspruch kann als verspätet zurückgewiesen werden. Unter den Voraussetzungen des § 60 Abs. 1 bis 4 (§ 70 Abs. 2, deshalb ist § 32 VwVfG ausgeschlossen) kann jedoch dem Widerspruchsführer bei schuldloser Versäumung der Frist **auf seinen Antrag oder von Amts wegen Wiedereinsetzung** gewährt werden. Mit dem Wiedereinsetzungsantrag ist der möglicherweise bislang noch nicht eingelegte Widerspruch zu verbinden. Gem. § 60 Abs. 2 S. 2 sind deshalb bei Versäumung der Widerspruchsfrist die Tatsachen zur Begründung des – fristgebundenen – Wiedereinsetzungsantrags »bei der Antragstellung oder im Verfahren über den Antrag glaubhaft zu machen«. Die Möglichkeit der Nachholung im Verfahren bezieht sich aber nur auf das Mittel der Glaubhaftmachung, hingegen können weitere Wiedereinsetzungsgründe in tatsächlicher Hinsicht nach Ablauf der Zweiwochenfrist – abgesehen von bloßen Ergänzungen und Erläuterungen – nicht mehr vorgetragen werden[27] (vgl. im Einzelnen die Rn. 12 ff. zu § 60).

5a   Die Wiedereinsetzung kann von der **Ausgangsbehörde** gewährt werden, wenn diese nach § 72 abhelfen will, sonst nur von der **Widerspruchsbe-**

---

23   Vgl. München VGH n.F. 9, 58; 35, 66; vgl. auch Hamburg NVwZ-RR 1995, 122 zur Berufung auf Treu und Glauben.

24   Vgl. BVerwGE 10, 293; auch Kassel NJW 1968, 1979 zum Einschreibebrief im Postschließfach; a.A. Schoch/Dolde Rn. 25.

25   Wie hier Schoch/Dolde Rn. 25; Bader/Funke-Kaiser Rn. 13; a.A. Eyermann/Rennert Rn. 6: nur während der allgemeinen Dienstzeiten.

26   Vgl. BVerwG NJW 1962, 1268.

27   BVerwGE 49, 252; BVerwG Buchholz 310 § 60 VwGO Nr. 183; BVerwG NVwZ-RR 1999, 472.

hörde[28]. Wird die Versäumung der Widerspruchsfrist erst im Verwaltungsprozess festgestellt oder hat die Behörde die Wiedereinsetzung zu Unrecht versagt, kann **nicht das Gericht**[29], sondern nur die Widerspruchsbehörde über die Wiedereinsetzung entscheiden[30] (vgl. auch § 32 Abs. 4 VwVfG). Hat die Behörde hingegen zu Unrecht die Wiedereinsetzung gewährt und den Widerspruch in der Sache abgelehnt, ist der Klageweg eröffnet.

Die Wiedereinsetzung kann durch **konkludente Handlung** der Behörde geschehen[31] (vgl. auch Rn. 7); es muss sich dabei aber um die für die Wiedereinsetzung zuständige Behörde handeln[32]. Zur Bedeutung der Wiedereinsetzung bei fehlendem Vorverfahren vgl. § 68 Rn. 3, 5. Berlin (NJW 1965, 1151) hat bei einer fehlerhaft auf Klage lautenden Rechtsbehelfsbelehrung nach Ablauf der Jahresfrist Wiedereinsetzung wegen Fristversäumung infolge höherer Gewalt gewährt (vgl. § 60 Rn. 19). Nach § 45 Abs. 3 VwVfG sind, soweit dadurch die rechtzeitige Anfechtung des VA versäumt worden ist, die fehlende Begründung des VA und die fehlende erforderliche Anhörung eines Beteiligten Wiedereinsetzungsgründe. Zur Wiedereinsetzung wegen mangelnder Kenntnis der deutschen Sprache, auch im Widerspruchsverfahren gilt § 23 VwVfG, vgl. München NJW 1977, 1213: nur bei unüberwindlichen Schwierigkeiten, Übersetzungs- und Rechtshilfe zu finden; großzügiger Kassel NJW 1977, 543. **5b**

Erhebt der Widerspruchsführer Klage dagegen, dass sein Widerspruch, auch nach Ablehnung der Wiedereinsetzung, als verspätet zurückgewiesen worden ist, weist das Gericht, das den Widerspruch ebenfalls als verspätet ansieht, die Klage als unbegründet ab[33], da der Verstoß gegen die Vorschriften über das Vorverfahren eine Verletzung materiellen Rechts, nicht des Prozessrechts ist[34]. **5c**

In Absatz 2 ist § 60 Abs. 5 nicht mit aufgeführt. Die **Entscheidung ist** daher nicht nur dann **anfechtbar,** wenn die Wiedereinsetzung abgelehnt wird, sondern auch, wenn sie gewährt wird. Die Nichterwähnung des § 60 Abs. 5 bedeutet jedoch nicht, dass das Gericht von Amts wegen überprüfen kann, ob die Wiedereinsetzung zu Recht erfolgt ist[35], da auch die Behörde, die die Wiedereinsetzung gewährte, an ihre Entscheidung (begünstigender VA!) gebunden ist[36]. Anfechten kann die Wiedereinsetzung nur, wer durch sie beschwert ist, also der Dritte, der sich auf die Bestandskraft des ursprünglichen VA be- **6**

---

28 BVerwGE 50, 248; NJW 1983, 1923; Eyermann/Rennert Rn. 12; Bader/Funke-Kaiser Rn. 26; Schoch/Dolde Rn. 29; a.A. Münster NVwZ 1982, 455: Wiedereinsetzung durch die Ausgangsbehörde auch bei Nichtabhilfe.

29 So aber Eyermann/Rennert Rn. 14; Schoch/Dolde Rn. 33; Kopp/Schenke Rn. 13 abw. von der Voraufl.; v. Mutius, Widerspruchsverfahren S. 196; Mannheim NJW 1970, 347; Mannheim DÖV 1981, 228.

30 Vgl. Lüneburg DVBl. 1963, 335; Mannheim NVwZ 1982, 316; NJW 1972, 461; 1973, 727; Kopp/Ramsauer § 32 Rn. 59; Buri DÖV 1963, 498.

31 BVerwGE 11, 124; BVerwG NJW 1960, 1781; BVerwGE 60, 314; NJW 1981, 698; zurückhaltend BVerwGE 38, 60 bei stillschweigender Wiedereinsetzung in Wehrpflichtsachen; Kopp/Ramsauer § 32 Rn. 61.

32 BVerwGE 21, 47.

33 So zutreffend Hamann DÖV 1962, 892; a.A. München VRspr. 14, 358; Buri DÖV 1962, 483; Kopp/Schenke Rn. 13.

34 Vgl. BVerwGE 10, 43, § 68 Rn. 7.

35 Mannheim NVwZ 1987, 316; NVwZ-RR 2002, 6; a.A. Schoch/Dolde Rn. 33; Eyermann/Rennert Rn. 13; Kopp/Schenke Rn. 13.

36 Vgl. Buri DÖV 1963, 498.

rufen will[37], auch die Selbstverwaltungsbehörde, soweit sie gegen den Widerspruchsbescheid Klage erheben kann (vgl. § 79 Rn. 7, 7a). Die Anfechtung kann, wenn beide Entscheidungen zusammen ergingen, nur im Verfahren über die Sachentscheidung erfolgen, da in diesem Fall für eine Klage, mit der nicht zugleich die Sachentscheidung angegriffen wird, kein Rechtsschutzbedürfnis besteht[38]. Die Wiedereinsetzung kann jedoch mit der **Vornahmeklage** begehrt werden, wenn sie von der Behörde, ohne dass zugleich eine Sachentscheidung ergeht, abgelehnt wurde[39].

7 Schwierigkeiten bereitet der Fall, dass **die Behörde** einen **verspätet eingelegten Widerspruch nicht zurückweist, sondern,** ohne Wiedereinsetzung zu gewahren, **sachlich entscheidet.** Die Rechtsprechung lässt die Klage zu, da die Behörde, die in der Sache entscheidet, sich nicht nachträglich auf Fristversäumung berufen könne[40]. Beim VA mit Doppelwirkung hat das BVerwG (DÖV 1982, 940)[41] die Fristversäumnis als beachtlich angesehen. In der Lehre wird dagegen die Klage überwiegend als unzulässig angesehen[42], da der ursprüngliche VA, der Klagegegenstand sein müsste, mit Ablauf der Widerspruchsfrist bereits formell rechtskräftig geworden sei[43]. Das BVerwG (DVBl. 1972, 423) hat die Klage selbst dann zugelassen, wenn die Behörde in der irrigen Annahme, es sei Widerspruch eingelegt, einen Widerspruchsbescheid erließ; in der Billigung dieses Irrtums durch den Betroffenen die Einlegung eines Widerspruchs zu fingieren, um die rechtliche Konstruktion (Prozessvoraussetzung) zu retten, ist wenig überzeugend (vgl. § 68 Rn. 4 bis 7).

8 Bei einer dogmatisch klaren Lösung kann die **Nichtbeachtung der Versäumung der Widerspruchsfrist** nur als **Verfahrensverstoß im Vorverfahren** angesehen werden, der zur Klage gegen den Widerspruchsbescheid nach § 79 Abs. 2 berechtigt, jedoch nicht von Amts wegen berücksichtigt werden kann (vgl. § 68 Rn. 5 ff.). Ebenso wie die Behörde des ursprünglichen VA mit einer erneuten Entscheidung eine voll anfechtbare Sachentscheidung treffen kann (vgl. § 42 Rn. 35), muss dies auch, abändernd oder bestätigend, der Widerspruchsbehörde im Vorverfahren nach einem verspäteten Widerspruch möglich sein, und zwar, ohne dass sie den ursprünglichen VA ausdrücklich aufhebt[44]. Ob sie dabei ihre Befugnisse überschreitet, etwa in Selbstverwaltungsangelegenheiten[45], wo sie nur die Rechtsaufsicht ausübt, oder in die Rechte Dritter eingreift, z.B. beim VA mit Doppelwirkung, ist eine Frage des materiellen Rechts, die erst auf eine entsprechende Klage hin geprüft werden

---

37   Vgl. Lüneburg OVGE 17, 452.
38   A.A. Buri DÖV 1963, 498.
39   Vgl. Mannheim NJW 1972, 461; NJW 1973, 727; NVwZ 1982, 316; München VGH n.F. 3, 1; Schoch/Dolde Rn. 33; wohl auch Eyermann/Rennert Rn. 15; a.A. Kopp/Schenke Rn. 15: kein Rechtsschutzinteresse.
40   Vgl. BVerwGE 15, 307; 57, 342; NVwZ-RR 1989, 85; Greifswald LKV 1995, 355; Mannheim VBlBW 1993, 220; München DVBl. 1992, 1492; Mannheim NJW 1980, 2270 räumt der Widerspruchsbehörde ein Auswahlermessen ein, bei dessen Verletzung der Widerspruchsbescheid rechtswidrig ist, zu Recht dagegen Schütz NJW 1981, 2785.
41   Ebenso Koblenz NVwZ-RR 1994, 47 für Rechtsausschuss.
42   Schoch/Dolde Rn. 40; Kopp/Schenke Rn. 9; v. Mutius, Widerspruchsverfahren S. 190; Wallerath DÖV 1970, 653, Hamann DÖV 1962, 892: unbegründet; vgl. auch München VGH n.F. 11, 51.
43   Vgl. Buri DÖV 1962, 483; Judick NVwZ 1984, 356, Niethammer NJW 1981, 1544.
44   BVerwG NJW 1960, 1487; vgl. auch Mannheim NJW 1980, 2270 für Widerspruchsbehörde, die zugleich Fachaufsichtsbehörde ist.
45   Vgl. Mannheim ESVGH 22, 100.

kann. Der Widerspruchsführer kann im späteren Klageverfahren nicht rügen, dass der Widerspruchsbescheid zur Sache erging, obgleich sein Widerspruch verspätet eingelegt war, ebenso wenig kann dies die Widerspruchsbehörde tun oder die Behörde des ursprünglichen VA, wenn sie der Dienstaufsicht der Widerspruchsbehörde unterliegt und an deren Weisungen gebunden ist[46].

In mindestens dreipoligen Verwaltungsstreitigkeiten erscheint ein »Anschlusswiderspruch« vorstellbar. Wird er als selbstständiger Widerspruch fristgemäß erhoben, weist er keine Besonderheiten auf. Im Zusammenhang der Frist des § 70 Abs. 1 ist der unselbstständige Anschlussrechtsbehelf von Interesse, der nach Fristablauf in den Fällen erhoben wird, in denen sich etwa der Begünstigte eines drittbelastenden VA gegen ihn belastende Nebenbestimmungen wehrt und der Dritte den VA in Wegfall bringen will. So ein gesetzlich nicht geregelter »Anschlusswiderspruch« müsste sich, um zulässig zu sein, gegen den Rechtsbehelfsführer des »Hauptwiderspruchs« wenden[47] und auf mehr als eine bloße Zurückweisung dieses »Hauptwiderspruchs« abzielen[48]. Der Sinn eines Anschlussrechtsmittels besteht regelmäßig aber darin, das ansonsten zu Gunsten des Rechtsmittelführers streitende Verbot der reformatio in peius im Interesse der Waffengleichheit der Beteiligten zu beseitigen[49]. Einerseits gilt dieses Verbot im Widerspruchsverfahren nach der Rspr. zwar nur in engen Grenzen (vgl. § 73 Rn. 20); zu Gunsten eines Dritten, der sich auf eine nachbarschützende Norm berufen kann, ist die reformatio in peius jedoch zulässig (vgl. § 73 Rn. 21). Auch deshalb soll aber andererseits bei grundstücksvermittelter Drittwirkung von VA frühzeitig Rechtssicherheit eintreten, weshalb die Rspr. auch bei fehlender Bekanntgabe des VA innerhalb vergleichsweise kurzer Zeiträume zu einer Verwirkung gelangt (vgl. Rn. 2b). Angesichts dessen ist ein unselbstständiger »Anschlusswiderspruch«, mit dem letztlich nur die Widerspruchsfrist überwunden werden soll, innerhalb des zweistufigen Verwaltungshandelns, das zum Erlass von Ausgangs- und Widerspruchsbescheid führt, und vom Gesetz als Einheit begriffen wird (hierzu § 79 Rn. 2), nicht zu rechtfertigen.

IV. Ort

Der Widerspruch ist bei der Behörde zu erheben, die den VA erlassen oder den beantragten VA abgelehnt hat; die Einlegung bei der Widerspruchsbehörde wahrt jedoch die **Frist.** Soweit Ausschüsse an Stelle einer Behörde entscheiden, ist die Einlegung bei der Behörde, bei der der Ausschuss gebildet ist, fristgerecht. Die Einlegung bei anderen Behörden, auch der obersten Aufsichtsbehörde, wahrt die Frist nicht; es kommt hier darauf an, wann der Widerspruch nach Weiterleitung bei der Behörde des ursprünglichen VA oder der Widerspruchsbehörde eingeht. Eine Verweisung wie im gerichtlichen Verfahren gibt es im Vorverfahren, auch dort, wo Ausschüsse, z.B. die Rechtsausschüsse in Rheinland-Pfalz, entschieden, nicht; die unzuständige Behörde gibt den Widerspruch formlos an die zuständige ab. Die Erhebung

---

46 Vgl. Koblenz NVwZ-RR 1994, 47.
47 Allgemein Lüneburg NVwZ-RR 2000, 62; Eyermann/Happ § 127 Rn. 14; Schoch/Meyer-Ladewig § 127 Rn. 7.
48 BGH NJW 1991, 3029; Eyermann/Happ § 127 Rn. 1.
49 Vgl. etwa Schoch/Pietzner § 133 Rn. 17.

der Klage wahrt die Widerspruchsfrist nicht[50], sie verlängert oder suspendiert diese Frist auch nicht[51] (vgl. § 68 Rn. 4).

V. Inhalt

10 Das Gesetz sagt nichts über den Inhalt der Widerspruchsschrift. Um den Zweck des Vorverfahrens, nochmalige Überprüfung der Entscheidung auf Rechtmäßigkeit und Zweckmäßigkeit des Verwaltungshandelns, zu erfüllen, muss jedoch **für die Behörde erkennbar** sein, **dass und wogegen Widerspruch eingelegt wird**[52]; Unklarheiten, etwa in der Bezeichnung des angefochtenen Bescheides, kann die Behörde, auch nach Ablauf der Widerspruchsfrist, durch Rückfragen klären. Einen bestimmten Antrag braucht die Widerspruchsschrift nicht zu enthalten, regelmäßig kann davon ausgegangen werden, dass mit dem Widerspruch der ganze Bescheid angefochten wird[53] (zum Widerspruch des Nachbarn gegen Genehmigungen vgl. aber § 73 Rn. 18). **Nicht erforderlich** ist die **Bezeichnung als Widerspruch**; Benennung als Einspruch, Beschwerde, Klage oder Antrag auf Wiederaufnahme[54] ist als falsa demonstratio unschädlich, wenn nur ersichtlich ist, dass die Aufhebung oder Änderung des ergangenen Bescheides begehrt wird[55]; eine Verwechslung mit dem Wiederaufgreifen des Verfahrens nach § 51 VwVfG scheidet aus, da dieses die Unanfechtbarkeit des VA voraussetzt. Daher steht auch die Bezeichnung als Dienstaufsichtsbeschwerde der Annahme, dass Widerspruch gewollt ist, nicht entgegen, es sei denn, die Aufsichtsbeschwerde richtet sich allein gegen das Verhalten der Beamten beim Erlass des VA, ohne dass zugleich die Sachentscheidung oder das zu ihr führende Verfahren angegriffen wird. Ist in einem Land noch die Verwaltungsbeschwerde zugelassen (vgl. § 77 Rn. 3) und der Betroffene über beide Rechtsbehelfe belehrt, kann die eingelegte Beschwerde nicht in einen Widerspruch umgedeutet werden[56]. Zu **Auslegung** und **Umdeutung** im Übrigen vgl. § 69 Rn. 2.

11 Der **Widerspruch** ist **nur zulässig, wenn** der **Widerspruchsführer** durch den angefochtenen VA **beschwert** ist (vgl. § 42 Rn. 28 ff.; § 124 Rn. 6). Für den Adressaten eines belastenden VA ergibt sich die Beschwer regelmäßig aus dem VA; legt ein Dritter Widerspruch ein, muss er dartun, worin seine Beschwer besteht; denn eine »Popularklage« ist auch im Vorverfahren ausgeschlossen[57] (vgl. § 42 Anm. 25).

12 Das Fehlen einer **Begründung des Widerspruchs** kann, selbst wenn sie in einer Vorschrift gefordert wird (z.B. § 336 Abs. 3 LAG), allein nicht zur Abweisung des Widerspruchs führen (BVerwGE 9, 110; DVBl. 1960, 397), auch dann nicht, wenn die Behörde eine Frist zur Begründung gesetzt hat. Das Fehlen gesetzlicher Bestimmungen über den Inhalt der Widerspruchsschrift darf den Widerspruchsführer nicht darüber täuschen, dass er sein Ziel, nämlich

---

50   Mannheim ESVGH 9, 174; v. Mutius, Widerspruchsverfahren S. 187 ff.; vgl. auch BVerwG DVBl. 1960, 107.
51   Eyermann/Rennert Rn. 16; Dapprich DVBl. 1960, 194; Stich DVBl. 1960, 378; a.A. Bettermann DVBl. 1959, 308.
52   Vgl. BVerwGE 9, 110; DVBl. 1960, 397.
53   Vgl. Eyermann/Rennert Rn. 3.
54   BVerwGE 25, 191.
55   Vgl. Eyermann/Rennert Rn. 3.
56   Vgl. München VRspr. 1, 234.
57   V. Mutius, Widerspruchsverfahren S. 216.

die Aufhebung des angefochtenen VA oder den Erlass des abgelehnten VA, am ehesten erreichen wird, wenn er, auch nach Aufforderung durch die Behörde, die tatsächlichen und rechtlichen Gründe, die gegen den erlassenen Bescheid sprechen, unter Angabe etwaiger Beweismittel darlegt[58].

§ 71 [Anhörung]

Ist die Aufhebung oder Änderung eines Verwaltungsakts im Widerspruchsverfahren erstmalig mit einer Beschwer verbunden, soll der Betroffene vor Erlass des Abhilfebescheids oder des Widerspruchsbescheids gehört werden.

I. Allgemeines

Das Vorverfahren kennt keine Beteiligten im Sinne der für das verwaltungsgerichtliche Verfahren geltenden Bestimmungen (§§ 63 ff.). Es ist kein kontradiktorisches Verfahren zwischen dem Widerspruchsführer und der Behörde, die den VA erlassen oder den beantragten VA abgelehnt hat, bei dem die Widerspruchsbehörde als unabhängige Instanz entscheidet, sondern es bleibt ein Verfahren zwischen Widerspruchsführer und Verwaltung, bei dem diese, möglicherweise in der Aufsichtsinstanz, ihre ursprüngliche Entscheidung nochmals zu überprüfen hat. Das gilt auch für den Fall, dass an Stelle einer Behörde ein Ausschuss entscheidet (vgl. § 73 Rn. 4). Hieraus folgt, dass es auch keine förmliche Beiladung im Vorverfahren nach der VwGO gibt. Die Beiladung wäre auch verfehlt, da aus ihr kein formales Klagerecht gegen den Widerspruchsbescheid hergeleitet werden könnte; ob der Betroffene, dessen rechtliche Interessen durch den Bescheid berührt werden, Anfechtungsklage erheben kann, richtet sich allein nach § 42. **1**

Wer Beteiligter des Vorverfahrens ist, bestimmt sich daher **nach** § 13 VwVfG; dazu zählen also auch die Erstbehörde selbst und weitere Behörden, die die Widerspruchsbehörde, da § 11 Nr. 3 VwVfG Behörden für das Verwaltungsverfahren als beteiligungsfähig erklärt, nach § 13 Abs. 2 VwVfG hinzuzieht. Aus dieser Beteiligung folgt aber nicht, dass diese Behörden in einem anschließenden verwaltungsgerichtlichen Verfahren die Beteiligungsfähigkeit besitzen, da sich diese hierfür allein nach § 61 bestimmt (vgl. § 61 Rn. 6).

Durch das 6. ÄndGVwGO ist § 71 neu gefasst worden, ohne dass sich materiell etwas geändert hat. Der Abhilfebescheid (vgl. § 68 Rn. 13 zum Wegfall des Vorverfahrens; § 79 Rn. 4 zum Klagegegenstand) ist jetzt ausdrücklich neben dem Widerspruchsbescheid aufgeführt. Der bislang als »Dritter« bezeichnete Beschwerte wird nun »Betroffener« genannt, da auch der Widerspruchsführer selbst beschwert sein kann, wenn die Behörde den ursprünglichen VA zu seinen Ungunsten ändern oder aufheben will[1]. **1a**

Das Gesetz schreibt die **Anhörung des Betroffenen** vor Erlass des Abhilfebescheids oder des Widerspruchsbescheids vor, wenn die Aufhebung oder Änderung des angefochtenen VA eine Beschwer (vgl. § 70 Rn. 11) für ihn enthalten kann (vgl. auch § 13 Abs. 2 VwVfG). § 71 ist zwar nur als **2**

---

58   Zur Begründungslast in Prüfungsverfahren vgl. BVerwGE 92, 132; Koblenz NVwZ 1994, 805; Schleswig DÖV 1994, 394; sowie § 42 Rn. 116 f.

1   Vgl. Koblenz DVBl. 1992, 787; Kopp/Schenke Rn. 1.

»Soll«-Vorschrift gefasst[2]; aus dem Grundsatz der Gewährung des rechtlichen Gehörs, der auch für das Vorverfahren gilt (vgl. § 73 Rn. 9a), folgt jedoch, dass die Anhörung desjenigen, in dessen Rechte der Widerspruchsbescheid eingreift, grundsätzlich zwingend geboten ist. Die Behörde ist deshalb verpflichtet, vor beschwerenden Eingriffen den Betroffenen zu hören, soweit dem keine sachlichen Gründe entgegenstehen[3]. Auch der BGH bejaht grundsätzlich die **Pflicht zum rechtlichen Gehör** im Verwaltungsverfahren, ohne dass sie durch besonderes Gesetz angeordnet sein muss[4]. Dem entspricht auch § 28 VwVfG. In allen typischen Fällen ist die Behörde zur Anhörung verpflichtet, sie kann aber in atypischen Fällen, also aus angebbaren, besonderen, überwiegenden Gründen davon absehen. § 71 gilt ergänzend zu § 36 Abs. 2 VermögensG auch im vermögensrechtlichen Vorverfahren[5]. Landesrechtliche vorgesehene Anhörungsverfahren wie dasjenige nach §§ 7–12 HessAGVwGO sind nicht Teil des bundesrechtlich vorgeschriebenen Anhörungsverfahrens, weshalb Letzteres nicht fehlerhaft ist, wenn gegen die landesrechtlichen Vorschriften verstoßen wird.[6]

Die unterlassene Anhörung berührt die Wirksamkeit des Widerspruchsbescheides oder der Abhilfeentscheidung nicht. Der Betroffene kann jedoch den Widerspruchsbescheid wegen der unterlassenen Anhörung anfechten; der Bescheid wird aufgehoben, wenn er auf diesem Verfahrensfehler beruht[7] (vgl. auch § 79 Rn. 10). Die unterlassene Anhörung kann jedoch nach § 45 Abs. 1 Nr. 3 mit Abs. 2 VwVfG bis zum Abschluss des verwaltungsgerichtlichen Verfahrens nachgeholt und damit der Verfahrensfehler geheilt werden (vgl. dazu im Einzelnen § 73 Rn. 14a f.; zum Geltungsbereich vgl. § 42 Rn. 87). Zum Abhilfebescheid vgl. § 79 Rn. 5. Zur Wiedereinsetzung bei Versäumung der Rechtsbehelfsfrist wegen fehlender Anhörung vgl. § 70 Rn. 5.

II. Form der Anhörung

3   Das Gesetz schreibt eine bestimmte Form der Anhörung nicht vor. Zweck der Anhörung ist, den Betroffenen von der beabsichtigten Entscheidung in Kenntnis zu setzen und ihm Gelegenheit zu geben, sich dazu in tatsächlicher und rechtlicher Hinsicht zu äußern. Das kann schriftlich geschehen oder aber, wenn mündlich verhandelt oder nach mündlicher Anhörung des Widerspruchsführers entschieden wird, durch Ladung zu diesen Terminen. Die Behörde kommt ihrer Verpflichtung nach § 71 nach, wenn sie dem Betroffenen Gelegenheit zur Äußerung gibt; äußert sich dieser nicht innerhalb angemessen gesetzter Frist oder erscheint er nicht auf eine Ladung, begibt er sich selbst seines Rechtes auf Gehör; die Behörde kann entscheiden.

---

2   Vgl. BVerwG DVBl. 1965, 26.
3   Vgl. Kassel NJW 1956, 1940 mit zust. Anm. von Hamann.
4   DVBl. 1954, 431, vgl. auch Münster MDR 1955, 377; Forsthoff S. 228; König DVBl. 1959, 189; enger Stuttgart VRspr 8, 477.
5   BVerwG NVwZ 1999, 1218.
6   Vgl. Kassel NVwZ-RR 2002, 318.
7   Vgl. BVerwG NVwZ 1987, 215; Schoch/Dolde Rn. 9; Kopp/Schenke Rn. 6, 8.

§ 72   [Abhilfeentscheidung]

Hält die Behörde den Widerspruch für begründet, so hilft sie ihm ab und entscheidet über die Kosten.

I. Erneute Prüfung

In § 72 wird für die Behörde, die den angefochtenen VA erlassen oder den **1** beantragten VA abgelehnt hat, die Verpflichtung ausgesprochen, ihre Entscheidung, nachdem Widerspruch eingelegt ist, **nochmals** zu **überprüfen** und zwar **in tatsächlicher und rechtlicher Hinsicht, bei Ermessensentscheidungen auch auf die Zweckmäßigkeit** der Ermessensausübung. Grundsätzlich erfolgt diese Überprüfung auf der Grundlage des zum Erlass des angefochtenen VA führenden Verwaltungsverfahrens und erfordert damit kein neues Verwaltungsverfahren. Die Behörde muss aber auch vom Widerspruchsführer neu vorgetragene Tatsachen berücksichtigen, falls erforderlich, auch den Sachverhalt neu aufklären und insoweit das zum Erlass des VA führende Verwaltungsverfahren ergänzen, insbesondere Beteiligte nach § 28 VwVfG anhören. Zur Bedeutung und zur Heilung von Fehlern im ursprünglichen Verfahren vgl. § 73 Rn. 14 ff. Wird der Widerspruch bei der Widerspruchsbehörde eingelegt, ist er von dieser der Behörde des ursprünglichen VA zur Prüfung, ob ein Abhilfebescheid ergehen soll, zuzuleiten; fordert die Widerspruchsbehörde lediglich die Akten an und entscheidet selbst, liegt ein Verfahrensverstoß im Vorverfahren vor, der nach § 79 Abs. 2 zur selbstständigen Anfechtung des Widerspruchsbescheides berechtigt[1].

Die nochmalige Prüfung durch die Behörde des ursprünglichen VA hat besondere Bedeutung, wenn in **Selbstverwaltungsangelegenheiten** eine andere als die Selbstverwaltungsbehörde über den Widerspruch entscheidet (vgl. § 73 Rn. 2), da sich die Prüfung durch die Widerspruchsbehörde hier auf die Rechtmäßigkeit beschränkt (vgl. § 8 AGBW; § 7 Abs. 2 AG RhPf.). § 68 Abs. 1, der die Prüfung der Recht- und Zweckmäßigkeit in einem Vorverfahren fordert, wird nur genügt, wenn in Selbstverwaltungsangelegenheiten die Zweckmäßigkeit des angefochtenen VA erneut von der Selbstverwaltungsbehörde bei der Frage, ob sie abhelfen will, geprüft wird. Eine Abhilfe liegt aber dann nicht vor, wenn ein abhelfender Gemeinderatsbeschluss dem Widerspruchsführer nicht mit dem Willen der Gemeinde bekannt gegeben wird[2]. Hat in einer Selbstverwaltungsangelegenheit bereits der Rat entschieden, kann die Abhilfeentscheidung nicht mehr von dem für die laufenden Geschäfte zuständigen Beamten der Selbstverwaltungskörperschaft getroffen werden[3].

II. Abhilfebescheid

Hält die Behörde den Widerspruch ganz oder zum Teil für begründet, hilft sie **2** ihm ab, d.h. sie hat den angefochtenen VA aufzuheben oder zu ändern, den beantragten VA ganz oder mit Einschränkungen zu erlassen. Der Bescheid braucht, soweit in vollem Umfang dem Widerspruchsbegehren stattgegeben wird, etwa bei der Erteilung einer Erlaubnis, nicht begründet zu werden. Die **Entscheidung stellt keinen Widerspruchsbescheid dar, sondern** ist eine Abän-

---

1   Vgl. v. Mutius, Widerspruchsverfahren S. 205.
2   München BayVBl. 1998, 563.
3   München VGH n.F. 19, 7.

derung der ursprünglichen Entscheidung, für die insoweit die allgemeinen Vorschriften des VwVfG zum Erlass eines VA gelten (§ 73 Abs. 3 nicht anwendbar[4]). Wird dem Widerspruch vollständig abgeholfen, ist mit der Abhilfeentscheidung das Vorverfahren beendet; hilft die erste Behörde dem Widerspruch nur teilweise ab, muss sie zur Entscheidung über den nichterledigten Teil der Widerspruchsbehörde vorlegen. Zum Verfahren bei erstmaliger Beschwer durch den Abhilfebescheid vgl. § 79 Rn. 4. Keine Abhilfe, daher ebenfalls Vorlage, liegt vor, wenn die erste Behörde ihre ursprüngliche Entscheidung nur wiederholt[5]. Eine Abhilfeentscheidung liegt auch vor, wenn die angegriffene Entscheidung in vollem Umfang aufgehoben, gleichzeitig oder später jedoch eine neue Entscheidung mit gleichem oder ähnlichem Inhalt erlassen wird[6]. Wird einem Widerspruch in der Weise abgeholfen, dass der mit dem Widerspruch angegriffene Bescheid zunächst insgesamt aufgehoben und sodann teilweise neu erlassen wird, so liegt kein Zweitbescheid vor, wenn es sich in der Sache um eine Teilabhilfe verbunden mit einem Nachschieben von Ermessenserwägungen handelt. Ein solcher Änderungsbescheid wird automatisch Gegenstand des anhängigen Widerspruchsverfahrens, einer dahingehenden Erklärung des Widerspruchsführers oder gar eines erneuten Widerspruchs bedarf es nicht[7]. Zur Frage, ob eine Abhilfe i.S. des § 72 vorliegt, wenn die Behörde nach Einlegung des Widerspruchs auf Grund neuer Tatsachen im Ergebnis dem Begehren des Widersprechenden entspricht Hamburg NordÖR 1999, 234. Ist die Behörde nach § 73 Abs. 1 selbst Widerspruchsbehörde und will dem Widerspruch stattgeben, kann sie dies, soweit es sich nicht um einen VA mit Drittwirkung handelt (dann muss Widerspruchsbescheid ergehen), ebenfalls durch eine Abhilfeentscheidung tun[8]; will sie jedoch dem Widerspruch nur zum Teil abhelfen oder ihn zurückweisen, muss sie einen Widerspruchsbescheid erlassen[9]. Einem Widerspruch gegen einen Spruch nach § 17 SeeunfalluntersuchungsG kann das Seeamt nicht abhelfen (§ 21 Abs. 1 SeeUnfUntG).

3   Der Abhilfebescheid muss eine **Kostenentscheidung** enthalten; wird sie vergessen, ist Ergänzung zulässig (vgl. § 73 Rn. 33). Bei nur teilweiser Abhilfe trifft die einheitliche Kostenentscheidung, ebenso wie im gerichtlichen Beschwerdeverfahren (vgl. § 148 Rn. 2), die Widerspruchsbehörde bei ihrer Entscheidung über den Widerspruch[10]. Zum Inhalt der Kostenentscheidung vgl. § 73 Rn. 24 ff. Die Kostenentscheidung ist ein VA; werden dem Widerspruchsführer die Kosten auferlegt, ist Rechtsbehelfsbelehrung (§§ 58, 59) erforderlich. Die isolierte Anfechtung dieser Entscheidung mit dem Widerspruch ist zulässig (vgl. § 73 Rn. 33).

3a Eine **Kostenlastentscheidung** nach § 80 Abs. 1 S. 1 VwVfG setzt grundsätzlich eine behördliche Entscheidung über den Widerspruch entweder nach § 72 oder nach § 73 Abs. 3 S. 1 voraus. Zwar hat die Ausgangsbehörde auch bei zulässigem und begründetem Widerspruch die Wahl, den angegriffenen Verwaltungsakt durch einen **Rücknahmebescheid statt** durch eine **Abhilfeentscheidung** aufzuheben. Die Ausgangsbehörde darf in diesem Fall den

---

4   Vgl. Münster DÖV 1992, 122.
5   München BayVBl. 1975, 21.
6   BVerwGE 88, 41.
7   Bautzen NVwZ-RR 1999, 101.
8   A.A. Skouris DÖV 1982, 133: stets Widerspruchsbescheid.
9   BVerwGE 70, 4.
10 BVerwGE 88, 41; Pietzner VerwA 73, 231; a.A. Mannheim ESVGH 31, 224; Kopp/Schenke Rn. 5.

Widerspruchsführer, der im Widerspruchsverfahren »obsiegt« hätte, jedoch nicht ohne tragfähigen Grund um den zu erwartenden Kostenausspruch bringen. **Sich nur der Kostenlast zu entziehen, ist kein tragfähiger Grund**[11].

III. Vorlage

Hilft die Behörde dem Widerspruch nicht ab und ist sie nicht selbst auch Widerspruchsbehörde, muss sie den Widerspruch mit ihren Akten unverzüglich der Widerspruchsbehörde zur Entscheidung vorlegen. Die **Nichtabhilfe** stellt **keine Entscheidung in der Sache** und damit keinen VA dar; eine Mitteilung an den Widerspruchsführer ist nicht erforderlich. Stellt sie noch selbst Ermittlungen zur Aufklärung des Sachverhaltes an, muss sie beachten, dass bereits nach drei Monaten die Klage wegen Untätigkeit der Behörde zulässig ist (§ 75) und der Widerspruchsbehörde für ihre Entscheidung noch ausreichend Zeit verbleiben muss. Zur Erledigung des Widerspruchsverfahrens durch Abhilfe, nachdem bereits vorgelegt war, vgl. § 73 Rn. 16.

4

IV. Rücknahme und Widerruf des VA

Aus § 50 VwVfG folgt, dass die Ausgangsbehörde auch während des Vorverfahrens und des verwaltungsgerichtlichen Verfahrens die Befugnis hat, den angefochtenen VA nach § 48 VwVfG zurückzunehmen oder nach § 49 VwVfG zu widerrufen[12] (zur Kostenentscheidung Rn. 3a). § 50 VwVfG schließt nur, wenn ein Dritter den VA angefochten hat, die sich auf den Vertrauensschutz des Begünstigten beziehenden Regelungen der §§ 48, 49 VwVfG aus. Das auf die Rücknahme oder den Widerruf des VA gerichtete Verfahren wird dabei als ein gesondertes Verwaltungsverfahren angesehen, das getrennt von dem Vorverfahren, d.h. auch von der Überprüfung des angefochtenen VA durch die Ausgangsbehörde nach § 72 läuft[13]. Dem kann in dieser Allgemeinheit nicht zugestimmt werden. Soweit während der Überprüfung des VA durch die Ausgangsbehörde dem Widerspruch im Verfahren nach § 48 oder § 49 VwVfG abgeholfen wird, sollte diese Entscheidung auch formell als solche nach § 72 ergehen (im Hinblick auf die Bedeutung der Kostenentscheidung vgl. Rn. 3a). Zur Änderung des angefochtenen VA während des Rechtsstreites vgl. Rn. 2 und § 79 Rn. 3.

5

§ 73 [Widerspruchsbescheid]

(1) Hilft die Behörde dem Widerspruch nicht ab, so ergeht ein Widerspruchsbescheid. Diesen erlässt
1. **die nächsthöhere Behörde, soweit nicht durch Gesetz eine andere höhere Behörde bestimmt wird,**
2. **wenn die nächsthöhere Behörde eine oberste Bundes- oder oberste Landesbehörde ist, die Behörde, die den Verwaltungsakt erlassen hat,**
3. **in Selbstverwaltungsangelegenheiten die Selbstverwaltungsbehörde, soweit nicht durch Gesetz anderes bestimmt wird.**

---

11   BVerwGE 101, 64.
12   Vgl. BVerwGE 101, 64.
13   Für ein Wahlrecht der Behörde zwischen beiden Verfahren BVerwGE 101, 64; Lüneburg NVwZ-RR 2003, 326; vgl. ferner Schoch/Dolde Rn. 16; Kopp/Schenke Rn. 8; Stelkens/Sachs § 48 Rn. 73; § 50 Rn. 105.

Abweichend von Satz 2 Nr. 1 kann durch Gesetz bestimmt werden, dass die Behörde, die den Verwaltungsakt erlassen hat, auch für die Entscheidung über den Widerspruch zuständig ist.

(2) Vorschriften, nach denen im Vorverfahren des Absatzes 1 Ausschüsse oder Beiräte an die Stelle einer Behörde treten, bleiben unberührt. Die Ausschüsse oder Beiräte können abweichend von Absatz 1 Nr. 1 auch bei der Behörde gebildet werden, die den Verwaltungsakt erlassen hat.

(3) Der Widerspruchsbescheid ist zu begründen, mit einer Rechtsmittelbelehrung zu versehen und zuzustellen. Zugestellt wird von Amts wegen nach den Vorschriften des Verwaltungszustellungsgesetzes. Der Widerspruchsbescheid bestimmt auch, wer die Kosten trägt.

Übersicht

A. Widerspruchsbehörde

I. Grundsatz

1   Widerspruchsbehörde ist diejenige Behörde, die zu entscheiden hat, wenn die erste Behörde (zum Begriff vgl. § 42 Rn. 64) dem Widerspruch nicht abhilft. Grundsätzlich ist das die nach der Verwaltungsorganisation **nächsthöhere**

Behörde; durch Gesetz, d.h. auch durch Landesgesetz (vgl. § 68 Rn. 8), kann auch eine andere höhere Behörde als Widerspruchsbehörde bestimmt werden. Ist die nächsthöhere Behörde jedoch bereits eine oberste Bundes- oder Landesbehörde, ist die Ausgangsbehörde auch Widerspruchsbehörde. Der durch das 2. Zuständigkeitslockerungsgesetz vom 3.5.2000 (BGBl. I S. 632) eingefügte § 73 Abs. 1 Satz 3 eröffnet den Ländern zur Erleichtung einer Verwaltungsreform generell die Möglichkeit, statt einer anderen höheren Behörde die Ausgangsbehörde zur Widerspruchsbehörde zu bestimmen. Nach § 185 Abs. 2 können die Länder ohne Mittelinstanz abweichend von Nummer 2 bestimmen, dass Widerspruchsbehörde die oberste Landesbehörde ist; von dieser Ermächtigung haben die Länder Bremen (Art. 9 Abs. 1 AG), Saarland (§ 6 Abs. 1 AG) und Schleswig-Holstein (§ 119 LVwG) voll oder für bestimmte Fälle Gebrauch gemacht. Nach § 126 Abs. 3 BRRG ist Widerspruchsbehörde in Beamtensachen die oberste Dienstbehörde, soweit diese nicht ihre Entscheidungsbefugnis delegiert hat (zur Form vgl. § 78 Rn. 2); das ist bei der Übertragung von Zuständigkeiten in unterschiedlichem Umfang geschehen (vgl. AO BMV v. 28.6.1974 – BGBl. I S. 1500: Entscheidung über Widersprüche übertragen, AO BMI v. 30.11.1971 BGBl. I S. 1972: Entscheidung über Widersprüche gegen Leistungsbescheide nach § 78 BBG übertragen, AO Deutsche Bibliothek v. 10.1.1972 BGBl. I S. 162: Entscheidung über Widersprüche in Versorgungssachen auf Bundesverwaltungsamt übertragen, AO BMF v. 13.9.1973 – BGBl. I S. 1323: Entscheidung über Widersprüche in Versorgungssachen nicht übertragen). Bei Gemeinden und Gemeindeverbänden ist die Vertretung oberste Dienstbehörde[1]. Im Einzelfall kann es schwierig sein zu sagen, welche Behörde den Widerspruchsbescheid zu erlassen hat[2]. Bei einer Entscheidung des Prüfers des TÜV nach § 29 StVZO hat München (VGH n.F. 27, 72 m. abl. Anm. Steiner NJW 1975, 1797) den Leiter des TÜV als Widerspruchsbehörde angesehen; zu Recht hat auch Menger (VerwA 67, 205 m.w.N.) dieser Entscheidung widersprochen. Je nach der Ausgestaltung des Einzelfalles kann Widerspruchsbehörde für den Prüfer als beliehenen Unternehmer nur er selbst oder die für die Zulassungsstelle zuständige Widerspruchsbehörde sein (vgl. auch § 78 Rn. 1a).

II. In Selbstverwaltungsangelegenheiten

Grundsätzlich entscheidet in Selbstverwaltungsangelegenheiten **die Selbstverwaltungsbehörde**[3] auch über den Widerspruch (Abs. 1 Nr. 3). Selbstverwaltungsangelegenheiten sind die eigenen Angelegenheiten einer Selbstverwaltungskörperschaft (weisungsfreie Angelegenheiten), zu unterscheiden sind hiervon die Angelegenheiten des übertragenen Wirkungskreises bzw. die Pflichtaufgaben zur Erfüllung nach Weisung, bei denen sich die Widerspruchsbehörde nach Absatz 1 Nr. 1 und 2 bestimmt (so ausdrücklich § 7 AG NW[4]). Auch hier bereitet eine klare Abgrenzung Schwierigkeiten; bei der Zulassung und dem Ausschluss von Bewerbern bei einem von der Gemeinde veranstalteten Volksfest handelt es sich um eine Selbstverwaltungsangelegen-

2

---

1 Münster OVGE 28, 250.
2 Vgl. Berlin JR 1967, 396: Börsenvorstand als Widerspruchsbehörde; Kassel NVwZ 1990, 677: Regierungspräsident bei »Sonderstatus-Städten«, m. Anm. Allbracht u. Neujoks NVwZ 1990, 640; Kassel ESVGH 18, 55: Vorstand der hess. Tierseuchenkasse als Widerspruchsbehörde.
3 Zum Begriff vgl. Mannheim DÖV 1963, 767; auch Münster OVGE 17, 51.
4 Vgl. Schoch/Dolde Rn. 14.

heit[5]; bei der Gebührenerhebung der Gemeinden handelt es sich auch dann um Selbstverwaltungsangelegenheiten, wenn die Gebühren bei der Ausführung von Weisungsaufgaben erhoben werden, der Gemeinde jedoch als eigene Einnahmen verbleiben[6], dagegen wird die Bodenverkehrsgenehmigung, wenn die Gemeinde gleichzeitig Baugenehmigungsbehörde ist, nicht in Selbstverwaltungsangelegenheiten erteilt[7]. Die Prüfungsausschüsse für die naturwissenschaftliche und ärztliche Vorprüfung sind in NW den Universitäten als selbstständige staatliche Prüfungsbehörden angegliedert, entscheiden also nicht in Selbstverwaltungssachen[8]. Durch Gesetz (vgl. § 68 Rn. 8), das auf Grund der Ermächtigung in Absatz 1 Nr. 3 ergeht[9], können die Länder anderes bestimmen. Dabei ist zu unterscheiden zwischen Gemeinden bzw. Gemeindeverbänden und anderen Selbstverwaltungskörperschaften. Wegen der in Artikel 28 Abs. 2 GG enthaltenen verfassungsrechtlichen Garantie der kommunalen Selbstverwaltung kann bei den ersteren die Überprüfung der Zweckmäßigkeit der ersten Entscheidung der Selbstverwaltungsbehörde nicht auf eine Aufsichtsbehörde übertragen werden, sondern nur die Überprüfung der Rechtmäßigkeit[10], bei anderen Körperschaften, auf die sich Artikel 28 Abs. 2 GG nicht bezieht, kann einer anderen als der Selbstverwaltungsbehörde die Überprüfung der Recht- und der Zweckmäßigkeit der ersten Entscheidung im Widerspruchsverfahren übertragen werden[11]. Keine Behörden, und deshalb auch nicht befugt zur Entscheidung über einen Widerspruch, sind Prüfungsausschüsse der Industrie- und Handelskammern nach dem BerufsbildungsG[12].

3   **Eine andere als die Selbstverwaltungsbehörde** entscheidet über den Widerspruch nach § 8 AG BW, Art. 119 GO Bay., Art. 105 LKO Bay., § 6 Abs. 1 AG RhPf.; § 6 Abs. 1 AG Saar; § 7 AG Thür., wobei in allen Fällen die Überprüfung auf die Beurteilung der **Rechtmäßigkeit** der ersten Entscheidung beschränkt ist, in Rheinland-Pfalz und dem Saarland nicht nur in Selbstverwaltungsangelegenheiten der Gemeinden und Gemeindeverbände, sondern aller Körperschaften (jeweils § 6 Abs. 2 AG), in Baden-Württemberg auch der Zweck- und Schulverbände (§ 8 Abs. 2 AG), in Bayern auch der Zweckverbände (Art. 59 Abs. 1 BayKomZG). In Brandenburg (§ 8 Abs. 3 VwGG für Gemeinden und Ämter) und Nordrhein-Westfalen (§ 7 für Gemeinden und Kreise) ist ausdrücklich bestimmt, dass in Angelegenheiten, die als **Pflichtaufgaben zur Erfüllung nach Weisung** übertragen sind, die **Aufsichtsbehörde** den Widerspruchsbescheid erlässt. In Angelegenheiten der **Wasser- und Bodenverbände** entscheidet die Aufsichtsbehörde als Widerspruchsbehörde über die Recht- und Zweckmäßigkeit des angefochtenen VA in Baden-Württemberg (§ 9 AG), Bremen (Art. 9 Abs. 3 AG), Hessen (§ 10 AG) und Thüringen (§ 7 AG).

---

5   Münster GewA 1993, 164.
6   Kassel ESVGH 17, 235.
7   Münster OVGE 21, 348.
8   Münster OVGE 24, 1.
9   A.A. Münster OVGE 21, 169: auch durch früheres Gesetz.
10   Eyermann/Rennert Rn. 6; Schoch/Dolde Rn. 16; Ule S. 256.
11   Vgl. Ule S. 258.
12   BVerwGE 70, 4.

III. Ausschüsse und Beiräte

Absatz 2 lässt die Vorschriften, wonach **Ausschüsse** oder **Beiräte** an die Stelle **4** der **Widerspruchsbehörde** treten[13], unberührt; das galt nach § 195 Abs. 2 auch für Regelungen die in den durch die VwGO aufgehobenen Verwaltungsgerichtsgesetzen enthalten waren, die durch die AG der Länder aber ausnahmslos ersetzt sind. Aus Absatz 2 S. 2 ist zu folgern, dass die Bestimmung auch die Ermächtigung zum Erlass entsprechender neuer landesrechtlicher Vorschriften enthält, was, da die VwGO nicht ausdrücklich ein Gesetz verlangt, auch durch Verordnung geschehen kann (vgl. § 68 Rn. 8). Nach Satz 2, der auch für bestehende Regelungen gilt[14], kann der Ausschuss, der über den Widerspruch entscheidet, auch bei der Behörde des ursprünglichen VA gebildet werden. Absatz 2 bezieht sich nicht auf die Fälle, in denen nach der Verwaltungsorganisation des Bundes oder der Länder bereits der ursprüngliche VA von einem Ausschuss erlassen wird[15] oder im Widerspruchsverfahren der Ausschuss nicht entscheidet, sondern nur eine beratende Funktion ausübt[16].

Nach bundesrechtlichen Bestimmungen entscheiden Ausschüsse an Stelle **5** der Widerspruchsbehörde nicht nur auf Grund der in §§ 190, 192 aufrechterhaltenen Gesetze (LAG, KgfEG, WpflG), sondern auch im Verfahren über Entscheidungen der Stiftungen nach dem KgfEG (§ 51) und dem HHG (§ 23), im Notaufnahmeverfahren, im Verfahren gegen VA des Bundessortenamtes nach § 49 SaatgutverkehrsG, im Verfahren nach dem UmweltauditG (§ 24 Abs. 1[17]), nach dem SchwerbehindertenG (§ 37), nach dem Seeunfalluntersuchungs G (§ 5 Abs. 2) oder nach dem Gesetz zur Regelung offener Vermögensfragen (§ 36) in den neuen Bundesländern (vgl. § 40 Rn. 45b).

Nach landesrechtlichen Bestimmungen entscheiden in **Rheinland-Pfalz** die **6** Kreis- und Stadtrechtsausschüsse, im **Saarland** neben diesen auch der Rechtsausschuss für den Stadtverband, allgemein als Widerspruchsbehörde im kommunalen und unteren staatlichen Bereich (Zuständigkeit: § 6 AG RhPf.; § 6 AG Saar), in **Hamburg** die Widerspruchsausschüsse nach dem Zuständigkeitskatalog in der Anlage zur VO vom 27.9.1960 (GVBl. S. 413) und in **Nordrhein-Westfalen** die Ausschüsse nach § 6 Abs. 1 Erstes VereinfachungsG und § 12 LWohnG, oder etwa die Widerspruchsausschüsse nach §§ 35, 36 Abfallentsorgungs- und AltlastenVerbandsG, nach § 29 niederrheinisches EntwässerungsgenossenschaftsG. Soweit diese Ausschüsse auf Kreisebene errichtet sind, können sie je nach der Art des angefochtenen VA, ebenso wie die Kreisverwaltung, als untere staatliche Behörde oder als Selbstverwaltungsbehörde tätig werden, auch wenn sie organisatorisch als Ausschüsse des Kreises bezeichnet werden (so § 7 AG RhPf., klarer daher die Fassung des § 5 Abs. 1 AG Saar; denn nach § 73 Abs. 2 S. 2 können die Ausschüsse nur bei der Behörde, die den VA erlassen hat, gebildet werden, für staatliche Angelegenheiten also bei der Kreisverwaltung bzw. bei dem Land-

---

13 Vgl. dazu allgemein v. d. Groeben VerwA 49, 231; Haas VerwA 49, 14; Meyer-Hentschel DÖV 1959, 924, Thierfelder VerwA 49, 249.
14 BVerwG MDR 1963, 870.
15 Ebenso Schunck/De Clerck S. 436; a.A. Ule S. 258; vgl. auch § 6 Abs. 1 AG NW.
16 Vgl. § 10a Abs. 4 HHG; § 20 Abs. 2 BVFG; § 9 AG Hess; vgl. Kassel NJW 1987, 1096: keine Fehlerhaftigkeit des Widerspruchsbescheids bei unterlassener Beteiligung des Ausschusses.
17 Vgl. dazu Vetter DVBl. 1996, 1223.

rat als unterer staatlicher Verwaltungsbehörde[18]). Die Klage gegen Widerspruchsbescheide des Kreisrechtsausschusses in staatlichen Angelegenheiten ist daher auch in Rheinland-Pfalz gegen das Land, nicht gegen den Kreis zu richten. In Selbstverwaltungsangelegenheiten kann die Stadt nicht auf Aufhebung eines Widerspruchsbescheides ihres eigenen Rechtsausschusses klagen[19] (zum In-Sich-Prozess § 63 Rn. 8). In **Bremen** entscheidet nach § 25 LehrerausbildungsG der Ständige Prüfungsausschuss über Widersprüche gegen Entscheidungen der Prüfungskommissionen und der Ausbildungsausschuss über Widersprüche gegen Entscheidungen der Prüfungsausschüsse und des Amtsleiters.

7   In Rheinland-Pfalz (§ 6 AG) ist bei der **Zuständigkeitsregelung für die Rechtsausschüsse** auf **VA** der Behörden (Kreis-, Verbandsgemeinde-, Gemeinde- oder Stadtverwaltung) abgestellt, während das AG Saar (§ 6) den **VA** auf die Körperschaft der erlassenden Behörde bezieht (zur Kompetenz zum Verwerfen kommunaler Satzungen vgl. Rn. 13). Daraus folgt jedoch nicht, dass die Rechtsausschüsse in Rheinland-Pfalz zur Entscheidung über VA der kommunalen Vertretungskörperschaften nicht befugt sind. Da die Ausführung der Beschlüsse der kommunalen Vertretungskörperschaften der jeweiligen Verwaltung obliegt, kann ihre Aufführung in § 6 AG nur funktionell verstanden werden, sodass die Zuständigkeit der Rechtsausschüsse im gleichen Umfang wie nach dem AG Saar gegeben ist. Damit wird auch eine willkürliche Aufspaltung der Zuständigkeit vermieden, wenn etwa die Gemeindevertretung sich die Entscheidung über Stundungs- oder Erlassanträge in Beitragsangelegenheiten ab einer bestimmten Zeitdauer oder Höhe selbst vorbehalten hat.

B. Verfahren

I. Allgemeines

8   Die VwGO regelt außerhalb des § 73 nur die Form und Frist für den Widerspruch (§ 70), die Abhilfeentscheidung (§ 72) sowie die Anhörung Dritter, die durch den Widerspruchsbescheid beschwert werden können (§ 71). Im Übrigen finden, soweit nicht die AG VwGO oder sondergesetzliche Vorschriften Regelungen für das Vorverfahren enthalten, gemäß § 79 VwVfG die Bestimmungen des VwVfG ergänzend Anwendung; entsprechendes gilt für die Verwaltungsverfahrensgesetze der Länder (vgl. § 68 Rn. 1 und die dort aufgeführten Übersichten). Das Vorverfahren ist kein förmliches Verwaltungsverfahren, die §§ 63 ff. VwVfG, die u.A. auch die mündliche Verhandlung obligatorisch vorschreiben, finden daher keine Anwendung[20]. Anwendbar sind jedoch, soweit dies nicht in anderen Gesetzen geregelt ist (wie z.B. in den AG RhPf und Saar), die §§ 88 ff. VwVfG hinsichtlich der Tätigkeit von Ausschüssen. Im Übrigen wird, soweit notwendig, auf die einzelnen Vorschriften in den folgenden Rn. eingegangen.

---

18   A.A. Bader/Funke-Kaiser Rn. 26.
19   BVerwGE 45, 207; vgl. auch Kisker JuS 1975, 704.
20   Vgl. Stelkens/Stelkens § 79 Rn. 26; differenzierend Kopp/Ramsauer § 79 Rn. 23.

Im Einzelnen vgl. zur **Rücknahme** des Widerspruchs und zum **Verzicht** § 69   **9**
Rn. 3, 4; zur Unzulässigkeit der **Verweisung** § 70 Rn. 9. Der Widerspruchsführer kann sich im Vorverfahren durch einen Rechtsanwalt oder sonstigen
Bevollmächtigten, soweit dem nicht das Rechtsberatungsmissbrauchsgesetz
entgegensteht, vertreten lassen (§ 14 VwVfG; zur Erstattung der Kosten vgl.
Rn. 31, 35). Die Behörde hat im Vorverfahren den Sachverhalt von Amts wegen zu ermitteln (**Untersuchungsmaxime**, § 24 VwVfG; vgl. § 86 Rn. 7).
Desgleichen hat sie von Amts wegen zu prüfen, ob sie die **Vollziehung des VA**
nach § 80 Abs. 4 **aussetzen** will (vgl. § 80 Rn. 33 ff.). Sie kann im Wege der
Amtshilfe (§ 4 ff. VwVfG) Akten anderer Behörden, auch der Gerichte, beiziehen; sie kann Zeugen und Sachverständige hören, jedoch nicht vereidigen,
auch ein Gutachten einholen[21], sie ist jedoch nicht auf die **Beweismittel** des
gerichtlichen Verfahrens beschränkt, sondern kann vor allem auch schriftliche Darlegungen von Zeugen verwerten (§ 26 VwVfG).

Der Grundsatz der **Gewährung des rechtlichen Gehörs** gilt auch im Verfah-   **9a**
ren vor der Widerspruchsbehörde (§ 28 Abs. 1 VwVfG); Verstoß ist wesentlicher Verfahrensfehler[22]. Die für das Verwaltungsverfahren bei der Anwendung des § 28 Abs. 1 VwVfG bestehende Streitfrage, ob die Behörde zur
Anhörung nur verpflichtet ist, wenn der VA in den vorhandenen Rechtskreis
eines Beteiligten eingreift (**Eingriffsverwaltung**[23]) oder auch, wenn sie auf einen Antrag über Bestehen und Umfang eines vom Antragsteller lediglich behaupteten Rechts entscheidet (**Antrag auf Erlass eines VA**), so die überwiegende Meinung des Schrifttums[24], kann hier auf sich beruhen. Die Tatsache,
dass bereits ein VA vorliegt und die Nähe zum gerichtlichen Verfahren gebieten[25], dass die Widerspruchsbehörde dem Widerspruchsführer Gelegenheit
gibt, sich zu dem von ihr ermittelten Sachverhalt, zu Beweisergebnissen und
zu neu auftauchenden rechtlichen Gesichtspunkten[26] (vgl. im Einzelnen
§ 108 Rn. 4 ff.) mündlich oder schriftlich zu äußern. Entscheidet die Behörde auf Grund mündlicher Verhandlung oder Erörterung (vgl. z.B. § 14
Abs. 1 AG Saar; § 16 Abs. 1 AG RhPf.), kann sie den Widerspruchsbescheid
auch bei unentschuldigtem Ausbleiben des Widerspruchsführers erlassen,
wenn dieser in der Ladung darauf hingewiesen wurde. Zur Heilung von Ver-
letzungen des Anspruches auf rechtliches Gehör bei Erlass des angefochtenen
VA vgl. Rn. 14c.

Auf die **Akteneinsicht im Vorverfahren** wird überwiegend allein § 29 VwVfG   **10**
angewandt[27], wonach die Behörde den Beteiligten Einsicht in die das Verfah-

21   BVerwGE 35, 12.
22   Vgl. Klinger S. 370; v. Mutius, Widerspruchsverfahren S. 204.
23   So die Rechtsprechung vgl. BVerwGE 66, 184; Buchh. 451. 74 § 8 KHG Nr. 3; Müns-
     ter FEVS 31, 239; BSG SozR 1200 § 34 SGB I Nr. 8; vgl. jedoch auch Münster DÖV
     1983, 986 und NVwZ 1983, 613, beide Anhörung des Antragstellers zur vollständi-
     gen Sachverhaltsermittlung bejahend.
24   Vgl. Feuchtofen DVBl. 1984, 170; Götz NJW 1976, 1425; Kopp/Ramsauer § 28
     Rn. 24 ff., Laubinger VerwA 75, 55; Sendler DÖV 1978, 342 jeweils m.w.N.; a.A.
     Stelkens/Bonk § 28 Rn. 9, Thieme und Wannagat, SGB – Allg. Teil – § 34 Anm.
25   A.A. Kopp/Schenke Vorbem. 20 zu § 68: abschließende Regelung in § 71.
26   Str., vgl. BVerwG DVBl. 1968, 430 bei Widerruf des Beamtenverhältnisses, auch
     BVerwGE 5, 333; Kassel NJW 1956, 1940; Mannheim ESVGH 11, 166; Münster
     OVGE 9, 231; 13, 310, vgl. auch Koblenz DVBl. 1992, 787: keine erneute Anhörung
     bei Erlass verbösernden Widerspruchsbescheids auf Grund unveränderten Sachver-
     halts; anders dagegen Mannheim NVwZ 1995, 1220.
27   Vgl. Stelkens/Bonk § 29 Rn. 60; Schoch/Dolde Rn. 27; Knack § 79 Rn. 6.14 und
     7.2.17.

ren betreffenden Akten zu gestatten hat, soweit deren Kenntnis zur Geltendmachung oder Verteidigung ihrer rechtlichen Interessen erforderlich ist. Die Regelung des § 29 VwVfG bezieht sich jedoch auf ein Verwaltungsverfahren, dessen Ziel erst der Erlass eines VA ist und bei dem sich Behörde und Beteiligter als Kontrahenten gegenüberstehen. Im Vorverfahren, das stets den Abschluss eines Verwaltungsverfahrens durch VA und damit einen abgeschlossenen Aktenvorgang vorausgesetzt, geht es jedoch um die Überprüfung der ersten Verwaltungsentscheidung. Eine gleiche Lage wie im Verwaltungsverfahren ist hinsichtlich der Akteneinsicht nur bei den **Akten der Widerspruchsbehörde selbst** gegeben, sodass hier § 29 VwVfG uneingeschränkt Anwendung finden kann.

11   Für die Beurteilung der Frage, ob der VA rechtswidrig oder ein Antrag zu Unrecht abgelehnt ist, sind jedoch die **bis zum Erlass des VA entstandenen Akten** wesentlich, d.h. ähnlich wie im gerichtlichen Verfahren, ein abgeschlossener Aktenvorgang, der, soweit nicht die erste Behörde auch Widerspruchsbehörde ist, bei einer anderen Behörde entstanden ist. Zwar kann § 100, der den Beteiligten im gerichtlichen Verfahren ein uneingeschränktes Recht auf Einsichtnahme in die dem Gericht vorgelegten Akten gewährt, nicht unmittelbar im Vorverfahren Anwendung finden. Die Nähe des Vorverfahrens zum gerichtlichen Verfahren, der mit dem Vorverfahren beabsichtigte Entlastungseffekt (vgl. § 68 Rn. 2a) und Gesichtspunkte der Prozessökonomie (etwa verwehrte Einsicht muss dem Widerspruchsführer im anschließenden Verwaltungsprozess ohnehin gewährt werden), sprechen jedoch dafür, bei der Anwendung des § 29 VwVfG im Vorverfahren bereits die Grundgedanken der §§ 99, 100 mit einzubeziehen, sodass der **Widerspruchsführer** grundsätzlich **in gleichem Umfang wie im gerichtlichen Verfahren** einen **Anspruch auf Einsichtnahme in die vollständigen zum ersten VA führenden Akten** hat.

12   Die Gründe zur **Verweigerung der Akteneinsicht** nach § 29 Abs. 2 VwVfG sollten entsprechend der Verpflichtung zur Aktenvorlage nach § 99 Abs. 1 restriktiv ausgelegt werden; darauf, dass die ordnungsmäßige Erfüllung ihrer Aufgaben durch die Akteneinsicht beeinträchtigt werde, kann sich die Widerspruchsbehörde im Vorverfahren für die Akten des ersten VA daher nicht berufen. Einsichtnahme in **beigezogene Akten** kann die Behörde nur mit Einverständnis der Behörde oder des Gerichts, das die Akten übersandt hat, gewähren. Die Behörde kann keine Einsichtnahme gewähren, wenn dem gesetzliche Bestimmungen **entgegenstehen** (vgl. z.B. § 90 BBG; § 61 BDO). Auch bei der **Durchführung der Akteneinsicht**, die nach § 29 Abs. 3 VwVfG grundsätzlich bei der aktenführenden Behörde erfolgt, wird sich im Vorverfahren das Verhältnis von Regel und Ausnahme umkehren; entsprechend § 100 Abs. 2 wird die Behörde dem bevollmächtigten Rechtsanwalt die Akten zur Mitnahme in seine Wohnung oder seine Geschäftsräume übergeben können, Gleiches gilt für die Fertigung von Abschriften und Ablichtungen. Die für ein laufendes Verwaltungsverfahren gegen eine solche Handhabung sprechenden Gründe[28] entfallen im Widerspruchsverfahren.

II. Umfang der Prüfung

13   Die **Widerspruchsbehörde prüft** die Entscheidung der ersten Behörde grundsätzlich ohne Einschränkung **auf** ihre **Rechtmäßigkeit** (vgl. § 42 Rn. 98 ff.)

---

28   Vgl. Stelkens/Bonk § 29 Rn. 62.

und auf die **Zweckmäßigkeit**[29]; sie darf sich bei ihrer Überprüfung nicht auf die Begründung des angefochtenen VA beschränken[30]. Sie kann daher auch bei einem rechtmäßigen VA, wenn sie im zulässigen Ermessensspielraum die Frage der Zweckmäßigkeit anders beurteilt als die erste Behörde, auf den Widerspruch den ursprünglichen VA abändern.[31] Auch bei Prüfungsentscheidungen erfolgt, soweit in Rechtsvorschriften nicht etwas anderes bestimmt ist[32] (vgl. auch § 68 Rn. 9 ff.), grundsätzlich eine volle Nachprüfung der Zweckmäßigkeit durch die Widerspruchsbehörde, da die Lehre von der Beurteilungsermächtigung nur beschränkt auf das Widerspruchsverfahren übertragen werden kann[33]. Etwas anderes gilt jedoch, wenn es sich um die Bewertung spezieller Prüfungsleistungen handelt, die Widerspruchsbehörde über keine eigene fachliche Kompetenz zur Leistungsbewertung verfügt oder gesetzlich ein besonderes Verfahren zur Leistungsbeurteilung vorgeschrieben ist[34]. In **Selbstverwaltungsangelegenheiten** kann jedoch die Widerspruchsbehörde, wenn sie eine andere als die Selbstverwaltungsbehörde ist, auf die Rechtskontrolle beschränkt sein (vgl. Rn. 2, 3). Die Widerspruchsbehörde hat kein Recht auf inzidente Normenkontrolle[35] (§ 1 Rn. 11); die Normverwerfungskompetenz steht nur den Gerichten zu. Nach der Gegenmeinung soll es sich hierbei jedoch nicht um ein Verwerfungsmonopol handeln, weshalb aus dem Gebot der Gesetzmäßigkeit der Verwaltung für diese das Verbot folge, nichtige Rechtsvorschriften anzuwenden[36]. Im Übrigen verwerfe die Behörde die Norm nicht mit allgemeinverbindlicher Wirkung, sondern spreche im Widerspruchsbescheid lediglich inzidenter aus, dass etwa ein Bebauungsplan wegen eines konkret zu benennenden Fehlers keine wirksame Rechtsgrundlage für den VA bilde.[37]

Das **Ziel** der Überprüfung der Entscheidung der ersten Behörde durch die Widerspruchsbehörde **ist, mit dem Widerspruchsbescheid eine Sachentscheidung zu treffen.** Zu diesem Zweck kann die Widerspruchsbehörde neue Ermittlungen in der Sache anstellen und neuen Sachvortrag berücksichtigen, und zwar auch, wenn sie bei erneuter Entscheidung nach einem aufhebenden Urteil wiederum mit der Sache befasst ist[38]. Die Vorschriften des VwVfG über die Behandlung von Verfahrens- und Formfehlern (§§ 44–47 VwVfG), die ihrer Tendenz nach eine Sachentscheidung erleichtern sollen, gelten auch im Widerspruchsverfahren.   **14**

---

29 Vgl. Hamburg VRspr. 2, 339; Koblenz AS 4, 426; Münster OVGE 5, 23; DVBl. 1952, 349; auch BVerwGE 25, 369 für Wehrpflichtsachen; Scholler DÖV 1966, 232.
30 Koblenz AS 9, 407.
31 So wohl auch Klüsener NVwZ 2002, 816, der ein eigenständiges Kriterium der Zweckmäßigkeit verneint, diese aber innerhalb der Ermessensprüfung berücksichtigt wissen will.
32 München NJW 1982, 2685 für § 36 BBiG.
33 So BVerwGE 57, 130 zur Bildung einer Ausbildungsnote; vgl. aber BVerwG NJW 1988, 2632 zur eingeschränkten Überprüfung einer prüfungsrechtlichen Leistungsbeurteilung.
34 BVerwGE 70, 4 zum BerufsbildungsG m.w.N.
35 Vgl. Saarlouis NVwZ 1993, 396; NVwZ 1990, 172 für Rechtsausschüsse im Hinblick auf kommunale Satzungen; ausdrücklich offen gelassen in BVerwG, NVwZ 2001, 1035 für die "behördliche Normverwerfung" von Bebauungsplänen.
36 Mannheim ESVGH 41, 108; VG Stuttgart Urt. v. 14.9.1999 – 6 K 5776/98 – n.v.; Mampel NVwZ 1996, 1160; Gaentzsch, in: Berliner Kommentar § 10 Rn. 19; Rabe ZfBR 2003, 329.
37 Vgl. Lüneburg, NVwZ 2000, 1061; Rabe ZfBR 203, 329.
38 BVerwG NJW 1963, 171.

14a Ein Verfahrensfehler stellt nur dann ein **absolutes Hindernis** für den Sachentscheid dar, wenn er nach § 44 Abs. 1 oder 2 VwVfG zur **Nichtigkeit des VA** führt. Sonst ist nach § 46 VwVfG, wenn **offensichtlich ist, dass die Verletzung die Entscheidung in der Sache nicht beeinflusst hat,** die Aufhebung eines VA, der nicht nach § 44 VwVfG nichtig ist, nicht allein deshalb zulässig, weil er unter Verletzung von Vorschriften über das Verfahren, die Form oder die örtliche Zuständigkeit im Verfahren vor der ersten Behörde zu Stande gekommen ist[39].

14b Darüber hinaus können nach § 45 Abs. 2 VwVfG bestimmte **Verfahrensfehler,** die die erste Behörde begangen hat, **bis zum Abschluss des gerichtlichen Verfahrens geheilt werden**[40], und zwar kann der für den Erlass des VA erforderliche Antrag auch nachträglich gestellt, die erforderliche Begründung des VA nachträglich gegeben, die erforderliche Anhörung eines Beteiligten nachgeholt[41] und der Beschluss eines Ausschusses, dessen Mitwirkung für den Erlass des VA erforderlich ist nachträglich gefasst werden (zum Geltungsbereich des neu gefassten § 45 Abs. 2 VwVfG vgl. § 42 Rn. 70). Kassel (NJW 1989, 2767 für fehlende Begründung) hat dies selbst noch im Verfahren nach § 75 für zulässig erachtet. Verfahrensmängel können nicht mehr gerügt werden, wenn sich der Widerspruchsführer in Kenntnis der Mängel auf mündliche Verhandlung eingelassen hat oder wenn er sich durch eine Rüge in Widerspruch zu vorher abgegebenen Erklärungen setzen würde[42]. Ergeht ein VA, der sich auf eine Satzung stützt, vor deren In-Kraft-Treten, hat das BVerwG eine Heilung des Mangels grundsätzlich ausgeschlossen[43].

14c Die Frage der **Heilung unterlassener Anhörung** nach § 28 Abs. 1 VwVfG beim Erlass des angefochtenen VA hat die Rechtsprechung in besonderem Maße beschäftigt. Das BVerwG geht bei der Frage, welche **Tatsachen für die Entscheidung erheblich** im Sinne von § 28 Abs. 1 VwVfG sind und deshalb die Anhörung erforderlich machen, von der **rechtlichen Einschätzung der anhörenden Behörde** aus[44]. Die beim Erlass des angefochtenen VA unterbliebene Anhörung eines Beteiligten kann bei VA, die eine **Entscheidung nach zwingendem Recht** betreffen, von Ausgangs- oder Widerspruchsbehörde nachgeholt werden, bei **Ermessensentscheidungen** jedoch nur von der Ausgangsbehörde, da auch, wo die Widerspruchsbehörde Ermessenskontrolle ausübt, diese nicht mit der Ermessensausübung gleichgesetzt werden kann[45]. Bei Ermessensentscheidungen muss das Nachholen im Rahmen eines Verwaltungsverfahrens vorgenommen werden, das geeignet ist, auf Grund einer neuen Ermessensbestätigung zu einer Abänderung des ohne Anhörung erlassenen VA zu führen; dazu reichte auch eine Anhörung im gerichtlichen Verfahren nach § 80 Abs. 5 oder § 123 nicht aus[46].

14d Nach der Rechtsprechung des BVerwG bedeutet **Anhörung** im Sinne von § 28 Abs. 1 VwVfG das Gewähren der Gelegenheit, sich **schriftlich oder mündlich zu den für die Entscheidung wesentlichen Tatsachen zu äußern.**

---

39   Vgl. dazu BVerwGE 65, 287, auch Bettermann, Menger-Festschrift, 1985, S. 709.
40   Vgl. Laubinger VerwA 72, 333 mit Beispielen.
41   Vgl. Schilling VerwA 78, 45.
42   BVerwGE 90, 287 für Verfahren vor Widerspruchsausschuss der Hauptfürsorgestelle.
43   BVerwG DVBl. 1970, 835; Münster NVwZ 1995, 395.
44   BVerwGE 66, 184.
45   BVerwGE 44, 17; 66, 184.
46   BVerwGE 68, 267; Kopp/Ramsauer § 45 Rn. 27; Krebs DVBl. 1984, 109; Stelkens/Sachs § 45 Rn. 44.

Das BVerwG hat in verschiedenen Entscheidungen als ausreichend für eine Heilung der Verletzung der Anhörungspflicht angesehen, dass der betroffene Beteiligte durch den Erhalt des VA von den entscheidungserheblichen Tatsachen Kenntnis und damit zugleich Gelegenheit erhalten hat, sich zu diesen Tatsachen zu äußern[47]; hierbei ist davon auszugehen, dass dies nicht generell, sondern nur dann gelten kann, wenn die Begründung des VA so ausführlich ist, dass aus ihr alle für die Entscheidung erheblichen Tatsachen hervorgehen[48]. Die zunehmend zu beobachtende Praxis, um einer vermeintlichen Verfahrensbeschleunigung willen im Hinblick auf die Möglichkeit der Nachholung im Widerspruchsverfahren von einer Anhörung im Verwaltungsverfahren abzusehen, ist abzulehnen.

14e Im Einzelnen vgl. zum **Nachholen der Anhörung** des gedienten **Wehrpflichtigen:** BVerwGE 27, 295; 37, 307; 15, 351; der Anhörung des **Kriegsdienstverweigerers:** BVerwGE 44, 17; vgl. auch BVerwG NVwZ 1987, 802 zum Fernbleiben von der Anhörung vor der Kammer; für die Mitwirkung des **Personalrats:** BVerwGE 21, 240, auch Berlin EOVG 8, 77; bei der unterlassenen Mitwirkung des Personalrates bei der Entlassung eines Beamten auf Widerruf unter Einhaltung einer Frist hat das BVerwG (E 68, 189) eine Heilung bis zum Abschluss des Vorverfahrens zugelassen, während die unterbliebene Anhörung des Personalrats vor einer fristlosen Entlassung eines Beamten auf Probe nicht im Widerspruchsverfahren nachgeholt werden kann[49], da hier der Zweck der Mitwirkung nur durch vorherige Mitwirkung erreicht werden kann[50]. Auch ein **amtsärztliches Gutachten,** das gesetzliche Voraussetzung für die Entlassung wegen Polizeidienstunfähigkeit ist, kann nur nachgeholt werden, wenn im Widerspruchsbescheid die Entlassung auf einen Zeitpunkt nach Erstellung dieses Gutachtens festgesetzt wird[51]. Bei der für das Widerspruchsverfahren in Sozialhilfesachen vorgeschriebenen Anhörung von **sozialerfahrenen Personen** hat das BVerwG als ausreichend angesehen, wenn die Anhörung im Abhilfeverfahren erfolgte[52]. Bei Leistungsanforderungen gegenüber wirtschaftlichen Unternehmen kann die erforderliche Beteiligung **sachverständiger Stellen der gewerblichen Wirtschaft** im Widerspruchsverfahren nachgeholt werden[53]. Zu weitgehend erscheint die Ansicht[54], der zufolge in entsprechender Anwendung des § 45 Abs. 1 Nr. 3 VwVfG selbst die unterbliebene **mündliche Verhandlung** in einem förmlichen Verwaltungsverfahren von der Widerspruchsbehörde nachgeholt werden kann. Zur Kostenfolge vgl. Rn. 27. Zur Mitwirkung mehrerer Behörden beim Erlass des VA vgl. § 42 Rn. 83 ff.

14f Die **fehlende sachliche Zuständigkeit** der Ausgangsbehörde, auf die § 46 VwVfG nicht anzuwenden ist, wird auch durch einen ablehnenden Widerspruchsbescheid nicht geheilt[55]; anders jedoch, wenn im Laufe des Verfahrens der Ausgangsbehörde nachträglich die Verwaltungskompetenz zu-

---

47 BVerwGE 54, 276; 66, 111; 66, 184; NJW 1989, 1873.
48 Stelkens/Sachs § 45 Rn. 41.
49 BVerwGE 66, 291.
50 Vgl. Laubinger VerwA 72, 333.
51 Vgl. BVerwG DÖV 1974, 603 Nachholung im Widerspruchsverfahren offen lassend.
52 BVerwG DVBl. 1968, 882; vgl. auch BVerwGE 21, 208: Nichtanhörung wesentlicher Verfahrensmangel.
53 BVerwGE 58, 80; 62, 108.
54 BVerwG NVwZ 1984, 578; ebenso Kopp/Ramsauer § 45 Rn. 24 abw. von der Voraufl.
55 BVerwGE 30, 138; vgl. auch Knack § 46 Rn. 3.1.1; Stelkens/Sachs § 46 Rn. 23.

wächst[56]. Ebenso wenig ist eine Heilung im Widerspruchsverfahren möglich, wenn ein Bescheid den Gebührenschuldner unzutreffend angibt[57].

15 Eine **Änderung der Rechtslage** hat die Widerspruchsbehörde, wenn das neue Recht dies nicht ausdrücklich verbietet, **stets zu berücksichtigen**[58] (vgl. Rn. 21). Ein Mangel der Rechtsgrundlage des angefochtenen VA kann auch durch eine mit rückwirkender Kraft erlassene Norm geheilt werden[59]. Während Lüneburg (NJW 1967, 670 für Widmung) noch verlangte, dass wenigstens der Widerspruchsbescheid auf Grund der neuen Rechtslage ergangen sein musste, lässt die Rechtsprechung eine Heilung durch rückwirkende Rechtsetzung jetzt zu, solange der VA nicht unanfechtbar geworden ist, und sieht eine Begrenzung nur im Vertrauensschutz sowie in den Verjährungsfristen[60] (vgl. auch § 42 Rn. 101a).

III. Entscheidung

16 Die Entscheidung der Widerspruchsbehörde ist der **Widerspruchsbescheid**. Andere das Widerspruchsverfahren beendende oder abschließende Entscheidungen, die als VA jedes Mal den Klageweg eröffnen würden, kennt die VwGO nicht. Die Widerspruchsbehörde darf **keine dem Gerichtsbescheid entsprechende Entscheidung** erlassen; landesgesetzliche Regelungen, die für das Vorverfahren auf § 84 verweisen, verstoßen gegen die VwGO, z.B. § 14 Abs. 1 AG Saar. Bei der **Erledigung der Hauptsache** erlässt die Widerspruchsbehörde keinen Einstellungsbescheid, der wiederum einen anfechtbaren VA darstellen könnte (Rechtsmittelbelehrung: Klage); ein formeller Abschluss des erledigten Vorverfahrens ist nicht erforderlich[61]. Tritt die Erledigung dadurch ein, dass die erste Behörde den VA aufhebt oder den beantragten VA erlässt – was ihr bis zum Erlass des das behördliche Verfahren abschließenden Widerspruchsbescheides möglich ist[62], und wozu sie von der Widerspruchsbehörde aufgefordert werden kann[63] –, liegt eine Abhilfeentscheidung der ersten Behörde vor, die eine Kostenentscheidung enthalten muss (vgl. § 72 Rn. 3). Denn die Ausgangsbehörde darf in diesem Fall den Widerspruchsführer, der im Widerspruchsverfahren »obsiegt« hätte, nicht ohne tragfähigen Grund um den zu erwartenden Kostenausspruch bringen; sich nur der Kostenlast zu entziehen, ist kein tragfähiger Grund[64]. Für eine Entscheidung der Widerspruchsbehörde über die Kostenlast (Rechtsmittelbelehrung: Klage) ist nur Raum, wenn die Erledigung durch andere Gründe eintritt (z.B. Baugesuch erledigt sich durch Bebauungsplan; baupolizeiliche Anordnung durch Abbrennen des Gebäudes[65]; vgl. Rn. 31). München (BayVBl. 1976, 691) hat

56 BVerwGE 66, 178 für Grundsteuer.
57 Münster NJW 1984, 195.
58 BVerwGE 2, 55; ZMR 1955, 210; München BayVBl. 1956, 92, anders bei Widerspruch des Nachbarn gegen Baugenehmigung: BVerwG NJW 1970, 263 m. abl. Anm. Schuegraf NJW 1970, 581.
59 Vgl. BVerwG DVBl. 1969, 273.
60 Münster DVBl. 1970, 430 für Erschließungsbeitrag; Münster DVBl. 1970, 427 für Gebührenrecht, unter Aufgabe der in OVGE 23, 214 vertretenen gegenteiligen Auffassung; DVBl. 1970, 430 für Realsteuerbescheid.
61 Vgl. BVerwGE 43, 291: kein Anspruch auf einen den Sachverhalt würdigenden Bescheid; BVerwGE 81, 226: Einstellung, Sachentscheidung unzulässig.
62 VG Dessau ZOV 2002, 323.
63 Vgl. dazu Bull DVBl. 1970, 243.
64 BVerwGE 101, 64.
65 A.A. BVerwGE 62, 201; 62, 296.

bei Erledigung durch einen Zweitbescheid der ersten Behörde eine Kostenentscheidung der Widerspruchsbehörde für erforderlich gehalten. Besteht
Streit darüber, ob die Hauptsache erledigt ist, muss ein Widerspruchsbescheid ergehen. Bei Erledigung des Widerspruchsverfahrens kann nur die
Erstattung von Aufwendungen des Widerspruchsführers und/oder der
Ausgangsbehörde nach billigem Ermessen ausgesprochen werden; Verfahrenskosten der Widerspruchsbehörde können dagegen nur nach Maßgabe
des Landesgebührenrechts geltend gemacht werden[66].

Der Übergang vom Anfechtungsantrag auf einen Feststellungsantrag (**Fort-** **16a**
setzungsfeststellungswiderspruch) entsprechend § 113 Abs. 1 S. 4 ist – außer
in beamtenrechtlichen Streitigkeiten (§ 126 Abs. 3 BRRG[67]) – im Vorverfahren nach Erledigung unzulässig[68]; zur Frage, ob in diesem Fall eine Feststellungsklage zulässig ist, vgl. § 113 Rn. 35.

Ebenso wie bei der Erledigung der Hauptsache ergeht auch bei der **Zurück-** **17**
nahme des Widerspruchs kein Einstellungsbescheid (vgl. § 69 Rn. 3); eine
Kostenentscheidung entfällt hier schon deswegen, weil eine Erstattung etwaiger Kosten des Widerspruchsführers wegen § 155 Abs. 2 nicht in Betracht kommt. Das Gleiche gilt, wenn das Vorverfahren durch **Vergleich** beendet wird. Zur Zulässigkeit des Vergleichs vgl. Münster OVGE 16, 12; auch
§ 106 Rn. 2 f. Der im Vorverfahren geschlossene Vergleich ist, auch wenn er
im förmlichen Verfahren, etwa vor einem Rechtsausschuss, protokolliert
wird, stets außergerichtlicher Vergleich, also kein Vollstreckungstitel; er ist
ein öffentlich-rechtlicher Vertrag zwischen Behörde und Widerspruchsführer
(§ 55 VwVfG; Münster OVGE 16, 12). Für ein **Anerkenntnis,** auf das ein
dem Anerkenntnisurteil entsprechender Widerspruchsbescheid ergehen
müsste, ist im Vorverfahren wegen der Möglichkeit der Abhilfeentscheidung
nach § 72 kein Raum.

C. Widerspruchsbescheid

Der Widerspruchsbescheid muss, wie sich aus Absatz 3 ergibt, schriftlich er- **18**
gehen. Als **Bestandteile des Bescheides** sind zwingend vorgeschrieben die **Be-**
gründung (vgl. Rn. 22), die **Kostenentscheidung** (vgl. Rn. 24) und eine
Rechtsmittelbelehrung (vgl. Rn. 37), die richtiger als Rechtsbehelfsbelehrung zu bezeichnen ist (vgl. § 58 Rn. 1, 2). Ob der Widerspruchsbescheid von
der Behörde in einer dem gerichtlichen Beschluss angenäherten Form oder in
Form eines Schreibens erlassen wird, ist nach der VwGO freigestellt, wenn er
nur inhaltlich hinreichend bestimmt ist[69], die in Absatz 3 geforderten Bestandteile enthält und den Adressaten, die erlassende Behörde sowie den Ent-
scheidungsausspruch aufführt. Zwingend vorgeschrieben ist auch die **Zustel-**
lung (vgl. Rn. 38) des Widerspruchsbescheides.

---

66   VG Stuttgart, VBlBW 2002, 81.
67   BVerwG DVBl. 1981, 502.
68   Vgl. BVerwGE 81, 226; Eyermann/Rennert Rn. 11; Bader/Funke-Kaiser § 68 Rn. 36;
     a.A. Kopp/Schenke Rn. 9; Schoch/Dolde Rn. 23; Stelkens/Stelkens § 79 Rn. 33, die
     über § 113 Abs. 1 Satz 4 VwGO hinaus nach Erledigung auch Feststellung der Un-
     zweckmäßigkeit des VA zulassen wollen.
69   BVerwG Buchh. 316 § 37 VwVfG Nr. 1; München GewA 1997, 75.

I. Inhalt

19 Im Widerspruchsbescheid kann die Behörde dem **Widerspruch ganz oder teilweise stattgeben oder** ihn **zurückweisen;** sie kann ihn dabei auch auf andere rechtliche Gründe stützen. Wenn der Widerspruch gegen die Ablehnung eines beantragten VA gerichtet ist, kann die Widerspruchsbehörde den VA nur selbst erlassen, wenn sie dafür fachlich zuständig ist (z.b. kann der Rechtsausschuss in RhPf nicht an Stelle des Bauamtes die Baugenehmigung erteilen); ist sie dies nicht, muss sie im Widerspruchsbescheid die erste Behörde anweisen, den beantragten VA zu erlassen[70]. Eine **Zurückverweisung** an die erste Behörde kann, wenn der ursprüngliche VA an einem Verfahrensfehler leidet[71], nur ausnahmsweise in Betracht kommen[72], da die Widerspruchsbehörde zunächst im Vorverfahren, auch durch Aufforderung der ersten Behörde, versuchen muss, den Fehler zu heilen (vgl. Rn. 14). Der zurückverweisende Widerspruchsbescheid ist nach BVerwG (E 2, 240; 4, 205) nicht mit der Anfechtungsklage anfechtbar, was jedoch nur im Hinblick auf ein fehlendes Rechtsschutzbedürfnis gelten kann. Die Behörde ist nach BVerwG (E 10, 183) an ihre dem zurückverweisenden Bescheid zu Grunde gelegte Rechtsauffassung bei erneuter Befassung mit der Sache nicht gebunden[73].
Die **Widerspruchsbehörde kann** bei ihrer Entscheidung dem Widerspruchsführer **auch mehr gewähren, als** seinem Widerspruchsbegehren entspricht, da eine Bindung an den **Antrag** entsprechend § 88 insoweit nicht besteht; die Behörde muss unabhängig von dem Inhalt z.B. eines Antrages leisten, wenn sie hierzu kraft Gesetzes verpflichtet ist. (Zur Sachbefugnis der Widerspruchsbehörde vgl. Mannheim NVwZ-RR 1995, 476.) Zur Unzulässigkeit der Bewilligung von Verzugszinsen bei der Gewährung von Kriegsgefangenenentschädigung vgl. BVerwG DÖV 1963, 189, auch § 42 Rn. 156.

20 Umstritten ist, ob die Behörde den Widerspruchsbescheid auch zu Ungunsten des Widerspruchsführers ändern kann (**reformatio in peius**)[74]. Die reformatio in peius ist nicht in der VwGO geregelt, ihre Zulässigkeit richtet sich nach dem jeweils anzuwendenden Bundes- oder Landesrecht, bundesrechtlich ist ihre Zulässigkeit begrenzt durch die Grundsätze des Vertrauensschutzes und von Treu und Glauben[75]. Das BVerwG hat die reformatio in peius, soweit die ursprüngliche Behörde selbst über den Widerspruch entscheidet[76] oder die Widerspruchsbehörde dienstvorgesetzte Stelle der Behörde ist, die den angefochtenen VA erlassen hat[77], grundsätzlich bejaht, da ein schutzwürdiges Interesse an dem Bestand des ursprünglichen VA für denjenigen, der mit seiner Anfechtung den Grund für die mangelnde Bestandskraft des VA gesetzt habe, nur in Ausnahmefällen bestehen könne[78] (vgl. auch § 42 Rn. 116a). Lüne-

---

70 Vgl. BVerwGE 37, 47 für Wohngeldbescheid.
71 Vgl. Münster NJW 1955, 1612.
72 Vgl. Schoch/Dolde Rn. 39.
73 BVerwGE 10, 183 für LAG, E 21, 142 für AbgeltungsG.
74 Vgl. Freitag VerwA 56, 314; Pietzner VerwA 80, 501; 81, 261, jeweils m.w.N.
75 BVerwGE 51, 310; 65, 313, NVwZ 1987, 215; NJW 1988, 276; vgl. auch BVerwG DVBl. 1996, 1318 zur Zulässigkeit landesrechtlicher Regelung im Gewerberecht.
76 Vgl. BVerwG DÖV 1957, 782; vgl. auch Hamburg GewA 1990, 405 zur Gewerbeuntersagung.
77 BVerwGE 14, 175, vgl. dazu Menger VerwA 54, 199; a.A. Berlin NJW 1977, 1166 für Ausländerrecht.
78 Vgl. jedoch BVerwGE 8, 45; NJW 1957, 195, wo bei Gewährung von Leistungen ohne Rechtsanspruch nach dem LAG die Zulässigkeit der Schlechterstellung verneint wird; BVerwG NVwZ 1993, 686, wo Verschlechterung der Prüfungsnote bei Neubewertung einer Prüfungsarbeit verneint wird.

burg (OVGE 21, 367 zur Jagdscheinentziehung) hat die Schlechterstellung durch die der ersten Behörde dienstvorgesetzte Widerspruchsbehörde auch bei Ermessensentscheidungen für zulässig gehalten[79]; München (DÖV 1972, 318 zur Ablehnung eines Waffenscheines) hat im gleichen Sinne entschieden[80]. Dieser Auffassung ist mit der Einschränkung zuzustimmen, dass die reformatio in peius durch die Widerspruchsbehörde, wenn diese dazu sachlich legitimiert ist, insoweit zulässig sein muss, als die erste Behörde den unanfechtbar gewordenen VA hätte widerrufen oder zurücknehmen können (§§ 48, 49 VwVfG[81]); eine Verböserung nicht aus Rechts-, sondern aus Zweckmäßigkeitsgründen scheidet damit aus[82].

Hat ein **Dritter** gegen einen begünstigenden VA, etwa gegen eine Baugenehmigung oder eine gewerbliche Genehmigung, **Widerspruch eingelegt, ohne dass er sich auf eine nachbarschützende Norm berufen kann,** ist die **reformatio in peius unzulässig**[83]; der Widerspruchsführer kann aber noch während des Vorverfahrens seinen Widerspruch auf weitere, zunächst nicht gerügte nachbarschützende Vorschriften ausdehnen[84]. Liegen bei der Widerspruchsbehörde die Voraussetzungen für eine Rücknahme des VA vor, kann sie insoweit auch hier eine Verböserung im Widerspruchsbescheid vornehmen[85]. Nach BVerwG (NJW 1970, 263) sind Rechtsänderungen, die nach Erteilung einer Baugenehmigung ergehen, von der Widerspruchsbehörde im Vorverfahren über den Widerspruch des Dritten nicht zu berücksichtigen[86]. **21**

II. Begründung

Aus der Begründung des Widerspruchsbescheides muss hervorgehen, von welchen **tatsächlichen Voraussetzungen** die Widerspruchsbehörde ausgegangen ist und worauf sie ihre **rechtlichen Folgerungen** stützt; denn die Begründung soll die Entscheidung dem Widerspruchsführer gegenüber rechtfertigen und ihm die Prüfung ermöglichen, ob er den Klageweg beschreiten will[87]. Ausreichend ist, dass ein den Bescheid tragender Grund in der Begründung behandelt wird, weitere, auch im Verfahren erörterte Gründe brauchen nicht vertieft zu werden[88]. **22**

Absatz 3 erfordert stets eine Begründung des Widerspruchsbescheides; § 39 Abs. 2 VwVfG ist nicht anzuwenden. Da jedoch Absatz 3 über den Inhalt der Begründung keine Aussage macht, kann hierfür § 39 Abs. 1 VwVfG ergänzend herangezogen werden. Bei einer Ermessensentscheidung soll die Be-

---

79 Mit Recht krit. dazu Menger/Erichsen VerwA 57, 280.
80 Vgl. auch BayVBl. 1973, 556; ebenso Koblenz DVBl. 1992, 787; allgemein für Zulässigkeit der reformatio in peius Schoch/Dolde § 68 Rn. 49; Knack § 79 Rn. 10.3.1; Kopp/Schenke § 68 Rn. 10 ff., Stelkens/Sachs § 48 Rn. 46 ff.; zum Problem vgl. auch Klindt NWVBl. 1996, 452; Pietzner VerwA 80, 501; 81, 261, Schneller, Widerspruchsverfahren S. 114.
81 Vgl. BVerwGE 51, 310; E 65, 313 zur Nachbarklage.
82 Vgl. München NJW 1978, 443 für Fahrerlaubnis; a.A. Eyermann/Rennert § 68 Rn. 19 abw. von der Voraufl.
83 Vgl. BVerwGE 65, 313 zum Immissionsschutz; BVerwG DÖV 1969, 142 zur Baugenehmigung; dazu Menger/Erichsen VerwA 60, 378; ebenso München BayVBl. 1968, 34, dazu Simon BayVBl. 1968, 193.
84 Vgl. BVerwG DÖV 1970, 138.
85 Vgl. Eyermann/Rennert Rn. 18.
86 Krit. dazu Schuegraf NJW 1970, 581.
87 BVerfGE 6, 32; Lüneburg OVGE 6, 383.
88 Vgl. BVerwG VRspr. 11, 879; NJW 1961, 2228.

gründung daher auch die Gesichtspunkte erkennen lassen, von denen die Behörde bei der Ausübung ihres Ermessens ausgegangen ist. Im Übrigen richtet sich die Art und der Umfang der Begründung oft nach den Besonderheiten des jeweiligen Rechtsgebietes und den Umständen des Einzelfalles[89] (vgl. auch § 42 Rn. 70). Der Widerspruchsbescheid muss jedoch auch dann eine Begründung enthalten, wenn die Behörde ihre Auffassung über die Sach- und Rechtslage dem Widerspruchsführer in Besprechungen während des Verfahrens mitgeteilt hat[90].

23   Der Verstoß gegen den Begründungszwang ist Verfahrensfehler (§ 79 Rn. 8); er führt jedoch nicht zur Nichtigkeit des Widerspruchsbescheides (h.M.). Ebenso ist abzulehnen, dass die Zustellung eines mit Rechtsmittelbelehrung versehenen, aber ohne Begründung erlassenen Widerspruchsbescheides die Klagefrist nicht in Lauf setzt[91], da ein VA vorliegt, sobald eine Entscheidung der Widerspruchsbehörde ergeht, eine Differenzierung nach der Schwere etwaiger Verfahrensfehler des Vorverfahrens der VwGO unbekannt ist[92]. Umstritten war die Frage, ob die fehlende oder nicht ausreichende Begründung durch Vortrag im Verwaltungsprozess nachgeholt oder ergänzt und damit der Fehler des Vorverfahrens geheilt werden konnte. Überwiegend wurde in der Lehre der Verstoß gegen die Muss-Vorschrift des Absatzes 3 für so schwer wiegend angesehen, dass der Bescheid, ohne Möglichkeit einer Heilung des Fehlers, allein wegen fehlender Begründung aufzuheben war[93]. Nach der Änderung des VwVfG durch das G vom 12.9.1996 und das 6. VwGOÄndG ist jetzt nach § 45 Abs. 2 VwVfG die Heilung von in Absatz 1 dieser Vorschrift aufgeführten Verfahrensmängeln, zu denen auch die fehlende Begründung des VA zählt, bis zum Abschluss des verwaltungsgerichtlichen Verfahrens zulässig; zudem kann die Verwaltungsbehörde nach § 114 S. 2 ihre Ermessenserwägungen hinsichtlich des VA auch noch im verwaltungsgerichtlichen Verfahren ergänzen (vgl. § 114 Rn. 10a). Daraus dürfte auch für den Widerspruchsbescheid zu folgern sein, dass die fehlende Begründung durch Vortrag im Prozess nachgeholt werden kann.[94] Etwas anderes wird nur gelten können bei Ermessensentscheidungen eines keinen Weisungen unterworfenen Ausschusses, wenn der Widerspruchsbescheid wegen dieses Verfahrensfehlers alleiniger Klagegegenstand ist. Der Behörde sind jedoch die Kosten aufzuerlegen, wenn der Kläger nach Kenntnisnahme der Begründung die Hauptsache für erledigt erklärt (entsprechend § 156; § 161 Abs. 3; vgl. § 75 Rn. 8).

III. Kostenentscheidung

24   Ebenso wie im gerichtlichen Verfahren, ist zu unterscheiden zwischen der Entscheidung darüber, wer die Kosten des Vorverfahrens trägt (**Kostenlast**),

89   Vgl. BVerwGE 74, 196; Buchh. 406.11 § 35 BauGB Nr. 168.
90   Insoweit abzulehnen Mannheim NVwZ 1992, 898.
91   So Berlin NJW 1955, 567.
92   Schunck/De Clerck S. 434; Ule S. 257; Zschacke NJW 1954, 414; vgl. auch Koblenz DVBl. 1958, 835.
93   Schoch/Dolde Rn. 54; Knack § 79 VwVfG Rn. 7.3.10; Kopp/Schenke Rn. 13; Stelkens/Sachs § 45 Rn. 89.
94   So schon zum alten Rechtszustand BVerwGE 8, 234; E 10, 37; E 85, 163, hier differenzierend nach Fachgebiet; Berlin NJW 1955, 398; München BayVBl. 1955, 277; Münster VRspr. 13, 826; vgl. auch Lüneburg NJW 1984, 1138 für Ermessensentscheidung.

und über die weitere Frage, in welchem Umfang derjenige, den die Kostenlast trifft, die entstandenen Kosten zu erstatten hat (**Kostenerstattung**).

1. **Entscheidung über die Kostenlast.** Die Entscheidung, die der Widerspruchsbescheid nach Absatz 3 S. 2 (ebenso die Abhilfeentscheidung nach § 72), unabhängig von seinem Inhalt[95] in jedem Fall enthalten muss, ist die Entscheidung über die Kostenlast. Diese Entscheidung **ist im isolierten Vorverfahren**, d.h. wenn der Rechtsstreit mit dem Widerspruchsbescheid oder der Abhilfeentscheidung endet, **Grundlage für die Kostenerstattung.** Wird der Widerspruchsbescheid angefochten, schließt die Entscheidung des Gerichts über die Kostenlast nach § 162 Abs. 1 auch das Vorverfahren ein (vgl. § 162 Rn. 13). Grundlage für die Kostenerstattung ist dann die gerichtliche Entscheidung. Zur umstrittenen Frage, ob diese Folge auch eintritt, wenn vor den Gerichten nur vorläufiger Rechtsschutz begehrt wird, vgl. § 162 Rn. 13.

2. **Anwendbare Vorschriften.** Die Kostenentscheidung nach § 72 und nach 25 Absatz 3 S. 2 ergeht nach § 80 VwVfG bzw. den entsprechenden landesrechtlichen Vorschriften. Maßgeblich dafür, ob das VwVfG oder ein Landesgesetz angewandt wird, ist die dem Anwendungsbereich des VwVfG zu Grunde liegende Systematik[96]. Da die Verwaltungsverfahrensgesetze der Länder mit ganz wenigen Ausnahmen (auch nur bei Bay, Br, BW, RhPf, SH) wörtlich mit § 80 VwVfG übereinstimmen, hat diese Frage im Ergebnis kaum Bedeutung. Auf die Abweichungen einzelner Landesgesetze wird im Folgenden jeweils hingewiesen. Mit den in den Verwaltungsverfahrensgesetzen getroffenen Regelungen haben Bund und Länder die Folgerung aus der Rechtsprechung des BVerwG gezogen, das eine direkte oder entsprechende Anwendung der Kostenvorschriften der VwGO im Vorverfahren für unzulässig ansah[97]. Die jetzt getroffene gesetzliche Regelung muss daher als abschließend angesehen werden, sodass auch eine Ergänzung durch analoge Anwendung einzelner Vorschriften des 16. Abschnittes der VwGO nicht in Betracht kommt[98]. Andererseits wird eine entsprechende Anwendung des § 80 VwVfG dort in Betracht kommen, wo im Vorverfahren nach den §§ 68 ff. in einem Rechtsgebiet stattfindet, auf das sich die Geltung des VwVfG nach seinem § 2 nicht unmittelbar bezieht[99]. Eine eigene Kostenregelung enthält § 38 VermögensG. Das BVerwG (E 82, 336 für BayVwVfG) hat das kommunalabgabenrechtliche Widerspruchsverfahren im Verhältnis zum Erlass des angegriffenen Abgabenbescheides als unselbstständiges Verfahren angesehen, mit der Verweisung auf die AO auch die Anwendung des § 80 VwVfG ausgeschlossen und die Kostenerstattung im isolierten Vorverfahren verneint[100]. Die meisten Länder haben dem Rechnung getragen und durch ihre landesrechtlichen Vorschriften § 80 entsprechende Regelungen getroffen (vgl. § 80 Abs.4 Nr. 2 VwVfG BW; Art. 2 Abs. 2 Nr. 1 Bay. VwVfG; § 2 Abs. 2 Nr. 1 Br. VwVfG; § 2 Abs. 2 Nr. 1 Hamb. VwVfG; § 80 Abs. 4 Nr. 2 VwVfG M-V; § 2 Abs. 2 Nr. 1 Nds. VwVfG; § 3 Abs. 5 S. 1

---

95 Vgl. Münster DVBl. 1963, 929.
96 Vgl. v. Oertzen, VwVfG Einl. S. 22 ff.
97 Vgl. BVerwG-GS-E 22, 281 für Verfahren vor Landesbehörden; E 40, 313 für Verfahren vor Bundesbehörden.
98 Vgl. BVerwGE 62, 201; 70, 58; Stelkens/Stelkens § 80 Anm. 40; a.A. Kopp/Schenke Rn. 17; Schunck/De Clerck S. 431 f.
99 Vgl. v. Oertzen, VwVfG Einl. S. 24 f.
100 Ebenso Mannheim NVwZ 1992, 584 unter Aufgabe seiner früheren Rechtsprechung; Münster DVBl. 1979, 787; KStZ 1979, 153; NVwZ 1992, 585; a.A. Saarlouis NVwZ 1987, 508; vgl. auch Kortmann DVBl. 1980, 600.

KAG Rh.-Pf. i.V. m. § 19 AGVwGO Rh.-Pf.; § 2 Abs. 2 Nr. 1 SaarlVwVfG; § 2 Abs. 2 Nr. 1 VwVfG LSA; § 11 SchlHKAG).

26 **3. Gegenstand der Entscheidung.** § 80 VwVfG bezieht sich nur auf **Aufwendungen,** die dem **Widerspruchsführer** und der **Erstbehörde,** d.h. der Behörde, die den angefochtenen VA erlassen hat, **im Widerspruchsverfahren entstanden sind**[101]. Die Erstattung dieser Aufwendungen regelt die Entscheidung über die Kostenlast. Damit kann sich diese Entscheidung nicht auf Aufwendungen beziehen, die der Erstbehörde und dem jetzigen Widerspruchsführer, als Antragsteller oder Betroffener, in dem Verwaltungsverfahren, das zum Erlass des angefochtenen VA führte, entstanden sind, ebenso wenig auf die Aufwendungen, die der Widerspruchsbehörde bei der Durchführung des Vorverfahrens entstehen. Ob die Erstbehörde Ersatz für ihre Aufwendungen im ersten Verwaltungsverfahren oder die Widerspruchsbehörde für ihre Aufwendungen im Vorverfahren verlangen oder ob diese Behörden eine **Gebühr für den Erlass des VA oder des Widerspruchsbescheides** erheben können, richtet sich nach den in Bund und Ländern ergangenen Verwaltungskostengesetzen[102]. Da es eine Beiladung im Vorverfahren nicht gibt (vgl. § 71 Rn. 1), sieht § 80 VwVfG folgerichtig auch nicht die Möglichkeit einer Erstattung von Aufwendungen Dritter vor, die nach § 13 Abs. 1 Nr. 4 VwVfG von der Behörde als Beteiligte hinzugezogen worden sind[103], was bei einem VA mit Drittwirkung auch der Begünstigte sein kann[104], ebenso wenig können die Aufwendungen von mitwirkungsberechtigten weiteren Behörden erstattet werden. Die Auffassung von Kopp/Ramsauer (§ 80 Rn. 17), dass hier eine Lücke in der Regelung des § 80 VwVfG zu sehen ist, um mit entsprechender Anwendung der Vorschriften der VwGO zum gleichen Ergebnis wie im gerichtlichen Verfahren zu kommen[105], ist abzulehnen[106]; bedenklich erscheint daher auch die Regelung in Bayern durch Art. 80 Abs. 2 S. 2 VwVfG[107].

27 **4. Fälle der Kostenentscheidung.** Ist der **Widerspruch erfolgreich,** hat der Rechtsträger, dessen Behörde den angefochtenen VA erlassen hat, dem Widerspruchsführer die zur zweckentsprechenden Rechtsverfolgung oder Rechtsverteidigung notwendigen Aufwendungen (vgl. Rn. 35) zu erstatten[108] (§ 80 Abs. 1 S. 1 VwVfG). Aus welchen Gründen der Widerspruch erfolgreich war, ist unbeachtlich. Dieselbe Kostenentscheidung ist zu treffen, wenn der Widerspruch nur deshalb keinen Erfolg hat, weil die **Verletzung einer Verfahrens- oder Formvorschrift nach § 45 VwVfG** (vgl. Rn. 14 ff.) **unbeachtlich** ist (§ 80 Abs. 1 S. 2 VwVfG). Das Gesetz hat diese Folge nicht für die **Fälle des § 46 VwVfG** vorgesehen, hier ist jedoch die Möglichkeit einer entsprechenden Anwendung im Einzelfall zu bejahen, da die Verfahrenssi-

---

101 Vgl. Stelkens/Stelkens § 80 Rn. 37 ff.
102 Vgl. etwa § 10a AGHess, sowie die Übersicht bei Knack § 80 Rn. 2.2 f.; Pietzner BayVBl. 1979, 107; BVerwG NJW 1975, 1715 zur Erstattung einer Widerspruchsgebühr; BVerwGE 84, 178: Keine Gebühr für Widerspruchsbescheid bei Ablehnung der Einbürgerung; Münster DVBl. 1981, 55 m. abl. Anm. Redeker zur Widerspruchsgebühr bei Prozessvergleich.
103 Vgl. BVerwGE 70, 58; NVwZ 1987, 490 Erstattung der Kosten des Bevollmächtigten eines Drittbeteiligten im isolierten Vorverfahren verneinend.
104 A.A. Stühler DVBl. 1980, 873.
105 Vgl. Mannheim DVBl. 1981, 39.
106 Vgl. Schoch/Dolde Rn. 58; Eyermann/Rennert Rn. 27 abw. von der Voraufl.; Stelkens/Stelkens § 80 Rn. 40.
107 Ebenso Schunck/De Clerck S. 432.
108 Vgl. BVerwGE 79, 291.

tuation dieselbe wie bei § 45 VwVfG sein kann[109]. Ausdrücklich ohne Beschränkung auf die Fälle des § 45 VwVfG ist in **Rheinland-Pfalz** die Regelung des § 19 Abs. 1 S. 2 AG VwGO.

Wird der **Widerspruch zurückgewiesen,** hat der Widerspruchsführer der Behörde, die den angefochtenen VA erlassen hat, die zur zweckentsprechenden Rechtsverfolgung oder Rechtsverteidigung notwendigen Aufwendungen (vgl. Rn. 35) zu erstatten (§ 80 Abs. 1 S. 3 VwVfG). Ist dieselbe Behörde Erst- und Widerspruchsbehörde, kommt eine Erstattung durch den Widerspruchsführer regelmäßig nicht in Betracht, da unterscheidbare Kosten der Erstbehörde im Widerspruchsverfahren nicht entstehen können[110] (auch Rn. 26). Der Anwendungsbereich dieser Regelung ist daher schon in der Anlage begrenzt. Bedeutung kann sie vor allem dort gewinnen, wo Erst- und Widerspruchsbehörde unterschiedlichen Rechtsträgern angehören und die Entscheidung über den Widerspruch auf Grund mündlicher Verhandlung erfolgt, wie es bei den Rechtsausschüssen in Rheinland-Pfalz und dem Saarland der Fall ist. Eine dem § 80 Abs. 1 S. 3 VwVfG entsprechende Regelung kennt **Schleswig-Holstein** nicht. **28**

Ausnahmen von der Erstattungspflicht des Widerspruchsführers legt § 80 Abs. 1 S. 3 2. Halbs. VwVfG fest. Die Erstattungspflicht entfällt, wenn sich das Vorverfahren auf einen VA bezieht, der im Rahmen eines bestehenden oder früheren Dienst- oder Amtsverhältnisses bzw. einer bestehenden oder früheren gesetzlichen Dienstpflicht oder einer Tätigkeit, die an Stelle der gesetzlichen Dienstpflicht geleistet werden kann, ergangen ist. Die Regelung knüpft an bestehende Kostenbefreiungen im WPflG und im SoldatenversorgungsG an und beruht auf dem Gedanken der Fürsorgepflicht des Dienstherrn. In **Baden-Württemberg** ist das Schulverhältnis als weitere Ausnahme aufgeführt, in **Rheinland-Pfalz** Angelegenheiten, für die landesgesetzlich Gebührenfreiheit besteht. **29**

Wird dem **Widerspruch nur teilweise abgeholfen,** kann auch eine nur teilweise Erstattung der Aufwendungen des Widerspruchsführers oder der Behörde in Betracht kommen. Dies folgt aus dem einleitenden Wort »soweit« in § 80 Abs. 1 S. 1 und S. 3 VwVfG. Da das Vorverfahren hinsichtlich des Antrages im Widerspruch und des daran zu messenden Erfolges nicht der Formstrenge des gerichtlichen Verfahrens unterliegt, hat § 80 VwVfG nicht die strikte Regelung des § 155 Abs. 1 übernommen (so jedoch in **Bayern** Art. 80 Abs. 1 S. 3 VwVfG und in **Thüringen** § 80 Abs. 1 VwVfG), sondern eine Fassung gewählt, die eine flexiblere Handhabung ermöglicht. Die Widerspruchsbehörde kann daher der Behörde auch die volle Erstattung der Aufwendungen des Widerspruchsführers auferlegen, wenn sie der Auffassung ist, dass dessen Aufwendungen für das teilweise Obsiegen notwendig waren[111]. Wegen der differenzierten Regelung für die Erstattung der Aufwendungen der Behörde sollte der Widerspruchsbescheid bei einer Kostenteilung nicht die zu erstattenden Aufwendungen gegeneinander aufheben, sondern regelmäßig auf teilweise Erstattung erkennen. **30**

Endet das Vorverfahren anders als durch einen Widerspruchs- oder Abhilfebescheid, sehen die VwVfG (jeweils § 80 Abs. 1 S. 5) von **Bayern, Baden-Württemberg** und **Thüringen** sowie § 19 Abs. 1 S. 5 AGVwGO RhPf eine **31**

---

109 Kopp/Ramsauer § 80 Rn. 28; a.A. Stelkens/Kallerhoff § 80 Rn. 41.
110 Vgl. Knack § 80 Rn. 5.1.2.
111 Vgl. Knack § 80 Rn. 4.3.1 mit Beispielen.

Entscheidung der Widerspruchsbehörde nach billigem Ermessen vor, wobei der bisherige Sachstand zu berücksichtigen ist; diese Regelungen betreffen aber nur die Erstattung der notwendigen Aufwendungen der Beteiligten im Widerspruchsverfahren, bieten aber keine Rechtsgrundlage für eine Erstattung der Verwaltungskosten der Widerspruchsbehörde[112]. Keines der anderen Verwaltungsverfahrensgesetze enthält eine entsprechende Regelung, die der Widerspruchsbehörde ermöglicht, die Besonderheiten des Einzelfalles zu berücksichtigen. Für die folgenden Fälle muss daher versucht werden, aus dem vom bayerischen VwVfG abweichenden Wortlaut der Sätze 1 und 3 des § 80 Abs. 1 VwVfG eine Lösung für die Kostenentscheidung zu finden[113]. Bei der **Rücknahme** bleibt der Widerspruch erfolglos; daher findet § 80 Abs. 1 S. 3 VwVfG keine Anwendung, denn die danach zu treffende Kostengrundentscheidung setzt eine behördliche Entscheidung über den Widerspruch nach § 72 oder § 73 Abs. 3 S. 1 voraus[114]. Bei **Erledigung der Hauptsache** kann die Widerspruchsbehörde in entsprechender Anwendung der Regelung bei teilweisem Obsiegen eine Entscheidung nach billigem Ermessen treffen[115]. Die Rspr.[116] folgert aus § 72 und § 73 Abs. 3 S. 2, dass nur bei der Abhilfe und im Widerspruchsbescheid eine Entscheidung über die Kostenlast, die Grundlage für die Kostenerstattung ist, getroffen wird und dass damit eine Kostenerstattung in Fällen einer anderen Erledigung des Widerspruchsverfahrens nicht erfolgen kann. Unter ausdrücklicher Ablehnung einer analogen Anwendung des § 161 Abs. 2 wird bei anderweitiger Erledigung des Vorverfahrens eine Erstattungsfähigkeit der Kosten eines Rechtsanwalts bzw. eine Entscheidung über die Hinzuziehung eines solchen verneint[117]. Über einen Streit, ob Erledigung eingetreten ist oder nicht, befindet die Widerspruchsbehörde durch Widerspruchsbescheid mit Kostengrundentscheidung (§ 73 Abs. 3 S. 2)[118].
Bei einem **Vergleich** (§ 55 VwVfG) muss die Kostenfrage mitgeregelt werden; ist dies im Vergleich nicht geschehen, findet keine Kostenerstattung statt[119].

32 **Aufwendungen, die durch das Verschulden des Erstattungsberechtigten entstanden** sind, hat dieser selbst zu tragen, dabei wird ihm das Verschulden seines Vertreters zugerechnet (§ 80 Abs. 1 S. 4 VwVfG, vgl. § 155 Rn. 6 f). Bei der Entscheidung über die Kostenlast hat die Widerspruchsbehörde dies mit aufzunehmen. In der Kostenregelung des LVwG **Schleswig-Holstein** ist das Verschuldensprinzip nicht ausdrücklich enthalten. In der Kostenentscheidung hat die Widerspruchsbehörde auch darüber zu befinden, **ob die Hinzuziehung eines Bevollmächtigten notwendig** war (§ 80 Abs. 2 VwVfG[120]; auch Rn. 35; sowie § 162 Rn. 13a). Für die Hinzuziehung eines Rechtsanwalts durch die Ausgangsbehörde ist dies regelmäßig zu verneinen[121].

---

112 So für § 80 Abs. 1 S. 5 VwVfG BW VG Stuttgart VBlBW 2002, 81, 82.
113 Vgl. auch die ausdrückliche Regelung in § 9a Abs. 4 GebührenG Saar, sowie BVerwG NJW 1982, 1827; a.A. Pietzner BayVBl. 1979, 107.
114 Bader/Funke-Kaiser Rn. 33; Eyermann/Rennert Rn. 25; Schoch/Dolde Rn. 62.
115 Vgl. Mannheim DVBl. 1981, 39: analog § 161 Abs. 2; Schunck/De Clerck S. 432; zum früheren Rechtszustand Mannheim DVBl. 1963, 372; München BayVBl. 1965, 65.
116 BVerwGE 62, 201; 62, 296; 101, 64; NJW 1982, 1827.
117 BVerwGE 62, 201.
118 Bader/Funke-Kaiser Rn. 33.
119 Vgl. dazu Hamburg DVBl. 1981, 55 m. Anm. Redeker.
120 Vgl. BVerwGE 75, 107.
121 Mannheim NVwZ-RR 1993, 111.

5. Bestandteil des Widerspruchsbescheids. Die **Entscheidung über die Kos-** **33** **tenlast** ergeht, da sie nach Absatz 3 (ebenso § 72 für die Abhilfeentscheidung) **Bestandteil des Widerspruchsbescheides** ist, von Amts wegen. Wird das Vorverfahren anders als durch Widerspruchs- oder Abhilfebescheid beendet (vgl. Rn. 31), ist ein Antrag dessen, der eine Kostenerstattung begehrt, erforderlich, da eine förmliche Beendigung des Verfahrens (z.B. durch Einstellungsbescheid) nicht vorgenommen zu werden braucht (vgl. Rn. 16). **Enthält der Widerspruchsbescheid keine Kostenentscheidung,** kann der Widerspruchsführer, auch nach Unanfechtbarkeit des Bescheides, Ergänzung beantragen[122], und zwar nicht nur im Rahmen des § 120, dessen 2-Wochen-Frist nicht gilt[123]. Die Unanfechtbarkeit des Bescheides kann, da über diesen Anspruch bei Schweigen nicht entschieden ist, dem Geltendmachen des materiellen Erstattungsanspruchs, und damit auch der Entscheidung dem Grunde nach, nicht entgegenstehen[124]. Die Wirksamkeit des Widerspruchsbescheides im Übrigen wird durch das Fehlen der Kostenentscheidung nicht berührt. **Rechtsmittel** gegen die Entscheidung über die Kostenlast **ist die Anfechtungsklage,** bzw. **die Verpflichtungsklage** bei Fehlen der Entscheidung. Regelmäßig wird, wenn Klagegegenstand der ursprüngliche VA (§ 79 Rn. 2) oder der Widerspruchsbescheid insgesamt (§ 79 Rn. 5 f.) ist, die Kostenentscheidung der Widerspruchsbehörde durch die gerichtliche Kostenentscheidung hinfällig. Enthält die Kostenentscheidung im Widerspruchsbescheid die alleinige Beschwer, kann jedoch nach § 79 Abs. 2 gegen sie isoliert die Anfechtungsklage erhoben werden[125]. Sie hat aber zur Folge, dass der Widerspruchsbescheid im Übrigen bestandskräftig wird, weshalb Einwendungen gegen die Kostengrundentscheidung nicht mehr daraus hergeleitet werden können, der Widerspruch sei zu Unrecht ganz oder teilweise zurückgewiesen worden[126]. Ausdrücklich ist die isolierte Anfechtung der Kostenentscheidung z.B. geregelt in § 22 VerwaltungskostenG, § 22 AuslandskostenG und in § 22 VerwaltungskostenG SchlH.

6. Kostenerstattung. Die Behörde, die die Entscheidung über die Kostenlast **34** getroffen hat, also regelmäßig die **Widerspruchsbehörde,** nur im Fall der Abhilfeentscheidung auch die Erstbehörde, **setzt auf Antrag** den **Betrag der zu erstattenden Aufwendungen fest;** dabei kann, wenn die Entscheidung über die Kostenlast unanfechtbar geworden ist, das Bestehen einer Erstattungspflicht dem Grunde nach nicht mehr verneint werden[127]. Ist die Kostenentscheidung nach Absatz 2 von einem Ausschuss oder Beirat getroffen worden (vgl. Rn. 4 ff.), setzt die Behörde die Kosten fest, bei der der Ausschuss oder Beirat gebildet ist (§ 80 Abs. 3 S. 1 VwVfG). Aus der Kostenentscheidung im Widerspruchsbescheid (Abhilfebescheid) ergibt sich, wer erstattungs- und damit antragsberechtigt ist. Der Antrag ist erst zulässig, wenn die Kostenentscheidung unanfechtbar geworden ist (vgl. Rn. 24); in ihm ist der Betrag der Aufwendungen anzugeben, die dem Erstattungsberechtigten tatsächlich entstanden sind und die er als notwendig zur zweckentsprechenden Rechtsverfolgung geltend machen will. Die Behörde setzt sodann in einem Verwaltungsverfahren, das sich nach den Vorschriften des VwVfG richtet und die

---

122 Vgl. jedoch BVerwGE 68, 1 zur Auslegung des Tenors des Widerspruchsbescheids.
123 Vgl. Pietzner BayVBl. 1979, 107; BVerwGE 68, 1 offen lassend.
124 Insoweit zu eng VG Bremen NJW 1966, 564.
125 BVerwGE 32, 346; 1, 239; Mannheim VBlBW 1982, 46; München BayVBl. 1981, 469; Eyermann/Rennert Rn. 30; Renck DÖV 1973, 264.
126 Lüneburg NVwZ-RR 1997, 78.
127 BVerwGE 79, 291; Lüneburg NVwZ-RR 1997, 78.

Anhörung des Erstattungspflichtigen erfordert[128], die **erstattungsfähigen Kosten** (vgl. § 162 Rn. 2 ff.) fest. Diese Entscheidung der Behörde ist VA, die Verfolgung des Antrages daher, soweit erforderlich nach einem Vorverfahren[129], mit der **Verpflichtungsklage** zulässig. Eine Behörde kann dies jedoch nur, wenn sie einem anderen Rechtsträger als die entscheidende Behörde angehört, andernfalls bleibt ihr nur die Aufsichtsbeschwerde.

35 Bei der Entscheidung über die **Notwendigkeit der aufgewendeten Kosten** kann sich die Behörde an die Grundsätze anlehnen, die für die Kostenerstattung nach § 162 entwickelt wurden[130]. Auch im Widerspruchsverfahren gilt, dass Kosten nur insoweit notwendig sind, als sie vom Standpunkt eines verständigen Beteiligten im Hinblick auf die Bedeutung und Schwierigkeit der Sache zur Durchsetzung des eigenen Standpunktes aufgewendet werden mussten, wobei der Gesichtspunkt der Verfahrensökonomie gebietet, die Kosten so niedrig wie möglich zu halten (im Einzelnen § 162 Rn. 2 ff.[131]). Die **Kosten eines Rechtsanwalts oder sonstigen Bevollmächtigten** können nur erstattet werden, wenn die Zuziehung in der Entscheidung über die Kostenlast für notwendig erklärt wurde[132] (§ 80 Abs. 2 VwVfG; vgl. Rn. 32; Ergänzung bei Fehlen möglich, vgl. Rn. 33); die Entscheidung über die Notwendigkeit der Zuziehung eines Bevollmächtigten läuft leer, wenn es an einer Entscheidung über die Kostenlast fehlt[133]. Eine besondere Entscheidung über einen Gegenstandswert bei der Errechnung der Gebühren für einen Rechtsanwalt ist nach § 80 VwVfG nicht zu treffen, sie erfolgt mit der Kostenfestsetzung[134]. Während die Notwendigkeit der Zuziehung eines Bevollmächtigten für den Widerspruchsführer in der Regel zu bejahen sein wird, da dieser bereits im Vorverfahren auf rechtskundigen Rat angewiesen ist[135] (im Übrigen § 162 Rn. 13a), wird die Behörde, die den angefochtenen VA erlassen hat, allenfalls in Ausnahmefällen einen Bevollmächtigten zuziehen können, da sie, auch durch Vorlage bei der Aufsichtsbehörde, sich notwendigen Rat beschaffen kann[136].

35a Bei der Erstattung von Kosten für einen Rechtsanwalt unterscheidet das BVerwG (E 79, 226) zwischen der **Bevollmächtigung** eines Rechtsanwaltes mit der Folge des § 80 Abs. 2 VwVfG und der **Beratung** durch einen Rechtsanwalt, wo die Kosten nach § 80 Abs. 1 VwVfG als zur zweckentsprechenden Rechtsverfolgung oder -verteidigung notwendige Kosten ohne Entscheidung nach § 80 Abs. 2 VwVfG von der für die Kostenfestsetzung zuständigen Behörde (§ 80 Abs. 3 S. 1 VwVfG) erstattet werden können[137]; dieser Anspruch ist mit der Verpflichtungsklage geltend zu machen[138].

36 Der **Rechtsbehelf** des Erstattungspflichtigen **gegen die Kostenfestsetzung** ist der **Widerspruch**, soweit ein Vorverfahren nicht erforderlich ist, unmittelbar

---

128 Vgl. Knack § 80 Rn. 7.2.
129 Schoch/Dolde Rn. 68.
130 Vgl. Knack § 80 Rn. 7.3.2; Kopp/Ramsauer § 80 Rn. 32; Stelkens/Kallerhoff § 80 Rn. 58.
131 Vgl. die Beispiele bei Stelkens/Kallerhoff § 80 Rn. 61 ff., zum Sachverständigengutachten München BayVBl. 1977, 701, Bremen NJW 1987, 1843.
132 BVerwGE 75, 107.
133 BVerwGE 88, 41.
134 Vgl. auch Koblenz NJW 1974, 1723.
135 Vgl. BVerwGE 55, 299 für Kriegsdienstverweigerer.
136 Vgl. Mannheim NVwZ-RR 1993, 111; auch Knack § 80 Rn. 7.3.2.
137 BVerwGE 75, 107.
138 BVerwGE 77, 268.

die **Anfechtungsklage**[139], bzw. die Verpflichtungsklage[140] (vgl. Rn. 34). Der Rechtsbehelf kann sich sowohl gegen die Höhe der als notwendig festgesetzten Kosten als auch gegen die Festsetzung von Aufwendungen richten, auf die sich die Entscheidung über die Kostenlast nicht beziehen kann (vgl. Rn. 26). Wie bei der Verfolgung des Antrages ist auch hier eine Behörde, die demselben Rechtsträger wie die Widerspruchsbehörde angehört, nicht berechtigt, einen Rechtsbehelf einzulegen (vgl. Rn. 34). Der **Bescheid** über die Kostenfestsetzung ist **kein Vollstreckungstitel.** Sollte die Erstbehörde entgegen der Festsetzung der Widerspruchsbehörde nicht zahlen, was eigentlich nicht vorkommen sollte, muss der Widerspruchsführer mit einer Leistungsklage den festgesetzten Betrag geltend machen. Zahlt der Widerspruchsführer nicht, muss die Erstbehörde einen Leistungsbescheid erlassen und kann diesen nach dem für sie geltenden Verwaltungsvollstreckungsrecht vollstrecken[141].

IV. Rechtsbehelfsbelehrung

Zum Inhalt der Rechtsbehelfsbelehrung vgl. § 58 Rn. 5. Das Fehlen der **37** Rechtsbehelfsbelehrung berührt die Wirksamkeit des Widerspruchsbescheides nicht; es treten lediglich die Folgen des § 58 Abs. 2 ein. Da die Rechtsmittelbelehrung in Absatz 3 zwingend vorgeschrieben ist, gehört sie auch zu dem Bescheid, der dem Widerspruch voll stattgibt, ohne dass ein Dritter beschwert wird[142]. Die Behörde braucht nicht zu prüfen, ob noch eine Beschwer des Widerspruchsführers vorliegt; ebenso, wie für die Kostenentscheidung unerheblich ist, ob tatsächlich erstattungsfähige Kosten entstanden sind. Beim Fehlen der Rechtsbehelfsbelehrung geht die Behörde das Risiko ein, dass der entgegen ihrer Auffassung beschwerte Widerspruchsführer noch innerhalb eines Jahres klagen kann.

V. Zustellung

Der **Widerspruchsbescheid muss,** auch wenn er verkündet oder mündlich **38** eröffnet wird, **zugestellt werden** (Absatz 3 S. 1; § 56 Abs. 1). Die Zustellung erfolgt gemäß Absatz 3 S. 2 jedenfalls nach dem VwZG[143] (Anh. 1, 2), auch wenn durch Länderbehörden zugestellt wird[144]. Die **Zustellung** des Widerspruchsbescheides **setzt die Klagefrist in Lauf** (§ 74). Zustellungsfehler führen zu der gesetzlichen Fiktion der Zustellung in dem Zeitpunkt, in dem der Adressat den Widerspruchsbescheid tatsächlich erhalten hat (§ 9 VwZG). Solange diese nicht erfolgt ist, läuft keine Klagefrist, die Klage bleibt unbefristet möglich und kann nur nach Treu und Glauben, insbesondere durch **Verwirkung**[145] beschränkt werden[146]. Während zum Teil der Mangel als geheilt angesehen wird, wenn Klage ohne Rüge des Mangels erhoben wird[147],

---

139 Knack § 80 Rn. 8.2.1, Kopp/Ramsauer § 80 Rn. 61.
140 Pietzner BayVBl. 1979, 107.
141 Vgl. Knack § 80 Rn. 8.2.2.
142 Ebenso Schoch/Dolde Rn. 69; Kopp/Schenke Rn. 20; a.A. Eyermann/Rennert Rn. 21.
143 § 73 Abs. 3 S. 2 wurde eingefügt durch Art. 2 Nr. 18 des Zustellungsreformgesetzes vom 25.6.2001 (BGBl. I, 1206); die bisherige Rspr. wurde ausdrücklich normiert, vgl. BVerwGE 39, 257; NJW 1980, 1482.
144 So bereits zur früheren Rechtslage BVerwG MDR 1973, 522.
145 Vgl. Hamburg GewA 1992, 300.
146 Vgl. Schoch/Dolde Rn. 74.
147 Münster NVwZ 1995, 395 zur Bekanntgabe durch Fax.

erscheint es zutreffender nur von dem Verlust des Rügerechts zu sprechen[148]. Bei Vertretung durch einen Bevollmächtigten oder Rechtsanwalt ist, wenn schriftliche Vollmacht vorliegt, stets diesem zuzustellen (§ 8 Abs. 1 VwZG). Die im WpflG vorgesehenen Bescheide sind auch dann, wenn sie auf Antrag oder auf ein Rechtsmittel des gesetzlichen Vertreters ergehen, dem Wehrpflichtigen zuzustellen[149]. Mit wirksamer Zustellung ist das Widerspruchsverfahren abgeschlossen[150]; grundsätzlich hat danach die Widerspruchsbehörde keine Befugnis mehr, den Bescheid zu ändern[151].

VI. Wirkung

39   Der Widerspruchsbescheid **modifiziert den ursprüglichen VA.** An die Stelle dieses VA tritt ein durch den Widerspruchsbescheid gestalteter VA (§ 79 Abs. 1 Nr. 1). Hebt der Widerspruchsbescheid den ursprünglichen VA auf, tritt er an seine Stelle. Bestätigt er ihn ganz oder teilweise, so sind Tenor und Begründung des Widerspruchsbescheides für die endgültige Gestaltung des VA maßgeblich. Sie werden durch die Fassung und Begründung des ursprünglichen VA ergänzt, soweit diese nicht von dem Widerspruchsbescheid abweichen. Der Widerspruchsbescheid **bindet die erste Behörde,** auch wenn sie die in ihm geäußerte Auffassung für unrichtig hält[152]; sie kann bei unveränderter Sach- und Rechtslage einen dem Widerspruchsbescheid widersprechenden VA nicht erlassen. Dies führt etwa dazu, dass die nochmalige Nacherhebung einer Erschließungsbeitragsforderung durch eine Gemeinde, nachdem die erste Nacherhebung auf Widerspruch des Abgabepflichtigen durch Widerspruchsbescheid aufgehoben wurde, unter dem Gesichtspunkt des Vertrauensschutzes grundsätzlich den für die Rücknahme und den Widerruf begünstigender VA bestehenden Einschränkungen unterliegt, wenn die Gemeinde den Widerspruchsbescheid hat bestandskräftig werden lassen; dies gilt trotz der generellen Verpflichtung zur Ausschöpfung der Abgaben[153]. Der Widerspruchsbescheid **bindet** jedoch **auch die Widerspruchsbehörde** selbst; sie kann die von ihr getroffene Entscheidung nicht mehr ohne Einwilligung der Beteiligten abändern[154]. Die Berichtigung der in § 42 VwVfG genannten Fehler bleibt davon jedoch unberührt. Abzulehnen ist die Auffassung, wonach der Widerspruchsbescheid im Kostenpunkt von der Widerspruchsbehörde geändert werden kann[155]. Liegen die Voraussetzungen für den Widerruf oder die Rücknahme eines VA vor, entfällt die Bindung (vgl. § 42 Rn. 96); hebt die Erstbehörde den VA auf, fällt der Widerspruchsbescheid weg[156].

---

148 Stelkens/Stelkens § 41 Rn. 15.
149 BVerwGE 39, 216.
150 BVerwGE 55, 299.
151 Vgl. BVerwGE 39, 128 für Musterungsverfahren; NJW 1980, 1480 für Kriegsdienstverweigerungsverfahren.
152 BGH MDR 1956, 410.
153 München BayVBl. 1999, 150; ähnlich Münster NVwZ-RR 2003, 327.
154 BVerwGE 10, 183; 15, 259; 27, 78 zum LAG; vgl. auch BVerwGE 39, 128: Rücknahme des Widerspruchsbescheids der Musterungskammer unzulässig; ferner Uhle NVwZ 2003, 811.
155 So Koblenz DÖV 1970, 352.
156 Schoch/Dolde Rn. 50.

§ 74   [Klagefrist]

(1) Die Anfechtungsklage muss innerhalb eines Monats nach Zustellung des Widerspruchsbescheids erhoben werden. Ist nach § 68 ein Widerspruchsbescheid nicht erforderlich, so muss die Klage innerhalb eines Monats nach Bekanntgabe des Verwaltungsakts erhoben werden.

(2) Für die Verpflichtungsklage gilt Absatz 1 entsprechend, wenn der Antrag auf Vornahme des Verwaltungsakts abgelehnt worden ist.

I. Frist

Die Frist zur Erhebung der **Anfechtungsklage** beträgt, unabhängig davon, **1** welches Gericht (VG, OVG, BVerwG) **in erster Instanz** zuständig ist, **einen Monat.** Diese Regelung gilt nach Absatz 2 auch für die Vornahmeklage (zum Begriff vgl. § 42 Rn. 7), sowie für Leistungs- und Feststellungsklagen der Beamten aus dem Beamtenverhältnis nach § 126 Abs. 3 BRRG (zum Anwendungsbereich vgl. § 40 Rn. 32). Alle anderen Klagen sind nicht fristgebunden; dies gilt auch für die Feststellungsklage nach Erledigung des VA[1], vgl. § 113 Rn. 32, 35. Zur Klage bei Untätigkeit der Behörde vgl. § 75 Rn. 2. Landesgesetzlich kann eine Abweichung von dieser Bestimmung nicht getroffen werden[2]; bundesgesetzliche Abweichungen können, soweit es sich nicht um Vorschriften handelt, die von der VwGO ausdrücklich aufrechterhalten werden, nur in nachfolgenden Gesetzen erfolgen[3]. Abweichende Klagefristen bestehen:
1. drei Monate nach § 26 Abs. 4 BWGöD,
2. zwei Wochen, bzw. eine Woche nach § 74 Abs. 1 AsylVfG (vgl. Anm. 1b).

Die abweichende Klagefrist im FlurbereinigungsG ist durch die Aufhebung des § 142 Abs. 1 FlurbG im Gesetz vom 23.8.1994 (BGBl. I S. 2187) entfallen. Zur Aufhebungsklage gegen einen Schiedsspruch vgl. § 40 Rn. 79a.

Für den **Antrag auf Nachprüfung durch das Gericht,** der nach § 37 G **zur Regelung offener Vermögensfragen** in den neuen Bundesländern gegen den Widerspruchsbescheid gegeben ist, nennt diese Vorschrift keine Frist. Nach § 36 Abs. 3 des Gesetzes muss der Widerspruchsbescheid eine Rechtsmittelbelehrung enthalten, an die nach § 58 Abs. 1 der Beginn des Laufs der Rechtsmittelfrist, hier der Klagefrist, und das Unanfechtbarwerden des VA gebunden ist. Da auch für das weitere gerichtliche Verfahren die VwGO gilt (vgl. § 40 Rn. 45b), und das VermögensG in § 3 Abs. 8, § 3a Abs. 4 und § 6a Abs. 2 die Klage als Anfechtungsklage bezeichnet, muss für den Antrag auf Nachprüfung § 74 mit der Folge Anwendung finden, dass der **Antrag innerhalb eines Monats seit Zustellung des Widerspruchsbescheides,** bzw. des VA des Landesamtes (vgl. § 68 Rn. 10) bei dem Gericht zu stellen ist, ohne eine entsprechende Rechtsbehelfsbelehrung innerhalb der Jahresfrist des § 58 Abs. 2. **1a**

Nach § 74 Abs. 1 AsylVfG beträgt die Frist für Klagen gegen Entscheidungen **1b** nach diesem Gesetz **zwei Wochen** nach Zustellung der Entscheidung; soweit nach dem AsylVfG (§ 36 Abs. 3 S. 1) der Antrag nach § 80 Abs. 5 (vgl. § 80

---

1   BVerwGE 109, 203; VG Neustadt a.d.W. NVwZ-RR 2003, 277.
2   BVerfGE 21, 106, vgl. auch Koblenz AS 9, 326; v. Oertzen DVBl. 1961, 653.
3   BVerwGE 25, 248.

Rn. 55a) innerhalb einer Woche zu stellen ist, verkürzt sich auch die Klagefrist auf **eine Woche**. Darüber hinaus sieht § 74 Abs. 2 S. 1 AsylVfG vor, dass der Kläger die **zur Begründung dienenden Tatsachen und Beweismittel** binnen einer **Frist von einem Monat** seit Zustellung der Entscheidung (nicht der Erhebung der Klage!) anzugeben hat; für diese Frist gilt § 87b Abs. 3 entsprechend. Daraus folgt, dass es sich bei ihr nicht um eine der für die Begründung der Revision (vgl. § 139 Rn. 7) oder der Nichtzulassungsbeschwerde (vgl. § 133 Rn. 5) vergleichbare gesetzliche Frist im Sinne einer Klagebegründungsfrist handelt. Die Frist stellt vielmehr eine **unechte Begründungsfrist** dar, die Rechtsfolge bei Fristüberschreitung ist eine Ermessensentscheidung des Gerichts nach § 87b Abs. 3 (vgl. dort Rn. 8); bei genügender Entschuldigung einer Verspätung entfällt die Voraussetzung für die Zurückweisung von Tatsachen und Beweismitteln (§ 87b Abs. 3 Nr. 2), daher auch keine Wiedereinsetzung bei Fristversäumung, wohl aber dürfte Fristverlängerung möglich sein. Über die Verpflichtung nach § 74 Abs. 2 S. 1 AsylVfG und die Folgen der Fristversäumung ist der Kläger schriftlich zu belehren. Bei fehlender Belehrung ist eine Zurückweisung unzulässig. Die zutreffende Belehrung über die Klagefrist wird durch das Fehlen oder die Unrichtigkeit einer Belehrung über die Verpflichtung nach § 74 Abs. 2 S. 1 AsylVfG nicht unrichtig (vgl. BVerwGE 50, 250), das Fehlen oder ein Fehler in der Belehrung über die Verpflichtung kann vom Gericht durch Fristsetzung und Belehrung nach § 87b nachgeholt werden. Das Vorbringen neuer Tatsachen und Beweismittel bleibt von der Regelung unberührt (§ 74 Abs. 2 S. 4 AsylVfG).

1c   Nach **§ 5 Abs. 3 Verkehrswegeplanungs-BeschleunigungsG** (zum Geltungsbereich vgl. § 50 Rn. 8) hat der Kläger innerhalb einer **Frist von sechs Wochen** die **Tatsachen,** durch deren Berücksichtigung oder Nichtberücksichtigung im Verwaltungsverfahren er sich beschwert fühlt, **anzugeben**. Auch für diese Frist gilt § 87b Abs. 3 entsprechend. Zur Bedeutung dieser **unechten Begründungsfrist** vgl. Rn. 1b. Die Verpflichtung zur Belehrung über die Frist und die Folgen der Fristversäumung ergibt sich hier unmittelbar aus § 87b Abs. 3 Nr. 3. Das Gesetz sagt nichts über den Beginn der Frist bei Anfechtungs- und Verpflichtungsklagen. Da bei Anknüpfung an die Zustellung des VA die Frist für die Erhebung der Anfechtungsklage um weniger als zwei Wochen überschritten wäre, ist auch hier, wie bei allen anderen Klagen, auf den Zeitpunkt der Klageerhebung abzustellen.

1d   Mit dem PlanungsvereinfachungsG vom 17.12.1993 (BGBl. I S. 2123) ist eine **unechte Begründungsfrist** durch gleich lautende Vorschriften auch **in die planungsrelevanten Gesetze im Geschäftsbereich des BM für Verkehr** eingeführt worden (§ 17 Abs. 6b FStrG; § 19 Allg. EisenbahnG). Danach sind **die zur Begründung** der Klage **dienenden Tatsachen und Beweismittel** innerhalb einer **Frist von sechs Wochen** anzugeben; § 87b Abs. 3 findet auch hier entsprechende Anwendung. Zur Bedeutung der Frist, zum Fristbeginn, zur Fristverlängerung vgl. Rn. 1b. Da die Regelung allgemein, d.h. auch bei erstinstanzlicher Zuständigkeit des VG, gilt, ist in ihr für das Berufungsverfahren auch § 128a für entsprechend anwendbar erklärt (vgl. die Kommentierung zu § 128a).

II. Fristbeginn

2   Die Frist beginnt **mit der Zustellung des Widerspruchsbescheides,** soweit die Klagen ohne Vorverfahren zulässig sind, **mit der Bekanntgabe** (vgl. § 70 Rn. 2) **des VA**. Ist der Betroffene **im Vorverfahren durch einen Bevollmäch-**

tigten vertreten, beginnt die Frist mit der Zustellung an den Bevollmächtigten zu laufen. Die Bekanntgabe eines VA durch die oberste Landesbehörde an den Adressaten genügt auch dann für seine Wirksamkeit und setzt die Klagefrist nach § 74 Abs. 1 S. 2 in Lauf, wenn **für das Verwaltungsverfahren ein Bevollmächtigter bestellt** war[4]. Wird der Bescheid mehreren Personen zugestellt oder bekannt gemacht, läuft die Klagefrist für jeden gesondert (vgl. im Übrigen § 70 Rn. 2). Die **Übermittlung** eines Widerspruchsbescheids **mit Empfangsbestätigung per Telefax** setzt als ordnungsgemäße Zustellung die Klagefrist nur dann in Gang, wenn die damit von der Behörde gewollte Zustellung des Widerspruchsbescheids vom Empfänger auch zweifelsfrei als solche erkannt werden kann. Unklarheiten über die Zustellung des Widerspruchsbescheids gehen zu Lasten der Behörde[5]. Die Zustellung ist auch erforderlich, um die Frist für eine Aufsichtsklage (vgl. § 42 Rn. 22) in Lauf zu setzen[6]. Auf den Zeitpunkt der Verwaltungsentscheidung kommt es für den Fristbeginn nicht an, die Klagefrist beginnt daher auch zu laufen, wenn der Bescheid erst nach Ablauf der Verwirkung des Klagerechts aus § 75 ergeht[7] (§ 75 Rn. 14). Eine nochmalige förmliche Zustellung desselben Widerspruchsbescheides eröffnet nach Fristablauf der Klagefrist keine neue Klagemöglichkeit[8]. Die Klagefrist wird nur einmal ausgelöst durch die Zustellung des ersten auf einen Widerspruch gegen den Ausgangsbescheid hin ergehenden Widerspruchsbescheides in dem Umfange, in dem der Ausgangsbescheid widerspruchsbefangen ist[9]. Fehler bei der Zustellung des Widerspruchsbescheids führen dazu, dass der Widerspruchsbescheid als in dem Zeitpunkt zugestellt gilt, in dem der Empfangsberechtigte ihn nachweislich erhalten hat (§ 9 VwZG).
Voraussetzung dafür, dass die Klagefrist überhaupt zu laufen beginnt, ist, dass eine schriftliche Rechtsbehelfsbelehrung erfolgte[10] (§ 58 Abs. 1; im Übrigen § 73 Rn. 38). Zur Belehrung über den Vertretungszwang nach § 67 Abs. 1, wenn die Anfechtungsklage in 1. Instanz vor dem OVG oder dem BVerwG zu erheben ist, vgl. § 58 Rn. 9. Bei unrichtiger oder fehlender Rechtsbehelfsbelehrung gilt die Jahresfrist des § 58 Abs. 2, deren Lauf aber, wo sie vorgeschrieben ist, ebenfalls die Zustellung voraussetzt[11]. Zur Fristberechnung vergleiche § 57 Rn. 6 ff.

Beim **Tod des Widerspruchsführers** findet die Regelung des § 239 Abs. 1   **2a** ZPO jedenfalls insoweit Anwendung, als die Klagefrist des § 74 endet bzw. nicht zu laufen beginnt, sofern kein Prozessbevollmächtigter bestellt ist[12].

---

4   BVerwGE 105, 288.
5   Hamburg NJW 1997, 2616.
6   Koblenz AS 9, 326 durch Neufassung des § 17 AG RhPf. überholt.
7   Vgl. BVerwGE 1, 55; München VGH n.F. 1, 139.
8   BVerwGE 58, 100.
9   OVG Münster ZMR 2002, 312.
10   Vgl. BVerwG NJW 1991, 508: Belehrung nicht unrichtig, wenn darin »seit Bekanntgabe« an Stelle von »seit Zustellung« gesagt wird. Aber im umgekehrten Fall Belehrung unrichtig, wenn es in ihr bei lediglich bekannt gemachter Plangenehmigung heißt, dass innerhalb eines Monats »nach ihrer Zustellung« Klage erhoben werden könne; so Mannheim NVwZ-RR 2003, 461.
11   Vgl. Mannheim DÖV 1976, 68.
12   BVerwG NVwZ 2001, 319.

III. Fristwahrung

3 Die Klagefrist kann **nur durch die Erhebung der Klage** gewahrt werden, eine Dienstaufsichtsbeschwerde hindert den Ablauf der Frist nicht[13]. Klageerhebung erfolgt durch Einreichung einer Klageschrift oder Erklärung zu Protokoll grundsätzlich bei dem sachlich und örtlich zuständigen Gericht (vgl. zur Form: § 81, zum Inhalt: § 82). Die Anfechtungsklage muss als die das gerichtliche Verfahren einleitende Prozesshandlung bedingungs- und vorbehaltlos erklärt werden[14] (vgl. § 82 Rn. 12); eine unrichtige Bezeichnung der Klage ist unschädlich, wenn aus dem an das VG gerichteten Schriftsatz im Wege der Auslegung hinreichend der Wille zu entnehmen ist, gerichtlichen Rechtsschutz gegen einen bezeichneten angegriffenen VA in Anspruch zu nehmen[15]. Der Eingang der Klage beim VG statt bei der in der Rechtsmittelbelehrung bezeichneten auswärtigen Kammer wahrt die Frist[16]. Die Klagefrist ist auch gewahrt, wenn nach Einlegung bei dem sachlich oder örtlich unzuständigen Gericht[17] oder bei dem Gericht eines anderen Gerichtszweiges an das zuständige Gericht verwiesen wird, wobei es unerheblich ist, ob die Verweisung während oder nach Ablauf der Klagefrist erfolgt (vgl. Anh. zu § 41 Rn. 19).

3a Wird innerhalb der Klagefrist der VA zulässigerweise nur teilweise angefochten, hat das BVerwG (E 40, 25) die nach Fristablauf erfolgte **Erweiterung der Klage** auf den ganzen VA für unzulässig gehalten[18] (vgl. aber § 91 Rn. 26). Die Einbeziehung eines Bescheides in einen anhängigen Rechtsstreit im Wege der Klageänderung entbindet nicht generell von der Einhaltung der Klagefrist; dies gilt jedenfalls für die Einbeziehung eines Verpflichtungsbegehrens, das sich tatsächlich und rechtlich grundlegend von dem ursprünglich geltend gemachten Anspruch unterscheidet[19].

3b Bei **notwendiger Streitgenossenschaft** (vgl. § 64 Rn. 1) wahrt die fristgerechte Klageerhebung eines Streitgenossen die Klagefrist auch für die anderen[20], bei einfacher Streitgenossenschaft ist die fristgerechte Klageerhebung jedes einzelnen Streitgenossen maßgeblich[21].

4 Die **Frist** wird **nicht gewahrt** durch Klageerhebung bei der Behörde des ursprünglichen VA oder der Widerspruchsbehörde[22]. Auch die Einlegung des Widerspruchs in den Fällen, in denen kein Vorverfahren erforderlich ist, wahrt die Klagefrist nicht[23]. Die Klagefrist wird nicht gewahrt, wenn eine an das zuständige Gericht adressierte Klageschrift bei einem örtlich unzuständigen Gericht eingereicht wird[24]. Auch die Einreichung eines Gesuchs auf Pro-

13   Hamburg MDR 1950, 440; Münster ZMR 1952, 116.
14   BVerwGE 59, 302.
15   BVerwG NJW 1991, 508 für »Widerspruch« beim VG.
16   BVerwG NJW 1959, 2134.
17   Vgl. Koblenz NVwZ-RR 1996, 181: selbst, wenn diese entgegen zutreffender Rechtsbehelfsbelehrung erfolgt.
18   So auch Eyermann/Rennert Rn. 11; differenzierend Kopp/Schenke Rn. 7.
19   BVerwGE 105, 288.
20   BVerwG Buchh. 310 § 173 Anh. § 62 ZPO Nr. 1.
21   BVerwGE 95, 155.
22   BVerwGE 55, 61, auch Wiedereinsetzung ablehnend; insoweit a.A. BSG-GS-E 36, 249, das Wiedereinsetzung bejaht, wenn Behörde pflichtwidrig nicht weiterleitet.
23   A.A. BSG DÖV 1974, 430: Umdeutung in Klage.
24   Münster DVBl. 1996, 117 für Übermittlung durch Telefax.

zesskostenhilfe ist zur Einhaltung der Klagefrist nicht ausreichend[25], doch kann bei nachträglicher Bewilligung der Prozesskostenhilfe Wiedereinsetzung gewährt werden (vgl. § 60 Rn. 1, 9; § 166 Rn. 5).

IV. Fristversäumung

Die **Klagefrist ist eine gesetzliche Frist** (vgl. § 57 Rn. 1), die nicht verlängert **5** werden kann. Bei unverschuldeter Fristversäumung ist **Wiedereinsetzung** durch das Gericht nach § 60 möglich (vgl. die Rn. 2 ff. zu § 60). Wiedereinsetzung wird nicht gewährt, wenn der Kläger trotz zutreffender Rechtsmittelbelehrung im Widerspruchsbescheid meint, die Verwaltungsbehörde könne die Klagefrist verlängern[26]. Nach Fristablauf wird der VA endgültig. Er ist unanfechtbar und damit formell rechtskräftig (vgl. § 121 Rn. 1). Zur Frage, wieweit damit auch sachlich endgültig entschieden ist, dem VA also Bindungswirkung zukommt, vergleiche § 42 Rn. 91.

Grundsätzlich verbietet es das **Gemeinschaftsrecht** vor einer Harmonisie- **5a** rung von Verfahrensgrundsätzen nicht, einem Bürger, der vor einem nationalen Gericht die Entscheidung einer innerstaatlichen Stelle anficht, den Ablauf der im innerstaatlichen Recht vorgesehenen Fristen entgegenzuhalten[27]. Lediglich ausnahmsweise kann ein Mitgliedstaat, der die Richtlinien nicht ordnungsgemäß in seine innerstaatliche Rechtsordnung umgesetzt hat, durch das Gemeinschaftsrecht gehindert sein, sich auf die nationalen Verfahrensvorschriften über Klagefristen gegenüber einer Klage zu berufen, die ein Einzelner vor den nationalen Gerichten zum Schutz der durch die Richtlinie unmittelbar verliehenen Rechte erhoben hat (sog. »**Emmott'schen Fristenhemmung**«[28]). Dieser Grundsatz bezieht seine Rechtfertigung jedoch aus den besonderen Umständen des Einzelfalles, in dem der Betroffenen durch Ablauf der Klagefrist jegliche Möglichkeit genommen war, ihren Anspruch auf Gleichbehandlung geltend zu machen, und ist dementsprechend auf vergleichbare Fallgestaltungen begrenzt. Es ist deshalb einem Mitgliedstaat nicht verwehrt, sich auf eine innerstaatliche Frist zu berufen, sofern diese Frist für die Geltendmachung auf Gemeinschaftsrecht gestützter Ansprüche nicht ungünstiger ist als für die Geltendmachung auf nationales Recht gestützter Ansprüche und die Ausübung durch Gemeinschaftsrecht verliehener Rechte nicht praktisch unmöglich gemacht oder übermäßig erschwert wird[29].

V. Klageverzicht

Die **Klage** ist **unzulässig,** wenn der Kläger wirksam auf sein Klagerecht ver- **6** zichtet hat[30]. Für die verschiedenen Formen, in denen der Verzicht erklärt

---

25　Lüneburg OVGE 1, 227.
26　Mannheim NJW 1973, 385.
27　EuGH Slg. 1976 S. 1989; BVerwG NJW 1978, 508.
28　EuGH Slg. 1991 I S. 4269; krit. hierzu Stadie NVwZ 1994, 435; Schoch/Meissner Rn. 32a.
29　EuGH Slg. 1997 I S. 6783; BVerwG, NVwZ 2000, 193; Koblenz NVwZ 1999, 198; wohl zu weit gehend Berlin Beschl. v. 13.10.1997 – 5 SN 275–97 – n.v.: Grundsätzlich keine derartige Fristenhemmung in Abgabesachen wegen Erfordernis der Rechtssicherheit.
30　Vgl. BVerwGE 19, 159.

werden kann, und die Behandlung im Verwaltungsprozess vgl. § 126 Rn. 11 ff. Vom Verzicht auf das Klagerecht zu unterscheiden ist der Verzicht auf den materiellen Anspruch, der zur Unbegründetheit der Klage führt (vgl. § 86 Rn. 5).

§ 75 [Untätigkeit der Behörde]

Ist über einen Widerspruch oder über einen Antrag auf Vornahme eines Verwaltungsakts ohne zureichenden Grund in angemessener Frist sachlich nicht entschieden worden, so ist die Klage abweichend von § 68 zulässig. Die Klage kann nicht vor Ablauf von drei Monaten seit der Einlegung des Widerspruchs oder seit dem Antrag auf Vornahme des Verwaltungsakts erhoben werden, außer wenn wegen besonderer Umstände des Falles eine kürzere Frist geboten ist. Liegt ein zureichender Grund dafür vor, dass über den Widerspruch noch nicht entschieden oder der beantragte Verwaltungsakt noch nicht erlassen ist, so setzt das Gericht das Verfahren bis zum Ablauf einer von ihm bestimmten Frist, die verlängert werden kann, aus. Wird dem Widerspruch innerhalb der vom Gericht gesetzten Frist stattgegeben oder der Verwaltungsakt innerhalb dieser Frist erlassen, so ist die Hauptsache für erledigt zu erklären.

I. Allgemeines

1   Demjenigen, der den Erlass eines VA beantragt oder der im Vorverfahren Widerspruch eingelegt hat, stehen **bei Untätigkeit der Behörde zwei Möglichkeiten** offen:
1. Er kann, ohne den Bescheid der Behörde abzuwarten, unter den Voraussetzungen des § 75 Klage erheben;
2. Er kann sich aber auch gedulden und auf einen Bescheid der Behörde warten, den er, falls seinem Begehren nicht entsprochen wird, mit dem Widerspruch bzw. der Anfechtungs- oder Vornahmeklage innerhalb der Monatsfrist des § 70 bzw. § 74 angreifen kann. Der Betroffene nimmt bei diesem Weg allerdings in Kauf, dass er bei weiterem Schweigen der Behörde das Klagerecht aus § 75 verliert (vgl. § 75 Rn. 14 ff.).

II. Anwendungsbereich

2   Der § 75 bezieht sich zunächst auf die **Untätigkeitsklage,** die, stets ohne Vorverfahren (vgl. § 68 Rn. 2), zulässig ist, wenn die Behörde den Antrag auf Erlass eines VA (vgl. § 42 Rn. 6) nicht bescheidet. Die Untätigkeitsklage ist stets zulässig, wo der Erlass eines VA begehrt werden kann, also z.B. auch in Beamtensachen[1], in Lastenausgleichssachen[2], in Streitigkeiten nach dem WehrpflichtG (vgl. § 42 Rn. 80). Auch durch § 37 VermögensG ist die Untätigkeitsklage nicht ausgeschlossen[3]. § 75 eröffnet sodann bei Anfechtungs- und Vornahmeklagen, abweichend von §§ 68, 73, eine Klagemöglichkeit, ohne dass ein Widerspruchsbescheid ergangen ist; diese Klagen behalten jedoch ihren Charakter, werden nicht zur Untätigkeitsklage, was für das weitere Verfahren, insbesondere die Urteilsformel, von Bedeutung ist[4]. Schließlich be-

---

1   Vgl. Krause ZBR 1960, 65; Stich ZBR 1960, 209.
2   BVerwGE 12, 86.
3   BVerwG VIZ 1994, 242; Kreisgericht Leipzig-Stadt VIZ 1992, 201; Aufgabe der modifiziert abweichenden Meinung.
4   Vgl. Bettermann NJW 1960, 1088; a.A. Klinger S. 373.

zieht sich § 75 auch noch auf die Leistungs- und Feststellungsklagen des Beamten aus dem Beamtenverhältnis (§ 126 BRRG).

Die **Untätigkeitsklage** kann sich **nicht auf Bescheidung schlechthin** richten, sondern muss den von der Behörde nicht beschiedenen Antrag übernehmen[5]. Unzulässig ist deshalb eine Untätigkeitsklage, mit der im Verwaltungsverfahren zunächst ein uneingeschränkter Anspruch nach Klageänderung mit einem im Verwaltungsverfahren auch nicht sinngemäß gestellten eingeschränkten Antrag verfolgt wird[6]. Fraglich ist, ob in analoger Anwendung des § 75 eine Klage auf Erlass des Widerspruchsbescheides zulässig ist[7]. Bedeutung könnte eine solche Klage haben, um durch eine Verurteilung der Widerspruchsbehörde eine erneute Überprüfung der Zweckmäßigkeit des VA zu erreichen[8]. Zur Zulässigkeit einer Untätigkeitsklage gegen die Widerspruchsbehörde auf Verpflichtung zur Zurückweisung des Widerspruchs des Baunachbarn vgl. Mannheim ESVGH 4, 142; NVwZ 1995, 280.

III. Klagemöglichkeit

1. Voraussetzungen. Die Klage ist zulässig, wenn über den Antrag auf Erlass   **3**
eines VA oder über den Widerspruch ohne zureichenden Grund in angemessener Frist sachlich nicht entschieden worden ist. Sachlich entschieden ist nur, wenn eine Entscheidung zur Hauptsache ergangen ist, also nicht bei Zwischenbescheiden oder gar Sachstandsmitteilungen. Auf die Form, in der eine Entscheidung ergeht, kann es allerdings nicht ankommen, wenn der Inhalt eine abschließende Äußerung der Behörde ergibt. Unerheblich ist, ob die Entscheidung auf formelle oder materielle Gründe gestützt wird[9]. Auch wenn der Widerspruch wegen Versäumung der Widerspruchsfrist zurückgewiesen wird, liegt eine sachliche Entscheidung vor. Bei wiederkehrenden Leistungen, die zeitabschnittsweise gewährt werden, ist Streitgegenstand der Untätigkeitsklage grundsätzlich nur der vor Klageerhebung liegende Zeitraum[10]; dieser Zeitraum wird nicht durch weiteren Zeitablauf während des verwaltungsgerichtlichen Verfahrens sukzessive erweitert[11]; weitere Zeiträume können jedoch durch Klageerweiterung einbezogen werden, sofern die Voraussetzungen des § 91 vorliegen[12]. Wo die Behörde Leistungen von Amts wegen zu erbringen hat, ist die Untätigkeitsklage nur zulässig, wenn gleichwohl vorher ein Antrag gestellt und nicht beschieden wurde[13]. Entscheidet die Widerspruchsbehörde ohne zureichenden Grund nicht über einen gegen eine Genehmigung eingelegten **Drittwiderspruch**, kann ausnahmsweise der durch die Genehmigung Begünstigte Verpflichtungsklage in Form der **Untätigkeitsklage** gerichtet **auf Zurückweisung des Widerspruchs** erheben[14].

---

5   Koblenz NJW 1967, 2329; Mannheim NJW 1970, 1143; München VGH n.F. 27, 48, BayVBl. 1976, 241; Münster DÖV 1974, 97; offen lassend Kassel NJW 1974, 1721.
6   Vgl. Münster NVwZ 2001, 1423.
7   Bejahend Bettermann NJW 1960, 1088; Kopp/Schenke Rn. 5; einschränkend Schoch/Dolde Rn. 2: nur bei Ermessensentscheidungen.
8   Vgl. ablehnend BVerwG VRspr. 15, 367; bejahend Schenke DÖV 1996, 529; von Schledorn NVwZ 1995, 250.
9   Vgl. Eyermann/Rennert Rn. 6.
10   Vgl. Mannheim VBlBW 1996, 150; Münster NVwZ-RR 1995, 178, beide zu Sozialhilfeleistungen.
11   BVerwGE 66, 342.
12   Vgl. Mannheim VBlBW 1996, 150.
13   BVerwGE 99, 158; vgl. auch Buchh. 436.0 § 39 BSHG Nr. 5.
14   Mannheim VBlBW 1994, 349; VG Arnsberg NWVBl. 1999, 111.

4 **Ohne zureichenden Grund** ist nicht entschieden, wenn nach dem Sachstand und der Geschäftsbelastung der Behörde eine Entscheidung hätte ergehen müssen. Wenn die Sache entscheidungsreif ist, darf eine Entscheidung nicht hinausgezögert werden[15]. Wenn die allgemeine Geschäftsbelastung der Behörde, etwa bei Gesetzesänderungen auf dem Gebiet der Versorgung oder des Lastenausgleichs[16], die Entscheidung verzögert, liegt ein zureichender Grund für das Ausbleiben der Entscheidung vor[17]; regelmäßig aber nicht bei Krankheitsfällen oder Urlaub, bei denen innerbehördlich für Ausgleich zu sorgen ist; ebenso wenig bei genereller Arbeitsüberlastung[18]. Die Anhängigkeit eines Verfahrens oder Beschwerdeverfahrens nach § 80 Abs. 5 VwGO bietet keinen zureichenden Grund für die Nichtentscheidung der Behörde[19]. Dass die gleiche Rechtsfrage in einem anhangigen Rechtsstreit zur Entscheidung steht (Musterprozess) oder dem BVerfG zur Entscheidung vorliegt, kann nicht als zureichender Grund für das Schweigen der Behörde angesehen werden, ebenso wenig, dass Richtlinien zur Handhabung gesetzlicher Vorschriften erwartet werden, auch nicht eine Weisung der obersten Landesplanungsbehörde im immissionsschutz- oder baurechtlichen Genehmigungsverfahren[20]; in diesen Fällen kann auf eine alsbaldige Entscheidung nur verzichtet werden, wenn der Betroffene damit einverstanden ist. Ohne zureichenden Grund nicht entschieden hat die Behörde auch, wenn sie eine Entscheidung mit der Begründung ablehnt, ein Vorverfahren sei nicht erforderlich[21].

5 **In angemessener Frist** ist nicht entschieden, wenn eine Abwägung der vom Kläger behaupteten Dringlichkeit an einer Entscheidung mit der einer Behörde unter Berücksichtigung der Geschäftslage und des Schwierigkeitsgrades des Sachverhaltes und der Rechtsfindung zuzubilligenden Bearbeitungsdauer ergibt, dass eine Entscheidung hätte ergehen müssen (vgl. auch Rn. 6). Es kommt hierbei, wie sich auch aus § 161 Abs. 3 ergibt, auf die für den Kläger erkennbare Sachlage an, da es ein widersprechendes Ergebnis wäre, wenn aus dem gleichen Grund, der die Unzulässigkeit der Klage ergibt, die Kosten der beklagten Behörde auferlegt würden[22]. Der Kläger ist nicht gehalten, vor Klageerhebung nach dem Sachstand zu fragen, ebenso reicht ein Zwischenbescheid, der keine weitere Begründung enthält, nicht aus, einen längeren Zeitraum als angemessen zu rechtfertigen. Das Einholen einer Weisung oder Auskunft bei der Aufsichtsbehörde geht bei der Fristberechnung ebenso zu Lasten der entscheidenden Behörde wie die verspätete Vorlage durch die Behörde des ursprünglichen VA im Vorverfahren (vgl. § 72 Rn. 4), auch die Verzögerung bei der Einholung des Gutachtens einer anderen Behörde[23].

5a Unter dem Gesichtspunkt der Verfahrensbeschleunigung ist durch das G. v. 9.10.1996 (BGBl. I S. 1498) **mit § 14a BImSchG** eine »**Vereinfachte Klageerhebung**« eingeführt worden, die **für den Bereich dieses Gesetzes** vorsieht, dass der Antragsteller Klage erheben kann, wenn über seinen Widerspruch

---

15   Vgl. Saarlouis AS 7, 138; aber VG Berlin NVwZ-RR 2002, 310: Mangelnde Entscheidungsreife bei Fehlen von Unterlagen.
16   Vgl. Lüneburg NJW 1964, 1637
17   Vgl. auch BVerwGE 42, 108: Umzug, organisatorische Änderungen.
18   Vgl. Hamburg NJW 1990, 1379; VG Meiningen LKV 1998, 38; VG Bremen NVwZ-RR 1997, 768.
19   Vgl. München BayVBl. 1995, 155.
20   München DVBl. 1990, 783.
21   Vgl. BVerwGE 37, 87; 39, 261; vgl. im Einzelnen auch Schoch/Dolde Rn. 8.
22   A.A. Kopp/Schenke Rn. 12; Eyermann/Rennert Rn. 9.
23   Vgl. VG Darmstadt NJW 1959, 1002.

nach Ablauf von drei Monaten seit der Einlegung nicht entschieden ist, es sei denn, dass wegen besonderer Umstände des Falles eine kürzere Frist geboten ist. Im Gegensatz zur Untätigkeitsklage in § 75 soll damit ausgeschlossen werden, dass eine längere als die Dreimonatsfrist für die Behörde als angemessene Frist angesehen wird (vgl. Rn. 5); ausgeschlossen werden soll damit auch die Möglichkeit, dass das Gericht aussetzt und der Behörde eine Frist zur Entscheidung setzt (vgl. Rn. 9). Zur kürzeren Frist vgl. Rn. 6. Die Regelung gilt **nur für den Widerspruch**. Beim Schweigen der Behörde auf den Antrag findet weiterhin § 75 Anwendung. Sie gilt **nur für den Antragsteller**; auch auf den Widerspruch des Dritten findet daher weiterhin § 75 Anwendung. Das Gleiche gilt für den Widerspruch gegen den Widerruf einer Genehmigung nach dem BImSchG. Ob insgesamt der Gesichtspunkt der Beschleunigung eine prozessuale Regelung außerhalb der VwGO und ihrer Systematik rechtfertigt, muss bezweifelt werden. Die Bedenken, die der Bundesrat mit überzeugender Begründung gegen den im Regierungsentwurf enthaltenen Ausschluss des Vorverfahrens allein für den Antragsteller erhoben hat (vgl. Drs. 13/3996 S. 13) bestehen auch gegenüber der Gesetz gewordenen Fassung.

2. Sperrfrist. Die Klage kann nicht vor Ablauf von **drei Monaten** seit Einle-   **6** gung des Widerspruchs oder des Antrags auf Erlass eines VA erhoben werden; es sei denn, wegen besonderer Umstände des Falles ist eine **kürzere Frist** geboten. Dass eine Entscheidung früher möglich ist, reicht zur Fristverkürzung nicht aus. Geboten kann eine frühere Entscheidung vor allem aus Gründen in der Person des Klägers sein (z.B. Fürsorgebedürftigkeit, drohende materielle Nachteile, Auswanderung, Einberufung zum Wehrdienst[24] etc.), aber auch aus Gründen der Rechtssicherheit (z.B. grobe Fehlentscheidung unter Verletzung des Gleichheitssatzes). Die Frist ist eine gesetzliche Frist, die sich bei Vorliegen der besonderen Umstände auch kraft Gesetzes verkürzt, durch den Richter kann sie weder verkürzt noch verlängert werden[25].

Mit der Sperrfrist für die Klageerhebung schafft das Gesetz eine weitere Zulässigkeitsvoraussetzung für die Klagemöglichkeit, die sich mit den zunächst genannten Voraussetzungen überschneidet und diese zum Teil suspendiert. Als **angemessene Frist** im Sinne des Satz 1 versteht das Gesetz regelmäßig die Sperrfrist, aber nur für den frühest zulässigen Zeitpunkt der Klageerhebung[26]. Nach Ablauf der Sperrfrist ist die Klage zulässig[27], auch wenn der Behörde als angemessene Frist für ihre Entscheidung eine längere Frist zuzubilligen ist; in diesem Fall ist das Verfahren auszusetzen (S. 3)[28].

IV. Weiteres Verfahren

1. Klageerhebung nach Sperrfrist. Bei der nach Ablauf der Sperrfrist zulässig   **7** erhobenen Klage ist im weiteren Verfahren zu unterscheiden:

a) **Die Behörde erlässt nach Klageerhebung von sich aus einen Bescheid,** ohne dass das Gericht von der Möglichkeit des Satzes 3 Gebrauch gemacht hat. Wird in diesem Bescheid dem **Antrag** oder **Widerspruch** des Klägers **stattgegeben,** kann der Kläger den Rechtsstreit in der Hauptsache für erledigt erklä-

---

24   Vgl. VG Hamburg NJW 1963, 2188.
25   Vgl. Bettermann NJW 1960, 1083; a.A. Koehler S. 553.
26   Vgl. Bettermann NJW 1960, 1083; Eyermann/Rennert Rn. 9.
27   BVerwGE 42, 108.
28   Kopp/Schenke Rn. 8.

ren[29]; die Kosten werden dann nach § 161 Abs. 3 der beklagten Behörde durch Beschluss auferlegt[30]; § 161 Abs. 3 ist als lex specialis gegenüber § 155 Abs. 2 auch im Fall der **Klagerücknahme** nach Erlass des Widerspruchsbescheides anzuwenden[31]. Der Kläger kann aber auch auf den **Feststellungsantrag nach § 113 Abs. 1 S.** 4 übergehen, selbst wenn im Zeitpunkt des erledigenden Ereignisses keine Spruchreife bestand[32], Kostenentscheidung dann nach §§ 154, 155. Widerspricht die Beklagte der Erledigung, wird durch Urteil darüber entschieden, die Kosten werden bei Erledigung nach § 161 Abs. 3 der Beklagten auferlegt[33]. Erklärt nur die Beklagte den Rechtsstreit für erledigt, während der Kläger bei seinen Anträgen bleibt, stellt das Gericht ebenfalls durch Urteil die Erledigung fest, Kosten nach § 154 Abs. 1 beim Kläger. Widersprechen beide Parteien der Erledigung, erklärt das Gericht im Urteil für erledigt, Kostenteilung nach §§ 154, 155. Kreuzt sich die Klageerhebung mit der Zustellung des Bescheides, erfolgt diese aber vor Eingang der Klage bei Gericht, kann der Kläger ebenfalls für erledigt erklären, Kostenentscheidung dann nach § 161 Abs. 2, wobei der Grundgedanke des § 161 Abs. 3 zu berücksichtigen ist.

8 Lehnt die **Behörde** in ihrem Bescheid den **Antrag auf Erlass des VA ab,** wird die Klage fortgeführt, ohne dass ein Vorverfahren durchgeführt zu werden braucht[34]. Wird in dem Bescheid der Widerspruch zurückgewiesen, läuft das Verfahren unter Einschluss dieses Bescheides als Anfechtungs- bzw. Vornahmeklage weiter[35]. Werden die Gründe für die Ablehnung seines Antrages oder Widerspruches vom Kläger anerkannt, kann er die Klage auf die Kosten beschränken, die dann, unter Berücksichtigung des dem § 161 Abs. 3 zu Grunde liegenden Gedankens, der Beklagten aufzuerlegen sind[36] (§ 161 Rn. 11; auch § 73 Rn. 23).

9 b) **Es ergeht nach Klageerhebung kein Bescheid.** Hier hat das Gericht, wenn die Klage nicht aus anderem Grund als unzulässig oder unbegründet zurückzuweisen ist[37], nach Satz 3 **von Amts wegen das Verfahren auszusetzen, sofern ein zureichender Grund für das Fehlen eines Bescheides vorliegt**[38]. Auf den zureichenden Grund muss jedoch regelmäßig die beklagte Behörde, auch nach Aufforderung, hinweisen. Der Begriff »zureichender Grund« ist der gleiche wie in Rn. 4. Das **Gericht hat eine bestimmte Frist festzusetzen, in der die Entscheidung nachgeholt werden soll;** bei der Bemessung dieser Frist sind die Interessen der Behörde und des Klägers ebenso gegeneinander abzuwägen wie bei der »angemessenen Frist« des Satz 1 (vgl. Rn. 5). Die Frist kann von Amts wegen oder auf Antrag verlängert werden. Aussetzung und Verlänge-

---

29 Vgl. BVerwG ZLA 1957, 298.
30 Vgl. BVerwG NVwZ 1991, 1182; Koblenz NJW 1971, 1855; Lüneburg NJW 1971, 2278; § 161 Rn. 9.
31 BVerwG NVwZ 1991, 1180; VG Schleswig NJW 1966, 268; Weides/Betrams NVwZ 1988, 673; Schoch/Dolde Rn. 20; Kopp/Schenke Rn. 20; Bader/Funke-Kaiser Rn. 19; a.A. Eyermann/Rennert Rn. 13, 14.
32 BVerwG VBlBW 1998, 376; vgl. auch Bettermann NJW 1960, 1087; Eyermann/Rennert Rn. 13; Schoch/Dolde Rn. 21.
33 A.A. Bettermann NJW 1960, 1087: nach § 154 Abs. 1.
34 Vgl. BVerwGE 66, 342; E 88, 254; Koblenz AS 7, 48; Mannheim NJW 1986, 149; München BayVBl. 1972, 413; Münster OVGE 6, 205; Kopp/Schenke Rn. 21.
35 Vgl. VG Weimar LKV 2003, 40
36 Vgl. Hamburg NJW 1968, 1396.
37 BVerwG NJW 1966, 1043; Bettermann NJW 1960, 1086; Bader/Funke-Kaiser Rn. 13.
38 Vgl. Streiter, Der Betrieb 1967, 1022.

rung oder auch erneute Aussetzung erfolgen durch Beschluss, mit dem gleichzeitig über das Vorliegen eines unzureichenden Grundes für die Verzögerung entschieden wird und der deshalb, soweit vom VG erlassen, mit der Beschwerde anfechtbar ist[39]. Der Antrag eines Beteiligten auf Aussetzung oder Verlängerung der Aussetzung kann durch Beschluss oder erst im Urteil abgelehnt werden; gegen den Beschluss des VG ist Beschwerde nach § 146 Abs. 1 zulässig[40]. **Verneint das Gericht das Vorliegen eines zureichenden Grundes** für das Ausbleiben eines Bescheides und setzt es deshalb nicht aus, nimmt das Verfahren nach den allgemeinen Vorschriften seinen Fortgang.

Ergeht nach der Fristsetzung durch das Gericht ein Bescheid, ist zu differen- **10** zieren. Handelt es sich um den Widerspruchsbescheid gilt, unabhängig davon, ob er innerhalb der gesetzten Frist oder danach erlassen wird, das in Rn. 7 und 8 Gesagte. Handelt es sich um den Erlass des VA, hält das BVerwG (E 42, 108) ein Vorverfahren nur dann nicht für erforderlich (vgl. Rn. 8), wenn der VA auch erst nach der gesetzten Frist erlassen wird; bei dem innerhalb der gesetzten Frist erlassenen VA soll ein Widerspruchsbescheid als Abschluss des Vorverfahrens erforderlich sein, der jedoch nicht die Einlegung eines Widerspruchs voraussetzt, da der Kläger mit seiner Klage in dem als Einheit anzusehenden Rechtsbehelfsverfahren eine verfahrensrechtliche Position begründet hat, die die Einlegung des Widerspruchs erübrigt. Diese Entscheidung erscheint gekünstelt und im Hinblick auf die Rechtsprechung des BVerwG zum fehlenden Vorverfahren (vgl. § 68 Rn. 4) unverständlich[41]. Es sollte daher auch hier die Einlassung zur Sache im gerichtlichen Verfahren ausreichen[42], sofern das Gericht der Argumentation des BVerwG folgend, einen Widerspruchsbescheid für erforderlich hält, sollte es erneut aussetzen und die Widerspruchsbehörde, die ja auch eine andere als die erste Behörde und auch als die Beklagte sein kann, mit Fristsetzung zum Erlass des Bescheides auffordern[43].

2. Klageerhebung während der Sperrfrist. Die vor Ablauf der Sperrfrist erho- **11** bene Klage ist unzulässig, im weiteren Verfahren ist zu unterscheiden:

a) Es ergeht nach Klageerhebung kein Bescheid. Die bei Klageerhebung fehlende Zulässigkeit wird durch den Ablauf der Sperrfrist geheilt[44]. Klage ist nunmehr so zu behandeln, als sei sie erst nach Ablauf der Sperrfrist erhoben[45] (vgl. Rn. 9). Das Gericht könnte die Klage auch bereits vor Ablauf der Sperrfrist als unzulässig abweisen; eine solche Abweisung wäre aber unwirtschaftlich, da die Klage nach Ablauf der Sperrfrist erneut erhoben werden kann[46]. Aussetzen nach Satz 3 kann das Gericht jedoch nicht vor Ablauf der Sperrfrist, da die Aussetzung die Bejahung der Zulässigkeit der Klage voraussetzt[47]. Aus einem Tätigwerden des Gerichts, das nicht auf Abweisung wegen

---

39 Vgl. BVerwGE 42, 108; Bettermann NJW 1960, 1086; Eyermann/Rennert Rn. 10 abw. von der Voraufl.
40 Kassel ESVGH 11, 144.
41 Ablehnend auch Ehlers DVBl. 1976, 71; Meyer-Ladewig, SGG § 88 Anm. 12; a.A. Kopp/Schenke Rn. 22, beide für Aussetzen.
42 Wie hier Eyermann/Rennert Rn. 14.
43 Vgl. auch BVerwG E 88, 254.
44 Vgl. BVerwGE 23, 135; Bettermann NJW 1960, 1086; Schoch/Dolde Rn. 6; Kopp/Schenke Rn. 11; Weides/Bertrams NVwZ 1988, 673; a.A. v. Mutius, Widerspruchsverfahren S. 185: Voraussetzungen müssen bei Klageerhebung vorliegen.
45 Hamburg NJW 1962, 833.
46 Vgl. Hamburg NJW 1962, 833.
47 Vgl. aber BVerwGE 23, 135: aus prozesswirtschaftlichen Gründen Aussetzung bis Ende der Sperrfrist zulässig, auch Menger/Erichsen VerwA 58, 79.

Unzulässigkeit gerichtet ist, müsste die Bejahung der Zulässigkeit der Klage, hier das Vorliegen besonderer Umstände des Falles für eine kürzere Frist und damit der Kostenfolge aus § 161 Abs. 3 auch bei Erlass des Bescheides während der dreimonatigen Sperrfrist, gefolgert werden[48].

12 b) **Es ergeht nach Ablauf der Sperrfrist ein Bescheid.** Da die fehlende Zulässigkeit der Klage inzwischen geheilt ist, gelten für das weitere Verfahren Rn. 7 und 8; das BVerwG (E 66, 342) hält auch hier die Durchführung eines Vorverfahrens für erforderlich. Dazu gilt das in Rn. 10 Gesagte. Bei wiederkehrenden Leistungen sollte für die Zulässigkeit der Untätigkeitsklage auf den Antrag abgestellt werden, der für die Behörde Anlass und tatbestandliche Grundlage dafür ist, in ihrem Bescheid für einen gewissen Zeitraum über mehrere z.B. monatliche Leistungen zu entscheiden; das BVerwG (E 66, 342 zur Hilfe für Lebensunterhalt) hat hier dagegen jeden monatlichen Leistungszeitraum für sich betrachtet, was unbefriedigend ist, da damit ein einheitlicher Lebenstatbestand zerschnitten wird[49] (vgl. auch Rn. 3).

13 c) **Es ergeht vor Ablauf der Sperrfrist ein Bescheid.** Wird dem Antrag oder dem Widerspruch des Klägers entsprochen, trägt er die Kosten, ob er nun die Klage zurücknimmt oder die Hauptsache für erledigt erklärt, da § 161 Abs. 3 für diesen Fall nicht gilt. Wird der Widerspruch zurückgewiesen, setzt sich das Verfahren als Anfechtungs- bzw. Vornahmeklage fort. Für § 161 Abs. 3 ist auch dann kein Raum, wenn der Kläger den Gründen des Widerspruchsbescheides folgt und die Klage auf die Kosten beschränkt. Wird der Antrag auf Erlass eines VA zurückgewiesen, muss der Kläger das Vorverfahren, soweit es erforderlich ist, nachholen, da die Klage jetzt keine Untätigkeitsklage mehr ist, sondern eine Vornahmeklage[50]. Eine Klagerücknahme ist nicht erforderlich[51], da das fehlende Vorverfahren in diesem Fall nachholbar ist (vgl. § 68 Rn. 5).

14 Durch das ÄnderungsG vom 24.8.1976 ist mit Wirkung vom 1.1.1977 die bis dahin in § 76 geregelte **Verjährung des Klageanspruchs aus § 75 weggefallen.** Damit ist gesetzlich eine zeitliche Schranke, bis zu der nur die Untätigkeitsklage nach Antragstellung oder Einlegung des Widerspruchs erhoben werden kann, nicht mehr festgelegt. Zeitlich unbegrenzt ist damit aber die Untätigkeitsklage nicht zu erheben, vielmehr wird im Einzelfall zu prüfen sein, inwieweit der Klageberechtigte der Behörde durch sein Verhalten Anlass gegeben hat zu der Annahme, dass er seinen Antrag oder Widerspruch nicht weiter verfolgen will, sodass eine **Verwirkung des Klagerechts** eingetreten ist (vgl. für Verwirkung des Widerspruchsrechts § 70 Rn. 2a, zur Verwirkung allgemein § 58 Rn. 18a). Aus dem Wegfall des § 76 ergeben sich beim Schweigen der Behörde auf einen Antrag und auf einen Widerspruch unterschiedliche Wirkungen.

15 **Erlässt die Behörde auf einen Antrag keinen VA,** setzt sich der Antragsteller der **Gefahr der Verwirkung seines Klagerechts** aus § 75 aus. Als ein in Grundsatz von Treu und Glauben wurzelnder Vorgang der Rechtsvernichtung bedeutet Verwirkung, dass ein Recht nicht mehr ausgeübt werden kann, wenn seit der Möglichkeit der Geltendmachung längere Zeit verstrichen ist

---

48 Vgl. BVerwGE 21, 47; NJW 1960, 1781; E 11, 124 zur Wiedereinsetzung im Vorverfahren durch konkludente Handlung.
49 Vgl. auch BVerwGE 37, 87; 38, 299.
50 BVerwGE 66, 342.
51 A.A. Bettermann NJW 1960, 1083.

und besondere Umstände hinzutreten, die die verspätete Geltendmachung als Verstoß gegen Treu und Glauben erscheinen lassen. Das ist der Fall, wenn erstens der Verpflichtete infolge eines bestimmten Verhaltens des Berechtigten darauf vertrauen durfte, dass dieser das Recht nach so langer Zeit nicht mehr geltend machen würde (Vertrauensgrundlage), zweitens der Verpflichtete tatsächlich darauf vertraut hat, dass das Recht nicht mehr ausgeübt würde (Vertrauenstatbestand) und drittens sich infolge dessen in seinen Vorkehrungen und Maßnahmen so eingerichtet hat, dass ihm durch die verspätete Durchsetzung des Rechtes ein unzumutbarer Nachteil entstehen würde (Vertrauensbestätigung)[52]. Vgl. auch § 58 Rn. 18a.

Für die Berechnung des Zeitraumes, ab wann der Antragsteller mit Verwirkung rechnen muss, ist zwar die relativ starre Jahresgrenze des § 76 gefallen, woraus zum Teil geschlossen wird, dass von einer Verwirkung – vorbehaltlich besonderer Umstände – zumindest nicht vor Ablauf eines Jahres ausgegangen werden könne[53]. Zum Teil soll jedoch vieles dafür sprechen, weiterhin in Anlehnung an § 58 Abs. 2 grundsätzlich die Verwirkung des Klagerechts nach einem Jahr seit Antragstellung anzunehmen[54]. Insoweit lassen sich aber grundsätzlich keine allgemein gültigen Bemessungskriterien angeben; vielmehr **hängt die Dauer dieses Zeitraums entscheidend von den Umständen des jeweiligen Einzelfalles ab**[55]. Die Jahresfristen nach § 58 Abs. 2 und § 60 Abs. 3 können allenfalls einen groben Anhaltspunkt bieten[56], denn die verzögerte Rechtsausübung ist nur dann als treuwidrig zu qualifizieren, wenn die zunächst gezeigte Untätigkeit den anderen Teil zu bestimmten Reaktionen veranlasst hat[57]. Die auf einen Antrag oder Widerspruch hin untätig bleibende Behörde zeigt jedoch keine Reaktion, die als Vertrauensbestätigung zu werten wäre. Die bloße Untätigkeit des Drittbetroffenen nach fristgemäß eingelegtem Widerspruch kann nicht dazu führen, dass er nach Ablauf eines Jahres sein Klagerecht verliert. Auch die für diesen rechtsvernichtenden Einwand tatbestandlich vorausgesetzte Zeitkomponente muss sich deshalb nach oben hin deutlich von der jeweils in Betracht kommenden regelmäßigen Rechtsbehelfsfrist unterscheiden[58]. Eine Verwirkung wird der Erhebung einer Untätigkeitsklage danach nur in Ausnahmefällen entgegenstehen[59]. Vgl. aber zur Fiktion einer Antragsrücknahme § 33 AsylVfG, einer Klagerücknahme § 81 AsylVfG und § 92 Abs. 2 (hierzu § 92 Rn. 9a ff.).

    15a

Der Vorteil des Fortfalls der gesetzlich fixierten Frist liegt jedoch darin, dass in allen Fällen, in denen Antragsteller und Behörde über den Antrag verhandeln, wie etwa bei einem Bauantrag, der Antragsteller nicht mehr zu überlegen braucht, ob er nicht vorsorglich Klage erheben muss; denn solange derartige Verhandlungen laufen, kann eine Verwirkung nicht eintreten.

    15b

---

52   BVerwG NVwZ 1991, 1182; Münster NVwZ-RR 1999, 540; Münster NVwZ 1996, 921.
53   Kopp/Schenke § 76 Rn. 2 abw. von der Voraufl.
54   Vgl. BVerwGE 44, 294; DVBl. 1976, 78; auch Meyer-Ladewig § 88 Anm. 13; ebenso auch noch die Voraufl.
55   BVerwG NVwZ 1991, 1182.
56   Bader/Funke-Kaiser § 74 Rn. 19.
57   Münster NVwZ-RR 1999, 540; Weimar, LKV 2003, 35.
58   BVerwG NVwZ 1991, 1182.
59   Schoch/Dolde Rn. 13; Eyermann/Rennert Rn. 22.

15c   Durch die Verwirkung des Klagerechts wird ein existierender Ausgangsbescheid unanfechtbar; die aufschiebende Wirkung eines etwaigen Widerspruchs entfällt[60].

15d   Auch nach Verwirkung des Klagerechts kann der Antragsteller sein Ziel mit einem neuen Antrag auf Erlass des VA weiter verfolgen; denn die Verwirkung des Klagerechts führt nicht dazu, dass sein erster Antrag als abgelehnt gilt und dass insoweit eine Rechtskraftwirkung eintritt[61]. Zu einer etwaigen Fristwahrung kann sich daher der Antragsteller auch auf den ersten Antrag berufen[62]. Ebenso eröffnet eine Sachentscheidung der Behörde trotz Verwirkung des Klagerechts nach § 75 den Rechtsweg wieder[63].

16   Hat die Behörde den **Antrag auf Erlass eines VA abgelehnt** und ergeht auf den gegen diesen VA eingelegten **Widerspruch kein Widerspruchsbescheid,** ist die Interessenlage grundsätzlich die gleiche, wie bei dem Schweigen der Behörde nach dem Antrag auf Erlass eines VA.

17   **Erlässt die Behörde auf einen Widerspruch gegen einen belastenden VA keinen Widerspruchsbescheid,** ist die Interessenlage ähnlich. Durch den Widerspruch, der nach § 80 Abs. 1 aufschiebende Wirkung hat, ist das Ziel des Widerspruchsführers, dass der VA nicht vollzogen wird, zunächst erreicht. Der Weg der Behörde, ihr mit dem VA angestrebtes Ziel zu erreichen, bleibt allein der Widerspruchsbescheid, zu dessen Erlass sie im Übrigen auch verpflichtet ist[64]. Entscheidungen, die nach § 80 zur Anordnung der sofortigen Vollziehung oder zur Wiederherstellung der aufschiebenden Wirkung ergehen, können für den Widerspruchsführer Anlass zur Klageerhebung, für die Behörde Grund zum Erlass des Widerspruchsbescheides sein, sie berühren jedoch nicht die Grundaussage zur Interessenlage (zum VA mit Drittwirkung siehe § 80a Abs. 2). Soweit der Widerspruch jedoch keine aufschiebende Wirkung hat, gilt sowohl für den belastenden VA wie für den Widerspruch des Dritten das in Rn. 15 Gesagte.

§ 76   [Klageverjährung]

(weggefallen)

§ 77   [Ausschließlichkeit der Regelung des Vorverfahrens]

(1) Alle bundesrechtlichen Vorschriften in anderen Gesetzen über Einspruchs- oder Beschwerdeverfahren sind durch die Vorschriften dieses Abschnitts ersetzt.

(2) Das Gleiche gilt für landesrechtliche Vorschriften über Einspruchs- oder Beschwerdeverfahren als Voraussetzung der verwaltungsgerichtlichen Klage.

---

60   Eyermann/Rennert Rn. 25; Kopp/Schenke Rn. 4; Bader/Funke-Kaiser § 74 Rn. 19; a.A. Schoch/Dolde Rn. 16.
61   Kopp/Schenke Rn. 3.
62   A.A. Bettermann NJW 1960, 1084; Kopp/Schenke Rn. 5; Schoch/Dolde Rn. 18; vgl. aber auch BVerwG DVBl. 1965, 485; Haueisen NJW 1966, 1433.
63   Eyermann/Rennert Rn. 26; Schoch/Dolde Rn. 17.
64   BVerwG DVBl. 1976, 78 insoweit überholt, vgl. allgemein Gierth DÖV 1977, 761; Schenke DÖV 1996, 529.

1. Bundesrechtliche Vorschriften. Die Bestimmung beseitigt, soweit für die   **1**
Anfechtung oder den Antrag auf Erlass eines VA der Verwaltungsrechtsweg
gegeben ist[1], die Zweispurigkeit des Verfahrens. Es gibt als Rechtsbehelf nur
noch den Widerspruch, als Verfahren nur noch das zum verwaltungsgerichtlichen Verfahren führende Vorverfahren[2]. In den Übergangsbestimmungen
waren jedoch aufrechterhalten die Bestimmungen der §§ 336, 337 LAG,
§ 18 KgfEG und § 23 WBO über die Beschwerde sowie der §§ 141, 142
FlurbG über Beschwerde und Einspruch[3]. § 77 gilt für die neuen Bundesländer auch in Bezug auf nach Art. 9 Einigungsvertrag als Bundes- oder Landesrecht fortgeltendes DDR-Recht und verdrängt als lex posterior eine danach
noch vorgesehene Beschwerde[4]. Zur Ergänzung, die die Vorschriften der
VwGO und der AG VwGO durch § 79 VwVfG und die entsprechenden Vorschriften der Verwaltungsverfahrensgesetze der Länder erfahren haben, vgl.
§ 68 Rn. 1.

2. Landesrechtliche Vorschriften. Entsprechend seiner Gesetzgebungskom-   **2**
petenz konnte der Bund die Vereinheitlichung im Bereich des Landesrechts
nur für das Vorverfahren verbindlich machen[5]. Die Zweispurigkeit können
die Länder für Landesrecht nur selbst beseitigen. Sie haben es zum Teil in den
AG zur VwGO getan, so Baden-Württemberg (§ 16 Abs. 1), Bayern (Art. 14
Abs. 1), Berlin (§ 7 Abs. 1 und 2 alt), Bremen (Art. 12 Nr. 7), Hamburg
(§ 6), Rheinland-Pfalz (§ 20) und Schleswig-Holstein in § 310 LVwG.

Wo noch ein **Verwaltungsbeschwerdeverfahren** zulässig ist, kann es das Vor-   **3**
verfahren oder die Klage nicht ausschließen, beide Rechtsbehelfe können daher nebeneinander eingelegt werden[6]. Erhebt der Betroffene Verwaltungsbeschwerde und lässt die Widerspruchsfrist verstreichen, kann darin nur ein
Verzicht auf die Anfechtung des ursprünglichen VA gesehen werden[7]. Die
Möglichkeit einer Umdeutung der Verwaltungsbeschwerde in einen Widerspruch bleibt jedoch unberührt[8]. Jedenfalls ist die Beschwerdeentscheidung
selbst VA und unterliegt daher der Anfechtung im verwaltungsgerichtlichen
Verfahren, soweit erforderlich nach Vorverfahren[9]. Das Vorhandensein eines
landesrechtlichen Verwaltungsbeschwerdeverfahrens kann nicht in der
Weise interpretiert werden, dass Rechtsbehelfen nach der VwGO das Rechtsschutzbedürfnis fehlt, solange nicht von dem Verwaltungsbeschwerdeverfahren Gebrauch gemacht ist; die mit der VwGO bundesrechtlich gewährten
Rechtsschutzmöglichkeiten können auch über das Rechtsschutzbedürfnis
landesrechtlich nicht relativiert werden[10].

Die VwGO enthält keine Ermächtigung für die Länder, über die in ihr enthal-   **4**
tenen Regelungen hinaus ein Vorverfahren als Voraussetzung der verwaltungsgerichtlichen Klage vorzuschreiben. Ihre Regelung ist insoweit ab-

---

1   Vgl. Eyermann/Rennert Rn. 2.
2   Vgl. VG Darmstadt NVwZ-RR 1999, 707; VG Frankfurt a.M. NVwZ-RR 1989,
    490, beide zu § 5 ErstattungsG.
3   Vgl. dazu Korbmacher RdL 1961, 29; Rambeck BayVBl. 1960, 280.
4   KreisG Gera-Stadt DÖV 1991, 562; Kopp/Schenke Rn. 1; Sodan/Brenner Rn. 3.
5   Vgl. Stiefel DÖV 1960, 19; Henke DVBl. 1961, 109.
6   Vgl. Eyermann/Rennert Rn. 5 f.; Kratzer BayVBl. 1960, 171.
7   Vgl. BVerfGE 9, 194; Sodan/Brenner Rn. 8; a.A. Eyermann/Rennert Rn. 6; Bader/
    Funke-Kaiser Rn. 5.
8   VG Darmstadt NVwZ-RR 1999, 707; Sodan/Brenner Rn. 8; Kopp/Schenke Rn. 2.
9   Vgl. Baring JZ 1960, 171; Eyermann/Rennert Rn. 6; Sodan/Brenner Rn. 8; auch
    Menger VerwA 50, 387; a.A. Schoch/Dolde Rn. 8; Bader/Funke-Kaiser Rn. 4.
10 So zu Recht München NVwZ-RR 1995, 529.

schließend. Daher muss auch das in § 37 hess. G über kommunale Gemeinschaftsarbeit v. 16.12.1969 (GVBl. S. 307) vorgesehene **Schlichtungsverfahren** vor Beschreitung des Rechtsweges in Parteistreitigkeiten ähnlich wie das Verwaltungsbeschwerdeverfahren angesehen werden. Es führt zur Zweispurigkeit, mit der Möglichkeit, die Schlichtungsentscheidung der Aufsichtsbehörde als VA anzugreifen, schließt aber die unmittelbare Leistungs- oder Feststellungsklage zwischen den Verbandsangehörigen nicht aus.

§ 78   [Beklagter]

(1) Die Klage ist zu richten

1. **gegen den Bund, das Land oder die Körperschaft, deren Behörde den angefochtenen Verwaltungsakt erlassen oder den beantragten Verwaltungsakt unterlassen hat; zur Bezeichnung des Beklagten genügt die Angabe der Behörde.**
2. **sofern das Landesrecht dies bestimmt, gegen die Behörde selbst, die den angefochtenen Verwaltungsakt erlassen oder den beantragten Verwaltungsakt unterlassen hat.**

(2) Wenn ein Widerspruchsbescheid erlassen ist, der erstmalig eine Beschwer enthält (§ 68 Abs. 1 Satz 2 Nr. 2), ist Behörde im Sinne des Absatzes 1 die Widerspruchsbehörde.

I. Körperschaft als Beklagte

1   1. **Allgemein.** Die Vorschrift regelt die Prozessführungsbefugnis auf Seiten des Beklagten im Anfechtungs- und Verpflichtungsprozess[1]; zur Prozessführungsbefugnis des Klägers vgl. § 42 Rn. 26 f., allgemein § 63 Rn. 7. **Anfechtungs- und Verpflichtungsklagen sind grundsätzlich gegen die Körperschaft zu richten,** deren Behörde den VA erlassen oder den beantragten VA unterlassen hat; obgleich in Absatz 1 nur der unterlassene VA erwähnt wird (Untätigkeitsklage), gilt § 78 auch für den durch VA abgelehnten Antrag (Vornahmeklage; vgl. § 42) und Verfahren des einstweiligen Rechtsschutzes. Außerdem findet § 78 Anwendung auf Nichtigkeitsfeststellungsklagen (§ 43 Abs. 1 2. Alt.) und Fortsetzungsfeststellungsklage auch in ihrer analogen Anwendung, nicht aber auf Klagen auf Feststellung eines Rechtsverhältnisses (§ 43 Abs. 1 1. Alt) und allgemeine Leistungsklagen. Für die Normenkontrolle enthält § 47 Abs. 2 S. 2 eine Sonderregelung.

1a   Neben **Bund** und **Ländern,** die gesondert aufgeführt werden, sind unter Körperschaft nicht nur **Körperschaften des öffentlichen Rechts** zu verstehen, sondern auch **Gemeinden** und **Gemeindeverbände** sowie **Anstalten und Stiftungen des öffentlichen Rechts;** auch beliehene Unternehmer (vgl. § 42 Rn. 64)[2]. So handelt etwa der Gemeindewahlausschuss nach § 8 SächsKomWG nicht als Behörde der Gemeinde; er ist vielmehr als Körperschaft i.S.d. § 78 Abs. 1 Nr. 1 ein unabhängiges Wahlorgan, dem eigene Rechte zustehen[3]. Auch die Börse ist als nicht rechtsfähige Anstalt richtige Beklagte in Verwaltungsstreitverfahren gegen Entscheidungen ihrer Organe[4]. Beim **beliehenen Unternehmer** hängt es von den Verhältnissen des Ein-

---

1   Vgl. Jaestedt NWVBl. 1989, 45.
2   Ossenbühl VVDStRL 29, 193.
3   Bautzen SächsVBl. 1999, 211.
4   Kassel NJW-RR 1997, 110.

zelfalles ab, ob dieser selbst[5], der hinter ihm stehende Rechtsträger[6] oder der staatliche Rechtsträger, für den der Beliehene tätig wird[7], der richtige Beklagte ist, oder ob unter Anwendung der Rechtsfigur der so genannten konservierenden Delegation[8] alternative Klagegegner in Betracht kommen[9].

Kann eine Behörde für verschiedene Körperschaften handeln, wie z.B. der **1b** Landrat als untere staatliche Verwaltungsbehörde und als Selbstverwaltungsbehörde, kommt es darauf an, für welche Körperschaft sie tätig geworden ist[10]. Handelt eine Behörde gleichzeitig für mehrere Körperschaften, sind diese als notwendige Streitgenossen gemeinsam zu verklagen[11].

Handelt eine Behörde nicht auf Grund von Zuständigkeiten der Körper- **2** schaft, der sie angehört, sondern im Auftrag (**Mandat**) der Behörde einer anderen Körperschaft, ist die Körperschaft der auftraggebenden Behörde die richtige Beklagte[12], so z.B. die Deutsche Bibliothek bei Entscheidungen des Bundesverwaltungsamtes auf dem Gebiet der beamtenrechtlichen Versorgung nach der AO vom 10.1.1972 (BGBl. I S. 162); anders jedoch, wenn die Aufgabenerledigung durch den Auftragnehmer den Streitgegenstand bildet[13]. Das Mandat ist nur wirksam, wenn die Auftragserteilung zulässig war und offen gelegt wurde[14]. Bei einer Aufgabenübertragung (**Delegation**) ist die Körperschaft der Behörde, der die Aufgaben übertragen sind, richtige Beklagte. Auch bei der Delegation ist es erforderlich, dass sie veröffentlicht wird[15] (vgl. auch § 73 Rn. 2 f.). Ausführlich zu Mandat und Delegation Schenke VerwA 68, 118. Bei **Ersatzvornahme durch** Kommunal**aufsichtsbehörde** hat Münster (DVBl. 1989, 1276) diese als richtige Beklagte angesehen[16]. **Im Rahmen der Bundesauftragsverwaltung** bleibt ein VA, auch dann, wenn er auf ausdrückliche **Weisung** des Bundes ergeht, ein solcher des Landes und dieses damit richtiger Beklagter[17].

Nach einem Vorverfahren, bei dem auch Behörden mehrerer Körperschaften **3** tätig werden können, ist die **Klage gegen die Körperschaft derjenigen Behörde zu richten, deren VA oder Verpflichtung zum Erlass eines VA den Kla-**

---

5   Vgl. VG Bremen, GewA 2002, 465; Steiner NJW 1975, 1797.
6   München VGH n.F. 27, 72 für TÜV bei Prüfer nach § 29 StVZO, abzulehnen, vgl. Menger VerwA 67, 205.
7   So Götz DÖV 1975, 231; für eine Beleihung durch die Deutsche Post AG vgl. VG Bremen NordÖR 2001, 362.
8   Vgl. BVerwG DÖV 1962, 340 m. Anm. Spanner.
9   So VG Münster NJW 1967, 171; Menger VerwA 67, 210; alle Beispiele zu § 29 StVZO; vgl. insgesamt Luckes, Zur Rechtsstruktur der technischen Überwachungsvereine, 1975, S. 51 ff.
10 Kassel DÖV 1948, 122; vgl. dazu auch Bautzen SächsVBl. 1993, 109 für Gemeinde bei Aufgaben der unteren Verwaltungsbehörde; BVerwG LKV 1993, 387 für die Wahrnehmung der Aufgaben der Vermögensämter als Auftragsangelegenheit des Landes Sachsen-Anhalt durch die Landkreise.
11 BVerwGE 6, 328: gemeinsames Prüfungsamt; vgl. Kölble DVBl. 1965, 867.
12 Lüneburg OVGE 16, 425: Fürsorgeverband bei Wahrnehmung der Fürsorgeangelegenheiten durch die Ämter.
13 Vgl. BVerwGE 29, 214 zum Einziehen der Rundfunkgebühren durch die Bundespost für den Bay. Rundfunk.
14 Kassel DÖV 1974, 604 zu § 60 BBG; vgl. auch BVerwG DVBl. 1965, 163; Kassel ESVGH 1, 139; Bernhardt DVBl. 1961, 21; Schwabe DVBl. 1974, 69.
15 Münster OVGE 28, 250 zur Delegation der Entscheidung über den Widerspruch in Beamtensachen.
16 Vgl. auch Münster DVBl. 1989, 1009.
17 Vgl. BVerfGE 63, 40; BVerwGE 62, 342; Lerche BayVBl. 1987, 321.

gegegenstand bildet. Das ist bei der Verpflichtungsklage immer die ursprüngliche Behörde, mag nun die Behörde den Antrag auf Erlass eines VA gar nicht beschieden oder abgelehnt haben. Bei der Anfechtungsklage, bei der § 78 mit § 79 korrespondiert, ist es grundsätzlich ebenfalls die ursprüngliche Behörde, da regelmäßig der ursprüngliche VA Klagegegenstand ist (vgl. § 79 Rn. 2); das Gleiche gilt für den Abhilfebescheid. Ist jedoch der Widerspruchsbescheid Klagegegenstand, ist die Widerspruchsbehörde maßgeblich (vgl. § 79 Abs. 1 Nr. 2 mit Abs. 2). Diese allgemeine Regelung gilt auch in Lastenausgleichssachen, da das LAG insoweit auf die VwGO verweist[18].

4   **2. Bezeichnung des Beklagten.** Zur Bezeichnung der beklagten Körperschaft **genügt die Angabe der Behörde,** die den VA erlassen oder den beantragten VA unterlassen oder abgelehnt hat, ebenso bei der Nichtigkeitsfeststellungsklage (§ 43 Abs. 1 2. Alt.) und der Fortsetzungsfeststellungsklage auch in ihrer analogen Anwendung[19]. Aufgabe des Gerichts ist es, die oftmals nicht einfache Frage zu klären, welcher Körperschaft diese Behörde zuzurechnen ist[20]. Gibt der Kläger die Widerspruchsbehörde an, obgleich der Widerspruchsbescheid nicht Klagegegenstand ist, ist dies unschädlich, wenn erste und Widerspruchsbehörde derselben Körperschaft angehören; ist das nicht der Fall, entspricht die Klage nicht den Erfordernissen des § 82 Abs. 1; der Kläger hat sie, nach entsprechender Aufforderung und Belehrung durch den Vorsitzenden (§ 82 Abs. 2), entsprechend zu ergänzen (vgl. § 82 Rn. 46)[21]. Dies gilt auch für Klagen auf Feststellung eines Rechtsverhältnisses (§ 43 Abs. 1 1. Alt.) und allgemeine Leistungsklagen[22].

5   **3. Vertretung.** Absatz 1 Nr. 1 enthält keine Regelung darüber, wer die beklagte Körperschaft im Verwaltungsprozess vertritt. Der Kläger braucht daher in seiner Klage auch nicht den richtigen Vertreter der Körperschaft zu bezeichnen[23]. Die **Vertretung des Bundes** richtet sich zunächst nach Art. 65 GG, wonach jeder Bundesminister in seinem Geschäftsbereich den Bund vertritt[24], sodann nach gesetzlichen Vorschriften oder den Vertretungsordnungen, die die Bundesminister jeweils für ihren Geschäftsbereich erlassen haben. Durch Gesetz geregelt ist die Vertretung des Bundes in § 20 G über die Verbreitung jugendgefährdender Schriften, wonach die Bundesprüfstelle vertritt. **In den Ländern** ist die Vertretung ebenfalls durch Verfassung, Gesetz oder organisationsrechtlich in besonderen Vertretungsordnungen oder Verordnungen geregelt. Die Länder können dabei auch von der Ermächtigung des § 36 Abs. 1 S. 2 Gebrauch machen und dem VöI die Vertretung übertragen (vgl. für die Regelung in Bayern § 36 Rn. 9); sie können dabei auch über den in § 36 gesteckten Rahmen hinausgehen[25]. Die **Vertretung der Selbstverwaltungskörperschaften** ergibt sich aus den Selbstverwaltungsgesetzen, die der Körperschaften, Anstalten und Stiftungen des öffentlichen Rechts aus dem Errichtungsgesetz oder der jeweiligen Satzung. Zur Prozessvertretung kreisangehöriger Gemeinden durch Beamte des Landkreises, die nur im Ein-

---

18   BVerwGE 12, 56.
19   Wie hier offenbar auch Bader/Funke-Kaiser Rn. 3 ff.
20   BVerwGE 14, 330; 16, 224; NVwZ 1990, 44.
21   Vgl. Lüneburg DVBl. 1967, 425; a.A. Bader/Funke-Kaiser Rn. 14: Hinweis gem. § 86 Abs. 3; vgl. hierzu § 78 Rn. 11.
22   A.A. Eyermann/Happ Rn. 8; Schoch/Meissner Rn. 57: Anwendung auf alle Klagearten und Verfahren vorläufigen Rechtsschutzes.
23   BVerwGE 14, 330.
24   Vgl. VG Darmstadt NJW 1961, 2276.
25   BVerwGE 14, 77.

zelfall zulässig ist, vgl. Kassel AnwBl. 1969, 408; VG Hannover DVBl. 1975, 52; Bittner DVBl. 1975, 24; sowie § 67 Rn. 14.

Die organisationsrechtlichen Anordnungen über die Vertretung gelten auch, **6** wenn an Stelle einer Behörde ein **weisungsfreier Ausschuss** entscheidet[26]. Entgegen der vom BVerwG (E 14, 330) zu § 26 Abs. 3 und 4, § 33 WpflG vertretenen Auffassung ist der Vertreter jedoch auch zur Verfügung über den Gegenstand der Klage, etwa durch Anerkenntnis oder Vergleich befugt[27]. Auch ein weisungsfreier Ausschuss steht nicht außerhalb der durch die Verfassung abgegrenzten Veranwortungsbereiche; aus der Verantwortung des Ministers für seinen Geschäftsbereich im Bund (Art. 65 GG) folgt, dass die Vertretung im Prozess auch zur Disposition über den Klagegegenstand berechtigt. Ebenso wie der Ausschuss einem Urteil nachzukommen hat, bindet ihn auch ein auf Grund der Dispositionsbefugnis des Vertreters der Körperschaft zu Stande gekommener anderer Titel[28].

4. Sonderregelungen. Die **Deutsche Bundespost** und die Unternehmen der **7** Deutschen Bundespost können nach § 5 PostverfassungsG unter ihrem Namen klagen und verklagt werden. Klagen, denen ein VA der Bundespost oder ihrer Unternehmen zu Grunde liegt, sind daher nicht gegen den Bund zu richten; zur Vertretung siehe § 6 PostverfassungsG und die im § 73 Rn. 1 aufgeführten Anordnungen. Dagegen kann die hess. Tierseuchenkasse als nicht rechtsfähiges Sondervermögen nicht Beteiligter sein; die Klage ist in diesem Fall gegen das Land Hessen zu richten[29].

II. Behörde als Beklagte

Nach Absatz 1 Nr. 2 **kann das Landesrecht bestimmen, dass** die **Klage gegen 8 die Behörde selbst zu richten ist,** die den VA erlassen oder den beantragten VA abgelehnt oder unterlassen hat[30]. Die Bestimmung setzt voraus, dass die Behörden nach § 61 Nr. 3 für beteiligungsfähig erklärt sind (vgl. § 61 Rn. 6). Auch in diesem Fall ist die Beiladung einer anderen Behörde desselben Landes unzulässig[31]. Nummer 1 und Nummer 2 stellen zwingende Vorschriften dar, die sich gegenseitig ausschließen; weder kann, solange keine landesrechtliche Bestimmung getroffen worden ist, die Klage gegen die Behörde gerichtet werden, noch kann die Körperschaft verklagt werden, wenn eine landesrechtliche Bestimmung über die Prozessführungsbefugnis der Behörde ergangen ist[32]. Das BVerwG hat in st.Rspr. Absatz 1 Nr. 2 so ausgelegt, dass danach die Länder nicht befugt sind, Vorschriften über die Vertretung des Bundes im Rechtsstreit zu treffen[33]. Der behördliche Zuständigkeitswechsel bewirkt einen von Amts wegen zu berücksichtigenden Parteiwechsel[34] (vgl. hierzu § 83 Rn. 7, § 91 Rn. 9).

---

26   BVerwGE 14, 330; zum Problem vgl. BVerwGE 22, 82; Schäfer NJW 1961, 2243; Zwingenberger NZ f. Wehrrecht 1962, 112, Kreutzer NJW 1961, 1197.
27   A.A. Kopp/Schenke Rn. 15: nur im Einvernehmen mit dem Ausschuss.
28   Zutreffend Schäfer NJW 1961, 2243.
29   Kassel ESVGH 18, 55.
30   Vgl. allgemein Freitag VerwA 67, 26.
31   BVerwGE 80, 127.
32   V. Oertzen NJW 1961, 768; Klinger S. 380.
33   BVerwGE 14, 330; 20, 21; E 92, 266; Schoch/Meissner Rn. 39; Ehlers, Menger Festschrift S. 379; an der bisher vertretenen gegenteiligen Auffassung wird nicht mehr festgehalten.
34   Vgl. BVerwGE 44, 148; NJW 1991, 766; vgl. im Einzelnen Schoch/Meissner Rn. 61.

Bei der **Anfechtung von Prüfungsentscheidungen** in NW kann fraglich sein, ob richtiger Beklagter der Prüfungsausschuss ist; bei dem Meisterprüfungsausschuss nach der HandwO ist dies der Fall[35], dagegen ist die Klage nicht gegen den Prüfungsausschuss, sondern gegen die pädagogischen Prüfungsämter[36], bei Anfechtung der Reifeprüfung nicht gegen den Reifeprüfungsausschuss, sondern gegen die Schule[37] zu richten.

9 Auch wenn die Behörde prozessführungsbefugt ist, gilt das in Rn. 2 zur **Delegation** und zum **Mandat** Gesagte; teilt eine Behörde dem Betroffenen erkennbar nur den VA einer anderen Behörde mit, ist die Klage gegen die letztere Behörde zu richten[38]. Werden im Vorverfahren mehrere Behörden tätig, beurteilt sich die Prozessführungsbefugnis wie in Rn. 2. Die Vertretung der Behörde richtet sich nach § 62 Abs. 3. Das Aufsichtsrecht oder die Weisungsbefugnisse geben der übergeordneten Behörde kein Selbsteintrittsrecht, das sie zur prozessualen Vertretung der nachgeordneten Behörde berechtigt[39]; jedoch kann die übergeordnete Behörde von ihrem Weisungsrecht auch hinsichtlich der Prozessführung der beklagten nachgeordneten Behörde Gebrauch machen.

10 Von der Ermächtigung haben **Brandenburg** (§ 8 Abs. 2 VwGG) und **Nordrhein-Westfalen** (§ 5 Abs. 2 AG), beide mit Ausnahme von Klagen, bei denen sich die örtliche Zuständigkeit nach § 52 Nr. 4 richtet, sowie **Mecklenburg-Vorpommern** (§ 14 Abs. 1 GOrgG) und das **Saarland** (§ 17 Abs. 2 AG) allgemein, **Niedersachsen** (§ 8 AG), **Sachsen-Anhalt** (§ 8 AG) und **Schleswig-Holstein** (§ 6 AG) nur für Landesbehörden, also nicht für Behörden aller anderen Körperschaften (vgl. Rn. 1), Gebrauch gemacht. Zum Inhalt der Ermächtigung vgl. Rn. 8.

III. Verstoß

11 Die **Klage wird als unbegründet abgewiesen,** wenn der Beklagte nicht zur Prozessführung befugt ist[40]. Die Klageabweisung lässt sich in manchen Fällen durch Übergang auf den richtigen Beklagten (Klageänderung, vgl. § 91 Rn. 9), worauf auch der Vorsitzende im Rahmen des § 86 Abs. 3 hinzuwirken hat, vermeiden. Zum Zuständigkeitswechsel für den Erlass des angefochtenen oder beantragten VA während des Rechtsstreits vgl. § 83 Rn. 7, § 91 Rn. 9. Wird in unrichtiger Anwendung des § 78 Abs. 1 Nr. 2 die Behörde an Stelle der Körperschaft verklagt, ist das Passivrubrum, auch noch im Revisionsverfahren, von Amts wegen zu berichtigen[41]. Ob dies allerdings auch gelten kann, wenn die Körperschaft ebenfalls bereits verklagt ist, erscheint fraglich (so jedoch BVerwGE 26, 31 für Bundespersonalausschuss). Im Ergebnis fällt damit ein bisher am Verfahren Beteiligter weg; richtiger dürfte in diesem Fall die Klageabweisung sein[42].

---

35 Münster OVGE 21, 169.
36 Münster OVGE 22, 267.
37 BVerwG DVBl. 1966, 36.
38 Lüneburg OVGE 7, 301.
39 Vgl. Kassel NJW 1960, 1317 m. Anm. Reuss S. 1831.
40 Vgl. BVerwG Buchh. 401.71 AFWoG Nr. 3; München BayVBl. 1988, 628; a.A. Eyermann/Happ Rn. 28; Kopp/Schenke Rn. 1 abw. von der Voraufl.
41 BVerwGE 20, 21; NVwZ-RR 1990, 44.
42 Krit. Schoch/Meissner Rn. 57; Bader/Funke-Kaiser Rn. 12.

§ 79 [Gegenstand der Anfechtungsklage]

(1) Gegenstand der Anfechtungsklage ist
1. **der ursprüngliche Verwaltungsakt in der Gestalt, die er durch den Widerspruchsbescheid gefunden hat,**
2. **der Abhilfebescheid oder Widerspruchsbescheid, wenn dieser erstmalig eine Beschwer enthält.**

(2) Der Widerspruchsbescheid kann auch dann alleiniger Gegenstand der Anfechtungsklage sein, wenn und soweit er gegenüber dem ursprünglichen Verwaltungsakt eine zusätzliche selbstständige Beschwer enthält. Als eine zusätzliche Beschwer gilt auch die Verletzung einer wesentlichen Verfahrensvorschrift, sofern der Widerspruchsbescheid auf dieser Verletzung beruht. § 78 Abs. 2 gilt entsprechend.

I. Allgemeines

Wird **Anfechtungsklage** nach Durchführung eines Vorverfahrens erhoben, **1** liegen zwei VA vor, der der ersten Behörde und der Widerspruchsbescheid. Da die Anfechtungsklage als Gestaltungsklage die Aufhebung des VA zum Gegenstand hat, musste das Gesetz regeln, wie sich der Erlass von zwei VA im Vorverfahren auf den **Klagegegenstand** auswirkt. Zu unterscheiden von der in § 79 getroffenen Regelung, die mit § 78 korrespondiert, ist die Frage nach dem **Streitgegenstand** der Anfechtungsklage[1], der für die Rechtskraftwirkung des Urteils von Bedeutung ist (vgl. dazu § 121 Rn. 7).
Eine entsprechende Regelung brauchte für die **Vornahmeklage** nicht getroffen zu werden, da sie auf die Verpflichtung der beklagten Körperschaft oder Behörde zur Bescheidung oder zum Erlass des beantragten VA gerichtet ist; bei ihr ist es für den Klagegegenstand unerheblich, ob die Verwaltung den Antrag ein- oder mehrmals ganz oder zum Teil abgelehnt hat. Das Gleiche gilt für die Leistungs- und die Feststellungsklage aus dem Beamtenverhältnis. Zur Anfechtung des Widerspruchsbescheides bei diesen Klagearten vgl. Rn. 6.

II. Der ursprüngliche VA als Klagegegenstand

Nach Absatz 1 Nr. 1 ist **Klagegegenstand der ursprüngliche VA in der Gestalt, die er durch den Widerspruchsbescheid gefunden hat.** Das ist der **2** Grundsatz. Das Gesetz behandelt das zweistufige Verwaltungshandeln als Einheit und legt das Schwergewicht auf die Entscheidung, die den Kläger erstmals beschwert hat[2]. Das gilt sowohl, wenn die Widerspruchsbehörde den angefochtenen VA im Ergebnis und in der Begründung in vollem Umfang bestätigt, als auch, wenn sie ihn zwar in seinen Wirkungen bestehen lässt, jedoch eine andere Begründung gibt oder andere Tatsachen zu Grunde legt[3]; selbst dann, wenn sie ihn auch im Ergebnis ändert[4] (auch § 73 Rn. 19 f.). Dies umfasst nach der Rspr. auch die »Umgestaltung« i.S. einer **Änderung der Rechtsqualität**, wenn etwa erst der Widerspruchsbescheid der vorausgegangenen Handlung der Verwaltung (hier Zahlungsaufforderung) oder der nur internen Willenserklärung einer Gemeinde (Gemeinderatsbeschluss

---

1 Ebenso Eyermann/Happ Rn. 3.
2 Vgl. BVerwGE 62, 80.
3 Vgl. Stuttgart VRspr. 7, 534.
4 Vgl. BVerwGE 19, 327; DVBl. 1987, 238; Dawin NVwZ 1987, 872.

ohne Rechtswirkung nach außen) die Qualität eines VA verleiht[5]. Auch hinsichtlich der **Bestimmtheit** eines VA kommt es auf die Gestalt an, die dieser durch den Widerspruchsbescheid gefunden hat[6].

2a Der ursprüngliche VA ist auch dann »in der Gestalt des Widerspruchsbescheids« Gegenstand der Anfechtungsklage, wenn der Widerspruchsbescheid die Heranziehung zu einer Leistung nicht inhaltlich geändert, sondern nur bezogen auf den Zeitpunkt seines Erlasses bekräftigt hat. Die **Rechtmäßigkeit** der Heranziehung ist nach der – unter Umständen geänderten – Rechtslage in diesem **Zeitpunkt** zu beurteilen[7]. Entspricht aber der ursprüngliche VA dem zur Zeit seines Erlasses geltenden Recht und ist der Widerspruchsbescheid fehlerhaft, weil die Widerspruchsbehörde es unterlassen hat, Ermessenserwägungen anzustellen, zu denen sie durch eine nach dem Erlass des Ausgangsbescheids eingetretene **Gesetzesänderung** verpflichtet war, so ist nur der Widerspruchsbescheid aufzuheben. Die Widerspruchsbehörde hat dann unter Beachtung des für sie geltenden Rechts erneut über den Bestand des ursprünglichen VA zu entscheiden[8].

2b Grundsätzlich hat, soweit nicht eine selbstständige Anfechtung des Widerspruchsbescheides in Betracht kommt (vgl. Rn. 6), die Erstbehörde auch Fehler der Widerspruchsbehörde zu tragen[9]. Beruht der VA auf einer **Ermessensentscheidung**, so kann die einheitliche Betrachtung des Verwaltungshandelns im Vorverfahren wieder auseinander fallen, wenn das Gericht den ursprünglichen VA zwar als rechtmäßig, den Widerspruchsbescheid aber wegen eines Verfahrensfehlers als rechtswidrig ansieht; das Gericht hebt hier nur den Widerspruchsbescheid auf, während es die Klage im Übrigen abweist[10]. Die Widerspruchsbehörde hat sodann erneut über den Widerspruch zu entscheiden, dem sie stattgeben kann, wenn sie aus Zweckmäßigkeitsgründen ihr Ermessen anders ausübt als die erste Behörde[11].

3 Die VwGO enthält keine den §§ 96, 171 Abs. 2 SGG und § 68 FGO[12] entsprechende Bestimmung über die Behandlung eines **während des Rechtsstreits erlassenen VA,** der den ursprünglichen VA ändert oder ersetzt. § 45 Abs. 2 VwVfG steht einer Erfüllung des Anspruchs des Klägers auf fehlerfreie Ermessensausübung durch den Erlass eines VA auch während des Rechtsstreites nicht entgegen[13] (durch G. v. 12.9.1996 ist § 45 Abs. 2 VwVfG dahin geändert, dass die in ihm genannten Verfahrensmängel bis zum Ende des verwaltungsgerichtlichen Verfahrens geheilt werden können). Das BVerwG hat die Änderung des angefochtenen VA im verwaltungsgerichtlichen Verfahren auch für zulässig gehalten, um Rechtsfehler[14] oder auch um inhaltliche Mängel im förmlichen Verfahren, soweit dies nicht ge-

---

5 BVerwGE 78, 3; Magdeburg LKV 1998, 278; Magdeburg NVwZ 2000, 208.
6 Münster NWVBl. 1998, 350.
7 BVerwG NVwZ-RR 1997, 132.
8 Kassel NVwZ 1988, 743.
9 Mannheim NVwZ 1990, 1085.
10 BVerwGE 13, 195; vgl. auch zur Umstellung des Klageantrags, Schoch/Pietzcker Rn. 5 f.
11 Ebenso Kopp/Schenke Rn. 5; Schoch/Pietzcker 6; Eyermann/Happ Rn. 28 abw. von der Voraufl.
12 Vgl. BFH NJW 1969, 159.
13 BVerwG NJW 1987, 1564; Weyreuther DÖV 1985, 128.
14 BVerwG NVwZ 1992, 789 zum Planfeststellungsbeschluss.

setzlich ausgeschlossen ist, zu beseitigen[15]; Rechtsfehler bei der im verwaltungsgerichtlichen Verfahren ergangenen Änderung oder Ergänzung des angefochtenen VA führen nicht auch zur Aufhebung des ursprünglichen VA, wenn dieser nicht rechtswidrig ist und die Behörde an ihm festhalten will[16]. Entfällt durch den Erlass des neuen VA die Beschwer des Klägers, muss dieser, um Klageabweisung zu vermeiden, den Rechtsstreit in der **Hauptsache für erledigt erklären** oder bei Vorliegen der Voraussetzungen auf eine **Fortsetzungsfeststellungsklage** übergehen (§ 113 Abs. 1 S. 4), vermindert sich lediglich die Beschwer, muss der Kläger seinen Klageantrag beschränken.

Enthält der ändernde oder ersetzende VA eine **neue zusätzliche Beschwer,** **3a** dürfte **Klageänderung** zulässig sein[17], soweit nicht der VA einen völlig neuen Gegenstand regelt, denn dann ist er in einem neuen Verfahren anzugreifen[18]. Wird die Klageänderung für zulässig gehalten, ist auch ein erneutes Vorverfahren nicht erforderlich[19]. Ein während des Klageverfahrens ergangener Änderungsbescheid kann nur dann zur Zulässigkeit einer nach Ablauf der Klagefrist erhobenen Verpflichtungsklage führen, wenn der Kläger innerhalb der für den Änderungsbescheid geltenden Rechtsbehelfsfrist diesen ausdrücklich oder sinngemäß in das Verfahren einbezieht[20]. In Sozialhilfesachen hat das BVerwG eine zeitliche Erstreckung der gerichtlichen Nachprüfung über den Widerspruchsbescheid, der grundsätzlich den maßgeblichen Zeitpunkt bestimmt[21], hinaus anerkannt, wenn die Behörde im Verlauf des gerichtlichen Verfahrens ihre Bescheide erkennbar an die jeweilige Situation anpasst[22]. Zur **Umdeutung** des streitbefangenen VA im Verwaltungsprozess vgl. Windhorst/Lüdemann NVwZ 1994, 246. Zum Parteiwechsel vgl. § 68 Rn. 2b. Im Übrigen vgl. § 91 Rn. 9 ff., § 108 Rn. 38.

III. Abhilfebescheid als Klagegegenstand

Der Abhilfebescheid (vgl. § 72 Rn. 2) ist nach Absatz 1 Nr. 2 **Klagegegen-** **4** **stand,** wenn er **erstmalig eine Beschwer enthält,** denn in diesem Fall entfällt bei der Anfechtung das Vorverfahren (vgl. 68 Rn. 13). Eine erstmalige Beschwer kann der Abhilfebescheid insbesondere beim **VA mit Drittwirkung** enthalten, wenn die Behörde etwa eine zu Gunsten des Dritten in der Genehmigung aufgenommene Auflage oder eine andere Nebenbestimmung auf den Widerspruch des Genehmigungsinhabers wieder aufhebt[23]. Der Erlaubnisinhaber selbst ist beschwert, wenn die Abhilfeentscheidung auf den Widerspruch eines Dritten einen in der Erlaubnis erteilten Dispens wieder aufhebt. Mit der Abhilfeentscheidung ersetzt oder ändert die Behörde selbst ihre ursprüngliche Entscheidung. Die Klage gegen den Abhilfebescheid, wenn sie sich auf die Wiederherstellung des VA in seiner ursprünglichen Fassung richtet, ist daher eine Verpflichtungsklage.

---

15 BVerwGE 87, 241 zum Planfeststellungsbeschluss; vgl. auch BFH NVwZ-RR 1992, 331: Änderung des VA bis zur Rechtskraft des Urteils zulässig.
16 BVerwGE 90, 42.
17 Münster OVGE 22, 125; Eyermann/Happ Rn. 30 f.
18 Vgl. mit teilweise abweichender Begründung Groschupf DVBl. 1961, 840.
19 BVerwGE 32, 243; NJW 1970, 1564; DVBl. 1980, 598; Münster OVGE 22, 125; DVBl. 1970, 467; vgl. insgesamt Preusche DVBl. 1992, 797.
20 Münster NVwZ-RR 1993, 590.
21 BVerwGE 25, 307; 38, 299.
22 BVerwGE 39, 261.
23 Vgl. BVerwG Buchh. 310 § 79 Nr. 1.

5   Der **Abhilfebescheid ersetzt den ursprünglichen VA** und steht nicht, wie der Widerspruchsbescheid, neben diesem. **Absatz 2,** in dem er auch nicht erwähnt ist, **findet** auf ihn **keine Anwendung.** Eine gegenüber dem ursprünglichen VA zusätzliche, selbstständige Beschwer (vgl. dazu Rn. 9 und 10) kann er nicht enthalten. Beruht der Abhilfebescheid auf der Verletzung einer wesentlichen Verfahrensvorschrift, ist der durch ihn geänderte ursprüngliche VA fehlerhaft. Er kann seinerseits nur wieder dadurch angefochten werden, dass gegen ihn **Widerspruch** eingelegt wird oder, bei nur teilweiser Abhilfe, dass der anhängige Widerspruch auf die Änderung des VA ausgedehnt wird.

IV. Widerspruchsbescheid als Klagegegenstand

6   **1. Allgemeines.** Die gegen den Widerspruchsbescheid gerichtete Klage ist **grundsätzlich Anfechtungsklage,** gleichgültig im Vorverfahren welcher Klageart (also nicht nur der Anfechtungsklage, sondern auch der Vornahmeklage sowie der Leistungs- und der Feststellungsklage des Beamten) der Widerspruchsbescheid ergangen ist. Das Ziel ist die Aufhebung des Widerspruchsbescheides, ist diese erfolgt, ergibt sich die Verpflichtung der Widerspruchsbehörde, erneut unter Beachtung der Rechtsauffassung des Gerichtes über den Widerspruch zu entscheiden, aus dem Anhängigsein des Widerspruches. Einer Verpflichtung im Urteilsausspruch bedarf es dazu nicht[24]. Ein entsprechender Antrag des Klägers wäre mangels Rechtsschutzbedürfnisses zurückzuweisen. Wird aber auf Widerspruch eines Dritten der stattgebende Namensänderungsbescheid der Ausgangsbehörde aufgehoben, so soll die **Verpflichtungsklage,** nicht aber die isolierte Anfechtungsklage gegen den Widerspruchsbescheid, die zutreffende Rechtsschutzform darstellen[25]. Zur Frage der Zulässigkeit einer allein auf den Erlass des Widerspruchsbescheides bezogenen Untätigkeitsklage vgl. § 75 Rn. 2.

6a   Soll der Widerspruchsbescheid wegen der in ihm enthaltenen Gebührenfestsetzung neben dem Erstbescheid selbstständig angefochten werden, bedarf es eines entsprechenden Antrags, der dieses Begehren deutlich macht. Geschieht dies nicht, richtet sich eine Anfechtungsklage in der üblichen Weise gegen den ursprünglichen Verwaltungsakt und den Widerspruchsbescheid und der Widerspruchsbescheid ist nicht selbstständiger Anfechtungsgegenstand[26].

7   **2. Obligatorisch.** Der **Widerspruchsbescheid ist Klagegegenstand, wenn** ein **Dritter** durch ihn **erstmals beschwert** wird. Das kann insbesondere der Fall sein, wenn bei einem VA mit Doppelwirkung dem Widerspruch des Betroffenen stattgegeben wird. Die Beschwer des Dritten kann auch darin liegen, dass der bestätigende Widerspruchsbescheid in der Sache auf einen verspäteten oder unzulässigen Widerspruch ergangen ist und dem Widerspruchsführer damit der Rechtsweg eröffnet oder wieder eröffnet wird (vgl. § 68 Rn. 4 ff., § 70 Rn. 7, 8). Das Gleiche gilt, wenn eine Zahlungsaufforderung, nach Zustellung des VA an einen Nichtpflichtigen, gegenüber dem Pflichtigen erstmalig im Widerspruchsbescheid erfolgt[27]. Wird Klage vom erstmalig beschwer-

---

24   Vgl. BVerwGE 13, 195; Mannheim NVwZ 1995, 122; a A. Kopp, Redeker-Festschrift S. 543, der Verpflichtungsklage bejaht.
25   Münster NJW 1997, 409.
26   Mannheim NVwZ-RR 1997, 447.
27   Münster OVGE 27, 63 für Abgabenbescheid; München BayVBl. 1976, 176 für Steuerbescheid.

ten Dritten und vom Widerspruchsführer erhoben, ist Absatz 1 Nr. 2 nur für den Klageantrag des Dritten von Bedeutung, da die Nachprüfung durch das Gericht sich hier auf beide VA erstreckt (zum Verfahren bei unterschiedlichen Gerichtsstand vgl. § 53 Rn. 3).

Wird dem Widerspruch eines Dritten gegen einen begünstigenden **VA mit**   **7a**
Doppelwirkung stattgegeben, kann auch der zunächst Begünstigte Dritter im Sinne von Absatz 1 Nr. 2 sein[28]; es kann aber auch ein weiterer, bisher nicht am Verfahren Beteiligter sein[29], der sich nur gegen den Widerspruchsbescheid wenden kann, wenn ihm gegenüber der ursprüngliche VA bereits unanfechtbar geworden ist[30]. Das Gleiche gilt für die Selbstverwaltungskörperschaft bzw. -behörde, deren VA in **Selbstverwaltungsangelegenheiten** von der Widerspruchsbehörde aufgehoben wird[31] (vgl. § 42 Rn. 105). Absatz 1 Nr. 2 findet entsprechende Anwendung bei der Aufsichtsklage (vgl. § 42 Rn. 22) gegen Widerspruchsbescheide der Beschluss- und Rechtsausschüsse, oder bei der Klage des Leiters der Wehrbereichsverwaltung gegen einen stattgebenden Widerspruchsbescheid der Musterungskammer[32], da auch das Ziel dieser Klagen stets nur die Aufhebung des Widerspruchsbescheides ist[33]. Den Vertreter der Interessen des Ausgleichsfonds hat das BVerwG[34] dagegen in Höhe der im Beschwerdebescheid zu Gunsten des Beschwerdeführers erfolgten Änderung als erstmalig beschwerten Dritten angesehen.

3. Fakultativ. Der **Widerspruchsbescheid kann** auch **alleiniger Klagegegen-**   **8**
stand sein, wenn und soweit er gegenüber dem ursprünglichen VA eine zusätzliche, selbstständige Beschwer enthält[35]. Der Kläger hat hier eine Wahlmöglichkeit, ob er bei der Anfechtungsklage mit einer Anfechtung des ursprünglichen VA, der in der Gestalt des die zusätzliche selbstständige Beschwer enthaltenden Widerspruchsbescheides Klagegegenstand wird, bzw. mit einer Verfolgung seines Vornahme-, Leistungs- oder Feststellungsbegehrens zu einer gerichtlichen Entscheidung in der Sache gelangen will oder ob er versucht, mit einer Anfechtung des Widerspruchsbescheides eine erneute Entscheidung der Widerspruchsbehörde zu erreichen. Der Kläger kann regelmäßig die Anfechtungsklage gegen den Widerspruchsbescheid weder kumulativ noch alternativ neben der Anfechtungsklage gegen den ursprünglichen VA bzw. der Vornahme-, Leistungs- oder Feststellungsklage erheben; zulässig ist jedoch die hilfsweise Anfechtung des Widerspruchsbescheides bei Verfahrensfehlern, wenn es sich um eine **Ermessensentscheidung** der Verwaltung handelt[36].

---

28 Vgl. BVerwGE 14, 151 bei Aufhebung der Anerkennung als Kriegsdienstverweigerer im Widerspruchsbescheid; Buchh. BVerwG 310 § 78 Nr. 3 bei Aufhebung des begünstigenden VA in LAG-Sachen, auch Hamburg DVBl. 1963, 784 bei Widerspruch gegen eine nach § 15 PBefG erteilte Genehmigung; das OVG wendet Abs. 2 an, jedoch unzutreffend, da keine zusätzliche, sondern erstmalige Beschwer vorliegt. Mannheim NVwZ-RR 2001, 543: Anfechtungsklage des Bauherrn gegen Aufhebung der Baugenehmigung auf Grund erfolgreichen Nachbarwiderspruchs; Nachbar ist notwendig beizuladen (§ 65 Abs. 2); vgl. auch Weimar BRS 60 Nr. 200.
29 Vgl. BVerwGE 17, 148.
30 Vgl. BVerwG Buchh. 310 § 79 Nr. 1.
31 BVerwGE 19, 121; Lüneburg NVwZ-RR 1999, 367.
32 BVerwGE 36, 317.
33 Vgl. v. Oertzen DVBl. 1961, 652.
34 BVerwGE 40, 25.
35 BVerwGE 17, 178.
36 Vgl. BVerwGE 13, 195; DVBl. 1967, 237.

9 Eine zusätzliche, selbstständige Beschwer liegt nicht schon dann vor, wenn
der VA zu Ungunsten des Widerspruchsführers geändert wird (zur reformatio
in peius vgl. § 73 Rn. 20), vielmehr muss der ursprüngliche VA in seinem Wesen geändert sein; das kann bei der Zurückweisung des Widerspruchs eines
Dritten auch durch die Veränderung der ursprünglichen Begründung geschehen[37]; die Grenzen sind hier in gleicher Weise zu ziehen wie bei dem Nachschieben von Sach- und Rechtsgründen (vgl. § 108 Rn. 28 ff.[38]). Auch die
Nichtberücksichtigung einer nach Erlass des VA eingetretenen Änderung der
Sach- und Rechtslage durch die Widerspruchsbehörde kann eine zusätzliche,
selbstständige Beschwer enthalten[39]. Das Gleiche gilt, wenn dem Widerspruchsführer die Kosten auferlegt werden, obgleich seinem Widerspruch
stattgegeben wurde. Nach Absatz 2 S. 2 gilt als zusätzliche Beschwer auch
die **Verletzung einer wesentlichen Verfahrensvorschrift**, sofern der Widerspruchsbescheid auf dieser Verletzung beruht[40] (zum Begriff des rechtserheblichen Verfahrensmangels vgl. § 132 Rn. 16 ff.). Absatz 2 S. 2 macht keinen
Unterschied zwischen Ermessensentscheidungen und gebundener Verwaltung. Daher erscheinen die Entscheidungen des BVerwG, in denen es in
Kriegsdienstverweigerungssachen[41] und in vermögensrechtlichen Rücker-
stattungsangelegenheiten[42] ein Rechtsschutzinteresse an der isolierten Anfechtung des Widerspruchsbescheides wegen eines Verfahrensfehlers verneint hat, bedenklich[43]. Die Verletzung von internen Mitwirkungsrechten
anderer Behörden auf Grund von Verwaltungsvorschriften stellt im Widerspruchsverfahren keine Verletzung einer wesentlichen Verfahrensvorschrift
dar[44].

10 Als **Verstoß gegen eine wesentliche Verfahrensvorschrift** kommt nicht nur
eine Verletzung der Bestimmungen der VwGO über das Vorverfahren, der
AGVwGO oder der von der VwGO abweichenden, aber aufrecht erhaltenen
Bundesgesetze in Betracht, sondern auch ein Verstoß gegen die ergänzenden
Vorschriften der Verwaltungsverfahrensgesetze (§ 79 VwVfG, vgl. § 68
Rn. 1). Umstritten ist, ob insoweit § 46 VwVfG im Falle des Absatz 2 S. 2
Anwendung finden kann. Hier ist davon auszugehen, dass sich § 46 VwVfG
nur auf das Vorverfahren selbst bezieht, während Absatz 2 S. 2 lex specialis
gegenüber dieser Vorschrift ist[45]. Gegenüber § 44a ist Absatz 2 S. 2 ebenfalls
lex specialis (vgl. § 44a Rn. 6)[46]. Beispiele: Entscheidung durch die sachlich[47] oder örtlich unzuständige Widerspruchsbehörde; unvorschriftsmäßige
Besetzung, falls die Widerspruchsbehörde ein Ausschuss ist[48]; Entscheidung

---

37 BVerwGE 84, 220.
38 Vgl. auch BVerwGE 17, 148; Bettermann NJW 1958, 84; Martens DVBl. 1965, 428;
    Menger/Erichsen VerwA 57, 284.
39 BVerwGE 2, 55; Kassel NJW 1988, 2557 für Gesetzesänderung nach Erlass des ur-
    sprünglichen VA.
40 BVerwGE 24, 23.
41 BVerwGE 44, 17; 45, 351; 49, 307.
42 BVerwG NVwZ 1999, 641.
43 Ebenso Kopp/Schenke Rn. 12; zu weitgehend Schoch/Pietzcker Rn. 17, der offenbar
    auch die Hoffnung auf eine nur tatsächlich, objektiv aber rechtwidrig günstigere Ent-
    scheidung der Widerspruchsbehörde für die Begründung des Rechtsschutzinteresses
    ausreichen lassen will; a.A. Sahlmüller BayVBl. 1973, 545.
44 BVerwGE 71, 251.
45 Knack § 79 Rn. 7.3.11; a.A. Stelkens/Sachs § 46 Rn. 50; nach Klagearten differenzie-
    rend Kopp/Ramsauer Rn. 43 f.; offen lassend BVerwG NVwZ 1985, 901.
46 Sodan/Brenner Rn. 55.
47 Vgl. BVerwGE 84, 3 zum Widerspruch der Wehrbereichsverwaltung bei Verneinung
    der sachlichen Zuständigkeit durch Ausschuss und Kammer.
48 Kassel VRspr. 20, 734.

eines Ausschusses auf Weisung; Verletzung des rechtlichen Gehörs (vgl. § 73 Rn. 9a); Verletzung vorgeschriebener Mündlichkeit[49] oder Anhörung (z.B. nach § 71)[50]; Fehlen der Begründung des Widerspruchsbescheides eines weisungsfreien Ausschusses (vgl. § 73 Rn. 23); Zurückweisen des Widerspruchs als unzulässig[51], als verspätet[52], Einstellung des Verfahrens an Stelle von Sachentscheidung[53].

§ 80 [Aufschiebende Wirkung]

(1) Widerspruch und Anfechtungsklage haben aufschiebende Wirkung. Das gilt auch bei rechtsgestaltenden und feststellenden Verwaltungsakten sowie bei Verwaltungsakten mit Doppelwirkung (§ 80a).

(2) Die aufschiebende Wirkung entfällt nur
1. bei der Anforderung von öffentlichen Abgaben und Kosten,
2. bei unaufschiebbaren Anordnungen und Maßnahmen von Polizeivollzugsbeamten,
3. in anderen durch Bundesgesetz oder für Landesrecht durch Landesgesetz vorgeschriebenen Fällen, insbesondere für Widersprüche und Klagen Dritter gegen Verwaltungsakte, die Investitionen oder die Schaffung von Arbeitsplätzen betreffen,
4. in den Fällen, in denen die sofortige Vollziehung im öffentlichen Interesse oder im überwiegenden Interesse eines Beteiligten von der Behörde, die den Verwaltungsakt erlassen oder über den Widerspruch zu entscheiden hat, besonders angeordnet wird.

Die Länder können auch bestimmen, dass Rechtsbehelfe keine aufschiebende Wirkung haben, soweit sie sich gegen Maßnahmen richten, die in der Verwaltungsvollstreckung durch die Länder nach Bundesrecht getroffen werden.

(3) In den Fällen des Absatzes 2 Nr. 4 ist das besondere Interesse an der sofortigen Vollziehung des Verwaltungsakts schriftlich zu begründen. Einer besonderen Begründung bedarf es nicht, wenn die Behörde bei Gefahr im Verzug, insbesondere bei drohenden Nachteilen für Leben, Gesundheit oder Eigentum vorsorglich eine als solche bezeichnete Notstandsmaßnahme im öffentlichen Interesse trifft.

(4) Die Behörde, die den Verwaltungsakt erlassen oder über den Widerspruch zu entscheiden hat, kann in den Fällen des Absatzes 2 die Vollziehung aussetzen, soweit nicht bundesgesetzlich etwas anderes bestimmt ist. Bei der Anforderung von öffentlichen Abgaben und Kosten kann sie die Vollziehung auch gegen Sicherheit aussetzen. Die Aussetzung soll bei öffentlichen Abgaben und Kosten erfolgen, wenn ernstliche Zweifel an der Rechtmäßigkeit des angegriffenen Verwaltungsakts bestehen oder wenn die Vollziehung für den Abgaben- oder Kostenpflichtigen eine unbillige, nicht durch überwiegende öffentliche Interessen gebotene Härte zur Folge hätte.

(5) Auf Antrag kann das Gericht der Hauptsache die aufschiebende Wirkung in den Fällen des Absatzes 2 Nr. 1 bis 3 ganz oder teilweise anordnen, im Falle des Absatzes 2 Nr. 4 ganz oder teilweise wiederherstellen. Der Antrag ist schon vor Erhebung der Anfechtungsklage zulässig. Ist der Verwaltungsakt im Zeitpunkt der Entscheidung schon vollzogen, so kann das Gericht die

---

49 Lüneburg ZMR 1957, 391.
50 Vgl. auch BVerwGE 13, 195 zur unterbliebenen Anhörung nach § 35 Abs. 2 Schwerbeschädigtengesetz; BVerwGE 21, 208; E 70, 196 zur Nichtbeteiligung sozial erfahrener Personen; auch der mündlichen Anhörung durch den Ausschuss nach § 6 Abs. 1 AG Hess.
51 Vgl. BVerwG NJW 1959, 2084.
52 BVerwG DVBl. 1967, 237; Koblenz VRspr. 27, 120; Münster VRspr. 27, 761.
53 Kassel NJW 1971, 1717; Petermann BayVBl. 1973, 349.

Aufhebung der Vollziehung anordnen. Die Wiederherstellung der aufschiebenden Wirkung kann von der Leistung einer Sicherheit oder von anderen Auflagen abhängig gemacht werden. Sie kann auch befristet werden.

(6) In den Fällen des Absatzes 2 Nr. 1 ist der Antrag nach Absatz 5 nur zulässig, wenn die Behörde einen Antrag auf Aussetzung der Vollziehung ganz oder zum Teil abgelehnt hat. Das gilt nicht, wenn
1. die Behörde über den Antrag ohne Mitteilung eines zureichenden Grundes in angemessener Frist sachlich nicht entschieden hat oder
2. eine Vollstreckung droht.

(7) Das Gericht der Hauptsache kann Beschlüsse über Anträge nach Absatz 5 jederzeit ändern oder aufheben. Jeder Beteiligte kann die Änderung oder Aufhebung wegen veränderter oder im ursprünglichen Verfahren ohne Verschulden nicht geltend gemachter Umstände beantragen.

(8) In dringenden Fällen kann der Vorsitzende entscheiden.

Übersicht

A. Vorbemerkung

I. Systematische Stellung

§ 80, § 80a bilden zusammen mit § 123 die **Grundlage des vorläufigen** **1**
Rechtsschutzes im Verwaltungsprozess. Beide Regelungen weisen Gemeinsamkeiten auf, sind aber doch in Wesen und Konstruktion verschieden (zur Abgrenzung der beiden Verfahrensarten vgl. § 123 Rn. 1 ff.). Während die einstweilige Anordnung durch die Verweisung des § 123 auf die Bestimmungen der ZPO über Arrest und einstweilige Verfügung sachlich und verfahrensmäßig näher geregelt ist, lässt § 80 viele Fragen offen. Sie gehören zu den umstrittensten Problemen des Verwaltungsprozesses. Fast nir-

gends haben sich bestimmte Lösungen durchgesetzt, vielfach differieren die
Auffassungen der Spruchkörper des gleichen Gerichts. Die Rechtsprechung
ist deshalb fast unübersehbar, Bemühungen der Literatur um Systematisie-
rung und Vereinheitlichung haben bisher kaum Erfolg gehabt, es fehlt die
prägende Kraft des BVerwG, bei dem Aussetzungsverfahren selten sind
(vgl. auch § 123 Rn. 1). Einzelne Teilbereiche, so z.B. das Ausländerrecht,
Baurecht, Beamtenrecht, Hochschulzulassungsrecht, Schul- und Prüfungsrecht, Sozialleistungen, Straßenverkehrsrecht, Immissionsschutzrecht,
Atomrecht, haben sich innerhalb dieser Rechtsprechung fast verselbstständigt. Auch in diesen Bereichen bestehen aber zwischen den Gerichten tief
greifende Meinungsverschiedenheiten. Zu den Details vgl. Finkelnburg/
Jank Rn. 1061–1300.

1a   Keine der Regelungen der VwGO wird wie § 80 so zahlreich in Fachgesetzen ganz oder z. T. geändert. Da der VerwProzess – leider – in der Regel
lange dauert, hat der Gesetzgeber in vielen Gesetzen den Grundsatz der
aufschiebenden Wirkung modifiziert oder beseitigt, soweit dies verfassungsrechtlich zulässig ist. Es wird hierauf nachstehend hingewiesen oder
auch eingegangen. Vollständigkeit können diese Hinweise nicht beanspruchen, die Regelungen sind unübersehbar geworden; bis zum Erscheinen
dieser Auflage werden sie sich weiter vermehrt haben!

II. Hinweise zur Entstehungsgeschichte

2   1. **Einheitliche VPO.** Angesichts dieses seit langem bekannten Befundes
verwundert es nicht, dass der vorläufige, oft auch summarisch genannte
Rechtsschutz eine der **zentralen Fragen** bei dem Versuch war, eine **einheitliche VPO** für alle öffentlich-rechtlichen Gerichtszweige zu erarbeiten. Dabei ging es einmal um die Harmonisierung der in SGG, VwGO und FGO
mit AO sehr unterschiedlichen Regelungen, zum anderen gleichzeitig und
vorab um eine Vereinheitlichung der nur aus der historischen Entwicklung,
nicht aber rational verständlichen Bestimmungen der § 80 und § 123
VwGO. Die Ergebnisse im Rahmen der Arbeit an einer VPO zeigen
§§ 150–155 EntwVPOBMJ und §§ 133–140 RegEntwVPO. Überwiegend
wurden diese Ergebnisse als noch nicht ausreichend angesehen, sodass besonders im Zusammenhang mit den Beratungen des 54. DJT 1982 weiter
gehende, auch den Besonderheiten der Finanzgerichtsbarkeit stärker Rechnung tragenden Lösungen erörtert wurden[1]. Alle diese Bemühungen sind
gescheitert. Geblieben sind lediglich die vom NeuregelungsG 1990 vorgenommenen Änderungen und Ergänzungen. Sie sind aber z. T. nur aus den
früheren Überlegungen voll verständlich. So ist etwa die Aufspaltung des
VA mit Doppelwirkung in § 80a Abs. 1 und Abs. 2, die wenig sinnvoll
erscheint, durch § 152 EntwVPOBMJ bedingt, unterschied § 152 doch
beide Gestaltungsformen dadurch, dass er Rechtsbehelfen im ersteren Fall
die aufschiebende Wirkung absprach, im anderen Fall sie aber vorsah.
Auch die jetzige Regelung des § 80 Abs. 6 war in § 135 Abs. 2 Reg-
EntwVPO bereits aus § 7 FG EntlG, jetzt § 69 Abs. 4 FGO, zur Vereinheitlichung übernommen.

---

1   Vgl. Kopp Gutachten 54. DJT B 109ff.; Finkelnburg NVwZ 1982, 414; Redeker
    ZRP 1982, 149; Bickel DÖV 1983, 49; alle mit vielen Belegen.

2. **Neuregelungsgesetz 1990.** § 80 wurde durch das NeuregelungsG 1990 **3** zwar **vielfach geändert.** **Keine** dieser **Änderungen** ist aber **so neu,** dass sie nicht auf **schon vorhandene Rechtsprechung** zurückgeführt werden könnte, wenn man von Abs. 6 absieht. Die Verselbstständigung des Aussetzungsverfahrens in § 80a bestätigt im sachlichen Ergebnis eine bisher schon überwiegend vertretene Auffassung, durch § 123 Abs. 5 wird jeder Rückgriff auf § 123 nunmehr ausgeschlossen. Die Neufassung des Abs. 1 S. 2 entspricht schon bisher allgemeiner Meinung. Abs. 7 beantwortet bestehende Streitfragen in bestimmter Richtung.

3. **6. VwGOÄndG.** Durch das 6. VwGOÄndG ist – ohne auf überlegte Vorar- **3a** beiten wie bisher zurückzugreifen – in den Kern des vorläufigen Rechtsschutzes eingegriffen worden. Der – verfassungsrechtlich gebotene[2] – Grundsatz der aufschiebenden Wirkung von Widerspruch und Anfechtungsklage, wie er sich in Abs. 1 noch dokumentiert findet, ist in der Sache zur Disposition des einfachen Gesetzgebers gestellt worden[3]. Denn nicht nur der Bundesgesetzgeber sondern nach der Neufassung des Abs. 2 Nr. 3 **auch** der **Landesgesetzgeber** kann nunmehr die **aufschiebende Wirkung** sondergesetzlich ohne Einschränkungen **entfallen** lassen. Es bedarf keiner großen Fantasie, dass der Landesgesetzgeber diese neue Kompetenz zu Lasten des rechtsschutzsuchenden Bürgers nutzen wird. Die durch die Neufassung bewirkte Streichung des bisherigen § 187 Abs. 3 ist durch Einfügung des Abs. 2 S. 2 überkompensiert worden.
Auch der neu geschaffene § 80b ist Ausdruck der gesetzgeberischen Abneigung gegen das Prinzip der aufschiebenden Wirkung von Rechtsbehelfen.

III. Europarechtliche Bezüge

Ebenso wie das materielle Recht wird auch das Verwaltungsprozessrecht zu- **3b** nehmend geprägt durch das Recht der Europäischen Gemeinschaft bzw. Europäischen Union. Dem europäischen Recht ist eine automatische aufschiebende Wirkung von Widerspruch und Klage fremd. Daher ist die nationale Behörde in Vollzug verpflichtet, die nach deutschem Verwaltungsprozessrecht automatisch eintretende aufschiebende Wirkung zu beseitigen[4]. Dafür steht § 80 Abs. 2 S. 1 Nr. 4 VwGO zur Verfügung[5].

Für den vorläufigen Rechtsschutz nach § 80 VwGO ist in der Rechtspre- **3c** chung des Europäischen Gerichtshofes[6] geklärt, dass für die Aussetzung der Vollziehung eines Verwaltungsaktes, der auf der Grundlage einer EG-Verordnung erlassen wurde, Besonderheiten gelten. Die Aussetzung durch ein Gericht darf nur erfolgen, wenn es erhebliche Zweifel an der Gültigkeit der Gemeinschaftsverordnung hat und eine entsprechende Vorlage an den Europäischen Gerichtshof beschließt. Zudem muss die Entscheidung dringlich sein, dem Antragsteller ein schwerer und nicht wiedergutmachender Schaden drohen und die Interessen der Europäischen Gemeinschaft angemessen berücksichtigt sowie die einschlägige Rechtsprechung des EuGH oder des

---

2   BVerfGE 35, 263; st. Rspr.
3   Ein solches Modell begründet Haibach DÖV 1996, 60.
4   EuGH Slg 1990, 2879, 2905-Tafelwein.
5   Schoch DVBl. 1997, 291; Stern JuS 1998, 775; Huber BayVBl. 2001, 577.
6   EuGH SlG I 1991, 415 – Zuckerfabrik Süderdithmarschen.

Gerichts erster Instanz beachtet werden[7]. Diese Besonderheiten gelten nicht, wenn das VG wegen der fehlerhaften Anwendung einer vom VG für gültig erachteten gemeinschaftsrechtlichen Norm die Wiederherstellung der aufschiebenden Wirkung aussprechen will[8]. Entsprechendes soll für den Fall der Umsetzung einer vollziehbaren Komissionsentscheidung durch einen für sofort vollziehbar erklärten Bescheid einer nationalen deutschen Behörde gelten[9]. Die Aussetzung durch die Behörde ist dem europäischen Recht fremd; § 80 Abs. 4 dürfte daher keine Anwendung finden, wenn es um Verwaltungsakte auf europarechtlicher Grundlage geht und die Aussetzung wegen einer von der Behörde für unwirksam gehaltenen Norm des Gemeinschaftsrechts erfolgen soll[10]. Diese Grundsätze gelten nicht bei Anwendung nationalen Rechts, das auf der Grundlage europarechtlicher Richtlinien beruht.

B. Grundsatz der aufschiebenden Wirkung

I. Bedeutung

4 Die aufschiebende Wirkung entfaltet der Anfechtungswiderspruch und die Anfechtungsklage. Gegenstand beider Rechtsbehelfe ist ein belastender VA (zum Begriff und zu Details vgl. § 42 Rn. 32 ff.). Die Bedeutung der Anordnung der aufschiebenden Wirkung ist streitig. Während sie einerseits als **Wirksamkeitshemmung** angesehen wird, der angefochtene VA also während der Zeit der aufschiebenden Wirkung als vorläufig noch nicht wirksam behandelt wird[11], wird auf der anderen Seite die Meinung vertreten, dass die aufschiebende Wirkung auf die Rechtswirksamkeit des VA ohne Einfluss sei, sie deshalb lediglich seine **Vollziehung hemme**[12]. Der letzteren Auffassung ist zuzustimmen. § 80 soll verhindern, dass durch Vollzug eines belastenden VA vollendete Tatsachen geschaffen werden, sodass bei obsiegendem Hauptverfahren der Kläger nur noch auf Schadenersatz- oder Folgenbeseitigungsansprüche angewiesen ist. Nicht die Wirksamkeit des VA wird deshalb von § 80 erfasst, sondern seine Vollziehbarkeit. Das ergibt sich hinreichend deutlich bereits aus dem Wortlaut des § 80 Abs. 2 Nr. 4 und Abs. 3, daneben aus der unterschiedlichen Behandlung der Anforderung von öffentl. Abgaben und Kosten gegenüber anderen VA. Würde die Wirksamkeit durch die aufschiebende Wirkung gehemmt, so wäre hierfür kein vernünftiger Grund ersichtlich, denn die Anforderung kann in gleicher Weise fehlerhaft sein wie jeder andere VA. Geht es um die Vollziehung, so rechtfertigt sich der Unterschied durch die Notwendigkeit, die rechtzeitige Zahlung der Abgaben usw. im Interesse des öffentlichen Haushalts sicherzustellen. Das Argument, die Lehre

---

7   Zu Recht ablehnend Schoch/Schoch Vorb. § 80 Rn. 29 f.
8   Moench/Sandner, in: Rengeling (Hrsg.), Handbuch zum europäischen und deutschen Umweltrecht, Bd. I § 46 Rn. 108.
9   Münster NVwZ 2002, 612.
10 Moench/Sandner, a.a.O. (Fn. 8) Rn. 110.
11 Bachof II S. 268; JZ 1966, 475; Eyermann/J. Schmidt Rn. 5 f.; Schoch/Schoch, Rn. 85; Würtenberger, Verwaltungsprozessrecht Rn. 507.
12 BVerwGE 13, 1; 18, 72; 24, 98; 66, 218; Buchh. 310 § 80 Nr. 49; DVBl. 1973, 861; BVerwGE 99, 109; Lorenz, Verwaltungsprozessrecht § 28 Rn. 11; Hufen, Verwaltungsprozessrecht § 32 Rn. 3; Finkelnburg/Jank Rn. 639 ff., Kalkbrenner BayVBl. 1976, 87, Stelkens/Sachs, § 43 Rn. 154 ff.; differenzierend Schoch VerwA 1991, 145 ff.; Kopp/Schenke Rn. 22; Quaritsch VerwA 60, 222.

von der bloßen Vollziehungshemmung versage bei den gestaltenden und feststellenden VA, weil es hier nichts zu vollziehen gebe, dennoch aber aufschiebende Wirkung eintrete, ist unzutreffend. Denn die Vollziehungshemmung bedeutet hier, dass während dieser Zeit keine rechtlichen und tatsächlichen Folgerungen aus dem VA gezogen werden dürfen[13].

Der Unterschied beider Auffassungen ist in der Praxis geringer als in der Regel angenommen[14]. Auch die Lehre von der Vollziehungshemmung führt dazu, dass während der aufschiebenden Wirkung die Pflichten und Konsequenzen aus dem VA weitgehend entfallen. Der Adressat eines belastenden Verwaltungsaktes muss die sich für ihn aus dem VA ergebenden Pflichten erfüllen; der Adressat eines begünstigenden VA darf die durch den VA begründeten Rechte nicht ausüben. Aus dem VA können Dritte, insbesondere Behörden, keine Berechtigungen für ein Handeln ableiten. Enthält dieser **Handlungsfristen** oder -termine, so bleiben sie zwar bestehen[15], müssen aber nicht beachtet werden[16], weil regelmäßig ohne Handeln des Betroffenen abgelaufen oder nunmehr zu kurz, neu festgesetzt werden, wenn der VA vom Gericht bestätigt wird. **Ausschluss- und Verjährungsfristen** laufen während der aufschiebenden Wirkung nicht. Auch bei späterem Wegfall der Wirkung bleibt diese Zeit nicht anrechenbar; sie führt zur Hemmung im Sinne des § 204 BGB, nicht Unterbrechung[17]; dies gilt nicht für einen rechtlich selbstständigen Bescheid auf Zinsen aus einem Rückforderungsanspruch[18]. **Säumniszuschläge** entstehen während der aufschiebenden Wirkung[19] nicht, auch nicht vorher verwirkte, sie entfallen mit der aufschiebenden Wirkung[20]. Ist der VA **strafbewehrt** oder Bedingung der Strafbarkeit, so entfällt diese während der aufschiebenden Wirkung, da in dieser Zeit keine Befolgungspflicht bestand[21]. Das gilt auch bei Erfolglosigkeit der Klage[22]. Anders bei Verstößen vor oder nach der Zeit der aufschiebenden Wirkung. Sie bleiben immer verfolgbar, wenn die Klage selbst erfolglos ist, aber, soweit es auf die Ordnungsfunktion ankommt, auch bei erfolgreicher Klage[23]. Die aufschiebende Wirkung hindert eine amtsgerichtlich angeordnete Durchsuchung und Beschlagnahme nicht[24]. **Schadenersatz oder sonstige Zahlungsansprüche** auf Grund Zuwiderhandlung gegen den VA können in der Zeit der aufschiebenden Wirkung nicht entstehen, da der Betroffene wegen dieser Wirkung cum lege handelt[25]. **Aussetzungszinsen** können trotz aufschiebender Wirkung überall da gefordert werden, wo § 237 Abs. 1 AO anwendbar ist, selbst wenn der Heranziehungsbescheid zunächst rechtswidrig war und erst im

13 Finkelnburg/Jank Rn. 644 f; Lorenz, Verwaltungsprozessrecht § 28 Rn 10.
14 Vgl. Sodan/Puttler Rn. 35 ff.
15 Hamburg VRspr. 20, 236; München DÖV 1975, 280; Kopp/Schenke Rn. 26; a.A.: werden gegenstandslos Mannheim AgrarR 1987, 278; Sodan/Puttler Rn. 54.
16 Bader/Funke-Kaiser Rn. 21.
17 Vgl. BVerwG NJW 1977, 823.
18 BVerwGE 99, 109.
19 BFH NJW 1979, 832.
20 BFH BStBl. II 1979, 452; Wüterich NVwZ 1987, 959, a.A. Lüneburg NVwZ 1990, 270; NVwZ 1987, 65; BFH BStBl. II 1979, 58; Kopp/Schenke Rn. 34; differenzierend Bader/Funke-Kaiser Rn. 21.
21 Kopp/Schenke Rn. 32.
22 Finkelnburg/Jank Rn. 646; AG Bonn NJW 1967, 1480; Kopp BayVBl. 1972, 651.
23 Sehr str.; vgl. BVerwGE 43, 273; BayObLG BayVBl. 1969, 329; Schenke JR 1970, 449; Kopp Rn. 17; BGHSt. 23, 86; OLG Karlsruhe NJW 1978, 116; KG GewA 1994, 193; Finkelnburg/Jank Rn. 646; Wüterich NStZ 1987, 106.
24 Münster NVwZ-RR 1993, 385.
25 Kopp/Schenke Rn. 33.

Verfahren geheilt worden ist[26]. Dazu weiter die im Bund und in einigen Ländern bereits geltende Regelung des § 49a Abs. 3 VwVfG[27]. Das gilt nicht, wenn Landesrecht entgegensteht[28].

5a Auch bei **VA mit Doppelwirkung** entfaltet der **Widerspruch** des Dritten **aufschiebende Wirkung** nach § 80a, § 80 Abs. 1. Der Begünstigte darf von dem gewährenden VA keinen Gebrauch machen. Es ist aber streitig, ob ein Verstoß gegen diese Wirkung mehr als **suspensionswidrig**, also auch **illegal** ist mit allen sich hieraus ergebenden ggf. auch strafrechtlichen Folgen. Die Frage wird unter Hinweis auf die bloße Vollzugshemmung der aufschiebenden Wirkung von Kassel[29] und Mannheim[30] verneint, von Sellner[31] und München[32] bejaht. Es spricht mehr für die erstere Auffassung. Die Verwaltung, ggf. das Gericht, kann sich in diesen Fällen nach § 80a Abs. 1, Abs. 3 durchsetzen.

5b Wird durch die Verwaltung oder das Gericht die sofortige Vollziehung angeordnet (§ 80a Abs. 1 Nr. 1) und macht der Begünstigte von den Rechten aus dem VA Gebrauch, handelt er auf eigenes Risiko. Wird im Beschwerdeverfahren die Anordnung der sofortigen Vollziehung aufgehoben, so wirkt dies ex tunc auf den Zeitpunkt der Einlegung des Widerspruchs zurück. Das Gebrauchmachen ist zwar nicht illegal, da die Wirksamkeit des VA durch die aufschiebende Wirkung nicht – auch nicht vorläufig – aufgehoben wird, doch dürfen aus dem VA keine Folgen gezogen werden. Die weitere Ausnutzung der vom VA vermittelten Rechtsstellung hat zu unterbleiben und das bisherige Gebrauchmachen ist unter Beachtung des Verhältnismäßigkeitsprinzips soweit wie möglich rückgängig zu machen (vgl. u. Rn. 7). Wird später die Klage rechtskräftig abgewiesen, entfällt der Grund, das unter Verstoß gegen die Vollziehungshemmung Erlangte dem Begünstigten vorzuenthalten. Wird umgekehrt der Klage stattgegeben, entfällt die Rechtsposition des Begünstigten. Der VA war zum für die gerichtliche Entscheidung maßgeblichen Zeitpunkt und danach nicht wirksam. Die Ausnutzung eines unwirksamen VA kann Rechtspositionen auch dann nicht begründen, wenn die Ausnutzung auf Grund einer Anordnung der sofortigen Vollziehung erfolgte.

6 § 80 Abs. 1 S. 2 stellt jetzt ausdrücklich klar, dass die aufschiebende Wirkung von Rechtsbehelfen auch bei **rechtsgestaltenden** und **feststellenden VA** eintritt, was schon bisher allgemein angenommen wurde. Er legt gleichzeitig fest, dass sie auch für Rechtsbehelfe bei VA mit Doppelwirkung gilt. Da für diese die neue Bestimmung des § 80a die Folgerungen aus dieser Festlegung zieht, sollen auch die Voraussetzungen im Zusammenhang mit § 80a erörtert werden (vgl. § 80a Rn. 2). Ein **VA** dagegen, mit dem lediglich ein gestellter **Antrag abgelehnt** wird, ist einer belastenden Vollziehung nicht fähig. Eine aufschiebende Wirkung des Rechtsbehelfs kann deshalb nicht eintreten; vorläufiger Rechtsschutz ist hier nur im Wege der einstweiligen Anordnung möglich. Der Widerspruch hat aber hinsichtlich des mit dem Bescheid verbundenen Gebührenansatzes aufschiebende Wirkung (vgl. später Rn. 15).

---

26 BVerwG NVwZ 1984, 435; Lüneburg KStZ 1990, 13, a.A. Hamburg NVwZ-RR 1994, 283.
27 Vgl. Stelkens/Sachs § 49 Rn. 84 ff.
28 Lüneburg NVwZ 1984, 246.
29 GewA 1992, 113.
30 NVwZ-RR 1989, 123.
31 A.a.O. Rn 489.
32 GewA 1967, 125.

Das Gleiche gilt für behördliche Entscheidungen, die nur im Wege der allgemeinen **Leistungsklage** oder der vorbeugenden Feststellungsklage angreifbar sind (Umsetzung eines Beamten[33]; Persönlichkeitsverletzungen in Ausübung hoheitlicher Tätigkeit; Zuweisung richterlicher Tätigkeit im Geschäftsverteilungsplan[34]).

II. Beginn, Ende

Die **aufschiebende Wirkung tritt** erst **mit der Einlegung des Widerspruchs** **7** oder **der Erhebung der Klage ein.** Bis zu diesem Zeitpunkt kann der VA bzw. der Widerspruchsbescheid vollzogen werden. Die Verwaltung braucht die Vollziehung nicht bis zur Unanfechtbarkeit des VA zurückzustellen, denn die bloße Möglichkeit von Rechtsbehelfen führt noch nicht zur aufschiebenden Wirkung[35]. Die Vollziehung steht in diesem Fall aber unter dem Vorbehalt der aufschiebenden Wirkung durch die Einlegung des Rechtsbehelfs. Wird der VA vor Eintritt der formellen Rechtsbeständigkeit vollzogen, ggf. auch freiwillig, und wird rechtzeitig Widerspruch eingelegt oder Klage erhoben, so ist die Vollziehung auf Antrag rückgängig zu machen, da sie nachträglich unzulässig geworden ist. Das folgt aus § 80 Abs. 5, der hierauf entsprechend anwendbar ist[36]. Das **Ende der aufschiebenden Wirkung** ist teilweise in § 80b kodifiziert worden. Dem dortigen Abs. 1 muss entnommen werden, dass die aufschiebende Wirkung nicht mit Erlass des ablehnenden Widerspruchsbescheides endet und erst mit der Erhebung der Anfechtungsklage wieder beginnt (so noch die 12. Auflage), sondern kontinuierlich bis zum gesetzlich festgesetzten Zeitpunkt gilt. Sie endet je nach spezialgesetzlicher Rechtslage mit Zurückweisung des Widerspruchs, wenn der Anfechtungsklage ausnahmsweise die aufschiebende Wirkung durch Gesetz genommen ist. Sie endet auch, wenn die Behörde im laufenden Verfahren die sofortige Vollziehung anordnet. Sie endet weiter mit dem rechtskräftigen Abschluss des Hauptverfahrens[37] oder sonst mit dem Eintritt der Unanfechtbarkeit des VA (so jetzt ausdrücklich § 80b Abs. 1 S. 1 1. Halbs.). War die Anfechtungsklage im ersten Rechtszug erfolglos, endet die aufschiebende Wirkung drei Monate nach Ablauf der gesetzlichen Begründungsfrist des gegen die abweisende Entscheidung gegebenen Rechtsmittels (§ 80b Abs. 1 S. 1 2. Halbs.). Der Wegfall hat Rückwirkung auf den Zeitpunkt des Erlasses des VA; zur Zwischenwirkung oben Rn. 5.

III. Den Adressaten zugleich begünstigender und belastender VA

Begünstigt und belastet ein VA den Adressaten gleichzeitig[38], wird also etwa **8** einem Antrag stattgegeben, gleichzeitig aber eine Belastung angeordnet, so führt ein Rechtsbehelf gegen den VA zur aufschiebenden Wirkung hinsichtlich dieses belastenden Teiles, während von dem begünstigenden Teil Ge-

---

33 BVerwG DVBl. 1980, 882.
34 BVerwG Buchh. 300 § 21e GVG Nr. 15; Hamburg NJW 1987, 1215.
35 A.A. in besonderem Zusammenhang Katzke NJW 1962, 1132.
36 Wie hier: BVerwG NJW 1961, 90; DÖV 1973, 787; Münster OVGE 28, 128; 34, 240; Mannheim ESVGH 16, 183, München GewA 1984, 164; a.A. Kellner DÖV 1963, 426.
37 Berlin JR 1967, 277.
38 Zum Problem Remmert VerwA 1997, 112.

brauch gemacht werden kann[39]. Dieser Grundsatz gilt nicht, wenn Begünstigung und Belastung in untrennbarem Zusammenhang stehen, die Begünstigung deshalb nicht ohne die Belastung ausgesprochen worden wäre[40]. Das ist immer dann der Fall, wenn eine (Teil-) Untersagung einer beantragten Genehmigung ausgesprochen wird[41] oder wenn die Begünstigung durch die Belastung bedingt ist. Ein Rechtsbehelf gegen die **Bedingung** ermöglicht deshalb nicht, von der Begünstigung unbedingt Gebrauch zu machen. Das Gegenteil gilt für die selbstständige belastende Auflage. Sie ist als solche unabhängig von dem eigentlichen VA anfechtbar, wenn dieser ohne die **Auflage** sinnvoller- und rechtmäßigerweise bestehen bleiben kann[42]. Hier hat der Rechtsbehelf gegen die Auflage aufschiebende Wirkung. Schränkt die Auflage dagegen die Gewährung so ein, dass diese ohne die Auflage nicht mit einem Inhalt weiter bestehen kann, der der Rechtsordnung entspricht[43] oder dass in der Sache ein nicht beantragter Verwaltungsakt erlassen wird (sog. **modifizierende Auflage**[44]), so hat der Rechtsbehelf keine aufschiebende Wirkung, weil nicht die Auflage sondern die teilweise Ablehnung des Antrages, die Modifikation, sein Gegenstand ist; in der Regel ist eine solche Auflage auch anzunehmen, wenn der VA mit einer **Maßgabe** ergeht. Umgekehrt hat das Fehlen der aufschiebenden Wirkung zur Folge, dass von dem VA im Rahmen der durch die Auflage beschränkten Gewährung trotz des Widerspruchs Gebrauch gemacht werden kann. Vorläufiger Rechtsschutz ist hier nur nach § 123 möglich[45]; vgl. § 42 Rn. 34a. Weiter gehend hält das BVerwG[46] die Anfechtungsklage und damit die aufschiebende Wirkung von Widerspruch und Klage unabhängig von der Art der Nebenbestimmung für die richtige Klageart, wenn sich eine Person davon in ihren Rechten verletzt sieht. Ob die Nebenbestimmung isoliert aufgehoben werden kann, ist nach dieser Auffassung eine Frage der Begründetheit der Klage. Nur wenn die isolierte Aufhebbarkeit offenkundig von vornherein ausscheidet, ist nach der Rspr. des BVerwG die isolierte Anfechtungsklage ausgeschlossen. Wie weit der Begriff der modifizierenden Auflage die damit gemeinten Tatbestände wirklich umfasst, ob er überhaupt haltbar ist, wird zunehmend erörtert und ist umstritten[47]. Keine der diskutierten Erscheinungsformen dieser Auflage fällt aber unter § 80.

IV. Widerrufs- oder RücknahmeVA

9 Aufschiebende Wirkung haben auch **Rechtsbehelfe gegen VA, die eine erteilte Begünstigung widerrufen oder zurücknehmen.** Da die Vollziehung des Wi-

---

39 Sodan/Puttler Rn. 22.
40 Lüneburg NVwZ 1992, 387, Bautzen SächsVBl. 1997, 219; Eyermann/J. Schmidt Rn. 11; Sieckmann DÖV 1998, 525; ähnlich Kopp/Schenke Rn. 48; a.A. Remmert VerwArch 1997, 135 f.
41 München NVwZ-RR 1997, 167.
42 BVerwGE 65, 139 gegen 55, 135; zu dieser umstrittenen nicht notwendig § 36 VwVfG entsprechenden These Stelkens NVwZ 1985, 469; Osterloh JuS 1984, 973; ferner BVerwGE 36, 146; NJW 1982, 2269; NJW 1983, 640; Fehn DÖV 1988, 202; Martens DÖV 1988, 949; Kopp/Schenke Rn. 48.
43 BVerwG UPR 1984, 238.
44 Vgl. BVerwG DÖV 1974, 380, 563; Weyreuther DVBl. 1969, 232 ff., 295 ff. DVBl. 1984, 370; München UPR 1985, 97; BayObLG UPR 1988, 26; Kassel ESVGH 45, 55.
45 München BayVBl. 1994, 566.
46 BVerwGE 100, 335; NVwZ 2001, 429; dazu Brüning NVwZ 2002, 1081; Sproll NJW 2002, 3221.
47 Vgl. hierzu eingehend Stelkens/Stelkens § 36 Rn. 48 ff. mit zahlreichen Belegen.

derrufs oder der Rücknahme gehemmt ist, kann zunächst weiter nach dem widerrufenen oder zurückgenommenen Akt verfahren werden[48]. Das gilt nicht, wenn der widerrufene oder zurückgenommene VA keine Dauerwirkung hat, sondern sich in seinem Erlass und ggf. seiner Verwirklichung erschöpft hat[49].

V. Vollstreckungsakte

Aufschiebende Wirkung haben **Rechtsbehelfe** auch **im Verfahren der Verwaltungsvollstreckung,** wenn nicht die Länder von der Möglichkeit einer besonderen gesetzlichen Regelung nach § 187 Abs. 3 a.F. oder nach § 80 Abs. 2 S. 1 Nr. 3, S. 2 Gebrauch gemacht haben (vgl. § 169 Rn. 14). Das gilt auch für die Vollstreckung von öffentlichen Abgaben und Kosten. Denn § 80 Abs. 2 Nr. 1 lässt die aufschiebende Wirkung nur für die Anforderung solcher Abgaben und Kosten entfallen, nicht für die Vollstreckung von Leistungsbescheiden[50]. **10**

VI. Zulässigkeit des Rechtsbehelfs

Streitig ist die **Frage, ob die aufschiebende Wirkung** in jedem Fall eintritt oder die **Zulässigkeit des Rechtsbehelfs,** der wenigstens eingelegt worden sein muss[51]**, voraussetzt.** Löwer[52] hat mit eingehender Begründung versucht, für bestimmte Fälle der Unzulässigkeit des Rechtsbehelfs die aufschiebende Wirkung zu verneinen und hierzu die Unzulässigkeit des Verwaltungsrechtsweges für eine anschließende Klage; das Fehlen eines VA (Widerspruch gegen eine Satzung), die fehlende Klagebefugnis oder die Versäumung der Rechtsmittelfrist gezählt[53]. Von anderer Seite wird die aufschiebende Wirkung auch dem unzulässigen Rechtsbehelf zuerkannt[54]. Münster verneint die aufschiebende Wirkung eines unzulässigen Rechtsbehelfs[55]. **11**
Für die Beantwortung der Frage kann die **Unterscheidung zwischen Zulässigkeit und Begründetheit** der Klage, wie sie zu § 42 entwickelt worden ist (§ 42 Rn. 20) **herangezogen** werden. Ist eine Rechtsverletzung des Rechtsbehelfsführers unter keinem denkbaren Gesichtspunkt (insoweit noch weiter gehender als in § 42) möglich, wäre also eine Klage aus diesem Grunde offensichtlich als unzulässig abzuweisen, so hat der Rechtsbehelf keine aufschiebende Wirkung[56]. Der Widerspruch gegen eine Satzung

---

48 BGHZ 17, 89 Hamburg NJW 1954, 488; Kassel DVBl. 1951, 698, München DVBl. 1951, 474.
49 Von Münster angenommen für die Einstellung der Fürsorgeunterstützung, DVBl. 1959, 289 m. zust. Anm. von Sellmann; Eyermann/J. Schmidt Rn. 9; a.A. Mannheim DVBl. 1961, 519 m. zust. Anm. von Oertzen.
50 Str.; wie hier: Lüneburg DVBl. 1962, 344; Münster OVGE 14, 119 ff.; Stein DVBl. 1961, 714; Eyermann/J. Schmidt Rn. 24; a.A. Lüneburg DVBl. 1958, 517; Münster OVGE 25, 195; Löwer DVBl. 1961, 909.
51 Münster NVwZ-RR 1996, 184; Finkelnburg/Jank Rn. 649; Schoch/Schoch Rn. 314; Bader/Funke-Kaiser Rn. 16; zweifelnd Mannheim NVwZ 1995, 813; a.A. Kopp Rn. 139.
52 DVBl. 1963, 343 ff.; hierzu weiter Müller ZMR 1962, 193.
53 Ähnl. Schoch/Schoch Rn. 65 ff.; Finkelnburg/Jank Rn. 657 ff.
54 Lüneburg DVBl. 1976, 82.
55 NJW 1975, 794; krit. hierzu v. Mutius VerwA 66, 405 ff.; Maetzel DVBl., 1976, 85; Skouris DVBl. 1975, 920.
56 Schleswig NordÖR 2001, 304.

kann ebenso wenig ihren Vollzug verhindern wie der Widerspruch eines Dritten gegen ein Bauvorhaben, das ihn in keinem Fall beeinträchtigen kann, da er in einem anderen Stadtteil wohnt. Ebenso im Falle unzulässiger Konkurrentenklage[57]. Auch die offensichtliche[58] Unzulässigkeit des Verwaltungsrechtsweges für eine anschließende Klage oder die offensichtliche Verfristung des Rechtsbehelfs schließen die aufschiebende Wirkung aus, denn § 80 kann sich als Regelung der VwGO nur auf solche Rechtsbehelfe beziehen, die nach der VwGO zulässig sind. Diese Beschränkungen der aufschiebenden Wirkung sind besonders bei Rechtsbehelfen Dritter in den Fällen des VA mit Doppelwirkung erheblich[59]. Dagegen ändern im Einzelfall möglicherweise bestehende Unzulässigkeitsgründe (fehlende Prozessfähigkeit oder Vertretungsbefugnis, Versäumung der Rechtsmittelfrist[60], Mangel des Vorverfahrens, verspätete Klage, aber aussichtsreicher[61] Wiedereinsetzungsantrag (nicht bei aussichtslosem Wiedereinsetzungsantrag[62]) an der aufschiebenden Wirkung nichts[63]. Der Rechtsbehelf gegen schulische **Organisationsakte** ist nach inzwischen geklärter Auffassung zulässig, hat also aufschiebende Wirkung[64].

11a Manches könnte dafür sprechen, nicht nur bei unzulässigen, sondern auch bei offensichtlich unbegründeten Rechtsbehelfen die aufschiebende Wirkung auszuschließen[65].

12 Keine Frage der Zulässigkeit des Widerspruchs, sondern der Notwendigkeit des Vorverfahrens als Sachurteilsvoraussetzung ist die Regelung des § 68 S. 2, wonach es dieses Vorverfahrens bei **VA einer obersten Bundes- oder Landesbehörde oder der erstmaligen Beschwer durch einen Abhilfe- oder Widerspruchsbescheid** nicht bedarf. Der **Widerspruch** bleibt hier **zulässig;** seine Einlegung hat deshalb aufschiebende Wirkung. Die Behörde muss ihn bescheiden, wenn er sich nicht bereits durch Ablauf der Klagefrist erledigt.

VII. Besonderes Pflichtenverhältnis

13 Der Widerspruch gegen einen **VA im besonderen Pflichtenverhältnis** hat aufschiebende Wirkung. Trotz der geäußerten Bedenken und praktischer Schwierigkeiten ist die aufschiebende Wirkung zu bejahen. Der Versuch, einen nicht suspensiblen VA zu konstruieren, ist mit der generellen Regelung des § 80 Abs. 1 und dem modernen Verständnis des besonderen Pflichtverhältnisses als eines von subjektiven Rechten nicht befreiten Raumes nicht zu vereinbaren.

---

57 Kassel NVwZ 1982, 638; Mannheim NVwZ 1983, 41; Rechtsschutz allenfalls über § 123.
58 Münster OVGE 17, 62.
59 Typisches Beispiel BVerwG DVBl. 1993, 256; auch KreisG Gera VIZ 1992, 202; Koblenz NVwZ 1993, 699.
60 Postier NVwZ 1985, 95.
61 Münster NVwZ-RR 1990, 378; OVGE 38, 191.
62 Kassel DÖV 1989, 361.
63 Wie hier Hamburg NVwZ 1987, 1002; Münster NVwZ 1987, 334; VG Darmstadt NVwZ 1987, 334; VG Hamburg NuR 1987, 87; ähnlich Bremen DÖV 1988, 611.
64 BVerfGE 51, 268; BVerwG NJW 1978, 2211; Hamburg NJW 1980, 2146; VG Gelsenkirchen NJW 1982, 120; Münster DÖV 1979, 303 gegen NJW 1978, 286 und DVBl. 1976, 948.
65 Vgl. Eyermann/J. Schmidt Rn. 14.

VIII. Verwaltungsakte mit Doppelwirkung

Aufschiebende Wirkung haben grundsätzlich auch die Rechtsbehelfe des belasteten Dritten bei **VA mit Doppelwirkung**. Zu den Voraussetzungen solcher VA vgl. § 42 Rn. 132 ff.; zum Verfahren bei Rechtsbehelfen des Dritten jetzt § 80a; vgl. weiter § 123 Rn. 3 f. **14**

C. Ausschluss der aufschiebenden Wirkung

Die aufschiebende Wirkung tritt in den Fällen des § 80 Abs 2 S. 1 Nr. 1 bis 3, S. 2 kraft Gesetzes, im Fall des § 80 Abs. 2 S. 1 Nr. 4 kraft besonderer behördlicher Anordnung nicht ein. **Kraft Gesetzes fehlt die aufschiebende Wirkung:** **15**

I. Anforderung von öffentlichen Abgaben oder Kosten (Abs. 2 S. 1 Nr. 1)

Unter öffentlichen Abgaben sind zunächst Steuern, Gebühren und Beiträge im herkömmlichen Sinn des § 1 AO a.F. zu verstehen. Darüberhinaus sieht ein großer Teil der Rechtsprechung jegliche öffentlich-rechtliche Geldleistungspflicht mit Finanzierungsfunktion für einen öffentlichen Haushalt, die nicht gänzlich untergeordneter Zweck ist, als eine Abgabe im Sinne der Nr. 1 an[66]. In der Kommentarliteratur wird mit Blick auf den generellen Ausnahmecharakter des Absatz 2 eine wesentlich engere Auslegung bevorzugt: Abgaben seien nur solche Geldleistungen, die auf Grund normativer Bestimmung stetig zur Sicherstellung einer geordneten Haushaltsführung dienten[67]. Der weiten Auslegung der Rechtsprechung ist mit der Einschränkung zu folgen, dass Abgaben nur solche öffentlich-rechtlichen Geldforderungen sind, die eine hauptsächliche Finanzierungsfunktion haben[68]. Dass es sich nicht nur um die klassische Abgabentrias Steuern, Gebühren und Beiträge handelt, ergibt sich schon aus der weiten Wortlautfassung, die allgemein auf Abgaben hinweist, ohne die Beschränkung auf die Trias, die auch im Kommunalabgabenrecht nicht stillschweigend vorausgesetzt, sondern spezifisch definiert wurde, wiederzugeben. Die Verknüpfung zum Steuerrecht, das auch Steuern mit anderen Zielen als der bloßen Finanzierung kennt, ergibt keinen zwingenden Grund auf eine Beschränkung auf die klassischen Abgabenarten[69].
Der Steuerbegriff des Absatz 2 S. 1 Nr. 1 knüpft an den allgemeinen Begriff der Steuer an und bereitet keine großen Schwierigkeiten.

Der Kostenbegriff ist ebenso wie der der Steuern verhältnismäßig eindeutig zu bestimmen. Unter **Kosten** sind solche aus Verwaltungsverfahren oder Vorverfahren zu verstehen. Dazu gehören auch die Verwaltungsgebühren des Prüfingenieurs für Baustatik[70]. § 80 Abs. 2 Nr. 1 bezieht sich nur auf iso- **15a**

---

66   Vgl. die umfangreichen Nachweise bei Finkelnburg/Jank Rn. 678.
67   Schoch/Schoch Rn. 113 f.; Eyermann/J. Schmidt Rn. 19; Bader/Funke-Kaiser Rn. 22.
68   Vgl. BVerwG DVBl. 1993, 441; Lüneburg OVGE 30, 382; Münster OVGE 25, 195; NVwZ 1987, 62.
69   Wie hier Kopp/Schenke Rn. 57.
70   VG Potsdam NVwZ-RR 2002, 624.

lierte selbstständige Kostenanforderungen oder Kostenstreitigkeiten, nicht dagegen auf Kostenentscheidungen, die neben oder in Zusammenhang mit einer Sachentscheidung ergehen[71]. Wird in letzterem Fall die Sachentscheidung durch Rechtsbehelf angefochten, so tritt die aufschiebende Wirkung auch hinsichtlich der Kostenanforderung ein[72]. Das soll auch gelten, wenn in der Hauptsache keine aufschiebende Wirkung (mehr) vorliegt[73]. Saarlouis[74] will nicht auf die Selbstständigkeit der Kostenanforderung, sondern auf die aufschiebende Wirkung des Rechtsmittels in der Hauptsache abstellen, sodass bei Leistungsanträgen Absatz 2 Nr. 1 gilt. Verfehlt Münster[75], wonach die Gebührenfestsetzung für einen zurückweisenden Widerspruchsbescheid ein selbstständiger von dem Rechtsmittel in der Hauptsache nicht erfasster VA sei, dessen Rechtmäßigkeit nicht von der Rechtmäßigkeit des Widerspruchsbescheides abhänge und deshalb nach Absatz 2 Nr. 1 sofort vollziehbar sei. Das Gericht verneint eine entsprechende landesrechtliche Regelung und übersieht, dass sie bereits in § 79 Abs. 1 Nr. 1 VwGO bundesrechtlich vorhanden ist[76]. Keine Kosten sind Zwangsgeld und Kostenanforderung für eine Ersatzvornahme, da es sich hier um Vollstreckungsmaßnahmen handelt[77]. Ein Erstattungsanspruch wegen verauslagter Beerdigungskosten unterfällt nicht dem Kostenbegriff[78]. Die Erstattung von Kosten für einen Feuerwehreinsatz erfüllt nicht die Voraussetzungen der Nr. 1[79].

15b   Der Abgabebegriff ist weit zu fassen. Er umfasst alle öffentlich-rechtlichen Geldforderungen, die eine hauptsächliche Finanzierungsfunktion haben. Die Anforderungen einer Abgabe muss nicht direkt durch einen Leistungsbescheid erfolgen. Es genügt, auch ein Bescheid auf Duldung der Zwangsvollstreckung[80] oder ein Haftungsbescheid[81]. Bei der Anforderung von **Gebühren** oder **Beiträgen** muss zunächst geprüft werden, ob tatsächlich eine hoheitliche Forderung vorliegt[82] oder nicht in Wirklichkeit privat-rechtliche Ansprüche geltend gemacht werden. Die Frage ist nach dem materiellen Abgabenrecht zu beantworten.

---

71   Lüneburg NVwZ-RR 1992, 279; Münster NJW 1967, 1980; München VGH n.F. 12, 118; 18, 90; a.A. OVG Berlin NVwZ-RR 1995, 433; Kassel DVBl. 1997, 857; zum Problem vgl. Emmrich NVwZ 2000, 163.

72   Lüneburg OVGE 30, 382; Münster OVGE 31, 193; VG Freiburg GewA 1968, 187; Mannheim KStZ 1972, 59; München VGH n.F. 13, 118; VG Kassel NVwZ-RR 1999, 5; Eyermann/J. Schmidt Rn. 19; Schoch/Schoch Rn. 119.

73   Kassel NVwZ-RR 1998, 463; sehr str.

74   AS 17 Nr. 32.

75   KStZ 1984, 217.

76   Wie Münster auch Koblenz NVwZ-RR 1992, 221.

77   Münster OVGE 22, 307; NJW 1984, 2844; Mannheim NVwZ-RR 1991, 512; Bautzen SächsVBl. 1996, 258; Berlin NVwz-RR 1995, 575; VG Hannover NVwZ-RR 1998, 311; Kassel NVwZ-RR 1998, 534; Berlin NVwZ-RR 1999, 156; Schleswig NVwZ-RR 2001, 586; a.A. für Kosten bei Anwendung unmittelbaren Zwanges: München BayVBl. 1990, 435; für Kosten der Ersatzvornahme: München NVwZ-RR 1994, 471; Mannheim VBlBW 1996, 262; Bautzen NVwZ-RR 2003, 475; noch weiter gehend Koblenz NVwZ 1999, 27; weder Vollstreckungsmaßnahme noch Kosten (NVwZ 1999, 27); differenzierend VG Frankfurt DÖV 1989, 175; Mannheim VBlBW 1984, 245; NVwZ 1985, 202; Lüneburg DÖV 1970, 789; Eyermann/J. Schmidt Rn. 24; De Clerck NJW 1961, 2233, vgl. aber auch Mannheim NVwZ 1986, 933.

78   Mannheim DVBl. 1999, 1733.

79   VG Cottbus NVwZ-RR 1998, 174.

80   VG Gera NVwZ-RR 2001, 627.

81   VG Gießen NVwZ 2002, 709.

82   So Kita-Kostenbeteiligungsbeiträge VG Berlin NVwZ 1984, 396.

Aus der umfangreichen Rechtsprechung sei auf die nachfolgend wiedergege- **16**
benen Entscheidungen verwiesen: Als **Abgaben** werden **angesehen:** Umlagen
öffentlich-rechtlicher Verbände[83]; Beiträge zu öffentlich-rechtlichen berufsständischen Versorgungswerken[84]; ebenso Stundungszinsen[85]; die Hambur-
ger Grundwassergebühr[86], z. T. Schornsteinfegergebühren[87], Ersatzleistung
nach § 18 Abs. 5 AuslG 1965[88]; nunmehr ist die Rechtslage zu Gunsten der
aufschiebenden Wirkung geändert worden[89]. Zweifelhaft war dies für Ab-
wasserabgaben; hier ist die Vollziehbarkeit in § 12a AbwAbgG jetzt kraft
Gesetzes vorgesehen. Das soll auch für die Abwälzung oder Umlage solcher
Abgaben gelten[90]; auch die Rückforderung der Erstattung einer Vorausleistung auf einen Entwässerungsbeitrag sieht Koblenz[91] als Abgabe an (kaum
zutreffend). Beiträge zu einem Abwrackfonds gehören zu den Abgaben[92].
Nicht zu den **Abgaben** gehören: Aufwendungsersatzansprüche von Gemeinden nach Abgabensatzungen[93]; Milchausgleichsabgaben[94], Säumniszuschläge[95]; Rückforderungsbescheide gegen Leistungsempfänger[96]; Schwer-
behindertenausgleichsabgabe[97]; Kostenbeitrag nach §§ 91 ff. KJHG[98];
Nutzungsentgelt des Beamten anlässlich von Nebentätigkeit[99]. Ablösungs-
beträge zur Erfüllung der Stellplatzpflicht[100]; Fehlbelegungsabgabe[101]; Bei-
träge nach § 4 Abs. 2 Nr. 3 WHG[102]; Abgaben nach § 17 Betr. AVG, da als
Umlage anzusehen; Kosten eines Feuerwehreinsatzes[103].
Nr. 1 lässt sich nicht umkehren. Wird etwa ein Bescheid über öffentliche
Geldleistungen widerrufen, so hat der Widerspruch gegen den Widerruf
aufschiebende Wirkung[104], ebenso bei Widerspruch gegen Widerruf der
Stundung einer Abgabe[105]; vgl. Rn. 9. Auch die Rückforderung bewilligter
Finanzausgleichsleistungen ist keine Abgabe[106].

---

83 Kassel DVBl. 1991, 1325; Münster VRspr. 20, 127; VG Dessau LKV 1998, 326.
84 Kassel NJW 1994, 145.
85 München NVwZ 1987, 63.
86 Hamburg NVwZ 1990, 1003.
87 BVerwG KStZ 1990, 51.
88 Kassel NJW 1989, 2212; Münster NVwZ 1989, 84.
89 Kassel B. v. 27.2.1998 – 10 TZ/69/98.
90 Koblenz NVwZ 1987, 983.
91 KStZ 1987, 216.
92 Münster NVwZ-RR 1998, 515.
93 Münster OVGE 32, 109; München DÖV 1971, 715; Willerscheid KStZ 1976, 201;
    Potsdam NVwZ-RR 2001, 402; Greifswald NVwZ-RR 2001, 462; a.A. für Hausan-
    schlusskosten i. S. d. § 33 SächsKAG VG Chemnitz NVwZ-RR 1999, 681; Dresden
    NVwZ 1997, 189.
94 Münster VRspr. 18, 367.
95 Mannheim KStZ 1972, 59, Kassel 11. Senat NJW 1994, 145; Koblenz DÖV 1987, 35;
    München NVwZ 1987, 63; Lüneburg KStZ 1988, 57; a.A. Münster NVwZ 1984,
    395; Bremen NVwZ 1987, 65; Kassel 5. Senat DÖV 1995, 429.
96 Kassel DÖV 1975, 865.
97 VG Berlin NJW 1980, 77; a.A. München BayVBl. 1980, 181.
98 Greifswald NVwZ-RR 2000, 63.
99 Münster DVBl. 1986, 475; VG Stuttgart NJW 1980, 607.
100 Lüneburg NVwZ 1984, 594; Hamburg NVwZ-RR 2000, 106.
101 Münster NVwZ 1984, 395; a.A. Hamburg DVBl. 1991, 1325; Münster NVwZ 1993,
    269; VG Berlin DVBl. 1983, 956; Berlin NVwZ 1987, 61; München DÖV 1987, 32;
    DVBl. 1991, 1325.
102 Kassel NVwZ-RR 1997, 651; zustimmend Thieme/Montag ZfW 1993, 173.
103 NVwZ-RR 1998, 174.
104 Kassel AgrarR 1989, 254.
105 München NVwZ 1988, 745.
106 Lüneburg NVwZ-RR 1997, 655.

II. Unaufschiebbare Anordnungen und Maßnahmen von Polizeivollzugsbeamten

17 Gemeint sind hier Fälle, in denen sofortiges Eingreifen polizeilicher Vollzugs-
beamter erforderlich ist, insbesondere also bei VA durch tatsächliches Handeln, wie es etwa im Straßenverkehr notwendig ist. Für Maßnahmen der
Ordnungsbehörden (Verwaltungspolizei) gilt § 80 Abs. 2 Nr. 2 nicht. Nr. 2
ist auf amtliche Verkehrszeichen unmittelbar anzuwenden, eine nach der Bewertung der Verkehrszeichen als Allgemeinverfügung notwendige Konsequenz[107]; anders, wenn die Verkehrsregelung bewusst einzelnen Betroffenen
vorab bekannt gegeben wird[108]. Auch die Entfernung von Verkehrszeichen
soll Nr. 2 unterfallen[109]. Von der Anordnung sind die Maßnahmen zur **Vollstreckung** zu unterscheiden. Hierzu oben Rn. 10.

III. Bei anderen durch Bundes- oder Landesgesetz vorgeschriebenen Fällen

18 Konnte bislang schon der Bundesgesetzgeber die **aufschiebende Wirkung** von
Widerspruch und Klage ohne Begrenzung auf bestimmte Rechtsgebiete sondergesetzlich **ausschließen,** ist diese Kompetenz nun auch dem **Landesgesetzgeber** für das von ihm zu erlassende Landesrecht eingeräumt worden. Das ist
schon früher nicht selten geschehen und inzwischen fast zur Regel geworden.
Eine auch nur annähernd vollständige Auflistung ist schon aus Platzgrünen
nicht möglich; sie wäre bei Erscheinen dieses Kommentars voraussichtlich bereits überholt.

18a Das im Gesetzestext mit aufgenommene Beispiel ist rechtlich unverbindlich
und stellt im Grunde die verfehlte Aufnahme gesetzgeberischer Motive in den
Gesetzestext dar[110]. Aus ihm kann nicht gefolgert werden, dass nur Rechts-
behelfe gegen Verwaltungsakte mit Drittwirkung, die Investitionen oder die
Schaffung von Arbeitsplätzen betreffen, von der Regelungskompetenz des
§ 80 Abs. 2 erfasst werden.
Die Einfügung des Satzes 2 in § 80 Abs. 2 macht zum einen durch die
Streichung des § 187 Abs. 3 wie auch die Erstreckung der Kompetenz der
Länder zur Beseitigung der aufschiebenden Wirkung von Rechtsbehelfen
gegen die Verwaltungsvollstreckung insgesamt deutlich, dass nunmehr der
Landesgesetzgeber eine umfassende Kompetenz zur Beseitigung der auf-
schiebenden Wirkung erhalten hat.

18b Der Ausschluss der aufschiebenden Wirkung bedeutet, dass der **Gesetzgeber**
ein **überwiegendes öffentliches Interesse** an der sofortigen Vollziehbarkeit
des VA **bejaht.** Das bedeutet nicht, dass das Gericht keine eigene Ermessensentscheidung mehr trifft, insbesondere die Erfolgsaussichten des Rechtsbehelfs in der Hauptsache nicht in den Blick zu nehmen hat, sondern gibt nur

---

107 BVerwGE 27, 181, NJW 1978, 2211; Bremen UPR 1990, 353; Münster OVGE 24,
     200; Mannheim ESVGH 24, 81; a.A. Schmaltz NJW 1969, 1318; Schmidt DÖV
     1970, 663.
108 Bremen UPR 1990, 353.
109 Münster NJW 1998, 329.
110 Ähnlich Ruffert NVwZ 1997, 65.

Gewichtungen innerhalb dieser Entscheidung vor[111]. Der Betroffene muss deshalb in Umkehrung der Regelung zu § 80 Abs. 2 Nr. 4 (unten Rn. 20) im Aussetzungsverfahren sein überwiegendes Interesse an der Wiederherstellung der aufschiebenden Wirkung dartun. Nach Auffassung des BVerfG muss der Betroffene die Wertung des Gesetzgebers mit den Besonderheiten seiner Situation entkräften; die regelmäßigen Folgen der sofortigen Vollziehung sind dafür nicht ausreichend. Darüber hinaus soll der Betroffene Wege aufzeigen müssen, um den öffentlichen Belangen noch Rechnung zu tragen[112]. Die auch hier notwendige Interessenabwägung – in der Regel nur durch das Gericht, da anders als in § 80 Abs. 2 Nr. 1 die Behörde meist nicht aussetzen kann – muss diese Wertung des Gesetzgebers beachten[113]. Die Behörde wird auf einen begründeten Antrag hin ihrerseits darzulegen haben, weshalb ausnahmsweise eine Anordnung der aufschiebenden Wirkung nicht gerechtfertigt ist[114]. Eine Ermächtigung des Gesetzgebers, die Befugnis des Gerichts, die aufschiebende Wirkung wiederherstellen zu können, auszuschließen, sieht § 80 nicht vor, wäre wohl auch mit Art. 19 Abs. 4 GG unvereinbar[115]. Ein solcher Ausschluss findet sich erstmals in § 34a Abs. 2 AsylVG.

IV. Anordnung der sofortigen Vollziehung

Die **Anordnung der sofortigen Vollziehung setzt tatbestandlich voraus,** dass sie im öffentlichen Interesse oder im überwiegenden Interesse eines Beteiligten geboten ist. Wenn diese tatbestandlichen Voraussetzungen gegeben sind, kann die Anordnung erlassen werden. Insoweit handelt es sich um eine Ermessensentscheidung der Behörde, die aber in jedem Fall eine Abwägung zwischen den beteiligten Interessen verlangt[116]. Die Befugnis zur Anordnung der sofortigen Vollziehung kann die Behörde nicht verwirken[117]. **19**

1. **Regel-Ausnahme-Verhältnis.** Die **sofortige Vollziehung** ist die **Ausnahme,** die **aufschiebende Wirkung** die **Regel**[118]. Art. 19 Abs. 4 GG schützt auch gegen vorläufige Rechtsnachteile, die Regelung des § 80 Abs. 1 sichert die Effektivität des Rechtsschutzes[119]. Die **Anordnung der sofortigen Vollziehung setzt deshalb entweder ein besonderes öffentliches Interesse voraus,** die sie notwendig macht, oder ein überwiegendes privates Interesse (Rn. 24). Weil für jeden belastenden VA als hoheitlichem Eingriff ein öffentliches Interesse bestehen muss, reicht dieses allgemeine öffentliche Interesse zur Begründung der sofortigen Vollziehung in der Regel nicht aus. Die Anordnung der Vollzie- **20**

---

111 A.A. BVerwG NVwZ-RR 2002, 153, das in der gesetzlichen Anordnung des Sofortvollzuges nur den gesetzlichen Verzicht auf die sonst erforderliche Begründung sieht.

112 BVerfG NVwZ 2004, 93.

113 Sodan/Puttler Rn. 141; Finkelnburg/Jank Rn. 850 f.; Schenke VBlBW 2000, 56; a.A. Schoch/Schoch Rn. 110; Ruffert NVwZ 1997, 654; zur praktischen Wirkung bei Nr. 1 vgl. Potsdam NVwZ 1999, 101; BVerfG NVwZ 1985, 409; Frankfurt/Oder GewA 1999, 437: Aussetzung nur bei mindestens hoher Wahrscheinlichkeit der Rechtsverletzung der Antragssteller oder bei atypischem Ausnahmefall.

114 BVerwGE 96, 239.

115 Vgl. BVerfGE 35, 402; 40, 257.

116 BVerfG NVwZ-RR 1991, 365.

117 München NVwZ 2003, 1137.

118 Koblenz DÖV 1951, 649; Münster NJW 1961, 1550.

119 BVerfGE 35, 402; 40, 257; 46, 177; 51, 284; BVerwGE 16, 292; zu den Besonderheiten bei VA mit Drittwirkung vgl. § 80a.

hung verlangt ein darüber hinausgehendes, den Einzelfall betreffendes besonderes öffentliches Interesse[120], wie es auch in § 80 Abs. 3 erwähnt wird. Die tatsächlichen und rechtlichen Voraussetzungen des VA selbst sind deshalb allein zur Begründung der sofortigen Vollziehung nicht ausreichend[121]. In Einzelfällen wird Identität des öffentlichen Interesses am VA und der Anordnung für ausreichend gehalten[122]. Dem ist mit dem Vorbehalt zuzustimmen, dass sich diese Identität auf eng begrenzte Ausnahmefälle beschränkt, um nicht den Gundsatz der aufschiebenden Wirkung leer laufen zu lassen[123]. Dieses besondere öffentliche Interesse ist mit dem Individualinteresse, von der Vollziehung des belastenden VA bis zur Klärung seiner Rechtswirksamkeit verschont zu bleiben, abzuwägen. Nur wenn auch unter Berücksichtigung dieses Individualinteresses die Vollziehung wegen des besonderen öffentlichen Interesses geboten erscheint, kann sie angeordnet werden[124].

20a   **2. Abwägungsmaßstab.** Bei der **Abwägung** der Interessen ist ein **objektiver Maßstab** anzulegen. Es kommt nicht darauf an, ob die Behörde die Vollziehung für notwendig hält, sondern ob sie nach objektiven Gesichtspunkten notwendig ist. Nicht erforderlich ist für die Vollzugsanordnung, dass ein bereits eingetretener Schaden oder Nachteil für die Allgemeinheit nachgewiesen wird. Die Anordnung ist auch dann begründet, wenn der Allgemeinheit erhebliche Nachteile oder Gefahren drohen würden, falls die Vollziehung des VA hinausgeschoben werden würde. Das Gesetz enthält weder für die Anordnung der Verwaltung nach § 80 Abs. 2 Nr. 4 noch für die gerichtliche Entscheidung nach § 80 Abs. 5 Kriterien. Die Versuche, Maßstäbe aus der Norm selbst oder dem Verfassungstext abzuleiten, sind vielfältig, haben aber in der Praxis keine maßgebliche Bedeutung erlangt. Für die Anordnung der Verwaltung und die gerichtliche Entscheidung müssen die gleichen Kriterien gelten, da beide selbstständige Ermessensentscheidungen zur gleichen Fragestellung treffen. Maßgeblich ist dabei die Forderung nach Effektivität des Rechtsschutzes, welche die Verhinderung vollendeter, insbesondere irreversibler Tatsachen verlangt. Ihr gegenüber können sich nur überragende öffentliche Interessen, wie der Schutz des Lebens und der Gesundheit der Bürger, erheblicher Vermögenswerte, die Sicherung und Erhaltung der Rechtsordnung, dringende Erfordernisse des Gemeinwohls durchsetzen. Über solche nicht sehr aussagekräftige Formulierungen könnte auch eine gesetzliche Regelung kaum hinauskommen. Es wird unvermeidlich immer eine Interessenabwägung im Einzelfall mit allen Schwierigkeiten subjektiver Rationalität vorgenommen werden müssen.

21   **3. Einzelfälle.** a) **Die Anordnung der sofortigen Vollziehung ist als gerechtfertigt anerkannt** worden bei der Entziehung der Fahrerlaubnis wegen Vorgängen, die sich im Straßenverkehr ereignet haben[125], nicht dagegen bei Vorgängen, die nicht unmittelbar mit dem Straßenverkehr im Zusammenhang

---

120 BVerfG NVwZ 1996, 58; BVerwG NJW 1974, 1294; DVBl. 1966, 273; Schleswig RdL 1992, 278; Münster OVGE 17, 45; NVwZ 1998, 977; Kassel ESVGH 22, 101.
121 Münster OVGE 17, 45; Berlin NVwZ 1995, 399.
122 Münster NWVBl. 1991, 278; NVwZ-RR 1997, 152; Mannheim NVwZ 1993, 67; Eyermann/J. Schmidt Rn. 36.
123 Bedenklich daher Lüneburg NdsVBl. 1998, 264; Münster NJW 1997, 1596. Ein Beispiel bietet Bautzen SächsVBl. 1997, 212.
124 BVerwGE 1, 11.
125 Koblenz AS 6, 102; Münster OVGE 26, 240; NWVBl. 2001, 478; Bremen DAR 1971, 55; differenzierend Bremen NJW 1980, 2371; Münster DAR 1977, 222; VG Frankfurt DAR 1964, 283; vgl. auch Krieger DAR 1966, 113.

stehen[126], wohl aber bei Gefahr der Rauschgiftsucht[127]; bei Bestellung eines Staatsbeauftragten im Rahmen der Gemeindeordnung[128]; bei Anordnung der Beseitigung gesundheitswidriger Mängel an einer Hauskläranlage[129]; bei Aufhebung eines Fernsprechanschlusses wegen Gebührenrückstandes[130], bei Stilllegungsverfügungen gegen evident **unzulässige Bauvorhaben**[131]; aber auch schon bei bloßer formeller Illegalität als Verstoß gegen die öffentliche Ordnung mit der Gefahr der Nachahmung[132]; bei Nutzungsverbot von Schwarzbauten[133]; bei Abbruchsverfügungen gegen unzulässige bauliche Anlagen in der freien Landschaft[134]; in der Regel ist sofortige Vollziehung bei Abbruchsanordnungen nicht geboten, sie muss sich auf ein Nutzungsverbot beschränken[135]; bei Beseitigung eines formell illegal betriebenen Verkaufswagens[136] oder einer formell illegalen Werbeanlage[137]; bei ungenehmigtem Betrieb eines Tiergeheges[138]; bei landschaftsschutzrechtlich unzulässigen eingezäunten Weihnachtsbaumkulturen[139]; bei **umweltschutzrechtlichen Anordnungen**[140]; bei Eröffnung einer Apotheke ohne die erforderliche Zulassung[141]; bei Verbot unberechtigter Ausübung eines Handwerks[142]; bei **Untersagung** oder sonstigen Schutzanordnungen gegen einen **Gewerbebetrieb**: sehr umfangreiche und differenzierende Rechtsprechung, es kommt letztlich auf den Einzelfall, insbesondere auf die Untersagungsgründe und die Auswirkungen an[143]; bei gewerbepolizeilicher Verfügung nach § 120d GewO und dringender Gesundheitsgefahr[144]; bei Widerruf der Sachverständigenbestellung wegen Straftaten in Ausübung der Gutachtertätigkeit[145]; bei Anordnungen nach der GefStoffVO[146]; bei Zurücknahme der Erlaubnis für den Güternahverkehr wegen Unzuverlässigkeit[147] oder Schließung einer

126 Münster OVGE 8, 360.
127 VG Karlsruhe, NJW 1986, 2901.
128 Münster OVGE 5, 110.
129 Münster Städtetag 1952, 124.
130 Münster vom 25.7.1966 – II B 359/66 n.v.
131 Lüneburg OVGE 21, 385; NJW 1967, 2281.
132 Berlin DVBl. 1988, 1181; Münster DÖV 1974, 683; DÖV 1980, 527; heute allg. Praxis, a.A. Sellmer NJW 1968, 173.
133 Lüneburg NVwZ 1989, 170.
134 München DVBl. 1975, 672; Kassel NVwZ 1985, 664; Greifswald NVwZ 1995, 608, aber Ausnahme (Münster NWVBl. 1996, 134); so etwa bei notorischem Schwarzbauer, Kassel BauR 1985, 309.
135 Kassel BRS Bd. 33, 363; auch München DVBl. 1975, 597; Münster NVwZ 1998, 977; Weimar ThürVBl. 1997, 213; aber auch Kassel BauR 1992, 66; zu einer Ausnahme Greifswald LKV 2003, 477.
136 Saarlouis BauR 1989, 312; Münster OVGE 24, 143.
137 Münster DÖV 1980, 527; OVGE 17, 304.
138 Kassel NuR 1987, 184.
139 Kassel NVwZ-RR 1993, 613.
140 Kassel NVwZ-RR 1993, 13, München NuR 1987, 133; NVwZ 2003, 1138; Saarlouis UPR 1985, 247.
141 Stuttgart DÖV 1957, 918.
142 Koblenz GewA 1987, 162; München GewA 1987, 239; VG Hannover GewA 1974, 29; München GewA 1973, 187; Münster GewA 1962, 8 m. krit. Anm. v. Dannbeck.
143 Mannheim NJW 1971, 1764; Lüneburg GewA 1977, 18; 1983, 382; 1984, 380; München GewA 1988, 390; GewA 1984, 196; Münster GewA 1981, 60; 1981, 129; GewA 1984, 332 gegen VG Karlsruhe GewA 1982, 230; (Peep-Show); Hamburg NVwZ 1985, 841; VG Köln GewA 1978, 60; Kassel GewA 1993, 377, 415.
144 Bremen GewA 1971, 52.
145 VG Gelsenkirchen GewA 193, 478.
146 Münster GewA 1992, 246.
147 Mannheim GewA 1970, 282.

Gaststätte aus gleichem Grund[148] oder wegen formeller Illegalität[149], wegen Rassendiskriminierung[150], wegen Verstoßes gegen Erlaubnisvorbehalt[151], wegen Gefahr des Drogenmissbrauches[152] oder bei Stilllegung einer **ungenehmigten**, aber genehmigungspflichtigen **Anlage**[153], wenn nicht der Betrieb der Anlage offensichtlich unbedenklich[154] oder die Genehmigung alsbald zu erwarten ist[155]; bei Beseitigungsverfügungen gegen eine durch den Eigentümer angebrachte Wegesperre, wenn weder die Öffentlichkeit noch die Nichtöffentlichkeit eines Weges feststeht[156]; bei offensichtlich missbräuchlicher Inanspruchnahme der aufschiebenden Wirkung[157]; bei Versetzung oder anderen **beamtenrechtlichen Maßnahmen**, wenn Rang und Besoldung gewahrt bleiben[158] oder Abordnung auf vom Betroffenen verursachten Spannungen im Dienstbetrieb beruht[159]; zur sofort vollziehbaren Versetzung politischer Beamter in den einstweiligen Ruhestand[160]; unter besonderen Umständen bei Entlassung eines Beamten auf Probe[161], hier wird in der Regel eine Teilaussetzung (Weiterzahlung von Dienstbezügen) in Frage kommen[162]; bei Widerruf einer Nebentätigkeitsgenehmigung; bei Anordnung der Röntgenuntersuchung gegen Lehrer[163]; bei **Vereinsverboten** gem. G v. 5.8.1964 bei dringendem Verdacht des Verstoßes gegen Art. 9 Abs. 2 GG[164]; bei Exmatrikulationsbescheiden[165]; bei Verboten gewaltunterstützender Vereine[166]; bei Hausverbot des Rektors gegen tätlich gewordene Studenten[167]; Schulverweisung bei wiederholter Störung der Ordnung[168]; bei Erlaubnis zur Veranstaltung eines privaten UKW-Hörfunkvollprogramms[169]; bei Anordnungen nach dem Mikrozensusgesetz[170]; bei Ersatzpflanzungsgebot nach ungenehmigtem Baumfällen[171]; bei Schulauflösungsbeschlüssen[172]; bei Wohnraumverweisungen wegen häuslicher Gewalt[173]; Rücknahme einer erschlichenen Einbürgerung[174].

22 b) Die **Voraussetzungen** sind **verneint** worden, wenn vorwiegend nur **fiskalische Gründe** für die sofortige Vollziehung vorliegen[175], wobei nicht zu über-

148 Mannheim GewA 1974, 238; GewA 1976, 26.
149 München GewA 1987, 386.
150 VG Stuttgart GewA 1976, 27.
151 Hamburg GewA 1982, 384.
152 Kassel NVwZ 1992, 192, 193.
153 VG Köln GewA 1973, 231.
154 Münster OVGE 26, 89.
155 Münster GewA 1974, 301.
156 Münster VRspr. 12, 370.
157 Berlin NJW 1968, 1491; Lüneburg NJW 1967, 2281; Münster OVGE 17, 304.
158 BVerwG VRspr. 17, 172; Mannheim VBlBW 1997, 305.
159 Lüneburg DVBl. 1973, 278.
160 Münster NVwZ-RR 1994, 223.
161 Lüneburg ZBR 1975, 91.
162 Münster RiA 1992, 310.
163 Lüneburg OVGE 27, 325.
164 Mannheim NJW 1970, 2077; vgl. auch Kassel DÖV 1961, 831.
165 Kassel NVwZ-RR 1996, 205.
166 BVerwG Buchholz 402.45 VereinsG Nr. 19.
167 Lüneburg NJW 1975, 136.
168 Lüneburg OVGE 30, 461.
169 Lüneburg DVBl. 1986, 1112.
170 Hamburg DÖV 1986, 1068; Kassel NJW 1986, 3102.
171 Kassel NVwZ-RR 1989, 357.
172 Münster NVwZ 1992, 21.
173 Münster NWVBl. 2002, 437; dazu BVerfG FamRZ 2002, 735.
174 Hamburg NordÖR 2002, 105.
175 Zinsvorteile: Mannheim DÖV 1993, 538.

sehen ist, dass fiskalische Gründe auch ein besonderes öffentliches Interesse begründen können[176], bei **Widerruf** eines **Beamtenverhältnisses**[177], selbst wenn die Rückzahlung weitergezahlter Bezüge gefährdet erscheint[178], wobei die Aussetzung auf das halbe Gehalt beschränkt werden kann[179]; bei Kürzung von Beamtenbezügen ohne Gefährdung der Rückforderung[180]; bei Versetzungsverfügungen gegen einen Beamten, wenn die sofortige Vollziehung nur deshalb angeordnet wird, weil inzwischen ein anderer Beamter an die Stelle versetzt worden ist[181]; bei Streit über öffentlich-rechtliche **Erstattungsansprüche**, auch bei allgemeiner Gefahr späterer Nichteintreibbarkeit[182]; bei Streit über kommunalen Anschluss- und Benutzungszwang ohne Vorliegen besonderer Umstände[183]; bei Anordnung des Ruhens der ärztlichen Praxis oder des **Widerrufs** der **Approbation,** wenn nicht unmittelbare Gefahr für die Allgemeinheit oder die Gesundheit der Patienten belegt ist[184]; bei drohendem **Existenzverlust** durch Vollziehung[185]; wenn die Vollziehung nicht eilbedürftig ist[186]; wenn bei einem Einberufungsbescheid Klage überwiegende Aussicht auf Erfolg hat oder Vollzug den Wehrpflichtigen besonders hart treffen würde[187]; wenn die Behörde das Rechtsmittel für aussichtslos hält[188]; wenn Betriebseinstellung angeordnet ist aber realisierbare Zwischenlösungen möglich sind[189]; bei Gewerbeuntersagung mit zwischenzeitlich atypisch guter Entwicklung[190]; bei bloßem Anspruch auf ergänzende Aufnahme von Schutzmaßnahmen in Genehmigungsbescheid[191]; für das **Planfeststellungsverfahren** München DÖV 1994, 565.

In **Ausländersachen** hat das BVerfG mit seinen Entscheidungen BVerfGE 23, 35, 382 ff.[192] die bis dahin oft rigorose Bejahung des besonderen öffentlichen Interesses eingeschränkt[193]. Das BVerwG hatte schon in E 34, 325 entsprechende Maßstäbe erkennen lassen. Inzwischen hat sich die Gerichtspraxis ähnlich entwickelt. Die außerordentlich umfangreich gewordene Rechtsprechung, die sich in mancher Beziehung im Rahmen des § 80 verselbstständigt hat, weil hier viel häufiger existenzielle und grundrechtsrelevante (Familie!) Entscheidungen zu treffen sind, kann nicht erschöpfend wiedergegeben werden. Im Einzelnen muss auf die Kommentierungen zum Ausländerrecht verwiesen werden. Im Falle der **Versagung der Aufenthaltser-**

---

176 Koblenz AS 9 280; VRspr. 21, 877; Häberle DVBl. 1967, 220.
177 Lüneburg OVGE 3, 192.
178 BVerwGE 1, 45, BGHZ 17, 84.
179 Hamburg NJW 1959, 488; Münster DVBl. 1955, 601; LVG Düsseldorf DÖV 1951, 367.
180 Kassel NVwZ 1983, 747.
181 Stuttgart VRspr. 8, 749, nicht unbedenklich, hierzu auch München BayVBl. 1962, 120.
182 Münster DÖV 1955, 350.
183 Kassel NVwZ 1985, 918.
184 Kassel VRspr. 27, 997; Münster NJW 1962, 698; aber auch BVerfG NJW 1975, 1457; NJW 2003, 3617, 3618; a.A. Münster NVwZ-RR 1997, 152.
185 Instruktiv BVerfG DVBl. 1991, 482; BVerwGE 1, 11; Koblenz GewA 1978, 168; LVG Hannover DVBl. 1953, 705.
186 Kassel ESVGH 15, 153.
187 BVerwG DÖV 1972, 617.
188 Mannheim NVwZ 1984, 451.
189 Münster NJW 1985, 933.
190 Mannheim GewA 1986, 372; Kassel NVwZRR 1992, 546.
191 Bremen NVwZ-RR 1994, 189.
192 Vgl. weiter BVerfGE 67, 43; 43, 212; 38, 52.
193 Hierzu Menger VerwA 65, 329 ff.; Dolde NJW 1974, 780; Rittstieg JZ 1974, 261 ff.

laubnis vorläufiger Rechtsschutz nach § 80[194]. Der Rechtsbehelf gegen die Versagung hat gem. § 72 Abs. 1 AuslG keine aufschiebende Wirkung (§ 80 Abs. 2 Nr. 3). Verfassungsrechtliche Bedenken hiergegen bestehen nicht[195]. Bei der Interessenabwägung ist dieser Wertung des Gesetzgebers, aber auch der besonderen Situation des Ausländers Rechnung zu tragen; Verweigerung der Aussetzung ist in der Regel irreparabel[196]. Ist Anhörung des Ausländers unterblieben, so zunächst befristete Aussetzung bis zur Nachholung der Anhörung[197]. Soweit landesrechtlich die aufschiebende Wirkung nach § 80 Abs. 1 für Vollstreckungsmaßnahmen ausgeschlossen ist (vgl. Rn. 10), gilt dies auch für Abschiebungsandrohung und Abschiebung, sodass nur über den Antrag nach § 80 Abs. 5 aufschiebende Wirkung erreicht werden kann[198]. Ähnliches gilt für die **Ausweisung** selbst. Für sie gilt an sich § 80 Abs. 1, weil § 72 AuslG hierauf nicht anwendbar ist. Die sofortige Vollziehung kann mit spezial-, aber auch generalpräventiven Gründen[199] begründet werden[200]. Im Aussetzungsverfahren nach § 75 **AsylVfG** hat das VG die Frage der Offensichtlichkeit, § 78, soll sie bejaht werden, erschöpfend, wenngleich mit Verbindlichkeit nur für das Eilverfahren zu klären und insoweit über eine lediglich summarische Prüfung hinauszugehen[201]. Maßgeblicher Zeitpunkt für diese Prüfung ist die letzte gerichtliche Entscheidung (§ 77 Abs. 1 AsylVfG).

24 Sofortige Vollziehung kann gemäß § 80 Abs. 2 Nr. 4 auch angeordnet werden, wenn **überwiegende Interessen eines Beteiligten** sie verlangen. Die Bestimmung greift besonders ein, wenn der Widerspruch eines Dritten bei einem VA mit Doppelwirkung aufschiebende Wirkung hat, aber auch bei Widerspruch des belasteten Adressaten eines VA, der gleichzeitig einen Dritten begünstigt. Hierzu § 80a Rn. 11.

25 4. **Anordnende Behörde.** Die **sofortige Vollziehung** kann von der Behörde, **die den VA erlassen hat,** oder während des Vorverfahrens[202] von der Widerspruchsbehörde (kein Verstoß gegen ein etwaiges Verbot der reformatio in peius) **angeordnet** werden. Die **Anordnung** muss **schriftlich** ergehen und begründet werden. Die Begründung muss mit der Anordnung erfolgen, die Anordnung selbst kann nicht der Begründung vorausgehen[203].

26 5. **Begründung.** In der **Begründung** muss angegeben werden, warum die Verwaltungsbehörde das besondere öffentliche Interesse an der Vollziehung bejaht. Allgemeine Wendungen oder die Wiederholung des Gesetzeswortlautes

194 BVerwGE 34, 325.
195 BVerfGE 67, 43; NVwZ 1982, 241.
196 Saarlouis NJW 1992, 646; Kassel NVwZ-RR 1991, 667; München NJW 1984, 2784; 1978, 2469; Münster NJW 1977, 2038; enger Hamburg DVBl. 1981, 231; dazu 1. Kammer 2. Senat BVerfG EuGRZ 1987, 217; Finkelnburg/Jank Rn. 1074.
197 Münster NJW 1978, 1764.
198 Mannheim NVwZ 1992, 700; Finkelnburg/Jank Rn. 1079; a.A.: Bundesrecht geht vor, München NVwZ 1984, 462; Hamburg DVBl. 1980, 199, 200; ebenso Huber Rn. 344.
199 Finkelnburg/Jank Rn. 1066 ff.
200 Dazu BVerfG NVwZ 1996, 58.
201 BVerfG NVwZ 1992, 560; 1984, 642.
202 A.A. Mannheim ESVGH 22, 109; München NVwZ-RR 1998, 348 f.: ohne zeitliche Begrenzung; zum Problem Kaltenborn DVBl. 1999, 829.
203 Str. wie hier: Mannheim NJW 1977, 165; Kassel DÖV 1968, 255; DÖV 1974, 606; Kopp/Schenke Rn. 87; a.A Berlin NJW 1966, 798; hierzu Schäfer DÖV 1967, 477; Siegmund-Schultze DV 1966, 703.

reichen nicht aus[204]. Betroffener und Gericht müssen an Hand der Gründe zur Prüfung der Entscheidung in der Lage sein, insbesondere wissen, welche besonderen öffentlichen Interessen die Vollziehung rechtfertigen sollen[205]. In der Praxis werden an die Begründung häufig keine besonderen Anforderungen gestellt; vielfach soll es genügen, wenn aus den Umständen des Einzelfalles die Dringlichkeit hervorgeht und die Behörde darauf hinweist. Genügen soll insbesondere der Hinweis auf die Notwendigkeit ordnungsbehördlichen Einschreitens und die durch den Rechtsbehelf ansonsten eintretende Verzögerung der Durchsetzung der Regelung im VA. Diese Praxis ist nicht unbedenklich, da sie die aus dem Regel-Ausnahme-Prinzip des Absatz 1 abzuleitende Forderung nach einer Begründung mit den damit verbundenen Ziel- und Schutzzwecken aushöhlt. Zweck der Begründung ist neben der Unterrichtung des Adressaten der Verfügung über die Beweggründe der Behörde für die Anordnung der sofortigen Vollziehung auch, die Behörde zu einer sorgfältigen Prüfung des besonderen Interesses an der sofortigen Vollziehung des VA im Bewusstsein des Ausnahmecharakters der Vollziehungsanordnung anzuhalten[206].

6. Anhörung. Vor der **Anordnung** ist der **Betroffene** in der Regel **zu hören.**   **27**
Die Anordnung der sofortigen Vollziehung hat weit tragende Bedeutung; in vielen Fällen schafft sie vollendete, nicht mehr rückgängig zu machende Tatsachen. Nicht selten wird durch sie das Verfahren zur Hauptsache faktisch gegenstandslos. Der Betroffene muss deshalb vor der Anordnung zu einer Stellungnahme in der Lage sein. § 28 VwVfG sollte deshalb mindestens entsprechend anwendbar sein. Ob bei Verstoß hiergegen die Anordnung vom Gericht ohne weitere Prüfung aufzuheben ist, ist streitig[207]. Die Heilungsmöglichkeit wird nachstehend (Rn. 27a) erörtert.

7. Heilung fehlender Begründung/Anhörung. Fehlt die **Begründung,** so ist   **27a**
auf Antrag die **aufschiebende Wirkung durch das Gericht stets wieder herzustellen,** ohne dass das Gericht in eine sachliche Prüfung einzutreten hat[208]. Die Begründung kann als notwendiger Bestandteil der Anordnung nach Stellung des Aussetzungsantrages bis zur gerichtlichen Entscheidung nachgeschoben werden, § 45 Abs. 2 VwVfG ist entsprechend anzuwenden; dies gilt aber bis zur entsprechenden Änderung der Landesverwaltungsverfahrensgesetze nur für das Handeln nach dem VwVfG des Bundes; für das Landesrecht gilt bis zur Anpassung an das Bundesrecht, dass nur bis zum Erlass des Wider-

204   Mannheim GewA 1993, 81; Kassel GewA 1990, 168; VG Frankfurt FamRZ 1982, 747; Koblenz AS 5, 177; Münster ZMR 1984, 143; DÖV 1957, 297; München DVBl. 1975, 673; Kassel DÖV 1974, 606.
205   Mannheim GewA 1985, 297; München BayVBl. 2002, 674; sehr weitherzig Münster NJW 1986, 1449.
206   Münster NWVBl. 2001, 478.
207   Bejahend: Kassel NVwZ 1987, 510; DÖV 1988, 1023; Berlin GewA 1982, 372; bei Anordnung nach Klageerhebung: Bremen NordÖR 1999, 284; lange nach Erlass des VA: VG Berlin NVwZ-RR 1992, 527; **a.A.** Berlin NVwZ 1993, 198; Schleswig NVwZ-RR 1993, 587; Mannheim ZfW 1991, 177; Mannheim NVwZ-RR 1990, 501; Münster BauR 1995, 69; München BayVBl. 1996, 534; Koblenz NVwZ 1988, 749; Lüneburg DVBl. 1989, 887; NVwZ-RR 1995, 17 bei **VA mit Doppelwirkung;** ferner Müller NVwZ 1988, 702; Emrich DÖV 1985, 396; Ganter DÖV 1984, 970; Kopp/Schenke Rn. 82; Stelkens/Bonk Rn. 30 zu § 28; Hermann DVBl. 1989, 969 Schoch/Schoch Rn. 182.
208   **Str.;** wie hier Bremen DÖV 1980, 572; NJW 1968, 1539; Kassel DÖV 1974, 606; Koblenz VRspr. 21, 877; VG Frankfurt NJW 1961, 845; Terwiesche NWVBl. 1996, 461; a.A. Anordnung ist nichtig, Mannheim NJW 1962, 1172; Anordnung ist nicht fehlerhaft, Münster MDR 1970, 174; Czermak DÖV 1962, 816.

spruchsbescheides nachgeschoben werden kann[209]. Das Nachschieben kann auch in einem für den den Aussetzungsantrag stellenden Antragsteller bestimmten Schriftsatz im gerichtlichen Verfahren erfolgen[210]. Kein Nachschieben, wenn mündliche Begründung schriftlich bestätigt wird[211]. Das muss auch gelten, wenn der Rechtsbehelf selbst aussichtslos ist, weil insoweit die Vollziehungsanordnung selbstständige Bedeutung hat[212]. Anders nur, wenn infolge offensichtlicher Unzulässigkeit keine aufschiebende Wirkung eingetreten ist (o. Rn. 11), da hier für den Antrag das Rechtsschutzinteresse fehlt.

27b Die Behörde ist aber nicht gehindert, die Anordnung mit nunmehr ausreichender Begründung neu zu erlassen[213]. Ob deshalb im Tenor der gerichtlichen Entscheidung lediglich die Vollziehungsanordnung aufzuheben[214] oder die aufschiebende Wirkung wiederherzustellen ist[215], kann offen bleiben, weil es an dem Recht der Behörde zum Neuerlass mit Begründung nichts ändert. Die bloße Aufhebung der Anordnung der sofortigen Vollziehung beschwert den Antragsteller aus diesem Grund nicht und das Rechtsmittel nach § 146 Abs. 4 ist nicht gegeben[216]. Ein Antrag durch die Behörde ist nach § 80 Abs. 7 nicht zulässig[217].

27c Für die **unterbliebene notwendige Anhörung** gelten diese Überlegungen entsprechend[218].

28 8. **Notstandsmaßnahme.** Der schriftlichen Begründung bedarf es nicht, wenn der angefochtene VA eine **Notstandsmaßnahme** betrifft und er als solcher ausdrücklich bezeichnet wird. Notstandsmaßnahmen liegen bei Gefahr im Verzug für Leben, Gesundheit oder Eigentum vor; fiskalische Interessen genügen in aller Regel nicht[219]. Enthält der VA allerdings trotz der Bezeichnung als Notstandmaßnahmen keine Anordnung der sofortigen Vollziehung, so muss diese, wenn sie später nachgeholt wird, schriftlich begründet werden, da der Begründungszwang lediglich bei unmittelbarem Erlass zusammen mit dem VA entfällt.

---

209 BVerwG NVwZ 1994, 483; Finkelnburg/Jank Rn. 760; Greifswald NVwZ 1999, 409; Lüneburg NuR 2003, 635; Bremen DÖV 1980, 572; NordÖR 1999, 374; ausführlich Tiedje DVBl. 1998, 124; enger noch 11. Aufl.: kein Nachschieben zulässig; Schoch/Schoch Rn. 179; München 10. Senat BayVBl. 1999, 465 unter Aufgabe früherer Rechtsprechung zur Ergänzungsberechtigung; eine Ergänzung im Beschwerdeverfahren für zulässig haltend München 1. Senat BayVBl. 1998, 373; weiter gehend für unbegrenztes Nachschieben: Münster NVwZ 1986, 654; Berlin, LKV 1992, 333; a.A. Schenke VBlBW 2000, 56 (61), der die Analogie für überflüssig hält.
210 Berlin LKV 1997, 333; einschränkend Greifswald NVwZ 1999, 409.
211 Koblenz NVwZ-RR 1995, 572.
212 A.A. Münster DVBl. 1963, 257 m. zust. Anm. v. Noack; auf die Bedenken dagegen verweist Menger VerwA 54, 399.
213 Lüneburg NJW 1969, 478; Mannheim DVBl. 1976, 948; Kassel DÖV 1974, 606; Koblenz VRspr. 21, 883; Schleswig NVwZ-RR 1992, 590; München BayVBl. 1996, 634; BayVBl. 2003, 469; a.A. Bremen DVBl. 1980, 420; NJW 1968, 1539; VG München NJW 1978, 2213.
214 Weimar DÖV 1994, 1014; Hamburg NJW 1978, 2167; Lüneburg NJW 1969, 478.
215 Kassel NVwZ-RR 1989, 627; Magdeburg DVBl. 1994, 808; Koblenz VRspr. 21, 877.
216 München NVwZ-RR 1997, 445.
217 Mannheim DÖV 1996, 839.
218 Für die Nachholung der Anhörung im gerichtlichen Eilverfahren Bremen NordÖR 1999, 284.
219 VG Hannover NVwZ-RR 1999, 118.

9. Faktische Vollziehung. Wird auf Grund mündlicher Anordnung oder über- **29** haupt **ohne Anordnung ein VA vollzogen,** obwohl der Rechtsbehelf aufschiebende Wirkung hat, so ist gegen diese **faktische Vollziehung**[220] ebenfalls Antrag auf Wiederherstellung der aufschiebenden Wirkung zu stellen, dem schon mangels der formellen Voraussetzungen der Vollziehung stets stattzugeben ist[221]. Das Gleiche gilt, wenn sich eine **Behörde** ohne Vollziehungsanordnung eines **Vollziehungsrechts berühmt,** oder sonst die Voraussetzungen des § 80 Abs. 1 und deshalb die **aufschiebende Wirkung** des Rechtsmittels **verneint**[222]. Hier bietet sich eine **Feststellungsentscheidung** nach § 80 Abs. 5[223] an. Nicht notwendig ist eine Hauptsachenklage mit Antrag nach § 123[224]. Auch hier kann die Behörde nach Feststellung der aufschiebenden Wirkung nunmehr eine Vollziehungsanordnung erlassen[225].

10. Aufrechnung. Die **Aufrechnung** (vgl. dazu § 40 Rn. 19) mit einer durch **29a** Leistungsbescheid geltend gemachten Gegenforderung durch die Behörde ist nach der Rechtsprechung des BVerwG[226] nicht dadurch gehindert, dass gegen den Leistungsbescheid Widerspruch oder Klage eingelegt und dadurch die aufschiebende Wirkung nach § 80 Abs. 1 bewirkt wurde[227]. Die Aufrechnung ist nach dieser Rechtsprechung kein Akt des Vollzuges des Leistungsbescheides, sondern ein (bloßes) Mittel der Rechtsverteidigung und verfolgt zugleich das Ziel der Befriedigung des eigenen Anspruchs[228]. Die aufschiebende Wirkung erfasst daher die Aufrechnungserklärung und die darin liegende durch die Behörde bewirkte Erfüllung der im Leistungsbescheid konkretisierten Forderung nicht[229]. Im einstweiligen Rechtsschutz ist daher die Aufrechnung nur in der Weise **bekämpfbar,** dass **im Verfahren nach § 123 VwGO** (vorläufige) Leistung der durch die Aufrechnung erloschenen Forderung verlangt wird; das BVerwG versteht die Aufrechnung nicht als Verwaltungsakt, gegen den im einstweiligen Rechtsschutzverfahren nach § 80 VwGO vorgegangen werden könnte. Die Erfolgsaussichten im Verfahren nach § 123 VwGO sind wegen der damit verbundenen regelmäßigen Vorwegnahme der Hauptsache und der dafür erforderlichen besonderen Voraussetzungen eher gering.

---

220 Dazu ausführlich Kirste DÖV 2001, 397.
221 Str.; wie hier Koblenz AS 3, 150; VRspr. 21, 877; Mannheim NJW 1962, 1172 m. zust. Anm. v. Oertzen; Münster OVGE 28, 128; 25, 244; München DÖV 1971, 715; Eyermann/J. Schmidt Rn. 109 mit der Einschränkung, dass die Behörde die aufschiebende Wirkung unbewusst missachtet; a.A.: es hilft nur Antrag auf einstweilige Anordnung Münster DVBl. 1964, 834 m. krit. Anm. Redeker; VG Braunschweig DVBl. 1962, 229; Renck NJW 1970, 2315; De Clerck NJW 1961, 2233; Mangels NJW 1961, 351 ff.; Eyermann/J. Schmidt Rn. 110 bei bewusster Missachtung der aufschiebenden Wirkung.
222 Münster OVGE 31, 193; Frankfurt/Oder NVwZ 2000, 577.
223 Bremen UPR 1990, 353; Mannheim DÖV 1978, 873; NJW 1974, 917; Weimar ThürVBl. 1997, 39; VG Regensburg GewA 1980, 194 München NVwZ 1999, 1363; Hamburg NVwZ-RR 1999, 145; H. Redeker NVwZ 1998, 589 gegen Koblenz NVwZ 1998, 651 bei Bauvorbescheid; vgl. Bautzen VwRR Mo 1998, 10.
224 So Czermak NJW 1974, 1722.
225 Koblenz VRspr. 21, 877.
226 E 66, 218; seitdem st. Rspr.
227 Münster NJW 1997, 3391 für Aufrechnung nach § 25a BSHG; a.A. München NJW 1997, 3392: Aufrechnung nach § 25a BSHG kein VA.
228 A.A. für das Sozialleistungsrecht unter Hinweis auf § 51 SGB I BSG NJW 1977, 3397; BFH NVwZ 2002, 635.
229 A.A. Detterbeck DÖV 1996, 889; Bader/Funke-Kaiser Rn. 21; Eyermann/J. Schmidt Rn. 7; differenzierend Felix NVwZ 1996, 734.

30   11. Zeitpunkt der Anordnung. Die sofortige Vollziehung kann mit dem VA,
aber auch später angeordnet werden. War sie mit dem VA verbunden, so gilt
sie auch, wenn erst später ein Rechtsbehelf eingelegt wird. Einer Wiederholung bedarf es nicht (allg. M.). Die Anordnung wird mit dem Zeitpunkt wirksam, an dem sie dem Betroffenen zugeht. Eine Rückwirkung der sofortigen
Vollziehung ist unzulässig, wenn die aufschiebende Wirkung gem. § 80
Abs. 2 erst durch die Anordnung entfällt, bis zu diesem Zeitpunkt also fort-
bestanden hat[230]. Wird die sofortige Vollziehung während des Wider-
spruchs- oder Klageverfahrens angeordnet, so sind die bis zu diesem Zeitpunkt fälligen Bezüge zu zahlen[231].

31   12. Maßgaben zur Anordnung. Die Anordnung kann unter Bedingungen,
Auflagen oder Einschränkungen erlassen werden. Sie kann auch auf einen
späteren Zeitpunkt als den des Zugangs bestimmt werden[232]. Ebenso ist
möglich, dem Betroffenen nachzulassen, die Vollziehung gegen Sicherheitsleistung abzuwenden[233]. Wenn das Gericht zu solcher Anordnung nach § 80
Abs. 5 befugt ist, wird sie auch von der Verwaltungsbehörde getroffen werden können[234].

31a   13. Bekanntgabe. Die Anordnung ist dem Betroffenen bekannt zu geben. Der
Zustellung bedarf es gemäß § 56 nur dann, wenn für den Antrag eine Frist
läuft (u. Rn. 55a). Richtet sich der VA gegen mehrere Betroffene, so ist die
Anordnung jedem Betroffenen bekannt zu geben. Das ist besonders bei VA
mit Doppelwirkung von Bedeutung; hier kommen auch unterschiedliche Interessenabwägungen in Frage (vgl. § 80a Rn. 5).

32   14. Änderung. Die Behörde kann ihre Anordnung jederzeit nach pflichtgemäßem Ermessen wieder aufheben oder beschränken[235], selbst wenn sie vom
Gericht bestätigt worden sein sollte. Hebt die Behörde auf, nachdem sie den
VA vollzogen hat, so ist in diesem Falle gleichzeitig auch die Vollziehung
rückgängig zu machen.

32a   15. Folgenbeseitigung. Ist der VA sofort vollziehbar und ihm der Betroffene
nachgekommen – gleich ob sofort oder nach ergebnislosem Aussetzungsverfahren –, wird aber später der VA im Hauptverfahren aufgehoben, so besteht
ein Rechtsanspruch auf Beseitigung der Folgen des nunmehr als rechtswidrig
festgestellten VA. Gezahlte Abgaben sind entsprechend § 236 AO mindestens ab Rechtshängigkeit zu verzinsen; weiter gehende Aussprüche können
sich aus Amtshaftung oder Folgenbeseitigung (vgl. § 113 Rn. 16 ff.) ergeben.

---

230 Bremen DVBl. 1961, 678; Schoch/Schoch Rn. 187; für VAe mit Drittwirkung Kopp/
     Schenke Rn. 105; eine Ausnahme bei Feststellung fehlender Leistungspflicht macht
     Berlin NVwZ-RR 1997, 575.
231 BGH NJW 1955, 870 lässt im Einzelfall Rückwirkung zu.
232 Aufschiebende Bedingung: VG Hannover NJW 1984, 1644.
233 Münster NJW 1961, 1551.
234 Finkelnburg/Jank Rn. 771.
235 Münster VRspr. 11, 884.

D. Behördliche Aussetzung der Vollziehung

I. Zuständigkeit

Die Behörde des ursprünglichen VA oder die Widerspruchsbehörde kann in allen Fällen des § 80 Abs. 2 **die Vollziehung aussetzen,** wenn ihr dies nicht, wie meist, in den Fällen des § **80 Abs. 2 Nr. 3** versagt ist. § 80 Abs. 4 S. 1 hat die Aussetzungsbefugnis nunmehr auch auf die Behörde des ursprünglichen VA erstreckt, weil sie dem Widerspruch auch abhelfen kann, also in eine erneute Sachprüfung eintreten müsse, aus der sich Zweifel an der Rechtslage ergeben könnten, die für eine Aussetzung sprechen. Die Aussetzungsbefugnis kann **bundesgesetzlich** eingeschränkt oder untersagt sein. Wo solche **Beschränkungen** gegenwärtig nur für die Widerspruchsbehörde bestehen (z.B. § 39 BLG), gelten sie auch für die Behörde des ursprünglichen VA, da deren Befugnisse nicht weiter gehen können als die der Widerspruchsbehörde. **33**

Die Behörden können von Amts wegen oder auf Antrag entscheiden. Lehnen sie trotz Antrags die Aussetzung ab, so ist die Entscheidung nicht anfechtbar[236], da an Stelle der Anfechtung der Antrag nach § 80 Abs. 5 zu stellen ist. Ordnet eine der Behörden die Aussetzung an, so gilt die Entscheidung, selbst wenn in einem gleichzeitig eingeleiteten gerichtlichen Aussetzungsverfahren die Aussetzung abgelehnt wird. Wurde die Aussetzung nicht befristet, galt sie bis zum Eintritt der Unanfechtbarkeit des Verwaltungsaktes[237]; nunmehr aber gilt § 80b (vgl. dort Rn. 8). Die Behörden können aber ihre Entscheidung jederzeit – mit schriftlicher Begründung – ändern oder aufheben[238]. Die Ursprungsbehörde ist an die Aussetzungsentscheidung der Widerspruchsbehörde gebunden[239], das Gleiche gilt zunächst auch umgekehrt, hindert aber die Widerspruchsbehörde nicht an späterer Abweichung auf Grund der allgemeinen Änderungsbefugnis. **34**

Die Regelung des § 80 Abs. 4 verfolgt auch in ihrer Ausweitung auf die Behörde des ursprünglichen VA den **Zweck,** das **Gericht** von **Aussetzungsanträgen** zu **entlasten.** Das BVerwG sieht einen Anwendungsfall, wenn bei befristetem Antrag nach Absatz 5 ein längerfristiges Vollzugshindernis vorliegt[240]. Praktische Bedeutung wird sie in ihrer Allgemeinheit wohl auch in Zukunft nicht gewinnen, zumal das Aussetzungsverfahren in vielen Bereichen weitgehend das Verfahren zur Hauptsache ersetzt, die Beteiligten deshalb ein Interesse daran haben, eine wenn auch nur vorläufige Äußerung des Gerichts zu veranlassen. Anders ist dies in den Fällen des § 80 Abs. 2 Nr. 1, in denen die aufschiebende Wirkung kraft Gesetzes entfällt, die Aussetzung der sofortigen Vollziehung gemäß Absatz 6 aber vor Anrufung des Gerichts zunächst bei der Behörde beantragt werden muss. **35**

---

236 München NVwZ-RR 1988,137; Kopp/Schenke Rn. 119.
237 Kassel NVwZ-Beil. 1996, 42.
238 Einschränkend BVerwG NVwZ-RR 2002, 153: jedenfalls bei Vorliegen neuer Umstände.
239 München NVwZ-RR 1988, 127; Saarlouis AS 14, 196; a.A.: Antragsrecht der Ursprungsbehörde gemäß § 80 Abs. 5 in Abgabesachen, Koblenz NVwZ-RR 1992, 206.
240 BVerwG NVwZ-RR 2002, 153.

II. Abgaben und Kosten

36 Für den Fall des **Widerspruchs gegen** eine **Anforderung** von **öffentlichen Abgaben** und **Kosten** ist eine **Aussetzung geboten,**

a) wenn entweder **ernstliche Zweifel an der Rechtmäßigkeit** des angegriffenen VA bestehen. Bei der Entscheidung über die Aussetzung in Abgabensachen sind stets die Aussichten des Rechtsbehelfs zu prüfen. Es müssen ernstliche Zweifel an der Rechtmäßigkeit des angegriffenen VA bestehen. Das Gesetz übernimmt damit die Rechtsgrundsätze, die der BFH für das Aussetzungsverfahren nach § 361 AO entwickelt hat[241]. Solche Zweifel sind anzunehmen, wenn der Erfolg des Rechtsmittels im Hauptverfahren mindestens ebenso wahrscheinlich ist wie der Misserfolg[242]. Der Verschärfung der Anforderung, der Erfolg des Rechtsmittelführers müsse wahrscheinlicher (»überwiegend wahrscheinlich«) sein als ein Unterliegen, wie sie Koblenz[243] unter Vernachlässigung der Rechtsprechung des BFH[244] vertreten hat, ist Wilke[245] überzeugend entgegengetreten[246]. Die Verpflichtung zur Zahlung von Erstattungszinsen bei Prozessverlust[247] allein steht der Aussetzung nicht entgegen (Münster OVGE 29, 22).

37 b) **oder wenn die Vollziehung** für den Abgabe- oder Kostenpflichtigen eine **unbillige,** nicht durch überwiegendes öffentliches Interesse gebotene **Härte zur Folge hätte.** Auch diese Härteklausel ist der Rechtsprechung des BFH[248] entnommen. Sie setzt einmal eine über die üblichen Folgen der Bezahlung oder Beitreibung hinausgehende, im Einzelfall sich als unbillig auswirkende Härte für den Betroffenen voraus, zum anderen, dass öffentliche Interessen diese Härte nicht notwendig machen. Unbillige Härte ist anzunehmen, wenn die Zahlung dem Betroffenen nicht wieder gut zu machenden Schaden zufügt, weil er auch durch eine etwaige spätere Rückzahlung nicht ausgeglichen werden kann, etwa wenn die Zahlung die Insolvenz herbeiführt oder sonst zur Existenzvernichtung führen kann[249].

37a Ordnet die Behörde bei einer Anforderung von öffentlichen Abgaben und Kosten die Aussetzung an, kann sie dies von einer **Sicherheitsleistung** abhängig machen. Die Sicherheitsleistung kann insbesondere durch eine Bankbürgschaft erfolgen; eine Geldleistung ist nicht zwingend und wohl auch sinnwidrig. Die Höhe der Sicherheitsleistung orientiert sich an der Höhe der geforderten Gelder. Einen Rechtsbehelf gegen diese Anordnung hat der insoweit Beschwerte nur in Form des Verfahrens nach § 80 Abs. 5[250]. Darüber

241   BFHE 100, 166; 101, 289.
242   BVerwG DVBl. 1982, 442; Lüneburg DVBl. 1950, 585; München VRspr. 13, 98; Münster OVGE 16, 44; 22, 209; NVwZ-RR 1994, 617; Schaar NJW 1960, 852; vgl. auch Kassel VRspr. 13, 372 zur Aussetzung bei Vergnügungssteuern.
243   DVBl. 1984, 1134; NVwZ 1993, 286.
244   Dazu Tipke-Kruse, § 69 FGO, Rn. 5.
245   DVBl. 1984, 1136.
246   Wie Koblenz auch Münster NVwZ-RR 1993, 269; DVBl. 1990, 720; NVwZ 1989, 588; Saarlouis DÖV 1987, 1115; Hamburg DVBl. 1991, 1325; Renck NVwZ 1992, 338; wie hier Lüneburg KStZ 1990, 137.
247   Vgl. dazu Münster NVwZ-RR 1999, 210.
248   BFHE 87, 600; 92, 314.
249   München BayVBl 1988, 727; Münster OVGE 1, 78.
250   München BayVBl. 1996, 279.

hinaus kann die Aussetzung auch unter Auflagen entsprechend Absatz 5 S. 4 (vgl. Rn. 59) erfolgen[251].

III. Verfahren nach Abs. 6

38 Bei **Aussetzungsanträgen,** die sich auf die Anforderung von öffentlichen **Abgaben** und **Kosten** beziehen, ist nunmehr die **Anrufung der Behörde** vor einer Einschaltung des Gerichts grundsätzlich **obligatorisch.** Nur wenn die Behörde einen solchen Antrag ablehnt oder die besonderen Voraussetzungen des Absatz 6 S. 2 vorliegen, kann unmittelbar die Aussetzung bei Gericht beantragt werden. Die Bestimmung geht auf § 7 FG EntlG zurück; sie ist im finanzgerichtlichen Verfahren seit 1978 in Kraft und ist jetzt in § 69 Abs. 4 FGO übernommen worden.

38a 1. Zum Begriff öffentliche Abgaben und Kosten vgl. oben Rn. 15 ff.

39 2. **Zuständige Behörde.** Absatz 6 setzt den **Antrag an** die **Behörde** voraus. § 69 Abs. 4 FGO spricht von der Finanzbehörde; damit ist im Wesentlichen geklärt, wer über den Antrag zu entscheiden hat. Absatz 6 spricht lediglich von der Behörde, ohne zu sagen, ob damit die Behörde des ursprünglichen VA oder die Widerspruchsbehörde gemeint ist. In Absatz 4 S. 1 werden beide Behörden unter dem Oberbegriff »Behörde« aufgeführt. Es spricht mehr dafür, dass auch Absatz 6 beide Behörden meint, sodass entscheidungsbefugt und -verpflichtet die Behörde ist, bei der das Widerspruchsverfahren anhängig ist, nach Anhängigkeit der Klage bei Gericht also die Ursprungsbehörde. Der Betroffene wird den Antrag regelmäßig dieser Ursprungsbehörde vorlegen, zumal er oft nicht einmal weiß, ob der Vorgang an die Widerspruchsbehörde abgegeben worden ist.

40 3. **Zugangsvoraussetzung.** Die **Ablehnung** des Antrags ist **Zugangsvoraussetzung** für einen Antrag bei Gericht, wobei auch die teilweise Ablehnung oder eine Aussetzung unter Auflagen hinsichtlich der nicht ausgesetzten Teile oder der Auflage genügt. Das bedeutet, dass die Ablehnung im Zeitpunkt der Antragstellung bei Gericht erfolgt sein muss, anderenfalls der Antrag unzulässig ist[252]. Dies gilt auch dann, wenn ein Widerspruchsverfahren nicht stattfindet[253]. Die Unzulässigkeit kann deshalb nicht nachträglich geheilt werden. Dabei genügt eine einmalige Ablehnung; es bedarf weder eines – vom Gesetz auch nicht vorgesehenen – Rechtsmittels dagegen noch irgendwelcher Gegenvorstellungen. Umgekehrt ist die Ablehnung auch dann erforderlich, wenn das Verfahren zur Hauptsache bereits rechtshängig ist und erst dann die Vollziehung akut wird. Hier wird dann freilich meist der Ausnahmegrund des Absatz 6 S. 2 Nr. 2 vorliegen.

41 4. Die **Ablehnung** hat **schriftlich** zu erfolgen[254]. Das ist schon deshalb erforderlich, weil der Betroffene die Ablehnung als Antragsvoraussetzung ggf.

251 Kopp/Schenke Rn. 17; Bader/Funke-Kaiser Rn. 61.
252 Tipke/Kruse, § 69 Rn. 16 mit finanzgerichtl. Judikatur; ebenso München DÖV 1993, 537; BayVBl. 1993, 214; Hamburg DVBl. 1993, 566; Koblenz NVwZ-RR 1992, 589; Greifswald NordÖR 2001, 507.
253 Kassel DÖV 1995, 519.
254 Koblenz NVwZ-RR 1999, 810; a.A. Münster NVwZ 1997, 87.

dem Gericht nachweisen muss. Ein Mahnschreiben kann im Einzelfall als Ablehnung verstanden werden[255].

41a 5. Die **Behörde** ist an eine Aussetzungsentscheidung nicht gebunden[256]. Sie **kann** sie jederzeit ganz oder teilweise **widerrufen.** Der Widerruf gilt dann als Ablehnung, eines erneuten Antrages bedarf es nicht.

42 6. **Entbehrlichkeit der Ablehnung.** a) Der Ablehnungsentscheidung bedarf es nicht, wenn die **Behörde** über den Antrag ohne Mitteilung eines zureichenden Grundes **nicht in angemessener Frist** sachlich **entschieden hat.** Das Gesetz nimmt hier die Formulierung des § 75 auf, sodass auf die Erläuterungen zu § 75 (Rn. 4 f.) verwiesen werden kann. Es wird sehr auf den Einzelfall ankommen, wobei die 3-Monatsfrist des § 75 ein guter Anhaltspunkt sein dürfte. Bei der Beurteilung wird die Begründung des Antrags[257] sowie die sonstige Mitwirkung des Betroffenen auf der einen Seite, der Umfang des Bearbeitungsaufwandes auf der anderen von Bedeutung sein. Zwischenbescheid mit ausdrücklicher Zusage des Stillhaltens eine bestimmte Zeit über eine Ablehnungsentscheidung hinaus kann die Angemessenheit verlängern.

43 b) Eine Ablehnungsentscheidung entfällt auch, wenn eine **Vollstreckung droht.** Die allgemeine Möglichkeit der Vollziehung, wie sie nach § 80 Abs. 2 Nr. 1 gegeben ist, reicht hierfür nicht aus. Es muss sich daher um eine Verwaltungsvollstreckung handeln[258]. Es müssen konkrete Vorbereitungshandlungen der Behörde für eine Vollziehung sichtbar sein; ebenso genügen konkrete Ankündigungen der Behörde oder Fristsetzungen zur Zahlung, es sei denn, die Frist ist so lang bemessen, dass noch Antrag und Bescheidung durch die Behörde zeitlich möglich sind[259]. Ist mit der Vollstreckung begonnen, immer sofortiges Antragsrecht bei Gericht[260]. Das gilt auch, wenn die Vollziehung erst im Beschwerdeverfahren droht[261].

44 7. **Aussetzungsabsprache.** Die bisherige übliche **Absprache, von** einer **Vollziehung abzusehen,** bis das Gericht über den Aussetzungsantrag entschieden haben würde, ist angesichts der neueren Regelung nicht mehr durchführbar, weil es für den Aussetzungsantrag an der Zugangsvoraussetzung fehlt. Mindestens muss zunächst das Ablehnungsverfahren durchgeführt werden. Ob es durch Ausnutzung der Aussetzungsmöglichkeiten auf Behördenseite tatsächlich zur Entlastung der Gerichte führt, muss man abwarten, in der Finanzgerichtsbarkeit wird es bejaht.

---

255 Greifswald NordÖR 2001, 507.
256 Vgl. Bremen Nord ÖR 1999, 284.
257 Diese hält VG Trier NVwZ-RR 1999, 414 für fristauslösend.
258 VG Weimar NVwZ-RR 1999, 480.
259 München NVwZ-RR 1994, 127; a.A. VG Gelsenkirchen NWVBl. 1999, 234 unter Berufung auf Schoch/Schoch Rn. 349.
260 Tipke/Kruse Rn. 20 zu § 69; hierzu auch Saarlouis NVwZ 1993, 490.
261 München NVwZ-RR 1997, 263.

E. Anordnung oder Wiederherstellung der aufschiebenden Wirkung durch das Gericht

I. Grundsätze

Das **Gericht ist berechtigt**, durch Beschluss **die aufschiebende** Wirkung in den **45** Fällen der sofortigen Vollziehung kraft Gesetzes ganz oder teilweise **anzuordnen oder** sie im Falle einer behördlichen Anordnung **wieder herzustellen.** Während das Gesetz bei entsprechenden Entscheidungen der Widerspruchsbehörde von der Aussetzung der Vollziehung spricht, nennt es die Entscheidungen des Gerichts die Anordnung oder Wiederherstellung der aufschiebenden Wirkung. Die unterschiedliche Bezeichnung hat keine sachliche Bedeutung. Der eingeführte Oberbegriff des »Aussetzungsverfahrens« kann beibehalten werden.
Neben der im Gesetz allein genannten Anordnung oder Wiederherstellung der aufschiebenden Wirkung ist, wie dargelegt, von der Rechtsprechung die Zulässigkeit der richterlichen Feststellung des Bestehens oder Nichtbestehens der aufschiebenden Wirkung (Rn. 29) entwickelt worden. Die nachfolgenden Verfahrensgrundsätze gelten auch in diesem Fall. Für den Fall, dass die Behörde entgegen einer gesetzlichen Regelung die sofortige Vollziehung anordnet, will Bautzen[262] die Aufhebung der Anordnung der sofortigen Vollziehung tenorieren. Eine Anfechtungsklage gegen die Anordnung der sofortigen Vollziehung ist unzulässig[263].
Ist Streitgegenstand einer Klage der Anspruch auf Planänderung oder -ergänzung, dann scheidet vorläufiger Rechtsschutz nach § 80 Abs. 5 nicht schlechthin aus[264].

1. Abgaben und Kosten. Im Falle der **Anforderung von öffentlichen Abgaben 46 und Kosten** hat das Gericht von den in § 80 Abs. 4 enthaltenen und oben unter Rn. 36 ff. erörterten Voraussetzungen auszugehen. Die Aussetzung ist hier regelmäßig dann, aber auch nur dann anzuordnen, wenn ernsthafte Zweifel an der Rechtmäßigkeit des angegriffenen VA bestehen oder wenn die Vollziehung für den Abgabe- oder Kostenpflichtigen eine unbillige, nicht durch überwiegende öffentliche Interessen gebotene Härte zur Folge hat. Hier ist der Aussetzungsantrag erst zulässig, wenn der Antrag an die Behörde gemäß Abs. 6 gescheitert ist oder die Ausnahmetatbestände des Absatz 6 S. 2 vorliegen.

2. Unaufschiebbare Anordnung. Bei **unaufschiebbaren Anordnungen** und **47** Maßnahmen von Polizeivollzugsbeamten ist die Aussetzung zwar möglich, wird aber regelmäßig kaum in Frage kommen. Auch bei Verkehrszeichen in der Regel keine Aussetzung, wenn nicht Aufstellung offensichtlich rechtswidrig[265].

3. Gesetzlicher Ausschluss. Ist **durch Bundesgesetz die aufschiebende Wir- 48 kung des Rechtsbehelfs ausgeschlossen,** so ist dies als Vermutung anzusehen, dass in diesen Fällen ein das Individualinteresse überwiegendes öffentliches

---

262 SächsVBl. 1995, 288.
263 BVerwG UPR 1995, 195.
264 BVerwG NVwZ 1998, 1070; Lüneburg NVwZ-RR 1998, 719; Mannheim NVwZ 1999, 550.
265 Münster OVGE 24, 200.

Interesse vorliegt[266]. Eine Aussetzung kommt deshalb nur in Frage, wenn im konkreten Fall das Individualinteresse aus besonderen Gründen diesen öffentlichen Interessen vorausgeht. Das Gericht ist in diesen Fällen nicht einer eigenen Ermessensentscheidung enthoben; diese ist aber bei der Interessenabwägung – und nur dort – gesetzlich strukturiert, aber nicht präjudiziert (vgl. Rn. 18b). Die Aussetzung ist immer anzuordnen, wenn der angefochtene VA offensichtlich rechtswidrig ist; ist in der Hauptsache ein Obsiegen des Antragstellers überwiegend zu erwarten, gilt Gleiches[267].

49 4. **Behördliche Anordnung nach Absatz 2 Nr. 4.** Für die **Entscheidung im Falle der behördlichen Anordnung der sofortigen Vollziehung** gelten die oben unter Rn. 19 ff. dargestellten Grundsätze. Die Frage, ob ein überwiegendes öffentliches Interesse (zum überwiegenden privaten Interesse vgl. § 80a Rn. 9 ff.) vorliegt, beantwortet sich für das Gericht nach den gleichen Kriterien wie für die Verwaltung, die richterliche Entscheidung wird aber stärker **von der Prüfung der Aussichten des Rechtsbehelfes** gegen den VA selbst abhängig sein, zu der die Verwaltung, die den VA erlassen hat, nur begrenzt in der Lage sein kann.

a) Ist der **Rechtsbehelf offenbar aussichtslos**, wird vielfach die Aussetzung abgelehnt[268]. Aber § 80 Abs. 2 Nr. 4 fordert generell ein besonderes Vollzugsinteresse; es muss deshalb auch bei offensichtlicher Rechtmäßigkeit des VA bestehen, wird dort freilich leichter zu belegen sein als sonst[269]. Bei Versagung der Aussetzung wegen mangelnder Erfolgsaussichten muss eine eingehende Prüfung der Sach- und Rechtslage erfolgen, wenn die Versagung zu schweren und unzumutbaren Nachteilen führt[270]. Hat der Rechtsbehelf wegen allgemeiner Unzulässigkeit keine aufschiebende Wirkung, wirkt die Anordnung der Behörde deshalb lediglich deklaratorisch und beschwert den Betroffenen nicht (vgl. Rn. 11), so ist Aussetzung in der Regel nicht geboten. Ist der VA offenbar fehlerhaft, so ist dagegen auszusetzen, da die Vollziehung eines solchen VA nicht im öffentlichen Interesse liegen kann[271].

b) Bei **offensichtlichem Erfolg** in der Hauptsache ist die Aussetzung auszusprechen (allgemeine Meinung). Ein besonderes Interesse am Vollzug eines eindeutig rechtswidrigen Verwaltungsaktes besteht nicht. An die Eindeutigkeit sind strenge Anforderungen zu stellen. Insbesondere ist bei Mängeln, die heilbar sind, diese Möglichkeit bei der Prognose zu bedenken[272].

c) Hat das Rechtsmittel **überschaubare Aussichten auf Erfolg**, so darf das bei der Abwägung nicht unberücksichtigt bleiben. Sind hinreichende Erfolgsaussichten zu verneinen, so wird dies für die überwiegenden öffentlichen Interessen von Bedeutung sein. Für andere Leistungen als öffentlichen

---

266 Münster GewA 1986, 62; Eyermann/J. Schmidt Rn. 69; a.A. Renner MDR 1979, 887.
267 Finkelnburg/Jank Rn. 852.
268 BVerwG DVBl. 1974, 566; München NVwZ 1983, 691; Kassel ESVGH 23, 173; Koblenz VRspr. 7, 504; Münster VRspr. 2, 510; DVBl. 1963, 257.
269 Vgl. Kassel GewA 1982, 92; Lüneburg GewA 1984, 256; Berlin NVwZ-RR 2001, 611; aber auch Münster NWVBl 1990, 385; Renck NVwZ 1988, 700; Bader/Funke-Kaiser Rn. 81; im Einzelnen Finkelnburg/Jank Rn. 858 ff.
270 BVerfG BayVBl. 1997, 629.
271 BVerwG DVBl. 1974, 566; BVerwGE 97, 45; Berlin GewA 1982, 372; Münster FamRZ 1980, 900; Hamburg NVwZ 1984, 256; Kassel RdL 1985, 104; a.A. für Ausnahmefälle: München NVwZ 1988, 749.
272 Vgl. Bader/Funke-Kaiser Rn. 86; Kopp/Schenke Rn. 160 mit gegenläufiger Tendenz; VG Meiningen GewA 1997, 34.

Abgaben und Kosten München VGH n.F. 27, 83; für die Aussichten eines Wiedereinsetzungsantrages bei verspätetem Rechtsmittel Mannheim DVBl. 1975, 597; Koblenz NJW 1976, 908. Ergibt diese erste Prüfung der Erfolgsaussichten nichts, so bleiben sie beim Abwägungsvorgang unberücksichtigt. Die Entscheidungen der Vorinstanzen können Bedeutung haben, notwendig ist dies nicht[273]. Zur wesentlich eingehenderen Prüfung der Sach- und Rechtslage bei VA mit Doppelwirkung vgl. § 80a Rn. 10 f.

5. Vorlage an BVerfG oder EuGH. Hält das Gericht die dem VA zu Grunde **50** liegende **Norm** für **verfassungswidrig**, so bedeutet dies, dass gegen den angefochtenen VA rechtlich erhebliche Bedenken vorliegen, die im Hauptverfahren zur Vorlage nach Art. 100 GG führen werden. In diesen Fällen wird regelmäßig auszusetzen sein; eine Vorlage selbst scheidet im Aussetzungsverfahren aus, da die Aussichten der Hauptsache, für die allein die Vorlage entscheidungserheblich ist, bei der Interessenabwägung nur ein und nicht notwendig der entscheidende Fakt sind[274]; zur gleichen Frage bei § 123 vgl. dort Rn. 18. Dagegen ist eine Verfassungsbeschwerde gegen eine Aussetzungsentscheidung zulässig[275], wobei freilich die Subsidiarität zu beachten ist[276]. Eine bevorstehende Gesetzesänderung kann zu berücksichtigen sein[277]. Zur Aussetzung bei VA auf Grundlage einer EG-Norm s. Rn. 3c.

6. Nach Vollziehung. Die **Aussetzung** durch Gericht ist **auch zulässig, wenn** **51** **der VA bereits vollzogen** ist oder ihn der Betroffene **freiwillig vollzogen** hat[278]. In diesem Fall ist ggf. nicht auf Wiederherstellung der aufschiebenden Wirkung sondern auf Aufhebung der Vollziehungsanordnung zu erkennen[279]. Dabei ist ggf. auch die Beseitigung der Vollziehung anzuordnen (vgl. unten Rn. 59). Umgekehrt hindert die freiwillige Vollziehung und erst spätere Einlegung des Rechtsmittels die Behörde an der Anordnung der sofortigen Vollziehung nicht, die dann freilich formell und materiell allen Anforderungen des § 80 genügen muss[280].

II. Entscheidungsvoraussetzungen

1. Allgemeines. Das **Gericht** hat im Verfahren die tatbestandlichen Voraus- **52** setzungen der Vollziehungsanordnung zu prüfen und alsdann eine **eigene Ermessensentsscheidung** über die Aussetzung zu treffen[281]. Das ist im Sinne ei-

---

273 BVerwG DVBl. 1978, 538: Ablehnung der Aussetzung trotz Obsiegens des Klägers in der Berufung; BVerwG v. 14.10.1965 – VI C 35.65 – u. 26.3.1962 – II C 175.60 – n.v.: Ablehnung der Aussetzung, weil Klage in zwei Instanzen abgewiesen; ähnlich Mannheim NJW 1970, 165; aber auch BVerwG NJW 1974, 1294.
274 BVerfG NVwZ 1992, 360; 1992, 1080; Kopp/Schenke Rn. 161; München DÖV 1987, 32; VG Würzburg NJW 1976, 1651; Mannheim DÖV 1976, 679; Dienstgerichtshof Rostock DtZ 1992, 387; Eyermann/J. Schmidt Rn. 82; differenzierend Frankfurt/Oder LKV 1995, 199; a.A. Heinze DÖV 1968, 266 ff.
275 BVerfGE 51, 280; 53, 30.
276 BVerfGE 70, 180; BayVerfGH NVwZ 1985, 651.
277 Münster NVwZ 1983, 353; UPR 1984, 191.
278 BVerwG NJW 1961, 90; Berlin NJW 1966, 798; Münster OVGE 28, 128.
279 Münster NJW 1962, 2077; VG Gera DVBl. 2000, 650.
280 Münster OVGE 28, 128.
281 Bremen NuR 1987, 372; München GewA 1980, 238; Koblenz NJW 1962, 1364 m. Anm. Löwer NJW 1962, 1739; ferner NJW 1962, 2318; Finkelnburg/Jank Rn. 864; a.A. Renner MDR 1979, 887.

ner »eigenständigen Interessenabwägung«[282] zu verstehen, die sich nicht auf die Kontrolle einer etwa vorausgehenden Entscheidung der Verwaltung beschränkt[283], auf der anderen Seite aber auch kein Auswahlrecht im Sinne der Ermessenslehre bedeutet. Auch für das Aussetzungsverfahren gilt der Untersuchungsgrundsatz des § 86, der aber entsprechend dem Charakter als Eilverfahren begrenzt anzuwenden ist[284]; sind ohne gerichtliche Eilentscheidung schwere und unzumutbare Nachteile für einen Beteiligten zu erwarten, deren Beseitigung im Hauptsacheverfahren nicht (mehr) möglich ist, ist die Sachlage umfassend aufzuklären[285]. Vorbereitende Maßnahmen nach § 87 werden vielfach erforderlich sein. Bleiben Tatsachen streitig, so genügt aber die Glaubhaftmachung, wofür alle Beweismittel geeignet sind (§ 294 ZPO entsprechend anwendbar), darunter auch aktenkundige Feststellungen fachkundiger Beamter[286]; auch eine Ortsbesichtigung ist zulässig und nicht selten zweckmäßig[287]. Das Gericht kann das Überwiegen besonderer öffentlicher Interessen auch aus anderen Gründen bejahen als die Verwaltungsbehörde[288].

53 Das Gericht hat bei der Abwägungsentscheidung die **Verhältnisse im Zeitpunkt seiner Entscheidung** zu Grunde zu legen[289]. Umstände, die erst nach Erlass der Vollziehungsanordnung entstanden oder bekannt geworden sind, müssen berücksichtigt werden[290]. Das gilt auch, wenn sie erst im Beschwerdeverfahren vorgebracht werden oder eingetreten sind. Für die Beurteilung der Rechtmäßigkeit/Rechtswidrigkeit des Verwaltungsaktes kommt es auf den sich aus dem materiellen Recht ergebenden maßgeblichen Zeitpunkt an[291]. Tritt nachträglich ohne Rückwirkung eine Rechtsgrundlage für einen Verwaltungsakt in Kraft, kann das nach materiellem Recht zu berücksichtigen sein und zu einem gespaltenen Tenor hinsichtlich der Dauer der Aussetzung führen[292].

54 2. **Hängebeschluss.** Von der Anordnung der sofortigen Vollziehung bis zur **Entscheidung** vergeht in der Regel eine gewisse **Zeitspanne.** Die notwendige Aufklärung des Sachverhalts nimmt oft Zeit in Anspruch, während der formell die Behörde an sich den VA vollziehen könnte. In der Regel pflegen die Gerichte unförmlich die Verwaltung unter Hinweis auf die Möglichkeit eines sog. Hängebeschlusses zu bitten, bis zur Entscheidung von einer Vollziehung abzusehen. Besteht die Gefahr, dass dennoch vollzogen wird, kann das Gericht oder der Vorsitzende allein (§ 80 Abs. 8) eine zeitlich bis zur endgültigen Entscheidung befristete vorläufige Aussetzung oder sonstige Zwischenregelungen anordnen, um die Effektivität des Rechtsschutzes zu sichern[293].

---

282 Münster NVwZ 1988, 551; Sellner, Lerche-Festschrift S. 822.
283 Berlin NVwZ-RR 2001, 611.
284 Münster NVwZ-RR 1999, 696; Greifswald B. v. 13.7.1999 – 1 M 59/99; Weimar LKV 1999, 70; VwRR MO 2000, 129.
285 Weimar InfAuslR 2003, 383; Mampel DVBl. 1997, 1155.
286 Stuttgart ESVGH 6, 171.
287 Münster GewA 1963, 83.
288 Löwer DÖV 1963, 176; Ule DVBl. 1961, 48; a.A. VG Hannover DVBl. 1961, 47; Kopp/Schenke Rn. 149; Schoch/Schoch Rn. 180.
289 Lüneburg OVGE 11, 336.
290 Vgl. Koblenz RiA 2003, 259.
291 A.A. Kopp/Schenke Rn. 147.
292 Kassel NVwZ-RR 1998, 137.
293 Hierzu BVerwGE 16, 289; 17, 83; Saarlouis BauR 1993, 212; Hamburg DÖV 1988, 887; MacLean LKV 2001, 107; Gucklberger NVwZ 2001, 275.

Die Überlegung von Wolfers[294] ein solcher Hängebeschluss sei jedenfalls dann unzulässig, wenn gesetzlich oder auf Grund besonderer Vereinbarung die Schaffung unumkehrbarer bzw. vollendeter Tatsachen ausgeschlossen sei, hat manches für sich, dürfte aber nur in Ausnahmefällen praktikabel sein.

III. Antrag

Das **Aussetzungsverfahren** des Gerichts **setzt einen Antrag des Betroffen** **55** voraus. **Antragsberechtigt** ist der Adressat des angefochtenen VA, ggf. der Vollziehungsanordnung[295]. Zum Antragsrecht bei VA und Doppelwirkung jetzt § 80a. Der Antrag kann von der Einlegung des jeweiligen Rechtsbehelfs ab bis zur rechtskräftigen Entscheidung in der Hauptsache über den zu vollziehenden VA gestellt werden[296]. Eine Frist läuft für den Antrag nicht (zu Ausnahmen Rn. 55a), Verwirkung ist praktisch ausgeschlossen[297]. Ist ein Vorverfahren nicht erforderlich, aber Widerspruch eingelegt, so kann der Antrag sofort, sonst frühestens mit der Klageerhebung eingereicht werden. Der Antrag ist, abgesehen von den durch Abs. 6 erfassten Fällen, unabhängig von einer vorherigen Anrufung einer Behörde zur Aussetzung nach § 80 Abs. 4 zulässig[298]. Ist gleichzeitig bei einer Behörde die Aussetzung beantragt, so gilt die gerichtliche Aussetzung, auch wenn die Behörde den Antrag ablehnt (zum umgekehrten Fall vgl. Rn. 34 f.). Zur Rücknahme des Antrages vgl. Rn. 5a zu § 92. **Antragsgegner** ist die Behörde oder Körperschaft des Ursprungs VA, bei erstmaliger Anordnung nach § 80 Abs. 2 Nr. 4 durch die Widerspruchsbehörde diese[299]. Beklagter im Hauptprozess und Antragsgegner im Aussetzungsverfahren brauchen deshalb nicht identisch zu sein.

Die **Fristfreiheit** für den Antrag wird vom Gesetzgeber zunehmend **einge- 55a** schränkt. Nach dem PlanungsvereinfachungsG v. 17.12.1993 (BGBl. I S. 2123) ist die Fristfreiheit weiter eingeschränkt worden; der Antrag ist innerhalb eines Monats begründet zu stellen: § 20 Abs. 5 S. 2 AEG; § 17 Abs. 6a S. 2 FStrG; § Abs. 6 S. 3 PBefG; § 19 Abs. 2 S. 1 WaStrG; § 10 Abs. 6 S. 1 LVG. Dies gilt auch, wenn später eingetretene Tatsachen einen Antrag nach § 80 Abs. 5 rechtfertigen: § 20 Abs. 5 S. 6 AEG; § 17 Abs. 6a S. 6 FStrG; §§ 19 Abs. 2, 20 Abs. 7 WaStrG; § 10 Abs. 6 S. 3 LVG; § 29 Abs. 6 S. 4 PBefG. Eine Befristung findet sich auch in § 5 Abs. 5 S. 2, 4 MagnetschwebebahnplanungsG, § 5 Abs. 2 VerkehrswegeplanungsbeschleunigungsG und in § 20 Abs. 5 S. 2, 3, 5 Abs. 7 EisenbahnneuordnungsG. § 12 Abs. 2 InVorG bestimmt eine Zwei-Wochenfrist. Nach § 36 Abs. 3 Asyl-VerfG muss der Antrag innerhalb einer Woche nach Bekanntgabe der Unbeachtlichkeit oder offensichtlichen Unbegründetheit des Asylantrages gestellt werden. § 18a Abs. 3 AsylVerfG setzt sogar eine Frist von drei Tagen. In diesen Fällen muss der VA gemäß § 56 zugestellt und über die befristete Mög-

---

294 VIZ 1994, 585.
295 Zum grenzüberschreitenden Drittschutz Saarlouis NVwZ 1995, 97.
296 Hamburg DVBl. 1966, 280 m. abl. Anm. Klein; Weimar LKV 1994, 408; Finkelnburg/Jank Rn. 952; a.A.: Antrag auch ohne vorherigen Rechtsbehelf Kopp DÖV 1967, 843; Kopp/Schenke Rn. 139, der die Einlegung des Rechtsbehelfs spätestens bei gerichtlicher Entscheidung verlangt; ebenso Eyermann/J. Schmidt Rn. 65.
297 Saarlouis DÖV 1976, 607.
298 Koblenz AS 8, 220; Münster OVGE 16, 281.
299 Str., wie hier Mannheim DVBl. 1987, 696; NJW 1975, 1242; Münster v. 28.10.1987 – 5 B 2472/87 – n.v.; Schoch/Schoch Rn. 321; a.A. Kassel NVwZ 1988, 677; München BayVBl. 1984, 598; VG Münster NVwZ 1982, 114; Finkelnburg/Jank Rn. 969; Kopp/Schenke Rn. 140; Eyermann/J. Schmidt Rn. 67.

lichkeit des Aussetzungsantrages gemäß § 58 belehrt werden. Fehler bei Zustellung oder Rechtsbehelfsbelehrung lösen die allgemeinen Folgen aus[300].

IV. Verfahren

56   Das **Aussetzungsverfahren** ist ein **selbstständiges Verfahren**[301], für das deshalb die Prozessvoraussetzungen selbstständig zu prüfen sind. In der Praxis wird häufiger das Rechtsschutzinteresse gerade am Eilverfahren problematisiert[302]. Werden durch die Entscheidung in diesem Verfahren rechtliche Interessen eines Dritten berührt, so kann dieser beigeladen werden. Liegt ein Fall der notwendigen Beiladung vor (§ 65 Abs. 2), so muss die Beiladung vorgenommen werden, weil sonst die Entscheidung materiell wirkungslos wäre (vgl. § 65 Rn. 22 f.). Hier wird regelmäßig nach § 80a zu verfahren sein.

57   Über den **Antrag hat das Gericht der Hauptsache zu entscheiden.** Das ist das BVerwG, wenn es erstinstanzlich zuständig ist oder eine Entscheidung erst während des Revisionsverfahrens beantragt wird oder das Verfahren bei ihm auf Grund einer Zulassungsbeschwerde anhängig ist[303]. Das Revisionsverfahren beginnt mit der Einreichung der Revisionsschrift, in der Regel beim OVG. Von diesem Zeitpunkt an ist nur noch das BVerwG entscheidungsbefugt. Insoweit ist auch das BVerwG zu selbstständiger Tatsachenfeststellung in der Lage und verpflichtet. Das Berufungsverfahren beginnt, wenn die Berufung vom VG nicht zugelassen wurde, mit dem Antrag auf Zulassung der Berufung[304], mit der Einlegung der Berufung. Ist Antrag bei dem VG gestellt, hat dieses aber nicht vor Antrag auf Zulassung der Berufung in der Hauptsache entschieden, so hat nunmehr das Berufungsgericht zu entscheiden[305]. Ab dem Zeitpunkt der Stellung des Antrages auf Zulassung der Berufung oder der Einlegung der Berufung ist allein das Berufungsgericht zuständig. Ein neuer Antrag ist nicht erforderlich. Gericht der Hauptsache ist auch das Gericht, bei dem nach Rechtskraft ein Wiedereinsetzungsantrag gestellt ist. Aussetzung ist aber nur, wenn ein Antrag aussichtsreich (vgl. Rn. 11). Sind gegen den gleichen VA mehrere Klagen zur Hauptsache in allen Instanzen anhängig, so ist jede dieser Instanzen für ihr Verfahren zuständig[306]; ob hier für jeden einzelnen Kläger ein Rechtsschutzinteresse besteht, wird freilich zweifelhaft sein[307]. Ist kein Verfahren zur Hauptsache anhängig, sondern erst noch das Vorverfahren, ist Gericht zur Hauptsache dasjenige Gericht, bei dem die Hauptsache anhängig zu machen wäre. Verweisungen sind im Rahmen des § 83 zulässig, nicht aber nach § 17a GVG. Ist der Verwaltungsrechtsweg nicht gegeben, so scheitert der Antrag; er muss im zutreffenden Gerichtszweig neu gestellt werden (vgl. Anh. § 41 Rn. 5).

---

300 Mannheim DÖV 1995, 830; a.A. Lüneburg NVwZ-RR 1995, 176; differenzierend BVerfG VIZ 1998, 623.
301 Kassel NJW 1965, 1829; Münster OVGE 1, 60; Löwer DVBl. 1962, 855 m. Zit.; a.A. Hamburg DVBl. 1955, 98; Lüneburg DVBl. 1956, 100.
302 Vgl. Bautzen VwRR MO 1998, 10; SächsVBl. 1990, 90; Münster NWVBl. 1997, 60; Hamburg DVBl. 1997, 1446; Bremen NVwZ-RR 1999, 204; Berlin NVwZ 2003, 239.
303 BVerwGE 1, 45 ff.; 3, 65; Münster VRspr. 3, 118.
304 Finkelnburg/Jank Rn. 930.
305 BVerwGE 39, 229; Münster DVBl. 1981, 691; a.A. München BayVBl. 1970, 187.
306 BVerwGE 64, 347 gegen München DVBl. 1982, 210.
307 München BayVBl. 1984, 212.

Ist noch kein Verfahren zur Hauptsache anhängig, so ist bei dem VG die **57a**
Kammer, ggf. der Vorsitzende, zur Entscheidung zuständig, nicht der Einzelrichter (§ 6 Rn. 11), wenn nicht eine andere Regelung ausdrücklich durch
Gesetz getroffen ist, so in § 76 Abs. 4 AsylVfG. Nach Übertragung gemäß
§ 6 ist auch für Entscheidungen nach § 80, § 80a der **Einzelrichter** zuständig,
das Entscheidungsrecht des Vorsitzenden nach § 80 Abs. 8 dürfte damit entfallen, weil für den Beschleunigungseffekt kein Anlass mehr besteht. Bei erstinstanzlicher Zuständigkeit eines OVG entscheidet dieses gemäß § 9 Abs. 3,
wenn nicht Landesrecht eine andere Besetzung vorschreibt.

In dringenden Fällen kann gemäß § 80 Abs. 8 der **Vorsitzende** der Kammer   **58**
oder des Senats **allein** entscheiden. Während früher gegen seine Entscheidung
der Spruchkörper angerufen werden konnte, beendet seit der Streichung des
§ 80 Abs. 8 S. 2 die Entscheidung die Instanz. Sie tritt also an die Stelle einer
Entscheidung des Spruchkörpers. Gegen die Entscheidung ist das gleiche
Rechtsmittel gegeben wie gegen den Beschluss der Kammer (u. Rn. 62).

V. Entscheidung

Das **Gericht entscheidet durch Beschluss**, wobei mündliche Verhandlung   **59**
freigestellt ist. Es kann die aufschiebende Wirkung in vollem Umfange, z. T.
(etwa der Höhe[308] oder der Zeit nach[309]; bis zum Widerspruchsbescheid bei
Ermessensentscheidungen[310], unter Anordnung von Sicherheitsleistung[311])
oder unter bestimmten Auflagen anordnen bzw. wiederherstellen. Eine teilweise Aussetzung darf nicht dazu führen, dass dadurch ein aliud gegenüber
dem sofort vollziehbaren Teil des VA in der Vollziehung gehemmt wird[312].
Auflagen stehen im Ermessen des Gerichts, sie sind oft sinnvoll (nach Lüneburg[313] soll die Anordnung der Verzinsung von Abgaben unzulässig sein,
was kaum überzeugt[314]). Freilich müssen sie eindeutig sein. Maßgaben, die
auf bestimmte zukünftige Ereignisse abstellen, über deren Eintreten Streit
entstehen kann, sind bedenklich. Sie können zu einem neuen Verfahren zwingen, das bzgl. der Feststellung des Eintretens nicht mehr nur vorläufig sein
kann. Auflagen, die in Wirklichkeit Bedingungen für den Bestand der Entscheidung sind, dürften ebenso unzulässig sein, wie solche, die in das Verw-
Verfahren eingreifen[315] und den VA selbst betreffen[316]. Daher sind Auflagen
in einem ablehnenden Beschluss unzulässig[317]. Der Beschluss, der die aufschiebende Wirkung anordnet, hat **Rückwirkung**, sofern diese nicht ausdrücklich ausgeschlossen wird[318]. Das Gericht kann neben der Aussetzungs-

---

308 Bautzen LKV 2004, 31.
309 Vgl. etwa Hamburg DÖV 1989, 360.
310 Kassel ESVGH 24, 68; Bremen NJW 1981, 1172.
311 Vgl. hierzu im Einzelnen Kassel ESVGH 24, 195; Lüneburg NVwZ-RR 1997, 79.
312 Berlin NVwZ 2003, 1524.
313 NJW 1968, 2125.
314 Vgl. hierzu Lüneburg DVBl. 1979, 89; München NVwZ-RR 1991, 159; Lüke NJW
     1978, 83 hält alle nach § 123 zulässigen Anordnungen für erlaubt.
315 Mannheim DVBl. 1984, 1180.
316 Mannheim NJW 1985, 449.
317 Bader/Funke-Kaiser Rn. 102; a.A. Finkelnburg/Jank Rn. 874; München NVwZ-RR
     1991, 159.
318 Münster DÖV 1983, 1024; DÖV 1978, 417; VG Münster GewA 1982, 373; Bautzen
     VwRR MO 1998, 10; Greifswald U. v. 20.6.2003 – 1 L 137/02; differenzierend für
     das Kommunalabgabenrecht wegen der Nebenleistungen nach der AO: VG Potsdam
     LKV 2003, 387.

entscheidung auch die Verwaltungsbehörde ausdrücklich verpflichten, eine schon vorgenommene Vollziehung des VA wieder aufzuheben und rückgängig zu machen (Folgenbeseitigung). Dabei kann das Gericht entweder der Behörde ein bestimmtes Handeln aufgeben[319] oder aber ihr in der Form der Aufhebung der Vollziehung freie Hand lassen. War der angefochtene Bescheid bereits unanfechtbar, so ist der Aussetzungsantrag als unbegründet zurückzuweisen[320]. Hat sich das Eilverfahren erledigt, hat der Antragsgegner grundsätzlich kein berechtigtes Interesse an einer Sachentscheidung[321]. Für einen Fortsetzungsfeststellungsantrag ist kein Raum[322].

60 Vor der Entscheidung sollen die Beteiligten gehört werden. Regelmäßig besteht eine **Anhörungspflicht** gegenüber allen Beteiligten, sie entfällt nur, wenn der Schutz gewichtiger Interessen die sofortige Entscheidung erfordert[323]. Im Beschwerdeverfahren dürfte dies nie der Fall sein; notfalls muss das Gericht bei besonderer Dringlichkeit alle technischen Hilfsmittel einsetzen und auch das Wochenende einbeziehen[324]. Eine gesetzliche Anhörungspflicht gegenüber dem Antragsgegner findet sich in § 74 Abs. 2 S. 2 ZDG.

61 Der Beschluss ist zu begründen (§ 122 Rn. 2) und zuzustellen. Nicht selten wird der **Tenor** vorab der Geschäftsstelle übergeben und den Beteiligten fernmündlich oder durch Telefax mitgeteilt. Gegen die Zulässigkeit dieses Verfahrens ist letztlich nichts einzuwenden, wenn wenigstens vorher die Beteiligten gehört, insbesondere die Beiladung beschlossen und dieser Beschluss zugestellt ist. Vollstreckungstitel wird der Beschluss mit der Mitteilung nicht, dazu ist die Zustellung erforderlich. Wird er, wie es das Gericht erwartet, dennoch bereits befolgt, so besteht von diesem Zeitpunkt an die Beschwerdebefugnis (vgl. § 122 Rn. 6)[325].

VI. Rechtsmittel/Bindung

62 Gegen den Beschluss kann der Beschwerte die Beschwerde (§ 146 Abs. 4) einlegen, wenn es sich nicht um eine erstinstanzliche Entscheidung des OVG oder des BVerwG handelt oder die Beschwerde fachgesetzlich ausgeschlossen ist, was nicht selten geschieht. Auflagen im Beschluss können nicht selbstständig angefochten werden, die Beschwerde muss sich gegen den Beschluss insgesamt richten[326], entsprechende Umdeutung ist möglich. Die Beschwerde gegen die Ablehnung der Aussetzung hat keine aufschiebende Wirkung, die sofortige Vollziehung des VA bleibt deshalb weiterhin zulässig[327]. Wenn der Erstrichter den Antrag abgelehnt hat, besteht keine Verpflichtung der Behörde, die Beschwerdeentscheidung bis zur Durchführung der Vollziehung abzuwarten, wenn dies auch im Einzelfall zweckmäßig sein kann. Die Beschwerde wird unzulässig, wenn nach Einlegung der Sprungrevision ein neuer Aussetzungsantrag beim BVerwG gestellt wird[328]. Zur Beschwerde bei

---

319 Bei Verkehrszeichen Kassel NVwZ-RR 1993, 389.
320 Münster DÖV 1968, 705.
321 BVerwG UPR 1995, 232; Mannheim DÖV 1996, 792.
322 Berlin UPR 1989, 400; Münster OVGE 32, 210; München DVBl. 1976, 410; differenzierend Eyermann/J. Schmidt Rn. 112 f.
323 A.A. Finkelnburg/Jank Rn. 972.
324 BVerfGE 65, 227; 49, 329; 18, 409; 9, 96.
325 Korber NVwZ 1983, 85.
326 München DVBl. 1979, 89; 1973, 208.
327 Freiburg VRspr; 7, 501.
328 München DVBl. 1980, 88.

telefonischer Bekanntgabe der Entscheidung vgl. oben Rn. 61. Für die Beschwerdeentscheidung gelten die gleichen Grundsätze wie für die Entscheidung 1. Instanz. Das Beschwerdegericht hat eine **eigene selbstständige Ermessensentscheidung** zu treffen, es ist nicht etwa auf eine Überprüfung im Rahmen des § 114 beschränkt[329]. Eine **Zurückverweisung** ist wegen der Eilbedürftigkeit des Verfahrens allenfalls bei fehlender Verzögerung des Verfahrens durch das VG zulässig (vgl. § 123 Rn. 28).

Der **Aussetzungsbeschluss bindet** die Beteiligten. Er ist als rechtskräftige richterliche Entscheidung i. S. d. § 168 Abs. 1 Nr. 1 Vollstreckungstitel, soweit er vollstreckungsfähigen Inhalt, insbesondere Anordnungen nach § 80 Abs. 5 S. 3 enthält[330]. Ist eine Leistung der Behörde angeordnet (Vollziehungsbeseitigung, Auflagen), so ist für die Vollstreckung § 172 entsprechend anwendbar, sonst richtet sich die Vollstreckung nach den Grundsätzen für ein Unterlassungsurteil[331]. Bei Aussetzung unter Auflagen hält Mannheim[332] diese nicht für vollstreckbar; werden sie nicht erfüllt, kann das Gericht durch Änderung nach § 80 Abs. 7 reagieren. Die Bindungswirkung erstreckt sich nicht auf den Amtshaftungsprozess[333]. **63**

Der Beschluss **bleibt bis zur Rechtskraft** der Entscheidung in der Hauptsache wirksam. Nach Eintritt der Rechtskraft wird er gegenstandslos, einer förmlichen Aufhebung bedarf es nicht. Erledigt sich die Hauptsache und stellt das Gericht der Hauptsache die Erledigung fest (Beschluss oder im Streitfall Urteil), so kann zur Klarstellung der Aussetzungsbeschluss vom gleichen Gericht aufgehoben werden. Ergeht der Beschluss während des Widerspruchsverfahrens, so dauert die vom Gericht angeordnete Aussetzung bis zur Unanfechtbarkeit des VA fort, besteht also auch in der Zeit zwischen Widerspruchsbescheid und Klage[334], wenn nicht die Anfechtungsklage im ersten Rechtszug abgewiesen worden ist. Dann gilt § 80b Abs. 1, die aufschiebende Wirkung endet drei Monate nach Ablauf der gesetzlichen Begründungspflicht des gegen die abweisende Entscheidung gegebenen Rechtsmittels (dazu § 80b Rn. 5). **64**

Die Bindungswirkung schließt eine nachfolgende **abweichende Entscheidung der Verwaltung** zum Nachteil des Betroffenen aus[335]. Hat das Gericht ausgesetzt, kann die Verwaltung eine Änderung nur über § 80 Abs. 7 erreichen[336], wenn nicht die Aussetzung lediglich aus formellen Gründen erfolgt ist (oben Rn. 27a). Auch der Umweg über einen neuen inhaltlich gleichen VA ist nicht **65**

---

329 H.M., vgl. etwa Mannheim NJW 1985, 449.
330 Str.; wie hier Menger VerwA 55, 286; Kopp/Schenke Rn. 230; a.A. Lüneburg OVGE 30, 365; Koblenz NJW 1965, 881; Finkelnburg/Jank Rn. 881, wonach zusätzlich nach § 123 vorgegangen werden muss, ein schwer erträglicher Umweg.
331 Menger VerwA 55, 286; Rupp AöR 85, 334 f.; zweifelnd Niedermeyer NJW 1960, 2322, im Einzelnen Löwer DVBl. 1966, 251.
332 NJW 1984, 1369.
333 BGH NVwZ 2001, 352.
334 Berlin NJW 1973, 341; Mannheim DÖV 1970, 684; Bremen NJW 1968, 1539; NJW 1973, 341; Lüneburg NJW 1969, 478; Specht DVBl. 1978, 169; für den Fall der gerichtlichen Ablehnung der Aussetzung Weimar NVwZ-RR 1999, 698.
335 Mannheim NVwZ 1987, 426.
336 Lüneburg OVGE 34, 386; München DÖV 1985, 72; Berlin UPR 1989, 40; Kopp/Schenke Rn. 172; Saarlouis NVwZ 1985, 920.

zulässig[337], da dem bei Vollziehbarkeit kraft Gesetzes die Rechtskraft der Aussetzungsentscheidung entgegensteht. Das gilt nicht, wenn ein auch inhaltlich neuer VA erlassen wird[338]. Hier müsste der Betroffene ein neues Verfahren einleiten. Dagegen kann die Behörde ihre eigene Anordnung auch nach gerichtlicher Bestätigung aufheben (oben Rn. 32[339]).

VII. Abänderungsbefugnis

66 Die Frage, unter welchen Voraussetzungen eine Entscheidung nach § 80 Abs. 5 vom Gericht geändert oder aufgehoben werden kann, war früher lebhaft umstritten. § 80 Abs. 7 hat nunmehr insoweit eine Klarstellung gebracht, die aus § 7 FG EntlG, jetzt § 69 Abs. 6 FGO übernommen worden ist.

Das **Gericht der Hauptsache,** nur dieses, also nicht notwendig das Gericht, das den Beschluss erlassen hat, kann den Beschluss jederzeit ändern oder aufheben. Das Wort »jederzeit« hat also lediglich temporäre Bedeutung. Nach Auffassung des BVerwG[340] ist der Antrag aber fristgebunden, wenn der Antrag nach § 80 Abs. 5 fristgebunden ist. Die Fristregelungen des § 17 Abs. 6a S. 6 u. 7 FStrG lassen die von Amts wegen bestehenden Abänderungsbefugnisse des Gerichts der Hauptsache unberührt[341]. Offen gelassen hat das BVerwG[342], ob dies auch für die Abänderung auf Antrag gilt[343]. Freilich steht eine solche Änderung nicht in gänzlichem Belieben des Gerichts. Der Beschluss hat begrenzte Rechtskraft und ist Vollstreckungstitel, muss also eine gewisse innere Festigkeit haben. Aber das Gericht kann ihn ändern oder aufheben, wenn es bei gleich bleibenden Umständen etwa die Rechtslage jetzt anders beurteilt oder aber auch die Interessenabwägung korrekturbedürftig erscheint[344]. Das Gericht entscheidet in solchem Fall **von Amts wegen;** die Beteiligten können die Entscheidung anregen. Ein Anspruch auf ermessensfehlerfreie Entscheidung hat der unterlegene Beteiligte nicht[345]. Dabei hat das Gericht über den ursprünglichen Antrag erneut zu entscheiden[346]. Nach München[347] ist ein vorhergehender Antrag nach § 80 Abs. 6 dann erforderlich, wenn die nunmehr angegangene Behörde bisher mit der Aussetzung nicht befasst war.

67 Haben sich die **Umstände nachträglich verändert** oder hat ein Beteiligter ohne Verschulden bereits vorhandene Umstände nicht geltend gemacht, so kann er die Änderung ausdrücklich beantragen und muss hierüber durch Beschluss entschieden werden. Ist im Berufungsverfahren die aufschiebende Wirkung durch Gesetzesbefehl beendet (§ 80b Abs. 1), ist der Antrag nach

---

337 Bremen NVwZ 1991, 1195; München NVwZ 1985, 921; Lüneburg NVwZ-RR 1995, 376; a.A. Mannheim NVwZ 1991, 1000; Hamburg DÖV 1965, 824; Köppl DÖV 1979, 249.
338 Vgl. Lüneburg NVwZ-RR 2001, 362; Bautzen SächsVBl. 1998, 56; Münster NVwZ-RR 1999, 478 zu einem modifizierten Ergänzungsbescheid und zum Vollzugsbegriff; a.A. München BayVBl. 2003, 405 für einen bloßen Änderungsbescheid.
339 A.A. München BayVBl. 2003, 406; Kopp/Schenke Rn. 173.
340 NVwZ 1999, 650; Kassel NuR 2003, 631.
341 BVerwG NVwZ-RR 2003, 618.
342 BVerwG NVwZ-RR 2003, 618.
343 Für eine solche Anwendbarkeit Koblenz NVwZ-RR 2003, 315.
344 Kassel DVBl. 1996, 1320; Weimar DVBl. 1999, 480; a.A. Münster NVwZ 1999, 894.
345 Hamburg NVwZ 1995, 1004.
346 Mannheim NVwZ-RR 1996, 715.
347 BayVBl. 1997, 50.

§ 80 Abs. 7 unzulässig. Eine Veränderung der Umstände kann in nachträglich eingetretenen tatsächlichen Verhältnissen liegen, die sowohl den angefochtenen VA wie aber auch die Interessenabwägung beeinflussen können. Dazu gehören auch nachträglich erst zur Verfügung stehende Beweismittel, z.b. verspätet erst beschaffbare Gutachten von Sachverständigen. Keine Änderung der Umstände ist ein in Reaktion auf die gerichtliche Aussetzung erlassener weiterer Verwaltungsakt, da dies eine Änderung des Streitgegenstandes bedeutet, für die das Verfahren nach Absatz 7 nicht zur Verfügung steht[348]. Eine Veränderung der Umstände ist auch bei Änderung der Rechtslage, sei es der Gesetzeslage, sei es geänderter höchstrichterlicher Rechtsprechung[349] anzunehmen. Sie kann wiederum Anlass sein, Umstände vorzutragen, die schon vorlagen, aber bisher nicht erheblich erschienen. Sonst ist der Rückgriff auf Umstände vor Erlass der Entscheidung in der Regel problematisch, weil der Antragsteller sie ohne Verschulden hätte geltend machen können. In solchem Falle ist an sich der Antrag zurückzuweisen. Das Gericht ist aber nicht daran gehindert, – nunmehr von Amts wegen – seine Entscheidung zu ändern[350]. Zu diesen Voraussetzungen wird weitgehend auch auf die bisherige Rechtsprechung, soweit sie für die Entscheidung nach § 80 Abs. 7 geänderte Umstände forderte, zurückgegriffen werden können[351]. Ist zwischenzeitlich in der Hauptsache erstinstanzlich eine Sachentscheidung getroffen worden, schränkt dies die Prüfungskompetenz des Revisionsgerichts als nunmehrigen Gerichts der Hauptsache ein[352].

Nicht gesetzlich geregelt ist das Verhältnis zwischen dem Verfahren nach **67a** § 80 Abs. 7 und dem Beschwerdeverfahren. Aus der Überlegung, dass dem Beschwerten bei Vorliegen der entsprechenden tatbestandlichen Voraussetzungen das Verfahren nach § 80 Abs. 7 zur Verfügung steht, wird die Unstatthaftigkeit der Beschwerde gefolgert[353]. Umgekehrt lässt sich die Auffassung vertreten, das Abänderungsverfahren nach § 80 Abs. 7 sei ausgeschlossen, soweit das Beschwerdeverfahren dem Beschwerten nach den allgemeinen Regeln offen stehe, da er in diesem Verfahren, wenn auch fristgebunden, neue Tatsachen vortragen könne oder Tatsachen, die im erstinstanzlichen Verfahren keine Rolle gespielt hätten. Das Abänderungsverfahren steht in Konsequenz dieser Auffassung erst zur Verfügung, wenn neue Tatsachen nach Ablauf der Begründungsfrist entstehen oder der Beschwerte ohne Verschulden gehindert war, bereits bestehende Umstände vor Ablauf der Begründungsfrist vorzutragen. Zwingend ist ein solches Verständnis des Verhältnisses beider Verfahren zueinander nicht. § 80 Abs. 7 kennt weder nach seinem Wortlaut noch nach seinem Sinn und Zweck eine solche Beschränkung. Ebenso wenig lässt sich die Unstatthaftigkeit der Beschwerde aus der Möglichkeit des Abänderungsverfahrens ableiten. Das Abänderungsverfahren dient der Beschleunigung des Aussetzungsverfahrens. Ein mit der Sache vertrautes Gericht soll über eine Abänderung entscheiden können. Das OVG ist im Beschwerdeverfahren gerade noch nicht mit der Sache vertraut, sodass der Normzweck des § 80 Abs. 7 seine alternative Anwendbarkeit nahe legt: die beiden Rechtsbehelfe sind wahlweise statthaft. Der Rechtsbe-

---

348   Münster, 11. Senat, NVwZ-RR 1997, 447; a.A. Münster, 7. Senat, B. v. 27.12.1993 – 7 B 3097/93.
349   BFH BStBl. 1981, 99; weiter gehend BVerwG Buchh. 442.10 § 2a StVG Nr. 1; Mannheim NVwZ 1999, 785 für EuGH-Rechtsprechung.
350   Hamburg NVwZ 1995, 1004.
351   Vgl. hierzu Finkelnburg/Jank Rn. 1037.
352   BVerwGE 96, 239.
353   Berlin NVwZ 1998, 1093; vgl. Mannheim VBlBW 2000, 109.

helfsführer kann sich für eines der beiden Verfahren entscheiden. Ein Nebeneinander beider Verfahrensarten ist hingegen ausgeschlossen, da ansonsten dem Beschwerten zwei Rechtsbehelfsverfahren mit dem gleichen Ziel zur Verfügung ständen. Dies widerspräche dem Grundgedanken des Verbots der mehrfachen Rechtshängigkeit[354].

67b Vor Erhebung der Verfassungsbeschwerde muss der Beschwerdeführer die Möglichkeiten des Verfahrens nach Absatz 7 ausschöpfen. Unterbleibt dies, ist die Verfassungsbeschwerde unzulässig[355].

VIII. Kosten

68 Im Beschluss nach § 80 Abs. 5 ist auch über die Kosten des Verfahrens zu entscheiden[356]. Das folgt aus der Selbstständigkeit des Verfahrens und gilt auch, wenn der Antrag erst während der Anhängigkeit des Hauptverfahrens gestellt wird. Die Kostenentscheidung bleibt auch bei späterer Änderung der Entscheidung gem. § 80 Abs. 7 bestehen, da diese Änderung nur für die Zukunft wirkt[357], deshalb das Änderungsverfahren selbstständig ist und auch eine selbstständige Kostenentscheidung enthalten muss[358]. Zur Möglichkeit einer Kostenentscheidung nach § 156 bei sofortiger Aussetzung durch die Behörde in den Fällen des § 80 Abs. 2 Nr. 1–3 vgl. Löwer DVBl. 1962, 855. Fehlt die Kostenentscheidung und ist Antrag nach § 120 nicht mehr möglich, so richtet sich die Kostenverteilung nach der Hauptsache[359]. Mit der Kostenentscheidung ist auch eine Feststellung nach § 162 Abs. 2 S. 2 möglich (vgl. § 162 Rn. 13[360]).

IX. Streitwert

69 Für den **Streitwert** des **Aussetzungsverfahrens** gilt § 20 Abs. 3 GKG a.F. bzw. § 53 Abs. 3 Nr. 2 GKG n.F. Maßgeblich ist die Bedeutung der Sache für den Antragsteller (vgl. hierzu § 165 Rn. 6 ff.). Der **Streitwertkatalog** (§ 165 Rn. 19) sieht unter I, 7 vor, dass der Streitwert in Verfahren des vorläufigen Rechtsschutzes in der Regel 1/2, in Abgabesachen 1/4 des für das Hauptsacheverfahren anzunehmenden Streitwertes betragen sollte. In Verfahren, die die Entscheidung in der Sache ganz oder z. T. vorwegnehmen, kann der Streitwert bis zur Höhe des für das Hauptsacheverfahren anzunehmenden Streitwertes angehoben werden. Das wird besonders auch für Aussetzungsverfahren bei **VA mit Doppelwirkung** zu gelten haben, die überwiegend mit der Aussetzungsentscheidung auch für die Hauptsache ihren tatsächlichen Abschluss finden. Für das **Abänderungsverfahren** ist ein selbstständiger Streitwert festzusetzen[361].

---

354 A.A. Bautzen NVwZ-RR 2000, 124.
355 BVerfG NVwZ 2002, 848; BayVBl. 2003, 499.
356 Hamburg DVBl. 1966, 282; Lüneburg DVBl. 1956, 100 für ein vor der Klage eingeleitetes Verfahren; Münster OVGE 25, 111; VG Schleswig DVBl. 1961, 212; VG Frankfurt NJW 1960, 845; Löwer DVBl. 1962, 855; a.A. Lüneburg DVBl. 1962, 344.
357 Münster OVGE 8, 53; Mannheim NJW 1970, 165.
358 VG Darmstadt NJW 1975, 1716; Finkelnburg/Jank Rn. 1039.
359 BVerwGE 29, 115.
360 A.A. Koblenz DVBl. 1989, 892.
361 Münster OVGE 26, 240.

X. Rechtskraft

Zur Frage der materiellen Rechtskraft des Aussetzungsbeschlusses vgl. § 122 **70**
Rn. 6. Aus der Bejahung einer **begrenzten materiellen Rechtskraft** ergibt sich
auf der einen Seite die Vollstreckbarkeit (oben Rn. 63), auf der anderen die
Beschränkung der Abänderbarkeit (oben Rn. 66 ff.), insbesondere der Ausschluss einer Anordnungswiederholung durch die Behörde.

XI. § 945 ZPO

Wird auf Antrag die Aussetzung der Vollziehung vom Gericht angeordnet, **71**
später aber die Klage abgewiesen, so bestehen keine **Schadensersatzansprü-**
che gegen den Antragsteller. § 945 ZPO ist auch nicht entsprechend anwendbar; das gilt auch für VA mit Doppelwirkung nach § 80a. Die zu § 123 hierzu
entwickelten Grundsätze können angesichts der Wesensverschiedenheit der
beiden Verfahren nicht herangezogen werden, insbesondere weil im Bereich
des § 80 eine Ermessensentscheidung getroffen wird, während § 123 eine
echte, wenn auch vorläufige Rechtsentscheidung enthält[362]. Zur Möglichkeit des Ersatzes über Bereicherungsrecht vgl. § 40 Rn. 17.

XII. Wiederaufnahme

Eine **Wiederaufnahme des Verfahrens** gegen eine Entscheidung nach § 80 ist **72**
nicht zulässig[363]. Es besteht hierfür auch kein Bedürfnis.

§ 80a [Entscheidung bei VA mit Doppelwirkung]

**(1) Legt ein Dritter einen Rechtsbehelf gegen den an einen anderen gerichte-
ten, diesen begünstigenden Verwaltungsakt ein, kann die Behörde**
**1. auf Antrag des Begünstigten nach § 80 Abs. 2 Nr. 4 die sofortige Vollzie-
hung anordnen**
**2. auf Antrag des Dritten nach § 80 Abs. 4 die Vollziehung aussetzen und
einstweilige Maßnahmen zur Sicherung der Rechte des Dritten treffen.**

**(2) Legt ein Betroffener gegen einen an ihn gerichteten belastenden Verwal-
tungsakt, der einen Dritten begünstigt, einen Rechtsbehelf ein, kann die Behörde auf Antrag des Dritten nach § 80 Abs. 2 Nr. 4 die sofortige Vollziehung
anordnen.**

**(3) Das Gericht kann auf Antrag Maßnahmen nach den Absätzen 1 und 2 än-
dern oder aufheben oder solche Maßnahmen treffen. § 80 Abs. 5 bis 8 gilt entsprechend.**

---

362 Str.; wie hier, allerdings mit z. T. anderer Begründung BVerwGE 18, 72; 24, 92; NVwZ
1991, 270; Hamburg MDR 1961, 797; Finkelnburg/Jank Rn. 1054; Bettermann JZ
1960, 545; Kopp/Schenke Rn. 233; a.A. Münster OVGE 15, 198; Sellmann NJW
1964, 1545.
363 Münster DÖV 1961, 559.

A. Verfahren

I. Allgemeines

1 Der **vorläufige** oder **summarische Rechtsschutz** bei **VA mit Doppelwirkung** (§ 80 Abs. 1) oder mit Drittwirkung – die Begriffe werden synonym benutzt – hat Rechtsprechung und Literatur seit der Entdeckung dieser VA ganz ungewöhnlich beschäftigt. Im Mittelpunkt der damit verbundenen Verfahrensfragen stand die Frage, ob dieser Rechtsschutz über § 80 oder über § 123 zu gewähren sei, eine Frage, die nicht einhellig beantwortet wurde und mangels prozessualer Möglichkeiten auch nicht höchstrichterlich vom BVerwG geklärt werden konnte. Von gleicher Bedeutung war die Frage, ob und nach welchen Kriterien eine Interessenabwägung zwischen den Rechten des Begünstigten und des Belasteten vorzunehmen sei. Mit beiden Fragen verbanden sich eine Vielzahl prozeduraler und sachlicher Einzelprobleme.
Das NeuregelungsG 1990 hat den ersten Fragenkreis grundsätzlich beantwortet. Es hat sich für die **ausschließliche Anwendung des Aussetzungsverfahrens** nach § 80 in allen Fällen des Streites um VA mit Doppelwirkung entschieden. Um dies ganz deutlich zu machen und gleichzeitig die verschiedenen Verfahrensgestaltungen normativ zu regeln, hat es in § 80a eine Sonderbestimmung für VA mit Doppelwirkung geschaffen und gleichzeitig in § 123 Abs. 5 die Anwendbarkeit des § 123 für die Fälle der §§ 80 und 80a ausgeschlossen, also den bisherigen § 123 Abs. 5 wesentlich gestrafft und inhaltlich erweitert. Dagegen hat der Gesetzgeber den zweiten Fragenkreis nicht aufgegriffen. Zu den **Kriterien**, nach denen zwischen den Betroffenen entschieden werden soll, **sagt § 80a nichts** aus. Die Bestimmung beschränkt sich auf Verfahrensregelungen, die sie z. T. selbst trifft, für die sie zum anderen Teil auf § 80 Abs. 2 Nr. 4, im Übrigen Abs. 5–8 verweist. Das bedeutet, dass diese Kriterien weiterhin aus der hierfür ganz unzureichenden Bestimmung des § 80 Abs. 2 Nr. 4 hergeleitet werden müssen, also weiterhin im Ergebnis Richterrecht sein werden. Es kann insoweit die bisherige Rechtsprechung und Literatur ohne nennenswerte Einschränkungen, freilich auch mit allen Kontroversen übernommen werden.

II. Systematik

2 **§ 80a unterscheidet** zwischen dem VA, der **begünstigt** und **zugleich benachteiligt** (Abs. 1), und dem VA, der **benachteiligt** und **zugleich begünstigt** (Abs. 2). In der Lehre und Rechtsprechung hat diese Unterscheidung bisher keine besondere Rolle gespielt, sie ist hier auch bei den Begriffsbestimmungen und Zusammenstellungen des VA mit Doppelwirkung nicht herausgestellt worden (vgl. hierzu § 42 Rn. 16, 132 ff.; § 65 Rn. 8). Maßgeblich ist, dass ein – möglicherweise rechtswidriger – VA einen Beteiligten rechtlich begünstigt, gleichzeitig aber in die rechtlich geschützten Interessen eines anderen Beteiligten – möglicherweise rechtswidrig – eingreift. Für die Handhabung des § 80a dürfte die Unterscheidung auch nur geringe Bedeutung haben; die Verfahrensstränge decken sich weitgehend.
Die **Unterscheidung** lässt sich im Grunde nur **anhand des Adressaten** des VA treffen. In Absatz 1 ist Adressat der Begünstigte, ein Dritter wird gleichzeitig benachteiligt; in Absatz 2 ist Adressat der Belastete, ein Dritter wird gleichzeitig begünstigt. Wird eine Genehmigung nach dem BImSchG erteilt, so ist der Betreiber begünstigt, der Einwender belastet, liegt also ein Fall des Ab-

satz 1 vor. Wird auf Antrag eines Nachbarn dem Betreiber eine bestimmte Nutzung weil schädlich untersagt oder ihm eine nachträgliche Auflage gemacht, so ist der Betreiber belastet, der Dritte begünstigt, also ein Fall des Absatz 2. Diese Unterscheidung nach dem Adressaten geht auf Vorschläge des Koordinierungsausschusses zurück. Grund war, dass im ersten Fall der Rechtsbehelf des Dritten keine aufschiebende Wirkung haben sollte (vgl. § 152 EntwVPO BMJ mit Begründung S. 329). Der Gesetzgeber hat sie trotz seiner anderen Entscheidung, die aufschiebende Wirkung auch hier zu bejahen, beibehalten (so schon RegEntw. VPO § 136). Sie hat schon deshalb nur geringe Bedeutung, weil vielfach längst VA mit Doppelwirkung allen betroffenen Beteiligten zugestellt werden, sie also alle Adressaten sind. Hier könnte die **Einordnung** in Absatz 1 oder Absatz 2 große **Schwierigkeiten** machen. Eine **Unterscheidung** nach dem **Inhalt** führt ebenso wenig auch nur regelmäßig zu klaren Ergebnissen. Steht inhaltlich bei einer Gestattung diese im Vordergrund, wenn sie gleichzeitig die Enteignung eines Beteiligten verlangt und grundsätzlich erlaubt? Für die mancherlei VA mit Doppelwirkung im statusrechtlichen Bereich scheidet eine inhaltliche Unterscheidung von vornherein aus. Sicher wird man **Unterschiede** bei der **Interessenabwägung** feststellen können; sie waren auch Anlass der Überlegung, für den Typ des VA mit Doppelwirkung nach Absatz 1 die aufschiebende Wirkung eines Widerspruchs zunächst entfallen zu lassen. Aber sie richtet sich letztlich weniger nach der Typologie als nach den konkreten Umständen des Einzelfalles oder bestimmter Fallgruppen, ohne dass die Unterscheidung notwendig maßgeblich wäre.

III. Einzelheiten

§ 80a regelt den **vorläufigen Rechtsschutz** in folgenden **Verfahrensgängen:** **3**
1. Grundsätzliche Vollziehbarkeit. Der **VA mit Doppelwirkung** ist **zunächst** wie jeder andere VA **vollziehbar.** Der Belastete hat ihm Folge zu leisten, soweit er Gebote oder Verbote enthält; der Begünstigte kann von ihm Gebrauch machen, wenn er ihm bestimmtes Handeln gestattet. In diesen Fällen macht der VA aber den Vollzug nicht selten von Fristabläufen, insbesondere aber von der Unanfechtbarkeit des VA abhängig, was dann möglich ist, wenn die Person des oder der möglicherweise Belasteten und damit der Rechtsbehelfsführer feststeht (Präklusionswirkung). Der streitige VA kann auch erst der Widerspruchsbescheid sein[1].

2. **Aufschiebende Wirkung des Widerspruchs.** Will der **Belastete** den **Vollzug** **4** **verhindern,** so legt er gegen den VA das zulässige **Rechtsmittel** ein, in der Regel den Widerspruch, in den gesetzlich bestimmten Fällen die Klage. Der Rechtsbehelf entfaltet die **aufschiebende Wirkung,** der Vollzug des VA ist gehemmt (vgl. § 80 Rn. 4). Freilich setzt dies die generelle Zulässigkeit des Rechtsbehelfs voraus (vgl. § 80 Rn. 11). Der offensichtlich unzulässige Rechtsbehelf hat keine aufschiebende Wirkung[2]. Der Belastete braucht zunächst die Gebote oder Verbote nicht zu befolgen, der Begünstigte kann von der Begünstigung keinen Gebrauch machen (auf einen von einem Nachbarn angefochtenen Bauvorbescheid kann sich der Bauherr aber gegenüber der Be-

---

1 Münster NVwZ-RR 1988, 126.
2 BezG Dresden LKV 1992, 304; Koblenz NVwZ 1993, 699.

hörde berufen[3]). Diese letztere Folge hat die Behörde dem Begünstigten sofort mitzuteilen. Denn der Rechtsbehelf richtet sich an und gegen die Behörde, nicht gegen den Begünstigten; im Prozessfall wird das Gericht unverzüglich die notwendige Beiladung beschließen und ihn damit in die Auseinandersetzung einbeziehen. Die **Behörde hat** die **Wirkung** des Rechtsbehelfs gegenüber dem Begünstigten notfalls durch entsprechende Anordnungen **durchzusetzen**. Zu solchen Maßnahmen ist sie von Amts wegen verpflichtet; sie können dann ggf. Gegenstand eines selbstständigen Streites zwischen Behörde und Begünstigtem sein[4]. Kommt die Behörde dieser Pflicht nicht nach, auch nicht auf Antrag des Dritten, so kann dieser eine entsprechende gerichtliche Entscheidung in Anwendung des Absatz 1 Nr. 2, Absatz 3 herbeiführen[5]. Sie ergeht im Verfahren nach § 80a, also im Aussetzungsverfahren, nicht mehr nach § 123, wie dies z. T. in der bisherigen Rechtsprechung angenommen worden war (§ 123 Abs. 5[6]). Nicht ganz selten wird die aufschiebende Wirkung zweifelhaft sein, hier kann eine Klärung durch ein Feststellungsverfahren (§ 80 Rn. 29) herbeigeführt werden[7].

4a Die Behörde kann bei auf Grund Gesetzes sofort vollziehbaren Verwaltungsakten auf den Widerspruch eines Dritten hin auch ohne entsprechenden Antrag die Vollziehung des Verwaltungsaktes aussetzen[8].

4b Es ist zweifelhaft, ob ein **Planfeststellungsbeschluss** als VA mit Doppelwirkung anzusehen ist oder als ein VA sui generis[9]. Er wird in der Rechtsprechung als »hoheitliche Allgemeinverbindlichkeitserklärung eines Planes«[10] bezeichnet. Er ist, da er für den Träger des Vorhabens einer Genehmigung entspricht[11], für die Betroffenen aber Pflichten begründet, im Sinne des § 80a Abs. 1 VA mit Doppelwirkung[12] mit der Folge, dass der zulässige Rechtsbehelf grundsätzlich aufschiebende Wirkung hat. In weitem Maße enthalten die **Fachgesetze Sonderregelungen** über Rechtsbehelf und aufschiebende Wirkung, auf die hier nur verwiesen werden kann; auch die VwGO ist mit der Zuständigkeitsbestimmung des § 48 zu diesen Sonderregelungen zu zählen.

5 3. **Anordnung der sofortigen Vollziehung.** Der Rechtsbehelf wirkt in beiden Fällen (Abs. 1 und Abs. 2) gegen den **Begünstigten**, wenn nicht die aufschiebende Wirkung ausgeschlossen ist. Soll dies anders sein, weil ein **überwiegendes öffentliches Interesse** oder ein **besonderes Interesse des Begünstigten** den **sofortigen Vollzug** der Belastung verlangen, so kann die Behörde auf Antrag[13] die sofortige Vollziehung nach § 80 Abs. 2 Nr. 4 anordnen. Die Fallgestaltungen der sofortigen Vollziehung nach § 80 Abs. 2 Nr. 1–3 liegen bei VA mit Doppelwirkung in der Regel nicht vor. Erlässt die Behörde von sich aus eine solche Anordnung nicht, so kann sie von dem Begünstigten bei der Behörde beantragt werden (§ 80a Abs. 1 Nr. 1; § 80a Abs. 2). Der Antrag wird im Einzelnen zu begründen sein. Dabei geht es weniger um den Nachweis, dass der VA rechtmäßig ist, obwohl bei manchen Fallgruppen diese Erörte-

3   BVerwG NVwZ 1999, 863.
4   Koblenz DÖV 1994, 1012.
5   Münster NVwZ-RR 2001, 297.
6   Weimar LKV 1994, 110; München BayVBl. 1993, 565.
7   Mannheim UPR 1991, 240; Mannheim NVwZ 1992, 591.
8   Münster NWVBl. 2000, 25; a.A. Schoch/Schoch Rn. 31, 36.
9   Vgl. hierzu Stelkens/Bonk § 74 Rn. 17 ff.
10 München VRspr. 16, 469.
11 Stelkens/Bonk § 74 Rn. 17.
12 BVerwG NVwZ 1999, 535.
13 Hamburg NVwZ 2002, 357.

rung breiten Raum einzunehmen hat (vgl. unten Rn. 10), sondern um den Beleg des besonderen öffentlichen oder privaten Interesses, dass die Begünstigung ohne vorherige rechtskräftige Entscheidung zur Hauptsache verwirklicht wird, also Verbote oder Gebote eingehalten werden oder von der Gestattung Gebrauch gemacht werden kann. Über diesen **Antrag** hat die **Behörde zu entscheiden.** Zu dieser Entscheidung ist sowohl die Behörde des ursprünglichen VA wie die Widerspruchsbehörde befugt[14]. Für das Verfahren gilt das zu § 80 Abs. 2 Nr. 4 Gesagte unmittelbar (§ 80 Rn. 25 ff.). Das Gebot der vorherigen **Anhörung der Beteiligten** ist hier besonders gewichtig[15]. Der Antrag kann auch schon vor Erlass des VA, insbesondere vor Einlegung des Widerspruchs gestellt werden; die Behörde kann deshalb die Anordnung der sofortigen Vollziehung zugleich mit dem VA treffen[16]. Sie ist hierzu nicht mehr befugt, wenn die Widerspruchsbehörde den VA aufgehoben hat, auch wenn hiergegen Klage erhoben wird[17]. Nicht selten wird **Widerspruch** von **mehreren Dritten** eingelegt. Hier müssen sowohl die Anordnung der sofortigen Vollziehung wie auch eine etwaige Wiederherstellung der aufschiebenden Wirkung für jeden Dritten selbstständig getroffen werden, da die Sach- und Rechtslage (Zulässigkeit des Widerspruchs, Interessenabwägung) unterschiedlich sein kann und deshalb gesondert geprüft werden muss[18]. Deshalb auch selbstständige Zustellung an jeden Dritten[19].

4. Antrag zur Behörde. Die **Frage, ob vor** der **Anrufung** des Gerichts nach **5a** § 80a Abs. 3 ein **Antrag** bei der **Behörde** zu stellen ist (§ 80 Abs. 6), wird kontrovers erörtert und entschieden[20]. Sie ist dahin zu beantworten, dass bei Widerspruch des Dritten mit der Folge der aufschiebenden Wirkung der Begünstigte zunächst bei der Behörde die Anordnung der sofortigen Vollziehung beantragen muss und erst bei Erfolglosigkeit das Gericht anrufen kann[21]. Ist dagegen die sofortige Vollziehung von der Behörde angeordnet oder hat der Widerspruch keine aufschiebende Wirkung, weil sie vom Gesetz ausgeschlossen ist, so kann der Dritte sich sofort an das Gericht wenden, da entweder die Behörde bereits entschieden hat oder an die Interessenabwägung des Gesetzgebers gebunden ist[22]. Die Problematik beruht auf der unklaren Bezugnahme des § 80a Abs. 3 auch auf § 80 Abs. 6. Geht es um (zusätzliche) Sicherungsmaßnahmen, ist der Antrag zunächst bei der Behörde zu stellen[23]. In diesen Fällen wird die entsprechende Anwendung des § 80 Abs. 6 S. 2 Nr. 2 häufig nahe liegen, wenn ungeachtet der aufschiebenden Wirkung des Rechtsbehelfs der Begünstigte den Verwaltungsakt ausnutzt und die Behörde dies stillschweigend duldet.

---

14 Finkelnburg/Jank Rn. 809; Kopp/Schenke Rn. 5.
15 Finkelnburg/Jank Rn. 812; a.A. Mannheim BauR 1992, 494; Eyermann/J. Schmidt Rn. 7; differenzierend Schmaltz DVBl. 1992, 232.
16 Kopp/Schenke Rn. 7 a.E.; a.A. Finkelnburg/Jank Rn. 808.
17 München BauR 1990, 713.
18 München BayVBl. 1997, 409; ebenso im gerichtlichen Verfahren, Koblenz NVwZ-RR 1994, 381.
19 Redeker BauR 1991, 525, 527.
20 Hierzu Heieck, VBlBW 1996, 134.
21 Lüneburg DVBl. 1993, 123; mit eingehender Begründung Schoch/Schoch Rn. 72 ff.; a.A. Mannheim NVwZ 1995, 1004; Koblenz BauR 2004, 59; Kopp/Schenke Rn. 21.
22 München BayVBl. 1991, 1126; Bremen BauR 1992, 608; Frankfurt/Oder LKV 1997, 457; Redeker NVwZ 1991, 526; BauR 1991, 525, bei gesetzlichem Ausschluss der aufschiebenden Wirkung noch zweifelnd; noch weiter gehend Koblenz NVwZ 1994, 1005; vgl. auch Schmaltz DVBl. 1992, 234; Heberlein BayVBl. 1991, 396.
23 München BayVBl. 1993, 565.

6   *5. Behördliche Entscheidung.* Gibt die Behörde dem Antrag statt oder ist der begünstigende VA kraft Gesetz sofort vollziehbar, ist der VA – wieder – vollziehbar, der Zustand wie oben unter 1. (Rn. 3) wieder herbeigeführt. Der **Belastete** kann darauf das **Gericht anrufen** und die **Wiederherstellung** der aufschiebenden Wirkung **verlangen**. Es handelt sich um ein Verfahren nach § 80 Abs. 5, für das § 80a Abs. 3 deshalb auch die entsprechende Anwendung des § 80 Abs. 5–8 vorsieht. Es weist die Besonderheit auf, dass der Begünstigte beizuladen ist; denn es liegt immer ein Fall der **notwendigen Beiladung** vor. Im Übrigen gilt zum Verfahren alles, was hierzu bei § 80 (Rn. 45 ff.) ausgeführt worden ist. Es handelt sich nicht um einen eigentlichen Rechtsbehelf gegen die Entscheidung der Behörde. Vielmehr trifft das Gericht eine eigene selbstständige Ermessensentscheidung, wenn nicht die behördliche Anordnung aus formellen Gründen aufgehoben werden muss, dann aber unter Einhaltung der Formalien wiederholt werden kann. Die vorherige Anrufung der Behörde nach § 80 Abs. 6 ist nicht erforderlich (oben Rn. 5a).
Gegen die gerichtliche Entscheidung sind die aus § 80 bekannten Rechtsmittel gegeben.
Wird der **Antrag** rechtskräftig **abgewiesen**, so ist der VA mindestens bis zur Entscheidung in der Hauptsache vollziehbar. Die Behörde kann etwaige Gebote und Verbote durchsetzen, von Gestattungen kann Gebrauch gemacht werden, also etwa das Bauvorhaben begonnen oder eine Anlage errichtet werden.
Wird dem **Antrag stattgegeben**, also die aufschiebende Wirkung wiederhergestellt, so tritt der Zustand wie oben unter 2. (Rn. 4) ein, es verbleibt bei der aufschiebenden Wirkung.

7   **Lehnt** die **Behörde** den **Antrag** auf Erlass der Anordnung der sofortigen Vollziehung **ab**, so kann der **Begünstigte** das **Gericht anrufen** und den Antrag auf Anordnung der sofortigen Vollziehung stellen. Dieses Verfahren wird durch § 80a Abs. 3 ausdrücklich normativ zugelassen; es war richterrechtlich seit langem weitgehend bereits anerkannt und praktiziert. Der Antrag ist erst nach Einlegung von Rechtsbehelfen durch den Belasteten zulässig, weil er den Eintritt der aufschiebenden Wirkung voraussetzt. § 80a Abs. 3 entscheidet die Streitfrage, ob das Gericht die Anordnung selbst treffen kann oder die Behörde zu der Anordnung zu verpflichten habe, im ersteren Sinn[24]. Das Gericht ist – anders als die Ausgangsbehörde – nicht gehindert, die sofortige Vollziehung einer Genehmigung anzuordnen, wenn die Widerspruchsbehörde diese zwar aufgehoben hat, die dagegen gerichtete Anfechtungsklage jedoch aufschiebende Wirkung entfaltet[25]. Wieder gelten für das Verfahren die Bestimmungen des § 80 Abs. 5–8. **Lehnt** das **Gericht** den Antrag **ab**, so verbleibt es bei der aufschiebenden Wirkung des Rechtsbehelfs; die Behörde kann ihre Gebote oder Verbote bis zur Entscheidung in der Hauptsache nicht durchsetzen; der Begünstigte kann von der Gestattung keinen Gebrauch machen. Die Behörde ist wie auch sonst an die Entscheidung des Gerichts gebunden (§ 80 Rn. 63[26]). **Gibt** das **Gericht** dem **Antrag** statt, so ist damit der VA sofort vollziehbar; die Folgen brauchen nicht wiederholt zu werden.

8   *6. Maßgaben zur behördlichen Entscheidung.* In den Auseinandersetzungen um die sofortige Vollziehbarkeit werden **zusätzliche Maßnahmen, Auflagen,**

---

24   A.A. Saarlouis DVBl. 1992, 1110.
25   München NVwZ-RR 1996, 423; Mannheim VBlBW 1995, 431.
26   Berlin NVwZ 1990, 681.

Sicherheitsleistungen, konkrete Zwischen- und Übergangsregelungen, auch aufgeteilte Entscheidungen[27] eine wesentlich größere Rolle spielen als im Verfahren unmittelbar nach § 80[28]. Typisches Beispiel sind die weithin üblichen Risikoreverse des Bauherrn gegenüber der Behörde bei Sofortvollzug einer vom Dritten angefochtenen Baugenehmigung[29]. Der Behörde, insbesondere dem Gericht ist dabei vom Gesetz mit dem Begriff »einstweilige Maßnahmen« ein sehr weiter Spielraum gegeben. Das Gesetz übernimmt bewusst die Terminologie des § 123; die Freistellung des Gerichts von dem konkreten Antrag, wie sie für § 123 besteht (vgl. § 123 Rn. 19), die Bindung ausschließlich an das Antragsbegehren, gilt auch hier. Das Gericht kann auch gem. § 80 Abs. 5 S. 3 eine Folgenbeseitigung anordnen, was bisher mangels gesetzlicher Klarstellung umstritten war. Wird um Sicherungsmaßnahmen zur Durchsetzung der aufschiebenden Wirkung eines Rechtsbehelfs gestritten, ist Antragsgegner im Regelfall die Behörde, nicht der vom Verwaltungsakt Begünstigte[30]. Zum zuständigen Gericht nach Abschluss des Beschwerdeverfahrens[31].

B. Entscheidungskriterien

I. Allgemeines

§ 80a enthält zu den **Kriterien,** nach denen Behörde und Gericht über Aussetzungs- und Vollziehungsanträge zu entscheiden haben, **keine Aussage.** Es wird auf § 80 Abs. 2 Nr. 4 verwiesen. Die dort vorgesehene **Interessenabwägung** ist bei VA mit Doppelwirkung besonders schwierig, weil in der Regel zwei zunächst gleichwertige Rechtspositionen in den Streit eingebracht werden, es oft bei Begünstigtem und Belastetem um die Wahrung auch grundrechtlich gesicherter Rechte geht. Das BVerfG[32] hat darauf hingewiesen, dass aus dem geltenden Rechtssystem kein Rechtssatz des Inhalts abzuleiten sei, dass sich der einen Genehmigungsbescheid anfechtende Dritte gegenüber dem Begünstigten von vornherein in einer bevorzugten verfahrensrechtlichen Position befinden müsse, wenn es um die Frage der sofortigen Verwirklichung des Genehmigungsgegenstandes gehe. Das Postulat des Suspensiveffekts als Regelfall stoße wegen der gleichrangigen Rechtsposition des Begünstigten hier an Grenzen. Für Fallgestaltungen dieser Art wird damit der Grundsatz des § 80 Abs. 1 notwendig relativiert, leider hat der Gesetzgeber hierzu keine normativen Hinweise gegeben[33]. Die Kriterien werden deshalb richterrechtlich erarbeitet werden müssen; die Rechtsprechung hat hierzu bereits früher wesentliche Grundlagen entwickelt. Sie sind von Sellner[34] weitergeführt und ausgebreitet worden; seinen Ergebnissen wird nachstehend weit-

9

9

---

27 Vgl. z.B. Kassel NVwZ-RR 1990, 534.
28 Zurückhaltend Kassel NVwZ-RR 1996, 310: Sicherungsmaßnahmen nur auszusprechen, wenn konkrete Anhaltspunkte für Missachtung der aufschiebenden Wirkung vorliegen; offener Berlin GewA 2000, 172.
29 Vgl. hierzu krit. Trautmann NVwZ 1988, 415; differenzierend Bader/Funke-Kaiser Rn. 16.
30 München BayVBl. 1993, 565, str.
31 München BayVBl. 1993, 533.
32 Vorprüfungsausschluss v. 1.10.1984, GewA 1985, 16.
33 »Skandal«, Schoch NVwZ 1991, 1124 Fn. 50.
34 Lerche-Festschrift S. 815 ff.

gehend gefolgt. Das BVerfG[35] betont regelmäßig, dass eine bloß summarische Prüfung der Sach- und Rechtslage nicht ausreicht, wenn bereits im Eilverfahren rechtlich abschließend über eine Rechtsposition eines Beteiligten entschieden wird. Entsprechendes hat zu gelten, wenn auch faktisch die Rechtslage durch die gerichtliche Entscheidung endgültig gestaltet wird. Im Übrigen kann sich hier die Unterscheidung der Fallgestaltungen von § 80a Abs. 1 und Abs. 2 auswirken, auch wenn sie für die bloße Verfahrensregelung des § 80a kaum Bedeutung hat. Denn in den Fällen des Absatz 2 wird man grundsätzlich stärker an § 80 Abs. 1 fest halten können als in denen des Absatz 1. Hierzu sehr eingehend und überzeugend Kassel NVwZ 1991, 88 ff.

II. Erfolgsaussichten

10 Die Folge dieser Besonderheiten ist in der Praxis, dass weit mehr schon im Aussetzungsverfahren die **Erfolgsaussichten des Rechtsbehelfs geprüft** und der Interessenabwägung zu Grunde gelegt werden. Das BVerfG[36] hat von einer summarischen Prüfung der »bereits überschaubaren Erfolgsaussichten des Hauptsacheverfahrens« gesprochen. Ergibt sie einigermaßen sichere Schlüsse auf die Rechtmäßigkeit oder Rechtswidrigkeit des VA, so ist die sofortige Vollziehung anzuordnen oder zu verweigern. Ist etwa die angefochtene Baugenehmigung erkennbar rechtmäßig, so ist sie für sofort vollziehbar zu erklären; ist sie erkennbar rechtswidrig, so verbleibt es bei der aufschiebenden Wirkung[37]. Zu Recht verlangt Berlin[38] weiter das Vorliegen eines besonderen Vollzugsinteresses. Wesentlich ist dabei oft auch die Frage, ob der Dritte überhaupt in seinen Rechten verletzt sein kann. Die offensichtliche Unzulässigkeit seines Rechtsbehelfs mit der Folge des Nichteintritts der aufschiebenden Wirkung (§ 80 Rn. 11) ist nicht ganz selten; aber auch bei zu erwartendem Fehlen einer Rechtsbeeinträchtigung ist in der Aussetzungsentscheidung von einem Erfolg des Begünstigten auszugehen. Das Gericht hat nicht die objektive Rechtmäßigkeit summarisch zu prüfen, sondern die Frage, ob der streitige VA den Dritten in seinen Rechten beeinträchtigt, ob also eine drittschützende Norm verletzt worden ist[39]. Dies gilt nur, wenn über den Antrag des Nachbarn auf Aussetzung der sofortigen Vollziehung zu entscheiden ist, nicht aber für die Entscheidung über den Antrag auf Anordnung der sofortigen Vollziehung[40].

Die **Prüfung** der **Erfolgsaussichten** wird **umso erforderlicher, je gewichtiger** ein umstrittenes **Vorhaben** ist; es hat vielfach nicht nur privatnützige, sondern auch volkswirtschaftliche Bedeutung. In vielen Fällen – Straßenbau, Deponien, Wasseranlagen, Flughäfen usw. – überwiegen letztere gänzlich. Vielfach führt die aufschiebende Wirkung des Widerspruchs dazu, dass infolge der Mehrjährigkeit des Hauptverfahrens das Projekt aufgegeben werden muss. Auf der anderen Seite sind oft die Einwendungen gegen solche Projekte ähnlich gewichtig. Sie müssen zwar individualrechtlich geltend gemacht wer-

---

35   BVerfGE 88, 76 (81); 89, 113 (117).
36   E 51, 280.
37   Finkelnburg/Jank Rn. 866.
38   LKV 1999, 196.
39   Sellner a.a.O. S. 829 m.w.N.; vgl. auch BVerwGE 65, 313; BVerwG DVBl. 1993, 256; Kassel BauR 1992, 217; Münster DVBl. 1993, 125; Koblenz NVwZ-RR 1994, 381; Weimar ThürVBl. 1997, 21; sehr weitgehend zur Beachtung von Heilungsvorschriften Berlin NVwZ 1998, 720; a.A. Bautzen UPR 1993, 120.
40   Wüstenbecker BauR 1995, 313; a.A. Münster BauR 1995, 80.

den, reichen inhaltlich aber darüber hinaus. Die summarische Prüfung der Erfolgsaussichten ist hier ohne ein umfangreiches Verfahren nicht möglich. Sie darf aber nicht zum vorweggenommenen Hauptverfahren ausgeweitet werden. Sie wird sich auf die Akten, den beiderseitigen Sachvortrag und ggf. eine unmittelbare Erläuterung dieses Materials durch Ortsbesichtigung oder ggf. einen Sachverständigen zu beschränken haben, der aber nicht begutachtet, sondern lediglich nach den Akten offene Fragen zu beantworten oder Thesen zu erklären hat[41]. Gegen die hier vertretene Auffassung in eingehenden Ausführungen Schleswig NVwZ 1992, 687.

III. Interessenabwägung

Es kann sein, dass die summarische **Prüfung** der **Erfolgsaussichten** zu keinem **11** **greifbaren Ergebnis** führt. Sellner[42] weist zutreffend darauf hin, dass dies nicht häufig sein wird. In diesem Fall wird die **Interessenabwägung** maßgeblich. Es ist zu prüfen, ob überwiegende öffentliche Interessen oder besondere Interessen des Begünstigten die Abweichung vom Grundsatz der aufschiebenden Wirkung rechtfertigen. **Überwiegende öffentliche Interessen** können mit zahlreichen VA mit Doppelwirkung verbunden sein, wenn der Begünstigte selbst zur öffentlichen Hand gehört oder aber private Anlagen öffentliche Bedeutung haben. Bei **Genehmigungen nach §§ 4 ff. BImSchG** ist z.B. als **überwiegendes öffentliches Interesse** anerkannt, dass es sich um Maßnahmen zur Verbesserung der wirtschaftlichen und sozialen Struktur in Gebieten handelt, die durch einseitig orientierte oder nicht mehr voll wettbewerbsfähige Wirtschaftszweige in ihrer Entwicklung gehemmt und nicht krisenfest sind[43], dass durch die Gestattung der sofortigen Inbetriebnahme die bisherigen Immissionen erheblich verringert werden[44], dass die Anlage der Sicherung des Energiebedarfs dient[45]. Als **besonderes privates Interesse**, oft mit dem öffentlichen Interesse verbunden, hat München GewA 1974, 55 anerkannt, nicht auf unabsehbare Zeit an dem Betreiben der Anlage gehindert zu sein, oder die Entstehung hoher Kosten durch Bau- oder Betriebsstillstand[46]. **Genehmigungen** werden bei Großprojekten in der Regel **mehrstufig** erteilt; insbesondere werden Errichtungs- und Betriebsgenehmigungen getrennt. Die Rechtsprechung unterscheidet bei der Abwägung, ob die einzelnen Genehmigung bereits ein besonderes Interesse des Dritten entgegensteht; dies wird bei der Errichtungsgenehmigung als solcher seltener bejaht[47]. Ist eine **Nutzungsgenehmigung** im Streit, kommt es (auch) auf die Zumutbarkeit der Nutzung für den Nachbarn bis zur Entscheidung im Hauptsacheverfahren an[48]. Sonst ist der Einzelfall maßgeblich; eine generelle Priorität der aufschie-

---

41 Vgl. Koblenz NVwZ-RR 1994, 194.
42 A.a.O. S. 826.
43 Münster OVGE 26, 244.
44 Münster OVGE 26, 199.
45 Mannheim DÖV 1972, 864; München VGH n.F. 27, 115; nach Mannheim NJW 1976, 77 soll sich hierauf aber nur die Genehmigungsbehörde berufen dürfen (ähnlich Koblenz VRspr. 29, 992); str. ist, wieweit dabei die Bedarfsprognosen gerichtlich nachgeprüft werden können, vgl. Häussler WiVerw. 1977, 195 f.; VG Freiburg DVBl. 1975, 343; München DVBl. 1975, 199; hierzu § 114 Rn. 14 f.
46 Mannheim NJW 1976, 77; Koblenz AS 14, 429.
47 BVerfG UPR 1984, 191; Kassel DVBl. 1990, 1186; Mannheim NJW 1979, 2528 ff.; Lüneburg DÖV 1979, 797; Koblenz NVwZ 1991, 86; a.A. Rossnagel GewA 1980, 145.
48 Münster BauR 1995, 69.

benden Wirkung kann nicht unterstellt werden[49]. Das Gleiche gilt für **Planfeststellungen**, bei denen – bleibt die Prüfung der Erfolgsaussichten ohne Ergebnis – es bei der Interessenabwägung primär um die Frage überwiegender öffentlicher Interessen gehen wird[50]. Die hierfür maßgeblichen Gesichtspunkte erörtert Koblenz UPR 1986, 239 eingehend.

Aus der Judikatur lassen sich kaum verallgemeinerungsfähige Aussagen entnehmen; zumeist handelt es sich um Entscheidungen mit einzelfallbezogenen Überlegungen zur Interessenabwägung[51].

11a   Zahlenmäßig überwiegen auch in der veröffentlichten Judikatur die **baurechtlichen Nachbarstreitigkeiten.** Insbesondere bei diesen ist vom Gericht zunächst zu prüfen, ob das Rechtsschutzbedürfnis für das Eilverfahren nicht zwischenzeitlich weggefallen ist[52]. Wendet sich der Nachbar als Antragsteller gegen ein Bauvorhaben, weil er Rechtsbeeinträchtigungen abwehren will, die allein vom Baukörper als solchen und nicht (auch) von der Nutzung ausgehen, ist das Rechtsschutzbedürfnis entfallen, wenn das Bauwerk im Rohbau fertig gestellt ist, jedenfalls aber, wenn es bezugsfertig ist[53]. Im Übrigen gelten für sie die vorstehend dargelegten Grundsätze. Die summarische Prüfung der Sach- und Rechtslage steht an der Spitze; ergibt sich daraus, dass der Widerspruch des Nachbarn offensichtlich oder mindestens wahrscheinlich berechtigt ist, bleibt es bei der aufschiebenden Wirkung oder sie wird angeordnet[54]; erweist sich die Baugenehmigung als offensichtlich oder wahrscheinlich rechtmäßig, ist die sofortige Vollziehung berechtigt. Nur wenn das Ergebnis der summarischen Prüfung offen ist, muss anhand der Interessen der Beteiligten entschieden werden[55]. Ist gesetzlich die sofortige Vollziehbarkeit eines Verwaltungsaktes angeordnet (z.B. in § 212a BauGB) dann hat das nicht zur Folge, dass das Abwägungsergebnis normativ determiniert ist[56]; vgl. § 80 Rn. 48[57].

49   Hierzu im Einzelnen Sellner a.a.O. Rn. 399; Heinrich GewA 1975, 67; Gelzer BauR 1977, 1; Hoffmann DÖV 1976, 3771; Häussler WiVerw. 1977, 3, 184; Blümel DVBl. 1975, 695; Martens DVBl. 1985, 541; Limberger, Probleme des vorläufigen Rechtsschutzes bei Großprojekten, 1985; Haedrich, Atomgesetz, 1986, S. 157 ff.

50   BVerwG NVwZ 1993, 266; vgl. Lüneburg DVBl. 1961, 520; 1974, 366; 1979, 195; Münster OVGE 29, 113; BVerwG DVBl. 1974, 566; München BayVBl. 1963, 191; Mannheim NVwZ-RR 1995, 17; im Einzelnen Hoppe-Schlarmann Rn. 229 ff.

51   BVerfG UPR 1984, 191; München GewA 1984, 274; NVwZ 1982, 130; DVBl. 1981, 1161; Kassel NVwZ 1991, 802; München GewA 1980, 238; Münster OVGE 29, 113;Lüneburg DVBl. 1977, 347; DVBl. 1977, 340; München VGH n.F. 27, 115; Hamburg DVBl. 1975, 207; differenzierend Mannheim DÖV 1972, 864; NJW 1976, 77. Vgl. hierzu auch Breuer NJW 1977, 1128 ff.; zum atomrechtlichen Verfahren Martens, Suspensiveffekt usw., Köln 1983; weiterhin Kassel DVBl. 1990, 118; München NVwZ-RR 1990, 458, BayVBl. 1990, 179; Koblenz NVwZ 1990, 1087; Mannheim NJW 1990, 340; Mannheim NVwZ-RR 2000, 210 zu Funkübertragungsstellen Kassel NVwZ 1995, 1010; Münster NVwZ 1993, 1116.

52   Saarlouis DÖV 2003, 129.

53   Bautzen NVwZ-RR 1995, 251; Berlin NVwZ-RR 1993, 458.

54   Lüneburg NVwZ-RR 1999, 716.

55   Vgl. zu diesen Grundsätzen Kassel DVBl. 1992, 45; Berlin DVBl. 1992, 578; München NVwZ 1992, 275; Weimar LKV 1994, 110, das diesen Grundsatz auch dann anwendet, wenn nur noch um Sicherungsmaßnahmen gegen faktischen Vollzug gestritten wird.

56   Münster NWVBl. 1999, 18; München NVwZ-RR 2003,9.

57   A.A. Frankfurt/Oder GewA 1999, 437; Saarlouis NVwZ 1999, 1006.

C. Besondere Fallgestaltungen

I. Fehlender VA

Die Bemühungen, den vorläufigen Rechtsschutz bei VA mit Doppelwirkung **12** ausnahmslos im Aussetzungsverfahren zu verankern, setzen naturgemäß voraus, dass **überhaupt ein VA** und dazu **ein solcher mit Doppelwirkung** vorliegt. Fehlt es hieran, so bleibt der Rechtsschutz auf § 123 angewiesen. Wird ein Dritter durch ein genehmigungspflichtiges, aber **ungenehmigt** durchgeführtes oder betriebenes **Vorhaben** in seinen **Rechten** oder rechtlich geschützten Interessen **verletzt**, schreitet aber die Behörde trotz Anregung oder Antrag nicht ein, so kann er eine vorläufige Regelung mangels VA nur im Wege der einstweiligen Anordnung erreichen. Das gilt für Schwarzbauten ebenso wie für die Durchsetzung evtl. nachbarlicher Beseitigungsansprüche nach einer gewonnenen Nachbarklage und entsprechende Aufhebung der Baugenehmigung. Es gilt auch, wenn die Behörde ein Einschreiten ausdrücklich durch VA ablehnt. Denn hier geht es stets um ein Verpflichtungsbegehren des Dritten; § 80 ist hierauf aber nicht anwendbar (vgl. § 80 Rn. 6). Ob vorläufiger Rechtsschutz nach § 123 erreicht werden kann, hängt vom Einzelfall ab[58]. Zum möglichen Anspruch auf Einschreiten der Behörde Sasnighausen NJW 1993, 1623; diese Fallgestaltung ist im Rahmen genehmigungsfreien Bauens nach den neuen BauO nicht selten; vgl. § 123 Rn. 3a.

II. Mittelbare Rechtsverletzung

Greift ein VA als solcher nicht unmittelbar in rechtlich geschützte Interessen **13** ein, steht er vielmehr im Ermessen der Behörde und wird ein Dritter bei Erlass der Entscheidung allenfalls in seinem **formellen, nicht materiellen Anspruch auf fehlerfreie Ermessensausübung** berührt oder verletzt, so liegt nach bisheriger Auffassung kein VA mit Doppelwirkung vor. Bekannteste Fallgestaltung dieser Art ist die **beamtenrechtliche »Konkurrentenklage«** für die nach ganz h.M. bei der Ernennung oder Beförderung des »Konkurrenten« ein VA mit Doppelwirkung verneint wird. Rechtsschutz ist in diesen Fällen deshalb wiederum nur im Wege der vorbeugenden einstweiligen Anordnung möglich; § 80a greift nicht ein (vgl. § 123 Rn. 8a).

III. Prätendentenstreit

Im Prätendentenstreit um eine behördliche Zulassung wird vielfach durch **14** **zwei selbstständige VA** entschieden, z.B. bei Frequenzzuteilungen an einen von mehreren privaten Rundfunkbewerbern oder der Zuteilung von Platzflächen an Schausteller. Der zuteilende VA ist ein solcher mit Doppelwirkung, hier ist § **80a** anwendbar[59]. Der unterlegene Bewerber muss zur Vermeidung der Bestandskraft Rechtsbehelfe einlegen. Will er darüber hinaus während der Streitzeit eine Zwischenregelung erreichen, so ist dies nur über § **123** möglich[60]. Näheres § 123 Rn. 3.

---

58 Z.B. verneinend Mannheim NuR 1988, 289.
59 Hierzu Münster DVBl. 1991, 1320; Schleswig NVwZ-RR 1997, 626.
60 Koblenz NVwZ 1990, 1087.

§ 80b [Ende der aufschiebenden Wirkung]

(1) Die aufschiebende Wirkung des Widerspruchs und der Anfechtungsklage endet mit der Unanfechtbarkeit oder, wenn die Anfechtungsklage im ersten Rechtszug abgewiesen worden ist, drei Monate nach Ablauf der gesetzlichen Begründungsfrist des gegen die abweisende Entscheidung gegebenen Rechtsmittels. Dies gilt auch, wenn die Vollziehung durch die Behörde ausgesetzt oder die aufschiebende Wirkung durch das Gericht wiederhergestellt oder angeordnet worden ist, es sei denn, die Behörde hat die Vollziehung bis zur Unanfechtbarkeit ausgesetzt.

(2) Das Oberverwaltungsgericht kann auf Antrag anordnen, dass die aufschiebende Wirkung andauert.

(3) § 80 Abs. 5–8 und § 80a gelten entsprechend.

A. Allgemeines

1   Durch das 6. VwGO-ÄnderungsG sind die Bestimmungen über die aufschiebende Wirkung von Widerspruch und Anfechtungsklage um § 80b ergänzt worden. Die Vorschrift soll ausweislich der amtlichen Begründung einem Bedürfnis der Praxis entsprechen und einer (missbräuchlichen) Ausnutzung des Suspensiveffekts der Berufung gegen ein dem unterlegenen Kläger ungünstiges Urteil erster Instanz entgegenwirken. Selbst die regierungsamtliche Erläuterung des Gesetzentwurfes führt nur an, dass »zuweilen« Klagen gegen belastende Verwaltungsakte anhängig gemacht werden, um den Suspensiveffekt auszunutzen. Dass dies auch für Berufungen gilt, dürfte in der Praxis der Verwaltungsgerichte eher selten vorkommen. Solchen Missbräuchen des verwaltungsgerichtlichen Rechtsschutzes konnte ggf. mit dem herkömmlichen Instrumentarium des § 80 Abs. 2 Nr. 4 entgegengetreten werden. Von einem Bedürfnis der Praxis, die aufschiebende Wirkung während des Rechtsmittelverfahrens gesetzlich zu beenden, kann keine Rede sein. Dass möglicherweise die Verwaltungspraxis vor Vollzug eines angefochtenen Verwaltungsaktes die Unanfechtbarkeit abgewartet hat, rechtfertigt ebenso wenig die Neuerung des § 80b. Entsprechende Vorschläge in früheren Jahren sind deshalb auch als unbrauchbar erkannt und nicht kodifiziert worden[1]; § 80b ist als weiterer Bruch mit den hergebrachten Prinzipien der Verwaltungsgerichtsordnung rechtspolitisch verfehlt.

B. Einzelheiten

2   Dass die aufschiebende Wirkung von Widerspruch und Klage mit der Unanfechtbarkeit des streitbefangenen Verwaltungsakts endet, ist verwaltungsprozessuales Allgemeingut und eine Selbstverständlichkeit, die einer Kodifizierung nicht bedurft hätte. Insofern enthält § 80b Abs. 1 S. 1 1. Halbs. keine Neuerung.

---

1   Redeker NVwZ 1996, 521.

I. Erfolglose Anfechtungsklage

Kern der Neuregelung ist die Bestimmung des Absatz 1 S. 1 2. Halbs. Sie setzt **3** voraus, dass die **Anfechtungsklage in der ersten Instanz abgewiesen** worden ist und die aufschiebende Wirkung der Klage trotzdem andauert[2]. War die Klage hingegen erfolgreich, bleibt es beim Suspensiveffekt bis zum rechtskräftigen Abschluss des verwaltungsgerichtlichen Verfahrens. Ist eine vom Beklagten oder Beigeladenen gegen das stattgebende Urteil des Verwaltungsgerichts erster Instanz eingelegte Berufung erfolgreich, wirkt sich dies auf den Suspensiveffekt eines sich anschließenden Revisions(zulassungs)verfahrens nicht aus.

Der gesetzliche Wegfall des Suspensiveffekts gilt nicht nur, wenn das Verwaltungsgericht die Anfechtungsklage abgewiesen hat, sondern auch dann, **wenn das Oberverwaltungsgericht erstinstanzlich** (§ 48 VwGO) in dieser Weise entschieden hat[3]. Der Gesetzestext differenziert in Absatz 1 S. 1 nicht zwischen den verschiedenen Möglichkeiten der Gerichte erster Instanz. Aus Absatz 2 lässt sich nichts Gegenteiliges entnehmen. In der ursprünglichen Entwurfsfassung war die Zuständigkeit für die Anordnung der Fortdauer der aufschiebenden Wirkung dem Gericht im ersten Rechtszug zugewiesen. Erst im Vermittlungsausschuss erhielt Absatz 2 seine jetzige Fassung. Dadurch sollte der Verfahrensgang gestrafft werden; eine Unanwendbarkeit der Vorschrift auf erstinstanzliche Entscheidungen des OVG war – soweit ersichtlich – nicht beabsichtigt. Bei wortwörtlicher Auslegung des Absatz 2 wäre das Oberverwaltungsgericht für die Entscheidung über den Antrag auf Anordnung der Fortdauer der aufschiebenden Wirkung der Anfechtungsklage zuständig. Darin läge ein nicht zu rechtfertigender Bruch in der Systematik des § 80b. Die Regelung hat in Absatz 2 die Anordnungskompetenz dem Gericht des ersten Rechtszuges genommen und dem Rechtsmittelgericht zugewiesen. Ist dieses Rechtsmittelgericht nicht das OVG – diese Möglichkeit hat der Gesetzgeber anscheinend übersehen –, bleibt es bei der **Zuständigkeit des Rechtsmittelgerichts**[4].

Diese Überlegung gilt auch, wenn das Oberverwaltungsgericht im Verfahren **4** der Hauptsache gar nicht als Rechtsmittelgericht zuständig ist. Dies kann auf einem gesetzlichen **Berufungsausschluss** (z.B. § 37 VermG) beruhen oder die Folge einer zugelassenen und eingelegten **Sprungrevision** sein. Es wäre eine seltsame Vorstellung, in diesen Fällen das OVG als zusätzliches Gericht für zuständig zu halten. Dies würde dem Beschleunigungsgedanken des Berufungsausschlusses entgegenlaufen und die Rechtsmittelentscheidung im Revisionsverfahren dadurch verzögern, dass das Oberverwaltungsgericht über einen bei ihm gestellten Antrag erst nach Übersendung der vollständigen Akten und Durchsicht derselben entscheiden kann. Zudem gerieten Oberverwaltungsgericht und Revisionsgericht in einen durch nichts gerechtfertigten Wettlauf. Würde das Revisionsgericht im Hauptsacheverfahren schneller entscheiden als das Oberverwaltungsgericht im Annexverfahren über die Fortdauer der aufschiebenden Wirkung, wäre dieser Antrag beim Oberverwaltungsgericht erledigt. Dann hätte das Oberverwaltungsgericht allerdings immer noch eine Kostenentscheidung zu treffen, die ohne Kenntnis der Akten nicht erfolgen kann. Dies alles zeigt, dass der Gesetzgeber offensichtlich den

---

2   Münster NVwZ-RR 1998, 312; vgl. Koblenz NVwZ 1999, 896.
3   Beckmann NVwZ 1998, 373.
4   Kopp/Schenke Rn. 14; Schoch/Schoch Rn. 20; a.A. Bader/Funke-Kaiser Rn. 2 ff., der den Anwendungsbereich des § 80b auf erstinstanzliche Urteile des Verwaltungsgerichts begrenzen will.

von ihm zunehmend kodifizierten Ausschluss der Berufungsinstanz und die Möglichkeit der Sprungrevision schlicht übersehen hat. Auch in diesen Fallkonstellationen ist das **Rechtsmittelgericht** im Hauptsacheverfahren nach § 80b Abs. 2 **zuständig**.

II. Zeitpunkt des Endes der aufschiebenden Wirkung

5 Die aufschiebende Wirkung endet von Gesetzes wegen, ohne dass dafür ein besonderer Beschluss und sei es ein solcher feststellender Natur erforderlich ist. Der Zeitpunkt ist je nach zulässigem Rechtsmittel unterschiedlich: 1. Hat das erstinstanzliche Verwaltungsgericht durch Endurteil entschieden, ist im Regelfall das **Rechtsmittel der Berufung** gegeben, das der Zulassung bedarf. Wird die Zulassung vom VG ausgesprochen, ist die Begründung innerhalb eines Monats nach Zustellung des vollständigen Urteils einzureichen (§ 124a Abs. 2 S. 1). Die aufschiebende Wirkung endet daher spätestens **vier Monate** nach Zustellung des verwaltungsgerichtlichen Urteils[5]. Wird die Berufung vom VG nicht zugelassen, ist der Zulassungsantrag binnen eines Monats nach Zustellung des Urteils zu stellen (§ 124a Abs. 4 S. 1) und innerhalb einer Frist von zwei Monaten nach Zustellung des vollständigen Urteils zu begründen. Die aufschiebende Wirkung endet dann spätestens fünf Monate nach Zustellung des vollständigen Urteils. Eine Ausnahme gilt für den Fall des § 134 Abs. 3 S. 1; dann beginnt die Frist mit Zustellung der die Sprungrevision ablehnenden Entscheidung. Es widerspräche dem Anliegen des Gesetzgebers, die Vollziehbarkeit eines erstinstanzlich gerichtlich bestätigten Verwaltungsaktes möglichst rasch bei eingelegtem Rechtsmittel herzustellen, wenn dem Wortlaut des § 124 Abs. 1 entsprechend die Berufung als das in Abs. 1 gemeinte Rechtsmittel angesehen würde. Dies ist auch gar nicht notwendig. Die Zulassung der Berufung macht die Einlegung einer Berufung überflüssig (§ 124a Abs. 5 S. 5). Der Antrag auf Zulassung der Berufung ist der erste Schritt im Rahmen des Berufungsverfahrens[6].

6 2. Entscheidet das Verwaltungsgericht durch **Gerichtsbescheid** und ist die Berufung oder der Antrag auf Zulassung der Berufung zulässig und wird dieses Rechtsmittel eingelegt, bleibt es bei der unter 1. dargelegten Rechtslage. Wird jedoch Antrag auf mündliche Verhandlung gestellt, gilt § 80b mangels eines eingelegten Rechtsmittels nicht. Denn das Verfahren bleibt erstinstanzlich anhängig. Zudem würde es auch an einer Rechtsmittelbegründungsfrist fehlen. Gleiches gilt, wenn mangels Rechtsmittels gegen den Gerichtsbescheid die mündliche Verhandlung nach § 84 Abs. 2 Nr. 5 beantragt wird. Für die Fälle des § 84 Abs. 2 Nr. 3 und 4 gilt Rn. 4, wenn nicht die mündliche Verhandlung stattfindet; die Fristen ergeben sich aus Rn. 7.

7 Entscheidet das OVG erstinstanzlich, ist bei Zulassung der Revision diese innerhalb von zwei Monaten nach Zustellung des vollständigen Urteils zu begründen (§ 139 Abs. 3 S. 1). Die aufschiebende Wirkung endet **fünf Monate** nach Zustellung des vollständigen Urteils. Entsprechendes gilt im Fall der Beschwerde gegen die Nichtzulassung der Revision (§ 133 Abs. 3 S. 1).

---

5   Vgl. Greifswald NVwZ-RR 1999, 591; Bremen NVwZ 2000, 942; a.A. München BayVBl. 1997, 342.
6   Ruffert NVwZ 1997, 654; Kopp/Schenke Rn. 7; i.E. wie hier Schoch/Schoch Rn. 24; a.A. Bader/Funke-Kaiser Rn. 10.

Das gesetzliche Ende des Suspensiveffekts tritt auch dann ein, wenn die Be- **8** hörde die Aussetzung der sofortigen Vollziehung nach §§ 80 Abs. 4, 80a Abs. 1 Nr. 2 verfügt hat. Will die Behörde diese gesetzliche Rechtsfolge ausschließen, so muss die **Aussetzung** der Vollziehung ausdrücklich **bis zur Unanfechtbarkeit festlegen**. Eine stillschweigende Festlegung genügt nicht[7]. Andernfalls würde wegen des dann möglichen Streits um den Eintritt der gesetzlichen Beendigungswirkung das gesetzgeberische Ziel der beschleunigten Vollziehbarkeit nicht erreicht. Die gesetzliche Beendigung des Suspensiveffekts wird auch nicht durch eine gerichtliche Aussetzung der sofortigen Vollziehung gehindert. Das Gericht kann nach dem Wortlaut des § 80b Abs. 1 S. 2 noch nicht einmal die Ausnahme von der gesetzlichen Beendigung des Suspensiveffektes durch Aussetzung bis zur Unanfechtbarkeit erreichen. Denn das Gesetz schränkt durch diese Regelung die Wirkung der Entscheidung nach § 80 Abs. 5, § 80a Abs. 3 nicht unerheblich ein. Auch hier tritt die Abneigung des Gesetzgebers gegen verwaltungsgerichtlichen Eilrechtsschutz deutlich zu Tage.

III. Verfahren und Entscheidung

Die Kompetenz der Anordnung der Fortdauer der aufschiebenden Wirkung **9** hat (allein) das Rechtsmittelgericht nach der ersten Instanz, in der Regel das Oberverwaltungsgericht, Abs. 2. Die Regelung ersetzt die Zuständigkeitsbestimmungen § 80 Abs. 5 S. 1. Der Antrag kann jederzeit gestellt werden, auch nach Ablauf der Dreimonatsfrist[8]. Der Antrag unterliegt nach § 67 Abs. 1 dem so genannten Anwaltserfordernis.

Der Gesetzgeber hat durch die Generalverweisung auf § 80 Abs. 5–8 und § 80a in Abs. 3 das bei § 80a heftig umstrittene Problem ohne Lösung übernommen, ob in jedem Fall vor Stellung eines Antrages ein **Antrag** auf Fortdauer der aufschiebenden Wirkung **bei der Behörde** zu stellen ist. Gegen einen solchen Antrag spricht zum einen, dass er im Verfahrensstadium des Rechtsmittels des unterlegenen Anfechtungsklägers zu stellen ist. Gründe, aus denen die Behörde die Aussetzung der sofortigen Vollziehung anzuordnen hat, werden für die Behörde im Regelfall nicht vorliegen. Zudem dürfte häufig die Vollziehung des Verwaltungsaktes entweder durch die Behörde selbst oder durch den begünstigten Dritten drohen und damit in analoger Anwendung des § 60 Abs. 6 S. 2 Nr. 2 die unmittelbare Anrufung des Gerichts zulässig sein. Es ist jedoch zu bedenken, dass der Gesetzgeber in Kenntnis des Meinungsstreits die entsprechende Anwendung des § 80 Abs. 6 angeordnet und durch die zusätzliche entsprechende Anordnung durch § 80a (gemeint ist sinnvoll nur § 80a Abs. 1 Nr. 2, Abs. 3) deutlich gemacht hat, dass § 80 Abs. 6 S. 1 Anwendung finden soll[9].

Einen **Entscheidungsmaßstab gibt** das **Gesetz nicht**. Es werden daher die in **10** der Rechtsprechung entwickelten Grundsätze zu § 80 Abs. 5 Anwendung

---

7 Schoch/Schoch Rn. 31.
8 Bremen NVwZ 2000, 942; Münster DVBl. 2001, 1227; a.A. Bader/Funke-Kaiser Rn. 14.
9 Das hält Schoch/Schoch Rn. 51 für »unsinnig«; als Rechtsgrundverweisung versteht die Regelung Bader/Funke-Kaiser Rn. 15; krit. Beckmann NVwZ 1998, 373.

finden[10]. Dies ergibt sich auch aus der Verweisung in Abs. 3. Von daher darf auf die Erläuterung zu § 80 Abs. 5 (dort Rn. 49) und die Erläuterung zu § 80a (dort Rn. 9 ff.) verwiesen werden. Die Behörde wie das Rechtsmittelgericht können daneben einstweilige Maßnahmen zur Sicherung der Rechte des antragstellenden Dritten treffen (§ 80a Abs. 3 S. 1). Das Rechtsmittelgericht kann im Einzelfall auch die Aufhebung der Vollziehung anordnen. Es kann seinen Beschluss unter den Voraussetzungen des § 80 Abs. 7 (vgl. dort Rn. 66 ff.) abändern. Die Entscheidung kann in dringenden Fällen auch durch den Vorsitzenden ergehen. Die Behörde wie das Rechtsmittelgericht können daneben einstweilige Maßnahmen zur Sicherung der Rechte des antragstellenden Dritten treffen (§ 80a Abs. 3 S. 1). Das Rechtsmittelgericht kann im Einzelfall auch die Aufhebung der Vollziehung anordnen. Es kann seinen Beschluss unter den Voraussetzungen des § 80 Abs. 7 (vgl. dort Rn. 66 ff.) abändern. Die Entscheidung kann in dringenden Fällen auch durch den Vorsitzenden ergehen.

9. Abschnitt · Verfahren im ersten Rechtszug

§ 81   [Klageerhebung]

(1) Die Klage ist bei dem Gericht schriftlich zu erheben. Bei dem Verwaltungsgericht kann sie auch zur Niederschrift des Urkundsbeamten der Geschäftsstelle erhoben werden.

(2) Der Klage und allen Schriftsätzen sollen Abschriften für die übrigen Beteiligten beigefügt werden.

Übersicht

I. Form der Klage

1 1. **Vorbemerkung.** Der **Begriff der Klage** wird in §§ 81 ff. nicht definiert sondern vorausgesetzt; entscheidend ist der einem Schriftsatz im Wege der Auslegung (§§ 133, 157 BGB) hinreichend deutlich zu entnehmende Wille,

---

10   So wohl auch Bader/Funke-Kaiser Rn. 17. A.A. Koblenz NVwZ 1999, 896: allein die Missbrauchsabwehr (vgl. Rn. 1) ist Maßstab; Bremen NVwZ 2000, 942; Münster DVBl. 2001, 1227, wonach bereits die Zulassung der Berufung die Anordnung rechtfertigt; Kopp/Schenke Rn. 15.

gerichtlichen Rechtsschutz in Anspruch nehmen zu wollen[1]. Um vom Gericht ausgelegt werden zu können und wegen § 184 GVG ist die Klage in deutscher Sprache abzufassen[2].

§ 81 regelt die zwingenden **Formvorschriften für eine wirksame Klageerhebung**, während § 82 die zwingenden inhaltlichen Voraussetzungen bestimmt. Mangelnde Einhaltung der Formvorschriften führt zur Unzulässigkeit der Klage[3]. Schriftform und Unterschrift können zwar nachgeholt werden, jedoch ohne Rückwirkung, sodass die Klage bei Fristablauf unzulässig bleibt und durch Prozessurteil oder Gerichtsbescheid (§ 84) abzuweisen ist. § 81 kennt **keine Beseitigung etwaiger Mängel auf gerichtliche Aufforderung** innerhalb einer bestimmten Frist, wie sie § 82 Abs. 2 vorsieht; dessen entsprechende Anwendung ist angesichts des Wortlautes des Gesetzes nicht zulässig[4]. Unter den Voraussetzungen des § 60 kann jedoch **Wiedereinsetzung in den vorigen Stand** gewährt werden. Eine Heilung durch **rügelose Einlassung** analog § 295 ZPO scheidet aus[5].

Als **formgebundene Prozesshandlung** ist die Klageschrift ein **bestimmender Schriftsatz**; im Gegensatz zum bloßen vorbereitenden Schriftsatz, der lediglich spätere Erklärungen ankündigt, wird hierdurch das Prozessrechtsverhältnis gestaltet. § 81 Abs. 1 betrifft zwar unmittelbar nur alle Klageverfahren unabhängig von der instanziellen Zuständigkeit, wird aber trotz des einschränkenden Wortlauts des § 122 Abs. 1 auch auf das **Beschlussverfahren** nach §§ 80, 80a und 123 sowie im **Normenkontrollverfahren** nach § 47 entsprechend angewandt, ebenso nach §§ 125 Abs. 1, 141 im **Berufungs- und Revisionsverfahren** einschließlich der **Beschwerde gegen die Nichtzulassung** des Rechtsmittels. Das **Schriftformerfordernis** gilt neben der Klageschrift für alle bestimmenden Schriftsätze, so etwa auch für die Erklärung eines Parteiwechsels[6] und den **Antrag auf Zulassung der Beschwerde**[7].

2. Schriftlichkeit der Klageerhebung. Die Schriftform setzt voraus, dass sich der Klageinhalt aus einem Schriftstück ergibt, das von dem Kläger oder seinem Prozessbevollmächtigten eigenhändig unterschrieben ist. Damit soll die verlässliche Zurechenbarkeit des Schriftsatzes im Sinne sichergestellt werden, dass die Klageschrift auch tatsächlich von der als Urheber genannten Person stammt und diese den Inhalt verantwortet[8].

Die Unterzeichnung durch ein **Mitglied der Anwaltssozietät** für den »nach Diktat abwesenden« sachbearbeitenden Rechtsanwalt genügt[9]. Der **amtlich bestellte Vertreter** eines Rechtsanwalts, der nach § 53 Abs. 7 BRAO

2

3

4

5

---

1 BVerwG NJW 1991, 508.
2 BVerwG NJW 1990, 3103; zur Fristwahrung durch eine fremdsprachige Klageschrift FG Saarland NJW 1989, 3112; München NJW 1976, 1048.
3 Zweifelnd Krüger VBlBW 1998, 52, der zumindest teilweise fehlende Rechtshängigkeit annehmen will.
4 H.M.; wie hier BVerwGE 13, 141; BVerwG, DÖV 1984, 174; Mannheim, NJW 1996, 3162; Eyermann/Geiger Rn. 15; Kopp/Schenke Rn. 8; Schoch/Ortloff Rn. 9; Bader/Kuntze Rn. 3; a.A. Lüneburg OVGE 11, 433; Martens NJW 1976, 1991.
5 Wie hier Kopp/Schenke Rn. 8; Eyermann/Geiger Rn. 15; a.A. BGH NJW 1975, 1704; BAG NJW 1986, 3224; offen lassend BVerwG BayVBl. 1978, 577, 578.
6 Mannheim DÖV 1987, 404.
7 München BayVBl. 1999, 182.
8 BVerwGE, 81, 32; Mannheim NJW 1996, 3162.
9 BVerwG NVwZ 1984, 435.

dieselben Befugnisse hat wie der vertretene, unterzeichnet grundsätzlich
»als amtlich bestellter Vertreter für ...«; wirksam ist aber auch die Unterschrift mit dem Zusatz »in Vertretung«[10]. Grundsätzlich unzureichend soll
eine Unterschrift »im Auftrag« sein[11]. Auch Klagen und sonstige Prozesshandlungen von Körperschaften oder **Behörden** sind durch einen **vertre-
tungsbefugten Beamten** oder Angestellten, der aber nicht notwendig ver-
fassungsmäßiges Organ zu sein braucht, zu unterzeichnen. Hierbei ist für
die Wirksamkeit der Prozesshandlung unerheblich, ob die Unterzeichnung
»in Vertretung« oder »im Auftrag« geschieht, jedoch mit dem Hinweis auf
die Befähigung zum Richteramt verbunden werden sollte[12]. Außerdem reichen der mit einem Beglaubigungsvermerk versehene in Maschinenschrift
wiedergegebene Name des Vertreters der Behörde[13] und das amtliche Sie-
gel mit Unterschrift des Siegelführenden[14] aus.

6 In der Rechtsprechung hat sich bei **Fehlen der Unterschrift** eine gewisse
Großzügigkeit durchgesetzt, der zuzustimmen ist, weil eine bewusst erhobene Klage zur Sachentscheidung führen und nicht an regelmäßig versehentlich unterbliebener Unterschrift scheitern soll. Es genügt hiernach,
wenn die Absicht, die Klage tatsächlich einreichen und nicht nur entwerfen
zu wollen, erkennbar ist, was regelmäßig freilich die eigenhändige Namenszeichnung voraussetzt, nur braucht sie sich nicht notwendig auf dem
Schriftstück zu befinden, sondern auch an anderer Stelle der Sendung
(etwa bei der Absenderangabe, im Anschreiben, auf dem Doppel des
Schriftsatzes, nicht aber durch bloße Beifügung von Fotokopien der angefochtenen Bescheide, wohl aber in Verbindung mit einer Kopie des vom
Kläger eigenhändig unterzeichneten Widerspruchsschreibens; vgl. im Einzelnen die Zusammenstellung in BVerwGE 81, 32). Das vollständige Fehlen einer Unterschrift schließt die Formgerechtigkeit nicht schlechthin aus,
wenn auch ohne jede eigenhändige Namenszeichnung aus anderen An-
haltspunkten eine vergleichbare Gewähr für die Urheberschaft und den
Willen, das Schreiben in den Verkehr zu bringen, folgt und dem Bedürfnis
nach Rechtssicherheit genügt ist. Entscheidend ist, ob sich dies aus dem
bestimmenden Schriftsatz allein oder in Verbindung mit beigefügten Unterlagen **ohne Beweisaufnahme** ergibt[15]. Zwar reicht die bloße Aufgabe des
Schriftstückes auch durch den Anwalt selbst nicht aus[16], auch nicht durch
Einschreiben mit Rückschein[17], wohl aber die bestätigte Abgabe bei Gericht[18]. Das Gericht muss in diesen Fällen die entsprechenden Unterlagen
aufbewahren; ihr Verlust geht nicht zu Lasten des Klägers[19]. Auch die
vervielfältigte Unterschrift kann genügen[20]; ebenso die Unterschriftsbeg-
laubigung[21], nicht aber die lediglich maschinenschriftliche Unterzeichnung

---

10   OLG Koblenz VersR 1991, 1034.
11   Sodan/Aulehner Rn. 64.
12   BVerwG NVwZ 1996, 798; NVwZ 1994, 266; a.A. für den Zusatz »im Auftrag«
     BGH NJW 1988, 210.
13   GmS OBG NJW 1980, 172; BVerwGE 10, 1; 13, 141.
14   BFH JR 1976, 59.
15   BVerwG Buchh. 310 § 81 VwGO Nr. 11; BVerwGE 81, 32; Koblenz NVwZ 1997,
     593.
16   OLG München NJW 1979, 2570.
17   BVerwG NVwZ 1991, 161.
18   OLG Hamm MDR 1977, 232; OLG Frankfurt NJW 1977, 1246; dazu aber stren-
     ger BGH NJW 1980, 291.
19   BVerwG Buchh. 310 § 81 Nr. 11; BayVBl. 1990, 670.
20   BVerwGE 36, 296; 81, 32.
21   BVerwGE 10, 1; 13, 141.

ohne Beglaubigung [22]. Allerdings wurde sogar die in einem maschinenschriftlich geschriebenen und unterschriebenen Widerspruch zum Ausdruck kommende Sachkenntnis mitunter als ausreichend angesehen[23].

Als **Unterschrift** genügt ein die **Identität des Unterschreibenden** ausreichend kennzeichnender individueller Schriftzug, der einmalig ist, entsprechende charakteristische Merkmale aufweist und sich als Wiedergabe eines Namens darstellt[24]. Buchstaben müssen als solche – andeutungsweise[25] – erkennbar sein[26]. Auf ein »Anerkenntnis« der Unterschrift durch den Unterschreibenden kommt es nicht an[27]. Deren **Leserlichkeit** wird nicht verlangt[28], die Prozesspartei ist jedoch gehalten, vorsorglich mit leserlicher Unterschrift Wiedereinsetzung in den vorigen Stand zu beantragen, wenn sie vom Gericht auf Bedenken gegen die Ordnungsgemäßheit der Unterzeichnung einer Rechtsmittelschrift hingewiesen und die unleserliche Unterschrift bislang nicht beanstandet wurde[29]. Eine **verkürzte Unterschrift** **(Paraphe)** genügt nicht[30]; ob sie vorliegt, beurteilt sich allein nach dem äußeren Erscheinungsbild[31]. Hat ein Rechtsanwalt jedoch jahrelang unbeanstandet mit einer Paraphe unterzeichnet, so ist ihm, wenn eine derartige Unterzeichnung erstmals auf Bedenken des Gerichts stößt, in der Regel Wiedereinsetzung in den vorigen Stand zu gewähren[32].

7

3. **Klageerhebung mit moderner Kommunikationstechnik.** Die praktisch bedeutsamsten Ausnahmen vom Unterschriftserfordernis betreffen die Übermittlung von Schriftstücken mit modernen technischen Mitteln. So ist in der Rechtsprechung seit langem anerkannt, dass die Klage auch durch Telegramm erhoben werden kann[33], das in jedem Falle aber als Unterschrift den Namen des Klägers oder des Bevollmächtigten wiedergeben muss[34]. Hierzu genügt einmal der Eingang des Telegramms bei Gericht oder auch die wörtliche Aufnahme der fernmündlichen Durchsage des Ankunftstelegramms durch den Urkundsbeamten der Geschäftsstelle oder sonst eine für die Aufnahme zuständige Gerichtsperson, auch wenn das Telegramm selbst erst nach Fristablauf eingeht[35]. Ist der Beamte nicht zuständig oder unterlässt er die Anfertigung eines den Inhalt und das Datum des Empfangs eindeutig wiedergebenden Vermerks, so ist die Klageerhebung unwirksam. Hier kann aber durch Wiedereinsetzung in den vorigen Stand geholfen werden (§ 60), da den Kläger kein Verschulden trifft. Die Rechtsprechung erkennt die telegrafische Klageerhebung auch an, wenn das Aufgabetelegramm fernmündlich aufgegeben worden ist, unter der

8

22	BVerwG DÖV 1984, 174.
23	BVerwG Buchh. 310 § 70 VwGO Nr. 14.
24	BVerwGE 43, 114; BGH MDR 1960, 397.
25	BGH NJW 1987, 1333.
26	BGH NJW 1974, 1090; BSG NJW 1975, 1799; weiter gehend BAG NJW 1982, 1016: Es genügt, dass ein Dritter, der den Namen des Unterzeichnenden kennt, diesen Namen aus dem Schriftbild herauslesen kann; vgl. auch BVerfG DVBl. 1988, 782.
27	BGH AnwBl. 1974, 225.
28	BGH NJW 1994, 55.
29	BVerfG NJW 1998, 1853; krit. Schneider NJW 1998, 1844.
30	BAG NJW 1996, 3164; zweifelnd BFH NJW 1996, 1432.
31	BGH NJW 1994, 55.
32	BGH NJW 1999, 60; BFH NJW 1999, 2919.
33	RGZ 139, 45; BVerfGE 36, 304; BVerwGE 81, 32.
34	BGH NJW 1966, 1077.
35	BVerwGE 1, 104; 81, 32; BGHZ 65, 11; 14, 233; RGZ 139, 45.

Voraussetzung, dass auch hier der Text mit dem Namen des Klägers oder des Bevollmächtigten schließt[36]. Bei juristischen Personen lässt die Rechtsprechung inzwischen ein Telegramm ohne Unterschrift der vertretungsberechtigten natürlichen Person genügen, wenn sich aus ihm hinreichend sicher ergibt, von wem es stammt und dass es bewusst in den Verkehr gegeben worden ist[37].

9   Ebenso anzuerkennen ist deshalb, die Wahrung der Schriftform durch **Fernschreiben (Telex)**, wenn Name des Absenders und Absicht der Einreichung feststehen auch über Fernschreibstelle einer anderen Behörde[38], das Gleiche gilt für **Telebriefe oder »T-Online«** (früher: **Btx bzw. Datex-J**)[39].

10   Klageerhebung und bestimmende Schriftsätze durch **Telefax**[40], ebenso die Zustellung gerichtlicher Eilentscheidungen auf diesem Wege sind inzwischen allgemein gebräuchlich geworden und in der Rechtsprechung anerkannt[41]. Maßgeblich zur **Fristwahrung** usw. ist das Telefaxschreiben; das regelmäßig später eingehende Schriftstück selbst ist kein bestimmender Schriftsatz, sondern lediglich eine **wiederholende Erklärung**, die verfahrensrechtlich auch unterbleiben könnte[42]. Dies gilt auch für die Wirksamkeit der **Zustellung** einer gerichtlichen Entscheidung an den bevollmächtigten Rechtsanwalt per Telefax; eine nochmalige Zustellung durch die Post macht die erste Zustellung nicht hinfällig und setzt auch keine neue Rechtsmittelfrist in Lauf (vgl. auch § 56 Rn. 10b)[43]. Für Zustellungen und Empfangsbekenntnisse hat der Gesetzgeber seit dem 1.7.2002 durch den Verweis in § 56 Abs. 2 auf die ZPO an Stelle der bisherigen Bezugnahme auf das VwZG gesetzlich geregelt, dass an einen Rechtsanwalt und die anderen in § 174 Abs. 1 ZPO genannten Personen **per Telefax oder als elektronisches Dokument** gegen in gleicher Weise zu erteilendes Empfangsbekenntnis zugestellt werden kann (§ 174 Abs. 2 und 3 ZPO)[44].

11   Auch die Klageschrift durch Telefax bedarf der eigenhändigen Unterschrift auf dem Original[45] oder entsprechender Surrogate; eine Unterschrift mittels Faksimile-Stempel auf dem Original genügt dem Schriftformerforder-

---

36   BVerwGE 3, 56; 81, 32; BAGE 3, 251.
37   BVerwG NJW 1978, 2110.
38   BVerfG NJW 1986, 244.
39   BVerwG NVwZ 1987, 788, DVBl. 1989, 718; NJW 1995, 2121; Mannheim VBlBW 1989, 208; BGHZ 79, 314; OLG Karlsruhe NJW 1986, 2773, BAG Informatik und Recht 1987, 159.
40   Der über § 173 anwendbare § 130 Nr. 6 ZPO verwendet nunmehr den Ausdruck »Telekopie« für Telefax und Computerfax; hierunter das durch Übermittlung durch einen Telefaxdienst als international normierten Telekommunikationsdienst zur originalgetreuen Übertragung von Schrift- und Bildvorlagen über das öffentliche Telekommunikationsnetz übertragen wird, zu verstehen; vgl. auch § 86a Rn. 2.
41   BayVerfGH NJW 1993, 1125; BGH NJW 1998, 3649; OLG Köln NJW 1992, 1774; Pape/Notkoff NJW 1996, 417; vgl. auch § 56 Rn. 10a.
42   Kassel NJW 1992, 3055.
43   Hamburg NVwZ 1996, 605; vgl. auch Hamburg NVwZ 1997, 2616; ferner Ewer/Schürmann NVwZ 1990, 336; a.A. Münster NVwZ 1995, 395: Keine wirksame Zustellung eines per Telefax übermittelten Widerspruchsbescheids, aber Heilung durch rügelose Einlassung mittels Klageerhebung; zur wirksamen Bekanntgabe von Einspruchsentscheidungen dagegen BFH NVwZ 1999, 220; BFH NJW 1998, 2383.
44   Rechtsänderung durch das Zustellungsreformgesetz vom 25.6.2001 (BGBl. I S. 1206).
45   BVerwGE 77, 38; BayVBl. 1990, 670; Münster NWVBl. 1991, 315; Mannheim DVBl. 1989, 883.

nis nicht[46]. Allerdings soll bereits eine Klageschrift, die durch Telefax direkt vom PC (**Computerfax**) online übermittelt wird, auch ohne Unterschrift dem Schriftformerfordernis genügen, wenn die Umstände zweifelsfrei ergeben, dass das Telefax mit Wissen und Wollen des Absenders gezielt in den Verkehr gebracht wurde[47]. Diese Fallgestaltung ist zwar der Übermittlung einer unmittelbar vor Ablauf der Klagefrist per **Btx** erhobenen und nach Verfahrensbeteiligten, Verfahrensgegenstand mit Prozessziel eindeutig bezeichneten Klage von dem privaten, mit Codenummer gekennzeichneten Teilnehmeranschluss der Kläger aus unter der vollen Angabe ihrer Absenderanschrift vergleichbar, die ebenfalls die Absetzung durch einen Dritten oder die versehentliche Übersendung eines internen Vorgangs durch die Kläger selbst als angeschlossen erscheinen lassen soll und deshalb ebenfalls ohne Unterschrift der Schriftform genügen soll[48]. Dennoch bestehen erhebliche Manipulationsmöglichkeiten, weshalb Computerfax und E-Mail ursprünglich nicht ausreichten[49]. Für ein Computerfax sieht die Rechtsprechung die Schriftform nun als gewahrt an, wenn die Unterschrift des Urhebers eingescannt oder ein Hinweis angebracht ist, dass der benannte Urheber wegen der gewählten Übertragungsform nicht unterzeichnen kann[50]. Für elektronische Dokumente wurde zwischenzeitlich eine eigene Regelung geschaffen; vgl. § 86a Rn. 1 ff.

Problematisch erscheint wegen des Erfordernisses der eigenhändigen Unterschrift auch bei einem **Defekt des Empfangsgeräts** des Gerichts die Übermittlung eines bestimmenden Schriftsatzes per Telefax an einen Dritten, etwa einen am Gerichtsort ansässigen Rechtsanwalt, damit dieser ihn in den Nachtbriefkasten einwirft[51]. **12**

4. Klageerhebung zur Niederschrift. Die **Erklärung zur Niederschrift** des Urkundsbeamten der Geschäftsstelle muss von dem Urkundsbeamten protokolliert werden. Diese Form der Klageerhebung ist nur bei dem Verwaltungsgericht zulässig, nicht bei dem OVG oder dem BVerwG, da dies dem dort geltenden Anwaltserfordernis widerspräche[52]. Vorschriften über die Form der Protokollierung sind in der VwGO nicht enthalten. Das unmittelbar persönlich – **nicht** lediglich **telefonisch**[53] – zu Protokoll gegebene Rechtsschutzbegehren des Klägers soll inhaltlich den Mindestanforderungen des § 82 Abs. 1 S. 1 genügen. Insoweit kann der Urkundsbeamte Hilfestellung leisten; er darf es aber nicht verändern; die Erklärung ist vielmehr **wörtlich** aufzunehmen. Ein bloßer Aktenvermerk genügt dem Formerfordernis nicht[54]. Die Urheberschaft und der Wille des Klägers, die Klage in den Verkehr zu bringen, wird zwar durch dessen persönliche Anwesenheit hinreichend sicher gewährleistet, weshalb die Niederschrift vom Klä- **13**

---

46   VG Wiesbaden NVwZ 1994, 537.
47   BSG NJW 1997, 1254; VG Karlsruhe, NJW 1998, 77.
48   BVerwG, NJW 1995, 2121.
49   BGH NJW 1998, 3649; Schwachheim NJW 1999, 612.
50   GemS BVerwGE 111, 377; VG Frankfurt a.M. NJW 2002, 2488.
51   Die Zulässigkeit bejahend OLG München NJW 1993, 303; Eyermann/Geiger Rn. 8; verneinend BAG NJW 1990, 3165; BGHZ 79, 314.
52   BVerwGE 98, 126.
53   Str., wie hier BVerwGE 17, 166, 168; BGH NJW 1981, 1627; Mannheim DÖV 1987, 404, 405; Kopp/Schenke Rn. 10; Eyermann/Geiger Rn. 12; Bader/Kuntze Rn. 18; Schoch/Ortloff Rn. 10; noch offen gelassen BGH NJW 1980, 1290, 1291; a.A. VG Wiesbaden NVwZ 1988, 90, aus Gründen effektiven Rechtsschutzes zumindest für gerichtliche Eilverfahren.
54   Saarlouis NVwZ 1986, 578.

ger nicht unterschrieben zu werden braucht[55], denn eine vom Kläger selbst erhobene Klage ist ohne seine Unterschrift nur dann unwirksam, wenn sich seine Urheberschaft nicht aus anderen Umständen des Einzelfalles zweifelsfrei ergibt[56]; gleichwohl sollte die **Unterschrift des anwesenden Klägers** auf dem Protokoll erfolgen. Die Protokollierung der Klage durch einen Beamten des mittleren Dienstes an Stelle des Urkundsbeamten reicht nicht aus[57]. Hier ist aber in der Regel Wiedereinsetzung zu gewähren.

II. Erhebung der Klage

14 1. **Klageerhebung bei Gericht.** Die Klageerhebung muss bei Gericht erfolgen; wird sie bei einer Verwaltungsbehörde, auch der des ursprünglichen VA oder des Widerspruchsbescheides, erhoben, ist sie unwirksam (anders bei Klagen nach § 217 BauGB: Antrag auf gerichtliche Entscheidung nur bei Verwaltungsbehörde). Allerdings ist die Behörde verpflichtet, eine bei ihr eingegangene Klage unverzüglich an das Gericht weiterzuleiten, eine Verletzung dieser Pflicht führt aber nicht zur Wiedereinsetzung, weil ein Mitverschulden des Klägers in der Regel zu bejahen sein wird (vgl. § 60 Rn. 4). Allenfalls sind Schadensersatzansprüche nach § 839 BGB gegeben. Unschädlich ist die **Einreichung der Klage bei einem örtlich oder sachlich unzuständigen Gericht,** selbst wenn das richtige Gericht in der Rechtsmittelbelehrung angegeben war[58], weil unter **Erhaltung der Wirkungen der Rechtshängigkeit** an das zuständige Gericht verwiesen werden kann (§ 17b GVG mit § 83)[59]. Vorausgesetzt wird allerdings, dass der Kläger den Schriftsatz **willentlich** an das von ihm für zuständig gehaltene Gericht übersendet; nicht ausreichend ist dagegen die **versehentliche** Einreichung einer an das zuständige Gericht adressierten Klage bei einem unzuständigen Gericht; hier ist die Klage erst erhoben, wenn sie beim zuständigen Gericht eingeht (Münster, NJW 1996, 334). Das Gleiche gilt bei Klageerhebung vor einem Gericht des falschen Gerichtszweiges (§ 17b GVG); hier muss die Klage aber den Formvorschriften dieses Gerichtszweiges entsprechen. Die Klage bei dem Stammgericht an Stelle der örtlich zuständigen auswärtigen Kammer (Senat) ist bei dem richtigen Gericht erhoben[60].

15 2. **Zugang der Klage.** Die Klage ist mit dem **Zugang der Klageschrift bei dem Gericht** erhoben;. das Verfahren ist damit nicht nur anhängig sondern zugleich rechtshängig (§ 90), etwaige Fristen sind gewahrt (§ 74 Abs. 1). Einer Zustellung an den Beklagten bedarf es anders als nach § 253 ZPO nicht. Die **Klageerhebung** gem. § 81 Abs. 1 S. 1 VwGO setzt voraus, dass die Klage dem Gericht zugeht; erforderlich, aber auch ausreichend ist danach, dass die Klage derart **in den Machtbereich dieses Gerichts gelangt,**

---

55 Wie hier Kopp/Schenke Rn. 13; a.A. Eyermann/Geiger Rn. 12; Schoch/Ortloff Rn. 10; Bader/Kuntze Rn. 18, die entweder die eigenhändige Unterschrift oder die Genehmigung der Niederschrift nach deren vorheriger Verlesung mit Unterschrift des Urkundsbeamten fordern.
56 BVerwG NVwZ 1985, 34.
57 OLG Hamm JMBl. NW 1960, 35.
58 BVerwG DVBl. 1963, 858.
59 Koblenz NVwZ-RR 1996, 181; Kopp/Schenke § 83 Rn. 19; wohl auch Eyermann/Rennert § 41 Rn. 42; a.A. Mannheim VBlBW 1988, 132 m. krit. Anm. Redeker; Schoch/Ortloff § 83 Rn. 21.
60 BVerwG NJW 1959, 2134; vgl. München BayVBl. 1996, 734; a.A. BAG NJW 1959, 2279.

dass es sich bei üblichem Geschäftsablauf, Kenntnis vom Inhalt verschaffen kann und als angerufenes Gericht tätig werden und den Rechtsstreit entweder entscheiden oder – bei Verneinung der Zuständigkeit – verweisen muss. Der Eingang kann deshalb durch **persönliche Abgabe, Übergabe durch einen Postbediensteten oder Zustelldienst** oder unter den o. g. Voraussetzungen **mittels moderner Kommunikationstechnik** erfolgen. Verfügt das Gericht über ein Postschließfach, so ist die Klage mit dem Zeitpunkt zugegangen, bei dem nach üblichem Ablauf Kenntnisnahme des Gerichts von der Klage zu erwarten ist[61]. Dabei ist davon auszugehen, dass am Tage des Eingangs im Postschließfach dieses geleert wird, sodass regelmäßig an diesem Tage auch eingegangen ist[62]. Das gilt auch für Rechtsmittel[63]. Zur Fristwahrung bei Benutzung eines Postfaches vgl. § 57 Rn. 10. Die gleichen Grundsätze sind für ein Postsammelfach anzuwenden. Wird die Klage in einen Briefkasten des Gerichts geworfen, so ist sie damit zugegangen, auch wenn es sich nur um den Nachtbriefkasten handelt[64]. Verfügen mehrere Gerichte und/oder (Justiz-)Behörden über einen gemeinsamen Briefkasten genügt der Eingang dort[65]. Wird sie im Gerichtsgebäude abgegeben, so ist sie nur mit der Aushändigung an einen zuständigen Beamten[66] erhoben. Nimmt ein unzuständiger Beamter an, so kommt ggf. Wiedereinsetzung in den vorigen Stand in Frage.

Im Gegensatz zum Rechtsirrtum, der zur Anrufung des falschen Gerichts **16** führt, sind **Nachlässigkeiten** bei der Übermittlung **fristschädlich.** Hat eine Partei eine Sendung an ein bestimmtes Gericht adressiert, sie aber **versehentlich** bei einem anderen Gericht eingeworfen oder die an das zuständige Gericht adressierten Klageschrift per Telefax versehentlich an das unzuständige Gericht übermittelt, so ist das Gericht, bei dem das Schriftstück eingeht, obwohl es dort nicht eingehen sollte, zu einer prozessualen Behandlung weder verpflichtet noch überhaupt berechtigt, sondern allenfalls gehalten, die Eingabe zurückzusenden oder weiterzuleiten[67], denn die **Bearbeitung im ordentlichen Geschäftsgang** erfordert nicht die telefonische Benachrichtigung des Rechtsmittelführers über die falsche Adressierung oder die Weiterleitung des Schriftsatzes an das Rechtsmittelgericht per Telefax[68]. Unterbleibt die Benachrichtigung, so stellt dies **keinen Wiedereinsetzungsgrund** dar[69].

Der Bevollmächtigte, der **per Telefax** am letzten Tag der Rechtsmittelfrist **17** Klage bei Gericht einreicht, muss seinerseits dafür Sorge tragen, dass dieser **Schriftsatz vollständig** bei dem zuständigen Gericht eingeht; Mitwirkungspflichten bestehen für das Gericht nicht; dies gilt insbesondere dann, wenn der Schriftsatz kurz vor oder nach Dienstschluss in den Verantwortungsbereich des Gerichts gelangt ist[70]. Ein dem Gericht durch Telefax übermittelter Schriftsatz ist, wenn der **Ausdruck beim Empfänger** nicht durch einen Fehler in der Funktion oder bei der Bedienung des Empfangsgerätes verzö-

---

61 BVerwGE 10, 293 ff.; RGZ 141, 401.
62 BVerwGE 11, 193.
63 BVerwG NJW 1964, 788.
64 Münster NWVBl. 1990, 168.
65 Vgl. OLG Stuttgart NJW 1992, 53; LAG Berlin NZA-RR 2002, 549.
66 Hamburg ZMR 1952, 295.
67 Münster NVwZ 1996, 334; vgl. ferner Mannheim NVwZ 1991, 1845.
68 BAG NJW 1998, 923.
69 OLG Düsseldorf NJW 1983, 2400.
70 Weimar NVwZ-RR 1996, 545.

gert worden ist, in dem Zeitpunkt eingegangen, in dem er vom Empfangsgerät ausgedruckt worden ist[71]. Dem **Schriftformerfordernis** für einen bestimmenden Schriftsatz wird jedoch nicht genügt, wenn das Telefax/die Telekopie nicht die Unterschrift des verantwortlichen Rechtsanwalts wiedergibt und Anhaltspunkte dafür fehlen, dass Fehler des Empfangsgeräts zur Verstümmelung des Schriftstücks geführt haben[72]. Wird sein Inhalt hingegen vollständig durch elektrische Signale vom Sendegerät des Prozessbevollmächtigten zum Empfangsgerät des Gerichts übermittelt, dort aber infolge **technischer Störungen** (etwa eines Papierstaus) nicht vollständig und fehlerfrei ausgedruckt, so ist dennoch von einem im Zeitpunkt der Telefaxübermittlung erfolgten Eingang des Schriftsatzes auszugehen, wenn sein der Übertragung zu Grunde liegender Inhalt anderweitig einwandfrei ermittelbar ist[73]. Wird durch einen Fehler im Telefaxgerät des Gerichts ein Rechtsmittel zwar innerhalb der Frist elektronisch gespeichert, aber erst nach deren Ablauf ausgedruckt, ohne dass für den Absender der Fehler erkennbar war, so ist ihm **von Amts wegen Wiedereinsetzung in den vorigen Stand** zu gewähren.; die bloße Möglichkeit eines solchen Fehlers verpflichtet ihn nicht, sich des Eingangs auf andere Weise zu versichern[74]. Weist aber nur der **Sendebericht** aus, dass das Fax rechtzeitig abgegangen und der Sendeimpuls beim Faxgerät des Gerichts angekommen ist (sog. »**o.k.**-Vermerk«), so ist die Frist gleichwohl nicht gewahrt, wenn die eingegangenen Sendeimpulse vom Faxgerät des Gerichts nicht in »stofflich fassbare Buchstaben« übertragen worden sind[75]. Solange nämlich die Möglichkeit besteht, dass die Datenübertragung trotz »o.k.-Vermerks« im Sendebericht infolge von Leitungsstörungen missglückt ist, vermag der Sendebericht allenfalls ein **Indiz** für den Zugang zu liefern, nicht aber einen Anscheinsbeweis für den Zugang zu rechtfertigen[76]. Allerdings braucht die bloße Möglichkeit, dass das Empfangsgerät unerkannt funktionsunfähig sein könnte, den Kläger oder seinen Bevollmächtigten nicht zu veranlassen, andere Formen der Übertragung zu wählen oder sich durch fernmündliche Nachfrage des Eingangs bei Gericht zu versichern, wenn er die **Rechtsmittelfrist bis zum Schluss ausnutzt**[77]. Von einem Rechtsanwalt, der sich und seine organisatorischen Vorkehrungen darauf eingerichtet hat, einen Schriftsatz durch Fax zu übermitteln, kann beim Scheitern der gewählten Übermittlung infolge eines Defekts des Empfangsgeräts oder wegen Leitungsstörungen nicht verlangt werden, dass er innerhalb kürzester Zeit eine andere als die gewählte, vom Gericht offiziell eröffnete Zugangsart sicherstellt. Er hat mit der Wahl eines anerkannten Übermittlungsmediums, der **ordnungsgemäßen Nutzung eines funktionsfähigen Sendegeräts** und der korrekten Eingabe der Empfängernummer das seinerseits Erforderliche zur Fristwahrung getan, wenn er so rechtzeitig mit der Übermittlung beginnt, dass unter normalen Umständen mit ihrem Abschluss bis 24.00 Uhr zu rechnen ist[78]. Ihm ist im Zweifel Wiedereinsetzung in den vorigen Stand zu gewähren, denn die aus den technischen Gegebenheiten

---

71   BGH NJW 1994, 2097.
72   BVerwG BayVBl. 1990, 670.
73   BGH NJW 1994, 1881.
74   Mannheim NVwZ 1994, 390; a.A. BGH, NJW 1989, 594, 595.
75   LAG Hamm NZA 1994, 335.
76   BGH NJW 1995, 665, 666.
77   Bautzen NJW 1996, 2251.
78   BVerfG NJW 1996, 2857; a.A., weil weitere Anstrengungen für die fristwahrende Einreichung eines Schriftsatzes fordernd OLG München NJW 1993, 303; Eyermann/Geiger Rn. 8; Kopp/Schenke Rn. 9.

dieses Kommunikationsmittels herrührenden besonderen Risiken – wie insbesondere Störungen des Empfanggeräts aber auch der Übermittlungsleitungen – dürfen nicht auf den Nutzer dieses Mediums abgewälzt werden, wenn sie in der Sphäre des Gerichts liegen[79]. Anders verhält es sich, wenn erkennbar das Sendegerät defekt ist.

III. Abschriften

§ 81 Abs. 2 ist eine Soll-Vorschrift, deren Verletzung auf die Wirksamkeit **18** der Klageerhebung ohne Einfluss ist. Jeder Klage werden zweckmäßig zwei Abschriften beigefügt, die dem Beklagten und dem VöI übersandt werden. Treten nach Klageerhebung weitere Beteiligte in das Verfahren ein, so sollen auch für sie Abschriften der Klage wie aller späteren Schriftsätze eingereicht werden. Werden Abschriften trotz Aufforderung nicht vorgelegt, so kann das Gericht sie selbst anfertigen lassen und die Kosten dem Kläger in Rechnung stellen (§ 162). Diese Kosten sind nicht erstattungsfähig (§ 155 Abs. 4). Bei der Klageerhebung per Telefax muss der Kläger, will er der Kostentragungspflicht aus § 28 Abs. 1 S. 2 GKG[80] entgehen, entweder die zur Information der übrigen Beteiligten benötigten Doppel sogleich per Telefax übermitteln oder bereits in dem per Telefax übermittelten Schriftsatz darauf hinweisen muss, dass die erforderlichen Abschriften noch nachgereicht werden; der Hinweis, dass das Telefax »vorab« erfolge, genügt insoweit nicht[81].
Stützt sich eine Behörde in ihren Schriftsätzen an das Gericht auf Unterlagen, die diesen Schriftsätzen nicht in **Abschrift** beigefügt waren und dem Kläger deshalb nicht übersandt wurden, so ist das rechtliche Gehör dann nicht verletzt, wenn der Kläger die **Behördenakten** auf der Geschäftsstelle des Gerichts hätte einsehen können[82].

IV. Unwirksame Klageerhebung

München (NJW 1990, 2403, 2404) verneint eine wirksame Klageerhe- **19** bung, wenn sie erkennbar nur **verfahrensfremden Zwecken** dient. In solchen Fällen bedarf es keiner förmlichen Klageabweisung. Eine Klage ist aber nicht allein deshalb unzulässig, weil der Schriftsatz neben dem sachlichen Begehren auch ungehörige, unsachliche und beleidigende Äußerungen enthält. Allenfalls in Ausnahmefällen, wenn ein sachlicher Anspruch nur formal zur Entscheidung gestellt, es dem Kläger aber in Wahrheit ausschließlich darum geht, Gegner, Gericht oder Dritte unter dem Deckmantel eines Klage- oder Rechtsmittelverfahrens zu beleidigen, handelt es sich um einen **Missbrauch des Verfahrens**, der zu Unzulässigkeit des Begehrens mangels Rechtsschutzbedürfnisses führt[83].

---

79 BVerfG NJW 1996, 2857; BGH NJW-RR 1997, 250.
80 Gerichtskostengesetz (GKG) v. 5.5.2004 (BGBl. I S. 718).
81 Kassel NJW 1991, 316.
82 Kassel ZfBR 1999, 47.
83 BFH NJW 1993, 1352.

§ 82   [Notwendiger Inhalt der Klageschrift]

(1) Die Klage muss den Kläger, den Beklagten und den Gegenstand des Klagebegehrens bezeichnen. Sie soll einen bestimmten Antrag enthalten. Die zur Begründung dienenden Tatsachen und Beweismittel sollen angegeben, die angefochtene Verfügung und der Widerspruchsbescheid sollen in Urschrift oder in Abschrift beigefügt werden.

(2) Entspricht die Klage diesen Anforderungen nicht, hat der Vorsitzende oder ein von ihm bestimmter Richter (Berichterstatter) den Kläger zu der erforderlichen Ergänzung innerhalb einer bestimmten Frist aufzufordern. Er kann dem Kläger für die Ergänzung eine Frist mit ausschließender Wirkung setzen, wenn es an einem der in Absatz 1 Satz 1 genannten Erfordernisse fehlt. Für die Wiedereinsetzung in den vorigen Stand gilt § 60 entsprechend.

Übersicht

I. Normzweck

1 § 82 Abs. 1 setzt die Existenz einer nach § 81 wirksamen Klageerhebung voraus und schreibt die **inhaltlichen Mindestanforderungen** an eine Klage vor. Für den Fall, dass die Klageschrift diesen Anforderungen nicht entspricht, regelt § 82 Abs. 2 die **Heilungsmöglichkeiten**. Fehlende Angaben können danach im laufenden Verfahren nachgereicht werden, müssen aber – soweit es sich um **Sachurteilsvoraussetzungen** handelt – dem Gericht spätestens im Zeitpunkt seiner Entscheidung vorliegen[1]. Bei **Ausschlussfristen für die Ergänzung** des unzureichenden Inhalts einer Klageschrift ist zumindest bei rechtsunkundigen Klägern wegen der staatlichen Pflicht zur Rechtsgewährleistung und des **Grundsatz rechtlichen Gehörs** Zurückhaltung geboten[2]. Die Abweisung einer Klage als unzulässig, bevor das Gericht ermittelt hat, ob dem Kläger wegen der Versäumung der richterlichen Frist gem. § 82 Abs. 2 S. 2 VwGO Wiedereinsetzung zu gewähren ist, be-

---

1 BVerwG NJW 1999, 2608, 2611; NVwZ 1983, 29.
2 Stelkens NVwZ 1991, 208, 213.

gründet einen **wesentlichen Verfahrensmangel** i.S.d. § 130 Abs. 1 Nr. 2 VwGO[3]. Für **Klageerweiterungen** und **Klageänderungen** sowie die **selbstständigen Beschlussverfahren** nach §§ 80, 80a, 123[4] und das **Normenkontrollverfahren** (§ 47) gilt § 82 entsprechend. Wenngleich für **Rechtsmittel** teilweise Sondervorschriften gelten, ist § 82 Abs. 2 dennoch grundsätzlich anwendbar[5].

II. Notwendiger Inhalt der Klageschrift

1. Essenzialia der Klageschrift. § 82 Abs. 1 verlangt **drei Angaben in der** **2** **Klageschrift**, die notwendig enthalten sein müssen, sodass ohne sie die Klage als unzulässig abgewiesen werden muss. Die Angaben, wer was von wem begehrt, nämlich die Angaben von **Kläger, Gegenstand des Klagebegehrens** und **Beklagter** definieren das Prozessrechtsverhältnis. Allerdings sind hieran keine zu hohen Anforderungen zu stellen; die Angaben sind vielmehr – soweit möglich – durch Auslegung zu ermitteln. § 78 Abs. 1 Nr. 2 lässt generell die Nennung der Behörde für Bezeichnung des Beklagten genügen. Für die **fristwahrende Wirkung** einer Klage ist es ausreichend, wenn sich aus den Umständen entnehmen lässt, wer Klage erhebt und gegen wen sie sich richtet[6].

2. Angabe des Klägers. Der Kläger ist zur einwandfreien **Identifizierung** – **3** wie sich im Rückschluss aus § 117 Abs. 2 Nr. 1 ergibt – mit vollem **Namen**, d.h. mit Vor- und Nachnamen, und mit **ladungsfähiger Anschrift** zu bezeichnen und nicht lediglich zu benennen[7]. Dies erfordert bei **natürlichen Personen** in der Regel die Angabe der **Wohnungsanschrift**, also derjenigen Anschrift, unter der der Kläger tatsächlich zu erreichen ist[8], und ihrer Änderung, aber auch nur dann, wenn sie sich nicht bereits **aus den** von der Behörde nach § 99 Abs. 1 S. 1 vorzulegenden **Akten ergibt,** sonst wie bekannt ist oder sich auf andere Weise ohne Schwierigkeiten ermitteln lässt. Erforderlichenfalls muss das Gericht dem Kläger einen Hinweis geben. Die Pflicht zur Angabe der Wohnungsanschrift entfällt nur ausnahmsweise, wenn ihre Erfüllung unmöglich oder unzumutbar ist, wenn etwa unüberwindliche oder nur schwer zu beseitigende Schwierigkeiten oder **schutzwürdige Geheimhaltungsinteressen** entgegenstehen[9]. Gleiches gilt, wenn der Kläger etwa bei **Obdachlosigkeit** glaubhaft nicht über eine solche Anschrift verfügt[10]. Die maßgebenden Gründe sind dem Gericht mitzuteilen[11]. Wird die **Angabe** der Wohnungsanschrift ohne zureichenden Grund **verweigert,** kann das Verwaltungsgericht nicht in der Sache entscheiden; die Klage ist dennoch nicht ohne weiteres unzulässig, vielmehr hat der Vorsitzende oder der Berichterstatter nach § 82 Abs. 2 unter Fristsetzung zur **Ergänzung** aufzufordern[12]. Hat der Prozessbevollmächtigte rechtzeitig

---

3   Kassel NVwZ-RR 1996, 179.
4   München BayVBl. 1992, 594.
5   BVerwG NJW 1993, 2824; Mannheim NVwZ 1997, 1233.
6   BVerwG NJW 1999, 2608, 2611.
7   BVerwG NJW 1999, 2608, 2609; Kassel NVwZ-RR 1996, 179.
8   Kassel NJW 1990, 138, 139.
9   BGHZ 102, 332, 336.
10 BVerwG NJW 1999, 2608, 2611; München BayVBl. 1992, 594; a.A. Kassel NJW 1990, 138, 139.
11 BGHZ 102, 332, 336.
12 BVerwG NJW 1999, 208, 2611.

und ordnungsgemäß die Verlängerung der Frist (§ 57 Abs. 2 i.V. mit § 224 Abs. 2 ZPO) beantragt, geht aber der Antrag wegen Verzögerung des Postlaufs erst nach Ablauf der Frist bei Gericht ein, so ist **Wiedereinsetzung in die versäumte Klageergänzungsfrist** zu gewähren.

4 Bei **Fehlen der Bezeichnung des Klägers** in einer durch einen Prozessbevollmächtigten eingereichten Klageschrift kann dieses Erfordernis – ebenso wie die Bezeichnung des Beklagten und im Berufungsverfahren ein bestimmter Antrag – auch **nach Ablauf der Rechtsmittelfrist nachgeholt** werden, zumindest in Bezug auf die weitere Individualisierung und Konkretisierung, wer nun aus einem in der Klageschrift schon eingegrenzten Personenkreis als Kläger in Betracht kommt[13]. Im Übrigen sind die Angaben in der Klageschrift **auslegungsfähig**; dies gilt etwa für die Bezeichnung »Wohnungseigentümergemeinschaft ...«, mit die der Gemeinschaft angehörenden Wohnungseigentümer gemeint sind[14]. Auch kann im Wege der Auslegung bei Angabe nur eines Ehepartners als Kläger die Klage als für die Eheleute erhoben angesehen werden, wenn der Widerspruchsbescheid an Eheleute gerichtet ist[15]. Ein Urteil gegen eine Person, deren anfänglich **zweifelhafte Klägereigenschaft** auf Grund unverzüglich erfolgter Klarstellung zu verneinen ist, ist wirkungslos. Wird ein solches Urteil mit Rechtsmitteln angegriffen, ist es zur Klarstellung der Rechtslage aufzuheben[16]. Klagt eine **juristische Person** oder eine **beteiligungsfähige Vereinigung**, so ist neben ihrem Namen der des gesetzlichen Vertreters mit Anschrift anzugeben (§ 130 Nr. 1 ZPO; § 173).

5 Die **Anschrift** muss **vollständig** i.S. der Zustellungsvorschriften (§ 56 Abs. 2) sein. Die **Angabe eines Postfaches** ist **nicht ausreichend,** auch wenn mit ihrer Hilfe Zustellungen möglich sind[17]; hierdurch wird weder der im Interesse einer geordneten Rechtspflege gebotene **Nachweis der Gewährung rechtlichen Gehörs** ermöglicht noch der Sicherung gerichtlicher Kostenforderung genügt[18]. Ebenso unzulänglich ist die Angabe »postlagernd«[19] zu bezeichnen.

6 3. **Angabe des Beklagten.** Die Bezeichnung des richtigen Beklagten ist im Verwaltungsprozess nicht immer einfach. Für **Anfechtungs- und Verpflichtungsklagen** genügt deshalb die **Angabe der Behörde,** die den angefochtenen VA erlassen oder den beantragten VA abgelehnt oder unterlassen hat (§ 78 Abs. 1 Nr. 1 und 2), ebenso bei der **Nichtigkeitsfeststellungsklage** (§ 43 Abs. 1 2. Alt.: Nichtigkeit eines Verwaltungsaktes; insoweit noch a.A. Voraufl. Rn. 2) und der **Fortsetzungsfeststellungsklage** auch in ihrer analogen Anwendung. Entsprechendes gilt für die Bezeichnung des Antragsgegners in den **Verfahren vorläufigen Rechtsschutzes,** bei denen in der Hauptsache eine Anfechtungs- oder Verpflichtungsklage zu erheben wäre. Bei **Feststellungsklagen** (§ 43 Abs. 1 1. Alt.: Bestehen oder Nichtbestehen eines Rechtsverhältnisses) oder reinen **Leistungsklagen** muss als **Rechtsträ-**

---

13   BVerwG NVwZ 1983, 29, 30.
14   Mannheim VBlBW 1986, 379; Bremen NJW 1985, 2660.
15   BVerwGE 50, 171.
16   Mannheim VBlBW 1986, 379.
17   BVerwG NJW 1999, 2608, 2610; Mannheim NJW 1997, 2064.
18   Decker VerwA 86 (1995) S. 266, 275.
19   Münster NVwZ-RR 1994, 124.

gerin die Körperschaft als Beklagte aufgeführt werden[20], wenn nicht das Land von der Befugnis des § 61 Nr. 3 Gebrauch gemacht hat (vgl. § 61 Rn. 6). Unschädlich ist die Bezeichnung des falschen Beklagten, da entweder bereits **auf Hinweis** des Vorsitzenden oder Berichterstatters gem. § 82 Abs. 2 oder aber später im Wege der **Klageänderung** (§ 91) durch Parteiwechsel der richtige Beklagte in das Verfahren eingeführt werden kann, sofern der angefochtene belastende oder erstrebte begünstigende Verwaltungsakt schon mit der Erhebung der Klage eindeutig bezeichnet worden ist[21]. Im Zweifel ist davon auszugehen, dass die Klage nicht gegen den falschen, sondern den nach ihrem Inhalt **richtigen Beklagten** gerichtet werden soll[22]. Ist in der Rechtsmittelbelehrung ein Beklagter angegeben, so wird der Kläger zweckmäßig stets diesen in der Klage als Beklagten aufführen, da auch bei Unrichtigkeit hiermit in der Regel kein Kostenrisiko verbunden ist (§ 155 Abs. 4) und in diesem Falle eine Klageänderung im Laufe des Verfahrens stets sachdienlich sein wird.

4. Angabe des Gegenstandes des Verfahrens. Bereits die 4. VwGO-Novelle **7** von 1990 hat den Begriff des Streitgegenstandes durch den des »Gegenstandes des Verfahrens« ersetzt. Damit ist deutlich gemacht, dass die Angabe des Prozessbegehrens, bei einer **Anfechtungs- oder Verpflichtungsklage**, also die Angabe des angefochtenen oder gegebenenfalls des angestrebten VA, bei der **Feststellungsklage** des Rechtsverhältnisses, das das Gericht klären soll, bei der **Leistungsklage** die Forderung mit kurzer Bezeichnung des Rechtsgrundes, aus dem sie sich ergeben soll[23], genügen. Die Zulässigkeit einer Klage erfordert zwar, dass der Kläger Klarheit hinsichtlich seines Rechtsschutzziels schafft[24], gleichwohl bedarf es keiner exakten Bezeichnung des Streitgegenstandes im prozessrechtlichen Sinn. Vielmehr reicht es aus, wenn der Klageantrag eindeutig formuliert ist[25], wenn der Schriftsatz, diesem beigefügte Unterlagen oder andere genau bezeichnete Schriftstücke erkennen lassen, womit der Kläger nicht einverstanden ist[26]; es genügt die **Angabe des Sachverhaltes**, über den das Gericht entscheiden soll[27]. Nur wenn auch die Angabe des Klagegegenstandes fehlt, sich nicht im Wege der Auslegung ermitteln lässt und auch nicht ergänzt wird, ist die Klage unzulässig[28].

Aus §§ 82, 91 folgt zugleich, dass nur der Kläger – im Verfahren des vorläufigen Rechtsschutzes der Antragsteller – den Gegenstand des Verfahrens **8** bestimmt und gegebenenfalls ändert. Dies führt dazu, dass bei **Änderung von VA mit Doppelwirkung** der Begünstigte als Beigeladener eine Sachentscheidung über den geänderten VA nur erreichen kann, wenn der klagende Dritte diesen in das Verfahren einbezieht[29].

20 Wie hier Schoch/Meissner § 78 Rn. 48 f.; Bader/Funke-Kaiser Rn. 5; offenbar a.A. Eyermann/Geiger Rn. 5.
21 BVerwG DVBl 1993, 562.
22 BVerwG Buchh. 310 § 82 Nr. 11; Kassel NVwZ 1991, 601.
23 Ule S. 221.
24 Bautzen SächsVBl. 1998, 16.
25 BVerwG Buchh. 310 § 82 Nr. 13.
26 BFH NVwZ-RR 1997, 322, 323.
27 Sodan/Aulehner Rn. 20.
28 München BayVBl. 1968, 251.
29 Lüneburg NVwZ-RR 1997, 574.

III. Weiterer Inhalt der Klageschrift

9 1. **Soll-Angaben.** Die nachfolgenden Anforderungen an die Klageschrift sind nicht zwingend, sondern **Soll-Vorschriften.** Unterbleiben die Angaben, so ist die Klage deshalb nicht unzulässig.

10 a) **Bestimmter Antrag.** Die Klageschrift **soll** – nicht: muss[30] – einen **bestimmten Antrag** enthalten. Dabei wird die Zusammenfassung des Klagebegehrens in einem bestimmten formulierten Antrag nicht verlangt. Es genügt, dass aus der Darstellung des Klägers erkennbar ist, welche Entscheidung er begehrt, wobei zur Auslegung auch der Inhalt der beigezogenen Akten verwertet werden kann[31]. Es reicht aus, wenn spätestens **im Zeitpunkt der letzten mündlichen Verhandlung** – gegebenenfalls unter Mithilfe des Vorsitzenden (§ 86 Abs. 3) – ein bestimmter Antrag gestellt wird[32]. Bei einer **Anfechtungs- oder Verpflichtungsklage** lässt er sich regelmäßig aus dem beigefügten VA erkennen. Bei einer **Leistungsklage** muss der Klageantrag zu einer Entscheidung mit vollstreckungsfähigem Inhalt führen können[33]; zielt er auf eine Geldleistung, so muss er grundsätzlich beziffert sein. Ausnahmsweise ist etwa bei **Stufenklagen** nach § 173 i.V.m. § 254 ZPO[34] oder bei Klagen auf Schadenersatz oder Entschädigung (§ 173 i.V.m. § 287 ZPO) die Stellung eines **unbezifferten Antrages** zulässig, wenn wenigstens die Größenordnung des Geldbetrages – etwa in Form eines Mindestbetrages – aus der Klageschrift im Übrigen erkennbar ist[35]. Bei **Unterlassungsklagen** ist die beanstandete Handlung, die als Kern des erstrebten gerichtlichen Verbots zur Grundlage einer Unterlassungsvollstreckung gemacht werden soll, hinreichend bestimmt zu bezeichnen[36].

11 Der Kläger kann auch **mehrere Anträge stellen,** und zwar kumulativ, alternativ wie im Verhältnis von Haupt- und Eventualantrag. Die **Anspruchshäufung** kann auch in der Weise erfolgen, dass über einen Antrag zunächst entschieden sein muss, ehe eine Entscheidung über den oder die anderen Anträge möglich ist. Denkbar ist auch eine entsprechende Anspruchshäufung durch zwei Verpflichtungsanträge; die Beschränkung des § 113 Abs. 4 auf Leistungsanträge steht nicht entgegen[37].

12 b) **Bedingungsfeindlichkeit.** Als die das gerichtliche Verfahren einleitende Prozesshandlung muss die **Klageerhebung bedingungs- und vorbehaltlos** erklärt werden[38]. Die Ankündigung von Haupt- und Hilfsantrag stellt keine bedingte Klageerhebung dar, weil die Bedingungsfeindlichkeit nur **außerprozessuale Ereignisse** betrifft. Eine Klage, die unter der Voraussetzung erhoben wird, dass die gleichzeitig beantragte Prozesskostenhilfe zur

---

30   BVerwGE 37, 85: Eine Rechtsbehelfsbelehrung, die zwingend eine Antragstellung vorsieht, stellt eine unzulässige Erschwerung dar und setzt die Klagefrist nicht in Lauf; anders: § 253 Abs. 2 Nr. 2 ZPO.
31   BVerwGE 1, 222; 5, 37; 12, 189.
32   BVerwG, Urt. v. 16.12.1998 – 11 A 44.97.
33   München BayVBl. 1968, 251.
34   VG Dresden NVwZ-RR 1994, 367.
35   BGH NJW 1982, 340; Zöller/Greger § 253 ZPO Rn. 14.
36   BGH NJW 1991, 296, NJW 1991, 1114.
37   A.A. Kassel DVBl. 1981, 1069.
38   BVerwGE 53, 62; NJW 1991, 508; BAG NJW 1996, 2533; BFH NVwZ 1983, 439; Kopp/Schenke Rn. 8; Schoch/Ortloff § 81 Rn. 4; Eyermann/Geiger Rn. 11; differenzierend: Sodan/Aulehner Rn. 86.

Durchführung gewährt wird, ist als solche unzulässig[39] und in eine Anlage zu dem Gesuch um Prozesskostenhilfe umzudeuten (vgl. § 166 Rn. 5), das aber zur Fristwahrung nicht ausreicht, sodass nur über Wiedereinsetzung geholfen werden kann (vgl. § 60 Rn. 9).

c) **Klagebegründung.** Die Klage kann zur Fristwahrung zulässigerweise **13** auch ohne Begründung erhoben werden; eine Rechtsbehelfsbelehrung, die den Eindruck erweckt, die Klage müsse innerhalb der Klagefrist begründet werden, ist grundsätzlich fehlerhaft[40]. Hiervon abweichend wird in zahlreichen Fachgesetzen zwingend die **Angabe der zur Klagebegründung dienenden Tatsachen und Beweismittel** mit unterschiedlichen Fristen gefordert. Ohne Anspruch auf Vollzähligkeit ist auf § 74 AsylVfG; § 5 Abs. 3 Verkehrswegeplanungs-BeschleunigungsG; § 20 Abs. 6 AEG; § 6b BFernstraßenG; § 19 Abs. 3 BWasserstraßenG; § 29 Abs. 7 PBefG; § 10 Abs. 7 LuftVG; § 5 Abs. 6 MagnetschwebebahnplanungsG; § 20 Abs. 6 EisenbahnneuordnungsG hinzuweisen (vgl. § 74 Rn. 1b ff.). Die Folgen einer Unterlassung bestimmen sich in den angegebenen planungsrechtlichen Vorschriften nach § 87b Abs. 3.

Im Allgemeinen gilt jedoch, dass die **Tatsachen** und **Beweismittel** zur Be- **14** gründung der Klage lediglich angegeben werden sollen. Das Gericht muss aus der Klageschrift, mindestens in Ergänzung durch weitere Schriftsätze erkennen können, warum der Kläger die angefochtene Entscheidung angreift. Das Gericht ist auch durch die **Untersuchungsmaxime** des § 86 Abs. 1 nicht gezwungen, auf eine ohne jede Begründung eingereichte Klage von sich aus alle Möglichkeiten einer Rechtswidrigkeit der Verwaltungsentscheidung nachzuprüfen (zur **Mitwirkungslast** des Klägers vgl. § 86 Rn. 13 ff.). Wenn das Gericht aber »**auf eigene Faust**« Ermittlungen anstellt, so ist es gehalten, die Beteiligten nicht erst in der mündlichen Verhandlung mit den entsprechenden Ergebnissen zu konfrontieren; vielmehr ist ihnen vorher Gelegenheit zu geben, sich angemessen vorzubereiten[41]. Insoweit besteht eine Notwendigkeit für den Kläger, die Gründe der Klage darzulegen. Das Gericht kann unter Androhung der Zurückweisung verspäteten Vorbringens gemäß § 87b den Kläger zu entsprechenden Angaben zwingen. Kommt der Kläger der Aufforderung nicht nach, fehlt jede Begründung und drängt sich auch für das Gericht keine Begründung auf, so ist die Klage als unzulässig abzuweisen, da für eine Sachentscheidung jede positive oder negative Grundlage fehlt. Das gilt nicht für eine ganz abwegige Begründung; hier erfolgt die Abweisung als unbegründet[42]. **Rechtsausführungen** fordert das Gesetz **nicht**, sie sind aber die Regel, soweit Rechtsanwälte tätig werden.

d) **Angabe des Streitwertes.** Gemäß § 61 GKG[43] ist der Streitwert mit der **15** Klage anzugeben. Die Bestimmung wird im Verwaltungsprozess praktisch nicht angewandt, die Unterlassung der Angabe ist unschädlich.

2. **Beifügung von Bescheidabschriften.** Der Klage sollen der **angefochtene** **16** VA und der **Widerspruchsbescheid** beigefügt werden. Es genügen Abschrif-

---

39   BVerwGE 59, 302, 304.
40   BVerwGE 28, 178.
41   Mannheim NVwZ 1994, 700.
42   BVerwGE 41, 253.
43   Gerichtskostengesetz (GKG) v. 5.5.2004 (BGBl. I S. 718).

ten, notfalls auch der Hinweis auf Aktenzeichen und Behörde, durch den dem Gericht die Einholung einer Auskunft (§ 87 Abs. 1 Nr. 3) bzw. die Beiziehung der Verwaltungsvorgänge (§ 99 Abs. 1 S. 1) ermöglicht wird.

IV. Ergänzungaufforderung

17 1. **Zuständigkeit.** Durch Aufforderungen des **Vorsitzenden** oder des **Berichterstatters** kann dem Kläger die **Ergänzung** der Klageschrift innerhalb einer bestimmten, genau anzugebenden **Frist** aufgegeben werden. Das Neuregelungsgesetz 1990 hat § 82 neu gefasst und dabei den **Begriff** des **Berichterstatters** definiert als »einen vom Vorsitzenden bestimmter Richter«. Das RechtspflegeEntlG hat hieran nichts geändert und lässt deshalb neben dem **Einzelrichter** den Berichterstatter fortbestehen, dementsprechend auch in seinen Entscheidungsfunktionen nach § 87a. Beide Tätigkeiten unterscheiden sich wesentlich: Der Einzelrichter ist das Gericht, er tritt an die Stelle der Kammer (vgl. hierzu § 6 Rn. 1 ff.). Der Berichterstatter handelt dagegen innerhalb des Spruchkörpers, er bereitet dessen Entscheidung vor; ihm sind nur einzelne Entscheidungsbefugnisse im Rahmen dieser Vorbereitung übertragen. In der Praxis dürften Einzelrichter und Berichterstatter jedoch weitgehend personenidentisch sein: Beide müssen nämlich im Geschäftsverteilungsplan des Spruchkörpers abstrakt für das laufende Geschäftsjahr durch den Vorsitzenden bestimmt werden (§ 21g GVG), da sie infolge ihrer umfassenden oder begrenzten Entscheidungsaufgaben **gesetzlicher Richter** im Sinne des Art. 101 Abs. 1 S. 2 GG sind. Das gilt auch für den Vorsitzenden, wenn er die Aufgaben als Einzelrichter oder als Berichterstatter übernimmt. Angesichts dieser abstrakten Vorbestimmung ergäbe eine unterschiedliche Zuordnung eines Verfahrens an Einzelrichter oder Berichterstatter keinen Sinn, solange der Richter beide Aufgaben übernehmen kann. Freilich muss der Einzelrichter grundsätzlich ein Jahr Richter auf Probe gewesen sein (§ 6 Abs. 1 S. 2), was für den Berichterstatter nicht gilt. Hier bleiben für den Geschäftsverteilungsplan begrenzte Spielräume, die aber an der abstrakten Vorbestimmung nichts ändern. Die Geschäftsverteilungspläne bedürfen deshalb sorgfältiger Überlegung, um Verstöße gegen § 21g GVG zu vermeiden (vgl. auch § 6 Rn. 3).

18 2. **Gegenstand.** Ergänzungsaufforderungen unter Setzung einer **Ausschlussfrist** (§ 82 Abs. 2 S. 2) können nur **die nach § 82 Abs. 1 S. 1 zwingenden Angaben** betreffen; eine entsprechende Anwendung auf die Formerfordernisse nach § 81 Abs. 1 scheidet aus (§ 81 Rn. 2). Vorausgesetzt wird eine **ergänzbare Klage**, fehlen sämtliche Essenzialia dürfte eine Ergänzung nicht in Betracht kommen und die Klage als unzulässig abzuweisen sein[44]. Die zu setzende Frist muss angemessen und bestimmt sein, wegen der Präklusionswirkung bedarf diese prozessleitende Verfügung der Zustellung (§ 56 Abs. 1). Der Kläger ist über die **Präklusionsfolge zu belehren**[45]. Eine **Verlängerung der Frist** ist auf einen innerhalb der Frist zu stellenden Antrag möglich (§ 57 Abs. 2 i.V.m. § 224 Abs. 2 ZPO). Bei unverschuldeter Fristversäumung ist nach § 82 Abs. 2 S. 3 i.V. mit § 60 **Wiedereinsetzung in den vorigen Stand** zu gewähren; einer Belehrung hierüber bedarf es bei der Fristsetzung nicht.

---

44 BVerwG NVwZ 1983, 29, 30, zur alten Rechtslage.
45 Eyermann/Geiger Rn. 15; Bader/Kuntze Rn. 12; Schoch/Ortloff Rn. 19; Kopp/ Schenke Rn. 14.

§ 82 Abs. 2 S. 2 gilt nur für die zwingenden Angaben des § 82 Abs. 1 S. 1. **19**
Die übrigen in § 82 Abs. 1 genannten **Soll-Angaben** können vom Vorsitzenden oder Berichterstatter ebenfalls verlangt werden (§ 82 Abs. 2 S. 1).
Eine fristgebundene Sanktion besteht nicht; eine Wiedereinsetzung ist nicht erforderlich, da das Fehlen dieser Angaben durch **Nachholung** geheilt wird. Allerdings muss der sich weigernde Kläger mit der Klageabweisung als unbegründet rechnen, weil er mit seinem Verhalten regelmäßig gegen das **Mitwirkungsgebot** verstoßen wird (§ 86 Rn. 13 ff.). Unterbleiben Anforderungen nach § 82 Abs. 2, bleibt die Klageschrift wie bisher bis zur Entscheidung 1. Instanz ergänzungsfähig, können also entsprechende Mängel rückwirkend geheilt werden[46].

Für alle Anforderungen nach § 82 kann neben der speziellen (§ 82 Abs. 2) **20**
auch von der generellen Sanktion der **Zurückweisung verspäteten Vorbringens** gemäß § 87b Gebrauch gemacht werden, wenn es um die Angabe von Tatsachen geht.

Der Richter ist **zur Ergänzungsaufforderung verpflichtet**, sie steht nicht in **21**
seinem Ermessen[47]. Kommt der Kläger dieser Aufforderung nicht oder nicht fristgemäß nach, so kann die Klage als unzulässig abgewiesen werden, wobei sich der Weg des Gerichtsbescheides (§ 84) anbietet. Diese Folge ist bei ungenutztem Fristablauf endgültig, weil dann bei Fehlen der Essenzialia die **Unzulässigkeit der Klage** feststeht und das Gesetz eine rückwirkende Heilung über die Frist hinaus nicht vorsieht. Die Unzulässigkeit hat ihre besondere Bedeutung in allen Fällen fristgebundener Klageerhebung; nachträgliche Fristwahrung ist nicht mehr möglich.

3. **Rechtsbehelfe.** Die Fristsetzung gehört zu den **prozessleitenden Verfü-** **22**
gungen, eine **Beschwerde** ist hiergegen ebenso wie gegen die gesetzte Frist oder die Versagung einer etwa beantragten Verlängerung **nicht zulässig** (§ 146 Abs. 2), ebenso auch nicht die Anrufung der Kammer.

Wird der Mangel übersehen, von den Beteiligten nicht gerügt und erlässt **23**
das Gericht ein Sachurteil, so hält das BVerwG[48] den Mangel für geheilt.
Die Entscheidung ist nicht unbedenklich, da anders als im Zivilprozess, der den Verzicht auf das Rügerecht allgemein anerkennt (§ 295 Abs. 1 ZPO), für die Untersuchungsmaxime des Verwaltungsprozesses ein solcher Rügeverzicht konkret nachgewiesen werden muss[49]. Eine spätere Heilung in den höheren Instanzen dürfte an den fehlenden Zulassungsvoraussetzungen scheitern.

§ 83 [Verweisung]

Für die sachliche und örtliche Zuständigkeit gelten die §§ 17 bis 17b des Gerichtsverfassungsgesetzes entsprechend. Beschlüsse entsprechend § 17a Abs. 2 und 3 des Gerichtsverfassungsgesetzes sind unanfechtbar.

---

46 BVerwG Buchh. 310 § 82 Nr. 13.
47 Münster NVwZ 1982, 564; Kopp/Schenke Rn. 13; Eyermann/Geiger Rn. 15; a.A.
    Schoch/Ortloff Rn. 18: richterliches Ermessen.
48 NJW 1956, 1811.
49 Ähnlich BSGE 1, 243; BVerwGE 13, 94; Engelhard NJW 1956, 1811.

Übersicht

I. Voraussetzungen

1 § 83 ist anzuwenden, wenn die **sachliche** oder **örtliche Zuständigkeit** des Gerichts zweifelhaft sein kann. Sieht das Gericht den Verwaltungsrechtsweg für nicht gegeben an, so entscheidet es unmittelbar gemäß § 17a GVG an Stelle des bisherigen nunmehr aufgehobenen § 41. Keine Unzuständigkeit liegt vor, ein Verfahren nach § 83 ist deshalb nicht erforderlich, wenn die Sache an eine andere Kammer (Senat) des gleichen Gerichts abgegeben wird, auch nicht an eine auswärtige oder eine kraft Gesetzes besonders eingerichtete Kammer (Fachkammer, Flurbereinigungssenat), auch nicht, wenn diese erst während der Anhängigkeit des Verfahrens eingerichtet wird (Wechsel der Gerichtszuständigkeiten in Asylsachen, Neugründung eines Gerichts). Die Abgabe erfolgt hier formlos; die Anhörung der Beteiligten ist nicht erforderlich, wenn auch nicht selten zweckmäßig[1]. Dagegen ist § 83 auch bei **instanzieller Unzuständigkeit**[2] und bei Verweisung in ein **Normenkontrollverfahren**[3] anwendbar. Außerdem findet § 83 im **Vollstreckungsverfahren** Anwendung; so ist danach etwa eine in eine Erinnerung »umgedeutete« Beschwerde an das Gericht des ersten Rechtszuges zu verweisen[4].

II. Verfahren

2 Zum Verfahren kann durchweg auf die Erläuterungen zu § 17a, § 17b GVG Anhang zu § 41 verwiesen werden. Besonderheiten ergeben sich aus der entsprechenden Anwendung:

1. Verweisung. Bei umstrittener Zuständigkeit stehen dem VG in entsprechender Anwendung des § 17a GVG grundsätzlich nur **zwei Entscheidungsmöglichkeiten** zur Verfügung: Danach kann das Gericht entweder seine eigene Zuständigkeit vorab aussprechen (§ 17a Abs. 3 GVG) oder

---

1 RGZ 119, 379; BGHZ 6, 178; BVerwG NJW 1959, 2134.
2 BVerwGE 18, 53; 48, 202; NVwZ 2002, 992.
3 VG Freiburg NJW 1973, 76; Kassel NJW 1969, 1733 gegen Kassel ESVGH 14, 183; a.A. München NJW 1981, 1474.
4 Mannheim NVwZ 1989, 512.

seine Unzuständigkeit erklären und den Rechtsstreit zugleich an das örtlich zuständige Gericht verweisen (§ 17a Abs. 2 GVG); die bloße Feststellung der eigenen Unzuständigkeit ohne gleichzeitige Verweisung an das zuständige Gericht stellte eine **unzulässige Umgehung der Bindungswirkung des § 17a Abs. 2 S. 3 GVG** dar[5]. Verweisungsentscheidungen haben **von Amts wegen** zu erfolgen, zumindest dann, wenn dem Begehren in dem Verfahren vor dem ermittelbaren zuständigen Gericht keine absehbaren und unbehebbaren Erfolgshindernisse entgegenstehen[6]. Die Beteiligten können die örtliche oder sachliche Zuständigkeit rügen; das Gericht muss sich mit einer solchen Rüge befassen, es bedarf aber keines Antrages mehr. Das Gericht kann deshalb auch **gegen den Willen aller Beteiligten** die Verweisung beschließen.

2. Bindende Zuständigkeitsentscheidung. Entscheidet das angerufene Gericht zur Sache, ohne dass von den Beteiligten Zuständigkeitszweifel vorgetragen worden sind, so sind damit die sachliche und die örtliche **Zuständigkeit bindend festgestellt.** Dies gilt grundsätzlich auch für die **Rechtsmittelgerichte** (§ 17a Abs. 5 GVG). Die in der erstinstanzlichen Entscheidung ausdrücklich oder stillschweigend bejahte Zuständigkeit ist im Berufungs- oder Revisionsverfahren nicht mehr zu überprüfen[7], sofern das Gericht erster Instanz die Verfahrensgrundsätze des § 17a Abs. 2 und 3 GVG (Rn. 2) eingehalten hat[8]. Weiterführend zur Prüfung der Rechtswegfrage i.S.d. § 17a GVG durch das Rechtsmittelgericht Boin NJW 1988, 3747. **3**

a) **Entscheidungsumfang.** Werden die **örtliche** oder die **sachliche Zuständigkeit** vom **Gericht verneint** oder von einem **Beteiligten bestritten,** so entscheidet das Gericht hierüber vorab durch Beschluss. Dabei ist zu unterscheiden: **4**
Wird nur die örtliche oder nur die sachliche Zuständigkeit bezweifelt, so befasst sich die Entscheidung auch nur hiermit. Die jeweils andere Zuständigkeit bleibt offen, wird also von der **Bindungswirkung des Beschlusses** nicht erfasst. Werden örtliche und sachliche Zuständigkeit zugleich bestritten, hat das Gericht über beide Fragen zu entscheiden. Bejaht es seine örtliche, verneint es aber seine sachliche Zuständigkeit, so verweist es auf Grund letzterer. Verneint es seine örtliche Zuständigkeit, so hat es nur hierüber zu entscheiden, während die Frage der sachlichen Zuständigkeit nach der Verweisung von dem nunmehr örtlich zuständigen Gericht geklärt werden muss. Die Bindung tritt immer nur hinsichtlich des **Verweisungsgrundes** ein[9].

b) **Entscheidung durch Beschluss.** Das Gericht entscheidet durch **Beschluss.** Die Entscheidung ist unanfechtbar. § 83 S. 2 schließt das Beschwerdeverfahren des § 17a Abs. 2 und 3 GVG aus. Bejaht das Gericht – es ist immer das erstinstanzliche, weil ohne Beschluss grundsätzlich § 17a Abs. 1 GVG **5**

---

5 BVerwG NVwZ 1995, 372.
6 BVerwG NVwZ 2002, 992; dort offen gelassen für den Fall des Bestehens derartiger Hindernisse.
7 BVerwG NVwZ-RR 1995, 300.
8 BVerwG BayVBl. 1998, 603.
9 BVerwG MDR 1966, 170; E 48, 202.

gilt –, so stehen die Zuständigkeiten bindend fest. Die Rechtsmittelgerichte haben sie hinzunehmen, die Beteiligten sind ebenso hieran gebunden[10].

Verneint das Gericht eine oder beide Zuständigkeiten, so verweist es die Sache an das seiner Meinung nach **zuständige Gericht**. Das Verfahren wird **dort** mit dem Eingang der Akten **anhängig** (§ 17b Abs. 1 GVG); die Wirkungen der **Rechtshängigkeit** bleiben erhalten (§ 83 i.V.m. § 17b Abs. 1 S. 2 GVG). Die **Klagefrist** des § 74 Abs. 1 ist also auch bei Klageerhebung bei einem örtlich und/oder sachlich unzuständigen Gericht gewahrt. Das Gericht, an das verwiesen worden ist, wird durch den Beschluss gebunden (§ 17a Abs. 2 S. 3 GVG)[11]. Die Zuständigkeitsfrage ist damit erledigt, sie kann weder von dem Gericht, an das verwiesen worden ist, noch von den Beteiligten noch einmal zum Gegenstand einer richterlichen Entscheidung gemacht werden. Insbesondere ist auch jede **Weiterverweisung ausgeschlossen**. Auch einem mit den einschlägigen Zuständigkeitsvorschriften nicht in Einklang stehenden Verweisungsbeschluss mangelt es dann nicht an einer Bindungswirkung, wenn die Verweisung auf horizontaler Ebene von einem Verwaltungsgericht an ein anderes Verwaltungsgericht ausgesprochen worden ist und hierdurch der Anspruch auf Gewährleistung effektiven Rechtsschutzes nicht geschmälert wird[12].

6   c) **Veränderungen während des Verfahrens**. Fehlt es für einen **geänderten Klageantrag** an der örtlichen Zuständigkeit des befassten Gerichts, so ist die Klageänderung **nicht sachdienlich**; eine Verweisung kommt dann nicht in Betracht[13]. Kommt es zu einer **zugelassenen Klageänderung**, durch die eine andere Zuständigkeit begründet werden kann – etwa nunmehr erstinstanzliche Zuständigkeit eines OVG –, so stellt sich die Zuständigkeitsfrage neu[14] (vgl. Anh. zu § 41 Rn. 8). In diesen Zusammenhang gehören eine Reihe von Fragestellungen, die von der Neuregelung der §§ 83, 90 nicht berührt worden sind:

7   Entfällt während des Verfahrens die Zuständigkeit der beklagten Behörde – sei es durch Gesetzesänderung oder Änderung von Verwaltungsvorschriften[15], durch Wohnsitzwechsel des Klägers u.A.m. –, so muss zwischen Anfechtungs- und Verpflichtungsklage unterschieden werden, weil es auf den für die Entscheidung maßgeblichen Zeitpunkt ankommt (hierzu § 108 Rn. 16 ff.). Bei Anfechtungsklagen ändert sich im Verfahren nichts[16], denn es geht um die Rechtswidrigkeit im Zeitpunkt des Erlasses des VA, auch wenn es ein VA mit Dauerwirkung ist[17]. Im letzteren Fall ist Beiladung der ex nunc zuständigen Behörde zweckmäßig[18]. Bei Verpflichtungsklagen ist Verurteilung der beklagten Behörde nur noch möglich, wenn Passivlegitimation nach § 3 Abs. 3 VwVfG fortbesteht, wobei diese Bestimmung

---

10 BVerwG NVwZ-RR 1995, 300; a.A. für Eilverfahren Kassel NJW 1995, 1170.
11 BVerwG NVwZ 1995, 372.
12 Kassel NVwZ-RR 1996, 611, 612.
13 Münster NVwZ 1993, 588.
14 Bremen DÖV 1988, 90.
15 Nicht aber bloßer Zuständigkeitswechsel kraft öfftl.-rechtl. Gesamtrechtsfolge, München DÖV 1978, 847, etwa Eingemeindung.
16 BVerwG DÖV 1974, 104.
17 Münster NWVBl. 1992, 371.
18 Ob materiell-rechtlich der Zuständigkeitswechsel Auswirkungen hat, ist streitig, vgl. BVerwG DÖV 1965, 103; Schmidt DÖV 1977, 774 ff.

auch nach Abschluss des VerwVerfahrens anzuwenden ist[19]. Ist die Passivlegitimation entfallen – hierüber kann es zum Zwischenstreit kommen[20] –, so kann Kläger Fortsetzungsfeststellungsantrag nach § 113 Abs. 1 S. 4 stellen[21] oder den neuen Beklagten im Wege der Klageänderung einbeziehen oder die Hauptsache für erledigt erklären oder Antrag und Klage zurücknehmen und das Verwaltungsverfahren bei der jetzt zuständigen Behörde neu beginnen. Bleibt trotz Wechsels der Behörde das angerufene VG örtlich und sachlich zuständig (hierzu unten Rn. 8), so kann Verfahren gegen die jetzt passiv legitimierte Behörde fortgesetzt werden; dies gilt auch bei Fortführung des Verfahrens nach § 3 Abs. 3 VwVfG.[22] Ob und wieweit der Wechsel der Behörde zur Klageänderung führt, ist nur für den Fortbestand der Zuständigkeit des angerufenen VG von Bedeutung[23] (hierzu unten Rn. 8; vgl. § 91 Rn. 9 f.). Sie wird verneint, wenn die verschiedenen Behörden zur gleichen Körperschaft gehören oder ein Parteiwechsel kraft Gesetzes (ges. Funktionsnachfolge!) vorliegt (vgl. § 91 Rn. 10). Zur entsprechenden Anwendung des § 239 ZPO vgl. § 94 Rn. 7.

War bei Rechtshängigkeit das angerufene Gericht örtlich und sachlich zuständig oder stand diese Zuständigkeit bindend fest, so gilt sie fort (**perpetuatio fori**), auch wenn neue Umstände eintreten, unter denen an sich nunmehr das Gericht nicht mehr zuständig wäre. Das gilt freilich nur, so weit die neuen Umstände nicht zur Klageänderung, auch hinsichtlich der Beteiligten, führen. Wird die Klage geändert, so ist der **Zeitpunkt der** Vollziehung dieser **Klageänderung** maßgeblich[24]; ggf. muss verwiesen werden. Der Grundsatz des § 17 Abs. 1 S. 1 GVG kann nicht umgekehrt werden. Wird der Verwaltungsrechtsweg nachträglich zulässig, ehe verwiesen wird, so verbleibt es bei ihm, die Klage ist endgültig im Verwaltungsrechtsweg zulässig. Wird das an sich unzuständige Gericht vor Verweisung zuständig, so steht die Zuständigkeit endgültig fest.   **8**

d) **Rechtswegverweisung.** Nach § 83 ist zu verfahren, **wenn in den Verwaltungsrechtsweg verwiesen** wird. Die Bindung an diesen Beschluss bezieht sich nur auf den Rechtsweg. Sind örtliche und/oder sachliche Zuständigkeit streitig, muss hierüber im Rahmen des § 83 entschieden werden.   **9**

e) **Verfahren des vorläufigen Rechtsschutzes.** Im Eilverfahren (§§ 80, 80a, 123) ist § 83 **nicht anwendbar,** weil eine Verweisung dort nach §§ 17a, 17b GVG ausscheidet (str.; vgl. Anh. zu § 41 Rn. 5 f.), sie deshalb auch nicht über eine entsprechende Anwendung der Bestimmungen übernommen werden kann. Das ist auch unschädlich, da Anträge in diesen Verfahren in der Regel nicht fristgebunden sind. Sie können ggf. formlos an das vom Antragsteller auf Hinweis des Gerichts bezeichnete Gericht abgegeben werden; sie werden dort mit der Abgabe neu anhängig. Gegen die Übernahme der Bindung gemäß § 17a Abs. 1 GVG auch auf diese Verfahren   **10**

---

19   OVG Münster DÖV 1980, 803; BVerwGE 98, 313; vgl. auch BVerwGE 14, 356; DÖV 1968, 772; Schultz DÖV 1980, 805; a.A. für Streit um Erteilung des Vertriebenenausweises: BVerwGE 52, 167.
20   Meyer-Borgs § 3 VwVfG Rn. 25.
21   BVerwG NJW 1987, 2179; Kassel DVBl. 1994, 822.
22   Greifswald, B. 9.9.1997 – 2 M 32/96.
23   Groschupf DVBl. 1963, 661.
24   Mannheim NJW 1974, 823.

bestehen dagegen keine Bedenken. Hat ein Gericht seine Zuständigkeit bejaht, so steht sie für ein Rechtsmittelverfahren fest.

11 f) **PKH-Verfahren.** Bindend sind dagegen Zuständigkeitsentscheidungen im **Prozesskostenhilfeverfahren.** Die Bindung gilt aber nur für das PKH-Verfahren, nicht dagegen für ein etwa folgendes Hauptverfahren (vgl. § 166 Rn. 5).

12 3. **Einzelfragen.** a) **Anhörung.** Zum Verfahren kann auf die Erläuterungen Anh. zu § 41 verwiesen werden. Die **Anhörung** der Beteiligten ist vor allen Entscheidungen erforderlich; diese haben für die Beteiligten oft weit tragende Bedeutung, die dem Gericht nicht immer sichtbar sein kann. Freilich bleiben Anhörungsfehler, solange sie nicht ein Grundrechtsverstoß gegen Art. 103 GG sind, sanktionslos. Übergeht ein Gericht entgegen der zwingenden Regelung des § 17a Abs. 3 vorgetragene Rügen der örtlichen oder sachlichen Zuständigkeit, so fehlt es an einer bindenden Entscheidung. Die Wirkungen des § 17a Abs. 1 treten in diesem Falle nicht ein.

13 b) **Alternativbegründung der Klage.** Hat der Kläger einen **Anspruch** aus **mehreren Rechtsgründen** unterschiedlicher örtlicher oder sachlicher Zuständigkeit hergeleitet, so ist § 17 GVG anzuwenden. Das angerufene Gericht entscheidet über alle Rechtsgründe. Es kann freilich an das andere zuständige Gericht verweisen; damit aber ist dessen Zuständigkeit bindend für alle Anspruchsgrundlagen gegeben. Die Bindung bezieht sich auch auf etwaige Hilfsanträge.

14 c) **Kosten.** Über etwa durch die Anrufung des unzuständigen Gerichts entstandene Kosten wird gemäß § 17b in der Schlussentscheidung des Gerichts befunden, an das verwiesen wurde; etwaige Mehrkosten hat der Kläger auch im Obsiegensfall zu tragen.

15 4. **Entfallen der Bindungswirkung.** Die Rechtsprechung hat zu früherem Recht eine reichhaltige Kasuistik entwickelt dazu, dass **willkürliche,** unvertretbare oder sonst gänzlich verfehlte **Verweisungs**entscheidungen nicht bindend sein könnten[25]. Dass dies alles schon bisher für »nur« **unrichtige Entscheidungen** nicht galt, hat BVerwGE 79, 140 noch einmal klargestellt. Die bisherige Rechtsprechung wird im Prinzip weiter anwendbar sein[26]. Freilich ist stets zu berücksichtigen, dass §§ 17 ff. GVG das erklärte Ziel haben, Zulässigkeits- und Zuständigkeitsstreitigkeiten so weit wie möglich zu verhindern oder aber sie schnellstmöglich zu beenden. Deshalb sollte auch eine gerichtsinterne Weitergabe bei unzutreffender Verweisung unterbleiben[27]. Einen Fall rechtzeitiger Korrektur fehlerhafter Verweisung behandelt VG Bremen NVwZ-RR 1992, 671.

§ 84 [Gerichtsbescheid]

(1) Das Gericht kann ohne mündliche Verhandlung durch Gerichtsbescheid entscheiden, wenn die Sache keine besonderen Schwierigkeiten tatsächlicher

---

25 BVerwG DÖV 1974, 430; BVerwG NVwZ 1995, 372; Baumbach/Hartmann § 281 Rn. 33 ff.
26 So auch BGH DtZ 1991, 439; BAG NJW 1993, 751.
27 A.A. Berlin DÖV 1991, 559.

oder rechtlicher Art aufweist und der Sachverhalt geklärt ist. Die Beteiligten sind vorher zu hören. Die Vorschriften über Urteile gelten entsprechend.

(2) Die Beteiligten können innerhalb eines Monats nach Zustellung des Gerichtsbescheides
1. Berufung einlegen, wenn sie zugelassen worden ist (§ 124a);
2. Zulassung der Berufung oder mündliche Verhandlung beantragen; wird von beiden Rechtsbehelfen Gebrauch gemacht, findet mündliche Verhandlung statt;
3. Revision einlegen, wenn sie zugelassen worden ist;
4. Nichtzulassungsbeschwerde einlegen oder mündliche Verhandlung beantragen, wenn die Revision nicht zugelassen worden ist; wird von beiden Rechtsbehelfen Gebrauch gemacht, findet mündliche Verhandlung statt;
5. mündliche Verhandlung beantragen, wenn ein Rechtsmittel nicht gegeben ist.

(3) Der Gerichtsbescheid wirkt als Urteil; wird rechtzeitig mündliche Verhandlung beantragt, gilt er als nicht ergangen.

(4) Wird mündliche Verhandlung beantragt, kann das Gericht in dem Urteil von einer weiteren Darstellung des Tatbestandes und der Entscheidungsgründe absehen, soweit es der Begründung des Gerichtsbescheides folgt und dies in seiner Entscheidung feststellt.

Übersicht

I. Grundsätze

1 Der **Gerichtsbescheid** ist über verschiedene Novellen der VwGO aus dem
früheren kaum benutzten Vorbescheid entwickelt worden. Der Gesetzgeber
verspricht sich von ihm eine erhebliche Entlastung der Gerichte. Die Handhabung in der Praxis der Gerichte ist bisher sehr unterschiedlich; wohl
immer noch werden seine Möglichkeiten nicht ausgeschöpft. Freilich fehlt
bei ihm die mündliche Verhandlung; die mit ihr verbundenen Chancen der
endgültigen Erledigung eines Verfahrens werden oft höher eingeschätzt als
die nicht selten nur vorläufige Entscheidung durch den Gerichtsbescheid.
Der Gerichtsbescheid hat vor allem durch die Einführung der Zulassungsberufung an Bedeutung verloren. Die Erschwerung des Zugangs zur Berufungsinstanz hat zur Folge, dass regelmäßig Antrag auf mündliche Verhandlung gestellt wird.

II. Voraussetzungen

2 **1. Anwendungsbereich.** Die frühere Beschränkung des Gerichtsbescheides
auf das Klageverfahren des VG ist entfallen. Das bedeutet: **Jedes Gericht,
das erstinstanzlich** entscheidet, kann **an Stelle des Urteils** durch **Gerichtsbescheid** entscheiden. Das gilt auch für OVG und BVerwG, soweit sie erstinstanzlich tätig werden. §§ 125 Abs. 1 S. 2, 141 stehen nicht entgegen,
da sie sich nur auf Berufungs- oder Revisionsverfahren beziehen. Auch für
besondere Entscheidungsformen, soweit diese regelmäßig durch Urteil beendet werden, also etwa für **Zwischenurteile** (§ 109), **Teilurteile** (§ 110)
oder **Grundurteile** (§ 111), ist der Gerichtsbescheid zulässig. Der Begriff
»Sache« in § 84 umfasst auch Teile des Verfahrens, darunter die Klärung
von Sachurteilsvoraussetzungen. Kann die Schlussentscheidung durch Gerichtsbescheid ergehen, so muss dies auch für Vorfragen gelten. Vorläufiger
Rechtsschutz wird durch Beschlüsse nach §§ 80, 80a, 123 gewährt, hier
ist für den Gerichtsbescheid kein Raum, aber auch kein Anlass. Im Normenkontrollverfahren kann das OVG ohne mündliche Verhandlung durch
Beschluss entscheiden (§ 47 Abs. 5), ist also auf die besonderen Voraussetzungen des Gerichtsbescheides nicht angewiesen.

3 **2. Besetzung des Spruchkörpers.** Das **VG** entscheidet in der **Besetzung** des
§ 5 Abs. 3, also nur mit den Berufsrichtern. Ist die Sache dem **Einzelrichter**
übertragen, so kann auch er durch Gerichtsbescheid entscheiden (vgl. § 6
Anm. 9).
Der **Berichterstatter** ist zum **Gerichtsbescheid nicht befugt**; er kann in der
Sache allein nur im Rahmen 87a Abs. 2 entscheiden[1].
Für die **Besetzung** von OVG und BVerwG bei Erlass von Gerichtsbescheiden, die in erstinstanzlichen Verfahren zulässig sind, bestehen Unklarheiten. Der Gerichtsbescheid ist an sich kein Beschluss; er steht nicht nur dem
Urteil gleich (§ 84 Abs. 3), auf ihn sind auch inhaltlich wie förmlich die
Vorschriften über Urteile anzuwenden. Bundes- und Landesgesetzgeber behandeln ihn bei der Regelung der **Besetzung** von OVG und BVerwG aber
erkennbar wie einen Beschluss; besondere Regelungen fehlen; es soll wohl
regelmäßig die Beschlussbesetzung gelten. Überzeugend ist dies kaum, zumal § 5 Abs. 3 VwGO, § 12 Abs. 2 GOrgG Mecklenburg-Vorpommern
und § 4 Abs. 2 AG Sachsen-Anhalt zeigen, wie eine eindeutige Regelung

---

1   Ebenso Stelkens NVwZ 1991, 216.

lauten sollte. Es geht immerhin um den grundgesetzlich vorgeschriebenen gesetzlichen Richter.

3. Schwierigkeitsgrad. Die Sache darf **keine besonderen Schwierigkeiten** **4** **tatsächlicher oder rechtlicher Art** aufweisen. § 84 übernimmt die Formulierung des § 348 Abs. 1 Nr. 1 ZPO für die Übertragung des Rechtsstreites auf den Einzelrichter. Voraussetzung ist also nicht, dass die Klage offensichtlich begründet oder unbegründet ist. Es genügt, dass es sich um eine Sache von normaler oder durchschnittlicher Schwierigkeit handelt. Nur wenn die Schwierigkeiten in tatsächlicher, rechtlicher oder beider Hinsicht dieses **normale Maß nicht unerheblich übersteigen**, können sie als »besonders« angesehen werden[2]. Die Praxis der einzelnen Spruchkörper der VG ging bisher weit auseinander. Dass es sich um einen Musterprozess handelt, bedeutet noch nicht, dass die Voraussetzungen für einen Gerichtsbescheid fehlen; freilich wird dies oft der Fall sein. § 84 hat den Ausschlusstatbestand der grundsätzlichen Bedeutung aus § 348 Abs. 1 Nr. 2 nicht übernommen. Auch Sachen von **grundsätzlicher Bedeutung** können deshalb durch Gerichtsbescheid erledigt werden, wenn sie keine besonderen Schwierigkeiten aufweisen.

Die **Entscheidung** über diese Voraussetzung trifft das Gericht in einer Art **5** **Beurteilungsermächtigung.** Der Gerichtsbescheid leidet nicht an einem Verfahrensfehler, wenn das Rechtsmittelgericht die Voraussetzung verneint. Ein Verfahrensfehler liegt nur vor, wenn der Beurteilung sachfremde Erwägungen oder grobe Fehleinschätzungen zu Grunde liegen[3].

Es ist nicht zu übersehen, dass § 84 Abs. 1 S. 1 mit § 6 Abs. 1 Nr. 1, sieht **6** man von den weiteren, vielfach unproblematischen Voraussetzungen ab, **wortgleich** sind. Der Versuch von Schnellenbach[4], dennoch Einschränkungen in § 84 hineinzulesen, führt kaum weiter. Nach dem Gesetzeswortlaut kann der Einzelrichter nach Übertragung auch durch Gerichtsbescheid entscheiden, also ein Proberichter nach einem Jahr einen im VerwVerf. und VerwVorverfahren erlassenen und bestätigten VA aufheben oder eine Klage ohne »Gespräch« mit dem Bürger – es besteht kein Anwaltszwang – abweisen. Hier kann es sehr bald zu Akzeptanzschwierigkeiten kommen; man kann nur schwer voraussehen, dass Kollegium und Vorsitzender solche Abläufe verhindern[5]. Das BVerwG hat im Urteil vom 26.5.1978[6] bemerkt, die **Durchführung einer mündlichen Verhandlung** habe einen **Rechtswert** an sich. Sie solle nicht nur dem Gericht die Wahrheitsfindung erleichtern, sondern darüber hinaus dadurch zur Befriedung beitragen, dass zwischen den Streitparteien und dem Gericht in persönlichem Kontakt der Streitstoff in unmittelbarer Rede und Gegenrede erörtert werden könne. Das gilt auch für das Verfahren vor dem Einzelrichter!

4. Sachverhaltsklärung. Als weitere Voraussetzung muss der **Sachverhalt** **7** geklärt sein; alle entscheidungserheblichen Tatsachen müssen zur Überzeugung des Gerichts vorliegen. Das kann, muss aber nicht mehr erfordern

---

2   Wie hier Schoch/Clausing Rn. 14; ähnlich Bader/Kuntze Rn. 8; enger Eyermann/
     Geiger Rn. 7; unklar Kopp/Schenke Rn. 7 einerseits, Rn. 8 andererseits.
3   BVerwG NVwZ 1990, 963.
4   DVBl. 1993, 230 ff.
5   Vgl. hierzu Stelkens, NVwZ 1991, 214, ders., Redeker-Festschrift S. 313 ff.; Redeker DVBl. 1992, 212f.; Clausing NVwZ 1992, 719; Martens NVwZ 1993, 232 f.
6   Buchh. 310 § 101 Nr. 8.

als für die Beurteilung des Schwierigkeitsgrades vonnöten ist. Diese Klärung kann auch auf einer **Beweisaufnahme jeglicher Art** beruhen. Die frühere **Beschränkung** des Gerichtsbescheides auf die **Zeit** bis zu einer Beweisanordnung ist **entfallen.**

Deshalb ist ein Gerichtsbescheid auch noch nach einer mündlichen Verhandlung, die ohne Schlussentscheidung geblieben ist, zulässig; insoweit anders als der Beschluss nach § 130a. Nicht aber kann eine mündliche Verhandlung durch Gerichtsbescheid fortgesetzt und damit beendet werden. Ob das Gericht den Sachverhalt als geklärt ansieht, obliegt seiner Beweiswürdigung gemäß § 108.

III. Verfahren

8   1. **Anhörung der Beteiligten.** Vor dem Gerichtsbescheid sind die **Beteiligten** zu hören. Diese Anhörung bezieht sich sowohl auf die Sache selbst wie auf die Voraussetzungen des Gerichtsbescheides. Das Gericht – Vorsitzender oder Berichterstatter, Einzelrichter – hat die Beteiligten über die Absicht des Gerichtsbescheides zu unterrichten[7], was mit einer Aufforderung zur Sachäußerung innerhalb der gleichen Frist verbunden werden kann[8]. Dabei werden die Gründe hierfür zweckmäßig über die Wiedergabe des bloßen Gesetzeswortlautes hinaus kurz darzustellen sein. Insbesondere sollte das Gericht dabei auch seine gegenwärtige Rechtsauffassung nicht verschweigen. Ein formularmäßiger Hinweis in der Eingangsbestätigung reicht nicht aus. Der Gerichtsbescheid darf **nicht** zum **Überraschungsurteil** werden. Die Anhörung hat das unmittelbare Gespräch gem. § 104, § 278 Abs. 3 ZPO tunlichst zu ersetzen. Nur so werden überflüssige Rechtsmittel vermieden; nur so kann auch das Gericht die Voraussetzungen des Gerichtsbescheides wirklich feststellen. Das BVerwG hat zunächst die bloße Mitteilung mit Aufforderung zur Äußerung für ausreichend gehalten[9]. Aber diese Entscheidungen bezogen sich auf § 5 EntlG; es war die Entscheidung des VG vorausgegangen und der Beschluss des OVG konnte nur auf Zurückweisung der Berufung lauten; der Berufungsführer wusste damit, dass seine Gründe gegen die Entscheidung des VG nicht für erheblich angesehen werden. Das alles trifft auf den Gerichtsbescheid nicht zu. Das BVerwG hat später[10] auch für das Berufungsverfahren die »konkrete und fallbezogene« Anhörung gefordert; sie gilt für § 84 umso mehr.

9   Ein Unterlassen der Anhörung verstößt gegen den **Grundsatz der Gewährung rechtlichen Gehörs.** Dieser wesentliche Verfahrensfehler führt jedoch nicht zur Zulassung der Berufung nach §§ 124 Abs. 2, 124a Abs. 4[11], vielmehr kommt allein der **Antrag auf mündliche Verhandlung** als Rechtsbehelf in Betracht[12]. Die Aufforderung zur Äußerung hat schriftlich zu erfolgen und ist deshalb zu **unterschreiben**; eine fristauslösende Anhörungsmitteilung, die lediglich mit einer **Namensabkürzung** (Handzeichen, Paraphe) versehen ist, wahrt nicht das (Unterschrifts-)Erfordernis des

---

7   München BayVBl. 1979, 273.
8   BVerwG NJW 1982, 1011 gegen Mannheim NJW 1981, 2316.
9   BVerwGE 57, 272, Buchh. 312 EntlG Nr. 47.
10   BVerwGE NJW 1982, 1011; Buchh. 312 EntlG Nr. 60.
11   So aber Eyermann/Geiger Rn. 13 zu § 124a Abs. 1 a.F. unter Hinweis auf BVerwG NVwZ 1984, 792 zu Art. 2 § 5 Abs. 1 Satz 3 EntlG.
12   Koblenz DÖV 1999, 36; Weimar NVwZ-Beil. 1997, 44 zu § 78 Abs. 3 Nr. 3 AsylVfG.

§ 84 Abs. 1 S. 2[13]. Der Zugang der Anhörungsmitteilung muss aus den Akten nachgewiesen werden können[14]. Beweisanträge in den Äußerungen der Beteiligten sind keine solchen nach § 86 Abs. 2, also nicht vorab zu bescheiden[15]. Muss dem Beweisantrag nach den allg. Grundsätzen stattgegeben werden (vgl. § 86 Rn. 29 ff.), so scheidet der Gerichtsbescheid zunächst aus und ist die Beweisaufnahme anzuordnen und durchzuführen.

2. Stimmenverhältnis im Spruchkörper. Die zum früheren Gerichtsbescheid **10** geforderte **Einstimmigkeit** sieht **§ 84 nicht mehr vor.** Theoretisch kann also ein Gerichtsbescheid auch gegen die Meinung überstimmter Richter ergehen. Praktisch sollte bei **Meinungsverschiedenheiten im Spruchkörper** über die Sache selbst oder über die Voraussetzungen des Gerichtsbescheides von diesem abgesehen werden[16]; denn die Differenzen indizieren mehr als nur durchschnittliche Schwierigkeiten.

3. Gründe für Entscheidungsform. Die Entscheidung, einen Gerichtsbe- **11** scheid zu erlassen, bedarf keines besonderen **Beschlusses.** Das Gericht hat aber in den Entscheidungsgründen des Gerichtsbescheides darzulegen, dass und warum es die Voraussetzungen hierfür als gegeben angesehen hat. Diese Darlegung ist erforderlich, um dem Berufungsgericht die Möglichkeit zur Kontrolle im vorstehend umrissenen Umfang zu geben. Dabei kann das Gericht auf den Text der Ankündigung an die Beteiligten verweisen, wenn diese Ankündigung die notwendige Begründung enthält.

4. Bestandteile der Entscheidung. Der Gerichtsbescheid wird **wie ein Urteil 12** erlassen. In Form und Inhalt entspricht er, von vorstehend Rn. 10 abgesehen, einem Urteil nach § 101 Abs. 2, wenn also die Beteiligten auf die mündliche Verhandlung verzichtet haben. Die gesamten sonstigen Bestimmungen über Urteile sind anwendbar. Die bisherige Behandlung als Beschluss kam über § § 122, 116, 117 bereits zu dem gleichen Ergebnis. Dies bedeutet unter anderem, dass der Gerichtsbescheid die **Urteilsbestandteile** nach **§ 117 Abs. 2** enthalten muss und zu unterschreiben ist. Eine **Ersetzung der Unterschrift** wegen Verhinderung eines Mitglieds des Spruchkörpers (§ 117 Abs. 1 S. 2) scheidet ebenso wie bei Urteilen im schriftlichen Umlaufverfahren aus[17]. Wesentlich ist hierbei die **Rechtsmittelbelehrung,** die sorgfältig die nachstehend zu behandelnden Rechtsmittel zu prüfen und jeweils wiederzugeben hat. Die Entscheidung muss **zugestellt** werden (§§ 84 Abs. 1 S. 2, 116 Abs. 1 S. 2).

IV. Rechtsmittel

1. Europarechtliche Anforderungen. Für die Gestaltung der Rechtsmittel **13** gegen den Gerichtsbescheid ist die aus Artikel 6 der Europäischen Menschenrechtskonvention sich ergebende **Forderung** grundlegend, dass in Gerichtsverfahren jeder Beteiligte mindestens einmal in einer **mündlichen Verhandlung** seine Auffassung darlegen kann[18]. Da der Gerichtsbescheid

13   Münster NVwZ-RR 1997, 760.
14   BVerwG DVBl. 1980, 344.
15   BVerwG BayVBl. 1979, 544; DVBl. 1983, 1015; a.A. Kopp/Schenke Rn. 29.
16   So auch Amtl. Begründung BT-Drs. 11/7030, S. 26.
17   BVerwGE 91, 242.
18   EGMR NJW 1995, 1413; NJW 1982, 2714; weiterführend Roth EuGRZ 1998, 495.

gerade auf die mündliche Verhandlung, auch gegen den Willen der Beteiligten, verzichtet, muss das Rechtsmittel gegen den Gerichtsbescheid zu einer mündlichen Verhandlung führen, wenn der Beteiligte dies wünscht. Scheinen die gegen die Neufassung des § 84, die wegen Verletzung des **Öffentlichkeitsprinzips** erhobenen Bedenken ausgeräumt zu sein[19], werden nunmehr Zweifel wegen mangelner **Unparteilichkeit** laut: Die **Vorbefassung** anlässlich des Gerichtsbescheides soll **zur Befangenheit** der Richter bei einer nachfolgenden mündlichen Verhandlung führen[20]. Eine Vorbefassung in der Regel derselben Richter findet jedoch auch bei der Entscheidung über **Prozesskostenhilfe** (§ 166 i.V.m. § 114 ZPO) sowie im Verhältnis von Hauptsacheverfahren zu vorausgegangenem **Eilverfahren** statt, ohne dass in diesem Zusammenhang deren Befangenheit zu rügen wäre[21], wie der Rückschluss aus § 54 Abs. 1 i.V.m. § 41 Nr. 6 ZPO, § 54 Abs. 2 ergibt. Es kommt vielmehr auf das konkrete Verhalten des Richters und dessen Beziehung zum Verfahrensgegenstand an[22]. Etwaige Befangenheit folgt nicht bereits aus der Tatsache einer ungünstigen Entscheidung, sondern kann sich aus deren Begründung ergeben. Eine Konventionswidrigkeit des § 84 wird deshalb zu verneinen sein, in Betracht kommt vielmehr eine **extensive Auslegung der Befangenheitsvorschriften**[23].

14 **2. Rechtsmittel. a) Im Grundsatz.** Ergeht der **Gerichtsbescheid** im Verfahren vor dem **VG**, so sieht § 84 Abs. 2 Nr. 1 als Rechtsmittel die **Einlegung der Berufung** vor, wenn sie vom VG nach § 124a zugelassen wurde; für das VG besteht somit im Gerichtsbescheid ebenso wie im Urteil die Möglichkeit, die Berufung wegen grundsätzlicher Bedeutung (§ 124 Abs. 2 Nr. 3) oder bei Abweichung von einer Entscheidung des OVG, des BVerwG, des GemS oder des BVerfG (§ 124 Abs. 2 Nr. 4) zuzulassen[24]. Allerdings dürften in Fällen, in denen eine solche Zulassung in Betracht kommt, die Voraussetzungen des § 84 Abs. 1 kaum vorliegen, weil grundsätzliche Bedeutung oder Divergenz implizieren, dass die Sache tatsächlich und rechtlich (doch) nicht einfach ist.

14a Wird die Berufung nicht zugelassen, sind nach § 84 Abs. 2 Nr. 2 als Rechtsmittel **alternativ** der **Antrag auf Zulassung der Berufung** oder derjenige **auf mündliche Verhandlung** gegeben. Für den Rechtsmittelführer besteht insoweit ein Wahlrecht; dennoch folgt zwar keine formelle, wohl aber eine materielle Subsidiarität zumindest des Antrags auf Zulassung der Berufung wegen Versagung rechtlichen Gehörs daraus, dass die Garantie rechtlichen Gehörs nicht verletzt ist, wenn ein Beteiligter versäumt, sich unter Einsatz der ihm nach der Prozessordnung zur Verfügung stehenden Mittel rechtliches Gehör zu verschaffen[25]. Auch im Übrigen ist zu bedenken, dass über den Antrag auf Zulassung der Berufung ohne mündliche

---

19   So auch Eyermann/Geiger Rn. 3; a.A. Kopp/Schenke Rn. 2; Roth NVwZ 1997, 656.

20   Roth NVwZ 1997, 656; ders. DÖV 1998, 916.

21   Wie hier Schoch/Meissner § 54 Rn. 41; ebenso für das Verfahren vorläufigen Rechtsschutzes BVerwG Buchh. 310 § 54 Nr. 41; Buchh. 310 § 54 Nr. 29; Sodan/Czybulka § 54 Rn. 32.

22   A.A. Roth DÖV 1998, 916: Konzept der objektiven Befangenheit.

23   Klenke DÖV 1998, 155.

24   Neue Nr. 1 eingefügt zum 1.1.2002 durch das Gesetz zur Bereinigung des Rechtsmittelrechts im Verwaltungsprozess vom 20.12.2001 (BGBl. I S. 3987).

25   Kassel NVwZ-RR 2001, 207; Weimar NVwZ-Beil. 1997, 44; allgemein zur Pflicht, sich Gehör zu verschaffen, vgl. BVerwG DÖV 1983, 247.

Verhandlung entschieden wird; wird der Antrag abgelehnt, ist der Gerichtsbescheid rechtskräftig. Daher wird der Antrag auf mündliche Verhandlung – schon zur Vermeidung einer anwaltlichen Haftung – die Regel sein. Damit ist der Gerichtsbescheid im Bereich der Zulassungsberufung praktisch wertlos geworden. § 84 Abs. 2 Nr. 1, 2. Halbs., bezieht sich auf den Fall, dass mehrere Rechtsmittelführer unterschiedliche Rechtsmittel einlegen. Dann hat mündliche Verhandlung stattzufinden, der Antrag auf Zulassung der Berufung ist gegenstandslos; er braucht nicht beschieden zu werden. Aus dem 2. Halbs. folgt zugleich, dass ein Rechtsmittelführer nicht beide Rechtsmittelformen kumulativ benutzen oder den Antrag auf mündliche Verhandlung hilfsweise neben dem Zulassungsantrag stellen dürfte. In einem solchen Fall hätte das Gericht durch Rückfrage klarzustellen, welches Rechtsmittel maßgeblich sein soll. Eine Umdeutung eines eindeutig gestellten Antrages auf Zulassung der Berufung in einen Antrag auf mündliche Verhandlung und umgekehrt, verbietet sich wegen der Unterschiede beider Rechtsmittel[26].
Ist mündliche Verhandlung beantragt, so kann auf diese gemäß § 101 Abs. 2 verzichtet werden.

b) Bei Zulassung der Revision. Hat das Gericht die **Revision** im Gerichtsbescheid zugelassen, ist diese das (allein) zulässige Rechtsmittel. Ein Antrag auf mündliche Verhandlung ist als Rechtsmittel für diesen Fall nicht vorgesehen. Wenn jedoch vom VG die **Sprungrevision** zugelassen wird, kann nach § 134 entweder Revision eingelegt oder Zulassung der Berufung beantragt werden. Wird die Revisionsmöglichkeit nicht genutzt, kann nach § 84 Abs. 2 Nr. 1 wahlweise Zulassung der Berufung oder mündliche Verhandlung beantragt werden[27]. **15**

c) Bei Nichtzulassung der Revision. Ist für die Revision die Zulassung verweigert worden, so stehen dem Rechtsmittelführer alternativ die **Nichtzulassungsbeschwerde** oder der **Antrag auf mündliche Verhandlung** zur Verfügung. Entscheidet er sich für die Beschwerde, wird diese aber zurückgewiesen, so verbleibt es bei dem Gerichtsbescheid. In der Entscheidung liegt der Verzicht auf die mündliche Verhandlung. Will er eine solche mündliche Verhandlung auf jeden Fall erreichen, so muss er diese als Rechtsmittel beantragen. Da er gegen die dann ergehende Entscheidung, wenn sie dem Gerichtsbescheid entspricht, weiterhin die Nichtzulassungsbeschwerde einlegen kann, wird in der Praxis vermutlich, von Ausnahmefällen grundsätzlicher Bedeutung abgesehen, zunächst die mündliche Verhandlung beantragt werden. **16**

d) Isolierter Antrag auf mündliche Verhandlung. Ist gegen ein dem Gerichtsbescheid entsprechendes Urteil kein Rechtsmittel gegeben, so kann der Unterliegende die mündliche Verhandlung beantragen. Praktische Bedeutung hat diese Bestimmung etwa in den Fällen, in denen das BVerwG erstinstanzlich entscheidet; auf § 50 und die dort genannten Einzelgesetze kann verwiesen werden. Dass das BVerwG von der Möglichkeit des Gerichtsbescheides Gebrauch macht, kommt durchaus vor, so etwa in Form eines **Anerkenntnis-Gerichtsbescheides**[28]. Der Gerichtsbescheid, durch den **17**

---

26 BVerwG NWVBl. 1995, 461: Keine Umdeutung einer Berufung in einen Antrag auf mündliche Verhandlung; ebenso Schoch/Clausing Rn. 34.
27 Schoch/Clausing Rn. 35.
28 BVerwG NVwZ 1997, 576.

eine **Asylklage** als offensichtlich unzulässig oder offensichtlich unbegründet zurückgewiesen wird und gegen den nach § 78 Abs. 1 AsylVfG kein Rechtsmittel gegeben ist, stellt einen weiteren Anwendungsfall dar. Der häufig zu findende Hinweis auf das viel gehandhabte Vorbescheidsverfahren des BFH verkennt, dass die Voraussetzungen dafür gänzlich anders sind.

e) **Asylverfahren.** Gegen einen Gerichtsbescheid im Asylverfahren hat der Unterlegene oder der Beteiligte grundsätzlich das Rechtsmittel aus § 84 Abs. 2 Nr. 2.

18 3. **Fristen.** Für alle Rechtsmittel nach § 84 Abs. 2 gilt grundsätzlich die **Monatsfrist;** davon abweichend gilt für alle Rechtsmittel in **Asylsachen,** sowohl gegen Urteile als auch gegen Gerichtsbescheide, eine **Ausschlussfrist** von **zwei Wochen.** Über einen **verspäteten Antrag auf mündliche Verhandlung** gegen einen Gerichtsbescheid kann das VG in entsprechender Anwendung von § 125 Abs. 2 VwGO durch Beschluss entscheiden. Gegen diesen Beschluss ist entsprechend § 125 Abs. 2 S. 4 VwGO das Rechtsmittel des **Antrags auf Zulassung der Berufung** nach § 124a VwGO gegeben[29].

V. Wirkung

19 1. **Rechtskraftwirkung.** Bereits § 84 Abs. 1 S. 3 verweist für den Gerichtsbescheid auf die Vorschriften über Urteile. § 84 Abs. 3 wiederholt dies und stellt auch in der Wirkung den Gerichtsbescheid dem Urteil gleich. Das gilt insbesondere für die **Rechtskraft;** der Gerichtsbescheid entfaltet die gleiche Rechtskraftwirkung wie ein Urteil; er ist deshalb auch Vollstreckungstitel, kann auch für vorläufig vollstreckbar erklärt werden (§ 168 Abs. 1 S. 1 Ziff. 1).

20 2. **Fortsetzung des Verfahrens.** Anders als bei Rechtsmitteln gegen Urteile, auch bei Rechtsmitteln gegen den Gerichtsbescheid gemäß § 84 Abs. 2 Nr. 2 **gilt** der **Gerichtsbescheid** bei rechtzeitigem Antrag auf mündliche Verhandlung (§ § 84 Abs. 2 Nr. 2–4) **als nicht ergangen.** Aus ihm kann deshalb, auch wenn er für vorläufig vollstreckbar erklärt worden ist, nicht mehr vollstreckt werden. Das Verfahren wird in den Zustand vor dem Gerichtsbescheid zurückversetzt, es kann wieder zu Vorbereitungsmaßnahmen nach § 87 kommen. Hier sind Sanktionen nach § 87b denkbar, wenn der Antrag auf mündliche Verhandlung gestellt wird, aber eine Begründung ausbleibt. Das kann nicht ganz selten notwendig werden, wenn der Antrag letztlich nur der Aufrechterhaltung der aufschiebenden Wirkung dient.

21 3. **Begründung des nachfolgenden Urteils.** Wird auf Grund mündlicher Verhandlung der Gerichtsbescheid bestätigt und ergeben sich keine neuen Feststellungen und Überlegungen zum Sachverhalt und zur Begründung, kann das Urteil sich auf die **Bezugnahme auf** den **Gerichtsbescheid** beschränken, worauf hinzuweisen ist. Die Rechtsmittelbelehrung ist der neuen Situation anzupassen.

---

29   Hamburg DVBl 1998, 487.

VI. Kosten

Während früher der Gebührensatz in § 84 unmittelbar geregelt war, ist **22** er nunmehr in GKG und RVG[30] eingeordnet worden. Der Gerichtsbescheid wird in Nr. 5110 KVGKG behandelt. Die Anwaltskosten beschränken sich neben der Prozess- und ggf. Beweisgebühr auf die Hälfte der Verhandlungsgebühr, die als solche für das Anhörungsverfahren nach § 84 Abs. 1 S. 2 angesetzt wird (Nr. 3104 Abs. 1 Nr. 2 der Anlage 1 zu § 2 Abs. 2 RVG). Hat ein Erörterungstermin stattgefunden oder ist es anlässlich einer Beweisaufnahme zur Erörterung gekommen, so trat die Erörterungsgebühr nach § 31 Abs. 1 Nr. 4 BRAGebO an die Stelle der Gebühr nach § 114 Abs. 3 BRAGebO; nach der Vorbemerkung Nr. 3 Abs. 3 der Anlage 1 zu § 2 Abs. 2 RVG wird durch die neue Terminsgebühr die gesamte Vertretungstätigkeit in einem Verhandlungs-, Erörterungs- und Beweisaufnahmetermin abgegolten.

§ 85 [Klagezustellung]

Der Vorsitzende verfügt die Zustellung der Klage an den Beklagten. Zugleich mit der Zustellung ist der Beklagte aufzufordern, sich schriftlich zu äußern; § 81 Abs. 1 Satz 2 gilt entsprechend. Hierfür kann eine Frist gesetzt werden.

Die **Klage** ist dem Beklagten **stets zuzustellen.** **1**
Die Zustellung der Klage wird **von Amts wegen** durch den Vorsitzenden verfügt. Für die Zustellung gilt § 56. Formlose Mitteilung der Klage ist an sich unzulässig, angesichts der Folgenlosigkeit der Klagezustellung im Verwaltungsprozess – Rechtshängigkeit tritt bereits mit Klageerhebung ein (§ 90 Abs. 1) – aber unschädlich, wenn der Beklagte sich auf die Sachverhandlung einlässt[1]. Der Vorsitzende hat mit der **Zustellung den Beklagten** aufzufordern, sich schriftlich oder zur Niederschrift des Urkundsbeamten der Geschäftsstelle zu äußern. Trotz des engen Wortlauts gilt § 85 S. 1 auch für **andere Beteiligte**, insbesondere Beigeladene[2]. Dem Vertreter des öffentlichen Interesses wird die Klage zugeleitet und so Gelegenheit gegeben, eine etwaige Beteiligung zu erklären (§ 36 Abs. 2 i.V.m. § 35 Abs. 2). Darüber hinaus trifft der Vorsitzende gleichzeitig gemäß § 87 notwendige Anordnungen auch gegenüber dem Beklagten, um den Rechtsstreit zu fördern. So wird er in der Regel die beklagte Körperschaft oder Behörde zur Vorlage der Akten und Urkunden oder zur Erklärung nach § 99 auffordern und Auskünfte verlangen, wenn sie zur Beurteilung der Sach- und Rechtslage notwendig sind. In der Regel wird der Vorsitzende die Sache dann zur weiteren vorbereitenden Bearbeitung (§ 87, § 87a, § 87b) dem Berichterstatter zuleiten. Nachfolgende Schriftsätze der Beteiligten sind den jeweils anderen von Amts wegen zu übersenden (§ 86 Abs. 4 S. 3).

Dem Beklagten ist eine **Frist zur Äußerung** zu setzen. Es handelt sich um **2** eine richterliche Frist, die verlängert oder verkürzt werden kann. Sie ist keine Ausschlussfrist, sodass auch Äußerungen nach Fristablauf bis zur mündlichen Verhandlung noch berücksichtigt werden müssen. Verspätung der Äußerung ist deshalb unschädlich, es sei denn, sie verursacht zusätzli-

---

30 Gerichtskostengesetz (GKG) v. 5.5.2004 (BGBl. I S. 718); Rechtsanwaltsvergütungsgesetz (RVG) v. 5.5.2004 (BGBl. I S. 788).
1 BVerwGE 8, 149.
2 Berlin NVwZ 1998, 197.

che Kosten (Terminsvertagung), die dann dem Beklagten gem. § 155 Abs. 4 aufzuerlegen sind.

2a Die VwGO enthält über § 85 hinaus keine Bestimmungen über Form, Inhalt und Frist für eine **Klageerwiderung,** wenn man von § 87b absieht. Ein Rückgriff auf die ZPO über § 173 scheidet aus, weil § 85 an die Stelle der Regelungen der ZPO tritt. Dass dennoch auch dem Beklagten Gelegenheit zur Äußerung zu einer beabsichtigten Übertragung auf den Einzelrichter zu geben ist, folgt aus dem Gebot des rechtlichen Gehörs (vgl. § 6 Rn. 4).

3 Mit der Zustellung der Klage wird nicht gleichzeitig **Verhandlungstermin** anberaumt, weil nach der Struktur des Verwaltungsprozesses die mündliche Verhandlung erst dann angesetzt werden soll, wenn durch entsprechende Vorbereitung zu erwarten ist, dass das Verfahren in dieser Verhandlung, ggf. einschließlich der Beweisaufnahme, zum Abschluss gebracht werden kann. In vielen Fällen kann auf die mündliche Verhandlung verzichtet und ggf. durch GerBescheid (§ 84) entschieden worden.

§ 86   [Untersuchungsmaxime]

(1) Das Gericht erforscht den Sachverhalt von Amts wegen; die Beteiligten sind dabei heranzuziehen. Es ist an das Vorbringen und an die Beweisanträge der Beteiligten nicht gebunden.

(2) Ein in der mündlichen Verhandlung gestellter Beweisantrag kann nur durch einen Gerichtsbeschluss, der zu begründen ist, abgelehnt werden.

(3) Der Vorsitzende hat darauf hinzuwirken, dass Formfehler beseitigt, unklare Anträge erläutert, sachdienliche Anträge gestellt, ungenügende tatsächliche Angaben ergänzt, ferner alle für die Feststellung und Beurteilung des Sachverhalts wesentlichen Erklärungen abgegeben werden.

(4) Die Beteiligten sollen zur Vorbereitung der mündlichen Verhandlung Schriftsätze einreichen. Hierzu kann sie der Vorsitzende unter Fristsetzung auffordern. Die Schriftsätze sind den Beteiligten von Amts wegen zu übersenden.

(5) Den Schriftsätzen sind die Urkunden, auf die Bezug genommen wird, in Urschrift oder in Abschrift ganz oder im Auszug beizufügen. Sind die Urkunden dem Gegner bereits bekannt oder sehr umfangreich, so genügt die genaue Bezeichnung mit dem Anerbieten, Einsicht bei Gericht zu gewähren.

Übersicht

I. Grundbegriffe

§ 86 Abs. 1 bestimmt die **Untersuchungsmaxime** zu einer der Verfahrens-   **1**
grundlagen des Verwaltungsprozesses. Das Gericht erforscht den Sachverhalt von Amts wegen, es ist an das Vorbringen und die Beweisantritte der Beteiligten nicht gebunden. Gegenstück zur Untersuchung ist die **Verhandlungsmaxime,** nach der nicht das Gericht von Amts wegen, sondern die Beteiligten (Parteien) den Tatsachenstoff, von dem das Gericht bei seiner Entscheidung auszugehen hat, durch Sachvortrag und Beweisangebot festlegen. Die Verhandlungsmaxime beherrscht die ZPO. Untersuchungs- und Verhandlungsmaxime sind ursprünglich echte Gegensätze gewesen. Im Laufe der letzten Jahrzehnte haben sie sich stark angenähert. Auf der einen Seite sind im Bereich der ZPO durch zahlreiche Novellen die richterlichen Möglichkeiten der Bestimmung des Tatsachenstoffes und seiner Aufklärung erweitert worden, auf der anderen Seite ist die Untersuchungsmaxime zunehmend verfahrensrechtlichen Bindungen zu Gunsten der Beteiligten unterworfen worden. Sie haben sich schon von Anfang an in der VwGO abgezeichnet[1], das NeuregelungsG 1990 hat mit der Zulässigkeit der Zurückweisung verspäteten Vorbringens (§ 87b) diese Entwicklung fortgesetzt; immerhin hat noch zuletzt Ule (S. 137) eine solche Bestimmung als mit dem Untersuchungsgrundsatz unvereinbar bezeichnet.
Tatsächlich geht inzwischen die Mitwirkungspflicht der Beteiligten weit über den sachlich längst überholten Wortlaut des § 86 Abs. 1 (»heranziehen«) hinaus.

Von der Untersuchungs- und der Verhandlungsmaxime ist das Begriffspaar   **2**
der Offizial- und der Dispositionsmaxime zu unterscheiden. Nach der **Dispositionsmaxime** sind allein die Beteiligten (Parteien) befugt, einen Rechtsstreit aufzunehmen, weiterzuführen oder zu beenden, sie sind Herren des Streitgegenstandes und des Prozessrechtsverhältnisses. Nach der **Offizialmaxime** steht dieses Recht dem Gericht zu. Die Dispositionsmaxime gilt gleichermaßen in ZPO und VwGO, die Offizialmaxime im Straf- und Disziplinarrecht sowie in einigen Bereichen der freiwilligen Gerichtsbarkeit.

Amts- und Parteibetrieb schließlich sind Begriffe für die Technik des Ver-   **3**
fahrensablaufes. **Amtsbetrieb** liegt vor, wenn die technischen Verfahrenshandlungen (Zustellungen, Ladungen usw.) vom Gericht vorgenommen

---

1   Vgl. hierzu Redeker, Staatsbürger und Staatsgewalt, II, S. 475 ff.; ferner Lang
    VerwA 52, 60 ff., 175 ff.

werden, **Parteibetrieb,** wenn dies durch die Beteiligten (Parteien) geschieht. Die Prozessordnungen gehen durchweg vom Amtsbetrieb aus.

II. Dispositionsmaxime

4   1. **Grundsatz.** Auch der **Verwaltungsprozess** wird **von der Dispositionsmaxime beherrscht.** Die **Beteiligten entscheiden,** ob ein Verfahren überhaupt aufgenommen und ob es vor Rechtskraft eines Urteils beendet werden soll. Sie bestimmen mit den Anträgen den Streitgegenstand. Es steht in ihrem Belieben, die Klage zu ändern oder sie zurückzunehmen, ein Rechtsmittel einzulegen oder es zurückzunehmen, oder das Verfahren durch einen Vergleich zu beenden bzw. den Kläger klaglos zu stellen. Dies führt dazu, dass bei **Änderung von VA mit Doppelwirkung** der Begünstigte als Beigeladener eine Sachentscheidung über den geänderten VA nur erreichen kann, wenn der klagende Dritte diesen in das Verfahren einbezieht[2].

5   2. **Anerkenntnis, Verzicht.** Zur Dispositionsmaxime gehört auch das **Recht, prozessual den Klageanspruch anzuerkennen** oder aber **auf** den mit der Klage erhobenen **Anspruch zu verzichten** (§ 173 i.V.m. §§ 306, 307 ZPO). Wenn der Beklagte durch Erfüllung, etwa die Aufhebung des angefochtenen oder den Erlass des beantragten VA, den Kläger klaglos stellen kann oder der Kläger durch Klagerücknahme die formelle Rechtskraft des angefochtenen VA herbeiführen kann, ohne dass das Gericht dies hindern kann, auch wenn es den VA für rechtswidrig hält, so können auch gegen das förmliche Anerkenntnis mit folgendem Anerkenntnisurteil oder den förmlichen Verzicht keine Bedenken bestehen. Zum Anerkenntnis statt der Klaglosstellung kann Anlass bestehen, wenn die sofortige Erfüllung aus bestimmten Gründen nicht möglich ist, andererseits der Klage grundsätzlich entsprochen werden soll. Anerkenntnis und Verzicht als Ausfluss des Dispositionsrechts der Beteiligten sind deshalb im Verwaltungsprozess zulässig, wie sich auch aus §§ 87a Nr. 2, 156 ergibt und besonders in den Fällen der einfachen Leistungsklage (Zahlungsklage) auch sachlich geboten ist[3]. Die Rechtskraftwirkung des Anerkenntnisurteils erstreckt sich nicht auf den Beigeladenen, soweit er ohne Einflussmöglichkeiten auf die Entscheidung ist (vgl. Rn. 4).

6   3. **Geständnis.** Dagegen gehört das **Geständnis** nicht zur Dispositionsmaxime. Es bindet deshalb das **Gericht** in der Feststellung des Sachverhalts nicht[4], ebenso wenig die Erklärung der Beteiligten, bestimmte Sachumstände seien unstreitig. Das Gericht kann deshalb zur Sachaufklärung auch die Durchführung der mündlichen Verhandlung anordnen, wenn alle Beteiligten hierauf verzichtet haben (vgl. § 101 Rn. 5).

---

2   Lüneburg NVwZ-RR 1997, 574.
3   Str.; wie hier Eyermann/Geiger Rn. 3; Kopp/Schenke Rn. 16; Bader/Kuntze Rn. 4; für die Verpflichtungsklage ebenso BVerwG NVwZ 1997, 576: Anerkenntnis-Gerichtsbescheid; a.A. für die Anfechtungsklage BVerwGE 62, 18.
4   BVerwGE 4, 312; BVerwG JZ 1972, 119.

III. Untersuchungsmaxime

Das Gericht erforscht von Amts wegen den Sachverhalt. Es bestimmt zu- **7**
nächst den **Umfang der tatsächlichen Feststellungen,** die für die Entscheidung erheblich sind. Der Untersuchungsgrundsatz verlangt insoweit eine **der Sache angemessene** und methodisch einwandfreie Erarbeitung der tatsächlichen Entscheidungsgrundlagen. Hiervon kann nur dann die Rede sein, wenn die tatrichterlichen Ermittlungen einen **hinreichenden Grad an Verlässlichkeit** aufweisen und auch **dem Umfang nach zureichend** sind, wenn also alle verfügbaren Erkenntisquellen vollständig ausgeschöpft sind und in nachprüfbarer und nachvollziebarer Weise die Umstände offen gelegt werden. Die vom BVerwG für das Asylverfahren aufgestellten Grundsätze[5] können in dieser allgemeinen Form Geltung für den Verwaltungsprozess überhaupt beanspruchen. Aus diesem Gebot der vollständigen und objektiven Sachaufklärung folgt das **Verbot der Auswahl und Selektion von Beweismitteln**[6]. Auch in **Verfahren des vorläufigen Rechtsschutzes** ist das Amtsermittlungsprinzip nicht in der Weise eingeschränkt, dass das Gericht grundsätzlich an einer sorgfältigen Prüfung der Sach- und Rechtslage gehindert wäre[7]; Rechtsfragen sind, soweit möglich, abschließend zu klären, die Sachlage ist sorgfältig zu prüfen (vgl. § 80 Rn. 52). Die praktische Bedeutung der gerichtlichen Pflicht zu Sachaufklärung hat durch die Einführung der Zulassungsbedürftigkeit der Berufung (§ 124 Abs. 2) durch die 6. VwGO-Novelle und den in deren Folge eingeschränkten Zugang zu einer zweiten Tatsacheninstanz beträchtlich zugenommen. Kein Verfahrensmangel liegt aber im Unterlassen weiterer Sachaufklärung, wenn das Gericht nach seiner Rechtsauffassung keine Veranlassung zu weiterer Ermittlung hatte[8].
Stellt das Gericht bei seiner Prüfung des Sachverhalts Umstände fest, welche die Klage rechtfertigen, so sind sie für die Entscheidung heranzuziehen, auch wenn der Kläger selbst sie nicht vorträgt oder sie ihm nicht einmal bekannt sind. Umgekehrt kann das Gericht die Klage aus Gründen abweisen, die in der angefochtenen Entscheidung nicht aufgeführt sind und auch im Prozess von der Verwaltungsbehörde nicht vorgetragen werden. Der Untersuchungsgrundsatz bedarf in folgenden Punkten der Konkretisierung:

1. Erforschung des Sachverhalts. Die Sachverhaltsermittlung ist **Aufgabe** **8**
des Gerichts[9]. Das Gericht darf nicht die Sachaufklärung einer Verwaltungsbehörde überlassen[10] noch die Sache zu diesem Zweck – von § 113 Abs. 2 und 3 abgesehen – an die Verwaltungsbehörde unmittelbar oder mittelbar zurückverweisen. Erachtet es die tatsächlichen Umstände für die von ihm zu treffende Entscheidung nicht für hinreichend aufgeklärt, so muss es diese Aufklärung selbst vornehmen[11], was grundsätzlich auch bei Ermessensentscheidungen der Behörde gilt. Das gilt auch für die Klärung

---

5   BVerwG NVwZ 1992, 270; NVwZ 1990, 878; NVwZ 1988, 237.
6   BVerwG NVwZ 1990, 878.
7   Greifswald NordÖR 1999, 72; München BayVBl. 2001, 533.
8   Kassel NVwZ 1998, 649.
9   Grundsätzl. BVerwGE 10, 202; ferner BVerwGE 11, 95; 12, 186.
10 BVerwGE 2, 135.
11 BVerwGE 78, 285; NVwZ 2002, 92: Keine unzulässige Verwaltung durch Verwaltungsrichter.

der Sachurteilsvoraussetzungen[12]. Im Einzelnen vgl. zur Herstellung der Spruchreife und ihrer Grenzen § 113 Rn. 8 ff., 39.

9   Eine Amtsermittlungspflicht besteht nicht, soweit das VG **Bindungen** unterliegt. Dies betrifft zunächst **rechtskräftige Entscheidungen**, also Urteile nach § 121 und Beschlüsse i.S.d. § 122, soweit sie der Rechtskraft fähig sind (hierzu § 122 Rn. 6), darüber hinaus **zurückverweisende Berufungs- und Revisionsentscheidungen** (§§ 130 Abs. 2, 144 Abs. 6); auch bei einer Zurückverweisung bleibt das Gericht, an das zurückverwiesen wird, zur Sachaufklärung verpflichtet[13], es darf aber keine Beweise erheben, die der bindenden Rechtsauffassung des zurückverweisenden Gerichts widersprechen. Auf die Würdigung der nach Zurückverweisung neu erhobenen Beweise erstreckt sich die Bindungswirkung nicht[14]. Entsprechendes gilt für das vorlegende Gericht nach einer **Entscheidung des** jeweiligen **Großen Senats** (§§ 11 Abs. 7 S. 2, 12 Abs. 1).
Bindungswirkung entfalten auch **Entscheidungen anderer Gerichte** außerhalb der Verwaltungsgerichtsbarkeit. Dies gilt etwa für die Entscheidung über den Rechtsweg (§ 17a Abs. 1 GVG), Statusentscheidungen der Zivilgerichte wie etwa Scheidungsurteile (§ 1564 S. 2 BGB) oder gerichtliche Vaterschaftsfeststellungen (§ 1600d Abs. 1 BGB). Weitere Bindungen ergeben sich aus **spezialgesetzlichen Regelungen** wie etwa § 31 Abs. 1 BVerfGG, § 18 Abs. 1 BDO und § 2a Abs. 2 StVG.

10   Die Pflicht der Gerichte, angefochtene **Verwaltungsakte** in rechtlicher und tatsächlicher Hinsicht vollständig nachzuprüfen, folgt grundsätzlich aus dem Verfahrensgrundrecht des Art. 19 Abs. 4 GG. Das schließt eine Bindung an die in dem vorausgegangenen Verwaltungsverfahren getroffenen Feststellungen und Wertungen im Grundsatz aus[15]; Ausnahmen gelten für **exekutive Beurteilungsspielräume**, etwa für Prüfungsentscheidungen[16] – wobei eine Beweisaufnahme für die Frage der Befangenheit der Prüfer verzichtbar sein soll, wenn deren schriftliche Bewertungen hierfür keine Anhaltspunkte erkennen lassen[17] –, Entscheidungen über die Anerkennung ausländischer Bildungsabschlüsse[18], Entscheidungen im Bereich der Schulverwaltung[19], beamtenrechtlichen Beurteilungen[20]; Prognoseentscheidungen vor allem im Umweltrecht[21], Entscheidungen pluralistisch oder mit weisungsfreien Sachverständigen besetzter Ausschüsse[22], verteidigungspolitische Entscheidungen[23] usw.[24]. **Tatbestandswirkung** mit der Folge, dass die Gerichte ihrer Entscheidung deren Existenz und Inhalt zu Grunde zu

---

12   BVerwGE 1, 29.
13   BVerwG Buchh. 310 § 86 Abs. 1 Nr. 208.
14   BVerwG Buchh. 310 § 144 Nr. 57.
15   BVerfG NJW 1991, 2008; NJW 1991, 2005, st. Rspr.
16   Generell noch BVerwGE 8, 272; einschränkend BVerfG NJW 1991, 2008; NJW 1991, 2005; seither BVerwG NVwZ 1993, 678; Münster NVwZ-RR 1994, 585.
17   BVerwG BayVBl. 1997, 54.
18   Mannheim VBlBW 2001, 108: Bewertungsvorschläge der Zentralstelle für ausländische Bildungswesen im Sekretariat der Kultusministerkonferenz binden Behörden und Gerichte als antizipierte Sachverständigengutachten.
19   Weitgehend noch BVerfGE 75, 275; einschränkend wiederum BVerfGE 88, 40.
20   BVerwGE 80, 224; BVerwG NVwZ 1999, 75.
21   BVerwGE 72, 300; BVerwG NVwZ-RR 1999, 15.
22   BVerwGE 91, 211; 91, 217; 91, 223 – jeweils Bundesprüfstelle für jugendgefährdende Schriften.
23   BVerwGE 97, 203.
24   Weiterführend Sodan/Höfling/Breustedt Rn. 70 ff.

legen haben, entfalten deshalb nur Verwaltungsakte, die in anderen Verfahren ergangen sind; so steht das Vorhandensein einer bestandskräftigen Genehmigung der Annahme formeller Rechtswidrigkeit entgegen.

Für die **Anwendung technischer Regelwerke** als Orientierungshilfe bei der **11** tatrichterlichen Bewertung gilt Folgendes: Während die Rechtsprechung diejenigen in Form von **Verwaltungsvorschriften** früher als antizipierte Sachverständigengutachten seinen Entscheidungen zu Grunde gelegt hat[25], werden sie nunmehr überwiegend als **normkonkretisierende** Verwaltungsvorschriften beachtet, sofern sie auf der besonderen Konkretisierungsermächtigung wie der des § 48 BImSchG beruhen[26]; Verwaltungsvorschriften mit diesem Inhalt sind nur begrenzt gerichtlich überprüfbar[27]. Demgegenüber binden **private Regelwerke** das Gericht ebenso wenig wie sonstige nicht auf einer besonderen gesetzlichen Grundlage beruhende Verwaltungsvorschriften, es sei denn, sie entfalten infolge Verweisung normative Wirkung wie etwa die in Bundes-Bodenschutz- und Altlastenverordnung (BBodSchV) v. 12.7.1999 (BGBl. I, 1554) in Bezug genommenen DIN-Vorschriften. Soweit dies nicht der Fall ist, ist die Auslegung von technischen Regelwerken als solche keine Rechtsanwendung, sondern Tatsachenfeststellung[28]. Da in sie jedoch einschlägiger naturwissenschaftlichtechnischer Sachverstand eingeflossen ist, können sie durchaus Anhaltspunkte für eine Entscheidung bieten bzw. als »**Hilfe für die tatrichterliche Würdigung**« dienen[29]; sie schließen aber den Rückgriff auf weitere Erkenntnismittel nicht aus[30]. Bei der Anwendung solcher Regelwerke verletzt das Gericht seine **Pflicht zur Sachaufklärung**, wenn es seine Beurteilung hierauf stützt und dabei aber unberücksichtigt lässt, dass darin für den zu beurteilenden Fall eine Sonderbeurteilung vorgesehen ist[31]. Dagegen begründet die vollständige, aber fehlerhafte Anwendung eines solchen Regelwerks keinen Verstoß gegen § 86 Abs. 1[32].

2. **Aufklärungsmittel.** Dem Gericht stehen die in der VwGO aufgeführten **12** **Mittel für die Sachaufklärung** zur Verfügung, nämlich Erörterung mit den Beteiligten gem. §§ 86 Abs. 3, 87, 87b, 104; Anordnung des persönlichen Erscheinens der Beteiligten gem. § 95; Beiziehung von Akten und Urkunden und Auskünften gem. § 87, § 87b, § 99; Anordnung und Durchführung der Beweisaufnahme in den in §§ 96 ff. vorgesehenen Formen und Verfahren. Das Gericht ist auf die gesetzlich vorgesehenen Formen der Sachaufklärung beschränkt. So ist etwa für die in der Praxis häufig anzutreffende »informatorische Anhörung« nicht am Verfahren beteiligter Dritter zur Sachverhaltsaufklärung gleichsam in Form des Freibeweises neben den über §§ 96, 98 anzuwendenden Vorschriften über den Zeugenbeweis

25 Grundlegend BVerwGE 55, 250, 256 ff.
26 Vgl. etwa BVerwG UPR 1996, 306; DVBl. 1995, 516; NVwZ 1988, 824.
27 Kothe NuR 1998, 240, 243.
28 BVerwG NVwZ-RR 1997, 214.
29 BVerwG LKV 1991, 411.
30 BVerwG NVwZ-RR 1997, 214.
31 BVerwG NVwZ 1999, 63, 64.
32 BVerwG NVwZ 1999, 64, 65.

nach §§ 373, 401 ZPO kein Raum[33]; anderes gilt für die Anhörung der
Verfahrensbeteiligten selbst. Zu welchen Formen das Gericht greift, steht
dagegen in seinem Ermessen[34]. Die Beibringung der Übersetzung einer
fremdsprachigen Urkunde kann es anordnen (§ 142 Abs. 3 ZPO)[35]. Dieses
Ermessen wird durch konkrete Beweisantritte der Beteiligten eingeschränkt, an die das Gericht entgegen dem ungenauen Wortlaut des § 86
Abs. 1 S. 2 insoweit gebunden ist, als es sie nur aus bestimmten Gründen
ablehnen oder übergehen kann. Über diese Beweisanträge hinaus muss das
Gericht aber auch von sich aus die sich aufdrängenden Mittel zur Sachaufklärung ausschöpfen. Zur Problematik der Grenzen richterlicher Aufklä-
rungspflichten und auch Aufklärungsrechte, insbesondere im Bereich von
prognostischen Feststellungen vgl. § 114 Rn. 28; zur Tatsachenermittlung
im Asylrecht Groß/Kainer DVBl. 1997, 1315.

13 **3. Mitwirkungspflicht der Beteiligten. a) Grundsatz.** Die Beteiligten sind
verpflichtet, bei der Erforschung des Sachverhalts mitzuwirken.[36] Das Gericht hat sie hierzu heranzuziehen und sie bei unvollständigem und unkla-
rem Sachvortrag zur Ergänzung und Klarstellung aufzufordern. Die Beteiligten sollen im Sachvortrag für streitige Behauptungen Beweis antreten
(§ 82 Abs. 1). Sie haben sich persönlich zu erklären, wenn sie gem. § 95
zur mündlichen Verhandlung geladen werden. Die Mitwirkungspflicht
reicht am weitesten, wo es sich um Tatsachen aus der eigenen, nur dem
Beteiligten bekannten Sphäre handelt (zu **Zumutbarkeitsgrenzen** BVerwG
GewA 1995, 152); sie ist am geringsten, wenn es um Tatsachen geht, die
nicht zum Erkenntnisbereich und damit der Sphäre des Beteiligten gehören[37]. Zur Mitwirkungslast in Bezug auf Wahrheit und Vollständigkeit
Wolff BayVBl. 1997, 585.

14 **b) Vorbereitende Schriftsätze.** Die Beteiligten sollen sich zur Sach- und
Rechtslage gem. § 86 Abs. 4 schriftsätzlich äußern. **Schriftsätze** brauchen
seit dem NeuregelungsG 1990 den Beteiligten nicht mehr zugestellt, sondern nur noch **zugesandt** werden (§ 86 Abs. 4), in dringenden Fällen auch
durch Telefax. Zum Inhalt der Schriftsätze vgl. § 130 ZPO. Das Gericht
kann hierfür Fristen setzen, die als richterliche verlängert werden können.
Es kann die Beibringung unter die **Verspätungssanktion des** § 87b stellen;
eine entsprechende Verfügung bedarf zur **wirksamen Fristsetzung** der Unterschrift des Richters[38].

15 **c) Vorlage von Urkunden und Behördenakten.** Urkunden und alle anderen
Unterlagen, etwa Fotografien, Bauzeichnungen, Karten usw., auf die sich
die Beteiligten bezogen haben, aber auch solche, deren Vorlage das Gericht

---

33   Wie hier Raabe NVwZ 2003, 1193, 1194. Das dagegen neben einer behaupteten
     Verfahrensvereinfachung vorgetragene Argument der Kostenreduzierung durch
     Vermeidung einer Beweisgebühr nach § 31 Abs. 1 Nr. 3 BRAGebO trägt nicht, weil
     diese dennoch anfällt, vgl. Münster, JurBüro 2001, 415, unter zutreffendem Hin-
     weis auf umfangreiche Zivilrechtsprechung; im Übrigen kennt das künftige Rechts-
     anwaltsvergütungsgesetz (RVG) keine Beweisgebühr mehr, vgl. den Entwurf (BR-
     Drs. 830/03 v. 7.11.2003).
34   BVerwG Buchh. § 86 Abs. 1 Nr. 265; zum prima-facie-Beweis BVerwG NWVBl.
     1996, 125; NJW 1995, 2303.
35   BVerwG DVBl. 1996, 634.
36   Hierzu BVerwGE 19, 87, 94; BVerwGE 46, 29; Haueisen NJW 1966, 764; Maetzel
     DÖV 1966, 525; Baltzer NJW 1966, 1340; NJW 1967, 1550; Bachof II S. 184.
37   BVerwG NVwZ 1987, 404; Buchh. 310 § 86 Nr. 109.
38   Kassel NVwZ-RR 1998, 208.

aufgegeben hat, sind den Schriftsätzen in Urschrift oder in Abschrift beizufügen. Es müssen **Abschriften für alle Beteiligten** angefertigt und beigefügt werden. § 108 Abs. 2 verbietet dem Gericht eine **Sachentscheidung** gegen den unterliegenden Beteiligten, solange dieser sich zu wesentlichen tatsächlichen Umständen nicht hat äußern können. Erst die Einsicht in die Unterlagen aber versetzt etwa den Rechtsanwalt in die Lage, für seinen Mandanten i.S.d. § 86 Abs. 1 S. 1 an dem Verfahren »mitzuwirken« und damit **gleichberechtigt neben dem** zur Aufklärung verpflichteten **Gericht** an der »Materialsammlung« teilzuhaben, die Grundlage der Entscheidung i.S.d. § 108 VwGO wird[39]. Hiervon darf nur abgesehen werden, wenn die anderen Beteiligten die Unterlagen bereits kennen oder sie so umfangreich sind, dass die Anfertigung von Abschriften nicht zumutbar ist (Akten, Urkundensammlungen). Im letztgenannten Fall soll die **Möglichkeit der Einsichtnahme** in der Geschäftsstelle des Gerichts eine Verletzung des Anspruchs auf rechtliches Gehör ausschließen[40]; zu berücksichtigen ist aber, dass dem Bevollmächtigten über § 100 Abs. 1 das Recht zusteht, Einsicht in diese Unterlagen zu nehmen, und § 100 Abs. 2 S. 1 ihn berechtigt, auf Kosten seines Mandanten »**Abschriften**« zu **verlangen**. Das gilt insbesondere für einen Rechtsanwalt, dessen Kanzlei außerhalb des Gerichtssitzes liegt und dem schwerlich zugemutet werden kann, die Unterlagen bei Gericht einzusehen[41]. Wenn der Verfahrensgegner anwaltlich vertreten oder eine Behörde ist, wird zur Rationalisierung des Verfahrens zweckmäßig das Einverständnis mit der Überlassung des Materials auf Kanzlei- oder Dienstzimmer zu treuen Händen erklärt, die in der Praxis regelmäßig durch Übersendung in die Kanzlei- bzw. Diensträume erfolgt.

Die **Pflicht, behördliche Akten** gem. §§ 86 Abs. 5, 99 Abs. 1 VwGO **vorzulegen**, besteht in jedem Stadium des verwaltungsgerichtlichen Rechtsstreits, mithin auch im Verfahren auf Zulassung der Berufung[42]. Sind die Akten einer Behörde auf Grund glaubhaft gemachter **Geheimhaltungsbedürftigkeit** nicht vorzulegen, dürfen die von ihr behaupteten, aber geheim gehaltenen Vorgänge bei der Sachentscheidung im Rahmen der Sachverhaltswürdigung nur unter engen Voraussetzungen zu Lasten des Rechtssuchenden berücksichtigt werden. Nicht gerichtsverwertbare Tatsachen müssen als solche naturgemäß unberücksichtigt bleiben. Welches Gewicht der Weigerungserklärung der obersten Aufsichtsbehörde zukommt, hat das Gericht, gegebenenfalls unter Berücksichtigung der **Regeln über die Beweislast**, bei der Entscheidung über den geltend gemachten Anspruch im Rahmen der Sachverhaltswürdigung zu beurteilen[43]. In diesem Rahmen ist auch den Schwierigkeiten des so genannten **Negativbeweises** Rechnung zu tragen[44]. **Unvollständige Aktenvorlage** durch eine Behörde ist zu deren Nachteil zu berücksichtigen mit der Folge, dass sich bei unerweislichem Zugang einer Erklärung die **Beweislast umkehren** kann[45]. Ist eine **ungewöhnliche Fehlerhäufigkeit** für das Erscheinungsbild einer Behörde charakteristisch, so darf das Verwaltungsgericht diesen Umstand ebenfalls nicht außer Acht lassen[46]. Allein eine überlange Dauer des Verwaltungsverfahrens rechtfertigt

16

---

39 Magdeburg NVwZ-RR 1998, 694.
40 Kassel ZfBR 1999, 47.
41 Magdeburg NVwZ-RR 1998, 694.
42 Greifswald NordÖR 1999, 237.
43 BVerwG NVwZ-RR 1997, 133; BVerwG Buchh. 310 § 99 VwGO Nr. 22, S. 13.
44 BVerwGE 104, 55.
45 VG Cottbus LKV 1997, 383.
46 Quambusch JABl. 1998, 581.

noch nicht eine der gesetzlichen Regelung widersprechende Beweislastverteilung[47]. Vielmehr kann nur eine **schuldhafte Beweisvereitelung seitens der beklagten Behörde** zu einer Beweislastumkehr zu Gunsten des Klägers führen[48]. Sonst ist der Beweisnot des Klägers im Rahmen der prozessualen Darlegungs- und Mitwirkungslast Rechnung zu tragen[49].

17 d) **Verletzung von Mitwirkungspflichten.** Verletzt ein Beteiligter diese Mitwirkungspflichten, die mangels direkter Sanktionsmöglichkeiten besser **Mitwirkungslasten** genannt werden, und kommt er auch entsprechenden Aufforderungen des Gerichts nicht nach, so ist das Gericht nicht verpflichtet, von sich aus umfangreiche Ermittlungen durchzuführen. Es kann sich auf die Prüfung des erlassenen VA und etwa beigezogener Verwaltungsvorgänge beschränken und etwa eine unzureichende behördliche Sachverhaltsermittlung zu deren Lasten verwerten[50]; es braucht nicht wie ein Untersuchungsrichter ohne jeden Hinweis der Beteiligten Sachermittlungen anzustellen. Es kann von dem **Sachvortrag** eines Beteiligten, insbesondere des Klägers ausgehen und ihn als **unschlüssig** der Entscheidung zu Grunde legen, ohne eigene diesen Vortrag ergänzende oder sogar widerlegende Ermittlungen anzustellen[51]. Das BVerwG spricht in st. Rspr. davon, dass die Verpflichtung des Gerichts zur Erforschung des Sachverhalts dort ihre Grenze findet, wo die Mitwirkungspflicht der Beteiligten einsetzt[52]; dies gilt insbesondere, wenn ein Beteiligter die vollständige Durchführung einer gerichtlich angeordneten **Beweisaufnahme vereitelt**[53]. Praxisrelevant sind insoweit insbesondere **körperliche Untersuchungen** im Fahrerlaubnisrecht und im Wehrpflichtrecht. Hat das Tatsachengericht Zweifel an der **Kraftfahreignung** des Bewerbers, muss es ein Sachverständigengutachten einholen, wenn der Kläger zwar im Verwaltungsverfahren eine Untersuchung abgelehnt hat, aber im Klageverfahren »vorsorglich und hilfsweise« seine Bereitschaft hierzu erklärt hat[54], denn darin liegt keine Beweisvereitelung[55]. Entzieht sich ein Fahrerlaubnisinhaber hingegen einer rechtmäßig angeordneten Überprüfung, so verletzt das VG seine Sachaufklärungspflicht regelmäßig nicht, wenn es von weiteren Ermittlungen absieht, insbesondere auf eine ersatzweise Zeugenvernehmung verzichtet[56]. Hält das Gericht das Fehlen der Eignung für erwiesen, so ist eine solche Beweiswürdigung revisionsgerichtlich daraufhin überprüfbar, ob die Beweisanordnung berechtigt war, insbesondere ein anlassbezogenes, nicht unverhältnismäßiges Beweismittel zum Gegenstand hat[57]. In **Wehrpflichtsachen** sind die Tauglichkeitsbestimmungen der ZDv 46/1 als **wehrmedizinische Erfahrungssätze** im Verwaltungsrechtsstreit zu verwerten. Besteht zwischen einem im Musterungsverfahren eingeholten gebietsärztlichen Befundbericht und einem vom Wehrpflichtigen danach vorgelegten fachärztlichen Gutachten ein für die Beurteilung der Tauglichkeit erheblicher Dissens, so hat

---

47 BVerwG, Buchh. 427.207 § 1 7. FeststellungsDV Nr. 61; NVwZ 2001, 841.
48 BVerwGE 78, 367, Buchh. 427.207 § 1 7. FeststellungsDV Nr. 61; NVwZ 2001, 841.
49 BVerwG Buchh. 427.6 § 15 BFG Nr. 28; NVwZ 2001, 841.
50 VG Meiningen ThürVBl. 2001, 68.
51 BVerwG NVwZ 1985, 36; Buchh. 310 § 86 Nr. 152.
52 NJW 1964, 786.
53 BVerwG NVwZ-RR 1998, 568.
54 Münster NZV 1998, 478.
55 BVerwG NZV 1988, 197.
56 BVerwG NJW 1993, 1542; DAR 1988, 31.
57 BVerwG NJW 1986, 1562.

das Verwaltungsgericht in Ermangelung eigener wehrmedizinischer Sachkunde Sachverständigenbeweis zu erheben, und zwar regelmäßig auch dann, wenn sich die Wehrverwaltung zur Beurteilung der Wehrdienstfähigkeit des ärztlichen Personals an einem Bundeswehrkrankenhaus bedient hat[58]. Diese Verpflichtung entfällt zwar, soweit der Wehrpflichtige ein fachärztliches Gutachten nur unvollständig vorgelegt und nicht klargestellt hat, dass er an einer gerichtlich angeordneten Beweisaufnahme uneingeschränkt mitwirken wird[59], erklärt er seine uneingeschränkte Mitwirkungsbereitschaft jedoch spätestens in der mündlichen Verhandlung, muss seinen Tauglichkeitseinwänden erforderlichenfalls auch dann noch im Wege des Sachverständigenbeweises nachgegangen werden[60].

Die Grenze zieht die Rechtsprechung da, wo sich Aufklärungsmaßnahmen **18** dem Gericht aus Sachvortrag oder beigezogenen Unterlagen aufdrängen. Nur soweit bei sorgfältiger Überlegung dies der Fall ist, besteht eine Aufklärungspflicht des Gerichts. **Lässt es der Beteiligte** an substantiiertem **Sachvortrag fehlen**, so hat es dabei sein Bewenden[61]. Das gilt besonders, wenn es sich um Vorgänge aus dem eigenen Lebensbereich des Beteiligten handelt[62]; vagen Zweifeln oder bloßen Fehlermöglichkeiten braucht das Gericht nicht nachzugehen[63]. An diese Mitwirkungslast stellt das BVerwG stärkere Anforderungen, wenn der Beteiligte **anwaltlich vertreten ist**[64]. Die Untersuchungsmaxime ist keine prozessuale Hoffnung, das Gericht werde mit ihrer Hilfe schon die klagebegründenden Tatsachen finden[65]. Gegen die Aufklärungspflicht wird deshalb auch nicht verstoßen, wenn eine Beweisaufnahme nicht durchgeführt wird, welche die von einem Rechtsanwalt vertretene Partei selbst nicht beantragt hat[66], selbst wenn ein Zeuge anwesend ist[67], wenn das Gericht es unterlässt, bei Behörden der verklagten Körperschaft nach Unterlagen zu forschen[68] oder wenn es eine bestimmte Behauptung unterstellt, der der Gegner trotz Kenntnis der Unrichtigkeit und der Entscheidungserheblichkeit nicht widerspricht[69]. In allen diesen Fällen scheitert deshalb auch die Aufklärungsrüge[70]; vgl. § 132 Rn. 19, § 138 Rn. 6. Zum gesamten Fragenkreis Redeker DVBl. 1981, 83. Die Mitwirkungspflicht kann fordern, sich, ggf. mit Hilfe eines Sachverständigen, zum Sachvortrag sachkundig zu machen[71].

Die an dieser Stelle schon früher vertretene Auffassung, dass das Gericht **19** verspätetes Vorbringen unter bestimmten Voraussetzungen zurückweisen kann, ist nunmehr in § 87b gesetzlich vorgesehen. Es kann deshalb hier auf die Erläuterungen zu § 87b verwiesen werden. Die Auswirkungen der Sanktionen des § 87b auf den Untersuchungsgrundsatz werden Rechtspre-

---

58 BVerwG NVwZ-RR 2002, 759.
59 BVerwG NVwZ-RR 1999, 449.
60 BVerwG NVwZ-RR 2003, 514.
61 BVerwG Buchh. 310 § 86 Nr. 37, 40, 76, 100, 101, 172.
62 BVerwG Buchh. 310 § 86 Nr. 81; zur Abgrenzung in Asylsachen BVerwG DÖV 1983, 207; DVBl. 1984, 1005.
63 BVerwG NVwZ-RR 1997, 82; München BayVBl. 1998, 593.
64 Buchh. 310 § 86 Nr. 109, 116; DÖV 1963, 886; Bautzen SächsVBl. 2001, 94.
65 BVerwG Buchh. 310 § 86 Nr. 76.
66 BVerwG DÖV 1963, 886; Mannheim VBlBW 1997, 299.
67 BVerwG NJW 1964, 786.
68 BVerwGE 26, 30.
69 BVerwG BauR 1989, 60.
70 BVerwG VRspr. 29, 1024.
71 BVerwG NVwZ 1993, 268, sehr weit gehend.

chung und Literatur noch zu beschäftigen haben, das BVerwG wird sie im Rahmen von Rügen unzureichender Sachaufklärung prüfen müssen. Immerhin liegen erste Erfahrungen hierzu im Finanzprozess anhand Art. 3 § 3 EntlG vor[72].

20   Das 6. VwGOÄndG hat eine besondere Sanktion bei Verletzung der Mitwirkungslast aus dem AsylVfG übernommen: Betreibt der Kläger das Verfahren trotz Aufforderung länger als drei Monate nicht, gilt die Klage als zurückgenommen (§ 92 Abs. 2, 3; vgl. die dortigen Erläuterungen).

21   Sieht man von der Möglichkeit der Zurückweisung verspäteten Vorbringens und der Rücknahmefiktion ab, so kennt die VwGO, wie übrigens auch die ZPO, keine unmittelbaren Sanktionen gegen die Verweigerung der Mitwirkungspflicht. Die **mittelbaren Sanktionsmöglichkeiten** sind aber erheblich. Sie bestehen einmal darin, dass das Gericht insoweit zu keiner eigenen Sachaufklärung verpflichtet ist. Die für den Beteiligten wesentlichen Feststellungen unterbleiben und fehlen für die Entscheidung; zu § 87b vgl. dort Rn. 2). Sie bestehen vor allem darin, dass aus der Verweigerung für den Beteiligten negative Schlüsse in der Beweiswürdigung gezogen werden können, besonders wenn er vorher hierüber belehrt worden ist (vgl. hierzu § 108 Rn. 3a). Zur Mitwirkungspflicht vgl. auch Nierhaus, Beweismaß und Beweislast, 1988.

22   **4. Mitwirkungsrechte der Beteiligten.** Der Mitwirkungspflicht entspricht ein Mitwirkungsrecht der Beteiligten. Das Gericht muss die Beteiligten gem. § 86 Abs. 1 zur Erforschung des Sachverhalts heranziehen und ihnen **Gelegenheit zum Sachvortrag und zu Beweisanträgen geben, damit sie gleichberechtigt neben dem** zur Aufklärung verpflichteten **Gericht** an der »Materialsammlung«, die Grundlage der Entscheidung i.S.d. § 108 VwGO, teilhaben und so an dem Verfahren »mitwirken«[73]. § 86 Abs. 1 ist Erscheinungsform des Anspruchs auf rechtliches Gehör. Das Gericht muss darüber hinaus den Beteiligten auch die Möglichkeit geben, sich zu den maßgeblichen Rechtsfragen zu äußern. Es hat deshalb die Beteiligten auf rechtliche Überlegungen hinzuweisen, die es für erheblich hält, von den Beteiligten aber erkennbar übersehen werden und deshalb weder rechtlich noch ggf. in ihren tatsächlichen Voraussetzungen erörtert werden[74].

23   **a) Beweisantrag.** Zu den Mitwirkungsrechten eines jeden Beteiligten zählt insbesondere, dass er Beweisanträge stellen kann. Dies geschieht, indem er für den Nachweis konkreter Tatsachenbehauptungen ausdrücklich bestimmte Beweismittel benennt[75]. Das Gericht ist hieran aber nicht gebunden (§ 86 Abs. 1 S. 2).

24   **aa) Antragstellung und Bescheidungsform.** Art und Weise – unbedingt oder bedingt bzw. hilfsweise – sowie Zeitpunkt der Antragstellung sind für dessen Behandlung von entscheidender Bedeutung. Wird ein **Beweisantrag in der mündlichen Verhandlung gestellt,** so muss über diesen Antrag durch begründeten, aber nicht notwendig schriftlichen Beschluss entschieden werden. Wird die Begründung für die Ablehnung eines förmlichen Beweis-

---

72   Vgl. Tipke/Kruse § 76 Tz. 10 ff.
73   Magdeburg NVwZ-RR 1998, 694.
74   BVerwG MDR 1958, 541; NJW 1961, 891.
75   BVerwG DVBl. 1964, 193.

antrags nicht in die Sitzungsniederschrift aufgenommen, so sie muss das Tatsachengericht in den Urteilsgründen darlegen[76]. Der Beschluss ist vom Gericht, nicht vom Vorsitzenden zu treffen. Sinn der Bestimmung ist, den Beteiligten durch die Entscheidung über den Beweisantrag Klarheit über die Sach- und Rechtsauffassung des Gerichts zu verschaffen, damit sie im abschließenden Vortrag sich hiermit auseinander setzen und ggf. Ergänzungen vorbringen können. Der Beschluss darf deshalb nicht zusammen mit dem Urteil, sondern muss, wenn auch möglicherweise in der gleichen mündlichen Verhandlung, von diesem so getrennt verkündet werden, dass die Beteiligten sich hierauf noch erklären können[77], ein Abstand von 10 Tagen genügt bei Entscheidung ohne mündliche Verhandlung[78]. Wird aber über einen in mündlicher Verhandlung gestellten Beweisantrag entgegen des § 86 Abs. 2 nicht durch begründeten Beschluss während der mündlichen Verhandlung entschieden und die Nichterhebung des beantragten Beweises in dem daraufhin ergehenden Urteil mit der Unschlüssigkeit des Beteiligtenvorbringens begründet, dann soll sich der Beteiligte auf eine darin liegende **Verletzung des Anspruchs auf rechtliches Gehör** im Verfahren auf Zulassung der Berufung nicht berufen können, wenn er schuldhaft versäumt hat, das Gericht auf die Notwendigkeit der sofortigen Bescheidung des Beweisantrags hinzuweisen und sich damit die Möglichkeit zu sichern, im Hinblick auf die Gründe der Ablehnung des Beweisantrags sein Vorbringen zu ergänzen und erneut Anträge zu stellen[79]. Auch soll eine Gehörsrüge bei im Termin zur mündlichen Verhandlung prozessordnungswidrig begründeter Ablehnung eines Beweisantrags, die in den schriftlichen Urteilsgründen durch eine prozessordnungsgemäße Begründung ergänzt oder ersetzt wird, nur dann schlüssig erhoben sein, wenn der Beweisantragsteller darlegt, wie er sich auf die ihm erst durch das Urteil bekannt gewordenen prozessordnungsgemäßen Ablehnungsgründe erklärt hätte, insbesondere welche anderen Tatsachen und Beweismittel er vorgetragen hätte, wenn sein in der mündlichen Verhandlung gestellter Beweisantrag vorab mit der im Urteil gegebenen Begründung abgelehnt worden wäre[80].

Der Anspruch auf Vorabentscheidung über den Beweisantrag setzt voraus, **25** dass dieser in der mündlichen Verhandlung **ausdrücklich zu Protokoll**[81] oder aber bei **Verzicht auf mündliche Verhandlung** in einem nach diesem Verzicht eingereichten Schriftsatz[82] gestellt wird. Das gilt aber nicht im Verfahren gemäß § 130a, bei dem es einer Entscheidung nach § 86 Abs. 2 nicht bedarf[83], das Gericht aber die Erheblichkeit einer Beweiserhebung prüfen und sich in den Gründen damit auseinander setzen muss[84]; ebenso

---

76   BVerwG ZOV 2003, 273.
77   BVerfG NVwZ 1987, 785; BVerwG Buchh. 310 § 86 Abs. 2 Nr. 29; BVerwGE 12, 268.
78   BVerwG NJW 1965, 2418.
79   Kassel NVwZ 1997, 692.
80   Kassel NVwZ-Beil. I 2002, 80, unter Hinweis auf BVerwG Buchh. 310 § 86 Abs. 2 VwGO Nr. 20 betreffend den Fall der gänzlich fehlenden Entscheidung eines Beweisantrags im Termin zur mündlichen Verhandlung.
81   VerwGE 21, 184; Jacob, VBlBW 1997, 41, 42.
82   BVerwGE 15, 175; bei Beweisantrag zusammen mit dem Verzicht ist Vorabentscheidung nicht erforderlich: BVerwG NJW 1990, 660.
83   BVerwG DVBl. 1983, 1014; aber auch BVerwG NVwZ 1994, 1095.
84   BVerwG NVwZ 1992, 890.

nicht bei Erlass eines Gerichtsbescheides (§ 84 Rn. 9); eine erneute Anhörungsmitteilung kann aber geboten sein[85].

26   Haben die Beteiligten **schriftsätzlich** Beweisanträge gestellt, auf die sie in der mündlichen Verhandlung verweisen, oder werden solche Anträge in der **mündlichen Verhandlung vorsorglich vorgetragen** oder als **Hilfsantrag** zu Protokoll gegeben, so genügt die Bescheidung im Urteil; es besteht kein Anspruch auf Vorabentscheidung[86]. Gleiches gilt für einen in einem nachgelassenen Schriftsatz gestellten Beweisantrag; er kann, wenn sich aus ihm die Notwendigkeit weiterer Aufklärung des Sachverhalts ergibt, nur Anlass geben, die mündliche Verhandlung wieder zu eröffnen[87]. Freilich hat das Gericht, wenn nach dem Urteil die unter Beweis gestellte Tatsache entscheidungserheblich sein kann, es den Beweis aber nicht erhebt, darzutun, warum es die Beweisaufnahme unterlassen hat. Hatte der Kläger einen Beweisantrag nur hilfsweise für den Fall gestellt, dass das Gericht seiner Klage nicht ohne Beweisaufnahme stattgibt, kann er die Ablehnung des Beweisantrags nicht mit der Begründung rügen, sie verletze seinen Anspruch auf rechtliches Gehör[88].
Der Beschluss nach § 86 Abs. 2 ist **unanfechtbar** (§ 146 Abs. 2). Er ist stets zu begründen, da sonst der Zweck des § 86 Abs. 2 verfehlt würde[89]. Das Gericht ist an den Beschluss nicht gebunden, wenn nachträglich neue Umstände bekannt oder vorgetragen werden. In diesem Fall kann es zu der Beweistatsache den angebotenen oder einen neu vorgetragenen Gegenbeweis erheben.

27   bb) **Antragsinhalt. Beweisanträge** müssen **präzise** und **eindeutig** das Beweisthema und das Beweismittel bezeichnen, die bloße Wiederholung der gesetzlichen Tatbestandsvoraussetzung reicht in der Regel nicht aus; sie dürfen sich auch nicht auf die rechtliche Wertung beziehen, der Vorsitzende hat hierauf hinzuwirken. Die bloße Bezugnahme auf früher oder im Termin eingereichte Schriftsätze genügt für eine **Antragstellung** nicht[90], auch nicht das Stellen von Zeugen[91]. Vielmehr ist beim **Angebot eines Zeugenbeweises** der Zeuge konkret-individuell zu benennen und darzulegen, von welchen beweiserheblichen Tatsachen er wodurch erlangt haben soll[92]. Beim **Urkundsbeweis** ist anzugeben, wie der Beweisführer in den Besitz der Urkunde gelangt ist und was im Einzelnen aus ihr hervorgehen soll[93]. Wird ein **Sachverständigengutachten** beantragt, so müssen die zu beantwortenden Fragen wenigstens in Umrissen, Inhalt und Ziel deutlich sein[94].

28   Unsubstantiierten Beweisanträgen, also solchen, die das Beweisthema nicht hinreichend konkretisieren, braucht ein Gericht nicht nachzugehen, sie also auch nicht zu bescheiden[95], ein im Verfahren ohne anwaltliche Mit-

---

85   BVerwG NJW 1979, 2629.
86   BVerwGE 15, 175; MDR 1969, 419.
87   BVerwG NVwZ 2003, 1116.
88   Bremen NordÖR 2003, 67.
89   BVerwG NJW 1989, 1233.
90   BVerwG NJW 1962, 124; NJW 1963, 877; Buchh. 310 § 86 Abs. 2 Nr. 36.
91   BVerwG NJW 1964, 786; Jacob, VBlBW 1997, 41, 42.
92   BVerwG NVwZ-RR 1999, 208.
93   Jacob VBlBW 1997, 41, 43.
94   BVerwG DokBer A 1985 S. 26.
95   BVerwG NJW 1988, 1746; BVerwGE 97, 203.

wirkung nur vorsichtig zu handhabender Grundsatz. Bei Beweisermittlungsanträgen danach ist zu differenzieren, ob sich dem Gericht weitere Ermittlung in dieser Richtung aufdrängen müssen, weshalb der Antrag dann als Beweisanregung zu werten ist[96], oder es sich um einen unzulässigen Ausforschungsbeweisantrag handelt[97]. Zu Beweisanträgen und deren Behandlung vgl. Jacob VBlBW 1997, 41; Kopp NJW 1988, 1708.

b) **Allgemeine Ablehnungsgründe.** Beweisanträge dürfen nur unter be- **29** stimmten Voraussetzungen, die im Wesentlichen denen des § 244 StPO entsprechen[98], abgelehnt werden. Dies betrifft zunächst den Fall der **Unzulässigkeit der Beweiserhebung** im Falle des **Ausforschungsbeweisantrages**[99] oder wegen Gesetzwidrigkeit des Beweismittels, etwa bei Fehlen einer für eine Zeugenaussage erforderlichen Aussagegenehmigung. Gleiches gilt wegen Verletzung der Parteiöffentlichkeit der Beweisaufnahme (§ 97) für unangekündigte oder gar heimliche Beweisaufnahme in Umweltschutzsachen, mögen sie auch noch so effektiv sein und deshalb etwa von betroffenen Nachbarn häufig gewünscht werden[100].

Abgelehnt werden darf ein Antrag ferner, wenn es auf die Beweistatsache **30** nicht ankommt, sie also entscheidungs**unerheblich** ist, wenn die Beweistatsache etwa als **wahr unterstellt** und dementsprechend **für das Gericht bindend** im Urteil behandelt wird; eines gerichtlichen Hinweises auf die Unerheblichkeit bedarf es insoweit nicht[101]. Eine Ablehnung ist auch zulässig, wenn das Beweismittel **schlechthin untauglich** oder völlig **ungeeignet** ist; dies ist nicht bereits bei einem geringen oder zweifelhaften Beweiswert der Fall[102]. Auch die zu erwartenden Kosten einer Beweiserhebung machen Beweismittel nicht ungeeignet[103]. Gleichwohl hat die Rechtsprechung nicht selten angenommen, dass ein Beweismittel schlechthin untauglich ist[104]; die Grenze dieses Ablehnungsgrundes zur unzulässigen Vorwegnahme eines Beweisergebnisses wird leicht überschritten. Zur Zurückhaltung mahnt deshalb zu Recht BVerfG NJW 1993, 254.

Des Weiteren kann ein Beweisantrag abgelehnt werden, wenn das Beweis- **31** mittel **unerreichbar** ist, weil es trotz der seiner Bedeutung angemessenen Bemühungen in absehbarer Zeit nicht herbeizuschaffen ist[105]; hierbei ist zu beachten, dass die **verspätete Benennung eines Zeugen** in der Regel

---

96 So BVerwG VIZ 1998, 452, im Ergebnis aber ablehnend für Archivrecherche.
97 BVerwG NVwZ-RR 1999, 208 bei unplausibler Begründung für beantragte Zeugenvernehmung.
98 BVerwG VRspr. 24, 413, Münster OVGE 36, 28.
99 BVerwG InfAuslR 2001, 466; Buchh. 310 § 86 Abs. 1 VwGO Nr. 320: Ablehnbarer Ausforschungsbeweis bei ohne greifbare Anhaltspunkte willkürlich »aus der Luft gegriffenen« Tatsachenbehauptungen, für die tatsächliche Grundlagen fehlen.
100 Jacob VBlBW 1997, 41, 45 f.
101 Mannheim VBlBW 1998, 101; BVerfG NVwZ-Beil. 1999, 51; diesen Ablehnungsgrund praktisch verneinend, BVerwGE 77, 150; ebenso Buchh. 310 § 86 Nr. 204 u. 402, 25 § 1 Nr. 122, aber zu weit gehend, wie BGHZ 53, 260 zeigt. Wahrunterstellung durchaus zulässig, wenn sich Sachaufklärung insoweit nicht aufdrängt; dazu Willms, Schäfer-Festschrift, 1980, S. 275 ff.
102 BVerwG Buchh. 310 § 86 Abs. 1 VwGO Nr. 320: Zeuge vom Hörensagen.
103 Jacob VBlBW 1997, 41, 46.
104 BVerwG VRspr. 15, 509; JZ 1970, 231; DÖV 1964, 561; 1983, 949; NJW 1984, 574; auch BVerwGE 25, 226.
105 Dazu BVerwG NVwZ-Beil. 1996, 75.

keinen Zurückweisungsgrund darstellt[106]. Hiervon zu unterscheiden ist der zur Ablehnung berechtigende Fall, dass ein Beweisantrag **missbräuchlich**, nämlich aus prozessfremden Gründen, insbesondere zur **Prozessverschleppung**, gestellt wird. Aus dem Zeitpunkt der Antragstellung wird aber – von den Sonderfällen gesetzlicher oder richterlicher Ausschlussfristen abgesehen – nicht auf eine Verschleppungsabsicht geschlossen werden können[107]. Hiervon zu trennen ist das asylrechtliche Sonderproblem der **Unglaubwürdigkeit des Klägers** bei unauflöslich widersprüchlichem Verfolgungsvortrag, die ebenfalls zur Ablehnung von Beweisanträgen berechtigt[108].

32 Auch das anderweitige **Erwiesensein der Beweistatsache** berechtigt zur Ablehnung des Beweisantrages[109]; praxisrelevant wird dies vor allem bei Beantragung einer erneuten Begutachtung durch einen Sachverständigen. Ohne Belang ist insoweit, ob das bereits vorliegende Gutachten in demselben Prozess eingeholt wurde oder aus einem andern Verfahren stammt und im Wege des Urkundenbeweises verwertet wird[110]; letzteres gilt auch für im Verwaltungsverfahren eingeholte Gutachten[111]. In diesen Fällen liegt nur dann ein zulässiger Beweisantrag vor, wenn durch den Beteiligten ausreichend verdeutlicht wird, weshalb es eines **weiteren Sachverständigengutachtens** für das zu entscheidende Verfahren bedarf. Derartige Gründe können etwa darin zu sehen sein, dass sich die für die Begutachtung maßgeblichen Tatsachen seit Erstellung des früheren Gutachtens geändert haben, das frühere Gutachten offene, erläuterungs- bzw. ergänzungsbedürftige Fragen aufwirft, Aussagen anderer Gutachter vorliegen, die die Feststellungen in dem früheren Gutachten in Frage stellen oder dass wegen Zeitablaufs ein begründetes Interesse an der Aktualisierung der zu begutachtenden Tatsachen gegeben ist[112]. Entsprechendes gilt für **weitere amtliche Auskünfte**. Bei einem Antrag auf Wiederholung der Vernehmung eines Zeugen oder auf seine Vereidigung wird eine Ermessensreduzierung in Richtung einer Beweiserhebung ausscheiden (§§ 398, 391 ZPO).

33 Zulässig bleibt die Ablehnung von Beweisanträgen, die auf Indiztatsachen gerichtet sind, wenn die Indizien zur Widerlegung der angenommenen Haupttatsache nach der Überzeugung des Gerichts nicht ausreichen[113]. Die Übernahme tatsächlicher Feststellungen aus einem anderen rechtskräftig abgeschlossenen Gerichtsverfahren (Strafsache) ist deshalb nicht unzulässig[114]. Es handelt sich hier um eine Verwertung im Wege des **Urkundenbeweises**, der aber Beweisanträge insbesondere auf Vernehmung von Zeugen, die im anderen Gerichtsverfahren ausgesagt haben, entgegengehalten werden können[115] oder ergänzender Klärung bedarf, wenn sich gewichtige Anhaltspunkte für eine Unrichtigkeit aufdrängen[116], etwa an-

---

106 BVerfG NJW 1992, 2811.
107 Jacob VBlBW 1997, 41, 48 f.
108 BVerwG NVwZ-RR 1990, 441; hierzu BVerfG NVwZ-Beil. 1994, 51.
109 BVerwG Buchh. 402.25 § 1 AsylVfG Nr. 250 Bezugnahme auf in einem Grundsatzverfahren gewonnene Erkenntnisse, zu denen die Beteiligten sich äußern konnten.
110 Münster NVwZ-RR 1996, 127.
111 BVerwG Buchh. 310 § 98 Nr. 25.
112 BVerwG Buchh. 310 § 86 Nr. 120; Kassel NVwZ-Beil. 1999, 23; Jacob VBlBW 1997, 41, 47.
113 Typisch BVerwG DVBl. 1985, 577; auch BGHZ 53, 245.
114 BVerwG NJW 1987, 1501.
115 BVerwG NVwZ 1992, 563; BVerwGE 96, 337.
116 BVerwG DVBl. 1993, 620.

dere Gerichte anderen Sachverhalt angenommen haben[117]. Hierzu müssen die Beteiligten sich vorher haben äußern können[118]. Zur Verwertung mittelbarer Beweise Böhm, NVwZ 1996, 427.

Die Beschränkung auf diese Ablehnungsgründe ist häufig problematisch. **34** Sie schließt die Ablehnung mit der Begründung aus, dass das Gericht **vom Gegenteil bereits überzeugt** sei[119]. Deshalb kann ein zulässig gestellter Beweisantrag auf Einholung eines Sachverständigengutachtens nur analog § 244 Abs. 3 S. 2 StPO abgelehnt werden, nicht hingegen entsprechend § 244 Abs. 4 S. 2 StPO mit der Begründung, es sei bereits auf Grund eines früheren Gutachtens vom Beweis des Gegenteils der behaupteten Tatsache überzeugt[120]. Geht das Gericht davon aus, ein Sachverständigengutachten – gleich welchen Inhalts – könne seine auf Grund verschiedener Indizien gewonnene Überzeugung nicht mehr erschüttern, so liegt darin eine verfahrensfehlerhafte **unzulässige Vorwegnahme der Beweiswürdigung**[121] (vgl. § 108 Rn. 3). Ebenso wenig rechtfertigt die möglicherweise nahe liegende Erwartung, bei der beantragten Beweiserhebung »komme nichts heraus«, eine Ablehnung des Antrages[122] oder unter Hinweis auf die mangelnden Erfolgschancen bei der Zeugenaussage[123].

In der Praxis bereitet die Heranziehung offenkundiger oder gerichtskundiger Tatsachen oder allgemeiner Erfahrungssätze oft Schwierigkeiten. Über **35** **offenkundige Tatsachen**[124] braucht kein Beweis erhoben zu werden. Das Gericht muss in der Regel aber den Beteiligten mitteilen, dass es eine Tatsache als offenkundig ansieht, um ihnen Gelegenheit zur Äußerung hierzu zu geben[125]. **Gerichtskundige Tatsachen** sind nur solche, von denen das Gericht aus amtlicher Veranlassung außerhalb des Verfahrens Kenntnis erlangt hat und die ihm noch so sicher bekannt sind, dass es der Feststellung aus den Akten nicht bedarf. Ob diese Voraussetzungen erfüllt sind, lässt sich nicht etwa abstrakt für asylrechtliche Streitigkeiten, sondern immer nur **konkret für bestimmte Tatsachen** beantworten[126]. Sie dürfen zur Sachverhaltsfeststellung nur verwertet werden, wenn sie in der mündlichen Verhandlung erörtert werden[127]. Die Beteiligten müssen sich zu dieser Gerichtskunde äußern können. In gleicher Weise können angebliche **allgemeine oder besondere Erfahrungssätze** oder dem **Gericht eigene Sachkunde** nur verwertet werden, wenn sie zum Gegenstand der mündlichen

---

117 BVerwGE 85, 92.
118 BVerwG Buchh. 310 § 108 Nr. 251.
119 BVerwG NJW 1982, 244; 1983, 250; 1984, 2962; NVwZ 1987, 405; DVBl. 1993, 209; Buchh. 310 § 86 Abs. 1 Nr. 229; Kassel NVwZ-Beil. I 1999, 23; aber auch Buchh. 310 § 86 Nr. 212; offener Kassel NVwZ-RR 1996, 128.
120 Kassel (9. Sen.) NVwZ-Beil. I 1999, 23 gegen Kassel (12. Sen.) InfAuslR 1997, 133.
121 BVerwG NVwZ-RR 1999, 336; Buchh. 310 § 86 Abs. 1 VwGO Nr. 320.
122 BVerwG NVwZ-RR 1999, 336; NVwZ 1993, 378; NJW 1968, 1441; Jacob, VBlBW 1997, 41, 46.
123 BVerwG InfAuslR 1996, 28.
124 Zum Begriff BVerwG NVwZ 1983, 99.
125 Die Rechtsprechung schwankt wie hier etwa BVerfGE 12, 112 f.; 48, 209; BVerwG NVwZ 1983, 738; NJW 1969, 2219; BSG NJW 1971, 167; OLG Hamm NJW 1970, 907; Lifschütz NJW 1969, 305; der Hinweis wird als überflüssig angesehen, wenn offenkundige Tatsachen allen Beteiligten gegenwärtig sind: BSG NJW 1979, 1063 m. krit. Anm. Schneider MDR 1979, 305; BGHZ 31, 43; BSG NJW 1973, 392; aber wer weiß dies schon ohne vorherigen Hinweis!
126 Mannheim NVwZ-Beil. I 1999, 68 L.
127 BVerfGE 10, 177, 182 ff.

Verhandlung gemacht werden, besonders wenn sie nur dem Gericht geläufig sind[128]. Auch hier sind die Grenzen fließend; Selbstverständlichkeiten brauchen nicht erörtert zu werden.

36 In **Asylverfahren** ist daher regelmäßig vorab eine Liste mit den dem Gericht zur Verfügung stehenden Erkenntnismitteln (Auskünfte, Gutachten, Zeitungsartikel etc.) den Beteiligten zu übersenden, wobei das Gericht für die Aktualität der Erkenntnismittel wie etwa der Lageberichte des Auswärtigen Amtes Sorge zu tragen hat[129]. Wird bei der allgemeinen Übersendung von Erkenntnismittellisten hinreichend deutlich, dass die darin genannten Gutachten und Stellungnahmen Grundlage künftiger Entscheidungen zu dem betreffenden Asylland sein sollen, soll bei einer Entscheidung nach § 101 Abs. 2 ein Hinweis darauf entbehrlich sein[130]. Ist die Liste umfangreich (nicht selten mehrere hundert Dokumente), sind diese mindestens nach Stichworten aufzugliedern, damit das rechtliche Gehör gewahrt bleibt. Das gilt auch für etwaige besondere Sachkenntnisse ehrenamtlicher Richter[131]. Deshalb ist auch die Verwertung tatsächlicher Feststellungen aus anderen Verfahren ohne vorherige Bekanntgabe an die Beteiligten ebenso unzulässig[132] wie solche Verwertung von Erkenntnisquellen zum Inhalt und Zweck ausländischer Rechtsnormen[133]. Die Verwertung von Erkenntnissen aus anderen Verfahren ist gerade in **Asylstreitigkeiten** von besonderer Bedeutung. Die Gerichte sind auf solche Verwertung angewiesen; hierbei sind sie verpflichtet, die für die Entscheidung maßgeblichen **Erkenntnisquellen** zu **benennen**[134] (zur Akteneinsicht vgl. § 100 Rn. 1). Die Frage, wann die fachgerichtlichen Ermittlungen »hinreichend verlässlich« und »dem Umfang nach, bezogen auf die besonderen Gegebenheiten im Asylbereich, zureichend« sind[135], ist schwer zu beantworten; verfassungsrechtlich zu überprüfen ist die fachgerichtliche Bewertung nur daraufhin, ob sie anhand der gegebenen Begründung noch nachvollziehbar sind und auf einer verlässlichen Grundlage beruhen[136]. Wegen der Feststellungsbedürftigkeit des Asylgrundrechts hat die Sachaufklärungspflicht nach § 86 Abs. 1 S. 1 verfassungsrechtliches Gewicht[137]. So darf das Gericht von der Aufklärung entscheidungserheblicher Umstände nicht allein deshalb absehen, weil es wegen der sehr späten Einführung in das Verfahren an deren »Glaubhaftmachung« fehle[138]. Grundsätzlich aber kann der Richter ein aus amtlicher Veranlassung gewonnenes sicheres Bild der tatsächlichen Verhältnisse der Entscheidung ohne weitere Beweisaufnahme als gerichtskundig zu Grunde legen[139]; dem sind jedoch zumindest dann Grenzen gesetzt, wenn die Verhältnisse von einem anderen Obergericht

---

128 BVerwGE 67, 173; NVwZ 1987, 47; VRspr. 26, 570; enger JR 1964, 71; Bautzen SächsVBl. 2002, 146; Münster NVwZ-Beil. I 2002, 53.
129 BVerwG NVwZ-Beil. I 2003, 86.
130 Mannheim NVwZ-Beil. 1999, 107.
131 BSGIJR 1962, 208; vgl. hierzu Döhring JZ 1968, 641.
132 BVerwG MDR 1984, 609.
133 BVerwG DÖV 1984, 776.
134 BVerfG NVwZ-Beil. I 1999, 81.
135 BVerfGE 76, 143; 83, 216.
136 BVerfG InfAuslR 1991, 85; 1992, 231; 1996, 355; 2000, 254.
137 BVerfG InfAuslR 2000, 254; NVwZ-Beil. I 2002, 74.
138 BVerwG NVwZ-Beil. I 2001, 40.
139 BVerwG NVwZ 1990, 571.

anders bewertet werden[140]. Auch wenn die Beurteilung der Glaubwürdigkeit des Asylbewerbers und etwaiger Zeugen zum Wesen richterlicher Rechsfindung zählt, können besondere Umstände in der Persönlichkeitsstruktur des Betroffenen die Hinzuziehung eines in Bezug auf Aussagepsychologie Fachkundigen erfordern, weshalb ein Absehen davon ermessensfehlerhaft wäre[141].

c) **Besondere Ablehnungsgründe.** Freier ist das Gericht bei Beweisanträgen, **37** deren Befolgung in seinem **Ermessen** steht. Das gilt schon für die **Einholung eines Sachverständigengutachtens**[142], wenn auch hier das Ermessen bei widerstreitendem Vortrag zu rechtserheblichen Fachfragen zur Einholenspflicht reduziert sein kann[143]. Eine Reduzierung fehlt in der Regel bei bloßem Antrag auf Einholung eines Obergutachtens (§ 412 ZPO)[144]; im Einzelnen vgl. § 98 Rn. 12. Möglicher Ablehnungsgrund ist die **eigene Sachkunde des Gerichts**. Das Tatsachengericht hat grundsätzlich **nach richterlichem Ermessen** zu entscheiden, ob es sich die erforderliche Sachkunde zutraut. Dies kann ausnahmsweise dazu führen, dass das Gericht ein Sachverständigengutachten zu Prüfungsleistungen im Zweiten Juristischen Staatsexamen einholt, wenngleich das Verwaltungsgericht i.d.R. die erforderliche Qualifikation selbst besitzt[145]. Seine Aufklärungspflicht verletzt es erst, wenn es sich eine ihm unmöglich zur Verfügung stehende Sachkunde zuschreibt oder seine Entscheidungsgründe auf mangelnde Sachkunde schließen lassen[146]. Das Gericht hat in seiner Entscheidung anzugeben, woher es seine Sachkunde bezieht. Zur Beiziehung eines Sachverständigen ist es nur verpflichtet, soweit es sich keine genügende Sachkenntnis zutrauen darf[147]. »Rechtliches Gehör« wird deshalb nicht verletzt, wenn das Gericht den Antrag, ein Sachverständigen-Gutachten einzuholen, ablehnt, weil es sich auf der Grundlage von als »Urkunden« vorliegender Äußerungen sachverständiger Stellen sachkundig genug fühlt[148]. Gegenbeweisanträgen gegen solche Erfahrungssätze braucht deshalb auch nicht entsprochen zu werden, wenn sie in jedem Falle erfolglos bleiben müssen.

Wenn aber ein Gutachten eingeholt wurde, so umfasst die Verpflichtung des Gerichts zur Gewährung rechtlichen Gehörs in der Regel auch die **Anordnung des persönlichen Erscheinens eines gerichtlich bestellten Sachverständigen** zur Erläuterung seines schriftlichen Gutachtens, sofern ein Beteiligter dies beantragt (§ 98 VwGO i.V.m. §§ 397, 402 ZPO)[149]. Es besteht

---

140 BVerwG NVwZ 1990, 674; Buchh. 310 § 98 Nr. 31; 402.25 § 1 AsylVfG Nr. 90. Vgl. dazu auch Bertrams DVBl. 1990, 1129 ff. Eingehend Rothkegel NVwZ 1992, 313 ff.

141 BVerwG NVwZ-Beil. I 2003, 41: Aufklärungspflicht des Gerichts bei geltend gemachter Traumatisierung; vgl. hierzu Treiber ZAR 2002, 282; Haenel ZAR 2003, 18.

142 Vgl. z.B. BVerwG Buchh. 310 § 86 Abs. 1 Nr. 267; Mannheim ESVGH 45, 314.

143 Z.B. BVerwG NVwZ 1986, 37; DÖV 1985, 208; NJW 1981, 1748.

144 BVerwG Buchh. 310 § 86 Abs. 1 Nr. 238; JR 1968, 437; DÖV 1962, 504; DVBl. 1960, 287.

145 BVerwG, B. v. 21.7.1998 – 6 B 44.98 n.v.

146 BVerfGE 54, 87, 92; BVerwG NordÖR 1999, 73.

147 Kassel NVwZ-Beil. 1996, 43.

148 Magdeburg NVwZ-Beil. I 1999, 57.

149 BVerfG NJW 1998, 2273; NVwZ-Beil. I 2002, 74; BGH NJW 1998, 162; Mannheim VBlBW 1998, 148; a.A. für den Fall des Freibeweises Kassel (9. Sen.) NVwZ-Beil. I 1999, 23; Mannheim AuAS 1997, 224: Einholung eines weiteren Sachverständigengutachtens beantragen; gegen Kassel (12. Sen.) InfAuslR 1997, 133.

aber keine Verpflichtung des Gerichts, von sich aus den Privatgutachter eines Beteiligten zu befragen, wenn dieser es unterlässt, sich in der mündlichen Verhandlung seines Beistands zu bedienen oder dessen Einvernahme zu beantragen[150].

38 Auch die **Durchführung eines Ortstermins** steht im Ermessen des Gerichts[151]; denn die gebotene **Ermittlung der tatsächlichen Verhältnisse** setzt nicht zwingend eine Augenscheinseinnahme voraus[152]. Liegen eindeutige Lichtbilder vor, bedarf es einer Ortsbesichtigung nur, wenn ein Beteiligter geltend macht, dass die Fotos bezüglich bestimmter wesentlicher Merkmale keine Aussagekraft besitzen[153]. Der Verzicht auf eine Ortsbesichtigung zur Abgrenzung von §§ 34, 35 BauGB kann aber im Einzelfall ein Verstoß gegen § 86 Abs. 1 sein[154].

39 Für den **Urkundenbeweis** gelten nach § 98 die Vorschriften der Zivilprozessordnung entsprechend. Soweit es sich um öffentliche Urkunden handelt, erbringen sie den vollen Beweis für die enthaltenen Erklärungen (§ 415 Abs. 1 ZPO), amtlichen Anordnungen, Verfügungen und Entscheidungen (§ 417 ZPO) sowie die bezeugten Tatsachen (§ 418 Abs. 1 ZPO). Derjenige, zu dessen Nachteil sich die gesetzliche Beweisregel auswirkt, kann den **Beweis für die Unrichtigkeit** der beurkundeten Tatsachen antreten; ein derartiger Beweisantritt verlangt einerseits den vollen Nachweis eines anderen Geschehensablaufs[155]. Er muss substantiiert sein, d.h. es muss nach dem Vorbringen des Beteiligten eine gewisse Wahrscheinlichkeit für die Unrichtigkeit der bezeugten Tatsachen dargelegt werden[156]. Ein bloßes Bestreiten genügt nicht, vielmehr ist ein **qualifiziertes Bestreiten** erforderlich[157]. Der praktisch wichtigste Fall betrifft die **Postzustellungsurkunde**, bei der es sich auch nach Privatisierung der Post um eine **öffentliche Urkunde** i.S.d. § 418 ZPO handelt[158]. Entsprechendes gilt für den **Eingangsstempel** des Gerichts[159].

40 d) **Fehlerfolgen.** Die vorstehenden Grundsätze gehören zu den Verfahrensrechten der Beteiligten. Ihre Verletzung ist ein **Verfahrensfehler**, der über § 124 Abs. 2 Nr. 5 zur **Zulassung der Berufung**[160] und § 132 Abs. 2 Nr. 3 zur **Zulassung der Revision** führen und diese rechtfertigen kann[161], wenn die Entscheidung auf dem Fehler beruhen kann[162]. Die Gründe für die Ablehnung von Beweisanträgen brauchen aber nicht ausdrücklich im Urteil aufgeführt zu sein, es genügt, wenn sie sich aus der Urteilsbegründung insgesamt ergeben. Das Rügerecht kann verloren gehen, wenn es in der

---

150 München BayVBl. 2002, 378.
151 BVerwGE 28, 317.
152 BVerwG NVwZ 1998, 290 für die Beurteilung, ob zwei Teilstrecken eines Straßenzugs eine einzelne Erschließungsanlage bilden.
153 BVerwG NordÖR 1998, 443.
154 BVerwG DÖV 1992, 500.
155 BVerwG NJW 1984, 2962.
156 BVerwG NJW 1986, 2127.
157 BFH NVwZ 2000, 239; BSG NVwZ-RR 1999, 352.
158 BVerfG NStZ-RR 1998, 73; BFH NVwZ 2000, 239; OLG Frankfurt NJW 1996, 3159; LG Bonn ZIP 1998, 401; a.A. VG Frankfurt NJW 1997, 3329.
159 BGH NJW 1998, 461.
160 Bautzen SächsVBl. 1998 288.
161 BVerwGE 2, 310, 329; NJW 1954, 1094, DVBl. 1970, 464; 1978, 452; NVwZ 1987, 825.
162 BVerwG NJW 1986, 2452 zu § 86 Abs. 2.

Verhandlung nicht ausgeübt wird, insbesondere der Beweisantrag nicht gestellt wird[163] oder aber das Fehlen der Begründung der Ablehnung nach § 86 Abs. 2 nicht gerügt wird[164]. Die sehr häufige Rüge der **Verletzung der Aufklärungspflicht** scheitert oft daran, dass es nach st. Rspr. des BVerwG ausschließlich darauf ankommt, ob das Tatsachengericht von seiner Rechtsauffassung ausgehend weiter hätte aufklären müssen (z.B. Buchh. 310 § 108 Nr. 143; 402.24 § 13 Nr. 9); es also unerheblich ist, ob weitere Aufklärung bei Annahme abweichender Rechtsmeinung notwendig gewesen wäre. Ist die richterliche **Kontrolldichte begrenzt** (dazu § 114 Rn. 14), so **reduziert** sich auch der Umfang der **Aufklärungspflicht** entsprechend.
Zum Umfang der Aufklärungspflicht bei der Ermittlung einer Verkehrsauffassung vgl. BVerwG Buchh. 418.74 Nr. 17 und von ausländischem Recht vgl. BVerwG NVwZ 1989, 1177; BGH NJW 1995, 1032.

e) **Absehen von beschlossener Beweiserhebung.** Will das Gericht einen bereits erlassenen **Beweisbeschluss nicht ausführen,** muss es den Verfahrensbeteiligten Gelegenheit geben, sich hierauf einzustellen[165], ehe ein Urteil verkündet wird. Dies gilt auch für den Fall, dass das Gericht seinen Beweisbeschluss nicht vollständig »abarbeitet«; dessen Aufklärungspflicht ist jedoch nicht verletzt, wenn vom Gericht angeordnete Beweise aus Sicht der anwaltlich vertretenen Partei unzureichend oder unvollständig erhoben werden, diese aber zu erkennen gibt, dass sie keinen Bedarf für weitere Aufklärung sieht[166]. Ein Hinweis ist auch erforderlich, wenn der Kläger sich auf Fragen des Gerichts zur Beeidigung seiner Aussagen bereit erklärt hat, das Gericht aber hiervon absehen will[167].   **41**

f) **Unterrichtung der Beteiligten.** Zu den Mitwirkungsrechten gehört schließlich der Anspruch der Beteiligten, über die vom Gericht zur Sachaufklärung vorgenommenen Maßnahmen, insbesondere über die Beiziehung von Akten und Urkunden unterrichtet zu werden. Die Beteiligten müssen vor, spätestens bei Beginn der mündlichen Verhandlung erfahren, welche Unterlagen dem Gericht für die Entscheidung vorliegen[168], ein Grundsatz, gegen den oft verstoßen wird (vgl. auch § 87 Rn. 4).   **42**

IV. Aufklärungspflicht des Vorsitzenden

§ 86 Abs. 3 gibt dem **Vorsitzenden** auf, **auf die Beseitigung von Formmängeln,** auf klare sachdienliche **Anträge** und möglichst lückenlose und widerspruchsfreie Darlegung des Sachverhalts etwaiger Beweisanträge **hinzuwirken.** Eine Konkretisierung dieser Aufgaben ergibt sich aus § 87 (vgl. die Erläuterungen dort). § 86 Abs. 3 ist inhaltlich weitgehend mit § 139 ZPO – hinzu tritt § 278 Abs. 3 ZPO über § 173 – identisch, die Bestimmung ist keine Besonderheit des Verwaltungsprozesses, insbesondere nicht, wie oft verkannt wird, Ausfluss der Untersuchungsmaxime, sondern lediglich die gesetzliche Fixierung einer in jedem Verfahren geltenden Rechtspflicht des Gerichts. Der Vorsitzende wird von den Rechten und Pflichten   **43**

163   BVerwG Buchh. 310 § 86 Abs. 2 Nr. 36.
164   BVerwG NJW 1989, 1233.
165   BVerwGE 17, 172; NJW 1965, 413; B. v. 5.11.2001 – 7 B 56.01 – n.v.
166   BVerwG NVwZ 2001, 922.
167   BVerwG MDR 1965, 235.
168   BVerwGE 44, 152; BVerfG NVwZ-Beil. I 1999, 81.

des § 86 Abs. 3 im Verwaltungsprozess freilich intensiveren Gebrauch machen müssen, da infolge Fehlens des Anwaltszwanges beim VG der oft rechts-, insbesondere verfahrensunkundige Betroffene auf Fehler, Lücken und Unklarheiten seines Vorbringens hingewiesen werden muss, im Übrigen aber die prozessual- und materiell-rechtlichen Fragen vielfach schwierig gelagert sind, sodass ihre Erörterung notwendig ist, um den Weg zu der von den Beteiligten gewünschten Sachentscheidung zu öffnen. Ihm obliegt insbesondere eine Formulierungshilfe bezgl. der Anträge[169]. Der Prozess dient der Sachentscheidung, Aufgabe des Gerichts ist es, sie wenn irgend möglich zu treffen.

44   Die **Erfüllung der Aufgabe des** § 86 Abs. 3 ist oft nicht leicht, da die Grenzen zwischen zulässiger und notwendiger richterlicher Aufklärung und unzulässiger richterlicher Beratung und Überredung schwer zu ziehen sind, sinnvolle Hinweise nicht selten mit der Ablehnung wegen Befangenheit (hierzu § 54 Rn. 11) beanstandet werden. Allerdings können Hinweise des Vorsitzenden zur Beweis- und Rechtslage im »Rechtsgespräch« ebenso wie Verfahrensverstöße eine **Besorgnis der Befangenheit** nur dann rechtfertigen, wenn auch Gründe glaubhaft gemacht werden, aus denen bei objektiver Betrachtung auf eine unsachliche Einstellung des Richters gegenüber dem Kläger hinsichtlich des Verfahrensausganges geschlossen werden kann[170].

45   Die richterliche Hinweispflicht wird aber auch dadurch besonders schwierig, dass die **Verfahrensfragen** oft ungeklärt sind, unterschiedliche Auffassungen in den Instanzen möglich sind und deshalb Anregungen und Ratschläge für die Beteiligten sich als falsch und nachteilig herausstellen können. Der Vorsitzende kann auch bei klaren und unmissverständlichen Anträgen Änderungen anregen, wird dies sogar müssen[171]. Die Anregung aber, an Stelle eines Verpflichtungs- einen Anfechtungsantrag zu stellen, kann sich als verfehlt erweisen, wenn die höhere Instanz den Verpflichtungsantrag für richtig hält und deshalb die Sache, weil infolge des Antragswechsels nicht genügend geklärt, gemäß §§ 130, 144 zurückverweist. Der Hinweis, eine subjektive Klageänderung vorzunehmen, weil nach Auffassung des OVG bisher die falsche Körperschaft oder Behörde verklagt worden sei, kann für den Kläger zum Bumerang werden, wenn das Revisionsgericht in diesem Punkt anderer Meinung ist, da im Revisionsverfahren die erneute Klageänderung ausgeschlossen ist (§ 142). Der Vorsitzende sollte deshalb überall dort, wo **Zweifelsfragen über das sachdienliche Vorgehen** bestehen, diese lediglich erörtern, in den Bereich der eigenen verantwortlichen Entscheidung der Beteiligten aber weder durch Überredung noch auch nur nachdrückliche Darstellung der Auffassung des Gerichts eingreifen[172]. **Beurteilungsrisiken** kann der Vorsitzende den Beteiligten nicht abnehmen[173]. Sind mehrere Klage- oder Verteidigungsgründe denkbar, aber noch nicht vorgetragen, so soll der Vorsitzende eine Ergänzung

---

169   BVerwG NJW 1977, 1465.
170   Berlin NVwZ-RR 1997, 14.
171   BVerwG NVwZ 1993, 62; BVerwGE 16, 94, 98; auch wenn hiermit Klageänderung verbunden ist, VRspr. 28, 873.
172   Vgl. hierzu BVerwGE 16, 94; 21, 217; 29, 261; BFH, NJW 1968, 1111; Tietgen DVBl. 1963, 780; Fliegauf DVBl. 1963, 665; Menger/Erichsen VerwA 58, 76; zu welchen Konsequenzen unzutreffende Hinweise führen können, zeigt BGH NJW 1974, 1865.
173   BVerwG Buchh. 310 § 88 Nr. 17.

des Vortrags nur anregen, wenn die Partei sie erkennbar übersieht oder das Gericht sie als rechtserheblich von Amts wegen beachten muss. Sind sie dagegen bekannt und hängt ihre Beachtung von der Einlassung des Beteiligten ab, so ist es dessen Sache, über ihren Vortrag zu entscheiden. Hier würde eine Hinweispflicht praktisch zur Beratung eines Beteiligten führen, die unzulässig ist[174].

§ 86 Abs. 3 gilt nur **innerhalb eines anhängigen Verfahrens**[175], hier aber **46** unabhängig von der Durchführung einer mündlichen Verhandlung. Wird in einer solchen ein richterlicher Hinweis gegeben und kommt der betreffende Beteiligte ihm nicht nach, so ist dies in das Sitzungsprotokoll aufzunehmen[176].

Auch in den hier aufgezeigten Grenzen stellt § 86 Abs. 3 für den Vorsitzen- **47** den wesentliche Aufgaben. Es geht nicht nur um Schutz und Hilfestellung für die Beteiligten bei der Wahrnehmung ihrer Mitwirkungspflicht, wie BVerwG DVBl. 1984, 1005 viel zu einengend meint, sondern ebenso bei der Ausübung ihrer Mitwirkungsrechte wie überhaupt in der Verwirklichung der Aufgabe jedes Verfahrens, zu dem möglichst richtigen Sachurteil zu kommen. Der Vorsitzende hat deshalb bei allen Unklarheiten im Vorbringen der Beteiligten zu fragen[177], er hat auf Beseitigung formaler Mängel hinzuwirken, die Beteiligten zu eindeutiger Formulierung ihrer Anträge zu veranlassen, die Möglichkeiten der Aufklärung des Sachverhalts, insbesondere die möglichen Beweismittel mit den Beteiligten zu besprechen. Die Hinweispflicht soll **Überraschungsentscheidungen verhindern**; die Wiederholung bereits ergangener rechtlicher Hinweise ist aber nicht erforderlich[178]; Urteile, die auf Gründen beruhen, die weder im Verwaltungsverfahren noch im Rechtsstreit erörtert worden sind, leiden meist an einer Verletzung der Hinweispflicht[179]. Die umfangreiche Judikatur zu § 139 ZPO – jetzt auch § 278 Abs. 3 ZPO –[180] kann zur Auslegung des § 86 Abs. 3 weitgehend herangezogen werden. § 86 Abs. 3 steht in engem Zusammenhang mit § 108 Abs. 2, vgl. deshalb auch § 108 Rn. 4 ff.

V. Verfahrensmängel

Die **Rüge der Verletzung der Aufklärungspflicht** ist der Hauptfall der Ver- **48** fahrensrüge in der Revision (vgl. BVerwGE 1, 29 ff.) und nun auch im Berufungsverfahren (vgl. § 124 Abs. 2 Nr. 5). Wird etwa die Beiziehung bestimmter Akten erfolglos angeregt oder beantragt, bleibt den Beteiligten nur die Möglichkeit, dies im Rahmen des Rechtsmittelverfahrens gegen die gerichtliche Entscheidung als Verfahrensfehler der unzureichenden Aufklärung des Sachverhalts geltend zu machen[181]. Hat das Gericht die vorgenannten Pflichten und ihre Konkretisierung in den weiteren Vorschriften der VwGO verletzt, so kann hierauf vielfach die Entscheidung beruhen.

---

174 Ähnlich auch BVerwG DÖV 1971, 716; BVerwG NJW 1972, 1435.
175 BVerwG Buchh. 310 § 86 Abs. 3 Nr. 43; Kassel NJW 1969, 1399.
176 Eyermann/Geiger Rn. 56.
177 BVerwG DVBl. 1961, 40; Münster OVGE 1, 102.
178 BVerwG AgrarR 1996, 35.
179 BVerwG NJW 1984, 140; NVwZ 1984, 646; BVerwGE 36, 264; DVBl. 1980, 598; Buchh. 310 § 86 Abs. 3 Nr. 43.
180 Vgl. Baumbach/Hartmann § 139 Rn. 43 ff.
181 Schleswig NordÖR 2001, 395.

Die Revisionsrüge und der Antrag auf Zulassung der Berufung setzen genaue Angaben, insbesondere aber die eigene Erfüllung der Mitwirkungslast des Beteiligten (oben Rn. 13 ff.) voraus. Das BVerwG bezieht die Aufklärungsrüge aus § 86 Abs. 1 ausschließlich auf Tatfragen[182], nicht auf Rechtsfragen. Die Unterlassung ihrer Erörterungen, also insbesondere eine Verletzung der Hinweispflicht des § 86 Abs. 3, kann eine Verletzung des Art. 103 GG sein (vgl. § 108 Rn. 7). Im Einzelnen vgl. § 132 Rn. 16 ff.; § 139 Rn. 10 f.

§ 86a [Elektronische Dokumente]

(1) Soweit für vorbereitende Schriftsätze und deren Anlagen, für Anträge und Erklärungen der Parteien sowie für Auskünfte, Aussagen, Gutachten und Erklärungen Dritter die Schriftform vorgesehen ist, genügt dieser Form die Aufzeichnung als elektronisches Dokument, wenn dieses für die Bearbeitung durch das Gericht geeignet ist. Die verantwortliche Person soll das Dokument mit einer qualifizierten elektronischen Signatur nach dem Signaturgesetz versehen.

(2) Die Bundesregierung und die Landesregierungen bestimmen für ihren Bereich durch Rechtsverordnung den Zeitpunkt, von dem an elektronische Dokumente bei den Gerichten eingereicht werden können, sowie die für die Bearbeitung der Dokumente geeignete Form. Die Landesregierungen können die Ermächtigung durch Rechtsverordnung auf die für die Verwaltungsgerichtsbarkeit zuständigen obersten Landesbehörden übertragen. Die Zulassung der elektronischen Form kann auf einzelne Gerichte oder Verfahren beschränkt werden.

(3) Ein elektronisches Dokument ist eingereicht, sobald die für den Empfang bestimmte Einrichtung des Gerichts es aufgezeichnet hat.

I. Grundlagen

1 § 86a wurde durch das Gesetz zur Anpassung der Formvorschriften des Privatrechts und anderer Vorschriften an den modernen Rechtsverkehr v. 13.7.2001 (BGBl. I S. 1542) – zeit- und wortgleich mit § 130a ZPO, § 46b ArbGG, § 108a SGG und § 77a FGO – eingefügt in die VwGO und öffnet den Verwaltungsprozess für die elektronische Datenübermittlung. Grundlage ist das Gesetz über die Rahmenbedingungen für elektronische Signaturen (**Signaturgesetz** – SigG) v. 16.5.2001 (BGBl. I S. 876), das auf die **Richtlinie 1999/93/EG** des Europäischen Parlaments und des Rates v. 13.12.1999 über gemeinschaftliche **Rahmenbedingungen für elektronische Signaturen** (ABlEG L 13 v. 19.1.2000, S. 12) zurückgeht; ferner besteht die Verordnung zur elektronischen Signatur (Signaturverordnung – SigV) v. 21.11.2001 (BGBl. I S. 3074).

II. Begriffe

2 **1. Elektronisches Dokument.** Ein elektronisches Dokument ist eine mittels Datenverarbeitung erstellte Datei, die auf einem Datenträger aufgezeichnet

---

182 BVerwGE 31, 337; NJW 1976, 766.

werden kann; der Weg, auf dem es übertragen wird, ist irrelevant[1]. In der Regel erfolgt die Übertragung nicht (allein) unter Benutzung öffentlicher Telekommunikationsnetze, sondern unter Einschaltung von Rechnernetzen, dürften wegen § 86a Abs. 3 aber nicht gemeint sein. Die Telekopie zählt nicht hierzu; hierunter versteht der über § 173 anwendbare § 130 Nr. 6 ZPO ein Telefax oder Computerfax, das durch Übermittlung durch einen Telefaxdienst als international normierten Telekommunikationsdienst zur originalgetreuen Übertragung von Schrift- und Bildvorlagen über das öffentliche Telekommunikationsnetz übertragen wird. Zwar befindet sich auch beim Computerfax eine Textdatei als elektronisches Dokument im Computer des Absenders, maßgeblich ist aber – ebenso wie beim Telefax – ausschließlich der bei Gericht erfolgende Ausdruck auf Papier als körperliche Urkunde[2]. Der Begriff des elektronischen Dokuments entspricht vielmehr der »nur maschinell lesbaren« Aufzeichnung i.S.d § 690 Abs. 3 ZPO[3].

2. Elektronische Signatur. Eine elekronische Signaturen sind Daten in elektronischer Form, die anderen elektronischen Daten beigefügt oder logisch mit ihnen verknüpft sind und die zur Authentifizierung dienen (§ 2 Nr. 1 SigG); solche Signaturen verfügen über keinen Sicherheitswert, weil sie weder fälschungssicher noch untrennbar mit anderen Daten verknüpft sein müssen, weshalb selbst eine jederzeit fälschbare und entfernbare eingescannte Unterschrift dieser Begrifflichkeit genügt. Die nach § 86a erforderliche qualifizierte elektronische Signatur ist gemäß § 2 Nr. 3 SigG eine fortschrittliche elektronische Signatur (§ 2 Nr. 2 SigG), die auf einem zum Zeitpunkt ihrer Erzeugung gültigen qualifierten Zertifikat beruht und mit einer sicheren Signaturerstellungseinheit erzeugt wird. § 2 Nr. 2 SigG fordert für fortschrittliche Signaturen, dass diese ausschließlich dem Signaturschlüssel-Inhaber zugeordnet sind, seine Identifizierung ermöglichen, mit Mitteln erzeugt werden, die er unter seiner alleinigen Kontrolle halten kann, und mit Daten, auf die sie sich beziehen, so verknüpft sind, dass eine nachträgliche Veränderung der Daten erkannt werden kann[4]. Auf diese Weise wird eine Personenidentifikation und nicht lediglich eine Rechneridentifikation ermöglicht[5]. **3**

III. Anwendungsbereich

1. Personeller Anwendungsbereich. § 86a gilt für alle Beteiligten am Verwaltungsprozess. Dass die Norm nur Parteien nennt, ist auf zeit- und wortgleiche Ermöglichung elektronischer Datenübermittlung in allen Prozessordnungen zurückzuführen, bei der auf deren Eigenheiten keine Rücksicht genommen wurde. Die Übernahme der zivilprozessualen Formulierung bedeutet keine Beschränkung des Gebrauchs moderner Kommunikations- **4**

---

1 Ebenso Kopp/Schenke Rn. 4; Schoch/Rudisile Rn. 14; enger Eyermann/Geiger Rn. N 3: nur E-Mail.
2 GemS BVerwGE 111, 377.
3 Vgl. die amtl. Begr. zu § 130a ZPO BT-Drs. 14/4987, S. 24; Zöller/Greger § 130a Rn. 2; a.A. Sodan/Schmid Rn. 8.
4 Vgl. zu elektronischen Signaturen Roßnagel NJW 2003, 469; Roßnagel/Pfitzmann NJW 2003, 1209; Splittgerber CR 2003, 23.
5 Eine dahingehende Forderung war bereits in der Voraufl., § 81 Rn. 11, aus Sicherheitsgründen erhoben worden.

mittel auf Kläger und Beklagte, denn es wäre widersinnig Beigeladene und VöI hiervon ausschließen zu wollen, Dritten die elektronische Datenübermittlung aber zu ermöglichen.[6] Diese Möglichkeit des Ersatzes der Schriftform ist als zusätzliches Angebot zu verstehen und zwingt die Beteiligten nicht von ihr Gebrauch zu machen[7].

5 **2. Sachlicher Anwendungsbereich.** Die Möglichkeit des Schriftformersatzes gilt für alle Anträge und Erklärungen der Prozessbeteiligten einschließlich der Klageerhebung, der Antragstellung im Verfahren vorläufigen Rechtsschutzes und im Normenkontrollverfahren, sofern Bund und Länder in ihren Verordnungen nach § 86a Abs. 2 keine Einschränkungen vornehmen. Aus dem Wortlaut des § 86a Abs. 1 lässt sich keine Differenzierung zwischen Anträgen in vorbereitenden und solchen in bestimmenden Schriftsätzen ableiten[8]; vielmehr erfasst die Norm ihrer Entstehungsgeschichte entsprechend[9] ebenso wie ihre Parallelvorschriften in anderen Prozessordnungen sämtliche Anträge und Erklärungen[10]. In Kenntnis dessen, dass §§ 519 Abs. 4, 549 Abs. 2 ZPO eine ausdrückliche Gleichstellung von Berufungs- bzw. Revisionsschrift mit vorbereitenden Schriftsätzen ausdrücklich vorsehen und in anderen Prozessordnungen vergleichbare Bestimmungen fehlen, wollte der Gesetzgeber die Gleichwertigkeit elektronischer Dokumente prozessordnungsübergreifend parallel regeln, um den Zugang zu Gericht durch ein zusätzliches Angebot zu erleichtern. Die Tragfähigkeit dieses Arguments zeigt sich darin, dass die Notwendigkeit einer qualifizierten elektronischen Signatur nicht als »Muss-«, sondern lediglich als »Soll-Vorschrift« ausgestaltet ist; hierdurch wollte der Gesetzgeber den Zugang zu den Gerichten nicht erschweren und der Rechtsprechung zu Formerfordernissen bei Schriftsätzen Rechnung tragen[11]. Die Parallelvorschrift des § 130a Abs. 1 ZPO ist § 130 Nr. 6 ZPO nachgebildet, weshalb die Rechtsprechung zum Unterschriftserfordernis entsprechend anzuwenden ist[12], was sich auch wegen der Funktion elektronischer Dokumente, die Schriftform vollständig ersetzen zu können, aufdrängt. Danach ist die Beifügung der Signatur ebenso wie diejenige der Unterschrift grundsätzlich erforderlich, wenn sie nicht aus technischen Gründen ausgeschlossen ist[13]. Insoweit ist die verwaltungsgerichtliche Rechtsprechung recht kulant (vgl. § 81 Rn. 6).

6 **3. Verfahren.** § 86a gilt in Klageverfahren vor dem VG, erstinstanzlichen Verfahren vor dem OVG – einschließlich Normenkontrollverfahren – und dem BVerwG sowie über §§ 125 Abs. 1 und 141 S. 1 in Berufungs- und Revisionsverfahren. Darüber hinaus gelten die Formvorschriften über die

---

6   Wie hier Schoch/Rudisile Rn. 17 ff.; Eyermann/Geiger Rn. N 9; Kopp/Schenke Rn. 5 f.; Bader/Kuntze Rn. 2.

7   Vgl. die amtl. Begr. zu § 130a ZPO BT-Drs. 14/4987, S. 24; wie hier Kuhla/Hüttenbrink DVBl. 2002, 87; Kopp/Schenke Rn. 1; Bader/Kuntze Rn. 2.

8   So aber Eyermann/Geiger Rn. N 6 ff.

9   Vgl. die Diskussion zu § 130a ZPO im Vermittlungsausschuss BT-Drs. 14/6044, S. 2.

10   Wie hier Kuhla/Hüttenbrink DVBl. 2002, 87; Schoch/Rudisile Rn. 18; Kopp/Schenke Rn. 5; Bader/Kuntze Rn. 2; Meyer-Ladewig, SGG § 108a Rn. 3.

11   Vgl. BT-Drs. 14/4987, S. 23.

12   Vgl. Dästner NJW 2001, 3469.

13   So auch das Ergebnis des Vermittlungsverfahrens, vgl. die Niederschrift der 765. Sitzung des BR v. 22.6.2001, S. 322.Wie hier Schoch/Rudisile Rn. 33; Kopp/Schenke Rn. 8; a.A. Zöller/Greger, ZPO § 130a Rn. 4: Reine Ordnungsvorschrift, keine Wirksamkeitsvoraussetzung.

Klageeinreichung entsprechend auch in Antragsverfahren des vorläufigen Rechtsschutzes[14]; auf sie ist auch im Berufungszulassungs- und Revisionszulassungsverfahren zurückzugreifen[15]. Trotz der Schriftformerfordernisse in § 147 Abs. 1 und § 151 S. 2 wird § 86a auch im Beschwerde- und Erinnerungsverfahren anzuwenden sein[16].

IV. Experimentierklausel

Die Verordnungsermächtigungen in § 86a Abs. 2 verdeutlichen den Charakter einer Experimentierklausel. Die Einreichung elektronischer Dokumente bei Gericht hängt danach davon ab, dass die Bundes- oder Landesregierung diesen Übermittlungsweg für ihren jeweiligen Zuständigkeitsbereich freigeben[17]. Dies wird jedoch erst geschehen, wenn die Gerichte über eine entsprechende Ausstattung verfügen. Zusätzlich zu der bereits weit verbreiteten, aber immer noch nicht überall vorhandenen **Ausstattung mit Computern mit Internet-Zugang** erfordert dies die Ausrüstung mit **Hard- und Software für Prüfung bzw. Anfügung von qualifizierten elektronischen Signaturen sowie die Ver- und Entschlüsselung.** Außerdem ist die Frage des justizinternen Umgangs mit eingehenden elektronischen Dokumenten zu klären, denn Bund und Länder sollen auch »die für die Bearbeitung der Dokumente geeignete Form« festlegen (§ 86a Abs. 2 S. 1). Darüber hinaus wird im Rahmen einer neuen »**Aktenordnung**« die Frage zu beantworten sein, ob unter »Akte« das elektronische Dokument und/oder dessen Ausdruck auf Papier zu verstehen ist.[18] In der Gerichtspraxis sind vor allem zwei Schwierigkeiten zu lösen: Zum einen muss im Hinblick auf die Bedeutung von Schriftsätzen der Beteiligten für den Ausgang gerichtlicher Verfahren, ein besonders hohes Maß an Sicherheit gewährleistet sein, dass alle Dokumente dauerhaft vollständig und unverändert vorhanden sind. Zum anderen zwingt der föderale Aufbau der Justiz in Deutschland dazu, dass Regierungen von Bund und Ländern zwar nur für ihren jeweiligen Zuständigkeitsbereich die erforderlichen Entscheidungen treffen können und müssen; die getroffenen Regelungen müssen aber gleichwohl einheitlich sein, denn jeder Rechtsanwalt in Deutschland muss bei jedem Gericht unter Beachtung derselben formalen Voraussetzungen wirksam einen Schriftsatz einreichen können. Unterschiedliche Formate von Dateien und/oder Datenträgern sowie unterschiedliche Aktenordnungen in Bund und Ländern bedeuteten ein Rückfall in Kleinstaaterei[19]. Angesichts der Schnelllebigkeit der technischen Entwicklungen im Bereich der Datenverarbeitung einschließlich der Speichermedien stellt sich außerdem die Frage,

---

14 So auch Bader/Funke-Kaiser § 80 Rn. 69.
15 Für die Berufungszulassung ebenso München BayVBl. 1999, 182; Kopp/Schenke § 124a Rn. 46; im Übrigen Schoch/Rudisile Rn. 12.
16 Vgl. Schoch/Rudisile Rn. 13; auch Kopp/Schenke § 147 Rn. 2 und Bader/Bader §147 Rn. 6 verweisen wegen der Schriftform auf § 81.
17 Vgl. Verordnung über den elektronischen Rechtsverkehr beim BGH (Elektronische Rechtsverkehrsverordnung – ERVVOBGH) v. 26.11.2001 (BGBl. I S. 3225); Hamburgische Verordnung über den elektronischen Rechtsverkehr in gerichtlichen Verfahren v. 9.4.2002 (HambGVBl. 2002 S. 41).
18 Der Abschlussbericht des VG Sigmaringen v. 14.10.2002 über einen mehrjährigen Versuch mit elektronischen Akten offenbart bereits justizintern erheblichen Handlungs- bzw. Regelungsbedarf (http://www.justiz.baden-wuerttemberg.de/vg/VGSIG/serr/Abschlussbericht.doc).
19 Ebenso Dästner NJW 2001, 3469.

auf welche Weise über lange Zeiträume eine **Dokumentation der Recht-sprechung** gewährleistet werden soll.

V. Eingang bei Gericht

8 § 86a Abs. 3 ergänzt die Regelung des § 81 Abs. 1 betreffend den Eingang bei Gericht entsprechend den technischen Gegebenheiten elektronischer Datenübermittlung. Maßgeblich ist danach, wann die für den Empfang bestimmte Einrichtung des Gerichts das **elektronische Dokument aufge-zeichnet** hat; auf den späteren Ausdruck kommt es deshalb nicht an. Die Übermittlung per E-Mail wird die häufigste Form sein; sofern das Gericht über einen eigenen E-Mail-Postfachserver verfügt, ist das Dokument mit der dortigen Aufzeichnung eingegangen, was durch eine E-Mail-Eingangs-bestätigung dokumentiert werden kann. Wurde ein zentraler Server für mehrere Gerichte und/oder (Justiz-)Behörden eingerichtet, von dem das angerufene Gericht seine E-Mail abrufen muss, ist der Eingang bei der zentralen Einrichtung entscheidend[20]; hier kann nichts anderes gelten als für gemeinsame Briefkästen oder Postfächer (vgl. § 81 Rn. 15). Das Risiko des Zugangs liegt nach allgemeinen Grundsätzen (vgl. § 81 Rn. 16) beim Absender[21]. Ist das elektronische Dokument nicht in der vorgesehenen Form erstellt, ist es erst nach Konvertierung eingegangen[22].

§ 87   [Vorbereitende Prozessleitung]

(1) Der Vorsitzende oder der Berichterstatter hat schon vor der mündlichen Verhandlung alle Anordnungen zu treffen, die notwendig sind, um den Rechtsstreit möglichst in einer mündlichen Verhandlung zu erledigen. Er kann insbesondere

1. die Beteiligten zur Erörterung des Sach- und Streitstandes und zur gütli-chen Beilegung des Rechtsstreits laden und einen Vergleich entgegen-nehmen;
2. den Beteiligten die Ergänzung oder Erläuterung ihrer vorbereitenden Schriftsätze sowie die Vorlegung von Urkunden und von anderen zur Nie-derlegung bei Gericht geeigneten Gegenständen aufgeben, insbesondere eine Frist zur Erklärung über bestimmte klärungsbedürftige Punkte set-zen;
3. Auskünfte einholen;
4. die Vorlage von Urkunden anordnen;
5. das persönliche Erscheinen der Beteiligten anordnen; § 95 gilt entspre-chend;
6. Zeugen und Sachverständige zur mündlichen Verhandlung laden;

(2) Die Beteiligten sind von jeder Anordnung zu benachrichtigen.

(3) Der Vorsitzende oder der Berichterstatter kann einzelne Beweise erheben. Dies darf nur insoweit geschehen, als es zur Vereinfachung der Verhandlung vor dem Gericht sachdienlich und von vornherein anzunehmen ist, dass das Gericht das Beweisergebnis auch ohne unmittelbaren Eindruck von dem Ver-lauf der Beweisaufnahme sachgemäß zu würdigen vermag.

---

20   Ebenso Bader/Kuntze Rn. 7; Schoch/Rudisile Rn. 46.
21   Wie hier Kopp/Schenke Rn. 7.
22   Eyermann/Geiger Rn. N 20.

I. Grundsatz

Der Verwaltungsprozess soll möglichst in einer einzigen mündlichen Ver- **1** handlung entschieden werden, in der gleichzeitig auch eine etwa notwendige Beweisaufnahme durchgeführt wird (**Konzentrationsgrundsatz**)[1]. Das setzt die sorgfältige und rechtzeitige Vorbereitung dieser Verhandlung voraus. Insbesondere sind vor der Verhandlung die erforderlichen Unterlagen anzufordern, den Beteiligten etwa notwendige Erklärungen zu Sach- und Rechtsfragen aufzugeben, Zeugen und Sachverständige zum Verhandlungstermin zu laden und gleichzeitig zu klären, ob der Termin zweckmäßig an Ort und Stelle zur Erleichterung der Sachaufklärung durchzuführen ist.

Die VwGO stellt in den §§ 87 und 87b Vorsitzendem und Berichterstatter, **2** beim VG ebenso dem Einzelrichter, eine Reihe von prozessualen Handhaben zur Verfügung, deren sinnvolle Nutzung die Erledigung der Verfahren in einem Termin, ggf. durch Gerichtsbescheid, in der Regel auch ermöglicht. Die Anordnungen können in **allen Verfahren**, ausgenommen der Revision, getroffen werden[2]. Die FGO hat inzwischen ähnliche Bestimmungen, auch wie § 87a, erhalten (§ 79a, § 62 Abs. 3, § 65 Abs. 2 § 79b i.d.F. des FGO-Änderungsgesetzes).

II. Einzelheiten

1. Alle Maßnahmen können **Vorsitzender** oder **Berichterstatter** (§ 82 **3** Abs. 2), ebenso der Einzelrichter selbstständig treffen. In erster Linie sind sie nach Abgabe der Sache an den Berichterstatter dessen Aufgabe; dass im Einzelfall er nach Absprache mit dem Vorsitzenden oder Zwischenberatung in dem Spruchkörper handelt, sollte selbstverständlich sein. Die alternative Zuständigkeit ist mangels Sachentscheidung verfassungsrechtlich unproblematisch, den Beteiligten in Fällen einander widersprechender Anordnungen aber nur schwer zu vermitteln.

§ 87 Abs. 2 gebietet die **schriftliche Niederlegung** der im Wesentlichen formfrei zu veranlassenden Maßnahmen. Für die Ladung zum Erörterungs- und Gütetermin (§ 87 Abs. 1 Nr. 1) und die Beweisaufnahme (§ 87 Abs. 3) gelten die jeweiligen Formvorschriften.

2. Der **Katalog** der Maßnahmen in § 87 ist **nicht abschließend**. Vielmehr **4** sind auch andere Maßnahmen zulässig. In jedem Falle sind die **Beteiligten** über die Anordnung, ebenso aber auch über das Ergebnis der Anordnung, auch über eine etwaige Ergebnislosigkeit[3] zu **unterrichten**. Diese Benachrichtigung ist zwingend vorgeschrieben. Ohne Benachrichtigung erlangte Beweisergebnisse sind unverwertbar. Werden sie verwertet, so liegt ein durchgreifender Verfahrensfehler (§ 108 Abs. 2) vor, der nur dann unbeachtlich sein kann, wenn der Beteiligte auf eine Rüge ausdrücklich verzichtet oder den Mangel ungerügt gelassen hat[4].

---

1 BVerwG NJW 1995, 1231.
2 Str. wie hier Kopp/Schenke Rn. 1; Schoch/Ortloff § 87a Rn. 21; Sodan/Schmid Rn. 3; a.A. Eyermann/Geiger Rn. 1; Bader/Kuntze Rn. 2.
3 A.A. BVerwG NVwZ 1988, 1018.
4 BVerwG NJW 1980, 900.

5   a) Von der in Abs. 1 S. 2 Nr. 1 geschaffenen Möglichkeit eines Termins zur Erörterung und zur gütlichen Beilegung des Rechtsstreits sollte nicht nur dann Gebrauch gemacht werden, wenn ein Vergleich zu erwarten und entgegenzunehmen ist. Der **Erörterungstermin** ist gerade bei schwierig gelagerten Sachverhalten ein **geeignetes Mittel,** außerhalb der streitigen mündlichen Verhandlungen **mit den Beteiligten den Gesamtkomplex zu besprechen,** auf die nach Auffassung des Gerichts wesentlichen Fragen hinzuweisen und die weiteren Maßnahmen zur Sachaufklärung und Förderung des Verfahrens festzulegen. Die damit verbundene Begrenzung der sachlichen und rechtlichen Streitfragen erleichtert es, das Verfahren selbst in einer mündlichen Verhandlung abzuschließen; der Termin ist lediglich **parteiöffentlich**[5]. Dass auch in der mündlichen Verhandlung das Gericht auf eine gütliche Beilegung des Rechtsstreits bedacht sein soll, ergibt sich über § 173 aus § 279 Abs. 1 ZPO[6]. Für den Rechtsanwalt entsteht eine Erörterungsgebühr nach §§ 11, 31 Abs. 1 Nr. 4, 114 BRAGO[7].

6   b) § 87 Abs. 1 S. 2 Nr. 3 und 4 setzen eine Pflicht zur **Erteilung von Auskünften und Vorlage von Urkunden** voraus. Die frühere, in § 273 Abs. 2 Nr. 2 ZPO enthaltene Beschränkung auf Behörden oder Träger eines öffentlichen Amtes ist gestrichen, um Auskünfte jeglicher Art und die Vorlage von Urkunden auch durch sonstige natürliche oder juristische Personen zu ermöglichen. Damit soll dem Untersuchungsgrundsatz besser Rechnung getragen werden. Aber es besteht keine allgemeine Rechtspflicht, Gerichten Auskünfte zu erteilen oder Urkunden vorzulegen. Sie wird auch durch diese gesetzliche Regelung nicht geschaffen, ebenso wenig wie sie sich aus § 106 Abs. 3 Nr. 1, 3 SGG ergibt[8]. Werden Auskünfte oder Urkunden verweigert, bleibt die Anordnung sanktionslos, wenn nicht eine Rechtspflicht zur Erfüllung normiert ist. Für sie gelten über § 98 die Bestimmungen der §§ 429ff. ZPO. Im Einzelnen § 98 Rn. 14.

Bei der **Einholung von amtlichen Auskünften** kann die Abgrenzung zur **Beweiserhebung** problematisch sein. Letzteres ist der Fall, wenn das Auskunftsersuchen nicht lediglich vorbereitender Stoffsammlung zur Information des Gerichts dient, sondern der Ermittlung rechtserheblicher Tatsachen; eines förmlichen Beweisbeschlusses bedarf es nicht, es genügt die Anordnung der Beweiserhebung[9]; für den Rechtsanwalt entsteht in diesem Fall eine **Beweisgebühr** nach §§ 11, 31 Abs. 1 Nr. 3, 114 BRAGebO[10].

7   c) Der Hinweis auf § 95 in Ziff. 5 soll sicherstellen, dass das **persönliche Erscheinen** der Beteiligten, auch eines Behördenvertreters, nach § 95 Abs. 3, ggf. durch Ordnungsgeld, durchgesetzt werden kann. Zur Festsetzung sind Vorsitzender oder Berichterstatter befugt.

8   d) Der Katalog des § 87 Abs. 1 S. 2 war durch das 6. VwGO-ÄnderungsG mit Wirkung v. 1.1.1997 um eine Nr. 7 erweitert worden, der zufolge das Gericht der Verwaltungsbehörde Gelegenheit zur Behebung von Verfahrens- und Formfehlern binnen einer Frist von bis zu drei Monaten geben

---

5   BVerwG NVwZ-RR 1990, 669.
6   Ortloff NVwZ 1995, 28.
7   Berlin JurBüro 1999, 190.
8   Meyer-Ladewig § 106 Rn. 9.
9   Münster GewA 1997, 245 unter Hinweis auf BVerfGE 77, 360.
10   Nach der Vorbem. Nr. 3 Abs. 3 der Anl. 1 zu § 2 Abs. 2 RVG-E wird durch die neue Terminsgebühr die gesamte Vertretungstätigkeit in einem Verhandlungs-, Erörterungs- und Beweisaufnahmetermin abgegolten.

konnte. Bereits in der Vorauflage war prognostiziert worden, dass diese heftig kritisierte, verfassungsrechtlich bedenkliche Regelung allenfalls geringe praktische Bedeutung erlangen werde[11]. In der Tat bewährte sie sich nicht und wurde durch das Gesetz zur Bereinigung des Rechtsmittelrechts im Verwaltungsprozess v. 20.12.2001 (BGBl. I S. 3987) mit Wirkung v. 1.1.2002 wieder abgeschafft.

e) Nach Abs. 3 können **Vorsitzender** oder **Berichterstatter** auch ohne die **9** besondere Anordnung gemäß § 96 Abs. 2 **Beweise erheben.** Die Voraussetzungen hierfür dürften in vielen Fällen vorliegen, der wortreiche Text des § 87 Abs. 3 unterscheidet sich inhaltlich von § 96 Abs. 2 nicht. Das bedeutet, dass der gegenwärtige formularmäßige Beschluss der Kammer etwa zur Durchführung einer Ortsbesichtigung in Bausachen sich erübrigt. § 96 Abs. 2 hat nur noch in den seltenen Fällen Bedeutung, in denen die Beweisaufnahme auf einen Kammerbeschluss in oder außerhalb der mündlichen Verhandlung zurückgeht oder ein auswärtiger Richter um die Beweisaufnahme ersucht werden muss. Zu Letzterem ist nur das Gericht ermächtigt (§ 96 Abs. 2). Das Prinzip der **Unmittelbarkeit der Beweisaufnahme** wird damit in der Praxis um ein weiteres Stück aufgegeben, § 87 Abs. 3 S. 1 soll allerdings verhindern, dass die Beweiserhebung als Mittel der Sachverhaltsaufklärung vollständig in das vorbereitende Verfahren verlagert wird. Der Vorsitzende und der Berichterstatter sind darauf beschränkt, **lediglich einzelne Beweiserhebungen** wie etwa eine Ortsbesichtigung durchzuführen, weil § 87 Abs. 3 S. 2 voraussetzt, dass diese zur Vereinfachung der Verhandlung vor dem Gericht sachdienlich sind, und das **Gericht in seiner übrigen Besetzung** das **Beweisergebnis** auch ohne unmittelbaren Eindruck von dem Verlauf der Beweisaufnahme **sachgemäß** zu **würdigen** können muss[12]; vgl. auch § 96 Rn. 1. Die Beweisaufnahme ist auch in den Fällen des § 87 Abs. 3 durch Beschluss anzuordnen, nur so ist sie, wie notwendig, von anderen Verfahrensabschnitten förmlich zu trennen. Für die Beweisaufnahme gelten § 97, § 98 unmittelbar. Parteiöffentlichkeit reicht aus. Entstehen in der Beweisaufnahme Zwischenstreite, so entscheidet hierüber gemäß § 98, § 366 ZPO das Gericht (vgl. § 98 Rn. 7).

f) Die einzelnen **Anordnungen** nach § 87 können **miteinander verbunden** werden; der Vergleichsabschluss im Anschluss an einen Ortstermin ist schon jetzt nicht selten.

3. **Anordnungen** nach § 87 sind als solche nicht rechtsmittelfähig. Die Be- **10** schwerde hiergegen ist gemäß § 146 Abs. 2 **unzulässig.** Auf Verfahrensfehler im Rahmen des § 87 bei einem OVG oder bei Ausschluss der Berufung auch bei einem VG; wenn die Sachentscheidung hierauf beruht, kann eine Revision nur gestützt werden, wenn sie im weiteren Verfahren, spätestens in der mündlichen Verhandlung gerügt wurde; andernfalls tritt nach § 173 i.V.m. § 295 Abs. 1 ZPO ein **Rügeverlust** ein[13].
Gegen die Festsetzung eines Ordnungsgeldes nach Ziff. 5 (vgl. § 95 Rn. 6) ist Rechtsmittel die Anrufung des Gerichts nach § 151, hier entsprechend anzuwenden.

---

11   Zur Kritik vgl. Rn. 8 bis 12 der Voraufl.
12   BVerwG NVwZ-RR 1998, 524.
13   BVerwGE 41, 174, 176; BVerwG NJW 1994, 1975.

§ 87a [Entscheidungen im vorbereitenden Verfahren]

(1) Der Vorsitzende entscheidet, wenn die Entscheidung im vorbereitenden Verfahren ergeht,
1. **über die Aussetzung und das Ruhen des Verfahrens;**
2. **bei Zurücknahme der Klage, Verzicht auf den geltend gemachten Anspruch oder Anerkenntnis des Anspruchs, auch über einen Antrag auf Prozesskostenhilfe;**
3. **bei Erledigung des Rechtsstreits in der Hauptsache, auch über einen Antrag auf Prozesskostenhilfe;**
4. **über den Streitwert;**
5. **über Kosten;**
6. **über die Beiladung.**

(2) Im Einverständnis der Beteiligten kann der Vorsitzende auch sonst an Stelle der Kammer oder des Senats entscheiden.

(3) Ist ein Berichterstatter bestellt, so entscheidet dieser an Stelle des Vorsitzenden.

I. Grundsatz

1   § 87a ermächtigt Vorsitzenden oder Berichterstatter zu einer Reihe von Entscheidungen, zu denen auch noch die Beweisanordnung nach § 87 Abs. 3 hinzutritt. Die Bestimmung gilt, solange das Kollegium als Gericht tätig ist, insbesondere deshalb auch in der Berufungsinstanz. Ist die Sache dem Einzelrichter übertragen, braucht er zu diesen Entscheidungen keiner besonderen Ermächtigung. In der Revisionsinstanz ist § 87a gemäß § 141 unanwendbar.

II. Einzelheiten

2   1. § 87a ermächtigt nur zu Entscheidungen im **vorbereitenden Verfahren.** Das Gesetz benutzt diesen **Begriff,** ohne ihn zu definieren. Man wird hierzu das gesamte Verfahren zu rechnen haben, das der Entscheidung in der Sache, also der mündlichen Verhandlung oder dem Gerichtsbescheid, oder aber Verweisungsentscheidungen (§§ 17a, 17b GVG, § 83) vorausgeht. In der mündlichen Verhandlung entscheidet ausschließlich das Gericht; bleibt die mündliche Verhandlung ohne Schlussentscheidung, so ist die nächste Verhandlung vorzubereiten, gelten also die §§ 87 und 87a erneut[1]. Auch Verfahren ohne mündliche Verhandlung bedürfen einer Vorbereitung der Entscheidung. § 87a ist deshalb auch auf solche Verfahren anwendbar, was nach anfänglichen Zweifeln[2] inzwischen wohl allgemeine Auffassung ist[3]. Nach BezG Dresden[4] soll § 87a Abs. Nr. 3 sogar noch bei Erledigungserklärungen nach Erlass eines Urteils anwendbar sein[5].

3   2. Die **Entscheidungen** nach § 87a stehen den entsprechenden Entscheidungen des Spruchkörpers gleich. Für sie gelten deshalb die gleichen Voraussetzungen; soweit möglich nehmen sie an der Rechtskraft teil. Sie sind

---

1   Wie hier München NVwZ-RR 2001, 543; a.A. Weimar ThürVBl. 1995, 15; Mannheim, B. v. 29.10.1998 – A 1125/97 n.v.
2   Mannheim NVwZ 1991, 275.
3   Kopp/Schenke Rn. 1.
4   NVwZ 1992, 990.
5   A.A. VG Frankfurt NVwZ 1992, 404.

deshalb auch nur in gleichem Maße abänderbar, sie stehen **nicht zur Disposition des Gerichts.** Der Spruchkörper kann sie nur ändern, soweit er eigene Entscheidungen ändern kann.
Die Entscheidungen unterliegen den gleichen **Rechtsmitteln** wie Entscheidungen des Kollegialgerichts, sie müssen deshalb auch äußerlich in der gleichen Form eines Beschlusses, ggf. mit Rechtsbelehrung, erfolgen.

3. § 87a Abs. 1 betrifft **Nebenentscheidungen;** der **Katalog** ist **abschließend.** Nach Nr. 1 entscheidet im vorbereitenden Verfahren der Vorsitzende über die **Aussetzung des Verfahrens;** entscheidet stattdessen der gesamte Spruchkörper, so liegt hierin ein Verstoß gegen eine Vorschrift über die Bestimmung des gesetzlichen Richters, der im Beschwerdeverfahren zur Aufhebung des Aussetzungsbeschlusses führt[6]. **4**
Nr. 2 betrifft die **Klagerücknahme** – und gilt auch für den Beschluss zur **Feststellung der** (fiktiven) **Klagerücknahme** nach § 92 Abs. 2 S. 4[7] –, den Verzicht und das Anerkenntnis, jeweils einschließlich eines Prozesskostenhilfeantrages.
Nr. 3 gilt nur für den Fall übereinstimmender Erledigungserklärung; hier ist die **Erledigung** festzustellen, im Berufungsverfahren ein etwa noch vorliegendes Urteil für unwirksam zu erklären und über die Kosten zu entscheiden. Gegebenenfalls ist auch über einen Prozesskostenhilfeantrag zu entscheiden. Ist dagegen die Erledigung streitig (hierzu § 107 Rn. 21 ff.), so kann hierüber nur der Spruchkörper entscheiden, weil damit immer auch zur Hauptsache entschieden wird[8].
Bei Nr. 4 handelt es sich um eine Annexregelung zu den vorangegangenen; wenn der Vorsitzende zuvor eine Sachentscheidung getroffen hat, so setzt er auch den **Streitwert** fest.
Über Nr. 6 wird auch die Entscheidung über die Beihilfe erfasst.

4. Nr. 5 erfasst alle isolierten **Kostenentscheidungen,** bestätigt darüber hinaus die Ermächtigung, auch im Rahmen der Nr. 2 und 3, so weit erforderlich, über die Kosten zu entscheiden; dies umfasst auch damit verbundene Annexentscheidungen wie die Notwendigkeit der Zuziehung eines Bevollmächtigten im Vorverfahren nach § 162 Abs. 2 S. 2[9] und die Erinnerung gegen die Kostenfestsetzung[10]. Nicht hierunter fällt dagegen die Entscheidung über die Gewährung von Prozesskostenhilfe[11] mit Ausnahme der Fälle der Nr. 2 und 3. **5**

5. Abs. 2 ermächtigt Vorsitzenden oder Berichterstatter zu allen **weiteren Entscheidungen,** also auch zum Urteil, ebenso zu Entscheidungen nach § 80, § 123, wenn alle Beteiligten – also auch Beigeladene und VöI – hierzu ihr **Einverständnis** erklärt haben. Diese Erklärung muss vor der Entscheidung abgegeben werden. Angesichts ihrer Bedeutung ist Schriftform oder Erklärung zu Protokoll erforderlich, eine mündliche Erklärung reicht nicht aus, auch wenn sie im Urteil wiedergegeben werden sollte[12]. Die Erklärung ist als Prozesshandlung nach den allgemeinen Grundsätzen (§ 62 Rn. 1) **6**

---

6   Mannheim NVwZ-RR 1997, 140; Mannheim, B. v. 4.8.1994 – 2 S 1316/94 – n.v.
7   VG Stuttgart NVwZ-RR 1997, 766.
8   Ebenso Mannheim NVwZ-RR 1992, 442; Stelkens NVwZ 1991, 215.
9   Bader/Kuntze Rn. 14.
10 BVerwG NVwZ 1996, 786; Hamburg NVwZ-RR 1998, 462.
11 Kassel NVwZ 1991, 594; Mannheim B. v. 29.10.1998 – A 12 S 1125/97 – n.v.
12 A.A. Baumbach/Hartmann § 349 Rn. 19 unter Berufung auf OLG Nürnberg MDR 1978, 323.

unwiderruflich[13] und bedingungsfeindlich, bezieht sich aber wie der Verzicht auf mündliche Verhandlung (§ 101 Rn. 5) nur auf die jeweilige Prozesssituation. Die Änderung der Zuständigkeit des Spruchkörpers lässt die Erklärung unberührt[14]. Zur Reichweite des § 87a Abs. 2 vgl. Hamann VerwA 1992, 207 ff.

7 6. Anders als in § 87, wonach **Vorsitzender** oder Berichterstatter die dort vorgesehenen Anordnungen treffen können, ermächtigt § 87a zunächst den Vorsitzenden. Ist ein **Berichterstatter** bestellt, so darf gemäß § 87a Abs. 3 nur noch dieser Entscheidungen nach § 87a Abs. 1 erlassen können. Die Bestimmung soll offensichtlich eine Entscheidungsalternative zwischen Vorsitzendem und Berichterstatter vorbeugen und damit den gesetzlichen Richter sichern[15]. Dass der Berichterstatter angesichts seiner Entscheidungsbefugnisse im Geschäftsverteilungsplan des Spruchkörpers abstrakt festgelegt sein muss, verlangt § 21g GVG; demgegenüber greifen die Überlegungen von Stelkens[16] und Kopp[17] nicht durch. Das Einverständnis der Beteiligten mit einer Entscheidung durch den Vorsitzenden oder Berichterstatter gilt grundsätzlich auch für den Fall einer Änderung der Zuständigkeit des Spruchkörpers durch den Geschäftsverteilungsplan des Gerichts fort[18].
Eine Entscheidung des Berufungsgerichts im Urteilsverfahren durch den Berichterstatter statt des besetzten Senats ist **ohne mündliche Verhandlung** nur zulässig, wenn außer einer Erklärung nach § 87a Abs. 2 auch ein Einverständnis der Beteiligten nach § 101 Abs. 2 vorliegt; ein Verstoß hiergegen stellt einen Verfahrensfehler i.S.d. § 138 Nr. 3 dar[19].

§ 87b [Zurückweisung verspäteten Vorbringens]

(1) Der Vorsitzende oder der Berichterstatter kann dem Kläger eine Frist setzen zur Angabe der Tatsachen, durch deren Berücksichtigung oder Nichtberücksichtigung im Verwaltungsverfahren er sich beschwert fühlt. Die Fristsetzung nach Satz 1 kann mit der Fristsetzung nach § 82 Abs.2 Satz 2 verbunden werden.

(2) Der Vorsitzende oder der Berichterstatter kann einem Beteiligten unter Fristsetzung aufgeben, zu bestimmten Vorgängen
1. Tatsachen anzugeben oder Beweismittel zu bezeichnen,
2. Urkunden oder andere bewegliche Sachen vorzulegen, soweit der Beteiligte dazu verpflichtet ist.

(3) Das Gericht kann Erläuterungen und Beweismittel, die erst nach Ablauf einer nach den Absätzen 1 und 2 gesetzten Frist vorgebracht werden, zurückweisen und ohne weitere Ermittlungen entscheiden, wenn
1. ihre Zulassung nach der freien Überzeugung des Gerichts die Erledigung des Rechtsstreits verzögern würde und
2. der Beteiligte die Verspätung nicht genügend entschuldigt und
3. der Beteiligte über die Folgen einer Fristversäumung belehrt worden ist.

---

13 BVerwG Buchh. 310 § 101 Nr. 21; BVerwG NVwZ-RR 1997, 259.
14 BVerwG BayVBl. 1996, 508.
15 Kopp NJW 1991, 1264.
16 NVwZ 1991, 215.
17 NJW 1991, 1264.
18 BVerwG NVwZ-Beil. 1996, 33.
19 BVerwG NVwZ-RR 1998, 525.

Der Entschuldigungsgrund ist auf Verlangen des Gerichts glaubhaft zu machen. Satz 1 gilt nicht, wenn es mit geringem Aufwand möglich ist, den Sachverhalt auch ohne Mitwirkung des Beteiligten zu ermitteln.

I. Grundsatz

1. Der Verwaltungsprozess wird vom **Untersuchungsgrundsatz** beherrscht **1**
(§ 86 Rn. 7 ff.). Das Gericht hat von Amts wegen den Sachverhalt aufzuklären, den es seiner Sachentscheidung zu Grunde legt. Rechtsprechung und Literatur haben zunehmend aber eine **Mitwirkungslast** der **Beteiligten** an dieser Sachaufklärung anerkannt, die spiegelbildlich zu den **Mitwirkungsrechten** steht und deren Erfüllung von den Beteiligten erwartet werden kann. Kommen sie ihr nicht nach, so kann dies mittelbar zum Prozessverlust führen; unmittelbare Sanktionen gibt es über § 95 hinaus kaum. Das BVerwG hat den Grundsatz geprägt, dass die Aufklärungspflicht des Gerichts da ende, wo die Mitwirkungspflicht der Beteiligten beginne, wobei hier die Begriffe Mitwirkungspflicht und -last, die an sich unterschiedliche Bedeutung haben, synonym verwandt werden (vgl. § 86 Rn. 13 ff.). Die VwGO enthält in §§ 86, 87 und manchen anderen Bestimmungen Einzelregelungen, in welcher Weise die Beteiligten mitzuwirken haben und wie das Gericht sie hierzu veranlassen kann.
§ 87b führt eine **Sanktionierung** dieser **Mitwirkungspflicht** ein. Unter den in § 87b genannten Voraussetzungen kann Sachvortrag der Beteiligten unberücksichtigt bleiben, wenn er verspätet vorgelegt wird. Die Bestimmung gilt unmittelbar im **Klageverfahren**, ist über § 125 Abs. 1 aber auch im **Berufungsverfahren** – dort ergänzt durch § 128a – und über § 141 Abs. 1 S. 1 im **Revisionsverfahren** sowie im **Beschwerdeverfahren**[1] anzuwenden. Sie gilt auch in den selbstständigen Antragsverfahren vor allem des **vorläufigen Rechtsschutzes** (§§ 80 Abs. 5, 80a und 123)[2], nicht aber in dem in erster Linie objektiver Rechtsbeanstandung dienenden Normenkontrollverfahren[3].

2. **Untersuchungsgrundsatz** und **Zurückweisungsrecht** stehen in einem **2**
Spannungsverhältnis, dessen Lösung in Praxis und Rechtsprechung Probleme aufwerfen kann. Gewisse Erfahrungen ergeben sich aus § 3 FGEntlG, seit dem 1.1.1993 § 79b FGO. Für die Finanzgerichtsbarkeit besteht seit 1978 anhand dieser Bestimmung, die fast wörtlich in § 87b übernommen worden ist, die Möglichkeit, verspätetes Vorbringen zurückzuweisen. Die bisherige Rechtsprechung ist gering; erkennbar wird von dem Zurückweisungsrecht wenig Gebrauch gemacht; wahrscheinlich hat bereits die Möglichkeit solcher Zurückweisung entsprechende Wirkung. Auch im Verwaltungsprozess ist bisher Rechtsprechung zu § 87b kaum bekannt geworden. § 87b ändert an dem Vorrang der richterlichen Aufklärungs- und Prozessförderungspflicht nichts. Hierzu ist Tipke/Kruse (§ 76 Rn. 10) uneingeschränkt zuzustimmen. Verspätetes Vorbringen zu Sachverhalt und Beweismitteln, das an sich Aufgabe der richterlichen Aufklärung zu sein hatte, kann auch, wenn nach § 87b verfahren worden sein sollte, nicht unberücksichtigt bleiben. § 87b bezieht sich auf solche Anga-

---

1   Stelkens, NVwZ 1991, 214.
2   Kopp/Schenke Rn. 2; Eyermann/Geiger Rn. 2; Bader/Kuntze Rn. 4; a.A. Schoch/ Ortloff Rn. 18.
3   Eyermann/Geiger Rn. 2; Bader/Kuntze Rn. 4; Sodan/Schmid Rn. 2; a.A. Kopp/ Schenke Rn. 2.

ben eines Beteiligten, die ohne ihn nicht zu klären oder ermitteln sind, also besonders Angaben aus seiner eigenen Sphäre, über die er nur selbst verfügen kann, deren Klärung dem Gericht überhaupt nicht oder nur unter großen sachlichen oder zeitlichen Schwierigkeiten möglich ist. § 87b ermöglicht es dem Gericht auch, Verfahren, in denen sich ein Beteiligter beharrlich verschweigt, zum Abschluss zu bringen.

2a Der Gesetzgeber ist dazu übergegangen, in Fachgesetzen die Präklusionsregelung des § 87b Abs. 3 durch Verweisung auf den Inhalt einer **Klagebegründung** zu übertragen. Nicht fristgemäß vorgetragene Tatsachen und Beweismittel können unter den Voraussetzungen des § 87b Abs. 3 ausgeschlossen sein mit der Folge der Unzulässigkeit der Klage; die Unzulässigkeit kann aber durch Zulassung des an sich verspäteten Vorbringens geheilt werden (vgl. § 82 Rn. 13).

II. Einzelheiten

3 1. § 87b Abs. 1 enthält eine **erste Stufe** von Fristsetzungen. Sie wendet sich nur an den **Kläger,** der bei unzulänglichen Angaben über Beschwer und Klageziel sich konkret äußern soll. Hier überschneidet sich das Verfahren mit der Fristsetzung nach § 82 Abs. 2 S. 2; beide Auflagen können deshalb miteinander verbunden werden.

4 2. Was im Einzelnen unter Zurückweisungssanktion gestellt werden kann, ergibt sich aus § 87b Abs. 1 S. 1 und, nunmehr allen Beteiligten gegenüber zulässig, aus § 87b Abs. 2. Es handelt sich um Teilausschnitte der Anordnungen und Maßnahmen nach § 87. Dass hier die Auflagen so **genau** und **verständlich** wie möglich sein müssen, ist selbstverständlich. Der Verwaltungsprozess kennt erstinstanzlich keinen Anwaltszwang. Dem Bürger ist die Sprache des Juristen fremd; von der Ziselierarbeit des Verwaltungsrichters versteht er nichts; an seinem Verständnis muss sich aber die Auflage orientieren.

5 3. Die **Fristsetzung** ist vom **Vorsitzenden** oder **Berichterstatter** oder **Einzelrichter** zu **unterzeichnen.** Das zuzustellende (§ 56) Schriftstück muss zweifelsfrei erkennen lassen, dass die Verfügung vom Richter unterschrieben ist, eine Paraphe genügt nicht; andernfalls läuft die Ausschlussfrist nicht[4]. In der Auflage ist über die Folgen der Fristversäumung zu belehren. Der Text des § 87b Abs. 3 ist wiederzugeben.

6 4. Die **Frist** muss **angemessen** sein. Sie muss in einem Verhältnis zur Bearbeitung der Sache durch das Gericht stehen. Die nicht seltenen Auflagen wenige Wochen vor einer mündlichen Verhandlung nach langer Anhängigkeit des Verfahrens ohne jede richterliche Bearbeitung sind an sich schon oft unzumutbar. Sie scheiden als Anwendungsfall des § 87b aus. Die Bestimmung ist nicht dafür geschaffen, Unzulänglichkeiten in der gerichtlichen Vorbereitung der mündlichen Verhandlung auszugleichen oder zu verdecken[5].

---

4   BVerwG NJW 1994, 746; Kassel DVBl. 1998, 243.
5   Redeker DVBl. 1982, 810.

5. Über die **Folgen** der Fristversäumung muss **belehrt** werden. Der Betei- **7**
ligte muss aus der Belehrung erkennen, dass er mit seinem Vorbringen
nicht mehr gehört wird, wenn er die Angaben nicht oder nicht vollständig
innerhalb der gesetzten Frist macht. Es wird oft zweckmäßig sein, die Folgen solchen Ausschlusses näher zu umschreiben.

6. **Kommt** der **Beteiligte** der **Auflage nicht** oder nicht vollständig **nach,** **8**
so kann das Gericht ohne weiteres Zuwarten und ohne eigene weitere
Sachaufklärung entscheiden. Ein Gerichtsbescheid kann sofort ergehen,
wenn auf diese Möglichkeit vorher (Anhörung!) hingewiesen worden ist.
Wird mündlich verhandelt, so kann das Gericht bis zu ihr oder in ihr abgegebene, unter das Zurückweisungsrecht gestellte Angaben des Beteiligten
zurückweisen, sie also bei der Entscheidung unberücksichtigt lassen. Die
Zurückweisung erfolgt nicht durch besonderen Beschluss, sondern wird
in der Sachentscheidung ausgesprochen.

7. Das **Zurückweisungsrecht entfällt,** wenn **9**

a) die **Frist fehlerhaft gesetzt** worden war, also etwa gegen die vorstehend
(Rn. 4–6) genannten Anforderungen verstoßen worden ist,

b) durch die Verspätung des Vorbringens sich die **Erledigung** des **Rechts-** **10**
streites nicht verzögern würde. Eine Verzögerung tritt nicht ein, wenn der
Rechtsstreit bei rechtzeitiger Erledigung nicht hätte schneller entschieden
werden können. Es kommt nicht darauf an, ob allein durch die Zulassung
des verspäteten Vorbringens eine Verzögerung eintritt[6]. Das Gericht hat
in Bezug auf eine etwaige Verzögerung eine **Prognose** anzustellen; deren
Fehlen macht eine Zurückweisung von Tatsachen oder Beweismitteln offenkundig unrichtig[7]; sie verletzt außerdem das Recht auf rechtliches Gehör, wenn das VG die **Verspätung durch** zumutbare **vorbereitende richterli-**
che Maßnahmen nach § **87 ausgleichen** kann[8], denn eine unzulängliche
Verfahrensleitung oder eine Verletzung der gerichtlichen Fürsorgepflicht,
die sich als zumindest mitursächlich für eine Verzögerung des Abschlusses
eines Rechtsstreits darstellen, steht einer Präklusion verspäteten Vorbringen entgegen[9],

c) der **Beteiligte** die **Verspätung** genügend **entschuldigt.** Der Maßstab des **11**
Verschuldens entspricht dem des § 60; auf die dort unter Rn. 6 ff. wiedergegebenen Grundsätze und Kasuistik kann verwiesen werden. Das Gericht
kann die Glaubhaftmachung der Entschuldigungsgründe verlangen; sie
muss anders als bei § 60 nicht sofort mit der Entschuldigung erfolgen. Zur
Glaubhaftmachung vgl. Rn. 12 zu § 60,

d) das Gericht den Sachverhalt auch ohne die Angaben des Beteiligten mit **12**
geringem sachlichen oder zeitlichen Aufwand aufklären kann. Das wird
immer dann der Fall sein, wenn die Aufklärung an sich nach dem Untersuchungsgrundsatz dem Gericht nicht nur obliegt, sondern ihm auch bei
pflichtgemäßer Vorbereitung der mündlichen Verhandlung möglich ist.

---

6 A.A. BVerwG NVwZ-RR 1998, 592; BVerwG Buchh. 442.08 § 36 BBahnG Nr. 23;
  Kassel NVwZ-RR 1996, 364.
7 Mannheim NVwZ-Beil. 1995, 44.
8 Mannheim NVwZ 1995, 816.
9 BVerfGE 81, 264, 273.

III. Rechtsmittel

13 1. Anordnungen nach § 87b sind als solche nicht angreifbar; sie gehören
zu den vorbereitenden Maßnahmen, gegen die nach § 146 Abs. 2 die Beschwerde nicht zulässig ist.
Ihre Mängel können aber im Rechtsmittelverfahren gerügt werden. Beruht
das Urteil hierauf, kann der Verfahrensfehler die Zulassung der Berufung
oder die Revision rechtfertigen. Auch Abs. 3 Nr. 1 entzieht sich der Überprüfung durch das Revisionsgericht nicht vollständig; der Begriff des Ver-
zögerns ist justiziabel, die freie Überzeugung hat ihre Grenzen am Willkürverbot.
2. Im Berufungsverfahren kann einmal die Unzulässigkeit der Handhabung
des § 87b durch die erste Instanz geltend gemacht, zum anderen aber die
Zulassung des Vorbringens nach § 128a beantragt werden (vgl. § 128a
Rn. 4 ff.).

§ 88   [Bindung an das Klagebegehren]

1 **Das Gericht darf über das Klagebegehren nicht hinausgehen, ist aber an die
Fassung der Anträge nicht gebunden.**

Nach der Dispositionsmaxime, die auch den Verwaltungsprozess beherrscht, **bestimmen die Beteiligten** durch ihre Anträge **den Streitgegenstand.** Das Gericht ist an diese Anträge gebunden. Da der Antrag möglicherweise undeutlich oder missverständlich ist, wird durch die
Formulierung des § 88 (Klagebegehren) sichergestellt, dass in solchen Fällen der Antrag danach auszulegen ist, was mit der Klage wirklich angestrebt wird. Das Gericht hat gem. § 86 Abs. 3 allerdings zunächst selbst
die Beteiligten zu klarer Formulierung der Anträge zu veranlassen. Nur
wenn dies nicht gelingt, muss es den Antrag bei der Entscheidung ggf.
auslegen und damit das Klagebegehren fixieren[1]. Insoweit geht der Begriff
des Klagebegehrens über den des Streitgegenstandes hinaus. Klagebegehren
ist zunächst nur das Klageziel. Mit der Festlegung der Anträge entsteht
hieraus der Streitgegenstand. Auch sonst ist das Gericht für die Urteilsformel nicht an die Formulierung des Klageantrages gebunden, sondern hat
allein auf das erkennbare Klagebegehren abzustellen. Es hat das wirkliche
Rechtsschutzziel aus dem gesamten Parteivorbringen zu ermitteln[2] und
hierüber zu entscheiden. Maßgebend ist der geäußerte Parteiwille, wie er
aus der Erklärung und den sonstigen Umständen erkennbar wird, wobei
zu Gunsten einer anwaltlich nicht vertretenen rechtsunkundigen Partei ein
»großzügiger Maßstab« anzulegen ist[3]; deren isoliert betrachtet möglicherweise missverständliche Erklärung darf deshalb nicht unter Beharrung auf
deren Wortlaut entgegen deren Sinn und Zweck dahin ausgelegt werden,
dass sie offensichtlich ungeeignete Rechtsbehelfe umfasst[4]. Umgekehrt ist
es grundsätzlich nicht Aufgabe des Gerichts, einer anwaltlich verfassten
Klageschrift über deren Wortlaut hinaus durch eine erfolgsorientierte Auslegung den Weg für ein Obsiegen zu ebnen[5]. Verfehlt das Gericht das
Rechtsschutzziel und entscheidet es zwar seiner Meinung nach über den

---

1   Vgl. etwa BVerwGE 19, 20.
2   BVerwGE 60, 144; NVwZ 1982, 103, Buchh. 310 § 88 Nr. 15.
3   BVerwG NJW 1991, 508.
4   Hamburg NVwZ-RR 1998, 341.
5   Mannheim VBlBW 1998, 347; vgl. aber Hamburg NVwZ-Beil. 1998, 44.

vollen Antrag, in Wirklichkeit aber nur über einen Teil des Klagebegehrens, so liegt **kein Teilurteil** mit der möglichen Folge des Ergänzungsantrages nach § 120, sondern ein Verstoß gegen § 88 vor, der mit der Berufung[6] bzw. der Revision[7] angreifbar ist.

Im Einzelfall kann auch im Wege der **Umdeutung des Antrags** § 88 Rechnung getragen werden[8], was zwischen Aussetzungs- und Anordnungsverfahren nicht selten notwendig ist. Häufig stellt sich die Frage auch bei Rechtsmitteln; ist eindeutig das falsche eingelegt worden, so kann es nicht in das zutreffende umgedeutet werden[9]. Die Umdeutung einer von einem **Rechtsanwalt** eingelegten Revision in eine Beschwerde gegen die Nichtzulassung der Revision sowie die Umdeutung einer Berufung in einen Antrag auf Zulassung der Berufung sind unzulässig[10]. Zu den Grenzen einer Umdeutung BVerwG NVwZ 1999, 405; Mannheim NJW 1982, 2460.

Über das Klagebegehren darf das Gericht nicht hinausgehen. Ist etwa neben dem belastenden VA ein weiterer Akt ergangen, der aber nicht Klagegegenstand ist, so kann das Gericht diesen VA nicht ebenfalls aufheben, wenn es ihn für rechtswidrig hält[11]. Hat der Kläger lediglich Anfechtungsantrag gestellt, so kann das Gericht nicht gleichzeitig auf Verpflichtung erkennen[12]. Beantragt der Kläger die Feststellung eines bestimmten BDA, so darf das Gericht nicht ein für den Kläger günstigeres BDA feststellen, selbst wenn dies nach Auffassung des Gerichts der Rechtslage entspricht[13]. Dies gilt auch für die Festsetzung des Gegenstandswertes und die diesbezügliche Beschwerde nach § 33 RVG[14]: Das Gericht darf keinen höheren Wert festsetzen als vom Rechtsanwalt beantragt[15]. Zur möglichen Ausdehnung der Anfechtung des Widerspruchsbescheids auf den UrsprungsVA Kassel GewA 1987, 234, einer Baugenehmigung auf den noch anfechtbaren Bauvorbescheid BVerwGE 68, 241. **2**

Ebenso wie kein Mehr, darf das Gericht auch kein Aliud zusprechen. Hat der Kläger lediglich Feststellung begehrt, so kann nicht auf Leistung erkannt werden. Dagegen kann das Gericht der Klage nur zum Teil stattgeben, also auf ein Minus erkennen, so etwa bei Ablehnung eines beantragten VA lediglich den ablehnenden Bescheid aufheben, die Verwaltung zur Neubescheidung verpflichten, den gleichzeitig gestellten Verpflichtungsantrag aber, weil Ermessensakt, abweisen. **3**

Ebenso wie das Gericht kein Mehr oder kein Aliud zuerkennen kann, darf es, solange nicht Widerklage erhoben wird, über eine Klageabweisung hinaus die angefochtene Verwaltungsentscheidung nicht zum Nachteil des Klägers abändern (**Verbot der reformatio in peius**). Beantragt der Kläger die Verpflichtung der Verwaltung, über ihm bereits gewährte baurechtliche Dispense hinaus weitere Dispense zu genehmigen, so darf nicht das Gericht die Klage abweisen und die bereits erteilten Dispense aufheben. Der **4**

---

6 Hamburg NVwZ-RR 1996, 397.
7 BVerwG NVwZ 1993, 62; Buchh. 310 § 120 Nr. 7.
8 BVerwGE 41, 78; Kopp/Schenke Rn. 3.
9 Greifswald NVwZ 1998, 201.
10 BVerwG NVwZ 1998, 1297; NVwZ 1999, 641.
11 Bautzen SächsVBl. 1998, 61.
12 Sehr weit gehend BVerwG DÖV 1966, 427; BVerwGE 7, 100.
13 Ähnlich Lüneburg NJW 1968, 125.
14 Rechtsanwaltsvergütungsgesetz (RVG) v. 5.5.2004 (BGBl. I S. 788).
15 Hamburg NVwZ-RR 1998, 525; NVwZ-RR 1997, 503.

Grundsatz der reformatio in peius gilt uneingeschränkt sowohl in allen Verfahren erster Instanz (Klage, Aussetzung, einstweilige Anordnung) wie in der Berufungsinstanz (§ 129) und in der Revisionsinstanz (§ 141). An ihm finden auch die Befugnisse des Gerichts nach § 113 Abs. 2, 3 ihre Grenze.

5 Das **Verbot der reformatio in peius sowie des Mehr oder des Aliud bezieht sich allein auf die Urteilsformel.** Zulässig ist dagegen sowohl eine abweichende Begründung – Klageabweisung mit anderer Begründung als in dem angefochtenen VA[16] – wie in der Berufungs- oder Revisionsinstanz im Auswechseln zwischen Prozess- und Sachurteilen (vgl. § 129 Rn. 2). Nicht von § 88 erfasst werden die Entscheidung über die Vollstreckbarkeit und die Kostenentscheidung, da hierüber von Amts wegen zu entscheiden ist, ohne dass es eines Antrages bedarf[17], es sei denn, der Kostenantrag ist zum Hauptantrag geworden (Erledigung der Hauptsache, Klagerücknahme usw.). In letzterem Fall gilt auch hier für ein etwaiges Rechtsmittelverfahren das Verböserungsverbot.

6 Ein **Verstoß** gegen § 88 begründet die Zulassung der Berufung[18] und ist ein im Revisionsverfahren von Amts wegen zu beachtender Verfahrensmangel[19].

§ 89   [Widerklage]

(1) Bei dem Gericht der Klage kann eine Widerklage erhoben werden, wenn der Gegenanspruch mit dem in der Klage geltend gemachten Anspruch oder mit den gegen ihn vorgebrachten Verteidigungsmitteln zusammenhängt. Dies gilt nicht wenn in den Fällen des § 52 Nr. 1 für die Klage wegen des Gegenanspruchs ein anderes Gericht zuständig ist.

(2) Bei Anfechtungs- und Verpflichtungsklagen ist die Widerklage ausgeschlossen.

Übersicht

I. Vorbemerkung

1 Die Widerklage ist ein **Angriff des Beklagten,** der einen **selbstständigen gegen den Kläger gerichteten Gegenanspruch** geltend macht. Die Besonder-

---

16   BVerwG DVBl. 1957, 731.
17   Baumbach/Hartmann § 308 Rn. 15 ff.
18   Vgl. Hamburg NVwZ-RR 1996, 397 zu § 130 Abs. 1 Nr. 2.
19   BVerwG NVwZ 1993, 62.

heit der Widerklage gegenüber einer Klage besteht darin, dass sie aus Gründen der **Prozessökonomie** nicht in einem gesonderten Prozess, sondern innerhalb eines laufenden Verfahrens erhoben wird. Sie bezieht ihre Rechtfertigung daraus, dass Streitigkeiten häufig Teil eines größeren Konflikts sind, der nach Möglichkeit insgesamt einer Lösung zugeführt werden soll. Kennzeichnend für sie ist deshalb der **Zusammenhang** zwischen der Klage und dem Gegenanspruch bzw. etwaigen Verteidigungsmitteln. Hieraus erklärt sich auch die teilweise Durchbrechung der Regeln über die **örtliche Zuständigkeit.**

§ 89 Abs. 1 wurde § 33 ZPO nachgebildet; anders als im Zivilprozess hat **2** die Widerklage im Verwaltungsprozess nur **geringe Bedeutung.** Für seine häufigste Erscheinungsform, die Anfechtungs- und Verpflichtungsklage, ist sie gem. § 89 Abs. 2 ausgeschlossen, auch die Feststellungswiderklage, was auch umgekehrt für eine Widerklage in Form der Anfechtungs- oder Verpflichtungsklage gilt. Rechtsprechung hierzu liegt deshalb kaum vor. Hauptfall ist die Widerklage über einen Gegenanspruch, wenn die Aufrechnung mit diesem Anspruch ausgeschlossen und Leistungsklage erhoben worden ist. Im Länderstreit des § 50 Abs. 1 Nr. 1 hält das BVerwG die Widerklage gegenüber einem Verpflichtungsbegehren des Klägers für zulässig[1]. Auch im Anfechtungsrechtsstreit wurde die Zulässigkeit einer Widerklage ausnahmsweise bei Fehlen eines Subordinationsverhältnisses bejaht[2]. Zur Widerklage auf Abgabe zugesagter Klagerücknahmeerklärung vgl. § 92 Rn. 9.

II. Grundlagen

1. **Zusammenhängende Ansprüche.** Der mit der Widerklage geltend ge- **3** machte **Gegenanspruch** muss mit dem **Klageanspruch** oder mit den gegen diesen vorgebrachten Verteidigungsmitteln zusammenhängen. Es handelt sich hierbei in erster Linie um eine **Zulässigkeitsvoraussetzung,** wie sich aus der Stellung des § 89 innerhalb der Bestimmungen für das Verfahren erster Instanz und des Ausschlusses der Widerklage bei Anfechtungs- und Verpflichtungsklagen (§ 89 Abs. 2) ergibt; in zweiter Linie wird auch die örtliche Zuständigkeit abweichend von § 52 Nr. 4 und 5 geregelt. Damit erledigt sich die bei § 33 ZPO streitige Frage, ob es sich um eine Zulässigkeits- oder Zuständigkeitsregelung handelt.

Die Widerklage beschränkt sich nicht auf die Verneinung des Klagean- **4** spruchs, denn anderenfalls entbehrte sie des Rechtsschutzinteresses[3], auch etwa als negative Feststellungsklage, da sie neben dem Klageabweisungsantrag ohne Bedeutung wäre, und als unzulässig abgewiesen werden müsste[4]. Sie verfolgt vielmehr einen eigenen prozessualen Anspruch, mithin einen anderen, einen **eigenen Streitgegenstand.** Sein **Zusammenhang** mit dem Klageantrag oder den gegen diesen vorgebrachten Verteidigungsmitteln kann **rechtlicher Art** sein, wenn etwa Anspruch und Gegenanspruch in demselben Rechtsverhältnis beispielsweise einem Vertrag wurzeln. Ein **tatsächlicher,** insbesondere **wirtschaftlicher Zusammenhang** reicht aus Grün-

---

1 BVerwGE 50, 137.
2 Lüneburg NJW 1984, 2652.
3 Eyermann/Rennert Rn. 7 verneint bereits die Rechtshängigkeit.
4 RGZ 71, 75.

den der Waffengleichheit ebenfalls aus, weil § 44 dem Kläger die Verbindung mehrerer Ansprüche wegen Sachzusammenhangs gestattet (vgl. hierzu § 44 Rn. 3). Es genügt deshalb, dass Klage und Widerklage demselben **einheitlichen Lebensvorgang** entspringen[5]. Unzureichend ist hingegen die bloße Personenidentität von Anspruchsteller und Anspruchsgegner[6].

5   2. **Widerkläger, Widerbeklagter.** Widerklage kann nur der **Beklagte** erheben, nicht der VöI und der Beigeladene, auch nicht der notwendig Beigeladene. Der Gesetzeswortlaut ist insoweit eindeutig, eine zu Gunsten notwendig Beigeladenen durch Analogie zu schließende Lücke existiert nicht. Das Argument einer nach § 93 möglichen Verbindung überzeugt nicht, weil dessen Voraussetzungen im Zeitpunkt der Erhebung einer Widerklage nicht zwingend vorliegen müssen und der Gedanke der Prozessökonomie den Anspruch auf den gesetzlichen Richter nicht zu verdrängen vermag[7].

6   Die Widerklage kann in der Regel nur **gegen den Kläger** erhoben werden. Sie kann sich auch gegen andere Verfahrensbeteiligte richten und – soweit dies sachdienlich ist – auch Dritte einbeziehen, die bislang am Verfahren nicht beteiligt sind[8]. Dies ist etwa der Fall wenn der Widerbeklagte nur gemeinsam mit einem solchen Dritten passivlegitimiert ist[9]. § 89 begründet insoweit jedoch keine Zuständigkeit des Gerichts, diese muss vielmehr unabhängig davon gegeben sein[10].

7   3. **Zulässigkeitsvoraussetzungen im Übrigen.** Die Widerklage ist nur zulässig, wenn für sie selbst die Prozessvoraussetzungen gegeben, auch etwaige Klagefristen eingehalten sind. Ist dies nicht der Fall, so wird sie als unzulässig abgewiesen. Infolge ihrer **Selbstständigkeit** bleibt die Widerklage anhängig, wenn die Klage zurückgenommen wird oder unzulässig ist. Das Verfahren wird in diesen Fällen allein mit der Widerklage fortgesetzt.

8   Die Widerklage kann erhoben werden, solange die **Klage anhängig** ist, und zwar auch, wenn bereits die Hauptsache übereinstimmend für erledigt erklärt, aber noch nicht über die Kosten entschieden ist[11]. Wird eine Widerklage nach diesem Zeitpunkt eingereicht, so ist sie als selbstständige Klage anzusehen und als solche gem. § 93 von dem bereits erledigten Verfahren zu trennen.

9   Die Widerklage kann **vor dem Gericht der Klage** erhoben werden, auch wenn dieses an sich örtlich nicht zuständig ist. Allerdings wird nur die **örtliche**, nicht die sachliche **Zuständigkeit** durch § 89 begründet. Auch das gilt nicht für die **Zuständigkeit der belegenen Sache** nach § 52 Nr. 1. Ist für den Widerklageantrag diese Zuständigkeit gegeben, so kann nur vor dem hierfür örtlich zuständigen Gericht Klage erhoben werden; eine etwa erhobene Widerklage ist zu trennen und auf Antrag gemäß § 83 zu verwei-

---

5   So auch Bader/Kuntze Rn. 7; Eyermann/Rennert Rn. 8; Schoch/Ortloff Rn. 4 ff.
6   Sodan/Schmid Rn. 10.
7   Wie hier die h.M., vgl. Kassel DVBl. 1992, 780, 782; Bader/Kuntze Rn. 5; Sodan/Schmid Rn. 4; a.A. Eyermann/Rennert Rn. 4; Joeres, Rechtsstellung des notwendig Beigeladenen S. 117 ff.; unklar Schoch/Ortloff Rn. 10.
8   BGHZ 40, 185, 188; 56, 73, 75; 69, 37, 44.
9   BGHZ 91, 132, 134.
10   BGH NJW 1991, 2838; BAG NZA 1997, 1071.
11   A.A. Kopp/Schenke Rn. 4.

sen. Ist **sachlich** ein anderes Gericht zuständig, so ist die Widerklage unzulässig.

Die **Widerklage** kann auch **eventualiter** für den Fall erhoben werden, dass **10** der Klage stattgegeben wird[12]. Ebenso ist eine Widerklage gegen die Widerklage zulässig[13].

4. **Anwendung in anderen Verfahren.** Die **Widerklage** kann auch erst in **11** der **Berufungsinstanz** erhoben werden. Hier bedarf sie aber der Einwilligung der Beteiligten oder der besonderen Zulassung des Gerichts als sachdienlich[14]. Das folgt entweder aus der Anwendung des § 530 Abs. 1 ZPO über § 173 oder aber aus den für die Klageänderung geltenden Grundsätzen, die, wenn schon für diese, dann auch für die Widerklage gelten müssen. Dabei sind an die Sachdienlichkeit aber strengere Maßstäbe anzulegen, da die Widerklage der Berufungsinstanz dem Kläger praktisch den ersten Rechtszug nimmt. – In der **Revisionsinstanz** ist die Widerklage nach überkommener Meinung unzulässig, was aber nur gelten kann, wenn über sie nach den tatsächlichen Feststellungen nicht entschieden werden kann[15].

Die Widerklage muss **in der gleichen Verfahrensart** zulässig sein wie die **12** Hauptklage. Im **Aussetzungsverfahren** ist sie deshalb ausgeschlossen[16], im Verfahren der **einstweiligen Anordnung** als Gegenantrag immerhin theoretisch denkbar[17]. Im **Normenkontrollverfahren** verbietet sich die Widerklage wegen dessen Funktion als objektives Rechtsbeanstandungsverfahren; auch fehlt es regelmäßig an der gleichen Verfahrensart.

III. Verfahren

Über die **Form der Erhebung der Widerklage** sagt die VwGO nichts. Es **13** gilt deshalb § 81, wonach die Klage schriftlich oder zu Protokoll des Urkundsbeamten der Geschäftsstelle erhoben werden kann. Zulässig ist auch die Erhebung in der mündlichen Verhandlung gem. § 261 Abs. 2 ZPO, § 173, zumal durch die Protokollierung auch die Voraussetzungen des § 81 erfüllt werden. Zu weiteren Einzelheiten vgl. Pietzonka NJW 1955, 1306.

§ 90 [Rechtshängigkeit]

(1) Durch Erhebung der Klage wird die Streitsache rechtshängig.

(2) (weggefallen)

(3) (weggefallen)

Anhang: § 17 GVG

(1) Die Zulässigkeit des beschrittenen Rechtsweges wird durch eine nach Rechtshängigkeit eintretende Veränderung der sie begründenden Umstände

---

12 Baumbach/Hartmann Anh. zu § 253 Rn. 11 ff.
13 RGZ 135, 17.
14 Eyermann/Rennert Rn. 10.
15 Ähnlich BVerwGE 44, 351, 360 f.
16 Kassel DVBl. 1992, 780; a.A. Kopp/Schenke Rn. 1.
17 Kopp/Schenke Rn. 1; a.A. Sodan/Schmid Rn. 3.

nicht berührt. Während der Rechtshängigkeit kann die Sache von keiner Partei anderweitig anhängig gemacht werden.

(2) Das Gericht des zulässigen Rechtsweges entscheidet den Rechtsstreit unter allen in Betracht kommenden rechtlichen Gesichtspunkten. Artikel 14 Abs. 3 Satz 4 und Artikel 34 Satz 3 des Grundgesetzes bleiben unberührt.

Übersicht

I. Vorbemerkung

1 Im **Zivilprozess** wird eine Klage mit Einreichung bei Gericht lediglich anhängig und erst mit Zustellung an den Beklagten erhoben und damit rechtshängig (§ 261 Abs. 1 ZPO), weshalb der Kläger während der Dauer der Anhängigkeit noch alleiniger Herr des Verfahrens ist und – mangels Prozessrechtsverhältnisses – die Klage etwa ohne die Kostenfolge des § 269 ZPO zurücknehmen kann; problematisch ist deshalb auch eine Hauptsacheerledigung vor Rechtshängigkeit[1]. Demgegenüber wird die Klage im **Verwaltungsprozess** bereits mit Eingang bei Gericht erhoben (§ 81 Abs. 1 S. 1; vgl. § 81 Rn. 15) und ist damit zugleich rechtshängig (§ 90); **Anhängigkeit** und **Rechtshängigkeit fallen** hier also **zeitlich zusammen.** Die hiermit einhergehende **Vorverlagerung der materiellen Wirkungen** der Rechtshängigkeit eröffnet die Möglichkeit der Klageerhebung beim unzuständigen Verwaltungsgericht verbunden mit einem Antrag auf Verweisung an das Zivilgericht[2]. Die begriffliche Unterscheidung wird weder in ZPO noch in VwGO durchgeführt, ist aber notwendig, um den Bereich der Wirkungen der Rechtshängigkeit gegenüber dem der bloßen Anhängigkeit abzugrenzen. Während § 90 früher Voraussetzungen und Folgen der Rechtshängigkeit selbstständig in drei Absätzen regelte, ist seit dem Neuregelungsgesetz 1990 nur noch § 90 Abs. 1 in der VwGO erhalten; die Folgewirkungen sind Gegenstand des für alle Gerichtszweige geltenden, hier als Anhang abgedruckten § 17 GVG geworden. § 17 geht inhaltlich weiter als bisher § 90 Abs. 2 und 3. Die Rechtshängigkeit dient der Festlegung der Streitsache, die von dem angerufenen Gericht zu beurteilen ist, und lässt Veränderungen nur in gewissen Grenzen zu.

---

1   Vgl. Zöller/Greger § 253 ZPO Rn. 4.
2   Zöller/Greger § 253 Rn. 3a; zweifelnd Sodan/Schmid Rn. 3.

II. Dauer der Rechtshängigkeit

Die **Rechtshängigkeit beginnt mit der Erhebung der Klage.** Die Klage ist **2** mit dem Zugang bei Gericht erhoben, einer Zustellung an den Beklagten bedarf es nicht. Die Rechtshängigkeit tritt auch ein, wenn die Klage unzulässig ist, gleich aus welchem Grunde, also auch bei Mängeln nach § 81. Die Rechtshängigkeit erfasst alle mit der Klage angekündigten Anträge. Wird die Klage geändert, so entsteht eine neue Streitsache und beginnt damit eine neue Rechtshängigkeit.

Die **Rechtshängigkeit endet** mit der Rechtskraft des Urteils oder des Ge- **3** richtsbescheides, durch Prozessvergleich, durch Klagerücknahme (in diesem Falle rückwirkend vgl. § 92 Rn. 10) und durch Vollziehung der Klageänderung, wenn durch diese der bisherige Streitgegenstand aufgegeben wird, dagegen noch nicht mit der Erklärung der Erledigung der Hauptsache[3]; vgl. auch § 107 Rn. 19, durch außergerichtlichen Vergleich, Verzicht oder Anerkenntnis, da hier noch richterliche Entscheidungen zur Beendigung des Verfahrens notwendig sind, deshalb auch noch Widerklage erhoben werden könnte (vgl. § 89 Rn. 2). Erst recht ist bei nur einseitiger Erledigungserklärung die Prozesslage noch nicht abschließend gestaltet, weshalb der Kläger verfahrensrechtlich nicht gehindert ist, zu seinem Sachantrag zurückzukehren; er kann auch zunächst die Feststellung der Erledigung der Hauptsache beantragen und anschließend, wenn sich seine Auffassung insoweit als unzutreffend erweist, sein ursprüngliches Sachbegehren erneut zur Entscheidung stellen oder zu einem Fortsetzungsfeststellungsantrag (§ 113 Abs. 1 S. 4) übergehen[4].

III. Wirkungen der Rechtshängigkeit

1. **Prozesshindernis.** § 17 Abs. 1 S. 2 GVG **schließt** jedes **anderweitige Ver- 4 fahren** während der Rechtshängigkeit **aus.** Es muss sich um die **gleiche Rechtssache** handeln, Kläger und Beklagter müssen also, wenn auch vielleicht in umgekehrter Rolle, identisch sein (Identität als notwendig Beigeladener genügt nicht). Neben der personellen Identität muss auch in der Sache der gleiche Streitgegenstand bestehen (vgl. dazu § 121 Rn. 7 ff.). Dies ist etwa nicht der Fall, wenn ein Kläger in zwei verschiedenen gerichtlichen Instanzen die Aufhebung desselben Planfeststellungsbeschlusses in Bezug auf verschiedene Grundstücke beantragt; insoweit unerheblich ist deshalb, dass mehrere Rechtsverletzungen letztlich dasselbe Rechtssubjekt treffen können und dass im Regelfall der Weg der objektiven Klagehäufung gewählt würde[5]. Ob in den Verfahren weitere Beteiligte vorhanden sind, ist auf die Klagesperre des § 17 Abs. 1 S. 2 ohne Einfluss. Die Bestimmung schließt auch die Anhängigkeit beim EuGH ein, nicht dagegen beim BVerfG, weil dort der Streitgegenstand ein anderer ist[6]. Sie gilt auch für Verfahren des vorläufigen Rechtsschutzes nach §§ 80, 80a, 123.

3　Wie hier Schoch/Ehlers § 41, § 17 GVG Rn. 2; a.A. Schoch/Ortloff Rn. 6; Eyermann/Rennert Rn. 7.
4　BVerwG NVwZ 1999, 404.
5　München NVwZ 1996, 490.
6　VerwGE 50, 124; zweifelnd Sodan/Schmid Rn. 10.

5 Die anderweitige Rechtshängigkeit ist **Prozesshindernis**. Eine trotz des Verbotes erhobene Klage wird durch Prozessurteil als unzulässig abgewiesen. Das Hindernis ist von Amts wegen in jeder Lage des Verfahrens zu beachten. Endet die Rechtshängigkeit durch Sachurteil, so steht einer neuen Klage nunmehr die **Rechtskraft** der ersten Entscheidung entgegen. Für die **Rechtshängigkeit** kommt es ausschließlich auf die zeitliche Priorität an. Wird die gleiche Streitsache gleichzeitig bei verschiedenen Gerichten rechtshängig, so ist nach §§ 17a, 17b GVG zu verfahren. Unterbleibt dies – etwa weil die Gerichte von der mehrfachen Anhängigkeit zunächst nichts erfahren –, so richtet sich die Zulässigkeit nach der Priorität der richterlichen Entscheidungen (nicht sind beide Klagen abzuweisen). Macht eine Partei von der technischen Möglichkeit der **Übermittlung** eines Antrags **vorab per Telefax** Gebrauch und sendet sie den **Originalantrag als Briefsendung** nach, begründet letzterer kein neues selbstständiges Antragsverfahren, mit dem die gleiche Sache anderweitig anhängig wird. Wird der später eingegangene identische Antrag in einem solchen Fall wegen Rechtshängigkeit als unzulässig abgewiesen, ist diese Entscheidung aufzuheben; Gerichtskosten sind dafür nicht zu erheben[7]; vgl. auch § 81 Rn. 10.

6 **2. Verfügungsbefugnis über streitbefangene Sachen und Rechte.** Die Rechtshängigkeit beseitigt das **Verfügungsrecht über die im Streit befangenen Sachen oder Rechte** nicht. Die Grundgedanken des § 265 ZPO gelten auch im Verwaltungsprozess. Die Verwaltungsbehörde kann trotz Rechtshängigkeit den angefochtenen VA aufheben und den Kläger **klaglos stellen**[8] oder einen anderen VA erlassen. Die Aufsichtsbehörde kann, etwa wenn gleichzeitig durch Dienstaufsichtsbeschwerde angerufen, den Vorgang an sich ziehen und selbst aufheben oder die Verwaltungsbehörde zur Aufhebung anweisen. Während sich in diesen Fällen die Hauptsache erledigt, wird das Verfahren unverändert fortgeführt, wenn etwa der Kläger das Grundstück oder die Sache, auf deren Zustand sich der angefochtene VA bezieht (Ordnungsverfügung, Baugenehmigung) veräußert. Die Entscheidung wirkt gemäß § 121 Nr. 1 in Anwendung der Grundsätze der §§ 265, 325 ZPO gegen den **Rechtsnachfolger**[9]. Der **Veräußerer bleibt Prozesspartei** (Kläger oder Beigeladener). Der Rechtsnachfolger kann, muss aber nicht beigeladen werden[10], allerdings ist die Beiladung in der Regel zweckmäßig. Ein Parteiwechsel auf den Erwerber setzt die Zustimmung der anderen Beteiligten voraus, wie sich aus § 265 Abs. 2 ZPO, § 173 ergibt[11]. Ob es im Verwaltungsprozess Fallgestaltungen gibt, auf die § 266 ZPO anwendbar ist, mag zweifelhaft sein, die Unterscheidung zwischen § 265 und § 266 ist hier kaum tragfähig[12], wenn Streitgegenstand die **Rechtmäßigkeit eines VA** ist. Bei Gesamtrechtsnachfolge tritt der Rechtsnachfolger an die Stelle des bisherigen Beteiligten[13]. Spannowsky[14] hält §§ 265, 266

---

7   Kassel NJW 1992, 3055.
8   BVerwGE 2, 31; im Einzelnen Groschupf DVBl. 1961, 840.
9   Str.; wie hier BVerwG NJW 1985, 281; Münster DVBl. 1981, 592; Koblenz NVwZ 1985, 431; DÖV 1980, 654; Saarlouis BRS 22, 303; Kassel NVwZ 1985, 281; NJW 1976, 1910; aber auch BVerwG NJW 1971, 1624; BVerwGE 42, 115; Schenke GewA 1976, 1; Peine DVBl. 1980, 941.
10 BVerwG NVwZ 1993, 166; a.A. Schoch/Ortloff Rn. 11.
11 Münster NWVBl. 1992, 139; Kassel ESVGH 28, 33.
12 So aber Münster KStZ 1992, 13; München NVwZ 1996, 490 für Planfeststellungsbeschluss.
13 Koblenz VRspr. 31, 965.
14 NVwZ 1992, 426 ff.

ZPO überhaupt für unanwendbar und spricht sich bei Veräußerung für eine Unterbrechung des Verfahrens aus, um dem Rechtsnachfolger Gelegenheit zur Aufnahme des Verfahrens zu geben, da die Klagebefugnis des Vorgängers entfallen sei. Hierfür spricht manches; auf jeden Fall scheidet die Fortsetzung des Verfahrens mit den bisherigen Beteiligten aus. Wenn durch die Veräußerung der angefochtene oder beantragte VA inhaltlich unzulässig oder unmöglich wird (Beispiel: Veräußerung von Grundeigentum im Prozess über die Abrundung des Eigenjagdbezirkes mit Wegfall der Mindestgröße), folgt daraus die Erledigung der Hauptsache. Geht der geltend gemachte Anspruch während des Verfahrens kraft **Legalzession** auf einen Dritten über (etwa nach § 67 VGG), so wird in der Regel für den Zedenten das Rechtsschutzinteresse entfallen, sodass – ohne Klageänderung – der Zessionar in das Verfahren eintritt.

Die **prozessuale Frage** der Auswirkungen einer Verfügung über die im **7** Streit befangenen Sachen und Rechte ist von der **materiell-rechtlichen Frage** zu trennen, ob solche **Verfügungen Auswirkungen** auf **Inhalt** und **Bestand** des VA haben. Solche Auswirkungen können gesetzlich geregelt sein; wie vielfach etwa in den Bauordnungen[15]; sie müssen oft in einer Auslegung des VA gesucht werden. Für höchstpersönliche VA gilt, dass sie auf keinen Fall den Rechtsnachfolger betreffen können; gleichwohl tritt dieser in das Prozessrechtsverhältnis ein und kann über den Fortgang des Verfahrens disponieren[16]. Der Fragenkreis ist bisher wenig geklärt. Schon die Frage der Rechtsnachfolge ist oft kaum zu beantworten[17] vgl. § 94 Rn. 7.

3. **Perpetuatio fori.** § 17 Abs. 1 S. 1 GVG will ebenso wie früher § 90 **8** Abs. 3 sicherstellen, dass ein einmal zulässig begonnenes Verfahren weitergeführt wird, auch wenn später eintretende Umstände an sich zu einem anderen Rechtsweg führen konnten. Der **Grundsatz der Rechtswegerhaltung** wird **durch § 3 Abs. 1 Nr. 6** innerhalb der Verwaltungsgerichtsbarkeit **durchbrochen.** Hierauf war früher in § 90 Abs. 2 hingewiesen; der Hinweis fehlt in § 17; die Regelung bleibt aber sachlich als **lex specialis** gegenüber § 17 weiterhin gültig. § 17 Abs. 1 S. 1 bezieht sich ausschließlich auf solche Umstände, die für die Zulässigkeit des Rechtsweges erheblich sein können. Soweit es sich um die örtliche oder die sachliche Zuständigkeit handelt, bestimmt § 83 die entsprechende Anwendung sowohl des § 17 wie der §§ 17a und 17b.

4. **Materiell-rechtliche Wirkungen der Rechtshängigkeit.** In materiell- **9** rechtlicher Hinsicht am wichtigsten ist zum einen die Unterbrechung der **Verjährung** (§ 209 BGB), soweit die Verjährungsfrist gegen den Kläger läuft (etwa Beamtenbezüge); die Verjährung gegen die öffentliche Hand wird gemäß § 53 VwVfG durch den Leistungsbescheid unterbrochen. Zum anderen entsteht, soweit nicht spezialgesetzlich anders geregelt[18], ein Anspruch auf **Prozesszinsen,** und zwar sowohl bei reiner Leistungs- wie auch

---

15 Hierzu ausweitend Mannheim NVwZ 1992, 392; begrenzend Hamburg DÖV 1991, 32.
16 Münster NVwZ-RR 1993, 55, 56; VG Hamburg GewA 1980, 139, 140.
17 Vgl. München NVwZ 1993, 196; Mannheim NVwZ 1991, 60.
18 BVerwGE 7, 95; 11, 314, 318; 14, 1, 3; 51, 287, 288, 290; 58, 316, 326; 99, 53, 54.

bei der Verpflichtungsklage auf entsprechenden VA[19] oder Anfechtungsklage gegen den Widerruf eines die Zahlung begründenden VA[20]. Über
ihn können auch die VG befinden[21]. Vgl. im Übrigen § 42 Rn. 157.

10   **5. Umfassende gerichtliche Entscheidungskompetenz.** § 17 Abs. 2 S. 1
GVG ist von weit tragender Bedeutung. Er beseitigt die vielfachen **Schwierigkeiten, wenn ein Klageantrag aus mehreren Rechtsgründen** hergeleitet
wird, für die verschiedene Rechtswege gelten. Das Gericht des zulässigen
Rechtsweges hat nunmehr über alle Rechtsgründe, auch solche des an sich
anderen Rechtsweges zu entscheiden. Dabei richtet sich die Zulässigkeit
hier wiederum nach der Priorität der Anhängigkeit. Ist **Klage** beim **VG**
erhoben und ist aus auch nur einem Rechtsgrund der Verwaltungsrechtsweg gegeben, so ist dieser zulässig[22] und in ihm ist **über alle Klagegründe
zu entscheiden.** Das Gleiche gilt umgekehrt; es kann also leicht dazu kommen, dass Gerichte sich auch mit Materien befassen müssen, die an sich
in einen anderen Rechtsweg gehören. Deshalb hat das VG auch über zur
Aufrechnung gestellte Forderungen, die an sich in anderem Rechtsweg zu
beurteilen sind, zu befinden. Die Frage ist streitig; während sie früher ganz
überwiegend verneint wurde, dürfte sie jetzt anhand § 17 Abs. 2 S. 1 GVG
zu bejahen sein, der eine **rechtswegübergreifende Sachkompetenz** begründet[23]; nach der Gegenmeinung soll lediglich eine Aussetzung erfolgen[24].
Das Gesetz geht hier ersichtlich von der **Gleichwertigkeit aller Gerichtszweige** aus. Freilich muss es diesen Grundsatz für die beiden Hauptfälle
solcher Begründungshäufung durchbrechen, für die der Zivilrechtsweg verfassungsrechtlich vorgegeben ist, den Amtshaftungs- (Art. 34 S. 3 GG) und
den Enteignungsentschädigungsanspruch (Art. 14 Abs. 3 S. 4 GG). Hier
gilt ausschließlich der Zivilrechtsweg[25]. § 17 GVG hat aber zur Folge, dass
dort nunmehr über alle Anspruchsgründe zu befinden ist, also etwa mit
der Amtshaftungsklage auch über den vielfach parallelen Fürsorgepflicht-
verletzungsanspruch des Beamten oder mit der Enteignungsentschä-
digungsklage auch über den parallelen, wenn auch weiter gehenden Ausgleichsanspruch nach § 48 Abs. 3 VwVfG. Die Festlegung eines
bestimmten Rechtsweges mit einer an sich zu ihm gehörenden, im konkreten Fall aber abwegigen Begründung kann missbräuchlich sein und die
Verweisung in den eigentlich zulässigen Rechtsweg rechtfertigen[26].

§ 91   [Klageänderung]

**(1) Eine Änderung der Klage ist zulässig, wenn die übrigen Beteiligten einwil-
ligen oder das Gericht die Änderung für sachdienlich hält.**

---

19   BVerwGE 19, 1; 15, 108; 25, 72; NJW 1973, 1854; E 14, 222 m. krit. Anm.
     Redeker DVBl. 1963, 503 f.; Eyermann/Rennert Rn. 15.
20   Kopp/Schenke Rn. 23; einschränkend bei Beamten BVerwG NVwZ 1988, 441, hier
     muss gleichzeitig Leistungsklage auf Zahlung erhoben werden; ablehnend BVerwG
     NJW 1994, 3116; Eyermann/Rennert Rn. 16.
21   Saarlouis NJW 1976, 1909.
22   BVerwGE 18, 181.
23   Ebenso Kassel DVBl. 1984, 806, 807; Schenke/Ruthig NJW 1992, 2505, 2510;
     Kopp/Schenke § 40 Rn. 45; Zöller/Gummer § 17 GVG Rn. 5 f.
24   BVerwG NJW 1993, 2255; Kassel NJW 1994, 1488; Eyermann/Rennert § 40
     Rn. 38; Schoch/Ehlers Rn. 28 ff.; wohl auch Sodan/Schmid Rn. 9.
25   BVerwG NJW 1993, 2255.
26   Vgl. auch BGH NVwZ 1990, 1104; Baumbach/Hartmann § 17 GVG Rn. 5.

(2) Die Einwilligung des Beklagten in die Änderung der Klage ist anzunehmen, wenn er sich, ohne ihr zu widersprechen, in einem Schriftsatz oder in einer mündlichen Verhandlung auf die geänderte Klage eingelassen hat.

(3) Die Entscheidung, dass eine Änderung der Klage nicht vorliegt oder zuzulassen sei, ist nicht selbstständig anfechtbar.

Übersicht

I. Voraussetzungen der Klageänderung

1. Begriff der Klageänderung. Eine **Klageänderung** liegt vor, **wenn der** **1**
Streitgegenstand eines anhängigen Verfahrens **durch Erklärung des Klägers**
geändert wird. Diese Änderung kann sowohl den Klageantrag, den Klagegrund oder aber die Person des Beklagten kumulativ oder alternativ betreffen (zum Begriff des Streitgegenstandes vgl. § 121 Rn. 7).

2. Änderung des Klageantrages. Wenn auch die Formulierung eines Kla- **2**
geantrages nach § 82 nur zu den Soll-Vorschriften einer Klage gehört, so
ist für den Streitgegenstand das dem Antrag zu Grunde liegende Klagebegehren gem. § 88 doch maßgeblich. Aus ihm ergibt sich mit der Fixierung des Antrages der Streitgegenstand (vgl. § 88 Rn. 2). Die Änderung des Klagebegehrens kann zur Klageänderung führen[1]. Die Änderung kann einmal in der Ersetzung des bisherigen Klagebegehrens durch ein inhaltlich anderes, ebenso aber auch in der Einbeziehung eines weiteren Klagebegehrens (Klagehäufung) liegen[2]. Eine Änderung liegt im ersten Fall nur vor, wenn tatsächlich ein Aliud beantragt wird. Daran fehlt es bei bloßer Berichtigung, Erweiterung oder Beschränkung des Klagebegehrens[3] oder beim Übergang von dem Klagegegenstand wegen später eingetretener Verände-

---

1   Enger Eyermann/Rennert Rn. 9.
2   Lüneburg OVGE 11, 313.
3   Etwa München NVwZ-RR 1991, 277.

rung auf einen anderen Gegenstand oder auf das Interesse (entsprechende Anwendung des § 264 ZPO, § 173)[4]. Für den Verwaltungsprozess bedeutet dies, dass eine **Klageänderung zu verneinen** ist bei dem Übergang von der Feststellungs- zur Anfechtungs-, Verpflichtungs- oder Leistungsklage und umgekehrt[5], von der Anfechtungs- zur Verpflichtungsklage (auch bei Aufrechterhaltung des nunmehr unselbstständigen Anfechtungsantrages) und umgekehrt[6], von der Bescheidungs- zur Verpflichtungsklage[7], von der Untätigkeits- zur Anfechtungs- oder Verpflichtungsklage nach Erlass des Bescheides, von der Anfechtungs- oder Verpflichtungsklage zum Feststellungsantrag nach § 113 Abs. 1 S. 4[8], oder zum Folgenbeseitigungsanspruch, vom Hauptantrag ausschließlich auf den Hilfsantrag[9]; vom Antrag auf Zivildienstausnahme zum Entlassungsantrag[10]. Die Erweiterung einer Fortsetzungsfeststellungsklage stellt hingegen eine Klageänderung i.S.d. § 91 dar[11].

3   Aber auch Einschränkungen oder Änderungen im Inhalt des Verpflichtungsbegehrens sind nicht bereits Klageänderungen; sie liegen erst vor, wenn sich die begehrte Leistung – in der Regel der VA – ihrem Wesen nach ändert, also ein inhaltlich **dem Wesen nach anderer VA angestrebt** wird. Großzügige Anwendung ist am Platze, weil sonst bei weiter Auslegung des Begriffs der Klageänderung und Widerspruch der Behörde die Sachdienlichkeit am Mangel des Vorverfahrens scheitern würde, sodass ein neues Verwaltungsverfahren erforderlich wird. Die Gerichte sollten, wenn irgend möglich, zur Sachentscheidung kommen, zumal bis auch nur zur Entscheidung 1. Instanz oft Jahre vergangen sind. Wird dagegen eine Vorfrage nachträglich zum Gegenstand des Klageantrages gemacht, so liegt Klageänderung vor, ebenso bei Übergang vom Antrag auf unbedingte Genehmigung zum Antrag auf Genehmigung unter bestimmten Bedingungen[12], oder auf volle nach zunächst nur teilweiser Anfechtung eines VA[13]. Klageänderung ist auch die Rückkehr vom Fortsetzungsfeststellungs- zum Verpflichtungsantrag[14].

4   Eine Klageänderung liegt auch vor, wenn der **Beklagte** den **angefochtenen VA ändert** oder **ergänzt** und damit in seinem Wesen ändert (vgl. § 108 Rn. 29, 34) und das Verfahren gegen diesen neuen VA fortgesetzt wird. Ein Vorverfahren ist hier nicht erforderlich, die Zulassung dürfte in der Regel sachdienlich sein[15]; vgl. im Übrigen § 79 Rn. 3. Der Kläger braucht Klageänderung nicht vorzunehmen; er kann Erledigung erklären, die das Gericht bei Widerspruch des Beklagten festzustellen hat[16]; vgl. Rn. 21 zu

---

4   Eyermann/Rennert Rn. 12 ff.
5   BVerwGE 30, 46; 34, 353; Mannheim UPR 1990, 280; Münster DÖV 1953, 92; München VGH n.F. 8, 85.
6   BVerwG DÖV 1962, 754.
7   BVerwG Buchh. 451. 512 Nr. 15.
8   BVerwGE 4, 178; 8, 59; 89, 121, 138; Münster NJW 1953, 479; wohl auch BVerwG NVwZ 1999, 1105, 1106.
9   Kassel VRspr. 27, 239.
10 BVerwG DÖV 1984, 983.
11 BVerwG NVwZ 1999, 1105, 1106.
12 BVerwG, NJW 1970, 1564.
13 BVerwGE 40, 25.
14 BVerwG ZBR 1988, 222.
15 BVerwG NJW 1970, 1564; Münster OVGE 22, 125; hierzu krit. Schweiger DVBl. 1967, 860.
16 München VGH n.F. 25, 101.

§ 107; er kann auch den neuen VA selbstständig angreifen[17]. Ändert die Baugenehmigungsbehörde in dem vom Nachbarn angestrengten Verfahren des vorläufigen Rechtsschutzes auf entsprechenden Bauantrag des beigeladenen Bauherrn die Baugenehmigung, kann der Beigeladene eine Sachentscheidung über die geänderte Genehmigung nur erreichen, wenn der Nachbar diese in das Verfahren einbezieht[18].

Eine Ausnahme bildet die Regelung des § 114 S. 2 für das **Nachschieben** **5** von **Ermessenserwägungen** noch im verwaltungsgerichtlichen Verfahren; in der Reaktion hierauf liegt keine Klageänderung. § 114 S. 2 erfasst jedoch nicht den sog. **Ermessensausfall**; nach Klageerhebung angestellte Ermessenserwägungen können daher nicht mit heilender Wirkung in den Prozess eingeführt werden. Ist § 114 S. 2 deshalb nicht anwendbar, so ist im Nachschieben von Ermessenserwägungen der **Erlass eines neuen Verwaltungsaktes** zu sehen. Dieser wird nur Gegenstand des bereits anhängigen Verfahrens, wenn die Parteien ihn übereinstimmend im Wege der Klageänderung in dieses einbeziehen oder das Gericht die Klageänderung für sachdienlich hält[19]; vgl. ferner § 114 Rn. 10a.

Erlässt die Behörde während der Anhängigkeit einen neuen, denselben **6** Sachverhalt betreffenden VA, so soll die Klage dessen Bestandskraft nach Mannheim[20] nicht verhindern, ein allenfalls in Ausnahmen tragbares Ergebnis.

3. **Änderung des Klagegrundes.** Eine Änderung des Klagegrundes liegt vor, **7** wenn an Stelle des dem bisherigen Klagebegehren zu Grunde liegenden **Lebenssachverhalts** ein anderer zur **Grundlage der Klage** gemacht wird, also etwa der belastende VA nunmehr in einem anderen Bescheid als dem bisher angegebenen VA gesehen wird[21]. Ergänzungen, Einschränkungen oder Berichtigungen des Sachvortrages sind keine Klageänderung, auch nicht, wenn erst sie die Klage zu begründen vermögen, ebenso nicht eine andere rechtliche Begründung des gleichen Antrages bei gleichem tatsächlichen Klagegrund[22].

Keine Klageänderung liegt in der Erledigungserklärung, selbst wenn sie **8** einseitig, also die Erledigung bestritten ist. Denn mit ihr wird im Rahmen der Dispositionsmaxime die bisherige Klage zur Hauptsache aufgegeben, also gerade nicht geändert. Die überwiegende Meinung bejaht eine Klageänderung, freilich mit der »Privilegierung«, dass sie immer zulässig sei und sich die Folgen bei Streit über die Erledigung nicht nach § 91, sondern nach den von der Rechtsprechung entwickelten besonderen Regeln bestimmen (zu diesen Regeln § 107 Rn. 11 ff.). Die Problematik hat deshalb nur theoretische Bedeutung[23].

---

17 BVerwG Buchh. 316 § 76 Nr. 4.
18 Lüneburg NVwZ-RR 1997, 574.
19 VG München NVwZ 1998, 1325.
20 NVwZ 1988, 58.
21 BVerwG DÖV 1984, 299.
22 RGZ 98, 23.
23 Vgl. Burgi DVBl. 1991, 193.

9 4. **Parteiwechsel.** Nach ständiger Rechtsprechung[24] in allen Gerichtszweigen[25] ist auch jeder **Wechsel in der Person des Klägers oder Beklagten** – nicht des Beigeladenen, da über die Beiladung allein das Gericht zu entscheiden hat – Klageänderung. Im Verwaltungsprozess mit der häufig bestehenden Unklarheit über die Person des richtigen Beklagten besteht für die Zulassung der subjektiven Klageänderung ein dringendes Bedürfnis[26]. Subjektive Klageänderung liegt jedoch noch nicht vor, wenn der Beklagte nur unrichtig oder unvollständig bezeichnet ist und auf Hinweise des Vorsitzenden (§ 82 Abs. 2, § 86) Richtigstellung oder Ergänzung erfolgt, wenn die Körperschaft verklagt wird, nach § 78 Abs. 1 Nr. 2 Behörde richtiger Beklagter ist oder umgekehrt (allg. M.), wenn die Klage gegen die Widerspruchsbehörde gerichtet und auf die Behörde des ursprünglichen VA umgestellt wird[27]. Wird dagegen an Stelle des bisher richtig oder falsch bezeichneten Beklagten die Klage gegen einen anderen Beklagten gerichtet oder ein weiterer Beklagter einbezogen[28], so ist Klageänderung gegeben.

10 In diesen Fällen darf das Gericht nicht durch einfache »Änderung des Rubrums«, auch nicht unmittelbar nach Klageerhebung, helfen, wie dies in der Praxis nicht selten geschieht, da es sich um eine eigenverantwortliche Entscheidung sowohl des Klägers wie des bisherigen Beklagten und möglicherweise des neuen Beklagten handelt[29]. **Keine subjektive Klageänderung** liegt vor bei **Parteiwechsel kraft Gesetzes** (deshalb auch im Revisionsverfahren zu beachten)[30]: Volljährigkeit des bisher Vertretenen[31]; Tod und Gesamtrechtsnachfolge, Konkurs- bzw. Insolvenzeröffnung, Fusion oder Verschmelzung einer juristischen Person, Eingemeindungen oder sonstige körperschaftliche Änderung durch Verwaltungsreformen[32], Wechsel behördlicher Zuständigkeit sowohl innerhalb der gleichen Körperschaft als auch bei einem Rechtsträgerwechsel[33]. Klageänderung dagegen bei Einzelrechtsnachfolge und Eintritt des Nachfolgers in den Prozess; auch bei Korrektur der Benennung des richtigen Klägers[34]. Hierzu im Einzelnen § 83 Rn. 7 f.; § 90 Rn. 6; ferner BVerwGE 7, 325.

II. Zulässigkeit der Klageänderung

11 1. **Einwilligung der Beteiligten.** Die **Klageänderung** ist **zulässig, wenn alle Beteiligten** einschließlich des VÖI, soweit er sich beteiligt, **einwilligen**, also auch dann, wenn das Gericht eine wesentliche Änderung des beantragten VA annimmt und deshalb das Vorverfahren verneint. In der Einwilligung des Beklagten und Weiterführung des Verfahrens liegt zugleich die Ablehnung auch dieses VA, durch die das Vorverfahren ersetzt wird (vgl. § 68 Rn. 4). Die Einwilligungserklärung ist als Prozesshandlung unwiderruflich

---

24 Hierzu Franz NJW 1972, 1743.
25 Im Einzelnen Roth NJW 1988, 2977 ff.
26 Bejahend BVerwG DVBl. 1956, 620 f.; Mannheim DVBl. 1964, 154 ff.; Kopp/Schenke Rn. 7; Ule S. 237 ff.
27 Lüneburg OVGE 23, 361.
28 Koblenz DVBl. 1972, 877.
29 Im Einzelnen Fliegauf DVBl. 1963, 664 f.
30 BVerwGE 44, 148; BSG NVwZ 1988, 766; Münster OVGE 31, 8.
31 A.A. BVerwGE 19, 128; dazu krit. Bachof II S. 182.
32 München DÖV 1978, 847.
33 Mannheim ZfW 1996, 386; Bautzen NVwZ-RR 1994, 551; a.A. offenbar Magdeburg LKV 1995, 326.
34 Münster OVGE 36, 58.

und bedingungsfeindlich. Wird eine **subjektive Klageänderung in der ersten** Instanz vorgenommen, so ist die Zustimmung des neu in das Verfahren einbezogenen Beteiligten nicht erforderlich. Denn für ihn führt die Klageänderung anders als bei den anderen Beteiligten nicht zur Änderung eines bestehenden, sondern zur **Begründung eines neuen Prozessrechtsverhältnisses**, das nicht seiner Einwilligung bedarf. Problematisch erscheint diese Annahme bei einem **Parteiwechsel in zweiter Instanz**; vgl. hierzu Rn. 10.

2. Sachdienlichkeit. Die **Klageänderung** ist auch **ohne Einwilligung** der anderen Beteiligten zulässig, wenn sie vom Gericht als **sachdienlich** angesehen wird. Das ist der Fall, wenn sie dazu beiträgt, den Streit zwischen den Parteien ohne Rücksicht auf seine bisherige prozessuale Einkleidung endgültig auszuräumen und einem weiteren sonst zu erwartenden Rechtsstreit vorzubeugen (Maßgeblichkeit der Prozesswirtschaftlichkeit)[35]. Sachdienlichkeit ist auch bejaht worden, wenn eine unzuständige Behörde über den Verpflichtungsantrag entschieden hat und die Klage im Laufe des Verfahrens gegen die zuständige Behörde gerichtet wird[36] oder wenn der Kläger zunächst gegen eine unzuständige Behörde geklagt und – nach Ablauf der Klagefrist – auf die richtige Behörde umstellt. Die Frist gilt als gewahrt[37]. Hat der Kläger einen Antrag bei der Behörde der zuständigen Körperschaft gestellt, ist der Antrag jedoch nach behördeninterner Weiterleitung durch die Behörde einer unzuständigen Körperschaft beschieden worden, so ist eine Klageänderung im Rahmen einer Verpflichtungsklage auch noch im Berufungsverfahren sachdienlich[38]. **12**

Im Verfahren 1. Instanz ist Sachdienlichkeit regelmäßig anzunehmen, wenn nicht der neue Antrag Ermessensentscheidungen der Verwaltung voraussetzt, die nicht vorliegen, oder aber ein neues Vorverfahren erforderlich erscheint, sodass der Antrag unzulässig ist. Das Vorverfahren ist nicht notwendig, wenn trotz der Klageänderung der Streitstoff im Wesentlichen unverändert bleibt[39], so etwa bei Antrag auf Bauvorbescheid an Stelle der Baugenehmigung[40]. Ist das Vorverfahren notwendig, so scheitert daran die Sachdienlichkeit[41], da damit eine Sachurteilsvoraussetzung fehlt. Auch die subjektive Klageänderung ist nicht sachdienlich, wenn die Klage gegen den neuen Beklagten unzulässig sein würde[42]. Im Übrigen aber ist BVerwG DVBl. 1980, 598 mit breiter Anerkennung der Sachdienlichkeit zuzustimmen. Die Subsumtion im Einzelfall steht im Ermessen des Tatrichters[43]. **13**

3. Anwendungsbereich. Die **Klageänderung** ist auch **im Berufungsverfahren** unter den gleichen Voraussetzungen zulässig. Das BVerwG hat auch die subjektive Klageänderung ohne Einwilligung des neuen **Beklagten** für zulässig angesehen, weil infolge der Untersuchungsmaxime der Verlust ei- **14**

35   BVerwG NJW 1970, 1564; Buchh. 436.51 § 62 JWG Nr. 1; DÖV 1984, 299;
      BGHZ 1, 65; 53, 24; NJW 1975, 1228; 1977, 49; ZfBR 1983, 237; Berlin UPR
      1985, 224; Münster OVGE 9, 173; NVwZ-RR 1992, 531.
36   BVerwGE 14, 356; a.A. Münster MDR 1968, 526, wenn neue Behörde ihr Ermessen noch nicht ausgeübt hat.
37   BVerwG DVBl. 1982, 1000; DVBl. 1993, 562.
38   Kassel DVBl. 1997, 913.
39   BVerwG NJW 1970, 1564.
40   Münster UPR 1993, 39.
41   München BayVBl. 1980, 297; NVwZ-RR 1990, 551; Münster NWVBl. 1990, 66;
      a.A. Kopp/Schenke Rn. 19.
42   BVerwGE 65, 45.
43   BGHZ 16, 317; NJW 1975, 1228; BVerwG Buchh. 310 § 91 Nr. 5, 6.

ner Tatsacheninstanz nicht so einschneidend sei wie im Zivilprozess, in dem die Einwilligung des neuen Beklagten[44] grundsätzlich Zulassungsvoraussetzung ist[45]. Im Zivilprozess wird die Parteiänderung ohne Zustimmung des neuen Beklagten nur ausnahmsweise für zulässig erachtet, wenn dieser keine irgendwie geartete Schlechterstellung zu befürchten hat und ihm für seine Weigerung ein schutzwürdiges Interesse fehlt. In diesem Fall ist sie rechtsmissbräuchlich und deshalb unbeachtlich[46]. Auch im **Verwaltungsprozess** sollte das Gericht im Rahmen der Prüfung der Sachdienlichkeit strengere Maßstäbe anlegen, da die VwGO dem Betroffenen regelmäßig zwei Tatsacheninstanzen zur Verfügung stellt, wovon nur in Ausnahmefällen abgewichen werden sollte. Sie liegen besonders dann vor, wenn der neue Beklagte am Verfahren bereits direkt (Beigeladener) oder indirekt (mitwirkende Behörde) beteiligt war[47]. Der Untersuchungsgrundsatz ist für die Beurteilung etwaiger prozessualer Nachteile für den neuen Beklagten von Bedeutung; der Parteiwechsel ist deshalb zuzulassen, wenn er objektiv sachdienlich ist und die Verweigerung der Zustimmung rechtsmissbräuchlich ist[48].

15   Nach einem stattgebenden Urteil erster Instanz kann eine **Klageänderung durch den obsiegenden Kläger** nur im Wege der Anschlussberufung erfolgen[49]. Im Revisionsverfahren ist die Klageänderung ausgeschlossen (§ 142 Abs. 1); Fälle des § 264 ZPO gelten aber nicht als Klageänderung und sind deshalb auch in der Revisionsinstanz möglich[50]. Das BVerwG hilft nicht selten auf Umwegen; vgl. § 142 Rn. 2.

16   § 91 wird auch im **Normenkontrollverfahren** (§ 47) angewendet[51]. § 91 gilt ferner in den **selbstständigen Antragsverfahren** (§§ 80, 80a, 123) entsprechend. Im **Beschwerdeverfahren** trifft § 570 ZPO über § 173 eine eigenständige Regelung, wenn neue Tatsachen und Beweise vorliegen[52]; im Übrigen findet § 91 Anwendung[53].

III. Verfahren

17   **1. Prozesserklärung.** Die **Klageänderung** wird **schriftsätzlich** durch Erklärung zu Protokoll des Urkundsbeamten der Geschäftsstelle oder **mündlich in der mündlichen Verhandlung** (§ 261 Abs. 2 ZPO, § 173) vorgenommen. Sie ist damit wirksam, allerdings noch nicht vollzogen, da hierzu noch die Einwilligung der Beteiligten oder die Zulassung durch das Gericht erforderlich ist. Einer Zustellung an die anderen Beteiligten bedarf es nicht. Mit der Rechtswirksamkeit tritt die Rechtshängigkeit des neuen Antrages ein

44   BGHZ 21, 285.
45   BVerwG DVBl. 1959, 61.
46   BGH NJW 1997, 2885; NJW-RR 1986, 356; Zöller/Greger § 264 Rn. 21.
47   Kassel NVwZ 1988, 88.
48   Magdeburg LKV 1995, 326.
49   Münster NVwZ 1999, 1252, 1253; NWVBl. 1989, 175, 176.
50   BVerwG NVwZ 1985, 194.
51   Münster NVwZ-RR 1996, 623.
52   Mannheim NJW 1984, 251; Sodan/Schmid Rn. 3.
53   So etwa Kassel NVwZ 1988, 88, 89 für den Parteiwechsel im Beschwerdeverfahren.

(§ 90). Die Klageänderung ist bedingungsfeindlich, also nur hilfsweise nicht zulässig[54].

2. Einwilligung der Beteiligten. In gleicher Weise (Erklärung in der mündl. **18** Verhandlung, zu Protokoll oder schriftsätzlich) erklären sich die Beteiligten zu der Klageänderung. Geben sie keine Erklärung ab, so wird für den Beklagten gem. § 91 Abs. 2 die Einwilligung unwiderlegbar vermutet, wenn er sich schriftsätzlich oder in der mündlichen Verhandlung zur Sache auf die veränderte Klage eingelassen hat. Das gilt auch bei subjektiver Klageänderung, etwa wenn der Beklagte, ohne sich sonst zu äußern, nunmehr Kostenentscheidung beantragt. Nach allg. M. ist § 91 Abs. 2 trotz entgegenstehenden Wortlautes auch für die übrigen Beteiligten anwendbar[55]. Ist die Einwilligung erklärt oder wird sie vermutet, so ist die Klageänderung vollzogen.

3. Zulassung ohne Einwilligung. Fehlt die Einwilligung auch nur eines Beteiligten, so hat das **Gericht über die Sachdienlichkeit zu entscheiden.** Hier **19** sind folgende Möglichkeiten gegeben:

a) Das **Gericht verneint**, dass überhaupt eine **Klageänderung** vorliegt: Das Gericht entscheidet hierüber entweder durch Zwischenurteil oder im die Sache selbst entscheidenden Endurteil. Das Zwischenurteil ist nicht selbstständig anfechtbar (§ 124 Abs. 1; § 92 Abs. 3), das Endurteil nicht allein mit der Erklärung, es habe doch eine Klageänderung vorgelegen. Diese Frage kann aber innerhalb einer allgemeinen Anfechtung des Endurteils zur Prüfung des Rechtsmittelgerichts gestellt werden.

b) Das **Gericht bejaht** die **Klageänderung, hält sie für sachdienlich** und **20** **lässt** sie deshalb **zu:** Das Gericht kann wie unter a) vorgehen. Im Falle der subjektiven Klageänderung wird es aber bei der Ausübung des Ermessens über die Entscheidungsform regelmäßig sich für den Weg des Zwischenurteils zu entscheiden haben, weil sonst bis zur Endentscheidung praktisch zwei Beklagte, nämlich der bisherige und der neue Beklagte vorhanden sind, was zu sachlichen und zu Kostenschwierigkeiten führen kann[56]. In diesem Fall hält Münster[57] auch Berufung des bisherigen Beteiligten in der Sache, wobei die Zulässigkeit der Klageänderung bestritten wird, für möglich.

c) Das **Gericht bejaht** die **Klageänderung,** hält sie aber nicht für sachdien- **21** lich und **lässt** sie deshalb **nicht zu:** Das Gericht entscheidet durch Teilendurteil über die geänderte Klage, die als unzulässig abgewiesen wird[58]. Auch hier ist aber bei Vorliegen der subjektiven Klageänderung der Weg des Zwischenurteils gangbar und zweckmäßig[59], das als solches gemäß § 124 Abs. 1 nicht anfechtbar ist.

Entscheidungen nach Rn. 11, 12 und 13 sind als solche nicht angreifbar; **22** im Rahmen eines anderweit eingelegten Rechtsmittels kann aber die **Zulassung gerügt** werden. Wird die Klageänderung nicht zugelassen, kann die

---

54 BVerwG DÖV 1980, 649.
55 Eyermann/Rennert Rn. 27; Kopp/Schenke Rn. 17.
56 Fliegauf DVBl. 1963, 664 f.
57 NWVBl. 1990, 282.
58 Münster OVGE 9, 173; Eyermann/Rennert Rn. 39.
59 Fliegauf DVBl. 1963, 664 f.

Entscheidung mit der Rüge fehlerhafter Auslegung des Begriffs der Sachdienlichkeit, auch des Fehlens einer Klageänderung überhaupt durch Rechtsmittel angegriffen werden. Da das Tatsachengericht über die Sachdienlichkeit nach seinem Ermessen entscheidet, kann das **Revisionsgericht** die Entscheidung nur bei **Ermessensfehlern,** insbesondere Verkennung des Begriffs der Klageänderung oder der Sachdienlichkeit korrigieren[60]. Das Berufungsgericht kann dagegen sein eigenes Ermessen gegenüber einer Entscheidung des VG ausüben.

23   In jedem Fall hat das Gericht die Zulässigkeit der Klageänderung vorab – auch vor der Zulässigkeit des Rechtsweges[61] – zu klären, da es vorher nicht in eine Sachprüfung eintreten kann, die Zulässigkeit kann nicht dahingestellt bleiben[62]. Die Rechtsprechung hat eine stillschweigende Zulassung für möglich gehalten[63].

IV. Wirkung der Klageänderung

24   1. **Anhängigkeit.** Wird die **Klageänderung** zwar **wirksam, aber** infolge Verweigerung der Zulassung durch Beteiligte oder Gericht **nicht vollzogen,** so bleibt das bisherige Verfahren anhängig[64]. Vielfach wird der Kläger unter diesen Umständen die bisherige Klage zurücknehmen wollen, die Klageänderung selbst bereits auch als Rücknahme angesehen werden können[65]. Dies muss ggf. durch Befragen festgestellt werden.

25   2. **Rechtshängigkeit.** Wird die Klageänderung durch Einwilligung oder Zulassung vollzogen, so ist das Verfahren nur noch – und zwar vom Zeitpunkt der Wirksamkeit an – mit dem **geänderten Antrag** rechtshängig, es sei denn, dass es sich um eine Klageänderung durch Klagehäufung handelt.

26   Die **Rechtshängigkeit** der Klage als solche wird durch die Klageänderung **nicht berührt.** Für die **objektive Klageänderung** beginnt die Wahrung der **Klagefrist** aber erst mit der Vornahme der Klageänderung. Ist etwa ein VA zunächst nur teilweise angefochten worden, so gilt für die Erweiterung der Anfechtung durch Klageänderung die Frist **nicht** als durch die Klageerhebung **gewahrt,** sodass insoweit die Klage meist unzulässig sein wird[66]. Für die **subjektive Klageänderung** ist dagegen hinsichtlich der Fristwahrung der Zeitpunkt der Klageerhebung maßgeblich; denn die Person des Beklagten ist im Verwaltungsprozess oft für den Kläger nur schwer erkennbar, die Sachentscheidung darf an der Notwendigkeit des »Auswechselns« nicht scheitern[67]. Folgerichtig macht das Auswechseln des Beklagten nach Ablauf der Klagefrist die Klage nicht wegen Fristversäumnis unzulässig, wenn der angefochtene belastende oder erstrebte begünstigende Verwaltungsakt

---

60   BVerwG DVBl. 1980, 598; DÖV 1984, 299; volle Prüfung der Sachdienlichkeit bejaht BVerwG Buchh. 251.0 § 68 Nr. 3.
61   BVerwGE 43, 193.
62   RGZ 153, 218; 70, 185.
63   RGZ 155, 229.
64   A.A. Kopp/Schenke Rn. 29.
65   Vgl. Münster NVwZ-RR 1994, 423.
66   BVerwGE 40, 25 ff.; Münster DVBl. 1987, 1023.
67   BVerwG Buchh. 310 § 91 Nr. 4, a.A. BFHE 130, 12; im Einzelnen dazu Jaekel DÖV 1985, 479; weiter Lüneburg OVGE 23, 361; Mannheim NVwZ 1982, 636; Franz DVBl. 1969, 628.

schon mit der Erhebung der Klage eindeutig bezeichnet worden ist[68]. Bestandskräftige Rechte Dritter dürfen dadurch aber nicht beeinträchtigt werden[69].

3. Subjektive Klageänderung. Liegt ein Parteiwechsel vor, so entsteht mit **27** der Wirksamkeit der Klageänderung neben dem vorhandenen Prozessrechtsverhältnis ein Zweites mit dem neuen Beklagten. Wird die **Klageänderung vollzogen**, so endet das Erste, der ausscheidende Beklagte kann eine Kostenentscheidung gegen den Kläger verlangen, die in direkter oder entsprechender Anwendung des § 155 Abs. 2 durch selbstständigen Beschluss zu ergehen hat und gemäß § 158 Abs. 2 unanfechtbar ist. Zuständig hierfür bleibt das bisherige Gericht, auch wenn infolge der Klageänderung verwiesen werden muss[70]. Der Kläger trägt die Kosten, wenn diese nicht durch schuldhaft unrichtige Rechtsmittelbelehrung des falschen Beklagten verursacht worden sind[71]. Beim Parteiwechsel kommt es darauf an, ob die Klage – nicht die Klageänderung – innerhalb der Klagefrist erhoben wurde[72]. Auf die Durchführung eines Vorverfahrens soll, wenn Besonderheiten des materiellen Rechts nicht entgegenstehen und der Streitstoff im Wesentlichen derselbe bleibt, verzichtet werden können[73]. Wird die **Klageänderung abgelehnt**, so endet damit das zweite (vorläufige) Prozessrechtsverhältnis. Hat der zweite Beklagte sich im Verfahren gemeldet, so kann er in diesem Fall Kostenentscheidung des Gerichts durch Beschluss verlangen, der gemäß § 158 Abs. 2 unanfechtbar ist.

§ 92 [Klagerücknahme]

(1) Der Kläger kann bis zur Rechtskraft des Urteils seine Klage zurücknehmen. Die Zurücknahme nach Stellung der Anträge in der mündlichen Verhandlung setzt die Einwilligung des Beklagten und, wenn ein Vertreter des öffentlichen Interesses an der mündlichen Verhandlung teilgenommen hat, auch seine Einwilligung voraus. Die Einwilligung gilt als erteilt, wenn der Klagerücknahme nicht innerhalb von zwei Wochen seit Zustellung des die Rücknahme enthaltenen Schriftsatzes widersprochen wird; das Gericht hat auf diese Folge hinzuweisen.

(2) Die Klage gilt als zurückgenommen, wenn der Kläger das Verfahren trotz Aufforderung des Gerichts länger als zwei Monate nicht betreibt. Abs. 1 Satz 2 und 3 gilt entsprechend. Der Kläger ist in der Aufforderung auf die sich aus Satz 1 und § 155 Abs. 2 ergebenden Rechtsfolgen hinzuweisen. Das Gericht stellt durch Beschluss fest, dass die Klage als zurückgenommen gilt.

(3) Ist die Klage zurückgenommen oder gilt sie als zurückgenommen, so stellt das Gericht das Verfahren durch Beschluss ein und spricht in ihm die sich nach diesem Gesetz ergebenden Rechtsfolgen der Zurücknahme aus. Der Beschluss ist unanfechtbar.

---

68 BVerwG DVBl. 1993, 562.
69 Münster DVBl. 1987, 1023.
70 Vgl. aber München NWZ-RR 1999, 695.
71 Zur Kostenregelung OLG München NJW 1966, 112; Behrens MDR 1965, 528.
72 BVerwG DVBl. 1993, 562.
73 Sodan/Schmid Rn. 20; a.A. noch Münster VRspr. 21, 502; zur subjektiven Klagehäufung VG Frankfurt/Oder LKV 1997, 134.

I. Voraussetzungen und Verfahren

1   1. Die **Klagerücknahme** ist die Erklärung des Klägers, seinen Anspruch in dem anhängigen Verfahren nicht weiter verfolgen zu wollen.

2   2. Die **Klage kann von der Rechtshängigkeit bis zur Rechtskraft des Urteils,** also auch in der Berufungs- oder Revisionsinstanz **zurückgenommen werden.** Die Klagerücknahme ist zu unterscheiden von der Rücknahme des Antrages im Falle der Verpflichtungsklage (Folge: Erledigung des Rechtsstreits) und von der Rücknahme des Rechtsmittels in der Instanz. Im letzteren Fall wird das angefochtene Urteil rechtskräftig und kann die Klage nicht mehr zurückgenommen werden[1]. Auch andere als Klageverfahren können durch Rücknahme des das Verfahren einleitenden Antrages beendet werden. Die Rücknahme ist **kein Verzicht** des Klägers auf seinen Anspruch. Der Kläger bleibt berechtigt, den gleichen Anspruch, ggf. allerdings innerhalb der Klagefrist, erneut gerichtlich geltend zu machen. Für den Verzicht auf die Klage in Anfechtungs- und Verpflichtungssachen gilt das Gleiche wie für den Verzicht auf den Widerspruch (§ 69 Rn. 4).

3   3. Die **Rücknahme** kann **schriftsätzlich, zu Protokoll** des Urkundsbeamten der Geschäftsstelle oder **in der mündlichen Verhandlung** gegenüber dem Gericht erklärt werden[2], ggf. auch durch den prozessunfähigen Kläger[3]. Zur Entgegennahme der Erklärung sind nach § 87a auch der Vorsitzende oder der Berichterstatter befugt. Ein Verstoß gegen § 162 Abs. 1 S. 1 ZPO hindert die Wirksamkeit nicht[4]. Die bloße Erklärung in der Vorsprache bei dem Berichterstatter ohne ordnungsgemäße Protokollierung reicht allerdings nicht aus[5]. Ist bereits ein Urteil erlassen, so ist die Rücknahme vor Einlegung eines Rechtsmittels vor dem Gericht erster Instanz zu erklären[6]. Stillschweigende Rücknahme ist unzulässig[7]. Schweigt der Kläger auf gerichtliche Aufforderung zu bestimmter Erklärung, ist dies keine stillschweigende Rücknahme und das Gesetz fingiert eine Klagerücknahme nur unter den Voraussetzungen des § 92 Abs. 2 (dazu Rn. 9a ff.).

4   Die **Rücknahmeerklärung** ist als **Prozesshandlung** bedingungsfeindlich[8], unwiderruflich[9] und unanfechtbar[10]. Geht vor oder gleichzeitig mit der Erklärung der Widerruf ein, so gilt die Erklärung aber als nicht abgegeben[11]. Ein Widerrufsrecht ist vom BGH[12] bejaht worden, wenn die Rücknahme durch strafbare Handlung veranlasst worden ist.

5   Die **Rücknahme** kann **auf Teile der Klage** beschränkt werden, wenn dies nach dem Klagebegehren möglich ist. Ebenso kann von mehreren Klägern

1   Münster MDR 1961, 262.
2   Hierzu Münster DÖV 1990, 795.
3   Lüneburg OVGE 8, 446 f.
4   BSG MDR 1981, 612; Breinen NJW 1983, 303.
5   Mannheim ESVGH 12, 78.
6   München VGH n.F. 10, 37.
7   Lüneburg OVGE 7, 257; Münster OVGE 12, 159; a.A. BGHZ 4, 328; BAG NJW 1961, 237.
8   BFHE 125, 498, 500; BFHE 104, 291, 293; Mannheim NVwZ-RR 1990, 447, 448.
9   München DÖV 1950, 724.
10 BSG DÖV 1976, 321.
11 Kassel ESVGH 24, 119, 124; München BayBGm. 1949, 138; Linn DVBl. 1956, 816.
12 BGHZ 12, 284.

nur einer die Klage zurücknehmen, wenn nicht notwendige Streitgenossenschaft vorliegt.

§ 92 bezieht sich nur auf die Rücknahme einer Klage, **nicht** aber auf das **5a** **Aussetzungs- oder Anordnungsverfahren.** Hier können Anträge jederzeit auch nach mündlicher Verhandlung ohne Zustimmung der Beteiligten zurückgenommen werden[13]. Die Rücknahme von Rechtsmitteln ist gesondert geregelt (§§ 126, 140; Beschwerde in § 146 Rn. 12).

Die **Rücknahme** kann **Bestandteil eines gerichtlichen Vergleichs** sein. Dann **6** beendet nicht die Rücknahme, sondern der Vergleich das Verfahren[14], sodass es der Einstellung nach § 92 Abs. 2 nicht bedarf und die Kosten sich nach § 160 regeln (vgl. § 160 Rn. 5)[15].

4. Die **Klagerücknahme** ist **nur mit Einwilligung des Beklagten,** ggf. des **7** VöI, zulässig, **wenn** bereits **Anträge in der mündlichen Verhandlung gestellt worden sind.** Maßgeblicher Zeitpunkt ist die Antragstellung in der mündlichen Verhandlung. Weder die Ankündigung von Anträgen im Schriftsatz noch die Durchführung eines Erörterungstermines oder sonstiger Maßnahmen nach § 87 noch der einseitige, auch nicht der allseitige Verzicht auf die mündliche Verhandlung machen die Einwilligung des Beklagten notwendig. Denn auch bei allseitigem Verzicht kann das Gericht mündliche Verhandlungen anberaumen. Das Einwilligungsrecht des Beklagten kann aber nicht zunächst durch den Verzicht auf die mündliche Verhandlung entstehen und dann bei Terminsanberaumung wieder entfallen[16]; vgl. auch § 126 Rn. 2. Deshalb Einwilligung auch nicht bei Rücknahme im Berufungsverfahren, wenn bis dahin keine mündliche Verhandlung[17]. Ist einmal mündlich verhandelt worden, so bleibt die Einwilligung notwendig, auch wenn später auf mündliche Verhandlung verzichtet wird. Erst mit dem Eingang der Einwilligungserklärung wird die Klagerücknahme wirksam[18]. Wird die Einwilligung verweigert, so kann der Kläger den Verpflichtungsprozess durch **Rücknahme** des **Antrages** erledigen. Lüneburg[19] hält dies in entsprechender Anwendung des § 92 für unzulässig; aber die Prozessordnung kann nicht eine verwaltungsverfahrensrechtlich zulässige Rücknahme eines Antrages verbieten, die Zulässigkeit richtet sich ausschließlich nach dem Verwaltungsverfahrensrecht. Freilich ist auch dort das Recht der Rücknahme umstritten[20] mit weit gehenden Einschränkungen der Rücknahme nach Erlass des VA.

Die **Einwilligung** des Beklagten und des VöI kann auch **vor der Rücknahme,** im Übrigen auch **stillschweigend,** etwa durch Kostenantrag erteilt **8**

---

13 München DVBl. 1982, 1011; OLG Düsseldorf NJW 1982, 2452.
14 Mannheim NVwZ-RR 1990, 447, 448.
15 Schoch/Clausing Rn. 8.
16 Str.; wie hier München VRspr. 13, 121; a.A. Einwilligung notwendig nach Verzicht des Klägers Eyermann/Rennert Rn. 11; nach Verzicht aller Beteiligten BVerwGE 26, 144.
17 A.A. BVerwG Buchh. 310 § 92 Nr. 9; Mannheim NJW 1974, 964.
18 BVerwG DÖV 1969, 508.
19 NJW 1985, 431.
20 Wie hier BVerwG NJW 1988, 275; DVBl. 1989, 874; anders Stelkens NuR 1985, 213 ff.; im Einzelnen Stelkens/Schmitz § 22 Rn. 67 ff.

werden[21]. Unter den Voraussetzungen des § 92 Abs. 1 S. 3 wird die Einwilligung gesetzlich fingiert. Sie ist als Prozesshandlung bedingungsfeindlich, unwiderruflich und unanfechtbar[22]. Ist die Einwilligung einmal verweigert, so kann sie nicht später doch noch erteilt werden[23], es sei denn, der Kläger gibt eine erneute Rücknahmeerklärung ab. Nach Verweigerung der Einwilligung ist das Verfahren fortzusetzen und in der Sache zu entscheiden. Einer Einwilligung des Beigeladenen zur Klagerücknahme bedarf es nicht.

9 5. **Hat** der **Kläger sich,** etwa auf Grund außergerichtlichen Vergleichs, **zur Rücknahme der Klage verpflichtet,** kommt er dieser Verpflichtung aber nicht nach, so kann bei Weiterführung der Klage die Einrede der Arglist, auf die sich der Beklagte berufen muss, entgegenstehen, sodass die Klage durch Prozessurteil abzuweisen ist[24]. Die Weigerung braucht aber nicht immer arglistig zu sein, so etwa wenn die Nichtigkeit des außergerichtlichen Vergleiches behauptet wird. Der Beklagte kann dann den **Anspruch auf Klagerücknahme** im Wege der Widerklage im gleichen Verfahren geltend machen, ein gesondertes Verfahren ist hierfür nicht erforderlich[25]. § 89 Abs. 2 steht nicht entgegen. Wird die Widerklageentscheidung rechtskräftig, so ist die Rücknahmeerklärung abgegeben und ist, da hierüber nunmehr kein Streit mehr besteht, nach § 92 Abs. 3 zu verfahren. Ob die Beteiligten durch Vereinbarung die Wirkungen der Klagerücknahme beseitigen und damit das Verfahren fortführen können, ist streitig. Die Durchführbarkeit einer solchen Vereinbarung ist an sich kaum konstruierbar. 6. Die gesamten für die Klagerücknahme geltenden Grundsätze sind auch für die Widerklage anwendbar.

9a Das **AsylVfG** fingiert in § 81 die Zurücknahme der Klage, wenn der Kläger das Verfahren trotz Aufforderung des Gerichts länger als einen Monat nicht betreibt. Durch Abs. 2 ist die **Rücknahmefiktion** aus dem Asylverfahrensgesetz mit der Maßgabe in die VwGO übernommen worden, dass eine Klage – mit der Folge der Einstellung des Verfahrens durch Beschluss (§ 92 Abs. 3) – als zurückgenommen gilt, **wenn der Kläger das Verfahren** trotz einer Aufforderung des Gerichts **länger als zwei Monate nicht betreibt.**

9b Die gesetzgeberische Absicht ist wohl der Beschleunigungsgedanke. Dass sich die Bestimmung des § 81 AsylVfG bewährt hat, dürfte eine wohlwollende Übertreibung sein. Für das allgemeine Klageverfahren lässt sich ein praktisches Bedürfnis kaum feststellen. Die Kläger sind in der Regel an ihrem Verfahren interessiert und werden auf eine Betreibensaufforderung reagieren. Die Gerichtspraxis hat die bewährte Regelung eingeführt, vom Kläger tatsächlich nicht betriebene Verfahren statistisch für erledigt zu erklären und wegzulegen. Die neue Regelung entzieht dieser Praxis die Grundlage und ersetzt sie durch ein recht aufwändiges Verfahren.
Ihre Rechtfertigung bezieht die Regelung daraus, dass das erforderliche Rechtsschutzinteresse im Laufe eines gerichtlichen Verfahrens entfallen kann. Hiervon kann ein Gericht im Einzelfall dann ausgehen, wenn das

21 Kassel ESVGH 5, 76 ff.; Eyermann/Rennert Rn. 12.
22 München VGH n.F. 10, 37.
23 RGZ 108, 136.
24 BVerwG Buchh. 310 § 92 Nr. 6; RGZ 159, 189; Hamburg NVwZ 1989, 379; Münster NJW 1975, 948; Lüneburg ZMR 1958 31.
25 Ähnlich wohl Schoch/Clausing Rn. 9; Sodan/Schmid Rn. 11; im Einzelnen Hillermeier DVBl. 1967, 19 ff.

Verhalten eines rechtsschutzsuchenden Verfahrensbeteiligten Anlass zu der Annahme bietet, dass ihm an einer Sachentscheidung des Gerichts nicht mehr gelegen ist. Eine hierauf gestützte Abweisung eines Rechtsschutzbegehrens mangels Sachentscheidungsinteresses begegnet grundsätzlich keinen verfassungsrechtlichen Bedenken[26]. Regelungen dieser Art sind mit Art. 19 Abs. 4 GG vereinbar, unterliegen aber unter Beachtung ihres Ausnahmecharakters in ihrer Auslegung und Anwendung verfassungsrechtlichen Grenzen[27]. Voraussetzung ist, dass nach dem prozessualen Verhalten des Beteiligten hinreichender Anlass besteht, von einem **Wegfall des Rechtsschutzinteresses** auszugehen, dass das Gericht ihn daraufhin zum Betreiben des Verfahrens auffordert und dass der Beteiligte mit dieser Aufforderung auf die Folgen des (weiteren) Nichtbetreibens des Verfahrens hingewiesen wird[28]. Im Einzelnen gilt (im Anschluss an die Kommentierung von Schenk, in: Hailbronner, AuslR, § 81 AsylVfG) Folgendes:

Die Vorschrift ist in **Klageverfahren erster Instanz** anwendbar (für die **Be-**   **9c** **rufungsinstanz** gilt § 126 Abs. 2; vgl. dort Rn. 8 ff.), ebenso im **Normenkontrollverfahren**[29]. **In Eilverfahren** ist sie hingegen **unanwendbar**. Das gerichtliche Abwarten auf eine klägerische Reaktion innerhalb von zwei Monaten verträgt sich nicht mit dem Charakter eines Eilverfahrens[30]. Reagiert in einem Eilverfahren der Antragsteller auf eine gerichtliche Aufforderung nicht, ist dies gegebenenfalls bei der Abwägungsentscheidung zu berücksichtigen. Ist Kläger eine juristische Person des öffentlichen Rechts, gelten keine Besonderheiten, da auch dessen Klage des Rechtsschutzbedürfnisses bedarf, um zulässig zu sein. Der Anschein des Wegfalls des Rechtsschutzbedürfnisses rechtfertigt aber gerade § 92 Abs. 2. Bei Klagen von Vertretern eines besonderen öffentlichen Interesses ist es nahezu ausgeschlossen, dass deren Rechtsschutzinteresse weggefallen ist; die Regelung ist in der Regel bei diesen Klagen nicht anwendbar.

Die gerichtliche Betreibensaufforderung darf nicht willkürlich ergehen. Er-   **9d** forderlich sind **begründete Anhaltspunkte**, dass das Rechtsschutzbedürfnis für die Klage weggefallen ist. Wann ein solcher Anhaltspunkt gegeben ist, muss in jedem Einzelfall entschieden werden. Er kann darin liegen, dass der Kläger für das Gericht nicht mehr erreichbar ist oder der Anwalt keinen Kontakt mehr zu ihm hat. Ein Anhaltspunkt kann auch vorliegen, wenn das Gericht auf prozessleitende Verfügungen keine Reaktion des Klägers erhält, wenn der Kläger seine prozessualen Mitwirkungspflichten verletzt[31] oder erst mit erheblichen Verzug erfüllt[32] – wobei aber der Verzug bereits zuvor bestehen muss und nicht erst durch die Betreibensaufforderung herbeigeführt werden darf[33] – oder wenn dem Gericht vom Beklagten mitgeteilt wird, der Rechtsstreit sei außergerichtlich beigelegt worden, der Kläger sich dazu aber nicht äußert (vgl. auch § 107 Rn. 20). **Keinen Anlass** bietet hingegen ein prozessuales Verhalten des Klägers, das zwar auf ein nachlassendes Interesse schließen lassen mag, aber anderweitig sanktio-

---

26   Magdeburg NVwZ-RR 1999, 348.
27   BVerfG NVwZ-Beil. 1999, 17, 18.
28   Vgl. dazu näher BVerwGE 71, 213, 218 f.
29   Eyermann/Rennert Rn. 3; Schoch/Clausing Rn. 84.
30   Wie hier Eyermann/Rennert Rn. 3; Sodan/Schmid Rn. 37; wohl auch Bader/Kuntze Rn. 3; a.A. Schoch/Clausing Rn. 83.
31   München NVwZ 1998, 528.
32   VG Schleswig NordÖR 1999, 289.
33   Schoch/Clausing Rn. 46.

niert ist, wie etwa das Fernbleiben von der mündlichen Verhandlung trotz Anordnung des persönlichen Erscheinens. Insoweit sieht das Gesetz aber für den Fall des Ausbleibens als Sanktion die Androhung und Festsetzung eines Ordnungsgeldes (§ 95 Abs. 1 S. 2 u. 3), nicht hingegen Konsequenzen für die weitere Verfolgung des Rechtsschutzbegehrens in der Sache vor[34].

9e Die Aufforderung des Gerichts muss nicht vom Spruchkörper getroffen werden. Für das AsylVfG nimmt die ganz herrschende Meinung an, dass § 81 AsylVfG eine § 87 VwGO ergänzende Bestimmung ist[35]. Es handelt sich um eine prozessleitende Maßnahme des Gerichts oder des Berichterstatters, die gemäß § 146 Abs. 2 nicht mit der Beschwerde angegriffen werden kann[36]. Die Aufforderung muss dem Kläger deutlich machen, was von ihm verlangt wird; eine bloße Wiedergabe des Gesetzestextes genügt nicht. Vielmehr ist in der Aufforderung **hinreichend** zu konkretisieren, **welche Betreibenshandlung** vom Kläger **erwartet wird**[37]. Auf die Zweimonatsfrist ist hinzuweisen. Weiterhin muss der Kläger über die Rechtsfolgen des Nichtbetreibens und die Kostenfolge informiert werden. Auch dies muss in für den Bürger verständlichen Wendungen erfolgen; die bloße Angabe der einschlägigen Paragrafen genügt nicht. Die Aufforderung ist wegen der gesetzlichen Frist förmlich zuzustellen. Entspricht die Aufforderung den inhaltlichen Anforderungen nicht, löst sie auch die Fiktion nicht aus.

9f Der Kläger betreibt das Verfahren erst dann, wenn er gegenüber dem Gericht die in der Aufforderung detailliert beschriebene Handlung vornimmt. Erfolgt durch den Kläger eine **andere Handlung**, ist dies grundsätzlich **ungeeignet**, die Zweifel am Rechtsschutzbedürfnis zu zerstreuen. Trägt der Kläger allerdings schlüssig Hinderungsgründe vor, kann darin ein ausreichendes Betreiben gesehen werden. Hingegen stellt ein Antrag auf Verlängerung der Zweimonatsfrist kein Betreiben dar, weil es an der in der Aufforderung verlangten Substantiierung des Betreibenswillens fehlt[38]. Ein Nachschieben der geforderten Handlungen ist unmöglich, da durch gesetzliche Fiktion die Rücknahme als erklärt gilt und damit das Verfahren beendet ist. Das alles gilt auch bei nur teilweiser Erfüllung der gerichtlichen Aufforderung.

9g Das Gericht stellt durch **Beschluss** den **Eintritt der gesetzlichen Fiktion** fest (Abs. 2 S. 4), stellt das Verfahren ein und entscheidet über die Kosten (Abs. 3 S. 1). Beide Beschlussinhalte können in einer Entscheidung verbunden werden[39]. Dieser Beschluss ist **unanfechtbar**, zum Antrag auf Fortsetzung des Verfahrens vgl. Rn. 14. Sind bereits Anträge gestellt worden (Rn. 7), ist für die Feststellung der Klagerücknahme die **Einwilligung** erforderlich (vgl. dazu Rn. 7, 8).

---

34 BVerfG NVwZ-Beil. 1999, 17, 18.
35 Vgl. nur BVerwGE 71, 213.
36 Lüneburg NVwZ 1998, 529; München NVwZ 1998, 528.
37 München NVwZ 1998, 528; Schoch/Clausing Rn. 51.
38 VG Schleswig NordÖR 1999, 289; VG Bayreuth BayVBl. 1998, 285.
39 Magdeburg NVwZ-RR 1999, 348.

II. Folgen und Wirkung der Klagerücknahme

1. **Mit der Klagerücknahme gilt das Verfahren als nicht rechtshängig ge-** **10** **worden.** Vor der Klagerücknahme getroffene Entscheidungen sind gegenstandslos, erlassene Endurteile sind unwirksam. Eine bereits anhängige Widerklage dagegen bleibt weiter rechtshängig.

2. Nach § 92 Abs. 3 hat das **Gericht das Verfahren durch Beschluss einzu-** **11** **stellen** und die sich ergebenden Rechtsfolgen darin auszusprechen. Der Beschluss, der außerhalb der mündlichen Verhandlung durch die Berufsrichter erlassen werden kann, enthält einmal die Feststellung, dass die Klage zurückgenommen ist. Weiter werden etwa bereits erlassene Urteile für unwirksam erklärt[40]. Schließlich ist über die Kosten zu entscheiden, die in der Regel den Kläger treffen (§ 155 Abs. 2). Wird im vorbereitenden Verfahren die Klage zurückgenommen, so trifft die Entscheidung der Vorsitzende, ggf. an seiner Stelle der Berichterstatter (§ 87a). Ist die Klagerücknahme vor Erlass des Urteils erklärt, diese Erklärung dem Spruchkörper aber nicht rechtzeitig bekannt geworden, stimmt der Beklagte auch zu, so ist ein dennoch erlassenes Urteil mangels Anhängigkeit des Verfahrens für unwirksam zu erklären und nach § 92 zu verfahren.

So weit der Beschluss über die Kosten entscheidet, hat er unmittelbare **12** Wirkung und ist, wenn er sonst nicht angegriffen wird, unanfechtbar (§ 158 Abs. 2). Besteht **Streit** über die **Rücknahmeerklärung,** so ist wie folgt zu verfahren:

a) Der **Streit über die Wirksamkeit der Klagerücknahme besteht** bereits **13** **vor Erlass des Beschlusses** nach § 92 Abs. 3. Hier hat das Gericht nicht durch Beschluss, sondern durch Urteil über die Rücknahme zu entscheiden. Wird die Rücknahme als unwirksam angesehen, dann ist in der Sache selbst durch Endurteil zu befinden[41]. Ist die Rücknahme wirksam, so stellt das Gericht durch Urteil, nicht Beschluss, fest, dass die Klage zurückgenommen ist[42]. Entscheidet das Gericht durch Beschluss, so wahlweise Beschwerde oder Zulassungsberufung[43].

b) Der **Streit über die Wirksamkeit der Klagerücknahme entsteht erst nach** **14** **Erlass des Beschlusses** nach § 92 Abs. 3. In diesem Fall hat § 92 Abs. 3 S. 2 die alte Auseinandersetzung, ob dieser Streit durch Beschwerde gegen den Einstellungsbeschluss oder durch Fortsetzung des Verfahrens auszutragen sei, in letzterem Sinn entschieden. Mit dem **Antrag auf Fortsetzung des Verfahrens** ist insbesondere das Nichtvorliegen der Fiktionsvoraussetzungen geltend zu machen[44]. Wird dieser Antrag nicht gestellt, ist eine Verfassungsbeschwerde wegen Nichterschöpfung des Rechtswegs unzulässig[45]. Lag keine wirksame Klagerücknahme bzw. keine Fiktion einer sol-

---

40 München DVBl. 1961, 51.
41 BVerwG MDR 1965, 1014; BGHZ 4, 328; Lüneburg OVGE 13, 413 ff.; Münster für den Fall des Vergleichs OVGE 9, 177; a.A. Zwischenurteil Eyermann/Rennert Rn. 26, aber unzweckmäßig, da kein Fall der §§ 109, 111, deshalb gem. § 124 nicht selbstständig anfechtbar.
42 Münster OVGE 15, 304 ff.; 29, 167.
43 Münster OVGE 29, 167.
44 Saarlouis NVwZ 1999, 897; München NVwZ 1999, 896; Magdeburg NVwZ-RR 1999, 348; Mannheim VBlBW 1998, 346.
45 BVerfG NVwZ 1998, 1173.

chen vor, ist das Gericht an den Beschluss nach § 92 Abs. 2 nicht mehr gebunden und entscheidet durch Endurteil. Der Einstellungsbeschluss hat deshalb hinsichtlich der Feststellung der Klagerücknahme im Ergebnis nur deklaratorische Bedeutung[46].

15 3. **Wird nach Rücknahme die Klage erneut erhoben,** so kann im Zivilprozess nach § 269 Abs. 4 ZPO der Beklagte die Einlassung bis zur Zahlung der Kosten des ersten Verfahrens verweigern. Die Bestimmung ist im Verwaltungsprozess nicht anwendbar, da § 92 die Klagerücknahme erschöpfend regelt, der Rückgriff auf die ZPO über § 173 deshalb nicht zulässig ist[47].

§ 93 [Verbindung, Trennung]

Das Gericht kann durch Beschluss mehrere bei ihm anhängige Verfahren über den gleichen Gegenstand zu gemeinsamer Verhandlung und Entscheidung verbinden und wieder trennen. Es kann anordnen, dass mehrere in einem Verfahren erhobene Ansprüche in getrennten Verfahren verhandelt und entschieden werden.

§ 93 übernimmt die zu §§ 145 und 147 ZPO entwickelten Grundsätze. Die Bestimmung ermöglicht es dem Gericht, durch Verbindung mehrerer selbstständig anhängig gemachter Verfahren oder Trennung mehrerer in einem Verfahren geltend gemachter Ansprüche eine prozessökonomisch zweckmäßige Verfahrensgestaltung herbeizuführen. Ebenso kann das Gericht gem. § 173, § 146 ZPO die Verhandlung zunächst auf einzelne Streitpunkte, etwa die Sachurteilsvoraussetzungen beschränken, nicht aber auf einzelne Klagegründe[1].

I. Verbindung

1 Die **Verbindung ist zulässig,** wenn

1. mehrere Verfahren bei dem **gleichen Gericht** anhängig sind, wenn auch möglicherweise bei verschiedenen Kammern oder Senaten,

2. die Verfahren in der **gleichen Instanz** anhängig sind und

3. für die Verfahren die **gleiche Prozessart** gilt. Ein Verfahren zur Hauptsache kann nicht mit einem Verfahren der einstweiligen Anordnung oder einem Aussetzungsverfahren verbunden werden[2], auch nicht mit einem Normenkontrollverfahren[3]. Dagegen bestehen innerhalb der gleichen Prozessart keine Einschränkungen, Anfechtungs- oder Verpflichtungsklagen können auch mit Feststellungs- oder reinen Leistungsklagen verbunden werden[4]. Und

2 4. die **Verfahren den gleichen Gegenstand betreffen.** § 93 weicht insoweit von § 147 ZPO ab, wo lediglich rechtlicher Zusammenhang der verschie-

---

46 BVerwGE 28, 300; Kopp/Schenke Rn. 27.
47 A.A. Rennert in Eyermann Rn. 22.

1   Münster ZfSH/SGB 1984, 468.
2   A.A. Kopp/Schenke Rn. 4.
3   Berlin ZfBR 1986, 187.
4   BVerwG DÖV 1965, 350.

denen Klageansprüche verlangt wird. Unter Gegenstand ist hier aber nicht der Streitgegenstand i.S.d. § 121 zu verstehen, da gleichzeitige Anhängigkeit schon durch § 90 ausgeschlossen wird. Vielmehr genügt, dass der Gegenstand der Verfahren gleichartig oder aber das Klagebegehren mindestens im Wesentlichen auf gleichartigen tatsächlichen oder rechtlichen Gründen beruht. Der gleiche Gegenstand im Sinne des § 93 ist deshalb unter den gleichen Voraussetzungen anzunehmen unter denen die einfache Streitgenossenschaft nach § 60 ZPO, § 64 zulässig ist[5]. Gleicher Gegenstand kann deshalb bei verschiedenen Beteiligten gegeben sein. Die Verbindung vereinigt die mehreren Verfahren zu einer Streitsache, die durch eine Entscheidung zu beenden ist. Mehrere Beklagte oder Kläger sind nach der Verbindung einfache oder ggf. notwendige Streitgenossen. Die Verbindung kann sich auch lediglich auf die Beweisaufnahme, die mdl. Verhandlung oder die Entscheidung beschränken.

II. Trennung

Die **Trennung** ist das **Spiegelbild der Verbindung.** Stellt sich heraus, dass   3
die gleichzeitige Verhandlung und Entscheidung in einem Verfahren anhängig gemachter mehrerer Ansprüche, sei es durch subjektive, sei es durch objektive Klagehäufung, zu prozessualen Schwierigkeiten führt, so kann das Gericht durch Beschluss Trennung anordnen. Das Gleiche gilt für den Fall der Widerklage, die das Gericht vom Klageverfahren abtrennen kann, auch wenn ein rechtlicher Zusammenhang besteht. Die VwGO hat § 145 Abs. 2 ZPO nicht übernommen. Da sie den rechtlichen Zusammenhang zwischen Widerklage und Klage nur als Zulässigkeitsvoraussetzung ansieht (§ 89 Rn. 3), hindert er die Trennung nicht. Von der Trennung ist das Teilurteil über einen von mehreren in einem Verfahren anhängigen Anspruch zu unterscheiden.

III. Verfahren

Verbindung oder Trennung erfolgen durch Beschluss des Gerichts, eine Anordnung des Vorsitzenden oder Berichterstatters reicht nicht aus (§ 87a   4
erwähnt § 93 nicht). Der Beschluss bedarf keiner Zustimmung der Beteiligten. Diese können vor ihm gehört werden, notwendig ist dies nach h.M. aber nicht, da sie durch den Beschluss nicht beschwert werden (nicht unbedenklich; die Trennung kann zur Verdoppelung des Kostenrisikos führen; Münster[6] sieht bei unverständlicher Trennung Anlass zur Nichterhebung der Kosten gem. §21 GKG). Der Beschluss kann innerhalb oder außerhalb der mündlichen Verhandlung zu jedem Verfahrensstand, auch nach der mündlichen Verhandlung lediglich für das Urteil ergehen. Stillschweigende Verbindung oder Trennung ist nach dem Wortlaut des § 93 unzulässig – stillschweigender Beschluss ist schlecht vorstellbar –, die zu §§ 145 ff.

---

5   Für großzügige Anwendung auch Eyermann/Rennert Rn. 2; vgl. ferner Stuttgart ESVGH 5, 24.
6   NJW 1978, 720.

ZPO anerkannte Möglichkeit konkludenter Entscheidungen[7] kann deshalb für § 93 nicht übernommen werden[8].

5 Die **Anordnung** steht im **pflichtgemäßen Ermessen des Gerichts**. Der Maßstab für diese Entscheidung besteht darin, eine Ordnung des Prozessstoffes im Interesse einer besseren Übersichtlichkeit zu ermöglichen[9]. Verbindungspflicht oder Trennungsverbot werden etwa anzunehmen sein, wenn notwendige Streitgenossenschaft vorliegt, die Verfahren aber von den mehreren Klägern oder gegen die mehreren Beklagten getrennt anhängig gemacht worden sind[10]. Umgekehrt können mehrere Kläger auch im Hinblick auf den durch Art. 19 Abs. 4 S. 1 GG gewährleisteten lückenlosen gerichtlichen Schutz nicht verlangen, dass das Prozessrisiko durch gemeinsame Verhandlung und Entscheidung über alle ihre beim Verwaltungsgericht anhängigen Ansprüche möglichst niedrig gehalten wird[11]. Die Anordnung ist auch noch im Berufungs- oder Revisionsverfahren zulässig. Sie kann sich auch hier lediglich auf die Entscheidung beschränken.

6 Von der Verbindung ist die gleichzeitige Verhandlung zu unterscheiden, bei der die Verfahren selbstständig bleiben mit jeweiliger Einzelentscheidung, aber wegen tatsächlicher oder rechtlicher Gleichartigkeiten in Teilen (Sachbericht, mdl. Vortrag) gemeinsam verhandelt werden. Hiergegen ist aus Gründen der Verfahrensökonomie nichts einzuwenden. Ebenso nicht unmittelbar zu § 93 gehört die Bestimmung von **Musterverfahren**, wenn zahlreiche Klagen mit gleichem Gegenstand anhängig gemacht werden. Sie ist bei sachgerechter Auswahl auch gegen den Willen der Beteiligten zulässig[12]. Für sie hat das Neuregelungsgesetz 1990 in § 93a eine selbstständige Regelung geschaffen.

7 Gegen die Anordnung ist **Beschwerde** nach § 146 Abs. 2 nicht zulässig. Verbindung oder Trennung sollen endgültig für Verhandlung und Entscheidung erfolgen. Das braucht das Gericht aber nicht daran zu hindern, Verbindung oder Trennung wieder aufzuheben, wenn sich dies aus Verfahrensgründen als richtig erweist, wie dies nach gemeinsamer Beweisaufnahme nicht selten der Fall ist. Zu Verfahrensfehlern BVerwGE 39, 319. Grundsätzlich unterliegen Entscheidungen nach § 93 nicht der Nachprüfung durch das Revisionsgericht[13]. Die bloße Verbindung im Übrigen rechtlich getrennt bleibender Verfahren zu gemeinsamer Verhandlung nach § 93 S. 1 führt nicht zu einer Zusammenrechnung der Streitwerte der einzelnen Verfahren nach § 5 ZPO[14]. Auch im Übrigen sind hinsichtlich des Wertes des Streitgegenstandes sowie der Kosten und Gebühren die für die Streitgenossenschaft geltenden Grundsätze anzuwenden.

---

7   KG JW 1937, 2465.
8   München BayVBl. 1977, 29; wohl auch Eyermann/Rennert Rn. 7; a.A. Kopp/Schenke Rn. 6.
9   BVerfG NJW 1997, 649, 650; BVerwG NVwZ-RR 1998, 685; BSG DÖV 1974, 319.
10 Stuttgart ESVGH 8, 190 ff.
11 BVerfGE 54, 39, 41; BVerwG NVwZ-RR 1998, 685.
12 BVerfGE 54, 39.
13 BVerwG Buchh. 310 § 93 Nr. 7.
14 Hamburg NVwZ 1999, 789; a.A. München BayVBl. 2003, 253.

§ 93a [Musterverfahren]

(1) Ist die Rechtmäßigkeit einer behördlichen Maßnahme Gegenstand von mehr als zwanzig Verfahren, kann das Gericht eines oder mehrere geeignete Verfahren vorab durchführen (Musterverfahren) und die übrigen Verfahren aussetzen. Die Beteiligten sind vorher zu hören. Der Beschluss ist unanfechtbar.

(2) Ist über die durchgeführten Verfahren rechtskräftig entschieden worden, kann das Gericht nach Anhörung der Beteiligten über die ausgesetzten Verfahren durch Beschluss entscheiden, wenn es einstimmig der Auffassung ist, dass die Sachen gegenüber rechtskräftig entschiedenen Musterverfahren keine wesentlichen Besonderheiten tatsächlicher oder rechtlicher Art aufweisen und der Sachverhalt geklärt ist. Das Gericht kann in einem Musterverfahren erhobene Beweise einführen; es kann nach seinem Ermessen die wiederholte Vernehmung eines Zeugen oder eine neue Begutachtung durch denselben oder andere Sachverständige anordnen. Beweisanträge zu Tatsachen, über die bereits in Musterverfahren Beweis erhoben wurde, kann das Gericht ablehnen, wenn ihre Zulassung nach seiner freien Überzeugung nicht zum Nachweis neuer entscheidungserheblicher Tatsachen beitragen und die Erledigung des Rechtsstreits verzögern würde. Die Ablehnung kann in der Entscheidung nach Satz 1 erfolgen. Den Beteiligten steht gegen den Beschluss nach Satz 1 das Rechtsmittel zu, das zulässig wäre, wenn das Gericht durch Urteil entschieden hätte. Die Beteiligten sind über dieses Rechtsmittel zu belehren.

I. Grundsatz

§ 93a geht auf die Erfahrungen der Erledigung zahlreicher Klagen im Streit **1** um den Flughafen München-Erding zurück. Das Gericht hatte seinerzeit **Musterverfahren** ausgewählt und die anderen Verfahren ausgesetzt. Das BVerfG hatte diese Handhabung für verfassungsrechtlich unbedenklich erklärt[1]. § 93a gehört in den Kreis der durch das NeuregelungsG 1990 geschaffenen Bestimmungen zur **Bewältigung von Massenverfahren.** An sich bietet die VwGO hinreichend Möglichkeiten, Musterverfahren auch gegen den Willen der Beteiligten durchzuführen, wie gerade das Münchener Verfahren gezeigt hat[2]. Rechtsprechung zu § 93a ist bisher nicht bekannt geworden.

II. Regelung

1. § 93a setzt voraus, dass **eine behördliche Maßnahme** Gegenstand von **2** mehr als zwanzig Verfahren ist, in denen um ihre Rechtmäßigkeit gestritten wird. Die Bestimmung ist bewusst abstrakt formuliert. Sie bezieht sich auf Verfahren jeglicher Art; freilich muss es sich immer um die gleiche Verfahrensform handeln. Es können mehr als zwanzig Verfahren zur Hauptsache sein, es können auch mehr als zwanzig Verfahren des vorläufigen Rechtsschutzes sein, Maßnahme ist dann die Anordnung der sofortigen Vollziehung. Ebenso ist § 93a anwendbar im Normenkontrollverfahren. Nicht dagegen können diese unterschiedlichen Verfahren zusammengezählt werden; hier würde es an einer Grundlage für eine Musterentscheidung fehlen. Es müssen mehr als zwanzig selbstständige Verfah-

---

1 BVerfGE 54, 39.
2 Vgl. auch München DÖV 1990, 889.

ren in Bezug auf die eine behördliche Maßnahme anhängig sein; das Gericht kann diese Zahl ggf. durch Trennung nach § 93 herbeiführen. § 93a gilt für alle Tatsacheninstanzen.

3   2. Das Gericht kann – richterliches Ermessen – in diesem Fall **eines oder mehrere Verfahren auswählen**, um sie vorab durchzuführen. Der Musterprozess ist im Verwaltungsprozess nicht ungewöhnlich; in der Regel einigen sich Behörde und Betroffene, bei VA mit Doppelwirkung auch der Begünstigte, darüber, dass und welche Verfahren als solcher Musterprozess durchgeführt werden sollen. Es wird mit der Einigung gleichzeitig vereinbart, dass die anhängigen Widerspruchsverfahren ruhen und – je nach Inhalt der Einigung – nach dem Ergebnis des Testverfahrens erledigt werden oder über ihre Weiterbehandlung entschieden wird. Sind bereits die Klagen, weil fristgebunden, anhängig, werden sie zum Ruhen gebracht. § 93a gilt für den Fall, dass eine solche **Einigung nicht zu Stande kommt,** weil entweder man sich über die Auswahl nicht verständigen kann oder mit der Vielzahl der Verfahren Zeit gewonnen werden soll. Gerade in letzterem Fall kann die richterliche Bestimmung von Musterprozessen sinnvoll sein. Im ersteren wird das Gericht sorgfältig prüfen müssen, ob Testverfahren zur Klärung führen können. Haben die Beteiligten solche Verfahren trotz der damit gewonnenen Vorteile – schnellere höchstrichterliche Klärung, Kostenbegrenzung – nicht vereinbaren können, spricht manches für die Unterschiedlichkeit der Fallgestaltungen. Musterprozesse sind aber nur dann nützlich, wenn infolge der Gleichartigkeit der tatsächlichen und rechtlichen Fragestellungen mit ihnen die weiteren Verfahren aller Voraussicht nach erledigt werden können. Bei Planfeststellungsbeschlüssen kann es z.B. um eine für alle Verfahren gleiche Rechtsfrage gehen; es können aber auch Abwägungsfragen entscheidungserheblich sein, die sich für jeden Kläger anders darstellen können. Nur im ersteren Fall empfiehlt sich ein oder mehrere Musterprozesse.

4   3. Die **Beteiligten** müssen vor der Entscheidung **gehört** werden. Dabei muss sich das Gericht besonders über die generelle Eignung, Musterverfahren durchzuführen, und über die spezielle Festlegung der Musterverfahren unterrichten. Es sollte, wenn es sich für die generelle Durchführung entschieden hat, sich um eine tunlichst einverständliche Festlegung bemühen.

5   4. Das **Gericht** – nicht Vorsitzender oder Berichterstatter, wohl aber Einzelrichter – entscheidet durch **Beschluss**. Er ist unanfechtbar, kann als solcher gemäß §§ 512, 548 ZPO, § 173 auch nicht Gegenstand des Rechtsmittels in der Hauptsache sein, wenn die Entscheidung sich im Rahmen des Gebotes des rechtlichen Gehörs hält. Der Beschluss enthält die Bestimmung der Musterverfahren und gleichzeitig die Aussetzung aller anderen Verfahren bis zur Rechtskraft der Entscheidung in den oder dem Musterverfahren.

6   5. Ihr Sinn besteht naturgemäß in der höchstrichterlichen Klärung der Streitfragen. § 93a Abs. 2 knüpft an die **Rechtskraft der Entscheidung in den Musterverfahren** an, die für die ausgesetzten Verfahren maßgeblich sein soll. Musterverfahren haben aber ihre Schicksale. Nur ein Testverfahren durchzuführen, ist problematisch; der Kläger kann das Interesse verlieren, er kann versterben, er kann nach einem Urteil 1. Instanz auf Rechtsmittel verzichten; er kann »aufgekauft« werden. Mehrere Testverfahren sind in der Regel zweckmäßig. Aber dann sollte nur das höchstrichterlich abgeschlossene maßgeblich sein. § 93a Abs. 2 ist deshalb dahin zu verstehen, dass die Entscheidung über die ausgesetzten Verfahren erst nach Abschluss aller Musterverfahren und bei unterschiedlichem Ausgang in den Instanzen nur anhand der höchstrichterlich rechtskräftigen Entscheidung getroffen wird. Die Aussetzung endet mit der Rechtskraft der maßgeblichen Entscheidung im Musterprozess.

6. Für die Entscheidung in den zunächst ausgesetzten Verfahren gilt: **7**
a) Das **Gericht** hat die rechtskräftige Entscheidung zu Grunde zu legen. Das Gesetz kennt keine förmliche Bindung wie etwa § 130 Abs. 2, § 144 Abs. 6; sie ist aber zu unterstellen. Mit der Entscheidung für ein Musterverfahren **bindet** das Gericht **sich selbst** an dessen Ergebnis.

b) Das Gericht prüft, ob die noch anhängigen Verfahren »wesentliche« **8**
Besonderheiten tatsächlicher oder rechtlicher Art aufweisen. Hierzu sind die Beteiligten zu hören. Wesentlich sind alle Besonderheiten, die gegenüber den Gründen der rechtskräftigen Entscheidung rechtserheblich sind. Diese Prüfung ist oft schwierig; nicht selten erweist sich, dass gerade das Musterverfahren seinerseits Besonderheiten gehabt hat, sodass seine Bescheidung nicht alle Fragen klärt. Liegen rechtserhebliche Besonderheiten vor oder werden sie auch nur von einem Richter bejaht, muss im allgemeinen Verfahren entschieden werden.

c) Das Gericht kann sich auf den Sachverhalt und seine Feststellungen im **9**
Musterverfahren beziehen; es ist seine, freilich unter der Aufklärungsrüge stehende Entscheidung, ob es noch eigene Ermittlungen anstellt, Zeugen hört oder Sachverständige einschaltet. Die allgemeinen Bestimmungen über die **Ablehnung von Beweisanträgen** sind durch die Einfügung des Satz 3 durch das 6. VwGOÄndG erweitert worden. Ist im Musterverfahren über die nunmehr unter Beweis gestellte Tatsache Beweis erhoben worden, darf das Gericht im Wege vorweggenommener Beweiswürdigung entscheiden, ob der erneute Beweis auch neue entscheidungserhebliche Tatsachen erbringen wird. Ist dies nicht der Fall und würde durch die erneute Beweiserhebung die Erledigung des Rechtsstreites verzögert (vgl. § 87b Rn. 10), kann das Gericht den Beweisantrag ablehnen. Eines eigenständigen Beschlusses bedarf es dafür nicht (S. 4). Darin liegt eine Erleichterung zu § 86 Abs. 2.

d) Das Gericht entscheidet durch **Beschluss,** wenn keine Besonderheiten **10**
festzustellen sind. Der Beschluss steht einem Urteil gleich; er entspricht äußerlich wie inhaltlich einem GerBescheid nach § 84.

7. **Rechtsmittel** gegen den Beschluss sind diejenigen, die gegen ein Urteil **11**
gegeben wären, also bei Entscheidung eines VG die Zulassungsberufung, bei Entscheidung eines OVG, wie angesichts der Zuständigkeitsregelung des § 48 regelmäßig der Fall sein dürfte, die zugelassene Revision oder die Nichtzulassungsbeschwerde.

8. Über die **Kosten** in den Musterprozessen und in den Folgeverfahren ist **12**
wie sonst, also für jedes Verfahren nach seinem Ausgang (§ 154) zu entscheiden; ggf. ist § 159 anzuwenden.

§ 94   [Aussetzung]

Das Gericht kann, wenn die Entscheidung des Rechtsstreits ganz oder zum Teil von dem Bestehen oder Nichtbestehen eines Rechtsverhältnisses abhängt, das den Gegenstand eines anderen anhängigen Rechtsstreits bildet

oder von einer Verwaltungsbehörde festzustellen ist, anordnen, dass die Verhandlung bis zur Erledigung des anderen Rechtsstreits oder bis zur Entscheidung der Verwaltungsbehörde auszusetzen sei.

Unter dem Oberbegriff des **Stillstands des Verfahrens** kennt die ZPO die Form der Aussetzung, Unterbrechung oder des Ruhens. Von dieser ist lediglich die Aussetzung wegen Vorgreiflichkeit in § 94 geregelt, in allen übrigen Fällen sind die Bestimmungen der ZPO über § 173 entsprechend anwendbar.

I. Aussetzung wegen Vorgreiflichkeit (§ 94)

1 1. **Vorgreiflichkeit** liegt nur dann vor, **wenn** kraft Gesetzes oder rechtslogisch **die Entscheidung** im anhängigen Verfahren **von dem Bestehen oder Nichtbestehen des im anderen Verfahren anhängigen Rechtsverhältnisses abhängt.** Dabei braucht die vorgreifliche Entscheidung das Prozessgericht nicht zu binden, noch brauchen die Beteiligten der Rechtsverhältnisse notwendig miteinander identisch zu sein[1]. Ist nicht das Rechtsverhältnis, sondern lediglich die gleiche **Rechtsfrage** in dem anderen Verfahren zu klären, so liegt keine Vorgreiflichkeit vor[2], noch weniger im Verhältnis von Anfechtungsklage gegen Abbruchsanordnung zu zivilrechtlicher Beseitigungsklage[3]. Vorgreiflichkeit ist deshalb etwa anzunehmen, wenn der Adressat einer angefochtenen Polizeiverfügung geltend macht, nicht Störer zu sein, weil er nicht Eigentümer sei, über das Eigentum aber vor dem ordentlichen Gericht gestritten wird, oder wenn über eine Abbruchanordnung gestritten wird, der Genehmigungsantrag aber bereits rechtshängig ist. Vorgreiflichkeit und damit die Aussetzungsmöglichkeit werden dagegen überwiegend verneint, wenn die **Verfassungswidrigkeit eines Gesetzes** in Frage steht, hierüber aber bereits ein **Verfahren vor dem BVerfG**[4] oder gem. § 47 ein **Normenkontrollverfahren** anhängig ist[5]. Das soll sogar für andere Verfahren gelten, die bei dem vorlegenden Gericht selbst anhängig sind[6], diese Ansicht ist sicher verfehlt. Die Rüge, das Berufungsgericht habe einen Antrag auf Aussetzung des Verfahrens trotz anhängiger **Verfassungsbeschwerden** zu derselben Rechtsvorschrift zu Unrecht abgelehnt, bezeichnet keinen Verfahrensfehler, der in einem Revisionsverfahren durch das Revisionsgericht überprüft werden könnte, und rechtfertigt deshalb die Zulassung der Revision gem. § 132 Abs. 2 Nr. 3 nicht[7]. Ebenso ist Aussetzung im Hinblick auf eine zu erwartende Rechtsänderung unzulässig[8]. Umstritten ist die Möglichkeit der Aussetzung im Hinblick auf ein Verfahren vor der Europäischen Kommission für Menschenrechte[9]. In allen diesen Fällen führt nicht selten das Gericht ohne Aussetzungsentscheidung und -wirkun-

1   OLG Rostock OLGE 29, 88.
2   München DÖV 1996, 886; Mannheim VBlBW 1998, 348.
3   Kassel NVwZ 1989, 574.
4   Mannheim DVBl. 1986, 250; Fischer NJW 1981, 487; Eyermann/Rennert Rn. 6; OLG Frankfurt NJW 1979, 767; a.A. BVerfGE 3, 74; BFH NJW 1992, 2445, 2446; Bautzen NVwZ-RR 1998, 339.
5   Mannheim VBlBW 1967, 13; Eyermann/Rennert Rn. 6; a.A. Mannheim NVwZ-RR 1993, 276; Bremen NJW 1986, 2335; Kassel NJW 1956, 525.
6   Münster NWVBl. 1988, 270.
7   BVerwG Buchh. 310 § 94 VwGO Nr. 4; BVerwG DVBl. 1998, 1239; BVerwG DVBl. 1998, 795.
8   BVerwG N JW 1962, 1170; München VRspr. 22, 505; Stuttgart ESVGH 2, 22.
9   Bejahend VG Halle ZIP 1994, 164; verneinend VG Greifswald VIZ 1994, 356.

gen durch Terminslosigkeit eine **faktische Aussetzung** herbei. Sie ist gegen den ausdrücklichen Willen der Beteiligten unzulässig[10]; gegen sie ist deshalb auch die Beschwerde zulässig (vgl. Rn. 4)[11]. Zur neu geschaffenen Regelung einer Aussetzung wegen eines Musterverfahrens vgl. § 93a. Bestehen **Zweifel an der Prozessfähigkeit** eines Antragstellers, kann es zulässig sein, das Verfahren bis zur Entscheidung über ein anhängiges Betreuungsverfahren auszusetzen[12].

2. Das **vorgreifliche Rechtsverhältnis** muss entweder **Gegenstand eines anderen anhängigen Rechtsstreites sein,** gleich vor welchem Gericht, auch Schiedsgericht genügt, oder es muss von einer Verwaltungsbehörde festzustellen sein, wobei das Verfahren nach dem FGG nach h.M. als Verwaltungsverfahren anzusehen ist[13]. Ist eine verwaltungsinterne Kontrolle verfassungsrechtlich geboten (z.B. im berufsbezogenen Prüfungsrecht), ist bei Fehlen eines solchen Verwaltungsverfahrens die Aussetzung auf Antrag[14] zulässig. Das Verfahren muss bei dem anderen Gericht bereits anhängig sein. An sich schließt der eindeutige Wortlaut des § 94 die Aussetzung mit der Auflage aus, das Verfahren innerhalb bestimmter Frist anhängig zu machen. Das BVerwG hat dennoch dies zugelassen (E 77, 27) und übernimmt insoweit die Regelung der ZPO[15]. Die hier bisher dargelegte abweichende Auffassung soll deshalb aufgegeben werden. Auch das Verwaltungsverfahren braucht noch nicht anhängig zu sein. Der Beteiligte muss für Einleitung innerhalb richterlicher Frist sorgen. Geschieht dies nicht, so muss entschieden werden, als ob eine entsprechende Verwaltungsentscheidung nicht ergangen oder der Antrag des Beteiligten abgelehnt worden den sei.

Bei Vorgreiflichkeit steht es im Ermessen des Gerichts, ob es die Aussetzung anordnet, da das Gericht die vorgreifliche Frage in der Regel auch selbst entscheiden kann. Nur wenn ihm diese Incidententscheidung entzogen ist, es also an die Entscheidung des anderen Gerichts oder der Verwaltungsbehörde (ggf. nach richterlicher Überprüfung) gebunden ist, muss es aussetzen. Das ist besonders dann der Fall, wenn mit einer allein der zivilrichterlichen Entscheidung unterliegenden Forderung aufgerechnet werden soll[16]; (vgl. hierzu näher § 40 Rn. 19, § 80 Rn. 29a, § 90 Rn. 10, § 107 Rn. 8)[17] oder wenn eine dem BVerfG vorbehaltene Feststellung (etwa Verfassungswidrigkeit einer Partei) Vorfrage ist. Das Gericht entscheidet von Amts wegen oder auf Antrag eines Beteiligten. Es ist an die Zustimmung der Beteiligten nicht gebunden. Diese sind aber wegen der oft weit tragenden Bedeutung der Aussetzung vorher zu hören. Die Aussetzung führt oft zu erheblichen Verzögerungen. Wenn die Hauptbeteiligten nicht zustimmen, sollte von ihr nur in wirklich notwendigen Fällen Gebrauch gemacht werden.

10　A.A. Kopp/Schenke Rn. 4a, der sich für eine analoge Anwendung des § 94 ausspricht; wohl auch Eyermann/Rennert Rn. 5.
11　Auch OLG Karlsruhe NJW 1984, 985.
12　München BayVBl. 1998, 185.
13　BGHZ 41, 310; OLG Düsseldorf NJW 1950, 434; Eyermann/Rennert Rn. 6.
14　BVerwG Buchh. 421.0 Prüfungswesen Nr. 334.
15　Ebenso Kopp/Schenke Rn. 5; Eyermann/Rennert Rn. 6.
16　BVerwGE 77, 19, Mannheim VBlBW 1997, 23.
17　Für den umgekehrten Fall BGHZ 16, 124 ff.

4   3. Die **Entscheidung** ergeht **durch Beschluss des Gerichts.** An seiner Stelle können auch der Vorsitzende oder der Berichterstatter gemäß § 87a Abs. 1 Nr 1 entscheiden. Mündliche Verhandlung ist nicht erforderlich. Die Aussetzung kann bis zur rechtskräftigen Erledigung des anderen Verfahrens erfolgen. Sie kann aber auch kürzer befristet werden, etwa bis zur Entscheidung erster Instanz im vorgreiflichen Verfahren, was oft zweckmäßig ist, um das anhängige Verfahren in der Hand zu behalten. Der Beschluss ist zu begründen (§ 122) und den Beteiligten zuzustellen. Er ist mit der Beschwerde angreifbar, da es sich nicht um eine prozessleitende Maßnahme nach § 146 Abs. 2 handelt[18]. Entscheidet im vorbereitenden Verfahren über die Aussetzung des Rechtsstreits an Stelle des Vorsitzenden bzw. des Berichterstatters der gesamte Spruchkörper, so liegt hierin ein Verstoß gegen die Vorschrift über die Bestimmung des gesetzlichen Richters, der im **Beschwerdeverfahren** zur Aufhebung des Aussetzungsbeschlusses führt[19]. Beschwerde entfällt, wo Berufung durch Gesetz ausgeschlossen, z.B. LAG, WehrpflG, KgfEG[20]; vgl. im Einzelnen § 135 Rn. 4; § 146 Rn. 11. Das Beschwerderecht besteht auch, wenn nicht formell ausgesetzt, sondern stattdessen eine der Aussetzung gleichkommende Vertagung auf unbestimmte Zeit oder ein in absehbarer Zeit nicht durchführbarer Beweisbeschluss angeordnet wird. Das Gericht kann, ggf. nach Anhörung der Beteiligten von Amts wegen oder auf Antrag, den Aussetzungsbeschluss nach pflichtgemäßem Ermessen wieder aufheben, wenn die Voraussetzungen der Aussetzung weggefallen[21] sind oder sonst besondere Gründe für die Fortsetzung des Verfahrens sprechen.

5   4. Die **Aussetzung** ist **in jedem Verfahren,** auch im Vollstreckungsverfahren, und bei jedem Verfahrensstand zulässig. Im Verfahren nach § 80 und im Anordnungsverfahren dürfte sie allerdings wegen der Eilbedürftigkeit in der Regel nicht in Frage kommen[22], im Revisionsverfahren ist sie zwar theoretisch möglich, praktisch aber ohne Bedeutung, da das Revisionsgericht die vorgreifliche Entscheidung als neue Tatsache regelmäßig nicht berücksichtigen kann, dann aber auch eine Aussetzung nicht zulässig ist[23]. Die Aussetzung kann auch noch nach Erlass eines Urteils, allerdings dann nur bis zur Rechtsmitteleinlegung, angeordnet werden.

5. Zu den Wirkungen der Aussetzung vgl. § 94 Rn. 12.

II. Unterbrechung und Aussetzung nach §§ 239 ff. ZPO, 173

6   1. Die **Bestimmungen der ZPO über die Unterbrechung und Aussetzung des Verfahrens** (§§ 239 bis 250) sind gem. § 173 unmittelbar anwendbar. Es kann insoweit auf die Erläuterungsbücher zur ZPO verwiesen werden. Allerdings ergeben sich für den Verwaltungsprozess auf Grund seiner Verfahrensgrundsätze gewisse Abweichungen[24].

---

18   Mannheim NJW 1967, 646 DVBl. 1964, 878; Münster NJW 1962, 1931; 1964, 85; a.A. Meißner DVBl. 1967, 426; Buch DÖV 1964, 537.
19   Mannheim NVwZ-RR 1997, 140.
20   Bach NJW 1965, 1263; Münster NJW 1965, 2419.
21   Der Grund zur Vorlage an das BVerfG ist entfallen: BVerwG ZBR 1988, 255.
22   Unzulässig: Kassel DÖV 1967, 357.
23   BVerwG NJW 1965, 832.
24   Sodan/Schmid Rn. 38 ff.

2. § 239 ZPO: Der Tod eines Hauptbeteiligten oder des notwendig Beige- 7
ladenen (nicht des einfachen Beigeladenen)[25] unterbricht das Verfahren bis
zur Aufnahme durch den Rechtsnachfolger[26]. Ist der Kläger verstorben
und ist Gegenstand der Klage ein höchstpersönlicher Anspruch oder eine
solche Pflicht (wann dies der Fall ist, bestimmt sich nach materiellem
Recht und bedarf für viele Fallgestaltungen noch der Klärung[27]; vgl. auch
§ 40 Rn. 20 f), so ist das Verfahren in der Hauptsache erledigt, bleibt nur
wegen der Kosten anhängig und ist insoweit von den Erben aufzunehmen[28]. Über die Kosten ist nach § 161 Abs. 2 zu entscheiden[29]. Darüber
hinaus können die Erben auch Feststellungsantrag nach § 113 Abs. 1 S. 4
stellen, wenn ein Rechtsschutzbedürfnis besteht[30]. Handelt es sich nicht
um höchstpersönliche Ansprüche, so gehören sie zum Nachlass[31] und ist
das Verfahren in der Hauptsache unterbrochen. § 239 Abs 2, 3 und 5 ZPO
sind unverändert anwendbar[32]. Auch einzelne Miterben können aufnehmen[33]. Die Beibringung eines Erbscheins ist nicht notwendige Voraussetzung der Aufnahme[34]. Die Verfahrensaufnahme von Amts wegen durch
das Gericht selbst ist nicht zulässig, da die Entscheidung über die Aufnahme des Verfahrens zur Dispositionsfreiheit der Beteiligten gehört[35].
Abs. 4 ist nicht heranzuziehen. Ist auf Antrag des Gegners Termin bestimmt und erscheint der Rechtsnachfolger nicht, so hat das Gericht in
der Sache zu entscheiden[36]. Dabei muss es, wenn sich Zweifel aufdrängen,
die behauptete Rechtsnachfolge gem. § 86 Abs. 1 von Amts wegen aufklären. Zu Fragen des VerwRechtsweges nach Erbfolge vgl. § 40 Rn. 20; zur
Möglichkeit einer Fortsetzung »namens der unbekannten Erben« Münster
NJW 1986, 1707. Bei Zuständigkeitswechsel auf Seiten des Beklagten im
Wege der Funktionsnachfolge ist § 239 ZPO über § 173 anwendbar[37].

3. § 240 ZPO: Die Bestimmung ist unmittelbar anwendbar[38]. Die Eröff- 8
nung des Insolvenzverfahrens unterbricht, wenn nicht höchstpersönliche
Rechte oder Pflichten des Schuldners Streitgegenstand sind[39], das Verfahren. Ist Anfechtungsklage des Schuldners gegen Heranziehungsbescheid
oder sonst vermögensbelastenden VA anhängig: Bei festgestellter Forderung gem. § 178 Abs. 1 InsO Erledigung der Hauptsache; bestreitet Insolvenzverwalter, Aufnahme durch Behörde und Weiterführung des Verfah-

25 BSG MDR 1975, 434; Berlin JR 1969, 114; a.A. Sojka MDR 1982, 13.
26 Zum notwendig Beigeladenen BVerwG MDR 1982, 80.
27 Vgl. etwa Ossenbühl NJW 1968, 1992, BVerwG NJW 1971, 1624; Kassel UPR
   1988, 348; München VRspr. 22 181; Mannheim NJW 1979, 1565; Ihmels DVBl.
   1972, 481; Bültmann, Rechtsnachfolge in sozialrechtliche Ansprüche, Schriften
   zum öffentlichen Recht, Bd. 164; Otto, Rechtsnachfolge in öffentlich-rechtliche
   Positionen, Schriften zum öffentlichen Recht, Bd. 148; v. Mutius VerwA 63, 87 ff.;
   Peine DVBl. 1980, 941; Stadie DVBl. 1990, 501.
28 Str.; wie hier Münster OVGE 24, 91; Lüneburg OVGE 11, 501; Eyermann/Schmidt
   § 61 Rn. 15; a.A. Berlin JR 1969, 36; Pietzner VerwA 1984, 89.
29 BVerwG DVBl. 1963, 523; Mannheim NJW 1984, 195.
30 Jarosch DÖV 1963, 133.
31 Kassel ESVGH 11, 94.
32 A.A. zu Abs. 2 Münster DÖV 1996, 130: Terminsladung entbehrlich.
33 Mannheim VBlBW 1982, 131; München VRspr. 28, 504.
34 BVerwG Dok.Ber. 1981 A 269.
35 Jarosch a.a.O.
36 Münster DÖV 1996, 130.
37 BVerwGE 44, 148; Albers § 239 Rn. 26.
38 BVerwG MDR 1980, 963.
39 Noch zum Konkursverfahren wohl zu eng VG Stuttgart GewA 1987, 269: Höchstpersönlichkeit von Gaststättenerlaubnis und Sperrzeitverkürzung.

rens gem. §§ 179 bis 185 InsO gegen den Insolvenzverwalter[40]; gibt Insolvenzverwalter gemäß § 85 Abs. 2 InsO frei, Aufnahme und Weiterführung gegen den Schuldner[41]. Letzteres gilt auch bei Anfechtungsklage um höchstpersönliche Rechte. **Verpflichtungsklage:** Aufnahme durch Insolvenzverwalter gem. § 85 Abs. 1 InsO. Die **Unterbrechung,** die auch für den Lauf von **Rechtsmittelfristen** gilt, endet nicht automatisch[42]; es muss stets ausdrücklich aufgenommen werden. Von diesem Zeitpunkt ab laufen die Fristen neu (§ 249 ZPO).

Wird das Insolvenzverfahren beendet, endet die Unterbrechung; meldet sich, wie nicht ganz selten, der Kläger trotz gerichtlicher Aufforderung nicht mehr – ggf. nach Fristsetzung gemäß § 87b –, so ist Klage mangels Rechtsschutzinteresse abzuweisen[43].

9   4. § 241 ZPO ist unmittelbar anwendbar. Die Rechtslage ist insoweit der nach § 239 Abs. 2, 3 ZPO ähnlich. § 241 ZPO gilt nicht, wenn der prozessunfähig gewordene Beteiligte anwaltlich vertreten ist (§ 246 ZPO). Wird kein Vertreter für den prozessunfähigen Beteiligten bestellt, so müssen die anderen Beteiligten die Bestellung herbeiführen. Notfalls kann das Gericht nach § 57 ZPO einen Prozessvertreter bestimmen. Vermögenslosigkeit einer GmbH unterbricht nicht[44].

10   5. §§ 242, 243 ZPO sind unverändert anwendbar.

6. § 244 ZPO ist für das Verfahren vor dem BVerwG und OVG, soweit Anwaltszwang besteht, und bei anwaltlicher Vertretung auf Grund Anordnung gem. § 67 Abs. 2 S. 2 anwendbar, sonst nicht[45]. Der BFH hält bei Tod nach Verzicht auf mdl. Verhandlung ein Urteil für zulässig (NJW 1991, 2792).

7. § 245 ZPO ist unmittelbar anwendbar.

11   8. § 246 ZPO ist auch im Verwaltungsprozess anwendbar, da die Prozessvollmacht auch hier über den Tod hinaus gilt (§ 173, § 86 ZPO; vgl. § 67 Rn. 5). Einem Aussetzungsantrag des Anwalts ist zu entsprechen[46]. Für die Aufnahme des Verfahrens gilt das zu § 239 ZPO Gesagte.

9. § 247 ZPO ist unmittelbar anwendbar.

10. § 248 ZPO bezieht sich auf die Aussetzungsanträge nach §§ 246, 247 ZPO. Er ist unmittelbar anwendbar. Das Gericht muss bei vorliegenden Voraussetzungen aussetzen. Der Beschluss unterliegt der Beschwerde, ist deshalb zu begründen und zuzustellen.

---

40 BVerwG NVwZ 1989, 264 noch zum Konkursverfahren.
41 BVerwG NJW 1984, 2427; Kassel ZfIR 2000, 141 m. Anm. Kothe; a.A. Greifswald ZIP 1997, 1460; ausführlich zur Freigabe auch nach neuem Recht Kothe, Altlasten in der Insolvenz Rn. 390 ff., 454 ff.
42 BGHZ 36, 261.
43 Münster v. 7.10.1988 – 20 A 2696/85 – n.v.
44 Münster NJW 1981, 2337.
45 Münster DÖV 1974, 104.
46 BVerwG MDR 1982, 80; auch bei höchstpersönlichem Rechtsverhältnis Münster DVBl. 1992, 784; a.A. Lüneburg OVGE 2, 237.

11. § 249 ZPO regelt die **Wirkungen der Unterbrechung und Aussetzung** **12** des Verfahrens. Die Bestimmung ist unmittelbar anwendbar, und zwar für jede Aussetzung des Verfahrens nach §§ 93a, 94, 75 und 51 sowie Art. 100 GG und nach Vorlage an den EuGH (vgl. § 1 Rn. 20). Mit der Unterbrechung oder Aussetzung des Verfahrens hört jeder Fristenlauf, auch der gesetzlichen Fristen, auf. Mit Ende der Unterbrechung oder Aussetzung – das Ende tritt bei Aussetzung nach § 94 mit dem Ereignis ein, bis zu dessen Vorliegen ausgesetzt worden ist, sonst mit der Aufnahme des Verfahrens durch den Rechtsnachfolger oder, falls dieser nicht aufnimmt, mit dem Aufnahmeantrag des Gegners in der mündlichen Verhandlung, zu § 93a vgl. dort Rn. 6 – beginnt der volle Fristenlauf von neuem. Während der Unterbrechung oder Aussetzung sind weder richterliche noch Prozesshandlungen der Beteiligten rechtswirksam.

12. § 250 ZPO ist, weil zur Dispositionsmaxime gehörend, auch im Ver- **13** waltungsprozess unmittelbar anwendbar. Nicht das Gericht, sondern nur die Beteiligten können das Verfahren aufnehmen[47]. Nehmen die Beteiligten nicht auf, wie dies nicht selten vorkommt, so kann das Gericht nach den Bestimmungen der Aktenordnung die Akten weglegen und ggf. noch offene Gerichtskosten nach den jeweils geltenden Bestimmungen einziehen.

13. § 251 ZPO ist für den Verwaltungsprozess unmittelbar anzuwenden. **14** Das Gericht kann das **Ruhen des Verfahrens** anordnen, **wenn** dies **die Hauptbeteiligten und ggf. der notwendig Beigeladene beantragen** und die Anordnung wegen Schwebens von Vergleichsverhandlungen, der Durchführung eines Musterverfahrens oder aus sonstigen wichtigen Gründen zweckmäßig erscheint[48]. Das Gericht entscheidet nach pflichtgemäßem Ermessen, ist aber an die Zustimmung der Beteiligten gebunden. Gegen ihren Willen kann das Ruhen nicht angeordnet werden. Die Entscheidung ergeht durch Beschluss, der mit der Beschwerde anfechtbar ist[49]. Es gelten insoweit die oben Rn. 4 f. für die Aussetzung dargelegten Verfahrensregeln. Das Ruhen des Verfahrens hat die gleichen Wirkungen wie Unterbrechung und Aussetzung gem. § 249 ZPO, aber mit dem wichtigen Unterschied, dass die Rechtsbehelfs-, die Rechtsmittel- und die Rechtsmittelbegründungsfristen nicht unterbrochen werden (§ 251 Abs. 1 S. 2 ZPO). Die Anordnung des Ruhens kann vom Gericht von Amts wegen und **muss** auf Antrag eines Beteiligten nach Ablauf von 3 Monaten wieder aufgehoben werden, was auch stillschweigend durch Terminsanberaumung oder Vornahme von vorbereitenden Maßnahmen geschehen kann[50].

III. Aussetzung zur Heilung

Die **Aussetzungsmöglichkeiten** waren zum 1.1.1997 mit dem durch das **14a** 6. VwGO-ÄnderungsG eingefügten Satz 2 ausgeweitet worden, der vorsah, dass das Gericht die Verhandlung auf Antrag bis zur Heilung von Verfahrens- und Formfehlern aussetzen konnte, soweit dies im Sinne der Verfahrenskonzentration sachdienlich war. Die Regelung stand in engem systema-

---

47 Baumbach/Albers Rn. 8; Jarosch DÖV 1963, 135 a.A. Lüneburg OVGE 2, 237.
48 A.A. Kassel NJW 1953, 1768: Antrag nur der Hauptbeteiligten; Kassel ESVGH 21, 104; Münster DVBl. 1960, 780; Stuttgart ESVGH 5, 24: Antrag aller Beteiligten.
49 Münster NJW 1962, 1931; a.A. Buck DÖV 1964, 537; Eyermann/Rennert Rn. 19.
50 Baumbach/Hartmann § 251 Rn. 3.

tischen Zusammenhang mit dem seinerzeit gleichfalls neu geschaffenen
§ 87 Abs. 1 S. 2 Nr. 7 und eröffnete der Verwaltung die Möglichkeit, während eines laufenden Prozesses Fehler eines Verwaltungsaktes zu heilen.
Beide Vorschriften waren verfassungsrechtlich bedenklich und wurden heftig kritisiert; sie wurden, nachdem sie sich nicht bewährt hatten, zum
1.1.2002 durch das Gesetz zur Bereinigung des Rechtsmittelrechts im Verwaltungsprozess v. 20.12.2001 (BGBl. I S. 3987) wieder gestrichen.

§ 95   [Anwesenheit von Beteiligten]

**(1) Das Gericht kann das persönliche Erscheinen eines Beteiligten anordnen.
Für den Fall des Ausbleibens kann es Ordnungsgeld wie gegen einen im
Vernehmungstermin nicht erschienenen Zeugen androhen. Bei schuldhaftem
Ausbleiben setzt das Gericht durch Beschluss das angedrohte Ordnungsgeld
fest. Androhung und Festsetzung des Ordnungsgelds können wiederholt
werden.**

**(2) Ist Beteiligter eine juristische Person oder eine Vereinigung, so ist das
Ordnungsgeld dem nach Gesetz oder Satzung Vertretungsberechtigten anzudrohen und gegen ihn festzusetzen.**

**(3) Das Gericht kann einer beteiligten öffentlich-rechtlichen Körperschaft oder
Behörde aufgeben, zur mündlichen Verhandlung einen Beamten oder Angestellten zu entsenden, der mit einem schriftlichen Nachweis über die Vertretungsbefugnis versehen und über die Sach- und Rechtslage ausreichend unterrichtet ist.**

1   Das Gericht kann die persönliche Anwesenheit der Beteiligten in der
mündlichen Verhandlung oder zu anderem Termin (§ 87 Abs. 1 Nr. 5) anordnen, zu denen an sich das Erscheinen nicht erforderlich ist. Es kann
damit eine Mitwirkungspflicht der Beteiligten durchsetzen. § 95 entspricht
§ 141 ZPO. Die Anhörung des Beteiligten persönlich dient der Ergänzung
und Klärung seines Sachvortrages, nicht der Beweisaufnahme[1]. Erklärungen, die der Beteiligte im Termin abgibt, sind deshalb Parteivorbringen und
als solches in der Beweiswürdigung zu werten. Will das Gericht den Beteiligten vernehmen, so bedarf es hierzu besonderer Anordnung und ist hierfür gem. § 96 Abs. 1, § 450 ZPO das förmliche Beweisverfahren mit Belehrung usw. durchzuführen (vgl. hierzu § 98 Rn. 16). Das kann gem.
§ 358 ZPO im gleichen Termin geschehen, ist aber schon angesichts der
nur selten gegebenen besonderen Voraussetzungen der Parteivernehmung,
ebenso aber auch wegen der unterschiedlichen Bedeutung von Anhörung
und Vernehmung und der damit verbundenen Strafsanktionen deutlich
voneinander zu trennen[2].

2   1. Die **persönliche Anwesenheit jeder natürlichen Person,** die Beteiligter
ist, kann angeordnet werden; das gilt auch für einen Prozessunfähigen (hier
kann auch die Anwesenheit des gesetzl. Vertreters angeordnet werden) und
für die **gesetzlichen,** durch Satzung oder mangels solcher für das Verfahren
(§ 61 Rn. 4) bestellten **Vertreter** einer juristischen Person oder Vereinigung.
§ 95 Abs. 2 bezieht sich auf juristische Personen des privaten und öffentlichen Rechts, auch wenn letztere als Beklagte am Verfahren beteiligt sind.
Sind mehrere gesetzliche Vertreter vorhanden, so bestimmt sich die Anwe-

---

1   Str.; wie hier BVerwG NJW 1981, 1748; BVerwGE 14, 146; 17, 127, VRspr. 15,
    673; Münster NJW 1968, 2160; verfehlt Mannheim ESVGH 10, 79, der die Trennung zwischen Anhörung und Vernehmung eines Beteiligten praktisch aufgibt.
2   Vgl. Redeker, Staatsbürger und Staatsgewalt II, S. 493 f.

senheitspflicht danach, ob das Gericht alle oder Einzelne lädt. Besteht Gesamtvertretung, müssen alle Vertreter erscheinen.

Das Gericht kann gem. § 95 Abs. 3 ferner die **Anwesenheit eines über die** **3** **Sach- und Rechtslage ausreichend unterrichteten Beamten** oder Angestellten einer beteiligten öffentlich-rechtlichen Körperschaft oder Behörde anordnen. Diese Anordnung kann kumulativ zu Abs. 2 erfolgen, was bei Verhandlungen über einen Vergleichsabschluss zweckmäßig sein kann, oder aber an Stelle einer solchen Anordnung, wenn es dem Gericht allein um die Sachaufklärung und die im Verwaltungsprozess oft erforderliche rechtliche Erörterung des Sachverhalts geht. In diesem Fall muss der Beamte oder Angestellte die Vertretungsbefugnis schriftlich nachweisen, was durch bei Gericht hinterlegter Generalvollmacht oder durch Einzelvollmacht möglich ist. Die Anordnung ist auch zulässig, wenn die Körperschaft oder Behörde von einem Völ vertreten wird[3]. Sie richtet sich immer an die Behörde, nicht an einen bestimmten Beamten. Die Anhörung des oder der entsandten Behördenvertreter dient ebenso wie die der anderen Beteiligten der Klarstellung oder Ergänzung des Vorbringens; sie ersetzt keine Vernehmung[4].

2. Zur **Anordnung** sind das **Kollegium** oder der Einzelrichter, außerhalb **4** der mündlichen Verhandlung auch der Vorsitzende oder der Berichterstatter (§ 87) berechtigt. Die Anordnung kann sich sowohl auf die mündliche Verhandlung wie aber auch auf Beweistermine vor dem verordneten Richter wie auf den Erörterungstermin nach § 87 Abs. 1 S. 2 beziehen. Die Anordnung steht im **Ermessen** des Gerichts. Die nicht selten anzutreffende routinemäßige Ladung des beteiligten Klägers zur mündlichen Verhandlung, die auf Grund genereller Weisung des Vorsitzenden von der Geschäftsstelle veranlasst wird, ist keine Ermessensausübung mehr und wird auch dem Zweck des § 95 nicht gerecht. Die Anordnung soll unterbleiben, wenn die Anwesenheit des Beteiligten wegen großer Entfernung oder auch aus anderen Gründen (Krankheit) dem Beteiligten nicht zugemutet werden kann. Mit der Anordnung kann Ordnungsgeld für den Fall des Ausbleibens angedroht werden. Auch hierzu sind Vorsitzender und Berichterstatter berechtigt. Die Anordnung ist dem Beteiligten stets **zuzustellen,** auch wenn sie in der mündlichen Verhandlung getroffen wird; ein etwaiger Prozessbevollmächtigter ist zu benachrichtigen. Unterbleibt die Mitteilung der Ladung an den Beteiligten und versäumt dieser deshalb die mündliche Verhandlung, weil der von ihm bestellte Prozessbevollmächtigte auf die Mitteilung der Ladung an den Beteiligten durch das Gericht vertraut und den Beteiligten deshalb nicht seinerseits von dem Termin in Kenntnis gesetzt hat, so liegt ein zur Zulassung der Berufung führender Verstoß des Gerichtes gegen seine **Verpflichtung zur Gewährung rechtlichen Gehörs** vor. In diesem Falle bedarf es zur schlüssigen Darlegung des Gehörsverstoßes keiner weiteren Ausführungen des Beteiligten dazu, was von ihm im Termin zur mündlichen Verhandlung vorgetragen worden wäre und inwiefern dieser Vortrag zu einer für ihn günstigeren Entscheidung hätte führen können[5]. Die Anordnung ist gem. § 146 Abs. 2 unanfechtbar[6].

---

3   Eyermann/Geiger Rn. 11.
4   BVerwG Dok.Ber. 1981 A 190.
5   Kassel NVwZ-RR 1998, 404.
6   Lüneburg NVwZ 1989, 591.

5   3. Der Beteiligte muss der gerichtlichen Anordnung Folge leisten. Er kann nicht ohne Zustimmung des Gerichts an seiner Stelle einen mit dem Sachverhalt vertrauten Vertreter entsenden; § 141 Abs. 3 S. 2 ZPO ist, wie die Entstehungsgeschichte zeigt, bewusst in § 95 nicht übernommen worden. Hat das Gericht die persönliche Anwesenheit angeordnet, erscheint aber der Beteiligte nicht, so darf das Gericht, wenn nicht sein Verschulden am Ausbleiben feststeht, nicht nunmehr ohne seine Anhörung entscheiden, ohne ihm vorher Gelegenheit zu schriftlicher oder mündlicher Äußerung zu geben. Das wäre eine Verletzung des Anspruchs auf rechtliches Gehör[7]. Wenn das VG das persönliche Erscheinen eines Beteiligten angeordnet hat, muss dieser, wenn er wegen einer ernsthaften Erkrankung dieser Anordnung nicht nachkommen kann, rechtzeitig einen begründeten Antrag auf Verlegung des Termins bzw. auf Vertagung der Verhandlung stellen, in dem er aber wegen der Anordnung des persönlichen Erscheinens die Gründe für die Notwendigkeit seiner persönlichen Anwesenheit in der mündlichen Verhandlung nicht substantiiert darlegen muss[8]. Erst wenn das Ausbleiben nicht entschuldigt wird und der Beteiligte auch in einem neuen Termin nicht erscheint, kann auf seine Anhörung verzichtet und können aus seinem Ausbleiben Schlüsse gezogen werden. Ist in der Ladung das Ordnungsgeld angedroht worden, so kann das Gericht auf ein Ordnungsgeld von fünf bis tausend DM erkennen (§ 380 ZPO mit Art. 6 ff. EGStGB), wenn der Beteiligte unentschuldigt ausbleibt.

6   Das Ordnungsgeld wird durch Beschluss des Gerichts (Kollegium oder Einzelrichters), im Falle des § 87 des Vorsitzenden oder des Berichterstatters festgesetzt. Der Beschluss ist zu begründen und zuzustellen. Gegen ihn ist die Beschwerde ohne Rücksicht auf den Beschwerdewert[9] zulässig. Weist der Beteiligte nach, dass das Ausbleiben nicht auf seinem Verschulden beruht, so ist der Beschluss aufzuheben. Bei juristischen Personen oder Vereinigungen richten sich Androhung und Ausspruch des Ordnungsgeldes gegen den gesetzlichen oder satzungsgemäß Vertretungsberechtigten, möglicherweise gegen mehrere Vertreter. Das Ordnungsgeld kann wiederholt festgesetzt werden. Dies setzt aber die erneute Ladung unter erneuter Androhung voraus. Eine Vorführung der Beteiligten ist nicht zulässig, da es hierfür an einer gesetzlichen Ermächtigung fehlt. Durch das Ausbleiben verursachte Verfahrenskosten sind ggf. gem. § 29 Nr. 1 GKG (Gerichtskosten) und gem. § 155 Abs. 4 (Kosten anderer Beteiligter) dem Beteiligten aufzuerlegen. Wegen dieser Sanktionsmöglichkeit ist das Gericht gehindert aus dem Fernbleiben von der mündlichen Verhandlung trotz Anordnung des persönlichen Erscheinens Konsequenzen für die weitere Verfolgung des Rechtsschutzbegehrens in der Sache zu ziehen, etwa auf mangelndes Rechtsschutzinteresse zu schließen[10].

7   Kommt die Behörde einer Anordnung gem. § 95 Abs. 3 nicht nach, so hat das Gericht kein Zwangsmittel, sie durchzusetzen. Es kann aber einmal aus diesem Verhalten Schlüsse für die Feststellung des Sachverhalts ziehen, zum anderen erscheint eine Dienstaufsichtsbeschwerde möglich. Ggf. kommt die Ladung als Zeuge in Frage.

---

7   BVerwG NJW 1961, 982; E 36, 264; 50, 275; a.A. BVerwG JR 1969, 194; Kopp/Schenke Rn. 4.
8   Kassel NVwZ-RR 1998, 404.
9   Kassel DÖV 1964, 568.
10   BVerfG NVwZ-Beil. 1999, 17, 18; ähnlich BVerfG NVwZ-Beil. 1994, 50.

4. Der Zwang des § 95 bezieht sich nur auf die Anwesenheit im Termin. **8**
Der Beteiligte kann nicht gezwungen werden, sich im Termin zu erklären.
Das Gericht kann aber aus der Verweigerung der Erklärung Schlüsse ziehen. Die **Kosten,** die durch die Anwesenheit eines Beteiligten entstehen,
sind **erstattungsfähig.** Sie können, wenn der Beteiligte mittellos ist, auf gerichtliche Anordnung von der Staatskasse bevorschusst werden[11].

5. Die **Vorlage von Urkunden,** Akten oder sonstigen Unterlagen kann nicht **9**
über § 95 den Beteiligten aufgegeben werden. Grundlage für eine entsprechende Anordnung sind §§ 142, 143 ZPO über § 173, soweit nicht die
Vorlagepflicht sich bereits aus § 86 Abs. 5, § 99 und § 87, § 87b mit § 273
ZPO ergibt (im Einzelnen vgl. hierzu § 98 Rn. 14).

§ 96 [Beweisaufnahme]

**(1) Das Gericht erhebt Beweis in der mündlichen Verhandlung. Es kann ins-
besondere Augenschein einnehmen, Zeugen, Sachverständige und Beteiligte
vernehmen und Urkunden heranziehen.**

**(2) Das Gericht kann in geeigneten Fällen schon vor der mündlichen Verhand-
lung durch eines seiner Mitglieder als beauftragten Richter Beweis erheben
lassen oder durch Bezeichnung der einzelnen Beweisfragen ein anderes Gericht um die Beweisaufnahme ersuchen.**

I. Unmittelbarkeit der Beweisaufnahme

§ 96 stellt den **Grundsatz der Unmittelbarkeit** der Beweisaufnahme fest[1], **1**
der Grundsatz der **Mündlichkeit** und der **Parteiöffentlichkeit** ist in § 97
enthalten. Die Beweisaufnahme soll grundsätzlich vor dem gesamten erkennenden Spruchkörper stattfinden, damit sich alle Mitglieder dieses
Spruchkörpers einen persönlichen Eindruck von den zu vernehmenden
Zeugen, dem Sachverständigen oder der Örtlichkeit verschaffen. Die Übermittlung von Beweisergebnissen nur durch einzelne Richter des Spruchkörpers ist oft nur unzulänglicher Ersatz. Dennoch durchbricht die VwGO
ebenso wie die ZPO den Grundsatz der Unmittelbarkeit in immer stärke-
rem Maße, sodass § 96 Abs. 2 gegenüber den viel weiter gehenden Möglichkeiten des § 87 Abs. 3 nur noch geringe Bedeutung hat.

II. Verordneter Richter

Nach § 96 Abs. 2 kann die **Beweisaufnahme von einem beauftragten oder** **2**
ersuchten Richter (sog. verordnete Richter) durchgeführt werden. Dabei
bezieht sich § 96 Abs. 2 nicht nur auf die ausdrücklich genannte Möglichkeit der Beweisaufnahme vor der mündlichen Verhandlung; der verordnete
Richter kann auch nach der mündlichen Verhandlung beauftragt werden.
Die Abweichung von der Unmittelbarkeit der Beweisaufnahme setzt voraus, dass es sich um einen **geeigneten Fall** handelt. Für die Eignungsbeur-
teilung kann wegen der gleichen Ausgangslage auf die Kriterien zurückgegriffen werden, die für die Beweisaufnahme durch den Vorsitzenden oder

---

11 Münster DVBl. 1955, 469; OLG Stuttgart NJW 1956, 473.

1 Vgl. hierzu Bosch, Grundfragen des Beweisrechts S. 105 ff.; Böhm NVwZ 1996,
427.

Berichterstatter im vorbereitenden Verfahren nach § 87 Abs. 3 gelten. Entscheidend ist danach, ob das Gericht sich seine aus dem Gesamtergebnis des Verfahrens gewonnene Überzeugung (vgl. § 108 Abs. 1 S. 1) **auch ohne einen unmittelbaren persönlichen Eindruck** von einzelnen festzustellenden Tatsachen, die Gegenstand der Beweisaufnahme durch den Berichterstatter – hier also den verordneten Richter – bildeten, verschaffen kann[2]. Eine Beschränkung auf ausgewählte Beweismittel besteht nicht.

2a   Beauftragter Richter ist ein berufsrichterliches Mitglied des Spruchkörpers, ersuchter Richter ein berufsrichterliches Mitglied eines anderen Gerichts. Beauftragter Richter wird regelmäßig der Berichterstatter (§ 82 Abs. 2) sein. Die gegen die Beauftragung von zwei Richtern, insbesondere Vorsitzendem und Berichterstatter geltend gemachten Bedenken greifen nicht durch. Der Wortlaut des § 96 zwingt zu diesen Bedenken nicht, da das Wort »eines« nur die Unbestimmtheit, welches Mitglied des Kollegiums, nicht aber die Zahl der Mitglieder ausdrücken soll. Die Beteiligung von zwei Richtern ist gerade bei Ortsbesichtigungen (§§ 34, 35 BauGB, Verunstaltung!) von großem Wert, um die Objektivierung der notwendigen Wertung zu fordern. Dass das Kollegium bei diesen Wertungen praktisch auf die Teilnehmer der Ortsbesichtigung angewiesen ist, ist unvermeidlich. Kann der Spruchkörper nicht in voller Besetzung die Besichtigung durchführen, was stets vorzuziehen ist, so können zwei Richter eher die richtige Wertung vermitteln als einer. Dieser für die Entscheidung maßgebliche Vorteil sollte gegenüber den mehr formellen Verfahrensbedenken Vorrang haben[3]. Wenn nämlich die Beweisaufnahme durch zwei Richter für eine Verletzung der Vorschriften über die Unmittelbarkeit der Beweisaufnahme darstellt, so können die Beteiligten auf deren Einhaltung verzichten[4]. Allerdings spricht manches dafür, dass bei einer für notwendig erachteten Objektivierung der Wertungen einer Beweisaufnahme durch zwei Richter, bereits kein für einen verordneten Richter geeigneter Fall vorliegt[5].

3   § 96 Abs 2 benutzt noch den Begriff des »**beauftragten Richters**«, den das Gesetz sonst durch den des »**Berichterstatters**« ersetzt hat. Da der Berichterstatter gemäß § 87 Abs. 3 selbst eine Beweisaufnahme anordnen und durchführen kann, ein Kammerbeschluss hierfür nicht mehr erforderlich ist, die Voraussetzungen hierfür in § 87 Abs. 3 zwar wortreicher formuliert sind, inhaltlich aber den »geeigneten Fällen« des § 96 Abs. 2 entsprechen dürften[6], darüber hinaus bei Übertragung auf den **Einzelrichter** § 96 Abs. 2 leer läuft, hat die Bestimmung praktische Bedeutung nur noch für die Einschaltung des ersuchten Richters. Sie ist allein durch das Gericht, auch den Einzelrichter, nicht durch den Vorsitzenden oder Berichterstatter zulässig. Theoretisch könnte allerdings der Spruchkörper auch einen anderen Richter als den Berichterstatter mit der Beweisaufnahme beauftragen.

4   Die **Beweisaufnahme durch den verordneten Richter** setzt in der Regel einen **Beweisbeschluss voraus**[7], für dessen Inhalt § 359 ZPO zu beachten ist. Auch Beteiligte können vom verordneten Richter vernommen werden.

---

2   BVerwG NJW 1994, 1975.
3   Wie hier BVerwG NJW 1963, 2043; ablehnend BVerwG DÖV 1968, 183; NJW 1967, 995; Kopp/Schenke Rn. 13.
4   BVerwGE 41, 174; BVerwG NJW 1994; Eyermann/Geiger Rn. 11.
5   Schoch/Rudisile Rn. 28.
6   BVerwG Buchh. 11 Art. 140 GG Nr. 54.
7   Münster DVBl. 1952, 59.

Im Übrigen vgl. zum Verfahren vor dem verordneten Richter §§ 361, 362, 365, 366 ZPO, § 98.

Scheidet der Berichterstatter oder der beauftragte Richter nach der Beweis- **4a** aufnahme, aber vor der Sachentscheidung des Spruchkörpers aus, so entscheidet dieser nach seinem Ermessen, ob die **Beweisaufnahme zu wiederholen** ist. Die Entscheidung gehört zur tatrichterlichen Überzeugungsbildung nach § 108 Abs. 1[8]. Grundsätzlich darf bei **Richterwechsel nach der Beweisausnahme** nur der Inhalt des Protokolls der Beweiswürdigung zu Grunde gelegt werden. Nicht protokollierte Umstände oder Eindrücke sind auch dann nicht verwertbar, wenn das Kollegium die Beweisaufnahme durchgeführt hat und es danach zu einem Richterwechsel gekommen ist[9], wenn nicht die Parteien der Verwertung zugestimmt haben oder sie mindestens zu entsprechenden Aktenvermerken sich äußern konnten[10]. Vgl. aber auch § 112 Rn. 1 f.

III. Beweisbeschluss

Soweit nach § 87 zulässig, kann die **Beweisaufnahme vom Vorsitzenden**   **5** **oder Berichterstatter angeordnet** werden. In allen anderen Fällen, insbesondere stets in der mündlichen Verhandlung, wird sie vom **Kollegium oder Einzelrichter beschlossen.** Ein besonderer Beweisbeschluss mit dem Inhalt des § 359 ZPO ist nur notwendig, wenn die Beweisaufnahme nicht in der mündlichen Verhandlung, sondern in einem gesonderten Termin stattfindet (§ 358 ZPO, § 98). Das ist immer bei der Vernehmung durch den verordneten Richter der Fall. Hier schreibt § 96 Abs. 2 ergänzend vor, dass bei Beweisaufnahme durch den ersuchten Richter die einzelnen Beweisfragen im Beweisbeschluss aufgeführt werden müssen. Im Gegenschluss wird man annehmen können, dass diese Fragen in die Beweisanordnung für den beauftragten Richter abweichend von § 359 ZPO nicht aufgenommen zu werden brauchen[11]. BVerwG DÖV 1988, 611 relativiert den Inhalt und damit die Bedeutung des Beweisbeschlusses noch weiter (vgl. Rn. 2 zu § 98). In der Regel sollten die Beweisfragen im Beschluss formuliert werden, schon damit der Zeuge sich entsprechend vorbereiten kann, aber auch, um den Beweistermin konzentrieren zu können.

Die **Beweisanordnung,** gleich ob vom Gericht oder einem Einzelrichter, ist   **6** gem. § 146 Abs. 2 **nicht mit der Beschwerde angreifbar.** Sie kann vom Gericht auf Antrag, der freilich nur eine Anregung ist und deshalb nicht beschieden werden muss, oder von Amts wegen jederzeit aufgehoben werden. Ist mit dem Beweisbeschluss einem in mündlicher Verhandlung gestellten Beweisantrag entsprochen worden, so ist die Aufhebung eine Entscheidung nach § 86 Abs. 2 und muss deshalb vom Urteil getrennt erlassen und begründet werden. Einfache Anordnungen können ebenso jederzeit geändert werden, formelle Beweisbeschlüsse aber ohne vorherige mündliche Verhandlung nur im Rahmen des § 360 ZPO, § 98, wonach Berichtigungen oder Ergänzungen der Beweistatsachen oder Ersetzen der Beweismittel ohne Zustimmung der Beteiligten möglich ist, im Übrigen aber die

---

8   BVerwG DÖV 1988, 977.
9   BGH NVwZ 1992, 915.
10   BGHZ 86, 104; 40, 179.
11   Müller NJW 1959, 21.

Beteiligten zustimmen müssen[12]. Beweisbeschlüsse oder sonstige Beweisanordnungen sind den Beteiligten mitzuteilen. Enthalten sie gleichzeitig die Terminsbestimmung, so ist Zustellung nach § 56 notwendig (§ 97).

IV. Beweismittel

7 Die **Aufzählung der Beweismittel** in § 96: Augenschein, Zeugen, Sachverständige, Beteiligte, Urkunden, ist **nicht erschöpfend**. Das Gericht kann auch andere Erkenntnismittel heranziehen[13], wobei in erster Linie die amtliche Auskunft in Frage kommt (vgl. hierzu § 98 Rn. 18 ff.), die auch der Zivilprozess kennt[14]. Zu den einzelnen Beweismitteln und ihrer Heranziehung in der Beweisaufnahme vgl. § 98.

V. Verstoß gegen § 96

8 Ein Verstoß gegen § 96 Abs. 1 oder Abs. 2 ist ein Verfahrensfehler, auf dem das Urteil beruhen kann, der deshalb das Rechtsmittel eröffnet. Auf die Einhaltung der Bestimmung kann aber verzichtet werden. Hinnahme des Verstoßes, auch stillschweigend, hat deshalb in der Regel **Rügeverlust** zur Folge (§ 295 Abs. 2 ZPO, § 173)[15].

§ 97 [Beweistermin]

Die Beteiligten werden von allen Beweisterminen benachrichtigt und können der Beweisaufnahme beiwohnen. Sie können an Zeugen und Sachverständige sachdienliche Fragen richten. Wird eine Frage beanstandet, so entscheidet das Gericht.

I. Parteiöffentlichkeit

1 Während in § 96 der Grundsatz der Unmittelbarkeit der Beweisaufnahme festgelegt wird, regelt § 97 die **Mündlichkeit und Parteiöffentlichkeit.** Diese Grundsätze gelten ausnahmslos, auch wenn nicht das Gericht, sondern der Sachverständige in Erledigung seines Auftrages eine Ortsbesichtigung durchführt[1] (vgl. § 98 Rn. 9). Soweit es sich hierbei nur um eine **Maßnahme zur Vorbereitung** des zu erstattenden Gutachtens handelt, liegt noch keine Beweisaufnahme im juristisch-technischen Sinn vor, weshalb § 97 nicht unmittelbar Anwendung findet[2]. Es spricht aber vieles dafür, dem Sachverständigen nach § 404a Abs. 4 ZPO i.V.m. § 98 entsprechende Vorgaben zu machen, weil die Beteiligten auch den Erfolg der nur vorbereitenden Ermittlungen fördern können[3].

---

12 A.A. nur Anhörung erforderlich BVerwGE 17, 172; DVBl. 1984, 832; Baumbach/Albers § 360 ZPO Rn. 9.

13 BVerwGE 4, 312.

14 Baumbach/Hartmann Übersicht § 373 Rn. 32.

15 BVerwG VRspr.31, 506; Buchh. 11 Art. 140 GG Nr. 54.

1 Baumbach/Hartmann § 407a Rn. 11.

2 Kopp/Schenke Rn. 1.

3 Koblenz NVwZ-RR 1999, 808; Schoch/Rudisile Rn. 11.

Die Beteiligten haben das **Recht, an der Beweisaufnahme teilzunehmen.** 1a
Sie sind vom Beweistermin zu benachrichtigen – auch von Terminen im
Ausland[4] – was, da es sich um Terminbestimmungen handelt, gem. § 56
durch Zustellung geschehen muss, wenn nicht der Termin in der mündlichen Verhandlung verkündet worden ist. Ladungsfristen zur Beweisaufnahme gibt es anders als in der ZPO[5] infolge der abweichenden Fassung
des § 102 zu § 217 ZPO nicht, die Benachrichtigung ist aber so rechtzeitig
zuzustellen, dass auch der Prozessbevollmächtigte, an den die Benachrichtigung gem. § 67 Abs. 3 zu richten ist, seine Partei noch unterrichten
kann[6].

Ist ein Beteiligter nicht benachrichtigt worden oder ist die Ladung verspätet eingegangen, so ist die Beweisaufnahme unwirksam und muss wiederholt werden, wenn der Beteiligte hierauf nicht verzichtet[7]. Das soll nicht
gelten, wenn auch bei Anwesenheit des Beteiligten das Beweisergebnis kein
anderes gewesen wäre[8] oder die Erkenntnisse des Gutachters von den Beteiligten nicht in Frage gestellt werden[9]. In der Regel ist dies aber kaum
eindeutig feststellbar, sodass von einer Wiederholung nur ausnahmsweise
wird abgesehen werden können. Lässt sich der Beteiligte trotz des Mangels
einer Benachrichtigung im Verfahren weiter ein, so kann hierin ein Verzicht auf die Rüge dieses Fehlers liegen (§ 295 ZPO)[10]. Der Beteiligte kann
auf Terminsnachricht verzichten, worin gleichzeitig ein Verzicht auf die
Teilnahme am Termin liegt.

II. Fragerecht

Die **Beteiligten können an Zeugen** und **Sachverständige,** auch an zu vernehmende andere Beteiligte Fragen stellen. Die Fragen müssen sachdienlich
sein und sich im Rahmen des Beweisthemas halten. Die Fragen können
von dem Beteiligten unmittelbar gestellt werden, einer Einschaltung des
Gerichts bedarf es nicht. Das **Gericht kann Fragen,** die diesen Voraussetzungen nicht entsprechen, von Amts wegen oder auf Antrag eines anderen
Beteiligten **zurückweisen.** Von diesem Recht sollte nur in Ausnahmefällen
Gebrauch gemacht werden. Das Gericht kennt den Sachverhalt im Gegensatz zu den Beteiligten nur aus den Akten. Bei manchen Fragen, die zunächst nicht mit dem Beweisthema zusammenzuhängen scheinen, ergibt
sich erst aus näherer Kenntnis des Sachverhalts, oft erst aus dem weiteren
Verlauf des Verfahrens, dass sie für die Entscheidung wesentlich sind. Der
Rechtsuchende sollte stets das Gefühl haben, bei der Erforschung des Sachverhalts in der Beweisaufnahme voll zu Gehör gekommen zu sein. Fragen
können deshalb auch Vorhalte sein, die sich nicht immer auf einen
Satz konzentrieren lassen. Die Beteiligten lesen in der Regel den Tatbestand
des Urteils genauer als die Begründung, da sie ihn aus dem eigenen Erleben
des Sachverhalts besser verstehen können als die oft schwierigen Rechtsausführungen. Fehler in der Wiedergabe des Tatbestands, mögen sie auch
rechtlich kaum erheblich sein, lassen den Beteiligten oft das ganze Urteil

---

4 BVerwGE 25, 88.
5 Vgl. Teplitzky NJW 1973, 1675.
6 RGZ 100, 174.
7 BVerwG NJW 1980, 900; Eyermann/Geiger Rn. 4 abw. von der Voraufl.
8 Baumbach/Hartmann § 357 Rn. 5.
9 Münster NVwZ-RR 1995, 247.
10 BVerwGE 8 149; Eyermann/Geiger Rn. 4.

falsch erscheinen und führen zu Rechtsmittelverfahren, die an sich ohne Aussichten sind. Dem kann vorgebeugt werden, wenn dem Beteiligten das Fragerecht in möglichst weitem Umfange gewährt wird.

4 Über die Zulässigkeit einer Frage entscheidet zunächst der Vorsitzende gem. §§ 103, 104, auf Beanstandung seiner Entscheidung das Gericht. Bei Beweisaufnahme durch den beauftragten oder ersuchten Richter hat dieser vorläufig zu entscheiden (§ 98, § 400 ZPO), ebenso im Falle des § 87 Abs. 3. Die Entscheidung über die Zulässigkeit einer Frage ist gem. § 146 Abs. 2 nicht selbstständig anfechtbar, sondern nur mit dem Endurteil. Ist eine Frage zu Unrecht nicht zugelassen worden, so kann hierauf auch die Zulassungsberufung oder Revision gestützt werden (§ 124 Abs. 2 Nr. 5; § 132 Abs. 2 Nr. 3; § 138 Nr. 3).

III. Verzicht

5 § 97 enthält **Schutzrechte der Beteiligten,** die in dieser Form Ausfluss des Anspruchs auf rechtliches Gehör sind. Die Beteiligten können hierauf verzichten und insoweit das Gericht von der Einhaltung der Grundsätze der Mündlichkeit und Parteiöffentlichkeit absehen. Stillschweigende Hinnahme – insbesondere durch Verschweigen in der nächsten mündlichen Verhandlung – hat **Verlust** des **Rügerechts** zur Folge (§ 295 Abs. 2 ZPO, § 173)[11]. Die Anwendbarkeit des Rügeverlustes durch ausdrücklichen oder stillschweigenden Verzicht gemäß §§ 173, 295 ZPO ist in der Rechtsprechung allgemein anerkannt[12] (unten § 98 Rn. 2). Sie setzt aber mindestens konkludentes Handeln voraus; das bloße Nichterscheinen zu einem Termin sanktioniert noch nicht Verfahrensfehler[13]. Zum Gesamtkomplex der Anwendung des § 295 ZPO im Verwaltungsprozess vgl. Kohlndorfer DVBl. 1988, 474 ff. Zur Möglichkeit schriftlicher Anhörung von Zeugen nach vorheriger Zustimmung der Beteiligten vgl. BVerwGE 34, 77.

§ 98   [Durchführung der Beweisaufnahme]

Soweit dieses Gesetz nicht abweichende Vorschriften enthält, sind auf die Beweisaufnahme §§ 358 bis 444 und 450 bis 494 der Zivilprozessordnung entsprechend anzuwenden.

I. Grundsatz

1 Die **Beweisaufnahme** ist nach den Bestimmungen der ZPO vorzunehmen. Die §§ 358 bis 444 ZPO und 450 bis 494 ZPO sind entsprechend anwendbar, und zwar auf alle Formen der Beweisaufnahme, vor der Kammer (§ 96 Abs. 1) oder dem Einzelrichter, vor dem verordneten Richter (§ 96 Abs. 2) oder vor Vorsitzendem oder Berichterstatter (§ 87 Abs. 3). Es bedarf allerdings im Einzelfall der Prüfung, ob ausdrückliche Bestimmungen der VwGO oder aber die ihr zu Grunde liegenden Verfahrensgrundsätze Abweichungen zur Folge haben. Das gilt insbesondere für die Auswirkungen der in § 86 Abs. 1 ausgedrückten Untersuchungsmaxime.

---

11   BVerwG NJW 1980, 900.
12   BVerwG NJW 1983, 2275; NJW 1989, 601; Baumbach/Albers § 295 Rn. 32.
13   BVerwG NJW 1984, 251.

Die nachfolgenden Erläuterungen beschränken sich darauf, solche Abweichungen zu den einzelnen Vorschriften der ZPO darzustellen. Zu den Vorschriften selbst wird auf die Erläuterungsbücher zur ZPO verwiesen.

II. Besonderheiten in der Anwendung der Vorschriften der ZPO

1. Allgemeine Vorschriften (§§ 355 bis 370 ZPO)   **2**
§ 355 Abs. 1 ist durch § 96 und § 87 Abs. 3 ersetzt, § 355 Abs. 2 durch
§ 146 Abs. 2. Auf Verfahrensfehler ist § 295 ZPO (Rügeverzicht) anwendbar[1] (oben § 97 Rn. 5).
§ 356 ist unanwendbar[2], in § 98 auch nicht genannt. Das Gericht muss nach pflichtgemäßem Ermessen entscheiden, ob es bei gegenwärtiger Unerreichbarkeit die Beweisaufnahme ohne dieses Beweismittel durchführt oder aber sie zunächst zurückstellt. Kann das Gericht einen Zeugen mangels Kenntnis der Anschrift nicht vernehmen, verweigert aber ein Beteiligter die Mitteilung der Anschrift, so kann die Beweisaufnahme unter Anwendung des § 87b mit Beweiswürdigung zu Lasten des Beteiligten unterbleiben[3].
§ 357 ist durch § 97 ersetzt.
§ 358 ist voll anwendbar (vgl. § 96 Rn. 5).
§ 358a: unanwendbar, § 96 Abs. 2 geht weiter; noch weiter § 87 Abs. 3.
§ 359: Die Bestimmung ist nur beschränkt anwendbar. § 359 Nr. 3 ZPO entfällt, da es einer Angabe des Beteiligten, der sich auf das Beweismittel berufen hat, nicht bedarf. Die VwGO kennt keinen Beweisführer[4]. § 359 Nr. 1 ZPO wird, soweit es sich um die Beweisaufnahme vor dem Gericht oder dem beauftragten Richter (Berichterstatter) handelt, durch § 96 Abs. 2 verdrängt, gilt zwingend also nur für das Verfahren vor dem ersuchten Richter[5]. Es genügt, wenn ein Beweisbeschluss die Richtung erkennen lässt, in der das Gericht eine weitere Beweisaufnahme für notwendig hält; auf die Angabe konkreter Tatsachen kann verzichtet werden[6].
§ 360 ist unanwendbar. Im Einzelnen vgl. § 96 Rn. 6.
§§ 361 bis 363 sind uneingeschränkt anwendbar. Zu § 363 BVerwG NJW 1984, 574 und Baumbach/Albers (Rn. 3 zu § 363 ZPO).
§ 364 ist mit der Untersuchungsmaxime unvereinbar und deshalb nicht anzuwenden[7].
§§ 365 bis 370 sind unverändert anwendbar, ausgenommen § 367 Abs. 2.
Die Einschränkung einer weiteren Beweisaufnahme im Termin widerspricht § 86[8].

2. Beweis durch Augenschein (§§ 371, 372 ZPO)   **3**
In der Rechtsprechung ist eine Verpflichtung der Beteiligten zur Duldung des Augenscheins anerkannt, wenn sie ihnen nach Treu und Glauben zuzumuten ist[9]. Auch bei Augenscheinseinnnahme haben die Beteiligten das Recht auf Anwesenheit. Wird die Anwesenheit von einem anderen Beteilig-

---

1   BVerwGE 8, 149; 19, 234; 25, 88.
2   BVerwG Buchh. 310 § 86 Nr. 147.
3   Vgl. auch BGH MDR 1974, 296.
4   BVerwG BayVBl. 1984, 88.
5   § 96 Rn. 5; a.A. Baumbach/Albers § 359 Rn. 6.
6   BVerwG DÖV 1988, 611.
7   Ebenso Baumbach/Albers § 364 Rn. 4.
8   Baumbach/Albers § 367 Rn. 4.
9   BGH NJW 1960, 821; Baumbach/Hartmann § 371 Rn. 5.

ten oder einem Dritten verweigert, so kann das Ergebnis des Augenscheins nicht verwertet werden, wenn nicht der Beteiligte sich damit einverstanden erklärt. Zu den mancherlei Schwierigkeiten, die sich insoweit etwa bei Nachbarklagen ergeben können, instruktiv Schulte NJW 1988, 1006 ff. §§ 371 bis 372a sind uneingeschränkt anwendbar. Zur Zulässigkeit des Augenscheins durch zwei Richter vgl. § 96 Rn. 2a.

4   3. **Zeugenbeweis** (§§ 373–401 ZPO). Die im Zivilprozess entwickelte Rechtsprechung zur Frage, **wer Zeuge sein kann,** gilt auch im Verwaltungsprozess. Auch Beamte der im Verfahren beteiligten Behörden können deshalb als Zeugen vernommen werden, nicht aber der Behördenleiter oder sein ständiger Vertreter. Ob die Beamten beim Erlass des streitigen VA mitgewirkt haben, ist formal ohne Belang, aber eine Frage des Beweiswertes[10]. Ist eine Körperschaft beteiligt, scheiden die Mitglieder der Vertretungsorgane als Zeugen aus. Diese können nur als Beteiligte vernommen werden. Zum Recht des Zeugen auf Anwesenheit seines Rechtsbeistandes BVerfGE 38, 105.
§ 373 ist anwendbar.
§ 375 Abs. 1 ist durch § 96 Abs. 2 ersetzt, Abs. 2 ist anwendbar.

5   § 376 ZPO ist voll anwendbar. Nach inzwischen allg. M. ist die Verweigerung der Genehmigung ein von den beschwerten Beteiligten anfechtbarer VA[11]. Das Gericht kann dem beschwerten Beteiligten eine Frist zur Einleitung des Vorverfahrens, ggf. zur Klageerhebung, setzen; wird sie nicht genutzt, scheidet das Beweismittel aus.

6   § 377 ZPO ist voll anwendbar. Es wird hiergegen nicht selten verstoßen. Die schriftliche Zeugenaussage ist nur dann verwertbar, wenn sie gem. § 377 Abs. 3 und 4 zulässig ist oder aber alle Beteiligten sich hiermit einverstanden erklären[12]. Das gilt auch für die Verwertung von Zeugenaussagen im Verwaltungsverfahren, auch wenn diese in Protokoll oder Vermerken in den Verwaltungsvorgängen niedergelegt sind[13] (vgl. Rn. 21). Gerade für die Zeugenaussage ist der persönliche Eindruck sowie das Fragerecht der Beteiligten, sind also die Grundsätze der Unmittelbarkeit, Mündlichkeit und Parteiöffentlichkeit von entscheidender Bedeutung. Ganz unzulässig ist die fernmündliche Befragung eines Zeugen durch das Gericht[14]. Die schriftliche Zeugenaussage kann, allerdings mit entsprechender Vorsicht, verwertet werden, wenn der Zeuge inzwischen verstorben ist; ebenso, wenn der Zeuge unerreichbar ist.
§ 379 ist, weil mit der Untersuchungsmaxime unvereinbar, auch in seiner Neufassung nicht anwendbar. Auslagenvorschüsse können allerdings auch die VerwG anfordern (§ 17 GKG), die Säumnisfolgen des § 379 ZPO sind aber ausgeschlossen[15].

---

10   Hierzu Mannheim NJW 1988, 3282; BVerwG NJW 1981, 1748; 1988, 2491.
11   BVerwGE 18, 58; 46, 305; Berlin EOVG 4, 32; Münster DÖV 1959, 874; NJW 1960, 2116 m. Anm. v. Finkelnburg; NJW 1961, 476; VG Freiburg NJW 1956, 1941; Eyermann/Geiger Rn. 7; Kopp/Schenke Rn. 9.
12   BVerwGE 2, 310; 34, 77.
13   Redeker, Staatsbürger und Staatsgewalt II, S. 483 ff.
14   BSG NJW 1957, 119.
15   Baumbach/Albers § 379 ZPO Rn. 9.

§§ 380 bis 386 sind uneingeschränkt anwendbar; § 380 Abs. 3 ZPO wird durch § 146 Abs. 1 und 2, nicht Abs. 3, ersetzt[16].

§§ 387 bis 390 ZPO: Nach der ZPO ist in einem Streit zwischen Zeugen **7** und Beteiligten über die Berechtigung der Zeugnisverweigerung durch Zwischenurteil des Gerichts zu entscheiden, das mit der sofortigen Beschwerde, ggf. wenn eine solche nicht zulässig ist (auf Entscheidung eines OLG), nur mit dem Endurteil angegriffen werden kann. Die Beschwerde der VwGO ist zwar fristgebunden, unterscheidet sich von der sofortigen Beschwerde der ZPO aber dadurch, dass der judex a quo gem. § 148 abhelfen kann. Da die eigene Änderung eines Urteils durch das erlassende Gericht undenkbar ist (§ 173; § 318 ZPO), sind §§ 387 ff. deshalb dahin entsprechend anzuwenden, dass über die Berechtigung nicht durch Zwischenurteil, sondern durch Beschluss zu entscheiden ist, gegen den in erster Instanz die Beschwerde, vom OVG erlassen aber kein selbstständiges Rechtsmittel zulässig ist. In letzterem Fall kann die Entscheidung nur mit dem Endurteil als Verfahrensfehler angegriffen werden. Das Gleiche gilt bei Entscheidungen der VG gegen die Berufung und Beschwerde ausgeschlossen sind (vgl. § 146 Rn. 11). Diese Regelung entspricht § 118 Abs. 1 S. 2 SGG[17]. Im Übrigen sind §§ 387 bis 390 ZPO unmittelbar anwendbar. Es handelt sich um einen selbstständigen Zwischenstreit, für den der Zeuge Beteiligter (nicht Beigeladener) ist und in die Kosten verurteilt werden kann.

§ 391 ZPO. Die Vereidigung steht im Ermessen des Gerichts[18]. Gem. § 86 **8** Abs. 1 ist eine Beeidigung auch möglich, wenn alle Beteiligten hierauf verzichten. Der Antrag eines Beteiligten auf Beeidigung in der mündlichen Verhandlung ist gem. § 86 Abs. 2 gesondert zu bescheiden, begründeter Beschluss bei Ablehnung ist notwendig.
§§ 392 bis 396 sind unmittelbar anwendbar.
§ 397 Abs. 1 ist durch § 97 ersetzt, wonach die Beteiligten kraft Gesetzes unmittelbar Fragen an Zeugen und Sachverständige, ebenso auch an zu vernehmende andere Beteiligte stellen können.
§ 398 ist ohne Einschränkung anwendbar.
§ 399 gilt im Verwaltungsprozess nicht. Der Verzicht eines Beteiligten auf die Vernehmung eines von ihm benannten Zeugen bindet das Gericht ebenso wenig wie das Verlangen der anderen Beteiligten, diesen Zeugen zu vernehmen. Die anderen Beteiligten können aber einen begründeten Beschluss über die Vernehmung durch Antrag nach § 86 Abs. 2 herbeiführen.
§ 400 ist voll anwendbar.
§ 401: Die Entschädigung von Zeugen und Sachverständigen richtet sich bis 1. Juli 2004 nach dem Gesetz v. 26.7.1957 i.d.F. v. 8.6.1989 (BGBl. I S. 1026); ab 1. Juli 2004 nach dem Justizvergütungs- und entschädigungsgesetz (BGBl. I S. 718, 776).

---

16   Baumbach/Albers § 380 Rn. 15.
17   Wie hier nun auch Eyermann/Geiger Rn. 9 abw. von der Voraufl.; a.A. Zwischenurteil, das mit der Beschwerde unter Ausschluss der Abhilfemöglichkeit des § 148 angefochten werden kann, Lüneburg OVGE 12, 448; VG Bremen NJW 1968, 1946; Kopp/Schenke Rn. 11; Baumbach/Albers § 387 Rn. 5, aber nicht zutreffend, weil die ZPO gegenüber eigenen Bestimmungen der VwGO nur subsidiär anwendbar ist, § 318 ZPO deshalb nicht § 148 verdrängen kann.
18   Vgl. hierzu BGHZ 43, 468; BVerwG VRspr. 17, 1012; BVerwGE 25, 336; NJW 1978, 389; Schneider NJW 1966, 333.

9   **4. Beweis durch Sachverständige (§§ 402–414 ZPO)**
§§ 402, 403 sind unmittelbar anwendbar. Der Sachverständige soll aus
festgestellten Tatsachen Schlüsse ziehen. Die Feststellung des Sachverhalts
selbst, den der Sachverständige seinem Gutachten zu Grunde zu legen hat,
ist regelmäßig Aufgabe des Richters, wenn es dabei auf die Sachkunde des
Gutachters nicht ankommt[19]. Vielfach wird dies aber der Fall sein. Dann
stellt sich die Frage nach der Parteiöffentlichkeit der Sachverhaltsermittlung des Sachverständigen. Sie ist grundsätzlich zu bejahen, weil es sich
hier um die Feststellung von Tatsachen handelt, die über das Gutachten
zur Grundlage der richterlichen Entscheidung werden können. Ausnahmen
sind bei tatsächlicher oder rechtlicher Unmöglichkeit (körperliche Untersuchungen!), Unzumutbarkeit, Untauglichkeit oder Überflüssigkeit anzuerkennen[20] (vgl. auch § 97 Rn. 1 f.). Zur Zusammenarbeit zwischen Richter
und Sachverständigem vgl. Rudolf WiVerw 1988, 33 ff.
§ 404: Abs. 4 ist unanwendbar, das Gericht kann an eine Vereinbarung
der Beteiligten nicht gebunden sein, weil sie dem Untersuchungsgrundsatz
widersprechen würde. Schon zur Vermeidung späterer Streitigkeiten sollte
es aber möglichst einen von den Beteiligten gemeinsam benannten Sachverständigen beauftragen. Der gerichtlich bestellte Sachverständige hat das
Gutachten in eigener Verantwortung anzufertigen. Mitarbeiter darf er nur
insoweit heranziehen, als diese eigene Verantwortung nicht berührt wird.
Die nicht seltene Anfertigung des Gutachtens durch Mitarbeiter und lediglich Einverständniserklärung des Gutachters ist unzulässig[21]. Sie ist mit
§ 407a ZPO, einer durch das RPflVereinfG v. 17.12.1990 eingefügten Bestimmung, die die von der Rechtsprechung entwickelten Bindungen des
gerichtlich bestellten Sachverständigen normiert und konkretisiert hat, unvereinbar. Werden diese Bindungen verletzt und diese Verletzung gerügt,
beruht ein Urteil, das das Gutachten zu Grunde legt, auf einem Verfahrensfehler. Der betroffene Beteiligte kann auf jeden Fall die Anhörung des
Sachverständigen in der mdl. Verhandlung, ggf. auch in der Berufungsinstanz, verlangen[22]. Unzulässig ist auch die nicht selten anzutreffende Ermächtigung des Sachverständigen, einen weiteren Gutachter zu beauftragen[23] (§ 407a Abs. 2). Auch sollte die Auswahl des Sachverständigen nicht
bestehenden Einrichtungen übertragen werden[24], was eine vorherige Befragung nicht ausschließt.
§§ 404a, 405 sind unmittelbar anwendbar.

10   § 406 ZPO: Die Ablehnungsgründe des § 42 ZPO[25] – eine Ausschließung
von Sachverständigen kennt die ZPO nicht – werden durch § 54 Abs. 2
und 3 ergänzt. Demnach kann ein Sachverständiger abgelehnt werden,
weil er an dem vorausgegangenen Verwaltungsverfahren in irgendeiner
Weise, auch als Sachverständiger[26], mitgewirkt hat (§ 54 Rn. 8). Ebenso
kann ein Sachverständiger abgelehnt werden, wenn er der Vertretung einer
Körperschaft angehört, deren Interessen durch das Verfahren berührt werden. In diesen Fällen muss dem Antrag entsprochen werden. Darüber hin-

---

19   BVerwGE 23, 314; BGH NJW 1962, 1770; RGZ 156, 334.
20   Im Einzelnen dazu Schnapp, Menger-Festschrift, 1985, S. 557 ff.; ferner Skouris
     AöR 107, 216 ff.
21   BVerwG NVwZ 1987, 48; NJW 1984, 2645.
22   BVerwG NVwZ-RR 1990, 446.
23   Vgl. Friedrichs DRiZ 1980, 425.
24   Dazu BVerwG NJW 1969, 1591 m. Anm. Friedrichs NJW 1970, 1991.
25   Speziell im Atomrecht vgl. Roßnagel DVBl. 1995, 644; Schirp NVwZ 1996, 560.
26   A.A. Baumbach/Albers § 406 Rn. 6.

aus kann ein Sachverständiger erfolgreich abgelehnt werden, der der bescheiderteilenden Behörde angehört[27], nicht aber wenn er lediglich Bediensteter desselben Rechtsträgers wie der am Rechtsstreit beteiligten Behörde ist[28], sofern nicht in seiner Person liegende Gründe die Besorgnis der Befangenheit rechtfertigen. Aber auch hier wird oft mit Ablehnungsanträgen zu rechnen sein. Da die Beauftragung eines dem Ablehnungsrecht nach § 406 unterliegenden Sachverständigen von vornherein aber unzweckmäßig ist, wird hierdurch die Auswahl von Beamten beteiligter Fachbehörden stark eingeschränkt[29]. Freilich sollte die Ablehnung eines außenstehenden Dritten als Sachverständigem nur wegen seiner Mitwirkung im Vorverfahren sorgfältig überlegt werden; seine Objektivität und Sachkunde lässt es nicht selten im Prozess zu überzeugenden Gutachten kommen, sie muss nicht durch die frühere Tätigkeit Not leidend geworden sein. Ablehnungsgründe, die bereits im VerwVerfahren gegeben, aber nicht geltend gemacht worden waren, sind im anschließenden Gerichtsverfahren nicht mehr zulässig[30]. Legt ein Beteiligter selbst Gutachten vor, so dienen diese immer, auch wenn sie als amtliche Gutachten usw. bezeichnet sind, der Unterstützung des eigenen Vorbringens. Sie sind in der Beweiswürdigung heranzuziehen, können aber nicht ein Gutachten des vom Gericht zu beauftragenden Sachverständigen ersetzen. Zur Heranziehung medizinisch-psychologischer Gutachten vgl. Krieger DVBl. 1964, 410. Wird ein Ablehnungsgesuch gegen den Sachverständigen zurückgewiesen, so ist hiergegen Beschwerde nach § 146 zulässig.

§§ 407 bis 414 ZPO sind unmittelbar anwendbar. **11**
Nach § 97 (im Ergebnis ebenso § 411 Abs. 3 ZPO) können die Beteiligten die Ladung der Sachverständigen zur mdl. Verhandlung verlangen, um ihm Fragen zu stellen, und zwar auch dann, wenn das Gutachten in einem anderen Verfahren erstattet und in das anhängige Verfahren eingeführt worden ist[31]. Der Antrag ist auch noch in der ersten mdl. Verhandlung nach Eingang des Gutachtens zulässig[32]. Er kann auch noch in der Berufungsinstanz gestellt werden, wenn erst ein inzwischen eingeholtes weiteres Sachverständigengutachten hierzu Veranlassung gibt[33]. Im Antrag muss die Notwendigkeit der Fragestellung dargelegt werden, nicht die Fragen selbst[34]; ggf. hat der Vorsitzende gemäß § 86 Abs. 3 die Notwendigkeit klarzustellen. Der Antrag kann abgelehnt werden, wenn es ausgeschlossen ist, dass eine Befragung des Sachverständigen zu weiteren Ermittlungen oder zu einer anderen Beurteilung führen kann[35]. Das Gericht kann auch von Amts wegen den Sachverständigen zur Befragung in der mündlichen Verhandlung laden[36]; vgl. auch oben § 98 Rn. 9.

---

27 BVerwG NVwZ 1999, 184.
28 BVerwG NVwZ 1998, 634; ähnlich München NVwZ-Beil. 1999, 115.
29 Redeker, Staatsbürger und Staatsgewalt, II, S. 485 ff.; vgl. auch Berlin NJW 1970, 1390.
30 BVerwG UPR 1991, 458.
31 Kassel DVBl. 1999, 995.
32 BVerwGE 18, 216; MDR 1973, 339; BFH BStBl. 1970 II 460; Baumbach/Albers § 411 Rn. 7.
33 A.A. BGHZ 35, 370.
34 BVerwG NJW 1986, 3221; NJW 1984, 2646; BSG SGb 1972, 68; NJW 1992, 455; hierzu Plagemann NJW 1992, 400 ff.; Ankermann NJW 1985, 1205.
35 BVerwG DÖV 1960, 506; Buchh. 310 § 98 Nr. 25.
36 BVerwG DVBl. 1960, 287.

12 Die **Einholung eines neuen Gutachtens** steht zwar im Ermessen des Gerichts. Unterlassung ist dann Verfahrensfehler, wenn das vorl. Gutachten grobe Mängel oder unauflösbare Widersprüche aufweist, von unzutreffenden sachlichen Voraussetzungen ausgeht[37] oder Anlass zu Zweifeln an der Sachkunde oder Unparteilichkeit des Gutachters gibt[38]. Der 4. Senat des BVerwG hat (Buchh. 310 § 108 Nr. 247) apodiktisch die Verwertung eines gerichtlichen Sachverständigengutachtens für unzulässig erklärt, wenn es unvollständig, widersprüchlich oder aus anderen Gründen nicht überzeugend ist; von unzutreffenden tatsächlichen Voraussetzungen ausgeht; der Sachverständige erkennbar nicht über die notwendige Sachkunde verfügt; Zweifel an seiner Unparteilichkeit bestehen; ein anderer Sachverständiger über neue oder überlegenere Forschungsmittel oder über größere Erfahrung verfügt; neuer Sachvortrag die Bedeutung der zu klärenden Fragen verändert oder das Beweisergebnis durch substantiierten Vortrag oder eigene Überlegungen des Gerichts ernsthaft erschüttert wird. Die Bedeutung dieses Leitsatzes, in dem jede Einzelthese streitig sein kann, muss sich erst erweisen. Dabei ist nicht zu übersehen, dass das BVerfG von einem anderen Bild der Tätigkeit von Sachverständigen ausgeht, das möglicherweise, sollte es sich durchsetzen, zu Strukturänderungen der Sachaufklärung führt (vgl. § 114 Rn. 39). Das Gleiche gilt, wenn zu schwierigen Fachfragen sich widersprechende Gutachten vorliegen[39] oder aber das Gericht von einem vorliegenden Gutachten ohne eigene Fachkunde, die darzulegen wäre, abweichen will[40]. Zu den sehr komplexen Fragen des Verhältnisses von Gericht und Sachverständigen – man denke etwa an die höchste Anforderungen stellenden Gutachten in Immissionsschutz- oder Atomrechtssachen – vgl. Bremer, Der Sachverständige, Köln 1973; Jessnitzer-Fieling, Der gerichtliche Sachverständige, 10. Aufl. 1992; speziell zum Verwaltungsprozess Skouris AöR 107, 216 ff.; Mehring Der Sachverständigenbeweis im Verwaltungsprozess München 1982.

12a In der Rechtsprechung, besonders in Immissionsschutz- und atomrechtlichen Verfahren, hatte das **antizipierte Sachverständigengutachten** im Anschluss an die grundlegenden Ausführungen von Breuer (DVBl. 1978, 34) besondere Bedeutung gewonnen. Als solches wurden seit BVerwGE 55, 250 ff. Regelwerke angesehen, die zu bestimmten Sachfragen von sachkundigen Gremien in einem förmlichen Verfahren erarbeitet worden sind, wobei dieses Verfahren nicht selten gesetzlich geregelt ist (z.B. § 48 BImSchG). Sie sind als »geronnener Sachverstand« gewertet worden, der die wissenschaftlichen Erkenntnisse zum Fragenkreis repräsentiere, von dem deshalb bei der Feststellung des Sachverhalts ausgegangen werden könne, solange nicht neue gesicherte Erkenntnisse hiergegen vorgebracht werden könnten. Ob hier von einer widerlegbaren Vermutung oder lediglich von einer Beweislastregel auszugehen ist, ist streitig, ebenso, wann ein solches antizipiertes Sachverständigengutachten anzunehmen ist. BVerwGE 55, 250 hat auf solches antizipiertes Sachverständigengutachten seine Entscheidung (Voerde-Urteil) gestützt. Nur im Ergebnis ist ihr heute noch zu folgen. Die Begründung der Entscheidung lässt sich dagegen nach heutiger Auffassung nicht mehr halten, da erkannt worden ist, dass diese Regelwerke fast stets nicht nur sachverständige Feststellungen und Beurtei-

---

37 Vom Gericht zu prüfen BVerwGE 35, 50.
38 BVerwGE 71, 39; 31, 149; VRspr. 22, 686.
39 BVerwG DVBl. 1960, 287.
40 BVerwGE 41, 359; BVerwG DÖV 1988, 222; BGH NJW 1989, 2948.

lungen, sondern auch volitive, abwägende und politische Kompromissentscheidungen enthalten. Grenzwerte lassen sich anders auch kaum festsetzen. Die weit gehende Bindung an die Regelwerke bedarf deshalb anderer Begründung[41] (im Einzelnen vgl. § 114 Rn. 25).

Die Regelung des § 414 ZPO zum **sachverständigen Zeugen** ist entspre **12b** chend anwendbar. BVerwGE 71, 39 weist darauf hin, dass hier die Bestimmungen über den Zeugenbeweis anwendbar sind, der Antrag deshalb nur aus den Gründen, wie in § 86 Rn. 29 ff. aufgeführt, abgelehnt werden darf. Freilich muss sich der Antrag auf Feststellungen, nicht auf deren Bewertung beziehen, da sonst ein Sachverständigengutachten begehrt wird[42]. Die Abgrenzung zwischen Sachverständigem und sachverständigem Zeugen bereitet oft Schwierigkeiten. Maßgeblich ist nicht die Bezeichnung, unter der beantragt oder geladen wird, sondern der Inhalt der Aussage[43].

5. Beweis durch Urkunden (§§ 415–444 ZPO)   **13**
§§ 415 bis 419: Die Bestimmungen über die Beweiskraft von Urkunden sind Ausdruck allgemeiner Rechtsgedanken. Sie werden deshalb auch für den Verwaltungsprozess herangezogen werden können, ohne dass eine starre Bindung anzunehmen wäre, die mit § 86 Abs. 1 nicht vereinbar ist[44]. BVerwG NJW 1984, 2962 weist auf die Besonderheit des VerwProzesses hin, bei dem die öffentliche Hand Prozesspartei sei; die Relativierung gilt auch für § 418 Abs. 2; zur Beweiskraft eines gerichtlichen Eingangsstempels BVerwG NJW 1969, 1730; eines behördlichen Eingangsstempels Weimar NVwZ-RR 1995, 233; eines Empfangsbekenntnisses nach § 5 Abs. 2 VwZG BVerwG Buchh. 340 § 5 VwZG Nr. 14; einer Postzustellungsurkunde BVerwG DÖV 1986, 974; bei Mängeln Kassel NJW 1996, 1075; für die Zeit nach der Privatisierung der Deutschen Bundespost OLG Frankfurt NJW 1996, 3159; einer Beglaubigung BVerwG NJW 1987, 1159; des Urteilstatbestandes BVerwG NVwZ 1985, 337; von ausländischen öffentlichen Urkunden BVerwG NJW 1987, 1159. Briefen als Privaturkunden kommt in der Regel keine Beweiskraft zu, wenn der Brief im Ergebnis eine schriftliche Zeugenaussage ist[45]. § 420 ist nicht anwendbar. Das Gericht muss auch einem Beweisantrag nachgehen, der sich auf eine Urkunde bezieht, ohne dass sie vorgelegt wird[46].

§§ 421 bis 433: Die ZPO enthält eine umfangreiche Regelung wie zu ver **14** fahren ist, wenn die Urkunde von dem Beweisführer nicht vorgelegt werden kann, weil sie entweder im Besitz des Prozessgegners oder eines Dritten ist. Diese Regelung ist im Verwaltungsprozess nur beschränkt anwendbar. Für die Herbeischaffung von Urkunden, die das Gericht zur Erforschung des Sachverhalts für wesentlich hält, gilt vielmehr Folgendes: Ist die Urkunde im Besitz eines Beteiligten und ist auf sie in den Schriftsät

---

41 BVerwGE 72, 300; Lüneburg DVBl. 1985, 1322; vgl. Sellner, a.a.O. Rn. 329 ff.; Kutscheidt NVwZ 1983, 584; Gusy NuR 1987, 156; Jarass NJW 1987, 1228; Franssen, Zeidler-Festschrift, 1987, S. 429 ff.; vermittelnd Breuer DVBl. 1986 849; NuR 1987, 53.
42 Auch BGH MDR 1974, 382.
43 Koblenz DVBl. 1991, 1368; Kassel NVwZ 1996, Beil. S. 43.
44 A.A. Baumbach/Albers § 415 Rn. 12; Meyer-Ladewig § 118 Rn. 13.
45 BVerwG Buchh. 310 § 96 Nr. 30.
46 Kopp/Schenke Rn. 1; Eyermann/Geiger Rn. 29; eingeschränkt Baumbach/Albers § 420 Rn. 3.

zen Bezug genommen worden, so ist der Beteiligte gem. § 86 Abs. 5 zur Vorlage verpflichtet und kann ihm das Gericht diese Vorlage aufgeben. Handelt es sich um Urkunden im Besitz eines Beteiligten, auf die nicht in Schriftsätzen Bezug genommen worden ist, so kann von der beteiligten Körperschaft oder Behörde die Vorlage nach § 99 verlangt werden. Die Vorlagepflicht des privaten Beteiligten ergibt sich jetzt aus § 87 Abs. 1 Nr. 4. Sind Urkunden im Besitz von Dritten, so sind diese, wenn sie Behörden sind, ebenfalls nach § 99 zur Vorlage verpflichtet. Dagegen kann von privaten Dritten die Vorlage nicht verlangt werden. Hierfür ist das Heranschaffungsrecht nach §§ 429 ff. ZPO entsprechend anzuwenden. Die vorgenannten Vorlagepflichten kann das Gericht in keinem Fall zwangsweise durchsetzen, da es für Strafbeschlüsse an der gesetzlichen Ermächtigung fehlt. Soweit Behörden den Anforderungen nach § 99 nicht entsprechen, kann das Gericht sich an die vorgesetzte Dienststelle wenden. Die Beteiligten können unter bestimmten Umständen Klage auf Vorlage erheben (vgl. § 99 Rn. 14). Legen Prozessbeteiligte trotz gerichtlicher Aufforderung nicht vor, so kann das Gericht hieraus für die Würdigung des Sachverhalts seine Schlüsse ziehen.

15 §§ 434, 435 ZPO sind unmittelbar anwendbar (§ 96 Abs. 2 steht nicht entgegen). § 436 ist als Ausfluss der Verhandlungsmaxime im Verwaltungsprozess nicht anwendbar.
§§ 437 bis 440 ZPO mit den Beweisregeln für die Echtheit vorgelegter Urkunden sind als zwingende Bestimmung im Verwaltungsprozess nicht heranzuziehen[47]. Soweit die Bestimmungen einen allgemeinen Rechtsgedanken mit der Möglichkeit abweichender Beurteilungen wiedergeben, ist gegen die Anwendung nichts einzuwenden[48].
§§ 441 bis 443 sind unmittelbar anwendbar.
§ 444 enthält die Beweisregel, dass arglistige oder fahrlässige Vereitelung der Beweisführung der gelungenen Beweisführung gleichsteht[49]. Dieser allgemeine Grundsatz kann naturgemäß gleicherweise auch für den Verwaltungsprozess gelten, zumal er nicht auf den Urkundenbeweis beschränkt ist[50].

16 6. Vernehmung von Beteiligten (§§ 450–455 ZPO). §§ 450 bis 455 sind unmittelbar anwendbar. Das gilt besonders für den Grundsatz, dass die **Vernehmung eines Beteiligten nur** dann in Frage kommt, **wenn eine Klärung des Sachverhalts unter Ausschöpfung aller anderen Beweismittel** sich als **unmöglich** erwiesen hat[51]. Mannheim (NVwZ 1993, 72) verlangt noch weiter gehend, freilich kaum zutreffend, weil Vorabwertung, dass für die Richtigkeit der Behauptung des Beteiligten eine gewisse Wahrscheinlichkeit bestehe. Ist die Vernehmung eines Beteiligten beschlossen, wird aber für die zu klärende Tatsache ein neues Beweismittel benannt, so ist zunächst dem neuen Beweismittel nachzugehen (§ 450 Abs. 2[52]). Die Aussage des Beteiligten muss protokolliert oder unter den Voraussetzungen des § 161 Abs. 1 ZPO in vollem Wortlaut im Berufungsurteil wiedergegeben wer-

47 A.A. Baumbach/Albers § 437 Rn. 3.
48 Vgl. auch BVerwG NJW 1987, 1159.
49 Baumbach/Hartmann § 444 Rn. 2.
50 BVerwGE 6, 94; 10, 270; Hamburg NVwZ 1983, 564; Koblenz DVBl. 1958, 835.
51 BVerwG DÖV 1963, 517; Lüneburg OVGE 7, 365; Münster OVGE 36, 28; vgl. auch Kretschmer NJW 1965, 383.
52 BVerwG DÖV 1963, 517.

den[53]. Die Vernehmung von Beteiligten ist schon an sich zur Klärung des Sachverhalts wenig geeignet, da der Beteiligte zwangsläufig den Sachverhalt subjektiv sieht. Sie hat nur dann Zweck, wenn sie eindeutig gerade auch in der Verfahrensform von seiner Anhörung, die nur Ergänzung seines Sachvortrages ist, abgegrenzt wird (vgl. § 95 Rn. 1). Die Parteivernehmung ist im Kriegsdienstverweigerungsverfahren von besonderer Bedeutung[54]; angesichts des jetzt nach dem KDVG geltenden Aktenverfahrens kann das Gericht aber auch ohne Vernehmung des Klägers zu seinen Gunsten entscheiden[55]. Auch ein prozessunfähiger Beteiligter kann ggf. vernommen werden[56].

§ 448 ist kraft der ausdrücklichen Aufzählung in § 98 nicht anwendbar[57].

6a. Eidesabnahme (§§ 478–484 ZPO). Die Bestimmungen sind uneingeschränkt entsprechend anwendbar.

7. Selbstständiges Beweisverfahren. Das RpflVereinfG v. 17.12.1990 **17** (BGBl. I S. 2847) hat das bisherige Beweissicherungsverfahren der §§ 485 bis 494 ZPO unter der neuen Bezeichnung »selbstständiges Beweisverfahren« z.T. umgestaltet. Es soll nunmehr primär die außergerichtliche Streitbeilegung fördern. Ob es diesen Zweck im Zivilprozess erreichen wird, ist offen[58]. Das GenehmigungsverfahrensbeschleunigungsG v. 12.9.1996 verweist in § 71c Abs. 2 Nr. 4 VwVfG des Bundes auf das selbstständige Beweisverfahren, ohne eigene verwaltungsprozessuale Folgeregelungen zu treffen. Im VerwProzess sind solche Verfahren bislang selten, weil nur in wenigen Bereichen eine vorgezogene Beweisaufnahme in Frage kommt. Grundsätzlich fehlt ein rechtliches Interesse an der Durchführung eines selbstständigen Beweisverfahrens zur Feststellung von Tatsachen, die Anlass eines angegriffenen VA waren, wenn und soweit die Behörde – auch im Widerspruchsverfahren – den Sachverhalt von Amts wegen zu erforschen hat[59]. Zuständig für die Beweisanordnung ist das Prozessgericht. Während früher eine Zuständigkeit des BVerwG abgelehnt wurde[60], ist sie jetzt mindestens in den Fällen seiner Erstinstanzlichkeit zu bejahen. An die Stelle der in der ZPO gegen eine die Anordnung ablehnende Entscheidung vorgesehenen einfachen Beschwerde nach § 567 tritt die Beschwerde nach § 146[61]. Das Beweisergebnis kann vom Gericht von Amts wegen herangezogen werden. § 494a ZPO sieht in entsprechender Anwendung des § 926 auf Antrag des Gegners die Anordnung der befristeten Klageerhebung gegen den Antragsteller vor. Die Bestimmung ist im VerwProzess nur dahin entsprechend anwendbar, dass dem Antragsteller der nach VwVfG oder VwGO zulässige Rechtsbehelf, ggf. auch nur die förmliche Antragstellung bei der Verwaltung, aufgegeben wird (vgl. § 123 Rn. 29).

---

53   BGHZ 40, 84; Mezger NJW 1961, 1701.
54   BVerwGE 41, 53; 44, 323; NVwZ-RR 1990, 423.
55   BVerwG NVwZ 1984, 798.
56   BGH MDR 1964, 126.
57   BVerwG VRspr. 21, 370.
58   Skeptisch Weyer BauR 1992, 313.
59   Schleswig NordÖR 1998, 114.
60   BVerwGE 12, 107; 12, 363; ähnlich BGHZ 17, 117.
61   Ebenso Baumbach/Albers § 490 Rn. 3.

III. Weitere Beweismittel

18 Die **Aufzählung der Beweismittel** in § 96 ist **nicht erschöpfend.** Die Gerichte können auch andere Erkenntnisquellen heranziehen. Hierfür kommen neben wissenschaftlichen Büchern zur Erarbeitung eigener Sachkunde insbesondere die amtliche Auskunft und Beiziehung von Akten in Frage. Auch für die Heranziehung dieser Beweismittel gibt es rechtliche Bindungen, die beachtet werden müssen.

19 1. Die **amtliche Auskunft,** also die behördliche, der hoheitlichen Tätigkeit zuzurechnende Beantwortung einer vom Gericht gestellten Frage ist im Zivilprozess als Beweismittel anerkannt[62], sie wird in §§ 273 Abs. 2 Nr. 2; 358a Nr. 2; 437 Abs. 2 ZPO ausdrücklich erwähnt. Die VwGO führt sie in § 99 auf. Das BVerwG hat in NJW 1960, 737 gemeint, dass die amtliche Auskunft die Vernehmung von Amtspersonen als Zeugen und die Anhörung eines Sachverständigen ersetzen kann. Die These ist nicht unbedenklich.
Im Zivilprozess wird die amtliche Auskunft regelmäßig von einer dem Rechtsstreit fern stehenden Behörde erteilt. Im Verwaltungsprozess steht die befragte Behörde nicht selten in personellen, organisatorischen oder sonstigen Bindungen zur beteiligten Körperschaft oder Behörde. Die amtliche Auskunft kann deshalb mindestens überall da die mündliche Vernehmung des Beamten als Zeugen nicht ersetzen, wo eine Befassung der Behörde oder des Beamten mit der Streitsache nicht auszuschließen ist. Dieser Kreis lässt sich durch § 54 Abs. 2 umschreiben. Haben eine Behörde oder ein Beamter am Verwaltungsverfahren mitgewirkt, so scheiden sie für eine amtl. Auskunft aus und es ist nur die Vernehmung als Zeuge zulässig[63]. Zuvor schon hatte das BVerwG auch im VerwProzess amtl. Auskünfte als Beweismittel zwar grundsätzlich zugelassen, aber die Berücksichtigung fallbezogener und konkretisierter Zweifel an ihrer Richtigkeit verlangt (DÖV 1983, 647). Amtl. Auskünfte aus einem anderen Rechtsstreit können im Wege des Urkundenbeweises herangezogen werden[64].

20 Soll die Auskunft nicht die Vernehmung eines Zeugen, sondern die Erstattung eines Sachverständigengutachtens ersetzen, so ist hiergegen nichts einzuwenden, wenn ein bestimmter Beamter, der auch seiner Dienststellung nach bestimmt werden kann, um die Auskunft angegangen wird und die Voraussetzungen eines Ablehnungsrechts nach § 406 ZPO, § 54 Abs. 2 und 3 nicht vorliegen. Auch ein gesetzlich berufenes Team wie der Gutachterausschuss nach §§ 136 ff. BBauG kommt hierfür in Frage[65]. Dagegen ist für die amtliche Auskunft der Behörde selbst, wozu auch Erklärungen bei ihr eingerichteter Beiräte, Kommissionen, Ausschüsse u.Ä.m. gehören[66] oder auch einer privaten Vereinigung[67] als Ersatz für ein Sachverständigengutachten kein Raum, weil damit der Grundsatz der Mündlichkeit und der Parteiöffentlichkeit des § 97 verletzt wird. Denn die Beteiligten müssen stets in der Lage sein, in einer von ihnen zu beantragenden und vom Gericht anzuberaumenden mündlichen Verhandlung dem

---

62 BVerwG, DÖV 1974, 321; BVerwGE 31, 212; BGH DRiZ 1964, 97; NJW 1957, 1440; Baumbach/Hartmann Übersicht vor § 373 Rn. 32.
63 BVerwG Buchh. 310 § 99 Nr. 20.
64 BVerwG NJW 1986, 3221.
65 BGHZ 62, 93; KG NJW 1971, 1848; OLG Düsseldorf NJW 1968, 1095.
66 Vorstand einer Rechtsanwaltskammer, OLG Celle NJW 1973, 302.
67 Untersuchungsausschuss freiheitlicher Juristen BVerwG DÖV 1958, 795.

Sachverständigen Fragen zu stellen. Das ist bei der amtlichen Auskunft, die die Erstattung eines Gutachtens ersetzen soll, nur dann der Fall, wenn bestimmte Personen, nicht eine Behörde sie abgeben[68].

2. Die Verwaltungsgerichte können anders als im Zivilprozess gem. § 99 **21** **Akten beiziehen** und zu Beweiszwecken verwenden. Die Verwertung findet ihre Grenzen da, wo in den Akten schriftliche Erklärungen zum Sachverhalt in Vernehmungsniederschriften, Aktenvermerken, Sachberichten, Gutachten usw. enthalten sind. Wenn § 377 ZPO, § 98 die schriftliche Zeugenaussage nur unter bestimmten Voraussetzungen zulässt und nach § 404 ZPO der Sachverständige vom Gericht zu beauftragen ist, so können diese Bestimmungen nicht dadurch umgangen werden, dass Zeugenvernehmungen oder die Begutachtung eines Sachverständigen aus den Akten des Verwaltungsverfahrens übernommen werden, wenn nicht die Beteiligten sich hiermit einverstanden erklären oder sonst auf ihre Rechte aus den angeführten Bestimmungen, ebenso aus § 97 (Mündlichkeit und Parteiöffentlichkeit) ausdrücklich oder stillschweigend verzichten[69]. Gegen die Verwertung rechtskräftiger Entscheidungen anderer Gerichte auch mit ihren Sachverhaltsfeststellungen bestehen solange keine Bedenken, wie der Betroffene nicht gegen diese Feststellungen durchgreifende Einwendungen oder erhebliche Beweisantritte vorträgt (vgl. § 86 Rn. 33). Das Gleiche gilt für gerichtlich protokollierte Zeugenaussagen[70].

Geht es um die Feststellung von Prozessvoraussetzungen, so steht dem Gericht, auch dem Revisionsgericht, der sog. **Freibeweis** offen[71]; es kann ohne Bindung an die Vorschriften des Beweisrechts etwa notwendige Aufklärung durchführen, auch ohne Zustimmung der Beteiligten Material aus anderen Verfahren verwerten. **22**

§ 99 [Aktenvorlage durch Behörde]

(1) Behörden sind zur Vorlage von Urkunden oder Akten und zu Auskünften verpflichtet. Wenn das Bekanntwerden des Inhalts dieser Urkunden oder Akten und dieser Auskünfte dem Wohle des Bundes oder eines deutschen Landes Nachteile bereiten würde oder wenn die Vorgänge nach einem Gesetz oder ihrem Wesen nach geheim gehalten werden müssen, kann die zuständige oberste Aufsichtsbehörde die Vorlage von Urkunden oder Akten und die Erteilung der Auskunft verweigern.

(2) Auf Antrag eines Beteiligten stellt das Oberverwaltungsgericht ohne mündliche Verhandlung durch Beschluss fest, ob die Verweigerung der Vorlage der Urkunden oder Akten oder der Erteilung von Auskünften rechtmäßig ist. Verweigert eine oberste Bundesbehörde die Vorlage oder Auskunft mit der Begründung, das Bekanntwerden des Inhalts der Urkunden, der Akten oder der Auskünfte würde dem Wohl des Bundes Nachteile bereiten, entscheidet das Bundesverwaltungsgericht; Gleiches gilt, wenn das Bundesverwaltungsgericht nach § 50 für die Hauptsache zuständig ist. Der Antrag ist bei dem für die Hauptsache zuständigen Gericht zu stellen. Dieses gibt den Antrag und die Hauptsacheakten an den nach § 189 zuständigen Spruchkör-

---

68 Vgl. im Einzelnen Redeker, Staatsbürger und Staatsgewalt II, S. 486 f.; wesentlich weiter gehend: Fliegauf DVBl. 1962, 255 ff.
69 Die Rechtsprechung schwankt, vgl. BVerwG NVwZ 1986, 37; DÖV 1982, 410; 1981, 839; DVBl. 1960, 731; auch BVerwG NJW 1980, 900; BSG NJW 1965, 368 m. Anm. Friederichs NJW 1965, 1100.
70 Münster NWVBl. 1989, 378.
71 BVerwG NVwZ 1994, 482.

per ab. Die oberste Aufsichtsbehörde hat die nach Absatz 1 Satz 2 verweigerten Urkunden oder Akten auf Aufforderung dieses Spruchkörpers vorzulegen oder die verweigerten Auskünfte zu erteilen. Sie ist zu diesem Verfahren beizuladen. Das Verfahren unterliegt den Vorschriften des materiellen Geheimschutzes. Können diese nicht eingehalten werden oder macht die zuständige Aufsichtsbehörde geltend, dass besondere Gründe der Geheimhaltung oder des Geheimschutzes einer Übergabe der Urkunden oder Akten an das Gericht entgegenstehen, wird die Vorlage nach Satz 5 dadurch bewirkt, dass die Urkunden oder Akten dem Gericht in den von der obersten Aufsichtsbehörde bestimmten Räumlichkeiten zur Verfügung gestellt werden. Für die nach Satz 5 vorgelegten Akten und die gemäß Satz 8 geltend gemachten Gründe gilt § 100 nicht. Die Mitglieder des Gerichts sind zur Geheimhaltung verpflichtet; die Entscheidungsgründe dürfen Art und Inhalt der geheim gehaltenen Urkunden oder Akten und Auskünfte nicht erkennen lassen. Für das nichtrichterliche Personal gelten die Regelungen des personellen Geheimschutzes. Soweit nicht das Bundesverwaltungsgericht entschieden hat, kann der Beschluss selbstständig mit der Beschwerde angefochten werden. Über die Beschwerde gegen den Beschluss eines Oberverwaltungsgerichts entscheidet das Bundesverwaltungsgericht. Für das Beschwerdeverfahren gelten die Sätze 4 bis 11 sinngemäß.

I. Vorbemerkung

1 Mit Beschluss v. 27.10.1999[1] hat das BVerfG den Gesetzgeber aufgefordert, die bisherige Regelung über die Aktenvorlage durch Behörden bis zum 31.12.2001 den verfassungsrechtlichen Anforderungen anzupassen; mit dem Gesetz zur Bereinigung des Rechtsmittelrechts im Verwaltungsprozess v. 20.12.2001 (BGBl. I S. 3987) ist der Gesetzgeber dieser Auflage sozusagen »in letzter Minute« nachgekommen. Seit dem 1.1.2002 gilt die Neufassung des § 99 Abs. 1 S. 2, Abs. 2 VwGO. In der bis zum 31.12.2001 geltenden Fassung erkannte das BVerfG eine unverhältnismäßige Einschränkung des Grundrechts auf effektiven Rechtsschutz aus Artikel 19 Abs. 4 GG, denn die bisherige Regelung verlangte für die Berechtigung der Behörde, entscheidungserhebliche Akten nicht vorzulegen und damit ein Einsichtsrecht der anderen Prozessbeteiligten und eine umfassende Sachverhaltermittlung des Gerichts zu verhindern, die bloße Glaubhaftmachung eines der in § 99 Abs. 1 S. 2 VwGO niedergelegten Geheimhaltungsgründe. Dem Gericht wurde hierdurch lediglich eine indirekte Kontrolle eingeräumt, die trotz zunehmend höherer Anforderungen der Rechtsprechung an die Glaubhaftmachung[2] dem Gebot effektiven Rechtsschutzes nicht genügte. Das BVerfG verlangte ein im Einzelnen vom Gesetzgeber auszugestaltendes Verfahren, durch das dem zur Entscheidung über die Berechtigung der Aktenverweigerung berufenen Gericht ermöglicht wird, unmittelbar die entsprechenden Akten einzusehen und auf dieser Grundlage eine Entscheidung zu treffen (so genanntes **in-camera-Verfahren**)[3]. Seit der zum 1.1.2002 in Kraft getretenen Neuregelung wird die Weigerung der obersten Aufsichtsbehörde, Akten vorzulegen bzw. Aus-

---

1 BVerfGE 101, 106; vgl. hierzu Margedant NVwZ 2001, 759; Beutling DVBl. 2001, 1252; Bickenbach BayVBl. 2003, 295.
2 BVerwGE 66, 233; 74, 115; 75, 1.
3 Damit folgte das BVerfG einer seit langem in der Literatur erhobenen Forderung; vgl. die 12. Aufl. dieses Kommentars, § 99 Rn. 10.

künfte zu erteilen in einem besonderem **Zwischenverfahren** vor einem eigens dafür geschaffenen Spruchkörper (§ 189) überprüft.

I. Grundsatz

§ 99 ist Ausprägung des **Grundsatzes der Amtshilfe** (§ 14)[4], soweit sich **2** die Vorlage- und Auskunftspflicht für beteiligte Behörden nicht unmittelbar aus § 86 Abs. 5, § 87, §§ 142, 143 ZPO ergibt. Alle Beteiligten, nicht nur beteiligte Behörden, sind uneingeschränkt zur Vorlage von Akten und Urkunden und zur Erteilung von Auskünften auf gerichtliche Anforderung verpflichtet; zur gerichtlichen Aufforderung als Voraussetzung eines Antrages nach § 99 Abs. 2 unten Rn. 18. Wird die Vorlage ohne Grund verweigert, so muss das Gericht sie durch Einschaltung der Aufsichtsbehörde herbeiführen, eigene Zwangsmittel hat es nicht. Wohl aber kann es aus unberechtigter Weigerung einer beteiligten Behörde entsprechende Schlüsse zum Sachverhalt ziehen (vgl. § 108 Rn. 3a). Die Berücksichtigung in geheim gehaltenen Akten behaupteter Tatsachen zu Lasten des Rechtsschutzsuchenden darf nur in engen Grenzen stattfinden[5]. Grundsätzlich zu § 99 Nast, Aktenvorlage und Akteneinsicht, Frankfurt 1974. Die Vorlagepflicht gilt für jede Verfahrensform; sie besteht auch, wenn die Beteiligten über vertragliche, also aus gleichgeordneten Rechtsverhältnissen streiten. Sie soll jedoch enden, wenn es für die gerichtliche Prüfung auf die Aktenvorlage offensichtlich nicht ankommt oder wenn hierdurch eine für das Hauptsacheverfahren wesentliche Vorfrage, die Gegenstand eines selbstständigen Verfahrens sein kann, beantwortet würde[6]. Zumindest die vermeintliche Irrelevanz kann jedoch nicht entscheidend sein, weil es für das Akteneinsichtsrecht nicht darauf ankommt, ob das Gericht selbst die Akten für rechtlich unerheblich hält[7] (unten § 100 Rn. 2).

II. Ausnahmen

§ 99 Abs. 1 schließt die Vorlagepflicht für zwei Fallgruppen aus, deren **3** Voraussetzungen entsprechend dem Bericht des BT-Rechtsausschusses vom 12.5.1959 (BT-Drs. III/1094) jeweils eng auszulegen sind[8]. Der Ausschluss kann sich auch auf einzelne Blätter einer im Übrigen vorzulegenden Akte beziehen[9].

1. Die **Vorlage** oder Auskunft **würde dem Wohl des Bundes oder eines** **4** **deutschen Landes Nachteile bereiten.** Die Fassung entspricht §§ 54 Abs. 3, 96 StPO. Es genügt nicht, dass Nachteile möglich sind, sie müssen vielmehr mit an Sicherheit grenzender Wahrscheinlichkeit eintreten. Ein solcher Nachteil ist u.a. gegeben, wenn und soweit die Bekanntgabe des Akteninhalts die künftige Erfüllung der Aufgaben der Sicherheitsbehörden einschließlich deren Zusammenarbeit mit anderen Behörden erschweren

---

4 Saarlouis NVwZ 2003, 367.
5 BVerwG DVBl. 1996, 814.
6 Mannheim DVBl. 1998, 107.
7 BVerwGE 13, 187.
8 Mannheim BWVBl. 1961, 741.
9 Lüneburg NVwZ 2003, 629; Weimar ThürVBl. 2003, 253.

oder Leben, Gesundheit oder Freiheit von Personen gefährden würde[10]. Der gebotene Schutz kriminalpolizeilicher Informationen, Informationsquellen, Arbeitsweisen und Methoden der Verbrechensbekämpfung kann die Geheimhaltung grundsätzlich rechtfertigen[11]. Der Prozessverlust ist niemals ein solcher Nachteil.

5 2. Die **Vorgänge müssen nach einem Gesetz oder ihrem Wesen nach geheim zu halten sein.** Hierfür reichen weder die allgemeine Verschwiegenheitspflicht über die in amtlicher Tätigkeit bekannt gewordenen Angelegenheiten (etwa § 61 BBG), noch die Voraussetzungen für die Verweigerung einer Aussagegenehmigung für Beamte, die Erfüllung öffentlicher Aufgaben würde ernstlich gefährdet oder erheblich erschwert (§ 62 BBG), aus[12]. Während die Fälle der Geheimhaltung auf Grund von Gesetzen sind und keine Schwierigkeiten bereiten, kann es zweifelhaft sein, welche Akten oder Urkunden ihrem Wesen nach geheim zu halten sind. Ein solcher Geheimnisschutz kann sich entweder aus dem Sachgegenstand des Akteninhalts, aus der Art des Zustandekommens der Verwaltungsentscheidung oder aber aus dem Schutzbedürfnis eines nicht beteiligten Dritten ergeben. Er kann generell für bestimmte Akten bestehen, aber auch konkret nur im Einzelfall gegeben sein. Zum Grundsatz BVerwGE 74, 119.

6 Die **Geheimhaltung wegen des Sachgegenstandes** wird z.T. durch die erste Alternative des § 99 Abs. 1 erfasst. Eine Geheimhaltung kann in Frage kommen, wenn der Akteninhalt nach der VS-Anweisung als geheim anzusehen ist[13]. Zur Vorlage von Kriminalakten Flümann NJW 1985, 1452. Die Vorlage kann verweigert werden, wenn in den Akten **Geschäfts- und Betriebsgeheimnisse** eines Beteiligten – gesetzlich erwähnt etwa in § 30 VwVfG, § 172 GVG, § 8 UIG; § 10 Abs. 2 BImSchG – enthalten sind[14] (zum UIG vgl. Rn. 10). Zum Schutz derartiger Geheimnisse eines Dritten unten Rn. 7; zu dem sich anbietenden »in camera«-Verfahren unten Rn. 6 ff.
Das Gleiche gilt für **ärztliche Gutachten** über Beteiligte oder Dritte, deren Bekanntwerden zu Gesundheitsgefahren führen kann[15]. Hier ist Vorlage auch bei Einwilligung grundsätzlich ausgeschlossen. Ausnahme: Gutachten ist entscheidungserheblich. Hier muss ebenso wie bei einem vom Gericht eingeholten Gutachten eine Lösung in analoger Anwendung des § 120 Abs. 3 SGG gefunden werden: Vorlage oder Beiziehung, Akteneinsicht nur durch Bevollmächtigten, zurückhaltende Auswertung im Urteil[16].

---

10 BVerwGE 117, 8 unter Hinweis auf die Rspr. zu § 99 a.F.; BVerwGE 75, 1, 14; Buchh. 310 § 99 VwGO Nr. 22; NVwZ 2003, 348.
11 BVerfGE 101, 106, 128.
12 Allg. M.; Eyermann/Geiger Rn. 49.
13 VG Köln DVBl. 1962, 606, hat für Sichtvermerksakten nach § 9 PassG die Geheimhaltung verneint; Kassel NJW 1977, 1844, sie für bestimmte Akten des Verfassungsschutzamtes bejaht, die freilich als solche noch nicht ihrem Wesen nach geheim sind, BVerwG DÖV 1987, 249; NVwZ 1994, 72, es muss hinzukommen, dass durch die Bekanntgabe die Erfüllung der Aufgaben erschweren oder Leben, Gesundheit oder Freiheit von Personen gefährden werden, BVerwGE 75, 1.
14 BVerwG MMR 2003, 732: Zu Gutachten zur Sabotagesicherheit eines Kernkraftwerkes, VG Koblenz GewA 1975, 294.
15 Münster OVGE 29, 102; enger BVerwG NJW 1989, 2960.
16 Vgl. Meyer-Ladewig § 120 Rn. 7; siehe auch die Sonderregelungen in §§ 60 ff. SGB I.

Aus der **Art des Zustandekommens** hatte das BVerwG in mehreren Ent- **7**
scheidungen Prüfungsakten für ihrem Wesen nach generell geheim erklärt[17], weil durch Vorlage das Beratungsgeheimnis verletzt werde. Diese
Entscheidungen sind überholt, Prüfungsakten sind uneingeschränkt vorzulegen[18].

Wegen des **Schutzbedürfnisses eines nicht beteiligten Dritten** können sich **8**
Vorlageverweigerungspflichten ergeben. Das gilt besonders, wenn die Vorlage gegen Bestimmungen der Datenschutzgesetze, darüber hinaus gegen
das **Recht auf informationelle Selbstbestimmung**[19] verstößt. BVerwGE 19,
179; 35, 227; 49, 93 hatten schon zuvor **Personalakten** grundsätzlich für
ihrem Wesen nach geheim bezeichnet[20], aber eine Vorlagepflicht zugelassen, wenn das öffentliche Interesse an der Wahrheitsfindung im Einzelfall
dem schutzwürdigen Interesse des Betroffenen vorausgeht. Gegen diese in
der Sache zutreffende[21] These bestehen deshalb Bedenken, weil das Gericht zu dieser Interessenabwägung kaum in der Lage sein wird, solange
es den Inhalt der Akten nicht kennt, also den Umfang des schutzwürdigen
Interesses des Dritten nicht übersehen kann. Dies betrifft auch den Bereich
der **Geschäfts- und Betriebsgeheimnisse** eines Dritten, die sich bei den
VerwVorgängen befinden, aber bereits **ihrem Wesen nach geheim** sind[22].
Es liegt im Interesse des betroffenen, aber am VerwProzess (noch) nicht
beteiligten Unternehmers insoweit eine Vorlage zu verhindern und gegenüber einer vorlagebereiten Ausgangsbehörde eine Vorlageverweigerung
durch die oberste Aufsichtsbehörde herbeizuführen. Aus **Art. 12 Abs. 1
und 14 Abs. 1 GG** folgt deshalb zu seinen Gunsten ein subjektives Recht
auf Durchführung des Verfahrens nach § 99 Abs. 1 S. 2 und bei einer für
ihn negativen Entscheidung auf gerichtliche Überprüfung nach § 99 Abs. 2
S. 1[23]. Hier führt der Weg der **Aktenvorlagepflicht mit Auswahlrecht des
Gerichts** (vgl. unten Rn. 13 ff.) zu brauchbaren Ergebnissen.

In der Praxis der zahlreichen **beamtenrechtlichen Konkurrentenklagen** **9**
(§ 123 Rn. 8a) ist, soweit ersichtlich, die Beiziehung der Personalakten dadurch unproblematisch geworden, dass der Dritte als Konkurrent beigeladen und damit zum Beteiligten wird, der die Einsicht in seine Akten
verweigern kann[24]. Geheim zu halten sind **vertrauliche Auskünfte** gegenüber Behörden[25], solange nicht Anlass zu der Vermutung besteht, dass sie

---

17   BVerwGE 7, 153; 14, 31; 15, 267; 18, 352.
18   BVerwG DÖV 1993, 480; Berlin NVwZ 1982, 578; Koblenz NJW 1968, 1899;
     Lüneburg NJW 1973, 638; Mannheim NJW 1969, 2254; München DÖV 1978,
     336; Münster NJW 1972, 2243; Niehues Bd. 2 Rn. 397; a.A. München DVBl.
     1985, 1071 zur Vorlage der Testaufgaben nach §§ 35 ff. VergabeVO ZVS, solange
     nicht der Kläger durch substantiierten Vortrag die Vorlage veranlasst.
19   BVerfGE 65, 1 ff.
20   Ebenso Koehler S. 757; Lepper DÖV 1962, 815; a.A. Redeker, Staatsbürger und
     Staatsgewalt II, S. 491: nur im Einzelfall; zu Begriff und Umfang der Personalakten
     BVerwG ZBR 1979, 52.
21   Auch Koblenz NJW 1977, 266.
22   BVerwG MMR 2003, 732; Lüneburg NVwZ 2003, 629; Münster NVwZ 2000,
     449; München NJW 1978, 86; einschränkend Eyermann/Geiger Rn. 13: »bedeu-
     tende« Geschäfts- und Betriebsgeheimnisse.
23   Münster NVwZ 2000, 449, 450.
24   Kassel NVwZ 1994, 398.
25   Berlin NJW 1971, 1378; Koblenz NJW 1977, 266: Auskünfte an IHK zur Person
     eines Sachverständigen; ebenso Lüneburg GewA 1988, 192.

wider besseres Wissens gegeben worden sind[26], das gilt nicht für amtl. angeforderte Gutachten zur Qualifikation von Bewerbern; sie sind uneingeschränkt vorzulegen[27]. Dass auch hier infolge möglicher tatsächlicher Angaben in Gutachten die Vorlage problematisch sein kann, liegt auf der Hand.

10   3. Die **Vorlage** kann über die in § 99 Abs. 1 S. 2 genannten Fälle hinaus **verweigert werden, wenn** gerade **um die Einsicht** in die Akten **gestritten wird.** Denn in diesem Fall kann nicht über den Streitgegenstand durch Beiziehung der Akten und Einsicht nach §§ 99, 100 entschieden werden[28]. Entsprechend ist die Behörde zur Vorlageverweigerung berechtigt, wenn sie die Voraussetzungen des **§ 8 Abs.** 1 UIG bejaht und darüber Streit entsteht. Im umgekehrten Fall (die Behörde will gegen den Willen des Betroffenen die Akteninhalte einem Antragsteller bekannt geben), ist das Einsichtsrecht nach § 100 einzuschränken und unter Zurückstellung des rechtlichen Gehörs durch das Gericht zu entscheiden. Nach Auffassung des Gesetzgebers ist die Behörde zur Gewährung effektiven Rechtsschutzes in diesen Fällen bereits zur Aussetzung des Vollzuges bis zum Ablauf der Widerspruchsfrist verpflichtet. Im Übrigen kann sie die Aussetzung im Verfahren nach § 80a anordnen.

11   4. Dagegen kann die **Vorlage nicht verweigert werden mit der Begründung,** die Klage sei unzulässig, allenfalls könnten deshalb Vorgänge beigezogen werden, die sich auf die Klärung der Sachurteilsvoraussetzungen bezögen[29], die Klage sei offenbar unbegründet oder mutwillig[30] oder die Akten seien für die Entscheidung unerheblich[31]. Denn die Vorlage hat mit den Aussichten der Klage nichts zu tun, sie ist ein Akt der richterlichen Sachaufklärung, zu der das Gericht nach § 86 Abs. 1 berechtigt und ggf. verpflichtet ist. Erst auf Grund der Sachaufklärung kann sich ergeben, dass die Klage ohne Aussichten ist[32]. Anderenfalls würde das Vorlageverfahren unzulässig mit dem Hauptsacheverfahren vermengt und auf Prognosen zu dessen Ausgang abgestellt. Das Gericht bestimmt auch den Zeitpunkt, zu dem die Akten vorzulegen sind. Ist die Klage offensichtlich unzulässig, sieht das Gericht sinnvollerweise von der Beiziehung der Akten ab. Denn eine Verweigerung der Einsichtnahme durch einen Beteiligten fände im Gesetz keine Stütze. Die Beiziehung vor näherer Klagebegründung ist zweckmäßig, damit der Kläger vor detaillierter Begründung seiner Klage die Akten einsehen und sich hiermit in der Klagebegründung erschöpfend auseinander setzen kann.

12   Liegen die Verweigerungsvoraussetzungen vor, so hat die Behörde nach pflichtgemäßem **Ermessen** zu entscheiden, **ob** sie die Vorlage **verweigert.** Dabei kann sie sich besonders zur Vorlage entschließen, wenn bei einer

---

26   Ähnl. Eyermann/Geiger Rn. 13.
27   Kassel NJW 1985, 216.
28   Münster OVGE 18, 27; Kassel MDR 1967, 335; München NVwZ 1990, 778.
29   A.A. Lepper DÖV 1962, 815; Ule DVBl. 1962, 23.
30   A.A. Lepper DÖV 1962, 815.
31   Koblenz DVBl. 1977, 426; München MDR 1975, 873.
32   A.A. noch BVerwG Buchh. 310 § 99 Nr. 18, wonach eine Vorlagepflicht entfallen soll, wenn ersichtlich dem Kläger die mit der Klage verfolgten Ansprüche nicht zustehen.

Abwägung zwischen Geheimhaltung und dem Interesse an der Wahrheitsfindung das letztere den Vorzug verdient[33].

III. Umfang der Vorlage

Welche Akten oder Urkunden vorzulegen oder welche Auskünfte zu ertei-   **13**
len sind, bestimmt das Gericht im Rahmen der ihm verfahrensrechtlich
obliegenden Pflicht zur umfassenden Erforschung des Sachverhalts von
Amts wegen (§ 86 Abs. 1) nach seiner materiellen Rechtsauffassung[34]. Das
Gericht der Hauptsache bestimmt grundsätzlich auch, welche Beweismittel
zur Aufklärung des entscheidungserheblichen Sachverhalts geeignet und
heranzuziehen sind, einschließlich derjenigen Unterlagen, die entscheidungserheblich sind und zur gebotenen vollständigen Sachaufklärung benötigt werden[35]. Wenn wie regelmäßig die **auf den Streitgegenstand bezogenen Akten** angefordert werden, so sind diese **vollständig vorzulegen**.
Dazu gehören auch alle Unterlagen über interne Überlegungen, Entwürfe,
Gutachten usw. § 100 Abs. 3 bezieht sich eindeutig nur auf gerichtliche
Entwürfe usw., die Bestimmung kann für die Verwaltungsvorgänge nicht
analog angewandt werden[36]. Ob die Führung getrennter Akten über diese
Unterlagen oder andere Vorgänge, die der Vorlagepflicht entzogen bleiben
sollen, zulässig ist[37], mag hier offen bleiben. Auf jeden Fall müssen diese
gesonderten Akten ebenfalls vorgelegt werden. Akten, die nicht unmittelbar den Streitgegenstand betreffen oder aus sonstigen Gründen nicht entscheidungserheblich sind[38], brauchen nicht vorgelegt zu werden, wenn
nicht das Gericht sie ausdrücklich anfordert. In diesem Falle besteht Vorlagepflicht, weil sich aus der Anforderung des Gerichts ergibt, dass es sie
für rechtserheblich hält.

Werden Akten angefordert, in denen gem. Rn. 7 **geheim zu haltende Unter-   14
lagen** enthalten sind, so sind auch diese vorzulegen. In diesen Fällen fordert
aber eine Abwägung der Interessen der Beteiligten auf der einen, des Betroffenen auf der anderen Seite, dass das Gericht, ggf. auf Antrag der vorlegenden Behörde, aus diesen Akten die geheim zu haltenden Urkunden
trennt und zurückgibt und nur, wenn hierauf bezogen konkrete Beweisanträge gestellt werden, über die erneute Vorlage entscheidet. Grundsatz ist,
dass nur das Gericht, nicht die Verwaltungsbehörde über den Umfang der
Vorlage entscheiden kann. Bedenken hiergegen bestehen auch im Hinblick
auf § 100 deswegen nicht, weil sie sich nur aus der Versagung des rechtl.
Gehörs ergeben könnten, das Gericht aber durch Rücksendung diesen Ak-
tenbestandteil für unerheblich erklärt. Das rechtl. Gehör ist nur dann unzulässig beschränkt, wenn zu entscheidungserheblichen Tatsachen nicht
Stellung genommen werden konnte. BVerwGE 19, 179 hielt diesen Weg
de lege lata nicht für gangbar, BVerfG NJW 2000, 1175 hat ihn nun für
ähnliche Fälle eröffnet (vgl. Rn. 16 ff.).

---

33   BVerwGE 19, 186; Koblenz NJW 1977, 266; Kopp/Schenke Rn. 14; Schoch/Rudi-
      sile Rn. 25 ff.
34   BVerwG MMR 2003, 732.
35   BVerwGE15, 132, 133 f.; Buchh. 310 § 99 VwGO Nr. 21; MMR 2003, 732.
36   Münster DVBl. 1962, 22 m. abl. Anm. Ule.
37   Vgl. hierzu: Redeker, Staatsbürger und Staatsgewalt II, S. 490.
38   BVerwGE 15, 132; B. v. 24.11.2003 – 20 F 13.03 – n.v.

15 Zahlreiche an dieser Stelle zu erwähnende Sonderprobleme der Akteneinsicht sind mit dem **Gesetz** über die **Unterlagen des Staatssicherheitsdienstes**
der ehemaligen Deutschen Demokratischen Republik (Stasi-Unterlagen-
Gesetz – StUG) verbunden. Die im StUG normierten Auskunfts-, Einsichtsund Duplikatsrechte müssen ggf. im selbstständigen Verfahren durchgesetzt werden; vgl. oben Rn. 8. Die Kontrolle und Nachprüfung der Richtigkeit der Auskünfte der Behörde des Bundesbeauftragten (etwa »nicht vorhanden«, »nicht erschlossen«) durch die Gerichte stößt auf formale und
sachliche Grenzen, die den Rechtsschutz zwangsläufig relativieren. Das
Vorverfahren kann kaum mit einem konkreten Antrag nach § 13 StUG
durchgeführt werden, wenn die einzusehenden Unterlagen nicht bezeichnet
werden können. Das Gericht ist auf Auskünfte der Behörde angewiesen;
eigene Sachaufklärung ist ihm praktisch nicht möglich. Der Gesetzgeber
hat diese Probleme zwar gesehen, eine Regelung aber nur in § 31 bei **Streit**
zwischen **Behörden** und dem **Bundesbeauftragten** getroffen. Er sieht hierfür die erstinstanzliche Zuständigkeit des OVG vor (vgl. § 48 Rn. 45). Das
Gericht kann die Vorlage aller von ihm für verfahrenserheblich angesehenen Akten durch den Bundesbeauftragten verlangen. Es kann aber in Abweichung von § 100 die Einsicht in diese Akten ganz oder teilweise verweigern. Dennoch kann das Gericht sie in Abweichung von § 108 zur
Entscheidungsfindung benutzen. Soweit es die Klage abweist, hat es die
Akten dem Bundesbeauftragten zurückzugeben. Die mit dieser Handhabung verbundenen Entscheidungen des Gerichts sind abweichend von § 99
Abs. 2 unanfechtbar. Ob diese Regelung – für den sonstigen Antragsteller
ist nicht einmal sie vorhanden – mit Art. 103 GG vereinbar ist, wird der
Prüfung bedürfen[39].

IV. Verfahren

16 1. Liegen die Voraussetzungen des § 99 Abs. 1 S. 2 vor, so ist die **zuständige oberste Aufsichtsbehörde berechtigt,** aber nicht verpflichtet, **die Verweigerung der Vorlage zu erklären;** sie hat ihre Entscheidung nach pflichtgemäßem Ermessen unter Berücksichtigung des Interesses an einer
lückenlosen Sachaufklärung durch das Gericht und der schutzwürdigen Interessen des Klägers an der Rechtsverfolgung zu treffen[40]. Erklärungen der aufgeforderten Behörde sind unbeachtlich. Oberste Aufsichtsbehörde ist für
die Behörden der unteren oder mittleren staatlichen Verwaltung wie für
alle kommunalen Behörden das zuständige Bundes- oder Landesministerium. Richtet sich die Vorlageaufforderung an ein Ministerium, so kann
es selbst die Weigerung erklären[41], der persönlichen Erklärung durch den
Minister oder seinen Stellvertreter bedarf es nicht[42]. Die Erklärung kann
von der obersten Aufsichtsbehörde unmittelbar dem Gericht vorgelegt
oder aber auch von der beteiligten Behörde eingereicht werden. Sie muss
aber gegenüber dem Gericht abgegeben werden und sollte angesichts der
Bedeutung der Entscheidung vom Behördenleiter oder seinem Vertreter
selbst unterzeichnet sein. Die **Erklärung** muss **vor der Vorlage der Akten**
abgegeben werden. Sind die Akten bereits vorgelegt und damit Bestandteil

---

39   Zum Fragenkreis Stoltenberg, Stasi-Unterlagen-Gesetz § 18 Rn. 3 ff.; § 31 Rn. 2.
40   BVerwG NVwZ 2003, 347; NVwZ 2002, 1249; Weimar ThürVBl. 2003, 253.
41   BVerwGE 19 179; Eyermann/Geiger Rn. 15.
42   BVerwG DVBl. 1996, 813.

der Verfahrensakten, so ist die Erklärung nicht mehr zulässig[43], was das Gericht bei eigener Feststellung des Geheimnisschutzes nicht an der Rückgabe hindert. Das Verweigerungsrecht entfällt nicht, wenn der Kläger ausdrücklich auf sein Akteneinsichtsrecht verzichtet[44], weil es nicht allein auf die Einsicht durch einen bestimmten Beteiligten ankommt.

2. Das **Gericht** ist an **die Weigerungserklärung gebunden,** es kann von 17 Amts wegen ihre Richtigkeit nicht nachprüfen. Legt etwa die Behörde dem Gericht Akten unter dem Vorbehalt vor, dass zum Schutze darin enthaltener Geschäftsgeheimnisse eines Beigeladenen keine Akteneinsicht nach § 100 gewährt werden dürfe, so ist das Gericht daran gebunden, wenn von keinem der Beteiligten ein Antrag nach § 99 Abs. 2 S. 1 gestellt wird; das Gericht ist ferner daran gehindert, die entsprechenden Aktenteile gemäß § 104 Abs. 1 zum Gegenstand der mündlichen Verhandlung zu machen, und darf auch die Sachentscheidung wegen § 108 Abs. 2 nicht darauf stützen[45].

Jeder Beteiligte des Hauptsacheverfahrens kann aber einen **Antrag auf ge-** 18 **richtliche Entscheidung** über die Rechtmäßigkeit der behördlichen Weigerung stellen (§ 99 Abs. 2 S. 1). Der weder form- noch fristgebundene Antrag ist bei dem Gericht der Hauptsache zu stellen; materielle Anforderungen ergeben sich aus der Funktion der Vorlage bzw. Auskunftserteilung als Teil der Sachverhaltsaufklärung: Die Vorlage von Akten usw. setzt – erstens – voraus, dass das Gericht zuvor deren Entscheidungserheblichkeit bejahte[46], denn kein Beteiligter kann eine Entscheidung über die Berechtigung der Vorlageverweigerung erreichen, wenn das Gericht die Akten mangels Erheblichkeit nicht anforderte[47]. Die Konkretisierung der Pflicht zur Amtshilfe in § 99 Abs. 1 S. 1 erfordert – zweitens – eine entsprechende Aufforderung des Gerichts an die Behörde[48], die grundsätzlich keiner besonderen Form unterliegt, sondern nur eindeutig als verbindlich gewollt erkennbar sein muss[49], bei Streit um die Entscheidungserheblichkeit aber eines Beweisbeschlusses bedarf (§ 98 VwGO i.V.m. § 358 ZPO)[50]. Das Verlangen des Gerichts muss – drittens – von der Behörde zurückgewiesen worden sein, denn nur dann liegt begrifflich eine »Verweigerung« vor[51].

3. Geprüft wird nicht mehr wie nach altem Recht, die Glaubhaftmachung 19 der Voraussetzungen des § 99 Abs. 1 S. 2, sondern die **Rechtmäßigkeit der Verweigerung** der Aktenvorlage bzw. Auskunftsverweigerung und über die

---

43 Wie hier Bader/Kuntze Rn. 9 unter Hinweis auf München NVwZ-RR 1998, 686; Eyermann/Geiger Rn. 15; Schoch/Rudisile Rn. 30; a.A. Frankfurt (Oder) NVwZ 2003, 884, 885; Roth NVwZ 2003, 544; Kopp/Schenke Rn. 12: bei nachträglicher Erklärung sofortige Absonderung der Akten; Meyer-Ladewig, SGG § 119 Rn. 2a; offen gelassen München NVwZ-RR 2001, 544.
44 München NVwZ 1990, 278.
45 VG Köln CR 2003, 831.
46 BVerwG, B. v. 24.11.2003 – 20 F 13.03 – n.v.
47 Saarlouis NVwZ 2003, 367, unter Hinweis auf BVerwG Buchh. 310 § 99 Nr. 21.
48 Schleswig NordÖR 2001, 395: »Anforderung« durch einen anderen Verfahrensbeteiligten nicht ausreichend.
49 Greifswald DÖV 2003, 338; Saarlouis NVwZ 2003, 367; Bader/Kuntze Rn. 16; Schoch/Rudisile Rn. 31; BVerwGE 66, 233, 234; MMR 2003, 732: prozessleitende Verfügung ausreichend; a.A. aber zu eng und vom Gesetzeswortlaut nicht gedeckt noch Mannheim ESVGH 35, 239: stets förmlicher Gerichtsbeschluss.
50 BVerwG, B. v. 24.11.2003 – 20 F 13.03 – n.v.
51 Saarlouis NVwZ 2003, 367.

Anordnung die Akten offen zu legen bzw. die Auskunft zu erteilen[52]. Die Entscheidung trifft nicht das Gericht der Hauptsache, sondern das OVG oder das BVerwG (§ 99 Abs. 2 S. 1 und § 2); dieses ist beschränkt auf die Feststellung, ob die Verweigerung der Vorlage der Urkunden oder Akten oder der Erteilung von Auskünften rechtmäßig ist. Der eindeutige Gesetzeswortlaut verbietet ihm eine Äußerung auch dazu, ob und inwieweit der Inhalt der geheimhaltungsbedürftigen Unterlagen die im Hauptsacheverfahren streitigen Tatsachenbehauptungen bestätigt[53]; Aufgabe des Fachsenats ist jedoch auch die Prüfung der verfahrensrechtlichen Frage, ob der entscheidungserhebliche Sachverhalt durch **Erhebung anderer zugänglicher und geeigneter Beweismittel** gerichtlich aufgeklärt werden kann[54]. Das Hauptsacheverfahren wird mit einem selbstständigen Zwischenverfahren befrachtet, ohne dass das Hauptsacheverfahren deswegen förmlich auszusetzen wäre; es kann allerdings während des Zwischenverfahrens nicht mit einer Sachentscheidung beendet werden[55]. Anderes gilt nur dann, wenn sich noch während des Zwischenverfahrens das Gericht der Hauptsache die Überzeugung bilden konnte, die ursprünglich angeforderten, aber nicht vorgelegten Akten seien nicht (mehr) entscheidungserheblich. Die mit dem Zwischenverfahren verbundene Verzögerung liegt nicht immer im Interesse der Beteiligten, auch nicht in dem der beklagten Behörde.

20   4. Der Gesetzgeber wollte mit der Einführung eines selbstständigen Zwischenverfahrens dem Geheimhaltungsinteresse Rechnung tragen und verhindern, dass jeder Verwaltungsrichter (und das seinem Spruchkörper zugeordnete nicht-richterliche Personal) die Möglichkeit hat, Kenntnis von geheimhaltungsbedürftigen Akten zu erlangen.Zu diesem Zweck sind die Zuständigkeiten für das Zwischenverfahren zum einen auf die Oberverwaltungsgerichte und das BVerwG konzentriert worden, zum anderen schafft § 189 eigene Fachsenate bei diesen Gerichten, denen allein die Zuständigkeit zur Entscheidung in Verfahren nach § 99 Abs. 2 zugewiesen ist. Diese **Fachsenate entscheiden in der Besetzung mit drei Berufsrichtern,** die – ebenso wie ihre Vertreter – Richter auf Lebenszeit sein müssen (§§ 4 S. 3, 9 Abs. 3, 10 Abs. 3). Die ausdrückliche Verpflichtung, Fachsenate zu bilden, verbietet es, die Zuständigkeit für Verfahren nach § 99 Abs. 2 einem allgemeinen Berufungs- oder Revisionssenat zuzuweisen. Es ist vielmehr ein gesonderter Senat zu bilden und im Geschäftsverteilungsplan auszuweisen. Dieses Verständnis des § 189 gebieten auch § 4 S. 2 und § 3; die dort festgelegte Besetzung des Fachsenats für vier Jahre weicht von der üblichen einjährigen Dauer der Festlegungen im Geschäftsverteilungsplan ab und erfordert einen eigenen Spruchkörper.

21   Grundsätzlich ist das OVG für die Entscheidung zuständig. Nur wenn die Vorlage von einer obersten Bundesbehörde verweigert wird oder das BVerwG nach § 50 für die Hauptsache erstinstanzlich zuständig ist, entscheidet das BVerwG. Die Zuständigkeit des BVerwG wird auch dann begründet, wenn in einem anhängigen Zwischenverfahren vor einem OVG erstmals eine oberste Bundesbehörde die Aktenvorlage verweigert. Ein sachlicher Grund dafür, dass nur das BVerwG Akten einsehen darf, deren

52   BVerwGE 117, 8; MMR 2003, 732; Weimar ThürVBl. 2003, 253.
53   BVerwG NVwZ 2003, 347.
54   BVerwG MMR 2003, 732 unter Hinweis auf BVerwGE 19, 179, 186 f.
55   Redeker/Kothe NVwZ 2002, 313, 314; Eyermann/Geiger Rn. N 16; Schoch/Rudisile Rn. 31c.

Vorlage von einer obersten Bundesbehörde verweigert wurde, ist nicht zu erkennen[56]. Es bleibt so ein systematischer Bruch in den neuen Zuständigkeitsregelungen.

5. Ob das **Vertretungserfordernis des § 67 Abs. 1 S. 1** gilt, ist mit Ausnahme des erstinstanzlichen Hauptsacheverfahrens vor dem BVerwG zweifelhaft. Sinn und Zweck des § 67 Abs. 1 S. 1 laufen bei »in camera«-Verfahren schlicht leer; § 67 Abs. 1 S. 2 betrifft nicht diese Konstellation eines Zwischenverfahrens; nachdem das den Antrag entgegennehmende Gericht der Hauptsache auch das VG sein kann und § 67 Abs. 1 S. 2 n.F. – insoweit unverändert – den Anwaltszwang namentlich für Beschwerden in den Fällen des § 99 Abs. 2 vorsieht, wäre anderenfalls eine ausdrückliche Regelung erforderlich gewesen[57]. **22**

6. Nach Vorlage des Antrages und der Hauptsacheakten fordert das OVG/BVerwG von der obersten Aufsichtsbehörde die bislang verweigerten Akten an (§ 99 Abs. 2 S. 5). Die oberste Aufsichtsbehörde ist **zur Vorlage grundsätzlich verpflichtet**. Kann die erforderliche Geheimhaltung der Akten bei Gericht nicht gewährleistet werden oder liegen besondere Gründe der Geheimhaltung oder des Geheimschutzes vor, wird die Vorlage dadurch ersetzt, dass die oberste Aufsichtsbehörde **besondere Räumlichkeiten** festlegt, in denen das Gericht die Akten einsehen kann. Einen **Einsichtsanspruch hat der vollständige Spruchkörper** und nicht nur der Berichterstatter[58]. Mit Blick auf die Bedeutung der Akten muss sich der gesamte Spruchkörper Kenntnis von den Akten verschaffen. Die Geheimhaltungspflicht kann aber nicht soweit gehen, dass dem Spruchkörper verwehrt wird, sich Notizen oder Kopien von Aktenbestandteilen zu machen. Diese unterliegen dann den für die Akten bestehenden Geheimschutzregeln, d.h. gegebenenfalls sind sie nur in den besonderen Räumlichkeiten aufzubewahren. Unter Umständen muss deshalb die Entscheidungsfindung in eben diesen Räumlichkeiten stattfinden, denn die Mitglieder des Gerichts sind ihrerseits zur Geheimhaltung verpflichtet (§ 99 Abs. 2)[59]. Anderenfalls gelangten deren Aufzeichnungen zu den Prozessakten, weshalb nach § 100 VwGO in diese auch Einsicht gewährt werden müsste[60]. Für das nichtrichterliche Personal gelten die Regeln der Sicherheitsüberprüfungsgesetze und vergleichbare weitere Bestimmungen (§ 99 Abs. 2 S. 11). **23**

Die oberste Aufsichtsbehörde ist zu dem Zwischenverfahren beizuladen. Hierbei handelt es sich nicht um eine Beiladung i.S. des § 65 Abs. 2 VwGO, sondern um eine besondere Art der **Behördenbeteiligung** im »in camera«-Verfahren[61]. **24**

7. Das Zwischenverfahren ist als **Beschlussverfahren** ausgestaltet; eine mündliche Verhandlung unterbleibt. Den Geheimhaltungsbedürfnissen der Behörde wird dadurch Rechnung getragen, dass die Kenntnisnahme der in diesem Zwischenverfahren vorgelegten Unterlagen auf den für die Ent- **25**

56 Redeker/Kothe NVwZ 2002, 313, 314.
57 Redeker/Kothe NVwZ 2002, 313, 314/315; Eyermann/Geiger Rn. N 16; Schoch/Rudisile Rn. 31.
58 Redeker/Kothe NVwZ 2002, 313, 315; Schoch/Rudisile Rn. 41.
59 Redeker/Kothe NVwZ 2002, 313, 315; Schoch/Rudisile Rn. 42.
60 Insoweit krit. gegenüber dem ersten Referentenentwurf Redeker/Kothe VBlBW 2001, 337 (340).
61 BVerwGE 117, 42.

scheidung über die Rechtmäßigkeit der Vorlageverweigerung zuständigen Fachsenat beschränkt bleibt. Soweit Schriftsätze der die Aktenvorlage verweigernden Behörde **Rückschlüsse auf Art und Inhalt der geheimzuhaltenden Akten** erlauben, dürfen sie den anderen Beteiligten nicht ganz oder teilweise vorenthalten werden. Von dem durch **Art. 103 Abs.** 1 GG gewährleisteten Recht eines Verfahrensbeteiligten, sich zu jeder dem Gericht zur Entscheidung unterbreiteten Stellungnahme der Gegenseite äußern zu können[62], sieht § 99 Abs. 2 keine Ausnahme vor. Das »in camera«-Verfahren erfordert auch keine solche Einschränkung des rechtlichen Gehörs, denn ebenso wie die **Entscheidungsgründe des Fachsenats** Art und Inhalt der geheim gehaltenen Akten nicht erkennen lassen dürfen (§ 99 Abs. 2 S. 10), muss die über die Aktenvorlage entscheidende Behörde Antragserwiderung und Beschwerdebegründung so abfassen, dass der von ihr begehrte Geheimnisschutz auch dann gewahrt bleibt, wenn der Schriftsatz dem Gegner prozessordnungsgemäß zugestellt wird[63]. An die Sprachgewandtheit des Fachsenats stellt § 99 Abs. 2 S. 10 hohe Anforderungen. Er soll auf der einen Seite Entscheidungsgründe absetzen, die aussagekräftig genug sind, um daraus eine Rechtsmittelbegründung abzuleiten. Auf der anderen Seite muss er jede Formulierung unterlassen, aus der sich Rückschlüsse auf Art und Inhalt der Akten ergeben. Für das BVerwG gelten diese Regelungen nur begrenzt: Stellt es die Rechtmäßigkeit der Aktenverweigerung fest, kann es dabei sein Bewenden haben. Stellt es die Rechtswidrigkeit fest, sind die Akten herauszugeben, und dann ist das Verschwiegenheitsgebot für die Begründung hinfällig.

26   Das Verfahren nach § 99 Abs. 2 ist als selbstständiges Nebenverfahren anzusehen, sodass eine eigene Kostenentscheidung zu ergehen hat[64].

27   8. Die Entscheidung des OVG ist mit einer selbstständigen **Beschwerde** anfechtbar, über die das BVerwG entscheidet. Dies bedeutet keine Änderung gegenüber dem bisher geltenden Recht. Das Beschwerdeverfahren unterliegt aber den Einschränkungen des § 99 Abs. 2 Sätze 4 bis 11 (§ 99 Abs. 2 S. 14), ist also ebenfalls als in-camera-Verfahren ausgestaltet. Zum Inhalt der Beschwerdeschrift der im Zwischenverfahren unterliegenden Behörde vgl. Rn. 25. An die Beschwerdebegründung des unterliegenden Bürgers dürfen inhaltlich keine hohen Anforderungen gestellt werden; sie kann lediglich am Detaillierungsgrad der ablehnenden Entscheidung gemessen werden[65].

28   9. Wenn die Behörde – gestützt auf von § 99 Abs. 1 S. 2 abweichendes Recht – die Aktenvorlage verweigert, ist mit Blick auf die verfassungsrechtlichen Hintergründe der Einführung des »in camera«-Verfahrens § 99 Abs. 2 in diesen Fällen analog anzuwenden[66]. Hingegen soll der neu gefassten § 99 Abs. 2 ein »in-camera«-Verfahren vor dem Gericht der Hauptsache ausschließen, weil der Gesetzgeber die gerichtlichen Befug-

---

62   BVerfGE 19, 32, 36; 49, 325, 328.
63   BVerwG, B. v. 17.11.2003 – 20 F 16.03 – n.v.; anders noch die Befürchtungen von Redeker/Kothe NVwZ 2002, 313, 315.
64   BVerwG, B. v. 15.8.2002 – 2 AV 3.02 – (insoweit in NVwZ 2002, 1504 nicht abgedruckt); B. v. 29.7.2002 – 2 AV 1.02 – (insoweit in NVwZ 2002, 1249 nicht abgedruckt); Lüneburg NVwZ 2003, 629, 630; Weimar ThürVBl. 2003, 2003, 253, 256; Schoch/Rudisile Rn. 45.
65   Redeker/Kothe NVwZ 2002, 313, 315.
66   BVerwG DVBl. 2003, 1546; Redeker/Kothe NVwZ 2002, 313, 314.

nisse zur Überprüfung der behördlichen Entscheidung über die Aktenvorlage auf die Fachsenate beschränkt habe. Für eine darüber hinausgehende Aktenvorlage oder Auskunftserteilung in einem »in-camera«-Verfahren vor dem Gericht der Hauptsache fehle eine Rechtsgrundlage. Nur der Gesetzgeber könne ein solches Verfahren vor dem Gericht der Hauptsache zur Verwertung geheimhaltungsbedürftiger Tatsachen für die Sachentscheidung einführen und ausgestalten; eine verfassungskonforme Auslegung in dieser Richtung sei unmöglich[67].

§ 100 [Akteneinsicht]

(1) Die Beteiligten können die Gerichtsakten und die vom Gericht vorgelegten Akten einsehen.

(2) Sie können sich durch die Geschäftsstelle auf ihre Kosten Ausfertigungen, Auszüge und Abschriften erteilen lassen. Sind die Gerichtsakten zur Ersetzung der Urschrift auf einen Bild- oder anderen Datenträger übertragen worden, gilt § 299a der Zivilprozessordnung entsprechend. Nach dem Ermessen des Vorsitzenden können die Akten dem bevollmächtigten Rechtsanwalt zur Mitnahme in seine Wohnung oder in seine Geschäftsräume übergeben werden.

(3) Die Entwürfe zu Urteilen, Beschlüssen und Verfügungen, die Arbeiten zu ihrer Vorbereitung, ferner die Schriftstücke, die Abstimmungen betreffen, werden weder vorgelegt noch abschriftlich mitgeteilt.

I. Recht auf Akteneinsicht

1. Das **Recht auf Akteneinsicht erfasst die gesamten,** dem Gericht zur Ent- **1** scheidung **vorliegenden Akten,** also einmal die Gerichtsakten selbst, einschließlich eines etwaigen Selbstablehnungsgesuches eines Richters[1], ferner die zu diesen Akten beigezogenen Unterlagen, Beiakten und Urkunden. Jede von der Behörde vorgelegte Unterlage kann eingesehen werden, die Behörde ist nicht berechtigt, die Einsicht in vorgelegte Akten oder Teile hiervon zu untersagen[2]. Sie kann die Einsicht nur durch Verweigerung der Vorlage selbst, diese aber wiederum nur unter den Voraussetzungen des § 99 Abs. 1 S. 2 verhindern. Zur Ausnahme beim UIG vgl. § 99 Rn. 10 und beim Stasi-Unterlagen-G vgl. § 99 Rn. 15. Nicht der Einsicht unterliegen die Entwürfe und vorbereitenden Arbeiten zur Entscheidung sowie die Schriftstücke, die Abstimmungen betreffen (§ 100 Abs. 3). Hiermit sind aber nur entsprechende Unterlagen des Gerichts gemeint, nicht solche der Verwaltung in den vorgelegten Verwaltungsvorgängen[3]. Das Einsichtsrecht erstreckt sich ferner nicht auf **allgemein bei Gericht vorhandene Vorgänge** wie Entscheidungssammlungen, Fachliteratur, aus allgemein zugänglichen Quellen zusammengetragene Informationen. In Bezug auf **Asylfaktendokumentationen** (Auskünfte, Gutachten, Stellungnahmen, Presseberichte u.Ä.

---

67 BVerwG MMR 2003, 732, zugleich den Einsatz eines Beweismittlers ablehnend; ebenso bereits BVerwGE 84, 375, 389; a.A. noch unter Berufung auf BVerwGE 101, 106 vor der Neufassung des § 99 Abs. 2 Magdeburg NVwZ 2002, 1395; Münster NVwZ 2001, 820. Auch unter der Geltung neuen Rechts für ein »in camera«-Verfahren zur Verwertung geheim gehaltener Verwaltungsvorgänge im Hauptsacheverfahren mit gewichtigen Gründen Mayen NVwZ 2003, 537.

1 Dazu Koblenz NVwZ 1984, 526.

2 Münster NJW 1963, 1797; wohl auch München NVwZ-RR 2001, 544.

3 Münster DVBl. 1962, 22.

über asylrelevante Verhältnisse in den Herkunftsländern der Asylbewerber) ist danach zu unterscheiden, inwieweit Teilmengen der allgemeinen Dokumentation konkret durch die Einführung einer Erkenntnismittelliste in das Verfahren einbezogen werden[4]. Zur Verwertung solcher Dokumentationen in Asylverfahren § 86 Rn. 36; zu beachten aber Mannheim NVwZ-Beil. 1999, 107. Außerhalb des § 100 besteht Akteneinsichtsrecht nach z.T. engeren Vorschriften (§ 29 VwVfG, §§ 8, 25 SGB-AT) und muss ggf. in selbstständigem Verfahren geltend gemacht werden. Insoweit ergehende behördliche Entscheidungen sind innerhalb eines anhängigen Widerspruchsverfahrens wegen § 44a als Verfahrenshandlungen nicht selbstständig angreifbar[5].

2   2. **Zur Einsicht ist jeder Beteiligte berechtigt** (zum Einsichtsrecht des Prozessunfähigen vgl. § 62 Rn. 7), also sowohl Kläger und Beklagter, Beigeladener, VöI und VBS sowie ihre Prozessbevollmächtigten. Auch sonstige Bevollmächtigte – Vollmacht muss vorliegen – können Akten einsehen, nicht aber wegen unbefugter Rechtsberatung zurückgewiesene Prozessbevollmächtigte[6]. Dritte können die Akten nur nach Zustimmung der Beteiligten einsehen[7]. § 299 Abs. 2 ZPO ist angesichts der erschöpfenden Regelung des Einsichtrechts in § 100 nicht über § 173 anwendbar. Das hindert ein Gericht aber nicht daran, Urteilsabschriften Dritten auf Anforderung auch ohne Zustimmung der Beteiligten zur Verfügung zu stellen, da das Urteil in öffentlicher mündlicher Verhandlung verkündet, insoweit deshalb von jedermann zur Kenntnis genommen werden kann. Freilich sind dabei die Personenangaben zu löschen; enthält das Urteil Angaben, die dem **Schutz der Persönlichkeits- oder Intimsphäre** Beteiligter oder Dritter unterliegen, muss Überlassung datenschutzrechtlich unbedenklich sein und von Güterabwägung abhängig gemacht werden, da sonst die Befugnis nach § 203 Abs. 2 StGB zweifelhaft wird. Zum Fragenkreis eingehend Hirte NJW 1988, 1698; Schoenemann DVBl. 1988, 520. Das **Recht auf Akteneinsicht** besteht auch, wenn das Gericht selbst die Akten für rechtlich unerheblich hält[8], denn das Einsichtsrecht ist **Ausfluss des Anspruchs auf rechtliches Gehör.** Jeder Beteiligte muss in der Lage sein, sich zu dem Inhalt der Akten zu äußern[9] (vgl. § 108 Rn. 4). Deshalb verletzt es den Anspruch auf Gewährung rechtlichen Gehörs, wenn das VG eine von einem Verfahrensbeteiligten beantragte **Akteneinsicht durch** eine deren Gewährung zuvorkommende **Sachentscheidung (konkludent) verweigert**, ohne dass sich der Verfahrensbeteiligte auf andere Weise über den Inhalt der Akten informieren konnte oder in zumutbarer Weise hätte informieren können. Die auf diesen Verfahrensmangel gestützte **Gehörsrüge** erfordert nicht die Darlegung, was bei Gewährung des rechtlichen Gehörs vorgetragen worden wäre und inwieweit dieser Vortrag zur Klärung des geltend gemachten Anspruchs geeignet gewesen wäre[10].

---

4   Schoch/Rudisile Rn. 7 unter Hinweis auf BVerwG NVwZ 1996, 1102; ähnlich Eyermann/Geiger Rn. 4; Bader/Kuntze Rn. 5; Sodan/Lang Rn. 18 ff.; einschränkend Mannheim, Urt. v. 17.9.1985 – A 12 S 525/85 – n.v.; abl. Münster NVwZ-Beil. 1997, 81.

5   München BayVBl.1995, 631; Koblenz DÖD 2000, 140.

6   BVerwG Buchh. 310 § 100 Nr. 7.

7   Lüneburg OVGE 19, 371.

8   BVerwGE 13, 187.

9   BVerwGE 13, 187.

10   Mannheim NVwZ-RR 1998, 687.

Das Gericht braucht grundsätzlich **auf das Akteneinsichtsrecht nicht hin- 3 zuweisen**. Ergeben die Akten aber für die Feststellung des Sachverhalts wesentliche Umstände, so hat der Vorsitzende spätestens in der mündlichen Verhandlung gem. § 86 Abs. 3, zweckmäßiger Vorsitzender oder der Berichterstatter schon vorher gem. § 87, zur Erklärung hierüber aufzufordern. Darüber hinaus ist das Gericht verpflichtet, über die Tatsache der Beiziehung von Akten die Beteiligten vor, spätestens in der mündlichen Verhandlung zu unterrichten (vgl. § 86 Rn. 16; § 87 Rn. 4).

3. Die Akten sind **grundsätzlich auf der Geschäftsstelle** des Gerichts einzu- 4 **sehen**. Müssen sie von einem auswärts wohnenden Beteiligten oder Prozessbevollmächtigten eingesehen werden, so sind sie an ein an diesem Ort befindliches Rechtshilfegericht zur Gestattung der Akteneinsicht zu übersenden. Diese **Versendungspflicht**[11] ergibt sich aus dem Anspruch auf rechtliches Gehör. Jeder Beteiligte muss in die Lage versetzt werden, sich zu dem gesamten für die Entscheidung heranzuziehenden Sachverhalt äußern zu können. Dieses Recht wird beeinträchtigt, wenn von ihm oder seinem Prozessbevollmächtigten verlangt wird, unter möglicherweise nicht unerheblichem und sachlich überflüssigem Zeit- und Kostenaufwand an ein entferntes Gericht zum Zwecke der Akteneinsicht zu reisen. Die Versendungspflicht besteht nicht, wenn die Akten zur Bearbeitung bei Gericht benötigt werden.

4. Nach § 100 Abs. 2 S. 3 kann in Übernahme einer Regelung des § 147 5 Abs. 4 StPO der **Vorsitzende einem bevollmächtigten Rechtsanwalt** und einem **Rechtslehrer**[12] (§ 67 Abs. 1), im Übrigen auch dem sich selbst vertretenden Rechtsanwalt, **gestatten, die Akten** in seine Wohnung oder seine **Kanzlei mitzunehmen**. Dies gilt auch für einen **Rechtsbeistand**, der Mitglied einer Rechtsanwaltskammer ist[13]. Die Entscheidung steht im Ermessen des Vorsitzenden, deshalb kein Beschwerderecht bei Ablehnung und kein Verfahrensfehler bei Verweigerung, wenn Einsicht bei Gericht zumutbar[14]. In der Praxis, besonders auch des BVerwG, ist die Übersendung in die Kanzlei die Regel. München (AnwBl. 1967, 158 ff. m. abl. Anm. Leeb) ist eine erfreulicherweise seltene Ausnahme[15]. Im finanzgerichtlichen Verfahren kommt eine Überlassung der Akten in die Wohnräume oder Geschäftsräume eines Prozessbevollmächtigten nur ausnahmsweise in Betracht, denn eine § 100 Abs. 2 S. 3 entsprechende Bestimmung fehlt in § 78 FGO[16]. Ein Einverständnis der Beteiligten, insbesondere der Behörde, ist nicht erforderlich. Verweigerung der Aktenübersendung führt zwangsläufig zum Antrag auf Anfertigung entsprechender Fotokopien, wozu das Gericht gemäß § 100 Abs. 2 S. 1 verpflichtet ist (hierzu Rn. 6). § 100 Abs. 2 S. 2 bezieht sich nicht auf andere Prozessbevollmächtigte; sie sind durch Gerichtsbeschluss – nicht Vorsitzender – zu bescheiden[17].

---

11 Bejahend auch Kopp/Schenke Rn. 6; wohl auch Bader/Kuntze Rn. 7; zurückhaltend Eyermann/Geiger Rn. 12; Schoch/Rudisile Rn. 18.
12 Münster NJW 1978, 69.
13 BVerfG NVwZ 1998, 836, gegen Münster NVwZ-RR 1997, 764.
14 BSG MDR 1977, 1051; Hamburg NVwZ-RR 2001, 408; München DÖV 1982, 604, VGH n.F. 23, 132; Münster OVGE 28, 175; im Einzelnen Geiger JA 1982, 316.
15 Zustimmend allerdings Eyermann/Geiger Rn. 12.
16 BFH NV 2003, 1595, 1596; NV 2003, 59, 60; NV 2003, 484, 485.
17 Münster NJW 1978, 69.

II. Recht auf Abschriften

6 An Stelle eigener Aktenauszüge und Abschriften können die Beteiligten auch **Ausfertigungen, Auszüge und Abschriften** (beglaubigt oder unbeglaubigt) durch die Geschäftsstelle auf eigene Kosten anfertigen lassen. Dies gilt über § 299a ZPO auch bei Archivierung der Prozessakten auf Mikrofilm, seit 1.8.2001 ebenso für anderen Datenträger[18]. Die Anfertigung kann abgelehnt werden, wenn der Beteiligte oder sein Bevollmächtigter sich ohne Schwierigkeiten die notwendigen Auszüge oder Aufzeichnungen selbst anfertigen können, weil die Akten nur wenige Blätter umfassen[19]. Ein Verstoß gegen das Gebot rechtlichen Gehörs liegt jedoch auch in solchen Fällen vor, wenn dem ausdrücklich Antrag eines auswärtigen Bevollmächtigten auf Übersendung einer Ablichtung der dem Gericht vorgelegten Unterlagen nicht nachgekommen wird, obwohl dies unter Berücksichtigung des Umfangs der Unterlagen und der sonstigen Übersendungsersuchen praktisch möglich gewesen wäre[20]. Zu den Grenzen im Übrigen Hamburg NVwZ-RR 1996, 304.

III. Verfahren

7 Akteneinsicht und Erteilung von Ausfertigungen oder Abschriften werden vom **Urkundsbeamten der Geschäftsstelle** gewährt. Lehnt er sie ab, so kann hiergegen die Entscheidung des Gerichts gem. § 151 angerufen werden. Gegen die Entscheidung des VG ist Beschwerde nach § 146 zulässig, da es sich nicht um einen Fall des § 146 Abs. 2 handelt[21]. Dies gilt auch, wenn der Urkundsbeamte entgegen § 100 Abs. 2 S. 3 an Stelle des Vorsitzenden über die Herausgabe der Akten an einen Rechtsanwalt in dessen Wohnung oder Geschäftsräume entscheidet[22]. Gegen die Entscheidung des OVG ist Beschwerde nicht zulässig, § 99 Abs. 2 ist unanwendbar[23]. Die Entscheidung des Vorsitzenden nach § 100 Abs. 2 S. 3 ist als prozessleitende Verfügung gem. § 146 Abs. 2 nicht mit der Beschwerde angreifbar. Die Verweigerung der Akteneinsicht oder der Übersendung von Abschriften kann aber als Verfahrensfehler gerügt werden, der die Zulassung der Berufung nach § 124 Abs. 2 Nr. 5[24], der Revision nach § 132 Abs. 2 Nr. 3 und die Revision selbst gem. § 138 Nr. 3 rechtfertigt[25].

8 Das **Akteneinsichtsrecht** endet mit rechtskräftigem Abschluss des Verfahrens; danach besteht kein Einsichtsrecht mehr aus § 100 in zurückgegebene Behördenakten; hier ist allein nach § 29 VwVfG zu verfahren[26].

---

18   Vgl. das Gesetz zur Anpassung der Formvorschriften des Privatrechts und anderer Vorschriften an den modernen Rechtsgeschäftsverkehr v. 13.7.2001 (BGBl. I S. 1542); hierzu Dästner NJW 2001, 3469.
19   BVerwG NJW 1988, 1280; BSG MDR 1977, 1051.
20   Kassel NVwZ-RR 2002, 784.
21   Str.; wie hier z.B. BFH NJW 1976, 1288; 1982, 200.
22   München NVwZ-RR 1998, 686.
23   BVerwG NJW 1961, 1836.
24   Mannheim NVwZ-RR 1998, 687; Koblenz NVwZ-RR 2002, 612; Kassel NVwZ-RR 2002, 784.
25   Hierzu BVerwGE 20, 347, 349; BVerwG Buchh. 310 § 100 Nr. 5.
26   Bremen NVwZ 1984, 527.

§ 101 [Grundsatz der mündlichen Verhandlung]

(1) Das Gericht entscheidet, soweit nichts anderes bestimmt ist, auf Grund mündlicher Verhandlung.

(2) Mit Einverständnis der Beteiligten kann das Gericht ohne mündliche Verhandlung entscheiden.

(3) Entscheidungen des Gerichts, die nicht Urteile sind, können ohne mündliche Verhandlung ergehen, soweit nichts anderes bestimmt ist.

I. Grundsatz

Auch die VwGO geht davon aus, dass **Sachentscheidungen** des Gerichts **1** **grundsätzlich nach mündlicher Verhandlung** ergehen. Die mündliche Verhandlung ist im Verwaltungsprozess in der Regel bedeutsamer als im Zivilprozess, wo sie sich auch heute noch vielfach in der Bezugnahme der Parteien auf ihr schriftsätzliches Vorbringen erschöpft, während im Verwaltungsprozess bereits der Sachvortrag des Berichterstatters Anlass zur Erörterung der Sach- und Rechtslage durch die Beteiligten gibt. Die Möglichkeit des Gerichtsbescheides (§ 84) durchbricht den Grundsatz der mündlichen Verhandlung, er hat jedoch an Bedeutung verloren (Rn. 9).

In dem **Grundsatz** der Mündlichkeit ist gleichzeitig der der **Unmittelbar-** **2** **keit** enthalten. Das Gericht soll regelmäßig aus eigener unmittelbarer Anschauung entscheiden, nicht auf Grund Vortrages eines zwischengeschalteten Berichterstatters. Auch dieser Grundsatz ist weitgehend aufgegeben; gegen die Verwertung von im Verfahren nach § 87 gewonnenen Erkenntnissen bestanden schon bisher keine Bedenken[1]. Entscheidet das Gericht ohne rechtswirksamen Verzicht der Beteiligten ohne mündliche Verhandlung und ohne das Verfahren des Gerichtsbescheides zu wählen, so liegt ein erheblicher Verfahrensfehler vor, der den Zulassungsantrag nach § 124 Abs. 2 Nr. 5 bzw. die Nichtzulassungsbeschwerde nach § 132 Abs. 2 Nr. 3, die Revision gem. § 138 Nr. 3[2] und ggf. die Nichtigkeitsklage gem. § 579 Abs. 1 Nr. 4 ZPO mit § 173 rechtfertigt[3]. Über den Ablauf der mündlichen Verhandlung vgl. §§ 103 ff.

II. Ausnahmen

1. Eine **mündliche Verhandlung** ist **nicht erforderlich, wenn** die **Beteiligten** **3** sich mit einer Entscheidung ohne mündliche Verhandlung **einverstanden erklären** (§ 101 Abs. 2). Notwendig ist ein **Verzicht aller Beteiligten** i.S.d. § 63, auch des beteiligten VBJ (vgl. § 35 Rn. 7). Die Erklärung ist **Prozesshandlung.** Sie ist gegenüber dem Gericht abzugeben, mündlich in der mündlichen Verhandlung, schriftsätzlich oder zu Protokoll des Urkundsbeamten der Geschäftsstelle. Gegen die telefonische Verzichtserklärung bestehen die gleichen Bedenken wie gegen die telefonische Klageerhebung[4] (vgl. § 81 Rn. 13). Die Erklärung muss ausdrücklich sein, sie ist weder still-

---

1 BVerwG Buchh. 310 § 101 Nr. 17.
2 A.A. BVerwG Buchh. 310 § 133 Nr. 46.
3 Baumbach/Hartmann § 128 Rn. 34.
4 Hierzu BVerwGE 62, 6; NJW 1983, 189 sehr einschränkend.

schweigend noch fingiert wirksam[5]. Als Prozesshandlung ist sie unwiderruflich, allerdings nach h.M. erst ab Eingang der letzten Verzichtserklärung der Beteiligten[6]. Den Bedenken gegen diese Auffassung von Eyermann/Geiger (Rn. 7) ist aber zuzustimmen, weil die Erklärung nicht gegenüber den anderen Beteiligten sondern gegenüber dem Gericht abgegeben wird und Prozesshandlungen gegenüber dem Gericht grundsätzlich mit dem Zugang unwiderruflich sind. Freie Widerrufbarkeit zu jeder Zeit nimmt dagegen das BAG (NJW 1962, 509) an. Die Erklärung ist als Prozesshandlung weiterhin **bedingungsfeindlich**, kann aber unter dem Vorbehalt des Widerrufs eines Vergleichs oder auch befristet abgegeben werden[7].

4   Der **Grundsatz der Unwiderruflichkeit** unterliegt aber insoweit einer Einschränkung, als die Erklärung sich lediglich auf den Prozessstand im Zeitpunkt ihrer Abgabe bezieht. Wird von einem Beteiligten nach diesem Zeitpunkt erhebliches neues Vorbringen vorgelegt oder hat das Gericht neue dem Verzichtenden bis dahin unbekannte Feststellungen getroffen, kann der Verzicht widerrufen werden, da der Verzicht nicht ins Ungewisse hinein erklärt wird[8]. Die Lage ist dann anders, wenn mit der Einverständniserklärung ausdrücklich einem Schriftsatzvorbehalt für einen anderen Beteiligten zugestimmt worden ist (zum vorbehaltenen Schriftsatz vgl. § 108 Rn. 2). Der Verzicht auf die mündliche Verhandlung unterliegt nicht dem Anwaltszwang des § 67 Abs. 1 (§ 67 Rn. 4). Stirbt der nicht vertretene Beteiligte nach der Verzichtserklärung, aber vor Erlass der Entscheidung, so muss sich der Rechtsnachfolger neu erklären[9].

5   Der **Verzicht bezieht sich nur auf die nächste Sachentscheidung** des Gerichts – nicht auf den ganzen Prozess oder die ganze Instanz[10] – und wird durch deren Ergehen **verbraucht**[11]. Im Asylrechtsstreit geschieht dies jedenfalls mit Durchführung einer Erörterungsverhandlung und Einführung neuer Erkenntnismittel[12]. Ist die Sachentscheidung kein Urteil, etwa ein Beweisbeschluss[13], so muss für die nächste Entscheidung mündliche Verhandlung anberaumt werden, wenn nicht erneut verzichtet wird[14]. Ist eine Beweisaufnahme vorgesehen, wird sie vom Gericht aber nicht mehr für erforderlich gehalten, so muss trotz Verzichts den Beteiligten zunächst Gelegenheit zur Stellungnahme gegeben werden[15]. Der Verzicht ist auch in den Fällen des Antrages auf mündliche Verhandlung gegen einen Gerichtsbescheid (§ 84 Abs. 2 Nr. 1, 3 und 4) zulässig. Das **Gericht ist an die Verzichtserklärung nicht gebunden.** Es kann, wenn es dies zur Sachaufklärung oder Rechtserörterung für zweckmäßig hält, dennoch mündliche Verhandlung anberaumen, denn eine Entscheidung nach § 101 Abs. 2 hängt nicht

---

5   BVerwGE 6, 18; 7, 230; Eyermann/Geiger Rn. 6.
6   BFH BB 1971, 990; BVerwG DÖV 1956, 411; VRspr. 16, 1008; BGHZ 11, 27; 28, 278; Baumbach/Hartmann § 128 Rn. 19 ff.
7   RGZ 151, 193.
8   Str. wie hier BGHZ 28, 278; a.A. weiter gehend, Erklärung wird gegenstandslos BVerwG NJW 1969, 252; Baumbach/Hartmann § 128 Rn. 22, enger, unwiderruflich: BVerwG DÖV 1956, 411; Kopp/Schenke Rn. 6.
9   BSG DVBl. 1991, 1316.
10   BVerwGE 14, 17; NJW 1969, 252.
11   BVerwG Buchh. 310 § 101 Nr. 21.
12   BVerwG BayVBl. 1996, 380; DÖV 1996, 700; Münster DVBl. 1999, 479.
13   BVerwG NVwZ 1984, 646; BVerwGE 14, 17; 22, 271.
14   Anfrage, ob Ruhen angeordnet werden soll, ist keine Sachentscheidung BVerwG DÖV 1976, 606.
15   BVerwGE 18, 315.

nur von der Zustimmung der Beteiligten ab, sondern liegt darüber hinaus im Ermessen des Gerichts; dieses hat darüber hinaus dafür einzustehen, dass trotz Unterbleiben einer mündlichen Verhandlung das rechtliche Gehör der Beteiligten nicht verletzt wird[16].

Die **Wirkungen des Verzichts** gehen dahin, dass in voller (nicht Beschluss-) **6** Besetzung ohne mündliche Verhandlung entschieden werden kann[17]. Dabei ist aller Sachvortrag bis zur Absendung der Entscheidung zu berücksichtigen[18]. Ist ein förmlicher Aussetzungsantrag gestellt, so muss zunächst hierüber entschieden werden[19]. Erlässt das Gericht einen Beweisbeschluss, so muss nach der Beweisaufnahme mündliche Verhandlung anberaumt werden[20]. Wird in der mündlichen Verhandlung die Beweisaufnahme angeordnet und von den Beteiligten auf mündliche Verhandlung nach Durchführung der Beweisaufnahme verzichtet, so entscheidet das Gericht nicht auf Grund der mündlichen Verhandlung, sondern ohne diese auf Grund des Verzichts. An der Entscheidung wirken deshalb nicht die Richter der mündlichen Verhandlung, sondern die nach dem Geschäftsverteilungsplan für den Beratungstag zuständigen Richter mit[21]. Eine zeitliche Bindung des Gerichts zum Erlass der Entscheidung nach Verzicht auf mdl. Verhandlung kennt § 101 nicht. § 128 Abs. 2 S. 3 ZPO ist nicht entsprechend anwendbar[22]. Mit dem Verzicht auf mündliche Verhandlung wird zugleich wirksam auf einen etwaigen Anspruch auf öffentliche Verkündung der Entscheidung verzichtet[23].

Der Verzicht auf die mündliche Verhandlung muss bei Erlass des Urteils **7** vorliegen. **Nachträglicher Verzicht** heilt den Verfahrensmangel nicht, weil ein Rügeverzicht gegenüber unzulässig erlassenem Urteil nicht möglich ist[24]. Wird **ohne Einverständnis der Beteiligten** gem. § 101 Abs. 2 ohne mündliche Verhandlung entschieden, stellt dies einen Verfahrensfehler i. S. des § 138 Nr. 3 dar[25], auf den sich jedoch nur derjenige Beteiligte berufen kann, dessen Zustimmung fehlte[26]. Zur Frage, wann ein Urteil ohne mündliche Verhandlung erlassen ist und welches Datum es zu tragen hat, vgl. § 116 Rn. 7 f. Dem Schluss der mündlichen Verhandlung (§ 104 Abs. 3) entspricht bei Verzicht hierauf der Zeitpunkt der Absendung der Entscheidung durch die Geschäftsstelle[27].

---

16 BVerwG B. v. 27.8.2003 – 6 B 32.03, 6 PKH 9.03 – n.v.
17 Münster OVGE 28, 177.
18 BVerwG DÖV 1977, 370; BGH NJW 1968, 49 f.; OLG Hamburg MDR 1976, 672.
19 BVerwG DÖV 1966, 728.
20 BVerwGE 14, 17; BGHZ 31, 210.
21 BVerwG DÖV 1971, 711; MDR 1960, 168; Magdeburg LKV 2003, 185, 187; Stuttgart ESVGH 4, 119; BFH BB 1971, 990; zu Sonderfällen vgl. BVerwG MDR 1961, 1037; BGHZ 17, 120; 101, 154.
22 BVerwG NJW 1980, 1482; Buchh. 310 § 116 VwGO Nr. 27; NVwZ-RR 2003, 460; München BayVBl. 1996, 400.
23 Greifswald NordÖR 1999, 349.
24 BSG NJW 1962, 566; wohl auch Magdeburg LKV 2003, 185, 187: »nachträglicher Verzicht« nach mündlicher Verhandlung macht nur andernfalls notwendige weitere mündliche Verhandlung entbehrlich; a.A. Eyermann/Geiger Rn. 5; Kopp/Schenke Rn. 4 unter Hinweis auf § 295 ZPO, aber verfehlt.
25 BVerwG NVwZ-RR 1998, 525; DVBl 2003, 747.
26 BVerwG Buchh. 428 § 4 Abs. 3 VermG Nr. 4; Buchh. 310 § 101 VwGO Nr. 29; B. v. 4.8.2000 – BVerwG 7 B 38.00 – n.v.
27 BGH NJW 1966, 52; Fenn NJW 1966, 732.

7a Urteile ohne mündliche Verhandlung auf Grund Verzichts der Beteiligten kann auch der Berichterstatter nach § 87a Abs. 2 erlassen. Die Beteiligten müssen hiermit ihr **Einverständnis** jedoch **sowohl** gem. § 87a Abs. 2 als auch nach § 101 Abs. 2 erklärt haben[28].

7b 2. Eine mündliche Verhandlung ist außerdem nicht erforderlich, wenn das Gericht durch **GerBescheid** entscheidet (§ 84).

8 3. Alle **Entscheidungen, die nicht Urteil sind,** können ohne mündliche Verhandlung ergehen, wenn diese nicht durch Gesetz ausdrücklich für notwendig erklärt ist. § 101 Abs. 3 gilt in erster Linie für Beschlüsse (§ 122), Entscheidungen im Aussetzungs- und im Verfahren der einstweiligen Anordnung, im Prozesskostenhilfeverfahren. Der frühere Fall der Entscheidung mit zwingend vorgeschriebener mündlicher Verhandlung, die nicht Urteil ist, die Entscheidung des Großen Senats nach § 11 Abs. 5, ist durch das Neuregelungsgesetz 1990 beseitigt worden. In allen Fällen, in denen nach § 101 Abs. 3 ohne mündliche Verhandlung entschieden werden kann, kann das Gericht nach pflichtgemäßem Ermessen eine solche Verhandlung anberaumen, wenn ihm dies sachdienlich erscheint.

9 4. Dass auch nach einer mündlichen Verhandlung, wenn sie ohne Schlussentscheidung ausgeht, das Gericht durch **GerBescheid** entscheiden kann, ergibt die Neufassung des § 84 (vgl. § 84 Rn. 7). Welche Bedeutung die **Entscheidung ohne mündliche Verhandlung** nach Verzicht der Beteiligten angesichts der Neugestaltung des GerBescheids durch die 4. VwGO-Novelle noch haben sollte, war schwer abzusehen. Zwar schien das Zustimmungserfordernis der Beteiligten weitgehend relativiert zu sein, weil das Gericht es über den Weg der Entscheidung nach § 84 praktisch unterlaufen konnte. Nachdem nunmehr infolge der 6. VwGO-Novelle als Rechtsmittel gegen einen GerBescheid regelmäßig der – ggf. isolierte – **Antrag auf mündliche Verhandlung** in Betracht kommt (vgl. § 84 Rn. 14 ff.), hat vielmehr der GerBescheid an Bedeutung verloren. Jedenfalls kann dort, wenn mündliche Verhandlung beantragt wurde, gem. § 101 Abs. 2 darauf verzichtet werden.

§ 102 [Ladungsfrist]

(1) Sobald der Termin zur mündlichen Verhandlung bestimmt ist, sind die Beteiligten mit einer Ladungsfrist von mindestens zwei Wochen, bei dem Bundesverwaltungsgericht von mindestens vier Wochen, zu laden. In dringenden Fällen kann der Vorsitzende die Frist abkürzen.

(2) Bei der Ladung ist darauf hinzuweisen, dass beim Ausbleiben eines Beteiligten auch ohne ihn verhandelt und entschieden werden kann.

(3) Die Gerichte der Verwaltungsgerichtsbarkeit können Sitzungen auch außerhalb des Gerichtssitzes abhalten, wenn dies zur sachdienlichen Erledigung notwendig ist.

§ 102 muss im Zusammenhang mit den einschlägigen Bestimmungen der ZPO (§§ 216 ff.), die z.T. anwendbar, z.T. durch § 102 oder andere Bestimmungen ersetzt werden, gesehen werden.

1 1. **Terminbestimmung.** Der **Termin** zur mündlichen Verhandlung **wird** gem. § 173, § 216 ZPO **vom Vorsitzenden bestimmt.** Der VerwProzess ist

---

28 BVerwG NVwZ-RR 1998, 525.

auf die Entscheidung in einer mdl. Verhandlung ausgerichtet, der, freilich nur noch begrenzt, z.T. das Verfahren nach § 276 ZPO entspricht. Der Termin wird deshalb in der Regel erst dann zu bestimmen sein, wenn die Beteiligten sich erschöpfend erklärt haben, das Gericht Sach- und Rechtsfragen geprüft hat und ggf. eine Beweisaufnahme gemäß § 87 oder nach Beweisanordnung gemäß § 96 Abs. 2 durchgeführt worden ist. Der Termin kann auch sehr schnell, also etwa noch vor Eingang einer Berufungsbegründung, angesetzt werden[1]; freilich ist die Terminierung vor Abschluss der Sachvorbereitung in der Regel verfehlt, weil nicht selten dann kurzfristig, von den Beteiligten kaum zu bewältigende Erklärungsauflagen erledigt werden müssen. Der **Termin** kann vom Vorsitzenden gem. § 227 ZPO von Amts wegen oder **auf Antrag** wieder **aufgehoben** oder **verlegt** werden, wenn im Bereich des Gerichts oder auch der Beteiligten erhebliche Gründe hierfür vorliegen. Solche Gründe können sein: unklare Rückkehrmöglichkeit in entfernt liegende Kanzlei wegen plötzlicher Unterbrechung der Fernverbindungen[2]; Erkrankung eines Beteiligten oder seines Prozessbevollmächtigten[3]; Hinweis auf Vertretung durch ein anderes Mitglied der Sozietät des Prozessbevollmächtigten reicht mindestens bei kurzfristiger Erkrankung des Anwalts zur Ablehnung der Verlegung nicht aus[4]; fehlerhaft auch Ablehnung eines Verlegungsantrages ausschließlich mit der Begründung, in einer Anwaltssozietät müsse die Verhinderung aller Sozien dargelegt oder gar glaubhaft gemacht werden[5]; Urlaubsabwesenheit von Beteiligten oder Prozessbevollmächtigten[6]; erstmalige Mandatierung eines Prozessbevollmächtigten[7]; Mandatsniederlegung des Prozessbevollmächtigten[8] oder sonst Anwaltswechsel[9]. Es kommt darauf an, ob der Beteiligte zwischen Mandatsniederlegung und Termin hinreichend Zeit hat, sich um seine Vertretung zu kümmern[10]. Dazu gehört das Auffinden eines für die Sache geeigneten Anwalts, der sich für den Termin noch hinreichend vorbereiten und ihn wahrnehmen kann. Die **Ermessensentscheidung nach** § **227 ZPO** hat verschiedene Faktoren wie etwa die Schwierigkeit der Sache in tatsächlicher und/oder rechtlicher Hinsicht, die Dauer der Urlaubsvertretung, zeitliche Nähe des Verlegungsantrages zur Ladung, Terminslage des Gerichts zu berücksichtigen. Die häufig formelhafte Ablehnung »wegen der Geschäftslage« ist mangels inhaltlicher Substanz meist ermessensfehlerhaft und verkennt die dem Bürger dienende Aufgabe der Rechtsprechung. Kooperative Terminsabstimmung kann manchen Ärger vermeiden. Die **Glaubhaftmachung der Verhinderungsgründe** ist **nur bei ausdrücklichem Verlangen** des Vorsitzenden erforderlich; es besteht regelmäßig **kein Anlass, von einem Rechtsanwalt die Glaubhaftmachung zu**

---

1 BVerwG NJW 1990, 1616.
2 BVerwGE 96, 368.
3 Kopp/Schenke Rn. 6 ff.; BVerwG VRspr. 30, 374; JR 1972, 78; JR 1969, 317; VRspr. 23, 254; NJW 1961, 892; BSG NJW 1962, 1463.
4 BVerwG NJW 1984, 882.
5 Schleswig NordÖR 2001, 304: Verschiedene Faktoren wie etwa die Schwierigkeit der Sache in tatsächlicher und/oder rechtlicher Hinsicht, die Dauer der Urlaubsvertretung, zeitliche Nähe des Verlegungsantrags zur Ladung, Terminslage des Gerichts sind in Ermessensentscheidung nach § 227 ZPO einzustellen.
6 BVerfGE 25, 158; 26, 315, 319; BVerwG VRspr. 24, 380; zur Verschleppungsabsicht BVerwG NVwZ 1995, 373; OLG Düsseldorf NJW 1973, 109; Lützeler NJW 1973, 1448; Kopp/Schenke Rn. 8a.
7 Mannheim VBlBW 2001, 453.
8 BSG MDR 1974, 611; aber auch BSG NJW 1975, 1384.
9 BFH NJW 1977, 1080.
10 BVerwG NJW 1993, 80; Bautzen, B. v. 2.9.2003 – A 5 B 357/01 – n.v.

verlangen[11]. Grundsätzlich BVerwGE 44, 307; BVerwG NJW 1986, 339, 1057; DÖV 1983, 247; NJW 1984, 882; DÖV 1977, 375; NJW 1992, 2042; freilich auch Mannheim BWVBl. 1984, 176. Zum Verlegungs- oder Vertagungsanspruch, um sich auf neues Vorbringen erklären zu können, vgl. BVerwG DÖV 1964, 561 mit Hinweisen; BVerwGE 44, 307; RGZ 81, 321; BSG NJW 1962, 1463; vgl. auch § 108 Rn. 4a f. § 227 Abs. 3 ZPO n.F. ist als Ersatznorm für die entfallenen Gerichtsferien, die der Verwaltungsprozess nicht kannte, aus systematischen Gründen nicht anwendbar.

2   Von der **Aufhebung** oder **Verlegung** ist die **Vertagung** zu unterscheiden, welche die Bestimmung eines neuen Termins nach Beginn des anberaumten ist[12]. Über die Vertagung selbst entscheidet das Gericht, nicht der Vorsitzende gem. § 227 Abs. 2 ZPO. Während die Vertagung vom Gericht beschlossen wird, bestimmt auch in diesem Falle der Vorsitzende den neuen Termin, was aber unbedenklich in dem gleichen Beschluss geschehen kann.

3   Die **Entscheidung über Aufhebung, Verlegung oder Vertagung** von Terminen ist gem. § 277 Abs. 2 Satz 3 ZPO, § 173 selbstständig **nicht anfechtbar**. Sie unterliegt aber der Kontrolle anhand des grundrechtlichen Anspruchs auf rechtliches Gehör[13]. Entscheidungen über die Terminbestimmungen sind nur angreifbar, soweit über einen Antrag auf Terminsanberaumung nicht oder negativ entschieden wird, sodass der Termin sich unzumutbar verzögert[14].
Im VerwProzess ist die Beschwerde selbst nach sehr langer Zeit (nicht selten Jahren!) ohne Aussicht[15]; die Nichtterminierung kann einer faktischen Aussetzung aber gleichkommen, wenn hierfür sachliche Gründe fehlen, die Nichtbehandlung des Verfahrens deshalb willkürlich ist und eine Rechtsverweigerung bedeutet[16]. Nach § 216 Abs. 3 ZPO dürfen Termine an Sonnabenden, Sonn- oder Feiertagen nur in Notfällen anberaumt werden.

4   **2. Ladung.** Hat der Vorsitzende den Termin bestimmt – es genügt zur Unterzeichnung der Bestimmung eine Paraphe[17] –, so hat der **Urkundsbeamte** der Geschäftsstelle **die Ladung** der Beteiligten zu veranlassen. Geladen wird durch Zustellung nach § 56. Zustellungsmängel führen zur Fehlerhaftigkeit der Ladung mit der Folge des Verfahrensmangels nach §§ 124 Abs. 2 Nr. 5, 132 Abs. 2 Nr. 3, 138 Nr. 4[18]. Ist der Termin in einer mündlichen Verhandlung verkündet worden, zu der die Beteiligten ordnungsgemäß geladen waren, so ist Zustellung nicht erforderlich (§ 56, § 56a), es sei denn, die persönliche Anwesenheit eines Beteiligten ist angeordnet (§ 95 mit § 218 ZPO). Ist ein Prozessbevollmächtigter bestellt, so ist dieser

---

11   Schleswig, NordÖR 2001, 304.
12   OLG Schleswig SchlHA 1974, 196.
13   Vgl. hierzu BVerwG NJW 1990, 2079.
14   OLG Frankfurt NJW 1974, 1715 m. Anm. Walchshöfer NJW 1974, 2291; OLG Celle NJW 1975, 1230; LG Hildesheim NJW 1989, 1174; Kopp/Schenke Rn. 2, aber auch Rn. 3.
15   München BayVBl. 1978 212; Mannheim NJW 1984, 993.
16   Schleswig NordÖR 2002, 115.
17   BSG NJW 1992, 1188; Münster DÖV 1991, 564, a.A.: voller Namenszug erforderlich BSG NJW 1990, 2083.
18   BVerwG NVwZ 1985, 337.

zu laden (§ 67 Abs. 3). Wird das Mandat nach Absendung der Ladung niedergelegt, so bleibt die Ladung wirksam[19].

3. Ladungsfrist. Die Ladungsfrist ist die Zeitspanne zwischen Zustellung **5** der Ladung und dem Tag des Verhandlungstermines (§ 217 ZPO). Sie beträgt mindestens 2 Wochen, vor dem BVerwG mindestens 4 Wochen. Zur Berechnung vgl. § 57 Rn. 6 ff. Die Frist kann in dringenden Fällen von Amts wegen oder auf Antrag vom Vorsitzenden abgekürzt werden (§ 102 Abs. 1 S. 2), einer Anhörung der Beteiligten hierzu bedarf es nicht, § 226 Abs. 3 ZPO. Eine Verfügung des Vorsitzenden, dass die Ladungsfrist abgekürzt wird, ist unwirksam, wenn sie keine genaue Bestimmung des Zeitraums enthält, der an die Stelle der gesetzlich vorgesehenen Frist treten soll[20]. Weder gegen die Abkürzung der Frist noch gegen die Versagung einer Abkürzung ist Beschwerde zulässig, da es sich zwar um prozessleitende Verfügungen, aber sich zwar um Fristbestimmungen i.S.d. § 146 Abs. 2 handelt. Eine ungerechtfertigte Abkürzung der Ladungsfrist kann bei Rüge zur Verletzung des Anspruchs auf rechtl. Gehör führen[21]. Wird die Ladungsfrist nicht eingehalten und dies gerügt, so muss vertagt und zum neuen Termin mit Zustellung geladen werden. Die Beteiligten können aber auf die Einhaltung ausdrücklich oder konkludent[22] verzichten. Wird trotz Nichteinhaltung und Rüge in der Sache entschieden, so liegt ein Verfahrensfehler vor, der die Revision begründen kann. Das BVerwG verlangt darüber hinaus aber die Darlegung, warum die Terminswahrnehmung nicht möglich ist[23]; ebenso sollte dargelegt werden müssen, warum bei Verkürzung der Ladungsfrist der Termin nicht ordnungsgemäß vorbereitet werden kann.

4. Inhalt der Ladung. Die Ladung ergeht formularmäßig. Als **Mindestin-** **6** **halt** ist zu verlangen die Angabe der ladenden Stelle, die Bezeichnung des Geladenen, die Bezeichnung des Gerichts, des Terminortes mit genauer Anschrift und des Sitzungsraumes, des Terminzweckes, des Terminzeitpunktes, die Aufforderung zum Termin zu erscheinen und der **Hinweis,** dass bei Ausbleiben auch ohne den Geladenen verhandelt und entschieden werden kann[24]. Das VG verletzt jedenfalls einen nicht anwaltlich vertretenen Beteiligten in seinem Anspruch auf rechtliches Gehör, wenn es trotz seines Ausbleibens eine mündliche Verhandlung durchführt, ohne ihn bei der Ladung darauf hingewiesen zu haben, dass bei seinem Ausbleiben auch ohne ihn verhandelt und entschieden werden kann[25]. Durchgreifende **Mängel der Ladung,** wenn etwa der Adressat nicht zu erkennen vermag, für wen oder wozu er geladen ist, können Zulassung der Berufung nach § 124 Abs. 2 Nr. 5 oder die Revision nach § 138 Nr. 3 rechtfertigen.

5. Sitzungsort. Die **mündliche Verhandlung** findet grundsätzlich **am Ge-** **7** **richtssitz im Gerichtsgebäude** statt. Sitzungen außerhalb des Gerichtssitzes können nach § 102 Abs. 3 in Abweichung von den strengeren Voraussetzungen des § 219 Abs. 1 ZPO schon dann abgehalten werden, wenn dies zur sachdienlichen Erledigung notwendig ist. Hierüber entscheidet der

---

19 BVerwG NJW 1983, 2655.
20 BVerwG NJW 1998, 2377.
21 BVerwG NJW 1985, 340.
22 BVerwG NJW 1989, 601.
23 NJW 1987, 2694.
24 Baumbach/Hartmann Übersicht § 214 Rn. 5 f.
25 BVerwG NVwZ-RR 1995, 549.

Vorsitzende nach pflichtgemäßem Ermessen[26]. Will das Gericht außerhalb des Gerichtsbezirks eine Sitzung durchführen, so ist hierfür gem. § 166 GVG, § 173 die Zustimmung des zuständigen VG- oder OVG-Präsidenten erforderlich, wenn nicht Gefahr im Verzug vorliegt. § 219 Abs. 2 ZPO, wonach der Bundespräsident nicht persönlich an der Gerichtsstelle zu erscheinen braucht, sondern an seinem Dienstsitz zu vernehmen ist, gilt auch im Verwaltungsprozess. Wurde ein Beteiligter unter Hinweis auf § 102 Abs. 2 mit der Ladung auf den Antrag eines anderen Beteiligten hingewiesen, sich während der Verhandlung an einem anderen Ort aufzuhalten und von dort Verfahrenshandlungen über Videokonferenz vorzunehmen (§ 128a Abs. 1 ZPO), so bedarf es im Falle seines unentschuldigten Fernbleibens seiner Zustimmung zur Durchführung der mündlichen Verhandlung mittels Videokonferenz nicht[27].

8 **6. Entscheidung bei Ausbleiben.** In der mündlichen Verhandlung kann auch **zur Sache entschieden** werden, wenn **einzelne oder alle Beteiligten trotz Ladung nicht erscheinen.** Ein **Versäumnisurteil** kennt die VwGO nicht. Dabei ist es ohne Bedeutung, ob die Versäumung des Termins durch den Beteiligten auf Verschulden beruht. Auch bei unverschuldetem Fernbleiben (Verkehrsunfall, Krankheit) kann das Gericht entscheiden; es liegt in seinem Ermessen, ob es ggf. eine gewisse Zeit zuwartet[28]. Eine Wiedereinsetzung in den vorigen Stand nach § 60 ist nicht möglich, da nicht eine Frist, sondern ein Termin versäumt ist[29]. Erscheint freilich der Prozessbevollmächtigte nicht, weil der Termin aufgehoben worden ist, wird aber dennoch die mdl. Verhandlung durchgeführt, so ist der Beteiligte im Termin gemäß § 138 Nr. 4 nicht nach Vorschrift des Gesetzes vertreten[30]. Eine Regelung wie § 251a ZPO ist von der VwGO nicht übernommen. Hat das Gericht freilich die persönliche Anwesenheit eines Beteiligten angeordnet, erscheint dieser aber zum Termin nicht, so kann nicht zur Sache ohne seine bereits vorgesehene Anhörung entschieden werden, wenn nicht sein Verschulden am Ausbleiben feststeht[31] (vgl. § 95 Rn. 5). Hat der ausgebliebene Kläger schriftsätzlich ausdrücklich erklärt, dass er keinen Antrag stelle, kann das Gericht nicht entscheiden, da die Antragstellung zur Dispositionsbefugnis der Beteiligten gehört. Ggf. kann Klagerücknahme vorliegen; Klärung kann über Betreibensaufforderung nach § 92 Abs. 2 Satz 1 herbeigeführt werden. Das alles gilt auch, wenn ein Beteiligter oder sein Prozessbevollmächtigter die mündliche Verhandlung vorzeitig verlässt, wenn nicht zuvor ein förmlicher Antrag gestellt wurde oder der bis zum Verlassen der Verhandlung (konkludent) in Bezug genommene schriftsätzliche Vortrag ein eindeutiges Begehren erkennen lässt[32].

9 Die **Entscheidung** ergeht **auch bei Ausbleiben von Beteiligten auf Grund mündlicher Verhandlung,** unterscheidet sich also von einer Entscheidung unter Verzicht aus die mündliche Verhandlung nach § 101 Abs. 2. Freilich setzt dies den Nachweis der Ladung voraus, wozu bei Niederlegung bei

26 Lüneburg OVGE 22, 415.
27 VG Freiburg VBlBW 2002, 536.
28 BVerwG NJW 1995, 3402; Kassel AuAS 2000, 175; Münster NVwZ-RR 2002, 785; erfreulich deutlich Münster AnwBl. 2001, 187: Wartepflicht, wenn Erscheinen und Möglichkeit einer geringfügigen Verspätung ausdrücklich ankündigt.
29 BVerwG Buchh. 310 § 102 Nr. 16.
30 BVerwG NJW 1991, 583.
31 BVerwG NJW 1961, 892.
32 In diesem Sinne wohl BVerwG NJW 1990, 1616.

der Postanstalt der Nachweis der Benachrichtigung gehört[33]. Ob das Gericht entscheidet oder einen neuen Termin anberaumt, obliegt seinem pflichtgemäßen Ermessen und wird sich danach bestimmen, ob der Sachverhalt hinreichend aufgeklärt erscheint. Ist der Hinweis auf die Möglichkeit einer Entscheidung auch bei Ausbleiben des Beteiligten in der Ladung unterblieben, so darf in diesem Falle nicht entschieden werden. Der Hinweis in der Ladung des Prozessbevollmächtigten schließt den vertretenen Beteiligten ein[34]. Wird hiergegen verstoßen, so liegt ein wesentlicher Verfahrensfehler vor, der zur Zulassung der Berufung nach § 124 Abs. 2 Nr. 5 oder der Revision und zur Aufhebung des Urteils nach § 138 Nr. 3 führt[35].

7. Verordneter Richter. § 102 gilt, soweit entsprechend anwendbar, gem **10** § 229 ZPO auch für den verordneten Richter (hierzu § 96 Rn. 2).

8. Einlassungsfrist. Die in § 274 ZPO vorgesehene Einlassungsfrist von **11** zwei Wochen kennt der Verwaltungsprozess nicht.

§ 103 [Ablauf der mündlichen Verhandlung]

(1) Der Vorsitzende eröffnet und leitet die mündliche Verhandlung.

(2) Nach Aufruf der Sache trägt der Vorsitzende oder der Berichterstatter den wesentlichen Inhalt der Akten vor.

(3) Hierauf erhalten die Beteiligten das Wort, um ihre Anträge zu stellen und zu begründen.

I. Grundsätze der mündlichen Verhandlung

Die mündliche Verhandlung wird von folgenden Grundsätzen beherrscht, **1** deren Verwirklichung Aufgabe der Verhandlungsleitung des Vorsitzenden ist:
1. Öffentlichkeit der Verhandlung (§ 55 mit § 169 GVG).
2. Erforschung des Sachverhalts von Amts wegen unter Mitwirkung der Beteiligten (Untersuchungsmaxime, § 86 Abs. 1) und Erörterung mit den Beteiligten (§ 86 Abs. 3 und § 104).
3. Unmittelbarkeit und Mündlichkeit der Beweisaufnahme (§§ 96, 97).
4. Mündlichkeit des Sachvortrages (§ 103).
5. Grundsatz des rechtlichen Gehörs (Art. 103 GG, § 108 Abs. 2).
6. Einheitlichkeit der mündlichen Verhandlung (§ 173, § 278 ZPO). Im Prozess aufeinander folgende mündliche Verhandlungen bilden eine Einheit. Das Vorbringen in einer mündlichen Verhandlung gilt auch für alle späteren Verhandlungen und ist in ihnen zu berücksichtigen (Gegensatz: § 229 Abs. 3 StPO). Das ändert nichts daran, dass in einer neuen mdl. Verhandlung nach notwendig gewordener Vertagung die Verhandlung nach § 103 ablaufen muss; in der Regel ist dies schon wegen der Beteiligung anderer ehrenamtlicher Richter erforderlich (str.; vgl. hierzu § 112 Rn. 1).

---

33 BVerwG Dok.Ber. 1984 A 56; Münster NWVBl. 1996, 114.
34 BVerwG Buchh. 310 § 102 Nr. 18.
35 Münster ZMR 1953, 262.

Dass erhebliche Teile dieses Programms auch bei Durchführung der mündlichen Verhandlung vorab bereits erledigt oder mindestens weitgehend vorbereitet sind, sieht die VwGO in §§ 87 ff. ausdrücklich vor.

1a § 103 macht mit seinem Wortlaut die **Unzulänglichkeiten** bei der **Formulierung** des **RechtspflegeEntlG** und der neuen Bekanntmachung der VwGO besonders sichtbar. § 103 gilt auch für die mündliche Verhandlung, die der Einzelrichter durchführt. Er wird aber in § 103 nicht erwähnt; an seiner Verhandlung wirken aber weder ein Vorsitzender noch ein Berichterstatter, von denen § 103 allein spricht, mit. In der Hektik unaufhörlicher Novellen, die einem Experimentierfeld eher gleichen als sorgfältig vorbereiteter Gesetzgebung[1], bleibt die sprachliche Genauigkeit als Erstes auf der Strecke. Für die nachfolgende Kommentierung ist deshalb immer auch an die mündliche Verhandlung des Einzelrichters zu denken. Zur begrifflichen Unterscheidung vgl. auch Martens NVwZ 1993, 232.

II. Leitung der Verhandlung

2 Die Verhandlungsleitung umfasst drei Aufgaben.

1. Der Vorsitzende hat für die Aufrechterhaltung der Ordnung zu sorgen (**Sitzungspolizei**, § 55 mit §§ 176 ff. GVG). Er kann Weisungen erteilen und ggf. eine gerichtliche Entscheidung wegen Ungehorsams oder Ungebühr gegen Beteiligte oder Anwesende herbeiführen. Er hat die Vollstreckung von Ordnungsstrafen einzuleiten. Im Einzelnen vgl. hierzu und etwaiger Rechtsmittel gegen Maßnahmen des Vorsitzenden § 55 Rn. 11, 14.

3 2. Der Vorsitzende hat für den ordnungsgemäßen äußeren Ablauf der Verhandlung zu sorgen (**formelle Leitung**). Er eröffnet die Sitzung und lässt die Sache ausrufen, wobei die Wahrnehmung dieses Aufrufes durch einen auch verspätet erscheinenden Beteiligten gesichert sein muss[2]. Er stellt die Anwesenden und ggf. die ordnungsgemäße Ladung Abwesender fest, erteilt den Mitgliedern des Gerichts und den Beteiligten das Wort (§§ 103, 104), schließt die Verhandlung (§ 104 Abs. 3) und verkündet die Entscheidung. Maßnahmen des Vorsitzenden zur formellen Verhandlungsleitung sind gem. § 146 Abs. 2 als prozessleitende Verfügungen nicht selbstständig anfechtbar, sondern allenfalls mit der Endentscheidung. Gegen sie kann auch nicht die Entscheidung des Gerichts angerufen werden.

4 3. Der Vorsitzende hat die Streitsache in tatsächlicher und rechtlicher Hinsicht mit den Beteiligten zu erörtern (**sachliche Leitung**, § 104 Abs. 1), auf die Stellung sachdienlicher Anträge hinzuwirken, auf die Ergänzung etwa unvollständigen Sachvortrages zu dringen und die Beseitigung von Widersprüchen herbeizuführen (§ 86 Abs. 3), die Vernehmung der Zeugen und Sachverständigen durchzuführen und ihre Aussagen protokollieren, vorlesen und genehmigen zu lassen (§ 105 Abs. 3). Gegen Maßnahmen des Vorsitzenden im Bereich der sachlichen Prozessleitung kann die Entscheidung des Kollegiums angerufen werden (§ 104 Abs. 2, § 173, § 140 ZPO). Die

---

1   Redeker DVBl. 1992, 212.
2   BVerfGE 42, 364, 369 ff.; BVerwG NJW 1986, 204.

Entscheidung des Kollegiums – in der Regel Beschluss – ist gem. § 146 Abs. 2 nicht selbstständig, sondern nur mit dem Endurteil anfechtbar.

III. Verlauf der Sitzung

Nach Aufruf der Sache tragen der Vorsitzende oder der Berichterstatter **5** den wesentlichen Inhalt der Akten vor. Der **Sachvortrag** ist Teil der mündlichen Verhandlung. Er ist eine der Grundlagen der richterlichen Meinungsbildung gem. § 108. Er enthält eine gedrängte Darstellung des Sachverhalts, die den mit der Sache nicht vertrauten ehrenamtlichen Richtern die für die Entscheidung wesentlichen Umstände aufzeigt[3] und gleichzeitig die Beteiligten erkennen lässt, was das Gericht bis zu diesem Zeitpunkt für entscheidungserheblich hält und wie es den Sachverhalt sieht. Er entspricht nicht selten dem Tatbestand des späteren Urteils. Im Vortrag erwähnte Urkunden sind damit Gegenstand der mündlichen Verhandlung[4]. Hinzu tritt eine Übersicht über die bisher aus diesem Sachverhalt von den Beteiligten gezogenen Folgerungen und das Klagebegehren. Sind die Beteiligten anwesend und sind sie anwaltlich vertreten, so ist mit einer Erörterung dieser Folgerungen in der folgenden Verhandlung zu rechnen, sodass insoweit kurze Hinweise des Berichterstatters genügen. Der Sachvortrag ist zwingende **Voraussetzung** einer **ordnungsmäßigen mündlichen Verhandlung**; seine Unterlassung deshalb stets ein durchgreifender Verfahrensfehler, auf dem das Urteil beruhen kann. Die Relativierung in BVerwG NVwZ 1984, 169 ist unhaltbar und wohl nur aus den Besonderheiten des Asylverfahrens zu erklären. Die Beteiligten können aber auf den Sachvortrag ausdrücklich oder stillschweigend verzichten und damit das Rügerecht verlieren[5]. In besonders schwierigen Sachen kann, dem Verfahren des EuGH entsprechend, der Vortrag den Beteiligten vorab schriftlich bekannt gegeben werden. Im Sachvortrag oder im Anschluss daran sollte klargestellt werden, welche **Akten** beigezogen sind und zum **Gegenstand der Verhandlung** gemacht werden. Dies sollte auch im Protokoll festgehalten werden, wenn auch der für die Entscheidung maßgebliche Verhandlungsstoff sich ausschließlich aus dem Tatbestand des Urteils, von dem Teile freilich auch in den Entscheidungsgründen enthalten sein können[6], ergibt. Die Hinweise dort sind aber oft nur global oder lückenhaft. Zwingend ist die Angabe im Protokoll nicht[7].

Nach dem Vortrag des Berichterstatters **stellen die Beteiligten ihre Anträge** **6** und begründen sie. Die zeitliche Reihenfolge des § 137 Abs. 1 ZPO, wonach zunächst die Anträge der Parteien zu protokollieren sind und erst dann anschließend vorgetragen wird, gilt für den Verwaltungsprozess nicht. Nach Auffassung des BVerwG (E 45, 260 ff.) soll die Protokollierung, Verlesung und Genehmigung der Anträge nicht erforderlich sein; es soll genügen, dass sie sich aus dem Bericht oder den Akten ergeben[8]. Aber das ist nicht nur im Hinblick aus §§ 160 Abs. 3 Nr. 2, 162 ZPO rechtlich bedenklich, sondern praktisch verfehlt. In jeder mündlichen Verhandlung sollten die Anträge inhaltlich wie dem Wortlaut nach geklärt und im Proto-

3 Zu dieser Funktion Münster NWVBl. 1990, 103.
4 Hamburg NJW 1969, 445.
5 BVerwGE 19, 231; NVwZ 1984, 169 Buchh. 310 § 103 Nr. 9.
6 BVerwG DÖV 1985, 579.
7 BVerwG NVwZ 1985, 337; DÖV 1983, 949.
8 Ebenso Kopp/Schenke Rn. 8; Münster OVGE 13, 278.

koll fixiert werden, um spätere Unklarheiten zu vermeiden. Für den **Vortrag der Beteiligten** gilt § 137 Abs. 2 bis 4 ZPO. Der **Reihenfolge** nach sind der Kläger (Rechtsmittelkläger), Beklagter (Rechtsmittelgegner), Beigeladener und zuletzt der VöI zu hören, wobei repliziert werden kann. Findet eine Beweisaufnahme in der mündlichen Verhandlung statt, so müssen die Beteiligten sich zu ihrem Ergebnis gem. § 108 Abs. 2 erklären können. Ist die Beweisaufnahme bereits angeordnet, so muss zwar der Vortrag des Berichterstatters gem. § 103 Abs. 2 ihr stets vorausgehen, werden aber zweckmäßig die Beteiligten von einem Sachvortrag vor dieser Beweisaufnahme absehen. Das Ablaufschema des § 103 Abs. 3 ist in vielen Fällen unzweckmäßig. Einmal empfiehlt es sich in größeren Verfahren, Sachvortrag und Erörterung nach Einzelkomplexen zu gliedern. Insbesondere ist aber das punktuelle aus die maßgebenden Fragen ausgerichtete Rechtsgespräch dem Austausch wechselseitiger Vorträge vorzuziehen. Weigert sich der Kläger, einen Antrag zu stellen, so wird dies als Klagerücknahme anzusehen sein[9] (vgl. § 102 Rn. 8).

§ 104 [Erörterung der Streitsache]

(1) Der Vorsitzende hat die Streitsache mit den Beteiligten tatsächlich und rechtlich zu erörtern.

(2) Der Vorsitzende hat jedem Mitglied des Gerichts auf Verlangen zu gestatten, Fragen zu stellen. Wird eine Frage beanstandet, so entscheidet das Gericht.

(3) Nach Erörterung der Streitsache erklärt der Vorsitzende die mündliche Verhandlung für geschlossen. Das Gericht kann die Wiedereröffnung beschließen.

I. Erörterung der Streitsache

1 § 104 Abs. 1 betont das **Prinzip der richterlichen Erörterung der Sach- und Rechtslage** mit den Beteiligten, wie es für das ganze Verfahren in § 86 Abs. 3 und § 87 und noch weiter gehend in der Untersuchungsmaxime des § 86 Abs. 1 gilt, auch für die mündliche Verhandlung (vgl. dazu § 86 Rn. 43 ff.; § 87 Rn. 1 ff.; § 108 Rn. 7; § 114 Rn. 10a ff.). Die Erörterung der Sach- und Rechtsfragen soll zur Sachaufklärung führen, soweit dies ohne Beweisaufnahme möglich ist, sie soll gleichzeitig die wesentlichen rechtlichen Probleme, die mit dem Streitgegenstand verbunden sind, den Beteiligten nahe bringen und ihnen Gelegenheit geben, sich hierzu zu äußern. Insbesondere soll erreicht werden, dass das Verfahren nicht in formellen oder prozessualen Streitigkeiten stecken bleibt, sondern zu einer Sachentscheidung führt, aus die in der Regel alle Beteiligten Wert legen. § 104 gilt auch für das Verfahren in der Berufungs- und Revisionsinstanz und hat hier seine besondere Bedeutung, wenn das Rechtsmittelgericht seiner Entscheidung andere rechtliche Gesichtspunkte zu Grunde legen will, als sie von dem Erstgericht in der angefochtenen Entscheidung und von den Beteiligten bisher erörtert worden sind. Im Einzelnen kann zum Inhalt

---

9   Nach Berlin NJW 1968, 1004 soll Klage dann unzulässig sein; ebenso VG Gera NVwZ-RR 2003, 704; Kopp/Schenke Rn. 8; Schoch/Ortloff Rn. 48; Bader/Kuntze Rn. 16.

und zu den Grenzen der sach- und rechtlichen Erörterung auf § 86 Rn. 13 ff. und § 108 Rn. 4 ff. verwiesen werden.

II. Fragerecht

Jedes Mitglied des Gerichts, Richter und ehrenamtliche Richter, kann **sach- 2 dienliche Fragen** stellen. Der Vorsitzende hat dies auf Verlangen zu gestatten. Lässt der Vorsitzende die Frage nicht zu, weil er sie nicht für sachdienlich hält, oder hält sie ein anderes Mitglied des Gerichts oder ein Beteiligter für unzulässig, so kann auf Grund dieser Beanstandung die Entscheidung der Kammer beantragt werden. Das Beanstandungsrecht des § 104 Abs. 2 S. 2 ist anders als im § 140 ZPO nicht auf die Beteiligten beschränkt, sondern steht auch den einzelnen Mitgliedern des Gerichts zu[1].

III. Wiedereröffnung der mündlichen Verhandlung

Die **mündliche Verhandlung endet mit der entsprechenden Erklärung des 3 Vorsitzenden,** nachdem die Mitglieder des Gerichts und die Beteiligten zu erkennen gegeben haben, dass sie weder noch Fragen zu stellen noch sonst etwas weiter zu erklären haben. Das Schließen der mündlichen Verhandlung muss nicht durch ausdrückliche Erklärung geschehen, vielmehr genügt auch konkludentes Handeln, sodass ein Schließen der mündlichen Verhandlung insbesondere darin liegt, dass das Gericht sich zur Beratung zurückzieht[2]. Von diesem Zeitpunkt an dürfen weiteres Vorbringen der Beteiligten oder andere dem Gericht bekannt werdende Umstände für die Entscheidung nicht mehr beachtet werden. Das gilt besonders für neue Schriftsätze der Beteiligten, die bei einer abschließenden Entscheidung unverwertet bleiben müssen, auch wenn sie lediglich den bisherigen Sach- oder Rechtsvortrag zusammenfassen oder nur Rechtsausführungen enthalten[3]. Denn jeder Beteiligte gibt seine Erklärung, dass er weitere Ausführungen nicht zu machen habe, nur unter der Vorstellung ab, dass auch von anderer Seite solche Ausführungen nicht mehr vorgetragen werden. Einzige Ausnahme ist der vorbehaltene Schriftsatz (hierzu § 108 Rn. 2). Ein Gericht verstößt deshalb gegen den **Grundsatz der Mündlichkeit,** wenn es nach Schluss der mündlichen Verhandlung in dem dort anberaumten Termin zur Verkündung einer Entscheidung die Ablehnung förmlicher Beweisanträge verkündet, den Beteiligten eine Äußerungsfrist setzt, in deren Rahmen neue Tatsachen vorgebracht werden, und dann dieses neue Vorbringen ohne weitere mündliche Verhandlung seinem Urteil zu Grunde legt[76].

Die **mündliche Verhandlung kann oder muss** zum Teil aus verschiedenen 4 Gründen **wieder eröffnet** werden: Sie **muss** – durch die Revision nachprüfbare Rechtspflicht des Gerichts – **wieder eröffnet werden,** wenn nach der Verhandlung, aber vor Abschluss der Beratung ein Mitglied des Gerichts ausfällt (§ 112) oder wenn von einem Beteiligten bis zur Verkündung oder

---

1   Schoch/Ortloff Rn. 67; Bader/Kuntze Rn. 9; Eyermann/Geiger Rn. 10 abw. von der Voraufl.; a.A. Kopp/Schenke Rn. 7.
2   BVerwG B. v. 28.7.2000, – 5 B 56.00 – n.v.
3   Eyermann/Geiger Rn. 13; a.A. für weitgehende Zulässigkeit Münster NJW 1958, 1842.

der Zustellung an Stelle der Verkündung[4] Umstände nachträglich geltend gemacht oder bekannt werden, welche die Wiederaufnahme des Verfahrens gem. § 153 rechtfertigen würden[5], da das Gericht nicht bewusst ein Urteil verkünden darf, dessen Rechtskraft durch die Wiederaufnahmemöglichkeit nur begrenzt ist[6].

5 Die mündliche Verhandlung **muss**[7] **wieder eröffnet werden,** wenn sich herausstellt, dass die Sachaufklärung zur Entscheidung nicht ausreicht, vielmehr rechtlich erhebliche Fragen offen geblieben sind, oder wenn nachträglich Umstände, sei es durch Sachvortrag der Beteiligten oder von Amts wegen, bekannt werden, die für die Entscheidung erheblich sind. Die Wiedereröffnung erfolgt von Amts wegen oder auf Antrag eines Beteiligten. Auf einer fehlerhaften Wiedereröffnung kann die daraufhin ergehende Entscheidung nicht im Sinne des § 132 Abs. 2 Nr. 3 beruhen[8], wohl aber auf fehlerhafter Verweigerung der Wiedereröffnung. Die Regelung des § 104 Abs. 3 S. 2 steht in enger Beziehung zu dem Anspruch der Verfahrensbeteiligten auf **Gewährung rechtlichen Gehörs** mit der Folge, dass Bedeutung und Tragweite dieses Grundrechts die Ermessensfreiheit des Gerichts zu einer Wiedereröffnungspflicht verdichten können. Insoweit kommt es auf den Einzelfall an, wobei das Gesamtverhalten des Beteiligten zu würdigen ist[9]. Zwar kann eine Wiedereröffnungspflicht ausnahmsweise zu verneinen sein, wenn ein Beteiligter **schuldhaft wesentlich zu spät,** aber unmittelbar nach Schließung der Verhandlung eintrifft, die anderen Beteiligten sich jedoch bereits entfernt haben[10]. Grundsätzlich kann das Gericht den rechtzeitig gestellten Antrag auf Wiedereröffnung der mündlichen Verhandlung eines Beteiligten, dessen persönliches Erscheinen angeordnet und der **ohne Verschulden an der Terminswahrnehmung gehindert** war, aber nicht ablehnen, ohne dessen Anspruch auf Gewährung rechtlichen Gehörs zu verletzen[11]. BVerfGE 72, 84, 88 ist zu entnehmen, dass der – hier verneinte – Ermessensspielraum des Gerichts eng ist, insbesondere ein Gericht schriftsätzliche Ausführungen nach Schließung der mündlichen Verhandlung, auch wenn ohne Vorbehalt eingereicht, auf die Erheblichkeit prüfen muss.

6 Über die **Wiedereröffnung** entscheidet das Gericht ggf. auch **von Amts wegen** – außerhalb der mdl. Verhandlung nur die Berufsrichter[12] –, nicht der Vorsitzende[13]. Sie kann von den Beteiligten angeregt, nach Auffassung des BGH aber nicht beantragt werden[14], was zum einen bei Annahme einer **Rechtspflicht zur Wiedereröffnung** seitens des Gerichts (Rn. 4 f.) kaum zutreffend sein kann. Zum anderen zählt zu den verfahrensrechtlichen Befugnissen, von denen ein Rechtsanwalt erforderlichenfalls Gebrauch machen muss, um den Anspruch der von ihm vertretenen Partei auf rechtliches Gehör durchzusetzen, auch die Stellung eines Antrags auf Wiedereröffnung

4   BVerwG Buchh. 310 § 104 Nr. 22.
5   BVerwGE 10, 354.
6   A.A. BGHZ 30, 60 Wiedereröffnung auch in diesem Falle im Ermessen des Gerichts; wie hier Kopp/Schenke Rn. 12.
7   BVerwG NJW 1995, 2303; a.A. 12. Aufl.
8   BVerwG NJW 1984, 192.
9   BVerwG NVwZ 1989, 857; Kassel NVwZ-RR 1999, 540.
10   Hamburg NVwZ 1991, 500.
11   Kassel NVwZ-RR 1999, 540.
12   BVerwG Buchh. 310 § 104 Nr. 15; BFH NVwZ-RR 1997, 73; Eyermann/Geiger Rn. 15.
13   BSG DÖV 1974, 430.
14   BGH NJW 1979, 2110; OLG Köln MDR 1983, 761.

der mündlichen Verhandlung. Zwar steht die Wiedereröffnung einer bereits geschlossenen mündlichen Verhandlung im Ermessen des Gerichts, dennoch kann ein **Wiedereröffnungsantrag** ersichtlich ein taugliches prozessrechtliches Mittel sein, einen drohenden Verlust der Äußerungsmöglichkeit noch rechtzeitig abzuwenden[15].

Die **Entscheidung** über eine Wiedereröffnung ist gem. § 146 Abs. 2 **unanfechtbar.** Eine Wiedereröffnung ist bis zur Verkündung oder bis zur Zustellung des Urteils (§ 116 Abs. 3) zulässig. Sie ist jedoch bereits ausgeschlossen, wenn die von den mitwirkenden Richtern unterschriebene Urteilsformel im Rahmen des § 116 Abs. 2 der Geschäftsstelle übergeben und von dieser im Einverständnis mit dem Vorsitzenden den Beteiligten telefonisch mitgeteilt worden ist[16]. Ist die Wiedereröffnung beschlossen worden, so haben die Beteiligten einen Anspruch auf Durchführung einer neuen mündlichen Verhandlung, in der sie nicht nur hinsichtlich des für die Wiedereröffnung maßgeblichen Umstandes erneut vortragen können, sondern wie bei einer Fortsetzung der mündl. Verhandlung zu verfahren ist. Kommt es dabei zu einem Richterwechsel, so gelten die Ausführungen zu § 112 Rn. 1a. Der Wiedereröffnungsbeschluss kann deshalb vom Gericht weder von Amts wegen noch auf Antrag wieder aufgehoben werden[17]. Freilich könnte das Gericht auch durch GerBescheid entscheiden, doch dürften die Voraussetzungen des § 84 in solchem Falle kaum vorliegen.

7

§ 105 [Protokoll der mündlichen Verhandlung]

Für die Niederschrift gelten die §§ 159 bis 165 der Zivilprozessordnung entsprechend.

§ 105 ist angesichts der generellen Verweisung des § 173 an sich überflüssig. Zur Erläuterung im Einzelnen kann auf die Kommentare zur ZPO verwiesen werden, nachfolgend werden die Grundzüge und Besonderheiten im Rahmen des Verwaltungsprozesses dargestellt.

1

I. Protokoll und vorläufige Aufzeichnung

1. § 160a ZPO trennt das **Protokoll** von der **vorläufigen Aufzeichnung.** § 160a Abs. 1 ZPO gestattet als vorläufige Aufzeichnung die Aufnahme in Kurzschrift, Tonaufnahme, in verständlichen Abkürzungen oder mit einer Kurzschriftmaschine. Aus der vorläufigen Aufzeichnung ist »unverzüglich nach der Sitzung« (§ 160a Abs. 2 S. 1 ZPO) das Protokoll herzustellen. Zeugen- und Sachverständigenbekundungen, Parteiaussagen und das Ergebnis des Augenscheins brauchen zunächst nicht übernommen zu werden, es genügt die Feststellung, dass es hierzu gekommen ist. Die Beteiligten (§ 63) können aber die Ergänzung des Protokolls um diese Aussagen und Angaben bis zum rechtskräftigen Abschluss des Verfahrens verlangen. Ebenso kann das Rechtsmittelgericht die Ergänzung anfordern. Dabei beschränkt sich die Ergänzung auf das wesentliche Ergebnis der Aussagen, wenn diese unmittelbar aufgenommen sind und zugleich das wesentliche

2

---

15 BVerwG NJW 1992, 3185; Mannheim NVwZ-Beil. 1998, 43.
16 München DVBl. 1997, 433.
17 RGZ 41, 374.

Ergebnis vorläufig aufgezeichnet worden ist. Dass Beweisaufnahmen vor dem verordneten Richter stets voll zu übertragen sind, dürfte selbstverständlich sein, wenn es im Gesetz auch nicht ausdrücklich angeordnet ist. Neben der unmittelbaren Aufzeichnung mit Tonaufnahmegerät sind vorläufige handschriftliche Aufzeichnungen eines Richters zulässig. Ihre Einbeziehung in die Urteilsfindung als Ergebnis der Parteivernehmung setzt Verlesung voraus[1], deren Unterlassung aber in der Verhandlung beanstandet werden muss, sonst Rügeverlust[2].

3 Zu den Aufbewahrpflichten kann auf § 160a Abs. 3 ZPO verwiesen werden. Ihre Verletzung kann erheblicher Verfahrensfehler nur sein, wenn Anlass besteht, an der Richtigkeit der Wiedergabe protokollierter Aussagen oder Ergebnisse zu zweifeln[3].

4 2. Der Tonträger gestattet, von der **Zuziehung** eines **Urkundsbeamten** abzusehen, da der Vorsitzende oder ein anderer Richter selbst diktieren. Aufgabe des Urkundsbeamten ist die Überwachung der Herstellung des Protokolls. Zur Mitverantwortung des Vorsitzenden hierbei BVerwG NJW 1977, 264.

5 3. Die **Beobachtung der Förmlichkeiten** kann anhand der vorläufigen Aufzeichnung durch Verlesen oder Abspielen vorgenommen werden. Im Protokoll ist zu vermerken, dass dies geschehen und die Genehmigung erteilt ist oder welche Einwendungen erhoben worden sind. Dagegen brauchen Zeugenaussagen usw. (§ 160 Abs. 3 Nr. 4 ZPO[4]) sowie Ergebnisprotokolle eines Augenscheins nicht vorgelesen oder vorgespielt zu werden, wenn nicht der Zeuge usw. es verlangt. Im Falle des Diktats müssen freilich die Beteiligten hierauf ausdrücklich – im Protokoll zu vermerken – verzichten[5]. Dass im Falle der Vereidigung (§§ 391 ff. ZPO) die vorherige Verlesung notwendig ist und dies vermerkt werden muss, ergibt sich aus der Bedeutung des Eides.

II. Zum Inhalt des Protokolls

6 1. **Was im Protokoll festzustellen** ist, ergibt sich aus § 160 ZPO. Die Bestimmung ist auch voll im VerwProzess anwendbar[6]. Auch die Anträge sind zu protokollieren (vgl. § 103 Rn. 6), ebenso der Beweisantrag nach § 86 Abs. 2[7], im Falle von dessen Ablehnung auch die Tatsache, dass die Ablehnung begründet wurde, nicht notwendigerweise aber Einzelheiten der Begründung[8]. Die Tatsache der Erörterung nach § 104 Abs. 1 gehört nicht zu den durch das Protokoll zu beweisenden Förmlichkeiten[9]. Auch die formlose informatorische Anhörung eines Beamten der beklagten Be-

---

1 Hierzu BVerwG NJW 1983, 2275.
2 BVerwG Buchh. 310 § 105 Nr. 40.
3 BVerwG NVwZ 1988, 1019.
4 Die unmittelbare Aufnahme ohne richterliches Diktat ist zulässig, BVerwG NJW 1976, 1282, das gilt auch für Parteiaussagen im KDV-Prozess, BVerwG DÖV 1976, 746.
5 Hierzu BVerwG NJW 1977, 1283.
6 BVerwG DÖV 1977, 370.
7 BVerwGE 21, 184.
8 BVerwG B. v. 27.8.2003 – 4 B 69.03 – n.v.
9 BVerwG Buchh. 310 § 104 Nr. 20.

hörde braucht nicht protokolliert zu werden, auch wenn sie im Urteil herangezogen wird[10].

2. Über den Inhalt des § 160 Abs. 1–3 ZPO hinaus können die **Beteiligten** **7** gemäß § 160 Abs. 4 ZPO **beantragen**, dass bestimmte Vorgänge oder Äußerungen in das Protokoll aufgenommen werden. Hierüber hat im Streitfall das Gericht durch Beschluss zu entscheiden. Der Beschluss ist unanfechtbar. Der Antrag ist nur bis zum Abschluss der mündlichen Verhandlung zulässig[11].

3. Wird die Klage zurückgenommen, der Anspruch anerkannt, auf ihn oder **8** auf ein Rechtsmittel verzichtet oder der Rechtsstreit durch Vergleich beendet, so kann die Aufnahme von Zeugenaussagen usw. sowie des Ergebnisses des Augenscheins entfallen (§ 161 Abs. 1 Nr. 2 ZPO). Hierüber hat der Vorsitzende nach pflichtgemäßem Ermessen zu entscheiden. Handelt es sich um einen Musterprozess, wird sich die Aufnahme empfehlen, da die Aufbewahrungspflicht nach § 160a Abs. 3 ZPO wegen ihrer begrenzten Zeitdauer nicht immer ausreichen wird. Dagegen kann in der Berufungsinstanz nicht mehr auf die Protokollierung verzichtet werden, da, mindestens über die Zulassungsbeschwerde, jedes Urteil des Berufungsgerichts der Revision unterliegt[12], wohl aber im Normenkontrollverfahren[13], soweit dieses nach altem Recht nicht revisibel war. In Wehrpflichtsachen müssen Zeugen-, Sachverständigen- und Parteiaussagen ebenfalls voll in das Protokoll aufgenommen werden, die Wiedergabe im Urteil genügt nicht[14].

4. Die **Aufnahme der Niederschrift über Aussagen von Zeugen und Beteiligten** ist nicht einfach. Der Gang der Vernehmung sollte aus dem Protokoll **9** immer deutlich werden, damit ein späterer Leser erkennt, wie es zu der Aussage gekommen ist. Ebenso sollte die zusammenhängende Aussage des Zeugen vor Antworten auf etwa anschließende Einzelbefragungen getrennt wiedergegeben werden. Das Protokoll darf sich nicht in der Wiedergabe einiger weniger zusammenfassender glatter Sätze nach einer längeren Vernehmung erschöpfen.

5. Wird die **Aufzeichnung** einer Partei- oder Zeugenaussage **gesetzwidrig** **9a** **unterlassen**, so ist dies ein Verfahrensfehler, der mit dem Antrag auf Zulassung der Berufung oder der Revision geltend gemacht werden kann[15]. Die Rüge ist aber abgeschnitten, wenn sie nicht bei der nächsten – sich möglicherweise sofort anschließenden – mündlichen Verhandlung nach der Beweisaufnahme vorgebracht wird[16]. War der Beteiligte in der einzigen Tatsacheninstanz aber nicht anwaltlich vertreten, so geht Rügerecht nicht

---

10 BVerwG Buchh. 310 § 108 Nr. 246.
11 BVerwG NJW 1963, 370.
12 Baumbach/Albers § 161 Rn. 10
13 BVerwG DVBl. 1990, 1354.
14 BVerwGE 48, 369.
15 A.A. offenbar Bautzen SächsVBl. 2001, 126: nur bei gleichzeitigem Gehörsverstoß.
16 BVerwGE 50, 344; 48, 369; auch bei ständiger Praxis des Gerichts: BVerwG NJW 1977, 313.

verloren[17]. Die Rüge, die Aufzeichnung sei unvollständig oder unrichtig, setzt protokollierte Beanstandung in der Verhandlung voraus[18].

III. Wirkung des Protokolls

10   Nach § 165 ZPO wird die Beachtung der für die mündliche Verhandlung vorgeschriebenen Förmlichkeiten nur durch das Protokoll erwiesen. Dass eine mdl. Verhandlung stattgefunden hat, kann sich auch aus dem Tatbestand des Urteils ergeben; das Fehlen solcher Angabe im Protokoll ist unschädlich[19]. Zu diesen Förmlichkeiten gehören auch Verlesen und Genehmigung entsprechender Erklärungen. Erledigungserklärungen gehören nicht dazu[20], wohl aber die Rücknahme der Erklärung[21]; ebenso nicht die Einbeziehung von Beiakten in die Verhandlung oder die Unterrichtung hierüber[22], Anträge zur Hauptsache, Beweisanträge, insbesondere nach § 86 Abs. 2. Insoweit ist Gegenbeweis gemäß § 415 Abs. 2 ZPO möglich[23].

10a   **1. Nicht in das Protokoll aufgenommene Förmlichkeiten gelten als nicht stattgefunden,** wenn über sie Streit entsteht. Eine Beweisführung außerhalb des Protokolls ist ausgeschlossen. Das BVerwG hat diesen Grundsatz im konkreten Fall dahin eingeschränkt, dass von der Öffentlichkeit der Verhandlung auszugehen sei, auch wenn im Protokoll über die Öffentlichkeit bei der Verhandlung und der Urteilsverkündung keine Angaben enthalten seien[24]. Für die Klagerücknahme verneint Bremen (DÖV 1983, 38) die Notwendigkeit des Verlesens.

11   **2. Die im Protokoll als geschehen aufgeführten Vorgänge haben stattgefunden.** Umgekehrt begründet die Niederschrift den vollen Beweis dafür, dass etwa ein Beweisantrag nicht gestellt wurde, wenn er in ihrem Text fehlt (§ 415 Abs. 1 ZPO[25]). Das Gegenteil kann nur durch den Nachweis der Protokollfälschung erwiesen werden. Die starren Beweisregeln des § 165 ZPO gelten trotz der Untersuchungsmaxime auch im Verwaltungsprozess, da sich der Untersuchungsgrundsatz nur auf die Erforschung des Streitverhältnisses, nicht aber auf die Beobachtung gerichtlicher Verfahrensvorschriften bezieht[26].

11a   Ist die **vorläufige Aufzeichnung** von Partei- oder Zeugenaussagen zu einem wesentlichen Teil **unverständlich** oder **unvollständig,** so liegt ein Verfahrensfehler vor, der die Zulassung der Berufung oder die Revision rechtfertigt, weil die Überprüfungsgrundlage fehlt[27].

---

17   BVerwGE 51, 66.
18   BVerwG DÖV 1981, 536.
19   BVerwG DÖV 1985, 580.
20   Berlin NJW 1970, 486.
21   BVerwG Buchh. 310 § 161 Nr. 92.
22   BVerwG DÖV 1983, 949.
23   BVerwG Buchh. 310 § 86 Nr. 32.
24   BVerwG NJW 1960, 2210; vgl. auch BGHZ 26, 340.
25   BVerwG Buchh. 310 § 86 Abs. 2 VwGO Nr. 31; B. v. 17.9.2001 – 9 B 59.01 – n.v.; Schoch/Ortloff Rn. 33.
26   Sodan/Dolderer Rn. 103.
27   BVerwG DÖV 1977, 370.

IV. Protokollberichtigung

§ 164 ZPO regelt die Protokollberichtigung selbstständig. Sie ist jederzeit, **12** also auch noch, wenn Fehler in Rechtsmittelinstanz gerügt ist[28], nach vorheriger Anhörung der Beteiligten, ggf. auch des Zeugen oder Sachverständigen zulässig. Die Beteiligten können die Berichtigung anregen, ein förmliches Antragsrecht sieht § 164 ZPO nicht vor. Berichtigung oder Ablehnung sind deshalb keine beschwerdefähigen Entscheidungen[29]. Wie bisher setzt die Berichtigung Übereinstimmung von Vorsitzendem und Urkundsbeamten voraus, wenn letzterer an der Aufnahme des Protokolls beteiligt war; anderenfalls ist sie unwirksam[30].

V. Erklärungen zu Protokoll des Urkundsbeamten

Auf die Abgabe und Beurkundung von Erklärungen zur Niederschrift des **13** Urkundsbeamten, die in der VwGO mehrfach vorgesehen ist, ist § 105 entsprechend anwendbar.

§ 106 [Vergleich]

Um den Rechtsstreit vollständig oder zum Teil zu erledigen, können die Beteiligten zur Niederschrift des Gerichts oder des beauftragten oder ersuchten Richters einen Vergleich schließen, soweit sie über den Gegenstand des Vergleichs verfügen können. Ein gerichtlicher Vergleich kann auch dadurch geschlossen werden, dass die Beteiligten einen in der Form eines Beschlusses ergangenen Vorschlag des Gerichts, des Vorsitzenden oder des Berichterstatters schriftlich gegenüber dem Gericht annehmen.

Übersicht

---

28 BVerwG MDR 1981, 166.
29 BVerwG DÖV 1981, 180; Mannheim NVwZ-RR 1997, 671; VBlBW 2003, 76; OLG Nürnberg MDR 1963, 603; Schoch/Ortloff Rn. 32; Bader/Kuntze Rn. 29; a.A. München BayVBl. 1999, 86; 2001, 568; Kopp/Schenke Rn. 9.
30 BAG NJW 1965, 931; RGZ 149, 312; OLG Saarbrücken NJW 1972, 61.

Vorbemerkung

1 Die durch das **Neuregelungsgesetz 1990 geänderte Fassung** des § 106 ermöglicht nunmehr den Vergleichsabschluss im schriftlichen Verfahren (§ 106 S. 2). Er ist in allen Verfahrensformen und vor allen am Verfahren beteiligten Richtern zulässig; lediglich der ersuchte Richter scheidet infolge der missglückten Formulierung – vgl. S. 1 und S. 2 – für den Abschluss des Vergleichs im schriftlichen Verfahren aus.

I. Rechtsnatur des Vergleichs

2 Der **Vergleich vor dem VG** hat in ähnlicher Weise eine **Doppelnatur** wie der Vergleich im Zivilprozess. Er ist einmal **materiell-rechtlich öffentlich-rechtlicher Vertrag**. Er ist zum anderen **Prozesshandlung** der Vergleichspartner mit dem Ziel, den Rechtsstreit ganz oder z.T. zu erledigen. Diese im Zivilrecht h.M.[1] ist auch für den Verwaltungsprozess zu übernehmen[2]. Sie entspricht dem Willen der Vergleichspartner, die mit dem Vergleich nicht nur den Prozess beschließen, sondern die materiell-rechtliche Streitfrage erledigen wollen. Der Vergleich setzt unter Übernahme des Grundgedankens des § 779 BGB ein **gegenseitiges Nachgeben** voraus, das aber nicht notwendig materiell-rechtlich sein muss, sondern auch in dem Verzicht auf prozessuale Rechte liegen kann, deshalb schon in dem Verzicht auf die Rechtskraftwirkung eines Urteils, die dem Vergleich fehlt, zu sehen ist[3]. Der Vergleich kann sowohl den gesamten Rechtsstreit erledigen wie sich auch auf einzelne trennbare selbstständige Ansprüche beziehen. Zu einer Reihe von Einzelfragen des Vergleichs vgl. Löwer VerwA 56, 142 ff., 236 ff.; Weitemeyer, Der verwaltungsprozessuale Vergleich, Frankfurt 1966; Breetzke NJW 1969, 1408; zum Vergleich im Baunachbarstreit vgl. Kluth BauR 1990, 678 ff.

II. Zulässigkeit des Vergleichs

3 Infolge der Doppelnatur des Vergleichs setzt seine Wirksamkeit voraus, dass sein Inhalt **Gegenstand eines öffentlich-rechtlichen Vertrags** sein kann. Soweit es sich dabei um die vergleichsweise Regelung an sich handelt, wird sie über § 106 hinaus auch durch § 55 VwVfG ausdrücklich zugelassen. Dazu nachstehend Rn. 4. Die vertragliche Regelung ist gem. § 54 S. 2 **VwVfG zulässig**, soweit Rechtsvorschriften nicht entgegenstehen. Sie bedarf also keiner besonderen Ermächtigung. Ob und wann Rechtsvorschriften entgegenstehen, ist eine materiell-rechtliche Frage und hier deshalb

---

1   BGHZ 28, 171; 16, 390; RG JW 1937, 2228; BAGE 4, 85; StJS Anm. II zu § 794; a.A. Baumbach/Hartmann Rn. 3 ff. nach § 307.

2   BVerwG DVBl. 1994, 211; NJW 1988, 662; E 28, 334; 14, 103; 10, 110; Münster NJW 1978, 181; Stelkens/Bonk § 55 Rn. 4; Kniesch, Staatsbürger und Staatsgewalt II S. 507; Löwer VerwA 56, 142 ff., 236 ff.; Hans DVBl. 1951, 72; Eyermann/Geiger Rn. 6 f.

3   OLG München NJW 1965, 1026; Kessler DRiZ 1978, 79 f.

nicht näher zu behandeln[4]. Durch die Neufassung des § 106 S. 1 ist klargestellt, dass der **Vergleich nicht auf den Streitgegenstand beschränkt** ist. Er kann jeden zulässigen, deshalb auch dem Prozessstoff fremden Inhalt haben, wenn er nur den Rechtsstreit ganz oder z.T. erledigt.

Der Vergleich als öfftl.-rechtl. Vertrag ist auch zulässig, wenn für die Verw- **4** Entscheidung **zwingendes Recht** besteht. Bestehen über die tatbestandlichen Voraussetzungen der behördlichen Entscheidung[5] oder aber über die Auslegung des Gesetzes berechtigte Zweifel, können sie durch Vergleich geregelt werden, wenn nicht gesetzliche Bestimmungen dies zwingend untersagen[6]. Für das VerwVerfahren wird dies durch § 55 VwVfG klargestellt. Im Einzelnen hierzu BVerwG NJW 1990, 2700. Auch ein Vergleich in **Abgabestreitigkeiten** ist unter den vorstehenden Voraussetzungen zulässig und ständige Praxis. Gegen den häufigsten Fall des gerichtlichen Vergleichs, der in der Wissenschaft bisher wenig Beachtung gefunden hat, dass nämlich bei Streit über den Inhalt eines angefochtenen oder beantragten VA die Behörde sich zum Erlass des **VA mit bestimmtem Inhalt** verpflichtet, während der Bürger erklärt, gegen einen solchen VA kein Rechtsmittel einlegen zu wollen, bestehen deshalb keine Bedenken[7]. Ebenso häufig und zulässig ist der Vergleich, über den streitigen Anspruch nach dem Ergebnis eines anhängigen anderen Verfahrens zu entscheiden[8]. Dagegen können die Beteiligten sich nicht über ein Tatbestandsmerkmal oder eine zum Streitgegenstand gehörende Rechtsfrage isoliert vergleichen (etwa, ob ein Reklameschild verunstaltend sei[9]), im Übrigen aber die Entscheidung über den Streitgegenstand dem Gericht überlassen. Das Gericht kann weder in Sach- noch in Rechtsfragen durch Vereinbarung der Beteiligten gebunden werden.

Voraussetzung wirksamen Prozessvergleichs ist, dass die **Behörde** zu der beabsichtigten Regelung sachlich und örtlich **zuständig** ist[10].

Im Vergleich übernommene Bindungen und Zusagen der Behörde unterliegen in der Regel den gleichen Bedingungen, wie sie ein VA gleichen Inhalts hätte; baurechtliche Genehmigungen oder Zusagen werden z.B. nach zwei bzw. drei Jahren gegenstandslos[11].

III. Verfahrensfragen

1. **Anhängigkeit.** Der Prozessvergleich setzt ein **anhängiges Gerichtsverfah-** **5** **ren** voraus, er kann aber **in jeder Verfahrensart**[12] (auch im Prozesskostenhilfeverfahren, § 118a ZPO) und **in jedem Verfahrensstadium** abgeschlossen werden. Nicht erforderlich ist, dass die Klage zulässig ist. Der Vergleich kann deshalb auch geschlossen werden, wenn für die Klage der

---

4 Vgl. hierzu Stelkens/Bonk§ 54 Rn. 44 ff.; Kopp/Ramsauer § 54 Rn. 41 ff.; Meyer/Borgs Rn. 66 ff. zu § 54, alle mit umfangreichen Literaturangaben.
5 BVerwGE 17, 87 ff.
6 BVerwGE 14, 103 m. abl. Anm. v. Mellwitz DVBl. 1962, 201; BGHZ 17, 61; OLG München NVwZ 1993, 100; es können auch überwiegende öfftl. Interessen entgegenstehen.
7 Auch BVerwG NJW 1962, 71 hält ihn ohne Erörterung für zulässig.
8 BSG NJW 1989, 2565, vereinbarter Musterprozess.
9 Münster VRspr. 4, 886.
10 BVerwGE 14, 103.
11 München BayVBl. 1978, 735.
12 VG Berlin NJW 1967, 366.

Verwaltungsrechtsweg nicht gegeben oder die Klage vor dem örtlich oder sachlich unzuständigen Gericht[13] erhoben worden ist oder vor einem nicht ordnungsgemäß besetzten Gericht verhandelt wird[14]. Lediglich die für die Wirksamkeit des materiell-rechtlichen Vertrags notwendigen Voraussetzungen (Rechtsfähigkeit, Geschäftsfähigkeit usw.) müssen gegeben sein. Ebenso können in einem Vergleich Regelungen übernommen werden, für die im Streitfall der Verwaltungsrechtsweg nicht zulässig wäre, etwa bürgerlich-rechtliche Vereinbarungen[15]. Zur Vollstreckung in solchem Fall vgl. § 168 Rn. 11.

6   2. **Vergleichsbeteiligte.** Der Prozessvergleich wird zwischen den Beteiligten abgeschlossen. Nicht erforderlich ist, dass alle Beteiligten am Vergleich mitwirken. **Notwendige Vergleichspartner** sind der **Kläger** und der **Beklagte.** Vereinbarungen, an denen sie nicht beide beteiligt sind, können kein Prozessvergleich sein, da sie den geltend gemachten Anspruch prozessual weder ganz noch zum Teil erledigen können. Nicht notwendig Beigeladene und VöI können den Abschluss eines Vergleiches zwischen Kläger und Beklagtem nicht verhindern. Sind sie hiermit nicht einverstanden und beteiligen sie sich am Vergleich nicht, so ist dieser ihnen gegenüber nicht wirksam[16]. Anders bei **notwendiger Beiladung** (str.; vgl. § 66 Rn. 10). Verweigert sich der notwendig Beigeladene, so können die übrigen Beteiligten sich außergerichtlich einigen und darauf den Rechtsstreit in der Hauptsache für erledigt erklären; freilich setzt dies die Wirksamkeit des außergerichtlichen Vertrags ohne Mitwirkung des notwendig Beigeladenen voraus (§ 58 VwVfG). Auch ein bisher nicht am Verfahren Beteiligter kann Vergleichspartner sein. Da § 106 allerdings nur von den »Beteiligten« spricht, muss er vorher beigeladen werden, was ohne Schwierigkeiten möglich ist, da die Voraussetzungen des § 65 stets gegeben sein dürften[17].

7   3. **Bedingung.** Der **Vergleich** kann, obwohl Prozesshandlung, wegen seiner Doppelnatur auch **unter Bedingungen** abgeschlossen werden. Häufig ist der Abschluss unter **Vorbehalt des Widerrufs.** Der Vergleich wird dann mit Abschluss wirksam, von ihm kann aber innerhalb bestimmter Frist zurückgetreten werden[18]. Dabei kann das Recht zum Widerruf wiederum von Bedingungen abhängig gemacht sein[19]. Um die **Einhaltung der Frist** feststellen zu können, ist die Vereinbarung zweckmäßig, dass der Widerruf bis zu einem bestimmten Zeitpunkt durch Anzeige gegenüber dem Gericht zu erklären ist. Fehlt eine solche Vereinbarung, so muss der Widerruf gegenüber dem oder den Vergleichspartnern erklärt werden[20]. Ist Erklärung gegenüber dem Gericht vereinbart, so muss sie in der für Prozesshandlungen maßgeblichen Form (Schriftsatz – BGH NJW 1980, 1752 differenziert

13   Lüneburg NJW 1969, 205; Münster VRspr. 4, 673.
14   BGHZ 35, 309.
15   BVerwG NJW 1976, 2360; BVerwG NJW 1995, 2117; Münster MDR 1954, 380; VRspr. 4, 673; Walchshöfer NJW 1973, 1103; Bader/Kuntze Rn. 18; nun auch Eyermann/Geiger Rn. 20 abw. von der Voraufl.; a.A. München BayVBl. 1972, 664: Auflassung unzulässig; OLG Hamm NJW 1953, 1028.
16   BVerwG MDR 1960, 873, 1957, 187; Bettermann DVBl. 1951, 40; Münster OVGE 9, 177.
17   Weiter gehend, Beteiligung auch ohne Beiladung möglich, Eyermann/Geiger Rn. 15.
18   A.A. BVerwGE 92, 29, das eine aufschiebende Bedingung annimmt; ebenso Weimar LKV 1999, 148.
19   Münster OVGE 27, 99.
20   BVerwGE 10, 110; BGH ZZP 71, 454; a.A. auch in diesen Fällen Erklärung gegenüber dem Gericht notwendig: BVerwGE 92, 29; Menger VerwA 51, 386.

nach dem Wortlaut des Vergleichs –, mündlich in der mündl. Verhandlung, Protokoll des Urkundsbeamten) und dem hierfür vorgesehenen Gericht gegenüber (strenge Anforderungen, vgl. BGH NJW 1980, 1753) abgegeben werden. Fernmündliche Mitteilung genügt nicht[21], wohl aber Telefax-Schreiben. Eine nicht unterschriebene Anzeige des Widerrufs ist unwirksam[22]. Gleiches gilt für den vollmachtlos erklärten Widerruf; die rückwirkende Heilung dieses Fehlers ist ausgeschlossen[23]. Zu Einzelfragen des rechtzeitigen Zugangs durch Einschreiben BAG NJW 1986, 1373; Schlee AnwBl. 1986, 241. Die **Verlängerung der Frist** bedarf gerichtlicher Protokollierung in der für den Vergleich maßgeblichen Form[24]. Wird die Frist versäumt[25], so ist die **Wiedereinsetzung ausgeschlossen**, da es sich nicht um eine gesetzliche Frist handelt (§ 60[26]). Der Widerruf kann nicht zurückgenommen werden[27], der Vergleich muss ggf. neu abgeschlossen werden.

Wird der in einer mündlichen Verhandlung abgeschlossene Vergleich widerrufen, so kann das Gericht in der Besetzung der Verhandlung entscheiden, wenn im Termin die Anträge gestellt worden sind. Die Beratung kann sofort oder auch erst nach Eingang des Widerrufs erfolgen; maßgeblich ist, dass die Entscheidung gemäß § 116 Abs. 1 oder Abs. 2 danach erlassen wird. Dagegen führt der oft in diesem Zusammenhang erklärte Verzicht auf eine mündliche Verhandlung dazu, dass das Gericht erst über die nach dem Widerruf bestehenden Anträge nebst etwaigem neuem Sachvortrag in der dann maßgeblichen Besetzung entscheiden kann[28]. Ebenso kann das Gericht den Weg des GerBescheids (§ 84) gehen.

4. Vergleichsabschluss. Der Vergleich kann **in zwei Formen** zu Stande kommen, durch Erklärung zu **Protokoll** oder durch **schriftliche Zustimmung** zu einem gerichtlichen **Vergleichsbeschluss.** Die Erklärung zu **Protokoll** kann vor dem Gericht, dem Vorsitzenden, dem Berichterstatter oder dem verordneten Richter abgegeben werden, das kann auch anlässlich eines Termines in anderer Sache geschehen, auch die Protokollierung vor einem an sich unzuständigen Richter wird genügen. Die Niederschrift ersetzt jede für den materiell-rechtlichen Vertrag etwa erforderliche Form. Das Protokoll muss den **Inhalt des Vergleichs** wiedergeben, was auch durch Bezugnahme auf den von den Beteiligten überreichten Vergleichstext als Protokollanlage möglich ist. Das Protokoll, ggf. die vorläufige Aufzeichnung ist vorzulesen und zu genehmigen. Es ist im Protokoll zu vermerken, dass dies geschehen ist (§ 162 ZPO). Unterbleibt diese Förmlichkeit, so ist der Vergleich als Prozesshandlung unwirksam[29], was aber nicht notwendig zur Ungültigkeit des materiell-rechtlichen Vertrages führen muss[30], sodass der Vergleich außergerichtlich bestehen bleibt und sich für das Verfahren hierauf die Erledigung der Hauptsache oder ggf. die Umstellung des Klageantrages ergibt.

8

---

21   A.A. BAG NJW 1960, 1364.
22   Münster VRspr. 8, 122; aber § 81 Rn. 2 anwendbar.
23   Weimar LKV 1999, 148.
24   VG Hamburg MDR 1982, 962.
25   Hierzu Münster OVGE 26, 70.
26   BGHZ 61, 394; Lüneburg DÖV 1999, 923; Münster NJW 1978, 181; BAG NJW 1978, 1876.
27   BGH Betrieb 1953, 424.
28   Hierzu Münster NVwZ 1982, 378; Dawin NVwZ 1983, 143.
29   BAGE 8, 228; Münster NJW 1976, 1228.
30   Münster DÖV 1977, 790; OLG Frankfurt NJW 1973, 1131.

Das **Gericht** ist zur **Protokollierung** des Vergleichs **verpflichtet**, wenn es ihn nicht inhaltlich für materiell-rechtl. unzulässig hält. Gegen die Ablehnung der Protokollierung ist Beschwerde zulässig, da kein Fall des § 146 Abs. 2 vorliegt.

9 Während bisher streitig war, ob mit der schriftlichen oder mündlichen **Zustimmung** zu einem **gerichtlichen Vergleichsvorschlag** ein Prozessvergleich zu Stande kommen könnte, stellt § 106 S. 2 hierfür nun ein sinnvolles Verfahren zur Verfügung. Das Gericht, Vorsitzender, Einzelrichter oder Berichterstatter macht den Beteiligten durch **Beschluss** einen Vergleichsvorschlag. Er ist den Beteiligten zuzustellen, um den Zugang des richtigen Textes nachweisen zu können. Er wird in der Regel vorher mit den Beteiligten erörtert worden sein[31]. Nicht selten sieht sich im Termin ein Beteiligter zum Abschluss auch unter Widerrufsvorbehalt nicht in der Lage, auch wenn man sich über Inhalt und Formulierung einig ist. Hier bietet sich ein entsprechender **Vergleichsbeschluss** an. Der Beschluss kann, wenn Beteiligte **Gegenvorschläge** machen, mit neuem Text wiederholt werden. Der Vergleich kommt zu Stande, wenn alle Beteiligten – einfacher Beigeladener und VöI sind nicht erforderlich – ihn schriftlich gegenüber dem Gericht annehmen. Da schriftliche Erklärungen von den Beteiligten immer als gegenüber dem Gericht abgegeben anzusehen sind, ist die Beschränkung des Empfangs in § 106 S. 2 auf das Gericht unschädlich. Das Gericht sollte in dem Vergleichsbeschluss **Erklärungsfristen** setzen, bei ihrer Handhabung oder Verlängerung aber flexibel sein. Mit der letzten Annahmeerklärung ist der Vergleich zu Stande gekommen. Hierüber hat das Gericht die Beteiligten zu unterrichten. Zur Schriftform der Annahme kann auf die Ausführungen zu § 81 Rn. 2 ff. verwiesen werden; zu dem so abgeschlossenen Vergleich als Vollstreckungstitel auf § 168 Rn. 11.

IV. Wirkungen des Vergleichs

10 **1. Materiell-rechtliche Wirkung.** Materiell ist der Vergleich ein **öffentlich-rechtlicher Vertrag**, der die rechtlichen Beziehungen der Vergleichspartner gem. dem Inhalt des Vergleichs regelt und wechselseitige Ansprüche und Pflichten zur Folge hat, die ggf. prozessual geltend gemacht werden können. Hierzu VwVfG §§ 56 ff.; Redeker, DÖV 1966, 543.

11 **2. Prozessuale Wirkung.** Prozessual **beendet** der Vergleich, auch der unwirksame[32], **das Verfahren**, wenn der Rechtsstreit durch ihn vollständig erledigt wird. Die **Rechtshängigkeit entfällt**. Ein besonderer Einstellungsbeschluss, der die Beendigung des Verfahrens feststellt, ist nicht erforderlich[33], da er ohne sachliche oder prozessuale Bedeutung ist und § 106 ihn bewusst nicht vorschreibt.

12 **3. Vollstreckbarkeit, Kosten.** Der Vergleich ist **Vollstreckungstitel** (§ 168 Abs. 1 Nr. 3). Die Vollstreckung richtet sich nach §§ 167 ff.[34]. Zu beachten ist, dass nicht jede **geringfügige Änderung** etwa einer baulichen Anlage,

---

31   Geht kein verbaler Gedankenaustausch zwischen dem Gericht und mindestens einem Rechtsanwalt in einem gerichtlichen Termin voraus, entsteht keine Erörterungsgebühr nach § 31 Abs. 1 Nr. 4 BRAGebO, Magdeburg AnwBl. 2001, 243.
32   BGH Betrieb 1978, 2314; JZ 1959, 252.
33   Eyermann/Geiger Rn. 28; Müller DVBl. 1961, 79.
34   Münster NVwZ 1992, 897; a.A., aber verfehlt Münster OVGE 31, 240.

deren Errichtung Streitgegenstand eines vorausgegangenen gerichtlichen Verfahrens wegen bauaufsichtlichen Einschreitens und Grundlage eines in diesem Verfahren geschlossenen Vergleichs war, die rechtliche Identität entfallen lässt mit der Folge, dass für die Beseitigung des Bauwerks ein neuer Titel erforderlich wäre[35]. Hierzu im Einzelnen § 168 Rn. 11. Der prozessual unwirksame, nur materiell wirksame Vergleich scheidet als Vollstreckungs- und als Titel für die Kostenfestsetzung aus[36]. **Vollstreckungsgegenklage** ist denkbar[37]. Zur Vollstreckung aus einem Vergleich, durch dessen Erfüllung Rechte Dritter beeinträchtigt werden können, vgl. Münster NJW 1978, 1174.

Enthält der Vergleich keine eigene **Kostenregelung**, so fallen nach § 160　**13** die Gerichtskosten jedem Teil zur Hälfte zur Last, die außergerichtlichen Kosten trägt jeder Beteiligte selbst. Das gilt auch, wenn in dem Vergleich die Klagerücknahme oder die Erledigung der Hauptsache[38] erklärt werden, weil nicht diese, sondern der Vergleich bereits das Verfahren beendet. Im Einzelnen und zur Frage der Kosten des Beigeladenen, wenn dieser an dem Vergleich nicht teilgenommen hat, vgl. § 160 Rn. 4.

V. Unwirksamkeit des Vergleichs

Der **Vergleich kann unwirksam** sein, wenn er wegen Verletzung zwingen-　**14** den Rechts unzulässig war, wenn einer der Beteiligten nicht beteiligungs- oder prozessfähig oder im Rahmen des § 67 Abs. 1 nicht ordnungsgemäß vertreten war, wenn der Vergleich am **Fehlen notwendiger Mitwirkung Dritter** gemäß § 58 VwVfG leidet[39] oder die Vergleichserklärungen **Willensmängeln** i. S. der §§ 116 ff. BGB unterliegen, die für den öffentlich-rechtlichen Vertrag entsprechend anwendbar sind (§§ 59–60, 62 VwVfG) und angesichts der Doppelnatur des Vergleichs auch für die Wirksamkeit des Prozessvergleichs als Prozesshandlung gelten[40], wenn der Vergleich bedingt abgeschlossen, die **Bedingung** aber nicht eingetreten oder weggefallen ist[41], wenn er bei **Widerrufsvorbehalt** widerrufen worden ist, wenn er nicht ordnungsgemäß protokolliert worden ist oder wenn es im schriftlichen Verfahren zu Fehlern gekommen ist. Die Doppelnatur des Vergleichs hat zur Folge, dass er materiell-rechtlich wie prozessual unwirksam ist, wenn er an materiell-rechtlichen Fehlern leidet; er kann aber materiell-rechtlich wirksam bleiben, auch wenn er prozessuale Mängel aufweist, also etwa der am materiell-rechtlichen Vertrag nicht beteiligte notwendige Beigeladene übergangen worden ist, ohne dass die Voraussetzungen des § 58 Abs. 1 VwVfG vorliegen. Maßgeblich ist der im Einzelfall festzustellende Wille der Vertragsparteien, einen materiell-rechtlichen Vertrag ggf. auch ohne prozessrechtlichen Teil abzuschließen[42].

35　Münster DÖV 1997, 794.
36　Lüneburg NJW 1978, 1541.
37　BGH AgrarR 1987, 273; BB 1967, 981.
38　OLG Bamberg MDR 1980, 60.
39　Saarlouis DÖV 1985, 208; Münster NJW 1988, 1685; auch BVerwG NJW 1988, 662.
40　Anfechtung deshalb zulässig BGHZ 16, 388; Hamburg NVwZ-RR 1994, 239; Kopp/Schenke Rn. 7 abw. von der Voraufl.; a.A. Mannheim DVBl. 1984, 201.
41　Überw. M. BGH NJW 1972, 159; BGHZ 16, 388; KG JZ 1951, 453; a.A. Baumbach/Hartmann Rn. 36 ff. Anh. zu § 307.
42　BVerwG Buchh. 310 § 106 Nr. 17.

15 Ist der Vergleich unwirksam, so können die Beteiligten das **Verfahren,** nicht von Amts wegen, **wieder aufnehmen.** Mit der Aufnahme wird es **rückwirkend wieder rechtshängig.** Es wird sowohl über einen etwaigen Streit über die Unwirksamkeit des Vergleichs als auch ggf. in der Sache selbst in dem bisher anhängigen Verfahren entschieden[43]. Das Gericht stellt entweder die Beendigung des Verfahrens durch den Vergleich fest, womit gleichzeitig die materiell-rechtliche Wirksamkeit des Vertrags geklärt wird[44] oder entscheidet nunmehr zur Sache. In beiden Fällen ergeht Sachurteil, nicht unselbstständiges Zwischenurteil[45]. Das Recht auf Fortsetzung des Verfahrens nach einem unwirksamen Vergleich kann allerdings verwirkt werden[46].

16 Entfällt der Vergleich nachträglich, etwa durch **Rücktrittserklärung, Wegfall der Geschäftsgrundlage**[47] oder neue Vereinbarung zwischen den Beteiligten, so bleibt das alte Verfahren beendet. Zu den Voraussetzungen, unter denen wegen nachträglichen Wegfalls der Geschäftsgrundlage eine **Anpassung oder Kündigung eines gerichtlichen Vergleichs** verlangt werden kann[48]. Etwaige Streitigkeiten sind in einem neuen Rechtsstreit zu klären[49]. Das gilt auch für Streit um die Auslegung des Vergleichs: Austragung in Feststellungs-, Abänderungs- oder Vollstreckungsgegenklage[50]. Ist auf Grund des Vergleichs ein **VA** erlassen, gegen dessen **Übereinstimmung mit dem Vergleich** Bedenken bestehen, so sind hiergegen die **Rechtsbehelfe** wie gegen jeden anderen VA gegeben[51].
Die in einem gerichtlichen Vergleich titulierten Forderungen können durch eine in anderer Form getroffene **Änderungsvereinbarung** zwar in materiellrechtlicher Hinsicht, nicht aber in vollstreckungsrechtlicher Hinsicht ausgetauscht oder abgeändert werden. Demzufolge können die so begründeten Rechte und Pflichten grundsätzlich nur dann zum Gegenstand der Zwangsvollstreckung gemacht werden, wenn die Änderungsvereinbarung selbst den Formerfordernissen eines gerichtlichen Vergleichs genügt[52]. Hierzu wird dann keine Möglichkeit mehr bestehen, wenn der erste Vergleich die Rechtshängigkeit beendete[53].

17 Prozessvergleiche können nicht Gegenstand eines **Wiederaufnahmeverfahrens** sein[54].

---

43   BVerwG DÖV 1962, 43; BGHZ 28, 171; BAG NJW 1960, 221; Hamburg NVwZ-RR 1994, 239; Münster DÖV 1977, 375; OVGE 8, 340; Lüneburg OVGE 7, 447; Eyermann/Geiger Rn. 29 ff.; a.A. KG JZ 1951, 453 m. abl. Anm. Rosenberg.
44   BGH JZ 1981, 199.
45   BGH NJW 1996, 3345.
46   BVerwG NJW 1993, 1940; Eyermann/Geiger Rn. 31.
47   BGH JR 1967, 22; BVerwGE 17, 339; München DVBl. 1978, 452.
48   Mannheim VBlBW 1997, 301.
49   BVerwG DÖV 1962, 423; DVBl. 1994, 211; BGHZ 28, 171; 41, 310; BAG, NJW 1974, 2115; BFG NJW 1963, 2292, a.A. bei Rücktritt BAG NJW 1957, 1127.
50   BGH NJW 1977, 583.
51   Mannheim VBlBW 1997, 301; VG Leipzig NVwZ-RR 1999, 755.
52   Münster, NVwZ-RR 1998, 535; BGH, NJW 1982, 2072.
53   Sodan/Dolderer Rn. 68.
54   BVerwGE 28, 333.

VI. Außergerichtlicher Vergleich

Der **außergerichtliche Vergleich** ist ein öffentlich-rechtlicher Vertrag zur **18** Erledigung der zwischen den Vertragspartnern bestehenden **Streitigkeit**. Er hat lediglich materiell-rechtliche Wirkung und kann bereits im Verwaltungs- oder Vorverfahren abgeschlossen werden, ebenso während eines anhängigen Verwaltungsprozesses. Ihm entspricht der »Prozessvergleich«, der prozessual unwirksam, materiell aber bindend ist. Er unterliegt allein den Regeln des materiell-öffentlichen Rechts. Die Erklärungen der Vertragsparteien sind nicht zugleich Prozesshandlung. Der außergerichtliche Vergleich beendet deshalb den Rechtsstreit nicht. Zur Beendigung kommt es, wenn auf Grund des Vergleichs die Klage zurückgenommen oder der Rechtsstreit für erledigt erklärt wird. Besteht nach dem Vergleich eine Verpflichtung zur Klagerücknahme, kommt der Kläger aber dieser Verpflichtung nicht nach, so kann (nicht muss) die Klage durch Prozessurteil abgewiesen werden, wenn die Wirksamkeit des Vergleichs außer Zweifel ist und die Weiterführung des Verfahrens deshalb der Einrede der Arglist unterliegt (§ 92 Rn. 9). **Nimmt** der **Kläger** dem Vergleich entsprechend die **Klage zurück**, so sind die Kosten nach der Regelung des Vergleichs[55], mangels solcher Regelung gemäß § 160 zu verteilen[56] (vgl. § 160 Rn. 6 ff.). Zum Fragenkreis Günther DVBl. 1988, 618. Ist die Kostenregelung bewusst ausgespart, so ist § 155 Abs. 2 als bindende Vorschrift anzuwenden. Erklären die Beteiligten unter Anzeige des außergerichtlichen Vergleiches das Verfahren in der **Hauptsache** für **erledigt**, so ist das Verfahren einzustellen. Die Kostenfolge richtet sich nach der Regelung des Vergleichs; fehlt sie, nach § 160; ist sie bewusst ausgespart und stellen die Beteiligten Kostenanträge, dann Entscheidung nach § 161 Abs. 2. Der außergerichtliche Vergleich ist **kein Vollstreckungstitel**.

Wird der Vergleich nicht befolgt, kann der Kläger seinen Klageantrag auf **19** die Erfüllung umstellen, was, wenn es sich um eine Klageänderung handelt, stets als sachdienlich anzusehen ist.

VII. Anwaltsvergleich

Das RPflVereinfG hat in § 1044b ZPO das Rechtsinstitut des Anwaltsver- **20** gleiches geschaffen. Ein von den Parteien und ihren Rechtsanwälten unterschriebener Vergleich, in dem sich der Schuldner der sofortigen Zwangsvollstreckung unterworfen hat, ist danach **Vollstreckungstitel**. Darin liegt seine besondere Bedeutung über den Vergleichsabschluss hinaus. Da § 168 VwGO diesen Vollstreckungstitel nicht aufführt und auch die VwVfG hierüber nichts enthalten, ist § 1044b ZPO für VerwVerfahren und VerwPro-

---

55 München BayVBl. 1986, 507; Münster v. 2.7.1965 – III B 157/65 – n.v.; Bremen NJW 1965, 1346; München DÖV 1980, 144; OLG Hamm JurBüro 1992, 424; OLG Schleswig SchlHA 1984, 48; Kopp/Schenke § 160 Rn. 4; Eyermann/Geiger § 160 Rn. 10 abw. von der Voraufl.; a.A., Kostenfolge des § 155 Abs. 2: Münster DÖV 1960, 957; DÖV 1981, 975; DVBl. 1982, 596; Kassel NJW 1966, 1674; DÖV 1983, 558; Schoch/Ortloff Rn. 74; Sodan/Neumann § 160 Rn. 30.

56 A.A. Eyermann/Geiger § 160 Rn. 10; Koblenz v. 5.5.1970 – 6 B 23/69 – n.v. hält eine Kostenentscheidung für unzulässig, da die Regelung des § 155 Abs. 2 dem Vergleichsinhalt widerspreche, dieser Inhalt aber wiederum das Gericht nicht binden könne.

zess nicht anwendbar[57]. Freilich beschränkt § 1044b ZPO den Vergleich inhaltlich nicht auf die Materien des Zivilrechtsweges. Gegen die Heranziehung auch für öffentl.-rechtl. Streitigkeiten bestehen deshalb keine Bedenken, soweit die Vollstreckungsmöglichkeiten der ZPO reichen. Zum Anwaltsvergleich siehe Nerlich MDR 1997, 416 ff.

10. Abschnitt · Urteile und andere Entscheidungen

§ 107 [Urteil]

Über die Klage wird, soweit nichts anderes bestimmt ist, durch Urteil entschieden.

Übersicht

I. Formen der Verfahrensbeendigung

1   Der Kläger hat einen Anspruch darauf, dass über die erhobene Klage entschieden wird. **Regelfall der Entscheidung ist das Urteil.** An Stelle eines Urteils wird das Verfahren abgeschlossen durch den Gerichtsbescheid (§ 84), den Beschluss nach § 130a oder den Beschluss, durch der den Antrag auf Zulassung der Berufung abgelehnt wird (§ 124a Abs. 5) oder den Beschluss, durch den die Berufung gemäß § 125 Abs. 2 oder die Revision

---

57   Ebenso Baumbach/Albers § 1044b Rn. 4.

(§ 144) als unzulässig verworfen oder die Nichtzulassungsbeschwerde (§ 133 Abs. 5) zurückgewiesen wird. Keiner richterlichen Sachentscheidung bedarf es, wenn die Klage zurückgenommen wird oder als zurückgenommen gilt (§ 92), wenn ein Prozessvergleich abgeschlossen wird (§ 106) oder wenn die Hauptbeteiligten den Rechtsstreit übereinstimmend in der Hauptsache für erledigt erklären (§ 161 Abs. 2). In diesen Fällen ist allein noch über die Kosten zu entscheiden, ggf. das Verfahren einzustellen (§ 92 Abs. 2).

II. Arten der Urteile

1. Endurteil. Endurteile **beenden,** soweit die Urteilsformel reicht, das Verfahren in der Instanz. Wird über einen Teil des Klagebegehrens gesondert, wenn auch abschließend entschieden, so spricht man von einem **Teilurteil.** Ist es zu einem Teilurteil gekommen, so heißt das über den noch offenen Anspruch entscheidende Endurteil **Schlussurteil.** **2**

2. Zwischenurteil. Zwischenurteile entscheiden im Laufe des Verfahrens über **einzelne Streitfragen,** ohne das Verfahren zu beenden. Sie sind grundsätzlich zulässig und stehen im Ermessen des Gerichts, auch wenn nur besondere Arten der Zwischenurteile im Gesetz ausdrücklich geregelt sind. Sie können sich auf rein **prozessuale Zwischenstreite** beziehen, ebenso aber auch auf Sachfragen, die einer gesonderten Entscheidung fähig sind. Besondere Arten der Zwischenurteile sind das **Grundurteil,** durch das bei Streit über Grund und Höhe eines Anspruchs über den Grund vorab entschieden wird (§ 111) und das **Zulässigkeitszwischenurteil,** durch das über die Zulässigkeit der Klage vorab entschieden wird (§ 109). Der VerwProzess kennt auch das **Zwischenfeststellungsurteil,** durch das über das Bestehen oder Nichtbestehen eines Rechtsverhältnisses, das für die Entscheidung über den Hauptanspruch erheblich ist, entschieden wird[1]. Prozessual ist es als Endurteil zu behandeln[2]. **3**

3. Prozess- und Sachurteil. Das Prozessurteil entscheidet lediglich über **Sachurteilsvoraussetzungen,** das Sachurteil über den **Streitgegenstand** selbst. Das Prozessurteil ist materieller Rechtskraft nicht fähig, da es den Streitgegenstand nicht erledigt (§ 121). **4**

4. Gestaltungs-, Leistungs- und Feststellungsurteil. Das **Gestaltungsurteil** ändert konstitutiv ein bestehendes Rechtsverhältnis mit absoluter Wirkung gegenüber jedermann. Typischer Fall ist das Urteil, durch das einer Anfechtungsklage stattgegeben wird; es hebt den VA auf. **Leistungsurteile** verpflichten den Beklagten zu einer bestimmten Leistung. Typischer Fall ist die Verurteilung des Beklagten zum Erlass eines VA auf die Verpflichtungsklage (§ 42) hin. Zum Leistungsurteil gehören auch das reine Zahlungsurteil, das im Verwaltungsprozess nicht mehr selten ist, und das Unterlassungsurteil. Durch das **Feststellungsurteil** wird das Bestehen oder Nichtbestehen eines Rechtsverhältnisses, die Nichtigkeit eines VA (§ 43) oder bei vorheriger Erledigung eines angefochtenen VA dessen Rechtswidrigkeit (§ 113 Abs. 1 S. 4) festgestellt. **5**

---

1   BVerwGE 39, 135; Berlin JR 1969, 115.
2   Schoch/Clausing Rn. 7.

6 *5. Anerkenntnis- und Verzichtsurteil.* **Anerkenntnisurteile** geben einer Klage allein auf Grund des Anerkenntnisses des Beklagten statt, ohne dass das Gericht von Amts wegen den Sachverhalt erforscht. Ihre Zulässigkeit im Verwaltungsprozess ist zu bejahen[3] (§ 86 Rn. 5). Das Anerkenntnisurteil ist Sachurteil. Anerkennt im Berufungsverfahren der unterlegene Beklagte, ist die Berufung zurückzuweisen[4]. Bei schriftl. Anerkenntnis und Antrag auf entsprechendes Urteil kann nach Mannheim (NJW 1991, 861) ohne mündl. Verhandlung entschieden werden; generell sicher zweifelhaft, aber als GerBescheid zulässig. Durch **Verzichtsurteile** wird eine Klage ohne Sachprüfung abgewiesen, wenn der Kläger in der mündlichen Verhandlung auf den Klageanspruch verzichtet und der Beklagte die Abweisung beantragt (§ 173 mit § 306 ZPO). Auch das Verzichtsurteil ist im Verwaltungsprozess zulässig (§ 86 Rn. 5), wie sich auch aus § 87a Abs. 2 Nr. 3 ergibt. Die Erklärung muss angesichts ihrer Besonderheit eindeutig, unzweifelhaft und unmissverständlich sein[5].

7 *6. Versäumnisurteil.* Versäumnisurteile ergehen allein auf Grund des Sachvortrages der erschienenen Beteiligten gegen den nicht erschienenen Kläger oder Beklagten. Sie sind im Verwaltungsprozess **unzulässig**, weil bei ordnungsgemäßer Ladung und Ausbleiben eines Beteiligten auch ohne ihn verhandelt (!) und entschieden werden kann (§ 102 Rn. 8 f.).

8 *7. Vorbehaltsurteil.* Vorbehaltsurteile (§ 173, § 302 ZPO) sind zu erlassen, wenn gegen einen **Zahlungsanspruch** Aufrechnung geltend gemacht wird und der Zahlungsanspruch entscheidungsreif ist, während über die Aufrechnung noch nicht entschieden werden kann. Hier kann, wenn die zur Aufrechnung gestellte Forderung nicht im rechtlichen Zusammenhang mit der Klageforderung steht, über diese vorab entschieden werden. Die Anwendung des § 302 ZPO auch im Verwaltungsprozess ist unbedenklich[6]. Ob sie voraussetzt, dass über die Gegenforderung im VerwRechtsweg entschieden werden kann, sonst aber nach § 94 ausgesetzt werden muss, ist streitig[7]. Es spricht viel dafür, dass nach § 17 Abs. 2 S. 1 GVG über die Gegenforderung regelmäßig im VerwRechtsweg zu entscheiden ist[8] (vgl. § 90 Rn. 10).

9 *8. Abänderungsurteil.* Abänderungsurteile ändern in bewusster **Durchbrechung der Rechtskraft** (§ 121) eine frühere Verurteilung zu künftig fällig werdenden Leistungen, wenn nachträglich eine wesentliche Änderung der für die erste Entscheidung maßgeblichen Umstände eingetreten ist (§ 173, § 323 ZPO). Die Zulässigkeit der Abänderungsklage ist unbedenklich. **Praktische Bedeutung** kann sie **nur für** die **reine Zahlungsklage** haben. Denn bei Verpflichtungsklagen ist ein neuer Antrag auf Abänderung des VA zu stellen und ggf. bei Ablehnung selbstständige neue Verpflichtungsklage zu erheben.

---

3   BVerwGE 104, 27; Mannheim NJW 1991, 861; Hamburg NJW 1977, 214.
4   München BayVBl. 2003, 279, auch zu Besonderheiten im Asylprozess: Berufung durch den Bundesbeauftragten und Anerkenntnis durch Bundesamt.
5   BVerwG NVwZ-RR 1990, 581.
6   BVerwGE 77, 19.
7   Bejahend BVerwGE 77, 19; Eyermann/J. Schmidt § 107 Rn. 5; Baumbach/Albers § 302 Rn. 19; verneinend Münster NJW 1980, 1068; Lüneburg VRspr. 29, 757; weiter BVerwG NJW 1983, 776.
8   VG Neustadt a.d. Weinstraße NVwZ 2003, 1544.

III. Urteilsmängel

Die Rechtslehre unterscheidet das Nichturteil von dem nichtigen und dem **10** bloß fehlerhaften Urteil. Ein **Nicht- oder Scheinurteil** liegt vor, wenn entweder das Urteil nicht von einem Gericht stammt[9] oder aber das Urteil noch nicht erlassen ist[10] (zum Zeitpunkt des Erlasses vgl. § 116 Rn. 5 ff.). Auch gegen ein Scheinurteil als faktischem Tatbestand kann ein Rechtsmittel zulässig sein[11]. Ein **nichtiges Urteil** leidet an schweren Verfahrensmängeln, ist aber, weil durch ein Gericht erlassen, als Hoheitsakt anzuerkennen und deshalb auch formeller, dagegen nicht materieller Rechtskraft fähig. Beispiel: Das Urteil ergeht, ohne dass notwendig beigeladen ist (vgl. § 65 Rn. 22 ff.); das Urteil spricht nicht bekannte oder unzulässige Rechtsfolgen aus[12]. Gegen ein solches Urteil sind alle Rechtsmittel einschl. der Wiederaufnahme zulässig, ebenso die Klage auf Feststellung der Unwirksamkeit[13]. Materiell-rechtlich erforderlich sind sie nicht, da das Urteil nicht bindet. Das **fehlerhafte Urteil** beruht lediglich auf Verfahrensfehlern oder Rechtsirrtum. Es ist formeller und materieller Rechtskraft fähig und kann nur mit den in der VwGO vorgesehenen **Rechtsbehelfen** angegriffen werden.

IV. Erledigung der Hauptsache

Erledigung der Hauptsache liegt vor, wenn durch nach der Klageerhebung **11** (§ 81) und vor Rechtskraft des Endurteils eintretende Umstände das Klagebegehren gegenstandslos wird. Die Erledigung kann sich auch nur auf einen Teil des Klagebegehrens beschränken. Die VwGO regelt ebenso wie die ZPO lediglich die Kostenfolgen der Erledigung in § 161 Abs. 2, klärt dagegen nicht, wann die Hauptsache erledigt ist und wie Gericht und Beteiligte in diesem Fall zu verfahren haben. Die zahlreichen zu § 91a ZPO entstandenen Streitfragen bestehen deshalb, vermehrt um weitere Sonderprobleme, auch für den Verwaltungsprozess. Vgl. hierzu aus neuerer Zeit Pietzner VerwA 1984, 81 ff.; Schmidt DÖV 1984, 622 ff.; Schultz JZ 1983, 331 ff.; Manssen NVwZ 1990, 1022 f.; Burgi DVBl. 1991, 193 ff.; Schenke, Erledigungsrechtsstreit, 1996; Cremer NVwZ 2003, 797; auch Röckle AnwBl. 1993, 317. Zahlreiche für die Praxis wesentliche Fragen sind streitig, ohne dass sich bisher bestimmte Auffassungen als h.M. durchgesetzt hätten. Zahlreiche Entscheidungen sind auch inhaltlich undeutlich, sodass sie wechselseitig als Beleg zitiert werden.

1. Voraussetzungen. a) Anhängigkeit. Es muss ein **gerichtliches Verfahren** **12** **anhängig** sein. Vor Anhängigkeit ist eine Erledigung der Hauptsache schon begrifflich nicht möglich[14]. Die Erledigung muss vor Rechtskraft der Schlussentscheidung eintreten. Ergibt sie sich nach einem Urteil, aber vor Ablauf der Rechtsmittelfrist, so kann der durch das Urteil beschwerte Beteiligte das Rechtsmittel einlegen und dann die Erledigung der Hauptsache erklären[15]. Denn er ist durch das Urteil im Vergleich zur Erledigung der

---

9   BGH VersR 1987, 1195.
10 BGHZ 61, 370.
11 BGH NJW 1964, 248.
12 Lüneburg NJW 1985, 1573; OLG Oldenburg MDR 1989, 268.
13 Baumbach/Hartmann Übers. § 300 Rn. 11 ff.
14 Baumbach/Hartmann § 91a Rn. 26 ff.
15 Koblenz DVBl. 1973, 894; Münster OVGE 28, 177.

Hauptsache regelmäßig beschwert, sodass das Rechtsschutzinteresse für das Rechtsmittel zu bejahen ist. Hat also die Behörde nach Verurteilung vor Ablauf der Rechtsmittelfrist den angefochtenen VA aufgehoben, weil nach ihrer Meinung in diesem Zeitraum neue Umstände eingetreten sind, die unabhängig von dem Urteil die Aufhebung rechtfertigen, so kann sie gegen das Urteil Berufung einlegen, in der Berufungsinstanz die Hauptsache für erledigt erklären und Kostenentscheidung gegen den Kläger beantragen[16]. Die **Erledigung** kann **in jeder Verfahrensform** – also nicht nur im Klageverfahren, sondern auch im Zulassungsantrags-, Zulassungsbeschwerde-, Aussetzungs- oder Verfahren der einstweiligen Anordnung, bei Zwischenstreiten[17], im Normenkontrollverfahren[18] und im Vollstreckungsverfahren[19] – und in jedem Verfahrensstadium eintreten und erklärt werden[20], auch in der Revisionsinstanz. Zur Erledigung in der Rechtsmittelinstanz BVerwG MDR 1970, 261, im Verfahren oder nach Erlass einer einstweiligen Anordnung vgl. Aderholt NJW 1961, 1804; Rn. 29a zu § 123.

13 b) **Tatsächliche Erledigung.** Das **Klagebegehren** muss sich **durch nach der Klageerhebung eingetretene Umstände** ganz oder z.T. **erledigt** haben. Haben sich die Umstände vor der Klageerhebung ergeben, so war die Klage mindestens mangels Rechtsschutzinteresses von Anfang an unbegründet (anders für die Fortsetzungsfeststellungsklage vgl. § 113 Rn. 35). Die im Zivilprozess streitige Frage der Erledigung nach Einreichung, aber vor Zustellung der Klage[21] kennt der VerwProzess infolge § 81 nicht. Die Hauptsache ist erledigt, wenn durch diese Umstände eine Lage eingetreten ist, die eine **Entscheidung über den Klageanspruch erübrigt und ausschließt,** bei Anfechtungsklage Wegfall der Beschwer durch den Verwaltungsakt[22], also etwa die Erfüllung infolge Aufhebung des angefochtenen VA durch die Behörde, Wegfall des geschützten Dritten, etwa durch Aufkaufen des Nachbargrundstücks durch den Bauherrn, Änderung der Gesetzeslage[23], Tod des Klägers bei höchstpersönlichen Rechten (vgl. § 94 Rn. 7) usw. Keine Erledigung bei Klage auf Aufhebung der Prüfungsentscheidung, wenn Kläger die Wiederholungsprüfung bestanden hat[24].

13a Zum Sonderfall der **Nichtigerklärung** eines Gesetzes, das zunächst zur Erledigung geführt hatte (Wehrpflichtänderungsgesetz 1977) und zur Fortsetzung solcher Verfahren: BVerwGE 57, 311, 321. Zum umgekehrten Fall der **rückwirkenden Heilung** eines mangels gültiger Satzung zunächst rechtswidrigen Abgabenbescheides durch neue Satzung: Erledigung bejaht, obwohl angefochtener Bescheid fortbesteht[25].

---

16   Münster OVGE 25, 247; a.A. OLG Nürnberg MDR 1968, 420.
17   BVerwG SchlHA, 1962, 111.
18   Bremen DÖV 1965, 209; Mannheim NVwZ-RR 1989, 443.
19   Wie hier Münster OVGE 38, 227; Sodan/Neumann § 161 Rn. 42; zweifelnd Lüneburg NJW 1971, 2324.
20   Das gilt auch im Asylverfahren BVerwG B. v. 29.7.2003 – 1 B 291/02.
21   BGHZ 21, 928.
22   München NVwZ-RR 1994, 548.
23   BVerwGE 50, 10; VRspr. 27, 291; Münster OVGE 30, 169.
24   BVerwGE 88, 111; 55, 355.
25   München NVwZ 1986, 1032.

c) **Beschränkung auf Rechtsmittel.** Die Erledigung der Hauptsache kann **14** sich auch auf das eingelegte Rechtsmittel beschränken[26], wenn etwa durch nachfolgende Gesetzesänderung ein ursprünglich unrichtiges Urteil nunmehr richtig wird oder bei Gesamterledigung das Rechtsmittel unzulässig war[27] oder wenn das Rechtsmittel des Beigeladenen infolge außergerichtlicher Einigung oder Erledigungserklärung der Hauptbeteiligten gegenstandslos wird[28] (vgl. § 66 Rn. 10), was bei einseitiger Erledigungserklärung auch für ein entsprechendes Feststellungsurteil des Berufungsgerichts gilt[29].

d) **Übergang auf Feststellungsantrag.** An Stelle der Erledigungserklärung **15** kann für den Kläger bei Klaglosstellung vielfach der Übergang auf den Feststellungsantrag nach § 113 Abs. 1 S. 4 in Frage kommen (vgl. näher § 113 Rn. 30 ff.). Die Rechtsprechung hält umgekehrt eine, ggf. auch nur **hilfsweise Erledigungserklärung** nach Übergang auf einen Fortsetzungsfeststellungsantrag für unzulässig[30]. Überzeugend ist das nicht; vielfach ist die Frage der Erledigung zweifelhaft oder kann ein Schutzinteresse des Beklagten, der die Erledigung verneint, an einer Sachentscheidung angenommen werden. Hier besteht ein Interesse des Klägers an solcher Antragstellung; die ihm vom BVerwG entgegengehaltene Widersprüchlichkeit von Haupt- und Hilfsantrag besteht fast immer.

2. **Erledigungserklärung.** Die Rechtsfolgen der Erledigung bestimmen sich **16** nach den Erklärungen, die von den Beteiligten abgegeben werden.

a) **Erklärung beider Beteiligten.** Erklären Kläger und Beklagter die Hauptsache für erledigt, so ist das Gericht an diese Erklärung gebunden. Die Erledigungserklärung der Hauptbeteiligten hat prozessual die Folge, dass **dem Gericht** eine **Entscheidung zur Hauptsache versagt** ist, auch wenn es selbst der Meinung ist, die Hauptsache sei noch nicht erledigt. Denn mit der übereinstimmenden Erledigungserklärung verzichten die Beteiligten auf die Sachentscheidung, ein solcher Verzicht gehört aber zur Dispositionsbefugnis der Beteiligten, wird deshalb durch die Untersuchungsmaxime nicht beeinflusst[31]. Das gilt auch, wenn Klage oder Rechtsmittel an sich unzulässig sind[32]. Die Unzulässigkeit ist lediglich für die Kostenentscheidung von Bedeutung (vgl. § 161 Rn. 5).

Andere Verfahrensbeteiligte als die Hauptbeteiligten können der Erledi- **17** gungserklärung weder zustimmen noch ihr widersprechen, auch nicht der

26 BVerwG Buchh. 310 § 133 VwGO Nr. 50; Buchh. 310 § 161 VwGO Nr. 106; Buchh. 310 § 161 Nr. 96; NVwZ 1998, 1064; BFHE 138, 173; 173, 506; Sodan/Neumann § 161 Rn. 44.
27 Münster OVGE 9, 205; BVerwG DÖV 1994, 1011; Baumbach/Hartmann § 91a Rn. 102 ff.; Eyermann/J. Schmidt § 161 Rn. 13 abw. von der Voraufl.; a.A. Schoch/Clausing § 161 Rn. 20.
28 BVerwG NJW 1960, 594.
29 Saarlouis AS 21, 366.
30 BVerwG DÖV 1991, 163; Buchh. 310 § 113 Nr. 206; NVwZ 1982, 560; Mannheim NVwZ-RR 1997, 395.
31 BVerwGE 1, 178; 30, 27f.; 46, 215; NJW 1962, 1076; DVBl. 1964, 874; DÖV 1966, 429; Buchh. 451.54 Nr. 11; Berlin NVwZ 1986, 672; Koblenz AS 3, 166; Lüneburg OVGE 6, 509; a.A. anscheinend BVerwGE 13, 175 m. abl. Anm. v. Müller NJW 1962, 1077 für den Fall, dass die Beteiligten nach Erledigung keine Erklärung abgeben.
32 A.A. Münster VRspr. 31, 750.

notwendig Beigeladene, selbst wenn er Rechtsmittelführer ist[33], da er nicht durch die Beendigung des Verfahrens, sondern allenfalls durch die materiell-rechtliche Regelung zwischen den Hauptbeteiligten beeinträchtigt wird, die aber nicht Inhalt der Erledigungserklärung ist[34] (vgl. im Einzelnen § 66 Rn. 10), ebenso auch nicht der Bundesbeauftragte für Asylangelegenheiten[35]. Dagegen kann ein von einem anderen Verfahrensbeteiligten eingelegtes Rechtsmittel von ihm zusammen mit dem Rechtsmittelgegner für erledigt erklärt werden.

18   Die **Erledigungserklärung ist Prozesshandlung**, deshalb bedingungsfeindlich und nach Zustimmung des Gegners nicht mehr widerrufbar oder anfechtbar[36]. Bis zu diesem Zeitpunkt wird Widerruf überwiegend als zulassig angesehen[37]. Die Erklärung kann unter Beibehaltung des Hauptantrags **hilfsweise** abgegeben werden[38], wie auch umgekehrt der Hauptantrag nach Erledigungserklärung hilfsweise beibehalten[39] oder sogar noch in der nächsten Instanz hilfsweise wieder gestellt[40] werden kann. Die Erledigung kann auch **konkludent** erklärt werden, etwa durch Beschränkung der Anträge auf die Kosten[41]. Die Erklärung unterliegt im Verfahren vor dem OVG oder BVerwG nicht dem Anwaltszwang[42]. Erklärt sich ein Hauptbeteiligter auf die Erledigungserklärung des anderen nicht, gilt der Rechtsstreit als erledigt, wenn die Voraussetzungen des § 161 Abs. 2 S. 2 erfüllt sind.[43] Die frühere gegenteilige Auffassung der Rechtsprechung[44] ist überholt.

19   Ist übereinstimmend für erledigt erklärt, so bleibt das Verfahren **rechtshängig**, da noch über die Kosten zu entscheiden ist[45] (vgl. auch § 90 Rn. 3). Will man nach dem Inhalt des Verfahrens differenzieren, so endet die Rechtshängigkeit der Hauptsache, nicht aber der Kostenfolge[46]. Deshalb kann die Klage auch noch nach Erledigungserklärungen zurückgenommen werden. Das Gericht trifft die **Kostenentscheidung** nach § 161 Abs. 2 durch Beschluss. Eines besonderen Einstellungsbeschlusses bedarf es nur, wenn die Erledigung in der **Rechtsmittelinstanz** eingetreten ist. In diesem Fall müssen die **Entscheidungen der Vorinstanzen** für unwirksam erklärt

---

33   Kassel MDR 1984, 784.
34   BVerwGE 30, 27 ff.
35   Münster DÖV 1985, 689.
36   BVerwG DVBl. 1992, 777; DÖV 1964, 570.
37   BVerwG DÖV 1972, 796; Kassel DÖV 1964, 570; München VRspr. 19, 374; Münster NJW 1966, 1770; Kassel DÖV 1964, 570; BGH NJW 1968, 991; a.A. Eyermann/J. Schmidt § 161 Rn. 9.
38   BVerwG DVBl. 1970 281; Münster NJW 1971, 162; OVGE 32, 210; Kopp/ Schenke § 161 Rn. 13; OLG Schleswig NJW 1973, 1933; Kassel NVwZ-RR 1994, 125; a.A. BVerwG DVBl. 1961, 40f.; Kassel NVwZ 1987, 235; Koblenz DVBl. 1987 1027; Lüneburg NJW 1983, 902; Eyermann/J. Schmidt § 161 Rn. 9 abw. von der Voraufl.
39   BGH NJW 1965, 1597; Baumbach/Hartmann § 91a Rn. 76 f.
40   BVerwG NVwZ-RR 1988, 56.
41   BGHZ 21, 298; Münster OVGE 12, 159; Sodan/Neumann § 161 Rn. 51.
42   BVerwG DVBl. 1961, 517.
43   So die Rechtslage ab dem 1.8.2004.
44   Münster OVGE 16, 271.
45   Wie hier Schoch/Ehlers § 41, § 17 GVG Rn. 2; a.A. Schoch/Ortloff § 90 Rn. 6; Eyermann/Rennert § 90 Rn. 7; Kopp/Schenke § 161 Rn. 15; Sodan/Neumann § 161 Rn. 84.
46   Pietzner VerwA 1984, 92; wohl auch Eyermann/J. Schmidt § 161 Rn. 8.

werden[47], was aber nur gelten kann, wenn das Rechtsmittel zulässig war. In der Praxis überwiegt der **Einstellungsbeschluss.** Bei Erledigung während der Nicht-Zulassungsbeschwerde entscheidet das BVerwG[48]. Zum Inhalt der Kostenentscheidung vgl. § 161 Rn. 4 ff.

Erst die beiderseitige Erklärung führt zur Erledigung. **Laufen** nach Erklärung des Klägers, aber vor Eingang der Erklärung des Beklagten **Fristen,** etwa die Revisionsbegründungsfrist, ab, so müssen sie gewahrt werden, da anderenfalls Unzulässigkeit eintreten kann, die zur Verwerfung des Rechtsmittels, mindestens aber zu negativer Kostenfolge nach § 161 Abs. 2 führen kann. **19a**

b) **Keine Erklärung.** Geben **beide Hauptbeteiligten keine Erledigungserklärung** ab, obwohl Erledigung vorliegt, so kann das Gericht das Verfahren nicht von Amts wegen für erledigt erklären, auch wenn es die Erledigung feststellt. Bleiben die Hauptbeteiligten bei ihren Sachanträgen, so wird in der Regel die Klage mangels Rechtsschutzinteresses abzuweisen sein. Stellen die Beteiligten ausdrücklich keine Anträge, so kann dies Anlass für eine an den Kläger zu richtende **Betreibensaufforderung** i.S.d. § 92 Abs. 2 sein[49] (hierzu § 92 Rn. 9d). Das gilt auch bei Erledigung nach Erhebung der **Untätigkeitsklage,** wenn dem Widerspruch innerhalb der vom Gericht gesetzten Frist stattgegeben oder der VA innerhalb dieser Frist erlassen wird (§ 75 Abs. 4). Ausdrückliche Erledigungserklärung ist erforderlich (vgl. § 75 Rn. 7)[50]. Vom Gericht von Amts wegen zu beachtende Erledigung dagegen bei Tod des Klägers, der höchstpersönlichen Anspruch geltend gemacht hatte (vgl. § 94 Rn. 7). **20**

c) **Erklärung nur des Klägers.** Erklärt nur der Kläger, **nicht** aber **der Beklagte** den Rechtsstreit in der Hauptsache **für erledigt,** so muss das Gericht nunmehr von Amts wegen prüfen, ob Erledigung vorliegt. Ob das als Klageänderung anzusehen ist, ist streitig, aber zu verneinen (vgl. § 91 Rn. 4), sie wäre aber im Übrigen immer zulässig, weil sachdienlich[51]. Formell beantragt der Kläger vom Gericht die **Feststellung der Erledigung;** BVerwG DÖV 1991, 163 unterscheidet diesen Antrag von der Erledigungserklärung selbst; eine solche Differenzierung erscheint gekünstelt und kann zu mancherlei prozessualen Verwicklungen führen. Bejaht das Gericht die Erledigung der Hauptsache, so stellt es die Erledigung durch Urteil – nicht durch Beschluss[52] – fest und entscheidet gleichzeitig gem. § 161 Abs. 2 über die Kosten[53]. Verneint es die Erledigung, weil die Klage keine Erledigung gefunden hat[54], so ist die Klage mit entsprechender Kostenentscheidung **21**

---

47 Str.; wie hier BVerwG DVBl. 1960, 174; Koblenz AS 3, 166; Müller DVBl. 1957, 195; a.A. stets Einstellungsbeschluss BVerwGE 13, 174; Münster OVGE 9, 63.
48 BVerwGE 34, 40; NJW 1965, 1732.
49 So auch Schoch/Clausing § 161 Rn. 48.
50 Pietzner VerwA 1984, 90 m.w.N.
51 Vgl. BVerwGE 31, 318; 20, 146.
52 Vgl. Münster OVGE 16, 190.
53 BVerwGE 20, 140; BVerwG MDR 1957, 375; Berlin AS 4, 186; Lüneburg OVGE S. 308; Mannheim ESVGH 13, 82; a.A. Kostenentscheidung nach § 154, nicht § 161 Abs. 2; München KStZ 1984, 37; Münster OVGE 16, 271; 30, 169; Schmidt DÖV 1984, 626.
54 Mannheim DVBl. 1989, 63: maßgeblicher Zeitpunkt ist der Eintritt des erledigenden Ereignisses.

mangels Sachantrags abzuweisen. Hiergegen ist Berufung zulässig, auch wenn es im Grunde nur um die Kosten geht[55].

21a In der Rechtsprechung des BVerwG ist streitig, ob es an einer Erledigung fehlt, wenn die **Klage von Anfang an unzulässig** war[56]. Der bejahenden Auffassung dürfte zuzustimmen sein, da die **Erledigung** ein **tatsächliches Ereignis** ist, das nicht von rechtlichen Vorfragen abhängig gemacht werden kann. Deshalb Erledigung auch dann, wenn die **Klage von Anfang an unbegründet** ist[57]. In beiden Fällen kann das Gericht trotz Erledigung eine Sachentscheidung treffen, wenn ein schutzwürdiges Interesse des Beklagten an einer solchen Sachentscheidung besteht, also geklärt werden soll, ob die Klage unabhängig von der Erledigung als unzulässig oder unbegründet hätte abgewiesen werden müssen[58]. Ein solches Interesse ist in der Regel anzunehmen, wenn eine Wiederholung des Streits über die Sach- und Rechtsfragen erwartet werden muss, deshalb eine Klärung dieser Rechtsbeziehungen zur Vermeidung weiterer Auseinandersetzungen geboten erscheint[59]. Das Gericht prüft in solchem Fall die sachliche Berechtigung der Klage als Erfordernis der **Begründetheit des Erledigungsfeststellungsantrags.** Verneint es sie, so weist es die Klage ab[60]. Das gilt nicht für das Anordnungsverfahren nach § 123, da es hier stets am berechtigten Feststellungsinteresse fehlt[61], ebenso nicht im Aussetzungsverfahren[62].

21b Die Erledigungserklärung des Klägers ist oft nur eine **verschleierte Klagerücknahme,** sodass auch die Kostenfolge des § 155 Abs. 2 in Frage kommen kann[63]. Allerdings kann eine ihrem Wortlaut nach eindeutige Erklärung auch dann nicht als Klagerücknahme behandelt oder in eine solche umgedeutet werden, wenn objektiv keine Erledigung eingetreten ist[64]. Will der Kläger die Kostenfolge einer Rücknahme sicher vermeiden, so wird er den Hauptantrag hilfsweise aufrechterhalten. In diesem Fall muss das Gericht auf Grund des Hilfsantrages in der Sache selbst entscheiden[65]. Die nur hilfsweise Erledigungserklärung des Beklagten hält LG Köln[66] für unzulässig, aber die Gründe hierfür überzeugen nicht (vgl. auch Rn. 18). Zum Gesamtkomplex der einseitigen Erledigungserklärung, teilweise abweichend, Manssen NVwZ 1990, 1018 ff., der die Erklärung als Klageänderung behandelt, die ggf. nicht zuzulassen ist (vgl. § 91 Rn. 4).

21c Gegen die **einseitige Erledigungserklärung** in der **Revisionsinstanz** sind Bedenken erhoben worden, weil Klageänderung damit verbunden sei. Das

---

55 BGHZ 57, 224.
56 Bejahend: BVerwGE 34, 159; 82, 41; Buchh. 451.54 MStG Nr. 11, NVwZ 1989, 862; verneinend: BVerwGE 20, 146; 73, 312; DVBl. 1991, 214.
57 BVerwGE 31, 318; 82, 41; DVBl. 1989, 874; Buchh. 402.24 § 2 Nr. 17; 300 § 21e Nr. 2.
58 BVerwGE 20, 146; 31, 318; 60, 328; 82, 41; NJW 1988, 2630; DVBl. 1991, 214.
59 Hierzu BVerwG NVwZ 1989, 862; auch Kassel NVwZ 1988, 266.
60 BVerwG NJW 1990, 531.
61 Lüneburg OVGE 31, 404; Kassel DÖV 1990, 160.
62 Mannheim NVwZ 1988, 747.
63 BVerwGE 46, 217; Buchh. 451.54 Nr. 11; 310 § 161 Nr. 81; hierzu Schmidt DÖV 1984, 622 f.; Kassel NVwZ-RR 1994, 125: verneint.
64 BVerwG NVwZ 1989, 860; Mannheim NVwZ-RR 1989, 443; Schoch/Clausing § 161 Rn. 15.
65 BGH NJW 1965, 1597.
66 NJW 1968, 1481; hierzu auch Bergerfurth NJW 1968, 530; a.A. Münster OVGE 25, 247.

BVerwG[67] lässt eine solche Klageänderung entgegen § 142 zu, wenn nicht die Revision selbst unzulässig ist[68] und entscheidet durch Urteil über die Erledigung[69]. Das gilt auch, wenn Kläger Revisionsbeklagter ist. Unterlässt er Erledigungserklärung, obwohl Erledigung unstreitig, so führt dies zur Klageabweisung[70].

Das **Urteil ist** in jedem Falle **Endurteil**[71], deshalb mit Berufung und ggf. **22** Revision angreifbar[72]. Die Kostenentscheidung allein ist gem. § 158 nicht anfechtbar, auch wenn sie auf § 161 beruht[73]. Erklärt der Rechtsmittelkläger für erledigt, widerspricht der Gegner und verneint das Gericht die Erledigung, so sind seine Anträge als unzulässige Beschränkungen des Rechtsmittels auf den Kostenpunkt anzusehen, sodass die Berufung als unzulässig zu verwerfen ist[74]. Zur Entscheidungsformel bei teilweiser Erledigung BVerwG NJW 1963, 923.

d) **Erklärung nur des Beklagten.** Erklärt der Beklagte die Hauptsache für **23** erledigt, **widerspricht** aber **der Kläger** und stellt er Sachantrag, so weist das Gericht die Klage mangels Rechtsschutzinteresses als unzulässig ab, wenn tatsächlich Erledigung vorliegt[75]. Hält das Gericht den Rechtsstreit nicht oder nicht ganz für erledigt, so entscheidet es insoweit in der Sache selbst. Die Erledigungserklärung des Beklagten ist in diesem Falle als **Abweisungsantrag** zu behandeln.

e) **Zulassungsbeschwerdeverfahren.** Einseitige Erledigungserklärungen im **24** Zulassungsbeschwerdeverfahren waren nach früherer Rechtsprechung des BVerwG[76] auf das Verfahren ohne Einfluss. Überzeugend die jetzt entgegengesetzt vertretene Auffassung[77], wonach die Erklärung zulässig und bei Begründetheit durch Urteil des RevGerichts die Erledigung festzustellen ist.

f) **Entscheidung nach Aktenlage.** In allen Fällen hat das Gericht bei seiner **25** Entscheidung die **Aktenlage** im Zeitpunkt der **Erledigungserklärung** zu Grunde zu legen. Zur Frage, wieweit darüber hinaus Aufklärungsmaßnahmen oder Beweiserhebungen zulässig sind, vgl. § 161 Rn. 5. Zu den **Kostenfolgen** siehe die Rn. 4 ff. zu § 161.

§ 108 [Freie Beweiswürdigung]

(1) Das Gericht entscheidet nach seiner freien, aus dem Gesamtergebnis des Verfahrens gewonnenen Überzeugung. In dem Urteil sind die Gründe anzugeben, die für die richterliche Überzeugung leitend gewesen sind.

(2) Das Urteil darf nur auf Tatsachen und Beweisergebnisse gestützt werden, zu denen die Beteiligten sich äußern konnten.

---

67 BVerwGE 20, 246.
68 BVerwG MDR 1970, 262.
69 BVerwG Buchh. 402.25 § 28 Nr. 13.
70 BVerwG MDR 1970, 261.
71 A.A. Kassel DÖV 1964, 570: Zwischenurteil.
72 LG Berlin NJW 1964, 775.
73 BGH NJW 1963, 48; München VGH n.F. 25, 90; a.A. OLG Celle NJW 1964, 598.
74 Münster NJW 1957, 1572; vgl. auch Furtner MDR 1961, 188.
75 Stuttgart ESVGH 3, 132; a.A. als unbegründet BVerwG DÖV 1960, 192.
76 BVerwGE 34, 40.
77 BVerwGE 72, 93.

Übersicht

I. Grundsatz der freien Beweiswürdigung

§ 108 übernimmt den Wortlaut des § 128 SGG. Die Bestimmung steht in engem Zusammenhang mit der zwar nicht im Wortlaut, aber weitgehend inhaltlich gleichen Regelung des § 286 Abs. 1 ZPO.

1 **Der der Entscheidung zu Grunde zu legende Sachverhalt wird von dem Gericht in freier Überzeugung gewonnen.** Das Gericht hat in der Abwägung und Würdigung aller für die Feststellung des Sachverhalts maßgeblichen Umstände freie Hand. Seine Überzeugung braucht nicht auf absoluter Gewissheit zu beruhen. Es genügt ein so hoher Grad der Wahrscheinlichkeit, dass eine andere Auffassung bei vernünftiger Überlegung nicht denkbar ist. Besondere Verfahrensgestaltungen können geringere Anforderungen an die Überzeugung rechtfertigen, so die Beweisnot in Flüchtlings- und

Wiedergutmachungssachen[1]. Zum Gesamtergebnis des Verfahrens gehören das gesamte beigezogene Unterlagenmaterial, die Erkenntnisse des vorbereitenden Verfahrens (§ 87)[2], die Ergebnisse der mündlichen Verhandlung und der Beweisaufnahme. Dabei sind sowohl die mündlichen und schriftlichen Erklärungen der Beteiligten (auch wenn der Beteiligte trotz Aufforderung keine Abschriften für die anderen Beteiligten eingereicht hat)[3]; hierzu § 81 Rn. 18, insbesondere die Beweisanträge (zu den Voraussetzungen etwaiger Ablehnung vgl. § 86 Rn. 29 ff.), als auch die Niederschrift der Beweisaufnahme und die persönlichen Wahrnehmungen des Gerichts im Beweistermin sowie die beigezogenen Urkunden, Akten und sonstigen Unterlagen zu berücksichtigen[4]. In gleicher Weise sind die offenkundigen und die gerichtskundigen Tatsachen heranzuziehen, wenn sie zum Gegenstand der mündlichen Verhandlung gemacht worden sind[5] (vgl. § 86 Rn. 35). Alle Unterlagen sowie die Niederschrift über eine etwaige Beweisaufnahme vor dem Vorsitzenden, dem Berichterstatter oder dem verordneten Richter müssen durch den Vortrag des Berichterstatters oder später durch den Vorsitzenden zum Gegenstand der mündlichen Verhandlung gemacht werden[6], wenn sie berücksichtigt werden sollen. Hierzu genügt aber der Hinweis auf das Vorhandensein der Akten und die Erörterung ihres wesentlichen Inhalts[7]. Eine Verlesung der gesamten beigezogenen Akten und Urkunden ist nicht erforderlich.

1. Gesamtergebnis des Verfahrens. Das Gericht muss alle bis zum Ende **2** der mündlichen Verhandlung bekannt gewordenen und in diese einbezogenen Umstände berücksichtigen. Hat das Gericht erkennbar Vorbringen der Beteiligten trotz Erheblichkeit übergangen, kann Art. 103 GG und damit auch § 108 Abs. 2 verletzt sein (BVerfGE 25, 137; 27, 248; 28, 378; 51, 188). Verspätetes Vorbringen im Sinne des § 87b kann unberücksichtigt bleiben. Kann der Prozessgegner sich zu neuem Sachvortrag eines Beteiligten in der mündlichen Verhandlung nicht erklären, so muss vertagt werden. Das Gericht kann aber auch einen späteren Verkündungstermin (§ 116 Abs. 1) anberaumen und dem Prozessgegner die schriftsätzliche Äußerung auf diesen Sachvortrag innerhalb bestimmter Frist gestatten. § 283 ZPO ist für den Verwaltungsprozess anwendbar[8]. Sind seine Voraussetzungen gegeben, kann die **Nachreichung eines Schriftsatzes** erlaubt werden[9] und ist dieser zu berücksichtigen[10], auch wenn er durch die Gegenseite nicht veranlasste neue Behauptungen enthält[11]. Ggf. muss anderen Beteiligten Gelegenheit zur Äußerung hierzu gegeben werden[12]. Ist dagegen die Nachreichung nicht gestattet, so ist Vorbringen nach der mündlichen Verhandlung nicht zu berücksichtigen, auch wenn der Schriftsatz sich auf Rechtsausführungen beschränkt. Freilich hat das Gericht das Vorbringen

---

1 BVerwG DÖV 1958, 116.
2 BVerwG DÖV 1990, 1061.
3 BSG NJW 1962, 837.
4 Zur Berücksichtigung des Akteninhalts BVerwG VIZ 1998, 211; zur Berücksichtigung und Auslegung von Verträgen BVerwG B.. v. 6.11.2001 – 9 B 46.01 – n.v.
5 BVerfGE 10, 177.
6 BVerwG DÖV 1955, 511.
7 Vgl. hierzu BVerwG VRspr. 26, 116.
8 BVerwG NJW 1995, 2303.
9 Ebenso Eyermann/Geiger § 104 Rn. 13; Kopp/Schenke Rn. 27; a.A. BSG NJW 1959, 118.
10 BVerfGE 21, 218; JR 1965, 408; BFH NJW 1971, 1200.
11 Anders im Zivilprozess BGH NJW 1965, 297.
12 BVerfGE 55, 95.

daraufhin zu prüfen, ob es Anlass zur Wiedereröffnung der mündlichen Verhandlung gibt (vgl. § 104 Rn. 5 f.).

3 2. **»Freie« Beweiswürdigung, Überzeugungsgrundsatz. Für das Verwaltungsgericht** gibt es auf Grund der Untersuchungsmaxime **keine starren Beweisregeln,** wenn man von der Anwendung der §§ 165, 314 ZPO (Protokoll, Tatbestand) und §§ 415 ff. ZPO, § 98 (vgl. § 98 Rn. 13) absieht. Bindungen an tatsächliche Feststellungen einer Verwaltungsbehörde, soweit sie in überkommenen Gesetzen noch vorgesehen sind, sind verfassungswidrig[13]. Den VerwG gegenüber ist deshalb auch eine Interventionswirkung hinsichtlich der Sachverhaltsfeststellungen gem. § 68 ZPO ausgeschlossen, selbst wenn für die Zivilgerichte eine solche Bindung im konkreten Fall bestehen würde. Das Gericht kann sich in der freien Beweiswürdigung auch gegen die Ergebnisse eines Sachverständigengutachtens entscheiden, wenn dies freilich auch besonders sorgfältiger Begründung im Urteil bedarf, solange nicht abweichende andere Gutachten vorliegen[14] (vgl. § 98 Rn. 11 f.). Das Gericht darf sich nicht an Beweisvermutungen gebunden glauben, die es nicht gibt, und etwa vorgetragene Beweisanzeichen dadurch übergehen, dass aus einer rechtlichen Qualifikation auf einen tatsächlichen Geschehensablauf geschlossen wird. Das **Gebot** »freier« Überzeugungsbildung verpflichtet vielmehr dazu, sich zunächst die geeigneten tatsächlichen und rechtlichen Grundlagen zu verschaffen, auf denen eine derartige Überzeugungsbildung erst möglich ist. Hierzu gehört regelmäßig eine dem Streitfall angemessene Aufklärung des maßgeblichen Sachverhaltes[15], ggf. auch die Ermittlung ausländischen Rechts[16]. Ferner folgt hieraus das **prozessrechtliche Verbot einer Vorwegnahme der Beweiswürdigung**[17] (vgl. auch § 86 Rn. 34). Eine verbotene Vorwegnahme der Beweiswürdigung liegt aber in der Regel nicht vor, wenn das Verwaltungsgericht beim **Angebot eines Indizienbeweises** von der beantragten Beweiserhebung absieht, weil die unter Beweis gestellte Hilfstatsache für den Nachweis der Haupttatsache zu seiner gerichtlichen Überzeugung nicht ausreicht[18].

3a Der **Grundsatz der freien Beweiswürdigung** ist verletzt, wenn das Gericht bei seiner Entscheidung von einem zweifelsfrei unrichtigen oder unvollständigen Sachverhalt ausgeht[19] oder zwei einander widersprechende Tatsachenfeststellungen trifft, aber eine davon dem Urteil zu Grunde legt[20]. Hingegen stellt die fehlerhafte Anwendung einer technischen Richtlinie für sich genommen keinen Verstoß gegen den **Überzeugungsgrundsatz** dar[21]. Aus der Verletzung der Mitwirkungspflicht eines Beteiligten an der Erforschung des Sachverhalts (vgl. § 86 Rn. 17 f.) wie etwa der Verweigerung der Vernehmung oder der ärztlichen Untersuchung[22] oder der Überprüfung der Kraftfahreignung durch eine anerkannte medizinisch-psychologi-

---

13   BVerfG NJW 1963, 803.
14   BVerwGE 1, 281.
15   BVerwG NVwZ 1987, 217; ähnlich Kassel NVwZ-RR 1998, 203.
16   BVerwG ZOV 2001, 197 für das Recht der DDR.
17   BVerwG NVwZ-Beil. 1998, 57 auch zu den Ausnahmen; Mannheim NVwZ-Beil. 1998, 110; Buchh. 310 § 86 Abs. 1 VwGO Nr. 320.
18   BVerwG VIZ 1998, 452.
19   BVerwG Buchh. 310 § 108 Nr. 145; BVerwG Buchh. 310 § 86 Abs. 1 Nr. 261.
20   BVerwG DVBl. 1990, 1170.
21   BVerwG DÖV 1999, 35.
22   BVerwGE 8, 29.

sche Untersuchungsstelle[23], kann das Gericht, wenn der Beteiligte keine vertretbaren Gründe hierfür dartun kann, negative Schlüsse ziehen[24], nicht freilich aus der Zeugnisverweigerung einer Verwandten[25]. Der Beteiligte muss über diese Möglichkeit vorher belehrt werden, wenn er nicht anwaltlich vertreten ist[26]. Zu einem Fall der Gutachtenverwertung trotz Einsichtverweigerung nach §§ 60 ff. SGB I in Verbindung mit § 76 SGB X Mannheim ZBR 1984, 317. Zu der Frage, wie im Rahmen der Beweiswürdigung zu berücksichtigen ist, dass eine Behörde gem. § 99 zur Verweigerung der Vorlage ihrer Akten berechtigt ist Münster NVwZ-RR 1998, 398.

II. Rechtliches Gehör

1. **Tatsächliche Umstände.** Das Gericht darf in der Beweiswürdigung nur **4** **Tatsachen und Beweisergebnisse** heranziehen, **zu denen sich die Beteiligten äußern konnten.** § 108 Abs. 2 ist Konkretisierung des Art. 103 GG. Seine genaue Beachtung und dem GG entsprechende Auslegung sollte deshalb selbstverständlich sein. Dennoch gibt es kaum ein Verfahrensgebot, das so oft die Instanzgerichte und das BVerfG beschäftigt und zu Aufhebungen führt. Das BVerfG hat fast resignierend bemerkt, dass die Gerichte seine Rechtsprechung offenbar nicht zur Kenntnis nähmen[27]. Der Grundsatz gilt in jedem Verfahren[28], wenn nicht Eilbedürftigkeit entgegensteht (§ 80 Rn. 60). Es darf keine **gerichtliche Aufklärungsmaßnahmen** geben, über deren Anordnung und Ergebnis die Beteiligten nicht unterrichtet werden[29]. Jeder Beteiligte muss die Möglichkeit haben, sich zu Tatsachen, Feststellungen und Beweisergebnissen zu äußern. Dazu sollen Rechenoperationen nicht gehören[30]. Unerheblich dagegen ist, ob er von dieser Möglichkeit Gebrauch gemacht hat[31]. Entscheidet das Gericht – wie es die Regel ist – auf Grund mündlicher Verhandlung, so ist den Beteiligten Gelegenheit zur Äußerung auch in der mündlichen Verhandlung zu geben. Ermittlungen nach Schluss der mündlichen Verhandlung zu nach Auffassung des Gerichts entscheidungserheblichen Umständen haben stets einen Gehörsverstoß zur Folge, wenn die Wiedereröffnung der mündlichen Verhandlung nicht mehr möglich ist; sie führen zur Fehlerhaftigkeit des Urteils, unabhängig davon, ob sich die Beteiligten vor Absetzung des Urteil noch zu den nachträglichen Ermittlungen äußern konnten oder nicht[32]. Die **Äußerungsmöglichkeit** setzt voraus, dass der Beteiligte **hinreichend Zeit** hatte, die erforderlichen Feststellungen zu treffen[33]. Das Gericht kann Fristen setzen; Entscheidung vor Ablauf ist unzulässig[34].

23 BVerwG NJW 1988, 177; NJW 1990, 237; 1993, 1542.
24 BVerwGE 10, 270; 11, 75; 11, 274; 18, 168; Buchh. 310 § 108 Nr. 186.
25 BVerwG ZLA 1962, 268.
26 BVerwGE 8, 29; BayVBl. 1984, 87.
27 BVerfGE 54, 80, 86. Eine Übersicht über die Judikatur des BVerfG zu Art. 103 im gerichtl. Verfahren geben Leibholz/Rinck, GG Art. 103 Rn. 61 ff.
28 Prozesskostenhilfeverfahren BVerwGE 20, 281; Berichtigungsverfahren BVerfGE 34, 1 ff.
29 Instruktiv BVerwG VRspr. 23, 764.
30 BVerwG NVwZ 1989, 151; mit Recht aber sehr einschränkend.
31 BVerwGE 19, 231; NVwZ 1989, 352; BVerfG NVwZ 1990, 156.
32 BVerwG Buchh. 310 § 101 VwGO Nr 27.
33 BSG NJW 1960, 501.
34 BVerfGE 12, 110; 18, 380; 34, 344; 42, 243; BVerwG DÖV 1991, 644; NVwZ 1992, 263; Buchh. 310 § 139 Abs. 3 VwGO Nr. 7.

4a In der mündlichen Verhandlung erstmals aufgestellte Behauptungen oder vorgebrachte Beweise[35] können deshalb **Anspruch auf Vertagung** geben, wenn anders hierzu nicht Stellung genommen werden kann[36]. Das Gericht muss deshalb den Beteiligten mitteilen, welche Akten oder sonstige Unterlagen es für die Verhandlung beigezogen hat (vgl. § 86 Rn. 42). Etwa eingeholte Auskünfte, Texte von VerwVorschriften[37] oder aufgenommene Vermerke sind den Beteiligten vorher, spätestens in der mdl. Verhandlung, mitzuteilen. Das Gericht muss dafür sorgen, dass Schriftsätze den anderen Beteiligten vor dem Termin zugänglich gemacht werden[38] und sie hinreichend Zeit haben, sich hierauf mindestens im Termin mündlich zu erklären[39]. Der Beteiligte darf nicht unerwartet in der mündlichen Verhandlung zu Sacherklärungen gezwungen sein[40], wenn ausdrücklich die Verhandlung sich auf die Sachurteilsvoraussetzungen beschränken sollte. In der mündlichen Verhandlung ist dem anwesenden Beteiligten, auch wenn er anwaltlich vertreten ist, die eigene Erklärung neben der des Prozessbevollmächtigten zu gestatten[41]. Im Einzelfall muss vertagt werden, wenn der Beteiligte aus nicht von ihm zu vertretenden Gründen infolge nachhaltiger Erregung an sachgemäßer Verhandlung gehindert ist[42]. Die Redezeit kann begrenzt werden, wenn die Begrenzung nicht die Möglichkeit nimmt, sich zu den wesentlichen Fragen des Verfahrens zu äußern[43]. Ein Anwesenheits-, damit ein Vertagungsrecht des Beteiligten trotz anwaltlicher Vertretung ist nur im Ausnahmefall anzuerkennen[44]. Wechselt ein Beteiligter den Anwalt, so ist dem neu beauftragten Anwalt hinreichend Zeit zur Einarbeitung zu geben[45] (vgl. Rn. 1 zu § 102). Gerichtskundige, meist auch offenkundige Tatsachen sind zu erörtern (§ 86 Rn. 35).

4b Die Ablehnung eines Terminverlegungs- oder **Vertagungsantrages** kann im Einzelfall ebenso das rechtl. Gehör verletzen wie die Verkündung des Endurteils ohne vorangehende Entscheidung über den in der Verhandlung gestellten Vertagungsantrag[46], hierzu § 102 Rn. 1, oder eine Berufungszurückweisung im vereinfachten Verfahren (§ 130a) ohne vorherige Entscheidung über beantragte Fristverlängerung[47], ebenso, wenn nicht auf den verspätet eintreffenden Beteiligten angemessen gewartet wird[48]. Zu einem Fall der Terminsbestimmung auf einen infolge Verhinderung des Prozessbevollmächtigten von vornherein ungeeigneten Tag BSG NJW

---

35 Neue Akten: BVerwG VRspr. 29, 957.
36 BVerwGE 18, 315; DÖV 1982, 828; hierzu auch BVerwGE 44, 307; NJW 1979, 828; DÖV 1977, 375; unterbleibt der Vertagungsantrag, geht die Rüge der Verletzung des rechtlichen Gehörs verloren: BVerwG NJW 1989, 601; Münster NVwZ-Beil. 1997, 82.
37 BVerwG NVwZ 1987, 794.
38 BVerwG Buchh. 310 § 108 Nr. 191.
39 BVerfGE 17, 194; BVerwGE 78, 30; Buchh. 310 § 108 Nr. 198; einschränkend für konkrete Fallgestaltungen NVwZ 1989, 263; NVwZ 1989, 1154, bedenklich eng.
40 BVerfG NJW 1991, 2823; BVerwG MDR 1958, 624.
41 A.A. BVerwG DÖV 1964, 569; JR 1966, 431; BayVerfGH NJW 1961, 1523.
42 BVerwG NJW 1964, 787.
43 BVerwG NJW 1962, 124; vgl. auch BVerwGE 24, 265; zum Wortentzug BVerwG NJW 1980, 1972.
44 BVerwG DVBl. 1961, 746; Buchh. 310 § 108 Nr. 228.
45 BVerwG Buchh. 310 § 108 Nr. 48, Nr. 252.
46 BVerwG ZBR 1984, 310; Buchh. 310 § 108 Nr. 240; NVwZ 1992, 475; B. v. 22.3.2001 – 7 B 3.01 – n.v.
47 BVerwG Buchh. 310 § 144 VwGO Nr. 69.
48 BVerwG NVwZ 1989, 857; NJW 1979, 1619; München BayVBl. 1995, 664: Urteilsverkündung ohne nochmaligen Aufruf.

1992, 1190. Zum rechtl. Gehör in Kriegsdienstverweigerungssachen vgl. BVerwGE 81, 229; 77, 157; 55, 217; 44, 307; NJW 1986, 2897; NJW 1987, 3146; NVwZ-RR 1990, 422; NVwZ-RR 1995, 534 und seiner Verletzung durch Verweigerung der Prozesskostenhilfe BVerwG BayVBl. 1976, 346; Schneider AnwBl. 1987, 466. Die Ablehnung von Beweisanträgen verletzt das rechtliche Gehör nur, wenn sie im geltenden Gesetz keine Stütze findet und sich quasi als willkürlich darstellt[49]. Zum Gesamtkomplex Schmidt-Aßmann DÖV 1987, 1029 ff.; Schumann NJW 1985, 1134 ff.; Kopp AöR 1981, 604 ff.; Waldner, Der Anspruch auf rechtliches Gehör, 1989; dazu Kopp DVBl. 1990, 1073; Weyreuther, Sendler-Festschrift S. 183 ff.; Sendler, Lerche-Festschrift S. 833 ff. Zur Ausnahmeregelung des Stasi-UnterlagenG vgl. § 99 Rn. 15.

Ist auf die **mündliche Verhandlung verzichtet** worden, so müssen die Beteiligten genügend Zeit zur Äußerung, ggf. nach Beweisaufnahme auch zum Beweisergebnis vor Erlass der Entscheidung haben. Jeder Eingang ist in solchem Fall bei der Entscheidung zu berücksichtigen, selbst wenn die Entscheidung bereits beraten, abgesetzt und unterschrieben und in den Geschäftsgang gegeben ist. Maßgeblich ist der Zeitpunkt der Aufgabe der Entscheidung zur Post[50]. **5**

Ist ein **Rechtsmittel** eingelegt und **Begründung vorbehalten,** so muss das Gericht eine angemessene Zeit bis zum Eingang der Begründung abwarten[51], wenn es auch schon vorher Verhandlungstermin anberaumen kann. Ist eine gesetzliche Begründungspflicht abgelaufen, kann die Entscheidung getroffen werden.

Hat das Gericht die **persönliche Anwesenheit eines Beteiligten angeordnet,** so ist der Anspruch auf rechtliches Gehör verletzt, wenn ein begründeter Verlegungsantrag zurückgewiesen wird oder unbeschieden bleibt und in der mündlichen Verhandlung zur Sache entschieden wird[52], nicht aber, wenn ein unbegründeter Vertagungsantrag abgelehnt worden ist[53]. Hierzu vgl. § 95 Rn. 5, § 102 Rn. 1. **6**

Zum Grundsatz des rechtl. Gehörs gehört der **Anspruch** der Beteiligten auf **Kenntnisnahme** ihres Sachvortrages. Er kann durch Mängel des Gerichtsbetriebes – Nichtvorlage von Schriftsätzen, Entscheidung vor Fristablauf usw. – oder Unzulänglichkeiten in der Sachbearbeitung verursacht sein[54]. Es ist nicht Sache des Beteiligten, nachzuforschen, wo sich ein zulässig eingereichter Schriftsatz bei den Akten befindet oder wo er geblieben sein könnte[55]. Das Gebot des rechtlichen Gehörs verpflichtet die Gerichte in erster Linie dazu, die Ausführungen der Prozessbeteiligten **ernsthaft zur Kenntnis zu nehmen und in Erwägung** zu ziehen[56], sofern es nicht präklu- **6a**

---

49 Kassel AuAs 1995, 179.
50 BVerfGE 62, 353; NVwZ 1993, 159; BGHZ NJW 1968, 49; BFH NJW 1971, 1200; BayVerfGH MDR 1963, 376; OLG Frankfurt MDR 1962, 744; Kopp/ Schenke § 104 Rn. 14 m. zahlr. Belegstellen.
51 BayVerfGH VGH n.F. 17, 13; noch weiter gehend BayObLG NJW 1974, 2322.
52 BVerwGE 50, 275; NJW 1961, 892; BSG NJW 1962, 1463.
53 BVerwG MDR 1963, 782; JR 1968, 353.
54 Vgl. hierzu die bei Leibholz/Rinck, GG Art. 103 Rn. 551 aufgeführten Entscheidungen des BVerfG, weiterhin BVerfG NVwZ 1991, 1073; NJW 1992 1031; DVBl. 1992, 1215; NJW 1993, 1461; LKV 1992, 295; beispielhaft auch BVerwG NJW 1986, 1125.
55 BVerfG NJW 1990, 2374.
56 BVerfGE 63, 80, 83.

diert ist (vgl. unten Rn. 6c). Der Nachweis mangelnder Berücksichtigung eines Parteivorbringens ergibt sich regelmäßig durch Vergleich des Sachvortrags mit der vom Gericht gegebenen Begründung. Der Nachweis für einen Gehörsverstoß gilt aber auch als erbracht, wenn das Gericht in seiner Begründung auf ein **zentrales Vorbringen einer Partei** nicht eingeht[57].

6b   § 108 Abs. 2 gilt uneingeschränkt auch im Verfahren des GerBescheids und der Entscheidung nach § 130a. Das Gericht hat über die Gründe, die es zu solcher Entscheidung veranlasssen, mindestens kurz die Beteiligten zu unterrichten; denn sie sollen sich gerade dazu äußern können (vgl. § 84 Rn. 8; § 125 Rn. 5). Die Anhörung sollte in zeitlichem Zusammenhang mit der beabsichtigten Entscheidung stehen; eine formularmäßige Anfrage alsbald nach Anhängigkeit wäre abwegig, zumal bei Änderung der Prozesssituation erneut angehört werden müsste[58].

6c   Die Zurückweisung verspäteten Vorbringens gemäß § 87b greift an sich in das Gebot rechtlichen Gehörs ein. Sie wird aber vom BVerfG grundsätzlich für zulässig erachtet und dabei auf die strengen Voraussetzungen in den Verfahrensbestimmungen verwiesen (**Präklusionsvorschriften**)[59]. Bei der Anwendung von Präklusionsnormen unterliegen die Gerichte allerdings engen Bindungen[60].

7   2. **Rechtsfragen.** Während der Anspruch auf rechtliches Gehör hinsichtlich der Tatsachen- und Beweisergebnisse inzwischen einhellig anerkannt ist und auch sein Umfang im Wesentlichen feststeht, wenn auch hiergegen noch erstaunlich oft verstoßen wird, ist die Frage, wieweit eine **Entscheidung auf Rechtsgründe gestützt** werden darf, **die in der mündlichen Verhandlung nicht erörtert worden sind,** umstritten. Es beruht dies auf der Auffassung, dass »jura novit curia«, deshalb ein Mitwirkungsrecht und eine Mitwirkungspflicht an der Erörterung und Klärung der Rechtsfragen nur begrenzt bestehe. Diese Abwertung der rechtlichen Überlegungen der Beteiligten in eine quantité négligeable entspricht freilich kaum dem heutigen Verständnis der Stellung des Bürgers gegenüber staatlichen Organen, zu denen auch die Gerichte gehören, und ist mehr ein Relikt des aufgeklärten Polizeistaates. Trotz § 104 Abs. 1 mit seiner Forderung des Rechtsgesprächs ist die Rechtsprechung noch nicht zur allgemeinen Anerkennung vorgedrungen[61]. Das BVerwG hat eine **Hinweispflicht des Gerichts auf rechtliche Überlegungen** anerkannt, soweit es sich um ausländische Rechtsnormen handelt (NVwZ 1985, 411), im Übrigen aber dann, wenn das Gericht von seiner bisherigen Rechtsprechung in einer Rechtsfrage abweichen will, die Beteiligten aber hiermit erkennbar nicht rechneten[62].

---

57   BVerfGE 86, 133, 146; BVerwG ZOV 2000, 290.
58   BVerwG NJW 1988, 1280; AuAS 2000, 123.
59   Hierzu BVerfG 54, 123; 55, 93; 66, 264; 69, 149.
60   BVerfG NJW 1992, 679; NJW 1992, 2556.
61   Vgl. hierzu Röhl NJW 1958, 1268; NJW 1964, 273; Arndt JZ 1963, 65 ff.; Mann DRiZ 1965, 77; Dahs, Rechtliches Gehör im Strafverfahren, München 1965; Lepa DRiZ 1964, 5; Ule DVBl. 1963, 476; Winterfeld NJW 1961, 849 ff.; Endemann NJW 1969, 1197; negativ BVerfGE 31, 570; 54, 117; aber zunehmend offener BVerfGE 84, 188; DVBl. 1992, 1215; keine Verpflichtung zum Rechtsgespräch: DVBl. 1995, 34.
62   BVerwG NJW 1958, 1156; NJW 1961, 891; 1961, 1548, 1549; ähnlich OLG Düsseldorf DRiZ 1974, 327.

Überraschungsurteile in diesem Sinn **verstoßen gegen § 108 Abs. 2**[63]. Deshalb ist es auch unzulässig, bei Ausbleiben des ordnungsmäßig geladenen Beteiligten die Entscheidung auf Gründe zu stützen, die weder im Verwaltungsverfahren noch im Rechtsstreit erörtert wurden[64], oder auf eine in der mündlichen Verhandlung beschlossene Beweisaufnahme, ohne dass zuvor auf diese Möglichkeit hingewiesen worden war[65]; ebenso unzulässig ist, über einen erst in der mündlichen Verhandlung geänderten Klagegegenstand sofort zu entscheiden, ohne den ordnungsgemäß geladenen, aber ausgebliebenen Beteiligten zu hören[66]. Keine Hinweispflicht aber, wenn das Gericht seine Entscheidung auf zusätzliche, bislang nicht verfahrensgegenständliche, aber in der mündlichen Verhandlung gewonnene Erkenntnisse stützen will, wenn ein ordnungsgemäß geladener Beteiligter ausbleibt[67]. Der BayVerfGH hat dagegen grundsätzlich erklärt, der Anspruch auf rechtliches Gehör verpflichte nicht zu einem Rechtsgespräch[68]. Als Grundsatz muss gefordert werden, dass, wenn die Beteiligten für das Gericht erkennbar in ihren Ausführungen die rechtlichen Überlegungen übersehen, die das Gericht für maßgeblich hält, sie hierauf hinzuweisen sind, um ihnen die Möglichkeit zu geben, sich hierzu zu erklären, insbesondere aber auch tatsächliche Umstände vorzutragen, die bisher infolge Verkennung der Rechtslage nicht dargelegt worden sind[69]. Die Beteiligten müssen aber nicht zu Rechtsauffassungen gehört werden, mit denen ein gewissenhafter und kundiger Prozessbeteiligter rechnen muss[70]. Das gilt besonders, wenn das Berufungsgericht von der Rechtsauffassung des VG abweichen will. In diesem Sinne ist auch § 139 Abs. 3 ZPO n.F. (§ 278 Abs. 3 ZPO a.F.) über § 173 im VerwProzess anzuwenden[71]. Die Fassung des § 108 Abs. 2 steht dem schon angesichts § 86 Abs. 3, § 104 Abs. 1 nicht entgegen.

3. Folgen der Verletzung. Die Verletzung des Anspruchs auf rechtliches 8 **Gehör ist ein Verfahrensmangel,** der zur Zulassung der Berufung nach § 124 Abs. 2 Nr. 5, der Zulassung der Revision nach § 132 Abs. 2 Nr. 3 führt und absoluter Revisionsgrund nach § 138 Nr. 3 ist. Die Begründung dieser Verfahrensrüge ist nicht einfach, sie bedarf sorgfältiger Darlegung, wodurch das rechtl. Gehör verletzt ist, was hätte vorgetragen werden und warum dies hätte rechtserheblich sein können[72]. Die Angabe des wegen der Versagung rechtlichen Gehörs unterbliebenen Vortrages ist überflüssig, wenn der Verletzte am Termin unverschuldet nicht teilnehmen konnte[73]. Ein Verstoß liegt nicht vor, wenn die Verletzung sich auf eine tatsächliche Feststellung bezieht, auf die es unter keinem denkbaren rechtlichen Ge-

63 BVerfG NJW 1992, 2877; BVerwG NVwZ 1983, 607; NJW 1984, 140; Buchh. 310 § 108 Nr. 170, Nr. 235, Nr. 241; NJW 1988, 275.
64 BVerwGE 36, 264; Buchh. 421.0 Prüfungswesen Nr. 335; Buchh. 310 § 104 VwGO Nr. 29; NVwZ-RR 2003, 774.
65 BVerwG Buchh. 310 § 97 VwGO Nr 4.
66 BVerwG NJW 2001, 1151.
67 Koblenz Urt. v. 10.7.2003 – 8 A 10257/03 – n.v., unter Hinweis auf BVerwGE 36, 264.
68 VGH n.F. 13, 24; 15, 38 m. abl. Anm. Arndt JZ 1964, 763; VRspr. 20, 376 ff.; aber jetzt doch aufgelockert in NJW 1985, 478.
69 Hierzu BVerwG NJW 1979, 828; ZfBR 1980, 149; NJW 1980, 2830.
70 BVerfGE 84, 188, 190; DVBl. 1995, 34; NJW 1996, 45; BVerwG NVwZ-RR 2003, 774.
71 Ähnlich auch Kopp/Schenke § 104 Rn. 4.
72 BVerwGE 24, 264; 52, 33; BFH NVwZ 1986, 1056.
73 BVerwG NJW 1995, 1441; vgl. Kassel NVwZ 1996, 817.

sichtspunkt ankommen kann[74], die lediglich ein obiter dictum betrifft[75], oder der Beteiligte die Möglichkeiten des Gehörs nicht nutzt[76]. Ggf. muss die Wiedereröffnung der mündl. Verhandlung beantragt werden[77]. Zu den besonderen Voraussetzungen einer Berücksichtigung geheim gehaltener Vorgänge BVerwG NJW 1975, 2157. Zur Frage der Verletzung des rechtl. Gehörs im Verfahren der Prozesskostenhilfe vgl. § 166 Rn. 6. Zu den Formen der Gewährung rechtl. Gehörs bei Beteiligung von Ausländern BVerfGE 64, 135.

8a   Ob inzwischen ein Grundsatz anzuerkennen ist, dass eine an sich unanfechtbare Schlussentscheidung bei einem Verstoß gegen das Gebot des rechtlichen Gehörs im Wege der **Selbstkontrolle** überprüft und ggf. aufgehoben werden kann, ist offen (näher § 124 Rn. 2 f.). Das BVerwG bejaht die Zulässigkeit in NVwZ 1984, 450; ähnlich Mannheim ESVGH 13, 102 ff.; OLG Düsseldorf MDR 1977, 235; auch BVerfGE 72, 84 ff.; dazu Weis (NJW 1987, 1314). Ein verfassungsrechtliches Gebot, insoweit ein an sich nicht gegebenes Rechtsmittel zuzulassen, hat das BVerfG verneint (1, 433; 28, 88; 60, 96); dazu Kahle NJW 1985, 2231; ferner BVerfGE 42, 243; 49, 252; 60, 96; 64, 203; DVBl. 1985, 669. Als »greifbare Gesetzwidrigkeit«, die ein vom Gesetz verschlossenes Rechtsmittel ausnahmsweise erlaubt, wird die Verletzung des rechtlichen Gehörs grundsätzlich nicht angesehen[78].

III. Urteilsbegründung

9   Das Gericht hat in dem Urteil die wesentlichen Gründe für seine Überzeugungsbildung anzugeben[79]. Es bedarf deshalb keiner Auseinandersetzung mit allen von den Beteiligten vorgebrachten Gesichtspunkten und Beweismitteln[80]. Freilich muss es sich mit dem rechtserheblichen Tatsachenvortrag der Beteiligten auseinander setzen und darlegen, aus welchen rechtlichen oder tatsächlichen Gründen weitere Aufklärung unterblieben ist[81]. Die Verweisung auf ein anderes Urteil, aus dem zitiert wird, ist zulässig, auch wenn es erst nach der mündlichen Verhandlung abgesetzt wird[82]. Kommen mehrere Gründe für die Entscheidung in Frage, so kann das Gericht wählen, welchen Rechtsgrund es zur Grundlage des Urteils macht. Es kann sich sowohl mit der Darlegung eines Grundes begnügen wie aber auch die mehreren Gründe kumulativ anführen[83]. Vgl. weiter § 117 Rn. 6 sowie Rn. 10 ff. Enthält ein Urteil zwei einander widersprechende Sachverhaltsfeststellungen, beruht die Entscheidung aber auf einer dieser Feststel-

---

74   BVerwGE 15, 24.
75   BVerwG VRspr 16, 50.
76   BVerwG DVBl. 1984, 90.
77   BVerwG NJW 1992, 3185.
78   BGH NJW-RR 1986, 738, 1263; BayObLG AnwBl. 1989, 310.
79   BVerwGE 117, 228: Sind die angeführten Gründe rational nicht nachvollziehbar, sachlich inhaltslos oder sonst wie völlig unzureichend, ist das Urteil nicht mit Gründen versehen i.S.d. § 138 Nr. 6 VwGO.
80   BVerwG MDR 1961, 875; BGHZ 3, 175.
81   BVerwG Buchh. 448.6 § 108 Nr. 17; DVBl. 1989, 63: Ablehnung von Beweisanträgen; BVerwGE 98, 235; eingehend BSG NJW 1989, 1758; hierzu auch BVerfGE 47, 182; 58, 353.
82   BVerwG Buchh. 402.25 § 32 Nr. 6.
83   BSGE 19, 129.

lungen, ohne die andere auszuräumen, so verstößt es gegen § 108 Abs. 1 S. 1[84].

IV. Beweislast

1. Begriff. Behauptungslast, Beweisführungspflicht und **Beweislast** sind als **10** Verfahrensbegriffe des Zivilprozesses entwickelt worden. Wer eine bestimmte Rechtsfolge im Zivilprozess begründen will, muss einen entsprechenden Sachverhalt behaupten, da er sonst diese Rechtsfolge nicht durchsetzen kann (Behauptungslast). Wird die Behauptung bestritten, so muss er hierfür Beweis antreten (Beweisführungspflicht, auch subjektive oder prozessuale Beweislast). Bleiben die bestrittenen Behauptungen in der Beweisaufnahme ungeklärt, so geht dies zum Nachteil desjenigen, dessen Rechtsansicht das Vorhandensein des behaupteten Sachverhalts voraussetzt (objektive oder materielle Beweislast).

2. Grundsätze. Behauptungslast und **Beweisführungspflicht** gelten im Ver- **11** waltungsprozess nur in dem Umfange, der für die **Mitwirkungslast** des Beteiligten in Rn. 13 ff. zu § 86 mit der möglichen Konsequenz des § 87b dargelegt worden ist. Im Übrigen ist von der Untersuchungsmaxime auszugehen. Auch der Verwaltungsprozess steht aber vor der Frage, **wie bei Unaufklärbarkeit bestimmter rechtserheblicher Umstände zu entscheiden ist.** Die Probleme der **materiellen Beweislast** treten deshalb auch im Verwaltungsprozess auf. Ihre Lösung ist keine prozessuale, sondern eine materiellrechtliche Frage[85].
Wer die Beweislast trägt, muss sich aus dem materiellen Recht ergeben. Dass sich die Beweislastverteilung auch aus Verfahrensbestimmungen ergeben kann, ist sicher zutreffend, Baumbach/Hartmann, Anh. § 286 Rn. 3 ff.; die umfangreiche Aufzählung von Beweislastregelungen a.a.O. macht dies deutlich. Im Verfahrensrecht der öffentl.-rechtl. Gerichtsbarkeiten sind solche Regelungen aber praktisch nicht zu finden[86], sodass sie dem materiellen Recht entnommen werden müssen.
Beweislastfragen sind im VerwProzess selten; die Judikatur hierzu ist begrenzt. Grundlegend hierzu Nierhaus, Beweismaß und Beweislast, 1988.

Ausgangspunkt der Entscheidung über die Beweislast ist auch im Verwal- **12** tungsprozess, dass die **Unerweislichkeit einer Tatsache zu Lasten des Beteiligten** geht, **der aus ihr ihm günstige Rechtsfolgen** herleitet[87].
Wer ein Recht für sich in Anspruch nimmt, muss die rechtsbegründenden Tatsachen, wer ein Recht trotz Nachweises seiner Entstehung bestreitet, die rechtshindernden, rechtsvernichtenden oder die rechtshemmenden Tatsachen beweisen[88]. Die **Grundregeln des Zivilrechts** stimmen mit denen

84 BVerwG ZfW 1991, 90.
85 BVerwGE 19, 87, 94; 45, 132; Bachof II S. 193.
86 Meyer-Ladewig § 103 Rn. 19; Tipke-Kruse § 96 Tz. 17.
87 BVerwGE 3, 110; 6, 70; 7, 249; 14, 86; 18, 66; 18, 168; 41, 53; 44, 265; 47, 375; Buchh. 412.6 § 1 Nr. 28; NVwZ-RR 1990, 165; NJW 1994, 468.
88 BSG NJW 1958, 39; Koblenz AS 4, 333.

des Verwaltungs- wie des Sozialrechts[89] überein[90]. Schunck/De Clerck (§ 86 Rn. 1c bb) haben diese Regelung wie folgt formuliert: »Wenn der Bürger einen Rechtsanspruch auf eine Leistung oder die Vornahme eines VA geltend macht, hat er die Beweislast für die anspruchsbegründenden, die Behörde dagegen für die dem Anspruch entgegenstehenden Umstände zu tragen. Greift andererseits die Behörde durch Verbote, Gebote, Rücknahme von Genehmigungen Forderung von Abgaben oder Leistungen u. dgl. in die bestehende Rechtsposition des Bürgers ein, so trifft sie die Beweislast für die den Eingriff rechtfertigenden Umstände, den Bürger für die ausnahmsweise entgegenstehenden Umstände.« Diesem **Grundsatz** ist zuzustimmen.

13 3. **Anfechtungs- und Verpflichtungssachen.** In **Anfechtungssachen** muss die Behörde die tatbestandlichen Voraussetzungen ihres Eingriffs, gegen den sich die Klage richtet, beweisen, ähnlich wie bei einer quasinegatorischen Unterlassungsklage im Zivilprozess[91], während der Bürger, sind diese Voraussetzungen nachgewiesen, die Ausnahmeumstände, nach denen im konkreten Fall dennoch der Eingriff rechtswidrig sein soll, zu beweisen hat[92]. Zu diesen Ausnahmeumständen gehören auch etwaige Ermessensfehler[93]. Das gilt auch bei Anfechtung der Rücknahme eines begünstigenden VA nach § 48 VwVfG oder eines Widerrufs nach § 49 VwVfG[94], wenn nicht der ursprüngliche VA nachweislich mit unlauteren Mitteln herbeigeführt ist oder die tatsächlichen Angaben des Begünstigten sich als unwahr erwiesen haben und Ersatztatsachen unaufklärbar bleiben[95] (§ 48 Abs. 2 S. 3 VwVfG). Die Beweisregel des § 282 BGB – Nachweis der Unmöglichkeit der Leistung durch den Schuldner – gilt auch im öffentlichen Recht[96].

13a Bei der **Verpflichtungsklage** trägt der Antragsteller die Beweislast für die anspruchsbegründenden Umstände. Der Beamte hat deshalb z.B. die Kausalität zwischen Dienstunfall und Dienstunfähigkeit nachzuweisen[97]. Die geschiedene Ehefrau eines verstorbenen Beamten muss, um einen Unterhaltsbeitrag zu erhalten, seine Unterhaltspflicht nachweisen[98]. Die Behörde muss demgegenüber die Tatsachen nachweisen, auf Grund deren ausnahmsweise[99] hier nicht zu leisten ist. Das Fehlen der Eignung bei Erteilung der Fahrerlaubnis wird man als Ausnahme, die deshalb von der Behörde darzutun ist, anzusehen haben[100]. Das gilt auch für die Fälle der

---

89 Martens NJW 1962, 1553.
90 Hierzu Gutachten Tietgen Teil A sowie die Beratungen Teil E des 46. DJT, weiter Maetzel DÖV 1966, 520; Redeker NJW 1966, 1777; Lüke JZ 1966, 587; Dubischar JuS 1971, 385; Nierhaus BayVBl. 1978, 745; Sonntag, Beweislast bei Drittbetroffenenklagen; Ewer-Rapp NVwZ 1991, 549; im Einzelnen vgl. auch Peschau, Die Beweislast im Verwaltungsrecht, Berlin 1983.
91 BVerwGE 18, 168; DVBl. 1960, 489; DÖV 1979, 602; Berlin EOVG 3, 31; Koblenz AS 4, 334; Münster OVGE 10, 12; a.A. BVerwGE 3, 245 m. abl. Anm. v. Tietgen DVBl. 1956, 682; ders. DVBl. 1957, 86 gegen Bettermann DVBl. 1957, 84.
92 BVerwGE 9, 97; NJW 1980, 252; Eyermann/Geiger Rn. 2 zu § 86.
93 Redeker NJW 1966, 1777.
94 BVerwGE 12, 353; 18, 168; kritisch Bachof II S. 196.
95 BVerwGE 20, 295; 34, 225; DÖV 1970, 783.
96 BVerwGE 37, 192; 52, 255; dazu auch BVerwG NJW 1986, 2523.
97 BVerwGE 14, 181; a.A. Münster OVGE 12, 268; NJW 1960, 1412.
98 BVerwG ZBR 1992, 250.
99 BVerwGE 3, 308; 5, 31; 20, 211.
100 BVerwGE 17, 347; 20, 229; Krieger DVBl. 1964, 418.

Verbote mit Erlaubnisvorbehalt. Auch hier muss der Bürger, wenn die Behörde die Erlaubnis wegen Fehlens bestimmter Voraussetzungen verweigert, das Vorhandensein dieser Voraussetzungen nachweisen, nicht umgekehrt[101]. Wird eine Bauerlaubnis abgelehnt, weil das Grundstück keine Zufahrt zu einer öffentlichen Straße habe, so muss der Kläger die Zufahrt nachweisen, nicht die Behörde das Fehlen dieser Zufahrt. Die ein Handwerk betreibende juristische Person muss die erforderlichen Voraussetzungen für den Betriebsleiter nachweisen[102]. Zu Beweislastfragen bei Prüfungsentscheidungen vgl. BVerwG DVBl. 1985, 61 ff.; DVBl. 1988, 404; NJW 1990, 464; sowie Koblenz NVwZ 1985, 619 und Münster NVwZ 1987, 1012. Letztere Entscheidung übersieht, dass die Unerweislichkeit von Umständen zu Lasten des Beteiligten geht, in dessen beherrschbaren Gefahrenbereich diese Umstände wurzeln. Zur Frage der **Beweislast** im Asylverfahren vgl. Bertrams DVBl. 1987, 1181, weiter Rn. 36 zu § 86; zur Beweislast im Kriegsdienstverweigerungsverfahren vgl. BVerwGE 41, 53; 49, 258; DÖV 1962, 547; Arndt JZ 1960, 273; de Clerck JZ 1960, 13; Tromper NJW 1962, 2046; die Grundzüge dürften auch für das KDVG gelten, wobei die Sachverhaltsfeststellung anhand der Akten entsprechend gesetzlicher Regelung zulässig ist[103], im Übrigen es nach § 14 KDVG nur auf die hinreichend sichere Annahme des Gerichts ankommt; im Musterungsverfahren BVerwGE 38, 310; NVwZ 1990, 765 und bei der Verwertung von Karteikarten des document center BVerwG DÖV 1961, 836. Die vorgenannten Grundsätze gelten auch für den Streit um **VA mit Doppelwirkung**; sie sind für den Begünstigten Verpflichtungs-, für den Dritten Anfechtungsklagen. Hierzu Sonntag, Die Beweislast bei Drittbetroffenenklagen, 1986.

4. Prima-facie-Beweis. Der **Beweis des ersten Anscheins** gilt auch im Verwaltungsprozess. Er bedeutet, dass auf erste Sicht ein bestimmter Sachablauf zu unterstellen und als bewiesen anzusehen ist, solange nicht Tatsachen sich ergeben, welche ein von diesem typischen Ablauf abweichendes Geschehen als möglich erscheinen lassen[104]. Als typisch will das BVerwG (NJW 1980, 252) einen Ablauf nur ansehen, der vom menschlichen Willen unabhängig d.h. gleichsam mechanisch abrollt; eine sehr enge Auffassung. Der Anscheinsbeweis wird in erster Linie für den Nachweis des ursächlichen Zusammenhangs zwischen einem bestimmten Ereignis und einem Schaden als ausreichend angesehen, ist deshalb im Dienstunfallrecht[105] von Bedeutung.

Zu Beweislastfragen bei normkonkretisierenden Regelwerken vgl. BVerwGE 78, 177; NVwZ 1988, 670.   **14**

5. Verstöße gegen die Grundsätze der Beweislast sind materiell-rechtliche, nicht Verfahrensfehler[106], bedürfen deshalb in der Revisionsinstanz nicht der ausdrücklichen Verfahrensrüge nach § 137 Abs. 2 (vgl. § 137 Rn. 21).   **15**

---

101 A.A. Schunck-De Clerck Rn. 1c bb.
102 BVerwG DVBl. 1991, 946.
103 BVerwG NVwZ 1984, 798.
104 BVerwG DÖV 1962, 795; BGHZ 18, 311; BSGE 8, 245.
105 BVerwG DÖV 1962, 795; NJW 1965, 1098; Mannheim ESVGH 20, 35.
106 BGHZ 31, 358.

V. Maßgeblicher Zeitpunkt zur Beurteilung der Sach- und Rechtslage

16 Seit Jahren beschäftigen sich Rechtsprechung und Literatur mit der **Frage, welcher Zeitpunkt für die Beurteilung des Klageantrages der Entscheidung des Gerichts zu Grunde zu legen ist.** Die früher überwiegend vertretene Auffassung, bei der Anfechtungsklage sei von dem Zeitpunkt des Erlasses der letzten Verwaltungsentscheidung (Widerspruchsbescheid), bei der Verpflichtungsklage dagegen von dem Zeitpunkt der letzten mündlichen Verhandlung bei Gericht auszugehen, ist stark differenzierenden Meinungen gewichen. Es ist erkannt worden, dass es sowohl auf die jeweilige materiell-rechtliche Regelung ankommt, aus der sich ergeben kann, dass die Behörde zur Aufhebung eines ursprünglich rechtmäßigen VA verpflichtet oder auch nur berechtigt ist, als auch auf die prozessuale Frage, was das eigentliche Klagebegehren ist, ob Kläger Feststellungen ex tunc oder ex nunc oder beides wünscht[107]. Seit der Neufassung des § 45 Abs. 2 VwVfG kommen für bestimmte Verfahrenshandlungen verfahrensrechtliche Bestimmungen hinzu, die das Nachholen noch im verwaltungsgerichtlichen Verfahren erlauben (Rn. 28a). Die vielfältigen Bemühungen in der Literatur um eine Systematik können deshalb nur begrenzt weiterführen. Es kommt wesentlich auf die einzelne Fallgestaltung an. Dennoch ist ein Mindestmaß an systematischer Ordnung unabweisbar, wenn nicht bloße Kasuistik und damit Unvorhersehbarkeit der Entscheidung bleiben soll. Zur Literatur: Bachof JZ 1966, 398; JZ 1957, 431; 1958, 301; 1954, 416; Bähr, Die maßgebliche Rechts- und Sachlage, Berlin 1967; Weber NJW 1968, 1081; Czermak NJW 1967, 1263; Groschupf NJW 1962, 1806; Menger-Erichsen VerwA 57, 389; Rupp, Rechtsschutz im Sozialrecht, 1965 S. 173; Schmidt-Salzer NJW 1966, 2395; Schweiger NJW 1966, 1899; 1967, 616; Ule-Sellmann JuS 1967, 308 ff.; Schroer DVBl. 1969, 241; Ossenbühl JZ 1970, 348; v. Heyl DÖV 1976, 792; Breuer DVBl. 1981, 304; Kopp, Menger-Festschrift 1985, S. 693; Kloepfer VerwA 1985, 388; Schenke NVwZ 1986, 522; Ule S. 301 ff., Klein NVwZ 1990, 633.

16a Keine Frage des maßgeblichen Zeitpunktes, sondern des Fortbestehens eines Rechtsschutzinteresses ist es, wenn bei **ursprünglicher Rechtsverletzung** diese bis zur mündlichen Verhandlung aus tatsächlichen Gründen entfallen ist oder sich sonst nachträglich erledigt hat. Hier wird in der Regel für den Aufhebungsantrag- meist des Drittbetroffenen – kein Rechtsschutzinteresse mehr bestehen; denkbar ist der Fortsetzungsfeststellungsantrag nach § 113 Abs. 1 S. 4.

17 1. **Anfechtungsklage** a) **Selbstständige.** Bei der selbstständigen Anfechtungsklage geht in der Regel der Kläger davon aus, dass dieser **VA von Anfang an rechtswidrig** war, wie es auch Voraussetzung der Anfechtungsklage nach § 42 ist. In der Regel wird es deshalb auch auf diesen Zeitpunkt (**Erlass des Widerspruchbescheides**) ankommen[108]. Die Existenz einer Regel, derzufolge bei Anfechtungsklagen die letzte Behördenentscheidung maßgeblich sei[109], wird bezweifelt[110]; aber dieser Zweifel ist nur insoweit berechtigt, als es **zahlreiche Ausnahmen** von dem Grundsatz gibt[111]. Bei

---

107 Grundlegend hierzu Bachof JZ 1966, 398.
108 BVerwGE 17, 70; 28, 292; 78, 243; typisches Beispiel Lüneburg OVGE 23, 498; Berlin NJW 1976, 1047.
109 So noch BVerwGE 59, 148.
110 So nunmehr BVerwGE 64, 218; 66, 178; NVwZ 1991, 360.
111 BVerwG NVwZ 1990, 653; typisch etwa § 67 BImSchG: BVerwGE 65, 313.

Anfechtung von **Kommunalaufsichtsmaßnahmen** ist der Zeitpunkt der Beschlussfassung des kommunalen Organs maßgeblich[112]. Im **Musterungsstreit** ist Sachlage bei Abschluss des Verfahrens maßgeblich[113]. Denkbar ist auch eine Unterscheidung zwischen VA und Widerspruchsbescheid, wenn es zwischen beiden zu Änderungen der Sach- und Rechtslage gekommen ist oder aber Fehler des VA erst durch den Widerspruchsbescheid geheilt sind, der VA aber sofort vollzogen worden ist. Hier kann der Kläger getrennte Feststellungen verlangen. Bei der Prüfung von **Ermessensentscheidungen** wird es regelmäßig auf die Verhältnisse im Zeitpunkt der letzten VerwEntscheidung ankommen[114]. Für Klagen gegen Entscheidungen auf der Grundlage einer **Beurteilungsermächtigung** gilt entsprechendes[115].

Dem Kläger geht es aber nicht selten auch nur darum, die **Rechtswidrigkeit** **18** **zum Zeitpunkt des Urteilserlasses** festgestellt zu wissen. Ist z.B. der VA nicht vollzogen worden, weil die Klage aufschiebende Wirkung hat, so genügt dem Kläger, dass für die Zukunft der Akt beseitigt wird, damit er auch in Zukunft nicht vollzogen werden kann. Wird eine Baugenehmigung widerrufen, so will der Kläger in erster Linie die Aufhebung des Widerrufs, wobei ihm die Aufhebung ex nunc genügt, ex tunc auch praktisch es allenfalls um Schadensersatzansprüche geht. Dementsprechend ist das Klagebegehren auszulegen, ohne dass es freilich der Annahme einer Klageänderung bedarf. Für die Entscheidung des Gerichts kommt es in diesen Fällen deshalb – auch – auf die Rechtslage im **Zeitpunkt der letzten mündlichen Verhandlung** an[116]. Fehlt es freilich materiell-rechtlich an einer Verpflichtung der Behörde, wegen neuer Umstände den angefochtenen VA aufzuheben, so hat das Gericht allein nach der Rechtslage im Zeitpunkt der letzten Verwaltungsmaßnahme zu entscheiden; so bei Ermessen, nachträgliche Umstände zu berücksichtigen[117], oder bei gesetzlichem Verbot nachträgliches Wohlverhalten anzuerkennen[118]. Ein solches Verbot nimmt das BVerwG bei der Entziehung der Fahrerlaubnis an[119]. Ähnlich, aber nicht unbedenklich, weil VA mit Dauerwirkung, bei Widerruf einer Gewerbeerlaubnis BVerwGE 42, 68; Mannheim GewA 1975, 96; VG Düsseldorf GewA 1978, 297; ähnlich auch Kassel NuR 1992, 132 bei Untersagung eines nachträglich »rechtmäßig« gewordenen Eingriffs; kaum zutreffend.

b) **VA mit Dauerwirkung.** Bei den VA mit Dauerwirkung, also Entscheidungen, die zwar **einmal erlassen** werden, deren **Wirkung** aber **fortbesteht**, **19** etwa die Untersagung einer gewerblichen Betätigung[120] die Anordnung des Ruhens der ärztlichen Approbation nach § 6 Bundesärzteordnung[121] die Untersagung nach § 24 HwO[122], die Löschung in der Handwerksrolle[123], die Unterbringung in einer Anstalt, ein generelles Bauverbot, wird es in der Regel auf den Zeitpunkt der letzten mündlichen Verhandlung ankom-

---

112 Münster OVGE 15, 274.
113 BVerwGE 34, 155; 35, 249.
114 BFH NVwZ 1992, 1024; Mannheim NVwZ-RR 1994, 363.
115 BVerwG NJW 1995, 740.
116 BVerwGE 59, 148, Münster OVGE 19, 135.
117 BVerwGE 20, 316; Ausweisungsverfügung, BVerwG E 60, 133; Mannheim DÖV 1988, 521; dazu Huber Rn. 312.
118 BVerwG DVBl. 1965, 402; Lüneburg OVGE 21, 441; München VGH n.F. 20, 15.
119 BVerwG DVBl. 1964, 483.
120 BVerwGE 22, 16; 28, 202; DÖV 1980, 647.
121 BGBl. 1961 I S. 1857 i.d.F. v. 14.10.1977 BGBl. I S. 1885.
122 Mannheim GewA 1980, 386.
123 München GewA 1981, 93.

men[124]. Hierzu gehört auch die Abrissverfügung, bei der die materielle
Illegalität des Bauwerks sich wiederum nach der letzten mündlichen Verhandlung bestimmt[125]. Nachdem bereits BVerwGE 59, 148 in diese Auffassung kaum einzuordnen war, hat BVerwGE 65, 2 sie für **Gewerbeunter-
sagungen** nach § 35 GewO aufgegeben. Maßgeblich soll der Zeitpunkt der
letzten Verwaltungsentscheidung sein[126]. Verfassungsrechtliche Bedenken
werden zwar nicht gesehen[127], diese Entwicklung überzeugt aber trotz Änderung des § 35 Abs. 6 GewO nicht, denn über die Wiederzulassung zum
Gewerbe ist gebunden zu entscheiden und hierfür ist der Zeitpunkt der
letzten mdl. Verhandlung maßgebend[128]. Der ggf. während der Verfahrensdauer entstandene Anspruch hierauf sollte in den Streitgegenstand einbezogen sein. Die Differenzierungen der Rechtsprechung weiterhin zu § 15
Abs. 2 GewO und § 15 Abs. 2 GastG sind nur mühsam nachzuvollziehen
und kaum praktizierbar[129]; ferner differenzierend zu § 18 Abs. 1 GastG
Mannheim NVwZ-RR 1994, 364; ähnlich zu § 11 Abs. 2 Nr. 1 SchfG
Kassel GewA 1990, 132. Nicht in diesen Bereich gehören Planfeststel-
lungsentscheidungen, die auf dem Abwägungsgebot beruhen. Sie können
nur nach der Abwägung im Zeitpunkt der VerwEntscheidung beurteilt
werden, auch wenn sie VA mit Dauerwirkung sind[130]. Zum Zeitpunkt für
die Beurteilung der Eignung zum Führen von Kraftfahrzeugen BVerwG
NVwZ 1990, 654; E 51, 362. Zum Zeitpunkt für einen Schulauflösungs-
beschluss Münster NWVBl. 1989, 10 (letzte mündliche Gerichtsverhand-
lung).

20   c) **Rechtsgestaltende VA.** Auch bei rechtsgestaltenden VA, die infolge der
aufschiebenden Wirkung der Klage noch keine Gestaltungswirkung entfaltet haben, wie insbesondere die **privatrechtsgestaltenden VA**, ist der Zeitpunkt der letzten mündlichen Verhandlung maßgeblich. Hier ergibt sich
allerdings die Einschränkung, dass bei VA, die sich auf einen besonders
verliehenen Status beziehen und diesen etwa widerrufen, von der Sach- und
Rechtslage bei Erlass der Verwaltungsentscheidung ausgegangen werden
muss. Denn während bei den vorstehenden Fällen der Kläger von der ihm
grundgesetzlich oder gesetzlich zustehenden **Handlungsfreiheit** ausgeht,
deren Bestätigung er für die Zukunft wünscht, beziehen sich die statusver-
nichtenden oder -beschränkenden VA gerade nicht auf ein Dauerrecht, sondern auf eine kraft besonderer gesetzlicher Bestimmung entziehbare **Sonderstellung.** Wird ein Beamtenverhältnis widerrufen, so kommt es allein
darauf an, ob zZt. des Widerrufs dieser rechtmäßig war, da in diesem Falle
das Beamtenverhältnis beendet ist und es keinen allgemeinen Anspruch auf

124 BVerwG NJW 1961, 1834; E 22, 16; DÖV 1967, 496; BVerwGE 28, 202; E 97,
      79: wenn das nunmehr geltende Recht nichts anderes bestimmt; München BayVBl.
      1994, 404; Schmitt-Glaeser S. 284 ff.
125 BVerwGE 3, 351; Koblenz GewA 1965, 236.
126 So auch BVerwG DVBl. 1991, 388;diesem folgend Lüneburg GewA 1986, 196;
      Kassel DÖV 1983, 737; vgl. auch Bremen GewA 1987, 334; vgl. dazu Horn GewA
      1983, 369.
127 BVerfG GewA 1995, 242.
128 Kassel NJW 1986, 83; GewA 1990, 326; NVwZ-RR 1991, 146.
129 Vgl. hierzu Assfalg GewA 1988, 219, 292, der ihnen zustimmt; krit. Klein NVwZ
      1990, 633.
130 BVerwGE 48, 56 ff.; DVBl. 1992, 1435; Mannheim UPR 1988, 77; Hoppe/Schlar-
      mann Rn. 112d.

den Beamtenstatus gibt[131]. Insoweit kann ein späterer Zeitpunkt nur dann beachtlich sein, wenn das Gesetz hierauf hinweist (etwa § 4 BPolBG).

d) **Grundsätze.** Man wird deshalb unter Vorbehalt der Besonderheit des **21** jeweiligen Einzelfalles sagen können:
Für die Anfechtungsklage ist grundsätzlich die Sach- und Rechtslage im **Zeitpunkt der letzten VerwEntscheidung** maßgeblich, wenn nicht das materielle Recht auf einen anderen Zeitpunkt abstellt.
Auf den **Zeitpunkt der letzten mündlichen Verhandlung** in der Tatsacheninstanz kommt es an bei:
a) **Aufhebungsantrag** ex nunc und Verpflichtung der Behörde zu solcher Aufhebung infolge neuer Umstände
b) Anfechtung von **VA mit Dauerwirkung,**
c) **rechtsgestaltenden VA,** die noch keine Gestaltungswirkung entfaltet haben, wenn mit ihnen nicht ein Status entzogen wird, auf den der Kläger keinen Anspruch hat.

Der Grundsatz zu a) ist auch umgekehrt für den Fall anzuwenden, dass **21a** im Rahmen gebundener Verwaltung ein **ursprünglich rechtswidriger VA** durch **nachträgliche Rechtsänderung** nunmehr **rechtmäßig** erlassen werden kann und muss. Wenn der Behörde für einen etwaigen neuen VA kein Ermessen zusteht und die neue gesetzliche Regelung nichts anderes vorsieht, scheitert der Aufhebungsantrag. So etwa st. Rspr. des BVerwG zu Erschließungsbeitragsbescheiden[132]. Der Kläger hat die Erledigung zu erklären; er kann aber auch über § 113 Abs. 1 S. 4 die ursprüngliche Rechtswidrigkeit des VA feststellen lassen; vgl. § 107 Rn. 13.

2. Verpflichtungsklage. a) Maßgebender Zeitpunkt für die Verpflichtungs- **22** klage ist hier nach fast unbestrittener Auffassung die **letzte mündliche Verhandlung,** für die Rechtslage ggf. die letzte Verhandlung in der Revisionsinstanz[133]. Das gilt auch dann, wenn mit der Klage gleichzeitig die Aufhebung des den Antrag ablehnenden Bescheides beantragt wird[134]. Allerdings weist auch dieser Grundsatz Differenzierungen auf[135]. Das BVerwG weist zunehmend auch hier auf das materielle Recht hin[136]. Die Prüfung habe grundsätzlich bei der Rechtslage im Zeitpunkt der letzten gerichtlichen Entscheidung anzusetzen, müsse aber auch berücksichtigen, ob während des Verfahrens eine Rechtsänderung zu Ungunsten des Klägers eingetreten sei, die aber möglicherweise den früher gegebenen Anspruch nicht berühre[137]. Hiernach gilt Folgendes:

b) **Früherer Zeitpunkt.** Ein früherer Zeitpunkt ist **maßgebend,** wenn der **23** Kläger einen VA nach einem inzwischen aufgehobenen oder abgeänderten Gesetz beantragt und er einen Anspruch hierauf hatte. Das gilt besonders

131 BVerwG DVBl. 1968, 430 ff.
132 BVerwGE 64, 356; DÖV 1983, 469; Buchh. 406.11 § 125 BBauG Nr. 15; nunmehr allgemein BVerwGE 97, 79; a.A. Münster NWVBl. 1994, 174; zum Problem auch Mager NVwZ 1996, 134.
133 BVerwGE 1, 291; 29, 304; 37, 51; 41, 227; DVBl. 1961, 743; NJW 1989, 3107; Mannheim GewA 1993, 199.
134 BVerwGE 1, 291; BSG SGb 1961, 68; BVerwG VRspr. 10, 760; BVerwGE 3, 21.
135 BVerwG NJW 1982, 1413 m. Anm. Müller NJW 1982, 1370.
136 BVerwG 29, 304; 31, 170; 61, 176; NJW 1989, 3297.
137 BVerwG NVwZ 1990, 653; BVerwGE 100, 346: das gilt auch für die Revisionsinstanz.

für Zeitabschnittsgesetze im Wirtschafts- und Steuerrecht[138], ebenso für Prüfungsklagen BVerwG VRspr. 25, 274. Es gilt ebenso in der Regel im Planrecht[139], freilich nicht im Bauplanungsrecht, wo planungsrechtlich begründete Klagen auf Erteilung von Genehmigungen an nachträglichen Planänderungen scheitern. Umgekehrt muss für die Genehmigung von **Abwägungsentscheidungen** der Zeitpunkt der Abwägung maßgeblich sein, da in die Abwägung nur die tatsächlichen und rechtlichen Umstände bis zu diesem Zeitpunkt einfließen können. Weiter ist der Zeitpunkt des Erlasses der angefochtenen Entscheidung, möglicherweise sogar der Zeitpunkt der Antragstellung maßgebend, wenn der Kläger einen VA auf Anerkennung dauernder Leistungspflichten (Versorgungsbezüge, Renten usw.) stellt[140]. Hierzu setzt ein obsiegendes Urteil aber die Berechtigung des Anspruchs sowohl im Zeitpunkt der letzten mündlichen Verhandung wie der Verw-Entscheidung voraus. Hat der mit der **Vornahmeklage** verbundene Anfechtungsantrag selbstständige Bedeutung, so kann für ihn der maßgebliche Zeitpunkt anders liegen als für den Vornahmeantrag. Auf die Möglichkeit, insoweit Antrag nach § 113 Abs. 1 S. 4 zu stellen, wird hingewiesen.[141] Für die Klage auf Erlass einer öffentlichen Abgabeforderung ist, weil primär diese im Streit ist, der Zeitpunkt der letzten Verwaltungsentscheidung maßgeblich[142]. Ist es zu Rechtsänderungen zum Nachteil des Antragstellers während des Prozessverfahrens gekommen, die seine Rechtsstellung nicht berührt hätten, wenn der beantragte VA vorher erlassen worden wäre, so kann bei **Anträgen auf Berufszulassungen** (nur bei diesen!) von der früheren Rechtslage ausgegangen werden[143]. Zu Bundessozialhilfeverfahren vgl. BVerwGE 39, 261; BVerwGE 56, 87; DVBl. 1992, 1482; Grieger NWVBl. 1995, 201.

24 c) **Sonderfälle.** Zum Bereich der Verpflichtungsklage gehört insoweit auch die **Anfechtungsklage eines VIA** gegen die Festsetzung der Leistungspflicht zu Gunsten eines Antragstellers, da dessen Leistungsantrag der eigentliche Klagegegenstand ist[144]. Das Gleiche gilt, wenn mit der **Klage die Aufhebung einer modifizierenden** oder einer Schutz-**Auflage beantragt wird**, die einen VA inhaltlich einschränken (zum Begriff vgl. § 80 Rn. 8).

25 d) **VA mit Doppelwirkung.** Wird ein VA mit Doppelwirkung **vom benachteiligten Dritten angefochten**, so ist, weil der Verpflichtungsanspruch des Begünstigten im Streit ist, an sich von der letzten mündlichen Verhandlung auszugehen. Rechtsänderungen sowie **Änderungen** tatsächlicher Verhältnisse **zum Vorteil des Begünstigten** sind deshalb zu berücksichtigen[145], zu seinem Nachteil dagegen nicht, wenn er bei Erlass des VA einen Rechtsanspruch hierauf hatte. Da dies zunächst zu prüfen ist, bleibt im Wesentlichen der Zeitpunkt der VerwEntscheidung maßgeblich[146]. Das gilt auch

---

138 BVerwGE 48, 211; DVBl. 1958, 256; München VGH n.F. 14, 1; Hamburg VRspr. 9, 635.
139 BVerwGE 51, 15, 25; Hoppe/Schlarmann Rn. 112d.
140 Z.B. BVerwGE 25, 307; 38, 299; Münster OVGE 8, 87.
141 Hierzu bei Verbindung von Zurückstellungsanspruch und Anfechtung der Einberufung BVerwGE 37, 151.
142 München NVwZ 1991, 396.
143 BVerwGE 4, 161; BVerwG DVBl. 1960, 778; NJW 1961, 1275, 1834.
144 BVerwGE 4, 161.
145 BVerwGE 22, 129; NVwZ 1986, 205.
146 Str.; wie hier BVerwGE 72, 300; 51, 15; GewA 1991, 276; DVBl. 1982, 960; 1978, 614; NJW 1970, 263; Hamburg DVBl. 1975, 207; Kassel GewA 1990, 330; NJW 1991, 2165; Münster GewA 1979, 164; Mannheim GewA 1996, 171.

für Änderungen des wissenschaftlichen Erkenntnisstandes; er bleibt unberücksichtigt[147]. Für die Übergangsvorschrift des § 67 BImSchG hat die Rechtsprechung entschieden, dass sowohl für Betreiber wie für Nachbarklagen der Zeitpunkt der letzten mündlichen Verhandlung maßgeblich ist[148]; an dem allgemeinen Grundsatz für Anfechtungsklagen Drittbetroffener ändert dies nichts. Eine etwaige Präklusion bleibt unberührt[149]. Beim **Prätendentenstreit** (§ 80a Rn. 14) kann für die Beurteilung der Zeitpunkt des Bewerbungstermins maßgeblich sein, wenn er Ausschlussfunktion hat.

3. **Feststellungsklage. Hier bestimmt sich der maßgebliche Zeitpunkt nach** **26** **dem Inhalt des Feststellungsantrages selbst.** Grundsätzlich ist vom Zeitpunkt der letzten mündlichen Verhandlung auszugehen, da regelmäßig die Feststellung des Bestehens oder Nichtbestehens eines Rechtsverhältnisses auf den Zeitpunkt des Urteilserlasses angestrebt wird. Möglich ist aber auch die Feststellung für einen in der Vergangenheit liegenden Zeitpunkt[150]. Für die Feststellung der Nichtigkeit eines VA ist die Frage des Zeitpunktes ohne Bedeutung, da angesichts der notwendigen Evidenz des Fehlers des VA dieser sowohl im Zeitpunkt des Erlasses wie auch der letzten mündlichen Verhandlung nichtig sein muss.

4. **Einfache Leistungsklage.** Hier gelten die Grundsätze der Verpflichtungs- **27** klage. In der Regel wird es hier allein auf den Zeitpunkt der letzten mündlichen Verhandlung ankommen.

VI. Nachschieben von Gründen

Während das Problem des maßgeblichen Zeitpunktes, von dem das Ge- **28** richt bei der Beurteilung des Klagebegehrens auszugehen hat, vor allem darin besteht, dass nach dem Erlass der Verwaltungsentscheidung neue tatsächliche oder rechtliche Umstände eintreten und zu klären ist, ob das Gericht aus irgendeinem Grunde einen VA aufzuheben hat, obwohl er ursprünglich rechtmäßig war, oder ihn bestehen lassen muss, obwohl er ursprünglich rechtswidrig war, geht es bei der **Frage nach der Zulässigkeit des Nachschiebens** von Gründen **darum, ob das Gericht tatsächliche oder rechtliche Umstände bei seiner Entscheidung berücksichtigen darf, die bei Erlass der Verwaltungsentscheidung bereits vorlagen, aber von der Verwaltung nicht berücksichtigt worden sind.** Die erste Frage ist nicht selten materiell-rechtlich beeinflusster prozessualer Natur (oben Rn. 16), die Letzte nur materiell-rechtlicher Natur, denn hier geht es allein um die Rechtmäßigkeit der angefochtenen Verwaltungsentscheidung. Freilich beurteilt sich diese materiell-rechtliche Richtigkeit nach materiellem und nach Verfahrensrecht. Für das Verfahrensrecht gelten aber die §§ 35 ff. VwVfG, insbesondere der Begründungszwang des § 39, die Grenzen der Heilung von Verfahrensfehlern in § 45 und der weit gehende Ausschluss ihrer Beachtlichkeit in § 46. Der Einfluss dieser Bestimmungen auf die Rechtsprechung vor Erlass der VwVfG bedarf noch weiterer Klärung. Die Änderungen der §§ 45, 46 VwVfG führen zu neuen Problemstellungen. Auf die in mancher

---

147 Münster DVBl. 1984, 986; BVerwG DVBl. 1972, 678; a.A. Lüneburg GewA 1980, 203.
148 BVerwGE 50, 49; NVwZ 1984, 509; DVBl. 1982, 958; Horn UPR 1983, 215, 227; Breuer DVBl. 1981, 300 ff.
149 BVerwG NVwZ 1987, 131.
150 BSG NJW 1956, 1736.

Hinsicht neuen, aber durchaus weiterführenden Überlegungen von Jürgen-Johann Rupp, Nachschieben von Gründen im verwaltungsgerichtlichen Verfahren, Heidelberg, 1987, und Horn Die Verwaltung, 1992, 203 ff., sei verwiesen; ferner auf Schenke NVwZ 1988, 1 ff.; Laubinger VerwA 1987, 207, 222 ff.; Schoch DÖV 1984, 401. Zu verfassungsrechtlichen Bedenken gegen § 45 Abs. 2 VwVfG Bracher DVBl. 1997, 534; Hatje DÖV 1997, 477; vgl. ferner Schenke VerwA 1999, 232. Hier wird im Anschluss an die Ausführungen von Stelkens/Sachs (§ 45 Rn. 10 ff., 29 ff.), Kopp/Ramsauer (§ 45 Rn. 21 ff.) und Meyer-Borgs (Rn. 28–31 zu § 45) unter Berücksichtigung der Änderungen in §§ 45, 46 VwVfG des Bundes folgende Auffassung vertreten:

28a Nach § 39 VwVfG ist ein VA **zu begründen** und hat die Begründung bei einer Ermessensentscheidung die hierfür maßgeblichen Erwägungen zu enthalten (vgl. § 42 Rn. 70). Der Begründungszwang hat sowohl formale wie materiell-rechtliche Bedeutung. Fehlt die Begründung im VA oder ist sie unzulänglich, so ist der VA rechtswidrig. Die Begründung kann aber bis zum Abschluss des verwaltungsgerichtlichen Verfahrens nachgeholt oder nachgebessert werden (§ 45 Abs. 2 VwVfG). Handelt es sich um gebundene Verwaltung – also weder Ermessensentscheidung noch Beurteilungsermächtigung[151] –, so ist der Fehler gemäß § 46 VwVfG unbeachtlich; es können von der Behörde Gründe nachgeschoben oder vom Gericht neue Gründe für den VA herangezogen werden[152].

Fehlte bei Ermessensentscheidungen und solchen mit Beurteilungsspielraum die Begründung (im VA) oder war sie unzulänglich wiedergegeben, war der VA bislang rechtswidrig, weil die Nachholung der Begründung im Prozess nun erst durch § 45 Abs. 2 VwVfG n.F. erlaubt wird. Hat die **Behörde** bei Entscheidungsfindung überhaupt **kein Ermessen ausgeübt**, scheidet eine nachträgliche Begründung aus. Es handelt sich um die Fälle, in denen die Behörde und die Widerspruchsbehörde irrtümlich von gebundener statt Ermessensentscheidung ausgegangen sind[153] (vgl. Rn. 7 zu § 114) oder aber die Behörde Ermessenserwägungen überhaupt unterlassen hat (häufiger Fehler bei Rücknahmeentscheidungen nach § 48 VwVfG[154]). Gründe können nicht nachgeholt werden, der VA ist aufzuheben[155]. Findet § 46 VwVfG n.F. Anwendung, gilt die zwingende Aufhebung nur eingeschränkt. Die Änderung des § 46 VwVfG hat bewirkt, dass auch bei Ermessensentscheidungen – Gleiches gilt für Entscheidungen mit Beurteilungsermächtigung – fehlende Ermessenserwägungen unbeachtlich sind, wenn sie auf die Entscheidung offensichtlich keinen Einfluss hatten. Damit meint das Gesetz die Fallgestaltungen, in denen die Behörde ungeachtet des ihr eingeräumten Entscheidungsspielraums eine andere als die getroffene von vornherein nicht hat treffen wollen. Nimmt die Begründung auf eine unzutreffende Rechtsgrundlage Bezug, entspricht die Begründung aber auch einer tauglichen Grundlage, so reicht sie aus[156]. Die im Wesent-

---

151 Vgl. hierzu Kopp/Ramsauer § 46 Rn. 21; Stelkens/Sachs § 46 Rn. 33.
152 München BayVBl. 1994, 404: auch in der Berufungsinstanz; Greifswald NVwZ-RR 1999, 409: entsprechende Anwendung bei Fehlen der nach § 80 Abs. 3 S. 1 erforderlichen schriftlichen Begründung des Sofortvollzugs.
153 BVerwG DÖV 1982, 409.
154 Vgl. Stelkens/Sachs § 48 Rn. 18 ff.
155 Münster DVBl. 1981, 940.
156 Mannheim NuR 1991, 434.

lichen gleichen Grundsätze gelten für dem Abwägungsgebot unterliegende **Planentscheidungen.**

Das **Nachschieben von Gründen** ist von diesem Nachholen der Begrün- **29**
dung zu unterscheiden. Zum Nachschieben von Gründen enthält das
VwVfG keine unmittelbare Regelung; § 46 VwVfG kann mittelbar als Beweis für die generelle Zulässigkeit des Nachschiebens angesehen werden.
Nunmehr erlaubt § 114 S. 2 das Nachschieben von Gründen bei Ermessensentscheidungen (vgl. dort Rn. 10a ff.).

1. Bei **Anfechtungsklagen sind grundsätzlich alle tatsächlichen Umstände,** **30**
die bei Erlass des VA vorlagen, auch wenn sie in seiner Begründung nicht
erwähnt werden, **zu berücksichtigen.** Denn für den materiell-rechtlichen
Bestand eines VA kommt es nicht darauf an, wie die Behörde den Sachverhalt bei Erlass gesehen hat, sondern wie er tatsächlich gewesen ist[157]. Das
Gericht muss alle bei der Erforschung des Sachverhalts ihm bekannt gewordenen Umstände für die Beurteilung der Rechtmäßigkeit heranziehen,
auch wenn die Behörde sich hierauf nicht beruft[158]. Die Beteiligten sind
hierauf allerdings vorher hinzuweisen, um sich erklären zu können, die
Rechtsverteidigung des Klägers darf nicht beeinträchtigt werden[159]. Das
gilt auch für Ermessensentscheidungen[160]. Ob und wieweit das Gericht
Spruchreife herbeiführen muss oder mit Aufhebung des VA die Sache an
die Verwaltung zur neuen Entscheidung zurückgeben kann, ist zu § 113
zu erörtern (§ 113 Rn. 10 f., 39).

Ein vom Gericht festgestelltes **Ermittlungs-** oder **Bewertungsdefizit** kann
von der Verwaltung im Gerichtsverfahren ausgeräumt werden. Die bisherige Rechtsprechung, dass ein Nachschieben von Gründen bei Ermessensentscheidungen oder Entscheidungen auf Grund einer Beurteilungsermächtigung im Prozess unzulässig ist, gilt wegen § 114 S. 2 nur noch, wenn
ein Ermessens- oder Abwägungsausfall vorliegt. Sind solche Erwägungen
nicht rechtlich ausreichend oder tragfähig, kann die Behörde noch im verwaltungsgerichtlichen Verfahren ergänzen. Die Grenze liegt dort, wo der
Verwaltungsakt in seinem Ausspruch geändert wird. Der Gesetzgeber hat
in diesem Punkt die bisherige h. M, dass eine Wesensänderung auch dann
vorliegt, wenn eine Entscheidung auf veränderte Abwägungsgesichtspunkte gestützt wird, korrigiert und wertet die Ergänzung der Abwägungsentscheidung ohne Änderung des Spruchs prozessual als Beibehaltung des
bisherigen VA.

Rechtliche Umstände können zur Rechtfertigung des VA ebenfalls nach- **31**
träglich vorgetragen oder von Amts wegen berücksichtigt werden[161]. Denn
die Rechtmäßigkeit eines VA bestimmt sich nach allen für ihn maßgeblichen und denkbaren Rechtsvorschriften[162]. Zur Berücksichtigung nachträglich eingetretener, den VA rechtfertigender rechtlicher Umstände vgl.
Rn. 21a.
Es gelten folgende Ausnahmen:

---

157 BVerwGE 80, 96.
158 Kassel ESVGH 3, 15; Münster VRspr. 8, 252; DÖV 1960, 144.
159 BVerwGE 11, 170.
160 BVerwG VRspr. 18, 306.
161 BVerwGE 10, 176; Schütz MDR 1954, 459.
162 BVerwGE 97, 79.

32 a) Das **Gesetz bestimmt** ausdrücklich, **dass die Rechtsgrundlage im VA anzugeben ist.** In diesen Fällen ist die Rechtmäßigkeit allein nach den im VA angegebenen Vorschriften zu prüfen[163]. Die Fälle sind selten; da aber wegen der Subsidiarität des VwVfG es auch über § 39 hinausgehende Begründungserfordernisse spezial-gesetzlich geben kann, bleibt dieser Ausnahmetatbestand erhalten.

33 b) **Die Behörde hat** ausdrücklich oder stillschweigend **zu erkennen gegeben, dass sie den VA nur auf die von ihr genannten Rechtsnormen gestützt sehen will**[164].

34 Wird der **VA durch die Änderung** der tatsächlichen oder rechtlichen Begründung **in seinem Wesen** oder in seinem **Ausspruch geändert**[165], so ist ein Nachschieben an sich unzulässig. Das gilt einmal, wenn bei gleichem Ausspruch die neue Begründung zu einem neuen VA führt (für Ermessensentscheidung ist das im Rahmen des § 114 S. 2 ausgeschlossen, Rn. 29), zum anderen, wenn durch die neue Begründung die bisherige Ermessens- in eine rechtlich gebundene Entscheidung oder umgekehrt verändert (scheitert in der Regel bereits am Fehlen der Begründung, Rn. 28a) wird[166]. Zur Grenzziehung zwischen Nachschieben und Umdeutung BVerwGE 80, 96 (vgl. Rn. 38). Schiebt die Behörde dennoch entsprechend nach, so liegt infolge Änderung des VA Klageänderung vor. Der Kläger kann ihr widersprechen und ggf. die Erledigung der Hauptsache wegen Aufhebung des streitigen VA erklären; er kann aber auch durch Zustimmung oder nach richterlicher Zulassung der Klageänderung das Verfahren gegen den neuen VA weiterführen[167] (vgl. § 79 Rn. 3; § 91 Rn. 3).

35 2. Bei **Verpflichtungsklagen sind neue,** in dem ablehnenden VA noch nicht vorgebrachte **Tatsachen und Rechtsgründe** uneingeschränkt **zu berücksichtigen.** Das folgt schon aus der Unselbstständigkeit des ablehnenden VA. Maßgeblich ist allein das Vornahmebegehren, dessen Rechtmäßigkeit sich in der Regel nach den Umständen z.Zt. der letzten mündlichen Verhandlung zu richten hat (Rn. 22 ff.).

36 3. Für **Feststellungs- und einfache Leistungsklagen** gilt das Gleiche wie für die Verpflichtungsklage.

37 4. **Muss der Kläger die Rechtmäßigkeit des VA infolge der nachträglich vorgebrachten Umstände anerkennen,** so ist die Hauptsache für erledigt zu erklären oder die Klage zurückzunehmen. Abweichend von § 155 Abs. 2 können die Kosten dem Beklagten auferlegt werden, wenn sie nur durch die unzulängliche tatsächliche oder rechtliche Begründung des VA entstanden sind, weil sie auf dem Verschulden der Behörde beruhen (§ 155 Abs. 4).
Unzulässig dagegen wäre ein Antrag des Klägers, die Rechtswidrigkeit des VA bis zum Vorbringen der neuen Rechtsgründe festzustellen (§ 113

---

163 Bremen DVBl. 1953, 176.
164 Bremen DVBl. 1953, 176; Koblenz NJW 1953, 317.
165 BVerwGE 13, 11; DVBl. 1954, 224; BVerwGE 19, 252; Baurecht 1982, 483; BSG NJW 1958, 645; 1960, 1125; JR 1966, 10; Hamburg MDR 1957, 252; München ZMR 1953, 91; Stuttgart VRspr. 2, 71.
166 BVerwGE 48, 81; Unzulässigkeit der Umdeutung, § 47 Abs. 3 VwVfG.
167 BVerwGE 85, 163.

Abs. 1 S. 4), da trotz nachträglichen Vorbringens der Rechtsgründe der VA von Anfang an rechtmäßig gewesen ist.

VII. Konversion

Die Konversion ist von der Frage des Nachschiebens von Gründen zu trennen. Konversion liegt vor, wenn ein **nichtiger oder anfechtbarer VA unter Aufrechterhaltung der tatsächlichen Voraussetzungen in einen anderen rechtmäßigen VA umgedeutet werden kann,** welcher die gleichen oder mindestens gleichartige Rechtsfolgen hat[168]. Während es bei dem Nachschieben von Gründen um die Korrektur der Begründung des VA geht, bezieht sich die Konversion auf seinen Tenor, eine Unterscheidung, die im Einzelfall schwierig sein kann[169]. In BVerwGE 12, 9 wird die Zulässigkeit der Konversion grundsätzlich anerkannt. Die Voraussetzungen sind jetzt in § 47 VwVfG geregelt. Ob ohne ausdrückliche Erklärung der Behörde das Gericht von sich aus umdeuten kann, ist zweifelhaft, nach der Fassung des § 47, insbes. Abs. 4 aber zu verneinen[170]. Eines selbstständigen getrennt anfechtbaren VA bedarf es hierzu aber nicht. Die – auch hilfsweise zulässige – Erklärung im Prozess genügt. Der Kläger muss dann mit einer entsprechenden Erweiterung des Klageantrages (§ 264 ZPO) reagieren[171]. **38**

§ 109 [Zwischenurteil]

Über die Zulässigkeit der Klage kann durch Zwischenurteil vorab entschieden werden.

I. Grundlagen

§§ 109 und 111 regeln **besondere Fälle des Zwischenurteils,** deren Bedeutung besonders darin liegt, dass **gegen sie selbstständig die Berufung** durchgeführt werden kann (§ 124 Abs. 1), soweit eine Berufung überhaupt zulässig ist. Dass über diese Fälle hinaus das Zwischenurteil (§ 107 Rn. 3) zulässig ist, entspricht allg. M. Mit ihm wird über einen Zwischenstreit zwischen den Beteiligten, in besonderen Fällen auch zwischen den Beteiligten und einem Dritten entschieden. Dabei kann das Zwischenurteil sich niemals auf einzelne Teile der materiell-rechtlichen Streitfrage beziehen, sei es der Klagebegründung, sei es der Angriffs- oder Verteidigungsmittel der sonstigen Beteiligten[1], sondern stets nur auf hiervon getrennte oder abtrennbar zu entscheidende Streitigkeiten[2]. **1**

---

168 BVerwGE 6, 323; Münster DÖV 1952, 760; OVGE 13, 310 ff.
169 Weyreuther DÖV 1985, 126 ff.
170 München NVwZ 1984, 184; Schenke DVBl. 1987, 641 ff.; Schoch/Gerhard § 113 Rn. 22; Meyer/Borgs § 47 VwVfG Rn. 17; a.A. BVerwGE 48, 81; 62, 300; NJW 1988, 2551; Mannheim NVwZ 1985, 349; Weyreuther DÖV 1985, 126 ff.; Stelkens/Sachs § 47 Rn. 6; Knack § 47 Rn. 4.1; Kopp/Ramsauer § 47 Rn. 10 abw. von der Voraufl.
171 Vgl. Lüdemann/Windthust BayVBl. 1995, 357.

1 Baumbach/Hartmann Rn. 1 zu § 309; Lüneburg OVGE 7, 283.
2 Vgl. hierzu BVerwGE 60, 125.

2 Neben der Auseinandersetzung über die Zulässigkeit der Klage und den
Grund des Anspruchs sind Zwischenstreitigkeiten, die durch Zwischenurteil beschieden werden können, insbes. der Streit über die Zulässigkeit einer Klageänderung (§ 91), über die Wiedereinsetzung in den vorigen Stand
(§ 60) und den Eintritt der gesetzlichen Fiktion der Klagerücknahme[3].
Hier ist das Zwischenurteil nicht selbstständig anfechtbar, sondern nur zusammen mit dem Endurteil. Es handelt sich um eine Entscheidung nicht
nach § 109, sondern nach § 173, § 303 ZPO[4]. Zum Zwischenurteil bei
Streit über Erledigung der Hauptsache durch Vergleich s. § 106 Rn. 15.
Die Form des **Zwischenurteils** der ZPO, **das durch sofortige Beschwerde
angreifbar ist,** insbesondere bei Streitigkeiten über Zeugnis- und Sachver-
ständigenverweigerungsrecht (§§ 387, 402 ZPO), kennt der Verwaltungsprozess n i c h t. Hier entscheidet das Gericht durch Beschluss (vgl. § 98
Rn. 7).

II. Zwischenurteil über die Zulässigkeit der Klage

3 § 109 spricht nicht von der Zulässigkeit des Verwaltungsrechtsweges, sondern von der Zulässigkeit der Klage überhaupt. **Über das Vorliegen aller
Sachurteilsvoraussetzungen** kann deshalb **durch Zwischenurteil** vorab entschieden werden (Zulässigkeitszwischenurteil[5]). Das gilt auf Grund der
§§ 17 ff. GVG nicht für Rechtsweg- und Zuständigkeitsfragen. Hier Entscheidung durch Beschluss. Diese **Sachurteilsvoraussetzungen** sind in der
Reihenfolge, in der sie vom Gericht geprüft werden müssen:
1. Zulässigkeit des Verwaltungsrechtsweges (§ 40 mit §§ 17 ff. GVG),
2. Wirksamkeit der Klageerhebung (§§ 81, 82),
3. Beteiligungsfähigkeit (§ 61),
4. Prozessfähigkeit und gesetzliche Vertretung (§ 62),
5. Postulationsfähigkeit (§ 67),
6. Vorlage der Prozessvollmacht (§ 67 Abs. 3),
7. Örtliche Zuständigkeit (§§ 52 ff. mit § 83),
8. Sachliche Zuständigkeit (§ 45 ff. mit § 83),
9. Ausschluss des Verwaltungsrechtsweges durch Schiedsvertrag (§ 187)
10. Einhaltung der Klagefrist (§ 74),
11. Rechtshängigkeit und Rechtskraft (§§ 90, 121),
12. Rechtsschutzbedürfnis,
13. In Anfechtungs- und Verpflichtungssachen Vorliegen eines VA und Be-
    hauptung der Rechtsverletzung nach § 42 sowie Durchführung des
    Vorverfahrens, wenn dies als Sachurteilsvoraussetzung angesehen wird
    (hierzu § 68 Rn. 3 ff.).
Im Instanzverfahren ist weiter die Zulässigkeit von Berufung oder Revision
Sachentscheidungsvoraussetzung[6]. Dort kann neben allen diesen Voraussetzungen auch ggf. die vorschriftsmäßige Besetzung des Gerichts[7], ebenso
die funktionelle Zuständigkeit[8] durch Zwischenurteil geklärt werden. Ein
Zwischenurteil nach § 109 kann auch über die Beteiligungsfähigkeit erge-

3   Weimar Urt. v. 13.4.2000 – 3 KO 265/98, juris.
4   Münster OVGE 27, 96, Baumbach/Albers § 303 Rn. 4.
5   BVerwG NVwZ 1988, 913.
6   BVerwG NVwZ 1982, 372.
7   BSG NJW 1960, 402.
8   Kassel NJW 1965, 709.

hen[9]. Ist im Revisionsverfahren aus materiell-rechtlichen Gründen zurückverwiesen worden, so scheidet, wenn nicht neue Umstände eingetreten sind, eine Prüfung der Sachurteilsvoraussetzungen aus[10]. Wieweit die **Sachurteilsvoraussetzungen nachgeholt** werden können, insbesondere nachträgliches Eintreten oder Genehmigung den ursprünglichen Mangel – auch im Berufungs- oder sogar im Revisionsverfahren – heilen, muss für jede Voraussetzung gesondert geprüft werden. Es ist deshalb auf die Ausführungen zu den einzelnen Bestimmungen zu verweisen. Maßgeblicher Zeitpunkt zur Beurteilung der Sachurteilsvoraussetzungen ist die letzte mündliche Verhandlung[11].

Das Gericht kann von Amts wegen oder auf Antrag die **abgesonderte Ver-** **4** **handlung** über die Zulässigkeit der Klage anordnen, durch Zwischenurteil aber auch ohne abgesonderte Verhandlung entscheiden (§ 280 ZPO ist nicht anwendbar[12]). Zum besonderen Verfahren bei Rechtsweg- und Zuständigkeitsstreit, vgl. Anh. zu § 41, § 83. Ist abgesonderte Verhandlung angeordnet, muss sich die Entscheidung allein auf den gesonderten Streit beschränken[13]. Mündliche Verhandlung über den Zwischenstreit ist nicht erforderlich, es kann nach § 101 Abs. 2 entschieden werden[14]. Zwischenurteile können auch durch Gerichtsbescheid (§ 84) ergehen (vgl. § 84 Rn. 2). Verneint das Gericht die Sachurteilsvoraussetzungen, so ergeht Endurteil in der Form des Prozessurteils. Zum Zwischenurteil kommt es nur, wenn die Zulässigkeit bejaht wird. Gegen das Urteil ist, gleich ob Endurteil oder Zwischenurteil, die Zulassungsberufung und ggf. Revision zulässig, im Falle des GerBescheids das nach § 84 Abs. 2 zulässige Rechtsmittel. Die Berufung entfällt, wenn sie generell ausgeschlossen ist.

III. Wirkung des Zwischenurteils

1. Ist ein **Zwischenurteil** nach § 109 ergangen, so **bindet** es, wenn es zulässig war[15] und rechtskräftig geworden ist, sowohl **das erkennende wie auch** **die übergeordneten Gerichte.** Ist die Zulässigkeit der Klage rechtskräftig bejaht, so sind, soweit über die Sachurteilsvoraussetzungen entschieden worden ist – maßgeblich hierfür ist ausschließlich die Urteilsformel, nicht die Gründe[16] –, diese für dieses Verfahren auch in der Berufungs- und in der Revisionsinstanz festgestellt. Hat das Gericht erster Instanz nach Erlass des Zwischenurteils Termin zur Verhandlung zur Hauptsache anberaumt, so ergeht die Entscheidung zur Hauptsache unter der auflösenden Bedingung der Rechtskraft des bejahenden Zwischenurteils. Wird das Zwischenurteil auf Grund Rechtsmittels aufgehoben, so entfällt das Urteil zur Hauptsache[17], ohne dass ein Rechtsmittel hiergegen notwendig wäre. Die Verhandlung zur Hauptsache wird deshalb zweckmäßig bis zur Rechtskraft der Zwischenentscheidung zurückgestellt.

---

9   BVerwGE 14, 273.
10   BVerwGE 42, 243.
11   Hierzu im Einzelnen Hambitzer DÖV 1985, 270.
12   BVerwGE 14, 273.
13   Baumbach/Hartmann § 280 Rn. 7 ff.
14   Sehr weitgehend BVerwG VRspr. 14, 1022.
15   BVerwGE 60, 125.
16   BVerwG NJW 1980, 2268.
17   Eyermann/J. Schmidt Rn. 4; Kopp/Schenke Rn. 8.

6 2. Ist ein **Zwischenurteil außerhalb des** § 109 ergangen, so bindet dieses gem. § 318 ZPO, § 173 nur das erkennende Gericht. Wird das Endurteil angefochten, so ist vom Berufungsgericht und vom Revisionsgericht der Zwischenstreit nur auf entsprechende Rüge (§§ 124a, 139) zu prüfen.

7 3. Ist ein **unzulässiges Zwischenurteil** erlassen worden, so bindet dieses auch das erkennende Gericht nicht[18]. Über die Möglichkeit der Umdeutung eines solchen Urteils in ein Zwischenfeststellungsurteil vgl. BGH MDR 1961, 407.

§ 110 [Teilurteil]

Ist nur ein Teil des Streitgegenstands zur Entscheidung reif, so kann das Gericht ein Teilurteil erlassen.

1 1. **Zulässigkeit.** Das Teilurteil setzt als **Endurteil über einen selbstständigen Teil des Klagegegenstands** voraus, dass der Streitgegenstand in selbstständige Teile zerlegt werden kann, die als solche auch in einem gesonderten Verfahren hätten geltend gemacht und durch Endurteil beschieden werden können. Das ist sowohl bei subjektiver wie bei objektiver Klagehäufung der Fall – Anfechtungsklage und Folgenbeseitigungsanspruch gemäß § 113 Abs. 1 –, ebenso auch, wenn mehrere Ansprüche im Verhältnis von Haupt- und Hilfsantrag gestellt worden sind[1], ferner bei reinen Zahlungsklagen, wenn der eingeklagte Betrag sich in mehrere selbstständige Positionen zerlegen lässt, und bei Klage und Widerklage, wenn sie nicht den gleichen Streitgegenstand betreffen[2]. An diesen Voraussetzungen fehlt es, wenn nicht einfache, sondern notwendige Streitgenossenschaft auf Seiten des Klägers oder Beklagten besteht, wenn Haupt- und Hilfsantrag in Wirklichkeit ein einheitlicher Anspruch sind[3] oder im Verhältnis von VA und Widerspruchsbescheid als Klagegegenstand[4]. Über einzelne Tatbestandsmerkmale eines Anspruchs oder über einzelne Rechtsgründe eines auf mehrere rechtliche Erwägungen gestützten unteilbaren Anspruchs kann nicht durch Teilurteil entschieden werden.
Ein Teilurteil liegt nicht vor, wenn ein Gericht den Klageantrag unrichtig zu eng auslegt und damit nicht voll erledigt[5]; vgl. § 88 Rn. 1; Gleiches gilt, wenn das Gericht unbeabsichtigt oder rechtsirrtümlich einen Teil des Streitgegenstands unbeschieden lässt[6].

2 Setzt sich ein **angefochtener oder beantragter VA aus mehreren Einzelpositionen** zusammen, etwa die Festsetzung eines BDA, ist ein Teilurteil nur zulässig, wenn die einzelnen Positionen in ihren tatsächlichen Voraussetzungen und ihrer rechtlichen Begründung in keinem irgend denkbaren Zusammenhang mit den anderen stehen. Denn ein Teilurteil darf nicht ergehen, wenn seine Entscheidung von dem Schlussurteil berührt werden

---

18 RG JW 1931, 3548.

1 BVerwG Buchh. 310 § 110 Nr. 4; BGHZ 56, 79; RGZ 102, 176.
2 Baumbach/Hartmann § 301 Rn. 22.
3 Bejaht für Klage auf Nichtigkeit und hilfsweise Aufhebung des VA BSG NJW 1960, 2308; bejaht in einem straßenrechtlichen Planfeststellungsverfahren BVerwGE 98, 339.
4 Mannheim NJW 1971, 109; Kassel DÖV 1976, 607; Lüneburg NJW 1967, 2174.
5 BVerwGE 95, 269; unklar BVerwG NVwZ 1993, 62; a.A. BVerwG Buchh. 448.11 § 13 Nr. 4 gegen 448 0 § 18 Nr. 10.
6 BVerwG NVwZ 1994, 1116; BVerwGE 95, 269; Uerpmann NVwZ 1993, 743.

kann[7]. Ist ein VA unter einer Auflage erlassen und wäre er möglicherweise auch ohne Auflage getroffen worden, so ist ein Teilurteil über die Auflage zulässig; handelt es sich um eine modifizierende Auflage (vgl. § 80 Rn. 8) oder liegt eine Bedingung vor, so ist ein Teilurteil wegen des rechtlichen Zusammenhangs zwischen VA und Nebenbestimmung ausgeschlossen.

2. Verfahren. Abweichend von § 301 ZPO stellt § 110 es in jedem Falle **3** in das **Ermessen des Gerichts**, ein Teilurteil zu erlassen[8]. Teilurteile sind oft zweckmäßig, um den Rechtsstreit zu entlasten und den Beteiligten gerade bei langwierigen Verfahren wenigstens über die Teile des Streitgegenstandes ein Urteil zu geben, die entscheidungsreif sind[9]. Sie sind dennoch im VerwProzess selten, Rechtsprechung liegt kaum vor.
In der Regel bleibt die **Kostenentscheidung** bei einem Teilurteil dem Schlussurteil vorbehalten. Eine Teilkostenentscheidung ist aber möglich, wenn die Kostenregelung feststeht, so etwa bei Teilurteil gegen einzelne Beteiligte bei subjektiver Klagehäufung[10].

3. Wirkung. Das **Teilurteil** ist ein Endurteil. Es ist deshalb **selbstständig** **4** **mit Zulassungsberufung und ggf. Revision anfechtbar.** Ob das Berufungsgericht in der Lage ist, den noch nicht entschiedenen Teil zu einheitlicher Schlussentscheidung an sich zu ziehen, ist streitig, aber auch bei Zustimmung aller Beteiligten zu verneinen, da die Regelung des Instanzenzuges nicht der Dispositionsbefugnis der Beteiligten oder des Gerichts unterliegt[11].

§ 111 [Grundurteil]

Ist bei einer Leistungsklage ein Anspruch nach Grund und Betrag streitig, so kann das Gericht durch Zwischenurteil über den Grund vorab entscheiden. Das Gericht kann, wenn der Anspruch für begründet erklärt ist, anordnen, dass über den Betrag zu verhandeln ist.

1. Voraussetzungen. Das **Grundurteil** ist ein **selbstständig anfechtbares Zwischenurteil.** Es kann unter folgenden Voraussetzungen erlassen werden:

a) Es muss eine **Leistungsklage** anhängig sein, also entweder eine reine **1** Zahlungsklage oder aber eine Verpflichtungsklage auf Erlass eines VA, durch den die Zahlung eines bestimmten Geldbetrags an den Kläger angeordnet wird[1]. Dagegen ist bei Feststellungs- und Anfechtungsklagen[2] für eine Grundentscheidung kein Raum.

---

7 RGZ 151, 381; BGHZ 20, 311.
8 Münster OVGE 28, 250.
9 So nun auch Eyermann/J. Schmidt Rn. 3 abw. von den Voraufl.
10 Vgl. auch BGH NJW 1960, 484.
11 Mannheim NJW 1971, 109; Kassel VRspr. 27, 240; Baumbach/Hartmann § 301 Rn. 2; Eyermann/J. Schmidt Rn. 6; a.A. für Ausnahmefälle BGHZ 30, 213 ff.; Mannheim NJW 1972, 271; NJW 1977, 1255: über Anschlussberufung.

1 Schoch/Clausing Rn. 3; a.A. nur bei reiner Zahlungsklage zulässig: BVerwGE 24, 253; NVwZ 1996, 175; Eyermann/J. Schmidt Rn. 1; Bader/Kuntze Rn. 2; zweifelnd BVerwGE 29, 191.
2 Hamburg NVwZ 1990, 682.

2 b) Die angestrebte **Leistung muss nach Grund und Höhe streitig** sein. Ein Grundurteil ist unzulässig, wenn nur der Grund oder nur die Höhe im Streit sind[3], oder wenn es zweifelhaft ist, ob ein Anspruch der Höhe nach überhaupt besteht[4]. In diesen Fällen ist durch Endurteil zu entscheiden.

3 Die **Abgrenzung zwischen Grund und Betrag** ist nicht immer einfach und dogmatisch nicht ohne weiteres zu begründen. Die Rechtsprechung zu § 304 ZPO kann hierzu übernommen werden[5]. In erster Linie ist nach prozessökonomischen Überlegungen zu entscheiden. Das Grundurteil soll das Verfahren beschleunigen und möglichst bald Klärung über die Haftung überhaupt herbeiführen. In der Entscheidung ist deshalb der Anspruchsgrund möglichst eindeutig abzugrenzen. Bei einem Rentenanspruch ist etwa die Laufzeit der Rente genau zu bestimmen und nicht nur die Rentenverpflichtung überhaupt zu klären; es ist über ein etwaiges mitwirkendes Verschulden oder eine etwaige Vorteilsausgleichung im Grundurteil zu befinden.

4 c) Das **Grundurteil unterscheidet sich vom Feststellungsurteil** dadurch, dass über einen einzelnen Anspruch, nicht über das Bestehen eines Rechtsverhältnisses entschieden wird und dass es einen gegenwärtigen Anspruch, nicht nur einen zukünftig möglicherweise entstehenden Anspruch voraussetzt.

5 2. **Verfahren.** a) Das **Gericht entscheidet nach pflichtgemäßem Ermessen,** ob es ein **Grundurteil** erlässt. Es ist an Anträge der Beteiligten nicht gebunden. Im Verwaltungsprozess wird die Grundentscheidung die Ausnahme bilden. Sie ist nur dann zweckmäßig, wenn Aussicht besteht, dass nach Klärung des Anspruchsgrundes die Beteiligten über die Höhe zu einer vergleichsweisen Regelung kommen. In allen anderen Fällen wirkt sich das Grundurteil regelmäßig als Verzögerung aus. Es kann dazu führen, dass die gleiche Sache zweimal den Instanzenzug durchläuft, etwa bei Schadensersatzklagen von Beamten wegen Verletzung der Fürsorgepflicht.

6 b) Das **Gericht muss über alle Klagegründe entscheiden, eine Beschränkung auf einzelne Klagegründe** ist **unzulässig**[6]. Dagegen kann das Gericht ein Teilgrundurteil über einen Teil des Klageanspruchs erlassen. Es kann auch ein Teilurteil mit einem Grundurteil verbinden, wenn es einen Teil der Klage abweist und im Übrigen der Klage dem Grunde nach stattgibt.

7 3. **Wirkungen.** a) Das **Grundurteil** ist **selbstständig mit der Zulassungsberufung und Revision** anfechtbar (§§ 124, 132). Nach allg. M. ist es nur der äußeren, nicht der inneren Rechtskraft fähig[7]. Stellt das Gericht im Nachverfahren fest, dass der Höhe nach kein Anspruch besteht, so weist es trotz des Grundurteils die Klage ab[8], ebenso wenn sich im Nachverfahren das Fehlen einer Sachurteilsvoraussetzung herausstellt[9]. Über §§ 318 ZPO; § 173 bindet das Urteil aber, soweit entschieden ist, das Gericht, und, wenn es formell rechtskräftig geworden ist, auch die Instanzen und

---

3   RGJW 1938, 394.
4   BGH MDR 1961, 133.
5   Baumbach/Hartmann § 304 Rn. 6 ff.
6   BGHZ 72, 36.
7   RGZ 151, 8; Baumbach/Hartmann § 304 Rn. 24 f.
8   BSG NJW 1991, 380; RGZ 132, 16.
9   RGZ 89, 117.

etwaige andere Gerichte. Dagegen sind im Betragsverfahren nachträglich entstandene, für den Anspruchsgrund erhebliche Umstände zu berücksichtigen[10].

b) Das **Gericht kann mit dem Erlass des Grundurteils die Verhandlung über** **8** **den Betrag anordnen,** ohne dass hierfür ein Antrag erforderlich ist. Die Anordnung ist in der Regel überflüssig. Wird das Grundurteil rechtskräftig, so ist die Weiterverhandlung selbstverständlich. Wird das Grundurteil angefochten, so muss das Gericht die Akten dem Rechtsmittelgericht übersenden, sodass das Verfahren nicht weitergeführt werden kann. Eine solche Weiterführung wäre auch unzweckmäßig, da die Entscheidung im Betragsverfahren gegenstandslos würde, wenn im Rechtsmittelverfahren über das Grundurteil dieses aufgehoben und die Klage abgewiesen wird.

§ 112 [Mitwirkende Richter]

Das Urteil kann nur von den Richtern und ehrenamtlichen Richtern gefällt werden, die an der dem Urteil zu Grunde liegenden Verhandlung teilgenommen haben.

§§ 112 behandelt die **Urteilsfällung.** Die Bestimmung gilt nur **für Urteile, die auf Grund mündlicher Verhandlung ergehen.** In diesem Falle dürfen nur die Richter entscheiden, die als solche an der letzten[1] mündlichen Verhandlung teilgenommen haben (ggf. als Ergänzungsrichter). Nicht notwendig ist, dass sie oder auch nur der Berichterstatter an einer vorangegangenen Beweisaufnahme teilgenommen haben, auch nicht in Kriegsdienstverweigerungssachen. Die Beweisergebnisse müssen aber durch Verlesung oder Sachbericht zum Gegenstand der mündl. Verhandlung gemacht werden. Wiederholung steht im Ermessen des Gerichts. Das gilt auch, wenn die Beteiligten zur mündlichen Verhandlung nicht erscheinen. Ist auf die mündliche Verhandlung verzichtet worden (§ 101 Abs. 2), findet § 112 keine Anwendung, ebenso nicht, wenn zunächst mündlich verhandelt, dann aber auf weitere mündliche Verhandlung verzichtet worden ist[2] (vgl. § 101 Rn. 6). Hier haben die Richter mitzuwirken, die nach dem Geschäftsverteilungsplan hierzu jeweils berufen sind[3]. Grundsätzlich können diese auch Umstände berücksichtigen, die nur in der mündlichen Verhandlung erörtert worden sind, ohne aktenkundig zu sein[4]; in der Regel sollte dann aber neu verhandelt werden, wie dies auch der sonstigen Rechtsprechung des BVerwG[5] entspricht[6].

§ 112 stellt den unabdingbaren **Zusammenhang** zwischen Mitwirkung an **1a** der **mündlichen Verhandlung** und **Beratung (Rechtsschutzfunktion)** her. Ist dieser wegen Verhinderung eines Richters nicht durchführbar, muss die mdl. Verhandlung wieder eröffnet werden (§ 104 Rn. 4). Hat sich die mündliche Verhandlung über mehrere Tage oder einen längeren Zeitraum erstreckt oder wird sie in einem neuen Termin festgesetzt, so ist ein **Rich-**

---

10 RGZ 138, 213.
1 BVerwG NJW 1986, 3154 ff.
2 BVerwG NVwZ 1985, 562; DÖV 1971, 711; Magdeburg LKV 2003, 185.
3 Kopp/Schenke Rn. 8.
4 BVerwG NJW 1990, 465.
5 Buchh. 310 § 112 Nr. 6; § 138 Ziff. 1 Nr. 10; BGHZ 53, 245, 257.
6 A.A. BVerwG Buchh. 310 § 112 Nr. 9.

terwechsel bei Verhinderung oder anderer Besetzung auf Grund Geschäftsverteilungsplan des Spruchkörpers (ehrenamtl. Richter!) zulässig, ohne
dass die Verhandlung neu begonnen werden müsste. Eine Wiederholung
der entscheidungserheblichen Teile wird aber in der Regel geboten sein[7].
Mindestens ist der Sachbericht neu zu erstellen, sind die Ergebnisse einer
Beweisaufnahme vorzutragen, müssen die Anträge neu gestellt werden und
können die Beteiligten zur Sach- und Rechtslage vortragen[8]. Hat eine
mündliche Verhandlung stattgefunden, so muss das Verfahren auch in solcher Verhandlung abgeschlossen werden, wenn nicht die Beteiligten hierauf verzichten. Kein Übergang von mündl. Verhandlung in Beschlussverfahren in Normenkontrollsachen[9], ebenso wenig von mündl. Verhandlung
in GerBescheid (§ 84 Rn. 7). An der Verkündung selbst brauchen nicht die
Richter der mündl. Verhandlung teilzunehmen[10]. Der Vorsitzende kann
auch allein verkünden[11], ist kein Beteiligter anwesend, genügt protokollierte Verweisung auf die Urteilsformel[12]. Für die Unterzeichnung des Urteils gilt §§ 117 Abs. 1.

2   Für Beschlüsse, die nach mündlicher Verhandlung ergehen, ist § 112 anzuwenden, obwohl in § 122 die Verweisung auf § 112 fehlt. Es lässt sich
dies aber aus § 173 mit § 329 Abs. 1 S. 2 ZPO herleiten. Die mündliche
Verhandlung würde wertlos sein, wenn andere Richter entscheiden könnten als die, vor denen verhandelt worden ist[13].
Ein Verstoß gegen § 112 ist wesentlicher Verfahrensmangel und rechtfertigt sowohl die Zulassung der Berufung (§ 124 Abs. 2 Nr. 5) wie der Revision (§ 138 Nr. 1) wie das Wiederaufnahmeverfahren (§ 153, § 579 Nr. 1
ZPO).

§ 113 [Urteil auf Aufhebung oder Verpflichtung]

**(1) Soweit der Verwaltungsakt rechtswidrig und der Kläger dadurch in seinen
Rechten verletzt ist, hebt das Gericht den Verwaltungsakt und den etwaigen
Widerspruchsbescheid auf. Ist der Verwaltungsakt schon vollzogen, so kann
das Gericht auf Antrag auch aussprechen, dass und wie die Verwaltungsbehörde die Vollziehung rückgangig zu machen hat. Dieser Ausspruch ist nur
zulässig, wenn die Behörde dazu in der Lage und diese Frage spruchreif ist.
Hat sich der Verwaltungsakt vorher durch Zurücknahme oder anders erledigt,
so spricht das Gericht auf Antrag durch Urteil aus, dass der Verwaltungsakt
rechtswidrig gewesen ist, wenn der Kläger ein berechtigtes Interesse an dieser Feststellung hat.**

**(2) Begehrt der Kläger die Änderung eines Verwaltungsakts, der einen Geld-
betrag festsetzt oder eine darauf bezogene Feststellung trifft, kann das Gericht den Betrag in anderer Höhe festsetzen oder die Feststellung durch eine
andere ersetzen. Erfordert die Ermittlung des festzusetzenden oder festzustellenden Betrags einen nicht unerheblichen Aufwand, kann das Gericht die
Änderung des Verwaltungsakts durch Angabe der zu Unrecht berücksichtigten oder nicht berücksichtigten tatsächlichen oder rechtlichen Verhältnisse
so bestimmen, dass die Behörde den Betrag auf Grund der Entscheidung
errechnen kann. Die Behörde teilt den Beteiligten das Ergebnis der Neube-**

---

7   BVerwGE 81, 139 ff.
8   Vgl. Kopp/Schenke Rn. 4; BGHZ 53, 245; auch BVerwG NJW 1986, 3155.
9   BVerwGE 81, 139.
10   BVerwGE 50, 79; Baumbach/Hartmann § 310 Rn. 3 ff.
11   Baumbach/Hartmann § 311 Rn. 5.
12   BGHZ NJW 1985, 1783.
13   Ebenso Kassel NJW 1987, 1354; Baumbach/Albers § 329 Rn. 7.

rechnung unverzüglich formlos mit; nach Rechtskraft der Entscheidung ist der Verwaltungsakt mit dem geänderten Inhalt neu bekannt zu geben.

(3) Hält das Gericht eine weitere Sachaufklärung für erforderlich, kann es, ohne in der Sache selbst zu entscheiden, den Verwaltungsakt und den Widerspruchsbescheid aufheben, soweit nach Art oder Umfang die noch erforderlichen Ermittlungen erheblich sind und die Aufhebung auch unter Berücksichtigung der Belange der Beteiligten sachdienlich ist. Auf Antrag kann das Gericht bis zum Erlass des neuen Verwaltungsakts eine einstweilige Regelung treffen, insbesondere bestimmen, dass Sicherheiten geleistet werden oder ganz oder zum Teil bestehen bleiben und Leistungen zunächst nicht zurückgewährt werden müssen. Der Beschluss kann jederzeit geändert oder aufgehoben werden. Eine Entscheidung nach Satz 1 kann nur binnen sechs Monaten seit Eingang der Akten der Behörde bei Gericht ergehen.

(4) Kann neben der Aufhebung eines Verwaltungsakts eine Leistung verlangt werden, so ist im gleichen Verfahren auch die Verurteilung zur Leistung zulässig.

(5) Soweit die Ablehnung oder Unterlassung des Verwaltungsakts rechtswidrig und der Kläger dadurch in seinen Rechten verletzt ist, spricht das Gericht die Verpflichtung der Verwaltungsbehörde aus, die beantragte Amtshandlung vorzunehmen, wenn die Sache spruchreif ist. Andernfalls spricht es die Verpflichtung aus, den Kläger unter Beachtung der Rechtsauffassung des Gerichts zu bescheiden.

Übersicht

A. Vorbemerkung

I. Grundsatz

1 § 113 enthält seinem Wortlaut nach Bestimmungen über den Inhalt und die Reichweite der gerichtlichen Entscheidungssätze bei **Anfechtungs-** (§ 113 Abs. 1–4) und bei **Verpflichtungsklagen** (§ 113 Abs. 5). Über diesen Wortlaut hinaus bestimmt § 113 aber auch, unter welchen Voraussetzungen das Gericht zu solchen Entscheidungssätzen gelangt. § 113 knüpft damit unmittelbar an die materiell-rechtliche Beurteilung des angefochtenen VA oder des Anspruchs auf den abgelehnten VA an und zieht die Folgerungen aus dieser Beurteilung. Freilich besagt § 113 über die materielle Beurteilung nichts; sie ergibt sich ausschließlich aus dem materiellen Recht. Ebenso wenig lässt sich § 113 zum **Umfang der gerichtlichen Kontrolle,** der sog. **Kontrolldichte** Näheres entnehmen. Sie ist in der VwGO lediglich für Ermessensentscheidungen in § 114 geregelt, wo bestimmte, die Kontrolle begrenzende Kriterien aufgeführt sind. Die weiteren in Rechtsprechung und Literatur entwickelten Begrenzungen in den Fällen von Beurteilungsermächtigungen werden deshalb zweckmäßig im Zusammenhang des § 114 erörtert (vgl. § 114 Rn. 14 ff.).

II. Einfache Leistungsklage

2 In der Praxis wird § 113 ganz oder zum Teil über Anfechtungs- und Verpflichtungsklagen hinaus auch auf andere Klagearten angewandt. Das gilt insbesondere für die **einfache Leistungsklage,** aber auch für die Feststellungsklage, wenn sie die Nichtigkeit eines VA zum Gegenstand hat. Die Möglichkeiten einer Feststellung der Rechtswidrigkeit von erledigtem Verwaltungshandeln in § 113 Abs. 1 S. 4, die **Fortsetzungsfeststellungsklage,** sind von der Rechtsprechung weit ausgedehnt worden (vgl. unten Rn. 30 ff.).

III. Änderung durch NeuregelungsG

3 Das **NeuregelungsG 1990 hat § 113 erheblich umgestaltet.** Zwischen die ursprünglichen Abs. 1 und Abs. 3 sind an Stelle des bisherigen, in der Praxis nur begrenzt bedeutsamen Abs. 2 zwei neue umfangreiche Absätze getreten, durch die einmal (Abs. 2) dem Gericht ein besonderes Verfahren bei VA, die auf Geldbeträge bezogen sind, zur Verfügung gestellt wird, zum anderen (Abs. 3) das Gericht unter bestimmten Voraussetzungen davon freigestellt wird, Spruchreife selbst herbeizuführen. Die Abs. 2 und 3 haben eine wechselhafte Entstehungsgeschichte. Sie gehen auf die Bemühungen um eine einheitliche VPO zurück und hatten insoweit § 100 Abs. 2 Satz 2 FGO zu berücksichtigen, eine für den Steuerprozess notwendige Bestimmung, die die VwGO nicht kannte (vgl. § 137 EntwVPO BMJ: Anfechtungsklage; § 138: Verpflichtungsklage). Hinzu trat Art. 3 § 4 EntlG, wonach im Steuerprozess in einer dem jetzigen § 113 Abs. 2 S. 2 in etwa entsprechender Weise verfahren werden kann; § 100 Abs. 2 S. 2 FGO kann eher als Ausgangspunkt des jetzigen § 113 Abs. 3 angesehen werden. Der RegEntw VPO hielt an diesem Konzept naturgemäß fest, er unterschied noch zwischen den Regelungen für die Anfechtungsklage in § 124 und die Verpflichtungsklage in § 125, für die Abs. 2 ähnliche Begrenzungen der Verpflichtung des Gerichts zur Spruchreife enthielt.

Das NeuregelungsG 1990 hat die für eine einheitliche VPO sicher erforderliche, für den Verwaltungsprozess aber unbedeutende[1] Regelung für Anfechtungsklagen (§ 113 Abs. 2 und 3) beibehalten und zur Begründung darauf hingewiesen, dass sie sich im Steuerprozess bewährt habe (Amtliche Begründung S. 29 f.). Manche Einzelheiten sind allerdings anders geregelt worden. Dagegen hat das Gesetz die Regelung für Verpflichtungsklagen nicht übernommen, sondern es bei § 113 Abs. 4 (jetzt Abs. 5) belassen. Eine entsprechende Anwendung des Abs. 2 und Abs. 3 auf Verpflichtungsklagen scheidet deshalb aus[2]; dass in mancher Beziehung bereits die bisherige Praxis anhand § 113 Abs. 5 S. 2 ähnliche Wege gegangen ist, ergibt die Judikatur.   **4**

B. Anfechtungsklage

I. Aufhebungsentscheidung

Die **Aufhebung des VA** ist die **Grundform der Entscheidung** des Gerichts **in Anfechtungssachen, wenn der Klage stattgegeben wird.** Das Gericht beseitigt kassatorisch den angefochtenen VA mit Wirkung ex tunc. Dabei genügt im Regelfall die Aufhebung des ursprünglichen VA, einer besonderen Aufhebung des Widerspruchsbescheides bedarf es nicht, da er nicht selbstständiger Klagegegenstand ist (§ 79 Abs. 1 Nr. 1)[3]. In der Praxis wird sie regelmäßig in die Urteilsformel übernommen. Ist dagegen der Widerspruchsbescheid neben dem ursprünglichen VA oder allein Streitgegenstand (§ 79 Abs. 1 Nr. 2, Abs. 2), so ist auch er aufzuheben. Voraussetzung der Aufhebung ist, dass der VA rechtswidrig und der Kläger durch ihn in seinen Rechten verletzt worden ist. Die Rechtswidrigkeit eines VA bestimmt sich nach materiellem Verwaltungsrecht (vgl. § 42 Rn. 98 ff.). Unter Rechtswidrigkeit i.S. des § 113 sind sowohl Anfechtbarkeit wie Nichtigkeit zu verstehen. Ist der VA nicht nur anfechtbar, sondern nichtig, hebt   **5**

---

1   Schoch/Gerhardt Rn. 56.
2   Münster DVBl. 1992, 785; Schoch/Gerhardt Rn. 44, 55; a.A. Bader/Kuntze Rn. 75 für Abs. 2.
3   A.A. Bautzen NVwZ-RR 2002, 409 für den Fall, dass die Widerspruchsbehörde das Ermessen der Ausgangsbehörde fehlerhaft änderte.

das Gericht ihn nicht auf, sondern stellt, auch wenn der Kläger einen Anfechtungsantrag gestellt hat, seine Nichtigkeit fest[4], da die Aufhebung eines nichtigen VA begrifflich nicht möglich ist. Hierfür steht auch der Weg
des § 113 Abs. 1 S. 4 offen[5].

6   **Die Aufhebung erfolgt nur, wenn und soweit der VA rechtswidrig ist.** Anhand welcher Kriterien, in welchem Umfang und mit welchen Verfahrensschritten das Gericht den VA zu prüfen hat, wird auf der einen Seite vom
materiellen Recht, auf der anderen von der Prozessordnung bestimmt (vgl.
insbesondere Rn. 98 ff. zu § 42; Rn. 16 ff. zu § 108, Rn. 3 ff. zu § 114).
Grundsätzlich ist Spruchreife herbeizuführen, hat das Gericht alle für oder
gegen den VA sprechenden tatsächlichen und rechtlichen Umstände festzustellen und zu würdigen. Dieser Grundsatz wird durch die Neuregelung
der Abs. 2 und Abs. 3 durchbrochen. Sie treten an die Stelle der bisher
richterrechtlich bereits für zulässig angesehenen Fallgestaltungen, bei denen von der Herstellung der Spruchreife abgesehen werden konnte.
Für das **Abgabenrecht** führt dies in der Rechtsprechung zu der Annahme,
bis an die – weitgezogene – Grenze einer Wesensveränderung könne die
Rechtsgrundlage eines Abgabenbescheides ausgewechselt werden[6]. Für das
Ordnungsrecht folgt Mannheim NVwZ 1995, 397 dem BVerwG. Eine nur
teilweise Aufhebung ist zeitlich, räumlich, inhaltlich oder personell möglich, zeitlich wenn der VA nicht von Anfang an rechtswidrig war, sondern
es erst später geworden ist und das Klagebegehren die Aufhebung ex nunc
umfasst (vgl. § 108 Rn. 17 ff.); räumlich, wenn nur räumlich abgrenzbare
Teile des VA (Straßenplanfeststellung) den Kläger in seinen Rechten verletzen. Sie ist inhaltlich bei VA, die auf eine Geldleistung gerichtet sind[7], und
weiter möglich, wenn abtrennbar selbstständige Teile des VA rechtswidrig
sind, der VA bei Aufhebung solcher selbstständigen Teile deshalb als selbstständiger Akt bestehen bleiben kann und anzunehmen ist, dass die Verwaltung den VA auch mit dem unbeanstandet gebliebenen Inhalt allein erlassen hätte[8]. Personelle Begrenzungen sind bei verbundenen Verfahren
denkbar. Im Übrigen sind die Unterschiede zwischen Anfechtungs- und
Verpflichtungssachen zu beachten. Wird eine selbstständige Auflage angegriffen, so Anfechtungsklage[9]. Ist einem Verpflichtungsantrag mit einer
einschränkenden Auflage stattgegeben worden und richtet sich die Klage
allein gegen die Auflage, so kann sie zwar als Anfechtungsklage formuliert
sein, ist aber inhaltlich Klage auf Verpflichtung der Behörde zum Erlass
des beantragten VA ohne die Einschränkung[10]. Erachtet das Gericht die
Einschränkung für rechtswidrig, weil der Antragsteller einen Anspruch auf
den uneingeschränkten VA hat, so kommt es auf die Frage, ob die Behörde
den VA auch ohne die Auflage erlassen hätte, nicht an. Zum dem VerwVer-
fahrensrecht angehörenden Unterschied zwischen Bedingung, modifizie-
render und einfacher Auflage vgl. § 80 Rn. 8. Eine Beschränkung der Prüfung auf bestimmte Beanstandungsgründe dürfte dagegen nicht zulässig

---

4   Str.; wie hier München BayVBl. 1976, 756; Eyermann/J. Schmidt Rn. 8; a.A. Kopp/
    Schenke Rn. 4.
5   BVerwGE 35, 334.
6   BVerwGE 64, 356; E 80, 96; E 95, 176; a.A. München NVwZ-RR 1994, 175.
7   Söhn VerwA 60, 64 ff.
8   BVerwGE 23, 175 m. Anm. Czermak DVBl. 1967, 417; Buchh. 310 § 113 VwGO
    Nr. 137 S. 28; NVwZ-RR 1998, 45.
9   Zu solcher isolierten Auflagenanfechtung Fehn DÖV 1988, 202.
10 Beispielhaft München NVwZ-RR 1998, 623.

sein[11]. Im Fachplanungsrecht ist die Aufhebung eines Planfeststellungsbeschlusses dann ausgeschlossen, wenn ein Planergänzungsverfahren möglich und vorgeschrieben ist (§ 74 Abs. 1a VwVfG; vgl. für Spezialgesetze z.B. § 17 Abs. 6c BFStrG[12]; § 19 Abs. 4 S. 2 BundeswasserstraßenG; § 10 Abs. 8 S. 2 LuftVG; § 29 Abs. 8 S. 2 PBefG; § 20 Abs. 7 S. 2 AEG; § 5 Abs. 7 S. 2 MagnetschwebebahnplanungsG).

Zu der objektiven Rechtswidrigkeit des VA muss hinzutreten, dass der **Klä-** **7** **ger** hierdurch in **seinen Rechten verletzt** ist. Diese Voraussetzung korrespondiert mit der Forderung der Rechtsverletzung als Klagegrundlage in § 42; auf die Ausführungen § 42 Rn. 102 ff kann hier verwiesen werden. Durch das Erfordernis der Verletzung eigener Rechte hat sich der Gesetzgeber für den VerwProzess als Verfahren zum Schutz von Individualrechten entschieden. Nur soweit die Verletzung von Individualrechten geltend gemacht werden kann, wird die Einhaltung der objektiven Rechtsordnung geprüft.

II. Entscheidung nach § 113 Abs. 2 S. 1

Der Erlass oder die Verurteilung der Behörde zum Erlass eines anderen **8** **VA an Stelle des aufgehobenen ist dem Gericht in Anfechtungssachen verwehrt.** Auch wenn das Gericht einen belastenden VA nur für zu weitgehend hält, etwa eine den Grundsatz der Verhältnismäßigkeit verletzende polizeiliche Verfügung, kann es nicht den VA auf das zulässige Maß zurückführen, sondern muss ihn ohne Einschränkung aufheben[13]. Es ist der Verwaltung überlassen, ob sie den zulässigen neuen VA erlässt. Dieser **Grundsatz wird in den Fällen des § 113 Abs. 2 S. 1 durchbrochen.** Betrifft der angefochtene VA eine Leistung in Geld oder eine darauf bezogene Feststellung (Gebühren, Beiträge, Zwangsgeld, Ordnungsstrafen, Bußgeld usw.) und ist der angefochtene VA nur der Höhe, nicht aber dem Grunde nach zu beanstanden, so kann das Gericht von sich aus den VA durch Anordnung der Leistung in der richtigen Höhe ersetzen[14]. Das Gericht ist auf die Rechtsprüfung beschränkt, ist dabei aber nicht an die bisherigen Gründe des VA gebunden, z.B. an die Berechnungsfaktoren des Erschließungsbeitrages[15]. Ergibt sich die Höhe der Leistung nicht zwingend aus dem materiellen Recht, sondern kann sie von der Verwaltung nach pflichtmäßigem Ermessen festgesetzt werden, so kann das Gericht bei Ermessensfehlern nur aufheben, nicht aber selbst festsetzen[16]. Eine Rechts-, nicht Ermessensentscheidung ist anzunehmen, wenn die Höhe eines Buß- oder Ordnungsgeldes im Streit ist[17], nicht dagegen bei der Anordnung von Beugestrafen zur Durchsetzung einer Leistung im Vollstreckungsverfahren. Das Gericht kann auf Antrag oder von Amts wegen[18] von der Ersetzungsbefugnis Gebrauch machen. Der Antrag mit ggf. genauer Bezifferung kann

11 VG Darmstadt NVwZ 1987, 921.
12 Dazu BVerwG DVBl. 1996, 907.
13 Sodan/Spannowsky Rn. 14, 179.
14 Schlink/Wieland DÖV 1982, 428; Müller NJW 1963, 23; Bettermann, Wacke-Festschrift, 1972, S. 233 ff.
15 BVerwGE 69, 201.
16 BVerwGE 32, 50; 38, 312; 69, 91; Bettermann, Wacke-Festschrift S. 238; Sodan/Spannowsky Rn. 181; a.A. Münster OVGE 15, 284.
17 Münster OVGE 15, 284; Kopp/Schenke Rn. 152.
18 BVerwGE 34, 355; Münster NVwZ 1998, 584; a.A. Schoch/Gerhardt Rn. 38.

im Hinblick auf die Kostenentscheidung zweckmäßig, aber auch gefährlich sein.

Das **Verbot der reformatio in peius** gilt auch im Rahmen des § 113 Abs. 2, das Gericht kann also Leistungen oder Feststellungen in geringerer Höhe und geringerem Umfange anordnen, nicht umgekehrt[19]; denn das Verbot der Schlechterstellung geht als Grundsatz aller Verfahrensordnungen § 113 Abs. 2 voraus.

III. Entscheidung nach § 113 Abs. 2 S. 2, 3

9 § 113 Abs. 2 S. 2, 3 schaffen ein **besonderes Verfahren,** wenn zwar der angefochtene Bescheid rechtswidrig ist, aber die Ermittlung des festzusetzenden oder festzustellenden Betrages Schwierigkeiten bereitet.[20] Es ist wie folgt gestaltet:

1. **Teilrechtswidrigkeit.** Der **angefochtene Bescheid** erweist sich anhand des dem Gericht bekannten Sachverhalts als **rechtswidrig**; er ist aber im Ergebnis nicht voll aufzuheben; die Rechtswidrigkeit betrifft nur Teile oder Berechnungsfaktoren, deren Ansatz aus tatsächlichen oder rechtlichen Gründen überhaupt oder nur der Höhe nach rechtlich zu missbilligen ist. Es steht also fest, dass der Bescheid so, wie er erlassen worden ist, rechtswidrig ist, dass auf der anderen Seite der Kläger mit einem anderen, aller Wahrscheinlichkeit nach niedrigeren Betrag in Anspruch genommen werden kann. Das Gericht ist eigentlich nach § 113 Abs. 2 S. 1 ermächtigt, eine eigene Festsetzung vorzunehmen; es will hiervon aber absehen.

10 2. **Ermittlungsaufwand.** Voraussetzung ist, dass die **Ermittlung** des zutreffenden Betrages einen **nicht unerheblichen Aufwand erfordert.** § 100 Abs. 2 FGO spricht von einer »erheblichen Aufwand an Kosten und Zeit erfordernden Aufklärung«, § 4 FGO sprach von einem »besonderen Aufwand«; § 100 Abs. 3 FGO und § 113 Abs. 3 von »nach Art und Umfang erheblichen noch erforderlichen Ermittlungen«. Warum in vier die gleiche Voraussetzung betreffenden Bestimmungen vier unterschiedliche Formulierungen gewählt worden sind, ist nicht ersichtlich. Die Identität in § 100 Abs. 2 Satz 2 und in § 4 FG EntlG, jetzt § 100 Abs. 3 FGO, ist, soweit ersichtlich, außer Streit[21]. Das Gleiche gilt für § 113 Abs. 2 und Abs. 3. Die Erheblichkeit des Ermittlungsaufwandes kann sich aus der Art, der Zeitdauer, dem Umfang aber auch den personellen Möglichkeiten des Gerichts ergeben. Das Berufungsgericht überprüft im Rahmen des Berufungsantrages die erstinstanzliche Entscheidung vollumfänglich[22]. Im Revisionsverfahren kann das Rechtsmittelgericht nur bei Spruchreife in der Sache selbst entscheiden. Die generelle Unanwendbarkeit des § 113 Abs. 2 S. 2 auf Streitigkeiten über Erschließungsbeträge, wie sie das BVerwG[23] geradezu dekretiert hat, ist mit dem Gesetz unvereinbar[24].

11 3. **Gerichtliche Entscheidung.** Das Gericht »bestimmt« die Änderung des VA durch Angabe der zu Unrecht berücksichtigten oder nicht berücksich-

---

19 Vgl. Schoch/Gerhardt Rn. 39.
20 Hierzu im Einzelnen Redeker DVBl. 1991, 972.
21 Tipke/Kruse Rn. 21 zu § 100; Hülschmann/Hepp/Spitaler, FGO § 100 Rn. 68.
22 A.A. Schoch/Gerhardt Rn. 49; bis zur 12. Aufl.
23 BVerwGE 87, 288.
24 Sodan/Spannowsky Rn. 192; Redeker DVBl. 1991, 972.

tigten tatsächlichen oder rechtlichen Verhältnisse. § 113 Abs. 2 Satz 2 übernimmt damit die Formulierung des § 4 FG EntlG, jetzt § 100 Abs. 2 FGO, die Bettermann[25] als »ohne Vorbild in der Gesetzgebung und in der Prozessrechtsgeschichte« bezeichnet hat. Die »Bestimmungs«entscheidung des Gerichts ist in Wirklichkeit **eine Art Bescheidungsurteil** im Anfechtungsprozess und hätte ohne Schwierigkeiten unter Verwendung der Begriffe des § 113 Abs. 5 S. 2 auch so beschrieben werden können. Die Bestimmung erfolgt durch Urteil oder Gerichtsbescheid und weist lediglich die Besonderheit auf, dass das Gericht die angefochtene Entscheidung aufhebt und der Behörde dartut, nach welchen Grundsätzen sie den Geldbetrag errechnen, also den VA neu erlassen kann[26]. Der Tenor hat deshalb dahin zu gehen, dass der angefochtene VA aufgehoben und die Behörde verpflichtet wird, unter Beachtung der Rechtsauffassung des Gerichts den Betrag neu zu berechnen und den VA neu zu erlassen. Da es sich um ein möglicherweise den Streit abschließend entscheidendes Urteil handelt, muss auch über die Kosten befunden werden. Sie müssen sich nach dem Verhältnis von Klageantrag und mutmaßlichem Ergebnis der Neuberechnung richten; ist der Klageantrag unbeziffert und wird der VA weniger dem Grunde als in der Höhe oder einzelnen Positionen angegriffen, kann auch eine Kostenentscheidung insgesamt gegen die Behörde in Frage kommen. Das Verfahren ist nicht auf die 1. Instanz beschränkt. Es kann auch vom **Berufungsgericht** gehandhabt werden, indem es das Urteil des VG aufhebt und durch ein entsprechendes Bestimmungsurteil die Sache an die Verwaltung zurückgibt.

4. Rechtsmittel. Die »Bestimmung« unterliegt den gleichen **Rechtsmitteln** **12** wie jedes andere Urteil. Solche Rechtsmittel werden in erster Linie für die beklagte **Behörde** bestehen, da deren VA aufgehoben worden ist. Trifft das Gericht aber auch für den **Kläger** negative Feststellungen, weist es in der an der Rechtskraft teilnehmenden Rechtsauffassung Einwendungen des Klägers zurück, ist auch der Kläger beschwert und rechtsmittelbefugt. Ihn auf Rechtsbehelfe gegen den neuen VA zu verweisen, wäre verfehlt und würde die gewünschte Klärung in einen zweiten Prozess verweisen, also erheblich verzögern.

5. Mitteilung der Neuberechnung. Nach der »Bestimmung«, also nach Er- **13** lass von Urteil oder Gerichtsbescheid, hat die Behörde zunächst **formlos** die **Neuberechnung** den Beteiligten **mitzuteilen**. Die Mitteilung soll unverzüglich erfolgen. Freilich muss die Behörde zunächst neu zu berechnen oder festzustellen haben. Da hierfür bei Gericht erheblicher Aufwand erforderlich wäre, dürfte die Neufestsetzung auch bei der Behörde Zeit in Anspruch nehmen; das Wort »unverzüglich« bezieht sich auf die Zeit nach der Neuberechnung; die Regelung geht erkennbar auf BFH BStBl. 1983, 776, 777 zurück. Die Bekanntgabe erfolgt formlos, weil zunächst die Rechtskraft des Bestimmungsurteils abgewartet werden soll; die Beteiligten sollen aber schon vorher das Ergebnis, wie es sich aus dem Urteil ableitet, erfahren und ggf. für ihre Rechtsmittel daraus Konsequenzen ziehen. Sinn dieses eigentümlichen Verfahrens ist es, den neuen VA nicht unter Vorbehalt der Rechtsmittelentscheidung erlassen zu müssen, wie dies nach § 4 FG EntlG geschehen musste[27]. **Nach Rechtskraft** wird der **neue VA** – mit

---

25 StuW 1987, 139.
26 A.A. Schoch/Gerhardt Rn. 43, der von einer »wiederholenden Verfügung« spricht.
27 BFH BStBl. 1990, 747; Kopp/Schenke Rn. 162; vgl. jetzt auch § 102 Abs. 2 FGO.

dem vorher bekannt gegebenen Inhalt; Abweichungen allenfalls auf Grund neu eingetretener Umstände – als solcher erlassen. Er unterliegt den üblichen **Rechtsmitteln**, ist freilich durch die Rechtskraft des vorangegangenen Urteils weitgehend bindend vorbestimmt.

14   6. Freiwilliges Verfahren. Das gesamte **Verfahren nach** § 113 Abs. 2 S. 2, 3 lässt sich auf **freiwilliger Basis** im Rahmen des § 87, ggf. unter Erlass eines Urteils nach § 87a Abs. 3, verhältnismäßig einfach und formlos durchführen, kann insoweit auch Gegenstand eines Verfahrensvergleiches sein. Vielfach sind die VerwG auch seit langem so vorgegangen. Das jetzige Verfahren ist dagegen auch gegen den Willen der Beteiligten zulässig; ebenso jetzt § 100 Abs. 2 FGO.

IV. Feststellende Verwaltungsakte

15   § 113 Abs. 2 a.F. ermächtigte das Gericht auch, **VA, die eine Feststellung enthalten**, durch eine andere Feststellung zu ersetzen. Diese Ermächtigung ist in § 113 Abs. 2 n.F. nicht mehr enthalten. Dass sie bewusst beseitigt ist, ergeben die Gesetzesmaterialien nicht. Da es prozessökonomisch schwer erträglich wäre, das Gericht in diesen Fällen auf die Aufhebung des VA zu beschränken, obwohl die rechtmäßige Feststellung feststeht, der VA also entsprechend ersetzt werden kann, kann von einer fortgeltenden entsprechenden Befugnis des Gerichts ausgegangen werden. Dieser hier aufrechterhaltenen Auffassung steht die Rspr. des BVerwG[28] entgegen. Das Gericht **verneint** im Zusammenhang mit der früher anerkannten Feststellung über die Berechtigung des Wehrpflichtigen zur Verweigerung des Kriegsdienstes mit der Waffe[29] den Fortbestand einer Rechtsgrundlage. Sie sei, weil es sich um die Durchbrechung des Grundsatzes der Gewaltenteilung handele, nur auf Grund ausdrücklicher Norm zulässig, an der es nunmehr fehle[30]; eine These, die für alle Feststellungsersetzungen gelten muss. Aber im Rahmen einer Feststellung trifft das Gericht gemäß § 43 nicht selten eine – dann rechtskräftige und damit verbindliche – Statusregelung; es ist nicht einzusehen, warum dies unzulässig sein muss, wenn ein anders lautender angefochtener VA vorausgegangen ist. Als feststellende VA sind früher anerkannt worden solche über die Wehrdiensttauglichkeit[31], die Eigenschaft einer Wohnung als öffentlich gefördert[32], die Gemeinnützigkeit[33], die Eigenschaft eines Spätheimkehrers oder eines Vertriebenen[34], die Eigenschaft einer Wohnung als Haupt- oder Nebenwohnung[35], den Fortbestand der Aufenthaltserlaubnis[36]. Vgl. hierzu auch BVerwGE 78, 93 mit den kritischen und überzeugenden Ausführungen von Martens DÖV 1988, 949.

---

28   NVwZ 1993, 270; NVwZ 1995, 496; vgl. für Feststellungen nach dem AsylVfG Hamburg NVwZ-Beil. 1996, 45; Weimar DÖV 1999, 609.
29   BVerwGE 65, 287.
30   Ebenso Sodan/Spannowsky Rn. 182; Kopp/Schenke Rn. 151.
31   BVerwGE 38, 312.
32   BVerwGE 55, 170.
33   BVerwGE 57, 161.
34   BVerwGE 70, 159.
35   VG Freiburg NVwZ 1987, 1019.
36   VG Augsburg NVwZ 1987, 258.

V. Folgenbeseitigungsanspruch

Das **Gericht kann die Folgenbeseitigung** unmittelbar gem. § 113 Abs. 1 **16**
S. 2, 3 **aussprechen,** wenn und soweit es den VA aufhebt, dieser bereits
aber vollzogen war. Diese Regelung ist ein Sonderfall der Verbindung von
Anfechtungs- und Leistungsklage, die in § 113 Abs. 4 generell geregelt ist.
Das Gesetz will mit seiner Bestimmung die vielseitigen Schwierigkeiten
lösen, die durch die Aufhebung eines bereits vollzogenen VA entstehen.
Der Kläger kann neben der Aufhebung des VA beantragen, dass das Ge-
richt die Behörde verpflichtet, die Vollziehung rückgängig zu machen. Der
Antrag kann nicht nur neben der Anfechtungsklage, sondern auch neben
dem Feststellungsantrag nach § 113 Abs. 1 S. 4 gestellt werden, wenn
zwar der VA, nicht aber seine Vollzugsfolgen sich erledigt haben[37]. Das
Gericht kann die Behörde nicht nur verpflichten, einen bestimmten VA zur
Beseitigung der Vollziehung zu erlassen, es kann ihr vielmehr auch bestimmtes Tun oder Unterlassen zu diesem Zweck aufgeben.

Grundlagen. Der Folgenbeseitigungsanspruch gehört dem materiellen Ver-   **17**
waltungsrecht an. Er ist dem Grundsatz nach allgemein anerkannt. Seine
dogmatische Herleitung ist im Einzelnen umstritten[38].

Prozessuale Bedeutung. Die Bedeutung des § 113 Abs. 1 S. 2, 3 besteht   **18**
darin, dass unter den dort angegebenen Voraussetzungen ohne selbstständige Klage oder auch nur Klageänderung und ohne Auseinandersetzung
über die sonst umstrittene Rechtswegfrage das Gericht auf Antrag – auch
noch in der Revisionsinstanz[39] – die Folgenbeseitigung mit der Aufhebung
dieses VA anordnen kann, ohne dass die Rechtskraft der Aufhebung abgewartet werden muss. Ein Parteiwechsel ist dafür nicht erforderlich[40]. Eine
solche Anordnung setzt den Antrag des Klägers und weiter voraus, dass

a) **materiell-rechtlich ein Folgenbeseitigungsanspruch gegeben** ist, was für   **19**
den Fall der Vollziehung (auch solcher des Adressaten selbst[41]) eines als
rechtswidrig aufgehobenen VA zwar im Grundsatz allgemein anerkannt
wird[42], in vielen Einzelfällen aber lebhaft str. ist. Er ist stets nur auf Wiederherstellung des früheren Zustandes gerichtet, was ggf. auch durch Geld-
erstattung erfolgen kann, nicht dagegen auf Schadensausgleich. Letzterer
kann nur durch Amtshaftungsklage oder Anspruch auf Entschädigung aus
enteignungsgleichem Eingriff geltend gemacht werden[43]. Steht der Akt zur
Folgenbeseitigung im Ermessen der Behörde, so führt die Pflicht zur Folgenbeseitigung allein nicht zur Ermessensreduzierung auf Null[44].

---

37   Kopp/Schenke Rn. 85; a.A. Schoch/Gerhardt Rn. 57.
38   Hierzu besonders BVerwGE 28, 155; 38, 336; 59, 319; DÖV 1971, 857 m. Anm.
      Bachof; Erichsen VerwA 63, 217 ff.; Weyreuther Gutachten B sowie Verhandlungs-
      bericht Teil L des 47. DJT; Papier DÖV 1972, 845 ff.; zuletzt eingehend bei VA
      mit Drittwirkung Schenke DVBl. 1990, 328; § 42 Rn. 160 f. Grundlegend
      BVerwGE 69, 366, freilich mit enger Grenzziehung, ferner BVerwGE 30, 235; 78,
      79; Buchh. 310 § 113 Nr. 199; München NVwZ-RR 1991, 57; dazu Broß VerwA
      1985, 217; M. Redeker DÖV 1987, 194 ff.; Schoch VerwA 1988, 1 ff.
39   BVerwGE 22, 314.
40   Beckmann DVBl. 1994, 1342.
41   Kopp/Schenke Rn. 92.
42   Vgl. die umfangreichen Belege bei Weyreuther Gutachten B, 47. DJT.
43   Vgl. Nüssgens/Boujong Rn. 239.
44   BVerwG Buchh. 406, 19 Nachbarschutz Nr. 46; sehr str.

20 b) **die Behörde zur Folgenbeseitigung im Stande sein muss.** Die Folgenbeseitigung des § 113 Abs. 1 S. 2, 3 ist, wie diese Voraussetzung zeigt, allein auf Naturalrestitution gerichtet, nicht auf finanziellen Schadensersatz[45]. Ist die Behörde zur Naturalrestitution nicht in der Lage, so kann diese nicht, mindestens gegenwärtig nicht angeordnet werden. Zur Naturalrestitution gehört auch der Anspruch auf Erstattung von auf Grund des VA gezahlten Geldbeträgen, ebenfalls ein Fall der Folgenbeseitigung[46], wobei die Rückzahlungsforderung auch einen Anspruch auf Leistung der **Prozesszinsen** umfassen kann. Dies setzt voraus, dass neben der Anfechtungsklage auch ein Leistungsanspruch auf Rückzahlung rechtshängig gemacht wurde, was auch noch in der Revisionsinstanz erfolgen kann[47]. Ebenso die Verbindung des Antrages auf Aufhebung einer beamtenrechtlichen Entlassungsverfügung u.ä.m., deren sofortige Vollziehung angeordnet war, mit dem Anspruch auf Auszahlung der einbehaltenen Bezüge. Wird die Folgenbeseitigung gegen den Vollzug eines einen Dritten begünstigenden Verwaltungsakt bejaht, muss die Behörde zur Folgenbeseitigung auch rechtlich in der Lage sein[48].

21 c) **die Frage spruchreif ist.** Die Anordnung der Folgenbeseitigung ist unselbstständiger Annex zur Aufhebung des VA oder Feststellung seiner Rechtswidrigkeit. Bedarf es zu ihrer Entscheidung zusätzlicher Sachaufklärung, so kann hierüber nicht entschieden werden, weil die Entscheidung über die Anfechtungsklage nicht durch Feststellungen zum Folgenbeseitigungsanspruch aufgehalten werden soll. In diesen Fällen muss ggf. der Folgenbeseitigungsanspruch selbstständig als einfache Leistungsklage geltend gemacht werden. Das wird in der Regel auch für den Beseitigungsanspruch des Nachbarn im Baurecht gelten, da die Beseitigungsanordnung im Ermessen der Behörde steht, die Frage einer Ermessensreduzierung muss selbstständig geprüft werden[49].

22 Für den **weiter gehenden Folgenbeseitigungsanspruch,** der nach heute h.M. den Vollzug eines rechtswidrigen VA nicht voraussetzt, sondern auch gegeben sein kann, wenn es nicht um die Beseitigung der Folgen eines aufgehobenen oder für rechtswidrig erklärten VA, sondern um die der Folgen eines rechtswidrigen sonstigen Verwaltungshandelns geht[50], gilt § 113 Abs. 1 S. 2 nicht[51]. Er muss selbstständig geltend gemacht werden.

VI. Verbindung von Anfechtungs- und Leistungsklage

23 Die **Verbindung von Anfechtungs- und Leistungsklage** im gleichen Verfahren wird in § 113 Abs. 4 ausdrücklich zugelassen. Soweit es sich um den Folgenbeseitigungsanspruch handelt, gilt die spezielle Regelung des § 113 Abs. 1 S. 2, 3. Hiervon unterscheidet sich § 113 Abs. 4 dadurch, dass hier die Fälligkeit beider Ansprüche für die Entscheidung vorausgesetzt wird. Für die Verbindung in der Form, dass der Leistungsanspruch von der Ent-

---

45   BVerwGE 40, 322.
46   Hierzu besonders BVerwGE 69, 366; E 108, 364.
47   BVerwGE 108, 364; 115, 274.
48   Kassel NVwZ 1995, 300.
49   Hierzu Sarnighausen NJW 1993, 1623; a.A. Kopp/Schenke Rn. 83, der einen Anspruch des Nachbarn auf Einschreiten befürwortet.
50   BVerwGE 38, 336.
51   Vgl. München NVwZ 2001, 822.

scheidung über den Anfechtungsantrag abhängig ist, gilt § 113 Abs. 4 nicht[52]. Sie kann dennoch erforderlich sein, um mit der Rechtshängigkeit des Leistungsantrages den Anspruch auf Prozesszinsen zu sichern. Dann zweckmäßig zunächst Teilurteil über den Anfechtungsantrag[53]. § 113 Abs. 1 S. 2 und 3 sprechen nur von der Behörde als Anspruchsgegner, wie überhaupt § 113, § 114 von der Behörde als Beklagter ausgeht. Gemeint ist naturgemäß der nach § 61 beteiligungsfähige Beklagte, der an Stelle der Körperschaft nur dann die Behörde ist, wenn und soweit das Landesrecht dies vorsieht. Wenn Landesrecht die Behörde nur in Anfechtungs- und Verpflichtungsklagen einschaltet, hat die spezielle Regelung des § 113 Abs. 1 S. 2 und 3 auch die Bedeutung, dass abweichend von § 44 der regelmäßig gegen die Körperschaft zu richtende Folgenbeseitigungsanspruch im gleichen Verfahren wie die Anfechtungsklage gegen die Behörde geltend gemacht werden kann.

VII. Entscheidung nach § 113 Abs. 3

§ 113 Abs. 3 schafft unabhängig von dem besonderen, nur für VA, die sich **24** auf Geldleistungen beziehen, in Abs. 2 geregelten Verfahren für alle anderen Anfechtungssachen die Möglichkeit, **an Stelle** einer **abschließenden Sachentscheidung** den angefochtenen VA **aufzuheben,** im Übrigen aber die **Sache der Verwaltung zurückzugeben.**

1. **Voraussetzung.** Voraussetzung ist, dass **Gegenstand** des **Verfahrens** ein **belastender VA ist,** der mit der Klage angefochten wird. Auf Verpflichtungs- oder Leistungsklagen ist Abs. 3 nicht anwendbar[54]. Denkbar wäre eine Anwendung auch auf Klagen gegen feststellende VA (vgl. Rn. 15). Er darf sich nicht auf die Festsetzung eines Geldbetrages beziehen, dafür gilt das besondere Verfahren des Abs. 2.

2. **Mangelnde Spruchreife.** Die Prüfung des Gerichts ergibt, dass so wie **25** erlassen der VA rechtswidrig ist, dass er aber aus anderen Gründen dennoch rechtmäßig sein kann. Diese anderen Gründe sind aber nicht spruchreif; zu ihrer Aufklärung sind weitere Sachverhaltsermittlungen erforderlich. Sind diese noch **notwendigen Ermittlungen** nach Art oder Umfang (hierzu oben Rn. 10) erheblich, so kann das Gericht von der an sich gebotenen eigenen Aufklärung absehen, wenn nicht Belange der Beteiligten entgegenstehen. Es kann stattdessen den VA und den Widerspruchsbescheid (s. aber o. Rn. 5) ganz oder in dem zur weiteren Ermittlung anstehenden Teil aufheben, wenn ihm dies sachdienlich erscheint. Das BVerwG sieht diese Voraussetzungen nur dann als gegeben an, wenn die Behörde nach ihrer personellen und sachlichen Ausstattung eine Sachverhaltsermittlung besser durchführen kann als das Gericht und es auch unter übergeordneten Gesichtspunkten vernünftiger und sachgerechter ist, die Behörde tätig werden zu lassen[55].

3. **Gerichtliche Entscheidung.** Das Gericht hebt durch **Urteil** oder Gerichts- **26** bescheid den **VA** und den **Widerspruchsbescheid auf.** Die Entscheidung

---

52   Pauly/Pudelka DVBl. 1999, 1613; a.A. BVerwG NVwZ 2000, 818; Kopp/Schenke Rn. 172; Schoch/Gerhardt Rn. 57.
53   Zulässigkeit bejaht von München BayVBl. 1982, 693; Sodan/Spannowsky Rn. 217.
54   BVerwG NVwZ 1999, 68; VIZ 1999, 203.
55   BVerwGE 117, 200.

ergeht trotz des missverständlichen Wortlautes des Abs. 3 in der Sache; es wird nicht etwa ein Prozessurteil erlassen. Ihre Wirkung, damit ihre Rechtskraft, beschränkt sich aber auf die Feststellung, dass der VA aus den dem Urteil zu entnehmenden Gründen rechtswidrig ist. Ob er aus anderen Gründen, die in dem Urteil nicht aufgeführt zu werden brauchen, neu und diesmal rechtmäßig erlassen werden kann, bleibt offen. Das wiederum sollte in der Entscheidung eindeutig zum Ausdruck kommen, damit alle Beteiligten über den Umfang der Rechtskraftwirkung unterrichtet sind. Das Urteil ist mit den üblichen **Rechtsmitteln** angreifbar. In ihm ist auch über die Kosten zu entscheiden. In der Regel werden sie dem Beklagten gemäß § 154 Abs. 1, § 155 Abs. 4 aufzuerlegen sein (a.A. Amtl. Begründung S. 30: § 155 Abs. 1), weil zunächst der VA dem Klageantrag folgend aufgehoben wird. Ob später der VA doch noch – neu – rechtmäßig erlassen wird oder werden kann, ist zu dieser Zeit unbekannt.

27 **4. Anwendungszeitraum.** Das Gericht ist zu diesem Verfahren nur in einem begrenzten Zeitraum ermächtigt. § 113 Abs. 3 S. 4 verlangt, dass die Entscheidung nur binnen sechs Monaten seit Eingang der Akten der Behörde bei Gericht ergehen kann. Nach Ablauf dieser Frist muss das Gericht selbst die Spruchreife herbeiführen. Diese kurze Entscheidungsfrist verhindert eine größere praktische Bedeutung dieser Bestimmung. Die Frist beginnt mit dem Eingang der Akten der Behörde. Da in der Regel mehrere Akten beigezogen werden, mindestens die der Beklagten und die der Widerspruchsbehörde, kann es nur auf die Akten der beklagten Behörde ankommen und auch nur auf die, die mit der Klageerwiderung vorgelegt werden[56], nicht auf solche, die später, ggf. auf Anforderung des Gerichts, noch nachgereicht werden[57]. Das Eingangsdatum ist deshalb aktenkundig zu machen. Das Urteil muss bis zum Fristablauf verkündet oder zugestellt sein; die Übergabe des Tenors an die Geschäftsstelle reicht nicht aus. § 113 Abs. 3 S. 4 bedeutet gegenüber der früheren Praxis eine erhebliche Einengung; der Gesetzgeber hat dies anscheinend nicht gesehen. Angesichts der nunmehr konkreten normativen Regelung ist allein hiervon auszugehen. S. 4 schließt die Anwendung des Abs. 3 im Berufungsverfahren praktisch aus[58].

28 **5. Behördliche Entscheidung.** Die Behörde kann nach Rechtskraft der Entscheidung die bisher unterbliebene Aufklärung durchführen und dann einen neuen VA erlassen, gegen den die üblichen Rechtsmittel gegeben sind. Sie braucht dies aber nicht, sondern kann es bei der Aufhebung belassen[59]. Die Bemerkung in der Amtl. Begründung (S. 30), die Behörde müsse anschließend erneut tätig werden, trifft nur dann zu, wenn der Kläger durch einen Beschluss nach § 113 Abs. 3 S. 3 (Rn. 29) belastet ist.

29 **6. Gerichtliche Zwischenregelungen.** § 113 Abs. 3 Satz 3 ermächtigt das Gericht zu sichernden Zwischenregelungen. Es kann Sicherheiten anordnen, fortbestehen lassen oder vorsehen, dass Leistungen zunächst nicht zurückgewährt werden müssen. Die Aufzählung ist nicht erschöpfend. Die Anordnung erfolgt durch selbstständigen Beschluss. Er wird zweckmäßig befristet, um das nach Ansicht des Gerichts notwendige Handeln der Be-

---

56 BVerwGE 117, 200.
57 Kopp/Schenke Rn. 168; a.A. Stelkens NVwZ 1991, 217.
58 BVerwGE 117, 200.
59 Kopp/Schenke Rn. 160.

hörde zu erzwingen. Der Beschluss ist eine spezielle Form einer einstweiligen Anordnung. Er ist mangels jeder anderen Regelung gemäß § 146 Abs. 1 mit der Beschwerde anfechtbar; im Übrigen kann ihn das Gericht von Amts wegen oder auf Antrag jederzeit – also auch ohne Eintritt neuer Umstände – ändern oder aufheben.

C. Feststellung der Rechtswidrigkeit

I. Umstellung des Antrages nach Erledigung

Hat sich der VA nach Klageerhebung durch Rücknahme oder auf andere **30** Weise (z.B. Zeitablauf, Eintritt einer auflösenden Bedingung) erledigt oder ändert sich die Rechtslage zum Nachteil des Klägers[60], so kann der Kläger die Hauptsache für erledigt erklären und Kostenentscheidung nach § 161 Abs. 2 beantragen. Er kann aber auch die Klage auf einen Antrag umstellen, die Rechtswidrigkeit des angefochtenen VA festzustellen (Fortsetzungsfeststellungsklage). Diese ist dem Disziplinarrecht unbekannt[61]. Stellt der Kläger nicht ausdrücklich um, erklärt er aber auch nicht für erledigt, so kann auf die stillschweigende Umstellung auf den Feststellungsantrag geschlossen werden[62]. Die Umstellung ist nicht mehr zulässig, wenn die Beteiligten vorher bereits die Hauptsache für erledigt erklärt haben[63] oder der Kläger auf sein Umstellungsrecht verzichtet hat[64]. Die Umstellung ist keine Klageänderung (vgl. § 91 Rn. 2), bedarf also nicht der Zustimmung der Beteiligten oder der gerichtlichen Zulassung wegen Sachdienlichkeit[65], sie kann deshalb auch noch in der Revisionsinstanz vorgenommen werden[66]. Der Antrag erfordert die Zulässigkeit der bisherigen Klage[67]. Das ursprüngliche Verpflichtungsziel muss hinreichend bestimmt gewesen sein[68]. Die bisherigen Urteile werden mit der Umstellung anders als bei Erledigungserklärung nicht unwirksam[69]. Der maßgebliche Zeitpunkt korrespondiert mit dem maßgeblichen Zeitpunkt des ursprünglichen Klageanspruchs[70].

Der **Fortsetzungsfeststellungsantrag** setzt die **Erledigung** des VA **voraus.** **31** Diese kann auch in einer dem Kläger ungünstigen Rechtsänderung liegen[71]. Diese Erledigung kann streitig sein. Damit stellen sich ähnliche Fragen wie bei der einseitigen Erledigungserklärung des Klägers in der Haupt-

---

60   BVerwG NJW 1981, 2426; Münster NWVBl. 1992, 325.
61   BVerwG BayVBl. 1997, 53.
62   BVerwG NJW 1956, 1652; Kopp/Schenke Rn. 122; a.A. Eyermann/J. Schmidt Rn. 66.
63   München VGH n.F. 4, 197.
64   Kassel VRspr. 4, 124.
65   BVerwGE 66, 75.
66   BVerwGE 8, 59.
67   BVerwGE 45, 189; Lüneburg OVGE 31, 372; Mannheim BauR 2003, 1345.
68   Münster NWVBl. 2002, 354.
69   BVerwGE ZBR 1986, 149.
70   A.A. Mannheim NVwZ-RR 1998, 549; Münster NVwZ 1997, 598; BVerwG NVwZ 1999, 1105: bei Verpflichtungsklagen Zeitpunkt unmittelbar vor dem erledigenden Ereignis.
71   BVerwGE 61, 128; einschränkend Mannheim NVwZ 1994, 709.

sache (vgl. § 107 Rn. 21). **Bejaht das Gericht die Erledigung,** so ist der Weg zur Sachentscheidung über den Fortsetzungsfeststellungsantrag frei; **verneint es sie,** so ist dieser Antrag unzulässig und abzuweisen, übrigens auch, wenn der bisherige Sachantrag erfolgreich gewesen wäre. Denn dann steht die Subsidiarität der Feststellungsklage entgegen. Um diesen Schwierigkeiten zu entgehen, kann der Kläger den Feststellungsantrag auch hilfsweise neben dem Hauptantrag stellen[72].

II. Feststellungsinteresse

32 Der **Antrag setzt ein berechtigtes Interesse an der Feststellung voraus.** Diese Voraussetzung stimmt mit der gleich lautenden in § 43 überein[73], es kann deshalb auf die Erläuterung hierzu verwiesen werden (§ 43 Rn. 20 ff.[74]). Erledigt sich die gegen einen Vorausleistungsbescheid erhobene Anfechtungsklage nach Erlass des endgültigen Abgabenbescheides, hat die Klägerin ein Feststellungsinteresse hinsichtlich der Rechtswidrigkeit des Vorausleistungsbescheides[75]. Nicht notwendig ist ein Interesse an der alsbaldigen Feststellung, da diese Voraussetzung in § 113 nicht übernommen worden ist. Hebt die Behörde den Verwaltungsakt als rechtswidrig auf, besteht regelmäßig kein Feststellungsinteresse[76]; anders beim Widerruf[77]. Das berechtigte Interesse ist insbesondere dann anzuerkennen, wenn die Entscheidung für einen Folgeanspruch – Folgenbeseitigungs-, Schadensersatz- oder Entschädigungsanspruch – erheblich ist. Maßgeblicher Zeitpunkt für das Vorliegen des Feststellungsinteresses ist der Zeitpunkt der letzten mündlichen Verhandlung[78]. Liegt zu diesem Zeitpunkt eine gegenüber der letzten behördlichen Entscheidung veränderte Rechtslage vor, ist das Feststellungsinteresse nicht (mehr) gegeben[79]. Fehlende Spruchreife kann nur im Ausnahmefall das berechtigte Interesse entfallen lassen[80].

32a Da die Feststellung der Rechtswidrigkeit auch den Zivilrichter bindet (vgl. Rn. 9 zu § 121), ist diese Erheblichkeit i.d.R. zu bejahen, wenn der **Amtshaftungsprozess** bereits anhängig ist[81] oder doch erwartet werden kann[82]. Unerheblich ist es, ob das verwaltungsgerichtliche Verfahren schon Erkenntnisse für das zivilrechtliche Verfahren erbracht hat[83]. Das Feststellungsinteresse ist auch dann anzuerkennen, wenn es sich um eine Ermessensentscheidung der Verwaltung handelt, insbesondere dann, wenn das

---

72 BVerwG NJW 1981, 2426; DVBl. 1970, 281; München BayVBl. 1978, 310; a.A. Koblenz JZ 1977, 796.
73 Schoch/Gerhardt Rn. 90.
74 Ferner Becker MDR 1972, 920 ff.; Schnellenbach ZBR 1992, 270.
75 Münster NVwZ-RR 2002, 876.
76 BVerwGE 76, 258; zum Teilanerkenntnis VG Oldenburg NVwZ-RR 1997, 435.
77 BVerwG NVwZ-RR 2002, 323.
78 BVerwG NVwZ 1998, 1295; München NVwZ 1999, 355.
79 BVerwG DVBl. 2000, 120.
80 BVerwG NVwZ 1998, 1295.
81 A.A. BVerwGE 100, 83: der Amtshaftungsprozess muss erst nachfolgen; vgl. BVerwG DÖV 2001, 297.
82 BVerwGE 4, 177; 6, 347; 9, 196; 10, 274; Kassel NJW 1966, 1624; Mannheim NVwZ 1984, 251; Münster NVwZ-RR 2003, 696; Tietgen DVBl. 1960, 261; a.A. München DÖV 1979, 872; VG Frankfurt DVBl. 1962, 495.
83 Sog. Fruchtwahrung; BVerwG NVwZ 1998, 1295 für Erledigung nach Klageerhebung; dazu Christonakis BayVBl. 2002, 391; zur Erledigung vor Klageerhebung vgl. Rn. 35; a.A. Göpfert NVwZ 1987, 143.

Zivilgericht bis zur Entscheidung des VG das Verfahren nach § 148 ZPO ausgesetzt hat[84]. Die Verneinung des Interesses, wenn der Amtshaftungsprozess aussichtslos erscheint[85] oder wenn ein Verschulden bei Erlass des VA offensichlich nicht vorliegt[86], unterliegt Bedenken, weil damit über die Untersuchung des rechtlichen Interesses das Verwaltungsgericht ein Tatbestandsmerkmal des Amtshaftungsprozesses prüft, das allein der Entscheidung der Zivilgerichte unterliegt, dort im Übrigen in vieler Hinsicht im Streit ist, sodass der Ausgang des Amtshaftungsprozesses kaum vorhersehbar ist. Charakteristisch etwa die Annahme der Aussichtslosigkeit durch Münster[87], weil Ermessensentscheidung der Verwaltung, deshalb Amtshaftung nur bei evidentem Fehler, während fast gleichzeitig der BGH[88] diese Rechtsprechung ändert. An das Vorliegen der Offensichtlichkeit der Aussichtslosigkeit sind strenge Anforderungen zu stellen[89]. Ganz unökonomisch, wenn dazu noch über die Aussichtslosigkeit des Amtshaftungsprozesses das VerwG Beweise erhebt, obwohl die Sachentscheidung spruchreif ist! Der Einwand (hypothetischen) rechtmäßigen Alternativverhaltens beseitigt nicht das berechtigte Interesse[90]; zum Gesamtkomplex Koblenz NJW 1977, 72 m. Anm. Becker-Kavan NJW 1977, 1078. Der Grundsatz, dass eine **kollegialgerichtliche Billigung** des Verwaltungsverhaltens **behördliches Verschulden ausschließt**, gilt entgegen der Rspr. des BVerwG[91] nur noch so bedingt, dass damit das Feststellungsinteresse nicht ausgeräumt werden kann[92]. Dennoch pflegt das BVerwG weiterhin mit dieser Begründung regelmäßig das Feststellungsinteresse zu verneinen[93]. Wenn es auf die Entscheidung des VG in erster Instanz ankommt, müsste differenziert werden, ob Kammer oder **Einzelrichter** entschieden haben! Auch die Möglichkeit eines Planungsschadensersatzanspruchs nach § 42 BauGB kann das Feststellungsinteresse begründen[94].

Das rechtliche Interesse an der Feststellung kann sich auch aus der **Wieder-** **33** **holung** eines gleichen VA (nicht eines VA mit gleichen Inhalt, aber auf neuer Rechtsgrundlage[95] oder gegenüber einem anderen Adressaten[96]) oder der Gefahr der Wiederholung ergeben[97], regelmäßig anzunehmen bei

---

84 BVerwG DÖV 1964, 167; enger Münster OVGE 21, 236.
85 BVerwG Buchh. 310 § 113 Nr. 64, Nr. 95, Nr. 144, Nr. 145, Nr. 155, Nr. 173, Nr. 201; NJW 1980, 197 m. krit. Anm. Hruby; Münster OVGE 19, 279.
86 BVerwG NJW 1973, 1014 m. krit. Anm. Schrödter DVBl. 1973, 365, der zutreffend auf die **Möglichkeit von Entschädigungsansprüchen** – Verschulden belanglos – hinweist; BSG NJW 1959, 262; so nun auch BVerwG UPR 1996, 200.
87 NJW 1980, 197.
88 NJW 1979, 1354.
89 BVerwG NJW 1980, 2426; ebenso BVerwG NJW 1986, 1826; 1993, 1090; DVBl. 1991, 46.
90 BVerwG UPR 1999, 108.
91 Urt. v. 3.6.2003 – 5 C 50. 02.
92 Vgl. hierzu BGHZ 73, 161; BGH NJW 1982, 36 f.; NJW 1980, 1679; NJW 1971, 1699; BGHZ 27, 338; BGHZ 10, 153; auch Mannheim NVwZ-RR 1997, 395.
93 BVerwG ZBR 1986, 149; NVwZ 1985, 265; NVwZ 1999, 404; ebenso Münster NWVBl. 1991, 423; München BayVBl. 1996, 599; eingeschränkt Buchh. 406.16 Nr. 47; die kollegialgerichtliche Billigung entschuldigt nicht, wenn sie auf der Beantwortung einer Rechtsfrage beruht, die für die Behörde keine Rolle gespielt hat.
94 A.A. Münster NJW 1980, 1069.
95 Münster OVGE 26, 96.
96 Mannheim GewA 1971, 176.
97 BVerwGE 12, 303; 16, 312; DVBl. 1983, 850; NVwZ 1990, 360; Hamburg VRspr. 15, 287; Lüneburg NJW 2003, 531.

Entscheidungen über eine schulische Versetzung[98]. Die Wiederholung muss aber wenigstens in absehbarer Zeit drohen[99]. Ein Feststellungsinteresse besteht auch, wenn die Klage zur Sicherung eines im Eilverfahren erstrittenen Rechts erhoben wird[100] oder wenn die Feststellung der Sicherung eines zukünftig entstehenden Rechts dient[101]. Das Rechtsschutzinteresse entfällt, wenn der neue VA bereits erlassen ist[102]; ebenso, wenn es sich um illegales Verhalten des Klägers handelt[103], was freilich mit der Sachentscheidung gerade geklärt werden soll. Es fehlt, wenn der ordnungsrechtliche VA im Wege der Ersatzvornahme vollzogen wurde und nur noch über die Kostentragungspflicht für die Ersatzvornahme gestritten wird[104]. Es fehlt auch, wenn über das streitige Rechtsverhältnis in einem anderen Verfahren inzident entschieden wurde[105].

33a Ebenso kann ein **Rehabilitationsinteresse** ausreichen[106], wozu auch die Klärung im Zusammenhang mit einem anhängigen Straf- oder Ermittlungsverfahren gehört. Für dieses Interesse soll die Möglichkeit der Verletzung des Persönlichkeitsrechts ausreichen[107]. Ausreichen soll auch ein tief greifender Grundrechtseingriff, gegen den gerichtlicher Rechtsschutz vor Beendigung des Eingriffs nicht erlangt werden kann[108]. Zum Rechtsschutzinteresse speziell bei Beamtenprozessen Schnellenbach DVBl. 1990, 140.
Auch ein Eingriff in den **Schutzbereich** eines **Grundrechts** kann das Feststellungsinteresse rechtfertigen[109].

33b Die Voraussetzungen des Feststellungsinteresses hat regelmäßig der Kläger darzulegen[110]. Eine Ausnahme gilt nur, wenn die Wiederholungsgefahr ohne weiteres erkennbar ist[111]. Wird das Feststellungsinteresse im Rechtsmittelverfahren verneint, Erklärung der bisherigen Urteile für unwirksam und Abweisung der Klage als unzulässig[112].

III. Antragsrecht

34 Nur der Kläger kann die Feststellung der Rechtswidrigkeit beantragen, kein anderer Beteiligter. Ein Antragsrecht der Behörde auf Feststellung der

---

98 BVerwG Buchh. 310 § 113 Nr. 135.
99 München BayVBl. 1983, 434; Münster DVBl. 1982, 653.
100 BVerwGE 94, 352.
101 BVerwG DVBl. 1997, 177.
102 Mannheim NVwZ-RR 1990, 520.
103 Mannheim UPR 1992, 395.
104 München NVwZ 2000, 450.
105 BVerwG NVwZ-RR 1996, 160.
106 BVerwGE 12, 87; 26, 161; 45, 54; 53, 138; BVerwG DVBl. 1971, 277; nach Eingriff gemäß G 10: Münster DVBl. 1983, 1017; nach besonders diskriminierender Form des Eingriffs BVerwG DÖV 1982, 26; Mannheim GewA 1985, 167; aber auch NVwZ 1990, 378; nach Polizeieinsatz München BayVBl. 1993, 429; zurückhaltend Lüneburg NVwZ-RR 1998, 236.
107 Bautzen NVwZ-RR 2002, 53.
108 OLG Schleswig NordÖR 2001, 322; vgl. Hamburg NVwZ 2004, 117.
109 BVerwGE 61, 164; NJW 1997, 2534; NVwZ 1999, 991; Münster NVwZ 1993, 75; zurückhaltend München BayVBl. 1998, 408.
110 BVerwGE 53, 134.
111 BVerwGE 102, 184.
112 Münster NJW 1976, 439.

Rechtmäßigkeit des VA ist vom Gesetz nicht vorgesehen. Stellt der Kläger den Fortsetzungsfeststellungsantrag, führt dies bei Abweisungsantrag der Behörde – oder des notwendig Beigeladenen – zur Sachentscheidung. Der Kläger kann die Klage auch bei Feststellungsantrag erweitern, wenn die Voraussetzungen des § 91 vorliegen[113]. Erklärt der Kläger die Hauptsache für erledigt, kann bei Feststellung dieser Erledigung allenfalls in der Kostenentscheidung ein Hinweis zur Rechtslage erfolgen. Hier kann deshalb ein Bedürfnis für einen Sachantrag der Behörde und eine gerichtliche Sachentscheidung bestehen. Die Rechtsprechung hat dieses Bedürfnis anerkannt. Im Einzelnen vgl. § 107 Rn. 21a. Hilfsweise Fortsetzungsfeststellungsantragstellung zulässig[114]. Zur Frage, ob im Anschluss an eine Wahlanfechtungsklage die Fortsetzungsfeststellungsklage zulässig ist, vgl. VG Braunschweig DVBl. 1973, 47 m. krit. Anm. Bettermann. Die Frage ist zu verneinen[115].

IV. Erledigung vor Rechtshängigkeit

Der Anwendungsbereich des § 113 Abs. 1 S. 4 ist von der Rechtsprechung **35** weit ausgedehnt worden. Die Bestimmung ist auch anzuwenden, wenn sich der **VA bereits vor der Klageerhebung erledigt** hat aber nicht bestandskräftig geworden ist[116]; für diesen Fall verneint das BVerwG[117] aber das Feststellungsinteresse wegen eines Staatshaftungsanspruches[118]. Eines Vorverfahrens bedarf es dann nicht mehr[119]. An eine Frist ist diese spezielle Fortsetzungsfeststellungsklage nicht gebunden[120]. An das Erfordernis des Rechtschutzinteresses werden in diesem Fall strengere Anforderungen gestellt[121].

V. Anwendung bei Verpflichtungsklagen

Ebenso wird die entsprechende Anwendung des § 113 Abs. 1 S. 4 bei **36** rechtswidriger Ablehnung eines beantragten VA, also im Falle der Erledigung einer Verpflichtungsklage anerkannt[122], und zwar wiederum auch, wenn sich der Verpflichtungsanspruch vor der Klageerhebung erledigt

---

113 BVerwG NVwZ 1999, 1105.
114 BVerwG DVBl. 1970, 282; a.A. München NJW 1968, 125.
115 Saarlouis DVBl. 1977, 1000.
116 BVerwGE 26, 161; E 49, 36; E 81, 227; nunmehr zweifelnd und eine Feststellungsklage nach § 43 Abs. 1 in Betracht ziehend E 109, 203; dazu R. P. Schenke NVwZ 2000, 1255; Wehr DVBl. 2001, 785; Lange SächsVBl. 2002, 53; Weber BayVBl. 2003, 488.
117 E 81, 226.
118 München NVwZ-RR 1997, 23; Mannheim VBlBW 2003, 475.
119 BVerwGE 26, 161; NJW 1967, 1819; Hamburg DVBl. 1967, 423; Kassel DÖV 1974, 604; Münster OVGE 16, 205; Koblenz AS 6, 391; VG Hannover GewA 1974, 140; Menger-Erichsen VerwA 59, 81 f.; Becker MDR 1973, 981; a.A. Kopp/ Schenke Rn. 127.
120 BVerwGE 109, 203.
121 BVerwG Buchh. 310 § 113 Nr. 150; Nr. 196; Nr. 202; Mannheim NVwZ 1987, 253.
122 H.M.: BVerwGE 15, 132; 16, 194; Buchh. 310 § 113 Nr. 206; E 106, 295; Münster OVGE 16, 205; München NJW 1959, 2181.

hat[123] oder er überhaupt unbeschieden geblieben ist[124]. War der Behörde eine Ermessens- oder Beurteilungsermächtigung eingeräumt, so kann lediglich die Feststellung der Rechtswidrigkeit der Ablehnung, nicht dagegen der Verpflichtung zum Erlass des VA erreicht werden[125]. Fehlt es für eine Sachentscheidung an der Spruchreife, ist auch Feststellung der Verpflichtung zur Bescheidung möglich[126]. Zur angenommenen Unzulässigkeit bei Änderung des maßgeblichen Zeitpunkts und der Beurteilungsgrundlage[127] vgl. Redeker DVBl. 1992, 1225. Zulässig auch für die einfache Leistungsklage, wenn also die Behörde die beantragte Leistung (Verwaltungshandeln) während des Verfahrens erbringt oder sich sonst der Anspruch erledigt[128]; zum Normenkontrollverfahren vgl. § 47 Rn. 10b. Keine Anwendung dagegen auf Verfahren nach § 80[129] und nach § 123[130].

37   Die Feststellung kann sich immer nur auf den VA im Ganzen, **nicht** auf die für ihn von der Behörde gegebene **Begründung** beziehen[131], wohl aber auf selbstständiger Beurteilung zugängliche **Teile** des VA (vgl. § 110; oben Rn. 6). Ebenso kann sie sich nur auf den Ursprungsakt beziehen, wenn dessen Mängel erst durch den Widerspruchsbescheid geheilt worden sind, aus ihm aber vollzogen worden war. Die gerichtliche Feststellung der Rechtswidrigkeit bewirkt – als prozessuales Surrogat der Anfechtungsklage –, dass die ohne den als rechtswidrig festgestellten Verwaltungsakt bestehende Rechtslage maßgeblich ist[132].

37a So sinnvoll die Ausweitung des § 113 Abs. 1 S. 4 auf alle Verfahrensgestaltungen ist, weil die zur Klärung der Rechtmäßigkeit von Verwaltungshandeln berufenen VerwG hierüber entscheiden, so überflüssig erscheinen die **Ausflüge** der VerwG in den Bereich des **Amtshaftungs-** und **Entschädigungsrechts**, über die kraft Verfassung (Art. 14 Abs. 3, Art. 34 GG) die Zivilgerichte zu befinden haben. Es gibt kaum eine Bestimmung der VwGO, zu der jahraus, jahrein so viel an Judikatur entsteht wie zu diesem Fragenkreis. Die zur Begründung angeblicher Unzulässigkeit des Fortsetzungsfeststellungsantrages aufgewandte Arbeit hätte meist sehr viel nützlicher zur Sachentscheidung dienen können!

---

123 BVerwG MDR 1968, 347.
124 BVerwGE 28, 233; NVwZ 1998, 1295.
125 BVerwG NVwZ 1987, 229.
126 BVerwGE 72, 381.
127 BVerwG DVBl. 1992, 1224.
128 Eyermann/J. Schmidt Rn. 106; a.A. wohl BVerwGE 31, 301; offen gelassen in UPR 1996, 200; Kopp/Schenke Rn. 116; Kassel NVwZ-RR 1993, 277; Münster RiA 1976, 137; Göpfert ThürVBl. 1999, 182; wie hier München NVwZ-RR 1991, 519.
129 Koblenz JZ 1977, 796; München DVBl. 1976, 410.
130 Kassel DVBl. 1989, 894; Mannheim NJW 1978, 774 z.T. differenzierend; Koblenz DÖV 1978, 853; Lüneburg OVGE 31, 404; Hamburg VRspr. 26, 764.
131 BVerwG DVBl. 1981, 269.
132 BVerwG DVBl. 1998, 1126.

D. Verpflichtungsklage

I. Entscheidungssatz

Die Verpflichtungsklage ist stets auf die Verurteilung der Behörde zum Er- **38**
lass eines VA gerichtet. Wird kein VA, sondern sonstiges Verwaltungshandeln begehrt, so ist dieser Antrag nicht im Wege der Verpflichtungsklage, sondern der einfachen Leistungsklage zu verfolgen[133]. Die Benutzung des Wortes »Amtshandlung« in § 113 Abs. 5 beruht auf einem Redaktionsversehen[134]. Hat die Behörde den Erlass des beantragten VA rechtswidrig abgelehnt, so wird mit der Verpflichtungserklärung gleichzeitig auch notwendig die Rechtswidrigkeit der Ablehnung festgestellt. **Ob der ablehnende Bescheid ausdrücklich aufgehoben** werden muss oder soll, ist streitig, aber letztlich ohne wesentliche Bedeutung, wenn man erkennt, dass Streitgegenstand des Verfahrens nicht der Anspruch auf Aufhebung der Ablehnung, sondern auf Feststellung der Rechtmäßigkeit des konkreten Handelns der Behörde ist (§ 121 Rn. 7), deshalb das Gericht nicht bei der Entscheidung über die Ablehnung stehen bleiben kann, sondern stets über den Anspruch auf Erlass des VA zu befinden hat. In der Regel wird es zweckmäßig sein, die ablehnenden Bescheide in der Urteilsformel aufzuheben, also »unter Aufhebung der Bescheide« die Beklagte zum Erlass des VA zu verurteilen[135]. Zur nur begrenzt zulässigen **isolierten Anfechtungsklage** vgl. BVerwGE 25, 357; 38, 99 m. Anm. v. Bettermann DVBl. 1973, 375; Mannheim VBlBW 1999, 216 m. zahlr. N. zum Problem im BauR.

II. Spruchreife

Macht der Kläger einen Anspruch auf einen gebundenen, d.h. einen VA, **39**
der bei Vorliegen bestimmter Voraussetzungen erlassen werden muss, geltend, so hat i. d. Regel das Gericht alle seine tatsächlichen und rechtlichen Voraussetzungen aufzuklären, auch wenn die Verwaltung den Erlass wegen Fehlens eines bestimmten Tatbestandsmerkmals abgelehnt und weitere gesetzliche Voraussetzungen aus diesem Grund nicht mehr geprüft hat. Das Gericht hat Spruchreife herbeizuführen[136]. Es muss deshalb ggf. auch Sachverhaltsfeststellungen treffen, mit denen sich die Verwaltung nicht befasst hat[137]. Das gilt grundsätzlich auch im Asylverfahren[138]. Ausnahmen gelten, wenn das Bundesamt nicht in der Sache entschieden hat[139]. Ob darüber hinaus weitere Ausnahmen möglich sind, ist offen[140]. Dieser Grundsatz, dass das Gericht bei gebundenem VA die Spruchreife herbeizuführen hat, kann nicht ausnahmslos gelten. Sind von der Verwaltung Sachverhaltsumstände nicht geprüft worden, deren Feststellung Aufgabe besonderer technischer Fachbehörden ist, die zu prüfen die Verwaltung nach

---

133 BVerwG NJW 1969, 1131.
134 Schunck/De Clerck Rn. 3b aa.
135 Vgl. hierzu auch Kellner, Juristenjahrbuch S. 5, 99 ff.
136 BVerwGE 64, 356; DVBl. 1983, 33; Kassel NVwZ 1982, 138.
137 BVerwGE 7, 100; 10, 202; 12, 186; DÖV 1966, 427; DVBl. 1966, 875; BVerwGE 69, 208; Bettermann NJW 1960, 654; a.A. VG Freiburg NVwZ 1997, 411.
138 BVerwG DVBl. 1983, 33.
139 BVerwG DVBl. 1995, 857; keine Ausnahme bei Streit um Wiederaufnahme und daran anschließendes Anerkennungsbegehren BVerwG NVwZ 1998, 861.
140 Zurückhaltend München NVwZ-Beil. 1997, 13.

ihrer Rechtsauffassung keinen Anlass hatte, so braucht das Gericht nicht an Stelle der Behörden den Sachverhalt zu klären, sondern kann sich auf die Aufhebung der Ablehnung und die Anordnung erneuter Bescheidung des Klägers beschränken[141]. Hält das Gericht dagegen die von der Verwaltung durchgeführte Aufklärung für unzureichend, so hat es die Ergänzung selbst vorzunehmen. Etwa damit verbundene Kosten sind ggf. unabhängig vom Ausgang des Verfahrens gemäß § 155 Abs. 4 dem Beklagten aufzuerlegen.

Ob diese Grundsätze, nach denen die Praxis verfährt, nicht in Wirklichkeit der Kontrollfunktion des VerwG widersprechen, deshalb bei unzulänglicher Sachaufklärung primär aufzuheben und nur im Ausnahmefall Spruchreife herbeizuführen ist[142], ist mindestens zu bedenken. Im Interesse des klagenden Bürgers, der meist schon Jahre auf die beantragte Entscheidung wartet, würde diese Umkehrung der bisherigen Praxis kaum liegen. Es spricht manches dafür, die nunmehr in § 113 Abs. 2, aber insbesondere in Abs. 3 niedergelegten Voraussetzungen, unter denen an die Verwaltung »zurückverwiesen« werden kann, als Mindestanforderungen auch in Verpflichtungssachen anzusehen.

III. Ermessensentscheidung

40   Macht der **Kläger** einen **Anspruch auf einen VA** geltend, **dessen Erlass im Ermessen der Behörde steht, so hat das Gericht zu prüfen, ob** die **Ablehnung** oder die Unterlassung der Bescheidung entweder aus formellen Gründen oder aber als **ermessensfehlerhaft rechtswidrig war**[143]. Insoweit ist Spruchreife herbeizuführen (vgl. § 114 Rn. 10 ff.). Ist dies der Fall, so ist ggf. unter Aufhebung der Ablehnung, die Behörde zur Bescheidung oder erneuten Bescheidung zu verurteilen. Die Behörde kann nicht angewiesen werden, ihr Ermessen in einem bestimmten Sinne auszuüben[144], sie hat lediglich unter Berücksichtigung der Rechtsauffassung des Gerichts nunmehr den Kläger zu bescheiden[145]. Dabei kann allerdings auch eine Sachaufklärung nach teilbaren Ansprüchen oder Ergebnissen notwendig werden[146]. Kann freilich das Ermessen nur i.S. einer bestimmten Entscheidung ausgeübt werden, weil jede andere Entscheidung ermessensfehlerhaft wäre, so kann das Gericht über die Aufhebung der Ablehnung hinaus nunmehr die Verpflichtung der Behörde selbst aussprechen[147]. Die gleichen Grundsätze gelten, wenn der Behörde bei Auslegung oder Subsumtion eine **Beurteilungsermächtigung** zukommt[148] (zu den Voraussetzungen der Beurteilungsermächtigung vgl. § 114 Rn. 14 ff.).

---

141 BVerwGE 46, 356; VG München NVwZ 1996, 410 m. kritischer Bspr. Bachelin GewA 1996, 154; Kellner MDR 1968, 965; Meyer DVBl. 1961, 131; Kopp/Schenke Rn. 199; a.A. Schoch/Gerhardt Rn. 68 ff.
142 Vgl. grundsätzlich Seibert, Zeidler-Festschrift, 1987, S. 469 ff.
143 Weiter Schoch/Gerhardt Rn. 73.
144 Hamburg VRspr. 5, 884.
145 BVerwG JZ 1959, 543; Kassel ESVGH 2, 215; Hamburg DVBl. 1966, 39.
146 BVerwGE 11, 95.
147 BVerwGE 5, 50; 16, 214; 36, 361; Kassel NVwZ 1982, 138; Mannheim ESVGH 8, 127; Münster OVGE 9, 218.
148 Mannheim NVwZ-RR 1998, 110.

IV. Bindung der Verwaltung

Hebt das Gericht lediglich die Ablehnung des beantragten VA auf und **41** verpflichtet die Verwaltung zur erneuten Bescheidung oder verurteilt es bei bisheriger Unterlassung der Bescheidung überhaupt, so hat die **Verwaltung bei der Neubescheidung die Rechtsauffassung des Gerichts**, wie sie in der Entscheidung zum Ausdruck gekommen ist, **zu beachten**. Die Bindung ist eine Folge der Rechtskraftwirkung, die Urteilsformel erfährt ihre Ergänzung aus den Entscheidungsgründen, die hier an der Rechtskraft teilnehmen (vgl. § 121 Rn. 8). Die Verpflichtung der Verwaltung, die Rechtsauffassung des Gerichts zu beachten, muss in der Urteilsformel ausgesprochen werden. Das folgt aus dem Wortlaut des § 113 Abs. 5 S. 2, ist im Übrigen aber auch deshalb notwendig, weil die Rechtskraftwirkung auf der Anordnung in der Formel beruht[149]. Die Rechtskraftwirkung tritt bei gebundenen und bei Ermessensentscheidungen der Verwaltung ein, ihr Umfang ist allerdings bei letzteren geringer, da das Gericht nicht auf diesem Wege eine bestimmte Entscheidung herbeiführen darf.

V. Kosten

Hat der Kläger die Verpflichtung der Verwaltung zum Erlass des VA bean- **42** tragt, **erkennt das Gericht** aber infolge fehlender Spruchreife **nur auf Bescheidung, so hat dies regelmäßig auf die Kostenfolgen keinen Einfluss,** die Kosten des Verfahrens sind vielmehr dem Beklagten aufzuerlegen[150]. Denn der Kläger kann auf die Ermessensentscheidung des Gerichts, Spruchreife auf jeden Fall herzustellen oder aber nach Feststellung der Rechtswidrigkeit wegen besonderer Umstände auf die bloße erneute Bescheidung zu erkennen, keinen Einfluss nehmen. Das kann anders sein, wenn erkennbar nur eine Ermessensentscheidung verlangt werden kann und eine Beschränkung dieser Entscheidung auf nur eine bestimmte Regelung nicht gegeben ist. In diesem Fall kann die Weiterführung des vollen Verpflichtungsantrages für den Kläger nachteilige Kostenfolgen wegen teilweiser Abweisung der Klage haben[151].

E. Wirkungen des Urteils

I. Anfechtungsklage

Das auf **Anfechtungsklage** ergehende Urteil, wonach der angefochtene VA **43** aufgehoben wird, wirkt unmittelbar rechtsgestaltend und bedarf deshalb keiner Vollstreckungserklärung[152]. Zu seiner Rechtskraftwirkung vgl. § 121 Rn. 10 sowie in den Fällen des § 113 Abs. 2 und Abs. 3 oben Rn. 13 und 26.

---

149 Str.; wie hier BVerwG VRspr. 12, 377; Niedermayer NJW 1960, 2321; a.A. Kopp/ Schenke Rn. 214.
150 München BayVBl. 1966, 210.
151 Münster OVGE 22, 183; differenziert Kassel MDR 1967, 245.
152 Lüneburg DVBl. 1950, 248.

II. Verpflichtungsklage

44 Das auf **Verpflichtungsklage** ergehende Urteil bedarf noch der Erfüllung durch Erlass des angestrebten VA oder Vornahme der Bescheidung. Die Behörde ist hierzu verpflichtet. Kommt sie dieser Verpflichtung nicht nach, so kann sie hierzu im Vollstreckungswege nach § 171 durch Auferlegung von Zwangsgeld gezwungen werden. Zur Rechtskraftwirkung vgl. § 121 Rn. 11.

III. Feststellung der Rechtswidrigkeit

45 Ist die **Rechtswidrigkeit** des erlassenen, aber inzwischen erledigten, oder Ablehnung oder Unterlassung des beantragten VA oder des Verwaltungshandelns rechtskräftig nach § 113 Abs. 1 S. 4 **festgestellt**, so steht sie zwischen den Beteiligten bindend fest. Der erledigte VA entfaltet keine Bindungswirkung[153]. Zum Umfang der Bindung insbesondere im nachfolgenden Amtshaftungsverfahren vgl. § 121 Rn. 9.

§ 114 [Ermessensprüfung]

Soweit die Verwaltungsbehörde ermächtigt ist, nach ihrem Ermessen zu handeln, prüft das Gericht auch, ob der Verwaltungsakt oder die Ablehnung oder Unterlassung des Verwaltungsakts rechtswidrig ist, weil die gesetzlichen Grenzen des Ermessens überschritten sind oder vom Ermessen in einer dem Zweck der Ermächtigung nicht entsprechenden Weise Gebrauch gemacht ist. Die Verwaltungsbehörde kann ihre Ermessenserwägungen hinsichtlich des Verwaltungsaktes auch noch im verwaltungsgerichtlichen Verfahren ergänzen.

Übersicht

---

153 BVerwGE 116, 1; dazu Schenke JZ 2003, 31.

A. Allgemeines

§ 114 soll den Umfang umschreiben, mit dem die VerwG Ermessensakte **1** prüfen können. Die Frage, wann Ermessensakte fehlerhaft sind, beantwortet positiv-rechtlich § 40 VwVfG. Beide Bestimmungen sind wenig geglückt, weil sie unvollständig sind, deshalb durch allgemeine Grundsätze der Ermessenslehre ergänzt werden müssen.

§ 114 enthält als einzige Bestimmung der VwGO Kriterien über den **Um- 2 fang** der **gerichtlichen Kontrolle** des **VerwHandelns**. Sie geben Anlass, zu diesem Zentralthema verwaltungsgerichtlicher Tätigkeit begrifflich wie inhaltlich in einer unvermeidlich gedrängten Kürze Rechtsprechung und Schrifttum zu referieren und die eigene Auffassung darzulegen. Dabei ist schon hier darauf hinzuweisen, dass trotz kaum noch übersehbarer Veröffentlichungen mindestens gegenwärtig von einer Klärung nicht gesprochen werden kann. Die Zahl umfangreicher Publikationen in der Literatur, insbesondere aber auch die Vielzahl an Judikatur, haben hieran nichts geändert. Es hat vielmehr den Anschein, dass im Zuge dieser Diskussion so viel an Kontroversen und Differenzierungen sichtbar werden, dass auch die notwendigen konsensfähigen Grundlagen verloren gehen. Ohne sie würde aber das verwaltungsgerichtliche Urteil in breiten Bereichen vollends unvorhersehbar werden.

B. Gebundene und Ermessensentscheidungen

I. Normaufbau

3 § 114 bezieht sich auf Entscheidungen, die im Ermessen der Verwaltung stehen. Die Bestimmung setzt also die Unterscheidung zwischen solchen **Ermessensentscheidungen** und VA voraus, bei deren Erlass der Verwaltung kein Ermessen zukommt. Sie werden allgemein als **gebundene Entscheidungen** bezeichnet. Die Abgrenzung zwischen gebundenen und Ermessensentscheidungen hat sich in der Entwicklung der Nachkriegszeit am Aufbau der Norm orientiert. Die herkömmliche Norm ist konditional gestaltet. Sie legt bestimmte Voraussetzungen fest, an deren Vorhandensein sie bestimmte Folgen knüpft. Diese Voraussetzungen werden auf der **Tatbestandsseite** der Norm festgelegt. Die aus dem Tatbestand zu ziehenden Konsequenzen werden auf der **Rechtsfolgeseite** der Norm formuliert. Sieht die Norm nur eine bestimmte Folge vor, die zwingend eintreten soll oder zu verwirklichen ist, wenn die Voraussetzungen der Tatbestandsseite vorliegen, so ist gebundene Verwaltung gegeben. Die Rechtsfolge ist notwendiges Ergebnis der Erfüllung der Tatbestandsvoraussetzungen. Lässt die Norm dagegen die Rechtsfolgen offen, besteht auch dann, wenn die Tatbestandsvoraussetzungen gegeben sind, ein Wahlrecht zwischen verschiedenen Folgen, wozu auch die Möglichkeit gehört, keine Folgerungen zu ziehen, so steht diese Wahl im Ermessen der Verwaltung. Man spricht vom Auswahlermessen.[1]

II. Tatbestandsseite, Rechtsbegriff

4 Bei diesem Normaufbau ist für ein Wahlrecht auf der **Tatbestandsseite** der Norm kein Raum. Nun werden die Tatbestandsvoraussetzungen dort in der Regel durch Rechtsbegriffe umrissen, die fast immer nicht bestimmt oder eindeutig sind, sondern der inhaltlichen Bestimmung durch Auslegung bedürfen. Ebenso ist die Unterordnung des konkreten Sachverhalts im einzelnen Fall unter diese begrifflichen abstrakten Tatbestandsvoraussetzungen vielfach nicht eindeutig, sondern bedarf nicht nur der Klärung des Sachverhalts, sondern auch eines besonderen Bewertungsvorganges, der an die Auslegung des Begriffs anknüpft. Während in früherer Zeit oft sowohl die Auslegung des Rechtsbegriffs wie auch die Subsumtion als Ermessensausübung angesehen worden waren, hat sich im Anschluss an die grundlegenden Ausführungen von Reuss[2] die Auffassung durchgesetzt, dass es sich hier nicht um eine aus den verschiedensten Erwägungen zu treffende Auswahl, sondern um einen Erkenntnisvorgang handelt, für den es nur eine richtige Entscheidung gibt, so schwierig auch die Erkenntnis

---

1   Zu diesem Normaufbau BVerwGE 72, 38 ff.
2   DVBl. 1953, 649; DÖV 1954, 557.

dieser allein richtigen Entscheidung sein mag. Der Begriff des Ermessens setzt aber mehrere rechtlich richtige Entscheidungsmöglichkeiten und ein Wahlrecht zwischen ihnen voraus. Er kann deshalb auf Auslegung und Subsumtion nicht angewandt werden. Ein **cognitives Ermessen** sei zu verneinen[3].

III. Auswahlermessen

Man wird sagen können, dass auch § 114 VwGO von diesem Bild der   **5** Ermessensentscheidung ausgeht; die Bestimmung bezieht sich auf das Auswahlermessen auf der Rechtsfolgeseite der Norm und legt die – eingeschränkten – Kriterien fest, anhand deren das Gericht die Ausübung des Auswahlermessens zu kontrollieren hat.
Das bedeutet gleichzeitig umgekehrt, dass alle **Voraussetzungen** der **Tatbestandsseite** einer Norm als Erkenntnisvorgang grundsätzlich uneingeschränkt der gerichtlichen Kontrolle unterliegen, also sowohl Auslegung wie Subsumtion durch die Verwaltung vom Gericht voll zu prüfen sind. Für sie gibt es **nur eine richtige Antwort;** die VerwEntscheidung ist darauf zu prüfen, ob sie diese Antwort gefunden hat. Ist dies nicht der Fall, bedarf die Entscheidung der Korrektur.

IV. Normstruktur als Ausgangspunkt

Diese Grundthese, von der auch heute die verwaltungsgerichtliche Kon-   **6** trolltätigkeit grundsätzlich ausgeht[4], ist freilich fast gleichzeitig mit ihrer Entwicklung durch Reuss von Üle[5] mit seiner **Vertretbarkeitslehre** und von Bachof[6] mit der Lehre vom **Beurteilungsspielraum** in Zweifel gezogen worden. Hieraus haben sich zahlreiche Einbrüche in den Grundsatz von der uneingeschränkten Kontrolle der VerwGerichte ergeben, die unten Rn. 14 ff. zu behandeln sind. So sehr das Grundbild des Normaufbaus in Tatbestand und Rechtsfolge im Einzelnen problematisch erscheint – der vom GemS anerkannte Begriff der Kopplungsnorm[7] macht dies deutlich – so spricht doch alles dafür, an dieser Normstruktur für die Rechtsanwendung und damit auch als Grundlage für die richterliche Kontrolle festzuhalten. Sie gibt dem VA, der richterlichen Entscheidung, wie aber auch dem Sachvortrag des Beteiligten im Verfahren eine gesicherte Basis und ermöglicht damit auch ein Mindestmaß an prozessualer Vorhersehbarkeit. Dass Struktur und Inhalt der einzelnen Norm und ihr Zusammenhang im Gefüge des Gesetzes auch zum Ausgangspunkt für Begrenzungen und Einschränkungen der Kontrolldichte werden können, haben Rechtsprechung und Schrifttum inzwischen anerkannt.

In diesen Zusammenhang gehören die breiten Erörterungen der Entwick-   **6a** lung zahlreicher Normen zu finalem statt konditionalem Handlungsauftrag an die Exekutive. Für sie ist der Begriff der »Steuerung« gegenwärtig von zentraler Bedeutung. Ob und wie weit ein solcher Steuerungsauftrag

---

3   BVerwGE 16, 116; Kellner DÖV 1962, 574.
4   Vgl. charakteristisch etwa BVerwGE 72, 38 ff.; Mannheim NJW 1987, 1440.
5   Jellinek-Gedächtnisschrift, 1955, S. 309 ff.
6   JZ 1955, 97 ff.
7   § 131 AO a.F., BVerwGE 39, 355 m. Anm. Redeker DVBl. 1972, 608.

an die Verwaltung sich von der herkömmlichen Ermessensausübung unterscheidet, ob er eher an eine der Verwaltung übertragene Beurteilungsermächtigung denken lässt oder selbstständige Kategorien enthält oder verlangt, ist Gegenstand eingehender Überlegungen in der Verwaltungsrechtswissenschaft[8]. Die Rechtsprechung hat diese Fragen bisher generell kaum aufgegriffen; im Begriff des Planungsermessens wird ein Teilbereich angesprochen. Für Wesen und Umfang der verwaltungsgerichtlichen Kontrolle können sich hieraus erhebliche Weiterungen oder Änderungen ergeben.

C. Ermessensentscheidungen und ihre Kontrolle

I. Voraussetzungen

7   Wenn § 114 bei **Ermessensentscheidungen** die richterliche Kontrolldichte auf der Rechtsfolgeseite der Norm einschränkt, so bedarf es zunächst der Feststellung, wann eine Ermessensentscheidung vorliegt. **In der Regel** ist dies **anzunehmen**, wenn nach der ausdrücklichen Gesetzesformulierung oder aber nach dem Zusammenhang der gesetzlichen Regelung und ihrer Zweckbestimmung die **Verwaltung** zur Regelung eines bestimmten Sachverhalts die **Wahl zwischen mehreren verschiedenen Entscheidungen** hat. Sie muss nicht eine bestimmte, sondern kann diese, aber auch andere Entscheidungen treffen. Dieses Wahlrecht ergibt sich unmittelbar aus dem Gesetz, wenn es die Entscheidung ausdrücklich in das Ermessen der Verwaltung stellt (z.b. die Grundnormen zum polizeilichen Eingriffsrecht, also die Nachfolgebestimmungen nach § 14 PrPolVerwG). Es wird auch besonders deutlich, wenn es sich um eine »Kann«-Vorschrift handelt[9], die freilich auch nicht ausnahmslos stets als Ermessensermächtigung anzusehen ist[10], weil hiermit auch eine Sachbefugnis ausgesprochen werden kann, ohne ein Folgenwahlrecht einzuräumen[11]. Eine Ermessensentscheidung ist in der Regel auch anzunehmen, wenn nicht eine »Kann«-, sondern eine »Soll«-Vorschrift gegeben ist. Nur ist das Ermessen eingeengt. Eine abweichende Wahl ist nur ausnahmsweise zulässig[12]. Zur – problematischen[13] – Rechtsfigur des »intendierten Verwaltungsermessens« BVerwG DVBl. 1998, 145[14].

---

8   Vgl. z.B. Schmidt-Aßmann, Das allgemeine Verwaltungsrecht als Ordnungsidee, 1999.
9   BVerfGE 54, 277, 298; BVerwGE 19, 149; 15, 251; 15, 207; Obermayer NJW 1963, 1179.
10   BVerwGE 18, 247; Loening DVBl. 1952, 198.
11   BSG NJW 1985, 698.
12   BVerwGE 12, 284; 20, 117; 42, 26; 64, 318; 68, 242; Lüneburg NJW 1985, 2348; Kassel NVwZ 1984, 802.
13   Stelkens/Sachs § 40 Rn. 28 ff.
14   Vgl. weiter Volkmann DÖV 1996, 282; Borowski DVBl. 2000, 149; Bautzen SächsVBl. 2000, 118.

II. Koppelungsnorm

Der Gesetzgeber hält sich nicht notwendig an diese Terminologie, auch **8** nicht an das Grundbild der Normstruktur, zumal die Trennung von Tatbestands- und Rechtsfolgeseite der Norm nicht ganz selten auch große Schwierigkeiten macht. Er verknüpft deshalb die Rechtsfolge auch mit tatbestandlichen Begriffen. Es bedarf dann der Auslegung, wieweit diese Begriffe Bestandteil der Ermessenserwägungen und damit nur beschränkt überprüfbar oder doch echte Tatbestandsvoraussetzungen sind. Der GemS hat für die erstere Fallgestaltung den Begriff der **Koppelungsnorm** geschaffen und der Verwaltung auch insoweit einen Ermessensspielraum zugebilligt[15].

III. Auslegungsregel

Eine gelegentlich vertretene Auslegungsregel, im Zweifel gebundene Verwaltung anzunehmen, gibt es nicht. Die Auslegung folgt den allgemein **9** gültigen abstrakten aber anerkannten Grundregeln, nach denen Wortlaut, Systematik, Sinn und Zweck der Norm und schließlich die Entstehungsgeschichte heranzuziehen sind. Das bedeutet kein weniger an Rechtsschutz für den Bürger, denn die gebundene Entscheidung nimmt dem Verwaltungshandeln notwendig die Elastizität, die auch im Interesse des Bürgers liegt. Der Bürger verliert darüber hinaus die Möglichkeit einer Berufung auf den Gleichheitssatz, der ihm häufig stärkeren Rechtsschutz als die rechtlich gebundene Entscheidung gibt[16]. Wann Ermessensentscheidungen im Einzelnen vorliegen, muss sich aus der Rechtsprechung zum materiellen VerwRecht ergeben. Sie kann hier nicht aufgeführt werden. Es sei auf Rn. 147 ff. zu § 42 verwiesen.

IV. Sachverhaltsprüfung

1. Ermittlung der Normstruktur. Das Gericht hat zunächst zu prüfen, ob **9a** eine Ermessensermächtigung vorliegt oder ein gebundener VA in Frage steht. **Liegt eine Ermessensentscheidung vor, so hat das Gericht zunächst zu klären,** ob die in der Ermächtigungsnorm auf der Tatbestandsseite enthaltenen Voraussetzungen für das Folgewahlrecht gegeben sind. Insoweit unterscheidet sich die Kontrolle von Ermessensakten nicht von der gebundener Verwaltung. Ob dabei das Gericht in uneingeschränkter Kontrolldichte zu verfahren hat oder die Kontrolle Begrenzungen unterliegt, gehört zum allgemeinen Fragenkreis der richterlichen Kontrolldichte und wird deshalb nachstehend unter Rn. 14 ff. behandelt. Sind die Voraussetzungen nicht gegeben, so ist die Entscheidung rechtswidrig.

2. Überprüfung der Ermessensentscheidung. Erst wenn sie zu bejahen sind, **10** ergibt sich die eigentliche Ermessensprüfung, wie sie § 114 umschreiben

---

15 BVerwGE 39, 362 gegen BVerwGE 35, 69; der Linie des GemS folgt BVerwGE 72, 1.
16 Vgl. zur Bindung durch den Gleichheitssatz etwa BVerwG Buchh. 431.1 Nr. 7; DÖV 1969, 500; BayVerfGH MDR 1962, 458; BFH NJW 1958, 2085 m. Anm. v. Jesch JZ 1960, 279; Koblenz AS 8, 349; Mannheim NJW 1971, 954, aber keine »Gleichheit im Unrecht«; Lüneburg OVGE 28, 465; Götz, Festgabe BVerwG S. 245 ff.

will. Es muss dafür zunächst geklärt werden, ob die für die Entscheidung vorausgesetzten Sachumstände vorliegen, ob also die **Verwaltung bei ihren Ermessenserwägungen von zutreffenden Sachverhaltsfeststellungen ausgegangen ist.** Dabei ist es ohne Belang, wie der Sachverhalt von der Behörde ermittelt worden ist. Insoweit handelt sie im Rahmen der §§ 24 ff. VwVfG nach eigenem Ermessen. Das Gericht hat lediglich zu prüfen, ob das Ergebnis der Ermittlung richtig oder falsch ist, nicht ob die Ermittlungen auch anders oder vollständiger hätten vorgenommen werden können. Stellt sich heraus, dass der Sachverhalt, den die Behörde zum tragenden Grund ihrer Entscheidung gemacht hat, unrichtig ist, so ist die Entscheidung grundsätzlich als auf falschem Sachverhalt beruhend aufzuheben und ggf. die erneute Bescheidung anzuordnen[17]. Dabei kann es nicht darauf ankommen, ob die Verwaltung auch bei Kenntnis des richtigen Sachverhalts die gleiche Entscheidung hätte erlassen können, da mit einer solchen Erwägung das Gericht eine eigene Ermessensentscheidung treffen würde, die ihm versagt ist[18].

10a 3. **Ergänzung der Ermessenserwägungen.** Dieser Grundsatz ist durch den neu eingefügten Satz 2 modifiziert worden. Die **Behörde kann** in verwaltungsgerichtlichen Verfahren ihre dem Verwaltungsakt zu Grunde liegenden **Ermessenserwägungen ergänzen.** Die durch das 6. VwGOÄndG geschaffene Regelung des Satz 2 erfasst nicht nur die Ermessensausübung i.e.S., sondern alle Entscheidungen, in denen auf der Grundlage einer Abwägung eine Entscheidung getroffen wurde. Sie gilt daher auch für **planerische Verwaltungsakte**[19]. Sinn und Zweck der Neuregelung gebieten es, sie – trotz der systematischen Stellung und ohne klaren Hinweis im Wortlaut – auch auf Entscheidungen anzuwenden, in denen der Behörde (auf der Tatbestandsseite) eine Beurteilungsermächtigung eingeräumt wurde. Die Unterschiede in der gerichtlichen Überprüfung sind nicht gewichtig genug, das Ziel der Neuregelung, die möglichst umfassende Klärung der Sach- und Rechtslage in einem Prozess zu erreichen und zu vermeiden, dass in der gleichen Angelegenheit erneut prozessiert wird, bei der Auslegung in den Hintergrund zu schieben. Im Folgenden ist der Begriff der Ermessensausübung im Sinne dieser Auslegung weit zu verstehen und meint auch planerische Abwägung und **Entscheidungen mit Beurteilungsspielraum**[20]. Bei einer Forsetzungsfeststellungsklage soll § 114 S. 2 keine Anwendung finden[21].
Schon der Wortlaut macht deutlich, dass die **Ergänzung ausgeschlossen** ist, wenn die Behörde ihr Ermessen gar nicht ausgeübt hat, weil sie in Folge irrtümlicher Sachverhaltsannahme oder fehlerhafter Subsumtion glaubte, dass eine gebundene Entscheidung zu treffen sei[22] (ob dies der Fall ist, muss sich aus der Begründung des VA, gegebenenfalls auch aus den Verwaltungsvorgängen ergeben) oder wenn sie trotz Entscheidungsalternativen ausnahmslos abgelehnt hat, weil dann keine Einzelfallentscheidung

17   BVerwGE 82, 356; 69, 71; 62, 108 ff.; NJW 1983, 1988; DVBl. 1982, 69; Kassel DVBl. 1964, 689; Mannheim DÖV 1974, 283; Bremen GewA 1975, 228.
18   BVerwGE 7, 100; a.A. BVerwGE 8, 192.
19   Eyermann/Rennert Rn. 86; zurückhaltend Schoch/Gerhardt Rn. 12d; Bader/Kuntze Rn. 50 jeweils unter Hinweis auf die spezialgesetzlichen Regelungen der Heilung von Abwägungsmängeln; a.A. Bader NVwZ 1999, 120.
20   Eyermann/Rennert Rn. 86; Bader/Kuntze Rn. 50.
21   Münster NVwZ 2001, 1424.
22   BVerwGE 60, 87; 19, 149; NVwZ 1982, 373; DVBl. 1998, 145; NJW 1999, 2912; Hamburg DVBl. 1960, 643; Bautzen SächsVBl. 1998, 32.

mehr vorliegt[23]. Die Ergänzung setzt also voraus, dass der Verwaltungsakt als Ermessensentscheidung getroffen wurde. Auch das komplette Auswechseln der Begründung ist ausgeschlossen[24]. Stellt sich im verwaltungsgerichtlichen Verfahren (in der Regel auf richterlichen Hinweis) heraus, dass die Ermessensentscheidung auf unvollständiger Berücksichtigung aller wesentlichen Umstände beruht, kann die Behörde (oder das Kollegialorgan, das die Ermessensentscheidungen getroffen hat) unter Beachtung nunmehr aller wesentlicher Umstände eine ergänzende Ermessensprüfung vornehmen und die sich daraus ergebenden tragenden Gründe insoweit dem streitbefangenen Verwaltungsakt unterlegen, als sie der ursprünglichen Entscheidung noch nicht zu Grunde gelegt wurden[25]. Nach Auffassung des BVerwG[26] handelt es sich dabei um die bloße Kodifizierung der überkommenen Rechtsprechung zum Ergänzen von Gründen. Damit wird der Anwendungsbereich des § 114 S. 2 auf die Fälle beschränkt, in denen die nachträglich angegebenen Gründe schon bei Erlass des Ausgangs- und des Widerspruchsbescheides vorlagen, diese Ergänzung keine Wesensänderung des Verwaltungsaktes bewirkt und der Betroffene nicht in seiner Rechtsverteidigung beeinträchtigt wird. Weiter verlangt das BVerwG[27], dass das materielle Recht und das (jeweils einschlägige) Verwaltungsverfahrensgesetz das Nachschieben erlaubt; § 114 S. 2 gibt nach dieser Auffassung prozessual den Weg frei. Das ist zu eng[28]. Die Grenze liegt (erst) dort, wo der Verwaltungsakt durch die nachgeschobene Begründung in seinem Spruch geändert wird[29]. Dieses (teilweise) **Nachschieben von Gründen** mag rechtspolitisch zweifelhaft sein, weil dem rechtschutzsuchenden Bürger die Möglichkeit genommen wird, ein erneutes Verwaltungsverfahren durchzuführen. Daraus schließt Schenke[30] die Verfassungswidrigkeit einer solchen (dem Willen des historischen Gesetzgebers entsprechenden) Auslegung. Dieser Auffassung wird nicht gefolgt. Die Neuregelung in Satz 2 ist der Sache nach eine Bestimmung über den Streitgegenstand, für die der Bundesgesetzgeber die Gesetzgebungskompetenz hat.

Eine **Fristsetzung** durch das Gericht oder eine **Aussetzung** (auf Antrag) **10b** sieht § 114 nicht vor. Darin liegt eine Regelungslücke, die in Analogie zu §§ 87 Abs. 1 Nr. 7 a.F., 94 S. 2 a.F. VwGO geschlossen werden kann[31]. Denn die Ergänzung der Ermessenserwägungen ist eine materiell-rechtliche Heilungsvorschrift, nicht eine Heilung von Verfahrensverstößen. Aber dass die Ergänzung durch einen auf einen richterlichen Hinweis ad hoc reagierenden Schriftsatz nicht ordnungsgemäß erfolgen kann und schon gar nicht durch – anwaltliche – Erklärung in der mündlichen Verhandlung, liegt auf der Hand. Erfolgt daher der gerichtliche Hinweis auf eine eventuell unzu-

---

23 BVerwGE 6, 119; 19, 87.
24 Münster NVwZ-RR 2003, 59; Gramitsarios SächsVBl. 1997, 101.
25 Enger Münster DVBl. 2004, 67 (LS): nur solche Erwägungen, die Gegenstand des nach dem Fachrecht zuständigen Entscheidungsträgers mit dem Antrag waren.
26 E 105, 55.
27 E 106, 351.
28 Wie hier Dolderer DÖV 1999, 104; vgl. Mannheim NVwZ-RR 1998, 682; dies jedenfalls nicht ausschließend Schoch/Gerhardt Rn. 12g a.E. bei gegenteiliger Grundtendenz; dies als gesetzgeberisches Ziel ansehend, aber mit kompetenzrechtlichen Überlegungen ablehnend R. P. Schenke VerwA 90 (1999), 226; a.A. Bader, NVwZ 1999, 120.
29 Münster GesR 2002, 188.
30 NJW 1997, 81.
31 Die Aufhebung der Vorschriften durch das RmBereinVpG hat nicht über das hier zu verhandelnde Problem entschieden.

längliche Ermessensausübung, dann hat das Gericht auf Antrag der beklagten Körperschaft oder Behörde, wenn der Hinweis im vorbereitenden Verfahren ergeht, der Behörde eine angemessene Frist zur Ergänzung einzuräumen; eine Aussetzung der mündlichen Verhandlung hat zu erfolgen, wenn der richterliche Hinweis erst in der mündlichen Verhandlung ergeht. Die Zeitspanne kann nicht generalisiert bestimmt werden; es sind die Umstände des jeweiligen Einzelfalles zu berücksichtigen[32]. Hat ein Kollegialorgan gehandelt, so ist eine längere Frist im Regelfall angemessen, wenn nicht das Kollegialorgan ein ständiges ist. Die Ergänzung erfolgt sinnvoller Weise schriftlich oder zu Protokoll des Gerichts[33]. Eines erneuten Vorverfahrens bedarf es nicht[34]. Nach Ablauf der Frist kann das Gericht unter Zugrundelegung der Erklärungen der Behörde zur Ermessensergänzung entscheiden.

Eine Beschränkung auf das erstinstanzliche bzw. Berufungsverfahren als die Tatsacheninstanzen ist im Gesetzeswortlaut nicht enthalten. Die **Ergänzung** kann **auch in** der **Revisionsinstanz** erfolgen. Dabei ist zu beachten, dass die Revisionsinstanz keine Tatsacheninstanz ist. Zwar ist ausweislich des Gesetzesziels der Vortrag von Ergänzungen der Ermessenserwägungen, der eine neue Tatsache darstellt, in der Revisionsinstanz zu beachten. Die Behörde kann aber nicht ihre Ergänzungen auf Tatsachen stützen, die in der Berufungsinstanz nicht festgestellt wurden. Tut sie es dennoch, ist diese Ergänzung in der Revisionsinstanz unzulässig und unbeachtlich[35].

Das vom **Gericht zu führende Rechtsgespräch** (§ 108 Rn. 7) wird § 114 Satz 2 zu beachten haben. Unverändert bleibt die Pflicht des Gerichtes, auf mögliche tragende Gründe seiner beabsichtigten Entscheidung hinzuweisen, insbesondere auf nach Meinung des Gerichts festgestellte Mängel in der Ermessensausübung. Es wird daher zum einen einen Hinweis zu geben haben, wenn es feststellt, dass gesetzlich vorgeschriebene Abwägungen nicht vorgenommen worden sind. Zum anderen wird ein Hinweis zu erfolgen haben, wenn nach seiner Auffassung nicht alle wesentlichen Umstände des Einzelfalles bei der Ermessensentscheidung berücksichtigt worden sind. Dies gilt entsprechend für Mängel bei der Abwägung selbst. Über das Aufzeigen der nach Meinung des Gerichts festgestellten Mängel hinaus wird es aber keine Hinweispflichten oder -rechte haben. Dies verbietet sich aus seiner Stellung gegenüber den Beteiligten. Das Gericht ist neutral und steht den Beteiligten insgesamt gegenüber. Ungeachtet aller Überlegungen zur »Modernisierung des Verwaltungsprozesses« hat das Verwaltungsgericht vorrangig die Aufgabe der Kontrolle der Verwaltung, nicht die Aufgabe einer Aufsichtsbehörde, die dafür sorgt, dass richtige Verwaltungsentscheidungen produziert werden. Daher darf es nicht Hinweise darauf geben, in welcher Art und Weise es die Abwägung für rechtlich vertretbar hält oder wie es selbst gedenkt eine Abwägung durchzuführen bzw. ausgehen zu lassen. Die Entscheidung über Art und Weise der Ergänzung der Ermessenserwägung liegt ebenso wie die Entscheidung über das »Ob« der Ergänzung bei der Verwaltungsbehörde. Es bleibt bei einer Ermessensausübung der Verwaltung, die nicht durch eine vom Gericht angeleitete bzw. in der Sache vorgenommene Ermessensausübung ersetzt werden darf. Die Mög-

---

32 Dolderer DÖV 1999, 104; ähnl. Schoch/Gerhardt Rn. 12f; a.A. Eyermann/Rennert Rn. 92; Kopp/Schenke Rn. 51; Bader NVwZ 1999, 124; Münster B. v. 14.4.1999 – 20 A 2896/97, n.v. unter Hinweis auf »sonstige prozessuale Möglichkeiten des Hinausschiebens einer gerichtlichen Entscheidung«.
33 Brischke DVBl. 2002, 429.
34 BVerwGE 106, 351.
35 BVerwG Buchh. 239.2 § 28 SVG Nr. 3.

lichkeit, Ermessenserwägungen in der Revisionsinstanz nachzuholen (vorbehaltlich, dass der Streit entgegen den Absichten des Gesetzgebers der 6. VwGO-Novelle dorthin gelangt) ermöglicht der Behörde hinreichend, im Rechtsmittelverfahren die Ermessenserwägungen weiter zu ergänzen.

Der **Kläger**, der dem geschilderten Prozedere weitgehend machtlos gegen- **10c** über steht und äußerstenfalls die Möglichkeit eines Befangenheitsantrages gegen einzelne Richter auf der Grundlage eines unvorsichtig geführten Rechtsgesprächs hat, kann auf die Ergänzungen mit der **Erklärung der Erledigung der Hauptsache reagieren**, wenn er auf Grund der im Prozess vorgenommenen Ergänzungen der Ermessenserwägungen die Erfolgsaussichten seiner Klage bzw. seines Rechtsmittels für entfallen hält. Die Behörde wird dem vernünftigerweise zustimmen. Der Umstand, dass die Erledigung auf Grund der Ergänzung von Ermessensentscheidungen zu Stande gekommen ist, wird bei der dann zu treffenden Kostenentscheidung nach § 161 Abs. 2 VwGO erhebliches Gewicht haben[36]. Bei Vorliegen des besonderen Feststellungsinteresses (§ 113 Rn. 32 ff.) kann der Kläger auch den Klageantrag auf eine Fortsetzungsfeststellungsklage umstellen. Unbenommen bleibt es dem Kläger, die von der Behörde vorgenommenen Ergänzungen für unzulänglich zu halten und eine Entscheidung in der Sache zu beantragen. Es erscheint unbedenklich, wenn das Gericht im Rechtsgespräch nach der erfolgten Ergänzung der Ermessenserwägungen andeutet, dass es diese Ergänzungen für ausreichend hält und auf der Grundlage dieser Ergänzungen die Erfolgsaussichten der Klage bzw. des Rechtsmittels nunmehr für eher gering einschätzt. Zwar wird die Behörde aus einem eventuellen Fehlen eines solchen Hinweises im Rechtsgespräch möglicherweise die Schlussfolgerung ziehen können, dass sie noch nicht hinreichend ergänzt hat und eine weitere Ergänzung anstreben. Ein in dieser Situation gestellter Vertagungsantrag wäre nicht aussichtslos, wenn nicht das Gericht im Einzelfall eine Verschleppungsabsicht erkennt. Die zu gewährende Frist dürfte eher kurz sein, wenn die für die Ergänzung der Ermessenserwägungen eingeräumte Frist (objektiv) ausreichend gewesen ist. Holt die Behörde die ergänzenden Ermessensentscheidungen nicht nach (z.B. weil sie die streitbefangene Entscheidung für rechtmäßig hält und einer eventuellen Kostentragungspflicht entgehen will) muss das Gericht durchentscheiden. Dabei wird es auf § 46 VwVfG (des Bundes, soweit die Länder ihre VwVfG nicht angepasst haben) nicht zurückgreifen können. Die Vorschrift gilt für Fehler in der Abwägung nicht, da es sich weder um einen Formnoch einen Verfahrensmangel handelt, sondern um eine Frage des materiellen Rechts (vgl. die sorgfältige Trennung beider Bereiche in einzelnen Fachplanungsgesetzen wie § 17 Abs. 6c Bundesfernstraßengesetz; § 19 Abs. 4 Bundeswasserstraßengesetz; § 10 Abs. 8 Luftverkehrsgesetz; § 29 Abs. 8 Personenbeförderungsgesetz; § 20 Abs. 7 Eisenbahnneuordnungsgesetz; § 5 Abs. 5 Magnetschwebebahnplanungsgesetz. Die Vorschriften enthalten zugleich eine Beschränkung der gerichtlichen Kontrolldichte bei planerischen Entscheidungen). Hier hilft nur die Rückbesinnung auf das Erfordernis der Rechtsverletzung des Klägers, die für eine Aufhebung neben der objektiven Rechtswidrigkeit gegeben sein muss. Diese Rechtsverletzung ist mindestens zweifelhaft, wenn der Abwägungsfehler offensichtlich (!) für die Entscheidung ohne Belang war.

---

36 Krit. Pöcker/Barthelmann DVBl. 2002, 673.

10d   Die **Berücksichtigung** von nach der letzten behördlichen Entscheidung **neu eingetretenen Umständen** wird von § 114 S. 2 gedeckt, soweit der maßgebliche Zeitpunkt für die gerichtliche Entscheidung zeitlich dem der letzten behördlichen Entscheidung nachfolgt. § 114 S. 2 regelt den maßgeblichen Zeitpunkt nicht eigenständig, sondern belässt es bei der Rechtsprechung, die den maßgeblichen Zeitpunkt aus dem materiellen Recht bestimmt (vgl. dazu § 108 Rn. 16 ff.)[37]. Die Neuregelung erlaubt in diesem Rahmen ein Nachschieben und stellt insoweit ein Novum dar[38].

11   **4. Formeller Anspruch auf fehlerfreie Ermessensausübung.** Ebenso nachprüfbar ist weiter, ob die Verwaltung bei ihrer Entscheidung alle ihr bekannten und vorgetragenen wesentlichen **Sachumstände berücksichtigt** hat. Der Bürger hat einen Anspruch darauf, dass bei einer ihn belastenden Ermessensentscheidung alle wesentlichen Umstände beachtet werden[39]. Die Entscheidung ist grundsätzlich aufzuheben, wenn die Behörde erkennbar wesentliche Umstände überhaupt nicht gewürdigt hat. Die Einschränkungen unter Rn. 10a ff. gelten auch hier. Dieses Prüfungsrecht ist Ausdruck des formellen, nicht materiellen Anspruchs des Bürgers auf fehlerfreie Ermessensausübung, der bei Normen, die in der Sache oder auch lediglich im Verfahren mindestens auch im Individualinteresse erlassen worden sind, allgemein bejaht wird[40].

12   **5. Begründung.** Ermessensentscheidungen bedürfen gemäß § 39 VwVfG zwingend der **Begründung.** Sie kann aber bis zum Abschluss des verwaltungsgerichtlichen Verfahrens nachgeholt werden (§ 45 Abs. 2 VwVfG; vgl. § 108 Rn. 28a). Damit korrespondiert die Befugnis der Behörde aus Satz 2, Ermessenserwägungen bis zum Abschluss des verwaltungsgerichtlichen Verfahrens zu ergänzen, also nachzuschieben. Die Behörde kann also eine **zweifache Heilung** unternehmen. Zum einen holt sie die unterbliebene Begründung nach und zum anderen ergänzt sie die Begründung. Beide Heilungsvorgänge setzen voraus, dass der streitbefangene Verwaltungsakt eine Ermessensentscheidung war[41]. Fehlt diese, entfallen die tatbestandlichen Voraussetzungen der Heilungsmöglichkeiten. Gleiches gilt für planerische Entscheidungen und Entscheidungen auf der Grundlage einer Beurteilungsermächtigung (vgl. Rn. 10a). Für die richterliche Entscheidung sind ausschließlich die behördlichen Erwägungen zu Grunde zu legen, die sich ggf. auch aus den Gesamtumständen ergeben können[42], eigene Rechtfertigungen des Gerichts scheiden aus[43]. Hat die Verwaltung nach ermessensbindenden Richtlinien entschieden, so können diese vom Gericht ggf. im Rahmen des § 114 überprüft werden[44]. Dagegen scheidet eine richterliche Interpretation von Verwaltungsvorschriften auch bei Entscheidung auf

---

37   Weiter gehend Schoch/Gerhardt Rn. 12.
38   A.A. wohl Smieszek NVwZ 1996, 1151.
39   Hamburg DVBl. 1951, 479; München VRspr. 11, 113.
40   BVerfGE 27, 297; BVerwGE 2, 163; 3, 279; 3, 297; 11, 95; 16, 190; 19, 252; 39, 235; 44, 333; BVerwG NJW 1990, 400; NVwZ 1991, 97; Kassel ZBR 1989, 378; Münster VRspr. 25, 178; Mannheim JR 1974, 242; Bachof, Vornahmeklage S. 69; Menger/Erichsen VerwA 61, 285 ff.; Pietzcker JuS 1982, 106 ff.; Stelkens/Sachs § 40 Rn. 75.
41   Bautzen SächsVBl. 1999, 109.
42   BVerwG NVwZ 1988, 525.
43   BVerwG Buchh. 402.24 § 10 Nr. 80.
44   Kassel ZBR 1986, 31; BVerwG DVBl. 1997, 165.

Grund von Selbstbindung der Verwaltung aus[45]. Maßgeblich ist allein die Verwaltungspraxis.

6. Ermessensfehler. Wann eine Ermessensentscheidung infolge von **Ermes-** **13** **sensfehlern** (Fehlgebrauch, Überschreitung, insbesondere Verstoß gegen Gebot der Verhältnismäßigkeit) rechtswidrig ist, ist eine Frage des materiellen Rechts, die hier nicht darzustellen ist. Der in § 114 S. 1 genannte gerichtliche Kontrollmaßstab räumt den Verwaltungsgerichten keine spezifischen prozessualen Überprüfungsmaßstäbe ein, sondern ist in der Sache eine Verweisung auf die dem materiellen Recht zu entnehmenden Grundsätze der Ermessensfehlerlehre. § 114 S. 1 macht (nur) deutlich, dass die verwaltungsgerichtliche Kontrolle nicht auch die Zweckmäßigkeit des behördlichen Handelns umfasst und damit eine begrenzte Kontrolltätigkeit ist. Zum Teilaspekt der Selbstbindung der Verwaltung vgl. § 42 Rn. 147 ff.

V. Abwägungsentscheidung/Planerisches Ermessen

Die gerichtliche Kontrolle von Entscheidungen, die den z.T. spezifischen **13a** Regeln des Abwägungsgebotes unterliegen – dazu können auch verkehrsbehördliche Anordnungen gehören[46] –, unterscheidet sich in ihrer Struktur nicht von der Kontrolle einfacher Ermessensentscheidungen. Auch dafür gibt es im materiellen Recht entsprechend § 114 S. 1 anzuwendende Grenzen, denen das Verwaltungsgericht nachzuspüren hat. Eine weiter gehende Kontrolldichte besteht wegen der Möglichkeit, mehrere rechtlich zulässige Entscheidungen zu treffen, nicht[47]. Allerdings ist die gerichtliche Kontrolle nicht begrenzt, wenn innerhalb einer gebundenen Entscheidung eine akzessorische Abwägungsentscheidung getroffen wird[48]. Prozessual gibt es die Besonderheit, dass ein Plan, eine Planfeststellung oder eine Planungsgenehmigung dann nicht für nichtig erklärt werden oder aufgehoben werden muss, wenn der Abwägungsmangel nicht von so großem Gewicht ist, dass dadurch die Ausgewogenheit der Gesamtplanung oder eines abtrennbaren Planungsteils überhaupt in Frage gestellt wird. Dann bleibt es bei einem bloßen Anspruch auf Planergänzung[49]; zunehmend verhindert der Gesetzgeber die Aufhebung oder Nichtigkeitsfeststellung solcher planerischen Entscheidungen durch Bestimmungen, nach denen bei bedeutsamen Abwägungsmängeln nur die Unwirksamkeit (bei Normen) oder die Rechtswidrigkeit (bei VA) festgestellt werden kann und Gelegenheit zur Heilung durch ein ergänzendes Verfahren zu geben ist (z.B. §§ 215a BauGB, 47 Abs. 5 S. 4 VwGO [vgl. § 47 Rn. 42]; § 75 Abs. 1a VwVfG; § 17 Abs. 6c S. 2 Bundesfernstraßengesetz). Vgl. weiter Rn. 30.

---

45   BVerwG DVBl. 1980, 388.
46   Petersen NdsVBl. 1997, 169.
47   BVerwG NVwZ 2002, 1112.
48   BVerwG NVwZ 2002, 1112 zum Verhältnis von § 35 Abs. 1 BauGB zu § 8 BNatSchG; zum Problem mit Blick auf § 2 Abs. 2 BauGB Jochum BauR 2002, 1480.
49   BVerwG E 56, 110, 113; 71, 150, 160; Buchh. 442.09 § 18 AEG Nr. 25 S. 113.

D. Kontrolldichte gebundener Entscheidungen

I. Grundsatz

14 Während § 114 für Ermessensentscheidungen beschränkende Kriterien für die verwaltungsgerichtliche Kontrolle enthält, finden sich solche für die **gebundene Entscheidung** in der VwGO nicht. Auf der Grundlage der oben Rn. 3–4 erörterten Normstruktur und der Vorstellung, dass Auslegung und Subsumtion des einzelnen Sachverhalts unter die Auslegung ein Erkenntnisvorgang seien, der zu der allein richtigen Entscheidung führen müsse, sind die VerwG ganz überwiegend **zunächst** auch von einer **uneingeschränkten Prüfung der VerwEntscheidung** ausgegangen. Sie haben den Erkenntnisprozess, der auch der Verwaltung in der Rechtsanwendung obliegt, wiederholt und, wenn sie zu einer anderen, aus ihrer Sicht richtigeren Erkenntnis gekommen sind, die VerwEntscheidung korrigiert. Dieser Weg hat sehr bald zu unlösbaren Schwierigkeiten geführt. Mit der durch die Generalklausel bedingten unbegrenzten Klagebefugnis wurden hoheitliche Entscheidungen Gegenstand des VerwProzesses, deren tatsächliche Grundlagen nicht nachvollziehbar oder wiederholbar waren, insbes. Prüfungs- und Examensentscheidungen sowie Beurteilungen von Beamten oder andere Eignungsbewertungen. Aus der Feststellung, dass hier die Kontrolle unvermeidlich zurückgenommen und sich auf das Prüfbare beschränken müsse, kam es zu ersten von der Rechtsprechung anerkannten Einbrüchen in die unbegrenzte Kontrolldichte[50]. Im Schrifttum waren diese Einbrüche, seit den oben (Rn. 6) zitierten Arbeiten von Ule und Bachof begonnen, bereits vorbereitet worden[51].

II. Beurteilungsermächtigung

15 Seit dieser Zeit ist die Frage nach der Kontrolldichte zu einem Zentralthema der VerwRechtspflege geworden[52]. Besondere Anstöße ergaben sich aus der Problematik der Planungsentscheidungen, der VerwEntscheidungen durch vom Gesetz eingesetzte unabhängige Ausschüsse, aus der Kontrolle von prognostischen Entscheidungen und schließlich gegenwärtig aus den Verfahren über die Genehmigung technischer Großprojekte. Rechtsprechung und Schrifttum hierzu sind bis in die jüngste Zeit fast unübersehbar geworden. Trotz mancher skeptischer Bemerkungen[53] lassen sich dabei doch **eine Reihe von Entwicklungen und Ergebnissen** deutlich erkennen. Für bestimmte Fallgruppen werden inzwischen Begrenzungen der Kontrolldichte mit bestimmten Formen und Inhalten ganz überwiegend anerkannt: für andere Fallgruppen sind die Fragen noch offen und bedürfen weiterer Klärung. Diese Gruppen sind nachstehend zusammenzustellen.

---

50 BVerwGE 12, 359; 21, 127.
51 Z.B. Ehmcke, Ermessen und unbestimmter Rechtsbegriff, 1960; Obermayer NJW 1963, 1177.
52 Vgl. den historischen Überblick bei Franßen DVBl. 1998, 413; noch Entwicklungslinien aufgreifend Ibler, Rechtspflegender Rechtsschutz im Verwaltungsrecht, 1999.
53 Rupp, Zeidler-Festschrift, 1987, S. 455; Sendler, Ule-Festschrift, 1987, S. 337; Wilke, Schriftenreihe Speyer Bd. 106, S. 135; Wortmann NWVBl. 1989, 342; VG Wiesbaden NJW 1988, 356.

Dabei wird hier durchgängig der Begriff der **Beurteilungsermächtigung** für solche Begrenzungen benutzt. Er ist in der Rechtsprechung inzwischen weitgehend anerkannt, wenn er auch manchmal bewusst vermieden wird[54]. Er hat gegenüber den vielfältigen synonymen Bezeichnungen wie »Beurteilungsspielraum«, »Einschätzungsprärogative«, »Gestaltungsermessen«, »Prognoseermessen«, »unüberprüfbare Faktoren« den Vorzug, sprachlich das wiederzugeben, was gemeint ist, nämlich die Ermächtigung der Verwaltung durch den Gesetzgeber des materiellen Rechts[55], in bestimmtem Umfang in letzter Verantwortung und damit letztverbindlich den konkreten Sachverhalt beurteilen zu können. Es ist auch nicht notwendig, ihn für eine etwaige Zuerkennung einer solchen Letztverbindlichkeit auch für die Auslegung eines Rechtsbegriffs durch eine andere Bezeichnung zu ersetzen, wie etwa die der »Standardisierungsermächtigung«[56] oder die der »Normkonkretisierung«[57].

III. Abgrenzungen

Mit der Anerkennung von bestimmten Fallgruppen des Anwendungsbe- **16** reichs der Beurteilungsermächtigung und damit zugleich der Bejahung voller Kontrolldichte in allen anderen Bereichen werden **zwei** – entgegengesetzte – **Grundlehren** hier letztlich **nicht aufgegriffen.** Es ist einmal die grundsätzlich allgemeine Anerkennung uneingeschränkter Kontrolldichte mit der gleichzeitigen Aufforderung an die VerwGerichte, in der Kontrolle »Maß zu halten«, »**judicial self restraint**« zu üben oder »Taktgefühl gegenüber der Verwaltung« zu zeigen[58]. Für das Normenkontrollverfahren erweitert das BVerwG[59] diesen Ansatz um den Aspekt, dass das Normenkontrollgericht mit Blick auf das Rechtsschutzziel des Antragstellers nicht ungefragt auf Fehlersuche gehen sollte; dieser Rechtsprechung ist uneingeschränkt zuzustimmen[60], auch wenn richterliche Entscheidungen keine »Taktfrage« sein können[61]. Gewichtiger ist die **Lehre von den** »**offenen Normen**« oder »offenen Rechtsbegriffen«, deren für Auslegung und Handhabung unvermeidliche Ausfüllung Sache einer insoweit nur begrenzt kontrollierbaren Verwaltung sei. Sie geht im Grunde auf die Ule'sche Vertretbarkeitslehre zurück. Sie setzt nicht an der Einzelentscheidung, also an der Subsumtion an, sondern an der Begriffsauslegung selbst. Eine Erstreckung, wie sie etwa BVerwGE 72, 300 andeutet, wird vermutlich die weitere Entwicklung beherrschen[62]. Aber entscheidend ist, dass

---

54 So BVerwGE 72, 300; dazu Sellner NVwZ 1986, 616 und Sendler, Ule-Festschrift, 1987, S. 356.
55 BVerwGE 5, 153; 38, 105; 51, 504; 57, 130; 59, 213; die prozessrechtl. Begründung E 8, 272; 21, 184 hat das BVerwG zutreffend aufgegeben.
56 Jarass NJW 1987, 1238; Breuer NuR 1987, 53.
57 So etwa in BVerwGE 72, 300; zuletzt UPR 1996, 307; auch wohl Franssen, Zeidler-Festschrift, 1987, S. 356. Dazu weiter v. Danwitz VerwA 1993, 73 ff.; ebenso, wenn auch mit anderer Akzentsetzung, Salzwedel, Redeker-Festschrift S. 421, 437.
58 Vgl. etwa Kopp, VwGO, 10. Aufl. Rn. 32 ff.; im Ergebnis auch Rupp, Zeidler-Festschrift, 1987, S. 455.
59 NVwZ 2002, 1132.
60 In diesem Punkt auch Sendler DVBl. 2002, 1412; Ossenbühl JZ 2003, 96; Oebbecke NVwZ 2003, 1313; Meyer NdsVBl. 2003, 117; wobei es in der Rechtsprechung des BVerwG auch gegenteilige Aussagen gibt.
61 Beckmann DÖV 1986, 505 ff.
62 Dazu Sendler, Ule-Festschrift, 1987, S. 337, der die praktische Trennbarkeit von Auslegung und Subsumtion bezweifelt.

sie sich kaum auf bestimmte Bereiche begrenzen lässt, damit aber keine
sichere Abgrenzung mehr ermöglicht, sondern die Auslegung weitgehend
der Verwaltung überantwortet, was Gewaltenteilung und Art. 19 Abs. 4
GG kaum zulassen können[63]. Der Versuch, eine solche Grenzziehung
durch Rückkopplung zum Regelungsgehalt der Norm zu gewinnen, sei es
für eine Verdichtung der Kontrolle bei geringem Regelungsgehalt, also in
reziprokem Verhalten[64], sei es durch Parallelität der Kontrolldichte mit
dem Regelungsgehalt, wie ihn Beckmann[65] unternommen hat, führt kaum
weiter, weil der Gegensatz im Ansatz schon nicht lösbar ist. Regelungsgehalt und Kontrolldichte stehen wohl überhaupt in keinem unmittelbaren
Verhältnis zueinander, ganz abgesehen davon, dass der Regelungsgehalt
einer Norm durch Auslegung unbegrenzt erweitert werden kann.
Dass beide Grundlehren dennoch nicht ohne Auswirkungen sind, zeigt die
gesamte bisherige Entwicklung.

IV. Gründe für die Begrenzung der Kontrolldichte

17 Dogmatisch, staatsrechtlich und prozessual wird eine Begrenzung der Kontrolldichte unterschiedlich begründet. Im Mittelpunkt stehen heute **funk-
tionell-rechtliche Überlegungen.** Auch das Verhältnis zwischen Exekutive
und Judikative gehört zum System der **Gewaltenteilung.** Die Verwaltung
hat Sachaufträge zu erfüllen; sie hat zu handeln, um die vom Gesetz und
den politischen Entscheidungsträgern gesetzten Ziele zu verwirklichen.
Aufgabe der Gerichte ist die Kontrolle, ob die Verwaltung bei diesem Handeln das Recht wahrt[66]. Hat die Verwaltung aber die Verwirklichung der
ihr gestellten Ziele zu verantworten, so soll ihr da, wo die Rechtsordnung
diese Ziele nur in unbestimmten Formen festlegt, eine Letztverantwortung
für die inhaltliche Fixierung zukommen. Dementsprechend soll die Einzelfallentscheidung, aber auch die Auslegung einzelner unbestimmter Rechtsbegriffe unter Erhaltung dieser Letztverantwortung nur begrenzter Kontrolle unterliegen. Wann dies der Fall ist, muss sich aus der Norm des
materiellen Rechts ergeben. Dieser Ansatz aus einer differenzierenden Betrachtung des Gewaltenteilungsprinzips wird besonders in den Referaten
und Diskussionsbeiträgen des Göttinger Symposiums 1985[67] deutlich.
Eng damit zusammen hängt die Feststellung, dass im gesamten **Bereich der
planenden Gestaltung** die Gesetzesform weniger konditional als final aufgebaut ist. Sie wird von der Zielbestimmung durch das Gesetz beherrscht;
es legt die Voraussetzungen fest, mit deren Hilfe dieses Ziel erreicht werden
soll. Zielbestimmung und -verwirklichung im Einzelnen sind Aufgabe der
Verwaltung; in die Realisierung sind die Bürger als Normadressaten einbezogen. Hier stellen sich Kontrollprobleme, die mit den herkömmlichen
Rechtsfiguren von Ermessen und Rechtsbegriff nicht zu bewältigen sind.
Damit im Zusammenhang stehen wiederum Normen, die zu ihrer Anwendung auf die Zukunft abstellen, **Prognosebegriffe,** sei es tatsächlicher Art,
sei es in der rechtlichen Bewertung, enthalten. Soweit es sich dabei um
Prognosen handelt, die über die Person des VA-Adressaten hinaus politi-

---

63 Hierzu weiter Franssen, Zeidler-Festschrift, 1987, S. 429 ff.; W. Schmidt NJW
      1975, 1573; Schmidt-Eichstaedt DVBl. 1985, 645.
64 Bender NJW 1978, 1945; Ipsen AöR 1982, 259 ff., 293.
65 DÖV 1986, 505.
66 Seibert, Zeidler-Festschrift, 1987, S. 479; ähnlich Jannasch, ebendort, S. 487 ff.
67 Götz, Klein, Starck, Die öffentliche Verwaltung zwischen Gesetzgebung und rich-
      terlicher Kontrolle.

sche, wirtschaftliche, soziale oder kulturelle Entwicklungen einbeziehen, entziehen sie sich unvermeidlich einer rational oder empirisch eindeutigen Feststellbarkeit. Die Letztverantwortung für die Aussagen über solche »künftigen Tatsachen«, für das Wahrscheinlichkeitsurteil können nicht die Gerichte übernehmen; sie obliegt der Verwaltung; die richterliche Kontrolle wird hier deshalb begrenzt sein müssen[68]. Schließlich kann inhaltlich wie ihrer Struktur nach die Norm die Einzelfallentscheidung oder aber auch die Konkretisierung eines Rechtsbegriffs auf **sachkundig besetzte Gremien** direkt oder indirekt übertragen. Ebenso kann die Entscheidung von **Faktoren** abhängen, die sich weitgehend der richterlichen Kontrolle entziehen, weil sie entweder nicht gesetzlich vorbestimmt oder aber nicht reproduzierbar sind. Dass hier das Gericht sich nicht an die Stelle der Gremien setzen soll, liegt nahe, ist darüber hinaus z.T. auch gar nicht möglich.

Das **Schrifttum** zu diesen hier vereinfachend wiedergegebenen Begründun- **18** gen ist ungewöhnlich reichhaltig und kontrovers[69]. Das BVerfG hat verfassungsrechtliche Bedenken hiergegen zurückgewiesen[70]. Es hat zu einer atomrechtlichen Genehmigung unter Hinweis auf den Grundsatz der Gewaltenteilung ausgeführt, die VerwGerichte hätten die von der Genehmigungsbehörde auf Grund willkürfreier Ermittlung vorgenommenen Bewertungen nur auf ihre Rechtmäßigkeit zu überprüfen, nicht aber ihre eigene Bewertung an deren Stelle zu setzen[71], ein Hinweis, den BVerwGE 72, 300 als Grundlage seiner Entscheidung übernimmt. Das Gericht hat freilich inzwischen in einer Reihe von Entscheidungen diese Auffassung modifiziert; hierauf und auf die dazu veröffentlichte Literatur ist unten Rn. 34 ff. einzugehen[72].
Es sei bemerkt, dass **Beurteilungsermächtigungen außerhalb der VerwGerichtsbarkeit,** wenn auch unter den verschiedensten Bezeichnungen, **nicht unbekannt** sind. Der EuGH hat sich ähnlich ausgesprochen[73]; auf eine Reihe weiterer Entscheidungen, die zunehmend der bisherigen Rechtspre-

---

68 Hierzu eingehend Kopp/Schenke Rn. 37 ff.
69 Über die bereits zitierten Beiträge hinaus sei aus der jüngeren Zeit verwiesen auf: Scholz/Schmidt-Assmann VVDStRL 34, 175 ff., 222 ff.; Ossenbühl, Festschrift BVerfG I, S. 496 ff., DÖV 1976, 463; Menger-Festschrift, 1985, S. 731 ff.; Weyreuther BauR 1977, 293; UPR 1986, 1; Hoppe, Festgabe BVerwG, 1978, S. 295; Tettinger DVBl. 1982, 421; Energiewirtschaftliche Tagesfragen 1983, 483 ff.; Redeker, Scupin-Festschrift 1983, S. 861 ff.; Technische Norm und Recht 1979, 19 ff.; Kutscheidt 6. Atomrechtssymposium S. 71 ff.; Breuer DVBl. 1978, 28; Der Staat 1977, 21; Bullinger JZ 1984, 1001 ff.; W. Schmidt NJW 1975, 1573; Papier DVBl. 1975, 461; Ule-Festschrift, 1987, S. 235; Schröder DVBl. 1984, 814; Sellner NVwZ 1986, 616; H. Meyer NVwZ 1986, 513; Sendler NJW 1986, 1084; Ule-Festschrift, 1987, S. 337; Ladeur UPR 1987, 253; Krebs, Kontrolle in staatlichen Entscheidungsprozessen, 1984; K.-H. Weber, Regelungs- und Kontrolldichte im Atomrecht, 1984; Kind DÖV 1988, 679; Kirchhof NVwZ 1988, 97; Breuer NVwZ 1988, 104; Schuppert DVBl. 1988, 1191; Gerhardt DVBl. 1989, 126; Gusy DÖV 1990, 537; Beckmann, Verwaltungsgerichtlicher Rechtsschutz im raumbedeutsamen Umweltrecht, Münster 1987, bes. S. 129 ff.; Papier, in: Kirchhof-Isensee Bd. 6 S. 1259 ff.; Bamberger VerwA 93 (2002), 217.
70 DVBl. 1981, 1053.
71 BVerfGE 61, 82, 114/115.
72 Zurückhaltend zur Beurteilungsermächtigung auch BVerwGE 94, 307.
73 NJW 1982, 2722; DVBl. 1986, 92; NVwZ 1992, 358; vgl. auch Everling, 8. VerwRichtertag, 1986, S. 29.

chung des BVerwG entsprechen, weist Everling hin[74]. Schließlich sei auf die mancherlei parallelen Erscheinungen zum Verhältnis zwischen **Verfassungsgerichtsbarkeit** und **Gesetzgeber** hingewiesen[75].

V. Kasuistik

19 Fallgruppen, für die eine Beurteilungsermächtigung allgemein oder doch überwiegend in der Rechtsprechung anerkannt wird, sind in der letzten Zeit mehrfach, wenn auch mit unterschiedlichen Ergebnissen gebildet worden[76]. Hier wird von folgenden Gruppen ausgegangen, die sich z.t. natürlich auch überlagern:

1. **Verwaltungsentscheidungen, die auf nicht nachvollziehbaren oder wiederholbaren Umständen** beruhen. Hierzu gehören Entscheidungen über die persönliche Eignung, Fähigkeiten und Leistungen, weil sie die langzeitige Kenntnis des Betroffenen voraussetzen. Hierzu gehören auch Prüfungsentscheidungen, wenn sie sich nicht nur auf die Bewertung von schriftlichen Arbeiten beschränken. In der Rechtsprechung ist die **Beurteilungsermächtigung** in diesem Bereich bejaht: Eignung oder Bewährung eines Beamten[77]; Beurteilung von Beamten[78]; Entscheidung über Abwahl eines kommunalen Wahlbeamten[79]; **Prüfungsentscheidungen**[80]; prüfungsähnliche Entscheidungen im Schulbereich[81], alles bei berufsbezogenen Prüfungen; dazu gehört auch die Meisterprüfung[82]; Prüfungen im Schulbereich[83]; Überprüfung der Kenntnisse bei Zulassung als Heilpraktiker[84]; weiter dagegen bei anderen Prüfungen: Jägerprüfung[85]; Gesellenstück[86]; Hengstleistungsprüfungen gem. §§ 4, 6 TierZG[87]. Als berufsbezogene Prüfung wird das Be-

---

74 Redeker-Festschrift S. 306; zusätzlich rechtsvergleichend Classen, Europäisierung der Verwaltungsgerichtsbarkeit, 1995; vgl. weiter BSGE 38, 138; 23, 206; NJW 1986, 1578; BAG NVwZ 1986, 869.
75 Vgl. statt vieler Böckenförde, Zur Lage der Grundrechtsdogmatik nach 40 Jahren Grundgesetz, München 1990.
76 So z.B. Maunz/Schmidt-Aßmann Art. 19 Abs. 4 Rn. 191 ff.; Kopp/Schenke Rn. 24 ff.; Eyermann/Rennert Rn. 59 ff.; Stelkens/Sachs § 40 Rn. 178 ff.
77 BVerwGE 26, 65; Schleswig NVwZ-RR 2003, 321 für Richterwahlausschuss; Münster OVGE 21, 288; 28, 11; Hamburg VRspr. 21, 945; für die Erprobung auf einem höherbewerteten Dienstposten BVerwG NVwZ-RR 2000, 619; für die Eignung als Offizier BVerwG NVwZ-RR 2002, 448.
78 BVerfG DVBl. 2002, 1203; BVerwGE 60, 245; Buchh. 232.1 § 40 Nr. 12; E 97, 128; Münster NVwZ-RR 2002, 291 für die Auswahlentscheidung eines Gemeinderates unter hinweis auf entsprechende Rechtsprechung zu Auswahlentscheidungen von Richterwahlausschüssen; Lüneburg DÖV 1995, 779 für Vergleich von Examensnoten aus unterschiedlichen Bundesländern; dazu eingehend Günther ZBR 1984, 353; Schröder-Printzen RiA 1985, 73; Schnellenbach RiA 1990, 120.
79 Lüneburg DVBl. 1992, 982 m. abl. Anm. Ipsen.
80 Hierzu die Übersicht bei Niehues Rn. 399 ff.; BVerwGE 40, 358; DVBl. 1989, 99; Münster GewA 1985, 22f.; multiple-choice-Verfahren BVerwG NJW 1981, 2526; 1983, 354; 1984, 2650; aber auch NVwZ 1988, 433; NVwZ 1991, 271; dazu zählt auch die Entscheidung nach § 5d Abs. 4 DRiG, BVerwG DVBl. 1995, 1353; Niehues Rn. 407; Wagner DVBl. 1990, 183.
81 BVerwGE 5, 153; 8, 272; wesentlich eingeschränkt: BVerfGE 84, 34; 84, 59; NVwZ 1992, 55; 1992, 567; dazu BVerwG NVwZ 1993, 677, 681, 686, 689.
82 Mannheim GewA 2000, 29.
83 BVerwG DVBl. 1996, 1381.
84 München BayVBl. NVwZ-RR 1996, 146.
85 BVerwG DVBl. 1992, 1043; Mannheim NVwZ-RR 1999, 291.
86 Saarlouis GewA 1986, 238.
87 VG Münster NWVBl. 1989, 64.

scheinigungs- und Zulassungsverfahren nach §§ 11–13 UmweltauditG anzusehen sein.
Sie **verneint:** Überprüfung einer dienstlichen Beurteilung auf Mängel[88]; Unwürdigkeit nach § 12 Abs. 1 Nr. 2 BBG[89]; dienstl. Bedürfnis bei Versetzung eines Beamten[90]; Gefährdung des Ansehens der Bundeswehr, § 55 Abs. 5 SoldG[91]; Unzumutbarkeit des ärztlichen Notfalldienstes[92]; Verlängerung der Verweildauer auf gymnasialer Oberstufe[93]; Ausnahmefall als Prüfungswiederholungsgrund[94]; besondere Sachkunde sowie persönliche Eignung gem. § 36 Abs. 1 GewO[95]; Befähigung und Kenntnisse für handwerksrechtliche Ausnahmebewilligung[96]; zwingende dienstliche Gründe im Beamtenrecht[97]; Zugehörigkeit von Aufgaben zum Prüfungsstoff[98]; Entscheidungen über den Ausgleich von objektiven Prüfungsstörungen[99], wobei die Bewertung des Grades der Störung der Beurteilungsermächtigung der Behörde unterliegt[100].

2. VerwEntscheidungen, die auf **wissenschaftlichen oder spezialisierten,** **20** insbesondere **künstlerischen Wertungen** beruhen und für die deshalb der Gesetzgeber die Entscheidung durch entsprechend **sachkundige Personen,** oft Personenmehrheiten innerhalb der Verwaltung vorsieht.
Die Rechtsprechung **bejaht** Beurteilungsermächtigung: Bewertung eines Dienstpostens des Beamten[101]; Aufnahme von Künstlern in Baueignungslisten[102]; Gleichwertigkeit des Ausbildungsstandes nach § 3 Abs. 2 Nr. 1 BÄO[103]; Anerkennung ausländischer akademischer Grade[104]; Sonderschulbedürftigkeit[105]; Ordnungsmaßnahmen der Schulleitung[106]; Beurteilung, ob eine Wasseranschlussleitung wegen technischer Mängel erneuerungsbedürftig ist[107]; Voraussetzungen für die Eintragung in die Architektenliste[108]; Eignung als Geheimnisträger[109]; Eignung zur Aufnahme in die Vorschlagsliste gemäß § 166 Abs. 2 Nr. 1 BRAO[110]; Existenzauswirkungen von Taxigenehmigungen[111]; wirtschaftlicher Vorteil bei

---

88 BVerwGE 113, 1.
89 BVerwGE 15, 128; vgl. BVerwGE 109, 59.
90 BVerwGE 26, 65, bestimmte Faktoren unüberprüfbar.
91 BVerwGE 17, 5.
92 Lüneburg OVGE 31, 444.
93 Kassel NVwZ 1989, 547.
94 Kassel NVwZ-RR 1989, 371.
95 BVerwG GewA 1990, 355; Lüneburg NJW 1992, 591; a.A. Mannheim GewA 1988, 89; VG Stuttgart GewA 1983, 138; VG Saarlouis GewA 1981, 10; vgl. auch Blautige GewA 1986, 123.
96 Münster NVwZ-RR 1996, 501, sehr str.
97 Koblenz RiA 1989, 47; Münster ZBR 1967, 367.
98 Mannheim DVBl. 1995, 1356; a.A. Schleswig NVwZ-RR 1995, 393.
99 BVerfG NJW 1993, 917; BVerwGE 94, 64; BFH NVwZ-RR 2002, 157.
100 Vgl. BVerfGE 84, 59 (79).
101 BVerwGE 36, 218; 41, 253.
102 Lüneburg NVwZ 1983, 352.
103 Münster DÖV 1991, 655.
104 Mannheim DVBl. 1984, 273.
105 Mannheim NVwZ-RR 1991, 479.
106 München BayVBl. 1993, 599.
107 Münster OVGE 29, 286.
108 BVerwGE 59, 213; Münster DVBl. 1974, 567.
109 BVerwG NJW 1988, 1991; München DVBl. 1965, 447.
110 BGH BRAK-Mitt. 1983, 135.
111 BVerwGE 64, 238; 79, 208.

Abrechnung von Fußgängerzonen[112]; Kapazitätsfestsetzung bei Hochschulen[113]; Kaufkraftausgleich für Beamte mit Dienstsitz im Ausland[114]; landeskultureller Wert einer angemeldeten Sorte[115]; Prüfungsentscheidungen, soweit nur auf schriftlichen Arbeiten beruhend, deshalb nachvollziehbar[116]; Gleichwertigkeit bei der Vergabe von Frequenzen im Landesmedienrecht[117], ebenso »Gewähr größerer Meinungsvielfalt«[118]; Schätzung der Überwachungswerte nach AbwAG[119].

Sie **verneint:** national wertvolles Kulturgut, schutzwürdiger nationaler Kulturbesitz[120]; Denkmalwürdigkeit[121]; künstlerisch besonders hoch stehend VergnStG[122]; Prüfung im Rahmen der Filmförderung, ob Film religiöse Gefühle verletzt[123]; Gleichwertigkeit von Prüfungen[124]; Gründe des öffentlichen Gesundheitsinteresses nach § 3 BÄO[125]; einzelne Tatbestandselemente des Begriffs »volkswirtschaftlich besonders förderungswürdig« im InvZulG[126]; wissenschaftliche Vertretbarkeit gem. § 15 PflanzenschutzG[127]; Begriffe des § 2 TierschG[128]; Gleichwertigkeitsprüfung nach § 2 Abs. 2 BAföG[129].

21   3. VerwEntscheidungen, die der Gesetzgeber von besonderen, fachkundig zusammengesetzten, meist mit **Unabhängigkeit** und **Weisungsfreiheit** ausgestatteten **Kollegialorganen** erlassen lässt.
Die Rechtsprechung **bejaht** eine Beurteilungsermächtigung: mit Einschränkungen: Eignung einer Schrift als jugendgefährdend[130]; Beurteilung der »deutlichen Verbesserung« für den Pflanzenbau und des »landeskulturellen Wertes« nach dem Saatgutverkehrsgesetz[131]; Beurteilung eines Referenzfilmes als »guter Unterhaltungsfilm« nach § 19 FilmförderungsG[132]; gute Unterhaltungsqualität gem. § 31 FFG[133]; Prädikatserteilung durch die

---

112 München 1983, 408.
113 BVerwGE 57, 112; 70, 318, 346; NVwZ 1987, 682; a.A. Hamburg NVwZ 1983, 361; **wesentlich eingeschränkt:** BVerfGE 85, 36.
114 BVerwGE 99, 355.
115 BVerwG NVwZ 1986, 648, sehr sorgfältig zwischen Tatsachenfeststellung und Wertung unterscheidend.
116 **Eingeschränkt:** BVerfG oben Rn. 19 Fn. 286; Niehues Rn. 399 ff.
117 Mannheim NJW 1990, 340.
118 Koblenz v. 25.6.1990 – 2 B 1182/90 – n.v.
119 BVerwG NVwZ-RR 2001, 470.
120 Mannheim NJW 1987, 1440.
121 BVerwGE 24, 60; Mannheim DVBl. 1983, 466; NVwZ 1986, 240; Münster OVGE 31, 33; dazu Moench NVwZ 1984, 146; 1988, 304.
122 BVerwGE 21, 184; Lüneburg OVGE 27, 395; a.A. Kassel für die Verleihung des Prädikats »(besonders) wertvoll« an einen Film (s. a. Rn. 21).
123 Münster NWVBl. 1992, 279.
124 BVerwGE 36, 361; 48, 305; 55, 104; 64, 142.
125 BVerwGE 45, 162.
126 BVerwGE 48, 211.
127 BVerwG Buchh. 424.4 Nr. 1.
128 Lüneburg NuR 1988, 92.
129 BVerwGE 92, 340.
130 BVerwGE 39, 204; 77, 75; NJW 1987, 1434, 1437; z.T. **wesentlich eingeschränkt:** BVerfGE 83, 130; differenzierend: BVerwG NJW 1993, 1490, 1491, 1492.
131 BVerwGE 62, 330; Buchh. 451.11 Nr. 4 mit detaillierter Differenzierung.
132 VG Berlin NJW 1973, 1148; a.A. BVerwGE 23, 194.
133 Berlin NJW 1988, 365.

Filmbewertungsstelle[134]; Börsenzulassung[135]; Vertretbarkeit gem. § 63 Abs. 2 GO NW[136].
Sie **verneint:** Gleichwertigkeit von Prüfungen durch den Bundespersonalausschuss[137]; Wirtschaftlichkeit, Bedarf nach § 1 KHG[138]; Eigenschaft eines Kulturdenkmals RhPf.[139]; »geboten« gem. § 63 Abs. 2 GO NW[140]; Fälle äußerster Dringlichkeit gem. § 43 GO NW[141].

4. VerwEntscheidungen, die auf **Prognosen,** seien es tatsächlicher, seien es **22** bewertender Art, beruhen, wenn diese Prognosen sich auf über den Betroffenen hinausgehende **politische, wirtschaftliche, soziale oder kulturelle Entwicklungen beziehen.**
Die Rechtsprechung **bejaht:** besonderes pädagogisches Interesse an der Zulassung einer privaten Grundschule[142]; Zeitbedarf für universitäre Lehrveranstaltungen[143]; notwendige Auswahl zwischen mehreren gleich bedarfsgerechten, leistungsfähigen und wirtschaftlichen Krankenhäusern zur Feststellung nach § 8 KHG[144]; die Beurteilung des Bedarfs an Rettungsdienstleistungen[145]; die Verträglichkeitsprüfung bei Zulassung privater Rettungsdienste[146]; »Verfassungstreue« eines Beamten[147]; dringende Gründe des öffentlichen Wohles für die Einzelmaßnahme der Gebietsreform[148]; regionalwirtschaftliche Gegebenheiten gem. § 2 Abs. 2 S. 1 InvZulG 1979[149]; Schwerpunktprinzip im InvZulG[150]; Berücksichtigung der handels- und sonstigen wirtschaftspolitischen Erfordernisse nach § 12 AWG[151]; Eignung zur Verbesserung der Unternehmensstruktur in § 6b Abs. 1 S. 2 Nr. 5 EStG[152]; Bedürfnis für Anschlusszwang[153]; Abschussplan nach § 21 BJagdG[154]; öffentliche Verkehrsinteressen gem. § 13 PBefG[155]; öffentliches Interesse bei Allgemeinverbindlichkeitserklärung nach § 5 TVG[156]; Dispensvoraussetzungen des § 30 Abs. 1 S. 3 LuftVG[157]; erhebliche Härte im Rahmen des KAG[158]; Gebührenkalkulation im Kommunal-

---

134 Kassel NJW 1987, 1436.
135 BVerwGE 72, 195.
136 Münster NWVBl. 1990, 260.
137 BVerwGE 32, 148; DokBer. 1983, A 112.
138 BVerwGE 62, 86.
139 Koblenz DVBl. 1985, 407.
140 Münster NWVBl. 1990, 260.
141 Münster DVBl. 1989, 166.
142 BVerwGE 75, 275; **eingeschränkt:** BVerfGE 88, 40.
143 BVerwG NVwZ 1985, 576.
144 BVerwGE 72, 38.
145 BVerwG NVwZ-RR 2000, 213.
146 München BayVBl. 1996, 176.
147 BVerwGE 61, 186; 61, 199; nicht unbedenklich.
148 München BayVBl. 1979, 146.
149 BVerwG Buchh. 451.56 Nr. 27.
150 BVerwGE 59, 327, 334.
151 BVerwG DVBl. 1972, 895, noch als Ermessen bezeichnet.
152 Münster v. 23.11.1984 – 4 A 2496/82 – n.v.
153 Lüneburg DVBl. 1991, 1004; Münster NVwZ 1987, 727; a.A. Lüneburg OVGE 25, 375.
154 Lüneburg NuR 1990, 280.
155 BVerwGE 64, 238; 70, 208.
156 BVerwG NJW 1989, 1495.
157 Münster NWVBl. 1993, 23.
158 München KStZ 1991, 321.

abgabenrecht[159]; Zuweisung von Übertragungskapazitäten nach Landesmedienrecht[160] .
Sie **verneint:** Abwägungsbegriffe des § 1 Abs. 6 BauGB[161]; eingeschränkt verneint bei städtebaulichen Entwicklungsmaßnahmen[162]; Beeinträchtigung der Belange der Bundesrepublik gem. § 2 Abs. 2 S. 1 AuslG 1965[163]; Wohl der Allgemeinheit für Festsetzung eines Wasserschutzgebietes[164]; Erforderlichkeit der Abweichung von baurechtlichen Vorschriften nach § 37 Abs. 1 BauGB[165]; Zumutbarkeit von Fluglärm[166]; Interesse der ärztlichen Versorgung der Bevölkerung gem. § 10 BÄO[167]; Gefahr für die Volksgesundheit gem. § 2 Abs. 1 DVO HeilpraktikerG[168]; Bedürfnis für schulorganisatorische Maßnahmen nach § 8 nw. SchVG[169]; schwer wiegende Gründe der öffentlichen Sicherheit und Ordnung gem. § 11 Abs. 2 AuslG 1965[170]; »in größeren Zeitabständen wiederkehrende Veranstaltung« gem. § 68 Abs. 2 GewO[171].

23   5. VerwEntscheidungen, bei denen der Gesetzgeber die Letztverantwortung für die Ausfüllung eines Rechtsbegriffs, insbesondere aber für seine Anwendung wegen der **Komplexität der Fragestellungen** oder der **größeren Sachkompetenz** der Verwaltung inhaltlich wie in ihren Handlungsformen (Maßstäbe technischer Sicherheit) oder der **planerischen Zielsetzung** zugeordnet hat.
Die Rechtsprechung **bejaht:** Vorsorgebegriff in § 7 Abs. 2 Nr. 3 AtG[172]; schädliche Umwelteinwirkungen in § 5 BImSchG[173]; »Stand von Wissenschaft und Technik« in §§ 6 Abs. 2, 13 Abs. 1 und 16 Abs. 1 GenTG[174]; der Begriff der **Normkonkretisierung** durch VerwVorschriften und Regelwerke, aber auch schon weit darüber hinausgehend hat inzwischen starkes Eigenleben entfaltet[175] (vgl. Rn. 25). Es spricht viel dafür, dass seine Grundsätze auch auf die Wertungen des § 12 UVP v. 12.2.1990 (BGBl. I S. 205) anzuwenden sein werden[176]; hierher gehört die umfangreiche Rechtsprechung zur Prüfung von planenden Entscheidungen, die hier nicht

---

159   BVerwG NVwZ 2002, 1132.
160   Mannheim VBlBW 2003, 317.
161   BVerwGE 34, 301; 62, 86.
162   NVwZ-RR 2003, 7.
163   BVerwGE 66, 30.
164   Mannheim DVBl. 1983, 638; a.A. München ZfW 1978, 295.
165   BVerwG Buchh. 406.11 § 37 Nr. 1; NuR 1991, 483.
166   BVerwGE 87, 332.
167   BVerwGE 65, 22.
168   BVerwGE 66, 371.
169   Münster NJW 1978, 829.
170   BVerwG DVBl. 1989, 716.
171   VG Hannover GewA 1988, 273.
172   Normkonkretisierung durch Richtlinien BVerwGE 72, 300; NVwZ 1989, 1169; UPR 1989, 44; VG Schleswig NJW 1980, 1296.
173   Normkonkretisierung durch TA Luft, BVerwG DVBl. 1988, 539; Münster DVBl. 1988, 152; NWVBl. 1990, 274; auch schon Lüneburg NVwZ 1985, 357.
174   BVerwG NVwZ 1999, 1232; Berlin NVwZ 1995, 1023; Hamburg ZUR 1995, 93; zum Ganzen Beaucamp DÖV 2002, 24.
175   Vgl. Wallerath NWVBl. 1989, 153; Kunert NVwZ 1989, 1018; Gerhardt NJW 1989, 2233; Jäde ZfBR 1992, 107; Ladeur DÖV 2000, 217.
176   Hierzu Soell-Dirnborger NVwZ 1990, 705 mit zahlreichen Belegen; Steinberg DVBl. 1990, 1369; offen gelassen durch BVerwG DVBl. 1995, 1012; bejahend Mayen NVwZ 1996, 326.

im Einzelnen aufgeführt werden kann[177]; die Identifizierung[178] oder Auswahl eines Vogelschutzgebietes von gemeinschaftlicher Bedeutung[179]. Für Entscheidungen der Regulierungsbehörde für Post- und Telekommunikation über Entgelte bejaht VG Köln[180] eine Beurteilungsermächtigung[181]. Sie **verneint**: Abwägungsbegriffe des § 1 Abs. 6 BauGB[182]; schädliche Umwelteinwirkungen[183]; Beurteilung des Straßenlärmes anhand von DIN-Normen[184]; Genehmigung von Gleitklauseln nach § 3 Abs. 2 WährG[185]; Körentscheidungen nach TierzuchtG 1976[186]; Gleichwertigkeit der Medizinerausbildung nach § 3 Abs. 2 S. 1 Nr. 1 BÄO[187]; Qualität von Wein[188].

6. Politische Entscheidungen. Darüber hinausgehend anerkennt die Recht- **23a**
sprechung auch eine auf politischen Entscheidungen beruhende Beurteilungsermächtigung, so z.B. für die Festlegung von militärischen Tiefflügen unterhalb der in der Luftverkehrsordnung vorgeschriebenen Sicherheitsmindesthöhe[189]. In diesem Kontext gehört auch die organisatorische Gestaltungsfreiheit bei der Strukturierung der Exekutive innerhalb ihres eigenen Bereiches, z.B. die Zuordnung von Planstellen[190].

VI. Grenzen der Kontrolldichte

Eine allgemeine **Bestimmung der Grenzen richterlicher Kontrolldichte** für **24**
alle Fallgruppen ist schwierig. Denn wenn diese Grenzen einzelnen Normen materieller Fachgesetze entnommen werden, haben sie sich daran zu orientieren. Man wird auch feststellen müssen, dass die Rechtsprechung in den einzelnen Fachbereichen zunehmend eigene Wege ohne viel Bezug auf die anderen Bereiche geht, sodass sich selbstständige Teilprozessordnungen herauszubilden scheinen, wie dies schon zum Aussetzungsverfahren deutlich geworden ist. Immerhin lassen sich doch folgende allgemeine Grundsätze nennen (hierzu besonders auch Maunz/Schmidt-Aßmann Rn. 180 ff. zu Art. 19 Abs. 4 GG):

1. Normkonkretisierende Verwaltungsvorschrift. Bisher wird grundsätzlich **25**
die **Begrenzung** auf die **Subsumtion des Einzelfalles** bezogen. Die Auslegung der für die Einzelfallentscheidung wesentlichen Rechtsbegriffe soll dagegen weiterhin der uneingeschränkten richterlichen Festlegung unterlie-

---

177 Beispielhaft werden BVerwG DVBl. 1987, 573 mit einer umfangreichen Zusammenfassung aller wesentlichen Überlegungen und BVerwG 72, 38 mit dem zu freilich sehr komplizierten Ergebnissen führenden Versuch einer systematischen Begründung genannt; zum planerischen Gestaltungsermessen (!) im Flurbereinigungsrecht BVerwG AgrarR 1990, 28.
178 BVerwGE 117, 149.
179 BVerwGE 107, 1; E 112, 140; U. v. 27.2.2003 – 4 A 59/01, juris.
180 U. v. 13.2.2003 – 1 K 8003/98; a.A. von Danwitz DVBl. 2003, 1405.
181 Allgemein zum Problemkreis staatlicher Genehmigung privater Entgelte Cromme DVBl. 2001, 757.
182 BVerwGE 34, 301; 62, 86.
183 BVerwGE 55, 253; Münster DVBl. 1976, 790; inzwischen wohl überholt.
184 BVerwG DVBl. 1987, 907.
185 BVerwGE 41, 1.
186 BVerwG DVBl. 1991, 46.
187 BVerwGE 92, 88.
188 BVerwGE 94, 307.
189 BVerwGE 97, 203.
190 Kassel NVwZ-RR 1998, 446.

gen. Dieser Grundsatz wird in BVerwGE 72, 300 durchbrochen. Dieser Ansatz wird vom BVerwG fortgeführt[191], wobei die gerichtliche Kontrolle sich auch auf die Beachtung der gesetzlichen Wertung durch die **normkonkretisierende Verwaltungsvorschrift** erstreckt[192] (vgl. § 42 Rn. 149; § 86 Rn. 11). Sendler[193] weist auf die gleich gelagerte Rechtsprechung zu den beamtenrechtlichen Beihilfevorschriften hin. Vgl. i.Ü. Rn. 23. Je mehr sich dieser Ansatz durchsetzt, umso stärker wird das Verfahren der Entstehung solcher Konkretisierung oder Interpretation sowohl personell wie verfahrensmäßig der gerichtlichen Kontrolle bedürfen. BVerwGE 72, 300, 320 deutet dies an, BVerwGE 107, 338 setzt diese verdichtete Kontrolle unter dem Stichwort: Voraussetzungen einer normkonkretisierenden Wirkung einer Verwaltungsvorschrift um. Bei der Auslegung der normkonkretisierenden Verwaltungsvorschrift kommt der Entstehungsgeschichte im Zweifel mehr Gewicht zu, als dies regelmäßig bei Rechtsnormen der Fall ist[194]. Zur Bindungswirkung normkonkretisierender Verwaltungsvorschriften vgl. Hendler DÖV 1998, 488.

26 **2. Begründungspflicht der Verwaltung. Die VerwEntscheidung muss erläutern,** von welchem Begriffsinhalt sie ausgeht und warum sie den konkreten Fall entsprechend subsumiert hat. An die Erläuterungspflicht sind strenge Anforderungen zu stellen[195]. Sie ist im Grunde Voraussetzung für die Anerkennung einer Beurteilungsermächtigung; denn nur anhand der Begründung kann das Gericht erkennen, ob die Behörde von zutreffenden Sachverhaltsfeststellungen ausgegangen ist, warum sie zu ihrer Subsumtion gekommen ist und ob diese als plausibel anerkannt werden kann. Mit der Änderung des VwVfG des Bundes und nach Anpassung der VwVfG der Länder ist das Nachholen der Begründung während des gesamten Verwaltungsprozesses zulässig. Da § 39 VwVfG für Prüfungsentscheidungen nicht anwendbar ist (§ 2 Abs. 3 Nr. 2 VwVfG), wurde früher von den Verwaltungsgerichten auf eine entsprechende Erläuterung im VerwVerfahren verzichtet. Das BVerwG[196] hat unter dem Eindruck der Rechtsprechung des BVerfG diese Auffassung aufgegeben und fordert jetzt, dass die Prüfer die Bewertung einer schriftlichen Aufsichtsarbeit schriftlich begründen. Erläutert werden muss auch der Abwägungsvorgang im Bereich des Planrechts. Auch dessen Begründung kann nach § 45 Abs. 2 VwVfG des Bundes – soweit anwendbar – im verwaltungsgerichtlichen Verfahren nachgeholt werden. Abwägungserwägungen können ergänzt werden (§ 114 S. 2), wenn nicht ihr Fehlen nach dem einschlägigen Fachplanungsrecht unbeachtlich ist (Rn. 10c a.E.).

27 **3. Überprüfung tatsächlicher Feststellungen.** Soweit die Entscheidung auf **tatsächlichen Feststellungen** beruht, stehen diese grundsätzlich zur vollen Überprüfung des Gerichts. Insoweit ist die Prozesssituation nicht anders als bei der Prüfung von Ermessensentscheidungen[197]. Anders nur, wenn die tatsächlichen Feststellungen ausnahmsweise auf Wertungen beruhen, die nach dem materiellen Recht allein der Exekutive zugewiesen sind[198].

---

191 UPR 1995, 196; zur dogmatischen Herleitung Uerpmann BayVBl. 2000, 705.
192 BVerwG UPR 1996, 307.
193 UPR 1993, 321; aufgegriffen zuletzt von BVerwG NVwZ 2000, 440.
194 BVerwG NVwZ 2000, 440.
195 BVerwGE 39, 204; NJW 1987, 1429 f.; Mannheim DÖV 1997, 694.
196 DÖV 1993, 480.
197 BVerwG NVwZ 1988, 836.
198 BVerwGE 99, 355.

Erweisen sich die Feststellungen als unzutreffend, muss die Entscheidung aufgehoben werden, weil das Gericht nicht von sich aus auf Grund des geänderten Sachverhalts beurteilen darf. Dabei hat das Gericht aber die Unrichtigkeit der tatsächlichen Entscheidungsgrundlagen festzustellen. Es kann sich nicht mit der Feststellung von ihm angenommener Unvollständigkeit oder Unzulänglichkeit der Sachverhaltsaufklärung der Verw begnügen[199] (vgl. auch § 86 Rn. 8[200]). Insoweit muss deshalb Spruchreife herbeigeführt werden. Ist der fehlerhaft festgestellte Sachverhalt tatsächlich ohne Einfluss auf die Behördenentscheidung geblieben oder kann aus rechtlichen Gründen auch ein korrigierter Sachverhalt nicht zu einem anderen Entscheidungsergebnis führen, soll der Sachverhaltsirrtum rechtlich unerheblich sein und nicht zur Rechtswidrigkeit der behördlichen Entscheidung führen[201]. Zur Abgrenzung zwischen Tatsachen und Wertungen bei dienstlichen Beurteilungen BVerwGE 60, 245 ff.[202]; bei Prüfungsentscheidungen BVerwG DVBl. 1985, 1082[203]. Die Beurteilung, zu der die Verwaltung ermächtigt ist, muss von der zuständigen Behörde selbst vorgenommen werden, sie darf sie nicht auf Dritte übertragen; sie kann Dritte lediglich als Sachverständige hinzuziehen[204].

4. Überprüfung einer Prognoseentscheidung. Beruht die Entscheidung in **28** ihren tatsächlichen Grundlagen auf der **Einschätzung zukünftiger Entwicklungen,** müssen also in der Zukunft liegende Tatsachen berücksichtigt werden, so beschränkt sich die gerichtliche Prüfung darauf, ob die Behörde von zutreffenden Werten, Daten und Zahlen ausgegangen ist und ob sie sich einer wissenschaftlich anerkannten Berechnungsmethode bedient hat[205]. Berührt die Entscheidung auch Grundrechtspositionen eines Beteiligten, über die die Behörde zuteilend und exklusiv für ihr Zuständigkeitsgebiet entscheidet, hat das Gericht die Bedeutung des Verhältnismäßigkeitsgrundsatzes zu überprüfen[206].

5. Überprüfung des Verwaltungsverfahrens. Die Einhaltung aller **Bestim- 29 mungen über das Verfahren,** in dem die Entscheidung zu Stande gekommen ist, ist voll zu prüfen[207]. Je geringer die Kontrolldichte in der Sache ist, umso notwendiger ist der verfahrensrechtliche Schutz des Bürgers. Dem rechtlichen Gehör kommt dabei besondere Bedeutung zu[208]. Verfahrensfehler können deshalb zur Rechtswidrigkeit der Entscheidung führen, wenn sie nicht nach § 45 VwVfG ausgeräumt werden können[209]. Freilich muss die Entscheidung hierauf beruhen können (§ 46 VwVfG). Es ist für keinen Beteiligten viel damit gewonnen, die Entscheidung an Verfahrens-

---

199 BVerwGE 77, 75.
200 Auch BVerwGE 62, 330; 72, 38 ff. machen dies deutlich, a.A. möglicherweise BVerwG DVBl. 1988, 148.
201 BVerwG NVwZ 1998, 636; zur Abgrenzung BVerwG BayVBl. 2000, 120.
202 Sowie Günther ZBR 1984, 353.
203 Vgl. weiter Niehues Rn. 335.
204 BVerwG ZBR 1989, 173; München GewA 1990, 417.
205 BVerwGE 62, 86; 72, 49; 82, 295.
206 Mannheim VBlBW 2003, 317.
207 BVerwGE 99, 355.
208 Beispielhaft Münster NVwZ-RR 1989, 614, wenn auch im Zusammenhang mit § 46 VwVfG.
209 Für Prüfungsentscheidungen BVerfG NJW 1993, 917; Mannheim DVBl. 1992, 1055; Kassel DVBl. 1992, 1056; Münster NWVBl. 1992, 66; DVBl. 1992, 1056.

fehlern scheitern zu lassen, die ohne Schwierigkeiten im 2. Verfahrensgang mit dem gleichen Ergebnis ausgeräumt werden können.

30   6. **Planungsrecht.** Für den gesamten Bereich des **Planungsrechts** hat die Rechtsprechung ein Geflecht von Kontrollschritten entwickelt, die in die Prüfung des Abwägungsgebotes münden. Sie sind besonders in den Entscheidungen BVerwGE 34, 301; 45, 309; 48, 56; 56, 110; 72, 15 ausgeführt und in der umfangreichen Entscheidung v. 5.12.1986[210] zusammenfassend dargestellt worden. Aus neuerer Zeit vgl. BVerwGE 100, 370. Hierauf muss an dieser Stelle verwiesen werden (im Fachplanungsrecht wird die richterliche Kontrolldichte zunehmend eingeengt, vgl. Rn. 10c a.E.). Im Ansatz enger und eine stärkere Kontrolldichte betonend BVerwGE 62, 86; 72, 38 zur Krankenhausplanung.

31   7. **Allgemeine Plausibilitätskontrolle.** Die **Sachentscheidung selbst** darf nicht auf sachfremden Erwägungen beruhen, die Willkürgrenze ist vom Gericht in jedem Fall zu überprüfen[211]. Im Übrigen beschränkt sich die Kontrolle darauf, ob die Verw in der Entscheidung von einem sich aus den Rechtsbegriffen ergebenden zutreffenden Beurteilungsmaßstab ausgegangen, die verfassungsrechtlichen Bindungen eingehalten und allgemeine Bewertungsgrundsätze beachtet hat. Für diese Prüfung ist der Begriff der **Plausibilitätskontrolle** kennzeichnend. Dass dabei durchaus Grenzen der Beurteilungsermächtigung erkannt und ihre Verletzung gerichtlich beanstandet werden können, lehren etwa die Entscheidungen des BVerwG[212].

32   8. **Selbstbindung.** Ob eine **Selbstbindung** der Verw wie bei Ermessensentscheidungen möglich ist[213], erscheint zweifelhaft, weil sie ein Wahlrecht der Behörde voraussetzt, das hier nicht besteht.

VII. Abgeleitete Normen

33   Ob die Ergebnisse der Lehren von der Beurteilungsermächtigung und ihrer Folgen für die richterliche Kontrolldichte auch auf die Prüfung übernommen werden können, wieweit **abgeleitetes Recht** von der **gesetzlichen Ermächtigung** gedeckt ist, haben Rechtspr. und Schrifttum bisher nicht geklärt. In der Rspr. des BVerwG[214] scheint dies der Fall zu sein, auch die planüberprüfende Rspr. unterscheidet kaum danach, ob der Plan als Satzung oder als VA erlassen wird. Begriffe wie »Bedürfnis«, »öffentliches Interesse«, »Gemeinwohl« oder »angemessen« dürften auf ihre Einhaltung in der Regel nur ähnlich begrenzt kontrolliert werden können, auch wenn hier im Bereich der Legislative besser von einer – begrenzten – **Gestaltungsfreiheit** gesprochen werden sollte[215]. Franssen[216] weist zutreffend darauf hin, dass die gerichtliche Kontrolle im Immissionsschutzrecht kaum da-

---

210   BVerwGE 75, 214.

211   BVerwGE 39, 197; Buchh. 451.11 Nr. 4; BVerwGE 72, 38, 54; 72, 300, 321.

212   NVwZ 1987, 977 (Heranziehung eines unzulässigen Prüfungsstoffes) und NJW 1987, 1434 (schlechthin unhaltbare ethisch-pädagogische Würdigung einer Schrift durch die Bundesprüfstelle).

213   Dies bejaht Münster NWVBl. 1997, 274.

214   BVerwGE 57, 112; 70, 318, 346; NJW 1989, 181.

215   Vgl. auch Münster NJW 1977, 164; VerfGH NW OVGE 25, 310; VerfGH RhPf. 1969, 799; StGH BW ESVGH 23, 1; Mannheim AgrarR 1983, 247.

216   Zeidler-Festschrift, 1987 S. 454.

nach unterschiedlich determiniert sein dürfte, ob der Begriff »schädliche Umwelteinwirkung« durch eine VO nach § 7 Abs. 1 Nr. 3 oder eine Verw-Vorschrift nach § 48 Abs. 1 Nr. 2 BImSchG konkretisiert worden sei. Das BVerfG hat die von ihm an sich zu VA judizierten Grundsätze auch auf eine VO angewandt[217].

VIII. Neuere Rechtsprechung des BVerfG

Die vorstehend dargestellten Überlegungen haben durch eine Reihe in der **34** zitierten Rechtsprechung bereits herangezogene Entscheidungen zu einer umfangreichen Behandlung in der Literatur geführt. Es handelt sich besonders um die **Entscheidungen des BVerfG** zur Überprüfung von Indizierungen nach dem GjS[218]; zur Gerichtskontrolle von berufsbezogenen Prüfungen[219]; zur Überprüfung von Kapazitätsbegrenzungen an Hochschulen[220] und zur Anerkennung eines »besonderen pädagogischen Interesses« nach Art. 7 Abs. 5 GG[221]. Neben der oben (Rn. 18) genannten Literatur sind innerhalb von wenigen Jahren eine Fülle neuer Beiträge erschienen. Aber auch die Rechtsprechung hat mindestens in den Bereichen, zu denen das BVerfG sich konkret geäußert hat, hieraus Folgerungen gezogen. Die **Judikatur** ist vorstehend bereits benannt. Aus der **Literatur** seien aufgezählt: Starck, Sendler-Festschrift S. 167 ff.; Herdegen JZ 1991, 747 ff.; Wahl NVwZ 1991, 409 ff.; Pietzcker JZ 1991, 1084; Geis NVwZ 1992, 25 ff.; Scherzberg NVwZ 1992, 31; Redeker NVwZ 1992, 305 ff.; Würkner NVwZ 1992, 309 ff.; Brehm/Zimmerling NVwZ 1992, 340 ff.; Rozek NVwZ 1992, 343 ff.; Muckel NVwZ 1992, 348 ff.; König VerwA 1992, 351 ff.; Erbguth DVBl. 1992, 398 ff.; Ladeur NuR 1992, 254 ff.; Seebass NVwZ 1992, 609 ff.; Hoppe DVBl. 1992, 853 ff.; Herzog NJW 1992, 601 ff.; Czermak NJW 1992, 2612 f.; Di Fabio DVBl. 1992, 1338 ff.; Reidt DÖV 1992, 916 ff.; Wolf DÖV 1992, 849 ff.; Redeker DÖV 1993, 10 ff.; Geis DÖV 1993, 22 ff.; von Mutius/Sperlich DÖV 1993, 45 ff.; Tettinger DÖV 1993, 243; Ossenbühl, Redeker-Festschrift S. 55 ff.; Salzwedel, Redeker-Festschrift S. 421 ff.; Wimmer, Redeker-Festschrift S. 531 ff.; Schmidt-Aßmann/Gross NVwZ 1993, 617; Würkner/Kerst-Würkner NVwZ 1993, 641 ff.; Becker NVwZ 1993, 1129; Ewer NVwZ 1994, 140; Hohmann NVwZ 1995, 70; Hufen NJW 1994, 2913; Czermack BRAK-Mitt. 1995, 56; Sendler NJW 1994, 1518; ders. DVBl. 1994, 1089; Sieckmann DVBl. 1997, 101.

1. Reaktion der Fachgerichte. Das ungewöhnlich breite, inhaltlich weitge- **35** hend kontroverse Echo auf die Rechtsprechung des BVerfG ist einmal schon wegen des Ranges seiner Judikatur und ihrer Bindungswirkung verständlich, zum anderen zeigt es die **Bedeutung der Fragestellung** selbst. Es geht nicht nur um das Verhältnis zwischen Exekutive und Judikative und den Versuch einer beiderseits sinnvoll erscheinenden Grenzziehung. Es geht auch in der alltäglichen Praxis darum, mit welchen Kontrollmaßstäben Bürger und Verwaltung im konkreten Rechtsfall rechnen müssen, danach aber bestimmen sich Prozessaussichten und Vorhersehbarkeit, ebenso wie

---

217 BVerfG E 85, 36.
218 E 83, 130; darauf antwortend BVerwG NJW 1993, 1490, 1491, 1492.
219 E 84, 34; 84, 59; NVwZ 1992, 55; NVwZ 1992, 567; darauf antwortend BVerwG NVwZ 1993, 677, 681, 686, 689; DVBl. 1992, 1043.
220 BVerfGE 85, 36; vgl. Hamburg NordÖR 2000, 158.
221 BVerfGE 88, 40; vgl. Kassel NVwZ-RR 2000, 157.

zuvor das VerwVerfahren. Das Echo beruht aber auch darauf, dass das BVerfG in seinen Entscheidungen sehr unterschiedlich und nicht selten geradezu »dunkel« argumentiert. Nicht von ungefähr werden aus den Entscheidungen ganz verschiedene Konsequenzen gezogen. Das BVerwG etwa hat in Verfolg von BVerfGE 83, 130 zur **Indizierung nach dem GjS** zwar die Feststellung, ob das indizierte Medium Kunst sei, der vollen gerichtlichen Überprüfung unterworfen, in der Frage, ob Jugendgefährdung anzunehmen ist, der Prüfstelle die Stellung eines Sachverständigen zugebilligt, bei der Abwägung, ob die Jugendgefährdung überwiege, aber der Prüfstelle einen »Entscheidungsvorrang« eingeräumt und schließlich eine solche Abwägung entgegen früherer Rechtsprechung[222] auch bei schlichter Jugendgefährdung eröffnet[223]; die Literatur hatte eigentlich das Gegenteil erwartet. Zu den **Prüfungsentscheidungen** hat das BVerwG bisher in erster Linie verfahrensrechtliche Folgerungen gezogen[224] (vgl. § 42 Rn. 116a). Es bejaht die Pflicht der Prüfer, ihre Bewertung schriftlicher Arbeiten schriftlich zu begründen[225], eine hier schon immer erhobene Forderung, weil jede Plausibilitätskontrolle die Begründung der streitigen Bewertung – und zwar nicht erst von anderen Personen im Prozess – voraussetzt. Jetzt ist sie umso erforderlicher, als das BVerwG den **Anspruch** des Prüflings auf ein »**Überdenken**« seiner Leistung in den Mittelpunkt seiner Entscheidungen stellt[226]. Die Ausgestaltung solchen »Überdenkens« hat der Gesetzgeber zu regeln, das Widerspruchsverfahren nach §§ 68 ff. kann bei entsprechender Handhabung hierfür in Frage kommen. Fehlt eine solche Regelung, ist ein »Überdenken-Verfahren« für eine Übergangszeit ohne sie durchzuführen[227]. Sind bereits Gerichtsverfahren anhängig, so kann der Kläger die Aussetzung gemäß § 94 verlangen, um das Verfahren durchzuführen. Er ist hierüber vom Gericht zu belehren. Dass eine **Bewertung fehlerhaft** ist, wenn die **Leistung vertretbar,** dennoch aber missbilligt ist, stellt das BVerwG[228] ausdrücklich fest; die Prüfungsentscheidung ist dann als rechtswidrig aufzuheben. Zu solcher Feststellung kann sich das Gericht eines Sachverständigen zur Beratung bedienen. Ob nicht notwendig auch die Bewertung einer mündlichen Prüfung und des Ergebnisses der Prüfung insgesamt schriftlich – nicht erst im Prozess, weil zum »Überdenken« zu spät – zu begründen ist, sollte geklärt werden, Prüfungsentscheidungen sollen auf rationalen, damit aber belegbaren Erwägungen beruhen[229]. Dass im Übrigen die Vertretbarkeit einer Meinung auch ähnliche Erkenntnisprobleme aufwerfen kann wie das Urteil über ihre Richtigkeit, wird man in den einzelnen Wissenschaften sehr unterschiedlich beurteilen.

Die Kommentierung gibt keinen Raum, sich mit Rechtsprechung und Literatur weiter im Einzelnen auseinander zu setzen. Es können nur die folgenden kurzen Bemerkungen gemacht werden:

36 2. **Systematik.** Es ist mehr eine Frage der begrifflichen und dogmatischen Einordnung, ob man die oben dargelegte Trennung von **Ermessen** und **unbestimmtem Rechtsbegriff mit Beurteilungsermächtigung** aufrechterhält oder – etwa unter dem Oberbegriff des »Spielraumes« – Ermessens- und

---

222 BVerwGE 77, 75.
223 E 91, 211; 217, 223.
224 Vgl. dazu Michaelis VBlBW 1997, 441.
225 NVwZ 1993, 677.
226 E 92, 132.
227 Vgl. Mannheim DVBl. 1995, 1356; Münster DVBl. 1996, 446.
228 NVwZ 1993, 686.
229 Hierzu, freilich noch weiter gehend, Wimmer, Redeker-Festschrift S. 531.

Beurteilungsspielräume als graduell, aber nicht prinzipiell unterschiedliche letztverantwortliche Handlungsformen der Exekutive versteht. Starck[230] und Herdegen[231] haben einer prinzipiellen Trennung widersprochen, Schmidt-Aßmann/Gross[232] scheinen dem folgen zu wollen. Das BVerfG hat hierzu keine Hinweise gegeben.

3. Grundrechtliche Ableitung. Das BVerfG hat die **Verdichtung** der Kon- **37** trolle in BVerfGE 83, 130 und 84, 34, 59 aus der **Grundrechtsbezogenheit** der streitigen VA (Art. 5, Art. 12) hergeleitet. Ob dieser Ansatz mehr als punktuelle Bedeutung hat, ist zweifelhaft. Denn grundrechtsbezogen sind fast alle nicht begünstigenden VA; Bedeutung für die Kontrolldichte könnte diese Bezogenheit nur gewinnen, wenn es auf die Intensität des Eingriffs ankäme, was das Gericht auch anklingen lässt. Aber damit geht schon für das Gerichtsverfahren die Voraussehbarkeit verloren, außerdem ist eine rationale Ableitung dieser These kaum möglich[233]. Das BVerfG hat in E 88, 40 diesen Ansatz nur noch am Rande erwähnt. Dass auch bei diesem Ansatz Beurteilungsermächtigungsbereiche vom BVerfG anerkannt worden sind, sei erwähnt.

4. Ableitung aus Art. 19 Abs. 4 GG. Eine **überzeugendere Begründung** für **38** die Begrenzung von Beurteilungsermächtigungen findet sich in BVerfGE 88, 40. Schmidt-Aßmann/Gross[234] haben die Überlegungen, die sie der Entscheidung entnehmen zu können glauben, zusammengestellt; ihnen kann sicher gefolgt werden. Im Mittelpunkt steht nicht ein einzelnes Grundrecht, sondern **Art. 19 Abs. 4 GG.** Die Bestimmung setzt die zu schützenden Rechte voraus, das gilt auch für die Ausgestaltung des Gerichtsverfahrens. Für sie gilt der Grundsatz der Effektivität des Rechtsschutzes. Aber von der Regel der damit verbundenen Vollkontrolle kann der Gesetzgeber Ausnahmen machen. Die **Begrenzung** der **Kontrolldichte** bedarf solcher **normativer Ermächtigung.** Solche Ermächtigungen, deren verfassungsrechtliche Zulässigkeit begrenzt ist, sind selten ausdrücklich ausgesprochen; sie müssen der Norm durch Auslegung entnommen werden. Ossenbühl[235] hält dies übrigens für einen Irrweg, weil damit dem Richter die Kompetenz-Kompetenz zugeschoben werde; er plädiert weiter für den funktionell-rechtlichen Ansatz. Geht man von der normativen Ermächtigung aus, so kann dies bedeuten, dass sich an der bisherigen Rechtsprechung nicht allzu viel ändert; denn sie ist in der Regel hierauf aufgebaut.

5. Sachverständige. Die Entscheidungen des BVerfG weisen vielfach darauf **39** hin, dass das Gericht mit Hilfe von **Sachverständigen** mehr überprüfen könne, als die Rechtsprechung annehme. Dabei scheint das Gericht aber an eine andere Aufgabe des Sachverständigen zu denken, als sie herkömmlicher Praxis entspricht. Er soll nicht über die »Richtigkeit« der einem VA zu Grunde liegenden Tatsachenfeststellungen und Wertungen befinden, sondern über ihre Vertretbarkeit; er soll nicht die Bewertung der Verwaltung substituieren, sondern das Gericht beraten, ob für die Bewertung

---

230 Sendler-Festschrift S. 167 ff.
231 JZ 1991, 747 ff.
232 NVwZ 1993, 617.
233 Vgl. Schmidt-Aßmann/Gross NVwZ 1993, 617; Redeker NVwZ 1992, 405.
234 NVwZ 1993, 617 ff.
235 Redeker-Festschrift S. 55 ff.

»gute Gründe« sprechen. Der Gedanke ist nicht neu[236]. Schmidt-Aßmann/
Gross sprechen von einem »Diskursmodell« des BVerfG[237]. Ob es praktikabel ist, ob es bedeutet, dass letztlich die Verdichtung der Kontrolle nur
in einer stärkeren Absicherung der Sachverhalts- und Bewertungsgrundla-
gen des VA durch Einschaltung von Sachverständigen besteht – so könnte
auch Herzog[238] zu verstehen sein –, ob sich an der Beurteilungsermächtigung selbst, die immer eine Sachverhaltskontrolle einschloss (oben
Rn. 27), etwas ändert, ist noch nicht endgültig entschieden. Die Praxis der
VerwG geht dahin, die Beurteilungsermächtigung auch weiterhin, wenn
auch in eingeschränktem Rahmen, anzuerkennen. Wo die Grenze verläuft,
wird in jedem Sachgebiet unterschiedlich zu befinden sein. Die gerichtliche
Kontrolle wird aber wohl erst dort aufhören, wo die Funktionsgrenzen
der Rechtsprechung erreicht sind oder der Gesetzgeber eine Letztentschei-
dungskompetenz der Verwaltung normiert.

§ 115 [Klage gegen Widerspruchsbescheid]

**§§ 113 und 114 gelten entsprechend, wenn nach § 79 Abs. 1 Nr. 2 und Abs. 2
der Widerspruchsbescheid Gegenstand der Anfechtungsklage ist.**

1 Die Vorschrift bedarf keiner besonderen Erläuterung. Die zu §§ 113, 114
entwickelten Grundsätze sind auch dann anzuwenden, wenn nicht der ursprüngliche VA, sondern der Widerspruchsbescheid Gegenstand der Anfechtungsklage ist. Wann das der Fall sein kann, ergibt sich aus § 79. Die
Entscheidung kann hier stets nur in der Aufhebung des Widerspruchsbescheides und der Verpflichtung zur Neubescheidung entsprechend dem Urteil[1] oder der Klageabweisung bestehen.

§ 116 [Urteilsverkündung und -zustellung]

**(1) Das Urteil wird, wenn eine mündliche Verhandlung stattgefunden hat, in
der Regel in dem Termin, in dem die mündliche Verhandlung geschlossen
wird, verkündet, in besonderen Fällen in einem sofort anzuberaumenden Termin, der nicht über zwei Wochen hinaus angesetzt werden soll. Das Urteil
ist den Beteiligten zuzustellen.**

**(2) Statt der Verkündung ist die Zustellung des Urteils zulässig; dann ist das
Urteil binnen zwei Wochen nach der mündlichen Verhandlung der Geschäftsstelle zu übergeben.**

**(3) Entscheidet das Gericht ohne mündliche Verhandlung, so wird die Verkün-
dung durch Zustellung an die Beteiligten ersetzt.**

A. Entscheidungen auf Grund mündlicher Verhandlung

1 Wird auf Grund mündlicher Verhandlung entschieden, so sind **drei Formen
des Erlasses der Entscheidung** zulässig. Trotz des Wortlautes des § 116
Abs. 1 stehen die drei Formen des Urteilserlasses in § 116 Abs. 1 und

---

236 Vgl. BVerwG NVwZ-RR 1996, 118 ff.
237 Der Gedanke wird fortgeführt bei Schmidt-Aßmann DVBl. 1997, 281.
238 NJW 1992, 601 ff.
1 Bremen NJW 1965, 1619.

Abs. 2 gleichrangig nebeneinander[1], es ist also dem Gericht überlassen, ob es die sofortige oder die Verkündung an anderem Tag oder durch Zustellung wählt.

I. Verkündung im Termin

Verkündung unmittelbar im Anschluss an die mündliche Verhandlung oder   **1a**
im Verlauf der Sitzung[2], in der die mündliche Verhandlung geschlossen worden ist. Inhalt und Umfang der Verkündung richten sich nach § 311 ZPO. Die Verkündung kann auch von anderen Richtern als denen vorgenommen werden, die bei der Entscheidung mitgewirkt haben (§ 112 Rn. 1a).

II. Verkündung in einem besonderen Verkündungstermin

Dieser Termin wird am Schluss der mündlichen Verhandlung durch Beschluss anberaumt, nicht durch bloße Verfügung. Er soll nicht über zwei   **2**
Wochen hinaus angesetzt werden. Geschieht dies doch, liegt in der Regel ein Verfahrensfehler vor, weil eine gesetzliche Vermutung besteht, dass nur innerhalb der auch in Abs. 2 normierten Zwei-Wochen-Frist der notwendige Zusammenhang zwischen mündlicher Verhandlung und Urteilsfällung besteht[3]. Die Verkündung im besonderen Termin soll nach dem Wortlaut des § 116 auf besondere Fälle beschränkt bleiben. Die Erfordernisse der Praxis gebieten eine weite Auslegung, damit das Gericht die in der mündlichen Verhandlung erörterten tatsächlichen oder rechtlichen Umstände hinreichend prüfen kann[4]. Wird der Verkündungstermin nicht ordnungsgemäß bekannt gegeben, so bleibt die Verkündung wirksam[5]. Es liegt aber ein Verfahrensfehler vor, der in Ausnahmefällen das Rechtsmittel begründet, wenn das Urteil hierauf beruhen kann.

III. Erlass der Entscheidung durch Zustellung

Der Erlass durch Zustellung muss in der mündlichen Verhandlung verkündet werden[6]. Von dieser Möglichkeit kann im Interesse einer Auswertung   **3**
der mündlichen Verhandlung weiterzig Gebrauch gemacht werden, wenn das Urteil binnen 2 Wochen nach der mündlichen Verhandlung der Geschäftsstelle übergeben wird (Art. 6 EMRK, soweit er überhaupt verwaltungsgerichtliche Verfahren erfasst – Asylverfahren fallen nicht unter Art. 6 EMRK[7] – steht nicht entgegen[8]). Hierfür genügt in entsprechender Anwendung des § 117 Abs. 4 S. 2 die Übergabe der unterschriebenen Ur-

---

1   BVerwG Buchh. 310 § 117 Nr. 28.
2   BVerwGE 20, 140.
3   BVerwG NVwZ 1998, 1176; a.A. bis zur 12. Aufl.; Eyermann/J. Schmidt Rn. 3.
4   Eyermann/J. Schmidt Rn. 4; a.A. Sodan/Kilian Rn. 12 f.; unklar Bader/Kuntze Rn. 4.
5   Str.; wie hier BGHZ 10, 327; 14, 39; Schoch/Clausing Rn. 8; Eyermann/J. Schmidt Rn. 7; a.A. Scheinurteil, die Verkündung muss wiederholt werden BGHZ 10, 346.
6   BVerwG NJW 1976, 124; BGHZ 14, 39.
7   Greifswald NVwZ 1998, 1100.
8   A.A. Lippold NVwZ 1996, 137; zweifelnd auch Schoch/Clausing Rn. 9; Bader/Kuntze Rn. 8; zum Problem Ruthig NVwZ 1997, 1188.

teilsformel[9]. Die **Übergabepflicht** ist keine Soll-Vorschrift, sondern bindend. Ihre **Verletzung** ist deshalb ein **Verfahrensmangel**, auf dem das Urteil in der Regel auch beruht[10]. Ein Gehörsverstoß ist darin aber nicht automatisch zu sehen[11]. Das ergibt sich schon aus der unterschiedlichen Fassung des § 116 Abs. 2 gegenüber § 116 Abs. 1 S. 1, ebenso aus dem Wortlaut des § 117 Abs. 4 S. 2; entspricht aber auch dem Gesetzeszweck, denn durch die Bestimmung soll erreicht werden, dass die Entscheidung auf jeden Fall innerhalb von 2 Wochen nach der mündlichen Verhandlung abschließend beraten und entschieden wird, zwischen mündlicher Verhandlung und Beratung also ein zeitlicher Zusammenhang besteht, der die Auswertung der mündlichen Verhandlung in der Beratung sicherstellt (**Rechtsschutzfunktion**[12]). Den Beteiligten ist auf Anfrage von der übergebenen Entscheidung Mitteilung zu machen[13]. Zuzustellen (§ 56) ist das vollständige Urteil.

B. Entscheidung ohne mündliche Verhandlung

4 Haben die Beteiligten auf die mündliche Verhandlung verzichtet (§ 101 Abs. 2), so tritt an die Stelle der Verkündung stets die Zustellung, deren Mangelhaftigkeit nicht ohne weiteres zur Unwirksamkeit der Entscheidung führt[14]. Fristen zur Übergabe des Urteils bestehen hier nicht[15]. Das Gleiche gilt für den GerBescheid (§ 84) und entsprechende Entscheidungen des Vorsitzenden oder Berichterstatters nach § 87a Abs. 2.

C. Zeitpunkt der Wirksamkeit des Urteils

5 Rechtsprechung und Lehre unterscheiden zwischen der **Urteilsfällung**, das ist die Festlegung der Entscheidung in der Beratung (§ 112), dem **Erlass** der Entscheidung, das ist ihr Wirksamwerden mit der Bindungsfolge nach § 318 ZPO und schließlich der **Zustellung** der Entscheidung. Diese einzelnen Stationen der Entscheidung können z.T. zusammenfallen. Ihre Klärung ist sowohl für die Feststellung der Wirksamkeit wie für die Berechnung der Rechtsmittelfristen wesentlich.

---

9   BVerwGE 38, 220; 39, 51; Mannheim NJW 1974, 1399 verlangt förmliche Anordnung der Bekanntgabe und Beurkundung des Zeitpunkts der Übergabe, wohl zwingende Folge aus BVerwGE 39, 51.
10 BVerwG NVwZ 1998, 1176; vgl. Koblenz IBR 2003, 450.
11 BVerwG Buchh. 448.0 § 3 WPflG Nr. 21.
12 BVerwGE 39, 51; NJW 1986, 1004; NVwZ 1998, 1176; Kopp/Schenke Rn. 12.
13 BVerwGE 38, 220.
14 BVerwG NVwZ 1999, 183.
15 BVerwG NVwZ-RR 2003, 460.

I. Verkündung

Wird das Urteil verkündet, so ist es mit dem Ende der Verkündung wirk- **6** sam erlassen. Verkündet wird gem. § 311 ZPO durch Verlesung der Urteilsformel. Bis zum Abschluss der Verlesung kann das Urteil noch geändert werden. Ob das Gericht die Gründe ganz, in ihrem wesentlichen Inhalt oder überhaupt nicht vorträgt, steht in seinem Ermessen. Maßgeblich für das Urteil ist bei Widerspruch zwischen mündlichem Vortrag und schriftlichen Gründen stets die schriftliche Begründung. Während nach der Urteilsfällung, aber vor der Verkündung die Entscheidung noch geändert werden kann, wird sie mit dem Abschluss der Verkündung für die Instanz unabänderlich[16], soweit nicht berichtigt oder ergänzt werden kann (§§ 118 bis 120). Die Verkündung ist gem. § 117 Abs. 5 auf dem Urteil zu vermerken. Nach der Verkündung ist das Urteil jedem Beteiligten zuzustellen. Das Original bleibt in den Akten, die Beteiligten erhalten Ausfertigungen. Die Zustellung setzt die Rechtsmittelfristen in Lauf (§ 57), die für jeden Beteiligten vom Datum der an ihn erfolgten Zustellung ab zu berechnen sind, also an verschiedenen Tagen ablaufen können.

II. Zustellung

In den Fällen des § 116 Abs. 2 und 3 ist zu differenzieren. Im Fall des **7** § 116 Abs. 2 wird das Urteil mit der Übergabe des von den an der Urteilsfällung beteiligten Richtern unterschriebenen Urteils an die Geschäftsstelle wirksam und ist damit erlassen[17]. Es genügt der Urteilstenor[18]. Als Wirksamkeitsvoraussetzung hinzutreten soll die förmliche Verfügung der Übergabe an die Geschäftsstelle und der Vermerk des Urkundsbeamten über den Zeitpunkt der Übergabe[19]. Ab diesem Zeitpunkt kann ein Rechtsmittel eingelegt werden[20]. Den förmlich zugestellten bloßen Tenor, der der Geschäftsstelle nach § 116 Abs. 2 übergeben wurde, hält Kassel[21] für einen Urteilserlass.

Im Fall des § 116 Abs. 3 ersetzt die Zustellung die Verkündung. Hier fallen **8** Erlass und Zustellungsbeginn zusammen, das Urteil wird nicht schon mit der Unterzeichnung, die Zeitpunkt der Fällung des Urteils ist[22] oder der Übergabe an die Geschäftsstelle, sondern erst mit der Abgabe zur Post zwecks Zustellung wirksam[23]. Die bewusst vom Gericht veranlasste fernmündliche Mitteilung des hinterlegten Tenors an die Beteiligten ist der Abgabe zur Post gleichzustellen, führt also zur Wirksamkeit der Entscheidung[24] (vgl. Rn. 6 zu § 122). Das Gleiche gilt für die Telefax-Übermittlung

---

16 RGZ 90, 296.
17 BVerwG NVwZ 2001, 1150; a.A. Kassel NVwZ-RR 2002, 792, das erst mit der Zustellung das Urteil für erlassen hält; ebenso bis zur 13. Auflage; offen gelassen von Münster NVwZ-RR 2001, 409.
18 Weimar NVwZ 2000, 1308; Mannheim NVwZ-RR 2000, 125; Dolderer VBlBW 2000, 417.
19 München U. v. 19.5.2003 – 7 BV 02.2014.
20 Kassel NVwZ-RR 2002, 792.
21 NVwZ-RR 2001, 542.
22 BVerwG Buchh. 310 § 317 Nr. 28; Kassel DRiZ 1983, 234.
23 Kassel ESVGH 50, 239 (LS).
24 BVerwG Buchh. 310 § 130 Nr. 11; Münster DVBl. 1981, 692; München DVBl. 1997, 662.

der Entscheidung[25], wenn diese nicht überhaupt die Zustellung darstellt (vgl. § 56 Rn. 10b). Das Urteil ist regelmäßig mehreren Beteiligten zuzustellen. Maßgeblich für Wirksamkeit und Unabänderlichkeit ist die Abgabe zur ersten Zustellung an einen Beteiligten[26]. Die entgegenstehende Auffassung führt zur Unübersichtlichkeit der Rechtsmittelfristen. Denn diese können nicht schon vor der Wirksamkeit des Urteils beginnen, sodass die ersten Zustellungsempfänger nicht übersehen können, wann für sie die Frist tatsächlich abläuft. Tritt die Wirksamkeit des Urteils mit der ersten Zustellung ein, so ist dieser Zeitpunkt gem. § 117 Abs. 4 auf dem Urteil zu vermerken. Für die Berechnung der Rechtsmittelfristen gelten wiederum die einzelnen Zustellungen selbstständig.

§ 117 [Urteilsinhalt]

(1) Das Urteil ergeht »Im Namen des Volkes«. Es ist schriftlich abzufassen und von den Richtern, die bei der Entscheidung mitgewirkt haben, zu unterzeichnen. Ist ein Richter verhindert, seine Unterschrift beizufügen, so wird dies mit dem Hinderungsgrund vom Vorsitzenden oder, wenn er verhindert ist, vom dienstältesten beisitzenden Richter unter dem Urteil vermerkt. Der Unterschrift der ehrenamtlichen Richter bedarf es nicht.

(2) Das Urteil enthält
1. **die Bezeichnung der Beteiligten, ihrer gesetzlichen Vertreter und der Bevollmächtigten nach Namen, Beruf, Wohnort und ihrer Stellung im Verfahren,**
2. **die Bezeichnung des Gerichts und die Namen der Mitglieder, die bei der Entscheidung mitgewirkt haben,**
3. **die Urteilsformel,**
4. **den Tatbestand,**
5. **die Entscheidungsgründe,**
6. **die Rechtsmittelbelehrung.**

(3) Im Tatbestand ist der Sach- und Streitstand unter Hervorhebung der gestellten Anträge seinem wesentlichen Inhalt nach gedrängt darzustellen. Wegen der Einzelheiten soll auf Schriftsätze, Protokolle und andere Unterlagen verwiesen werden, soweit sich aus ihnen der Sach- und Streitstand ausreichend ergibt.

(4) Ein Urteil, das bei der Verkündung noch nicht vollständig abgefasst war, ist vor Ablauf von zwei Wochen, vom Tage der Verkündung an gerechnet, vollständig abgefasst der Geschäftsstelle zu übergeben. Kann dies ausnahmsweise nicht geschehen, so ist innerhalb dieser zwei Wochen das von den Richtern unterschriebene Urteil ohne Tatbestand, Entscheidungsgründe und Rechtsmittelbelehrung der Geschäftsstelle zu übergeben; Tatbestand, Entscheidungsgründe und Rechtsmittelbelehrung sind alsbald nachträglich niederzulegen, von den Richtern besonders zu unterschreiben und der Geschäftsstelle zu übergeben.

(5) Das Gericht kann von einer weiteren Darstellung der Entscheidungsgründe absehen, soweit es der Begründung des Verwaltungsakts oder des Widerspruchsbescheids folgt und dies in seiner Entscheidung feststellt.

---

25 Bautzen NVwZ-RR 2002, 56.
26 A.A. BGHZ 32, 370; OLG Nürnberg NJW 1978, 832; Baumbach/Hartmann § 310 Rn. 11; wie hier LG Bückeburg NJW-RR 1986, 1508; wohl auch BGH VersR 1980, 928.

(6) Der Urkundsbeamte der Geschäftsstelle hat auf dem Urteil den Tag der Zustellung und im Falle des § 116 Abs. 1 Satz 1 den Tag der Verkündung zu vermerken und diesen Vermerk zu unterschreiben.

A. Eingangsformel

Dass das Urteil im Namen des Volkes ergeht, soll sowohl aus der mündlichen Verkündung wie auch aus der Zustellung des schriftlichen Urteils hervorgehen. Ein Verstoß ist unschädlich. **1**

B. Notwendiger Inhalt

Das Urteil ist schriftlich abzusetzen und muss folgenden Inhalt haben: **2**

I. Nennung der Beteiligten

Das Urteil muss **alle Beteiligten,** ggf. auch namentlich die gesetzlichen Vertreter, ferner die Bevollmächtigten anführen und mit Namen, Anschrift, Beruf und Verfahrensstellung bezeichnen[1]. Maßgebender Zeitpunkt ist der des Urteilserlasses. Lücken oder Fehler sind nach §§ 118, 119 zu beseitigen.

II. Nennung des Gerichts

Aus dem Urteil müssen das **erkennende Gericht, der Spruchkörper und die Namen der Richter** zu ersehen sein, die an der Entscheidung (nicht an der Verkündung) mitgewirkt haben (§ 112), wozu auch die ehrenamtlichen Richter gehören. **3**
Unterschrieben wird das Urteil lediglich von den Berufsrichtern. Ein verhinderter Richter kann durch den Vorsitzenden, dieser durch den dienstältesten Richter vertreten werden, der Verhinderungsgrund ist anzugeben. Die Verhinderung darf erst nach der Fällung, kann aber vor der Wirksamkeit des Urteils nach außen eingetreten sein[2]. Verhindert ist ein Richter auch mit Eintritt in den Ruhestand[3]. Die Ortsabwesenheit kann Verhinderungsgrund, muss es aber nicht sein[4]. Fehlt eine Unterschrift, so ist die Zustellung wirkungslos[5], das Urteil ist – noch – nicht wirksam; die Unterschrift kann aber jederzeit nachgeholt werden[6]. Alsdann erneute Zustellung. Fehlt die Angabe des Verhinderungsgrundes, läuft die Rechtsmittel-

---

1 Zu den Anforderungen bei einem kommunalen Organstreit s. Magdeburg VwRR MO 1999, 134.
2 BVerwG Buchh. 310 § 117 Nr. 28; Nr. 30; vgl. § 116 Rn. 5 ff.; hierzu auch Renck und Scheder NVwZ 1987, 26, 303.
3 BVerwG NJW 1991, 1192.
4 Bautzen SächsVBl. 2000, 39 (LS).
5 OGHBrZ EZ 3, 149.
6 BVerwGE 91, 242; BGH NJW 1977, 765; Kopp/Schenke Rn. 3.

frist nicht[7], auch nicht gemäß § 58 Abs. 2[8]. Zu Fragen der Divergenz zwischen den im Urteil aufgeführten und den unterzeichnenden Richtern vgl. BGHZ 18, 350[9] zu den Folgen der Verweigerung der Unterschrift BGH NJW 1977, 765. Fehlende oder unrichtige Angaben können über §§ 118, 119 ergänzt oder korrigiert werden. Mit der Behauptung, der verhinderte Richter sei in Wirklichkeit nicht verhindert gewesen, kann das Urteil nicht angegriffen werden, wenn ein an sich ausreichender Verhinderungsgrund angegeben ist[10]. Nur die Urschrift des Urteils ist zu unterschreiben; für die den Beteiligten zuzustellenden Ausfertigungen genügt die maschinenschriftliche Wiedergabe des Namens[11].

III. Urteilsformel

4   Die **Urteilsformel** muss von allen anderen Teilen des Urteils sichtbar abgesetzt sein, weil sie allein den erkennenden Teil der Entscheidung darstellt. Sie muss aus sich heraus und unabhängig von dem übrigen Inhalt des Urteils verständlich sein. Ist der Tenor unklar und auch unter Berücksichtigung der Entscheidungsgründe nicht in einem bestimmten Sinn zweifelsfrei auszulegen, ist das Urteil unwirksam[12]. Zur Urteilsformel gehört auch die Entscheidung über die Zulassung eines Rechtsmittels (vgl. § 132 Rn. 24). Weichen die Entscheidungsgründe vom Tenor ab, geht dieser in der Regel vor[13].

IV. Tatbestand

5   Durch § 117 Abs. 3 soll eine Konzentration des **Tatbestandes** auf das Notwendige ermöglicht werden. Verweisung wird in weitem Umfange zugelassen; sie verlangt aber Angabe der beigezogenen Unterlagen. Die Grenze ist die Verständlichkeit für die Prozessbeteiligten. Sie müssen dem Tatbestand entnehmen können, was aus ihrem Vorbringen Gegenstand der Entscheidungsfindung geworden ist. Abzustellen ist auf die Beteiligten selbst, nicht auf etwaige Prozessbevollmächtigte[14]. Richterliche Urteile sollen den Rechtsfrieden zwischen den Beteiligten wiederherstellen, müssen deshalb von ihnen verstanden werden können! Im Übrigen bleibt es bei der Beurkundungsfunktion des Tatbestandes gemäß § 314 ZPO, § 173. Verwaltungsgerichtliche Urteile enthalten angesichts der in der Regel beigezogenen Verwaltungsvorgänge und sonstiger Akten vielfach zum Abschluss des Tatbestandes die Bemerkung, dass auf diese Unterlagen verwiesen werde, manchmal mit dem Zusatz, dass sie Gegenstand der mündlichen Verhandlung gewesen seien. Die Bedeutung solcher **salvatorischer Klauseln** für die Revisionsinstanz kann, wenn sie wirksam sind, erheblich sein, wenn sich erst hieraus der vom Revisionsgericht zu beurteilende Sachverhalt hinreichend deutlich ergibt. Trotz mancher Bedenken gegen die Bestimmtheit[15]

---

7   BGH DVBl. 1981, 465.
8   Allgemein zur Problematik Fischer DRiZ 1994, 95.
9   M. abl. Anm. v. Geissler NJW 1956, 344; Zöller/Vollkommer § 319 Rn. 13 f.
10   BGH NJW 1961, 782; Bautzen SächsVBl. 2000, 39 (LS).
11   BVerwG Buchh. 310 § 117 VwGO Nr. 23.
12   BFH NVwZ 1996, 101.
13   BGH NJW 1997, 3447.
14   A.A. Baumbach/Hartmann § 313 Rn. 15.
15   Hierzu Schöbbermeyer NJW 1990, 1451.

sollten sie grundsätzlich für ausreichend angesehen werden; nicht selten wird erst hierdurch die von den Beteiligten gewünschte Sachentscheidung des BVerwG ermöglicht.

V. Entscheidungsgründe

Die **Entscheidungsgründe** sollen gem. § 108 (vgl. Rn. 9) erkennen lassen, **6** welche Gründe im Einzelnen für die richterliche Überzeugungsbildung zum Sachverhalt und die rechtliche Subsumtion maßgeblich gewesen sind. Angesichts der oft weit tragenden präjudiziellen Wirkung verwaltungsgerichtlicher Urteile werden die Gründe nicht selten einer erschöpfenden Behandlung aller Rechtsfragen bis zu wissenschaftlicher Vertiefung bedürfen[16]. Die Regel ist dies aber nicht. Fehlt die präjudizielle Wirkung und ist deshalb nur der Einzelfall zu bescheiden, so ist prägnante Kürze in verständlicher Sprache ohne viel Zitate vorzuziehen[17]. Fehlen die Entscheidungsgründe[18], so liegt ein absoluter Revisionsgrund (§ 138 Nr. 6) vor. Sie fehlen nicht nur, wenn überhaupt keine Gründe der Entscheidung beigegeben sind, sondern auch dann, wenn die niedergelegten Gründe rational nicht nachvollziehbar, sachlich inhaltslos oder sonst wie völlig unzureichend sind[19]. Sie werden als fehlend behandelt, wenn sie später als fünf Monate nach Verkündung oder nach der mündlichen Verhandlung im Falle des § 116 Abs. 2 erst abgesetzt sind (vgl. nachstehend Rn. 8). An der Abfassung der schriftlichen Urteilsgründe müssen nicht notwendig alle Richter mitwirken, die das Urteil gefällt haben; der verhinderte Richter ist nicht (mehr) beteiligt[20].

VI. Rechtsmittelbelehrung

Die Pflicht zur **Rechtsmittelbelehrung** ergibt sich unmittelbar aus § 117 **7** Abs. 2 Nr. 6. Der Inhalt der Belehrung bestimmt sich nach § 58.

C. Übergabe an die Geschäftsstelle

§ 117 Abs. 4 S. 1 bezieht sich auf den Urteilserlass durch Verkündung, **8** nicht durch Zustellung (hierfür gilt § 116 Abs. 2). Die schriftliche Fassung des Urteils ist innerhalb von 2 Wochen nach Verkündung der Geschäftsstelle zu übergeben. Das Urteil muss von allen Richtern, die an der Entscheidung mitgewirkt haben, unterzeichnet worden sein, Verhinderungsvermerk genügt[21]. Im Ausnahmefall – § 117 Abs. 4 S. 2, auch auf Erlass durch Zustellung anzuwenden, § 116 Rn. 3 – genügt die Übergabe des Urteils ohne Tatbestand, Entscheidungsgründe und Rechtsmittelbelehrung innerhalb der gleichen Zeit. Dieses nur aus Rubrum und Urteilsformel be-

---

16 Zum notwendigen Inhalt der Urteilsbegründung in KDV-Sachen BVerwGE 61, 365; NVwZ 1985, 197.
17 Vgl. Sendler DVBl. 1982, 923 ff.; Redeker DVBl. 1977, 132 ff.
18 Hierzu BVerwG DÖV 1964, 563; BSG NJW 1966, 566.
19 BVerwGE 117, 228.
20 BVerwG Buchh. 310 § 117 Nr. 30.
21 BVerwG DVBl. 1996, 106.

stehende Urteil ist ebenfalls von den Richtern zu unterzeichnen. Über das Urteil können von der Verkündung an die Beteiligten unterrichtet werden, weshalb schriftliche Mitteilung – keine Zustellung – zweckmäßig ist (Übersendung des Protokolls). Tatbestand, Entscheidungsgründe und Rechtsmittelbelehrung sind nachträglich »alsbald« gesondert unterschrieben der Geschäftsstelle zu übergeben. Die **Pflicht zur alsbaldigen Fertigstellung des Urteils** nach Verkündung ist in der Praxis lange Zeit nur als Ordnungsvorschrift behandelt worden. Das hat dazu geführt, dass Urteile nicht ganz selten mehr als ein Jahr nach ihrer Verkündung nicht abgesetzt waren. Sie konnten damit ihrer **Beurkundungsfunktion** – zuverlässige Wiedergabe der Gründe, warum wie geschehen entschieden war – ebenso wenig wie ihrer **Rechtsschutzfunktion** – Zusammenhang mit der mündlichen Verhandlung – kaum noch entsprechen. Nach langer Vorbereitung in einer Reihe von Entscheidungen wird jetzt in der Rechtsprechung[22] eine äußerste Frist von fünf Monaten anerkannt. Die Frist berechnet sich nach § 222 ZPO[23]. Wird das vollständige Urteil noch innerhalb Fünf-Monats-Frist der Geschäftsstelle übergeben, kann im Einzelfall ein Verfahrensmangel vorliegen, weil die Gründe das Beratungsergebnis nicht zuverlässig wiedergeben[24].

D. Zustellungsvermerk

9 Der **Urkundsbeamte** hat im Falle der **Verkündung** diese, im Falle der Ersetzung der Verkündung durch Zustellung (§ 116 Abs. 3) die erste **Zustellung zu vermerken.** Der Vermerk soll klarstellen, wann das Urteil erlassen, also für das Gericht unabänderlich geworden ist. Im Falle der Zustellung ist deshalb die erste Zustellung anzugeben (vgl. § 116 Rn. 8). Das Fehlen des Vermerks ist prozessual bedeutungslos[25].

E. Abgekürzte Entscheidung

10 1. **Geltung auch für Beschlüsse.** § 117 Abs. 5 bezieht sich auf das **Verfahren 1. Instanz.** Für die Berufungsgerichte enthält § 130b eine ähnliche Regelung. Abs. 5 gilt zunächst für Urteile und GerBescheide. Da aber die Bestimmung keine entsprechenden Einschränkungen enthält, ist sie auch auf Beschlüsse anzuwenden. Das bedeutet, dass auch Beschlüsse, die nicht über ein Rechtsmittel entscheiden, aber durch Rechtsmittel angefochten werden können, keiner besonderen Begründung bedürfen, wenn die Voraussetzungen des Abs. 5 vorliegen. Mangels abweichender Regelung muss dies auch für Beschlüsse nach §§ 80, 123 gelten. Während Entscheidungen nach § 123 in der Regel nicht auf einen VA oder einen Widerspruchsbescheid Bezug nehmen können, ist dies bei Aussetzungsentscheidungen immer der Fall, wenn eine Vollziehungsanordnung gemäß § 80 Abs. 2 Nr. 4 getroffen worden ist. Denn die Vollziehungsanordnung ist entweder wie ein VA zu behandeln oder aber Bestandteil des VA, zu dem sie gehört. Die

22   BVerwG NJW 1993, 2063.
23   Bautzen SächsVBl. 2000, 39.
24   BVerwG NVwZ-RR 2001, 798.
25   RGZ 140, 351; BGHZ 8, 308.

Bezugnahme auf einen Teil des der Entscheidung zu Grunde liegenden VA genügt aber den Anforderungen des Abs. 5.

2. Geltung für Entscheidungsgründe. Abs. 5 gilt **nur für die Entscheidungs-** **11** **gründe,** also primär § 117 Abs. 2 Nr. 5. Die Konzentration des Tatbestandes ist bereits durch § 117 Abs. 3 vorgesehen. Das Gericht kann auf den ursprünglichen VA, den Widerspruchsbescheid, bei unterschiedlicher Begründung auf einen von ihnen Bezug nehmen. Voraussetzung ist aber, dass seine Entscheidung ausschließlich auf den Gründen des VA beruht. Das gilt sowohl für die Feststellung des Sachverhalts wie für die rechtliche Begründung. Haben die Beteiligten im Verfahren neue Gesichtspunkte vorgetragen, so ist die Bezugnahme nur zulässig, wenn dieser Vortrag rechtlich unerheblich ist. Erhebliches Vorbringen muss in den Entscheidungsgründen berücksichtigt und hierüber befunden werden. Diesem Erfordernis dürfte aber auch genügt sein, wenn im Anschluss an die Bezugnahme das Gericht in eigener Begründung sich mit dem neuen Vorbringen der Beteiligten befasst. Enthalten VA oder Widerspruchsbescheid mehrere Begründungen, so muss das Gericht in der Bezugnahme klarstellen, welche Begründung seine Entscheidung trägt. Eine Bezugnahme auf einen VA, der selbst nicht oder nur formelhaft begründet ist, ist unzulässig[26].

3. Gerichtliches Ermessen. Ob das Gericht auf eine Verwaltungsentschei- **12** dung Bezug nimmt, steht, wenn sonst die Voraussetzungen hierfür gegeben sind, in seinem **Ermessen.** Es sollte von dieser Möglichkeit sparsam Gebrauch gemacht werden. Es ist etwas anderes, wenn das Berufungsgericht die Gründe der 1. Instanz aufgreift, als wenn ein Gericht sich auf die Gründe der Verwaltung, also eines Verfahrensbeteiligten, bezieht. Dem Rechtsfrieden dient die selbstständige Begründung der gerichtlichen Entscheidung weit mehr als die Bezugnahme. Tatsächlich ist es auch weniger die eigentliche Begründung des Urteils, die erheblichen Zeitaufwand mit sich bringt, sondern die Neigung, diese Begründung durch umfangreiche Zitate und Belegstellen abzustützen. Hierauf kann viel eher als auf eine knappe eigene Begründung verzichtet werden, da die betroffenen Beteiligten damit in der Regel nur wenig anfangen können.

4. Textbausteine. Die Benutzung von **Textbausteinen** für die Abfassung **13** eines Urteils, wie sie bei Vielzahl ähnlich gelagerter Fälle (Asyl-, Zulassungssachen) möglich sein kann, ist unbedenklich, solange das Urteil aus sich heraus uneingeschränkt verständlich bleibt[27]. Entscheidend ist nicht die äußere Zusammensetzung der Urteilsfassung, sondern die Individualität in der Beratung, die freilich nur der Selbstkontrolle unterliegt. Zulässig ist auch die Bezugnahme auf eine andere Entscheidung, wenn diese den Beteiligten ohne Schwierigkeiten zugänglich ist[28].

---

26 BFH NVwZ-RR 1993, 336.
27 Kassel NJW 1984, 2429.
28 BVerwG Buchh. 310 § 117 Nr. 31; vgl. Kassel B. v. 21.3.2001 – 12 UZ 602/01.A.

§ 118 Berichtigung des Urteils

(1) Schreibfehler, Rechenfehler und ähnliche offenbare Unrichtigkeiten im Urteil sind jederzeit vom Gericht zu berichtigen.

(2) Über die Berichtigung kann ohne vorgängige mündliche Verhandlung entschieden werden. Der Berichtigungsbeschluss wird auf dem Urteil und den Ausfertigungen vermerkt.

I. Grundsätze

1   Ein einmal erlassenes Urteil ist für das Gericht unabänderlich (§§ 173, 318 ZPO). Von diesem Grundsatz kennt die VwGO in Übernahme der §§ 319 ff. ZPO drei Ausnahmen, die auch für Beschlüsse (§ 122) und den Gerichtsbescheid anwendbar sind:
1. Berichtigung offenbarer Unrichtigkeiten im Urteil (§ 118).
2. Berichtigung des Tatbestands bei Unrichtigkeit oder Unklarheiten (§ 119).
3. Urteilsergänzung wegen Übergehen eines Antrags oder des Ausspruchs der Kostenfolge (§ 120)

2   Eine Unrichtigkeit i.S.d. § 118 liegt vor, wenn die gewollte der tatsächlich ausgesprochenen Erklärung widerspricht[1]. Das ist bei bloßen Schreib- und Abschreibfehlern ebenso der Fall wie bei unrichtiger Bezeichnung von Beteiligten und Gegenständen, selbst wenn letztere Bezeichnung durch fehlerhafte Angaben eines Beteiligten hervorgerufen ist und der Fehler sich erst nach Erlass des Urteils herausstellt[2]. Es ist gleichgültig, ob der Fehler im Urteilsrubrum[3], in der Formel[4], dem Tatbestand, den Entscheidungsgründen oder der Rechtsmittelbelehrung[5] enthalten ist[6]. Bei der Berichtigung der Urteilsformel ist allerdings Vorsicht am Platze. Eine inhaltliche Abänderung der Formel ist nur im Wege der Urteilsergänzung nach § 120 zulässig[7]. Ergeben aber die Entscheidungsgründe, dass über den Anspruch entschieden ist, kann die Formel berichtigt werden, wenn darin die Entscheidung fehlt[8]; ebenso umgekehrt, wenn die Beschränkung eines Antrages in der Urteilsformel übersehen worden ist[9]. Eine Unrichtigkeit i.S. des § 118 liegt nicht vor, wenn das Gericht sich auch in der gewollten Erklärung geirrt hat, Wille und Erklärung also übereinstimmen. Das Berichtigungsverfahren ist ungeeignet, Fehler der Entscheidung selbst zu beseitigen.
Unter § 118 fallen auch erkennbar versehentliche Auslassungen[10], sodass auch der Ausspruch über die Kosten[11], die Kosten des Beigeladenen[12], die

---

1   München VGH n. F. 1, 82; Berlin ZMR 1955, 157; prOVG 55, 499.
2   KG JW 1936, 1479.
3   BGH JZ 1978, 283.
4   BVerwGE 30, 146.
5   Mannheim NVwZ-RR 2003, 693.
6   OLG Königsberg JW 1931, 3570.
7   Lüneburg DÖV 1953, 94.
8   BGH NJW 1964, 1858.
9   BVerwG Buchh. 310 § 118 Nr. 3.
10   OLG Köln NJW 1960, 1471.
11   BVerwG DÖV 1960, 236.
12   München v. 29.5.1990 – 14 C 90. 1147, n.v.

Vollstreckbarkeit oder die Rechtsmittelzulassung[13] über § 118 nachgeholt werden können, wenn die Auslassung offenbar ist[14].

Die **Unrichtigkeit muss offenbar** sein. Der Widerspruch zwischen Gewolltem und Erklärtem muss sich unmittelbar aus dem Urteil selbst ergeben oder anhand einer jederzeit greifbaren Urkunde nachgewiesen werden können[15]. Fehlt die Rechtsmittelzulassung und ergibt sich die Absicht der Zulassung auch sonst nicht aus dem Urteil, sondern lediglich aus der Rechtsmittelbelehrung, so reicht dies zum Nachweis der Offenkundigkeit nicht aus[16]. Noch weniger ist eine Berichtigung möglich, wenn das Gericht sich bewusst erklärt hat, sich nachträglich anhand von Urkunden aber die Erklärung als fehlerhaft herausstellt[17]. Eine Berichtigung ist schließlich auch unzulässig, wenn sie Widersprüche zwischen Urteilsformel und Urteilsbegründung oder innerhalb der Begründung verursachen würde[18]. **3**

II. Verfahren

Berichtigt wird von Amts wegen, wenn das Gericht den Fehler feststellt, ebenso auch auf Antrag. Die Berichtigung ist auch nach Rechtskraft oder nach Einlegung eines Rechtsmittels möglich[19]. Die Beteiligten sind grundsätzlich vorher zu hören[20]. **4**

Über die Berichtigung wird durch zu begründenden Beschluss entschieden, an dem, wenn er ohne mündliche Verhandlung ergeht, nur die Berufsrichter mitwirken. Es brauchen nicht die gleichen Richter zu sein, die das Urteil erlassen haben. Zuständig ist das Gericht, das das Urteil erlassen hat, in Ausnahmefällen auch das Rechtsmittelgericht[21]. Der Berichtigungsbeschluss wird auf dem Original vermerkt. Die Geschäftsstelle fordert die Ausfertigungen der Beteiligten zurück, auf denen die Berichtigung ebenfalls zu vermerken ist. Der Beschluss enthält keine Kostenentscheidung; etwa mit dem Berichtigungsverfahren verbundene Kosten fallen unter die Kostenregelung des Hauptverfahrens. Das berichtigte Urteil ist zuzustellen. **5**

Berichtigung und Ablehnung einer beantragten Berichtigung können nach § 146 durch Beschwerde angefochten werden, wenn nicht OVG oder BVerwG entschieden haben oder die Beschwerde überhaupt ausgeschlossen ist. Mit der Rechtskraft der Berichtigung tritt das neugefasste Urteil rückwirkend an die Stelle des alten[22]. War die Berichtigung unzulässig, weil die Voraussetzungen des § 118 nicht vorlagen, so verbleibt es bei der alten Fassung, die Berichtigung ist unbeachtlich[23]. **6**

---

13 Hamburg NJW 1961, 1084; Bremen DÖV 1988, 611.
14 Vgl. hierzu BAG NJW 1969, 1871.
15 Baumbach/Hartmann § 319 Rn. 10 ff.
16 Hamburg NJW 1961, 1084.
17 Kassel NVwZ-RR 1992, 656 für fehlerhafte Rechtsmittelbelehrung.
18 BVerwG BayVBl. 1979, 439.
19 RG JW 1935, 806.
20 BVerfGE34, 1.
21 BVerwGE 30, 146; Baumbach/Hartmann § 319 Rn. 27.
22 Mannheim B. v. 23.8.2000 – 2544/00, juris.
23 Str; wie hier Bremen NVwZ 1982, 636; RGZ 122, 334; OLG Köln NJW 1960, 1471 ff.; Baumbach/Hartmann § 319 Rn. 32; a.A. RGZ 110, 429; BGH NJW 1994, 2832; differenzierend Kopp/Schenke Rn. 12; Eyermann/Rennert Rn. 8.

7 Auf den **Lauf der Rechtsmittelfrist** hat die Berichtigung nur im Ausnahmefall Einfluss[24]. Sie setzt eine neue Frist in Lauf, wenn erst durch die Berichtigung geklärt wird, dass eine Beschwer vorliegt[25] oder der Beteiligte anhand der Rückforderung des Urteils nicht erkennen konnte, ob und welche Beschwer vorliegt[26]. Wird in diesen Fällen nicht neu belehrt, so beginnt mit der Zustellung die Jahresfrist des § 58 Abs. 2. Die frühere engere Auffassung[27] wird aufgegeben.

§ 119 [Tatbestandsberichtigung]

(1) Enthält der Tatbestand des Urteils andere Unrichtigkeiten oder Unklarheiten, so kann die Berichtigung binnen zwei Wochen nach Zustellung des Urteils beantragt werden.

(2) Der Der Beschluss ist unanfechtbar. Bei der Entscheidung wirken nur die Richter mit, die beim Urteil mitgewirkt haben. Ist ein Richter verhindert, so entscheidet bei Stimmengleichheit die Stimme des Vorsitzenden. Der Berichtigungsbeschluss wird auf dem Urteil und den Ausfertigungen vermerkt.

I. Voraussetzungen

1 § 119 ist § 320 ZPO nachgebildet, regelt aber das Verfahren z.T. abweichend. Die Beurkundungswirkung des Tatbestandes gemäß § 314 ZPO gilt auch im VerwProzess[1]. Die Tatbestandsberichtigung ist besonders bei Entscheidungen der letzten Tatsacheninstanz von Bedeutung, da sie für den Revisionsführer die einzige Möglichkeit ist, nach Erlass der Entscheidung Tatbestandsfeststellungen für die Prüfung des Revisionsgerichts zu erreichen, die in der Entscheidung nicht oder fehlerhaft enthalten sind. Die Berichtigung kann sich nur auf tatsächliche Feststellungen des Urteils beziehen, wobei es aber ohne Bedeutung ist, ob sie sich im Tatbestand oder in den Entscheidungsgründen[2] oder auch im Rubrum[3] befinden. Dagegen ist eine Berichtigung der Entscheidungsgründe selbst, zu denen insbesondere auch die Beweiswürdigung gehört, nicht möglich.
Der Berichtigungsantrag ist von der Rüge unzutreffender Sachverhaltsfeststellungen zu unterscheiden. Berichtigung ist allein zulässiges Rechtsmittel, wenn im unstreitigen Tatbestand unrichtige Angaben gemacht sind[4].

2 § 119 setzt voraus, dass die Unrichtigkeiten oder Unklarheiten in den tatsächlichen Feststellungen nicht offenbar i.S.d. § 118 sind, bei ihnen also zwar das Gewollte auch ausgedrückt worden ist, die Angaben aber unrichtig, unklar oder unvollständig sind. Hierzu gehört auch die Nichtaufnahme eines gestellten Antrages, auch eines Antrages auf Zulassung eines Rechtsmittels, in das Urteil. Liegt eine offenbare Unrichtigkeit vor, gehen also gewollte und ausgedrückte Erklärungen auseinander, so ist der Antrag

---

24 Vgl. BVerfG NJW 2001, 142 (LS).
25 BFH BB 1974, 1330; BGH NJW 1999, 646.
26 BVerwG DVBl. 1992, 775.
27 BGHZ 67, 284.

1 BVerwGE 44, 152; NVwZ 1985, 338; Berlin NJW 1967, 2175; Baumbach/Albers § 314 Rn. 9.
2 BVerwG NVwZ 1985, 337; BGH NJW 1997, 1931.
3 Berlin NJW 1967, 2175.
4 BVerwG Buchh. 310 § 119 Nr. 5.

nach § 119 in eine Anregung auf Berichtigung nach § 118 umzudeuten, sodass das Gericht nach § 118 entscheiden kann. Dagegen ist ein Antrag mangels Rechtsschutzinteresses unzulässig, wenn sich die Unrichtigkeit des Tatbestandes aus dem Sitzungsprotokoll ergibt (§ 173, § 314 S. 2 ZPO)[5], weil das Protokoll dem Tatbestand vorgeht[6].

II. Verfahren

Die **Tatbestandsberichtigung** nach § 119 **erfolgt auf förmlichen Antrag**   **3** (Form des § 81), eine Berichtigung von Amts wegen ist unzulässig. Der Antrag muss binnen 2 Wochen nach Zustellung des Urteils gestellt werden. Es handelt sich um eine gesetzliche Frist, gegen deren Versäumung Wiedereinsetzung zulässig ist (§ 60). Die Begrenzung des Antragsrechts auf eine Frist von 3 Monaten nach der Verkündung des Urteils (§ 320 Abs. 2 ZPO) hat die VwGO nicht übernommen.

Über den Antrag entscheidet das Gericht durch Beschluss. Eine mündliche   **4** Verhandlung ist nicht notwendig (§ 101 Abs. 3), kann aber angeordnet werden. Die Beteiligten sind zu hören. Die Entscheidung kann nur von Richtern getroffen werden, die bei dem Urteil mitgewirkt haben. An der Entscheidung außerhalb der mündlichen Verhandlung sind die ehrenamtlichen Richter nicht beteiligt (§ 5 Abs. 3 S. 2)[7]. An der Entscheidung auf Grund mündlicher Verhandlung sind die ehrenamtlichen Richter beteiligt. Steht ein Richter der früheren Besetzung nicht zur Verfügung, so entscheiden lediglich die anderen Richter, es tritt kein Ersatzmann ein[8]. Sind lediglich die ehrenamtlichen Richter noch vorhanden, so muss mündliche Verhandlung anberaumt werden, auf Grund deren sie allein zu entscheiden haben[9]. Bei Stimmengleichheit entscheidet der Vorsitzende. Ist er verhindert, so ist Stimmengleichheit als Ablehnung anzusehen, da ein Stichentscheid des ältesten Richters (§ 320 Abs. 4 ZPO) in § 119 nicht vorgesehen ist und auch nicht über § 173 ermöglicht wird, da § 119 die Materie erschöpfend regelt[10].

Die **Entscheidung ergeht ohne Beweisaufnahme.** Maßgeblich ist allein die   **5** Erinnerung der Richter anhand der Akten und der mündlichen Verhandlung. Das Gericht ist an die Formulierung des Berichtigungsantrages nicht gebunden[11].

Der **Berichtigungsantrag kann auch bei Revisionsurteilen** gestellt werden,   **6** da auch für diese § 314 ZPO gilt und Unklarheiten oder Auslassungen

---

5   A.A. Kopp/Schenke Rn. 3.
6   BVerwG Buchh. 310 § 86 Abs. 2 Nr. 26.
7   Str.; wie hier BVerwG NVwZ 1987, 128; Berlin DVBl. 1963, 254; Lüneburg OVGE 16, 367; BFHE 125, 490; Kopp/Schenke Rn. 4; a.A. Mitwirkung auch in diesem Fall BVerwGE 7, 218; Eyermann/Rennert Rn. 5.
8   Vgl. Rößler NJW 2004, 266.
9   Münster ZMR 1955, 223.
10   Str.; a.A. Bader/Kuntze Rn. 10; Schoch/Clausing Rn. 6.
11   OLG Celle MDR 1963, 852.

sowohl im Falle der Rückverweisung wie auch des Wiederaufnahmeverfahrens Bedeutung haben können[12].

III. Rechtsmittel

7 Der **Berichtigungsbeschluss** als solcher **ist unanfechtbar**. Die Berichtigung kann aber mit dem Urteil selbst angegriffen werden. Dann kann eine fehlerhafte Berichtigung zur Aufhebung des Urteils führen[13]. Ein Beschwerderecht ist anzuerkennen, wenn gegen die Entscheidung Verfahrensfehler geltend gemacht werden, etwa die unrichtige Besetzung des beschließenden Gerichts oder die unberechtigte Zurückweisung des Antrags als unzulässig[14]. Das OVG muss in diesem Fall bei berechtigter Beschwerde zurückverweisen, da es in der Sache infolge der zwingenden Bestimmung des § 119 Abs. 2 S. 3 nicht entscheiden kann[15]. Der Beschluss ergeht ohne Kostenentscheidung[16]. Auf die Rechtsmittelfrist gegen das Urteil selbst ist das Berichtigungsverfahren ohne Einfluss.

IV. Vermerk auf dem Urteil

8 Der Berichtigungsbeschluss wird in gleicher Weise wie die Berichtigung nach § 118 auf dem Urteil vermerkt. Das Urteil selbst darf trotz der Berichtigung nicht abgeändert werden, selbst wenn es auf Grund der Berichtigung erkennbar falsch ist.

V. Verhältnis zum Rechtsmittel

9 Ist eine **Tatbestandsberichtigung** möglich, kann die unzulängliche Wiedergabe bestimmter Äußerungen im Tatbestand **nicht** mit der **Revision** gerügt werden[17].

§ 120 [Urteilsergänzung]

(1) Wenn ein nach dem Tatbestand von einem Beteiligten gestellter Antrag oder die Kostenfolge bei der Entscheidung ganz oder zum Teil übergangen ist, so ist auf Antrag das Urteil durch nachträgliche Entscheidung zu ergänzen.

(2) Die Entscheidung muss binnen zwei Wochen nach Zustellung des Urteils beantragt werden.

(3) Die mündliche Verhandlung hat nur den nicht erledigten Teil des Rechtsstreits zum Gegenstand.

---

12 Str., Antrag unzulässig BVerwG DVBl. 1960, 519, Buchh. 310 § 119 Nr. 4, nur soweit der Tatbestand eines Revisionsurteils Beweiskraft habe, woran es in der Regel fehle; Zöller/Vollkommer § 320 Rn. 5; begrenzt zulässig Eyermann/Rennert Rn. 3.
13 BVerwG NJW 1965, 2316.
14 München DÖV 1981, 766; RGZ 47, 398; Lüneburg OVGE 14, 506; OLG Düsseldorf NJW 1963, 2032.
15 BVerwG NJW 1965, 2316; Eyermann/Rennert Rn. 8.
16 Eyermann BayVBl. 1961, 81.
17 BVerwG DVBl. 1963, 627; DÖV 1974, 172.

I. Voraussetzungen

§ 120 stimmt weitgehend mit § 321 ZPO überein. **1**
Ergänzung wegen eines übergangenen Antrages setzt voraus, dass der Antrag sich aus dem Tatbestand des Urteils oder aber aus dem Sitzungsprotokoll (§ 173, § 314 ZPO) ergibt. Ist er in beiden Urkunden übersehen worden, so sind zunächst die Protokoll- und Tatbestandsberichtigung nach §§ 105, 119 durchzuführen und alsdann die Ergänzung des Urteils zu beantragen. Der Antrag muss bei der Entscheidung übersehen worden sein. Das ist auch der Fall, wenn über einen Hilfsantrag nicht entschieden worden ist, auch etwa über einen evtl. gestellten Verweisungsantrag. Hat das Gericht bewusst nicht entschieden, kann, auch wenn eine solche Bezeichnung fehlt, ein Teilurteil vorliegen. Hiergegen ist ein Ergänzungsantrag nicht zulässig. Es muss Fortsetzung des Verfahrens hinsichtlich des noch nicht entschiedenen Teils beantragt werden, notfalls, wenn das Gericht in dem Urteil die Entscheidung ausdrücklich abgelehnt hat, im Rechtsmittelverfahren gegen das Urteil der übergangene Antrag im Wege der Klageerweiterung oder Klageänderung neu gestellt werden[1].

Ob ein Antrag übergangen ist, bestimmt sich allein nach der Urteilsformel[2], nicht nach den Entscheidungsgründen. Ist in den Gründen der Antrag behandelt, in der Formel aber nicht erwähnt, so sind die Voraussetzungen des § 120 gegeben[3]. Auf das Fehlen eines Ausspruchs über die Zulassung eines Rechtsmittels ist § 120 nicht anwendbar[4]; hier gilt § 118; vgl. hierzu § 132 Rn. 24; § 118 Rn. 2.[5] **2**

Die **Kostenentscheidung** setzt keinen Antrag voraus. Fehlt sie, so muss **3** nach § 120 ergänzt werden. Das Gleiche gilt, wenn andere Nebenentscheidungen, insbesondere über die Vollstreckbarkeit (§ 173 mit § 716 ZPO) fehlen[6]. Ebenso ist § 120 anzuwenden, wenn die Entscheidung über die außergerichtlichen Kosten des Beigeladenen übergangen worden ist[7].

II. Verfahren

Die Ergänzung setzt den Antrag eines Beteiligten[8] (nicht notwendig des **4** betroffenen Beteiligten[9]) voraus. Eine Entscheidung von Amts wegen ist unzulässig[10]. Das Gleiche gilt auch für unterlassene Kostenentscheidungen[11]. Der Antrag ist innerhalb von 2 Wochen nach Zustellung des Urteils zu stellen. Rechtsmittelverzicht steht einem Antrag nicht entgegen[12]. Bei vorhergehendem Berichtigungsverfahren nach § 119 läuft die

---

1 Baumbach/Hartmann § 321 Rn. 4.
2 BAG NJW 1959, 1942.
3 Str.; a.A. BGH VersR 1982, 70; Schoch/Clausing Rn. 5; NJW 1980, 841.
4 Mannheim DVBl. 1996, 109.
5 A.A. Eyermann/Rennert Rn. 1; Schoch/Clausing Rn. 4: Nichtzulassungsbeschwerde ist ausreichend.
6 Kassel NVwZ 1990, 275.
7 BVerwG VRspr. 17, 638; Buchh. 310 § 162 Nr. 21; Hamburg NJW 1962, 72; München BayVBl. 1973, 249; DÖV 1990, 158; Bautzen DÖV 1998, 936.
8 Mannheim DVBl. 2000, 577; Lüneburg NVwZ-RR 2002, 897.
9 A.A. Kopp/Schenke Rn. 7.
10 BVerwG DVBl. 1994, 210; BayVBl. 2000, 540.
11 BVerwG NVwZ-RR 1999, 694; a.A. Kopp/Schenke Rn. 7.
12 München BayVBl. 1973, 249.

Frist erst von der Zustellung dieses Berichtigungsbeschlusses ab, da die
Ergänzung des Tatbestandes Voraussetzung der Urteilsergänzung ist, ein
solcher Antrag deshalb nicht vor Aufnahme gestellt werden kann[13]. Es
handelt sich um eine gesetzliche Frist, Wiedereinsetzung nach § 60 ist zulässig. Wird die Frist versäumt, so verliert der übergangene Antrag die
Rechtshängigkeit. Er kann in Ausnahmefällen in einer Rechtsmittelinstanz
durch Klageerweiterung oder -änderung neu gestellt werden; in der Regel
wird dies aber unzulässig sein, weil der zu Grunde liegende VA inzwischen
rechtsbeständig geworden sein wird[14].

5   Über den Antrag wird immer durch Urteil entschieden[15]. Zur Entscheidung zuständig ist das Gericht, das das erste Urteil erlassen hat[16], auch
wenn inzwischen kraft Gesetzes eine andere sachliche oder örtliche Zuständigkeit für den übergangenen Antrag gegeben ist, wie sich aus § 17
Abs. 1 GVG ergibt. Dagegen ist eine Mitwirkung der gleichen Richter wie
im ersten Urteil nicht notwendig. Das Gericht entscheidet auf Grund
mündlicher Verhandlung, wenn nicht die Beteiligten gem. § 101 Abs. 2
hierauf verzichten; auch eine Entscheidung durch GerBescheid ist zulässig.
Ein früherer Verzicht auf die mündliche Verhandlung gilt für das Ergänzungsverfahren nicht, da sich seine Wirkung mit dem Erlass des Urteils
erschöpft hat (vgl. § 101 Rn. 5[17]). Es ergeht ein selbstständiges Urteil über
den nicht erledigten Gegenstand des Verfahrens.

6   Das Urteil enthält eine **eigene Kostenentscheidung.** Lehnt es den Antrag
ab, werden die Kosten dem Antragsteller auferlegt; wird dem Antrag stattgegeben, so kann das Gericht auf die Kostenentscheidung im ersten Urteil
verweisen, aber auch eine selbstständige neue Kostenentscheidung treffen.

7   Das Urteil ist selbstständig durch Rechtsmittel anfechtbar, wenn es nicht
lediglich eine Kostenentscheidung enthält, die nur zusammen mit dem Urteil in der Hauptsache angegriffen werden kann (§ 158), oder lediglich die
Ergänzung an sich als unstatthaft gerügt wird[18]. Es ist der materiellen
Rechtskraft fähig. Ein Anfechtungsrecht entfällt allerdings, wenn das Urteil in Wirklichkeit nur eine Berichtigung nach § 118 enthält. Es ist dann
als solche zu behandeln[19] sodass nur Beschwerde zulässig ist. Für die Behandlung der Rechtsmittel gegen das erste und das Ergänzungsurteil ist
§ 518 ZPO entsprechend anzuwenden.

7a Die Auswirkungen eines **Ergänzungsverfahrens** auf die **Rechtsmittelfrist**
gegen das **ursprüngliche Urteil** sind kompliziert. Die Frist beginnt nur dann
von neuem, wenn die nachträgliche Entscheidung innerhalb der Rechtsmittelfrist ergangen ist, was selten der Fall sein dürfte. Wird durch ein Ergänzungsurteil festgestellt, dass ein Antrag übergangen worden ist, so sind die
Voraussetzungen für eine Wiedereinsetzung zur Rechtsmitteleinlegung anzunehmen; bleibt das Ergänzungsverfahren erfolglos, soll dies nicht der

---

13   A.A. Baumbach/Hartmann § 321 Rn. 7.
14   BVerwG Buchholz 424.4 Nr. 1; vgl. BVerwG NVwZ-RR 1999, 694; a.A. Mann-
     heim NVwZ-RR 1994, 473: regelmäßig zulässig.
15   Lüneburg NVwZ-RR 2002, 897.
16   RG Gruch 30, 1127.
17   A.A. Schoch/Clausing Rn. 8.
18   Münster OVGE 26, 51; BVerwG NVwZ-RR 1999, 694.
19   RG JW 1929, 101.

Fall sein[20]. Es empfiehlt sich deshalb, neben dem Ergänzungsantrag in jedem Fall auch das Rechtsmittel gegen das ursprüngliche Urteil vorsorglich einzulegen[21].

§ 120 findet keine Anwendung, wenn eine Entscheidung über die Notwendigkeit der Zuziehung eines Bevollmächtigten nach § 162 Abs. 2 unterblieben ist, selbst wenn sie beantragt war[22], weil sie sich lediglich auf den Umfang der nach der Kostenentscheidung zu erstattenden Kosten bezieht. Der Antrag kann deshalb jederzeit neu oder erstmals gestellt werden (vgl. § 162 Rn. 13c). **8**

§ 121 [Rechtskraftwirkung]

Rechtskräftige Urteile binden, soweit über den Streitgegenstand entschieden worden ist,
1. die Beteiligten und ihre Rechtsnachfolger und
2. im Falle des § 65 Abs. 3 die Personen, die einen Antrag auf Beiladung nicht oder nicht fristgemäß gestellt haben.

Übersicht

---

20 BVerwG DÖV 1990, 118.
21 Vgl. auch BGH NJW 1982, 1822; Baumbach/Hartmann § 321 Rn. 10 ff.
22 BVerwGE 27, 39; NVwZ-RR 2003, 246; Kassel NJW 1965, 1732; a.A. München BayVBl. 1978, 378; Kopp/Schenke Rn. 1.

I. Formelle Rechtskraft

1 **1. Allgemeines.** Die **materielle Rechtskraft**, die Frage nach der Bindungswirkung der richterlichen Entscheidung, setzt voraus, dass diese Entscheidung nicht mehr angefochten werden kann, endgültig und damit **formell rechtskräftig** ist. Der formellen Rechtskraft fähig sind die Entscheidungen, die selbstständig anfechtbar sind oder deren an sich gegebene Anfechtung durch Gesetz ausgeschlossen ist. Entscheidungen, die lediglich Zwischenstreitigkeiten betreffen, das Verfahren oder einen selbstständigen Teil hiervon aber nicht abschließen können, werden allenfalls im Verhältnis zu beteiligten Dritten formell rechtskräftig und können deshalb auch nur soweit materielle Rechtskraftwirkung haben. Der formellen Rechtskraft sind deshalb alle Endurteile, Gerichtsbescheide (§ 84 Abs. 1 S. 3), Teilurteile (§ 110) und die Zwischenurteile über die Zulässigkeit der Klage (§ 109) und über den Grund des Anspruchs (§ 111) fähig. Unter den gleichen Voraussetzungen können auch Beschlüsse formelle Rechtskraft haben, insbesondere die nach §§ 80, 80a und 123[1].

2 **2. Zeitpunkt des Eintritts.** Die **formelle Rechtskraft** tritt in dem **Zeitpunkt** ein, in dem die **Entscheidung unanfechtbar** wird, also mit
a) Erlass eines **Endurteils**, das kraft Gesetzes **unanfechtbar** ist,
b) **Ablauf der Rechtsmittelfrist** gegen ein an sich anfechtbares Urteil, wenn kein Rechtsmittel eingelegt wird. Wird ein Rechtsmittel nur gegen einen bestimmten selbstständigen Teil des Urteils eingelegt, so formelle Rechtskraft des anderen Teiles, wenn nicht Berufungserweiterung später noch möglich ist[2]; vgl. § 124 Rn. 1.
c) **Verzicht** aller Beteiligten **auf** zulässige **Rechtsmittel.**
d) **Rücknahme eines Rechtsmittels.** Wird vor Ablauf der Rechtsmittelfrist zurückgenommen, so tritt die formelle Rechtskraft erst mit dem Ablauf dieser Frist ein, da das Rechtsmittel erneut eingelegt werden kann. Wird nach Ablauf der Frist zurückgenommen, so formelle Rechtskraft mit dem Tage der Rücknahme, keine Rückwirkung auf den Zeitpunkt des Ablaufs der Rechtsmittelfrist[3].
e) Verwerfung oder **Zurückweisung des Rechtsmittels** oder der Zulassungsbeschwerde, ohne dass weitere Anfechtungsmöglichkeit gegeben ist. Bei anfechtbarer Verwerfung formelle Rechtskraft erst mit Rechtskraft der Verwerfungsentscheidung[4]. Da der Zurückweisungsbeschluss gemäß § 133 Abs. 5, § 56 Abs. 1 nicht zugestellt zu werden braucht, mit der zeitlich auch nicht fixierten Fällung der Entscheidung (vgl. § 116 Rn. 7) die Zurückweisung aber noch nicht erlassen und damit wirksam ist, kann hier die Rechtskraft nur mit der Absendung eintreten, ein wenig befriedigendes Ergebnis, weil das Datum intern bleibt, sich hieran aber externe Folgen (z.B. § 37 AsylverfG) anschließen können. Für die Monatsfrist der VerfBeschwerde ist gemäß § 93 Abs. 1 S. 2 BVerfGG der Zugang maßgeblich.

3 **3. Außerordentliche Rechtsbehelfe.** Die Möglichkeit außerordentlicher Rechtsbehelfe ist auf die formelle Rechtskraft ohne Einfluss. Die Entscheidung wird formell rechtskräftig, auch wenn die **Wiederaufnahme des Verfahrens** (§ 153) möglich oder **Verfassungsbeschwerde** (§ 90 BVerfGG) er-

---

1   Frankfurt/O B. v. 5.9.2002 – 4 B 115/02 juris; vgl. § 122 Rn. 6.
2   BVerwG DVBl. 1961, 450; RGZ 54, 226; OLG München NJW 1966, 1082.
3   KG JZ 1952, 424.
4   GemS OGB BVerwGE 68, 379.

hoben worden ist. Auch der Antrag auf **Wiedereinsetzung in den vorigen Stand** ändert an dem Eintreten der formellen Rechtskraft bis zur Gewährung der Wiedereinsetzung nichts.

II. Materielle Rechtskraft

1. Begriff. Wesen und Bedeutung der materiellen Rechtskraft sind Gegen- **4** stand eingehender Untersuchungen der Zivilprozesswissenschaft geworden. Dabei stehen sich die sachlich-rechtliche und die prozessrechtliche Theorie gegenüber. Nach ersterer gestaltet das Urteil die Rechtsbeziehungen zwischen den Parteien auch materiell-rechtlich, nach letzterer hat die materielle Rechtskraft nur zur Folge, dass der Richter an die Entscheidung gebunden ist, deshalb in Zukunft zwischen diesen Beteiligten über den Streitgegenstand nicht mehr anders entschieden werden kann[5]. Die gleiche Fragestellung gilt auch für den Verwaltungsprozess. Die Fassung des § 121 besagt zu ihrer Entscheidung wenig. Immerhin dürfte die Betonung der Bindungswirkung im Gegensatz zu § 322 ZPO mehr für die **prozessrechtliche Theorie** sprechen. Sie wird auch dem Verwaltungsrecht, das stärker als das Zivilrecht von einem Wechsel der tatsächlichen und rechtlichen Umstände beherrscht ist, besser gerecht. Freilich setzt die Auffassung die Unterscheidung zwischen der Gestaltungswirkung als typische Folge einer erfolgreichen Anfechtungsklage und der Rechtskraftwirkung voraus[6].

2. Wirkungen, Änderung der Sach- und Rechtslage. Ob auf Grund der **5** **Rechtskraftwirkung** das Gericht bei Aufnahme eines zweiten Rechtsstreites über den gleichen Gegenstand die **Klage durch Prozessurteil als unzulässig** abweisen muss[7] oder aber das **Gericht** erneut in der Sache entscheiden kann und lediglich **daran gehindert ist, ein abweichendes Sachurteil zu erlassen**[8], ist zwar streitig, aber im letzteren Sinn zu entscheiden. Nur so lässt sich der Fall dogmatisch einwandfrei lösen, dass die Behörde nach Aufhebung eines angefochtenen VA den gleichen fehlerhaften VA erneut erlässt. Hier liegt der **gleiche Streitgegenstand** vor[9]. Nach der ersteren Auffassung müsste die Klage gegen diesen neuen VA durch Prozessurteil abgewiesen werden, ein untragbares, auch nicht gewolltes Ergebnis, während nach der Zweiten das Gericht durch Sachurteil, aber ohne neue Sachprüfung der Klage stattzugeben hat. Ob die Verwaltung unter ausdrücklichem Verzicht auf diese Rechtskraftwirkung durch **Erteilung eines neuen Sachbescheides** den Weg zu einem neuen Urteil eröffnen kann, ist streitig, aber zu bejahen, da die materielle Rechtskraft eine Rechtsposition bedeutet, über die der Rechtsträger verfügen kann[10]; vgl. auch unten Rn. 10b.

Die **Bindung** kann sich auch für einen späteren anderen Prozess mit an **5a** sich anderem Streitgegenstand auswirken, wenn die rechtskräftig entschie-

---

5 Baumbach/Hartmann Einf. §§ 322–327 Rn. 4 ff. m. zahlr. Belegen; Thomas/Putzo § 322 Rn. 5 ff.
6 Hierzu BAG NJW 1973, 1902; Habscheid FamRZ 73, 432; Nicklisch, Bindung der Gerichte 1966.
7 BVerwGE 11, 242; 25, 7; Buchh. 448.0 § 5 WPflG Nr. 23; Baumbach/Hartmann Vor §§ 322–327 Rn. 12.
8 BVerwGE 14, 359; 35, 234; DVBl. 1982, 953; Haueisen NJW 1960, 313; Ule S. 312 ff.
9 Detterbeck NVwZ 1994, 35.
10 A.A. BVerwGE 35, 234; DÖV 1974, 357.

dene Frage dort zwischen den gleichen Beteiligten **Vorfrage** ist[11]. Denn Zweck des § 121 ist es zu verhindern, dass die aus einem festgestellten Tatbestand hergeleitete Rechtsfolge, über die durch Urteil entschieden worden ist, bei unveränderter Sach- und Rechtslage erneut – mit der Gefahr unterschiedlicher Ergebnisse – zum Gegenstand eines Verfahrens zwischen denselben Parteien gemacht wird[12]. Zu einer **Änderung der Sachlage** führen – hier ebenso wie bei § 51 Abs. 1 Nr. 1 VwVfG – Entwicklungen tatsächlicher Art, aber grundsätzlich nicht lediglich die Beibringung neuer Beweismittel[13]; eine – im Hinblick auf § 51 Abs. 1 Nr. 2 VwVfG allerdings bedenkliche – Ausnahme soll für Fälle der Beweisnot gelten[14]. Eine **Änderung der Rechtslage** tritt ein, soweit die die Entscheidung tragende gesetzliche oder untergesetzliche Norm[15] nachträglich in entscheidungserheblicher Weise geändert wird[16]. Dies soll auch für eine gegenüber einer abweichenden Rechtsprechung lediglich klarstellende bzw. bestätigende Gesetzesnovelle gelten[17]. Ob auch eine **Änderung der höchstrichterlichen Rechtsprechung** zu einer Änderung der Rechtslage führt, ist umstritten[18]; hierzu § 42 Rn. 129.

6   3. **Personeller Umfang.** Die **Bindung an die Entscheidung tritt für alle Beteiligten ein,** also sowohl für Kläger und Beklagten wie auch für Beigeladene, VBI und VöI, wenn letztere sich beteiligen; Voraussetzung ist aber die Identität des Streitgegenstands, die bei verbundenen Verfahren nicht selbstverständlich ist[19]. Ebenso für **präkludierte Personen** nach § 65 Abs. 3. Die zu dem VerwProzess eines Ausländers gegen einen Bescheid, mit dem ihm die Verlängerung der Aufenthaltserlaubnis versagt wurde, nicht notwendig beizuladende Ehefrau ist durch diesen Bescheid zwar in ihren Rechten betroffen, gleichwohl wird sie von der Rechtskraft des gegen ihren Ehemann ergangenen Urteils und der Bestandskraft der zu Grunde liegenden behördlichen Bescheide nicht erfasst, weshalb beides einer Klage ihrerseits gegen denselben Bescheid nicht entgegensteht[20].

6a   Dabei bindet eine Entscheidung gegen die **Behörde** auch die zugehörige **Körperschaft** und umgekehrt, ebenso die ursprüngliche Behörde bei Entscheidung gegen die **Widerspruchsbehörde**[21] und die **Widerspruchsbehörde** bei Entscheidung gegen die **Ausgangsbehörde**[22]. Darüber hinaus besteht die Bindung im Rahmen gemeindlicher **Auftragsverwaltung** sowohl für die Gemeinde wie für die der Gemeinde übergeordneten staatlichen

11   BVerwGE 17, 293; 25, 7.
12   BVerwGE 70, 156; 96, 24; 108, 30.
13   BVerwG NVwZ 1986, 293; Schoch/Clausing Rn. 72; Eyermann/Rennert Rn. 46.
14   BVerwGE 70, 156.
15   BVerwGE 70, 227: Bebauungsplan.
16   BVerwGE 95, 86; Eyermann/Rennert Rn. 48; Schoch/Clausing Rn. 73.
17   BVerwG Buchh. 310 § 121 VwGO Nr. 35; Eyermann/Rennert Rn. 48; zu Recht abl. Schoch/Clausing Rn. 73.
18   Verneinend BVerwGE 95, 86; 91, 256; Eyermann/Rennert Rn. 49; Schoch/Clausing Rn. 74 ff.; bejahend BSGE 36, 120; 28, 141; 26, 89.
19   BVerwG DÖV 1993, 1094.
20   BVerwGE 102, 12.
21   BGH DÖV 1962, 791.
22   Schoch/Clausing Rn. 96.

Behörden[23], was entsprechend für andere Formen der Auftragsverwaltung gilt[24].

Für den **Beigeladenen** gilt die Bindung auch, wenn er sich in das Verfahren **6b** trotz Beiladung nicht eingeschaltet hat. Ist die Beiladung selbst unterblieben, so fehlt die Bindungswirkung, auch wenn die Voraussetzungen der Beiladung vorgelegen haben[25], es sei denn, es ist kein Antrag nach § 65 Abs. 3 gestellt worden. Ist die notwendige Beiladung unterblieben, so bindet das Urteil keinen Beteiligten (§ 65 Rn. 22). Die Bindung des notwendigen Beigeladenen entspricht der der Hauptbeteiligten, weil die Urteilsformel unmittelbar auf seine Rechte einwirkt[26]; eine Bindung des notwendig Beigeladenen verneint das BVerwG jedoch, wenn dieser seinerseits seine Rechte in einem gleichzeitig von ihm anhängig gemachten Verfahren durchzusetzen sucht[27]. Hingegen wird der einfache Beigeladene lediglich insoweit gebunden, als er in einem anderen Verfahren die Richtigkeit der getroffenen Entscheidung, soweit er hierauf Einfluss nehmen konnte, nicht mehr bestreiten kann[28]. Jedenfalls ist ein – einfach – Beigeladener materiell nur beschwert, wenn er geltend machen kann, auf Grund der Bindungswirkung des angefochtenen Urteils präjudiziell und – mittelbar – in seinen subjektiven Rechten betroffen zu sein[29].

Die Bindung erstreckt sich auch auf die **Rechtsnachfolger**. Der Begriff der **6c** Rechtsnachfolge ist mit dem des § 325 ZPO identisch[30]. Rechtsnachfolger ist jeder, der nach Rechtshängigkeit in das volle oder geminderte Recht des Vorgängers durch Rechtsgeschäft, Gesetz oder Staatsakt eintritt. Wann dies der Fall ist, kann oft streitig sein, da die Fragen der Nachfolge in öffentlich-rechtlichen Pflichten und Rechte noch wenig geklärt sind[31]. Auf Seiten der öffentlichen Hand gilt dies auch bei Zuständigkeitswechseln, wenn nunmehr eine andere Körperschaft zum Erlass des streitigen VA zuständig ist[32]. Im Einzelnen vgl. § 90 Rn. 6, freilich nur die Fälle der Rechtsnachfolge während des anhängigen Verfahrens betreffend; vgl. auch § 94 Rn. 7. Die Konsequenzen sind nicht stets die gleichen. Liegt z.B. ein **belastender VA** vor, der im **Ermessen** der Behörde steht, tritt Bindung des Rechtsnachfolgers an rechtskräftige Entscheidung nicht ein, wenn zu den Ermessenserwägungen personenbezogene Umstände gehören, da diese bei dem Rechtsnachfolger anders gelagert sein können[33]. Mindestens kann Rechtsnachfolger das Wiederaufgreifen des Verfahrens verlangen (§ 51 VwVfG). Eine Beiladung ist jedenfalls nicht notwendig, um bei (nicht per-

---

23 Koblenz AS 9, 150; OLG Celle DVBl. 1958, 549.
24 Wie hier für den Bundesstraßenbau Bader/Kuntze Rn. 11 unter Hinweis auf BVerwG Buchh. 234 § 59a Nr. 1.
25 Kassel VRspr. 1, 369.
26 Aber auch nicht weiter gehen kann, wie Münster DÖV 1964, 790 m. abl. Anm. von Menger VerwA 56, 96 meint.
27 BVerwG Buchh. 310 § 121 Nr. 56.
28 Eyermann/Rennert Rn. 41 f.; keine Interventionswirkung entsprechend § 68 ZPO: Lüneburg VRspr. 30, 754.
29 BVerwGE 104, 289; BVerwG VIZ 1999, 538; Mannheim UPR 1998, 318; Mannheim NVwZ-RR 1998, 388.
30 Beamtenwitwe BVerwGE 21, 214.
31 Hierzu etwa BVerwGE 70, 156; Buchh. 310 § 121 VwGO Nr. 80.
32 Groschupf DVBl. 1963, 661.
33 Lüneburg NJW 1980, 78.

sonengebundenen) Entscheidungen die Rechtskraftbindung auf den Rechtsnachfolger zu bewirken[34].

7 **4. Materieller Umfang.** a) **Streitgegenstand.** Die Rechtskraft bindet, soweit über den Streitgegenstand entschieden ist. Während für die einfache Leistungs- und die Feststellungsklage die Bestimmung des Streitgegenstandes in der Regel keine Schwierigkeiten macht (vgl. unten Rn. 13 f.), bestehen in der Dogmatik über den **Streitgegenstand in Anfechtungs- und Verpflichtungsklagen** Unklarheiten. Mit Recht hat schon Bachof II S. 199 auf BVerwGE 16, 224 hingewiesen. Als Rechtskraftwirkung wird dort bezeichnet, dass die Behörde den aufgehobenen VA bei gleicher Sachlage nicht mit derselben Begründung wiederholen dürfe. Geht man von diesem Ergebnis der Rechtskraft aus (oben Rn. 5), so ist nicht nur die Behauptung des Klägers, er sei durch den VA oder seine Ablehnung in seinen Rechten verletzt, Streitgegenstand[35], sondern die Feststellung, ob ein bestimmtes Verhalten der Behörde überhaupt und ein für alle Mal – gleich bleibende Verhältnisse vorausgesetzt – rechtmäßig ist oder nicht (Bachof II S. 199). Die Judikatur zu § 121 ist bemerkenswert schmal; aus der Wissenschaft sei auf Detterbeck, Streitgegenstand und Entscheidungswirkung im öffentlichen Recht, 1995, verwiesen. Das BVerwG beschränkt sich auf die Formel, der Streitgegenstand werde durch den Klageantrag und den Klagegrund bestimmt[36]. Grundlegend Ule S. 215 ff., 312 ff.; ferner Schmitt Glaeser Rn. 112 ff.

8 **b) Formel und Entscheidungsgründe.** Für den **sachlichen Umfang der Bindungswirkung** ist von der **Urteilsformel** auszugehen. Sie reicht freilich vielfach zur Bestimmung des Umfangs der Rechtskraft nicht aus. Wird die Klage abgewiesen, so mussen die **Entscheidungsgründe** stets zur Bestimmung der Rechtskraftwirkung herangezogen werden, da die Urteilsformel aus sich heraus allein hierzu nichts aussagt[37]. Aber auch, wenn der Klage stattgegeben wird, bedarf es des Rückgriffs auf die Entscheidungsgründe, um den Umfang festzustellen, in dem das Urteil die Streitfragen endgültig klärt. Wenn auch die Entscheidungsgründe nicht an der Rechtskraft teilnehmen, so werden sie deshalb doch von der Rechtskraft erfasst. Diese Heranziehung der Entscheidungsgründe ist im Verwaltungsprozess noch häufiger als im Zivilprozess notwendig, weil vielfach das Gericht nicht die gesamten komplexen Voraussetzungen eines angefochtenen oder beantragten VA prüft, sondern lediglich die gegenwärtigen, möglicherweise nur formellen Streitpunkte. Wenn § 113 Abs. 5 für den Fall der Verpflichtungsklage ausdrücklich anordnet, dass die Behörde bei erneuter Entscheidung die Rechtsauffassung des Gerichts zu Grunde zu legen hat, so werden insoweit die Entscheidungsgründe ausdrücklich in die Bindung der Rechtskraftwirkung einbezogen[38]. Das gilt nicht für bloße Hinweise für die weitere Behandlung der Sache[39] oder nicht entscheidungserhebliche Rechtsausführungen[40]. Soweit in den Entscheidungsgründen materiell-

---

34   BVerwG B. v. 11.1.2001 – 9 B 40/01 juris.
35   So BVerwG Buchh. 316 § 51 Nr. 18.
36   BVerwGE 52, 247; 70, 110; 96, 24; Buchh. 310 § 40 Nr. 195; auch DVBl. 1992, 1224; NVwZ 1996, 66.
37   BVerwG VRspr. 12, 377; Buchh. 310 § 138 Ziff. 6 VwGO Nr. 41.
38   BVerwGE 14, 359; 17, 293; 70, 159; DokBer. A 1990 S. 441; BSG VerwA 50, 393; Menger VerwA 52, 422; a.A. Kassel VerwA 52, 422.
39   BVerwG DVBl. 1963, 64.
40   BVerwG MDR 1965, 154.

rechtliche Vorfragen geprüft sind, tritt keine Bindung ein und sie können deshalb in einem anderen Verfahren zwischen den gleichen Beteiligten neu und anders beantwortet werden[41]. Ist die rechtskräftige Entscheidung über einen prozessualen Anspruch für einen anderen prozessualen Anspruch zwischen den gleichen Beteiligten **vorgreiflich**, bindet die rechtskräftige Entscheidung. Erfasst wird davon (nur) die im Urteilsausspruch zum Ausdruck kommende Rechtsfolge[42]. Widersprechen sich Urteilsformel und Entscheidungsgründe, so ist allein die Urteilsformel maßgeblich[43]. Beschränkt sich ein Rechtsmittel auf den abgelehnten **Hauptantrag**, erwächst die Entscheidung über den **Hilfsantrag** in Rechtskraft. Diese soll unwirksam werden, wenn das Rechtsmittelgericht dem Antrag stattgibt[44]. Neue Probleme einer – möglichen – **Rechtskraftwirkung** sind mit § 113 **Abs. 2 und Abs. 3** in der Fassung des NeuregelungsG 1990 verbunden. Sie werden dort (§ 113 Rn. 13, 26) behandelt. Zu den Auswirkungen von Gesetzesänderungen auf die Rechtskraftwirkung vgl. BVerwGE 19, 33.

c) **Bindung für alle Gerichte.** Die Bindung tritt **nicht nur im Verwaltungs-**   **9** **prozess**, sondern für alle Gerichte ein. Der BGH erkennt deshalb für den **Amtshaftungsprozess** an, dass bei obsiegendem Urteil in Anfechtungsprozessen die Rechtswidrigkeit des VA für die Zivilgerichte bindend festgestellt ist[45], ohne dass sie die Begründung dieser Feststellung zu übernehmen haben. Ist die Anfechtungsklage abgewiesen, so steht für den Zivilprozess bindend die Wirksamkeit des VA fest[46] und scheitert deshalb die Amtshaftungsklage. Die Möglichkeit des Entschädigungsanspruchs aus enteignungsgleichem Eingriff hat BGHZ 15, 17 offen gehalten. Dabei ist die Rechtskraftwirkung von Amts wegen zu beachten, die Beteiligten können hierauf nicht verzichten[47]. Die Bindung schließt aber nicht aus, dass die Verwaltung trotz Obsiegens im Verfahren den angefochtenen VA aufhebt oder den beantragten VA erlässt[48], wie überhaupt die Beteiligten außerhalb des Verfahrens auf die Rechte aus einem rechtskräftigen Urteil verzichten können.

d) **Anfechtungsklage. Weist** das Gericht die **Anfechtungsklage** durch Sach-   **10** urteil **ab,** so steht für die Beteiligten fest, dass der Kläger durch den VA nicht in seinen Rechten verletzt worden ist. Ist der Verwaltungsakt tatsächlich nichtig, kann die materielle Rechtskraft seine Unwirksamkeit nicht verdrängen. Eine materiell-rechtliche Gestaltungswirkung der Rechtskraft besteht nicht (Rn. 4). **Hebt** das **Gericht** den angefochtenen **VA auf,** so bindet die Aufhebung nur insoweit, als das Gericht den VA missbilligt hat. Ein VA, dessen Rechtswidrigkeit durch rechtskräftiges Urteil nach § 113 Abs. 1 S. 4 festgestellt worden ist, entfaltet keine Regelungswirkung[49]. Ist er aus formellen Gründen aufgehoben, so erschöpft sich die

---

41 BVerwG DVBl. 1959, 398; BSG NJW 1959, 262; Freiburg VRspr. 7, 129; München BayBgm. 1949, 43 ff.; Haueisen NJW 1960, 313.
42 BVerwGE 96, 24.
43 BGH NJW 1951, 837.
44 BVerwG B. v. 30.11.1993 – 7 B 91.93, n.v.
45 BGHZ 9, 329; 10, 220; 20, 379; 77, 338 ff.; 90, 4 ff., 95, 28 ff.; 113, 17; die Bindungswirkung wird aber nur für Urteile anerkannt, nicht für »bloß« bestandskräftige VA; vgl. Stuttmann NJW 2003, 1432.
46 BGHZ 15, 17.
47 BVerwG DVBl. 1962, 265; BSG NJW 1961, 1499.
48 Eyermann/Rennert Rn. 27, 33; Kopp/Schenke Rn. 13.
49 BVerwGE 116, 1.

Bindung in dieser Feststellung, hindert aber die Behörde nicht daran, den VA nunmehr formell ordnungsgemäß mit gleichem Tenor erneut zu erlassen. Das Gleiche gilt bei Aufhebung wegen eines Ermittlungs- oder Bewertungsdefizites, das im Verfahren selbst nicht ausgeräumt werden kann (vgl. § 108 Rn. 29). Wird der **VA nur teilweise aufgehoben** (vgl. § 113 Rn. 6), so beschränkt sich die Rechtskraftwirkung gegen die Behörde auf diesen Teil. Der Ausspruch des Gerichts bedeutet, dass unter den gegebenen tatsächlichen und rechtlichen Verhältnissen zum für die Entscheidung maßgeblichen Zeitpunkt[50] (§ 108 Rn. 17 f.) der VA rechtmäßig oder rechtswidrig war.

10a Ändern sich die sachlichen oder rechtlichen Verhältnisse nach diesem Zeitpunkt oder werden neue tatsächliche Umstände bekannt oder Anträge gestellt, so kann entweder der Kläger erneut den VA anfechten oder die Behörde erneut einen VA mit gleichem Verfügungssatz erlassen, ohne dass die Rechtskraftwirkung entgegensteht (vgl. Rn. 5a)[51]. Die Rechtskraftwirkung endet, wenn nach dem für das rechtskräftige Urteil maßgeblichen Zeitpunkt neue, für die Streitentscheidung erhebliche Tatsachen eingetreten sind, die sich so wesentlich von den damls gegebenen Umständen unterscheiden, dass auch unter Berücksichtigung des Zwecks der Rechtskraft eine erneute Sachentscheidung gerechtfertigt ist. Zeitablauf alleine stellt keine wesentliche Änderung der Sachlage dar, da die Rechtskraftwirkung zeitlich nicht begrenzt ist[52]. Auf eine solche Änderung der Umstände kann sich der Beteiligte auch im Verwaltungsvollstreckungsverfahren berufen[53]. Dagegen steht einer bloßen Änderung der Anschauung bei gleich bleibender Sach- und Rechtslage – etwa Wechsel der Auffassung über das öffentliche Interesse oder andere Auslegung der unverändert gebliebenen Norm – die Rechtskraftwirkung entgegen. Sehr klar und eindeutig hierzu BVerwGE 91, 256 unter Aufhebung der Entscheidung der Vorinstanz[54]: »Im Falle einer erfolgreichen Anfechtungsklage wirkt sich ein rechtskräftiges Urteil in dem in § 121 umschriebenen Rahmen nicht nur auf den seinerzeit angefochtenen, sondern auch auf nachfolgende VA aus. Der im Vorprozess unterlegenen Behörde ist es verwehrt, bei unveränderter Sach- und Rechtslage gegen denselben Betroffenen einen neuen VA aus den vom Gericht missbilligten Gründen zu erlassen. Die Rechtskraftwirkung tritt auch bei sachlicher Unrichtigkeit des rechtskräftigen Urteils ein. Es ist daher unerheblich, dass die Unrichtigkeit später höchstrichterlich bestätigt wird.« Ebenso BVerwG Buchh. 316 § 51 Nr. 18; Buchh. 406.11 § 127 Nr. 60[55]. Wenn eine Änderung der Rechtsprechung nicht einmal zum Wiederaufgreifen nach § 51 VwVfG verpflichtet[56], so kann sie umso weniger die Rechtskraftwirkung beenden (vgl. auch § 42 Rn. 129). Zur Frage der Rechtskraftwirkung in die Vergangenheit vgl. Hackspiel NJW 1986, 1148.

---

50 BVerwG DVBl. 1963, 64 m. Anm. Menger VerwA 54, 289.
51 BVerwGE 4, 250; 6, 321; 14, 359; 15, 56; NJW 1957, 475; DVBl. 1960, 856; U. v. 26.7.1996 – 8 C 18.95; Koblenz NJW 1971, 1099; Althammer NJW 1959, 2046; Haueisen NJW 1959, 2137; a.A., die Änderung der Rechtsverhältnisse muss ausdrückl. sich rückwirkende Kraft beilegen: Lüneburg OVGE 6, 261.
52 BVerwG DVBl. 2002, 340 zum Asylrecht, wo gerade nicht jede Änderung der Verhältnisse die Rechtskraftwirkung entfallen lässt, da sonst § 121 leer liefe.
53 BVerwGE 6, 321; NVwZ 1984, 432; Münster OVGE 21, 193.
54 Lüneburg DVBl. 1992, 782.
55 Kritisch Kopp/Kopp NVwZ 1994, 1; a.A. Maurer JZ 1993, 574.
56 BVerwG NJW 1981, 2595; NVwZ 1988, 143; Stelkens NVwZ 1982, 492 ff.; Stelkens/Sachs § 51 Rn. 79 ff.

Die **Behörde** kann dagegen bei rechtskräftigem obsiegendem Urteil auf die   **10b**
Rechtskraftwirkung verzichten, wenn sich die Rechtsprechung geändert
hat. Ein Anspruch hierauf besteht aber nicht[57], wenn nicht auf Grund
Selbstbindung in entsprechender Ermessensausübung[58].

e) Verpflichtungsklage. Ist die **Behörde zur Vornahme eines VA verurteilt,**   **11**
so steht auf Grund der materiellen Rechtskraft bindend fest, dass ein
Rechtsanspruch auf Erlass dieses VA besteht. Da das Urteil Spruchreife
voraussetzt (§ 113 Abs. 4 S. 1), Spruchreife aber wiederum nur bei Klärung aller Sach- und Rechtsfragen vorliegt, ergibt sich hier der Umfang
der Bindung unmittelbar aus der Urteilsformel. Die Rechtskraft kann die
Behörde auch verpflichten, den zu erlassenden VA durchzusetzen[59]. Die
zeitliche Wirkungsgrenze eines VA, etwa die Jahresfristen für Bau- oder
Bodenverkehrsgenehmigung, gilt bei der Verurteilung zum Erlass eines solchen VA nicht; die Behörde bleibt anders als beim Prozessvergleich (Rn. 3
zu § 106) auch über diese Grenze verpflichtet[60]. Dagegen kann bei Änderung der rechtlichen oder tatsächlichen Verhältnisse nach Eintritt der formellen Rechtskraft – etwa dem Erlass eines Bebauungsplanes oder einer
Veränderungssperre (§ 14 Abs. 3 BauGB erfasst nur erteilte Baugenehmigungen, nicht Ansprüche hierauf) – die Behörde den Vollzug des Urteils
verweigern und einer Vollstreckung mit der **Vollstreckungsgegenklage** ent-
gegentreten[61] (§ 167 Rn. 4). Auch die Nichtigerklärung eines Gesetzes
durch das BVerfG ist eine entsprechende Änderung der rechtlichen Verhältnisse[62].

Hat das Gericht nur die Ablehnung des beantragten VA aufgehoben und   **11a**
die **Behörde** lediglich **zu neuer Bescheidung verurteilt,** so bestimmt sich
die Bindung in erster Linie aus der in den Entscheidungsgründen niedergelegten Rechtsauffassung des Gerichts, welche die Behörde nach § 113
Abs. 5 S. 2 zu beachten hat[63]. Die Behörde kann erneut den VA ablehnen,
ohne dass die materielle Rechtskraft entgegenstünde, wenn andere vom
Gericht nicht geprüfte oder neu eingetretene Umstände die Ablehnung
rechtfertigen. Die Bindungswirkung des Bescheidungsurteils entfällt, soweit sich die diesem zu Grunde liegende Sach- und Rechtslage geändert
hat[64].
Zur **Rechtskraftwirkung** eines Bescheidungsurteils allgemein BVerwG
NJW 1996, 737; im **Nachbarstreit,** wenn der notwendig Beigeladene, nicht
aber der Kläger hiergegen Berufung einlegt, BVerwG UPR 1991, 400.

Ist die Verpflichtungsklage abgewiesen, so kann der gleiche Antrag neu   **12**
gestellt und muss er neu beschieden werden, wenn die **Sach- und Rechts-**
lage sich **verändert** hat[65]. Werden keine veränderten Umstände behauptet
und hat die Behörde unter Hinweis hierauf jede Sachentscheidung abge-

---

57   BVerwGE 28, 122; MDR 1970, 951.
58   BVerwGE 26, 154.
59   Lüneburg DVBl. 1965, 777.
60   München BayVBl. 1975, 115; ähnlich BGH DVBl. 1962, 177.
61   Vgl. BVerwG NVwZ 1985, 563; Lüneburg OVGE 29, 494.
62   BVerwG Buchh. 310 § 121 Nr. 48.
63   BVerwGE 29, 1; NJW 1983, 407; Buchh. 310 § 121 Nr. 54; NJW 1996, 737;
      NVwZ 1996, 66; Münster NWVBl. 1992, 299.
64   Kassel NVwZ-RR 1999, 805.
65   BVerwG NJW 1957, 475.

lehnt, so ist die Klage ohne erneute Prüfung als unbegründet abzuweisen[66]. Das gilt auch, wenn die Behörde den Sachverhalt erneut geprüft und eine neue Sachentscheidung mit gleichem Ergebnis erlassen hat[67], es sei denn, dass der VA nunmehr anders begründet wird[68]. Zur Frage der Zweitentscheidung im Verwaltungsverfahren und Vorverfahren vgl. § 42 Rn. 35, insbesondere auch Stelkens/Sachs § 51 Rn. 22 ff. Behauptet der Kläger veränderte Umstände, liegen sie aber nicht vor, so erfolgt Abweisung als unbegründet wegen Rechtskraftwirkung[69]. Veränderte Umstände wurden auch bei Auffinden neuer Beweismittel aus amtlichem Gewahrsam angenommen (vgl. aber Rn. 5a[70]). Die Rechtskraft eines die Verpflichtung zum Bauvorbescheid ablehnenden Urteils steht auch einer späteren Klage auf Erteilung der Baugenehmigung entgegen. Sie ist nicht unzulässig, aber – ohne Änderung der Sach- und Rechtslage – unbegründet; das Gericht kann sich insoweit auf die Bindung der früheren Entscheidung berufen[71].

13 f) **Einfache Leistungsklage.** Die **Bindungswirkung** bei einfachen Leistungsklagen bildet keine Besonderheit. Sie entspricht der Rechtskraftwirkung des Zivilprozesses. Nach Auffassung des BVerwG soll die rechtskräftige Verurteilung zur Zahlung für die spätere Klage auf Zahlung von Zinsen eine erneute Prüfung der Hauptforderung nicht ausschließen[72]. Der Entscheidung ist nicht zuzustimmen, da übersehen wird, dass an der Bindungswirkung sich nichts dadurch ändert, dass das rechtskräftig festgestellte Rechtsverhältnis oder der rechtskräftig festgestellte Anspruch in einem anderen Verfahren nur die rechtliche Vorfrage ist[73].

14 g) **Feststellungsklage.** Auch die **Bindungswirkung** bei Feststellungsklagen entspricht den Grundsätzen, die für den Zivilprozess entwickelt worden sind. Wird die Feststellungsklage aus materiell-rechtlichen Grunden, nicht wegen fehlenden Rechtsschutzinteresses abgewiesen, so steht die materielle Rechtskraft auch einer Leistungsklage entgegen[74]. Wird die **negative Feststellungsklage** abgewiesen, so steht mindestens das Rechtsverhältnis und damit der Anspruchsgrund für eine folgende Leistungsklage fest[75]. Für die **Fortsetzungsfeststellungsantrag** im Anschluss an eine Verpflichtungsklage hat das BVerwG (DVBl. 1992, 1224) die These aufgestellt, er sei unzulässig, wenn der für seine Beurteilung maßgebliche Zeitpunkt sich nicht mit dem des ursprünglichen Begehrens decke und sich darüber hinaus die Beurteilungsgrundlage ändere. Der Entscheidung liegt ein Begriff des Streitgegenstandes für eine Verpflichtungsklage zu Grunde, zu dem auch der für das Verpflichtungsbegehren entscheidende Zeitpunkt gehört. Damit wird der Streitgegenstand nicht nur materiell-rechtlich angereichert, sondern auch verengt, da er regelmäßig die Frage der Rechtmäßigkeit des Verhaltens der Behörde überhaupt, nicht aber zu einem bestimmten Zeit-

---

66 BVerwG 310 Buchh. § 121 Nr. 26.
67 Str.; wie hier BVerwGE 35, 234; 15, 56; Eyermann/Rennert Rn. 33; a.A. BVerwG DVBl. 1960, 857; BSG NJW 1959, 2183; differenzierend Kopp/Schenke Rn. 13.
68 Auch dann kann Rechtskraft entgegenstehen, BVerwG DÖV 1968, 843.
69 BVerwG MDR 1966, 868, oben Rn. 5.
70 BVerwGE 19, 153.
71 Mannheim NVwZ 1992, 896.
72 BVerwGE 12, 266; RG JW 1926, 812.
73 Vgl. RGZ 80, 323.
74 BVerwGE 25, 7.
75 BVerwGE 16, 36; hierzu Tiedtke NJW 1990, 1697.

punkt umfasst[76]. Wird in einem Fortsetzungsfeststellungsurteil festgestellt, dass die Baugenehmigungsbehörde zur Erteilung einer Baugenehmigung verpflichtet war, die sie wegen Versagung des gemeindlichen Einvernehmens abgelehnt hatte, wird zugleich mit bindender Wirkung zwischen Kläger und beigeladener Gemeinde festgestellt, dass die Versagung des Einvernehmens rechtswidrig war; hierdurch wird die Beigeladene in einer zur Rechtsmitteleinlegung berechtigenden Weise materiell beschwert[77].

h) **Normenkontrolle.** Bindungswirkung für alle Beteiligten hat auch die **14a** Entscheidung im **Normenkontrollverfahren,** mit der der Antrag abgewiesen wird[78]. Deshalb kann in einem zweiten Normenkontrollverfahren nicht mit Erfolg geltend gemacht werden, die Norm sei vor dem Zeitpunkt der ersten Entscheidung funktionslos geworden[79]. Wird dem Antrag stattgegeben, so nicht Bindung nach § 121, sondern **Allgemeinverbindlichkeit** nach § 47 Abs. 5 S. 2. Diese führt auch dazu, dass die Gemeinde bei unveränderter Sach- und Rechtslage gehindert ist, einen neuen Bebauungsplan mit gleichem Inhalt zu erlassen[80]. Im Einzelnen hierzu § 47 Rn. 45. Eine Bindung des Normenkontrollgerichts an eine Inzidententscheidung über die Gültigkeit eines Bebauungsplanes besteht nicht; ihr fehlt bereits der personale Bezug[81]. Zur Bindungswirkung von Vorabentscheidungen des **EuGH** vgl. BVerfGE 75, 223.

i) **Prozessurteile.** Prozessurteile entfalten Rechtskraft nur hinsichtlich der **15** entschiedenen **Sachurteilsvoraussetzungen.** Werden diese nachträglich geschaffen, so steht das Urteil einem neuen Verfahren nicht entgegen[82].

k) **Massenverfahren.** § 121 Nr. 2 zieht für die **präkludierte Beiladung** im **15a** Massenverfahren die Konsequenz einer **fingierten Rechtskraftwirkung.** Die verfassungsrechtliche Zulässigkeit mag nicht unbedenklich sein[83]. Praktische Bedeutung wird die Bestimmung kaum haben, da es zur Anwendung des § 65 Abs. 3 kaum kommen wird. Die Rechtskraftwirkung bedarf keiner besonderen Erläuterung.

l) **Durchbrechung.** Im Zivilprozess ist eine Durchbrechung **der Rechts-** **16** **kraftwirkung** anerkannt worden, wenn ein unrichtiges Urteil durch unlautere Mittel eines Beteiligten herbeigeführt worden ist[84]. Die Durchbrechung wird **aus materiell-rechtlichen Erwägungen,** i.d.R. aus § 826 BGB hergeleitet, geht aber letztlich auf den Grundsatz von Treu und Glauben zurück, der auch das Prozessrecht beherrschen muss. Die Lehre dürfte auch für den VerwProzess zu übernehmen sein, sollte aber auch hier wie

---

76 Hierzu im Einzelnen Redeker DVBl. 1992, 1225.
77 Mannheim NVwZ 1997, 198.
78 BVerwG NJW 1984, 2903; NVwZ 1994, 236.
79 BVerwG UPR 1990, 389.
80 BVerwG DVBl. 2000, 800; Rieger UPR 2003, 161.
81 BVerwG ZfBR 1992, 139.
82 BVerwG NJW 1968, 1795.
83 Vgl. Kopp/Schenke Rn. 32.
84 RGZ 78, 393; 155, 55; 156, 265; BGH NJW 1951, 759; BGHZ 26, 391; vgl. § 141 Rn. 2.

im Zivilprozess nur auf besondere Ausnahmefälle angewandt werden können[85].

17 5. **Tatbestands- und Feststellungswirkung.** Von der Rechtskraftwirkung ist die **Bindung von Verwaltungsbehörden oder Gerichten an bestimmte Feststellungen oder Tatbestände** zu unterscheiden, die nach speziellen gesetzlichen Bestimmungen besteht, eine rechtskräftige Entscheidung nicht notwendig voraussetzt und auf materiellem Recht beruht, deshalb hier nicht näher zu erörtern ist[86]. Sie sind gesetzlich besonders bestimmte Folgen der Bestandskraft von VA, wie sie in § 43 VwVfG geregelt ist[87]. Die Grenzen werden verwischt, wenn auch die Feststellungs- oder Tatbestandswirkung auf den Grundsatz »Ne bis in idem« zurückgeführt und damit der Rechtskraftwirkung angenähert wird. Die im Ergebnis zutreffende Rechtsprechung des BVerwG zur Bindungswirkung des Strafurteils bei der Verweigerung der Fahrerlaubnis nach Ablauf der Sperrfrist bedarf deshalb dogmatisch anderer Begründung, da diese Bindung nichts mit der materiellen Rechtskraft zu tun hat[88]; zur Bindung an ein Berufsverbot nach §§ 70 ff. StGB vgl. BVerwGE 15, 282 m. Anm. v. Ule DVBl. 1963, 674.

17a Die Rechtskraft des eine frühere Klage abweisenden Urteils schließt ein **Wiederaufgreifen** des Verfahrens gemäß § 51 VwVfG nicht aus[89]. Denn Streitgegenstand ist in diesem Fall der Anspruch des Antragstellers aus § 51, den der Gesetzgeber in Durchbrechung des § 121 normativ selbstständig geregelt hat.

III. Rechtskraftbescheinigung

18 Über den Eintritt der formellen Rechtskraft ist auf Antrag, den jeder Besitzer der Urteilsausfertigung stellen kann, gem. § 167, § 706 ZPO die Rechtskraftbescheinigung auszustellen. Zuständig hierfür ist die Geschäftsstelle des Gerichts des ersten Rechtszuges, oder wenn das Verfahren aus irgendeinem Grunde trotz der formellen Rechtskraft noch in der höheren Instanz anhängig sein sollte, die Geschäftsstelle dieses Gerichts. Ein Notfristattest gem. § 706 Abs. 2 ZPO braucht nicht vorgelegt zu werden. Es ist Aufgabe der Geschäftsstelle festzustellen, ob ein Rechtsmittel etwa beim Rechtsmittelgericht eingelegt ist. Im Einzelnen kann auf die Ausführungen der Kommentare zu § 706 ZPO verwiesen werden.

IV. Selbstbindung der Gerichte

19 Die materielle Rechtskraft des § 121 bindet nur die Beteiligten und nur, soweit diese gebunden sind, auch das Gericht, da es nur im Rahmen dieser Bindung entscheiden kann. Eine andere Frage ist die **Bindung der Gerichte**

85 Eyermann/Rennert Rn. 54; Schoch/Clausing Rn. 114 f.; Baumbach/Hartmann Einführung §§ 322–327 Rn. 28 ff.; Prütting-Werth, Rechtskraftdurchbrechung bei unrichtigen Titeln, Köln, 1988.
86 Vgl. zu den Begriffen Stelkens/Sachs § 43 Rn. 112 ff.; Meyer-Borgs § 35 Rn. 8 f.; Kopp/Ramsauer § 43 Rn. 16 ff.
87 Vgl. Knöpfle BayVBl. 1982, 225 ff.
88 So jetzt auch BVerwG JZ 1977, 45; vgl. BVerwG DAR 1965, 249; DVBl. 1964, 673; auch VG Frankfurt NJW 1991, 3235; Martens NJW 1963, 139.
89 BVerwGE 70, 110 ff.; 82, 272; dazu Sachs JuS 1985, 447.

untereinander. Sie bestimmt sich zunächst nach ausdrücklicher Gesetzesbestimmung und, wo diese fehlt, aus dem Wesen der funktionellen Zuständigkeit (vgl. § 130 Rn. 9).

1. Das **Gericht ist an sein eigenes Urteil** unabhängig von der formellen Rechtskraft **stets gebunden** (§ 173, § 318 ZPO).

2. Das **VG** ist im Falle der **Zurückverweisung** an die rechtliche Beurteilung **20** des OVG oder BVerwG[90], auch zur Auslegung des Klageantrages[91], das OVG an die rechtliche Beurteilung des BVerwG gebunden (§ 130 Abs. 2, § 144 Abs. 6[92]; zum Gemeinschaftsrecht vgl. § 1 Rn. 19). Dagegen hat es neues tatsächliches Vorbringen zu berücksichtigen[93], sodass im Ergebnis trotz der Bindung durch §§ 130, 144 die Entscheidung auf Grund neuer tatsächlicher Umstände auch zu neuen rechtlichen Ergebnissen führen kann. Die Bindung erstreckt sich nicht auf Hinweise des Revisionsgerichts zur weiteren Bearbeitung. Werden sie übergangen, wird aber regelmäßig die Revision zuzulassen sein.

3. **BVerwG** und **OVG** sind im Falle erneuter Befassung mit der Sache nach **21** vorheriger Zurückverweisung grundsätzlich an ihre eigene rechtliche Beurteilung gebunden[94], auch bei Rücklauf an einen anderen Senat[95]. Das soll nach GemS. BVerwGE 41, 363 nicht gelten, wenn das Revisionsgericht seine Rechtsauffassung vor seiner zweiten Entscheidung geändert und bekannt gegeben hat, eine aus der Sicht der Beteiligten unhaltbare These, zumal einer von ihnen auch noch mit den Kosten solcher Meinungswechsel belastet werden kann. Einen Fall der Bindung des Revisionsgerichts an eine Zurückverweisungsentscheidung des Berufungsgerichts nach Einlegung der Sprungsrevision gegen die erneute Entscheidung des VG behandelt BVerwG DÖV 1978, 416. Im Einzelnen vgl. § 130 Rn. 9; § 144 Rn. 9. Die Selbstbindung gilt nicht notwendig im VerwVorverfahren[96]. Zur Selbstbindung bei Musterverfahren vgl. § 93a Rn. 7.

4. Der formellen Rechtskraft fähige **Zwischenurteile** über die Zulässigkeit **22** der Klage oder den Grund des Anspruchs auch der untergeordneten Gerichte binden für die von ihnen entschiedenen Fragen auch die übergeordneten Gerichte (§ 173, §§ 512, 548 ZPO). Hierzu vgl. § 109 Rn. 5.

§ 122 [Beschlüsse und Vorbescheide]

(1) §§ 88, 108 Abs. 1 Satz 1, §§ 118, 119 und 120 gelten entsprechend für Beschlüsse.

(2) Beschlüsse sind zu begründen, wenn sie durch Rechtsmittel angefochten werden können oder über einen Rechtsbehelf entscheiden. Beschlüsse über die Aussetzung der Vollziehung (§§ 80, 80a) und über einstweilige Anordnungen (§ 123) sowie Beschlüsse nach Erledigung des Rechtsstreits in der Hauptsache (§ 161 Abs. 2) sind stets zu begründen. Beschlüsse, die über ein Rechtsmittel entscheiden, bedürfen keiner weiteren Begründung, soweit das

---

90 Hierzu BVerwGE 22, 273.
91 BGH MDR 1963, 474.
92 Hierzu Bötticher MDR 1961, 80.
93 BVerwGE 15, 56.
94 BVerfG NJW 1954, 1953; BVerwGE 9, 117; MDR 1962, 758; MDR 1966, 536, BAGE 7, 237; Menger VerwA 51, 273.
95 BVerwG NJW 1966, 798.
96 BVerwGE 10, 183.

Gericht das Rechtsmittel aus den Gründen der angefochtenen Entscheidung als unbegründet zurückweist.

§ 122 ist durch das NeuregelungsG 1990 neu gefasst. Abs. 1 ist weitgehend § 329 ZPO nachgebildet und deshalb ähnlich lückenhaft[1]. Abs. 2 beschränkt den Zwang zur Begründung von Beschlüssen; die Bestimmung knüpft an § 7 EntlG an.

A. Form und Begründung

I. Form

1 Unter **Beschlüssen** sind diejenigen **gerichtlichen Entscheidungen** zu verstehen, **die**, ohne bereits selbst Urteil zu sein, **der Erarbeitung des Urteils dienen.** Von ihnen sind die bloß prozessleitenden und sonstigen Anordnungen zu trennen, die lediglich dem Verfahrensbetrieb dienen. Sonderformen von Beschlüssen sind die Entscheidungen nach §§ 47 Abs. 5, 6, 80, 80a, 123, 125 Abs. 2, 130a und § 144 Abs. 1. Der GerBescheid (§ 84) ist kein Beschluss; er steht dem Urteil gleich und ist insoweit eine Entscheidung sui generis.

II. Begründung

2 Beschlüsse sind zu begründen, wenn
1. gegen sie ein Rechtsmittel gegeben ist. Das ist für Beschlüsse des VG regelmäßig der Fall (§ 146 Abs. 1; Ausnahme: § 146 Abs. 2 und 3), aber nicht bei Beschlüssen nach § 60 Abs. 4; nicht dagegen für Beschlüsse des OVG (Ausnahme § 99 Abs. 2, § 47 Abs. 5, § 125 Abs. 2, § 130a).
2. durch den Beschluss über einen Rechtsbehelf entschieden wird. Die Neufassung benutzt hier das Wort »Rechtsbehelf« statt wie bisher »Rechtsmittel«, will also auch Entscheidungen über Anträge erfassen, die nicht Beschwerden sind (vgl. § 124 Rn. 1), wie etwa nach §§ 60, 80, 80a, 123, 153, 166[2]. Ausdrücklich wird ergänzend die – unanfechtbare – Entscheidung über die Kosten des in der Hauptsache erledigten Verfahrens (§ 161 Abs. 2) aufgezählt;
3. im Normenkontrollverfahren durch Beschluss entschieden wird;
4. über einen Beweisantrag nach § 86 Abs. 2 entschieden wird.

3 Grundsätzlich ist die Begründung schriftlich zu geben[3]. Wird der **Beschluss in der mündlichen Verhandlung verkündet**, so kann die **Begründung** an sich aber auch **mündlich** erfolgen, ebenso wie ein solcher Beschluss keiner nachfolgenden Zustellung bedarf (§§ 56, 57, 147 Abs. 1). Soll die Rechtsmittelfrist in Lauf gesetzt werden, so ist eine **schriftliche Rechtsmittelbelehrung** erforderlich (§ 58 Abs. 1). Die Aufnahme einer mündlichen Belehrung in das Protokoll genügt nicht, da sie der Zweckbestimmung der

---

1 Vgl. Zöller/Vollkommer § 329 Rn. 4.
2 Zu §§ 60, 166 a.A. Schoch/Clausing Rn. 8.
3 Münster JMBl. NW 1979, 154; NVwZ 1988, 370; Kopp/Schenke Rn. 7; Eyermann/Happ Rn. 7; die entgegenstehende frühere Auffassung wird aufgegeben.

Schriftlichkeit der Belehrung nicht entspricht, dem Betroffenen eine Unterlage für seine Überlegungen hinsichtlich eines Rechtsmittels zu geben. Wird nicht eine schriftliche Rechtsmittelbelehrung im Termin übergeben, so beginnt die Rechtsmittelfrist erst mit der Übersendung der schriftlichen Rechtsmittelbelehrung.

Ist der **Beschluss ohne mündliche Verhandlung** erlassen worden, so ist er **4** immer schriftlich zu begründen und zuzustellen. Die Praxis wendet auf den Beschluss § 117 mit seiner Regelung von Form und Inhalt des Urteils weitgehend an, sodass auch ein den Voraussetzungen des § 122 Abs. 2 unterfallender verkündeter Beschluss regelmäßig schriftlich niedergelegt und zugestellt wird[4]. Für die Begründung genügt in der Regel die Wiedergabe des Gesetzeswortlauts nicht, es müssen vielmehr die tatsächlichen und rechtlichen Erwägungen des Gerichts im konkreten Fall dargelegt werden[5]. Auch die Bezugnahme auf die Gründe des angefochtenen VA kann genügen[6]. Bei Beschlüssen, die über ein Rechtsmittel entscheiden, kann sich die **Begründung** auf die **Bezugnahme** auf die Gründe der angefochtenen Entscheidung beschränken (Abs. 2 Satz 3).

Fehlt die Begründung, so leidet der Beschluss an einem Verfahrensmangel, **5** sodass ggf. Zurückverweisung in Frage kommt[7]. Ein zusätzliches Rechtsmittel wird durch den Mangel aber nicht eröffnet, sodass er vielfach sanktionslos bleibt.

B. Anwendbare Vorschriften

Nach § 122 sind auf Beschlüsse § 88 (Bindung an das Klagebegehren und **6** Verbot der reformatio in peius), § 108 Abs. 1 Satz 1 (Entscheidung nach freier, aus dem Gesamtergebnis des Verfahrens gewonnener Überzeugung), §§ 118 bis 120 (Berichtigung des Beschlusses, Tatbestandsberichtigung und Ergänzungsbeschluss) entsprechend anwendbar[8]. Die Aufzählung in § 122 ist nicht vollständig. Weiterhin entsprechend anwendbar sind nach allg. M. § 112, § 116, § 117 (Form und Inhalt des Urteils, Zustellung[9]; Datum der Ausfertigung, § 117 Abs. 6[10]; in der Praxis fehlt in Eilsachen oftmals der nach § 117 Abs. 2 Nr. 4 erforderliche Tatbestand[11], was weder dem Gesetzeswortlaut noch dem Sinn und Zweck des anwendbaren § 117 Abs. 2 Nr. 4 entspricht). Beschlüsse nach §§ 80, 123 werden nicht selten den Beteiligten durch Telefax übermittelt oder in Anwendung des § 116 Abs. 2 nach Übergabe des unterschriebenen Tenors von der Geschäftsstelle **fernmündlich mitgeteilt**. Sie sind damit wirksam[12]; vgl. § 116 Rn. 8. Freilich erwartet das Gericht dann auch ihre Befolgung, wozu eine Rechts-

---

4   Bader/Kuntze Rn. 8.
5   Münster DÖV 1951, 140; Stuttgart JZ 1951, 23; prägnant Mannheim DÖV 2001, 790 (LS).
6   Enger Mannheim NVwZ 2002, 1260: aus dem Beschluss selbst muss sich der Kern der Begründung ergeben.
7   Schoch/Clausing Rn. 11.
8   Zu Besonderheiten Münster OVGE 28, 90.
9   Kassel DÖV 1988, 524.
10 Dazu bei Fehlen Kassel NVwZ-RR 1991, 390.
11 Eyermann/Happ Rn. 5.
12 Hamburg NJW 1996, 1225; a.A.: nicht wirksam, Mannheim VBlBW 1986, 66.

pflicht aber erst nach Zustellung der begründeten Entscheidung besteht. Will man eine Befolgungspflicht dennoch unterstellen, so muss von der Mitteilung an die Beschwerde zulässig sein[13]; vgl. auch § 80 Rn. 61. Zur Frage der Unterzeichnung vgl. Rasehorn NJW 1957, 1866; § 121: formelle und z.T. auch materielle Rechtskraft, z.B. bei Beschlüssen nach § 54[14], § 86 Abs. 2, § 99[15], § 125 Abs. 2, § 130a, § 144 Abs. 1, § 164; materielle Rechtskraft ist auch für Beschlüsse nach § 80 anzunehmen, deshalb nicht ohne weiteres abänderbar (vgl. § 80 Rn. 66 f.); ebenso für zusprechende oder ablehnende Beschlüsse nach § 123[16]; nicht dagegen für ablehnende Entscheidungen über Prozesskostenhilfsanträge[17]; § 312 ZPO (Abwesenheit der Beteiligten bei Verkündung). Nicht anwendbar § 318 ZPO[18], was aber für die Bindung an den erlassenen Beschluss außerhalb vom Gesetz eröffneter Änderungsmöglichkeiten ohne Bedeutung ist. Ebenso muss trotz des entgegenstehenden Wortlautes § 108 Abs. 2 anwendbar sein, da das Anhörungsrecht sich aus Art. 103 GG ergibt, der für jede richterliche Entscheidung gilt.

11. Abschnitt · Einstweilige Anordnung

§ 123

(1) Auf Antrag kann das Gericht auch schon vor Klageerhebung eine einstweilige Anordnung in Bezug auf den Streitgegenstand treffen, wenn die Gefahr besteht, dass durch eine Veränderung des bestehenden Zustands die Verwirklichung eines Rechts des Antragstellers vereitelt oder wesentlich erschwert werden könnte. Einstweilige Anordnungen sind auch zur Regelung eines vorläufigen Zustands in Bezug auf ein streitiges Rechtsverhältnis zulässig, wenn diese Regelung vor allem bei dauernden Rechtsverhältnissen, um wesentliche Nachteile abzuwenden oder drohende Gewalt zu verhindern oder aus anderen Gründen nötig erscheint.

(2) Für den Erlass einstweiliger Anordnungen ist das Gericht der Hauptsache zuständig. Dies ist das Gericht des ersten Rechtszugs und, wenn die Hauptsache im Berufungsverfahren anhängig ist, das Berufungsgericht. § 80 Abs. 8 ist entsprechend anzuwenden.

(3) Für den Erlass einstweiliger Anordnungen gelten §§ 920, 921, 923, 926, 928 bis 932, 938, 939, 941 und 945 der Zivilprozessordnung entsprechend.

(4) Das Gericht entscheidet durch Beschluss.

(5) Die Vorschriften der Absätze 1 bis 3 gelten nicht für die Fälle der §§ 80 und 80a.

Übersicht

---

13   München VRspr. 30, 478; Mannheim NVwZ 1984, 528; OLG Frankfurt NJW 1974, 1389; a.A. Mannheim DVBl. 1975, 381.
14   OLG Hamm NJW 1966, 2074.
15   BVerwGE 29, 72.
16   Kassel VRspr. 25, 637; Münster OVGE 26, 127; 30, 90.
17   Kassel DÖV 1992, 588.
18   Koblenz NJW 1986, 1706; München BayVBl. 1972, 130.

A. Voraussetzungen

I. Einstweilige Anordnung und Aussetzungsverfahren

1 **1. Verhältnis zu § 80.** Die einstweilige Anordnung nach § 123 bildet zusammen mit dem Aussetzungsverfahren der § 80, § 80a, § 80b den **vorläufigen Rechtsschutz im Verwaltungsprozess.** Im Normenkontrollverfahren gilt die Sonderregelung des § 47 Abs. 6, die im Folgenden außer Betracht bleibt. Nach diesen Bestimmungen können Zwischenregelungen getroffen werden, die es vermeiden, dass während der Dauer des Rechtsstreites zur Hauptsache vollendete Tatsachen geschaffen oder aufrechterhalten bleiben. Das Aussetzungsverfahren gestattet vorläufige Regelungen während des Anfechtungsprozesses einschließlich aller Streitigkeiten über VA mit Doppelwirkung (§ 80a), das Verfahren der einstweiligen Anordnung in allen anderen Fällen verwaltungsgerichtlicher Klagemöglichkeiten. Trotz dieser gemeinsamen Zweckbestimmung sind **beide Verfahren unterschiedlich gestaltet.** Im Aussetzungsverfahren trifft das Gericht eine Ermessensentscheidung, das Verfahren bezieht sich stets auf einen bestimmten, bereits erlassenen VA, Ziel des Verfahrens ist die Anordnung oder Wiederherstellung der aufschiebenden Wirkung des eingelegten Rechtsbehelfs, im Verfahren nach § 80a auch der Anordnung der sofortigen Vollziehung. Das Verfahren setzt voraus, dass ein belastender VA ergangen ist und mindestens das Vorverfahren hiergegen anhängig ist. Im Verfahren hat im Hauptfall des § 80 Abs. 2 Nr. 4 die Behörde die besonderen Voraussetzungen der Vollziehungsanordnung darzutun und geht ein Beweismangel zu ihren Lasten. Im Verfahren der einstweiligen Anordnung dagegen trifft das Gericht eine **Rechtsentscheidung;** Gegenstand des Verfahrens ist nicht ein VA, sondern ein Recht oder ein Rechtsverhältnis des Antragstellers, die verschiedensten Anordnungen sind zulässig, das Verfahren ist selbstständig, ein anhängiges Hauptverfahren ist nicht erforderlich[1] (vgl. Rn. 16), ein Mangel der Beweisbarkeit der tatsächlichen Voraussetzungen geht zu Lasten des Antragstellers. Zahlreiche Verfahrensunterschiede, die sich aus dem Rückgriff auf die ZPO in § 123 ergeben, kommen hinzu. Wesentlich ist schließlich auch, dass der Antragsteller nach § 123 die Gefahr von Schadensersatzansprüchen gem. § 945 ZPO läuft (diese ist aber nach der Rechtsprechung des BGH eher marginal, vgl. Rn. 35), während § 945 ZPO im Bereich des § 80 nicht anwendbar ist[2]. Umfassend Finkelnburg/Jank Rn. 55 ff.; ferner Bender, Menger-Festschrift 1985, S. 657 ff.; schließlich Schoch: »Vorläufiger Rechtsschutz und Risikoverteilung im Verwaltungsrecht«, 1988, der sich mit fast allen Fallgestaltungen des vorläufigen Rechtsschutzes befasst und unabhängig von der systematisch-dogmatischen Durchdringung für die Praxis eine Fülle von Anregungen enthält, die auch von der zwischenzeitlichen Änderung des Aussetzungsverfahrens nicht überholt worden sind.

2 **2. Umdeutung.** Trotz dieser erheblichen Unterschiede kann es **nicht selten** zweifelhaft sein, ob der vorläufige Rechtsschutz nach § 80 oder nach § 123 zu beantragen und zu gewähren ist. Überall da, wo die konstruktive Unter-

---

1   Weimar ThürVBl. 2003, 256; Finkelnburg/Jank Rn. 268; Kopp/Schenke Rn. 18.
2   Zur Unterscheidung beider Verfahren vgl. besonders Quaritsch VerwA 51, 347 ff.; Schoch/Schoch Rn. 19 ff.; auch München DVBl. 1961, 416; Wieseler, Der vorläufige Rechtsschutz gegen Verwaltungsakte, Berlin 1967.

scheidung zwischen Anfechtungs-, Verpflichtungs- und Leistungsklage unklar ist (Beispiel: Umsetzung eines Beamten[3]), sind in gleicher Weise die
Formen des vorläufigen Rechtsschutzes unklar[4]. Die Rechtsprechung hat
in solchen unklaren Fällen auch die **Umdeutung** eines Antrages nach § 123
in einen solchen nach § 80 und umgekehrt zugelassen[5]. Wegen der besonderen Schwierigkeiten im asylrechtlichen Verfahren des vorläufigen
Rechtsschutzes, den statthaften Antrag zu ermitteln, wird die Umdeutung
eines Aussetzungsantrages in einen Antrag auf einstweilige Anordnung für
zulässig gehalten[6]. Bei der Bekämpfung einer Aufrechnungserklärung soll
in der Sache ein allgemeines Leistungsbegehren vorliegen (können) mit der
Folge, dass sich der einstweilige Rechtsschutz nach § 123 richtet[7]. Bei anwaltlicher Vertretung ist die Umdeutung in der Regel ausgeschlossen[8]. Dabei ist freilich der Antragsteller angesichts der bestehenden Verfahrensunterschiede, insbesondere der Regressgefahr (§ 945 ZPO bei § 123), vorher
zu befragen. Auch die gerichtliche Entscheidung kann ggf. umgedeutet
werden[9].
Im Einzelfall ist Eilrechtsschutz nach § 123 u.A. in folgenden Fällen angenommen worden: Die Anfechtung einer Kommunalwahl durch einen
Wahlbewerber erfolgt im Eilverfahren nach § 123[10]. Eine Abschiebungsandrohung kann mit Duldungsgründen außerhalb von §§ 51, 53 AuslG
nur im Eilverfahren nach § 123 angegriffen werden[11]. Vorläufiger Rechtsschutz ist nach § 123 zu verfolgen, wenn ein Verwaltungsakt ohne eine
beigefügte Bedingung erstrebt wird[12]; zum Problem der sog. modifizierten
Auflage vgl. § 80 Rn. 8.

3. Verhältnis zu § 80a. Die früher besonders umstrittene Behandlung des   **2a**
vorläufigen Rechtsschutzes bei VA mit Doppelwirkung ist durch § 80a
dem Aussetzungsverfahren zugewiesen worden. Der Abgrenzung beider
Verfahren dient auch § 123 Abs. 5. Die Bestimmung sichert, dass auch der
bisher streitige Bereich der VA mit Doppelwirkung ausschließlich im Aussetzungsverfahren nach § 80a entschieden wird. Eine einstweilige Anordnung ist zur Aussetzung der sofortigen Vollziehung oder zur Wiederherstellung der aufschiebenden Wirkung eines Rechtsbehelfs unzulässig. Überall
da, wo ein Rechtsbehelf aufschiebende Wirkung in der Form hat, dass die
Vollziehung des VA gehemmt ist, wird Rechtsschutz allein nach § 80,
§ 80a gewährt. Dies gilt auch, wenn eine Behörde auf Grund einer Genehmigung einer anderen Behörde tätig wird[13]. Ist die Vollziehungshemmung

---

3   BVerwG DVBl. 1980, 882; ausführlich Leupold DÖD 2002, 136.
4   Zur Beschränkung einer Fehlbelegungsabgabe Münster NJWE-MietR 1996, 41;
    zur Zurückstellung eines Baugesuchs VG Sigmaringen VBlBW 1999, 432: § 80
    Abs. 5; Mannheim NVwZ-RR 2003, 333: § 80a; so nun auch unter Aufgabe der
    bisherigen gegenteiligen Position Koblenz NVwZ-RR 2002, 708; Rieger BauR
    2003, 1512; vgl. BGH ZfBR 2001, 557.
5   BVerwG DVBl. 1959, 663; Greifswald GewA 1996, 76; VG Magdeburg NVwZ
    1998, 199 will mit Auslegung helfen.
6   VG Stuttgart NVwZ-Beilage I 2003, 95.
7   Magdeburg DVBl. 2002, 1064.
8   Finkelnburg/Jank Rn. 297; München NJW 1982, 1474.
9   München DVBl. 1961, 416.
10 Koblenz NVwZ-RR 1996, 521.
11 Bremen B. v. 17.2.1998 – 1 BB 33/98; weiter gehend Mannheim InfAuslR: auch
    Anspruch auf fehlerfreie Ermessensausübung bei Vorliegen der tatbestandlichen
    Voraussetzungen des § 53 Abs. 6 S. 1 AuslG.
12 Mannheim VBlBW 1997, 107.
13 Schleswig NVwZ-RR 2001, 205.

durch Rechtsbehelf eingetreten, vollzieht aber die Behörde dennoch, so ist Antrag nach § 80 Abs. 5 zu stellen und nicht der Weg nach § 123 gegeben (vgl. § 80 Rn. 29). Auch kann die Anordnung der sofortigen Vollziehung im Verfahren nach § 80a erreicht werden. Umgekehrt ist § 123 anzuwenden, wenn aus besonderen Gründen aufschiebende Wirkung durch Vollziehungshemmung nicht eintritt, etwa bei Kommunalverfassungsstreitigkeiten[14], Wahlanfechtung u.ä.m.[15]. Macht der Dritte Ansprüche gegen die Behörde auf Einschreiten gegen angeblich ungenehmigte, aber genehmigungspflichtige Rechtsbeeinträchtigungen eines Nachbarn geltend, so ist vorläufiger Rechtsschutz nur nach § 123 möglich[16] (Rn. 3a, vgl. auch § 80a Rn. 12).

3   **4. Prätendentenstreit.** Im Prätendentenstreit (vgl. § 42 Rn. 146; § 80a Rn. 14) erweist sich eine Kombination von Aussetzungsverfahren und Antrag nach § 123 als notwendig. Denn vorläufiger Rechtsschutz verlangt das Rechtsbehelfsverfahren gegen den den Konkurrenten begünstigenden VA mit Anträgen nach § 80a, § 80 sowie gegen den den eigenen Antrag ablehnenden VA mit Antrag auf vorläufigen Rechtsschutz nach § 123. Hierzu gehört etwa als typische Fallgestaltung der Schaustellerstreit um Plätze zu Volksfesten usw.[17] oder der Streit um Konzessionierung nach dem PBefG[18]. In der Rechtsprechung hat der Prätendentenstreit, der eine besondere Fallgestaltung der Konkurrentenklage ist, bei der Zuteilung und gleichzeitiger Ablehnung anderer Bewerber im Telekommunikationsrecht[19] einschließlich Rundfunkfrequenzen Bedeutung erlangt. Vorläufiger Rechtsschutz ist nur über die Kombination der Verfahren nach § 80a – Aussetzungsantrag gegen die meist angeordnete sofortige Vollziehung der Zuteilung – und Antrag nach § 123 auf Eigenzuteilung wirksam zu erreichen[20].

3a   **5. Genehmigungsfreies Bauen.** Die **Deregulierung des Bauordnungsrechts** hat den Rechtsschutz des Nachbarn nicht unberührt gelassen. Die Änderungen der Landesbauordnungen folgen im Einzelnen unterschiedlichen Systemen[21], doch lassen sich für den Rechtsschutz (insbesondere den Eilrechtsschutz) folgende allgemein gültige Aussagen[22] treffen: Wird eine bauliche Anlage ohne Baugenehmigung errichtet, fehlt es an einem Verwaltungsakt, der im einstweiligen Rechtsschutzverfahren nach § 80a VwGO durch den Nachbarn angegriffen werden könnte. Der Nachbar kann nur – ungeachtet zivilrechtlicher Ansprüche – mit dem Antrag nach § 123 VwGO zur vorläufigen Sicherung seiner Rechte durch bauaufsichtliches

---

14   Kassel NVwZ 1988, 1155; Lüneburg OVGE 16, 349; Münster OVGE 17, 261.
15   Mannheim DVBl. 1970, 329, spezialgesetzliche Regelung ausgenommen.
16   Bremen UPR 1991, 452; Münster DÖV 1977, 336; München GewA 1974, 351; Kuhla NVwZ 2002, 542.
17   Vgl. Schalt GewA 1991, 409; Kassel GewA 1993, 248.
18   Koblenz NVwZ-RR 1996, 651.
19   Dazu Wegmann DVBl. 2002, 1446.
20   Finkelnburg/Jank Rn. 97; str. hierzu Lüneburg DVBl. 1986, 1112; Mannheim ESVGH 42, 185; DVBl. 1994, 1250; Koblenz NVwZ 1990, 1087; Berlin DVBl. 1991, 1265; Bremen DVBl. 1991, 1270; München DVBl. 1992, 452; Magdeburg LKV 1994, 60; VG Schwerin AfP 1993, 507; VG Weimar AfP 1993, 515; VG Halle AfP 1993, 518; Greifswald NVwZ-RR 1997, 139.
21   Überblick z.B. bei Degenhart NJW 1996, 1433.
22   In Anlehnung an Degenhart NJW 1996, 1433; Uechtritz NVwZ 1996, 640.

Einschreiten vorgehen[23]. Dabei kann er in der Regel einen **Anordnungsanspruch auf bauaufsichtliches Einschreiten** geltend machen, wenn nachbarschützende Vorschriften verletzt sind[24]. Eine zeitliche Grenze für den Eilantrag ergibt sich nur aus dem Gesichtspunkt der Verwirkung[25]. Das Verfahren birgt für den Antragsteller das Risiko einer Schadensersatzpflicht nach § 945 ZPO[26] (vgl. Rn. 35).
Liegt eine Baugenehmigung vor, richtet sich der Eilrechtsschutz des Nachbarn nach § 80a, soweit der Geltungsanspruch der Baugenehmigung reicht[27]. Dies führt bei einer beschränkten Baugenehmigung (Ausnahme, Abweichung oder Befreiung vom Bebauungsplan) gegebenenfalls zu einer Spaltung des vorläufigen Rechtsschutzes in die beiden Verfahrensarten[28]. Für das jeweilige Verfahren gelten die allgemeinen Regeln.

§ 123 eröffnet, von seltenen Ausnahmefällen abgesehen, **keinen Weg,** der   **3b**
Behörde durch **vorbeugenden Rechtsschutz** den Erlass eines belastenden
VA zu untersagen. Hier gilt der Grundsatz des repressiven Rechtsschutzes,
für den vorläufige Maßnahmen hinreichend in §§ 80, 80a vorgesehen
sind[29]. Dies gilt auch, wenn die Herstellung einer abgabenrechtlich bedeutsamen Anlage außerhalb eines Planfeststellungsverfahrens bekämpft
wird[30]. Vgl. aber auch unten Rn. 8a.

6. Antrag der öffentlichen Hand. § 123 Abs. 5 bedeutet nicht, dass nicht   **4**
auch eine **Körperschaft oder Behörde eine einstweilige Anordnung beantragen kann.** Sie ist aber mangels Rechtsschutzinteresse immer unzulässig,
wenn die Behörde die gleiche Regelung durch Verwaltungshandeln herbeiführen kann[31], ebenso auch dann, wenn die einstweilige Regelung durch
VA daran gescheitert ist, dass das Rechtsmittel gegen den VA aufschiebende Wirkung hat. In diesem Fall steht nur die Möglichkeit der Vollziehungsanordnung offen. Wird daraufhin vom Gericht ausgesetzt, so ist die
Behörde an diese Entscheidung gebunden und ein Antrag nach § 123 unzu-

---

23   Auch vorbeugend im Anzeigeverfahren, Degenhart NJW 1996, 1433; Bautzen
      NVwZ 1997, 922; VG Meiningen NVwZ 1997, 926.
24   Mannheim NVwZ-RR 1995, 490 bei Baugenehmigungsfreistellung; Münster BauR
      1990, 41; NVwZ-RR 1998, 218; NWVBl. 1999, 266 unter Hinweis darauf, dass
      bei möglicher Heilung des verletzten Nachbarrechts der Nachbar keinen Rechtsanspruch auf behördliches Einschreiten hat; NVwZ-RR 1999, 427; Weimar LKV
      1999, 239; Greifswald NordÖR 2003, 272 (LS);Borges DÖV 1997, 900; VG München BayVBl. 1997, 54; Uechtritz NVwZ 1996, 640; Ortloff NVwZ 1996, 654;
      Bamberger NVwZ 2000, 983; Martini DVBl. 2001, 1488; nunmehr zeifelnd
      NVwZ 1998, 931; Mampel NVwZ 1999, 385; DVBl. 1999, 1403; BayVBl. 2001,
      417; ähnlich Jaede/Wein/Dirnberger BayVBl. 1994, 321; offen gelassen von Simon
      BayVBl. 1994, 332; BVerwG BayVBl. 1997, 23; Degenhart NJW 1996, 1436; a.A.
      VG München NVwZ-RR 1997, 929: Abwägungsentscheidung analog § 80a
      Abs. 3, § 80 Abs. 5; Sacksofsky DÖV 1999, 946.
25   Uechtritz NVwZ 1996, 640 für Hauptsacheverfahren.
26   Vgl. Uechtritz NVwZ 1996, 640, der auf die dieses Risiko fast ausschließende
      BGH-Rechtsprechung verweist; Mampel UPR 1997, 271; Borges DÖV 1997, 900,
      der einen Schadensersatzanspruch für ausgeschlossen hält.
27   Lüneburg NdsVBl. 1998, 47 zu einer Baugenehmigung auf der Grundlage der
      NdsPrüfeVO.
28   Schulte DÖV 1996, 560; Uechtritz NVwZ 1996, 640 für Baugenehmigung im vereinfachten Verfahren.
29   BVerwGE 77, 207; Mannheim DVBl. 1994, 1250; München NVwZ-RR 1993, 54.
30   Lüneburg NVwZ-RR 1995, 364.
31   Hamburg DVBl. 1989, 214; Lüneburg VRspr. 13, 763; Bremen NordÖR 1999,
      107 unter Berufung auf BVerwGE 80, 164; Kassel B. v. 21.11.2000 – 10 TG
      2627/99.

lässig. Ist dagegen eine Körperschaft als Dritte am Verwaltungsverfahren beteiligt, so kann wie bei jedem VA mit Doppelwirkung ein Antrag der Körperschaft auf eine Zwischenregelung gemäß § 80a zulässig sein.

4a 7. **Europäisches Recht.** Betrifft das Verfahren auf Erlass einer einstweiligen Anordnung die **Anwendbarkeit** von **Recht der EG**, ist diese Rechtsschutzform nicht durch Regelungen des EG-Vertrags gehindert[32]. Die Voraussetzungen für den Erlass der einstweiligen Anordnung sind dieselben wie für die Aussetzung der Vollziehung (§ 80 Rn. 3c): das erkennende innerstaatliche Gericht muss erhebliche Zweifel an der Gültigkeit der Gemeinschaftsverordnung haben und die Gültigkeitsfrage dem bisher damit nicht befassten EuGH vorlegen. Zudem muss die Entscheidung dringlich sein und dem Antragsteller ein schwerer und nicht wiedergutzumachender Schaden drohen. Schließlich muss das Gericht die Interessen der Gemeinschaft angemessen berücksichtigen und die Rechtsprechung des EuGH und Gerichts erster Instanz betreffend gleichartige einstweilige Anordnungen auf Gemeinschaftsebene beachten. Den Prüfungsmaßstab umschreibt in Einzelheiten der EuGH NJW 1996, 1333[33]. Eine einstweilige Anordnung ist unzulässig, wenn diese Rechte des Antragstellers voraussetzt, die erst noch durch ein Gemeinschaftsorgan festgestellt werden müssen[34].

II. Formen der einstweiligen Anordnung

5 Die VwGO nennt die Grundformen der einstweiligen Verfügung der ZPO: 1. **Bezug auf den Streitgegenstand.** Für die einstweilige Anordnung in Bezug auf einen Streitgegenstand ist Voraussetzung die Gefahr, dass durch eine Veränderung des bestehenden Zustandes die Verwirklichung eines Rechts des Antragstellers im Sinne des § 42 vereitelt oder wesentlich erschwert werden könnte (§ 935 ZPO; § 123 Abs. 1 S. 1).
Es soll durch Sicherungsmaßnahmen einer Änderung der Situation hinsichtlich des Streitgegenstands vorgebeugt werden, die sonst den Hauptprozess vor vollendete Tatsachen stellen würde. Streitgegenstand ist nicht i.S.d. § 121 zu verstehen, sondern entsprechend der Rechtsprechung der Zivilgerichte rein gegenständlich als Objekt des Streits[35]. Diese Alternative des Verfügungstatbestands, die sog. **Sicherungsanordnung**, ist im Verwaltungsprozess nur von geringer Bedeutung, da sie einen Anspruch auf Herausgabe oder Übertragung eines bestimmten Gegenstandes (nicht Geld) voraussetzt, wie er nur bei Leistungsklagen vorkommt[36]. Es bestehen aber keine Bedenken, abweichend vom Zivilprozess die Alternative auch anzuwenden, wenn ein Zahlungsanspruch im Streit ist, da es das Arrestverfahren im Verwaltungsprozess nicht gibt und im Einzelfall hierfür ein Rechtsschutzbedürfnis bestehen kann[37].
Die Abgrenzung der Sicherungsanordnung von der nachfolgend zu erörternden Regelungsanordnung ist schwierig, weil die von § 123 aus der

---

32 EuGH BayVBl. 1996, 366.
33 Als Beispiel der Umsetzung Münster RdL 1996, 278.
34 EuGH NJW 1997, 1225 m. krit. Anm. Koenig/Zeiss JZ 1997, 458.
35 Quaritsch VerwA 51, 232.
36 A.A. Finkelnburg/Jank Rn. 176 ff.: jede subjektive öffentlich-rechtliche Rechtsposition.
37 Mannheim NVwZ-RR 1989, 588; Finkelnburg/Jank Rn. 180; Kassel ESVGH 27, 159; a.A. Mannheim ESVGH 18, 181.

ZPO übernommenen Begriffe nicht passen[38]. Die Praxis bemüht sich um die Unterscheidung nur selten; sie lässt es häufig offen, ob die Entscheidung aus § 123 Abs. 1 S. 1 oder S. 2 abgeleitet ist[39].

2. Vorläufige Regelung. Die zweite Form ist die **einstweilige Anordnung 6 zur Regelung eines vorläufigen Zustandes in Bezug auf ein streitiges Rechtsverhältnis** (§ 123 Abs. 1 S. 2; Regelungsanordnung). Zum Begriff des Rechtsverhältnisses vgl. § 43 Rn. 2 ff. Voraussetzung ist, dass ein regelungsbedürftiges und regelungsfähiges Rechtsverhältnis besteht. Zwischen den Hauptbeteiligten müssen also Rechtsbeziehungen sich zu einem konkreten Rechtsverhältnis verdichtet haben, das bloße Verhältnis allgemeiner Rechtsunterworfenheit jeden Bürgers gegenüber der öffentlichen Hand reicht hierfür nicht aus[40]. Die einstweilige Anordnung kann das ganze Rechtsverhältnis oder auch nur einzelne Teile, bestimmte einzelne Ansprüche hieraus oder auch nur bestimmte tatsächliche Folgen erfassen und regeln. Die vorläufige Regelung muss immer zur Abwehr wesentlicher Nachteile, drohender Gewalt oder aus anderen Gründen nötig sein. Daran wird es in der Regel fehlen, wenn ein Zustand längere Zeit unwidersprochen unverändert geblieben ist[41].

Hierher gehören in erster Linie die **vorläufigen Regelungen bei Verpflich- 7 tungs- und bei einfachen Leistungsklagen.** Bei Verpflichtungsklagen beschränken sich für den Antragsteller günstige Zwischenregelungen nicht auf die Fälle der Erhaltung einer durch früheres Verwaltungshandeln gewährten Rechtsposition, wie etwa bei Einstellung bisheriger Leistungen oder der Ablehnung der Wiederholung bisher gewährter einzelner VA[42]. Zwischenregelungen sind auch möglich, wenn der Antragsteller im Hauptverfahren durch den begehrten VA bestimmte Positionen erst neu gewinnen will[43]. Denn auch in diesen Fällen können zur Abwehr wesentlicher Nachteile, wie sie durch einen mehrjährigen Prozess verursacht werden können, vorläufige Regelungen nötig sein. Da die Anordnung die tatsächliche und rechtliche Glaubhaftmachung des Anspruchs voraussetzt, bestehen auch keine Bedenken, dass durch sie in unzulässiger Weise in den Ablauf des Hauptprozesses eingegriffen oder dieser vorweggenommen wird. Als regelungsfähige Rechtsverhältnisse zählt Finkelnburg/Jank[44] auf: Statusverhältnisse, Verpflichtungsverhältnisse, allgemeine Leistungsverhältnisse, Feststellungsverhältnisse, jeweils mit zahlreichen Beispielen aus der Rechtsprechung. Auch eine noch nicht rechtskräftig zugesprochene Rechtsposition kann mittels einer einstweiligen Anordnung gesichert werden[45].

3. Bei Ermessensentscheidungen. Wird von der Behörde **eine Ermessensent- 8 scheidung begehrt,** so ist eine vorläufige Regelung im Wege der einstweiligen Anordnung einmal möglich, wenn allein eine bestimmte Entschei-

---

38 Schoch/Schoch Rn. 49.
39 Krit. Schoch/Schoch Rn. 49; Bader/Funke-Kaiser Rn. 9; zustimmend Eyermann/ Happ Rn. 20.
40 Beispiel: Münster OVGE 18, 136; VG Düsseldorf NJW 1962, 883.
41 Saarlouis DÖV 1965, 637.
42 Ähnl. Kassel ESVGH 10, 154.
43 Lüneburg OVGE 18, 387; Schoch/Schoch Rn. 56.
44 Rn. 149 ff.
45 BVerfG NVwZ 2003, 981.

dung ermessensgerecht sein kann[46]. Sie muss freilich »vorläufig« sein; woran es meist fehlen wird[47]. Gegenstand können auch Einzelheiten (Nebenbestimmungen!) einer erlassenen Entscheidung sein. Sonst besteht die Möglichkeit, im Wege des § 123 die Bescheidung des Antrages anzuordnen, wenn die besonderen Voraussetzungen einer solchen Anordnung vorliegen. Insoweit kann einer möglicherweise langwierigen Untätigkeitsklage vorgegriffen werden[48]. Das Gleiche gilt für VA, bei denen der Behörde eine **Beurteilungsermächtigung** zukommt[49].

8a   Zum anderen kann durch einstw. Anordnung der **Anspruch** auf **ermessensfehlerfreie Entscheidung** gesichert, also der Behörde die befürchtete fehlerhafte Entscheidung untersagt werden. Das setzt freilich voraus, dass der an sich nachträgliche Verwaltungsrechtsschutz durch Anfechtung der fehlerhaften Entscheidung und die damit verbundene aufschiebende Wirkung nicht greift, weil kein VA mit Doppelwirkung vorliegt, deshalb auch § 123 Abs. 5 nicht entgegensteht. Die Entscheidung mag dem Dritten gegenüber ein VA sein, nicht aber gegenüber dem Betroffenen, deshalb greift § 80 nicht. Bekanntestes Beispiel sind **einstw. Anordnungen** von **Mitbewerbern** bei **Beamtenernennungen** und -**beförderungen** (vgl. § 80a Rn. 13)[50]. Vgl. zum Schornsteinfegerrecht Greifswald GewA 1996, 76; zum Krankenhausrecht Seiler/Vollmöller DVBl. 2003, 235.

8b   Darüber hinausgehend kann durch eine einstweilige Anordnung auch die vorläufige Regelung eines Rechtsverhältnisses erzielt werden, das im Anspruch auf ermessensfehlerfreie Entscheidung beruht[51]. Andernfalls entstehen erhebliche Rechtsschutzdefizite[52]. Darin liegt keine Vorwegnahme der Hauptsache, da die nach § 123 Abs. 1 erstrittene einstweilige Anordnung sich in der Regel nur vorläufigen Regelungsgehalt zumisst[53].

9   **4. Unterlassungsansprüche.** Die einstweilige Anordnung hat im Zivilprozess im Rahmen der **Unterlassungsansprüche** besondere Bedeutung. Da die vorbeugende Unterlassungs- und Feststellungsklage auch im Verwaltungsprozess zulässig ist (vgl. § 42 Rn. 162; § 43 Rn. 9), kann in gleicher Weise in diesen Fällen auch eine einstweilige Anordnung nach § 123 ergehen, die ein qualifiziertes Rechtsschutzinteresse voraussetzt (§ 42 Rn. 162)[54].

---

46   BVerwG ZBR 1981, 390; Bremen UPR 1991, 452; Mannheim DÖV 1974, 283; Münster NJW 1988, 89; Eyermann/Happ Rn. 49; Rambeck NJW 1961, 1333; a.A. Koblenz NJW 1978, 2355; Kassel ESVGH 12, 97.
47   Hierzu Mannheim DÖV 1985, 491; BWVBl. 1980, 66.
48   VG Gelsenkirchen NWVBl. 1988, 274.
49   Eyermann/Happ Rn. 49.
50   Hierzu im Einzelnen Finkelnburg/Jank Rn. 1151 ff.; ferner BVerfG NJW 1990, 501; NVwZ 2003, 200; DVBl. 2003, 1524; BVerwGE 80, 127; BVerwG DVBl. 1994, 118; Münster DVBl. 1993, 278; NWVBl. 2002, 111; B. v. 17.2.2003 – 1 B 2499/02; Kassel NVwZ-RR 1996, 49; Weimar ThürVBl. 2003, 256; Bracher ZBR 1989, 139; Weiß ZBR 1989, 273; Schnellenbach NVwZ 1990, 637; Ronellenfitsch VerwA 1991, 121; Martens ZBR 1992, 129; Wittkowski NVwZ 1995, 345; Schöbener BayVBl. 2001, 321; Bertram NJW 2001, 3167; Bürger ZBR 2003, 267; Landau/Christ NJW 2003, 1648.
51   Kopp/Schenke Rn. 12; Schoch/Schoch Rn. 158 ff.
52   Bader/Funke-Kaiser Rn. 63; einschränkend Eyermann/Happ Rn. 66: bei einer Vorwegnahme der Hauptsache ist der gerichtsfreie Raum bei der Entscheidung durch die Behörde zu beachten.
53   A.A. h.M., die den Begriff der Vorwegnahme der Hauptsache weit fasst.
54   Eingehend Mannheim DVBl. 1968, 255; Münster OVGE 22, 285; München BauR 1976, 182.

Das gilt besonders, wenn Eingriffe in Rechte des Antragstellers durch bloßes Verwaltungshandeln behauptet werden, ohne dass ein VA vorliegt. Zur
Abwehr, auch von Wiederholungen, steht hier der Weg der einstweiligen
Anordnung offen[55]. Daher kann auch ein Widerrufsanspruch Gegenstand
einer einstweiligen Anordnung sein[56]. Das Gleiche gilt, wenn die Behörde
statt einer Entscheidung durch anfechtbaren VA durch faktisches Handeln
einen belastenden und rechtsbeeinträchtigenden Zustand herstellt oder
herzustellen droht oder wenn sie förmliche Schutzrechte des Antragstellers
außer Acht lässt, etwa ohne ein vorgeschriebenes Planfeststellungsverfahren Genehmigungen erteilt. Auch hier ist die vorbeugende einstweilige Anordnung zulässig, durch die der Behörde aufgegeben wird, nur in der gesetzlich vorgeschriebenen Form zu entscheiden[57]. Freilich setzt dies einen
Anspruch auf das vorgeschriebene Verfahren voraus; er wird vom BVerwG
nur selten bejaht[58].

5. **Besondere Verfahrensformen.** Zur einstweiligen Anordnung im Nor- **10**
menkontrollverfahren vgl. § 47 Rn. 49 ff., im **Wahlprüfungsverfahren** Anwendung streitig, da VerwRechtsweg zweifelhaft[59]; zur Kommunalwahl-
prüfung VG Düsseldorf NWVBl. 1997, 111: § 41 KwahlG NW
Rechtsbehelf sui generis; auch BVerwGE 51, 69, im Verfahren der Beteiligung des Präsidialrates gemäß §§ 38 ff. LRiG; bei Streit über Fraktionsausschluss Münster DVBl. 1993, 213; 1990, 834; VG Hannover NVwZ-RR
1997, 580.

III. Sicherungszweck

Die **einstweilige Anordnung** dient in beiden Alternativen **nur** der Sicherung **11**
von Rechten des Antragstellers, **nicht** ihrer **Befriedigung.** Sie darf deshalb
nicht die Entscheidung der Hauptsache vorwegnehmen, str.[60]. Lediglich
bei Anordnung vorläufiger Geldzahlung tritt eine begrenzte Befriedigung
ein, weshalb hier besonders strenge Anforderungen an den Nachweis der
Notwendigkeit zu stellen sind.

1. **Abgrenzung zur vorläufigen Verurteilung.** Die **Abgrenzung zwischen zu- 12
lässiger Sicherung** und **unzulässiger vorläufiger Verurteilung** in der Hauptsache[61] macht der Praxis Schwierigkeiten[62]. Sie beruhen z.T. darauf, dass

---

55 München BayVBl. 1977, 17; Kassel ESVGH 23, 215; Münster OVGE 12, 162 ff.;
    NVwZ 1997, 302 bei Warnungen vor Jugendsekten; zu Unterlassungsansprüchen
    zur Sicherung von Bürgerbegehren u.Ä.: Kassel NVwZ 1994, 396; Mannheim
    NVwZ 1994, 397; Koblenz NVwZ-RR 1995, 411; Greifswald NVwZ 1997, 306;
    München BayVBl. 1997, 313; NVwZ-RR 1998, 252; Bautzen NVwZ 1998, 253;
    Bettermann DVBl. 1952, 312; Hager NVwZ 1994, 706; Wefelmeyer NdsVBl.
    1997, 36; Schliesky DVBl. 1998, 174; Kloster/Peters VwRdsch 1999, 320.
56 Bautzen LKV 2002, 472.
57 Vgl. hierzu Stuttgart NJW 1949, 838; Koblenz AS 6, 386, im konkreten Fall vernei-
    nend München BayVBl. 1970, 294.
58 Vgl. DVBl. 1991, 381.
59 V. Mutius VerwA 7, 197 ff.; bej. VG Würzburg NJW 1976, 1651 ff.; Koblenz
    NVwZ-RR 1996, 521; vern. VG Schleswig JuS 1977, 116.
60 Umfassend zur Vorwegnahme der Hauptsache Finkelnburg/Jank Rn. 202 ff.; vgl.
    bei Organstreitigkeiten Bautzen SächsVBl. 1997, 269.
61 Münster OVGE 10, 305; 13, 119.
62 Überzeugend die Abgrenzung herausarbeitend VG Frankfurt/Main NJW 1997, 675
    bei Löschungsanspruch gegenüber gespeicherten Daten.

die strengen Anforderungen an die Glaubhaftmachung der tatsächlichen
und rechtlichen Voraussetzungen einer einstweiligen Anordnung oft übersehen werden, die Gerichte vielmehr lediglich die überkommenen Maßstäbe des § 80 an den Antrag anlegen, oft überhaupt an Stelle einer Rechtsentscheidung lediglich eine Interessenabwägung vornehmen und damit im
Ergebnis zu einer restriktiven Auslegung der nach § 123 möglichen Anordnungen gelangen. Werden die Voraussetzungen dagegen strenger geprüft
(vgl. unten Rn. 17), so bestehen diese Bedenken nicht.

13 **2. Anordnung eines VA.** Der **Sicherungszweck** verbietet es, in Verfahren
nach § 123 **der Behörde den Erlass des im Hauptverfahren beantragten
VA aufzugeben.** Der Inhalt dieses VA schließt oft jede einstweilige Regelung aus. Das ist besonders der Fall, wenn mit der vorläufigen Regelung
der angestrebte VA praktisch verwirklicht und abschließend ins Werk gesetzt werden, also eine irreparable Regelung getroffen würde[63]. Ist eine
Baugenehmigung beantragt, so kann sie nicht im Wege der einstweiligen
Anordnung – auch nicht auf Widerruf – vorläufig erteilt werden, weil dies
zur Errichtung des Gebäudes führen würde, dessen Zulässigkeit gerade im
Streit ist[64]. Das gilt auch wegen seiner Bindungswirkung für den Bauvorbescheid[65]. Deshalb auch kein Anspruch auf vorl. Einstellung als Beamter[66], wohl aber denkbar als Beamter auf Widerruf[67]. Keine Anordnung
von Wahlen[68]. Wird dagegen durch eine vorläufige Regelung der VA noch
nicht abschließend vollzogen, sondern kann die Zwischenregelung ohne
Schwierigkeiten beendet werden, wenn im Hauptprozess die Klage abgewiesen wird, so ist eine solche Zwischenregelung zulässig[69]. Gegen die
Anordnung der Erteilung einer **vorläufigen** befristeten – auch wenn als
solche vom Gesetz nicht vorgesehenen[70] – Konzession, **Genehmigung** oder
Erlaubnis – auch Aufenthaltserlaubnis[71] – bestehen deshalb keine Bedenken, wenn der Zulassungsanspruch und die besonderen Voraussetzungen
der einstweiligen Anordnung glaubhaft gemacht werden[72], im Rahmen des
BImSchG Koblenz GewA 1975, 165. Zur Zulässigkeit der Verkürzung der
Sperrstunde vgl. Mannheim GewA 1970, 205; 1973, 211; München GewA
1974, 394. Zur vorläufigen Genehmigung einer Kur im Rahmen beamten-

---

63 Finkelnburg/Jank Rn. 205.
64 Kassel VRspr. 25, 940; München BayVBl. 1976, 402; offen gelassen von Lüneburg
    NVwZ 1994, 80; Kassel NVwZ-RR 2003, 814; a.A. Rolshoven BauR 2003, 646;
    str.
65 Berlin ZfBR 1991, 281; VG Berlin ZfBR 1985, 195.
66 VG München MDR 1972, 637.
67 Lüneburg NJW 1973, 73.
68 Mannheim DVBl. 1984, 276: Universitätsgremien.
69 München NJW 1966, 751.
70 A.A. Münster OVGE 10, 305.
71 Münster NJW 1975, 1617; VG Augsburg NJW 1975, 512.
72 Str.; wie hier Finkelnburg/Jank Rn. 207; in Einzelfällen Bremen GewA 1990, 96;
    Mannheim GewA 1988, 388; GewA 1990, 418; Kassel VRspr. 12, 118; Koblenz
    DÖV 1954, 733; DÖV 1963, 521; GewA 1978, 230; aber auch GewA 1979, 340;
    Lüneburg OVGE 18, 387; VRspr. 19, 757; Münster OVGE 24, 266; Betrieb 1970,
    1536; Stuttgart ESVGH 8, 17; München BayVBl. 1970, 295; BayVBl. 1994, 407;
    VG Freiburg JR 1962, a.A. Münster OVGE 19, 81; München DVBl. 1961, 346;
    VG Freiburg GewA 1981, 223; im Rahmen des **PBefG** wie hier Bremen GewA
    1981, 175; Kassel NJW 1982, 2459; Lüneburg OVGE 11, 503; VRspr. 11, 104;
    a.A. Münster OVGE 14, 298; Mannheim GewA 1970, 205; Greifswald DÖV
    1996, 884.

rechtlicher Beihilfe BVerwG RiA 1992, 187. Zur vorläufigen Aussetzung der Wahlen im Hochschulbereich Münster DVBl. 1995, 934.

Entsprechendes gilt bei einstweiligen Anordnungen, die auf Verwaltungs- **13a** realhandeln gerichtet sind. Auch in diesen Fällen kann im Wege der einstweiligen Anordnung nicht der Anspruch selbst durchgesetzt werden, es sei denn, es lägen ausnahmsweise die Voraussetzungen der Vorwegnahme der Hauptsache (vgl. Rn. 14) vor[73]. Gegen die Zulässigkeit einer **vorläufigen Feststellung** bestehen keine grundsätzlichen Bedenken[74]. Nicht selten wirken einstw. Anordnungen schon aus zeitlichen Gründen wie ein Hauptsacheurteil, weil mit ihrem Vollzug die Hauptsache gegenstandslos wird, etwa die Überlassung von Sendezeiten oder Räumen oder Plakatwänden an politische Parteien zur Wahlkampfwerbung. Sie bleiben dennoch zulässig[75].

3. Vorl. Befriedigung. Über den Sicherungszweck hinausgehende **vorläufige** **14** **Befriedigung zur Verhinderung von wesentlichen Nachteilen** ist bei reinen Leistungsklagen, besonders im Bereich des **Beamtenrechts** zulässig[76] oder bei Ansprüchen gegen **Fürsorge- oder Sozialbehörden**[77] oder sonst vor den VG zu verfolgenden Sozialansprüchen[78]. Denkbar sind auch andere »irreparable« Anordnungen, wenn die Ablehnung des beantragten VA erkennbar rechtswidrig und die sofortige Anordnung infolge besonderer Umstände notwendig erscheint[79]. Hier ist stets ein strenger Maßstab am Platze[80].

4. Schul- und Examenssachen. Wieweit einstweilige Anordnungen im **14a** **Schul- und Examensbereich** bereits zur vorläufigen Befriedigung führen, ist bisher wenig geklärt[81]. Dass solche Anordnungen zulässig sind, ist außer Streit, etwa die vorläufige Versetzung[82], die vorläufige Aufnahme des juristischen Vorbereitungsdienstes[83], die vorläufige Zulassung zur Prüfung[84] oder einer Wiederholungsprüfung bei Streit um die erste Prüfung[85];

---

73 Beispielhaft VG Darmstadt NVwZ 1999, 1020.
74 Finkelnburg/Jank Rn. 251; Bender, Menger-Festschrift, 1985, S. 659; Kassel NuR 1990, 278; a.A. Koblenz DVBl. 1986, 1215; Münster NVwZ-RR 1997, 310.
75 Vgl. BVerwG Buchh. 310 § 123 Nr. 15; bestätigt von B. v. 15.8.1999 – 2 VR 1.99.
76 Kassel ESVGH 5, 226; Koblenz DÖV 1954, 733; Mannheim ZBR 1989, 358; Münster DVBl. 1956, 53; ZBR 1959, 191; Saarlouis ZBR 1985, 315; NVwZ 1996, 792.
77 BSHG: Hamburg NVwZ 1990, 975; Kassel DVBl. 1963, 410; Mannheim FEVS 22, 196; München VGH n.F. 26, 209; NVwZ-RR 1994, 398; SGB I: Münster NWVBl. 1996, 192; im Einzelnen Rotter NVwZ 1983, 727 ff.
78 BAföG: Berlin DÖV 1974, 69, Mannheim FamRZ 1976, 718.
79 Vgl. Berlin DÖV 1975, 206; München VGH n.F. 27, 104; LKV 1997, 69 für einen Jagdschein; Hamburg NJW 1974, 153; Münster OVGE 27, 253; Quaritsch VerwA 51 350; Eintragung in Wählerliste, VG Würzburg NJW 1976, 1651; Mitwirkungsrechte eines kommunalen Abgeordneten: Bremen DVBl. 1990, 829; BVerwG NVwZ 2000, 189; München BayVBl. 2001, 55 für eine Duldung.
80 Lüneburg OVGE 18, 387.
81 Dazu Kuhla BRAK-Mitt. 1996, 197; Zimmerling DVBl. 2001, 27; Brehm NVwZ 2002, 1334.
82 Kassel NVwZ-RR 1993, 386.
83 Mannheim ESVGH 25, 87.
84 Mannheim DÖV 1974, 283; München BayVBl. 1976, 656; Kassel NVwZ 2003, 756 mit verringerten Anforderungen an den Anordnungsgrund; einschränkend Mannheim DVBl. 1989, 1276.
85 Bremen DVBl. 1992, 1050.

die vorläufige Verlängerung der Schulverweildauer[86]; die vorläufige Erteilung eines Prüfungszeugnisses[87]. Die Anordnung setzt die überwiegende Wahrscheinlichkeit des Obsiegens in der Hauptsache voraus[88]. Sie bleibt aber dennoch nur vorläufig[89]. Wird die Klage zur Hauptsache abgewiesen, so entfallen die vorläufigen Regelungen; selbst ein positiver Abschluss etwa in der höheren Klasse scheitert an der Rechtsbeständigkeit der Nichtversetzung in diese Klasse; nach Niehues 2. Aufl. Rn. 502 heilt die Versetzung, das Verfahren zur Hauptsache erledigt sich[90]. Zur vorläufigen Zulassung zur Jagdprüfung Kassel RdL 1990, 139; Mannheim RdL 1990, 252.

14b 5. **Zulassung zum Studium.** Geradezu verselbstständigt hat sich das **Verfahren auf Zulassung zum Studium** durch einstweilige Anordnung. Während die Verfahren gegen die ZVS zurückgegangen sind, werden zu jedem Semester in den n.c.-Fächern gegen alle Universitäten Tausende von Verfahren anhängig. Die Zulässigkeit ist unbestritten. Verfassungsrechtliche Zweifel bestehen gegenüber der Rechtsprechung, dass der Anordnungsgrund entfällt, wenn der Studienbewerber nicht das seinerseits Erforderliche und Mögliche veranlasst, damit er das Studium seiner Wahl im Bewerbungssemester von Anfang an aufnehmen kann[91]. Die Vorläufigkeit einer unanfechtbaren[92] positiven Entscheidung ist in der Praxis belanglos geworden, weil Verfahren zur Hauptsache kaum folgen, im Übrigen erst nach mehreren Semestern entschieden sein würden. Hier ist deshalb von endgültigen Regelungen auszugehen, weil die zurückgelegte Studienzeit nicht bei anderer Entscheidung zur Hauptsache gestrichen werden kann. Die Gerichtspraxis hat besondere Entscheidungsinhalte entwickelt; überwiegend wird die **Anordnung** an die Universität, die als noch besetzungsfähig festgestellten **Plätze** in einem formalisierten Verfahren zu **verlosen**, für zulässig gehalten und getroffen[93].

14c 6. **Verfahrenshandlungen.** Soweit § 44a Abs. 1 Rechtsbehelfe ausschließt, können solche Verfahrenshandlungen auch nicht nach § 123 erreicht werden[94]. Eine Ausnahme gebietet die Konstellation, in der die Verfahrenshandlung faktisch der Sachentscheidung gleichsteht[95] oder der Rechtsschutz gegen die eigentliche behördliche Handlung (VA) die Rechtsbeeinträchtigung durch die Verfahrenshandlung nicht verhindern kann[96]. Für die Anwendbarkeit des § 123 kommt es deshalb auf die Auslegung des § 44a an (vgl. dort Rn. 3a).

---

86 Kassel NVwZ-RR 1989, 547.
87 Zu den Voraussetzungen Kassel DVBl. 1984, 279; 1993, 57; Münster NWVBl. 2001, 66.
88 Kassel NVwZ-RR 2003, 756.
89 Vgl. beispielhaft VG Darmstadt NVwZ-RR 1999, 380.
90 Näher zum Problemkreis Finkelnburg/Jank Rn. 1185.
91 BVerfG NVwZ 2003, 857; Kassel NVwZ 2003, 756; a.A. Hamburg DÖV 1997, 692; differenzierend Bautzen NVwZ-RR 2002, 752.
92 Zum Sonderfall einer noch anfechtbaren Zulassung Bautzen NVwZ-RR 2002, 753.
93 Grundsätzlich Lüneburg DVBl. 1977, 997; Menzel NJW 1978, 26; weiter Bremen DÖV 1981, 306; Mannheim DVBl. 1981, 1011; Saarlouis NJW 1979, 830; das Losverfahren hält Hamburg DVBl. 1979, 912 für unzulässig; im Einzelnen Hamburg DVBl. 1982, 469 f.
94 Münster NJW 1981, 70; VG Köln NJW 1978, 2261 m. abl. Anm. Plagemann.
95 München NVwZ-RR 1999, 641.
96 BVerwG NVwZ 2000, 760.

B. Verfahren

I. Zuständigkeit

Für den Erlass der einstweiligen Anordnung ist das **Gericht der Hauptsa-**   **15** che zuständig. Zur Entscheidung ist, von dem Sonderfall des § 123 Abs. 2 S. 3, § 80 Abs. 8 (Vorsitzender) abgesehen, nur der Spruchkörper, nicht der Einzelrichter zuständig, solange nicht ein Hauptverfahren anhängig und der Rechtsstreit auf den Einzelrichter übertragen ist. Nach einer solchen Übertragung ist ausschließlich der Einzelrichter zuständig, für die besondere Zuständigkeit des Vorsitzenden nach § 80 Abs. 8 ist kein Raum mehr (im Einzelnen vgl. § 6 Rn. 9, 11; § 80 Rn. 57 f.). Das gilt allerdings nur, soweit das VG für die Entscheidung zuständig ist; OVG und BVerwG kennen den Einzelrichter nicht. Ist das Hauptverfahren bereits anhängig, so ist das Gericht zuständig, bei dem dieses Hauptverfahren schwebt, auch wenn es hierfür letztlich örtlich oder sachlich nicht zuständig sein sollte[97]. Ist die Hauptsache in der Berufungsinstanz, so hat über die einstweilige Anordnung das Berufungsgericht zu entscheiden. Ist über den Antrag auf Zulassung der Berufung noch nicht entschieden, ist abweichend vom Wortlaut des § 123 Abs. 2 S. 2 das OVG zuständig; das Zulassungsverfahren ist Teil des Rechtsmittelverfahrens[98]; der Gesetzgeber hat die Anpassung an die Zulassungsberufung übersehen[99]. Befindet sie sich in der Revision, so bleibt es bei der Zuständigkeit des bisherigen Gerichts erster Instanz. Während des Verfahrens der Zulassungsbeschwerde ist wieder das VG zuständig, da das BVerwG als Revisionsgericht keine Zuständigkeit hat[100]. Wird das BVerwG erstinstanzlich angerufen, so ist es auch für einen Antrag nach § 123 zuständig[101], der dem Anwaltszwang unterliegt (vgl. § 67 Rn. 4). Mit der Verlagerung der Erstinstanzlichkeit auf die OVG werden auch diese für die erstinstanzliche Bescheidung von Anträgen nach § 123 zunehmend zuständig. Die Ersatzzuständigkeit des § 942 ZPO kennt § 123 nicht[102]. Fehlt der VerwRechtsweg, so ist Verweisung nicht zulässig[103], der Antrag ist abzuweisen oder auf Antrag formlos an das bezeichnete Gericht abzugeben. Auch eine Verweisung aus Gründen der örtlichen oder sachlichen Zuständigkeit (§ 83) scheidet auf Grund der Anwendbarkeit der §§ 17a, 17b GVG aus (vgl. § 83 Rn. 10[104]).

---

97 München VGH n.F. 14, 7.
98 München DVBl. 1999, 1665.
99 Finkelnburg/Jank Rn. 80; Bader/Funke-Kaiser Rn. 35; a.A. Eyermann/Happ Rn. 28.
100 München DVBl. 1981, 687; Münster OVGE 22, 123; Finkelnburg/Jank Rn. 82; a.A. Voraufl.; Koblenz DÖV 1963, 521; München NVwZ-RR 1993, 220.
101 BVerwGE 50, 124; BVerwG BayVBl. 1966, 279; BVerwG NVwZ 1995, 379 für Verfahren, die sich auf Planfeststellungen nach § 1 VerkPBG beziehen.
102 Schunck/De Clerck Rn. 4c; a.A. Finkelnburg/Jank Rn. 87.
103 Koblenz DVBl. 1993, 260; München VRspr. 26, 108; Münster OVGE 27, 281; vgl. Anh. zu § 41 Rn. 5; a.A. Berlin NVwZ 1992, 685; wohl auch BFHE 146, 7; Lüneburg VRspr. 25, 901; OLG Karlsruhe NVwZ 1986, 964; Franzke JR 1976, 53 f.
104 A.A. Eyermann/Happ Rn. 21.

II. Antrag

16 Die **einstweilige Anordnung ergeht nur auf Antrag.** Der Antrag kann vor und nach der Erhebung der Klage zur Hauptsache gestellt werden. Der Antrag führt zur Rechtshängigkeit des Anspruchs in der besonderen Verfahrensform des § 123. Insoweit treten die Folgen des § 90 ein[105]. Er setzt kein anhängiges Verfahren voraus. Ist das Hauptverfahren rechtskräftig abgeschlossen oder der ablehnende VA rechtsbeständig geworden, so ist der Antrag nicht mehr zulässig, da entweder ein Titel bei obsiegendem Urteil vorliegt oder aber rechtskräftig feststeht, dass kein Hauptanspruch gegeben ist[106]. Münster[107] nimmt die Unzulässigkeit auch an, wenn die vorläufige Befriedigung (BAföG) angestrebt, das Hauptverfahren aber nicht betrieben wird. Das verfahrensrechtliche Antragsrecht kann verwirkt werden[108]. Der Antrag ist schriftlich oder zur Niederschrift des Urkundsbeamten der Geschäftsstelle einzureichen. In ihm sind der sachliche Anspruch (**Anordnungsanspruch**) und die besonderen Gründe, die eine einstweilige Anordnung erforderlich erscheinen lassen (**Anordnungsgrund**), anzugeben. Der Antrag muss so bestimmt sein, dass sich erkennen lässt, welchen Rechtsschutz der Antragsteller begehrt[109]. Die Angaben sind glaubhaft zu machen. Hierfür dienen in erster Linie eidesstattliche Versicherungen und die Vorlage von Urkunden (§ 294 ZPO). Die Anforderungen an die Glaubhaftmachung ergeben sich aus dem konkreten Einzelfall[110]. Auch die Sachurteilsvoraussetzungen[111] müssen notfalls glaubhaft gemacht werden[112].

16a Das BVerfG[113] hat auf die besondere Bedeutung des § 123 zur Sicherung der Grundrechte hingewiesen. Einstweiliger Rechtsschutz sei zu gewähren, wenn anders dem Antragsteller eine erhebliche, über Randbereiche hinausgehende Verletzung in seinen Grundrechten drohe, die durch die Entscheidung in der Hauptsache nicht mehr beseitigt werden könne, es sei denn, dass ausnahmsweise überwiegende, besonders gewichtige Gründe entgegenstehen[114]. Die Anforderungen an die Glaubhaftmachung des Anordnungsgrundes dürfen nicht überspannt werden. Eine solche Überspannung der Anforderungen liegt in dem Erfordernis, im beamtenrechtlichen Konkurrentenstreit-Eilverfahren nicht nur die Fehlerhaftigkeit der Auswahlentscheidung glaubhaft zu machen, sondern auch die realistische Möglichkeit, bei Vermeidung des Fehlers einem der ausgewählten Mitbewerber vorgezogen zu werden[115]. Die Vergabe aller Standplätze eines festgesetzten Marktes rechtfertigt im Konkurrentenstreit-Eilverfahren noch nicht die Ablehnung eines Antrages auf einstweilige Anordnung[116]. Der Antragsteller darf

---

105 OLG Hamburg OLGE 32, 154.
106 BVerwG DÖV 1955, 697; Koblenz VRspr. 21, 500; Kassel DÖV 1963, 521.
107 VRspr. 30, 243.
108 Kassel NVwZ 1994, 398.
109 Münster OVGE 4, 56.
110 Für die Glaubhaftmachung eines inlandsbezogenen Abschiebungshindernisses und die Anforderungen an die Glaubhaftmachung durch ärztliche Atteste vgl. Mannheim VBlBW 2003, 482.
111 Zur Antragsbefugnis vgl. Bautzen LKV 1998, 237; Mannheim GewA 1999, 330.
112 Lüneburg OVGE 20, 471.
113 E 79, 69.
114 Vgl. auch Kassel NJW 1988, 1998.
115 BVerfG NVwZ 2003, 200; vgl. BVerfG DVBl. 2003, 1524 für das Verlangen, Rechtsfehler der Beurteilungspraxis genauer glaubhaft zu machen.
116 BVerfG DVBl. 2003, 257.

nicht auf die Wahrung seiner Rechte im Ordnungswidrigkeitenverfahren verwiesen und damit die begehrte Anordnung versagt werden[117].

III. Entscheidung des Gerichts

1. Rechtsentscheidung. Im Verfahren nach § 123 trifft das Gericht eine **17** **Rechtsentscheidung.** Die einstweilige Anordnung ist zu erlassen, wenn die tatbestandlichen Voraussetzungen des § 123 Abs. 1 vorliegen[118]. Bei diesen Voraussetzungen handelt es sich durchweg um unbestimmte Rechtsbegriffe, die Entscheidung richtet sich nicht, mindestens nicht in erster Linie, nach einer Abwägung zwischen öffentlichen und privaten Interessen, wie sie Grundlage einer Entscheidung nach § 80 Abs. 5 ist[119]. Zu einer Interessenabwägung kommt es lediglich bei der Prüfung der Notwendigkeit im Rahmen der zweiten Alternative des § 123 Abs. 1[120]. Die überwiegende andere Meinung, die allein oder doch überwiegend auf der Grundlage einer Interessenabwägung entscheiden will[121], übersieht, dass § 123 schon im Wortlaut anders als § 80 Abs. 2 Nr. 4 und § 80 Abs. 3 nichts über eine **Interessenabwägung** als Entscheidungsvoraussetzung enthält, weshalb es für ein solches Tatbestandsmerkmal an der gesetzlichen Grundlage fehlt. Für die Feststellung, ob ein »Anordnungsanspruch« besteht, gilt dies uneingeschränkt. In die Prüfung, ob ein »Anordnungsgrund« gegeben ist, können Interessenabwägungen einfließen, weil die Notwendigkeit einer Anordnung, oft auch welcher Anordnung, ohne Berücksichtigung der verschiedenen Interessen nicht geklärt werden kann. Aber dieser Subsumtionsvorgang bleibt eine Rechtsentscheidung und unterscheidet sich deshalb auch qualitativ von der Interessenabwägung des § 80[122]. Der ganz andere Ansatz des BVerfG auf Grund des auch wesentlich engeren § 32 BVerfGG[123] ist hier nicht einschlägig.

2. Untersuchungsmaxime. Das **Gericht hat** nach den tatsächlichen und **18** rechtlichen Verhältnissen im **Zeitpunkt der Entscheidung** – ggf. der Beschwerdeinstanz[124] – zu befinden[125]. Der maßgebliche Zeitpunkt für den Anordnungsanspruch ist nach den allgemeinen Regeln zu bestimmen[126]. Es hat deshalb zunächst **im Rahmen der Untersuchungsmaxime,** die auch hier gilt, den **Sachverhalt,** allerdings nur dem summarischen Verfahren ent-

117 BVerfG NVwZ 2003, 856.
118 Eyermann/Happ Rn. 48; Kopp/Schenke Rn. 23; str.
119 Schoch/Schoch Vorb. § 80 Rn. 64.
120 Kassel NJW 1967, 219; Mannheim NJW 1976, 1117; vgl. Lüneburg FEVS 1997, 514.
121 BVerfG DVBl. 1996, 1367; BayVerfGH NVwZ-RR 2000, 737; Berlin UPR 1982, 131; Bremen NJW 1963, 1842 m. abl. Anm. Czermak NJW 1964, 122; Kassel NJW 1959, 1940; DÖV 1964, 783 m. krit. Anm. Menger VerwA 56, 192; Koblenz NVwZ 1986, 946; Lüneburg OVGE 11, 503; Mannheim VRspr. 11, 1031; München BayVBl. 1961, 60; BayVBl. 1975, 144; Münster OVGE 19, 81; Rambeck NJW 1961, 1333; eingeschränkt Quaritsch VerwA 51, 371 f.
122 Aus der Rechtsprechung wie hier etwa BVerwG NJW 1967, 2375; Berlin LKV 1991, 343; NVwZ 1982, 319; Mannheim ESVGH 16, 102; Lüneburg NJW 1973, 73; NJW 1975, 76; Münster OVGE 29, 113; München BayVBl. 1976, 274; Bender, Menger-Festschrift, 1985, S. 664.
123 Etwa BVerfGE 56, 402; 50, 134.
124 Str.; vgl. Philipp NVwZ 1984, 498; Rotter NVwZ 1983, 727; Schultz NVwZ 1981, 302.
125 Hamburg NVwZ 1990, 975; Münster DÖV 1981, 302.
126 Bader/Funke-Kaiser Rn. 64.

sprechend **aufzuklären.** Es kann über das Vorbringen des Antragstellers
hinaus Unterlagen beiziehen, insbesondere die Behördenakten anfordern.
Es kann in begrenztem Umfange Beweis erheben, insbesondere eine Ortsbesichtigung vornehmen[127]. In der Regel wird es den Antragsgegner hören.
Liegt ein Fall der notwendigen Beiladung vor, so muss diese angeordnet
werden, da sonst die Anordnung nicht rechtswirksam wäre (§ 65
Rn. 21 ff.). Diese Sachaufklärung muss sich aber im Rahmen des Eilverfahrens halten[128]. **Rechtsfragen** sowohl hinsichtlich der Sachurteilsvoraussetzungen[129] wie auch des materiellrechtlichen Anspruchs können in Verfahren der einstweiligen Anordnung nicht dahingestellt bleiben. Anders als
im Aussetzungsverfahren müssen sie im Verfahren der einstweiligen Anordnung aus den oben genannten Gründen – vorläufig – entschieden werden. Denn die Entscheidung nach § 123 setzt die Glaubhaftmachung eines
Anspruchs voraus[130]. Die rechtlichen Voraussetzungen des Anspruchs sind
aber in der Regel nur zu bejahen oder zu verneinen, eine überwiegende
Wahrscheinlichkeit, wie sie für die Glaubhaftmachung der Tatbestandsseite des Anspruchs genügt, ist für Rechtsfragen schon begrifflich kaum
möglich und nur in Ausnahmefällen besonders schwierig gelagerter
Rechtsprobleme denkbar. Naturgemäß ist die Rechtsentscheidung ebenso
nur vorläufig, summarisch, steht also unter dem Vorbehalt der eingehenden Überprüfung im Hauptverfahren[131]; eine besonders strenge Prüfung
der Erfolgsaussichten ist geboten wenn mit der einstw. Anordnung praktisch bereits das Ziel des Hauptsacheverfahrens erreicht wird[132]. Zur
Frage der **Vorlage an BVerfG** oder EuGH gelten die zu § 80 (Rn. 50) dargestellten Grundsätze; in der Regel keine Vorlage[133]; im Ausnahmefall ist
Vorlage geboten, wenn nämlich die beantragte vorläufige Regelung die
endgültige Entscheidung weitgehend vorwegnimmt, mit ihr aber etwas gewährt werden würde, dem im Hauptverfahren die Verfassungsmäßigkeit
der Norm entgegenstehen würde[134]. Maßgeblich ist die Effektivität des
Rechtsschutzes[135].

19   3. **Inhalt der Anordnung.** Während die Prüfung der Antragsvoraussetzun-
gen und die Bejahung oder Verneinung eines Anspruchs auf Erlass einer
einstweiligen Anordnung eine Rechtsentscheidung ist, steht die Entscheidung, **welche Anordnung zu treffen ist, im Ermessen des Gerichts** (§§ 123
Abs. 3 VwGO , 938 Abs. 1 ZPO). Die Anordnung muss sich lediglich im
Rahmen des Antrags halten (§ 88) und darf nicht über den möglichen Erfolg im Hauptprozess hinausgehen. Sie findet ihre **Grenze in dem Notwendigen,** dem also, was zur Sicherung oder als Zwischenregelung erforderlich
ist. Was dies im jeweiligen Einzelfall ist, muss vom Gericht ermittelt werden. Innerhalb dieses Rahmens kann das Gericht von dem Antrag abweichen, wenn es andere als die beantragten Maßnahmen für die Sicherung
als zweckmäßig oder notwendig ansieht. Es kann deshalb auch die einst-

---

127 Enger Berlin DVBl. 1977, 647.
128 Zur Anwendung der §§ 86, 87 im Verfahren nach § 123 eingehend Buchholz, Der
     Untersuchungsgrundsatz im verwaltungsgerichtlichen Eilverfahren, Berlin, 1987.
129 Zu Fragen der Zulässigkeit trotz Unzulässigkeit der Hauptklage München VGH
     n.F. 25, 128.
130 Münster NJW 1982, 2517; München GewA 1984, 346.
131 BVerwGE 50, 124.
132 BVerwG Buchh. 310 § 123 Nr. 15.
133 Münster NWVBl. 1992, 321; NJW 1979, 330; dazu Pestalozza NJW 1979, 1341.
134 BVerfGE 46, 43.
135 BVerfGE 86, 382.

weilige Anordnung von einer Sicherheitsleistung abhängig machen, die auch die fehlende Glaubhaftmachung ersetzen kann (§ 921 Abs. 2 ZPO), oder es kann die Aufhebung der einstweiligen Anordnung gegen Sicherheitsleistung des Antragsgegners gestatten (§ 939 ZPO). Ebenso ist eine Befristung zulässig. Zur Besonderheit der Entscheidung in Hochschulzulassungssachen vgl. oben Rn. 14b. Durch einstw. Anordnung kann auch eine vorläufige Feststellung getroffen werden (vgl. Rn. 13a a.E.).

4. Beschluss. Das Gericht entscheidet durch Beschluss. Dem Beschluss **20** kann eine mündliche Verhandlung vorausgehen, ebenso sind vorbereitende Maßnahmen nach § 87 oft erforderlich, wenn sie zeitlich zu bewältigen sind. Die Anhörung der Beteiligten durch Berichterstatter oder Gericht ist oft zweckmäßig, um den Sachverhalt, aber auch um das Antragsziel zu klären, ebenso zur Herbeiführung einer vergleichsweisen Zwischenregelung.

Nicht selten bedarf der Zeitraum zwischen Antrag und Entscheidung der **20a** Überbrückung[136]. Hier sind ebenso wie im Verfahren nach § 80 (§ 80 Rn. 54) **Zwischenregelungen** zulässig und geboten[137]. Sie können auf Antrag oder von Amts wegen ergehen und stehen im Ermessen des Gerichts[138].

5. Entscheidung des Vorsitzenden. Hat der Vorsitzende gem. § 123 Abs. 2 21 S. 3, § 80 Abs. 8 entschieden[139], so ersetzt dies die Entscheidung des Spruchkörpers. Die früher vorgesehene Anrufung des Spruchkörpers ist entfallen. Gegen die Entscheidung des Vorsitzenden ist als Rechtsmittel deshalb ausschließlich die Beschwerde gegeben (vgl. unten Rn. 25; § 80 Rn. 58).

6. Zustellung/Rechtskraft. Die Entscheidung des Gerichts ist den Beteilig- 21a ten **zuzustellen.** Von der Zustellung an laufen die Rechtsmittelfristen. Nicht selten geben die Gerichte die Entscheidung den Beteiligten fernmündlich oder per Fax mit der Erwartung bekannt, dass sie von diesem Zeitpunkt ab befolgt wird. Hierzu vgl. Rn. 61 zu § 80, Rn. 6 zu § 122. Mannheim[140] verneint die Wirksamkeit der Entscheidung durch telefonische Bekanntgabe, sodass eine Zwangsvollstreckung noch nicht möglich sei.
Die Entscheidung nach § 123 ist der materiellen **Rechtskraft** fähig[141]; vgl. § 122 Rn. 6.

7. Streitwert. Zum **Streitwert** bei Entscheidungen nach § 123 vgl. Streit- **21b** wertkatalog § 165 Rn. 19 I 7: in der Regel die Hälfte des Hauptsacheverfahrens, in Abgabesachen ein Viertel[142].

---

136 Zu Fragen der überlangen Verfahrensdauer BVerfG NVwZ-RR 2001, 694.
137 VG Stuttgart InfAuslR 2003, 359; Kopp/Schenke Rn. 29; zurückhaltend Schoch/Schoch Rn. 164.
138 Saarlouis BauR 1993, 212.
139 Zu den Voraussetzungen s. Kassel NVwZ 1994, 398.
140 NVwZ 1986, 488.
141 Lüneburg DVBl. 1982, 902; Münster NJW 1975, 992; Kassel ESVGH 34, 80; Hamburg NVwZ-RR 1994, 366; Greifswald GewA 1999, 417 mit der Einschränkung auf eine sich aus der Anordnung selbst ergebende zeitliche Begrenzung.
142 So auch Hamburg NVwZ-RR 1993, 53.

IV. Vollziehung

22 Die einstweilige Anordnung ist stets **Vollstreckungstitel,** unabhängig davon, ob sie rechtskräftig oder gegen sie ein Rechtsbehelf eingelegt worden ist (§ 168 Abs. 1 Nr. 2). Kommt die Behörde der gerichtlichen Anordnung nicht nach, so kann sie hierzu vom Vollstreckungsgericht durch Zwangsgeld angehalten werden. Daneben gelten die §§ 929 ff. ZPO. Soweit aus einem reinen Leistungstitel (Unterlassungsanordnung) vollstreckt wird, findet § 172 keine Anwendung, vgl. § 172 Rn. 3.

23 1. **Monatsfrist.** Die **Vollstreckung** muss binnen einem Monat nach Zustellung der einstweiligen Anordnung vorgenommen werden, anderenfalls sie unstatthaft ist und auf Antrag nach § 927 ZPO aufgehoben wird[143]. Die freiwillige Leistung wahrt die Frist nicht[144]. Das gilt nicht für die Kostenentscheidung. Es genügt, wenn mit der Vollstreckung begonnen worden ist. Ist dies der Fall, kann die Vollstreckung auch nach der Frist fortgesetzt werden[145]. § 929 Abs. 3 ZPO ist unanwendbar, da die einstweilige Anordnung von Amts wegen zugestellt wird und vor dieser Zustellung nicht wirksam erlassen ist, sodass aus ihr nicht vollstreckt werden kann[146]. Bei einstweiliger Anordnung, die ein Verbot zum Inhalt hat, ist Vollstreckung auch nach Ablauf von einem Monat zulässig, da hier § 929 Abs. 2 ZPO ohne Bedeutung ist und die Zustellung von Amts wegen erfolgt[147].

24 2. **Einstweilige Einstellung.** Gem. § 924 Abs. 3 ZPO kann die Vollstreckung aus der einstweiligen Anordnung einstweilen eingestellt werden[148].

V. Rechtsmittel

25 1. **Beschwerde.** Einziges **Rechtsmittel** gegen die Entscheidung des Gerichts ist die **Beschwerde** (§ 146 Abs. 4). Wird die einstweilige Anordnung erstinstanzlich von einem OVG erlassen, so ist sie unanfechtbar. Denn gegen Entscheidungen der OVG kann nur unter den Ausnahmevoraussetzungen des § 152 Abs. 1 Beschwerde eingelegt werden, die hier nicht gegeben sind. Die **Beschwerde** ist nicht selten fachgesetzlich **ausgeschlossen.**

26 2. **Abänderung.** § 123 verweist nicht auf § 80 Abs. 7. Nach dem Gesetzeswortlaut ist anders als die Aussetzungsentscheidung nach § 80 Abs. 5 ein **Beschluss** nach § 123 nicht **abänderbar.** Nach früher überwiegender Meinung[149] konnte § 927 ZPO analog angewandt werden mit der Folge, dass eine Abänderung von Amts wegen nicht und auf Antrag nur bei veränder-

---

143 Münster DVBl. 1991, 1321; München NVwZ-RR 2003, 699; a.A. Mannheim VBlBW 1984, 150; Lüneburg BRS 47, Nr.205: maßgeblich für den Fristbeginn ist die Kenntnis des Vollstreckungsgläubigers von der Nichtbefolgung bzw. nur unzureichenden Umsetzung des gerichtlichen Ausspruchs.
144 BGH DVBl. 1993, 256.
145 KG NJW 1950, 707.
146 Mannheim NVwZ 1986, 489; a.A. Baumbach/Albers § 929 Rn. 24.
147 Münster NJW 1974, 917; Bremen B. v. 6.11.1998 – 1 BB 395/98.
148 Baumbach/Albers Rn. 13.
149 Mannheim ESVGH 31, 146; München NJW 1985, 879; Kassel ESVGH 31, 149; NJW 1987, 1354; Koblenz NJW 1972, 303; Münster DÖV 1981, 302; DVBl. 1987, 699; DÖV 1990, 795; Lüneburg NVwZ 1984, 185; Finkelnburg/Jank Rn. 526 ff.; Redeker/v. Oertzen bis zur 13. Aufl.

ten Umständen möglich war. Damit bestand weiterhin zwischen den Abänderungsmöglichkeiten des § 80 Abs. 7 und denen im einstweiligen Rechtsschutzverfahren eine erhebliche Diskrepanz. Ein Grund für diese unterschiedliche Regelung ist kaum ersichtlich, zumal das NeuregelungsG 1990 die Abänderungsmöglichkeiten im Aussetzungsverfahren in § 80 Abs. 7 im Ergebnis noch erweitert hat. Der frühere Grund, die Entscheidung durch Urteil, das sich solcher Abänderung entzieht, ist entfallen.

Eine im Vordringen befindliche Meinung will § 80 Abs. 7 analog anwenden[150]. Mit Blick auf die fehlende Rechtfertigung der unterschiedlichen gesetzlichen Regelungssystematik ist im Ergebnis trotz erheblicher Zweifel am Vorliegen einer planwidrigen Lücke, die eine Analogie erlauben würde, dieser Auffassung unter Aufgabe der bisherigen gegenteiligen Auffassung zu folgen. Die analoge Anwendung des § 927 ZPO ist entbehrlich. **27**

3. **Zurückverweisung.** Das Beschwerdegericht ist zur **Zurückverweisung** an das VG befugt, wenn dies nicht zu einer zeitlichen Verzögerung der Entscheidung führt (vgl. § 146 Rn. 31[151]); sonst nicht, da dies der Forderung alsbaldiger Entscheidung widerspricht[152]. **28**

4. **Antrag auf Fristsetzung.** An Stelle oder neben dem Antrag auf Zulassung der Beschwerde kann der Antragsgegner, ebenso auch ein notwendig Beigeladener, auch beantragen, dass **dem Antragsteller eine Frist zur Erhebung der Klage in der Hauptsache gesetzt wird** (§ 926 ZPO). Das Gericht muss diesem Antrag stattgeben. Soweit es sich bei der Hauptsache um eine Verpflichtungsklage handelt, kann dem Antragsteller aber lediglich aufgegeben werden, innerhalb bestimmter Zeit den Antrag auf Erlass des begehrten VA bei der Behörde einzureichen, wenn dies noch nicht geschehen ist[153]. Über den weiteren Ablauf des Vorverfahrens kann der Antragsteller nicht verfügen, sodass ihm insoweit keine Fristen gesetzt werden können. Dies ist aber auch wegen der Fristgebundenheit von Widerspruch und Klageerhebung nicht erforderlich (a.A. Kassel NJW 1980, 1180: Es ist Frist für die Klage zur Hauptsache zu setzen, die so bemessen ist, dass das Vorverfahren wenigstens bis zur Untätigkeitsklage erledigt werden kann; kaum zutreffend, weil damit dem Antragsteller die Überprüfungsmöglichkeit durch die Widerspruchsinstanz genommen werden kann). Die Fristsetzung ist unzulässig, wenn sich der Rechtsstreit bereits erledigt hat, die Hauptklage deshalb mangels Rechtsschutzinteresses abgewiesen werden müsste[154]. Tritt dagegen die Erledigung erst nach Klageerhebung ein, so muss Kläger auf den Fortsetzungsfeststellungsantrag übergehen, wenn er die Aufhebung der einstweiligen Anordnung vermeiden will[155]. Wird einer Fristsetzung nicht entsprochen, so ist auf Antrag die einstweilige Anordnung durch Beschluss aufzuheben. Die Erfüllung der Auflage kann aber bis zur Zustellung des Beschlusses noch nachgeholt werden. Die Anordnung nach § 926 ZPO kann mit der Beschwerde angefochten werden[156]. **29**

---

150 BVerfGE 92, 245; VGH Mannheim NVwZ-RR 2002, 909 m.w.N.
151 A.A. die überwiegende Rechtsprechung, z.B. Greifswald NVwZ-RR 1999, 542.
152 Mannheim NVwZ 1992, 799.
153 München NVwZ-RR 1998, 685.
154 OVGE 29, 316.
155 Hamburg VRspr. 30, 881.
156 Saarlouis AS 13, 315.

VI. Erledigung

29a Das **Verfahren der einstweiligen Anordnung** kann sich während der Rechtshängigkeit **erledigen.** Wird dies von beiden Hauptbeteiligten erklärt, ergeben sich keine Besonderheiten (hierzu Rn. 16 zu § 107). Es ist über die Kosten nach § 161 Abs. 2 zu entscheiden. Erklärt dagegen nur ein Beteiligter, insbesondere der Antragsteller für erledigt und widerspricht der andere, so erfolgt Einstellung und Kostenentscheidung nach § 161 Abs. 2, wenn sich im Anordnungsverfahren die Frage der Erledigung nicht klären lässt[157]. Ein Fortsetzungsfeststellungsantrag ist ebenso wie eine Sachentscheidung über den Widerspruch des Antragsgegners gegen die Erledigung nicht zulässig[158].
Die einstweilige Anordnung kann nicht Gegenstand eines Wiederaufnahmeverfahrens sein[159].

C. Schadensersatz

I. Voraussetzungen

30 Ist eine **einstweilige Anordnung** erlassen worden, erweist sie sich aber später als **von Anfang an unbegründet,** so **hat** der **Antragsteller** dem Antragsgegner allen durch die Vollziehung der Anordnung oder die Sicherheitsleistung entstandenen **Schaden zu ersetzen.** § 945 ZPO, auf den § 123 VwGO verweist, begründet einen selbstständigen Schadensersatzanspruch, der allein auf der nachträglichen Feststellung der Unbegründetheit der einstweiligen Anordnung beruht, ein Verschulden des Antragstellers nicht voraussetzt.
Notwendig ist, dass die einstweilige Anordnung von Anfang an ungerechtfertigt gewesen ist. Diese Voraussetzungen können in verschiedenen Verfahren festgestellt werden:

31 1. **durch rechtskräftiges Urteil im Hauptprozess.** Wird im Hauptprozess festgestellt, dass kein Anspruch bestanden hat, so steht damit die Unbegründetheit der einstweiligen Anordnung fest[160]. Diese Feststellung ist auch für den Schadensersatzprozess bindend[161].

32 2. **durch Aufhebung der einstweiligen Anordnung.** Wird sie im Beschwerdeverfahren – nicht im Verfahren nach § 927 ZPO – aufgehoben, so bindet diese Entscheidung, wenn festgestellt wird, dass die Anordnung von An-

---

157 Münster DÖV 1979, 609; a.a. Saarlouis NJW 1978, 121: Kostenentscheidung nach § 154 f.; differenzierend Finkelnburg/Jank Rn. 386.
158 BVerwG DÖV 1995, 515; Finkelnburg/Jank Rn. 390; Lüneburg OVGE 31, 404; München BayVBl. 1998, 185.
159 BVerwGE 76, 127; München NJW 1985, 879; a.a. Kassel NJW 1984, 378; Finkelnburg/Jank Rn. 543.
160 Eyermann/Happ Rn. 75, 85.
161 BGHZ 122, 175; a.a. Zöller/Vollkommer § 945 Rn. 9.

fang an ungerechtfertigt war[162]. Insoweit hat auch die Entscheidung im Anordnungsverfahren Rechtskraftwirkung[163].

3. durch entsprechende Feststellungen im Schadensersatzprozess unabhän- **33** gig davon, ob die einstweilige Anordnung bestätigt worden ist und formell in Kraft bleibt oder sie lediglich wegen nachträglich eingetretener Umstände aufgehoben wird.

II. Personen und Inhalt des Anspruchs

Der **Anspruch** aus § 945 ZPO **steht** nach h.M. **dem Ersatzanspruch aus** **34** **§§ 823 ff. BGB gleich**. Seine Höhe richtet sich deshalb nach §§ 249 ff. BGB[164]. Der Anspruch verjährt gem. § 852 BGB nach drei Jahren. Zu ersetzen ist der Schaden, der infolge der Vollziehung oder Sicherheitsleistung entstanden ist. Dabei geht der Anspruch zunächst auf Naturalrestitution und nur, wenn diese nicht möglich ist, auf Geldersatz. Der Vollziehung steht die freiwillige Leistung gleich, die zur Abwehr der Vollziehung erbracht worden ist.

Der Schadensersatzanspruch ist im Verwaltungsprozess ohne nennenswerte **35** Bedeutung. Denn Antragsgegner ist regelmäßig Körperschaft oder Behörde; bei ihnen tritt durch eine Anordnung in der Regel kein Schaden ein. Das Gleiche gilt auch bei Verfahren, in denen die Behörde auf Erfüllung ihrer Kontrollpflichten gegenüber Dritten, z.B. Nachbarn verpflichtet werden soll; in diesen Fällen ist auch der Nachbar nicht Inhaber eines Schadensersatzanspruches[165]. Auch der notwendig beigeladene Mitbewerber, dem durch eine Verzögerung der Erfüllung seines Anspruchs durch das vorläufige Rechtsschutzverfahren ein Schaden entstanden sein kann, ist nicht Anspruchsinhaber[166]. Die früher erörterte Möglichkeit der Anwendung bei VA mit Doppelwirkung[167] hat sich durch die Regelung des § 80a erledigt.

Der Anspruch setzt eine Strafandrohung nach § 890 Abs. 2 ZPO voraus; wird der Anordnung vor solcher Androhung entsprochen, so entfällt der Anspruch[168].

III. Rechtsweg

Der Schadensersatzanspruch ist nach Auffassung des BGH im Zivilrechts- **36** weg geltend zu machen[169]; vgl. aber § 168 Rn. 9[170].

162　Bader/Funke-Kaiser Rn. 81.
163　Baumbach/Hartmann § 945 Rn. 10 ff.
164　BGHZ 96, 2.
165　Retzlaff NJW 1999, 3224.
166　Zu dieser Rechtslage Rudek NJW 2003, 3531.
167　Verneinend BGH DVBl. 1962, 218; DVBl. 1981, 28.
168　BGH DVBl. 1993, 252.
169　BGHZ 63, 277; DVBl. 1962, 218; Eyermann/Happ Rn. 85.
170　Ferner Lemke DVBl. 1982, 989.

Teil III · Rechtsmittel und Wiederaufnahme des Verfahrens

12. Abschnitt · Berufung

§ 124 [Zulässigkeit]

(1) Gegen Endurteile einschließlich der Teilurteile nach § 110 und gegen Zwischenurteile nach den §§ 109 und 111 steht den Beteiligten die Berufung zu, wenn sie von dem Verwaltungsgericht oder dem Oberverwaltungsgericht zugelassen wird.

(2) Die Berufung ist nur zuzulassen,

1. wenn ernstliche Zweifel an der Richtigkeit des Urteils bestehen,
2. wenn die Rechtssache besondere tatsächliche oder rechtliche Schwierigkeiten aufweist,
3. wenn die Rechtssache grundsätzliche Bedeutung hat,
4. wenn das Urteil von einer Entscheidung des Oberverwaltungsgerichts, des Bundesverwaltungsgerichts, des gemeinsamen Senats der obersten Gerichtshöfe des Bundes oder des Bundesverfassungsgerichts abweicht und auf dieser Abweichung beruht oder
5. wenn ein der Beurteilung des Berufungsgerichts unterliegender Verfahrensmangel geltend gemacht wird und vorliegt, auf dem die Entscheidung beruhen kann.

Übersicht

A. Einführung

I. Rechtsbehelf und Rechtsmittel

Unter einem **Rechtsbehelf** wird jedes prozessuale Mittel zur Verwirkli- **1**
chung eines Rechts verstanden. Im verwaltungsgerichtlichen Verfahren
zählen also dazu neben der Klage u.a. der Antrag auf Anberaumung der
mündlichen Verhandlung (§ 84 Abs. 3), der Antrag auf Wiedereinsetzung
in den vorigen Stand (§ 60), der Antrag auf Anordnung oder Wiederherstellung der aufschiebenden Wirkung von Widerspruch und Klage (§ 80
Abs. 5), der Antrag auf einstweilige Anordnung nach § 123, die Wiederaufnahme des Verfahrens (§ 153) und die **Rechtsmittel.** Die Rechtsmittel
stellen Rechtsbehelfe dar, durch die eine Entscheidung, bevor sie rechtskräftig wird, einer höheren Instanz zur Überprüfung vorgelegt wird. Die
VwGO behandelt im Teil III als Rechtsmittel nur Berufung, Revision und
Beschwerde. Zum Widerspruch vgl. § 69 Rn. 1 ff. Zum Wesen des Rechtsmittels gehören zwei Eigenschaften:
a) die **Hemmungswirkung (Suspensiveffekt),** d.h. der Eintritt der Rechtskraft der angefochtenen Entscheidung wird gehemmt. Dies gilt bei der Berufung auch für den nichtangefochtenen Teil der Entscheidung, sofern dieser durch Erweiterung oder Anschlussberufung noch der Nachprüfung der
höheren Instanz unterbreitet werden kann[1]. Zu unterscheiden ist die Hemmung der Vollstreckbarkeit, die bei einem Rechtsmittel nur in den im Gesetz bestimmten Fällen eintritt;
b) die **Anfallwirkung (Devolutiveffekt),** d.h. die Zuständigkeit zur weiteren
Behandlung des Rechtsstreits fällt der höheren Instanz an. Bei der Beschwerde gilt dies jedoch nur, soweit ihr nicht abgeholfen wird (§ 148
Abs. 1).
Die Einlegung eines Rechtsmittels ist Prozesshandlung. Deshalb kann das
Rechtsmittel nicht unter einer Bedingung eingelegt werden[2]; zum Antrag
auf Prozesskostenhilfe vgl. § 166 Rn. 5.

II. Außerordentliche Rechtsbehelfe

Die Rechtsprechung hatte unter bestimmten Voraussetzungen die sog. au- **2**
ßerordentliche Beschwerde gegen unanfechtbare Entscheidungen für zulässig erachtet. Die Einführung des § 321a ZPO hat zunächst das BVerwG[3]
zur Aufgabe dieser Rechtsprechung veranlasst. Das BVerwG entnimmt
§ 321a ZPO den Rechtsgedanken, dass eine erforderliche »Selbstkorrek-
tur«, soweit sie nicht innerhalb des allgemeinen Rechtsmittelzuges geleistet
werden kann, dem Gericht obliegt, dem der Rechtsverstoß zur Last fällt.
Dem könne auch durch die Zulassung von **Gegenvorstellungen** Rechnung
getragen werden Dieser Rechtsprechung haben sich zwischenzeitlich auch
Obergerichte angeschlossen und die außerordentliche Beschwerde für generell unstatthaft erklärt[4].

---

1   BGH NJW 1992, 2296.
2   BVerwG Buchh. 310 § 132 Nr. 7; Bautzen DVBl. 1996, 118 für Beschwerde.
3   NJW 2002, 2657; unter Berufung auf BGH NJW 2002, 1577 m. Bspr. Lipp NJW
    2002, 1700.
4   München BayVBl. 2003, 125; Münster NVwZ-RR 2003, 695; Bautzen SächsVBl.
    2003, 296; Greifswald B. v. 4.11.2002 – 3 O 88/03.

2a An die Stelle der außerordentlichen Beschwerde soll nach dieser Rechtsprechung, soweit nicht § 321a ZPO über § 173 VwGO entsprechend anwendbar ist, die **Gegenvorstellung** treten. Die Gegenvorstellung setzt voraus, dass entweder ein Verfahrensgrundrecht verletzt wurde oder die beanstandete Entscheidung jeder gesetzlicher Grundlage entbehrt, also greifbar gesetzwidrig ist[5]. Bei noch strengerem Verständnis ist die Gegenvorstellung grundsätzlich ausgeschlossen, wenn die beanstandete Entscheidung eine Bindungswirkung entfaltet, die nur in einem gesetzlich vorgesehenen Verfahren durchbrochen werden kann, wie bei Urteilen oder gleichstehenden Beschlüssen[6]. Grundsätzlich ausgeschlossen ist die Gegenvorstellung, wenn ein gesetzliches Rechtsmittel (noch) nicht in Anspruch genommen wurde[7]. Die Erhebung der Gegenvorstellung ist an die Beachtung bestimmter prozessualer Voraussetzungen gebunden. Sie ist fristgebunden. Gegenvorstellungen gegen Entscheidungen des BVerwG über die Nichtzulassung der Revision können nur in der Frist des § 93 Abs. 1 BverfGG erhoben werden[8]. Als allgemeiner Grundsatz kann angenommen werden, dass die Gegenvorstellung innerhalb der Frist einzulegen ist, die für das ausgeschlossene Rechtsmittel gelten würde[9]. Auch die Form muss den Verfahrensvorschriften des jeweiligen Instanzenzuges entsprechen. Die Gegenvorstellung hat keinen Suspensiveffekt.

3 Das BVerfG[10] hat den Gesetzgeber verpflichtet, jedenfalls für die Fälle der Verletzung rechtlichen Gehörs die Möglichkeit einer fachgerichtlichen Abhilfe zu schaffen. Auch wenn damit der Auftrag an den Gesetzgeber sachlich begrenzt ist – zeitlich muss die Umsetzung bis zum 31.12.2004 erfolgen – bleibt abzuwarten, wie der Gesetzgeber die Problematik der **fachgerichtlichen Selbstkontrolle** zu lösen beabsichtigt. Mit § 321a ZPO hat er einen Anfang gemacht, den die Rechtsprechung ausgeweitet hat. Ob der Gesetzgeber diese Rechtsprechung nachzeichnen wird oder eigene Lösungen entwickelt, ist derzeit nicht abzusehen.

III. Zulässigkeit

4 **1. Allgemeines.** Das Rechtsmittelgericht hat, bevor es in die Sachprüfung eintritt, von Amts wegen die Zulässigkeit des Rechtsmittels zu prüfen (anders bei Zurückverweisung durch das BVerwG wegen eines Verfahrensmangels, wenn die Sach- und Rechtslage unverändert ist[11]). Fehlt diese, ist das Rechtsmittel durch Prozessurteil als unzulässig zu verwerfen. Ist das Rechtsmittel zulässig, aber in der Sache unbegründet, ist es durch Sachurteil zurückzuweisen. Ob verworfen oder zurückgewiesen wird, muss in der Entscheidung eindeutig zum Ausdruck kommen, da die Wirkungen der rechtskräftigen Entscheidung davon abhängig sind. Das Prozessurteil äußert keine Rechtskraftwirkung in der Sache. Das Rechtsmittel kann daher, während der Rechtsmittelfrist oder nach Wiedereinsetzung, erneut einge-

---

5 BVerwG NJW 2001, 1294; Münster NVwZ-RR 2003, 695.
6 Frankfurt/Oder NVwZ 2001, 451 m.w.N.; Münster DÖV 2003, 867, LS; offen Münster NVwZ 1998, 1319; AuAS 2003, 227.
7 FG Hessen NVwZ-RR 2003, 791; vgl. BVerwG NVwZ 2003, 1132 zu § 321a ZPO.
8 BVerwG NJW 2001, 1294.
9 Vgl. BGH NJW 2001, 262; BVerfG NJW 2002, 3387; BFH NJW 2003, 919.
10 BVerfG NJW 2003, 1924.
11 BVerwG BayVBl. 1998, 252.

legt werden, wenn die fehlenden Zulässigkeitsvoraussetzungen nachträglich eintreten[12]. Das Sachurteil äußert dagegen Rechtskraftwirkung in der Sache und schließt die erneute Einlegung des Rechtsmittels aus[13].

Die **Zulässigkeit eines Rechtsmittels setzt voraus:** 5
a) eine mit dem Rechtsmittel angreifbare Entscheidung. Welches Rechtsmittel zulässig ist, richtet sich danach, was für eine Entscheidung das Gericht der äußeren Form oder dem Inhalt nach tatsächlich gefällt hat[14]. Hat das Gericht **fehlerhaft in unrichtiger Form entschieden,** ist nach dem **Grundsatz der Meistbegünstigung** sowohl das Rechtsmittel zulässig, das der Form entspricht, in der das Gericht entschieden hat, als auch das Rechtsmittel, das gegen die in richtiger Form ergangene Entscheidung gegeben wäre. Aus der Rechtsprechung können folgende Beispiele angeführt werden: Berufung zulässig bei fehlerhafter Nichtzulassung der Berufung[15]; Berufung zulässig, wenn fehlerhaft durch Gerichtsbescheid statt durch Beschluss verwiesen[16]; Beschwerde oder Berufung zulässig, wenn Vorabentscheidung nach § 17a Abs. 2 GVG durch Urteil[17]; Beschwerde zulässig, wenn irrtümlich Nichtzulassung der Berufung im Urteil ausgesprochen[18]; Beschwerde zulässig, wenn fehlerhaft durch Urteil entschieden[19]. Bei unrichtiger Bezeichnung des Rechtsmittels wird es als das statthafte Rechtsmittel behandelt[20]; Umdeutung eines Rechtsmittels in ein anderes hat BVerwG jedoch abgelehnt[21].
b) eine anfechtungsberechtigte Person;
c) die Zulassung, soweit diese gefordert wird (§ 124 Abs. 1; § 132 Abs. 1);
d) die Beachtung der für die Einlegung des Rechtsmittels, bei Berufung und Revision auch der Begründung, vorgeschriebenen Form und Frist;
e) ein Rechtsschutzbedürfnis (vgl. § 42 Rn. 28 ff.);
f) eine Beschwer des Rechtsmittelklägers[22].

2. Beschwer. Der **Kläger** ist durch die angefochtene Entscheidung beschwert, wenn sie ihm etwas versagt, was er beantragt hatte[23]; das ist nicht der Fall, wenn seinem Antrag in vollem Umfang stattgegeben wurde, und zwar auch dann nicht, wenn die Entscheidung auf andere Gründe gestützt wird, als sie der Rechtsmittelkläger zur Rechtfertigung seines Begehrens vorgebracht hatte[24]; anders jedoch beim Bescheidungsurteil, wenn bei Anwendung der Rechtsauffassung des Gerichts durch die Behörde eher mit einem dem Kläger ungünstigen Ergebnis zu rechnen ist, als bei Anwendung seiner eigenen Rechtsauffassung[25]. Abträgliche Feststellungen im Urteil 6

---

12 Vgl. Münster NJW 1962, 411; RGZ 102, 364; 158, 53.
13 Vgl. Meyer-Ladewig, SGG Vorbem. 2 zu § 143.
14 Mannheim ESVGH 18, 31; Münster OVGE 10, 194; auch BVerwG DVBl. 1954, 606; E 11, 128; E 18, 193; E 30, 91.
15 BVerwGE 26, 61; E 71, 213; E 89, 27.
16 Koblenz DVBl. 1992, 113.
17 Münster NVwZ-RR 1993, 668.
18 München BayVBl. 1993, 150.
19 Mannheim NVwZ-RR 1995, 619.
20 Vgl. Hamburg NJW 1993, 1153: Berufung anstatt Beschwerde.
21 BVerwG DVBl. 1994, 1409 für Berufung in Zulassungsantrag; Buchh. 310 § 132 Nr. 27; Buchh. 310 § 144 Nr. 24; BayVBl. 1974, 708 für Revision in Zulassungsbeschwerde und umgekehrt.
22 BVerwGE 4, 283.
23 BVerwGE 4, 16; BSGE 43, 1.
24 BVerwGE 4, 16; 4, 283; VRspr. 12, 773; Kassel VRspr. 1, 123.
25 BVerwG DVBl. 1982, 447.

über Kläger oder Beklagten begründen keine Beschwer[26]. Die Beschwer fehlt auch, wenn die Berufung auf einen anderen Lebenssachverhalt gestützt wird und damit einen vollständig neuen Streitgegenstand und Anspruch verfolgt und der bisherige Anspruch nicht auch geltend gemacht wird[27]. Wird auf Antrag des Beigeladenen ein dem Kläger günstiger Bescheid aufgehoben, ist der Kläger nur beschwert, wenn ihn die Aufhebung möglicherweise in seinen Rechten verletzt[28]. Wechselt der Kläger im Berufungsverfahren den Streitgegenstand vollständig aus, entfällt die Beschwer[29].

6a Wegen der unterschiedlichen Rechtskraftwirkung liegt eine Beschwer des **Beklagten** auch bei Abweisung durch Prozessurteil anstatt durch Sachurteil vor[30], das setzt jedoch voraus, dass der Rechtsmittelkläger ausdrücklich einen Antrag auf Abweisung durch Sachurteil gestellt hatte; der allgemeine Antrag auf Abweisung reicht nicht aus[31]. Das gilt auch für Anfechtungsklagen[32]. Beschwer liegt auch vor bei Stattgeben des Hilfsantrages, der auf den Erlass eines nicht durch Auflagen eingeschränkten VA gerichtet war, wenn der Hauptantrag abgewiesen wird, der auf Aufhebung der mit dem VA verbundenen Auflagen gerichtet war[33]. Bei Klageabweisung durch Sach- anstatt durch Prozessurteil ist der Beklagte nicht beschwert[34]. Keine Beschwer des Klägers auch bei Zwischenurteil nach § 109, wenn Klagebefugnis nur für einzelne der als verletzt behaupteten Rechte bejaht wird[35]. Bei Klageabweisung wegen Unzulässigkeit des Rechtsweges liegt stets Beschwer auch des Beklagten vor[36]. Beschwer lediglich im Kostenpunkt reicht wegen § 158 Abs. 1 nicht aus[37].

7 Der Beigeladene ist beschwert, wenn er durch das Urteil des VG zumindest in rechtlichen Interessen in der Weise negativ berührt wird, dass durch das angegriffene Urteil unmittelbar und präjudiziell in Rechtsbeziehungen des Beigeladenen eingegriffen wird[38]; die Bindungswirkung des Urteils ihm gegenüber reicht als Beschwer nicht aus[39], auch dann nicht, wenn er zu Unrecht beigeladen war[40]. Beschwer der beigeladenen Obersten Landesstraßenbaubehörde liegt vor, wenn im Urteil Verpflichtung zur Erteilung einer

---

26 Vgl. PrOVG 92, 188.
27 BGH NJW 1999, 2118.
28 BVerwG VIZ 2000, 659.
29 Münster BauR 2003, 1708.
30 BVerwG DÖV 1959, 463; E 10, 148; Münster OVGE 2, 95; Koblenz AS 8, 95; München VRspr. 13, 377.
31 Münster OVGE 2, 95; Lüneburg NJW 1954, 1822.
32 BVerwG NJW 1968, 1795; Lüneburg OVGE 11, 394; auch BVerwGE 10, 148.
33 BVerwGE 29, 261.
34 Lüneburg VRspr. 5, 122.
35 BVerwG NJW 1980, 2268.
36 BVerwGE 8, 334.
37 Vgl. aber Münster OVGE 28, 177 für Erledigung zwischen Instanzen, wenn Möglichkeit auf Übergang zur Fortsetzungsfeststellungsklage nach § 113 besteht.
38 BVerwGE 31, 233; E 47, 19 für beigeladenen Nachbarn; München BayVBl. 1989, 689 für beigeladenen Bauherrn bei Aufsichtsmaßnahmen gegenüber Genehmigungsbehörde; BVerwG 77, 102; bejaht für Gemeinde, wenn bauaufsichtliche Beseitigungsverfügung auf Klage des Bauherrn aufgehoben wird, von BVerwG NVwZ 2000, 1048 m. Bspr. Hässy BauR 2001, 1533; a.A. BVerwG NVwZ-RR 1998, 388.
39 BVerwGE 31, 233.
40 BVerwGE 37, 43; BayVBl. 2001, 634; Kassel DÖV 1976, 607; Münster NJW 1964, 1689.

Baugenehmigung ausgesprochen wird, die ihrer Zustimmung bedarf[41]. Eine materielle Beschwer der Landesplanungsbehörde ist verneint worden bei einer Verpflichtung der Bezirksregierung zur Genehmigung der Änderung eines Flächennutzungsplanes[42].

Für den **Vertreter des öffentlichen Interesses** wird, auch wenn er als Parteivertreter auftritt, eine **Beschwer** für die Einlegung eines Rechtsmittels **nicht gefordert**[43], sofern er anstrebt, die Beschwer eines anderen zu ändern oder zu nehmen[44]; allein die Begründung anzugreifen, ohne die Entscheidung ändern zu wollen, ist auch dem VöI versagt. Das Gleiche gilt für den Bundesbeauftragten für Asylangelegenheiten[45]. **8**

Die **Beschwer muss bei der Einlegung des Rechtsmittels vorliegen,** sie kann nicht erst durch Klageerweiterung im Berufungsverfahren begründet werden[46]. Durch späteren Wegfall der Beschwer wird das Rechtsmittel nicht unzulässig, der Rechtsmittelkläger muss jedoch die Hauptsache für erledigt erklären, sonst wird als unbegründet zurückgewiesen. **9**

Antrag auf Zulassung der Berufung kann auch zu dem Zweck der Abgabe von Erledigungserklärungen vor Eintritt der Rechtskraft eingelegt werden[47]. Die unterlegene Behörde hat grundsätzlich kein Rechtsschutzinteresse am Zulassungsverfahren mehr, wenn sie das erledigende Ereignis selbst herbeigeführt hat[48]. Hat sie wegen neuer, in der Rechtsmittelfrist entstandener Umstände die Erledigung herbeigeführt, entfällt ihr Rechtsschutzinteresse nicht (vgl. § 107 Rn. 12). Führt der Antragsteller das Verfahren trotz eingetretener Erledigung fort, fehlt dem Antragsgegner für ein Rechtsmittel nicht das Rechtsschutzbedürfnis.[49]. Stellt ein Beteiligter trotz **Erledigung** einen Zulassungsantrag, muss er das besondere Interesse an der Feststellung der von ihm beanspruchten Rechtsposition im Zulassungsantrag darlegen[50]. **9a**

B. Berufung

1. Prozesshandlung. Das Rechtsmittel gegen das Urteil des VG ist die Berufung. Die Einlegung der Berufung erfolgt entweder, wenn die Berufung nicht durch das VG zugelasssen wurde, durch den Antrag auf Zulassung (vgl. § 124a Rn. 1[51]). Als Prozesshandlung kann dieser Antrag nicht an **10**

---

41 BVerwGE 54, 328.
42 Münster DVBl. 2002, 1435 (LS).
43 BVerwGE 7, 226.
44 Vgl. BVerwG DÖV 1977, 784: Abweisung der Klage als unzulässig, nicht als unbegründet angestrebt.
45 BVerwGE 67, 64.
46 BVerwGE 71, 73; vgl. auch BVerwGE 32, 228 zur Gegenrüge im Revisionsverfahren.
47 Lüneburg NVwZ-RR 1998, 337; Koblenz AuAs 2003, 58; a.A. Kassel DVBl. 1998, 243 (LS).
48 Berlin NVwZ 1998, 85; Bautzen DÖV 1998, 937.
49 Mannheim DVBl. 2001, 1548 (LS), für Eilverfahren.
50 Mannheim NVwZ-RR 1998, 371; Kopp/Schenke § 124 Rn. 43.
51 A.A. Bader § 124 a Rn. 41; Kopp/Schenke vor § 124 Rn. 2: Rechtsbehelf besonderer Art.

Vorbehalte oder Bedingungen geknüpft werden[52]. Er kann daher auch nicht für den Fall eingelegt werden, dass die nachgesuchte Prozesskostenhilfe bewilligt wird[53]. Dagegen ist es zulässig, wenn der Berufungskläger die Antragsschrift dem Gesuch um Prozesskostenhilfe mit der Bitte beifügt, sie erst nach Bewilligung in den Geschäftsgang zu geben[54], da hierin nur der Vorbehalt der Zurücknahme des Antrags für den Fall der Versagung der Prozesskostenhilfe zu sehen ist; zur Problematik insgesamt vgl. § 166 Rn. 9b. Oder die Einlegung erfolgt nach Zulassung der Berufung durch das VG durch einen entsprechenden bestimmenden Schriftsatz. Für diese Prozesshandlung gilt das bereits Ausgeführte entsprechend. Die Berufungsschrift ist auslegungsfähig. Auch eine als solche bezeichnete Bedingung kann im Einzelfall so verstanden werden, das es sich nicht um eine Bedingung handelt, sondern um eine unschädliche Willensäußerung[55].

11   2. **Gegenstand.** Gegenstand der Berufung kann grundsätzlich nur das Urteil des VG sein, und zwar das Endurteil einschließlich des Teilurteils nach § 110, sowie das Zwischenurteil über die Zulässigkeit der Klage nach § 109, das Grundurteil nach § 111, das Ergänzungsurteil nach § 120 und das Vorbehaltsurteil nach § 173 mit § 302 ZPO. Zwischenurteile, die sich nicht auf die Zulässigkeit der Klage beziehen, sind nur mit dem Endurteil zusammen anfechtbar (vgl. im Einzelnen die Anmerkungen zu den genannten Vorschriften, zur Entscheidung entsprechend § 387 ZPO vgl. § 98 Rn. 7). Auch der Gerichtsbescheid (§ 84 Abs. 2 Nr. 1) kann Gegenstand der Berufung sein; ebenso die Beschlüsse in Musterverfahren nach § 93a Abs. 2 S. 3. Zum Ausschluss der Berufung vgl. § 135 Rn. 1.

12   Die Berufung richtet sich gegen den Teil des Urteils, der in Rechtskraft erwächst; allein gegen die Gründe kann sie daher nicht gerichtet werden[56]. Zur Berufung des Beklagten gegen das die Klage als unzulässig abweisende Urteil vgl. Rn. 6a. Die Berufung kann, soweit der Streitgegenstand dies erlaubt, auf einen Teil des angefochtenen Urteils beschränkt werden. Die Ermittlung des Rechtsschutzziels in asylrechtlichen Streitigkeiten richtet sich nach der typischen Interessenlage des Berufungsführers[57]. Zur Rechtskraft des nichtangefochtenen Teils vgl. Rn. 1. Die Beschränkung der Berufung auf den Kostenpunkt ist unzulässig (§ 158 Abs. 1).

3. Alleiniges **Berufungsgericht** ist das OVG (vgl. § 46).

13   4. **Berufungsführer.** Berechtigt, die Berufung einzulegen, sind die in erster Instanz am Verfahren Beteiligten, d.h. der Kläger, der Beklagte, der Beigeladene, der VöI und Vertreter von Bundesinteressen (vgl. § 35 Rn. 10); dabei gilt nach der Neufassung des § 67 durch das 6. VwGOÄndG Vertretungszwang (vgl. § 67 Rn. 1). Zur Beiladung nach Erlass des Urteils zum Zweck der Berufungseinlegung vgl. § 65 Rn. 15. Ohne Beiladung kann ein Nichtbeteiligter, auch wenn er notwendig hätte beigeladen werden müssen,

---

52   Bautzen SächsVBl. 1998, 128.
53   BGH NJW 1952, 102 für Armenrecht.
54   BGHZ 6, 193.
55   Münster NVwZ-RR 2002, 896; Eyermann/Happ Rn. 37.
56   PrOVG 23, 178; 92, 88; BVerwG DÖV 1977, 784 für VöI.
57   Weimar Urt. v. 9.12.1999 – 3 K0 401/96.

grundsätzlich nicht Berufung einlegen[58]. Der VöI bei dem VG kann[59] sich erstmals mit dem Berufungszulassungsantrag am Verfahren beteiligen. Wo der VöI alleiniger Prozessvertreter des Staates in Anfechtungssachen ist, kann nur er, nicht auch der Leiter der Behörde, die den angefochtenen VA erlassen hat, für den Staat die Zulassung der Berufung beantragen. Die Genehmigung des VöI heilt jedoch den Mangel in der Vertretung.

C. Zulassung

I. Bedeutung

Durch das 6. VwGOÄndG ist die Berufungsbeschränkung in § 131 aufge- **14** hoben und die **Berufung allgemein von** einer **Zulassung abhängig** gemacht worden. Die ohne Zulassung eingelegte Berufung wird als unzulässig verworfen. Die Zulassung wird entweder vom VG ausgesprochen, wenn einer der Zulassungsgründe nach § 124 Abs. 2 Nr. 3 oder Nr. 4 vorliegt oder erfolgt bei Vorliegen eines Zulassungsgrundes auf Antrag eines Beteiligten durch das OVG. Die Berufung braucht nicht in vollem Umfang zugelassen zu werden; bei einer Häufung von Streitgegenständen oder auch bei subjektiver Klagehäufung ist eine Beschränkung zulässig, die jedoch eindeutig aus der Zulassung hervorgehen muss[60].

Eine Umdeutung/Auslegung der von einem Vertreter i.S.d. § 67 Abs. 1 ein- **14a** gelegten Berufung in einen Zulassungsantrag ist grundsätzlich ausgeschlossen[61]. Anders nur, wenn dem Schriftsatz hinreichend deutlich entnommen werden kann, dass die Zulassung der Berufung begehrt wird[62]. Die Zulassungsgründe sind erschöpfend in Absatz 2 aufgeführt. Jeder dieser Zulassungsgründe eröffnet die Berufung in vollem Umfang, Zulassungs- und Berufungsgrund brauchen daher nicht identisch zu sein[63]. Die Zulassung der Berufung durch das VG hat Wirkung für alle Verfahrensbeteiligten[64]. Beruht die Entscheidung des VG auf mehreren sie rechtlich tragenden Gründen (kumulative Begründung), muss für jeden dieser Gründe ein Zulassungsgrund geltend gemacht werden, während bei alternativer Begründung ein Zulassungsgrund ausreicht[65]. Eine teilweise Zulassung ist zulässig (s. o. Rn. 14 a. E.).

---

58 BVerwGE 38, 290; Buchh. 130 § 9 RuStAG Nr. 8; siehe jedoch die Ausnahmefälle bei Schoch/Meyer-Ladewig Vorb. § 124 Rn. 37, sowie Münster NWVBl. 1990, 282.
59 Eyermann/Happ Rn. 41; vgl. Lüneburg OVGE 9, 394.
60 Vgl. BVerwGE 41, 52, Kassel B v. 22.1.1998 – 13 UZ 3758/97.A.
61 BVerwG NVwZ 1998, 1297; 1999, 641; Weimar ThürVBl. 1999, 209; Kassel, GewA 1998, 377; Mannheim NVwZ-RR 1998, 206; München NVwZ-RR 1998, 207; Hamburg NVwZ 1997, 690.
62 BVerwG NVwZ 1999, 941; Greifswald NVwZ 1998, 201.
63 Vgl. BVerwG NJW 1961, 1737; E 14, 342 für Verfahrensmangel.
64 Vgl. BVerwG NJW 1969, 1076; für die vom OVG zugelassene Berufung vgl. § 124a Rn. 40.
65 Vgl. BVerwG NJW 1994, 269; Mannheim NVwZ 1998, 645; Weimar DVBl. 1998, 489; München BayVBl. 2001, 731.

II. Gründe

14b Die Berufung ist **nur** aus den in Absatz 2 aufgeführten Gründen zuzulassen. Das Verwaltungsgericht darf nur aus den in Absatz 2 Nr. 3 und 4 genannten Gründen zulassen (§ 124a Abs. 1 S. 1). Der Zulassungsgrund muss im Zeitpunkt der Entscheidung über die Zulassung vorliegen. Fällt ein ursprünglich vorliegender Zulassungsgrund während des Zulassungsverfahrens weg, kann der Zulassungsantrag nicht (mehr) auf diesen Zulassungsgrund gestützt werden[66]. Ist das Urteil auf mehrere tragende Gründe gestützt, muss der Zulassungsantrag zu jedem der tragenden Gründe einen Zulassungsgrund benennen[67].

15 Die Berufung **ist** nach Absatz 2 zuzulassen

1. wenn **ernstliche Zweifel an der Richtigkeit des Urteils bestehen.**
a) Der ernstliche Zweifel als Zulassungsgrund ist erstmalig durch das 6. VwGOÄndG in die VwGO eingeführt worden. Zweifel bedeuten Unsicherheit, Unentschiedenheit oder Unklarheit im Hinblick auf die Richtigkeit der Entscheidung[68]. **Ernsthafte Zweifel** liegen nur vor, wenn nicht allein der Betroffene an der Richtigkeit der Entscheidung zweifelt, sondern wenn seine subjektive Auffassung unter objektiver Betrachtung von anderen geteilt wird. Ausweislich der Gesetzgebungsmaterialien sollte dieser Zulassungsgrund ermöglichen, grob unbillige oder ungerechte Entscheidungen ändern zu lassen. Dem ist die Rechtsprechung nur vereinzelt gefolgt[69]. In Anlehnung an Rechtsprechung und Literatur zu § 80 Abs. 4 S. 3 wird verbreitet die Auffassung vertreten, dass **ernstliche Zweifel** an der Richtigkeit des Urteils (erst) dann vorliegen, wenn **überwiegend wahrscheinlich ist, dass das Ergebnis** der erstinstanzlichen Entscheidung falsch ist[70]. Zu diesem Maßstab tendiert auch die Rechtsprechung, die **ernstliche Zweifel** dann annimmt, wenn **erhebliche Gründe** dafür sprechen, dass die **erstinstanzliche Entscheidung einer rechtlichen Prüfung wahrscheinlich nicht standhalten** wird[71]. Diese Auffassung leidet schon daran, dass sie nicht in der Lage ist, nachvollziehbar darzulegen, wie die Erfolgswahrscheinlichkeit des noch zu begründenden Rechtsmittels in der notwendigen Genauigkeit zu bemessen ist[72]. Sie verlangt auch mit Blick auf den endgültigen Charakter der ablehnenden Zulassungsentscheidung eine genauere Prüfung der Richtigkeit des Urteils als das im Zulassungsverfahren erlaubt und möglich ist. Wenig überzeugend ist auch die Argumentation, der Verwaltungsprozess konzentriere sich seit der sechsten VwGO-Novelle auf die Erstinstanz; diese sei in der Regel die Letzte[73].

15a Ein Teil der Rechtsprechung und Literatur will ernstliche Zweifel bereits dann annehmen, wenn die **Erfolgsaussichten des Rechtsmittels unentschie-**

---

66   Mannheim VBlBW 2003, 403; München BayVBl. 2001, 201; Greifswald B. v. 17.12.2001 – 1 L 118/01.
67   Unklar BVerfG NVwZ 2000, 1163.
68   BFHE 87, 447.
69   Kassel NVwZ 1998, 756.
70   Mannheim NVwZ 1998, 305; 645; NVwZ-RR 1998, 31; Weimar NVwZ-RR 1998, 497; Münster NVwZ 1998, 530; NWVBl. 1999, 269; Koblenz NVwZ 1998, 1094; Kassel NVwZ 1998, 778; Lüneburg NVwZ 1999, 431; Berlin UPR 2000, 160 (LS).
71   Mannheim VBlBW 1998, 261; Bautzen SächsVBl. 1998, 29; LKV 1999, 105.
72   Happ BayVBl. 1999, 581.
73   Bader Rn. 11; dagegen dankenswert klar Happ BayVBl 1999, 577.

den sind[74]. Dies entspricht zwar der Auslegung des § 80 Abs. 4 S. 3 in ihrer Anlehnung an die finanzgerichtliche Rechtsprechung[75], begegnet aber den gleichen Bedenken wie die in Rn. 15 referierte Rechtsprechung. Eine Quantifizierung der Erfolgsaussichten der Berufung ist daher wenig hilfreich[76]. Den Regelungszweck des § 124 Abs. 2 und dem verfassungsrechtlichen Gebot des effektiven (einfach gesetzlich geschaffenen) Rechtschutzes wird am ehesten die Auslegung des Tatbestandmerkmales der ernstlichen Zweifel gerecht, die diese bereits dann bejaht, wenn die Zulassungsschrift Anlass gibt, das Ergebnis der angefochtenen Entscheidung in Zweifel zu ziehen[77]. Dazu besteht kein Anlass, wenn die angegriffene Entscheidung mit der Rechtsprechung des OVG, des BVerwG oder des BVerfG übereinstimmt. Die Vertretbarkeit einer Rechtsauffassung ist kein geeigneter Maßstab, da in der Regel verwaltungsgerichtliche Urteile vertretbar begründet sind; ernstliche Zweifel liegen nicht erst dann vor, wenn eine Entscheidung offenkundig falsch ist.

b) Die ernstlichen Zweifel müssen sich auf das **Ergebnis der erstinstanzlichen Entscheidung** beziehen; es genügt nicht, wenn allein die Begründung diesen Zweifeln unterliegt, das Ergebnis aber vom OVG für richtig gehalten wird[78]. Dies kann aber nur gelten, wenn das OVG die Richtigkeit der angegriffenen Entscheidung bereits im Zulasssungsverfahren abschließend beurteilen kann[79]. Das OVG ist bei seiner Prüfung nicht an den Vortrag in der Zulassungsschrift[80] und an die angegriffene Entscheidung gebunden[81]. Es darf aber bei der Ergebniskontrolle nicht im Zulassungsverfahren in der Sache Rechtsfragen entscheiden, die erst im Berufungsverfahren zu klären sind, also Rechtsfragen, die zu einer Zulassung nach § 124 Abs. 2 Nr. 2-4 führen würden[82]. Die **Richtigkeit des Ergebnisses der erstinstanzlichen Entscheidung** muss mithin **mehr oder weniger offen auf der Hand** liegen[83]. Weiter genügt es, wenn das Berufungsgericht die als unbegründet abgewiesene Klage für unzulässig hält, um den Zulassungsgrund der ernstlichen Zweifel zu verneinen[84]. Kommt das OVG auf Grund einer bislang nicht angesprochenen Rechtsauffassung zu der Erkenntnis, dass die angegriffene Entscheidung im Ergebnis richtig ist, hat es dies den Beteiligten vor der Entscheidung mitzuteilen und Gelegenheit zur Stellungnahme zu geben. Dies ist zwar mit dem eigentlichen Zulassungsverfahren nicht zu vereinbaren, entspricht aber der Prozessökonomie und ist hinnehmbar. Ist die Richtigkeit der erstinstanzlichen Entscheidung nicht zweifelsfrei im

74 Lüneburg DVBl. 1999, 478; Mannheim VBlBW 1997, 263; VBlBW 1997, 420; Schleswig NVwZ 1999, 1354.
75 BFHE 87, 447.
76 M. Redeker, NordÖR 2000, 6.
77 BVerfG NVwZ 2000, 1163; so bereits Greifswald NordÖR 1998, 306; Schmidt NVwZ 1998, 697; Hufen Die Verwaltung 1999, 531; vgl. Berkemann DVBl. 1998, 455.
78 Mannheim NVwZ 1998, 645; Bautzen SächsVBl. 1998, 140; Berlin NVwZ 1998, 650; NVwZ 1998, 1319; Kassel NVwZ 1998, 778; Weimar LKV 1998, 487; Hamburg DVBl. 1997, 1333; Lüneburg DÖV 1997, 697; FEVS 1999, 272; München BayVBl. 2004, 50.
79 Mannheim NVwZ 1998, 196; Bautzen NVwZ-RR 1999, 809.
80 Berlin NVwZ 1998, 1319 m.w.N. zur Gegenmeinung.
81 Münster NVwZ 1999, 202.
82 Berlin NVwZ 1998, 1319.
83 Münster NVwZ 1999, 202; a.A. Kassel InfAuslR 1998, 438.
84 München BayVBl. 2004, 50.

Zulassungsverfahren zu klären, liegen jedenfalls ernstliche Zweifel vor[85]. Die bloß abstrakte Möglichkeit einer anderen Entscheidung nach einer Beweisaufnahme im Berufungsverfahren reicht nicht aus[86]. Auf die ernstlichen Zweifeln unterliegende Frage muss es im Berufungsverfahren ankommen[87].

15c c) Die ernstlichen Zweifel können auch durch **Tatsachen** begründet werden, die im **erstinstanzlichen Verfahren nicht Prozessstoff** waren[88]. Dabei kann es nicht darauf ankommen, ob der Antragsteller diese Tatsachen in der ersten Instanz hätte vortragen können[89]. Anderenfalls käme zu einer gesetzlich nicht vorgesehenen Präklusion, die auch im materiellen Widerspruch zu § 128 S. 2 stünde. Die Gegenauffassung verkennt, dass im erstinstanzlichen Verfahren eine Vertretung durch Rechtskundige nicht erforderlich ist. Der Beschleunigungsgedanke und die Absicht, das Verfahren auf eine Instanz zu konzentrieren, darf nicht über Gebühr zu Lasten eines Beteiligten ausgedehnt werden. Angesichts des Darlegungserfordernisses und der Frist zur Antragsstellung ist dies auch überflüssig. Hat das OVG den Eindruck, der Antragsteller wolle sich das Rechtsmittel erschleichen, kann darauf mit Überlegungen zum Rechtsschutzbedürfnis reagiert werden. Sind die **neuen Tatsachen** erst nach **Abschluss der ersten Instanz aber bis zum Ende der Begründungsfrist entstanden,** kann ihrer Verwendung im Zulassungsverfahren nicht entgegengehalten werden, sie könnten wegen mangelnder Kausalität die Richtigkeit der erstinstanzlichen Entscheidung nicht in Zweifel ziehen. Das ist nur möglich, wenn maßgeblicher Zeitpunkt für die erstinstanzliche Entscheidung der der letzten behördlichen Entscheidung gewesen ist[90]. Ist der maßgebliche Zeitpunkt der der letzten gerichtlichen Entscheidung, bedeutet dies, dass das OVG alle bis zum Ablauf der Frist zur Begründung des Zulassungsantrages in hinreichender Form geltend gemachten auch neuen Tatsachen bei seiner Entscheidung zu beachten hat[91]. Ob der Rechtsmittelführer die neue Tatsache selbst geschaffen hat, ist unerheblich, auch wenn damit der erstinstanzlichen Entscheidung der Boden entzogen werden soll[92]. Für die **Änderung der Rechtslage** gilt Entsprechendes[93]. Damit hat es der Antragsteller nicht in der Hand, ob die Zulassung erfolgreich ist. Denn auch hier greift das Darlegungserfordernis korrigierend ein; zudem muss dann auch das erstinstanzliche Urteil im Ergebnis in Zweifel gezogen werden. **Nach Ablauf der Begründungsfrist** entstandene Tatsachen oder eine danach veränderte Rechtslage können hingegen nicht mehr berücksichtigt werden[94].

---

85   Hamburg NVwZ-RR 1998, 203; Bautzen DÖV 1999, 836.
86   Mannheim NVwZ-RR 2002, 20.
87   Bautzen LKV 1999, 106.
88   Hamburg NVwZ 1998, 863; Weimar DVBl. 1998, 849; NVwZ-Beilage 1999, 56 (für Asylprozess); München BayVBl. 1998, 154; Seibert DVBl. 1997, 936 f.; Rot VerwA 1997, 416, 431; Rennert NVwZ 1998, 673; a.A. Münster DVBl. 1997, 1337; Mannheim NVwZ 1998, 754; VBlBW 2000, 109; Kassel NVwZ 1998, 778; Berlin NVwZ 1998, 1093; NVwZ-RR 1999, 211; Bader § 124 Rn. 27 ff.
89   BVerwG NVwZ-RR 2002, 894; Hamburg NVwZ 1998, 836; a.A. Münster NVwZ 1998, 754; Kassel NVwZ 1998, 755; Lüneburg NVwZ-RR 2000, 122.
90   Lüneburg NdsVBl. 1998, 162 ff.; Koblenz NVwZ 1998, 1094; DÖV 1998, 126.
91   Vgl. Greifswald B. v. 24. 2.999 – 3 L 127/98.
92   BVerwG NVwZ 2003, 490; Mannheim NVwZ-RR 2003, 607.
93   Kassel NVwZ 2000, 83; a.A. Münster NVwZ 2000, 334.
94   Diese Frage hat Münster NVwZ-RR 2004, 78 dem BVerwG nach § 124b vorgelegt.

d) Das **Vorliegen ernstlicher Zweifel kann nicht abstrakt bestimmt** werden, **15d**
sondern ist in jedem einzelnen Fall zu prüfen. Die Durchführung eines
Augenscheins in der ersten Instanz bewirkt, dass ernstliche Zweifel regelmäßig nur dann vorliegen, wenn das VG entweder von fehlerhaften rechtlichen Überlegungen ausgegangen ist oder die Würdigung der Tatsachen an
sich unlogisch ist[95]. Aus der Rechtsprechung von allgemeinem Interesse
ist die Rechtsauffassung des OVG Magdeburg, ernstliche Zweifel lägen
nicht vor, wenn die Rechtsfrage Gegenstand einer Vorlage beim EuGH
sei[96].

Aus der Systematik der Zulassungsgründe lassen sich keine zwingenden **15e**
Aussagen dazu ableiten. Im **Verhältnis zum Zulassungsgrund der besonderen Schwierigkeiten** besteht kein systematischer Zusammenhang dergestalt, dass die ernstlichen Zweifel nur bei überwiegenden Erfolgsaussichten
vorliegen und offene Erfolgsaussichten die besonderen Schwierigkeiten indizieren[97]. Dies deshalb, weil dieser Qualifizierungstheorie nicht gefolgt
werden kann. Die These wird auch den »besonderen Schwierigkeiten«
nicht gerecht. Eine Rechtsfrage grundsätzlicher Bedeutung weist in die
Richtung eines ernsthaften Zweifels, bei einer Divergenz dürften ernstliche
Zweifel in aller Regel vorliegen. Ein Verfahrensmangel kann ernstliche
Zweifel begründen, doch ist dies nicht zwingend[98]. Der Zulassungsgrund
des § 124 Abs. 2 Nr. 5 ist weiter gefasst als der der Nr. 1, da es ausreicht,
dass das Urteil auf dem Mangel beruhen kann.

e) **Der ernstliche Zweifel muss rechtserheblich sein.** Er muss also eine **16**
Frage betreffen, bei deren anderer Beantwortung die Entscheidung anders,
und zwar zu Gunsten des Berufungsklägers, ausfallen könnte[99]. Betrifft
der Zweifel nur einen von mehreren die Entscheidung tragenden Gründen,
kann eine Zulassung nicht erfolgen[100].

2. wenn **die Rechtssache besondere tatsächliche oder rechtliche Schwierig-** **17**
keiten aufweist.
Dieser Zulassungsgrund steht historisch im Zusammenhang mit dem Zulassungsgrund der ernstlichen Zweifel: Er ist seine im Gesetzgebungsverfahren für notwendig erachtete Ergänzung, um die Wahrung materieller
Gerechtigkeit zu gewährleisten. Damit sollen die Entscheidungen einer
Überprüfung durch das Berufungsgericht zugänglich werden, bei denen
ernstliche Zweifel an der Richtigkeit des Urteils zwar nicht bestehen, die
tatsächliche oder rechtliche Komplexität des Streitstoffes eine solche Überprüfung jedoch objektiv-abstrakt notwendig macht. Die systematische
Überlegung, den Zulassungsgrund überall dort zu bejahen, wo die Erfolgsaussichten offen sind[101], kann schon deswegen nicht überzeugen, weil die
Anknüpfung an eine Erfolgswahrscheinlichkeit nicht als Maßstab geeignet
ist. Sie würde auch der Zielsetzung des Zulassungsgrundes nicht gerecht,

---

95 Magdeburg VwRR MO 2000, 142.
96 NJ 1998, 607 m. krit. Anm. Flint.
97 Hamburg NVwZ-RR 2000, 190; a.A. Münster NVwZ 1999, 202.
98 Streitig; für ernstliche Zweifel Mannheim NVwZ 1998, 196; Schmidt NVwZ 1998,
    698; Seibert DVBl. 1997, 433; a.A. Mannheim NVwZ 1998, 645; Berlin
    NVwZ-RR 1999, 211.
99 Magdeburg VwVRR MO 2000, 142; Greifswald B. v. 13.7.2000 – 2 L 14/99.
100 Vgl. BVerwG NVwZ 1994, 269.
101 Münster NVwZ 1999, 202; in diese Richtung auch Weimar DVBl. 1998, 489;
    Lüneburg NdsVBl. 1999, 95.

da dann auch einfach gelagerte Fälle, in denen auf Grund einer fehlerhaften Sachverhaltsermittlung die Richtigkeit der erstinstanzlichen Entscheidung offen ist, erfasst würden[102]. So ist die Notwendigkeit einer Beweisaufnahme offensichtlich ungeeignet, eine besondere Schwierigkeit tatsächlicher Art zu begründen; es kommt vielmehr für eine verlässliche Bewertung auf den Einzelfall an. Die Auslegung kann an die Erkenntnisse zu § 6 anknüpfen, der im Ziel der Beschleunigung parallelen Überlegungen seine Existenz verdankt. Es wäre aber verkürzt, aus der Übertragung auf den Einzelrichter das Fehlen einer besonderen Schwierigkeit abzuleiten[103] oder umgekehrt aus der Entscheidung durch die Kammer auf solche Schwierigkeiten zu schließen[104]. Die Voraussetzungen des Zulassungsgrundes sind in jedem Einzelfall zu prüfen. Im Einzelnen kann dazu ausgeführt werden:

18   Besondere Schwierigkeiten liegen vor, wenn die aufgeworfene – für die Berufungsentscheidung aus Sicht ex-ante erhebliche[105] – Frage tatsächlicher oder rechtlicher Natur »signifikant vom (üblichen) Spektrum der verwaltungsgerichtlichen Verfahren abweicht«[106]. Das ist im Grunde eine Leerformel, da das »Spektrum« weder gesetzlich fixiert noch empirisch beschrieben worden ist. Die Formel ist mit Inhalt noch zu füllen. So liegen besondere Schwierigkeiten tatsächlicher Art vor, wenn komplexe, erst noch näher auszuleuchtende wirtschaftliche, technische, wissenschaftliche oder sonstige Zusammenhänge den der Entscheidung zu Grunde liegenden Sachverhalt unklar machen[107]. Die besonderen Schwierigkeiten können sich in der Regel nicht unmittelbar aus der in Streit stehenden Materie ergeben; es kommt regelmäßig auf den jeweiligen Sachverhalt an[108]. Die Notwendigkeit eines Gutachtens für die Berufungsinstanz ist dafür ein deutliches Indiz; nicht aber die Notwendigkeit eines Ortstermins zur Beseitigung von Restzweifeln[109]. Das BVerfG[110] sieht in dem Begründungsaufwand des erstinstanzlichen Urteils ein maßgebliches Indiz. Das ist zweifelhaft. Der in den Entscheidungsgründen dokumentierte Begründungsaufwand ist keinesfalls immer objektiv aussagekräftig. Auch umfassend begründete Urteile können einfache Gedankengänge verbergen; ein »schlank« begründetes Urteil kann Ergebnis aufwändiger Überlegungen sein. Besondere rechtliche Schwierigkeiten liegen vor, wenn es sich um bislang noch nicht abschließend geklärte, in der Rechtsprechung und Literatur streitige Problemstellungen handelt, zu deren Beantwortung das Rechtsgespräch in der mündlichen Verhandlung vor dem und die sich anschließende Entscheidung durch das Berufungsgericht erforderlich ist[111]. Entsprechendes gilt für neu auftretende Rechtsfragen[112]. Der bloße

---

102 Lüneburg FEVS 1999, 263, 271.
103 Münster NVwZ 1999, 202.
104 Mannheim VBlBW 1998, 419; NVwZ 1998, 675; Lüneburg DÖV 1997, 697; Münster NVwZ 1999, 696.
105 Bautzen LKV 1999, 106; Eyermann/Happ, Rn. 26.
106 Mannheim NVwZ 1997, 1230; DVBl. 1997, 421; Lüneburg NVwZ 1997, 1225; Kassel DVBl. 1999, 119; Hamburg NordÖR 1999, 285.
107 Ähnlich Schleswig NordÖR 1999, 285; gesellschaftspolitische Brisanz genügt nicht, Kassel DVBl. 1998, 1095.
108 Hamburg B. v. 25.9.2000 – 3 Nc 46/00 für das Hochschulzulassungsrecht.
109 Schleswig NordÖR 1998, 385.
110 NVwZ 2000, 1163.
111 Vgl. München BayVBl. 1998, 83; Weimar NVwZ 2001, 448; Seibert, DVBl. 1997, 935; krit. Berkemann DVBl. 1998, 456.
112 Greifswald NordÖR 2000, 107.

Rechtsirrtum der ersten Instanz genügt nicht[113]. In jedem Fall muss die besondere Schwierigkeit noch im Zeitpunkt der Entscheidung des OVG bestehen[114]. Ändert sich die maßgebliche Sach- und Rechtslage nach der Entscheidung des OVG noch innerhalb der Antragsfrist, kann der Zulassungsgrund der besonderen Schwierigkeit darauf gestützt werden[115].

3. wenn **die Rechtssache grundsätzliche Bedeutung hat (Grundsatzberu-**   **19**
fung).
Grundsätzliche Bedeutung hat eine Rechtssache, wenn sie eine klärungsbedürftige Frage aufwirft und zu erwarten ist, dass die Entscheidung im künftigen Berufungsverfahren dazu dienen kann, Sach- und Rechtsfragen zu klären und dadurch die Weiterentwicklung des Rechts zu fördern oder der Wahrung der Rechtseinheit dient[116]. Diese Voraussetzungen fehlen, wenn die aufgeworfene Frage nur nach Maßgabe des Einzelfalles beantwortet werden kann. Rechtsfragen, die auf Grund bindender aber fehlerhafter Verweisung in den Verwaltungsrechtsweg gelangen, sollen nach niemals grundsätzliche Bedeutung haben[117] (zweifelhaft). Die grundsätzliche Bedeutung kann sich daraus ergeben, dass die angegriffene Entscheidung von einem tragenden Rechtssatz eines anderen OVG abweicht[118]. Aus der Fassung der Ziffer 2, in der auf die tatsächlichen und rechtlichen Schwierigkeiten der Rechtssache abgestellt wird, und aus der Eigenschaft des Berufungsgerichts als zweite Tatsacheninstanz folgt, dass die grundsätzliche Bedeutung nicht, wie im Revisionsverfahren, auf Rechtsfragen beschränkt ist[119], sondern auch Tatsachenfragen betreffen kann[120]. Die Grundsätzlichkeit einer Tatsachenfrage fehlt, wenn sie sich aus den vorliegenden Erkenntnissen ohne weiteres beantworten lässt[121].

Maßgeblicher Zeitpunkt ist der der Entscheidung über den Antrag. Das   **19a**
Berufungsgericht soll nicht über Fragen vergangener grundsätzlicher Bedeutung mehr nachzudenken haben[122]. Entfällt nachträglich die grundsätzliche Bedeutung und liegen die Voraussetzungen der Divergenz vor, kann die Grundsatzrüge in eine Divergenzrüge umgedeutet bzw. ausgelegt werden[123].

---

113   Hamburg NordÖR 1999, 444.
114   Bader Rn. 45.
115   Eyermann/Happ Rn. 27; a.A. Bader Rn. 41.
116   Mannheim VBlBW 1997, 420; Weimar LKV 1998, 281; Schleswig NVwZ 1997, 809; die Rechtsprechung lehnt sich eng an die Auslegung des § 132 Abs. 2 Nr. 1 durch das BVerwG an, vgl. dazu § 132 Rn. 6 ff.
117   Magdeburg NVwZ-RR 1999, 216.
118   Bautzen LKV 1999, 104.
119   Vgl. BVerwGE 24, 91; § 132 Rn. 6.
120   Lüneburg NVwZ 1998, 644; für § 78 AsylVfG Kassel B. v. 21.11.2003 – 10 UZ 984/03; Roth DÖV 1998, 199.
121   Münster B. v. 30.9.1998 – 5A389/97.A; Bremen B. v. 6.2.2003 – 1 A 264/02.A.
122   Kassel NVwZ 1998, 755; Lindner NJW 2003, 1097 m.w.N.; a.A. Eyermann/Happ Rn. 28; Bader Rn. 49.
123   Berlin NVwZ 1998, 200; Kassel NVwZ-Beilage 1999, 96; BVerfG DVBl. 2000, 407; enger Mannheim B. v. 9.2.1999 – A 14 S 240/99: Nur möglich, wenn die die Grundsätzlichkeit vernichtende neue Rechtsprechung nicht innerhalb der Rechtsmittelfrist dem Antragsteller bekannt wurde; kritisch zur Umdeutung Günther DVBl. 1998, 678.

20 Die Frage muss **klärungsbedürftig** sein. Das ist sie nicht, wenn sie bereits letztinstanzlich entschieden ist[124], es sei denn, es werden erhebliche neue Gesichtspunkte vorgetragen oder die Kritik im Schrifttum erfordert eine neue Entscheidung[125], sie ist es auch dann nicht, wenn das angerufene Gericht über die Frage bereits grundsätzlich entschieden hat und sei es in einem Eilverfahren[126], vgl. im Übrigen § 132 Rn. 7.

21 Die Frage muss **über den Einzelfall hinausgehende Bedeutung** haben. Das abstrakte Interesse der Gesamtheit an der Klärung von Sach- und Rechtsfragen ist ausschlaggebend, nicht das Interesse des Einzelnen an der Entscheidung. Das kann in tatsächlicher Hinsicht so sein, wenn die Entscheidung für eine Vielzahl gleich gearteter Fälle von Bedeutung ist und auf eine einheitliche Bewertung von gleich gelagerten Sachverhalten hinwirkt[127].

22 Die Frage soll nicht abstrakt geklärt werden, sondern sie muss **für den zu entscheidenden Fall rechtserheblich** sein[128]. Das Berufungsgericht muss also über die Frage auch sachlich entscheiden können. Daran kann es aus prozessualen Gründen gehindert sein, wenn z.b. die Klage unzulässig war. Eine Zulassung darf dann nicht erfolgen.

23 **4. wenn das Urteil von einer Entscheidung des OVG, des BVerwG, des GemS oder des BVerfG abweicht und auf dieser Abweichung beruht (Divergenzberufung).**

a) Eine **Abweichung** liegt nur vor, wenn das angefochtene Urteil auf einer bestimmten Rechtsauffassung beruht und diese zu der in einer Entscheidung des Berufungsgerichts, nicht anderer OVG[129], des BVerwG, des GemS oder des BVerfG zu Grunde gelegten Rechtsansicht (ein bloßes obiter dictum genügt nicht)[130] in Widerspruch steht (vgl. § 132 Rn. 11). Im Fall der Abweichung von einer Entscheidung eines anderen obersten Gerichtshofes des Bundes liegt dieser Zulassungsgrund nicht vor, die Rechtssache kann aber dann grundsätzliche Bedeutung haben[131]. Dasselbe kann gelten bei der **Abweichung** von einer Entscheidung anderer **OVG** oder bei einer Abweichung vom **EuGH**[132]. Aus der Aufgabe des OVG als Tatsachengericht im Berufungsverfahren ergibt sich zwanglos, dass auch in Tatsachenfragen eine Divergenz möglich ist[133].

24 Die Entscheidung, von der abgewichen ist, kann ein **Urteil oder** ein **Beschluss in der Sache** sein, Entscheidungen in summarischen Verfahren (Pro-

---

124 Vgl. BVerwG Buchh. 310 § 312 Nr. 136.
125 OVG Bremen B. v. 27.4.1999 – 1 A 110/99.
126 Greifswald DÖV 1999, 836.
127 Lüneburg NVwZ 1998, 644 für inzidente Nichtigkeitsfeststellung eines noch nicht erfüllten B-Plans; die in § 132 Rn. 8 zitierten Entscheidungen des BVerwG betreffen das Revisionsverfahren und stellen deshalb nur auf die Rechtsfrage ab.
128 BGH NJW 2003, 1125.
129 Mannheim NVwZ-RR 1998, 371.
130 Berlin NVwZ 1998, 200; Bautzen NVwZ 1999, 478; auch nicht bei Abweichung von einer in einer Pressemitteilung niedergelegten Rechtsauffassung, Kassel NVwZ 1998, 303.
131 Str.; vgl. BVerwG Buchh. 310 § 132 Nr. 49, aber auch Nr. 225.
132 BVerwG WissR 2001, 377.
133 Kopp/Schenke § 124 Rn. 11; Roth DÖV 1998, 191; Schoch/Meyer-Ladewig Rn. 42.

zesskostenhilfe, vorläufiger Rechtsschutz) reichen nicht aus[134]; auch nicht ein gerichtlicher Vergleichsvorschlag[135], ebenso wenig ein Zulassungsbeschluss[136]. Ausreichen soll hingegen die Abweichung von einem nicht tragenden Leitsatz des Bundesverwaltungsgerichtes[137]. Eine aufgehobene obergerichtliche Entscheidung ist nicht divergenzfähig[138]. Es kommt nicht darauf an, dass das VG bei seiner Entscheidung Kenntnis von der Entscheidung hatte, von der es abgewichen ist; auch eine während des Laufs der Rechtsmittelfrist ergangene Entscheidung, von der das VG nun abgewichen ist, reicht aus[139]; zur Umdeutung einer Grundsatzrüge s.o. Rn. 19a. Bei der Abweichung von einer Entscheidung, die auf eine zwar gleich lautende, aber in einem anderen Gesetz befindliche Vorschrift gestützt ist, hat das BVerwG die Divergenzrevision nicht zugelassen (vgl. § 132 Rn. 14); dasselbe wird für die Divergenzberufung zu gelten haben. **Entfällt die Divergenz vor der Entscheidung** über den **Zulassungsantrag**, kann beim Vorliegen der entsprechenden Darlegungen die Divergenzrüge in eine Grundsatzrüge umgedeutet werden[140], ausgenommen der Rechtsmittelführer will das erkennbar nicht[141].

b) Die Zulassung setzt voraus, dass das **Urteil auf der Abweichung beruht.** 25 Das ist der Fall, wenn mindestens die Möglichkeit besteht, dass das VG, hätte es seiner Entscheidung die Rechtsauffassung der Entscheidung, von der es abweicht, zu Grunde gelegt, zu einem anderen Ergebnis in der Sache gekommen wäre[142]. Das Urteil des VG beruht nur auf solchen Gründen, die nicht fortgedacht werden können, wenn die Entscheidung Bestand haben soll[143]. Bezieht sich die allein geltend gemachte Abweichung nur auf einen von mehreren Gründen, die das Urteil tragen, ist die Berufung nicht zuzulassen[144]. Die Zulassung kann nicht mit der Begründung abgelehnt werden, die Entscheidung sei aus anderen Gründen rechtmäßig[145].

5. wenn ein der Beurteilung des Berufungsgerichts unterliegender Verfah- 26 rensmangel geltend gemacht wird und vorliegt, auf dem die Entscheidung beruhen kann (Verfahrensberufung).

a) Ein **Verfahrensmangel** setzt voraus, dass durch unrichtige Anwendung oder Nichtanwendung einer prozessualen Vorschrift – wobei es dafür auf die vom Verwaltungsgericht zu Grunde gelegte materiellrechtliche Ansicht ankommt[146] – das Gerichtsverfahren fehlerhaft geworden ist[147]. Verfahrensfehler des Widerspruchsverfahrens zählen nicht dazu[148]. Nicht jeder

---

134 Mit beachtlichen Gründen bei Beschlüssen im Verfahren nach § 123 a.A. Lüneburg NdsVBl. 1998, 127.
135 Bautzen NVwZ-RR 1999, 478.
136 Kassel InfAuslR 1999, 480 (10. Senat); a.A. Kassel B. v. 21.3.2000 – 12 UZ 4014/99.A bei Tatsachenfragen (12. Senat).
137 Hamburg NVwZ 1999, 430; zurückhaltender Mannheim B. v. 5.9.1997 A 16 S 2354/97.
138 Kassel NVwZ-Beilage 1998, 111.
139 Vgl. BVerwG NJW 1960, 594.
140 Berlin NVwZ 1998, 200.
141 Münster NVwZ-Beilage 1999, 95.
142 Vgl. BVerwGE 45, 112.
143 BVerwGE 14, 342.
144 Vgl. BVerwG NVwZ 1994, 269.
145 Kassel B. v. 26.6.1998 – 6 UZ 592/98 A., str.
146 Münster NVwZ-RR 2003, 616; Berkemann DVBl. 1998, 453.
147 Vgl. Kummer NJW 1989, 1569.
148 Vgl. BVerwG NJW 1962, 1268.

Verfahrensfehler kann zur Zulassung der Berufung führen, sondern nur derjenige, der der Beurteilung des Berufungsgerichts unterliegt. Das sind alle Verfahrensverstöße, die den Weg zum Urteil bis zur Zustellung an die Beteiligten betreffen. Dagegen nicht prozessleitende Verfügungen (§ 146 Abs. 2, vgl. dort Rn. 7 f.) und Nebenentscheidungen[149]. Nicht der Beurteilung durch das Berufungsgericht unterliegen z.b. Verfahrensübertragungsbeschlüsse auf den Einzelrichter[150] oder Rückübertragungsbeschlüsse auf die Kammer durch den Einzelrichter[151]. Auch die Ablehnung eines Befangenheitsantrages gegen eine Gerichtsperson ist nicht geeignet, einen Zulassungsgrund abzugeben[152]Dabei betrifft die Einschränkung der Prüfungsbefugnis des Berufungsgerichts nur die unanfechtbare Vorentscheidung selbst, nicht aber die Folgerungen, die das VG aus der durch die Vorentscheidung geschaffenen Prozesslage für die angefochtene Entscheidung gezogen hat[153].

27 b) **Der Verfahrensmangel muss geltend gemacht werden und vorliegen.** Geltend gemacht wird der Verfahrensverstoß durch genaue Bezeichnung der Tatsachen, aus denen er sich ergibt. Weiter ist dieser Tatsachenvortrag rechtlich zu würdigen. Zum Geltendmachen gehört bei der Rüge der Verletzung einer Verfahrensvorschrift, auf deren Befolgung verzichtet werden kann, der Nachweis, dass die Rüge bereits im Verfahren vor dem VG erfolgte[154]. Die Rechtsprechung hat diesen Gedanken unter Hinweis auf § 295 ZPO im Berufungszulassungsrecht immer mehr verselbstständigt und fordert, dass der Verfahrensfehler in der Regel auch vor der Entscheidung erster Instanz geltend gemacht wird, soweit dafür verfahrensrechtlich Raum ist[155]. Die Feststellung, dass der geltend gemachte **Verfahrensverstoß vorliegt**, kann auch eine Beweisaufnahme erfordern. Wird der Verfahrensfehler vor Einlegung der Begründung des Zulassungsantrages geheilt, fällt der Zulassungsgrund weg[156].

28 c) Der **Verfahrensmangel** muss **rechtserheblich** sein, d.h. die angefochtene Entscheidung muss auf dem Verfahrensmangel beruhen können. Das ist der Fall, wenn mindestens die Möglichkeit besteht, dass das Gericht ohne den Verfahrensverstoß zu einem für den Rechtsmittelführer sachlich günstigeren Ergebnis hätte gelangen können[157]. § 138 ist analog anwendbar;

149 Vgl. BVerwG Buchh. 310 § 158 Nr. 4 für Kostenentscheidung; Buchh. 310 § 132 Nr. 266 für Terminaufhebung oder -verlegung.
150 Saarlouis NVwZ 1998, 645; vgl. Lüneburg NVwZ-Beilage 1998, 12; Ausnahme: greifbare Gesetzeswidrigkeit (vgl. § 6 Rn. 8).
151 Koblenz B. v. 14.10.1998 – 10 A 10540/97 OVG.
152 Münster NVwZ-RR 2002, 541; Lüneburg NVwZ-RR 2002, 471; a.A. Vollkommer NJW 2001, 1827.
153 BVerwGE 39, 319.
154 Vgl. BVerwG NJW 1989, 1233 zum Fehlen der Begründung eines abgelehnten Beweisantrags; Kassel AuAS 2003, 69.
155 Bautzen NVwZ-RR 1998, 693; Kassel NVwZ 1997, 692; NVwZ-RR 1998, 404; NVwZ-Beilage 1999, 90; NVwZ 2002, 233; Mannheim VBlBW 1998, 419; Hamburg NordÖR 2001, 200; Weimar B. v. 2.9.1998 – 3 ZO 78/97; BSG NZS 1999, 55.
156 BSG NVwZ 2001, 472.
157 Vgl. BVerwG Buchh. 310 § 132 Nr. 38; Nr. 68; Nr. 78; Mannheim VBlBW 2000, 108.

die dort gemachten Verfahrensfehler führen – mit Ausnahme der Verletzung rechtlichen Gehörs (dazu Rn. 28a) – zur Zulassung der Berufung[158].

d) Für den wohl häufigsten Fall des Verfahrensfehlers, die **Verletzung** **28a** **rechtlichen Gehörs,** folgt daraus die regelmäßige Notwendigkeit, nicht nur die Tatsachen darzustellen, aus denen sich der Verfahrensverstoß ergibt, sondern **auch vorzutragen, was bei Gewährung** des rechtlichen Gehörs **dem Gericht unterbreitet** worden wäre und weshalb **dies den Ausgang des Prozesses zu Gunsten des Antragsstellers beeinflusst** haben könnte. Dies gilt jedoch nur, soweit ein solcher Vortrag dem Antragsteller zumutbar möglich ist. Liegt die Verletzung des rechtlichen Gehörs in der Verweigerung der Akteneinsicht durch das Gericht, dann ist es dem Antragsteller unmöglich darzustellen, was er nach Akteneinsicht noch zu seinen Gunsten vorgetragen hätte[159]. Für die Rüge der mangelhaften Sachverhaltsaufklärung[160] wird entsprechend verlangt, dass aufgezeigt wird, wie hätte aufgeklärt werden müssen, mit welchem Ergebnis und warum dies dem Antragssteller günstig gewesen wäre[161]; ebenso für die Rüge verspäteter Ladung[162].

e) **Beispielhaft** für die Vielgestaltigkeit der Möglichkeiten der **Verletzung** **28b** **rechtlichen Gehörs** sind die der neuesten Rechtsprechung entnommenen Fälle (weitere Beispiele § 132 Rn. 19): Eine Entscheidung ergeht vor Ablauf der gerichtlich gesetzten Erwiderungsfrist[163]; vor Hinausgabe der Entscheidung an die Beteiligten bei Gericht eingehende Schriftsätze werden nicht mehr berücksichtigt, selbst bei mangelndem Verschulden des Richters[164]; ein Antrag auf Akteneinsicht wird bis zur Entscheidung nicht verbeschieden und der Antragssteller hatte keine andere rechtlich zumutbare Möglichkeit, vom Akteninhalt Kenntnis zu erlangen[165]; das Gericht hält einen Begleitbrief des Sachverständigen zurück, der Anlass zu einem (begründeten) Befangenheitsantrag gibt[166]; der Antrag auf Ladung des im Verfahren beauftragten Sachverständigen zum Zwecke der Befragung wird abgelehnt[167]; zu der schwierigen Abgrenzung eines Beweisantrages von einem Beweisermittlungsantrag siehe Mannheim NVwZ-Beilage 1997, 67. Die Bezugnahme auf die Gründe der angegriffenen Entscheidung verletzt das rechtliche Gehör, wenn damit auf erhebliches neues Vorbringen im Verwaltungsprozess nicht reagiert wird[168]. Keine einen Verfahrensfehler darstellende Verletzung rechtlichen Gehörs ist es, wenn die Gelegenheit zur Stellungnahme zu einer dienstlichen Äußerung eines Richters bei einem

---

158 Str., wie hier: Mannheim NVwZ 1998, 987; NVwZ-RR 1999, 696; zurückhaltend Schleswig, NVwZ 1999, 1354; a.A. Münster B. v. 7.4.1997 – 25 A 1460/97. A; Koblenz DVBl. 1999, 118.
159 Mannheim NVwZ-RR 1998, 687; Kassel DVBl. 1999, 1668.
160 Zulassungsgrund der Nr. 5: Mannheim NVwZ 1998, 645; NVwZ 1998, 865; a.A. NVwZ 1999, 1357: Nr. 1. Im Asylstreitverfahren wird regelmäßig die Verletzung des rechtlichen Gehörs bei einer Rüge der Verletzung der Aufklärungspflicht verneint, vgl. ausführlich Münster B. v. 31.3.2003 – 11 A 3518.02. A.
161 Mannheim NVwZ 1998, 865.
162 Münster B. v. 17.8.1998 – 23 A 1294/98.A.
163 München BayVBl. 1999, 286.
164 BVerwG NVwZ-Beilage 1998, 1; BayObLG NJW 1999, 3057.
165 Mannheim NVwZ-RR 1998, 687; Kassel DVBl. 1999, 1668.
166 BSG NZS 1999, 573.
167 Kassel InfAuslR 1997, 933.
168 Vgl. BSG NJW 1997, 2003.

Ablehnungsantrag nicht gewährt wird[169]. Bei einer Entscheidung durch Gerichtsbescheid soll die Möglichkeit des Antrages auf mündliche Verhandlung die Gehörrüge ausschließen[170].

28c f) Die Variationsbreite möglicher beachtlicher Verfahrensfehler ist kaum überschaubar. Neben den in § 132 Rn. 20 f. genannten ist hinzuweisen auf zwei in der Praxis häufiger zu findenden Konstellationen: Die **Entscheidung** über einen **Prozesskostenhilfeantrag** ergeht erst nach Verkündung des Urteils[171]; das **Verfahren** ist ohne sachlichen Grund[172] **überlang**, darin liegt eine Verletzung des Anspruchs auf effektiven Rechtsschutz[173]. Kein Verfahrensfehler liegt vor, wenn eine einfache Beiladung (zum Begriff § 65 Rn. 4) unterblieben ist; anders beim Unterlassen einer notwendigen Beiladung[174]. Wird in den Entscheidungsgründen ein falscher Textbaustein mitverwendet, liegt kein Verfahrensfehler vor, wenn die Begründung immerhin im Kern mit zum Fall passenden Ausführungen versehen ist[175]. Ebenso wenig liegt ein Verfahrensfehler vor, wenn in der Urteilsbegründung nicht auf die entscheidungserheblichen Fragen ausdrücklich eingegangen wird[176]. Zu Verfahrensfehlern bei Geschäftsverteilungsplänen vgl. OVG Berlin NJW 1999, 594. Enthält das Protokoll nicht die Feststellungen einer Augenscheineinnahme und fehlen sie auch im Urteil, begründet dies einen Verfahrensmangel[177].

III. Abweichungen nach dem AsylverfahrensG

29 Abweichend von den Zulassungsgründen in Absatz 2 bestimmt § 78 Abs. 3 AsylVfG, dass die Zulassung der Berufung, soweit diese nach § 78 Abs. 2 AsylVfG überhaupt eröffnet ist, nur erfolgen kann bei grundsätzlicher Bedeutung der Rechtssache (vgl. Rn. 19–22), bei Abweichung (vgl. Rn. 23–25) und bei Verfahrensmängeln (vgl. Rn. 26–28c), bei diesen jedoch beschränkt auf das Vorliegen der in § 138 aufgeführten absoluten Revisionsgründe. Die Berufung kann nicht vom VG zugelassen werden[178]. Zum Ausschluss der Beschwerde vgl. § 146 Rn. 11, von Berufung und Revision vgl. § 135 Rn. 3a.

§ 124a [Zulassung, Berufungsbegründung]

(1) Das Verwaltungsgericht lässt die Berufung in dem Urteil zu, wenn die Gründe des § 124 Abs. 2 Nr. 3 oder Nr. 4 vorliegen. Das Oberverwaltungsgericht ist an die Zulassung gebunden. Zu einer Nichtzulasung der Berufung ist das Verwaltungsgericht nicht befugt.

---

169 Kassel JZ 1999, 498.
170 Mannheim B. v. 15.3.2000 – A 6 S 48.00.
171 Mannheim NVwZ 1998, 647.
172 Dies ist eine Frage des Einzelfalles: BVerwG NJW 1997, 2811; EuGH EuGRZ 1999, 38 mit Besprechung Schlette EuGRZ 1999, 369.
173 BFH NJW 1999, 2614; zurückhaltend BVerwG NJW 1999, 2582. Zunehmend wird in einer überlangen Verfahrensdauer die Verletzung des Grundrechts auf effektiven Rechtsschutz gesehen, neuestens LVerfG Brandenburg NVwZ 2003, 1379.
174 Hamburg B. v. 25.6.1999 – 4 Bf 204/99.
175 Hamburg B. v. 3.3.1999 – 4 Bf 264/98.A.
176 Kassel NVwZ-RR 1998, 466; Koblenz Inf AuslR 2001, 429.
177 OLG Hamm NJW-RR 2003, 1006; a.A. Bader Rn. 69.
178 Kopp/Schenke Rn. 3.

(2) Die Berufung ist, wenn sie von dem Verwaltungsgericht zugelassen worden ist, innerhalb eines Monats nach Zustellung des vollständigen Urteils bei dem Verwaltungsgericht einzulegen. Die Berufung muss das angefochtene Urteil bezeichnen.

(3) Die Berufung ist in den Fällen des Abs. 2 innerhalb von zwei Monaten nach Zustellung des vollständigen Urteils zu begründen. Die Begründung ist, sofern sie nicht zugleich mit der Einlegung der Berufung erfolgt, bei dem Oberverwaltungsgericht einzureichen. Die Begründungsfrist kann auf einen vor ihrem Ablauf gestellten Antrag von dem Vorsitzenden des Senats verlängert werden. Die Begründung muss einen bestimmten Antrag enthalten sowie die im Einzelnen anzuführenden Gründe der Anfechtung (Berufungsgründe). Mangelt es an einem diesem Erfordernisse, so ist die Berufung unzulässig.

(4) Wird die Berufung nicht in dem Urteil des Verwaltungsgerichts zugelassen, so ist die Zulassung innerhalb eines Monats nach Zustellung des vollständigen Urteils zu beantragen. Der Antrag ist bei dem Verwaltungsgericht zu stellen. Er muss das angefochtene Urteil bezeichnen. Innerhalb von zwei Monaten nach Zustellung des vollständigen Urteils sind die Gründe darzulegen, aus denen die Berufung zuzulassen ist. Die Begründung ist, soweit sie nicht bereits mit dem Antrag vorgelegt worden ist, bei dem Oberverwaltungsgericht einzureichen. Die Stellung des Antrages hemmt die Rechtskraft des Urteils.

(5) Über den Antrag entscheidet das Oberverwaltungsgericht durch Beschluss. Die Berufung ist zuzulassen, wenn einer der Gründe des § 124 Abs. 2 dargelegt ist und vorliegt. Der Beschluss soll kurz begründet werden. Mit der Ablehnung des Antrags wird das Urteil rechtskräftig. Lässt das Oberverwaltungsgericht die Berufung zu, wird das Antragsverfahren als Berufungsverfahren fortgesetzt; der Einlegung einer Berufung bedarf es nicht.

(6) Die Berufung ist in den Fällen des Abs. 5 innerhalb eines Monats nach Zustellung des Beschlusses über die Zulassung der Berufung zu begründen. Die Begründung ist bei dem Oberverwaltungsgericht einzureichen. Abs. 3 Satz 3 bis 5 gilt entsprechend.

Übersicht

A. Systematik

I. Systematik

1 Mit dem Gesetz zur Bereinigung des Rechtsmittelrechts im Verwaltungsprozess hat der Gesetzgeber die durch das 6. VwGOÄndG eingeführte Zulassungsberufung bestätigt und zugleich modifiziert. Die Berufung kann nunmehr auch vom VG zugelassen werden. Allerdings beschränkt auf die Zulassungsgründe der grundsätzlichen Bedeutung und der Divergenz. Die nähere Ausformung der Zulassung durch das Verwaltungsgericht und des sich daran anschließenden Verfahrens der Einlegung der Begründung der Berufung ist in § 124a Abs. 1–3 geregelt. Erfolgt keine Zulassung durch das VG, kann sie nur vom OVG auf besonderen Antrag zugelassen werden. Das Zulassungsverfahren selbst und das sich bei Zulassung der Berufung anschließende Verfahren der Berufungsbegründung – einer gesonderten Einlegung der Berufung bedarf es nicht – ist in § 124a Abs. 4–6 geregelt.

2 Die Vorschriften der ZPO über die Zulassung der Berufung: §§ 511, 513, 514, 517, 519, 520 sind unanwendbar, weil sie durch die §§ 124, 124a verdrängt werden. Anwendbar ist § 518 ZPO, da die VwGO diese Problematik nicht eigenständig regelt[1].

B. Zulassung der Berufung durch das Verwaltungsgericht

I. Die Zulassungsentscheidung

3 1. **Voraussetzungen der Zulassung.** Das VG lässt die Berufung zu, wenn aus seiner Sicht die Sache grundsätzliche Bedeutung hat oder die Voraussetzungen der Divergenzzulassung vorliegen. Das VG hat bei seiner Entscheidung über die Zulassung keinen Ermessensspielraum[2]. Liegen die Voraussetzungen vor, ist sie zwingend auszusprechen. Eines Antrages der Beteiligten bedarf es nicht; aus anwaltlicher Sicht ist eine entsprechende Anregung an das Gericht ratsam, wenn die Zulassungsvoraussetzungen erkennbar sind.

4 Ausgesprochen werden kann die Zulassung zum einen, wenn die Kammer in der vollständigen Besetzung (§ 5 Abs. 3) entscheidet. Entsprechendes gilt, wenn der konsentierte Einzelrichter (§ 87a Abs. 2) entscheidet. Dessen Entscheidungskompetenz ist nicht auf Verfahren ohne grundsätzliche Bedeutung beschränkt. Aber auch der **Einzelrichter** (§6) wird nicht generell

---

1   Baumbach/Albers § 518 Rn. 5.
2   Seibert NVwZ 2002, 265.

für die Zulassung der Berufung unzuständig sein[3]. Jedenfalls bei Divergenz zu einem der in § 124 Abs. 2 Nr. 4 genannten Gerichte ist nicht zwingend auch die Grundsätzlichkeit zu bejahen. Entscheidet der Einzelrichter abweichend im Sinne des 124 Abs. 2 Nr. 4 muss er die Berufung zulassen. In den Fällen grundsätzlicher Bedeutung kann der Einzelrichter unter den Voraussetzungen des § 6 Abs. 3 S. 1 zuständig bleiben; das Gesetz verlangt keine zwingende Rückübertragung auf die Kammer. Hat sich der Einzelrichter in Ausübung seines Ermessens gegen eine Rückübertragung entschieden, hat er wegen der grundsätzlichen Bedeutung der Sache die Berufung zuzulassen. Lagen die Voraussetzungen der Übertragung auf den Einzelrichter von Anfang an nicht vor, belässt es aber der Einzelrichter bei seiner Zuständigkeit, darf sich dieser Fehler nicht zu Lasten des vom Urteil Beschwerten auswirken, denn die Übertragung auf den Einzelrichter ist unanfechtbar. Hier müssen die Belange der anderen Beteiligten zurücktreten. Der Einzelrichter ist auch bei dieser Sachlage zur Zulassung wegen grundsätzlicher Bedeutung verpflichtet.

2. **Form der Zulassung.** Die Zulassung ist im Urteil auszusprechen. Entsprechendes gilt für die Entscheidung durch Gerichtsbescheid (§ 84 Abs. 2 Nr. 1). Ein eigenständiger Zulassungsbeschluss ist ausgeschlossen. Fehlt der Ausspruch der Zulassung, hat es dabei sein Bewenden. Eine Urteilsergänzung (§ 120) ist nicht möglich, weil die tatbestandlichen Voraussetzungen fehlen. Die Entscheidung über die Zulassung der Berufung ist Teil der Urteilsformel (§ 117 Abs. 2 Nr. 3); der Ausspruch in den Urteilsgründen genügt aber, wenn mit Sicherheit zu erkennen ist, dass das VG die Zulassung aussprechen wollte. In der Rechtsbehelfsbelehrung des Urteils ist über die Voraussetzungen der Berufungseinlegung zu belehren[4]. **5**

Ein **Ausspruch** über die **Nichtzulassung** der Berufung ist dem VG verwehrt. Eine solche Entscheidung wäre systemfremd. Bei fehlender Entscheidung über die Zulassung hat der Beschwerte die Möglichkeit des Zulassungsantrages. Das Berufungszulassungsverfahren ist anders ausgeformt als das Verfahren der Revisionszulassung. Spricht das VG die Nichtzulassung der Berufung aus, eröffnet dies nicht die Nichtzulassungsbeschwerde[5]. Denn gesetzliche Regelungen über ein entsprechendes Verfahren fehlen. Die Übertragung des Rechtsgedankens der Meistbegünstigung ist ausgeschlossen. Ein Nichtzulassungsantrag kann auch nicht in einen Zulassungsantrag nach Abs. 4 umgedeutet werden. Ein solcher Antrag kann nur anwaltlich vertreten eingelegt werden. Bei einem Anwalt ist die Umdeutung in aller Regel ausgeschlossen. Denkbar ist nur – bei Vorliegen der sonstigen Voraussetzungen – die Auslegung als Zulassungsantrag. **6**

3. **Wirkung der Zulassung.** Das Oberverwaltungsgericht ist an die Zulassung gebunden. Das gilt unabhängig davon, ob das OVG die Zulassungsvoraussetzungen für erfüllt hält. Die Bindungswirkung entfällt, wenn die Berufung nicht statthaft ist[6], ebenso wenn die Berufung nachträglich zugelassen wurde. Durch die Zulassung wird die Einlegung der Berufung möglich; sie ersetzt sie aber nicht. Dem durch das Urteil Beschwerten steht es frei, über die Durchführung des Berufungsverfahrens zu entscheiden. Die **7**

---

3   A.A. Bader Rn. 7.
4   A.A. Bader Rn. 5: nur über die Fristen.
5   Berlin B. v. 20.8.2002 – 8 N 111.02, juris; Seibert NVwZ 2002, 266.
6   Kopp/Schenke Rn. 11.

Zulassungsentscheidung bindet, soweit die Berufung zugelassen wurde; das VG hat die Möglichkeit einer nur teilweisen Zulassung der Berufung.

II. Die Einlegung der Berufung

8   1. **Formalia der Einlegung.** Die vom VG zugelassene Berufung ist beim VG einzulegen. Die Einlegung beim OVG ist nicht wirksam, insbesondere nicht fristwahrend. Die Einlegungsfrist beträgt einen Monat. Die Frist beginnt mit der Zustellung des vollständigen Urteils. Die Frist berechnet sich individuell für jeden Beteiligten. Die Frist beginnt nicht mit der Urteilsverkündung oder der Bekanntgabe des bloßen Urteilstenors oder der Zustellung eines sonst unvollständigen Urteils. Fehlt die Rechtsmittelbelehrung oder ist sie fehlerhaft, gilt § 58 Abs. 2 VwGO. Die Frist berechnet sich nach § 57 Abs. 2. Eine Urteilsberichtigung (§ 118) setzt keine neue Rechtsmittelfrist in Lauf[7], wenn nicht ausnahmsweise erst die Berichtigung den Beteiligten Klarheit für ihr weiteres prozessuales Handeln bietet[8]. Zustellungsmängel beurteilen sich nach § 189 ZPO: das Urteil gilt als zugestellt, wenn es dem Beteiligten tatsächlich zugegangen ist. Wird die Frist versäumt, kann nach § 60 Wiedereinsetzung gewährt werden. Eine Verlängerung der Einlegungsfrist ist ausgeschlossen.

9   Über die Form der Einlegung der Berufung enthält Abs. 2 nur die Regel, dass die Berufung das angefochtene Urteil bezeichnen muss. Aus dem Berufungsschriftsatz muss das Gericht, dessen Entscheidung angefochten wird, das Aktenzeichen, das Datum und der Tenor hervorgehen. Aus §§ 125 Abs. 1, 81 Abs. 1 S. 1 ergibt sich die Schriftlichkeit der Berufungseinlegung; zum Schriftformerfordernis vgl. § 81 Rn. 4 ff.[9] Aus der Berufung muss sich eindeutig ergeben, wer Berufungskläger und -beklagter ist. Offensichtliche Unrichtigkeiten in der Bezeichnung der Beteiligten sind unschädlich[10]. Entsprechendes gilt bei fehlender Bezeichnung eines nach der Berufungsbegründung ersichtlich als Beklagten Gewollten[11]. Der **Vertretungszwang** des § 67 Abs. 1 gilt für die Einlegung der Berufung nicht[12]. Das ist zwar wenig sinnvoll, da spätestens im Berufungsverfahren vor dem OVG das Anwaltserfordernis gilt, ist aber vom Gesetz so vorgegeben: § 67 Abs. 1 benennt die Einlegung der Berufung nicht. Der Vertretungszwang bedeutet, dass ein Anwalt nicht nur die Begründungsschrift unterschreiben muss, sondern dass er auch ihren Inhalt zu seinem eigenen Vortrag zu machen hat. Bei der Übernahme von Schreiben des Berufungsklägers oder von Dritten, von denen er sich durch Einrücken oder in anderer Weise distanziert, übernimmt er keine Verantwortung für den gesamten Inhalt der Begründungsschrift und es liegt keine wirksame Berufungsbegründung vor[13].

10   2. **Begründung der Berufung.** Die Begründung der Berufung kann gemeinsam mit der Einlegung der Berufung beim VG erfolgen. Der gesetzlichen Regelung in Abs. 2 S. 3 ist zu entnehmen, dass die isolierte Einreichung

---

7   München B. v. 20.9.2002 – 7 ZB 02.1219.
8   BGH NJW 1995, 1033.
9   Nach a.A. gilt §§ 173 VwGO, 519 Abs. 1 ZPO: Schoch/Meißner § 173 Rn. 262.
10   BGH NJW 2002, 1430.
11   BGH NJW 2002, 831; abgrenzend BGH NJW 2003, 3203.
12   A.A. Bader Rn. 15; Geiger BayVBl. 2003, 65.
13   Vgl. BVerwGE 13, 90.

der Berufungsbegründung beim VG unzulässig ist. Erfolgt sie trotzdem, wird die Frist des Abs. 3 S. 1 nicht gewahrt.

Wird die Berufungsbegründung nicht zusammen mit der Berufungsschrift **11** eingereicht, ist sie beim OVG einzureichen. Nur dann ist die **Begründungsfrist** gewahrt. Andernfalls wird die Frist nur gewahrt, wenn die Begründung innerhalb der Frist an das OVG gelangt. Das Verwaltungsgericht ist gehalten, den isoliert eingegangenen Begründungsschriftsatz im Geschäftsgang an das OVG weiter zu leiten. Wird die Begründungsfrist versäumt, ist Wiedereinsetzung nach § 60 möglich. Die **Wiedereinsetzung** ist ausgeschlossen, wenn die Frist schuldhaft versäumt wurde (vgl. § 60 Rn. 8, 11). Die Berufung ist als unzulässig zu verwerfen, wenn sie nicht fristgerecht oder nach Wiedereinsetzung nicht innerhalb der dortigen Frist begründet wurde. Hat der Berufungsführer zunächst nur **Prozesskostenhilfe** beantragt, und nach Bewilligung innerhalb der Wiedereinsetzungsfrist die Berufung eingelegt, steht ihm die volle Berufungsbegründungsfrist von zwei Monaten zu, beginnend mit der Zustellung der Bewilligung der Prozesskostenhilfe[14]. Entscheidet das OVG über einen innerhalb der Begründungsfrist ordnungsgemäß gestellten Antrag auf Prozesskostenhilfe nicht vorab, darf es die Begründung nicht wegen Versäumung der Berufungsbegründungsfrist verwerfen, wenn der Antragsteller mit der Begründung auf die Bewilligung der Prozesskostenhilfe wartet[15].

Die Berufungsbegründung ist innerhalb von zwei Monaten nach Zustel- **12** lung des vollständigen Urteils einzureichen. Die Fristberechnung erfolgt nach § 57 Abs. 2. Die **Begründungsfrist** kann verlängert werden. Voraussetzung der **Verlängerung** ist ein vor Fristablauf gestellter Antrag. Der Antrag ist beim OVG einzureichen. Für ihn gilt das Schriftformerfordernis[16]. Der Antrag unterliegt dem Vertretungszwang. Ein Mangel in der Vertretung führt nicht zur Unwirksamkeit einer gleichwohl bewilligten Fristverlängerung[17]. Der Antrag muss nicht begründet werden; ohne Begründung dürften die Erfolgsaussichten eher gering sein. Ein Datum für die Verlängerung muss nicht angegeben werden, ist aber sinnvoll. Nach Ablauf der Begründungsfrist ist der Verlängerungsantrag unzulässig. Die Berufung ist mit Ablauf der Frist unzulässig geworden. Eine Entscheidung vor Ablauf der Begründungsfrist verlangt das Gesetz nicht; der Verlängerungsantrag hemmt den Fristablauf. Eine zügige Entscheidung des Senatsvorsitzenden ist eine diesen treffende Obliegenheit. Die **Anhörung des Gegners** ist nur bei mehrfacher Verlängerung vorgeschrieben (§§ 57 Abs. 2 VwGO, 225 Abs. 2 ZPO); bei erstmaliger Verlängerung ist sie nicht erforderlich, noch weniger seine Einwilligung. Ein Anspruch auf Verlängerung besteht regelmäßig nicht. Die Entscheidung steht im Ermessen des Vorsitzenden. Ist der Verlängerungsantrag plausibel begründet worden, ist in der Regel die Verlängerung auszusprechen. Anders, wenn der Antrag ersichtlich missbräuchlich ist oder überwiegende Interessen anderer Beteiligter an einer schnellen Entscheidung in der Sache vorliegen. Bei der Ermessensentscheidung ist die gesetzliche Wertung, wie sie in § 520 ZPO zum Ausdruck kommt, zu berücksichtigen. Die Entscheidung kann nicht stillschweigend erfolgen; sie ist allen Beteiligten bekannt zu geben. Die Fristverlängerung

---

14　BVerwG NVwZ 2002, 992.
15　Vgl. BVerwG NVwZ 2004, 111.
16　BVerwG NJW 2002, 1138.
17　BVerwG NVwZ-RR 2002, 894.

für einen von mehreren Berufungsklägern wirkt nur für diesen[18]. Der Verlängerungsantrag kann mehrfach gestellt werden. Die Entscheidung über den Verlängerungsantrag ist unanfechtbar.

13 Die Begründung ist schriftlich einzureichen. Dies ergibt sich aus dem **Schriftformerfordernis** für die Berufungseinlegung. Für die Begründung gilt der **Vertretungszwang**. Dies ergibt sich für die beim OVG eingereichte Begründung aus dem Erfordernis, dass die Begründung einen Antrag enthalten muss, im Zusammenspiel mit § 67 Abs. 1 S. 1. Für die beim VG gemeinsam mit der Berufung eingereichte Begründung folgt dies aus der Notwendigkeit, sich beim OVG vertreten zu lassen. Die Einreichung beim VG dient allein der Verfahrenskonzentration und soll den Vertretungszwang nicht aushebeln[19].

14 Die Begründung muss zum einen einen bestimmten Antrag enthalten. Fehlt ein ausdrücklich formulierter Antrag, genügt die Begründungsschrift nur dann den gesetzlichen Anforderungen, wenn sich aus der Begründung in Verbindung mit den weiteren, innerhalb der Begründungsfrist, einschließlich etwaiger Verlängerungen, abgegebenen Erklärungen das Ziel und der Umfang der Berufung mit Bestimmtheit herleiten lassen[20]. Auf sachdienliche, dem Berufungsbegehren entsprechende Anträge hat der Vorsitzende des Gerichts nach § 86 Abs. 3 hinzuwirken (vgl. § 86 Rn. 43 ff.), was auch noch nach Ablauf der Begründungsfrist möglich ist[21]. Aus dem Umstand der Einlegung der Berufung kann nur dann auf einen Berufungsantrag rückgeschlossen werden, wenn die Begründung der Berufung den gesamten zugelassenen prozessualen Anspruch erfasst. Bleiben Zweifel am Umfang der Berufung, genügt die Berufungsbegründung nicht den gesetzlichen Anforderungen an die Bestimmtheit des Antrages[22]. Unzumutbare Anforderungen stellt das Gesetz an den anwaltlich vertretenen Berufungskläger nicht.

15 Der Berufungskläger kann beschränkt auf einen Teil des Streitgegenstandes, der durch die Zulassung der Berufung zum Gegenstand des Berufungsverfahrens werden kann, die Berufung einlegen und begründen. Eine **Erweiterung der Berufungsanträge** kann der Berufungskläger im Rahmen seiner Beschwer durch das Urteil des VG bis zum Schluss der mündlichen Verhandlung vor dem Berufungsgericht vornehmen, wenn die Berufungsbegründung dies deckt; andernfalls ist die Entscheidung des Verwaltungsgerichtes wegen der abgelaufenen Berufungsbegründungsfrist teilweise rechtskräftig geworden[23]; die weiter gehende Berufungszulassung wird gegenstandslos. Ist die Berufung beschränkt eingelegt worden, kann sie nur innerhalb der Berufungsfrist im Rahmen der Zulassung erweitert werden. Nach Ablauf der Fristen ist eine Erweiterung der Berufung unzulässig[24].

---

18 Vgl. BVerwGE 3, 233.
19 Kopp/Schenke Rn. 26.
20 Vgl. BVerwGE 3, 75; E 12, 189; NJW 1991, 3140; vgl. auch Günther BayVBl. 1996, 233.
21 BVerwGE 13, 94; Buchh. 310 § 124 Nr. 17; § 132 Nr. 313; NJW 1993, 2824; Schoch/Meyer-Ladewig Rn. 30.
22 Großzügiger Kopp/Schenke Rn. 30, 32 m.w.N.
23 München NVwZ-RR 2002, 880; vgl. Schoch/Meyer-Ladewig Rn. 106.
24 NK-Seibert Rn. 317 ff.

Die **Begründungsschrift muss** die **Gründe der Anfechtung im Einzelnen** **16** anführen. Dafür ist erforderlich, dass sich die Begründung mit allen tragenden Gründen der angefochtenen Entscheidung auseinander setzt. Dazu gehört für die einzelnen Berufungsgründe die Kritik an der Feststellung des Sachverhalts durch das VG, der Vortrag von Tatsachen und Beweismitteln sowie die Bezeichnung der verletzten Rechtsnormen des materiellen und des Verfahrensrechts[25] (vgl. dazu im Einzelnen § 139 Rn. 13, 14). Die Begründungsschrift soll geschlossen das Vorbringen des Berufungsklägers enthalten, deshalb genügt die **Bezugnahme** auf einzelnes **Vorbringen in der ersten Instanz** oder auf andere Berufungsbegründungen insgesamt oder für einzelne Abschnitte den Anforderungen für die Begründungsschrift nicht. Das Gleiche gilt für die Bezugnahme auf die Begründung für den Antrag auf Prozesskostenhilfe[26] oder auf Schreiben der nicht postulationsfähigen Partei[27]. Auch allgemeine Angriffe gegen das angefochtene Urteil ohne konkreten Bezug zu den Überlegungen des erstinstanzlichen Gerichts genügen nicht. **Neue Tatsachen** können ebenso wie eine neue Rechtslage herangezogen werden. Ebenso bislang nicht vorgetragene Tatsachen. Haben die neuen Tatsachen oder die neue Rechtslage auf die Entscheidung offensichtlich keinen Einfluss, genügt die Begründung insoweit nicht den gesetzlichen Anforderungen. Unschädlich ist die Einreichung der Begründung vor Zustellung des vollständig abgefassten Urteils; auch eine solche Begründung vermag im Einzelfall den gesetzlichen Anforderungen genügen[28].

Die **Berufung ist als unzulässig zu verwerfen, wenn** sich aus der Begrün- **17** dungsschrift kein bestimmter Antrag entnehmen lässt oder in ihr keine Gründe für die Anfechtung des Urteils des VG angeführt sind. Die Verwerfung erfolgt im Verfahren nach § 125 Abs. 2.

C. Antrag auf Zulassung der Berufung

I. Der Zulasssungsantrag

1. **Voraussetzung und Form.** Spricht das VG die Zulassung der Berufung **18** nicht aus, so bedarf die Berufung der Zulassung durch das OVG. Die Zulassung erfolgt nur auf Antrag eines Beteiligten. Die allgemeinen Voraussetzungen der Zulässigkeit der Berufung (s. § 124 Rn. 4 ff.) sind bereits im Zulassungsverfahren von Amts wegen zu prüfen.

Der Antrag auf Zulassung der Berufung ist durch den Bevollmächtigten **19** (§ 67 Abs. 1, Vertretungszwang) des Berufungsklägers **schriftlich** zu stellen. Findet der potenzielle Berufungsführer nicht rechtzeitig einen zur Vertretung bereiten Anwalt[29], dann kann er beim OVG die Beiordnung eines sog. Notanwaltes nach § 78b Abs. 1 ZPO beantragen[30]. Absatz 4 S. 2 erwähnt nicht die Möglichkeit, den Antrag zur Niederschrift des Urkundsbe-

---

25   Saarlouis U. v. 15.9.1999 – 9 R 27/98.
26   Vgl. BSGE 7, 35.
27   Vgl. BVerwG Buchh. 310 § 319 Nr. 6.
28   BAG NJW 2003, 2773.
29   Vgl. dazu BVerwG DVBl. 1999, 1662; Mannheim NVwZ-RR 1999, 280.
30   Baumbach/Albers, ZPO § 78b Rn. 9; Mannheim NVwZ-RR 1999, 280.

amten der Geschäftsstelle des Gerichts zu stellen. Das ist nach Einführung des Vertretungszwangs vor dem OVG folgerichtig[31].

20 **Zur Erfüllung der Schriftform (bestimmender Schriftsatz) ist erforderlich,** dass die Antragsschrift eigenhändig vom Prozessbevollmächtigten unterschrieben ist[32]. Dabei genügt ein die Identität des Unterschreibenden ausreichend kennzeichnender Schriftzug. Lesbarkeit ist nicht erforderlich, allerdings reicht Abkürzung oder Paraphe nicht aus[33]. Auch Faksimilestempel reicht nicht aus[34]. Bei Behörden oder juristischen Personen des öffentlichen Rechts ist die Schriftform auch dann erfüllt, wenn der in Maschinenschrift wiedergegebene Name des Unterzeichnenden mit einem Beglaubigungsvermerk versehen ist[35], auch wenn das beigefügte Anschreiben die Unterschrift enthält[36] oder wenn der eingereichte Schriftsatz nur eine vervielfältigte Unterschrift enthält[37]. Einreichen einer beglaubigten Abschrift durch den Prozessbevollmächtigten ist nur zulässig, wenn er den Beglaubigungsvermerk selbst unterschrieben hat[38]. Die fehlende Unterschrift kann nur innerhalb der Antragsfrist nachgeholt werden, danach ist der Mangel nicht mehr heilbar, da § 82 Abs. 2 auf ihn keine Anwendung findet[39]. Wiedereinsetzung ist bei Formmangel nicht zulässig. Näher zum Schriftformerfordernis s. § 81 Rn. 4 ff.

21 **2. Frist.** Die Antragsfrist beträgt einen Monat. Ihr Lauf beginnt, auch wenn das Urteil verkündet wurde, mit der Zustellung des vollständigen Urteils. Dazu gehören Rubrum, Tenor, Tatbestand, Entscheidungsgründe, Rechtsmittelbelehrung und Unterschrift (vgl. § 117 Abs. 2). Fehlt es bei der Zustellung an einem dieser Erfordernisse, wird die Frist nicht in Lauf gesetzt[40]. Ergeht innerhalb der Antragsfrist ein **Ergänzungsurteil** (§ 120), beginnt mit dessen Zustellung auch die Frist für das ergänzte Urteil neu zu laufen (§ 173 mit § 517 ZPO); das Gleiche gilt für die Zustellung nach Berichtigung[41]. Die Antragsfrist beträgt auch bei Zustellung im Ausland einen Monat. Wird nach Verkündung nicht zugestellt, ist der Antrag nur innerhalb der Jahresfrist des § 58 Abs. 2 zulässig. Ist die Zustellung fehlerhaft, gilt sie als nach § 189 ZPO als mit dem tatsächlichen Zugang erfolgt. Ist die **Rechtsmittelbelehrung** des Urteils (dazu § 58 Rn. 5 ff.) **fehlerhaft,** gilt § 58 Abs. 2 S. 1. Die Antragsfrist läuft für jeden Beteiligten gesondert und wird mit der Zustellung an den jeweiligen Beteiligten bzw. dessen Prozessbevollmächtigten[42] in Lauf gesetzt, bei mehreren Prozessbevollmächtigten eines Beteiligten beginnt die Frist mit der ersten Zustellung[43]. Die Frist berechnet sich nach §§ 187, 188 BGB (§ 57 mit § 222 ZPO). Die

---

31 Münster NJW 1998, 2844.
32 BVerwGE 13, 141; BSG NJW 1958, 566.
33 St.Rspr. vgl. BGH NJW 1987, 1333; BSG NJW 1975, 1799; BFH NVwZ 1985, 942; BAG NJW 1982, 1016.
34 Ule S. 425.
35 GemS BVerwGE 58, 359; vgl. auch BVerwGE 10, 1; 10, 110; 13, 141.
36 GS – BFH NJW 1978, 1824.
37 BVerwGE 36, 296; ebenso BFHE 113, 416.
38 BayObLG AnwBl. 1999, 410.
39 BVerwGE 11, 314; 13, 141; BSG NJW 1958, 566; vgl. auch Münster NJW 1991, 316 für Beschwerdeschrift.
40 Vgl. BVerwGE 91, 242: fehlende Unterschrift.
41 BVerwG NVwZ 1991, 681.
42 Vgl. BVerwGE 58, 107 zur vereinfachten Zustellung an einen Rechtsanwalt.
43 BVerwG BayVBl. 1999, 287.

Antragsfrist stellt eine gesetzliche Frist dar und kann nicht verlängert werden[44].

Der Antrag auf Zulassung der Berufung setzt voraus, dass ein Urteil bereits **22** vorliegt. Der Antrag ist daher unzulässig, wenn er **vor** der **Verkündung** eingelegt wird oder, falls im schriftlichen Verfahren entschieden wird, vor der Zustellung[45]. Bei verkündetem Urteil kann er jedoch bereits vor der Zustellung eingelegt werden[46].

Ist die **Antragsfrist versäumt**, kann unter den Voraussetzungen des § 60 **23** vom OVG Wiedereinsetzung in den vorigen Stand gewährt werden. Wiedereinsetzung wird regelmäßig vorgenommen, wenn die innerhalb der Antragsfrist vom Berufungskläger nachgesuchte **Prozesskostenhilfe** bewilligt wird (vgl. § 166 Rn. 5). BAG NJW 1961, 45 hatte auch bei Ablehnung des Armenrechtsgesuchs noch eine Überlegungsfrist von 2 bis 3 Tagen zugebilligt, um entscheiden zu können, ob das Rechtsmittel auf eigene Kosten eingelegt wird. Wird die Wiedereinsetzung abgelehnt, ist der Antrag als unzulässig abzulehnen.

3. Ort. Der **Antrag auf Zulassung der Berufung** ist innerhalb der Antrags- **24** frist **bei dem VG**, für dessen Urteil die Zulassung begehrt wird, **einzulegen.** Dieses legt die Antragsschrift mit den Akten unverzüglich dem OVG vor. Die Antragsfrist wird nicht gewahrt, wenn der Antrag unmittelbar beim OVG gestellt wird; § 147 Abs. 2 gilt nicht[47]; nach Hamburg NVwZ 1998, 532 entscheidet das OVG dann zur Sache, wenn mangels ordnungsgemäßer Zustellung keine Frist läuft und der Zulassungsantrag beim OVG anhängig gemacht wird; Münster NWVBl. 1998, 75. Eine Verpflichtung des Berufungsgerichts, den Antrag fristwahrend an das VG weiterzuleiten oder den Antragsteller fernmündlich auf die geltenden Fristbestimmungen hinzuweisen, besteht nicht[48]. Auch die Einlegung des Antrags beim OVG in einem an das VG adressierten, verschlossenen Umschlag reicht zur Fristwahrung nicht aus[49].

4. Inhalt. Der Zulassungsantrag muss noch keine Begründung enthalten, **25** Notwendig ist nur die Bezeichnung des angefochtenen Urteils. Aus dem Antrag muss das Gericht, dessen Entscheidung angefochten wird, das Aktenzeichen und das Datum der angefochtenen Entscheidung und der Tenor hervorgehen[50].

5. Wirkung. Die Stellung des Antrags auf Zulassung der Berufung hemmt **26** die Rechtskraft des Urteils des VG (Absatz 1 S. 5; vgl. § 124 Rn. 1). Der

---

44   Kassel NVwZ-RR 1998, 466.
45   Mannheim NJW 1973, 1663 für Einlegung der Berufung nach Mitteilung des Beratungsergebnisses durch Berichterstatter.
46   Kassel VRspr. 1, 237; Lüneburg OVGE 1, 160.
47   Hamburg DVBl. 1997, 1333; Weimar DÖV 1997, 964; Bautzen SächsVBl. 1997, 274; Münster DVBl. 1997, 1339; Münster NWVBl. 1998, 75.
48   Kassel DVBl. 1996, 1278; Münster NWVBl. 1998, 75; Greifswald NVwZ 1999, 201; offen gelassen von Hamburg NJW 1998, 996; die von Bader Rn. 25 angeführte Entscheidung des BVerfG [E 93, 99 NJW 1995, 3173] erfasst diesen Fall nicht; a.A. wohl Johlen NWVBl 1999, 41.
49   Vgl. Mannheim NJW 1991, 1845.
50   Greifswald B. v. 14.4.2000 – 3 L 164/99.

Zulassungsantrag hat als solcher Devolutiveffekt; die Zulassung der Berufung ist dafür nicht mehr nötig[51].

II. Begründung des Zulassungsantrages

27   1. **Ort, Form und Frist.** Die Begründung des Zulassungsantrages ist innerhalb von zwei Monaten nach Zustellung des vollständigen Urteils beim VG einzureichen. Zu Einzelheiten der Fristberechnung o. Rn. 21. Die Begründung kann gemeinsam mit dem Zulassungsantrag eingereicht werden. Zwingend ist das nicht. Es reicht seit dem 1.8.2004 aus, wenn sie schriftlich innerhalb der Begründungsfrist bei dem OVG eingereicht wird. Bis zum 31.7.2004 galt: Die Begründung musste beim VG eingereicht werden. Die Einreichung beim OVG reichte nicht[52]. Auch nicht die Einreichung der an das OVG adressierten Begründung bei der gemeinsamen Briefannahmestelle von VG und OVG[53]. Dies galt unabhängig von eventuellen Mitteilungen des OVG über die Abgabe des Verfahrens vom VG an das OVG wegen der Berufungseinlegung[54]. Solche Mitteilungen können die Rechtslage nicht ändern. Das OVG muss die Begründung an das VG weiterleiten[55]. Üblicherweise geschieht das im allgemeinen Geschäftsgang. Eine Pflicht zur besonderen Beschleunigung besteht für das OVG nicht[56]. Ausnahmsweise besteht diese Pflicht, wenn das OVG durch eine Eingangsmitteilung den irrigen Eindruck erweckt haben könnte, das Verfahren sei jetzt bei ihm anhängig[57]. Die Mitteilung des OVG-Aktenzeichens kann diesen Eindruck aber regelmäßig nicht hervorrufen. Wurde durch die Einreichung beim OVG die Begründungsfrist nicht gewahrt, scheidet eine Wiedereinsetzung im Regelfall wegen eines zurechenbaren Anwaltsverschuldens aus. Die Kenntnis des Gesetzes und sorgfältige Lektüre der Rechtsmitelbelehrung kann von einem Anwalt erwartet werden[58]. Eine Wiedereinsetzung kommt nur in Betracht, wenn das OVG seine im Einzelfall bestehende Pflicht verletzt hat, die Begründung im ordentlichen Geschäftsgang an das VG weiter zu leiten[59].
Für die neue Rechtslage ab 1.8.2004 fehlt eine Übergangsvorschrift; die bis dahin erfolgten Rechtsmittelbelehrungen sind falsch geworden. Das stellt wenigstens einen Wiedereinsetzungsgrund dar, will man nicht sogar § 58 Abs. 2 anwenden.

28   2. **Darlegung der Zulassungsgründe.** Der Antrag muss **die Gründe darlegen, aus denen die Berufung zuzulassen ist** (Absatz 4 S. 4). Darlegung bedeutet die substantiierte Erläuterung, weshalb der jeweilige Zulassungsgrund vorliegen soll[60]. Die Begründung muss sich auf die geltend

---

51   BVerwG NVwZ 1999, 642; Rennert VBlBW 1999, 285; a.A. Eyermann/Happ Rn. 2.
52   München BayVBl. 2003, 540; Mannheim NVwZ-RR 2003, 156; Kassel AuAS 2003, 42.
53   Berlin B. v. 19.12.2002 – 8 N 155.02, juris.
54   BVerfG DVBl. 2003, 861; krit, Roth NVwZ 2003, 1189.
55   BVerfGE 93, 99; BVerwG NVwZ-RR 2003, 901; a.A. Lüneburg NVwZ-RR 2003, 157; OLG Düsseldorf BRAK-Mitt. 2003, 166.
56   BVerwG NVwZ-RR 2003, 901.
57   BVerwG Buchh. 448.8 § 1 KDVG Nr. 53; München NVwZ-RR 2003, 531.
58   Bautzen DÖV 2003, 301; Greifswald B. v. 20.2.2003 – 3 L 79/03.
59   BVerwG NVwZ-RR 2003, 901 für gerichtseigenen Kurierdienst; München NVwZ-RR 2003, 531.
60   Magdeburg NVwZ-RR 2002, 74.

gemachten Zulassungsgründe beziehen; eine vorweggenommene Berufungsbegründung ist im Zweifelsfall ungeeignet, einen Zulassungsantrag ausreichend zu begründen[61]. Es reicht aber nicht aus, wenn der Bevollmächtigte des Antragstellers lediglich auf den Inhalt einer vom Antragsteller selbst unterschriebenen Eingabe verweist[62] oder sich aus dem Schriftsatz ergibt, dass der Anwalt einen fremden Text bloß unterschrieben hat[63] oder auf früheres Vorbringen Bezug nimmt[64]. Der Bevollmächtigte muss eine eigene Prüfung, Sichtung und auch rechtliche Durchdringung des Streitstoffes vorgenommen haben[65], dabei können auch neue Tatsachen vorgebracht werden (dazu näher § 124 Rn. 15c). Es genügt in keinem Fall, wenn zur Begründung des Zulassungsantrages auf den früheren Vortrag vor dem Verwaltungsgericht oder gar im Verwaltungsverfahren Bezug genommen wird[66]. Die fristgerecht dargelegten Gründe können nach Fristablauf noch näher erläutert oder verdeutlicht werden[67].

Eine Klageänderung oder -häufung kann im Zulassungsverfahren nicht vorgenommen werden[68]. **29**

Die Berufung darf grundsätzlich nur wegen eines **geltend gemachten Zulassungsgrundes** zugelassen werden[69]. Eine Pflicht zur ausdrücklichen Benennung des geltend gemachten Zulassungsgrundes besteht nicht. Das Gericht kann auch dann zulassen, wenn das Antragsvorbringen einem Zulassungsgrund ohne weiteres zurechenbar ist[70]. Eine Pflicht des OVG, sich aus einem umfangreichen, unübersichtlichen, unsystematischen oder inhaltlich nicht aufbereiteten Schriftsatz Zulassungsgründe heraus zu suchen, besteht nicht[71]. Der **unbenannte Zulassungsgrund** führt seinerseits nur zur Zulassung, wenn er die allgemeinen Voraussetzungen dafür erfüllt. Insbesondere muss er aufzeigen, dass der Zulassungsgrund rechtserheblich ist, also die Entscheidung des VG bei Zulassung zu Gunsten des Antragsstellers geändert werden könnte. Mit Rücksicht auf die Mehrpoligkeit auch des Zulassungsantragsverfahrens, an dem auch die weiteren Beteiligten des erstinstanzlichen Verfahrens beteiligt sind, hat das Gericht diesen die Erkenntnis des unbenannten Zulassungsgrundes zur Gewährung rechtlichen Gehörs mitzuteilen. Rechtsfragen, die das VG nicht oder nicht entscheidungserheblich behandelt hat, brauchen im Zulassungsantrag nicht erörtert zu werden[72], wenn sich ihre Entscheidungserheblichkeit nicht objektiv aufdrängt[73]. **30**

---

61 Braun SächsVBl 1999, 97; a.A. Münster NVwZ 1999, 202.
62 Mannheim NVwZ 1999, 429 für Behördenvertreter.
63 Mannheim NVwZ 1998, 753; NVwZ 1999, 205; München BayVBl. 1999, 543.
64 BVerwGE 11, 241.
65 BVerwG Buchh. 310 § 132 Nr. 202; Schleswig NordÖR 1999, 285.
66 München BayVBl. NVwZ-RR 2001, 545; Mannheim VBlBW 1997, 299.
67 Lüneburg NdsVBl. 1998, 162.
68 Berlin NVwZ-RR 1999, 211; Weimar AuAS 2001, 204; DVBl. 2003, 879 (LS).
69 Hamburg B. v. 26.3.1998 – 5 Bs 66/98; Rennert NVwZ 1998, 668.
70 Mannheim NVwZ 1998, 865; Kassel NVwZ 1998, 649; Münster NWVBl. 1998, 74; NJW 2002, 1442; enger Hamburg DVBl. 1998, 1095; wenigstens unmissverständliche Bezeichnung des Zulassungsgrundes; a.A. Kassel DVBl. 1998, 1095; Koblenz NVwZ-RR 1998, 79.
71 Greifswald B. v. 14.11.2002 – 3 L 40/01; vgl. BVerfG NVwZ 2001, 425.
72 Lüneburg NVwZ-RR 1998, 235 unter Hinweis auf BVerwG NVwZ-Beil. 1994, 65.
73 Lüneburg DVBl. 1999, 478.

31 Die Anforderungen aus Absatz 4 S. 4 bedeuten für die Zulassungsgründe im Einzelnen:

a) Werden **ernstliche Zweifel an der Richtigkeit des Urteils** geltend gemacht (vgl. § 124 Rn. 15 ff.), muss dargelegt werden, dass sich diese Zweifel aus objektiver Sicht für den ermittelten Sachverhalt, seine Bewertung und die vom Gericht gezogenen rechtlichen Folgerungen ergeben. Schließlich muss dargelegt werden, das sich die ernstlichen Zweifel auch auf das Ergebnis der angefochtenen Entscheidung dergestalt erstrecken, dass ein dem Zulassungsantragsteller günstigeres Ergebnis möglich wäre[74]. Dies muss unter Auseinandersetzung mit den tragenden Gründen der angegriffenen Entscheidung erfolgen[75]. Unsubstantiierter Vortrag genügt sicher nicht[76]. Ebenso wenig die Wiederholung oder Bezugnahme auf erstinstanzlichen Vortrag[77]. Ob ein **unter Beweis gestellter Vortrag** ebenfalls nicht ausreicht[78] ist zweifelhaft. Das Zulassungsverfahren ist grundsätzlich für Beweiserhebungen nicht geeignet, doch die Begründung ernsthafter Zweifel wegen einer fehlerhaften Sachverhaltsermittlung kann durch ein Beweisangebot untermauert werden. Aus der Begründung ernsthafter Zweifel muss sich ergeben, aus welchen konkreten Gründen ein anderer als der vom Verwaltungsgericht festgestellter Sachverhalt zutreffend sein soll[79]. Allerdings kann es nicht maßgeblich auf das Beweisangebot ankommen, sondern nur auf den dazugehörigen Vortrag, der die ernstlichen Zweifel darlegen muss. Das ist beim Vortrag neuer Tatsachen besonders wichtig; das OVG muss davon überzeugt werden, dass diese neuen Tatsachen vorliegen können. Entsprechende Beweismittel sind nur unterstützend wirksam. Es ist der konkrete Sachverhalt darzustellen sowie auszuführen, warum auf der Grundlage dieses Sachverhaltes eine dem Antragsteller günstigere Entscheidung möglich wäre[80]. Die kritische Auseinandersetzung – in der Art einer Berufungsbegründung – mit der angegriffenen Entscheidung birgt die Gefahr, dass dadurch nicht deutlich wird, welcher Zulassungsgrund geltend gemacht wird und daher die ernstlichen Zweifel durch das OVG gar nicht erst in den Blick genommen werden[81]. Ein ernsthafter Zweifel wird sich auch aus dem Vergleich mit anderen erstinstanzlichen Entscheidungen zu vergleichbaren Sachverhalten oder Rechtsfragen ergeben können, wobei auch dies in Auseinandersetzung mit der angegriffenen Entscheidung und Darstellung der herangezogenen Rechtsprechung zu erfolgen hat. Der bloße Verweis auf anders lautende Rechtsprechung ist unsubstantiert und genügt dem Darlegungserfordernis nicht[82]. Das OVG kann – nach Anhörung der Beteiligten – die Berufung aus anderen ernstlichen Zweifeln als denen, die geltend gemacht werden, zulassen,

---

74 Magdeburg NVwZ-RR 2002, 74; Greifswald B. v. 10.5.2001 – 2 L 162/01.
75 Lüneburg NdsVBl. 1998, 162; InfAuslR 1998, 123; DVBl. 1999, 478; Münster NVwZ 1998, 193; NVwZ 1999, 202; Bautzen NVwZ-RR 1998, 693; SächsVBl. 1998, 29; Mannheim DVBl. 1997, 1343; Schleswig NVwZ 1999, 1354; (Landes-)verfassungsrechtliche Bedenken bestehen dagegen im Grundsatz nicht, BbgVerfG DVBl. 1999, 1722.
76 Mannheim DVBl. 1998, 243.
77 Mannheim NVwZ-RR 2002, 472.
78 So Lüneburg NdsVBl. 1998, 262; Mannheim NVwZ 1998, 646; NVwZ-RR 1998, 336.
79 Münster DVBl. 1997, 1342.
80 Vgl. Magdeburg LKV 1999, 233.
81 Hamburg DVBl. 1998, 1095; Magdeburg LKV 1999, 233; Münster NJW 1998, 772; NVwZ 1998, 415; NWVBl. 1999, 269.
82 Kassel B. v. 27.7.1998 – 10 TZ 2718/98.

wenn sie offensichtlich sind[83]. Das gilt auch für die Verneinung ernstlicher Zweifel[84].

b) Werden **besondere tatsächliche oder rechtliche Schwierigkeiten der** **32** **Rechtssache** geltend gemacht (vgl. § 124 Rn. 17 f.), ist die Darlegungslast erst erfüllt, wenn die im tatsächlichen oder rechtlichen liegende Komplexität in Auseinandersetzung mit dem einschlägigen Sach- und Streitstand ausgebreitet wird; der Nachweis von Fehlern in der angegriffenen Entscheidung genügt nicht[85]. Bei besonderen Schwierigkeiten rechtlicher Art ist es erforderlich, die bislang dazu ergangene Rechtsprechung darzustellen und aufzuzeigen, dass sich daraus noch keine eindeutige Lösung des Problems ergibt[86]. Der bloße Umstand, dass unterschiedliche Auffassungen über die Auslegung einer Norm bestehen, reicht nicht aus, da Normen nicht selten unterschiedlich ausgelegt werden[87]. Notwendig ist die Darstellung, dass die Auslegung der Norm aus zu belegenden Gründen so schwierig ist, dass dafür eine obergerichtliche Entscheidung erforderlich ist. Hinzu kommen muss der Nachweis, dass es auf die geltend gemachte Frage auch entscheidungserheblich ankommt.

c) Bei der **Grundsatzberufung** (vgl. § 124 Rn. 19 f.) ist die Rechts- oder **33** Tatsachensachenfrage, die nach Auffassung des Antragsstellers grundsätzliche Bedeutung hat, auszuformulieren und substantiiert darzulegen, warum sie klärungsbedürftig und von grundsätzlicher Bedeutung ist[88]. Auch wenn die Anforderungen an den Zulassungsantrag nicht überzogen sein dürfen, ist es nicht rechtschutzverweigernd, wenn sich das OVG weigert, aus einem umfangreichen Schriftsatz die aufgeworfene Frage herauszusuchen, selbst wenn sie als Hintergrund der Ausführungen des Zulassungsantragstellers bzw. seines Prozessbevollmächtigten erkennbar ist. Der Antragsteller ist nur dann auf der sicheren Seite, wenn er die grundsätzliche Problematik als ausdrückliche Frage ausformuliert und in den Schriftsatz an geeigneter Stelle aufnimmt. Die Darlegung muss schließlich die Entscheidungserheblichkeit der Frage belegen. Wird die Grundsätzlichkeit aus einer abweichenden obergerichtlichen Entscheidung abgeleitet, so muss diese mit Datum und Aktenzeichen bezeichnet werden[89].

d) Bei der **Abweichung** von einer divergenzfähigen Entscheidung (§ 124 **34** Rn. 24) des Berufungsgerichts, des BVerwG, des GemS oder des BVerfG (vgl. § 124 Rn. 23 f.) ist die Entscheidung, von der abgewichen ist, mit Datum und Aktenzeichen oder Fundstelle zu bezeichnen sowie der in dieser Entscheidung enthaltene entscheidungserhebliche abstrakte Rechtssatz und der entscheidungserhebliche abstrakte Rechtssatz, mit dem das VG abweicht, anzuführen bzw. herauszuarbeiten. Weiter ist darzulegen, worin

---

83 Münster NVwZ 1998, 530; NWVBl. 1999, 269; a.A. Berlin InfAuslR 1998, 471; Kassel NVwZ 2001, 1178.
84 Mannheim DVBl. 1997, 1327; Bautzen SächsVBl. 1998, 140.
85 Hamburg NVwZ-RR 2000, 190; BVerfG NVwZ 2001, 552.
86 Mannheim VBlBW 1998, 261; Magdeburg NJ 1998, 607; vgl. Kassel DVBl. 1999, 119; Bader VBlBW 1997, 401.
87 Vgl. Magdeburg NJ 1998, 607: Hinweis auf einschlägigen Vorlagebeschluss zum EuGH genügt nicht; krit. dazu Flint NJ 1998, 607.
88 Münster NVwZ 1998, 306; Bautzen LKV 1999, 104; Weimar LKV 1998, 291; zu den Anforderungen im Asylstreitverfahren vgl. Kassel B. v. 7.2.2003 12 UZ 710/02.A; Weimar B. v. 19.4.2001 – 3 ZKO 888/98.
89 Weimar NVwZ 1998, 194.

die geltend gemachte Abweichung liegt und warum die angegriffene Entscheidung auf dieser Abweichung beruht[90]. Diese Anforderungen gelten auch dann, wenn die Divergenz für einen Kundigen offensichtlich ist[91]. Der Hinweis auf eine fehlerhafte, weil von Entscheidungen der divergenzfähigen Gerichte abweichende, Rechtsauffassung des VG genügt zur Darlegung der Divergenz nicht.

35   e) Bei der **Verfahrensberufung** (vgl. § 124 Rn. 26 ff.) ist der Verfahrensmangel zu bezeichnen, wobei die Tatsachen möglichst genau darzulegen sind, aus denen sich der Verfahrensverstoß ergibt[92]. Bei der Rüge der Verletzung der Aufklärungspflicht (§ 86 Abs. 1) muss darüber hinaus dargestellt werden, welche neuen, dem Zulassungsantragsteller günstigeren Ergebnisse auf Grund welcher Beweismittel zu erwarten gewesen wären und welche prozessualen Maßnahmen ergriffen wurden, um den Aufklärungsmangel zu beheben und was zur Sache noch vorgetragen worden wäre, wenn der Aufklärungsmangel erkennbar gewesen wäre[93]. Die **Behauptung** des Verfahrensfehlers **reicht** allein **nicht aus**, da er nach § 124 Abs. 2 Nr. 5 **vorliegen muss**[94]. Es muss weiter dargelegt werden, dass der geltend gemachte Verfahrensmangel der Beurteilung des Berufungsgerichts unterliegt (vgl. § 124 Rn. 26). Darüberhinaus ist nachzuweisen, dass der Antragsteller bei rügefähigen Verfahrensmängeln alles ihm rechtlich zumutbare unternommen hat, den Verfahrensmangel durch das Gericht aufheben zu lassen[95] und der Verfahrensmangel muss als solcher rechtlich aufbereitet werden. Wegen eines anderen als dem geltend gemachten Verfahrensmangel darf das OVG auch bei Offensichtlichkeit nicht zulassen. vgl. im Übrigen § 133 Rn. 11.

III. Verfahren und Entscheidung

36   1. Im Antragsverfahren prüft das OVG, ob die Voraussetzungen für die Zulassung der Berufung nach § 124 Abs. 2 vorliegen; über den sachlichen Erfolg der Berufung entscheidet es – mit der bei § 124 Rn. 15c dargestellten Ausnahme bei den ernstlichen Zweifeln – nicht. Das BVerwG hat zwar im Zulassungsbeschwerdeverfahren entsprechend § 144 Abs. 4 auch die begründete Zulassungsbeschwerde zurückgewiesen, wenn es die Entscheidung in der Sache als zutreffend ansah (vgl. § 133 Rn. 12). Diese Rechtsprechung sollte für das Antragsverfahren nicht übernommen werden. Da die Zulassung die Berufung nicht nur begrenzt auf den Zulassungsgrund, sondern in vollem Umfang eröffnet, und der Berufungskläger für die nicht auf die Zulassungsgründe beschränkte Berufungsbegründung, die auch erst den Berufungsantrag enthält, in Absatz 6 eine besondere, verlängerbare Frist erhält, würden, wenn die Gefahr bestünde, dass das OVG bereits im Antragsverfahren eine Entscheidung in der Sache träfe, die Anforderungen an die Antragsbegründung »überfrachtet« und es könnte der Anspruch des

---

90   Münster NVwZ 1998, 306; Lüneburg NdsVBl. 1998, 167; Kassel DÖV 2003, 130 (LS).
91   Hamburg B. v. 2.12.1997 – Bs VI 158/96.
92   BVerwG Buchh. 310 § 133 a.F. VwGO Nr. 60; Zu den Anforderungen an die Darlegung der Besetzungsrüge wegen eines schlafenden Richters BVerwG NJW 2001, 2898.
93   BVerwG Buchh. 402.25 § 1 AsylVfG Nr. 238.
94   Vgl. BVerwG NVwZ 1982, 434.
95   Schoch/Meyer-Ladewig Rn. 60.

Berufungsklägers auf rechtliches Gehör verletzt sein. Das OVG kann – Ausnahme bei den ernstlichen Zweifeln, vgl. § 124 Rn. 15c – auch im Zulassungsverfahren die Erfolgsaussichten der Berufung nicht beurteilen, da es im Zulassungsverfahren die Akten nicht durchzuarbeiten hat[96].

2. **Das OVG entscheidet** über den Antrag auf Zulassung der Berufung **37** **durch Beschluss.** Vor der Entscheidung muss den Beteiligten Gelegenheit zur Stellungnahme gewährt werden; das rechtliche Gehör steht nicht zur Disposition des OVG[97]. Eine Entscheidungsfrist sieht § 124a nicht vor. Zu bedenken hat das OVG, ob nicht wegen der entscheidungserheblichen Auslegung primären Europa-Rechts ein Vorlagebeschluss nach Art. 177 EGV in Betracht kommt[98]. Davon sollte in Hinblick auf die Befriedungsfunktion auch einer Zulassungsentscheidung nur sparsam Gebrauch gemacht werden. Grundsätzlich ist dieser Beschluss zu begründen (Abs. 5 S. 3). Aus Art. 6 Abs. 1 EMRK folgert der EGMR die grundsätzliche Pflicht der Begründung einer gerichtlichen Entscheidung[99]. Für die Entscheidung des OVG gilt:

a) **Lehnt** das OVG den Antrag **ab,** wird das **Urteil des VG rechtskräftig** **38** (Abs. 5 S. 4). Da der stattgebende Beschluss nach Absatz 6 zugestellt werden muss, **sollte** auch der ablehnende Beschluss aus Gründen der Rechtsklarheit **zugestellt werden** (vgl. § 121 Rn. 2). In dem Beschluss ist auch über die **Kosten** zu entscheiden. Gegen den Beschluss ist kein Rechtsmittel gegeben (vgl. § 152 Abs. 1). Möglich ist bei ablehnenden Beschlüssen die Gegenvorstellung, wenn schwer wiegendste Verfahrensverstöße vorliegen[100]. Die Gegenvorstellung muss der Form des Rechtsmittels entsprechen[101] (zur Gegendarstellung vgl. § 124 Rn. 2a).

b) **Lässt** das OVG die **Berufung zu, wird das Antragsverfahren als Berufungsverfahren fortgesetzt,** ohne dass es noch der Einlegung einer Berufung **39** bedarf (Abs. 5 S. 5). Die Zulassung hat zu erfolgen, wenn ein Zulassungsgrund dargelegt ist und vorliegt (Abs. 5 S. 2). Das OVG ist nicht gehindert, eine teilweise Zulassung auszusprechen, wenn der Streitgegenstand des Zulassungsantrages teilbar ist oder mehrere Streitgegenstände vorliegen und nur hinsichtlich eines (Teil-)Streitgegenstandes ein Zulassungsgrund dargelegt wurde und vorliegt[102]. Soweit der Antrag abgelehnt wird, wird die Entscheidung des Verwaltungsgerichtes rechtskräftig; im Übrigen wird das Berufungsverfahren durchgeführt. Übersieht das OVG einen (Teil-)Antrag auf Zulassung der Berufung, kann das OVG auf Antrag den Zulassungsbeschluss ergänzen[103]. Hat das VG nicht über einen Hilfsantrag entschieden, weil der Hauptantrag zugesprochen wurde, ist nach Zulassung der Berufung des Beklagten auch der Hilfsantrag Streitgegenstand des Berufungsverfahrens[104]. Das gilt umgekehrt auch, wenn der Hilfsantrag nur für den

---

96 Rennert NVwZ 1998, 668.
97 Differenzierend Bader, Rn. 63.
98 Zum Problem Petzold NJW 1998, 123.
99 NJW 1999, 2429; vgl. i.Ü. BVerwG NJW 1998, 3485; NVwZ-Beilage 1999, 10.
100 BVerwG NJW 1994, 674; Rechtsirrtümer genügen nicht, Weimar NVwZ 1998, 1087.
101 Münster NVwZ 1998, 1319.
102 A.A. Rennert VBlBW 1999, 287; zu einer Ausnahme Kassel B. v. 22.1.1998 – 13 UZ 3758/97 A. juris.
103 Bautzen NVwZ 2001, 1173 m. Anm. Braun NVwZ 2002, 690.
104 BVerwG NVwZ 1999, 642.

Fall gestellt wird, dass dem Hauptantrag stattgegeben wird und die Berufung gegen das den Hauptantrag abweisende Urteil zugelassen wurde[105]. Lässt das OVG die Berufung ohne Beschränkung auf Teile des Streitgegenstandes zu, obwohl der Zulassungsantrag auf einen Teilstreitgegenstand beschränkt war, bleibt es bei der bloß teilweisen Berufung[106].

40 Die **Kostenentscheidung** ist dem Berufungsurteil vorzubehalten (vgl. jedoch Rn. 38). Der Beschluss ist zuzustellen. Er muss eine **Belehrung** darüber enthalten, dass das Antragsverfahren als Berufungsverfahren fortgesetzt wird, ohne dass es einer besonderen Einlegung der Berufung bedarf, und dass die Berufung innerhalb eines Monats nach seiner Zustellung beim OVG zu begründen ist[107]. Der Beschluss setzt mit der auf die Berufungsbegründungsfrist bezogenen Belehrung mit seiner Zustellung diese Frist in Lauf. Bei fehlender oder unrichtiger Belehrung ist auch hier § 58 Abs. 2 anzuwenden[108]. Zur Belehrung über den Vertretungszwang, der bereits für den Antrag auf Zulassung galt, vgl. § 58 Rn. 9. Der zulassende Beschluss ist unanfechtbar (§ 152 Abs. 1); es gibt auch keinen Weg in die Revisionsinstanz[109]. An die Zulassung der Berufung ist das OVG im Berufungsverfahren gebunden[110].

41 Wird der Antrag auf Zulassung der Berufung zurückgenommen, entscheidet das OVG über die Kosten (vgl. Rn. 38). Wird zugleich die Klage zurückgenommen, ist dies maßgeblich[111]. Ein Ereignis, durch das sich das Verfahren in der Hauptsache erledigt, bewirkt zugleich eine Erledigung des Antragsverfahrens[112]. Wird dann im Zulassungsverfahren übereinstimmend für erledigt erklärt, entscheidet das OVG entsprechend § 161 Abs. 2 über die Kostentragungspflicht beider Instanzen und erklärt das angegriffene Urteil für unwirksam. Wird nur das Antragsverfahren übereinstimmend für erledigt erklärt, wird nur dieses Gegenstand der Entscheidung nach § 161 Abs. 2. Bei einseitiger Erledigungserklärung ist die Erledigung, so sie denn vorliegt, durch Beschluss festzustellen, andernfalls ist der Zulassungsantrag abzulehnen; vgl. i.Ü. § 124 Rn. 9a.

42 Die vom OVG zugelassene Berufung wirkt nur für den Beteiligten, der den Zulassungsantrag gestellt hat. Dies ergibt sich aus der Neuregelung des § 127, durch den die selbstständige Anschlussberufung abgeschafft wurde. Nach dem Willen des Gesetzgebers bestand für diese Rechtsfigur keine Notwendigkeit, weil der Beteiligte, der unabhängig vom Berufungszulassungsantragsteller eine Berufung durchführen will, dies mit einem eigenen Zulassungsantrag in die Wege leiten kann[113]. Im Übrigen besteht zwischen der Zulassung der Berufung durch das VG, die von Amts wegen erfolgt und nicht auf Antrag eines Beteiligten, und der durch das OVG nur auf Antrag möglichen Zulassung der Berufung deutliche systematische Unter-

---

105 Münster NVwZ-RR 2003, 532.
106 BVerwG NVwZ 1999, 642.
107 BVerwGE 107, 117.
108 BVerwGE 107, 117.
109 BVerwG BayVBl 1990, 700.
110 Mannheim NVwZ 2000, 335; Münster U. v. 27.10.1998 – 23 A 5719/95 A.
111 Kassel JZ 1999, 499.
112 BVerwGE 72, 93; a.A. Geiger BayVBl. 2000, 395.
113 Kienemund NJW 2002, 1231.

schiede, die die unterschiedlichen Wirkungen der Berufung rechtfertigen[114].

IV. Begründung der vom OVG zugelassenen Berufung

Die vom OVG zugelassene Berufung muss vom Berufungsführer schriftlich **43** begründet werden. Die Begründung des Zulassungsantrages genügt auch dann nicht, wenn in ihr bereits vorweg genommen eine Berufungsbegründung enthalten ist[115]. Zur Begründung genügt aber die schriftsätzliche Bezugnahme auf den Berufungszulassungsantrag, wenn dieser seinerseits die Anforderungen an die Berufungsbegründung wahrt[116]. Die Begründung muss innerhalb eines Monats nach Zustellung des Zustellungsbeschlusses beim OVG eingereicht werden. Ein vor Zustellung des Zulassungsbeschlusses übermittelter Schriftsatz ersetzt die Berufungsbegründung nicht[117]. Die Berufungsbegründung kann in einem Termin zur mündlichen Verhandlung vor dem OVG fristwahrend zu richterlichem Protokoll erklärt werden[118]. Die Berechnung der Frist richtet sich nach § 57 Abs. 2. Die Einreichung beim VG wahrt die Frist nicht. Die Begründungsfrist kann auf einen vor ihrem Ablauf beim OVG gestellten Antrag vom Senatsvorsitzenden verlängert werden; zu Einzelheiten o. Rn. 12. Die Begründung muss einen bestimmten Antrag enthalten; zu Einzelheiten o. Rn. 14. Zudem müssen in der Begründung die Berufungsgründe enthalten sein; zu Einzelheiten o. Rn. 16. Für die Berufungsbegründung gilt der Vertretungszwang. Erfolgt die Berufungsbegründung nicht formgerecht, ist die Berufung im Verfahren nach § 125 Abs. 2 als unzulässig zu verwerfen.

D. Abweichungen nach dem AsylVfG

Für das Asylstreitverfahren gelten einige Abweichungen (§ 78 Abs. 4, 5). **44** Der Antrag auf Zulassung der Berufung ist innerhalb von zwei Wochen nach Zustellung des Urteils bei dem Verwaltungsgericht zu stellen. Im Antrag, jedenfalls innerhalb der Antragsfrist, ist der Zulassungsantrag zu begründen. Eine besondere Begründungsfrist gibt es nicht[119]. Der Beschluss des OVG muss nicht begründet werden.

§ 124b [Vorlage an das BVerwG]

Das Oberverwaltungsgericht legt die Sache unter Begründung seiner Rechtsauffassung dem BVerwG zur Entscheidung über die Auslegung von § 124 Abs. 2 oder § 124a Abs. 4 S. 4 vor, wenn
1. die Rechtsfrage grundsätzliche Bedeutng für die Auslegung dieser Bestimmungen hat oder

---

114 A.A. Kopp/Schenke Rn. 60 f.
115 BVerwG NJW 2003, 3288; NVwZ 2003, 868; BayVBl. 2003, 442.
116 BVerwG NVwZ 2000, 315; E 114, 155; für den Fall nachträglicher Divergenz; DVBl. 2004, 125.
117 BVerwG B. v. 8.9.2000 – 11 B 50.00.
118 BVerwG B. v. 7.3.2000 – 4 B 79.99.
119 Zu Recht kritisch Geiger BayVBl. 2003, 673.

2. die Fortbildung des Rechts oder die Sicherung einer einheitlichen Rechtsprechung eine Entscheidung des Bundesverwaltungsgerichts zur Auslegung dieser Bestimmungen erfordert.
Der Beschluss ist nicht anfechtbar. Er ist den Beteiligten bekannt zu machen. Das Bundesverwaltungsgericht entscheidet nur über die Rechtsfrage.

I. Allgemeines

1 Nach Einführung der Zulassungsberufung durch das 6. VwGOÄndG entwickelten sich zunächst sehr vielfältige Auslegungen der einzelnen Zulassungsgründe, z.T. innerhalb eines OVG. So konnte der Eindruck entstehen, es sei eine der Rechtssicherheit unzuträgliche Zersplitterung des Rechts eingetreten. Diese Situation hielt aber nicht lange an; die Rechtsprechung konsolidierte sich zunehmend. Trotzdem hat der Gesetzgeber die Notwendigkeit gesehen, ein **Vorlageverfahren** zum BVerwG in die VwGO aufzunehmen. Damit soll den OVG/VGH die Möglichkeit gegeben werden, auf eine Vereinheitlichung der Auslegung der Zulassungsgründe hinzuwirken. Zudem können die Anforderungen an das Darlegungserfordernis auf Vorlage durch das BVerwG präzisiert werden.

2 Über die Notwendigkeit des Vorlageverfahrens lässt sich streiten[1]. Die OVG/VGH haben von der Vorlagemöglichkeit nur begrenzt Gebrauch gemacht. Die Vorschrift tritt mit dem Ende des 31.12.2004 außer Kraft (Art. 6 i.V.m. Art. 7 Abs. 2 RmBereinVpG). Große praktische Bedeutung wird die Bestimmung nicht mehr erlangen können[2].

II. Einzelheiten

3 Vorlagefähig sind Rechtsfragen über die Auslegung von § 124 Abs. 2 oder § 124a Abs. 4 S. 4. Alle anderen mit dem Berufungszulassungsrecht verbundenen Fragen sind nicht vorlagefähig[3]. Voraussetzung der Vorlage ist, dass entweder die Rechtsfrage grundsätzliche Bedeutung für die Auslegung der jeweiligen Bestimmung hat. Gemeint ist mit der umständlichen gesetzlichen Formulierung in Satz 1 Nr. 1, dass die Vorlage nur erfolgen darf, wenn die Rechtsfrage der Auslegung des Zulassungsgrundes oder des Darlegungserfordernisses den allgemeinen Anforderungen an die grundsätzliche Bedeutung genügt. Es muss sich um eine klärungsbedürftige Frage handeln, von deren Beantwortung die Weiterentwicklung des Rechts oder Wahrung der Rechtseinheit zu erwarten ist. Die Frage muss entscheidungserheblich sein.

4 Alternativ ist die Vorlage möglich, wenn die Fortbildung des Rechts oder die Sicherung einer einheitlichen Rechtsprechung eine Entscheidung des BVerwG zur Auslegung dieser Bestimmung erfordert. Diese Vorlagevoraussetzung knüpft an die Vorschriften über die Rechtsbeschwerde und den

---

1   Vgl. BR-Drs. 405/01 S. 23 f.
2   Geiger BayVBl. 2003, 65 (74).
3   Saarlouis B. v. 29.4.2002 1 Q 20/02, juris.

neuen § 543 Abs. 2 ZPO an[4]. Das systematische Verhältnis zur Vorlagevoraussetzung der grundsätzlichen Bedeutung bleibt unklar[5].

Das OVG ist zur Vorlage verpflichtet, wenn aus seiner Sicht die Voraussetzungen gegeben sind. Eines Antrages eines der Beteiligten bedarf es nicht; er wäre als bloße Anregung zu verstehen. Die Entscheidung, dass vorgelegt wird, ergeht durch unanfechtbaren Beschluss. Den Beteiligten ist vorher rechtliches Gehör zu gewähren. Der Beschlusstenor muss die Rechtsfrage, über die das BVerwG entscheiden soll, genau formuliert wiedergeben. Der Beschluss ist zu begründen; in der Begründung ist die Rechtsauffassung des vorlegenden OVG darzustellen. **5**

Das OVG legt dem BVerwG nicht nur den Beschluss, sondern die Sache selbst, d. h. die gesamten Verfahrensakten vor. Damit soll dem BVerwG die Möglichkeit eingeräumt werden , das Vorliegen der Vorlagevoraussetzungen zu prüfen. Das BVerwG ist an die Vorlage nicht gebunden[6]. Das BVerwG entscheidet aber nur über die Rechtsfrage, nicht über den Zulassungsantrag. Das OVG bleibt Gericht der Hauptsache mit den sich daraus ergebenden Zuständigkeiten. Das BVerwG entscheidet in der Besetzung von 5 Richtern[7]. Das OVG ist an die Entscheidung des BVerwG gebunden; Über die Kosten des Verfahrens wird in der Kostenentscheidung in der Hauptsache entschieden. **6**

§ 125 [Verfahren, Prüfung der Zulässigkeit]

(1) Für das Berufungsverfahren gelten die Vorschriften des Teils II entsprechend, soweit sich aus diesem Abschnitt nichts anderes ergibt. § 84 findet keine Anwendung. **24**

(2) Ist die Berufung unzulässig, so ist sie zu verwerfen. Die Entscheidung kann durch Beschluss ergehen. Die Beteiligten sind vorher zu hören. Gegen den Beschluss steht den Beteiligten das Rechtsmittel zu, das zulässig wäre, wenn das Gericht durch Urteil entschieden hätte. Die Beteiligten sind über dieses Rechtsmittel zu belehren.

A. Verfahrensvorschriften

Die Vorschriften für das Verfahren vor dem VG gelten, soweit nicht aus dem 12. Abschnitt etwas anderes hervorgeht, auch für das Berufungsverfahren. Der gesamte Teil II ist für entsprechend anwendbar erklärt. Besonders geregelt sind im Berufungsverfahren nur die Zulassung (§ 124a mit § 124 Abs. 2), die Prüfung der Zulässigkeit (§ 125 Abs. 2), die Zurücknahme der Berufung (§ 126), die Anschlussberufung (§ 127), die Behandlung neuer Erklärungen und Beweismittel (§ 128a) und die Zurückverweisung (§ 130). Der Gerichtsbescheid ist durch Absatz 1 S. 2 ausgeschlossen. Die **Klageänderung** ist in der Berufungsinstanz im gleichen Umfang zuläs- **1**

---

4   Kienemund NJW 2002, 1231.
5   Bader VBlBW 2002, 471 verneint eine eigenständige Bedeutung; Seibert NVwZ 2002, 265 meint, die Bestimmung führe zu einer faktischen Bindung an die Rechtsprechung des BVerwG, da bei einer Abweichung vorgelegt werden müsse.
6   Offen gelassen von BVerwG NVwZ 2002, 490.
7   BVerwG NVwZ-RR 2002, 894.

sig wie in der ersten Instanz (§ 91)[1]; enthält die Klageänderung gleichzeitig eine Klagerücknahme, ist § 126 zu beachten. Zur **Widerklage** vgl. § 89 Rn. 11; auch **Aufrechnung** ist zulässig nach § 173 mit § 530 Abs. 2 ZPO.

B. Prüfung der Zulässigkeit

I. Umfang der Prüfung

2 Bevor das Berufungsgericht in eine Sachprüfung eintritt, hat es von Amts wegen die Zulässigkeit der Berufung zu prüfen. Absatz 2 S. 1 findet auf alle Zulässigkeitsvoraussetzungen der Berufung Anwendung. Zur Statthaftigkeit zählen Berufungsfähigkeit, Beschwer und Berufungsberechtigung. Bei der Berufungsfähigkeit kommt es vor allem auf die Zulassung der Berufung an, auch auf einen Berufungsausschluss ist zu achten (§ 135); die unerkannte Prozessunfähigkeit kann eine Abweisung der Klage hervorrufen[2]. Bei den gesetzlichen Erfordernissen für Frist und Form kommt es, wenn die Berufung zugelassen ist, auf die Berufungsbegründung an (§ 124a Abs. 3 und 6). Das Fehlen des Antrages ist ein solcher Formmangel (§ 124a Abs. 3 S. 5). Das OVG muss bei der Prüfung der Zulässigkeit auch darauf achten, ob eine Berufungsrücknahme oder ein Verzicht vorliegt.

II. Entscheidung

3 Fehlt eine Zulässigkeitsvoraussetzung, ist die Berufung als unzulässig zu verwerfen. Die Entscheidung kann dabei erfolgen:
a) durch **Urteil** auf Grund einer mündlichen Verhandlung,
b) durch **Beschluss** nach § 125 Abs. 2. Der Beschluss ist auch zulässig, wenn sich die Berufung gegen einen Gerichtsbescheid richtet (§ 84 Abs. 2 Nr. 1[3] oder 2). Zur Bezugnahme auf den Tatbestand der angefochtenen Entscheidung vgl. § 130b Rn. 3. Zum Beschluss bei unbegründeter Berufung vgl. § 130a Rn. 1.

4 Das **Gericht entscheidet** nach seinem Ermessen, **welche Entscheidungsform** es wählen will[4]. Die Entscheidung ergeht, sobald die Unzulässigkeit feststeht; diese beurteilt sich nach dem Zeitpunkt der Entscheidung[5]. Eine Entscheidung während des Laufes der Berufungsbegründungsfrist sollte aber nur dann ergehen, wenn die fehlende Zulässigkeit nicht noch während dieser Frist oder nach Aufforderung geheilt werden kann.

---

1   Vgl. BGH NJW 1994, 2896 zum Übergang von der Feststellungs- zur Leistungsklage.
2   BGH NJW 2000, 289 ff.
3   Vgl. BVerwG NWVBl. 1995, 461; Mannheim NJW 1991, 1845; a.A. Zeihe NWVBl. 1996, 178.
4   Vgl. BVerwGE 72, 59.
5   BSG NJW 1964, 691.

III. Verfahren bei Entscheidung durch Beschluss

Will das Gericht durch Beschluss entscheiden, **hat es die Beteiligten vorher** **5**
zu hören (Abs. 2 S. 3). Die Anhörung ist nur sinnvoll, wenn das Gericht
in der Mitteilung über die beabsichtigte Entscheidung durch Beschluss
seine Rechtsauffassung kurz darlegt. Unterbliebene Anhörung ist Verfahrensfehler (vgl. § 138 Rn. 5); ebenso Entscheidung vor Ablauf der zur Äußerung gesetzten Frist[6]. Die Anhörung ist nur dann ordnungsgemäß erfolgt, wenn der Zugang der Anhörungsmitteilung des Gerichts
nachgewiesen ist[7]. Die Anhörung ersetzt bei der Zurückweisung von Beweisanträgen auch den Beschluss nach § 86 Abs. 2[8]; werden Beweisanträge erst auf die Anhörungsmitteilung hin gestellt, kann aus Gründen des
rechtlichen Gehörs erneute Anhörung erforderlich sein[9]. Der **Beschluss** ist
zu begründen, da es sich bei der Unzulässigkeit der Berufung um Gründe
handelt, die sich erst für die Berufungsinstanz ergeben. § 122 Abs. 2 S. 3
der, wenn die Berufung aus den Gründen der angefochtenen Entscheidung
als unbegründet zurückgewiesen wird, keine Begründung erfordert, kann
daher auch nicht analog angewendet werden[10]; vgl. im Übrigen § 122
Rn. 2.

IV. Rechtsmittel

Gegen den **Beschluss** steht den Beteiligten das Rechtsmittel zu, das zulässig **6**
wäre, wenn das Gericht durch Urteil entschieden hätte (Abs. 2 S. 4). Es
sind also auch gegen den Beschluss die **Revision** (vgl. § 132 Rn. 2) und,
falls die Revision nicht zugelassen wird, die **Nichtzulassungsbeschwerde**
(vgl. § 133 Rn. 1) gegeben. Die **Rechtsmittelbelehrung** muss sich auf diese
Rechtsmittel beziehen (Abs. 2 S. 5). Bei unrichtiger oder fehlender Rechtsmittelbelehrung findet § 58 Abs. 2 Anwendung (vgl. die dortigen Erläuterungen).

§ 126 [Zurücknahme der Berufung]

**(1) Die Berufung kann bis zur Rechtskraft des Urteils zurückgenommen wer-
den. Die Zurücknahme nach Stellung der Anträge in der mündlichen Verhandlung setzt die Einwilligung des Beklagten und, wenn ein Vertreter des öffentlichen Interesses an der mündlichen Verhandlung teilgenommen hat, auch
seine Einwilligung voraus.**

**(2) Die Berufung gilt als zurückgenommen, wenn der Berufungskläger das
Verfahren trotz Aufforderung des Gerichts länger als drei Monate nicht betreibt. Absatz 1 Satz 2 gilt entsprechend. Der Berufungskläger ist in der Aufforderung auf die sich aus Satz 1 und § 155 Abs. 2 ergebenden Rechtsfolgen
hinzuweisen. Das Gericht stellt durch Beschluss fest, dass die Berufung als
zurückgenommen gilt.**

---

6   BVerwG NJW 1991, 2037.
7   BVerwG NJW 1980, 1810: Fehlen des Zugangs wesentlicher Verfahrensmangel,
    der zur Aufhebung führt; vgl. auch Mannheim DÖV 1981, 765: Schreiben des
    Senatsvorsitzenden ausreichend.
8   BVerwG NJW 1979, 2629.
9   BVerwG DVBl. 1983, 1014; kritisch dazu Broß VerwA 75, 183.
10 Vgl. Schoch/Meyer-Ladewig Rn. 13.

(3) Die Zurücknahme bewirkt den Verlust des eingelegten Rechtsmittels. Das Gericht entscheidet durch Beschluss über die Kostenfolge.

A. Zulässigkeit und Verfahren

I. Zulässigkeit

1 Der Berufungskläger (Vertretungszwang, § 67 Abs. 1) kann das von ihm eingelegte Rechtsmittel zurücknehmen. Legen mehrere Bevollmächtigte unabhängig voneinander Berufung ein und wird von einem Bevollmächtigten die Rücknahme erklärt, kann das den Verlust des Rechtsmittels bewirken[1]. Die Zurücknahme hat **gegenüber dem OVG** zu erfolgen, bei Zurücknahme, nachdem Revision eingelegt ist, gegenüber dem BVerwG[2]. Da das erkennende Gericht Adressat der Prozesshandlung ist, kann die Berufung wirksam nicht gegenüber dem VG oder den Beteiligten zurückgenommen werden. Die Zurücknahme kann durch einen Schriftsatz erfolgen, oder in der mündlichen Verhandlung erklärt werden; Erklärung gegenüber dem Berichterstatter im Vortermin oder gegenüber dem ersuchten oder beauftragten Richter dürfte ebenfalls zulässig sein. Die Zurücknahme kann **bis zur Rechtskraft** des Urteils erfolgen, d.h. bis zum Ablauf der Rechtsmittelfrist des Berufungsurteils; auch während des Zulassungsbeschwerdeverfahrens, da diese Beschwerde die Rechtskraft des Berufungsurteils hemmt (§ 133 Abs. 4).

II. Zurücknahme

2 **1. Einwilligung.** Die **Zurücknahme kann grundsätzlich ohne Zustimmung der Verfahrensbeteiligten erfolgen.** Nachdem die **Anträge** in der mündlichen Verhandlung **gestellt** worden **sind,** ist die Zurücknahme nur noch mit **Einwilligung** des **Beklagten,** nämlich des Berufungsbeklagten[3], und, falls dieser an der mündlichen Verhandlung teilgenommen hat, auch des **VöI** zulässig; einer Einwilligung des Beigeladenen bedarf es nicht. Wenn mehrmals verhandelt wird, sind die Anträge in der ersten Verhandlung entscheidend. Bei Verzicht auf mündliche Verhandlung sollte die Zurücknahme ohne Einwilligung bis zur Absendung der Entscheidung zulässig sein[4]. Die Einwilligung ist durch Schriftsatz oder in der mündlichen Verhandlung zu erklären, auch im Vortermin vor dem Berichterstatter oder vor dem ersuchten oder beauftragten Richter.

3 **2. Teilrücknahme.** Die **Zurücknahme kann,** soweit der Streitgegenstand dies erlaubt, **auch teilweise erfolgen.** Eine Rücknahme bis auf die Entscheidung über die Kosten ist jedoch unzulässig, da dem das Verbot der isolierten Anfechtung von Kostenentscheidungen (§ 158 Abs. 1) entgegensteht. Eine teilweise Rücknahme ist auch in einem einschränkenden Antrag in

---

1   BSG NJW 1998, 2078.
2   Vgl. BVerwGE 26, 297.
3   BVerwG NVwZ 1995, 372.
4   München VRspr. 13, 121; Kopp/Schenke § 92 Rn. 14; a.A. BVerwGE 26, 143.

der Berufungsbegründung zu sehen[5]. Die Rücknahme durch den **Streitgenossen** wirkt nur gegen diesen; bei notwendiger Streitgenossenschaft oder
Beiladung bleibt er Beteiligter, wenn ein anderer seine Berufung aufrecht
erhält[6].

3. Prozesshandlung. Die Zurücknahme hat **nicht** zur Voraussetzung, dass   **4**
die Berufung zulässig war; sie darf jedoch nicht an Vorbehalte oder Bedingungen geknüpft werden, dann ist sie wirkungslos[7]. Als **Prozesshandlung**
kann sie, auch bei Irrtum, weder widerrufen[8] noch durch Vereinbarung
der Beteiligten beseitigt, noch angefochten werden[9]. Wird ein Widerruf
jedoch vor oder gleichzeitig mit dem Eingang der Zurücknahme der Berufung erklärt, liegt eine wirksame Rücknahme nicht vor[10]. Aus prozessökonomischen Gründen wird allerdings ein Widerruf für zulässig gehalten,
wenn das Berufungsurteil mit dem gleichen Vorbringen im Wege der Restitutionsklage angefochten werden könnte[11]. Der **Vertretungszwang** gilt nur
dann, wenn die Berufung von einem Anwalt eingelegt wurde.

4. Verzicht. Von der Zurücknahme der Berufung ist der **Verzicht** auf die   **5**
Berufung (Rn. 11), die **Klagerücknahme** (§ 92) und der **Verzicht auf den
Anspruch** zu unterscheiden. Das Gericht hat, sofern die abgegebene Erklärung nicht erkennen lässt, was gewollt ist, auf eine eindeutige Erklärung
hinzuwirken. Wird im Anfechtungsprozess die angefochtene Verfügung
während des Berufungsverfahrens zurückgenommen, wird die Berufung
des Beigeladenen hinfällig[12]. Bei Konkurrenz von Klage- und Berufungsrücknahme ist die nachfolgende Zurücknahme der Berufung gegenstandslos[13]; wird die Berufung zuerst zurückgenommen und das Urteil des VG
rechtskräftig, ist die Klagerücknahme unzulässig[14].

B. Wirkung

Die Zurücknahme der Berufung hat zur Folge   **6**
1. den **Verlust des eingelegten Rechtsmittels**[15]. Hat das VG die Berufungszulassung nicht ausgesprochen, fehlt es an einer Berufungsfrist, innerhalb
derer die Berufung erneut eingelegt werden könnte. In diesem Fall kann
die Berufung nach Rücknahme nur noch als unselbstständige Anschlussberufung eingelegt werden; dies setzt jedoch voraus, dass eine weitere selbstständige Berufung vorliegt.
2. die **Beendigung** des Berufungsverfahrens, sofern keine weitere selbstständige Berufung oder Anschlussberufung vorliegt. Ein nach der Zurück-

---

5 Bader § 124a Rn. 37.
6 Vgl. Kopp/Schenke Rn. 4; Schoch/Meyer-Ladewig Rn. 4.
7 Klinger S. 580; Ule S. 428.
8 BVerwGE 57, 342; NVwZ 1997, 1210; Ausnahme: offensichtliches Versehen.
9 Vgl. BVerwG NVwZ 1997, 1210.
10 München BayBgm. 1949, 138.
11 BVerwG Buchh. 310 § 92 Nr. 3; RGZ 150, 396; 153, 69.
12 Kassel VRspr. 1, 506.
13 Vgl. BVerwGE 26, 297.
14 Münster DÖV 1960, 957.
15 BVerwG NVwZ 1997, 1210.

nahme ergangenes Urteil ist unwirksam[16]. Der Berufungskläger hat nach § 155 Abs. 2 die Kosten zu tragen. Das Gericht entscheidet durch Beschluss über die Kostenfolge, auf Antrag auch über den Verlust des Rechtsmittels (§ 173 mit § 516 Abs. 3 ZPO[17]). Bei Streit über die Wirksamkeit der Berufungsrücknahme entscheidet das OVG durch Urteil[18] (bei Verneinung der Wirksamkeit der Berufungsrücknahme genügt die Feststellung in den Gründen des Endurteils), bei Vorliegen der Voraussetzungen des § 130a durch Beschluss[19];

7   3. ggf. die **Rechtskraft** des erstinstanzlichen Urteils. Das angefochtene Urteil wird, sofern die zurückgenommene Berufung die alleinige selbstständige war, im Zeitpunkt der Zurücknahme rechtskräftig[20]; dies gilt auch dann, wenn noch unselbstständige Anschlussberufungen vorliegen, denn diese verlieren ihre Wirkung (§ 127 Abs. 5).

C. Fingierte Berufungsrücknahme

I. Voraussetzungen

8   Durch das 6. VwGOÄndG ist mit dem neuen Absatz 2 eine fingierte Rücknahme der Berufung in die VwGO aufgenommen worden. Sie soll eine Entlastung der Gerichte bewirken. Sie ist an folgende Voraussetzungen geknüpft:

a) Der **Berufungskläger hat trotz Aufforderung des Gerichts das Verfahren länger als drei Monate** nicht betrieben. In der **Aufforderung** hat das Gericht darauf hinzuweisen, dass bei weiterem Nichtbetreiben die Berufung mit der Kostenfolge aus § 155 Abs. 2 (Kosten beim Berufungskläger) als zurückgenommen gilt; zu den weiteren Voraussetzungen vgl. § 92 Rn. 9b ff. Im Asylstreit gilt § 126 wegen § 81 AsylVfG nicht[21].

9   b) **Sind** bereits **in** einer **mündlichen Verhandlung Anträge gestellt** worden, ist auch für die fingierte Klagerücknahme die **Einwilligung des Beklagten**, nicht des Beigeladenen, und des **VÖI** erforderlich, sofern dieser an der mündlichen Verhandlung teilgenommen hat (vgl. Rn. 2). Die Einwilligung als eine einseitige, empfangsbedürftige Willenserklärung kann nicht durch Schweigen unterstellt werden. Schweigt der Beklagte oder gibt er seine Einwilligung nicht, kann das Gericht durch Anberaumung eines Termins dem Verfahren Fortgang geben.

II. Entscheidung

10 Liegen die Voraussetzungen für die fingierte Berufungsrücknahme vor, stellt das OVG durch **Beschluss** fest, dass die Berufung als zurückgenom-

---

16   BVerwG NVwZ 1997, 1210.
17   Vgl. Schoch/Meyer-Ladewig Rn. 11.
18   BVerwG NVwZ 1997, 1210.
19   BVerwG NVwZ 1997, 1210.
20   BVerwGE 26, 297.
21   Weimar B. v. 22.12.1999 – 3 ZKO 331/97.

men gilt und stellt das Verfahren ein (§§ 126 Abs. 2 S. 4, 125 Abs. 1, § 92 Abs. 3). Der Beschluss enthält auch die Entscheidung über die Kosten. Zuständig ist der Senat; § 87a Abs. 1 S. 2 ist nicht anwendbar[22]. Mit der Zustellung des Beschlusses an den Berufungskläger wird die Rücknahme der Berufung wirksam. Gegen den Beschluss kann Antrag auf Fortsetzung des Verfahrens gestellt werden, über den das OVG durch Urteil oder Beschluss nach § 130a entscheidet; liegen die Voraussetzungen der Rücknahmefiktion nicht vor, ist durch Sachurteil zu entscheiden[23].

D. Verzicht

Mit dem Verzicht auf die Berufung wird, im Gegensatz zur Rücknahme, **11** das Recht auf Nachprüfung des erstinstanzlichen Urteils überhaupt aufgegeben[24]. Der nach Verzicht gestellte Antrag auf Zulassung der Berufung ist unzulässig. Die Zulässigkeit des Verzichts im Verwaltungsprozess ergibt sich aus § 127. Es sind zu unterscheiden:

I. Der gegenüber dem Gericht erklärte Verzicht

Er ist eine einseitige prozessuale Willenserklärung, die erst nach Erlass des **12** Urteils zulässig ist. Hinsichtlich der Form, der Unwiderruflichkeit, des Teilverzichts gilt das über die Zurücknahme der Berufung Gesagte (vgl. Rn. 4). Der Verzicht muss eindeutig, unzweifelhaft und unmissverständlich erklärt werden[25].

II. Der gegenüber den Beteiligten erklärte Verzicht

Die Auffassung, die einseitige prozessuale Willenserklärung könne schrift- **13** lich oder mündlich gegenüber den Beteiligten abgegeben und von diesen durch Einrede geltend gemacht werden[26] ist abzulehnen, da das Verfahren für das Gericht nur überschaubar bleibt, wenn Prozesshandlungen ihm gegenüber abgegeben werden[27]. Im Einzelfall kann jedoch eine Umdeutung in einen rechtsgeschäftlich vereinbarten Verzicht möglich sein.

III. Der rechtsgeschäftlich vereinbarte Verzicht

Er unterliegt nicht dem Vertretungszwang[28] und muss im Prozess als Ein- **14** rede geltend gemacht werden. Er kann nur vor Erlass des Urteils vereinbart

22 München BayVBl. 2001, 21.
23 Kopp/Schenke, § 126 Rn. 9; a.A. Voraufl.: unanfechtbar.
24 BGH NJW 1985, 2335.
25 Vgl. Bautzen LKV 1995, 84; Beispiele bei Schoch/Meyer-Ladewig Vorbem. § 124 Rn. 55.
26 Schoch/Meyer-Ladewig Vorbem. § 124 Rn. 53 unter Hinweis auf die zu § 514 ZPO ergangene Rechtsprechung.
27 Schunck/De Clerck Rn. 3a.
28 Eyermann/Happ § 124 Rn. 42.

werden[29]. Will eine Behörde einen Verzicht mit dem durch einen VA Betroffenen vereinbaren, muss dieser sich über die Tragweite dieses Rechtsgeschäftes im Klaren sein[30].

§ 127 [Anschlussberufung]

(1) Der Berufungsbeklagte und die anderen Beteiligten können sich der Berufung anschließen. Die Anschlussberufung ist bei dem Oberverwaltungsgericht einzulegen.

(2) Die Anschließung ist auch statthaft, wenn der Beteiligte auf die Berufung verzichtet hat oder die Frist für die Berufung oder den Antrag auf Zulassung der Berufung verstrichen ist. Sie ist zulässig bis zum Ablauf eines Monats nach Zustellung der Berufungsbegründungsschrift.

(3) Die Anschlussberufung muss in der Anschlussschrift begründet werden. § 124a Abs. 3 S. 2, 4 und 5 gilt entsprechend.

(4) Die Anschlussberufung bedarf keiner Zulassung.

(5) Die Anschließung verliert ihre Wirkung, wenn die Berufung zurückgenommen oder als unzulässig verworfen wird.

A. Allgemein

1 Jeder durch das Urteil beschwerte Verfahrensbeteiligte darf Antrag auf Zulassung der Berufung stellen. Es können daher auch mehrere Berufungen gegen dasselbe Urteil zugelassen werden. Über sie ist dann im gleichen Verfahren einheitlich zu verhandeln und zu entscheiden. Nur bei Berufungen gegen verschiedene Urteile, auch wenn sie, wie z.B. Urteil und Ergänzungsurteil (§ 120), in derselben Sache ergehen, ist Prozessverbindung notwendig und zulässig.

1a Abweichend von dem bisherigen Regelungssystem ist mit dem RmBereinVpG eine gesonderte Regelung der sog. selbstständigen Anschlussberufung entfallen. Der Gesetzgeber sah dafür keinen Bedarf, da die prozessualen Möglichkeiten des Berufungs(zulassungs)rechts für ein eigenständiges Rechtsmittel des beschwerten Beteiligten ausreichen[1]. Damit ist das Institut der Anschlussberufung an die Systematik der reformierten ZPO (§ 524) angepasst worden; die in § 127 getroffene Regelung ist abschließend. Die Bezeichnung «selbstständige Anschlussberufung» verbietet nicht die Auslegung als selbstständige Berufung, wenn deren Voraussetzungen vorliegen und dieses Rechtsmittel im Zweifel gewollt gewesen ist[2]. Die nachfolgenden Erläuterungen betreffen allein die noch geregelte sog. unselbstständige Anschlussberufung.

---

29 Vgl. BVerwGE 32, 305.
30 BVerwG NJW 1957, 1374: Wiedereinsetzung bei mangelnder Aufklärung; vgl. auch Rimmelspacher JuS 1988, 954.
1 BT-Dr. 14/6393 S. 13.
2 BGH NJW 2003, 2388.

B. Anschließung

I. Rechtsnatur

Statt der selbstständigen Zulassungsberufung können der Berufungsbeklagte und die weiteren Beteiligten sich der Berufung des Berufungsklägers anschließen. Die Anschließung eines am Berufungsverfahren nicht mehr beteiligten im erstinstanzlichen Verfahren Beigeladenen ist unzulässig[3]. Diese Anschlussberufung stellt ein prozessuales **Angriffsmittel** dar[4], das den neben dem Berufungskläger am Verfahren Beteiligten die Rechtsstellung eines Berufungsklägers gewährt und damit die Abänderung des angefochtenen Urteils auch zu ihren Gunsten ermöglicht. Mit ihr wird die Bindung des Berufungsgerichts allein an den Antrag des Berufungsklägers (§ 128) beseitigt, womit auch eine reformatio in peius möglich wird[5]. Die Erweiterung des erstinstanzlichen Streitgegenstandes ist ausgeschlossen[6]. Die Anschließung ist gegen den Berufungskläger zu richten, kann also nicht von dessen Streitgenossen oder dem auf seiner Seite stehenden Beigeladenen eingelegt werden[7]. Aus dem gleichen Rechtsgedanken folgt, dass sich ein erstinstanzlich unterlegener Streitgenosse nicht der Berufung des erstinstanzlich ebenfalls unterlegenen Beigeladenen, die sich gegen den obsiegenden Streitgenossen richtet, anschließen kann[8]. Sie kann sich auch gegen einen Streitgenossen des Berufungsklägers richten[9]. Der VöI beim OVG kann sich auch auf Seiten des Berufungsklägers der Berufung anschließen, darf dann allerdings nicht über dessen Antrag hinausgehen[10]. Der VöI beim VG darf sich, da das Verfahren bereits am OVG anhängig ist, in keinem Fall der Berufung anschließen[11], dies kann nur der VöI beim OVG tun.

2

II. Gegenstand

Erforderlich ist, dass sich die Anschlussberufung gegen dasselbe Urteil wie die Hauptberufung richtet. Mit dem Antrag der Anschließung muss mehr erstrebt werden, als bloße Zurückweisung der Berufung[12]. Es reicht aus, dass die Kostenentscheidung angegriffen wird, wenn das Gericht infolge der Berufung mit der Hauptsache befasst ist[13] (vgl. auch § 158 Rn. 1). Anschließung, die allein Änderung der Entscheidungsgründe zum Ziel hat, ist unzulässig[14]. Die Anschlussberufung kann auch bedingt eingelegt werden[15]. Da bedingte Berufung unzulässig ist, kann hilfsweise Anschließung,

3

---

3 BVerwG UPR 1998, 24.
4 BGHZ 88, 360.
5 BVerwGE 9, 143; NVwZ 1996, 803; Münster NVwZ 1999, 152: Anschlussberufung allein zum Zweck der Klageänderung; Schoch/Meyer-Ladewig Rn. 2 f.
6 BVerwG DVBl. 2002, 1243 unter Abgrenzung zu BVerwG NVwZ-RR 1997, 253; z.T. a.A. Voraufl.
7 Lüneburg NJW 1968, 422; Münster OVGE 18, 204; BSG NJW 1959, 1750.
8 BVerwG NVwZ-RR 1998, 457.
9 BVerwG NJW 1985, 393.
10 BVerwGE 9, 143; z.T. a.A. Kopp/Schenke Rn. 11.
11 Vgl. Lüneburg OVGE 7, 351; Ule S. 430.
12 Lüneburg VRspr. 5, 122.
13 Stuttgart ESVGH 2, 189; Kopp/Schenke Rn. 7 m.w.N.
14 BGH NJW-RR 1988, 185.
15 München NVwZ-RR 1998, 9; Kopp/Schenke Rn. 6.

für den Fall des Erfolges der Berufung, nur als unselbstständige Anschlussberufung zulässig sein[16].

III. Zulässigkeitsvoraussetzungen

4 Die Anschlussberufung ist bei dem OVG einzulegen. Die Einlegung beim VG ist unzulässig. Die Einlegung unterliegt dem Vertretungszwang. Eine Zulassung der Anschlussberufung ist nicht erforderlich (Abs. 4). Die Anschlussberufung ist zulässig bis zum Ablauf eines Monats nach der Zustellung der Berufungsbegründung. Ob diese den gesetzlichen Voraussetzungen entspricht, ist unerheblich[17]. Zur Fristberechnung vgl. die Erläuterungen zu § 57. Bei einem Zustellungsmangel gilt § 189 ZPO. Die Anschlussberufung kann auch vor Zustellung der Berufungsbegründung eingelegt werden. Voraussetzung ist nur die wirksame Einlegung einer Berufung. Wird die Berufung später erweitert, beginnt die Frist für die Anschlussberufung mit der Zustellung der Berufungserweiterung[18]. Wird die Anschlussberufung vor der Berufung eingelegt, kann sie als selbstständige Berufung umgedeutet werden, wenn die entsprechenden Berufungsvoraussetzungen vorliegen. Andernfalls ist sie unwirksam[19]. Ist die Berufung vom OVG zugelassen worden, kann die Anschlussberufung wirksam erst ab Bekanntgabe des Zulassungsbeschlusses eingelegt werden.Die Zulässigkeit der Hauptberufung ist nicht Zulässigkeitsvoraussetzung für die Anschließung[20]. Die Anschließung braucht nicht als solche bezeichnet zu werden; es reicht aus, wenn sie als solche erkennbar ist[21].

5 Die Anschließung ist trotz vorherigen Verzichts auf die Einlegung der Berufung zulässig; ein Verzicht auf den Anspruch steht ihr jedoch ebenso entgegen wie ein Verzicht auf die Anschließung.

6 Unschädlich ist auch, wenn die Frist für die Einlegung der Berufung oder des Antrags auf Zulassung der Berufung für den Anschlussberufungsführer verstrichen ist. Eine Beschwer ist für die Einlegung der Anschlussberufung nicht erforderlich[22]. Zur Bestimmtheit der Anschlussberufung genügt die Benennung der Hauptberufung.

7 Die Anschlussberufung muss nach Absatz 3 in der Antragsschrift begründet werden. Abweichend vom Wortlaut genügt es dem Begründungserfordernis, wenn innerhalb der Frist des Absatz 2 S. 2 eine Begründung vorgelegt wird[23]. Ebenfalls sind Mängel in der Begründung innerhalb der Frist heilbar. Die Begründung muss, wenn sie isoliert eingereicht wird, beim OVG eingereicht werden. Die Begründung muss einen bestimmten Antrag enthalten (vgl. § 124a Rn. 14) sowie die im Einzelnen anzuführenden Gründe der Anschlussberufung (vgl. § 124 Rn. 16). Genügt die Anschluss-

---

16   BGH NJW-RR 1991, 510.
17   A.A. Bader Rn. 22 und zugleich zu den damit verbundenen Problemen.
18   Baumbach/Hartmann § 524 Rn. 13; str.
19   Koblenz NVwZ-RR 2003, 317.
20   Ule S. 430; Klinger S. 583.
21   Vgl. BVerwG Buchh. 310 § 127 Nr. 4.
22   BVerwG NVwZ 1996, 103; a.A. Bader Rn. 37.
23   Kopp/Schenke Rn. 18.

berufungsbegründung diesen Anforderungen nicht, ist sie im Verfahren nach § 125 Abs. 2 zu verwerfen.

Die Anschlussberufung verliert ihre Wirkung, wenn entweder die Berufung **8** zurückgenommen oder die Berufung als unzulässig verworfen wird (Abs. 5). Nach h.M. steht die Beendigung der Hauptsache durch einen Vergleich der Hauptbeteiligten gleich[24]. Für die übereinstimmende Erledigungserklärung gilt dies nicht[25]. Die Unwirksamkeit ist in der Hauptsacheentscheidung deklaratorisch festzustellen. Der Anschlussberufungsführer ist berechtigt, die Fortführung des Hauptsacheverfahrens zu verlangen, wenn er die Rücknahme für unwirksam erachtet.

Über die Anschlussberufung wird gemeinsam mit der Berufung verhandelt **9** und entschieden. Eine Vorabentscheidung über die Anschlussberufung ist nur dann möglich, wenn die Anschlussberufung unzulässig ist[26]. Die Kosten der unselbstständigen Anschlussberufung fallen, sofern sie nach § 127 unwirksam wird, dem Hauptberufungskläger zur Last[27]. Das gilt jedoch nicht, wenn der Anschlussberufungskläger in die Zurücknahme der Hauptberufung eingewilligt hat oder die Anschließung formal unzulässig war[28]. Für den letztgenanten Fall wird in der Rechtsprechung der Zivilgerichte eine Quotelung der Kosten angenommen[29].

Die Möglichkeit des Anschließens besteht auch für das Revisions- und Be- **10** schwerdeverfahren.

§ 128 [Umfang der Prüfung]

Das Oberverwaltungsgericht prüft den Streitfall innerhalb des Berufungsantrags im gleichen Umfang wie das Verwaltungsgericht. Es berücksichtigt auch neu vorgebrachte Tatsachen und Beweismittel.

I. Nachprüfung

Das OVG ist zweite Tatsacheninstanz. Es hat daher im Rahmen des Beru- **1** fungsantrages die Streitfälle im gleichen Umfang wie das VG zu prüfen. Bei der Erforschung des Sachverhaltes in diesem Rahmen gilt unbeschränkt die Untersuchungsmaxime (§ 86 Rn. 7 f.), d.h. das OVG ist nicht an den Sachvortrag oder die Beweisanträge gebunden[1]. Ist die Berufung auf einen Teil des erstinstanzlichen Urteils beschränkt, unterliegt auch nur dieser Teil der Nachprüfung durch das OVG; wird Berufung nur wegen eines Nebenanspruchs erhoben, kann das Bestehen des rechtskräftig bejahten Hauptanspruchs überprüft und als Voraussetzung des Nebenanspruchs verneint werden[2] (abzulehnen, vgl. § 121 Rn. 13). Zur Berufung gegen ein Teilur-

---

24 Kopp/Schenke Rn. 20; Bader Rn. 23.
25 BGH NJW 1986, 852.
26 A.A. Kopp/Schenke Rn. 23.
27 München VGH n.F. 6, 142 für den Fall der Zurücknahme der Berufung; vgl. auch Münster VRspr. 13, 1023; OVGE 18, 204.
28 BGHZ 4, 240.
29 OLG Köln NJW 2003, 1879; Brandenburg AnwBl. 2003, 599; str.

1 BVerwG Buchh. 310 § 132 Nr. 182 zur Beweiserhebung.
2 BVerwGE 12, 266.

teil vgl. § 110 Rn. 4. Mannheim[3] hat zu Recht das »Heraufholen« von Prozessresten, die noch in der 1. Instanz anhängig sind, bejaht, wenn das VG unzulässigerweise über einen nicht abtrennbaren Teil des klägerischen Begehrens entschieden hat[4]. Das OVG kann im Rahmen seiner Prüfungsbefugnis auch die Entscheidungen erneut beurteilen, die das VG im erstinstanzlichen Verfahren vor Erlass des angefochtenen Urteils getroffen hat, es sei denn, diese sind selbstständig anfechtbar (vgl. § 146 Rn. 3) oder unanfechtbar[5]. Das Ergebnis der erstinstanzlichen Beweisaufnahme kann vom OVG selbstständig gewürdigt werden[6]. Eine nochmalige Zeugenvernehmung ist nicht zwingend erforderlich; ebenso wenig die Befragung eines Beteiligten, wenn die Ausagen schriftlich festgehalten wurden[7].

2 Soweit das OVG verpflichtet ist, von Amts wegen die **Prozessvoraussetzungen** zu prüfen, ist es **an den Berufungsantrag nicht gebunden** (vgl. § 129 Rn. 2). Die örtliche und sachliche Zuständigkeit des VG gehört nicht hierzu, da nach § 83 mit §§ 17 bis 17b GVG hierüber bereits vom VG mit bindender Wirkung entschieden wird (vgl. § 83 Rn. 3) und für die Anfechtung ein eigener Beschwerdezug eröffnet ist (vgl. Anh. zu § 41 Rn. 12 ff.). Das OVG kann selbst Wiedereinsetzung gewähren, wenn das VG die Klage wegen Versäumung der Klagefrist als unzulässig abgewiesen hat[8].

II. Neues Vorbringen

3 Aus dem Untersuchungsgrundsatz (vgl. § 86 Rn. 1) folgt, dass das OVG auch neu vorgebrachte Tatsachen und Beweismittel berücksichtigt und auch selbst neue Tatsachen ermitteln kann. Werden jedoch durch verspätetes Vorbringen schuldhaft Kosten verursacht, können sie nach § 155 Abs. 4 demjenigen, der sie verschuldet hat, auferlegt werden[9] (§ 155 Rn. 5 ff.). Das gilt auch für verspätetes Vorbringen innerhalb der Berufungsinstanz. Dem in erster Instanz Obsiegenden kann jedoch nicht zum Vorwurf gemacht werden, dass er nicht mehr, als für sein Obsiegen erforderlich, vorgetragen hat[10]. Zurückweisung von neuen Erklärungen und Beweismitteln durch das VG vgl. § 87b und die dortigen Anmerkungen. Diese Möglichkeit steht auch dem OVG offen (vgl. § 128a Rn. 1). Das zu Recht vom VG zurückgewiesene Vorbringen kann in der Berufungsinstanz nicht erneut vorgetragen werden (vgl. § 128a Rn. 8). Die notwendige Sachverhaltsaufklärung entfällt für das Berufungsgericht nicht deshalb, weil der in erster Instanz hinsichtlich dieses Sachverhaltes obsiegende Kläger einen förmlich gestellten Beweisantrag in der Berufungsinstanz nicht wiederholt[11]. Hat ein Beteiligter nach Fristsetzung im ersten Rechtszug Erklärungen und Beweismittel nicht vorgebracht, gilt § 128a.

---

3   ESVGH 28, 121; DVBl. 1989, 884.
4   Vgl. auch BGH NJW 1986, 2108; BVerwG Buchh. 406.19 Nr. 110.
5   Vgl. München BayVBl. 1991, 89 zur entsprechenden Anwendung des § 512 ZPO a.F.; sowie § 146 Rn. 5.
6   BVerwG DVBl. 1963, 28.
7   BVerwG NVwZ 2002, 1381; dort auch zu den Ausnahmen von diesem Grundsatz.
8   Vgl. BSG NVwZ 1993, 509.
9   Lüneburg OVGE 1, 137; Münster ZMR 1956, 432.
10   RGZ 129, 65.
11   BVerwG NJW 1994, 2243.

§ 128a [Neue Erklärungen und Beweismittel]

(1) Neue Erklärungen und Beweismittel, die im ersten Rechtszug entgegen einer hierfür gesetzten Frist (§ 87b Abs. 1 und 2) nicht vorgebracht sind, sind nur zuzulassen, wenn nach der freien Überzeugung des Gerichts ihre Zulassung die Erledigung des Rechtsstreits nicht verzögern würde oder wenn der Beteiligte die Verspätung genügend entschuldigt. Der Entschuldigungsgrund ist auf Verlangen des Gerichts glaubhaft zu machen. Satz 1 gilt nicht, wenn der Beteiligte im ersten Rechtszug über die Folgen einer Fristversäumung nicht nach § 87b Abs. 3 Nr. 3 belehrt worden ist oder wenn es mit geringem Aufwand möglich ist, den Sachverhalt auch ohne Mitwirkung des Beteiligten zu ermitteln.

(2) Erklärungen und Beweismittel, die das Verwaltungsgericht zu Recht zurückgewiesen hat, bleiben auch im Berufungsverfahren ausgeschlossen.

I. Grundsatz

Die Vorschrift dient der Straffung und Beschleunigung des Berufungsverfahrens. Sie schließt an § 87b an und regelt das Verfahren in der Berufungsinstanz – nur – für solche neuen Erklärungen und Beweismittel, die im ersten Rechtszug entgegen einer hierfür gesetzten Frist nicht vorgebracht worden sind. Das Gleiche gilt, wenn bereits im Gesetz eine Verpflichtung des Klägers enthalten ist, die zur Begründung seiner Klage dienenden Tatsachen und Beweismittel innerhalb einer bestimmten Frist anzugeben (§ 79 Abs. 1 AsylVfG, vgl. § 74 Rn. 1b). Die Regelung ist im Spannungsverhältnis zwischen der Untersuchungsmaxime (vgl. § 86 Rn. 1) und der Verpflichtung der Beteiligten zur Mitwirkung bei der Ermittlung des Sachverhalts (vgl. § 86 Rn. 13 ff.) zu sehen und auszulegen. Präklusionsvorschriften haben wegen ihrer weit reichenden Folgen Ausnahmecharakter[1]. Das Gericht wird deshalb darauf bedacht sein, eine sachgerechte Entscheidung nur in Grenzen an Fristversäumnissen scheitern zu lassen[2]. § 128a schließt neues Verbringen und neue Beweismittel, die nicht bereits in 1. Instanz Gegenstand eines Verfahrens nach § 87b waren, nicht aus (vgl. § 128 Rn. 3). Ebenso wenig steht § 128a einer nach § 125 Abs. 1 möglichen Anwendung des § 87b durch das Berufungsgericht entgegen, wenn dieses zur Ermittlung des Sachverhaltes eine Fristsetzung gegenüber Berufungskläger oder anderen Beteiligten für erforderlich hält. **1**

II. Zulassung von neuen Erklärungen und Beweismitteln

Gegenstand der Zulassung können nur solche Erklärungen und Beweismittel sein, auf die sich bereits eine Fristsetzung nach § 87b in 1. Instanz bezog (vgl. § 87b Rn. 3 ff.). Bei den Erklärungen handelt es sich um solche zur Sachverhaltsermittlung. Prozessuale Anträge im Übrigen sind damit nicht gemeint. **2**

Die Zulassung kann nur erfolgen, **3**

a) wenn sie nach der freien Überzeugung des Gerichts die **Erledigung des Rechtsstreites nicht verzögern** würde. Die Fassung entspricht § 87b Abs. 3

---

1 BVerfG NJW 1984, 2203.
2 BGH NJW 1983, 822; Schoch/Meyer-Ladewig Rn. 2.

Nr. 1 (vgl. dort Rn. 10). Die Verzögerung muss sich auf den Ablauf des Berufungsverfahrens beziehen.

4   b) Die Zulassung kann weiter erfolgen, wenn **der Beteiligte** die **Verspätung** genügend **entschuldigt.** Diese Fassung entspricht § 87b Abs. 3 Nr. 2. Das Gericht kann verlangen, dass der Entschuldigungsgrund glaubhaft gemacht wird (Abs. 1 S. 2).

5   Neue Erklärungen und Beweismittel sind zu zulassen,

a) wenn der Beteiligte im 1. Rechtszug **über die Folgen einer Fristversäumung nicht** nach § 87b Abs. 3 Nr. 3 **belehrt worden ist** (vgl. dort Rn. 7),

6   b) wenn es **mit geringem Aufwand** für das Gericht **möglich** ist, den **Sachverhalt** auch ohne Mitwirkung des Beteiligten **zu ermitteln** (vgl. § 87b Abs. 3 S. 3 sowie dort Rn. 12).

7   Eine **besondere Entscheidung** über die Zulassung ist **nicht erforderlich**[3]. Die Zulassung erfolgt im Beweisbeschluss oder durch Berücksichtigung der Erklärungen im Urteil, die Nichtzulassung im Urteil, wobei sie unter Angaben von Tatsachen so zu begründen ist, dass in der Revisionsinstanz ihre gesetzlichen Voraussetzungen nachgeprüft werden können[4].

III. In 1. Instanz zurückgewiesene Erklärungen und Beweismittel

8   Soweit das Verwaltungsgericht Erklärungen und Beweismittel zu Recht zurückgewiesen hat, bleiben sie auch in der Berufungsinstanz ausgeschlossen (Abs. 2). **Zu Recht zurückgewiesen** ist eine Erklärung oder ein Beweismittel, **wenn das VG** den § 87b aus der Sicht des Berufungsgerichts **zutreffend angewendet hat**[5]. Das OVG hat die Entscheidung darüber in vollem Umfang nachzuprüfen, z.B. ob zu Recht eine Verzögerung angenommen wurde[6], ob die Verspätung nicht genügend entschuldigt war[7], ob die Frist wirksam gesetzt[8] und zutreffend über die Folgen einer Fristversäumung belehrt war, ob die Verzögerung durch Maßnahmen des Gerichts abgewendet werden konnte und musste[9].
Die Zurückweisung ist **nicht zu Recht erfolgt**, wenn nicht ausgeschlossen werden kann, dass der Eintritt der Voraussetzungen des § 87b auf einem gerichtlichen Fehlverhalten, etwa der Vernachlässigung der richterlichen Aufklärungspflicht beruht[10]. Unterlässt das OVG die Prüfung, wird die Rechtmäßigkeit in der **Revisionsinstanz** vom Revisionsgericht geprüft[11].

---

3   Vgl. BGHZ 77, 306 zur Unzulässigkeit eines Teilurteils; krit. dazu Mertins DRiZ 1985, 345.
4   Vgl. BGH NJW-RR 1991, 701; BVerfG NJW 1987, 1621.
5   Vgl. Baumbach/Albers, ZPO § 531 Rn. 5.
6   Vgl. BGH NJW 1985, 1543; BAG NJW 1989, 2214.
7   Nachholen in Berufungsinstanz offen gelassen von BGH NJW 1986, 135; abgelehnt OLG Frankfurt NJW 1979, 375.
8   Vgl. BGH NJW 1981, 2255.
9   Vgl. BGH NJW 1987, 499; Deubner NJW 1987, 465.
10   Vgl. BVerfG NJW 1987, 2003; Deubner NJW 1987, 1585; krit. Schmidt-Assmann DÖV 1987, 1037.
11   Vgl. BGH NJW 1985, 1558.

§ 129 [Umfang der Änderung]

Das Urteil des Verwaltungsgerichts darf nur soweit geändert werden, als eine Änderung beantragt ist.

I. Bindung an Berufungsbegehren

Ebenso wie § 88 für das erstinstanzliche Verfahren sagt § 129 für das Be-　**1** rufungsverfahren, dass das Gericht in seinem Urteil nicht über die gestellten Anträge hinausgehen darf (Dispositionsmaxime, vgl. § 86 Rn. 4). Eine Abweichung vom Berufungsbegehren ist dem OVG sowohl zu Gunsten des Klägers (reformatio in melius) wie zu seinen Ungunsten (reformatio in peius) untersagt, es sei denn, das Ausmaß der Nachprüfung (§ 128) und damit der Entscheidung ist durch Anschlussberufungen erweitert[12]. Eine reformatio in peius liegt nicht vor, wenn das OVG bei einem nicht teilbaren Streitgegenstand trotz einer nur einen Teil des Streitgegenstandes erfassenden Berufung diese zum Anlass nimmt, über den gesamten unteilbaren Streitgegenstand zu entscheiden[13]. Das Verbot der Abweichung bezieht sich auf den Tenor, nämlich den Teil des Urteils, der in Rechtskraft erwächst. Keine Abweichung zu Ungunsten des Berufungsklägers bedeutet es daher, wenn das OVG der erstinstanzlichen Entscheidung in der Begründung zwar nicht folgt, sie aber aus anderen Gründen bestehen lässt[14]. Das Urteil muss jedoch eindeutig zum Ausdruck bringen, auf welche Gründe es gestützt wird, insbesondere, wenn es mehrere Gründe tragen (vgl. § 132 Rn. 15). Hat der Beklagte gegen ein stattgebendes Urteil des VG über den Hauptantrag Berufung eingelegt, ist auch der auf demselben Sachverhalt beruhende Hilfsantrag in der Berufungsinstanz anhängig, ohne dass der Berufungsbeklagte Anschlussberufung einzulegen braucht[15]. Vergleiche im Übrigen § 124a Rn. 39 und die Erläuterungen zu § 88.

II. Ausnahmen

Die Bindung des OVG an das Berufungsbegehren kann für die Nachprü-　**2** fung des angefochtenen Urteils (§ 128) und für die Entscheidung dort nicht bestehen, wo das Gericht von Amts wegen zu beachten hat, ob zwingende Gesetzesvorschriften verletzt sind. Das ist bei Prozessvoraussetzungen der Fall, so bei dem Mangel der Partei– oder der Prozessfähigkeit[16], auch dem Fehlen des Rechtsschutzbedürfnisses[17], vgl. im Übrigen § 125 Rn. 2. Bei Teilanfechtung hat Kassel[18] entgegen Münster[19] eine Bindung des OVG für den nicht angefochtenen Teil bejaht[20]. Bei der Kostenentscheidung, die von Amts wegen ergeht, ist das OVG ebenfalls nicht an einen Antrag ge-

---

12　Vgl. Bötticher ZZP 65, 464; Jesch DÖV 1955, 391.
13　BVerwG NVwZ 2001, 200.
14　BGHZ 23, 36.
15　Vgl. BSG NZS 1996, 39; BGH NJW-RR 1990, 518; BVerwG NVwZ 1999, 642; zu den verschiedenen Fallkonstellationen bei Haupt- und Hilfsantrag vgl. Schoch/Meyer-Ladewig Rn. 4.
16　Vgl. aber BSGE 5, 176.
17　RGZ 58, 57.
18　NJW 1980, 358.
19　OVGE 28, 53.
20　Ebenso München FEVS 54 (2003), 418; Kopp/Schenke Rn. 4 mit der Einschränkung, soweit nicht untrennbarer innerer Zusammenhang besteht.

bunden[21]. Das BVerwG[22] hat, BGHZ 23, 36 folgend, auch zugelassen, dass das OVG, ohne dass Anschlussberufung eingelegt war, ein Prozessurteil des VG durch ein Sachurteil ersetzt[23].

§ 130 [Zurückverweisung]

(1) Das Oberverwaltungsgericht hat die notwendigen Beweise zu erheben und in der Sache selbst zu entscheiden.

(2) Das Oberverwaltungsgericht darf die Sache, soweit ihre weitere Verhandlung erforderlich ist, unter Aufhebung des Urteils und des Verfahrens an das Verwaltungsgericht zurückverweisen,

1. soweit das Verfahren vor dem Verwaltungsgericht an einem wesentlichen Mangel leidet und aufgrund dieses Mangels eine umfangreiche oder aufwändige Beweisaufnahme notwendig ist oder

2. wenn das Verwaltungsgericht noch nicht in der Sache selbst entschieden hat,

und ein Beteiligter die Zurückverweisung beantragt.

(2) Das Verwaltungsgericht ist an die rechtliche Beurteilung der Berufungsentscheidung gebunden.

A. Allgemeines

1   Grundsätzlich hat das OVG, wenn die Berufung zulässig ist (zur Entscheidung bei unzulässiger Berufung vgl. § 125 Rn. 3), in der Sache selbst zu entscheiden. Diese Grundregel des Berufungsverfahrens ergibt sich aus § 125 Abs. 1 S. 1. Dass das OVG die notwendigen Beweise zu erheben hat, folgt aus § 128. Die durch das RmBereinVpG eingefügte Bestimmung des Abs. 1 wiederholt diese Grundregeln des überkommenen Berufungsverfahrens und ist überflüssig[1]. Eigenständige Bedeutung hat sie nur, wenn sie als ein Aspekt angesehen wird, der bei der Ausübung des gerichtlichen Ermessens bei der Entscheidung über die Zurückverweisung entsprechend zu berücksichtigen ist.

2   **Das OVG kann** jedoch, unter den Voraussetzungen des Absatz 2 von einer Entscheidung in der Sache absehen und unter Aufhebung des angefochtenen Urteils an das VG **durch Urteil zurückverweisen.** Die Zurückverweisung stellt damit eine Beschränkung auf die kassatorische Entscheidung dar[2]. Die VwGO kennt keine zwingende Zurückverweisung.

3   Das OVG entscheidet **nur auf Antrag eines Beteiligten** nach seinem Ermessen[3], ob es in der Sache selbst entscheidet oder zurückverweist. Eine Zurückverweisung kommt jedoch nicht in Betracht, wenn das OVG selbst die Spruchreife herstellen kann und muss[4]. Zur Nachprüfung der Ermessensausübung in der Revisionsinstanz vgl. § 137 Rn. 16. Es wird nur zu-

---

21   BVerwGE 14, 171.
22   E 21, 289; 22, 45.
23   Zustimmend Eyermann/Happ Rn. 3; a.A. Bettermann DVBl. 1961, 72.

1   Vgl. Bundesrat BT-Drs. 14/6854 S. 5.
2   Bettermann DVBl. 1961, 65; Stüer, Menger-Festschrift, 1985, S. 779.
3   BVerwGE 7, 100; NVwZ-RR 1994, 118; vgl. jedoch Bettermann DVBl. 1961, 71.
4   BVerwGE 91, 101.

rückverwiesen, wenn dies sachdienlich ist[5]. Das OVG hat bei seiner Entscheidung zu berücksichtigen, dass jede Zurückverweisung eine Verzögerung des Prozesses bedeutet[6], dass andererseits die Beteiligten ein Interesse daran haben können, dass zunächst das VG eine Sachentscheidung trifft. Das OVG sollte daher auch die Stellungnahme der Beteiligten berücksichtigen[7]. In anhängigen Verfahren, in denen nach § 48 Abs. 1 auch nach der Erweiterung einzelner Nummern des Zuständigkeitskatalogs die erstinstanzliche Zuständigkeit des OVG gegeben wäre (vgl. § 48 Rn. 2 ff.), würde es dem Sinne dieses Gesetzes entsprechen, wenn das OVG von einer Zurückverweisung Abstand nähme. Eine Vereinbarung der Beteiligten, das OVG solle zurückverweisen, bindet das Gericht jedoch nicht. Das OVG kann, wenn der Streitgegenstand dies zulässt, **auch teilweise zurückverweisen**, im Übrigen aber in der Sache entscheiden. In Verfahren nach dem AsylVfG (**§ 79 Abs. 2**) **ist die Zurückverweisung ausgeschlossen.**

Zurückverwiesen wird regelmäßig **an das VG**, das das angefochtene Urteil **4** erlassen hat, unabhängig davon, ob die Entscheidung von der Kammer oder dem Einzelrichter erging[8]. Die dann zuständige Kammer kann erneut prüfen, ob sie auf Einzelrichter überträgt[9] (vgl. auch § 6 Rn. 3). Eine Zurückverweisung an die Verwaltungs– oder Widerspruchsbehörde in Anfechtungssachen sieht die VwGO, unbeschadet der Möglichkeit zur Ergänzung der Ermessenserwägungen der Verwaltungsbehörde (§ 114 S. 2), nicht vor[10]. Das zurückverweisende Urteil ist ein **Endurteil**, das den Rechtsstreit für die Instanz beendet[11]; die **Kostenentscheidung** ist der endgültigen Entscheidung vorzubehalten. Gegen das zurückverweisende Urteil ist unter den Voraussetzungen der §§ 132, 133 das **Rechtsmittel** der Revision zulässig. Das Revisionsgericht kann nicht die Ausübung des Ermessens überprüfen, sondern nur, ob die Grenzen des Ermessens überschritten sind und die Voraussetzungen des § 130 Abs. 2 überhaupt vorgelegen haben[12].

B. Gründe

I. Wesentlicher Verfahrensmangel

Zurückverwiesen werden kann, wenn das Verfahren an einem wesentli- **5** chen Mangel leidet und auf Grund dieses Mangels eine umfangreiche oder aufwändige Beweisaufnahme notwendig ist (Nr. 1). Es darf sich dabei nicht um einen Fehler in der Rechtsfindung handeln, es kommt **allein die Verletzung der Verfahrensvorschriften** in Frage, doch kann die rechtlich unzutreffende Wertung verfahrensrechtlicher Vorgänge einen Mangel be-

---

5 Karlsruhe NJW 1951, 496; Mannheim ESVGH 24, 220 zur Entscheidung trotz örtlicher Unzuständigkeit des 1. Gerichts.

6 Mannheim ESVGH 11, 193.

7 Bettermann DVBl. 1961, 72.

8 Vgl. Thomas/Putzo, ZPO § 348 Anm. 6; a.A. OLG Köln NJW 1976, 1101: auch an Einzelrichter.

9 Bader Rn. 14; zweifelnd OLG Schleswig SchlHA 1982, 198.

10 Vgl. BVerwGE 15, 56.

11 Vgl. Schoch/Meyer-Ladewig Rn. 12.

12 Kopp/Schenke Rn. 3 m.w.N.

gründen[13]. Als wesentliche Mängel kommen nur solche Mängel in Betracht, die die Notwendigkeit einer umfangreichen oder aufwändigen Beweisaufnahme nach sich ziehen. Damit schränkt die durch RmBereinVpG Gesetz gewordene Fassung die Möglichkeit einer Zurückverweisung deutlich ein. Wesentlich ist ein Verfahrensmangel, wenn er ursächlich für die Entscheidung des VG gewesen ist, sodass das Verfahren keine ordnungsgemäße Entscheidungsgrundlage darstellt[14].

6   Wann eine **umfangreiche Beweisaufnahme** vorliegt, kann nur im Einzelfall geklärt werden. Sie ist sicher gegeben, wenn eine größere Zahl von Zeugen oder Sachverständigen vernommen werden muss oder umfangreiche Aktenbestände durchzuarbeiten sind. Die Abgrenzung zur aufwändigen Beweisaufnahme ist fließend. Eine **aufwändige Beweisaufnahme** liegt vor, wenn erhebliche sächliche oder personelle Hilfsmittel zur Durchführung der Beweisaufnahme benötigt werden. Der Verfahrensmangel muss die Beweisaufnahme notwendig machen, d.h. die Sachentscheidung kann aus Sicht des OVG nicht ohne die Beweisaufnahme getroffen werden. Ist die Beweisaufnahme nicht wegen eines Verfahrensmangels erforderlich, ist eine Zurückweisung ausgeschlossen.

II. Mangelnde Sachentscheidung des VG

6a   **Das VG hat noch nicht in der Sache selbst entschieden,** (Nr. 2), d.h. es ist ein Prozessurteil ergangen[15], da Prozessvoraussetzungen (vgl. § 109 Rn. 3) nicht vorlagen; zum besonderen Verfahren bei der Verweisung vgl. Anh. zu § 41 Rn. 12. Auch wenn der Klage allein aus prozessualen Gründen stattgegeben wird, liegt keine Entscheidung in der Sache vor[16]. Bejaht das OVG die Prozessvoraussetzung, die das VG verneint hat, so muss es die weiteren Prozessvoraussetzungen prüfen und kann nur bei deren Vorliegen zurückverweisen, denn dem VG soll eine Sachentscheidung ermöglicht werden. Bei einem die Zulässigkeit der Klage bejahenden Zwischenurteil ist die Zurückverweisung unzulässig[17]. Zur entsprechenden Anwendung der Nr. 2 vgl. Rn. 6b.

III. Analoge Anwendung der Nr. 1

6b   Manche Fallgestaltungen legen die Überlegung nahe, dass es auch andere als prozessrechtliche Gründe geben kann, aus denen sich das VG mit dem eigentlichen Streitgegenstand gar nicht befasst hat, es in diesen Fällen aber wünschenswert wäre, wenn sich das VG – ebenso wie in den Fällen der Nr. 1 – mit der eigentlichen Sache befassen könnte[18]. Die Zurückverweisung ist damit auch möglich, wenn das VG zwar in der Sache entschieden, aber aus Gründen, die das OVG nicht für zutreffend hält, zur eigentlichen Rechtsfrage nicht Stellung genommen hat, weil es in einer rechtlichen Vorfrage die Weichen falsch gestellt hatte[19]. Weiter in Anfechtungssachen,

---

13   Bettermann DVBl. 1961, 67; vgl. auch Rimmelspacher ZZP 1993, 773.
14   Vgl. Kassel NJW 1984, 823; Münster DVBl. 1996, 120.
15   Kassel VRspr. 1, 91.
16   Münster OVGE 1, 40.
17   BVerwGE 36, 218, 229.
18   BVerwGE 38, 139; NVwZ 1982, 500; Buchh. 406.11 § 131 BBauG Nr. 44.
19   Vgl. Schoch/Meyer-Ladewig Rn. 5; Kopp/Schenke Rn. 11.

wenn die Entscheidung des VG allein auf Gründen des Verwaltungsverfahrens beruht, da diese nur wegen der besonderen Ausgestaltung des Anfechtungsverfahrens zur Sach- und nicht zur Prozessabweisung führen[20], auch wenn das OVG die vom VG angenommenen formellen Mängel des VA verneint[21]. Münster[22] hat zurückverwiesen, wenn der materiell-rechtliche Grund der Klageabweisung später durch Gesetzesänderung weggefallen ist, Lüneburg[23], wenn es das Gesetz für gültig hält, mit dessen Nichtigkeit das VG die Klageabweisung begründete. Zurückverweisung auch bei Aufhebung eines Grundurteils nach § 111[24]. **Abzulehnen,** weil nicht mehr zu vereinbaren mit § 128, ist die analoge Anwendung der Nr. 1 auf die Fälle, in denen das VG aus unzutreffenden sachlich-rechtlichen Erwägungen oder wegen einer von der des OVG abweichenden Rechtsauffassung sich nicht mit dem vom OVG für entscheidungserheblich gehaltenen Sachverhalt befasste[25]. **Abzulehnen** ist auch eine **analoge Anwendung** des § 130 **im Verfahren nach** § 80 **oder** § 123, da die Zurückverweisung dem vorläufigen, auf schnelle Entscheidung gerichteten Charakter dieser Verfahren widerspricht[26] (vgl. weiter § 146 Rn. 31).

C. Wirkung

I. Allgemeines

Die Zurückverweisung eröffnet die erste Instanz von neuem, das **neue Verfahren** setzt das alte insoweit fort, als die Entscheidung des VG aufgehoben worden ist. Die Beteiligten können, wie in jedem anderen erstinstanzlichen Verfahren, Anträge stellen, Beweismittel und neue Tatsachen vorbringen. Unabänderliche Prozesshandlungen des früheren Verfahrens vor dem VG und des Berufungsverfahrens behalten jedoch ihre Wirksamkeit, soweit sie nicht gegenstandslos werden. Das Urteil des OVG ist in der mündlichen Verhandlung vorzutragen und zum Gegenstand der Verhandlung zu machen. Die Entscheidung auf Grund der erneuten tatsächlichen und rechtlichen Prüfung obliegt in vollem Umfang dem VG[27]. Die Entscheidung kann daher, wenn ein Prozessurteil angefochten wird, auch ungünstiger für den Berufungskläger ausfallen als das erste Urteil des VG[28]. Das Urteil des VG kann erneut mit der Berufung angegriffen werden (vgl. auch § 144 Rn. 11).

7

---

20   Vgl. Kassel ESVGH 10, 214; Münster OVGE 1, 40; 7, 201; NVwZ-RR 1999, 541.
21   BVerwGE 7, 365; Koblenz MDR 1952, 188 m. abl. Anm. Sieveking.
22   OVGE 11, 135.
23   OVGE 2, 205; 3, 132.
24   Lüneburg OVGE 15, 510; so auch Ule S. 436.
25   Ebenso Schoch/Meyer-Ladewig Rn 6.
26   Hamann DVBl. 1984, 1204; a.A. München BayVBl. 1974, 14; Mannheim NVwZ 1992, 799; Münster NVwZ 1999, 541.
27   BVerwGE 54, 116; BSG NJW 1961, 1743.
28   Vgl. Eyermann/Happ Rn. 17; Schoch/Meyer-Ladewig Rn. 14.

II. Bindung des VG

8 Bei seiner erneuten Entscheidung ist **das VG gebunden an**

a) seine eigene frühere Entscheidung, soweit nicht das OVG aufgehoben hat[29]; aus dieser Bindung ergibt sich gleichzeitig eine Grenze für das Vorbringen neuer Tatsachen und Beweismittel,

b) an die rechtliche Beurteilung, die das OVG der Zurückverweisung zu Grunde gelegt hat (Abs. 2)[30].

9 Die Bindung des VG folgt aus den allgemeinen Grundsätzen über den Instanzenzug. Die Rechtsauffassung des Berufungsgerichts ist aber nur so weit für das VG verbindlich, als das OVG erkannt hat, sodass weiter gehende Überlegungen unverbindlich sind (vgl. § 144 Rn. 9). Verweist das OVG wegen einer Tatsache zurück, die es für erheblich hält, muss das VG die erforderlichen Feststellungen treffen und sie unter Berücksichtigung der Rechtsauffassung des OVG würdigen[31]. Die Bindung erstreckt sich nicht auf die Beurteilung neu in den Rechtsstreit eingeführten Streitstoffes, sie entfällt auch dann, wenn der vom VG erneut ermittelte Sachverhalt von dem der Entscheidung des OVG zu Grunde liegenden Sachverhalt abweicht oder der gleiche Sachverhalt infolge einer Gesetzesänderung anders zu beurteilen ist[32].

III. Bindung des OVG

10 Auf eine erneute Berufung ist **das OVG gebunden**

a) an die erste Entscheidung des VG, soweit diese nicht im zurückverweisenden Urteil aufgehoben wurde,

b) an die rechtliche Beurteilung, die es seinem zurückverweisenden Urteil zu Grunde gelegt hat[33]. Dieser Grundsatz der **Selbstbindung des Rechtsmittelgerichts** ergibt sich nicht aus § 130 Abs. 2, sondern aus dem Rechtsstaatsprinzip[34], insbesondere dem Vertrauen des Bürgers in die Stetigkeit der Rechtsprechung[35] und auch aus prozessualen Zweckmäßigkeitserwägungen[36]. Er reicht grundsätzlich so weit wie die Bindung des VG an das zurückverweisende Urteil. Verstoß gegen den Grundsatz der Selbstbindung kann Verfahrensrevision nach § 132 Abs. 2 Nr. 3 begründen[37]. Die Selbstbindung des OVG entfällt, wenn inzwischen die Rechtsfrage revisionsgerichtlich anders entschieden worden ist[38]. Das Gleiche muss für den Fall einer anders lautenden Entscheidung des BVerfG gelten[39]. Eine Selbstbindung entsteht nicht, wenn die im ersten Urteil des OVG geäußerte Rechtsauffassung der Zurückverweisung nicht zu Grunde lag und deshalb inso-

---

29 RGZ 35, 407.
30 Vgl. BVerwGE 42, 213; Buchh. 310 § 144 Nr. 28.
31 Vgl. RGZ 76, 189.
32 Vgl. BVerwGE 39, 300; vgl. auch E 89, 320 für Änderung der Auslegung einer EG-Norm durch den EuGH.
33 Bader Rn. 19.
34 BVerwGE 9, 117.
35 BVerwGE 54, 116.
36 BVerwGE 6, 297; vgl. auch GemS BVerwGE 41, 363; sowie E 54, 116.
37 BVerwGE 9, 117.
38 BVerwGE 6, 297; 7, 159; 9, 117; Kopp/Schenke Rn. 12.
39 Vgl. BFH NJW 1964, 224.

weit keine Meinungsverschiedenheit zwischen OVG und VG vorlag[40]. Im Übrigen vgl. § 121 Rn. 20; § 144 Rn. 10.

§ 130a [Entscheidung durch Beschluss]

Das Oberverwaltungsgericht kann über die Berufung durch Beschluss entscheiden, wenn es sie einstimmig für begründet oder einstimmig für unbegründet hält und eine mündliche Verhandlung nicht für erforderlich hält. § 125 Abs. 2 Satz 3 bis 5 gilt entsprechend.

I. Grundsatz

Die durch das 6. VwGOÄndG auch auf begründete Berufungen ausgedehnte Vorschrift soll dem OVG, das die Berufung nicht durch Gerichtsbescheid zurückweisen kann (vgl. § 125 Abs. 1 S. 2), die Möglichkeit geben, bei klaren Fällen schnell zu entscheiden. Die Entscheidung kann auch dahingehend getroffen werden, dass die Berufung einstimmig teilweise für begründet und teilweise für unbegründet gehalten wird[1]. Die Entscheidungsform ist der **Beschluss**. Eine Entscheidung nach § 130a ist ausgeschlossen, wenn das Verwaltungsgericht verfahrensfehlerhaft ohne mündliche Verhandlung entschieden oder verfahrensfehlerhaft ohne den Berufungsführer die mündliche Verhandlung durchgeführt hat[2]. Hat das Verwaltungsgericht durch Gerichtsbescheid entschieden, ist im Berufungsverfahren Entscheidung durch Beschluss unzulässig[3]. **1**

Zwei Voraussetzungen müssen hierfür erfüllt sein: **1a**
a) das OVG muss die Entscheidung einstimmig fassen,
b) es muss eine mündliche Verhandlung nicht für erforderlich halten.
Der Beschluss kann auch im Umlaufverfahren gefasst werden[4]. Auch hier entscheidet das Gericht nach seinem Ermessen, ob es von dieser Möglichkeit Gebrauch machen will (vgl. § 125 Rn. 4). Vor einem Beschluss nach § 130a bedarf es keiner Vorabentscheidung über einen Beweisantrag; das Gericht muss sich jedoch mit der Erheblichkeit der Beweiserhebung in den Gründen des Beschlusses auseinander setzen[5]. Auch die Beiziehung und Einführung einer größeren Anzahl neuer Erkenntnismittel sowie deren Verwertung im Wege des Urkundenbeweises stehen einer Anwendung des § 130a nicht entgegen[6]. Die wesentliche Änderung des Streitgegenstandes durch eine Anschlussberufung hindert die Entscheidung nach § 130a[7]. Die Zulassung wegen grundsätzlicher Bedeutung steht einem Beschluss nach § 130a nicht entgegen[8] Hat bereits eine mündliche Verhandlung in der Berufungsinstanz stattgefunden, kann das OVG nicht mehr durch Beschluss entscheiden[9]. Ist zunächst eine mündliche Verhandlung angesetzt

---

40 Münster OVGE 11, 194.
1 Mannheim NVwZ 1997, 691.
2 BVerwG NJW 1998, 2377.
3 BVerwG NVwZ 2002,993.
4 BVerwG NJW 1992, 257.
5 BVerwG NVwZ 1992, 890; B. v. 16. 6.1999 – 9 B 1048.98.
6 BVerwG DVBl. 1996, 634; offen Bader Rn. 12.
7 BVerwG NVwZ 1999, 1000.
8 BVerwG B. v. 19.1.2001 – 3 B 113.00.
9 Vgl. Schoch/Meyer-Ladewig Rn. 5; a.A. m. beachtl. Gründen Mannheim B. v. 24.7.1993 – A 6 S971.

worden, kann nach Aufhebung des Termins nach § 130a entschieden werden[10]. Auch die Durchführung einer Beweisaufnahme hindert nicht[11]. Die Anwendung des § 87b ist nicht ausgeschlossen[12] Unschädlich ist jedoch, wenn bei Zurückverweisung der Sache an das Berufungsgericht eine mündliche Verhandlung bei der erstmaligen Befassung stattgefunden hatte[13]. Die Regelung verstößt weder gegen das Gebot des rechtlichen Gehörs noch das des effektiven Rechtsschutzes (Art. 19 Abs. 4, Art 103 Abs. 1 GG) und widerspricht auch nicht Art. 6 Abs. 1 EMRK[14].

II. Verfahren

2   Für das Verfahren verweist § 130a auf die Vorschriften für die Verwerfung der Berufung durch Beschluss. Auch hier muss das Gericht die **Beteiligten** vor seiner Entscheidung **hören**[15]. Aus der Anhörungsmitteilung muss sich unmissverständlich die beabsichtigte Verfahrensweise ergeben[16]. Im dem Vertretungszwang unterliegenden Berufungsverfahren genügt der Hinweis unter Nennung der Norm. Die Anhörungsmitteilung darf über den möglichen Ausgang des Verfahrens nicht objektiv irre führen[17]. Aus ihr muss sich unmissverständlich ergeben, wie das Berufungsgericht beabsichtigt in Sache zu entscheiden[18] Wird innerhalb offener Anhörungsfrist ein Verlängerungsantrag gestellt, so muss in der Regel zunächst über diesen Antrag entschieden werden; eine Entscheidung in der Sache darf erst nachfolgen[19]. Werden nach der Anhörungsmitteilung förmliche Beweisanträge gestellt, bedarf es regelmäßig einer zweiten Anhörungsmitteilung, wenn das Gericht an der Absicht zur Entscheidung nach § 130a festhält[20]. Das ist jedoch nicht der Fall, wenn der Berufungskläger die Berufungsbegründung nach der Anhörungsmitteilung vorlegt, ohne darin auf die Mitteilung einzugehen[21]. Die Anhörungsmitteilung sollte, um den Zugang nachzuweisen, zugestellt werden; findet keine Anhörung statt oder bestreitet der Beteiligte den Zugang der Mitteilung, liegt ein Verstoß gegen das Recht auf Gehör vor[22]. Der Beschluss kann nur vom Senat als Kollegialorgan getroffen werden; eine Entscheidung durch den konsentierten Einzlrichter ist ausgeschlossen[23]. Der **Beschluss ist zu begründen** (§ 122 Abs. 2 S. 1; vgl. auch § 125 Rn. 5). Aus dem Beschluss – der keinen Tatbestand zu enthal-

---

10   BVerwG NVwZ 1999, 1109.
11   BVerwG NVwZ 1999, 763; NVwZ 1999, 1108.
12   BVerwG NVwZ 2000, 1042.
13   BVerwG DVBl. 1981, 31.
14   BVerwG NVwZ 1992, 856; NJW 1996, 2318; NVwZ 1999, 404; zurückhaltender NVwZ 1999, 763: wenn über streitige Tatsachenfragen eine Erörterung stattfand und nur noch Rechtsfragen im Streit stehen; BVerwG NVwZ 2004, 108; Roth EuGRZ 1998, 495.
15   Vgl. BVerwG NJW 1982, 1011.
16   BSG NZS 1999, 102.
17   BVerwG DVBl. 1999, 1658.
18   BVerwG DÖV 2000, 735.
19   BVerwG NWVBl. 1999, 257.
20   BVerwG NVwZ-RR 1993, 165.
21   BVerwG NVwZ-RR 1996, 477.
22   BVerwG NVwZ-RR 1994, 120.
23   BVerwG DÖV 2000, 735.

ten braucht (§ 122), sondern auf den in der ersten Instanz verweisen darf
– müssen sich die tatsächlichen Grundlagen der Entscheidung ergeben[24].

III. Rechtsmittel

Gegen den Beschluss steht den Beteiligten auch hier das Rechtsmittel zu, **3**
das zulässig wäre, wenn das Gericht durch Urteil entschieden hätte. Gegen
den Beschluss sind also **Revision** (vgl. § 132 Rn. 1) und, wenn die Revision
nicht zugelassen wird, **Nichtzulassungsbeschwerde** (vgl. § 133 Rn. 1) gegeben. Die **Rechtsmittelbelehrung** muss sich auf diese Rechtsmittel beziehen.
Bei unrichtiger oder fehlender Rechtsmittelbelehrung findet § 58 Abs. 2
Anwendung (vgl. die dortigen Erläuterungen). Das Ermessen des OVG,
nach § 130a zu entscheiden, ist nur auf sachfremde Erwägungen und grobe
Fehleinschätzungen überprüfbar[25].

§ 130b [Vereinfachte Begründung]

**Das Oberverwaltungsgericht kann in dem Urteil über die Berufung auf den
Tatbestand der angefochtenen Entscheidung Bezug nehmen, wenn es sich
die Feststellungen des Verwaltungsgerichts in vollem Umfange zu Eigen
macht. Von einer weiteren Darstellung der Entscheidungsgründe kann es absehen, soweit es die Berufung aus den Gründen der angefochtenen Entscheidung als unbegründet zurückweist.**

Um unnötige Wiederholungen in den Entscheidungen der Gerichte der **1**
1. und 2. Instanz zu vermeiden und um die Gerichte zu entlasten, hat das
6. VwGOÄndG die Vorschrift, die bisher nur für die Entscheidungsgründe
galt, für den Tatbestand des Berufungsurteils erweitert. Das OVG hat jetzt
folgende Möglichkeiten zur vereinfachten Begründung seines Urteils, wobei es in seinem Ermessen steht, ob es hiervon Gebrauch macht (vgl. § 117
Rn. 12):
1. **Tatbestand.** Wenn es sich die **Feststellungen des VG** in vollem Umfang
zu Eigen macht, kann das OVG im Berufungsurteil **auf** den **Tatbestand**
der angefochtenen Entscheidung **Bezug nehmen.** In vollem Umfang zu Eigen hat das OVG sich die im Urteil des VG enthaltenen Feststellungen
dann gemacht, wenn es sie ohne Änderungen oder Ergänzungen auf Grund
des Vorbringens der Beteiligten in der Berufungsinstanz und etwaiger Beweisaufnahmen seinem Urteil zu Grunde legt. Das Urteil muss, in Verbindung mit dem angefochtenen Urteil, für die Beteiligten verständlich bleiben
und darf sich nicht in Bezugnahmen auflösen (vgl. § 117 Rn. 5). Zu beachten ist aber auch, dass das BVerwG, das im Revisionsverfahren nach § 137
Abs. 2 grundsätzlich an die tatsächlichen Feststellungen des Berufungsurteils gebunden ist, hierauf bezogene Rügen prüfen können muss.

2. **Entscheidungsgründe.** Soweit es die **Berufung** aus den Gründen der an- **2**
gefochtenen Entscheidung als **unbegründet zurückweist,** kann das OVG
abweichend von § 117 Abs. 2 Nr. 5, § 108 (vgl. § 117 Rn. 6, § 108 Rn. 9)
von einer weiteren Darstellung der Entscheidungsgründe **im Urteil** abse-

---

24 BVerwG NVwZ 2000, 73.
25 BVerwG NVwZ 1999, 1109; ein Beispielsfall einer nach Auffassung des BSG feh-
    lerhaften Ermessensausübung findet sich im Urt. v. 12.5.2001 – B2U/ 29/00 R, SGB
    2002, 64 m. abl. Anm. Zeihe.

hen. Die Vorschrift findet auch Anwendung, wenn das Berufungsgericht unter mehreren vom VG aufgeführten Gründen nur einem, aber entscheidungserheblichen Grund folgt, den es aber genau bezeichnen muss[1]. Verletzung des rechtlichen Gehörs kann vorliegen, wenn das Gericht auf neues Vorbringen nicht mit, wenn auch knapper Begründung eingeht, sondern nur auf Gründe der angefochtenen Entscheidung verweist[2].

3 3. **Vereinfachtes Urteil.** Das OVG kann in dem Berufungsurteil **auf den Tatbestand** der angefochtenen Entscheidung **Bezug nehmen** unabhängig davon, ob es die Berufung als unzulässig verwirft, sie als unbegründet zurückweist oder ihr stattgibt. Entscheidet das OVG über die unzulässige Berufung nach § 125 Abs. 2 S. 2 durch Beschluss (vgl. § 125 Rn. 4), sollte die Bezugnahme auf den Tatbestand in analoger Anwendung des Satzes 1 ebenso möglich sein. **Von der Darstellung der Entscheidungsgründe** kann das OVG dagegen **nur absehen,** wenn es die Berufung als unbegründet zurückweist. Bei dieser Entscheidung kann es jedoch gleichfalls auf den Tatbestand Bezug nehmen.

§ 131 [Beschränkung der Berufung]

(aufgehoben durch 6. VwGOÄndG)

13. Abschnitt · Revision

§ 132 [Zulässigkeit, Zulassung]

(1) Gegen das Urteil des Oberverwaltungsgerichts (§ 49 Nr. 1) und gegen Beschlüsse nach § 47 Abs. 5 Satz 1 steht den Beteiligten die Revision an das Bundesverwaltungsgericht zu, wenn das Oberverwaltungsgericht oder auf Beschwerde gegen die Nichtzulassung das Bundesverwaltungsgericht sie zugelassen hat.

(2) Die Revision ist nur zuzulassen, wenn
1. Die Rechtssache grundsätzliche Bedeutung hat,
2. das Urteil von einer Entscheidung des Bundesverwaltungsgerichts, des Gemeinsamen Senats der obersten Gerichtshöfe des Bundes oder des Bundesverfassungsgerichts abweicht und auf dieser Abweichung beruht oder
3. ein Verfahrensmangel geltend gemacht wird und vorliegt, auf dem die Entscheidung beruhen kann.

(3) Das Bundesverwaltungsgericht ist an die Zulassung gebunden.

Übersicht

---

1 BVerwG Buchh. 312 EntlG Nr. 44; NVwZ-RR 1993, 53.
2 BVerwG NJW 1980, 953.

A. Allgemeines

Die Revision ist ein auf die rechtliche Würdigung des Streitfalles be- **1**
schränktes Rechtsmittel. Sie eröffnet den Beteiligten eine dritte Instanz im
verwaltungsgerichtlichen Verfahren. Zur Zulässigkeit vgl. § 124 Rn. 4, 5,
zur Beschwer § 124 Rn. 6, 7. Als Prozesshandlung kann die Revision nicht
an Vorbehalte oder Bedingungen geknüpft werden (vgl. § 124 Rn. 10). Zur
Revisionseinlegung und -begründung vgl. § 139, zur Rücknahme und zum
Verzicht § 140. Zur Zulassungsbeschwerde § 133 Rn. 1. Zu außerordentlichen Rechtsbehelfen gegen rechtskräftige Entscheidungen vgl. Buchh.
310 § 133 (n.F.) VwGO Nr. 27, sowie § 124 Rn. 2 ff.

B. Revision

I. Gegenstand

Gegenstand der Revision ist das **Urteil des OVG,** und zwar das Endurteil   **2**
einschließlich des Teilurteils nach § 110, das Zwischenurteil über die Zulässigkeit der Klage nach § 109, das Grundurteil nach § 111[1] und das Ergänzungsurteil nach § 120. Das Zwischenurteil, das sich nicht auf die Zulässigkeit der Klage bezieht, ist nur mit dem Endurteil zusammen
anfechtbar[2]. Auf die Bezeichnung der Entscheidung des OVG als Urteil
kommt es nicht an, wenn sie nur ihrem Inhalt nach eine revisionsfähige

---

1   Vgl. BVerwG VRspr. 14, 380.
2   Vgl. BVerwGE 60, 123.

Entscheidung darstellt[3]. Gegenstand der Revision kann im Fall der Sprungrevision (§ 134) und des Ausschlusses der Berufung (§ 135) auch das **Urteil
des VG** sein. Die Revision kann, soweit der Streitgegenstand dies zulässt,
auf einen Teil des angefochtenen Urteils, mit Ausnahme des Kostenpunktes
(§ 158 Abs. 1) beschränkt werden[4]. Gegenstand der Revision ist weiter
der **Beschluss des OVG, wenn dieser an Stelle eines Urteils ergeht, wie
im Normenkontrollverfahren** nach § 47 Abs. 5 S. 1, **bei unzulässiger Berufung** § 125 Abs. 2 S. 4, **beim Zurückweisen der Berufung** nach § 130a
oder im Musterverfahren nach § 93a Abs. 2 S. 5, wenn das OVG erstinstanzlich entschieden hat; andere Beschlüsse[5] können nicht Gegenstand der
Revision sein, anders jedoch der Gerichtsbescheid (§ 84) im Fall der Sprung-
grevision (vgl. § 134 Rn. 1).

II. Revisionsgericht

Revisionsgericht ist das BVerwG.

III. Berechtigung

3 **Zur Revisionseinlegung berechtigt sind alle** in der Vorinstanz am Verfahren **Beteiligten** (§ 63), die durch das Urteil der Vorinstanz beschwert sind,
nicht jedoch der Kläger in der Normenkontrolle, wenn die Satzung gem.
§ 215a Abs. 1 BauGB lediglich für unwirksam und nicht für nichtig erklärt
worden ist (vgl. § 47 Rn. 42)[6]. Der **Beigeladene** aber kann, wie auch
sonst[7], Revision einlegen[8], wenn er durch das angefochtene Urteil in eigenen Rechten verletzt ist[9]. Solange noch kein Rechtsmittel eingelegt ist,
kann die Beiladung auch noch innerhalb der Revisionsfrist zum Zwecke
der Einlegung der Revision erfolgen[10]. Auch der **VöI** kann noch während
der Revisionsfrist mit der Revisionseinlegung seine Beteiligung erstmalig
erklären[11]. Die außerhalb der VwGO verschiedentlich vorgesehenen **besonderen VöI** (vgl. § 35 Rn. 10) sind als Verfahrensbeteiligte auch befugt,
selbstständig Revision einzulegen[12]. Ob für sie eine Beschwer nicht erforderlich ist, wie für den VöI nach der VwGO[13], richtet sich jeweils nach
der ihnen zugewiesenen Rechtsstellung. Ob sie sich mit der Revisionseinlegung erstmalig beteiligen können, hängt davon ab, ob ihnen ein allgemeines Beteiligungsrecht zugesprochen ist oder nur ein Klagerecht gegen eine
Verwaltungsentscheidung. Steht ihnen nur ein Klagerecht zu, können sie,
wenn sie hiervon keinen Gebrauch gemacht haben, nicht durch Beiladung
in das spätere Verfahren einbezogen werden[14]. Zu den Sorgfaltspflichten

---

3 Vgl. BVerwGE 1, 178: Beschluss anstatt Urteil.
4 BVerwG NJW 1957, 1572; vgl. im Übrigen § 124 Rn. 12.
5 Vgl. BVerwG NVwZ 1999, 406 zu dem die Berufung zulassenden Beschluss.
6 BVerwG Buchh. 310 § 47 VwGO Nr. 148.
7 Vgl. BSG NJW 1959, 1199.
8 BVerwGE 16, 1; 37, 43.
9 BVerwG NVwZ 1998, 842; vgl. auch E 69, 256; E 77, 102; NVwZ 1990, 857.
10 Vgl. BVerwGE 1, 27; vgl. auch E 38, 290: ohne Beiladung kann auch der notwen-
    dig Beizuladende nicht Revision einlegen; dazu auch Buchh. 310 § 133 VwGO
    Nr. 39; sowie § 65 Rn. 15; § 142 Rn. 3.
11 BVerwGE 3, 321; 16, 265; vgl. im Übrigen § 36 Rn. 6.
12 Vgl. BVerwGE 1, 103.
13 BVerwGE 7, 226; 9, 143.
14 Vgl. BVerwGE 16, 219 für den Leiter des Kreiswehrersatzamts.

des RA bei der Prüfung, ob Revision eingelegt werden sollte vgl. BGH VersR 2003, 1042.
Der VBI ist **nicht befugt, Revision** oder Anschlussrevision **einzulegen**[15], da eine Rechtsmittelbefugnis seiner eher beratenden, nicht von Interesse eines Beteiligten geleiteten Funktion als »unbeteiligter Mittler« zuwiderlaufen würde[16].

IV. Zulassung

1. **Bedeutung.** Die **Zulässigkeit der Revision setzt** nach dem Gesetz ihre **4** **Zulassung voraus**[17]. Die vor der Zulassung eingelegte Revision ist unzulässig[18], braucht jedoch nach Zulassung der Revision, auch auf Beschwerde eines anderen Beteiligten, nicht erneut eingelegt werden, sondern wird als zugelassene Revision weiterbehandelt[19]. Die **Zulassungsgründe** sind **erschöpfend im Absatz 2** aufgeführt. Die Zulassung aus einem dieser Gründe eröffnet die Revision in vollem Umfang. Zulassungs- und Revisionsgrund brauchen daher nicht identisch zu sein[20], auch nicht bei der Zulassung wegen eines Verfahrensmangels[21], sodass auch in diesem Fall die Verletzung materiellen Rechts gerügt werden kann[22], auch bei der Verfahrensrevision, wenn das BVerwG nicht nach § 133 Abs. 6 zurückverweist (vgl. auch § 137 Rn. 19 ff.). Die Zulassung der Revision hat Wirkung für alle Verfahrensbeteiligten[23]. Die Revision braucht nicht notwendig einheitlich, d.h. in vollem Umfang zugelassen werden; bei einer Häufung von Streitgegenständen oder auch bei subjektiver Klagehäufung ist eine Beschränkung zulässig, die jedoch eindeutig aus dem angefochtenen Urteil oder dem die Zulassung aussprechenden Beschluss hervorgehen muss[24]. Unzulässig ist die Beschränkung auf eine rechtliche Vorfrage[25] oder eine Rechtsfrage[26]. Beruht die Berufungsentscheidung auf mehreren sie jeweils tragenden Gründen (kumulative Begründung), muss für jeden dieser Begründungsteile ein Zulassungsgrund geltend gemacht werden[27]. Zur Frage der Bindung des BVerwG an die Zulassung vgl. Rn. 25.

---

15 BVerwGE 96, 258.
16 Vgl. auch BVerwGE 31, 5.
17 Vgl. dazu grundsätzlich Weyreuther, Revisionszulassung und Nichtzulassungsbeschwerde in der Rechtsprechung der Obersten Bundesgerichte, 1971; Kummer, Die Nichtzulassungsbeschwerde, 1990.
18 BVerwG Buchh. 310 § 133 Nr. 57.
19 Vgl. BVerwGE 7, 6; E 21, 286; NJW 1969, 1976; Kopp/Schenke Rn. 31.
20 BVerwG NJW 1961, 1737.
21 BVerwGE 14, 342.
22 BVerwGE 14, 342; Buchh. 421.2 Hochschulrecht Nr. 43; 451.55 Subventionsrecht Nr. 50.
23 Vgl. BVerwGE 7, 6; 21, 286; NJW 1969, 1076; Eyermann/P. Schmidt Rn. 21; Kopp/Schenke Rn. 30; Schoch/Pietzner Rn. 17; a.A. für Zulassung nach Beschwerde Bader/Bader Rn. 6, § 133 Rn. 40 unter Bezugnahme auf BVerwG Buchh. 310 § 139 Abs. 2 VwGO Nr. 3.
24 BVerwGE 41, 52; BGH MDR 1971, 569; Weyreuther Rn. 46 ff.
25 BVerwGE 50, 292.
26 BVerwGE 49, 232.
27 BVerwG Buchh. 310 § 132 VwGO Nr. 109; Nr. 284; Nr. 287; B. v. 11.9.2003 – 9 B 61/02 juris; anders bei alternativer Begründung: BVerwG NVwZ 1994, 269; Weyreuther Rn. 130.

5 **2. Gründe.** Die Revision ist **nur aus den im Absatz 2 aufgeführten Gründen** zuzulassen[28]. Es gibt keinen allgemeinen außergesetzlichen Revisionszulassungsgrund, auch nicht, um den Grundrechten zur Geltung zu verhelfen[29]. Die Revisionsgründe müssen im Zeitpunkt der Entscheidung über die Zulassung vorliegen, d.h. im Zeitpunkt der letzten mündlichen Verhandlung, auf Grund derer auch über die Zulassung entschieden wird; bei Entscheidungen ohne mündliche Verhandlung im Zeitpunkt der letztmöglichen Stellung von Anträgen. **Die Revision ist** nach Absatz 2 zuzulassen:

6 a) **Wenn die Rechtssache grundsätzliche Bedeutung hat (Grundsatzrevision).** Grundsätzliche Bedeutung hat eine Rechtssache, wenn sie eine klärungsbedürftige Frage des materiellen oder formellen Rechts aufwirft und zu erwarten ist, dass die Entscheidung im künftigen Revisionsverfahren dazu dienen kann, die Rechtseinheit in ihrem Bestand zu erhalten oder die Weiterentwicklung des Rechts zu fördern[30]. Im Hinblick auf gemeinschaftsrechtliche Fragen ist eine Rechtssache dann von grundsätzlicher Bedeutung, wenn dargelegt ist, dass in dem erstrebten Revisionsverfahren gem. Artikel 234 EGV (alt: Art. 177) eine Vorabentscheidung des EuGH einzuholen sein wird[31].
aa) Es muss sich um eine konkrete, für die Revisionsentscheidung erhebliche **Rechtsfrage** handeln[32]. Über Tatsachenfragen, wie z.B. den Kausalzusammenhang zwischen zwei Geschehnissen, ist die Revision nicht zuzulassen. Aus welchem Rechtsgebiet die zu klärende Frage stammt, ist irrelevant. Die Rechtsfrage muss zum revisiblen Recht gehören (vgl. § 137 Rn. 2 ff.), sie kann sich sowohl auf materielles Recht als auch auf Verfahrensrecht beziehen[33].

7 bb) Die Rechtsfrage muss **klärungsbedürftig** sein. Das ist sie nicht, wenn sie bereits höchstrichterlich geklärt ist[34]. Die Revision kann nur dann erneut wegen grundsätzlicher Bedeutung zugelassen werden, wenn neue erhebliche Gesichtspunkte vorgetragen werden[35], die sich auch aus der Kritik des Schrifttums an der ersten Entscheidung ergeben können. Eine gefestigte Rechtsprechung des BVerwG stellt in den Fällen, in denen das Gesetz nicht eindeutig ist, die Rechtslage klar[36]; die Abweichung eines einzelnen anderen Tatsachengerichts von dieser Rechtsprechung ändert daran noch nichts[37]. Gänzlich abwegiges Vorbringen vermag einer von Rechtsprechung und Lehre einheitlich beurteilten Rechtsfrage keine grundsätzliche Bedeutung zu geben[38]. Nach st.R. des BVerwG kommt Rechtsfragen, die ausgelaufenes oder auslaufendes Recht (z.B. Übergangsvorschrif-

---

28 Vgl. BVerwGE 41, 227: rückwirkende Gesetzesänderung kein Zulassungsgrund; auch Bader NJW 1998, 409.
29 BVerwG B. v. 28.3.2002 – 5 B 87/01 juris im Anschluss an BVerfG NVwZ 1999, 290.
30 BVerwGE 13, 90; 24, 91; NJW 1994, 144; vgl. auch BVerwG DVBl. 2000, 190 zur Beschränkung der Prüfung bei Bundesrahmenrecht; sowie BVerfGE 49, 159.
31 BVerfG NVwZ 93, 884; BVerwG NJW 88, 664; Buchh. 310 § 132 Abs. 2 Ziff. 1 Nr. 1.
32 BVerwG Buchh. 310 § 132 Nr. 213.
33 BVerwGE 2, 211.
34 BVerwG Buchh. 310 § 132 Nr. 2; 310 § 132 Nr. 136.
35 BVerwG DVBl. 1960, 854.
36 BVerwG MDR 1968, 348.
37 BVerwG Buchh. 310 § 132 Nr. 79.
38 BVerwG NJW 1953, 1568; vgl. auch Hw. Müller NJW 1955, 1740.

ten) betreffen, regelmäßig keine grundsätzliche Bedeutung mehr zu, es sei denn, sie können sich in nicht absehbarer Zukunft weiter stellen[39]. Grundsätzlichkeit i.S.d. § 132 Abs. 2 Nr. 1 ist nicht allein deshalb zu bejahen, weil das OVG eine Rechtsfrage abweichend vom VG entschieden hat und vom BVerwG diese Frage noch nicht entschieden wurde. An der Grundsätzlichkeit fehlt es stets, wenn sich die Beantwortung der Rechtsfrage anhand der anerkannten Auslegungskriterien ohne weiteres aus dem Gesetz ergibt[40]. Greifswald[41] hat die grundsätzliche Bedeutung verneint, wenn das Gericht die Frage im Verfahren des einstweiligen Rechtsschutzes bereits grundsätzlich entschieden hatte. Wird jedoch während des Beschwerdeverfahrens vom Beschwerdegericht oder vom Gemeinsamen Senat der obersten Gerichtshöfe des Bundes die als grundsätzlich bezeichnete Rechtsfrage abweichend von dem angefochtenen Urteil entschieden, ist die Revision wegen grundsätzlicher Bedeutung zuzulassen[42]. Auch die Rechtsprechung eines anderen obersten Gerichtshofs zu vergleichbaren Rechtsvorschriften kann geeignet sein, eine bereits grundsätzlich geklärte Problematik erneut für prüfungsbedürftig zu erachten[43], beispw. bei unterschiedlicher Auslegung derselben Rechtsnorm (vgl. aber Rn. 14)[44]. Nicht notwendig wieder grundsätzliche Bedeutung erhält eine Rechtsfrage, wenn ein Tatsachengericht von der st. Rspr. abweicht[45]. Zu den Anforderungen an die Darlegung der grundsätzlichen Bedeutung vgl. auch BVerwG DVBl. 1995, 35; BVerfG DVBl. 1995, 36.

cc) Die Rechtsfrage muss in **rechtlicher Hinsicht über den Einzelfall hin-** **8** **ausgehende Bedeutung** haben. Nicht das Interesse des Einzelnen an der Entscheidung, sondern das abstrakte Interesse der Gesamtheit an der Einheit und Entwicklung des Rechts ist ausschlaggebend. Grundsätzliche Bedeutung hat daher eine Rechtsfrage nicht schon allein deshalb, weil ihr in **tatsächlicher** Hinsicht eine über den Einzelfall hinausgehende Bedeutung zukommt oder sie für eine Vielzahl gleich gearteter Fälle von Bedeutung ist[46]. Grundsätzlichkeit ist auch für den Zeitablauf, auf den es im Rahmen des Rechtsinstituts der Verwirkung ankommt, abzulehnen. Diese ist ein einzelfallbezogenes Element[47].

dd) Das Revisionsgericht ist **nicht** dazu da, Rechtsfragen **abstrakt** zu klä- **9** ren. Vielmehr muss die zu klärende Rechtsfrage **für den zu entscheidenden Fall rechtserheblich** sein. War die Rechtsfrage für das Berufungsgericht nicht maßgeblich, ist eine Revision regelmäßig nicht gerechtfertigt[48]. Das Revisionsgericht muss über die Frage auch sachlich entscheiden können. Daran kann es aus prozessualen Gründen verhindert sein, z.B. wegen Unzulässigkeit der Berufung. Auch Rechtsfragen irrevisiblen Rechts sind

---

39 BVerwG Buchh. 310 § 132 Abs. 2 Ziff. 1 VwGO Nr. 15; § 132 Abs. 2 Ziff. 2 VwGO Nr. 6; Nr. 8; 422.2 Rundfunkrecht Nr. 36; DVBl. 1995, 568; NJW 1996, 1010.
40 BVerwG Buchh. 310 § 132 Nr. 249; B. v. 14.4.2003 – 3 B 167/02 juris.
41 NVwZ 1999, 789.
42 BVerwG Buchh. 310 § 132 Nr. 98.
43 BVerwG Buchh. 310 § 132 Nr. 85.
44 BVerwG B. v. 21.7.2000 – 2 B 22/00 juris zu § 87 Abs. 2 BBG i.V.m. § 818 Abs. 3 BGB.
45 BVerwG DVBl. 2000, 1461.
46 Vgl. BVerwG NJW 1960, 1587; BVerwG DVBl. 1970, 901 für Berlin-Präferenz bei Kirchensteuer; Münster OVGE 16, 140; a.A. BVerwG Buchh. 310 § 132 Nr. 26.
47 BVerwG Buchh. 310 § 132 Nr. 257.
48 BVerwG Buchh. 310 § 132 Abs. 2 Ziff. 2 VwGO Nr. 11.

durch das Revisionsgericht nicht zu entscheiden (§ 137 Rn. 2). Daher keine Zulassung der Revision, wenn die grundsätzliche Bedeutung nur für den Bereich nicht revisiblen Landesrechts besteht[49].

10 ee) **Einzelfragen.** Auch bei bereits außer Kraft getretenen Vorschriften kann eine Rechtsfrage grundsätzliche Bedeutung haben, wenn noch eine erhebliche Zahl von Fällen zu entscheiden ist, die grundsätzliche Fragen aufwerfen[50] oder die neue Vorschrift den Regelungsgehalt der vorangegangenen Vorschrift wiederholt[51]. Eine klärungsbedürftige Frage kann auch die Verfassungsmäßigkeit einer Vorschrift[52] sein; das Gleiche gilt für eine Vorlage an den EuGH[53]. Eine nach Erlass des angefochtenen Urteils mit rückwirkender Kraft erlassene Gesetzesänderung ergibt keinen Zulassungsgrund[54]. Die Revision ist nur zuzulassen, wenn das BVerwG die grundsätzliche Rechtsfrage unmittelbar, nicht erst auf Grund von weiterer Sachaufklärung nach Aufhebung und Zurückverweisung der Sache beantworten kann[55]. Die Rechtsfrage muss klärungsfähig und klärungsbedürftig sein und über den Einzelfall hinausgehende Bedeutung haben[56]. Erfolgt die Klärung der Frage während des Beschwerdeverfahrens anderweitig, kann die Umstellung auf eine Divergenzrevision in Betracht kommen, da diese ein Unterfall der Grundsatzrevision ist[57].

11 b) **Wenn das Urteil von einer Entscheidung des BVerwG, des Gemeinsamen Senats der obersten Gerichtshöfe des Bundes oder des Bundesverfassungsgerichts abweicht und auf dieser Abweichung beruht (Divergenzrevision).**

aa) **Abweichung.** Eine Abweichung liegt vor, wenn das angefochtene Urteil auf einer bestimmten Rechtsauffassung beruht und diese zu der in einer Entscheidung des BVerwG, des Gemeinsamen Senats der obersten Gerichtshöfe des Bundes oder des Bundesverfassungsgerichts zu Grunde gelegten Rechtsansicht im Widerspruch steht[58]. Unter divergierenden Rechtssätzen ist die sprachliche Form zu verstehen, die sich mit der bloßen Wiedergabe des Gesetzeswortlauts nicht begnügt, sondern den Inhalt der Norm näher beschreibt, der von Rechts wegen Geltung beansprucht[59]. Die Zulassung kommt nur in Betracht bei Abweichen von einer Entscheidung des BVerwG, des GemS und, seit der Änderung im Fünften BVerfGG-ÄndG, auch des BVerfG, nicht aber anderer oberster Gerichtshöfe des Bundes[60]. Durch die Divergenzrevision soll lediglich die Rechtseinheit innerhalb der jeweiligen Gerichtsbarkeit gewährleistet werden. Sie ist ein Unterfall der Revisionszulassung wegen grundsätzlicher Bedeutung der Rechtssache[61]. Im Fall der Abweichung von einer Entscheidung eines an-

49 Vgl. BVerwGE 1, 3; 1, 19; 1, 76; Buchh. 310 § 132 Nr. 306; vgl. Rn. 25.
50 BVerwG Buchh. 310 § 132 Nr. 132.
51 BVerwG Buchh. 310 § 132 Nr. 267.
52 BVerwG Buchh. 232 § 90 BBG Nr. 14; 235 § 32 Nr. 1.
53 BVerwG NVwZ 1997, 178.
54 BVerwGE 30, 266.
55 BVerwGE 12, 107; vgl. auch Buchh. 310 § 132 Nr. 309.
56 BVerwG Buchh. 310 § 123 VwGO Nr. 243; Sodan/Pietzner Rn. 33.
57 Vgl. BVerfG DVBl. 2000, 407; BVerwG Buchh. 310 § 47 Nr. 74; § 132 Abs. 2 Nr. 2; Günther DVBl. 1998, 678.
58 BVerwG Buchh. 310 § 132 Nr. 86; Nr. 263; Nr. 265; Nr. 302; vgl. auch Kummer Nr. 156; zu den Anforderungen an die Darlegung einer Abweichung vgl. BVerfG DVBl. 1995, 36.
59 BVerwG B. v. 7.3.2001 – 8 B 36/01 juris.
60 BVerwGE 4, 357; Weyreuther Rn. 96.
61 BVerwG Buchh. 310 § 132 Abs. 2 Ziff. 2 Nr. 2.

deren obersten Bundesgerichts[62] oder des BVerfG[63] wird der Rechtssache aber in der Regel grundsätzliche Bedeutung zukommen[64]. Eine Divergenzrüge aus Entscheidungen des EuGH kommt nicht in Betracht[65]. Die Umdeutung einer Revision nach Nr. 1 in eine nach Nr. 2 wegen "nachträglicher Divergenz" ist zulässig (gem § 173 i.V.m. § 543 Abs. 2 ZPO)[66].

Die Entscheidung kann ein **Urteil** oder ein **Beschluss** des BVerwG sein, **12** etwa im Zulassungsbeschwerdeverfahren, jedoch nicht, wenn darin über die Rechtsfrage noch gar nicht entschieden wurde[67]. Beschlüsse im Prozesskostenhilfeverfahren sind nicht »divergenzgeeignet«. Bei einer Entscheidung über einen Prozesskostenhilfeantrag wird die Rechtslage nur summarisch geprüft und darüber befunden, ob die beabsichtigte Einlegung eines Rechtsmittels hinreichende Aussicht auf Erfolg hat (§ 114 ZPO). Auch ein die Revision wegen grundsätzlicher Bedeutung zulassender Beschluss des BVerwG ist keine »Entscheidung«, von der ein Tatsachengericht abweichen könnte[68]. Auch kann eine Abweichungsrüge nicht auf eine Divergenz gegenüber einem »obiter dictum« gestützt werden[69]. Bei der Divergenzrevision kommt es nicht darauf an, ob und wo eine Entscheidung veröffentlicht ist, das kann auch in einer Pressemitteilung geschehen sein, oder ob sie dem Gericht, das das Urteil erlassen hat, bekannt war[70]. Entscheidend ist vielmehr der objektive Widerspruch zu einer Entscheidung. Deshalb ist die Zulassung wegen Divergenz auch dann zu bejahen, wenn die Entscheidung des obersten Gerichtshofes erst nach Erlass des anzufechtenden Urteils ergangen ist[71].

Liegen **unterschiedliche Entscheidungen verschiedener Senate** des BVerwG **13** vor, kann wegen jeder dieser Entscheidungen zugelassen werden. Jedoch keine Abweichung, wenn nach der Entscheidung des BVerwG eine Gesetzesänderung erfolgte, die die anders lautende Entscheidung des OVG rechtfertigt[72]. Etwas anderes gilt nur dann, wenn die frühere Rechtsprechung auch für die nach der Rechtsänderung bestehende Rechtslage erhebliche Bedeutung behalten hat[73]. Eine Abweichung von einer Entscheidung, an der das BVerwG in späteren Entscheidungen nicht mehr festhält, rechtfertigt nicht die Zulassung. Dies gilt auch, wenn die Aufgabe der früheren Rechtsprechung durch einen Beschluss des Großen Senats des BVerwG erfolgt[74]. Die Revision wegen einer Abweichung von einer **nachträglich ergangenen Entscheidung des BVerwG** ist dann zulässig, wenn in Bezug auf die Rechtsfrage, hinsichtlich der abgewichen werden soll, vor Ablauf der Beschwerdefrist die Zulassung der Revision wegen grundsätzlicher Bedeutung dieser Rechtsfrage beantragt worden war und diese Grundsatzfrage

---

62   BVerwG Buchh. 310 § 132 Nr. 159; Nr. 225.
63   BVerwG Buchh. 310 § 132 Nr. 89; Nr. 118; Nr. 167; Nr. 183; Nr. 214, Nr. 275.
64   Str.; Buchh. 310 § 132 Nr. 49; a.A. BVerfG NVwZ 1985, 647; BVerwG Buchh. 310 § 132 Nr. 225.
65   BVerwG B. v. 23.1.2001 – 6 B 35/00 juris.
66   BVerwG B. v. 21.2.2000 – 9 B 57/00 juris.
67   BVerwG Buchh. 310 § 132 Nr. 55; Nr. 262; NVwZ 1999, 406.
68   BVerwG Buchh. 310 Nr. 132 Nr. 262.
69   BVerwGE 99, 351; Buchh. 407.4 § 17 FStrG Nr. 56.
70   BVerwG Buchh. 310 § 132 Nr. 299; BFH NJW 1970, 1816.
71   BVerwG MDR 1954, 652; NJW 1960, 594; a.A. Ule S. 447.
72   BVerwG DVBl. 1961, 745.
73   BSG MDR 1986, 789.
74   BVerwG Buchh. 310 § 132 Abs. 2 Ziff. 2 Nr. 1.

durch die nachträgliche Entscheidung geklärt worden ist[75]. Die Abweichung vom zurückverweisenden Urteil in derselben Sache kann nur als Verfahrensmangel (§ 144 Abs. 6), nicht als Divergenz geltend gemacht werden[76]. Eine Abweichung liegt auch dann nicht vor, wenn das OVG einem vom BVerwG entwickelten, vom OVG nicht in Frage gestellten Rechtsgrundsatz fehlerhaft angewendet hat[77].

14   Das BVerwG hat die **Divergenzrevision nicht zugelassen**, wenn das Urteil des OVG auf eine zwar gleich lautende, aber in einem anderen Gesetz befindliche Bestimmung gestützt ist, als die Entscheidung des BVerwG[78]. Als Grund dafür führt das BVerwG an, dass vom Wortlaut her übereinstimmende oder gar nur ähnliche Vorschriften lediglich einen Anhaltspunkt dafür böten, dass eine sachliche Übereinstimmung gegeben sei. Wenn Sinn und Zweck der Einzelvorschrift und der Gesamtzusammenhang, in den sie hineingestellt ist, dies erfordert, sei gleichwohl eine unterschiedliche Auslegung möglich. Sei jedoch bei einer höchstrichterlichen Entscheidung eine Abweichung zu einer anderen wortgleichen oder ähnlichen Vorschrift nicht eindeutig, sondern nur möglich, ließe bereits der Wortlaut des § 132 Abs. 2 VwGO (»abweicht«) eine Zulassung wegen Divergenz nicht zu[79]. Diese Auffassung hat berechtigte Kritik gefunden[80]. Der vom BVerwG eingenommene formelle Standpunkt befriedigt nicht. Bei der Parallelgesetzgebung muss für die Beurteilung einer Abweichung und damit der Zulassung der Revision entscheidend sein, ob die in verschiedenen Gesetzen befindlichen Bestimmungen im gleichen Sinne interpretiert werden können[81]. Das BVerwG hat auch dann eine Abweichung verneint, wenn eine Entscheidung eines anderen obersten Gerichtshofs zu einer zwar rechtsähnlichen, aber doch unterschiedlich gefassten Vorschrift ergangen war[82] oder wenn unterschiedliche Fassungen auf Grund der Besonderheiten des Rechtsgebiets vorlagen[83]. Keine Divergenz liegt vor, wenn die Berufungsentscheidung sich durch eine nach ihrem Erlass erfolgte Gesetzesänderung als im Ergebnis richtig erweist (vgl. § 144 Rn. 3)[84].

15   bb) **Erheblichkeit. Die Zulassung setzt voraus, dass das Urteil auf der Abweichung beruht.** Das ist der Fall, wenn mindestens die Möglichkeit besteht, dass das OVG, hätte es seinem Urteil die Rechtsauffassung des BVerwG zu Grunde gelegt, zu einem anderen Ergebnis gekommen wäre[85]. Das Urteil beruht nur auf solchen Gründen, die nicht fortgedacht werden

---

75   BVerwG Buchh. 310 § 132 Nr. 230.
76   BVerwG Buchh. 310 § 132 Nr. 154; vgl. Kummer Nr. 177.
77   BVerwG Buchh. 310 § 108 Nr. 264.
78   BVerwG NJW 1960, 979; BVerwGE 16, 53; DVBl. 1999, 930 für Personalvertretungssache; ebenso Eyermann/P. Schmidt Rn. 13; Kopp/Schenke Rn. 15; Kummer Nr. 175; Weyreuther Rn. 116 ff.; a.A. GemS BVerwGE 41, 363 zu § 2 Rspr. EinhG; ebenso E 58, 360; BVerwG Buchh. 310 § 132 Nr. 96; Nr. 263; Nr. 265; NVwZ 1982, 433.
79   BVerwG Buchh. 238.90 Reise- und Umzugskosten Nr. 37; Buchh. 237.1 Art. 15 BayBG Nr. 3.
80   Bettermann NJW 1961, 44; Menger VerwA 51, 385.
81   Vgl. Hw. Müller NJW 1963, 2060.
82   BVerwGE 31, 318 zur Erledigung der Hauptsache nach VwGO und ZPO; BVerwGE 36, 340 zur Revisionsbegründungsfrist nach VwGO und SGG.
83   BVerwGE 30, 225.
84   BVerwG B. v. 7.3.2002 – 5 B 60/01 juris.
85   BVerwGE 1, 1; 45, 112.

können, wenn die Entscheidung Bestand haben soll[86]; stützt sich das Urteil neben einer Abweichung noch auf andere Gründe, die es bei Fortfall der Abweichung tragen, ist die Revision nicht zuzulassen[87]. Im Einzelfall ist oft schwer festzustellen, ob weitere Gründe das Urteil mittragen oder nur beispielhaft aufgeführt sind. Es sollte daher in den Gründen des Urteils ganz eindeutig zum Ausdruck gebracht werden, ob die Entscheidung neben dem tragenden Grund noch auf weitere Gründe gestützt wird. Die Zulassung ist auch ausgeschlossen, wenn die Abweichung erst durch weitere Sachaufklärung nach Aufhebung und Zurückverweisung der Sache festgestellt werden kann, da die Möglichkeit der Abweichung nicht ausreicht[88]. Die Zulassung der Divergenzrevision setzt, ebenso wie die der Grundsatzrevision, voraus, dass das Urteil auf revisiblem Recht (§ 137 Rn. 2 ff.) beruht[89].

c) Wenn ein Verfahrensmangel geltend gemacht wird und vorliegt, auf dem die Entscheidung beruhen kann (Verfahrensrevision).　16

aa) Ein Verfahrensmangel setzt voraus, dass durch unrichtige Anwendung oder Nichtanwendung einer prozessualen Vorschrift das Gerichtsverfahren fehlerhaft geworden ist[90]. Fehler des Verwaltungsverfahrens können nur dann geltend gemacht werden, wenn diese sich unmittelbar auf das Gerichtsverfahren ausgewirkt haben[91], wobei etwa die gerichtliche Verwertung einer unter Verstoß gegen das VwVfG zu Stande gekommenen Zeugenaussage grundsätzlich keinen Verfahrensmangel darstellt[92], ebenso nicht Mängel des Widerspruchsverfahrens[93]. Es führt damit nicht jede Verletzung einer Verfahrensvorschrift auch zu einem Mangel am Verfahren. Ein Verstoß gegen landesrechtliche Vorschriften, soweit es sich nicht um die Verwaltungsverfahrensgesetze handelt, scheidet auch hier aus, da diese nicht revisibel sind (§ 137 Abs. 1). Auch Verfahrensfehler, die bei nicht mit der Revision angreifbaren Nebenentscheidungen begangen worden sind, können nicht zu einer Zulassung wegen eines Verfahrensmangels führen[94]. Ein Richterablehnungsgesuch in der 1. oder 2. Instanz ist eine unanfechtbare Vorentscheidung, die einer inhaltlichen Überprüfung durch das Revisionsgericht entzogen ist (vgl. § 54 Rn. 19)[95]. Unter einem Mangel des Verfahrens sind nur solche Verstöße zu verstehen, die den Weg zum Urteil bis zur Zustellung an die Beteiligten betreffen[96]. Es spielen aber nur Verfahrensmängel eine Rolle, die dem Verfahren der Berufungsinstanz anhaften und Mängel des erstinstanzlichen Verfahrens, die sich in einem Mangel des Berufungsverfahrens fortsetzen[97]. Auch falsche Entscheidungen der Vorinstanz über Beweislastfragen sind nicht als Verfahrensfehler anzusehen. Beweislastregeln sind dem materiellen Recht zuzuordnen[98].

86	BVerwG DVBl. 1961, 930; E 14, 342.
87	Buchh. BVerwG 310 § 132 Nr. 109, Nr. 115.
88	BVerwG NJW 1960, 594.
89	Vgl. BVerwGE 1, 19.
90	Vgl. Kummer NJW 1989, 1569.
91	BVerwG Buchh. § 132 Abs. 2 Ziff. 3 Nr. 3.
92	BVerwG Buchh. 316 § 26 Nr. 1.
93	BVerwG Buchh. 310 § 132 Abs. 2 Ziff. 3 Nr. 7.
94	BVerwG Buchh. 310 § 158 Nr. 4 für Kostenentscheidung; BVerwG Buchh. 310 § 132 Nr. 266 für Terminaufhebung oder -verlegung.
95	BVerwG B. v. 21.8.2003 – 8 B 85/03 juris.
96	Vgl. BVerwG Buchh. 310 § 132 Abs. 2 Ziff. 3 Nr. 9 zur Besetzungsrüge.
	BVerwG Buchh. 310 § 132 Nr. 216.
98	BVerwG Buchh. 310 § 132 Nr. 100.

Auch die Unrichtigkeit eines Tatbestandes kann nicht als Verfahrensmangel, sondern nur mittels eines fristgebundenen Antrags auf Berichtigung geltend gemacht werden[99]. Die ausschließlich Verfahrensrecht betreffende Divergenzrüge ist zugleich als Verfahrensrüge aufzufassen[100]. Zur Rüge der Entscheidungen, die dem Endurteil vorausgegangen sind, vgl. BVerwGE 39, 319.

17   bb) **Der Verfahrensmangel muss geltend gemacht werden und vorliegen.** Verfahrensrügen können nach Ablauf der Revisionsbegründungsfrist weder nachgeschoben noch durch ergänzendes Vorbringen nachträglich schlüssig gemacht werden[101]. Die Zulassung wegen eines Verfahrensmangels unterscheidet sich von den beiden anderen Zulassungsgründen auch dadurch, dass sie erst im Beschwerdeverfahren begehrt und ausgesprochen wird. Das Gesetz geht offensichtlich davon aus, dass das Berufungsgericht Verfahrensmängel, die in der Berufungsinstanz geltend gemacht werden, die vorliegen und entscheidungserheblich sind, vor seiner Entscheidung selbst beseitigt. Eine Zulassung der Verfahrensrevision im Urteil des OVG würde das BVerwG binden (Abs. 3) und damit § 133 Abs. 6 unterlaufen. **Geltend gemacht** durch genaue Bezeichnung der Tatsachen, aus denen sich der Verfahrensverstoß ergibt, wird der Verfahrensmangel daher ebenfalls erst mit der Zulassungsbeschwerde. Zum Geltendmachen gehört bei der Rüge der Verletzung einer Verfahrensvorschrift, auf deren Befolgung verzichtet werden kann (z.B. Parteiöffentlichkeit bei Beweisaufnahme), der Nachweis, dass die Rüge bereits im Berufungsverfahren erfolgte[102]. Der Verfahrensmangel kann in der Revisionsinstanz nicht mehr gerügt werden, wenn der Beteiligte das Rügerecht mangels rechtzeitiger Rüge bereits in der Berufungsinstanz verloren hat[103]. Zum **Rügeverlust** bei Verletzung des rechtlichen Gehörs vgl. Weyreuther Rn. 144. Die Feststellung, dass der geltend gemachte Verfahrensverstoß **vorliegt,** kann auch eine Beweisaufnahme erfordern.

18   cc) Der **Verfahrensmangel muss rechtserheblich sein,** d.h. die angefochtene Entscheidung muss auf dem Verfahrensmangel beruhen können. Das ist grundsätzlich der Fall bei den absoluten Revisionsgründen des § 138[104]. Das ist auch der Fall, wenn mindestens die Möglichkeit besteht, dass das Gericht ohne den Rechtsverstoß zu einem für den Rechtsmittelführer sachlich günstigeren Ergebnis hätte gelangen können[105]. Ist der Verfahrensmangel für die Entscheidung selbst unerheblich, kann er nicht als Zulassungsgrund dienen[106]. Wird das Übergehen eines Beweisantrags gerügt, muss daher der unter Beweis gestellte Sachverhalt, nicht die zu erwartende Zeugenaussage[107], für die Entscheidung des Rechtsstreits erheblich sein[108]. Die mehrjährige Dauer des Berufungsverfahrens ist als solches kein Verfahrensmangel, wenn dadurch keine Rechte des Klägers verkürzt

---

99   BVerwG Buchh. 310 § 132 Nr. 271.
100   BVerwG Buchh. 310 § 132 Nr. 313.
101   BVerwG Buchh. 237.1 Art. 86 BayLBG Nr. 10.
102   BVerwGE 8, 149; NJW 1989, 1233 zum Fehlen der Begründung eines abgelehnten Beweisantrags; DVBl. 1999, 99 zur Nichtvereidigung eines Zeugen.
103   BVerwG 107, 128 für falsches Übersetzen durch Dolmetscher.
104   Vgl. BVerwG DVBl. 1996, 106, sowie § 138 Rn. 1.
105   BVerwGE 1, 1; 14, 342; Buchh. 310 § 132 Nr. 38; Nr. 68; Nr. 78.
106   BVerwGE 80, 228.
107   BVerwG NJW 1968, 1441.
108   BVerwG VRspr. 15, 368.

werden[109]. Eine rechtswidrige Wiedereinsetzung in den vorigen Stand ist eine unanfechtbare Vorentscheidung und kein Verfahrensmangel; dies führt lediglich zu einer inhaltlich unrichtigen Entscheidung[110].

dd) **Beispiele: Verfahrensmangel,** wenn ohne mündliche Verhandlung ent- **19** schieden ist, ohne dass ein wirksamer Verzicht darauf vorlag[111]; wenn ohne den – entschuldigten – Beteiligten verhandelt wird, dessen persönliches Erscheinen angeordnet worden war[112], wenn Beweisantrag übergangen wird[113], oder von einer erneuten Zeugenbeweisaufnahme abgesehen wird, obwohl das Berufungsgericht die Glaubwürdigkeit abweichend entscheiden will und es dabei auf den persönlichen Eindruck ankommt[114], wenn das Urteil auf schriftliche Zeugenerklärungen gestützt wird, die nicht gegenüber dem Gericht abgegeben waren und deren Richtigkeit zudem bestritten wurde[115]; wenn das VG Unklarheiten im Sachverhalt nicht durch eine mündliche Verhandlung zu klären versucht und das OVG diesen Mangel nicht beseitigt hat[116]; wenn bei der Fortsetzungsfeststellungsklage das berechtigte Interesse i.S.v. § 113 Abs. 4 S. 1 verneint wird, obwohl in der Sache hätte entschieden werden müssen[117], auch bei mangelnder Aufklärung der auf Verwaltungsanordnungen beruhenden Zuständigkeit einer Verwaltungsbehörde[118]; wenn der Tatrichter nicht das für seine Entscheidung maßgebende ausländische Recht von Amts wegen ermittelt hat[119]; bei ungenügender Sachaufklärung jedoch nur, wenn sich dem Berufungsgericht in Anbetracht des gesamten Sachverhalts die Notwendigkeit der Beweiserhebung hätte aufdrängen müssen[120], was auch gilt, wenn sich das VG auf im Verwaltungsverfahren eingeholte Sachverständigen-Gutachten stützt[121]; wenn das Gericht, ohne die Verfahrensbeteiligten von der Ladung eines Sachverständigen benachrichtigt zu haben, die durchgeführte Beweisaufnahme verwertet, es sei denn, die Betroffenen haben auf eine Rüge ausdrücklich verzichtet oder den Mangel ungerügt gelassen[122]; wenn das Gericht die Sachprüfung unterlässt, weil es sich zu Unrecht an die Rechtskraft einer früheren Entscheidung gebunden fühlt[123]; wenn das Gericht in der mündlichen Verhandlung erstmals neue und erhebliche Gesichtspunkte tatsächlicher und rechtlicher Art aufbringt und Beteiligtem keine Schriftsatzfrist zur Stellungnahme eingeräumt wird[124]; wenn die Rechtskraft nicht beachtet wird[125]; wenn das Urteil unter Verstoß gegen § 144 Abs. 6 vom zurückverweisenden Urteil des BVerwG abweicht[126]; wenn das Gericht auf Verpflichtungsantrag ein An-

---

109 BVerwG B. v. 17.10.2002 – 1 B 353/02.
110 BVerwG Buchh. 310 § 60 VwGO Nr. 238.
111 BVerwGE 6, 18; 7, 230; BSG NJW 1962, 656.
112 BVerwG B. v. 20.6.2000 – 5 B 27/00 juris.
113 BVerwG NJW 1954, 1094.
114 BVerwG B. v. 28.4.2000 – 9 B 137/00 juris.
115 BVerwGE 2, 310.
116 BVerwGE 3, 212.
117 BVerwG NVwZ-RR 2002, 323.
118 BVerwG NJW 1961, 1419.
119 BVerwG NJW 1989, 3107.
120 BVerwG DÖV 1962, 555.
121 BVerwG DVBl. 1980, 593.
122 BVerwG DVBl. 1980, 593.
123 BSGE 8, 284.
124 BVerwG Buchh. 428 § 4 Abs. 1 VermG Nr. 4.
125 BSG NJW 1959, 743.
126 BVerwG Buchh. 310 § 144 Nr. 57.

fechtungsurteil erlässt[127], wenn dem verfahrensrechtlichen Anspruch des Klägers, gerade in seinem Fall eine gerichtliche Entscheidung zu erlangen, nicht nachgekommen wird[128], wenn das OVG in einer entscheidungserheblichen landesrechtlichen Frage die Sache nicht dem Großen Senat nach § 12 Abs. 1 vorlegt[129]. Strittig ist, ob ein Verfahrensfehler vorliegt, wenn das Gericht eine anzuwendende Vorschrift für verfassungswidrig hält, aber nicht nach Art. 100 GG aussetzt und dem BVerfG vorlegt[130]. Das BSG[131] hat einen Verfahrensverstoß bejaht, der 2. Senat des BVerwG[132] hat darin keinen die Verfahrensrevision rechtfertigenden Fehler gesehen, der 3. Senat des BVerwG[133] hat die Frage offen gelassen. Prozessökonomische Gründe sprechen dafür, dass das BVerwG selbst vorlegt, wenn es die Vorlagepflicht bejaht. Kein Verfahrensfehler dagegen, wenn Aussetzung wegen anhängiger Verfassungsbeschwerden abgelehnt wird[134].

20 Bei der **freien Beweiswürdigung** ist ein Verfahrensverstoß i.S.d. § 132 Abs. 2 Nr. 3 in der Regel nicht möglich, da die Grundsätze der Beweiswürdigung revisionsrechtlich dem sachlichen Recht zuzuordnen sind[135]. Auch ein Verstoß gegen Denkgesetze im Rahmen einer freien Beweiswürdigung ist in der Regel lediglich ein Fehler in der Anwendung materiellen Rechts[136]. Ein Verstoß gegen die Denkgesetze stellt jedoch dann eine nach § 108 Abs. 1 S. 1 zu beachtende Verletzung des Grundsatzes der freien Beweiswürdigung dar, wenn davon ein Indizienbeweis betroffen wird[137]. Lehnt das Gericht einen Beweisantrag mit dem Hinweis auf eigene Sachkunde ab, muss es begründen, woher es diese hat[138].

21 **Verfahrensmangel auch**: bei Verletzung zwingender Zustellungsvorschriften[139], wenn nach mündlicher Verhandlung zuzustellendes Urteil erst nach Ablauf von zwei Wochen nach der mündlichen Verhandlung beschlossen wird[140], das Urteil nicht mit Gründen versehen ist, weil die Fünf-Monats-Frist (§ 222 ZPO) überschritten worden ist (vgl. § 117 Rn. 8 und § 138 Rn. 10)[141], bei fehlender oder nichtbeachteter notwendiger Beiladung[142], wenn wegen zu umfangreicher Verweisungen oder Bezugnahmen in Tatbestand und Entscheidungsgründen Unklarheiten und Zweifel über die tatsächliche und sachliche Grundlage des angefochtenen Urteils bestehen[143], allerdings kein Verfahrensverstoß, wenn der bei der Verkündung mündlich mitgeteilte wesentliche Inhalt der Entscheidungsgründe nicht den schriftli-

---

127 BVerwGE 25, 357.
128 BVerwG Buchh. 310 § 132 Abs. 2 Ziff. 3 Nr. 5.
129 BVerwG DVBl. 1998, 1239, hier Entscheidungserheblichkeit verneint.
130 Vgl. Kummer Nr. 236.
131 E 5, 27.
132 Buchh. 310 § 132 Nr. 136; ebenso der 7. Senat BVerwGE 37, 116 für Vorlage nach Art. 100 Abs. 2 GG.
133 Buchh. 310 § 132 Nr. 137.
134 BVerwG NJW 1998, 2301.
135 BVerwG Buchh. 448.0 § 34 Nr. 43; 402.24 § 2 Nr. 8; 310 § 132 Nr. 163; B. v. 10.8.2001 – 9 B 43/01 juris.
136 BVerwG Buchh. 310 § 132 Nr. 62; Nr. 155; 401.84 Nr. 35; 310 § 96 Nr. 34.
137 BVerwG DVBl. 1990, 780.
138 BVerwG DVBl. 1999, 1206.
139 BVerwG NJW 1998, 2377 für Ladung durch öffentliche Zustellung.
140 BVerwGE 106, 366: hier drei Monate.
141 BVerwG B. v. 25.8.2003 – 6 B 45/03 juris.
142 BVerwGE 2, 189; 3, 208; vgl. dazu auch § 142 Rn. 3 ff.
143 BVerwGE 7, 12.

chen Urteilsgründen entspricht[144]. Verfahrensverstoß auch, wenn durch Prozess- statt durch Sachurteil entschieden[145], wenn Sachurteilsvoraussetzungen zu Unrecht verneint werden[146]; ebenso, wenn bereits das VG einen Rechtsbehelf zu Unrecht als verspätet angesehen und das OVG die Berufung aus den gleichen Gründen zurückgewiesen hat[147]. Das gilt für jeden Verfahrensmangel erster Instanz, soweit er noch das Revisionsverfahren berührt[148]; bei fehlerhafter Annahme des VG, die Berufung sei ausgeschlossen, ebenfalls bejaht (vgl. § 133 Rn. 11)[149]; Verfahrensrüge jedoch ausgeschlossen, wenn der Kläger noch in zweiter Instanz Gelegenheit hatte, seine Auffassung zur Geltung zu bringen[150]. Bedenklich erscheint die Entscheidung[151], wonach die verklagte Körperschaft nicht rügen kann, das Gericht hätte zur Aufklärung des Sachverhalts bei ihren Behörden nach weiteren Unterlagen forschen müssen, da es für diese Frage nicht darauf ankommen kann, ob die Körperschaft oder nach § 78 Abs. 1 Nr. 2 die Behörde verklagt ist.

d) **Abweichende Zulassungsgründe enthält** nur noch das **Beamtenrechts- 22 rahmenG.** Nach § 127 Nr. 1 BRRG ist die Divergenzrevision auch bei einer Abweichung von der Entscheidung eines anderen OVG zuzulassen. Hat das BVerwG bereits über die Rechtsfrage entschieden, kann die Zulassung nur bei Abweichung von der Entscheidung des BVerwG, nicht bei Abweichung von der früheren, anders lautenden Entscheidung eines anderen OVG erfolgen[152]. Das BVerwG[153] hat die Divergenzrevision nicht zugelassen, wenn die abweichenden Urteile jeweils auf der Anwendung von Vorschriften verschiedener Länder beruhen[154]. Zum Anwendungsbereich des § 127 BRRG vgl. § 40 Rn. 32. Da die Länder keine Kompetenz haben, von § 132 abweichende Revisionszulassungsgründe zu schaffen, kann auch die Zulassung einer Revision gegen ein Urteil des OVG Bremen in Beamtensachen nicht nach §§ 159 ff. Br.LBG, sondern allein nach § 127 BRRG erfolgen.

3. **Verfahren** Grundsätzlich erfolgt die Entscheidung über die Zulassung 23 der Revision durch das Berufungsgericht zusammen mit der Entscheidung im Berufungsverfahren. Sie stellt eine prozessuale Nebenentscheidung dar, die von Amts wegen erfolgen muss; der Antrag eines Beteiligten ist daher weder erforderlich noch bindet er das Gericht[155]. Zur anderen Beurteilung der Verfahrensrevision vgl. Rn. 16. Die Zulassung kann, wenn der Streitgegenstand mehrere selbstständige Ansprüche umfasst, auf einen Teil des Be-

144 BSG NJW 1961, 1183.
145 BVerwGE 30, 111.
146 BSG NJW 1960, 1491 zum Feststellungsinteresse.
147 BSG NJW 1957, 764.
148 RGZ 159, 84.
149 BVerwG NJW 2002, 2262.
150 Buchh. BVerwG 310 § 132 VwGO Nr. 8; BVerwGE 19, 231; krit. dazu Haueisen NJW 1965, 191; vgl. auch BVerwG NJW 1992, 1186 zum Verlust der Verfahrensrüge durch konkludenten Verzicht.
151 BVerwGE 26, 30.
152 BVerwG BayVBl. 1997, 573.
153 E 27, 155.
154 Vgl. auch BVerwG NVwZ 1999, 406: Abweichung wie in § 132 Abs. 2 Nr. 2 VwGO.
155 BVerwGE 2, 80.

rufungsurteils beschränkt werden[156], auch wenn die Ansprüche aus dem gleichen Rechtsverhältnis hergeleitet werden[157].

24 Die **Entscheidung über die Zulassung** erfolgt grundsätzlich im Urteilstenor, doch reicht nach h.M. aus, wenn sie aus den Gründen ersichtlich ist[158]. Da § 132 Abs. 1 nicht die Zulassung im Urteil fordert, dürfte auch ein mit dem Urteil zusammen verkündeter Beschluss ausreichen[159]. In der Belehrung über das Rechtsmittel der Revision kann die Zulassung nicht erblickt werden, da sie ausdrücklich erfolgen muss[160]. Ist die beschlossene Entscheidung nicht in das Urteil aufgenommen worden, ist Berichtigung nach § 118 zulässig; ist die Entscheidung über die Zulassung unterblieben, ist Ergänzung nach § 120 nicht zulässig, da deren Voraussetzungen nicht vorliegen[161]. Das Fehlen der Entscheidung über die Zulassung ist wie die Nichtzulassung zu behandeln[162], sodass auch ein nachträglicher Beschluss nicht in Betracht kommt[163].
Die Entscheidung ist zu begründen, damit ersichtlich ist, aus welchem Grund die Zulassung erfolgt, bzw. dass keine Zulassungsgründe, auch entgegen der Ansicht der Beteiligten, vorliegen[164]. Die Entscheidung muss eine Rechtsmittelbelehrung enthalten (§ 58 Abs. 1), in der auf die Frist für die Beschwerde und die Beschwerdebegründung, jedoch nicht auf die Anforderungen für die Beschwerdebegründung hingewiesen zu werden braucht[165]. Sie unterliegt bei Nichtzulassung der Beschwerde § 133, bei Zulassung ist sie unanfechtbar; auch das OVG kann die Zulassung nicht widerrufen[166].

25 **4. Das BVerwG ist an die Zulassung der Revision** durch das OVG **gebunden** (Abs. 3), das Gleiche gilt für die Zulassung durch das VG in den Fällen des § 134 Abs. 1 und des § 135[167]. Diese Regelung entspricht § 160 Abs. 3 SGG und § 543 Abs. 2 ZPO. Die Bindung besteht auch dann, wenn nach Auffassung des BVerwG ein Zulassungsgrund offensichtlich nicht vorliegt oder im Verfahren über die Zulassungsbeschwerde ein schwer wiegender Verfahrensfehler unterlaufen ist. Auch eine nachträgliche Gesetzesänderung, die den Zulassungsgrund wegfallen lässt, hebt die Bindungswirkung nicht auf[168]. Die Bindungswirkung setzt aber voraus, dass eine ihrer Natur nach revisionsfähige Entscheidung vorliegt. Daher keine Bindung an Zulassung der Revision gegen einen Beschluss, außer in den Fällen der §§ 47 Abs. 5 S. 1 und § 125 Abs. 2 S. 4; bei der Zulassung trotz irrevisiblen Rechts hat das BVerwG[169] die Bindung bejaht, die Revision wird als

156 BSGE 7, 35; BGHZ 7, 62.
157 BVerwG DÖV 1960, 192; E 11, 133; vgl. auch Rn. 4.
158 Vgl. BSGE 8, 147; BGH NJW-RR 1998, 505; vgl. jedoch auch BVerwG Buchh. 310 § 132 Abs. 1 VwGO Nr. 2: keine Zulassung, wenn sich die Unrichtigkeit des zulassenden Tenors aus den Gründen ergibt.
159 BVerwG MDR 1955, 81.
160 BVerwGE 71, 73.
161 Eyermann/P. Schmidt Rn. 20; Kopp/Schenke Rn. 34.
162 Ule S. 440.
163 Kopp/Schenke Rn. 34.
164 Vgl. BVerwG NJW 1991, 190 für Ablehnung der Zulassung; a.A. Eyermann/P. Schmidt Rn. 24.
165 BVerwG NJW 1961, 380; E 12, 1; vgl. aber § 58 Rn. 10.
166 Hw. Müller NJW 1955, 1742.
167 Vgl. BVerwG NVwZ 1998, 1179.
168 Vgl. BVerwG Buchh. 310 § 132 Nr. 66.
169 E 102, 95.

unstatthaft zurückgewiesen[170]. Der BFH[171] hat die Bindung des Revisionsgerichts an die Zulassung einer offensichtlich gesetzwidrigen Revision verneint.

§ 133 [Nichtzulassungsbeschwerde]

(1) Die Nichtzulassung der Revision kann durch Beschwerde angefochten werden.

(2) Die Beschwerde ist bei dem Gericht, gegen dessen Urteil Revision eingelegt werden soll, innerhalb eines Monats nach Zustellung des vollständigen Urteils einzulegen. Die Beschwerde muss das angefochtene Urteil bezeichnen.

(3) Die Beschwerde ist innerhalb von zwei Monaten nach der Zustellung des vollständigen Urteils zu begründen. Die Begründung ist bei dem Gericht, gegen dessen Urteil Revision eingelegt werden soll, einzureichen. In der Begründung muss die grundsätzliche Bedeutung der Rechtssache dargelegt oder die Entscheidung, von der das Urteil abweicht oder der Verfahrensmangel bezeichnet werden.

(4) Die Einlegung der Beschwerde hemmt die Rechtskraft des Urteils.

(5) Wird der Beschwerde nicht abgeholfen, entscheidet das Bundesverwaltungsgericht durch Beschluss. Der Beschluss soll kurz begründet werden; von einer Begründung kann abgesehen werden, wenn sie nicht geeignet ist, zur Klärung der Voraussetzungen beizutragen, unter denen eine Revision zuzulassen ist. Mit der Ablehnung der Beschwerde durch das Bundesverwaltungsgericht wird das Urteil rechtskräftig.

(6) Liegen die Voraussetzungen des § 132 Abs. 2 Nr. 3 vor, kann das Bundesverwaltungsgericht in dem Beschluss das angefochtene Urteil aufheben und den Rechtsstreit zur anderweitigen Verhandlung und Entscheidung zurückverweisen.

Übersicht

---

170 Eyermann/P. Schmidt Rn. 23.
171 NVwZ 1999, 696.

I. Allgemeines

1 Das Rechtsmittel gegen die Nichtzulassung der Revision ist die **Nichtzulassungsbeschwerde** (Zulassungsbeschwerde) nach Absatz 1[1]. **Gegen die Zulassung** der Revision gibt es **kein Rechtsmittel**. Die Nichtzulassungsbeschwerde kann nur **unbedingt** (vgl. § 124 Rn. 10) und ohne Vorbehalte, auch nicht hilfsweise eingelegt werden[2]. Gegenstand der Nichtzulassungsbeschwerde ist die abgelehnte oder unterlassene Zulassung der Revision durch das OVG, im Falle des § 135 durch das VG. Die Einlegung der Beschwerde **hemmt** jedoch die **Rechtskraft des Urteils** (Abs. 4). **Beschwerdegericht** ist das BVerwG. **Beschwerdeberechtigt** ist, wer berechtigt ist, gegen das Urteil des OVG Revision einzulegen[3]. Dabei ist zu beachten, dass jeder Beteiligte, der sich beschwert fühlt, selbstständig gegen die Entscheidung Revision einlegen muss, da die Zulassung der Revision nur (noch) zu Gunsten des Beschwerdeführers wirkt[4]. Die Beschwerde ist nur zulässig, soweit eine **Beschwer** besteht (vgl. § 124 Rn. 6); hat das Urteil dem Klageantrag in vollem Umfang stattgegeben, wird die Nichtzulassungsbeschwerde als unzulässig verworfen[5], auch wenn der vom Antrag her Obsiegende die Urteilsgründe als "nachteilig" empfindet[6]. Eine Beschwer liegt auch nicht vor, wenn ein Bebauungsplan nach 215a Abs. 1 S. 1 BauGB für nichtig und nicht nur für unwirksam erklärt wird[7]. Eine unselbstständige **Anschlussbeschwerde** ist nicht zulässig[8]. Die **Zurücknahme** der Beschwerde ist bis zur Zustellung des über die Beschwerde entscheidenden Beschlusses durch Erklärung gegenüber dem Gericht, bei dem sie anhängig ist, zulässig; sie muss ohne Einschränkung erklärt werden und ist nicht anfechtbar[9]. Eine Einwilligung des Beschwerdegegners ist in keinem Fall erforderlich. Übereinstimmende **Erledigungserklärungen** führen zur Kostenentscheidung und zur Einstellung des Verfahrens[10]; eine nur einseitige Erledigungserklärung bleibt jedoch ohne Einfluss auf die Fortführung des Verfahrens[11].

---

1 Vgl. dazu grundsätzlich Kummer, Die Nichtzulassungsbeschwerde, 1990; Weyreuther, Revisionszulassung und Nichtzulassungsbeschwerde, 1971 und zur aktuellen Rechtslage nach In-Kraft-Treten des RmBereinVpG am 1.1.2002: Kienemund NJW 2002, 1231; Seibert NVwZ 2002, 265; Kuhla/Hüttenbrink DVBl. 2002, 85; M. Redeker NordÖR 2002, 183; Just LKV 2002, 201 u. ThürVBl. 2002, 203.
2 BVerwG VRspr. 13, 893; Buchh. 310 § 133 VwGO Nr. 83.
3 Vgl. § 132 Rn. 3; BVerwG NVwZ 1998, 842; Buchh. 310 § 132 Nr. 194 für Beigeladenen; BVerwG NJW 1955, 1851: nicht die beklagte Behörde in LAG-Sachen; BVerwGE 90, 337; NJW 1994, 3024 für Vöi; E 96, 258 nicht der OBA/VBI.
4 BVerwG NVwZ 2001, 201.
5 BVerwGE 17, 352.
6 BVerwG BayVBl. 2002, 567.
7 BVerwG Buchh. 310 § 47 VwGO Nr. 140.
8 BVerwGE 34, 351; Buchh. 310 § 132 Nr. 67.
9 BVerwG NJW 1954, 852.
10 BVerwG NJW 1965, 1732.
11 BVerwG NJW 1970, 163.

II. Einlegung

1. Form. Die Nichtzulassungsbeschwerde ist **schriftlich** (vgl. § 81 Rn. 4 ff.) **2**
einzulegen. Es besteht für sie **Anwaltszwang** (§ 67), die Beschwerde kann
daher nicht persönlich vom Beschwerdeführer eingelegt werden[12]. Die
Nichtzulassungsbeschwerde braucht nicht als solche bezeichnet zu sein,
doch muss sie als solche erkennbar sein[13]. Eine Revision kann nicht in
eine Nichtzulassungsbeschwerde umgedeutet werden[14]. Das Urteil, für das
die Zulassung der Revision begehrt wird, ist konkret zu bezeichnen (Abs. 2
S. 2).

2. Frist. Die **Beschwerdefrist** beträgt einen Monat seit Zustellung des **3**
vollständigen Urteils an den Beschwerdeführer; sind mehrere Prozessbevollmächtigte bestellt, beginnt der Lauf der Frist mit der zeitlich ersten
Zustellung[15]. Der Lauf der Frist beginnt nur bei zutreffender Rechtsmittelbelehrung; fehlt diese oder ist sie unrichtig, findet § 58 Abs. 2 Anwendung.
Die Frist kann nicht verlängert werden[16], lediglich **Wiedereinsetzung** nach
§ 60 ist möglich. Der Antrag auf Wiedereinsetzung ist nach Vorlage an
das BVerwG bei diesem zu stellen[17]. Ist zur Fristwahrung nur Prozesskostenhilfe beantragt, muss bis zum Ablauf der Beschwerdefrist dargetan sein,
welcher Zulassungsgrund mit der Beschwerde geltend gemacht werden
soll[18]. Bei verkündeten Urteilen kann die Beschwerde auch schon vor der
Zustellung eingelegt werden[19].

3. Ort. Die Beschwerde ist **bei dem Gericht, gegen dessen Entscheidung** **4**
Revision eingelegt werden soll (OVG im Fall des § 132, VG im Fall des
§ 135), **einzulegen.** Die Einlegung beim BVerwG wahrt die Frist nicht[20].

III. Begründung

1. Frist. Die Nichtzulassungsbeschwerde ist **innerhalb von zwei Monaten** **5**
nach der Zustellung des vollständigen Urteils zu begründen (Abs. 3 S. 1).
Da eine gesetzliche Regelung fehlt, kann diese Frist nicht verlängert werden[21]. Die Frist knüpft an die Zustellung des Urteils an und ist damit
unabhängig vom Zeitpunkt der Einlegung der Beschwerde[22]. Auch der
Beginn des Laufs dieser Frist setzt zutreffende Rechtsmittelbelehrung voraus, fehlt diese oder ist sie unrichtig, findet § 58 Abs. 2 Anwendung[23].
Das gilt auch im Falle der Wiedereinsetzung im Falle der Fristversäumung

---

12 BVerwG ZLA 1962, 55; NJW 1997, 1865.
13 BVerwG DVBl. 1996, 105.
14 BVerwG DVBl. 1996, 105; NVwZ 1998, 1297; Buchh. 310 § 144 Nr. 24; BFH
   NJW 1969, 79.
15 BVerwG NJW 1980, 2269; NJW 1998, 3582.
16 BVerwGE 32, 357; NJW 1961, 1083.
17 BVerwG NJW 1962, 1292.
18 BVerwG NJW 1965, 266; auch NJW 1965 u. 1994, 2097, 1038; Buchh. 436.36
   § 17 BAföG Nr. 16; a.A. Eyermann/P. Schmidt Rn. 4; Kopp/Schenke Rn. 7.
19 BVerwG NJW 1954, 854.
20 BVerwGE 32, 357; Buchh. 310 § 132 Nr. 194.
21 Vgl. BVerwGE 32, 357; NVwZ 2001, 799; Buchh. 310 § 133 VwGO Nr. 64; anders § 160a SGG oder § 544 Abs. 2 ZPO.
22 Vgl. BVerwG NJW 1992, 2780; auch BVerwG NJW 1992, 2308 zur Wiedereinsetzung nach Gewährung von Prozesskostenhilfe.
23 Vgl. BVerwGE 5, 178.

für die Einlegung der Beschwerde; Wiedereinsetzung ist jedoch auch, mit eigener Begründung, für die Begründungsfrist möglich.

6 2. Ort. Auch die **Begründung** der Nichtzulassungsbeschwerde **ist bei dem Gericht, gegen dessen Urteil Revision eingelegt werden soll, einzureichen** (Abs. 3 S. 2; OVG im Fall des § 132, VG im Fall des § 135); das gilt auch für das Nachschieben von Zulassungsgründen, wenn die Beschwerde bereits dem BVerwG vorgelegt ist[24]. Die Einreichung beim BVerwG wahrt die Begründungsfrist nicht[25]. Damit wird sichergestellt, dass dieses Gericht zu der nach Absatz 5 erforderlichen Prüfung, ob es abhelfen will, in der Lage ist.

7 3. **Form und Inhalt.** Auch die Begründung unterliegt dem Anwaltszwang (§ 67). Die Begründung muss den in Absatz 3 S. 3 geforderten Inhalt haben, braucht aber nicht die Revisionsbegründung vorwegnehmen, wie sich aus den unterschiedlichen Fristen und der für die Revisionsbegründung gegebenen Möglichkeit der Fristverlängerung ergibt. Nicht ausreichend ist, wenn der Vertreter des Beschwerdeführers lediglich auf den Inhalt einer vom Beschwerdeführer selbst unterschriebenen Eingabe verweist[26] oder auf früheres Vorbringen Bezug nimmt[27], sofern nicht erkennbar wird, dass der Anwalt eine eigene Prüfung, Sichtung und rechtliche Durchdringung des Streitstoffes vorgenommen hat[28]. Neue Tatsachen können im Beschwerdeverfahren nicht vorgebracht werden[29]. Die fristgerecht dargelegten Zulassungsgründe können aber nach Fristablauf noch näher erläutert oder verdeutlicht werden[30]. Zu den Anforderungen an die Beschwerdeschrift gehört auch die Klarheit, Verständlichkeit und Überschaubarkeit des Beschwerdevorbringens. Dieser Anforderung wird nicht entsprochen, wenn Ausführungen zu den Zulassungsgründen in unübersichtlicher, ungegliederter, unklarer, kaum auflösbarer Weise mit Einlassungen zu irrevisiblen oder für das Beschwerdeverfahren sonst unerheblichen Fragen vermengt sind[31].

8 Die **Revision** darf grundsätzlich **nur wegen eines geltend gemachten Zulassungsgrundes zugelassen** werden. Beruht das Urteil auf mehreren es jeweils tragenden Gründen (kumulative Begründung, vgl. § 132 Rn. 4), muss für jeden dieser Gründe ein Zulassungsgrund geltend gemacht werden. Ist ein Verfahrensfehler in der Beschwerdeschrift nicht hinreichend dargelegt, kann weder das OVG im Abhilfeverfahren noch das BVerwG die Revision wegen eines anderen Verfahrensfehlers zulassen; der Darlegungspflicht ist nicht genügt, wenn lediglich die Rechtsausführungen des Gerichts in Frageform gekleidet werden[32]. Bei Erledigung eines Verwaltungsaktes sind die Umstände, aus denen sich ein Fortsetzungsfeststellungsinteresse nach § 113 Abs. 1 S. 4 ergeben soll, mit der Beschwerdebegründung darzule-

---

24 BVerwG NJW 1998, 553.
25 Vgl. BVerwGE 32, 357; Buchh. 310 § 132 Nr. 194.
26 BVerwG NJW 1962, 172.
27 BVerwGE 11, 241.
28 BVerwG Buchh. 310 § 132 Nr. 202; vgl. auch BGH NJW 1993, 1866 zur Bezugnahme auf beigefügte Unterlagen.
29 BVerwG NJW 1955, 566.
30 BVerwG DÖV 1974, 105.
31 BVerwG NJW 1996, 1554.
32 BVerwG Buchh. 310 § 133 Nr. 6.

gen[33]. Ist jedoch zu Recht die grundsätzliche Bedeutung einer Rechtssache geltend gemacht und ergeht nach Ablauf der Beschwerdefrist eine Entscheidung des Revisionsgerichts, von der das anzufechtende Urteil abweicht, hat das BVerwG die Revision wegen Divergenz zugelassen[34]. Ebenso hat es wegen grundsätzlicher Bedeutung zugelassen, wenn sich diese aus der dargelegten Divergenz ergab[35].

Die **Anforderungen an die Darlegung** (Abs. 3 S. 3) bedeuten im Einzelnen[36]: **9**

a) Für die **Grundsatzrevision** (vgl. § 132 Rn. 6 ff.) muss ausdrücklich die grundsätzliche Bedeutung der Rechtssache dargelegt werden, d.h. die Gründe müssen angeführt werden, inwiefern in dem erstrebten Revisionsverfahren eine im Interesse der Rechtseinheit oder der Fortentwicklung des Rechts noch klärungsbedürftige, konkrete Rechtsfrage zu beantworten sein wird[37]; eine formelhafte Begründung reicht ebenso wenig aus wie die Anführung eines gesetzlichen Tatbestandsmerkmals und die Erklärung, dass der Entscheidung hierüber grundsätzliche Bedeutung zukomme[38]. Das Darlegungserfordernis des Abs. 3 S. 3 verlangt insoweit die Bezeichnung einer entscheidungserheblichen Rechtsfrage[39]. Es muss darüber hinaus dargelegt werden, woraus die Klärungsbedürftigkeit resultiert (z.B. höchstrichterlich noch nicht entschieden). Liegt bereits eine höchstrichterliche Entscheidung vor, ist darzulegen, welche neuen Gesichtspunkte die Klärungsbedürftigkeit begründen[40]. Die Möglichkeit, dass Tatsachen nach Zurückverweisung und weiterer Sachverhaltsaufklärung entscheidungserheblich werden könnten, reicht für die Zulassung nicht aus[41].

b) Für die **Divergenzrevision** (vgl. § 132 Rn. 11 ff.) muss die Entscheidung **10** des BVerwG, des GemS oder des BVerfG von der das Urteil des OVG abweicht, bezeichnet und ausgeführt werden, worin die Abweichung bestehen soll[42]. Zur Bezeichnung des Urteils reicht die Angabe des Datums der Entscheidung allein nicht aus[43], es muss auch auf das Aktenzeichen oder die Fundstelle hingewiesen werden. Die Divergenz ist nur dann hinreichend bezeichnet, wenn die Beschwerde einen inhaltlich bestimmten, die angefochtene Entscheidung der Vorinstanz tragenden, abstrakten Rechtssatz benennt[44], mit dem die Vorinstanz einem in der Rechtsprechung des BVerwG aufgestellten ebensolchen Rechtssatz in Anwendung derselben Rechtsvorschrift widersprochen hat[45]. Es kommt dabei nur ein Rechtssatz in Betracht, der für die Entscheidung rechtserheblich war[46].

---

33 BVerwGE 53, 134; Buchh. 310 § 113 Nr. 279.
34 Buchh. 310 § 132 Nr. 240.
35 BVerwG Buchh. 310 § 132 Nr. 51.
36 Vgl. insgesamt BVerwG NJW 1997, 3328.
37 Zu den Anforderungen an die Darlegung der grundsätzlichen Bedeutung vgl. auch BVerfG DVBl. 1995, 35 und DVBl. 1995, 36; BVerwG NJW 1997, 3328.
38 BVerwGE 13, 90.
39 BVerwG GewA 1994, 285.
40 BVerwG DVBl. 1960, 854.
41 BVerwG Buchh. § 132 Nr. 76; Nr. 309.
42 BVerwG DVBl. 1961, 382; Buchh. 310 § 133 (a.F.) Nr. 15 zu den Darlegungsanforderungen bei Abweichung von einer Entscheidung vom BVerfG.
43 BVerwG MDR 1964, 624.
44 BVerwG Buchh. 310 § 133 (n.F.) Nr. 18.
45 BVerwG DVBl. 1998, 713.
46 BVerwG Buchh. 310 § 132 Nr. 86; Nr. 255; vgl. auch Kummer Nr. 164 ff.

Das BVerwG hat zugelassen, dass im Beschwerdeverfahren das Vorliegen einer Abweichung auch geprüft und aus diesem Grunde zugelassen wird, wenn nur die Zulassung wegen grundsätzlicher Bedeutung begehrt war, diese aber hätte versagt werden müssen[47]; das Gleiche gilt für die Zulassung wegen grundsätzlicher Bedeutung, wenn die Zulassung nur wegen Divergenz beantragt war[48]. Das BVerwG[49] hat, wenn nur ein Verfahrensfehler geltend gemacht wird, die Divergenzrüge in eine Verfahrensrüge umgedeutet[50]. Erweist sich aus den Urteilsgründen trotz vorliegender Divergenz die Entscheidung aus anderen Gründen als richtig, hat das BVerwG die Ursächlichkeit der Divergenz und damit die Zulassung verneint[51]. Grundsätzlich zu den Anforderungen an die Darlegung einer Divergenz BVerfG NVwZ 1990, 551; BVerwG Buchh. 310 § 132 Nr. 255; NJW 1997, 3328.

11   c) Für die **Verfahrensrevision** (vgl. § 132 Rn. 16 ff.) muss der Verfahrensmangel bezeichnet werden; dazu gehört, dass er sowohl in den ihn (vermeintlich) begründenden Tatsachen als auch in seiner rechtlichen Würdigung substantiiert dargetan wird[52]. Ein Verfahrensmangel ist im Sinne von Absatz 3 S. 3 nur dann »bezeichnet«, wenn die ihm zu Grunde liegenden Tatsachen angegeben werden und dargelegt wird, ob und inwiefern die angefochtene Entscheidung auf ihm beruhen kann[53]. Dies verlangt eine substantiierte Darlegung, hinsichtlich welcher tatsächlichen Umstände Aufklärungsbedarf bestanden hat, welche für geeignet und erforderlich gehaltenen Aufklärungsmaßnahmen hierfür in Betracht gekommen wären und welche tatsächlichen Feststellungen bei Durchführung der unterbliebenen Sachverhaltsaufklärung voraussichtlich getroffen worden wären. Auf die bemängelte Sachverhaltsaufklärung musste bereits in der Tatsacheninstanz hingewirkt werden bzw. hätte sich die Aufklärung auch ohne Hinwirken aufdrängen müssen[54]. Das erfordert, soweit sich dies nicht aus dem Urteil des OVG ergibt[55], bei der **Rüge mangelnder Sachaufklärung** wegen Nichtvernehmung von Zeugen, dass die Zeugen unter Anführung der in ihr Wissen gestellten Tatsachen bezeichnet werden und dargetan wird, dass das Urteil auf der Nichtvernehmung dieser Zeugen beruhen kann[56]. Die allgemeine Behauptung, die angebotenen Beweise seien nicht erhoben, insbesondere seien nicht alle benannten Zeugen vernommen worden, reicht nicht aus[57]. Wer sich darauf beruft, das Gericht sei wegen eines in der mündlichen Verhandlung eingeschlafenen Richters nicht ordnungsgemäß besetzt gewesen, muss konkrete Tatsachen vortragen, welche eine Konzentration des Richters auf die wesentlichen Vorgänge in der Verhandlung ausschließen. Ruhiges tiefes Atmen kann ein Anzeichen geistiger Entspannung sein, auch ”Hochschrecken” kann nur von einem – unerheblichen

---

47   BVerwG NVwZ-RR 1993, 513; vgl. auch Günther DVBl. 1998, 678; a.A. Münster VRspr. 14, 1025.
48   BVerwGE 24, 91.
49   NVwZ 1998, 631 zum Verstoß gegen die Bindungswirkung nach Zurückverweisen nach § 144 Abs. 6.
50   Vgl. auch BVerwG NJW 1997, 3456.
51   BVerwGE 14, 342; 54, 99 beide zu Sachurteil an Stelle von Prozessurteil.
52   BVerwG NJW 1997, 3328; vgl. auch Kummer Nr. 187 ff.
53   BVerwG GewA 1994, 285; vgl. auch Buchh. 310 § 133 (n.F.) Nr. 18.
54   BVerwG B. v. 4.10.2002 – 1 B 224/02 juris.
55   BVerwGE 6, 69.
56   BVerwGE 5, 12; NJW 1962, 832.
57   BVerwG NJW 1962, 832.

– Sekundenschlaf herrühren[58]. Ist durch Prozessurteil wegen Versäumung der Klagefrist entschieden worden, ist ein Verfahrensmangel ausreichend bezeichnet, wenn dargelegt wird, dass die Wiedereinsetzung gegen die Versäumung der Klagefrist zu Unrecht versagt und deshalb kein Sachurteil ergangen sei[59]. Das BVerwG[60] hat zugelassen, dass eine Rüge, die fälschlich als materieller Zulassungsgrund geltend gemacht wird, in eine Verfahrensrüge umgedeutet wird. Die **Behauptung** des Verfahrensmangels **reicht allein nicht aus,** da dieser nach § 132 Abs. 2 Nr. 3 **vorliegen muss,** um die Zulassung zu erreichen[61]. Die Begründung muss weiter darlegen, dass das **Urteil auf dem Verfahrensmangel beruhen kann**[62], d.h., dass ohne den Verfahrensverstoß ein für den Beschwerdeführer günstigeres Urteil hätte ergehen können.

IV. Verfahren und Entscheidung

1. Verfahren. Im **Beschwerdeverfahren wird geprüft, ob** die **Voraussetzun-**   **12**
gen für die **Zulassung der Revision** nach § 132 Abs. 2 vorliegen; über den sachlichen Erfolg der Revision wird nicht entschieden[63]. Das BVerwG hat jedoch, insbesondere bei Verfahrensrügen und Divergenz[64], aber auch bei Grundsätzlichkeit[65] entsprechend dem Rechtsgedanken des § 144 Abs. 4 die Zulassungsbeschwerde zurückgewiesen, wenn es die Entscheidung des OVG in der Sache als zutreffend ansah[66]. Bei dieser Rechtsprechung stellt sich wegen der unterschiedlichen Besetzung des BVerwG im Beschluss- und im Revisionsverfahren auch die Frage nach dem gesetzlichen Richter[67]. Zur **notwendigen Beiladung** im Beschwerdeverfahren vgl. § 142 Rn. 4.

Abhilfe. Das Gericht, dessen Entscheidung angefochten ist, **prüft** zunächst,   **12a**
ob es der Beschwerde abhilft. Es kann dies nur, wenn die Beschwerde zulässig ist, da nur das Beschwerdegericht die Beschwerde verwerfen kann[68]. Hilft das Gericht der Beschwerde ab, spricht es die Zulassung durch Beschluss, der vom vollbesetzten Senat gefasst wird[69], aus. Dieser Beschluss ist unanfechtbar[70]. Er kann vom erlassenden Gericht nicht mehr geändert werden und bindet das BVerwG nach § 132 Abs. 3. Der Beschluss ist zuzustellen. Mit der Zustellung beginnt der Lauf der Revisionsbegründungsfrist (§ 139 Abs. 3 S. 1). Der Beschluss muss eine Belehrung darüber enthalten, dass das Beschwerdeverfahren als Revisionsverfahren fortgesetzt wird und

58 BVerwG Buchh. 310 § 138 Ziff. 1 VwGO Nr. 38.
59 BVerwGE 13, 239.
60 MDR 1964, 620.
61 Vgl. § 132 Rn. 17; auch BVerwG Buchh. 310 § 133 VwGO Nr. 36 zur substantiierten Darstellung bei Verletzung rechtlichen Gehörs.
62 BVerwGE 13, 338; Buchh. 448 034 WPflG Nr. 29; NVwZ 1982, 434; DVBl. 1993, 49.
63 Redeker, Gelzer-Festschrift S. 333; Ule, Verwaltungsprozessrecht S. 344; vgl. aber Rn. 15.
64 Vgl. Buchh. 310 § 132 Nr. 178; 310 § 144 Nr. 34; BVerwGE 54, 99.
65 Vgl. BVerwG DVBl. 1989, 929; DVBl. 1992, 708 m. abl. Anm. Fromm.
66 BVerwGE 54, 99; DVBl. 1993, 49; Buchh. 310 § 144 VwGO Nr. 62; B. v. 9.4.2003 – 4 B 29/03; vgl. dazu Sendler DVBl. 1992, 240.
67 Zur Kritik vgl. neben der aufgeführten Lit. Redeker DVBl. 1992, 212.
68 Vgl. BVerwG NJW 1963, 554.
69 A.A. jetzt Eyermann/P. Schmidt Rn. 16: Beschlussbesetzung; ebenso Weyreuther Rn. 226.
70 Vgl. Lüneburg OVGE 17, 324.

dass es einer besonderen Einlegung der Revision nicht bedarf (§ 139 Abs. 2, vgl. dort Rn. 5) und weiter, dass die Revision innerhalb eines Monats nach seiner Zustellung zu begründen ist, wobei die Begründung bei dem BVerwG einzureichen ist (§ 139 Abs. 3 S. 1 u. 2, vgl. dort Rn. 6). Bei fehlender Belehrung ist § 58 Abs. 2 analog anzuwenden[71]. Den abhelfenden Beschluss mit den Akten leitet das Gericht sodann unverzüglich dem BVerwG zu. Wird die Beschwerde zurückgenommen, entfällt die Vorlage und das OVG entscheidet über die Kostenfolge (vgl. § 126 Abs. 2). Ein Ereignis, durch das sich das Verfahren in der Hauptsache erledigt, bewirkt zugleich eine Erledigung des zugehörigen Verfahrens der Nichtzulassungsbeschwerde[72].

13 **2. Entscheidung durch das BVerwG. Hilft das Gericht nicht ab, legt es unverzüglich** – förmlicher Beschluss nicht erforderlich[73] – die Beschwerde mit den Akten **dem BVerwG vor,** das durch Beschluss entscheidet. Dabei ist die Prüfung durch das BVerwG auf fristgerecht vorgetragene Beschwerdegründe im Sinne von § 132 Abs. 2 beschränkt[74]. Mündliche Verhandlung ist nicht erforderlich (§ 102 Abs. 3), doch kann eine Beweisaufnahme erforderlich sein, um festzustellen, dass ein Verfahrensfehler vorliegt (vgl. § 132 Rn. 17). Der Beschluss soll kurz begründet werden; davon kann jedoch abgesehen werden, wenn die Begründung nicht geeignet wäre, zur Klärung der Voraussetzungen beizutragen, unter denen eine Revision zuzulassen ist[75]. Der Beschluss ist auch dem Beigeladenen zuzustellen[76]. Für die Entscheidung des BVerwG gilt:

14 a) **Verwirft das BVerwG die Beschwerde oder weist es sie zurück,** wird das Urteil rechtskräftig (Abs. 5 S. 3)[77]. Das BVerwG weist auch zurück, wenn sich die angegriffene Entscheidung im Ergebnis aus anderen Gründen als richtig erweist[78]. Die Rechtskraft wird wirksam mit dem gerichtsinternen Vorgang der Herausgabe des ablehnenden Beschlusses aus dem Gericht an die Post[79]. Aber: Beginnt hiermit Frist (hier: 5-Jahres-Frist für Nichtigkeitsklage), muss der Vorgang in der Gerichtsakte dokumentiert sein, sonst kann Partei sich auf günstigeren Zeitpunkt berufen, sofern es nach Ausschöpfen aller Aufklärungsmöglichkeiten jedenfalls möglich ist. Aus Gründen der Rechtsklarheit sollte auch dieser Beschluss, obgleich in Absatz 5 S. 3 nicht vorgeschrieben, zugestellt werden (vgl. § 121 Rn. 2). In diesem Beschluss ist auch über die **Kosten** zu entscheiden[80].

15 b) **Gibt das BVerwG der Beschwerde statt,** ist zu unterscheiden:
aa) bei der **Verfahrensrevision** kann das BVerwG nach Abs. 6 in dem stattgebenden Beschluss das angefochtene Urteil aufheben und den Rechtsstreit

71   Vgl. BVerwGE 5, 178; BFH NJW 1987, 2704.
72   BVerwGE 72, 93.
73   BVerwG NJW 1963, 554.
74   BVerwG NJW 1990, 3102.
75   Abs. 3 S. 2; vgl. auch BVerwGE 80, 228 zum Zurückweisen von Verfahrensrügen ohne Begründung; für einengende Auslegung Sendler DVBl. 1992, 240 Fn. 13.
76   BVerwG NVwZ 1992, 179.
77   Vgl. GemS BVerwGE 68, 379.
78   Entsprechend § 144 Abs. 4; vgl. BVerwG NVwZ 1998, 737: Klage nicht unzulässig, sondern nur unbegründet.
79   BVerwGE 95, 64.
80   Vgl. Kummer Nr. 297.

zur anderweitigen Verhandlung und Entscheidung zurückverweisen[81]. Trifft das OVG eine Sachentscheidung, obwohl die Klage wirksam zurückgenommen worden ist, so kann es im Nichtzulassungsbeschwerdeverfahren (nach Abs. 6) mit einer Aufhebung dieser Entscheidung sein Bewenden haben[82]. Das BVerwG[83] hat auch dann zurückverwiesen, wenn die Beschwerde zusätzlich auf eine grundsätzliche Bedeutung der Sache gestützt war, der Verfahrensmangel aber, selbst wenn die Revision deswegen zugelassen würde, im Revisionsverfahren voraussichtlich zur Zurückverweisung geführt hätte. Betraf eine Divergenzrüge ausschließlich Verfahrensrecht, hat das BVerwG Absatz 6 ebenfalls angewandt und zurückverwiesen[84]. Das BVerwG[85] hat nach Absatz 6 auch eine Klage durch Beschluss abgewiesen, wenn eine korrekte Handhabung der gerügten Verfahrensvorschriften die Beurteilung der Klage als unzulässig zur Folge haben muss. Bei einer Zurückverweisung nach Absatz 6 hat die Vorinstanz bei unveränderter Sach- und Rechtslage davon auszugehen, dass alle unverzichtbaren Prozessvoraussetzungen gegeben sind[86]. In entsprechender Anwendung des Absatz 6 hat das BVerwG[87] ein vorinstanzliches Urteil, das verfahrensfehlerhaft die Aufrechnung mit einer bestrittenen rechtswegfremden Gegenforderung für unbeachtlich erklärte, in ein Vorbehaltsurteil geändert und nur das Nachverfahren zurückverwiesen. Das BVerwG hat auch selbst die Berufung verworfen, wenn das OVG dies wegen des gerügten Verfahrensfehlers unterlassen hatte und nach Zurückverweisung nicht anders hätte entscheiden können[88]. Das BVerwG[89] wendet Abs. 6 analog auf den Fall an, dass das VG irrtümlich die Berufung ausgeschlossen hat, obwohl das Urteil dann nicht an einem Verfahrensmangel leidet, sondern nur die Rechtsmittelbelehrung und damit das Urteil durch die Aufhebungsentscheidung unberührt bleibt. Dem ist trotz der großzügigen Analogie zuzustimmen, weil anderenfalls eine unzulässige Rechtsmittelverkürzung vorläge und in dieser Verfahrensweise der Fehler des VG gesetzesangemessen ausgemerzt wird.

bb) das **BVerwG lässt** in dem stattgebenden Beschluss die **Revision zu.**   16
Dann wird das Beschwerdeverfahren als Revisionsverfahren fortgesetzt ohne dass es noch der Einlegung einer Revision durch den Beschwerdeführer bedarf (§ 139 Abs. 2). Die Kostenentscheidung bleibt dem Revisionsurteil vorbehalten. Der Beschluss muss eine Belehrung darüber enthalten, dass das Beschwerdeverfahren als Revisionsverfahren fortgesetzt wird, ohne dass es einer besonderen Einlegung der Revision bedarf (§ 139 Abs. 2, vgl. dort Rn. 5), und dass die Revision innerhalb eines Monats nach seiner Zustellung beim BVerwG zu begründen ist (§ 139 Abs. 3 S. 1 u. 2, vgl. dort Rn. 7). Der Beschluss setzt mit der auf die Revisionsbegründungsfrist bezogenen Belehrung mit seiner Zustellung diese Frist in Lauf (§ 139 Abs. 3 S. 1). Bei fehlender oder unrichtiger Belehrung ist auch hier § 58 Abs. 2 analog anzuwenden[90].

---

81   Vgl. BVerwG DVBl. 1993, 209; sowie § 130 Rn. 4; § 144 Rn. 7.
82   BVerwG Buchh. 310 § 92 VwGO Nr. 15.
83   NVwZ 1994, 120.
84   BVerwG NJW 1997, 3456.
85   VIZ 1996, 39.
86   BVerwG NJW 1997, 3456.
87   NJW 1999, 160.
88   BVerwG Buchh. 310 § 133 (n.F.) VwGO Nr. 30.
89   BVerwG NJW 2002, 2262 in Fortführung von BVerwGE 26, 58.
90   Vgl. BVerwGE 5, 178; BFH NJW 1987, 2704.

17 3. **Verweisungen auf § 133.** Die Nichtzulassungsbeschwerde ist auch gegeben im Verfahren nach dem WehrpflichtG (§ 34), dem ZivildienstG (§ 75), dem LastenausgleichsG (§ 339 Abs. 1), dem HeimkehrerstiftungsG (§ 9 Abs. 4), dem VermögensG (§ 37 Abs. 2), dem VermögenszuordnungsG (§ 6 S. 1) und dem InvestitionsvorrangG (§ 23 Abs. 2), in denen sonst neben der Berufung auch die Beschwerde ausgeschlossen ist (vgl. § 135 Rn. 4).

V. Rechtskraft des Urteils

18 Da nach Absatz 4 die Einlegung der Beschwerde die Rechtskraft des Urteils hemmt (Suspensiveffekt, vgl. § 124 Rn. 1) und bei Nichtzulassung der Revision gegen jedes Urteil des OVG, im Falle des § 135 des VG, Nichtzulassungsbeschwerde eingelegt werden kann, wird das Urteil grundsätzlich erst mit Ablauf der Beschwerdefrist rechtskräftig. Ein Verzicht der Beteiligten auf die Einlegung der Nichtzulassungsbeschwerde kann zu früherer Rechtskraft führen[91]. Mit der Ablehnung der Zulassungsbeschwerde wird das Urteil rechtskräftig (vgl. Rn. 14).

§ 134 [Sprungrevision]

(1) Gegen das Urteil eines Verwaltungsgerichts (§ 49 Nr. 2) steht den Beteiligten die Revision unter Übergehung der Berufungsinstanz zu, wenn der Kläger und der Beklagte der Einlegung der Sprungrevision schriftlich zustimmen und wenn sie von dem Verwaltungsgericht im Urteil oder auf Antrag durch Beschluss zugelassen wird. Der Antrag ist innerhalb eines Monats nach Zustellung des vollständigen Urteils schriftlich zu stellen. Die Zustimmung zur Einlegung der Sprungrevision ist dem Antrag oder, wenn die Revision im Urteil zugelassen ist, der Revisionsschrift beizufügen.

(2) Die Revision ist nur zuzulassen, wenn die Voraussetzungen des § 132 Abs. 2 Nr. 1 oder 2 vorliegen. Das Bundesverwaltungsgericht ist an die Zulassung gebunden. Die Ablehnung der Zulassung ist unanfechtbar.

(3) Lehnt das Verwaltungsgericht den Antrag auf Zulassung der Revision durch Beschluss ab, beginnt mit der Zustellung dieser Entscheidung der Lauf der Frist für den Antrag auf Zulassung der Berufung von neuem, sofern der Antrag in der gesetzlichen Frist und Form gestellt und die Zustimmungserklärung beigefügt war. Lässt das Verwaltungsgericht die Revision durch Beschluss zu, beginnt der Lauf der Revisionsfrist mit der Zustellung dieser Entscheidung.

(4) Die Revision kann nicht auf Mängel des Verfahrens gestützt werden.

(5) Die Einlegung der Revision und die Zustimmung gelten als Verzicht auf die Berufung, wenn das Verwaltungsgericht die Revision zugelassen hat.

I. Allgemeines

1 Die Sprungrevision will den Beteiligten die Möglichkeit geben, die Entscheidung materieller Rechtsfragen einer schnellen Lösung durch das BVerwG unter Übergehung der Berufungsinstanz zuzuführen, wenn der Sachverhalt bereits in erster Instanz hinreichend geklärt ist oder die Beteiligten im Interesse der Beschleunigung auf die weitere Klärung des Sachver-

---

91 Vgl. Prütting NJW 1980, 365; sowie § 121 Rn. 2.

halts verzichten. **Gegenstand** der Sprungrevision kann das **Urteil** des VG (§ 124 Rn. 11), der **Gerichtsbescheid** des VG (§ 84) und der **Beschluss des VG** nach § 93a Abs. 2 S. 1 (vgl. § 93a Rn. 11) sein[1], dagegen **nicht** das **Urteil (der Vorbescheid) des VG im Fall des § 78 Abs. 2 AsylVfG**, wo die Revision ausdrücklich ausgeschlossen ist. **Berechtigt,** Sprungrevision einzulegen, sind alle am erstinstanzlichen Verfahren Beteiligten, auch der VöI[2]. Zur Rechtsmittelbelehrung vgl. § 58 Rn. 2.

II. Voraussetzungen

Die Sprungrevision ist nur unter zwei Voraussetzungen zulässig, **2**
1. **wenn der Kläger und der Beklagte schriftlich zustimmen** (Abs. 1). Bei der Sprungrevision des Klägers ist deshalb die Zustimmung des Beklagten erforderlich, bei der des Beklagten die Zustimmung des Klägers, bei der des Beigeladenen oder des VöI die Zustimmung des Klägers und des Beklagten. Auch wenn Beigeladener oder VöI im erstinstanzlichen Verfahren Anträge gestellt haben und die Aufhebung des Urteils sie beschweren würde, ist ihre Zustimmung nicht erforderlich[3]. Die Zustimmung ist eigenständige Zulässigkeitsvoraussetzung der Sprungrevision. Ihrer Zulässigkeit steht nicht entgegen, dass sie eingelegt wurde, bevor die Zustimmungserklärung der Gegenpartei beim VG einging und bevor dieses die Revision zuließ, wenn diese Mängel behoben sind[4]. Wenn ein Beteiligter sich dem Antrag der Gegenpartei in der mündlichen Verhandlung anschließt, die Revision zuzulassen, kann das nicht als Zustimmung zur Einlegung der Sprungrevision angesehen werden. Denn dann verzichtete er ohne Kenntnis des Urteilsinhalts auf eine zweite Tatsacheninstanz[5]. Andererseits soll ausreichen, wenn Kläger und Beklagter zu Protokoll der mündlichen Verhandlung erklärt haben, sie stimmten der Sprungrevision zu[6]. Zwar ist dann das Schrifterfordernis erfüllt (s. Rn. 3), das Argument des Verzichtens auf eine Tatsacheninstanz ohne Kenntnis des Urteils verbleibt jedoch. Bei allem Verständnis für eine unkomplizierte Vorgehensweise sollte doch beachtet werden, dass das Zustimmungserfordernis einen Schutzcharakter hat (die Parteien sollen sich den Instanzenverzicht überlegen). Deshalb sollte erst nach Vorliegen der Urteilsgründe die Zustimmung beigebracht werden können, sodass nur in Ausnahmefällen eine andere Reihenfolge akzeptiert werden kann. Das VG sollte das Verhalten der Parteien entsprechend steuern. Zustimmung zur Zulassung der Sprungrevsion reicht nicht aus, Umdeutung in Zustimmung zur Revisionseinlegung im Zweifel nicht zulässig[7]. Bei Fehlen der Zustimmung wird die Revision als unzulässig verworfen. Die Weigerung einer Behörde, die Zustimmung zur Sprungrevision zu geben, unterliegt keiner Anfechtung[8].

---

1 Vgl. zur Besetzung des Gerichts: Schoch/Pietzner Rn. 46; a.A. Bader/Bader Rn. 5, der sich (Rn. 6) auch mit gewichtigen Gründen gegen eine Zulassung durch Einzelrichter ausspricht; vermittelnd: Sodan/Neumann Rn. 94 je nach dem, in welcher Besetzung Gericht angefochtene Entscheidung getroffen hat.
2 BVerwGE 2, 321; vgl. im Übrigen § 124 Rn. 9 f.
3 GemS BVerwGE 50, 369.
4 BVerwG NVwZ 1996, 174.
5 St. Rspr., jüngst BVerwG 8.3.2002 – 5 C 54/01 juris.
6 BVerwG Buchh. 310 § 134 VwGO Nr. 49.
7 Vgl. BVerwG Buchh. 310 § 134 VwGO Nr. 23; E 91, 140.
8 BFH NJW 1959, 360.

3 Die **Zustimmung** muss **schriftlich** erfolgen (zur Schriftform vgl. § 81 Anm.
2 ff.). Das BVerwG[9] hat auch die in der Sitzung des Gerichts zu Protokoll
erklärte Zustimmung als ausreichend angesehen, da die Abgabe einer Erklärung in prozessual wirksamer Form jede andere Art der Beurkundung
ersetzt[10]; der in mündlicher Verhandlung für den Fall des Unterliegens
hilfsweise gestellte Antrag auf Zulassung der Sprungrevision enthält jedoch
nicht die Zustimmung zur Einlegung der Revision durch den Prozessgegner[11]. Die Zustimmung unterliegt nicht dem Anwaltszwang[12].

4 **2. wenn das VG die Revision zugelassen hat.** Das VG entscheidet endgültig
über die Zulassung. Das BVerwG ist an die Zulassung gebunden (vgl.
§ 132 Rn. 25). Die Ablehnung der Zulassung ist unanfechtbar (Abs. 2 S. 2
u. 3). Für die Entscheidung des VG eröffnet Absatz 1 zwei Möglichkeiten:

5 a) **das VG kann** von Amts wegen oder auf Antrag die **Sprungrevision im
Urteil zulassen** (vgl. § 132 Rn. 25). Vorherige Zustimmung hierfür ist nicht
erforderlich (vgl. Rn. 2, auch BVerwGE 14, 259), der Revisionskläger
muss jedoch der Revisionsschrift die Zustimmung beifügen (Abs. 1 S. 3).
Das BVerwG[13] hat es bei der früheren Rechtslage als ausreichend angesehen, wenn die Zustimmungserklärung zwar nicht beigefügt, jedoch bis
zum Ende der Revisionsfrist vorgelegt war; geht sie erst nach Ablauf dieser
Frist ein, ist die Revision unzulässig[14]. Mit der Zulassung im Urteil sind
gegen dieses zwei Rechtsbehelfe statthaft: der **Antrag auf Zulassung der
Berufung** und die **Sprungrevision**; auf beide Rechtsbehelfe muss sich dann
auch die **Rechtsmittelbelehrung** beziehen[15].

6 b) ist die Sprungrevision **nicht bereits im Urteil zugelassen**, entscheidet das
VG durch **Beschluss** über einen Antrag auf Zulassung[16], der innerhalb
eines Monats nach der Zustellung des vollständigen Urteils zu stellen ist[17];
der Antrag kann auch noch gestellt werden, wenn ein anderer Beteiligter
bereits den Antrag auf Zulassung der Berufung gestellt hat. Diese Regelung
soll den Beteiligten die Möglichkeit erhalten, sich über das im Einzelfall
sinnvolle Rechtsmittel erst schlüssig zu werden, wenn ihnen das vollständig abgefasste Urteil vorliegt. Die Frist ist identisch mit der Frist für den
Antrag auf Zulassung der Berufung (vgl. § 124a Rn. 8), ihr Lauf setzt jedoch zutreffende Rechtsbehelfsbelehrung voraus, fehlt sie, findet § 58
Abs. 2 Anwendung. Der Antrag ist bei dem VG zu stellen, zur Form vgl.
§ 124a Rn. 18 ff. Einlegung beim BVerwG wahrt die Frist nicht. Dem Antrag ist die Zustimmung beizufügen (vgl. Rn. 3).

---

9   E 69, 295; E 81, 81; E 92, 220.
10 Vgl. auch BVerwGE 39, 314; BSG DÖV 1993, 1013: nicht ausreichend unbeglau-
    bigte Fotokopie; jedoch BSG NJW 1998, 1813: Weiterleitung der Zustimmungser-
    klärung an das Gericht per Telefax ausreichend.
11 BVerwG Buchh. 310 § 134 VwGO Nr. 47.
12 BVerwGE 39, 314.
13 E 34, 314.
14 Vgl. BVerwG NJW 1969, 1730.
15 BVerwGE 81, 81.
16 Zur Schriftform vgl. § 124a Rn. 20; kein Anwaltszwang vgl. Sodan/Neumann
    Rn. 87; Bader/Bader Rn. 16.
17 Vgl. BVerwGE 104, 1: analog § 9 Abs. 2 VwZG keine Heilung von Zustellungs-
    mängeln.

Lässt das VG auf den Antrag die **Sprungrevision** zu, beginnt mit der Zu- **7**
stellung des zulassenden Beschlusses der Lauf der Revisionsfrist (vgl. § 139
Rn. 3).

Lehnt das VG auf den Antrag die **Zulassung der Sprungrevision ab**, be- **8**
ginnt mit der Zustellung des ablehnenden Beschlusses der Lauf der Frist
für den Antrag auf Zulassung der Berufung (vgl. § 124a Rn. 21) **von
neuem**, wenn der Antrag in der gesetzlichen Frist und Form (vgl. Rn. 6)
gestellt und die Zustimmungserklärung beigefügt war (vgl. Rn. 5). Fehlt
es an diesen Voraussetzungen, verbleibt es bei der an die Zustellung des
Urteils gebundenen Frist für den Antrag auf Zulassung der Berufung oder
die Nichtzulassungsbeschwerde. **Gegen** den **ablehnenden Beschluss** gibt es
kein Rechtsmittel (Rn. 4). Sofern nicht bereits im Urteil des VG in der
Rechtsmittelbelehrung auf die Wirkung des Beschlusses für den Fristenlauf
hingewiesen worden ist, muss der Beschluss eine auf das Urteil bezogene
neue Rechtsmittelbelehrung enthalten, in der über den neuen Fristenlauf
belehrt wird. Bei fehlender oder unrichtiger Belehrung findet § 58 Abs. 2
Anwendung. Umgekehrt kann ein Beschluss des OVG, mit dem die Zulassung der Berufung abgelehnt wird, nicht mit dem Rechtsbehelf der Sprungrevision vor dem BVerwG angegriffen werden[18].

III. Zulassungsgründe

Als Zulassungsgründe kommen fakultativ[19] nur § 132 Abs. 2 Nr. 1 **9**
(**Rechtssache von grundsätzlicher Bedeutung**, vgl. § 132 Rn. 6 ff.) und
Nr. 2 (**Abweichung von einer Entscheidung des BVerwG, des GemS oder
des BVerfG** vgl. § 132 Rn. 11 ff.) in Betracht; die Zulassung kann nicht
wegen eines Verfahrensmangels erfolgen, jedoch schließt Absatz 4 die Prüfung der Klagebefugnis nicht aus[20]. Aus den Gründen des Absatzes 2 S. 1
kann die Zulassung der Sprungrevision auch in Beamtensachen nach § 127
BRRG erfolgen, jedoch nur, soweit es sich um Bundesrecht handelt; § 127
Nr. 2 BRRG, der Landesrecht bei einer Revision gegen das Urteil des OVG
für revisibel erklärt, bezieht sich nicht auf die Sprungrevision[21]. Anders
bei Streitverfahren, die die Verwaltungsverfahrensgesetze Bayerns, Berlins
und Schleswig-Holsteins betreffen, da für sie die Revisibilität des Landesrechts nicht daran knüpft, dass die Revision gegen ein bestimmtes Urteil
eingelegt wird (vgl. § 137 Rn. 2c).

Für die Statthaftigkeit der Sprungrevision ist das Vorliegen von Gründen **10**
für die Zulassung der Berufung nicht erforderlich. Sprungrevision und Berufung stehen unabhängig nebeneinander. Das VG entscheidet über die
Zulassung der Sprungrevision, ohne dass es gegen seine Entscheidung ein
Rechtsmittel gibt. Sofern das VG die Berufung im Urteil gem.
§§ 124 Asb. 1, 124a Abs. 1 zugelassen hat, nicht jedoch die Sprungrevision und diese auf Antrag hin – unanfechtbar – abweist, findet sich im
Gesetz keine Regelung bezgl. der Berufung. Der Fall ist vermutlich vom
Gesetzgeber übersehen worden und lässt sich befriedigend nur durch ana-

---

18 BVerwG Buchh. 310 § 124a VwGO Nr. 16.
19 BVerwG NJW 1962, 460.
20 BVerwG DVBl. 1998, 893.
21 Vgl. BVerwGE 24, 186; zum Rechtszustand bis 1965 vgl. Buchh. BVerwG 310
   § 134 Nr. 8.

loge Anwendung von § 134 Abs. 3 S. 1 lösen[22]. Daraus folgt, dass mit dem Ablehnungsbeschluss des Sprungrevisionszulassungsantrags die 1-Monats-Berufungsfrist aus § 124a Abs. 2 S. 1 (erneut) zu laufen beginnt. Bei Streitigkeiten nach dem **AsylVfG** ist die **Sprungrevision** ausgeschlossen (§ 78 Abs. 2 S. 2 AsylVfG).

IV. Verzicht auf Berufung

11 Wenn das VG die Revision zugelassen hat, gelten die wirksame[23] Einlegung der Sprungrevision und die Zustimmung als Verzicht auf die Berufung (Absatz 5)[24]. Auf die Zustimmung der Beigeladenen zur Einlegung der Revision kommt es für deren Zulässigkeit nicht an[25]. Durch die zugelassene und in zulässiger Weise eingelegte Sprungrevision eines Prozessbeteiligten wird mit Wirkung für alle Prozessbeteiligten die Zuständigkeit der Revisionsinstanz endgültig begründet und die der Berufungsinstanz endgültig beseitigt[26]. Die Zurücknahme der Sprungrevision beseitigt den Verzicht auf die Berufung nicht, was auch der Fall ist, wenn die Sprungrevision nach Zulassung als unzulässig verworfen wird[27]. Die Anschlussrevision eines Prozessbeteiligten, für die es weder einer Zulassung noch der Zustimmung des Rechtsmittelgegners bedarf, bleibt, sofern es sich um eine selbstständige Anschlussrevision handelt, zulässig, auch wenn die Sprungrevision zurückgenommen wird[28].

V. Revisionsverfahren

12 Zum Verfahren und zur Entscheidung des BVerwG vgl. die Erläuterungen zu § 139 und § 144, insbesondere auch zur Zurückverweisung an das OVG nach § 144 Abs. 7.

§ 135 [Revision bei Ausschluss der Berufung]

Gegen das Urteil eines Verwaltungsgerichts (§ 49 Nr. 2) steht den Beteiligten die Revision an das Bundesverwaltungsgericht zu, wenn durch Bundesgesetz die Berufung ausgeschlossen ist. Die Revision kann nur eingelegt werden, wenn das Verwaltungsgericht oder auf Beschwerde gegen die Nichtzulassung das Bundesverwaltungsgericht sie zugelassen hat. Für die Zulassung gelten die §§ 132 und 133 entsprechend.

1 1. **Berufungsausschluss.** Während die Sprungrevision einen freiwilligen Verzicht der Parteien auf eine zweite Tatsacheninstanz darstellt, erfasst § 135 die Fälle, in denen die zweite Tatsacheninstanz gesetzlich ausgeschlossen worden ist. Der Ausschluss der Berufung ist nur durch den Bundesgesetzgeber möglich und zwar nur durch Gesetz, das jedoch auch von § 135 abweichen kann. Ist ein Ausschluss der Berufung erfolgt, eröffnet

---

22   Kopp/Schenke Rn. 13.
23   BSG NJW 1964, 2080.
24   Vgl. Schoch/Pietzner Rn. 60: nur die tatsächlich eingelegte Revision bewirkt den Berufungsverzicht der Zustimmung, auch BGH NJW 1997, 2387.
25   BVerwG Buchh. 310 § 134 Nr. 39.
26   BVerwGE 65, 27.
27   Vgl. Schoch/Pietzner Rn. 62; Sodan/Neumann Rn. 149.
28   BVerwGE 65, 27.

§ 135 gegen das Urteil des VG (vgl. Rn. 4) die Revision an das BVerwG in gleichem Umfang wie gegen ein Urteil des OVG. Die Beschränkung der Berufung in den §§ 124, 124a selbst fällt nicht unter § 135[1]. Hinsichtlich der Zulassung der Revision und der Zulassungsgründe kann auf die Erläuterungen zu § 132, hinsichtlich des Zulassungsverfahrens und der Nichtzulassungsbeschwerde auf die Erläuterungen zu § 133 verwiesen werden. Zur Revisionseinlegung vgl. § 139. Ergeht trotz des Berufungsausschlusses ein Berufungsurteil, ist dieses im Revisionsverfahren aufzuheben; nach dem Grundsatz der Meistbegünstigung ist die Revision gegen das Urteil des OVG jedoch als Revision gegen das Urteil des VG zu behandeln[2]. Geht das VG irrtümlich davon aus, die Berufung sei durch Bundesgesetz ausgeschlossen und lässt die Revision nicht zu, so kann in analoger Anwendung von § 133 Abs. 6 die Nichtzulassungsentscheidung vorm BVerwG isoliert angefochten und aufgehoben werden (§ 133 Rn. 15)[3].

Die Berufung ist ausgeschlossen   **2**
a) in einigen **Sicherstellungsgesetzen,** und zwar Wirtschaft (§ 12), Ernährung (§ 20 Abs. 2) und Verkehr (§ 22), bei allen Maßnahmen nach diesen Gesetzen oder einer auf diesen Gesetzen beruhenden Rechtsverordnung. Voraussetzung für den Ausschluss der Berufung ist, dass die Maßnahmen nach Art. 80a GG (Verteidigungs- oder Spannungsfall) angewandt werden. Für Urteile, die vor diesem Zeitpunkt verkündet oder zugestellt worden sind, gilt der Ausschluss nicht;
b) in § 75 Abs. 1 **ZivildienstG,** soweit es sich um die Verfügbarkeit, die Heranziehung oder die Entlassung des anerkannten Kriegsdienstverweigerers handelt; dies gilt auch für einen sich hieraus ergebenden Streit über die Kosten des Vorverfahrens[4];
c) in § 58 **SaatgutverkehrsG,** wenn im Vorverfahren der Widerspruchsausschuss entschieden hat;
d) in § 339 Abs. 1 **LastenausgleichsG.** Revision und Beschwerde stehen   **3** nur dem Antragsteller und dem Vertreter der Interessen des Ausgleichsfonds zu. Die Regelung gilt auch bei Verfahren über öffentlich-rechtliche Streitigkeiten zwischen dem Ausgleichsfonds und anderen öffentlichen Rechtsträgern[5];
e) in § 9 Abs. 4 Satz 1 **HeimkehrerstiftungsG;**
f) in § 34 **WehrpflichtG;**
g) in § 37 Abs. 2 **VermögensG;**
h) in § 6 Abs. 1 Satz 1 **VermögenszuordnungsG;**
i) in § 23 Abs. 2 Satz 1 **InvestitionsvorrangG.**

Berufung und Revision sind ausgeschlossen in § 78 Abs. 1 AsylVfG, wenn   **3a** das Urteil des VG in Streitigkeiten nach diesem Gesetz die Klage als offensichtlich unzulässig oder offensichtlich unbegründet abweist, das gilt auch, wenn die Offensichtlichkeit nur bei der Entscheidung über den Asylantrag gegeben ist, das Klagebegehren im Übrigen aber als unzulässig oder unbegründet abgewiesen wird (vgl. § 124 Rn. 29).

---

1   Vgl. BVerwG Buchh. 310 § 135 VwGO Nr. 1; Lotz BayVBl. 1997, 257; Schoch/ Pietzner Rn. 6.
2   BVerwGE 26, 58, vgl. auch BVerwGE 71, 359 zur Rechtsmittelbelehrung.
3   BVerwG NJW 2002, 2262 zu Art. 11 EALG, der keinen Berufungsausschluss vorsieht.
4   BVerwGE 62, 296.
5   Vgl. BVerwGE 26, 58.

Die **Revision** (Sprungrevision) ist ausgeschlossen gegen Urteile des VG, bei denen nach § 78 Abs. 2 AsylVfG die Berufung nur nach Zulassung eröffnet ist (vgl. § 134 Rn. 10).

Sofern das VG durch Gerichtsbescheid entschieden hat, kann in Fällen des § 135 nicht eine Verletzung rechtlichen Gehörs als Verfahrensmangel geltend gemacht werden, da nach § 85 Abs. 2 Nr. 4 mündliche Verhandlung hätte beantragt werden können. In diesen Fällen kann keine Verfahrensrüge erhoben werden, die sich gegen die Richtigkeit der festgestellten Tatsachen richtet[6]. Raum für ein Abhilfeverfahren gem. § 321a ZPO bleibt nicht[7].

4   **2. Ausschluss der Beschwerde.** Der Berufungsausschluss bezieht sich nur auf Urteile und Gerichtsbescheide des VG sowie den Beschluss nach § 93a Abs. 2 S. 1, der dem Urteil gleichgestellt ist (vgl. § 134 Rn. 1); die **Anfechtung anderer Entscheidungen** des VG wird durch ihn **nicht berührt.** Es bleiben also Rechtsbehelfe ohne Devolutiveffekt (vgl. § 124 Rn. 1), wie der Antrag auf Anberaumung der mündlichen Verhandlung nach einem Gerichtsbescheid (§ 84) oder die Erinnerung (§ 151) weiterhin zulässig. Dasselbe gilt aber auch für die Beschwerde, die, soll sie entfallen, ausdrücklich ausgeschlossen werden muss[8]. Die in den Rn. 2 bis 3a aufgeführten Gesetze enthalten unterschiedliche Regelungen hinsichtlich der Beschwerde. Mit **Ausnahme** des **SaatgutverkehrsG** enthalten **alle anderen aufgeführten Gesetze** neben dem Berufungsausschluss zugleich auch den **Ausschluss der Beschwerde.** Zugelassen bleibt gleichwohl die Nichtzulassungsbeschwerde (vgl. § 133 Rn. 12 ff.; § 125 Rn. 6) und die Beschwerde gegen Beschlüsse über die Zulässigkeit des Verwaltungsrechtsweges und die Verweisung nach § 17a Abs. 2 und 3 GVG[9]. Darüber hinaus ist nach § 37 Abs. 2 S. 2 VermögensG auch die Beschwerde gegen Beschlüsse des VG im **Verfahren nach** § 80 Abs. 5 zulässig. In § 80 **AsylVfG** ist als Ausnahme von Beschwerdeausschluss nur die Beschwerde gegen die Nichtzulassung der Revision und in § 79 Abs. 3 S. 2 AsylVfG die Beschwerde nach § 125 Abs. 2 besonders aufgeführt, sodass in Streitigkeiten nach diesem Gesetz auch die **Beschwerde gegen Beschlüsse nach** § 17a Abs. 2 GVG sowie gegen Beschlüsse des OVG **nach** § 99 Abs. 2 S. 4 (vgl. § 152 Rn. 2) ausgeschlossen ist.

§ 136 [Ausschluss der Revision]

(aufgehoben durch 6. VwGOÄndG)

§ 137 [Zulässige Revisionsgründe]

(1) Die Revision kann nur darauf gestützt werden, dass das angefochtene Urteil auf der Verletzung
1. von Bundesrecht oder
2. einer Vorschrift des Verwaltungsverfahrensgesetzes eines Landes, die ihrem Wortlaut nach mit dem Verwaltungsverfahrensgesetz des Bundes übereinstimmt, beruht.

---

6   BVerwG B. v. 17.7.2003 – 7 B 62/03 juris.
7   BVerwG NVwZ 2003, 1132.
8   Vgl. BVerwGE 1, 123.
9   Vgl. BVerwG DVBl. 1999, 984 zum VermögensG; vgl § 41 Rn. 12, 16.

(2) Das Bundesverwaltungsgericht ist an die in dem angefochtenen Urteil getroffenen tatsächlichen Feststellungen gebunden, außer wenn in Bezug auf diese Feststellungen zulässige und begründete Revisionsgründe vorgebracht sind.

(3) Wird die Revision auf Verfahrensmängel gestützt und liegt nicht zugleich eine der Voraussetzungen des § 132 Abs. 2 Nr. 1 und 2 vor, so ist nur über die geltend gemachten Verfahrensmängel zu entscheiden. Im Übrigen ist das Bundesverwaltungsgericht an die geltend gemachten Revisionsgründe nicht gebunden.

Übersicht

A. Zulässige Revisionsgründe

I. Allgemeines

Nach Absatz 1 kann als **Revisionsgrund** nur geltend gemacht werden, dass **1** **Bundesrecht** oder eine in ihrem Wortlaut mit dem VwVfG übereinstimmende **Vorschrift eines Landesverwaltungsverfahrensgesetzes verletzt** ist **und** dass das **angefochtene Urteil,** (zur revisiblen Entscheidung vgl. § 132 Rn. 2), **auf dieser Rechtsverletzung beruht.** Liegen diese Voraussetzungen nicht vor, wird die Revision als **unbegründet** zurückgewiesen (vgl. § 144 Rn. 3). Dies gilt für jede Revision, unabhängig davon, ob sie als Revision gegen das Urteil des OVG (§ 132), oder als Sprungrevision (§ 134) oder bei Ausschluss der Berufung (§ 135) gegen das Urteil des VG eingelegt wird.

II. Revisibles Recht

2 **1. Überblick. a) Grundsatz.** Als **revisibel** wird das Recht bezeichnet, dessen Verletzung das BVerwG im Revisionsverfahren prüfen kann. **Grundsätzlich ist dies nach Absatz 1 das Bundesrecht**[1]. Die fehlende Revisibilität einer Rechtsfrage lässt die Bindung des Revisionsgerichts an die Zulassung der Revision nicht entfallen; die Revision ist als unbegründet zurückzuweisen[2]. **Landesrecht ist nur dann** revisibel, **wenn es durch Bundesgesetz** oder nach Art. 99 GG **durch Landesgesetz** ausdrücklich **für revisibel erklärt** ist. Im Übrigen unterliegt die Nachprüfung der Anwendung von Landesrecht nicht dem BVerwG, auch dann nicht, wenn sich aus der Anwendung von Landesrecht weitere Ansprüche ergeben[3] oder die Rechtssache eine länderübergreifende Bedeutung hat.

2a **b) Durch Bundesrecht** sind in Absatz 1 **Vorschriften des Verwaltungsverfahrensgesetzes eines Landes,** nicht in anderen Landesgesetzen enthaltene Verfahrensvorschriften[4], auch nicht soweit sie die Voraussetzungen für einen Anspruch nach VwVfG regeln[5], **für revisibel erklärt, wenn sie** ihrem **Wortlaut** nach **mit dem VwVfG des Bundes übereinstimmen**[6]. Bei den Verwaltungsverfahrensgesetzen der Länder ist dies, mit Ausnahme des vor dem VwVfG erlassenen LVwG SchlH, in großem Umfang der Fall[7]. Übereinstimmung im Wortlaut ist auch dort anzunehmen, wo das Landesgesetz an Stelle der bundesrechtlichen Bezeichnungen der Behördenorganisation die des Landesrechts verwendet oder eine mundartlich andere Bezeichnung (Samstag an Stelle von Sonnabend) gebraucht. Soweit der Bund sein VwVfG ändert, kann die Revisibilität der entsprechenden Vorschriften der VwVfG der Länder entfallen; fraglich erscheint dies bei einer Wortkorrektur (z.B. in § 44 Abs. 1 VwVfG »offenkundig« in »offensichtlich« geändert) zu sein, soweit hierdurch nur der bestehende Inhalt der Vorschrift verdeutlicht werden soll[8].

2b Nach § 127 Nr. 2 BRRG und den auf dieser Vorschrift fußenden landesrechtlichen Vorschriften ist **in Beamtensachen Landesrecht insofern revisibel,** als das BVerwG prüft, ob sich die Vorinstanz bei der Auslegung und Anwendung irrevisiblen Landesrechts innerhalb der vom Rahmenrecht gezogenen, für den Landesgesetzgeber verbindlichen Grenzen gehalten hat[9]. Für Personalvertretungsrecht der Länder gilt dies nur, soweit sich die Beteiligung des Personalrats auf beamtenrechtliche Maßnahmen bezieht[10]. § 127 Nr. 2 BRRG gilt nach § 71 Abs. 3 DRiG für **Landesrichterrecht** entsprechend[11].

---

1 Vgl. dazu Bertrans DÖV 1992, 97; sowie Rn. 5 ff.
2 BVerwG RiA 1997, 309.
3 Vgl. BVerwG DVBl. 1960, 855.
4 Vgl. Kopp/Schenke Rn. 16.
5 BVerwGE 77, 295 zu BW StrG.
6 BVerwG NVwZ 2003; 993 zu öff.-r. Verträgen.
7 Vgl. BVerwG Buchh 310 § 137 Abs. 1 Nr. 5.
8 Vgl. Roth NVwZ 1999, 388, der Revisibilität verneint.
9 BVerwG Buchh. 237.7 § 85 NWLBG Nr. 9.
10 BVerwGE 66, 291; vgl. im Übrigen zum Umfang § 40 Rn. 32; sowie § 187 Rn. 2; zur Zulässigkeit BVerfGE 10, 285; zur zeitlichen Erstreckung BVerwGE 35, 182.
11 Vgl. BVerwGE 100, 19.

Nach Art. **99 GG** sind **durch Landesgesetz** die Verwaltungsverfahrensge- **2c**
setze in Bayern (Art. 97 BayVwVfG)[12], Berlin (§ 5 AG VwGO) und
Schleswig-Holstein (§ 327 LVwG) dem revisiblen Recht zugeordnet. Bis
auf wenige Minimalia stimmen auch heute noch – mit Ausnahme Schleswig-Holsteins – die VwVfG der Länder mit dem Bundesgesetz überein,
sodass die Voraussetzung für die Revisibilität gegeben ist[13]. Auch die Bestimmungen des **Rundfunkstaatsvertrags** (§ 48) und des **Mediendienste-
staatsvertrags** (§ 19) sind auf der Grundlage des Art. 99 GG für revisibel
erklärt[14], **nicht** dagegen die Bestimmungen des **Rundfunkgebührenstaats-
vertrags**[15].

c) **Ausländisches Recht** ist **nicht revisibel**[16] auch dann nicht, wenn das **3**
Gericht der Tatsacheninstanz es auf deutsche Rechtsbegriffe übertragen
hat[17] anders jedoch, wenn das ausländische Recht rezipiert ist[18].

d) Das **Recht der Religionsgesellschaften** ist **nicht revisibel**[19], anders je- **3a**
doch für das Dienstrecht, wenn über §§ 135, 127 BRRG die Revisibilität
begründet wird[20], auch anders, wenn Begriffe des Kirchenrechts Eingang
in bundesrechtliche Vorschriften gefunden haben[21] oder wenn ein Kirchen-
steuerbeschluss gegen Artikel 3 GG verstößt[22].

e) Das **Recht der Europäischen Gemeinschaften**, soweit es mit unmittelba- **4**
rer Geltung in den Mitgliedstaaten erlassen wird, hat das BVerwG[23] zu
Recht als **revisibel** angesehen. Es ist auch Bundesrecht i.S.v. § 137[24]. Es
trifft zwar zu, dass VO des Rates der Europäischen Gemeinschaften kein
Akt der deutschen öffentlichen Gewalt sind[25]. Doch hat der Bundesgesetzgeber mit dem Ratifizierungsgesetz zum EWG- und EAG-Vertrag in verfassungsrechtlich zulässiger Weise[26] den innerstaatlichen Bereich, seiner
Kompetenz entsprechend, der gesetzgebenden Gewalt der Europäischen
Gemeinschaften vertragsgemäß geöffnet. Es entspricht daher der Ratio des
§ 137, wenn VO des Rates der Europäischen Gemeinschaften, soweit mit
ihnen übertragene Gesetzgebungsgewalt wahrgenommen wird, zum revisiblen Recht gerechnet werden[27] und auch Richtlinien der EU, nachdem die
Umsetzungsfrist in nationales Recht abgelaufen ist[28]. Das gilt auch für die
neuen Bundesländer, in denen das Recht der EG nach Artikel 10 des Eini-

---

12 Vgl. BVerwGE 82, 336.
13 Knack/Henneke vor § 1 Rn. 5; Kopp/Ramsauer Einführung Rn. 6 f.
14 Vgl. BVerwGE 106, 216 zu der seit 1.1.1997 geltenden Fassung des Rundfunk-
    staatsvertrags.
15 BVerwG NJW 1999, 2454.
16 Vgl. BVerwGE 42, 266; NJW 1961, 2225; MDR 1961, 877; Müller ZLA 1960,
    305; Schütze NJW 1970, 1584.
17 Buchh. BVerwG 234 § 11 G 131 Nr. 4.
18 BVerwGE 9, 320.
19 BVerwGE 19, 252.
20 BVerwGE 28, 345 m. Anm. Weber NJW 1968, 1345.
21 BVerwGE 38, 264 zur Pfründen- und Messstiftung.
22 BVerwG NordÖR 2001, 105.
23 Seit E 35, 277 st. Rspr.
24 BVerwG B. v. 25.4.2000 – 11 B 4/00 juris.
25 BVerfGE 22, 293.
26 BFH NJW 1969, 388.
27 Vgl. BVerwGE 90, 18 für Sekundärrecht; NVwZ 1997, 178; Eyermann/P. Schmidt
    Rn. 5; Kopp/Schenke Rn. 5; Petzold NVwZ 1999, 151.
28 BVerwGE 74, 241; vgl. Buchh. 407.4 § 17 FStrG Nr. 168; Sodan/Neumann Rn. 77.

gungsvertrages gilt. Zur Vorlagepflicht gegenüber dem Europäischen Gerichtshof vgl. § 1 Rn. 13 ff.

5 **2. Bundesrecht.** Bei dem Bundesrecht kann es sich sowohl um materielles Recht wie um Verfahrensrecht handeln, eine Beschränkung dem Inhalt nach kennt die VwGO nicht. **Bundesverfassungsrechtliche Grundsätze begründen** stets die **Revisibilität,** auch wenn die Entscheidung im Übrigen auf landesrechtlichen Normen beruht[29]; nicht aber das sozialhilferechtliche Subsidiaritätsprinzip[30]. Eine Verletzung von Bundesrecht, insbesondere des Artikel 20 Abs. 3 GG, liegt auch vor, wenn das Gericht sich bei der Auslegung von irrevisiblem Recht so weit von der zu beachtenden landesrechtlichen Vorschrift entfernt, dass die Begründung der Entscheidung den Zusammenhang mit dieser Norm nicht mehr hinreichend erkennen lässt und unter keinen insoweit denkbaren Gesichtspunkten, auch nicht als richterliche Rechtsfortbildung, verständlich ist[31]. **Es muss sich um Rechtsnormen handeln,** Verwaltungsvorschriften zählen ebenso wenig dazu[32] wie die als »Anerkannte Regeln der Technik« genehmigten Bestimmungen privater Gremien[33]. Auch Allgemeine Verwaltungsgrundsätze können daher nur insoweit revisibel sein, als sie Normcharakter haben[34] und sich auf Bundesrecht zurückführen lassen[35]. Nach der Form kann folgendes Bundesrecht unterschieden werden:

6 **a) Alles von den Organen des Bundes auf den Gebieten der ausschließlichen, konkurrierenden und Rahmengesetzgebung (Art.** 73–75 GG) ge**setzte Recht** einschließlich der zu Gesetzen gemäß Art 80 Abs. 1 GG ergangenen **Rechtsverordnungen** des Bundes, unabhängig davon, ob es für die ganze Bundesrepublik oder, wie es im Einigungsvertrag oder in einer Reihe von Gesetzen, die nach der Einigung erlassen wurden, der Fall ist, nur in bestimmten Gebietsteilen gilt **(partielles Bundesrecht). Verwaltungsvorschriften** des Bundes zählen **nicht** zum **Bundesrecht**[36], es kommt bei einer Verletzung nur darauf an, ob die gesetzlichen Vorschriften, zu deren Ausführung sie ergangen sind, auch verletzt sind; die beamtenrechtlichen Beihilfevorschriften sind jedoch vom BVerwG dem revisiblen Recht zugeordnet[37]. **Verträge** können nur dann zum Bundesrecht zählen, wenn sie durch Rechtsetzungsakt des Bundes Normcharakter erhalten haben[38] oder durch früher gesetztes Recht, das über Art. 124, 125 GG Bundesrecht geworden ist[39]. Zur Revisibilität von Prozesshandlungen vgl. § 62 Rn. 1.

---

29 Vgl. BVerwGE 54, 54 für Grundsatz der Verhältnismäßigkeit; E 61, 295; E 64, 270 beide für rechtsstaatliches Abwägungsgebot; BVerwGE 87, 273 für Gleichheitsgrundsatz; E 70, 143; Buchh. 310 § 47 VwGO Nr. 155 komm. Selbstverwaltung; U. v. 30.7.2003 – 8 C 16/02 juris bei Wahlen; BVerfGE 69, 315 (371/72) für Rechtsstaatsprinzip.

30 BVerwG Buchh. 310 § 137 Abs. 1 Nr. 4; vgl. auch Bertram DÖV 1992, 97.

31 BVerwGE 96, 350.

32 BVerwG VRspr. 10, 614.

33 BVerwG NJW 1962, 506.

34 Vgl. dazu Hardt DVBl. 1973, 325.

35 Vgl. BVerwG NJW 1972, 269 für Folgenbeseitigungsanspruch, dazu § 42 Rn. 160.

36 BVerwG VRspr. 10, 614; Buchh. 401.84 Nr. 91 für Verdingungsordnung für Leistungen – VOL; B. v. 25.4.2000 – 11 B 4/00 juris zu VOB/A; vgl. auch § 42 Rn. 149.

37 Vgl. BVerwGE 49, 24; 49, 30; 65, 184 st.Rspr.

38 Vgl. BGHZ 32, 84.

39 BVerwG 14, 209: Rhein-Main-Donau-Verträge sind Bundesrecht.

Rechtsverordnungen der Länder, die nach Art. 80 Abs. 1 GG zur Ausfüh- **7**
rung von Bundesgesetzen ergangen sind, sind **Landesrecht**[40]; revisibles
Recht ist hier nur angewandt, wenn eine bestimmte Interpretation der Landesverordnung aus der bundesrechtlichen Ermächtigungsnorm zwingend
gefolgert wird[41]. Auch **Ortssatzungen,** die auf früheren reichsrechtlichen
oder auf bundesrechtlichen Ermächtigungen beruhen, sind kein Bundesrecht[42]. Ortssatzungen können jedoch, ebenso wie Verwaltungsrichtlinien
der Länder bei der Inzidentprüfung[43] in der Revisionsinstanz auf ihre Vereinbarkeit mit dem **Rechtsstaatprinzip**[44] oder anderen **Verfassungsgrund-**
sätzen[45] überprüft werden[46], ebenso, soweit ihre Festlegungen dem Typen-
zwang für bauplanungsrechtliche Festsetzungen unterliegen[47]. Wird eine
Materie durch **gleich lautende Landesgesetze** geregelt, wird sie dadurch
nicht zu **Bundesrecht**[48], auch dann nicht, wenn diese Gesetze zur Ausfüllung eines Rahmengesetzes des Bundes ergehen oder einem Musterentwurf
entsprechen, der von Bund und Ländern gemeinsam erarbeitet wurde[49].
Wird in dem maßgebenden Landesrecht auf Bundesrecht verwiesen oder
Bezug genommen, sind die bundesrechtlichen Vorschriften ebenso wenig
revisibel wie das Landesrecht[50]; anders nur, wenn diesen Normen selbstständige Bedeutung zukommt[51]; ebenfalls keine Revisibilität, wenn zur
Auslegung von Landesrecht bundesrechtliche Normen[52] oder allgemeine
Rechtsgrundsätze[53] herangezogen werden (vgl. Rn. 5); ebenso nicht, wenn
das Berufungsgericht bei der Auslegung von Landesrecht auf eine bundesrechtliche Regelung zurückgreift, die keine rechtliche Vorgabe für das
Landesrecht enthält[54]; auch nicht, wenn der Bedeutungsgehalt einer in landesrechtlichen Verwaltungsvorschriften Bezug genommenen bundesrechtlichen Vorschrift verkannt wird[55]; anders nur, wenn sich das Instanzgericht
bei der Auslegung irrevisiblen Rechts als durch revisibles Recht gebunden
erachtet[56]. Die Auslegung irrevisiblen Landesrechts ist im Revisionsverfahren nur daraufhin zu überprüfen, ob sie in Einklang mit Bundesrecht, insbesondere mit Bundesverfassungsrecht steht[57].

---

40 BVerfGE 18, 407; BayVerfGH DVBl. 1963, 101; HessVerfGH DVBl. 1970, 217
   m. Anm. Gross; a.A. Menger/Erichsen VerwA 57, 64; Ule S. 456; Wolff AöR 78,
   194.
41 BVerwGE 54, 54 zum Wohnungsabbruch als Zweckentfremdung; vgl. auch
   BVerfGE 38, 348.
42 BVerwGE 1, 76; DÖV 1955, 701; DVBl. 1962, 754.
43 BVerwG DÖV 1962, 549; E 15, 114.
44 BVerwGE 27, 345; DVBl. 1962, 754.
45 BVerwGE 26, 305 für Gleichheitssatz und Äquivalenzprinzip im Gebührenrecht;
   BVerwGE 26, 317 für Gleichheitssatz bei Kanalbenutzungsgebühr.
46 BVerwGE 66, 140 verneint für Prognose nach Landesrecht.
47 BVerwGE 94, 151.
48 BVerwG Buchh. 310 § 137 Abs. 1 Nr. 1; B. v. 27.2.2001 – 3 B 66/00 juris.
49 VerwG DVBl. 1990, 530 zur KapazitätsVO zu § 29 HochschulrahmenG.
50 BVerwG DÖV 1962, 107; BVerwG DÖV 1968, 507 Nr. 185 für VwZG; BVerwGE
   57, 204 für BAföG; B. v. 16.4.2003 – 9 B 82/02 juris für AO.
51 BVerwGE 32, 249 zur Gegenseitigkeit bei der Gebührenbefreiung; E 51, 268 für
   1. ÜberleitungsG im Rahmen des NW-FinanzausgleichsG.
52 BVerwGE 1, 76; 50, 255.
53 BVerwG DVBl. 1973, 373; NJW 1976, 905.
54 BVerwG NJW 1997, 814.
55 BVerwGE 91, 77.
56 BVerwGE 49, 301 zum Wasserrecht; vgl. auch BVerwGE 26, 305.
57 St.Rspr. BVerwGE 49, 301; DVBl. 1988, 482; NVwZ 1998, 501.

8   **Begriffe des materiellen Verwaltungsrechts,** die auch im Bundesrecht vorhanden sind, begründen nicht die Revisibilität landesrechtlicher Normen[58]. Gemeingebrauch an Straßen ist außerhalb des BundesfernstrG bundesrechtlich nur insoweit geregelt, als er in seinem Kern von grundgesetzlicher Gewährleistung erfasst wird[59]. Wird das irrevisible Recht nicht in Übereinstimmung mit Bundesrecht angewandt, liegt eine Verletzung von Bundesrecht vor[60]. Ebenso begründet nach BVerwG die Verweisung auf Verfahrensvorschriften, die eine dritte Instanz vorsehen, die Revisibilität für das betreffende Rechtsgebiet[61]. Ist bei einem VA nur für die Form Landesrecht maßgeblich, während er materiell auf Bundesrecht gestützt wird, liegt revisibles Recht vor[62]. Die Frage, ob überhaupt ein VA vorliegt, gehört zu den Zulässigkeitsvoraussetzungen der Klagen aus § 42 (vgl. § 42 Rn. 10) und ist als dem Verfahrensrecht zugehörig auch dann revisibel, wenn sich der VA materiell nach Landesrecht richtet[63]; ist jedoch nur materiell von Bedeutung, ob etwa in einer bestimmten Bescheinigung ein VA zu sehen ist und gehört das Rechtsgebiet dem Landesrecht an, liegt wiederum irrevisibles Recht vor. Sofern ein Folgekostenvertrag auf einer landesrechtlichen Vorschrift basiert[64], daher zählt die Frage, ob die Geltendmachung eines Erstattungsanspruches wegen der Nichtigkeit eines solchen Vertrages als Rechtsmissbrauch unzulässig ist, zum irrevisiblen Recht[65]. Die allgemeinen Grundsätze über die Auslegung einer vertraglich abgegebenen Willenserklärung gem. §§ 133, 157 BGB mit § 62 VwVfG stellen revisibles Recht dar[66]. Vorschriften des BGB, die dagegen nicht unmittelbar anzuwenden sind, sondern nur unter Beachtung der Besonderheiten der jeweils einschlägigen Rechtsmaterie zu deren Ergänzung angewendet werden, teilen deren Schicksal im Hinblick auf die Revisibilität[67].

9   **b) Alles Recht, das auf Grund der Art. 124, 125 GG zu Bundesrecht geworden ist.** Auf dem Gebiet der ausschließlichen Gesetzgebungskompetenz des Bundes sind alle Gesetze und Verordnungen, die vor In-Kraft-Treten des GG, gleichgültig von wem, erlassen waren, durch Art. 124 GG Bundesrecht geworden. Im Bereich der konkurrierenden Gesetzgebung, zu dem auch die Rahmengesetzgebung gehört[68], ist das vom Reich[69], der Zonen-

---

58   BVerwGE 32, 252 für »öffentliches Interesse« und »Ausübung öffentlicher Gewalt«; Buchh. 310 § 113 Nr. 240 für Folgenbeseitigungsanspruch; Buchh. 430.4 Nr. 27 für »Treu und Glauben«; vgl. insgesamt Bertram DÖV 1992, 97; Kirchhof, Menger-Festschrift, 1985, S. 813.
59   BVerwGE 30, 235.
60   BVerwG NJW 1970, 1698 zum pol. Führungszeugnis.
61   E 17, 43; 22, 86; 26, 185 gegen Münster OVGE 20, 193 zur Verweisung auf das Beschlussverfahren nach dem ArbGG in Personalvertretungsgesetzen; vgl. auch § 187 Rn. 2.
62   BVerwG NJW 1958, 1937 zur Polizeiverfügung nach dem Jugendschutzgesetz.
63   BVerwGE 1, 260, 263; 8, 154; 41, 305.
64   BVerwGE 42, 331.
65   BVerwGE 55, 337; vgl. auch BVerwG Buchh. 316 § 54 VwVfG Nr. 6: Revisibilität von Erstattungsansprüchen richtet sich nach dem korrespondierenden Leistungsanspruch.
66   BVerwGE 84, 257; a.A. Kopp/Schenke Rn. 16.
67   Vgl. BVerwGE 44, 351 für Namensrecht; DVBl. 1993, 256 für Abtretung von Forderungen, beide Revisibilität verneinend.
68   BVerwGE 3, 335; str. vgl. Nachweise bei Ule S. 457.
69   Vgl. BVerwGE 3, 1; 7, 17; 10, 238 zur Wasserverbandsordnung; E 21, 286 zur KriegssachschädenVO; E 22, 129 zur RGaO; DVBl. 1963, 151 zum BörsenG.

oder Bizonenverwaltung gesetzte Recht[70], soweit es innerhalb einer oder mehrerer Besatzungszonen galt, nach Art. 125 GG Bundesrecht geworden; das Gleiche gilt für Ländergesetze, durch die nach dem 8. Mai 1945 früheres Reichsrecht abgeändert worden ist[71]. Soweit sich Recht nur auf Gebiete bezog, für die nach dem GG allein der Landesgesetzgeber zuständig ist, ist es kein Bundesrecht geworden; das gilt auch für Ländergesetze, die nach der Aufhebung früherer Reichsgesetze durch die Besatzungsmächte an die Stelle dieser Gesetze getreten sind[72]. Ist streitig, ob früheres Recht als Bundesrecht weitergilt, erfolgt Vorlage an das BVerfG nach § 86 Abs. 2 BVerfGG[73].

c) Alles fortgeltende Recht der DDR, das auf Grund des Art. 9 Abs. 4 des Einigungsvertrages als Bundesrecht fortgilt; das ist der Fall für Gegenstände der ausschließlichen Gesetzgebung des Bundes sowie für Gegenstände der konkurrierenden oder der Rahmen-Gesetzgebung, wenn und soweit sie sich auf Sachgebiete beziehen, die im übrigen Bundesgebiet bundesrechtlich geregelt sind[74]. Vgl. dazu auch § 1 Rn. 10. Recht der DDR, das vor oder mit dem Beitritt **außer Kraft** getreten ist, ist **nichtrevisibles Recht,** da die Auslegung und Anwendung als Tatsachenfeststellung zu behandeln ist (ggf. als allgemeinkundige Tatsache nach § 173 i.V.m. § 291 ZPO)[75]. **9a**

d) Bundesrechtliches Gewohnheitsrecht. Nicht nur geschriebenes, auch ungeschriebenes Recht kann Bundesrecht sein. Gewohnheitsrecht unterliegt der Kompetenzverteilung der Art. 72 bis 75 GG[76]. Das BVerwG entscheidet die Frage, ob Gewohnheitsrecht als Bundes- oder Landesrecht anzusehen ist, danach, für welches Rechtsgebiet es ergänzend angewandt werden soll[77]; nur wenn dieses Bundesrecht ist, gilt auch das Gewohnheitsrecht als Bundesrecht[78]. Das gilt ebenfalls für den Grundsatz von Treu und Glauben, der in der gesamten Rechtsordnung gilt und trotz der Kodifizierung in § 242 BGB damit eine Materie nicht zu Bundesrecht werden lässt[79]. Ob der Verwaltungsrechtsweg gegeben ist, unterliegt als prozessrechtliche Frage stets der Nachprüfung durch das BVerwG[80] und zwar auch für die Feststellung, ob ein VA vorliegt[81]; bei dieser Prüfung zieht das BVerwG auch Landesrecht mit heran[82]. Den Begriff der politischen Partei hat das BVerwG[83] unabhängig von dem Rechtsgebiet, das der Rechtsstreit betrifft, als Bundesrecht angesehen; ebenso den Begriff der Prüfung[84] oder die Auslegung der unbestimmten Rechtsbegriffe »Eignung« **10**

70 Vgl. BVerwGE 1, 140 zur Parallelgesetzgebung der amerikanischen Besatzungszone.
71 Nachweise bei Ule S. 457, 458.
72 BVerfGE 11, 23.
73 Vgl. BVerfGE 4, 358; § 1 Rn. 7.
74 BVerwGE 100, 19; vgl. auch Buchh. 11 Art. 14 EV Nr. 296.
75 BVerwG B. v. 13.2.2003 – 7 B 8/03 juris.
76 Sodan/Neumann Rn. 78; Eyermann/P. Schmidt Rn. 5; Kopp/Schenke Rn. 5.
77 BVerwGE 26, 305; NJW 1968, 2393.
78 Vgl. BVerwGE 2, 22 allgemein; Buchh. BVerwG 310 § 137 Nr. 15 zum LAG; BVerwGE 27, 129 zur Verwirkung; vgl. auch Ule S. 459.
79 BVerwG Buchh. 310 § 137 Abs. 1 VwGO Nr. 15.
80 Vgl. BVerwGE 8, 272.
81 Vgl. BVerwGE 1, 263; 18, 154.
82 BVerwGE 18, 154.
83 E 6, 96.
84 NJW 1962, 122: bei landesrechtlicher Reifeprüfungsordnung.

und »Zuverlässigkeit« eines Betreuungsunternehmens nach dem WBauG, bei denen das Verfahren der Feststellung und Prüfung landesrechtlich geregelt wird[85].

11 e) **Die allgemeinen Regeln des Völkerrechts**, die nach Art. 25 GG Bestandteil des Bundesrechts sind[86].

III. Rechtsverletzung

12 Eine **Rechtsverletzung** liegt vor, wenn eine Rechtsnorm **nicht**[87] oder **unrichtig angewandt** worden ist, wenn also das Urteil objektiv nicht mit dem Gesetz in Einklang steht[88]. Unrichtig ist eine Norm angewandt, wenn
a) die Merkmale der richtigen Norm verkannt wurden (**Interpretationsfehler**);
b) die richtig erkannten Tatbestandsmerkmale unter eine falsche Norm eingeordnet wurden (**Subsumtionsfehler**)
c) gegen die **Denkgesetze oder Erfahrenssätze verstoßen** wurde[89];
d) ein **Widerspruch zwischen** den **tatsächlichen Annahmen und** dem **Sachverhalt**, wie er sich aus den Akten ergibt, besteht[90].

13 Bei einer richterlichen **Ermessensentscheidung** liegt eine Rechtsverletzung nur vor, wenn die gesetzlichen Voraussetzungen und Grenzen des Ermessens verkannt sind[91]. Bei der Prüfung, ob eine Rechtsverletzung vorliegt, muss das BVerwG auch **Rechtsänderungen**, die nach Erlass des angefochtenen Urteils ergangen sind, berücksichtigen, wenn sie das OVG, entschiede es an Stelle des BVerwG, hätte beachten müssen[92], das gilt **auch für Änderungen des Landesrechts**[93]. Kann die Rechtsänderung in der Revisionsinstanz nicht berücksichtigt werden, hindert die Rechtskraft des Revisionsurteils nicht, dass der Anspruch unter Berufung auf die Änderung erneut geltend gemacht wird[94]. Keine Änderung der Rechtslage, sondern nur eine neue Tatsachenbehauptung hat das BVerwG[95] in dem Erlass eines für das streitige Bauvorhaben nachteiligen Flächennutzungsplanes gesehen.

IV. Kausalität

14 Das angefochtene Urteil **kann nur aufgehoben werden, wenn es auf** der **Verletzung revisiblen Rechts beruht.** Ursächlich ist die Rechtsverletzung für die Entscheidung dann, wenn zumindest die Möglichkeit besteht, dass

---

85 BVerwGE 22, 117.
86 Vgl. BVerwGE 1, 206 zum Einfluss von Gebietsveränderungen auf die Staatsangehörigkeit; E 80, 233 zum ordre public.
87 Vgl. BVerwG NJW 1989, 53; E 57, 130; E 61, 15 für Landesrecht.
88 Vgl. Menger VerwA 49, 369; auch BGHZ 9, 12.
89 Vgl. BVerwG Buchh. 402.25 § 1 AsylVfG Nr. 90 für allgemeine Beweiswürdigungsregeln; vgl. auch Rn. 16.
90 Vgl. BVerwG MDR 1960, 76; Kopp/Schenke Rn. 19.
91 Vgl. BVerwG NJW 1961, 1942.
92 BVerwGE 1, 291; 41, 227 für Bebauungsplan; E 42, 148 für völkerrechtlichen Vertrag; E 50, 49 für BImSchG; E 90, 57 für inzidente Normenkontrolle.
93 BVerwG NJW 1990, 2768.
94 BVerwG ZLA 1963, 93.
95 E 54, 73; Buchh. 406.11 § 35 BauGB Nr. 356.

ohne sie anders entschieden wäre[96]. Wird über mehrere Klageansprüche entschieden, ist die Ursächlichkeit für jeden einzelnen Klageanspruch zu prüfen. Bei den absoluten Revisionsgründen wird die Ursächlichkeit durch Gesetz vermutet (vgl. § 138 Rn. 1).

B. Bindung des BVerwG

I. Tatsachenfeststellungen

1. **Grundsätzlich** prüft und entscheidet das BVerwG in der Revisionsinstanz auf Grund des von den Tatsacheninstanzen ermittelten Sachverhaltes. Das BVerwG ist grundsätzlich **an die in dem angefochtenen Urteil getroffenen tatsächlichen Feststellungen gebunden** (Abs. 2), unabhängig davon, ob sie im Tatbestand oder in den Entscheidungsgründen aufgeführt sind[97]; das gilt auch für tatsächliche Feststellungen, auf die das OVG seine Entscheidung nicht gestützt hat[98]. Das BVerwG ist auch **gebunden an die Entscheidung der Vorinstanz über** den **Inhalt irrevisiblen Rechts**; diese Bindung entfällt jedoch, wenn das OVG – fehlerhaft – nicht über das irrevisible Recht entschieden hat[99]. Das BVerwG hat in diesen Entscheidungen auch festgestellt, dass es in diesen Fällen das irrevisible Recht auch interpretieren könne[100]. Zur Bedeutung von Bezugnahmen (salvatorische Klausel) vgl. Schwöbbermeyer NJW 1990, 1451. In Streitigkeiten nach dem AsylVfG hat das BVerwG einen nach Erlass des Berufungsurteils eingetretenen offenkundigen Wegfall der verfolgungsbegründenden Machtverhältnisse im Herkunftsland des Asylbewerbers berücksichtigt[101]. Die in der Vorinstanz geltend gemachten Wiedereinsetzungsgründe stehen, soweit sie Angaben tatsächlicher Natur enthalten, insoweit tatsächlichen Feststellungen gleich, als die Vorinstanz die Angaben als glaubhaft gemacht angesehen hat[102].   **15**

Die **Bindung des BVerwG** an die Tatsachenfeststellungen **entfällt, wenn** in Bezug auf diese Feststellungen **zulässige und begründete Revisionsgründe vorgebracht sind** (zu Verfahrensmängeln vgl. § 132 Rn. 16 ff.; zur Begründung der Rügen § 133 Rn. 11 und § 139 Rn. 14). Das ist nicht nur der Fall, wenn bei der Feststellung **bundesrechtliche Verfahrensvorschriften** verletzt worden sind, sondern auch bei **Verstoß gegen** die **Denkgesetze**[103], **gegen allgemeine Erfahrungsgrundsätze** oder **Auslegungsgrundsätze**[104]. Dem notwendig Beigeladenen steht, wenn die Sprungrevision ohne seine   **16**

---

96 Vgl. BVerwGE 14, 342; Kopp/Schenke Rn. 23; einschränkend Eyermann/P. Schmidt Rn. 20, der bei materiellem Rechtsverstoß fordert, dass eine andere Entscheidung ergangen wäre; vgl. auch § 132 Rn. 9, 12.
97 BVerwG B. v. 6.2.2001 – 6 BN 6/00 juris.
98 BVerwG DVBl. 1963, 521.
99 Vgl. BVerwG NVwZ-RR 1993, 65; NJW 1995, 3067; BGH NJW 1996, 3151.
100 Zustimmend Sodan/Neumann Rn. 153; zu Recht kritisch Eyermann/P. Schmidt Rn. 23; vgl. aber auch BVerwGE 100, 160: Zurückverweisen bei Verfassungswidrigkeit von Landesrecht.
101 BVerwG DVBl. 1993, 320 für Afghanistan.
102 BVerwG Buchh. 310 § 137 VwGO Nr. 13.
103 BVerwG VRspr. 12, 914.
104 BVerwGE 47, 330; E 81, 74; Buchh. 310 § 108 Nr. 147; NVwZ 1982, 677.

Zustimmung eingelegt worden ist, bis zum Schluss der Revisionsverhandlung die Rüge zu, dass die tatsächlichen Feststellungen verfahrensfehlerhaft getroffen seien[105]. Bei bedeutsamen Feststellungen zur Zeitgeschichte, die für die Auslegung einer Norm wichtig sind, hat das BVerwG[106] es als Revisionsgrund angesehen, wenn bei der Würdigung der ermittelten Geschichtstatsachen die Denkgesetze und die aus den allgemein zugänglichen Quellen zu entnehmenden Sätze der Geschichtserfahrung nicht beachtet waren[107]; die Auswertung von Gesetzesmaterialien hat das BVerwG, auch soweit es sich um tatsächliche Vorgänge handelt, der Rechtsfindung zugerechnet[108]. Revisionsgrund auch, wenn Beweise unter Verstoß gegen die Grundlagen der Beweiswürdigung gewürdigt sind[109]. Bei der Beweiswürdigung liegt ein denkgesetzlicher Fehler aber nur vor, wenn die Schlussfolgerungen aus logischen Gründen gänzlich unmöglich sind, nicht schon, wenn sie nicht überzeugend sind[110] oder bei abweichender Beurteilung derselben Situation durch andere Tatsachengerichte[111]. Bei richterlichen Ermessenshandlungen (etwa bei der Vereidigung von Zeugen und Sachverständigen), kann das BVerwG lediglich nachprüfen, ob das Gericht eine irrige Auffassung von den Grenzen seines Ermessens hatte oder sich dieser Grenzen überhaupt nicht bewusst geworden ist[112]. Zur Nachprüfung des Ermessens des Berufungsgerichts im Fall der Zurückverweisung nach § 130 Abs. 1 vgl. BVerwG DÖV 1963, 517. Beruht die Beweistatsache auf materiellem Landesverwaltungsrecht, muss das BVerwG von der dem Landesrecht gegebenen Auslegung ausgehen[113].

17 **Neue Tatsachen können** in der Revisionsinstanz **grundsätzlich nicht vorgebracht werden;**[114] neu vorgebracht sind Tatsachen, die sich weder aus dem angefochtenen Urteil noch aus dem Sitzungsprotokoll ergeben[115]. Das gilt jedoch nicht, soweit sie zur Begründung einer Verfahrensrüge rechtzeitig in der Revisionsbegründung vorgebracht worden sind. Ebenso kann neues tatsächliches Vorbringen, das einen Wiederaufnahmegrund abgeben würde, im Revisionsverfahren berücksichtigt werden[116]; auch bei einer Änderung der Rechtslage (vgl. Rn. 13) ist neues Vorbringen zu berücksichtigen, wenn es nach der neuen Rechtslage erheblich ist[117]. Beachtlich für das Revisionsgericht sind neue Tatsachen auch, soweit sie nach § 45 Abs. 2 VwVfG nachgeholt werden[118], oder wenn Ermessenserwägungen nach § 114 S. 2 ergänzt werden. Soweit das Revisionsgericht an Feststellungen der Vorinstanz nicht gebunden ist, kann es tatsächliche Feststellungen durch eine auf eigener Auslegung beruhende Tatsachenfeststellung erset-

---

105 GemS BVerwGE 50, 369; vgl. auch E 68, 290 für Beklagten, für Feststellungen, die im angefochtenen Urteil nicht entscheidungserheblich waren, dies aber in der Revisionsinstanz werden.
106 E 30, 225.
107 Vgl. auch Schüler NJW/RzW 1967, 586.
108 E 36, 192.
109 BVerwG JR 1963, 276; BVerwGE 14, 5 zum AbgG.
110 BVerwG NDBZ 1960, 200.
111 BVerwG DVBl. 1984, 1005 zur Gruppenverfolgung.
112 BVerwG NJW 1961, 1942 m. Nachweisen; a.A. BGH JR 1958, 345; Wieczorek § 538 Anm. B III: überhaupt keine Nachprüfung.
113 BVerwG NJW 1955, 1611.
114 Vgl. BVerwG Buchh. 402.25 § 1 AsylVfG Nr. 19.
115 BVerwG ZBR 1966, 305 m. Anm. Scheerbarth.
116 BVerwGE 10, 357; BSG NJW 1963, 971.
117 BVerwGE 91, 104; Buchh. 406.11 § 35 BBauG Nr. 176.
118 Schmitz/Wessendorf NVwZ 1996, 957.

zen[119]. In den Fällen, in denen neues tatsächliches Vorbringen berücksichtigt werden muss, wird das BVerwG jedoch nicht zur Tatsacheninstanz, die erforderlichen tatsächlichen Feststellungen selbst zu treffen, ist ihm verwehrt[120], es muss vielmehr zu diesem Zweck nach § 144 Abs. 3 Nr. 2 zurückverweisen[121].

Keine Bindung des BVerwG besteht für die von Amts wegen zu prüfenden **18** **Sachurteilsvoraussetzungen**[122]; dazu ist jedoch zu beachten, dass eine Prüfung, ob der beschrittene Rechtsweg zulässig ist, im Revisionsverfahren der Hauptsache nicht stattfindet und dass das BVerwG an die Zulassung der Revision gebunden ist (vgl. § 132 Rn. 25).
Nach § 173 mit § 555 ZPO unterliegen Entscheidungen, die dem angefochtenen Endurteil vorausgegangen sind, nicht der Beurteilung durch das BVerwG, wenn sie unanfechtbar sind; diese Einschränkung der Prüfungsbefugnis betrifft jedoch nur die **unanfechtbare Vorentscheidung** selbst, nicht aber die Folgerungen, die die Tatsacheninstanz aus der durch die Vorentscheidung geschaffenen Prozesslage für die Endentscheidung gezogen hat[123]; in gleicher Weise ist auch die Auslegung von Prozesshandlungen revisibel[124].

II. Umfang der Prüfung durch das BVerwG

Der **Rahmen**, in dem das BVerwG die angefochtene Entscheidung in der **19** Revisionsinstanz überprüft, **wird durch** die **Revisionsanträge** (vgl. § 141 Rn. 2) **bestimmt**. Innerhalb dieses Rahmens prüft das BVerwG die Rechtmäßigkeit der angefochtenen Entscheidung grundsätzlich **ohne Bindung an** die **geltend gemachten** (vgl. § 139 Rn. 10) **Revisionsgründe**[125]. Es besteht weder eine Identität von Zulassungs- und Revisionsgrund noch verpflichtet die Zulassung aus einem bestimmten Grund dazu, gerade diesen Grund als Revisionsgrund geltend zu machen (vgl. § 132 Rn. 4, auch zur Beschränkung der Zulassung). Auch eine Beschränkung der Revision auf bestimmte materielle Rügen ist unwirksam[126]. Der Revisionskläger kann also nicht eine Entscheidung zu einer bestimmten Rechtsfrage erreichen, wenn das BVerwG aus anderen Gründen aufhebt.

Gebunden ist das BVerwG jedoch an die geltend gemachten Revisions- **20** gründe, wenn lediglich Verfahrensrügen erhoben werden, es sei denn, dass zugleich einer der Gründe des § 132 Abs. 2 Nr. 1 und 2, und zwar auf dem Gebiet des materiellen Rechts[127], vorliegt. Die Prüfung der Gründe des § 132 Abs. 2 Nr. 1 und 2 setzt voraus, dass die Verfahrensrevision zulässig ist[128]. Das BVerwG hat zugelassen, dass der Revisionsbeklagte Verfahrensfehler, die das Gericht nicht von Amts wegen prüft, bis zum

---

119 BVerwGE 84, 157.
120 Vgl. DÖV 1962, 508.
121 Vgl. Ule S. 460.
122 BVerwGE 36, 317; 42, 189; BGHZ 31, 279; vgl. § 143 Rn. 1.
123 BVerwGE 39, 319.
124 Vgl. BVerwG NJW 1991, 508, sowie § 62 Rn. 1 m.w.N.
125 BVerwGE 10, 68; 14, 342.
126 BVerwGE 9, 33.
127 BVerwGE 19, 231; E 106, 115 zur Beweiserhebung.
128 BVerwGE 25, 44 zur verzichtbaren Verfahrensrüge.

Schluss der Revisionsverhandlung mit einer »Gegenrüge« der Prüfung unterwerfen kann[129].

21   Ob eine **Rüge** im Einzelfall **auf die Verletzung von materiellem oder von Verfahrensrecht** gerichtet ist, **kann zweifelhaft sein,** wenn ein Verstoß gegen die Denkgesetze, gegen Erfahrenssätze oder Auslegungsregeln oder gegen die Grundlagen der Beweiswürdigung geltend gemacht wird[130]. Soweit es sich dabei um eine fehlerhafte Tatsachenfeststellung handelt, liegt ein Verfahrensmangel vor[131]; betrifft der Verstoß die Interpretation von Gesetzesvorschriften, ist maßgeblich, ob diese Normen dem Verfahrens- oder dem materiellen Recht zuzurechnen sind. Auch bei einer Bindung an die geltend gemachten Revisionsgründe kann das BVerwG weitere Verfahrensmängel, die es als Sachurteilsvoraussetzung von Amts wegen prüft, berücksichtigen (vgl. auch Rn. 18), wie etwa die **Beteiligungs- und Prozessfähigkeit**[132] oder auch das Fehlen der **notwendigen Beiladung**[133]. Denn bei allen Verfahrensfehlern, die nicht in § 138 aufgeführt sind ist das Urteil nur dann aufzuheben, wenn die Fehler sich im Hinblick auf den Zweck, den die entsprechende Verfahrensvorschrift verfolgt, auf das Urteil auswirken können und es damit fehlerhaft machen. Daraus folgt für die notwendige Beiladung, dass es nicht darum geht, die Verfahrensposition des einen oder anderen Prozessbeteiligten zu stärken, sondern die Rechtskraft des Urteils auf einen an dem streitigen Rechtsverhältnis Beteiligten zu erstrecken. Es soll nämlich vermieden werden, dass ein Dritter die Fragen, über die zwischen den bisherigen Streitbeteiligten rechtskräftig entschieden ist, erneut zur gerichtlichen Prüfung stellen und möglicherweise eine abweichende Entscheidung erlangen kann[134]. Zum Verhältnis zu § 144 Abs. 4 vgl. § 144 Rn. 3.

§ 138 [Absolute Revisionsgründe]

Ein Urteil ist stets als auf der Verletzung von Bundesrecht beruhend anzusehen, wenn
1. **das erkennende Gericht nicht vorschriftsmäßig besetzt war,**
2. **bei der Entscheidung ein Richter mitgewirkt hat, der von der Ausübung des Richteramts kraft Gesetzes ausgeschlossen oder wegen Besorgnis der Befangenheit mit Erfolg abgelehnt war,**
3. **einem Beteiligten das rechtliche Gehör versagt war,**
4. **ein Beteiligter im Verfahren nicht nach Vorschrift des Gesetzes vertreten war, außer wenn er der Prozessführung ausdrücklich oder stillschweigend zugestimmt hat,**
5. **das Urteil auf eine mündliche Verhandlung ergangen ist, bei der die Vorschriften über die Öffentlichkeit des Verfahrens verletzt worden sind, oder**
6. **die Entscheidung nicht mit Gründen versehen ist.**

---

129 E 68, 290; Eyermann/P. Schmidt Rn. 31; Kopp/Schenke Rn. 36; a.A. Rothe, Ehrengabe für Heusinger, 1968, S. 264; Aufgabe der bisherigen Auffassung.
130 Vgl. BVerwGE 25, 318; 28, 223 zur Auslegung einer Druckschrift.
131 Vgl. Koehler S. 1090; BSGE 6, 166.
132 Vgl. RGZ 151, 66; 154, 147.
133 BVerwGE 16, 23.
134 BVerwG B. v. 22.4.2003 – 8 B 144/02 juris.

I. Allgemeines

Für die absoluten Revisionsgründe stellt § 138 zwei unwiderlegliche Ver-   **1**
mutungen auf:
a) Beim Vorliegen dieser Gründe wird grundsätzlich die **Ursächlichkeit**
    der Gesetzesverletzung vermutet; diese darf dann nicht mehr geprüft
    werden[1]. Die Rechtsprechung hat aber, insbesondere bei der Verletzung
    des rechtlichen Gehörs, nicht zurückverwiesen, sondern nach § 144
    Abs. 4 in der Sache entschieden, wenn der Verfahrensfehler hinwegge-
    dacht werden kann, ohne dass die Richtigkeit der Entscheidung in
    Frage gestellt wäre[2].
b) Beim Vorliegen dieser Gründe wird **Bundesrecht** als verletzt angesehen.
    Es ist daher unerheblich, wenn sich der Revisionsgrund aus der Verlet-
    zung von Landesrecht, etwa eines AG zur VwGO, ergibt.
Die Aufzählung der absoluten Revisionsgründe ist abschließend. Bei allen
anderen Revisionsgründen ist die Ursächlichkeit der Gesetzesverletzung
und die Frage, ob das Urteil auf der Verletzung von Bundesrecht beruht,
zu prüfen (vgl. die Erläuterungen zu § 137).

II. Absolute Revisionsgründe

1. Nicht vorschriftsmäßige Besetzung des erkennenden Gerichts.   **2**
Erkennendes Gericht ist die Kammer bzw. der Senat, der die Entscheidung
beschließt[3]; es kommt also auf die Besetzung bei der letzten mündlichen
Verhandlung an, auf die die Entscheidung ergeht[4], vorhergehende Fehlbe-
setzungen werden von § 138 nicht erfasst, bei Entscheidung im schriftlichen Verfahren auf die Besetzung bei der Beschlussfassung. Dabei entscheidet das Revisionsgericht nicht von Amts wegen, sondern nur auf
entsprechende Rüge[5]. Die Besetzungsrüge ist nur dann zulässig vorgebracht, wenn die den angeblichen Mangel begründenden Tatsachen in einer Weise vorgetragen werden, die dem Revisionsgericht eine Beurteilung
ermöglichen[6]. Das Gericht ist nicht vorschriftsmäßig besetzt, wenn die Bestimmungen der §§ 5 Abs. 3, 9 Abs. 3, 10 Abs. 3, 15 bis 30 verletzt sind.
Die Mitwirkung von zwei nicht planmäßigen Richtern ist nur ausnahmsweise zulässig[7]. Auch, wenn ein konsentierter Einzelrichter im Verfahren
nach § 130a entscheidet, anstatt der Senat[8]. Das BVerwG hat für den Vorsitz im Flurbereinigungsgericht (Ausnahme: Vertretung) einen statusrechtlichen Vorsitzenden Richter am OVG verlangt[9]. Fehlerhafte Besetzung
liegt auch vor bei fehlender Befähigung zum Richteramt nach dem DRiG,
bei unwirksamer Berufung in das Richterverhältnis, nicht jedoch, wenn
die Berufung nur anfechtbar ist[10]. Das Gericht ist auch vorschriftswidrig
besetzt, wenn an der Beratung, die der Urteilsverkündung vorausgeht, ein

---

1   Vgl. BVerwGE 5, 79; E 85, 273.
2   Vgl. BVerwG NVwZ 1994, 1095.
3   Zum Einzelrichter vgl. Bader/Bader Rn. 13.
4   BVerwG Buchh. 237.1 Art. 86 BayLBG Nr. 10.
5   BVerwGE 85, 54.
6   BVerwG Buchh. 310 § 132 Abs. 2 Ziff. 3 Nr. 9.
7   Vgl. BVerwGE 102, 7.
8   BVerwG Buchh. 310 § 130a VwGO Nr. 49.
9   E 106, 345.
10 BVerwG DÖV 1956, 182.

dem Gericht zugeteilter wissenschaftlicher Hilfsarbeiter teilnimmt[11]. Die Teilnahme von Referendaren, die dem Gericht zur Ausbildung zugewiesen sind, ist zugelassen. Blindheit oder Taubheit führt zur unvorschriftsmäßigen Besetzung nur, wenn der Richter dadurch in der Auffassung und Beurteilung der betreffenden Sache behindert ist[12]. Ist ein Richter unfähig, der mündlichen Verhandlung zu folgen, ist das Gericht nicht vorschriftsmäßig besetzt; kurzfristige und vorübergehende Ablenkungen oder Ermüdungserscheinungen sind jedoch unschädlich[13]; auch die allgemein gehaltene Behauptung, ein Richter habe während der Verhandlung geschlafen, reicht als schlüssige Rüge nicht aus[14]. Entfernt sich der Richter während der mündlichen Verhandlung oder Beweisaufnahme, liegt ebenfalls unvorschriftsmäßige Besetzung vor[15], nicht jedoch bei Augenscheinnahme nur durch 2 Mitglieder eines fünfköpfigen Gerichts[16]. Zur Rüge der nicht vorschriftsmäßigen Besetzung des Gerichts mit ehrenamtlichen Richtern vgl. BVerwG Buchh. 310 § 133 VwGO Nr. 62; Bader/Bader Rn. 12.

3   Das erkennende Gericht kann auch bei einem **Verstoß gegen die Vorschriften über die Geschäftsverteilung** (§§ 21e bis 21g GVG) nicht vorschriftsmäßig besetzt sein. Allerdings reicht ein bloßer Irrtum des Gerichts über die Geschäftsverteilung nicht aus[17]. Ein Verstoß gegen das Gebot des gesetzlichen Richters liegt vielmehr nur dann vor, wenn die Entscheidung von willkürlichen Erwägungen bestimmt war[18], durch die das Abstraktionsprinzip, d.h. die Zuweisung nach allgemeinen, abstrakten, sachlich-objektiven Merkmalen verletzt wurde, so z.B bei Zuweisung einzelner, ausgesuchter Sachen an neu gebildete Kammer[19]; das kann auch bei unrichtiger, nicht auf Irrtum beruhender Anwendung des Geschäftsverteilungsplanes der Fall sein[20]. Eine Umverteilung anhängiger Verfahren durch Änderung des Geschäftsverteilungsplans zu Beginn eines neuen Geschäftsjahres ist dagegen zulässig[21].

4   2. Mitwirkung eines ausgeschlossenen oder abgelehnten Richters an der Entscheidung. Der Ausschluss bezieht sich nur auf solche Tatbestände vorausgegangener Mitwirkung, die dasselbe gerichtliche Verfahren betreffen[22]. Bei Mitwirkung an einem rechtskräftig abgeschlossenen erstinstanzlichen Verwaltungsprozess ist der Richter nicht von der Mitwirkung an einem Berufungsverfahren ausgeschlossen, mit dem die Verpflichtung der Behörde zum Wiederaufgreifen des Verfahrens begehrt wird[23]. Vgl. im

---

11   BVerwGE 5, 85.
12   BVerwGE 65, 240: Augenscheinnahme durch blinden Richter; vgl. auch Schulze MDR 1995, 670.
13   BVerwG DÖV 1961, 275.
14   BVerwG Buchh. 310 § 138 Ziff. 1 VwGO Nr. 38.
15   BVerwG DÖV 1961, 558.
16   BVerwGE 41, 174: nur Verstoß gegen Unmittelbarkeit der Beweisaufnahme, auf deren Einhaltung verzichtet werden kann.
17   BVerwG NJW 1974, 1885.
18   BVerfGE 27, 297; 29, 45; BVerwG NJW 1988, 1339; Buchh. 310 § 138 Ziff. 1 VwGO Nr. 32; BVerwG NJW 1999, 594 verneint für Rotationsprinzip.
19   BVerfG NJW 1997, 1497; BVerwG NJW 1984, 2961; NJW 1987, 2031; vgl. auch Buchh. 310 § 133 VwGO Nr. 22 für Übergang anhängiger Verfahren bei Änderung der Geschäftsverteilung.
20   BVerwGE 20, 39.
21   Hamburg NVwZ 1999, 210.
22   BVerwG Buchh. 310 § 138 Nr. 30.
23   BVerwG NVwZ-RR 1996, 122.

Übrigen zum Ausschluss und zur Ablehnung eines Richters die Erläuterungen zu § 54. Ein Verfahrensmangel liegt auch hier nur vor, wenn der Richter an der Beratung, auf die die Entscheidung ergeht, teilgenommen hat; eine Teilnahme an der Beweisaufnahme oder Verkündung ist unschädlich. Solange über das Ablehnungsgesuch noch nicht entschieden ist, kann der Richter mitwirken; ebenso, wenn das Ablehnungsgesuch abgelehnt worden ist[24] oder bei rechtsmissbräuchlicher Ablehnung[25]. Eine nachträgliche Ablehnung eines Richters ist nicht zulässig[26].

3. **Versagung des rechtlichen Gehörs. Der Grundsatz des rechtlichen Ge-** **5**
hörs vor Gericht ist nach der Rechtsprechung des BVerfG ein prozessuales Urrecht des Menschen, das für ein gerichtliches Verfahren im Sinne des Grundgesetzes konstitutiv und grundsätzlich unabdingbar ist[27]. Es besteht eine Verpflichtung des Gerichts, die Ausführungen der Beteiligten zur Kenntnis zu nehmen und in Erwägung zu ziehen[28]; dies muss aus den Entscheidungsgründen hervorgehen[29]. Für die Rüge reicht aus, wenn nicht ausgeschlossen werden kann, dass die Entscheidung anders ausgefallen wäre, wenn das Gericht das übergangene Vorbringen berücksichtigt hätte[30]; sie greift nur dann nicht, wenn es bei der Entscheidung auf die Verletzung des rechtlichen Gehörs unter keinem rechtlichen Gesichtspunkt ankommt[31]. Einem Urteil, das trotz ausgebliebenen Einverständnisses ohne mündl. Verhandlung ergeht, fehlt jede materiell-rechtliche Grundlage[32]. Dabei lässt es das BVerwG offen, ob trotz Vorliegens eines absoluten Revisionsgrundes die Revision zurückgewiesen werden darf, wenn die Klage unabänderlich unzulässig ist[33]. Räumt das Gericht einem Beteiligten eine Frist zur Äußerung ein, dann verletzt es grundsätzlich dessen Anspruch auf rechtliches Gehör, wenn es die selbstgesetzte Äußerungspflicht nicht abwartet und vor deren Ablauf entscheidet[34]. Im Unterschied zu den anderen absoluten Revisionsgründen kann sich die **Versagung des rechtlichen Gehörs** auch auf die Feststellung einzelner Tatsachen beziehen, die, etwa bei mehreren selbstständigen Klageansprüchen, nur für einen Teil der Entscheidung von Bedeutung sind; die Vermutung der Rechtsverletzung kann sich dann ebenfalls nur auf diesen Teil der angefochtenen Entscheidung beziehen. War die Tatsachenfeststellung unter keinem denkbaren Gesichtspunkt für die Entscheidung von Bedeutung, ist die Versagung des rechtlichen Gehörs unschädlich[35]; denn der Verfahrensverstoß liegt hier in Wahrheit nicht in der Verletzung des rechtlichen Gehörs, sondern darin, dass in dem angefochtenen Urteil nicht auf die Unerheblichkeit dieser Tatsachenfeststellung hingewiesen ist[36].

Als Revisionsgrund kommt nicht nur eine **Rüge des Art. 103 Abs. 1 GG** **6**
in Betracht, sondern die **Rüge jeder Verfahrensvorschrift, die der Wahrung**

---

24 BVerwG DÖV 1974, 105; vgl. auch Buchh. 310 § 54 Nr. 51.
25 Vgl. Bader/Bader Rn. 24; Kassel NVwZ 1997, 311 einschränkend für Einzelrichter.
26 BVerwG MDR 1954, 395; MDR 1970, 442.
27 BVerfG NJW 1980, 2698 m.w.N.
28 BVerfGE 87, 363; BVerwG Buchh. 310 § 108 Nr. 177.
29 BVerfGE 86, 133.
30 Vgl. BVerwG NJW 1992, 327.
31 Vgl. BVerwG Buchh. 310 § 138 Ziff. 3 Nr. 30.
32 BVerwG Buchh. 310 §138 Ziff. 3 VwGO Nr. 67; NVwZ 2003, 224.
33 Wie vor, vgl. § 144 Rn. 3.
34 BVerwG Buchh. 310 § 139 Abs. 3 VwGO Nr. 7.
35 BVerwGE 62, 6; NVwZ 1996, 378.
36 BVerwG DVBl. 1994, 1191.

des rechtlichen Gehörs dienen soll[37], so, wenn ein Beteiligter keine Gelegenheit hatte, zu den für die Entscheidung maßgebenden Tatsachen und Beweisergebnissen, auch Gutachten[38], oder zu neuen rechtlichen Überlegungen, auf die die Entscheidung abgestellt werden soll, Stellung zu nehmen[39]. Das Gebot des rechtlichen Gehörs verpflichtet das Gericht, das Vorbringen der Verfahrensbeteiligten zur Kenntnis zu nehmen[40]. Bei der Anhörung zu einer Entscheidung nach § 130a muss unmissverständlich zu erkennen sein, wie das Berufungsgericht zu entscheiden gedenkt, sonst wird der Anspruch auf rechtliches Gehör verletzt[41]. Das Gericht ist gehalten, in den Entscheidungsgründen in angemessener Weise zum Ausdruck zu bringen, weshalb es von Auseinandersetzung mit dem Parteivorbringen abgesehen hat[42]. Nach st. Rspr. des BVerwG[43] ist ein den Anspruch auf rechtliches Gehör verletzendes **Überraschungsurteil** gegeben, wenn das Gericht einen bis dahin nicht erörterten rechtlichen oder tatsächlichen Gesichtspunkt zur Grundlage der Entscheidung macht und damit dem Rechtsstreit eine Wende gibt, mit der die Beteiligten nach dem bisherigen Verlauf des Verfahrens nicht zu rechnen brauchten[44]. Versagung auch, wenn die Pflicht des Vorsitzenden nach § 86 Abs. 3, auf die Abgabe aller wesentlichen Erklärungen hinzuwirken, verletzt wird[45]; auch bei Berücksichtigung von Akten, von deren Beiziehung ein Beteiligter nichts wusste[46], bei Verweigerung der Einsicht in Akten, die dem Gericht vorliegen[47], oder wenn wegen mangelnder Erfolgsaussicht die Bewilligung der Prozesskostenhilfe oder Beiordnung eines Rechtsanwaltes abgelehnt wird[48]. Versagung auch, wenn Terminverlegung nicht stattgegeben wird, die wegen streitbedingter Ungewissheit über An- und Abreise beantragt wurde[49]. Versagung und Verletzung der Sachaufklärungspflicht, wenn die beantragte Verwertung einer vorgelegten fremdsprachlichen Urkunde allein mit der Begründung abgelehnt wird, dass es an einer deutschen Übersetzung fehlt[50]. Keine Versagung des rechtlichen Gehörs, wenn Betroffener oder sein Vertreter es unterlässt, von den ihm verfahrensmäßig gebotenen Möglichkeiten Gebrauch zu machen[51]. War dem Betroffenen eine Stellungnahme zu Rechtsfragen verwehrt, die er im Revisionsverfahren nachholen kann, liegt nach BVerwGE 21, 274 keine Verletzung des rechtlichen Gehörs vor. Diese Entscheidung ist jedenfalls dann nicht zutreffend, wenn

---

37   BVerwGE 22, 271; E 98, 235 zu den Pflichten des Gerichts; OVG Bautzen U. v. 4.4.2003 – A 3 B 267/01 juris umfassend zum Asylrecht.
38   Vgl. BVerwGE 7, 230.
39   BVerwG NJW 1959, 2227; BVerfG DtZ 1992, 327; DVBl. 1995, 34; vgl. auch BVerwG NJW 1984, 625 zur Verletzung des Rechts der Partei, sich auch im Anwaltsprozess selbst zu äußern.
40   BVerfG ZfBA 1999, 332 zur Bezugnahme auf Vortrag zur hilfsweisen Verteidigung; BVerwG NJW 1998, 553 zum fristgerecht eingegangenen Schriftsatz.
41   BVerwG Buchh. 310 § 130a VwGO Nr. 49.
42   BVerwG NJW 1999, 1493.
43   Vgl. z.B. NJW 1986, 445; Buchh. 428 § 4 Abs. 1 VermG Nr. 4.
44   BVerwG NJW 1994, 2371.
45   BVerwG DVBl. 1980, 598 für Wechsel auf andere für die Entscheidung wesentliche tatsächliche Behauptungen.
46   BVerwG DÖV 1955, 511.
47   BVerwGE 19, 179; NJW 1988, 1280; NJW 1990, 1313: beurteilt sich nach Lage des Einzelfalls; Mannheim NVwZ-RR 1998, 687.
48   BVerwGE 51, 111; 51, 277.
49   BVerwGE 96, 368; vgl. auch Buchh. 303 § 227 ZPO Nr. 26 zur Verhandlungsunfähigkeit.
50   BVerwG DVBl. 1996, 634.
51   BVerwG NJW 1989, 601.

es sich um den einzigen Revisionsgrund handelt. Zur Versagung des rechtlichen Gehörs im Einzelnen vgl. Bader/Bader Rn. 28 ff.; Deubner NJW 1980, 263; Zierlein DVBl. 1989, 1169, sowie § 108 Rn. 4; zur Verfahrensrüge § 132 Rn. 16 ff.

4. Mangelnde Vertretung im Verfahren. Es kann sich um alle Fälle fehlen   **7** der ordnungsmäßiger Vertretung eines Beteiligten im verwaltungsgerichtlichen Verfahren handeln, gleichgültig, ob die fehlerhafte Vertretung auf materiellem Recht oder auf Prozessrecht beruht[52], etwa der §§ 61, 62, 67, 67a; dieser Revisionsgrund bezieht sich auf den Kläger oder Beklagten, auch auf den Rechtsmittelkläger, auch auf den Beigeladenen[53]. Auch der zu Unrecht als gesetzlicher Vertreter Behandelte kann Revision einlegen, auch der obsiegende Gegner, da auch ihn die fehlerhafte Entscheidung beschwert[54]. Bei der Rüge der fehlenden eigenen Prozessfähigkeit wegen Geisteskrankheit wird der Beteiligte soweit als prozessfähig behandelt, als über die Frage der Prozessfähigkeit entschieden wird[55]. Stimmt der Beteiligte der Prozessführung ausdrücklich oder stillschweigend zu, liegt ein wesentlicher Verfahrensmangel nicht vor; die Zustimmung darf sich nicht nur auf einzelne Prozesshandlungen beziehen, sondern muss die gesamte Prozessführung erfassen[56]. Nr. 4 ist auch verletzt, wenn ein Beteiligter deshalb im Termin unvertreten bleibt, weil er nicht, nicht ordnungsgemäß oder nicht zu diesem Zeitpunkt geladen war[57] oder bei mündlicher Verhandlung trotz vorheriger Terminaufhebung[58]; wenn das Gericht eine bloße Terminsvollmacht irrtümlich als allgemeine Prozessvollmacht behandelt[59]. Zur Pflicht der Verwaltungsgerichte, dem Prozessunfähigen einen Vertreter zu bestellen, vgl. BVerwGE 23, 15.

5. Verletzung der Öffentlichkeit des Verfahrens. Zur Öffentlichkeit des   **8** Verfahrens und zum Ausschluss der Öffentlichkeit vgl. § 55 Rn. 2. Die Vorschrift gilt nicht für Beteiligte[60]. Die unzulässige Beschränkung schadet nur, wenn sie auf den Willen des Vorsitzenden zurückgeht, nicht dagegen, wenn sie auf dem Versehen eines Bediensteten beruht[61].

6. Fehlen der Gründe. Nummer 6 betrifft das Fehlen oder die Mangelhaf   **9** tigkeit der Entscheidungsgründe (§ 117 Abs. 2 Nr. 5). Das Fehlen des Tatbestandes kann nur nach § 132 Abs. 2 Nr. 3 gerügt werden. Aus den Entscheidungsgründen sollen die Beteiligten entnehmen können, wie das Gericht zu der im Tenor geäußerten Rechtsauffassung gelangt ist[62]. Die Rüge, das Urteil des Berufungsgerichts sei widersprüchlich und deshalb »nicht mit Gründen« versehen, führt nicht zur Zulassung der Revision,

52 RGZ 38, 409.
53 Bader/Bader Rn. 50; Eyermann/P. Schmidt Rn. 25; a.A. Kopp/Schenke Rn. 21: bei Beigeladenen allenfalls Revisionsgrund nach § 132 Abs. 2 Nr. 3; Aufgabe der bisherigen Auffassung.
54 RGZ 126, 263; Meyer-Ladewig, SGG § 162 Rn. 10; a.A. Kopp/Schenke Rn. 22.
55 BSGE 5, 176.
56 RGZ 110, 231.
57 BVerwGE 66, 311; NJW 1991, 583; vgl. auch BFH NVwZ-RR 1994, 623 zur alleinigen Ladung des vollmachtlosen Vertreters.
58 BVerwG NJW 1991, 583.
59 BVerwG Buchh. 310 § 138 Ziff. 4 Nr. 6.
60 Mannheim VBlBW 1999, 184.
61 BVerwG Buchh. 310 § 133 VwGO Nr. 31; vgl. auch BVerwG DVBl. 1999, 95: Zugang durch Klingeln, wenn Haupteingang verschlossen.
62 Ule DVBl. 1959, 542.

wenn sie sich nur auf eine von mehreren das Urteil jeweils selbstständig tragenden Gründen beruht[63]. Knappe Begründung ist unschädlich[64]. Unklare, unvollständige, oberflächliche oder unrichtige Entscheidungsgründe begründen den Verfahrensmangel noch nicht[65]. Der grobe Formmangel der fehlenden Entscheidungsgründe liegt jedoch immer dann vor, wenn die Entscheidungsgründe rational nicht nachvollziehbar, sachlich inhaltslos oder aus anderen Gründen derart unbrauchbar sind, dass sie unter keinen denkbaren Gesichtspunkten geeignet sind, den Urteilstenor zu tragen[66]. Dagegen fällt die sachliche Unrichtigkeit oder Unvollständigkeit der Gründe nicht unter Nummer 6[67], jedoch reicht aus, wenn in den Gründen auf einen Rechtsbehelf, den der Beteiligte geltend gemacht hat, nicht eingegangen wird[68], oder wenn sich aus konkreten Gründen ergibt, dass das Urteil die Gründe, die für die richterliche Überzeugung leitend gewesen sind, nicht zuverlässig wiedergibt[69]. Bezugnahme auf das Urteil in einer anderen Sache kann die Entscheidungsgründe nur insoweit ersetzen, als es zwischen den gleichen Beteiligten ergangen oder im Prozess vorgetragen ist[70]; gibt allerdings die Begründung die Auffassung des Gerichts wieder, kann wegen der Einzelheiten auf ein nicht zwischen den Beteiligten ergangenes Urteil Bezug genommen werden[71]. Auf andere Schriftstücke darf aber nur dann Bezug genommen werden, wenn sie den Verfahrensbeteiligten bekannt sind[72].

10 Ein **Überschreiten der Frist des § 117 Abs. 4 für das Absetzen der Urteilsgründe steht** dem **Fehlen der Gründe gleich,** wenn der Zusammenhang der schriftlichen Urteilsgründe mit der mündlichen Verhandlung und der Beratung infolge der verflossenen Zeit nicht mehr gewährleistet ist[73]. Der GemS[74] hat die Auffassung des Großen Senats des BVerwG bestätigt, sodass der absolute Revisionsgrund der Nummer 6 vorliegt, wenn die schriftlichen Urteilsgründe erst **mehr als fünf Monate** nach der mündlichen Verhandlung vorliegen[75]. Dabei kommt es in Fällen des § 116 Abs. 2 nicht auf die Frist zwischen abschließender Beratung und Zustellung an die Be-

---

63 BVerwG NVwZ 1994, 264.
64 BVerwG BB 1957, 873; vgl. auch Hamburg JZ 1984, 14 zum Verzicht auf Begründung.
65 BVerwG NJW 1954, 1542; Buchh. 310 § 117 VwGO Nr. 31.
66 BVerwG DVBl. 1998, 1085; NJW 2003, 1753.
67 BVerwGE 1, 303.
68 Vgl. BVerwG DVBl. 1998, 1085.
69 BVerwGE 60, 14.
70 Vgl. BVerwG Buchh. 310 § 138 Ziff. 6 VwGO Nr. 17; Schoch/Eichberger Rn. 148; Bader/Bader Rn. 61.
71 BVerwG NJW 1954, 1542.
72 BVerwG Buchh. 310 § 138 Ziff. 6 Nr. 30.
73 Vgl. bei mehr als einem Jahr BVerwGE 49, 61; 50, 278 für persönlichen Eindruck bei Kriegsdienstverweigerung; auch NJW 1989, 730; bei mehr als sechs Monaten BVerwGE 85, 273 für schwierige tatsächliche und rechtliche Verhältnisse; grundsätzlich bei mehr als fünf Monaten BVerwG NJW 1991, 313 sowie Vorlagebeschluss des Großen Senats BVerwG Buchh. 310 § 138 Nr. 25; abgelehnt für weniger als vier Monate BVerwG Buchh. 310 § 138 Nr. 26.
74 BVerwGE 92, 367.
75 Ebenso BVerwG NVwZ 1999, 1334 bei Ersetzen der Verkündung durch Zustellung; zur Verfassungsmäßigkeit; DVBl. 2000, 1218; B. v. 25.8.2003 – 6 B 45/03 juris; vgl. BVerfG NJW 1996, 3203; im Übrigen § 116 Rn. 3, § 117 Rn. 8.

teiligten, sondern auf die Frist bis zur Übergabe an die Geschäftsstelle an[76].

§ 139 [Einlegung der Revision]

(1) Die Revision ist bei dem Gericht, dessen Urteil angefochten wird, innerhalb eines Monats nach Zustellung des vollständigen Urteils oder des Beschlusses über die Zulassung der Revision nach § 134 Abs. 3 Satz 2 schriftlich einzulegen. Die Revisionsfrist ist auch gewahrt, wenn die Revision innerhalb der Frist bei dem Bundesverwaltungsgericht eingelegt wird. Die Revision muss das angefochtene Urteil bezeichnen.

(2) Wird der Beschwerde gegen die Nichtzulassung der Revision abgeholfen oder lässt das Bundesverwaltungsgericht die Revision zu, so wird das Beschwerdeverfahren als Revisionsverfahren fortgesetzt, wenn nicht das Bundesverwaltungsgericht das angefochtene Urteil nach § 133 Abs. 6 aufhebt; der Einlegung einer Revision durch den Beschwerdeführer bedarf es nicht. Darauf ist in dem Beschluss hinzuweisen.

(3) Die Revision ist innerhalb von zwei Monaten nach Zustellung des vollständigen Urteils oder des Beschlusses über die Zulassung der Revision nach § 134 Abs. 3 Satz 2 zu begründen; im Falle des Absatzes 2 beträgt die Begründungsfrist einen Monat nach Zustellung des Beschlusses über die Zulassung der Revision. Die Begründung ist bei dem Bundesverwaltungsgericht einzureichen. Die Begründungsfrist kann auf einen vor ihrem Ablauf gestellten Antrag von dem Vorsitzenden verlängert werden. Die Begründung muss einen bestimmten Antrag enthalten, die verletzte Rechtsnorm und, soweit Verfahrensmängel gerügt werden, die Tatsachen angeben, die den Mangel ergeben.

Übersicht

---

76 BVerwG Buchh. 310 § 116 VwGO Nr. 26.

I. Revision

1   1. **Einlegung.** Zur Einlegungsberechtigung vgl. § 132 Rn. 3. Die Revision ist schriftlich bei dem Gericht einzulegen, dessen Urteil angefochten wird (judex a quo); das ist bei der Revision nach § 132 Abs. 1 das OVG, bei der Sprungrevision (§ 134) und beim Ausschluss der Berufung (§ 135) das VG, und zwar auch in Streitigkeiten nach dem LAG[1] und dem HeimkehrerstiftungsG. Zum Gegenstand der Revision vgl. im Übrigen § 132 Rn. 2. Die **Einlegung beim BVerwG** wahrt die **Frist.** Zur Fortführung des Beschwerdeverfahrens über die Zulassung der Revision als Revisionsverfahren vgl. Rn. 5.

Zur **Schriftlichkeit** vgl. § 124a Rn. 2, 3, die Revision kann nicht zur Niederschrift des Urkundsbeamten der Geschäftsstelle erklärt werden. Die Einlegung der Revision unterliegt dem **Anwaltszwang** (vgl. die Erläuterungen zu § 67). Die Einlegung muss unbedingt erfolgen, also auch Einlegung für den Fall der Zulassung unzulässig[2]. Dagegen ist es zulässig, die Revision auf tatsächlich oder rechtlich abtrennbare Teile zu beschränken[3].

2   2. **Inhalt.** Die **Revision muss** lediglich **das angefochtene Urteil bezeichnen.** Diese Angabe ist erforderlich, um überhaupt erkennen zu können, wogegen sich der prozessuale Angriff richtet. Fehlt die Angabe in der Revisionsschrift und wird sie nicht innerhalb der Revisionsfrist nachgeholt[4], wird die Revision als unzulässig verworfen[5]. Die Revisionsschrift kann bereits einen **bestimmten Antrag** enthalten, der jedoch erst **bis zum Ende der Revisionsbegründungsfrist** gestellt sein muss (vgl. dazu Rn. 11).

3   3. **Frist.** Die **Revisionsfrist** beträgt **einen Monat.** Ihr Lauf beginnt mit der Zustellung des die Zulassung enthaltenden Urteils, bei der Sprungrevision mit der Zustellung des diese zulassenden Beschlusses. Die Frist beginnt jedoch nur bei Zustellung des vollständigen Urteils (§§ 141, 124a Abs. 1, vgl. § 124a Rn. 8) und auch nur dann zu laufen, wenn das Urteil oder der zulassende Beschluss eine zutreffende Rechtsmittelbelehrung enthält, wozu auch der Hinweis auf die Revisionsbegründung gehört[6]. Bei fehlerhafter Rechtsmittelbelehrung gilt § 58 Abs. 2 (vgl. § 58 Rn. 1). Ist ein Prozessbevollmächtigter bestellt, setzt nur die Zustellung an ihn die Revisionsfrist in Lauf[7]. Ergeht innerhalb der Revisionsfrist ein Ergänzungsurteil (§ 120), beginnt mit dessen Zustellung die Revisionsfrist für das ergänzte Urteil neu zu laufen (vgl. § 124a Rn. 5). Die **Revision kann nach Verkündung** bereits vor Zustellung **des Urteils eingelegt werden.** Das ohne mündliche Verhandlung ergangene Urteil gilt nach § 9 Abs. 1 VwZG auch bei fehlerhafter Zustellung als zugegangen, da sich § 9 Abs. 2 VwZG nur auf die Rechtsmittelfrist bezieht; Revisionseinlegung vor ordnungsgemäßer Zustellung ist daher zulässig[8]. Die Revision ist noch fristgerecht eingelegt, wenn sie am letzten Tage der Frist in das Postschließfach des Gerichts gelegt wird, dieses Fach jedoch erst am nächsten Tag geleert wird[9]. Die

---

1   BVerwGE 2, 159.
2   Vgl. BVerwG NJW 1954, 365; DVBl. 1960, 780.
3   BVerwG Buchh. 310 § 132 VwGO Nr. 252.
4   Vgl. BVerwGE 1, 222.
5   BVerwG MDR 1954, 14.
6   BVerwGE 5, 178; BSG NJW 1958, 400.
7   BVerwG MDR 1962, 511; vgl. § 56 Rn. 7.
8   BVerwGE 25, 1.
9   BVerwG DVBl. 1961, 827.

Revision kann innerhalb der Revisionsfrist erneut eingelegt werden, wenn die zunächst eingelegte Revision verworfen worden ist[10].

Bei **Fristversäumung** kann vom BVerwG Wiedereinsetzung nach § 60 ge-   **4** währt werden, und zwar auch noch, wenn die Revision bereits verworfen ist[11]. Wird während der Revisionsfrist nur **Prozesskostenhilfe** beantragt, kann nach ihrer Gewährung die Revision erst nach Wiedereinsetzung eingelegt werden[12]. Der Antrag auf Prozesskostenhilfe unterliegt nicht dem Anwaltszwang[13], wohl aber der Antrag auf Wiedereinsetzung (§ 60 Rn. 16). Nach der Bewilligung der Prozesskostenhilfe wird regelmäßig Wiedereinsetzung gewährt, wenn die Revisionsschrift unverzüglich nachgereicht wird[14]. An die Gewährung der Wiedereinsetzung ist das BVerwG im Revisionsverfahren gebunden[15].

4. Fortsetzung des Beschwerde- als Revisionsverfahren. Wird die Revision   **5** erst **im Beschwerdeverfahren** durch Abhilfe oder Entscheidung des BVerwG zugelassen, **bedarf es der Einlegung der Revision nicht mehr** (Abs. 2). Das Beschwerdeverfahren wird **als Revisionsverfahren** fortgesetzt. Zum Hinweis auf diese Folge vgl. § 133 Rn. 16. Daraus folgert das BVerwG[16], dass die Revision nur zu Gunsten des Beschwerdeführers wirkt, denn weder § 139 Abs. 1 S. 1 noch Abs. 2 noch Abs. 3 S. 1 enthalten Regelungen über die Einlegung der Revision durch die übrigen Verfahrensbeteiligten. Pietzner[17] sieht darin eine Gesetzeslücke, die entsprechend geschlossen werden müsse. Angesichts des eindeutigen Wortlauts und des Bestrebens des Gesetzgebers, Verfahren zu straffen und den Zugang zur Revision nicht gerade einfach zu gestalten, ist diese Auffassung abzulehnen. Eine Ausnahme gilt nur für den Fall, dass das BVerwG nach § 133 Abs. 6 in seinem Beschluss das angefochtene Urteil wegen eines Verfahrensfehlers aufhebt und den Rechtsstreit zurückverweist (vgl. § 133 Rn. 15). Frist und Form der Revision sind damit stets gewahrt. Eine dennoch eingelegte Revision ist unschädlich, ihre Fehler berühren die Zulässigkeit des Revisionsverfahrens nicht, anders nur, wenn sie die aus dem Beschwerdeverfahren resultierende Revision ändert. Wenn in der Revisionsbegründung ein engerer Antrag gestellt wird, ist aus dem gesamten Vorbringen im Beschwerde- und Revisionsverfahren zu folgern, ob eine Teilrücknahme der Revision vorliegt[18]. Für die **selbstständige Anschlussrevision** (vgl. § 141 Rn. 2, § 127 Rn. 5) läuft die Revisionsfrist des Absatz 1 S. 1 ab Zustellung des die Revision zulassenden Beschlusses[19]. Die Bewilligung von Prozesskostenhilfe für das Beschwerdeverfahren erstreckt sich im Falle der Zulassung der Revision auf das mit dem Zulassungsverfahren beginnende Revisionsverfahren[20].

---

10   Vgl. BVerwGE 11, 322.
11   BVerwG NJW 1961, 573; vgl. im Einzelnen die Erläuterungen zu § 60.
12   Vgl. BVerwG Buchh. 310 § 166 VwGO Nr. 34; BAG NJW 1962, 462; § 166 Rn. 5.
13   BVerwG DVBl. 1960, 935; vgl. § 166 Rn. 9.
14   Vgl. BVerwG MDR 1959, 330; BGHZ 16, 1; BAG NJW 1955, 1006; BSGE 8, 207.
15   Vgl. RGZ 125, 71.
16   BVerwG NVwZ 2001, 201.
17   Schoch/Pietzner § 133 Rn. 84.
18   BVerwGE 91, 24.
19   Eyermann/P. Schmidt Rn. 12: innerhalb Revisionsbegründungsfrist; Bader/Bader Rn. 18: Anschlussrevision immer unselbstständig.
20   BVerwG Buchh. 310 § 139 Abs. 2 Nr. 2.

II. Revisionsbegründung

6 **1. Einlegung.** Die Begründung der Revision hat schriftlich zu erfolgen zur Schriftlichkeit und zum Anwaltszwang gilt das Gleiche wie bei der Revision (vgl. Rn. 1). Das Anwaltserfordernis (vgl. Rn. 1) bezieht sich aber nicht nur darauf, dass der Anwalt die Begründungsschrift unterschreibt und einreicht; er muss den Streitstoff prüfen, sichten und durchdringen und damit den Inhalt der Begründungsschrift zu seinem eigenen Vortrag machen[21]. Das schließt nicht aus, dass er ein Informationsschreiben, etwa einer Behörde, übernimmt; wenn der Anwalt jedoch durch Einrücken oder in anderer Weise zu erkennen gibt, dass er die Verantwortung für den gesamten Inhalt der Begründungsschrift nicht übernimmt, liegt keine wirksame Revisionsbegründung vor[22]. Die **Begründung ist beim BVerwG einzureichen.** Einreichen bei dem Gericht, das das mit der Revision angefochtene Urteil erlassen hat, wahrt die Begründungsfrist nicht.

7 **2. Revisionsbegründungsfrist.** Die Frist für die Begründung der Revision beträgt grundsätzlich **zwei Monate** nach Zustellung des vollständigen Urteils oder, im Falle der Sprungrevision nach § 134, des Beschlusses über deren Zulassung. Die Begründungsfrist beginnt also im gleichen Zeitpunkt wie die Revisionsfrist (Rn. 3); sie ist unabhängig vom Ende der Revisionsfrist auch im Falle der Wiedereinsetzung wegen Versäumung dieser Frist, und der Einlegung der Revision. Wird das **Nichtzulassungsbeschwerdeverfahren als Revisionsverfahren fortgesetzt** (vgl. Rn. 5), beträgt die Begründungsfrist nur **einen Monat** seit Zustellung des Beschlusses über die Zulassung der Revision. Die Frist beginnt nur zu laufen, wenn über sie zutreffend belehrt worden ist[23]. Fehlt diese Belehrung, oder ist sie unrichtig, findet § 58 Abs. 2 Anwendung. Für die selbstständige Anschlussrevision muss es auch in diesem Fall bei der Frist von zwei Monaten verbleiben (vgl. Rn. 5).

8 Die **Revisionsbegründungsfrist kann** auf einen vor ihrem Ablauf gestellten Antrag durch den Vorsitzenden **verlängert werden.** Der Antrag ist schriftlich zu stellen[24]. Unter dem Vorsitzenden ist, da die Revisionsbegründung, und damit auch der Antrag auf Verlängerung, bei dem BVerwG einzulegen ist[25], der Vorsitzende des für die Revision zuständigen Senats des BVerwG zu verstehen[26]. Nach BGHZ 37, 125 ist die Verlängerung auch dann wirksam, wenn sie irrtümlich vom Vorsitzenden eines nach der Geschäftsverteilung nicht berufenen Senats verfügt wird[27]; jedenfalls aber sollte hier Heilung durch den zuständigen Vorsitzenden möglich sein. Bei der Fristverlängerung stellt das Gesetz nur darauf ab, dass der Antrag während der Begründungsfrist – beim BVerwG – gestellt wird; die Entscheidung über die Verlängerung kann demnach auch noch nach Ablauf der Frist erfolgen[28]. Da eine Fristverlängerung nach Ablauf der Frist begrifflich

---

21 BVerwGE 98, 126.
22 Vgl. BVerwG NJW 1997, 1865; auch BGH NJW 1993, 1866.
23 BVerwGE 5, 178; vgl. auch BVerwGE 108, 269: Revision zulässig, wenn innerhalb der in fehlerhafter Rechtsmittelbelehrung genannten Frist eingelegt.
24 Vgl. BVerfG NVwZ 1994, 781 zur Verfassungsmäßigkeit.
25 BVerwG BayVBl. 1994, 188; Eyermann/P. Schmidt Rn. 17; Kopp/Schenke Rn. 9.
26 Sodan/Neumann Rn. 72.
27 Vgl. Anm. Henckel JZ 1963, 290.
28 BVerwGE 10, 75; BAG – GS – NJW 1980, 309; Eyermann/P. Schmidt Rn. 17.

nicht möglich ist[29], kann Absatz 1 S. 2 nur so verstanden werden, dass der Ablauf der Begründungsfrist durch den Antrag aufschiebend bedingt gehemmt ist bis zur Entscheidung über den Verlängerungsantrag.

Die **Fristverlängerung** wird mit der Entscheidung durch den Vorsitzenden **9** wirksam; einer förmlichen Zustellung bedarf es nicht[30], formlose Mitteilung reicht aus. Die Fristverlängerung wirkt nicht auf die Begründungsfrist der von einem anderen Beteiligten ebenfalls eingelegten Revision[31]. Wiederholte Fristverlängerung ist bei entsprechender Begründung zulässig; in diesem Fall sollte aber die Anhörung der übrigen Beteiligten entsprechend § 225 Abs. 2 ZPO erfolgen[32]. Gegen die **Versäumung der Revisionsbegründungsfrist** kann **Wiedereinsetzung nach** § 60 gewährt werden, wobei die Revisionsbegründung innerhalb der Wiedereinsetzungsfrist nachgeholt werden muss[33]. Die Wiedereinsetzung ist ausgeschlossen, wenn die Frist schuldhaft versäumt wurde. Verschulden liegt auch vor, wenn der Anwalt die Frist in der Erwartung baldigen Eingangs der angeforderten Akten verstreichen lässt[34]. Für einen einzelnen Revisionsgrund kann, wenn die Revision im Übrigen fristgerecht begründet war, keine Wiedereinsetzung gewährt werden[35]. Für den **Antrag auf Fristverlängerung** hat die Rechtsprechung eine **Wiedereinsetzung für rechtlich nicht möglich** angesehen, da für diesen keine eigene Frist vorgesehen ist, sondern er nur innerhalb der Revisionsbegründungsfrist gestellt werden muss[36]. Im Übrigen vgl. die Erläuterungen zu § 60.

3. **Inhalt.** a) **Allgemeines.** Innerhalb der Revisionsbegründungsfrist müssen **10** die Revisionsgründe vorgetragen werden; nach Fristablauf vorgetragene Gründe sind grundsätzlich vom BVerwG nicht mehr zu beachten. Das gilt ohne Ausnahme für die Rüge aller Verfahrensfehler, die das BVerwG nicht von Amts wegen zu beachten hat[37]. Bei den von Amts wegen zu beachtenden Verfahrensfehlern sowie bei materiellen Rügen kann das BVerwG, da es insoweit nicht an die vorgebrachten Revisionsgründe gebunden ist (vgl. § 137 Rn. 19), auch aus einem nach Fristablauf vorgetragenen Grund der Revision stattgeben; hält das BVerwG diesen Grund jedoch für unbeachtlich, kann es ihn, als verspätet vorgebracht, außer Betracht lassen. Ist das Urteil des Berufungsgerichts auf mehrere, voneinander unabhängige, selbstständig tragende rechtliche Erwägungen gestützt, muss in der Begründung für jede dieser Erwägungen formgerecht dargelegt werden, warum sie das vom Berufungsgericht gefundene Ergebnis nicht tragen[38].

---

29 RGZ 109, 341; 156, 386.
30 Schoch/Pietzner Rn. 63; Eyermann/P. Schmidt Rn. 17.
31 BVerwGE 3, 233.
32 Vgl. RGZ 150, 361.
33 BVerwG NJW 1996, 2808; Buchh. 310 § 139 Nr. 26; vgl. aber Buchh. 310 § 139 Nr. 84 zur Bewilligung von Prozesskostenhilfe: nach Wiedereinsetzung muss dem Revisionskläger eine Frist von einem Monat seit Zustellung des Wiedereinsetzungs-Beschlusses verbleiben; zum Problem vgl. Ganter NJW 1994, 164; Eyermann/P. Schmidt Rn. 18.
34 BVerwG VRspr. 10, 511; vgl. auch BSG NJW 1962, 1271.
35 BVerwGE 28, 18 für Verfahrensrüge.
36 Vgl. BVerwG NJW 1996, 2808; BFHE 146, 414; BGH NJW 1988, 3021; BAG NJW 1989, 1181; a.A. Eyermann/P. Schmidt Rn. 18; Ganter NJW 1994, 164.
37 Vgl. BVerwG DVBl. 1956, 788.
38 BVerwG NJW 1980, 2268.

11 Das Gesetz schreibt als Inhalt der Revisionsbegründungsschrift zwingend
vor: einen **bestimmten Antrag,** wenn dieser nicht bereits in der Revisionsschrift gestellt wurde; die **Bezeichnung der verletzten Rechtsnorm** und bei
Verfahrensrügen die **Angabe der Tatsachen,** die den Mangel ergeben. Die
formgerechte Begründung muss auch in sachlich-rechtlicher Hinsicht konkret gegeben werden, sie darf sich nicht mit allgemeinen Formulierungen,
wie Verletzung materiellen Rechts, begnügen[39]. Die Begründung muss aus
der Sicht des Revisionsklägers darlegen, dass und warum eine revisible
Rechtsnorm verletzt ist[40]. Ein **Aufklärungsmangel** ist nur dann ordnungsgemäß bezeichnet, wenn die Beweismittel, deren Heranziehung sich dem
Berufungsgericht nach Meinung der Beschwerde aufgedrängt hat oder
hätte aufdrängen müssen, genau angegeben werden, also z.b. die Zeugen
oder Sachverständigen genannt und die in ihr Wissen gestellten Tatsachen
präzisiert werden sowie angegeben wird, inwiefern das Urteil im Einzelnen
auf der unterlassenen Vernehmung beruht oder beruhen kann[41]. Inhalts-
mängeln der Revisionsbegründung nach Absatz 2 kann nur innerhalb der
(auch der verlängerten) Begründungsfrist abgeholfen werden[42].

12 **b) Bestimmter Antrag.** Die Revision oder die Revisionsbegründung müssen
einen bestimmten Antrag enthalten. Da der Antrag erst die Folge der in
der Begründung angestellten Überlegungen ist, nicht aber ihre Voraussetzung, fordert die VwGO die Stellung des Antrages nicht bereits zwingend
in der Revisionsschrift. Wegen des Vertretungszwanges wird der Antrag
grundsätzlich förmlich gestellt werden. Das BVerwG hat das Fehlen des
förmlichen Antrages für unschädlich gehalten, wenn das Ziel der Revision
bereits aus der Tatsache der Einlegung[43] oder in Verbindung mit den während der Revisionsfrist abgegebenen Erklärungen ersichtlich ist[44] oder in
der Revisionsbegründung auf die in der Vorinstanz gestellten schriftlichen
Anträge Bezug genommen wird[45]. Aus dem Inhalt der bis zum Ende der
Begründungsfrist eingereichten Schriftsätze ist daher das Revisionsbegeh-
ren (vgl. § 141 Rn. 2) zu entnehmen[46]; das kann auch weiter gehend als
der zunächst gestellte förmliche Antrag sein. Ein konkretisierender, aber
einschränkender Antrag in der Begründungsschrift für eine unspezifisch
eingelegte Revision stellt keine teilweise Rücknahme der Revision dar[47].
Auch in dem nach § 139 Abs. 2 fortgesetzten Revisionsverfahren wird der
Streitgegenstand durch den Revisionsantrag im Zusammenhang mit dem
Inhalt des Revisionsbegehrens bestimmt[48]. Auf sachdienliche, dem Revi-
sionsbegehren entsprechende Anträge hat das Gericht dann hinzuwirken
(§ 86 Abs. 3). Eine Erweiterung der Revision, die bei mehreren selbstständigen Ansprüchen zunächst nur auf einen Anspruch beschränkt war, ist
nur noch während der Begründungsfrist zulässig[49]. Wenn sie als selbstständige Rechtsbehelfe zulässig sind und über sie im Rahmen des Revisionsver-

39 BVerwG DÖV 1964, 564.
40 BVerwG NVwZ 1997, 591; anders für Verfahrensrüge BVerwG DVBl. 1993, 955:
    muss sich schlüssig ergeben; dazu Eyermann/P. Schmidt Rn. 20.
41 BVerwG VRspr. 31, 766.
42 Schoch/Pietzner Rn. 40; Eyermann/P. Schmidt Rn. 21.
43 BVerwGE 1, 222; Buchh. BVerwG 310 § 139 Nr. 4.
44 BVerwG Buchh. 310 § 139 Nr. 59.
45 BVerwGE 23, 41.
46 Vgl. auch BVerwGE 98, 24; NJW 1992, 703.
47 BVerwG NJW 1992, 703; vgl. aber auch Rn. 5.
48 Vgl. BVerwG DVBl. 1993, 492.
49 BVerwGE 10, 68.

fahrens entschieden werden kann, können auch **Eventualanträge** gestellt werden[50].

c) **Verletzte Rechtsnorm.** In der Begründung muss die verletzte Rechts- **13**
norm, die dem materiellen wie dem Verfahrensrecht angehören kann, bezeichnet werden. Eine genaue Angabe des Paragrafen ist nicht erforderlich[51], auch falsche Paragrafenangabe ist unschädlich, wenn nur den Ausführungen des Revisionsklägers die als verletzt angesehene Norm mit hinreichender Bestimmtheit zu entnehmen ist[52]. Das kann auch durch die Angabe einer Normengruppe, etwa Verletzung der Vorschriften über die Berechnung des Besoldungsdienstalters, geschehen. Nicht ausreichend sind jedoch allgemeine Ausdrücke wie »Verletzung sachlichen Rechts« oder »Verwaltungsrechts«. Das BVerwG[53] hat auch die Vorlage eines Rechtsgutachtens im Revisionsverfahren für zulässig gehalten. Vgl. auch § 133 Rn. 7 ff.

d) **Bezeichnung der Tatsachen.** Bei **Verfahrensrügen** muss die Revisionsbe- **14**
gründung neben der verletzten Rechtsnorm auch die Tatsachen bezeichnen, die den Mangel[54] ergeben[55]. Einer Angabe der Beweismittel bedarf es nicht. Die Tatsachen, aus denen der Verfahrensmangel hergeleitet wird, müssen bestimmt bezeichnet werden; Verweisungen oder die Bezugnahme auf frühere Schriftsätze sind nicht ausreichend[56]; Verweisung auf die Begründung der Zulassungsbeschwerde ist jedoch zulässig, soweit sie den Anforderungen an eine Revisionsbegründungsschrift genügt[57]. Bei der Rüge mangelhafter Sachaufklärung wegen Nichtvernehmung von Zeugen müssen die Zeugen, die nach Auffassung der Revision hätten vernommen werden müssen, unter Aufführung der in ihr Wissen gestellten Tatsachen bezeichnet werden[58]. Das gilt auch, wenn der Revisionskläger diese Beweisanträge bereits in gleicher Form in der Vorinstanz gestellt hatte, es sei denn, das angefochtene Urteil hat die Zeugen und die Beweisfragen aufgeführt und dargetan, warum es diese Zeugen nicht gehört hat[59]. Wenn sich dies nicht bereits aus dem Urteil ergibt, muss die Revision bei verzichtbaren Verfahrensrügen auch angeben, dass die Rüge bereits in der Vorinstanz erhoben worden ist[60]. Zur schlüssigen Verfahrensrüge gehört, soweit es sich nicht um absolute Revisionsgründe handelt (vgl. aber § 138 Rn. 5, 6 für die Verletzung des rechtlichen Gehörs), dass dargelegt wird, inwiefern das angefochtene Urteil auf dem Verfahrensmangel beruhen kann[61]. Ebenso wie bei der Bezeichnung der verletzten Rechtsnorm reicht eine all-

50   BVerwG NJW 1954, 1172.
51   BVerwG Buchh. 310 § 139 VwGO Nr. 39; BAG NJW 1997, 1597.
52   BVerwGE 1, 239; BSGE 8, 31.
53   E 26, 239.
54   BVerwG DVBl. 1993, 955: schlüssig.
55   Vgl. BVerwG DÖV 1976, 746 für Unklarheiten bei einer auf Tonband aufgezeichneten Parteivernehmung.
56   BVerwGE 5, 12; NJW 1961, 425; ZLA 1962, 295.
57   BVerwGE 80, 321; Buchh. 310 § 139 Nr. 65 hinsichtlich mehrerer Zulassungsgründe.
58   BVerwGE 5, 12.
59   BVerwGE 6, 69; vgl. aber Buchh. BVerwG 310 § 139 Nr. 12 zum übergangenen Beweisantrag.
60   BVerwGE 8, 149; E 25, 4: Revision unbegründet, wenn nicht gerügt; E 50, 344 zur unterlassenen Protokollierung einer Partei- oder Zeugenaussage, dazu aber auch E 51, 66; vgl. auch E 41, 174 über Mitwirkungspflicht zur Fehlerbeseitigung.
61   BVerwGE 5, 12; vgl. § 132 Rn. 18.

gemein gehaltene Rüge, es hätte »eine tatsächliche Aufklärung« erfolgen müssen, nicht aus[62].

15 e) **Unmittelbarer Vortrag.** Die Revisionsbegründungsschrift soll selbst geschlossen das Vorbringen des Revisionsklägers im Sinne des Absatz 3 enthalten[63]. Dazu gehört eine Sichtung und rechtliche Durchdringung des Streitstoffes und eine damit verbundene sachliche Auseinandersetzung mit den die Entscheidung des Berufungsgerichts tragenden Gründen, aus der hervorgeht, warum der Revisionskläger diese Begründung nicht als zutreffend erachtet[64]. Wie die Bezugnahme auf einzelnes Vorbringen in den Vorinstanzen den Formerfordernissen nicht genügt, ist auch eine **Bezugnahme** auf eine andere Revisionsbegründung, insgesamt oder für einzelne Abschnitte, **unzulässig**[65]. Das gilt auch für die Bezugnahme auf die Berufungsbegründung[66], den Antrag auf Prozesskostenhilfe[67], ebenso für die mit der Revision vorgelegten Schriftsätze eines anderen Anwalts[68] oder der nicht postulationsfähigen Partei[69], auch wenn der Rechtsanwalt diese selbst unterschrieben hat, es sei denn, der Anwalt hat eine selbstständige Prüfung, Sichtung und rechtliche Durchdringung des Streitstoffes vorgenommen[70]. Eine Bezugnahme auf die Begründung der Nichtzulassungsbeschwerde ist dagegen zulässig, da diese über Absatz 2 bereits Gegenstand des Revisionsverfahrens ist. Durch eine Bezugnahme auf vor der Zustellung des angefochtenen Urteils abgefasste und eingereichte Schriftsätze wird die Revision nicht formgerecht begründet (BSG NJW 1987, 1359), es bedarf zumindest einer kurzen Auseinandersetzung mit den Gründen des angefochtenen Urteils[71]. Die Bezugnahme auf das bisherige Vorbringen ist selbst dann nicht formgerecht, wenn der Streit stets nur um die Auslegung einer einzigen Vorschrift geht[72].

III. Vorlage an BVerwG

16 § 139 führt die Verpflichtung zur Vorlage an das BVerwG, da sie selbstverständlich ist, nicht gesondert auf. Das Gericht hat die Revisionsschrift, wenn diese bei ihm eingelegt ist, unverzüglich dem BVerwG mit den Akten, sonst diese auf Anforderung des BVerwG, vorzulegen. Das BVerwG ist für alle weiteren Entscheidungen zuständig und muss die Akten, etwa bei einem Antrag auf Verlängerung der Begründungsfrist, vorliegen haben. Wird die Revision noch gegenüber dem Instanzgericht zurückgenommen, muss es mit der Rücknahmeerklärung vorlegen, da diese erst mit Eingang beim BVerwG wirksam wird und das BVerwG nach § 140 Abs. 2 S. 2 über die Kostenfolge zu entscheiden hat.

---

62 BVerwG ZLA 1962, 43.
63 Vgl. Bader/Bader Rn. 31; Eyermann/P. Schmidt Rn. 22; Kopp/Schenke Rn. 14.
64 BVerwGE 106, 202; auch Buchh. 310 § 139 VwGO Nr. 55 und Nr. 61.
65 BVerwGE 106, 115; Schoch/Pietzner Rn. 46.
66 BSGE 6, 269.
67 Vgl. BSGE 7, 35.
68 BSGE 7, 35.
69 BVerwGE 13, 90; Buchh. BVerwG 310 § 139 Nr. 6.
70 BVerwGE 22, 38.
71 Buchh. BVerwG 310 § 139 Nr. 61.
72 BVerwGE 13, 181; ZLA 1962, 121.

IV. Entscheidung bei Verstoß gegen Muss-Vorschriften

Entspricht die Revision oder Revisionsbegründung nicht den Muss-Vor- **17** schriften des § 139, wird sie durch Beschluss gem. § 144 Abs. 1 als unzulässig verworfen. Die Revision kann, auch nachdem sie verworfen ist, innerhalb der Revisionsfrist neu eingelegt werden. Das Gleiche gilt, wenn nach der Zulassung der Revision auf eine Nichtzulassungsbeschwerde keine Revisionsbegründung eingereicht wird[73]. Die innerhalb der Revisionsfrist eingegangene Revisionsbegründung ist regelmäßig als solche Neueinlegung zu betrachten[74].

§ 140 [Zurücknahme der Revision]

(1) Die Revision kann bis zur Rechtskraft des Urteils zurückgenommen werden. Die Zurücknahme nach Stellung der Anträge in der mündlichen Verhandlung setzt die Einwilligung des Revisionsbeklagten und, wenn der Vertreter des Bundesinteresses beim Bundesverwaltungsgericht an der mündlichen Verhandlung teilgenommen hat, auch seine Einwilligung voraus.

(2) Die Zurücknahme bewirkt den Verlust des eingelegten Rechtsmittels. Das Gericht entscheidet durch Beschluss über die Kostenfolge.

1. Zurücknahme der Revision. Die Regelung entspricht der für die Klage- **1** rücknahme (§ 92) und die Berufungsrücknahme (§ 126); eine fingierte Rücknahme, wie für die Klage in § 92 Abs. 2 und die Berufung in § 126 Abs. 2, gibt es für die Revision nicht. Die Zurücknahme ist zulässig bis zur Rechtskraft des Urteils, d.h. bis zur Verkündung des Revisionsurteils bzw., wenn keine Verkündung erfolgt, bis zu dessen Zustellung; wird die Revision durch Beschluss verworfen, bis zu dessen Verkündung bzw. Zustellung, da damit das Urteil des OVG rechtskräftig wird. Die Zurücknahme erfolgt **gegenüber dem BVerwG;** eine bei dem OVG eingereichte Rücknahme wird erst wirksam, wenn sie – weitergeleitet – beim BVerwG eingeht[1]. Die Zurücknahme unterliegt dem Anwaltszwang[2]; jedoch kann die vom Revisionskläger selbst unter Verletzung des § 67 Abs. 1 S. 1 eingereichte Revision in gleicher Weise zurückgenommen werden (BVerwGE 14, 19). Die **Einwilligung des Revisionsbeklagten** ist erforderlich, nachdem Anträge in der mündlichen Verhandlung gestellt sind; bei Entscheidung ohne mündliche Verhandlung bis zur Absendung der Entscheidung (str.)[3]. Mit dem G zur Neuordnung des **Bundesdisziplinarrechts** vom 9.7.2001 (BGBl. I S. 1510) ist der Oberbundesanwalt mit einer organisatorischen Veränderung in **Vertreter des Bundesinteresses beim Bundesverwaltungsgericht (VBI)** umbenannt worden (vgl. § 35 Rn. 1). Hat der VBI an der mündlichen Verhandlung teilgenommen, ist auch dessen Einwilligen erforderlich. Nicht erforderlich dagegen die Einwilligung des Beigeladenen, auch nicht des notwendig Beigeladenen[4]. Die Zurücknahme muss **eindeutig und unbedingt** erfolgen[5], braucht jedoch nicht als solche bezeichnet

---

73 BVerwG Buchh. § 139 Abs. 3 Nr. 2.
74 BGH NJW 1958, 551.
1 Vgl. BVerwG Buchh. 310 § 134 VwGO Nr. 22.
2 BVerwG NJW 1961, 1641; vgl. § 139 Rn. 1.
3 A.A. Sodan/Neumann Rn. 22: bereits wenn alle Beteiligten Einverständnis zum Verzicht auf mündliche Verhandlung erklärt haben; vgl. § 126 Rn. 2.
4 BVerwGE 30, 27.
5 BVerwG NJW 1954, 365.

zu werden, das BVerwG hat in der Erklärung des Revisionsklägers, der Rechtsstreit sei in der Hauptsache erledigt, da der von ihm verfolgte (Lastenausgleichs-) Anspruch seiner Ehefrau zuerkannt worden sei, eine Zurücknahme der Revision gesehen[6]. Die Revision des Beigeladenen wird durch die Zurücknahme der Revision des Klägers nicht unwirksam[7]. Die Zurücknahme kann grundsätzlich weder angefochten[8] noch widerrufen werden[9].

2   Die **Zurücknahme bewirkt** nur den **Verlust des eingelegten Rechtsmittels** (vgl. § 126 Rn. 6). Ein nach der Zurücknahme ergangenes Urteil ist unwirksam[10]. Bei Konkurrenz zwischen gleichzeitiger Zurücknahme von Revision und Berufung hat das BVerwG auf die Zurücknahme der Berufung abgestellt, sodass das Urteil des VG rechtskräftig wurde[11]. Über die **Kostenfolge** nach Absatz 2 Satz 2 entscheidet das BVerwG durch Beschluss, auch dann, wenn die Zurücknahme bereits erfolgt, bevor das OVG die Revision nach § 139 Abs. 3 vorgelegt hat; das OVG kann nicht selbst entscheiden, sondern muss gleichwohl vorlegen. Im Übrigen vgl. die Erläuterungen zu § 126, insbesondere zur Zulässigkeit, zum Verfahren und zum Erfordernis der Einwilligung des Revisionsbeklagten und des VBl.

3   2. Zum **Verzicht** auf die Revision vgl. § 126 Rn. 11; der wirksame Verzicht hat die Rechtskraft des angefochtenen Urteils zur Folge[12]. Zur **Klagerücknahme** im Revisionsverfahren vgl. § 126 Rn. 1. Zur Zurücknahme der Zulassungsbeschwerde vgl. § 133 Rn. 1.

§ 141 [Verfahren]

Für die Revision gelten die Vorschriften über die Berufung entsprechend, soweit sich aus diesem Abschnitt nichts anderes ergibt. Die §§ 87a, 130a und 130b finden keine Anwendung.

1   **1. Allgemeines.** Die Vorschriften über die Berufung und nach § 125 Abs. 1 auch über das erstinstanzliche Verfahren gelten im Revisionsverfahren entsprechend, soweit nicht in den §§ 132 ff. etwas anderes gesagt ist oder sich aus der Natur des Revisionsverfahrens eine entsprechende Anwendung verbietet. Der 13. Abschnitt enthält besondere, die entsprechende Anwendung anderer Bestimmungen ausschließende Regelungen über die Zulassung und Zulässigkeit der Revision (§§ 132, 133, 137), über Form und Frist für die Revisions- und Revisionsbegründungsschrift (§ 139), über die Zurücknahme der Revision (§ 140), über Klageänderung und Beiladung (§ 142) sowie über den Umfang der Prüfung durch das BVerwG (§§ 143, 137 Abs. 2 und 3) und die Arten der Entscheidung (§ 144). Ausdrücklich ausgeschlossen ist § 87a mit der Alleinentscheidung des Vorsitzenden oder Berichterstatters sowie §§ 130a und 130b mit Erleichterungen für das Berufungsverfahren. Die §§ 87b und 128a, die auf die Tatsachenin-

---

6   BVerwGE 12, 256.
7   BSG NJW 1963, 1943.
8   Vgl. BVerwGE 57, 342.
9   BVerwG NJW 1997, 2897; jedoch auch Buchh. 310 § 130 VwGO Nr. 3: Ausnahme bei Wiederaufnahmegründen.
10 BVerwG Buchh. 310 § 140 VwGO Nr. 1; NJW 1977, 2897.
11 BVerwGE 26, 297; vgl. auch NVwZ 1995, 372 zur übereinstimmenden Erledigungserklärung.
12 BVerwG ZLA 1957, 300.

stanzen bezogen sind, können im Revisionsverfahren keine Rolle spielen
(vgl. § 137 Rn. 17), wobei § 128a Abs. 2 im Hinblick auf Revisionsrügen
seine Bedeutung behält.

2. Einzelfragen. Entsprechend § 125 Abs. 1 S. 1 mit § 100 Abs. 2 kann **2**
das BVerwG, soweit deren Voraussetzungen vorliegen, **ohne mündliche
Verhandlung** entscheiden[1]. Entsprechend § 129 ist das Revisionsgericht an
das **Revisionbegehren** gebunden, nicht jedoch an den Revisionsantrag,
wenn in ihm das Begehren nicht voll zum Ausdruck kommt[2]. Auf die **Anschlussrevision** findet § 127 entsprechende Anwendung. Eine Klageerweiterung oder Widerklage kann mit ihr nicht bezweckt werden (vgl. § 142
Rn. 1). Die Berechtigung zur Einlegung der Anschlussrevision setzt wegen
§ 142 die Beteiligung am Berufungsverfahren voraus. Es kann sich also
weder der bisher nicht Beigeladene anschließen, noch der VÖI, der bis zum
Ablauf der Revisionsfrist für die übrigen Beteiligten seine Beteiligung nicht
erklärt hat[3], noch der VBI/OBA[4], wohl aber der nach § 142 Abs. 1
S. 2 Beigeladene (vgl. § 142 Rn. 5). Die Anschließung erfolgt im Rahmen
des zugelassenen Rechtsmittels[5], sie bedarf keiner Zulassung[6]. Sie ist ihrem
Wesen nach ein Rechtsmittel, das die Möglichkeit eröffnen soll, der
(Haupt)Revision mit einem eigenen Rechtsmittel entgegenzutreten[7]; daher
ist es unzulässig, mit ihr allein die Anträge der Hauptrevision zu unterstützen[8]. Die Anschließung unterliegt den Formvorschriften für die Revision
und dem Anwaltszwang. Im Übrigen, insbesondere für die Behandlung der
selbstständigen und unselbstständigen Anschließung, kann auf die Anmerkungen zu § 127 verwiesen werden. Zur Anschließung an die Zulassungsbeschwerde vgl. § 133 Rn. 1. Das BVerwG[9] hatte es offen gelassen, ob
es nach Verkündung seines Urteils trotz dessen Bindungswirkung (§ 173
mit § 318 ZPO) befugt ist, einen im Revisionsverfahren unterlaufenen Verstoß gegen das Grundrecht des Art. 103 Abs. 1 GG auf rechtliches Gehör
durch den Erlass einer neuen Sachentscheidung zu beseitigen (vgl. § 124
Rn. 2 f.). Zumindest für VG und OVG-Entscheidungen ist eine Befassung
mit einem außerordentlichen Rechtsbehelf wegen des neuen § 321a ZPO
abgelehnt worden[10]. Das Plenum des BVerfG[11] hat nun beschlossen, dass
die **Rechtsschutzgarantie des GG umfassend angelegt** ist und sich nicht auf
Akte der vollziehenden Gewalt beschränkt, also auch den **Justizgewährleis-
tungsanspruch** umfasst. Daraus folgt, dass der Bürgerr zur Gewährleistung
von Art. 103 GG in Ausfluss des Gebotes der Rechtsmittelklarheit sich
nicht mit unkodifizierten (außerordentlichen) Rechtsbehelfen zufrieden geben muss, sondern der Gesetzgeber bis zum 31.12.2004 solche Rechtsmittel schaffen muss. Bis dahin ist zwar eine Verfassungsbeschwerde nicht
regelmäßig zulässig, es bleibt beim Vorrang der fachgerichtlichen Überprüfung, jedoch ist auch nicht mehr unbedingt erforderlich, einen entsprechen-

---

1 BVerwG NJW 1995, 1041.
2 Buchh. BVerwG 310 § 141 Nr. 2; BVerwGE 25, 357.
3 BVerwGE 90, 337.
4 Vgl. BVerwGE 96, 258 sowie § 132 Rn. 3.
5 BVerwG NVwZ-RR 1997, 253.
6 Mannheim NVwZ 1998, 1320.
7 BVerwG Buchh. 448.0 § 11 WPflG Nr. 35.
8 BVerwGE 100, 104; DVBl. 1998, 139; Eyermann/P. Schmidt Rn. 6; vgl. auch § 127 Rn. 2.
9 NJW 1984, 625.
10 BVerwG NJW 2002, 2657; NVwZ 2003, 1132; Baumbach/Hartmann § 321a Rn. 62; Kopp/Schenke Rn. 1.
11 NJW 2003, 1924.

den außerordentlichen Rechtsbehelf zum Nachweis der Ausschöpfung des Rechtsweges einzulegen (nur, wenn ein gesetzlich vorgesehener zur Verfügung steht).

3 Der Erlass einer **einstweiligen Anordnung** ist im Revisionsverfahren ausgeschlossen[12]. Dagegen ist eine **Entscheidung nach** § 80 Abs. 5 durch das Revisionsgericht zulässig, da diese Entscheidung weitgehend von den Erfolgsaussichten der Klage in der Hauptsache abhängig ist und über sie, wenn das Verfahren bei ihm anhängig ist, nur das Revisionsgericht befinden kann[13]. Für eine Anordnung auf Vernehmung eines Zeugen im Wege der Beweissicherung (§ 98 mit §§ 485, 486 ZPO) ist das Revisionsgericht nicht zuständig[14].

§ 142 [Klageänderung und Beiladung]

(1) Klageänderungen und Beiladungen sind im Revisionsverfahren unzulässig. Das gilt nicht für Beiladungen nach § 65 Abs. 2.

(2) Ein im Revisionsverfahren nach § 65 Abs. 2 Beigeladener kann Verfahrensmängel nur innerhalb von zwei Monaten nach Zustellung des Beiladungsbeschlusses rügen. Die Frist kann auf einen vor ihrem Ablauf gestellten Antrag von dem Vorsitzenden verlängert werden.

1 1. **Allgemeines.** Der Zweck des § 142 ist, wegen der regelmäßig auf die bloße Rechtskontrolle beschränkten Funktion des Revisionsgerichts (vgl. § 137 Abs. 2), solche Veränderungen des Prozessgegenstandes auszuschließen, die sich auf die Klagegrundlage beziehen, regelmäßig neue Ermittlungen erforderlich machen und so eine das Verfahren abschließende Entscheidung verzögern würden[1]. Sofern eine Rechtsfrage eigentlicher Kern des Rechtsstreites schon in den Vorinstanzen war, hat das BVerwG[2] einen hierauf bezogenen **Hilfsantrag** in der Revisionsinstanz für zulässig gehalten; ein Hilfsantrag ist unzulässig, wenn seinetwegen zurückverwiesen werden müsste[3]. Daher ist auch die **Widerklage** im Revisionsverfahren grundsätzlich ausgeschlossen (vgl. § 89 Rn. 11); das BVerwG hat sie jedoch zugelassen, wenn die Beteiligten bereits in der Vorinstanz über einen nur mit der Widerklage geltend zu machenden Anspruch gestritten haben und das Berufungsgericht hilfsweise über diesen Anspruch sachlich entschieden hat[4].

2 2. **Klageänderung.** Zum Begriff der Klageänderung vgl. die Erläuterungen zu § 91. **Keine Klageänderung,** sondern eine in der Revisionsinstanz zulässige Einschränkung des Klagebegehrens liegt in dem **Übergang von** der **Anfechtungs- zur Feststellungsklage** nach § 113 Abs. 1 S. 4[5], ebenso beim **Übergang von der Verpflichtungs- zur Feststellungsklage**[6], da das Feststel-

---

12   § 123 Abs. 2; vgl. auch BVerwGE 4, 151.
13   Vgl. BVerwGE 1, 45; 3, 197; auch BGHZ 8; vgl. § 80 Rn. 57.
14   BVerwG NJW 1961, 1228; BGHZ 17, 117 folgend.
1   BSG NJW 1959, 262.
2   E 88, 24.
3   BVerwG Buchh. 310 § 142 Nr. 11; NVwZ 1990, 260.
4   E 44, 351.
5   BVerwGE 7, 325; 8, 59; 22, 314 für Antrag auf Folgenbeseitigung; BSG NJW 1959, 262.
6   BVerwG NJW 1963, 553.

lungsbegehren bereits im ursprünglichen Klageantrag mit inbegriffen war[7];
auch beim Übergang von der Feststellungs- zur Anfechtungsklage[8] oder
bei der Neuformulierung des Verpflichtungsantrages[9]. Ändert sich jedoch
die Beurteilungsgrundlage[10] und deckt sich der Beurteilungszeitpunkt nicht
mit dem ursprünglichen Klagebegehren, ist die Umstellung auf einen Fortsetzungsfeststellungsantrag unzulässig[11]. Eine Gesetzesänderung kann dagegen im Revisionsverfahren nicht mehr durch Klageänderung berücksichtigt werden[12]. Zur einseitigen Erledigungserklärung vgl. BVerwGE 20,
146; 34, 159. **Klageänderung** liegt **auch bei Parteiwechsel** vor[13]. Eine Berichtigung der Parteibezeichnung stellt, soweit damit nicht in Wirklichkeit
eine neue Person in den Rechtsstreit eingeführt wird, keinen Parteiwechsel
dar. Die Klageänderung ist jedoch nicht unzulässig, wenn der Parteiwechsel die Folge einer gesetzlichen Rechtsnachfolge ist, wie beim Tod einer
Partei[14], bei der Auflösung einer juristischen Person, beim Eintritt des inzwischen volljährig gewordenen Wehrpflichtigen in den vom gesetzlichen
Vertreter geführten Prozess[15], beim Eintritt der Volljährigkeit des Schülers
im Schulprozess[16], beim Wechsel behördlicher Zuständigkeit[17]; anders jedoch, wenn der neue Kläger nicht aus dem erworbenen, sondern aus eigenem Recht weiterklagt[18].

3. Beiladung. Zu unterscheiden ist   **3**

a) **die einfache Beiladung** (vgl. § 65 Rn. 4 ff.). Sie ist in der Revisionsinstanz unzulässig. Das Verbot bezieht sich nur auf eine Beiladung durch
das BVerwG. In den Vorinstanzen erfolgte Beiladungen bleiben bestehen[19].
Eine unwirksame Beiladung kann zur Klarstellung auch vom Revisionsgericht aufgehoben werden[20]. Zur Beiladung durch das OVG nach Erlass
des Urteils, doch bevor die Sache beim BVerwG anhängig wird, vgl. 132
Rn. 3.

b) **die notwendige Beiladung** (vgl. § 65 Rn. 8 ff.). Sie muss, wenn die Vor-   **4**
aussetzungen des § 65 Abs. 2 vorliegen, vom BVerwG vorgenommen wer-
den[21]. Im **Zulassungsbeschwerdeverfahren** findet nach Ansicht des 7. Senats des BVerwG[22] **keine notwendige Beiladung** statt, weil der wesentliche
Zweck dessen nicht erreicht werden könne – es gibt nämlich im Beschwerdeverfahren keine einheitliche Sachentscheidung, die die Parteien bindet.
In den Fällen des § 133 Abs. 6 kann die Beiladung nach der Zurückverwei-

---

7   Vgl. Bachof, Die verwaltungsgerichtliche Klage auf Vornahme einer Amtshandlung,
    S. 56, 59.
8   BVerwGE 27, 181.
9   BVerwG NJW 1987, 2318 zum fortgeschriebenen Krankenhausbedarfplan.
10 Vgl. BVerwG Buchh. 310 § 113 VwGO Nr. 242.
11 BVerwGE 100, 83.
12 BVerwGE 23, 41.
13 BVerwGE 3, 150; Buchh. 451.74 § 1 Nr. 9 zur auf Rechtsgeschäft beruhenden
    Rechtsnachfolge.
14 BVerwGE 2, 267; 5, 254.
15 § 19 Abs. 5 WpflG; BVerwGE 7, 325; 36, 130.
16 BVerwGE 19, 128.
17 BVerwGE 44, 148.
18 BVerwGE 50, 292 für Beihilferecht.
19 Vgl. May NVwZ 1997, 251; sowie § 65 Rn. 17.
20 BVerwGE 72, 165.
21 Vgl. jedoch BVerwG Buchh. 310 § 144 VwGO Nr. 64: nicht erforderlich, wenn
    dem übergangenen Dritten kein Nachteil entstehen kann.
22 Buchh. 310 § 65 VwGO Nr. 136.

sung erfolgen, ansonsten in durchzuführenden Revisionsverfahren. Diese Ansicht ist dogmatisch konsequent und überzeugt. Der 7. Senat will sich mit dieser Argumentation nicht in Widerspruch zu der Entscheidung des 4. Senats[23] setzen, wonach § 142 Abs. 1 Satz 2 auch für das Beschwerdeverfahren gelte, da es dort nicht um eine notwendige Beiladung ginge. Das verfängt jedoch nicht. Der 4. Senat geht in einer späteren Entscheidung[24] dem Divergenzproblem geschickt aus dem Wege, indem er postuliert, dass es bei dem zur Entscheidung anstehenden Normenkontrollverfahren nur um eine einfache Beiladung ginge. Damit wird diese Frage jedoch nicht einheitlich gelöst.

5   Der **erstmalig im Revisionsverfahren Beigeladene** kann Verfahrensmängel nur innerhalb einer Frist von zwei Monaten nach Zustellung des Beiladungsbeschlusses rügen, der Vorsitzende kann diese Frist auf einen vor ihrem Ablauf gestellten Antrag verlängern (vgl. dazu § 139 Rn. 8). Der Vorsitzende wird daher den Beigeladenen bei der Zustellung des Beiladungsbeschlusses zur Äußerung auffordern und dabei auf diese Rechtsfolge hinweisen. Im Übrigen ist der Beigeladene nicht beschränkt, **Anschlussrevision** einzulegen und **Revisionsrügen** vorzutragen. Da er sich erstmalig im Rechtsstreit äußert, können ihm auch keine Beschränkungen im Vortrag von Tatsachen und Beweismittel auferlegt sein[25].

§ 143   [Prüfung der Zulässigkeit]

Das Bundesverwaltungsgericht prüft, ob die Revision statthaft und ob sie in der gesetzlichen Form und Frist eingelegt und begründet worden ist. Mangelt es an einem dieser Erfordernisse, so ist die Revision unzulässig.

1   **1. Allgemeines.** Bevor das Revisionsgericht zu einer Sachentscheidung kommt, hat es von Amts wegen[1] zu prüfen, ob die verfahrensrechtlichen Voraussetzungen für ein rechtlich einwandfreies Revisionsverfahren vorliegen[2]. Ist in dem angefochtenen Urteil über mehrere selbständige Klageansprüche entschieden, muss die Prüfung für jeden Klageanspruch gesondert erfolgen[3]. Liegen die allgemeinen Prozessvoraussetzungen wie Beteiligungsfähigkeit, Prozessfähigkeit (vgl. § 109 Rn. 3) oder die in § 143 genannten Erfordernisse nicht vor, ist die Revision unzulässig und nach § 144 Abs. 1 durch Beschluss zu verwerfen. Zur Zulässigkeit des Rechtsweges vgl. § 41 Rn. 18. Auch Sachentscheidung auf Grund unzulässiger Anschlussberufung ist als Verfahrensmangel von Amts wegen zu berücksichtigen[4]. Zur Entscheidung über die Zulässigkeit der Revision durch Zwischenurteil vgl. BVerwGE 65, 27. Vgl. im Übrigen § 128 Rn. 1 und 2.

2   **2. Statthaftigkeit.** Zur Statthaftigkeit der Revision zählen eine revisionsfähige Entscheidung (§ 132 Rn. 2), die Revisionsberechtigung des Revisions- bzw. Anschlussrevisionsklägers (§ 132 Rn. 3) und seine Beschwer (§ 132 Rn. 1, § 124 Rn. 6–9a); grundsätzlich setzt die Statthaftigkeit auch die Zu-

---

23   Buchh. 310 § 142 Nr. 1.
24   BauR 2002, 1830.
25   Vgl. GemS BVerwGE 50, 369 zur »Gegenrüge«.

1   Sodan/Neumann Rn. 2.
2   BVerwGE 18, 124; E 71, 73.
3   BVerwG DVBl. 1960, 140.
4   BVerwGE 38, 290; E 65, 27; Schoch/Pietzner Rn. 13.

lassung der Revision voraus, an die jedoch das BVerwG gebunden ist (vgl. § 132 Rn. 25), bei der Sprungrevision auch das Vorliegen der schriftlichen Zustimmungserklärung (vgl. § 134 Rn. 2). Liegt keine revisionsfähige Entscheidung vor, ist die Revision auch bei Zulassung nicht statthaft[5].

3. Die **Zulässigkeit** der Revision wird **im Zeitpunkt der Entscheidung beurteilt**[6]. Deshalb hat das BVerwG die nachträgliche, fristgerechte Zulassung, nachdem bereits Revision eingelegt war, als ausreichend angesehen[7]. Zu den Erfordernissen der Wahrung von **Form und Frist** von Revisionsschrift und Revisionsbegründung vgl. § 139 Rn. 1, 3 und 6, 7.   **3**

§ 144 [Entscheidung]

(1) Ist die Revision unzulässig, so verwirft sie das Bundesverwaltungsgericht durch Beschluss.

(2) Ist die Revision unbegründet, so weist das Bundesverwaltungsgericht die Revision zurück.

(3) Ist die Revision begründet, so kann das Bundesverwaltungsgericht
1. in der Sache selbst entscheiden
2. das angefochtene Urteil aufheben und die Sache zur anderweitigen Verhandlung und Entscheidung zurückverweisen.
Das Bundesverwaltungsgericht verweist den Rechtsstreit zurück, wenn der im Revisionsverfahren nach § 142 Abs. 1 Satz 2 Beigeladene ein berechtigtes Interesse daran hat.

(4) Ergeben die Entscheidungsgründe zwar eine Verletzung des bestehenden Rechts, stellt sich die Entscheidung selbst aber aus anderen Gründen als richtig dar, so ist die Revision zurückzuweisen.

(5) Verweist das Bundesverwaltungsgericht die Sache bei der Sprungrevision nach § 49 Nr. 2 und nach § 134 zur anderweitigen Verhandlung und Entscheidung zurück, so kann es nach seinem Ermessen auch an das Oberverwaltungsgericht zurückverweisen, das für die Berufung zuständig gewesen wäre. Für das Verfahren vor dem Oberverwaltungsgericht gelten dann die gleichen Grundsätze, wie wenn der Rechtsstreit auf eine ordnungsgemäß eingelegte Berufung bei dem Oberverwaltungsgericht anhängig geworden wäre.

(6) Das Gericht, an das die Sache zur anderweitigen Verhandlung und Entscheidung zurückverwiesen ist, hat seiner Entscheidung die rechtliche Beurteilung des Revisionsgerichts zu Grunde zu legen.

(7) Die Entscheidung über die Revision bedarf keiner Begründung, soweit das Bundesverwaltungsgericht Rügen von Verfahrensmängeln nicht für durchgreifend hält. Das gilt nicht für Rügen nach § 138 und, wenn mit der Revision ausschließlich Verfahrensmängel geltend gemacht werden, für Rügen, auf denen die Zulassung der Revision beruht.

Übersicht

---

5 BVerwG DVBl. 1957, 649.
6 Eyermann/P. Schmidt Rn. 2 m.w.N.
7 BVerwGE 65, 27; vgl. auch BVerwG NVwZ 1996, 174 zur nachträglichen, fristgerechten Zustimmung bei der Sprungrevision.

I. Allgemeines

1 § 144 regelt die Beendigung des Revisionsverfahrens durch Entscheidung des BVerwG. Außer durch Entscheidung nach § 144 kann das Verfahren beendet werden durch Zurücknahme der Revision (§ 140 Rn. 1), Zurücknahme der Klage (§ 92 Rn. 2), Prozessvergleich (§ 106 Rn. 4) und Erledigung der Hauptsache (§ 107 Rn. 11). Ein Gerichtsbescheid ist im Revisionsverfahren unzulässig (§ 141 mit § 125 Abs. 1 S. 2). Nach dem Inhalt der Entscheidung des BVerwG richtet sich deren Form und das zur Entscheidung führende Verfahren.

II. Entscheidung bei unzulässiger Revision

2 Bei seiner Entscheidung prüft das BVerwG zunächst die Zulässigkeit der Revision, d.h. die allgemeinen Prozessvoraussetzungen[1] und die Voraussetzungen des § 143. Die unzulässige Revision ist durch **Beschluss** zu verwerfen, gleichgültig, ob ohne oder auf Grund mündlicher Verhandlung entschieden wird[2]. Der Beschluss ist zu begründen[3]. Die Zulässigkeit der Revision ist für jeden selbstständigen Klageanspruch gesondert zu prüfen[4]. Das BVerwG kann jedoch bei der Unzulässigkeit eines von mehreren selbstständigen Klageansprüchen, ebenso wie bei einer von mehreren Revisionen, die Unzulässigkeit erst mit dem die weiteren Ansprüche oder Revisionen behandelnden Urteil aussprechen[5]. Durch Beschluss wird auch die gegen ein Revisionsurteil gerichtete, aber unzulässige Wiederaufnahmeklage verworfen[6].

Mit dem verwerfenden Beschluss kann die Ablehnung eines Antrages auf Wiedereinsetzung nach § 60 verbunden werden; das gilt auch für den Fall, dass sich bei Versäumung der Revisionsbegründungsfrist der Wiedereinsetzungsantrag als erfolglos erweist[7]. Verworfen ist jedoch nur die **eingelegte** Revision; werden die Zulässigkeitsvoraussetzungen nachträglich erfüllt, kann während der Revisionsfrist erneut Revision eingelegt werden, nach Fristablauf aber Wiedereinsetzung gewährt werden, wenn sich etwa die

---

1 Vgl. BVerwG 1, 263; NJW 1958, 1554.
2 BVerwGE 74, 289; NJW 1987, 458; Eyermann/P. Schmidt Rn. 2; Kopp/Schenke Rn. 1.
3 Bader/Bader Rn. 2; vgl. aber Rn. 4.
4 BVerwG DVBl. 1960, 140.
5 BVerwGE 90, 337.
6 BVerwG Buchh. 310 § 144 VwGO Nr. 6.
7 BVerwGE 74, 289; NJW 1991, 2096; NJW 1987, 458: auch nach mündlicher Verhandlung.

Fristversäumung nachträglich als entschuldbar herausstellt[8]. Das BVerwG hat einen Beschluss, mit dem es eine Revision in der falschen Annahme verworfen hatte, sie sei nicht begründet worden, wegen Verletzung des rechtlichen Gehörs im Wege der Selbstkontrolle aufgehoben[9].

III. Entscheidung bei unbegründeter Revision

Ist die Revision zulässig, jedoch **unbegründet,** wird sie **vom BVerwG** durch **3** **Urteil zurückgewiesen.** Das **BVerwG weist** auch **zurück,** wenn die **Revision zwar begründet** ist, weil die Entscheidungsgründe des angefochtenen Urteils eine Verletzung des bestehenden Rechts ergeben, das **Urteil aber aus anderen Gründen aufrechterhalten werden muss (Absatz 4)**[10]; in diesem Fall fehlt die Beschwer des Revisionsklägers. Die Klageabweisung aus prozessualen Gründen kann das Revisionsgericht aus sachlichen Gründen bestätigen, wenn die Klage aus keinem rechtlichen Gesichtspunkt Erfolg haben kann[11]. Bei dieser Entscheidung hat das BVerwG auch nichtrevisibles Recht zu berücksichtigen[12], d.h. es kann sie auch unter Anwendung von nichtrevisiblem Recht aufrechterhalten[13]. Absatz 4 findet auch Anwendung bei der Verfahrensrevision[14], grundsätzlich aber **nicht bei** den **absoluten Revisionsgründen**[15], bei der Verletzung des rechtlichen Gehörs jedoch nur mit Einschränkungen[16]. **Absatz 4 soll** dabei **ausnahmsweise anwendbar** sein, wenn die unter **Verstoß** gegen das Gebot des **rechtlichen Gehörs** getroffene Feststellung zu einer einzelnen Tatsache nach der materiellrechtlichen Beurteilung des Revisionsgerichts unter **keinem denkbaren Gesichtspunkt erheblich** war oder wenn lediglich nicht hinreichend Gelegenheit bestand, zu Rechtsfragen Stellung zu nehmen[17]. Diese Auffassung des BVerwG bedeutet, dass letztlich doch der Gedanke des Absatz 4, der **Prozessökonomie,** im Vordergrund steht. Die Grenze der Anwendbarkeit von Absatz 4 soll da liegen, wo die Verletzung des rechtlichen Gehörs sich auf die Chance zur Stellungnahme zum Gesamtergebnis des Verfahrens bezieht (§ 108 Abs. 1). Das BVerwG[18] lässt es aber offen, ob das auch dann gilt, wenn die Klage unabänderlich unzulässig ist[19]. Kann nämlich eine Feststellung des angefochtenen Urteils, die möglicherweise auf die Verletzung rechtlichen Gehörs beruht, hinweggedacht werden, ohne dass die Richtigkeit der Entscheidung in Frage gestellt wäre, ist die Revision nach Absatz 4 trotz dieses Verfahrensfehlers zurückzuweisen[20]. Kann ein gerügter Verfahrensmangel noch in der Revisionsinstanz geheilt werden, wird die Revision ebenfalls zurückgewiesen. Das kann auch eine Gesetzesänderung sein,

---

8　BVerwGE 11, 322.
9　BVerwG NJW 1994, 674; vgl. auch NVwZ 1984, 450; BVerfGE 73, 322; sowie § 124 Rn. 2, 3.
10　Vgl. BVerwGE 54, 264; 58, 146.
11　BVerwGE 58, 146; BayVBl. 1985, 428.
12　Vgl. BVerwGE 61, 15; NJW 1992, 2908 für Satzung.
13　Vgl. BVerwGE 17, 18; NVwZ 1991, 571: Wahlrecht zwischen Entscheidung in der Sache und Zurückverweisen.
14　BVerwGE 17, 16.
15　BVerwG NJW 1997, 674.
16　Vgl. BVerwG NVwZ 1996, 378; sowie § 138 Rn. 5.
17　BVerwG Buchh. 428 § 1 Abs. 3 VermG Nr. 35 u. 310 § 138 Ziff. 3 VwGO Nr. 67.
18　Buchh. 310 § 138 Ziff. 3 VwGO Nr. 67.
19　So aber BFH NJW-RR 1998, 640.
20　BVerwG NVwZ 1994, 1095; Eyermann/P. Schmidt Rn. 7; Kopp/Schenke Rn. 6.

die die Berufungsentscheidung als im Ergebnis richtig erscheinen lässt[21]. Abs. 4 wird im Nichtzulassungsverfahren analog angewendet[22].

4 Die **Entscheidung über die Revision bedarf** nach Absatz 7 **keiner Begründung, soweit** das **BVerwG** die **Rüge von Verfahrensmängeln nicht** für **durchgreifend** hält[23]. Eine Begründung ist jedoch erforderlich, wenn sich die Rügen auf Verfahrensmängel beziehen, die absolute Revisionsgründe darstellen (vgl. § 138 Rn. 1), und, wenn mit der Revision ausschließlich Verfahrensmängel geltend gemacht werden, für solche Rügen, auf denen die Zulassung der Revision beruht. Die letztere Regelung kommt nur in Betracht, wenn das BVerwG im Verfahren über die Nichtzulassungsbeschwerde von der in § 133 Abs. 6 gegebenen Möglichkeiten der Zurückverweisung keinen Gebrauch gemacht hat (vgl. § 133 Rn. 15). Die Vorschrift soll der Entlastung des BVerwG dienen. Zur Verfassungsmäßigkeit vgl. BVerfG NJW 1997, 1693.

IV. Entscheidung bei begründeter Revision

5 Die **Revision ist begründet, wenn** das angefochtene **Urteil** auf der **Verletzung von revisiblem Recht** (vgl. § 137 Rn. 2 ff.) **beruht.** Das BVerwG entscheidet bei begründeter Revision durch Urteil; in diesem Urteil hebt es die angefochtene Entscheidung auf und kann dann in der Sache selbst entscheiden oder zurückverweisen. Zur Entscheidung nach Absatz 4 vgl. Rn. 3.

6 **1. Entscheidung in der Sache.** Die VwGO stellt die Entscheidung in der Sache und die Zurückverweisung nebeneinander, ohne die Fälle zu bestimmen, in denen das BVerwG von der einen oder anderen Möglichkeit Gebrauch machen soll. Die VwGO steht damit zwischen der Regelung des SGG, das grundsätzlich die Entscheidung in der Sache verlangt[24], und der ZPO, die in § 563 Abs. 1 regelmäßig die Zurückverweisung fordert, während die Entscheidung in der Sache nur in den Fällen des § 563 Abs. 3 ZPO zulässig ist. Das **BVerwG kann** daher nicht nur in den Fällen des § 563 Abs. 3 ZPO, sondern **stets in der Sache entscheiden, wenn** diese **spruchreif ist**[25]. Das setzt voraus, dass die Tatsachenfeststellungen (§ 137 Abs. 2) eine ausreichende Grundlage für die Entscheidung darstellen, unabhängig davon, ob die Vorinstanz sie verwertet hat[26]; zur eigenen Beweiserhebung ist das BVerwG nicht befugt, um die Spruchreife herbeizuführen (vgl. § 137 Rn. 17). Bei seiner Entscheidung **kann** das **BVerwG** auch **nichtrevisibles Recht anwenden**[27]. Begegnet die von der Vorinstanz vorgenommene **Auslegung nichtrevisiblen Rechts verfassungsrechtlichen Bedenken,** muss zurückverwiesen werden, sofern mehrere Möglichkeiten einer verfassungskonformen Auslegung vorhanden sind[28]. Änderungen der Rechtslage, die während des Revisionsverfahrens eingetreten sind, kann das

---

21 BVerwG B. v. 7.3.2002 – 5 B 60/01 juris.
22 BVerwG B. v. 9.4.2003 – 4 B 29/03 juris; vgl. § 133 Rn. 12.
23 Vgl. auch BVerwGE 80, 228.
24 § 170 Abs. 2 S. 1 SGG; BSGE 4, 282.
25 Vgl. GemS BVerwGE 50, 369: Zurückverweisung nur, wenn abschließende Entscheidung untunlich vgl. auch Kopp/Schenke Rn. 7.
26 BVerwG Buchh. 310 § 144 VwGO Nr. 40.
27 BVerwGE 19, 204; Bader/Bader Rn. 18 auch zu den Grenzen.
28 BVerwGE 100, 160.

BVerwG berücksichtigen[29]. Eine Änderung des entscheidungserheblichen Sachverhalts nach Erlass der Berufungsentscheidung eröffnet dem Revisionsgericht dagegen in der Regel nicht die Möglichkeit der Zurückverweisung der Sache[30]. Das BVerwG[31] hat im Revisionsverfahren auch ein zurückverweisendes Berufungsurteil durch ein die Berufung zurückweisendes Urteil ersetzt. Ist in dem angefochtenen Urteil über mehrere prozessual selbstständige Ansprüche entschieden, kann das BVerwG über die entscheidungsreifen Ansprüche in der Sache selbst befinden, im Übrigen aber zurückverweisen[32]. Kommt eine **Vorabentscheidung durch** den **EuGH** in Betracht (vgl. § 1 Rn. 13 ff.), deren Erheblichkeit erst nach weiterer Sachaufklärung festgestellt werden kann, muss das BVerwG zurückverweisen[33].

2. Zurückverweisung. a) **Allgemeines.** Will das BVerwG nicht in der Sache selbst entscheiden, verweist es die Sache zur anderweitigen Verhandlung und Entscheidung zurück, und zwar **regelmäßig an die Vorinstanz,** nämlich an das OVG, im Fall der Sprungrevision (§ 134) und des Berufungsausschlusses (§ 135) an das VG. Es kann dabei, entsprechend § 563 Abs. 1 S. 2 ZPO, auch an einen anderen Senat bzw. eine andere Kammer der Vorinstanz zurückverweisen[34]. **Bei der Sprungrevision** kann das BVerwG **auch an** das **OVG** zurückverweisen (Abs. 5 S. 1); das Verfahren wird dann als Berufungsverfahren fortgesetzt, ohne dass es noch einer Zulassung der Berufung bedarf[35]. Wurde die Berufung gegen eine verfahrensfehlerhaft ergangene Entscheidung des VG ebenfalls verfahrensfehlerhaft durch das OVG verworfen, kann das BVerwG auch unmittelbar an das VG zurückverweisen, wenn es dies wegen der Schwere des erstinstanzlichen Verfahrensfehlers für geboten hält[36]. In Verfahren, in denen nach Klageerhebung vor dem VG eine erstinstanzliche Zuständigkeit des OVG begründet wurde (vgl. § 48 Rn. 4), würde es dem Sinn dieser Zuweisung entsprechen, wenn das BVerwG von einer Zurückverweisung an das VG überhaupt Abstand nähme. Bei Versagung des rechtlichen Gehörs (vgl. § 138 Rn. 5) ist die Zurückverweisung obligatorisch, wenn das ganze Urteil betroffen ist[37].

b) **Zurückverweisung nach Beiladung.** Das BVerwG hat den Rechtsstreit **7a** zurückzuverweisen, wenn der erst im Revisionsverfahren notwendig Beigeladene (vgl. § 142 Rn. 4) daran ein berechtigtes Interesse hat. Die Entscheidung des BVerwG ergeht auch in diesem Fall von Amts wegen; ein Antrag des Beigeladenen kann aber Ausdruck seines Interesses an der Zurückverweisung sein. Berechtigtes Interesse liegt insbesondere dann vor, wenn der Beigeladene weitere Sachaufklärung auch durch neue Beweismittel (vgl. § 142 Rn. 5) begehrt. Bei der Beurteilung der Interessen des Beigeladenen ist zu berücksichtigen, dass einerseits ein Revisionsurteil auch ihm gegen-

29 BVerwG DVBl. 1992, 727; NJW 1995, 3067.
30 BVerwG Buchh. 402.25 § 1 AsylVfG Nr. 19; E 87, 52 zu Pakistan; vgl. aber auch DVBl. 1993, 320 für Afghanistan; Buchh. 402.25 § 1 AsylVfG Nr. 158, beide Berücksichtigung bejahend.
31 Buchh. 310 § 40 Nr. 271.
32 Vgl. BSGE 8, 288.
33 BSG NJW 1974, 1637.
34 BVerwGE 17, 170; RLA 58, 366; vgl. zur Verfassungsmäßigkeit BVerfGE 20, 336; Zeihe DVBl. 1999, 1322.
35 Vgl. Bader/Bader § 134 Rn. 37.
36 BVerwGE 28, 317; NJW 1962, 650; Bettermann NJW 1969, 170; Kopp/Schenke Rn. 9; a.A. Menger VerwA 53, 398.
37 BVerwGE 96, 368; vgl. auch E 62, 6.

über Rechtskraft entfalten würde, er andererseits aber erst in den Rechtsstreit hineingezogen wurde, als die anderen Beteiligten bereits durch zwei Tatsacheninstanzen, im Fall des § 135 durch eine, den Streitstoff aus ihrer Sicht diskutiert hatten. Das berechtigte Interesse wird daher weit auszulegen sein; dabei wird auch die Rechtsprechung zum Berufungsausschluss zu berücksichtigen sein[38].

8   c) **Wirkung und weiteres Verfahren.** Die **Zurückverweisung eröffnet die Instanz,** in die zurückverwiesen wurde, **von neuem;** das neue Verfahren setzt das alte insoweit fort, als die Entscheidung aufgehoben worden ist. Es findet eine neue Verhandlung statt, die sich nicht auf den Sachverhalt, der dem Revisionsgericht vorlag, zu beschränken braucht; der Streitstoff kann durch neuen Sachvortrag, Beweiserhebungen und Anträge erweitert werden, sodass das Gericht sein neues Urteil unter Umständen auf einer völlig neuen tatsächlichen und rechtlichen Grundlage erlässt[39]. Richter, die an der ersten Entscheidung mitgewirkt haben, sind bei der erneuten Entscheidung nicht ausgeschlossen[40].
Wird bei der Sprungrevision an das OVG zurückverwiesen, hat dieses, ohne noch die Zulässigkeit der Berufung prüfen zu können[41], in der Sache zu entscheiden, wie wenn der Rechtsstreit auf eine ordnungsgemäß zugelassene Berufung bei ihm anhängig geworden wäre. Das OVG darf jedoch nicht seinerseits an das VG zurückverweisen, da diesem die Entscheidungsbefugnis durch das BVerwG ausdrücklich entzogen worden ist[42].

9   Bei seiner neuen Entscheidung ist das **Gericht** einmal an rechtskräftige Zwischenurteile und **an das erste Urteil gebunden,** soweit es nicht vom BVerwG aufgehoben worden ist[43]. Zum anderen muss es seiner Entscheidung die rechtliche Beurteilung des Revisionsgerichts zu Grunde legen (Abs. 6); es ist, im fortdauernden Prozessrechtsverhältnis[44], nicht nur an die der Aufhebung unmittelbar zu Grunde liegende **rechtliche Beurteilung des BVerwG gebunden**[45], sondern auch an alle Punkte des Zurückverweisungsurteils, die für die Aufhebung des ersten Urteils ursächlich waren[46], sodass die Vorinstanz bei unveränderter Sach- und Rechtslage in ihrer erneuten Entscheidung davon ausgehen kann, dass alle **unverzichtbaren Prozessvoraussetzungen** gegeben sind[47]. Das Gleiche gilt für die **Gründe, die** eine **Bestätigung** des angefochtenen Urteils im Ergebnis **nach Absatz 4 ausgeschlossen haben**[48]. Die **Bindungswirkung** erfasst jedoch nur die **entscheidungstragende Rechtsauffassung** einschließlich der davon **mitumfassten logischen Voraussetzungen**[49]. Verstoß gegen die Bindungswirkung ist Verfahrensfehler[50].

---

38   Vgl. BVerfGE 49, 329; 65, 76; BVerwG Buchh. 312 EntlG Nr. 32; auch Lorenz, Menger-Festschrift, 1985, S. 143.
39   Vgl. RGZ 129, 225, auch § 130 Rn. 8.
40   BVerwG NJW 1975, 1241.
41   Sodan/Neumann Rn. 86; Bader/Bader Rn. 24.
42   Vgl. Klinger S. 642; Ule S. 474.
43   Vgl. BVerwG NJW 1967, 900; § 121 Rn. 19.
44   BVerwG DÖV 1968, 739.
45   So noch BGHZ 3, 221; BSG NJW 1962, 223.
46   BVerwGE 42, 243; Buchh. 310 § 144 VwGO Nr. 43; BAGE 10, 355.
47   BVerwGE 42, 243; Buchh. 310 § 144 VwGO Nr. 56.
48   BVerwG Buchh. 310 § 144 VwGO Nr. 46.
49   BVerwG Buchh. 310 § 144 VwGO Nr. 65 u. 68.
50   BVerwG NJW 1997, 3456.

Liegt die rechtliche Beurteilung der Aufhebung nicht zu Grunde, so tritt **10** keine Bindung ein[51]; das gilt auch für Formulierungen, die verallgemeinernd über den zu entscheidenden Fall hinausreichen, selbst wenn sie in dem Teil der Gründe stehen, auf dem die Entscheidung beruht[52]. Die Bindung erstreckt sich nur auf dieselbe, nicht auf eine gleichliegende Sache[53]. Die Bindung kann entfallen, wenn sich durch neues Vorbringen die Grundlage für die rechtliche Beurteilung verändert hat[54] oder die Rechtsnorm, die das BVerwG bei seiner Beurteilung anwandte, aufgehoben oder rechtserheblich geändert wird[55], ebenso bei Änderung der höchstrichterlichen Rechtsprechung wenn auch die Selbstbindung des Revisionsgerichts entfallen würde[56]. Hat das BVerwG wegen eines Verfahrensfehlers aufgehoben, muss das Gericht der Auffassung des BVerwG folgen[57], ist aber an die eigene, im aufgehobenen Urteil geäußerte Beurteilung der materiellen Rechtslage nicht gebunden[58]. Bei Zurückverweisung an VG auf Revision gegen zurückverweisendes Urteil des OVG ist gemäß dem Rechtsgedanken des Absatzes 6, das Berufungsurteil mit der rechtlichen Beurteilung des Revisionsurteils verbindlich, die Bindungswirkung nach Absatz 6 ersetzt diejenige nach § 130 Abs. 2[59]. Vergleiche im Übrigen § 130 Rn. 8, 9. Das zurückverweisende Urteil ist durch Vortrag in der mündlichen Verhandlung zum Gegenstand der Verhandlung zu machen.

d) **Erneutes Rechtsmittel.** Gegen die auf die Zurückverweisung ergehende **11** Entscheidung sind erneut die allgemein gegebenen Rechtsmittel (Revision, Sprungrevision, Berufung) zulässig. Als Verfahrensmangel kann nunmehr auch ein Verstoß gegen Absatz 6 geltend gemacht werden[60]. Die Voraussetzungen, unter denen ein willkürliches Abweichen einer Gerichtsentscheidung von einer Gesetzesnorm festgestellt werden kann, gelten auch für die Prüfung, ob das Gericht bei der erneuten Entscheidung nach Zurückverweisen durch die Revisionsinstanz gegen das Willkürverbot verstoßen hat[61]. Bei seiner erneuten Entscheidung ist das BVerwG grundsätzlich an die dem zurückverweisenden ersten Urteil zu Grunde liegende Beurteilung gebunden (Grundsatz der **Selbstbindung des Revisionsgerichts**)[62]. Diese **Bindung entfällt** jedoch, wenn sich zwischenzeitlich die **tatsächlichen** oder **rechtlichen Verhältnisse geändert** haben[63] oder der **Senat** in anderer

51 BSG NJW 1962, 223; a.A. BFH NJW 1970, 216.
52 BGH NJW 1963, 1214.
53 BVerwG NVwZ 1982, 120.
54 BGH NJW 1951, 524; RGZ 129, 225.
55 Vgl. BVerwGE 42, 243; Kassel NVwZ 1984, 736 zur Änderung der Rechtslage durch Entscheidung des BVerfG; ebenso Münster NVwZ-RR 1996, 129.
56 Vgl. GemS BVerwGE 41, 363; Kopp/Schenke Rn. 13.
57 Ule S. 475.
58 BVerwG Buchh. 310 § 144 VwGO Nr. 68 u. 69; anschaulich Münster NJW-RR 2002, 1082.
59 BVerwGE 22, 273; 24, 253.
60 Vgl. BVerwG Buchh. 310 § 144 Nr. 57; Verstoß verneinend, wenn Tatsachengericht die vom Revisionsurteil geforderten tatsächlichen Feststellungen erhebt, aber Fehler in der Beweiswürdigung macht.
61 BVerfG NJW 1996, 1336.
62 Vgl. BVerwGE 39, 212 sowie § 130 Rn. 10; krit. zur Selbstbindung überhaupt Sommerlad NJW 1974, 123.
63 BVerwGE 9, 117.

Sache seine im zurückverweisenden Urteil vertretene **Rechtsauffassung auf-gegeben hat**[64].

12 Die **Selbstbindung** des Revisionsgerichts **entfällt auch,** wenn vor der Ent-scheidung im zweiten Rechtsgang der Große Senat, der GemS oder das BVerfG die im zurückverweisenden Urteil geäußerte Rechtsauffassung missbilligt hat[65], oder wenn der EuGH die Auslegung einer Gemein-schaftsnorm in einem von der ersten Revisionsentscheidung abweichenden Sinn entschieden hat[66], wenn das OVG bei seiner Entscheidung bereits durch ein eigenes zurückverweisendes Urteil gebunden war, ist auch das BVerwG im Revisionsverfahren insoweit gebunden[67].

§ 145 [Revision zum OVG]

(aufgehoben durch 6. VwGOÄndG)

14. Abschnitt · Beschwerde

§ 146 [Zulässigkeit]

(1) Gegen die Entscheidungen des Verwaltungsgerichts, des Vorsitzenden oder des Berichterstatters, die nicht Urteile oder Gerichtsbescheide sind, steht den Beteiligten und den sonst von der Entscheidung Betroffenen die Beschwerde an das Oberverwaltungsgericht zu, soweit nicht in diesem Ge-setz etwas anderes bestimmt ist.

(2) Prozessleitende Verfügungen, Aufklärungsanordnungen, Beschlüsse über eine Vertagung oder die Bestimmung einer Frist, Beweisbeschlüsse, Be-schlüsse über Ablehnung von Beweisanträgen, über Verbindung und Tren-nung von Verfahren und Ansprüchen und über die Ablehnung von Gerichts-personen können nicht mit der Beschwerde angefochten werden.

(3) Außerdem ist vorbehaltlich einer gesetzlich vorgesehenen Beschwerde gegen die Nichtzulassung der Revision die Beschwerde nicht gegeben in Streitigkeiten über Kosten, Gebühren und Auslagen, wenn der Wert des Be-schwerdegegenstandes zweihundert Euro nicht übersteigt.

(4) Die Beschwerde gegen Beschlüsse des Verwaltungsgerichts in Verfahren des vorläufigen Rechtsschutzes (§§ 80, 80a und 123) ist innerhalb eines Mo-nats nach Bekanntgabe der Entscheidung zu begründen. Die Begründung ist, sofern sie nicht bereits mit der Beschwerde vorgelegt worden ist, bei dem Oberverwaltungsgericht einzureichen. Sie muss einen bestimmten Antrag enthalten, die Gründe darlegen, aus denen die Entscheidung abzuändern oder aufzuheben ist, und sich mit der angefochtenen Entscheidung auseinan-der setzen. Mangelt es an einem dieser Erfordernisse, ist die Beschwerde als unzulässig zu verwerfen. Das Verwaltungsgericht legt die Beschwerde unver-züglich vor; § 148 Abs. 1 findet keine Anwendung. Das Oberverwaltungsge-richt prüft nur die dargelegten Gründe.

---

64   GemS BVerwGE 41, 363; vgl. auch BVerwGE 6, 297; 7, 159; MDR 1973, 1045; Eyermann/P. Schmidt Rn. 16; Kopp/Schenke Rn. 16.
65   Vgl. BVerwGE 6, 297; BSGE 17, 550; BFH NJW 1964, 224.
66   BVerwGE 87, 154, vgl. auch § 1 Rn. 14.
67   BVerwGE 54, 116; BGHZ 25, 200; a.A. Eyermann/P. Schmidt Rn. 17.

Übersicht

A. Allgemeines

Entscheidungen, die nicht in der Form eines Urteils oder Gerichtsbeschei- **1**
des ergehen, können erlassen:
1. das Gericht, d.h. die Kammer, der Senat oder der Einzelrichter,
2. dessen Vorsitzender und der Berichterstatter,
3. der beauftragte oder ersuchte (verordnete) Richter,
4. der Urkundsbeamte der Geschäftsstelle.
Die VwGO gewährt als Rechtsmittel (zum Begriff vgl. § 124 Rn. 1) gegen
diese Entscheidungen des Gerichtes, des Vorsitzenden oder des Berichterstatters die Beschwerde (Begriff siehe § 124 Rn. 1), gegen die Entscheidungen des verordneten Richters und des Urkundsbeamten der Geschäftsstelle
die Erinnerung (§ 151) als Rechtsbehelf. Bei dem **VG** ist gegen diese Entscheidungen des Gerichts, des Vorsitzenden oder des Berichterstatters die
Beschwerde prinzipiell immer statthaft, soweit in der VwGO oder spezialgesetzlich nicht etwas anderes bestimmt ist. Soweit es sich um **Entscheidungen** bei dem **OVG** handelt, ist die Beschwerde nur eröffnet, wo dies
ausdrücklich vorgesehen ist (§ 152). Gegen Beschlüsse nach § 93a Abs. 2
S. 5 in Musterverfahren, ebenso bei Verwerfen der Berufung durch Beschluss nach § 125 Abs. 2 oder der Entscheidung über die Berufung nach
§ 130a ist das Rechtsmittel zulässig, als ob durch Urteil entschieden wäre.
Soweit der Einzelrichter, oder der Vorsitzende oder Berichterstatter nach
§ 87a Abs. 2 an Stelle der Kammer oder des Senats in der Sache entscheidet, ist die Form der Entscheidung dieselbe, in der die Kammer oder der
Senat entschieden hätte (vgl. § 6 Rn. 9; § 87a Rn. 3). Zur außerordentlichen Beschwerde vgl. § 124 Rn. 2.

B. Beschwerdefähige Entscheidung des VG

2 Die Beschwerde ist zulässig, wenn eine **beschwerdefähige Entscheidung des VG (Kammer oder Einzelrichter), des Vorsitzenden oder des Berichterstatters** vorliegt. Die VwGO unterscheidet zwischen Entscheidungen, die anfechtbar und die nicht anfechtbar sind; sie kennt daneben Entscheidungen, die über bestimmte Anträge ergehen und nur anfechtbar sind, wenn der Antrag abgelehnt wird (bedingt anfechtbare Entscheidungen). Dass die Berufung von einer Zulassung abhängig ist (vgl. § 124 Abs. 1), berührt die Zulässigkeit der Beschwerde gegen beschwerdefähige Entscheidungen des Gerichts und dessen Vorsitzenden nicht.

I. Anfechtbare Entscheidungen

3 Zu den anfechtbaren Entscheidungen zählen z.b. sitzungspolizeiliche Anordnungen (§ 55 mit § 178 GVG); die Anordnung über die Bestellung eines Bevollmächtigten oder das Hinzuziehen eines Beistandes (§ 67 Abs. 2 S. 2); Aussetzen des Verfahrens[1] (nicht aber bei Aussetzung wegen Vorlage zum BVerfG oder EuGH, s. u. Rn. 6 mit FN 12), auch für Heilung von Verfahrens- und Formfehlern durch die Verwaltung (§ 94); Aussetzung des Verfahrens und Fristsetzung für die Verwaltungsbehörde nach § 75 Satz 3[2]; Festsetzen von Ordnungsmitteln gegen nicht erschienene Beteiligte (§ 95 Abs. 1 S. 3); Verurteilung von Zeugen oder Sachverständigen in die Kosten oder zu Ordnungsgeld (§ 98 mit §§ 380, 390, 402 ZPO); Berichtigung offenbarer Unrichtigkeiten (§ 118 Abs. 2 S. 2); Berichtigung des Tatbestandes (§ 119 Abs. 2 S. 1 entgegen S. 2), wenn der Antrag ohne sachliche Prüfung als unzulässig abgelehnt wurde[3] oder schwere Verfahrensverstöße vorliegen, z.b. beim Berichtigungsbeschluss andere Richter mitgewirkt haben als beim Urteil[4] (vgl. näher § 119 Rn. 7); Nichtzulassung der Revision (§ 133 Abs. 1); einstweilige Aussetzung der Vollziehung im Beschwerdeverfahren (§ 149 Abs. 1); Androhung eines Zwangsgeldes gegen Behörden (§ 172); Rückgabe einer Sicherheitsleistung (§ 173 mit § 109 ZPO), Anordnung des Ruhens des Verfahrens (§ 173 mit § 251 ZPO)[5].

II. Bedingt anfechtbare Entscheidungen

4 In einigen wenigen gesetzlich geregelten Fällen ist die Beschwerde nur statthaft, wenn ein Antrag abgelehnt wurde. Dazu gehören die Entscheidung über die Wiedereinsetzung in den vorigen Stand (§ 60 Abs. 5), die Entscheidung über die Beiladung (§ 65 Abs. 4 S. 3) und die Entscheidung über die Ablehnung eines Sachverständigen (§§ 173 i.V.m. § 406 Abs. 5 ZPO)[6]. Ein **Beschwerderecht** besteht **nur** für den **unterlegenen Antragsteller.**

---

1 Bautzen NVwZ-RR 1998, 339.
2 BVerwGE 42, 108.
3 RGZ 47, 398.
4 Lüneburg OVGE 14, 506.
5 Münster NJW 1962, 1931.
6 Vgl. München BauR 2004, 60.

III. Nicht anfechtbare Entscheidungen

Die Beschwerde ist nicht statthaft **5**
a) wo die VwGO die Entscheidung des Gerichts ausdrücklich für unanfechtbar erklärt,
b) bei prozessleitenden Verfügungen und den weiteren in Abs. 2 genannten Anordnungen und Beschlüssen,
c) bei Streitigkeiten über Kosten, Gebühren und Auslagen, wenn der Beschwerdewert 200 Euro nicht übersteigt,
d) wenn sie durch Gesetz ausgeschlossen ist.
Mit der Beschwerde nicht anfechtbare Entscheidungen können, wenn gegen das folgende Urteil Berufung eingelegt ist, im Berufungsverfahren auf Rechtsverletzungen, die das Urteil beeinflussen können, nicht überprüft werden, §§ 173, 512 ZPO[7]. Der Ausschluss der Beschwerde steht einer Aufhebung des gesetzwidrigen Beschlusses von Amts wegen nicht entgegen[8] (vgl. auch § 124 Rn. 2a).

1. Für unanfechtbar erklärte Entscheidungen. Unanfechtbar sind die Posi- **6** tiventscheidungen über die Wiedereinsetzung in den vorigen Stand (§ 60 Abs. 5), die Beiladung (§ 65 Abs. 3 S. 3), die Erklärung eines gegen einen Sachverständigen gerichteten Ablehnungsgesuches für begründet (§ 173 mit § 406 Abs. 5 ZPO[9]); weiter die öffentliche Bekanntmachung (§ 56a Abs. 1) und der Beschluss nach § 67a Abs. 1; die Einstellung des Verfahrens nach Klagerücknahme (§ 92 Abs. 3); der Beschluss im Musterverfahren nach § 93a Abs. 1; die Ablehnung des Antrages auf Aufnahme bestimmter Vorgänge in das Protokoll der mündlichen Verhandlung (§ 105 mit § 160 Abs. 4 ZPO, vgl. § 105 Rn. 7), die Ablehnung des Antrags auf Protokollberichtigung (vgl. § 105 Rn. 12)[10]; die Berichtigung des Tatbestandes des Urteils oder die Ablehnung des Berichtigungsantrages als unbegründet (§ 119 Abs. 2 S. 2, vgl. aber Rn. 3!); die Ablehnung der Zulassung der Sprungrevision (§ 134 Abs. 2). Der **Beschluss,** mit dem das Gericht aussetzt und **nach Art. 100 GG dem BVerfG vorlegt,** ist nicht anfechtbar, da die Sache mit der Aussetzung beim BVerfG anhängig wird[11]; vgl. § 1 Rn. 8, das Gleiche gilt für den **Vorlagebeschluss an den EuGH** nach Art. 234 EGV (früher Art.177 Abs. 2 EWGV; vgl. § 1 Rn. 20)[12].

2. Prozessleitende Verfügungen (Abs. 2). Nicht anfechtbar sind eine Reihe **7** von Entscheidungen des Gerichts, des Vorsitzenden oder des Berichterstatters, die sich unmittelbar auf den Fortgang des Verfahrens beziehen und Ausfluss des dem Richter vom Gesetz eingeräumten Ermessensspielraumes für die Gestaltung des Verfahrens sind. Die Eröffnung einer Beschwerdemöglichkeit würde sich hier nur verfahrenshemmend auswirken können. Die Aufzählung in Absatz 2 ist ausschließlich; andere als die dort genannten Anordnungen und Entscheidungen sind nicht von der Anfechtung mit der Beschwerde ausgenommen.

---

7 Baumbach/Albers § 512 Rn. 4.
8 München VGH n.F. 26, 201 zu Trennungsbeschluss.
9 A.A. Mannheim NVwZ-RR 1998, 689.
10 BVerwG DÖV 1981, 180; Mannheim NVwZ-RR 1997, 671; a.A. München NVwZ-RR 2000, 843.
11 Lüneburg OVGE 6, 371.
12 Dies gilt nach Mannheim DVBl. 2002, 355 (LS) nicht, wenn der Aussetzung kein Vorlagebeschluss folgt.

7a Die VwGO entzieht der Anfechtung durch die Beschwerde in Absatz 2 prozessleitende Verfügungen und Aufklärungsanordnungen, wie z.B. die Aufforderung zur Ergänzung der Klageschrift (§ 82 Abs. 2), zur Äußerung binnen bestimmter Frist bei der Zustellung der Klageschrift (§ 85), zur Beseitigung von Formfehlern, zur Erläuterung unklarer Anträge und zur Ergänzung des Tatbestandes u.Ä. (§ 86 Abs. 3), die Fristsetzung zur Äußerung durch einen Schriftsatz (§ 86 Abs. 4), die Anordnungen zur Vorbereitung der mündlichen Verhandlung nach § 87 und die Entscheidungen nach § 87a Abs. 1 und § 87b; die Anordnung des persönlichen Erscheinens (§ 95, bei Ungehorsamsstrafen aber Beschwerde, vgl. Rn. 3), die Entscheidung über die Akteneinsicht in den Kanzleiräumen[13] (dazu § 100 Rn. 5), die Entscheidung des Gerichts über die Sachdienlichkeit von Fragen (§ 97 Satz 3), die Entscheidung über beanstandete Fragen (§ 104 Abs. 2) und das Schließen der mündlichen Verhandlung (§ 104 Abs. 3). Auch die Entscheidung des Gerichts, dem Bevollmächtigten den weiteren Vortrag zu untersagen, wird als prozessleitende Verfügung angesehen[14]. Auch die Beschlüsse über die Vertagung und die Bestimmung einer **Frist**, und zwar sowohl ablehnende wie stattgebende, sind, wie die Terminsanberaumung oder die Aufhebung und Verlegung eines Termins, nicht mit der Beschwerde angreifbar[15]. Nicht beschwerdefähig sind nach Absatz 2 auch **Beweisbeschlüsse**, sowie Beschlüsse über die **Ablehnung von Beweisanträgen**[16] und schließlich über die **Verbindung** und **Trennung** von Verfahren und Ansprüchen nach § 93, seit dem 6. VwGOÄndG auch über die Ablehnung von Gerichtspersonen (§ 54 mit §§ 45, 36 Abs. 2 bzw. 49 ZPO).

7b Die Zwischenentscheidung in Verfahren des vorläufigen Rechtsschutzes (sog. **Hängebeschluss**, vgl. § 80 Rn. 54), ist keine prozessleitende Verfügung. Es handelt sich um eine faktische, wenn auch nur zeitlich begrenzte Sachentscheidung. Darauf, dass es keine instanzbeendende Entscheidung ist, kommt es nicht maßgeblich an. Auch andere Entscheidungen gleicher Qualität sind beschwerdefähig, vgl. o. Rn. 3. Die Frage ist sehr strittig[17]. Ob auf die Untätigkeit des VG mit einer sog. Untätigkeitsbeschwerde oder -rüge reagiert werden kann, ist heftig umstritten. Ein Teil der Rechtsprechung hält dieses nicht im Gesetz vorgesehene Rechtsmittel in bestimmten Fallkonstellationen für zulässig[18]. Aus der Rechtsprechung des EGMR[19] lässt sich nichts Zwingendes ableiten; er verlangt nur die Möglichkeit eines Rechtsbehelfs i.S.d. Art. 13 EMRK[20].

8 3. **Streitigkeiten über Kosten, Gebühren und Auslagen.** a) Nach Absatz 3 sind Entscheidungen in Streitigkeiten über Kosten, Gebühren und Auslagen nur **beschwerdefähig**, wenn der **Wert des Beschwerdegegenstandes 200 Euro übersteigt**. Es kommt nicht auf den Wert des Streitgegenstandes an,

---

13   Koblenz NVwZ 2002, 612.
14   München NJW 1973, 111.
15   Vgl. Mannheim NJW 1984, 993; anders wenn Ablehnung der Terminanberaumung einer Rechtsschutzverweigerung gleichkommt, München BayVBl. 1978, 212.
16   Anders jedoch für die Ablehnung eines Beweissicherungsgesuchs: Münster OVGE 24, 247; jetzt: »selbstständiges Beweisverfahren«.
17   Wie hier Münster NVwZ 1999, 785; Saarlouis NVwZ-RR 1993, 391; Schleswig NordÖR 2002, 224; Guckelberger NVwZ 2001, 275; a.A. Kassel NVwZ-RR 1995, 302; Berlin NVwZ-RR 1999, 212; MacLean LKV 2001, 107.
18   München NVwZ 2000, 693 für ohne sachlichen Grund liegengebliebenen PKH-Antrag; a.A. Bremen NJW 1984, 992; Mannheim DÖV 2003, 955.
19   Grundlegend NJW 2001, 2694.
20   Vgl. BVerwG NVwZ 2003, 869.

sondern auf den Beschwerdewert, d.h. auf den Wert dessen, was die Entscheidung dem Rechtsmittelführer versagt hat[21]. Bei der Berechnung des Beschwerdewertes sind Kosten des Vorverfahrens, soweit sie vom Gericht für notwendig erklärt werden, mit zu berücksichtigen[22]. Für die isolierte (nachträgliche) Entscheidung des Gerichts über die Notwendigkeit der Zuziehung eines Bevollmächtigten für das Verfahren wird die Anwendung des Absatz 3 verneint, weil sie den Umfang der Kostenerstattungspflicht betrifft[23].

b) **Absatz 3 bezieht sich auf** Entscheidungen über die Festsetzung der Gerichtskosten, der Gebühren und Auslagen der Prozessbevollmächtigten, der außergerichtlichen Kosten der Beteiligten (dazu zählt auch eine Reisekostenbeihilfe[24]), sowie der Entschädigung für Zeugen und Sachverständige. Zur Beschwerde gegen die Festsetzung des Streitwertes vgl. § 165 Rn. 18. Die in Rn. 3 aufgeführten beschwerdefähigen Entscheidungen nach § 158 Abs. 2 (Anerkenntnis), § 161 (Beendigung des Verfahrens anders als durch Urteil und Erledigung der Hauptsache[25]) fallen ebenfalls unter Absatz 3, soweit der Beschwerdewert 200 Euro nicht übersteigt. **9**

c) Absatz 3 lässt die Beschwerde gegen die Nichtzulassung der Revision (§ 133 Abs. 1) ausdrücklich unberührt. Bei den in § 152 Abs. 1 weiter aufgeführten beschwerdefähigen Entscheidungen des OVG dürfte die Beschwerdesumme im Hinblick auf den Beschwerdegegenstand allenfalls bei der Entscheidung über die Zulässigkeit des Rechtsweges und die Verweisung nach § 17a GVG Bedeutung haben. **10**

4. **Ausschluss der Beschwerde durch Gesetz.** In § 80 AsylVfG ist die Beschwerde, mit Ausnahme der Revisionszulassungsbeschwerde, für alle Rechtsstreitigkeiten **nach diesem Gesetz**[26], und damit auch im Fall der zulassungsbedürftigen Berufung nach § 78 Abs. 2 AsylVfG, **ausgeschlossen.** Weiter ist auf bestimmten Rechtsgebieten **durch Bundesgesetz neben der Berufung auch** die **Beschwerde ausgeschlossen** (vgl. im Einzelnen § 135 Rn. 4, auch zu den Ausnahmen für die Revisionszulassungsbeschwerde und die Beschwerde bei Beschlüssen über Rechtsweg und Verweisung). Der Zweck des Ausschlusses der Beschwerde ist, das OVG als Rechtsmittelinstanz auszuschalten und zwar auch dann, wenn sich der Inhalt der Beschwerde nicht auf den materiellen Teil der Sache bezieht[27]; der Beschwerdeausschluss gilt unabhängig davon, ob sich die Beschwerderegelung in der VwGO oder in einem anderen Gesetz befindet, also z.B. auch für die Beschwerde gegen die Streitwertfestsetzung nach § 25 Abs. 2 GKG a.F.[28] bzw. §§ 68 Abs. 1 S. 4, 66 Abs. 3 S. 3 EKE n.F. **11**

21 Vgl. BVerwG NVwZ 1987, 219.
22 Münster NJW 1961, 1365 für die Zuziehung eines Anwalts.
23 Kassel DVBl. 1996, 113; Weimar NVwZ-RR 2001, 487; a.A. München NVwZ-RR 1993, 221; § 162 Rn. 13c.
24 Bautzen NVwZ-RR 1999, 814.
25 Vgl. Münster OVGE 8, 340.
26 Vgl. BVerwG DVBl. 1998, 234; InfAuslR 1998, 12; Kassel NVwZ-Beil. 1998, 46; Mannheim InfAuslR 1998, 193; München BayVBl. 1998, 605.
27 Vgl. auch Koblenz AS 9, 185; Bach NJW 1965, 1263.
28 Vgl. Kassel NVwZ-RR 1994, 478; Greifswald VIZ 1995, 47.

C. Verfahren

I. Anwendbare Vorschriften

12 Soweit nicht für das Beschwerdeverfahren vor dem BVerwG besondere Vorschriften gelten (vgl. § 152 Rn. 2 ff.), richtet es sich stets nach dem 14. Abschnitt, und zwar auch in den Fällen, in denen durch die Bezugnahme auf die Vorschriften der ZPO oder des GVG eine in diesen Gesetzen vorgesehene Beschwerde erhoben wird (vgl. Anh. zu § 41 Rn. 12). Zur Form und Frist der Beschwerdeeinlegung vgl. § 147, zur Abhilfe durch das Erstgericht und Weitergabe an das Beschwerdegericht § 148, zur aufschiebenden Wirkung § 149, zur Entscheidung § 150.
Neben den nicht erschöpfenden Bestimmungen des 14. Abschnittes sind die Vorschriften über das Berufungsverfahren bzw. das erstinstanzliche Verfahren ergänzend heranzuziehen. **Zurücknahme der Beschwerde** entsprechend § 126, Einwilligung des Gegners oder des VöI sind jedoch nicht erforderlich[29]. **Anschlussbeschwerde** entsprechend § 127[30]. Im Einzelnen vgl., auch zum **Verzicht**, die Erläuterungen zu §§ 126, 127. Die Verfahrensvorschriften der ZPO sind auch über § 173 grundsätzlich **nicht** anwendbar. Ausnahme: § 571 Abs. 2 S. 1 ZPO (Zulässigkeit neuen Vorbringens), § 570 Abs. 3 ZPO (Zwischenanordnung) und § 572 ZPO (Prüfung der Zulässigkeit von Amts wegen). § 567 Abs. 3 ZPO ist (wegen § 127 als analoger spezieller Regelung) unanwendbar[31].

II. Zulässigkeitsvoraussetzungen

13 Die Voraussetzungen sind bei der Beschwerde die gleichen, wie bei den anderen Rechtsmitteln; insbesondere ist auch eine **Beschwer** des Beschwerdeführers erforderlich (vgl. dazu § 124 Rn. 6 ff.). Keine Beschwer bei Ablehnung des Antrages auf Zurückweisung des Prozessbevollmächtigten des Gegners[32]. Das **Rechtsschutzinteresse** fehlt einem Beschwerdeführer nicht, wenn der Beschwerdegegner das Verfahren trotz **Erledigung** fortführt[33]. Die Beschwerde scheitert nicht an einem fehlenden Rechtsschutzinteresse, wenn sie allein zu dem Zweck eingelegt worden ist, im Beschwerdeverfahren eine (übereinstimmende) Erledigungserklärung mit den damit verbundenen Rechtsfolgen herbeizuführen[34]. Das Bestreben, eine günstigere Kostenentscheidung nach Erledigung der Hauptsache innerhalb der Beschwerdefrist zu erreichen, ergibt kein Rechtsschutzbedürfnis[35]. Es entfällt nicht, wenn eine im vereinsrechtlichen Ermittlungsverfahren ergangene richterliche Durchsuchungs- und Beschlagnahmeanordnung vollzogen wurde[36]. Das Rechtsschutzinteresse soll fehlen, wenn ein Asylsuchender

---

29 Bader Rn. 52.
30 Vgl. Hamburg DVBl. 1953, 30; Münster NJW 1959, 1796; München VGH n.F. 15, 71; verneinend für Beschlussverfahren nach ArbGG: BAG NJW 1960, 2164.
31 A.A. Schoch/Meißner § 173 Rn. 300.
32 Kassel VRspr. 4, 256.
33 Mannheim NVwZ-RR 2002, 75.
34 Münster 8. Senat NVwZ-RR 2003, 701; a.A. Münster 21. Senat NVwZ-RR 2002, 895.
35 Münster DVBl. 2002, 1064 (LS).
36 Mannheim NVwZ 2003, 368.

nur mitteilt, er sei über seinen Prozessbevollmächtigten erreichbar[37]. Es fehlt,wenn der Asylsuchende über einen längeren Zeitraum auch für seinen Anwalt nicht erreichbar ist[38].

III. Beschwerdeberechtigter

Beschwerdeberechtigt sind die Beteiligten, also Kläger, Beklagter, Beigela-   **14** dener, Nebenintervenient, VöI, aber auch jeder sonst von der Entscheidung unmittelbar[39] Betroffene, wie z.b. der Zeuge oder Sachverständige, gegen den ein Ordnungsmittel festgesetzt wird.

D. Beschwerde im Eilverfahren

I. Anwendungsbereich

Auch im Beschwerdeverfahren sieht der Gesetzgeber seit einiger Zeit die   **15** Notwendigkeit, durch gesetzliche Regelungen eine Verfahrensbeschleunigung zu bewirken. Er versuchte dies zunächst mit der Einführung einer Zulassungsbeschwerde (§ 146 Abs. 4–6 a.F.). Die vielkritisierte Regelung bewährte sich in der Praxis nicht, sodass sie mit dem RmBereinVpG wieder abgeschafft wurde. An die Stelle der Zulassungsbeschwerde sind in Absatz 4 zusammengefasste **neuartige Beschleunigungsregelungen** getreten. Das gesetzgeberische Ziel der Verfahrensbeschleunigung lässt Zweifel an der Zulässigkeit einer **Antragserweiterung** im Beschwerdeverfahren aufkommen[40]. Eine vollständige Änderung des Streitgegenstandes ist im Beschwerdeverfahren nicht statthaft[41].

Erfasst werden durch die Beschleunigungsbestimmungen des Abs. 4 (nur   **16** noch) Beschwerden gegen **Beschlüsse in Verfahren des vorläufigen Rechtsschutzes** (§§ 80, 80a und 123). Dem Wortlaut der Norm lässt sich eine Beschränkung auf instanzbeendende Beschlüsse nicht entnehmen, dies widerspräche auch dem Beschleunigungszweck der Norm. Die sog. Hängebeschlüsse (s. o. Rn. 7b; zum Begriff § 80 Rn. 54) können mit einer Beschwerde angefochten werden, die den Voraussetzungen des Absatz 4 entsprechen muss. Nicht erfasst sind solche Beschlüsse im Eilverfahren, die keine Entscheidung zur Hauptsache enthalten; für diese gelten die allgemeinen Bestimmungen über die Beschwerde. **Nicht** erfasst sind Beschlüsse über **Prozesskostenhilfe**, auch wenn sie im vorläufigen Rechtsschutzverfahren ergangen sind. Der Gesetzgeber hat Prozesskostenhilfeentscheidungen, wie sich aus Absatz 4 a.F. ergibt, als eigenständig behandelt.

---

37   Lüneburg NVwZ-Beilage 2003,37; wohl nicht als allgemeiner Grundsatz anwendbar.
38   Greifswald v. 29.12.2003 – 2 L 285/02.
39   Vgl. München VGH n.F. 1, 71.
40   Hamburg NVwZ 2003, 1529.
41   Greifswald B. v. 27.5.2003 – 3 M 31/03.

Dafür, dass er dies hätte ändern wollen, ergeben sich aus den Materialien zum RmBereinVpG keine Anhaltspunkte[42].

II. Fristen

17 Die Beschwerde kann entweder bei dem Gericht, dessen Entscheidung angefochten wird, oder bei dem Beschwerdegericht eingelegt werden. Die Neufassung des Absatz 4 enthält **keine Abweichung** von § 147. Die Frist zur Einlegung der Beschwerde beträgt unverändert zwei Wochen nach Bekanntgabe der Entscheidung. Zum Vertretungszwang s. § 147 Rn. 2.

18 Die Neufassung des Absatz 4 hat – abweichend vom bisherigen Recht – eine **Frist zur Begründung der Beschwerde** eingeführt. Die Beschwerde ist innerhalb eines Monats nach Bekanntgabe der angefochtenen Entscheidung zu begründen. Diese Frist kann mangels einer entsprechenden gesetzlichen Regelung nicht verlängert werden[43]. Wird die Frist unverschuldet versäumt, besteht unter den Voraussetzungen des § 60 ein Anspruch auf Wiedereinsetzung. Wird vor Beschwerdeeinlegung ein **Prozesskostenhilfeantrag** gestellt und nach Bewilligung der Prozesskostenhilfe innerhalb der Wiedereinsetzungsfrist die Beschwerde eingelegt, steht dem erstmals durch die Prozesskostenhilfebewilligung mit dem Verfahren befassten Prozessbevollmächtigten die vollständige Begründungsfrist von einem Monat, gerechnet von der Zustellung der Bewilligungsentscheidung, zu, wenn keine gesonderte Wiedereinsetzungsentscheidung hinsichtlich der Einlegung ergangen ist[44]. Über die Begründungsfrist ist in der Rechtsmittelbelehrung zu belehren[45].

19 Die Begründung kann zugleich mit der Beschwerde eingereicht werden. Ist die Einlegungsfrist gewahrt, ist auch die Begründungsfrist gewahrt. Die Begründung kann auch unabhängig von der Beschwerdeeinlegung erfolgen. Erfolgt die **Begründung** in einem **eigenen Schriftsatz**, ist sie **beim OVG** einzureichen. Wird sie beim VG eingereicht, genügt dies nicht zur Fristwahrung[46]. Die Frist wird in diesem Fall nur gewahrt, wenn die Begründung noch innerhalb der Frist an das OVG gelangt. Zwar hat der Beschwerdeführer einen Anspruch auf Weiterleitung seines Begründungschriftsatzes an das OVG im normalen Geschäftsgang[47]. Die Weitergabe im normalen Geschäftsgang erfordert im Allgemeinen mindestens zwei Tage. Die Weiterleitung per Fax entspricht nicht dem normalen Geschäftsgang[48]. Die Weiterleitung mit einem gegenüber der normalen Post langsameren privaten Kurierdienst genügt nicht den Anforderungen an den normalen Gechäftsgang[49]. Ein Anspruch auf eine beschleunigte Weiterleitung besteht nur bei Vorliegen besonderer Umstände, die noch nicht vorliegen, wenn eine Mitteilung der VG-Geschäftsstelle zu Irritationen über den Ort des Einreichens der Begründung führen könnte[50]. Eine **Wiedereinsetzung**

---

42 Vgl. Kienemund NJW 2002, 1231, 1234.
43 Münster NVwZ-RR 2003, 389.
44 München BayVBl. 2003, 633; Mannheim NVwZ-RR 2003, 789.
45 Bautzen NVwZ-RR 2003, 789.
46 Mannheim NVwZ-RR 2002, 795.
47 BVerfGE 93, 99.
48 Offen gelassen von München NVwZ-RR 2003, 688.
49 BVerwG NVwZ-RR 2003, 901.
50 A.A. Münster NVwZ-RR 2003, 991.

scheidet in der Regel aus, wenn der Begründungsschriftsatz wegen Adressierung an das Verwaltungsgericht nicht innerhalb der Begründungsfrist an das OVG gelangt. Denn die fehlerhafte Adressierung ist im Allgemeinen als Verchulden anzusehen. Eine Wiedereinsetzung kommt in Betracht, wenn im Einzelfall das VG ungewöhnlich viel Zeit für die Weiterleitung gebraucht hat und bei normalem Geschäftsgang die Frist eingehalten worden wäre.

III. Anforderungen an die Begründung

Die Begründung muss einen bestimmten Antrag enthalten. Diesem Erfordernis ist genügt, wenn ein ausdrücklicher, ausformulierter **Antrag** in der Begründungsschrift enthalten ist. Fehlt ein solcher ausdrücklicher Antrag, führt dies nicht zwingend zur Unzulässigkeit der Beschwerde. Es genügt, wenn aus der Begründung zweifelsfrei hervorgeht, in welchem Umfang die erstinstanzliche Entscheidung geändert werden soll[51]. Es wäre eine mit dem Gebot eines fairen Verfahrens unvereinbare Förmelei, wenn bei eindeutigem Begehren die Beschwerde wegen des Fehlens eines ausformulierten Antrages als unzulässig verworfen würde. Wann eine zweifelsfreie Bestimmung des im Beschwerdeverfahren Gewollten vorliegt, ist eine Frage des Einzelfalles. Hier sind strenge Anforderungen zu stellen, um einer Umgehung der gesetzlichen Anforderungen an die Begründung vorzubeugen. **20**

Die Beschwerdebegründung muss sich mit der angefochtenen Entscheidung auseinander setzen. Dafür genügt es nicht, erstinstanzliches Vorbringen schlicht zu wiederholen oder bloß darauf zu verweisen[52]. Nicht ausreichend ist der Hinweis auf eine in einem »Leitverfahren« vorgetragene Begründung[53]. Unzureichend ist auch, auf neue Erkenntnisse, Tatsachen oder Beweismittel hinzuweisen[54]. Vielmehr muss in der Begründung auf **alle tragenden Gründe** der angefochtenen Entscheidung **argumentativ eingegangen** werden[55]. Damit sollen querulatorische oder das Verfahren ohne sachlichen Grund verzögernde Beschwerden zügig als unzulässig verworfen werden können. **21**

Die Beschwerdebegründung muss umfassend alle Gründe darlegen, aus denen die Entscheidung zu ändern oder aufzuheben ist. Alle tragenden Gründe der angefochtenen Entscheidung müssen in Zweifel gezogen werden. Die **Darlegung** erfordert, dass aus der Begründung deutlich werden muss, aus welchen rechtlichen oder tatsächlichen Gründen die angefochtene Entscheidung unrichtig sein soll und zu ändern/aufzuheben ist. Dies erfordert eine **Prüfung, Sichtung und rechtliche Durchdringung des Streitstoffes**. Die Begründung muss die Punkte bezeichnen, aus denen der Beschluss angefochten wird und angeben, aus welchen Gründen die Entscheidung in diesen Punkten unrichtig ist[56]. Die Fristgebundenheit der Begründung hat zur Folge, dass nach Ablauf der Monatsfrist neue, bislang **22**

---

51 Kassel InfAuslR 2003, 281; Mannheim NVwZ 2002, 1388; Hamburg NordÖR 2003, 303; München B. v. 04.6.2002 – 7 CE 02.899, juris; offen gelassen von München InfAuslR 2003, 280.
52 Mannheim NVwZ-RR 2002, 797; Hamburg NordÖR 2003, 271 (LS).
53 Greifswald B. v. 9.7.2003 – 2 N 42/03.
54 Greifswald B. v. 27.10.2003 – 3 M 186/03.
55 München NVwZ-RR 2003, 121; Bautzen SächsVBl. 2003, 242.
56 Mannheim NVwZ 2002, 1388; Seibert NVwZ 2002, 265.

nicht genannte Beschwerdegründe nicht vorgetragen werden können[57]. Zulässig ist die **Vertiefung** des bisherigen Vorbringens[58], was die Darstellung neuer Aspekte bereits vorgetragener Gründe erlaubt. Auch Tatsachen, die in erster Instanz hätten vorgetragen werden können, aber nicht vorgetragen wurden, können zur Begründung unter den allgemeinen Voraussetzungen an die Darlegung angeführt werden; eine Präklusionswirkung hat Abs. 4 nicht[59]. Tatsachen, die erst nach Ergehen der erstinstanzlichen Entscheidung und bis zum Ende der Begründungsfrist entstanden sind, können zur Beschwerdebegründung herangezogen werden; der Beschwerdeführer ist nicht auf ein Abänderungsverfahren angewiesen[60]. Zum Verhältnis zwischen Beschwerdeverfahren und Abänderungsverfahren s. § 80 Rn. 67a. Nach Ablauf der Begründungsfrist **neu entstandene Tatsachen** können nicht mehr geltend gemacht werden; die Begründungsfrist ist abschließend. **Erforderlich** ist weiter, dass sich aus der Begründung ergibt, **aus welchen Gründen** die **Beschwerde Erfolg** haben muss. Es genügt nicht, bloß die Fehlerhaftigkeit des angefochtenen Beschlusses darzustellen. Das ergibt sich zwanglos aus dem Wortlaut des Abs. 4 S. 3 und dem systematischen Verhältnis von Absatz 4 S. 3 und 6. Mit einem erfolgreichen Angriff auf die Entscheidung des VG ist nicht in jedem Fall auch dargelegt, dass dem Begehren des Beschwerdeführers Erfolg beschieden ist; dafür bedarf es nicht selten zusätzlicher, vom VG nicht angestellter Überlegungen. Dies zwingt je nach Sachlage zu einer Wiederholung erstinstanzlichen Vorbringens, die in diesem Zusammenhang dem Darlegungserfordernis genügt, weil die weitere Begründung den notwendigen argumentativen Unterbau enthält. Weist das erstinstanzliche Gericht den Antrag als unzulässig ab, muss die Beschwerdebegründung sowohl die Zulässigkeit wie die Begründetheit des Antrages darlegen[61].

23 Die Anforderungen an die Begründung dürfen nicht überspannt werden. Oftmals kann wegen der Eilbedürftigkeit der Sache die Monatsfrist nicht ausgeschöpft werden; gelegentlich mag es sogar vorkommen, dass gegen einen Tenorbeschluss, dessen Gründe noch nicht niedergelegt sind, die Beschwerde eingelegt werden muss. In diesen (Ausnahme-) Fällen sind entsprechend **verringerte Anforderungen** an die Darlegung der Gründe zu stellen[62].

IV. Prüfungsumfang des OVG

24 Das Oberverwaltungsgericht prüft neben der Zulässigkeit der Beschwerde das Vorliegen der Sachurteilsvoraussetzungen der erstinstanzlichen Entscheidung grundsätzlich von Amts wegen[63]. Hat das VG den Eilantrag wegen fehlender Sachurteilsvoraussetzungen abgelehnt, bleibt es allerdings insoweit bei der Bindung an die dargelegten Beschwerdegründe; hier geht

---

57 Greifswald NVwZ-RR 2003, 318; Hamburg NordÖR 2003, 271 (LS); differenzierend Weimar DVBl. 2003 879 (LS); a.A. im Hochschulzulassungsrecht Hamburg NordÖR 2003, 272 (LS).
58 Bautzen SächsVBl. 2003, 242.
59 Greifswald B. v. 5.1.2004 – 1 M 101/03.
60 Frankfurt/Oder NVwZ 2003, 694; Kopp/Schenke Rn. 42; a.A. Bader VBlBW 2002, 471; vgl. Hartmann/Albers, ZPO § 571 Rn. 10.
61 Greifswald B. v. 28.7.2003 – 2 M 91/03.
62 Bader VBlBW 2002, 471.
63 Weimar B. v. 11.2.2003 – 3 EO 387/02, juris.

§ 146 Abs. 4 spezialgesetzlich vor. Soweit das VG die Sachurteilsvoraussetzungen nicht ausdrücklich verneint hat, bleibt es bei dem allgemeinen Grundsatz, dass diese von Amts wegen zu prüfen sind.

Das Oberverwaltungsgericht ist bei seiner Entscheidung über die Be- **24a** schwerde in der Sache auf die in der Beschwerdebegründung dargelegten Gründe beschränkt (Abs. 4 S. 6). Verfassungsrechtliche Bedenken bestehen nicht[64]. Die Beschränkung ist Ausfluss des Beschleunigungsgedankens. Das Beschwerdeverfahren soll eine zeitnahe Entscheidung ermöglichen. Systematisch knüpft Satz 6 an Satz 3 an. Weil das Darlegungserfordernis dem Beschwerdeführer aufgibt, nicht nur die Gründe zu benennen, aus denen die angefochtene Entscheidung fehlerhaft ist, sondern auch verlangt, die Gründe darzulegen, aus denen sich der Erfolg der Beschwerde ergibt, bleibt **kein** Raum für ein **zweistufiges Entscheidungsprogramm** des OVG dergestalt, dass die Beschränkung des Prüfungsumfanges auf die Gründe begrenzt ist, aus denen sich die Fehlerhaftigkeit der angefochtenen Entscheidung ergibt und bei entsprechender Darlegung das OVG berechtigt ist, von sich aus über die Begründetheit der Beschwerde ohne Rücksicht auf die vorgetragenen Gründe dafür zu befinden[65]. Das OVG darf nicht von sich aus auf die Suche nach Tatsachen oder Rechtsgründen gehen, aus denen sich die Begründetheit der Beschwerde ergibt. Die Neuregelung durch das RmBereinVpG hat nicht eine Umschreibung der bisherigen Zulassungsgründe und des Zulassungsverfahrens unternommen, sondern etwas substanziell Neues geschaffen[66].

Aus der so eben beschriebenen Beschränkung des Prüfungsumfanges in **25** Satz 6 ergibt sich, dass das Oberverwaltungsgericht der Beschwerde auch dann nicht stattgeben darf, wenn sich aus **nicht dargelegten** aber **offensichtlichen Gründen** der Erfolg der Beschwerde ergibt[67]. Abgesehen davon, dass über die Offensichtlichkeit im Einzelfall mit guten Gründen gestritten werden kann, widerspricht eine solche Auslegung dem klaren Gesetzeswortlaut, der Systematik des Absatz 4 und dem Beschleunigungszweck[68]. In extremen Ausnahmefällen mag mit Blick auf das verfassungsrechtliche Gebot des effektiven Rechtsschutzes eine Berücksichtigung nicht dargelegter Gründe von Amts wegen gerechtfertigt sein[69].

Die Begrenzung der gerichtlichen Möglichkeiten, der Beschwerde stattzu **26** geben, auf die vom Beschwerdeführer geltend gemachten Gründe stellt eine Abkehr vom überkommenen **Grundsatz der Amtsermittlung** im vorläufigen Rechtsschutzverfahren dar. Zu unerträglichen Situationen führt dies – von Extremfällen abgesehen – nicht[70]. Dieser Grundsatz gilt im vorläufigen nur begrenzt. Das im vorläufigen Rechtsschutzverfahren wegen einer unzulänglichen Beschwerdebegründung eine andere Sachentscheidung getroffen werden kann als später im Hauptsacheverfahren, war schon bisher keinesfalls ausgeschlossen und ist nun mehr Ausfluss der gesetzlichen Ent-

---

64 BVerfG NJW 2003, 3689.
65 A.A. Münster NVwZ 2002, 1390; NVwZ-RR 2003, 50; Berlin NVwZ 2002 Beil.
    I, 98; Kassel InfAuslR 2003, 84; NVwZ-RR 2003, 757.
66 A.A. München BayVBl. 2002, 306.
67 A.A. München B. v. 7.8.2003 – 24 CS 03. 1963; insoweit vom BVerfG NJW 2003,
    3689 hingenommen.
68 Schleswig NordÖR 2003, 423.
69 Kopp/Schenke Rn. 43.
70 A.A. München NVwZ-RR 2003, 154.

scheidung, das Beschwerdeverfahren zu straffen und – auch – den Amtsermittlungsgrundsatz in diesem Verfahren zu Lasten des Beschwerdeführers **einzuschränken**[71]. Abgeschafft worden ist er nicht; auch der Beschwerdeführer kann durch seine Begründung die im summarischen Verfahren übliche Amtsermittlung veranlassen[72]. Das ergibt sich aus der Möglichkeit, neue Tatsachen zur Begründung der Beschwerde anzuführen.

27 Aus dem Zusammenspiel von Satz 6 und Satz 3 ergibt sich nicht, dass das OVG gehindert wäre, bei seiner Entscheidung die vom **Beschwerdegegner vorgetragenen Gründe** oder eines sonstigen Beteiligten für seine Entscheidungsfindung heranzuziehen, mit denen er die in der Beschwerdebegründung dargelegten Gründe zu widerlegen versucht. Darüber hinaus ist das OVG nicht gehindert weitere Gründe, die aus Sicht eines der anderen Beteiligten ergeben, dass die Beschwerde erfolglos bleiben muss, bei der Entscheidungsfindung zu Grunde zu legen. Die Beschränkung des Prüfungsumfanges ist systematisch an die Darlegungserfordernisse des Beschwerdeführers gebunden und dadurch in ihrer Reichweite beschränkt. Für eine Beschränkung zu Lasten weiterer Beteiligter findet sich in Absatz 4 kein Anhaltspunkt.

V. Verfahren und Entscheidung

28 Nach Einlegung der Beschwerde hat das VG diese mitsamt den vollständigen Verfahrensakten dem OVG unverzüglich, d.h. ohne weiteres vorzulegen. Anderes gilt, wenn der Beschwerdeführer mit der Einlegung der Beschwerde Akteneinsicht begehrt. Diesem Begehren hat das Verwaltungsgericht zu entsprechen und kann den Beschwerdeführer nicht auf seine Abgabepflicht verweisen. Andernfalls würde die Begründungsfrist ohne sachlichen Grund faktisch verkürzt.

29 Die Abhilfemöglichkeit des § 148 Abs. 1 ist ausdrücklich ausgeschlossen. Auch ohne ausdrückliche gesetzliche Regelung ist damit auch § 149 Abs. 2 ausgeschlossen. Es macht keinen Sinn, die Abhilfe auszuschließen, aber dem Verwaltungsgericht, das die Begründung der Beschwerde möglicherweise niemals zur Kenntnis erhält, die Möglichkeit der einstweiligen Aussetzung der Vollziehung zu lassen[73]. Das VG hat die Beteiligten über die Vorlage der Beschwerde an das OVG zu informieren (§ 148 Abs. 2). Für das weitere Verfahren vor dem OVG gelten die allgemeinen Regeln.

30 Werden die Anforderungen an die Begründung nicht eingehalten, ist die Beschwerde als unzulässig zu verwerfen (S. 5). Die Voraussetzungen für die **Verwerfung** sind streng. Für die Verwerfung nicht ausreichend ist es, wenn die Darlegung der Beschwerdegründe oder die Auseinandersetzung mit dem angefochtenen Beschluss inhaltlich mangelhaft sind. Eine Verwerfung kommt erst in Betracht, wenn es an der Darlegung von Beschwerdegründen, der Auseinandersetzung mit dem angefochtenen Beschluss oder einem bestimmten Antrag entweder überhaupt fehlt oder der Vortrag des Beschwerdeführers offensichtlich ungeeignet ist, die Voraussetzungen des S. 3 zu erfüllen. Steht aus tatsächlichen Gründen die Frist zur Beschwerde-

---

71   Vgl. Geiger BayVBl. 2003, 65.
72   Kienemund NJW 2002, 1231.
73   Greifswald NVwZ-RR 2003, 534; Kopp/Schenke Rn. 44.

begründung nur noch teilweise zur Verfügung, sind wegen des Grundrechts auf effektiven Rechtsschutz die Anforderungen an die Begründung im Einzelfall zu verringern[74].

Eine Aufhebung der angefochtenen Entscheidung und Übertragung der **31** Entscheidung zur Sache ist über §§ 173, 572 Abs. 3 ZPO auch in den Verfahren des vorläufigen Rechtsschutzes zulässig[75]. Weiter gehend nimmt die überwiegende Auffassung[76] an, dass das OVG unter den Voraussetzungen des § 130 die Möglichkeit der **Zurückverweisung** auch im **Eilverfahren** hat[77]. Das ist in der Regel mit dem Charakter des Eilverfahrens als summarischem Verfahren nicht vereinbar, weil es eine zeitliche Verzögerung der Sachentscheidung bedeutet (vgl. § 130 Rn. 6b). Wo die Zurückverweisung keine solchen Auswirkungen hat, mag sie möglich sein[78]. Dass das OVG nicht als Tatsachengericht zur Verfügung stehen soll, ist kein Argument. Das Beschwerdegericht ist Tatsacheninstanz. Die Beschränkung der gerichtlichen Überprüfung nach Absatz 4 S. 6 rechtfertigt die Berechtigung zur Zurückverweisung nicht. Vielmehr zeigt sie, dass die Zurückverweisung im Beschwerdeverfahren systemfremd ist[79]. Auch zur Disziplinierung der ersten Instanz sollte die Zurückverweisung nicht eingesetzt werden[80].

§ 147 [Einlegung der Beschwerde]

(1) Die Beschwerde ist bei dem Gericht, dessen Entscheidung angefochten wird, schriftlich oder zur Niederschrift des Urkundsbeamten der Geschäftsstelle innerhalb von zwei Wochen nach Bekanntgabe der Entscheidung einzulegen. § 67 Abs. 1 Satz 2 bleibt unberührt.

(2) Die Beschwerdefrist ist auch gewahrt, wenn die Beschwerde innerhalb der Frist bei dem Beschwerdegericht eingeht.

I. Gericht der Einlegung

Die **Beschwerde ist bei dem Erstgericht,** dessen Entscheidung (durch Kam- **1** mer, Einzelrichter, Vorsitzenden oder Berichterstatter) angefochten wird (iudex a quo), **einzulegen.** Durch die Einlegung beim Beschwerdegericht (iudex ad quem, vgl. § 150) wird die Beschwerdefrist auch gewahrt (Abs. 2). Das Beschwerdegericht muss dem Erstgericht Gelegenheit zur Prüfung nach § 148 geben, soweit dies nicht nach § 146 Abs. 4 S. 5 ausgeschlossen ist. OVG als Erstgericht siehe § 152 Rn. 1.

II. Form der Einlegung

Die Beschwerde ist nach Absatz 1 S. 1 **schriftlich** oder zu Protokoll des **2** Urkundsbeamten der Geschäftsstelle einzulegen. Als bestimmender Schrift-

---

74 Vgl. BVerfG NVwZ 2004, 90 zum Demonstrationsrecht.
75 Für PKH-Verfahren Mannheim DÖV 2003, 913.
76 Hartmann/Albers § 572 Rn. 23 m.w.N.
77 Weimar NVwZ-RR 1999, 542; Münster NVwZ-RR 1997, 759 m.w.N.; NVwZ 1999, 891; Mannheim NVwZ-RR 2003, 532; Berlin NVwZ 2002, 1267; Kassel NVwZ-RR 2003, 756.
78 Eyermann/Happ § 130 Rn. 2; Kassel NVwZ 1999, 891.
79 A.A. Mannheim NVwZ-RR 2003, 532.
80 A.A. wohl Kassel NVwZ 1999, 891.

satz muss die Beschwerdeschrift eigenhändig unterschrieben sein[1] (vgl. dazu im Einzelnen § 81 Rn. 4 ff.). Mangel der Unterschrift kann nach Ablauf der Beschwerdefrist nicht durch Unterschreiben geheilt werden[2]. Leseabschriften der Klage sind nicht zu fertigen[3].

2a Die Möglichkeit, die Beschwerde beim VG und dort zur Niederschrift des Urkunsbeamten einzulegen, legt die Annahme nahe, dass die Einlegung der Beschwerde vom **Vertretungszwang** des § 67 Abs. 1 S. 1 nicht erfasst ist. Diese bis zum In-Kraft-Treten des RmBereinVpG am 1.1.2002 h.M. ist mit Blick auf § 147 Abs. 1 S. 2, 67 Abs. 1 S. 2 nicht mehr mit dem geltenden Recht vereinbar. Der Vertretungszwang erstreckt sich nach dem Wortlaut des § 67 Abs. 1 S. 2 auch auf Beschwerden, wobei dem systematischen Verhältnis von § 67 Abs. 1 S. 1 und 2 zu entnehmen ist, dass S. 2 eine Erweiterung des Anwendungsbereiches des S. 1 darstellt. Da im Beschwerdeverfahren vor dem OVG für den Beschwerdeführer bereits über S. 1 das Vertretungserfordernis gilt, kann die Erweiterung in S. 2 nur die Einlegung der Beschwerde beim VG meinen. Das ergibt sich auch aus der Entstehungsgeschichte des jetzigen § 67 Abs. 1 S. 2[4]. § 147 Abs. 1 S. 1 verliert damit teilweise seine Bedeutung, auch wenn der Gesetzgeber die Norm unverändert gelassen hat[5]. Eine **nachträgliche Genehmigung** eines postulationsfähigen Vertreters ist rechtlich unbeachtlich[6].

III. Inhalt der Beschwerdeschrift

3 Über den notwendigen Inhalt der Beschwerdeschrift sagt § 147 Abs. 1 nichts aus. Soweit sich nicht aus § 146 Abs. 4 und anderer spezialgesetzlicher Vorschriften etwas anderes ergibt, gilt über § 173 die sich aus § 569 Abs. 2 S. 2 ZPO ergebende Pflicht, in der Beschwerde die **angefochtene Entscheidung** zu bezeichnen und zu erklären, dass Beschwerde gegen diese Entscheidung eingelegt werde[7]. Hinsichtlich der letztgenannten Erklärung gilt, dass, sofern ein anderer Rechtsbehelf denkbar ist, erkennbar sein muss, was mit der Beschwerde gewollt ist. Ist das Gewollte nicht klar ersichtlich, hat das Gericht nach § 86 zu klären. Im Übrigen ist § 88 zu beachten. Die Umdeutung eines anwaltlich eingelegten sonstigen Rechtsmittels in eine Beschwerde ist nicht zulässig (vgl. § 88 Rn. 1 a.E.). Eine Begründung der Beschwerde ist, soweit nicht besonders vorgeschrieben (vgl. § 146 Abs. 4), nicht zwingend erforderlich, aber tunlich, um deutlich zu machen, warum die angefochtene Entscheidung nicht akzeptiert wird[8].

IV. Beschwerdefrist

4 Die Beschwerde ist innerhalb von **zwei Wochen** nach Bekanntgabe der Entscheidung einzulegen. Diese Frist gilt mit Ausnahme der Beschwerde nach § 133 Abs. 1 (vgl. § 152 Rn. 2) auch dann, wenn das BVerwG nach § 152

---

1   Das gilt auch für ausländische Beschwerdeführer, Bautzen SächsVBl. 1997, 159.
2   Münster DÖV 1961, 315; Bautzen SächsVBl. 1997, 159.
3   Hamburg NVwZ-RR 2000, 125.
4   München NVwZ-RR 2002, 794; Mannheim NVwZ 2003, 885.
5   München DÖV 2003, 168; Lüneburg NVwZ-RR 2003, 691; Münster NWVBl. 2002, 445; a.A. Kopp/Schenke § 67 Rn. 11.
6   Lüneburg NVwZ-RR 2003, 691.
7   Schoch/Meissner § 173 Rn. 202; undeutlich Hartmann/Albers § 569 Rn. 15.
8   Kopp/Schenke Rn. 2.

Abs. 1 Beschwerdegericht ist, auch bei § 55 in Verb. mit § 178 GVG (Ordnungsgeld wegen Ungebühr), da § 181 Abs. 1 GVG (Frist eine Woche) in den Vorschriften über die Beschwerde nicht aufgeführt ist (vgl. § 55 Rn. 14). Nach § 5 Abs. 3 Satz 3 GKG a.F. bzw. § 66 GKG n.F. ist die Beschwerde in Kostensachen an keine Frist gebunden (vgl. § 165 Rn. 3); das Gleiche gilt für die in § 14 Abs. 3 Justizvergütungs- und -entschädigungsG (BGBl. I 2004 S. 776) vorgesehene Beschwerde. Eine fristungebundene Beschwerde gegen die Ablehnung einer Wertfestsetzung kennt die VwGO nicht[9].

Der **Lauf der Frist** beginnt mit der Bekanntgabe der Entscheidung, worunter nach § 57 Abs. 2 deren Zustellung bzw. Eröffnung oder Verkündung im Termin zu verstehen ist (vgl. § 57 Rn. 2 ff.), hinzukommen muss jedoch nach § 58 Abs. 1, dass die Rechtsmittelbelehrung schriftlich erteilt worden ist. Die Zustellung des Beschlusstenors mit einer Rechtsmittelbelehrung setzt die Frist in Lauf[10]. Wird nach Verkündung, bei der keine schriftliche Rechtsmittelbelehrung ausgehändigt wurde, zugestellt, beginnt der Lauf der Frist erst mit Zustellung, soweit sie zu der formgerechten Rechtsmittelbelehrung führt. Die Einlegung der Beschwerde ist nicht vor der Verkündung, jedoch bereits vor der Zustellung zulässig[11] (vgl. auch § 124a Rn. 22). **5**

Die **Beschwerdefrist** wird **durch fristgerechtes Einlegen beim Beschwerdegericht gewahrt** (Hinweis hierauf gehört nicht zu den notwendigen Bestandteilen der Rechtsmittelbelehrung[12]). Bei Fristversäumung Wiedereinsetzung nach § 60 möglich. Auch nach versäumter Frist ist die **Anschließung** an die Beschwerde eines anderen Beteiligten zulässig (§ 127 Abs. 2 S. 1)[13]. **6**

§ 148 [Abhilfe und Vorlage]

(1) Hält das Verwaltungsgericht, der Vorsitzende oder der Berichterstatter, dessen Entscheidung angefochten wird, die Beschwerde für begründet, so ist ihr abzuhelfen; sonst ist sie unverzüglich dem Oberverwaltungsgericht vorzulegen.

(2) Das Verwaltungsgericht soll die Beteiligten von der Vorlage der Beschwerde an das Oberverwaltungsgericht in Kenntnis setzen.

I. Abhilfe

Das VG (Kammer bzw. Einzelrichter), der Vorsitzende oder der Berichterstatter, dessen Entscheidung angefochten wird, hat – mit Ausnahme bei Beschwerden gegen Beschlüsse im vorläufigen Rechtsschutzverfahren (§ 146 Abs. 4 S. 5) – die Amtspflicht, zu prüfen, ob die Beschwerde begründet ist. Die bei dem Beschwerdegericht eingereichte Beschwerde ist **1**

---

9   Hamburg NVwZ-RR 2002, 896.
10 Hamburg NJW 1996, 1225; a.A. Roth NJW 1997, 1967; Eyermann/Happ Rn. 2.
11 Vgl. Bremen DVBl. 1991, 1269: wenn Beschluss unterschrieben der Geschäftsstelle übergeben und dies den Beteiligten telefonisch bekannt gegeben ist; ebenso Mannheim DÖV 1984, 776; Kopp/Schenke Rn. 3.
12 Münster OVGE 29, 183.
13 Kopp/Schenke § 146 Rn. 1.

ihm zu diesem Zweck zu übersenden[1]. Das Erstgericht muss bei seiner Prüfung nicht nur seine eigene Entscheidung überdenken und die vom Beschwerdeführer vorgebrachten rechtlichen Gesichtspunkte würdigen, sondern auch neu vorgetragene Tatsachen berücksichtigen[2]. Das Gericht hat auch bei einer **nicht statthaften Beschwerde** zu prüfen, ob es seine Entscheidung auf die Beanstandung hin aufhebt[3]. Eine Abhilfeentscheidung oder die Vorlage kann nur durch denjenigen (Kammer, Einzelrichter, Vorsitzender oder Berichterstatter) erfolgen, der auch den angefochtenen Beschluss erlassen hat. Wenn dies der Einzelrichter, der Vorsitzende oder der Berichterstatter war, wird die Kammer im Abhilfeverfahren nicht mit der Sache befasst. Ist die angefochtene Entscheidung fehlerhaft nicht von der Kammer getroffen worden, wird dieser Mangel durch eine Abhilfeentscheidung der Kammer geheilt[4].

2 **Soweit** das **Gericht** die **Beschwerde für begründet hält, hat** es ihr **abzuhelfen,** d.h. die angefochtene Entscheidung abzuändern. Dies hat in der gleichen Form (Beschluss) zu geschehen, in der die angefochtene Entscheidung ergangen ist; für Bekanntmachung gilt das Gleiche (Verkündung bzw. Zustellung). Auch teilweise Abhilfe ist zulässig. Will das Gericht abhelfen, hat es auch über Nachsichtgewährung bei Fristversäumung zu entscheiden. Vor der Abhilfe ist der Beschwerdegegner zu hören[5]. Abhilfeentscheidung kann auch nach mündlicher Verhandlung ergehen. Das Gericht entscheidet bei voller Abhilfe auch über die Kosten[6]; das Gleiche gilt, wenn die Beschwerde zurückgenommen wird, bevor Vorlage an das OVG erfolgte[7]. Nach der Vorlage ist die Sache beim OVG angefallen und das VG nicht mehr zur Abhilfe befugt. Die Abhilfeentscheidung ist ihrerseits wieder mit der Beschwerde anfechtbar.

II. Vorlage

3 Hilft das Erstgericht nicht ab, hat es die Beschwerde unverzüglich, das heißt ohne schuldhaftes Zögern, dem OVG vorzulegen. Bei Verzögerung nur Dienstaufsichtsbeschwerde. Zur Entscheidung über die Beschwerde ist nur das OVG befugt. Daher auch Vorlage der offensichtlich unzulässigen Beschwerde[8]. Die Vorlage erfolgt durch die Übersendung der Beschwerde mit den Akten. Eines förmlichen **Vorlagebeschlusses** bedarf es nicht[9], wenn nur aus den Akten ersichtlich ist, dass das Erstgericht nicht abhelfen wollte. Die Beteiligten erhalten von der Vorlage durch formlose Mitteilung Kenntnis (Abs. 2); Verstoß hiergegen prozessual ohne Bedeutung. Die Nichtabhilfe ist selbstständig nicht anfechtbar[10]. Wenn VG bei der Vorlage

---

1 Vgl. jedoch Mannheim DVBl. 1990, 1358 zur unmittelbaren Entscheidung des Beschwerdegerichts in Einzelfällen.
2 Schoch/Meyer-Ladewig Rn. 3.
3 Ebenso Kopp/Schenke Rn. 1; differenzierend Bader Rn. 5: Abhilfe nur bei unzulässiger, nicht aber bei unstatthafter Beschwerde zulässig.
4 München NVwZ 1991, 1198.
5 Eyermann/Happ Rn. 6.; Baumbach/Albers § 572 Rn. 3.
6 H.L. vgl. Baumbach/Albers § 572 Rn. 3.
7 Kopp/Schenke Rn. 4a; entsprechendes gilt bei übereinstimmender Erledigungserklärung.
8 BVerwG NJW 1963, 554; für unstatthafte Beschwerde str.
9 BVerwG NJW 1963, 554.
10 Vgl. BFH DStZ 1993, 506: auch, wenn darin Begründung der angefochtenen Entscheidung ergänzt worden ist.

zu der Beschwerde Stellung nimmt, sollte es dies auch den Beteiligten mitteilen, damit der Beschwerdeführer prüfen kann, ob er seine Beschwerde zurücknehmen will.

§ 149 [Aufschiebende Wirkung]

(1) Die Beschwerde hat nur dann aufschiebende Wirkung, wenn sie die Festsetzung eines Ordnungs- oder Zwangsmittels zum Gegenstand hat. Das Gericht, der Vorsitzende oder der Berichterstatter, dessen Entscheidung angefochten wird, kann auch sonst bestimmen, dass die Vollziehung der angefochtenen Entscheidung einstweilen auszusetzen ist.

(2) §§ 178 und 181 Abs. 2 des Gerichtsverfassungsgesetzes bleiben unberührt.

I. Grundsatz

Im Gegensatz zu Widerspruch, Klage, Berufung und Revision hat die Beschwerde grundsätzlich keine aufschiebende Wirkung; d.h. sie hemmt zwar den Eintritt der formellen Rechtskraft der angefochtenen Entscheidung, beeinflusst jedoch nicht deren Vollziehbarkeit oder den Fortgang des Verfahrens. Von diesem Grundsatz bestehen nur 2 Ausnahmen: **1**
a) Betrifft die angefochtene Entscheidung die Festsetzung eines Ordnungs- oder Zwangsmittels, hat die Beschwerde aufschiebende Wirkung.
b) Das Gericht (Kammer bzw. Einzelrichter), der Vorsitzende oder der Berichterstatter, dessen Entscheidung angefochten wird, kann die einstweilige Aussetzung der Vollziehung anordnen.
Der Beginn der aufschiebenden Wirkung wird durch die Einlegung der Beschwerde bestimmt; Vollziehung ist also bis dahin zulässig. Nach Eingang der Beschwerde hat das Gericht von Amts wegen oder auf Antrag einen Beschluss über die Einstellung der Vollziehung zu erlassen[1].
Zur Beschwerde gegen die Nichtzulassung der Revision vgl. § 133 Abs. 4; zur Beschwerde bei Verweisung vgl. Anh. zu § 41 Rn. 13 ff.

II. Festsetzung eines Ordnungs- oder Zwangsmittels

Das Gesetz sieht in einer Reihe von Fällen vor, dass das Gericht (Kammer oder Einzelrichter), der Vorsitzende oder der Berichterstatter bei Verstoß gegen Anordnungen oder Auflagen, die sich auf das Verfahren beziehen, ein Ordnungs- oder Zwangsmittel androhen und festsetzen kann. In Frage kommt die Festsetzung gegen den im Verhandlungstermin ausbleibenden Beteiligten, wenn dessen persönliches Erscheinen angeordnet war (§ 95); gegen Zeugen und Sachverständige nach § 98 in Verbindung mit §§ 380, 390, 409 ZPO, auch gegen Sachverständige bei Versäumung der Frist zur Erstattung des Gutachtens (§ 411 Abs. 2 ZPO). **2**

Bei der **Festsetzung** eines Ordnungs- oder Zwangsmittels **wegen Ungebühr** nach § 55 mit § 178 GVG tritt jedoch die aufschiebende Wirkung dann nicht ein, wenn die Festsetzung wegen einer **in der Sitzung begangenen Ungebühr** erfolgt ist (Abs. 2). Wird die Festsetzung außerhalb der Sitzung von einem einzelnen Richter, etwa dem beauftragten Richter vorgenom- **3**

---

1 Vgl. Bader Rn. 4.

men, gilt wieder die allgemeine Regelung bei der Festsetzung eines Ordnungs- oder Zwangsmittels, dass die Beschwerde aufschiebende Wirkung hat (§ 181 Abs. 2 GVG); zu beachten ist, dass in diesem Fall auch gegen eine Entscheidung des verordneten Richters die Beschwerde, und nicht die Erinnerung nach § 151 gegeben ist.

III. Aussetzung der Vollziehung

4   In allen Fällen, in denen die Beschwerde keine aufschiebende Wirkung hat, kann das Gericht (Kammer bzw. Einzelrichter), der Vorsitzende oder der Berichterstatter, dessen Entscheidung angefochten wird, ebenso das OVG (§ 173 mit § 572 Abs. 3 ZPO[2]), die einstweilige Aussetzung der Vollziehung der angefochtenen Entscheidung bestimmen; **nicht** aber bei **Beschwerden gegen Beschlüsse im vorläufigen Rechtsschutz** (vgl. § 146 Rn. 29). Voraussetzung ist, dass die Entscheidung überhaupt vollziehbar ist; das ist nicht der Fall, wenn lediglich ein Antrag abgelehnt wird[3]. Die Entscheidung ist eine **Ermessensentscheidung**, bei der auch die Erfolgsaussichten der Beschwerde summarisch zu prüfen sind[4]. Daneben ist eine Folgenabwägung anzustellen[5]. Soweit bei einer Vollziehung das Ergebnis der endgültigen Entscheidung vorweggenommen würde, ist Absatz 1 S. 1 entsprechend anzuwenden. Die Entscheidung ergeht durch Beschluss. Auch bei der Erinnerung ist Aussetzen der Vollziehung zulässig (§ 151 S. 3). Die einstweilige Aussetzung kann auch von Auflagen oder einer Sicherheitsleistung abhängig gemacht werden[6]. Entscheidet das VG (Kammer bzw. Einzelrichter), der Vorsitzende oder der Berichterstatter über den Antrag auf Aussetzung, ist die Beschwerde (§ 146) zum OVG möglich[7]. Nach der Vorlage der Beschwerde an das OVG kann dieses die Regelungen nach Absatz 1 S. 2 treffen[8]. Der Beschluss über die Aussetzung der Vollziehung erledigt sich, wenn über die Beschwerde entschieden ist.

§ 150 [Entscheidung]

Über die Beschwerde entscheidet das Oberverwaltungsgericht durch Beschluss.

I. Verfahren

1   Zum Grundsätzlichen vgl. § 146 Rn. 12 ff. Bevor sich das Beschwerdegericht mit der Sache befasst, prüft es die **Zulässigkeit** der Beschwerde. Dazu gehört vor allem die Statthaftigkeit, die Wahrung der in § 147 vorgeschriebenen Frist und Form, die Wahrung der formellen Anforderungen des § 146 Abs. 4 S. 1–3 sowie eine Beschwer des Beschwerdeführers (vgl. auch § 124 Rn. 6 ff.). Die **Sachprüfung** erfolgt im Rahmen des Beschwerdebegehrens, wobei das Beschwerdegericht – in Verfahren des vorläufigen

---

2   Bautzen NVwZ 1999, 892; allg. M.
3   München VGH n.F. 7, 89.
4   Kassel NVwZ 1990, 976; Berlin NVwZ 2001, 1424.
5   Greifswald NordÖR 2003, 17.
6   Schoch/Meyer-Ladewig Rn. 5.
7   Ebenso Kassel DVBl. 1991, 1319; a.A. Mannheim DVBl. 1986, 287; Schoch/Meyer-Ladewig Rn. 6.
8   Kassel NVwZ 1992, 195.

Rechtsschutzes nach § 146 Abs. 4 (s. § 146 Rn. 22) – neues Vorbringen berücksichtigt (§ 122 mit § 88). Eine für den Beschwerdeführer nachteilige Änderung der Entscheidung (reformatio in peius) ist unzulässig[1]. Ist eine als unzulässig verworfene Beschwerde noch innerhalb der Beschwerdefrist formgerecht neu eingereicht worden, muss über sie sachlich entschieden werden[2].

Das Beschwerdegericht **kann** nach § 101 Abs. 3 **ohne mündliche Verhandlung** entscheiden. Eine Pflicht zur Anhörung des Beschwerdegegners besteht nur nach § 123 Abs. 3 in Verbindung mit § 926 Abs. 2 ZPO. Doch ist sie, da dem Beschwerdegegner das rechtliche Gehör nicht versagt werden kann, immer dann erforderlich, wenn der Gegner durch die Entscheidung des Beschwerdegerichts beschwert wird. Eine erneute Äußerung des Beschwerdeführers auf die Stellungnahme des Gegners kann auch nur mit dieser Einschränkung als prozessual unnötig bezeichnet werden. **2**

II. Entscheidung

Das Beschwerdegericht entscheidet nach seiner freien, aus dem Gesamtergebnis des Verfahrens gewonnenen Überzeugung (§ 122 Abs. 1, § 108 Abs. 1 S. 1). Die Entscheidung ergeht durch **Beschluss.** Dieser kann lauten: **3**
1. auf Verwerfung als unzulässig, sofern die Zulässigkeitsvoraussetzungen fehlen,
2. auf Zurückweisung als unbegründet,
3. auf Aufhebung oder Abänderung in dem Umfange, in dem die zulässige Beschwerde begründet ist. In entsprechender Anwendung (§ 173) des § 572 Abs. 3 ZPO kann sich das OVG auf die Aufhebung der angefochtenen Entscheidung beschränken und dem VG die erforderlichen Anordnungen übertragen,
4. auf Zurückweisung in entsprechender Anwendung des § 130[3] (zu den notwendigen Einschränkungen im Eilverfahren vgl. § 130 Rn. 6).
Für die **Begründung** des Beschlusses gilt § 122 Abs. 2 (vgl. die dortigen Erläuterungen). Er kann bei Unrichtigkeiten oder Fortlassungen nach §§ 118 bis 120 berichtigt oder ergänzt werden (§ 122 Abs. 1). Der Beschluss ist, auch nach Verkündung, zuzustellen (Argument aus § 119 Abs. 1 und § 120 Abs. 2).

III. Kosten

Außer im Falle der Zurückverweisung entsprechend § 130 hat das OVG **4** stets über die Kosten zu entscheiden. Bei der Verwerfung oder Zurückweisung sind sie dem Beschwerdeführer nach § 154 Abs. 2 aufzuerlegen, bei der Zurücknahme der Beschwerde nach § 155 Abs. 2; ist für erledigt erklärt, gilt § 161 Abs. 2. Zur Kostenentscheidung durch das VG vgl. § 148 Rn. 2. Nach § 5 Abs. 6 GKG a.F. bzw. § 66 Abs. 8 GKG n.F. ist das Verfahren über die Rechtsbehelfe in Kostensachen gebührenfrei; Kosten werden nicht erstattet. Die gleiche Regelung gilt für das Verfahren über die Be-

---

1 Schoch/Meyer-Ladewig Rn. 5.
2 Münster OVGE 17, 48.
3 Vgl. Mannheim NJW 1992, 707.

schwerde nach § 4 Abs. 3 Justizvergütungs- und -entschädigungsG (JVEG)
v. 5.5.2004 (BGBl. I S. 776) (§ 4 Abs. 8 JVEG).

§ 151 [Erinnerung]

Gegen die Entscheidungen des beauftragten oder ersuchten Richters oder des Urkundsbeamten kann innerhalb von zwei Wochen nach Bekanntgabe die Entscheidung des Gerichts beantragt werden. Der Antrag ist schriftlich oder zur Niederschrift des Urkundsbeamten der Geschäftsstelle des Gerichts zu stellen. §§ 147 bis 149 gelten entsprechend.

A. Erinnerung vor dem VG

I. Zulässigkeit

1   Keine Beschwerde, sondern nur der Antrag auf Entscheidung des Gerichts (**Erinnerung**) ist statthaft,
a) gegen Entscheidungen des beauftragten oder ersuchten Richters (§ 96 Abs. 2), und zwar auch dort, wo der ersuchte Richter selbstständig entscheidet[1]; Ausnahme: die Verhängung eines Ordnungsmittels nach §§ 178, 180 GVG durch den verordneten Richter;
b) gegen Entscheidungen des bestimmten Richters bei der Vernehmung oder Vereidigung auf Ersuchen einer Behörde nach § 180 (vgl. § 180 Rn. 5);
c) gegen Entscheidungen des Urkundsbeamten, wo er als Rechtspfleger tätig wird (z.B. § 164), vgl. § 165 Rn. 2, 3.
Die Zulässigkeit einer Erinnerung wird durch einen gesetzlichen Ausschluss der Beschwerde nicht berührt (§ 146 Rn. 11).

II. Verfahren

2   Der **Antrag** ist **schriftlich** oder **zur Niederschrift des Urkundsbeamten** des Gerichts zu stellen, und zwar, wenn ein verordneter Richter entschieden hat, bei diesem, oder dem mit der Sache befassten Gericht (Prozessgericht), wenn der Urkundsbeamte entschieden hat, bei diesem oder dessen Gericht. Die **Antragsfrist** beträgt, wie bei der Beschwerde, 2 Wochen seit Bekanntgabe der Entscheidung (vgl. § 147 Rn. 4 ff.). Beim Fehlen der Rechtsmittelbelehrung ist der Antrag nur innerhalb eines Jahres seit Bekanntgabe der Entscheidung zulässig[2]. Für das Verfahren gelten die Vorschriften über das Beschwerdeverfahren (vgl. § 146 Rn. 12) entsprechend. Der verordnete Richter oder der Urkundsbeamte der Geschäftsstelle hat der Erinnerung, soweit sie begründet ist, abzuhelfen, sonst hat Vorlage an das mit der Sache befasste Gericht (Prozessgericht) zu erfolgen. Zur Entscheidung durch den Berichterstatter als Einzelrichter vgl. BVerwG NJW 1995, 2179. Das Gericht entscheidet durch Beschluss, der seinerseits mit der Beschwerde nach § 146 anfechtbar ist. Die Erinnerung hat nur unter den

---

1   RGZ 68, 67.
2   Münster DÖV 1970, 102 zur Kostenrechnung.

Voraussetzungen des § 149 aufschiebende Wirkung (vgl. die dortigen Erläuterungen). Zur Anschlusserinnerung vgl. München VGH n.F. 19, 151.

B. Erinnerung vor dem OVG und BVerwG

§ 151 gilt unmittelbar für die Erinnerung gegen Entscheidungen des ver-   **3**
ordneten Richters und des Urkundsbeamten der Geschäftsstelle beim
OVG. Es kann daher auf die Rn. 1 und 2 verwiesen werden. Gegen den
Beschluss des OVG ist jedoch keine Beschwerde mehr gegeben (§ 152
Abs. 1). Über § 152 Abs. 2 gilt § 151 auch im Verfahren vor dem BVerwG.
Die Erinnerung unterliegt nach der Neufassung des § 67 Abs. 1 S. 2 dem
Vertretungserfordernis, wenn im Hauptsacheverfahren des Vertretungser-
fordernis galt. Das ergibt sich aus der Verweisung auf § 147 in S. 3³.

§ 152 [Beschwerde im Verfahren vor OVG und BVerwG]

**(1) Entscheidungen des Oberverwaltungsgerichts können vorbehaltlich des
§ 99 Abs. 2 und des § 133 Abs. 1 dieses Gesetzes sowie des § 17a Abs. 4
Satz 4 des Gerichtsverwaltungsgesetzes nicht mit der Beschwerde an das
Bundesverwaltungsgericht angefochten werden.**

**(2) Im Verfahren vor dem Bundesverwaltungsgericht gilt für Entscheidungen
des beauftragten oder ersuchten Richters oder des Urkundsbeamten der Geschäftsstelle § 151 entsprechend.**

I. Grundsatz

Die Entscheidungen des OVG, des Vorsitzenden oder des Berichterstatters,   **1**
die keine Urteile sind, können grundsätzlich nicht mit der Beschwerde angefochten werden¹. Es ist dabei gleichgültig, ob diese Entscheidung vom
OVG als Beschwerdegericht oder erstinstanzlich gefällt wurde. Ausnahmen siehe unter Rn. 2, 3. Weitere Beschwerden gegen Beschwerdebe-
schlüsse des OVG sind daher unstatthaft². Gegen Beschlüsse des OVG
nach § 125 Abs. 2 und § 130a, ebenso bei Musterverfahren nach § 93a
Abs. 2 S. 3, sind die Rechtsmittel gegeben, die zulässig wären, wenn das
OVG durch Urteil entschieden hätte. Das Rechtsmittel gegen den Beschluss
des OVG im Normenkontrollverfahren nach § 47 Abs. 5 S. 1 ist die Revision (§ 132 Abs. 1). Das BVerwG wird nicht Beschwerdegericht, wenn
durch Gesetz die Beschwerde zum OVG gegen Beschlüsse des VG ausgeschlossen wird³. Auch das **OVG** selbst **ist** grundsätzlich **an seine nicht
mehr anfechtbaren Beschlüsse gebunden** und kann sie, soweit dies nicht
gesetzlich zugelassen ist (vgl. z.B. § 80 Abs. 7), weder auf Antrag noch

---

3   A.A. für die Einlegung der Erinnerung Kopp/Schenke § 67 Rn. 24; gegen das Ver-
    tretungserfordernis Bader Rn. 3.
1   Vgl. BVerwG Buchh. 310 § 152 Nr. 5 zur Kostenbeschwerde.
2   BVerwG NJW 1961, 187.
3   Vgl. BVerwG MDR 1960, 72; auch DÖV 1959, 392.

von Amts wegen ändern[4]. Zu den Ausnahmen von diesem Grundsatz durch »außerordentliche Rechtsbehelfe« vgl. § 124 Rn. 2).

II. Ausnahmen

2 Die Beschwerde an das BVerwG ist nur zulässig gegen

1. die Entscheidung über die Voraussetzungen für die Verweigerung der Vorlage von Urkunden oder Akten und die Erteilung von Auskünften, (§ 99 Abs. 2). Das Beschwerdeverfahren richtet sich nach § 99 Abs. 2, vgl. die dortigen Anmerkungen. **Ausgeschlossen ist diese Beschwerde gegen Be**schlüsse des OVG in Streitigkeiten nach dem **AsylVfG** (§ 80) sowie über Entscheidungen des Bundesbeauftragten nach § 31 **Stasi-UnterlagenG;**
2. die Nichtzulassung der Revision im Urteil des OVG (§ 133 Abs. 1) oder des VG im Fall des § 135. Das Verfahren richtet sich nach § 133 Abs. 2 bis 6 (vgl. § 133 Rn. 12 ff.).

3 3. Beschlüsse des OVG, im Fall des Ausschlusses der Berufung nach § 135 Beschlüsse des VG, über die Zulässigkeit des Verwaltungsrechtsweges und die Verweisung nach § 17a Abs. 4 S. 4 GVG, soweit die Beschwerde zugelassen ist (vgl. Anh. zu § 41 Rn. 16). Das Beschwerdeverfahren richtet sich nach §§ 147 ff.

4. Entscheidungen in Rechtshilfeangelegenheiten nach § 159 Abs. 1 S. 2 GVG. Die Verpflichtung zur Rechts- und Amtshilfe ist in § 14 ausgesprochen. Da die VwGO keine Bestimmungen über das Rechtshilfeverfahren enthält, finden über § 173 die Vorschriften des GVG und damit auch § 159 Abs. 1 S. 3 GVG entsprechende Anwendung[5]. Das Verfahren richtet sich nach §§ 147 ff.

III. Erinnerung

4 Für die Erinnerung gegen Entscheidungen des verordneten Richters oder des Urkundsbeamten der Geschäftsstelle im Verfahren vor dem BVerwG gilt § 151 entsprechend (vgl. § 151 Rn. 3).

15. Abschnitt · **Wiederaufnahme des Verfahrens**

§ 153

(1) **Ein rechtskräftig beendetes Verfahren kann nach den Vorschriften des Vierten Buchs der Zivilprozessordnung wieder aufgenommen werden.**

(2) **Die Befugnis zur Erhebung der Nichtigkeitsklage und der Restitutionsklage steht auch dem Vertreter des öffentlichen Interesses, im Verfahren vor dem Bundesverwaltungsgericht im ersten und letzten Rechtszug auch dem Vertreter des Bundesinteresses beim Bundesverwaltungsgericht zu.**

---

4   Vgl. Kopp/Schenke Rn. 2.
5   A.A. Eyermann/Happ Rn. 1; Schoch/Meyer-Ladewig Rn. 5.

I. Allgemeines

Die VwGO enthält keine eigene Regelung des Wiederaufnahmeverfahrens, **1** verweist vielmehr auf das Vierte Buch der ZPO; es finden daher die §§ 578 bis 591 ZPO Anwendung. Die **Wiederaufnahme** des Verfahrens stellt einen **außerordentlichen Rechtsbehelf gegenüber rechtskräftig beendeten Verfahren** dar (vgl. § 121 Rn. 1). Ziel des Verfahrens ist, die Rechtskraft der angegriffenen Entscheidung zu beseitigen[1]. Die Wiederaufnahmeklage hat keinen Devolutiv- und keinen Suspensiveffekt (vgl. dazu § 124 Rn. 1), der Kläger kann jedoch nach § 167 VwGO, § 707 ZPO Antrag auf Einstellung der Zwangsvollstreckung stellen. **Voraussetzung** für die Wiederaufnahme ist, dass das Verfahren rechtskräftig beendet ist; das kann durch Urteil, Gerichtsbescheid oder Beschluss[2] geschehen sein. Keine Wiederaufnahme gegen unanfechtbare Entscheidungen nach § 80 Abs. 5 und § 123 wegen des nur vorläufigen Charakters dieser Verfahren[3], ebenso nicht gegen Prozessvergleich[4]. Zur Wiederaufnahme im Normenkontrollverfahren vgl. § 47 Rn. 43. § 153 gilt **nur für das verwaltungsgerichtliche Verfahren;** auf das Verfahren vor den Verwaltungsbehörden ist er, auch analog[5], nicht anwendbar; im Verwaltungsverfahren findet ein förmliches Wiederaufnahmeverfahren nur statt, wenn es gesetzlich zugelassen ist[6]. Wiederaufnahme des Verfahrens nach § 153 und **Wiederaufgreifen des Verfahrens nach § 51 VwVfG** schließen sich gegenseitig nicht aus; sie bestehen nebeneinander[7].

II. Wiederaufnahme bei Urteilen

1. Form und Frist der Klage. Die Wiederaufnahme des Verfahrens wird **2** mit der **Nichtigkeits-** oder der **Restitutionsklage** (§ 579 bzw. 580 ZPO) geltend gemacht. Für die Form der Klageerhebung gelten die allgemeinen Bestimmungen, Vertretungszwang nach § 67 vor OVG und BVerwG. Zu den wesentlichen Erfordernissen der Klageschrift vgl. § 587 ZPO, zu den Sollerfordernissen § 588 ZPO. Die Klage muss **innerhalb einer Frist von einem Monat** erhoben werden, seitdem der Kläger Kenntnis von den tatsächlichen Umständen erhalten hat, die den Wiederaufnahmegrund ergeben[8], Wiedereinsetzung (§ 60) zulässig. Voraussetzung ist stets, dass die Entscheidung bereits rechtskräftig ist. Mit Ausnahme der Nichtigkeitsklage wegen mangelnder Vertretung ist die Klage unzulässig, wenn seit der Rechtskraft der Entscheidung mehr als 5 Jahre vergangen sind (§ 586 Abs. 2 S. 2 ZPO)[9].

2. Klagegegenstand. Gegenstand der Klage ist grundsätzlich das Urteil, das **3** den Wiederaufnahmegrund enthält; wenn Zwischenurteile ergangen sind,

---

1 Vgl. BVerfG NJW 1992, 496 zur Durchführung der Nichtigkeitsklage als Voraussetzung der Verfassungsbeschwerde; dazu auch BVerfG NJW 1998, 1174.
2 Vgl. BVerwGE 76, 127; Buchh. 310 § 153 VwGO Nr. 12.
3 BVerwGE 76, 127 zur einstweiligen Anordnung; Münster VRspr. 12, 782, München DVBl. 1984, 840; a.A. Kassel NJW 1984, 378.
4 BVerwGE 28, 332.
5 Münster NJW 1963, 732.
6 So BVerwGE 3, 135 für das Notaufnahmeverfahren.
7 Vgl. BVerwGE 70, 110; E 82, 272; auch Buchh. 402.25 § 14 AsylVfG Nr. 1 zu § 71 AsylVfG.
8 Vgl. BVerwGE 34, 113 für Kenntnis einer Behörde.
9 § 586 Abs. 2 S. 2 ZPO; vgl. BVerwGE 95, 64 für abgewiesene Nichtzulassungsbeschwerde; Buchh. 310 § 153 Nr. 23: auch bei Sittenwidrigkeit.

nur das **Endurteil.** Das rechtskräftige Endurteil ist grundsätzlich auch dann Klagegegenstand, wenn die Rechtskraft erst eingetreten ist, nachdem ein Rechtsmittel zurückgewiesen oder auf Beschwerde die Zulassung eines Rechtsmittels abgelehnt worden ist[10]; anders jedoch, wenn der Fehler eben diese Entscheidungen betrifft[11]. Ein rechtskräftiger **Gerichtsbescheid** gilt als Urteil (§ 84 Abs. 3). Nach § 583 ZPO kann es aber auch ein Urteil sein, das auf einer vorhergehenden Entscheidung (z.B. Urteil erster Instanz nach vorangegangenem Beschluss) beruht, bei der ein Wiederaufnahmegrund vorhanden ist[12]. Das Revisionsurteil kann jedoch nur bei der Nichtigkeitsklage und der Restitutionsklage in den Fällen des § 580 Nr. 4 und 5 ZPO Klagegegenstand sein. Auch die Beschlüsse nach § 93a, § 125 Abs. 2 und § 130a, gegen die das Rechtsmittel gegeben ist, das zulässig wäre, wenn das Gericht durch Urteil entschieden hätte, können Klagegegenstand sein, ebenso der Beschluss, durch den die **Nichtzulassungsbeschwerde** als unzulässig verworfen wird[13].
Zuständiges Gericht ist grundsätzlich das Gericht, das im ersten Rechtszug entschieden hat, es sei denn, der Fehler haftet dem Berufungsurteil oder allein dem Revisionsurteil an[14] (§ 584 ZPO).

4   3. **Klageberechtigung.** Klageberechtigt ist **jeder am Vorprozess Beteiligte,** auch der Beigeladene. Da auch die Wiederaufnahme des Verfahrens eine Beschwer voraussetzt[15] kann grundsätzlich nur derjenige die Klage erheben, der im Vorprozess wenigstens teilweise unterlegen ist[16]. Klageberechtigt ist auch der **VöI,** ohne dass es, soweit Klagegegenstand die Entscheidung eines VG oder eines OVG ist, auf seine Beteiligung am Vorprozess ankommt[17]; anders jedoch im Wiederaufnahmeverfahren gegen Urteile des BVerwG, da der VöI im Verfahren vor dem BVerwG nur als Beteiligter erscheinen kann[18].
Der **Vertreter des Bundesinteresses beim Bundesverwaltungsgericht** ist klageberechtigt, soweit es sich um Urteile des BVerwG im ersten und letzten Rechtszug handelt. Die in anderen Gesetzen vorgesehenen Vertreter des Bundesinteresses sind echte Beteiligte (vgl. § 35 Rn. 10) und als solche klageberechtigt.

III. Wiederaufnahme bei Beschlüssen

5   Unter den gleichen Voraussetzungen wie gegen rechtskräftige Urteile und Gerichtsbescheide ist die Wiederaufnahme auch gegen rechtskräftige Beschlüsse zulässig[19], soweit sie nicht nach § 583 ZPO im Wiederaufnahmeverfahren gegen das Endurteil überprüft werden müssen[20]. Die Anwen-

---

10   BVerwGE 48, 201; München NVwZ 1993, 92.
11   BVerwGE 48, 201; Buchh. 310 § 153 VwGO Nr. 20.
12   Vgl. München VGH n.F. 4, 228.
13   BVerwG Buchh. 310 § 153 VwGO Nr. 31: aber nicht Klage, sondern nur Antrag, über den durch Beschluss entschieden wird; a.A. Buchh. 310 § 153 VwGO Nr. 27: Restitutionsklage unzulässig.
14   Vgl. Mannheim NVwZ 1995, 1006; im Übrigen Schoch/Meyer-Ladewig Rn. 21 f.
15   Vgl. Baumbach/Hartmann § 578 Rn 2.
16   BVerwG Buchh. 303 § 579 ZPO Nr. 1; Münster NVwZ 1995, 95; Eyermann/Rennert Rn. 14.
17   Vgl. Eyermann/Rennert Rn. 14.
18   BVerwGE 25, 170; vgl. auch § 36 Rn. 7.
19   München VGH n.F. 4, 228.
20   Vgl. Baumbach/Hartmann Gr. vor § 578 Rn. 12.

dung des § 583 ZPO auf einen Beschluss des OVG setzt jedoch voraus, dass auch ein Urteil des OVG in der Sache ergangen ist[21]. Beschlüsse, mit denen das Verfahren rechtskräftig abgeschlossen werden kann, sind z.b. der Beschluss, mit dem die Revision (§ 144 Abs. 1) verworfen wird, die Zulassung der Berufung (§ 124a Abs. 5) oder der Revision (§ 133 Abs. 5) abgelehnt wird[22]; auch der Kostenfestsetzungsbeschluss (§ 164). Vgl. auch Rn. 3.

Statt der Klage ist lediglich ein **Antrag** zu stellen[23], der jedoch den gleichen Voraussetzungen wie die Klage unterliegt. Richtet sich der Antrag gegen einen Beschluss des Urkundsbeamten, spielt sich auch das Verfahren vor ihm ab[24]. Die Entscheidung ergeht durch Beschluss[25].

IV. Prüfung und Entscheidung

Das Wiederaufnahmeverfahren **gliedert sich in drei Teile,** von denen jeder **6** erst geprüft werden darf, wenn der vorhergehende abgeschlossen ist[26]. Das Gericht hat zunächst die Zulässigkeit der Wiederaufnahmeklage, sodann ihre Begründetheit zu prüfen und kann erst, wenn es beides bejaht hat, erneut in der Hauptsache verhandeln und entscheiden.

1. **Zulässigkeit.** Die Prüfung erfolgt von Amts wegen und richtet sich nach **7** § 589 Abs. 1 ZPO[27]. Die Wiederaufnahmegründe in §§ 579, 580 ZPO sind ausschließlich und im Interesse der Rechtssicherheit eng auszulegen[28]. Bei § 580 Nr. 3 ZPO ist auch ein subjektiver Verstoß gegen die Wahrheitspflicht erforderlich[29]. Die Wiederaufnahme wurde nach § 580 Nr. 7b ZPO bei Randvermerk auf Geburtsurkunde, der erst nach letzter mündlicher Verhandlung errichtet wurde, zugelassen[30]. Dies hat das BVerwG bei einem Erbschein, der erst nach rechtskräftigem Abschluss des verwaltungsgerichtlichen Verfahrens erteilt wird, abgelehnt[31]; abgelehnt auch für nachträglich erstattetes ärztliches Gutachten abgelehnt, auch für den Fall, dass das Ergebnis auf neuartigem, bisher nicht bekanntem wissenschaftlichen Beweisverfahren beruht[32]. Zur nachträglich errichteten Urkunde vgl. BVerwG NJW 1999, 1355. An die Sorgfaltspflicht einer Prozesspartei sind bei Geltendmachung des § 580 Nr. 7b ZPO strenge Anforderungen zu stellen. Eine auch nur leicht fahrlässige Verletzung dieser Pflicht schließt die Zulässigkeit einer späteren Restituionsklage aus[33]. Das BVerwG hat weder die Abschrift einer gemäß BBauG öffentlich ausgelegten Begründung zum Entwurf eines Bauleitplanes[34] noch den veröffentlichten Bebauungsplan[35] als Urkunde angesehen auf die eine Wiederaufnahme nach § 580 Nr. 7b

---

21   München VGH n.F. 4 228.
22   Vgl. BVerwGBuchh 310 § 153 VwGO Nr. 33.
23   BVerwG Buchh. § 310 § 153 VwGO Nr. 31.
24   Eyermann/Rennert Rn. 16.
25   BVerwG NJW 1960, 1363.
26   BVerwG NVwZ 1987, 218.
27   Zu den Voraussetzungen vgl. Schoch/Meyer-Ladewig Rn. 16 ff.
28   Baumbach/Hartmann Gr. vor § 578 Rn. 4.
29   BVerwGE 11,124.
30   BSG NJW 1963, 971.
31   BVerwGE 20, 344.
32   BVerwGE 11,124.
33   BVerwG DVBl. 2003, 868.
34   DVBl. 1973, 370.
35   DÖV 1974, 211.

ZPO gestützt werden kann. Ob eine andere Urkunde das Ergebnis des früheren Verfahrens für den Kläger günstig beeinflusst hätte, beurteilt sich nach der Rechtsanschauung des Restitutionsrichters[36]. Der Restitutionsgrund des § 580 Nr. 7b ZPO setzt voraus, dass eine dem Urkundenbeweis zugängliche Feststellung, grundsätzlich also eine Tatsachenfeststellung, angegriffen wird[37]. Nicht ordnungsgemäße Vertretung des Gegners im Prozess kann nicht nach § 579 Abs. 1 Nr. 4 ZPO geltend gemacht werden[38]. Die unterlassene notwendige Beiladung berechtigt bei einem Verpflichtungsurteil nicht zur Erhebung der Nichtigkeitsklage[39], es kommt nur Anfechtung des in Vollzug des Urteils ergehenden VA in Betracht. Analoge Anwendung auch bei § 579 Abs. 1 Nr. 4 ZPO str.; bei mangelnder Parteifähigkeit bejaht[40], auch bei Verweigerung des rechtlichen Gehörs[41].

8 Wird im **Normenkontrollverfahren** nach § 47 eine Rechtsnorm für ungültig erklärt, kann ein Wiederaufnahmeverfahren hierauf nicht gestützt werden[42]; auch wenn das BVerfG oder das Verfassungsgericht eines Landes eine Rechtsnorm für nichtig erklärt, ist Wiederaufnahme grundsätzlich ausgeschlossen; siehe aber § 183 Anm. 2 wegen Ausnahmen in den Ländern.

9 Auch die Wiederaufnahme des Verfahrens erfordert ein **Rechtsschutzbedürfnis** (vgl. auch Rn. 4). Daher stehen die Wiederaufnahmegründe in einem bestimmten Verhältnis zu den angegriffenen Entscheidungen und zueinander. Die Nichtigkeitsklage in den Fällen der Nr. 1 und 3 des § 579 ZPO und jeder Restitutionsgrund sind gegenüber dem anzugreifenden Urteil nur subsidiär, d.h. sie können nicht geltend gemacht werden, wenn sie durch Rechtsmittel (§ 579 Abs. 2 ZPO) oder bei Anwendung der gebotenen Sorgfalt in einem früheren Verfahren, etwa durch Berufung oder Anschließung, mit Aussicht auf Erfolg hätten geltend gemacht werden können § 582 ZPO)[43]. Ist ein Wiederaufnahmegrund bereits in einem früheren Verfahren mit einem Rechtsmittel geltend gemacht und über ihn in den Gründen des Endurteils ausdrücklich oder durch Zwischenurteil befunden worden, sind Nichtigkeits- und Restitutionsklage unzulässig[44]. Aus Gründen der Prozesswirtschaftlichkeit wird das Vorbringen von Wiederaufnahmegründen als Sachvortrag auch noch in der Revisionsinstanz zugelassen (vgl. § 137 Rn. 17).

Eine erneute Nichtigkeitsklage mit demselben Sachverhalt und denselben rechtlichen Gründen ist nach Rücknahme einer früheren Nichtigkeitsklage mangels Rechtsschutzbedürfnis unzulässig[45]. Ist die Wiederaufnahmeklage

---

36 BVerwG DVBl. 1970, 280.
37 Mannheim NVwZ 1995, 1006, verneint für bestandskräftige Genehmigung; Greifswald NordÖR 2003, 271 (LS).
38 Münster NVwZ 1995, 95.
39 Vgl. BVerwGE 104, 182 zu § 3 Abs. 2 VerwG.
40 Vgl. Baumbach/Hartmann § 579 Rn. 5.
41 München VGH n.F. 4, 178; Kopp/Schenke Rn. 8a; vgl. BVerfG NJW 1998, 745; 2361; verneint bei (erschlichener) öffentlicher Zustellung der Ladung zur mündlichen Verhandlung, BGH JZ 2003, 903 m. abl. Anm. Braun. Differenzierend Kassel NJW 1986, 209; Eyermann/Rennert Rn. 8; Schoch/Meyer-Ladewig Rn. 9; verneinend Kassel NJW 1984, 378; Mannheim VBlBW 1990, 135; München BayVBl. 1982, 567.
42 Vgl. München NVwZ 1993, 92.
43 Vgl. BVerwG Buchh. 310 § 153 Nr. 14.
44 Vgl. BVerwGE 95, 64.
45 BVerwGE 95, 64, m. abl. Anm. Jauering NVwZ 1996, 31.

abgewiesen worden, kann sie gestützt auf andere[46] Wiederaufnahmegründe **wiederholt** werden, da sich die Rechtskraftwirkung des abweisenden Urteils nur auf die jeweils geltend gemachten Gründe erstreckt[47].
Das Gericht kann über die Zulässigkeit durch Zwischenurteil (§ 109) oder
im Endurteil entscheiden; das VG auch durch Gerichtsbescheid. Über die
Unzulässigkeit einer Wiederaufnahmeklage, die sich gegen eine Berufungsentscheidung richtet, kann nach § 125 Abs. 2 auch durch Beschluss verworfen werden[48]. Das BVerwG[49] hat dies im Revisionsverfahren in entsprechender Anwendung des § 144 Abs. 1 getan.

2. Begründetheit. Bejaht das Gericht die Zulässigkeit der Restitutions-   **10**
klage, prüft es, ob die geltend gemachten Wiederaufnahmegründe tatsächlich vorliegen, eine hohe Wahrscheinlichkeit genügt nicht[50]. **Auch diese
Prüfung erfolgt von Amts wegen.** Hält das Gericht die Klage für begründet,
kann es bereits das angegriffene Urteil durch Zwischenurteil aufheben. Mit
der Aufhebung werden auch etwaige Entscheidungen über die Nichtzulassung von Berufung oder Revision gegenstandslos[51]. Ist die Klage unbegründet, weist sie das Gericht durch Endurteil ab.

3. Erneute Verhandlung in der Hauptsache. Tritt das Gericht, nachdem   **11**
es die Wiederaufnahmeklage als begründet angesehen hat, erneut in die
Verhandlung zur Hauptsache ein, wird diese im gleichen Umfang, den die
Wiederaufnahmegründe haben, wieder rechtshängig. Es findet eine völlig
neue Verhandlung statt, in der auch **neue Tatsachen** vorgebracht werden
können. Es gelten die allgemeinen Verfahrensregeln. Die **erneute Entscheidung** des Gerichtes **wirkt,** unabhängig davon, wie sie ausfällt, erst **ex
nunc**[52]. Wenn das Gericht zum gleichen Ergebnis gelangt wie das ursprüngliche Urteil, braucht es dieses nicht ausdrücklich aufzuheben und
neu mit gleichem Tenor zu entscheiden, sondern bestätigt lediglich das
erste Urteil in seiner Entscheidung[53].

4. Rechtsmittel. Die **Urteile** im Wiederaufnahmeverfahren unterliegen   **12**
nach § 591 ZPO den gleichen Rechtsmitteln wie jedes andere Urteil. Entsprechendes gilt für **Beschlüsse** und **Gerichtsbescheide.**

V. Kosten

Bei Klageabweisung bezieht sich die Kostenentscheidung nur auf das Wie-   **13**
deraufnahmeverfahren; wird der Klage stattgegeben, ergeht einheitliche
Kostenentscheidung auch für den Vorprozess. Für die Kostenfolge gilt
grundsätzlich die allgemeine Regelung. Jedoch können die **Kosten der er-**

---

46   Sonst Abweisung als unzulässig: BFH Der Betrieb 1967, 1838.
47   Baumbach/Hartmann § 578 Rn. 9.
48   BVerwG 310 § 153 Nr. 29; Bremen NJW 1990, 2337; Mannheim NJW 1997, 145;
     Münster NVwZ 1995, 95.
49   Buchh. 310 § 153 Nr. 27.
50   BVerwG Buchh. 310 § 153 Nr. 16.
51   BVerwGE 48, 201.
52   Vgl. Eyermann/Rennert Rn. 18.
53   A.A. Baumbach/Hartmann § 590 ZPO Rn. 5: immer Aufhebung des ursprüngli-
     chen Urteils.

folgreichen Wiederaufnahme nach § 154 Abs. 4 der Staatskasse auferlegt werden, soweit nicht ein Beteiligter sie verschuldet hat (vgl. § 154 Rn. 8).

Teil IV · Kosten und Vollstreckung

16. Abschnitt · Kosten

§ 154 [Grundsatz]

(1) Der unterliegende Teil trägt die Kosten des Verfahrens.

(2) Die Kosten eines ohne Erfolg eingelegten Rechtsmittels fallen demjenigen zur Last, der das Rechtsmittel eingelegt hat.

(3) Dem Beigeladenen können Kosten nur auferlegt werden, wenn er Anträge gestellt oder Rechtsmittel eingelegt hat; § 155 Abs. 4 bleibt unberührt.

(4) Die Kosten des erfolgreichen Wiederaufnahmeverfahrens können der Staatskasse auferlegt werden, soweit sie nicht durch das Verschulden eines Beteiligten entstanden sind.

I. Übersicht

1 Jeder Beteiligte hat zunächst die ihm entstehenden Kosten selbst aufzubringen. Ist er hierzu nicht in der Lage, so kann ihm gem. § 166 Prozesskostenhilfe bewilligt werden. Spätestens mit der den Rechtsstreit sachlich oder formell beendenden Schlussentscheidung muss von Amts wegen vom Gericht – ein besonderer Antrag ist nicht notwendig, aber zweckmäßig – entschieden werden, wer die Kosten des Verfahrens zu tragen hat. Der Inhalt dieser Kostenentscheidung ergibt sich aus §§ 154 bis 156, §§ 159, 160, 161 Abs. 2 und 3, § 162 Abs. 3, die Form der Kostenentscheidung aus § 161 Abs. 1 und 2, die – geringen – Möglichkeiten ihrer Anfechtung aus § 158. Der Umfang der auf Grund der Kostenentscheidung an Beteiligte zu erstattenden Kosten wird in § 162 Abs. 1 und 2 geregelt, wobei für die Berechnung des Gegenstandswertes, der den Gebühren zu Grunde zu legen ist, nach Aufhebung des § 189 ausschließlich das GKG maßgeblich ist. Festgesetzt wird der zu erstattende Kostenbetrag in einem gesonderten Beschluss gem. § 164. Unberührt von den Kostenbestimmungen der §§ 154 ff. bleiben die Kostenansprüche der Gerichtskasse nach GKG, ggf. auch gegenüber dem obsiegenden Teil (Zweitschuldner).

II. Kostenpflicht des unterliegenden Teils

2 Für jedes Verfahren der VwGO gilt der Grundsatz, dass derjenige die Kosten trägt, der unterliegt (§ 154 Abs. 1), und zwar unabhängig von den Gründen des Unterliegens[1]. Unterliegender Teil ist, wessen Sachantrag in vollem Umfange in der rechtskräftigen Entscheidung erfolglos bleibt[2]. Hat jemand für eine nicht bestehende oder nicht beteiligungsfähige Personen-

---

1   BVerwG Buchh. 310 § 144 VwGO Nr 69.
2   Mannheim InfAuslR 2001, 382: Kein unterliegender Teil bei erfolgreicher Beschwerde gegen Verweisung von Amts wegen.

vereinigung Klage erhoben, so sind nicht der Vereinigung, sondern ihm persönlich die Kosten aufzuerlegen[3]. Das Gleiche gilt für den vollmachtlosen Vertreter[4], wenn nicht der Beklagte Veranlassung zur Klage gegeben hat. Ob die Auferlegung der Kosten billig ist, darf vom Gericht grundsätzlich nicht geprüft werden[5]. Billigkeitserwägungen können aber im Rahmen der Verschuldenshaftung für Kosten nach § 155 Abs. 4 von Bedeutung sein (vgl. § 155 Rn. 5). Nach Mannheim[6] sollen in körperschaftsinternen Organstreitigkeiten die Kosten regelmäßig die Körperschaft treffen; aber für diese praktisch dem Personalvertretungsrecht entlehnte Auffassung spricht wenig.

Die **Kostenpflicht betrifft das gesamte Verfahren in allen Instanzen,** auch   **3** wenn der Unterliegende zunächst obsiegt hat. Hierzu gehören aber nicht die selbstständigen Nebenverfahren. Solche Nebenverfahren sind die Verfahren nach § 80, § 80a, das Verfahren der einstweiligen Anordnung nach § 123, selbstständige Zwischenstreite (z.B. Zeugnisverweigerung[7], Streitigkeiten über die Aktenvorlage nach § 99 Abs. 2), Entscheidung des BVerfG auf Grund Vorlage nach Art. 100. Das Vorabentscheidungsverfahren des EuGH ist ein unselbstständiges Zwischenverfahren, dessen Kosten nach dem Ausgang des Verfahrens vor dem nationalen Gericht verteilt werden[8]. Obsiegt ein Beteiligter infolge verspäteten Vorbringens erst in der Rechtsmittelinstanz, so ist zwar § 97 Abs. 2 ZPO hierauf nicht anwendbar[9], weil §§ 154 ff. die Kostenfolgen lückenlos regeln und auch § 128a keine entsprechende Regelung enthält. Es wird aber nicht selten über § 155 Abs. 4 eine sachgemäße Lösung möglich sein[10].

Hat ein Beteiligter (Hauptbeteiligter, Beigeladener oder VöI) ein **Recht-**   **4** **mittel erfolglos eingelegt, so sind die Kosten dieses Rechtsmittels ihm aufzuerlegen.** Das Rechtsmittelgericht entscheidet hier lediglich über die Kosten des Rechtsmittelverfahrens[11]. Deshalb Entscheidung auch bei Zurückweisung des Rechtsmittels gegen Teilurteil[12]. Für die Vorinstanz verbleibt es bei der Kostenentscheidung dieses Gerichts. Haben mehrere Beteiligte mit entgegengesetzten Zielen Rechtsmittel eingelegt und bleiben alle Rechtsmittel erfolglos, so sind die Kosten in entsprechender Anwendung des § 155 Abs. 1 S. 1 zu verteilen.

III. Kostenpflicht des Beigeladenen

Äußert sich der Beigeladene nicht oder trägt er lediglich Sach- und Rechts-   **5** ausführungen vor, stellt aber keinen Antrag, können ihm die Kosten des Verfahrens nicht auferlegt werden. Stellt er dagegen Anträge oder legt er

---

3   Münster OVGE 7, 75.
4   RGZ 66, 39; Kassel ESVGH 14, 172; Münster OVGE 1, 81; OVGE 10, 305; Mannheim NJW 1982, 842; vgl. § 67 Rn. 26.
5   München DÖV 1950, 723.
6   NVwZ 1985, 284.
7   RG JW 1899, 140.
8   EuGH EuR 1974, 57, st. Rspr.; Schoch/Olbertz Vorbem. § 154 Rn. 21.
9   A.A. Baumbach/Albers § 97 Rn. 80.
10   Wie hier Kopp/Schenke Rn. 4; a.A. Eyermann/Rennert § 155 Rn. 12.
11   Bader/Bader Rn. 3.
12   BVerwGE 36, 16.

Rechtsmittel ein, so sind (keine Ermessensentscheidung[13]) ihm die Kosten aufzuerlegen, soweit er unterliegt[14]. Führt dies dazu, dass der Beigeladene neben einem Hauptbeteiligten kostenpflichtig wird, so ist gem. § 159 Satz 1, § 100 ZPO zu verfahren, sind also die Kosten zu quotieren, und zwar auch bei notwendiger Beiladung (vgl. § 159 Rn. 6). Mit Kosten des Vorverfahrens kann der Beigeladene nur belastet werden, wenn er an ihm beteiligt war[15].

6   Ein konkludenter Antrag genügt als Voraussetzung einer Kostenentscheidung gegen den Beigeladenen nicht[16], da sonst durch entsprechende Auslegung der Ausführungen des Beigeladenen § 154 Abs. 3 praktisch umgangen werden könnte. Ebenso reichen bloße Zwischenanträge oder später zurückgenommene[17] Anträge des Beigeladenen nicht aus, § 96 ZPO ist angesichts der erschöpfenden Kostenregelung der VwGO nicht entsprechend anwendbar[18]. Im Einzelfall kann hier über § 155 Abs. 4 geholfen werden[19]. § 154 Abs. 3 gilt auch für das Rechtsmittelverfahren[20]. Zur Frage wann außergerichtliche Kosten des Beigeladenen zu erstatten sind, vgl. § 162 Rn. 15; zu den Kosten des Beigeladenen überhaupt Arnolds DVBl. 1962, 613; Eyermann NJW 1954, 747; Maetzel NJW 1954, 746 f.

6a   Die seit dem 1.1.2002 geltende Regelung in § 154 Abs. 3 Halbs. 2[21] dient der Klarstellung, dass ein Beigeladener, auch ohne einen eigenen Sachantrag gestellt zu haben, nach der ebenfalls neuen Bestimmung des § 155 Abs. 4 mit Kosten belastet werden kann, wenn er den Rechtsstreit durch vorwerfbares vorprozessuales Verhalten provoziert hat. Dies betrifft etwa den Fall einer Verpflichtungsklage auf Erteilung einer Baugenehmigung allein wegen rechtswidriger Versagung des gemeindlichen Einvernehmens[22].

IV. Kostenpflicht des VöI

7   § 154 hat eine Kostenpflicht des VöI nicht vorgesehen. Trotz des Schweigens des Gesetzes ist § 154 Abs. 3 für den VöI entsprechend anzuwenden[23]. Denn ein überzeugender Grund dafür, dass ein Beteiligter, der im Verfahren Sachanträge stellt oder Rechtsmittel einlegt von dem Kostenrisiko bei Unterliegen freigestellt wird, ist nicht erkennbar[24]. Kopp/Schenke

---

13   Eyermann/Rennert Rn. 8; a.A. München BauR 2003, 1526.
14   Arnolds DVBl. 1962, 813.
15   BVerwG Buchh. 310 § 154 Nr. 8.
16   A.A. Münster VRspr. 3, 389.
17   Kassel ESVGH 28, 33.
18   A.A. Eyermann/Rennert Rn. 9; Bader/Bader Rn. 5.
19   Vgl. Kopp/Schenke Rn. 8.
20   Nach Bautzen SächsVBl. 2000, 220, soll ein Beigeladener, der nur den Rechtsmittelführer unterstützen und sich ihm mit einem gleichlautenden Antrag anschließen will, nicht mit Kosten belastet werden können.
21   Eingefügt durch das Gesetz zur Bereinigung des Rechtsmittelrechts im Verwaltungsprozess v. 20.12.2001 (BGBl. I S. 3987).
22   VG Potsdam NVwZ-RR 2000, 763.
23   Sodan/Neumann Rn. 140; str.
24   Vgl. BVerwGE 94, 269; VG Sigmaringen NVwZ-RR 1998, 696; a.A. Münster ZMR 1962, 123.

beschränken das Kostenrisiko des VöI auf das erfolglos eingelegte Rechtsmittel[25].

V. Kosten des Wiederaufnahmeverfahrens

Die Kostenentscheidung des erfolglosen Wiederaufnahmeverfahrens richtet **8** sich nach § 154 Abs. 1. Ist das Wiederaufnahmeverfahren erfolgreich, so kann das Gericht in Abweichung von § 154 Abs. 1 an Stelle des Unterliegenden die Staatskasse mit den Kosten belasten, wenn die Kosten nicht durch Verschulden eines Beteiligten entstanden sind. Ein Überbürden der Kosten auf die Staatskasse kommt besonders in Frage, wenn die Wiederaufnahme aus formalen Gründen erfolgreich ist, also etwa das Gericht fehlerhaft besetzt war u.ä.m. Das Gericht entscheidet nach billigem Ermessen. Unter Staatskasse sind der Bundes- oder Landesfiskus zu verstehen, dem das entscheidende Gericht zugeordnet ist.

§ 155 [Teil-Obsiegen, Klagerücknahme, Wiedereinsetzung, Verweisung, Verschulden]

(1) Wenn ein Beteiligter teils obsiegt, teils unterliegt, so sind die Kosten gegeneinander aufzuheben oder verhältnismäßig zu teilen. Sind die Kosten gegeneinander aufgehoben, so fallen die Gerichtskosten jedem Teil zur Hälfte zur Last. Einem Beteiligten können die Kosten ganz auferlegt werden, wenn der andere zu einem geringen Teil unterlegen ist.

(2) Wer einen Antrag, eine Klage, ein Rechtsmittel oder einen anderen Rechtsbehelf zurücknimmt, hat die Kosten zu tragen.

(3) Kosten, die durch einen Antrag auf Wiedereinsetzung in den vorigen Stand entstehen, fallen dem Antragsteller zur Last.

(4) Kosten, die durch Verschulden eines Beteiligten entstanden sind, können diesem auferlegt werden.

I. Kostenverteilung bei teilweisem Obsiegen

Gibt das Urteil der Klage nicht ganz statt oder weist es sie nicht ganz ab, **1** so sind die **Kosten** grundsätzlich **im Verhältnis zwischen Obsiegen und Unterliegen aufzuteilen.** Dabei bestimmt sich dieses Verhältnis allein nach den Anträgen der Beteiligten und der Urteilsformel, nicht nach den Entscheidungsgründen. Wird z.B. die Anordnung der Immatrikulation nach § 123 beantragt, aber nur auf Losentscheidung erkannt, wird der Antragsteller überwiegend unterlegen sein. Umgekehrt, wenn statt auf Verpflichtung nur auf Bescheidung erkannt wird. Das Gericht hat drei Möglichkeiten:

1. Halten sich Obsiegen und Unterliegen etwa die Waage, so sind die **Kos- 2 ten gegeneinander aufzuheben.** Hierbei tragen Kläger und Beklagter die Gerichtskosten je zur Hälfte und ihre außergerichtlichen Kosten selbst. Sind weitere Beteiligte vorhanden, so sind Abweichungen möglich, wenn diese Anträge etwa nur für einzelne Teile des Verfahrens gestellt haben.

---

25   Rn. 10; vgl. auch BVerwG DÖV 1964, 200.

3   2. Hat ein Beteiligter im Wesentlichen obsiegt, so sind die Kosten entsprechend zu verteilen. Die Teilung kann nach Quoten erfolgen, ist auch im Wege ziffernmäßiger Bestimmung der Kostenbeteiligung möglich, durch die das Gericht einem Beteiligten einen bestimmten Kostenbeitrag aufgibt, der dem anderen Beteiligten zu erstatten ist, im Übrigen aber die gesamten Kosten des Verfahrens diesem anderen Beteiligten auferlegt. Im Ergebnis liegt eine Quotierung auch vor, wenn bei anwaltlicher Vertretung nur des Klägers das Gericht die **Kosten** den Beteiligten **je zur Hälfte** auferlegt, was zur Überbürdung im Wesentlichen der halben außergerichtlichen Kosten auf den Beklagten führt.

4   3. Unterliegt ein Beteiligter nur in ganz geringem Umfange, wird im Übrigen seinem Antrag stattgegeben, **so kann das Gericht von einer Kostenaufteilung absehen** und die Kosten insgesamt dem anderen Beteiligten auferlegen. Hierzu besteht insbesondere Anlass, wenn der geringe Teil des Unterliegens keine besonderen Kosten verursacht hat, die gleichen Kosten auch bei vollem Obsiegen entstanden wären, so etwa, wenn ein Bebauungsplan wegen behebbarer Mängel nur für unwirksam und nicht wie beantragt für nichtig erklärt wird[1]. Unzulässig ist eine Kostenaufteilung nach Verfahrensabschnitten oder nach Klage und Widerklage[2]. Das Gericht entscheidet über die Aufteilung der Kosten nach pflichtgemäßem Ermessen. Zur Entscheidung bei mehreren Streitgenossen vgl. § 159 Rn. 7 f.

II. Verschuldensgrundsatz

5   Den in der ZPO in einzelnen Vorschriften angedeuteten Grundsatz, von einem Beteiligten schuldhaft verursachte Kosten seien unabhängig von dem Ausgang des Verfahrens von diesem zu tragen (§§ 95, 96, 97 Abs. 2), hat die VwGO durch § 155 Abs. 4[3] in einer **Generalklausel** zusammengefasst, die bei jeder Kostenentscheidung zu berücksichtigen ist und insoweit den starren Rahmen der Kostenverteilung sprengt[4]. Dem Gericht wird hierdurch die Möglichkeit gegeben, für die Kostenentscheidung auch das prozessuale und ggf. auch das vorprozessuale[5] Verhalten der Beteiligten zu werten.
Voraussetzung der Haftung aus § 155 Abs. 4 ist, dass ein Beteiligter unter Außerachtlassung der erforderlichen und ihm zumutbaren Sorgfalt durch eigenes Verhalten einen anderen Beteiligten oder das Gericht zu Prozesshandlungen oder Entscheidungen veranlasst hat, die an sich nicht erforderliche Kosten verursachen. Der Verschuldensbegriff ist mit dem des § 60 identisch (vgl. § 60 Rn. 3). Der Beteiligte haftet auch für das Verschulden seines Vertreters oder Prozessbevollmächtigten, da die Haftung sich aus dem Prozessrechtsverhältnis – ggf. auch culpa in contrahendo – ergibt, das zu den anderen Verfahrensbeteiligten besteht. § 155 Abs. 4 gilt sowohl für die Kostenerstattung wie für den Gerichtskostenanspruch der Staatskasse.

---

1   BVerwG BauR 2002, 1066; ähnlich Bautzen SächsVBl. 2000, 216.
2   Sodan/Neumann Rn. 17.
3   Der bisherige Abs. 5 wurde durch das Gesetz zur Bereinigung des Rechtsmittelrechts im Verwaltungsprozess v. 20.12.2001 (BGBl. I S. 3987) mit Wirkung v. 1.1.2002 in Abs. 4 umbenannt.
4   Für den Fall der Klagerücknahme vgl. Münster OVGE 14, 345.
5   Kopp/Schenke Rn. 20.

Typische Fälle schuldhafter Kostenverursachung ergeben sich aus § 95 **6** ZPO (Terminsvertagung wegen Säumnis), § 96 ZPO (Kosten eines erfolglosen Angriffs- oder Verteidigungsmittels), insbesondere i.V.m. § 296 ZPO (verspätetes Vorbringen). Sie sind auch im VerwProzess anwendbar, weil sie nicht der Untersuchungsmaxime widersprechen, die rechtzeitige Bearbeitung aber zur Mitwirkungspflicht der Beteiligten gehört, wie sich aus § 87b ergibt[6]. Das gilt auch, wenn durch unzulängliche Behandlung des Vorverfahrens vom Kläger ein überflüssiger Prozess verursacht wird[7]. Die **Kosten eines durch unrichtige Rechtsbehelfsbelehrung** verursachten Antrags sind dem Beklagten aufzuerlegen, wenn der Fehler auf **Verschulden** beruht[8]. Dabei ist mitwirkendes Verschulden des Klägers nicht auszuschließen[9].

Schuldhafte Kostenveranlassung kann auch vorliegen, wenn durch **falsche** **7** **Ausdrucksweise** im VA die Behörde den Bürger zu einer aussichtslosen Klage veranlasst hat[10], wenn die Klage lediglich auf Grund unrichtiger Auskünfte des Beklagten erhoben worden ist[11], wenn die Behörde den Erlass eines VA schuldhaft verzögert, der Kläger deshalb Untätigkeitsklage erhebt, sie aber nach Erlass des VA zurücknimmt oder für erledigt erklärt[12] oder wenn Aufklärungsmaßnahmen im Prozess erforderlich werden, die an sich von der Verwaltung im VerwVerfahren hätten durchgeführt werden müssen[13] (eine nicht ganz seltene Fallgestaltung) oder bei nicht zeitgerechter Einbringung entscheidungsrelevanter Umstände aus der Sphäre eines Verfahrensbeteiligten, deren rechtzeitige Offenlegung gegenüber dem Gericht und/oder den übrigen Verfahrenbeteiligten zusätzliche Kosten etwa durch einen Eilantrag vermieden worden wären[14]. Wird eine ursprünglich begründete Klage durch spätere rechtliche Maßnahmen der Behörde (Planänderung im Baurecht) unbegründet, so ist die Hauptsache für erledigt zu erklären und sind die Kosten gem. § 161 Abs. 2 oder in entsprechender Anwendung des § 155 Abs. 4 dem Beklagten aufzuerlegen. Scheitert eine Klage daran, dass ein Gesetz, auf das sich der Kläger stützt, verfassungswidrig ist, so ist das Verfahren für erledigt zu erklären. Zur Kostenfolge vgl. § 161 Rn. 6. Ein Verschulden der Widerspruchsbehörde ist der Ausgangsbehörde zuzurechnen[15]. § 155 Abs. 4 soll nicht anwendbar sein,

---

6 BFH BB 1968, 779; Eyermann/Rennert Rn. 12.
7 München BayVBl. 1988, 468.
8 Berlin NJW 1963, 2044; DÖV 1977, 376; Bremen DÖV 1964, 320; Hamburg JZ 1952, 47; Koblenz AS 6, 118; Lüneburg MDR 1952, 127 f.; Münster OVGE 17, 254; 30, 34; Saarlouis DVBl. 1969, 632; Schoch/Olbertz Rn. 26. Weiter gehend, Kostenhaftung bei bloßer Verursachung durch fehlerhafte Belehrung: München DVBl. 1950, 249; Münster OVGE 10, 225; Stuttgart VRspr. 3, 518; 5, 500; Eyermann/Rennert Rn. 14; Sauer DVBl. 1969, 633; aber nicht zutreffend, weil die VwGO keine allgemeine Haftung für Belehrung kennt, die angesichts mancher Zweifelsfragen nicht selten schwierig ist.
9 LVG Düsseldorf MDR 1950, 698.
10 Münster DVBl. 1959, 292.
11 Stuttgart VRspr. 5, 398; vgl. VG Darmstadt NVwZ-RR 1996, 589.
12 Kassel NVwZ 1990, 1088.
13 Lüneburg GewA 1975, 303 f.; Mannheim NZA-RR 2002, 417; Bross VerwA 1984, 435; Bader/Bader Rn. 12.
14 Münster NVwZ-RR 2002, 702.
15 Münster OVGE 29, 213.

wenn eine Gemeinde nach § 215a BauGB heilbaren Mangel behebt und analog § 80 Abs. 7 erfolgreich einen Abänderungsantrag stellt[16].

7a   § 155 Abs. 4 bezieht sich nicht auf ein kostenverursachendes **Verschulden des Gerichts**. Hierfür gilt § 21 GKG-E[17]. Die Bestimmung bezieht sich aber nur auf Gerichtskosten, von deren Erhebung abzusehen ist[18]. Einzige Ausnahme: § 162 Abs. 3 (vgl. dort Rn. 15).

III. Rücknahme eines Rechtsbehelfs

8   Zum Begriff des Rechtsbehelfs vgl. § 124 Rn. 1. **Wer einen Rechtsbehelf zurücknimmt, hat die durch den Rechtsbehelf verursachten Kosten zu tragen**, wozu nach § 162 Abs. 3 auch die Kosten des Beigeladenen gehören können[19]. Fehlt die Kostenregelung bzgl. des Beigeladenen, Ergänzung nach § 120[20]. Das gilt auch für die Rücknahme der Klage selbst während eines Rechtsmittelverfahrens, auch wenn der Kläger in erster Instanz obsiegt hat. Ob der Rechtsbehelf begründet war, ist gleichgültig. Wird durch die Rücknahme der Berufung oder Revision eine unselbstständige Anschlussberufung oder -revision des Gegners gegenstandslos, so sind auch diese Kosten vom Rechtsmittelführer zu tragen[21]. Auch einem Prozessunfähigen, der die Klage zurücknimmt, sind die Kosten aufzuerlegen[22]. Zur Frage der Kosten bei Rücknahme auf Grund außergerichtlichen Vergleichs vgl. § 160 Rn. 6 ff.; § 106 Rn. 18. § 155 Abs. 2 ist im Beschwerdeverfahren nach §§ 116 ff. GWB analog anzuwenden; Erstattung der Kosten des Beigeladenen nach Billigkeitsprüfung analog § 162 Abs. 3[23].

9   Ist der Rechtsbehelf von einem **Vertreter ohne Vertretungsmacht** eingelegt worden, so sind bei Rücknahme diesem die Kosten des Verfahrens aufzuerlegen[24]. Zur Kostenentscheidung bei teilweiser Klagerücknahme vgl. LG Mainz NJW 1964, 114 m. abl. Anm. v. Schneider NJW 1964, 1055. Auch gegenüber § 155 Abs. 2 kann sich die Verschuldenshaftung des § 155 Abs. 4 durchsetzen und zu einer abweichenden Kostenverteilung führen[25].

---

16   Lüneburg NVwZ-RR 2002, 700; a.A. München v. 17.6.2002 – 1 NE 02.1158 – n.v.

17   Gerichtskostengesetz i.d.F. des Kostenrechtsmodernisierungsgesetzes (KostRMoG) v. 5.5.2004 (BGBl. I S. 718).

18   Koblenz NVwZ-RR 1995, 362.

19   Münster DÖV 1978, 621. Bautzen SächsVBl. 2003, 123, betrifft den Sonderfall, dass Beigeladener erstmals in der Rechtsmittelinstanz durch Antragstellung Kostenrisiko übernimmt, weshalb zuvor aus dem Verfahren ausgeschiedenen Rechtsmittelführern Kosten des Beigeladenen nicht auferlegt werden können.

20   Hamburg VRspr. 1980, 1025.

21   München VGH n.F. 6, 142; BVerwG Buchh. 310 § 65 Nr. 78; differenzierend BVerwGE 26, 297; Münster VRspr. 13, 1023; Knippel JR 1970, 13.

22   Lüneburg OVGE 8, 446.

23   OLG Düsseldorf NZBau 2001, 165.

24   Münster OVGE 1, 81; Mannheim NJW 1982, 842.

25   Münster VRspr. 21, 1016; Kopp/Schenke Rn. 11.

IV. Kosten des Wiedereinsetzungsverfahrens

Die **Kosten des Wiedereinsetzungsverfahrens fallen stets dem Antragsteller** **10** **zur Last,** gleich ob dem Antrag stattgegeben wird oder nicht, auch wenn der Antragsgegner widersprochen hat (§ 238 ZPO gilt nicht[26]). Über die Kosten ist bei abgesonderter Entscheidung über den Wiedereinsetzungsantrag in dieser zu bestimmen. Sonst müssen sie im Urteil, soweit dem Antrag stattgegeben und die Klage mindestens z.T. zum Erfolg geführt hat, besonders ausgeworfen werden. Zum Fall eines irrtümlich durchgeführten Wiedereinsetzungsverfahrens vgl. München VGH n.F. 9, 56.

V. Kosten der Verweisung

Der frühere § 155 Abs. 4 enthielt eine Kostenregelung für den Fall der **11** Anrufung eines unzuständigen Gerichts und entsprechender Verweisung. Die Bestimmung ist durch das NeuregelungsG gestrichen. Sie findet sich jetzt in § 17b Abs. 4; auf die Ausführungen hierzu Anh. zu § 41, § 17b Rn. 20 wird verwiesen.

§ 156 [Sofortiges Anerkenntnis]

Hat der Beklagte durch sein Verhalten keine Veranlassung zur Erhebung der Klage gegeben, so fallen dem Kläger die Prozesskosten zur Last, wenn der Beklagte den Anspruch sofort anerkennt.

§ 156 entspricht § 93 ZPO. Seine von § 154 Abs. 1 abweichende Regelung **1** gilt unter zwei **Voraussetzungen:**

a) Der **Beklagte darf zur Klage keine Veranlassung gegeben haben.** Solche Veranlassung ist immer dann anzunehmen, wenn das Verhalten des Beklagten vernünftigerweise einen Prozess als notwendig erscheinen ließ[1]. Dabei ist Verschulden weder auf Seiten des Beklagten noch auf Seiten des Klägers erforderlich. Bei Anfechtungs- oder Verpflichtungsklagen ist für die Anwendung des § 156 in der Regel kein Raum, da das Vorverfahren oder die Untätigkeit der Behörde stets Veranlassung zur Klage gegeben haben werden. Ausnahme ist die Klage nach § 75 vor Ablauf der Dreimonatsfrist (vgl. § 75 Rn. 6; § 161 Abs. 3).

b) Der **Beklagte muss den Anspruch sofort anerkennen.** Daran fehlt es, **2** wenn nach widersprechender Einlassung gegen den Klageanspruch erst in der mündlichen Verhandlung oder erst mit dem Verzicht auf die mündliche Verhandlung anerkannt wird. Das Anerkenntnis muss vielmehr alsbald nach Kenntnis der vom Kläger vorgebrachten klagebegründenden Behauptungen erfolgen. Das Anerkenntnis muss sich auf den ganzen Anspruch beziehen, sonst allenfalls Teilanerkenntnisurteil, auf das § 156 lediglich im Rahmen der Gesamtkostenentscheidung anwendbar ist.

§ 156 wird entsprechend auf **Verzichtsurteile** angewandt. Dagegen ist **nicht** **3** nach § 156, sondern nach § 161 Abs. 2 über die Kosten zu entscheiden, wenn entweder der Kläger sofort die Klage auf die Kosten beschränkt,

---

26   Schoch/Olbertz Rn. 18.

1   RGZ 118, 264.

nachdem durch neu eingetretene Umstände die Klage unbegründet geworden ist oder der Beklagte erfüllt hat[2] oder wenn der Beklagte sofort anerkennt, nachdem die ursprünglich unbegründete Klage durch neu eingetretene Umstände begründet geworden ist[3].

4 Gegen die Kostenentscheidung ist kein Rechtsmittel gegeben, da § 158 Abs. 2 jedes Rechtsmittel gegen eine isolierte Kostenentscheidung abschneidet.

§ 157 [Kostenpflicht von Vertretern und Bevollmächtigten]

(weggefallen)

§ 158 [Anfechtung der Kostenentscheidung]

(1) Die Anfechtung der Entscheidung über die Kosten ist unzulässig, wenn nicht gegen die Entscheidung in der Hauptsache ein Rechtsmittel eingelegt wird.

(2) Ist eine Entscheidung in der Hauptsache nicht ergangen, so ist die Entscheidung über die Kosten unanfechtbar.

§ 158 ist durch das NeuregelungsG 1990 neu gefasst worden. Mit der Bestimmung soll jede Anfechtung der Kostenentscheidung als solcher ausgeschlossen werden.

1 Nach § 158 ist ebenso wie nach § 99 ZPO die isolierte Anfechtung lediglich der Kostenentscheidung unzulässig. Die höhere Instanz soll nicht nur wegen der Kostenentscheidung zu einer Nachprüfung der Sachentscheidung selbst genötigt sein[1]. Dieser Grundsatz kann nicht dadurch umgangen werden, dass trotz Fehlens einer Beschwer in der Sache Berufung oder Revision eingelegt werden, um im Ergebnis allein die Kostenentscheidung anzugreifen[2] oder dass nach Einlegung durch Erledigungserklärung das Rechtsmittel auf den Kostenpunkt beschränkt wird[3]. Nicht zu beanstanden ist aber ein zulässiges Rechtsmittel auch dann, wenn es dem Beteiligten letztlich allein um die Kosten geht[4]. Zulässig ist der Angriff allein auf die Kostenentscheidung durch Anschlussberufung oder Anschlussrevision[5]. § 158 steht auch einer Beschwerde gegen eine Urteilsergänzung wegen der außergerichtlichen Kosten des Beigeladenen nicht entgegen[6]. Die Entscheidung über die Notwendigkeit der Hinzuziehung eines Bevollmächtigten

2   Str.; wie hier BGH NJW 1951, 360; a.A. § 156 unmittelbar anwendbar: BVerwG MDR 1957, 375.
3   Mannheim GewA 1976, 165; Münster OVGE 12, 13 will auch hier die Grundsätze des § 93 ZPO unmittelbar anwenden.
1   Vgl. BVerwG NVwZ-RR 1999, 692; München NVwZ-RR 1998, 389; Koblenz NVwZ 1999, 198; Münster NVwZ-RR 2002, 796.
2   Münster OVGE 9, 25; Berlin DÖV 1995, 1053; Bautzen DÖV 1998, 930; Bader/Bader Rn. 2.
3   Münster DÖV 1976, 608; JMBl. NW 1970, 289.
4   RG HRR 1932, 1239.
5   Str.; vgl. § 127 Rn. 3.
6   Lüneburg NVwZ-RR 2002, 897.

nach § 162 Abs. 2 S. 2 wird von Rechtsmittelausschlüssen nach § 158 Abs. 1 und 2 ebenfalls nicht erfasst[7].

Die bisherigen Ausnahmen von diesem Grundsatz sollen durch § 158 **2** Abs. 2 ausnahmslos beseitigt werden. Die frühere Regelung in § 8 EntlG wonach die Kostenentscheidung nach Erledigung der Hauptsache gemäß § 161 Abs. 2 unanfechtbar war, ist damit auf alle denkbaren Fälle isolierter Kostenentscheidungen ausgedehnt[8], also auch etwa die besondere Kostenentscheidung nach § 155 Abs. 4 abweichend von § 155 Abs. 2 im Falle der Klagerücknahme oder eine isolierte Kostenentscheidung gegenüber dem Beigeladenen gemäß § 154 Abs. 3 oder § 162 Abs. 3[9]; ebenso für eine Kostenentscheidung nach Abschluss eines Vergleichs, auch wenn sie von der Regelung des Vergleichs abweicht. Hier bleibt nur die materiell-rechtliche interne Ausgleichspflicht aus dem Vergleich. Eine verschiedentlich diskutierte Rechtsmittelfähigkeit bei »greifbarer Gesetzeswidrigkeit«[10] scheidet seit In-Kraft-Treten des Zivilprozessreformgesetzes v. 27.7.2001 (BGBl. I S. 1887) jedenfalls aus[11]. Durch eine entsprechende Anwendung des Rügeverfahrens des § 321 a ZPO über § 173 oder durch die Zulassung von Gegenvorstellungen, kann demjenigen Gericht, dem der Fehler unterlaufen ist, Gelegenheit zur Abhilfe gegeben werden[12].

§ 158 Abs. 2 gilt aber **nur** für den Fall der **isolierten Kostenentscheidung. 3** Wird über die Kosten zwar in Anwendung des § 161 Abs. 2, aber im Urteil zugleich über den Streit, ob erledigt ist, entschieden, so ist diese Kostenentscheidung, soweit sie die Kosten demjenigen auferlegt, der der Erledigung widersprochen hat, angreifbar, da Gegenstand des Rechtsmittels die Frage ist, ob die Hauptsache sich erledigt hat. Die Entscheidung nach § 162 Abs. 2 S. 2 VwGO unterfällt nicht § 158[13].

Unbeschadet § 158 ist eine **Verfassungsbeschwerde** auch ausschließlich gegen **4** den Kostenpunkt einer gerichtlichen Entscheidung, deshalb auch gegen eine isolierte Kostenentscheidung zulässig[14].

§ 159 [Mehrere Kostenpflichtige]

Besteht der kostenpflichtige Teil aus mehreren Personen, so gilt § 100 der Zivilprozessordnung entsprechend. Kann das streitige Rechtsverhältnis dem kostenpflichtigen Teil gegenüber nur einheitlich entschieden werden, so können die Kosten den mehreren Personen als Gesamtschuldnern auferlegt werden.

---

7 Greifswald NordÖR 2002, 363; Weimar ThürVBl. 2001, 108.
8 München BayVBl. 1995, 30 für Kostenentscheidung zulasten eines vollmachtlosen Bevollmächtigten.
9 München NVwZ-RR 1992, 223; Kassel NVwZ-RR 1994, 122.
10 Vgl. etwa BVerwG NVwZ-RR 1999, 692; BauR 2002, 1066; Hamburg NordÖR 2001, 247.
11 BVerwG NJW 2002, 2657; Bautzen SächsVBl. 2003, 296; München NVwZ-RR 2003, 72.
12 München NVwZ-RR 2003, 72; Münster NVwZ-RR 2003, 695.
13 Kassel NVwZ-RR 1996, 616.
14 BVerfG NJW 1987, 2569.

§ 159 verweist, wenn mehrere Personen kostenpflichtig sind, auf § 100 ZPO und ergänzt diese Bestimmung durch die Sonderregelung des § 159 S. 2.

I. Voraussetzungen

1   § 100 ZPO ist über § 159 immer anwendbar, wenn der kostenpflichtige Teil aus mehreren Personen besteht. Der kostenpflichtige braucht nicht notwendig mit dem unterliegenden Teil identisch zu sein (z.B. bei Entscheidung nach § 155 Abs. 3, 5, § 156). Der kostenpflichtige Teil kann aus mehreren Personen bestehen, wenn von Anfang an Streitgenossenschaft vorliegt (§ 64), diese später durch Verbindung verschiedener Verfahren entsteht (§ 93), in diesem Fall auch bei Anfechtungs- oder Verpflichtungsklagen bezüglich mehrstufiger VA denkbar, oder ein Beigeladener oder der VöI mit Anträgen sich am Verfahren beteiligen (§ 154 Abs. 3). Ebenso können kostenpflichtig mehrere Beigeladene sein, die sich mit gleichen Anträgen am Verfahren beteiligen. Nicht gilt § 159 für die mehreren Kläger, deren Verfahren wegen der Durchführung von Musterverfahren nach § 93a ausgesetzt ist; hier werden die Kosten in jedem Verfahren selbstständig behandelt. § 159 erfasst nicht den Fall, dass der kostenberechtigte Teil aus mehreren Personen besteht. Diese sind Gläubiger nach Kopfteilen, nicht Gesamtgläubiger. Sie haben gegen den Kostenpflichtigen einen Anspruch auf Erstattung der bei jedem einzelnen Berechtigten entstandenen Kosten[1]. Dabei gilt § 159 dann im Verhältnis zu jedem Kostenberechtigten, wenn der kostenpflichtige Teil aus mehreren Personen besteht.

II. Kostenverteilung

2   1. Die **Kosten** sind den mehreren Personen zu gleichen Teilen aufzuerlegen. Wenn also drei Streitgenossen kostenpflichtig sind, so ist jedem von ihnen ein Drittel der Kosten des Verfahrens aufzuerlegen. Wie weit untereinander die Streitgenossen sich Kosten zu erstatten haben, richtet sich allein nach materiellem Recht.

3   2. Das **Gericht kann von der Verteilung nach Kopfteilen absehen, wenn die Beteiligung der mehreren kostenpflichtigen Personen unterschiedlich war**[2]. Die Unterschiedlichkeit kann einmal auf der Priorität beruhen, etwa kann bei späterer Beiladung der Beigeladene nur mit einem geringeren Kostenteil belastet werden. Sie kann sich aber auch aus der Form der Einlassung ergeben, wenn etwa ein Streitgenosse sofort anerkennt, der andere dagegen sachliche Einwendungen erhebt.

4   3. Sind mehrere Streitgenossen oder sonstige kostenpflichtige Personen vorhanden und hat einer von ihnen besondere **kostenverursachende Angriffs- oder Verteidigungsmittel** geltend gemacht, so ist über diese Kosten besonders zu entscheiden. Im Übrigen aber verbleibt es bei der Aufteilung nach Kopfteilen. Auch nach § 155 Abs. 5, der auch im Bereich des § 159

---

1   Schoch/Olbertz Rn. 3; OLG Braunschweig NJW 1953, 948; OLG Köln NJW 1964, 1909; Eyermann/Rennert Rn. 4.
2   Sodan/Neumann Rn. 17.

anzuwenden ist, kann eine abweichende Kostenverteilung in Frage kommen.

4. Eine **Haftung als Gesamtschuldner** kommt zunächst in Frage, wenn **5** mehrere Beklagte als Gesamtschuldner in der Hauptsache verurteilt werden. In diesem Falle haften sie auch für die Kosten als Gesamtschuldner. Ausgenommen sind die Kosten, die durch ein besonderes Angriffs- oder Verteidigungsmittel eines einzelnen Streitgenossen verursacht worden sind. Neben diese in § 100 Abs. 4 ZPO genannten Fälle tritt § 159 Satz 2. Gesamtschuldnerische Haftung kann hiernach auch angeordnet werden, wenn das Streitverhältnis dem kostenpflichtigen Teil gegenüber nur einheitlich entschieden werden kann[3]. Die Bestimmung bezieht sich auf die notwendige Streitgenossenschaft (§ 64). Die Streitgenossen stehen in Rechtsgemeinschaft am Streitgegenstand oder sind nur gemeinsam sachbefugt (vgl. § 64 Rn. 4 f.).

Dagegen bleibt es bei der **Verteilung nach Kopfteilen** in den **Fällen der 6 notwendigen Beiladung.** Zwar wollte schon der Regierungsentwurf durch Hinweis auf § 154 Abs. 3 die Regelung des § 159 S. 2 auch in diesem Fall anwenden[4]. Der Hinweis ist aber nicht aufgenommen worden. Da zwischen notwendigen Beigeladenen und Kläger zwangsläufig ein Gegensatz besteht, insoweit nicht beide zusammen kostenpflichtiger Teil sein können, auf der anderen Seite der notwendig Beigeladene und die Behörde nicht im Verhältnis des § 159 S. 2 stehen, müssen die Kosten nach Kopfteilen verteilt werden[5]. Sind **mehrere notwendige Beigeladene** kostenpflichtig, ist § 159 auf sie anwendbar.

5. **Obsiegt von mehreren Streitgenossen einer, unterliegt der andere,** so ist **7** für die Kostenentscheidung § 155 Abs. 1 entsprechend anzuwenden. Die Kostenentscheidung ist so zu formulieren, dass der obsiegende Streitgenosse volle Kostenerstattung erhält, während die übrigen Kosten zwischen den anderen Beteiligten aufzuteilen sind. Die hierbei im Einzelnen möglichen Fälle der Kostenregelung sind bei Baumbach/Hartmann § 100 Rn. 49 ff. erörtert; es kann hierauf verwiesen werden[6].

6. Nach h.M. ist eine **besondere Anordnung der Haftung nach Kopfteilen 8 oder als Gesamtschuldner** in der Kostenentscheidung **nicht erforderlich,** wenn die Voraussetzungen für die Grundregel des § 100 Abs. 1 ZPO (Kopfteile) oder des § 100 Abs. 4 ZPO, § 159 S. 2 (Gesamtschuldner) gegeben sind[7]. Dennoch ist ein solcher Ausspruch zur Klarstellung zweckmäßig. Notwendig ist er, wenn das Gericht von der Grundregel abweichen will (§ 100 Abs. 2, 3 ZPO, § 155 Abs. 5). Die abweichende Kostenverteilung steht im Ermessen des Gerichts, das nicht nachprüfbar ist[8] (vgl. § 137 Rn. 13). § 159 bezieht sich auf die Kostenerstattung zwischen den Beteiligten; für die Gerichtskosten gelten §§ 58 ff. GKG.

---

3 BVerwG NVwZ-RR 2001, 143: Gesamtschuldnerische Haftung mehrerer im Normenkontrollverfahren unterlegener Miteigentümer eines Grundstücks.
4 BT-Drucks. 3/55 zu § 155.
5 Eyermann/Rennert Rn. 6; a.A. Sodan/Neumann Rn. 21.
6 Vgl. auch Mannheim NJW 1973, 2317.
7 Baumbach/Hartmann § 100 Rn. 29; Eyermann/Rennert Rn. 8; a.A. Kassel ESVGH 22, 90; Sodan/Neumann Rn. 25.
8 RG Recht 1931, 838.

§ 160 [Vergleichskosten]

Wird der Rechtsstreit durch Vergleich erledigt und haben die Beteiligten keine Bestimmung über die Kosten getroffen so fallen die Gerichtskosten jedem zur Hälfte zur Last. Die außergerichtlichen Kosten trägt jeder Beteiligte selbst.

I. Prozessvergleich

1 § 160 setzt voraus, dass durch einen Prozessvergleich das Verfahren erledigt wird. Regelt der Vergleich nur einen Teil des Streitgegenstands, so kann bei der abschließenden Kostenentscheidung insoweit der Grundgedanke des § 160 berücksichtigt werden; unmittelbar anwendbar ist § 160 hier nicht.

2 **1. Vergleich mit Kostenregelung.** Haben die Beteiligten das Verfahren durch Prozessvergleich erledigt und in dem Vergleich eine **Kostenregelung** getroffen, so ist diese für die Kostenverteilung **maßgeblich**. Sie ist unmittelbar Grundlage für die Kostenfestsetzung und -erstattung. Einer ausdrücklichen gerichtlichen Kostenentscheidung bedarf es nicht[1], da auch ein Einstellungsbeschluss nicht erforderlich ist (vgl. § 106 Rn. 11). Trifft das Gericht eine Kostenentscheidung, so hat sie zunächst nur deklatorische Bedeutung. Weicht sie freilich von der im Vergleich getroffenen Regelung ab, so muss sie im Verfahren hingenommen werden (vgl. § 158 Rn. 2); es besteht aber ein materiell-rechtlicher Ausgleichsanspruch[2].

3 **2. Vergleich ohne Kostenregelung.** Haben die Beteiligten den Rechtsstreit durch Vergleich erledigt, aber keine Kostenregelung getroffen, so gelten die Kosten als **gegeneinander aufgehoben**. Auch hier bedarf es keiner besonderen gerichtlichen Entscheidung, da sich die Kostenfolge unmittelbar aus § 160 ergibt. § 160 betrifft nicht die Kosten eines etwa vorangegangenen Widerspruchsverfahrens, weshalb eine hierfür festgesetzte Gebühr vom Kläger zu tragen ist, wenn der Vergleich insoweit nichts regelt[3]. Ist der **Vergleich** aber bewusst **auf die Hauptsache beschränkt** und deshalb die Kostenregelung unterlassen, so wird nicht der Rechtsstreit durch den Vergleich erledigt, sondern lediglich die Hauptsache. Ob dies der Fall ist, ergibt sich in der Regel daraus, dass die Beteiligten Kostenanträge stellen. In diesem Fall ist über die Kosten nicht nach § 160, sondern nach § 161 Abs. 2 zu entscheiden, denn die Beteiligten wollen hier keine Regelung nach § 160, für die, weil inhaltlich feststehend eine richterliche Entscheidung überflüssig ist, sondern eine Regelung nach billigem Ermessen unter Berücksichtigung des Sach- und Streitgegenstandes bis zum Vergleichsabschluss[4]. Der Inhalt des Vergleiches kann dabei berücksichtigt werden[5].

4 Ist der **Vergleich lediglich zwischen den Hauptbeteiligten** zu Stande gekommen und billigt der Beigeladene die darin getroffene oder sich aus § 160 ergebende Kostenregelung nicht, so muss das Gericht insoweit über die Kosten des Beigeladenen entscheiden. Für die Entscheidung gelten § 154

---

1   Wie hier Bader/Bader Rn. 1.
2   Schoch/Olbertz Rn. 4.
3   Mannheim VBlBW 2002, 212.
4   BGH NJW 1965, 103; München JR 1968, 117; Münster NJW 1965, 318; Schoch/Olbertz Rn. 3; a.A. BVerwGE 22, 339; Kassel DVBl. 1964, 600 m. krit. Anm. v. Kretschmer DVBl. 1964, 877.
5   München JR 1968, 117.

Abs. 3, § 161 Abs. 2 und § 162 Abs. 3[6]. Die Kosten sind nach Billigkeit zu regeln[7], ggf. bei Klagerücknahme im Vergleich dem Kläger aufzuerlegen oder Kläger und Beklagten in Anwendung des § 160 je zur Hälfte[8].

Die Kostenregelung des § 160 gilt auch dann, wenn im **Vergleich Klage** **5** oder Rechtsmittel **zurückgenommen** werden, eine meist wegen der Erledigung des Rechtsstreites durch den Vergleich allerdings überflüssige Erklärung[9].

II. Außergerichtlicher Vergleich

Die früher streitige Frage, ob § 160 auch auf den außergerichtlichen Ver- **6** gleich anzuwenden ist, wird jetzt überwiegend bejaht (vgl. § 106 Rn. 18). Hieraus ergibt sich:

Wird auf Grund des **außergerichtlichen Vergleichs** die **Hauptsache** für **erle-** **7** **digt** erklärt, so verbleibt es bei der Kostenregelung des Vergleiches (Kostenbeschluss des Gerichts nach § 160). Enthält der Vergleich keine Kostenregelung, entscheidet das Gericht über die Kosten nach § 160[10]. Ist die Kostenregelung bewusst ausgespart worden, Entscheidung nach § 161 Abs. 2. Wird auf Grund des **außergerichtlichen Vergleichs** die **Klage zurückgenommen,** so gilt die Kostenregelung des Vergleichs[11]. Sie ist in dem Einstellungsbeschluss auszusprechen (zu den Streitfragen vgl. Rn. 18 zu § 106). Haben die Beteiligten keine Kostenregelung getroffen, so ist über die Kosten im Einstellungsbeschluss gemäß § 160 zu befinden[12]. Ist die Kostenregelung bewusst ausgeklammert, so Kostenentscheidung nicht nach § 161 Abs. 2, sondern nach § 155 Abs. 2, da diese Regelung dann zwingend eingreift[13].

Zeigen die **Beteiligten** die **Erledigung** durch außergerichtlichen Vergleich **8** nicht an, sondern wird lediglich die Klage usw. zurückgenommen, so richtet sich die Kostenfolge ebenfalls nach § 155 Abs. 2. Der Kläger kann dann eine etwaige andere Regelung im Vergleich ggf. dem Beklagten im Vollstreckungsverfahren entgegenhalten[14].

Für die Kosten von Beigeladenen gelten die Grundsätze wie oben Rn. 4. **9**

§ 161 [Kostenentscheidung, Erledigung der Hauptsache]

(1) Das Gericht hat im Urteil oder, wenn das Verfahren in anderer Weise beendet worden ist, durch Beschluss über die Kosten zu entscheiden.

---

6 München DÖV 1973, 62; Lüneburg VRspr. 10, 250; Eyermann/Rennert Rn. 13; Kopp/Schenke Rn. 2.
7 Münster OVGE 8, 17.
8 München DÖV 1973, 62.
9 BVerwGE 22, 329; Schunck/De Clerck m. zahlr. Belegen Rn. 2c.
10 München DÖV 1980, 144; BVerwG Buchh. 310 § 160 Nr. 4 differenziert nach Billigkeitserwägungen; so auch Sodan/Neumann Rn. 35.
11 A.A. Sodan/Neumann Rn. 30.
12 BVerwGE 22, 339.
13 Eyermann/Rennert Rn. 10; a.A. München VRspr. 25, 252: stets § 160; vgl. Günther DVBl. 1988, 618.
14 Münster OVGE 8, 17.

(2) Ist der Rechtsstreit in der Hauptsache erledigt, so entscheidet das Gericht außer in den Fällen des § 113 Abs. 1 Satz 4 nach billigem Ermessen über die Kosten des Verfahrens durch Beschluss; der bisherige Sach- und Streitstand ist zu berücksichtigen. Der Rechtsstreit ist auch in der Hauptsache erledigt, wenn der Beklagte der Erledigungserklärung des Klägers nicht innerhalb von zwei Wochen seit Zustellung des die Erledigungserklärung enthaltenden Schriftsatzes widerspricht und er vom Gericht auf diese Folgen hingewiesen worden ist.

(3) In den Fällen des § 75 fallen die Kosten stets dem Beklagten zur Last, wenn der Kläger mit seiner Bescheidung vor Klageerhebung rechnen durfte.

I. Notwendigkeit und Form der Kostenentscheidung

1 Mit Abschluss jedes anhängigen Verfahrens, aber auch für jedes selbstständige Zwischenverfahren (Richterablehnung[1], Wiedereinsetzung, Streit um Zeugnisverweigerung usw.) ist zu entscheiden, wer die Kosten trägt. Die Entscheidung ist notwendig, wenn das Verfahren gerichtsgebührenfrei ist, aber außergerichtliche Kosten entstehen können. Die Kostenscheidung ist im Urteil (Gerichtsbescheid) zu treffen, wenn das Verfahren hierdurch beendet wird. Sie ist Bestandteil des Urteils. Eines ausdrücklichen Antrages, über die Kosten zu entscheiden, bedarf es nicht, da die Entscheidung gem. § 161 Abs. 1 von Amts wegen zu treffen ist (§ 308 Abs. 2 ZPO[2]). In der Wiedergabe des Tatbestandes braucht deshalb ein Kostenantrag nicht aufgenommen zu sein.

2 Fehlt die Kostenentscheidung in der Urteilsformel, ergibt sich aber aus den Entscheidungsgründen, dass das Gericht über die Kosten in bestimmtem Sinn entscheiden wollte, so kann die Berichtigung des Urteils gem. § 118 beantragt werden. Ist die Entscheidung über die Kosten dagegen übersehen worden, so ist Urteilsergänzung nach § 120 notwendig.

3 Wird das **Verfahren nicht durch Urteil abgeschlossen, sondern durch Beschluss,** so muss in dem Beschluss ggf. zusammen mit der Einstellung des Verfahrens und ggf. der Unwirksamkeitserklärung des in der Vorinstanz erlassenen Urteils[3] über die Kosten entschieden werden. In Frage kommen einmal Beschlüsse in selbstständigen Zwischenverfahren oder Beschlüsse, die das Verfahren formell beenden (Klage- oder Rechtsmittelrücknahme, Tod des Klägers bei Geltendmachung höchstpersönlicher Ansprüche). Im Fall der übereinstimmenden Erledigungserklärung ergeht hier als isolierte Kostenentscheidung ein Kostenbeschluss (§ 161 Abs. 2), im Falle der Erledigung durch Vergleich ergibt sich die Kostenfolge unmittelbar aus Vergleich oder Gesetz (vgl. § 160). Auch im Beschlussverfahren kann die Berichtigung oder Ergänzung beantragt werden, wenn die Kostenentscheidung fehlt (§ 122).

II. Erledigung der Hauptsache

4 Zu den Voraussetzungen und dem Verfahren bei Erledigung des Rechtsstreits in der Hauptsache vgl. § 107 Rn. 11 ff. § **161 Abs. 2** bestimmt den

---

1 Bautzen NVwZ-RR 1993, 447.
2 BVerwGE 14, 171.
3 Münster OVGE 9, 63.

Inhalt der Kostenentscheidung bei **Erledigung der Hauptsache.** Auf diesen Inhalt ist es ohne Einfluss, ob die Erledigung übereinstimmend erklärt oder bei widersprechenden Erklärungen vom Gericht durch Urteil festgestellt wird[4]. Nur soweit der unbegründete Widerspruch gegen die Erledigungserklärung zusätzliche Kosten verursacht hat, kann der Widerspruch die Kostenentscheidung beeinflussen. Hamburg[5] wendet auf das Verfahren bis zur Erledigung § 161 Abs. 2 und auf den Erledigungsstreit § 154 an[6]; Lüneburg differenziert zwischen den Kosten der Entscheidung über die Erledigung (§ 154) und den sonstigen Kosten (§ 161 Abs. 2)[7]. Die Entscheidung nach § 161 Abs. 2 setzt voraus, dass über die Hauptsache nicht mehr zu entscheiden ist. Ebenso wenig bei streitiger Entscheidung über die Erledigung[8]. Wird das Verfahren mit dem Festellungsantrag nach § 113 Abs. 1 Satz 4 fortgesetzt, so ist deshalb § 161 Abs. 2 nicht anwendbar. Auf das Vollstreckungsverfahren ist § 161 Abs. 2 nicht anwendbar, hier gilt § 788 ZPO[9].

Das **Gericht** hat **nach billigem Ermessen** unter Berücksichtigung des bishe- **5** rigen Sach- und Streitstandes **über die Kosten zu entscheiden.** Dabei hat das Gericht die bis zur Erledigungserklärung ihm bekannt gewordenen Sach- und Rechtsverhältnisse der Entscheidung zu Grunde zu legen[10], kann allerdings insoweit auch nicht vorgetragene, aber im Rahmen der Untersuchungsmaxime bereits aufgeklärte Umstände berücksichtigen. Nachträglich vorgelegte oder bekannt gewordene Urkunden und sonstige, auch präsente **Beweismittel** können ebenso wie neue Beweisantritte und überhaupt neuer Sachvortrag nicht verwertet werden, weil nach dem bisherigen Sachstand zu entscheiden ist[11]. Eine **Beweisaufnahme** ist nach der Erledigungserklärung in jedem Fall unzulässig. Im Zulassungsverfahren sind die Erfolgsaussichten im Hauptsacheverfahren mit zu beachten[12].

Für die **Kostenverteilung** ist einmal maßgeblich, wem bei Fortsetzung des **6** Verfahrens mutmaßlich die Kosten auferlegt worden wären[13]. Dabei braucht das Gericht freilich schwierige Rechtsfragen nicht klären, sondern kann, wenn die Entscheidung von ihrer Beantwortung abhängt, die Kosten gegeneinander aufheben[14]. Der **Grundsatz des mutmaßlichen Prozessausgangs** gilt auch, wenn der Rechtsstreit sich durch Gesetzesänderung erledigt hat. Es kommt darauf an, wer ohne diese Gesetzesänderung obsiegt

---

4 BVerwG MDR 1957, 375; Münster OVGE 10, 125.
5 NJW 1977, 1356.
6 Ebenso Münster OVGE 16, 271; 30, 170; ebenso auch BGHZ 23, 340; 83, 15.
7 VRspr. 31, 254.
8 BVerwG NVwZ 1998, 1064.
9 Münster OVGE 35, 106.
10 Münster OVGE 8, 51; Mannheim VGHBW-Ls 2000, Beil. 10, B 1–2: Berichtigung des angegriffenen Urteils während des Berufungszulassungsverfahrens.
11 Str.; wie hier BGH NJW 1974, 1385; Sodan/Neumann Rn. 103m; a.A. für Verwertung präsenter Beweismittel Stuttgart ESVGH 2, 227; Rinsche NJW 1971, 1385; wohl auch BayVerfGH BayVBl. 2002, 143.
12 Hamburg NVwZ-RR 1998, 461.
13 Kassel DÖV 1952, 157; München DÖV 1975, 177; DÖV 1953, 478; Münster OVGE 5, 82; BGH NJW 1965, 537; vgl. auch BVerwG DVBl. 1992, 1242; BFH NVwZ-RR 1997, 498, der § 34a Abs. 3 BVerfGG nicht für analog anwendbar hält.
14 BVerwG NVwZ 1998, 1126; Buchh. 310 § 161 Nr.98; Berlin NVwZ-RR 2002, 394; a.A. Bautzen NVwZ-RR 1998, 464.

hätte[15]. Neben der Frage der Prozessaussichten ist für die Kostenentscheidung von Bedeutung, ob einer der Beteiligten durch **eigenen Willensentschluss die Erledigung veranlasst** hat[16]. Es entspricht in der Regel billigem Ermessen, diesen Beteiligten mit den Kosten zu belasten[17]; aber nicht auch bei Erfüllung durch den Beklagten, wenn die Klage prozessual unzulässig war[18]; auch nicht notwendig, wenn der Beklagte auf Anweisung erfüllt[19] oder es sich um eine Ermessensentscheidung gehandelt hat[20] oder eine andere öffentliche Einrichtung das erledigende Ereignis bewirkt[21]; wohl aber trägt die Kosten der klagende Studienplatzbewerber bei Erledigung durch anderweitige Zulassung[22]. Neben diesen beiden Grundsätzen kann auch der **Verschuldensgrundsatz** des § 155 Abs. 4 für die Kostenentscheidung wesentlich sein[23], so etwa auch Verzögerungen in der Erledigungserklärung selbst, wenn zwischenzeitlich Kosten entstanden sind. Bleibt auch unter Berücksichtigung aller Umstände die Kostenregelung offen, so sind die Kosten den Beteiligten zu gleichen Teilen aufzuerlegen[24]. Zur Kostenentscheidung generell Günther DVBl. 1988, 612 ff.

7 Erledigt sich das Verfahren, weil das der Klage zu Grunde liegende Gesetz für verfassungswidrig erklärt wird, so treffen die Kosten des Verfahrens den Beklagten (öffentliche Hand)[25].
Erkennt ein Beteiligter nach Erledigung die Kostenpflicht an, so sind ihm durch Beschluss die Kosten ohne weitere Prüfung aufzuerlegen[26].

8 Die **gleichen Grundsätze** gelten, **wenn** lediglich **ein Rechtsmittel in der Hauptsache für erledigt erklärt wird** (vgl. § 107 Rn. 14). Bei einer »Erledigung zwischen den Instanzen« wird im Hauptsacheverfahren die Rechtsmitteleinlegung allein zum Zweck der Erledigungserklärung allgemein als

---

15   Hamburg MDR 1951, 509; Lüneburg OVGE 5, 307; München VGH n.F. 14, 8; Bautzen SächsVBl. 1999, 111; Eyermann/J. Schmidt Rn. 7; Schoch/Clausing Rn. 23; a.A. Münster NJW 1973, 386: Teilung zur Hälfte, wenn Klage vor Rechtsänderung unbegründet war.

16   Mannheim BWVBl. 1968, 109; Münster OVGE 7, 85; Koblenz NJW 1969, 1922; Kassel DÖV 1975, 865.

17   BVerwG MDR 1957, 375; München NVwZ 1986, 1033; Kassel NVwZ-RR 1994, 125; so bei verschleierter Klagerücknahme: BVerwG Buchh. 406.17 Nr. 29; 310 § 161 Nr. 81.

18   Mannheim NJW 1975, 707; Münster OVGE 2, 5.

19   Münster OVGE 2, 5.

20   Lüneburg NJW 1974, 1102.

21   Mannheim NVwZ 1989, 81.

22   BVerwG DVBl. 1982, 736; DVBl. 1986, 46; NVwZ-RR 1990, 348; a.A. Kopp/Schenke Rn. 18.

23   Bautzen SächsVBl. 2002, 178; Münster JZ 1978, 6; NJW 1966, 1674; München DÖV 1975, 177; Kassel NVwZ-RR 2001, 8; ESVGH 20, 165; Stuttgart DVBl. 1955, 749.

24   BVerwGE 46, 218; 63, 237.

25   Str.; wie hier BVerwG KStZ 1968, 39; Lüneburg OVGE 16, 420; VG Schleswig MDR 1968, 354; Sauer DVBl. 1969, 633; Eyermann/J. Schmidt Rn. 17; a.A.: Kosten gegeneinander aufzuheben, VG Frankfurt NJW 1959, 1795; Körner NJW 1959, 1291; es ist nach dem mutmaßlichen Ausgang ohne Verfassungswidrigkeit des Gesetzes zu entscheiden: Schunck/De Clerck Rn. 2d cc; die Kosten trägt, wer sich auf das Ges. berufen hat: BVerwG VRspr. 18, 626; Münster NJW 1966, 2377; Hamburg DÖV 1961, 274; Schoch/Clausing Rn. 23.

26   München DVBl. 1950, 580.

zulässig angesehen[27], für das Eilverfahren ist dies umstritten[28]. Hat sich die Hauptsache durch Vergleich zwischen den Hauptbeteiligten erledigt, sodass an sich nach § 160 eine Kostenentscheidung nicht notwendig ist, fehlt aber die Kostenregelung hinsichtlich des Beigeladenen, so ist diese nach § 161 Abs. 2 unter Berücksichtigung der §§ 154 Abs. 3, 162 Abs. 3 zu treffen.

8a Hat sich der Rechtsstreit nur teilweise in der Hauptsache erledigt, so ist über die Kosten nicht nach § 161 Abs. 2 zu entscheiden, sondern innerhalb der Kostenentscheidung des Endurteils über den noch anhängigen Teil der Hauptsache[29]. Die Grundgedanken des § 161 Abs. 2 können aber hierbei berücksichtigt werden.

8b Zu Fragen der entsprechenden **Anwendung** des § 161 Abs. 2 im erledigten **VerwVorverfahren** vgl. BVerwG NVwZ 1982, 120; Koblenz NJW 1982, 2460; Mannheim NJW 1981, 1524.

III. Kosten der Untätigkeitsklage

9 Abweichend von der Grundregel des § 161 Abs. 2 und des § 155 Abs. 2 sind nach § 161 Abs. 3 die **Kosten des Verfahrens stets dem Beklagten aufzuerlegen,** wenn sich ein Verfahren nach § 75 erledigt, weil dem Widerspruch stattgegeben oder der beantragte VA erlassen worden ist und der Kläger mit seiner Bescheidung vor Klageerhebung rechnen durfte[30]. Das gilt sowohl für den Fall des § 75 S. 1 wie des § 75 S. 4[31]. Das Gesetz will den Kläger nicht mit dem Risiko der Feststellung belasten, ob die Behörde aus zureichendem Grund nicht innerhalb der Dreimonatsfrist entschieden hat. Es kommt deshalb nicht auf die objektive Feststellung dieses zureichenden Grundes an, sondern lediglich darauf, ob der Kläger nach den ihm bekannten Umständen mit einer rechtzeitigen Entscheidung rechnen konnte[32]. Das dürfte regelmäßig dann der Fall sein, wenn die Behörde über Antrag oder Widerspruch nicht nur nicht entscheidet, sondern auch keinerlei sachliche Zwischenerklärung abgibt, aus der der Kläger die besonderen Gründe der Verzögerung erkennen kann[33]. Zur Sondersituation bei vereinbartem Musterprozess Hamburg NVwZ 1990, 1092.

10 § 161 Abs. 3 gilt in allen Fällen des § 75, ohne dass es darauf ankommt, ob das Gericht der Behörde eine Frist gesetzt hat[34].

---

27   München BayVBl. 1979, 618; Hamburg MDR 1995, 956; Koblenz DVBl. 1973, 894; Schoch/Clausing Rn. 19; Eyermann/J. Schmidt Rn. 12.
28   Bejahend Münster NVwZ-RR 2003, 701 (8. Senat); verneinend Münster NVwZ-RR 2002, 895 (22. Senat).
29   BVerwG NJW 1963, 923.
30   Ring NVwZ 1995, 1191.
31   BVerwG NJW 1992, 453.
32   BVerwG NJW 1992, 453; Lüneburg MDR 1968, 525; NJW 1971, 2278; vgl. auch Mannheim NJW 1970, 1143; Münster NJW 1968, 71; OVGE 27, 288.
33   Hierzu Lüneburg MDR 1968, 525; Kassel DÖV 1973, 684.
34   Mannheim ESVGH 11, 148; ebenso Hamburg NJW 1968, 1396; Koblenz NJW 1971, 1855; Lüneburg NJW 1963, 1843; MDR 1968, 525; München VGH n.F. 20, 37; Münster OVGE 27, 228; Geiger MDR 1960, 886; De Clerck NJW 1972, 2259.

11 Wird dagegen nach Klageerhebung der **beantragte VA abgelehnt** oder der **Widerspruch zurückgewiesen,** so geht, wenn der Kläger die Klage entsprechend umstellt, das Verfahren ohne Zwischenkostenentscheidung in eine Anfechtungs- oder Verpflichtungsklage über[35]. Ebenso keine Anwendung des § 161 Abs. 3, wenn der Kläger zunächst Widerspruch einlegt und erst dann die Klage zurücknimmt[36]. Erklärt der Kläger den Rechtsstreit auf Grund dieser Entscheidung dagegen in der Hauptsache für erledigt oder nimmt er die Klage zurück, so Kostenentscheidung nach § 161 Abs. 3[37]. Auch kann eine Kostenentscheidung gegen die Behörde nach § 155 Abs. 5 in Frage kommen, wenn die Verzögerung der Entscheidung auf ihrem Verschulden beruht[38]. Bei Erledigungserklärung aus anderen Gründen ist § 161 Abs. 2 anzuwenden[39]. Das alles gilt nicht bei nur teilweiser Erfüllung des Klagebegehrens durch den nachträglichen VA, aber dann folgender Erledigungserklärung und Widerspruch des Beklagten. Hier nicht § 161 Abs. 3, sondern allenfalls § 161 Abs. 2 gemäß oben Rn. 4[40].

12 Hat der Kläger nicht Verpflichtungsklage, sondern lediglich **Bescheidungsklage** erhoben und erledigt diese sich durch nachträglichen Bescheid, so bestimmen sich die Kosten nach § 161 Abs. 2, nicht Abs. 3[41].

13 Kostenentscheidungen nach § 161 Abs. 2 und Abs. 3 sind als solche **unanfechtbar.**

§ 162 [Umfang der Kostenpflicht]

(1) Kosten sind die Gerichtskosten (Gebühren und Auslagen) und die zur zweckentsprechenden Rechtsverfolgung oder Rechtsverteidigung notwendigen Aufwendungen der Beteiligten einschließlich der Kosten des Vorverfahrens.

(2) Die Gebühren und Auslagen eines Rechtsanwalts oder eines Rechtsbeistands, in Abgabeangelegenheiten auch eines Steuerberaters oder Wirtschaftsprüfers sind stets erstattungsfähig. Soweit ein Vorverfahren geschwebt hat sind Gebühren und Auslagen erstattungsfähig, wenn das Gericht die Zuziehung eines Bevollmächtigten für das Vorverfahren für notwendig erklärt. Juristische Personen des öffentlichen Rechts und Behörden können an Stelle ihrer tatsächlichen notwendigen Aufwendungen für Post- und Telekommunikationsdienstleistungen den in Nummer 7002 der Anlage 1 zum Rechtsanwaltsvergütungsgesetz bestimmten Höchstsatz der Pauschale fordern.

---

35   VG Gelsenkirchen NJW 1970, 485; München BayVBl. 1962, 387; a.A. Schoch/ Clausing Rn. 40 m.N. zur Rspr. in Fn. 209.
36   Berlin DÖV 1984, 817.
37   München NJW 1976, 2141; Eyermann/J. Schmidt Rn. 21; a.A. München VGH n.F. 27, 48; NJW 1974, 1347.
38   Kassel NVwZ 1990, 1088; VG Schleswig NJW 1966, 268.
39   Koblenz NJW 1971, 1855; Lüneburg NJW 1971, 2278; München NJW 1974, 1347; DVBl. 1977, 468; Saarlouis DÖV 1976, 607; Münster OVGE 27, 288.
40   BVerwG DÖV 1978, 416.
41   Koblenz NJW 1971, 1855; Mannheim DÖV 1975, 177; NJW 1970, 1143; München VGH n.F. 27, 48; Münster DÖV 1974, 97; Saarlouis NJW 1973, 1764; a.A. Hamburg NJW 1968, 1316; Eyermann/J. Schmidt Rn. 23.

(3) Die außergerichtlichen Kosten des Beigeladenen sind nur erstattungsfähig, wenn sie das Gericht aus Billigkeit der unterliegenden Partei oder der Staatskasse auferlegt.

A. Gerichtskosten

Die Gerichtskosten umfassen die Gebühren und die Auslagen, die an die **1** Staatskasse zu zahlen sind. Was im Einzelnen zu den Gerichtskosten zu rechnen ist, bestimmt sich ausschließlich nach dem GKG[1]. Es kann deshalb auf die Erläuterungsbücher des GKG verwiesen werden.

B. Aufwendungen der Beteiligten im Prozess

Die Aufwendungen der Beteiligten setzen sich zum einen aus den persönli- **2** chen eigenen Aufwendungen, den so genannten Parteiauslagen, zum anderen aus den Gebühren und Auslagen eines Rechtsanwalts oder sonstigen Prozessbevollmächtigten zusammen.

I. Persönliche Aufwendungen

An persönlichen Aufwendungen der Beteiligten sind solche Kosten zu er- **3** statten, die zur zweckentsprechenden Rechtsverfolgung oder Rechtsverteidigung notwendig waren. Hierzu gehören Reisekosten zur Terminswahrnehmung und zu Informationszwecken, Verdienstausfall, Aufwendungen für Porti usw. sowie sonstige Vorbereitungskosten.

Voraussetzung der Erstattungsfähigkeit ist, dass die Kosten tatsächlich ent- **4** standen sind, nicht dagegen nur hätten entstehen können[2]. Aufwendungsersatz für die eigene Anfertigung von Schriftsätzen kann deshalb auch mit der Begründung, dass ein fremder Schreiber hierfür eine bestimmte Vergütung erhalten hätte, nicht verlangt werden[3]. Ist die eigenhändige Herstellung eines Schriftsatzes unzumutbar, können die Kosten erstattungsfähig sein[4]. Werden mit den gleichen Reisekosten mehrere Termine wahrgenommen, so sind die Kosten, gleich ob bei einer Privatperson, bei einem Behördenvertreter oder einem Rechtsanwalt entstanden, auf die Verfahren aufzuteilen, nicht in jedem Verfahren voll zu berechnen[5].

---

1   Gerichtskostengesetz v. 5.5.2004 (BGBl. I S. 718).
2   Kassel ESVGH 1, 9; Mannheim NVwZ 1998, 402.
3   Lüneburg OVGE 25, 491; ähnlich: München NVwZ-RR 2001, 611: Die nur für Rechtsanwälte geltende BRAGebO findet nach dem ausdrücklichen Wortlaut des § 162 Abs. 2 S. 1 keine Anwendung auf die Erstattung von Aufwendungen für die Vertretung durch Bedienstete juristischer Personen des öffentlichen Rechts und Behörden, die keine zugelassenen Rechtsanwälte sind; entsprechendes wird künftig für das RVG gelten.
4   Mannheim NVwZ-RR 1994, 184.
5   Schultzenstein ZZP 36, 320; Schoch/Olbertz Rn. 18; a.A. Münster OVGE 22, 19; DÖV 1953, 125; OLG München RPfl. 1956, 60: jeder Gegner haftet auf die vollen Kosten, die aber nur einmal verlangt werden können; Sodan/Neumann Rn. 63.

5 **Reisekosten zum Zwecke der Terminswahrnehmung** sind in den Tatsacheninstanzen stets erstattungsfähig. Ein Beteiligter hat das Recht, an Verhandlungsterminen teilzunehmen, auch wenn seine persönliche Anwesenheit nicht angeordnet ist und auch wenn er durch einen Prozessbevollmächtigten vertreten wird[6]. Für einen Beamtenprozess mit existenziell wichtiger Bedeutung hat das VG Hannover die Erstattungspflicht auch für das Revisionsverfahren bejaht. Auch die Reisekosten des Behördenvertreters sind stets erstattungsfähig[7], ggf. auch für zusätzlich anwesende technisch-sachverständige Beamte[8]. Die Höhe bestimmt sich nach dem ZSEG[9]. Regelmäßig aber keine Erstattung der durch Teilnahme am Verkündungstermin entstandenen Kosten[10].

6 Mindestens eine **Informationsreise eines Beteiligten** zum auswärtigen Anwalt ist als notwendig, ihre Kosten deshalb als erstattungsfähig anzusehen. Ob weitere Reisen erstattungsfähig sind, richtet sich nach den Besonderheiten des Einzelfalles[11]. Dabei sollte nicht übersehen werden, dass viele Beteiligte in der Regel auch auf bestimmte schriftlich gestellte Fragen sich nicht erschöpfend zur Sach- und Rechtslage schriftlich äußern können, sodass mündliche Besprechungen mit dem Anwalt regelmäßig zur sachgemäßen Bearbeitung notwendig sind[12].
Zeitversäumnisse eines Beteiligten, die durch als erstattungsfähig anzusehende Reisen entstehen, sind ebenfalls nach dem JVEG zu erstatten[13]. Weiter gehende Aufwendungen können nicht ersetzt werden[14].

7 Vorbereitungskosten sollten stets als erstattungsfähig angesehen werden, wenn sie sich konkret auf den Prozess – nicht nur auf das VerwVerfahren[15] – beziehen und mit ihnen Tatsachen ermittelt oder Unterlagen beschafft werden, die vom Gericht für seine Überzeugungsbildung herangezogen worden sind. Bloße Fotos zur Darstellung der konkreten Situation sind nicht erstattungsfähig[16]. Die Beschaffung von Urkunden, die Einholung von Auskünften, ggf. auch die Beiziehung von Gutachten – z.B. Grundstücks- oder Entschädigungsbewertungen, Immissionsauswirkungen – sind vielfach notwendige Voraussetzungen der Prozessführung, ohne die eine Klage nicht überzeugend begründet oder aber die Rechtsverteidigung nicht

---

6 Str.; wie hier Kassel DÖV 1976, 607; Eyermann/J. Schmidt Rn. 5; a.A. nur bei Anordnung der Anwesenheit Lüneburg DVBl. 1951, 702 m. abl. Anm. von Horion.
7 Mannheim ESVGH 16, 86; Münster OVGE 4, 32; vgl. auch Lüneburg OVGE 28, 374; zu weitgehend München BayVBl. 1973, 164.
8 Kassel AgrarR 1989, 256.
9 Str.; BVerwG Rechtspfleger 1984, 158 m.w.N.
10 München VRspr. 28, 236.
11 Münster NVwZ-RR 1995, 123.
12 Vgl. auch Tipke/Kruse Rn. 9 zu § 139 FGO.
13 Justizvergütungs- und -entschädigungsgesetz (JVEG) v. 5.5.2004 (BGBl. I S. 776); vgl. zum früheren ZSEG Münster NVwZ-RR 1995, 123.
14 Koblenz NJW 1988, 1807.
15 Mannheim Agrarrecht 1992, 177.
16 Münster NVwZ-RR 1994, 302.

einwandfrei geführt werden können[17]. Das BVerwG hat aus der Mitwirkungspflicht der Beteiligten gefolgert, diese müssten sich für die Erörterung von Berechnungen oder schwierigen technischen Zusammenhängen notfalls mit Hilfe eines Gutachtens sachkundig machen. Solche Gutachtenkosten seien erstattungsfähig[18], eine für Verfahren im Umweltrecht besonders gewichtige These. Von der Behörde beauftragte Gutachten sind, auch wenn sie erst im Prozess beigezogen werden, allenfalls dann erstattungsfähig, wenn sie nicht bereits zur Sachaufklärung im Verwaltungsverfahren hätten eingeholt werden müssen[19]. Bedient sich die Behörde eines durch Dienstvertrag für sie tätigen Privaten als orts- und sachkundigen Vertreter, sind diese Kosten nicht erstattungsfähig[20]. Eine Erstattung der Kosten für ein Rechtsgutachten ist nur bei Prüfung abseitiger, insbesondere ausländischer Rechtsfragen denkbar[21]. Zu den Vorbereitungskosten können auch solche Auslagen gehören, die erst im Verlauf des Prozesses notwendig werden.

Die **Auslagen für Ausfertigung und Abschriften** gem. § 100 Abs. 2 können **8** erstattungsfähig sein, wenn sie zur Prozessführung notwendig sind und anders die Beteiligten die Unterlagen sich nicht beschaffen können[22]. Zur leidigen Frage, wieweit die Kosten von Fotokopien zu erstatten sind[23].

Post- und Telekommunikationsentgelte sind regelmäßig in dem notwendigen Umfang erstattungsfähig, ggf. auf Nachweis. Das gilt auch für die entsprechenden Auslagen einer Behörde[24]; für diese und sonstige juristische Personen des öffentlichen Rechts wurde durch das RmBereinVpG[25] mit § 162 Abs. 2 S. 3 insofern eine Erleichterung eingeführt, als sie in nach

---

17 Für Erstattungsfähigkeit von **Privatgutachten**, z. T. allerdings auf den konkreten Fall abgestellt: BVerwG Rpfleger 1991, 388; NVwZ 2001, 919; OLG Düsseldorf NJW 1959, 2314; OLG Frankfurt MDR 1955, 305; AnwBl. 1987, 149; OLG München NJW 1963, 1682; AnwBl. 1973, 144; OLG Stuttgart VersR 1988, 1057; MDR 1961, 155; Münster OVGE 7, 93; MDR 1969, 170; Stuttgart ESVGH 3, 226; Lüneburg OVGE 24, 398; VG Münster MDR 1962, 1019; LG Limburg MDR 1966, 516; Schneider MDR 1965, 963; Baumbach/Hartmann § 91 Rn. 101 ff.; Tipke/Kruse Rn. 8 zu § 139 FGO; enger München VGH n.F. 20, 23; DÖV 1999, 307; OLG Stuttgart DVBl. 1984, 201; OLG Köln MDR 1960, 772; KG JW 1934, 1179; LVG Hannover DVBl. 1955, 265; Sodan/Neumann Rn. 36 ff.; grds. ablehnend Mannheim VBlBW 1996, 375; aber NVwZ 1998, 691: Ausnahme bei prozessuale Notlage oder gerichtliche Aufforderung, und NVwZ-RR 2002, 315: aus Gründen der »Waffengleichheit«; ähnlich München NVwZ-RR 2002, 316; NVwZ-RR 2001, 69; Münster NVwZ-RR 2002, 902; Eyermann/J. Schmidt Rn. 4; für med.-psych. Gutachten im Fahrerlaubniswiedererteilungsverfahren bejaht von Bremen NJW 1987, 1843, verneint von Mannheim NJW 1986, 1370.
18 BVerwG NVwZ 1993, 268. Ähnlich München DÖV 2003, 170: Aufwendungen des beigeladenen Anlagenbetreibers für Sachbeistände nur erstattungsfähig, wenn aufgeworfene technische Fragen durch eigenes Fachpersonal nicht sachgerecht beantwortet werden können.
19 Mannheim DÖV 1983, 346; NVwZ 1998, 690; vgl. München NVwZ-RR 1997, 328.
20 München BayVBl. 1996, 606.
21 BVerwG Buchh. § 162 Nr. 24; München BayVBl. 75, 711; Eyermann/J. Schmidt Rn. 4; weiter Kopp/Schenke Rn. 8.
22 Hierzu BVerfGE 61, 209; Hamburg Rpfleger 1984, 329.
23 Vgl. VG Freiburg AnwBl. 1978, 431; Lüneburg OVGE 27, 471; Mannheim NJW 1968, 2352; Münster DVBl. 1969, 376; NJW 1968, 2351; auch BVerwG NJW 1971, 209; Kassel AnwBl. 1984, 52.
24 Münster JurBüro 2001, 34; Lüneburg OVGE 5, 356.
25 Gesetz zur Bereinigung des Rechtsmittelrechts im Verwaltungsprozess v. 20.12.2001 (BGBl. I S. 3987).

dem 1.1.2002 anhängig gewordenen Verfahren (vgl. § 194 Abs. 5) an Stelle ihrer tatsächlichen Aufwendungen die für Rechtsanwälte geltende Pauschale nach Nr. 7002 der Anlage 1 zu § 2 Abs. 2 RVG[26]: 20 v.H., höchstens 20,– Euro, fordern können. Die Generalunkosten einer Behörde, die allgemein mit der Prozessführung verbunden sind, brauchen nicht erstattet zu werden, selbst wenn sie genau spezifiziert werden können[27], ebenso nicht Kosten für Zeitversäumnis des Beamten[28] oder die Anfertigung von Fotokopien der Behördenakten für den eigenen Gebrauch[29].

II. Anwaltliche Gebühren und Auslagen

10 Die Gebühren und Auslagen eines Rechtsanwalts als Prozessbevollmächtigten eines Beteiligten sind stets erstattungsfähig; Ausnahmen soll dieser Grundsatz erfahren bei rechtsmissbräuchlichem Verhalten, das objektiv nur dazu angetan ist, dem Gegner Kosten zu verursachen[30], oder bei einem offensichtlichen Verstoß gegen den Grundsatz, im Rahmen des Verständigen die Kosten nach Möglichkeit gering zu halten; diese Grenze ist erst überschritten, wenn keine guten Gründe für die Entstehung der Kosten vorliegen, wobei sich eine »kleinliche Handhabung« verbietet[31]. Maßgeblich ist die ex-ante-Sicht einer verständigen Partei, ob sich die Handlung ex post als unnötig herausstellt, ist ohne Belang[32]. Die anwaltlichen Gebühren und Auslagen bestimmen sich für vor dem 1.7.2004 erteilte Aufträge nach der BRAGebO, danach nach dem Rechtsanwaltsvergütungsgesetz (§ 60 RVG)[33]. Jeder Beteiligte ist in jeder Lage des Verfahrens berechtigt, einen Bevollmächtigten mit seiner Vertretung zu beauftragen (§ 67). Das gilt auch für Behörden[34] und auch für die Vertretung beim OVG und BVerwG trotz des mit § 67 Abs. 1 Satz 3 eingeführten Behördenprivilegs. Denn mit der dort zur Voraussetzung gemachten Befähigung zum Richteramt ist zur Befähigung, ein Revisionsverfahren mit seinen zahlreichen Besonderheiten ordnungsgemäß führen zu können, nichts ausgesagt. § 162 Abs. 2 enthält nicht die Einschränkung des § 91 Abs. 2 ZPO, dass **Kosten eines nicht am Sitz des Gerichts tätigen Rechtsanwalts** nur erstattungsfähig sind, wenn seine Zuziehung notwendig gewesen ist. § 162 Abs. 2 will den Beteiligten die Einschaltung eines qualifizierten, mit den Fragen des Verwaltungsrechts vertrauten Rechtsanwalts ermöglichen[35].

---

26 Rechtsanwaltsvergütungsgesetz (RVG) v. 5.5.2004 (BGBl. I S. 788).
27 Hamburg DV 1950, 158, 242; Koblenz ZMR 1963, 126; Mannheim ESVGH 17, 52.
28 Koblenz NJW 1982, 1115.
29 Münster ZBR 1984, 317.
30 Mannheim VBlBW 1990, 136, 137; NVwZ 1992, 388; München NJW 1982, 2394; Lüneburg NVwZ-RR 2002, 467; B. v. 6.4.1993 – 10 O 504.92 u.A. und v. 22.9.1998 – 10 O 4442/97; Eyermann/J. Schmidt Rn. 8; Kopp/Schenke Rn. 10.
31 Mannheim NVwZ-RR 1996, 238; Greifswald NVwZ-RR 1996, 238; Berlin DVBl. 2001, 920; NVwZ-RR 2001, 614: Bestellung eines Rechtsanwalts trotz des gerichtlichen Hinweises auf Unzulässigkeit der Klage; NVwZ-RR 2002, 237.
32 BVerwG NJW 2000, 2832.
33 Rechtsanwaltsvergütungsgesetz v. 5.5.2004 (BGBl. I S. 788).
34 München BayVBl. 1978, 93; Lüneburg NJW 1952, 911; Münster DÖV 1953, 126; VG Braunschweig BB 1968, 1018; für die BvS VG Berlin VIZ 1996, 55; Sendler NJW 1998, 1282; a.A. Mannheim NVwZ 1992, 388; Kassel ESVGH 9, 10; Lüneburg NJW 1998, 1330; 1331. Vgl. auch die Auseinandersetzung zwischen Schmidt VBlBW 2002, 422, und Birk VBlBW 2003, 15.
35 BT-Drucks. 3/55 S. 48; Lüneburg MDR 1973, 436.

Das gilt nicht für den Steuerberater oder Wirtschaftsprüfer, der nicht in einer Abgabenangelegenheit auftritt[36]. Zur Erstattungsfähigkeit vorprozessualer Reisekosten eines Anwalts Lüneburg OVGE 24, 398.

Beauftragt ein Beteiligter einen **Anwalt außerhalb des Gerichtssitzes,** aber **11** an oder in der Nähe seines Wohnsitzes, so sind deshalb die durch die Terminswahrnehmung entstehenden Reisekosten als Auslagen des Rechtsanwalts erstattungsfähig[37]. Das gilt auch bei Beauftragung eines nicht in Leipzig ansässigen Anwalts zur Prozessführung vor dem Bundesverwaltungsgericht[38] sowohl für die Kosten der Flugreise[39] wie auch die etwaige Taxifahrt zum Flughafen[40]; der Rechtsanwalt darf das für bequemste und zeitgünstigste Verkehrsmittel wählen; diese Wahl ist grundsätzlich auch für die Erstattungspflicht zu beachten[41]. Im Einzelfall kann es zur zweckentsprechenden Rechtsverfolgung auch notwendig sein, einen Anwalt zu beauftragen, der weder am Gerichtssitz noch am Wohnsitz des Beteiligten tätig ist, wenn die Prozessführung Spezialkenntnisse im materiellen Recht verlangt[42] oder ein besonderes Vertrauensverhältnis zum auswärtigen Anwalt besteht[43]. In solchen Fällen können zusätzliche Auslagen durch höhere Reisekosten des Anwalts oder durch eine Informationsreise des Beteiligten erstattungsfähig sein[44].

Die Frage, inwieweit die **Kosten mehrerer Bevollmächtigter** zu erstatten **12** sind, ist nach den für den Zivilprozess entwickelten Grundsätzen zu entscheiden. Sind mehrere Anwälte gleichzeitig bestellt, so werden stets nur die Kosten eines Anwalts erstattet. Das gilt auch für den Korrespondenzanwalt. Denn der Verwaltungsprozess kennt keine Beschränkung des Anwalts auf ein bestimmtes Gericht. Gerade unter der Anerkennung des Grundsatzes, dass die Kosten eines beauftragten Anwalts außerhalb des Gerichtssitzes erstattungsfähig sind, ist die Notwendigkeit der Einschaltung eines Korrespondenzanwalts regelmäßig zu verneinen[45]. Allenfalls kann eine Erstattung der Kosten bis zur Höhe der Aufwendungen für eine Informationsreise zum Hauptbevollmächtigten in Frage kommen. Auch die Kosten eines für einen auswärtigen Beweistermin neben dem Hauptbevoll-

---

36 Münster DVBl. 2000, 578.
37 Kassel NJW 1962, 1835; Koblenz NJW 1963, 1796; Lüneburg NJW 1962, 462; Münster 12.3.1962 – IV B 720/61 – n.v.; VG Bremen NJW 1969, 948; BAG NJW 1963, 1027; Henrichs NJW 1960, 517; Knobelsdorf NJW 1960, 423; München BayVBl. 1996, 476; enger Mannheim NJW 1968, 564; in Flurbereinigungssachen München AnwBl. 1974, 50.
38 So noch zum seinerzeitigen Sitz des Gerichts in Berlin: Münster XII B 579/77 – n.v.; Hamburg NJW 1966, 1770; Kassel JR 1964, 195; Koblenz NJW 1963, 1796; VG Koblenz JR 1963, 156.
39 Mannheim ESVGH 13, 240.
40 Münster I B 854/69 v. 19.1.1970 – n.v. –; VG Frankfurt JR 1964, 197.
41 VG Stuttgart B. v. 13.1.1999 – 11 K 17431/95 – n.v. (Taxikosten); allgemein OLG Bamberg JurBüro 81, 1350; BPatG RPfl. 1995, 40; LG Berlin JurBüro 1999, 526; Zöller/Herget § 91 Rn. 13.
42 Frankfurt (Oder) NVwZ-RR 2002, 317.
43 Weimar LKV 1996, 167; Greifswald NVwZ-RR 1996, 238; München NVwZ-RR 1997, 326.
44 So grundsätzlich auch Mannheim NVwZ-RR 1993, 112; Koblenz NJW 1963, 1796; München BayBVl. 1977, 477, 637; vgl. ferner VG Hamburg JR 1964, 398; VG Stuttgart NJW 1971, 2190. Zu den Kosten einer Informationsreise zwecks Besichtigung eines Bebauungsplangebiets Koblenz AnwBl. 2001, 442; Lüneburg NVwZ-RR 2001, 414.
45 Hierzu Kassel NJW 1969, 1640.

mächtigten eingeschalteten zusätzlichen Anwalts sind regelmäßig nur bis zur Höhe der Reisekosten und des Tagesgeldes des Hauptbevollmächtigten erstattungsfähig[46]. Sind **mehrere Anwälte nacheinander** infolge Anwaltswechsel tätig, so sind die Kosten des zweiten Anwalts nur dann neben denen des Ersten zu erstatten, wenn der Anwaltswechsel weder auf Verschulden des Beteiligten noch auf dem des ersten Rechtsanwalts beruht. Der Beteiligte muss das Fehlen eines Verschuldens beweisen[47]. Zu Einzelheiten vgl. Baumbach/Hartmann § 91 Rn. 124 ff.; Schneider MDR 1981, 451.

12a Ein sich selbst »vertretender« Rechtsanwalt kann Gebühren und Auslagen in gleicher Höhe wie bei einer Drittvertretung geltend machen[48], es sei denn, er wird als Organ einer juristischen Person tätig[49].

12b Häufiger Streitpunkt in Kostenfestsetzungsverfahren sind **Kosten für Ablichtungen aus Behörden und Gerichtsakten**, die der Rechtsanwalt gemäß Nr. 7000 des Vergütungsverzeichnisses (Anlage 1 zu § 2 Abs. 2 RVG)[50] verlangen kann, soweit deren Herstellung zur sachgemäßen Bearbeitung der Rechtssache geboten war. Entgegen einer weit verbreiteten Praxis darf kein engherziger Maßstab angelegt werden[51]. Vielmehr steht dem Rechtsanwalt ein Beurteilungsspielraum über die Notwendigkeit anzufertigender Fotokopien zu, denn er, nicht das Gericht, das ex post über die Erstattbarkeit der Schreibauslagen zu entscheiden hat, ist für die Führung der Rechtssache verantwortlich. Deshalb muss er sich ex ante auf alle Eventualitäten im Rahmen des Vernünftigen vorbereiten, weshalb auch die Kopie eines Schriftstücks, das sich erst im weiteren Verfahrens als unerheblich erwiesen hat, durchaus erstattungsfähig sein kann. Auch die Verfahrensökonomie gebietet, wiederholte Akteneinsichten zu verhindern oder vermindern, die zu Verzögerungen und erheblichen Kosten für alle Beteiligten, auch für die Gerichtsverwaltung führen können[52]; eine kleinliche Behandlung ist deshalb verfehlt, auch wenn die Höhe der Schreibauslagen im Vergleich zu den übrigen Kosten einen beachtlichen Betrag ergeben mag.

C. Kosten des Vorverfahrens

13 Die **persönlichen Kosten und Auslagen eines Beteiligten im Vorverfahren** werden von der Kostenentscheidung des Hauptverfahrens mit erfasst. Wieweit auch im VerwVorverfahren entstandene und möglicherweise gezahlte Gebühren, insbesondere die des Widerspruchsbescheides zu den Auslagen

---

46   RGZ 51, 11.
47   KG JW 1934, 914.
48   Str.; BVerwG DVBl. 1981, 680; Greifswald NordÖR 2002, 363; München BayVBl. 1972, 645; BFH NJW 1977, 408; Stelkens/Stelkens Rn. 52 zu § 80; a.A. München DÖV 1978, 697; Pietzner BayVBl. 1979, 112.
49   Kopp/Schenke Rn. 9; a.A. Lüneburg NVwZ-RR 2002, 237.
50   RVG v. 5.5.2004 (BGBl. I S. 788).
51   BVerwG NJW 1971, 209 f.; München NVwZ-RR 2001, 413; Münster, B. v. 6.8.2001 – 10a D 180/98.NE –, insoweit in BauR 2002, 530, nicht abgedruckt; VG Oldenburg NVwZ-RR 2002, 78; OLG Karlsruhe OLG-Report 1998, 304; Bader/Bader Rn. 12.
52   Gerichtskostengesetz (GKG) v. 5.5.2004 (BGBl. I S. 718) hat die Aktenversendungspauschale (Nr. 9003 KV GKG) von EUR 8,00 auf EUR 12,00 angehoben.

des Beteiligten gehören, ist bisher wenig geklärt. BVerwG[53] und Hamburg[54] rechnen sie grundsätzlich dazu, ohne in den entschiedenen Fällen aber die Erstattungsfähigkeit zu bejahen; Münster[55] scheidet sie aus dem Vorverfahren aus. Der Gebührenansatz ist aber Bestandteil des VA, also auch des Widerspruchsbescheids. Dieser ist, wie sich aus § 79 Abs. 1 Nr. 1 ergibt, auch Streitgegenstand des VerwProzesses. Deshalb bezieht sich jede gerichtliche Entscheidung und auch jeder Vergleich auch hierauf, wenn nicht ausdrücklich etwas anderes erklärt wird. Das Landesgebührenrecht kann hieran nichts ändern[56]. Die **Gebühren** und **Auslagen** eines **Bevollmächtigten** im **Vorverfahren** sind erstattungsfähig, wenn die Hinzuziehung durch das Gericht für notwendig erklärt worden ist. § 162 Abs. 2 Satz 2 setzt stets voraus, dass es im Anschluss an das Vorverfahren zum Verwaltungsprozess gekommen ist. Streitig ist, ob hierfür ein Aussetzungs- oder ein Verfahren nach § 123 genügt. Einige OVG[57] verneinen dies, weil § 162 Abs. 2 S. 2 einen dem Vorverfahren nachfolgenden Rechtsstreit in der Hauptsache verlangt. Mit Münster[58] und VG Köln[59] ist der entgegengesetzten Auffassung zuzustimmen, wenn das Vorverfahren notwendige Voraussetzung des Gerichtsverfahrens ist, was bei § 80 stets, bei § 123 in der Regel der Fall ist. Hier ist Entscheidung nach § 162 Abs. 2 S. 2 zulässig, wenn sich die Sache im vorläufigen Verfahren erledigt. Wird im Vorverfahren dem Widerspruch stattgegeben, sodass sich das Verfahren erledigt, so gilt § 80 VwVfG (vgl. § 73 Rn. 24 ff.). Fehlt hier die Kostenentscheidung, so Klage zur Hauptsache, nicht Verfahren nach § 162 Abs. 2. Die nach § 162 Abs. 2 S. 2 festzusetzenden Kosten betreffen nur den Teil des Widerspruchsverfahrens, dem sich das Klageverfahren angeschlossen hat[60]. Das Verfahren vor der Bundesprüfstelle ist kein Verwaltungsvorverfahren[61].

Die **Notwendigkeit** der Hinzuziehung eines Bevollmächtigten im Vorverfahren durch den Bürger und damit die Erstattungsfähigkeit seiner Gebühren und Auslagen ist **in der Regel zu bejahen,** da ohne rechtskundigen Rat der Bürger nur in Ausnahmefällen materiell und verfahrensrechtlich in der Lage ist, seine Rechte gegenüber der Verwaltung ausreichend zu wahren[62]. Es genügt auch eine interne Beratung, Tätigkeit nach außen ist nicht erforderlich[63]. Die Notwendigkeit ist für Verfahren zur Zulassung zum Stu- **13a**

---

53 VRspr. 27, 243.
54 VRspr. 27, 1006.
55 KStZ 1984, 217.
56 A.A. Sodan/Neumann Rn. 128; differenzierend nach Ausgang des gerichtlichen Verfahrens Schoch/Olbertz Rn. 67.
57 Koblenz DVBl. 1989, 892; Münster OVGE 29, 25; NJW 1975, 325; NVwZ-RR 2002, 317; Lüneburg NJW 1974, 2022; Kassel NVwZ-RR 1999, 346; Mannheim NVwZ-RR 1998, 402; VBlBW 2001, 111; Weimar ThürVBl. 2001, 61; Saarlouis, B. v. 28.8.2002 – 2 Y 4/02 –; Friese DÖV 1974, 264.
58 OVGE 28, 31.
59 NJW 1973, 1015 (Anm. Grave).
60 Mannheim NVwZ-RR 1992, 54; ggf. also Aufteilung der Kostenerstattung.
61 Münster NJW 1970, 215.
62 BVerwGE 17, 245; 10, 21; BayVBl. 1994, 285; Bremen NVwZ 1989, 75; Koblenz NJW 1972, 222; Lüneburg NVwZ-RR 1996, 615; VG München AnwBl. 1970, 29; 1973, 23; VG Oldenburg AnwBl. 1981, 248; VG Regensburg AnwBl. 1973, 23; VG Saarlouis NJW 1969, 154; KDV-Verfahren: BVerwG Buchh. 316 § 80 Nr. 26.
63 Münster NVwZ-RR 1988, 128; a.A. München NVwZ-RR 1993, 221; Lüneburg OVGE 28, 366 f.; Münster NVwZ-RR 1989, 53; NVwZ-RR 1996, 620.

dium[64] und in Wehrpflichtsachen[65] verneint worden[66]; differenzierend für Sozialhilfesachen VG Braunschweig[67]; generell für den Personalrat bejaht: München[68]. Kein Anspruch des sich selbst vertretenden Rechtsanwalts[69] oder Hochschullehrers[70], wohl des Architekten auch im Bauprozess[71]. § 162 Abs. 2 S. 2 gilt grundsätzlich auch für eine anwaltliche Vertretung der Behörde im Widerspruchsverfahren[72].

13b Die Harmonisierung der Rechtsprechung zu § 162 Abs. 2 mit § 80 Abs. 2 VwVfG, wonach die **Gebühren** eines Rechtsanwalts im **isolierten,** obsiegenden **Vorverfahren** erstattungsfähig sind, ist bisher nicht gelungen. Da sich beide Bestimmungen auf die Hinzuziehung des Rechtsanwalts im Vorverfahren beziehen, kann die Notwendigkeit nicht deshalb unterschiedlich beurteilt werden, weil im einen Fall ein Rechtsstreit folgte, im anderen nicht. Das BVerwG[73] stellt aber zu § 80 Abs. 2 auf die Zumutbarkeit ab und kommt zu einer wesentlich engeren Bejahung der Notwendigkeit[74]. Die in BVerwG ZBR 1987, 256 dargelegte Auffassung, dass die Entscheidung nach § 80 Abs. 2 konstitutiv die Erstattungspflicht begründe, was der Auslegung des § 162 Abs. 2 nicht entspricht, ändert an der Identität des Begriffs »notwendig« nichts. Zu dem Gesamtkomplex jetzt eingehend Stelkens/Stelkens § 80 Rn. 80 ff., der hier vertretenen Auffassung entsprechend.

13c Die **Entscheidung** über die Notwendigkeit der Hinzuziehung eines Bevollmächtigten kann das Gericht im **Urteilstenor** oder aber auch durch nachträglichen **Beschluss** treffen[75]. Sie ist auch nach Abschluss eines Vergleiches mit Kostenregelung möglich, wenn nicht diese Kostenregelung die Erstattung ausdrücklich oder konkludent ausschließt. Sie kann auch während des Verfahrens erfolgen, sodass ggf. das Rechtsmittelgericht zuständig ist[76], ebenso nach Rücknahme der Klage[77]. Es muss aber stets eine Entscheidung des Gerichts vorliegen, der Urkundsbeamte im Kostenfestsetzungsverfahren ist hierzu nicht befugt[78]. Nach Abschluss des Hauptverfahrens ist das Gericht des ersten Rechtszuges zuständig[79]. Die Entscheidung ist stets als selbstständiger Beschluss anzusehen, der deshalb immer der

---

64   Münster NJW 1983, 356; Hamburg JZ 1984, 25; a.A. Koblenz NVwZ 1988, 842.
65   BVerwG NVwZ-RR 2002, 446; Münster NJW 1983, 355.
66   In Wehrpflichtsachen differenziert entscheidend BVerwG BayVBl. 1996, 571.
67   NVwZ 1988, 758.
68   ZBR 1990, 159.
69   Str.; München NJW 1978, 2414; Lüneburg VRspr. 27, 125; a.A. BVerwG DVBl. 1981, 680; München BayVBl. 1972, 645; Münster NWVBl. 1990, 283; Mannheim AnwBl. 1980, 219; VG Oldenburg NVwZ-RR 1995, 62; Kopp/Schenke Rn. 19; Einzelfall maßgebend BVerwG Buchh. 310 § 162 Nr. 17.
70   Münster NJW 1976, 1333.
71   Münster JZ 1978, 6.
72   München BayVBl. 1978, 93; Kopp/Schenke Rn. 10; Magdeburg LKV 1998, 319; a.A.: regelmäßig nicht Mannheim NVwZ-RR 1993, 111.
73   NVwZ 1983, 34 m. krit. Anm. Mallmann NVwZ 1983, 338; NVwZ 1987, 883.
74   Dazu a.A. auch BVerwGE 55, 299; Meyer/Borgs § 80 Rn. 35; Kopp, VwVfG § 80 Rn. 29.
75   BVerwGE 27, 39; NVwZ-RR 2003, 246; Hamburg NJW 1961, 937; Kassel NJW 1965, 1732; Lüneburg OVGE 18, 480; § 120 ist nicht anwendbar, vgl. dort Rn. 8.
76   Kassel DÖV 1989, 642; Münster NVwZ-RR 2002, 785.
77   Mannheim BWVBl. 1989, 294.
78   BVerwG Buchh. 310 § 162 Nr. 16; a.A. Münster OVGE 21, 12.
79   BVerwG Buchh. 310 § 162 Nr. 10; Buchh. 310 § 161 Nr. 110; NVwZ 2003, 246.

Beschwerde nach § 146 Abs. 3 unterliegt, wenn die Beschwerdesumme erreicht ist[80].

D. Kosten der Rechtsbeistände, Steuerberater oder sonstiger Bevollmächtigter

Für Rechtsbeistände (vgl. hierzu Rn. 12 zu § 67) und Steuerberater gelten **14** die für Rechtsanwälte vorstehend entwickelten Grundsätze entsprechend, für Steuerberater allerdings nur in Steuersachen[81], nicht dagegen in Gebühren- oder Beitragsangelegenheiten oder sonstigen Verwaltungssachen. Der Gesetzgeber hat bei der Novellierung des § 67 Abs. 1 durch das 6. VwGOÄndG diese Gebührenregelung wohl versehentlich nicht angepasst. Angesichts des eindeutigen Wortlautes ist eine lückenschließende erweiternde Auslegung nicht möglich. Soweit eine gesetzliche Gebührenregelung fehlt, hat sich die Erstattungspflicht an allgemeinen Vergütungssätzen zu orientieren. Die Vergütung der verkammerten Rechtsbeistände richtet sich nach dem RVG (§ 1 S. 3 RVG)[82]; für Steuerberater gilt die SteuerberatergebührenVO v. 17.12.1981 (BGBl. I S. 1442, zuletzt geändert durch VO v. 21.6.1991, BGBl. I S. 1370). Die Vergütung eines Rechtslehrers ist in Höhe der Rechtsanwaltsgebühren erstattungsfähig[83]. Kosten sonstiger Bevollmächtigter sind nur dann erstattungsfähig, wenn ihre Beauftragung zur zweckentsprechenden Rechtsverfolgung als notwendig anzusehen ist[84]. In der Regel werden Rechte nur dann gewissenhaft und sachgemäß verfolgt, wenn der beauftragte Vertreter Rechtsanwalt ist[85]. Zu erstatten sind stets nur die notwendigen Auslagen sonstiger Bevollmächtigter, nicht Gebühren oder sonstige Vergütungen[86]. Das gilt auch, soweit die Vertretung durch Verbände zulässig ist[87].

E. Außergerichtliche Kosten des Beigeladenen

Die Kostenpflicht des Beigeladenen regelt § 154 Abs. 3. **Kostenerstattungs-** **15** **ansprüche des Beigeladenen** bedürfen einer besonderen Entscheidung des Gerichts nach § 162 Abs. 3, auf deren Grundlage ggf. eine Entscheidung nach § 162 Abs. 2 S. 2 betreffend die Notwendigkeit der Zuziehung seines

---

80 Hamburg DVBl. 1962, 494; Münster OVGE 26, 256; Greifswald B. v. 17.5.2000 – 3 O 12/00.
81 München DÖV 1989, 360; Münster OVGE 22, 244; 24, 77.
82 Rechtsanwaltsvergütungsgesetz (RVG) v. 5.5.2004 (BGBl. I S. 788).
83 BVerwG NJW 1978, 1173; München NVwZ 1992, 496; a.A. München NJW 1989, 314 m. krit. Stellungnahme von Mussgnug NJW 1989, 2037.
84 Münster OVGE 21, 12; 26, 144.
85 BVerwGE 14, 109.
86 München NJW 1964, 315 m. abl. Anm. Wilhelm NJW 1964, 835; z.T. a.A. Münster OVGE 21, 12; 26, 144. Zur angemessenen Vergütung nichtanwaltlicher Unterbevollmächtigter (Bürovorsteher!) vgl. Münster, B. v. 1.3.2000 – 6 E 115/00 – n.v.
87 Kassel DÖV 1953, 351; Lüneburg OVGE 4, 34; Münster OVGE 6, 160; a.A. Lüneburg OVGE 1, 139; NJW 1952, 910 m. abl. Anm. Brangsch.

Bevollmächtigten zu erfolgen hat[88]. Das Gericht kann die außergerichtlichen Kosten des Beigeladenen der Staatskasse oder dem unterliegenden Teil auferlegen, wenn dies der Billigkeit entspricht. Das Gericht sollte von dieser Möglichkeit immer Gebrauch machen, wenn der Beigeladene erfolgreich Anträge gestellt oder das Verfahren wesentlich gefördert hat. Es entspricht regelmäßig der Billigkeit, dass die Kosten des entweder zusammen mit einem Beteiligten oder allein im Rechtsmittelverfahren obsiegenden Beigeladenen von dem unterliegenden Teil getragen werden[89]. Denn mit der Antragstellung unterwirft sich der Beigeladene dem Risiko der Kostentragung nach § 154 Abs. 3. Er sollte damit gleichzeitig die Möglichkeit erhalten, dass seine Kosten erstattet werden, wenn sein Antrag zum Ziel führt[90]. Stellt der Beigeladene noch vor Begründung eines Rechtsbehelfs einen Antrag, kann dies als missbräuchlich angesehen werden und zu einer Verneinung eines Kostenerstattungsanspruchs führen[91]. Zur Kostenentscheidung, wenn der Beigeladene teilweise obsiegt, teilweise unterliegt: Fahl NVwZ 1996, 1189. Hat der Beigeladene Anträge nicht gestellt, so kommt ein Kostenerstattungsanspruch nur in Ausnahmefällen in Frage[92]. Der Staatskasse sind die außergerichtlichen Kosten des Beigeladenen aufzuerlegen, wenn die Beiladung sachlich unbegründet war[93], ebenso, wenn der Beiladungsbeschluss während des Verfahrens aufgehoben wird; nicht aber bei begründeter Beiladung, im Übrigen jedoch unrichtiger Sachbehandlung durch das Gericht[94]. Die entstandenen außergerichtlichen Kosten sind in der Schlussentscheidung zu verteilen. Zur Kostenentscheidung nach § 162 Abs. 3 im Verfahren der einstweiligen Anordnung vgl. Münster VRspr. 15, 380; zum Erstattungsanspruch bei mehreren Beigeladenen BVerwG DVBl. 1973, 320. In die Kosten können durch Beschluss nach § 162 Abs. 2 auch solche des Vorverfahrens einbezogen werden, was besonders beim notwendigen Beigeladenen der Fall sein kann[95]. Die Kostenentscheidung nach § 162 Abs. 3 setzt keinen Antrag voraus. Sie muss im Urteil oder Kostenbeschluss nach § 161 Abs. 1, auch § 161 Abs. 2[96] getroffen werden. Eine nachträgliche Entscheidung, insbesondere im Kostenfestsetzungsverfahren, ist nicht zulässig[97]. Ist der Ausspruch unterlassen

88   Wie hier BVerwG NVwZ 1986, 303, 304; Koblenz (1. Senat) B. v. 19.2.2002 –
      1 E 10012/02 –; NJW 1965, 930; Schoch/Olbertz Rn. 88; Kopp/Schenke Rn. 23;
      a.A. Koblenz (8. Senat) B. v. 10.3.1993 – 8 E 10266/93 –; B. v. 18.10.1995 – 8
      E 12709/95 –; B. v. 16.10.1996 – 8 E 12842/96 –; München NVwZ-RR 2003,
      904.
89   München DVBl. 2002, 345: Nicht im Berufungszulassungsverfahren; zu einer weiteren Ausnahme vgl. Bremen NordÖR 2001, 483.
90   Mannheim GewA 1970, 159; München BayVBl. 1974, 293.
91   BVerwG NJW 1995, 2867. Ähnlich, wenn im Beschwerdeverfahren keine Veranlassung gegeben wurde, sich zur Zulassung der Revision zu äußern, vgl. BVerwG
      Buchh. 310 § 162 VwGO Nr. 28, 30, 31 und 36.
92   Vgl. Oppermann NJW 1954, 744; ähnl. Schunck/De Clerck Rn. 3a bb; München
      NJW 1973, 2220; a.A. Mannheim VBlBW 1998, 57 für den notwendig beigeladenen Bauherrn; München DVBl. 2000, 433, wenn der notwendig Beigeladene materiell der Hauptbeteiligte des Verfahrens ist. Bautzen U. v. 28.10.2003 – 1 B 698/02
      –, n.v.: Erstattung der Kosten des Beigeladenen aus dem Widerspruchsverfahren
      auch ohne Sachantrag oder prozessfördernde Handlungen aus Billigkeitsgründen.
93   Kassel NJW 1979, 178; München VGH n.F. 27, 23; einschränkend NVwZ-RR
      1998, 389; BFH NVwZ 1983, 64.
94   BVerwG BayVBl. 2002, 125: Keine Besserstellung des Beigeladenen gegenüber den
      übrigen Prozessbeteiligten.
95   BVerwG NVwZ 1986, 303; Kassel MDR 1986, 985.
96   Koblenz AS 12, 224.
97   Kassel DVBl. 1963, 332; Koblenz DVBl. 1962, 142; a.A. Münster OVGE 8, 17.

worden, so kann Ergänzung nur nach § 120 beantragt werden[98]. Der Ausspruch nach § 162 Abs. 3 allein ist nicht anfechtbar (§ 158). Zu Besonderheiten der Erstattungsfähigkeit der Kosten des Beigeladenen im verwaltungsgerichtlichen Kündigungsschutzverfahren vgl. Kronisch NVwZ 1993, 251.

§ 163 [Kostenpflicht der öffentlichen Hand]

(weggefallen)

Aufgehoben durch Art. 4 § 1 Nr. 1 des ÄnderungsG zum GKG. An seine Stelle ist § 2 Abs. 3 GKG v. 20.8.1975 getreten, wonach die persönliche Kostenfreiheit im Verfahren vor den VerwGerichten ausgeschlossen ist, etwaige sachliche Kostenbefreiungen dagegen bestehen bleiben können. Die Kostenfreiheit der Kirchen und anderen Religionsgesellschaften des öffentlichen Rechts bleibt, soweit sie durch Art. 140 GG i.V.m. Art. 138 WRV und den entsprechenden Verträgen oder anderen Rechtstiteln verfassungsrechtlich abgesichert ist, unberührt. Zum Problem BVerwG NVwZ 1996, 786.

§ 164 [Kostenfestsetzung]

Der Urkundsbeamte des Gerichts des ersten Rechtszugs setzt auf Antrag den Betrag der zu erstattenden Kosten fest.

I. Grundlagen

Die Kosten werden von dem Urkundsbeamten des Gerichts des ersten **1** Rechtszuges festgesetzt. Grundlage der Festsetzung ist die Kostenentscheidung in einem vollstreckbaren Titel i.S.d. § 168. Der Urkundsbeamte wird nur auf Antrag – schriftlich oder zur Niederschrift der Geschäftsstelle, beim OVG und beim BVerwG auch im Falle der jeweiligen erstinstanzlichen Zuständigkeit ohne Anwaltserfordernis – tätig. Antragsteller ist der Erstattungsberechtigte, Antragsgegner der Erstattungsschuldner. Festgesetzt werden die nach § 162 zu erstattenden Kosten einschl. der Kosten des Vorverfahrens[1]. Die **Kostenentscheidung** ist für die Festsetzung in vollem Umfange **verbindlich**. Der Urkundsbeamte darf hiervon nicht abweichen, auch nicht im Sinne einer abw. Regelung im außergerichtlichen Vergleich[2]. Die Bindung erstreckt sich auch auf das Rubrum. Ist hierin der Prozessbevollmächtigte nicht aufgeführt, so können die bei ihm entstandenen Kosten nicht festgesetzt werden[3]. Es muss Berichtigung oder Ergänzung des Rubrums beantragt werden. Das Gleiche gilt umgekehrt. Die für das Hauptsacheverfahren bejahte Vertretungsbefugnis gilt auch für das Festsetzungsverfahren[4].

---

98   BVerwG JR 1966, 197; München BayVBl. 1973, 249; VG Berlin NJW 1976, 1707.

1   Hamburg NJW 1961, 937.

2   VG Frankfurt NJW 1966, 1428.

3   Münster OVGE 9, 264; a.A. VG Münster B. v. 16.5.2003 – 5 L 54/03 – n.v.: Festsetzung einer Geschäftsgebühr, wenn Vertretungsanzeige der bereits zuvor bevollmächtigten Rechtsanwälte erst nach Einstellungsbeschluss bei Gericht eingeht, weshalb diese richtigerweise im Rubrum nicht genannt sind.

4   BVerwGE 83, 271.

2 Die **Kostenfestsetzung ist der allein zulässige Weg, um den Kostenerstattungsanspruch durchzusetzen.** Für eine besondere Klage fehlt das Rechtsschutzinteresse. Die Kostenfestsetzung betrifft lediglich die Erstattung von
Kosten zwischen den Beteiligten. Der Kostenanspruch der Staatskasse gegen den Pflichtigen wird auf Grund der Kostenentscheidung durch Anforderung der Gerichtskasse unmittelbar geltend gemacht und durchgesetzt.
Die Kostenfestsetzung geht von einem bestimmten **Gegenstandswert** aus,
nach dem sich die Kosten berechnen. Der Wert wird durch das Gericht,
im Vorverfahren von der Widerspruchsbehörde festgesetzt (§ 25 GKG; vgl.
§ 165 Rn. 6 ff.).

II. Verfahren

3 Da die VwGO sich auf die knappe Regelung des § 164 beschränkt, sind
§§ 103 ff. ZPO ergänzend heranzuziehen. **Der Antragsteller hat die von
ihm beantragten Ansätze von Kosten glaubhaft zu machen.** Für die einem
Rechtsanwalt erwachsenden Auslagen an Porto und Fernsprechgebühren
genügt die Versicherung des Anwalts, dass die Auslagen entstanden sind.
Auf Grund des Antrages **entscheidet der Urkundsbeamte.** § 104 ZPO sieht
eine **vorherige Anhörung des Gegners** nicht vor. Sie dürfte aber gem.
Art. 103 GG notwendig sein, zumal nicht selten bei der Kostenfestsetzung
nicht einfache Sach- und Rechtsfragen zu klären sind[5]. Der Urkundsbeamte hat seine Zuständigkeit, das Vorliegen eines vollstreckbaren Titels,
die Entstehung, die Notwendigkeit und den Zusammenhang der Kosten
mit dem Rechtsstreit zu prüfen[6]. Zu diesen Fragen ist vielfach eine Stellungnahme des Antragsgegners notwendig, um Rechtsmittel zu vermeiden.

4 Sachlich-rechtliche Einwendungen kann der Antragsgegner allerdings nicht
geltend machen. Insoweit stehen ihm allenfalls die Mittel der Voll-
streckungsabwehr gegen den Festsetzungsbeschluss als vollstreckbarem
Titel offen[7]. Eine Ausnahme gilt für den Fall, dass in einem außergerichtlichen Vergleich die Kostenteilung vereinbart ist, auf Grund der Klagerücknahme aber entgegen der hier vertretenen Auffassung die Kosten dem Kläger auferlegt worden sind (vgl. § 106 Rn. 16, § 160 Rn. 6 ff.)[8]. Dem
Kostenfestsetzungsantrag des Beklagten steht der Verzicht im außergerichtlichen Vergleich entgegen, sodass schon die Kostenfestsetzung zu unterbleiben hat, der Kläger also nicht auf die Vollstreckungsgegenklage angewiesen ist.

5 Der **Kostenfestsetzungsbeschluss ist dem Antragsgegner zuzustellen,** dem
Antragsteller nur, wenn für ihn eine Frist in Lauf gesetzt wird (§ 56), der
Antrag also ganz oder z. T. abgewiesen worden ist. Auch die vereinfachte
Kostenfestsetzung nach § 105 ZPO durch Aufnahme des zu erstattenden
Betrages in die Urteilsausfertigung ist im Verwaltungsprozess zulässig. Sind
die **Kosten nach Quoten** verteilt, so hat der Urkundsbeamte nach § 106
ZPO Kostenausgleich vorzunehmen. Er fordert nach Eingang eines Antra-
ges den Antragsgegner zur Vorlage seiner Kostenberechnung auf, dieser

---

5 BVerfGE 19, 149; Baumbach/Hartmann § 104 Rn. 2.
6 Baumbach/Hartmann § 104 Rn. 5 ff.
7 München B. v. 14.7.2003 – 15 C 03.947 – n.v.
8 Weiter gehend München B. v. 14.7.2003 – 15 C 03.947 – n.v.; OLG Karlsruhe
   MDR 1996, 750: Ausnahme bei unstreitigen oder offensichtlichen Einwendungen
   oder Einreden.

hat die Berechnung binnen einer Woche vorzulegen. Geschieht dies nicht, kann der Urkundsbeamte getrennt festsetzen.

Die Kostenfestsetzung ist auf Antrag abzuändern, wenn nachträglich der **6** Gegenstandswert abgeändert wird (§ 107 ZPO). Sie wird gegenstandslos wenn der ihr zu Grunde liegende vollstreckbare Titel entfällt. Der Kostenfestsetzungsbeschluss ist ein vollstreckbarer Titel (§ 168 Nr. 4). Zu den Rechtsmitteln gegen die Kostenfestsetzung vgl. § 165.

§ 165 [Erinnerung]

Die Beteiligten können die Festsetzung der zu erstattenden Kosten anfechten. § 151 gilt entsprechend.

§ 165 beschränkt sich ausschließlich auf die Regelung der Anfechtung des **1** Beschlusses, durch den die einem anderen Beteiligten zu erstattenden Kosten festgesetzt worden sind, wie schon § 164 nur die Festsetzung der zwischen den Beteiligten zu erstattenden Kosten betrifft. Dagegen wird die Festsetzung der zu zahlenden Gerichtskosten und die Anfechtung einer entsprechenden Entscheidung nicht mehr in der VwGO geregelt, auch nicht über § 173. Vielmehr richten sich Verfahren und Rechtsmittel insoweit ausschließlich nach dem GKG. § 165 entspricht damit dem Prinzip der Trennung zwischen Ansatz, Zahlung, Durchsetzung und Rechtsmittel bzgl. der Gerichtskosten auf der einen Seite, also des Verhältnisses zwischen Kostenschuldner und Staatskasse, und auf der anderen der Erstattungspflicht zwischen den Beteiligten. Dieses Trennungsprinzip, das auch der ZPO zu Grunde liegt, ist freilich weiterhin nicht ausnahmslos durchgeführt. Nicht nur bezieht sich § 161 Abs. 1 auf beide Kostenbereiche, vielmehr werden in § 162 Abs. 1 die Gerichtskosten erwähnt und durch Klammervermerk definiert, obwohl sich Begriff und Inhalt der Gerichtskosten aus dem GKG ergeben.

A. Rechtsmittel gegen den Kostenfestsetzungsbeschluss

1. § 165 bestimmt in Abweichung von § 104 Abs. 3 ZPO, dass gegen den **2** die Kostenerstattung festsetzenden Beschluss nicht die Erinnerung nach § 104 Abs. 3 ZPO, sondern der **Antrag auf gerichtliche Entscheidung** nach § 151 binnen zwei Wochen als Rechtsbehelf zu stellen ist. Die Entscheidung des Gerichts ist durch Beschwerde nach § 146, ebenfalls binnen zwei Wochen, angreifbar. Der Beschwerdewert muss aber 200,– Euro übersteigen (§ 146 Abs. 3). Rechtsmittelbefugt sind dabei lediglich die Beteiligten selbst, nicht dagegen ein sie vertretender Prozessbevollmächtigter im eigenen Namen[1], wohl aber die Staatskasse[2].

---

[1] Str., wie hier BVerfGE 96, 251; Münster KostRspr. § 165 VwGO Nr. 5, 7; NJW 1966, 2425; München KostRspr. § 165 VwGO Nr. 6; Bremen KostRspr. § 165 VwGO Nr. 6; Hamburg AnwBl. 1987, 290; VG Frankfurt NVwZ-RR 1989, 222; LG Essen MDR 1974, 411; Schoch/Olbertz Rn. 4; Sodan/Neumann Rn. 20; Baumbach/Hartmann § 104 Rn. 49 ff.; a.A. Kassel DÖV 1988, 524; Lüneburg NJW 1972, 2015; Kopp/Schenke Rn. 4. Bader/Bader Rn. 2; Eyermann/Happ, Rn. 4; offen gelassen Lüneburg JurBüro 2001, 249.

[2] München BayVBl. 1971, 438.

3   2. Auf die **Heranziehung eines Beteiligten** zur Zahlung von **Gerichtskosten** ist § 165 nicht anwendbar. Die Rechtsmittel hiergegen bestimmen sich nach § 67 GKG[3]. Der Kostenschuldner kann Erinnerung einlegen, über die das Gericht zu entscheiden hat, bei dem die Kosten angesetzt sind. Gegen die Entscheidung über die Erinnerung ist die Beschwerde zulässig, wenn der Wert des Beschwerdegegenstandes 50,– Euro (§ 66 Abs. 2 GKG: 200,– Euro oder Zulassung wegen grundsätzlicher Bedeutung) übersteigt. Fristen gelten weder für die Erinnerung noch für die Beschwerde, wie sich aus § 66 Abs. 7 GKG ergibt. Insoweit sind §§ 151, 147 Abs. 1 auch nicht entsprechend anwendbar. Dagegen gelten für das Beschwerdeverfahren §§ 146 ff. unmittelbar, auch der Vertretungszwang gemäß § 67 Abs. 1 Satz 2[4].

B. Streitwert

I. Streitwertkatalog

4   Die **Bemessung** des **Streitwerts** im **VerwProzess** hat seit jeher große Schwierigkeiten gemacht. Mit § 52 GKG ist der Versuch einer Regelung für den VerwProzess gemacht worden, der freilich an der Unvorhersehbarkeit der verwaltungsgerichtlichen Streitwertfestsetzung wenig geändert hat. Dabei ist diese Vorhersehbarkeit für die Beteiligten von maßgeblicher Bedeutung, müssen sie doch bei der Entscheidung, einen Rechtsstreit aufzunehmen, das Kostenrisiko in etwa übersehen können. Angesichts der kaum noch erträglichen Kontroversen über den Streitwert in der Rechtsprechung, oft auch zwischen den einzelnen Spruchkörpern eines Gerichts, ist unter Beteiligung der OVGe und des BVerwG im BVerwG ein **Streitwertkatalog** erarbeitet worden (abgedruckt Rn. 19). In der Praxis hat der Katalog sich bereits weitgehend durchgesetzt[5]. Dass einzelne Spruchkörper eine eigene Streitwertrechtsprechung vorziehen und beibehalten wollen[6], ist bedauerlich, dürfte sich aber im Laufe der Zeit wohl erledigen. Es genügt deshalb, nachstehend die Grundzüge der Streitwertbemessung und -festsetzung darzustellen. Im Einzelnen vgl. hierzu auch Zimmer-Schmidt, Streitwert, NJW-Schriftenreihe Nr. 52.

II. Grundzüge der Streitwertbemessung

5   1. Nach § 52 GKG ist der Streitwert auf der Grundlage der sich aus dem Antrag des Klägers für ihn ergebenden **Bedeutung der Sache nach Ermessen des Gerichts** zu bestimmen.
§ 52 GKG hat folgende Bedeutung:
a) Die Bemühungen, den Streitgegenstand des Verwaltungsprozesses als vermögensrechtlich oder nichtvermögensrechtlich zu qualifizieren, sind gegenstandslos geworden. Zwar führt § 48 Abs. 2 GKG diese Unterschei-

---

3   Gerichtskostengesetz (GKG) v. 5.5.2004 (BGBl. I S. 718).
4   München NVwZ-RR 2003, 690.
5   Lappe NJW 1992, 2803.
6   Lüneburg 6. Senat NVwZ-RR 1993, 167; München 19. Senat NVwZ-RR 1996, 543.

dung für den Zivilprozess weiter. Für den Verwaltungsprozess gilt sie nicht mehr. Hier ist ausschließlich nach § 52 GKG zu verfahren, für Aussetzungs- und Anordnungsverfahren gilt § 53 Abs. 3 GKG.

b) Nach § 52 Abs. 1 S. 1 GKG bestimmt sich der Streitwert ausschließlich **6** nach der **Bedeutung der Sache,** wie sie sich aus dem **Antrag des Klägers** für diesen ergibt. Es kommt also nicht mehr auf eine Berücksichtigung aller Umstände des Einzelfalles, insbesondere des Umfanges und der Bedeutung der Sache im Allgemeinen sowie der Vermögens- und Einkommensverhältnisse der Parteien an. Die Entscheidung des Gesetzgebers ist besonders für Streitigkeiten über **VA mit Doppelwirkung** von Bedeutung. Wird einerseits das Kostenrisiko des klagenden Nachbarn etwa damit auf sein Interesse beschränkt, so muss umgekehrt angesichts der zwingenden Regelung des § 52 Abs. 1 S. 1 GKG bei der Verpflichtungsklage des Genehmigungsbewerbers dessen Interesse zu Grunde gelegt werden, wie für das Kostenrisiko der hier notwendig beizuladenden Nachbarn (§ 154 Abs. 3) erhebliche Auswirkungen haben kann.

c) Die Bemessung des Streitwertes an Hand der Bedeutung der Sache für **7** den Kläger trifft das **Gericht nach pflichtgemäßem Ermessen.** Die hiermit verbundenen Schwierigkeiten sind offensichtlich. Denn es kommt weniger auf den Streitgegenstand an, von dem die Rechtsprechung der Zivilgerichte im Wesentlichen ausgehen kann, sondern auf das hinter dem Klagebegehren stehende wirtschaftliche Interesse[7]. Es lässt sich bei Klageerhebung mit oft nur kurzer, der Fristwahrung dienender Begründung kaum, aber auch nach näherer Darlegung des Klagebegehrens oft nur schwierig feststellen und bemessen. Wo eine solche Bemessung überhaupt nicht möglich ist, ist der Wert nach § 52 Abs. 2 GKG auf 5 000,– Euro festzusetzen. Für die Bemessung können erheblich sein:

aa) Das **Vermögensinteresse,** soweit es sich **ziffernmäßig berechnen** (zwin- **8** gend die rechnerische Höhe, wenn die Voraussetzungen des § 53 Abs. 3 GKG vorliegen) oder mindestens schätzen lässt. Bei gewerberechtlichen Streitigkeiten etwa kann für Dauerregelungen von dem durchschnittlichen Jahresgewinn der beabsichtigten Anlage ausgegangen werden[8]. Ist für gewerblich oder geschäftlich genutzte Grundstücke eine Bau- oder Bebauungsgenehmigung oder eine Nutzungsänderung im Streit, so ist der voraussichtliche Jahresnutzwert maßgeblich, der in der Regel dem Jahresmiet- oder -pachtwert entspricht[9]. Bei Streit um die Errichtung von Mietwohnraum hält der 7. Senat des OVG Münster den dreifachen Jahresmietzins für maßgeblich[10]. Für vermögensrechtliche Streitigkeiten ist gesetzlich eine Grenze von 500 000,– Euro vorgegeben (§ 52 Abs. 4 GKG); im Zuordnungsstreit begrenzt das Gesetz den Streitwert auf 5 000,– Euro (§ 6 VZOG).

---

7   Lappe NJW 1986, 3553.
8   Hierzu etwa Münster GewA 1981, 130; 1982, 155; Lüneburg GewA 1983, 138; Mannheim GewA 1985, 303, 394; Sperrzeitstreit: München GewA 1984, 133; Mannheim GewA 1985, 304; hierzu im Einzelnen Wolff NVwZ 1984, 223; Koblenz GewA 1977, 193; VG Trier AgrarR 1988, 171.
9   Münster NWVBl. 1990, 426 unter Hinweis auf entsprechende Beschlüsse des BVerwG; konkret zur Genehmigung von Spielhallen Münster NWVBl. 1990, 427.
10 11.1.1990 – 7 A 464/88 n.v.

9   bb) **Der wirtschaftliche Hintergrund,** wenn mit der Klage erkennbar wirtschaftliche oder vermögensmäßige Interessen verfolgt werden. Macht ein Baunachbar schwere und unerträgliche Beeinträchtigungen seines bebauten Grundstücks durch eine Genehmigung nach § 34 BauGB geltend, so wird solche Unerträglichkeit in der Regel mit entsprechenden Wertminderungen des eigenen Grundstücks belegt. Hier gibt die Höhe dieser Wertminderungen als wirtschaftlicher Hintergrund die Anhaltspunkte für die Höhe des Streitwertes[11]. Koblenz[12] legt hier den Streitwertkatalog des BVerwG zu Grunde; ähnlich Mannheim[13]. In ähnlicher Weise sind eine Vielzahl von Auseinandersetzungen um belastende oder begünstigende Verwaltungsakte durch den wirtschaftlichen Hintergrund geprägt und ist der Streitwert hiernach zu bemessen (zu Planfeststellungsbeschlüssen[14]). Dabei ist auch die **Dauer der Auswirkungen** des streitigen VA von Bedeutung. Auch **Statusklagen** haben vielfach einen wirtschaftlichen Hintergrund – so etwa die Klage auf Feststellung der deutschen Staatsangehörigkeit oder ihren Erwerb. Auch hier gibt der wirtschaftliche Hintergrund deshalb Anhaltspunkte für die Streitwertbemessung. Der Streitwert beamtenrechtlicher Statusklagen ergibt sich aus § 53 Abs. 5 GKG. Der Streitwert einer Bescheidungsklage wird geringer als der einer vollen Verpflichtungsklage anzusetzen sein[15]; werden selbstständige Anfechtungs- und Verpflichtungsanträge verbunden, führt dies zur Erhöhung des Streitwerts[16].

10 cc) **Die Bedeutung, die sich aus der Zuordnung eines bestimmten Rechts zu einem bestimmten Kläger** ergibt. Macht eine Gemeinde die Verletzung ihrer Planungshoheit durch einen Planfeststellungsbeschluss geltend, so ist die Bedeutung der Sache in der Regel von erheblichem Gewicht, weil die Planungshoheit eines der Kernbestandteile des Selbstverwaltungsrechts überhaupt ist[17]. Geht es um die Entziehung der Fahrerlaubnis, so ist, wenn nicht der wirtschaftliche Hintergrund für den Streitwert Anhaltspunkte gibt, von der Bedeutung des Führerscheines für den Kläger auszugehen, deshalb in der Regel ein gewisses Gewicht anzunehmen[18]. Umgekehrt ist die Bedeutung der Sache gering, wenn etwa lediglich das Besitzrecht des Klägers, nicht aber das Eigentum gegenüber einem belastenden VA im Streit ist[19].

11 dd) Ergeben sich überhaupt **keine brauchbaren Anhaltspunkte,** so ist gemäß § 52 Abs. 2 GKG der **Streitwert auf 5 000,– Euro** festzusetzen (vom BVerwG bei Prüfungssachen bejaht[20], vgl. aber auch Streitwertkatalog, Rn. 19). Das Gesetz will eine solche Festsetzung offenbar als bindend vorschreiben.

Maßgeblicher Zeitpunkt für die Bemessung des Streitwertes ist auch im Verwaltungsprozess die Klageerhebung, § 40 GKG.

---

11   Enger Hamburg BauR 1981, 269.
12   AnwBl. 1990, 565.
13   NVwZ 1990, 385.
14   Vgl. Lüneburg DÖV 1982, 204 m. Anm. Fromm; BVerwG NVwZ-RR 1990, 619; UPR 1989, 273; München NVwZ-RR 1990, 173.
15   Hamburg ZBR 1980, 289.
16   München AnwBl. 1980, 220.
17   Hierzu Lüneburg DVBl. 1975, 924 m. Anm. Redeker.
18   BVerwG NVwZ-RR 1989, 670.
19   Vgl. auch Kassel NVwZ-RR 1989, 671.
20   DVBl. 1977, 653; hierzu Zimmermann DVBl. 1979, 1007.

2. Die **Grundsätze des** § 52 **GKG** werden in § 47 GKG für bestimmte Fälle **12** modifiziert:

a) Im **Berufungs-** und **Revisionsverfahren** bestimmt sich der Streitwert nach den Anträgen des Rechtsmittelklägers, notfalls nach der Beschwer. Dabei bleibt der Wert im Verfahren 1. Instanz obere Grenze (§ 47 Abs. 2 GKG). In der Regel wird der Streitwert in der Rechtsmittelinstanz dem der 1. Instanz entsprechen, gleich, wer Rechtsmittelführer ist[21]. Das Rechtsmittelgericht kann aber die eigene Wertfestsetzung auf sein Verfahren beschränken[22]. Der Höhe nach bindet § 47 Abs. 2 GKG nur insoweit, als bei Rechtsmitteln eines anderen Beteiligten als des Klägers der Streitwert nicht erhöht werden darf. Das Rechtsmittelgericht kann generell gemäß § 63 Abs. 3 GKG den Streitwert für alle Instanzen korrigieren. Ein Vertrauen auf den Streitwert 1. Instanz gibt es nicht. Freilich endet die Befugnis mit dem Abschluss der Rechtsmittelinstanz[23].

b) Bei **Ansprüchen auf wiederkehrende Leistungen** aus einem öffentlich-rechtlichen Dienst- oder Arbeitsverhältnis, einer Dienstpflicht oder einer Tätigkeit, die an Stelle einer gesetzlichen Dienstpflicht geleistet werden kann, ist der dreifache Jahresbetrag der wiederkehrenden Leistungen maßgebend, wenn nicht der Gesamtbetrag der geforderten Leistung geringer ist (§ 42 Abs. 3 GKG; für die damit verbundenen Streitfragen typisch Hamburg ZBR 1989, 188). Dabei sind Rückstände aus der Zeit vor der Einreichung der Klage dem Streitwert hinzuzurechnen (§ 42 Abs. 5 GKG). Diese auch für den Verwaltungsprozess geltende Regelung ist für Beamtensachen von besonderer Bedeutung[24].

c) Für die Stufenklage, Widerklage, wechselseitige Rechtsmittel, Aufrechnungen und Hilfsansprüche enthalten §§ 44 ff. GKG Bestimmungen, die auch für den Verwaltungsprozess gelten, hier freilich nur geringe Bedeutung haben, auf deren Wiedergabe deshalb verzichtet werden kann.

3. Die Streitfrage, ob für das **Verfahren nach** § 80 **Abs. 5–7** der Streitwert **13** der Hauptsache oder aber ein geringerer Bruchteil (1/3 bis 1/10) hierfür anzusetzen ist, wird nunmehr durch § 53 Abs. 3 GKG dahin entschieden, dass auch hier der Grundsatz des § 52 Abs. 1 und 2 GKG) maßgeblich ist. Es kommt wiederum auf die Bedeutung der Sache für den Antragsteller an. Auf die Ausführungen zu § 80 Rn. 69 kann verwiesen werden. Für das **Anordnungsverfahren** gelten dieselben Überlegungen (§ 52 Abs. 3 Nr. 1 GKG). Der Streitwert wird hier in der Regel geringer als der Wert der Hauptsache festzusetzen sein[25], etwa auf 1/3 oder die Hälfte. Aber auch hier kommt es maßgeblich auf den Einzelfall an[26].

4. Der Gegenstandswert ist in voller Höhe festzusetzen, gleich, ob durch **14** **Sach-** oder **Prozessurteil** entschieden wird[27], ob in der Sache entschieden

---

21 BVerwG VBlBW 1989, 294; a.A. Kassel DÖV 1990, 160.
22 BVerwG Buchh. 360 § 25 GKG Nr. 1.
23 Kassel DÖV 1990, 119.
24 Vgl. etwa Hamburg ZBR 1982, 36; Kassel NVwZ 1984, 186; München NVwZ 1984, 185; Münster NVwZ 1984, 187.
25 Kassel AnwBl. 1984, 560; München NJW 1973, 2046.
26 25 %: München BayVBl. 1989, 731; vgl. aber auch Streitwertkatalog Rn. 19 Ziff. I, 7.
27 Münster DÖV 1953, 125.

oder sie durch Klagerücknahme erledigt wird[28]; ebenso bei Streitigkeiten über die Zulässigkeit eines Rechtsmittels.

14a 5. Eine gespaltene **Streitwertfestsetzung** sehen §§ 52 ff. GKG nicht vor[29]. Wohl aber kann der Streitwert für die Beteiligung von Beigeladenen geringer als für das Verfahren selbst festgesetzt werden, wenn sich die Beteiligung nur auf einen Teil der Hauptsache bezieht.

14b 6. Eine Übersicht über **Streitwertfestsetzungen** findet sich im Streitwertkatalog für die Verwaltungsgerichtsbarkeit (Rn. 19), der auf Grund seines Alters noch auf DM-Beträge lautet; erfahrungsgemäß rechnen die Gerichte die dortigen Werte im Verhältnis 2:1 von DM in Euro um. Aus der **Rechtsprechung:**
Abgabenstreitigkeiten: Geldbetrag im Zeitpunkt der gerichtlichen Entscheidung[30]; in Verfahren des vorläufigen Rechtsschutzes ein Viertel des Streitwertes der Hauptsache[31];
Ablehnung eines Richters: 20 % des Streitwertes des Ausgangsverfahrens[32];
Ausbaubeiträge: Bei Anfechtung eines Grundlagenfeststellungsbescheides zu wiederkehrenden Ausbaubeiträgen für Verkehrsanlagen: 2/3 des fünffachen Jahresbeitrages des sich aus dem festgestellten Grundstücksmaßstabsdaten errechneten durchschnittlichen wiederkehrenden Betrages[33];
Ausländerrecht: Duldung: Auffangwert[34];
Baurecht: Bauvorantrag auf Bebaubarkeit: 1/10 der Rohbaukosten, wenn das wirtschaftliche Interesse des »Anfragenden« nicht bezifferbar ist[35]; Bauvorbescheid für Spielhalle: 100.000,00 DM[36]; Baugenehmigung für Imbiss-Verkaufswagen: 10.000,00 DM[37]; bei nachträglicher Legalisierung durch Baugenehmigung: 45.000 DM für Einfamilienhaus[38]; Bescitigungsanordnung: Zeitwert des Bauwerks + Beseitigungskosten[39]; bei der Nachbarklage: Maß der ideellen Beeinträchtigung; bei Anfechtungsklage gegen heranrückende gewerbliche Nutzung der doppelte Auffangstreitwert[40];
Beamtenrecht: Laufbahnprüfung im höheren Dienst: 20 000 DM[41];
Einberufungsbescheid zur Wehrübung: Auffangstreitwert[42];
Einbürgerung: 10 000,00 DM[43];

---

28   Mannheim MDR 1976, 609.
29   Lüneburg NJW 1977, 917.
30   München BayVBl. 1995, 414; Lüneburg NVwZ-RR 1995, 622.
31   Münster KStZ 1992, 139.
32   Mannheim NVwZ-RR 1994, 303; a.A. OLG München AnwBl. 1995, 572: Wert der Hauptsache.
33   Koblenz NVwZ-RR 1995, 62.
34   Bautzen SächsVBl. 1999, 90; München NVwZ-Beil. 1999, 35.
35   Münster NVwZ-RR 1995, 127; differenzierend München NVwZ-RR 1999, 414; a.A.Mannheim NVwZ-RR 1998, 459: Betrag der Bodenwertsteigerung.
36   Mannheim NVwZ-RR 1992, 280, ebenso für die Baugenehmigung.
37   BVerwG NVwZ-RR 1993, 108.
38   Bremen NordÖR 1999, 23.
39   München BayVBl. 1995, 542.
40   Weimar LKV 1994, 116.
41   BVerwG NVwZ-RR 1998, 75.
42   BVerwG NVwZ-RR 1994, 182.
43   BVerwG BayVBl. 1994, 221; a.A. Mannheim NVwZ-RR 1994, 479.

Erschließungsbeiträge gegenüber Miteigentümern: geforderte Summe aus Bescheid, keine Mehrfachforderung nach der Zahl der Miteigentümer[44]; zum Streitwert bei zinsloser Stundung gem. § 135 Abs. 4 BauGB[45];
Gewerbeuntersagung: bei Untersagung oder Wiedergestattung erzielter oder erwarteter Jahresertrag, mindestens 20 000,00 DM[46]; bei erweiterter Untersagung zusätzlich 10 000,00 DM, Untersagung der Vertretung und der Betriebsleitung bleibt in diesem Fall außer Betracht[47]; bei selbstständiger Schließungsanordnung: mindestens 20 000,00 DM; Reduzierung um die Hälfte bei Anordnung zur Durchsetzung anderer Verwaltungsakte[48]; bei notwendiger Schätzung des Jahresertrages dreifacher Auffangstreitwert[49]; bei Verpflichtung der Behörde zur Untersagung: Auffangstreitwert[50]; bei Konkurrentenklage gegen Ausnahmegenehmigung zu Gunsten eines Dritten: Hälfte des Streitwertes der fiktiven Klage auf Erteilung der Ausnahmegenehmigung[51];
Gaststättenerlaubnis:sofort vollziehbarer Widerruf: Streitwert der Hauptsache[52];
Immissionsschutz: Anfechtungsklage gegen nachträgliche Anordnung[53]: Wert der verlangten Maßnahme;
Kernkraftwerk: Anordnung der sofortigen Vollziehung: 10 000,00 DM[54];
Marktzulassung: bei eintägiger Veranstaltung 1 000,00 DM[55];
Mitwirkungsrecht eines Naturschutzverbandes: 40 000,00 DM[56];
Nutzungsänderung von Büroräumen in Geldspielhalle: 500,00 DM/m^2 [57]; für Mecklenburg–Vorpommern: 300,00 DM/m^2 [58];
Nutzungsverhältnis für Standorte von Werbetafeln: § 41 GKG[59];
Planfeststellung: Anfechtung eines Planfeststellungsbeschlusses: Verkehrswert der vom Plan erfassten Fläche[60];
Sozialhilfe: Anspruchsüberleitung: Höhe der übergeleiteten Forderung; bei wiederkehrenden Leistungen höchstens Jahresbetrag[61];
Vergleich: bei Klage auf Feststellung der Wirksamkeit bemisst sich der Streitwert nach dem der fiktiven Klage, mit der die im Vergleich gesicherten Rechte hätten durchgesetzt werden können[62];
Vertriebenenausweis: Auffangstreitwert[63];
Versorgungsvertrag für Krankenhaus: Streitwert bemisst sich nach dem vereinbarten festen Budget für das letzte Jahr des Vertrages[64];

---

44 Lüneburg NVwZ-RR 1994, 703.
45 München BayVBl. 1998, 787.
46 Münster GewA 1996, 474.
47 Münster GewA 1996, 474.
48 Münster GewA 1996, 474.
49 Kassel NVwZ-RR 1993, 672.
50 Mannheim GewA 1997, 356; a.A. BVerwG GewA 1993, 329.
51 Koblenz NVwZ-RR 1994, 303.
52 Mannheim GewA 2000, 84.
53 Kassel NVwZ-RR 1998, 786.
54 Koblenz NVwZ-RR 1994, 381.
55 Mannheim NVwZ-RR 1994, 304.
56 BVerwG NVwZ-RR 1996, 237.
57 München NVwZ-RR 1994, 62.
58 Greifswald GewA 1996, 83.
59 BVerwG NVwZ-RR 1994, 420.
60 Saarlouis NVwZ-RR 1993, 166; Mannheim Agrarrecht 1992, 177.
61 BVerwG NVwZ-RR 1998, 142.
62 Weimar NVwZ-RR 1995, 522.
63 München NVwZ-RR 1996, 543.
64 Berlin NVwZ-RR 1995, 361.

Waffenrecht: Waffenschein: bei Klage auf Erteilung 10 000,00 DM[65]; bei Waffenschein für Unternehmen: erzielter oder erwarteter Jahresgewinn[66];

Wahlanfechtung durch mehrere: Auffangstreitwert[67]; bei Wahlanfechtung durch politische Partei 25 000,00 DM (Lüneburg, verfassungsrechtlich unbedenklich[68]);

Unmittelbarer Zwang: bei selbstständiger Festsetzung 1/4 des Jahresbetrages im Falle der Gewerbeuntersagung und bei selbstständiger Androhung davon die Hälfte[69];

Zwangsgeld: bei selbstständiger Festsetzung Höhe des Zwangsgeldes[70], bei unselbstständiger Androhung Hälfte des angedrohten Zwangsgeldes[71];

Prozessuales: bei Fortsetzungsfeststellungsklage: Hälfte des Wertes der Anfechtungs- oder Verpflichtungsklage[72]; Verfahren des vorläufigen Rechtsschutzes: Hälfte des Streitwertes der Hauptsache[73].

III. Festsetzungsverfahren

15 1. Das **Verfahren** richtet sich **ausschließlich nach dem GKG.** Das Gericht braucht den Gegenstandswert nicht festzusetzen, wenn dies nicht von einem Beteiligten ausdrücklich beantragt wird. In der Praxis wird das Gericht gemäß § 63 Abs. 1 GKG auch unabhängig von solchen Anträgen den Streitwert festzusetzen haben, weil von ihm die Abrechnung des Verfahrens abhängt. Der **Antrag auf Wertfestsetzung** kann nach Rechtshängigkeit jederzeit von jedem Beteiligten, auch von Prozessbevollmächtigten im eigenen Namen, gestellt werden. Der Antrag ist auch nach Abschluss des Verfahrens ohne eine bestimmte Frist zulässig; § 58 Abs. 2 ist nicht anwendbar, weil das Festsetzungsverfahren ausschließlich den Bestimmungen des GKG unterliegt. Der Antrag kann freilich rechtsmissbräuchlich verspätet und deshalb unzulässig sein.

16 2. Der **Streitwert** wird vom **Prozessgericht durch Beschluss festgesetzt.** Auch bei Festsetzung im Urteil ist die Entscheidung als gesonderter Beschluss zu behandeln[74]. Der Beschluss ist, soweit er beschwerdefähig ist, zu begründen[75]. Der Wert wird für jede Instanz gesondert festgesetzt. Die Berufungs- oder Revisionsinstanz, die auf Grund eines zulässigen Rechtsbehelfs mit der Sache befasst ist[76], kann den Wert nicht nur für das Rechtsmittelverfahren, sondern zugleich auch für die Vorinstanz einheitlich festsetzen und abweichende Entscheidungen dementsprechend ändern (§ 63 Abs. 3 GKG). Die Wertfestsetzung erfasst immer nur das Prozessverfahren[77]. Der **Wert für das Vorverfahren** wird durch die Verwaltungsbehörde festgesetzt, richtet sich in der Regel nach anderen Bestimmungen. Diese

---

65   Mannheim AnwBl. 1992, 395.
66   BVerwG NVwZ 2000, 442.
67   München BayVBl. 1993, 671; a.A. Mannheim NVwZ-RR 1996, 480: Addition.
68   BVerfG NVwZ-RR 1994, 105.
69   Münster GewA 1996, 474.
70   A.A. Bautzen DÖV 1998, 936: Hälfte.
71   Münster GewA 1996, 474.
72   Kassel DÖV 1992, 588.
73   Hamburg NVwZ-RR 1993, 108.
74   Münster OVGE 1, 12.
75   Berlin JR 1962, 273.
76   Münster ZMR 1952, 120.
77   A.A. VG Saarlouis NJW 1969, 445.

Wertfestsetzung für das Vorverfahren kann nur durch Anfechtungsklage angegriffen werden[78]. Fehlt eine Wertfestsetzung für das Vorverfahren, so kann hinsichtlich der Kostenerstattung der Urkundsbeamte den Wert schätzen[79].

3. Die **Wertfestsetzung kann von dem Gericht**, das sie getroffen hat, und, **17** wenn das Verfahren wegen der Hauptsache oder wegen der Entscheidung über den Streitwert, den Kostenansatz oder die Kostenfestsetzung in der Rechtsmittelinstanz schwebt, von dem Rechtsmittelgericht von Amts wegen innerhalb von sechs Monaten nach Rechtskraft oder anderweitigem Abschluss des Verfahrens **geändert werden.**

4. Die **Rechtsmittel gegen die Streitwertbestimmung** richten sich aus- **18** schließlich nach dem GKG. §§ 151, 146 ff. sind nur für das Verfahren selbst anwendbar. Gegen den Streitwertbeschluss ist deshalb die Beschwerde nach § 68 GKG zulässig, wenn der Beschwerdewert 200,– Euro übersteigt. Für die Beschwerde gilt die 6-Monatsfrist des § 63 Abs. 3 S. 2 GKG (§ 68 Abs. 1 S. 3 GKG). Über die Frist muss gemäß § 58 Abs. 1 belehrt werden.
Beschwerdeberechtigt kann einmal jeder Beteiligte selbst sein, auch durch seinen Bevollmächtigten, aber nur mit dem Ziel der Herabsetzung[80], es sei denn, der Erstattungsberechtigte hat ein die gesetzlichen Gebühren übersteigendes Honorar mit seinem Prozessbevollmächtigten vereinbart, in diesem Fall ist auch Beschwerde mit dem Ziel der Heraufsetzung möglich[81]. Zum anderen sind der Prozessbevollmächtigte im eigenen Namen[82] und die Staatskasse mit dem Ziel der Heraufsetzung[83] beschwerdeberechtigt (jedoch nicht bei einer unter den gesetzlichen Gebühren liegenden Honorarvereinbarung[84]). Das Verbot der reformatio in peius gilt für das Streitwertbeschwerdeverfahren nicht[85], auch bei unzulässiger Beschwerde kann das Beschwerdegericht den Streitwert von Amts wegen neu festsetzen[86].

IV. Streitwertkatalog

(in der Fassung vom Januar 1996[87]; eine Neufassung ist für 2005 zu er- **19** warten)

---

78   Münster OVGE 5, 134.
79   Münster OVGE 5, 134.
80   Münster OVGE 1, 66; 5, 44; Kassel NJW 1965, 1829; Koblenz NJW 1954, 616; nicht aber der bisher obsiegende Beteiligte bei Anhängigkeit der Rechtsmittelinstanz, Münster NJW 1975, 1183.
81   Hamburg NJW 1965, 2267; Kassel DÖV 1976, 607; Lüneburg OVGE 28, 349; Mannheim ESVGH 12, 73; a.A. Kassel ESVGH 5, 228.
82   Münster OVGE 1, 66; BFH NJW 1976, 208.
83   § 23 GKG.
84   Münster NVwZ-RR 1995, 126.
85   Mannheim DÖV 1990, 937; Münster OVGE 5, 44.
86   Mannheim DÖV 1992, 588.
87   Die Wertangaben lauten noch auf DM; erfahrungsgemäß rechnen die Gerichte die Werte im Verhältnis von 2:1 von DM in Euro um.

erarbeitet von der aus Richtern der Verwaltungsgerichtsbarkeit
zusammengesetzten Arbeitsgruppe

I. Allgemeines

1. Die unter II genannten bezifferten Werte sind Richtwerte, die für die Mehrheit der Fälle eine nach § 13 GKG angemessene Bewertung darstellen. Soweit Investitionssummen, Gewinne etc. erwähnt sind, ist ein mittlerer Wert zu schätzen. Die Richtwerte können unter- oder überschritten werden, wenn der Einzelfall dazu Anlass gibt. Der Auffangwert wird dort genannt, wo im Regelfall eine Wertbestimmung nach anderen Maßstäben nicht möglich erscheint.
2. In Streitsachen, für die unter II kein Vorschlag gemacht wird, bestimmt das Gericht den Streitwert unter Berücksichtigung der Umstände des Einzelfalles und der unter II getroffenen Bewertungen.
3. Werden mehrere Anträge mit selbstständiger Bedeutung gestellt, so werden die Werte in der Regel addiert (entsprechend § 5 ZPO). Für Hilfsanträge gilt § 19 Abs. 4 GKG[88].
4. Klagen mehrere Kläger gemeinschaftlich, sind die Werte der einzelnen Sache zu addieren, es sei denn, die Kläger begehren oder bekämpfen eine Maßnahme als Rechtsgemeinschaft. Bei Verbandsklagen beträgt der Streitwert mindestens 20 000,00 DM.
5. Feststellungsklagen und Fortsetzungsfeststellungsklagen sind ebenso zu bewerten wie eine auf das vergleichbare Ziel gerichtete Anfechtungs- bzw. Verpflichtungsklage.
6. Wird lediglich Bescheidung beantragt, so kann der Streitwert einen Bruchteil, mindestens jedoch 1/2 des Wertes der entsprechenden Verpflichtungsklage betragen.
7. In Verfahren des vorläufigen Rechtsschutzes beträgt der Streitwert in der Regel 1/2, in den Fällen des § 80 Abs. 2 Nr. 1 VwGO und bei allen anderen auf bezifferte Geldleistungen gerichteten Verwaltungsakten 1/4 des für das Hauptsacheverfahren anzunehmenden Streitwerts; in Verfahren des vorläufigen Rechtsschutzes, die die Entscheidung in der Sache ganz oder zum Teil vorwegnehmen, kann der Streitwert bis zur Höhe des für das Hauptsacheverfahren anzunehmenden Streitwerts angehoben werden.
8. In selbstständigen Vollstreckungsverfahren entspricht der Streitwert der festgesetzten Höhe des Zwangsgeldes oder der geschätzten Kosten der Ersatzvornahme; im Übrigen beträgt er 1/4 des Streitwerts der Hauptsache. Bei der Androhung von Zwangsmitteln ist die Hälfte des sich nach Satz 1 ergebenden Betrages festzusetzen.
9. Der Streitwert für Beschwerden gegen die Entscheidung über die Ablehnung eines Richters beträgt 20 v. H. des Wertes der Hauptsache, höchstens 10 000,– DM. Gleiches gilt für Beschwerden in Rechtswegfragen.
10. Der Wert einer Nichtzulassungsbeschwerde entspricht dem Streitwert im Hauptsacheverfahren.
11. Der Wert der Prozesskostenhilfe entspricht der Summe der Gerichts- und Anwaltskosten für die Instanz nach dem Wert der Hauptsache.

---

88   Nun wohl § 45 Abs. 1 GKG i.d.F. v. 5.5.2004 (BGBl. I S. 718).

II. Einzelgebiete

Sachgebiet	Streitwert
Abfallentsorgung	
– Klage des Errichters/Betreibers	
auf Zulassung einer Anlage oder Anlagenänderung	2,5 % der Investitionssumme
gegen belastende Nebenbestimmungen	Betrag der Mehrkosten
gegen Untersagung des Betriebs (Stilllegungsanordnung)	1 % der Investitionssumme
gegen sonstige Ordnungsverfügung	Betrag der Aufwendungen
gegen Mitbenutzungsanordnung	Anteil der Betriebskosten (einschl. Abschreibung) für Dauer der Mitbenutzung
– Klage eines drittbetroffenen Privaten	
wegen Eigentumsbeeinträchtigung	Betrag der Wertminderung des Grundstücks
wegen sonstiger Beeinträchtigungen (ggf. zusätzlich zum Betrag der Eigentumsbeeinträchtigung)	20 000,– DM
gegen Vorbereitungsarbeiten	10 000,– DM
– Klage der drittbetroffenen Gemeinde	100 000,– DM
– Klage des Abfallbesitzers	
Beseitigungsanordnung	30,– DM je cbm Abfall
Untersagungsverfügung	30 000,– DM
Abgabenrecht	
– Abgabe	Betrag der streitigen Abgabe bei wiederkehrenden Leistungen: fünffacher Jahresbetrag, sofern nicht die voraussichtliche Belastungsdauer geringer ist
– Stundung	6 v. H. des Hauptsachewertes je Jahr (§ 238 AO)

Sachgebiet	Streitwert

Asylrecht

s. AsylVfG

Atomrecht

– Klage des Errichters/Betreibers

auf Genehmigung oder Teilgenehmigung oder Planfeststellung einer Anlage, §§ 7, 9, 9b AtG	2,5 % der mit der Genehmigung oder Teilgenehmigung ermöglichten Investitionssumme
auf Aufbewahrungsgenehmigung, § 6 AtG	1 % für die Aufbewahrung(sanlage) getätigten Investitionssumme
gegen belastende Nebenbestimmung	Betrag der Mehrkosten
Vorbescheid nach § 7a AtG	1 % der Investitionssumme für die beantragten Maßnahmen
Standortvorbescheid	1 % der Gesamtinvestitionssumme
– Einstellung des Betriebes	wirtschaftlicher Verlust infolge der Betriebseinstellung
– Klage eines drittbetroffenen Privaten	wie Abfallentsorgung
– Klage einer drittbetroffenen Gemeinde	100 000,– DM

Ausbildungsförderung

– Klage auf bezifferte Leistung	geforderter Betrag
– Klage auf Erhöhung der Förderung	Differenzbetrag im Bewilligungszeitraum
– Klage auf Verpflichtung zur Leistung in gesetzlicher Höhe	gesetzlicher Bedarfssatz für den streitigen Bewilligungszeitraum
– Klage auf Änderung der Leistungsform	1/2 des bewilligten Förderbetrages
– Klage auf Vorabentscheidung	gesetzlicher Bedarfssatz im ersten Bewilligungszeitraum

Ausländerrecht

– Aufenthaltserlaubnis, Aufenthaltsberechtigung	Auffangwert
– Aufenthaltsbewilligung, Aufenthaltsbefugnis	Auffangwert
– Ausweisung	Auffangwert
– Duldung/Abschiebung	1/2 Auffangwert

Sachgebiet	Streitwert
Bau- und Bodenrecht	
– Klage auf Erteilung einer Baugenehmigung bei	
Einfamilienhaus	30 000,– DM
Mehrfamilienhaus	15 000,– DM je Wohnung
Einzelhandelsbetrieb	200,– DM/m² Verkaufsfläche
Spielhalle	1 000,– DM/m² Nutzfläche (ohne Nebenräume)
Großflächige Werbetafel, Euroformat (3,80 x 2,70)	5 000,– DM
Imbissstand	10 000,– DM
sonstige Anlagen regelmäßig	je nach Einzelfall: Bruchteil der Rohbaukosten, Bodenwertsteigerung oder wirtschaftliches Interesse (Jahresnutzwert)
jedoch bei allen Fällen, bei denen das wirtschaftliche Interesse des Klägers an der Baugenehmigung durch die oben genannten Beträge nicht angemessen erfasst werden kann, z.B.	
– bei Nutzungsänderung	
– bei der Anlage von Plätzen	
– bei der Aufstellung von Buden, Imbisswagen	das wirtschaftliche Interesse, der Jahresnutzwert
– Erteilung eines Bauvorbescheids, einer Teilungsgenehmigung	mindestens 1/2 des Ansatzes für Baugenehmigung
– Bauverbot, Stilllegung, Nutzungsverbot, Räumungsgebot	Höhe des Schadens, Höhe des Ertragsverlustes oder der Aufwendungen
– Beseitigungsanordnung	Zeitwert der zu beseitigenden Substanz plus Abrisskosten
– Vorkaufsrecht	
Anfechtungsklage des Käufers	25 % des Kaufpreises
Anfechtungsklage des Verkäufers	Preisdifferenz, mindestens Auffangwert
– Klage eines Drittbetroffenen	

Sachgebiet	Streitwert
Nachbar	10 000,– DM, mindestens Betrag einer Grundstückswertminderung
Nachbargemeinde	50 000,– DM
– Normenkontrolle gegen Bebauungsplan	10 000,– bis 100 000,– DM

Beamtenrecht

– Gesamtstatus, gesamter Besoldungs- und Unterhaltsanspruch	s. GKG
– Laufbahnprüfung	Auffangwert
– Versetzung, Abordnung, Umsetzung, Beurlaubung, dienstliche Beurteilung und ähnliche Einzelfragen	Auffangwert
– Genehmigung einer Nebentätigkeit	Gesamtbetrag der Einkünfte aus der Nebentätigkeit, höchstens Jahresbetrag
– Gewährung von Trennungsgeld	Gesamtbetrag des Trennungsgeldes, höchstens Jahresbetrag
– Besoldungsdienstalter	einfacher Jahresbetrag der Differenz zwischen den Dienstalterstufen

Bergrecht

– Klage des Unternehmers	
auf Planfeststellung eines Rahmenbetriebsplans	2,5 % der Investitionssumme
Zulassung eines Rahmenbetriebsplans	1 % der Investitionssumme
Zulassung eines Sonder- oder Hauptbetriebsplans	2,5 % der Investitionssumme
gegen belastende Nebenbestimmungen	Betrag der Mehrkosten
– Klage eines drittbetroffenen Privaten	wie Abfallentsorgung
– Klage einer drittbetroffenen Gemeinde	100 000,– DM

Flurbereinigung

– Anordnung der Regelflurbereinigung	2 500,– DM/ha einbezogene Fläche

Sachgebiet	Streitwert
– Entscheidungen im Flurbereinigungsverfahren	streitiger Betrag oder wirtschaftliches Interesse des Klägers

Freie Berufe, Recht der –

– Berufsberechtigung, Eintragung, Löschung	Jahresbetrag des erzielten oder erwarteten Gewinns, mindestens 20 000,– DM
– Mitgliedschaft in einem berufsständischem Versorgungswerk, Befreiung	einfacher Jahresbetrag des Beitrages
– Rentenanspruch	dreifacher Jahresbetrag der Rente

Friedhofsrecht

– Grabnutzungsrechte	Auffangwert
– Umbettung	1/2 Auffangwert
– Grabmalgestaltung	1/2 Auffangwert
– Gewerbliche Betätigung auf Friedhöfen	Betrag des erzielten oder erwarteten Jahresgewinns, mindestens 20 000,– DM

Gesundheitsverwaltungsrecht

– Approbation	Jahresbetrag des erzielten oder erwarteten Verdienstes, mindestens 40 000,– DM
– Zusatzbezeichnung eines Arztes	20 000,– DM
– Erlaubnis nach § 10 BÄO	30 000,– DM

Gewerberecht

– Gewerbeerlaubnis, Gaststättenkonzession	Jahresbetrag des erzielten oder erwarteten Gewinns, mindestens 20 000,– DM
– Gewerbeuntersagung	
ausgeübtes Gewerbe	Jahresbetrag des erzielten oder erwarteten Gewinns, mindestens 15 000,– DM
erweiterte Gewerbeuntersagung	Erhöhung um 10 000,– DM
– Eintragung/Löschung in der Handwerksrolle	Jahresbetrag des erzielten oder erwarteten Gewinns, mindestens 20 000,– DM
– Meisterprüfung	20 000,– DM
– Gesellenprüfung	10 000,– DM

Sachgebiet	Streitwert
– Sperrzeitregelung	Jahresbetrag des erzielten oder erwarteten zusätzlichen Gewinns, mindestens 10 000,– DM
– Zulassung zu einem Markt	erwarteter Gewinn, mindestens 500,– DM pro Tag

Hochschulrecht, Recht der Führung akademischer Grade

– Anerkennung der Hochschulreife, Zulassung zum Studium, Immatrikulation, Exmatrikulation	Auffangwert
– Zwischenprüfung	Auffangwert
– Diplomprüfung, Graduierung, Nachgraduierung	20 000,– DM
– Leistungsnachweis	1/2 Auffangwert
– Promotion, Entziehung des Doktorgrades	20 000,– DM
– Nostrifikation	20 000,– DM
– Habilitation	30 000,– DM
– Lehrauftrag	Auffangwert
– Ausstattung eines Instituts/Lehrstuhls	10 % der streitigen Mehrausstattung, mindestens 10 000,– DM
– Hochschulwahlen	Auffangwert

Immissionsschutzrecht

– Klage des Errichters/Betreibers auf Genehmigung oder Teilgenehmigung oder Planfeststellung einer Anlage	2,5 % der mit der Genehmigung oder Teilgenehmigung ermöglichten Investitionssumme, mindestens aber Auffangwert
gegen belastende Nebenbestimmung, nachträgliche Anordnung	Betrag der Mehrkosten
Vorbescheid (soweit nicht Standortvorbescheid)	1 % der Investitionssumme für die beantragten Maßnahmen, mindestens Auffangwert
Standortvorbescheid	1 % der Gesamtinvestitionssumme, mindestens Auffangwert
Stilllegung, Betriebsuntersagung	1 % der Investitionssumme, soweit nicht feststellbar entgangener Gewinn, mindestens Auffangwert
sonstige Anordnungen im Einzelfall	Betrag der Aufwendungen

Sachgebiet	Streitwert
– Klage eines drittbetroffenen Privaten	s. Abfallentsorgung Nr. 1.2
– Klage einer drittbetroffenen Gemeinde	10 000,– DM

Jagdrecht

– Bestand und Abgrenzung von Jagdbezirken	15 000,– DM
– Verpachtung von Jagdbezirken	Jahresjagdpacht
– Erteilung/Entzug des Jagdscheins	12 000,– DM
– Jägerprüfung	Auffangwert

Kinder- und Jugendhilferecht

– Laufende Leistungen	Wert der streitigen Leistung höchstens Jahresbetrag
– Einmalige Leistungen, Kostenerstattung, Aufwendungsersatz, Kostenersatz	Wert der streitigen Leistung
– Überleitung von Ansprüchen	1/2 des Wertes der Leistungen in dem Zeitraum, für den die Überleitung ausgesprochen wurde, höchstens 1/2 des Jahresbetrages
– Heranziehung zur Kostentragung	streitiger Betrag
– Erteilung der Erlaubnis nach Art. 1 § 45 KJHG	Jahresgewinn aus dem Bereich, mindestens 20 000,– DM
– Pflegeerlaubnis nach Art. 1 § 44 KJHG	Auffangwert

Kommunalrecht

– Kommunalwahl	
Anfechtung durch Bürger	Auffangwert
Anfechtung durch Partei, Wählergemeinschaft	mindestens 25 000,– DM
Anfechtung durch Wahlbewerber	mindestens 12 000,– DM
– Sitzungs- und Ordnungsmaßnahmen	4 000,– DM
– Benutzung/Schließung einer Gemeindeeinrichtung	wirtschaftliches Interesse, mindestens 1/2 Auffangwert

Sachgebiet	Streitwert
– Anschluss- und Benutzungs- zwang	ersparte Anschlusskosten
– Kommunalaufsicht	20 000,– DM
Krankenhausrecht	
– Aufnahme in den Krankenhaus- bedarfsplan	Jahresbetrag der Investitionspau- schale je Planbett
– Festsetzung von Pflegesätzen	streitiger Anteil des Pflegesatzes x Bettenzahl x Belegungsgrad
Kriegsdienstverweigerung	
– Klage auf Anerkennung	Auffangwert
Kriegsopferfürsorge	
– Streit um Leistungen	wie Sozialhilfe
Land- und Forstwirtschaft, Recht der –	
– Festsetzung einer Referenz- menge	streitige Referenzmenge x 0,20 DM/kg
– Sortenzulassung	20 000,– DM
Lastenausgleichsrecht	
– Hauptentschädigung	Grundbetrag des § 246 LAG unter Berücksichtigung des § 245 LAG, sofern kein bezifferter Betrag streitig
– Hausratentschädigung	Sockelbetrag des § 295 Abs. 1 LAG, sofern kein bezifferter Betrag streitig
– Feststellungsverfahren	1/2 des Grundbetrages der Haupt- entschädigung, sofern kein bezif- ferter Betrag streitig
– Reparationsschäden	1/2 des Grundbetrages nach der Tabelle zu § 33 RepG, sofern kein bezifferter Betrag streitig
Lebensmittelrecht	
– Einfuhr-, Verkehrsverbot, Ver- nichtungsauflage	Verkaufswert der betroffenen Wa- ren
– Sonstige Maßnahmen	Jahresbetrag der erwarteten wirt- schaftlichen Auswirkung
Erlaubnisse für Luftfahrpersonal	
– Privatflugzeugführer	10 000,– DM
– Berufsflugzeugführer	20 000,– DM

Sachgebiet	Streitwert
– Verkehrsflugzeugführer	30 000,– DM
– sonstiges Luftfahrtpersonal	Erlaubnisse für 10 000,– DM

Mutterschutzrecht

– Streit um Zustimmung zur Kündigung	Auffangwert

Namensrecht

– Änderung des Familiennamens oder Vornamens	Auffangwert
– Namensfeststellung	Auffangwert

Passrecht

– Personalausweis, Reisepass	Auffangwert

Personalvertretungsrecht	Auffangwert
Personenbeförderungsrecht	vgl. Verkehrswirtschaftsrecht
Pflegegeld	Wert der streitigen Leistung, höchstens Jahresbetrag

Planfeststellungsrecht

– Klage des Errichters/Betreibers auf Planfeststellung einer Anlage oder Änderung des Planfeststellungsbeschlusses	2,5 % der Investitionssumme
gegen belastende Nebenbestimmung	Betrag der Mehrkosten
– Klage eines drittbetroffenen Privaten	wie Abfallentsorgung
– Klage einer drittbetroffenen Gemeinde	100 000,– DM

Polizei- und Ordnungsrecht

– Anordnung gegen Tierhalter	Auffangwert
– Obdachloseneinweisung	Auffangwert
– Streit um erkennungsdienstliche Maßnahmen und kriminal-polizeiliche Unterlagen	Auffangwert

Sachgebiet	Streitwert
Prüfungsrecht	
– Das Studium abschließende Staatsprüfung; ärztliche oder pharmazeutische Prüfung (mit Ausnahme des dritten Abschnitts der Prüfung)	10 000,– DM
– Den Vorbereitungsdienst abschließende Staatsprüfung; dritter Abschnitt der ärztlichen oder pharmazeutischen Prüfung	20 000,– DM
– Sonstige berufseröffnende Prüfungen	20 000,– DM
– Sonstige Prüfungen	Auffangwert
Rundfunkrecht	
– Hörfunkkonzession	300 000,– DM
– Fernsehkonzession	500 000,– DM
– Kanalbelegung	wie Hörfunk-/Fernsehkonzession
– Einräumung von Sendezeit	20 000,– DM
Schulrecht	
– Errichtung, Zusammenlegung, Schließung einer Schule (Klage der Eltern bzw. Schüler)	Auffangwert
– Genehmigung zum Betrieb einer Ersatzschule	50 000,– DM
– Schulpflicht, Einweisung in eine Sonderschule, Entlassung aus der Schule	Auffangwert
– Aufnahme in eine bestimmte Schule oder Schulform	Auffangwert
– Versetzung, Zeugnis	Auffangwert
– Reifeprüfung	Auffangwert
Schwerbehindertenrecht	
– Zustimmung der Hauptfürsorgestelle	Auffangwert
Soldatenrecht	
– Berufssoldaten	wie Beamte auf Lebenszeit
– Soldaten auf Zeit	wie Beamte auf Probe

Sachgebiet	Streitwert
Sozialhilfe	
– Laufende Leistungen	Wert der streitigen Leistung, höchstens Jahresbetrag
– Einmalige Leistung	streitiger Betrag
– Überleitung von Ansprüchen	Auffangwert
– Streitigkeiten um Aufwendungsersatz (§ 11 Abs. 2 Satz 1 Halbs. 1, § 29 Satz 2 BSHG)	streitiger Betrag
– Streitigkeiten um Kostenersatz (§§ 92 ff. BSHG)	streitiger Betrag
Staatsangehörigkeitsrecht	
– Einbürgerung	doppelter Auffangwert
– Feststellung der Staatsangehörigkeit	doppelter Auffangwert
Straßen- und Wegerecht (ohne Planfeststellung)	
– Sondernutzung	zu erwartender Gewinn bis zur Grenze des Jahresbetrages; mindestens 1 000,– DM
– Sondernutzungsgebühr	streitiger Betrag, höchstens fünffacher Jahresbetrag der streitigen Gebühr
– Widmung, Einziehung	wirtschaftliches Interesse, mindestens 10 000,– DM
Subventionsrecht	
– Vergabe einer Subvention Leistungsklage	streitiger Betrag
Konkurrentenklage	50 % des Subventionsbetrages
– Bescheinigung als Voraussetzung für eine Subvention	75 % der zu erwartenden Subvention
Zinsloses oder zinsermäßigtes Darlehen	Zinsersparnis, im Zweifel pauschaliert: zinsloses Darlehen 25 % zinsermäßigtes Darlehen 10 % des Darlehensbetrages
Vereins- und Versammlungsrecht	
– Vereinsverbot	
durch oberste Landesbehörde	20 000,– DM
durch oberste Bundesbehörde	50 000,– DM

Sachgebiet	Streitwert
– Auskunftsverlangen	Auffangwert
– Versammlungsverbot	5 000,– DM

Verkehrsrecht

– Fahrerlaubnis Klassen 1b, 4 und 5	1/2 Auffangwert
– Fahrerlaubnis Klasse 1, Fahrerlaubnis Klasse 3	Auffangwert
– Fahrerlaubnis Klasse 2	1 1/2 Auffangwert
– bei beruflicher Nutzung	Zuschlag von 1/2 Auffangwert
– Fahrerlaubnis zur Fahrgastbeförderung	2-facher Auffangwert
– Fahrtenbuchauflage	500,– DM je Monat
– Verkehrsregelnde Anordnung	Auffangwert
– Sicherstellung, Stilllegung eines Kraftfahrzeuges	1/2 Auffangwert
– Nachschulung, erneute Ablegung der Befähigungsprüfung	1/2 Auffangwert

Verkehrswirtschaftsrecht

– Güterfernverkehrsgenehmigung	40 000,– DM
– Bezirksverkehrsgenehmigung	30 000,– DM
– Nahverkehrsgenehmigung	20 000,– DM
– Taxigenehmigung	20 000,– DM
– Mietwagengenehmigung	10 000,– DM
– Linienverkehr mit Omnibussen	30 000,– DM je Linie
– Gelegenheitsverkehr mit Omnibussen	30 000,– DM
– Konkurrentenklage	50 % des Streitwerts für die jeweilige Genehmigung

Vermögensrecht
(§ 13 Abs. 3 GKG legt als Höchstgrenze 1 000 000,– DM fest)

– Rückübertragung	
Grundstück	aktueller Verkehrswert
Unternehmen	aktueller Verkehrswert
sonstige Vermögensgegenstände	wirtschaftlicher Wert
– Besitzeinweisung	30 % des aktuellen Verkehrswertes

Sachgebiet	Streitwert
– Investitionsbescheinigung	(Grundstückskaufpreis + Investition) x 30 %
– Investitionsvorrangbescheid	30 % des aktuellen Verkehrswerts

Vertriebenen- und Flüchtlingsrecht

– Erteilung oder Entziehung eines Vertriebenenausweises	Auffangwert
– Erteilung oder Rücknahme eines Aufnahmebescheides/einer Bescheinigung nach § 15 BFVG	Auffangwert

Waffenrecht

– Waffenschein	10 000,– DM
– Waffenbesitzkarte	Auffangwert zuzüglich 1 000,– DM je Waffe
– Munitionserwerbsberechtigung	2 000,– DM
– Waffenhandelserlaubnis	s. Gewerbeerlaubnis

Wasserrecht (ohne Planfeststellung)

– Erlaubnis, Bewilligung	wirtschaftlicher Wert
– Anlagen an oder in Gewässern	
gewerbliche Nutzung	Jahresgewinn
nichtgewerbliche Nutzung	Auffangwert
Steganlagen incl. ein Bootsliegeplatz	Auffangwert zuzüglich 1 000,– DM für jeden weiteren Liegeplatz

Weinrecht

– Veränderung der Rebfläche	2,– DM/qm Rebfläche
– Genehmigung zur Vermarktung oder Verarbeitung von nicht verkehrsfähigem Wein	3,– DM/Liter

Wohngeldrecht

– Miet- oder Lastenzuschuss	streitiger Zuschuss, höchstens Jahresbetrag

Wohnraumrecht

– Anerkennung als steuerbegünstigte Wohnung	Gesamtbetrag der Steuerersparnis
– Bewilligung öffentlicher Mittel	Zuschussbetrag zuzüglich 10 % der Darlehenssumme

Sachgebiet	Streitwert
– Erteilung einer Wohnberechtigungsbescheinigung	Auffangwert
– Fehlbelegungsabgabe	streitiger Betrag, höchstens Jahresbetrag
– Freistellung von der Wohnungsbindung	Auffangwert je Wohnung
– Zweckentfremdung	
Erlaubnis mit Ausgleichszahlung	Betrag der Ausgleichszahlung; bei laufender Zahlung: Jahresbetrag
Erlaubnis ohne Ausgleichszahlung	Auffangwert
– Aufforderung, Wohnräume wieder Wohnzwecken zuzuführen	falls eine wirtschaftlich günstigere Nutzung stattfindet, Jahresbetrag des Interesses, sonst Auffangwert je Wohnung
Wohnungsaufsichtliche Anordnung	veranschlagte Kosten der geforderten Maßnahme

§ 165a [Sicherheitsleistung]
§ 110 der Zivilprozessordnung gilt entsprechend.

I. Normzweck

1 Die durch das RmBereinVpG[1] zum 1.1.2002 eingefügte Bestimmung stellt klar, dass § 110 ZPO betreffend die **Prozesskostensicherheit** im Verwaltungsprozess Anwendung findet[2]; überwiegend war diese Regelung schon zuvor über § 173 für analog anwendbar gehalten worden[3]. Jedenfalls sind die Verfahrensvorschriften der §§ 108–113 ZPO sind ergänzend über § 173 anzuwenden. Bezweckt ist, die **Absicherung des obsiegenden Beklagten**, er soll vor den Problemen einer Vollstreckung seines Kostenerstattungsanspruchs im Ausland bewahrt werden, nicht aber eine Absicherung der Gerichtskasse oder sonstiger Beteiligter[4]. Einzahlungen zur Gerichtskasse dürfen deshalb nicht mit Gerichtskosten verrechnet werden[5].

---

1   Gesetz zur Bereinigung des Rechtsmittelrechts im Verwaltungsprozess vom 20.12.2001 (BGBl. I S. 3987).
2   BT-Drucks. 14/6393 S. 14.
3   Schoch/Olbertz Rn. 1; Sodan/Neumann Rn. 2; Eyermann/P. Schmidt Rn. N1; a.A. wohl Bader/Bader Rn. 1: »dem Verwaltungsprozess wesensfremd«; zweifelnd noch BVerwG Buchh. 310 § 173 Anh § 110 ZPO Nr. 1; NJW 1999, 2608, 2610.
4   Wie hier Schoch/Olbertz Rn. 5; Bader/Bader Rn. 14; a.A. Eyermann/P. Schmidt (Nachtrag) Rn. N2: Sicherung auch des dem Beklagten vergleichbaren Beigeladenen; diesem folgend Kopp/Schenke Rn. 2.
5   OLG Stuttgart RPfl. 1985, 375; Zöller/Herget § 110 ZPO Rn. 2.

II. Anwendungsbereich

Eine Sicherheitsleistung kommt **nur bei Klagen** – auch im Wiederaufnah-   **2**
meverfahren nach § 153 i.V.m. §§ 578 ff. ZPO – in Betracht[6], wohl auch
bei Normenkontrollverfahren, nicht aber bei anderen Verfahren wie etwa
solchen des einstweiligen Rechtsschutzes[7] oder Rechtsmittelverfahren. Vor
allem bei Anfechtungsklagen kann die Anordnung einer Prozesskostensicherheit wegen Art. 19 Abs. 4 GG problematisch sein; soweit im Einzelfall
effektiver Rechtsschutz gefährdet wird, scheidet die Anordnung aus[8].

Die Verpflichtung zur Sicherheitsleistung besteht nur für den Kläger, der   **3**
das Klageverfahren in Gang setzt, nicht aber für den Beigeladenen. Der
Beigeladene im VerwProzess wird anders als der Nebenintervenient im Zivilprozess nicht auf Veranlassung einer der Parteien, sondern auf Veranlassung des Gerichts am Verfahren beteiligt. Auch sind die Rechtsfolgen des
§ 113 ZPO (vgl. Rn. 8) bei nicht erbrachter Sicherheit auf den Beigeladenen nicht anwendbar.

Die Verpflichtung betrifft nur solche Kläger, die ihren gewöhnlichen Auf-   **4**
enthalt nicht in einem Mitgliedstaat der Europäischen Union (EU) oder
einem Vertragsstaat des Abkommen über den Europäischen Wirtschafts-
raum (EWR) haben. Maßgeblich ist danach allein der Aufenthaltsort, nicht
aber die Staatsangehörigkeit des Klägers, sodass u.U. auch ein Deutscher
zur Leistung der Prozesskostensicherheit verpflichtet werden kann[9]. Der
unbestimmte Gesetzesbegriff des »**gewöhnlichen Aufenthalts**« ist aus Sinn,
Zweck und Regelungszusammenhang der jeweiligen Norm heraus auszulegen, in der er gebraucht wird[10]. Hier liegt es nahe auf die Legaldefinition
in § 30 Abs. 3 S. 2 SGB I zurückzugreifen[11]. Danach hat eine **natürliche
Person** ihren gewöhnlichen Aufenthalt dort, wo sie sich unter Umständen
aufhält, die erkennen lassen, dass sie an diesem Ort oder in diesem Gebiet
nicht nur vorübergehend verweilt. Bei **Personenvereinigungen** und **juristischen Personen** ist deren Sitz maßgeblich (§§ 17, 24 ZPO). Von der Verpflichtung befreit sind damit nicht nur Staatsangehörige eines Mitglied-
bzw. Vertragsstaates der EU und des EWR, sondern alle, auch Ausländer,
die dort ihren gewöhnlichen Aufenthalt haben. Darüber hinaus wird die
Befreiung zur Vermeidung einer verbotenen Diskriminierung auch auf solche Staatsangehörigen eines EU-Mitglieds zu erstrecken sein, die ihren gewöhnlichen Aufenthalt in einem Drittstaat haben, ohne Wohnsitz oder
Vermögen in einem Mitgliedstaat der EU zu haben[12]. Damit wird die Sicherheitsleistung wohl nur in den wenigsten Fällen relevant werden, weil

---

6   Wie hier Bader/Bader Rn. 2; Eyermann/P. Schmidt N2; Schoch/Olbertz Rn. 6; Zöl-
    ler/Herget § 110 Rn. 3.
7   A.A. Sodan/Neumann Rn. 24.
8   Wie hier Schoch/Olbertz Rn. 4; zu weitgehend Bader/Bader Rn. 3: generelles Ver-
    bot einer Sicherheitsleistung bei Anfechtungsklagen; § 165a liefe dann fast vollstän-
    dig leer.
9   Vgl. BT-Drucks. 13/10871 S. 17.
10 BVerwGE 99, 158.
11 Ähnlich BVerwG NVwZ-RR 1997, 751: Rückgriff auf die Legaldefinition des § 30
    Abs. 3 S. 2 SGB I zur Bestimmung des gewöhnlichen Aufenthalts nach § 3 Abs. 1
    Nr. 3 Buchst. a VwVfG.
12 EuGH NJW 1997, 3299; Bader/Bader Rn. 6. Zum Diskriminierungsverbot im Zu-
    sammenhang mit Sicherheitsleistungen vgl. auch EuGH NJW 1993, 2431; 1996,
    3407; 1998, 2127.

auch die danach verbleibenden Ausländer i.d.R. ihren gewöhnlichen Aufenthalt in Deutschland und damit in einem Mitgliedstaat der EU haben[13].

III. Befreiung von der Prozesskostensicherheit

5 § 110 Abs. 2 Nr. 1–5 ZPO sehen **Ausnahmen von der Pflicht zur Sicherheitsleistung** vor: So kann eine Prozesskostensicherheit nicht verlangt werden, wenn dies kraft völkerrechtlichen Vertrages ausgeschlossen ist (Nr. 1), oder wenn die Entscheidung über die Erstattung der Prozesskosten an den Beklagten auf Grund eines völkerrechtlichen Vertrages vollstreckt werden kann (Nr. 2)[14]. Hier besteht kein Sicherungsbedürfnis des Beklagten, ebenso wenn der Kläger im Inland zur Deckung der Kosten hinreichendes Grundvermögen oder dinglich gesicherte Forderungen besitzt (Nr. 3); veräußert oder verliert der Kläger dieses Vermögen während des Prozesses, kann nachträgliche Prozesskostensicherheit verlangt werden (§ 111 ZPO). Die für Widerklagen bestehende Ausnahme (Nr. 4) wird für den Verwaltungsprozess weitgehend bedeutungslos sein, da Beklagter i.d.R. eine Behörde oder Körperschaft des öffentlichen Rechts mit Sitz im Inland sein wird. Ohne praktische Bedeutung wird auch die Ausnahme nach Nr. 5 sein, die Klagen auf Grund einer öffentlichen Aufforderung, in erster Linie also Anfechtungsklagen (§ 957 ZPO) gegen im Aufgebotsverfahren (§§ 946ff. ZPO) ergangene Ausschlussurteile, betrifft.

6 Weitere, in § 110 ZPO nicht geregelte **Ausnahmen** bestehen in folgenden Fällen: Gemäß § 166 i.V.m. § 122 Abs. 1 Nr. 2 ZPO bewirkt die **Bewilligung von Prozesskostenhilfe**, das der Kläger von der Verpflichtung zur Sicherheitsleistung befreit ist. **Heimatlose Ausländer** sind nach § 11 des Gesetzes über die Rechtsstellung heimatloser Ausländer im Bundesgebiet[15] von den besonderen Pflichten Angehöriger fremder Staaten und Staatenloser zur Sicherheitsleistung befreit. Dasselbe gilt für **internationale Flüchtlinge** i.S.d. Artikel 16 des Genfer Abkommens v. 28.7.1951 über die Rechtsstellung der Flüchtlinge[16]. Damit scheidet die Prozesskostensicherheit in Asylsachen aus[17]. Umstritten ist, ob Ausnahmen auch für **Wiedergutmachung** wegen nationalsozialistischer Verfolgung, **Kriegsfolgen- und Vertriebenensachen** und Ausländer gelten, die sich gegen erlittenes **DDR-Unrecht** wehren wollen[18].

IV. Verfahren, Rechtsbehelfe

7 Die Prozesskostensicherheit ist nur »auf Verlangen des Beklagten« zu leisten; das Gericht kann sie deshalb nicht von Amts wegen, sondern nur auf **Antrag des Beklagten**, nicht auch des Beigeladenen, anordnen. Unter den

---

13 So auch Bader/Bader Rn. 5.
14 Vgl. § 1 Anerkennungs- und Vollstreckungsausführungsgesetz (AVAG) vom 19.2.2001 (BGBl. I S. 288, 436).
15 Vom 25.4.1951 (BGBl. I S. 269).
16 Gesetz v. 1.9.1953 (BGBl. II S. 559).
17 Bader VBlBW 2002, 471, 478; Schoch/Olbertz Rn. 9.
18 Uneingeschränkt bejahend Bader VBlBW 2002, 471, 478; Bader/Bader Rn. 10; in Bezug auf Wiedergutmachung offenbar zweifelnd, im Übrigen verneinend Schoch/Olbertz Rn. 9; nur für Wiedergutmachungsangelegenheiten bejahend Sodan/Neumann Rn. 59.

Voraussetzungen des § 111 ZPO kann der Beklagte die Sicherheit auch **nachträglich** im laufenden Verfahren, ggf. auch erst im Rechtsmittelverfahren, beantragen. Die materielle Beweislast für das Vorliegen der Voraussetzungen des § 110 Abs. 1 ZPO trägt der Beklagte, diejenige für das Vorliegen eines Befreiungstatbestandes der Kläger[19]. Die Erfolgsaussichten der Klage und damit die Wahrscheinlichkeit eines Kostenerstattungsanspruchs des Beklagten sind irrelevant. Das **Sicherungsinteresse des Beklagten**, auch einer Behörde, wird vom Gesetz unterstellt; eines besonders schützenswerten Interesses bedarf es deshalb nicht[20]. Ein unberechtigtes Verlangen kann aber die Kostenfolge des § 155 Abs. 4 auslösen[21]. Die **Höhe der Prozesskostensicherheit** legt das Gericht nach freiem Ermessen (§ 112 Abs. 1 ZPO) unter Zugrundelegung der voraussichtlichen Aufwendungen des Beklagten zur zweckentsprechenden Rechtsverteidigung fest (§ 112 Abs. 2 ZPO)[22]. Es entscheidet zugleich über die **Art der Sicherheit** (§ 108 ZPO: i.d.R. Bankbürgschaft oder Hinterlegung) und die **Frist**, innerhalb derer sie zu leisten ist (§ 113 S. 1 ZPO).

Die Anordnung der Prozesskostensicherheit erfolgt durch **Beschluss**[23]; für   **8** ein Zwischenurteil ist anders als Zivilprozess kein Raum[24], denn es handelt sich nicht um eine Entscheidung über die Zulässigkeit der Klage (§ 109); § 303 ZPO ist eine solche Beschränkung fremd. Dagegen spricht auch die **Rechtsfolge**, die **bei nicht rechtzeitiger Sicherheitsleistung** eintritt, denn in diesem Fall erkennt das Gericht nicht etwa von Amts wegen auf Unzulässigkeit der Klage/des Rechtsmittels, sondern erklärt wiederum nur auf Antrag des Beklagten (§ 113 S. 2 ZPO) die Klage für zurückgenommen oder verwirft ein etwaiges Rechtsmittel. Diese Entscheidungen ergehen durch Beschluss (§§ 92 Abs. 3, 125 Abs. 2, 141); der Einstellungsbeschluss als solcher ist unanfechtbar, ist aber streitig, ob der Kläger ordnungsgemäß Sicherheit geleistet hat, kann er insoweit – ähnlich wie bei der Rücknahmefiktion nach § 92 Abs. 2 bzw. § 126 Abs. 2 (vgl. § 92 Rn. 14) – **Antrag auf Fortsetzung des Verfahrens** stellen.

§ 166 [Prozesskostenhilfe]

Die Vorschriften der Zivilprozessordnung über die Prozesskostenhilfe gelten entsprechend.

Die VwGO verzichtet auf eine eigenständige Regelung der Prozesskostenhilfe und erklärt, insoweit § 173 verdrängend, die Regelungen der ZPO über die Prozesskostenhilfe für entsprechend anwendbar. Es handelt sich um eine sog. dynamische Verweisung, d.h. die jeweils aktuell geltenden Bestimmungen der ZPO über die Prozesskostenhilfe einschließlich der jeweiligen Übergangsvorschriften und Ausführungsregelungen sind im Verwaltungsprozess anzuwenden. Für die Prozesskostenhilfe im Verwaltungsprozess maßgeblich sind daher die §§ 114 ff. ZPO; Notwendigkeiten,

---

19   BGH NJW 1982, 1223.
20   Wie hier Schoch/Olbertz Rn. 4; a.A. Bader/Bader Rn. 14.
21   Schoch/Olbertz Rn. 19; Zöller/Herget § 110 Rn. 4: Kostenfolge der §§ 96, 97 ZPO; hierzu BGH NJW 1980, 839.
22   Ob hierzu auch die Gerichtskosten zählen und bejahendenfalls für wie viele Instanzen, ist umstritten: generell verneinend Bader/Bader Rn. 15; Sodan/Neumann Rn. 66; bejahend für die erste und die nächsthöhere Instanz Schoch/Olbertz Rn. 17.
23   Wie hier Eyermann/P. Schmidt Rn. N15; Sodan/Neumann Rn. 69.
24   A.A. Kopp/Schenke Rn. 7; Bader/Bader Rn. 17; Schoch/Olbertz Rn. 19.

einzelne Vorschriften mit Blick auf den Verwaltungsprozess für unanwendbar zu erachten, bestehen nicht. Nachstehend wird das Verfahren lediglich in den Grundzügen dargestellt. Im Einzelnen ist auf die Kommentare zur ZPO zu verweisen.

A. Bewilligungsvoraussetzungen

I. Allgemeines

1   **Prozesskostenhilfe kann jedem Beteiligten, auch einer nicht rechtsfähigen Vereinigung** nach § 61 Nr. 2[1] **in jedem Stadium des Verfahrens bewilligt werden,** neben dem Kläger oder Beklagten deshalb auch dem Beigeladenen[2]. Sie ist für jedes Verfahren, auch für Neben- und Zwischenverfahren zulässig, auch für das Beschwerdezulassungsverfahren gegen die Ablehnung von Prozesskostenhilfe[3] ggf. gesondert zu gewähren, nicht aber für nach § 188 kostenfreie Verfahren, wenn nicht die Beiordnung eines Anwalts in Frage kommt[4]. Eine solche Beiordnung ist im Verfahren vor dem OVG und BVerwG notwendig, soweit nicht die Ausnahmen des § 67 Abs. 1 S. 4–6 eingreifen, und sonst gemäß § 121 Abs. 2 ZPO geboten, wenn nicht einfach zu überschauende Sach- oder Rechtsfragen zu klären sind[5]. Die Beiordnung eines Rechtslehrers ist auch im Verfahren vor dem OVG und dem BVerwG unzulässig[6]; ein Rechtsbeistand kann nicht beigeordnet werden[7].

II. Persönliche und wirtschaftliche Voraussetzungen

2   **Die persönlichen und wirtschaftlichen Verhältnisse des Antragstellers müssen es ihm unmöglich machen, die Gerichts- oder,** im Falle des Anwaltszwangs oder einer gebotenen Anwaltsbeiordnung, **die außergerichtlichen Kosten zu bestreiten.** Maßgebend sind zunächst die Einkommensverhältnisse. Hier bestimmt sich nach der Tabelle gemäß § 115 Abs. 1 S. 4 ZPO, ob dem Antragsteller **Kostenfreiheit** oder aber **Ratenzahlung** zu gewähren ist. Die Berechnung des einzusetzenden Einkommens erfolgt nach § 115 Abs. 1 ZPO. Hinzu tritt gemäß § 115 Abs. 2 ZPO eine Beurteilung des Vermögens, das unter Berücksichtigung der Grundsätze des § 88 BSHG eingesetzt werden muss. Die notwendigen Angaben sind vom Antragsteller gemäß § 117 Abs. 2 ZPO mit dem Gesuch auf Bewilligung von Prozesskostenhilfe zu machen; das entscheidende Gericht kann von diesen Angaben nicht ohne Gewährung rechtlichen Gehörs abweichen[8]. Das Gericht kann gemäß § 118 Abs. 2 ZPO Glaubhaftmachung verlangen und weitere

---

1   Münster OVGE 19, 170.

2   Münster OVGE 3, 80.

3   Saarlouis NVwZ 1998, 413 in Auseinandersetzung mit der anderslautenden zivilgerichtlichen Rechtsprechung; Kopp/Schenke Rn. 2; a.A. Bader Rn. 3.

4   BVerwG NVwZ-RR 1989, 665; Münster OVGE 22, 6; Baumbach/Albers § 114 ZPO Rn. 133.

5   BVerwGE 51, 113; 51, 277; Kassel AnwBl. 1990, 571; Bremen AnwBl. 1984, 49.

6   Vgl. BVerwG DÖV 1966, 432; a.A. Kopp/Schenke Rn. 13.

7   Münster DÖV 1987, 652.

8   BVerfG NJW 2000, 275.

Nachforschungen anstellen. Die Beschlagnahme des Vermögens eines verbotenen Vereins bewirkt nicht dessen Vermögenslosigkeit[9].

III. Erfolgsaussichten

Die **Rechtsverfolgung muss hinreichende Aussichten auf Erfolg haben.** Gewissheit des Erfolges ist nicht erforderlich, sondern nur eine gewisse Wahrscheinlichkeit[10]. Schwierige Rechtsfragen sind nicht im Verfahren der Prozesskostenhilfe zu entscheiden. Liegen sie vor und können sie entscheidungserheblich sein, so ist Prozesskostenhilfe zu bewilligen, insbesondere wenn abweichende Entscheidungen der OVG veröffentlicht sind und das BVerwG hierüber noch nicht entschieden hat[11]. Das Gleiche gilt, wenn die Aufklärung verwickelter Tatbestände notwendig ist[12].   **3**

Prozesskostenhilfe ist zu versagen, wenn die Rechtsverfolgung oder -verteidigung mutwillig erscheint. Das ist insbesondere dann der Fall, wenn ein anderer Beteiligter ein Verfahren überhaupt oder in diesem Umfang vernünftigerweise nicht anhängig machen würde[13]. Dass im Hauptsacheverfahren der Antragssteller vermutlich die Kosten auch im Falle des Obsiegens tragen muss, rechtfertigt die Ablehnung der beantragten Prozesskostenhilfe nicht[14]. Bei reiner Zahlungsklage ist deshalb die Bewilligung nur für einen Teilbetrag möglich.   **3a**

IV. PKH in der Rechtsmittelinstanz

Für die **Rechtsmittelinstanz** gilt, dass trotz Bewilligung der Prozesskostenhilfe in der ersten Instanz der Nachweis des Unvermögens erneut geführt werden muss. Hat derjenige, dem Prozesskostenhilfe bewilligt worden war, in der Vorinstanz obsiegt, so sind die Erfolgsaussichten nicht mehr zu prüfen. In diesem Falle gemäß § 119 ZPO nur Prüfung der persönlichen Voraussetzungen[15].   **4**

---

9   Bremen B. v. 5.5.1999 – 1 Bs 371/88.
10 Kassel DÖV 1952, 157; Mannheim ESVGH 10, 231; OLG Celle NJW 1958, 187.
11 BVerfG DVBl. 1990, 926; NJW 1992, 889; Kassel DÖV 1952, 157; Lüneburg OVGE 1, 218; Münster DÖV 1955, 123; JZ 1966, 186; vgl. BGH NJW 1998, 82; auch Schneider MDR 1977, 621.
12 Münster DÖV 1953, 126; BVerfG NJW 1997, 2103: die von Amts wegen erfolgende Ermittlung des Sachverhalts ist kein Grund, Prozesskostenhilfe zu verweigern.
13 Bremen NVwZ 1988, 843; beispielhaft VG Meiningen NVwZ-RR 1996, 720; vgl. Baumbach/Hartmann § 114 ZPO Rn. 107; Thomas/Putzo § 114 Rn. 3b.
14 BVerwG NVwZ-RR 1999, 387 für § 155 Abs. 5; Lüneburg NVwZ-RR 1998, 144 für § 155 Abs. 1, 3.
15 Zu Ausnahmen Koblenz NVwZ-RR 1994, 123.

B. Bewilligungsverfahren

I. Antragstellung

5 Der **Antrag** auf Bewilligung der Prozesskostenhilfe setzt kein anhängiges Verfahren voraus. Er ist auch vor Erhebung der Klage zulässig[16], er kann andererseits bis zur rechtskräftigen Beendigung des Verfahrens gestellt werden[17]. Der Antrag kann aber auch mit der Einreichung der Klage zusammen gestellt werden. Da die Einreichung der Klageschrift zur Klageerhebung ausreicht (§ 81), ist die Klage in diesem Falle rechtshängig, wenn nicht ausdrücklich erklärt wird, dass die Klage nur als eingereicht gelten soll, wenn Prozesskostenhilfe bewilligt wird[18] (vgl. § 82 Rn. 12). Ist **nur** ein **Gesuch um Prozesskostenhilfe**, dieses aber innerhalb der Klage- oder Rechtsmittelfrist mit ausreichenden Unterlagen zur Glaubhaftmachung seiner Voraussetzungen[19] eingereicht worden, wird **aber Prozesskostenhilfe erst nach Ablauf der Frist bewilligt**, so ist für die Erhebung der Klage oder die Einlegung des Rechtsmittels **Wiedereinsetzung in den vorigen Stand** zu bewilligen, wenn der Antrag nach § 60 form- und fristgerecht gestellt wird (vgl. §§ 60 Rn. 9; 124a Rn. 6). Das Gesuch selbst muss aber innerhalb einer laufenden Frist gestellt werden[20]. Das gilt auch im gerichtskostenfreien Verfahren, wenn die Beiordnung eines Anwalts beantragt wird und diese erforderlich erscheint[21]. Das gilt auch, wenn das Gesuch so spät eingereicht worden ist, dass praktisch das Gericht nicht in der Lage war, vor Ablauf der Frist hierüber zu entscheiden[22]. Das Gesuch um Prozesskostenhilfe selbst wahrt die Frist nicht[23]. Der Antrag ist **schriftlich** oder zur Niederschrift der Geschäftsstelle zu stellen. Er unterliegt weder beim OVG noch beim BVerwG dem Anwaltszwang[24] (vgl. Rn. 9b). Zuständig zur Entscheidung ist das Gericht, das auch über den beabsichtigten Antrag zu entscheiden hat, das Beschwerdegericht z.B, auch wenn die Beschwerde selbst noch nicht eingelegt ist[25]. Verneint das angerufene Gericht seine örtliche oder sachliche Zuständigkeit, so verweist es nach § 83; die Verweisung ist bindend, freilich nur für das PKH-Verfahren, nicht für ein sich anschließendes Hauptverfahren[26]. Das Gleiche gilt für eine Rechtswegverweisung (Anh. zu § 41 Rn. 5).

II. Rechtliches Gehör

6 Das **Gesuch um Prozesskostenhilfe ist dem Antragsgegner zur Erklärung zuzuleiten,** wenn es nicht bereits ohne Anhörung zurückzuweisen ist. Eine

16   Kopp/Schenke Rn. 2; Eyermann/ P. Schmidt Rn. 28; Lüneburg OVGE 1, 227; a.A. München NJW 1954, 663.
17   München BayVBl. 1995, 531 für das Eilverfahren.
18   Hierzu BVerwGE 59, 302; Münster DÖV 1977, 793; OVGE 5, 242.
19   BVerwG DVBl. 1961, 294.
20   BVerwG Buchh. 310 § 166 Nr. 31.
21   Münster NJW 1983, 2046; a.A. Berlin DVBl. 1994, 805.
22   BGH NJW 1998, 1230.
23   Lüneburg OVGE 1, 227; Münster OVGE 7, 115.
24   BVerwG VRspr. 13, 382.
25   Mannheim DÖV 1982, 868.
26   BAG NJW 1993, 751; BGH LM § 281 ZPO 1976 Nr. 25, Mannheim NJW 1992, 707.

Bewilligung von Prozesskostenhilfe ohne Anhörung des Gegners verstößt gegen Art. 103 GG[27], die Anhörung ist in § 118 Abs. 1 ZPO vorgeschrieben. Mindestens auch der notwendig Beizuladende ist ebenfalls anzuhören[28]. Die Anhörung bezieht sich aber nur auf die Erfolgsaussichten, nicht auf die persönlichen und wirtschaftlichen Verhältnisse des Antragstellers[29].

III. Maßgeblicher Zeitpunkt

Entscheidend ist, ob der Antragsteller der Prozesskostenhilfe aktuell noch   **7** bedarf[30]. **Maßgeblicher Zeitpunkt** für die Entscheidung über die Bewilligung, insbesondere die Beurteilung der Sach- und Rechtslage, **ist der der gerichtlichen Entscheidung,**[31] **bei Verzögerungen der Zeitpunkt der Entscheidungsreife**[32]. Das Gericht kann die Erfolgsaussichten in einem besonderen **Anhörungstermin** prüfen, der vom Vorsitzenden oder einem Mitglied des Spruchkörpers durchzuführen ist. Ein sog. Ortstermin zur Augenscheineinnahme im Hauptsacheverfahren kann diesen Anhörungstermin nicht ersetzen[33]. Beweisaufnahmen durch Vernehmung von Zeugen oder Sachverständigen sind gemäß § 118 Abs. 2 ZPO nur ausnahmsweise zulässig. Im Anhörungsverfahren kann aber unter den Voraussetzungen des § 106 ein **Prozessvergleich** abgeschlossen werden. Das Prüfungsverfahren ist, auch wenn eine Beweiserhebung, z.B. Augenschein[34] stattgefunden hat, gerichtsgebührenfrei[35]. Eine **Erstattung außergerichtlicher Kosten** findet nicht statt (§ 127 Abs. 4 ZPO). Wird Prozesskostenhilfe bewilligt, so können die Kosten des Verfahrens bei der Kostenfestsetzung des Hauptverfahrens berücksichtigt werden[36].

IV. Zeitpunkt der Entscheidung

Es gilt als ungeschriebener Verfahrensgrundsatz, dass über das Gesuch um   **8** Prozesskostenhilfe vor der Verhandlung in der Hauptsache entschieden werden muss, wenn Gesuch und Klage nebeneinander eingereicht worden sind[37]. Wird hiergegen verstoßen, tritt bei Klageabweisung wegen unrichtiger Sachbehandlung die Folge des § 8 GKG ein[38]; der Verfahrensmangel stellt zugleich eine Verletzung des rechtlichen Gehörs dar und kann als

---

27   BayVerfGH n.F. 15, 8; BVerfGE 20, 281.

28   Schoch/Olbertz Rn. 22.

29   BVerfG NJW 1991, 869; BGHZ 89, 65.

30   Für den Fall des Todes vor einer antragsgemäßen Bewilligung folgt hieraus zugleich, dass eine nachträgliche Bewilligung zu Gunsten der verstorbenen Partei nicht mehr in Betracht kommt; vgl. Bautzen NVwZ 2002, 492, 493.

31   Koblenz NVwZ 1990, 384; Bremen NVwZ 1989, 585; a.A. Weimar NVwZ 1998, 866: immer der Zeitpunkt der ordnungsgemäßen Antragsstellung.

32   Bremen NVwZ-RR 1989, 585, 586; Koblenz DVBl. 1991, 1322; Greifswald DVBl. 1996, 114; München, NVwZ-RR 1997, 500; Mannheim NVwZ 1998, 1098; Schoch/Olbertz Rn. 53 m.w.N. zu a.A.; auch BGH NJW 1982, 445; Münster OVGE 37, 183.

33   Greifswald DVBl. 1996, 114.

34   Lüneburg NJW 1960, 932.

35   Baumbach/Hartmann § 127 ZPO Rn. 5.

36   OLG Frankfurt Rechtspfleger 1979, 111; OLG Karlsruhe AnwBl. 1978, 462; a.A. OLG Koblenz Rechtspfleger 1975, 99.

37   Hamburg FamRZ 1987, 118; Mannheim DÖV 1960, 77.

38   Kassel NJW 1985, 218.

Zulassungsgrund des § 124 Abs. 2 Nr. 5 geltend gemacht werden[39]. Dementsprechend liegt ein Verfahrensfehler i. S. des § 132 Abs. 2 Nr. 3 vor, wenn OVG nicht vorab über einen vor Ablauf der Begründungsfrist für eine zugelassene Berufung gestellten Prozesskostenhilfeantrag entscheidet[40]. Die Entscheidung kann sich aber, wenn sie später ergeht, **Rückwirkung** beimessen, freilich gemäß § 119 ZPO immer nur für die Instanz[41]. Nach Klagerücknahme ist Bewilligung nicht mehr möglich[42].

8a   Der Beschluss wird gemäß § 127 ZPO vom Gericht, nicht vom Vorsitzenden erlassen. Ein Verbot, in der mündlichen Verhandlung unter Mitwirkung der ehrenamtlichen Richter über den Prozesskostenhilfeantrag zu entscheiden, besteht nicht[43].

V. Entscheidungswirkung

9   Wird **Prozesskostenhilfe** bewilligt, so treten die Wirkungen grundsätzlich mit dem Erlass der Entscheidung ein. Eine Rückwirkung auf den Zeitpunkt der Antragstellung ist zulässig, muss aber besonders ausgesprochen werden; dies kann noch nach Beendigung der Instanz und ggf. Eintritt der Rechtskraft erfolgen[44]. Auch nach übereinstimmender Erledigungserklärung kann noch (rückwirkend) Prozesskostenhilfe bewilligt werden, wenn die Voraussetzungen dafür im Zeitpunkt der ordnungsgemäßen Antragstellung vorlagen[45]. Sie ist besonders bei Bewilligungen im Beschwerdeverfahren nach ursprünglicher Ablehnung am Platze[46]. Wegen der Höchstpersönlichkeit des Anspruchs kommt im Fall des Todes vor einer antragsgemäßen Bewilligung eine nachträgliche (rückwirkende) Bewilligung zu Gunsten der verstorbenen Partei nicht mehr in Betracht, auch dann nicht, wenn die Gründe für die verzögerte Entscheidung in der Sphäre des Gerichts liegen[47].

VI. PKH-Antrag bei Nichtzulassungsbeschwerde

9a   Im **Verfahren der Zulassungsbeschwerde** (Revision) ist zur Bewilligung allein das BVerwG zuständig[48]. Dabei muss der anwaltlich vertretene Be-

39   Mannheim NVwZ 1998, 647.
40   BVerwG AuAS 2003, 259.
41   Über den Umfang zulässiger Rückwirkung herrscht Streit, vgl. Baumbach/Albers § 127 ZPO Rn. 106; Kassel DÖV 1992, 124; München NVwZ-RR 1994, 240; Koblenz NVwZ 1991, 595; Greifswald DVBl. 1996, 114; vgl. auch Bautzen SächsVBl. 2003, 224: Keine rückwirkende Bewilligung im Beschwerdeverfahren, wenn erstinstanzlich mangels Verwendung eines Vordrucks i.S.d. § 117 Abs. 3 ZPO keine Prozesskostenhilfe bewilligt wurde; ähnlich Mannheim VBlBW 2003, 130: Offenlegung der wirtschaftlichen Verhältnisse erst nach Beendigung der Instanz.
42   Koblenz DÖV 1989, 36; Münster DVBl. 1994, 214, auch zu möglichen Ausnahmen; hierzu auch Mannheim VBlBW 2002, 529.
43   Bremen B. v. 1.11.1999 – 1 S 365/99.
44   München BayVBl. 2002, 348.
45   München NVwZ-RR 1997, 500 m.w.N.; Frankfurt (Oder) B. v. 19.8.2002 – 4 E 32/02 –; Schoch/Olbertz Rn. 56; a.A. Weimar NVwZ 1998, 866 mit gewichtigen Ausnahmetatbeständen, in denen doch bewilligt werden kann.
46   Hamburg VRspr. 3, 132; Münster DÖV 1953, 126.
47   Bautzen NVwZ 2002, 492, 493.
48   BVerwG NJW 1965, 2317.

schwerdeführer das Prozesskostenhilfegesuch vor Ablauf der Frist einreichen[49] und wenigstens in groben Zügen innerhalb der Begründungsfrist den Zulassungsgrund aufzeigen[50]; bei Einreichung ohne Anwalt sind die Anforderungen geringer[51]. Mit der Bewilligung läuft eine einmonatige Begründungsfrist[52]. Die Bewilligung für das Zulassungsverfahren erstreckt sich auf das mit der Zulassung eröffnete weitere Rechtsmittelverfahren[53].

VII. PKH im Zulassungsverfahren

Für das Berufungszulassungsverfahren gilt: Der Antrag auf Bewilligung **9b** von Prozesskostenhilfe für das Zulassungsverfahren unterliegt aus den gleichen Gründen wie die Beschwerde gegen einen ablehnenden Prozesskostenhilfe-Beschluss nicht dem Anwaltszwang (vgl. § 146 Rn. 19)[54]. Der Antrag muss innerhalb der gesetzlichen Frist für den Zulassungsantrag beim Verwaltungsgericht gestellt werden[55]. Die Einlegung beim OVG ist nicht fristwahrend, da auch der Zulassungsantrag selbst nur beim VerwG fristwahrend eingereicht werden kann (vgl. §§ 124a Rn. 7, 146 Rn. 21)[56]. Wird der Antrag fristgerecht beim VerwG eingereicht, kann nach Bewilligung der Prozesskostenhilfe Wiedereinsetzung in den vorigen Stand unter den Voraussetzungen des § 60 VwGO bewilligt werden[57]. Aus diesem Grund braucht der Antragsteller innerhalb der Frist auch noch keinen beiordnungsbereiten Rechtsanwalt zu benennen[58]. Wird der Prozesskostenhilfeantrag allein gestellt, so sind die Zulassungsgründe für den noch zu stellenden Zulassungsantrag wiederum innerhalb der gesetzlichen Frist[59] in groben Zügen plausibel zu machen[60]. Bei Stellung des Antrages ohne Anwalt sind die Anforderungen an die Darstellung entsprechend zu senken. Weil die Prozesskostenhilfe nur für das Zulassungs- und Berufungsverfahren gemeinsam bewilligt werden kann[61], ist für die Prüfung der Erfolgsaus-

---

49 BVerwGE 15, 306.
50 BVerwG Buchh. 310 § 166 Nr. 20; NJW 1965, 266; BVerwG Buchh. 436. 36 § 17 BaföG Nr. 16.
51 BVerwG MDR 1965, 410.
52 BVerwG NJW 1992, 2307; DVBl. 2002, 1050.
53 BVerwG DÖV 1995, 384.
54 Lüneburg NVwZ 1998, 533; Kassel NVwZ 1998, 203; Saarlouis NVwZ 1998, 413; Mannheim B. v. 10.6.1998 – A 9 S 1269/98; Münster B. v. 23.6.1998 – 23 A 1400/98 A; a.A. Kopp/Schenke Rn. 2.
55 Mannheim B. v. 10.6.1998 – A 9 S 1269/98; Koblenz DVBl. 1997, 1342; Lüneburg DÖV 1998, 346; Kassel (4. Senat) NVwZ-RR 2003, 390, 391.
56 A.A. (OVG, weil Rechtsstreit dort anhängig gemacht werden soll): Kassel (3. Senat) NVwZ-RR 2001, 806; Mannheim (7. Senat) VBlBW 2002, 444; Kopp/Schenke Rn. 2.
57 Lüneburg DÖV 1998, 346; Mannheim NVwZ 1999, 205; vgl. BGH NJW 1999, 1823.
58 Mannheim VBlBW 2003, 75; vgl. auch München B. v. 19.12.2002 – 12 C 02.2947 –.
59 Lüneburg NVwZ-RR 2003, 906.
60 Mannheim NVwZ-RR 1998, 598; Kassel NVwZ 1998, 203; Lüneburg (12. Senat) NdsVBl. 1997, 284; a.A. Lüneburg (4. Senat) DÖV 1998, 346: Prüfung von Amts wegen.
61 Weimar NVwZ 1998, 867; Lüneburg B. v. 2.2.1998 – 12 L 194/98; nun auch Kassel B. v. 4.2.1999 – 9 S 465/98 unter Hinweis auf § 14 Abs. 2 BRAGO.

sichten der prognostische Ausgang des Rechtsmittels und nicht der des Zulassungsverfahrens maßgebend[62].

VIII. Änderung der Bewilligung

9c Wird Prozesskostenhilfe bewilligt, so ist der Beschluss unanfechtbar, selbst wenn er unter Verstoß gegen Artikel 103 GG zu Stande gekommen ist[63]. Der Beschluss ist gem. § 124 ZPO aufhebbar, wenn seine Voraussetzungen nicht vorgelegen haben oder Raten nicht gezahlt werden. Die Aufhebung wegen Veränderungen in den persönlichen Verhältnissen des Antragstellers ist ausgeschlossen[64]. Die Änderung des Bewilligungsbeschlusses ist im Rahmen des § 120 Abs. 4 ZPO zulässig. Nachzahlungsanordnungen, wie sie früher nicht selten waren, kennt die ZPO nicht mehr. Unzulässig ist auf jeden Fall die Aufhebung, weil sich die **Prozesslage** des Antragstellers **verschlechtert** hat.

IX. Versagung

10 Wird Prozesskostenhilfe **ganz oder teilweise abgelehnt** oder die Beiordnung eines Rechtsanwalts[65] versagt, so muss der Beschluss in jedem Falle begründet werden (§ 329 ZPO; § 122 Abs. 2). Der Beschluss erster Instanz unterliegt der Beschwerde nach §§ 146 ff., im Beschwerdeverfahren vor dem OVG besteht kein Anwaltszwang (§ 67 Abs. 1 Satz 2)[66], weshalb Gewährung von Prozesskostenhilfe hierfür ausgeschlossen ist[67]. Die Nichtentscheidung ist unter keinem rechtlichen Aspekt beschwerdefähig (vgl. § 146 Rn. 16). Andere Ausschlüsse finden sich in Fachgesetzen, z.B. AsylVfG (vgl. § 135 Rn. 4). Die Bestimmungen der VwGO gehen insoweit § 127 Abs. 2 ZPO voraus[68]. Anders als in der ZPO ist der Antrag auf Zulassung fristgebunden. Über die Beschwerde entscheidet das OVG, auch wenn in der Hauptsache die Berufung ausgeschlossen und nur die Revision als Rechtsmittel zulässig ist[69], es sei denn, die Beschwerde ist ebenfalls durch Gesetz ausgeschlossen (vgl. § 135 Rn. 4; § 146 Rn. 11). Ist die Beschwerde zulässig, so muss das OVG auch die Verfahrensaussichten selbst prüfen[70]. Die Kosten des Beschwerdeverfahrens sind wegen des auch im verwaltungsgerichtlichen Verfahren anzuwendenden § 127 Abs. 4 ZPO nicht zu erstatten[71]. Nach Unanfechtbarkeit der Ablehnung ist ein neuer Antrag unter den Voraussetzungen des § 51 VwVfG zulässig[72], eine solche

---

62 Weimar NVwZ 1998, 1860; Mannheim NVwZ-RR 1999, 151; Kassel B. v. 4.2.1999 – 9 S 465/98 A.
63 Schoch/Olbertz Rn. 23.
64 Zöller-Philippi § 124 ZPO Rn. 2; Schoch/Olbrecht Rn. 60.
65 Nicht eines bestimmten Rechtsanwalts: Münster OVGE 1, 27.
66 § 67 Abs. 1 Satz 2 zum 1.1.2002 entsprechend geändert durch das Gesetz zur Bereinigung des Rechtsmittelrechts im Verwaltungsprozess v. 20.12.2001 (BGBl. I S. 3987).
67 Lüneburg NVwZ-RR 2003, 790; München B. v. 19.12.2002 – 12 C 02.2947 –.
68 Ebenso Baumbach/Albers § 127 ZPO Rn. 107.
69 BVerwGE 1, 123; Bremen VRspr. 31, 749; Mannheim VBlBW 1985, 220; Münster NJW 1983, 2282; a.A. Lüneburg VRspr. 16, 364; Münster OVGE 7, 376.
70 BVerfGE 78, 88 ff.
71 München NVwZ-RR 2001, 806.
72 Münster NJW 1983, 2047.

begrenzte materielle Rechtskraftwirkung verneint Kassel DÖV 1992, 588; ähnlich Münster DVBl. 1983, 952; a.A. Bremen DVBl. 1991, 1318.

X. Kosten

Mit der Bewilligung der **Prozesskostenhilfe** wird der **Antragsteller** gem. **11** § 122 ZPO **einstweilen von der Zahlung** der rückständigen und künftigen Gerichtskosten befreit, ferner von der Leistung etwaiger Sicherheiten für die Prozesskosten. Er erhält gleichzeitig das Recht auf Beiordnung eines Rechtsanwalts, wenn eine anwaltliche Vertretung geboten ist (§ 121 ZPO). Über die Notwendigkeit der Beiordnung entscheidet das bewilligende Gericht, wenn nicht Anwaltszwang besteht, nach pflichtgemäßem Ermessen, die ermessensfehlerhafte Ablehnung kann zur revisionserheblichen Verletzung des Anspruchs auf rechtliches Gehör führen[73]. Der Antragsteller wird insoweit auch von den entstehenden Anwaltskosten einstweilen befreit. Die Auswahl des beizuordnenden Anwalts ist Aufgabe des Gerichts. Wünsche des Antragstellers sollen dabei möglichst berücksichtigt werden. Die Beiordnung eines nicht dem deutschen Recht unterworfenen Anwalts ist unzulässig[74]. Die Bewilligung der Prozesskostenhilfe hat gleichzeitig zur Folge, dass auch **alle anderen Beteiligten** von der Zahlung von Gerichtskosten befreit sind, wenn nicht lediglich Ratenzahlungen bewilligt worden sind (§ 122 Abs. 2 ZPO). Die Beteiligten bleiben aber im Falle des Unterliegens zur Erstattung der Gerichtskosten und der Kosten des Prozesskostenhilfeberechtigten verpflichtet (§§ 125, 126 ZPO). Umgekehrt befreit Prozesskostenhilfe nicht von der Verpflichtung, die außergerichtlichen Kosten der anderen Beteiligten zu erstatteten, wenn diese im Prozess obsiegen (§ 123 ZPO). Die Bewilligung von Prozesskostenhilfe kann sich deshalb leicht als Danaer-Geschenk erweisen. Hieran hat die Reform nichts geändert.

17. Abschnitt · **Vollstreckung**

§ 167 [Grundsatz]

(1) Soweit sich aus diesem Gesetz nichts anderes ergibt, gilt für die Vollstreckung das Achte Buch der Zivilprozessordnung entsprechend. Vollstreckungsgericht ist das Gericht des ersten Rechtszugs.

(2) Urteile auf Anfechtungs- und Verpflichtungsklagen können nur wegen der Kosten für vorläufig vollstreckbar erklärt werden.

I. Allgemeines

Die Zwangsvollstreckung stellt die mit Machtmitteln des Staates erzwungene Befriedigung eines Anspruchs dar[1]. Die VwGO enthält für die Zwangsvollstreckung keine umfassende Regelung. Sie begnügt sich mit Bestimmungen über **1**
a) das Vollstreckungsgericht (§ 167),

---

73 BVerwGE 51, 111, 277.
74 OLG Köln NJW 1975, 1607.
1   Zöller/Vollkommer vor § 704 Rn. 1.

b) die Vollstreckungstitel (§ 168),
c) das Vorverfahren bei der Vollstreckung gegen die öffentliche Hand wegen Geldforderung (§ 170) und aus Verpflichtungsurteilen (§ 172)
und verweist im Übrigen wegen der Grundsätze und des Verfahrens
a) allgemein auf die ZPO (§ 167),
b) auf das VwVG für die Vollstreckung zu Gunsten der öffentlichen Hand
(§ 169). Dieses Gesetz stellt jedoch keine geschlossene Kodifikation
dar, wie die Verwaltungsvollstreckungsgesetze von Baden-Württemberg, Bayern, Hamburg, Hessen, Nordrhein-Westfalen, Rheinland-
Pfalz, dem Saarland und Schleswig-Holstein[2]; es verweist vielmehr seinerseits wieder für die Vollstreckung wegen Geldforderungen auf die
Vorschriften der Abgabenordnung,
c) auf die jeweils geltenden landesrechtlichen Vorschriften, wenn die Vollstreckung in den Fällen der §§ 169, 170 auf Ersuchen des Vollstreckungsgerichts von Organen eines Landes durchgeführt wird.

II. Vollstreckungsgericht

2   Vollstreckungsgericht ist grundsätzlich das **Gericht des 1. Rechtszuges**
(§ 167 Abs. 1 S. 2). Diese Bestimmung ist vom Rechtsausschuss eingefügt
worden; dabei sind jedoch die im Entwurf bereits enthaltenen Hinweise
auf das Gericht des 1. Rechtszuges in den §§ 170 und 172 nicht in »Vollstreckungsgericht« umgeändert worden. Gleichwohl ist in diesen Vorschriften das Gericht als Vollstreckungsgericht, nicht als Prozessgericht gemeint. In § 169 gilt der Vorsitzende des Gerichts des 1. Rechtszuges, und
zwar der jeweiligen Kammer bzw. des Senats, als Vollstreckungsbehörde
i.S.d. VwVG; damit ist er Vollstreckungsgericht (vgl. § 169 Rn. 5, auch
zum Einzelrichter). Da neben dem VG sowohl das OVG wie das BVerwG
erstinstanzlich zuständig sein können (vgl. § 48 Rn. 1; § 50 Rn. 1) kann,
je nach der Lage des Einzelfalles, das Gericht jeden Rechtszuges Vollstreckungsgericht sein. Auf die **örtliche Zuständigkeit** des Vollstreckungsgerichts findet § 52, der für das Prozessgericht gilt, keine Anwendung.
Vielmehr gelten über § 167 Abs. 1 S. 1 die Vorschriften der ZPO[3], soweit
nicht die VwGO ausdrücklich etwas anderes bestimmt[4] (vgl. § 169 Rn. 3).
Ebenso wie in der ZPO ist jedoch die Zuständigkeit des Vollstreckungsgerichts eine ausschließliche (§ 802 ZPO[5]). Der Verstoß gegen die sachliche
Zuständigkeit führt zur Nichtigkeit der Vollstreckungsmaßnahme[6]; ein
Verstoß gegen die örtliche Zuständigkeit bewirkt die bloße Anfechtbar-
keit[7].

---

2   Vgl. Koblenz NJW 1961, 1597 zur Unzulässigkeit von Verweisungen auf die RAO
in kommunalen Steuersatzungen.
3   Vgl. München NJW 1984, 2484 für Pfändungs- und Überweisungsbeschluss.
4   Münster NJW 1981, 2771 für Vollstreckung zu Gunsten der öffentlichen Hand.
5   Schoch/Pietzner Rn. 92.
6   Baumbach/Hartmann § 802 Rn. 2, 5 sowie Übers. § 38 Rn. 11; a.A.Schoch/Pietz-
ner Rn. 92.
7   Zöller/Vollkommer § 764 Rn. 7.

III. Anwendung der Vorschriften der ZPO

Die VwGO verweist, soweit sich aus ihr nichts anderes ergibt, für die **3** Zwangsvollstreckung allgemein auf das 8. Buch der ZPO. Die Verweisung kann nur mit der Einschränkung gelten, dass sie sich nicht auf den 5. Abschnitt des 8. Buches – Arrest und Einstweilige Verfügung – bezieht. Dieser systematisch gar nicht zur Vollstreckung zählende Teil[8] ist in § 123 zutreffend dem Verfahrensteil der VwGO zugeordnet, der in § 123 nicht erwähnte Arrest wird also auch nicht über die Verweisung in § 167 zulässig[9]. Das Gleiche muss auch für die Vorschriften über den Arrest in den §§ 324 ff. AO gelten, denn auch die Verfahrensvorschriften, auf die die VwGO neben der ZPO verweist, können nur mit der Einschränkung Anwendung finden, dass die Regelung in der VwGO Vorrang hat. Die Regelung der Vollstreckung in der VwGO wirft gerade im Verhältnis zu dem geschlossenen Vollstreckungssystem nach der ZPO manche Zweifelsfrage auf; die Verweisung auf die Vorschriften der ZPO erlaubt es, mit diesen Vorschriften Lücken zu schließen, die in der Regelung der VwGO vorhanden sind[10]. So enthält die VwGO abgesehen von den in § 172 aufgeführten Fällen keine Vorschriften für die Vollstreckung sonstiger, nicht auf Geldleistungen gerichteter Urteile gegen die öffentliche Hand. Die Vollstreckung hat hier über § 167 Abs. 1 nach §§ 883 ff. ZPO zu erfolgen[11].

Zur Erläuterung der Vorschriften der ZPO und der AO im Einzelnen wird **4** auf die Kommentare zu diesen Gesetzen verwiesen. Folgende besondere Punkte sind jedoch zu beachten: Die **Voraussetzungen der Zwangsvollstreckung**, insbesondere die Vollstreckungstitel und die vorläufige Vollstreckbarkeit, sind in den Erläuterungen zu § 168 behandelt. Die **Vollstreckung** wird **auf Antrag des Vollstreckungsgläubigers betrieben**[12]. Dieser Antrag ist, da im Verwaltungsprozess grundsätzlich die öffentliche Hand beteiligt ist, entsprechend der in den §§ 169 ff. für die Vollstreckung zu Gunsten und gegen die öffentliche Hand getroffenen Regelungen, regelmäßig **an** das **Vollstreckungsgericht** zu richten. Liegt jedoch kein Fall der §§ 169 ff. vor und richtet sich die Vollstreckung damit über § 167 Abs. 1 nach dem 8. Buch der ZPO, kann auch ein Auftrag des Gläubigers an den **Gerichtsvollzieher** nach § 753 ZPO in Betracht kommen[13], so z.B. bei der Vollstreckung gegen die in die Kosten verurteilten Beigeladenen oder bei der Erstattung der Kosten des Beigeladenen. Den in diesen Fällen gleichwohl an das Gericht gerichteten Vollstreckungsantrag kann dieses in ein Ersuchen an die Geschäftsstelle zur Erteilung des Auftrages zur Zwangsvollstreckung an den Gerichtsvollzieher (§ 753 Abs. 2 ZPO) umdeuten, sonst muss es ihn zurückweisen. Bei einer Beauftragung des Gerichtsvollziehers durch den Gläubiger wird das Vollstreckungsgericht (Rn. 2) erst auf Rechtsbehelfe hin mit der Vollstreckung befasst. Zum Tätigwerden des Gerichtsvollziehers im Wege der Rechtshilfe bei Vollstreckung durch das Gericht vgl. § 169 Rn. 12.

---

8   Vgl. Baumbach/Hartmann Grundz. vor § 916 Rn. 1.
9   Sodan/Heckmann Rn. 9 m. ausführl. Einzelnachweis.
10 Vgl. im Einzelnen Gaul JZ 1979, 496 m.w.N.
11 Vgl. Koblenz NJW 1987, 1220 für Einsichtnahme in Personalakte; Lüneburg DÖV 1974, 823; München NVwZ 1982, 564; Münster DVBl. 1974, 370; Kopp/Schenke § 172 Rn. 9; Sodan/Heckmann Rn. 9 auch gegen die öffentliche Hand.
12 Vgl. Münster NVwZ 1996, 126 zum unzulässigen, schikanösen Antrag.
13 Baumbach/Albers § 753 Rn. 16.

5 Die **Rechtsbehelfe** der ZPO können mit folgender Einschränkung Anwendung finden: An die Stelle der sofortigen Beschwerde nach § 793 ZPO tritt die Beschwerde nach § 146[14]. Die Erinnerung nach § 766 ZPO ist nur befristet (§ 151) zulässig[15]. Die weiteren Rechtsbehelfe, wie Anwendung der Härteklausel (§ 765a ZPO[16]), Vollstreckungsgegenklage (§ 767 ZPO[17]), Drittwiderspruchsklage (§ 771 ZPO[18]) und Antrag auf einstweilige Einstellung der Zwangsvollstreckung (§§ 769, 771 Abs. 3 ZPO[19]), sind allgemein zulässig (vgl. dazu allgemein Stein[20] sowie § 169 Rn. 11; § 170 Rn. 12; § 172 Rn. 9).

6 Die **Vollstreckung von unanfechtbar gewordenen VA** richtet sich nach den Verwaltungsvollstreckungsgesetzen des Bundes und der Länder; gegen Vollstreckungshandlungen sind damit zunächst die Rechtsbehelfe nach den allgemeinen Vorschriften der VwGO (§§ 42, 43; für den vorläufigen Rechtsschutz §§ 80, 80a, 123) gegeben. Soweit der Pflichtige seine Rechte mit diesen Rechtsbehelfen wahren kann, hat die Rechtsprechung auch eine analoge Anwendung des § 767 ZPO verneint[21]. Zum **Ausschluss der aufschiebenden Wirkung von Rechtsbehelfen** in der Vollstreckung auf Grund landesrechtlicher Vorschriften vgl. § 80 Rn. 10, 18a; § 169 Rn. 18; ein solcher Ausschluss ist auch in § 32 Abs. 4 ParteienG enthalten mit der weiteren Vorschrift, dass das Verfahren auszusetzen und die Entscheidung des BVerfG einzuholen ist, wenn ein verwaltungsgerichtliches Verfahren eine Frage betrifft, die für die Vollstreckung des Urteils von grundsätzlicher Bedeutung ist.

§ 168 [Vollstreckungstitel]

(1) Vollstreckt wird
1. **aus rechtskräftigen und aus vorläufig vollstreckbaren gerichtlichen Entscheidungen,**
2. **aus einstweiligen Anordnungen,**
3. **aus gerichtlichen Vergleichen,**
4. **aus Kostenfestsetzungsbeschlüssen,**
5. **aus den für vollstreckbar erklärten Schiedssprüchen öffentlich-rechtlicher Schiedsgerichte, sofern die Entscheidung über die Vollstreckbarkeit rechtskräftig oder für vorläufig vollstreckbar erklärt ist.**

(2) Für die Vollstreckung können den Beteiligten auf ihren Antrag Ausfertigungen des Urteils ohne Tatbestand und ohne Entscheidungsgründe erteilt werden, deren Zustellung in den Wirkungen der Zustellung eines vollständigen Urteils gleichsteht.

---

14 Kassel ESVGH 16, 239; Münster NJW 1987, 3029 zu § 707 ZPO; Kassel DVBl. 1997, 1335.
15 Vgl. Kopp/Schenke Rn. 2; a.A. Sodan/Heckmann Vorb. § 167 Rn. 43; Eyermann/P. Schmidt Rn. 14 Erinnerung nicht fristgebunden; Gaul JZ 1979, 498.
16 Vgl. Münster OVGE 8, 206.
17 Vgl. BVerwGE 80, 178; E 117, 44: Klage bei Änderung der Rechtslage zulässig; DVBl. 2003, 1280: auch bei Änderung der Sachlage; München BayVBl. 1985, 213; Mannheim NVwZ-RR 1993, 447: Klage macht Vollstreckung nicht unzulässig.
18 Hier bejaht Neumann, Sozialgerichtsbarkeit, 1972, 381 den Zivilrechtsweg.
19 Vgl. auch BVerwG NJW 1961, 91.
20 DVBl. 1966, 595.
21 BVerwGE 27, 141; Kassel DVBl. 1989, 64; Mannheim NVwZ 1993, 72: Feststellungsklage; vgl. auch Schenke VerwA 61, 260; Kopp/Schenke Rn. 18; str.

A. Voraussetzungen der Zwangsvollstreckung

Die VwGO übernimmt im Grundsatz die in der ZPO enthaltenen Voraus- **1**
setzungen für die Zulässigkeit der Zwangsvollstreckung. Es sind daher erforderlich:
1. Das Vorliegen eines Titels. Die zulässigen Vollstreckungstitel führt
   § 168 auf und ersetzt damit die §§ 704, 794 ZPO.
2. Eine Vollstreckungsklausel (§ 724 ZPO).
3. Die Zustellung des Titels (§§ 750 Abs. 1; 795 ZPO).
   Da Zustellungen im Verwaltungsstreitverfahren von Amts wegen erfolgen, wird sich der Zustellungsnachweis regelmäßig bei den Gerichtsakten befinden (vgl. § 170 Rn. 4). Handelt es sich um Urteile, steht die
   Zustellung einer Ausfertigung ohne Tatbestand und Entscheidungsgründe, deren Erteilung die Beteiligten bei dem Urkundsbeamten der
   Geschäftsstelle beantragen können, in den Wirkungen der Zustellung
   des vollständigen Urteils gleich (Abs. 2). Die Regelung entspricht dem
   § 317 Abs. 2 ZPO.
4. Die Zustellung der Vollstreckungsklausel in den Fällen des § 750
   Abs. 2, § 795 ZPO[1].
Für die Vollstreckung zu Gunsten der öffentlichen Hand und gegen die
öffentliche Hand wegen Geldforderungen gelten abweichend von diesen
Grundsätzen die §§ 169, 170; vgl. die dortigen Anmerkungen.
Die gerichtliche Zuständigkeit für das Vollstreckungsverfahren richtet sich
nach der Herkunft des Vollstreckungstitels, nicht nach dem materiell-
rechtlichen Charakter der titulierten Forderung[2].
Die in **Absatz 1** aufgezählte **Liste** ist **abschließend,** nur aus den dort aufgeführten Titeln findet eine Vollstreckung nach den §§ 167 ff. statt. So ist
ein Widerspruchsbescheid einer Behörde kein Titel für ein verwaltungsgerichtliches Vollstreckungsverfahren[3].

B. Vollstreckungstitel

I. Gerichtliche Entscheidungen

Absatz 1 Nr. 1 verwendet den Ausdruck »Gerichtliche Entscheidungen«; **2**
darunter sind sowohl Urteile sowie Gerichtsbescheide und Beschlüsse zu
verstehen. Auf die Rechtskraft bzw. vorläufige Vollstreckbarkeit kommt
es in der Zwangsvollstreckung jedoch nur bei Urteilen an; die ZPO gebraucht, im Gegensatz zur VwGO, diese Begriffe daher auch nur in Bezug
auf Urteile (§ 704 ZPO) und regelt die Entscheidungen, die mit der Beschwerde angefochten werden können (Beschlüsse) in § 794 Abs. 1 Nr. 3
ZPO gesondert. Die Beschwerde hat nach § 149 grundsätzlich keine
aufschiebende Wirkung. Beschlüsse sind daher, soweit ihr Inhalt vollstreckungsfähig ist, unabhängig von dem Eintritt der Rechtskraft voll-

1 Vgl. Mannheim NVwZ-RR 1994, 520.
2 Münster NJW 1984, 2484; München NVwZ 1982, 563; NJW 1983, 1992; a.A.
  Koblenz NJW 1980, 1541; Renk NVwZ 1982, 644.
3 BVerwG Buchh. 428 § 37 VermG Nr. 25.

streckbar (für Aussetzungsbeschluss vgl. § 80 Rn. 63); eine vorläufige Vollstreckbarkeit im Sinne der §§ 708 ff. ZPO gibt es bei ihnen nicht.

3 Der **Gerichtsbescheid** steht in seinen Wirkungen dem Urteil gleich (§ 84 Abs. 1 S. 3, § 84 Abs. 3). Er ist Vollstreckungstitel und kann auch für vorläufig vollstreckbar erklärt werden (vgl. § 84 Rn. 18). Wird Antrag auf mündliche Verhandlung gestellt, gilt der Gerichtsbescheid als nicht ergangen; er hat mit diesem Antrag auch die Eigenschaft als Vollstreckungstitel und damit auch die vorläufige Vollstreckbarkeit verloren (vgl. § 84 Rn. 19).

4 **1. Rechtskräftige Urteile.** Die Vollstreckung aus einem Urteil setzt voraus, dass es rechtskräftig oder für vorläufig vollstreckbar erklärt ist. Die Rechtskraft eines Urteils tritt ein, wenn kein Rechtsmittel gegeben oder die Rechtsmittelfrist abgelaufen ist, falls ein Antrag auf Zulassung oder eine Nichtzulassungsbeschwerde möglich ist, nach deren Ablauf (§ 705 ZPO). Zum Begriff der Rechtskraft vgl. § 121 Rn. 1, 4.
Auch ein rechtskräftiges Urteil kann nur als Titel für eine Zwangsvollstreckung dienen, soweit der Urteilsausspruch einer Vollstreckung fähig ist[4]. Das ist nicht der Fall bei Gestaltungsurteilen, die rechtserzeugend bzw. rechtsvernichtend mit dem Eintritt der Rechtskraft wirken, ohne dass es einer Vollstreckung bedarf (vgl. § 42 Rn. 2). Daher sind stattgebende Urteile im Anfechtungsprozess nicht vollstreckungsfähig; etwas anderes gilt nur, wenn das Urteil zugleich die Rückgängigmachung des bereits vollzogenen VA nach § 113 Abs. 1 S. 2 anordnet, da es sich insoweit nicht um ein Gestaltungs-, sondern um ein Leistungsurteil handelt (vgl. § 42 Rn. 6; zur Vollstreckung: § 172). Ebenfalls nicht vollstreckungsfähig sind die Feststellungsurteile, da sich deren Rechtskraft in der Feststellungswirkung erschöpft (vgl. § 43 Rn. 1). Klageabweisende Urteile enthalten keinen der Vollstreckung fähigen Urteilsausspruch in der Sache. Zu beachten ist jedoch, dass die nicht vollstreckungsfähigen Urteile mit der in ihnen getroffenen Entscheidung über die Kostenlast als Grundlage für die Vollstreckung wegen der Kosten dienen; Vollstreckungstitel ist in diesem Fall jedoch nicht das Urteil, sondern der Kostenfestsetzungsbeschluss (vgl. Rn. 12).

5 **2. Vorläufige Vollstreckbarkeit.** Es gelten die §§ 708–720 ZPO mit den durch die VwGO bedingten Abwandlungen. Die entsprechende Anwendung dieser Bestimmungen steht, auch wenn gegen die in § 167 Abs. 1 getroffene gesetzliche Regelung Bedenken erhoben werden[5], nicht im Ermessen des Gerichts[6].
Die vorläufige Vollstreckbarkeit steht unter der auflösenden Bedingung der Aufhebung des Urteils und ist damit der endgültigen, bei Rechtskraft eintretenden Vollstreckbarkeit nicht ganz gleichzustellen[7]. Die vorläufige Vollstreckbarkeit setzt nicht voraus, dass die Entscheidung einen vollstreckungsfähigen Inhalt hat[8].

---

4 Vgl. Eyermann/P.Schmidt § 168 Rn. 1.
5 Vgl. Rupp AöR 85, 387; Noack NJW 1961, 448.
6 Vgl. BVerwGE 16, 254 m. Anm. Tietgen; ders. DVBl. 1960, 768; Sodan/Heckmann Rn. 32 f.; a.A. BVerwG NJW 1961, 91 ohne nähere Begründung; Kassel ESVGH 11, 151 für Leistungs- und Unterlassungsurteile gegen Verwaltungsbehörde; vgl. auch Kassel UPR 1990, 71 für Unterlassungsurteil.
7 Vgl. Baumbach/Hartmann Einf. vor § 708 Rn. 2.
8 Schoch/Pietzner Rn. 12.

Urteile, die in **Anfechtungs-** oder **Verpflichtungsprozessen ergehen,** können wegen der ausdrücklichen Bestimmung in § 167 Abs. 2 jedoch nur hinsichtlich der Kosten für vorläufig vollstreckbar erklärt werden. Die Entscheidung darüber steht nicht im gerichtlichen Ermessen[9]. Zur Anwendung des § 167 Abs. 2 auch auf ein Urteil, das auf eine Leistungsklage ergeht, die mit einer Anfechtungsklage verbunden ist, vgl. Kassel NVwZ 1987, 517. Auch allgemeine Leistungsklagen sollen nur im Kostenpunkt vorläufig vollstreckbar sein[10].

Die **Erklärung** der vorläufigen Vollstreckbarkeit erfolgt im Urteil. Ist die **6** Entscheidung über die Vollstreckbarkeit unterblieben, kann sie auf Antrag durch Ergänzungsurteil nachgeholt werden (§ 716 ZPO, § 120)[11]. Im Berufungsverfahren kann über die vorläufige Vollstreckbarkeit auf Antrag, den jede Partei des Berufungsverfahrens stellen kann[12], vorab verhandelt und durch Teilurteil entschieden werden (§ 718 ZPO[13]). Im Verwaltungsstreitverfahren dürfte die vorläufige Vollstreckbarkeit gegen Sicherheit nach § 709 ZPO die Regel sein, da von den in § 708 ZPO aufgeführten Fällen der vorläufigen Vollstreckbarkeit ohne Sicherheitsleistung nur in Betracht kommen:
§ 708 Nr. 1: **Anerkenntnisurteile.** Zur Zulässigkeit des Anerkenntnisurteils im Verwaltungsstreitverfahren vgl. § 86 Rn. 5.
§ 708 Nr. 6: **Urteile, durch die eine einstweilige Anordnung aufgehoben wird;** diese Vorschrift wird nicht deshalb ausgeschlossen, weil § 708 Nr. 6 ZPO in § 123 nicht erwähnt wird[14]. § 123 nimmt nur Bezug auf die den Erlass und das Verfahren der einstweiligen Verfügung betreffenden Bestimmungen und kann daher nur die dort nicht erwähnten Vorschriften ausschließen.

§ 708 Nr. 10: **Urteile des OVG in vermögensrechtlichen Streitigkeiten.** In **7** Betracht kommen nur reine Leistungsklagen (Zahlungsklagen), da Anfechtungs- und Verpflichtungsklagen von der vorläufigen Vollstreckbarkeit, ausgenommen die Kostenentscheidung[15], überhaupt ausgeschlossen sind. Urteile der VG sind in keinem Fall erfasst[16].
§ 708 Nr. 11: **Urteile über vermögensrechtliche Ansprüche,** sofern der Gegenstand der Verurteilung an Geld oder Geldeswert die Summe von 1250 Euro nicht übersteigt[17]. Für die Wertberechnung gelten die Vorschriften der §§ 3–9 ZPO.
Soweit Urteile nur im Kostenpunkt vollstreckbar sind und die Kosten voraussichtlich nicht 1500 Euro übersteigen (§ 708 Nr. 11 2. Alt.). Dabei kommt es nicht darauf an, dass es sich um eine vermögensrechtliche Streitigkeit handelt[18].

---

9 Bader/Bader Rn. 4; Sodan/Heckmann § 167 Rn. 23; BVerwGE 16, 254.
10 Mannheim VBlBW 1999, 263 m.w.N.; Lüneburg DVBl. 2000, 570; allg. M.
11 Weimar NVwZ-RR 2002, 907.
12 Kassel NVwZ 1987, 517.
13 Lüneburg DVBl. 2000, 570; Bremen NJW 1967, 2222; Mannheim NVwZ-RR 1994, 472.
14 A.A.wohl die h.M., z.B. Eyermann/P.Schmidt Rn. 13, der Nr. 6 nicht im Katalog der anwendbaren Vorschriften aufzählt; Schoch/Pietzner Rn. 17 sieht eine Lücke, die § 123 füllt; Sodan/Heckmann Rn. 35 sieht die ZPO hier ganz ausgeschlossen.
15 Vgl. Bremen NJW 1964, 170.
16 Baumbach/Hartmann § 708 Rn. 15.
17 Lüneburg U. v. 16.5.2003 – 4 LB 569/02 juris.
18 Schoch/Pietzner § 167 Rn. 141.

8 Zu den Anträgen, die im Hinblick auf die **Sicherheitsleistung** oder **Abwendung** der Zwangsvollstreckung gestellt werden können, vgl. §§ 710–715 ZPO. Der Antrag auf **Einstellung** der Zwangsvollstreckung entsprechend § 719 Abs. 2 ZPO kann auch noch im Revisionsverfahren gestellt werden[19], auch im Beschwerdeverfahren über die Zulassung der Revision[20], und zwar auch dann, wenn in der Berufungsinstanz kein Antrag gestellt worden war[21]. Die **vorläufige Vollstreckbarkeit endet** mit der Verkündung oder Zustellung des Urteils, das die Entscheidung in der Hauptsache aufhebt, bei Abänderung jedoch nur insoweit, wie diese reicht (§ 717 Abs. 1 ZPO).

9 Bei der Aufhebung oder Abänderung des für vorläufig vollstreckbar erklärten Urteils ist der Kläger nach § 717 Abs. 2 ZPO berechtigt, **Schadensersatz** wegen der durchgeführten Vollstreckung oder der zu ihrer Abwendung gemachten Leistungen zu verlangen. Da dieser Anspruch im anhängigen Verfahren geltend gemacht werden kann, ist für ihn stets der Verwaltungsrechtsweg gegeben. Gleiches muss aber auch für den Erstattungsanspruch nach § 717 Abs. 3 ZPO gelten. Für die Vollstreckung und die aus ihr unmittelbar resultierenden Ansprüche kann nur einheitlich das Gericht des gleichen Rechtsweges zuständig sein[22]; zu dem Schadensersatzanspruch aus § 945 ZPO vgl. § 123 Rn. 30 ff.; auch § 40 Rn. 1. § 717 ZPO ist, da er einen allgemeinen Rechtsgedanken enthält[23], entsprechend anzuwenden bei Kostenfestsetzungsbeschlüssen, wenn die zu Grunde liegende Entscheidung aufgehoben wird, sowie bei der Aufhebung der Vollstreckungsklausel nach §§ 732, 768 ZPO. **Keine Anwendung** findet § 717 Abs. 2, wenn aus nichtrechtskräftigen Beschlüssen vollstreckt wurde[24], bei Wiedereinsetzung oder bei Aufhebung auf Klage nach §§ 767 oder 771 ZPO und im Wiederaufnahmeverfahren.

II. Einstweilige Anordnungen (§ 123)

10 Die Entscheidung im Verfahren nach § 123 ergeht in Beschlussform (vgl. § 123 Rn. 20). Es gilt daher hinsichtlich der Eigenschaft als Vollstreckungstitel das in Rn. 2 Gesagte. Für die Vollstreckung (Vollziehung) sind jedoch folgende Besonderheiten zu beachten: Eine Vollstreckungsklausel ist grundsätzlich nicht erforderlich (vgl. § 171 Rn. 2)[25]. Die Vollziehung der einstweiligen Anordnung ist unstatthaft, wenn seit dem Tage, an dem sie verkündet oder zugestellt worden ist, ein Monat verstrichen ist. Die Vollziehung ist vor der Zustellung des Beschlusses an den Schuldner zulässig, verliert jedoch ihre Wirkung, wenn die Zustellung nicht innerhalb einer Woche nach der Vollziehung und vor Ablauf der Monatsfrist erfolgt (§ 929 ZPO; vgl. § 123 Rn. 22 ff.).

---

19 BVerwGE 16, 254.
20 BVerwGE 29, 290.
21 BVerwG NJW 1961, 91.
22 Schoch/Pietzner § 167 Rn. 170.
23 Baumbach/Hartmann § 717 Rn. 2, 20.
24 Baumbach/Hartmann § 717 Rn. 38.
25 München NVwZ 2000, 1312.

III. Gerichtliche Vergleiche (§ 106)

Es kommt nur der nach § 106 vor einem Verwaltungsgericht geschlossene **11** Prozessvergleich in Betracht[26], und zwar sowohl der protokollierte Vergleich wie der Vergleich, der nach § 106 S. 2 durch Annahme des vom Gericht durch Beschluss gemachten Vorschlages zu Stande kommt (vgl. § 106 Rn. 8 f.). Der Vergleich im Vorverfahren ist kein Vollstreckungstitel. Der Prozessvergleich ist Vollstreckungstitel nur gegenüber den Beteiligten, die ihn geschlossen haben, insoweit steht er dem rechtskräftigen Urteil gleich[27]. Der Prozessvergleich beseitigt ein noch nicht rechtskräftiges Urteil; gegenüber einem bereits rechtskräftigen Urteil begründet er jedoch nur die Verpflichtung nicht zu vollstrecken, wenn die Parteien auf einen Anspruch oder auf die Vollstreckbarkeit dieses Anspruchs verzichtet haben[28]. Die Vollstreckung nach dem 17. Abschnitt der VwGO erfasst alle im Prozessvergleich geregelten Ansprüche, auch wenn diese zivilrechtlicher Natur (vgl. § 106 Rn. 3) sind[29]. Die gegenteilige Auffassung[30] ist abzulehnen, da es für die Vollstreckung auf die Art des Titels, nicht auf den zu Grunde liegenden Anspruch ankommt[31] (vgl. auch Rn. 1). In § 61 Abs. 2 VwVfG ist vorgesehen, dass die Vollstreckung des öffentlich-rechtlichen Vertrages in entsprechender Anwendung der §§ 170 Abs. 1 bis 3 und 172 erfolgt, wenn sich die öffentliche Hand in einem öffentlich-rechtlichen Vertrag der sofortigen Vollstreckung unterworfen hat (vgl. auch § 172 Rn. 3). Nur unter diesen Voraussetzungen ist auch der öffentlichen Hand eine Realisierung ihres vertraglichen Anspruchs durch VA möglich[32].

IV. Kostenfestsetzungsbeschlüsse

Einer besonderen Aufzählung als Vollstreckungstitel hätte es nicht bedurft, **12** da auch sie gerichtliche Entscheidungen darstellen (Nr. 1; § 794 Abs. 1 Nr. 2 ZPO). Für die Zwangsvollstreckung aus Kostenfestsetzungsbeschlüssen gelten folgende Besonderheiten:

a) Ist der Kostenfestsetzungsbeschluss auf das Urteil gesetzt (§ 105 ZPO) oder auf den Prozessvergleich[33], so erfolgt die Zwangsvollstreckung auf Grund einer vollstreckbaren Ausfertigung des Urteils bzw. des Vergleiches, es bedarf keiner besonderen Vollstreckungklausel für den Festsetzungsbeschluss (§ 795a ZPO) .

b) Ist der Kostenfestsetzungsbeschluss nicht auf das Urteil gesetzt, ist eine besondere Vollstreckungsklausel erforderlich; die Zwangsvollstreckung darf zudem erst beginnen, wenn der Beschluss mindestens zwei Wochen

---

26   Vgl. Kassel UPR 1989, 315 für Ersatzvornahme nach Vergleich; Lüneburg VRspr. 15, 250; Münster NVwZ 1992, 897; Renck NJW 1982, 547.

27   Zur Zulässigkeit der Vollstreckungsabwehrklage bei streitiger Vertragsauslegung vgl. BVerwG NJW 1992, 191; zum Vollstreckungshindernis, wenn Schuldner der Verpflichtung nachkommen kann, ohne in Rechte Dritter einzugreifen vgl. Lüneburg NJW 1994, 3309.

28   Vgl. Baumbach/Hartmann § 794 Rn. 7.

29   Lüneburg OVGE 3, 234; Münster OVGE 10, 104; NJW 1969, 524; Mannheim ESVGH 17, 145; Sodan/Heckmann Rn. 43; Eyermann/P.Schmidt Rn. 1, 14.

30   Münster NJW 1954, 896; offen lassend Münster NVwZ-RR 1994, 619; Bettermann NJW 1953, 1007.

31   Münster NJW 1984, 2484.

32   München NVwZ 1987, 814.

33   Vgl. Baumbach/Hartmann § 795a Rn. 1, 3.

vorher zugestellt ist (§ 798 ZPO). Ein Verstoß gegen die Frist macht die Zwangsvollstreckung unwirksam; Fristablauf heilt zwischen den Beteiligten, berührt jedoch inzwischen erworbene Rechte Dritter nicht[34].
Zu den Kostenfestsetzungsbeschlüssen zählt auch der Vergütungsfestsetzungsbeschluss nach §§ 19 BRAGO, 164 VwGO[35]. Daher ist Münster[36] zuzustimmen, dass das VG in diesem Fall als Vollstreckungsgericht für den Erlass eines Pfändungs- und Überweisungsbeschlusses zuständig ist[37].

V. Schiedssprüche

13 In Betracht kommen nur Schiedssprüche und schiedsrichterliche Vergleiche in einem nach den §§ 1025 ff. ZPO vereinbarten Schiedsverfahren über öffentlich-rechtliche Streitigkeiten (zur Zulässigkeit vgl. § 40 Rn. 78). Bei den durch Gesetz, Rechtsverordnung oder Satzung errichteten Schiedsgerichten wird das Verfahren und damit auch die Vollstreckung gesondert geregelt (vgl. § 187 Abs. 1); die Vorschriften der ZPO finden keine entsprechende Anwendung[38].
Schiedssprüche nach § 1055 sind der Vollstreckung nur fähig, wenn sie nach § 1060 ZPO für vollstreckbar erklärt worden sind. Zum Verfahren vgl. §§ 1063 ff. ZPO. Zuständig für die Vollstreckbarerklärung ist nur das Verwaltungsgericht, in dessen Bezirk der Ort des schiedsrichterlichen Verfahrens liegt (§§ 173 S. 2 VwGO, 1062 Abs. 1 Nr. 4 ZPO). Die Vollstreckbarerklärung erfolgt durch Beschluss[39].
Vollstreckungstitel ist der für vollstreckbar erklärte Schiedsspruch oder schiedsrichterliche Vergleich nur, wenn der Beschluss über die Vollstreckbarkeit rechtskräftig oder für vorläufig vollstreckbar erklärt ist. Diese Abweichung von der allgemeinen Regel hat die VwGO von der ZPO (§ 794 Abs. 1 Nr. 4a) übernommen. Ist der Anspruch des Schiedsspruchs in die Vollstreckbarerklärung aufgenommen, reicht die Zustellung dieser Erklärung für die Zwangsvollstreckung aus.

§ 169 [Vollstreckung zu Gunsten der öffentlichen Hand]

(1) Soll zu Gunsten des Bundes, eines Landes, eines Gemeindeverbands, einer Gemeinde oder einer Körperschaft, Anstalt oder Stiftung des öffentlichen Rechts vollstreckt werden, so richtet sich die Vollstreckung nach dem Verwaltungsvollstreckungsgesetz. Vollstreckungsbehörde im Sinne des Verwaltungsvollstreckungsgesetzes ist der Vorsitzende des Gerichts des ersten Rechtszugs; er kann für die Ausführung der Vollstreckung eine andere Vollstreckungsbehörde oder einen Gerichtsvollzieher in Anspruch nehmen.

---

34   BGHZ 30, 175; Baumbach/Hartmann § 798 Rn. 4.
35   Vgl. BVerwG NJW 1978, 1173.
36   NJW 1980, 2373; NJW 1984, 2484; ebenso LG Bonn NJW 1977, 814; LG Bochum Rpfleger 1978, 426.
37   A.A. Koblenz NJW 1980, 1541; Lüneburg NJW 1984, 2485; Münster (17. Senat) NJW 1987, 396; VG Berlin NJW 1976, 1420, die auf die Rechtsnatur der zu Grunde liegenden Forderung abstellen.
38   Baumbach/Albers, Grundz. § 1025 Rn. 1, 24.
39   Vgl. auch Rupp AöR 85, 301.

(2) Wird die Vollstreckung zur Erzwingung von Handlungen, Duldungen und Unterlassungen im Wege der Amtshilfe von Organen der Länder vorgenommen, so ist sie nach landesrechtlichen Bestimmungen durchzuführen.

A. Anwendungsbereich

§ 169 betrifft die Vollstreckung zu Gunsten der öffentlichen Hand, und **1** zwar, im Gegensatz zu § 170, ohne Beschränkung auf einen bestimmten Inhalt des Vollstreckungstitels. Bei der Vollstreckung, die zugleich auch gegen die öffentliche Hand gerichtet ist, gehen jedoch dem § 169 die Vorschriften der §§ 170 (§ 170 Rn. 1) und 172[1] vor; Ule[2] schließt hier § 169 wegen der gleichsam völkerrechtlichen Beziehungen zwischen den Rechtsträgern der öffentlichen Hand überhaupt aus, eine umfassende Regelung der Vollstreckung muss aber auch diesen Fall berücksichtigen, obgleich für ihn das zu § 172 Rn. 1 Gesagte ebenfalls gilt (vgl. auch § 17 VwVG). § 169 bezieht sich nur auf die Vollstreckung aus dem verwaltungsgerichtlichen und schiedsrichterlichen Verfahren (§ 40), auf Titel, die außerhalb dieser Verfahren erstritten wurden, ist er nicht anwendbar, z.B. aus kirchengerichtlichen Verfahren, zumal Kirchen keine öffentlich-rechtlichen Körperschaften i.S.v. Abs. 1 Satz 1 sind[3]. Zu beachten ist, dass bei einem Obsiegen der öffentlichen Hand in Anfechtungssachen ein nach der VwGO nicht der Vollstreckung fähiger Titel vorliegt, dass vielmehr dann allein die Vollstreckung des gerichtlich bestätigten VA im Verwaltungsvollstreckungsverfahren möglich ist (vgl. § 168 Rn. 4); ob in diesem Verfahren Absatz 1 S. 2 (Vorsitzender statt Kammer) analog angewendet werden kann, wenn ein Tätigwerden des Gerichts erforderlich ist, wie z.B. bei der Anordnung von Durchsuchungen, ist umstritten[4].

B. Vollstreckungsgläubiger

Die VwGO regelt das **gerichtliche** Vollstreckungsverfahren für den Fall, **2** dass die öffentliche Hand Vollstreckungsgläubiger ist, daher kann in ihr eine Bestimmung getroffen werden, die sich auf Titel aller Rechtsträger der öffentlichen Hand, also des Bundes, eines Landes, eines Gemeindeverbandes und einer Gemeinde, sowie der Körperschaften, Anstalten oder Stiftungen des öffentlichen Rechts erstreckt. Die Ausnahmen, die bei der Vollstreckung gegen die öffentliche Hand gemacht werden (vgl. § 170 Rn. 5), bestehen hier nicht.

---

1   Sodan/Pietzner Rn. 7.
2   S. 521.
3   VG Gelsenkirchen DÖV 2002, 748.
4   Vgl. München (11. Senat) NJW 1983, 1077, bejahend; München (21. Senat) NJW 1984, 2482, verneinend.

C. Verfahren

I. Anwendung des VwVG

3 Die Vollstreckung zu Gunsten der öffentlichen Hand richtet sich nach dem VwVG (Anhang I, 3). Ob es zweckmäßig war, hier von dem Grundsatz des § 167 Abs. 1 (entsprechende Anwendung der ZPO) abzuweichen, erscheint fraglich. Der Inhalt der Titel, die von den Verwaltungsgerichten vollstreckt werden, unterscheidet sich nicht wesentlich von den Titeln, die die Zivilgerichte vollstrecken. Die für das Verwaltungsverfahren typischen Fälle, nämlich die VA, werden, gleichgültig welchen Inhalt sie haben, gerade nicht von den Verwaltunsgerichten, sondern von den Verwaltungsbehörden selbst vollstreckt. Es verbleibt den Verwaltungsgerichten im Wesentlichen die Vollstreckung wegen der Kosten und aus Leistungsklagen in Parteistreitigkeiten. Wegen Geldforderungen vollstrecken die Verwaltungsgerichte über das VwVG nach der AO, in der die Bestimmungen der ZPO den Bedürfnissen der Vollstreckung durch **Behörden** angepasst sind; die gleichen Bestimmungen finden nun wieder Anwendung bei der Vollstreckung durch **Gerichte**.

II. Voraussetzungen der Vollstreckung

4 Für die Vollstreckung ist ein Vollstreckungstitel nach § 168 erforderlich, der dem Schuldner zugestellt sein muss; eine Vollstreckungsklausel ist nicht notwendig (§ 171). Die §§ 1, 6 VwVG, die als Titel einen VA erfordern, sind daher insoweit durch die VwGO ersetzt. Die von dem VwVG vorgenommene Unterscheidung zwischen Anfechtungs- und Parteistreitigkeiten (§ 1 Abs. 2, § 6 VwVG) ist allein auf das Verwaltungsvollstreckungsverfahren abgestellt, da ein solches nur möglich ist, wenn sich Gläubiger und Schuldner im hoheitlichen Über- und Unterordnungsverhältnis gegenüberstehen. Nur ein solches Verhältnis konnte den VA als Vollstreckungstitel schaffen. Für die gerichtliche Vollstreckung entfällt diese Unterscheidung, da der Titel nicht mehr vom Bestehen des Überordnungsverhältnisses abhängt, sondern aus jeder vor die Verwaltungsgerichte gehörenden öffentlich-rechtlichen Streitigkeit resultieren kann[5].

III. Vollstreckungsgericht

5 Abs. 1 Satz 1 verdrängt die allgemeine Verweisung aus § 167. Vollstreckungsbehörde ist der Vorsitzende des Gerichts des ersten Rechtszugs. Damit ist auch die örtliche Zuständigkeit geregelt[6]. Im Gegensatz zu § 167 ist nach Absatz 1 S. 2 der Vorsitzende des Gerichts des ersten Rechtszuges Vollstreckungsbehörde; obgleich das Gesetz sich hier der Terminologie des VwVG in § 4 angeschlossen hat, muss der Vorsitzende als Vollstreckungsgericht bezeichnet werden; in § 4 spricht das VwVG bei der Vollstreckung von Geldforderungen von der »Vollstreckungsbehörde«, in § 7 jedoch, bei der Erwirkung der Herausgabe von Sachen und der Erzwingung von Handlungen, Duldungen oder Unterlassungen von der »Vollzugsbehörde«.

---

5   Mannheim ESVGH 18, 181.
6   Vgl. VG Dessau DÖV 2001, 1008.

Beides aber ist der Vorsitzende des Gerichts des ersten Rechtszuges[7] (vgl. im Übrigen § 167 Rn. 2). Weimar[8] hat mangels einer Zuständigkeit der Kammer eine Übertragung nach § 6 auf den Einzelrichter als Vollstreckungsbehörde für unzuläsig gehalten; Münster[9] hat den Einzelrichter, auf den das erstinstanzliche Verfahren übertragen war, auch als Vollstreckungsgericht angesehen (vgl. dazu § 6 Rn. 9).[10]

IV. Durchführung der Vollstreckung

Grundsätzlich führt der Vorsitzende die Vollstreckung durch; er kann sich 6 jedoch auch für die Ausführung der Vollstreckung einer **anderen Vollstreckungsbehörde** oder eines **Gerichtsvollziehers** bedienen. Dabei darf er jedoch die Vollstreckung nicht völlig aus der Hand geben; insbesondere die Entscheidung über das zulässige Zwangsmittel oder die Überwachung der Durchführung muss ihm verbleiben[11]. Das Verfahren ist, je nachdem, ob der Vorsitzende selbst vollstreckt oder von der Vollstreckungshilfe Gebrauch macht, unterschiedlich. Im Einzelnen gelten folgende Vorschriften:

1. Bei der Vollstreckung durch den Vorsitzenden. Eine Vollstreckung durch den Vorsitzenden liegt auch vor, wenn dieser sie durch einen Vollstreckungsbeamten ausführen lässt[12].

a) Für die Vollstreckung von Geldforderungen gilt: Das Verfahren richtet 7 sich nach dem VwVG in Verbindung mit der AO. Vollstreckungsschuldner ist derjenige, gegen den sich der Titel richtet; § 2 VwVG findet deshalb keine Anwendung. Die Vollstreckung setzt eine Vollstreckungsanordnung voraus, die nach § 3 VwVG von der Gläubigerbehörde, nicht dem Vorsitzenden des Gerichts nach § 169 Abs. 1 Satz 2 erlassen wird[13]. Dieser Anordnung soll nach § 3 Abs. 3 VwVG eine Mahnung an den Schuldner mit einer Frist von einer Woche vorausgehen. Die Mahnung ist nicht zwingend vorgeschrieben, sie kann in Fällen besonderer Eilbedürftigkeit unterbleiben. Das eigentliche Vollstreckungsverfahren richtet sich dann über § 5 VwVG nach den dort ausgeführten Vorschriften der AO (vgl. jedoch § 167 Rn. 3). Für die Vollstreckung in das unbewegliche Vermögen verweist § 322 AO wieder auf die Vorschriften der ZPO und über § 869 ZPO auf das ZVG. Vollstreckungsorgan ist hier, da es sich um eine spezielle Regelung handelt, für die Eintragung einer Sicherungshypothek das Grundbuchamt, für die Zwangsversteigerung und Zwangsverwaltung das Amtsgericht.

b) Für die Erzwingung der Herausgabe von Sachen sowie die Erzwingung 8 **von Handlungen, Duldungen und Unterlassungen gilt:** Das Verfahren richtet sich nach §§ 9 ff. VwVG; die Vollstreckung erfolgt durch die in § 9

---

7   Münster NJW 1981, 2771 zur örtlichen Zuständigkeit.
8   NVwZ-RR 1995, 480.
9   NVwZ-RR 1994, 619.
10 Sodan/Heckmann Rn. 23, für den Einzelrichter im erstinstanzlichen Verfahren; a.A. Bader/Bader Rn. 3.
11 Lüneburg OVGE 27, 410; Münster OVGE 32, 104.
12 Vgl. Schoch/Pietzner Rn. 27.
13 Kassel ESVGH 28, 106; Koblenz AS 12, 316; München BayVBl. 1984, 308; Münster NVwZ 1984, 111; a.A. für Geldleistungen aus einem Kostenfestsetzungsbeschluss VG Bremen NJW 1998, 2378.

VwVG aufgeführten Zwangsmittel, die einen abschließenden Katalog darstellen:
(1) **Ersatzvornahme** (§ 10) durch einen Dritten, falls es sich um vertretbare Handlungen handelt.
(2) **Zwangsgeld** (§ 11), bei unvertretbaren Handlungen oder der Erzwingung einer Duldung oder Unterlassung; auch bei vertretbaren Handlungen kann ein Zwangsgeld verhängt werden, besonders, wenn der Schuldner die Kosten der Ersatzvornahme nicht tragen kann[14]. Das Zwangsgeld ist keine Kriminalstrafe, es kann neben diese treten, auch neben ein Bußgeld nach dem OwiG.
(3) Durch **unmittelbaren Zwang** (§ 12), zur Erzwingung von vertretbaren und unvertretbaren Handlungen, sowie von Duldungen und Unterlassungen und durch **Vornahme** durch das Vollstreckungsgericht. Unmittelbarer Zwang darf nur angewandt werden, wenn die Ersatzvornahme oder das Zwangsgeld nicht zum Ziele führen oder untunlich sind. Zur Ausübung vgl. das Gesetz über den unmittelbaren Zwang bei Ausübung öffentlicher Gewalt durch Vollzugsbeamte des Bundes und die entsprechenden landesrechtlichen Bestimmungen, auch Wacke JZ 1962, 137 und 199. Zum Verhältnis von unmittelbarem Zwang und Zwangshaft vgl. Berlin EOVG 8, 87; auch BVerwGE 4, 196.

9   c) **Verfahren: Androhung.** Die Zwangsvollstreckung setzt die vorherige Androhung des einzelnen Zwangsmittels voraus (§ 13 VwVG); § 6 Abs. 2 VwVG, der im Verwaltungsvollstreckungsverfahren die Anwendung eines Zwangsmittels ohne vorherige Androhung zulässt, wenn der sofortige Vollzug zur Verhinderung strafbarer Handlungen oder zur Abwendung einer drohenden Gefahr notwendig ist, kann in der verwaltungsgerichtlichen Vollstreckung keine Anwendung finden. Liegen seine Voraussetzungen vor, ist die Verwaltungsbehörde, der die Gefahrenabwehr obliegt, gehalten, einen entsprechenden VA zu erlassen, nicht das Gericht, die Vollstreckung zu beschleunigen. Die Androhung hat schriftlich zu erfolgen und eine Frist für die Erfüllung der Verpflichtung durch den Schuldner zu bestimmen. Sie muss unzweideutig sein[15] und nicht mehrere Zwangsmittel nebeneinander enthalten; ebenso wie es unzulässig ist, statt des angedrohten ein anderes Zwangsmittel anzuwenden[16]. Der Betrag des Zwangsgeldes, der zwischen drei DM bis zweitausend DM liegen kann, ist in bestimmter Höhe anzugeben; bei der Androhung der Ersatzvornahme ist der Kostenbetrag vorläufig zu veranschlagen. Die Zwangsmittel können, wenn die Androhung erfolglos war, wiederholt werden, wobei auch ein Wechsel zu einem anderen Zwangsmittel, etwa zu unmittelbarem Zwang, zulässig ist. Die Androhung ist zuzustellen.

10   d) **Festsetzung.** Wird die Verpflichtung innerhalb der in der Androhung bestimmten Frist nicht erfüllt, hat der Vorsitzende das Zwangsmittel festzusetzen (§ 14 VwVG);[17] für den Fortfall der Festsetzung bei sofortigem Vollzug gilt das zu Rn. 9 Gesagte. Die Festsetzung entspricht der Vollstreckungsanordnung bei der Vollstreckung wegen Geldforderungen. Da die Festsetzung die Grundlage für die Anwendung des Zwangsmittels dar-

---

14   Vgl. Berlin NJW 1959, 1510.
15   Vgl. Mannheim VBlBW 1996, 65.
16   Engelhardt/App VwVG § 9 Anm. 4.
17   Vgl. dazu Mannheim VBlBW 1996, 214 zu den Kosten der Ersatzvornahme.

stellt (§ 15 VwVG), ist Schriftform und Zustellung an den Schuldner erforderlich. Das Zwangsmittel darf nur so lange angewandt werden, bis sein Zweck erreicht ist. Widerstand kann mit Gewalt von der Polizei im Wege der Amtshilfe gebrochen werden (§ 15 VwVG). Ist das Zwangsgeld uneinbringlich, so kann der Vorsitzende durch besonderen Beschluss Ersatz-Zwangshaft nach seinem Ermessen unter Beachtung des Grundsatzes der Verhältnismäßigkeit anordnen und Haftbefehl erlassen[18], dessen Vollstreckung der Justizverwaltung obliegt. Zum Rechtsweg für die Anordnung der Ersatzzwangs- oder Erzwingungshaft vgl. § 40 Rn. 53. Ein Vollzug gegen Behörden und juristische Personen des öffentlichen Rechts, ist, mit Ausnahme der in § 172 genannten Fälle, unzulässig. Zum Verfahren vergleiche die Rn. 5–8 zu § 172.

e) **Rechtsmittel.** Gegen die rechtlich selbstständigen Vollstreckungsmaß- **11** nahmen des Vorsitzenden, wie die Androhung und Festsetzung eines Zwangsmittels, ist, soweit sie ohne Anhörung des Vollstreckungsschuldners erfolgt sind, die Erinnerung in entsprechender Anwendung des § 766 Abs. 1 ZPO zulässig[19], im Falle der vorherigen Anhörung des Schuldners die Beschwerde nach § 146[20]. Gegen die Maßnahmen eines Vollstreckungsbeamten ist die Erinnerung nach § 151 gegeben. Soweit nach einer Entscheidung des Gerichts über die Erinnerung ein Rechtsmittel zulässig ist, ist dies die Beschwerde nach § 146, nicht die sofortige Beschwerde nach § 793 ZPO. Gegen den Anspruch selbst ist die Klage aus § 767 ZPO bei dem Gericht des ersten Rechtszuges zulässig[21]; im Verfahren nach der AO verweist § 256 auf die außerhalb des Vollstreckungsverfahrens zugelassenen Rechtsbehelfe[22]. Für die Drittwiderspruchsklage nach § 771 ZPO ist das VG zuständig, in dessen Bezirk die Vollstreckungshandlung vorgenommen wurde[23]; anders § 262 AO: Zivilgericht.

2. **Im Wege der Vollstreckungshilfe.** Vollstreckungshilfe wird gewährt: **12** a) **durch Verwaltungsgerichte oder Bundesbehörden.** Der Vorsitzende kann im Wege der Rechtshilfe den Vorsitzenden eines anderen VG oder den Gerichtsvollzieher für die Ausführung der Vollstreckung in Anspruch nehmen. Ausdrücklich ist dies zwar nur für den Gerichtsvollzieher gesagt. Da der Vorsitzende als Vollstreckungsgericht in § 169 jedoch als »Vollstreckungsbehörde« bezeichnet ist, müssen unter den Vollstreckungsbehörden, an die der Vorsitzende sein Ersuchen richten kann, auch andere VG, und zwar wiederum die Vorsitzenden, verstanden werden[24]. Als Vollstreckungsbehörde kann das Vollstreckungsgericht im Wege der Amtshilfe auch Bundesbehörden, etwa die Vollstreckungsbehörden der Finanz- oder Zollverwaltungen[25], in Anspruch nehmen. Das Verfahren ist vor den ersuchten Gerichten und Bundesbehörden das Gleiche, wie für das Vollstreckungsgericht selbst (vgl. Rn. 7 ff.).

---

18 Münster OVGE 18, 197; Kanes NJW 1963, 1439; Schoch/Pietzner Rn. 131; a.A. Eul NJW 1962, 1608: Amtsgericht.
19 Berlin NJW 1984, 1370.
20 Vgl. Münster NJW 1980, 1709; Mannheim ESVGH 23, 130; NVwZ 1993, 73; Gaul JZ 1979, 498.
21 Vgl. BVerwGE 6, 321; Kassel NJW 1995, 1107; Kopp/Schenke § 167 Rn. 2.
22 Vgl. aber Lüneburg NJW 1971, 72.
23 Schoch/Pietzner Rn. 156.
24 A.A. Schoch/Pietzner Rn. 22.
25 Engelhardt/App VwVG § 4 Rn. 3.

13 Für die **Rechtsmittel** tritt jedoch folgende Besonderheit ein: Das ersuchende Gericht bleibt verantwortlich für die Zulässigkeit der Anordnung der Zwangsvollstreckung (vgl. § 250 Abs. 1 AO); hiergegen gerichtete Beschwerden sind an das Vollstreckungsgericht zu richten, ebenso die Vollstreckungsgegenklage nach § 767 ZPO an das Gericht des ersten Rechtszuges. Für die Durchführung der Zwangsvollstreckung (die Art und Weise) ist das ersuchte Gericht oder die ersuchte Behörde verantwortlich[26]; Rechtsbehelfe gegen Maßnahmen des ersuchten Gerichts sind an dieses selbst zu richten. Die Anfechtung der in der Vollstreckung ergangenen VA von Bundesbehörden richtet sich nach den für die Vollstreckung geltenden Vorschriften (§ 18 VwVG; AO). Die Vollstreckungsanordnung nach § 3 VwVG stellt keinen selbstständig anfechtbaren VA dar[27], wohl aber die Androhung und Festsetzung eines Zwangsmittels[28].

14 **b) durch Landesbehörden.** Wird die Vollstreckung auf Ersuchen des Vollstreckungsgerichts im Wege der Amtshilfe von Organen der Länder durchgeführt, richtet sie sich nach den jeweils für die ersuchte Behörde geltenden landesrechtlichen Vorschriften (vgl. § 167 Rn. 1). Das folgt für die Vollstreckung wegen Geldforderungen aus § 5 Abs. 2 VwVG, für die Vollstreckung zur Erzwingung von Handlungen, Duldungen und Unterlassungen aus § 169 Abs. 2. Abweichend von der Terminologie der ZPO muss unter den bei Absatz 2 aufgeführten Vollstreckungsarten auch die Herausgabe von Sachen verstanden werden, da das VwVG diese unter den gleichen Oberbegriff fasst (vgl. die Überschrift zum 2. Abschnitt des VwVG). Zur Notwendigkeit der richterlichen Anordnungen bei Vollstreckungsmaßnahmen, die eine Durchsuchung der Wohnung zum Gegenstand haben, vgl. Kassel NJW 1973, 1855. Die Zulässigkeit von **Rechtsbehelfen**[29] gegen die Art und Weise der Zwangsvollstreckung richtet sich nach den für die Vollstreckung geltenden landesrechtlichen Vorschriften. Zu beachten ist, dass die Länder nach § 80 Abs. 2 S. 1 Nr. 3 und S. 2 in der Fassung des 6. VwGOÄndG (davor § 187 Abs. 3) bestimmen können, dass Rechtsbehelfe, abweichend von § 80 Abs. 1, keine aufschiebende Wirkung haben, soweit sie sich gegen Maßnahmen richten, die in der Verwaltungsvollstreckung getroffen werden. Diese Bestimmung haben (teils noch nach § 187 Abs. 3) in den AG getroffen: Berlin (§ 4), Bremen (Art. 11), Hamburg (§ 8), Hessen (§ 16), Nordrhein-Westfalen (§ 8, dazu Münster NJW 1961, 1550; NJW 1968, 365 zur Abschiebungsandrohung nach § 13 Abs. 2 AuslG; DVBl. 1991, 1375 verneinend für Verwertung eines sichergestellten Kfz nach PolG), das Saarland (§ 20), Sachsen-Anhalt (§ 9) und Thüringen (§ 8). Eine solche Vorschrift enthält auch Art. 38 Abs. 4 VwZVG Bay (vgl. München NJW 1993, 953: verneinend für Pfändungs- und Überweisungsbescheid), § 12 VwVG BW, § 39 VwVG Bbg, § 66 VwVG Nds, § 20 AGVwGO RhPf, § 11 VwVG Sachs und § 248 Abs. 1 LVwG SchlH.

---

26 Vgl. Altmeyer/Lahm § 17 Anm. 4.
27 BVerwG NJW 1961, 332; NJW 1978, 335; vgl. auch München BayVBl. 1975, 647; a.A. BFH BStBl. 1965 III 735; zum Problem vgl. Gaul JZ 1979, 501.
28 Vgl. BVerwG DVBl. 1989, 362 für Androhung; E 84, 354 für Festsetzung; Schleswig GewA 1992, 232; Mannheim VBlBW 1991, 299 für Beschlagnahme.
29 Vgl. dazu Renck NJW 1966, 1247; Pietzner VerwA 84, 261.

V. Kosten

Die Kosten der Vollstreckung, wie etwa für die Ersatzvornahme, trägt der **15** Schuldner. Zuständig ist auch hier der Vorsitzende des Gerichts des ersten Rechtszuges[30]. Für die Erhebung der Kosten und die Gewährung von Entschädigungen an Auskunftspflichtige, Sachverständige und Treuhänder verweist § 19 VwVG wieder auf die Vorschriften der AO. Bei der Vollstreckung durch Landesbehörden richtet sich die Berechnung der Kosten nach landesrechtlichen Vorschriften.

§ 170 [Vollstreckung gegen die öffentliche Hand]

(1) Soll gegen den Bund, ein Land, einen Gemeindeverband, eine Gemeinde, eine Körperschaft, eine Anstalt oder Stiftung des öffentlichen Rechts wegen einer Geldforderung vollstreckt werden, so verfügt auf Antrag des Gläubigers das Gericht des ersten Rechtszugs die Vollstreckung. Es bestimmt die vorzunehmenden Vollstreckungsmaßnahmen und ersucht die zuständige Stelle um deren Vornahme. Die ersuchte Stelle ist verpflichtet, dem Ersuchen nach den für sie geltenden Vollstreckungsvorschriften nachzukommen.

(2) Das Gericht hat vor Erlass der Vollstreckungsverfügung die Behörde oder bei Körperschaften, Anstalten und Stiftungen des öffentlichen Rechts, gegen die vollstreckt werden soll, die gesetzlichen Vertreter von der beabsichtigten Vollstreckung zu benachrichtigen mit der Aufforderung, die Vollstreckung innerhalb vom Gericht zu bemessenden Frist abzuwenden. Die Frist darf einen Monat nicht übersteigen.

(3) Die Vollstreckung ist unzulässig in Sachen, die für die Erfüllung öffentlicher Aufgaben unentbehrlich sind oder deren Veräußerung ein öffentliches Interesse entgegensteht. Über Einwendungen entscheidet das Gericht nach Anhörung der zuständigen Aufsichtsbehörde oder bei obersten Bundes- oder Landesbehörden des zuständigen Ministers.

(4) Für öffentlich-rechtliche Kreditinstitute gelten die Absätze 1 bis 3 nicht.

(5) Der Ankündigung der Vollstreckung und der Einhaltung einer Wartefrist bedarf es nicht, wenn es sich um den Vollzug einer einstweiligen Anordnung handelt.

A. Anwendungsbereich

I. Wegen Geldforderungen

§ 170 betrifft die Zwangsvollstreckung gegen die öffentliche Hand aus den **1** Vollstreckungstiteln des § 168 **wegen Geldforderungen**, z.B. aus Leistungsurteilen, auch in Beamtensachen, aus einstweiligen Anordnungen[1], aus Kostenfestsetzungsbeschlüssen, auch des nach § 172 festgesetzten Zwangsgeldes. Da dingliche Rechte in § 882a ZPO für die Vollstreckung fiskalischer Geldforderungen gegen die öffentliche Hand ausdrücklich ausgeschlossen worden sind, muss aus 170 gefolgert werden, dass sich die Zwangsvollstreckung stets nach dieser Vorschrift richtet, unabhängig da-

---

30 Münster NWVBl. 2001, 65.

1 Vgl. Mannheim DÖV 1976, 606.

von, ob in das bewegliche oder unbewegliche Vermögen vollstreckt werden soll und ob dingliche Sicherungen für Geldforderungen verfolgt werden. § 170 findet auch Anwendung, wenn **Rechtsträger der öffentlichen Hand untereinander** vollstrecken. Aus der Funktion des § 170, die darin besteht, der Vollstreckung gegen die öffentliche Hand ein Verfahren vorzuschalten, um nach Möglichkeit zu vermeiden, dass es zur Durchführung der Vollstreckung kommt, ist zu folgern, dass diese Vorschrift dem § 169 vorgeht[2].

II. Gegen die öffentliche Hand

2   § 170 gilt für die Vollstreckung gegen den Bund, ein Land, einen Gemeindeverband oder eine Gemeinde (§ 15 EGZPO ist ausgeschlossen[3]) sowie gegen Körperschaften, Anstalten und Stiftungen des öffentlichen Rechts. Die VwGO reicht damit weiter als § 882a ZPO, der die Vollstreckung gegen Gemeindeverbände und Gemeinden nicht erwähnt. Ausgenommen von der besonderen Regelung des § 170 bleiben die öffentlich-rechtlichen Kreditinstitute (Abs. 3). Die Vollstreckung gegen sie richtet sich, soweit sie nicht unter § 169 fällt, nach den Vorschriften der ZPO (§ 167). Das entspricht auch der Regelung in § 882a Abs. 3 S. 2 ZPO.

B. Verfahren

I. Allgemeines

3   § 170 enthält, ebenso wie § 169, keine Bestimmungen über die Ausführung der Vollstreckung. Die Besonderheit des § 170 besteht vielmehr darin, dass er der Durchführung der Vollstreckung ein besonderes Verfahren vorschaltet, dessen Zweck es ist, eine dem Ansehen der öffentlichen Hand abträgliche Vollstreckung nach Möglichkeit zu vermeiden.

II. Antrag des Gläubigers

4   Die Vollstreckung setzt einen Antrag des Vollstreckungsgläubigers voraus. Dieser ist bei dem Vollstreckungsgericht schriftlich oder zur Niederschrift des Urkundsbeamten der Geschäftsstelle zu stellen. Der Antrag braucht lediglich dahin zu lauten, dass Vollstreckung aus dem bei den Akten des Gerichts befindlichen, dem Schuldner zugestellten Titel begehrt wird. Die Art und Weise der Vollstreckung bestimmt das Gericht; es ist an Anträge des Gläubigers, die ein bestimmtes Verfahren, z.B. Vollstreckung in bestimmte Geldforderungen, begehren, nicht gebunden.

III. Ankündigung der Vollstreckung

5   Auf den Antrag prüft das Gericht, ob die Voraussetzungen für die Vollstreckung vorliegen (Titel, Zustellung, möglicherweise Sicherheitsleistung;

---

2   Sodan/Heckmann Rn. 33.
3   Landesrecht wird verdrängt Schoch/Pietzner Rn. 8; Sodan/Heckmann Rn. 17.

eine Vollstreckungsklausel ist nach § 171 nicht erforderlich); ist dies nicht der Fall und kommt der Gläubiger einer Aufforderung des Gerichts, die **fehlenden Voraussetzungen** zu schaffen, nicht nach, so weist es den Antrag auf Verfügung der Vollstreckung durch Beschluss zurück. Ist der Titel gegen eine Behörde erstritten (vgl. § 61 Rn. 6; § 78 Rn. 8 ff.), ist in analoger Anwendung des § 929 Abs. 1 ZPO eine Vollstreckungsklausel erforderlich[4], da die Behörde kein Vermögen hat und feststehen muss, in das Vermögen welcher Körperschaft vollstreckt werden soll[5]; das kann z.b. fraglich sein, wenn der Titel gegen eine Kreisverwaltung ergangen ist. Auf den erforderlichen Antrag wird das Gericht hinweisen.

Liegen die Voraussetzungen für die Vollstreckung vor, so benachrichtigt das Gericht die Behörde, oder, bei Körperschaften, Anstalten und Stiftungen des öffentlichen Rechts, die gesetzlichen Vertreter, von der beabsichtigten Vollstreckung. Zu benachrichtigen ist die Behörde, die den Bund, das Land, den Gemeindeverband oder die Gemeinde im Rechtsstreit oder im Schiedsverfahren vertreten hat bzw. gegen die der ursprüngliche Titel lautete; anders als nach § 882a ZPO gilt dies auch dann, wenn die Zwangsvollstreckung in ein Vermögen erfolgen soll, das nicht von der Behörde, die die Prozessvertretung hatte, verwaltet wird. Die umgehende weitere Benachrichtigung dieser Behörde, ebenso wie der Aufsichtsbehörde bzw. des zuständigen Finanzministers bleibt danach der Behörde vorbehalten, die den Staat auch im Zwangsvollstreckungsverfahren vertritt.

Mit der Benachrichtigung hat das Gericht die **Aufforderung** zu verbinden, **6** innerhalb einer bestimmten Frist die Vollstreckung abzuwenden. Das Gericht darf keine längere Frist als 1 Monat bestimmen. Fristverlängerung ist ausgeschlossen. Der Lauf der Frist beginnt mit dem Zugang der Benachrichtigung, bei mehreren Benachrichtigungen mit dem Zugang der Letzten. Die **Abwendung** kann, soweit dem Schuldner dies bei einem vorläufig vollstreckbaren Urteil nachgelassen ist, bzw. bei vorläufig vollstreckbaren Vollziehbarkeitserklärungen von Schiedssprüchen und Schiedsvergleichen, durch Sicherheitsleistung oder Hinterlegung erfolgen, sonst nur durch Befriedigung des Gläubigers. Leistet der Schuldner, hat der Gläubiger seinen Antrag zurückzunehmen. Andernfalls lehnt das Gericht die Verfügung der Vollstreckung ab.

Bei dem Vollzug einer **einstweiligen Anordnung** bedarf es, ebenso wie in § 882a ZPO bei der einstweiligen Verfügung, einer Ankündigung der Vollstreckung sowie der Einhaltung der Wartefrist nicht (Abs. 5).

IV. Vollstreckungsverfügung

Leistet der Schuldner während der vom Gericht festgesetzten Frist nicht, **7** verfügt dieses[6], nicht der Vorsitzende, die Vollstreckung durch Beschluss, in dem es

a) **die vorzunehmende Vollstreckungsmaßnahme bestimmt.** Die Auswahl zwischen den für die Zwangsvollstreckung wegen Geldforderungen vorgesehenen Vollstreckungsarten steht nicht dem Gläubiger zu, sondern dem Gericht. Dieses bestimmt, ob in das bewegliche oder unbewegliche Vermögen des Schuldners vollstreckt werden soll, ob Antrag

---

4 Mannheim NJW 1982, 902.
5 A.A. Schoch/Pietzner Rn. 19.
6 Sodan/Heckmann Rn. 21.

auf Eintragung einer Sicherungshypothek oder auf Versteigerung eines Grundstückes gestellt wird.

8 b) **die zuständige Stelle ersucht, die Vollstreckungsmaßnahme vorzunehmen.** Zuständige Stelle ist bei der Pfändung von Sachen der Gerichtsvollzieher (§ 753 Abs. 1 ZPO); bei der Vollstreckung in das unbewegliche Vermögen das Grundbuchamt bzw. das Amtsgericht (vgl. § 169 Rn. 7); bei der Pfändung von Forderungen und anderen Vermögensrechten das Vollstreckungsgericht selbst (§ 828 Abs. 1 ZPO), sodass in diesem Fall das Ersuchen entfällt[7].

V. Durchführung der Vollstreckung

9 Die ersuchte Stelle hat die Vollstreckung nach den für sie geltenden Bestimmungen durchzuführen; bei der Vollstreckung gegen die Gemeindeverbände und Gemeinden sind dabei die in den Gemeinde-, Amts- und Landkreisordnungen enthaltenen Bestimmungen über die Vollstreckung in Vermögen dieser Körperschaften zu beachten. Für die Durchsuchung von Verwaltungsräumen einer Körperschaft/Anstalt des öffentlichen Rechts bedarf es keines richterlichen Durchsuchungsbefehls[8].

VI. Ausschluss der Vollstreckung

10 Die Zwangsvollstreckung ist unzulässig in Sachen
a) die **für die Erfüllung öffentlicher Aufgaben unentbehrlich** sind. Hierher zählen vor allem Einrichtungen, bei deren Versteigerung die Versorgung der Bevölkerung oder der geordnete Gang der Verwaltung gefährdet wäre. In Kassenbestände darf nicht vollstreckt werden, wohl aber in Geldforderungen, auch gegen Banken oder öffentlich-rechtliche Kreditanstalten[9].
b) **deren Veräußerung ein öffentliches Interesse entgegensteht.** Das ist z.B. bei Bibliotheken, Archiven, Sammlungen und Kunstschätzen ebenso der Fall wie bei einem öffentlichen Park, Sportanlagen und Schwimmbädern, Straßen, Brücken und Flugplätzen, wobei es auf die Frage, ob diese Sachen entbehrlich sind, nicht ankommt.
Macht der Schuldner geltend, dass die Vollstreckung sich gegen Sachen der zu a) und b) bezeichneten Art richte und damit unzulässig sei, entscheidet das Gericht, das die Vollstreckung verfügt hat, über diese Einwendungen durch Beschluss. Es hat vor seiner Entscheidung die zuständige Aufsichtsbehörde, bei obersten Bundes- oder Landesbehörden den zuständigen Minister zu hören. An die in der Anhörung geäußerte Auffassung dieser Stellen ist das Gericht nicht gebunden, es hat sie jedoch bei seiner Entscheidung zu berücksichtigen.

VII. Rechtsmittel

11 Wenn das **VG Vollstreckungsgericht** ist, kann

---

7   Vgl. Eyermann/P. Schmidt Rn. 14.
8   VG Frankfurt/M. NVwZ 1998, 545.
9   Vgl. Ule S. 523.

a) **der Vollstreckungsschuldner** die Verfügung der Zwangsvollstreckung sowie den Beschluss, mit dem das Gericht seine Einwendungen nach Absatz 3 zurückweist, mit der Beschwerde nach § 146 anfechten. Aber auch gegen die Ankündigung der Vollstreckung sollte der Schuldner bereits mit der Beschwerde vorgehen können[10]; es handelt sich dabei nicht allein um die Bestimmung einer Frist (§ 146 Abs. 2). Mit der Aufforderung hat das Gericht bereits darüber entschieden, dass die Voraussetzungen der Zwangsvollstreckung vorliegen. Bestreitet der Schuldner z.B., dass ihm der Titel zugestellt sei, muss er bereits vor der Verfügung der Zwangsvollstreckung Beschwerde einlegen können. Es wäre für den Schuldner unbillig und prozessökonomisch nicht vertretbar, wenn er erst diese Verfügung abwarten sollte, bis eine Beschwerde zulässig ist.

b) **der Vollstreckungsgläubiger** gegen die Ablehnung der Vollstreckungsverfügung ebenso wie gegen den einer Einwendung des Schuldners nach Absatz 3 stattgegebenen Beschluss Beschwerde einlegen.

Entscheidungen des OVG und des BVerwG in der Zwangsvollstreckung 12 sind **unanfechtbar.** Unberührt von § 170 bleibt die Zulässigkeit der **Vollstreckungsgegenklage** (§ 767 ZPO) der Körperschaft, gegen die sich der Titel, aus dem vollstreckt wird, richtet und der **Drittwiderspruchsklage** (§ 771 ZPO), die insbesondere auch eine andere Körperschaft erheben kann (vgl. § 167 Rn. 5; § 169 Rn. 11).

§ 171 [Vollstreckungsklausel]

In den Fällen der §§ 169, 170 Abs. 1 bis 3 bedarf es einer Vollstreckungsklausel nicht.

I. Grundsatz

Die Zwangsvollstreckung erfolgt grundsätzlich auf Grund einer mit der 1 Vollstreckungsklausel versehenen Ausfertigung des Titels (§§ 724, 795 ZPO), der sog. vollstreckbaren Ausfertigung. Die Vollstreckungsklausel lautet nach § 725 ZPO: »Vorstehende Ausfertigung wird dem usw. (Bezeichnung des Beteiligten) zum Zwecke der Zwangsvollstreckung erteilt«. Sie wird vom Urkundsbeamten der Geschäftsstelle mit Unterschrift und Gerichtssiegel auf die Ausfertigung des Titels gesetzt. Bei Entscheidungen, gegen die ein Rechtsmittel eingelegt war, genügt, wenn die Entscheidung voll bestätigt wurde, die vollstreckbare Ausfertigung der 1. und eine einfache Ausfertigung der 2. Entscheidung zur Vollstreckung[11], auch hinsichtlich der Kosten, die dem Unterliegenden in der zweiten Instanz auferlegt wurden. Bei Abänderung in der zweitinstanzlichen Entscheidung ist deren Ausfertigung Vollstreckungstitel, bei nur teilweiser Abänderung können die Entscheidungen gemeinsam mit der Klausel versehen werden.
Zur Erteilung der Vollstreckungsklausel gegenüber dem Rechtsnachfolger vgl. §§ 727–729 ZPO. Auf die Erteilung der Vollstreckungsklausel kann unter den in § 731 ZPO aufgeführten Voraussetzungen Klage vor dem Prozessgericht des ersten Rechtszuges erhoben werden, über Einwendungen

---

10 A.A. BFH NJW 1969, 344.
11 Vgl. Schoch/Pietzner Rn. 8.

gegen die Zulässigkeit der Vollstreckungsklausel entscheidet das Vollstreckungsgericht nach § 732 ZPO durch Beschluss. In den Fällen, in denen es einer Zustellung der Vollstreckungsklausel bedarf (vgl. § 168
Rn. 1), ist, auch nach erfolglosen Einwendungen, bei dem Prozessgericht
erster Instanz die auf die Erteilung der Klausel beschränkte Vollstreckungsabwehrklage nach § 768 ZPO zulässig.

II. Vollstreckung ohne Klausel

2 § 171 lässt das Erfordernis der Vollstreckungsklausel bei den §§ 169, 170,
in denen die VwGO für die Zwangsvollstreckung zu Gunsten und gegen
die öffentliche Hand von der ZPO abweichende Verfahrensvorschriften
bringt, wegfallen. Es genügt in diesen Fällen also eine einfache Ausfertigung des Titels, der jedoch zugestellt sein muss (§ 750 ZPO, § 169 Rn. 4).
Zur Abweichung, wenn der Titel gegen eine Behörde erstritten ist, vgl.
§ 170 Rn. 5. Eine Vollstreckungsklausel ist ebenfalls nicht erforderlich bei
einem Kostenfestsetzungsbeschluss, der auf das Urteil gesetzt ist. Hier
reicht die Klausel auf dem Urteil aus (§ 795a ZPO; vgl. § 168 Rn. 12).
Einstweilige Anordnungen bedürfen der Vollstreckungsklausel nur, wenn
nicht für und gegen die im Titel Genannten vollstreckt werden soll (§ 123
in Verbindung mit § 929 Abs. 1 ZPO; vgl. § 168 Rn. 10[12]).

§ 172 [Zwangsgeld gegen Behörde]

**Kommt die Behörde in den Fällen des § 113 Abs. 1 Satz 2 und Abs. 5 und
des § 123 der ihr im Urteil oder in der einstweiligen Anordnung auferlegten
Verpflichtung nicht nach, so kann das Gericht des ersten Rechtszugs auf
Antrag unter Fristsetzung gegen sie ein Zwangsgeld bis zehntausend Euro
durch Beschluss androhen, nach fruchtlosem Fristablauf festsetzen und von
Amts wegen vollstrecken. Das Zwangsgeld kann wiederholt angedroht, festgesetzt und vollstreckt werden.**

A. Allgemeines

1 Die VwGO hat, um einen umfassenden Rechtsschutz zu schaffen, für die
Fälle, in denen eine Behörde der ihr im Urteil auferlegten Verpflichtung
zur Vornahme einer Handlung nicht nachkommt, in § 172 auch eine Vollstreckungsmöglichkeit geschaffen, die der Besonderheit des Schuldners Öffentliche Hand gerecht werden soll. Das ist methodisch folgerichtig. Es
führt jedoch zu einem Nebeneinander von VwGO und ZPO in der
Zwangsvollstreckung, wodurch es mitunter zu Abgrenzungsschwierigkeiten kommen kann. Deshalb wird in Literatur und Rechtsprechung ein umfangreicher Streit geführt, ob § 172 abschließend ist oder daneben noch
die ZPO Anwendung finden kann. Der Streit hat wegen der nach der ZPO
erheblich erweiterten Zwangsmöglichkeiten (Zwangsgeld bis 25 000 Euro,
Zwangshaft, bis 250 000 Euro Ordnungsgeld) praktische Bedeutung[1]. Die

---

12 Bader/Bader Rn. 3.

1 Dazu ausführlich Roth VerwA 2000, 12: spricht sich mit ausgewogenen Argumen-
   ten gegen eine extensive Ausdehnung von § 172 aus, der Beitrag berücksichtigt
   allerdings noch nicht die Entscheidung des BVerfG NVwZ 1999, 1330.

erweiterte Anwendung solch einschneidender Vollstreckungsmaßnahmen sollte in einem Rechtsstaat jedoch überflüssig sein. Denn eigentlich sollte schon § 172 keine große Bedeutung gewinnen, da es in einem Rechtsstaat selbstverständlich ist, dass eine Behörde der ihr durch das Gericht auferlegten Verpflichtung nachkommt[2]. Doch solch hehre Gedanken finden ihre Grenzen in der Rechtswirklichkeit[3]. Deshalb erlaubt das BVerfG[4] dem Vollstreckungsgericht entgegen dem Wortlaut des § 172 weitere Zwangsmaßnahmen nach §§ 885–896 ZPO aus dem Gebot wirkungsvollen Rechtsschutzes entsprechend anzuwenden, wenn auf Grund vorangegangener Erfahrungen, auf Grund eindeutiger Bekundungen oder auf Grund mehrfach erfolgloser Zwangsgeldandrohungen klar erkennbar ist, dass die Behörde unter dem Druck des Zwangsgeldes nicht einlenkt. Die Argumentationskette des BVerfG gilt weiterhin, obwohl das Zwangsgeld zwischenzeitlich auf das zehnfache erhöht worden ist (vgl. Rn. 6) und man insofern sagen könnte, dass auch der Gesetzgeber (abschließend?) erkannt hat, dass ggf. mehr Druck auf die Behörde ausgeübt werden können muss. Der Gesetzgeber hat jedoch sonst auf die zitierte Entscheidung des BVerfG nicht weiter reagiert. Kommt die Behörde der Verpflichtung ohne Hinderungsgründe nicht nach, wird regelmäßig eine Dienstpflichtverletzung des verantwortlichen Beamten vorliegen, bei der geprüft werden muss, ob im Wege des Regresses das nach § 172 festgesetzte und vollstreckte Zwangsgeld von dem schuldigen Beamten zurückgefordert werden muss.[5]
Das Zwangsgeld wird gegen die Behörde selbst festgesetzt, auch wenn in der Hauptsache die Körperschaft, zu der die Behörde gehört, Beteiligter gewesen ist; in einem Beschwerdeverfahren über eine Entscheidung nach § 172 ist daher die Behörde abweichend von § 61 Nr. 3 beteiligungsfähig[6].

B. Voraussetzungen

I. Die einzelnen Fälle

Die Zwangsvollstreckung nach § 172 findet statt im Falle des 2
a) § 113 Abs. 1 S. 2, wenn der Behörde im Urteil aufgegeben ist, dass und wie sie die Vollziehung des angefochtenen VA rückgängig zu machen hat (vgl. § 113 Rn. 16),
b) § 113 Abs. 5, wenn bei einer Verpflichtungsklage das Urteil der Behörde aufgibt,
die beantragte Amtshandlung vorzunehmen oder

---

2 Vgl. mtl. Begr. zu § 168.
3 Z.B. im Fall des BVerwG Buchh. 310 § 172 VwGO Nr. 1: Behörde weigert sich einfach, die ausgeurteilte Neubescheidung vorzunehmen.
4 NVwZ 1999, 1330.
5 Der Fall des BVerfG, Vermietung einer Stadthalle an eine extremistische Partei, Beschluss eines ehrenamtlichen Kollegialorgans, sich dem Richterspruch nicht zu beugen, zeigt die Problematik gut auf: so einfach geht das nicht, zumal man in einer Demokratie nicht das Engagement der ehrenamtlich Verwaltenden durch Regresse ruinieren sollte.
6 München NVwZ-RR 1999, 669; a.A. Schoch/Pietzner Rn. 8; Sodan/Heckmann Rn. 17.

den Kläger unter Beachtung der Rechtsauffassung des Gerichts zu bescheiden (vgl. § 113 Rn. 39, 40),

c) § 123, wenn der Beschluss im einstweiligen Anordnungsverfahren der Behörde die Verpflichtung zu einem bestimmten Verhalten auferlegt (näher Rn. 3). Wird dagegen diese Verpflichtung gegenüber einem anderen Beteiligten als einer Behörde oder einer Körperschaft, zu der die Behörde gehört, ausgesprochen, findet § 172 keine Anwendung. Die Vollstreckung richtet sich dann nach § 167 VwGO in Verbindung mit § 888 ZPO[7].

3 Wenn die Behörde jedoch nicht zum Erlass eines VA verpflichtet worden ist, sondern lediglich »schlicht hoheitliches« Unterlassen aufgegeben worden ist, ist § 172 nicht anwendbar, sondern § 167 i.V.m. § 890 ZPO[8]. § 172 betrifft nur die Vollstreckung aus Urteilen nach Verpflichtungsklagen und entsprechenden einstweiligen Anordnungen; auf Urteile nach **Leistungsklagen** findet die Vorschrift keine Anwendung[9]; daher richtet sich auch die Vollstreckung einstweiliger Anordnungen, die eine Pflicht zur Unterlassung beinhalten, über § 167 Abs. 1 nach § 890 ZPO[10] (vgl. § 167 Rn. 3). § 172 erwähnt eine Zwangsvollstreckung nur, wenn die Verpflichtung einer Behörde im Urteil oder der einstweiligen Anordnung auferlegt wurde; zur analogen Anwendung im Aussetzungsverfahren[11] vgl. § 80 Rn. 63. Gleiches sollte aber gelten, wenn sich die Behörde zur Vermeidung einer derartigen Entscheidung der gleichen Verpflichtung im **Prozessvergleich** (§ 168 Abs. 1 Nr. 3) unterwirft[12]. Die Behörde wird sich zur Übernahme einer solchen Verpflichtung im Vergleich nur bereit erklären, um Kosten zu sparen, weil sie eine Verurteilung für sehr wahrscheinlich hält. Es würde nicht dem Sinn des § 172 entsprechen, wollte man den Kläger, der auf einen Vergleich eingeht, und damit einen Vollstreckungstitel in die Hand bekommt, mit dem Risiko belasten, trotz eines in § 168 Abs. 1 aufgeführten Titels keine Vollstreckung durchführen zu können[13]. Nachdem bei der Regelung des öffentlich-rechtlichen Vertrages in § 61 Abs. 2 VwVfG für den Fall der Unterwerfung unter die sofortige Vollstreckung für diese auf § 172 verwiesen wird, sollte sich auch die Vollstreckung des Prozessvergleiches danach richten können[14]. Vgl. im Übrigen § 168 Rn. 11.

---

7   München BayVBl. 2003, 375.
8   Berlin NVwZ-RR 2001, 99.
9   Eyermann/Happ § 123 Rn. 82; München NVwZ 2001, 822; a.A.Schoch/Pietzner Rn. 16; Sodan/Heckmann Rn. 29 f. »keines der bislang entwickelten Konzepte vermag zu überzeugen«; Kassel DÖV 2000, 385.
10 Mannheim NJW 1973, 1518; DVBl. 1977, 211 für Vollstreckung gegen Studentenschaft, bzw. den AStA Münster NJW 1974, 917; Kassel NJW 1976, 1766; BGH DVBl. 1993, 252 zum Anspruch nach § 945 ZPO nach Aufhebung der Anordnung; a.A. Ule VerwA 65, 309, der § 172 entsprechend anwendet.
11 Kassel NVwZ-RR 1999, 158; str.
12 Sodan/Heckmann Rn. 38; Münster NVwZ 1998, 534; Corell NVwZ 1998, 469; so auch Roth VerwA 2000, 12.
13 So Münster DÖV 1976, 170; a.A. jetzt in DVBl. 1992, 785: Vollstreckung nach § 167 Abs. 1 VwGO mit §§ 887, 888 ZPO.
14 Vgl. Lüneburg NJW 1980, 414 insoweit verneinend, jedoch Vollstreckung nach § 888 ZPO zulassend.

II. Zulässigkeit

Der Antrag auf Zwangsvollstreckung ist zulässig, wenn die Behörde der **4**
Verpflichtung nicht nachkommt; ein Zwischenbescheid stellt keine Erfüllung der Verpflichtung dar. Bei Verurteilung einer Behörde zum Erlass einer
bauaufsichtlichen Verfügung kann dies auch bedeuten, dass die Behörde
verpflichtet ist, ihre Verfügung mit Mitteln des Verwaltungszwanges
durchzusetzen[15]. Der Antrag setzt voraus, dass eine vollstreckbare Ausfertigung des Urteils mit Vollstreckungsklausel der Vollstreckungsschuldnerin
zugestellt ist[16]; einer Vollstreckungsklausel bedarf es bei der einstweiligen
Anordnung jedoch nur unter den Voraussetzungen des § 929 Abs. 1 ZPO
(vgl. § 171 Rn. 2). § 172 sagt nichts darüber, innerhalb welcher Frist die
Behörde der Verpflichtung nachzukommen hat. Dies dürfte sehr vom Einzelfall abhängen. Keine Anwendung können die Fristen des § 75 für die
Klage bei Untätigkeit der Behörde finden, da sie zu lang bemessen sind.
Durch den vorangegangenen Rechtsstreit ist die Sach- und Rechtslage, anders als in § 75, wo die Behörde diese Prüfung selbst vornehmen muss,
bereits weitgehend geklärt. Der Behörde ist daher zuzumuten, in wesentlich kürzerer Frist die Verpflichtung zu erfüllen. Das BVerwG[17] billigt dennoch fast drei Monate zu. Die Frist kann jedoch frühestens von dem Zeitpunkt der Zustellung der Entscheidung an rechnen, da die Behörde
regelmäßig erst dann ihre Akten vom Gericht zurückerhält, bzw. dürfte
auf den Eingang der Akten bei der Behörde abzustellen sein.

C. Verfahren

I. Prüfung

Die Vollstreckung aus § 172 stellt ein Erzwingungsverfahren dar. Dieses **5**
setzt den Antrag des Vollstreckungsgläubigers bei dem Gericht des ersten
Rechtszuges als Vollstreckungsgericht voraus, der schriftlich oder zur Niederschrift des Urkundsbeamten der Geschäftsstelle zu stellen ist und keinem Anwaltszwang unterliegt. Das Gericht **kann** daraufhin die Zwangsvollstreckung durchführen. Es ist daher, neben der Prüfung der allgemeinen
Voraussetzungen der Vollstreckung, bei Eingang des Antrages auch zu prüfen, ob der Behörde billigerweise zugemutet werden konnte, in der seit
der Rechtskraft des Urteils verstrichenen Zeit die Verpflichtung erfüllt zu
haben[18]; das Gericht kann durch Rückfrage bei der Behörde klären, ob
die Erfüllung der Verpflichtung unmittelbar bevorsteht. Kommt das Gericht bei dieser Prüfung zu dem Ergebnis, dass die Behörde die Verpflichtung bereits hätte erfüllen müssen, so **hat** es die Zwangsvollstreckung
durchzuführen. Das Vollstreckungsverfahren kann nicht mit dem Erlass

---

15 Münster NVwZ-RR 1992, 518.
16 Vgl. Mannheim NJW 1978, 287; a.A. Sodan/Heckmann Rn. 55 und § 171 Rn. 18
    Vollstreckungsklausel nicht erforderlich.
17 Buchh. 310 § 172 VwGO Nr. 1; Weimar VIZ 2002, 105 in der schwierigen Rechts-
    materie der offenen Vermögensfragen mit umfangreichen Ermittlungsaufgaben
    sechs Monate.
18 Vgl. BVerwG NJW 1969, 476.

des zu vollstreckenden Titels verbunden werden[19]. Dem Charakter als gerichtliches Ergänzungsverfahren entsprechend ist das Vollstreckungsverfahren einer **Beiladung** Dritter nicht zugänglich[20].

II. Durchführung

6 Das Gericht fordert die Behörde durch Beschluss unter Fristsetzung auf, der Verpflichtung nachzukommen, und droht für den Fall, dass die Behörde dieser Aufforderung während der Frist nicht folgt, ein Zwangsgeld an, das bis zu 10.000 Euro betragen kann[21]. Im Zuge der Euroumstellung ist das Zwangsgeld von 2000 DM hochgesetzt worden, weil der alte Betrag als zu niedrig empfunden wurde, um heute agierende Behörden entsprechend zu beeindrucken[22]. Eine Androhung von Ersatz-Zwangshaft gegenüber juristischen Personen des öffentlichen Rechts ist unzulässig[23]. Das Zwangsgeld wird nach fruchtlosem Fristablauf vom Gericht durch erneuten Beschluss festgesetzt. Auch für die Festsetzung ist ein Antrag des Vollstreckungsgläubigers erforderlich, da das Gericht in der Regel nicht übersehen kann, ob die Behörde während der Frist der Aufforderung nachgekommen ist. Die Anträge auf Androhung des Zwangsgeldes und Festsetzung nach fruchtlosem Ablauf der Frist können verbunden werden. Dem Gläubiger ist jedoch in diesem Fall zu raten, dem Gericht unverzüglich anzuzeigen, wenn die Behörde der Aufforderung nachgekommen ist; tut er dies nicht, so treffen ihn die Kosten für den trotz Erfüllung der Verpflichtung erlassenen Festsetzungsbeschluss und etwaige vom Gericht von Amts wegen eingeleitete Vollstreckungsmaßnahmen. Der Streitwert für das Vollstreckungsverfahren entspricht dem des vorangegangenen Erkenntnisverfahrens[24].

7 Die **Vollstreckung des Zwangsgeldes** erfolgt sodann **von Amts wegen** nach § 170 zu Gunsten der Staatskasse. Im Gegensatz zu § 201 SGG verweist § 172 für die Vollstreckung nicht auf das VwVG. Gleichwohl muss § 15 Abs. 3 VwVG entsprechend gelten, d.h. die Vollstreckung des Zwangsgeldes ist unzulässig, wenn die Behörde zwar nach der Festsetzung, aber vor der Vollstreckung des Zwangsgeldes der Verpflichtung nachgekommen ist[25]; Lüneburg[26] hat die Vollstreckung auch für unzulässig erklärt, wenn bei befristetem Gebot die Frist inzwischen abgelaufen war. Wenn die Behörde auch nach der Vollstreckung des Zwangsgeldes der Verpflichtung noch nicht nachgekommen ist, kann dieses, auf erneuten Antrag des Vollstreckungsgläubigers, wiederholt angedroht und festgesetzt sowie von Amts wegen vollstreckt werden[27]. Kann die durchzusetzende Maßnahme

---

19   Vgl. Mannheim NJW 1978, 287 für einstweilige Anordnung.
20   Vgl. Münster NVwZ-RR 1994, 121, keine Beiladung des Bauherrn bei Vollstreckung nach obsiegender Nachbarklage.
21   Vgl. Mannheim VBlBW 1993, 52 und 376 zu den allge. Voraussetzungen.
22   Kuhla/Hüttenbrink DVBl. 2002, 85.
23   Mannheim NVwZ-RR 1995, 619.
24   Mannheim NVwZ-RR 2001, 72.
25   Schoch/Pietzner Rn. 50.
26   DVBl. 1969, 119 m. abl. Anm. Bettermann.
27   Vgl. Menger VerwA 49, 272; Ule S. 525.

tatsächlich nicht mehr durchgesetzt werden, kann das Zwangsgeld nicht mehr festgesetzt und beigetrieben werden[28].

III. Rechtsmittel

Gegen die Beschlüsse über die Androhung und die Festsetzung des **8** Zwangsgeldes durch das VG kann die Behörde nach § 146 Beschwerde einlegen. Für die Vollstreckung gelten die Rechtsmittel, die § 170 eröffnet (vgl. § 170 Rn. 11, 12). Der Vollstreckungsgläubiger kann die Ablehnung der Androhung und der Festsetzung des Zwangsgeldes durch das Gericht, die ebenfalls in Beschlussform ergeht, seinerseits mit der Beschwerde nach § 146 anfechten.

D. Vollstreckungsgegenklage

Einwendungen gegen den **im Urteil rechtskräftig festgestellten** materiell- **9** rechtlichen **Anspruch auf Erlass des beantragten VA** kann die Behörde nicht im Vollstreckungsverfahren nach § 172 geltend machen. Einwendungen des Nichtbestehens oder des Wegfalls des materiellen, der Vollstreckung zu Grunde liegenden Anspruchs, sind ausgeschlossen[29]. Es bleibt jedoch die Vollstreckungsgegenklage nach § 167 mit § 767 ZPO[30]; der Fortgang des Verfahrens nach § 172 wird durch die Erhebung dieser Klage nicht gehindert, sondern erst durch eine einstweilige Einstellung der Vollstreckung nach § 167 mit § 769 ZPO. Maßgeblicher Zeitpunkt für das Entstehen der Gründe, auf denen die Einwendungen gegen den Anspruch beruhen, ist die Beendigung der letzten mündlichen Verhandlung vor dem erkennenden Gericht[31].

Da die Behörde den VA zu einem späteren Zeitpunkt als dem für das Urteil **10** maßgeblichen erlässt, können bei einer **Änderung der Sach- und Rechtslage nach Rechtskraft des Urteils** das Gebot der Rechtssicherheit und der Rechtsstaatlichkeit[32], das eine Vollziehung des rechtskräftigen Urteils erfordert, und das Gebot der Gesetzmäßigkeit der Verwaltung in Widerstreit stehen; keines dieser Gebote kann absoluten Vorrang vor dem anderen beanspruchen. Da jedoch die Vollstreckung nach § 172 überhaupt die Ausnahme bilden sollte (vgl. Rn. 1), kann auch die Vollstreckungsgegenklage nur in besonders gelagerten Fällen zulässig sein[33]. Soweit die Behörde nach den allgemeinen Regeln des Verwaltungsrechts (vgl. §§ 48 ff. VwVfG) berechtigt wäre, einen erlassenen VA zurückzunehmen; soweit die Erfüllung der Verpflichtung nachträglich unmöglich geworden ist (z.B. Fortfall eines Amtsverhältnisses, in das ernannt werden sollte); soweit dem Tätigwerden des Klägers auf Grund des zu erlassenden VA nachträglich ein gesetzliches, mit Strafandrohung bewehrtes Verbot entgegensteht, muss der Behörde

---

28 Berlin NVwZ-RR 1999, 411; bestätigt durch BVerfG NVwZ 1999, 1330.
29 BVerwG Buchh. 310 § 172 VwGO Nr. 1.
30 Lüneburg NJW 1974, 918.
31 Vgl. Kassel ESVGH 23, 111.
32 Vgl. Münster DÖV 1970, 718.
33 Vgl. BGH NJW 1981, 2756.

auch die Vollstreckungsgegenklage zu Verfügung stehen. Das BVerwG[34] hat die Vollstreckungsgegenklage gegenüber der Vollstreckung aus einem rechtskräftigen Verpflichtungsurteil auf Erteilung einer Bebauungsgenehmigung bejaht, wenn nach Rechtskraft des Verpflichtungsurteils ein der Genehmigungserteilung entgegenstehender Bebauungsplan in Kraft getreten ist. Bis zum Erlass der Genehmigung ist auch der rechtskräftig titulierte Anspruch gegen Rechtsänderungen nicht abgesichert[35]; der im Zivilrecht geltende – übrigens ausnahmefähige – Grundsatz, dass eine »Änderung der Gesetzgebung« eine Vollstreckungsgegenklage in der Regel nicht rechtfertigt[36], gilt im öffentlichen Recht in dieser Allgemeinheit nicht[37] (§ 121 Rn. 11).

Teil V · Schluss- und Übergangsbestimmungen

§ 173 [Entsprechende Anwendung von GVG und ZPO]

Soweit dieses Gesetz keine Bestimmungen über das Verfahren enthält, sind das Gerichtsverfassungsgesetz und die Zivilprozessordnung entsprechend anzuwenden, wenn die grundsätzlichen Unterschiede der beiden Verfahrensarten dies nicht ausschließen. Gericht im Sinne des § 1062 der Zivilprozessordnung ist das zuständige Verwaltungsgericht, Gericht im Sinne des § 1065 der Zivilprozessordnung das zuständige Oberverwaltungsgericht.

1 1. **Für die Gerichtsverfassung und das verwaltungsgerichtliche Verfahren enthält die VwGO eine geschlossene Regelung,** teils in ihren eigenen Vorschriften, teils durch die ausdrückliche Übernahme bestimmter Regelungen des GVG (vgl. §§ 4, 55) oder der ZPO (vgl. §§ 54, 57, 62, 64, 87, 98 105, 123, 153, 159, 166, 167, 183). § 173 sieht darüber hinaus die entsprechende Anwendung von ZPO und GVG unter bestimmten Voraussetzungen vor. Diese Bestimmung gilt jedoch nur subsidär und kann keinesfalls so gelesen werden, dass für das verwaltungsgerichtliche Verfahren die ZPO gilt, soweit die VwGO nichts anderes bestimmt.

2 2. Die **entsprechende Anwendung von ZPO und GVG nach Satz 1 kann nur erfolgen,**
a) **soweit die VwGO keine Bestimmungen über das Verfahren enthält.** Obgleich nur auf das Fehlen von Verfahrensbestimmungen hingewiesen wird, steht § 173 einer entsprechenden Anwendung von Bestimmungen des GVG zur Ergänzung des Teils I, etwa bei der Regelung der Amtshilfe nicht entgegen. Hat das Gesetz eine abschließende Regelung getroffen, scheidet eine entsprechende Anwendung der ZPO aus; das Gleiche gilt, wenn das Gesetz einzelne Bestimmungen der ZPO für anwendbar erklärt hat, für die nicht in Bezug genommenen Vorschriften. Beim Schweigen des Gesetzes ist zunächst zu prüfen, ob nicht eine entsprechende Anwendung anderer Bestimmungen der VwGO in Betracht kommt; erst wenn dies nicht der Fall ist, öffnet sich der Weg in die ZPO;
b) **wenn die grundsätzlichen Unterschiede der beiden Verfahrensarten die entsprechende Anwendung** der Bestimmungen der ZPO **nicht ausschließen.**

---

34   E 70, 227.
35   BVerwGE 69, 1.
36   Baumbach/Hartmann § 767 Rn. 18.
37   Vgl. auch Münster NJW 1980, 2427.

Das ist insbesondere der Fall, wenn Bestimmungen dem im § 86 Abs. 1 niedergelegten Untersuchungsgrundsatz widersprechen, wie die Vorschriften über das Geständnis (§§ 288 ff. ZPO), über Versäumnisurteile (§§ 330 ff. ZPO) oder das Mahnverfahren (§§ 688 ff. ZPO). Inwieweit danach Vorschriften der ZPO oder des GVG entsprechend angewendet werden können, ist bei den einzelnen Vorschriften des Gesetzes erörtert.

Mit dem durch Art. 2 § 13 des SchiedsverfahrensG angefügten Satz 2 soll **3** sichergestellt werden, dass in Schiedsstreitigkeiten das OVG zweit- und letztinstanzliches Gericht ist[1].

§ 174 [Befähigung zum höheren Verwaltungsdienst]

(1) Für den Vertreter des öffentlichen Interesses bei dem Oberverwaltungsgericht und bei dem Verwaltungsgericht steht der Befähigung zum Richteramt nach dem Deutschen Richtergesetz die Befähigung zum höheren Verwaltungsdienst gleich, wenn sie nach mindestens dreijährigem Studium der Rechtswissenschaft an einer Universität und dreijähriger Ausbildung im öffentlichen Dienst durch Ablegen der gesetzlich vorgeschriebenen Prüfungen erlangt worden ist.

(2) Bei Kriegsteilnehmern gilt die Voraussetzung des Absatz es 1 als erfüllt, wenn sie den für sie geltenden besonderen Vorschriften genügt haben.

§§ 175–177 (weggefallen)

§§ 178 und 179 (Änderungsvorschriften)

§ 180 [Vernehmung oder Vereidigung auf Ersuchen einer Behörde]

Erfolgt die Vernehmung oder die Vereidigung von Zeugen und Sachverständigen nach dem Verwaltungsverfahrensgesetz oder nach dem Zehnten Buch Sozialgesetzbuch durch das Verwaltungsgericht, so findet sie vor dem dafür im Geschäftsverteilungsplan bestimmten Richter statt. Über die Rechtmäßigkeit einer Verweigerung des Zeugnisses, des Gutachtens oder der Eidesleistung nach dem Verwaltungsverfahrensgesetz oder nach dem Zehnten Buch Sozialgesetzbuch entscheidet das Verwaltungsgericht durch Beschluss.

Die Vorschrift ist durch § 97 VwVfG eingefügt worden (zur Weitergeltung **1** des § 180 nach Aufhebung des § 97 VwVfG vgl. § 44a Rn. 1 und die dortigen Nachweise). Im förmlichen Verwaltungsverfahren kann eine Behörde nach § 65 VwVfG ein **Ersuchen an das Verwaltungsgericht richten:**
- nach § 65 Abs. 2 VwVfG, wenn sie die Vernehmung eines Zeugen oder eines Sachverständigen für erforderlich hält, der ohne Vorliegen eines der in §§ 376, 383 bis 385 und 408 ZPO bezeichneten Gründe die Aussage oder die Erstattung des Gutachtens verweigert und
- nach § 65 Abs. 3 VwVfG, wenn sie wegen der Bedeutung der Aussage oder zur Herbeiführung einer wahrheitsgemäßen Aussage die Beeidigung eines Zeugen oder eines Sachverständigen für geboten hält.

---

1 Vgl. Bader/Bader Rn. 1.

Hört die Behörde im nichtförmlichen Verwaltungsverfahren Zeugen oder Sachverständige nach § 26 VwVfG, ist das Ersuchen unzulässig. Entsprechendes gilt für das Verwaltungsverfahren nach dem Zehnten Buch Sozialgesetzbuch.

2   Die **Zuständigkeit des VG**, an das das Ersuchen zu richten ist, richtet sich nach dem Wohnsitz oder dem Aufenthaltsort des Zeugen oder des Sachverständigen; befindet sich der Wohnsitz oder Aufenthaltsort nicht am Sitz des VG oder einer besonders errichteten Kammer (vgl. § 3 Rn. 2), kann die Behörde das Ersuchen auch an das für den Wohnsitz oder Aufenthaltsort zuständige Amtsgericht richten. Zur Form und zum Inhalt des Ersuchens vgl. § 65 Abs. 2 und 3 VwVfG; § 21 Abs. 3, § 22 SGB X.

3   Die **Vernehmung** oder **Vereidigung** des Zeugen oder des Sachverständigen erfolgt **durch den** dafür **bestimmten Richter**, nicht durch die Kammer; der Richter, ebenso sein Stellvertreter, müssen im Geschäftsverteilungsplan des Präsidiums bestimmt sein, Bestimmung durch den Vorsitzenden der Kammer nach § 21g GVG reicht nicht aus[1].

4   Die Regelung des § 180 **wird überwiegend dahin ausgelegt**, dass sie sich **nur auf Ersuchen** beziehen kann, die Behörden **nach dem Verwaltungsverfahrensgesetz des Bundes** stellen, und dass Ersuchen nach den Verwaltungsverfahrensgesetzen der Länder ausgeschlossen seien[2]. Eine solche Interpretation erscheint jedoch zu eng. Es trifft zwar zu, dass nur der Bundesgesetzgeber die § 5 VwGO einschränkende »Einzelrichter«-Regelung treffen und die auf das Gericht bezogenen Teile des § 65 VwVfG erlassen konnte; insoweit verstößt die Parallelgesetzgebung der Länder gegen Bundesrecht, aber nur mit der Folge, dass damit auch im förmlichen Verwaltungsverfahren der Länder die entsprechenden Teile des § 65 VwVfG Anwendung finden. Vor allem im Hinblick auf die in § 1 Abs. 3 VwVfG enthaltene Subsidiaritätsklausel erscheint es jedoch zu eng, dem Wortlaut des § 180 zu entnehmen, dass allein das Verwaltungsverfahrensgesetz des Bundes gemeint sein kann. Der Konzeption des VwVfG, das im Verhältnis zu den Ländern vor allem Leitfunktion für die Parallelgesetzgebung hat, entspricht es mehr, **als Verwaltungsverfahrensgesetz in § 180 das jeweilige Verwaltungsverfahrensgesetz**, also das **des Bundes oder eines Landes**, zu verstehen[3].

5   **Verweigerung und Rechtsmittel.** Das Gesetz geht davon aus, dass der Zeuge oder der Sachverständige, der entgegen seiner Verpflichtung nach § 65 Abs. 1 VwVfG sich ohne Vorliegen eines zugelassenen Grundes weigert, vor der Behörde auszusagen oder ein Gutachten zu erstatten, dies auf Ladung vor dem bestimmten Richter dennoch tun wird. Macht der Zeuge oder der Sachverständige auch vor dem Richter ein Zeugnisverweigerungsrecht geltend oder verweigert er die Eidesleistung, entscheidet das Verwaltungsgericht über die Rechtmäßigkeit der Verweigerung durch Beschluss. **Unter Verwaltungsgericht ist** nach der Einführung des Einzelrich-

---

1   Vgl. Kopp/Schenke Rn. 3; Schoch/Stelkens Rn. 6.
2   Eyermann/P. Schmidt Rn. 1; Kopp/Schenke Rn. 2; Schoch/Stelkens Rn. 5 kompetenzrechtliches Verbot der Länder, § 180 für anwendbar zu erklären.
3   Meyer/Borgs § 97 Rn. 30.

ters in der VwGO (vgl. § 5 Rn. 2a) hier ebenfalls der bestimmte Richter zu verstehen[4]. Dieser Beschluss unterliegt der Beschwerde nach § 146.

§§ 181 und 182 (Änderungsvorschriften)

§ 183 [Nichtigkeit von Landesrecht]

Hat das Verfassungsgericht eines Landes die Nichtigkeit von Landesrecht festgestellt oder Vorschriften des Landesrechts für nichtig erklärt, so bleiben vorbehaltlich einer besonderen gesetzlichen Regelung durch das Land die nicht mehr anfechtbaren Entscheidungen der Gerichte der Verwaltungsgerichtsbarkeit, die auf der für nichtig erklärten Norm beruhen, unberührt. Die Vollstreckung aus einer solchen Entscheidung ist unzulässig. § 767 der Zivilprozessordnung gilt entsprechend.

1. § 183 entspricht § 79 Abs. 2 BVerfGG (vgl. dazu Lechner BVerfGG **1** 2. Aufl. S. 281). Die Feststellung der Nichtigkeit einer Norm durch ein Verfassungsgericht soll im Interesse der Rechtssicherheit grundsätzlich nicht die Folge haben, dass nicht mehr anfechtbare Entscheidungen der Verwaltungsgerichte, die auf eine solche Norm gestützt sind, hinfällig oder schlechthin vernichtbar werden. Die Vollstreckung aus einer Entscheidung, die auf einer durch das Verfassungsgericht[1] für nichtig erklärten Norm beruht, ist jedoch nach Satz 2 unzulässig, was auch hinsichtlich der Kosten gilt[2]; die daneben noch gewährte Klage aus § 767 ZPO kann demnach nur Feststellungswirkung haben.
Unanfechtbare VA, die auf Grund einer für nichtig erklärten Norm erlassen worden sind, werden dadurch nicht automatisch unwirksam oder anfechtbar[3]. Im Übrigen können die Grundsätze der Lehre vom Wegfall der Geschäftsgrundlage angewendet werden[4].
Für die **Normenkontrolle** erklärt § 47 Abs. 5 S. 3 § 183 für entsprechend anwendbar (vgl. § 42 Rn. 101a).

2. Besondere landesrechtliche Regelungen lässt § 183 unberührt, diese be- **2** stehen für Hessen, Rheinland-Pfalz, das Saarland und Sachsen.
Nach § 46 Abs. 1 des Gesetzes über den Verfassungsgerichtshof des **Saarlandes** ist gegen Strafurteile, die auf einer für nichtig erklärten Norm beruhen, die Wiederaufnahme des Verfahrens zulässig; andere Urteile können nur bei besonderer gesetzlicher Regelung angegriffen werden. § 767 ZPO ist für anwendbar erklärt, ein Bereicherungsanspruch nach § 812 BGB ausgeschlossen.
Nach § 26 Abs. 4 des Gesetzes über den Verfassungsgerichtshof von **Rheinland-Pfalz** kann der Verfassungsgerichtshof im Urteil bestimmen, ob und unter welchen Voraussetzungen die Wiederaufname anderer, bereits rechtskräftig abgeschlossener Verfahren zulässig ist, soweit eine dort erlassene Entscheidung zu seinem Urteil im Widerspruch steht.
Dem entspricht die Regelung in § 40 Abs. 1 des Gesetzes über den Staatsgerichtshof in **Hessen**; nach § 40 Abs. 4 muss der Staatsgerichtshof jedoch

---

4 Ebenso Schoch/Stelkens Rn. 8; a.A. Kopp/Schenke Rn. 3; Meyer/Borgs § 97
   Rn. 30; vermittelnd Eyermann/P. Schmidt Rn. 4: je nach Geschäftsverteilungsplan.
1 Münster OVGE 21, 40.
2 Kopp/Schenke Rn. 2; Schoch/Pietzner Rn. 39.
3 Greifswald LKV 2002, 32.
4 Kopp/Schenke § 183 Rn. 8.

bei Ungültigkeit wegen Verstoßes gegen die Unantastbarkeit bestimmter Verfassungsgrundsätze (Artikel 150 der Hess. Verfassung) feststellen, dass das Gesetz niemals gültig war und die Wiederaufnahme aller rechtskräftig abgeschlossenen Verfahren anordnen, die auf dem ungültigen Gesetz beruhen.

In **Sachsen** verweist § 24 Sächs.VerfGHG auf Art. 79 Abs. 2 BVerfGG.

§ 184 [Verwaltungsgerichtshof]

Das Land kann bestimmen, dass das Oberverwaltungsgericht die bisherige Bezeichnung »Verwaltungsgerichtshof« weiterführt.

Von der Ermächtigung haben Baden-Württemberg (§ 1 Abs. 1 AG), Bayern (Art. 1 Abs. 1 AG) und Hessen (§ 1 Abs. 1 AG) Gebrauch gemacht.

§ 185 [Sonderbestimmungen für einzelne Länder]

(1) In den Ländern Berlin und Hamburg treten an die Stelle der Kreise im Sinne des § 28 die Bezirke.

(2) Die Länder Berlin, Brandenburg, Bremen, Hamburg, Mecklenburg-Vorpommern, Saarland und Schleswig-Holstein können Abweichungen von den Vorschriften des § 73 Abs. 1 Satz 2 zulassen.

Zu Abs. 1: vgl. § 28 Rn. 1.
Zu Abs. 2: vgl. § 73 Rn. 1.

§ 186 [Sonderbestimmungen für Stadtstaaten]

§ 22 Nr. 3 findet in den Ländern Berlin, Bremen und Hamburg auch mit der Maßgabe Anwendung, dass in der öffentlichen Verwaltung ehrenamtlich tätige Personen nicht zu ehrenamtlichen Richtern berufen werden können.

Vgl. § 22 Rn. 2.

§ 187 [Disziplinar-, Schieds- und Berufsgerichte, Personalvertretungsrecht]

(1) Die Länder können den Gerichten der Verwaltungsgerichtsbarkeit Aufgaben der Disziplinargerichtsbarkeit und der Schiedsgerichtsbarkeit bei Vermögensauseinandersetzungen öffentlich-rechtlicher Verbände übertragen, diesen Gerichten Berufsgerichte angliedern sowie dabei die Besetzung und das Verfahren regeln.

(2) Die Länder können ferner für das Gebiet des Personalvertretungsrechts von diesem Gesetz abweichende Vorschriften über die Besetzung und das Verfahren der Verwaltungsgerichte und des Oberverwaltungsgerichts erlassen.

(3) (aufgehoben durch 6. VwGOÄndG)

1   1. Die Aufgaben der **Disziplinargerichtsbarkeit** können die Länder den Verwaltungsgerichten übertragen – wie das der Bund jetzt auch getan hat mit dem Gesetz zur Neuordnung des Bundesdisziplinarrechts v. 9.7.2001 (BGBl. I S. 1510). Die Bestimmung enthält nicht nur eine Ermächtigung für den Erlass neuer Gesetze, sondern lässt auch die vor In-Kraft-Treten der VwGO in den Ländern allgemein übliche Regelung bestehen, wonach die Verwaltungsgerichte die Disziplinargerichtsbarkeit wahrnahmen oder Disziplinargerichte bei ihnen errichtet waren. Aufgaben der **Schiedsgerichtsbarkeit** bei Vermögensauseinandersetzungen öffentlich-rechtlicher Verbände[5] sind den Verwaltungsgerichten in den AG von Bayern (Art. 12), Hessen (§ 19 Nr. 2) und dem Saarland (§ 21 Nr. 2) übertragen worden. Berufsgerichte sind den Verwaltungsgerichten angegliedert in Bremen (§ 66 HeilberufsG), Hessen (§ 51 HeilberufsG), Mecklenburg-Vorpommern (§ 65 HeilberufsG) und im Saarland (§ 21 Nr. 3 AG); eine Übertragung von Aufgaben der Berufsgerichtsbarkeit lässt die VwGO nicht zu. Vgl. auch § 40 Rn. 76.

In allen drei Fällen können die Länder von der in §§ 5, 9 vorgesehenen **Besetzung** des Gerichts abweichen und auch das **Verfahren** abweichend von der VwGO regeln. Dabei ist Art. 12 Abs. 2 Satz 1 BayAGVwGO eine dynamische Verweisung, die die Berufung entsprechend der aktuellen Gesetzeslage der VwGO regelt[6]. Ob die in § 53 LandesdisziplinarG RhPf getroffene Regelung über die örtliche Zuständigkeit und die Bestimmung des zuständigen Gerichts zulässig ist, erscheint fraglich, da insoweit die §§ 52, 53 VwGO eine abschließende Regelung darstellen.

2. In **Personalvertretungssachen des Bundes** wird der Verwaltungsrechtsweg nach § 83 BPersVG eröffnet. In erster und zweiter Instanz entscheiden Fachkammern bzw. -senate (§ 84 Abs. 1 BPersVG). Auf das Verfahren finden in allen Rechtszügen die Bestimmungen des ArbGG über das Beschlussverfahren entsprechende Anwendung (§ 83 Abs. 2 BPersVG). In **Personalvertretungssachen der Länder** gibt § 106 BPersVG den Ländern vor, gerichtliche Entscheidungen aus diesem Rechtsbereich der Verwaltungsgerichtsbarkeit zuzuweisen[7]. Ob in den Landesgesetzen eine besondere Zusammensetzung der Verwaltungsgerichte und ein besonderes Verfahren vorgesehen ist, bleibt den Ländern überlassen[8]. **2**

3. Der Ausschluss der aufschiebenden Wirkung in Vollstreckungssachen der Länder beruht nach dem 6. VwGOÄndG auf der Ermächtigung in § 80 Abs. 2 S. 2; vgl. die dortigen Erläuterungen sowie § 169 Rn. 14. **3**

§ 188 [Sozialkammern und -senate]

Die Sachgebiete der Sozialhilfe, der Jugendhilfe, der Kriegsopferfürsorge, der Schwerbehindertenfürsorge sowie der Ausbildungsförderung sollen in einer Kammer oder in einem Senat zusammengefasst werden. Gerichtskosten (Gebühren und Auslagen) werden in den Verfahren dieser Art nicht erhoben; dies gilt nicht für Erstattungsstreitigkeiten zwischen Sozialleistungsträgern.

Satz 1 bezieht sich auf die **Geschäftsverteilung** des Gerichts, die Vorschrift stellt eine Sollvorschrift dar, deren Verletzung verfahrensrechtlich unschädlich ist (BVerwGE 18, 216). Aus dieser Vorschrift folgt nicht, dass vor den Sozialkammern und -senaten besondere Verfahrenserleichterungen gelten[1]. **1**

---

5   Vgl. dazu Hw. Müller NJW 1963, 282.
6   München BayVBl. 2002, 217 zur Phase 1997–2001 der Berufungszulasssung.
7   Grabendorff/Ilbertz/Widmaier BPersVG § 106 Rn. 1; Reich BPersVG § 106.
8   Vgl. im Einzelnen die Nachweise bei Altvater u.A. BPersVG § 83 Rn. 124 ff.

1   BVerwG NJW 1977, 1465 für Berufungsantrag.

Die Vorschrift findet nur Anwendung, wenn der Rechtsstreit **unmittelbar** eines der in Satz 1 aufgeführten Sachgebiete betrifft, dagegen nicht, wenn eine Frage aus einem dieser Sachgebiete in Zusammenhang mit einem anderen Rechtsstreit wird[2]. Das **GrundsicherungsG** fällt unter Satz 1[3], nicht dagegen Streitigkeiten aus Kindergartenbenutzungsgebühren[4]. Mittellosigkeit des Beteiligten ist keine Voraussetzung für die Anwendung der Vorschrift[5]. Die Vorschrift bezieht sich auf **Individualansprüche,** daher hat das BVerwG ihre Anwendung für die Klage des Schwerbeschädigten nach dem G über die unentgeltliche Beförderung von Kriegs- und Wehrdienstbeschädigten bejaht[6], jedoch für den Streit über die Erstattung von Fahrgeldausfällen verneint[7].

2 Die **Gerichtskostenfreiheit** allein kann nicht zur Abweisung eines Gesuchs auf Prozesskostenhilfe führen[8], jedoch ist ein innerhalb der Rechtmittelfrist gestellter, aber erst nach ihrem Ablauf beschiedener Antrag auf Prozesskostenhilfe kein Wiedereinsetzungsgrund nach § 60, weil die Partei das Rechtsmittel wegen der Gerichtskostenfreiheit ohne Kostenrisiko einlegen konnte[9]. Grundsätzlich besteht ein rechtliches Interesse für eine Prozesskostenhilfe in Verfahren nach § 188 Satz 1 nur dann, wenn der Betroffene die Beiordnung eines Anwaltes verlangen kann[10]. Die Kostenfreiheit besteht unabhängig davon, ob die Sachgebiete vor Sozialkammern und -senaten verhandelt werden oder nicht. Die in § 64 SGB X ausgesprochene Kostenfreiheit nach dem Sozialhilfegesetz hat die Regelung des § 188 unberührt gelassen (§ 64 Abs. 3 SGB X).

3 Satz 2 2. Halbs. ist durch das RmBereinVpG v. 20.12.2001 (BGBl. I S. 3987) angefügt worden. Damit wird die Gerichtskostenfreiheit für Erstattungsstreitigkeiten zwischen Sozialleistungsträgern aufgehoben, wenn die Sache nach dem Stichtag 1.1.2002 anhängig geworden ist[11]. Das ist konsequent, da der Grund für die Sonderregelung im 1. Halbs. die Bedürftigkeit ist, die bei Sozialleistungsträgern nicht vorliegt. Die Änderung entspricht derjenigen in §§ 183, 184 SGG[12].

§ 189 [Fachsenate für Entscheidungen nach § 99 Abs. 2]

Für die nach § 99 Abs. 2 zu treffenden Entscheidungen sind bei den Oberverwaltungsgerichten und dem Bundesverwaltungsgericht Fachsenate zu bilden.

§ 189 ist durch das RmBereinVpG v. 20.12.2001 (BGBl. I S. 3987) wieder mit einem Inhalt versehen worden. Ausgangspunkt für die Regelung ist

---

2 Mannheim DÖV 1974, 538 für beamtenrechtliche Streitigkeit, in dem Schwerbeschädigteneigenschaft erheblich ist.
3 Koblenz NVwZ-RR 2003, 657.
4 Münster NVwZ-RR 2003, 607 im Anschluss an BVerwG Buchh. 436.511 § 90 KJHG/SGB VIII Nr. 8.
5 BVerwGE 47, 233.
6 E 37, 243.
7 DÖV 1973, 245.
8 Vgl. Lüneburg OVGE 17, 383.
9 Hamburg NVwZ 1998, 1099; Mannheim FEVS 47, 173.
10 BVerwGE 51, 277; NVwZ-RR 1989, 665.
11 Vgl. BVerwG NVwZ-RR 2003, 570.
12 Durch das G vom 17.8.2001 BGBl. I S. 2144.

die Entscheidung des BVerfG v. 27.10.1999[1], die § 99 Abs. 2 a.F. für verfassungswidrig erklärt und den Gesetzgeber gezwungen hatte, bis zum 31.12.2001 eine Neuregelung zu schaffen (vgl. § 99 Rn. 1). Danach sollen geheimhaltungsbedürftige Urkunden und Akten bzw. die Erteilung von Auskünften in einem in-camera-Verfahren von einem dafür speziell gebildeten Richtergremium geprüft bzw. eingesehen oder die Auskünfte eingeholt werden. Dadurch soll gewährleistet werden, dass möglichst wenige Personen, auch was Gerichtsmitarbeiter anbelangt, mit sensiblen Vorgängen in Kontakt kommen. Die Richter müssen gem. § 4 S. 2 Richter auf Lebenszeit sein, womit Hochschullehrer ausgeschlossen werden, die gelegentlich im Nebenamt tätig sind (alle anderen OVG- und BVerwG-Richter sind solche auf Lebenszeit[2], vgl. § 4 Rn. 2). Ob es bei den OVG und dem BVerwG nur einen Fachsenat oder mehrere geben kann, ist umstritten. Entsprechend dem Sinn und Zweck des Gesetzes (wenige betraute Personen) ist nur **ein Senat pro Gericht** zu bilden[3]. Leider lässt der Gesetzestext auch mehrere Fachsenate an einem Gericht zu, was auch die »Gesetzesautoreneigeninterpretation« suggeriert[4]. Vermutlich ist dies jedoch falsch und wird mit scharfen Worten gegeißelt[5]. Auch wenn man den Gesetzestext besser hätte formulieren können, wird das Problem durch eine teleologische Reduktion in der Praxis gelöst, indem pro Gericht nur ein Fachsenat gebildet wird (vgl. § 99 Rn. 20).

§ 190 [Fortgeltung und Änderung von Bundesgesetzen]

(1) Die folgenden Gesetze, die von diesem Gesetz abweichen, bleiben unberührt:

1. **Das Lastenausgleichsgesetz vom 14. August 1952 (Bundesgesetzbl. I S. 446) in der Fassung der dazu ergangenen Änderungsgesetze,**
2. **das Gesetz über die Errichtung eines Bundesaufsichtsamtes für das Versicherungs- und Bausparwesen vom 31. Juli 1951 (Bundesgesetzbl. I S. 480) in der Fassung des Gesetzes zur Ergänzung des Gesetzes über die Errichtung eines Bundesaufsichtsamtes für das Versicherungs- und Bausparwesen vom 22. Dezember 1954 (Bundesgesetzbl. I S. 501),**
3. **(weggefallen),**
4. **das Flurbereinigungsgesetz vom 14. Juli 1953 (Bundesgesetzbl. I S. 591),**
5. **das Personalvertretungsgesetz vom 5. August 1955 (Bundesgesetzbl. I S. 477),**
6. **die Wehrbeschwerdeordnung (WBO) vom 23. Dezember 1956 (Bundesgesetzbl. I S. 1066),**
7. **das Kriegsgefangenenentschädigungsgesetz (KgfEG) in der Fassung vom 8. Dezember 1956 (Bundesgesetzbl. I S. 908),**
8. **§ 13 Abs. 2 des Patentgesetzes und die Vorschriften über das Verfahren vor dem Deutschen Patentamt.**

(2) (weggefallen)

(3) (weggefallen).

1. Bei den in Absatz 1 aufgeführten Gesetzen belässt es die VwGO bei den **1** Abweichungen von den allgemeinen Vorschriften über die Gerichtsverfas-

---

1   E 101, 106.
2   Just, LKV 2002, 201.
3   So die amtl. Begr. BT-Drs. 14/7474 S. 36.
4   Kienemund NJW 2002, 1231, 1236.
5   Geiger NJW 2002, 1248 der fragt, ob im Bundesjustizministerium bei der Gesetzesformulierung keine Juristen zur Verfügung standen, die der deutschen Sprache mächtig sind – Fn. 17.

sung und das Verfahren; Nr. 8 ist durch G v. 15.8.1986 fortgeschrieben. Soweit in weiteren Gesetzen auf die Gesetze des Absatz 1 verwiesen wird, finden ebenfalls die abweichenden Vorschriften Anwendung, wie z.b. bei den Verweisungen auf das LAG im Feststellungsgesetz, Beweissicherungs- und FeststellungsG, Altsparergesetz oder im Währungsausgleichsgesetz. Die Abweichungen und die inzwischen erfolgten Änderungen sind bei den Erläuterungen der entsprechenden Vorschriften der VwGO berücksichtigt. Zu beachten ist, dass die Aufhebung des G über das BVerwG gem. § 195 Abs. 2 Nr. 1 VwGO 1964 wegen der Regelung des § 190 Abs. 1 Nr. 2 insoweit nicht Platz greift, als in § 10a BAVG (G über das Bundesaufsichts- amt für das Versicherungswesen) hinsichtlich der Verweisung des Rechts- streites an das VG auf dieses G verwiesen worden ist. Die Verweisungsvor- schrift des § 9 BVerwGG ist daher im Rahmen des § 10a BAVG weiterhin geltendes Recht. Sie ist auch dann anzuwenden, wenn lediglich ein Antrag auf Gewährung von Prozesskostenhilfe für eine noch zu erhebende Klage begehrt wird, weil es bei der PKH-Gewährung um die Beurteilung der Erfolgsaussichten geht, mithin ein enger sachlicher Zusammenhang be- steht[1]. Nach Artikel 22 des KriegsfolgenbereinigungsG v. 21.12.1992 (BGBl. I S. 2094) ist das KgfEG ab 1.1.1993 aufgehoben worden (inhalt- lich ersetzt durch das HeimkehrerstiftungsG).

§ 191 [Änderung des BeamtenrechtsrahmenG]

(1) (Änderungsvorschrift)

(2) § 127 des Beamtenrechtsrahmengesetzes bleibt unberührt.

1. Zur Zulassung der Divergenzrevision bei Abweichung vom Urteil eines OVG nach § 127 Nr. 1 BRRG vgl. § 132 Rn. 22; zur Revisibilität von Landesrecht nach § 127 Nr. 2 BRRG vgl. § 137 Rn. 2b.

§ 192 [Änderungsvorschrift]

§ 193 [OVG als Verfassungsgericht]

In einem Land, in dem kein Verfassungsgericht besteht, bleibt eine dem Ober- verwaltungsgericht übertragene Zuständigkeit zur Entscheidung von Verfas- sungsstreitigkeiten innerhalb des Landes bis zur Errichtung eines Verfas- sungsgerichts unberührt.

1   Die Vorschrift kann nur noch Bedeutung haben für Schleswig-Holstein, da dieses Land das Einzige ist, das kein Verfassungsgericht hat[1]. Die Ver- fassung des Landes **Schleswig-Holstein** sieht die Errichtung eines Verfas- sungsgerichtes nicht vor; sie hat vielmehr von der Ermächtigung des Arti- kel 99 GG Gebrauch gemacht und dem BVerfG die Entscheidung über die in Art. 44 der Verfassung aufgeführten Verfassungsstreitigkeiten übertra- gen[2]. **Berlin** hat mit dem G v. 8.11.1990 (GVBl. S. 2246) einen Verfas- sungsgerichtshof errichtet.

---

1   BVerwG Buchh. 310 § 190 VwGO Nr. 3.

1   A.A. Eyermann/P. Schmidt Rn. 3: Vorschrift gilt nur für übertragene Zuständigkeit; dagegen Schoch/Stelkens Rn. 4.

2   Krit. dazu Schoch/Stelkens Rn. 4.

§ 194 [Übergangsregelungen für das RmBereinVpG]

(1) Die Zulässigkeit der Berufungen richtet sich nach dem bis zum 31. Dezember 2001 geltenden Recht, wenn vor dem 1. Januar 2002
1. die mündliche Verhandlung, auf die das anzufechtende Urteil ergeht, geschlossen worden ist,
2. in Verfahren, ohne mündliche Verhandlung die Geschäftsstelle die anzufechtende Entscheidung zum Zwecke der Zustellung an die Parteien übergeben hat.

(2) Im Übrigen richtet sich die Zulässigkeit eines Rechtsmittels gegen eine gerichtliche Entscheidung nach dem bis zum 31. Dezember 2001 geltenden Recht, wenn vor dem 1. Januar 2002 die gerichtliche Entscheidung bekannt gegeben oder verkündet worden oder von Amts wegen an Stelle einer Verkündung zugestellt worden ist.

(3) Fristgerecht vor dem 1. Januar 2002 eingelegte Rechtsmittel gegen Beschlüsse in Verfahren der Prozesskostenhilfe gelten als durch das Oberverwaltungsgericht zugelassen.

(4) In Verfahren, die vor dem 1. Januar 2002 anhängig geworden sind oder für die die Klagefrist vor diesem Tage begonnen hat, sowie in Verfahren über Rechtsmittel gegen gerichtliche Entscheidungen, die vor dem 1. Januar 2002 bekannt gegeben oder verkündet oder von Amts wegen an Stelle einer Verkündung zugestellt worden sind, gelten für die Prozessvertretung der Beteiligten die bis zu diesem Zeitpunkt geltenden Vorschriften.

(5) § 40 Abs. 2 Satz 1, § 154 Abs. 3, § 162 Abs. 2 Satz 3 und § 188 Satz 2 sind für die ab 1. Januar 2002 bei Gericht anhängig werdenden Verfahren in der zu diesem Zeitpunkt geltenden Fassung anzuwenden.

§ 194 ist die neue Überleitungsnorm des RmBereinVpG v. 20.12.2001 (BGBl. I S. 3987). Danach richtet sich die Zulässigkeit von Berufungen nach dem bis zum 31.12.2001 geltendem Recht, wenn entweder vor dem 1.1.2002 die mündliche Verhandlung geschlossen worden ist, auf die das angefochtene Urteil ergeht oder, sofern es keine mündliche Verhandlung gibt, die Geschäftsstelle die anzufechtende Entscheidung vor diesem Stichtag zum Zwecke der Zustellung an die Parteien herausgegeben hat.

Nach Absatz 2 gilt im Übrigen das alte Recht weiter, wenn die Entscheidung vor dem 1.1.2002 bekannt gegeben, verkündet oder von Amts wegen zugestellt worden ist.

Nach Absatz 3 gelten fristgerecht vor dem 1.1.2002 eingelegte Rechtsmittel gegen Beschlüsse in Verfahren der PKH als durch das OVG zugelassen. Dabei ist von einem Redaktionsversehen des Gesetzgebers insofern auszugehen, als PKH-Zulassungsanträge entgegen dem Wortlaut auch dann erfasst werden müssen, wenn sie 2002 fristgemäß gegen 2001 bekannt gegebene Beschlüsse eingehen[1].

Eine ausdrückliche Übergangsvorschrift für den neuen § 47 Abs. 2 S. 4 fehlt. Nach den Grundsätzen des intertemporalen Rechts gilt, dass neues Verfahrensrecht beim Fehlen einer ausdrücklichen Überleitungsvorschrift auch auf bereits anhängige Verfahren anzuwenden ist[2].

---

1   Mannheim NVwZ 2002, 1395.
2   Lüneburg NVwZ-RR 2002, 786.

§ 195 [In-Kraft-Treten, Aufhebung früherer Vorschriften, Überleitung anhängiger Verfahren]

(1) (In-Kraft-Treten)

(2) bis (6) (Aufhebungs-, Änderungs- und zeitlich überholte Vorschriften)

1 1. Das Gesetz ist in seiner ursprünglichen Fassung am 1.4.1960 in Kraft getreten. 2. Die Bekanntmachung der Neufassung v. 19. März 1991 hat alle bis zu diesem Zeitpunkt in Kraft getretenen Änderungen aufgenommen. Sie enthält zusätzlich die durch Art. 5 des Rechtspflege-Vereinfachungsgesetzes v. 17.12.1990 (BGBl. I S. 2847) erfolgten Änderungen. Die danach erfolgten Änderungen der VwGO sind im Kopf der Wiedergabe des Gesetzestextes aufgeführt. Das 6. VwGOÄndG ist am 1. Januar 1997 in Kraft getreten, das RmBereinVpG am 1. Januar 2002, die Änderung von § 47 Abs. 5 durch Art. 4 des Europarechtsanpassungsgesetzes am 20. Juli 2004 und die Änderung von § 32 und § 162 Abs. 2 S. 3 (Art. 4 Nr. 26 des G v. 5. Mai 2004, BGBl. I S. 718).

Anhang I

Ergänzende Bundesgesetze

1.
Gesetz zur Wahrung der Einheitlichkeit der Rechtsprechung der obersten Gerichtshöfe des Bundes

vom 16. Juni 1968 (BGBl. I S. 661), geändert durch Art. 11 des Gesetzes zur Neuordnung des Bundesdisziplinarrechts vom 9. Juli 2001 (BGBl. I S. 1510)

ERSTER ABSCHNITT
Gemeinsamer Senat der obersten Gerichtshöfe

§ 1 Bildung des Gemeinsamen Senats

(1) Zur Wahrung der Einheitlichkeit der Rechtsprechung der in Artikel 95 Abs. 1 des Grundgesetzes genannten obersten Gerichtshöfe des Bundes wird ein Gemeinsamer Senat dieser obersten Gerichtshöfe gebildet.

(2) Der Gemeinsame Senat hat seinen Sitz in Karlsruhe.

§ 2 Zuständigkeit

(1) Der Gemeinsame Senat entscheidet, wenn ein oberster Gerichtshof in einer Rechtsfrage von der Entscheidung eines anderen obersten Gerichtshofs oder des Gemeinsamen Senats abweichen will.

(2) Sind nach den Gerichtsverfassungs- oder Verfahrensgesetzen der Große Senat oder die Vereinigten Großen Senate eines obersten Gerichtshofs zu entscheiden, so entscheidet der Gemeinsame Senat erst, wenn der Große Senat oder die Vereinigten Großen Senate von der Entscheidung eines anderen obersten Gerichtshofs oder des Gemeinsamen Senats abweichen wollen.

§ 3 Zusammensetzung

(1) Der Gemeinsame Senat besteht aus

1. den Präsidenten der obersten Gerichtshöfe,

2. den Präsidenten der beteiligten Senate und

3. je einem weiteren Richter der beteiligten Senate.

(2) Führt der Präsident eines obersten Gerichtshofs den Vorsitz in einem beteiligten Senat, so wirken außer ihm zwei weitere Richter des beteiligten Senats in dem Gemeinsamen Senat mit.

(3) Bei Verhinderung des Präsidenten eines obersten Gerichtshofs tritt sein Vertreter im Großen Senat, bei Verhinderung des Präsidenten eines beteiligten Senats sein Vertreter im Vorsitz an seine Stelle.

(4) Die zu entsendenden Richter (Absatz 1 Nr. 3 und Absatz 2) und ihre Vertreter werden von den Präsidien der obersten Gerichtshöfe für die Dauer von zwei Geschäftsjahren bestimmt.

§ 4 Beteiligte Senate

(1) Beteiligt sind der vorlegende Senat und der Senat des obersten Gerichtshofs, von dessen Entscheidung der vorlegende Senat abweichen will. Ist der Senat des anderen obersten Gerichtshofs bei Eingang des Vorlegungsbeschlusses für die

Rechtsfrage nicht mehr zuständig, so tritt der nach der Geschäftsverteilung nunmehr zuständige Senat an seine Stelle. Haben mehrere Senate des anderen obersten Gerichtshofs über die Rechtsfrage abweichend entschieden, so ist der Senat beteiligt, der als Letzter entschieden hat, sofern nach der Geschäftsverteilung nicht ein anderer Senat bestimmt ist.

(2) Wird die Rechtsfrage von dem Großen Senat eines obersten Gerichtshofs vorgelegt oder will der vorlegende Senat von der Entscheidung des Großen Senats eines anderen obersten Gerichtshofs abweichen, so ist der Große Senat der beteiligte Senat. Entsprechendes gilt für die Vereinigten Großen Senate eines obersten Gerichtshofs.

§ 5   Vorsitz

Den Vorsitz führt der lebensälteste Präsident der nichtbeteiligten obersten Gerichtshöfe. Er wird bei der Leitung der mündlichen Verhandlung sowie der Beratung und Abstimmung durch den lebensältesten der anwesenden Präsidenten der anderen obersten Gerichtshöfe, bei den übrigen Geschäften des Vorsitzenden durch seinen Vertreter im Großen Senat vertreten.

§ 6   Abstimmung

Der Gemeinsame Senat entscheidet mit der Mehrheit der Stimmen seiner Mitglieder.

§ 7   Vorrang der Amtsgeschäfte im Gemeinsamen Senat

Die Tätigkeit im Gemeinsamen Senat geht der Tätigkeit an dem obersten Gerichtshof vor.

§ 8   Geschäftsstelle

Für den Gemeinsamen Senat wird eine Geschäftsstelle eingerichtet. Das Nähere bestimmt der Bundesminister der Justiz.

§ 9   Rechts- und Amtshilfe

Alle Gerichte und Verwaltungsbehörden leisten dem Gemeinsamen Senat Rechts- und Amtshilfe.

ZWEITER ABSCHNITT
Verfahrensvorschriften

§ 10   Grundsatz

Soweit in den §§ 11 bis 17 nichts anderes bestimmt ist, gelten für das Verfahren vor dem Gemeinsamen Senat die Vorschriften für das Verfahren vor dem vorlegenden Senat entsprechend.

§ 11   Vorlegungsverfahren

(1) Das Verfahren vor dem Gemeinsamen Senat wird durch einen Vorlegungsbeschluss eingeleitet. In diesem ist die Entscheidung des obersten Gerichtshofs, von der der vorlegende Senat abweichen will, zu bezeichnen. Der Beschluss ist zu begründen und den am Verfahren Beteiligten zuzustellen.

(2) Die Senate, die Großen Senate oder die Vereinigten Großen Senate der obersten Gerichtshöfe holen die Entscheidung des Gemeinsamen Senats unmittelbar ein. Gleichzeitig ist das Verfahren vor dem vorlegenden Senat auszusetzen.

§ 12 Stellungnahmen der obersten Gerichtshöfe

(1) Der Vorsitzende des Gemeinsamen Senats gibt den obersten Gerichtshöfen von dem Vorlegungsbeschluss Kenntnis. Die obersten Gerichtshöfe teilen dem Gemeinsamen Senat mit ob, mit welchem Ergebnis und mit welcher Begründung sie die streitige Rechtsfrage bisher entschieden haben und welche damit zusammenhängenden Rechtsfragen zur Entscheidung anstehen.

(2) Der Gemeinsame Senat kann einen obersten Gerichtshof ersuchen, seine Auffassung zu einer für die Entscheidung erheblichen Rechtsfrage darzulegen. Der ersuchte oberste Gerichtshof legt eine Äußerung des Senats vor, der nach der Geschäftsverteilung zur Entscheidung über die streitige Rechtsfrage zuständig ist oder, wenn nach der Geschäftsverteilung kein bestimmter Senat zuständig ist, vom Präsidium bestimmt wird. Auch ohne Ersuchen kann ein oberster Gerichtshof dem Gemeinsamen Senat eine Äußerung seines zuständigen Senats zu der Rechtsfrage vorlegen.

(3) Der Vorsitzende des Gemeinsamen Senats teilt die eingegangenen Äußerungen den am Verfahren Beteiligten mit.

§ 13 Beteiligte am Verfahren

(1) Die am Verfahren vor dem vorlegenden Senat Beteiligten sind auch am Verfahren vor dem Gemeinsamen Senat beteiligt. Sie sind in dem Vorlegungsbeschluss zu bezeichnen.

(2) Der Generalbundesanwalt beim Bundesgerichtshof kann sich am Verfahren auch beteiligen, wenn er nach den für einen beteiligten Senat geltenden Verfahrensvorschriften berechtigt ist, am Verfahren mitzuwirken. Der Vorsitzende des Gemeinsamen Senats gibt dem Generalbundesanwalt von solchen Verfahren Kenntnis.

(3) Der Vorsitzende des Gemeinsamen Senats soll dem Generalbundesanwalt auch wenn er am Verfahren nicht beteiligt ist, Gelegenheit zur Äußerung geben, wenn die vorgelegte Rechtsfrage für das Rechtsgebiet, für das der Generalbundesanwalt zuständig ist, Bedeutung hat. Die Äußerung ist den am Verfahren Beteiligten mitzuteilen.

(4) Die Absätze 2 und 3 gelten für den Vertreter des Bundesinteresses beim Bundesverwaltungsgericht und den Bundeswehrdisziplinaranwalt entsprechend.

§ 14 Aufgabe der früheren Rechtsprechung

Schließt sich der Senat des obersten Gerichtshofs, von dessen Entscheidung abgewichen werden soll, innerhalb eines Monats durch Beschluss der Rechtsauffassung des vorlegenden Senats an, so ist das Vefahren einzustellen. Die Frist beginnt mit dem Eingang des Vorlegungsbeschlusses bei dem obersten Gerichtshof, von dessen Entscheidung abgewichen werden soll. Sie kann von dem Vorsitzenden des Gemeinsamen Senats verlängert werden.

§ 15 Gegenstand der Entscheidung

(1) Der Gemeinsame Senat entscheidet auf Grund mündlicher Verhandlung nur über die Rechtsfrage. Mit Einverständnis der Beteiligten kann der Gemeinsame Senat ohne mündliche Verhandlung entscheiden. Findet keine mündliche Verhandlung statt, so ist vor der Entscheidung den am Verfahren Beteiligten Gelegenheit zur Äußerung zu geben.

(2) Die Entscheidung ist zu begründen und den Beteiligten zuzustellen.

§ 16   Wirkung der Entscheidung

Die Entscheidung des Gemeinsamen Senats ist in der vorliegenden Sache für das erkennende Gericht bindend.

§ 17   Kosten

(1) Das Verfahren vor dem Gemeinsamen Senat ist kostenfrei.

(2) Außergerichtliche Kosten werden nicht erstattet.

DRITTER ABSCHNITT
Schlussvorschriften

§ 18   Erweiterung der Revisions- und Vorlegungsgründe

(1) Hat ein Gericht die Revision oder die Rechtsbeschwerde zuzulassen, wenn es von einer Entscheidung eines obersten Gerichtshofs abweicht, so ist die Revision oder die Rechtsbeschwerde auch zuzulassen, wenn das Gericht von einer Entscheidung des Gemeinsamen Senats abweicht. Findet die Revision oder die Rechtsbeschwerde an einen obersten Gerichtshof bei einer Abweichung von dessen Entscheidung ohne Zulassung statt, so ist die Revision oder Rechtsbeschwerde auch bei einer Abweichung von einer Entscheidung des Gemeinsamen Senats zulässig.

(2) Hat ein Gericht eine Sache einem obersten Gerichtshof vorzulegen, wenn es von dessen Entscheidung abweichen will, so hat das Gericht die Sache dem obersten Gerichtshof auch vorzulegen, wenn es von einer Entscheidung des Gemeinsamen Senats abweichen will.

§ 19   Änderung des Richterwahlgesetzes

§ 20   Änderung der Bundesrechtsanwaltsordnung

§ 21   Änderung von Bezeichnungen

Soweit in anderen Gesetzen und in Verordnungen die Bezeichnung »oberes Bundesgericht« verwendet wird, tritt an ihre Stelle die Bezeichnung »oberster Gerichtshof des Bundes«.

§ 22   Berlin-Klausel

§ 23   In-Kraft-Treten

Dieses Gesetz tritt am ersten Tage des auf die Verkündung folgenden Kalendermonats in Kraft.

2.
Verwaltungszustellungsgesetz
(VwZG)

vom 3. Juli 1952 (BGBl. I S. 379), zuletzt geändert durch Art. 2 Abs. 1 Gesetz zur Reform des Verfahrens bei Zustellungen im gerichtlichen Verfahren (Zustellungsreformgesetz – ZustRG) vom 25. Juni 2001 (BGBl. I S. 1206).

I. Geltungsbereich und Erfordernis der Zustellung

§ 1

(1) Die Vorschriften dieses Gesetzes gelten für das Zustellungsverfahren der Bundesbehörden, der bundesunmittelbaren Körperschaften und Anstalten des öffentlichen Rechts und der Landesfinanzbehörden.

(2) Die Vorschriften dieses Gesetzes gelten ferner, wenn Gesetze des Bundes oder eines Landes sie für anwendbar erklären.

(3) Zugestellt wird, soweit dies durch Rechtsvorschrift oder behördliche Anordnung bestimmt ist.

II. Arten der Zustellung

§ 2　Allgemeines

(1) Die Zustellung besteht in der Übergabe eines Schriftstücks in Urschrift, Ausfertigung oder beglaubigter Abschrift oder in dem Vorlegen der Urschrift. Zugestellt wird durch die Post (§§ 3,4) oder durch die Behörde (§§ 5,6). Daneben gelten die in den § § 14 bis 16 geregelten Sonderarten der Zustellung.

(2) Die Behörde hat die Wahl zwischen den einzelnen Zustellungsarten, auch soweit in bestehenden Rechtsvorschriften eine bestimmte Zustellungsart vorgesehen ist.

§ 3　Zustellung durch die Post mit Zustellungsurkunde

(1) Soll durch die Post mit Zustellungsurkunde zugestellt werden, so übergibt die Behörde, die die Zustellung veranlasst, das Schriftstück verschlossen der Post mit dem Ersuchen, die Zustellung einem Postbediensteten des Bestimmungsortes aufzutragen. Die Sendung ist mit der Anschrift des Empfängers und mit der Bezeichnung der absendenden Dienststelle, einer Geschäftsnummer und einem Vordruck für die Zustellungsurkunde zu versehen.

(2) Der Postbedienstete beurkundet die Zustellung. Die Zustellungsurkunde wird an die Behörde zurückgeleitet.

(3) Für das Zustellen durch den Postbediensteten gelten die Vorschriften der §§ 177 bis 181 der Zivilprozessordnung.

§ 4　Zustellung durch die Post mittels eingeschriebenen Briefes

(1) Bei der Zustellung durch die Post mittels eingeschriebenen Briefes gilt dieser mit dem dritten Tag nach der Aufgabe zur Post als zugestellt, es sei denn, dass das zuzustellende Schriftstück nicht oder zu einem späteren Zeitpunkt zugegangen ist; im Zweifel hat die Behörde den Zugang des Schriftstücks und den Zeitpunkt des Zugangs nachzuweisen.

(2) Der Tag der Aufgabe zur Post ist in den Akten zu vermerken, des Namenszeichens des damit beauftragten Bediensteten bedarf es nicht.

§ 5   Zustellung durch die Behörde gegen Empfangsbekenntnis

(1) Bei der Zustellung durch die Behörde händigt der zustellende Bedienstete das Schriftstück dem Empfänger aus. Der Empfänger hat ein mit dem Datum der Aushändigung versehenes Empfangsbekenntnis zu unterschreiben. Der Bedienstete vermerkt das Datum der Zustellung auf dem auszuhändigenden Schriftstück.

(2) An Behörden, Körperschaften und Anstalten des öffentlichen Rechts, Mitglieder einer Rechtsanwaltskammer, Patentanwälte, Notare, Steuerberater, Steuerbevollmächtigte, Wirtschaftsprüfer, vereidigte Buchprüfer, Steuerberatungsgesellschaften, Wirtschaftsprüfungsgesellschaften und Buchprüfungsgesellschaften kann das Schriftstück auch auf andere Weise übermittelt werden; als Nachweis der Zustellung genügt dann das mit Datum und Unterschrift versehene Empfangsbekenntnis, das an die Behörde zurückzusenden ist.

(3) Im Fall des Absatzes 1 gelten die besonderen Vorschriften der §§ 10 bis 13.

§ 6   Zustellung durch die Behörde mittels Vorlegens der Urschrift

An Behörden, Körperschaften und Anstalten des öffentlichen Rechts kann durch Vorlegung der Urschrift zugestellt werden. Hierbei ist zu vermerken, dass das Schriftstück zum Zwecke der Zustellung vorgelegt wird. Der Empfänger hat auf der Urschrift den Tag des Eingangs zu vermerken.

III. Gemeinsame Vorschriften für alle Zustellungsarten

§ 7   Zustellung an gesetzliche Vertreter

(1) Bei Geschäftsunfähigen oder beschränkt Geschäftsfähigen ist an ihre gesetzlichen Vertreter zuzustellen.

(2) Bei Behörden, juristischen Personen, nicht rechtsfähigen Personenvereinigungen und Zweckvermögen wird an ihre Vorsteher zugestellt. § 34 Abs. 2 der Abgabenordnung bleibt unberührt.

(3) Bei mehreren gesetzlichen Vertretern oder Vorstehern genügt die Zustellung an einen von ihnen.

(4) Der zustellende Bedienstete braucht nicht zu prüfen, ob die Anschrift den Vorschriften der Absätze 1 bis 3 entspricht.

§ 8   Zustellung an Bevollmächtigte

(1) Zustellungen können an den allgemein oder für bestimmte Angelegenheiten bestellten Vertreter gerichtet werden. Sie sind an ihn zu richten, wenn er schriftliche Vollmacht vorgelegt hat. Ist ein Vertreter für mehrere Beteiligte bestellt, so genügt die Zustellung eines Schriftstücks an ihn für alle Beteiligten.

(2) Einem Zustellungsbevollmächtigten mehrerer Beteiligter sind so viele Ausfertigungen oder Abschriften zuzustellen, als Beteiligte vorhanden sind.

(3) § 183 der Abgabenordnung bleibt unberührt.

§ 9   Heilung von Zustellungsmängeln

Lässt sich die formgerechte Zustellung eines Schriftstücks nicht nachweisen oder ist das Schriftstück unter Verletzung zwingender Zustellungsvorschriften zugegangen, so gilt es als in dem Zeitpunkt zugestellt, in dem es der Empfangsberechtigte nachweislich erhalten hat.

IV. Besondere Vorschriften für die Zustellung durch die Behörde gegen Empfangsbekenntnis

§ 10 Ort der Zustellung

Die Zustellung kann an jedem Ort bewirkt werden, an dem der Empfänger angetroffen wird.

§ 11 Ersatzzustellung

(1) Wird der Empfänger in seiner Wohnung nicht angetroffen, so kann das Schriftstück in der Wohnung einem zur Familie gehörenden erwachsenen Hausgenossen oder einem in der Familie beschäftigten Erwachsenen übergeben werden. Wird kein solcher Erwachsener angetroffen, so kann das Schriftstück auch dem in demselben Hause wohnenden Hauswirt oder Vermieter übergeben werden, wenn sie zur Annahme bereit sind.

(2) Ist die Zustellung nach Absatz 1 nicht durchführbar, so kann dadurch zugestellt werden, dass das Schriftstück bei der Gemeinde oder Polizeibehörde des Zustellungsortes niedergelegt wird. Über die Niederlegung ist eine schriftliche Mitteilung unter der Anschrift des Empfängers in der bei gewöhnlichen Briefen üblichen Weise abzugeben oder, wenn dies nicht tunlich ist, an der Tür der Wohnung mit Anschrift des Empfängers zu befestigen, außerdem ist möglichst auch ein Nachbar mündlich zu verständigen.

(3) Wird ein Gewerbetreibender oder freiberuflich Tätiger, der einen besonderen Geschäftsraum hat, in dem Geschäftsraum nicht angetroffen, so kann das Schriftstück einem dort anwesenden Gehilfen übergeben werden.

(4) Soll dem Vorsteher einer Behörde, Körperschaft oder Anstalt des öffentlichen Rechts oder eines Vereins zugestellt werden und wird er in dem Geschäftsraum während der gewöhnlichen Geschäftsstunden nicht angetroffen oder ist er an der Annahme verhindert, so kann das Schriftstück einem anderen Beamten oder Bediensteten übergeben werden, der in dem Geschäftsraum anwesend ist. Wird der Vorsteher in seiner Wohnung nicht angetroffen, so gelten die Absätze 1 und 2 nur, wenn kein besonderer Geschäftsraum vorhanden ist.

(5) Das Empfangsbekenntnis ist in den Fällen der Absätze 1, 3 und 4 von demjenigen zu unterschreiben, dem das Schriftstück übergeben worden ist. Der zustellende Bedienstete vermerkt in den Akten den Grund der Ersatzzustellung. Im Falle des Absatzes 2 vermerkt er, wann und wo das Schriftstück niedergelegt und in welcher Weise die Niederlegung schriftlich mitgeteilt ist.

§ 12 Zustellung zur Nachtzeit sowie an Sonn- und Feiertagen

(1) Zur Nachtzeit, an Sonntagen und allgemeinen Feiertagen darf im Inland nur mit schriftlicher Erlaubnis des Behördenvorstandes zugestellt werden.

(2) Die Nachtzeit umfasst in dem Zeitraum vom 1. April bis 30. September die Stunden von einundzwanzig Uhr bis vier Uhr und in dem Zeitraum vom 1. Oktober bis 31. März die Stunden von einundzwanzig Uhr bis sechs Uhr.

(3) Die Erlaubnis ist bei der Zustellung abschriftlich mitzuteilen.

(4) Eine Zustellung, bei der diese Vorschriften nicht beachtet sind, ist gültig, wenn die Annahme nicht verweigert ist.

§ 13   Verweigerung der Annahme

(1) Wird die Annahme der Zustellung ohne gesetzlichen Grund verweigert, so ist das Schriftstück am Ort der Zustellung zurückzulassen. Die Zustellung gilt damit als bewirkt.

(2) Der zustellende Beamte vermerkt in den Akten, zu welcher Zeit, an welchem Ort und aus welchem Grunde das Schriftstück zurückgelassen ist.

V. Sonderarten der Zustellung

§ 14   Zustellung im Ausland

(1) Im Ausland wird mittels Ersuchens der zuständigen Behörde des fremden Staates oder der in diesem Staate befindlichen konsularischen oder diplomatischen Vertretungen des Bundes zugestellt.

(2) An Deutsche, die das Recht der Exterritorialität genießen, wird mittels Ersuchens des Auswärtigen Amtes zugestellt, wenn sie zur Mission des Bundes gehören. Dasselbe gilt für Zustellung an die Vorsteher der Bundeskonsulate.

(3) Die Zustellung wird durch die Bescheinigung der ersuchten Behörde oder des ersuchten Beamten, dass zugestellt ist, nachgewiesen.

§ 15   Öffentliche Zustellung

(1) Durch öffentliche Bekanntmachung kann zugestellt werden:

a) wenn der Aufenthaltsort des Empfängers unbekannt ist,

b) wenn der Inhaber der Wohnung, in der zugestellt werden müsste, der inländischen Gerichtsbarkeit nicht unterworfen und die Zustellung in der Wohnung deshalb unausführbar ist,

c) wenn die Zustellung außerhalb des Geltungsbereichs des Grundgesetzes erfolgen müsste, aber unausführbar ist oder keinen Erfolg verspricht.

(2) Bei der öffentlichen Zustellung ist das zuzustellende Schriftstück an der Stelle auszuhängen, die von der Behörde hierfür allgemein bestimmt ist. Statt des Schriftstücks kann eine Benachrichtigung ausgehängt werden, in der allgemein anzugeben ist, dass und wo das Schriftstück eingesehen werden kann.

(3) Das Schriftstück, das eine Ladung enthält, gilt als an dem Tage zugestellt, an dem seit dem Tage des Aushängens ein Monat verstrichen ist. Enthält das Schriftstück keine Ladung, so ist es an dem Tage als zugestellt anzusehen, an dem seit dem Tage des Aushängens zwei Wochen verstrichen sind. Der Tag des Aushängens und der Tag der Abnahme sind von dem zuständigen Bediensteten auf dem Schriftstück zu vermerken.

(4) Ein Auszug des zuzustellenden Schriftstückes kann in örtlichen oder überörtlichen Zeitungen oder Zeitschriften einmalig oder mehrere Male veröffentlicht werden. Der Verwaltungsaufwand muss im Verhältnis zur Bedeutung der Sache und zu den Erfolgsaussichten stehen.

(5) In den Fällen des Absatzes 1 Buchstabe a sollen ein Suchvermerk im Bundeszentralregister niedergelegt und andere geeignete Nachforschungen angestellt werden, soweit der Verwaltungsaufwand im Verhältnis zur Bedeutung der Sache und zu den Erfolgsaussichten steht. In den Fällen des Absatzes 1 Buchstaben b und c ist die öffentliche Zustellung und der Inhalt des Schriftstückes dem Empfänger formlos mitzuteilen, soweit seine Anschrift bekannt ist und Postverbindung besteht. Die Wirksamkeit der öffentlichen Zustellung ist allein von der Beachtung der Absätze 2 und 3 abhängig.

(6) Die öffentliche Zustellung wird von einem zeichnungsberechtigten Beamten angeordnet.

§ 16 Zustellung an Beamte, Ruhestandsbeamte und sonstige Versorgungsberechtigte

(1) Verfügungen und Entscheidungen, die einem Beamten, Ruhestandsbeamten oder sonstigen Versorgungsberechtigten nach den Vorschriften des Bundesbeamtenrechts zuzustellen sind, können dem Beamten oder Versorgungsberechtigten auch in der Weise zugestellt werden, dass sie ihm mündlich oder durch Gewährung von Einsicht bekannt gegeben werden; hierüber ist eine Niederschrift anzufertigen. Der Beamte oder Versorgungsberechtigte erhält von ihr auf Antrag eine Abschrift.

(2) Eine Entscheidung über die Beendigung des Beamtenverhältnisses eines Beamten, der sich außerhalb des Geltungsbereichs des Grundgesetzes aufhält, kann auch dadurch zugestellt werden, dass ihr wesentlicher Inhalt dem Beamten durch Telegramm oder in anderer Form dienstlich mitgeteilt wird. Die Zustellung soll in der sonst vorgeschriebenen Form nachgeholt werden, sobald die Umstände es gestatten.

§ 17 Zustellungen im Besteuerungsverfahren

(aufgehoben durch EGAO 1977).

VI. Schlussvorschriften

§ 18 Postzustellungsverordnung

Die Verordnung über Postzustellung in der öffentlichen Verwaltung (Postzustellungsverordnung) vom 23. August 1943 (Reichsgesetzbl. I S. 527) ist für den Bereich der Bundesverwaltung, der Landesfinanzverwaltung und der Finanzgerichte nicht anzuwenden.

§ 19 Aufhebung von Vorschriften der Reichsabgabenordnung

§ 20 Berlin

Dieses Gesetz gilt auch in Berlin, wenn das Land Berlin gemäß Artikel 87 Abs. 2 seiner Verfassung die Anwendung dieses Gesetzes beschließt.

§ 21 In-Kraft-Treten

Dieses Gesetz tritt drei Monate nach seiner Verkündung in Kraft.

3.
Verwaltungs-Vollstreckungsgesetz
(VwVG)

vom 27. April 1953 (BGBl. I S. 157), zuletzt geändert durch Art. 2 Abs. 1 des Zweiten Gesetzes zur Änderung zwangsvollstreckungsrechtlicher Vorschriften vom 17. Dezember 1997 (BGBl. I S. 3039).

ERSTER ABSCHNITT
Vollstreckung wegen Geldforderungen

§ 1   Vollstreckbare Geldforderungen

(1) Die öffentlich-rechtlichen Geldforderungen des Bundes und der bundesunmittelbaren juristischen Personen des öffentlichen Rechts werden nach den Bestimmungen dieses Gesetzes im Verwaltungswege vollstreckt.

(2) Ausgenommen sind solche öffentlich-rechtlichen Geldforderungen, die im Wege des Parteistreites vor den Verwaltungsgerichten verfolgt werden oder für die ein anderer Rechtsweg als der Verwaltungsrechtsweg begründet ist.

(3) Die Vorschriften der Abgabenordnung, des Sozialversicherungsrechts einschließlich der Arbeitslosenversicherung und der Justizbeitreibungsordnung bleiben unberührt.

§ 2   Vollstreckungsschuldner

(1) Als Vollstreckungsschuldner kann in Anspruch genommen werden,

a)   wer eine Leistung als Selbstschuldner schuldet;

b)   wer für die Leistung, die ein anderer schuldet, persönlich haftet.

(2) Wer zur Duldung der Zwangsvollstreckung verpflichtet ist, wird dem Vollstreckungsschuldner gleichgestellt, soweit die Duldungspflicht reicht.

§ 3   Vollstreckungsanordnung

(1) Die Vollstreckung wird gegen den Vollstreckungsschuldner durch Vollstreckungsanordnung eingeleitet; eines vollstreckbaren Titels bedarf es nicht.

(2) Voraussetzungen für die Einleitung der Vollstreckung sind:

a)   der Leistungsbescheid, durch den der Schuldner zur Leistung aufgefordert worden ist;

b)   die Fälligkeit der Leistung;

c)   der Ablauf einer Frist von einer Woche seit Bekanntgabe des Leistungsbescheides oder, wenn die Leistung erst danach fällig wird, der Ablauf einer Frist von einer Woche nach Eintritt der Fälligkeit.

(3) Vor Anordnung der Vollstreckung soll der Schuldner ferner mit einer Zahlungsfrist von einer weiteren Woche besonders gemahnt werden.

(4) Die Vollstreckungsanordnung wird von der Behörde erlassen, die den Anspruch geltend machen darf.

§ 4   Vollstreckungsbehörden

Vollstreckungsbehörden sind:

a) die von einer obersten Bundesbehörde im Einvernehmen mit dem Bundesminister des Innern bestimmten Behörden des betreffenden Verwaltungszweiges;

b) die Vollstreckungsbehörden der Bundesfinanzverwaltung, wenn eine Bestimmung nach Buchstabe a nicht getroffen worden ist.

§ 5   Anzuwendende Vollstreckungsvorschriften

(1) Das Verwaltungszwangsverfahren und der Vollstreckungsschutz richten sich im Falle des § 4 nach den Vorschriften der Abgabenordnung (§§ 77, 249 bis 258, 260, 262 bis 267, 281 bis 317, 318 Abs.1 bis 4, §§ 319 bis 327).

(2) Wird die Vollstreckung im Wege der Amtshilfe von Organen der Länder vorgenommen, so ist sie nach landesrechtlichen Bestimmungen durchzuführen.

ZWEITER ABSCHNITT
Erzwingung von Handlungen, Duldungen oder Unterlassungen

§ 6   Zulässigkeit des Verwaltungszwanges

(1) Der Verwaltungsakt, der auf die Herausgabe einer Sache oder auf die Vornahme einer Handlung oder auf Duldung oder Unterlassung gerichtet ist, kann mit den Zwangsmitteln nach § 9 durchgesetzt werden, wenn er unanfechtbar ist oder wenn sein sofortiger Vollzug angeordnet oder wenn dem Rechtsmittel keine aufschiebende Wirkung beigelegt ist.

(2) Der Verwaltungszwang kann ohne vorausgehenden Verwaltungsakt angewendet werden, wenn der sofortige Vollzug zur Verhinderung einer rechtswidrigen Tat, die einen Straf- oder Bußgeldtatbestand verwirklicht, oder zur Abwendung einer drohenden Gefahr notwendig ist und die Behörde hierbei innerhalb ihrer gesetzlichen Befugnisse handelt.

§ 7   Vollzugsbehörden

(1) Ein Verwaltungsakt wird von der Behörde vollzogen, die ihn erlassen hat; sie vollzieht auch Beschwerdeentscheidungen.

(2) Die Behörde der unteren Verwaltungsstufe kann für den Einzelfall oder allgemein mit dem Vollzug beauftragt werden.

§ 8   Örtliche Zuständigkeit

Muss eine Zwangsmaßnahme außerhalb des Bezirks der Vollzugsbehörde ausgeführt werden, so hat die entsprechende Bundesbehörde des Bezirks, in dem sie ausgeführt werden soll, auf Ersuchen der Vollzugsbehörde den Verwaltungszwang durchzuführen.

§ 9   Zwangsmittel

(1) Zwangsmittel sind:

a) Ersatzvornahme (§ 10),

b) Zwangsgeld (§ 11),

c) unmittelbarer Zwang (§ 12).

(2) Das Zwangsmittel muss in einem angemessenen Verhältnis zu seinem Zweck stehen. Dabei ist das Zwangsmittel möglichst so zu bestimmen, dass der Betroffene und die Allgemeinheit am wenigsten beeinträchtigt werden.

§ 10   Ersatzvornahme

Wird die Verpflichtung, eine Handlung vorzunehmen, deren Vornahme durch einen anderen möglich ist (vertretbare Handlung), nicht erfüllt, so kann die Vollzugsbehörde einen anderen mit der Vornahme der Handlung auf Kosten des Pflichtigen beauftragen.

§ 11   Zwangsgeld

(1) Kann eine Handlung durch einen anderen nicht vorgenommen werden und hängt sie nur vom Willen des Pflichtigen ab, so kann der Pflichtige zur Vornahme der Handlung durch ein Zwangsgeld angehalten werden. Bei vertretbaren Handlungen kann es verhängt werden, wenn die Ersatzvornahme untunlich ist, besonders, wenn der Pflichtige außer Stande ist, die Kosten zu tragen, die aus der Ausführung durch einen anderen entstehen.

(2) Das Zwangsgeld ist auch zulässig, wenn der Pflichtige der Verpflichtung zuwiderhandelt, eine Handlung zu dulden oder zu unterlassen.

(3) Die Höhe des Zwangsgeldes beträgt mindestens drei Deutsche Mark und höchstens zweitausend Deutsche Mark.

§ 12   Unmittelbarer Zwang

Führt die Ersatzvornahme oder das Zwangsgeld nicht zum Ziel oder sind sie untunlich, so kann die Vollzugsbehörde den Pflichtigen zur Handlung, Duldung oder Unterlassung zwingen oder die Handlung selbst vornehmen.

§ 13   Anordnung der Zwangsmittel

(1) Die Zwangsmittel müssen, wenn sie nicht sofort angewendet werden können (§ 6 Abs. 2), schriftlich angedroht werden. Hierbei ist für die Erfüllung der Verpflichtung eine Frist zu bestimmen, innerhalb der der Vollzug dem Pflichtigen billigerweise zugemutet werden kann.

(2) Die Androhung kann mit dem Verwaltungsakt verbunden werden, durch den die Handlung, Duldung oder Unterlassung aufgegeben wird. Sie soll mit ihm verbunden werden, wenn der sofortige Vollzug angeordnet oder den Rechtsmitteln keine aufschiebende Wirkung beigelegt ist.

(3) Die Androhung muss sich auf ein bestimmtes Zwangsmittel beziehen. Unzulässig ist die gleichzeitige Androhung mehrerer Zwangsmittel und die Androhung, mit der sich die Vollzugsbehörde die Wahl zwischen mehreren Zwangsmitteln vorbehält.

(4) Soll die Handlung auf Kosten des Pflichtigen (Ersatzvornahme) ausgeführt werden, so ist in der Androhung der Kostenbetrag vorläufig zu veranschlagen. Das Recht auf Nachforderung bleibt unberührt, wenn die Ersatzvornahme einen höheren Kostenaufwand verursacht.

(5) Der Betrag des Zwangsgeldes ist in bestimmter Höhe anzudrohen.

(6) Die Zwangsmittel können auch neben einer Strafe oder Geldbuße angedroht und so oft wiederholt und hierbei jeweils erhöht oder gewechselt werden, bis die Verpflichtung erfüllt ist. Eine neue Androhung ist erst dann zulässig, wenn das zunächst angedrohte Zwangsmittel erfolglos ist.

(7) Die Androhung ist zuzustellen. Dies gilt auch dann, wenn sie mit dem zu Grunde liegenden Verwaltungsakt verbunden ist und für ihn keine Zustellung vorgeschrieben ist.

§ 14   Festsetzung der Zwangsmittel

Wird die Verpflichtung innerhalb der Frist, die in der Androhung bestimmt ist, nicht erfüllt, so setzt die Vollzugsbehörde das Zwangsmittel fest. Bei sofortigem Vollzug (§ 6 Abs. 2) fällt die Festsetzung weg.

§ 15   Anwendung der Zwangsmittel

(1) Das Zwangsmittel wird der Festsetzung gemäß angewendet.

(2) Leistet der Pflichtige bei der Ersatzvornahme oder bei unmittelbarem Zwang Widerstand, so kann dieser mit Gewalt gebrochen werden. Die Polizei hat auf Verlangen der Vollzugsbehörde Amtshilfe zu leisten.

(3) Der Vollzug ist einzustellen, sobald sein Zweck erreicht ist.

§ 16   Ersatzzwangshaft

(1) Ist das Zwangsgeld uneinbringlich, so kann das Verwaltungsgericht auf Antrag der Vollzugsbehörde nach Anhörung des Pflichtigen durch Beschluss Ersatzzwangshaft anordnen, wenn bei Androhung des Zwangsgeldes hierauf hingewiesen worden ist. Das Grundrecht des Artikels 2 Abs. 2 Satz 2 des Grundgesetzes wird insoweit eingeschränkt.

(2) Die Ersatzzwangshaft beträgt mindestens einen Tag, höchstens zwei Wochen.

(3) Die Ersatzzwangshaft ist auf Antrag der Vollzugsbehörde von der Justizverwaltung nach den Bestimmungen der §§ 901, 904 bis 911 der Zivilprozessordnung zu vollstrecken.

§ 17   Vollzug gegen Behörden

Gegen Behörden und juristische Personen des öffentlichen Rechts sind Zwangsmittel unzulässig, soweit nicht etwas anderes bestimmt ist.

§ 18   Rechtsmittel

(1) Gegen die Androhung eines Zwangsmittels sind die Rechtsmittel gegeben, die gegen den Verwaltungsakt zulässig sind, dessen Durchsetzung erzwungen werden soll. Ist die Androhung mit dem zu Grunde liegenden Verwaltungsakt verbunden, so erstreckt sich das Rechtsmittel zugleich auf den Verwaltungsakt, soweit er nicht bereits Gegenstand eines Rechtsmittel- oder gerichtlichen Verfahrens ist. Ist die Androhung nicht mit dem zu Grunde liegenden Verwaltungsakt verbunden und ist dieser unanfechtbar geworden, so kann die Androhung nur insoweit angefochten werden, als eine Rechtsverletzung durch die Androhung selbst behauptet wird.

(2) Wird ein Zwangsmittel ohne vorausgehenden Verwaltungsakt angewendet (§ 6 Abs. 2), so sind hiergegen die Rechtsmittel zulässig, die gegen Verwaltungsakte allgemein gegeben sind.

DRITTER ABSCHNITT
Kosten

§ 19

(1) Für Amtshandlungen nach diesem Gesetz werden Kosten (Gebühren und Auslagen) gemäß § 337 Abs. 1, §§ 338 bis 346 der Abgabenordnung erhoben. Für die Gewährung einer Entschädigung an Auskunftspflichtige, Sachverständige und Treuhänder gelten §§ 107 und 318 Abs. 5 der Abgabenordnung.

(2) Für die Mahnung nach § 3 Abs. 3 wird eine Mahngebühr erhoben. Sie beträgt eins vom Hundert des Mahnbetrages bis 100 Deutsche Mark einschließlich, ein halbes vom Hundert von dem Mehrbetrag, mindestens jedoch 1,50 Deutsche Mark und höchstens 100 Deutsche Mark. Die Mahngebühr wird auf zehn volle Deutsche Pfennige aufgerundet.

VIERTER ABSCHNITT
Übergangs- und Schlussvorschriften

§ 20   Außerkrafttreten früherer Bestimmungen

Soweit die Vollstreckung in Bundesgesetzen abweichend von diesem Gesetz geregelt ist, sind für Bundesbehörden und bundesunmittelbare juristische Personen des öffentlichen Rechts die Bestimmungen dieses Gesetzes anzuwenden; § 1 Abs. 3 bleibt unberührt.

§ 21   Berlinklausel

§ 22   In-Kraft-Treten

Dieses Gesetz tritt am 1. Mai 1953 in Kraft.

Anhang II

Ausführungsgesetze der Länder

1.
BADEN-WÜRTTEMBERG

Gesetz zur Ausführung der Verwaltungsgerichtsordnung[1]

in der Fassung der Bekanntmachung v. 16. August 1994 (GBl. S. 485), zuletzt geändert durch Art. 1 des Gesetzes vom 10. Mai 1999 (GBl. S. 173)

ERSTER ABSCHNITT
Gerichtsverfassung

§ 1 Aufbau der allgemeinen Verwaltungsgerichtsbarkeit.

(1) Das Oberverwaltungsgericht führt die Bezeichnung »Verwaltungsgerichtshof Baden-Württemberg«. Es hat seinen Sitz in Mannheim.

(2) Gerichtsbezirke der Verwaltungsgerichte sind

der Regierungsbezirk Stuttgart für das »Verwaltungsgericht Stuttgart« mit dem Sitz in Stuttgart,

der Regierungsbezirk Karlsruhe für das »Verwaltungsgericht Karlsruhe« mit dem Sitz in Karlsruhe,

der Regierungsbezirk Freiburg für das »Verwaltungsgericht Freiburg« mit dem Sitz in Freiburg,

der Regierungsbezirk Tübingen für das »Verwaltungsgericht Sigmaringen« mit dem Sitz in Sigmaringen.

(3) Die Zahl der Senate des Verwaltungsgerichtshofs und der Kammern der Verwaltungsgerichte bestimmt das zuständige Ministerium.

§ 2 Dienstaufsicht

Die Aufgaben der übergeordneten Dienstaufsichtsbehörde für den Verwaltungsgerichtshof nimmt der Ministerpräsident wahr.

§ 3 Vertrauensleute

Für die Vertrauensleute im Sinne des § 26 Abs. 2 VwGO und deren Stellvertreter gelten die §§ 20 Satz 2, 24 und 25 VwGO entsprechend.

§ 4 Normenkontrollverfahren

Der Verwaltungsgerichtshof entscheidet in der Besetzung von fünf Richtern im Rahmen seiner Gerichtsbarkeit über die Gültigkeit von Satzungen und Rechtsverordnungen der in § 47 Abs. 1 Nr. 1 VwGO genannten Art sowie von anderen im Range unter dem Landesgesetz stehenden Rechtsvorschriften.

---

1 Verordnung über die Aufhebung des Amtes des Vertreters des öffentlichen Interesses bei den Gerichten der allgemeinen Verwaltungsgerichtsbarkeit v. 17. Februar 1997 (GVBl. S. 74).

§ 5   Zuständigkeit des Verwaltungsgerichtshofs im ersten Rechtszug

In den Fällen des § 48 Abs. 1 VwGO entscheidet der Verwaltungsgerichtshof im ersten Rechtszug auch über Streitigkeiten, die vorzeitige Besitzeinweisungen betreffen.

§ 6   Großer Senat beim Verwaltungsgerichtshof

Der Große Senat beim Verwaltungsgerichtshof besteht aus dem Präsidenten und sechs Richtern. In den Fällen des § 11 Abs. 2 VwGO entsendet jeder beteiligte Senat, in den Fällen des § 11 Abs. 4 VwGO der erkennende Senat einen abstimmungsberechtigten Richter zu den Sitzungen des Großen Senats. Satz 2 gilt nicht, wenn der beteiligte oder der erkennende Senat bereits durch ein ständiges Mitglied im Großen Senat vertreten ist.

ZWEITER ABSCHNITT
Vorverfahren

§ 6a   Ausschluss des Vorverfahrens

Eines Vorverfahrens bedarf es nicht, wenn das Regierungspräsidium den Verwaltungsakt erlassen oder diesen abgelehnt hat. Dies gilt nicht, soweit Bundesrecht die Durchführung eines Vorverfahrens vorschreibt, und für die Bewertung einer Leistung im Rahmen einer berufsbezogenen Prüfung.

§ 7   Widerspruchsbehörden bei Verwaltungsakten einer Polizeidienststelle

Nächsthöhere Behörde im Sinne von § 73 Abs. 1 Satz 2 Nr. 1 der Verwaltungsgerichtsordnung ist bei Verwaltungsakten einer Polizeidienststelle nach § 60 Abs. 2 des Polizeigesetzes die unterste nach § 73 des Polizeigesetzes zur Fachaufsicht zuständige allgemeine Polizeibehörde. Im Übrigen entscheidet über den Widerspruch gegen einen Verwaltungsakt einer der Wasserschutzpolizeidirektion oder der Landespolizeidirektion nachgeordneten Polizeidienststelle die zur Fachaufsicht zuständige Polizeidienststelle.

§ 8   Widerspruchsbehörde bei Verwaltungsakten einer Gemeinde und eines Zweck- oder Schulverbands

(1) Den Bescheid über den Widerspruch gegen den Verwaltungsakt einer Gemeinde, die der Rechtsaufsicht des Landratsamts untersteht, erlässt in Selbstverwaltungsangelegenheiten (weisungsfreie Angelegenheiten) das Landratsamt als Rechtsaufsichtsbehörde. Die Nachprüfung des Verwaltungsakts unter dem Gesichtspunkt der Zweckmäßigkeit bleibt der Gemeinde vorbehalten.

(2) Für den Widerspruch gegen den Verwaltungsakt eines Zweck- oder Schulverbands, der der Rechtsaufsicht des Landratsamts untersteht, gilt Abs. 1 entsprechend.

§ 9   Widerspruchsbehörde bei Verwaltungsakten in sonstigen Selbstverwaltungsangelegenheiten

Über den Widerspruch gegen Verwaltungsakte von Wasser- und Bodenverbänden entscheidet die Aufsichtsbehörde.

DRITTER ABSCHNITT
Übergangs- und Schlussbestimmungen

§ 10 Rechtsweg

Bestimmungen in Landesgesetzen, welche öffentlich-rechtliche Streitigkeiten auf dem Gebiet des Landesrechts anderen Gerichten als den Gerichten der allgemeinen Verwaltungsgerichtsbarkeit zugewiesen haben, bleiben in Kraft.

§ 11 Aufhebung von Rechtsbehelfen

(1) Alle landesrechtlichen Vorschriften über Rechtsbehelfe gegen Akte der öffentlichen Gewalt, gegen die der Verwaltungsrechtsweg gegeben ist, insbesondere Einspruch, Rekurs, Beschwerde und Verwaltungsbeschwerde werden aufgehoben.

(2) Unberührt bleiben die Bestimmungen über Rechtsbehelfe in zwischenstaatlichen Vereinbarungen.

§ 12 In-Kraft-Treten[2]

§ 3 tritt mit der Verkündung, im Übrigen tritt das Gesetz am 1. April 1960 in Kraft. Gleichzeitig treten außer Kraft (überholt).

2.
BAYERN

Gesetz zur Ausführung der Verwaltungsgerichtsordnung[3] (AGVwGO)

in der Fassung der Bekanntmachung vom 20. Juni 1992 (GVBl. S. 162), zuletzt geändert durch Art. 4 des G. v. 24. Dezember 2002 (GVBl. S. 929)

Art. 1 (Zu §§ 2, 3 Abs. 1, § 184 VwGO)

(1) Das Oberverwaltungsgericht für den Freistaat Bayern führt die Bezeichnung »Bayerischer Verwaltungsgerichtshof«. Der Verwaltungsgerichtshof hat seinen Sitz in München. In Ansbach werden drei auswärtige Senate des Verwaltungsgerichtshofs errichtet.

(2) Die Bayerischen Verwaltungsgerichte haben ihren Sitz

1. in München für den Regierungsbezirk Oberbayern,

2. in Regensburg für die Regierungsbezirke Niederbayern und Oberpfalz,

3. in Bayreuth für den Regierungsbezirk Oberfranken,

4. in Ansbach für den Regierungsbezirk Mittelfranken,

5. in Würzburg für den Regierungsbezirk Unterfranken,

6. in Augsburg für den Regierungsbezirk Schwaben.

---

2   Amtl. Anm.: Diese Vorschrift betrifft das In-Kraft-Treten des Gesetzes in der ursprünglichen Fassung v. 23. März 1960 (GVBl. S. 94).

3   Verordnung über die Landesanwaltschaft Bayern v. 4. November 1975 (GVBl. S. 352), zuletzt geändert durch VO v. 29. Juni 1999 (GVBl. S. 286).

Art. 2 (Zu § 3 Abs. 1, § 187 Abs. 1 und 2 VwGO)

(1) Die beim Verwaltungsgericht München für Personalvertretungsangelegenheiten des Bundes und für das bayerische Personalvertretungsrecht bestehenden Fachkammern sind für die Regierungsbezirke Oberbayern, Niederbayern und Schwaben, die beim Verwaltungsgericht Ansbach gebildeten Fachkammern für die Regierungsbezirke Oberpfalz, Oberfranken, Mittelfranken und Unterfranken zuständig. Für die Besetzung und das Verfahren der Gerichte der Verwaltungsgerichtsbarkeit in Personalvertretungsangelegenheiten nach dem Bayerischen Personalvertretungsgesetz gelten dessen Vorschriften.

(2) Die Vorschriften der Bayerischen Disziplinarordnung über die Bildung von Spruchkörpern für Disziplinarsachen bleiben unberührt. Für die Besetzung und das Verfahren der Gerichte der Verwaltungsgerichtsbarkeit in Disziplinarsachen gelten die Vorschriften der Bayerischen Disziplinarordnung.

Art. 3

Die Staatsregierung ernennt den Präsidenten des Verwaltungsgerichtshofs. Die übrigen Richter des Verwaltungsgerichtshofs und die Richter der Verwaltungsgerichte werden vom Staatsminister des Innern ernannt.

Art. 4 (Zu § 38 VwGO)

Der Staatsminister des Innern übt die Dienstaufsicht über den Präsidenten des Verwaltungsgerichtshofs aus.

Art. 5 (Zu § 9 Abs. 3, § 47 VwGO)

Der Verwaltungsgerichtshof entscheidet im Rahmen seiner Gerichtsbarkeit auf Antrag über die Gültigkeit von Rechtsvorschriften, die im Rang unter dem Landesgesetz stehen. Über Satzungen nach Art. 91 Abs. 1 und 2 der BayBauordnung entscheidet der Verwaltungsgerichtshof nur, wenn

1. der Antrag von einer Behörde gestellt wird und

2. die Rechtssache grundsätzliche Bedeutung hat.

Art. 6 (Zu § 48 Abs. 1 Satz 3 VwGO)

Der Verwaltungsgerichtshof entscheidet im ersten Rechtszug über Streitigkeiten, die Besitzeinweisungen in den Fällen des § 48 Abs. 1 Satz 1 VwGO betreffen.

Art. 7 (Zu § 12 Abs. 3 VwGO)

Der Große Senat beim Verwaltungsgerichtshof besteht aus dem Präsidenten und sechs Richtern. Bei einer Verhinderung des Präsidenten tritt sein Stellvertreter an seine Stelle. Ruft der erkennende Senat den Großen Senat an, weil er in einer Rechtsfrage von der Entscheidung eines anderen Senats oder des Großen Senats abweichen will, so entsendet jeder beteiligte Senat einen abstimmungsberechtigten Richter zu den Sitzungen des Großen Senats. Wird der Große Senat zur Klärung einer grundsätzlichen Rechtsfrage angerufen, so entsendet der erkennende Senat einen abstimmungsberechtigten Richter zu den Sitzungen des Großen Senats.

Art. 8

Der Verwaltungsgerichtshof hat seine Entscheidungen zu veröffentlichen, soweit sie grundsätzliche Bedeutung haben. Die Auswahl trifft das Präsidium.

Art. 9

(1) Der Verwaltungsgerichtshof gibt sich eine Geschäftsordnung, die das Präsidium beschließt. Sie bedarf der Genehmigung des Staatsministers des Innern.

(2) Der Präsident des Verwaltungsgerichtshofs erlässt für jedes Verwaltungsgericht eine Geschäftsordnung. Das Präsidium des Verwaltungsgerichts ist vorher gutachtlich zu hören.

Art. 10 (Zu § 13 Satz 2 VwGO)

(1) Urkundsbeamte der Geschäftsstelle sind die Beamten des gehobenen und mittleren Dienstes beim Verwaltungsgerichtshof und bei den Verwaltungsgerichten.

(2) Als stellvertretende Urkundsbeamte können bei Bedarf bestellt werden die Beamten auf Widerruf des gehobenen und mittleren Dienstes, die nichtbeamteten Kräfte und in Ausnahmefällen, insbesondere während ihrer Ausbildung für den Aufstieg in den mittleren Dienst, Beamte des einfachen Dienstes beim Verwaltungsgerichtshof und bei den Verwaltungsgerichten.

(3) Die stellvertretenden Urkundsbeamten werden vom Präsidenten des Gerichts bestellt. Die Bestellung ist schriftlich vorzunehmen; sie kann auf einzelne Arten von Geschäften oder zeitlich beschränkt werden. Sie ist jederzeit widerruflich und gilt nur für die Dauer der Verwendung bei dem Gericht, dessen Präsident die Bestellung verfügt hat.

Art. 11 (Zu § 26 Abs. 2 VwGO)

(1) Die Vertrauensleute und ihre Vertreter werden vom Bezirkstag, mit seiner Ermächtigung vom Bezirksausschuss gewählt. Art. 42 Abs. 3 der Bezirksordnung ist anzuwenden.

(2) Für den beim Verwaltungsgericht Regensburg zu bestellenden Ausschuss zur Wahl der ehrenamtlichen Verwaltungsrichter wählt der Bezirkstag Niederbayern je vier, der Bezirkstag Oberpfalz je drei Vertrauensleute und Vertreter.

(3) Die Vertrauensleute und ihre Vertreter werden auf vier Jahre gewählt. Die §§ 23 und 24 Abs. 1 und 2 VwGO gelten entsprechend; über die Befreiung von der Übernahme oder der weiteren Ausübung des Amtes und über die Entbindung von diesem Amt entscheidet der Bezirkstag, mit seiner Ermächtigung der Bezirksausschuss.

Art. 12 (Zu § 187 Abs. 1 VwGO)

(1) Die Gerichte der Verwaltungsgerichtsbarkeit sind als Schiedsgerichte zuständig für Vermögensauseinandersetzungen öffentlich-rechtlicher Verbände, soweit das in besonderen Gesetzen bestimmt ist.

(2) Für die Besetzung der Schiedsgerichte und für das Verfahren gelten die Bestimmungen der Verwaltungsgerichtsordnung, für das Verfahren jedoch nur, soweit in besonderen Gesetzen nicht anderes bestimmt ist. Die Schiedsgerichte entscheiden unter voller Würdigung der Rechts- und Sachlage nach billigem Ermessen.

Art. 13 (Zu § 40 Abs. 1 Satz 2 VwGO)

Soweit öffentlich-rechtliche Streitigkeiten bisher einem anderen Gericht zugewiesen sind, hat es dabei sein Bewenden.

Art. 14

(1) Soweit nicht anderes bestimmt wird, tritt der Widerspruch an die Stelle aller förmlichen Rechtsbehelfe, die das Landesrecht für das Verwaltungsverfahren einräumt.

(2) Unberührt bleiben die Rechtsbehelfe nach der Bayerischen Disziplinarordnung.

(3) Unberührt bleiben die Rechtsbehelfe nach dem Landeswahlgesetz, dem Bezirkswahlgesetz und dem Gemeinde- und Landkreiswahlgesetz, soweit sie nicht Voraussetzung der verwaltungsgerichtlichen Klage sind.

Art. 15 (Zu § 68 VwGO)

Ein Vorverfahren nach § 68 entfällt

1. bei ausländerrechtlichen Entscheidungen,

2. bei Entscheidungen nach dem Bundes-Immissionsschutzgesetz und den dazu ergangenen Rechtsverordnungen,

3. bei abfallrechtlichen Entscheidungen der Regierungen und des Landesamtes für Umweltschutz,

4. bei Entscheidungen nach dem Bundesberggesetz und nach den auf Grund dieses Gesetzes erlassenen Verordnungen,

5. bei Entscheidungen nach dem Güterkraftverkehrsgesetz und nach den auf Grund dieses Gesetzes erlassenen Verordnungen, soweit die Ausgangsbehörde auch für den Erlass des Widerspruchbescheides zuständig wäre,

6. bei Entscheidungen nach dem Luftverkehrsgesetz und den auf Grund dieses Gesetzes erlassenen Verordnungen,

7. in Verfahren nach dem Ersten Abschnitt des Gesetzes über die Angelegenheiten der Vertriebenen und Flüchtlinge (Bundesvertriebenengesetz – BVFG) in der vor dem 1. Januar 1993 geltenden Fassung sowie in Verfahren zur Erteilung einer Bescheinigung nach § 15 BVFG in der ab 1. Januar 1993 geltenden Fassung,

8. bei Entscheidungen des Landesamtes für Arbeitsschutz, Arbeitsmedizin und Sicherheitstechnik und bei Entscheidungen der staatlichen Gewerbeaufsichtsämter,

9. bei den Bewilligungsverfahren der Förderprogramme
   – Bayerisches Agrarkreditprogramm für die Landwirtschaft,
   – Bayerisches Agrarkreditprogramm für die Ernährungswirtschaft,
   – Agrarinvestitionsförderprogramm für die Land- und Forstwirtschaft,
   – Bayerisches Wohnbauprogramm für die Landwirtschaft,
   – Umstellungshilfe für Landwirte,
   – Sozialer Wohnungsbau nach dem II. Wohnungsbaugesetz sowie der eigenen Programme der Kommunen und der sonstigen Programme des Freistaates Bayern zur Wohnungsbauförderung und zur Baulandbeschaffung,
   – zur Wohnungsmodernisierung aus Fördermitteln des Freistaates Bayern und der Kommunen,

10. bei Entscheidungen der Regierungen nach Art. 93 Abs. 1 Satz 2 der Bayerischen Bauordnung,[4]

11. bei Entscheidungen der Regierungen und Landratsämter über Flächennutzungspläne, Bebauungspläne und sonstige Satzungen nach dem Baugesetzbuch und dem Maßnahmegesetz zum Baugesetzbuch,

---

4   Nunmehr Art. 86 Abs. 1 S. 2 BayBauO i.d.F. d. Bek. v. 4. August 1997 (GVBl. S. 433).

12. bei Entscheidungen der höheren Landesplanungsbehörden über Anträge auf Verbindlicherklärung von Regionalplänen und deren Fortschreibung (Art. 18 BayLPlG),

13. bei Entscheidungen der Bezirke nach dem Bundessozialhilfegesetz, dem Gesetz über eine bedarfsorientierte Grundsicherung im Alter und nach den §§ 276 und 276a des Lastenausgleichsgesetzes,

14. bei aufsichtlichen Verwaltungsakten gegen Große Kreisstädte in Angelegenheiten, die ihnen nach Art. 9 Abs. 2 der Gemeindeordnung übertragen worden sind und bei aufsichtlichen Verwaltungsakten gegen kreisfreie Gemeinden,

15. bei aufsichtlichen Verwaltungsakten gegen Landkreise,

16. in Verfahren nach dem Gesetz über die Änderung von Familiennamen und Vornamen (BGBl. III 401–1), zuletzt geändert durch Art. 14 § 10 des Gesetzes vom 16. Dezember 1997 (BGBl. I S. 2942),

17. im Bereich des Waffenrechts,

18. bei staatsangehörigkeitsrechtlichen Entscheidungen der Regierungen,

19. bei Entscheidungen über Anträge auf Erteilung, über Rücknahme, Widerruf oder Ruhen einer Approbation oder Erlaubnis nach dem Berufszulassungsrecht der ärztlichen oder anderer Heilberufe, ausgenommen das Heilpraktikerrecht,

20. bei aufsichtlichen Verwaltungsakten der Regierungen gegenüber Zweckverbänden.

Art. 16 (Zu § 36 Abs. 1 Satz 2 VwGO)

Vertretungsbehörde des Freistaates Bayern vor den Gerichten der Verwaltungsgerichtsbarkeit ist die Ausgangsbehörde, soweit die Vertretung nicht auf die Widerspruchsbehörde oder die Landesanwaltschaft übertragen ist. Das Nähere regelt die Staatsregierung durch Verordnung.

Art. 17

Die Staatsregierung erlässt die zur Ausführung dieses Gesetzes erforderlichen Rechtsvorschriften. Die Verwaltungsvorschriften zur Ausführung dieses Gesetzes erlässt das Staatsministerium des Innern, soweit erforderlich im Einvernehmen mit dem Staatsministerium der Finanzen. Die Regelungen der Verordnung über die gerichtliche Vertretung des Freistaates Bayern (Vertretungsverordnung – VertrV) in der Fassung der Bekanntmachung vom 4. Oktober 1995 (GVBl S. 733, BayRS 600–1–F), zuletzt geändert durch Verordnung vom 13. November 2001 (GVBl. S. 742), bleiben unberührt.

Art. 18

Dieses Gesetz ist dringlich. Es tritt am 1. Dezember 1960 in Kraft. Die Art. 1, 5 bis 8, 10 und 11 des Gesetzes treten am 1. April 1960 in Kraft.[5]

---

5 Die Vorschrift betrifft das In-Kraft-Treten des Gesetzes in der ursprünglichen Fassung v. 28. November 1960 (GVBl. S. 266).

3.
BERLIN

Gesetz zur Ausführung der Verwaltungsgerichtsordnung (AGVwGO)

in der Fassung vom 22. Februar 1977 (GVBl. S. 558), zuletzt geändert durch Nr. 25 der Anlage zum G vom 30. Juli 2001 (GVBl. S. 313)

§ 1   Aufbau der Verwaltungsgerichtsbarkeit

(1) Im Land Berlin bestehen als Gerichte der allgemeinen Verwaltungsgerichtsbarkeit das Oberverwaltungsgericht Berlin und das Verwaltungsgericht Berlin.

(2) Zuständig für die Aufsicht über die Gerichte der allgemeinen Verwaltungsgerichtsbarkeit und für ihre Verwaltungsangelegenheiten ist der Senator für Justiz.

(3) Der Senator für Justiz bestimmt nach Anhören des Präsidenten des Oberverwaltungsgerichts Berlin die Zahl der Senate und der Kammern sowie der Geschäftsstellen.

§ 2   Besetzung des Oberverwaltungsgerichts

(1) Die Senate des Oberverwaltungsgerichts Berlin entscheiden in der Besetzung von drei Richtern und zwei ehrenamtlichen Richtern. Bei Beschlüssen außerhalb der mündlichen Verhandlung und bei Gerichtsbescheiden (§ 84 der Verwaltungsgerichtsordnung) wirken die ehrenamtlichen Richter außer in den Fällen des § 47 Abs. 5 S. 1 und Abs. 6 S. 1 der Verwaltungsgerichtsordnung nicht mit.

(2) Die Vertrauensleute im Ausschuss zur Wahl der ehrenamtlichen Richter des Verwaltungsgerichts sind zugleich Vertrauensleute im Ausschuss zur Wahl der ehrenamtlichen Richter des Oberverwaltungsgerichts.

§ 3   Disziplinargerichtsbarkeit

Die Aufgaben der Disziplinargerichtsbarkeit für die Beamten und Ruhestandsbeamten, deren Rechtsverhältnisse sich nach dem Landesbeamtengesetz bestimmen, sowie für die Beamten zur Wiederverwendung, Ruhestandsbeamten und früheren Beamten, zu deren Unterbringung und Versorgung nach § 63 Abs. 1 oder 2 des Gesetzes zur Regelung der Rechtsverhältnisse der unter Artikel 131 des Grundgesetzes fallenden Personen das Land Berlin oder eine der Aufsicht des Landes Berlin unterstehende Körperschaft, Anstalt oder Stiftung des öffentlichen Rechts verpflichtet ist, werden den Gerichten der Verwaltungsgerichtsbarkeit übertragen. In Dienststrafsachen regeln sich die Besetzung der Verwaltungsgerichte und das Verfahren nach der Landesdisziplinarordnung und nach Abschnitt II des Gesetzes zur Ergänzung des Dienststrafrechts für Beamte vom 24. Mai 1956 (GVBl. S. 537) in den jeweils geltenden Fassungen.

§ 4   Rechtsbehelfe

(1) Rechtsbehelfe haben keine aufschiebende Wirkung, soweit sie sich gegen Maßnahmen richten, die in der Verwaltungsvollstreckung getroffen werden. § 80 Abs. 4, 5, 7 und 8 der Verwaltungsgerichtsordnung findet Anwendung.

(2) Gegen die Ablehnung eines Antrages auf Erteilung oder Verlängerung eines Aufenthaltstitels durch die Behörden Berlins nach dem Ausländergesetz vom 9. Juli 1990 (BGBl. I S. 1354, 1356), zuletzt geändert durch Art. 3 § 11 des Gesetzes vom 16. Februar 2001 (BGBl. I S. 266), in der jeweils geltenden Fassung und den auf Grund dieses Gesetzes erlassenen Rechtsverordnungen sowie nach ausländerrechtlichen Bestimmungen in anderen Gesetzen findet kein Widerspruch statt, so-

weit durch die Ablehnung des Antrages eine Ausreisepflicht begründet wird. Das Widerspruchverfahren entfällt auch bei Ausweisungen und sonstigen Verwaltungsakten, die die Rechtmäßigkeit des Aufenthalts beenden, sowie bei allen Maßnahmen und Entscheidungen zur Feststellung, Vorbereitung, Sicherung und Durchsetzung der Ausreisepflicht auf der Grundlage der in Satz 1 genannten Bestimmungen.

§ 5 Revisibilität von Landesverfahrensrecht

Die Revision an das Bundesverwaltungsgericht kann auch darauf gestützt werden, dass das angefochtene Urteil auf der Verletzung des Gesetzes über das Verfahren der Berliner Verwaltung beruht.

§ 6 Anwendbarkeit anderer Vorschriften

(1) Zum Schutz personenbezogener Daten bei den Gerichten der allgemeinen Verwaltungsgerichtsbarkeit finden die §§ 21, 22, 24, 25 und 28 des Gesetzes zur Ausführung des Gerichtsverfassungsgesetzes vom 23. März 1992 (GVBl. S. 73) in der jeweils geltenden Fassung Anwendung.

(2) Für die Gerichte gilt §12a des Gesetzes zur Ausführung des Gerichtsverfassungsgesetzes entsprechend.

§ 7 Schlussvorschriften

(1) Dieses Gesetz tritt am 1. April 1960 in Kraft.

(2) Rechtsvorschriften des Landes Berlin gelten weiter, soweit die Verwaltungsgerichtsordnung die in ihnen getroffenen Regelungen durch Landesrecht zulässt.

4.
BRANDENBURG

Gesetz über die Errichtung der Verwaltungsgerichtsbarkeit und zur Ausführung der Verwaltungsgerichtsordnung im Land Brandenburg (Brandenburgisches Verwaltungsgerichtsgesetz – BbgVwG)

in der Fassung der Bekanntmachung vom 22. November 1996 (GVBl. I S. 317)

§ 1

Im Land Brandenburg wird eine selbstständige Verwaltungsgerichtsbarkeit errichtet.

§ 2

(1) Verwaltungsgerichte werden eingerichtet

1. in Cottbus für das Gebiet der kreisfreien Stadt Cottbus sowie für die Landkreise Dahme-Spreewald, Elbe-Elster, Oberspreewald-Lausitz und Spree-Neiße

2. in Frankfurt/Oder für das Gebiet der kreisfreien Stadt Frankfurt/Oder sowie für die Landkreise Barnim, Märkisch-Oderland und Oder-Spree

3. in Potsdam für das Gebiet der kreisfreien Städte Brandenburg an der Havel und Potsdam sowie für die Landkreise Prignitz, Ostprignitz-Ruppin, Oberhavel, Uckermark, Havelland, Potsdam-Mittelmark und Teltow-Fläming.

(2) Die Verwaltungsgerichte werden nach ihrem Sitz benannt.

§ 3

Das Oberverwaltungsgericht wird mit Sitz in Frankfurt/Oder eingerichtet und führt die Bezeichnung »Oberverwaltungsgericht für das Land Brandenburg«.

§ 4

(1) Das Oberverwaltungsgericht ist in Normenkontrollverfahren nach § 47 der Verwaltungsgerichtsordnung auch zur Entscheidung über die Gültigkeit einer anderen im Range unter dem Landesgesetz stehenden Rechtsvorschrift zuständig.

(2) Das Oberverwaltungsgericht entscheidet im ersten Rechtszug auch über Streitigkeiten, die Besitzeinweisungen in den Fällen des § 48 Abs. 1 Satz 1 der Verwaltungsgerichtsordnung betreffen.

(3) Entscheidungen des Oberverwaltungsgerichts ergehen in der Besetzung von drei Berufsrichtern und zwei ehrenamtlichen Richtern. Bei Beschlüssen außerhalb der mündlichen Verhandlung wirken die ehrenamtlichen Richter nicht mit.

§ 5

Oberste Dienstaufsichtsbehörde für die Gerichte der Verwaltungsgerichtsbarkeit ist der Minister der Justiz des Landes Brandenburg.

§ 6

Der Präsident des Gerichts bestimmt nach Anhörung des Präsidiums im Einvernehmen mit dem Minister der Justiz die Zahl der Spruchkörper des Gerichts.

§ 7

Für die Wahl der Vertrauensleute des Ausschusses zur Wahl der ehrenamtlichen Richter und deren Vertreter (§ 26 Abs. 2 der Verwaltungsgerichtsordnung) gelten die §§ 24 und 25 der Verwaltungsgerichtsordnung entsprechend.

§ 8

(1) Behörden sind in Verfahren vor den Gerichten der Verwaltungsgerichtsbarkeit beteiligungsfähig.

(2) Anfechtungsklagen und Verpflichtungsklagen sind gegen die Behörde zu richten, die den angefochtenen Verwaltungsakt erlassen oder den beantragten Verwaltungsakt unterlassen hat. Dies gilt nicht für Klagen im Sinne von § 52 Nr. 4 der Verwaltungsgerichtsordnung.

(3) In Angelegenheiten, die den kreisangehörigen Gemeinden und den Ämtern als Pflichtaufgaben zur Erfüllung nach Weisung übertragen sind, erlässt die Aufsichtsbehörde den Widerspruchsbescheid.

§ 9

Funktionsbezeichnungen nach diesem Gesetz werden in weiblicher und männlicher Form geführt.

§ 10

Die für die Kammern für Verwaltungssachen bei den Kreisgerichten Cottbus, Frankfurt/Oder und Potsdam gewählten ehrenamtlichen Richter für die Verwaltungsrechtsprechung werden ehrenamtliche Richter bei dem Verwaltungsgericht, in dessen Gerichtsbezirk sie ihren Wohnsitz haben. Die ehrenamtlichen Richter bei dem Bezirksgericht Potsdam, die für die Senate für Verwaltungssachen gewählt worden sind, werden dem Oberverwaltungsgericht für das Land Brandenburg zugewiesen.

§ 11

Wird in Rechtsvorschriften des Landes auf die Kammern für Verwaltungssachen bei den Kreisgerichten verwiesen, treten an deren Stelle die Verwaltungsgerichte; an die Stelle des Senats für Verwaltungssachen beim Bezirksgericht Potsdam tritt das Oberverwaltungsgericht für das Land Brandenburg.

§ 12

(1) Die bei den Kreisgerichten – Kammern für Verwaltungssachen – anhängigen Verfahren gehen mit dem In-Kraft-Treten dieses Gesetzes mit Ausnahme der Baulandsachen in dem Stand, in dem sie sich befinden, auf das nach § 2 Abs. 1 zuständige Verwaltungsgericht über.

(2) Die bei dem Bezirksgericht Potsdam – Senate für Verwaltungssachen – anhängigen Verfahren gehen mit dem In-Kraft-Treten dieses Gesetzes mit Ausnahme der Baulandsachen in dem Stand, in dem sie sich befinden, auf das Oberverwaltungsgericht über.

§ 13   (In-Kraft-Treten)[6]

5.
BREMEN

Gesetz zur Ausführung der Verwaltungsgerichtsordnung

vom 15. März 1960 (GBl. S. 25), zuletzt geändert durch Art. 2 des G vom 14. Oktober 2003 (GBl. S. 363).

ERSTER ABSCHNITT

Art. 1   (Zu § 3 VwGO)

Im Lande Bremen bestehen ein Verwaltungsgericht und ein Oberverwaltungsgericht. Sie haben ihren Sitz in Bremen. Ihr Gerichtsbezirk ist das Land Bremen.

Art. 2   (Zu § 5 Abs. 2, § 9 Abs. 2 und 3 VwGO)

(1) Die Zahl der Kammern bei dem Verwaltungsgericht wird vom Präsidenten des Verwaltungsgerichts, die Zahl der Senate bei dem Oberverwaltungsgericht wird vom Präsidenten des Oberverwaltungsgerichts nach Anhörung des jeweils zuständigen Präsidiums und im Rahmen des Stellenplans bestimmt. Der Präsident des Oberverwaltungsgerichts kann dem Präsidenten des Verwaltungsgerichts hierfür Weisungen erteilen.

(2) Die Senate des Oberverwaltungsgerichts entscheiden in der Besetzung von drei Richtern und zwei ehrenamtlichen Richtern. Bei Beschlüssen außerhalb der mündlichen Verhandlung wirken die ehrenamtlichen Richter nicht mit.

---

6   Die ursprüngliche Fassung des Gesetzes trat am 1. Januar 1993 in Kraft.

Art. 2a (Zu § 13 VwGO)

(1) Urkundsbeamte der Geschäftsstelle sind die vom Senator für Justiz und Verfassung bestimmten Beamten.

(2) Beamte auf Widerruf des gehobenen und mittleren Dienstes können mit der selbstständigen Wahrnehmung von Aufgaben des Urkundsbeamten der Geschäftsstelle beauftragt werden.

(3) Mit der selbstständigen Wahrnehmung von Aufgaben des Urkundsbeamten der Geschäftsstelle können widerruflich auch Angestellte beauftragt werden.

(4) Zuständig für die Beauftragung sind der Senator für Justiz und Verfassung und die von ihm bestimmten Stellen.

Art. 3 (Zu §§ 16 und 17 VwGO)

(1) Richtern des Oberverwaltungsgerichts kann ein Richteramt beim Finanzgericht übertragen werden.

(2) Die Ernennung nach § 16 der Verwaltungsgerichtsordnung nimmt der Senat vor.

Art. 4 (Zu §§ 26 und 34 VwGO)

(1) Die Vertrauensleute des Ausschusses zur Wahl der ehrenamtlichen Verwaltungsrichter des Verwaltungsgerichts (§ 26 VwGO) und ihre Vertreter werden von der Bürgerschaft (Landtag) für die Dauer ihrer Wahlperiode gewählt. Eine Ersatzwahl gilt nur für den Rest der Wahlperiode.

(2) Mindestens ein Vertrauensmann und ein Vertreter müssen in der Stadtgemeinde Bremerhaven wohnhaft sein.

(3) Bis zur Neuwahl bleiben die bisherigen Vertrauensleute und Stellvertreter im Amt.

(4) Die Vertrauensleute und ihre Vertreter im Ausschuss zur Wahl der ehrenamtlichen Richter des Verwaltungsgerichts sind zugleich Vertrauensleute und Vertreter im Ausschuss zur Wahl der ehrenamtlichen Richter des Oberverwaltungsgerichts.

Art. 5 (Zu § 38 VwGO)

Die Gerichte der Verwaltungsgerichtsbarkeit gehören zum Geschäftsbereich des Senators für Justiz und Verfassung.

Art. 6 (Zu § 40 VwGO)

Soweit in bisherigen Landesgesetzen öffentlich-rechtliche Streitigkeiten auf dem Gebiete des Landesrechts ausdrücklich anderen Gerichten zugewiesen worden sind, verbleibt es dabei.

Art. 7 (Zu § 47 VwGO)

(1) Das Oberverwaltungsgericht entscheidet nach Maßgabe des § 47 der Verwaltungsgerichtsordnung auf Antrag über die Gültigkeit einer landesrechtlichen Verordnung oder einer anderen im Range unter dem Landesgesetz stehenden Rechtsvorschrift.

(2) Antragsgegner ist der Staat oder die Körperschaft, die die bestrittene Rechtsvorschrift erlassen hat.

(3) Die öffentliche Bekanntmachung der Entscheidung kann auf den Entscheidungssatz beschränkt werden.

Art. 8 (Zu § 68 VwGO)

(1) Eines Vorverfahrens nach § 68 der Verwaltungsgerichtsordnung bedarf es auch vor Erhebung der Anfechtungsklage gegen erstinstanzliche Verwaltungsakte des Senats oder eines Senators. Das Gleiche gilt für eine Verpflichtungsklage, wenn der Senat oder ein Senator die Vornahme des Verwaltungsaktes abgelehnt hat.

(2) In diesen Fällen erlässt den Widerspruchsbescheid die Stelle, die den Verwaltungsakt erlassen oder die Vornahme des Verwaltungsaktes abgelehnt hat.

Art. 9 (Zu §§ 73 und 185 Abs. 2 VwGO)

(1) Abweichend von der Vorschrift des § 73 Abs. 1 Satz 2 Nr. 2 der Verwaltungsgerichtsordnung erlässt den Widerspruchsbescheid der zuständige Senator, sofern nicht eine andere Stelle die nächsthöhere Behörde ist.

(2) Entsprechendes gilt abweichend von § 73 Abs. 1 Satz 2 Nr. 3 der Verwaltungsgerichtsordnung in Selbstverwaltungsangelegenheiten der Stadtgemeinde Bremen.

Art. 10 (Zu § 187 Abs. 1 und 2 VwGO).

(1) Den Gerichten der Verwaltungsgerichtsbarkeit sind die Berufsgerichte für die Heilberufe angegliedert. Für die Besetzung und das Verfahren dieser Gerichte gelten die Vorschriften des Bremischen Gesetzes über die Berufsvertretung und Berufsgerichtsbarkeit der Ärzte, Zahnärzte, Tierärzte und Apotheker vom 9. Juni 1959 (Brem. GesBl. S. 95) in der jeweils geltenden Fassung.

(2) Bei Entscheidungen der Gerichte der Verwaltungsgerichtsbarkeit nach dem Bremischen Personalvertretungsgesetz gelten für die Besetzung und für das Verfahren des Verwaltungsgerichts und des Oberverwaltungsgerichts die § 70 Abs. 2 und § 71 des Bremischen Personalvertretungsgesetzes vom 5. März 1974 (Brem. GBl. S. 131–2044–a–1) in ihrer jeweils geltenden Fassung.

Art. 11 (Zu § 80 Abs. 2 Satz 2 VwGO)

Rechtsbehelfe, die sich gegen Maßnahmen in der Verwaltungsvollstreckung zur Beitreibung von Geldbeträgen nach Bundesrecht richten, haben keine aufschiebende Wirkung. § 80 Abs. 4 bis 8 und § 80b der Verwaltungsgerichtsordnung findet entsprechende Anwendung.

ZWEITER ABSCHNITT

Art. 12

(Änderung des Gesetzes über das Verwaltungsverfahren und den Verwaltungszwang in der Fassung der Bekanntmachung vom 29. Oktober 1954 – GBl. S. 111)

DRITTER ABSCHNITT

Art. 13 Überleitung früherer Zuständigkeiten

(1) Soweit in Gesetzen und Rechtsverordnungen der Senat oder der Regierende Bürgermeister zur Entscheidung über Beschwerden für zuständig erklärt worden ist, erlässt an ihrer Stelle der zuständige Senator den Widerspruchsbescheid.

(2) Soweit in anderen bremischen Gesetzen oder Verordnungen noch die Bezeichnung Verwaltungsgerichtshof erscheint, gilt sie künftig für das Oberverwaltungsgericht.

Art. 13a (Amtstracht)

Der Senator für Justiz und Verfassung kann bestimmen, dass Richter, Rechtsanwälte und Urkundsbeamte der Geschäftsstelle in den Sitzungen der Gerichte eine
Amtstracht tragen. Vor einer Regelung über die Amtstracht der Rechtsanwälte ist
der Vorstand der Rechtsanwaltskammer zu hören.

Art. 14 In-Kraft-Treten und aufgehobene Vorschriften

(1) Dieses Gesetz tritt am 1. April 1960 in Kraft.

(2) (überholt).

6.
HAMBURG

Gesetz zur Ausführung der Verwaltungsgerichtsordnung
vom 21. Januar 1960

vom 29. März 1960 (GVBl. S. 291), zuletzt geändert durch § 39 Hamburgischen
Maßregelvollzugsgesetzes vom 14. Juni 1989 (GVBl. I S. 99)

§ 1   (Zu § 195 Absatz 6 Verwaltungsgerichtsordnung)

(1) Das Hamburgische Oberverwaltungsgericht und das Landesverwaltungsgericht
Hamburg bleiben als Gerichte der allgemeinen Verwaltungsgerichtsbarkeit bestehen.

(2) Das Landesverwaltungsgericht Hamburg erhält die Bezeichnung Verwaltungsgericht Hamburg.

§ 2   (Zu §§ 38 und 39 Verwaltungsgerichtsordnung)

Die §§ 22 bis 24a des Hamburgischen Ausführungsgesetzes zum Gerichtsverfassungsgesetz in ihrer jeweils geltenden Fassung gelten entsprechend.

§ 3   (Zu § 9 Abs. 3 Verwaltungsgerichtsordnung)

Die Senate des Hamburgischen Oberverwaltungsgerichts entscheiden in der Besetzung mit drei Richtern und zwei ehrenamtlichen Richtern. Bei Beschlüssen außerhalb der mündlichen Verhandlung wirken die ehrenamtlichen Richter nicht mit.

§ 4   (Zu § 26 Verwaltungsgerichtsordnung)

(1) Die für die Wahl der ehrenamtlichen Richter und ihrer Vertreter zu bestimmenden sieben Vertrauensleute und ihre Vertreter werden von der Bürgerschaft gewählt. Gewählt ist, wer die Mehrheit der abgegebenen Stimmen erhält.

(2) Die Vertrauensleute und ihre Vertreter werden auf fünf Jahre gewählt. Im Übrigen gelten die §§ 20 bis 24 der Verwaltungsgerichtsordnung für die Vertrauensleute
und ihre Vertreter entsprechend.

§ 5   (Zu § 40 Verwaltungsgerichtsordnung)

Soweit öffentlich-rechtliche Streitigkeiten auf dem Gebiete des Landesrechts anderen Gerichten zugewiesen sind, ist der Rechtsweg zu den allgemeinen Verwaltungsgerichten ausgeschlossen.

§ 6

(1) Verwaltungsakte werden in einem Vorverfahren (Widerspruchsverfahren) nachgeprüft. Das gilt auch für Anordnungen, Verfügungen oder sonstige Maßnahmen der Vollzugsbehörden, über deren Rechtmäßigkeit auf Antrag die ordentlichen Gerichte zu entscheiden haben (§ 23 Absatz 1 Satz 2 Einführungsgesetz zum Gerichtsverfassungsgesetz, § 109 Strafvollzugsgesetz).

(2) Absatz 1 gilt nicht für

1. Verwaltungsakte der Bürgerschaft,

2. Beschlüsse des Senats,

3. Anordnungen, Verfügungen oder sonstige Maßnahmen, die von den Justizbehörden zur Regelung einzelner Angelegenheiten auf den Gebieten des bürgerlichen Rechts einschließlich des Handelsrechts, des Zivilprozesses, der freiwilligen Gerichtsbarkeit und der Strafrechtspflege getroffen werden (§ 23 Absatz 1 Satz 1 Einführungsgesetz zum Gerichtsverfassungsgesetz),

4. Widerspruchsbescheide, die gegenüber dem ursprünglichen Verwaltungsakt eine zusätzliche, selbstständige Beschwer enthalten,

5. Entscheidungen des Ordnungsausschusses einer Hochschule,

6. Verwaltungsakte, die in förmlichen Verwaltungsverfahren erlassen werden, und Planfeststellungsbeschlüsse (§§ 70, 74 Hamburgisches Verwaltungsverfahrensgesetz).

(3) Für das Widerspruchsverfahren gelten die §§ 69 bis 73 Absatz 1 Satz 1, 73 Absatz 3 und 80 Absatz 4 der Verwaltungsgerichtsordnung.

§ 7[7]   (Zu § 73 Absatz 1 Satz 2 und § 185 Absatz 2 Verwaltungsgerichtsordnung)

(1) Über den Widerspruch entscheidet die Stelle, die den angefochtenen Verwaltungsakt erlassen hat.

(2) Durch Rechtsverordnung des Senats kann bestimmt werden, dass die Entscheidung über den Widerspruch durch einen Ausschuss getroffen wird. Dabei sind die Zusammensetzung und das Verfahren des Ausschusses zu regeln. Die Zuständigkeit des Ausschusses kann auf bestimmte Verwaltungsakte und bestimmte Fachgebiete beschränkt werden.

(3) § 1 Absatz 4 des Gesetzes über Verwaltungsbehörden in der Fassung vom 30. Juli 1952 (Hamburgisches Gesetz- und Verordnungsblatt Seite 163) bleibt unberührt.

§ 8   (Zu § 80 Absatz 1 und § 187 Absatz 3 Verwaltungsgerichtsordnung)

Widersprüche gegen die in § 6 Absatz 1 Satz 2 bezeichneten Maßnahmen der Vollzugsbehörden haben keine aufschiebende Wirkung. § 80 Absätze 5 bis 7 der Verwaltungsgerichtsordnung gilt sinngemäß. Gericht der Hauptsache ist das für die Entscheidung über den Antrag auf gerichtliche Entscheidung zuständige Gericht.

§ 9   (Zu § 187 Absätze 1 und 2 Verwaltungsgerichtsordnung)

Unberührt bleiben

1. die Hamburgische Disziplinarordnung (HmbDO) vom 8. Juli 1971 (Hamburgisches Gesetz- und Verordnungsblatt Seite 133),

---

7   VO über die Widerspruchsausschüsse v. 24. März 1987 (GVBl. S. 85), zuletzt geändert durch VO v. 28. Juli 1998 (GVBl. S. 187).

2. das Hamburgische Personalvertretungsgesetz (HmbPersVG) vom 17. November 1972 (Hamburgisches Gesetz- und Verordnungsblatt Seite 211).

§ 10

(1) Dieses Gesetz tritt mit Ausnahme des Absatzes 3 und des § 7 Absatz 2 am 1. April 1960 in Kraft. Absatz 3 und § 7 Absatz 2 treten am Tage nach der Verkündung des Gesetzes in Kraft.

(2) (überholt).

(3) (überholt).

§ 11

Soweit in Gesetzen und Rechtsverordnungen in Bestimmungen über die Nachprüfung von Verwaltungsakten die Wörter »Beschwerde« oder »Einspruch« einzeln oder in Wortverbindungen verwendet worden sind, tritt an ihre Stelle das Wort »Widerspruch«.

7.
HESSEN

Hessisches Gesetz
zur Ausführung der Verwaltungsgerichtsordnung

in der Fassung der Bekanntmachung vom 27.10.1997 (GVBl. S. 381), zuletzt geändert durch Art. 1 des G vom 17. Dezember 2002 (GVBl. I S. 809)

ERSTER ABSCHNITT
Gerichtsverfassung

§ 1   Sitz und Bezirk der Gerichte

(1) Das Oberverwaltungsgericht führt die Bezeichnung »Hessischer Verwaltungsgerichtshof«. Es hat seinen Sitz in Kassel.

(2) Verwaltungsgerichte bestehen

1. in Darmstadt für die Städte Darmstadt und Offenbach am Main sowie die Landkreise Bergstraße, Darmstadt-Dieburg, Groß-Gerau, Odenwaldkreis und Offenbach,

2. in Frankfurt am Main für die Stadt Frankfurt am Main sowie die Landkreise Hochtaunuskreis, Main-Kinzig-Kreis und Main-Taunus-Kreis,

3. in Gießen für die Landkreise Gießen, Lahn-Dill-Kreis, Marburg-Biedenkopf, Vogelsbergkreis und Wetteraukreis,

4. in Kassel für die Stadt Kassel sowie die Landkreise Fulda, Hersfeld-Rotenburg, Kassel, Schwalm-Eder-Kreis, Waldeck-Frankenberg und Werra-Meißner-Kreis,

5. in Wiesbaden für die Stadt Wiesbaden sowie die Landkreise Limburg-Weilburg und Rheingau-Taunus-Kreis.

§ 2   Dienstaufsicht und Geschäftsbereich

Die Landesregierung bestimmt, wer die Dienstaufsicht über die Gerichte der Verwaltungsgerichtsbarkeit ausübt und zu wessen Geschäftsbereich die Verwaltung dieser Gerichte gehört.

§ 3   Bildung der Kammern und Senate

Der zuständige Minister bestimmt im Rahmen des Haushaltsplans durch Rechtsverordnung die Zahl der Kammern bei den Verwaltungsgerichten und der Senate bei dem Verwaltungsgerichtshof.

§ 4   Ernennung von Richtern im Nebenamt

Der zuständige Minister ernennt die Richter im Nebenamt; dies gilt nicht für die ordentlichen Professoren des Rechts, die nicht auf Lebenszeit ernannte Richter sind.

§ 5   Ausschuss zur Wahl der ehrenamtlichen Verwaltungsrichter

(1) Für die Ausschüsse zur Wahl der ehrenamtlichen Verwaltungsrichter werden die Vertrauensleute und ihre Vertreter für die Dauer der Wahlperiode des Landtags gewählt. Eine Ersatzwahl findet nur für den Rest der Wahlperiode statt. Bis zur Neuwahl bleiben die bisherigen Vertrauensleute und Vertreter im Amt.

(2) Die Vertrauensleute und ihre Stellvertreter beruft der Landtag nach den Regeln der Verhältniswahl. Jede Fraktion ist berechtigt, eine Vorschlagsliste vorzulegen. Die Sitze der Vertrauensleute werden auf die Wahlvorschläge nach dem Höchstzahlverfahren verteilt. Die auf der Liste folgenden Namen gelten in gleicher Anzahl als Stellvertreter. Über die Zuteilung des letzten Sitzes oder der letzten Sitze entscheidet bei gleicher Höchstzahl das durch den Präsidenten des Landtags zu ziehende Los. Im Falle des Ausscheidens eines Vertrauensmannes rückt der jeweils erste noch nicht berufene auf der gleichen Liste gewählte Stellvertreter nach.

§ 6   Asylsachen

Die Streitigkeiten nach dem Asylverfahrensgesetz in der Fassung vom 22. Juli 1993 (BGBl. I S. 1362), geändert durch Gesetz vom 2. August 1993 (BGBl. I S. 1442) werden für die Stadt Offenbach am Main und den Landkreis Offenbach dem Verwaltungsgericht Frankfurt am Main und für den Main-Taunus-Kreis und den Landkreis Groß-Gerau dem Verwaltungsgericht Wiesbaden zugewiesen.

§ 6a   Disziplinarsachen

(1) Die Aufgaben der Disziplinargerichtsbarkeit nach dem Bundesdisziplinargesetz vom 9. Juli 2001 (BGBl. I S. 1510), geändert durch Gesetz vom 20. Dezember 2001 (BGBl. I S. 3926), soweit sie nicht vom Hessischen Verwaltungsgerichtshof wahrgenommen werden, und die Aufgaben der Disziplinargerichtsbarkeit nach dem Zivildienstgesetz in der Fassung vom 28. September 1994 (BGBl. I S. 2812), zuletzt geändert durch Gesetz vom 21. August 2002 (BGBl. I S. 3322), werden für sämtliche Bezirke der hessischen Verwaltungsgerichte dem Verwaltungsgericht Wiesbaden zugewiesen.

(2) Die bei den Verwaltungsgerichten Darmstadt, Frankfurt am Main, Gießen und Kassel bereits anhängigen Verfahren gehen mit dem Zeitpunkt des In-Kraft-Tretens dieses Gesetzes auf das Verwaltungsgericht Wiesbaden über.

§ 6b   Beamtenbeisitzer

(1) Die nach § 47 des Bundesdisziplinargesetzes zu bestimmenden Beamtenbeisitzer bestellt die Ministerin oder der Minister der Justiz auf vier Jahre; sie können bei Ablauf ihrer Amtszeit erneut bestellt werden. Bis zur Neubestellung bleiben die bisherigen Mitglieder im Amt. Wird während der Amtszeit die Bestellung neuer Mitglieder erforderlich, so werden sie nur für den Rest der Amtszeit bestellt.

(2) Die Ministerin oder der Minister der Justiz kann die Befugnis nach Abs. 1 durch Rechtsverordnung auf eine nachgeordnete Behörde übertragen.

ZWEITER ABSCHNITT
Vorverfahren

§ 7 Ausschuss

(1) Vor der Entscheidung über Widersprüche gegen Verwaltungsakte des Kreisausschusses, des Gemeindevorstandes, des Bürgermeisters und des Landrats als Behörde der Landesverwaltung ist der Widerspruchsführer durch einen Ausschuss mündlich zu hören.

(2) Ausschüsse werden gebildet

1. bei den Städten mit 30 000 und mehr Einwohnern für die Anhörung über Widersprüche gegen Verwaltungsakte des Magistrats und des Oberbürgermeisters (Bürgermeisters),

2. bei den Landräten als Behörden der Landesverwaltung für die Anhörung über Widersprüche gegen Verwaltungsakte des Landrats als Behörde der Landesverwaltung, des Kreisausschusses sowie des Gemeindevorstandes und des Bürgermeisters kreisangehöriger Gemeinden mit weniger als 30 000 Einwohnern.

(3) Die Anhörung findet statt

1. in Weisungsangelegenheiten vor der Entschließung nach § 72 der Verwaltungsgerichtsordnung, ob dem Widerspruch abgeholfen wird,

2. in Selbstverwaltungsangelegenheiten vor Erlass des Widerspruchsbescheids nach § 73 der Verwaltungsgerichtsordnung.

(4) Von der Anhörung kann abgesehen werden, wenn

1. der Widerspruch bei der Behörde eingelegt ist, die den Verwaltungsakt erlassen oder seine Vornahme abgelehnt hat und die Behörde dem Widerspruch abhelfen oder stattgeben will,

2. in Weisungsangelegenheiten der Erlass oder die Ablehnung des Verwaltungsaktes auf einer Weisung der Aufsichtsbehörde im Einzelfall beruht,

3. die Anhörung wegen der Dringlichkeit des Falles nicht rechtzeitig stattfinden kann,

4. vor der Entscheidung über den Widerspruch sozial erfahrene Personen oder ein Gutachterausschuss zu beteiligen sind,

5. der Widerspruchsführer auf die Anhörung verzichtet,

6. der Widerspruchsführer nicht erklärt, ob er die Anhörung wünscht oder auf sie verzichtet, obwohl er vom Vorsitzenden des Ausschusses aufgefordert wurde, diese Erklärung innerhalb einer von diesem zu bestimmenden Frist abzugeben, die mindestens zwei Wochen betragen muss,

7. die Sach- und Rechtslage hinreichend geklärt scheint und der Streitgegenstand eine gütliche Erledigung des Widerspruchs nicht erwarten lässt,

8. der Widerspruchsführer trotz ordnungsgemäßer Ladung unentschuldigt nicht erscheint.

Über das Absehen von der Anhörung entscheidet der Vorsitzende des Ausschusses.

(5) Die Anhörung findet nicht statt in Verfahren nach § 142 der Hessischen Gemeindeordnung und nach § 182 des Hessischen Beamtengesetzes sowie bei Widersprüchen gegen Entscheidungen über die Förderung der Landwirtschaft im

Sinne von § 3 Abs. 2 Satz 2 des LFN-Reformgesetzes vom 22. Dezember 2000 (GVBl. I S. 588, 589).

§ 8   Unentschuldigtes Ausbleiben

(1) Einem ordnungsgemäß geladenen Widerspruchsführer, der nicht zum Anhörungstermin erscheint, kann zur pauschalen Abgeltung des durch die Vorbereitung des Termins entstandenen Verwaltungsaufwandes ein Betrag von fünfzig Euro auferlegt werden. Dies gilt nur, wenn der Widerspruchsführer in der Ladung darauf hingewiesen worden ist. Macht der Widerspruchsführer glaubhaft, dass ihm die Ladung nicht rechtzeitig zugegangen ist oder entschuldigt er sein Ausbleiben genügend, wird der Betrag nicht erhoben.

(2) Der Betrag ist im Fall des § 7 Abs. 2 Nr. 1 vom Magistrat und im Falle des § 7 Abs. 2 Nr. 2 vom Landrat als Behörde der Landesverwaltung zu erheben.

§ 9   Vorlagefrist

Der bei einer kreisangehörigen Gemeinde mit weniger als 30 000 Einwohnern eingelegte Widerspruch ist dem beim Landrat als Behörde der Landesverwaltung gebildeten Ausschuss innerhalb einer Frist von zwei Wochen vorzulegen, soweit die Gemeinde dem Widerspruch nicht abhilft.

§ 10   Zusammensetzung des Ausschusses

(1) Den Vorsitz im Ausschuss führt der Landrat oder der Bürgermeister. Sie können sich allgemein oder im Einzelfall vertreten lassen. Dem Ausschuss gehören zwei Beisitzer an.

(2) Die Beisitzer werden für die Wahlzeit der Vertretungskörperschaften gewählt. Die Wahl erfolgt im Falle

1. des § 7 Abs. 2 Nr. 1 durch die Stadtverordnetenversammlung auf Vorschlag des Magistrats,

2. des § 7 Abs. 2 Nr. 2 durch den Kreistag auf Vorschlag des Kreisausschusses.

(3) Das Amt eines Beisitzers soll nur Einwohnern übertragen werden, die allgemeines Ansehen und das Vertrauen ihrer Miteinwohner genießen. Die Einwohner müssen das achtzehnte Lebensjahr vollendet haben. Berufs- und andere Vereinigungen oder sonstige Einrichtungen mit Sitz im Stadt- oder Kreisgebiet (§ 7 Abs. 2) haben gegenüber dem Magistrat oder Kreisausschuss ein Vorschlagsrecht, auf das vor der Wahl der Beisitzer durch ortsübliche Bekanntmachung hinzuweisen ist. Bei Übernahme des Amtes ist der Beisitzer zur gewissenhaften und unparteiischen Ausübung und zur Verschwiegenheit zu verpflichten; die Verpflichtung ist aktenkundig zu machen.

(4) Die Reihenfolge, in der die Beisitzer zu den Sitzungen des Ausschusses hinzuzuziehen sind, wird von dem Landrat oder dem Bürgermeister vor Beginn des Kalenderjahres bestimmt. Im Falle der unvorhergesehenen Verhinderung eines Beisitzers kann der Vorsitzende von der Reihenfolge abweichen.

(5) Die §§ 25 und 27 der Hessischen Gemeindeordnung finden entsprechende Anwendung. Die Kosten trägt im Falle des § 7 Abs. 2 Nr. 1 die Stadt, im Falle des § 7 Abs. 2 Nr. 2 der Landkreis.

(6) Die Beisitzer sind nach Ablauf ihrer Wahlzeit (Abs. 2 Satz 1) zu den Sitzungen des Ausschusses heranzuziehen, bis ihre Nachfolger gewählt sind.

(7) Das Amt eines Beisitzers kann abgelehnt oder niedergelegt werden, wenn ein wichtiger Grund vorliegt.

(8) Der Beisitzer darf die Kenntnis von Angelegenheiten, über die er verschwiegen zu sein hat, nicht unbefugt verwerten. Dies gilt auch dann, wenn er nicht mehr Beisitzer ist.

§ 11

(1) Ordnungswidrig handelt, wer ohne wichtigen Grund das Amt eines Beisitzers ablehnt oder niederlegt.

(2) Die Ordnungswidrigkeit kann mit einer Geldbuße bis zu zweihundertfünfzig Euro geahndet werden.

(3) Verwaltungsbehörde im Sinne des 36 Abs. 1 des Gesetzes über Ordnungswidrigkeiten ist

im Falle des § 7 Abs. 2 Nr. 1 der Gemeindevorstand,

im Falle des § 7 Abs. 2 Nr. 2 der Landrat als Behörde der Landesverwaltung.

§ 12   Durchführung der Anhörung

(1) Der Ausschuss hat die Sach- und Rechtslage mit den Beteiligten zu erörtern und auf eine gütliche Erledigung des Widerspruchs hinzuwirken. Der Vorsitzende des Ausschusses kann die Erörterung ohne die Beisitzer durchführen, wenn die Sache keine Schwierigkeiten tatsächlicher oder rechtlicher Art aufweist.

(2) Das wesentliche Ergebnis der Anhörung ist in eine Niederschrift aufzunehmen und mit einem Vorschlag des Ausschusses der Behörde vorzulegen, die den Verwaltungsakt erlassen oder seine Vornahme abgelehnt hat.

(3) Die Beteiligten können zur Erledigung des Widerspruchsverfahrens einen Vergleich auch zur Aufnahme in die über die Sitzung zu fertigende Niederschrift schließen, soweit sie über den Gegenstand und die Kosten verfügen können. Der Text des Vergleichs ist den Beteiligten vorzulesen oder zur Durchsicht vorzulegen. Ist der Inhalt der Niederschrift auf einen Tonträger vorläufig aufgezeichnet worden, so genügt es, wenn der Wortlaut des Vergleiches abgespielt wird. Die Zustimmung der Beteiligten zu dem Vergleich ist in der Niederschrift zu vermerken.

DRITTER ABSCHNITT
Verfahren

§ 13   Wasser- und Bodenverbände

In Angelegenheiten der Wasser- und Bodenverbände erlässt den Widerspruchsbescheid die Aufsichtsbehörde.

§ 14   Verwaltungskosten

(1) Soweit der Widerspruch erfolglos geblieben oder zurückgenommen worden ist, sind von dem mit der Bearbeitung des Widerspruchs zuletzt befassten Behörde Kosten (Gebühren und Auslagen) nach Maßgabe des Hessischen Verwaltungskostengesetzes in der jeweiligen Fassung zu erheben. Kostenregelnde Rechtsvorschriften der der Aufsicht des Landes unmittelbar unterliegenden juristischen Personen des öffentlichen Rechts stehen dabei Verwaltungskostenordnungen im Sinne des vorgenannten Gesetzes gleich.

(2) Hat eine Anhörung nach § 7 Abs. 3 stattgefunden und gehört die in Abs. 1 S. 1 genannte Behörde nicht zu dem Rechtsträger, in dessen Dienst die jeweils tätig gewordene Vorsitzende des Ausschusses steht, hat der Träger der Widerspruchsbehörde ein Viertel der Widerspruchsgebühr an die Anstellungskörperschaft des Vorsitzenden abzuführen. Dies gilt nur, wenn die Gebühr im Einzelfall hundert Euro

übersteigt. Die Erstattungen sind jährlich vorzunehmen. § 43 Abs. 2 des Finanzausgleichsgesetzes bleibt unberührt.

(3) Abs. 1 findet keine Anwendung bei der Erhebung von Steuern durch Gemeinden und Landkreise.

§ 15 Normenkontrolle

(1) Der Verwaltungsgerichtshof entscheidet im Normenkontrollverfahren nach § 47 der Verwaltungsgerichtsordnung über die Gültigkeit im Range unter dem Landesgesetz stehender Rechtsvorschriften, auch soweit diese nicht in § 47 Abs. 1 Nr. 1 der Verwaltungsgerichtsordnung genannt sind.

(2) Die Entscheidung im Normenkontrollverfahren ergeht in der Besetzung mit fünf Richtern. Bei Beschlüssen außerhalb der mündlichen Verhandlung wirken nur drei Richter mit; dies gilt nicht für Beschlüsse nach § 47 Abs. 4, Abs. 5 Satz 1 und Abs. 6 Satz 1 der Verwaltungsgerichtsordnung sowie für Beschlüsse über Anträge nach § 47 Abs. 8 der Verwaltungsgerichtsordnung.

§ 16 Wegfall der aufschiebenden Wirkung in der Verwaltungsvollstreckung

Rechtsbehelfe, die sich gegen Maßnahmen in der Verwaltungsvollstreckung richten, haben keine aufschiebende Wirkung. § 80 Abs. 4 bis 8 der Verwaltungsgerichtsordnung gilt entsprechend.

§ 16a Wegfall des Vorverfahrens

(1) Ein Vorverfahren nach § 68 der Verwaltungsgerichtsordnung entfällt in den in der Anlage* zu diesem Gesetz aufgeführten Fällen.

(2) In den Fällen des Abs. 1 entfällt das Vorverfahren auch bei Nebenbestimmungen und Maßnahmen der Verwaltungsvollstreckung.

§ 17 Besetzung der Senate des Verwaltungsgerichtshofes

(1) Die Senate des Verwaltungsgerichtshofes entscheiden unbeschadet des § 11 Abs. 2 in der Besetzung mit drei Richtern und zwei ehrenamtlichen Richtern, in den Fällen des § 48 Abs. 1 der Verwaltungsgerichtsordnung in der Besetzung mit fünf Richtern und zwei ehrenamtlichen Richtern.

(2) Bei Beschlüssen außerhalb der mündlichen Verhandlung und bei Gerichtsbescheiden (§ 84 der Verwaltungsgerichtsordnung) wirken die ehrenamtlichen Verwaltungsrichter nicht mit.

§ 18[8]

(überholt)

VIERTER ABSCHNITT
Schlussvorschriften

§ 19 Weitergeltendes Landesrecht

Unberührt bleiben Vorschriften, nach denen

---

* Vom Abdruck wurde abgesehen.
8 Amtl. Anm.: Entspricht § 14 der ursprünglichen Fassung.

1. öffentlich-rechtliche Streitigkeiten nichtverfassungsrechtlicher Art abweichend von der Verwaltungsgerichtsordnung einem anderen Gericht zugewiesen sind oder

2. Gerichten der Verwaltungsgerichtsbarkeit Aufgaben der Disziplinargerichtsbarkeit und der Schiedsgerichtsbarkeit bei Vermögensauseinandersetzungen öffentlich-rechtlicher Verbände übertragen sind oder

3. Gerichten der Verwaltungsgerichtsbarkeit Berufsgerichte angegliedert sind oder

4. für das Gebiet des Personalvertretungsrechts von der Verwaltungsgerichtsordnung abweichende Bestimmungen über das Verfahren der Gerichte der Verwaltungsgerichtsbarkeit getroffen sind.

§ 20   Anpassung landesrechtlicher Vorschriften[9]

(überholt)

§ 21   Zuständigkeitsvorbehalt

Soweit dieses Gesetz Verordnungen ändert, bleibt die Befugnis der zuständigen Stellen unberührt, diese Verordnungen zu ändern oder aufzuheben.

§ 22   In-Kraft-Treten[10]

Dieses Gesetz tritt am 1. April 1962, der § 11 am Tage nach der Verkündung in Kraft.

§ 23   Außer-Kraft-Treten

Dieses Gesetz tritt mit Ablauf des 31. Dezember 2006 außer Kraft.

8.
MECKLENBURG-VORPOMMERN

a) Gerichtsstrukturgesetz

in der Fassung der Bekanntmachung vom 7. April 1998 (GVOBl. S. 444, ber. S. 549)

(Auszug)

§ 1   Geltungsbereich

(1) Das Gesetz regelt die Einrichtung der Gerichte des Landes und deren örtliche Zuständigkeit.

(2) Die Aufnahme der den Gerichten zugewiesenen Aufgaben sowie die damit verbundenen personellen, sachlichen und organisatorischen Angelegenheiten bleiben der Regelung durch ein Ausführungsgesetz vorbehalten. Bis dahin richtet sich die sachliche und örtliche Zuständigkeit der Gerichte ausschließlich nach den Bestimmungen des Einigungsvertrages und den dazu ergangenen oder ergehenden ergänzenden Regelungen.

---

9   Amtl. Anm.: Entspricht § 16 der ursprünglichen Fassung.
10   Amtl. Anm.: Diese Bestimmung betrifft das In-Kraft-Treten des Gesetzes in der ursprünglichen Fassung.

§ 9   Oberverwaltungsgericht.

(1) Das Oberverwaltungsgericht für das Land Mecklenburg-Vorpommern hat seinen Sitz in Greifswald.

(2) Der Bezirk des Oberverwaltungsgerichtes umfasst die Bezirke der zugehörigen Verwaltungsgerichte.

§ 10   Verwaltungsgerichte

(1) Verwaltungsgerichte werden in Greifswald und Schwerin[11] errichtet.

(2) Der Bezirk des Verwaltungsgerichtes Schwerin umfasst das Gebiet der Landkreise Bad Doberan, Güstrow, Ludwigslust, Nordwestmecklenburg und Parchim sowie die kreisfreien Städte Rostock, Schwerin und Wismar.

(3) Der Bezirk des Verwaltungsgerichtes Greifswald umfasst das Gebiet der Landkreise Demmin, Mecklenburg-Strelitz, Müritz, Nordvorpommern, Ostvorpommern, Rügen und Uecker-Randow sowie die kreisfreien Städte Greifswald, Neubrandenburg und Stralsund.

b) Gesetz zur Ausführung des Gerichtsstrukturgesetzes und zur Änderung von Rechtsvorschriften – Gerichtsorganisationsgesetz (GOrgG) –

vom 2. Juni 1992 (GVOBl. S. 314), zuletzt geändert durch Art. 1 des G vom 5. Juli 2002 (GVOBl. S. 439)

(Auszug)

Artikel 1 – Gesetz zur Ausführung des Gerichtsstrukturgesetzes

Abschnitt 1

§ 1   Geltungsbereich

(1) Die Bezirks- und Kreisgerichte des Landes werden aufgehoben. An ihre Stelle treten die durch das Gerichtsstrukturgesetz vom 19. März 1991 (GVOBl. M-V S. 103) eingerichteten Gerichte.

(2) Dieses Gesetz regelt die Aufnahme der den Gerichten und Staatsanwaltschaften zugewiesenen Aufgaben sowie die damit verbundenen personellen, sachlichen und organisatorischen Angelegenheiten.

Abschnitt 5 · Verwaltungsgerichtsbarkeit

§ 12   Besetzung des Oberverwaltungsgerichts

(1) Die Senate des Oberverwaltungsgerichts entscheiden außer in den Fällen des 48 Abs. 1 der Verwaltungsgerichtsordnung in der Besetzung von drei Richtern und zwei ehrenamtlichen Richtern.

(2) Bei Beschlüssen außerhalb der mündlichen Verhandlung und Gerichtsbescheiden wirken die ehrenamtlichen Richter nicht mit.

---

11   Mit auswärtiger Kammer in Boizenburg/Elbe (VO v. 26. März 1993 (GVBl. S. 226)).

§ 13   Normenkontrollverfahren

Das Oberverwaltungsgericht entscheidet in Normenkontrollverfahren nach § 47 der Verwaltungsgerichtsordnung auch über die Gültigkeit einer im Range unter dem Landesgesetz stehenden Rechtsvorschrift; in diesen Fällen entscheidet das Oberverwaltungsgericht in der Besetzung von fünf Richtern.

§ 14   Behörden als Verfahrensbeteiligte

(1) Behörden sind fähig, am Verfahren vor den Gerichten der allgemeinen Verwaltungsgerichtsbarkeit beteiligt zu sein.

(2) Anfechtungs- und Verpflichtungsklagen sind gegen die Behörde zu richten, die den angefochtenen Verwaltungsakt erlassen oder den beantragten Verwaltungsakt unterlassen hat.

9.
NIEDERSACHSEN

Niedersächsisches Ausführungsgesetz zur Verwaltungsgerichtsordnung (VwGO)
(Nds. Verwaltungsgerichtsgesetz)

in der Fassung vom 1. Juli 1993 (GVBl. S. 176), geändert durch Gesetz vom 10. Dezember 1997 (GVBl. S. 501)

§ 1

(1) Oberstes Landesgericht der allgemeinen Verwaltungsgerichtsbarkeit ist das »Niedersächsische Oberverwaltungsgericht«. Es hat seinen Sitz in Lüneburg.

(2) Verwaltungsgerichte bestehen in

1. Braunschweig,

2. Göttingen,

3. Hannover,

4. Lüneburg,

5. Oldenburg (Oldenburg),

6. Osnabrück,

7. Stade.

Die Verwaltungsgerichte führen den Namen der Gemeinde, in der sie ihren Sitz haben; ändert sich der Name der Gemeinde, so ändert sich auch der Name des Verwaltungsgerichts.

§ 2

(1) Der Bezirk des Niedersächsischen Oberverwaltungsgerichts umfasst das Land Niedersachsen.

(2) Gerichtsbezirke der Verwaltungsgerichte sind:

1. die Gebiete der Landkreise Gifhorn, Goslar, Helmstedt, Peine und Wolfenbüttel sowie der kreisfreien Städte Braunschweig, Salzgitter und Wolfsburg für das Verwaltungsgericht Braunschweig,

2. die Gebiete der Landkreise Göttingen, Northeim und Osterode am Harz für das Verwaltungsgericht Göttingen,

3. der Regierungsbezirk Hannover für das Verwaltungsgericht Hannover,

4. die Gebiete der Landkreise Celle, Harburg, Lüchow-Dannenberg, Lüneburg, Soltau-Fallingbostel und Uelzen für das Verwaltungsgericht Lüneburg,

5. die Gebiete der Landkreise Ammerland, Aurich, Cloppenburg, Friesland, Leer, Oldenburg (Oldenburg), Vechta, Wesermarsch und Wittmund und der kreisfreien Städte Delmenhorst, Emden, Oldenburg (Oldenburg) und Wilhelmshaven sowie das außerhalb von Landkreisen und kreisfreien Städten gelegene Gebiet des Regierungsbezirks Weser-Ems für das Verwaltungsgericht Oldenburg,

6. die Gebiete der Landkreise Emsland, Grafschaft Bentheim und Osnabrück sowie der kreisfreien Stadt Osnabrück für das Verwaltungsgericht Osnabrück,

7. die Gebiete der Landkreise Cuxhaven, Osterholz, Rotenburg (Wümme), Stade und Verden sowie das außerhalb von Landkreisen gelegene Gebiet des Regierungsbezirks Lüneburg für das Verwaltungsgericht Stade.

§ 3

Die oberste Dienstaufsicht über die Gerichte der Verwaltungsgerichtsbarkeit führt das Justizministerium.

§ 4

(1) Die Senate des Oberverwaltungsgerichts entscheiden in der Besetzung von drei Richterinnen oder Richtern und zwei ehrenamtlichen Richterinnen oder Richtern.

(2) Bei Beschlüssen außerhalb der mündlichen Verhandlung und bei Gerichtsbescheiden wirken die ehrenamtlichen Richterinnen und Richter nicht mit. Dies gilt nicht für Beschlüsse, durch die in Verfahren nach § 47 der Verwaltungsgerichtsordnung in der Hauptsache entschieden wird.

§ 5

(1) Die Vertrauensleute und die stellvertretenden Vertrauensleute für den bei jedem Verwaltungsgericht zu bestellenden Ausschuss werden durch eine Versammlung von Wahlbevollmächtigten gewählt. Die Vertretungskörperschaften der Landkreise und kreisfreien Städte der Verwaltungsgerichtsbezirke wählen je ein Mitglied und ein stellvertretendes Mitglied der Versammlung der Wahlbevollmächtigten. Die Zuständigkeit der Vertretungskörperschaften der großen selbstständigen Städte, der selbstständigen Gemeinden, der Stadt Göttingen und der Landeshauptstadt Hannover wird ausgeschlossen.

(2) Die Versammlung der Wahlbevollmächtigten wählt aus ihrer Mitte eine Vorsitzende oder einen Vorsitzenden und deren oder dessen Vertreterin oder Vertreter. Die oder der Vorsitzende beruft die Versammlung ein. Zu ihrer ersten Sitzung wird die Versammlung von demjenigen Mitglied der Versammlung einberufen, das die Gebietskörperschaft vertritt, in der das Verwaltungsgericht seinen Sitz hat.

(3) Die Versammlung ist beschlussfähig, wenn mehr als die Hälfte ihrer Mitglieder anwesend ist. Gewählt ist, wer die meisten Stimmen auf sich vereinigt. Bei Stimmengleichheit entscheidet das Los.

(4) Die Vertrauensleute und die stellvertretenden Vertrauensleute werden auf die Dauer von vier Jahren gewählt. Eine Ersatzwahl gilt nur für den Rest der Wahlperiode der bereits gewählten Vertrauensleute.

§ 6

Für den bei dem Oberverwaltungsgericht zu bestellenden Ausschuss wählt der Landtag oder ein durch ihn bestimmter Landtagsausschuss die Vertrauensleute und die stellvertretenden Vertrauensleute. § 5 Abs. 4 gilt entsprechend.

§ 7

Das Oberverwaltungsgericht entscheidet nach Maßgabe des § 47 der Verwaltungsgerichtsordnung auf Antrag über die Gültigkeit einer landesrechtlichen Verordnung
oder einer anderen im Range unter dem Landesgesetz stehenden Rechtsvorschrift.

§ 8

(1) Fähig, am Verfahren beteiligt zu sein, sind auch Landesbehörden.

(2) Hat eine Landesbehörde den angefochtenen Verwaltungsakt erlassen oder den
beantragten Verwaltungsakt unterlassen, so ist die Klage gegen sie zu richten.

§ 9

Dieses Gesetz tritt am 1. April 1960 in Kraft; gleichzeitig treten außer Kraft: (überholt)

10.
NORDRHEIN-WESTFALEN

Gesetz zur Ausführung der Verwaltungsgerichtsordnung[12] (AGVwGO)

vom 26. März 1960 (GVBl. S. 47), zuletzt geändert durch Art. 1 des G vom 18. November 2003 (GVBl. S. 715)

§ 1

(1) Das Oberverwaltungsgericht für das Land Nordrhein-Westfalen hat seinen Sitz
in Münster.

(2) Die Verwaltungsgerichte haben ihren Sitz

a) in Aachen für das Gebiet der kreisfreien Stadt Aachen und der Kreise Aachen,
Düren, Euskirchen und Heinsberg,

b) in Arnsberg für das Gebiet der kreisfreien Städte Hagen und Hamm sowie des
Ennepe-Ruhr-Kreises, des Hochsauerlandkreises, des Märkischen Kreises und
der Kreise Olpe, Siegen-Wittgenstein und Soest,

c) in Düsseldorf für das Gebiet der kreisfreien Städte Düsseldorf, Duisburg, Kre-
feld, Mönchengladbach, Mülheim a. d. Ruhr, Oberhausen, Remscheid, Solingen
und Wuppertal sowie der Kreise Kleve, Mettmann, Neuss, Viersen und Wesel,

d) in Gelsenkirchen für das Gebiet der kreisfreien Städte Bochum, Bottrop, Dortmund, Essen, Gelsenkirchen und Herne sowie der Kreise Recklinghausen und
Unna,

e) in Köln für das Gebiet der kreisfreien Städte Bonn, Köln und Leverkusen sowie
des Erftkreises, des Oberbergischen Kreises, des Rheinisch-Bergischen Kreises und des Rhein-Sieg-Kreises,

f) in Minden für das Gebiet der kreisfreien Stadt Bielefeld sowie der Kreise Güters-
loh, Herford, Höxter, Lippe, Minden-Lübbecke und Paderborn,

g) in Münster für das Gebiet der kreisfreien Stadt Münster sowie der Kreise Bor-
ken, Coesfeld, Steinfurt und Warendorf.

(3) (gestrichen)

---

12 Verordnung über den Vertreter des öffentlichen Interesses v. 26. März 1960 (GBl.
    S. 48).

(4) (aufgehoben)

§ 1a

Abweichend von § 52 Nr. 2 Satz 1 und 2 der Verwaltungsgerichtsordnung werden an das Verwaltungsgericht Minden die Verfahren in Streitigkeiten nach dem Gesetz über die Angelegenheiten der Vertriebenen und Flüchtlinge zugewiesen, die sich auf Entscheidungen des Bundesverwaltungsamtes beziehen und an denen Personen beteiligt sind, die bei Eingang ihres Antrages bei dem Bundesverwaltungsamt ihren Wohnsitz oder ständigen Aufenthalt in der Republik Kasachstan gehabt haben oder vor der Begründung ihres ständigen Aufenthalts in der Bundesrepublik Deutschland ihren Wohnsitz oder ständigen Aufenthalt in dieser Republik hatten. Die örtliche Zuständigkeit für Verfahren des vorläufigen Rechtsschutzes und für sonstige Nebenverfahren bestimmt sich nach der Zuständigkeit für das Hauptsacheverfahren.

§ 2

Oberste Dienstaufsichtsbehörde für die Gerichte der allgemeinen Verwaltungsgerichtsbarkeit ist der Justizminister.

§ 3

(1) Der Präsident eines jeden Verwaltungsgerichts bestimmt nach Anhörung des Präsidiums die Zahl der Kammern.

(2) Für das Oberverwaltungsgericht gilt Absatz 1 entsprechend.

§ 4

(aufgehoben)

§ 5

(1) Behörden sind fähig, am Verfahren vor den Gerichten der allgemeinen Verwaltungsgerichtsbarkeit beteiligt zu sein.

(2) Anfechtungsklagen und Verpflichtungsklagen sind gegen die Behörde zu richten, die den angefochtenen Verwaltungsakt erlassen oder den beantragten Verwaltungsakt unterlassen hat. Dies gilt nicht für Klagen im Sinne des § 52 Nr. 4 der Verwaltungsgerichtsordnung.

§ 6

(1) Einer Nachprüfung in einem Vorverfahren im Sinne des § 68 der Verwaltungsgerichtsordnung bedarf es nicht, wenn eine Kollegialbehörde den angefochtenen Verwaltungsakt oder die Ablehnung eines Verwaltungsaktes in einem förmlichen Verfahren beschlossen hat.

(2) Vorschriften, nach denen über einen Rechtsbehelf gegen eine Entscheidung einer Kollegialbehörde eine andere Kollegialbehörde zu befinden hat, bleiben unberührt.

§ 7

In Angelegenheiten, die den Gemeinden und Kreisen als Pflichtaufgaben zur Erfüllung nach Weisung übertragen sind, erlässt die Aufsichtsbehörde den Widerspruchsbescheid.

§ 8

Rechtsbehelfe, die sich gegen Maßnahmen der Vollstreckungsbehörden und der Vollzugsbehörden (§§ 2 und 56 des Verwaltungsvollstreckungsgesetzes für das Land Nordrhein-Westfalen) in der Verwaltungsvollstreckung richten, haben keine aufschiebende Wirkung. § 80 Abs. 4, 5, 7 und 8 der Verwaltungsgerichtsordnung gilt entsprechend.

§ 9

In Verwaltungsangelegenheiten erheben die Behörden der allgemeinen Verwaltungsgerichtsbarkeit Kosten (Gebühren und Auslagen) nach dem Gesetz über Kosten im Bereich der Justizverwaltung vom 7. Januar 1958 (GV NW S. 11).

§ 10

(1) Die Senate des Oberverwaltungsgerichts entscheiden vorbehaltlich der Absätze 2 und 3 in der Besetzung von drei Richtern und zwei ehrenamtlichen Richtern. Bei Beschlüssen außerhalb der mündlichen Verhandlung wirken die ehrenamtlichen Richter nicht mit.

(2) In den Verfahren nach § 47 der Verwaltungsgerichtsordnung entscheiden die Senate des Oberverwaltungsgerichts in der Besetzung von drei Richtern.

(3) Der Große Senat beim Oberverwaltungsgericht besteht aus dem Präsidenten und sechs Richtern. In den Fällen des § 12 Abs. 1 Satz 1 in Verbindung mit § 11 Abs. 2 der Verwaltungsgerichtsordnung tritt ein Mitglied jedes beteiligten Senats, in den Fällen des § 12 Abs. 1 Satz 1 in Verbindung mit § 11 Abs. 4 der Verwaltungsgerichtsordnung ein Mitglied des erkennenden Senats hinzu. Satz 2 gilt nicht, soweit der beteiligte oder der erkennende Senat bereits durch ein ständiges Mitglied im Großen Senat vertreten ist.

§§ 11 bis 13

(aufgehoben)

§ 14

(überholt)

§ 15

Dieses Gesetz tritt am 1. April 1960 in Kraft; gleichzeitig treten die nachfolgenden Vorschriften außer Kraft (überholt).

11.
RHEINLAND-PFALZ

Landesgesetz zur Ausführung der Verwaltungsgerichtsordnung (AGVwGO)[13]

in der Fassung vom 5. Dezember 1977 (GVBl. S. 452), zuletzt geändert durch G vom 21. Juli 2003 (GVBl. S. 212)

---

13 Die Zuständigkeit der Verwaltungsgerichte ergibt sich aus dem Gerichtsorganisationsgesetz v. 5. Oktober 1977 (GVBl. S. 333), zuletzt geändert durch G v. 26. Oktober 1998 (GVBl. S. 283).

ERSTER ABSCHNITT
Gerichte der allgemeinen Verwaltungsgerichtsbarkeit

§ 1

(aufgehoben)

§ 2 Besetzung der Senate

(1) Die Senate des Oberverwaltungsgerichts entscheiden in der Besetzung von drei Richtern und zwei ehrenamtlichen Richtern. Bei Beschlüssen außerhalb der mündlichen Verhandlung wirken die ehrenamtlichen Richter nicht mit.

(2) In Normenkontrollverfahren nach § 47 der Verwaltungsgerichtsordnung (VwGO) und in Verfahren nach § 48 Abs. 1 VwGO entscheidet das Oberverwaltungsgericht in der Besetzung von drei Richtern.

§ 3 Amtszeit der Vertrauensleute

(1) Die Vertrauensleute des Ausschusses zur Wahl der ehrenamtlichen Richter (§ 26 VwGO) und ihre Vertreter werden auf die Dauer von vier Jahren gewählt.

(2) Die Vertrauensleute und ihre Vertreter bleiben auch nach Ablauf ihrer Amtszeit bis zur Neuwahl ihrer Nachfolger im Amt.

§ 4 Erstinstanzliche Zuständigkeit des Oberverwaltungsgerichts

(1) Das Oberverwaltungsgericht entscheidet nach Maßgabe des § 47 VwGO über die Gültigkeit einer im Range unter dem Landesgesetz stehenden Rechtsvorschrift. Dies gilt nicht für Rechtsverordnungen, die Handlungen eines Verfassungsorgans im Sinne des Artikels 130 Abs. 1 der Verfassung für Rheinland-Pfalz sind.

(2) Das Oberverwaltungsgericht entscheidet im ersten Rechtszug auch über Streitigkeiten, die Besitzeinweisungen in dern Fällen des § 48 Abs. 1 Satz 1 VwGO betreffen.

§ 5 Veröffentlichung von Entscheidungen

Das Oberverwaltungsgericht veröffentlicht seine Entscheidungen, soweit sie von grundsätzlicher Bedeutung sind. Die Auswahl trifft das Präsidium.

ZWEITER ABSCHNITT
Vorverfahren vor den Rechtsausschüssen

§ 6 Zuständigkeit

(1) An Stelle der in § 73 Abs. 1 Satz 2 Nr. 1 und 3 VwGO genannten Behörden erlässt, soweit gesetzlich nichts anderes bestimmt ist, den Widerspruchsbescheid

1. der Kreisrechtsausschuss, wenn sich der Widerspruch gegen einen Verwaltungsakt
   a) der Kreisverwaltung,
   b) einer der Kreisverwaltung nachgeordneten Behörde,
   c) einer Verbandsgemeindeverwaltung,
   d) der Gemeindeverwaltung einer kreisangehörigen Gemeinde oder
   e) der Behörde einer sonstigen der Aufsicht der Kreisverwaltung unterstehenden Körperschaft, Anstalt oder Stiftung des öffentlichen Rechts
   richtet,

2. der Stadtrechtsausschuss, wenn sich der Widerspruch gegen einen Verwaltungsakt der Stadtverwaltung einer kreisfreien oder großen kreisangehörigen Stadt oder der Behörde einer ihrer Aufsicht unterstehenden Körperschaft, Anstalt oder Stiftung des öffentlichen Rechts richtet.

(2) Verwaltungsakte, die von einer Verbandsgemeindeverwaltung, der Gemeindeverwaltung einer kreisangehörigen Gemeinde oder der Behörde einer sonstigen der Aufsicht der Kreisverwaltung unterstehenden Körperschaft, Anstalt oder Stiftung des öffentlichen Rechts in Selbstverwaltungsangelegenheiten erlassen worden sind, können vom Rechtsausschuss nur auf ihre Rechtmäßigkeit nachgeprüft werden. Das Gleiche gilt für Verwaltungsakte, die von der Behörde einer der Aufsicht der Stadtverwaltung nach Absatz 1 Nr. 2 unterstehenden Körperschaft, Anstalt oder Stiftung des öffentlichen Rechts erlassen worden sind.

(3) Richtet sich der Widerspruch gegen eine Entscheidung der Kreisverwaltung, die diese im Rahmen der ihr übertragenen Aufgaben der höheren Verwaltungsbehörde nach § 6 Abs. 1, 3 und 4 Satz 1 Halbsatz 2, § 10 Abs. 2 § 17 Abs. 3, § 34 Abs. 5 Satz 2, § 35 Abs. 6 Satz 6 oder § 203 Abs. 3 Satz 3 des Baugesetzbuches getroffen hat, so erlässt die Struktur- und Genehmigungsdirektion den Widerspruchsbescheid.

§ 6a   Vorlagepflicht

Hilft die Behörde, die den Verwaltungsakt erlassen hat, dem Widerspruch nicht ab, ist er mit den einschlägigen Verwaltungsvorgängen innerhalb von sechs Wochen nach Eingang bei der Behörde dem nach § 6 Abs. 1 zuständigen Rechtsausschuss vorzulegen. Der Vorsitzende (§ 8) kann die Frist aus wichtigem Grund verlängern.

§ 7   Bildung der Rechtsausschüsse

(1) Bei jeder Kreisverwaltung wird ein Kreisrechtsausschuss, bei jeder Stadtverwaltung einer kreisfreien oder großen kreisangehörigen Stadt ein Stadtrechtsausschuss gebildet. Die Rechtsausschüsse sind Ausschüsse des Landkreises (der kreisfreien oder großen kreisangehörigen Stadt); sie unterliegen jedoch nicht den Weisungen der Organe dieser Gebietskörperschaften.

(2) Der Rechtsausschuss entscheidet in der Besetzung von einem Vorsitzenden und zwei Beisitzern. Alle Mitglieder haben gleiches Stimmrecht. § 1 Abs. 1 des Landesverwaltungsverfahrensgesetzes (LVwVfG) in Verbindung mit den §§ 90 und 91 des Verwaltungsverfahrensgesetzes (VwVfG) findet keine Anwendung.

§ 8   Vorsitzender

Der Landrat (Oberbürgermeister) führt den Vorsitz im Rechtsausschuss. Er kann Beamten mit der Befähigung zum Richteramt oder höheren Verwaltungsdienst (§ 174 VwGO) den Vorsitz im Rechtsausschuss übertragen; Ausnahmen sind nur mit Genehmigung der Aufsichts- und Dienstleistungsdirektion zulässig.

§ 9   Beisitzer

(1) Der Kreistag (Stadtrat) wählt für die Dauer seiner Wahlzeit mindestens sechs Beisitzer. Sie müssen wählbar nach den Vorschriften des Kommunalwahlgesetzes sein.

(2) Die Beisitzer bleiben bis zur Neuwahl ihrer Nachfolger im Amt, jedoch nicht länger als sechs Monate nach Ablauf der Wahlzeit des Kreistages (Stadtrates).

(3) Das Amt des Beisitzers ist ein Ehrenamt im Sinne der §§ 12 bis 15 der Landkreisordnung (§§ 18 bis 21 der Gemeindeordnung).

§ 10   Ausschluss vom Beisitzeramt

Vom Amt eines Beisitzers sind ausgeschlossen

1. Personen, die wegen einer vorsätzlichen Straftat zu einer Freiheitsstrafe von mehr als sechs Monaten verurteilt worden sind,

2. Personen, gegen die öffentliche Klage wegen einer Straftat erhoben ist, die die Aberkennung der Fähigkeit zur Bekleidung öffentlicher Ämter oder zur Erlangung von Rechten aus öffentlichen Wahlen zur Folge haben kann,

3. Personen, die durch gerichtliche Anordnung in der Verfügung über ihr Vermögen beschränkt sind.

§ 11   Abberufung von Beisitzern

(1) Ein Beisitzer ist von seinem Amt abzuberufen,

1. wenn seine Wahl nach § 9 Abs. 1 Satz 2 und § 10 nicht zulässig war oder nicht mehr zulässig wäre, oder

2. wenn er seine Amtspflichten gröblich verletzt hat, oder

3. wenn er die zur Ausübung seines Amtes erforderlichen geistigen oder körperlichen Fähigkeiten nicht mehr besitzt, oder

4. wenn er einen wichtigen Grund im Sinne des § 13 Abs. 1 und 2 der Landkreisordnung (§ 19 Abs. 1 und 2 der Gemeindeordnung) geltend macht.

(2) Die Entscheidung trifft der Kreistag (Stadtrat) nach Anhörung des Beisitzers. In dringenden Fällen kann der Landrat (Oberbürgermeister) dem Beisitzer vorläufig die Ausübung seines Amtes untersagen (Absatz 1 Nr. 1 bis 3) oder ihn vorläufig von seinen Amtspflichten entbinden (Absatz 1 Nr. 4).

(3) War die öffentliche Klage erhoben, so ist die Entscheidung vom Kreistag (Stadtrat) auf Antrag des Beisitzers aufzuheben, wenn dieser rechtskräftig außer Verfolgung gesetzt oder freigesprochen worden ist.

§ 12   Ausschluss von der Mitwirkung im Verfahren

(1) Hält sich ein Mitglied des Rechtsausschusses nach § 1 Abs. 1 LVwVfG in Verbindung mit § 20 Abs. 1 VwVfG für ausgeschlossen oder bestehen Zweifel, ob die Voraussetzungen für einen Ausschluss gegeben sind, so entscheidet über den Ausschluss

1. des Vorsitzenden im Falle des § 8 Satz 1 die Aufsichts- und Dienstleistungsdirektion, in den Fällen des § 8 Satz 2 der Landrat (Oberbürgermeister),

2. eines Beisitzers der Vorsitzende.

(2) In den Fällen des § 1 Abs. 1 LVwVfG in Verbindung mit § 21 Abs. 1 Satz 1 VwVfG gilt Absatz 1 entsprechend.

(3) Ein Mitglied des Rechtsausschusses ist nicht nach § 20 Abs. 1 Satz 1 Nr. 3 VwVfG ausgeschlossen, wenn es die Gebietskörperschaft, bei der der Rechtsausschuss gebildet ist, kraft Gesetzes vertritt.

§ 13   Reihenfolge der Mitwirkung

(1) Die Beisitzer sind zu den Sitzungen des Rechtsausschusses gleichmäßig heranzuziehen; die Reihenfolge wird vom Landrat (Oberbürgermeister) vor Beginn des Kalenderjahres bestimmt.

(2) Bei unvorhergesehener Verhinderung eines Beisitzers kann der Landrat (Oberbürgermeister) von der Reihenfolge (Absatz 1) abweichen.

§ 14   Verpflichtung

Der Beisitzer ist bei Antritt seines Amtes in öffentlicher Sitzung von dem Vorsitzenden des Rechtsausschusses durch Handschlag zur gewissenhaften und gerechten
Ausübung seines Amtes zu verpflichten. Über die Verpflichtung wird eine Niederschrift aufgenommen.

§ 15   Entschädigung der Beisitzer

Die Beisitzer erhalten vom Landkreis (der kreisfreien oder großen kreisangehörigen
Stadt) eine Sitzungsvergütung, deren Höhe durch Rechtsverordnung festgesetzt
wird.

§ 16   Verfahren

(1) Der Vorsitzende trifft, soweit gesetzlich nichts anderes bestimmt ist, alle zur
Vorbereitung der Entscheidung erforderlichen Maßnahmen.

(2) Vor Erlass des Widerspruchsbescheides ist der Widerspruch mit den Beteiligten
mündlich zu erörtern. Wenn bei der Ladung darauf hingewiesen wurde, kann beim
Ausbleiben eines Beteiligten auch ohne ihn verhandelt und entschieden werden.
Die Verhandlung ist öffentlich; der Rechtsausschuss kann die Öffentlichkeit aus
wichtigem Grund ausschließen. Mit Einverständnis aller Beteiligten kann von der
mündlichen Erörterung abgesehen werden.

(3) Bei der Beratung und Abstimmung dürfen außer den Mitgliedern des Rechtsausschusses nur die bei der Kreisverwaltung (der Stadtverwaltung) zu ihrer Ausbildung
beschäftigten Personen zugegen sein, soweit der Vorsitzende ihre Anwesenheit gestattet. Das Gleiche gilt für die Anwesenheit des Schriftführers. Die Teilnehmer sind
verpflichtet, über die Beratung und Abstimmung Stillschweigen zu bewahren.

(4) Die Beteiligten können zur Erledigung des Vorverfahrens einen Vergleich auch
zur Aufnahme in die über die Sitzung zu fertigende Niederschrift schließen. Der
Text des Vergleiches ist den Beteiligten vorzulesen oder zur Durchsicht vorzulegen.
Ist der Inhalt der Niederschrift auf einen Tonträger vorläufig aufgezeichnet worden,
so genügt es, wenn der Wortlaut des Vergleiches abgespielt wird. Die Zustimmung
der Beteiligten zu dem Vergleich ist in der Niederschrift zu vermerken.

(5) Der Rechtsausschuss entscheidet durch den Vorsitzenden,

1. wenn der Widerspruchsführer das Verfahren trotz schriftlicher Aufforderung
   durch den Vorsitzenden länger als drei Monate nicht betreibt,

2. über die Anordnung und die Aussetzung der sofortigen Vollziehung in den Fällen des § 80 Abs. 2 Satz 1 Nr. 4 und Abs. 4 und des § 80a Abs. 1 und 2 VwGO,

3. über den Antrag nach § 19 Abs. 1 Satz 5, sofern der Widerspruch beim Rechtsausschuss anhängig war.

Der Rechtsausschuss kann auch durch den Vorsitzenden entscheiden, wenn der
Widerspruch offensichtlich unzulässig ist oder alle Beteiligten damit einverstanden
sind. In den Fällen der Sätze 1 und 2 bedarf es keiner mündlichen Erörterung mit
den Beteiligten.

(6) Wird ein Beteiligter durch einen Rechtsanwalt vertreten, können die Akten dem
bevollmächtigten Rechtsanwalt vorübergehend zur Einsicht in die Wohnung oder
in seinen Geschäftsraum übergeben werden. Im Übrigen bleibt § 1 Abs. 1 LVwVfG
in Verbindung mit § 29 VwVfG unberührt.

(7) Hat der Widerspruch ganz oder teilweise Erfolg, so ist der Widerspruchsbescheid außer den Beteiligten unverzüglich auch der Aufsichts- und Dienstleistungsdirektion zuzustellen; betrifft der Widerspruchsbescheid eine Angelegenheit im Aufgabenbereich einer anderen oberen Aufsichtsbehörde, so ist auch dieser der
Widerspruchsbescheid unverüglich zuzustellen.

§ 17   Aufsicht

(1) Die Aufsichts- und Dienstleistungsdirektion, im Falle des § 16 Abs. 7 Halbsatz 2 die andere obere Aufsichtsbehörde kann gegen einen Widerspruchsbescheid gemäß § 16 Abs. 7, dessen Rechtswidrigkeit sie geltend macht, Klage bei dem Verwaltungsgericht erheben, wenn sie es im öffentlichen Interesse für geboten hält. Der Widerspruchsführer unverzüglich von der Klageerhebung zu benachrichtigen.

(2) Für dieses Verfahren ist die Aufsichts- und Dienstleistungsdirektion, im Falle des § 16 Abs. 7 Halbsatz 2 die andere obere Aufsichtsbehörde, beteiligungsfähig im Sinne des § 61 Nr. 3 VwGO.

§ 18   Anderweitige Regelung des Vorverfahrens

Gesetze, die für bestimmte Fälle die Mitwirkung der Rechtsausschüsse im Vorverfahren ausschließen, bleiben unberührt.

DRITTER ABSCHNITT
Erstattung von Kosten im Vorverfahren

§ 19

(1) Soweit der Widerspruch erfolgreich ist, hat der Rechtsträger, dessen Behörde den angefochtenen Verwaltungsakt erlassen hat, demjenigen, der den Widerspruch erhoben hat, die zur zweckentsprechenden Rechtsverfolgung oder Rechtsverteidigung notwendigen Aufwendungen zu erstatten. Dies gilt auch, wenn der Widerspruch nur deshalb keinen Erfolg hat, weil die Verletzung einer Verfahrens- oder Formvorschrift unbeachtlich ist. Soweit der Widerspruch erfolglos geblieben ist, hat derjenige, der den Widerspruch eingelegt hat, die zur zweckentsprechenden Rechtsverfolgung oder Rechtsverteidigung notwendigen Aufwendungen der Behörde, die den angefochtenen Verwaltungsakt erlassen hat, zu erstatten; dies gilt nicht, wenn der Widerspruch gegen einen Verwaltungsakt eingelegt wird, der im Rahmen

1. eines bestehenden oder früheren öffentlich-rechtlichen Dienst- oder Amtsverhältnisses oder

2. einer bestehenden oder früheren gesetzlichen Dienstpflicht oder einer Tätigkeit, die an Stelle der gesetzlichen Dienstpflicht geleistet werden kann, oder

3. einer Angelegenheit, für die auf Grund einer Rechtsverordnung nach § 7 Abs. 2 Nr. 1 und 2 des Landesgebührengesetzes für Rheinland-Pfalz Gebührenfreiheit besteht,

erlassen wurde. Aufwendungen, die durch das Verschulden eines Erstattungsberechtigten entstanden sind, hat dieser selbst zu tragen; das Verschulden eines Vertreters ist dem Vertretenen zuzurechnen. Erledigt sich der Widerspruch auf andere Weise, so wird auf Antrag von der Behörde bei der der Widerspruch anhängig war, über die Kosten nach billigem Ermessen entschieden; der bisherige Sachstand ist zu berücksichtigen.

(2) Die Gebühren und Auslagen eines Rechtsanwaltes oder eines sonstigen Bevollmächtigten im Vorverfahren sind erstattungsfähig, wenn die Zuziehung eines Bevollmächtigten in der Kostenentscheidung für notwendig erklärt wird.

(3) Die Behörde, die die Kostenentscheidung getroffen hat, setzt auf Antrag den Betrag der zu erstattenden Aufwendungen fest; an Stelle eines Rechtsausschusses trifft die Festsetzung die Kreisverwaltung als Verwaltungsbehörde des Landkreises oder die Stadtverwaltung.

VIERTER ABSCHNITT
Rechtsbehelfe gegen Vollstreckungsmaßnahmen

§ 20   Ermächtigung

Die Rechtsbehelfe, die sich gegen Maßnahmen in der Verwaltungsvollstreckung richten, haben keine aufschiebende Wirkung.

FÜNFTER ABSCHNITT
Gerichtliches Disziplinarverfahren nach dem Bundesdisziplinarge-setz

§ 21   Wahl der Beamtenbeisitzer

(1) Die Beamtenbeisitzer der Kammer für Disziplinarsachen (§ 47 des Bundesdiszi-plinargesetzes) werden von dem zur Wahl der ehrenamtlichen Richter bestellten Ausschuss (§ 26 VwGO) auf vier Jahre gewählt. Wird eine Nachwahl erforderlich, so ist sie nur für der Rest der Amtszeit wahrzunehmen.

(2) Das für die Angelegenheiten der Rechtspflege zuständige Ministerium stellt in jedem vierten Jahr eine Vorschlagsliste von Beamtenbeisitzern auf. Hierbei ist die doppelte Anzahl der durch den Präsidenten des Verwaltungsgerichts als erforderlich bezeichneten Beamtenbeisitzer zu Grunde zu legen. Die obersten Bundesbehörden und die Spitzenorganisationen der Gewerkschaften der Beamten können Bundes-beamte für die Aufnahme in die Liste vorschlagen. In der Liste sind die Beamten nach Laufbahngruppen und Verwaltungsbereichen gegliedert aufzuführen. Die Liste ist dem Präsidenten des Verwaltungsgerichts zuzusenden.

Für die Beamtenbeisitzer des Senats für Disziplinarsachen (§ 51 Abs. 1 in Verbin-dung mit § 47 des Bundesdisziplinargesetzes) gelten die Absätze 1 und 2 entspre-chend.

SECHSTER ABSCHNITT
Schlussbestimmungen

§ 22   Ermächtigung

Die zur Durchführung des zweiten Abschnitts dieses Gesetzes erforderlichen Rechtsvorschriften erlässt die Landesregierung.

§ 23   In-Kraft-Treten

Dieses Gesetz tritt am 1. August 1960 in Kraft.

12.
SAARLAND

Gesetz Nr. 719 Saarländisches Ausführungsgesetz zur Verwal-tungsgerichtsordnung (AGVwGO)

vom 5. Juli 1960 (Amtsbl. S. 558), zuletzt geändert durch Gesetz vom 16. Oktober 1997 (Amtsbl. S. 1130, ber. Abl. 1998, 195)

ERSTER ABSCHNITT
Verwaltungsgericht und Oberverwaltungsgericht

§ 1   (Zu §§ 1 bis 3 VwGO) Bezeichnung und Sitz der Gerichte

(1) Im Saarland wird die allgemeine Verwaltungsgerichtsbarkeit durch das Verwaltungsgericht und das Oberverwaltungsgericht ausgeübt.

(2) Das Verwaltungsgericht führt die Bezeichnung »Verwaltungsgericht des Saarlandes«, das Oberverwaltungsgericht die Bezeichnung »Oberverwaltungsgericht des Saarlandes«.

(3) Das Verwaltungsgericht und das Oberverwaltungsgericht haben ihren Sitz in Saarlouis.

§ 2   (Zu § 38 VwGO) Dienstaufsicht

(1) Oberste Dienstaufsichtsbehörde für das Verwaltungsgericht und das Oberverwaltungsgericht ist das Ministerium der Justiz.

(2) Die §§ 1, 14–18 des Gesetzes Nr. 951, des Saarländischen Ausführungsgesetzes des Gerichtsverfassungsgesetzes vom 4. Oktober 1992 (Amtsbl. S. 601) in ihrer jeweils geltenden Fassung sind auf die Gerichte der Verwaltungsgerichtsbarkeit entsprechend anzuwenden.

§ 3   (Zu §§ 5, 9 Abs. 4 VwGO) Vertreter der Präsidenten

Das Ministerium der Justiz kann einen Richter des Verwaltungsgerichts zum ständigen Vertreter des Präsidenten des Verwaltungsgerichts und einen Richter des Oberverwaltungsgerichts zum ständigen Vertreter des Präsidenten des Oberverwaltungsgerichts ernennen. Ist ein Richter in eine für den ständigen Vertreter bestimmte Planstelle eingewiesen, so ist er der ständige Vertreter.

§ 4   (Zu §§ 7, 9 Abs. 4 VwGO) Kammern und Senate

Die Zahl der Kammern beim Verwaltungsgericht bestimmt der Präsident des Verwaltungsgerichts, die Zahl der Senate bei dem Oberverwaltungsgericht bestimmt der Präsident des Oberverwaltungsgerichts, beide nach Anhörung der zuständigen Präsidien. Das Ministerium der Justiz kann dem Präsidenten des Verwaltungsgerichts und dem Präsidenten des Oberverwaltungsgerichts hierfür Weisungen erteilen.

§ 5   (Zu § 13 VwGO) Geschäftsstelle

(1) Die Einrichtungen der Geschäftsstelle bei den Verwaltungsgerichten bestimmt das Ministerium der Justiz.

(2) § 10 des Saarländischen Ausführungsgesetz zum Gerichtsverfassungsgesetz vom 4. Oktober 1972 (Amtsbl. S. 601), ist in seiner jeweils geltenden Fassung auf die Gerichte der Verwaltungsgerichtsbarkeit entsprechend anzuwenden.

§ 6   (Zu § 26 VwGO) Wahl der Vertrauensleute

(1) Die in den Ausschuss zur Wahl der ehrenamtlichen Verwaltungsrichter (§ 26 VwGO) zu entsendenden sieben Vertrauensleute und ihre Vertreter wählt der Landtag für die Dauer seiner Wahlperiode. Wiederwahl ist zulässig.

(2) Die gewählten Vertrauensleute und ihre Vertreter bleiben auch nach Ablauf der Wahlperiode des Landtages bis zur Wahl ihrer Nachfolger im Amt.

ZWEITER ABSCHNITT
Vorverfahren

§ 7   Bildung der Rechtsausschüsse

(1) Zur Entscheidung über Widersprüche im Vorverfahren, denen die Behörde, die den Verwaltungsakt erlassen hat, nicht abhilft, wird für die Fälle des § 8 Abs. 1 Nr. 1 bis 3 in jedem Landkreis ein Kreisrechtsausschuss, beim Stadtverband Saarbrücken ein Rechtsausschuss für den Stadtverband in der Landeshauptstadt Saarbrücken und in jeder kreisfreien Stadt ein Stadtrechtsausschuss gebildet.

(2) Der Rechtsausschuss entscheidet in der Besetzung von einem Vorsitzenden und zwei Beisitzern.

§ 8   Besondere Zuständigkeit

(1) Abweichend von § 73 Abs. 1 Satz 2 VwGO erlässt den Widerspruchsbescheid

1. der Stadtrechtsausschuss, wenn sich der Widerspruch gegen den Verwaltungsakt
   a) der kreisfreien Stadt oder der Landeshauptstadt Saarbrücken oder
   b) einer unteren Landesbehörde oder einer Körperschaft, Anstalt oder Stiftung des öffentlichen Rechts, deren örtlicher Zuständigkeitsbereich über das Gebiet einer kreisfreien Stadt oder der Landeshauptstadt Saarbrücken nicht hinausgeht,
   richtet,

2. der Kreisrechtsausschuss, wenn sich der Widerspruch gegen den Verwaltungsakt
   a) einer kreisangehörigen Gemeinde,
   b) des Landkreises oder
   c) einer unteren Landesbehörde oder einer Körperschaft, Anstalt oder Stiftung des öffentlichen Rechts, deren örtlicher Zuständigkeitsbereich über das Gebiet eines Landkreises nicht hinausgeht,
   richtet,

3. der Rechtsausschuss für den Stadtverband, wenn sich der Widerspruch gegen den Verwaltungsakt
   a) einer stadtverbandsangehörigen Gemeinde,
   b) des Stadtverbandes oder
   c) einer unteren Landesbehörde oder einer Körperschaft, Anstalt oder Stiftung des öffentlichen Rechts, deren örtlicher Zuständigkeitsbereich über das Gebiet des Stadtverbandes nicht hinausgeht,
   richtet,

4. die zuständige oberste Landesbehörde, wenn sich der Widerspruch gegen den Verwaltungsakt einer dieser obersten Landesbehörde unmittelbar nachgeordneten Behörde richtet, es sei denn, dass diese eine untere Landesbehörde im Sinne von Nr. 1 Buchstabe b, Nr. 2 Buchstabe c oder Nr. 3 Buchstabe c ist,

5. das Ministerium für Umwelt, Energie und Verkehr, wenn sich der Widerspruch gegen einen Verwaltungsakt einer Vermessungsstelle im Sinne des § 2 Abs. 3 des Saarländischen Vermessungs- und Katastergesetzes richtet.

(2) In kommunalen Selbstverwaltungsangelegenheiten und bei den Verwaltungsakten von Körperschaften, Anstalten oder Stiftungen des öffentlichen Rechts im Sinne von Absatz 1 Nr. 1 Buchstabe b, Nr. 2 Buchstabe c oder Nr. 3 Buchstabe c beschränkt sich die Nachprüfung im Widerspruchsverfahren nach Absatz 1 auf die Rechtmäßigkeit des Verwaltungsaktes.

§ 9   Vorsitzender

Den Vorsitz führt im Kreisrechtsausschuss der Landrat, im Rechtsausschuss für den Stadtverband der Stadtverbandspräsident und im Stadtrechtsausschuss der Oberbürgermeister. Der Vorsitzende kann sich durch einen Beauftragten vertreten lassen, der die Befähigung zum Richteramt oder zum höheren Verwaltungsdienst (§ 174 VwGO) besitzt.

§ 10   Beisitzer

(1) Beisitzer kann sein, wer

a) beim Kreisrechtsausschuss für den Kreistag,

b) beim Stadtrechtsausschuss für den Stadtrat,

c) beim Rechtsausschuss für den Stadtverband für den Stadtverbandstag wählbar ist.

(2) Das Amt des Beisitzers ist ein Ehrenamt. Die Vorschriften des Kommunalselbstverwaltungsgesetzes über ehrenamtliche Tätigkeit sind entsprechend anzuwenden, soweit dieses Gesetz nichts anderes bestimmt.

(3) Der Kreistag, Stadtrat oder Stadtverbandstag beruft innerhalb von drei Monaten nach dem Beginn der Amtszeit mindestens sechs Beisitzer für die Dauer seiner allgemeinen Amtszeit. Ergibt sich bei der Berufung der Beisitzer keine Einigung, so werden diese vom Kreistag, Stadtrat oder Stadtverbandstag auf Grund von Wahlvorschlägen nach den Grundsätzen der Verhältniswahl unter Bindung an die Wahlvorschläge gewählt. Das Wahlergebnis ist nach dem Höchstzahlverfahren nach d'Hondt festzustellen.

(4) Die Beisitzer führen auch nach Ablauf der allgemeinen Amtszeit des Kreistages, Stadtrates oder Stadtverbandstages ihr Amt als Beisitzer bis zur Berufung ihrer Nachfolger weiter.

§ 11   Unvereinbarkeit und Ausschluss

(1) Zum Beisitzer können nicht gewählt werden

1. Mitglieder des Bundestages, des Landtages, der Bundesregierung oder der Landesregierung,

2. Beamte, soweit sie nicht Ehrenbeamte sind, Richter und Soldaten sowie Angestellte im öffentlichen Dienst,

3. ehrenamtliche Verwaltungsrichter,

4. Rechtsanwälte, Notare und Personen, die fremde Rechtsangelegenheiten geschäftsmäßig besorgen.

(2) Vom Amt eines Beisitzers sind ausgeschlossen

1. Personen, die infolge Richterspruchs die Fähigkeit zur Bekleidung öffentlicher Ämter nicht besitzen oder wegen einer vorsätzlichen Tat zu einer Freiheitsstrafe von mehr als sechs Monaten verurteilt worden sind,

2. Personen, gegen die Anklage wegen einer vorsätzlichen Tat erhoben ist, die den Verlust der Fähigkeit zur Bekleidung öffentlicher Ämter zur Folge haben kann,

3. Personen, die durch gerichtliche Anordnung in der Verfügung über ihr Vermögen beschränkt sind,

4. Personen, die die zur Ausübung des Amtes des Beisitzers erforderlichen geistigen und körperlichen Fähigkeiten nicht besitzen.

§ 12   Abberufung

(1) Ein Beisitzer ist abzuberufen,

1. wenn eine der Voraussetzungen des § 9 im Zeitpunkt seiner Wahl vorlag oder nachträglich eintritt, oder

2. wenn er einen Befreiungsgrund nach dem Kommunalselbstverwaltungsgesetz geltend macht, oder

3. wenn er seine Amtspflichten gröblich verletzt, oder

4. wenn er seinen Wohnsitz im örtlichen Zuständigkeitsbereich des Rechtsausschusses aufgibt.

(2) Die Entscheidung nach Absatz 1 trifft der Kreistag, Stadtrat oder Stadtverbandstag.

(3) Auf Antrag ist die Entscheidung vom Kreistag, Stadtrat oder Stadtverbandstag aufzuheben, wenn sie auf § 9 Abs. 2 Nr. 1 oder 2 beruhte und der Antragsteller rechtskräftig außer Verfolgung gesetzt oder rechtskräftig freigesprochen worden ist.

§ 13   Mitwirkung der Beisitzer

(1) Der Vorsitzende des Rechtsausschusses bestimmt vor Beginn des Kalenderjahres die Reihenfolge, in der die Beisitzer zu den Sitzungen herangezogen werden. Werden während eines Kalenderjahres neue Beisitzer gewählt, so bestimmt der Vorsitzende alsbald nach der Wahl die Reihenfolge ihrer Mitwirkung bei den Sitzungen für den Rest des Kalenderjahres.

(2) Für die Heranziehung von Vertretern bei unvorhergesehener Verhinderung kann eine Hilfsliste aus Beisitzern aufgestellt werden, die am Ort des Sitzes des Rechtsausschusses oder in seiner Nähe wohnen.

§ 14   Verpflichtung

Die Beisitzer werden vor ihrer ersten Dienstleistung vom Vorsitzenden des Rechtsausschusses in öffentlicher Sitzung durch Handschlag zur gewissenhaften und unparteiischen Führung ihres Amtes verpflichtet. Die Verpflichtung ist in der Sitzungsniederschrift zu vermerken.

§ 15   Entschädigung der Beisitzer

Die Beisitzer der Rechtsausschüsse erhalten von der Gebietskörperschaft, bei der diese gebildet sind, eine Entschädigung entsprechend dem Bundesgesetz über die Entschädigung der ehrenamtlichen Beisitzer bei den Gerichten.

§ 16   Verfahren vor dem Rechtsausschuss

(1) Der Rechtsausschuss entscheidet über den Widerspruch auf Grund mündlicher Verhandlung, es sei denn, dass alle Beteiligten auf die mündliche Verhandlung ausdrücklich verzichten. Die §§ 84 und 102 Abs. 2 VwGO sind entsprechend anzuwenden.

(2) Die Sitzungen des Rechtsausschusses sind öffentlich. Der Rechtsausschuss kann die Öffentlichkeit ausschließen, wenn eine der Voraussetzungen des § 172 des Gerichtsverfassungsgesetzes vorliegt.

(3) Bei der Beratung und Abstimmung darf der Vorsitzende den beim Landrat, Landkreis, Stadtverband, bei der Landeshauptstadt Saarbrücken oder Stadt in der juristischen Ausbildung stehenden Personen die Anwesenheit gestatten.

(4) Die Mitglieder des Rechtsausschusses und die nach Absatz 3 zugelassenen Personen sind verpflichtet, über die Beratung und Abstimmung Stillschweigen zu bewahren.

(5) Der Rechtsausschuss hat den Widerspruchsbescheid gleichzeitig mit der Zustellung an die Beteiligten auch dem fachlich zuständigen Minister zuzustellen.

§ 17　Aufsichtsklage

(1) Der fachlich zuständige Minister kann binnen eines Monats nach der Zustellung (§ 16 Abs. 5) durch Klageerhebung die Entscheidung des Verwaltungsgerichts herbeiführen, wenn er geltend macht, dass der Widerspruchsbescheid des Rechtsausschusses rechtswidrig ist (Aufsichtsklage).

(2) Die Klage ist gegen die Gebietskörperschaft zu richten, deren Rechtsausschuss den Widerspruchsbescheid erlassen hat.

DRITTER ABSCHNITT
Besondere Verfahrensvorschriften

§ 18　(Zu § 47 VwGO) Normenkontrollverfahren

Das Oberverwaltungsgericht entscheidet im Rahmen seiner Gerichtsbarkeit auf Antrag über die Gültigkeit von Rechtsvorschriften, die im Range unter dem Landesgesetz stehen.

§ 19　(Zu § 61 Nr. 3, § 78 Abs. 1 Nr. 2 VwGO) Beteiligung von Behörden

(1) Fähig, am Verfahren beteiligt zu sein, sind auch Behörden.

(2) Anfechtungs- und Verpflichtungsklagen sind gegen die Behörde zu richten, die den angefochtenen Verwaltungsakt erlassen oder den beantragten Verwaltungsakt unterlassen hat.

§ 20　(§ 187 Abs. 3 VwGO) Rechtsbehelfe gegen Maßnahmen der Verwaltungsvollstreckung

Rechtsbehelfe haben keine aufschiebende Wirkung, soweit sie sich gegen Maßnahmen richten, die in der Verwaltungsvollstreckung getroffen werden. § 80 Abs. 4 bis 7 VwGO findet Anwendung.

VIERTER ABSCHNITT
Übergangs- und Schlussvorschriften

§ 21　(Zu §§ 40, 187 VwGO) Weitergeltendes Landesrecht

Unberührt bleiben Vorschriften, nach denen

1. öffentlich-rechtliche Streitigkeiten nichtverfassungsrechtlicher Art abweichend von der Verwaltungsgerichtsordnung einem anderen Gericht zugewiesen sind, oder

2. Gerichten der Verwaltungsgerichtsbarkeit Aufgaben der Disziplinargerichtsbarkeit und der Schiedsgerichtsbarkeit bei Vermögensauseinandersetzungen öffentlich-rechtlicher Verbände übertragen sind, oder

3. Gerichten der Verwaltungsgerichtsbarkeit Berufsgerichte angegliedert sind, oder

4. für das Gebiet des Personalvertretungsrechts von der Verwaltungsgerichtsordnung abweichende Bestimmungen über das Verfahren der Gerichte der Verwaltungsgerichtsbarkeit getroffen sind.

§ 22 Verweisungen

Soweit in anderen Gesetzen und Rechtsverordnungen auf die durch dieses Gesetz aufgehobenen oder geänderten Vorschriften verwiesen wird, treten die entsprechenden Vorschriften dieses Gesetzes an ihre Stelle.

§ 23 In-Kraft-Treten und Aufhebungen

Dieses Gesetz tritt am Ersten des auf die Verkündung folgenden Monats in Kraft.

13.
SACHSEN

Gesetz über die Justiz im Freistaat Sachsen (Sächsisches Justizgesetz – SächsJG)

vom 24. November 2000 (GVBl. S. 482, ber. GVBl. 2001 S. 704)

(Auszug)

§ 2 Oberverwaltungsgericht und Verwaltungsgerichte

(1) Das Oberverwaltungsgericht hat seinen Sitz in Bautzen. Es führt die Bezeichnung »Sächsisches Oberverwaltungsgericht«.

(2) Die Verwaltungsgerichte haben ihren Sitz

1. in Chemnitz mit Zuständigkeit für den Regierungsbezirk Chemnitz;

2. in Dresden mit Zuständigkeit für den Regierungsbezirk Dresden;

3. in Leipzig mit Zuständigkeit für den Regierungsbezirk Leipzig.

Abschnitt 3 · Ausführung der Verwaltungsgerichtsordnung

§ 22 Vertrauensleute

(1) Die Vertrauensleute im Sinne des § 26 Abs. 2 der Verwaltungsgerichtsordnung (VwGO) und ihre Vertreter werden auf die Dauer von vier Jahren gewählt. Eine Ersatzwahl gilt nur für den Rest der Wahlperiode der bereits gewählten Vertrauensleute.

(2) Für die Entbindung der Vertrauensleute und ihrer Vertreter von ihrem Amt gilt § 24 VwGO entsprechend.

§ 23 Dienstaufsicht

(1) Die Dienstaufsicht üben aus:

1. Der Präsident des Verwaltungsgerichts über die beim Verwaltungsgericht beschäftigten Richter, Beamten, Angestellten und Arbeiter;

2. der Präsident des Sächsischen Oberverwaltungsgerichts über die beim Oberverwaltungsgericht und bei den Verwaltungsgerichten beschäftigten Richter, Beamten, Angestellten und Arbeiter;

3. das Staatsministerium der Justiz als oberste Dienstaufsichtsbehörde über die Richter, Beamten, Angestellten und Arbeiter der Gerichte der Verwaltungsgerichtsbarkeit.

(2) In der Ausübung der Dienstaufsicht werden vertreten:

1. der Präsident des Verwaltungsgerichts durch seinen ständigen Vertreter oder, falls ein solcher nicht bestellt oder verhindert ist, durch den dienstältesten, bei gleichem Dienstalter durch den lebensältesten Vorsitzenden Richter;

2. der Präsident des Sächsischen Oberverwaltungsgerichts durch seinen ständigen Vertreter oder, falls ein solcher nicht bestellt oder verhindert ist, durch den dienstältesten, bei gleichem Dienstalter durch den lebensältesten Vorsitzenden Richter.

(3) Das Staatsministerium der Justiz kann für den Fall der Nichtbestellung oder Verhinderung des ständigen Vertreters eine abweichende Regelung treffen.

§ 24 Normenkontrollverfahren

(1) Das Sächsische Oberverwaltungsgericht entscheidet im Rahmen seiner Gerichtsbarkeit auf Antrag über die Gültigkeit von Rechtsvorschriften, die im Rang unter dem Landesgesetz stehen.

(2) Im Normenkontrollverfahren entscheidet das Sächsische Oberverwaltungsgericht in der Besetzung mit fünf Berufsrichtern.

§ 25 Zuständigkeit des Sächsischen Oberverwaltungsgerichts im ersten Rechtszug

In den Fällen des § 48 Abs. 1 Satz 1 VwGO entscheidet das Sächsische Oberverwaltungsgericht im ersten Rechtszug auch über Streitigkeiten, die vorzeitige Besitzeinweisungen betreffen.

§ 26 Widerspruchsbehörde bei Verwaltungsakten einer Polizeibehörde

Nächsthöhere Behörde im Sinne des § 73 Abs. 1 Satz 2 Nr. 1 VwGO ist bei Verwaltungsakten des Polizeivollzugsdienstes auf Grundlage von § 60 Abs. 2 des Polizeigesetzes des Freistaates Sachsen (SächsPolG) in der Fassung der Bekanntmachung vom 13. August 1999 (SächsGVBl. S. 466) in der jeweils geltenden Fassung, das Regierungspräsidium. Im Übrigen entscheidet über den Widerspruch gegen einen Verwaltungsakt einer dem Polizeipräsidium nachgeordneten Polizeidienststelle das Polizeipräsidium.

§ 27 Widerspruchsbehörde bei Verwaltungsakten einer Gemeinde, eines Verwaltungsverbandes oder eines Zweckverbandes

(1) Den Bescheid über den Widerspruch gegen den Verwaltungsakt einer Gemeinde, die der Rechtsaufsicht des Landratsamtes untersteht, erlässt in Selbstverwaltungsangelegenheiten das Landratsamt als Rechtsaufsichtsbehörde. Die Nachprüfung des Verwaltungsaktes unter dem Gesichtspunkt der Zweckmäßigkeit bleibt der Gemeinde vorbehalten.

(2) Für den Widerspruch gegen den Verwaltungsakt eines Verwaltungsverbandes oder eines Zweckverbandes, der der Rechtsaufsicht des Landratsamtes untersteht, gilt Absatz 1 entsprechend.

14.
SACHSEN-ANHALT

Gesetz zur Ausführung der Verwaltungsgerichtsordnung und des Bundesdisziplinargesetzes

vom 28. Januar 1992 (GVBl. S. 36), zuletzt geändert durch Art. 4 Abs. 5 des G vom 19. März 2002 (GVBl. S. 130)

Artikel 1 · Gesetz zur Ausführung der Verwaltungsgerichtsordnung (AG VwGO LSA)

§ 1 Errichtung und Gliederung der Verwaltungsgerichte der Verwaltungsgerichtsbarkeit

(1) Es werden Verwaltungsgerichte mit Sitz in Dessau, Halle und Magdeburg errichtet.

(2) Es wird ein Oberverwaltungsgericht mit Sitz in Magdeburg errichtet.

§ 2 Gerichtsbezirke

(1) Gerichtsbezirk ist

1. für das Verwaltungsgericht Dessau der Bezirk des Landgerichts Dessau in seinem jeweiligen Gebietsumfang,

2. für das Verwaltungsgericht Halle der Bezirk des Landgerichts Halle in seinem jeweiligen Gebietsumfang,

3. für das Verwaltungsgericht Magdeburg der Bezirk des Landgerichts Magdeburg und des Landgerichts Stendal in seinem jeweiligen Gebietsumfang.

(2) Der Bezirk des Oberverwaltungsgerichts umfasst das Land Sachsen-Anhalt.

§ 3 Bezeichnung der Gerichte

(1) Die Verwaltungsgerichte führen den Namen der Gemeinde, in der sie ihren Sitz haben.

(2) Das Oberverwaltungsgericht führt die Bezeichnung »Oberverwaltungsgericht des Landes Sachsen-Anhalt«.

§ 4 Besetzung des Oberverwaltungsgerichts

(1) Die Senate des Oberverwaltungsgerichts entscheiden in der Besetzung von drei Richtern und zwei ehrenamtlichen Richtern.

(2) Bei Beschlüssen außerhalb der mündlichen Verhandlung und bei Gerichtsbescheiden (§ 84 der Verwaltungsgerichtsordnung in der Fassung vom 19. März 1991, BGBl. I S. 686) wirken die ehrenamtlichen Richter nicht mit. Dies gilt nicht für Beschlüsse, durch die in Verfahren nach § 47 der Verwaltungsgerichtsordnung in der Hauptsache entschieden wird.

§ 5 Dienstaufsicht

Die Dienstaufsicht üben aus

1. der Minister der Justiz über alle Gerichte der Verwaltungsgerichtsbarkeit,

2. der Präsident des Oberverwaltungsgerichts über dieses Gericht und die Verwaltungsgerichte,

3. der Präsident eines Verwaltungsgerichts über dieses Gericht.

§ 6 Zahl der Kammern und Senate

Der Präsident des Gerichts bestimmt im Rahmen des Stellenplans nach Anhörung des Präsidiums die Zahl der Spruchkörper des Gerichts.

§ 7 Bildung des Ausschusses zur Wahl der ehrenamtlichen Richter

(1) Zur Vorbereitung der Wahl der Vertrauensleute und ihrer Vertreter für den bei jedem Verwaltungsgericht zu bestellenden Ausschuss wählen die Vertretungskörperschaften der Landkreise und kreisfreien Städte des Verwaltungsgerichtsbezirkes je einen Wahlbevollmächtigten und seinen Vertreter.

(2) Die Versammlung der Wahlbevollmächtigten wählt aus ihrer Mitte einen Vorsitzenden und seinen Vertreter. Der Vorsitzende oder im Falle der Verhinderung sein Vertreter beruft die Versammlung ein. Die erstmalige Einberufung erfolgt durch den Wahlbevollmächtigten der nach Absatz 1 beteiligten kommunalen Gebietskörperschaft, in der das Verwaltungsgericht seinen Sitz hat.

(3) Die Versammlung der Wahlbevollmächtigten wählt die Vertrauensleute und ihre Vertreter.

(4) Die Versammlung der Wahlbevollmächtigten ist beschlussfähig, wenn mehr als die Hälfte ihrer Mitglieder anwesend ist. Gewählt ist, wer die meisten Stimmen auf sich vereinigt. Bei Stimmengleichheit entscheidet das Los.

(5) Die Vertrauensleute und ihre Vertreter werden auf die Dauer von vier Jahren gewählt. Eine Ersatzwahl gilt nur für den Rest der Wahlperiode der bereits gewählten Vertrauensleute.

(6) Für den bei dem Oberverwaltungsgericht zu bestellenden Ausschuss wählt der Landtag oder ein durch ihn bestimmter Landtagsausschuss die Vertrauensleute und ihre Vertreter. Absatz 5 gilt entsprechend.

§ 7a Wahl der Beamtenbeisitzer die den Senaten für Disziplinarsachen

(1) Die Beamtenbeisitzer der Senate für Disziplinarsachen bei dem Oberverwaltungsgericht werden durch den nach §§ 34, 26 der Verwaltungsgerichtsordnung bestellten Wahlausschuss gewählt.

(2) Für die Wahl gelten die §§ 25 und 29 der Verwaltungsgerichtsordnung entsprechend.

(3) Das Ministerium der Justiz stellt in jedem vierten Jahr, erstmals nach In-Kraft-Treten dieses Gesetzes, eine Vorschlagsliste von Beamtenbeisitzern für die Senate für Disziplinarsachen auf. Hierbei ist die doppelte Anzahl der durch den Präsidenten des Oberverwaltungsgerichts für erforderlich bezeichneten Beamtenbeisitzer zu Grunde zu legen. Die obersten Bundesbehörden und die Spitzenorganisationen der zuständigen Gewerkschaften können Beamte des Bundes für die Listen vorschlagen. In den Listen sind die Beamten nach Laufbahngruppen und Verwaltungsbereichen gegliedert aufzuführen.

§ 8   Beteiligungsfähigkeit von Behörden

Fähig, am Verfahren beteiligt zu sein, sind auch Landesbehörden. Die Klage ist gegen die Landesbehörde zu richten, die den angefochtenen Verwaltungsakt erlassen oder den beantragten Verwaltungsakt unterlassen hat.

§ 9   Ausschluss der aufschiebenden Wirkung

Rechtsbehelfe, die sich gegen Maßnahmen in der Verwaltungsvollstreckung richten, haben keine aufschiebende Wirkung.

§ 10   Zuständigkeit in Normenkontrollverfahren

Das Oberverwaltungsgericht entscheidet im Rahmen seiner Gerichtsbarkeit nach Maßgabe des § 47 der Verwaltungsgerichtsordnung auf Antrag über die Gültigkeit einer im Rang unter dem Landesgesetz stehenden Rechtsvorschrift.

§ 11   Erstinstanzliche Zuständigkeit des Oberverwaltungsgerichts

Das Oberverwaltungsgericht entscheidet im ersten Rechtszug auch über Streitigkeiten, die Besitzeinweisungen in den Fällen des § 48 Satz 1 der Verwaltungsgerichtsordnung betreffen.

§ 12   Überleitungsbestimmungen

(1) Die bei den Kreisgerichten – Kammern für Verwaltungsrecht – anhängigen Verfahren gehen in der Lage, in der sie sich befinden, auf das zuständige Verwaltungsgericht über.

(2) Die bei dem Bezirksgericht Magdeburg – Senat für Verwaltungsrecht – anhängigen Verfahren gehen in der Lage, in der sie sich befinden, auf das Oberverwaltungsgericht über.

15.
SCHLESWIG-HOLSTEIN

Ausführungsgesetz zur Verwaltungsgerichtsordnung (VwGO)

vom 6. März 1990 (GVOBl. S. 226)

§ 1

(1) Für das Land Schleswig-Holstein besteht ein Verwaltungsgericht in Schleswig. Es führt die Bezeichnung »Schleswig-Holsteinisches Verwaltungsgericht«.

(2) Für das Land Schleswig-Holstein wird ein Oberverwaltungsgericht in Schleswig errichtet. Es führt die Bezeichnung »Schleswig-Holsteinisches Oberverwaltungsgericht«. Das gemeinschaftliche Oberverwaltungsgericht für die Länder Niedersachsen und Schleswig-Holstein in Lüneburg wird für das Land Schleswig-Holstein aufgehoben.

§ 2

Oberste Dienstaufsichtsbehörde für die Gerichte der Verwaltungsgerichtsbarkeit ist die Justizministerin oder der Justizminister.

§ 3

(1) Die Senate des Oberverwaltungsgerichts entscheiden in der Besetzung von drei Richterinnen oder Richtern und zwei ehrenamtlichen Richterinnen oder Richtern.

(2) Bei Beschlüssen außerhalb der mündlichen Verhandlung und bei Vorbescheiden wirken die ehrenamtlichen Richterinnen und Richter nicht mit. Dies gilt nicht für Beschlüsse in Normenkontrollverfahren nach § 5.

§ 4

(1) Der Landtag oder ein von ihm bestimmter Landtagsausschuss wählt die Vertrauensleute sowie ihre Vertreterinnen und Vertreter für den bei dem Oberverwaltungsgericht zu bildenden Ausschuss für die Wahl der ehrenamtlichen Richterinnen und Richter für die Dauer von vier Jahren. Sie sind für denselben Zeitraum zugleich als Vertrauensleute für den beim Verwaltungsgericht zu bildenden Wahlausschuss gewählt. Eine Ersatzwahl kann nur für die verbleibende Wahlzeit der bereits gewählten Vertrauensleute vorgenommen werden.

(2) Um eine angemessene Vertretung der Einwohnerinnen und Einwohner des Gerichtsbezirks für die Vertrauensleute zu gewährleisten, wird je eine Vertrauensperson gewählt aus

1. dem Kreis Schleswig-Flensburg und der Stadt Flensburg,

2. den Kreisen Dithmarschen und Nordfriesland,

3. den Kreisen Pinneberg und Steinburg,

4. dem Kreis Rendsburg-Eckernförde und der Stadt Kiel,

5. den Kreisen Segeberg und Stormarn sowie der Stadt Neumünster,

6. den Kreisen Ostholstein und Plön,

7. dem Kreis Herzogtum Lauenburg und der Hansestadt Lübeck.

(3) Die Berufung in das Amt einer Vertrauensperson dürfen nur ablehnen

1. Geistliche und Religionsdienerinnen und Religionsdiener,

2. Personen, die in einem öffentlichen Amt ehrenamtlich tätig sind oder die acht Jahre lang ein öffentliches Amt ehrenamtlich ausgeübt haben,

3. Ärztinnen und Ärzte, Krankenpflegerinnen und Krankenpfleger, Hebammen und Geburtshelfer,

4. Apothekerinnen und Apotheker, die keine Gehilfinnen und Gehilfen haben,

5. Personen, die das 65. Lebensjahr vollendet haben.

Im Übrigen kann in besonderen Härtefällen von der Übernahme oder weiteren Ausübung des Amtes Befreiung gewährt werden.

(4) Die Landesregierung wird ermächtigt, durch Verordnung Vorschriften über die Wahl der Vertrauensleute zu erlassen.

(5) Die Wahlzeit der vor dem In-Kraft-Treten dieses Gesetzes gewählten Vertrauensleute und ihrer Vertreterinnen und Vertreter des jeweils bei dem Verwaltungsgericht und dem Oberverwaltungsgericht zu bildenden Ausschusses für die Wahl der ehrenamtlichen Richterinnen und Richter endet am 31. März 1991.

§ 5

Das Oberverwaltungsgericht entscheidet nach Maßgabe des § 47 der Verwaltungsgerichtsordnung über die Gültigkeit einer landesrechtlichen Verordnung oder einer anderen im Range unter dem Landesgesetz stehenden Rechtsvorschrift.

§ 6

Fähig, am Verfahren beteiligt zu sein, sind auch Landesbehörden. Die Klage ist gegen die Landesbehörde zu richten, die den angefochtenen Verwaltungsakt erlassen oder den beantragten Verwaltungsakt unterlassen hat.

§ 7

(1) Wer zur Kirchensteuer herangezogen ist, kann gegen die letztinstanzliche kirchliche Entscheidung binnen eines Monats nach deren Zustellung das Verwaltungsgericht unmittelbar anrufen.

(2) Soweit sich die Klage darauf stützt, dass die der Kirchensteuer zu Grunde liegende Maßstabsteuer unrichtig festgesetzt ist, wird in dem für die Maßstabsteuer geltenden Verfahren entschieden.

§ 8

Alle am 31. März 1991 bei dem gemeinschaftlichen Oberverwaltungsgericht für die Länder Niedersachsen und Schleswig-Holstein anhängigen Verfahren aus Schleswig-Holstein gehen mit In-Kraft-Treten dieses Gesetzes auf das Schleswig-Holsteinische Oberverwaltungsgericht über.

§§ 9–12

(überholt)

§ 13

Dieses Gesetz tritt mit Ausnahme von § 11 Nr. 1 und § 12 Nr. 1 am 1. April 1991 in Kraft. Gleichzeitig tritt das Ausführungsgesetz zur Verwaltungsgerichtsordnung vom 29. März 1960 (GVOBl. Schl.-H. S. 86), zuletzt geändert durch Gesetz vom 23. Dezember 1969 (GVOBl. Schl.-H. S. 280), außer Kraft. (überholt)

16.
THÜRINGEN[14]

Thüringer Gesetz
zur Ausführung der Verwaltungsgerichtsordnung
(ThürAGVwGO)

in der Fassung der Bekanntmachung vom 15. Dezember 1992 (GVBl. S. 576), zuletzt geändert durch Art. 6 des G vom 18. Dezember 2002 (GVBl. S. 480)

§ 1   Errichtung, Namen und Bezirke der Gerichte

(1) In Thüringen werden drei Verwaltungsgerichte und ein Oberverwaltungsgericht errichtet.

(2) Die Verwaltungsgerichte haben ihren Sitz in Gera, Meiningen und Weimar. Sie führen den Namen der Gemeinde, in der sie ihren Sitz haben. Der jeweilige Verwaltungsgerichtsbezirk ergibt sich aus der Anlage zu diesem Gesetz.

(3) Das Oberverwaltungsgericht hat seinen Sitz in Weimar. Es führt die Bezeichnung »Thüringer Oberverwaltungsgericht«.

---

14   VO über die Landesanwaltschaft v. 12. August 1991 (GVBl. S. 347).

(4) Die Zahl der Kammern und Senate bestimmt das für die Organisation der Gerichte zuständige Ministerium.

§ 2 Dienstaufsicht

Die Gerichte der allgemeinen Verwaltungsgerichtsbarkeit unterstehen der Dienstaufsicht des für die Organisation der Gerichte zuständigen Ministeriums.

§ 3 Urkundsbeamte

(1) Urkundsbeamte der Geschäftsstelle sind die Beamten des gehobenen und mittleren Justizdienstes bei den Verwaltungsgerichten und bei dem Thüringer Oberverwaltungsgericht.

(2) Mit der selbstständigen Wahrnehmung von Aufgaben der Urkundsbeamten der Geschäftsstelle können bei Bedarf Angestellte der Verwaltungsgerichte und des Thüringer Oberverwaltungsgerichts widerruflich beauftragt werden.

§ 4 Zuständigkeit in Normenkontrollverfahren

Das Thüringer Oberverwaltungsgericht entscheidet nach Maßgabe des § 47 der Verwaltungsgerichtsordnung über die Gültigkeit von im Range unter dem Landesgesetz stehenden Rechtsvorschriften.

§ 5 Zuständigkeiten des Oberverwaltungsgerichts im ersten Rechtszug

Das Thüringer Oberverwaltungsgericht entscheidet im ersten Rechtszug auch über Streitigkeiten, die Besitzeinweisungen in den Fällen des § 48 Abs. 1 Satz 1 der Verwaltungsgerichtsordnung betreffen.

§ 6 Sachgebietszuweisungen

Im ersten Rechtszug ist abweichend von § 1 Abs. 2 Satz 3 das Verwaltungsgericht Meiningen zuständig für

1. Verfahren aus dem Bereich des Personalvertretungsrechts und für die den Verwaltungsgerichten übertragenen disziplinarrechtlichen Streitigkeiten,

2. Berufsgerichtliche Verfahren nach dem Heilberufegesetz,

3. Streitigkeiten nach dem Beruflichen Rehabilitierungsgesetz und dem Verwaltungsrechtlichen Rehabilitierungsgesetz.

(2) Die Zuständigkeit für Streitigkeiten nach dem Asylverfahrensgesetz und dem Ausländergesetz richtet sich nach der von dem für die Organisation der Gerichte zuständigen Ministerium zu erlassenden Rechtsverordnung.

§ 7

Widerspruchsbescheid in Angelegenheiten der Wasser- und Bodenverbände. In Angelegenheiten der Wasser- und Bodenverbände erlässt den Widerspruchsbescheid die Aufsichtsbehörde.

§ 8 Rechtsbehelfe gegen Verwaltungsvollstreckungsmaßnahmen

Rechtsbehelfe, die sich gegen Maßnahmen in der Verwaltungsvollstreckung richten, haben keine aufschiebende Wirkung. § 80 Abs. 4 bis 7 der Verwaltungsgerichtsordnung gilt entsprechend.

§ 8a   Verwaltungsakte der Polizei

Ein Vorverfahren nach § 68 der Verwaltungsgerichtsordnung entfällt gegen Verwaltungsakte der Polizei im Sinne von § 1 des Polizeiorganisationsgesetzes in der Fassung vom 6. Januar 1998 (GVBl. S. 1) in der jeweils geltenden Fasssung.

§ 8b   Verwaltungsakte der unteren Jagd- und Fischereibehörden

Ein Vorverfahren nach § 68 der Verwaltungsgerichtsordnung entfällt gegen Verwaltungsakte der unteren Jagdbehörden im Sinne des § 50 Abs. 2 Nr. 3 des Thüringer Jagdgesetzes in der Fassung vom 25. August 1999 (GVBl. S. 469) in der jeweils geltenden Fasssung sowie gegen Verwaltungsakte der unteren Fischereibehörden im Sinne des § 45 Nr. 3 des Thüringer Fischereigesetzes in der Fassung vom 25. August 1999 (GVBl. S. 501) in der jeweils geltenden Fassung.

Stichwortverzeichnis

Die erste Zahl bezeichnet den Paragrafen, die Zahl, bzw. die Zahlen nach dem Komma die Randnummer in den Erläuterungen.

durch Widerspruchsbehörde 80, 33 ff.; Entscheidung 80, 59; Ermessensentscheidung 80, 52; gerichtliches – 80, 45 ff.; Fristen 80, 55a; Interessenabwägung 80, 49; 80a, 11; Kosten 80, 68; nach Vollziehung 80, 51; Recht der EG/EU 80, 3b; Rechtsbehelfsbelehrung 58, 3; Rechtsmittel 80, 62; Schadensersatz 80, 71; Selbstständigkeit 80, 56; Streitwert 80, 69; Vollstreckungstitel 80, 68; Zeitpunkt, maßgeblicher 80, 53; Zeitspanne bis zur Entscheidung 80, 54; Zuständigkeit 80, 57 f.

Austauschvertrag 40, 14
Ausweisungsverfügung, Aussetzung 80, 23

Baldige Feststellung 43, 23
Bahnbenutzungsverhältnis, Rechtsnatur 40, 25
Baugesetzbuch, Rechtswegzuweisung 40, 49
Baulandsachen, Rechtsweg 40, 49
Baurecht, Nachbarklage 42, 132 ff.; Recht auf Baugenehmigung 42, 106c; Rechtsnatur der Pläne im – 42, 44; Zuständigkeit des OVG 48, 7, 17
BeamtenrechtsrahmenG, Anwendungsbereich 40, 32; Revisionszulassung 132, 22; Revisibilität von Landesrecht 137, 2; VA oberster Bundes- oder Landesbehörden 68, 12; Vorverfahren 68, 2; Widerspruchsbehörde 73, 1
Beamtenverhältnis, Ansprüche der Beamten 42, 118 ff.; Bescheid im – 42, 76; Gerichtsstand 52, 7; Konkurrentenklage 42, 119; 80a, 13; 123, 8, Landesrecht revisibel 137, 2; Leistungsklage des Dienstherrn 42, 76; Rechtsweg 40, 29 ff.; Revisionsgründe 132, 22; VA im – 42, 72 ff.; Vorverfahren 68, 2
Beanstandungsklage siehe Aufsichtsklage
Beauftragter Richter, Begriff 96, 2a; und Berichterstatter 96, 3
Bedingung im VA 113, 6; 42, 34
Bedingungsfeindlichkeit, des Antrags auf Zulassung der Berufung 124, 10; der Klageerhebung 82, 12; der

Revisionseinlegung 139, 1; von Prozesshandlungen 107, 18
Beeidigung von Zeugen 98, 8
Befähigung zum Richteramt, OBA 37, 1; VöI 37, 1
Befähigung zum höheren VerwDienst, VöI 37, 1
Befangenheit als Ablehnungsgrund, Dolmetscher 54, 21; Entscheidung 54, 15 f.; Gesuch 54, 14; Gründe 54, 10f; Oberbundesanwalt 35, 9; Rechtsmittel 54, 18 ff.; Rechtspfleger 54, 21; Sachverständiger 98, 10; Urkundsbeamter 54, 21
Beförderung des Beamten 42, 119
Begründung, Vereinfachte – bei Berufungsurteilen 130b, 3; Beschlüssen 122, 5; 150, 3a; Gerichtsbescheiden 84, 11 f.; Urteilen 117, 10 ff.
Begründung, Beschluss 122, 2; Urteil 116, 3; 117, 6; Verwaltungsakt 42, 70; 114, 26; Widerspruchsbescheid 73, 22 f.
Begründungsfrist, bei Berufung 124a, 21; bei Revision 139, 8; unechte – 74, 1b
Begründungspflicht, bei Beurteilungsermächtigung 114, 26
Behauptungslast 108, 10
Behörde, als Beklagte im Anfechtungs- und Verpflichtungsprozess 78, 8 ff.; Antragsbefugnis im Normenkontrollverfahren 47, 25; Begriff 42, 64; Behördenprivileg 67, 9 ff.; Beteiligungsfähigkeit 61, 6
Behördenprivileg 67, 9 ff.
Behördliche Verfahrenshandlungen, Anfechtung im Widerspruchsverfahren 79, 7 f.; Ausschluss von Rechtsbehelfen gegen – 44a, 1; Zulässigkeit von Rechtsbehelfen 44a, 5
Beigeladener, Beschwer 124, 7; Beteiligter 63, 3; 66, 2; Beteiligungsfähigkeit 61, 13; 65, 3; Selbstständigkeit 66, 1
Beiladung allgemein, Anordnung 65, 11; Aufhebung 65, 17; bes. Vertreter des Bundesinteresses 65, 10; Beteiligungsfähigkeit 61, 13; Ende 65, 19; im Aussetzungsverfahren 80, 56; im Revisionsverfahren 142, 4; Kostenerstattungsanspruch 162, 15; Kostenpflicht 154, 5; Rechts-

kraftwirkung 65, 5; Rechtsmittel 65, 18; Stellung 66, 1 ff.; Unanfechtbarkeit 65, 16; Unterlassen der Beiladung 65, 21 f.; Wirkung 65, 20; Zweck 65, 1

Beiladung, keine – bei Normenkontrolle 47, 37; keine einfache – im Revisionsverfahren 142, 3; keine – im Vorverfahren 71, 1

Beiladung, einfache, Erledigung 66, 7; Fälle 65, 6; Folgen der Unterlassung 65, 21; Klagerücknahme 66, 7; Stellung im Verfahren 66, 6 f.; Verfahren nach dem PBefG 65, 6; Vergleich 66, 7; Voraussetzungen 65, 4, 5

Beiladung, notwendige, abweichende Sachanträge 66, 11; Anspruch auf 65, 12; bei Vorbescheid 89, 6; Erledigung 66, 10; Fiktion 65, 27 ff.; Folgen der Unterlassung 65, 22 ff.; im Aussetzungsverfahren 80, 52; im Revisionsverfahren 142, 4; Kasuistik 65, 9; Klagerücknahme 66, 10; Präklusion 65, 28 ff.; Stellung im Verfahren 66, 8; Vergleich 66, 10; 106, 5; Voraussetzungen 65, 8

Beiladung, Massenverfahren, 65, 27 ff.

Beistand, Aufgaben 67, 15 ff.; Begriff 67, 15

Beitrag, keine aufschiebende Wirkung 80, 15

Bekanntgabe des VA 70, 2; durch öffentl. Bekanntmachung 56a, 1 ff.; durch Telefax 57, 2a

Bekanntmachung, öffentl. 56 a, 1 ff.

Beklagter im Anfechtungs – und Verpflichtungsprozess 78, 1; Behörde als – 78, 8; Bezeichnung des – 78, 4; Bezeichnung in der Klage 82, 6; Körperschaft als – 78, 1 f.; Vertretung der Körperschaft 78, 5; Zuständigkeitswechsel 78, 11; 83, 7; 91, 10

Belegene Sache, Bestimmung des zuständigen Gerichts 53, 3; Gerichtsstand 52, 5

Belehrung einer Behörde, kein VA 42, 52

Beliehener Unternehmer, als Beklagter 78, 1; Behörde 42, 64

Benutzungsverhältnis, Bahn, Post 40, 25; gemeindliche Einrichtungen 40, 26; Rechtsweg 40, 24

Benutzungszwang, 42, 108

Beratung 55, 16 ff.

Berechtigtes Interesse an Feststellung 43, 20 ff.; bei Fortsetzungsfeststellungsklage 113, 32 f.

Bergrecht, Betriebsplan als VA 42, 45; Rechtsverletzung 42, 135a

Berichterstatter 103, 5; Alleinentscheidung 5, 2a; 9, 5; und Einzelrichter 87a, 1, 7; Anfechtung von Entscheidungen 146, 1; Abhilfeentscheidung 148, 1; Begriff 82, 17

Berichtigung des Protokolls 105, 12

Berichtigung des Urteils 118; Rechtsmittel 118, 7; Verfahren 118, 4 f.; Voraussetzungen 118, 1 f.; des Widerspruchsbescheides 73, 38

Berliner Recht, Revisibilität 137, 3, 6

Berufsgerichte, Angliederung an VG 187, 1; Zuständigkeit 40, 76

Berufsverband, als Prozessbevollmächtigter 67, 13; Klagerecht 42, 146

Berufszulassung, Rechtsverletzung bei – 42, 145

Berufung, Anschließung 127, 1 ff.; Antrag 129, 1; Aufrechnung 125, 1; Ausschluss 135, 1; Begründung 124a, 10 ff., 41; Begründungsfrist 124a, 12; Berechtigung 124, 13; Beschwer 124, 6; fingierte Rücknahme 126, 8; Gegenstand 124, 11; Klageänderung 125, 1; neue Erklärungen und Beweismittel 128a, 1; Prüfung der Zulässigkeit 125, 2; Streitwert 165, 12; Umfang der Nachprüfung 128, 1; vereinfachte Entscheidungsgründe 130b, 3; Verfahren 125, 1; Verwerfung durch Beschluss 125, 3; Verzicht 126, 8; Widerklage 125, 1; Wirkung 124, 1; Zulassungsgründe 124, 15 ff.; Zulässigkeit 124, 5; Zurücknahme 126, 1 ff.; Zurückverweisung 130, 1; Zurückweisen durch Beschluss 130a, 1

Berufungsbegründung, Antrag 124a, 23; Anwaltszwang 124a, 20; Einlegung 124a, 22; Form 124a, 20; Frist 124a, 21; Gründe 124a, 25; Verlängerung der Frist 124a, 21

Berufungsfrist, vgl. Antrag auf Zulassung der Berufung

Berufungszulassung s. Zulassung der Berufung

nach Art. 126 GG 1, 7; Zuständigkeit 40, 4

Bundesverwaltungsgericht, Anwaltszwang vor – 67, 1 ff.; Beschwerdegericht 152, 1; Besetzung der Senate 10, 1; Dienstaufsicht über – 38, 2; Großer Senat 11, 1; Mitglieder 10, 1; Sitz 2, 1; Normenkontrolle 50, 11; Rechtsmittelgericht 49, 1; Zuständigkeit in 1. Instanz 50, 1 ff.

Bundeswasserstraßen, Zuständigkeit des BVerwG 50, 7; – des OVG 48, 39

Bußgeldbescheid, Rechtsweg für Anfechtung 40, 57; und nichtige Norm 47, 37a

clausula rebus sic stantibus 40, 15

Containerbahnhöfe, Zuständigkeit des OVG 48, 32

culpa in contrahendo 40, 15

DDR-Recht, Geltung 1, 10

Deckadresse für Zustellung 56, 9

Delegation, Zurechnung des VA 78, 2, 9

Demonstrationen, Ansprüche bei – 42, 107

Denkgesetze, Verstoß gegen – als Revisionsgrund 137, 21

Deponien, Zuständigkeit des OVG 48, 24

Devolutiveffekt, Begriff 124, 1; der Berufung 124, 1; der Beschwerde 124, 1; der Revision 124, 1; fehlt bei Wiederaufnahme 153, 1

Dienstaufsicht 38, 1; -sbehörde 38, 2

Dienstaufsichtsbeschwerde, Entscheidung über – 42, 51

Dienstgerichte für Richter, Zuständigkeit 40, 69

Dienstpostenbewertung, Beurteilungsermächtigung bei – 114, 20; Klage gegen – 42, 74; 42, 120

Dienstrecht der Religionsgesellschaften 40, 35

Dienstvorschriften, Selbstbindung durch – 42, 149

Dinglicher VA 42, 42

Dinglicher Gerichtsstand 52, 5

Diplomatische Auslandsvertretungen, Zuständigkeit bei Klagen 52, 13b

Dispositionsbefugnis, Beigeladener 66, 6 ff.

Dispositionsmaxime, Begriff 86, 2; Inhalt 86, 4 f.

Dissenting opinion 55, 17

Disziplinargericht, VG als – 187, 1; Zuständigkeit 40, 71

Divergenzberufung 124, 23 ff.

Divergenzbeschwerde 146, 18 f.

Divergenzrevision 132, 11 ff.

Dolmetscher 55, 18; Ablehnung wegen Befangenheit 54, 21

Doppelwirkung, siehe Verwaltungsakt mit Doppelwirkung

Dritter, Anhörung im Vorverfahren 71, 1a

Drittwiderspruchsklage, Zulässigkeit 167, 4

Drittwirkung, siehe Verwaltungsakt mit Doppelwirkung

Durchführungsverordnung als Gegenstand der Normenkontrolle 47, 13

EG-Verordnungen, primäres Gemeinschaftsrecht 1, 13; Rechtsweg im gespaltenen Verfahren 40, 38

Ehrenamtlicher Richter, Ablehnungsgründe 23, 1 ff.; – am OVG 9, 2; 34, 1; – am VG 19, 1; Auferlegen von Kosten 34, 1; Ausschließungsgründe 21, 1 ff.; Entbindung vom Amt 24, 1; Entschädigung 32, 1; Inkompatibilität 22, 1; 25, 2; Pflichten 19, 3; Pflichtverletzung 19, 4; Ordnungsgeld bei Pflichtverletzung 33, 1; Rechte 19, 2; Rechtsstellung 19, 1; Reihenfolge der Heranziehung 30, 1; Vereidigung 31, 1; Voraussetzungen 20, 1; vorläufige Untersagung der Amtsausübung 24, 4; Wahlanfechtung 28, 2; Wahlperiode 25, 1; Wahlverfahren 29, 1; 28, 1; 27, 1; 26, 1

Eigensicherung 42, 124

Eignung 114, 19

Einberufungsverfahren 42, 80

Einfuhr- und Vorratsstelle, VA der 42, 62

Eingemeindung 40, 5; 91, 5

Einlassungsfrist 102, 11

Einschätzungsprärogative, siehe Beurteilungsermächtigung

Einschreiten, aufsichtsbehördliches 42, 125; polizeiliches 42, 124

Einstellungsbeschluss, bei Klagerücknahme 92, 11 ff.; bei Vergleich 106, 11

walts 162, 10; Gutachten 162, 7; Kosten des Bevollmächtigten 67, 27; Kosten des Vorverfahrens 162, 13; mehrere Bevollmächtigte 162, 12; Porti, Telefonkosten 162, 9; Rechtsanwalt außerhalb des Gerichtssitzes 162, 11; Rechtsgrundlagen 162, 1; Reisekosten 162, 3 f.; Umfang der Instanzen 154, 3f; Vorbereitungskosten 162, 7; von Verbänden 162, 14; wegen falscher Rechtsmittelbelehrung 58, 20

Kostenerstattung im Vorverfahren 73, 34; einheitliche Entscheidung über Erstattungsfähigkeit und Streitwert 73, 35; Rechtsbehelf 73, 36

Kostenfestsetzungsbeschluss als Vollstreckungstitel 168, 12

Kostenfestsetzungsverfahren 164; Anhörung des Gegners 164, 3; Antrag 164, 3; Beschluss 164, 5; Einwendungen 164, 4; Rechtsmittel 165, 2 ff.

Kraftwerke, Zuständigkeit des OVG 48, 18

Krankenhaus, Benutzungsverhältnis 40, 25

Krankenversicherung, gesetzliche, Beteiligungsfähigkeit von Ausschüssen 61, 4a; Rechtsweg 40, 61

Kreisgericht, Kammer für Verwaltungssachen 2, 1a

KriegsdienstverweigerungsG, Ausschluss der Berufung 135, 2; – der Beschwerde 135, 4

Kriegsopferfürsorge, Gerichtskostenfreiheit 188, 2

Kriegsopferversorgung, Rechtsweg 40, 63

Kurzschrift im Protokoll 105, 2 f.

Ladung 102, 4; Beweisaufnahme 97, 1a; Inhalt 102, 6

Ladungsfrist 57, 14; 102, 5

Lärmschutz, Rechtsverletzung 42, 137b

Land, Klageberechtigung 42, 105a

LandbeschaffungsG, Rechtsweg für Entschädigung 40, 46

Landesanwalt, als Vertreter des Landes 36, 9; Befähigung 37, 1; Zuständigkeit der Dienstgerichte 40, 70

Landesrecht, als Gegenstand der Normenkontrolle 47, 10 ff.; Rechts-

wegzuweisung für – 40, 37; Revisibilität 137, 2a–2c

Landessammelstellen, Zuständigkeit des OVG 48, 13

LandpachtG, Rechtsweg 40, 50

Landwirtschaftssachen, Rechtsweg 40, 50

Leistungsklage, Begriff 42, 153; des Beamten 68, 2; des Dienstherrn 42, 77; Folgenbeseitigungsanspruch 42, 160; Gerichtsstand 52, 18; Prozessstandschaft 42, 153; Unterlassungsklage 42, 162; Verhältnis zur Feststellungsklage 43, 24; Verhältnis zum Bescheid 42, 154; Verpflichtungsklage 42, 6; Verzinsung 42, 155 ff.

Leistungsklage des Beamten, Klagefrist 74, 1; Vorverfahren 68, 2

Leistungskontrollstellen, Beteiligungsfähigkeit 61, 4

Leistungsurteil 107, 5

Leistungsverwaltung 40, 21; 42, 61

Leitung der Verhandlung, formell 103, 3; sachlich 103, 4

Losverfahren 123, 14b

Magnetschwebebahnen, Zuständigkeit des OVG 48, 32

Mandat, Zurechnung des VA 78, 2

Maschineller Bescheid 42, 69

Massenverfahren 56a; 65 Abs. 3; 67a; 93a

Maßgabe 80, 8

Maßgeblicher Zeitpunkt, siehe Zeitpunkt

Materielle Rechtskraft, siehe Rechtskraft

Mehrländerbehörden, Gerichtsstand bei Klagen gegen – 52, 14 f.

Mehrstufiger VA 42, 84 ff.; Streitgenossenschaft 64, 4

Ministerialerlasse, Normenkontrolle 47, 16

Mitglieder des VG 5, 1; des OVG 9, 1; des BVerwG 10, 1

Mitteilung einer Behörde 42, 52

Mitwirkung mehrerer Behörden beim Erlass des VA 42, 83 ff.; Beiladung bei – 65, 9

Mitwirkungslast 86, 11

Mitwirkungspflicht 86, 10; Anwesenheit 95, 1; Asylsachen 86, 11b; Fol-

Vereidigung auf Ersuchen der Behörde, bestimmter Richter 180, 3; Rechtsmittel 180, 5; Voraussetzungen 180, 1; Zuständigkeit des VG 180, 2

Vereidigung des ehrenamtlichen Richters 31, 1

Verein, nicht rechtsfähiger, Beteiligungsfähigkeit 61, 4

Vereinbarung, keine – der sachlichen Zuständigkeit 45, 2; keine – des Gerichtsstandes 52, 2

Vereinbarung, rechtsetzende – als Gegenstand der Normenkontrolle 47, 13

Vereinfachte Klageerhebung nach BImSchG 75, 5a

Vereinfachtes Genehmigungsverfahren, Nachbarklage 42, 133a; VA im – 42, 34b; vorläufiger Rechtsschutz 123, 3a

Vereinigte Senate beim OVG 12, 3

Vereinigung, Beteiligungsfähigkeit 61, 4; im Auflösungsstreit 61, 5

Vereinssachen, aufschiebende Wirkung 48, 44; Benachrichtigung durch BVerwG 51, 4; Feststellungsverfahren bei Verbot einer Arbeitgeber – oder Arbeitnehmer-Org. 43, 18; Verbot einer Ersatzorganisation 48, 43; Vereinsverbot 48, 43; Verfahren 48, 44; Zusammentreffen von Klagen und Verboten 51, 1 ff.; Zuständigkeit des BVerwG 50, 3; Zuständigkeit des OVG 48, 43

Vererbung öffentl.-rechtl. Ansprüche 40, 20; 94, 7 – öffentl.-rechtl. Pflichten 40, 20; 94, 7

Verfahren, bei Antrag auf Zulassung der Berufung 124a, 16; Berufung 125, 1; bei Beschwerde 146, 12; bei Normenkontrolle 47, 23; bei Revision 141, 1; bei Revisionszulassungsbeschwerde 133, 12; bei Wiederaufnahme 153, 6; bei Zulassung 132, 23

Verfahrens- und Formfehler, Heilung 87, 7a ff.; 94, 14a ff.

Verfahrensmangel, als absoluter Revisionsgrund 138, 2; als Zulassungsgrund für Berufung 124, 26 ff.; für Beschwerde 146, 18 f.; für Revision 132, 16 ff.; Bezeichnung in Revisionsbegründung 139, 10; Bezeichnung in Nichtzulassungsbeschwerde 133, 11; Entscheidung nur über gerügten – 137, 20 f.; Zurückverweisung wegen – durch Berufungsgericht 130, 4; durch Revisionsgericht nach Zulassung 133, 15

Verfahrensrevision 132, 16

Verfassungsbeschwerde, 40, 4a

Verfassungsgericht, OVG als – 193, 1; Zuständigkeit 40, 3

Verfassungsmäßigkeit einer Rechtsnorm, Prüfung durch Gericht 1, 7

Verfassungsrechtliche Streitigkeit 40, 1

Verfügungsbefugnis über Streitgegenstand 90, 6

Vergleich, außergerichtlicher 106, 18; Kostenregelung 160, 6 ff.; im Vorverfahren 73, 17; Vollstreckung 168, 11

Vergleich, gerichtlicher, Beteiligte 106, 6; Form 106, 8, 9; im Erörterungstermin 87, 5; Kostenregelung 160, 1; Rechtsnatur 106, 2 f.; und Klagerücknahme 92, 6; Unwirksamkeit 106, 14 f.; – als Vollstreckungstitel 106, 12; 168, 11; Widerruf 106, 7; Zulässigkeit 106, 3 f.; Zustimmung des Beigeladenen 66, 10

Verhältnismäßigkeit des Mittels 42, 148

Verhandlung, abgesonderte 109, 4

Verhandlung, mündliche, Antragstellung 103, 6; Ausbleiben von Beteiligten 102, 8; Erörterung 104, 1; Fragerecht 104, 2; Leitung 103, 2 ff.; Notwendigkeit 101, 1; Reihenfolge des Vortrages 103, 6; Sachvortrag des Berichterstatters 103, 5; Verzicht 101, 3; Wiedereröffnung 104, 4 f.

Verhandlungsfähigkeit 62, 2; 67, 1

Verhandlungsmaxime, Begriff 86, 1

Verhandlungstermin, Anberaumung 85, 3; 102, 1

Verjährung, Unterbrechung durch VA 42, 77; von Ansprüchen 40, 16

Verkehrsflughäfen, Zuständigkeit des BVerwG 48, 29a; 50, 7; – des OVG 48, 26

Verkehrslandeplätze, Zuständigkeit des OVG 48, 26

Verkehrswegeplanungs-BeschleunigungsG 48, 2; 50, 7

1; 18, 1; Sitzungspolizei 55, 8 f.; Sitzungsleitung 104

Vorverfahren, Abhilfeentscheidung 72, 2; Änderung der Rechtslage 73, 15; Akteneinsicht 73, 10; Amtshilfe 73, 9; Anhörung Betroffener 71, 2; anwendbare Vorschriften 73, 8; Ausschließlichkeit der Regelung 77, 1 f.; Ausschluss durch Gesetz 68, 9 ff.; Aussetzung der Vollziehung des VA 73, 9; bei Beamtenklagen 68, 2; bei Vornahmeklagen 68, 2; bei Anfechtungsklagen 68, 2; Bevollmächtigte im – 73, 18; Beweismittel 73, 9; Erfordernis 68, 2; Erledigung der Hauptsache 73, 16; kein Anerkenntnis im – 73, 17; keine Beiladung im – 71, 1; kein Einstellungsbescheid im – 73, 16 f.; keine Verweisung im – 70, 9; kein Vorbescheid im – 73, 16; kein – bei Anfechtung der Abhilfe – oder des Widerspruchsbescheides 68, 13; kein – bei VA oberster Bundes – oder Landesbehörden 68, 12; Kostenentscheidung bei Abhilfe 72, 3; rechtliches Gehör 71, 2; 73, 9; prozessuale Bedeutung 68, 3 ff.; Prüfung des VA auf Recht- und Zweckmäßigkeit 68, 2; 73, 3; 13; Prüfung durch Erstbehörde 72, 1; sachliche Entscheidung bei fehlendem – 68, 4; sondergesetzliche Regelungen über – 68, 14; Untersuchungsmaxime 73, 9; Verfahrensverstoß 68, 7; 79, 8; Vergleich 73, 17; – keine Sachurteilsvoraussetzung 68, 7; Vorlage an Widerspruchsbehörde 72, 4; Wiedereinsetzung 60, 24; Zurückverweisung 73, 19; Zustellung des VA 56, 2; Zweck 68, 2; siehe auch Widerspruch, Widerspruchsbescheid

Vorwegnahme der Beweiswürdigung, 86, 34; 108, 3

Wahl des ehrenamtlichen Richters 29, 1; Anfechtung 28, 2; Vorschlagliste 28, 1; -ausschuss 26, 1; -periode 25, 1; Zahl 27, 1

Wahlprüfung, Zuständigkeit der Verfassungsgerichte 40, 4; der VG bei Kommunalwahlen 42, 67; einstweilige Anordnung 123, 10

Wandel höchstrichterlicher Rechtsprechung, Zweitbescheid 42, 129

WarenzeichenG, Rechtsweg 40, 50

Warnung einer Behörde, Rechtsnatur 42, 52; Klage auf Unterlassung 42, 162

Wasserrecht, Nachbarklage 42, 135

Wasserwirtschaft, Rechtsweg für Entschädigung 40, 47

Wechsel behördlicher Zuständigkeit 79, 8; 83, 7; Beiladung bei Anfechtungsklage 65, 9; Klageänderung 91, 5; Parteiwechsel kraft Gesetzes 91, 5

Wegfall der Geschäftsgrundlage, Kündigung 40, 15

Weglegen der Akten 102, 8; 107, 20

Wehrbeschwerdeordnung, Rechtsweg 40, 74

Wehrdienstgerichte, Zuständigkeit 40, 74

Wehrdienstsenat Zusammensetzung 10, 2

Wehrdienstverhältnis, Gerichtsstand 52, 7; Rechtsweg 40, 32; 40, 74; VA im – 42, 78 ff.

Wehrpflichtgesetz, Ausschluss der aufschiebenden Wirkung von Widerspruch und Klage 80, 18; – der Berufung 135, 3; – der Beschwerde 146, 11; Klageart 42, 79; Klagebefugnis des Kreiswehrersatzamtes 69, 2; 42, 23; Vorverfahren 73, 5; Widerspruchsfrist 70, 3

Weigerung der Aktenvorlage, siehe diese

Weigerungsgegenklage, siehe Vornahmeklage

Weisung, aufsichtsbehördliche – 42, 49; innerdienstliche – 42, 48

Wert des Streitgegenstandes, siehe Streitwert

WertpapierbereinigungsG, Rechtsweg 40, 55

Wettbewerbsstreitigkeiten, Rechtsweg 40, 21

Widerklage, Berechtigung 89, 1; Berufungsinstanz 89, 4; 125, 1; Form 89, 8; Konnexität 89, 5; Revisionsinstanz 89, 4; 142, 1; Zulässigkeit 89, 2; Zuständigkeit 89, 6 f.

Widerruf des VA 42, 96

Widerspruch, alleiniger Rechtsbehelf des Vorverfahrens 77, 1; Anfechtung 69, 2; aufschiebende Wirkung 69, 1; Beschwer 70, 11; Einlegung 70, 9; Form 70, 1; Frist 70, 2; Inhalt

Jan Ziekow

Verwaltungsverfahrensgesetz

Ca. 600 Seiten. Fester Einband/Fadenheftung. Ca. € 60,–
ISBN 3-17-015487-7
Kommentar

Das Verwaltungsverfahrensgesetz enthält die zentralen Vorschriften für die rechtliche Steuerung des Verwaltungshandelns. Selbst in Bereichen des Verwaltungshandelns, in denen Spezialregelungen bestehen, kommt es lückenfüllend zur Anwendung. Es besteht daher ein praktisches Bedürfnis nahezu aller Behörden, eine handhabbare und verständliche Kommentierung zur Verfügung zu haben. Die Neuerscheinung greift diesen Wunsch auf und kommentiert ohne überflüssigen Ballast die Normen des Verwaltungsverfahrensgesetzes. Ohne auf wissenschaftliches Niveau und überzeugende Begründungen zu verzichten, wird eine Darstellung aus einem Guss vorgelegt. Sie orientiert sich im Wesentlichen an der Rechtsprechung, scheut aber auch die kritische Auseinandersetzung nicht.

Der Autor: Univ.-Prof. **Dr. Jan Ziekow** lehrt Öffentliches Recht, insbesondere Verwaltungsrecht, an der Deutschen Hochschule für Verwaltungswissenschaften Speyer und ist Direktor des Forschungsinstituts für öffentliche Verwaltung.

▶ **www.kohlhammer.de**

W. Kohlhammer GmbH · 70549 Stuttgart
Tel. 0711/7863 - 7280 · Fax 0711/7863 - 8430